南充市人民代表大会志

NAN CHONG SHI REN MIN DAI BIAO DA HUI ZHI

1950/2020

上

《南充市人民代表大会志》编纂委员会 编

方志出版社
Publishing House of Local Records

图书在版编目（CIP）数据

南充市人民代表大会志：1950—2020 / 《南充市人民代表大会志》编纂委员会编. —北京：方志出版社，2021.9
ISBN 978-7-5144-4941-9

Ⅰ.①南… Ⅱ.①南… Ⅲ.①地方各级人民代表大会—工作概况—南充—1950-2020 Ⅳ.①D624.713

中国版本图书馆 CIP 数据核字（2021）第 240919 号

南充市人民代表大会志（1950—2020）

编　　者：《南充市人民代表大会志》编纂委员会
责任编辑：罗　滔
出 版 者：方志出版社
地址　北京市朝阳区潘家园东里 9 号（国家方志馆 4 层）
邮编　100021
网址　http://www.zgfzcb.cn
发　　行：方志出版社图书经销中心
电话（010）67110500
经　　销：各地新华书店
印　　刷：成都勤德印务有限公司
开　　本：889×1194　1/16
印　　张：74
字　　数：3516 千字
版　　次：2021 年 9 月第 1 版　2021 年 9 月第 1 次印刷
印　　数：0001~3500 套
ISBN 978-7-5144-4941-9　定价：：860.00 元（上下册）

2005 年 12 月，中共四川省委书记、四川省人大常委会主任张学忠（左）到南充市农村调研

2020 年 6 月 13 日，中共四川省委书记、四川省人大常委会主任彭清华（右二）到南充市嘉陵区吉利新能源商用车研发生产基地调研

1995 年 1 月，中共四川省委副书记、四川省人民政府省长肖秧（左三）到南部县调研

2001 年 7 月，四川省人大常委会主任谢世杰（左三）到南充市嘉陵区凤垭山观光农业示范区调研

2009年1月19日，中共四川省委副书记、四川省人民政府省长蒋巨峰（左）到四川省十一届人大二次会议南充代表团听取审议意见

2015 年 2 月 25 日，中共南充市委书记李仲彬（正面右二）看望南充市人大常委会机关干部

2017 年 9 月 28 日，中共南充市委书记宋朝华（中）专题听取人大工作汇报

2021 年 1 月 21 日，中共南充市委书记宋朝华（左中）到南充市人大常委会机关专题调研人大工作

2021 年 7 月 26 日，中共南充市委书记刘强（左一）到南充市人大常委会机关专题调研人大工作

领导调研
LING DAO DIAO YAN

1996 年 2 月，四川省人大常委会副主任李永寿（左三）到南部县调研

2002 年 10 月，全国人大环资委员会副主任委员王涛（右二）、全国人大农业与农村委员会副主任委员伍精华（右三）到南充市检查种子法贯彻执行情况

2005年7月6日，四川省人大常委会副主任徐世群（右四）到阆中市调研

2012年4月2日，全国人大农业与农村委员会副主任委员张中伟（右三）到南充市调研

2012年4月10日，全国人大教科文卫委员会副主任委员唐天标（右三）到阆中市调研

2013年5月28日至29日，全国人大常委会委员、全国人大教科文卫委员会主任委员柳斌杰（右二）率全国人大常委会调研组到南充市调研义务教育法贯彻实施情况

2013年6月21日，四川省人大常委会党组副书记、副主任张东升（右二）到南充市开展《中华人民共和国农民专业合作社法》执法检查

2015年11月22日，全国人大常委会委员、全国人大农业与农村委员会副主任委员刘振伟（右五），全国人大农业与农村委员会委员张作哈（右三）、陈达恒一行到南充市，就农村土地承包法修改及农村金融立法开展专题调研

2015 年 4 月 22 日，四川省人大常委会副主任彭渝（左二）到南充市调研

2016 年 3 月 31 日，全国人大常委会委员、全国人大教科文卫委员会副主任委员吴恒（正面左三）到南充市开展高等教育改革与发展情况专题调研

2016 年 5 月 10 日，四川省人大常委会副主任刘道平（左三）到南充市嘉陵区调研脱贫攻坚工作

2016 年 9 月 6 日，四川省人大常委会党组书记、副主任陈光志（右四）到南充市顺庆区调研企业发展情况

2016 年 11 月 1 日，四川省人大常委会副主任曾省权（右三）到南充市调研民营企业生产经营情况

2017 年 8 月 28 日，四川省人大常委会副主任李向志（右三）到仪陇县开展扶贫开发条例执法检查

2017 年 9 月 8 日，四川省人大常委会副主任黄彦蓉（前排左一）到营山县开展扶贫开发条例执法检查

2018 年 4 月 22 日，全国人大常委会委员、山西省人大常委会副主任卫小春(右四）到阆中市开展古城保护工作专题调研

2020 年 7 月 7 日，四川省人大常委会党组副书记、副主任王宁（左）到南部县升钟库区走访群众

2020 年 9 月 4 日，四川省人大常委会党组副书记、副主任王铭晖（左前）到南充市开展土壤污染防治法执法检查

2020 年 11 月 10 日，四川省人大常委会副主任刘作明（左二）到南充市嘉陵区调研绿色化工产业发展情况

2020 年 11 月 19 日，全国人大常委会委员、全国人大农业与农村委员会委员王超英（右二）到南充市开展畜牧法修订工作专题调研

2021 年 6 月 1 日至 2 日，四川省人大常委会副主任杨洪波（前排左）到南充市开展嘉陵江流域生态环境保护和航道规范建设工作调研

2021 年 6 月 16 日至 17 日，四川省人大常委会副主任叶壮（前排左三）到南充市调研“我为群众办实事——人大代表在行动”主题活动开展情况

2021 年 7 月 8 日，四川省人大常委会副主任包惠（前排右一）到南充市调研南充红色资源保护传承工作

2021 年 9 月 1 日至 3 日，四川省人大常委会副主任宋朝华（左二）到南充市调研“我为群众办实事——人大代表在行动”主题活动开展情况，指导市、县、乡人大换届选举工作

2001 年 5 月，四川省市州人大研究室工作座谈会在南充市召开

2004 年 1 月，四川省人大工作川东川北片区座谈会在南充市召开

2012 年 4 月 24 日，四川省人大信访工作会议在南充市召开

2014 年 9 月，四川省人大财经工作座谈会暨川西川北片区人大财经工作联系会在南充市召开

2015 年 5 月，四川省委人大工作会议暨贯彻实施新立法法专题调研座谈会在南充市召开

2020年9月14日至16日，川渝两省、市嘉陵江流域生态环境保护立法工作座谈会在阆中市召开。四川省人大常委会副秘书长、办公厅主任吕华，重庆市人大常委会委员、城环委主任委员屠锐，四川省人大常委会委员、四川省人大城环资委主任委员梁伟华，四川省人大常委会委员、南充市人大常委会主任袁险峰出席座谈会

市委人大工作会议
SHI WEI REN DA GONG ZUO HUI YI

2020 年 12 月 31 日，中共南充市委人大工作会议召开

1999 年，中共南充市委人大工作会议召开

2015 年 12 月 9 日，中共南充市委人大工作会议召开

1993年12月1日至5日，南充市第一届人民代表大会第一次会议在果城会堂召开

1993年12月4日，南充市第一届人大常委会主任李慎宽在南充市一届人大一次会议上作南充市人大常委会工作报告

1993年12月4日，南充市人民政府市长向阳在南充市一届人大一次会议上作政府工作报告

1993 年 12 月 5 日，南充市一届人大一次会议主席团常务主席、中共南充市委书记李正培（右一）向南充市人大常委会授牌

1993 年 12 月 5 日，南充市一届人大一次会议主席团常务主席、中共南充市委书记李正培（左二），南充市一届人大一次会议主席团常务主席冯希尧（右一）向南充市人民政府授牌

1993 年 12 月，南充市第一届人民代表大会第一次会议代表合影

1999 年 1 月 19 日至 24 日，南充市第二届人民代表大会第一次会议在果城会堂召开

1999 年 1 月 20 日，南充市一届人大常委会主任李慎宽在南充市二届人大一次会议上作南充市人大常委会工作报告

1999 年 1 月 21 日，南充市第二届人民代表大会第一次会议代表合影

2004年3月17日至22日，南充市第三届人民代表大会第一次会议在果城会堂召开

2005年2月22日至26日，南充市第三届人民代表大会第二次会议在南充大剧院召开

2005 年 2 月 22 日，南充市人民政府市长杜光辉在南充市三届人大二次会议上作政府工作报告

2005 年 2 月 24 日，南充市三届人大常委会副主任刘作忠在南充市三届人大二次会议上作南充市人大常委会工作报告

2006年2月15日至19日，南充市第三届人民代表大会第三次会议在南充大剧院召开

2007年7月19日，南充市第三届人民代表大会第五次会议在果城会堂召开

2008年5月6日至10日，南充市第四届人民代表大会第一次会议在南充大剧院召开

2008年5月6日，南充市人民政府市长高先海在南充市四届人大一次会议上作政府工作报告

2008年5月8日，南充市第四届人民代表大会第一次会议代表合影

2011年1月26日至29日，南充市第四届人民代表大会第四次会议在南充大剧院召开

2011年1月27日，南充市中级人民法院代理院长王邦习在南充市四届人大四次会议上作南充市中级人民法院工作报告

2011年1月27日，南充市人民检察院检察长周力在南充市四届人大四次会议上作南充市人民检察院工作报告

2012年1月4日至8日，南充市第五届人民代表大会第一次会议在南充大剧院召开

2012年1月6日，南充市中级人民法院院长王邦习在南充市五届人大一次会议上作南充市中级人民法院工作报告

2012年1月6日，南充市人民检察院代理检察长廖全军在南充市五届人大一次会议上作南充市人民检察院工作报告

2012年1月6日，南充市第五届人民代表大会第一次会议代表合影

2012 年 12 月 27 日至 28 日，南充市第五届人民代表大会第二次会议在南充大剧院召开

2013 年 1 月 15 日至 18 日，南充市第五届人民代表大会第三次会议在南充大剧院召开

2013年1月16日，南充市五届人大常委会主任高先海在南充市五届人大三次会议上作南充市人大常委会工作报告

2013年1月15日，南充市人民政府市长向东在南充市五届人大三次会议上作政府工作报告

2014年2月12日至15日，南充市第五届人民代表大会第四次会议在南充大剧院召开

2015 年 5 月 21 日至 25 日，南充市第五届人民代表大会第五次会议在南充大剧院举行，会议补选南充市五届人大常委会主任、副主任、秘书长和部分委员

2015 年 5 月 25 日，中共南充市委书记李仲彬在南充市五届人大五次会议闭幕大会上讲话

2015 年 5 月 25 日，南充市五届人大常委会主任袁险峰在南充市五届人大五次会议上作南充市人大常委会工作报告

2016 年 3 月 19 日至 23 日，南充市第五届人民代表大会第六次会议在南充大剧院召开

2016 年 3 月 19 日，南充市人民政府代理市长宋朝华在南充市五届人大六次会议上作政府工作报告

2017 年 1 月 6 日至 10 日，南充市第六届人民代表大会第一次会议在南充大剧院召开

2017 年 1 月 10 日，中共南充市委书记宋朝华在南充市六届人大一次会议闭幕大会上讲话

2017 年 1 月 8 日，南充市五届人大常委会主任袁险峰在南充市六届人大一次会议上作南充市人大常委会工作报告

2017 年 1 月 6 日，南充市人民政府代理市长吴群刚在南充市六届人大一次会议上作政府工作报告

2017 年 1 月 8 日，南充市中级人民法院代理院长杨敏在南充市六届人大一次会议上作南充市中级人民法院工作报告

2017 年 1 月 8 日，南充市人民检察院代理检察长周永刚在南充市六届人大一次会议上作南充市人民检察院工作报告

2017 年 1 月 10 日，南充市第六届人民代表大会第一次会议代表合影

2017年12月27日至29日，南充市第六届人民代表大会第二次会议在南充大剧院召开

2018年2月25日至27日，南充市第六届人民代表大会第三次会议在南充大剧院召开

2019年3月20日至22日，南充市第六届人民代表大会第四次会议在高坪文化艺术中心召开

2020 年 6 月 19 日至 21 日，南充市第六届人民代表大会第五次会议在高坪文化艺术中心召开

2021 年 2 月 18 日至 21 日，南充市第六届人民代表大会第六次会议在南充大剧院召开

2021 年 9 月 7 日至 8 日，南充市第六届人民代表大会第七次会议在南充大剧院举行

2021 年 2 月 18 日，南充市中级人民法院代理院长欧阳丹东在南充市六届人大六次会议上作南充市中级人民法院工作报告

2021 年 2 月 18 日，南充市人民检察院代理检察长罗乐在南充市六届人大六次会议上作南充市人民检察院工作报告

2021 年 2 月 21 日，南充市第六届人民代表大会第六次会议代表合影

S市人大常委会会议
SHI REN DA CHANG WEI HUI HUI YI

1993 年 12 月 14 日至 16 日，南充市第一届人大常委会第一次会议召开

1993 年 12 月 14 日至 16 日，南充市一届人大常委会主任李慎宽主持南充市一届人大常委会第一次会议

2003 年 12 月 15 日，南充市二届人大常委会副主任任德俭主持南充市二届人大常委会第三十二次会议

2006 年 1 月 23 日，中共南充市委书记、南充市三届人大常委会主任王宁主持南充市三届人大常委会第十四次会议

2006 年 7 月 27 日至 28 日，南充市三届人大常委会副主任刘伯忠主持南充市三届人大常委会第十七次会议

2008 年 5 月 10 日，南充市第四届人大常委会组成人员合影

2010 年 12 月 24 日，南充市第四届人大常委会第二十次会议召开。南充市四届人大常委会副主任李志杰主持会议

2012 年 6 月 6 日，南充市五届人大常委会主任高先海主持南充市五届人大常委会第三次会议

2012 年 1 月 8 日，南充市第五届人大常委会组成人员合影

2015 月 6 月 25 日，南充市五届人大常委会第二十六次会议召开，南充市人民政府市长向东向常委会报告工作

2015 年 6 月 25 日，南充市五届人大常委会主任袁险峰主持南充市五届人大常委会第二十六次会议

2017 月 1 月 10 日，南充市第六届人大常委会组成人员合影

2017 年 2 月 27 日，南充市六届人大常委会第一次会议召开，南充市六届人大常委会主任袁险峰（右三）主持会议，中共南充市委书记宋朝华（中）、副书记古正举（左四）到会指导

2018 年 6 月 6 日，南充市六届人大常委会主任袁险峰主持南充市六届人大常委会第十一次会议

2021 年 2 月 21 日，中共南充市委书记宋朝华与南充市六届人大常委会组成人员合影

1995年1月18日，南充市一届人大常委会主任、副主任、秘书长合影

1999年1月23日，南充市二届人大常委会主任、副主任合影

2005 年 3 月 22 日，南充市三届人大常委会主任会议召开，中共南充市委书记、南充市人大常委会主任王宁（左）主持会议，副主任刘伯忠（右）参加会议

2005 年 2 月 26 日，南充市三届人大常委会主任、副主任、秘书长合影

2003 年 1 月 16 日，南充市二届人大常委会副主任任德俭主持主任会议

2004 年 4 月，南充市三届人大常委会副主任刘伯忠主持主任会议

2011 年 2 月 16 日，南充市四届人大常委会副主任李志杰主持主任会议

2012 年 2 月 21 日，南充市五届人大常委会主任高先海主持主任会议

2012 年 1 月 8 日，南充市五届人大常委会主任、副主任、秘书长合影

2015年6月2日，南充市五届人大常委会主任袁险峰主持主任会议

2015年5月24日，南充市五届人大常委会主任、副主任、秘书长合影

2018 年 6 月 25 日，南充市六届人大常委会主任袁险峰主持主任会议

2017 年 1 月 10 日，南充市六届人大常委会主任、副主任、秘书长合影

2021 年 7 月 23 日，南充市六届人大常委会主任袁险峰主持主任会议

2021 年 8 月 24 日，南充市六届人大常委会主任、副主任、秘书长合影

立法工作
LI FA GONG ZUO

2014 年 12 月 4 日，南充市举行首个国家“宪法日”活动

2015 年 10 月 13 日，南充市五届人大常委会地方立法座谈会召开

2015 年 12 月 21 日，南充市地方立法研究中心在西华师范大学成立，四川省人大常委会副主任刘道平（左二）、南充市五届人大常委会主任袁险峰（左一）、西华师范大学党委书记王安平（左三）出席会议并为立法研究中心授牌

2016 年 1 月 11 日，南充市立法需求调研座谈会召开

2016 年 1 月 22 日，南充市人民代表大会及其常务委员会立法条例协商座谈会召开

2016年4月6日，南充市五届人大常委会立法工作会议召开

2017年3月1日，《南充市城市园林绿化条例》施行启动仪式在北湖公园广场举行

2017年5月24日，南充市城镇环境卫生管理条例立法论证会召开

2017 年 12 月 1 日，《南充市城镇环境卫生管理条例》施行启动仪式在北湖公园广场举行

2019 年 3 月 1 日，《南充市城市道路车辆通行管理条例》施行启动仪式在西山广场举行

2019 年 7 月 30 日，四川省人大常委会新修订的《四川省阆中古城保护条例》在阆中市启动实施，四川省人大常委会委员、南充市六届人大常委会主任袁险峰出席启动仪式并讲话

2019 年 9 月 27 日，《南充市物业管理条例（草案）》专家论证会召开

2020 年 2 月 27 日，《南充市物业管理条例》颁布实施新闻发布会举行

2020 年 4 月 11 日，南充市六届人大常委会在营山县开展非物质文化遗产保护立法调研

2020 年 5 月 22 日，南充市六届人大常委会立法工作推进会举行

T 讨论决定重大事项

TAO LUN JUE DING ZHONG DA SHI XIANG

2013 年 5 月 22 日，南充市五届人大常委会部分组成人员听取市人民政府关于“引嘉入西”规划情况汇报

2016 年 3 月 14 日，南充市五届人大常委会嘉陵江流域（南充段）规划征求意见座谈会举行

2016 年 8 月 24 日，南充市五届人大常委会召开南充千亿产业集群调研报告征求意见会议

2017 年 11 月 6 日，南充市六届人大常委会主任袁险峰（前排右二）到南充市嘉陵区调研吉利汽车重点项目工程

2018 年 9 月 18 日，南充市六届人大常委在南充市嘉陵区调研重点项目建设情况

2019 年 1 月 15 日，南充市六届人大常委会召开南充市北部新城规划座谈会

2019 年 11 月 19 日，南充市六届人大常委会开展大学城建设重大项目专项调研

2020 年 3 月 30 日，南充市六届人大常委会在营山县调研重大项目实施情况

2011 年 8 月 31 日，南充市四届人大常委会召开食品安全法执法检查动员会

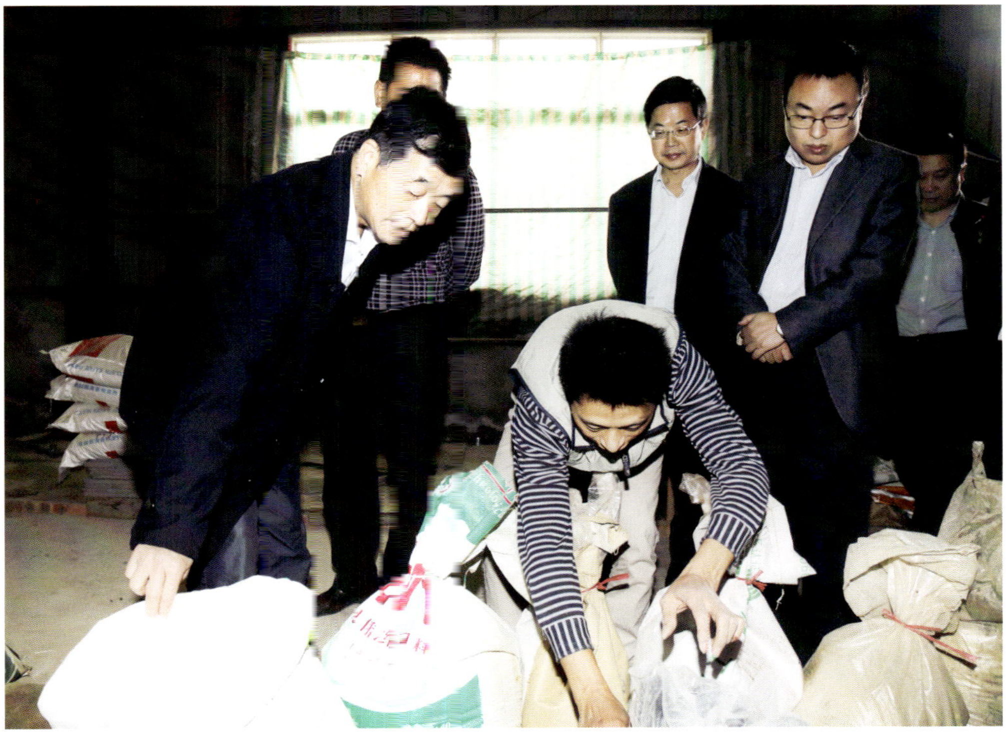

2014年10月，南充市五届人大常委会组织开展农产品质量安全法执法检查

2016 年 6 月，南充市五届人大常委会组织开展食品安全法执法检查

2018 年 5 月，南充市六届人大常委会主任袁险峰（前排中）到仪陇县开展《中华人民共和国水土保持法》执法检查

2019 年 4 月，南充市六届人大常委会开展《南充市城市道路车辆通行管理条例》执法检查

2020 年 7 月，南充市六届人大常委会开展禁毒条例执法检查

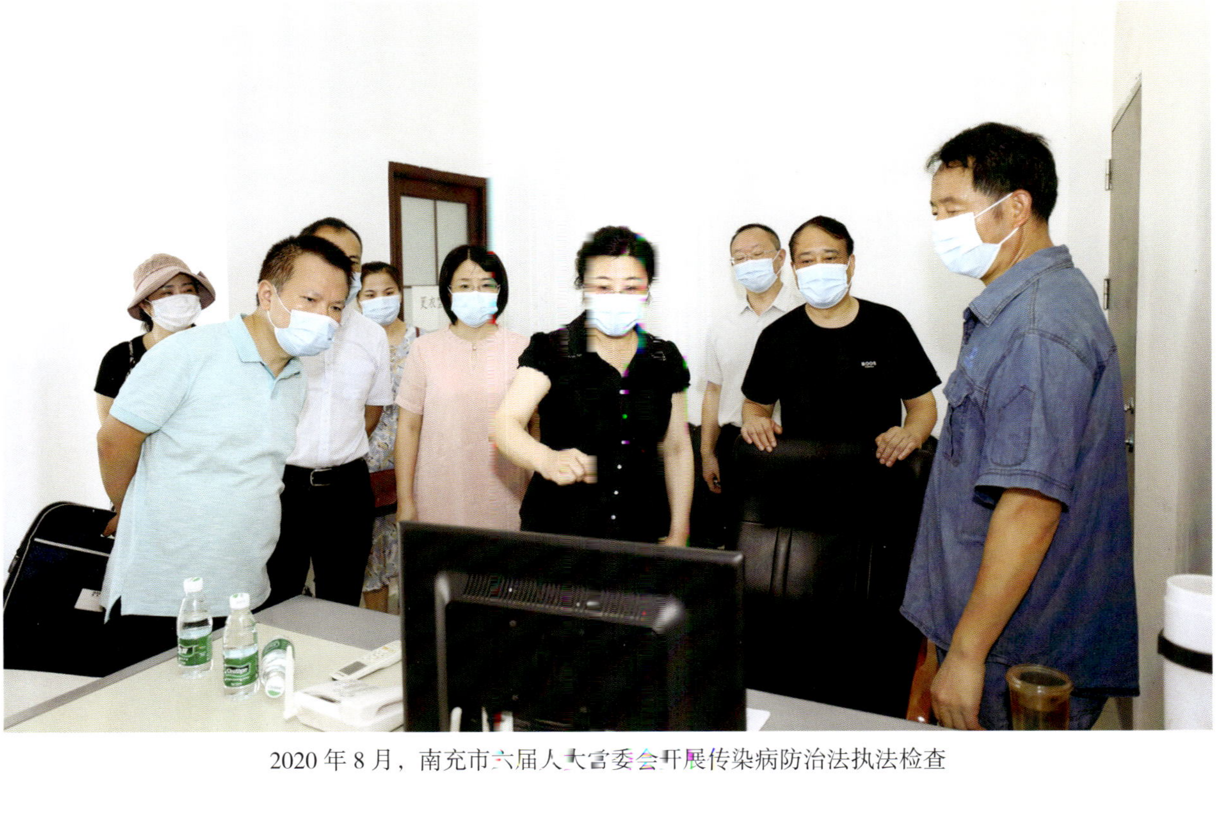

2020 年 8 月，南充市六届人大常委会开展传染病防治法执法检查

J 监督工作
IAN DU GONG ZUO

预算监督

2021 年 1 月，南充市人大常委会预算联网监督工作正式启动

1999 年，南充市二届人大常委会开展对市人民政府组成人员述职评议动员大会

2005 年 8 月 17 日，南充市三届人大常委会述职评议大会召开

监督工作
JIAN DU GONG ZUO

工作评议

2015 年 11 月 10 日，南充市五届人大常委会工作评议大会召开

2017 年 8 月 16 日，南充市六届人大常委会工作评议动员会召开

2018年6月8日，南充市六届人大常委会工作评议动员会召开

2020年9月27日，南充市六届人大常委会工作评议动员会召开

监督工作

JIAN DU GONG ZUO

专题询问

2015 年 11 月 27 日，南充市五届人大常委会召开城市管理工作专题询问会议

2017 年 10 月 26 日，南充市六届人大常委会召开市辖三区城区基础教育专题询问会议

2018 年 10 月 31 日，南充市六届人大常委会召开嘉陵江及支流水环境保护工作专题询问会议

2019 年 12 月 25 日，南充市六届人大常委会召开医保基金征收管理使用情况专题询问会议

2020 年 11 月 4 日，南充市六届人大常委会召开《南充市城市道路车辆通行管理条例》实施情况专题询问会议

X 选举任免
UAN JU REN MIAN

1993 年 12 月，南充市一届人大一次会议主席团常务主席、中共南充市委书记李正培（右）向南充市一届人大常委会主任、副主任颁发当选证书

1993 年 12 月，南充市一届人大一次会议主席团常务主席冯希尧（右一）向当选的南充市级国家机关工作人员颁发当选证书

1993 年 12 月 5 日，南充市一届人大一次会议主席团常务主席、中共南充市委书记李正培投票选举南充市级国家机关工作人员

1993 年 12 月 5 日，南充市一届人大一次会议主席团常务主席李慎宽投票选举南充市级国家机关工作人员

1993 年 12 月 5 日，出席南充市一届人大一次会议代表投票选举南充市级国家机关工作人员

1997 年 2 月 24 日，出席南充市一届人大五次会议的代表投票选举南充市级国家机关工作人员

1999 年 1 月 24 日，南充市二届人大一次会议主席团常务主席李慎宽（右）向南充市人民政府市长吴果行（左）颁发当选证书

1999 年 2 月 10 日，南充市二届人大常委会主任李慎宽（右）向 37 名南充市人民政府组成人员颁发任命书

2002 年 4 月，南充市二届人大四次会议主席团常务主席、南充市二届人大常委会主任李慎宽（左）向南充市人民政府市长杜光辉（右）颁发当选证书

2005 年 6 月 16 日，南充市三届人大常委会第九次会议上向被任命人员颁发任命书

2006年2月19日，南充市三届人大三次会议主席团常务主席、中共南充市委书记、南充市人大常委会主任王宁投票选举南充市级国家机关工作人员

2006年2月，南充市三届人大三次会议主席团常务主席、中共南充市委书记、南充市三届人大常委会主任王宁（右）向南充市人民政府市长高先润（左）颁发当选证书

2008 年 5 月 10 日，出席南充市四届人大一次会议的代表投票选举南充市级国家机关工作人员

2011 年 1 月 29 日，出席南充市四届人大四次会议的代表投票选举南充市级国家机关工作人员

2012年2月28日，南充市五届人大常委会主任高先海（中）向被任命人员颁发任命书

2013年10月31日，南充市五届人大常委会第十三次会议决定任命刘作鸿为南充市人民政府副市长，南充市五届人大常委会主任高先海（右）向刘作鸿颁发任命书

2015 年 6 月 26 日，南充市五届人大常委会第二十六次会议决定任命潘国华为南充市人民政府副市长，南充市五届人大常委会主任袁险峰向潘国华颁发任命书

2016 年 2 月 22 日，南充市五届人大常委会第三十二次会议决定任命宋朝华为南充市人民政府副市长，决定代理市长，南充市五届人大常委会主任袁险峰（右二）向宋朝华（左）颁发任命书

2016 年 2 月 22 日，在南充市五届人大常委会第三十二次会议上，代理市长宋朝华进行宪法宣誓

2016 年 3 月 23 日，南充市五届人大六次会议主席团常务主席、中共南充市委书记李仲彬投票选举南充市级国家机关工作人员

2016 年 3 月 23 日，在南充市五届人大六次会议上，南充市人民政府市长宋朝华进行宪法宣誓

2016 年 9 月 20 日，南充市五届人大常委会第三十七次会议决定任命吴群刚为南充市人民政府副市长，决定代理市长。南充市五届人大常委会主任袁险峰向吴群刚颁发任命书

2016年9月20日，在南充市五届人大常委会第三十七次会议上，南充市人民政府代理市长吴群刚进行宪法宣誓

2016年10月14日，南充市五届人大常委会第三十八次会议任命杨敏为南充市中级人民法院副院长，决定代理院长。南充市五届人大常委会主任袁险峰向杨敏颁发任命书

2016 年 10 月 14 日，南充市五届人大常委会第三十八次会议任命周永刚为南充市人民检察院副检察长，决定代理检察长。南充市五届人大常委会主任袁险峰向周永刚颁发任命书

2016 年 10 月 14 日，在南充市五届人大常委会第三十八次会议上，南充市中级人民法院代理院长杨敏、南充市人民检察院代理检察长周永刚进行宪法宣誓

2017年1月10日，南充市六届人大一次会议主席团常务主席、中共南充市委书记宋朝华投票选举南充市级国家机关工作人员

2017年1月10日，南充市六届人大一次会议主席团常务主席袁险峰投票选举南充市级国家机关工作人员

2017年1月10日，南充市六届人大代表、中共南充市委副书记、南充市人民政府代理市长吴群刚投票选举南充市级国家机关工作人员

2017年1月10日，南充市六届人大一次会议主席团常务主席、中共南充市委书记宋朝华（左）向南充市六届人大常委会主任袁险峰（右）颁发当选证书

2017年1月10日，南充市六届人大一次会议主席团常务主席、中共南充市委书记宋朝华（左）向南充市人民政府市长吴群刚（右）颁发当选证书

2017 年 1 月 10 日，南充市第六届人大常委会组成人员在南充市六届人大一次会议上进行宪法宣誓

2017 年 1 月 10 日，南充市人民政府市长、副市长，南充市中级人民法院院长在南充市六届人大一次会议上进行宪法宣誓

2017 年 2 月 27 日，南充市六届人大常委会第一次会议决定任命李正元、王美如为南充市人民政府副市长，被任命人员进行宪法宣誓

2018 年 6 月 6 日，南充市六届人大常委会第十一次会议决定任命陈大纪为南充市人民政府副市长，被任命人员进行宪法宣誓

2017 年 8 月 11 日，南充市六届人大常委会第五次会议决定任命向贵瑜为南充市人民政府副市长，被任命人员进行宪法宣誓

2018年9月10日，南充市六届人大常委会第十四次会议决定任命沈一帆为南充市人民政府副市长并举行宪法宣誓仪式

2019年7月26日，南充市六届人大常委会第二十三次会议决定任命陈有波为南充市人民政府副市长并举行宪法宣誓仪式

2019年12月25日，南充市六届人大常委会第二十七次会议决定任命欧阳梅为南充市人民政府副市长，被任命人员进行宪法宣誓

2020 年 1 月 10 日，南充市六届人大常委会第二十八次会议决定任命伍定为南充市人民政府副市长并举行宪法宣誓仪式

2020 年 6 月 17 日，南充市六届人大常委会第三十一次会议决定任命苏士勇为南充市人民政府副市长，被任命人员进行宪法宣誓

2020 年 6 月 21 日，南充市六届人大五次会议选举张晓艳为南充市人大常委会副主任、宋先佐为南充市人大常委会秘书长。张晓艳、宋先佐和补选的南充市人大常委会组成人员进行宪法宣誓

2020 年 6 月 21 日，南充市六届人大五次会议主席团常务主席、中共南充市委书记宋朝华（左）向张晓艳颁发当选证书

2020 年 6 月 21 日，南充市六届人大五次会议主席团常务主席、中共南充市委书记宋朝华（左）向黄春江颁发当选证书

2020 年 6 月 21 日，南充市六届人大五次会议选举黄春江为南充市监察委员会主任并举行宪法宣誓仪式

2020 年 10 月 20 日，南充市六届人大常委会第三十四次会议决定任命黄志权为南充市人民政府副市长，被任命人员进行宪法宣誓

2020 年 11 月 4 日，南充市六届人大常委会第三十五次会议决定任命赵迎春为南充市人民政府副市长，被任命人员进行宪法宣誓

2020 年 12 月 18 日，南充市六届人大常委会第三十六次会议决定任命方雷为南充市人民政府副市长，任命罗乐为南充市人民检察院副检察长、决定代理检察长，被任命人员进行宪法宣誓

2021 年 9 月 8 日，南充市六届人大七次会议选举的南充市人民政府市长古正举（中）、南充市监察委员会主任王军（左）和南充市六届人大六次会议选举并报经四川省人大常委会批准的南充市人民检察院检察长罗乐（右）进行宪法宣誓

2021 年 2 月 21 日，南充市六届人大六次会议选举温桂彪为南充市人大常委会副主任、欧阳丹东为南充市中级人民法院院长，温桂彪、欧阳丹东和补选的南充市六届人大常委会委员进行宪法宣誓

2021 年 6 月 24 日，南充市六届人大常委会第四十一次会议决定任命张斌为南充市人民政府副市长，被任命人员进行宪法宣誓

2021年9月8日，南充市六届人大七次会议主席团常务主席、中共南充市委书记刘强（左）向古正举颁发当选证书

2021年9月8日，南充市六届人大七次会议主席团常务主席、中共南充市委书记刘强（左）向王军颁发当选证书

2021年7月26日，南充市六届人大常委会第四十二次会议决定任命古正举（右）为南充市人民政府副市长并决定代理市长，南充市六届人大常委会主任袁险峰（左）向古正举颁发任命书

2021年7月26日，南充市六届人大常委会第四十二次会议任命王军（右）为南充市监察委员会副主任并决定代理监察委员会主任，南充市六届人大常委会主任袁险峰（左）向王军颁发任命书

2021年9月3日，南充市六届人大常委会第四十四次会议决定任命王希刚（右）为南充市人民政府副市长，南充市六届人大常委会主任袁险峰（左）向王希刚颁发任命书

2021年9月3日，南充市六届人大常委会第四十四次会议决定任命岳剑（右）为南充市人民政府副市长，南充市六届人大常委会主任袁险峰（左）向岳剑颁发任命书

D 代表工作
AI BIAO GONG ZUO

视察活动

1993 年 12 月，驻南充市四川省人大代表视察南充第三丝绸厂

1993 年 12 月，驻南充市四川省人大代表视察南充炼油厂

2002 年 12 月，南充市二届人大代表视察南充市药监局换证工作

2003 年 3 月，南充市二届人大代表视察南充市政工程建设

2006 年 7 月 11 日，南充市三届人大代表视察法院庭审工作

2009 年 4 月 20 日，南充市四届人大常委会部分组成人员和人大代表到阆中市开展专题视察

2011 年 5 月，驻南充市全国人大代表、四川省人大代表到阆中市、南部县视察

2020 年 12 月 22 日，驻南充市全国人大代表、四川省人大代表视察南充经济社会发展情况

2021 年 1 月 13 日，南充市六届人大常委会代表资格审查委员会全体成员合影

南充市六届人大常委会代表资格审查委员会定期召开会议，审查出席南充市人民代表大会会议代表的代表资格

D代表工作
AI BIAO GONG ZUO

代表培训

2013 年 4 月 17 日至 19 日，南充市五届人大常委会组织南充市第五届人大代表开展集中培训

2020 年 7 月 2 日，南充市六届人大常委会召开全市人大代表走访企业、群众专项工作推进会

2020 年 10 月 12 日，南充市六届人大常委会组织南充市人大代表开展履职培训

2011 年 9 月 20 日，南充市四届人大常委会副主任李志宗（中）开展代表建议办理工作专题调研

2013 年 12 月 11 日，南充市五届人大常委会调研统筹城乡试点重点建设建议办理情况

2014 年 9 月 18 日，南充市五届人大常委会在南充市高坪区东观镇调研代表建议办理情况

2016 年 11 月 3 日，南充市五届人大常委会在西河沿线开展代表建议办理专题调研

2018 年 8 月 20 日，南充市六届人大常委会调研城区基础教育建设情况

2020 年 12 月 2 日，南充市六届人大常委会调研发展蚕桑产业建议办理情况

D 代表工作
AI BIAO GONG ZUO

指导乡镇人大工作

1999 年，南充市二届人大常委会举行乡镇人大主席培训班

2019 年 9 月 20 日，南充市六届人大常委会主任袁险峰（左三）到南充市嘉陵区金凤镇调研乡镇人大主席团工作开展情况

2012年6月12日，南充市五届人大常委会在南部县召开南充市市县乡人大换届选举工作总结会

2016年7月6日，南充市五届人大常委会举办全市县乡人大换届选举工作学习班

2016年11月18日，全市换届工作推进会召开

Z 专题调研
ZHUAN TI DIAO YAN

1996 年 11 月，南充市一届人大常委会到南部县调研地方工业发展情况

2000 年 6 月，南充市二届人大常委会党组书记、副主任任德俭（右一）调研生猪发展情况

2003 年 6 月 19 日，南充市二届人大常委会党组书记、副主任任德俭（前排右三）到西充县调研城市建设工作

2003 年 11 月，南充市二届人大常委会党组书记、副主任任德俭（左二）到营山县调研经营城市和重点工程建设

2005 年 5 月，南充市三届人大常委会党组书记、副主任刘伯忠（左二）到仪陇县调研“两路一桥”建设情况

2006 年 5 月，南充市三届人大常委会在南充市嘉陵区火花社区调研法治建设工作

2010年4月，南充市四届人大常委会党组书记、副主任李志杰（中）调研基础教育工作

2011年5月5日，南充市四届人大常委会党组书记、副主任李志杰（左二）调研学前教育工作

2012年5月23日，南充市五届人大常委会主任高先海（右二）到南充市顺庆区搬罾镇农望蔬菜专业合作社调研城郊专业蔬菜基地建设情况

2016 年 1 月 12 日，南充市五届人大常委会主任袁险峰（右二）到阆中市博树回族乡调研扶贫工作

2017 年 10 月 24 日，南充市六届人大常委会主任袁险峰（左二）到南充市辖三区调研城区基础教育工作

Z 自身建设
ZI SHEN JIAN SHE
学习教育

2006 年 12 月 23 日，南充市人大常委会机关党员在朱德故居纪念馆朱德汉白玉雕像前重温入党誓词

2013 年 5 月 10 日，南充市人大常委会机关主题教育活动动员会召开

2014 年 6 月，南充市人大常委会机关党委开展党员义工活动

2015 年 12 月 1 日，南充市人大常委会部分组成人员在朱德故居纪念馆开展传统教育

2017年12月4日，南充市人大常委会党组中心组学习中共十九大精神，南充市六届人大常委会党组书记、主任袁险峰上党课

2019年9月12日，南充市人大常委会机关“不忘初心、牢记使命”主题教育工作会议召开

自身建设
ZI SHEN JIAN SHE

人大主任学习会

2001 年 7 月，南充市县（市、区）人大主任学习会在南部县召开

2002 年 6 月，南充市县（市、区）人大主任学习会在南充市顺庆区召开

2003 年 7 月，南充市县（市、区）人大主任学习会在仪陇县召开

2004 年 10 月 13 日，南充市县（市、区）人大主任学习会在营山县召开

2005 年 10 月 12 日，南充市县（市、区）人大主任学习会在西充县召开

2006 年 7 月 19 日，南充市县（市、区）人大主任学习会在南充市嘉陵区召开

2007 年 5 月 28 日，南充市县（市、区）人大主任学习会在阆中市召开

2008 年 6 月 6 日，南充市县（市、区）人大主任学习会在阆中市召开

2012 年 2 月 27 日，南充市五届人大常委会组成人员培训会举行

2015 年 8 月 25 日，南充市人大常委会组成人员暨县（市、区）人大主任学习会在南部县召开

2016 年 9 月 12 日，全市人大换届选举工作暨市人大常委会组成人员学习会在南部县召开

2017 年 9 月 5 日，南充市人大常委会组成人员暨县（市、区）人大常委会主任学习会在西充召开

2018 年 9 月 11 日，南充市人大常委会组成人员暨县（市、区）人大常委会主任学习会在阆中市召开

2019 年 10 月 15 日，南充市人大常委会组成人员暨县（市、区）人大常委会主任学习会在仪陇县召开，南充市六届人大常委会主任袁险峰作专题报告

2020 年 9 月 20 日，南充市人大常委会组成人员暨县（市、区）人大常委会主任学习会在阆中市召开。中共南充市委书记宋朝华作专题报告

2021 年 9 月 14 日，南充市人大常委会组成人员暨县（市、区）人大常委会主任学习会在南部县召开，南充市六届人大常委会主任袁险峰作主题报告

Z 自身建设
I SHEN JIAN SHE
川渝合作

2020 年 11 月 9 日，重庆市涪陵区人大常委会主任李景耀（前排左）、四川省南充市人大常委会主任袁险峰（前排右）在签约仪式上

2020 年 12 月 14 日，南充市人大常委会部分组成人员在重庆市涪陵区考察经济社会发展和人大工作

1999年，南充市纪念人民代表大会制度建立四十周年大会在果城会堂召开

2000年，南充市纪念地方人大及其常委会恢复建立20周年座谈会召开

2001年，南充市人大制度研究会2001年年会召开

2002 年，南充市纪念"82"宪法颁布实施 20 周年座谈会召开

2008 年 12 月 30 日，南充市人大制度研究会第四次会员代表大会暨 2008 年年会召开

2014 年 9 月 7 日，南充市人大制度研究会优秀论文评审会召开

2003年，南充市人大制度宣传报道站成立暨宣传骨干培训会议召开

2012年5月22日，全市人大宣传信息工作会议召开

2015 年 4 月 30 日，第 23 届南充人大新闻奖评选会召开

2018 年 11 月 27 日，全市人大新闻宣传工作会议召开

2014 年 12 月 30 日，南充市五届人大农委在南充市高坪区东观镇大石头村二社现场指导

2016 年 1 月 13 日，南充市五届人大常委会主任袁险峰到南充市高坪区御史乡杉树沟村帮扶

2016 年 1 月 20 日，南充市五届人大常委会召开脱贫攻坚工作推进会

Z 自身建设
ZI SHEN JIAN SHE

专委会活动

1998 年 9 月 22 日，全市人大财经工作座谈会在仪陇县召开

1999 年 12 月 8 日，全市人大法制工作座谈会在西充县召开

2000年8月4日，全市人大人事代表工作会议召开

2000年，全市人大办公室暨研究室工作会议召开

2001年，全市人大财经工作座谈会召开

2002 年 5 月 29 日，全市人大城环资工作座谈会在营山召开

2003 年 5 月，全市人大农业工作座谈会在阆中市召开

2004 年 5 月 25 日，全市人大内务司法工作座谈会在南充市嘉陵区召开

2004年7月27日，全市人大教科文卫工作座谈会在蓬安县召开

2005年5月，全市人大内务司法工作座谈会在阆中市召开

2011年9月27日，全市人大城环资工作座谈会召开

2012 年 3 月 19 日，南充市五届人大教科文卫委员会市级联系单位联系会议召开

2012 年 7 月 25 日，全市人大城环资工作座谈会召开

2013 年 11 月 22 日，全市人大人事代表工作会召开

2019 年 4 月 18 日，全市人大农业农村工作会召开

2019 年 7 月 18 日，南充市六届人大社会建设委员会第一次会议召开

2019 年 11 月 18 日，全市人大民宗外侨工作培训会召开

2020 年 10 月，全市人大监察和司法工作座谈会在南部县召开

2020 年 10 月 16 日，南充市六届人大法制委员会全体会议召开

2021 年 4 月 9 日，全市人大备案审查工作会议在南部县召开

2010 年 12 月 27 日，南充市人大摄影书法协会摄影书法作品展评会召开

2011 年 2 月 23 日，南充市人大常委会机关妇代会组织参加庆“三八”歌咏比赛

2011 年 6 月 27 日，南充市人大常委会机关举行庆祝中国共产党成立 90 周年红歌会

2017 年 11 月 24 日，南充市人大常委会机关开展乒乓球比赛

2019 年 9 月 27 日，南充市市区人大机关职工运动会在南充市顺庆区市民健身中心举行

2019 年 9 月 27 日，南充市人大常委会机关拔河队在南充市市区人大机关职工运动会上奋力拼搏

2020 年 11 月 7 日，南充市市区人大机关第二届职工运动会在南充市顺庆区市民健身中心举行

2020 年 11 月 7 日，南充市市区人大机关第二届职工运动会召开

2021 年 7 月 22 日，南充市市区人大机关第三届职工运动会召开

1992 年建成的人大机关办公楼

2020 年，维修加固后的南充市人大常委会机关办公楼

2021 年 7 月 19 日，南充市第六届人大常委会机关全体工作人员合影

《南充市人民代表大会志》编纂委员会

（2021 年 7 月）

《南充市人民代表大会志》总编室

总　　编：袁险峰

副 总 编：徐远火

执行总编：宋先佐

执行副总编：赵健博　吴全兴　蒋松柏　张小林　王永茂

特邀总纂：于　明

编　　辑：彭增超　李泳龙　严　雷　祝　华　王　彬

杨方钊　冯宣植　舒艳辉

序

盛世修志，知往鉴今。恰逢中国共产党百年华诞，历经七百余日、记叙七十春秋的首部《南充市人民代表大会志》编纂终成、定稿付梓，这是全市社会主义民主政治建设进程中的一件大事，甚为欣喜，敬致贺忱。

人民代表大会制度作为我国的根本政治制度，经中华人民共和国成立初期四年过渡，以根本大法形式正式确立。1957 至 1966 年，人民代表大会制度曲折发展，“文化大革命”十年，人民代表大会制度遭受严重破坏。中共十一届三中全会后，人民代表大会制度才得以重新巩固和蓬勃发展，并展现出显著的优越性和强大的生命力。在这一曲折历史进程中，无论是早期川北区各界人民代表会议，还是后来四川省人大常委会派驻南充地区的联络处、联络委和工作委员会，在特定历史时期出色完成了职责使命，在南充民主法制史上留下光辉足迹。特别是建市以来，历届市人大及其常委会高举中国特色社会主义伟大旗帜，坚持党的领导、人民当家作主、依法治国有机统一，认真履行法定职权，充分发挥职能作用，忠实维护人民群众现实利益、长远利益、根本利益，努力确保宪法及其他法律法规在南充得到统一实施、正确实施、有效实施，为助推南充经济社会持续健康发展做出积极贡献，值得永远铭记。

不忘来时路，方知向何行。七十年栉风沐雨，七十年岁月沧桑，留下的是奋斗足迹，凝聚的是前行力量。南充市第六届人民代表大会常务委员会在任期即满之际，本着对历史负责、对未来负责的态度，组织编纂中华人民共和国成立以来的第一部《南充市人民代表大会志》，旨在“资政、教化、存史”，以彰民主之力，显法治之绩，启未来之路。这部志书坚持辩证唯物主义和历史唯物主义观点，用 300 余万文字和 300 余张图片全面、准确、客观地记载了人民代表大会制度的南充实践，生动反映了南充历届人民代表大会及其常务委员会的传承接力，充分展示了南充历届人大代表和人大工作者不忘初心、不辱使命、不负韶华的精神风貌，是一部经世致用的重要文献。这部志书的出版，有利于人们更多了解南充人民代表大会历史，有利于人们更深理解人民代表大会制度，有利于以史为鉴、继往开来，续写更加精彩的南充人民代表大会故事。

凡属过往，皆为序章。站在新的历史起点上，人大工作任重道远、大有可为。我们要毫不动摇坚持和完善人民代表大会制度，在传承中创新，在创新中发展，更好地把制度优势转化为治理效能，为全面建设社会主义现代化南充做出更大新贡献。

南充市人民代表大会常务委员会主任 袁晓东

2021 年 7 月

凡　例

一、本志以马克思列宁主义、毛泽东思想、邓小平理论、“三个代表”重要思想、科学发展观、习近平新时代中国特色社会主义思想为指导，坚持辩证唯物主义和历史唯物主义的立场、观点和方法，全面、准确、客观、科学地记述南充人大发展历史和现状，突出时代特色和南充地方特色，力求思想性、科学性、资料性相统一。

二、本志记述空间范围为南充市现行行政区域，即顺庆区、高坪区、嘉陵区、阆中市、南部县、西充县、营山县、蓬安县、仪陇县9个县（市、区）区域。

三、本志上限为1950年，下限为2020年。为保持事物的连续性和完整性，特别重要的内容适当下延。

四、本志采用述、记、志、传、图、表、录等体裁，志为主体，表格随文附置。

五、本志由志首、志尾和主体部分组成。志首设南充市行政区划图、特载图片、序、凡例、目录、概述、大事记；志尾设附录、后记、索引；主体部分设置13章，由三大板块组成。第一章为第一个板块，略记1984年至1993年省人大常委会在南充的派出机构。第二章至第十二章及人物类为第二个板块，是本志的核心，详记1993年12月至2020年12月市人大及其常委会。第十三章为第三个板块，分别记述各县（市、区）人大概况。

六、本志采用章节体，设章、节、目3个层次。以类系事，横分门类，纵写史实，述而不论。

七、本志采用公元纪年，人物类中1949年10月1日前出生人物采用历史纪年，括注公元纪年。

八、本志使用现代汉语书面语言记述，正文（引文除外）采用第三人称表述。使用规范汉字，遵循现代汉语语法规范。标点符号、数字、计量单位的使用遵循国家规定。

九、本志行文涉及的政区、机构、组织、会议、职衔、地名等，均使用当时称谓，对易产生歧义的地名、简称等采用括注。人物直书姓名，首次出现时冠以职务（职称）。

十、本志大事记以编年体为主，辅以纪事本末体。

十一、1993年7月前的南充市为县级市，7月后的南充市为新成立的地级市。

十二、本志人物部分设人物传、人物简介、人物名录。遵守“生不立传”原则，立传人物按卒年排序，简介人物按生年排序，人物名录中人物按任职时间先后排序。

十三、本志资料来源于文献、档案、报刊、书籍等。

总目录

（上）

（下）

目　录（上）

概　　述

南充地处四川盆地东北部，嘉陵江中游，位于北纬30°35′—31°51′、东经105°27′—106°58′之间，东邻达州，南连广安，西接遂宁、绵阳，北靠广元、巴中，与成都、重庆呈等距三角，全市总面积1.25万平方公里，2020年年末户籍总人口721万人，辖3区5县1市，是国家、省定位的成渝经济区北部中心城市和嘉陵江绿色生态经济带示范市，素有“将帅故里、中国绸都、川北重镇”的美誉。

南充历史悠久，古为“有果氏之国”（原始部落），夏为古梁州之域，商属巴人之国。春秋战国以来，南充为历代封建王朝郡、州、府、路、道、署、县之治所。民国时期，南充撤府存县，先置嘉陵道，后改四川省第十一行政督察区，是川陕革命根据地重要组成部分。解放之初，南充是川北行署区驻地，辖南充市，南充、遂宁、达县、剑阁4个专区，35个县。南充专区辖岳池、南充、蓬安、营山、武胜、西充、南部、仪陇8县。1952年9月，川北区被撤销，南充专区随之并入四川省。1953年1月，阆中、苍溪、广安三县划归南充专区管辖。1969年1月，南充地区革命委员会成立。1978年5月，南充成立地区行政公署。1993年7月，南充撤地建市，辖原南充地区的南部县、营山县、仪陇县、蓬安县、西充县和新设立的顺庆区、高坪区、嘉陵区，原南充地区的阆中市由省直辖，南充市代管。析原南充地区所辖广安、岳池、武胜、华蓥和原达县地区的邻水县设广安地区。

南充人杰地灵，坐享嘉陵江最柔美的身段、川中最秀丽的丘陵、巴蜀最宜居的环境，孕育了辞赋大家司马相如、史学大家陈寿、天文历法巨匠落下闳等历史名人，同时还是朱德总司令、张澜副主席、罗瑞卿大将和“为人民服务的光辉典范”张思德同志的故乡，“将帅故里·红色文化”“历史名城·三国文化”“中国绸都·丝绸文化”“印象嘉陵·生态文化”“世界古城·春节文化”享誉全国，是中国优秀旅游城市和国家园林城市。

建市以来，南充进入持续健康发展新阶段，城乡面貌日新月异，经济体量快速增长，社会事业全面进步，基础设施大幅改善，民生福祉持续提升，呈现出大城崛起的强劲态势。2020年，全市地区生产总值居全省第五、川东北第一，是全省经济副中心7个重点培育城市之一；主城区建成面积153平方公里、总人口145万人，是全省首批3个Ⅱ型大城市之一；铁路、高速公路、市内公路通车里程位居全省前列、川东北首位，拥有川东北能级最高的水运码头和旅客吞吐量最大的客运机场，是全省次级综合交通枢纽；基础教育规模、驻市高校数量、医卫资源总量居全省第2、川东北第1，是川东北地区名副其实的经济、商贸、金融和科教文卫中心。

一

1949年12月，南充县城解放。1950年1月，川北行署成立。6月，川北区召开首届各界人民代表会议。按具有临时宪法地位的《中国人民政治协商会议共同纲领》之规定，在普选的地方人民代表大会召开以前，由地方各界人民代表会议逐步地代行人民代表大会的职权。1952年9月，川北区各界人民代表会议随川北行署撤销而终止。1954年，南充专区所辖各县相继建立人民代表制度。1957年下半年开始，受“左”倾思想影响和“文化大革命”冲击，人民代表大会制度遭到严重破坏，地方人大工作基本陷入瘫痪状态。粉碎江青反革命集团之后特别是党的十一届三中全会以来，人民代表大会制度逐步得到恢复和发展。1979年12月，四川省人大常委会正式成立。1980年，南充地区所辖各县（市）相继成立县级人大常委会。1984年11月，四川省人大常委会设立南充地区联络处。1988年9月，联络处被撤销，设立南充地区联络委员会，明确为地厅级。1990年9月，省人大常委会将南充地区联络委员会更名为南充地区工作委员会。1993年7月，南充撤地建市；12月，南充市第一届人民代表大会召开，选举产生首届南充市人大常委会，本市人民代表大会制度正式运行。

1993 年 12 月至 2020 年 12 月，南充市人民代表大会历经 6 届，第三、第四届人大任期为 4 年，其余各届人大任期均为 5 年。市人民代表大会的代表由各县（市、区）人民代表大会和驻市部队选举产生，市人大常委会组成人员由市人民代表大会选举产生，其罢免、辞职和补选遵从地方组织法和选举法相关规定。市人民代表大会专门委员会从市一届人大四次会议开始设立，后经增设和更名，现有法制委员会、监察和司法委员会、财政经济委员会、农业与农村委员会、教育科学文化卫生委员会、城乡建设环境资源保护委员会、民族宗教外事侨务委员会、社会建设委员会 8 个专门委员会，其组成人员由市人民代表大会通过。市人大常委会办事工作机构历经增减和更名，现有办公室、人事代表工作委员会（挂省人大代表联络处牌子）、法制工作委员会、研究室 4 个办事工作机构，其负责人由市人大常委会任免。

二

南充市人民代表大会作为地方国家权力机关，通过召开会议行使法定职权。市人民代表大会会议由市人大常委会召集、大会主席团主持，每年至少召开一次，一般在第一季度召开。大会列席人员由市人大常委会决定，列席人员有发言权，无表决权。代表大会的议程主要是听取地方国家机关工作报告，审查批准国民经济和社会发展计划、预算及其执行情况报告；审议地方性法规草案；讨论决定有关重大事项；选举市人民代表大会常务委员会主任、副主任、秘书长、委员，市人民政府市长、副市长，市监察委员会主任，市中级人民法院院长，市人民检察院检察长以及南充市出席四川省人民代表大会代表，并接受上述人员的辞职；设立南充市人民代表大会专门委员会，确定各专门委员会的名称和组成人员等。为提高会议效率、转变会风，自市三届人大二次会议始，计划、财政报告改为书面。大会议题以分团审议为主，辅之以全体会议审议，市四届人大三次会议曾对南充市第七次城市总体规划修编工作、培育壮大农业特色产业情况进行过专题审议。大会决定决议，由全体代表过半数通过。大会通过的决定决议、选举结果及其他表决结果由主席团发布公告。大会通过的地方性法规、选举的市人民检察院检察长需报省人大常委会批准。建市以来，南充市人民代表大会共召开 35 次会议，其中第一届 7 次、第二届 6 次、第三届 6 次、第四届 4 次、第五次 6 次、第六届 6 次。

南充市人大常委会是市人民代表大会的常设机构，对市人民代表大会负责并报告工作，在市人代会闭会期间通过召开全体会议集体行使职权。市人大常委会会议由主任或委托的副主任负责召集和主持，每两月至少召开一次。会议议程主要是决定代表大会的召开时间，通过代表大会的议程、日程和相关名单草案；审议地方性法规草案；审议执法检查、工作评议、规范性文件备案审查等情况报告；审议“一府两院”专项工作报告以及其他法定报告事项；审议职权范围内的人事任免案、职务罢免案和撤职案，补选出缺的省人民代表大会代表；审查批准市级财政决算、地方政府债务限额以及计划、预算部分指标变更等。组成人员采取分组或全体会议方式审议议题，对社会普遍关注的热点问题开展专题询问。组成人员的意见建议以审议意见形式交由报告机关办理，必要时作出决议决定。常委会通过的地方性法规需报省人大常委会批准。常委会表决议案，由常委会全体组成人员的过半数通过。历届市人大常委会共召开 204 次会议，其中第一届 34 次、第二届 35 次、第三届 29 次、第四届 28 次、第五次 40 次、第六届 38 次。

南充市人大常委会主任会议由市人大常委会主任、副主任、秘书长组成，负责处理常委会重要日常工作。主任会议按照民主集中、依法办事、集体负责原则，讨论召开人代会的有关事项；拟定常委会会议的议程草案以及其他需提交常委会审议的议案、决议决定、工作要点、工作报告等草案；决定是否将有关人事任免案、职务罢免案和撤职案提交常委会会议审议；在人代会闭会期间，决定许可有关机关对市人大代表实行逮捕、进行刑事审判以及采取法律规定的其他限制人身自由的措施；听取“一府两院”专项工作报告；研究决定常委会组成人员对专项工作的审议意见和评议意见，并听取督办报告；审定常委会重大活动方案；听取市人大各专门委员会、常委会办事工作机构工作汇报；研究处理人民群众来信来访反映的重大问题；讨论常委会机关建设有关重大事项等。

三

讨论决定重大事项是宪法和法律赋予地方人大及其常委会的重要职权。历届市人大及常委会按照集体行权原则，抓住事关全市发展的长远性、全局性、根本性问题以及人民群众普遍关切，经过认真审议，作出决议决定，加强执行监督，努力确保人民意志在地方国家机关工作中得到充分体现、全面贯彻和高效执行。历届市人民代表大会作出决议决定 189 个，主要包括：审查通过地方国家机关年度工作报告；审查批准国民经济和社会发展计划执行情况、年度计划及五年规划纲要；审查批准财政预算执行情况及年度财政预算；审查批准 19 名市人大常委会组成人员和 4 名“一府两院”领导人员的辞职请求；决定历届市人大专门委员会的设置和更名；推进法治南充建设等等。历届市人大常委会高度重视重大事项决定权的正确有效行使，于 1995 年出台《讨论决定重大事项暂行规定》，于 2011 年形成规范性工作制度，对讨论决定重大事项的法律依据、行权原则、主要范围、操作规程、表决方式和执行监督作出明确规定。2018 年，市委根据中共十八届三中全会精神和中央、省委文件要求，出台《关于健全和落实人大讨论决定重大事项制度、各级政府重大决策出台向本级人大报告的实施意见》，为人大依法决定重大事项权提供坚实支撑。建市以来，历届市人大常委会作出决定决议 209 个，其中：涉及经济工作 56 个，主要包括实施西部大开发战略、经济指标调整、财政预算监督、债务限额审查、减轻企业负担、加强经济工作监督等方面；涉及重大政策制定、重大项目建设、重大规划审批 8 个；涉及民生改善 6 个，主要包括小康社会建设、促进农民增收、减轻农民负担、市政设施改造、物价指标调整、水电气抄表到户等方面；涉及法治建设 8 个，主要包括推进依法治市、深化法制宣传教育、强化司法工作监督等方面；涉及生态环境 6 个，主要包括实施绿化工程、推进生态市建设以及加强嘉陵江、升钟湖、西河生态环境保护等方面。有关地方国家机关认真贯彻执行上述决议决定，落实系列政策举措，完善系列体制机制，开展系列专项行动，全力推动决议决定落地生根、终端见效，有力促进了经济高质量发展、民生高标准改善、法治高水平建设、生态高强度保护。市人大常委会作出的其他决议决定主要涉及表彰地方国家机关及其工作人员，授予和撤销地方荣誉称号，接受地方国家机关工作人员和省人大代表辞职，撤销“一府两院”工作人员职务，撤销个别县级人民代表大会选举结果以及健全完善市人大常委会的组织机构和制度体系等等。

四

监督权是人大及常委会最基本、最常用的职权。人大监督是国家监督体系中最高层次、最具权威、最有法律效力的监督。通览历届市人大常委会监督工作的演进和发展，监督体系随着法治体系的完善而完善，监督重心随着时政重心的变化而变化，监督实效随着民本意识的增强而增强。《中华人民共和国各级人民代表大会常务委员会监督法》（以下简称《监督法》）的出台是人大监督工作的里程碑和分水岭。此前，各级人大常委会按照宪法和地方组织法相关规定，对“一府两院”进行工作监督和法律监督。之后，市人大常委会根据《监督法》及其四川省实施办法，逐渐形成较为完备的监督制度体系，确立7种常用行权方式，相继听取审议专项工作报告570多个，对37部法律法规实施情况组织执法检查，对规范性文件开展备案审查，对社会热点问题进行专题询问，审议通过地方国家机关工作人员撤职案4件，对政府组成部门和法检两院的工作评议实现“全覆盖”。

人大监督工作的重点与经济社会发展的轨迹一脉相承。一、二届市人大常委会尤为关注整顿市场经济秩序、培育特色优势产业、保护弱势群体权益、改造城乡基础设施以及维护司法个案的公平公正；三、四届人大常委会尤为关注实施产业强市战略、健全公共服务体系、加快市政设施建设以及督推阳光司法的落地落实；五、六届人大常委会尤为关注转变经济发展方式、释放改革创新动能、打造区域中心城市、助力全面小康进程、提升群众幸福指数、守护生态环境安全以及推进法治南充建设。对事关国计民生的重大问题，常委会坚持跨届接力，强化跟踪问效，曾连续3年开展老年人权益保障法执法检查，连续4年聚焦食药安全监管；连续5年问效农民增收工作，连续6年跟进市辖三区基础教育布点规划实施；连续7年开展脱贫攻坚专项监督；连续8年跟进西河生态环境治理。从总体小康到全面小康，从内陆腹地到开放高地，从川北重镇到区域中心，从高速度增长到高质量发展，人大监督见证南充建市28年的奋斗史与风雨路，贯穿于统筹推进“五位一体”总体布局的各方面和全过程，为地方经济社会发生根本性变革、取得历史性成就提供坚实民主法治保障。

历届人大常委会高度重视监督工作的完善发展，深入落实党中央各关于加强和改进人大工作的各项要求，于1994年出台预算审查监督办法；2001年启动规范性文件备案审查；2008年将城乡总规执行情况纳入常规监督议题；2009年首次对常委会组成人员审议意见研究处理情况进行满意度测评；2010年实现工作评议常态化；2013年作出关于加强对司法工作监督的决定；2014年首次开展专题询问；2015年基本实现财政预算全口径审查，同步开展地方政府债务限额审查，并将环境状况和环保目标完成情况纳入常规监督议题；2018年首次听取审计查出问题整改情况报告和市监察委员会专项工作报告；2019年将国有资本运营情况纳入常规监督议题。监督范围的横向拓展、监督触角的纵向延伸，监督手段的集成创新，使人大监督工作始终保持良好实效性和广泛影响力。

五

人大依法选举任免国家机关领导人员，是人民代表大会制度的重要特征，是实现人民当家做主的重要保证。历次市人民代表大会坚持党的领导，充分发扬民主，严格依法办事，通过制定选举办法，明确选举任务、提名规程、当选条件、投票方式、工作纪律和其他注意事项，依法选举产生历届地方国家机关领导人员、市人大常委会组成人员以及出席四川省人民代表大会代表，圆满实现组织人事意图。历届市人大常委会严格坚持党管干部和人大依法任免干部有机统一原则，不断完善工作程序，切实确保人事任免权正确规范行使。首届人大常委会成立后，随即制定《南充市人民代表大会常务委员会人事任免办法》，对任免范围、任免程序以及辞职、撤职等事项作出具体规定，此后经过两次修正完善，建立健全任前法律知识考试、拟任人员供职发言和任后履职情况监督制度，并规定法律知识考试不合格者不予任命。对常委会任命的国家机关工作人员，由市人大常委会主任颁发任命书，并提出任期希望和要求。根据党的十八届四中全会决定要求，2015 年 7 月 1 日第十二届全国人大常委会第十五次会议审议通过《中华人民共和国宪法宣誓制度》。同年 12 月 3 日，四川省人大常委会审议通过宪法宣誓制度实施办法。2016 年 2 月 22 日，南充市第五届人大常委会第 32 次会议首次组织新任命的 7 名国家机关工作人员在常委会会议上进行宪法宣誓。同年 3 月 23 日，南充市第五届人民代表大会第六次会议首次组织新当选的市人民政府市长和市人大常委会委员、市人大法制委员会组成人员，在代表大会上进行宪法宣誓。宪法宣誓制度出台，既是依法治国、依宪治国的具体体现，也切实提升了国家机关工作人员履行职务的合法性和严肃性，同时也有利于新当选或任命人员牢固树立宪法意识、法治意识、人大意识，增强对人民负责、为人民服务、受人民监督的思想自觉和行动自觉。历届市人大常委会依法任免国家机关工作人员。2016 年 2 月 22 日，首次举行宪法宣誓仪式。

开展述职评议是人大常委会加强干部任后监督的有效途径。1996 年 2 月 28 日，南充市第一届人大常委会第十五次会议首次听取审议市科委主要负责人述职报告。此后，第一、二届市人大常委会又陆续对 5 名司法工作人员和 10 名市政府部门主要负责人进行述职评议，并根据评议情况对履职优秀人员进行了表彰或授予地方荣誉称号。2002 年以后，这项工作中断 16 年。2018 年 10 月 31 日南充市第六届人大常委会第十六次会议通过了《南充市人民代表大会常务委员会关于被任命人员述职测评暂行办法》，将开展述职测评确立为常态机制，明确述职对象为市人大常委会任命的国家机关工作人员，每年随机选择部分人员进行口头述职并对其履职情况进行满意度测评，其余人员进行书面述职。市六届人大常委会相继对 13 名任命人员进行述职测评，对推动相关人员依法行权、高效履职起到了良好促进作用。

六

依法赋予设区的市地方立法权的是中共十八届四中全会作出的重要决策。2015 年 3 月，十二届全国人大三次会议通过《全国人民代表关于修改〈中华人民共和国立法法〉的决定》，修改后的立法法依法赋予设区的市地方立法权，规定设区的市人大及其常委会根据本市具体情况和实际需要，在不同上位法抵触的前提下，可以对城乡建设与管理、环境保护，历史文化保护等方面的事项制定地方性法规。市五届人大常委会迅速开展相关论证、筹备和申报工作。2015 年 12 月四川省第十二届人民代表大会常务委员会第十九次会议依法赋予南充等 13 个设区的市地方立法权。随即，市人大常委会法制工作委员会和市人大法制委员会相继设立。2016 年 3 月 23 日，南充市第五届人民代表大会第六次会议表决通过《南充市人民代表大会及其常务委员会立法条例》，明确立法主体、主法原则、立法权限、法规草案的起草、论证、听证、审议、表决、报批、公布各环节操作规程，并对市人民政府规章的备案审查作出规定，总体形成“党委领导、人大主导、政府依托、各方参与”的立法工作格局。此后，市人大常委会相继制定出台地方立法基层联系点、立法论证、专家咨询、计划编制、听证规则等工作制度，确立 14 个街道、乡镇和村（居）委为首批基层立法联系点，聘任川渝两地 25 名法学专家、知名律师和法务工作者为地方立法专家咨询库首批成员，并与西华师范大学联合成立地方研究中心，建立了较为完备的立法制度体系和工作机制。2016 年 11 月 30 日，四川省第十二届人民代表大会常务委员会第二十九次会议批准《南充市城市园林绿化条例》，南充市首部实体性地方法规正式出台。市六届人大常委会又相继制定出台《南充市城镇环境卫生管理条例》《南充市城市道路车辆通行管理条例》《南充市物业管理条例》《南充市城市景观风貌保护条例》4 部实体地方性法规，并完成多项立法调研任务。在推进地方立法过程中，市人大常委会始终坚持“小切口、精细化、不抵触、真管用”的基本原则，紧扣发展需求，顺应群众期盼，突出地方特色，特别注重发挥地方立法的补充、先行、创制作用，所颁布实施的每部法律都极具针对性和操作性。《南充市嘉陵江生态环境保护条例》最终成为川渝两地跨省协同立法的母本，《南充市城市道路车辆通行管理条例》立法案例研究报告荣获全省专业评比二等奖，南充地方立法实践经验被省人大常委会以通报形式转发全省各市（州）人大参考借鉴。

七

人大代表是国家权力机关的组成人员，是人民代表大会的主体，代表人民管理国家和社会事务。代表工作是人大及其常委会的基础性工作。历届市人大常委会十分重视发挥代表作用，不断完善代表工作机制，相继出台《关于加强同市人大代表联系的办法》《关于督促办理代表议案和建议、批评、意见的暂行规定》《常委会组成人员联系代表、代表联系群众工作办法》《代表活动经费管理使用办法》《关于市人大代表学习培训工作的意见》等系列制度和文件，全力保障代表依法执行职务。历届市人大常委会非常注重扩大代表对常委会、专委会工作的参与，定期组织代表对全市经济社会发展情况进行集中视察，积极引导代表围绕社会热点难点问题开展专题调研，适时推荐代表参加问政听证、旁听庭审和检察公开等活动，并采取多种形式向代表通报时政信息和常委会工作动态，有效保证市人大代表在闭会期间的知情权、参与权、表达权和监督权。为促进代表密切联系群众，常委会推动全市所有乡镇（街道）建立“人大代表之家”，引导代表定点接待选民，收集社情民意，宣传法律法规，化解社会矛盾，助力基层治理，专项工作在全省人大系统交流经验。为策应全面建成小康社会工作大局，常委会持续开展“脱贫攻坚——人大代表再行动”主题活动，引导全市各级人大代表投身脱贫攻坚主战场，涌现出一批省市表彰的先进典型。为对冲新冠肺炎疫情影响，常委会组织开展了建市以来参与人数最多、覆盖范围最广、工作触角最深的代表“双走访”活动，全市 1 万余名代表走访企业 7000 多家、群众 6 万多人，收集整理意见建议 1.8 万余条，赢得良好社会反响。为充分释放代表履职热情，常委会推动建立市人大代表履职绩效评价机制，对代表参加视察调研、提交议案建议、联系服务群众等情况实行动态登记、量化记分，亮晒行权绩效，形成传导压力，并据此对年度履职优秀代表进行通报表彰，有效促进代表履职动能和行权效力的同步提升。表彰优秀代表（小组）始于第一、二届市人大常委会，中断之后在第六届人大常委会重新恢复。新中国成立 70 周年、地方人大设立常委会 40 周年之际，市人大常委会对 10 名南充市人民代表大会成立以来突出贡献代表予以表彰。历届市人大常委会高度重视代表议案和建议、批评、意见办理工作，每年定期听取办理情况报告，逐步建立挂牌督办、过程公开、量化考核等工作机制，问题解决率和代表满意率逐年提升。建市以来，各届市人大代表所提议案和建议批评意见均在法定期限内办结，推动建立一批行之有效的制度机制，促进解决一批人民群众的急难盼愁问题。

八

历届人大常委会坚持把思想政治建设摆在突出位置来抓，充分发挥常委会党组战斗堡垒作用，坚决把牢人大工作正确政治方向，深入贯彻党的路线方针政策和重大决策部署，扎实开展“三讲”教育、先进性教育、群众路线教育、“三严三实”教育、“两学一做”教育，持续加强思想政治建设、工作效能建设和党风廉政建设。常委会领导班子严格执行民主集中原则，注重发挥制度约束作用，逐步建立完善的议事规划、工作制度和管理体系，确保权力的规范运行和机关的有序运转。常委会机关党建工作在规范完善中不断加强，1997 年成立机关党委，2017 年成立机关纪委，2019 年成立机关党组，人大工作政治引领力持续提升。

历届市人大常委会高度重视履职能力建设，从最初的干部短训班进阶为后来的主任学习会，每年都会集中开展人大制度理论和业务知识专题培训，并采取“走出去”和“请进来”相结合的办法举办系列专题讲座，有力提升常委会组成人员和机关干部依法履职、依法办事的能力和水平。从 1994 年开始，首届市人大常委会即成立人大制度理论研究会，坚持每年开展专题研讨和优秀论文评选活动，形成了一批具有思想性和开拓性的研究成果，首届人大常委会编著的《前进中的市级人大》和《转型时期中的地方人大工作》得到了全国人大常委会和省人大常委会的高度肯定。南充人大新闻宣传工作一直颇具特色，1993 年 6 月，南充地区人大工委举办首届“宣传人民代表大会制度好新闻评选”活动，历届常委会延续开展 27 年，选送的 130 多件作品荣获国省人大新闻奖，此后又相继创办南充人大杂志、网站、信息和微信公众号“四位一体”宣传平台，为传递人大声音、讲好人大故事、提升人大形象发挥重要作用。市人大常委会每年都选择事关改革发展稳定的重大课题开展专题调研，近百篇调研成果得到省人大常委会领导或市委主要领导批示，诸多建设性意见被转化为重大战略决策或具体行政举措。历届市人大常委会机关的工会和妇联工作开展得有声有色，相继举办系列团建活动，有效增强干部队伍活力。历届市人大常委会十分重视加强与国省人大的工作联系、同外地人大的工作交流、对县乡人大的工作指导，与省内外多个市级人大常委会建立了沟通联络机制和交流合作平台，在增强工作联动、互享实践经验、深化协同创新中促进地方民主法治建设事业的不断向前发展。

全市人大工作和建设取得进步和成绩，离不开市委的坚强领导和关心支持。历届市委坚持每届至少召开一次人大工作会议，并制定出台关于加强和改进地方人大工作的指导意见；每年至少听取一次市人大常委会党组工作汇报，及时研究解决人大工作和建设遇到的实际困难和具体问题；坚持把人大工作纳入总体布局，充分尊重人大地位，善于发挥人大作用，注重加强对人大中青年干部的培养、使用和交流，积极支持人大完善组织体系、强化队伍建设、夯实基层基础，为地方人大工作与时俱进、完善发展提供正确指引和坚实支撑。

南充市人大及其常委会建立 28 年以来，始终高举中国特色社会主义伟大旗帜，充分发挥人民代表大会制度优势，牢固树立与党同向、与民同心、与时俱进的工作理念，认真行使宪法和法律赋予的各项职权，全力助推地方经济社会加快发展、跨越发展、转型发展，忠实维护全市人民群众现实利益、长远利益、根本利益，坚定捍卫社会主义法治统一、法治尊严、法治权威，不断深化人大工作理论创新、制度创新、实践创新，持续提升人大代表和人大干部两支队伍履职能力、行权效力、工作活力，在南充追梦“大城崛起”的时代征程中贡献了人大力量、体现了人大担当、展现了人大风采。

站在新的历史起点，进入新的发展阶段，南充市人大及其常委会将以中共中央总书记习近平关于坚持和完善人民代表制度的重要思想为指导，认真落实党中央关于加强新时代人大工作的各项要求，在传承创新中接续奋斗，在拼搏实干中砥砺前行，更好地把制度优势转为治理效能，努力为南充建设成渝第二城、争创全省经济副中心、打造成渝地区双城经济圈次极核提供坚实民主法治保障。

大事记

1950 年

6 月 23 日至 7 月 1 日　川北区首届第一次各界人民代表会议在南充市（川北行署直辖市）召开，大会收到各界代表提案 740 件。会议讨论并通过中共川北区委第一书记、川北行署主任胡耀邦关于《川北区当前施政方针》的报告。会议选举产生川北区首届协商委员会委员。川北区协商委员会全体委员会议选举产生川北区首届各界人民代表会议协商委员会主席、副主席。胡耀邦当选为主席，赵林、卢子鹤、张雪岩当选为副主席。闭幕会上，胡耀邦作关于人民代表公约，题为《团结一心，站在庄严的公约下面》的报告。

是年　南充市和南充专区所辖各县先后召开各界人民代表会议，在地方人民代表大会召开以前，地方各界人民代表会议代行人民代表大会职权。1954 年 7 月，南充专区所辖各县（市）相继召开人民代表大会会议，各界人民代表会议终止。

1951 年

12 月 6 日至 14 日　川北区首届第二次各界人民代表会议召开。中共川北区委第一书记、川北行署主任、川北区政治协商委员会主席胡耀邦在会上作题为《川北人民动员起来，向着争取反侵略斗争和建设我们伟大国家的胜利奋勇前进》报告。

1952 年

9 月 1 日　中共中央和中央人民政府颁布决定：撤销川东、川南、川西、川北 4 个行政区，恢复四川省建制。中共四川省委、省人民政府正式成立。川东、川南、川西、川北 4 个行政区所属专区及各部门并入四川省。川北区各界人民代表会议、川北区协商委员会随川北区撤销而终止。

1960 年

3 月 9 日至 12 日　全国人大常委会委员长朱德和国务院副总理贺龙、聂荣臻，副总理兼中国人民解放军总参谋长罗瑞卿在中共四川省委第一书记李井泉、省委书记廖志高陪同下到南充考察。

1966 年

“文化大革命”开始后，南充专区各县（市）人大受到冲击。1969 年，南充专区各县（市）革命委员会成立。作为特定历史时期国家政权机关，代行人民代表大会职权。

1980 年

8 月 20 日至 22 日，南充地区选举工作领导小组召开会议，传达贯彻省选举工作会议精神。是年，南充地区所辖各县（市）相继选举产生县级人大常委会。人大常委会在人民代表大会闭会期间行使地方国家权力。

1984 年

11 月　省六届人大常委会五次会议决定，设立省人大常委会南充地区联络处（简称地区人大联络处），任命郭宪书为地区人大联络处主任。

1985 年

3 月 1 日　地区人大联络处召开各县（市）人大常委会代表联系科负责人会议。

3 月 5 日至 10 日　地区人大联络处组织驻南充全国人大代表到南充县氮肥厂、糖厂、纬编针织厂视察。

7 月 4 日至 6 日　地区人大联络处召开全地区人大财经工作座谈会。

11 月 23 日　地区人大联络处召开各县（市）人大常委会主任座谈会。

1986 年

2 月 23 日至 26 日　地区人大联络处召开全地区人大工作会议。

3 月 1 日至 5 日　驻南充全国人大代表到阆中视察。

1987 年

3 月 2 日至 11 日　驻南充全国人大代表到仪陇、营山和地区棉纺织厂、地区绸厂、南充羽绒厂视察。

1988 年

2 月 4 日　省七届人大常委会一次会议任命康智盛为地区人大联络处主任，郭宪书不再担任地区人大联络处主任。

2 月 25 日至 3 月 3 日　驻南充全国人大代表到蓬安、南部、广安视察。

4 月 1 日至 4 日　地区人大联络处召开各县（市）人大常委会主任会议。

6 月 7 日至 9 日　南充地区各县（市）人大常委会代表工作联系会在西充召开。

7 月 19 日至 20 日　南充地区县（市）人大财经工作联席会议在营山召开。

10 月 17 日至 21 日　地区人大联络处检查组到南充县、阆中县开展《中华人民共和国义务教育法》执行情况检查。

12 月 13 日至 14 日　地区人大联络处召开各县（市）人大常委会主任会议。

12 月 19 日至 23 日　驻南充省人大代表到南充市（县级）部分单位、工厂视察。

1989 年

1 月 20 日至 21 日　驻南充全国人大代表到仪陇县南图乡、柳垭乡和阆中县罗家滩乡、双龙乡和阆中县棉纺厂、丝毯厂视察。

2 月 11 日至 13 日　南充地区第一次县（市）人大常委会办公室工作联席会议召开。

7 月上中旬　地区人大联络处组织各县（市）人大常委会部分委员和人大代表检查《中华人民共和国全民所有制工业企业法》实施情况。

9 月初　省七届人大常委会五次会议决定，撤销省人大常委会南充地区联络处，设立省人大常委会南充地区联络委员会（简称地区人大联络委）。地区人大联络委为省人大常委会派出的联络机构，级别为地厅级。

9 月 20 日　省七届人大常委会十一次会议任命冯希尧为地区人大联络委主任，康智盛、文明富、魏荐鹗为副主任。

12 月 11 日至 12 日　地区人大联络委召开第一次委员会议。会议宣读省人大常委会关于成立地区人大联络委有关问题的通知和地区人大联络委组成人员的任命通知。宣读地委批准的地区人大联络委党组成员名单，研究决定地区人大联络委组成人员分工和设立办事机构问题。

1990 年

6 月 5 日至 7 日　地区人大联络委召开全地区县（市）人大常委会主任座谈会。

6 月下旬　南充地区县（市）人大科技兴农联席会议在武胜召开。

8 月 7 日至 9 日　地区人大联络委召开检查《四川省计划生育条例》实施情况汇报会。

9月　省七届人大常委会十八次会议决定，省人大常委会南充地区联络委员会更名为省人大常委会南充地区工作委员会（以下简称地区人大工委），为省人大常委会派出机构，原地区人大联络委主任、副主任、委员改为地区人大工委主任、副主任、委员，不再重新任命。

10月5日至6日　地区人大工委举行第一次全体会议。会议传达省七届人大常委会十八次会议《关于将省人大常委会地区联络委员会改为地区工作委员会的决定》《四川省人大常委会地区工作委员会工作条例》，听取检查内务司法部门执法情况汇报，讨论《四川省人大常委会南充地区工作委员会实施〈四川省人大常委会地区工作委员会工作条例〉试行办法（讨论稿）》《南充地区人大工委1990年第四季度工作要点》，决定地区人大工委办事机构人事任命。

10月27日　地委召开地级机关实施《四川省人大常委会地区工作委员会工作条例》动员大会。

11月20日至22日　南充地区县（市）人大中小学德育工作联席会议在仪陇召开。

12月6日至8日　南充地区县（市）人大财经、农业工作联席会议在华蓥召开。

12月14日至18日　地区人大工委组织驻南充全国人大代表到蓬安视察。

1991年

1月10日至13日　地区人大工委举行第二次全体会议。会议传达省七届人大常委会二十次会议精神、全国人大办公厅机构编制座谈会精神，听取纠正行业不正之风的情况汇报，研究地区人大工委1990年工作总结和1991年工作要点，讨论通过《四川省人大常委会南充地区工作委员会实施〈四川省人大常委会地区工作委员会工作条例〉办法（试行）》，研究调整地区人大工委组成人员分工。

2月23日至25日　地区人大工委、地区行署召开实施《中华人民共和国土地管理法》经验交流会。

4月23日至27日　地区人大工委举行第三次全体会议。会议传达七届全国人大四次会议、省七届人大常委会二十二次会议精神，听取国民经济和社会发展十年规划和"八五"计划纲要情况汇报、1990年财政预算执行情况和1991年财政预算情况汇报、工交生产情况汇报、农业生产情况汇报，通过《四川省人大常委会南充地区工作委员会实施〈四川省人大常委会地区工作委员会工作条例〉试行办法》。

6月27日至29日　地区人大工委在南部召开乡镇人大工作经验交流会。

7月17日至19日　地区人大工委举行第四次全体会议。会议传达省七届人大常委会二十三次会议精神，听取和讨论三大重点建设工程进展的情况汇报、社会治安综合治理情况汇报、"一五"普法基本情况和"二五"普法规划准备工作汇报、民事审判工作汇报、反贪污贿赂工作情况汇报、到外省学习考察人大工作经验情况汇报。

9月5日至7日　南充地区人大信访工作会议在蓬安召开。

9月21日至27日　地区人大工委副主任王以恂到阆中、西充等地检查贯彻实施《中华人民共和国水法》情况。

10月29日至11月2日　地区人大工委举行第五次全体会议。会议传达省七届人大常委会二十四次会议、二十五次会议和省人大工作研讨会议精神，听取和讨论开展"质量品种效益年"活动、土地管理工作、中小学德育工作、计划生育工作的情况汇报，讨论通过表彰奖励人大工作先进单位和先进工作者的决定。

10 月 3 日　南充地区县（市）人大法制工作联席会议召开。

11 月 6 日　南充地区县（市）人大代表工作经验交流会议在岳池召开

11 月 21 日至 23 日　南充地区人大教科文卫工作会议在西充召开。

11 月 27 日至 30 日　地区人大工委在蓬安召开全区人大财经、农业工作联系会。

12 月 16 日至 27 日　地区人大工委组织驻南充全国人大代表到南充丝二厂、南充丝三厂、地区绸厂、南充县龙蟠镇、南充县西兴镇、西充县升钟水库干渠等地视察。

1992 年

2 月 18 日至 22 日　地区人大工委举行第六次全体会议。会议传达省七届人大五次会议精神，听取和讨论春耕生产准备工作、1991 年国民经济和社会发展计划执行情况和 1992 年国民经济和社会发展计划安排、1991 年财政收支情况和 1992 年财政预算、救灾救济工作、计划生育工作情况汇报。研究县（市）人代会有关事项。

6 月 10 日至 12 日　地区人大工委在南部召开县（市）人大常委会工作座谈会。

6 月 26 日至 28 日　地区人大工委在阆中召开人大科教文卫工作联系会。

7 月 7 日至 10 日　地区人大工委举行第七次全体会议。会议传达 11 个省（区）23 个地区（盟、市）人大工作联席会第四次会议、省七届人大常委会二十九次会议、省百家企业依法治企经验交流会议精神，听取和讨论贯彻实施《中华人民共和国全民所有制工业企业法》、贯彻实施《四川省农民负担管理条例》、商贸企业改革、实施《中华人民共和国技术合同法》《技术市场管理条例》、查处“侵权”渎职犯罪工作情况汇报。

7 月 22 日至 27 日　地区人大工委、地区行署联合检查组到仪陇、南部等县检查贯彻实施《四川省农民负担管理条例》情况。

9 月 26 日至 28 日　地委召开组织工作暨换届选举工作会议。

10 月 6 日至 8 日　地区人大工委举行第八次全体会议。会议听取和讨论 1992 年 1 月至 8 月财政工作、1992 年前 8 个月全区税务工作、全区人民法院执行《中华人民共和国行政诉讼法》、贯彻实施《四川省中等职业教育暂行条例》、促进技工学校发展情况汇报。

10 月 26 日至 11 月 2 日　地区人大工委、地区政协工委组织省人大代表和省政协委员分片视察全区 12 个县（市）就业工作情况。

11 月 19 日　南充地区选举领导小组召开全区换届选举工作电话会议。

12 月 16 日至 18 日　地区人大工委举行第九次全体会议。会议听取和讨论宣传贯彻《乡村集体所有制企业条例》、贯彻执行《四川省计划生育条例》、全区开展反盗窃斗争情况汇报。

12 月 16 日至 27 日　驻南充全国人大代表到西充等地视察贯彻实施全国人大常委关于深入开展“二五”普法教育的决议、廉政建设和治理“三乱”等情况。

12 月 26 日　地区人大工委召开县（市）人大常委会主任会议。

1993 年

2 月 23 日　地委书记李正培、地区人大工委主任冯希尧、地区政协工委主任赵培善与南充新当选的八届全国人大代表、全国政协委员举行座谈。

3 月 2 日至 4 日　地区人大工委举行第十次全体会议。会议传达省八届人大一次会议精神，听取和讨论 1992 年财政决算和 1993 年财政预算安排、大春生产备耕工作情况汇报，讨论通过地区人大工委 1992 年工作总结和 1993 年工作要点、地区人大工委组成人员联系全国人大代表和省人大代表试行办法。

3 月 2 日至 4 日　省人大常委会调研组到南充调研地、县财政及个体私营经济发展现状和县（市）人大常委会组织人大代表评议“一府两院”工作情况。

3 月 5 日　地区人大工委召开县（市）人大常委会主任座谈会。

是月　地区人大工委召开全地区人大制度宣传工作会。

4 月 4 日　地委、地区人大工委、地区行署、地区政协工委领导与南充出席全国“两会”（人代会、政协会）代表座谈。

4 月 16 日　地区人大工委主任冯希尧到地区罐头厂、南充丝二厂调研贯彻落实《全民所有制工业企业转换经营机制条例》情况。

4 月 22 日　地区人大工委听取由地区人大工委、地区政协工委、地区文化市场管理委员会、地区文化局联合组成的检查组对全区 12 个县（市）文化市场检查情况汇报。

5 月 5 日　地区人大工委主任冯希尧到武胜调研东西关电站建成后淹没情况并研究解决有关遗留问题。

5 月上中旬　地区人大工委检查组到各县（市）调研《四川省农民负担管理条例》《全民所有制企业转换经营机制条例》贯彻执行情况。

6 月 1 日至 3 日　中共中央政治局常委、全国人大常委会委员长乔石在省人大常委会主任杨析综、省委副书记宋宝瑞陪同下到南充考察。

6 月 8 日至 11 日　地区人大工委举行第十一次全体会议。会议传达省八届人大常委会二次会议精神，听取和讨论全民所有制工业企业转换经营机制条例、省农民负担管理条例、省文化市场管理条例贯彻执行情况汇报和经济审判工作情况汇报。

6 月下旬　地区人大工委检查贯彻实施农民负担管理法规情况。

7 月 2 日　国务院作出调整南充行政区划决定，撤销南充地区、南充市（县级）、南充县，设立南充市（地级），辖原南充地区南部县、营山县、蓬安县、仪陇县、西充县和新设立的顺庆区、高坪区、嘉陵区。原南充地区阆中市由省直辖，南充市代管。市人民政府驻顺庆区。

8 月 12 日　地区人大工委召开人大代表评议地区中级人民法院工作会议。

8 月 21 日　省八届人大常委会四次会议通过设立南充市选举委员会决定。9 月 27 日，省人大常委会主任会议决定，任命李慎宽为南充市选举委员会主任。

9 月 18 日　市首次党代会、人代会、政协会筹备工作会议召开。

11 月 27 日　市一届人大一次会议、市政协一届一次会议新闻发布会举行。

11 月 29 日　市委召开民主协商会，就市人大常委会、市政府、市政协领导班子组成人员和市中级人民法院院长、市人民检察院检察长候选人建议名单进行民主协商。

是月　九县（市、区）人民代表大会和驻市部队选举产生市一届人大代表 479 名。

12 月 1 日至 5 日　市一届人大一次会议举行。大会选举李慎宽为市一届人大常委会主任，田远志、袁天锡、谢志远、樊荣华、杜河清、张明才、常思九、李志光为副主任，副主任张明才兼秘书长，选举市一届人大常委会委员 30 名；选举向阳为市人民政府市长，杜元耀、谢正顺、胡昌川、陈香泉、董仲良、王正忠、张益维为副市长；选举欧晓东为市中级人民法院院长；选举罗自省为市人民检察院检察长，须依法报经省人民检察院检察长提请省人大常委会批准。大会听取和审查市人民政府、市人大常委会、市中级人民法院、市人民检察院工作报告，通过各项工作报告决议。

12 月 8 日　市委决定，建立市人大常委会党组，李慎宽任党组书记，田远志任党组副书记。

12 月 14 日至 16 日　市一届人大常委会举行第一次会议。会议学习人民代表大会制度、相关法律、中共中央相关文件，审议通过《南充市人民代表大会常务委员会关于设立办事机构的决定》，审议通过相关人事任命，召开颁发任命书大会。

1994 年

1 月 16 日　市人大常委会召开法制工作座谈会。

1 月 17 日　市人大常委会、市人民政府、市政协联合召开全市人大代表议案、市政协委员提案交办会议。

2 月 4 日　市人大常委会召开新闻工作座谈会。

2 月 17 日　市人大常委会召开财经工作座谈会。

2 月 22 日至 24 日　市一届人大常委会举行第二次会议。会议学习《中华人民共和国农业法》《中华人民共和国农业技术推广法》，听取和审议农业情况汇报，作出召开市一届人大二次会议决定，审议通过市一届人大二次会议相关文件草案，决定设立市一届人大常委会代表资格审查委员会，审议通过市人大常委会组成人员守则、议事规则、人事任免办法、加强同市人大代表联系办法，主任、“三长”（市人民政府市长、市中级人民法院院长、市人民检察院检察长）联席会议制度，审议通过市人大常委会 1994 年工作要点，听取和审议市一届人大一次会议议案办理结果报告。

3 月 6 日至 8 日　市人大常委会组织市一届人大代表到营山视察。

3 月 7 日至 11 日　市人大常委会组织市一届人大代表到南部视察。

3 月 30 日至 4 月 2 日　市一届人大二次会议举行。大会听取和审查市人民政府工作报告、市计划报告、市财政预算报告、市人大常委会工作报告、市中级人民法院工作报告、市人民检察院工作报告，通过各项工作报告决议；审议通过市人民代表大会议事规则。

4 月 11 日至 15 日　以省人大常委会副主任孙自强为组长的执法检查组到南充开展省绿化条例执法检查。

4 月 18 日至 23 日　市人大常委会、市政协组织部分市人大代表和市政协委员，到南部、西充、营山、高坪开展《中华人民共和国教师法》《中华人民共和国教育法》及省义务教育实施条例执法检查。

4 月 27 日至 29 日　市一届人大常委会举行第三次会议。会议听取和审议工业经济和商贸经济工作、造林绿化工作、《中华人民共和国教师法》宣传贯彻情况汇报，分别提出审议意见，作出实现全市绿化决议。

5月20日　市人大常委会主任会议听取和审议市红十字会宣传贯彻《中华人民共和国红十字会法》及红十字会工作情况汇报。

6月23日至24日　南充市纪念人民代表大会制度建立和宪法颁布40周年活动领导小组举办市级机关县级以上领导干部“人大制度、宪法知识”学习班，市委书记李正培、市长向阳、市政协主席赵培善等700余名干部参加学习。

6月28日至29日　市一届人大常委会举行第四次会议。会议听取和审议物价工作、土地管理工作、“二五”普法工作情况汇报，分别提出审议意见，作出加强“二五”普法工作决议。

是月　市人大常委会调研组调研市、县两级7家化肥生产企业情况，形成《关于天然气价格增长，严重冲击全市化肥企业和农业基础的情况调查》。

7月5日至8日　部分省、市人大代表组成6个视察小组到南部、阆中升钟水库淹没区内11个乡镇、31个村、83个社、132户农户视察。

8月1日　市人大常委会主任会议听取审议体育工作情况报告。

8月15日至18日　市人大常委会主任李慎宽到高坪、南部、仪陇分片听取人大工作报告。

8月22日　市人大常委会主任会议听取关于在“一府两院”实行部门执法责任制情况报告。

8月25日至9月7日　市人大常委会副主任樊荣华到嘉陵9个乡镇调研抗灾自救和农业生产情况。

8月29日至31日　市一届人大常委会举行第五次会议。会议传达省八届人大常委会十次会议精神；听取和审议1994年上半年国民经济和社会发展计划执行情况报告、市计划生育工作情况汇报，分别提出审议意见；听取和审查1994年财政预算草案报告，批准1994年财政预算。

9月3日至5日　市委书记李正培、市人大常委会主任李慎宽参加省委人大工作会议。会上，李正培作题为《加强和改善党对人大工作的领导，努力为人大依法行使职权创造条件》发言。

9月10日　市人大常委会主任李慎宽到顺庆区舞凤乡调研农村基层民主政治建设试点工作情况。

9月14日　南充市纪念人民代表大会制度建立40周年大会举行，市人大常委会主任李慎宽作报告，市委书记李正培讲话。

9月20日至21日　市委召开全市人大工作会议，市委书记李正培、市人大常委会主任李慎宽、市长向阳分别作报告。

9月22日至27日　市人大常委会执法检查组到顺庆、营山、西充、阆中开展《中华人民共和国农业法》执法检查。

9月27日　市人大常委会主任李慎宽出席市计划工作座谈会并讲话。

是月　市委印发《关于加强人大工作的决定》。

是月　市一届人大常委会启动评议市文化局工作。12月5日至6日，召开人大代表评议市文化局工作会议，市人大常委会主任李慎宽，市委副书记、市长向阳参加会议。次年4月，市一届人大常委会九次会议听取和审议市文化局评议整改工作情况汇报。

10月5日　市人大常委会中心学习组召开会议，市人大常委会主任李慎宽主持学习党的十四届四中全会公报。

10月6日　市人大常委会召开纪念人大制度建立、宪法颁布40周年宣传工作总结会暨征文颁奖会，市人大常委会主任李慎宽出席会议。

10月11日　市人大常委会主任会议听取和审议《中华人民共和国文物保护法》执行情况汇报和侨务工作情况汇报。

10月14日至15日　以中共中央委员、全国人大常委会委员、全国人大民族委员会主任委员王朝文为组长、省人大常委会副主任孙自强为副组长的全国人大常委会执法检查组到南充开展《中华人民共和国农业法》执法检查。

10月18日　市人大常委会主任会议研究召开市一届人大常委会六次会议和市第一次人大制度理论研讨会有关事项。

10月20日至21日　市人大常委会在高坪召开9县（市、区）人大代表工作联系会第一次会议，市人大常委会主任李慎宽出席会议并讲话。

10月22日　市人大常委会召开主任、“三长”联席会议，研究在市“一府二院”实行部门执法责任制和错案追究制有关事项。

10月25日至27日　市一届人大常委会举行第六次会议。会议听取和审议全市调整完善乡镇建制工作、农村社会治安综合治理、工业经济工作、商贸经济工作、《中华人民共和国反不正当竞争法》《中华人民共和国消费者权益保护法》宣传贯彻情况汇报，分别提出审议意见；作出在市“一府两院”实行部门执法责任制决议，审议批准调整1994年人口计划；听取和审议办理市一届人大二次会议议案情况汇报，审议通过议案审议结果报告。

11月22日　市人大常委会主任会议研究召开市人大制度理论研讨会暨人大制度研究会成立大会事项，研究评议、选举、视察等工作。

11月24日至25日　全市农村基层民主政治建设经验交流会在顺庆召开。市委书记李正培、市人大常委会主任李慎宽参加会议并讲话。

11月28日　市人大常委会主任会议研究1994年市人大常委会工作总结和1995年工作安排意见。

11月29日至30日　市人大常委会召开人大制度理论研讨会暨人大制度研究会成立大会，选举产生市人大制度研究会第一届理事会及其常务理事会，选举市人大常委会主任李慎宽为会长。

12月8日　市人大常委会主任会议研究召开市一届人大三次会议有关事项。

12月12日至13日　省人大政法委员会9个联系点工作会议在南充召开。

12月12日至18日　市人大常委会组织驻南充全国人大代表到营山、高坪和市级机关视察农业、城市工商业工作。

12月18日至20日　省人大常委会执法检查组到南充开展《中华人民共和国红十字会法》执法检查。

12月19日至21日　市一届人大常委会举行第七次会议。会议传达省八届人大常委会十二次会议精神；审议作出召开市一届人大三次会议决定，审议通过市一届人大三次会议相关文件草案；听取和审查1994年财政预算调整方案报告，批准1994年财政预算调整方案；听取和审议市一届人大二次会议代表所提建议、批评和意见办理情况汇报；审议通过国民经济和社会发展计划监督试行办法、预算监督实施办法；审议反馈审议意见办理情况试行办法（草案）和市人大常委会1995年度工作要点（草案）。

12月27日　全市人大干部培训班结业座谈会在市委党校召开，市人大常委会主任李慎宽参加会议并讲话。

12月27日至29日　市人大常委会主任会议听取和审议乡镇企业发展情况汇报，研究市人大常委会工作报告修改事项。

12 月 28 日至 29 日　市人大常委会组织部分省、市人大代表到市辖 3 区视察初级卫生保健工作。

12 月 31 日　市人大常委会主任李慎宽到市工商局检查验收部门执法责任制试点工作。

1995 年

1 月 6 日　市人大常委会主任李慎宽参加市中级人民法院召开的全市第一次经济审判工作会议并讲话。

1 月 18 日至 22 日　市一届人大三次会议举行。大会听取和审查市人民政府工作报告、市计划报告、市财政预算报告、市人大常委会工作报告、市中级人民法院工作报告、市人民检察院工作报告，通过各项工作报告决议；审议通过修改市人民代表大会议事规则决议。

1 月 21 日　市人大常委会组织人大代表视察市中心医院。

2 月 8 日　市人大常委会主任李慎宽出席市人民政府召开的推行部门执法责任制和学习宣传贯彻《中华人民共和国国家赔偿法》动员大会。

2 月 10 日　市人大常委会主任会议研究市人大常委会 1995 年工作要点。

2 月 24 日　市委、市人大常委会、市政府、市政协办公厅联合召开人大代表建议、政协委员提案交办暨总结会。

2 月 25 日　市委书记李正培与南充出席全国两会代表和委员座谈。

2 月 27 日至 28 日　市一届人大常委会举行第八次会议。会议传达省八届人大三次会议精神；听取和审议农业生产及升钟水库配套工程建设情况汇报，作出加快升钟水库配套建设决议；听取和审议办理土地管理工作审议意见情况汇报（书面）；审议市一届人大三次会议议案，作出将议案交市人民政府办理决定；审议通过市人大常委会 1995 年工作要点、反馈审议意见办理情况试行办法。

2 月至 3 月　市人大常委会调研组到市辖 3 区和南部专题调研国有工商企业国有资产营运情况，形成《关于南充市国有资产管理工作的调查报告》。

3 月 19 日至 22 日　省人大常委会副主任宋大凡带领执法检查组到南充开展《中华人民共和国妇女权益保障法》执法检查。

3 月 24 日　市人大常委会主任会议研究市一届人大常委会九次会议建议议程，听取 1995 年市本级财政收支预算情况通报。

3 月 31 日　南充市召开传达八届全国人大三次会议和全国政协八届三次会议精神大会，全国人大代表、市人大常委会主任李慎宽传达八届全国人大三次会议精神。

4 月 3 日和 7 日　市人大常委会主任李慎宽在南充人民广播电台、南充电视台和《南充日报》发表《深入贯彻代表法，充分发挥代表作用》讲话和署名文章，纪念《中华人民共和国全国人民代表大会和地方各级人民代表大会代表法》颁布实施 3 周年。

4 月 6 日　市人大常委会主任李慎宽在成都市金牛宾馆参加座谈会，向全国人大常委会副委员长田纪云汇报南充人大工作。

4 月 10 日　市人大常委会主任会议听取兰渝铁路协作会情况汇报。

4 月 11 日　市人大常委会召开《中华人民共和国全国人民代表大会和地方各级人民代表大会代表

法》贯彻实施座谈会。

4 月 14 日至 15 日　省人大常委会副主任李永寿到南充调研。

4 月 20 日　市人大常委会主任李慎宽向参加市委党校培训的人大班、中青班、局长班学员讲授人大制度。

4 月 26 日至 28 日　市一届人大常委会举行第九次会议。会议听取和审议国有资产管理工作情况汇报，提出审议意见；听取和审议《中华人民共和国妇女权益保障法》及四川省实施办法执法检查报告，作出进一步贯彻实施《中华人民共和国妇女权益保障法》决议；听取和审议市一届人大三次会议议案办理情况汇报、实现全市绿化决议贯彻执行情况汇报、文化市场管理情况汇报。

是月　市一届人大常委会组织部分市人大代表评议市畜牧局工作。

5 月 5 日　市人大常委会召开学习宣传和贯彻实施《中华人民共和国义务教育法》座谈会。

5 月 7 日至 8 日　以省人大常委会副主任兼秘书长孟俊修为组长的省人大、省政府联合检查组到南充开展环保执法检查。

5 月 17 日　省人大常委会体育工作检查组到南充检查国务院颁布实施的《全民健身计划纲要》贯彻实施情况和省八运会场馆建设情况。

5 月 25 日至 27 日　省人大常委会主任杨析综到南充视察阆中、南部、西充工业生产、城市建设和重点工程。

6 月 4 日　由省人大农委、省国土局组成的立法调查组到南充开展省土地管理实施办法（修正案）立法调查。

6 月 8 日　市人大常委会主任会议听取市人大常委会拟任命人员任前法律知识考试试题准备工作汇报。

6 月 16 日　市人大常委会举行市国家机关各部门领导干部法律知识考试。

6 月 23 日　市人大常委会主任会议研究召开市一届人大常委会十次会议有关事宜。

6 月 27 日至 29 日　市一届人大常委会举行第十次会议。会议传达省八届人大常委会十五次会议精神；听取和审议全市工业企业和商贸企业扭亏增盈情况汇报、优质农产品基地建设情况汇报、贯彻《中华人民共和国义务教育法》落实教育经费投入情况汇报、贯彻市“一府两院”实行部门执法责任制决议情况汇报，分别提出审议意见；听取和审议市一届人大三次会议议案办理情况汇报；听取和审查市本级 1994 年财政决算报告，批准市本级 1994 年财政决算。

7 月 18 日至 21 日　市人大常委会组织市人大代表视察顺庆第一、二市场物价情况、嘉陵农资公司化肥等重要农用物资价格情况。

7 月 29 日　市人大常委会主任会议传达全省市、地、州人大常委会主任学习会议精神，研究召开市一届人大常委会十一次会议有关事项。

是月　市人大常委会开展《中华人民共和国药品管理法》执法检查。

8 月 7 日　市人大常委会主任会议听取和审议升钟水库二期配套工程建设资金筹集意见汇报、解决升钟水库淹没区问题情况汇报。

8 月 16 日至 22 日　市人大常委会视察组到蓬安监狱、省一监狱、市监狱视察《中华人民共和国监狱法》实施情况。

8 月 22 日　市人大常委会主任会议传达省八届人大常委会十六次会议精神和市委有关会议精神。

8 月 24 日　市人大常委会主任会议讨论《关于讨论决定重大事项暂行规定（草案）》。

8 月 29 日至 31 日　市一届人大常委会举行第十一次会议。会议传达省八届人大常委会十六次会议精神；听取和审议 1995 年上半年国民经济和社会发展计划执行情况报告、1 月至 7 月财政收支预算执行情况报告、《中华人民共和国药品管理法》贯彻实施情况汇报及执法检查报告、经济审判工作报告，分别提出审议意见；听取和审议调整 1995 年商品零售物价指数报告，批准 1995 年商品零售物价指数；审议《关于讨论决定重大事项暂行规定（草案）》；审议通过全市乡级人大代表选举时间。

9 月 14 日　省人大检查组通报南充实施《中华人民共和国归侨侨眷权益保护法》检查情况，市人大常委会主任李慎宽、副主任谢志远、市政府副市长杜元耀听取情况通报。

9 月 20 日至 21 日　全市乡镇换届选举工作会议召开。

9 月 30 日　市人大常委会向市委汇报组织代表开展评议和推行部门执法责任制工作。

10 月中旬　市一届人大常委会启动评议市工业局、市计生委工作。11 月 20 日至 21 日，市人大代表评议小组对市工业局工作进行公开评议。22 日至 23 日，市人大代表评议小组对市计生委工作进行公开评议。

10 月 25 日至 27 日　市一届人大常委会举行第十二次会议。会议传达学习党的十四届五中全会精神，传达省八届人大常委会十七次会议精神；听取和审查市本级 1995 年预算调整方案报告，批准 1995 年预算调整方案；听取和审议预算外资金管理情况汇报，提出审议意见；听取和审议 1996 年重点基本建设项目安排情况汇报、市“一府两院”贯彻实施《中华人民共和国国家赔偿法》情况汇报、市一届人大三次会议议案办理情况汇报；审议通过《关于讨论决定重大事项暂行规定》。

11 月 2 日　市人大常委会主任会议研究 1995 年后两个月主要工作，讨论召开市一届人大四次会议有关事项。

11 月 27 日　市人大常委会主任会议研究 1996 年市人大常委会工作安排。

11 月 28 日至 30 日　市人大常委会和市人民政府联合检查组到市建委和市辖 3 区开展《中华人民共和国城市规划法》及四川省实施办法执法检查。

12 月 4 日至 8 日　驻南充的全国人大代表李慎宽、曾孝平、陈明琼、谈廷凤和省人大代表杜元耀、谢奇到部分市级部门和南部、西充视察。

12 月 15 日　市人大常委会主任会议讨论市人大常委会工作报告（草案）、召开市一届人大四次会议有关问题。

12 月 18 日至 20 日　市一届人大常委会举行第十三次会议。会议听取和审议全市“二五”普法工作总结情况汇报，市一届人大三次会议代表所提建议、批评和意见办理情况汇报，《中华人民共和国城市规划法》执法检查情况汇报（书面）；听取和审议通过市一届人大三次会议议案审议结果报告、终止 2 名市一届人大代表资格报告；补选 1 名省八届人大代表，审议作出召开市一届人大四次会议决定，通过市一届人大四次会议相关文件草案；决定撤销市人大常委会法制工作委员会、农业工作委员会、财政经济工作委员会、教科文卫工作委员会。

12 月 27 日至 28 日　市人大常委会组织市人大代表到高坪、嘉陵部分乡镇视察造林绿化工作。

1996 年

1 月 11 日至 12 日　市人大常委会主任会议听取市政府秘书长彭修昌、市政府办公厅主任杨先才、市人事局局长庞丕生、市公安局局长张泽荣述职报告。

1月19日　市一届人大常委会举行第十四次会议。会议听取和审议1995年1月至9月市本级预算执行和其他财政收支情况审计工作报告；听取和审议通过市一届人大补选代表资格审查报告。

1月23日至27日　市一届人大四次会议举行。大会听取和审查市人民政府工作报告、市计划报告、市财政预算报告、市人大常委会工作报告、市中级人民法院工作报告、市人民检察院工作报告，通过各项工作报告决议；审查和批准市国民经济和社会发展“九五”计划及2010年远景规划；决定市一届人大设立6个专门委员会。

2月28日至29日　市一届人大常委会举行第十五次会议。会议传达省八届人大四次会议精神；听取和审议科技兴农和1996年大春备耕情况汇报、市科委主任胥德会述职报告；审议通过市人大常委会1996年工作要点。

是月　市人大常委会组织开展农业专题调研，形成《当前农业“四靠”面临的问题及建议》。

3月4日至7日　市人大常委会副主任樊荣华带领执法检查组到南部、阆中、蓬安、嘉陵开展省农作物种子管理条例执法检查。

3月11日至15日　市人大常委会副主任李志光到赛丽斯集团专题调研企业改革和经营情况。

3月29日至31日　省委、省人大常委会、省政府、省政协联合检查组检查南充实施科技成果转化“千亿工程”项目落实情况。

4月3日　市人大常委会主任李慎宽，副主任常思九、李志光参加阆中市人大常委会组织召开的全国部分历史文化名城人大工作研讨会。

4月17日　市人大常委会主任李慎宽，副主任田远志、谢志远、李志光听取市建委关于房改工作情况汇报。

4月19日　市人大常委会主任会议听取全省评议公安机关工作部署会议精神汇报。

4月24日至25日　市一届人大常委会举行第十六次会议。会议传达省八届人大常委会二十次会议精神；听取和审议省农作物种子管理条例贯彻执行情况汇报、实施科技成果转化百亿工程情况汇报，并分别提出审议意见；听取和审议1995年财政预算执行情况和其他财政收支情况审计报告；审议通过市人大专门委员会工作规定、市司法机关案件监督规定、加强同市人大代表联系办法补充意见；将市人大常委会选举任免联络工作委员会更名为人事代表工作委员会；审议决定通报表彰市科委主任胥德会。

4月下旬　市人大常委会召开评议公安机关工作部署会议。8月26日，主任李慎宽、副主任袁天锡听取参评的市人大代表对评议调查工作情况汇报。9月5日，市评议工作指导协调小组听取市人大代表评议公安局调查组调查情况汇报。12日至13日，市人大常委会召开人大代表评议市公安局工作会议，提出评议意见。

5月7日　市人大常委会主任会议听取和审议市建委试点小城镇建设情况汇报。

5月7日至8日　市人大常委会召开全市人大农业工作座谈会。

5月10日至25日　市人大常委会主任李慎宽参加省人大常委会出国考察团，到泰国、马来西亚考察地方议会工作。

5月27日　省物价局、省邮电局派员到南充，对驻南充的全国人大代表陈明琼在八届全国人大四次会议上所提关于寻呼业务要提倡公平竞争议案作答复和解释工作。

5月29日　市人大常委会召开全市人大人事代表工作座谈会。

5 月 30 日　市人大常委会主任会议听取和审议发展个体私营经济、关于烟草生产经营情况汇报。

6 月　市人大常委会专题调研组调研阆中市博树回族乡经济社会发展情况并形成调研报告。

7 月 3 日至 5 日　市一届人大常委会举行第十七次会议。会议传达省八届人大常委会二十一次会议精神；听取和审查 1995 年财政决算草案报告，批准 1995 年财政决算；听取和审议化肥价格调整后执行情况汇报，加强中小学收费管理、坚决制止乱收费情况报告，阆中市博树回族乡经济和社会发展情况汇报；听取和审议市政府筹备省第八届运动会工作情况汇报、罢免 1 名市人大代表职务审查报告。

7 月 8 日　市人大常委会主任会议传达中央有关文件精神。

7 月 9 日　市人大常委会主任李慎宽带领市人大财经委负责人到南充罐头厂调研企业生产经营情况。

7 月 3 日至 5 日　以省人大常委会副主任孙自强为组长的立法调查组到南充调研农机机电提灌管理立法相关问题。

7 月 10 日　市人大常委会主任李慎宽调研达成铁路建设情况。

7 月 15 日至 17 日　市人大常委会副主任李志光带领执法检查组到南部、阆中开展《中华人民共和国城市规划法》执法检查。

7 月 15 日至 18 日　市人大常委会副主任樊荣华、张明才、常思九分别带领执法检查小组到市辖 3 区 40 家国营、集体、个体副食品、饮料生产、销售企业、摊点以及部分餐馆、火锅店开展《中华人民共和国食品卫生法》执法检查。

7 月 19 日　市人大常委会主任会议听取和审议 1996 年上半年国民经济和社会发展计划执行情况汇报、侨属企业发展情况汇报。

7 月 22 日至 24 日　以市人大常委会副主任兼秘书长张明才为组长的市人大代表视察组视察市级行政事业性收费工作。

7 月 25 日至 29 日　市人大常委会在蓬安召开全市县（市、区）人大常委会主任学习会。

8 月 5 日至 6 日　市人大常委会副主任李志光到嘉陵调研嘉陵大道工程建设情况。

8 月 7 日至 8 日　市人大常委会副主任常思九到西充、嘉陵调研归侨侨眷企业经营发展情况和《四川省归侨侨眷企业事业权益保护条例》贯彻执行情况。

8 月 20 日　市人大常委会主任李慎宽、副主任袁天锡参加全市“三五”普法工作会议。

8 月 22 日　市人大常委会主任李慎宽主持召开座谈会，与市委、市人大常委会、市政府、市政协、市中级人民法院、市人民检察院等机关单位负责人研究开展法制宣传教育、举行法律知识电视大赛、搞好“三五”普法启动工作等事宜。

8 月 23 日　市人大常委会主任会议传达关于提高公务员素质有关文件精神，通报市机构改革工作会议精神，听取“三五”普法准备工作情况汇报。

8 月 28 日至 30 日　市一届人大常委会举行第十八次会议。会议传达省八届人大常委会二十二次会议精神；审议作出在全市开展“三五”普法教育决议；听取和审议全市工业企业和商贸企业扭亏增盈情况汇报、1996 年 1 月至 6 月财政预算执行工作情况报告，分别提出审议意见；听取和审议开展“城市规划年”活动情况汇报；听取和审议市中级人民法院院长欧晓东述职报告。

9 月 2 日至 5 日　市人大常委会副主任田远志、张明才和市人民政府副市长杜元耀到顺庆、南部和市属部分企业开展《中华人民共和国劳动法》执法检查。

9 月 14 日至 17 日　省人大常委会副主任牟绪珩到南充调研人大代表评议公安机关工作情况和公安

机关开展执法及队伍建设情况。

9 月 19 日至 29 日　市人大常委会主任李慎宽到新疆考察南充劳务输出情况。

是月　市人大常委会启动评议市贸易局、市土地管理局、市广播电视局工作。10 月下旬，先后召开市人大代表评议市贸易局、市土地管理局、市广播电视局工作会议，分别提出评议意见，印发被评议单位整改落实。

是月　市人大常委会专题调研组调研全市农业服务体系建设情况，形成《全市农业服务体系面临的问题及对策》。

10 月 14 日至 18 日　市人大常委会副主任樊荣华、常思九到营山、顺庆、阆中开展《中华人民共和国农业技术推广法》执法检查。

10 月 17 日至 18 日　南充市、广安地区县级人大“普九”工作研讨会在嘉陵召开。

10 月 28 日至 29 日　省人大常委会《中华人民共和国农业技术推广法》实施办法立法调研组到南充开展立法调研。

10 月 30 日至 11 月 1 日　市一届人大常委会举行第十九次会议。会议传达省委六届七次全会精神和省八届人大常委会二十三次会议精神；听取和审议 1996 年 1 月至 8 月国民经济和社会发展计划执行情况及部分指标变更意见报告，作出关于 1996 年国民经济和社会发展计划部分指标变更决定；听取和审查市级 1996 年财政预算调整方案报告，批准 1996 年财政预算调整方案；听取和审议农村小康建设工作情况汇报，作出加快农村小康建设决议；听取和审议通过市一届人大四次会议议案审议结果报告；决定接受向阳辞去市人民政府市长职务，决定任命李川为市人民政府副市长，决定李川为市人民政府代理市长。

11 月 7 日至 8 日　市人大常委会举办法律知识讲座并举行全市法律知识大赛。

11 月 20 日至 25 日　市人大常委会、市人民政府开展环保联合执法检查。

11 月 28 日至 29 日　市人大常委会召开优秀市人大代表（小组）和人大工作先进集体（个人）表彰大会，表彰 55 名优秀市人大代表、48 名人大先进工作者、10 个先进市人大代表小组和专业组及 20 个人大工作先进集体。

12 月 3 日至 11 日　驻南充八届全国人大代表李慎宽、曾孝平、任作瑛、陈明琼、谈廷凤和部分省人大代表到部分市级机关和营山、蓬安、高坪视察。

12 月 12 日至 13 日　市人大常委会副主任杜河清到顺庆、嘉陵视察“普九”、农村初保、乡镇卫生院建设、个体行医等方面工作。

12 月 19 日至 20 日　市人大制度研究会召开 1996 年度年会暨优秀论文表彰会。

12 月 30 日　市人大常委会主任李慎宽、市人民政府代市长李川、市政协主席赵培善参加省政府和铁道部在遂宁联合举行的达成铁路全线贯通庆典。

12 月 30 日至 31 日　市一届人大常委会举行第二十次会议。会议传达省八届人大常委会二十四次会议精神；听取和审议《中华人民共和国环境保护法》《中华人民共和国农业技术推广法》执法检查情况汇报（书面），市一届人大四次会议代表所提建议、批评和意见办理情况汇报，省社会治安综合治理条例贯彻实施情况汇报；审议作出召开市一届人大五次会议决定，审议通过市一届人大五次会议相关文件草案；审议通过市人大常委会 1997 年工作要点；听取和审议补选代表资格审查报告；补选李慎宽为省八届人大代表。

1997 年

1 月 14 日至 15 日　市人大常委会组织市人大代表视察顺庆宗教场所。

1 月 23 日至 24 日　市人大常委会主任会议听取市粮食局工作汇报和市人大各专委会、办事机构关于 1996 年工作总结与 1997 年工作安排情况汇报。

2 月 16 日　市一届人大常委会举行第二十一次会议。会议听取和审议大春备耕工作情况汇报，提出审议意见；听取和审议通过罢免 1 名市人大代表职务审查报告、市一届人大补选代表资格审查报告。

2 月 19 日至 24 日　市一届人大五次会议举行。大会听取和审查市人民政府工作报告、市计划报告、市财政预算报告、市人大常委会工作报告、市中级人民法院工作报告、市人民检察院工作报告，通过各项工作报告决议；决定接受袁天锡、谢志远、樊荣华、李志光辞去市一届人大常委会副主任职务及相关专委会职务，接受谢正顺、胡昌川辞去市人民政府副市长职务；补选李川为市人民政府市长，杨元生、谢正顺、彭修昌、肖盛林为市一届人大常委会副主任，陈福、陈尚君、罗月华（女）为市人民政府副市长；审议通过关于修改市人民代表大会议事规则决议。

2 月 24 日　市人大常委会主任会议对新当选的市人大常委会副主任进行工作分工。

3 月 11 日　市人大常委会主任会议研究市人大常委会 1997 年工作安排和市人大常委会机关联系贫困乡工作事项。

3 月 24 日　市人大常委会召开宣传贯彻四川省《中华人民共和国农业技术推广法》实施办法座谈会。

3 月 25 日　市委、市人大常委会、市政府、市政协办公厅联合举行传达八届全国人大五次会议、全国政协八届五次会议精神报告会。

3 月 27 日至 31 日　市人大常委会主任李慎宽到高坪、南充罐头厂调研指导工作。4 月 4 日，李慎宽组织市级有关单位负责人研究南充罐头厂减亏增效问题。

4 月 1 日　市人大常委会召开评议市检察院机关工作部署会议，启动评议市、县检察院工作。7 月 17 日至 18 日，市人大常委会召开市人大代表评议市人民检察院工作会议，提出评议意见，印发市检察院整改落实。12 月 29 日至 30 日，市一届人大常委会二十七次会议听取和审议市人民检察院整改情况汇报。

4 月 2 日　市人大常委会召开纪念《中华人民共和国全国人民代表大会和地方各级人民代表大会代表法》颁布实施 5 周年座谈会。

4 月 28 日至 30 日　市一届人大常委会举行第二十三次会议。会议传达省八届人大五次会议精神和省委书记谢世杰到南充现场办公讲话精神；听取和审议全市农田水利基本建设情况汇报，提出审议意见；听取和审议全市“三五”普法启动工作情况汇报、全市金融工作情况汇报。

5 月 7 日　市人大常委会主任会议研究 1997 年市、县（市、区）人大常委会主任学习会有关事项，研究市人大机关建设事项。

5 月 8 日　市人大常委会主任李慎宽、副主任肖盛林参加市法制建设领导小组全体会议。

5 月 12 日至 13 日　市人大常委会主任李慎宽到蓬安调研农村“双抢”工作。

5 月 12 日至 17 日　市人大常委会副主任杜河清到 9 县（市、区）检查《中华人民共和国促进科技成果转化法》和“科技成果转化百亿工程”实施情况。

5月23日　市人大常委会主任会议听取和审议全市交通工作、贯彻实施家畜家禽防疫条例情况汇报。

5月27日　市人大常委会主任李慎宽到浙江省杭州、温州、金华、湖州等地学习考察。

是月　市人大常委会专题调研组调研全市宗教事务管理工作并形成调研报告。

是月　市人大常委会专题调研组到市财政局、税务局等16个市级部门调研培育税源财源、搞活南充市财力情况并形成《关于搞好全市财力的调查报告》。

6月2日至5日　市人大常委会副主任杜河清到仪陇、阆中、南部、蓬安、西充、高坪、顺庆7个县（市、区）视察《中华人民共和国义务教育法》贯彻实施情况和“普九”工作进展情况。

6月5日至6日　省人大常委会办公厅《民主法制建设》杂志1998年度宣传发行工作会议在南充举行。

6月10日　市人大常委会副主任彭修昌到高坪调研推行农业产业化情况。

6月16日至18日　市人大常委会副主任彭修昌到蓬安调研农业产业化工作和农民负担情况。

6月19日　市人大常委会主任会议听取市建委关于1996年城市维护建设收支管理工作和1997年预算收支情况汇报，讨论召开市一届人大常委会第二十四次会议有关事项。

6月25日至27日　市一届人大常委会举行第二十四次会议。会议传达省八届人大常委会二十七次会议精神；听取和审议推进农业产业化、宗教事务管理、1996年度市级预算执行和其他财政收支情况审计工作情况报告，分别提出审议意见；听取和审查南充市1996年财政决算草案报告，批准1996年市级财政决算；听取市监察局局长述职报告；审议作出修改人事任免试行办法决定。

7月3日至16日　市人大常委会副主任彭修昌带领执法检查组开展《中华人民共和国水法》执法检查。

7月7日至15日　市人大常委会副主任谢正顺带领执法检查组开展省建筑管理条例执法检查。

7月11日　市人大常委会主任会议听取和审议环保执法检查及整改工作情况汇报、市劳动局工作情况汇报。

7月14日　市人大常委会召开市人大代表评议市工商局工作动员会。8月6日，市人大常委会召开市人大代表评议市工商局工作会议，提出评议意见。1998年4月下旬，市一届人大常委会第二十九次会议听取和审议市工商局接受评议及整改工作情况汇报。

7月23日至28日　市人大常委会副主任杨元生、杜河清、张明才、彭修昌分别带领执法检查组到市级相关部门、市辖3区和南部开展省文化市场管理条例执法检查。

7月29日至30日　市人大常委会主任会议讨论召开市一届人大常委会二十五次会议有关事项，讨论决定市、县（市、区）人大常委会主任学习会有关事项。

8月4日至5日　市人大常委会副主任常思九带领侨务执法检查组到市级有关部门和侨属企业开展省归侨侨眷企业事业权益保护条例执法检查。

8月14日　市人大常委会主任、市法制建设领导小组组长李慎宽主持召开市法制建设领导小组全体会议。

8月19日至22日　市人大常委会召开市、县（市、区）人大常委会主任学习会，市委书记敬中春、市人大常委会主任李慎宽出席会议并讲话。

8月27日至29日　市一届人大常委会举行第二十五次会议。会议传达省八届人大常委会二十八次会议精神；听取和审议 1997 年上半年国民经济和社会发展计划执行情况报告、《四川省建筑管理条例》《四川省文化市场管理条例》贯彻实施情况汇报，分别提出审议意见；审议作出依法治市决议；审议通过四川省各级人大常委会评议工作条例实施办法；审议作出修改市人大常委会议事规则决定；决定任命吕友清为市人民政府副市长。

9 月 8 日至 22 日　市人大常委会副主任田远志带领执法检查组到南充罐头厂、南充棉纺厂、南充立汇集团等 20 多家企业开展省企业负担监督管理条例执法检查。

9 月 9 日　市人大常委会主任会议听取和审议检查《中华人民共和国水法》执行情况汇报。

9 月 10 日至 12 日　省人大常委会副主任徐尚志带领省人大执法检查组到南充开展省建筑管理条例执法检查。

9 月 11 日至 12 日　市人大常委会主任李慎宽、副主任杨元生参加市委召开的全市县（市、区）换届选举工作会。

9 月 15 日　市人大常委会召开市人大代表评议市教委工作动员会。10 月 14 日，市人大常委会召开市人大代表评议市教委工作会议，提出评议意见。1998 年 4 月下旬，市一届人大常委会第二十九次会议听取和审议市教委接受评议及整改工作情况汇报。

9 月 17 日　市人大常委会主任会议讨论召开市一届人大常委会二十六次会议有关事项，研究市一届人大六次会议筹备工作事项。

9 月 18 日　市人大常委会主任李慎宽参加全市宣传贯彻《中华人民共和国烟草专卖法》动员大会。

9 月 19 日　市人大常委会主任会议座谈学习党的十五大会议精神体会，收看新当选的中央政治局常委与中外记者见面电视实况。

9 月 25 日　市人大常委会主任会议听取关于市经济技术开发区和试点小城镇建设土地利用管理情况调查报告。

是日　市人大常委会主任会议听取市人大代表评议市建委工作实施意见。11 月 11 日，市人大常委会召开市人大代表评议市建委工作会议，提出评议意见。1998 年 4 月下旬，市一届人大常委会二十九次会议听取和审议市建委接受评议及整改工作情况汇报：

9 月 25 日至 26 日　市人大常委会副主任肖盛林带领检查组到蓬安、营山检查《中华人民共和国残疾人保障法》贯彻执行情况和部门执法责任制开展情况。

9 月 29 日至 30 日　市人大常委会副主任常思九带队到西充调查旅游资源开发利用情况。

是月　市人大常委会机关党委成立。

10 月 4 日至 10 日　市人大常委会主任李慎宽到湛江市参加全国人大常委会办公厅和广东省人大常委会举办的依法治国理论与宣传研讨会。

10 月 23 日至 24 日　市人大常委会主任李慎宽主持召开服装工业发展情况汇报会。

10 月 28 日至 30 日　市一届人大常委会举行第二十六次会议。会议传达省八届人大常委会二十九次会议精神；听取和审议《四川省归侨侨眷企业事业权益保护条例》执法检查报告、加快农村小康建设决议贯彻情况汇报；听取和审议 1997 年 1 月至 9 月财政预算执行情况，听取和审查 1997 年市级财政预算调整方案（草案）报告，批准 1997 年市级财政预算调整方案；听取和审议通过市一届人大五次会议议案审议结果报告；听取和审议《四川省企业负担监督管理条例》贯彻实施情况汇报和执法检查报告、旅游业发展情况汇报，分别提出审议意见；听取和审议市一届人大补选代表资格审查报告；审议作出召开市一届人大六次会议决定；听取和审议市外侨办主任述职报告。

10 月 30 日　市人大常委会召开依法治国学习讲座会。市人大常委会主任李慎宽作“高举邓小平理论伟大旗帜，努力建设社会主义法治国家”法治讲座。

11 月 1 日至 6 日　市人大常委会副主任肖盛林带领执法检查组到市聋哑学校、社会福利院、果城味精厂开展《中华人民共和国残疾人保障法》《中华人民共和国国防法》执法检查。

11 月 4 日　市人大常委会主任会议讨论市一届人大六次会议筹备工作事项和关于召开市一届人大常委会二十七次会议等有关事项。

11 月 11 日至 14 日　省人大农委执法检查组到营山、南部开展四川省《中华人民共和国农业技术推广法》实施办法执法检查。

11 月 21 日　市人大常委会主任会议讨论决定召开市一届人大常委会二十七会议有关事项，研究市一届人大六次会议有关筹备工作事项。

11 月 25 日至 30 日　省人大执法检查组到高坪、蓬安、营山开展《中华人民共和国国防法》执法检查。

11 月 26 日至 27 日　市人大常委会主任李慎宽到仪陇、营山、蓬安调研指导县级换届选举工作。

11 月 30 日至 12 月 1 日　省人大执法检查组到南充开展省计划生育条例执法检查。

是月　市人大常委会专题调研组到部分市级部门和县（市、区）调研市人大监督事与监督人相结合问题并形成调研报告。

是月　市人大常委会专题调研组调查南充实施农业产业化建设情况并形成《农业产业化是向农业强市转变的必由之路》调研报告。

12 月 1 日至 3 日　市人大常委会组织部分驻市全国人大代表、省人大代表视察南充市城市基础设施建设、农田水利基本建设、农业产业化建设情况。

12 月 4 日至 5 日　市一届人大六次会议举行。大会决定接受李川辞去市人民政府市长职务，补选杜元耀为市人民政府市长，选举产生南充市出席省九届人民代表大会代表 61 名。

12 月 17 日　市人大常委会主任会议讨论市人大常委会 1997 年工作报告和 1998 年工作要点（初稿），研究召开市一届人大常委会二十八次会议有关事项。

12 月 24 日　市人大常委会主任会议讨论修改市人大常委会 1997 年工作报告（草案）和 1998 年工作要点（草案），征求对市人民政府工作报告（初稿）修改意见。

12 月 29 日至 31 日　市一届人大常委会举行第二十七次会议。会议传达省八届人大常委会三十次会议精神；听取和审议依法治市工作情况汇报；审议批准南充市国民经济和社会发展“九五”计划部分调整方案；听取和审议市级财政周转金等专项资金使用情况审计调查报告，1997 年国民经济和社会发展计划执行情况及 1998 年国民经济和社会发展计划初步安排意见汇报，市一届人大五次会议代表所提建议、批评和意见办理情况汇报，1997 年度市人大常委会审议意见办理情况汇报，1997 年上半年国民经济和社会发展计划执行情况报告审议意见落实情况汇报；听取和审议市乡镇企业管理局局长述职报告；审议通过市人大常委会 1998 年工作要点；审议作出召开市一届人大七次会议决定，审议通过市一届人大七次会议相关文件草案；决定接受陈香泉辞去市人民政府副市长职务，决定任命杨安民、高先海为市人民政府副市长。

1998 年

1 月 25 日　市人大常委会主任会议研究决定召开市一届人大七次会议和市一届人大常委会二十八会议有关事项。

2 月 9 日　市人大常委会主任会议讨论市人大常委会 1998 年工作安排表，研究市一届人大七次会议和县（市、区）人大常委会新任主任、副主任培训会有关事项。

2 月 16 日至 19 日　市一届人大七次会议举行。大会听取和审查市人民政府工作报告、市计划报告、市财政预算报告、市人大常委会工作报告、市中级人民法院工作报告、市人民检察院工作报告，通过各项工作报告决议。

2 月 26 日至 27 日　市一届人大常委会举行第二十八次会议。会议传达省九届人大常委会一次会议精神；听取和审议 1998 年农业生产安排情况汇报　听取和审议南充市历史文化名城保护规划编制情况汇报、西山风景名胜区总体规划编制情况汇报，审议作出关于同意南充市历史文化名城保护规划决议、关于同意南充市西山风景名胜区总体规划决议。

是月　市人大常委会专题调研组调查全市劳务输出状况并形成《强化输出，鼓励回流，再促发展》调研报告。

3 月 11 日　市人大常委会主任会议听取省人大常委会评议法院工作安排意见，听取和审议市林业局环城绿化工程建设情况汇报。

3 月中旬　市人大常委会启动市人大代表评议市中级人民法院、市医药管理局、市物价局评议工作。6 月至 7 月，市人大常委会先后 3 次召开市人大代表评议市物价局、市中级人民法院、市医药局工作会议，分别提出评议意见。10 月下旬，市一届人大常委会三十二次会议听取和审议 3 个被评议单位落实评议整改意见情况汇报。

4 月 15 日　省高级人民法院咨询委员会主任任凌云到市人大座谈，了解影响人民法院公正司法、严格执法主要因素及对策。

4 月 28 日至 29 日　市一届人大常委会举行第二十九次会议。会议传达省九届人大常委会二次会议精神；听取和审议减轻企业负担情况汇报，审议作出切实减轻企业负担决议；听取市人大民宗外侨委关于考察阆中市博树回族乡落实民族乡行政工作条例情况汇报。

5 月 6 日　市人大常委会主任会议研究市、县（市、区）人大常委会主任学习会和人大法制工作座谈会有关事项。

5 月 21 日　市人大常委会主任会议研究决定召开市一届人大常委会十三次会议有关事项，研究确定县（市、区）人大常委会主任学习会有关事项。

6 月 16 日至 17 日　市人大常委会、市人民政府联合执法检查组到顺庆开展《中华人民共和国食品安全法》、公共场所卫生管理条例执法检查。

6 月 26 日至 30 日　省人大常委会农民负担执法检查组到嘉陵、营山检查省农民负担管理条例贯彻执行情况。

6 月 28 日至 30 日　省人大常委会、省人民政府联合执法检查组到南充开展环保执法检查。

6 月 29 日至 30 日　市一届人大常委会举行第三十次会议。会议传达省九届人大常委会三次会议精神；听取和审查 1997 年财政决算（草案）报告，批准 1997 年市级财政决算；听取和审议 1997 年度市级财政预算执行和其他财政收支情况审计工作报告，提出审议意见；听取和审议南充西河（城区段）综合整治开发工程情况汇报、切实减轻企业负担决议贯彻情况汇报、南充旅游业发展审议意见办理情况汇报；审议接受 1 名省人大代表辞职。

是月　市人大常委会专题调研组调研农村奔小康建设情况并形成《巩固和发展农村小康建设成果的问题与建议》调查报告。

7 月 8 日　市人大常委会主任会议听取并审定市人大常委会办公厅关于地方人大机关干部队伍建设情况等 4 个调查报告。

7 月 30 日　市人大常委会主任会议传达全省市、地、州人大常委会主任学习会主要精神，研究召开市一届人大常委会三十一会议和人大制度研究会 1998 年年会有关事项。

8 月 12 日　市人大常委会主任会议听取市人民检察院开展教育整顿工作情况汇报。

8 月 20 日　市人大常委会主任会议听取审议全市环保工作情况汇报。

9 月 3 日至 4 日　市一届人大常委会举行第三十一次会议。会议传达省九届人大常委会四次会议精神；听取和审议全市旱山村人畜饮水工程建设和依法行政工作情况汇报、1998 年 1 月至 7 月国民经济和社会发展计划与财政预算收支执行情况报告。

9 月 24 日　市人大常委会主任会议听取审议全市“三五”普法工作情况、税收执法情况调查报告，研究省人大城环工作座谈会在南充召开有关事宜。

10 月 13 日至 14 日　市人大常委会召开全市乡级换届选举工作会。

10 月 23 日　市人大常委会主任会议听取审议五星花园立交桥规划设计方案汇报。

10 月 26 日至 27 日　省人大教科文卫委员会执法检查组到顺庆开展《中华人民共和国体育法》、省体育条例执法检查。

10 月 27 日至 29 日　市一届人大常委会举行第三十二次会议。会议传达学习党的十五届三中全会精神，传达省九届人大常委会五次会议精神；听取和审查南充市 1998 年市级财政预算调整方案（草案）报告，批准 1998 年市级财政预算调整方案；听取和审议《中华人民共和国乡镇企业法》《四川省计划生育条例》贯彻实施情况汇报，1998 年 1 月至 9 月重点项目建设情况汇报，市北湖公园、市西山运动场、市体育场等公益事业单位近两年来财务收支情况审计和市建委、市公安局、市房管局等几家单位收费、罚款收入及资金使用情况重点审计情况汇报；听取和审议通过市一届人大七次会议议案审议结果报告。

10 月 30 日　市人大常委会主任会议讨论市人大常委会工作报告（讨论稿）。

11 月 2 日至 5 日　省人大城乡建设环境资源保护工作座谈会在南充召开，全省市、地、州人大常委会负责人出席会议。

11 月 13 日　市人大常委会主任会议讨论市人大常委会工作报告（讨论稿），通报市人大常委会党组向市委关于召开市二届人大一次会议有关问题报告，讨论审定召开市一届人大常委会三十三次会议有关事项。

11 月 26 日　省人大常委会调研组到南充调研省地方税征收管理条例（草稿）立法工作。

11 月 30 日　市人大常委会主任会议听取市二届人大一次会议秘书处各组人员职责安排意见，研究召开市一届人大常委会三十三次会议有关事项。

12 月 1 日至 3 日　市人大常委会组织部分驻南充全国人大代表和省人大代表到顺庆、高坪视察城市基础设施建设、农田水利基本建设和农业产业化建设情况。

12 月 17 日至 18 日　市一届人大常委会举行第三十三次会议。会议听取和审议市一届人大七次会议代表所提建议、批评和意见办理情况汇报；审议作出召开二届人大一次会议决定，审议通过市二届人大一次会议相关文件草案；决定接受杜元耀辞去市人民政府市长职务，决定任命吴果行为市人民政府副市长，决定吴果行为市人民政府代理市长。

12 月 24 日　市人大常委会主任会议听取市二届人大一次会议各筹备组工作情况汇报，研究决定召开市一届人大常委会三十四次会议有关事项。

1999 年

1 月 8 日　市人大常委会主任会议讨论通过市二届人大一次会议相关名单（草案），研究决定市二届人大一次会议筹备工作有关事项。

1 月 9 日下午　市一届人大常委会举行第三十四次会议。会议传达省九届人大常委会六次会议精神；听取和审议市二届人大代表资格审查报告，确认当选的 518 名代表资格有效；讨论决定召开市二届人大一次会议有关事项。

1 月 19 日至 24 日　市二届人大一次会议举行。大会听取和审查市人民政府工作报告、市计划报告、市财政预算报告、市人大常委会工作报告、市中级人民法院工作报告、市人民检察院工作报告，通过各项工作报告决议；会议作出《关于南充市第二届人民代表大会专门委员会设置的决定》。大会选举李慎宽为市二届人大常委会主任，杨元生、谢正顺、张明才、张益维、肖盛林、杨汉翔、孙纯、罗自省、陈绍森、黄旭东、王素清（女）为副主任，何多福为秘书长，选举市二届人大常委会委员 22 名；选举吴果行为市人民政府市长，杜光辉、王正忠、陈尚君、罗月华（女）、高先海、李志杰、赵德胜为副市长；欧晓东为市中级人民法院院长；梁仕培为市人民检察院检察长，须依法报经省人民检察院检察长提请省人大常委会批准。

1 月 25 日　市人大常委会主任会议讨论通过市人大常委会 1999 年工作要点，研究决定召开市二届人大常委会一次会议有关事项，决定常委会领导工作分工。

2 月 9 日至 10 日　市二届人大常委会举行第一次会议。会议传达省九届人大常委会七次会议精神；听取和审议 1999 年农业稳粮增收目标及其措施情况汇报；审议通过市人大常委会 1999 年工作要点和相关人事任命，举行颁发任命书大会。

3 月 2 日　市人大常委会主任会议听取市人大各专委会、市人大常委会办事工作机构 1999 年工作安排意见，研究落实常委会 1999 年具体工作任务。

3 月 3 日　市人大常委会主任李慎宽主持研究市人大法制培训中心建设工作。

3 月 5 日　市人大常委会主任李慎宽、副主任罗自省参加市委召开的全市政法工作会议，李慎宽就全市政法机关工作提出意见。

是日　市人大常委会主任李慎宽主持研究《依法行政手册》编辑出版工作。2000 年 2 月 23 日，市人大常委会举行《依法行政手册》首发式。

3 月 7 日　市人大常委会主任李慎宽到高坪检查指导春耕生产。

3 月 11 日　市人大常委会主任李慎宽主持召开市服装工业领导小组成员会议。

3 月 15 日至 16 日　市人大常委会副主任张明才到广安市武胜县人大常委会考察学习。

3 月 19 日　市人大常委会主任李慎宽、副主任肖盛林参加市委召开的整顿农村合作基金会工作会议。会后，市人大常委会开始监督全市清理整顿农村合作基金会工作，并具体联系和指导高坪区清理整顿工作。4 月 19 日，李慎宽听取高坪区关于清理整顿农村合作基金会情况报告，并就相关工作给予具体指导。6 月 10 日至 11 日，市二届人大常委会三次会议听取和审议农村合作基金会清理整顿工作情况汇报。

3 月 17 日至 24 日　市人大常委会副主任罗自省到顺庆、嘉陵、高坪召集区人大常委会和司法机关座谈学习贯彻司法案件监督条例，调研开展司法案件监督工作情况。

3 月 22 日　省人大常委会副主任刘子涛到顺庆考察宗教场所管理情况。

是日　市人大常委会主任会议听取市二届人大一次会议议案审议情况报告，研究决定召开市二届人大常委会二次会议有关事项。

3 月 24 日　市人大常委会主任李慎宽，副主任肖盛林、罗自省参加全市依法治市工作会议。

3 月 26 日　市人大常委会主任李慎宽视察嘉纺集团和南充丝绸印染厂。

3 月 30 日　市人大常委会主任李慎宽出席全市学习贯彻《四川省各级人民代表大会常务委员会司法案件监督条例》座谈会并讲话。

是月　市人大常委会检查组到高坪区、嘉陵和市级有关部门开展《中华人民共和国科技进步法》执法检查。

4 月至 9 月　市人大常委会检查组开展《中华人民共和国森林法》执法检查。

4 月 4 日　市人大常委会副主任张益维参加省人大生态环境座谈会，并以《南充市生态环境建设的现状和对策》为题进行发言。

4 月 14 日至 15 日　市二届人大常委会举行第二次会议。会议传达省九届人大常委会八次会议精神和省人大生态环境座谈会精神；听取和审议《中华人民共和国科技进步法》贯彻实施情况报告；审议修改市人大常委会组成人员守则，审议通过市人大常委会会议列席制度；决定设立市人大常委会研究室、市二届人大常委会代表资格审查委员会。会议首次举办法制讲座，邀请四川师范学院（今西华师范大学）副教授傅建民讲授《宪法民主、依法治国与建设中国特色社会主义》。

4 月 19 日至 21 日　市人大常委会主任李慎宽到营山、蓬安、仪陇等地调研人大工作。

4 月 20 日至 28 日　市人大常委会副主任罗自省带领检查组到顺庆、嘉陵、西充、仪陇 4 县（区）开展《中华人民共和国村民委员会组织法》执法检查。

4 月 21 日至 23 日　市人大常委会在蓬安召开全市乡镇人大换届总结会暨人事代表工作会。

4 月 27 日　市人大常委会召开全市人大农业工作座谈会。

4 月 27 日至 28 日　市人大常委会在高坪召开全市人大民族宗教侨务台事法制建设工作座谈会，市人大常委会主任李慎宽参加会议并讲话。

5 月 5 日至 6 日　市人大常委会副主任谢正顺带领市人大城环委和市环保局负责人及有关单位专业技术人员到顺庆、高坪、嘉陵调研城区饮用水水源保护情况。

5 月 4 日至 12 日　市人大常委会主任李慎宽到湖北省荆州市考察正昌集团与天歌集团置换情况。

5 月 17 日　市人大常委会主任会议听取和审议市建委关于 1998 年城建资金收支情况及 1999 年城建资金预算安排情况汇报、市监察局关于贯彻《中华人民共和国行政监察法》情况汇报；研究决定召开市二届人大常委会第三次会议有关事项。

5月25日　市人大常委会召开全市人大宣传工作会议，市人大常委会主任李慎宽参加会议并讲话。

5月26日至28日　川西北片区人大财经工作座谈会在南充召开，省人大常委会副主任李永寿、市人大常委会主任李慎宽出席会议。

是月　市人大常委会专题调研组调研南充城区饮用水水源保护情况，形成《关于南充市城区饮用水水源保护情况的调查报告》。

6月1日至2日　市人大常委会副主任张益维到升钟水库库区调查了解渡船管理、使用、维修情况。

6月2日、4日　市人大常委会副主任王素清视察南充雅豪公司等侨属企业。

6月3日　市人大常委会副主任谢正顺调研城区人防工程建设管理和利用情况。

6月7日　市人大常委会主任会议研究决定召开市二届人大常委会三次会议有关事项。

6月9日、20日至30日　市人大常委会副主任张明才到高坪、西充、嘉陵、营山、蓬安、仪陇、南部7县（区）检查市人大代表培训工作，召开部分市人大代表和乡镇人大主席座谈会。

6月10日至11日　市二届人大常委会举行第三次会议。会议传达省九届人大常委会九次会议精神；听取和审查1998年财政决算（草案）；听取和审议1999年1月至5月财政预算执行情况报告、1998年度市级财政预算执行和其他财政收支情况审计工作报告，批准1998年市级财政决算；听取和审议全市“三五”普法工作情况汇报、全市侨属企业发展情况汇报。会议举办法制讲座，邀请市中级人民法院副院长刘明讲授《中华人民共和国国家赔偿法》。

6月14日　市人大常委会主任会议研究决定市、县（市、区）人大常委会主任学习会有关事项，讨论市人大机关后勤管理制度。

6月15日　市人大常委会主任李慎宽参加全市依法治校工作经验交流会并讲话。

6月17日　市人大常委会主任会议组织学习省各级人大常委会司法案件监督条例、省各级人大常委会司法案件法律监督书若干规定。

6月18日　市人大常委会主任李慎宽参加市政府组织的西山风景区总体规划设计有关问题现场办公会并提出具体意见。

6月23日　市人大常委会副主任张益维带领市人大代表视察组视察川北农副产品批发市场。

6月29日　市人大常委会副主任王素清视察清泉寺等宗教场所。

7月4日　省委书记、省人大常委会主任谢世杰率省级有关部门负责人到南充调研。

7月13日至16日　市人大常委会在阆中召开全市县（市、区）人大常委会主任学习会。

7月19日　市人大常委会主任会议讨论研究关于市委加强和改善对人大工作领导的若干意见，为市委即将召开市委人大工作会议做准备。

7月21日　市人大常委会主任会议听取和审议学习贯彻司法案件监督条例情况汇报；听取和审议对市道路交通事故车物损失价格评估鉴定暂行办法审查报告。

7月23日　市人大常委会主任李慎宽、副主任罗自省参加全市法院院长座谈会并讲话。

7月28日至29日　市人大常委会主任李慎宽、副主任张益维到南部参加市扶贫工作会议和农村小集镇建设会议。

8月4日至5日　省人大执法检查组到南充开展《中华人民共和国村民委员会组织法》执法检查。

8月23日　市人大常委会主任会议研究决定市二届人大常委会四次会议有关事项，听取市二届人大补选代表资格审查报告。

8 月 24 日　市二届人大常委会举行第四次会议。会议传达省九届人大常委会十次会议精神；听取和审议 1999 年 1 月至 6 月国民经济和社会发展计划执行情况报告；听取和审议通过市二届人大补选代表资格审查报告。会议举办法制讲座，邀请市中级人民法院经济二庭庭长唐扬壁讲授《中华人民共和国合同法》。

8 月 25 日　市人大常委会组织部分省、市人大代表视察南充炼油厂和南充清泉寺嘉陵江大桥施工现场。

8 月 26 日　市人大常委会主任会议研究决定市人大常委会机关庆国庆活动安排有关事宜，讨论市人大常委会处理人民来信来访暂行办法（草案）。

9 月 2 日　市人大常委会主任会议听取市体委关于体育场修建门面围墙情况汇报。

9 月 6 日至 7 日　市人大常委会主任李慎宽、市人民政府市长吴果行、市人大常委会副主任陈绍森到南充丝绸印染厂研究解决有关问题。

9 月 21 日　市人大常委会主任李慎宽主持召开纪念地方人大及其常委会恢复建立 20 周年座谈会。

10 月 17 日　市人大常委会主任会议研究决定召开市二届人大常委会五次会议有关事项。

10 月 26 日至 27 日　市二届人大常委会举行第五次会议。会议传达省九届人大常委会十一次会议精神；听取和审议《中华人民共和国森林法》执法检查报告（书面）、推进农业产业化经营和全市重点工程建设、贯彻省开发区管理条例、加快南充市经济技术开发区发展步伐情况汇报；听取和审查 1999 年市级财政预算调整方案（草案）报告，批准 1999 年市级财政预算调整方案；审议通过处理人民群众来信来访暂行办法；决定任命吕友清为市人民政府副市长。会议举办法制讲座，邀请市人大常委会副主任张明才讲授《中华人民共和国地方各级人民代表大会和地方各级人民政府组织法》。

10 月 29 日　市人大常委会组织市人大代表视察市火葬场、殡仪馆迁建工作。

11 月 16 日　市人大常委会主任会议研究决定召开市二届人大常委会六次会议有关事项，讨论市二届人大二次会议有关筹备工作。

11 月 19 日　市人大常委会主任会议听取和审议贯彻执行《中华人民共和国建筑法》、强化建筑工程质量管理情况汇报，1999 年环城绿化工程建设情况汇报。

12 月 1 日至 3 日　驻南充全国人大代表和部分省、市人大代表到顺庆、高坪视察农业产业结构调整和“两保”再就业工作。

12 月 6 日　市人大常委会主任会议传达省委人大工作会议精神，讨论研究市委人大工作会议有关事项。

12 月 12 日　省人大常委会副主任刘永顺到市人大机关座谈调研人大工作。

12 月 21 日　市委召开全市人大工作会议。

12 月 22 日至 23 日　市二届人大常委会举行第六次会议。会议传达省九届人大常委会十二次会议精神；听取和审议《中华人民共和国建筑法》执法检查报告（书面），市二届人大一次会议代表建议、批评和意见办理情况汇报，开展“执行年”活动情况报告，1999 年度市人大常委会审议意见办理反馈情况汇报；听取和审议通过市二届人大一次会议议案审议结果报告；审议作出召开市二届人大二次会议决定。会议举办法制讲座，邀请市中级人民法院院长欧晓东授课。

12 月 27 日　市人大常委会主任会议讨论市人大常委会 1999 年工作报告和 2000 年工作要点。

2000 年

1 月 5 日　市人大常委会主任会议讨论市人大常委会 1999 年工作报告和 2000 年工作要点，研究决定召开市二届人大常委会七次会议有关事项。

1 月 7 日　市二届人大常委会举行第七次会议。会议传达省九届人大常委会十三次会议精神；听取和审议市二届人大代表变动情况说明；审议通过市人大常委会 2000 年工作要点；听取和审议通过市二届人大一次会议议案审议结果报告；审议通过市二届人大二次会议相关文件草案。

1 月 15 日至 18 日　市二届人大二次会议举行。大会听取和审查市人民政府工作报告、市计划报告、市财政预算报告、市人大常委会工作报告、市中级人民法院工作报告、市人民检察院工作报告，通过各项工作报告决议。

1 月至 6 月　市人大常委会专题调研组调查市规划区内部分存量土地、闲置土地情况，形成《关于南充市规划区内部分存量土地、闲置土地情况的调查报告》。

2 月 14 日至 15 日　市人大常委会主任会议听取开展“人民好公仆”评选活动进展情况汇报，各专委会、办事工作机构 2000 年工作安排情况汇报，讨论通过市人大常委会 2000 年工作安排表。

2 月 17 日至 25 日　市人大常委会主任李慎宽到南充丝绸印染厂、美亚集团、嘉纺集团、天歌集团和南充一休公司调研。

2 月 22 日　市人大常委会主任会议听取市二届人大二次会议议案初审意见，研究决定召开市二届人大常委会八次会议有关事项。

2 月 23 日　市人大常委会副主任王素清到阆中博树回族乡视察扶贫工作。

2 月 24 日至 29 日　市人大常委会副主任张益维到营山县、阆中市博树回族乡、嘉陵区文峰和羊口等乡镇调查了解农业结构调整情况。

是日　市人大常委会副主任陈绍森到高坪区小龙镇调查乡镇政府债务情况。

3 月 5 日至 8 日　省人大常委会副主任李永寿到南充视察。

3 月 7 日至 8 日　市二届人大常委会举行第八次会议。会议传达省九届人大常委会十四次会议精神；听取和审议推行公务员制度、全市农业结构调整安排意见汇报。会议举办法制讲座，邀请四川师范学院（今西华师范大学）副教授周建军讲授《中华人民共和国公司法》。

3 月 7 日至 23 日　市人大常委会副主任罗自省带领部分县（市、区）人大常委会分管法制工作副主任到湖北、安徽、上海等地学习考察人大法制工作并开展招商引资活动。

3 月 10 日　市人大常委会副主任王素清到南充棉纺厂、六合集团调研。

3 月 13 日至 22 日　市人大常委会副主任谢正顺到嘉陵区国土局、顺庆区人大、市环保局、市建委调研市规划区内国有存量闲置土地问题、“一控双达标”情况、市城区规划、小集镇建设等工作，并开展环保执法检查。

3 月 14 日至 15 日　市人大常委会副主任张明才在西充召开驻县部分市人大代表和代表小组长座谈会，视察部分乡镇人大工作。

3 月 16 日至 21 日　市人大常委会主任李慎宽到仪陇、阆中、南部、西充等县（市）调研人大工作。

3 月 21 日至 24 日　市人大常委会副主任张明才带领市、县人大联合调查组到南部县盘龙镇调查李发英反映因履行人大代表职责受到打击迫害情况。5 月 24 日，市人大常委会主任李慎宽向市委通报李发英遭打击报复问题调查及处理情况。

3 月 23 日　市人大常委会副主任黄旭东到嘉纺集团调研企业生产经营情况。

是日　市人大常委会副主任王素清到高坪区白塔公园调研高坪旅游资源开发工作。

3 月 27 日　市委印发《关于加强和改善党对人大工作领导的意见》。

3 月 28 日至 29 日　市人大常委会副主任罗自省、黄旭东到阆中调研人大在西部大开发中发挥作用问题，并到妙高镇实地视察生产及扶贫工作。

3 月至 5 月　市人大常委会机关开展为期 3 个月的县级领导班子和领导干部“三讲”教育活动。

4 月 5 日　市人大常委会副主任杨汉翔到太极集团南充制药厂、嘉陵药厂视察。

4 月 8 日至 9 日　省人大常委会主任谢世杰在省以工代赈办主任王光四、省扶贫办主任颜继禄陪同下到南充调研。

4 月 10 日　市人大常委会副主任王素清到高坪调研旅游资源开发工作。

4 月 12 日　市人大常委会主任会议听取和审议市人民政府关于“两保”再就业工作情况汇报、市财政局关于 2000 年单位预算安排情况汇报。

4 月 14 日至 24 日　市人大常委会副主任罗自省到顺庆、高坪、嘉陵、蓬安、西充等县（区）调研公安队伍正规化建设和不立案、不捕案件情况。

4 月 18 日至 20 日　全国人大代表、省人大常委会原主任杨析综到南充视察。

4 月 24 日　市人大常委会主任会议听取和审议 1999 年城建资金收支情况及 2000 年城建资金预算安排情况汇报、贯彻《中华人民共和国动物防疫法》情况汇报；听取省人大信访工作会议情况汇报；研究决定市二届人大常委会九次会议有关事项。

5 月 7 日至 11 日　市人大常委会副主任张明才、肖盛林、罗自省、黄旭东、王素清分组到市级有关部门、市辖 3 区调研公安工作。

5 月 8 日至 9 日　市人大常委会副主任陈绍森到阆中和市茧丝绸公司调研丝绸行业国有资产重组工作。

5 月 8 日至 10 日　市人大常委会在南部召开全市人大常委会办公室工作会议。

5 月 8 日至 11 日　市人大常委会副主任罗自省带领执法检查组到营山、蓬安开展乡镇企业法律法规执法检查。

5 月 9 日至 10 日　市人大常委会在蓬安召开全市人大城环资工作座谈会。

5 月 15 日至 16 日　市二届人大常委会举行第九次会议。会议传达省九届人大常委会十五、十六次会议精神；听取和审议企业改革和资产重组情况汇报、市公安队伍建设情况汇报；审议通过公民旁听市人大常委会会议规则。会议举办法制讲座，邀请市工商干部学校校长刘恩华讲授《中华人民共和国个人独资企业法》。

5 月 16 日　市人大常委会主任李慎宽、副主任罗自省参加公安部在南充召开的现场会。

5 月 17 日　市人大制度研究会召开第二次会员代表大会暨大人制度研究会年会，选举产生第二届理事会。

5 月 19 日至 20 日　市人大常委会召开全市人大民宗侨台旅检法制工作座谈会。

5 月 22 日　市人大常委会主任李慎宽到营山指导“三讲”教育。

5 月 25 日　市人大常委会主任会议讨论修改市委、市政府《关于抓住西部大开发，加快南充经济发展的意见（征求意见稿）》。

是日　市人大常委会召开中心学习组学习会，学习江泽民总书记在江苏、浙江、上海和广东考察工作时重要讲话以及《人民日报》《光明日报》社论和评论员文章。

5 月 25 日至 26 日　市人大常委会副主任杨汉翔带领执法检查组到顺庆、嘉陵开展省民营科技企业条例执法检查。

5 月下旬至 6 月中旬　市人大常委会副主任肖盛林到营山、蓬安、高坪、顺庆、嘉陵等县（区）调研“三五”普法和依法治理工作。

5 月 31 日　市人大常委会主任李慎宽再次到营山指导“三讲”教育。

6 月 1 日　市人大常委会副主任罗自省带领执法检查组到阆中市开展《中华人民共和国残疾人保障法》执法检查。

6 月 6 日　市人大常委会举办的 2000 年第一期乡镇人大干部培训班举行开班仪式。

6 月 8 日　市人大常委会副主任陈绍森到南充为燃机厂调查机械行业生产经营工作。

6 月 11 日至 19 日　市人大常委会副主任杨元生到内江、自贡、宜宾、泸州人大常委会考察学习。

6 月 13 日至 14 日　市人大常委会副主任杨汉翔带领执法检查组到顺庆、高坪、嘉陵 3 个区和市防疫站开展《中华人民共和国食品卫生法》执法检查。

6 月 14 日至 17 日　市人大常委会副主任谢正顺带领执法检查组到西充、南部、阆中等县（市）开展《中华人民共和国土地管理法》执法检查。

6 月 22 日　市人大常委会副主任罗自省带领执法检查组到南部县开展《中华人民共和国残疾人保障法》执法检查。

6 月 26 日　市人大常委会副主任罗自省带领部分市人大代表视察市公安局及市交警支队创建“平安大道”、实施城市道路交通管理“畅通工程”工作。

6 月 28 日　市人大常委会党组会议专题研究加强机关后勤管理工作，决定成立市人大常委会机关服务中心。

7 月 3 日　市人大常委会主任会议审查《四川华能青居水电站建设用地补偿安置办法（送审稿）》，通报青居电站进展情况，讨论决定召开市二届人大常委会第十次会议有关事项。

7 月 4 日　市人大常委会副主任杨汉翔到南部调研旅游资源开发工作。

7 月 4 日至 17 日　市人大常委会副主任罗自省到市中级人民法院、市级有关单位和顺庆、阆中、蓬安、营山等县（市、区）调查法院执行难情况。

7 月 6 日　市人大常委会副主任杨元生、杨汉翔到万卷楼景区调查旅游景区建设工作。

7 月 6 日、18 日　市人大常委会副主任张益维带领执法检查组先后到嘉陵、南部、西充、营山等县（区）开展《中华人民共和国水土保持法》执法检查。

7 月 7 日　市人大常委会副主任杨元生到高坪调研旅游工作。

7 月 13 日至 14 日　市人大常委会副主任谢正顺带领执法检查组到营山、蓬安开展《中华人民共和国土地管理法》执法检查。

7 月 25 日　市人大常委会主任会议讨论决定召开市二届人大常委会十次会议有关事项，听取和审议会议建议议题，同意提请会议审议。

7 月 26 日至 28 日　市二届人大常委会举行第十次会议。会议传达省九届人大常委会十七次会议精神；听取和审议实施西部大开发战略、加快发展情况汇报，审议作出积极推进南充实施西部大开发战略、加快经济发展决议；听取和审议2000年1月至6月国民经济和社会发展计划执行情况报告；听取和审查1999年财政决算（草案）报告，批准1999年市级财政决算；听取和审议1999年市级财政预算执行和其他财政收支情况审计工作报告，提出审议意见；听取和审议《中华人民共和国土地管理法》及四川省实施办法贯彻实施情况汇报、培育旅游支柱产业情况汇报；审议通过司法案件监督规定；听取和审议贯彻省开发区管理条例审议意见办理情况汇报（书面）。会议举办法制讲座，邀请市人大法制委员会副主任委员杨天武讲授《关于学习立法法的几个问题》。

8月1日　市人大常委会主任李慎宽参加全市服装工作会议并讲话。

8月4日　市人大常委会主任李慎宽听取阆中有关方面负责人关于南部红岩子电站淹没区有关问题汇报并提出意见。

8月4日至5日　市人大常委会在西充召开全市人大人事代表工作会议。

8月8日　市人大常委会主任李慎宽，副主任肖盛林、罗自省听取市经贸委、市法建办关于全省依法治企工作会议精神汇报。

8月10日　市人大常委会召开全市人大信访工作会议，市人大常委会主任李慎宽参加会议并讲话。

8月11日　市人大常委会主任会议听取和审议《中华人民共和国森林法》执法检查报告办理情况汇报、人大代表视察创建“平安大道”和实施“畅通工程”工作情况报告，审查城环资委、人事代表工委年度调研报告。

8月17日　市人大常委会主任会议讨论市人大常委会《关于认真做好代表工作、充分发挥代表作用的意见（征求意见稿）》，审查培育旅游支柱产业情况调查报告。

8月18日　市人大常委会主任李慎宽主持召开“三五”普法、依法治市及省、市委人大工作会议精神贯彻情况检查工作部署会。

8月21日至31日　市人大常委会主任李慎宽、市委副书记陈荣仲、副主任杨元生带领检查小组分别到各县（市、区）和70多个省、市属机关企事业单位检查“三五”普法、依法治市及省、市委人大工作会议精神贯彻情况。

8月24日　市人大常委会副主任张明才、杨汉翔、陈绍森视察市财政工作。

8月25日　市人大常委会主任李慎宽到南充六合集团检查指导工作。

8月28日至9月1日　市人大常委会副主任杨汉翔带领执法检查组到阆中、南部、西充、蓬安、营山、仪陇等地开展《中华人民共和国食品卫生法》执法检查。

9月4日　市人大常委会、市法制建设领导小组召开“三五”普法、依法治市和省、市委人大工作会议贯彻情况检查工作总结会。

9月6日至9日　市人大常委会在营山召开市、县（市、区）人大常委会主任学习会。

9月17日　市人大常委会副主任谢正顺带领市人大城环资专业组视察市经济技术开发区内西河大桥和城市道路建设情况及南充一休有限责任公司和浙江永丰食品有限责任公司生产情况。

9月19日至21日　市人大常委会副主任陈绍森带领执法检查组到顺庆、高坪、嘉陵、西充、仪陇等县（区）开展《中华人民共和国税收征收管理法》、省预算外资金管理条例执法检查。

9月20日至22日　省人大常委会副主任刘永顺到南充西山风景区、西山运动场、南充火车站、滨江大道及嘉陵和南部实地考察。

9月25日至26日　市人大常委会副主任谢正顺、罗自省、黄旭东分别带队到市辖3区开展《中华人民共和国环境保护法》执法检查。

9月26日　市人大常委会主任会议研究确定召开市二届人大常委会十一次会议有关事项。

9月27日至29日　市二届人大常委会举行第十一次会议。会议传达省九届人大常委会十八、十九次会议精神；审议批准市农业产业化发展纲要；听取和审议2000年1月至7月财政预算执行情况报告，听取和审查2000年市级财政预算调整方案（草案）报告，批准2000年市级财政预算调整方案；听取和审议解决人民法院“执行难”问题情况汇报，审议作出加强全市法院执行工作决议；听取和审议依法治市决议贯彻落实情况检查报告、《中华人民共和国食品卫生法》贯彻执行情况汇报（书面）和执法检查报告；举行市人大法制培训中心授牌仪式。举办法制讲座，邀请市人大常委会副主任陈绍森讲授《关于地方人大对地方财政监督问题》。

10月9日至11日　市人大常委会副主任王素清到市建委、市侨办、侨台房地产公司和虹桥旅行社开展侨务法律法规执法检查。

10月10日至11日　市人大常委会在嘉陵召开市、县（市、区）人大调研工作座谈会。

10月11日至13日　全省市、地、州人大农业工作联系会第十次会议在南充举行。

10月19日　市人大常委会副主任杨元生、张明才、杨汉翔、罗自省视察市看守所、戒毒所。

10月23日　市人大常委会主任会议研究召开市二届人大常委会十二次会议有关事项。

是日　市人大常委会副主任罗自省带领部分市人大代表视察市贸易局、市酒类专卖局工作及五星购物广场、市酒类批发部酒类经营情况。

10月31日至11月1日　市人大常委会主任会议听取和审议《中华人民共和国招标投标法》实施情况汇报、重点工程建设情况汇报、西山风景区建设及西河整治工作情况汇报、关于检查省市委人大工作会议贯彻情况汇报。

11月6日至22日　市人大常委会副主任罗自省、黄旭东到市中级人民法院、市人民检察院、市公安局和顺庆、嘉陵、西充等地检查司法案件监督条例贯彻实施情况。

11月13日　市人大常委会主任会议听取各专门委员会2000年工作总结和2001年工作安排。

11月14日至15日　市人大常委会组织市人大代表视察市区滨江大道建设、自来水管网建设、小区物业管理和人防工程建设情况。

11月16日　市人大工业组代表和市人大财经委成员视察南充清泉寺嘉陵江大桥、成南高速公路华兴寺大桥及成南高速公路部分路面建设情况。

11月20日　市人大常委会主任会议讨论确定市二届人大常委会十二次会议有关事项，听取和审议会议有关建议议题，同意提请常委会会议审议。

11月21日至22日　市二届人大常委会举行第十二次会议。会议传达省九届人大常委会二十次会议精神；听取和审议《中华人民共和国促进科技成果转化法》贯彻实施情况汇报、全市“三五”普法工作总结验收情况汇报、全市检察机关诉讼监督工作情况报告、《中华人民共和国环境保护法》执法检查报告；审议作出召开市二届人大三次会议决定　审议通过督促办理代表议案和建议、批评、意见暂行规定。会议举办科学技术知识讲座，邀请中国工程院院士、西南石油学院院长罗平亚讲授《科学技术发展趋势及科学技术在经济建设中的作用》。

11月28日至29日　市人大常委会在仪陇召开全市人大法制工作座谈会。

11月28日至31日　市人大常委会副主任谢正顺到高坪、仪陇、阆中、南部、西充等地视察省级试点小城镇建设情况。

12 月 1 日至 2 日　市人大常委会副主任王素清到仪陇视察教育、卫生、乡镇广播事业工作。

12 月 7 日　市人大常委会副主任谢正顺、陈绍森到顺庆和嘉陵视察城乡电网改造工作。

12 月 8 日　市人大常委会主任会议听取市人大各专委会、办事工作机构 2001 年工作打算，讨论修改市人大常委会工作报告和 2001 年度工作要点（草案）。

12 月 18 日至 20 日　市人大常委会主任会议讨论修改市人大常委会工作报告和 2001 年度工作要点（草案）、研究确定召开市二届人大常委会第十三次会议有关事项。

12 月 25 日至 26 日　市二届人大常委会举行第十三次会议。会议传达省九届人大常委会二十次会议精神；听取和审议市人大常委会关于办理 2000 年度市人大常委会审议意见反馈情况汇报；听取和审议代表建议、批评和意见办理情况汇报；听取和审议通过市二届人大二次会议议案审议结果报告；审议通过市人大常委会 2001 年度工作要点；听取和审议通过市人大补选代表资格审查报告；审议通过市二届人大三次会议相关文件草案；决定任命蔡勇为市人民政府副市长。

2001 年

1 月 2 日　市人大常委会主任会议听取市二届人大三次会议筹备处各组筹备工作进展情况汇报，研究部署后期筹备工作。

1 月 8 日　市人大常委会主任会议讨论市人民政府工作报告（征求意见稿），研究确定市二届人大三次会议有关事项。

1 月 14 日　市二届人大常委会举行第十四次会议。会议听取和审议通过市二届人大补选代表资格审查报告；审议通过市二届人大三次会议议程（草案）。

1 月 16 日至 20 日　市二届人大三次会议举行。大会听取和审查市人民政府工作报告、市计划报告、市财政预算报告、市人大常委会工作报告、市中级人民法院工作报告、市人民检察院工作报告，通过各项工作报告决议；审查和批准市国民经济和社会发展第十个五年计划；补选邹海泉为市二届人大常委会副主任。

2 月 2 日　市人大常委会主任会议研究 2000 年度市人大常委会机关总结、表彰工作，研究确定机关建设有关事项。

2 月 20 日　市人大常委会主任会议讨论市人大常委会 2001 年工作安排表，研究确定市二届人大常委会十五次会议有关事项。

2 月 26 日　市人大常委会主任会议听取和审议市公安局关于查获生产销售假劣药案情况汇报，审议市人大常委会《关于加强经济工作监督决定（草案）》及其说明。

2 月 28 日至 3 月 1 日　市人大常委会副主任谢正顺、张益维、肖盛林到嘉陵区天星乡、太和乡和蓬安县龙蚕乡、平头乡视察蚕桑生产和养殖业情况。

3 月 2 日　市人大常委会主任李慎宽，副主任张益维、肖盛林听取市人民检察院关于李发英案件情况汇报。

3 月 6 日　市人大常委会主任会议研究确定召开市二届人大常委会十五次会议有关事项。

3 月 12 日至 13 日　市二届人大常委会举行第十五次会议。会议传达省九届人大常委会二十一次会议精神；听取和审议依靠科技进步促进农民增收情况汇报，提出审议意见；审议通过加强经济工作监督决定；决定接受吕友清辞去市人民政府副市长职务。会议举办法制讲座，邀请市委党校副校长、教授宋先钧讲授中国加入世界贸易组织有关知识。

3月14日　市人大常委会主任会议审议相关法律执法检查方案，研究确定市二届人大常委会十六次会议法制讲座安排意见。

3月15日　市人大常委会主任李慎宽带领市属服装企业负责人参观南充一休、金嘉两户服装企业。

3月20日　市人大常委会副主任王素清听取市辖3区旅游局贯彻实施省旅游管理条例情况汇报。

3月22日　市人大常委会副主任陈绍森召集市级有关单位负责人审查市政府规范性文件《南充市出租汽车管理办法》。

3月23日　市人大常委会召开宣传工作座谈会。

3月26日至30日　市人大常委会副主任肖盛林、黄旭东到仪陇县土门、马鞍、立山、永乐等乡镇调查乡镇人大工作和农民增收问题。

3月28日至31日　市人大常委会副主任张明才到阆中和仪陇，调研关于提高办理代表议案、建议、批评和意见质量情况。

4月3日至4日　市人大常委会召开全市人大农业工作座谈会。

4月5日　省人大常委会副主任黄寅逵视察市人大常委会机关工作。

4月10日　市人大常委会主任会议听取和审议2000年城建资金收支情况及2001年城建资金预算安排情况汇报，《中华人民共和国人民防空法》贯彻实施情况汇报。

4月13日　市人大常委会副主任肖盛林、陈绍森到顺庆区潆溪镇柏树村开展“送法到农家”活动。

4月13日至15日　省人大常委会副主任刘永顺到阆中市五星村、南部县升钟水库库区、市滨江大道、市西河整治工程及南充炼油厂视察污水治理情况。

4月13日至24日　市人大常委会副主任张益维带领部分县（市、区）人大常委会分管农业工作副主任到陕西省杨凌区，山东省淄博市、寿光市考察学习发展高科技农业和农业产业化经营情况和经验。

4月16日至18日　省人大常委会执法检查组到南充开展《中华人民共和国未成年人保护法》《中华人民共和国预防未成年人犯罪法》执法检查。

4月16日至29日　市人大常委会主任李慎宽随省人大常委会副主任孟俊修一行到海南、广西、福建等地考察学习人大工作。

4月20日至22日　省人大常委会执法检查组到西充、阆中开展省农药管理条例执法检查。

4月22日至24日　省人大常委会执法检查组到市级和顺庆部分医疗机构开展医疗机构管理条例执法检查。

4月25日　市人大常委会召开全市商贸经济形势分析会。

4月25日至27日　市人大常委会在南部召开全市人大城环资工作会议。

4月27日至28日　市人大常委会在顺庆区潆溪镇召开全市人大人事代表工作会议。

是月　市人大常委会专题调研组调查市规划区内部分招商引资项目土地开发利用情况，形成《“筑巢”讲成效、“引凤”促跨越》调查报告。

4 月至 5 月　市人大常委会专题调研组调查全市旅游市场管理情况，形成《关于规范旅游市场，强化旅游行业管理情况调查报告》。

5 月 8 日至 9 日　市人大常委会主任会议听取和审议南充市 2001 年固定资产投资计划完成情况汇报、城镇职工医疗保险制度改革工作情况汇报。

5 月 9 日至 10 日　市人大常委会在仪陇召开全市人大常委会办公室会议。

5 月 11 日　市人大常委会与市妇儿工委、市妇联联合召开学习宣传修改后的《中华人民共和国婚姻法》座谈会。

5 月 14 日、21 日　市人大常委会副主任王素清带领民宗外侨委人员到嘉陵区西兴镇、西充县多扶镇和顺庆区李家镇调查了解省宗教事务管理条例贯彻实施情况。

5 月 15 日至 24 日　市人大常委会副主任张明才、肖盛林、罗自省、黄旭东带领执法检查组分赴市级单位、市辖 3 区和阆中、西充，开展《中华人民共和国老年人权益保障法》执法检查。

5 月 18 日　市人大常委会主任会议听取和审议《南充市农业产业化发展纲要》实施情况汇报、市本级落实非税财政收入“收支两条线”管理规定情况汇报和市物业管理工作情况汇报。

5 月 22 日至 23 日　市人大常委会召开全市人大“依法治校，树立良好校风”座谈会。

5 月 30 日至 6 月 1 日　省人大常委会在南充召开全省人大常委会研究室工作座谈会。

6 月 4 日　市人大常委会主任会议传达全省市、州人大研究室工作座谈会精神，研究召开市二届人大常委会第十六次会议、培训全市乡镇人大主席事项。

6 月 5 日至 6 日　市二届人大常委会举行第十六次会议。会议传达省九届人大常委会二十二次、二十三次会议精神；听取和审议《中华人民共和国老年人权益保障法》执法检查报告；听取和审议规范旅游市场，强化旅游行业管理情况汇报，并提出审议意见；听取和审议审判监督工作情况汇报。会议举办法制讲座，邀请四川师范学院（今西华师范大学）副教授刘永红讲授《法学理论的几个基本问题》。

6 月 7 日　市人大常委会副主任杨元生、罗自省、黄旭东与阆中市妙高镇党委、政府主要负责人座谈，研究对口联系和帮扶工作。

6 月 11 日至 16 日　市人大常委会副主任张益维到西充、南部、营山、蓬安等县调查了解水果业生产及发展情况。

6 月 14 日至 15 日　市人大常委会在营山召开全市人大法制工作座谈会。

6 月 18 日至 23 日　市人大常委会主任李慎宽，副主任谢正顺、杨汉翔带领执法检查组到顺庆、高坪、嘉陵 3 区和阆中、南部、蓬安、营山等县（市）开展《中华人民共和国城市规划法》及四川省实施办法执法检查。

6 月 21 日至 22 日　市人大常委会副主任罗自省到高坪区老君镇、阆中市妙高镇开展“送法到农家”活动。

6 月 27 日至 30 日　市人大常委会副主任张益维到仪陇、营山实地调查了解退耕还林情况。

7 月 3 日至 6 日　市人大常委会在南部举办全市县（市、区）人大常委会主任学习会。

7 月 9 日　市人大常委会主任会议听取和审议全市退耕还林试点工作情况汇报，“严打”工作情况汇报；研究确定市二届人大常委会十七次会议有关事项；通报评议“两院”中层干部工作进展情况。

7 月 11 日至 23 日　市人大常委会在法制培训中心举办乡镇人大主席、副主席培训班。

7 月 20 日　市人大常委会副主任陈绍森到阆中市妙高镇指导抗旱工作，并将市人大机关干部职工捐赠的5000元钱送到灾民手中。

7月27日　市人大常委会组织召开对市中级人民法院审判员纳光元、伏蜀培，市人民检察院检察员李毓钦、罗清国的述职评议大会。

7月31日　市人大常委会组织部分市人大代表到西充县大明科技示范园、市农科所科研基地、省蚕研所科技园、顺庆区蔬菜科研所视察农业科研示范基地建设情况。

8月2日　市人大常委会主任会议听取和审议市政府招商引资情况汇报，研究确定召开市二届人大常委会十七次会议有关事项，听取和审议会议相关议题。

是日　市人大常委会副主任罗自省到市检察院、阆中、南部、西充、高坪、嘉陵等地调研检察机关法律监督工作和查处职务犯罪情况。

8月6日　市人大常委会主任会议听取和审议丝绸行业改革与发展情况汇报。

8月9日　市人大常委会主任会议研究规范和完善市人大常委会会议有关问题，研究确定召开市二届人大常委会十七次会议有关事项。

8月28日至31日　市二届人大常委会举行第十七次会议。会议传达省九届人大常委会二十四次会议精神；审议通过修改人事任免办法决定；听取和审议市级机构改革工作情况汇报、《中华人民共和国城市规划法》执法检查报告、《中华人民共和国传染病防治法》、省预防控制性病艾滋病条例贯彻执行情况汇报、2001年1月至6月国民经济和社会发展计划执行情况报告；听取和审议全市“三五”普法工作和“四五”普法规划情况汇报，审议作出进一步开展法制宣传教育决议；听取和审查南充市2000年财政决算（草案）情况报告，听取和审议2001年1月至6月财政预算执行情况报告、2000年度市级财政预算执行和其他财政收支情况审计工作报告，批准2000年市级财政决算；审议作出建设绿化生态市决议；审议决定授予纳光元“人民好法官”荣誉称号，并颁发荣誉证书、奖牌和奖金。会议举办法制讲座，邀请四川师范学院（今西华师范大学）政法系副教授马桂瑛讲授《国际法在现代国际关系中的作用》。

9月3日　市人大常委会主任会议研究市人大常委会机关机构改革、开展《中华人民共和国种子法》《中华人民共和国产品质量法》执法检查及机关建设有关事项。

9月10日至14日　市人大常委会副主任杨元生、陈绍森、邹海泉带领执法检查组，分赴高坪、阆中、南部、西充、蓬安、仪陇和市级部分单位及企业开展《中华人民共和国产品质量法》执法检查。

9月18日至25日　市人大常委会副主任谢正顺、张明才、杨汉翔、黄旭东带领相关人员到凉山州、攀枝花市学习考察预算外资金监督管理、招商引资与环境保护关系等有关问题。

9月27日至28日　市人大常委会主任会议听取和审议审计工作情况汇报，研究召开全市乡镇换届选举工作会议有关事项，研究确定召开市二届人大常委会十八次会议有关事项。

是月　市人大常委会开展《中华人民共和国种子法》执法检查。

10月11日　市人大常委会副主任谢正顺到嘉陵区李渡镇开展“送法到农家”活动。

10月16日　南充市乡镇、村换届选举工作会议召开。

10月17日至18日　市人大常委会主任会议听取和审议城市管理工作情况汇报，听取和审议市二届人大常委会十八次会议相关建议议题，同意提请会议审议。

10月23日至24日　市二届人大常委会举行第十八次会议。会议传达省九届人大常委会二十五次会议精神；听取和审议《中华人民共和国种子法》《中华人民共和国产品质量法》执法检查报告、全市重点工程建设情况汇报、查办职务犯罪案件工作情况汇报；听取和审查2001年市级财政预算调整方案（草案）报告，批准 2001 年市级财政预算调整方案；审议决定表彰 58 名优秀市人大代表、11 个先进市人大代表小组、15 个人大工作先进集体、23 名人大工作先进个人；审议通过规范性文件备案审查规定。会议举办法制讲座，邀请市人大法制委员会副主任委员杨天武讲授《关于有关中国特色社会主义法律体系的几个问题》。

10 月 24 日　市二届人大常委会第十八次会议表决通过《南充市人大常委会关于规范性文件备案审查的规定》。

10 月 30 日至 31 日　市人大常委会在营山召开全市人大财经工作座谈会。

11 月 8 日　市人大常委会副主任孙纯、陈绍森带领市人大工业组代表视察南充云禾印染有限公司、六合集团生产经营情况。

11 月 9 日　市人大常委会主任会议听取和审议全市城镇居民最低生活保障工作情况汇报。

11 月 12 日　市人大常委会副主任杨元生、肖盛林、黄旭东带领部分市人大代表视察成南高速公路（南充段）安全保卫工作情况。

11 月 16 日　市人大常委会召开全市人大民族宗教外事侨务法制建设座谈会。

11 月 20 日　市人大常委会主任会议审查市人民政府关于加快嘉陵江电航工程若干政策措施通知。

11 月 22 日　市人大常委会副主任陈绍森带领市人大财税、金融组代表视察南充五星大厦有限责任公司、四川鑫峰有限公司、南充药业（集团）有限公司、万福来集团有限公司、四川赛丽斯集团股份有限公司等大型商贸企业经营情况。

11 月 30 日　市人大常委会副主任杨汉翔带领部分市人大代表视察药品流通市场监管和运行情况。

12 月 4 日　市人大常委会主任李慎宽调研顺庆城区市政重点建设工程情况。

12 月 5 日　市人大常委会主任会议讨论决定召开市二届人大常委会十九次会议有关事项，研究市二届人大四次会议筹备工作事项，研究聘请法律顾问工作。

12 月 11 日　市人大常委会主任会议听取各专委会、办事工作机构 2001 年工作总结及 2002 年工作打算。

12 月 17 日至 18 日　市二届人大常委会举行第十九次会议。会议传达省九届人大常委会二十六次会议精神；听取和审议市二届人大三次会议议案审议结果报告，2001 年度市人大常委会审议意见办理反馈情况汇报，市二届人大三次会议代表建议、批评和意见办理情况汇报。会议举行宣传人大制度和民主法制建设好编辑、好记者、好通讯员及市九届宣传人大制度好新闻颁奖仪式。会议举办法制讲座，邀请市中级人民法院民事审判第一庭副庭长李儒琪讲授关于修改后婚姻法新增主要内容。

12 月 17 日　市人大常委会主任会议研究人代会议案办理程序问题。

12 月 19 日　市人大制度研究会召开 2001 年年会。

12 月 30 日　市人大常委会主任会议传达全省市、州人大秘书长、研究室主任会议精神，审定市人大财经委 2001 年工作总结及 2002 年工作要点。

是年　省人大常委会主任谢世杰到嘉陵区凤垭山观光农业示范区视察。

2002 年

1 月 4 日　市人大常委会主任会议讨论市人大常委会工作报告（草案）和 2002 年工作要点（草

案），审议市人大各专委会2001年工作总结和2002年工作要点，研究召开市二届人大常委会第二十次会议有关事项。

1月10日至11日　市二届人大常委会举行第二十次会议。会议听取市人大补选代表资格审查报告；审议作出召开市二届人大四次会议决定；审议通过市人大常委会2002年工作要点；决定接受吴果行辞去市人民政府市长职务，决定市人民政府副市长杜光辉为市人民政府代理市长；决定接受何多福辞去市二届人大常委会秘书长职务。

1月23日　市人大常委会主任会议审议市人大常委会工作报告（草案），传达省人大常委会2002年度工作要点和全省信访工作会议精神，研究决定机关作风教育整顿有关问题，学习省委关于损害经济发展软环境行为责任追究办法（试行），通报市人大常委会机关年终考核测评情况和研究市二届人大四次会议各项筹备工作。

2月20日　市人大常委会主任会议讨论市人大常委会2002年工作安排表（草案），研究召开市二届人大常委会第二十一次会议有关事项和机关建设有关问题。

3月11日至12日　市二届人大常委会举行第二十一会议。会议传达省九届人大常委会二十七次会议精神；听取和审议推进农业产业化和工业强市工作情况汇报；听取和审议市二届人大补选代表资格审查报告；审议通过市二届人大四次会议相关文件草案。会议举办法制讲座，邀请市中级人民法院院长欧晓东讲授《WTO与司法改革》。

3月14日　市人大常委会主任会议听取市中级人民法院关于雷某某、李某某玩忽职守案处理意见和市鑫达建筑工程公司申请执行四川赛丽斯（集团）股份有限公司拖欠工程款一案情况汇报。

3月25日　市人大常委会主任会议研究决定关于《中华人民共和国全国人民代表大会和地方各级人民代表大会代表法》颁布10周年纪念活动安排意见、机关调研课题实施方案和市二届人大四次会议有关事项。

3月27日至28日　市人大常委会在南部召开全市在人事代表工作暨乡镇换届选举工作总结会。

4月1日　市人大常委会召开纪念《中华人民共和国全国人民代表大会和地方各级人民代表大会代表法》颁布10周年座谈会。

4月12日至16日　市二届人大四次会议举行。大会听取和审查市人民政府工作报告、市计划报告、市财政预算报告、市人大常委会工作报告、市中级人民法院工作报告、市人民检察院工作报告，通过各项工作报告决议；决定接受张明才、肖盛林辞去市二届人大常委会副主任职务；补选杜光辉为市人民政府市长，张世富、马敬国为市二届人大常委会副主任，徐兴发为市二届人大常委会秘书长。

4月16日　市人大常委会主任会议研究召开市二届人大常委会二十二次会议有关事项和常委会领导分工调整事项以及常委会相关工作。

4月23日至24日　市人大常委会在仪陇召开全市人大农业工作座谈会。

5月9日至10日　市人大常委会在蓬安召开全市人大法制工作座谈会。

5月14日至15日　市人大常委会在嘉陵召开全市人大民宗外侨法制建设座谈会。

5月15日至17日　省人大常委会执法检查组到南充开展《中华人民共和国公路法》执法检查。

5月20日　市人大常委会主任会议听取城市总体规划修编、《中华人民共和国商标法》《中华人民共和国广告法》贯彻执行情况汇报；听取《中华人民共和国劳动法》《中华人民共和国老年人权益保障法》执法检查实施方案和关于筹备主任学习会议和机关建设工作情况汇报；研究召开市二届人大常委会二十二次会议有关事项。

5 月 28 日至 29 日　市人大常委会在营山召开全市人大城乡建设环境资源保护工作座谈会。

6 月 4 日至 5 日　市二届人大常委会举行第二十二次会议。会议传达省九届人大常委会二十八、二十九次会议精神；听取和审议全市“四五”普法工作进展情况汇报和粮食流通体制改革情况汇报；审议通过市二届人大常委会代表资格审查委员会补选成员名单；决定接受罗月华辞去市人民政府副市长职务，决定任命伏文超、唐文金为市人民政府副市长。会议举办法制讲座，邀请四川省国际贸易研究所所长朱锡祥讲授《以“入世”为契机，扩大对外开放，进一步加快我省外经贸发展》。

6 月 16 日至 19 日　省人大常委会副主任钮小明带领执法检查组到顺庆、高坪、西充开展《中华人民共和国药品管理法》执法检查。

6 月 20 日　市人大常委会主任会议审议城市规划管理技术规定，听取市人大常委会机关办公楼安全鉴定情况汇报，研究 2002 年全市市、县（市、区）人大常委会主任学习会有关事项。

6 月下旬　市人大常委会在顺庆召开全市市、县（市、区）人大常委会主任学习会。

7 月 5 日　市人大常委会主任会议听取和审议政务公开工作情况汇报、2001 年城建资金收支情况及 2002 年城建资金预算安排情况汇报，研究召开市二届人大常委会第二十三次会议有关事项。

7 月 9 日　市人大常委会主任会议听取和审议关于建设绿化生态市决议贯彻落实、人口与计划生育工作、民族乡行政工作条例贯彻执行情况汇报；听取省人大常委会“一报一刊”（《民主法制建设》《人民权力报》）宣传发行工作会议情况汇报。

7 月 10 日至 28 日　市人大常委会组织 4 个执法检查组到顺庆、嘉陵、仪陇、南部、营山、西充和市级有关部门开展《中华人民共和国劳动法》执法检查。

7 月 31 日　市人大常委会主任会议听取和审议市二届人大常委会第二十三次会议有关建议议题，决定提交会议审议；研究召开市二届人大常委会第二十三次会议有关事项；传达省市、州人大常委会主任会议精神。

是月　市人大常委会开展《中华人民共和国老年人权益保障法》执法检查。

8 月上旬　市人大常委会主任会议讨论研究评议市经济贸易委员会、市对外贸易经济合作局、市农业局、市畜牧局、市建设局、市科技局、市计划生育委员会、市外事台侨旅游工作局、市民政局、市审计局等 10 名市政府组成人员履行职责事项，制订述职评议实施方案，启动述职评议工作。10 月中旬，市二届人大常委会二十四次会议对 10 名评议对象进行述职评议，提出评议意见。

8 月上旬至 9 月下旬　市人大常委会机关开展“创满”工作。

8 月 12 日至 14 日　市二届人大常委会举行第二十三次会议。会议传达省九届人大常委会三十次会议精神；听取和审查 2001 年财政决算（草案）报告，听取和审议 2001 年市级财政预算执行和其他财政收支情况审计工作报告，提出财政决算报告审议意见，批准 2001 年市级财政决算；听取和审议南充市 2002 年 1 月至 6 月国民经济和社会发展计划与财政预算执行情况报告、《中华人民共和国劳动法》《中华人民共和国老年人权益保障法》执法检查报告；审议作出依靠科技进步促进农民增收决议。会议举办法制讲座，邀请四川大学副教授黄幼陵讲授《入世与知识产权保护》。

8 月 26 日　市人大常委会主任会议研究市政府办公地址搬迁问题。

8 月 29 日　市人大常委会副主任杨汉翔及机关党委负责人到阆中市妙高镇对 6 户贫困党员开展帮扶工作，并就继续帮扶妙高镇经济及社会事业发展进行实地调查。

8 月 30 日　市人大常委会主任会议听取和审议北湖公园改造有关问题情况汇报。

是月　市人大常委会专题调研组调研全市纺织服装业应对“入世”、加速发展有关情况，形成

《关于全市纺织服装业应对“入世”加速发展的调查报告》。

9月18日至19日　市人大常委会主任会议研究确定召开市二届人大常委会二十四次会议有关事项；听取和审议全市劳务输出情况汇报，土地执法、整治开发和管理情况汇报，全市司法改革和检察改革工作情况汇报。

10月14日至17日　市二届人大常委会举行第二十四次会议。会议传达省九届人大常委会三十一次会议精神；听取和审议全市农村税费改革试点工作和关于加快建设川东北商贸中心情况汇报；听取和审议市辖城区水电气规范管理情况汇报，审议作出供水、供电、供气计量收费到用户决议；听取和审查2002年市级财政预算调整方案（草案）报告，批准2002年市级财政预算调整方案；审议作出加强非税财政收入收支两条线管理监督决定、南充市第六次修编城市总体规划决议；决定任命王静莉（女）为市人民政府副市长。会议举行法制讲座，邀请四川大学教授杨祖贵讲授《城市规划法规与管理》。

10月25日　市人大常委会召开贯彻实施《关于加强非税财政收入收支两条线管理监督的决定》座谈会。

是月　全国人大环资委副主任委员王涛、全国人大农委副主任委员伍精华到南充检查《中华人民共和国种子法》贯彻执行情况。

11月5日　市人大常委会主任会议研究召开市二届人大常委会第二十五次会议和市二届人大五次会议有关事项。

11月12日　市人大政法组代表视察顺庆区学院街、西城和高坪区白塔社区建设情况。

11月13日　市二届人大常委会举行第二十五次会议。会议听取个别市二届人大代表资格终止报告；审议作出召开市二届人大五次会议决定。

11月25日　市人大常委会主任会议研究召开市二届人大五次会议有关事项。

11月27日　市人大常委会召开全市人大财经工作座谈会。

是月　市人大常委会专题调研组调研关于培育壮大农业龙头企业情况，形成《关于培育壮大农业龙头企业的调查报告》。

12月5日至6日　市二届人大五次会议举行。大会选举产生南充市出席省第十届人民代表大会代表59人。

12月11日　市人大农业专业组代表和部分政务组代表视察顺庆区潆溪镇大坪山、舞凤镇世隆生态观光园、高坪区高坪镇油毡厂后山、嘉陵区西兴镇乳泉山和火花镇黄莲湾、西山风景区等环城绿化造林点。

是日　市人大常委会主任会议研究召开市二届人大常委会二十六次会议有关事项、市二届人大六次会议筹备工作和代表集中视察有关事项。

12月12日　市人大常委会副主任王素清带领市人大民宗外侨专业组10名代表视察西山风景区管理局工作。

12月17日　市人大常委会副主任陈绍森、邹海泉、张世富带领市人大财税金融组代表到高坪区地方税务局龙门所及该所征收服务厅、国家税务局办税大厅和南充市市级会计集中核算中心视察。

12月18日至19日　市人大常委会主任李慎宽等18名市人大代表视察四川师范学院（今西华师范大学）新区、兵马堂片区、玉带路、南门坝片区、青居电站、北湖公园改造、滨江路三期工程等地建设情况。

12 月 25 日　市人大常委会主任会议听取市人大各专委会 2002 年度工作总结和 2003 年工作要点，听取市二届人大四次会议议案审议结果汇报，讨论常委会工作报告（讨论稿），研究召开市二届人大六次会议有关事项。

2003 年

1 月 3 日　市人大常委会主任会议研究召开市二届人大常委会第二十六次会议和市二届人大六次会议有关事项。

1 月 6 日至 7 日　市二届人大常委会举行第二十六次会议。会议传达省九届人大常委会三十二次会议精神；听取和审议城市社区建设、2002 年度市人大常委会审议意见办理反馈情况汇报；审议作出召开市二届人大六次会议决定，审议通过市二届人大六次会议相关文件草案；决定免去高先海市人民政府副市长职务，决定任命李斌为市人民政府副市长。

2 月 20 日　市人大常委会主任会议研究召开市二届人大六次会议和市二届人大常委会二十七次会议有关事项。

2 月 24 日　市二届人大常委会举行第二十七次会议。会议听取市二届人大补选代表资格审查报告和市二届人大六次会议有关事项说明；决定接受市二届人大常委会 2 名委员辞职。

2 月 26 日至 3 月 2 日　市二届人大六次会议举行。大会听取和审查市人民政府工作报告、市计划报告、市财政预算报告、市人大常委会工作报告、市中级人民法院工作报告、市人民检察院工作报告，通过各项工作报告决议；决定接受李慎宽辞去市二届人大常委会主任职务，杨元生、谢正顺辞去市二届人大常委会副主任职务，欧晓东辞去市中级人民法院院长职务；补选黄顺福为市二届人大常委会主任，任德俭、赵太武为市二届人大常委会副主任，崔均为市中级人民法院院长。

3 月 4 日至 5 日　省人大常委会执法检查组到南充开展省劳动保障监察条例执法检查。

3 月 24 日　市人大常委会主任会议研究调整常委会主任、副主任和秘书长工作分工，研究召开市二届人大常委会二十八次会议有关事项，讨论市人大常委会 2003 年工作安排表。

3 月 31 日　市人大常委会主任会议讨论通过市二届人大六次会议代表建议、批评和意见的处理意见和市人大常委会 2003 年工作安排表。

4 月 17 日至 18 日　市二届人大常委会举行第二十八次会议。会议传达十届全国人大一次会议、省十届人大常委会二次会议精神；听取和审议关于依靠科技进步促进农民增收和市本级 2002 年财政非税收入执行“收支两条线”管理情况汇报；决定接受王正忠辞去市人民政府副市长职务。会议举办法制讲座，邀请西南农业大学副校长王永才教授讲授《入世与畜牧法律法规》。

4 月 22 日至 23 日　市人大常委会在高坪召开全市人大法制工作座谈会。

5 月 9 日　市人大常委会机关党委到定点帮扶的嘉陵区曲水镇纪村沟村帮助落实“非典”防治工作，送去 2000 元现金和 1 吨优质大米。

5 月 13 日　市人大常委会在阆中召开全市人大农业工作座谈会。

5 月 21 日　市人大常委会主任会议听取审议牧业经济发展、中小学教师结构布局调整情况汇报，审议通过将市土地储备交易中心财政补贴纳入市财政年度预算报告，研究召开市二届人大常委会二十九次会议有关事项。

5月21日至24日　市人大法制委执法检查组到顺庆、嘉陵、西充、蓬安、营山、阆中6县（市、区）开展《中华人民共和国城市居民委员会组织法》及四川省实施办法执法检查。

6月至7月　市人大常委会专题调研组调查嘉陵江南充段水资源保护情况，形成《关于嘉陵江南充段水资源保护情况的调查报告》。

6月4日至6月5日　市人大常委会组织省、市人大代表和顺庆、高坪、嘉陵的区人大代表分成两个视察组，视察市辖3区城市卫生和街区管理情况。

6月6日　市人大常委会召开省、市人大代表视察城市管理工作汇报会。

6月11日至12日　市二届人大常委会举行第二十九次会议。会议传达省十届人大常委会三次会议精神；听取和审议全市非典型肺炎防治工作情况汇报、全市农村卫生工作及农村卫生体制改革工作情况汇报、做强工业情况汇报、《中华人民共和国土地管理法》贯彻实施情况汇报；会议举办法制讲座，邀请川北医学院副院长李健教授讲授《依法做好传染病防治工作》。

6月16日至18日　省人大常委会调研组到南充开展《四川省〈中华人民共和国中小企业促进法〉实施办法（草案）》立法调研。

6月23日　省人大常委会副主任马开明到南充考察成南高速公路管理和交通、交警执法工作情况。

6月24日　市人大常委会主任会议听取和审议市中级人民法院行政审判工作情况汇报，听取市人大有关专门委员会关于相关议案督办和有关法律执法检查方案情况汇报，讨论决定召开全市人大常委会主任学习会有关事项。

7月2日　市人大常委会在仪陇召开全市县（市、区）人大人事代表工作联系会。

是日　市人大常委会在蓬安召开全市人大城乡建设环境资源工作座谈会。

7月中旬　市人大常委会副主任杨汉翔、罗自省、黄旭东、邹海泉、张世富和秘书长徐兴发带领执法检查组，分赴14个市级部门单位和阆中、仪陇、高坪等地开展《中华人民共和国老年人权益保障法》执法检查。

7月中下旬　市人大常委会执法检查组到顺庆、嘉陵、西充、南部、营山、蓬安6县（区）开展《中华人民共和国水法》执法检查。

8月上旬　市人大常委会副主任杨汉翔、市政府副市长唐文金、市长助理朱家媛到蓬安、营山、阆中、南部、西充5县（市）开展《中华人民共和国传染病防治法》执法检查。

8月19日至20日　市二届人大常委会举行第三十次会议。会议传达省十届人大常委会四次会议精神；听取和审查2002年财政决算情况报告，听取和审议2002年度市级预算执行和其他财政收支情况审计工作报告，批准2002年市级财政决算；听取和审议2003年1月至6月国民经济和社会发展计划与财政预算执行情况报告、房地产审判工作情况汇报、《中华人民共和国水法》《中华人民共和国老年人权益保障法》执法检查报告；决定接受赵德胜辞去市人民政府副市长职务。会议举办法制讲座，邀请省人民检察院党组成员、反贪污贿赂局局长陈昌斌讲授《我国惩治贪污贿赂犯罪的法律规定与司法实践》。

10月16日至17日　市二届人大常委会举行第三十一次会议。会议传达省十届人大常委会五次会议精神；听取和审查2003年市级财政预算调整方案（草案）报告，批准2003年市级财政预算调整方案；听取和审议《中华人民共和国城市规划法》贯彻实施情况报告、西河（顺庆段）整治情况汇报、入世以来南充检验检疫情况汇报、全市公安队伍集中教育整顿情况汇报、全市检察机关开展预防职务犯罪工作情况报告。会议举办法制讲座，邀请市中级人民法院民一庭副庭长赵莉讲授《中华人民共和国妇女权益保障法》。

10 月 28 日　市人大常委会在嘉陵召开全市县（市、区）人大财经工作座谈会。

11 月 10 日至 15 日　市人大常委会组织驻南充全国人大代表和部分省人大代表视察市辖 3 区经营城市工作、重点工程建设、招商引资、工业企业生产经营等方面情况，然后分 2 个视察小组到西充、南部、阆中、蓬安、仪陇、营山 6 县（市），视察改革发展、国民经济和社会发展、农业结构调整、政法队伍教育整顿、经营城市、国有企业改制、民营企业发展、城镇建设、优化投资环境等方面工作。

12 月 15 日　市二届人大常委会举行第三十二次会议。会议传达省十届人大常委会六次会议精神；听取和审议市二届人大六次会议代表建议、批评和意见办理情况汇报；审议决定撤销市建设局杨某某、市城市规划管理局邬某某局长职务；审议决定撤销市建设局局长杨某某“人民好公仆”荣誉称号。

2004 年

1 月 15 日　市二届人大常委会举行第三十三次会议，决定任命胡云为市人民政府副市长。

是月　省人大常委会川东、川北片区工作座谈会在南充召开。

2 月 21 日上午　市二届人大常委会举行第三十四次会议。会议传达省十届人大常委会七次会议精神；听取和审议 2002 年财政决算报告审议意见整改落实情况汇报；审议作出召开市三届人大一次会议决定。

3 月 5 日下午　市二届人大常委会举行第三十五次会议。会议听取关于市三届人大代表资格审查报告，审议通过市三届人大一次会议相关文件草案。

3 月 15 日　市人大常委会、市政协组织近 100 名市人大代表和政协委员，联合视察整改后的大都会现场。

3 月 17 日至 22 日　市三届人大一次会议举行。大会听取和审查市人民政府工作报告、市计划报告、市财政预算报告、市人大常委会工作报告、市中级人民法院工作报告、市人民检察院工作报告，通过各项工作报告决议；会议作出《关于南充市第三届人民代表大会专门委员会设置的决定》。大会选举黄顺福为市三届人大常委会主任，刘伯忠、孙纯、马敬国、赵太武、梁仕培、余善卫、李元开、陶治国为副主任，刘彬为秘书长，选举市三届人大常委会委员 23 名。选举杜光辉为市人民政府市长，蒋辅义、胡云、王静莉、钟吕坤为副市长。选举崔均为市中级人民法院院长。选举周力为市人民检察院检察长，须依法报经省人民检察院检察长提请省人大常委会批准。

3 月 31 日　市人大常委会主任会议讨论市三届人大常委会第一次会议有关事项，听取审议农业产业化和农民增收工作情况报告。

4 月 6 日至 8 日　省人大常委会执法检查组到南充开展《中华人民共和国专利法》执法检查。

4 月 19 日　市人大常委会主任会议讨论决定市三届人大常委会一次会议召开时间和日程安排，听取和审议会议相关建议议题，同意提请会议审议。

4 月 22 日至 23 日　市三届人大常委会举行第一次会议。会议传达省十届人大常委会八次会议精神；听取关于对个别市人大代表采取强制措施报告（书面）；听取和审议促进农民增收情况汇报，提出审议意见；审议通过市人大常委会 2004 年工作要点；决定设立市三届人大常委会代表资格审查委员会；决定任命田世宏为市人民政府副市长。

5月18日至20日　市人大常委会举行市三届人大常委会组成人员培训会。

5月24日至25日　市人大常委会在嘉陵召开全市人大内务司法工作座谈会。

5月25日下午　市人大常委会在市公安局交警支队举行宣传贯彻《中华人民共和国道路交通安全法》及其实施条例座谈会。

6月4日至5日　市人大常委会组织部分国、省、市、县人大代表到市辖3区视察城市管理工作。

6月9日　市人大常委会在南部召开全市人大财经工作座谈会。

6月17日　市人大常委会在营山召开全市人大农业工作座谈会。

6月24日　市人大常委会主任会议听取行政审判工作情况汇报、开展《中华人民共和国老年人权益保障法》执法检查方案报告。

6月25日　市人大常委会主任会议讨论决定市三届人大常委会二次会议建议议程和日程安排，听取和审议市三届人大常委会二次会议相关建议议题。

6月29日至30日　市三届人大常委会举行第二次会议。会议传达省十届人大常委会九次会议精神；听取和审议2003年市级财政预算执行和其他财政收支情况审计工作报告、全市民营经济发展情况汇报、落实水电气计量收费到用户决议情况汇报。会议举办法制讲座，邀请省农业厅农经总站副站长、高级农经师潘孝如讲授《中华人民共和国农村土地承包法》。

7月19日至23日　市人大常委会副主任马敬国、李元开、陶治国带领执法检查组分赴顺庆、嘉陵、西充、南部、阆中、仪陇开展《中华人民共和国农村土地承包法》执法检查。

7月27日　市人大常委会在蓬安召开全市人大教科文卫工作座谈会。

是日　全国人大信访局副局长毛春秋到南充督办南部县大桥镇上访老户赵元秀申诉案。

8月4日　市人大常委会主任会议听取和审议《中华人民共和国行政许可法》实施准备工作情况汇报、城市管理综合执法情况报告，讨论决定召开市三届人大常委会三次会议有关事项。

8月13日至15日　中共中央总书记、国家主席胡锦涛视察南充，并亲切接见市上领导。市人大常委会主任、副主任参加接见，并与胡锦涛合影。

8月17日至20日　省人大常委会立法调研组到阆中、西充开展《四川省〈中华人民共和国水法〉实施办法（修订案草案）》立法调研。

8月23日　市人大常委会主任会议听取和审议市三届人大常委会三次会议相关建议议题，讨论决定召开会议日程安排。

8月25日至26日　市三届人大常委会举行第三次会议。会议传达省十届人大常委会十次会议精神；听取和审查2003年财政决算和2004年1月至6月财政预算执行情况报告，批准2003年市级财政决算；听取和审议2004年1月至6月国民经济和社会发展计划执行情况报告、市本级2004年1月至6月非税财政收入执行“收支两条线”管理情况报告、全市“四五”普法和依法治市工作情况汇报、省宗教事务管理条例贯彻执行情况汇报、《中华人民共和国农村土地承包法》执法检查报告。会议举办法制讲座，邀请四川大学华西医学中心法学院教授杜昌维讲授《中华人民共和国食品卫生法》。

8月26日至27日　省人大常委会调研组到南充调研乡镇换届、县乡人大代表直接选举和代表活动等情况。

8月29日　省人大常委会、省委宣传部联合举办人大制度知识电视竞赛，6支代表队进入决赛，南充代表队获得一等奖。

9月13日　南充市纪念人民代表大会成立50周年暨地方人大常委会设立25周年座谈会召开。

9月14日至17日　市人大常委会检查组检查市本级及高坪、嘉陵、南部、蓬安开展《中华人民共和国食品卫生法》情况。

9月16日　市人大常委会副主任李元开到高坪区小龙镇第27选区指导高坪区人大常委会举行的全市首次区人大代表向选区选民述职评议大会暨推广会。

9月24日　市人大常委会召开全市人大人事代表工委联系会。

9月28日　市人大常委会主任会议讨论决定市三届人大常委会四次会议有关事项，讨论市人大常委会组成人员视察市卫生局、市科技局工作安排意见。

是月　市人大常委会副主任马敬国、梁仕培、陶治国带领执法检查组分赴市级有关部门、企业和高坪、嘉陵、蓬安、南部开展《中华人民共和国食品卫生法》执法检查。

10月11日至13日　市人大常委会在营山召开全市市、县（市、区）人大常委会主任学习会。

10月11日至14日　省人大常委会副主任刘子寿到南部、阆中开展《中华人民共和国农村土地承包法》执法检查。

10月15日至18日　市人大常委会副主任李元开、陶治国视察市科技局工作。

10月19日　市人大常委会党组书记、副主任刘伯忠，副主任马敬国、赵太武带领部分常委会委员和市人大代表视察市辖3区城管工作。

10月20日至22日　省人大常委会执法检查组到南充开展《四川省各级人民代表大会常务委员会监督条例》执法检查。

10月21日　市人大常委会主任会议听取关于视察市卫生局、市科技局工作情况汇报及市人大常委会机关工作情况汇报，审定市三届人大常委会四次会议议程草案和日程安排。

10月22日　市人大常委会召开全市人大城环资工作座谈会。

10月28日　市人大常委会、市农机局联合召开《中华人民共和国农业机械化促进法》座谈会。

11月1日至2日　市三届人大常委会举行第四次会议。会议传达省十届人大常委会十一次会议精神；听取和审查2004年市级财政预算调整方案（草案）报告，批准2004年市级财政预算调整方案；听取和审议实施城市规划工作情况汇报、安全生产工作情况汇报、法院队伍建设情况汇报、查办渎职侵权犯罪案件情况汇报、《中华人民共和国食品卫生法》执法检查报告。会议举办法制讲座，邀请西华师范大学政法学院教授赵永行讲授《中华人民共和国行政许可法》。

是日　全国人大常委会委员、中共中央统战部副部长、中国光彩事业促进会副会长兼秘书长胡德平带领全国人大代表视察组到南部、阆中视察。

11月24日　市人大常委会组织部分市人大代表视察东风南充汽车有限公司生产现场，听取公司负责人介绍企业生产经营情况。

11月26日　市人大常委会副主任梁仕培到三合、首力、英特信、兴恒平、惠博律师事务所视察工作。

11月30日　市三届人大常委会举行第五次会议。会议传达省委人大工作会议精神；决定接受王静莉辞去市人民政府副市长职务，决定任命谢华国为市人民政府副市长；听取和审议通过个别市人大代表资格终止报告。

是日　市人大常委会组织部分市人大代表视察残疾人创办的嘉陵区总真山良种兔繁殖场、南充市滤清器厂、顺庆区华凤镇张关垭村残疾人危房改造和食用菌种植情况。

12 月 1 日　市人大常委会组织部分市人大代表到市国税局及其直属分局、非税收入管理中心、市国土资源局、市经济技术开发委视察工作。

12 月 6 日至 10 日　市人大常委会组织驻市全国人大代表、部分省人大代表到市级有关部门和顺庆、南部、阆中、仪陇视察。

12 月 10 日　市人大常委会主任会议听取和审议《中华人民共和国水法》执法检查报告审议意见落实情况汇报、刑事拘留专项监督工作情况汇报、查办经济犯罪案件情况汇报，讨论决定召开市三届人大常委会六次会议有关事项，讨论市三届人大二次会议筹备工作。

12 月 23 日　市人大常委会主任会议讨论市人大常委会工作报告（草案），审定市三届人大常委会六次会议建议议程和日程安排。

12 月 29 日至 30 日　市三届人大常委会举行第六次会议。会议传达省十届人大常委会十二次会议精神；听取和审议市三届人大一次会议代表建议、批评和意见办理情况汇报；听取和审议通过市三届人大一次会议议案审议结果报告；审议通过修改市人大常委会组成人员守则决定、召开市三届人大二次会议决定；讨论市人大常委会工作报告（草案）。会议举办法制讲座，自学《四川省各级人民代表大会常务委员会监督条例》。

12 月 30 日下午　市人大制度研究会举行第三次会员代表大会暨 2004 年年会，选举产生第三届理事会。

是年　市人大常委会专题调研组调研全市农村卫生体制改革情况，形成《深化农村卫生体制改革，全面提高农民健康水平和生活质量》调研报告。

2005 年

1 月 12 日　市人大常委会副主任李元开到高坪区浸水乡调研乡镇人大工作。

1 月 19 日至 2 月 28 日　市人大常委会机关开展保持共产党员先进性教育活动。

1 月 28 日　市人大常委会主任会议讨论决定市三届人大常委会七次会议建议议程，研究讨论召开市三届人大二次会议有关事项、市人大内司委提请审议的相关个案。

1 月 29 日至 2 月 2 日　市人大常委会党组书记、副主任刘伯忠到南部县大埝乡、顺庆区西城办事处、绢纺织公司、南充武警支队、武警 8741 部队、武警 8740 部队医院慰问困难群众、特困职工、残疾人代表和现、退役官兵，看望曾担任过四大家领导职务的离退休干部。

2 月 19 日　市三届人大常委会举行第七次会议。会议传达省十届人大常委会十三次会议精神；审议通过市三届人大二次会议相关文件草案；决定接受黄顺福辞去市三届人大常委会主任职务。

2 月 22 日至 26 日　市三届人大二次会议举行。大会听取和审查市人民政府工作报告、市计划报告（书面）、市财政预算报告（书面）、市人大常委会工作报告、市中级人民法院工作报告、市人民检察院工作报告，通过各项工作报告决议；补选王宁为市三届人大常委会主任。

3 月 11 日至 15 日　市人大常委会副主任赵太武带领市人大民宗外侨委和市交通局、以工代赈办负责人一行到阆中市博树回族乡开展帮扶工作。

3 月 16 日　市人大常委会副主任赵太武到南部调研宗教事务管理情况。

3 月 22 日　市人大常委会主任会议讨论决定市三届人大常委会八次会议召开时间及建议议程，听取市三届人大二次会议代表建议、批评和意见处理意见。

3月23日　市人大常委会副主任赵太武到市开发区视察。

3月31日　省人大常委会调研组到南充检查《中华人民共和国教师法》贯彻情况。

4月1日　市人大常委会副主任梁仕培、李元开分别带领部分常委会委员到市公安局、建设局、交通局、农业局、文化局、城管执法局、海事局和高坪调研依法行政情况。

4月至9月　市人大常委会、市政协联合专题调研组调研嘉陵江南充流域水环境保护情况，形成《关于嘉陵江流域（南充段）水环境现状的调查与建议》。

4月12日至13日　市三届人大常委会举行第八次会议。会议传达省十届人大常委会十四次会议精神；听取和审议推进农业产业化情况汇报、依法行政情况汇报，分别提出审议意见；审议通过市人大常委会2005年工作要点。会议举行法制讲座，邀请省委、省政府信访办副主任何太原讲授信访条例。

4月13日至15日　省人大常委会执法检查组到南充开展《中华人民共和国渔业法》执法检查。

4月21日　市人大常委会主任会议讨论通过市人大常委会2005年工作安排表，听取全省人大信访工作座谈会情况汇报。

4月19日至22日　市人大常委会嘉陵江（南充段）流域水资源课题调研组到各县（市、区）调研嘉陵江（南充段）流域水资源保护工作。

5月8日　市人大常委会党组扩大会议传达贯彻国务院总理温家宝在四川省通江县保持共产党员先进性教育活动党员干部会议上的重要讲话精神。

5月18日　市人大常委会主任会议听取和审议开发区管理条例情况汇报、2004年非税财政收入执行“收支两条线”管理情况汇报，讨论决定召开市三届人大常委会第九次会议有关事项。

5月20日至21日　市人大常委会党组书记、副主任刘伯忠到仪陇县“两路一桥”工程和朱德纪念园区建设工地现场督促指导，并分别向“两路一桥”工程指挥部和仪陇县通报有关情况。

5月18日至22日　市人大常委会副主任余善卫、陶治国带领执法检查组分赴蓬安、营山、西充和市相关部门（单位）、部分科研单位、重点科技成果转化企业及农作物新品种推广基地开展《中华人民共和国促进科技成果转化法》执法检查。

5月30日至31日　市人大常委会在阆中召开全市人大内务司法工作座谈会。

6月6日至10日　省人大常委会副主任徐世群带领执法检查组到南充检查市“一府两院”贯彻省人大常委会关于进一步开展法制宣传教育决议、开展“四五”普法和实施《中华人民共和国律师法》情况。

6月8日　市人大常委会召开全市人大信访工作会议。

6月14日　市委印发《关于进一步加强和改进人大工作的意见》。

是日　省人大常委会在南充召开健全代表工作制度座谈会。

6月15日至16日　市三届人大常委会举行第九次会议。会议传达省十届人大常委会十五次会议精神；听取和审议关于培育工业支柱产业情况汇报、城市总体规划实施情况汇报、市人民检察院队伍建设情况汇报。会议举办法制讲座，邀请省人大常委会预算工作委员会副主任胥纯讲授《如何搞好预算审查监督》。

6月16日　市委召开人大工作会议。

6月22日　市人大常委会召开全市人大城环资工作座谈会。

7月6日　市人大常委会召开评议市教育局、市林业局、市环保局、市外事台侨旅游局主要负责人履职情况动员会，启动述职评议工作。8 月中旬，市三届人大常委会第一次会议对 4 名评议对象进行述职评议，提出评议意见。9 月 2 日，主任会议审定述职评议综合意见，听取 4 名被评议人员整改方案。11 月 17 日，市人大常委会主任会议听取被评议人员评议整改情况汇报。

7 月 7 日　市人大常委会党组扩大会组织学习中共中央转发的全国人大常委会党组《关于进一步发挥全国人大代表作用，加强全国人大常委会制度建设的若干意见》和全国人大常委会办公厅印发的相关文件。

8 月 16 日至 18 日　市三届人大常委会举行第十次会议。会议传达省十届人大常委会十六次会议精神；听取和审查 2004 年财政决算情况报告，听取和审议 2005 年上半年财政预算执行情况报告、2004 年市级财政预算执行和其他财政收支情况审计工作报告，批准 2004 年市级财政决算；听取和审议 2005 年上半年国民经济和社会发展计划执行情况汇报、非税财政收入执行“收支两条线”管理工作情况汇报、《中华人民共和国促进科技成果转化法》执行情况汇报（书面）。会议举办法制讲座，邀请省中小企业局政策法规处处长梁粤懿讲授《中华人民共和国中小企业促进法》。

9 月 8 日　市人大常委会党组书记、副主任刘伯忠，副主任孙纯、赵太武、陶治国视察市公安局“110 指挥中心”和刑警大队工作。

9 月中下旬　市人大常委会副主任孙纯、赵太武、梁仕培带领执法检查组分赴市级有关部门和阆中、南部、顺庆、高坪、嘉陵开展《中华人民共和国中小企业促进法》及四川省实施办法执法检查。

9 月 25 日至 30 日　市人大常委会举办第一期全市乡镇人大主席培训班。

9 月 26 日　市三届人大常委会举行第十一次会议，会议决定任命杜一力为市人民政府副市长。

9 月 27 日　市人大常委会召开全市人大常委会办公室工作会议。

9 月 28 日　市人大常委会召开贯彻实施全国人大常委会关于司法鉴定管理问题决定座谈会。

10 月 12 日至 14 日　市人大常委会在西充、仪陇召开全市县（市、区）人大常委会主任学习会。

10 月 18 日　市人大常委会主任会议听取审议将仪陇县新政镇小城镇基础设施建设项目国家开发银行贷款财政补贴还款资金纳入财政年度预算汇报、《中华人民共和国建筑法》《中华人民共和国工会法》贯彻实施情况汇报，讨论决定召开市三届人大常委会十二次会议有关事项，讨论嘉陵江流域（南充段）水环境现状调研报告。

10 月 25 日至 26 日　市三届人大常委会举行第十二次会议。会议传达省十届人大常委会十七次会议精神；听取和审议农业基础设施建设情况汇报，构建川东北商贸物流中心情况汇报、发展旅游业情况汇报、编制“十一五”规划情况汇报、民商事审判工作情况汇报、《中华人民共和国中小企业促进法》执法检查（书面）；听取和审查 2005 年市级财政预算调整方案（草案）报告，批准 2005 年市级财政预算调整方案。会议举办法制讲座，邀请市审计局副局长、高级审计师廖大春讲授《中华人民共和国审计法》。

10 月 25 日至 30 日　市人大常委会举办第二期全市乡镇人大主席培训班。

是月　市人大常委会设立省人大代表联络处，与人事代表工委合署办公。

11 月 3 日至 4 日　市人大常委会在蓬安召开全市人大财经工作座谈会。

11 月 17 日　市人大常委会主任会议听取市三届人大二次会议议案审议结果报告、2005 年度市人大常委会审议意见办理反馈情况汇报，讨论驻南充全国、省人大代表和市人大代表视察安排意见，讨论决定召开市三届人大常委会第十三次会议有关事项。

11 月 30 日　市人大常委会召开修改后的《中华人民共和国妇女权益保障法》座谈会。

12 月 6 日　市人大常委会副主任陶治国带领市人大代表财税金融、工业专业组视察金融工作。

12 月 12 日至 16 日　市人大常委会组织驻南充全国人大代表、部分省人大代表视察市本级、高坪、仪陇、蓬安经济社会发展情况。

12 月 15 日　市三届人大常委会举行第十三次会议。会议传达省十届人大常委会十八次会议精神；听取和审议市三届人大二次会议代表建议、批评和意见办理情况汇报；听取和审议通过市三届人大二次会议议案审议结果报告；审议通过召开市三届人大三次会议决定。

12 月 16 日　市人大常委会党组书记、副主任刘伯忠带领市人大农业组代表视察嘉陵区凤（垭山）木（老）特色水果产业带建设情况。

12 月 21 日　市人大常委会党组书记、副主任刘伯忠，副主任马敬国、赵太武、余善卫、李元开、陶治国视察市工商局办照大厅、“12315”指挥中心、直属分局花园坝工商所、顺庆区工商局、舞凤工商所。

12 月下旬　市人大常委会党组书记、副主任刘伯忠，副主任孙纯、马敬国、赵太武、梁仕培、余善卫、李元开、陶治国先后到嘉陵区火花镇蚂蝗堰社区慰问结对帮扶对象。

是月　省委书记、省人大常委会主任张学忠到南充调研。

2006 年

1 月 22 日　市人大常委会主任会议审议市三届人大常委会十四次会议和市三届人大三次会议有关事项。

1 月 23 日　市三届人大常委会举行第十四次会议。会议传达省十届人大常委会十九次会议精神；审议市人大常委会工作报告（草案），审议通过市人大常委会 2006 年度工作要点；审议通过市三届人大三次会议相关文件草案；听取和审议关于个别市人大代表资格审查报告；决定接受蒋辅义辞去市人民政府副市长职务，决定任命向东、朱家媛（女）为市人民政府副市长。

2 月 15 日至 19 日　市三届人大三次会议举行。大会听取和审查市人民政府工作报告、市计划报告（书面）、市财政预算报告（书面）、市人大常委会工作报告、市中级人民法院工作报告、市人民检察院工作报告，通过各项工作报告决议；审查和批准市国民经济和社会发展第十一个五年规划纲要；决定接受杜光辉辞去市人民政府市长职务，补选高先海为市人民政府市长。

3 月 1 日至 2 日　市人大常委会副主任马敬国到仪陇县保平镇观音庵村和周河镇玉兰村指导和调研村党支部开展先进性教育活动和推进新农村建设等情况。

3 月 1 日至 3 日　市人大常委会副主任李元开到仪陇县柳垭镇、磨盘乡、灯塔乡、三河镇、土门镇调研仪陇县人饮工程、思德水库工程情况。

3 月 6 日　市人大常委会副主任赵太武到仪陇调研朱德故居纪念园区建设情况。

3 月 15 日至 8 月 8 日　市人大常委会党组书记、副主任刘伯忠先后 6 次调研“三路一桥”（仪陇县新政嘉陵江大桥、新马路和城区马市铺至潆溪段公路）建设情况。

3 月 16 日　市人大常委会召开视察法院庭审工作动员培训会议。3 月下旬至 5 月下旬，市人大常委会组织 30 名省、市人大代表、59 名县级人大代表，采取随机抽取方式，视察市、县两级法院公开审理的 24 件案件庭审工作情况。

3 月 20 日　市人大常委会主任会议讨论决定召开市三届人大常委会十五次会议有关事项，听取市三届人大三次会议代表建议、批评和意见处理情况，审定市三届人大三次会议议案办理意见。

3 月 23 日　市三届人大常委会举行第十五次会议。会议听取和审议全市社会治安综合治理工作情况汇报；决定接受田世宏辞去市人民政府副市长职务。会议举办法制讲座，邀请市人事局副局长苏彬讲授《中华人民共和国公务员法》。

3 月 28 日　市人大常委会副主任马敬国到仪陇县周河镇玉兰村督查扶贫工作。

3 月下旬至 4 月中旬　市人大常委会副主任梁仕培先后 4 次到南部、阆中升钟水库淹没区督查扶贫项目实施进度和质量。

4 月 5 日至 6 日　市人大常委会副主任陶治国督查顺西优质农产品生产加工示范区建设情况。

4 月 25 日　市人大常委会副主任赵太武到仪陇督查朱德纪念园建设项目进展情况。

4 月 30 日　市人大常委会到嘉陵区蚂蝗堰社区开展帮扶活动。

5 月 15 日　市人大常委会主任会议讨论决定召开市三届人大常委会十六次会议有关事项，听取和审议会议建议议题，同意提请会议审议。

5 月 15 日至 17 日　市人大常委会副主任李元开到仪陇督查思德水库工程建设情况。

5 月 19 日　市三届人大常委会举行第十六次会议。会议传达省十届人大常委会二十次会议精神；听取和审议全市牧业经济发展情况汇报；决定接受钟吕坤、杜一力辞去市人民政府副市长职务，决定任命冯斌为市人民政府副市长。会议举办法制讲座，邀请省农机局行业管理处处长刘基华讲授《中华人民共和国农业机械化促进法》。

5 月 31 日　市人大常委会副主任李元开到嘉陵区蚂蝗蝘社区看望帮扶户。

6 月上旬　市人大常委会副主任马敬国、赵太武、陶治国带领执法检查组分赴高坪、嘉陵、蓬安、西充、南部、阆中等县（市、区）和市国土局开展《中华人民共和国土地管理法》及四川省实施办法执法检查。

6 月 5 日　市人大常委会副主任余善卫督查仪陇招商引资工作。

6 月 13 日至 14 日　市人大常委会党组书记、副主任刘伯忠，副主任马敬国、赵太武、余善卫、李元开视察市级和三区创优工作。

6 月 20 日　市人大常委会副主任马敬国到仪陇县周河镇玉兰村调研产业发展情况，落实帮扶措施。

6 月 23 日　市人大常委会主任会议听取和审议南充市创建中国优秀旅游城市工作情况汇报、全市人大信访工作情况汇报。

6 月 26 日至 29 日　市人大常委会副主任马敬国、李元开、陶治国带领执法检查组分赴嘉陵、西充、南部、阆中、蓬安、高坪 6 县（市、区）开展《中华人民共和国农业机械化促进法》执法检查。

7 月 10 日　市人大常委会主任会议讨论决定召开市三届人大常委会十七次会议有关事项，听取和审议会议建议议题，同意提请会议审议。

7 月 19 日至 21 日　市人大常委会在嘉陵召开市、县（市、区）人大常委会主任学习会。

7 月 27 日至 28 日　市三届人大常委会举行第十七次会议。会议传达省十届人大常委会二十一次会议精神；听取和审查 2005 年财政决算报告，听取和审议 2005 年度市级财政预算执行和其他财政收支情况审计工作报告，批准 2005 年市本级财政决算；听取和审议嘉陵江流域（南充段）水污染防治工作情况汇报、2006 年 1 月至 6 月国民经济和社会发展计划与财政预算执行情况汇报（书面）、市本级

2006年1月至6月非税收入执行“收支两条线”管理情况报告（书面）；听取和审议“四五”普法工作总结和“五五”普法规划情况汇报，审议作出加强法制宣传教育决议；听取和审议市人大代表视察庭审工作情况报告、《中华人民共和国农业机械化促进法》《中华人民共和国土地管理法》执法检查报告；决定接受胡云辞去市人民政府副市长职务，决定任命范平为市人民政府副市长。会议举办法制讲座，邀请市国土资源局法规监察科科长邓建明讲授《中华人民共和国土地管理法》。

8月22日　市人大常委会副主任马敬国到仪陇县周河镇玉兰村指导抗旱救灾和“三秋”生产，并送去市人大机关干部职工抗旱捐款7860元。

9月13日　市人大常委会主任会议讨论决定召开市三届人大常委会第十八次会议有关事项；听取审议调整教育基础设施建设贷款项目报告；传达2006年度省人大常委会“一报一刊”新闻宣传发行工作会议精神。

9月20日至21日　市三届人大常委会举行第十八次会议。会议传达省十届人大常委会二十二次会议精神；听取和审议贯彻实施农村义务教育经费保障机制改革工作情况汇报、2005年至2006年城市总体规划执行情况汇报；决定接受刘彬辞去市三届人大常委会秘书长职务。会议对市商务局、市人口和计划生育委员会、市粮食局主要负责任进行述职评议。会议举办法制讲座，邀请市安监局局长、市安办主任王明章讲授《中华人民共和国安全生产法》。

10月23日　市人大常委会主任会议听取和审议创建国家卫生城市情况汇报、粮食产业化经营情况汇报、检查道路交通安全法律法规实施情况报告。

是月　省委书记、省人大常委会主任杜青林到南充调研。

11月8日　市人大常委会主任会议讨论决定召开市三届人大常委会十九次会议有关事项，听取审议会议相关建议议题，同意提请会议审议。

11月10日　市三届人大常委会举行第十九次会议。会议传达省十届人大常委会二十三次会议精神；听取和审查2006年市级财政预算调整方案（草案）报告，批准2006年市级财政预算调整方案；听取和审议国务院宗教事务条例贯彻实施情况汇报；听取和审议通过市三届人大三次会议议案审议结果报告。

11月16日　市人大常委会召开全市人大常委会办公室工作会议。

是月　全国人大常委会副委员长许嘉璐到南充出席“农民读书节”。

12月6日　市人大常委会组织部分市人大代表到嘉陵和市供销社视察供销社工作。

12月11日至15日　市人大常委会组织驻南充全国人大代表、省直机关下派南充的省人大代表到市本级和仪陇、高坪、蓬安视察。

12月12日　市人大常委会召开全市内务司法工作座谈会。

12月13日　市人大常委会组织部分市人大代表到市妇孺医院、市中心医院视察医院服务项目收费和执行药品价格情况。

12月18日　市人大常委会党组书记、副主任刘伯忠，副主任马敬国、赵太武、余善卫、李元开到顺庆视察城市建设工作。

是日　市人大常委会副主任梁仕培带领市人大政法组9名代表视察市民政局地名工作。

12月21日　市人大常委会主任会议听取和审议2005年市级财政预算执行和财政收支审计处理结果报告，讨论决定召开市三届人大常委会第二十次会议有关事项，讨论召开市三届人大四次会议决定（草案）。

12 月 26 日　市三届人大常委会举行第二十次会议。会议传达省十届人大常委会二十四次会议精神；听取和审议市三届人大三次会议代表建议、批评和意见办理情况汇报；审议作出废止《司法案件监督规定》决定；审议市人大常委会工作报告（草案）；审议作出召开市三届人大四次会议决定。

2007 年

1 月 11 日　市人大常委会主任会议审议召开市三届人大常委会第二十一次会议和市三届人大四次会议有关事项。

1 月 16 日　市三届人大常委会举行第二十一次会议。会议审议通过市三届人大四次会议相关文件草案；审议通过个别市人大代表资格审查报告；审议作出延期召开市三届人大四次会议决定，同意授权市人大常委会主任会议决定召开具体时间。

1 月 19 日　市人大常委会党组书记、副主任刘伯忠，副主任马敬国到仪陇县周河镇玉兰村慰问贫困户。

2 月 7 日　市人大常委会主任会议讨论并许可成都市公安局成华分局对市人大代表周某某采取强制措施。

2 月 8 日至 12 日　市三届人大四次会议举行。大会听取和审查市人民政府工作报告、市计划报告（书面）、市财政预算报告（书面）、市人大常委会工作报告、市中级人民法院工作报告、市人民检察院工作报告，通过各项工作报告决议。

2 月 25 日　市人大常委会主任会议审议高坪机场运行情况汇报。

3 月 1 日　市人大常委会主任会议讨论并原则通过市人大常委会 2007 年工作安排表；审定市三届人大四次会议议案办理意见。

3 月 12 日　市人大常委会主任会议讨论决定市三届人大常委会第二十二次会议有关事项，听取市三届人大四次会议代表建议、批评和意见处理意见，确定重点督办的建议、批评和意见。

3 月 14 日　市三届人大常委会举行第二十二次会议。会议传达省十届人大常委会二十六次会议精神；听取和审议全市新农村建设情况汇报；审议通过市人大常委会 2007 年工作要点。会议举办学习贯彻《中华人民共和国各级人民代表大会常务委员会监督法》专题讲座。

4 月 13 日　市人大常委会主任会议听取和审议巩固发展创优成果、加强城市管理情况汇报，法律援助工作情况汇报，2006 年财政非税收入执行“收支两条线”管理工作情况汇报，审定市、县（市、区）人大常委会主任学习会方案，讨论决定召开市三届人大常委会二十三次会议有关事项，听取和审议会议建议议题，同意提请会议审议。

4 月 29 日　市人大常委会召开全市县、乡两级人大换届选举工作总结会。

5 月 18 日　市人大常委会主任会议听取和审议进一步加强嘉陵江流域（南充段）水污染防治工作落实情况汇报、关于诉讼调解工作情况汇报，讨论决定召开市三届人大常委会二十三次会议有关事项。

5 月 23 日　市三届人大常委会举行第二十三次会议。会议传达省十届人大常委会二十七次会议精神；听取和审议嘉陵江流域（南充段）水污染防治工作情况汇报、诉讼调解工作情况报告；审议作出废止评议工作条例实施办法决定。会议举办法制讲座，邀请市教育局局长周继琼讲授《中华人民共和国义务教育法》。

5 月 28 日至 30 日　市人大常委会在阆中召开全市市、县（市、区）人大常委会主任学习会。

6 月上旬　市人大常委会组成 3 个执法检查小组开展《中华人民共和国城市房地产管理法》执法检查。

6 月 14 日　市人大常委会主任会议听取和审议全市果业经济发展、失地农民失业保险、农村散居少数民族扶贫开发工作情况汇报，审定《中华人民共和国城市房地产管理法》执法检查方案。

6 月 18 日　市人大常委会召开会议，学习贯彻落实《中共中央纪律检查委员会关于严格禁止利用职务上的便利谋取不正当利益的若干规定》。

7 月 6 日　市人大常委会主任会议讨论决定召开市三届人大常委会第二十四次会议有关事项；听取市三届人大五次会议筹备进展情况汇报。

7 月 10 日　市三届人大常委会举行第二十四次会议。会议审议作出召开市三届人大五次会议决定；审议通过市三届人大五次会议相关文件草案；决定接受王宁辞去市三届人大常委会主任职务。

7 月 19 日　市三届人大五次会议举行。大会补选刘宏建为市三届人大常委会主任。

7 月 27 日　市人大常委会组织部分省、市、区人大代表到市本级和顺庆、高坪视察城市管理行政执法工作。

是月　市人大常委会专题调研组调研全市生猪生产情况，形成《关于生猪生产形势的调查报告》。

8 月 9 日　市人大常委会主任会议讨论决定召开市三届人大常委会第二十五次会议有关事项，听取和审议会议相关建议议题，同意提请会议审议。

8 月 14 日　市三届人大常委会举行第二十五次会议。会议传达省十届人大常委会二十八、二十九次会议精神；听取和审议关于实施新型农村合作医疗制度情况汇报；听取和审查 2006 年财政决算报告，听取和审议 2007 年 1 月至 6 月财政预算执行情况报告、2006 年度市级财政预算执行和其他财政收支情况审计工作报告，批准 2006 年市级财政决算；听取和审议 2007 年上半年国民经济和社会发展计划执行情况报告、2007 年上半年市级非税收入执行收支两条线管理情况报告（书面）。会议举办法制讲座，邀请市人大代表、三合律师事务所主任马波讲授《中华人民共和国物权法》。

是月　市人大常委会专题调研组通过调研，形成《发展现代流通新网络，服务社会主义新农村》调查报告。

9 月 19 日　市人大常委会主任会议讨论决定召开市三届人大常委会二十六次会议有关事项，听取和审议会议相关建议议题，同意提请会议审议；听取和审议实施蚕桑“百万工程”情况汇报、扫黑除恶工作情况汇报。

9 月 26 日　市三届人大常委会举行第二十六次会议。会议听取和审议实施工业强市战略情况汇报、2006 年至 2007 年城市总体规划执行情况汇报、公诉工作情况汇报、《中华人民共和国城市房地产管理法》执法检查报告。会议举办法制讲座，邀请西华师范大学法学院院长、教授刘永红讲授《中华人民共和国农产品质量安全法》。

10 月 30 日　市人大常委会、市政协联合召开换届工作培训会。

11 月 6 日　市人大常委会召开全市人大常委会办公室、研究室工作会议。

11 月 13 日　市人大常委会机关举行党的十七大精神辅导报告会，邀请市委宣讲团成员、西华师范大学经济学教授王代敬作专题辅导。

11 月 21 日　市人大常委会主任会议听取和审议市三届人大常委会二十七次会议建议议题，同意提请会议审议；讨论决定召开市三届人大六次会议有关事项。

11月21日至22日　全省部分市（州）人大信访工作座谈会在南充召开，省人大常委会副主任杨志文出席会议并讲话。

11月28日　市三届人大常委会举行第二十七次会议。会议传达省十届人大常委会三十次会议精神；听取和审查2007年市级财政预算调整方案（草案）报告，批准2007年市级财政预算调整方案；听取和审议市三届人大四次会议代表建议、批评和意见办理情况报告；听取和审议通过市三届人大四次会议议案审议结果报告；审议作出召开市三届人大六次会议决定；审议通过市三届人大六次会议相关文件草案；决定任命张奇伟为市人民政府副市长。

12月10日　市人大常委会主任会议研究市三届人大六次会议有关事项。

12月18日至19日　市三届人大六次会议举行。大会选举产生南充市出席省第十一届人民代表大会代表58名。

12月26日　市人大常委会召开全市人大信访工作会议。

是月　省委书记、省人大常委会主任刘奇葆到南充调研。

2008年

1月8日　市人大常委会主任会议讨论决定召开市三届人大常委会第二十八次会议有关事项；讨论市四届人大一次会议筹备工作意见；讨论市人大常委会工作报告（草案）。

1月9日　市三届人大常委会举行第二十八次会议。会议传达省十届人大常委会三十一次会议精神；审议作出召开市四届人大一次会议决定。

2月1日　市人大常委会召开主任、“三长”联席会，通报召开市四届人大一次会议有关情况，研究会议筹备工作。

2月25日　市人大常委会主任会议讨论决定变更市四届人大一次会议召开时间。

4月23日　市人大常委会主任会议讨论召开市三届人大常委会二十九次会议和市四届人大一次会议有关事项。

4月29日　市三届人大常委会举行第二十九次会议。会议传达省十一届人大常委会二次会议精神；听取和审议通过市四届人大代表资格审查报告；审议通过市四届人大一次会议相关文件草案。

5月6日至10日　市四届人大一次会议举行。大会听取和审查市人民政府工作报告、市计划报告（书面）、市财政预算报告（书面）、市人大常委会工作报告、市中级人民法院工作报告、市人民检察院工作报告，通过各项工作报告决议；会议作出《关于南充市第四届人民代表大会专门委员会设置的决定》；大会选举刘宏建为市四届人大常委会主任，李志杰、李元开、陶治国、陈自立、傅伦佳、陈修鹏为副主任，郑猛功为秘书长，选举市四届人大常委会委员33名；选举高允海为市人民政府市长，冯斌、朱家媛（女）、向东、何智彬、张奇伟、喻小广、谢华国（以姓氏笔画为序）为副市长；选举崔均为市中级人民法院院长；选举周力为市人民检察院检察长，须依法报经省人民检察院检察长提请省人大常委会批准。

5月14日　市人大常委会机关召开抗震救灾动员会，干部职工向地震灾区捐款11720元。

5月26日　市人大常委会主任会议通报新一届市人大常委会领导班子分工。

6月10日　市人大常委会主任会议听取和审议2008年市本级基本建设专项资金收支预算安排意见

汇报、关于将有关专项贷款本息全额纳入财政预算补贴偿还报告，讨论决定召开市四届人大常委会一次会议有关事项，听取市四届人大一次会议代表建议、批评和意见，确定重点督办建议、批评和意见。

6 月 13 日　市四届人大常委会举行第一次会议。会议决定设立市人大常委会信访办公室。

6 月 27 日　市人大常委会机关召开纪念“七一”暨党建工作年度工作表彰会，表彰市人大常委会机关 2007 年度先进工作者、机关先进党支部、优秀共产党员和优秀党务工作者。

7 月 28 日至 29 日　市四届人大常委会举行第二次会议。会议听取和审议 2008 年上半年国民经济和社会发展计划与财政预算执行情况报告、推进南充工业优势产业跨越发展情况汇报、贯彻中央强农惠农政策情况汇报、实施医疗卫生工程情况汇报、加强检察工作监督情况报告；决定设立市四届人大常委会代表资格审查委员会。会议举办法制讲座，邀请省人大常委会法工委副主任肖萍讲授《中华人民共和国各级人民代表大会常务委员会监督法》。

8 月 20 日　省人大常委会调研组到南充开展《中华人民共和国农民专业合作社法》贯彻执行情况调研。

9 月 1 日　市人大常委会主任会议讨论决定召开市四届人大常委会三次会议有关事项；审定《中华人民共和国义务教育法》执法检查方案；讨论市人大常委会组成人员守则（修订草案）、市人大常委会议事规则（修订草案）。

9 月 10 日　市四届人大常委会举行第三次会议。会议传达省十一届人大常委会四次会议精神；听取和审查 2007 年财政决算报告，听取和审议 2007 年度市级财政预算执行和其他财政收支情况审计工作报告，批准 2007 年市级财政决算；听取和审议抗震救灾、节能减排、“五五”普法和旅游产业发展情况汇报；审议通过市人大常委会议事规则（修订案）、组成人员守则（修订案）。

9 月 17 日　市人大常委会副主任陈自立带领市人大政法组代表视察全市交通整治情况。

9 月 26 日　市人大常委会在南部召开 2008 年度全市市、县（市、区）人大常委会主任学习会。

是月　市人大常委会调研组专题调研市政务服务中心建设情况，形成《关于完善市政务服务中心建设的调研报告》。

10 月 28 日　市人大常委会主任听取和审议《中华人民共和国行政复议法》及实施条例执行情况报告、清理整顿城市规划区内农村违法违规建房和非物质文化遗产保护工作情况报告。

是月　市人大常委会开展《中华人民共和国义务教育法》执法检查。

11 月 20 日　市人大常委会主任会议听取和审议市四届人大常委会四次会议建议议题，决定提请会议审议；听取和审议集体林权制度改革情况报告。

11 月 27 日　市四届人大常委会举行第四次会议。会议传达省十一届人大常委会五次会议精神；听取和审查 2008 年市级财政预算调整方案（草案），听取和审议 2008 年 1 月至 10 月预算执行情况报告，批准 2008 年市级财政预算调整方案；听取和审议南充市第六次城市总体规划实施和第七次城市总体规划修编工作情况报告、《中华人民共和国义务教育法》执法检查报告。会议举办法制讲座，邀请市财政局局长吴道军讲授《中华人民共和国预算法》。

是月　市人大常委会调研组到各县（市、区）、市级相关部门及部分旅游企业调研全市旅游业发展情况，形成《关于全市旅游业发展的调查报告》。

是月　市人大常委会调研组专题调研投融资平台体系建设情况，形成《关于南充市投融资平台体系建设情况的调查报告》。

12 月 3 日　市人大常委会组织省、市、县人大代表 60 余人到阆中视察工业园区建设、环境保护、古城保护等情况。

12月12日　市人大常委会组织市人大代表到嘉陵区河西乡视察农业标准化种植基地建设情况。

12月15日　市人大常委会主任会议听取和审议市四届人大一次会议议案审议结果报告，讨论决定召开市四届人大常委会第五次会议有关事项，讨论召开市四届人大二次会议决定草案。

12月17日　市四届人大常委会举行第五次会议。会议传达省十一届人大常委会六次会议精神；听取和审议通过市四届人大一次会议一件议案审议结果报告；审议作出召开市四届人大二次会议决定。

12月24日　市人大常委会组织市人大代表到市辖3区视察城市管理工作。

12月30日　市人大制度研究会召开第四次会员代表大会暨2008年年会，选举产生新一届常务理事会领导班子和理事。

12月31日　市人大常委会召开主任、“三长”联席会议，通报召开市四届人大二次会议有关情况，研究会议筹备工作有关事项。

是月　市人大常委会调研组调研农业产业化龙头企业发展壮大所面临困难与问题，形成《南充农业产业化龙头企业发展壮大面临的困难及对策的调研报告》；调研全市工业园区建设情况，形成《关于加快全市工业园区建设的调查报告》。

2009年

1月7日　市人大常委会组织市人大代表到市级有关部门和顺庆视察劳动社会保障工作。

1月15日　市人大常委会组织市人大代表到恒一食品有限公司、六合集团、市出入境检验检疫局视察出口创汇工作。

1月至6月　市人大常委会调研组专题调研全市非物质文化遗产保护情况，形成《加强文化遗产保护，助推文化事业发展》调研报告。

2月5日　市人大常委会主任会议讨论决定市四届人大常委会六次会议有关事项，讨论市四届人大二次会议工作日程（草案）。

2月10日　市四届人大常委会举行第六次会议。会议听取和审议市四届人大一次会议代表建议、批评和意见办理情况报告；审议通过市四届人大二次会议相关文件草案；审议《市人大常委会工作报告（草案）》；听取和审议通过个别市四届人大代表资格审查报告。

2月17日至20日　市四届人大二次会议举行。大会听取和审查市人民政府工作报告、市计划报告（书面）、市财政预算报告（书面）、市人大常委会工作报告、市中级人民法院工作报告、市人民检察院工作报告，通过各项工作报告决议。

3月8日　市人大常委会召开《四川省涉外建设项目国家安全事项管理条例》实施情况座谈会。

3月12日　市人大常委会主任会议讨论决定市四届人大常委会第七次会议有关事项；审定市四届人大二次会议议案办理意见，确定重点督办建议；审定《中华人民共和国水污染防治法》执法检查方案。

3月31日　市四届人大常委会举行第七次会议。会议传达省十一届人大常委会八次会议精神；听取和审议市人大常委会组成人员2008年度审议意见研究处理情况汇报；审议通过市人大常委会2009年工作要点；决定免去冯斌市人民政府副市长职务，决定任命胡光明为市人民政府副市长。

4 月 13 日　市人大常委会机关开展深入学习实践科学发展观活动。

5 月 7 日　市人大常委会主任会议听取和审议将南充化学工业园区基础设施一期工程建设银行贷款本息全额纳入财政预算补贴偿还报告，讨论决定市四届人大常委会第八次会议有关事项。

5 月 26 日　市四届人大常委会举行第八次会议。会议听取和审议“十一五”规划纲要实施中期情况报告；听取和审议嘉陵江两岸生态绿化工程建设情况报告，审议作出关于加快嘉陵江南充段两岸生态绿化工程建设决议；听取和审议公安机关刑事侦查工作情况报告。会议举办法制讲座，邀请省环保局巡视员谷声文讲授《中华人民共和国水污染防治法》。

是月　市人大常委会开展《中华人民共和国水污染防治法》执法检查。

6 月 23 日　市人大常委会在仪陇召开全市人大人事代表工作座谈会，市人大常委会党组书记、副主任李志杰出席会议并讲话。

7 月 14 日　市人大常委会主任会议听取和审议市本级 2009 年基本建设专项资金收支预算安排情况汇报、2008 年市本级社保基金征收管理使用情况汇报及审计报告、科技成果转化和技术创新情况汇报，讨论决定召开市四届人大常委会九次会议有关事项，听取和审议会议相关建议议题。

7 月 21 日　市四届人大常委会举行第九次会议。会议听取和审议 2009 年上半年国民经济和社会发展计划与财政预算执行情况报告；听取和审查 2008 年市级财政决算的报告，听取和审议 2008 年财政预算执行和其他财政收支情况审计工作报告，批准 2008 年市级财政决算；听取和审议项目推动工作情况汇报、加强农田水利基本建设情况汇报、《中华人民共和国水污染防治法》执法检查报告；听取和审议通过个别市四届人大代表资格审查报告。

8 月 25 日至 28 日　全国人大代表专题调研第五组调研南充工业发展、农业发展、交通发展等工作。

9 月 9 日　市人大常委会主任会议听取和审议南充职业教育情况报告、《中华人民共和国台湾同胞投资保护法》贯彻实施情况报告，讨论决定召开市四届人大常委会十次会议有关事项。

9 月 14 日　市人大常委会在顺庆召开市人大常委会组成人员暨县（市、区）人大常委会主任学习会。

9 月 23 日　市四届人大常委会举行第十次会议。会议传达省十一届人大常委会十次会议精神；听取和审议重点工程建设情况汇报、扩大内需促进商贸服务业发展情况报告、土地出让收入管理情况汇报、查办职务犯罪工作情况报告；审议通过听取和审议专项工作报告暂行办法；听取和审议通过个别市四届人大代表资格审查报告。会议举办法制讲座，邀请南充职业技术学院副教授、南充电子工业学校校长陈行辉讲授《中华人民共和国职业教育法》。

10 月　市人大常委会启动对市发改委、市经委、市民政局工作评议。11 月 26 日，市四届人大常委会十一次会议对被评议单位开展工作评议，提出评议意见，通过对其满意度测评。

11 月 11 日　市人大常委会主任会议听取和审议 2008 年土地出让收入管理使用情况报告、实施“金土地”工程情况汇报，讨论决定召开市四届人大常委会十一次会议有关事项。

11 月 17 日　市人大常委会组织市人大代表视察市中心医院嘉陵分院、市污水处理厂。

11 月 20 日　市人大常委会主任会议听取和审议市四届人大常委会十一次会议相关建议议题，同意提请会议审议；讨论市四届人大三次会议有关事项。

11 月 24 日　市人大常委会副主任陈自立带领市人大政法组代表到市特殊教育学校、市残联就业康复服务中心视察残疾人就业情况。

11月26日　市四届人大常委会举行第十一次会议。会议传达省委人大工作会议精神和省十一届人大常委会十一次会议精神；听取和审议南充第七次城市总体规划修编工作情况汇报；听取和审查2009年市级财政预算调整方案（草案）报告，批准2009年市级财政预算调整方案；审议作出召开市四届人大三次会议决定。会议举办《中华人民共和国就业促进法》法制讲座。

12月4日　市委召开人大工作会议。

12月18日　市委印发《关于进一步加强人大工作的实施意见》。

12月25日　市人大常委会主任会议听取和审议将南充经济开发区嘉陵园区建设项目贷款本息纳入市级财政预算报告、市人大各专委会2009年工作总结和2010年工作要点，讨论决定召开市四届人大常委会十二次会议有关事项。

12月29日　市四届人大常委会举行第十二次会议。会议听取和审议市四届人大二次会议代表建议、批评和意见办理情况报告；听取和审议通过市四届人大二次会议议案审议结果报告。会议举办法制讲座，自学《中华人民共和国食品安全法》。

是月　市人大常委会调研组到市辖3区调研城郊蔬菜产业发展情况，形成《南充市城郊蔬菜产业面临的困难及对策》调查报告。

2010年

1月11日　市人大常委会主任会议听取审议个别市四届人大代表资格审查报告，讨论市四届人大三次会议工作日程（草案），讨论决定召开市四届人大常委会十三次会议有关事项。

1月12日　市四届人大常委会举行第十三次会议。会议审议通过市四届人大三次会议相关文件草案；审议市人大常委会工作报告（草案）；审议通过个别市四届人大代表资格审查报告。

1月19日至22日　市四届人大三次会议举行。大会听取和审查市人民政府工作报告、市计划报告（书面）、市财政预算报告（书面）、市人大常委会工作报告、市中级人民法院工作报告、市人民检察院工作报告，通过各项工作报告决议。大会首次举行专题审议会，专题审议南充市第七次城市总体规划修编工作和培育壮大农业特色产业工作。

2月24日　市人大常委会主任会议讨论市人大常委会2010年工作要点（草案）；听取市四届人大三次会议代表建议、批评和意见处理意见，确定重点督办建议；讨论决定召开市四届人大常委会十四次会议有关事项。

3月3日　市四届人大常委会举行第十四次会议。会议审议作出关于修改听取和审议专项工作报告暂行办法决定；听取和审议扩大内需促进商贸服务业发展审议意见研究处理情况报告、市本级土地出让收入及土地资源管理审议意见研究处理情况报告、查办职务犯罪工作审议意见研究处理情况报告，并进行满意度测评；审议通过市人大常委会2010年工作要点；决定接受崔均辞去市中级人民法院院长职务，决定王邦习为市中级人民法院代理院长。

4月8日　市人大常委会主任会议听取审议市政府专项资金安排使用情况报告、城区中小学教育发展和学校布局调整情况报告，讨论决定召开市四届人大常委会十五次会议有关事项。

4月27日　市四届人大常委会举行第十五次会议。会议传达省十一届人大常委会十五次会议精神；听取和审议南充市第七次城市总体规划修编工作情况报告、刑事审判工作情况报告。会议举办法制讲座，邀请省交通运输厅政策法规处副处长张均讲授《中华人民共和国公路法》。

5月6日至8日　市人大常委会召开全市人大常委会办公室、研究室、信访工作会议。

5月11日　市人大常委会党组书记、副主任李志杰，副主任李元开、陶治国、陈自立、傅伦佳、陈修鹏与市人大财经组代表视察车购税征收分局、高坪区国税局、开发区地税局、市地税局直属局征收大厅办税流程和高科技信息化办公、服务设施情况，听取市国税局、市地税局工作情况汇报。

5月13日　市委召开贯彻落实省委人大工作会议精神情况汇报会。

5月27日　市人大常委会主任会议听取审议节能减排情况报告、贯彻执行加快嘉陵江两岸生态绿化建设决议情况报告；审定《中华人民共和国公路法》执法检查方案；讨论决定召开市四届人大常委会十六次会议有关事项，听取和审议会议建议议题，同意提请会议审议。

6月10日至12日　市人大常委会党组书记、副主任李志杰，副主任傅伦佳到市辖3区和市建设局调研南充城市建设和管理工作。

6月17日　市四届人大常委会举行第十六次会议。会议传达省十一届人大常委会十六次会议精神；听取和审议南充市化学工业园区建设及园区招商引资工作情况报告、城市建设管理工作报告；听取和审议通过个别市四届人大代表资格审查报告。会议举办《城市市容和环境卫生管理条例》法制讲座。

6月21日　市人大常委会党组书记、副主任李志杰带领执法检查组到顺庆开展《中华人民共和国公路法》及四川省实施办法执法检查。

6月21日至22日　省人大常委会副主任张东升带领省人大常委会执法检查组到南充开展《中华人民共和国归侨侨眷权益保护法》执法检查。

6月29日　市人大常委会机关举行庆“七一”暨表彰大会。

6月30日　市人大常委会在仪陇召开全市人大规范性文件备案审查工作会议。市人大常委会党组书记、副主任李志杰，副主任陈自立出席会议并讲话。

7月9日　市人大常委会副主任陈自立到顺庆公安分局西河派出所家庭暴力投诉站、市预防和制止家庭暴力法律援助团、南充家庭暴力伤情司法鉴定中心、嘉陵区塘殿堰社区家庭暴力投诉点视察预防和制止家庭暴力工作。

7月12日至13日　市人大常委会党组书记、副主任李志杰带领市委督查调研组到嘉陵、高坪督查调研省、市委人大工作会议精神贯彻落实情况。

7月12日至16日　市人大常委会举办全市乡镇人大主席培训班。

7月19日至22日　市人大常委会副主任陈自立到阆中、仪陇督查市委人大工作会议精神贯彻落实情况。

7月20日　市人大常委会主任会议听取和审议房地产业发展情况报告、民族宗教工作情况报告。

7月21日　市人大常委会党组书记、副主任李志杰，副主任李元开视察出租车管理工作。

8月3日　市人大常委会主任会议讨论决定召开市四届人大常委会十七次会议有关事项，听取和审议会议有关建议议题，同意提请会议审议。

8月6日　市人大常委会在西充召开全市人大人事代表工作座谈会。

8月25日至27日　市人大常委会召开市人大常委会组成人员暨县（市、区）人大常委会主任学习会。

8月30日　市人大常委会机关举行向甘肃舟曲及四川省特大山洪泥石流灾区捐款仪式，现场捐款

7600元。

8月31日　市四届人大常委会举行第十七次会议。会议传达省十一届人大常委会十七次会议精神；听取和审议2010年上半年国民经济和社会发展计划执行情况报告；听取和审查2009年度财政决算报告，听取和审议2010年1月至6月财政预算执行情况报告、2009年度市级财政预算执行和其他财政收支情况审计工作报告，批准2009年市级财政决算；听取和审议《中华人民共和国公路法》及四川省实施办法执法检查报告；审议通过工作评议试行办法；决定接受李元开辞去市四届人大常委会副主任职务。

9月2日　市人大常委会副主任傅伦佳带领部分市人大代表到市区五星花园、文化路、育英路等交通工程施工现场，现场督办《关于合理布局公交站台，缓解交通拥堵的建议》落实情况。

9月28日　市人大常委会主任会议听取和审议2009年市本级国有资产经营收支管理情况审计情况报告、2009年市本级医保资金收支管理情况审计情况报告，讨论决定召开市四届人大常委会十八次会议有关事项。

是月　市人大常委会启动对市国土资源局、市司法局、市交通运输局工作评议。11月24日，市四届人大常委会十九次会议对被评议单位开展工作评议，提出评议意见，通过对其满意度测评。次年，市人大常委会主任会议、市四届人大常委会二十四次会议先后听取和审议被评议单位关于工作评议意见整改落实情况报告。

10月19日至20日　市人大常委会在营山召开全市人大农业工作座谈会。

10月21日　市四届人大常委会举行第十八次会议。会议传达省十一届人大常委会十八次会议精神；听取和审查2010年市级财政预算调整草案报告，听取和审议2010年1月至9月市级财政主要工作情况报告，批准2010年市级财政预算调整方案；听取和审议“十二五”规划编制工作情况报告、全市城郊蔬菜基地建设有关情况报告；听取和审议刑事审判工作审议意见研究处理情况报告，并进行满意度测评；审议通过规范性文件备案审查规定。会议举办法制讲座，邀请省人大法制委员会主任委员邢泸生讲授《四川省〈中华人民共和国各级人民代表大会常务委员会监督法〉实施办法》。

10月29日　市人大常委会副主任陈修鹏带领执法检查组到南充华塑建材有限公司、春风玫瑰园（商品房小区）开展《中华人民共和国节约能源法》执法检查。

11月2日　市人大常委会党组书记、副主任李志杰，副主任陶治国、傅伦佳、陈修鹏与财经委和城环资委专业组代表到南充化学工业园区文峰、河西片区视察园区建设和招商引资工作。

11月3日　市人大常委会副主任陈自立带领市人大政法组代表到市监狱、川中监狱、嘉陵监狱视察执行《中华人民共和国监狱法》、加强监管改造、维护安全稳定等方面工作。

11月8日至11日　市人大常委会副主任陈自立带领部分市人大代表到阆中、蓬安、高坪、顺庆、嘉陵等沿江县（市、区）视察嘉陵江（南充段）旅游开发情况。

11月11日　市人大常委会组织部分驻南充全国人大代表、省人大代表视察南充经济社会发展情况。

11月15日　市人大常委会党组书记、副主任李志杰带领部分市人大代表到市区五星花园、文化路、五星小学、滨江大道视察人行天桥、港湾式站台等交通基础设施建设情况和交通秩序整治现场。

11月18日　市人大常委会主任会议听取和审议依法行政情况报告、项目推动战略实施情况报告，讨论市四届人大四次会议筹备工作意见，讨论决定召开市四届人大常委会十九次会议有关事项。

11月24日　市四届人大常委会举行第十九次会议。会议听取和审议医药卫生体制改革工作情况报告。会议举办“法治与文化”法制讲座。

是月　市人大常委会专题调研组调研市级国有资产经营管理情况，形成《市本级财政性国有资产经营管理情况调研报告》。

12 月 7 日　市人大常委会主任会议听取和审议市四届人大三次会议代表建议、批评和意见处理情况报告，市人大各专委会 2010 年工作总结和 2011 年工作要点；讨论市四届人大四次会议有关事项；讨论决定召开市四届人大常委会二十次会议有关事项。

12 月 17 日　市人大常委会召开主任、“三长”联席会议，通报召开市四届人大四次会议有关情况，研究会议筹备工作。

12 月 24 日　市四届人大常委会举行第二十次会议。会议传达省十一届人大常委会十九次会议精神；听取和审议市四届人大三次会议代表建议、批评和意见办理情况报告；听取和审议通过市四届人大三次会议议案审议结果报告；听取和审议城市建设和管理工作审议意见研究处理情况报告，通过对其满意度测评；审议通过召开市四届人大四次会议决定。

是月　市人大常委会专题调研组调研全市教育管理体制和教师队伍建设情况，形成《关于全市教育管理体制机制建设问题的调研报告》；调研嘉陵江流域（南充段）旅游开发情况，形成《关于嘉陵江流域南充段旅游开发的对策与建议》。

2011 年

1 月 4 日　市人大常委会主任会议讨论市四届人大四次会议有关事项，讨论决定市四届人大常委会二十一次会议有关事项。

1 月 5 日　市四届人大常委会举行第二十一次会议。会议审议通过市四届人大四次会议相关文件草案；审议市人大常委会工作报告（草案）；听取和审议通过个别市四届人大代表资格审查报告；补选彭渝、李志杰为省十一届人大代表。

1 月 26 日至 29 日　市四届人大四次会议举行。大会听取和审查市人民政府工作报告、市计划报告（书面）、市财政预算报告（书面）、市人大常委会工作报告、市中级人民法院工作报告、市人民检察院工作报告，通过各项工作报告决议；补选王邦习为市中级人民法院院长。

1 月 30 日　市人大常委会党组书记、副主任李志杰到顺庆区学院街社区慰问结对帮扶对象。

2 月 16 日　市人大常委会主任会议听取审议市四届人大四次会议议案办理意见（草案）、南充生态市建设规划议案及说明，讨论决定召开市四届人大常委会二十二次会议有关事项。

2 月 22 日　市四届人大常委会举行第二十二次会议。会议审议作出南充生态市建设规划决议；审议通过市人大常委会 2011 年工作要点。

3 月 30 日　市人大常委会主任会议听取审议 2010 年市级基金和基本建设预算执行情况及 2011 年市级基金和基本建设预算安排情况报告；听取市四届人大四次会议代表建议、批评和意见处理意见，确定重点督办建议；讨论决定召开市四届人大常委会二十三次会议有关事项。

5 月 4 日　市四届人大常委会举行第二十三次会议。会议传达省十一届人大常委会二十二次会议精神；听取和审议城乡文化建设工作情况报告、预防职务犯罪工作情况报告。会议举办《风险管理与科学发展观》法制讲座。

5月12日　市人大常委会组织部分驻南充全国人大代表及省、市、县人大代表到南部视察城市建设、工业发展和产业培育工作。

5月18日　市人大常委会主任会议听取和审议科技创新和成果转化工作情况报告、农业五大特色产业基地建设情况报告。

5月25日　市人大常委会副主任傅伦佳到顺庆、高坪视察《中华人民共和国人口与计划生育法》及四川省实施办法贯彻实施情况。

6月8日　市人大常委会主任会议审议关于讨论决定重大事项规定（修订草案），讨论新闻发布会和新闻发言人制度，讨论决定召开市四届人大常委会二十四次会议有关事项。

6月13日至16日　市人大常委会在嘉陵召开市人大常委会组成人员暨县（市、区）人大常委会主任学习会。

6月22日　市四届人大常委会举行第二十四次会议。会议听取和审议保障性住房建设工作和安全生产工作情况报告；听取和审议医药卫生体制改革工作审议意见研究处理情况报告、城郊蔬菜基地建设工作审议意见研究处理情况报告，并进行满意度测评；审议通过讨论决定重大事项规定（修订案）。会议举办《中华人民共和国全国人民代表大会和地方各级人民代表大会选举法》法制讲座。

6月23日　市人大常委会机关举行庆祝中国共产党成立90周年暨表彰大会。

6月下旬　市人大常委会启动对市农牧局、市工商局工作评议。8月23日，市四届人大常委会二十五次会议对被评议单位开展工作评议，提出评议意见，通过对其满意度测评。12月，市四届人大常委会主任会议和市人大常委会二十八次会议听取和审议被评议单位关于工作评议意见整改落实情况报告。

7月11日　市人大常委会党组召开党组扩大会暨中心组学习会，学习中共中央总书记胡锦涛在庆祝中国共产党成立90周年大会上重要讲话精神。

7月19日　市人大常委会召开全市县、乡人大换届选举工作学习会。

7月21日　市人大常委会召开全市人大财经工作座谈会暨预算监督法规培训会，邀请省人大常委会预算工委副主任郑树全作培训报告。

7月至8月　市人大常委会组织部分常委会组成人员和市人大代表专项调研市、县两级学前教育发展情况，形成《关于南充市学前教育发展情况的调研报告》。

8月9日　市人大常委会主任会议听取和审议建筑节能工作情况报告、审判管理工作情况报告；审定开展《中华人民共和国食品安全法》执法检查方案；讨论决定召开市四届人大常委会二十五次会议有关事项，听取和审议会议建议议题，同意提请会议审议。

8月10日至11日　市人大常委会党组书记、副主任李志杰到南部和阆中调研指导县、乡换届选举工作。

8月23日　市四届人大常委会举行第二十五次会议。会议传达省十一届人大常委会二十四次会议精神；听取和审议2011年上半年国民经济和社会发展计划执行情况报告；听取和审查2010年度财政决算报告，听取和审议2011年1月至6月财政预算执行情况报告、2010年度市级财政预算执行和其他财政收支情况审计工作报告，批准2010年市级财政决算；听取和审议城乡文化建设工作审议意见研究处理情况报告，并进行满意度测评；会议举办《中华人民共和国食品安全法》法制讲座。

9月20日　市人大常委会党组书记、副主任李志杰到顺庆、高坪、嘉陵督办市人大代表提出的《关于加强社区功能建设的建议》落实情况。

9月21日　市人大常委会主任会议听取审议市级住房资金管理审计情况报告；讨论决定召开市四届人大常委会二十六次会议有关事项，听取和审议会议相关建议议题，同意提请会议审议。

是月　市人大常委会执法检查组到部分食品生产加工企业、种植养殖基地、超市、饭店、餐馆、农贸市场、学生食堂、工地食堂等地开展《中华人民共和国食品安全法》执法检查。

10月11日　市四届人大常委会举行第二十六次会议。会议传达省十一届人大常委会二十五次会议精神；听取和审议项目推动工作情况报告；听取和审议加快嘉陵江（南充段）两岸生态绿化工程建设决议贯彻落实情况报告；听取和审议“五五”普法工作情况和“六五”普法依法治理意见报告；审议通过进一步加强法制宣传教育决议；决定免去张奇伟市公安局局长职务，决定任命郑和平为市人民政府副市长，袁刚为市人民政府副市长、市公安局局长，任命廖全军为市人民检察院副检察长、检察委员会委员，决定廖全军为市人民检察院代理检察长。会议举办《中华人民共和国侵权责任法》法制讲座。

10月13日　市人大常委会召开县、乡换届选举座谈暨培训会。

10月26日至11月2日　市人大常委会副主任、市委县、乡换届工作领导小组副组长陈自立到高坪、嘉陵、阆中、南部、西充、仪陇、营山、蓬安8县（市、区）督查指导县、乡人大换届选举工作。

10月27日　市人大常委会组织机关全体干部职工学习贯彻党的十七届六中全会和市第五次党代会精神。

10月28日　市人大常委会党组书记、副主任李志杰视察下中坝片区开发建设情况。

11月7日　市人大常委会副主任傅伦佳到仪陇、南部检查2011年南充市“环保世纪行”活动宣传工作。

11月11日　市人大常委会组织部分市人大代表到市烟草专卖局（公司）物流配送中心、电子商务网上订货区以及呼叫中心视察南充烟草物流、电子商务工作。

11月13日　市人大常委会召开市人大换届培训会。

11月14日至15日　市人大常委会副主任陶治国、陈修鹏分别到西充、蓬安、营山检查2011年南充市“环保世纪行”活动宣传工作。

11月17日　市四届人大常委会举行第二十七次会议。会议听取和审议城市总体规划实施情况报告；听取和审查2011年市级财政预算调整方案（草案）报告，听取和审议2011年1月至10月市级财政主要工作情况报告，批准2011年市级财政预算调整方案；听取和审议《中华人民共和国食品安全法》执法检查报告；审议通过预算审查监督办法；审议作出召开市五届人大一次会议决定；听取和审议通过个别市四届人大代表资格审查报告。

12月13日　市人大常委会机关召开干部作风整顿工作动员会，启动人大机关干部作风整顿工作。

12月20日　市人大常委会主任会议讨论市五届人大一次会议选举相关事项，讨论决定召开市四届人大常委会二十八次会议有关事项。

12月22日　市四届人大常委会举行第二十八次会议。会议传达省十一届人大常委会二十六次会议精神；听取和审议市四届人大四次会议代表建议、批评和意见办理情况报告；听取和审议通过市四届人大四次会议议案审议结果报告；审议市人大常委会工作报告（草案）；审议通过市五届人大一次会议相关文件草案；听取和审议通过市五届人大代表资格审查报告。

2012 年

1 月 4 日至 8 日　市五届人大一次会议召开。大会听取和审查市人民政府工作报告、市计划报告（书面）、市财政预算报告（书面）、市人大常委会工作报告、市中级人民法院工作报告、市人民检察院工作报告，通过各项工作报告决议；会议作出《关于南充市第五届人民代表大会专门委员会设置的决定》。选举高先海为市五届人大常委会主任，李晓松、李南春（女）、陈自立、陈修鹏、陶治国、谢华国（以姓氏笔画为序）为副主任，王永茂为秘书长，选举市五届人大常委会委员 33 名。选举向东为南充市人民政府市长，朱家媛（女）、邹平、郑和平、胡光明、袁刚、谢和友、廖伦志为副市长。选举王邦习为南充市中级人民法院院长。选举廖全军为南充市人民检察院检察长，须依法报经省人民检察院检察长提请省人大常委会批准。

1 月 17 日　市人大常委会机关召开省十一届人大五次会议精神传达学习会。

2 月 3 日　市人大常委会主任高先海，副主任陈自立、李晓松到高坪调研基层人大工作。

2 月 13 日至 15 日　市人大常委会组织部分市人大代表调研西河治理工作。

2 月 16 日　市人大常委会主任高先海到嘉陵视察城市规划建设工作。

2 月 21 日　市人大常委会主任会议讨论市人大常委会 2012 年度工作要点（草案），市五届人大各专委会联系单位等事项。

2 月 27 日　市人大常委会召开市五届人大常委会组成人员集中培训会。

2 月 28 日　市五届人大常委会第一次会议举行。会议听取和审议通过市人大常委会 2012 年度工作要点；听取和审议通过设立南充市第五届人大常委会代表资格审查委员会的决定。

3 月 20 日　市人大常委会主任会议听取 2011 年市级土地基金及基本建设预算执行情况和 2012 年市级土地基金及基本建设预算安排意见的报告、规范性文件备案审查工作情况的报告。

4 月 1 日　中国民主同盟林开林仪式在西充县张澜故居举行。全国人大常委会副委员长、民盟中央主席蒋树声为中国民主同盟林开林揭幕。

4 月 2 日　全国人大农委副主任委员张中伟到南充调研。

4 月 5 日　市人大常委会主任会议讨论决定市第五届人大常委会二次会议召开的时间、建议议程、日程。

4 月 6 日　南充民间传统文化搜集整理编纂工作会议召开，市人大常委会党组副书记、副主任谢华国主持会议，市人大常委会顾问、省人大城环资委副主任委员李志杰讲话。南充民间传统文化搜集整理编纂工作正式启动。

4 月 10 日　全国人大教科文副主任委员唐天标到南充检查贯彻实施《中华人民共和国文物保护法》情况。

4 月 17 日至 18 日　市五届人大常委会第二次会议举行。会议传达十一届全国人大五次会议精神（书面）；传达省十一届人大常委会第二十九次会议精神（书面）；听取和审议开展规范性文件备案审查工作情况报告（书面）、全市社会治安管理创新工作情况报告、城市重点工程建设情况报告、全市水利工程建设情况报告、全市文化产业发展情况报告、预防职务犯罪工作情况报告的审议意见研究处理情况报告，并进行满意度测评。会议举办《中华人民共和国社会保险法》法制讲座。

5 月 10 日　市人大常委会主任会议讨论关于社会治安管理创新工作的审议意见（草案）、文化产业发展情况的审议意见（草案）等事项。

5 月 22 日　全市人大宣传信息工作会议召开。

5 月 23 日　市人大常委会主任高先海到顺庆、高坪视察城郊专业蔬菜基地建设情况。

5 月 24 日　市人大常委会召开《中华人民共和国社会保险法》执法检查动员会。

6 月 27 日　市五届人大常委会第三次会议举行。会议传达省十一届人大常委会三十次会议精神（书面）；听取和审议“六五”普法启动工作情况报告、战略性新兴产业培育情况报告、安全生产工作审议意见研究处理情况报告、保障性住房建设工作审议意见研究处理情况报告、检查《中华人民共和国社会保险法》贯彻实施情况报告。

6 月 28 日　市人大常委会组织部分市人大代表视察医疗卫生基础设施建设重点项目。

7 月 11 日至 12 日　全市人大信访工作座谈会召开。

7 月 19 日　市人大常委会主任会议听取 2012 年上半年全市经济发展情况报告、城市教育发展情况报告等事项。

7 月 20 日　市人大常委会副主任谢国华到蓬安视察城市污水处理情况。

8 月 7 日　市人大常委会主任会议听取审议 2011 年度财政预算决算草案及 2012 年 1 月至 6 月财政预算执行情况报告，审定市人大常委会组成人员暨县（市、区）人大常委会主任学习会方案等事项。

8 月 9 日　市人大常委会主任高先海视察市国税工作。

8 月 13 日至 15 日　市人大常委会组织驻南充全国人大代表、省人大代表到阆中调研“秦巴山区连片扶贫开发现状及建议”，到南部、仪陇调研扶贫开发工作。

8 月 23 日至 24 日　省人大常委会副主任张东升到南充检查《四川省饮用水水源保护管理条例》贯彻落实情况。

8 月 28 日至 30 日　市人大常委会组成人员暨县（市、区）人大常委会主任学习会召开。

是月　全国人大常委会副委员长陈昌智到南充开展《中华人民共和国农业法》执法检查。

9 月 4 日　市五届人大常委会第四次会议举行。会议传达省十一届人大常委会三十一次会议精神（书面）；听取和审议 2012 年上半年国民经济和社会发展计划执行情况的报告、2011 年度财政决算草案及 2012 年 1 月至 6 月财政预算执行情况的报告、2011 年度市级财政预算执行和其他财政收支情况的审计工作报告，听取和审议 2011 年财政决算情况审查报告，通过批准 2011 年市级财政决算的决议。

9 月中上旬　市人大常委会先后召开对市城管执法局、市商务和粮食局、市教育局、市国资委工作评议动员会。10 月 23 日，市人大常委会主任会议听取各评议调查小组对市城管执法局、市商务和粮食局、市教育局、市国资委等部门的调查报告。10 月 24 日至 25 日，市五届人大常委会五次会议听取和审议市教育局、市商务和粮食局、市国资委、市城管执法局工作报告，听取和审议市人大常委会工作评议调查小组的调查报告，对市教育局、市商务和粮食局、市国资委、市城管执法局工作进行满意度测评。

9 月 12 日　市人大常委会召开《四川省城乡环境综合治理条例》执法检查动员会。

9 月 18 日　市人大常委会副主任李南春到顺庆区新建街道办、东方医院等单位开展《四川省城乡环境综合治理条例》贯彻执行情况执法检查。

9 月 19 日　全市人大常委会办公室主任联系会召开。

9 月 25 日至 27 日　市五届人大代表第一期培训班举办。

10月16日至17日　全市人大财经工作座谈会召开。

10月23日　市人大常委会主任会议听取市人大民宗外侨委关于打造西河生态旅游景观长廊的调查与建议的调查报告。

10月24日至25日　市五届人大常委会第五次会议举行。会议书面传达省十一届人大常委会三十二次会议精神；听取和审议全民医保推进工作情况报告、现代农业示范园区建设情况报告、检查《四川省城乡环境综合治理条例》实施情况报告、社会治安管理创新工作审议意见研究处理情况的报告、水利工程建设工作审议意见研究处理情况报告、食品安全法实施情况审议意见研究处理情况报告、城市重点工程建设审议意见研究处理情况报告。会议举办《中华人民共和国行政许可法》法制讲座。

10月31日　市人大常委会主任高先海到顺庆、高坪、西充视察农业农村综合示范区建设工作。

11月14日　市人大常委会副主任谢华国到西华师大、西华师大附小视察学校食品安全工作。

11月22日　市人大常委会主任会议听取扶贫开发工作情况报告、人民防空工作情况报告等事项。

是月　省人大常委会副主任彭渝到南充调研深入推进“两化”互动、统筹城乡发展战略工作。

12月3日　市人大常委会主任会议听取关于非税收入情况报告、南充市2012年市级财政预算调整方案（草案）报告。

是日　市五届人大常委会第六次会议举行。会议传达省十一届人大常委会三十四次会议精神；书面听取和审议2012年市级财政预算调整方案的报告、2012年市级财政预算调整方案审查报告，通过关于批准2012年市级财政预算调整方案的决定、关于召开市五届人大二次会议决定；审议通过《南充市第五届人民代表大会第二次会议议程（草案）》《南充市第五届人民代表大会第二次会议主席团和秘书长名单（草案）》，决定提请市五届人大二次会议预备会议通过；审议通过《南充市第五届人民代表大会第二次会议列席人员名单》；听取和审议通过市五届人大个别代表资格审查报告。

12月7日　市人大常委会召开主任、“三长”联席会议。

12月18日　市人大常委会主任会议听取全市文化产业发展情况报告的审议意见督办情况报告，讨论全市农业特色产业基地建设情况的调研报告等事项。

12月19日　市人大常委会主任高先海率领部分全国、省、市人大代表到西充视察。

12月20日　市五届人大常委会第七次会议举行。会议听取和审议南充市城市总体规划执行情况报告、全市文化产业发展情况的审议意见研究处理情况报告，并进行满意度测评；审议通过召开市五届人大二次会议的决定。

12月27日至28日　市六届人大二次会议召开。会议选举产生南充市出席省十二届人大代表58人。

是年　市人大常委会专题调研组调研西河生态旅游景观长廊打造情况，形成《关于打造西河生态旅游景观长廊的调查与建议》；调研全市产业园区80多户企业，形成《关于全市产业园区建设情况的调研报告》、专题调研全市城市教育发展情况，形成《关于南充市城市教育发展情况的调研报告》。调研组全市特色产业基地建设情况，形成《关于我市农业特色产业基地建设情况的调查报告》。

2013年

1月6日　市人大常委会主任会议听取市五届人大一次会议代表建议、批评和意见处理情况的报告，讨论市五届人大三次会议有关事项等。

1 月 8 日　市五届人大常委会第八次会议举行。会议听取和审议市五届人大一次会议代表建议、批评和意见办理情况的报告；听取和审议通过《关于制定南充市非物质文化遗产保护办法的议案》审议结果的报告、《加快区域卫生信息化建设早日实现卫生信息资源实用共享的议案》审议结果的报告、《做好保障性住房管理和分配的议案》审议结果的报告、《打造西河生态景观长廊的议案》审议结果的报告；审议通过《南充市第五届人民代表大会第三次会议议程（草案)》《南充市第五届人民代表大会第三次会议主席团和秘书长名单（草案)》《南充市第五届人民代表大会第三次会议列席人员名单》《南充市第五届人民代表大会常务委员会工作报告（草案)》，决定提请市五届人大三次会议审查；审议通过市五届人大代表资格的审查报告。

1 月 15 日至 18 日　市五届人大三次会议召开。大会听取和审查市人民政府工作报告、市计划报告（书面)、市财政预算报告（书面)、市人大常委会工作报告、市中级人民法院工作报告、市人民检察院工作报告，通过各项工作报告决议。

3 月 5 日　省人大城环资委在南充开展《四川省固体废物污染环境防治条例（草案)》立法调研。

3 月 12 日至 21 日　市人大常委会副主任陈自立到营山、蓬安、南部、阆中、高坪调研社会治安创新管理工作。

3 月 27 日　市五届人大常委会第九次会议举行。会议听取和审议通过市人大常委会 2013 年度工作要点。

3 月 28 日　市人大常委会主任会议听取市教育局、市商务和粮食局、市国资委、市城管执法局关于市人大常委会工作评议意见整改落实情况的报告，听取规范性文件备案审查工作的情况报告等事项。

4 月 3 日　全国人大常委会副委员长、民盟中央主席张宝文到南充调研。

4 月 9 日　市人大常委会主任会议听取讨论升钟水库管理运行情况的报告、2012 年基本建设预算执行情况及市本级 2013 年基本建设专项资金收支预算安排情况的报告等事项。

4 月 16 日　市五届人大常委会第十次会议举行。会议传达省十二届人大常委会二次会议精神；听取和审议城乡居民最低生活保障工作情况的报告、“六五”普法启动工作审议意见研究处理情况的报告、战略性新兴产业培育情况审议意见研究处理情况的报告、社会保险法执法检查报告审议意见研究处理情况的报告、《南充市人大常委会关于加强对司法工作监督的决定（草案)》的说明；审议通过市人大常委会关于加强对司法工作监督的决定；听取和审议《南充市人大常委会专题询问试行办法（草案)》的说明，审议通过市人大常委会专题询问试行办法。会议举办《中华人民共和国农业机械化促进法》法制讲座。

4 月 17 日至 19 日　市五届人大代表第二期培训班举办。

4 月 17 日　市人大制度研究会第五次会员代表大会召开。

4 月 18 日　全市人大内务司法工作座谈会召开。

4 月 20 日　省人大常委会副主任刘道平到阆中市天宫镇天宫院村调研。

4 月 28 日　市人大常委会主任会议听取讨论全市一季度经济运行情况的报告、2013 年市级土地基金及基本建设预算有关情况的报告等事项。

5 月 4 日　市人大常委会副主任李南春到川东北职教城、四川省张澜职业技术学校视察。

5 月 8 日　市人大常委会主任高先海、副主任李南春到南充中专、南充职业技术学院等单位视察。

5 月 20 日　市人大常委会机关传达学习贯彻省委十届三中全会精神。

5月28日至29日　全国人大常委会委员、教科文卫委员主任委员柳斌杰到南充调研义务教育情况。

是月　市人大常委会检查《中华人民共和国农业机械化促进法》贯彻实施情况。

6月4日　市人大常委会主任高先海视察顺庆区人大工作。

6月6日　市人大常委会主任高先海调研嘉陵区城市重点项目建设情况和嘉陵区人大工作。

6月8日　市人大常委会主任会议听取《中华人民共和国农业机械化促进法》执法检查情况的报告、南充市全民医保推进工作审议意见督办的情况报告等事项。

6月21日　省人大常委会副主任张东升到南充检查贯彻落实《中华人民共和国农民专业合作社法》情况。

6月28日　市五届人大常委会第十一次会议举行。会议书面传达省十二届人大常委会三次会议精神；听取和审议南充化学工业园区建设及产业培育情况的报告、全民医保推进工作审议意见研究处理情况报告、国家现代农业示范区建设情况审议意见研究处理情况报告、《四川省城乡环境综合治理条例》执法检查报告审议意见研究处理情况报告、《中华人民共和国农业机械化促进法》执法检查情况报告；审议通过撤销任某行政职务的决定，决定撤销任某的市司法局局长职务。

7月4日　市人大城市小区物业管理座谈会召开。

7月10日至11日　全市人大信访工作座谈会在仪陇召开。

7月11日　市人大常委会机关召开庆祝中国共产党成立92周年暨总结表彰大会。

7月16日　市人大常委会召开城区中小学、幼儿园招生入学情况座谈会。

7月18日　市人大常委会主任会议听取讨论嘉陵江流域（南充段）旅游开发规划修编工作情况报告、贯彻实施《中华人民共和国精神卫生法》情况报告等事项。

8月5日　市人大常委会主任会议听取审议2012年财政决算及2013年1月至6月财政预算执行情况的报告、2012年度市级财政预算执行和其他财政收支情况的审计工作报告等事项。

8月8日　市五届人大常委会第十二次会议举行。会议传达省十二届人大常委会四次会议精神；听取和审议2013年上半年国民经济和社会发展计划执行情况报告、2012年财政决算及2013年1月至6月财政预算执行情况报告、2012年度财政预算执行和其他财政收支情况的审计工作报告、2012年市级财政决算的审查结果报告、城市重点工程建设情况报告、《南充市人大常委会打造西河生态景观长廊的决议（草案）》说明、《南充市人大常委会会议公民旁听办法（草案）》说明；审议通过《关于打造西河生态景观长廊的决议》、市人大常委会会议公民旁听办法；审查批准2012年市级财政决算。

8月26日　市人大常委会机关召开党风廉政教育学习会。

8月27日　市人大常委会组织部分市人大代表到市红十字会中心血站、北湖广场献血点视察无偿献血工作和贯彻实施《中华人民共和国献血法》情况。

8月29日　市人大常委会召开2013年度工作评议动员会。10月30日至31日，市五届人大常委会十三次会议听取和审议市人社局、市环保局、市水务局、市审计局、市统计局工作报告，市人大常委会工作评议调查小组调查报告，对市人社局、市环保局、市水务局、市审计局、市统计局工作进行满意度测评。

9月11日　市人大常委会主任会议听取审议移民工作情况报告、刑事诉讼法律监督工作情况报告等事项。

9月17日　市人大常委会召开《中华人民共和国老年人权益保障法》执法检查动员会。

9 月 26 日　市人大常委会主任高先海到南充金红国际幼稚园、南充十一中、南充张澜职业技术学校调研《中华人民共和国民办教育促进法》贯彻落实情况。

10 月 17 日　市人大常委会主任会议听取《中华人民共和国老年人权益保障法》执法检查情况报告，讨论市人大常委会与市人民政府、市中级人民法院、市人民检察院工作联系办法（草案）等事项。

10 月 30 日至 31 日　市五届人大常委会第十三次会议举行。会议传达省十二届人大常委会五次会议精神；听取和审议千万头生猪产业工程建设情况报告、《中华人民共和国民办教育促进法》实施情况报告、《中华人民共和国老年人权益保障法》贯彻实施情况报告；听取和审议《南充市人大常委会与市人民政府、市中级人民法院、市人民检察院联系办法（草案）》说明、市人大常委会与市人民政府、市中级人民法院、市人民检察院联系办法。

11 月 1 日　市人大常委会主任会议讨论投资理财公司运行情况、全市公立医院改革试点工作情况的调研报告、市五届人大四次会议有关事宜等事项。

11 月 15 日　市人大常委会组织部分市人大代表到嘉陵大通镇视察现代农业柑橘万亩示范区。

11 月 18 日　市人大常委会机关专题学习党的十八届三中全会精神。

11 月 21 日　市人大常委会主任会议听取市政府采购工作情况报告、贯彻实施《这两年共和国专利法》情况报告等事项。

12 月 3 日　市人大常委会主任高先海到市人大常委会机关“挂包帮”联系点高坪区东观镇大石头村调研。

12 月 5 日　市五届人大常委会第十四次会议举行。会议传达省十二届人大常委会六次会议精神；听取和审议南充市城市总体规划实施情况报告、2013 年市级财政预算调整方案（草案）报告、2013 年市级财政预算调整方案（草案）审查报告、市五届人大三次会议议案和代表建议批评意见办理情况报告；听取和审议通过《制定南充市湿地保护管理办法的议案》审议结果报告、《建立非物质文化遗产展演中心的议案》审议结果报告；审议通过关于批准 2013 年市级财政预算调整方案的决定、召开市五届人大四次会议决定。

12 月 10 日　市人大常委会组织驻南充国、省人大代表和部分市人大代表到顺庆和市经开区视察工业、农业、商贸等工作。

12 月 18 日　市人大常委会党组（扩大）会议传达中央经济工作会议、中央城镇化工作会议精神，学习传达中共中央《党政机关厉行节约反对浪费条例》和《党政机关国内公务接待管理规定》。

是年　市人大常委会专题调研组调研城市小区物业管理工作，形成《关于城市小区物业管理工作情况的调研报告》；调研市辖 3 区和仪陇、营山等地 23 家投资理财公司，学习考察遂宁经验，重点了解理财公司规范运营、项目资金风险管理、政府部门行业监管等情况，形成《关于我市投资理财公司运行情况的调研报告》；调研全市药品安全监督工作，形成《关于全市药品安全监督工作的调研报告》；调研全市工业园区运行情况，形成《关于全市工业集中区运行情况的调研报告》。

2014 年

1 月 6 日　市五届人大常委会主任会议听取市人社局、市环保局、市水务局、市审计局、市统计局关于市人大常委会工作评议意见的整改方案、市人大各专委会 2013 年工作总结和 2014 年工作要点等事项。

1 月 8 日　市五届人大常委会第十五次会议举行。会议审议通过《南充市第五届人民代表大会第四次会议议程（草案)》《南充市第五届人民代表大会第四次会议主席团和秘书长名单（草案)》，决定提请市五届人大四次会议预备会议通过；审议通过《南充市第五届人民代表大会第四次会议列席人员名单》；审议《南充市第五届人民代表大会常务委员会工作报告（草案)》，决定提请市五届人大四次会议审查；审议通过接受袁菱辞去省十二届人大代表职务的决定，报送省人大常委会备案、公告；听取和审议通过个别市五届人大代表资格的审查报告，经市五届人大常委会代表资格审查委员会第三次会议审查确认；审议通过变更市五届人大四次会议有关事项决定；审议通过接受谢华国辞去市五届人大常委会副主任职务决定。

1 月 15 日　市五届人大常委会主任会议讨论变更市五届人大四次会议召开时间决定、市五届人大四次会议日程安排。

1 月 26 日　市五届人大常委会主任会议讨论通过关于变更市五届人大四次会议召开时间的决定。

2 月 12 日至 15 日　市五届人大四次会议召开。大会听取和审查市人民政府工作报告、市计划报告（书面)、市财政预算报告（书面)、市人大常委会工作报告、市中级人民法院工作报告、市人民检察院工作报告，通过各项工作报告决议；会议补选吴道军为市人大常委会副主任。

2 月 18 日　市人大常委会党组（扩大）会议传达市委党的群众路线教育实践活动动员会议精神。

2 月 27 日　市人大常委会机关党的群众路线教育实践活动动员大会召开。

2 月 26 日　市五届人大常委会主任会议听取城乡居民最低生活保障工作情况的审议意见督办情况报告，市五届人大四次会议代表建议、批评和意见处理意见，确定重点督办建议等事项。

3 月 25 日至 4 月 14 日　市人大常委会 8 名党组成员、1 名副主任分别到各县（市、区）中的一个乡、一个村开展“走基层、听意见”活动。与各县（市、区）人大、政府、法院、检察院以及相关部门负责人，部分市、县人大代表座谈，认真听取与会人员对市人大常委会在“四风”方面存在问题的反映，对人大行权履职、服务代表、自身建设及搞好群众路线教育实践活动的建议。

3 月 27 日　市五届人大常委会第十六次会议举行。会议传达十二届全国人大二次会议精神、省十二届人大常委会八次会议精神；听取和审议科技创新工作情况报告、城乡居民最低生活保障工作情况报告的审议意见研究处理情况报告；听取和审议通过市人大常委会 2014 年工作要点。

4 月 17 日至 18 日　全省人大农业工作座谈会在南充召开，省人大常委会副主任黄润秋出席会议并讲话。会议期间，与会人员先后参观高坪区青莲统筹城乡发展试验区新农村综合体，走马乡、东观镇有机蔬菜基地，顺庆区青山湖新农村综合体、绿科禽业·百万蛋鸡产业园等。

4 月 23 日　市五届人大常委会主任会议听取市级土地基金及基本建设报告、2013 年预算执行情况和 2014 年预算安排意见报告、禁毒工作情况报告等事项。

5 月 9 日　第 23 届四川人大新闻奖评审会在南充举行。

5 月 15 日　市五届人大常委会主任会议听取规范性文件备案审查工作情况报告、南充化学工业园区建设及产业培育情况的审议意见督办情况报告等事项。

5 月 22 日　市五届人大常委会第十七次会议举行。会议书面听取和审议 2013 年市人大常委会开展规范性文件备案审查工作情况报告、扶贫开发工作情况报告、南充化学工业园区建设及产业培育情况报告的审议意见研究处理情况报告、《中华人民共和国民办教育促进法》实施情况报告的审议意见研究处理情况报告、《中华人民共和国农业机械化促进法》执法检查报告的审议意见研究处理情况报告、民事审判工作情况报告。会议决定免去邹平市人民政府副市长职务。

6月11日　市五届人大常委会主任会议讨论扶贫开发工作情况报告的审议意见、民事审判工作情况报告的审议意见。

6月26日　市五届人大常委会主任会议听取加强行政监察推进廉政建设情况报告、2014年上半年全市工业经济运行情况报告等事项。

是月　市人大常委会通过实地查看、听取汇报、开展座谈、调阅资料和突击暗访等方式对《中华人民共和国传染病防治法》贯彻实施情况进行检查。

7月15日至16日　市人大常委会党组召开党的群众路线教育实践活动专题民主生活会，省委第十一督导组副组长宋世贵到会指导。

7月22日　市五届人大常委会第十八次会议举行。会议传达省十二届人大常委会九次会议精神；听取和审议2014年上半年国民经济和社会发展计划执行情况的报告、2013年度财政决算草案及2014年1月至6月财政预算执行情况报告、2013年度市级财政预算执行和其他财政收支的审计工作报告、2013年财政决算的审查结果报告；审议通过批准2013年市级财政决算的决议；听取和审议千万头生猪产业工程建设情况报告审议意见研究处理情况的报告、《中华人民共和国老年人权益保障法》执法检查报告审议意见研究处理情况报告，并进行满意度测评；听取和审议《中华人民共和国传染病防治法》执法检查情况报告；听取和审议通过市人大常委会代表资格审查委员会关于个别市人大代表资格审查报告。

8月7日　市五届人大常委会主任会议听取关于清泉坝片区开发建设及相关重点城建项目情况报告，讨论决定交由市政府研究处理的市人大常委会十八次会议关于检查传染病防治法贯彻实施情况报告的审议意见，讨论人民防空工作调研报告。

8月25日至26日　市人大常委会组织部分市人大常委会委员和市人大代表视察市辖3区城区基础教育布点规划项目实施情况。

是月　市人大常委会调研组对全市药品安全监督工作进行专题调研，形成《关于全市药品安全监督工作的调研报告》。

9月2日　市五届人大常委会主任会议听取农村土地流转情况报告、市辖3区城区基础教育规划实施情况报告等事项。

9月16日　市五届人大常委会主任会议听取关于“引嘉入西”水环境综合整治工程调整方案情况报告、市人大常委会各工作评议调查小组调查报告等事项。

9月22日至23日　市五届人大常委会第十九次会议举行。会议传达省十二届人大常委会十次会议精神；听取和审议“十二五”规划纲要中期评估情况报告、《南充市人民政府关于“十二五”规划〈纲要〉实施中期评估的报告》的审查报告、南充生态市建设规划实施情况报告、民事行政检察工作情况报告、《南充市人大常委会组成人员守则（修订草案）》说明、《南充市人大常委会组成人员出席常委会会议请假规定（草案）》说明；审议通过批准南充市“十二五”规划纲要部分指标调整的决议、《南充市人大常委会组成人员守则》《南充市人大常委会组成人员出席常委会会议请假规定》；听取和审议通过个别市人大代表资格审查报告；听取和审议市城乡规划局、市林业局、市旅游局、市安全监管局、市金融办工作报告和各评议调查小组调查报告，对市城乡规划局、市林业局、市旅游局、市安全监管局、市金融办工作进行满意度测评。

9月28日　全市人大宣传工作会议召开。

9月29日　市人大常委会组织部分市人大代表督办《关于注重发挥嘉陵江航运优势，加大对嘉陵江航道渠化工程支持的建议》。

10月13日　市五届人大常委会主任会议讨论决定南充生态市建设规划实施情况报告的审议意见、关于民事行政检察工作情况报告的审议意见等事项。

10月14日　全市人大常委会办公室工作座谈会召开。

是月　市人大常委会专题调研组对全市工业园区运行情况进行调研，形成《关于全市工业集中区运行情况的调研报告》。

11月3日　市人大常委会召开党组（扩大）会议，市人大常委会主任高先海主持会议并就机关工作和配合省委调查事宜作出要求部署。

11月5日　市人大常委会组织市人大常委会部分组成人员视察市中级人民法院民事审判工作。

11月12日　市五届人大常委会主任会议听取清理低效闲置土地工作情况报告，金城山、嘉陵江第一曲流旅游开发情况报告等事项。

11月19日至20日　市五届人大常委会第二十次会议举行。会议传达省十二届人大常委会十二次会议精神；听取和审议政府性债务情况报告、城乡总规实施情况报告、落实《市人大常委会关于打造西河生态景观长廊的决议》情况报告、科技创新工作情况报告审议意见研究处理情况报告、《中华人民共和国农产品质量安全法》执法检查情况报告、大气污染防治工作情况报告；2014年市级财政预算调整方案（草案），通过批准2014年市级财政预算调整方案决定。会议决定任命林建国为市人民政府副市长。

12月2日　市五届人大常委会主任会议听取将南充经开区基础设施建设项目回购款、南充市化学工业园投资建设开发有限责任公司向中国对外贸易信托有限责任公司融资项目偿还资金纳入财政预算的报告，将市级2014年危旧房棚户区改造（二期）项目委托代建资金和代建管理费列入市财政年度预算的报告等事项。

12月11日　市人大常委会组织市人大科教、文卫两个专业组代表视察川北医学院附属医院新门诊大楼、市疾控中心检验大楼、市中医院综合楼、市中心医院门诊住院大楼等重点医疗卫生项目。

12月18日　市五届人大常委会主任会议听取和审议关于将中泰、蜀泰7号集合资金信托计划融资项目还款资金本息、南充市江东片区土地收储整治项目（一期）融资还款资金本息、南充现代物流园土地收储整治一期工程融资还款资金本息列入市级财政预算的报告等事项。

12月30日　市五届人大常委会主任会议听取国有资本运营情况报告、农村基础教育工作情况报告、2014年市级土地基金及基本建设预算调整方案报告等事项。

2015年

1月7日　市五届人大常委会主任会议讨论召开市五届人大常委会二十一次会议、接受个别市人大代表辞去代表职务的有关事项。

1月9日　市五届人大常委会主任会议听取2014年危旧房棚户区改造项目省级统贷主体变更相关事宜报告。

1 月 15 日　市五届人大常委会第二十一次会议举行。会议传达省十二届人大常委会十三次会议精神；听取和审议市五届人大四次会议代表议案和建议、批评、意见办理情况报告，建设绿色生态走廊营造嘉陵江秀美景观议案审议结果报告，加大大气污染治理提升南充环境质量议案审议结果报告，民事审判工作情况报告审议意见研究处理情况的报告并进行满意度测评；审议通过个别市五届人大代表资格审查报告；通过接受杜延茂、何修礼辞去省十二届人大代表职务的决定，通过免去杜延茂市人民政府副市长职务的决定。

1 月 21 日　市人大常委会副主任李晓松到阆中市博树回族乡开展“走基层、送温暖”活动。

1 月 22 日　市五届人大常委会主任会议同意市公安局对个别市人大代表采取强制措施。

1 月 27 日　市人大常委会副主任陶治国、陈修鹏、李南春分别到蓬安县巨龙镇羊角嘴村、阆中市沙溪街道办洞子口村、仪陇县义门乡龚家沟村开展“走基层、送温暖”活动。

1 月 30 日　市人大常委会副主任李晓松到营山县玲珑乡宗祠村开展“走基层、送温暖”活动。

2 月 3 日　市五届人大常委会主任会议同意市检察院对个别市人大代表采取强制措施。

2 月 11 日至 12 日　市人大常委会主任高先海到高坪、嘉陵慰问基层群众。

2 月 16 日　市五届人大常委会主任会议同意市公安局对个别市人大代表采取强制措施。

是日　市五届人大常委会第二十二次会议举行。会议决定任命单木真为市人民政府副市长。

2 月 25 日　市委书记李仲彬到市人大机关看望干部职工。

2 月 28 日　市五届人大常委会主任会议讨论市人大常委会工作要点（草案）、市五届人大常委会二十三次会议有关事项。

3 月 19 日　市五届人大常委会主任会议听取民事行政检察工作情况报告审议意见督办情况的报告、扶贫开发工作情况报告审议意见督办情况的报告等事项。

3 月 26 日　市五届人大常委会第二十三次会议举行。会议传达十二届全国人大三次会议精神；听取和审议扶贫开发工作情况报告、《中华人民共和国传染病防治法》执法检查报告审议意见研究处理情况报告、民事行政检察工作情况报告审议意见研究处理情况的报告；会议审议通过市人大常委会 2015 年度工作要点（草案）。

4 月 7 日　市人大常委会党组（扩大）会议传达学习中共中央办公厅、国务院办公厅印发的《领导干部干预司法活动、插手具体案件处理的记录、通报和责任追究规定》《中共四川省人大常委会党组关于进一步加强和改进人大监督工作的意见》。

4 月 22 日　省人大常委会副主任彭渝到南充调研贯彻省委人大工作会议情况和贯彻实施新立法法情况。

4 月 24 日　市五届人大常委会第二十四次会议举行。会议决定任命唐燕、贾德华为市人民政府副市长。

5 月 13 日　市五届人大常委会主任会议听取市城乡规划局、市林业局、市旅游局、市安监局、市金融办关于市人大常委会工作评议意见的整改落实情况报告，讨论决定召开市五届人大常委会二十五次会议的时间、建议议程（草案）、日程等事项。

5 月 20 日至 25 日　市五届人大五次会议召开。会议听取和审查市政府工作报告、市人大常委会工作报告，审议并通过有关报告。会议决定接受高先海辞去市五届人大常委会主任职务的请求，接受陶治国、陈修鹏、李晓松、李南春、吴道军辞去市五届人大常委会副主任职务的请求，接受王永茂辞去市五届人大常委会秘书长职务的请求。会议选举袁险峰为市人大常委会主任，徐远火、李在伟、熊建春、王翠花为副主任，王玉龙为秘书长。

5月25日　市委书记李仲彬到市人大常委会机关调研。

5月28日　市人大常委会机关传达市委书记李仲彬在市五届人大五次会议闭幕大会和市政协五届四次会议开幕大会上的讲话精神。

6月1日　市人大常委会主任袁险峰到省人大常委会汇报工作。省人大常委会副主任陈光志会见袁险峰一行并进行座谈。

6月2日　市五届人大常委会主任会议听取打击经济犯罪工作情况报告、物业管理工作情况报告等事项。

6月5日　市人大常委会新的领导班子与机关离退休老干部举行见面会。

6月8日　市五届人大常委会主任会议听取市五届人大五次会议代表建议、批评和意见的处理建议（草案），确定重点督办建议；讨论决定召开市五届人大常委会二十六次会议时间、建议议程、日程。

6月9日至11日　市人大常委会主任袁险峰、副主任徐远火分别带领部分市人大常委会组成人员和市人大代表视察南充卫校、市妇幼保健院新院区、川北医学院附属医院新院区、市疾控中心、市第二人民医院、市中心医院、市120指挥中心、仪陇县中医院、仪陇县妇幼保健院、仪陇县人民医院、德庆医院、保平镇卫生院、保平镇鲤鱼鲍村卫生室、复兴中心医院、南部县中医院、明珠医院、南部县疾控中心、南部县人民医院、滨江社区卫生服务中心、顺庆区共兴镇卫生院、顺庆区疾控中心、顺庆区妇孺医院、格瑞尔民营医院、顺庆区人民医院、市中医医院、舞凤社区卫生服务中心等26家卫生医疗服务机构。

6月15日　市人大常委会召开《中华人民共和国动物防疫法》执法检查动员会。

6月16日至17日　市人大常委会主任袁险峰到仪陇、西充开展《中华人民共和国动物防疫法》执法检查。

6月17日至18日　全市人大民宗外侨工作会议召开。

6月19日　市人大常委会机关开展讲党课和专题讨论活动。

6月23日　市人大常委会机关干部到广安邓小平故居开展"三严三实"专题教育学习活动。

6月24日　市五届人大常委会主任会议听取推进依法治市、建设法治南充工作情况报告，市级土地基金及基本建设2014年预算执行情况和2015年预算安排意见的报告等事项。

6月25日至26日　市五届人大常委会第二十六次会议举行。会议听取和审深化行政审批制度改革情况的报告、医疗卫生服务体系建设情况报告、提请审议《四川南充国家农业科技园区总体规划》的议案、关于《四川南充国家农业科技园区总体规划》的审查报告、关于南充生态市建设规划实施情况报告的审议意见研究处理情况的报告、市政府性债务情况报告的审议意见研究处理情况的报告、关于规范性文件备案审查工作情况的报告（书面）；审查批准《四川南充国家农业科技园区总体规划》；会议决定任命潘国华为市人民政府副市长。会议邀请西华师大法学院党委书记刘永红作《中华人民共和国宪法》专题讲座。

7月6日　全市人大内务司法工作座谈会召开。

7月8日　市人大常委会主任袁险峰到嘉陵调研经济社会发展情况。

7月9日　市人大常委会主任袁险峰、市人大常委会副主任熊建春调研市中级人民法院工作，听取市中级人民法院工作汇报，实地查看顺庆区法院、新建法庭工作情况　了解中级人民法院信息化建设工作。

7 月 10 日　市人大常委会主任袁险峰调研市人民检察院工作，听取市人民检察院工作汇报，实地查看嘉陵区人民检察院，市检察院接待大厅、案管中心、办案工作区、警示教育基地。

7 月 13 日　　市人大常委会党组（扩大）会议专题学习省委十届六次全会精神和省委书记王东明在南充调研时讲话精神。

7 月 14 日　　市五届人大常委会主任会议听取和审议《中华人民共和国动物防疫法》执法检查情况的报告，《中华人民共和国农产品质量安全法》执法检查报告审议意见督办情况的报告等事项。

7 月 15 日　市人大常委会主任袁险峰到嘉陵区石楼乡马达山村调研帮扶工作。

7 月 16 日　市人大常委会主任袁险峰、副主任熊建春到蓬安调研经济社会发展和基层人大工作。

7 月 28 日上午　市五届人大常委会主任会议听取 2014 年度财政决算及 2015 年 1 月至 6 月财政预算执行情况报告，2014 年度财政预算执行和其他财政收支的审计工作报告等事项。

7 月 30 日　市五届人大常委会第二十七次会议举行。会议传达省十二届人大常委会十七次会议精神；听取和审议 2015 年上半年国民经济和社会发展计划执行情况的报告、2014 年度财政决算及 2015 年 1 至 6 月财政预算执行情况报告、2014 年度市级财政预算执行和其他财政收支的审计工作报告、2014 年市级财政决算的审查结果报告、《中华人民共和国农产品质量安全法》执法检查报告审议意见研究处理情况的报告、《中华人民共和国动物防疫法》执法检查情况报告；审查批准 2014 年市级财政决算。

8 月 4 日至 7 日　市人大常委会副主任熊建春督查阆中、西充平安建设及综治工作目标完成情况；检查阆中和市中级人民法院、市人民检察院，市环保局、市规划局、市审计局依法治市工作。

8 月 7 日　市人大常委会副主任熊建春调研顺庆区人民法院民事执行工作。

8 月 10 日至 11 日　全市人大常委会办公室工作座谈会召开。

8 月 18 日至 20 日　市人大常委会副主任王翠花到营山、南部调研《关于取缔嘉陵江流域南充段养殖场及排污口的议案》《关于尽快修建升钟水库右干渠安全护栏的建议》《关于进一步实施精准扶贫的建议》重点建议办理情况。

8 月 25 日至 27 日　市人大常委会组成人员暨县（市、区）人大常委会主任学习会召开。

8 月 31 日　市人大常委会副主任徐远火到南充炼油厂、市城乡规划和测绘地理信息局督办代表提出的《关于加大工业遗产保护，利用遗产资源兴建城市主题公园的建议》，调研城乡规划工作。

是月　市人大常委会调研组调研政府投资非经营性项目代建工作，形成《关于政府投资非经营性项目代建工作情况的调研报告》。

9 月 1 日　市五届人大常委会主任会议听取政务服务工作情况报告；讨论决定《中华人民共和国动物防疫法》执法检查情况报告的审议意见等事项。

9 月 2 日　市人大常委会召开《中华人民共和国旅游法》执法检查动员会。9 月 8 日至 10 日，市人大常委会主任袁险峰到阆中、南部开展《中华人民共和国旅游法》执法检查。

是日　市人大常委会副主任王翠花到顺庆区搬罾镇调研农村产权制度改革工作。

9 月 2 日　市人大常委会副主任徐远火到市环境保护局督办代表提出的《关于推进农村场镇污水治理的建议》，调研环境保护工作。

9 月 6 日　市人大常委会副主任徐远火到市住房和城乡建设局调研。

9 月 16 日　市人大常委会机关传达中共中央关于南充拉票贿选案查处情况通报、湖南衡阳市破坏选举案查处情况通报，深入学习贯彻省委、市委领导干部大会精神。

9 月 17 日　市五届人大常委会主任会议听取处理大气污染防治工作情况报告审议意见督办情况的报告，讨论调整市五届人大常委会代表资格审查委员会组成人员的决定（草案）等事项。

9 月 18 日　市五届人大常委会第二十八次会议举行。会议听取和审议农村产权制度改革情况报告、环境状况和环境保护目标任务完成情况报告、大气污染防治工作情况报告审议意见研究处理情况的报告、民事案件执行工作情况报告、个别市人大代表资格审查报告；审议通过调整代表资格审查委员会组成人员的决定、接受柴永柏等 8 人辞去省十二届人民代表大会代表职务的决定。

9 月 21 日　市人大常委会副主任徐远火到南充师范学校督办《关于南充师范学校升格为川东北幼儿师范专科学校》建议。

9 月 25 日　市人大常委会副主任徐远火到顺庆、高坪、嘉陵 3 区视察城区基础教育布点规划项目（2012—2015 年）实施情况。

9 月 28 日　市人大常委会 2015 年度工作评议动员会举行。启动对市公安局、市文化广电新闻出版局、市扶贫移民局、市质监局工作评议。11 月 10 日，市人大常委会举行 2015 年工作评议会议。

是月　市委书记李仲彬到市人大常委会机关调研。

10 月 10 日　市人大常委会副主任熊建春到顺庆区潆溪街道办板凳垭村开展帮扶工作。

10 月 12 日　市人大常委会副主任徐远火到市属文化艺术团体调研。

是日　市人大常委会主任袁险峰主持召开座谈会，与西华师范大学党委书记王安平等人共同协商研究成立西华师范大学地方立法研究中心相关事宜。12 月 21 日，西华师范大学地方立法研究中心成立仪式举行。省人大常委会副主任刘道平出席仪式并讲话。市人大常委会主任袁险峰，西华师范大学党委书记王安平，西华师范大学校长张健，市人大常委会副主任徐远火、熊建春参加。

10 月 13 日　市人大常委会召开市辖 3 区城区基础教育布点规划实施情况座谈会。

10 月 15 日　市人大常委会主任袁险峰到联系的高坪区御史乡杉树沟村开展精准扶贫专题调研。

11 月 6 日　市人大常委会副主任熊建春到西充查看西河生态景观长廊建设推进情况。

11 月 12 日　市人大常委会召开党组（扩大）会议学习传达党的十八届五中全会精神。

11 月 13 日　市人大常委会副主任熊建春到顺庆查看西河生态景观长廊建设推进情况。

11 月 25 日　市人大常委会主任袁险峰到营山调研经济运行情况和人大工作。

是日　市人大常委会副主任李在伟到嘉陵、蓬安调研人大工作。

11 月 26 日至 27 日　市五届人大常委会第二十九次会议举行。会议传达省十二届人大常委会十八次会议精神；听取和审议城乡规划实施情况报告、2015 年市级财政预算调整方案（草案）报告、2015 年市级财政预算调整方案（草案）审查报告、城市管理工作情况报告，并开展专题询问；通过批准 2015 年市级财政预算调整方案的决定；听取和审议打造西河生态景观长廊决议落实情况报告的审议意见研究处理情况的报告并进行满意度测评；听取和审议旅游《中华人民共和国旅游法》检查情况报告。举办党内法规专题讲座。

12 月 1 日　市人大常委会主任袁险峰到仪陇调研人大工作。

12 月 2 日　市人大常委会主任袁险峰到顺庆调研人大工作。

12 月 2 日至 4 日　市人大常委会副主任徐远火到顺庆、阆中调研公共文化服务体系建设工作。

12 月 3 日　省十二届人大常委会十九次会议表决通过《四川省人民代表大会常务委员会关于确定自贡、攀枝花、泸州、德阳、绵阳、遂宁、南充、宜宾、广安、达州、巴中、雅安、眉山市开始行使地方立法的决定》，南充成为全省首批获得地方立法权的市。

12 月 4 日　南充举行“12・4”国家宪法日暨全国法制宣传日活动。市人大常委会主任袁险峰参加活动并致辞。

12 月 9 日　市委人大工作会议召开。市委书记李仲彬，市委副书记、市长向东，市人大常委会主任袁险峰、市政协主席吴小可出席会议。

是日　市人大常委会召开贯彻落实市委人大工作会议精神会议。

12 月 15 日　市人大常委会组织驻南充全国人大代表、省人大代表和部分市人大代表视察 2015 年经济和社会发展情况。

12 月 17 日　全市人大规范性文件备案审查工作座谈会召开。

是日　市人大常委会主任袁险峰到蓬安调研经济社会发展情况。

是日　市人大常委会副主任徐远火带领市人大科教、文卫两个专业组代表视察市辖 3 区食品药品生产经营和安全监管工作。

12 月 31 日　市五届人大常委会第三十次会议举行。会议传达省十二届人大常委会十九次会议精神；听取和审议《南充市国民经济和社会发展第十二个五年规划纲要》实施情况总结评估报告，提请审议批准 2015 年地方政府债务限额议案说明，提请审议批准 2015 年地方政府债务限额议案审查报告，市五届人大五次会议代表建议、批评和意见办理情况报告，市五届人大五次会议代表建议、批评和意见处理报告，市五届人大五次会议主席团交付审议的议案审议结果的报告；通过批准《南充市人民政府关于提请审议批准 2015 年地方政府债务限额的议案》的决议、《关于积极实施简政放权的议案》审议结果报告、《关于提高南充森林覆盖率打造生态南充的议案》审议结果报告。

是年　市人大常委会制定《南充市人民代表大会代表履职绩效考评办法》，并配套开发软件系统，推动代表履职具体化、公开化、可量化。

2016 年

1 月 5 日　市人大常委会副主任熊建春到顺庆区潆溪街道办板凳垭村暗访产业兴村项目实施情况。

1 月 7 日　市五届人大常委会主任会议书面传达全省人大法制工作会议精神；听取国家公共文化服务体系示范区创建工作情况报告、2015 年土地基金及基本建设项目预算执行情况报告等事项。

1 月 8 日　市人大常委会党组召开“三严三实”专题民主生活会。

1 月 12 日　市人大常委会主任袁险峰到阆中市博树回族乡调研扶贫帮扶工作。

1 月 13 日　市五届人大常委会主任会议讨论《关于推进法治南充建设的决议（草案）》《南充市人民代表大会及其常务委员会立法条例（草案）》等事项。

是日　市人大常委会主任袁险峰到高坪区御史乡杉树沟村调研精准扶贫工作。

1 月 14 日　市人大常委会副主任徐远火到市国土资源局调研国土资源管理工作。

1 月 15 日　市五届人大常委会第三十一次会议举行。会议听取和审议《推进法治南充建设的决议（草案）》《南充市人民代表大会及其常务委员会立法条例（草案）》；听取审议通过召开市五届人大六次会议决定；补选市人大常委会主任袁险峰、副主任李在伟为省十二届人民代表大会代表。

1 月 19 日　市人大常委会党组（扩大）会议学习贯彻习近平总书记在中央政治局“三严三实”专

题民主生活会上的重要讲话精神。

是日　市人大常委会副主任徐远火视察南充高中嘉陵校区。

1月19至20日　市人大常委会机关召开脱贫攻坚工作推进会。

1月22日　市人大常委会副主任熊建春带领《南充市人民代表大会及其常务委员会立法条例（草案）》起草小组工作人员到市政协机关参加立法条例协商座谈会。

2月1日　市人大常委会主任袁险峰到高坪区曙光佳苑小区、溪头乡火星村和御史乡杉树沟村等地看望慰问贫困党员、困难群众。

2月3日　市人大常委会主任袁险峰、副主任徐远火看望慰问市人大常委会机关老领导，送上节日的问候和祝福。

2月14日　市人大常委会机关、市政协机关在西山运动场举行以"团结就是力量"为主题的拔河比赛。市人大常委会主任袁险峰、市政协主席吴小可参加活动。

2月17日　市人大常委会副主任徐远火到中法农业科技园区孵化器建设工地和南充双创中心加速园调研科技创新和大众创业、万众创新工作。

2月18日　市人大常委会副主任徐远火到南充经济开发区调研园区建设工作。

2月22日　市五届人大常委会主任会议讨论《关于设立南充市人大常委会法制工作委员会的议案》；讨论决定市人民政府代理市长人选，并提交市五届人大常委会三十二次会议审议表决。

是日　市五届人大常委会第三十二次会议举行。会议审议通过《关于召开南充市第五届人民代表大会第六次会议的决定》《关于设立南充市人大常委会法制工作委员会的决定》。会议决定任命宋朝华为市人民政府副市长、审议通过《关于宋朝华代理南充市人民政府市长职务的决定》。审议通过《关于接受向东辞去南充市人民政府市长职务的决定》。

2月23日　市委印发《关于进一步加强人大工作和建设的意见》。

2月24日　市人大常委会副主任王翠花到高坪调研现代物流园区建设。

2月25日　市人大常委会副主任徐远火调研市房管局工作。

3月7日　市五届人大常委会主任会议讨论市五届人大六次会议、市人大常委会2016年工作要点（草案）等事项。

3月8日　市五届人大常委会第三十三次会议举行。会议审议通过《南充市第五届人民代表大会第六次会议议程（草案）》《南充市第五届人民代表大会第六次会议主席团和秘书长名单（草案）》《南充市第五届人民代表大会第六次会议列席人员名单》《关于设立市五届人民代表大会法制委员会的议案（草案）》《南充市第五届人民代表大会常务委员会2016年工作要点》《南充市第五届人民代表大会常务委员会工作报告（草案）》《南充市人民代表大会及其常务委员会立法条例（草案）》，审议通过个别市五届人大代表资格审查报告。

3月10日　市人大常委会副主任徐远火到嘉陵调研湿地资源保护与开发利用工作。

是日　市人大常委会召开嘉陵江流域（南充段）规划征求意见座谈会。

3月10日至13日　市人大常委会副主任王翠花到南部、阆中调研《四川省扶贫开发条例》贯彻执行情况、新型农村经营主体发展和脱贫攻坚情况。

3月31日　全国人大常委会高等教育调研组到南充调研。

3月15日　市人大常委会召开专题会议，贯彻落实全市市、县、乡换届工作会议精神。

3月19日至23日　市五届人大六次会议召开。会议听取和审查市政府工作报告、市人大常委会工作报告，审议并通过有关报告。会议审查通过《南充市国民经济和社会发展第十三个五年规划纲要（草案）》。会议通过《关于设立南充市第五届人民代表大会法制委员会的决定》《关于推进法治南充建设的决议》。通过《南充市人民代表大会及其常务委员会立法条例》，报省人大常委会批准。会议选举宋朝华为市人民政府市长。

4月6日　市人大常委会立法工作会议召开。

4月6日至7日　市人大常委会副主任徐远火到营山、蓬安督查医疗卫生服务体系建设工作开展情况。

4月18日　市五届人大常委会主任会议听取市级基本建设专项资金安排情况报告、社团组织登记管理工作情况报告等事项。

4月18日至22日　市人大常委会组织市人大代表到南部、仪陇、蓬安等县（市、区）视察嘉陵江旅游情况。

4月23日至29日　市人大常委会组织市、县人大相关委室，市扶贫移民局，市农业局和部分农业龙头企业负责人到浙江大学学习，形成《关于赴浙江大学学习农产品质量安全法暨现代农业情况的报告》。

4月27日　省人大常委会执法检查组到南充检查扶贫开发条例贯彻落实情况。

5月3日　市人大常委会机关召开党建暨“两学一做”学习教育工作座谈会。

5月4日　市五届人大常委会第三十四次会议举行。会议传达省十二届人大常委会二十四次会议精神；听取和审议医疗服务体系建设情况报告审议意见研究处理情况的报告、民事执行工作报告审议意见研究处理情况的报告，并分别对上述两个报告进行满意度测评；听取和审议规范性文件备案审查工作情况报告。

5月5日至6日　市人大内务司法工作座谈会召开。

5月6日　市人大常委会召开南充火车北站站前广场规划方案征求意见会。

5月9日　省人大常委会立法调研组到南充调研。

5月10日至11日　省人大常委会副主任刘道平率督查组到南充督查精准脱贫工作。

5月18日　市人大常委会主任袁险峰带领常委会组成人员和部分市五届人大代表，就城市管理工作专题询问审议意见办理情况进行专题视察。

5月19日　市人大常委会主任袁险峰专项督导高坪稳定经济增长和重大项目推进情况。

5月23日　市五届人大常委会主任会议听取审议《中华人民共和国动物防疫法》执法检查报告审议意见督办情况报告、城市管理工作情况报告审议意见督办情况报告等事项。

5月24日　市人大常委会机关“两学一做”学习教育工作推进会召开。

5月27日至28日　市人大常委会秘书长王玉龙到南部县升钟镇调研脱贫攻坚工作。

5月至6月　市人大常委会主任袁险峰，副主任徐远火、李在伟、王翠花，秘书长王玉龙分别带队到仪陇、营山、高坪、西充、嘉陵、顺庆开展《中华人民共和国食品安全法》执法检查。

6月1日　《南充市人民代表大会及其常务委员会立法条例》经省十二届人大常委会二十五次会议批准，自6月1日起施行。

6月2日　市人大常委会副主任王翠花到仪陇开展《四川省农村扶贫开发条例》执法检查。

是日　市人大常委会秘书长王玉龙到嘉陵区太和乡、积善乡、世阳镇调研脱贫攻坚及人大工作。

6月16日　市人大常委会副主任王翠花调研蓬安县县、乡人大换届准备工作暨贯彻落实市委人大工作会议精神情况。

6 月 22 日　市人大常委会主任袁险峰到高坪区御史乡杉树沟村看望慰问贫困党员和老党员。

6 月 24 日　市五届人大常委会主任会议听取精准脱贫工作情况报告、检查《中华人民共和国食品安全法》贯彻执行情况报告等事项。

6 月 27 日　市人大常委会党组书记、主任袁险峰联系人大工作性质给机关全体党员上党课。

6 月 28 日至 29 日　市五届人大常委会第三十五次会议举行。会议传达省十二届人大常委会二十五、二十六次会议精神；听取和审议农村改革发展情况报告、2014 年度财政预算执行和其他财政收支审计查出问题整改情况报告、撤销西充县设立南充市西充区有关情况报告、城市市容秩序管理工作情况报告审议意见研究处理情况报告、关于城市交通秩序管理工作情况报告审议意见研究处理情况报告、《中华人民共和国动物防疫法》执法检查报告审议意见研究处理情况报告、《中华人民共和国旅游法》执法检查报告审议意见研究处理情况报告、自侦案件情况报告、检查《中华人民共和国食品安全法》贯彻实施情况报告、《南充市城市园林绿化条例（草案）》。举办《中华人民共和国立法法》专题讲座。

6 月 29 日　省人大常委会立法调研组到南充调研。

7 月 7 日　市人大常委会召开县、乡人大换届工作研讨会。

7 月 8 日至 11 日　市人大常委会副主任王翠花到南充国栋林产科技有限公司调研。到高坪区御史乡杉树沟村、蓬安县新园乡渔房村督导脱贫攻坚工作。

7 月 11 日至 13 日　市人大常委会副主任徐远火到顺庆、南部、蓬安检查《中华人民共和国环境保护法》《中华人民共和国大气污染防治法》《四川省城乡环境综合治理条例》贯彻执行情况。13 日至 15 日，分别到阆中、嘉陵调研县、乡人大换届准备工作暨贯彻落实市委人大工作会议精神情况。

7 月 14 日　市人大常委会召开党组（扩大）会议暨中心组学习会，学习贯彻习近平总书记在庆祝中国共产党成立 95 周年大会上重要讲话精神。

7 月 18 日　市人大常委会主任、市纪念朱德同志 130 周年诞辰活动领导小组副组长袁险峰到仪陇县马鞍镇调研朱德同志故居纪念馆改陈布展情况。

7 月 25 日　市人大常委会主任袁险峰到高坪区御史乡杉树沟村调研脱贫攻坚工作。

7 月 26 日　市人大常委会 2016 年度工作评议动员会召开。

8 月 1 日　市人大常委会机关传达贯彻省委十届八次全会精神和市委书记宋朝华在市委常委（扩大）会议上的贯彻讲话精神。

8 月 2 日　市人大常委会副主任王翠花到南充土地流转中心调研。

8 月 21 日　市人大常委会主任袁险峰到高坪区胜观镇东林寺村、斑竹乡倒马坎村督导脱贫攻坚工作。

8 月 24 日　市五届人大常委会主任会议听取 2015 年财政决算草案及 2016 年上半年财政预算执行情况报告、2015 年财政预算执行和其他财政收支审计工作报告、《南充市城市园林绿化条例（草案）》修改情况和主要问题说明等事项。

是日　市人大常委会组织部分市人大代表、丝绸企业负责人、部分专家和市级相关部门负责人召开《培育丝纺服装千亿产业集群》课题初稿征求意见会。

8 月 26 日　市人大常委会副主任徐远火组织有关专家和部分市人大代表、市级相关部门及课题组的全体成员，对《南充市培育丝纺服装千亿产业集群》课题调研文稿再次征求意见。

8 月 30 日至 31 日　市五届人大常委会第三十六次会议举行。会议传达省十二届人大常委会二十七次会议精神；听取和审议2016年上半年国民经济和社会发展计划执行情况报告、2015年财政决算草案及2016年上半年财政预算执行情况报告、2015年财政预算执行和其他财政收支的审计工作报告、2015年财政决算审查结果报告；通过《南充市人大常委会关于批准南充市2015年市级财政决算的决议》；审议《南充市城市园林绿化条例（草案）》；听取和审议市中级人民法院、市科技局、市住建局3个被评议单位工作报告，并对3个被评议单位工作进行满意度测评。

9月2日　市人大常委会主任袁险峰主持召开脱贫攻坚蹲点督导情况通报会。

9月6日　省人大常委会副主任陈光志到南充调研经济发展工作。

9月12日至14日　全市人大换届选举工作暨市人大常委会组成人员学习会举行。市人大常委会主任袁险峰就换届工作提出要求，市委常委、市委组织部部长杨波就抓好人大换届选举提出指导意见。

9月18日　市人大常委会召开南充市城市规划征求意见会。

是日　市五届人大常委会主任会议讨论市人民政府代理市长人选，并提交市五届人大常委会三十七次会议审议表决。

是日　全市人大换届选举工作专题座谈会召开。

是月　市委书记宋朝华到市人大常委会机关调研。

9月至10月　市人大常委会调研组对全市农业龙头企业发展情况进行调研，形成《关于推进全市农业龙头企业发展情况的调研报告》。

10月9日至10日　市人大常委会副主任徐远火到顺庆、仪陇调研县、乡人大换届选举工作。

10月13日　市五届人大常委会主任会议通过《南充市人民代表大会常务委员会立法论证工作办法》。

10月14日　市五届人大常委会第三十八次会议举行。会议传达省十二届人大常委会二十八次会议精神、省人大常委会专题学习会议精神以及全市换届选举工作电视电话会议精神；听取和审议南充市城市总体规划执行情况报告；审议通过《南充市城市园林绿化条例》，审议《南充市城镇环境卫生管理条例（草案）》。

10月24日　市人大常委会主任袁险峰到嘉陵区移山乡和火花街道办事处调研区、乡两级人大换届选举工作。

是日　全市县、乡人大换届选举工作座谈会召开。

10月25日　市人大常委会机关党委组织机关全体党员召开党员大会，选举出席中共南充市第六次代表大会代表。

是日　市人大常委会主任袁险峰到顺庆区双桥镇、舞风街道办事处调研指导区、乡人大换届选举工作。

10月28日　在顺庆区第15选区市人大、市政协投票点，市人大常委会主任袁险峰，副主任徐远火、李在伟、熊建春，秘书长王玉龙参加投票。

11月1日　省人大常委会副主任曾省权到南充调研民营企业发展情况。

11月1日至2日　市人大常委会副主任熊建春到西充视察西河生态景观长廊建设及污水处理厂运行管理情况。

11月8日　市人大常委会召开南充市城市专项规划汇报会。

11月9日　市五届人大常委会主任会议听取城市基础教育发展情况报告，讨论召开市六届人大一次会议决定（草案）等事项。

11月11日　市五届人大常委会第三十九次会议举行。会议传达中共中央十八届六中全会和市第六次党代会精神；听取和审议嘉陵江流域（南充段）绿色生态走廊建设总体规划实施情况报告、全市环境保护工作情况报告、落实《南充市人大常委会关于打造西河生态景观长廊的决议》情况报告；听取审议并通过《关于召开南充市第六届人民代表大会第一次会议的决定》。

12月8日　市五届人大常委会主任会议听取2016年市级财政预算调整方案（草案）报告，市五届人大六次会议代表建议、批评和意见处理情况报告等事项。

12月13日　南充民间传统文化书系首发式在万泰大酒店举行，市人大常委会主任袁险峰出席会议并讲话，市人大常委会原顾问李志杰主持会议。届时，南充市9县（市、区）民间传统文化专著相继出版发行。

12月19日　市六届人大代表任前培训班开班。市人大常委会主任袁险峰出席开班仪式并讲话。全国人大常委会资格审查委员会办公室原主任李伯钧、省人大法制委副主任张力、西华师范大学法学院教授刘永红分别作辅导报告。

12月28日　市五届人大常委会主任会议讨论市六届人大一次会议议程（草案）、市六届人大一次会议有关名单（草案）、市六届人大一次会议选举办法（草案）等事项。

12月29日　市五届人大常委会第四十次会议举行。会议听取审议2016年市级财政预算调整方案及全市地方政府债务限额情况的报告，2016年市级财政预算调整和地方政府债务限额的审查报告，市五届人大六次会议代表建议、批评和意见办理情况报告，市五届人大六次会议代表建议、批评和意见处理情况报告（书面），市五届人大六次会议主席团交付审议的议案审议结果报告，市六届人大代表资格审查报告。讨论市六届人大一次会议议程（草案）、市六届人大一次会议有关名单（草案）、市六届人大一次会议选举办法（草案）、关于设立市六届人民代表大会各专门委员会的议案（草案）、市六届人民代表大会各专门委员会组成人员人选通过办法（草案）、市人大常委会工作报告（草案）。补选省十二届人民代表大会代表。

2017年

1月5日至10日　市六届人大一次会议召开。大会听取和审查市人民政府工作报告、市计划报告（书面）、市财政预算报告（书面）、市人大常委会工作报告、市中级人民法院工作报告、市人民检察院工作报告，通过各项工作报告决议；会议作出《关于南充市第五届人民代表大会专门委员会设置的决定》；会议选举袁险峰为市六届人大常委会主任，徐远火、熊建春、陈圣伦、陈科、杜永龙为副主任，冉中华为秘书长，选举市六届人大常委会委员29名。选举吴群刚为市人民政府市长，潘国华、唐燕（女）、刘作鸿、林建国、李在伟、朱华、张根生为副市长。选举杨敏为市中级人民法院院长。选举周永刚为市人民检察院检察长，须依法报经省人民检察院检察长提请省人大常委会批准。

2月24日　市六届人大常委会主任会议讨论《市人大常委会2017年工作要点（草案）》，听取《关于嘉陵江综合保护开发的议案》办理意见（草案）等事项。

2月27日　市六届人大常委会第一次会议举行。会议审议通过市人大常委会2017年工作要点、关于设立市六届人大常委会代表资格审查委员会的决定；审议通过新一届政府工作部门负责人的任命和法检“两院”提出的人事任免议案。

2月下旬至3月上旬　市人大常委会嘉陵江航运发展专题调研组到广安、武胜、合川、重庆等地调研嘉陵江航电枢纽建设和航运发展情况，形成《打通嘉陵江黄金水道，服务“成渝第二城”建设》调研报告。

3月1日　《南充市城市园林绿化条例》施行启动仪式在市北湖公园广场举行。市人大常委会主任袁险峰、市委副书记古正举、市人大常委会副主任熊建春、市政府副市长刘作鸿、市政协副主席王晓贤参加启动仪式。

3月2日至3日　市人大常委会主任袁险峰到重庆考察调研嘉陵江航运情况。

3月9日　市六届人大常委会主任会议传达学习省依法治省领导小组第六次会议精神和六届市委常委会二十次会议精神；听取市中级人民法院、市科技局、市住建局关于市人大常委会工作评议意见整改落实情况报告，《南充市城镇环境卫生管理条例（草案）》修改情况及主要问题的说明等事项。

3月10日　市六届人大常委会第二次会议举行。会议听取和审议《南充市城镇环境卫生管理条例（草案）》修改情况及主要问题的说明。

3月14日　市人大常委会副主任徐远火到南充东方教育集团调研。

3月16日　市人大常委会召开2017年立法工作会议。

3月17日　市人大常委会主任袁险峰到南部县谢河镇六家井村调研脱贫攻坚工作。

3月20日　市人大常委会副主任陈圣伦到嘉陵调研曲水河资源保护工作。

4月5日　省人大常委会副主任黄彦蓉到南充检查扶贫开发条例贯彻落实情况。

4月11日至13日　市人大常委会副主任徐远火到顺庆、高坪调研重大城建项目建设和水资源保护工作。

4月26日　市六届人大常委会主任会议召开。会议听取2017年市级基本建设项目资金计划安排情况的报告，讨论《南充市城镇环境卫生管理条例（草案三审稿）》等事项。

是日　市六届人大常委会主任会议听取审议三环电子、重庆银翔实业集团有限公司投资协议有关事宜。

4月27日　市六届人大常委会主任会议讨论《南充市城镇环境卫生管理条例（草案三审稿）》有关事宜。

是日　市六届人大常委会第三次会议举行。会议传达全国两会精神及习近平总书记在四川代表团重要讲话精神，传达省十二届人大常委会三十二次会议精神（书面）；听取审议通过《南充市城镇环境卫生管理条例（草案三审稿）》；听取审议《中华人民共和国食品安全法》执法检查报告审议意见研究处理情况的报告、自侦案件工作报告审议意见研究处理情况的报告，并对上述两个报告进行满意度测评。

4月28日　市人大常委会副主任陈圣伦到西充县视察侨台资企业运行情况。

5月3日　市人大常委会副主任熊建春调研城市道路交通管理工作。

5月4日至5日　市人大常委会副主任熊建春到西充县凤鸣镇调研新型农村社区环境卫生管理工作。

5月8日　市人大常委会党组会议召开。市人大常委会党组书记、主任袁险峰主持会议。党组副书记、副主任徐远火，党组成员、副主任熊建春、陈圣伦、陈科、杜永龙，党组成员、秘书长冉中华出席会议。至12月，共召开党组会议13次。

是日　市六届人大常委会主任会议召开。会议听取审议下中坝行政区划调整有关情况报告。

5 月 10 日　市六届人大常委会主任会议审议南充市与美国托莱多市正式缔结友好城市报告。

5 月 11 日至 12 日　市人大常委会副主任陈圣伦检查顺庆、南部贯彻落实《四川省农村扶贫开发条例》情况。

5 月 17 至 18 日　市人大常委会主任袁险峰到德阳考察生态建设工作。

5 月 17 至 18 日　市人大常委会副主任陈圣伦到南部调研升钟水库建设管理工作。

5 月 23 日　市人大常委会副主任徐远火到营山、蓬安视察全市重大交通项目推进情况。

5 月 24 日　市人大常委会在重庆召开《南充市城镇环境卫生管理条例（草案）》立法论证会。

5 月 25 日　市人大常委会主任袁险峰到市经济技术开发区调研。

6 月 5 日　市人大常委会副主任徐远火到顺庆、嘉陵调研城区基础教育工作。

6 月 6 日　市人大常委会主任袁险峰到嘉陵、高坪调研现代农业产业园区建设情况。

6 月 6 日至 7 日　市人大常委会副主任熊建春到蓬安、市司法局调研法律援助工作。

6 月 7 日　市人大常委会副主任徐远火到蓬安督查省环保督察组反馈问题整改落实情况。

6 月 7 日至 14 日　受省人大常委会委托，市人大常委会副主任陈圣伦带队调研国务院《宗教事务条例》《四川省宗教事务条例》在南充贯彻落实情况。

6 月 8 日　市人大常委会副主任徐远火到渔溪河进行实地调研和检查。

6 月 12 日　市人大常委会副主任熊建春到仪陇开展嘉陵江生态环境保护立法调研。

6 月 14 日至 15 日　市人大常委会副主任熊建春调研长滩河（阆中段）环境资源保护工作。

6 月 20 日　市六届人大常委会主任会议听取国有资本经营管理情况报告、医疗卫生项目建设情况报告，审议通过《南充人民代表大会常务委员会立法咨询专家库管理办法》《南充人民代表大会常务委员会立法计划编制工作办法》。

6 月 22 日　市人大常委会副主任徐远火到市委编办调研城区基础教育机构编制情况。

6 月 27 日　市六届人大常委会第四次会议举行。会议传达省十一次党代会精神和市委书记宋朝华在市委常委扩大会议上重要讲话精神；传达省十二届人大常委会三十三、三十四次会议精神；听取和审议城市道路交通管理工作情况报告、2015 年市本级预算执行和其他财政收支审计查出问题整改情况报告、《四川省农村扶贫开发条例》执法检查情况报告。会议邀请省人大常委会法制工作委员会副主任杨筠作《中华人民共和国各级人民代表大会常务委员会监督法》辅导讲座。

6 月 30 日　市人大常委会召开升钟湖保护立法前期调研工作协调会。

7 月 17 日　市人大常委会副主任徐远火到高坪调研现代商贸物流业发展情况、洽谈校企合作事宜。

7 月 20 日　市人大常委会副主任陈圣伦到西充视察农村产权制度改革工作。

7 月 31 日　市六届人大常委会主任会议听取法律援助工作情况报告、市辖城区城市公交发展情况报告等事项。

是日　市人大常委会主任袁险峰到武警南充市支队和南充军分区干休所看望慰问部队官兵和部队离退休老干部。

8 月 2 日　市人大常委会机关传达习近平总书记在省部级主要领导干部专题研讨班上重要讲话精神。

是日　市人大常委会机关党委换届选举，市人大常委会党组书记、主任袁险峰出席会议并讲话。

8 月 4 日　新一届市人大常委会机关党委、机关纪委、机关工会座谈会召开，市人大常委会党组书记、主任袁险峰出席会议并讲话。

8 月 7 日至 8 日　市人大常委会副主任陈圣伦到营山、仪陇调研乡村旅游扶贫工作。

8 月 9 日　市人大常委会组织市人大常委会组成人员，部分省、市人大代表视察“三场攻坚战、三场保卫战”推进情况。

8 月 11 日　市六届人大常委会第五次会议举行。会议传达省十二届人大常委会三十五次会议精神、中共南充市委六届六次全会精神；听取和审议“三场攻坚战、三场保卫战”情况报告、2017 年 1 月至 6 月国民经济和社会发展计划执行情况的报告、2016 年财政决算和 2017 年 1 月至 6 月预算执行情况报告、2016 年市本级财政预算执行和其他财政收支的审计工作报告、农村产权制度改革情况报告、2016 年财政决算审查报告；通过批准 2016 年市级财政决算决议。

8 月 16 日　市人大常委会召开 2017 年工作评议动员会。

8 月 17 日　市人大常委会副主任陈圣伦到金城山林场调研林业生态建设工作。

8 月 25 日　市六届人大常委会第十一次主任会议举行。会议听取 2016 年行政案件司法审查情况报告、《南充市嘉陵江流域生态环境保护条例（草案）》《南充市城市道路车辆通行条例（草案）》起草工作情况的报告等事项。

8 月 28 日　省人大常委会副主任李向志到南充检查扶贫开发条例贯彻落实情况。

是日　市人大常委会副主任熊建春到市交通运输局参加工作评议调查动员会。

8 月 29 日　市人大常委会副主任杜永龙到营山调研人大代表小组活动开展情况。

8 月 31 日　市人大常委会主任袁险峰专题听取市金融办关于金融中心建设有关事宜汇报。

9 月 1 日　市人大常委会召开《南充市城市道路车辆通行条例（草案）》起草工作推进会。

9 月 5 日至 7 日　市人大常委会组成人员暨县（市、区）人大常委会主任学习会举行。

9 月 11 日　市人大常委会主任袁险峰带领部分省、市人大代表视察南充高等职业教育和民办教育工作。

9 月 12 日至 15 日　市人大常委会副主任陈圣伦到南部升钟湖库区开展保护立法调研。

9 月 20 日　省委书记、省人大常委会主任王东明到南充调研。

9 月 25 日　市人大常委会主任袁险峰专项督导南部脱贫攻坚工作。

9 月 25 日至 26 日　市人大常委会副主任徐远火调研科技创新平台建设情况。

9 月 27 日　市六届人大常委会主任会议听取实施“155 发展战略”城市建设板块重大建设项目实施情况报告、科技创新平台建设情况报告等事项。

9 月 28 日　市委书记宋朝华调研市人大常委会工作。

10 月 16 日　市六届人大常委会主任会议审议《南充市人民政府关于审议南充市“印象嘉陵江”上中坝和清泉坝湿地保护工程 PPP 项目实施方案等文件的报告》。

是日　市人大常委会副主任杜永龙组织相关人员专题研究“助推项目建设”板块工作。

10 月 19 日　市人大常委会副主任陈圣伦到嘉陵区双桂镇调研茶桑基地建设情况。

10 月 24 日　市六届人大常委会主任会议讨论市人大常委会工作评议调查小组关于对市民政局、市交通运输局工作评议调查情况报告，市辖 3 区城区基础教育发展情况专题询问议题的方案（草案）等事项。

是日　市人大常委会主任袁险峰到南充高级中学嘉陵校区、嘉陵区思源学校、高坪中学、江东实验小学、五星小学新城校区、实验幼儿园、白土坝幼儿园调研基础教育发展情况。

10月25日至26日　市六届人大常委会举行第六次会议。会议传达中共第十九次全国代表大会精神；传达省十二届人大常委会三十六次会议精神；听取和审议城市总体规划实施情况报告、2017年市级财政预算调整方案（草案）及全市地方政府债务限额情况报告、2017年市级财政预算调整方案（草案）及全市地方政府债务限额情况的审查报告；通过批准2017年市级财政预算调整方案决议、2017年地方政府债务限额决议；听取和审议市民政局、市交通运输局工作情况报告，对市民政局、市交通运输局工作进行满意度测评。听取和审议通过召开市六届人大二次会议的决定。举行联组会，听取审议市辖3区城区基础教育发展情况报告，并进行专题询问。

10月27日　市人大常委会副主任杜永龙专项视察阆中市构溪河国家湿地公园保护工作。

11月6日　市人大常委会主任袁险峰带领部分市人大常委会组成人员、省市人大代表到嘉陵视察南充重点项目建设推进情况。

11月6日至7日　市人大常委会副主任陈圣伦到高坪、南部专项视察重点项目建设推进情况。

11月7日　市人大常委会主任袁险峰到高坪区御史乡杉树沟村宣讲党的十九大精神、调研帮扶工作。

是日　市人大常委会副主任熊建春到西充县多扶镇视察太极集团生物医药谷建设推进情况。

11月9日　《南充市城镇环境卫生管理条例》宣传施行工作座谈会召开。

11月9日至10日　市人大常委会副主任熊建春到仪陇视察朱德故里AAAAA级景区提升工程建设推进情况。

11月9日至10日　市人大常委会副主任杜永龙到营山、蓬安视察“项目攻坚”重点项目建设推进情况。

11月14日　市人大常委会副主任徐远火到城区部分中等职业教育学校调研。

11月15日　省人大常委会副主任黄彦蓉到南充调研农业产业化建设。

11月23日　市六届人大常委会主任会议听取现代农业千亿产业集群建设情况报告。

11月29日　市人大常委会副主任陈圣伦视察“双创”平台建设和残疾人工作。

12月1日　《南充市城镇环境卫生管理条例》施行启动仪式在南充市北湖公园广场举行。

12月4日　市人大常委会主任袁险峰到南部开展学习宣传贯彻党的十九大精神，抓好当前有关工作专项督导。

是日　市人大常委会党组中心学习组（扩大）会议邀请市政协原副主席、西华师大教授康大寿讲授《新时代中国共产党人的“不忘初心”与“责任担当”》专题党课。市人大常委会党组书记、主任袁险峰主持专题宣讲会。

12月8日　市人大常委会主任袁险峰专题调研市人民检察院工作。

12月13日　市人大常委会副主任陈圣伦专题听取嘉陵江（南充段）旅游专项规划情况。

12月14日　市人大常委会组织部分省、市人大代表对全市中小企业发展情况进行视察。省人大代表、省政协原副主席曾清华，省人大常委会委员、市人大常委会主任袁险峰参加视察。

12月21日　市六届人大常委会主任会议讨论《关于嘉陵江综合开发保护的议案》办理落实情况审议结果的报告，市六届人大一次会议代表建议、批评和意见处理情况的报告等事项。

12月22日　市六届人大常委会第七次会议举行。会议传达中共四川省第十一届委员会第二次全体会议精神；传达省十二届人大常委会三十七次会议精神；听取审议工业园区重大项目推进情况报告，嘉陵江（南充段）旅游专项规划情况报告，环境状况和环境保护目标完成情况报告，2016年市级预算执行和其他财政收支审计查出问题整改情况报告，市六届人大一次会议代表建议、批评和意见办理情况报告，市六届人大一次会议代表建议、批评和意见处理情况报告，《关于嘉陵江（南充段）综合保护开发的议案》办理落实情况审议结果报告，市六届人大代表资格审查报告；讨论市六届人大二次会议有关草案，提交市六届人大二次会议审议通过。

12 月 27 日至 29 日　市六届人大二次会议召开。大会选举南充市出席省十三届人民代表大会代表 57 名；选举伍定为南充市监察委员会主任。

2018 年

1 月 2 日　市人大常委会党组（扩大）会议召开。市人大常委会党组书记、主任袁险峰主持会议。党组副书记、副主任徐远火，党组成员、副主任熊建春、陈圣伦、杜永龙，党组成员、秘书长冉中华出席会议。至 12 月，共召开党组（扩大）会议 12 次。

是日　市六届人大常委会主任会议讨论决定市六届人大常委会八次会议召开时间、建议议程、日程等事项。

是日　市人大常委会副主任熊建春暗访督查长滩河（福星乡）水葫芦打捞情况、南部县永定镇久全牛肉厂排污情况。

是日　市六届人大常委会八次会议举行，会议审议通过人事任免事项。

1 月 3 日至 4 日　市人大常委会副主任陈圣伦到南部视察乡村旅游扶贫工作。

1 月 16 日　市六届人大会常委会主任会议讨论 2018 年立法计划（草案）、工业园区重大项目推进情况报告的审议意见（草案）、嘉陵江（南充段）旅游专项规划情况报告的审议意见（草案）；听取《四川省农村扶贫开发条例》执法检查情况报告的审议意见研究处理情况的督办报告，市人大各专委会、常委会各办事工作机构 2017 年工作总结及 2018 年工作要点。

2 月 5 日　市人大常委会党组民主生活会召开。市人大常委会党组书记、主任袁险峰主持会议。

2 月 6 日　市人大常委会机关干部职工观看《再访三场攻坚战》专题片，开展年度述职和测评。

是日　市人大常委会主任袁险峰到南部部分乡镇、社区及联系贫困村开展春节慰问。

2 月 7 日　市六届人大常委会主任会议讨论市人大常委会工作报告（草案），市人大常委会 2018 年工作要点（草案），召开市六届人大三次会议决定（草案），市六届人大三次会议的议程（草案）、工作日程（草案）、有关名单（草案）；讨论并决定市六届人大常委会九次会议召开时间、建议议程以及日程安排。

是日　市人大常委会党组会议召开。市人大常委会党组书记、主任袁险峰主持会议。党组副书记、副主任徐远火，党组成员、副主任熊建春、陈圣伦、杜永龙，党组成员、秘书长冉中华出席会议。至 12 月，共召开党组会议 12 次。

2 月 8 日　市六届人大常委会第九次会议举行。会议书面传达省两会精神、省十二届人大常委会三十八次会议和省十三届人大常委会一次会议精神；审议通过市人大常委会工作报告、市人大常委会 2018 年工作要点、召开市六届人大三次会议决定；听取和审议个别市人大代表资格审查报告；审议通过市六届人大三次会议议程、有关名单。

2 月 12 日　市人大常委会主任袁险峰到高坪看望慰问部分省市人大代表，联系贫困村困难群众，调研青松林海养护工作。

2 月 25 日至 27 日　市六届人大三次会议召开。大会听取和审查市人民政府工作报告、市计划报告（书面）、市财政预算报告（书面）、市人大常委会工作报告、市中级人民法院工作报告、市人民检察院工作报告，通过各项工作报告决议。

3 月 12 日　市人大常委会主任袁险峰参加“大规模绿化南充 2018 年春季行动暨义务植树活动”。

3 月 13 日　全市人大民宗外侨旅游工作会议召开。

是日　南充市丝纺服装产业招商推进会召开。

3 月 16 日　市人大常委会副主任熊建春到顺庆调研城市道路交通管理工作。

3 月 19 日　市人大常委会主任袁险峰、副主任熊建春率部分省、市人大代表到市中级人民法院视察。

是日　市人大常委会副主任徐远火到嘉陵调研餐厨废弃物资源化利用和无害化处理项目建设推进工作。

3 月 20 日　市人大农业与农村工作座谈会召开。

3 月 20 日至 21 日　市人大常委会党组书记、主任袁险峰到南部县督导学习宣传贯彻习近平总书记到四川视察重要讲话精神、项目建设和环境保护工作。

3 月 22 日　市六届人大常委会主任会议学习习近平总书记在党的十九届三中全会上的报告和讲话精神，习近平总书记在中央政治局第四次集体学习时的重要讲话精神；学习市委印发的《关于坚决维护党中央集中统一领导的规定》；传达学习全国两会精神；讨论决定将《南充市嘉陵江流域生态环境保护条例（草案）》议案列入下次常委会会议议程；听取市六届人大三次会议代表建议、批评和意见的处理意见，确定重点督办件；听取市民政局、市交通运输局对市人大常委会工作评议意见整改落实情况报告；讨论关于加强城区道路交通管理的决定（草案）、检查《中华人民共和国水土保持法》实施情况方案（草案）；讨论决定市六届人大常委会十次会议召开时间、建议议程、日程安排。

3 月 26 日至 28 日　全市人大城乡建设环境资源保护工作座谈会召开。

3 月 28 日　市人大常委会副主任熊建春到西充宣讲习近平总书记到四川视察重要讲话精神，督导项目建设推进和环境保护工作。

4 月 2 日　市六届人大常委会第十次会议举行。会议传达全国“两会”精神；传达省十三届人大常委会二次会议精神；听取审议《南充市嘉陵江流域生态环境保护条例（草案）》议案、《四川省农村扶贫开发条例》执法检查报告审议意见研究处理情况报告、2017 年规范性文件备案审查工作情况报告；审议通过《南充市人大常委会关于加强南充市市辖城区道路交通管理的决定》；举办《中华人民共和国水土保持法》法制讲座。

4 月 8 日　市人大常委会副主任徐远火组织召开市辖 3 区城区基础教育发展情况审议意见督办座谈会和现代职业教育体系建设座谈会。

4 月 9 日至 10 日　市人大常委会副主任杜永龙到西充、蓬安调研基本建设项目预算安排情况。

4 月 20 日　全市人大常委会办公室工作座谈会召开。

4 月 24 日　市人大常委会副主任徐远火到顺庆、嘉陵、西充视察全市重大交通项目推进情况。

4 月 25 日　市六届人大常委会主任会议听取 2018 年市级项目资金计划情况报告、医疗基础设施建设情况报告、市六届人大三次会议主席团交付内司委审议的议案办理意见；讨论《中共南充市委关于落实健全人大讨论决定重大事项制度、各级政府重大决策出台前向本级人大报告的实施意见（代拟稿)》、市人大常委会工作评议方案等。

4 月 27 日　2018 年立法工作会议召开。市人大常委会主任袁险峰，市委常委、常务副市长潘国华参加会议。会议宣读《南充市人大常委会办公室关于聘请马波等为市六届人大常委会立法咨询专家的通知》《南充市人大常委会办公室关于确定顺庆区舞凤街道办事处等为市六届人大常委会基层立法联系点的通知》，向 14 个基层立法联系点授牌，向 25 位立法咨询专家颁发聘书。

是日　全市人大教科文卫工作座谈会召开。

4 月至 5 月　市人大常委会组织开展《中华人民共和国水土保持法》执法检查。

5 月 2 日　市人大常委会机关专题传达省委书记彭清华在全省市厅级主要领导干部学习贯彻习近平新时代中国特色社会主义思想和习近平总书记对四川工作重要指示精神读书班上的讲话精神、市委书记宋朝华在全市县处级主要领导干部学习贯彻习近平新时代中国特色社会主义思想和习近平总书记对四川工作重要指示精神读书班上讲话精神。

5 月 7 日　市人大常委会副主任熊建春到市公安局督办城市道路交通管理工作审议意见落实情况。

是日　市人大常委会副主任陈圣伦到嘉陵区曲水河沿线世阳镇、一立镇、龙蟠镇督查河长制工作。

5 月 9 日至 11 日　市人大常委会邀请省内知名专家、学者、古保工作者到阆中研讨《四川省阆中古城保护条例》修订工作。省人大常委会委员、南充市人大常委会主任袁险峰，省人大常委会委员、广安市人大常委会主任余仪，省人大常委会委员、自贡市人大常委会主任谭豹，南充市人大常委会副主任熊建春、杜永龙参加。

5 月 14 日至 18 日　市人大常委会副主任徐远火到西充、阆中和驻市高校、科研院所调研科技成果转化工作，并到德阳、眉山两市考察学习科技成果转化工作经验。

5 月 14 日至 21 日　市人大常委会主任袁险峰带队到湖南省湘西土家族苗族自治州，云南省楚雄彝族自治州、丽江市，山西省平遥县考察学习古城保护立法工作。

5 月 15 日　市人大常委会副主任陈圣伦到蓬安视察农业供给侧结构性改革工作。

5 月 16 日　市人大常委会举行第 26 届南充人大新闻奖评审会。

5 月 22 日　市六届人大常委会主任会议听取科技成果转化工作情况报告、城市道路交通管理工作情况报告审议意见研究处理情况的督办报告、农村产权制度改革工作情况报告审议意见研究处理情况的督办报告；讨论检查《中华人民共和国水土保持法》实施情况报告（草案）、表彰 2017 年优秀市人大代表的通报（草案）。

5 月 23 日至 24 日　市人大常委会副主任陈圣伦到顺庆、高坪、嘉陵、仪陇、阆中等县（市、区），对南充城市山体保护进行前期立法调研和可行性论证。

6 月 6 日　市人大常委会党组中心组（扩大）会议开展“大学习、大讨论、大调研”专题活动。市人大常委会党组书记、主任袁险峰主持。市人大常委会党组成员分别结合各自联系和分管工作开展“大学习、大讨论、大调研”情况进行交流和讨论，并就进一步开展好“大学习、大讨论、大调研”工作交流规划和打算。

是日　市六届人大常委会主任会议传达全国、省两级人大常委会负责人学习班精神；讨论决定市六届人大常委会十一次会议召开时间、建议议程、日程安排以及其他事项。

是日　市六届人大常委会十一次会议举行。会议传达省十三届人大常委会四次会议精神；听取和审议个别代表资格审查情况报告。

6 月 8 日　市人大常委会召开工作评议动员会，安排部署对市经济和信息化委员会评议工作。市人大常委会主任袁险峰参加会议并作动员讲话。

6月20日　市人大常委会召开南充城市规划专题汇报会。

6月27日　市六届人大常委会主任会议讨论决定将《南充市城市道路车辆通行管理条例（草案）》议案列入常委会会议议程；听取市人大常委会机关关于“三大行动”和“两项调研”工作的进展情况；讨论决定召开市六届人大常委会十二次会议的时间、建议议程、日程安排以及其他事项。

6月28日　市人大常委会主任袁险峰到高坪区走马乡洪家堰村顺城盐化新厂址调研企业整体搬迁技改项目建设推进情况。

6月29日　市六届人大常委会第十二次会议举行。会议审议《南充市嘉陵江流域生态环境保护条例（草案）》《南充市城市道路车辆通行管理条例（草案）》；听取和审议全市脱贫攻坚情况报告、城市公交发展情况报告、城市道路交通管理工作情况报告审议意见研究处理情况报告、农村产权制度改革情况报告审议意见研究处理情况报告、检查《中华人民共和国水土保持法》实施情况报告；审议并通过市六届人大个别代表的代表资格审查报告。

7月3日　市人大常委会主任袁险峰到扶贫联系点南部县谢河镇射洪庙村走访慰问老党员和困难党员。

7月3日至6日　市人大常委会法工委在黑龙江大学举办地方立法专题培训班。

7月4日　市人大常委会副主任陈圣伦带队专项视察高坪区中法农业科技园。

7月10日　全市人大城环资委环保监督工作座谈会召开。

7月17日　市人大常委会副主任熊建春到市人民检察院调研公益诉讼工作。

7月18日　市六届人大常委会主任会议听取旅游扶贫工作情况报告、社会治安管理工作情况报告、工业园区重大项目推进情况报告审议意见研究处理情况的督办报告、嘉陵江旅游专项规划情况报告审议意见研究处理情况的督办报告；讨论城市公交发展情况报告的审议意见（草案）、检查《中华人民共和国水土保持法》实施情况报告的审议意见（草案）、检查《中华人民共和国水污染防治法》实施情况的方案（草案）、专题询问嘉陵江及支流水环境保护工作的方案（草案）。

7月24日　市人大常委会机关举行学习贯彻省委十一届三次全会精神宣讲报告会。

是日　市人大常委会机关全体干部集中收看警示教育片《荣辱两重天——熊晓平、钟长鸣违纪违法案件警示录》。

7月31日　市人大常委会主任袁险峰组织开展《南充市城市道路车辆通行管理条例（草案）》专题立法调研和座谈。

8月20日　市人大常委会副主任徐远火到顺庆、高坪、嘉陵部分中小学校、幼儿园集中视察城区基础教育规划实施情况。

8月21日　市六届人大常委会主任会议听取市辖3区城区基础教育发展情况报告审议意见研究处理情况的督办报告；讨论对市经济和信息化委员会工作评议调查情况报告、全市工业园区发展情况调研报告（草案）、2018年组成人员暨县（市、区）人大常委会主任学习会方案（草案）；听取市人大常委会党组成员、市人大各专委会、常委会各办事工作机构调研成果报告。

是日　市人大常委会副主任陈圣伦到高坪视察现代农业千亿产业集群建设工作。

8月23日　市六届人大常委会主任会议讨论暂不将《南充市嘉陵江流域生态环境保护条例（草案）》提请常委会会议表决；讨论将《南充市人大常委会关于批准南充市2017年市级财政决算的决议（草案）》提请常委会会议表决。

8月23日至24日　市六届人大常委会第十三次会议举行。会议传达省十三届人大常委会五次会议精神、市委六届八次全会精神；听取和审议《南充市嘉陵江流域生态环境保护条例（草案）》审议结果的报告、《南充市城市道路车辆管理通行条例（草案）》修改情况和主要问题的报告、2018年1月至6月国民经济和社会发展计划执行情况的报告、2017年财政决算和2018年1月至6月财政预算执行情况的报告、2017年财政决算的审查报告、2017年市本级财政预算执行和其他财政收支的审计工作报告、现代农业千亿产业集群建设情况报告、市辖3区城区基础教育发展情况报告审议意见研究处理情况的报告、工业园区重大项目推进情况报告审议意见研究处理情况的报告、嘉陵江旅游专项规划情况报告审议意见研究处理情况的报告、市经济信息化委工作情况报告、对市经济信息化委工作评议调查情况报告、监察体制改革工作情况报告、市第六届人大个别代表的代表资格审查报告（草案）；通过《南充市人大常委会关于批准南充市2017年度财政决算的决议》；会议对市辖3区城区基础教育发展情况报告审议意见研究处理情况、工业园区重大项目推进情况报告审议意见研究处理情况、嘉陵江旅游专项规划情况报告审议意见研究处理情况和市经济和信息化委员会工作情况进行满意度测评。会议邀请四川大学法学院院长左卫民作《监察体制改革和监察立法解读》专题法制讲座。

8月28日　全市优秀人大代表履职交流暨全市人大人事代表工作座谈会召开。会议表彰19名脱贫攻坚再行动优秀代表、21名议案建议撰写优秀代表、11名优秀代表小组组长（副组长）。

9月3至7日　市人大常委会副主任陈圣伦到湖北省十堰市、恩施州等地考察学习城市山体保护及其立法工作。

9月5日至6日　市人大常委会副主任熊建春到顺庆、仪陇调研指导公益诉讼工作。

9月10日　市六届人大常委会主任会议听取人事任命有关情况报告，讨论决定市六届人大常委会十四次会议召开时间、建议议程和日程安排等事项。

是日　市六届人大常委会第十四次会议举行。会议听取和审议相关人事任命议案，通过拟任命人员的人事任免事项。

9月11日至13日　市人大常委会组成人员暨县（市、区）人大常委会主任学习会举行。市委书记宋朝华出席开班仪式并发表重要讲话。市人大常委会主任袁险峰，副主任熊建春、陈圣伦、杜永龙，秘书长冉中华，市人大常委会全体组成人员，各县（市、区）人大常委会班子成员，市人大常委会机关科级以上干部，县（市、区）人大各专委会、常委会各办事工作机构主要负责人参加学习会。

9月12日　市人大常委会主任袁险峰到阆中专题调研阆中市“十件大事”落实情况。

9月17日　市六届人大常委会主任会议听取许可对个别人大代表采取刑事强制措施情况报告，讨论决定市六届人大常委会十五次会议召开时间、建议议程和日程安排。

是日　市六届人大常委会第十五次会议举行。会议听取和审议并通过阆中市公安局提请许可对个别市人大代表采取刑事强制措施情况报告。

是月　市人大常委会调研组对全市“1+9”工业园区发展情况进行实地调查，形成《全市工业园区发展情况调研报告》。

9月至10月　市人大常委会组织开展《中华人民共和国水污染防治法》执法检查。

10月11日　市六届人大常委会第三十四次主任会议举行。会议听取中省环保督查反馈问题整改落实情况报告、食品药品安全监管工作情况报告、代表履职绩效评价工作情况报告；讨论市经济信息化委工作评议意见（草案）、升钟湖保护决定（草案）、对嘉陵江及支流水环境保护工作情况专题询问议题的方案（草案）、深入开展“四讲四有”人大常委会机关建设实施方案（草案）；讨论决定召开市六届人大常委会十六次会议时间、建议议程、日程安排以及其他事项。

10月11日至12日　全市人大内务司法工作会议召开。

10月15日　市人大常委会组织近100名市（区）人大代表集中视察市辖3区“摆顺扫干净不拥堵”专项行动。

10月16日　市人大常委会副主任陈圣伦到顺庆、高坪、嘉陵视察3区旅游环线开发建设情况。

10月30日　市六届人大常委会主任会议讨论将《南充市城市道路车辆通行管理条例（草案三审稿）》《南充市人大常委会关于批准南充市“十三五”规划〈纲要〉部分指标调整的决议（草案）》《南充市人大常委会关于批准南充市2018年市本级财政预算调整方案的决议（草案）》《南充市人大常委会关于批准南充市地方政府债务限额的决议（草案）》《南充市人大常委会关于升钟湖保护的决定（草案）》《南充市人大常委会关于被任命人员述职测评试行办法（草案）》《南充市人民代表大会代表履职评价试行办法（草案）》提请常委会会议表决等事项。

10月30日至31日　市六届人大常委会第十六次会议举行。会议传达全国人大常委会委员长栗战书在深入学习贯彻习近平总书记关于坚持和完善人民代表大会制度的重要思想交流会上的讲话精神；传达省十三届人大常委会六次会议精神；听取和审议《南充市城市道路车辆通行管理条例（草案）》审议结果报告、“十三五”规划纲要中期评估情况报告、南充市“十三五”规划纲要中期评估情况审查报告、2018年市本级财政预算调整方案（草案）及全市地方政府债务限额情况报告、2018年市本级财政预算调整方案（草案）及全市地方政府债务限额情况的审查报告、本届政府债务举借和偿还计划报告、城市总体规划实施情况报告、市辖3区旅游环线开发建设情况报告、执行工作情况报告、公益诉讼工作情况报告、《南充市人大常委会关于升钟湖保护的决定（草案）》说明、《南充市人大常委会关于被任命人员述职测评暂行办法（草案）》说明、《南充市人民代表大会代表履职评价暂行办法（草案）》说明。开展嘉陵江及支流环境保护工作专题询问；通过《南充市城市道路车辆通行管理条例》《南充市人大常委会关于“十三五”规划纲要部分指标调整的决议》《南充市人大常委会关于批准南充市2018年市本级财政预算调整方案的决议》《南充市人大常委会关于批准南充市地方政府债务限额的决议》《南充市人大常委会关于升钟湖保护的决定》《南充市人大常委会关于被任命人员述职测评暂行办法》《南充市人民代表大会代表履职评价暂行办法》。举办《中华人民共和国宪法》专题讲座。

10月31日　市人大常委会开展嘉陵江及支流水环境保护工作专题询问。市人大常委会主任袁险峰主持会议，副主任徐远火、熊建春、陈圣伦、杜永龙，秘书长冉中华和常委会组成人员共26人出席，7名市人大常委会组成人员提出询问。副市长沈一凡作关于嘉陵江及支流水环境保护工作情况的报告，并就组成人员询问相关问题提出整改意见。

11月13日　市人大常委会副主任陈圣伦到西充专题督查调研西充县“10件大事”推进情况。

11月22日　市六届人大常委会主任会议讨论检查《中华人民共和国水污染防治法》实施情况报告（草案）、市辖3区旅游环线开发建设情况报告审议意见（草案）、执行工作情况报告审议意见（草案）、公益诉讼工作情况报告审议意见（草案）、嘉陵江及支流水环境保护工作情况报告审议意见（草案）、2019年立法工作计划（草案）、市六届人大四次会议筹备工作方案（草案）。

11月26日至27日　全市人大新闻宣传工作会议召开。

11月29日　市人大常委会主任袁险峰专题听取南部县谢河镇射洪庙村精准脱贫工作情况汇报。

12月7日　省十三届人大常委会八次会议审议批准《南充市城市道路车辆通行管理条例》，《条例》于2019年3月1日起施行。

12 月 12 日　市人大常委会副主任陈圣伦调研南充贯彻实施《四川省气象灾害防御条例》情况。

12 月 12 日至 13 日　市人大常委会组织 40 余名驻南充全国人大代表、省人大代表和市人大代表视察滨江路亮化工程、川东北金融中心、城市道路改扩建项目、上中坝生态湿地保护工程、中法农业科技园等重点项目建设情况，听取 2018 年全市经济社会发展、民生改善等情况汇报。

12 月 14 日　市人大常委会组织召开南充市“100 件大事”部分项目规划汇报会议。会议听取“印象嘉陵江”上中坝生态湿地保护、城市中央森林公园建设、北湖片区改造提升、嘉陵江将军路大桥建设工程等“三园一桥”规划有关情况汇报。

12 月 18 日　全市人大教科文卫 2018 年度工作交流会召开。

是日　市人大常委会副主任陈圣伦到高坪区凌云山风景区、西充县圭峰禅院视察宗教场所规范化管理工作，并督查宗教场所相关问题整治情况。

12 月 19 日　市人大常委会副主任陈圣伦到朱德故里视察 AAAAA 级景区提升情况。

12 月 24 日　市六届人大常委会主任会议讨论《关于加大力度整治南充城区交通秩序的议案》办理落实情况审议结果报告（草案），《关于加快建设嘉陵江流域（南充段）绿色生态走廊的议案》办理落实情况审议结果报告（草案），市六届人大三次会议代表建议、批评和意见处理情况报告（草案），市六届人大三次会议重点督办建议办理情况报告（草案），确定市人大常委会任命人员 2018 年度述职测评对象报告，接受个别代表辞去省十三届人大代表职务的决定（草案），提请审议补选省十三届人民代表大会代表的议案（草案），市人大常委会预算审查专家库管理办法（草案）；听取市人大各专门委员会、常委会各办事工作机构 2018 年度工作总结和 2019 年度工作打算，讨论召开市六届人民代表大会第四次会议决定（草案）；讨论并决定召开市六届人大常委会十七次会议时间、建议议程和日程安排。

12 月 26 日至 27 日　市六届人大常委会第十七次会议举行。会议传达省委十一届四次全会精神、省十三届人大常委会八次会议精神；听取和审议检查《中华人民共和国水污染防治法》实施情况报告，2017 年度市级预算执行和其他财政收支审计查出问题整改情况报告，2017 年度市级预算执行和其他财政收支审计查出问题整改情况报告，市级预算绩效管理推进情况报告，市人大常委会部分任命人员 2018 年度履职情况报告，环境状况和环境保护目标完成情况报告，市六届人大三次会议代表建议、批评和意见办理情况报告，市六届人大三次会议代表建议、批评和意见处理情况报告，市六届人大三次会议重点督办建议办理情况报告，《关于加强市辖城区交通管理的议案》办理落实情况审议结果报告，《关于加快建设嘉陵江流域（南充段）绿色生态走廊的议案》办理落实情况审议结果报告，接受个别代表辞去省十三届人民代表大会代表职务的决定（草案）及说明，提请审议补选省十三届人民代表大会代表的议案（草案）及说明，召开市六届人大四次会议的决定（草案）的说明。会议通过议案办理落实情况审议结果报告；通过《南充市人大常委会关于召开市六届人民代表大会第四次会议的决定》《南充市人大常委会关于接受个别代表辞去四川省第十三届人民代表大会代表职务的决定》；补选省十三届人民代表大会代表；会议对市级相关部门 2017 年度市级预算执行和其他财政收支审计查出问题整改情况、市人大常委会部分人员 2018 年度履职情况和市六届三次会议重点督办建议办理情况进行满意度测评。

12 月 27 日　市人大常委会组织 90 余位人大代表集中视察市辖 3 区开展的“摆顺扫干净不拥堵”专项行动。

12 月 28 日　市人大常委会主任袁险峰到阆中督导阆中市“10 件大事”推进情况。

2019 年

1 月 8 日　市人大常委会机关传达贯彻市委六届九次全会、经济工作会和项目拉练会精神。市人大常委会主任袁险峰主持会议并讲话。

1 月 15 日　市人大常委会召开南充市北部新城搬罾、荆溪片区控规及核心区城市设计规划和南充文化馆室内概念设计汇报会议。

1 月 22 日　市人大常委会党组（扩大）会议召开，市人大常委会党组书记、主任袁险峰主持会议。党组副书记、副主任徐远火，党组成员、副主任熊建春、陈圣伦、杜永龙，党组成员、秘书长冉中华出席会议。至 12 月，共召开党组（扩大）会 14 次。

是日　市六届人大常委会主任会议讨论检查《中华人民共和国水污染防治法》实施情况报告审议意见（草案），延期召开市六届人大四次会议决定（草案），市六届人大常委会十八次会议召开时间、建议议程、日程安排。

是日　市六届人大常委会十八次会议举行。会议传达省十三届人大二次会议、省政协十二届二次会议、省十三届人大常委会九次会议和市委六届九次全会暨市委经济工作会议、项目现场拉练会精神，审议市六届人大个别代表的代表资格审查报告。

1 月 24 日　市人大常委会主任袁险峰到南部县南隆镇老君山村、改漕村，谢河镇射洪庙村、六家井村等地开展春节前走访慰问活动。

1 月 28 日　市人大常委会党组召开民主生活会。市人大常委会党组书记、主任袁险峰主持会议。党组副书记、副主任徐远火，党组成员、副主任熊建春、陈圣伦、杜永龙，党组成员、秘书长冉中华出席会议。市委副书记古正举到会指导。

是日　市人大常委会党组会议召开。市人大常委会党组书记、主任袁险峰主持会议。党组副书记、副主任徐远火，党组成员、副主任熊建春、陈圣伦、杜永龙，党组成员、秘书长冉中华出席会议。至 12 月，共召开党组会 16 次。

是日　市六届人大常委会主任会议讨论人事任免议案（草案），听取人事任免情况说明，讨论市六届人大常委会十九次会议召开时间、建议议程、日程安排。

是日　市六届人大常委会十九次会议举行。会议审议通过人事任免事项。

2 月 26 日　市人大常委会机关警示教育暨干部职工大会举行。会议收看廉政警示教育片，传达学习省委读书班暨警示教育专题班和市委常委（扩大）会议精神。

3 月 1 日　《南充市城市道路车辆通行管理条例》施行启动仪式在市西山广场举行。市人大常委会主任袁险峰，副主任徐远火，市政府副市长、市公安局局长刘作鸿参加启动仪式。

是日　市人大常委会 2019 年立法工作会议召开。市人大常委会主任袁险峰出席会议并讲话。会上，市人大常委会副主任徐远火安排部署 2019 年立法工作。市政府副市长、市公安局局长刘作鸿参加会议并讲话。

3 月 5 日　市六届人大常委会主任会议讨论并决定市六届人大四次会议召开时间。会议听取市六届人大四次会议各筹备组筹备工作情况汇报，讨论市六届人大四次会议筹备组人员分工调整建议方案（草案），会议通报 2018 年度市人大代表履职评价情况。

是日　市六届人大四次会议筹备工作联席会议召开，市人大常委会主任袁险峰通报市六届人大四次会议指导思想和建议议程、会议筹备工作、人员安排和职责分工等相关情况，研究会议筹备工作有关事宜。

3月14日　市六届人大常委会主任会议传达省委书记、省人大常委会党组书记、主任彭清华看望省人大常委会机关干部职工时的讲话精神，讨论市人大常委会2019年工作要点（草案）、市人大常委会工作报告（草案）、市六届人大四次会议议程（草案）、市六届人大四次会议工作日程（草案），听取市人大常委会人事任免有关情况报告、市六届人大增设社会建设委员会和内务司法委员会更名为监察和司法委员会的议案（草案）的情况报告，讨论市六届人大四次会议相关议程（草案），讨论并决定市六届人大常委会二十次会议召开时间、建议议程、日程安排。

是日　市六届人大常委会第二十次会议举行。会议审议通过市人大常委会2019年工作要点；审议市人大常委会工作报告（草案），决定提请市六届人大四次会议审查；审议市六届人大四次会议议程（草案），决定提请市六届人大四次会议预备会议通过；审议市六届人大四次会议主席团和秘书长名单（草案），决定提请市六届人大四次会议预备会议通过；审议通过市六届人大四次会议列席人员名单；审议市六届人大增设社会建设委员会及内务司法委员会更名为监察和司法委员会的议案（草案），决定提请市六届人大四次会议审议；听取和审议市六届人大个别代表资格的审查报告；审议市公安局提请的许可对个别市人大代表采取强制措施情况报告。

3月19日　出席市六届人大四次会议代表视察“印象嘉陵江”湿地公园、黄金江岸项目、凤垭山孝心台夜景、城市夜景、江东音乐喷泉等多个重点城建项目，实地感受南充发生的喜人变化。

3月20日至22日　市六届人大四次会议召开。大会听取和审查市人民政府工作报告、市计划报告（书面）、市财政预算报告（书面）、市人大常委会工作报告、市中级人民法院工作报告、市人民检察院工作报告，通过各项工作报告决议；会议通过《关于增设南充市第六届人民代表大会社会建设委员会和内务司法委员会更名为监察和司法委员会的决定》。

4月9日　市委第二巡察组巡察市人大常委会机关动员会举行。

4月18日　全市人大农业农村工作会议在蓬安召开。

4月23日　市人大常委会主任袁险峰到顺庆、高坪、嘉陵城区部分街道对《南充市城市道路车辆通行管理条例》实施情况开展专题视察。

4月28日　市六届人大常委会主任会议传达全国人大常委会委员长栗战书在四川开展《中华人民共和国水污染防治法》执法检查期间有关讲话精神和省委书记、省人大常委会主任彭清华在座谈会上表态讲话精神；听取2019年度市级项目资金计划情况报告，市经济和信息化局工作评议意见整改落实情况报告，市六届人大四次会议主席团交付市人大财经委、市人大民宗外侨委审议议案办理意见，市六届人大四次会议代表建议、批评和意见的处理意见，确定重点督办件；讨论《南充市物业管理条例（草案）》、2019年度市人大代表履职评价积分细则（草案）、《中华人民共和国水法》执法检查实施方案（草案）、市人大常委会2019年度工作评议实施方案（草案）；讨论决定市六届人大常委会二十一次会议召开时间、建议议程、日程安排等。

4月29日　市六届人大常委会弟第二十一次会议举行。会议传达十三届全国人大二次会议、全国政协十三届二次会议、省十三届人大常委会十次会议和市六届人大四次会议、市政协六届三次会议精神；传达全国人大常委会委员长栗战书在四川开展《中华人民共和国水污染防治法》执法检查期间有关讲话精神和省委书记、省人大常委会主任彭清华在座谈会上的表态讲话精神；听取和审议《南充市物业管理条例（草案）》的审议意见的报告、2018 年度规范性文件备案审查工作情况报告。

5 月 14 日　全市人大民族宗教外事侨务暨商务经济合作工作座谈会召开。

5 月 22 日　全市人大信访工作座谈会在西充召开。

5 月 23 日　全市人大城乡建设环境资源保护工作座谈会在南部召开。

5 月 23 日至 24 日　全市人大教科文卫工作座谈会在西充召开。

5 月 28 日　市人大常委会主任袁险峰到顺庆专项视察未成年人保护和预防未成年人犯罪工作情况

5 月 31 日　市六届人大常委会主任会议听取农产品质量安全工作情况报告、民间传统文化传承与保护工作情况报告、《中华人民共和国水土保持法》执法检查情况报告审议意见研究处理情况的督办报告、城市公交发展情况报告审议意见研究处理情况的督办报告。

5 月至 6 月　市人大常委会检查《中华人民共和国水法》贯彻实施情况。

6 月 4 日　市人大常委会主任袁险峰到蓬安专项视察未成年人保护和预防未成年人犯罪工作。

6 月 20 日　省人大常委会副主任黄新初到南充调研人大工作。

6 月 25 日　市六届人大常委会主任会议传达“不忘初心、牢记使命”主题教育会议精神；讨论《南充市物业管理条例（草案）》、检查《中华人民共和国水法》实施情况报告（草案）。

6 月 26 日　市人大常委会召开未成年人保护和预防未成年人犯罪情况专项视察座谈会。

6 月 27 日　市六届人大常委会第二十二次会议举行。会议传达中央、省委、市委关于“不忘初心、牢记使命”主题教育有关会议精神、省十三届人大常委会十一次会议精神；听取和审议保税物流中心建设情况报告、《中华人民共和国水土保持法》执法检查情况报告审议意见研究处理情况报告、城市公交发展情况报告审议意见研究处理情况报告、检查《中华人民共和国水法》实施情况报告。

7 月 2 日　市人大常委会 2019 年工作评议动员会召开。市人大常委会主任袁险峰出席会议并作动员讲话。

7 月 3 日　市人大常委会主任袁险峰到南部县现场督导“两不愁三保障”回头看大排查工作，看望慰问贫困群众。

7 月 4 日至 5 日　全市人大财经工作座谈会在西充召开。

7 月 11 日　市人大常委会副主任陈兰伦到顺庆、南部、仪陇等地开展饮用水水源保护立法前期调研。

是日　市人大常委会副主任熊建春到阆中暗访督查长滩河环境保护工作。

7 月 17 日　市人大常委会主任袁险峰主持召开城市总规局部调整论证和项目规划设计征求意见会。

7 月 18 日至 19 日　全市人大社会建设工作会议召开。

7 月 19 日至 22 日　全市人大代表（二部）履职能力提升培训班在山东大学济南校区举办。

7 月 26 日　市六届人大常委会主任会议传达省委书记、省人大常委会主任彭清华在省人大常委会机关“不忘初心、牢记使命”主题教育专题党课会和省人大常委会组成人员学习会上重要讲话精神；讨论保税物流中心建设情况报告审议意见（草案）、检查《中华人民共和国水法》实施情况报告审议意见（草案）；听取法院执行工作情况报告审议意见研究处理情况的督办报告、公益诉讼工作情况报告审议意见研究处理情况的督办报告、嘉陵江及支流水环境保护工作报告审议意见研究处理情况的督办报告；讨论检查《南充市城镇环境卫生管理条例》实施情况方案（草案）、医保基金征收管理使用运行情况专题询问方案（草案）、加快推进保税物流中心（B 型）建设情况调研报告（草案）、未成年人保护和预防未成人犯罪工作专项视察情况报告（草案）、司法所规范化建设工作视察意见（草案）。

是日　市六届人大常委会二十三次会议举行。会议审议通过人事任免事项。

7 月 30 日　新修订的《四川省阆中古城保护条例》施行暨首个“阆中古城保护日”活动在阆中古城举行。市人大常委会主任袁险峰出席活动并宣布新修订的《四川省阆中古城保护条例》正式实施。

8 月 21 日　市六届人大常委会主任会议听取不动产交易登记工作情况报告、对外开放工作情况报告；讨论《南充市物业管理条例（草案二审稿）》；听取市人民检察院、市卫生健康委员会、市城市管理行政执法局工作评议调查情况报告。

8 月 23 日　市六届人大常委会第二十四次会议举行。会议传达省十三届人大常委会十二次会议、市委六届十次全会精神；听取和审议《南充市物业管理条例（草案二审稿）》、2019 年 1 月至 6 月国民经济和社会发展计划执行情况报告、2018 年度财政决算和 2019 年 1 月至 6 月财政预算执行情况报告、2018 年度市级财政预算执行和其他财政收支的审计工作报告、2018 年度财政决算审查报告；审议通过《南充市人大常委会关于批准南充市 2018 年市级财政决算的决议》；听取和审议企业国有资产管理及市属国有企业运营情况报告，市人民检察院、市卫生健康委员会、市城市管理行政执法局工作情况报告及市人大常委会评议调查小组对市人民检察院、市卫生健康委员会、市城市管理行政执法局工作评议调查情况报告，嘉陵江及支流水环境保护工作情况报告及审议意见研究处理情况报告、执行工作情况报告及审议意见研究处理情况报告、公益诉讼工作情况报告及审议意见研究处理情况报告。

9 月 9 日　在第 35 个教师节来临之际，市人大常委会主任袁险峰到川北医学院、高坪区江东初中向教师送去节日问候。

9 月 12 日　市人大常委会机关传达中央、省委、市委“不忘初心、牢记使命”主题教育工作会议精神，安排部署市人大常委会机关“不忘初心、牢记使命”主题教育工作。市人大常委会党组书记、主任袁险峰出席会议并作动员讲话。市委第八巡回指导组组长谢树果到会指导。

9 月 20 日　市人大常委会主任袁险峰到嘉陵调研“不忘初心、牢记使命”主题教育及人大代表履职、人大常委会机关建设、人大代表之家建设情况，市委常委、嘉陵区委书记廖伦志参加调研。

9 月 27 日　《南充市物业管理条例（草案）》立法专家论证会在高坪召开，听取省、市立法专家意见建议。市人大常委会主任袁险峰主持会议并讲话。

是日　由市人大常委会和市辖 3 区人大常委会联合举办的人大机关干部书画摄影作品展在南充市民健身中心展出。

9 月 29 日　市六届人大常委会主任会议传达学习纪念地方人大设立常委会 40 周年有关会议精神；听取工业发展资金管理使用情况报告、全市脱贫攻坚工作情况报告、南充市地方志工作情况报告；讨论《南充市物业管理条例（草案三审稿）》，讨论市人民检察院、市卫生健康委员会、市城市管理行政执法局工作评议意见（草案）；听取市辖 3 区旅游环线开发建设情况报告审议意见研究处理情况的督办报告、检查《中华人民共和国水污染防治法》实施情况报告审议意见研究处理情况的督办报告人事任命有关情况的报告；讨论市人大代表学习培训工作意见（草案）；讨论决定市六届人大常委会二十五次会议召开时间、建议议程、日程安排。

是日　市六届人大常委会二十五次会议举行。会议传达学习纪念地方人大设立常委会 40 周年有关会议、省十三届人大常委会十三次会议精神；审议通过《南充市人大常委会关于〈南充市人民政府关于南潼、南充过境（二绕东北段）和阆营 3 条高速公路项目投资人招投标文件核心条款的报告〉的决定》《南充市人大常委会关于〈南充市人民政府关于支持川北医学院建设发展事项的报告〉的决定》

《南充市人大常委会关于〈南充市人民政府关于支持西华师范大学建设发展事项的报告〉的决定》；审议《南充市物业管理条例（草案三审稿）》；对市人民检察院、市卫生健康委员会、市城市管理行政执法局工作评议满意度进行测评。

9月30日　市人大常委会离退休老领导参观庆祝中华人民共和国70华诞人大机关干部摄影书画展。

10月14日　市人大常委会"不忘初心、牢记使命"主题教育学习会、2019年组成人员暨县（市、区）人大常委会主任学习会、党组理论学习中心组学习会开班仪式在仪陇举行。

10月14日至15日　市人大常委会"不忘初心、牢记使命"主题教育学习会在仪陇举办专题讲座，会议邀请中共中央文献研究室原副秘书长兼办公厅主任高屹作《学习邓小平高瞻远瞩的战略思维》、中央党校宫力教授作《当前国际形势与中美经贸摩擦》主题讲座，市人大常委会党组书记、主任袁险峰作题为《深入学习贯彻习近平总书记关于坚持和完善人民代表大会制度的重要思想》的专题党课报告。

10月16日　市人大常委会"不忘初心、牢记使命"主题教育学习会在朱德故居纪念馆和张思德纪念馆开展革命传统教育，张思德学院副院长刘敏讲《从党史中吸取力量，积极践行为人民服务》专题党课。

10月17日　市人大常委会"不忘初心、牢记使命"主题教育学习会在仪陇组织观看"时代楷模"其美多吉先进事迹报告片，各县（市、区）人大常委会和部分常委会组成人员围绕《锻造"四讲四有"人大机关，推动人大工作创新发展》《充分发挥职能作用，助推文旅融合发展》《依法履职、多管齐下、全力助推精准脱贫攻坚战》等主题进行交流发言，市委第八巡回指导组组长谢树果到会指导。

是日　市人大常委会党组对照党章党规找差距专题会议在仪陇召开。市人大常委会党组书记、主任袁险峰主持会议并讲话。市人大常委会党组成员先后进行自我对照检查发言，相互指出存在的问题。

10月18日　市人大常委会"不忘初心、牢记使命"主题教育学习会总结大会在仪陇召开。市人大常委会党组书记、主任袁险峰出席会议并讲话。

10月21日　市六届人大常委会主任会议讨论《南充市物业管理条例（草案四审稿）》、检查《南充市城镇环境卫生管理条例》实施情况报告（草案）、全市医保资金使用情况专题询问问题方案（草案）、进一步做好市人大代表专业组活动意见（草案）、市人大代表专业组组成人员名册（草案）。

10月22日　市人大常委会机关党组班子对照党章党规找差距专题会议召开，市人大常委会机关党组书记、秘书长冉中华主持会议并带头作对照检视，市委第八巡回指导组组长谢树果到会指导。

10月30日　市六届人大常委会主任会议讨论《南充市人民代表大会常务委员会听取和审议专项工作报告办法（草案）》；听取人事任命有关情况报告；决定市六届人大常委会二十六次会议召开时间、建议议程、日程安排；讨论通过将《南充市物业管理条例（草案四审稿）》《南充市人大常委会关于批准南充市2019年市本级财政预算调整方案的决议（草案）》《南充市人大常委会关于批准南充市2019年地方政府债务限额的决议（草案）》《南充市人大常委会关于听取和审议专项工作报告办法（草案）》提请常委会会议表决。

是日　市六届人大常委会二十六次会议举行。会议学习习近平总书记在庆祝中华人民共和国成立70周年大会上讲话精神；审议通过《南充市物业管理条例》，报请省人大常委会批准；听取和审议扫黑除恶专项斗争工作情况报告，整治"三案"、彰显"三公"专项活动情况报告，2019年市本级财政预算调整方案（草案）及全市地方政府债务限额情况报告，2019年市本级财政预算调整方案（草案）

及全市地方政府债务限额情况的审查报告，国有资产管理及市级国有企业运营情况的报告，“100 件大事”推进情况报告，乡村产业振兴推进情况的报告，城市总体规划实施情况的报告，贯彻落实《南充市人大常委会关于升钟湖保护的决定》情况报告，检查《南充市城镇环境卫生管理条例》实施情况的报告，市辖 3 区旅游环线建设情况报告审议意见研究处理情况报告，检查《中华人民共和国水污染防治法》实施情况报告审议意见研究处理情况报告，《南充市人民代表大会常务委员会听取和审议专项工作报告办法（草案）》的起草说明；审议通过《南充市人大常委会关于批准南充市 2019 年市级财政预算调整方案的决议》《南充市人大常委会关于批准南充市 2019 年地方政府债务限额的决议》《南充市人民代表大会常务委员会听取和审议专项工作报告办法》。

11 月 12 日　市人大常委会党组理论学习中心组集中学习《中共中央关于坚持和完善中国特色社会主义制度、推进国家治理体系和治理能力现代化若干重大问题的决定》，并结合“不忘初心、牢记使命”主题教育，学习贯彻党的十九届四中全会精神作交流发言。

11 月 18 日　市人大常委会项目攻坚专项监督工作会议召开，市人大常委会主任袁险峰主持会议并讲话。

11 月 20 日　市六届人大常委会主任会议传达全省人大经济工作座谈会、全省人大备案审查工作暨信息平台启动培训会精神；听取康养产业发展情况、《宗教事务条例》贯彻落实情况的报告；讨论扫黑除恶工作情况报告的审议意见（草案）、乡村产业振兴推进情况报告的审议意见（草案）、检查《南充市城镇环境卫生管理条例》实施情况报告的审议意见（草案）、市六届人大五次会议筹备工作方案（草案）。

11 月 27 日　市人大常委会副主任陈圣伦调研《四川省农作物种子管理条例》贯彻实施情况。

12 月 2 日　市人大常委会主任袁险峰到高坪区会龙镇杉树沟村调研精准扶贫工作，向基层群众宣讲党的十九届四中全会精神。

12 月 9 日至 10 日，市人大常委会组织驻南充国、省人大代表和部分市人大代表视察南充经济社会发展情况。

12 月 11 日至 12 日　市人大常委会副主任徐远火带领近 20 家驻市媒体采访团到顺庆、蓬安开展南充环保世纪行新闻采访活动。

12 月 12 日　市人大常委会主任袁险峰带领路面交通视察组第一小组成员对《南充市城市道路车辆通行管理条例》核心条款贯彻实施情况进行专题视察。

12 月 16 日至 17 日　市人大教科文卫委全体会议暨全市人大教科文卫工作交流会在西充召开。

12 月 17 日　市六届人大常委会主任会议传达全省人大人事代表工作座谈会暨民生实事项目人大代表票决制试点工作现场交流会精神；讨论市人大常委会 2020 年立法计划（草案）、《关于促进我市民营经济加快发展的议案》办理落实情况审议结果的报告（草案）、《关于加快创建“中国蚕桑丝绸文化旅游名城”的议案》办理落实情况审议结果的报告（草案）、促进民营经济健康发展相关政策落实情况的调研报告（草案）、确定审计整改情况报告满意度测评单位的报告（草案）；讨论市六届人大四次会议代表建议、批评和意见处理情况的报告（草案）、确定市人大常委会任命人员 2019 年度述职测评对象的报告（草案）、市人大成立后突出贡献代表和 2018 年履职优秀市人大代表名单（草案）；讨论决定召开市六届人大常委会二十七次会议日期、建议议程、日程安排等。

12 月 20 日　全市人大人事代表工作会议在高坪召开。会议表彰市人大成立后有突出贡献代表 10 名和 2018 年履职优秀市人大代表 20 名，总结安排全市人大人事代表工作，嘉陵区人大常委会和部分获奖市人大代表作交流发言。

12 月 24 日　市六届人大常委会主任会议听取人事任免有关情况报告，讨论召开市六届人大五次会议决定（草案）。

12 月 24 日至 25 日　市六届人大常委会二十七次会议举行。会议传达党的十九届四中全会、省委十一届六次全会、省十三届人大常委会十四次会议、全省人大“四讲四有”建设经验交流会议、市委六届十一次全会精神，听取和审议 2018 年度市级预算执行和其他财政收支审计查出问题整改情况报告，市卫生健康委员会、市人民防空办公室、市房地产管理局、市医疗保障中心、市园林管理处、市食品药品检验所2018 年度市级预算执行和其他财政收支审计查出问题整改情况报告，2019 年度市级预算绩效管理工作情况报告，贯彻落实全市教育大会精神暨市辖 3 区城区基础教育发展情况的报告，环境状况和环境保护目标完成情况报告，市六届人大四次会议代表建议、批评和意见办理情况报告；听取和审议市六届人大四次会议代表建议、批评和意见处理情况的报告（书面），《关于促进我市民营经济加快发展的议案》办理落实情况审议结果的报告，《关于加快创建“中国蚕桑丝绸文化旅游名城”的议案》办理落实情况审议结果的报告；通过召开市六届人大五次会议决定；听取和审议全市医保基金征收管理使用情况的报告并进行专题询问；听取和审议市科学技术局、市农业农村局、市经济合作和外事局、市统计局主要负责人，市中级人民法院、市人民检察院负责人 2019 年述职情况报告，并进行满意度测评。

12 月 26 日　市人大常委会党组理论学习中心组学习会学习党的十九届四中全会、中央经济工作会议、中央农村工作会议、省委十一届六次全会、市委六届十一次全会精神。

12 月 30 日　市人大常委会机关市委巡察反馈意见整改工作部署会召开。

2020 年

1 月 6 日　市人大常委会主任袁险峰到南部走访慰问人大代表和基层群众。

1 月 8 日　市六届人大常委会主任会议讨论贯彻落实全市教育大会精神暨市辖 3 区城区基础教育发展情况报告的审议意见（草案）、医保基金征收管理使用情况报告的审议意见（草案）、《南充市城市道路车辆通行管理条例》实施情况的视察意见（草案）；听取市人大各专委会、常委会各办事工作机构 2019 年度工作总结和 2020 年度工作打算；讨论决定市六届人大常委会二十八次会议召开时间、建议议程、日程安排等。

1 月 10 日　市人大常委会党组（扩大）会议召开。市人大常委会党组书记、主任袁险峰主持会议并讲话。市人大常委会党组副书记、副主任徐远火，党组成员、副主任熊建春、陈圣伦、杜永龙，党组成员、秘书长冉中华出席会议。至 12 月，共召开党组（扩大）会 9 次。

是日　市六届人大常委会主任会议传达全省人大法制工作会议精神，听取人事任免有关情况报告。

是日　市六届人大常委会二十八次会议举行。会议听取审议并通过市六届人大个别代表代表资格的审查报告。

1 月 19 日　市人大常委会副主任陈圣伦到高坪区老君街道图山寺村、蓬安县利溪镇花房子村走访慰问困难党员和贫困户。

1 月 20 日　市人大常委会机关召开“不忘初心、牢记使命”主题教育总结会。市委第八巡回指导组组长谢树果到会指导，市人大常委会机关全体干部职工参加会议。

1 月 22 日　市人大常委会副主任徐远火到定点帮扶的嘉陵区安平镇芭蕉沟村开展扶贫送温暖活动。

2 月 3 日　市人大常委会党组会议学习贯彻习近平总书记关于做好疫情防控工作重要讲话、重要指示精神和中央、省委、市委有关会议文件精神，听取市人大常委会机关疫情防控工作汇报，研究市人大常委会贯彻落实意见。

是日　市六届人大常委会主任会议讨论推迟召开市六届人大五次会议决定草案。会议决定：根据坚决打赢新型冠状病毒感染肺炎疫情防控阻击战，落实四川省启动的突发公共卫生事件一级应急响应要求的工作需要，推迟原定于 2 月下旬召开的市六届人大五次会议，具体召开时间由市人大常委会主任会议决定。

2 月 24 日　市人大常委会党组会议审议《中共南充市人大常委会党组 2020 年工作要点（审议稿）》《省委第一巡视组巡视南充市反馈意见中有关市人大常委会党组意见整改工作方案（审议稿）》。

2 月 27 日　《南充市物业管理条例》颁布实施新闻发布会举行。南充日报、南充晚报、南充广播电视台、南充广播电视报、南充广播电台、南充播报、直播南充、南充新闻网等多家新闻媒体参加新闻发布会。

2 月　市人大常委会主任袁险峰，副主任熊建春、陈圣伦分别带队到南充新型冠状病毒肺炎疫情防控一线实地调研《四川省人民代表大会常务委员会关于依法做好当前新型冠状病毒肺炎疫情防控工作的决定》落实情况，督导新型冠状病毒肺炎疫情防控工作。

3 月 17 日至 18 日　市人大常委会副主任陈圣伦到蓬安督导脱贫攻坚工作。

3 月 18 日　市人大常委会副主任熊建春到营山县灵鹫镇青山村督导疫情防控、脱贫攻坚及春耕生产工作。

3 月 24 日　市六届人大常委会主任会议讨论决定市六届人大常委会二十九次会议召开时间、建议议程、日程安排等。

3 月 27 日　市六届人大常委会主任会议听取有关人事任免情况报告。

是日　市六届人大常委会二十九次会议举行。会议听取审议坚持“两手抓、两手硬”统筹推进疫情防控和经济社会发展情况报告、2019 年度法治政府建设工作情况报告、2019 年度规范性文件备案审查工作情况报告。

4 月 8 日　市人大常委会副主任徐远火到顺庆督查基础教育学校开学复课情况、村级建制调整改革工作情况及教科文卫项目建设情况。

4 月 13 日至 16 日　市人大常委会副主任熊建春到嘉陵、南部、西充、蓬安调研新冠肺炎疫情医疗保障情况、社会保险制度改革及社会保险法实施情况。

4 月 14 日　市人大农业组代表先后到西充县凤鸣镇双龙桥村、跳蹬河村等地视察农村人居环境整治、农村“厕所革命”工作推进情况。

4 月 15 日　市人大常委会主任袁险峰到营山县黄渡镇兰武村走访驻营山的省人大代表郭晓华，并就村级建制调整改革和产业扶贫工作开展专题调研。

4 月 16 日　市六届人大五次会议筹备工作会议召开。

4 月 28 日　市六届人大常委会主任会议听取市人民检察院、市卫生健康委员会、市城市管理行政执法局工作评议意见整改落实情况报告、2019 年度市人大代表履职评价情况报告；讨论市辖城区道路交通管理工作情况调研报告草案等。

是日　市人大常委会副主任杜永龙到阆中市木兰镇大房寨村走访慰问贫困户。

5 月 19 日至 20 日　省人大常委会调研组到南充调研华侨权益保护立法工作。

5 月 25 日至 26 日　省人大常委会调研组到南充调研疾病预防控制工作。

6 月 2 日　市人大常委会副主任熊建春到营山专项督导项目建设工作。

6 月 9 日至 11 日　市人大常委会副主任陈圣伦到泸州、自贡考察学习人大预算联网监督工作。

6 月 10 日　广安市人大常委会副主任刘和斌到仪陇考察学习村集体经济发展、撂荒耕地复垦等工作。

6 月 15 日　市人大常委会非物质文化遗产立法研讨会在西充召开。

6 月 19 日至 21 日　市六届人大五次会议召开。大会听取和审查市人民政府工作报告、市计划报告（书面）、市财政预算报告（书面）、市人大常委会工作报告、市中级人民法院工作报告、市人民检察院工作报告，通过各项工作报告决议；选举张晓艳为市六届人大常委会副主任，宋先佐为市六届人大常委会秘书长；选举黄春江为市监察委员会主任。

6 月 23 日　市人大常委会机关传达市委书记宋朝华在市两会上讲话精神。

6 月 23 日至 24 日　省人大常委会委员、法制委员会主任委员刘达贵到南充走访联系基层省人大代表李华、陈蓉、万学。

7 月 1 日　市六届人大常委会主任会议讨论开展《中华人民共和国传染病防治法》执法检查方案（草案），市人大常委会 2020 年度工作评议实施方案（草案），市人大代表走访企业、群众专项工作实施方案（草案）。

是日　市人大常委会主任袁险峰到高坪区会龙镇杉树沟村开展“七一”走访慰问活动。

7 月 2 日　市人大常委会召开人大代表走访企业、群众专项工作推进会。7 月至 8 月，市人大常委会组织和动员人大代表围绕促进群众就业、促进企业发展、促进基本民生，聚焦发展实体经济、做强产业支撑，深入企业群众走访调研，帮助协调解决问题。

7 月 7 日至 9 日　省人大常委会副主任王宁到顺庆、高坪、嘉陵、阆中、南部开展人大代表走访企业、群众专项工作，专题调研南充疫情防控和经济社会发展情况。市委书记宋朝华、市人民政府市长吴群刚、市人大常委会主任袁险峰等参加。

7 月 9 日　全市人大城环资工作座谈会在营山召开。

7 月 15 日至 16 日　市人大常委会副主任徐远火到南充职业技术学院、南充高中、南充卫校专题调研人才工作。

7 月 22 日　全市人大民宗外侨工作座谈会在营山召开。

7 月 23 日　市六届人大常委会第六十七次主任会议举行。会议听取全市重点交通项目建设实施情况报告，外事及港澳工作情况报告，扫黑除恶专项斗争工作情况报告审议意见研究处理情况的督办报告，乡村产业振兴推进情况报告审议意见研究处理情况的督办报告，未成年人保护和预防未成年人犯罪情况专项视察意见研究处理情况的督办报告，市六届人大五次会议代表建议、批评和意见的处理意见，确定重点督办件；讨论《南充市城市道路车辆通行管理条例》实施情况专题询问方案（草案）、接受市六届人大专门委员会个别成员辞职的决定（草案）、关于许可对市六届人大个别代表采取强制措施的决定（草案）。

7 月 24 日　《中华人民共和国传染病防治法》执法检查动员会召开。

7 月 28 日　市六届人大常委会主任会议听取人事任免情况的报告。

是日　市六届人大常委会第三十二次会议举行。会议传达市委六届十二次全会精神；听取并审议通过接受市六届人大专门委员会个别成员辞职决定；听取并审议通过对个别市人大代表采取强制措施的报告。

是日　市人大常委会召开《南充市城市道路车辆通行管理条例》实施情况专题询问工作协调会。

7 月 30 日　全市人大农业与农村工作座谈会在高坪区江陵镇召开。

8 月 4 日　市人大常委会副主任陈圣伦到顺庆、高坪、嘉陵视察侨商企业发展情况，并到部分商业街、夜市调研夜间经济发展情况。

8 月 10 日　市人大常委会召开城市“夜间经济”发展调研工作会。

8 月 13 日　市人大常委会召开人大代表走访企业、群众专项工作意见交办会。

是日　市人大常委会副主任徐远火到顺庆部分乡镇指导防汛救灾工作，实地查看道路、农田水利设施和部分乡镇街道商铺等受灾情况。

8 月 18 日　市人大常委会副主任张晓艳到南部县谢河镇射洪庙村指导脱贫攻坚工作。

8 月 25 日　省人大“一报一刊”暨全市人大宣传信息工作会召开。

8 月 26 日至 28 日　省人大常委会调研组到南充就修订《四川省基层法律服务条例》开展立法调研。

8 月 27 日　市六届人大常委会主任会议学习习近平总书记制止餐饮浪费行为重要指示精神，并研究贯彻意见；传达全省现代农业园区建设现场会精神；讨论 2020 年市人大常委会组成人员暨县（市、区）人大常委会主任学习会方案（草案）、进一步改进地方人大工作和加强自身建设专题调研方案（草案）。

是月　市人大常委会检查《中华人民共和国传染病防治法》贯彻实施情况。

9 月 1 日　市人大常委会副主任陈圣伦到西充调研供销社综合改革和示范现场打造工作。

9 月 3 日至 4 日　省人大常委会党组副书记、副主任王铭晖到南充检查《中华人民共和国土壤污染防治法》贯彻实施情况。

9 月 4 日　市六届人大常委会主任会议听取人事任免情况报告，讨论并同意提请常委会会议审议《南充市城市景观风貌保护条例（草案）》。

是日　市六届人大常委会主任会议讨论并同意将《南充市人大常委会关于批准南充市 2019 年度财政决算的决议（草案）》提请常委会会议表决。

是日　市六届人大常委会第三十三次会议举行。会议传达省十三届人大常委会二十、二十一次会议精神；听取和审议《南充市城市景观风貌保护条例（草案）》、2020 年上半年国民经济和社会发展计划执行情况的报告、2019 年财政决算及 2020 年上半年财政预算执行情况的报告、2019 年财政决算的审查结果报告、2019 年度市级预算执行和其他财政收支的审计工作报告；听取和审议全市公安机关、司法行政机关履行职能营造法治化营商环境工作情况的报告、全市法院履行职能营造法治化营商环境工作情况的报告、全市检察院履行职能营造法治化营商环境工作情况的报告；听取和审议并通过市六届人大个别代表的代表资格审查报告；通过《南充市人大常委会关于批准南充市 2019 年度财政决算的决议》。

9 月 8 日至 10 日　市人大常委会副主任陈圣伦到顺庆、高坪、西充、蓬安视察重大招商引资项目建设情况。

9月9日　市人大常委会副主任徐远火到川北医学院、龙门中学、白塔中学走访慰问一线教职员工。

9月10日　市人大常委会机关党组书记、秘书长宋先佐主持召开机关党组会议。会议对机关巡察整改工作进行研究部署；听取机关党建工作暨机关党支部换届工作情况汇报、机关上半年意识形态工作情况汇报、机关保密工作情况汇报。

9月14日至16日　川渝两地嘉陵江流域生态环境保护立法工作座谈会在阆中召开。省人大常委会副秘书长、办公厅主任吕华，重庆市人大常委会城环委主任委员屠锐，省人大常委会城环资委主任委员梁伟华，市人大常委会主任袁险峰出席座谈会。

9月16日至17日　市人大常委会副主任徐远火、熊建春分别到顺庆、西充，高坪、阆中、南部专题调研进一步改进地方人大工作和加强自身建设工作。

9月21日至24日　市人大常委会组成人员暨县（市、区）人大常委会主任学习会在阆中举行。市委书记宋朝华出席会议并讲话。市人大常委会主任袁险峰出席开班仪式并讲话。会议期间，全国人大财经委法案室原主任朱少平作《经济形势分析与人大财经监督》专题讲座，市人大常委会主任袁险峰作《宪法的起源与发展》专题讲座，中国人民解放军国防大学教授房兵作《百年未有之大变局——大国抗疫背景下的大国博弈》专题讲座，西南政法大学教授孙鹏作《中华人民共和国民法典》专题讲座，市人大部分专委会、常委会办事工作机构及各县（市、区）人大常委会围绕进一步改进市县乡人大工作和加强自身建设进行交流发言。

9月27日　市人大常委会2020年工作评议动员会召开。

9月28日　市人大常委会副主任陈圣伦到嘉陵专题调研中国蚕桑丝绸文化旅游名城创建情况。

10月10日　市人大预算联网监督工作联席会议召开。

10月10日至11日　市人大常委会在蓬安召开推动养老服务融入成渝双城发展座谈会。

10月12日　市、县人大代表履职能力与素质提升培训班在西昌开班。驻南充部分省人大代表，部分市、县（区）人大代表110人参加提升培训。

10月13日　市人大常委会主任袁险峰率领部分市人大常委会组成人员、市人大代表专题视察全市现代农业园区建设工作。

10月19日　市六届人大常委会主任会议讨论《南充市城市景观风貌保护条例（草案）》、市六届人大个别代表资格审查报告（草案）、全市人才工作情况调研报告（草案）、全市夜间经济发展情况调研报告（草案）；听取城市总体规划（2010—2020年）实施情况报告、检查《南充市城镇环境卫生管理条例》实施情况报告审议意见研究处理情况的督办报告；听取全市公安机关、司法行政机关履行职能营造法治化营商环境工作情况报告的审议意见（草案）、全市法院履行职能营造法治化营商环境工作情况报告的审议意见（草案）、全市检察院履行职能营造法治化营商环境工作情况报告的审议意见（草案）；听取人事任免情况报告；讨论决定市六届人大常委会三十四次会议召开时间、建议议程、日程安排。

10月20日　市六届人大常委会第三十四次会议举行。会议传达省十三届人大常委会二十二次会议精神；听取和审议《南充市城市景观风貌保护条例（草案）》修改情况的报告、《南充市物业管理条例》实施情况报告、市属国有企业资产运营管理及国企改革情况的报告、检查《中华人民共和国传染病防治法》实施情况报告、扫黑除恶专项斗争工作情况报告审议意见研究处理情况报告、乡村产业振兴推进情况报告审议意见研究处理情况报告、未成年人保护和预防未成年人犯罪情况专项视察意见研究处理情况报告、减税降费相关政策落实情况报告、城市总体规划执行情况报告、全市污水处理设施建设及运行情况报告、创建中国蚕桑丝绸文化旅游名城工作推进情况报告、退役军人就业安置工作情况报告、检查《南充市城镇环境卫生管理条例》实施情况报告审议意见研究处理情况报告；听取和审议通过市六届人大个别代表资格审查报告。决定任命黄志权为市人民政府副市长、市公安局局长。

10 月 23 日　市人大常委会副主任张晓艳调研全市消防基础工作和消防设施建设管理情况。

10 月 27 日至 28 日　市人大常委会副主任陈圣伦带领市人大常委会部分委员、部分市人大代表视察蓬安、营山脱贫攻坚“三落实、三精准、三保障”情况。

10 月 30 日　省人大立法调研组到南充开展《四川省粮食安全保障条例（草案）》立法调研。

11 月 2 日　市人大常委会副主任张晓艳到蓬安调研肖溪河河长制工作。

11 月 3 日　市六届人大常委会主任会议讨论检查《中华人民共和国传染病防治法》实施情况报告的审议意见（草案）、《南充市物业管理条例》实施情况报告的审议意见（草案）、创建中国蚕桑丝绸文化旅游名城工作推进情况报告的审议意见（草案）、退役军人就业安置工作情况报告的审议意见（草案）、《南充市人民代表大会常务委员会规范性文件备案审查规定（修订草案）》、2019 年履职优秀市人大代表建议名单；讨论决定市六届人大常委会三十五次会议召开时间、建议议程、日程安排。

11 月 4 日　市六届人大常委会第三十五次会议举行。会议传达党的十九届五中全会精神；听取审议 2020 年市级财政预算调整方案（草案）及全市地方政府债务限额情况的报告、2020 年市级财政预算调整方案（草案）及全市地方政府债务限额情况审查结果的报告、《南充市人民代表大会常务委员会规范性文件备案审查规定（修订草案）》修改情况的报告；会议开展《南充市城市道路车辆通行管理条例》实施情况专题询问。审议并表决通过《南充市人民代表大会常务委员会规范性文件备案审查规定》。审议并通过《南充市人大常委会关于批准南充市 2020 年市级财政预算调整方案的决议》《南充市人大常委会关于批准南充市 2020 年地方政府债务限额的决议》；会议决定任命赵迎春为市人民政府副市长。

是日　市人大常委会组织常委会组成人员、部分市人大代表专题视察《南充市城市道路车辆通行管理条例》实施情况。

11 月 6 日　市区人大常委会机关第二届职工运动会在市民健身中心举行。市人大常委会主任袁险峰，副主任徐远火、熊建春、陈圣伦、杜永龙，秘书长宋先佐出席开闭幕式，并向获奖代表队颁奖。

11 月 9 日　重庆市涪陵区人大常委会、四川省南充市人大常委会在南充市高坪区东方花园酒店召开协同助推成渝地区双城经济圈建设签约仪式暨主任联席会第一次会议。重庆市涪陵区人大常委会主任李景耀，南充市人大常委会主任袁险峰出席会议。重庆市涪陵区人大常委会副主任姚明勇、于淑萍、项显文，南充市人大常委会副主任徐远火、熊建春、陈圣伦、杜永龙；重庆市涪陵区人大常委会办公室主任徐鹏程、南充市人大常委会秘书长宋先佐出席会议。重庆市涪陵区人大相关专委会、常委会相关办事工作机构负责人，南充市人大相关专委会、常委会各办事工作机构负责人参加会议。

11 月 10 日至 11 日　省人大常委会副主任刘作明到南充调研绿色化工产业发展情况并召开座谈会。

11 月 13 日　市人大常委会党组成员、副主任杜永龙为机关第一、二党支部党员讲授《我国面临的军事斗争形势》专题党课。

11 月 16 日　全市人大财经工作会议召开。

是日　市人大常委会副主任徐远火督办《南充市人大常委会关于打造西河生态景观长廊的决议》实施情况。

11 月 17 日至 19 日　全国人大常委会委员、全国人大农业与农村委员会委员王超英到南充征集《中华人民共和国畜牧法》修改意见并开展工作调研。

11 月 19 日　市人大常委会副主任熊建春、陈圣伦、杜永龙、张晓艳专项视察市辖 3 区养老服务体系建设情况。

11 月 23 日　市人大常委会副主任徐远火带领部分市人大常委会组成人员、市人大代表专项视察市辖 3 区城区基础教育发展情况。

11 月 24 日至 25 日　市人大常委会副主任陈圣伦带领部分市人大常委会组成人员、市人大代表到蓬安、营山专项视察非洲猪瘟防控工作。

11 月 26 日　市人大常委会副主任徐远火调研中心城区城市污水处理设施建设运行情况。

12 月 1 日　市人大常委会组织召开《南充市城市景观风貌保护条例（草案）》立法专家论证会。

是日　全市人大人事代表工作会议在顺庆召开。

12 月 3 日至 4 日　市人大常委会副主任徐远火到南部、仪陇、营山调研学前教育发展目标完成情况。

12 月 4 日　市人大常委会机关举行党的十九届五中全会精神宣讲会。市委宣讲团第一分团宣讲员、市二级巡视员赵东作宣讲报告。市人大常委会机关全体党员干部职工聆听宣讲。

12 月 8 日　市人大常委会副主任陈圣伦专项视察生态绿化工作。

12 月 14 日至 15 日　市人大常委会主任袁险峰到重庆市涪陵区考察了解涪陵区工业经济、文旅融合发展、人大代表之家建设等情况，进一步深化两地交流合作。市人大常委会副主任徐远火、熊建春、陈圣伦、杜永龙、张晓艳，秘书长宋先佐参加考察。重庆市涪陵区人大常委会主任李景耀，区人大常委会副主任参加考察。

12 月 16 日　市六届人大常委会主任会议听取《南充市人大常委会关于打造西河生态景观长廊的决议》实施情况的报告，深入推进扫黑除恶专项斗争切实维护社会大局稳定有关情况报告，《南充市城市景观风貌保护条例（草案三审稿）》，市人大常委会 2021 年立法计划（草案），市人大常委会工作评议调查小组对市农业农村局、市商务局工作评议调查情况报告（草案），贯彻全市教育大会精神暨市辖 3 区城区基础教育发展情况报告审议意见研究处理情况的督办报告，医保基金征收管理使用情况报告审议意见研究处理情况的督办报告，市六届人大五次会议代表建议、批评和意见处理情况的报告（草案），市六届人大个别代表的代表资格审查报告；讨论《南充市城市道路车辆通行管理条例》实施情况报告的审议意见（草案）、全市养老服务体系建设情况视察意见（草案）、确定审计整改情况报告满意度测评单位的报告（草案）、许可对个别市人大代表采取强制措施的决定（草案）、确定市人大常委会任命人员 2020 年述职测评对象的报告（草案）；讨论决定市六届人大常委会三十六次会议召开时间、建议议程、日程安排。

12 月 17 日至 18 日　市六届人大常委会第三十六次会议举行。会议传达省委十一届八次全会，省委人大工作会议，省十三届人大常委会第二十三、二十四次会议精神；听取审议通过《南充市城市景观风貌保护条例》，“三医”信息共享平台建设情况报告，2019 年度市级预算执行和其他财政收支审计查出问题整改情况报告，市教育和体育局 2019 年度财政预算执行和其他财政收支审计查出问题整改情况报告，2020 年度市级预算绩效管理工作情况报告，学前教育发展目标完成情况的报告，2020 年度环境状况和环境保护目标完成情况报告，市农业农村局、市商务局工作情况报告，贯彻落实全市教育大会精神暨市辖 3 区城区基础教育发展情况报告审议意见研究处理情况的报告，医保基金征收管理使用情况报告审议意见研究处理情况报告，市六届人大五次会议代表建议、批评和意见办理情况的报告，市六届人大五次会议代表建议、批评和意见处理情况报告，市人大常委会部分任命人员2020年述职情况报告；听取和审议通过市六届人大个别代表的代表资格审查报告；听取和审议并表决通过市人大常委会、市人民政府、市监察委员会、市人民检察院相关人事任免决定。

12月18日　省人大法制委员会、常委会法工委会同省委统战部、省人大外侨委到南充开展华侨权益保护立法调研，召开《四川省华侨权益保护条例（修订草案）》立法调研座谈会。

12月21日至22日　市人大常委会组织部分驻南充全国人大和省人大代表对南充经济社会发展情况进行联合视察。

12月24日　省人大调研组到南充调研《中华人民共和国人民防空法》《四川省〈中华人民共和国人民防空法〉实施办法》贯彻落实情况。

12月24日至25日　市人大常委会副主任张晓艳到仪陇、营山调研“三医”信息共享平台建设试点工作。

12月28日　市人大常委会副主任陈圣伦到蓬安县利溪镇量金斗村调研脱贫攻坚工作，巡察河舒河河长制落实情况。

12月29日　市委印发《关于加强新时代人大工作和建设的实施意见》。

12月31日　市委人大工作会议召开。市委书记宋朝华出席会议并讲话。市委副书记、市长吴群刚主持会议，市人大常委会主任袁险峰传达省委人大工作会议精神，市政协主席潘国华出席会议。会上，仪陇县、顺庆区人大常委会党组，市生态环境局分别作交流发言。

是日　市人大常委会召开党组理论学习中心组学习会暨党组（扩大）会议。市人大常委会党组书记、主任袁险峰主持会议并讲话。

第一章

四川省人大常委会南充地区派出机构

1984年至1993年，省人大常委会南充地区联络处、南充地区联络委员会、南充地区工作委员会等派出机构在各个阶段工作中，把推进社会主义民主和法制建设作为根本任务，在南充的政治、经济和社会生活中发挥重要作用。尤其是省人大常委会南充地区工作委员会成立后，受省人大常委会安排开展监督工作，根据《四川省人大常委会地区工作委员会工作条例》规定，履行对“一署两院”的监督职能，督促、检查宪法、法律、法规和全国人大及其常委会、省人大及其常委会的决议、决定在南充地区的贯彻实施，了解“一署两院”的工作情况并适时听取汇报，对地区行署及其工作部门不适当的决定和行政措施提出纠正建议和意见，接受人民群众申诉控告和来信来访，深入基层调查研究，联系驻南充地区的全国人大代表和省人大代表，联系南充地区各县（市）人大常委会，组织交流工作经验，指导县、乡两级人大代表选举，承办省人大常委会交办的事项。

第一节　南充地区人大联络处

1984年11月，省六届人大常委会五次会议决定，设立省人大常委会南充地区联络处（以下简称地区人大联络处），任命郭宪书为联络处主任。地委决定，刘怀忠、孙永清任地区人大联络处副主任。办公地址设在地委机关办公大楼。地区人大联络处工作职责为，负责实施省人大常委会和地委交办的工作，参加有关会议，及时汇报工作，反映情况，请示问题，传达贯彻有关指示和意见；加强人民代表大会制度和法律法规学习、宣传和教育；加强与全国和省人大代表联系，为人大代表履行代表职务做好服务工作；深入调查研究，总结推广各县（市）人大工作经验，为各县（市）人大常委会做好服务工作，帮助解决实际问题；接待和处理人民群众来信来访；抓好联络处和县（市）人大常委会及其办事工作机构自身建设。1986年9月，地委决定，文明富任地区人大联络处副主任。1987年4月，地区人大联络处设立办公室，负责承办和具体落实联络处各项工作职责和任务，李仕珍为办公室主任，张泽友为副主任，并配备相应工作人员。1988年2月，省七届人大常委会一次会议免去郭宪书省人大常委会南充地区联络处主任职务，任命康智盛为省人大常委会南充地区联络处主任。1988年9月，省人大常委会南充地区联络处被撤销。

四川省人大常委会南充地区联络处主任、副主任一览表

表1－1

姓名	性别	籍贯	党派	职务	任职时间
郭宪书	男	山西省静乐县	中共	主　任	1984.11—1988.2
康智盛	男	山西省平鲁县	中共	主　任	1988.2—1988.9
刘怀忠	男	河南省内黄县	中共	副主任	1984.11—1988.9
孙永清	男	南充市蓬安县	中共	副主任	1984.11—1988.9
文明富	男	南充市嘉陵区	中共	副主任	1986.9—1988.9

第二节　南充地区人大联络委员会

1988年9月，省七届人大常委会五次会议决定，撤销省人大常委会南充地区联络处，设立省人大常委会南充地区联络委员会（以下简称地区人大联络委）。办公地址设在地委机关办公大楼。10月，省人大常委会主任会议对地区人大联络委性质和职责作出规定。地区人大联络委为省人大常委会联络机构，级别为地厅级，主要职责为联系县级人大常委会，组织交流人大工作情况和经验。联系本地区省人大代表和全国人大代表，为代表依法行使职权做好服务工作。受省人大常委会委托，组织和参与对法律法规执行情况的视察和检查，对违法情况提出处理意见和建议，交有关部门查处。组织征求对国家法律和地方性法规草案的修改意见。指导县、乡人大换届选举有关工作。围绕省人大常委会会议审议事项，听取地区行署和人民法院、人民检察院意见，并进行调查研究。接待和处理人民群众来信来访。承办省人大常委会交办的其他工作。省人大常委会任命南充地区人大联络委员会组成人员之前，省人大常委会南充地区联络处代联络委员会履行工作职责。1989年6月，地委决定，孙永清任省人大常委会南充地区联络委员会办公室主任。9月，省七届人大常委会十一次会议通过南充地区人大联络委员会组成人员，主任冯希尧，副主任康智盛、文明富、魏荐鹗，委员5名（以姓氏笔画为序）：孙永清、杜河清、青永秀、胡伯琴、袁天锡。11月，地委决定，地区人大联络委员会在原联络处3名行政编制基础上，增加22名行政编制和4名工勤人员编制。内部机构设置编制4个，均为正县级。12月，地区人大联络委员会第一次会议对联络委员会组成人员进行工作分工，主任冯希尧主持联络委员会全面工作，分管办公室和代表联络工作；副主任康智盛、委员袁天锡分管法制工作；副主任文明富、委员胡伯琴分管经济工作；副主任魏荐鹗，委员杜河清、青永秀分管教科文卫工作；委员孙永清兼任办公室主任，分管代表联络工作。联络委员会下设办公室、法制工作室、经济工作室、教科文卫工作室，办公室下设秘书科、代表联络科、行政科。1990年8月，地委决定，李仕珍任地区人大联络委员会办公室副主任；张泽友任地区人大联络委员会教科文卫室副主任；胡春阳任地区人大联络委员会经济室副主任。9月，省人大常委会南充地区联络委员会更名为省人大常委会南充地区工作委员会。

四川省人大常委会南充地区联络委员会主任、副主任一览表

表1－2

姓名	性别	籍贯	党派	职务	任职时间
冯希尧	男	山西省代县	中共	主　任	1989.9—1990.9
康智盛	男	山西省平鲁县	中共	副主任	1989.9—1990.9
文明富	男	南充市嘉陵区	中共	副主任	1989.9—1990.9
魏荐鹗	男	南充市营山县	民盟	副主任	1989.9—1990.9

第三节 南充地区人大工作委员会

1990年9月，省七届人大常委会十八次会议决定，省人大常委会南充地区联络委员会更名为省人大常委会南充地区工作委员会（以下简称地区人大工委），原地区人大联络委员会主任、副主任、委员改任地区人大工委主任、副主任、委员，不再重新任命。地区人大工委为省人大常委会派出工作机关，内设办事机构办公室、法制工作室、经济工作室、教科文卫工作室保持不变，办公地址仍设在地委机关办公大楼。地区人大工委成立后，任命内设办事机构负责人及办公室各科科长。10月，地区人大工委第一次会议任命相关办事机构副主任。11月，省七届人大常委会十九次会议通过，任命王以恂为地区人大工委副主任；谢志远、张启文为地区人大工委委员。是年，根据省人大常委会制定的《四川省人民代表大会常务委员会地区工作委员会工作条例》，地区人大工委制定《〈四川省人民代表大会常务委员会地区工作委员会工作条例〉实施办法（试行）》。办法规定，工作委员会每3个月举行一次全体会议，听取对宪法、法律、法规和上级人大及其常委会决议、决定在本地区贯彻实施情况和实施情况检查汇报；讨论本地区政治、经济、教育、科学、文化、卫生、民政、民族工作等重大事项；听取行政公署关于国民经济和社会发展计划、财政预算及其执行情况汇报；听取行政公署及其工作部门、中级法院、检察分院工作汇报；决定对重大问题和案件进行专门调查；决定向省人大常委会的报告；决定向行政公署、中级法院、检察分院提出的工作建设和意见；决定工作委员会工作计划、总结和自身建设方面重大事项。地区人大工作委员会组织辖区内全国人大代表和省人大代表进行专项视察或调查，督促有关部门办理代表所提应由本地区解决的建议、批评和意见，指导联系县、市人大常委会工作。地区人大工委主任、副主任组成主任办公会议，处理地区工委重要日常工作。同时，根据省人大常委会组成人员联系省人大代表办法精神，地区人大工委审议通过《联系全国人大代表、省人大代表试行办法》。1991年1月，地区人大工委主任办公会议对工委主任、副主任和委员作出分工决定，主任冯希尧负责工委全面工作，并分管办公室工作。副主任康智盛协助主任分管法制工作；副主任文明富负责常务工作，协助主任分管城市经济和行政执法部门工作；副主任魏荐鹗协助主任分管教科文卫工作；副主任王以恂协助主任分管农村、商贸、外贸经济工作。7名委员协助主任、副主任分管相关工作，袁天锡、张启文协助分管法制工作；青永秀、胡伯琴协助分管经济工作；杜河清、谢志远协助分管教科文卫工作；孙永清协助分管办公室和代表联络工作。5月，省七届人大常委会二十三次会议通过，任命左文斯为地区人大工委委员。7月，地区人大工委第四次全体会议任命法制工作室一名副主任。11月，省七届人大常委会二十六次会议通过，免去康智盛地区人大工委副主任职务；任命袁天锡为地区人大工委副主任。1992年2月，地区人大工委主任办公会议对各办事机构联系地区行署各工作部门和地区中级人民法院、省人民检察院南充分院工作作出分工决定，办公室联系行署办公室、地区人事局、劳动局；经济工作室联系地区计委、经委、建委、农工委、商贸委、外经委、体改委、财政局、税务局、邮电局、工商局、国土局、农业局、水电局、林业局、畜牧局、气象局、粮食局、商业局、工业局、轻工局、交通局、质量技术监督局、物价局、统计局、乡镇企业管理局、审计局、医药局、纺织工业局、烟草专卖局、农机局、茧丝绸公司、供销社、信托投资公司、人民银行南充分行、工商银行南充支行、农业银行南充支行、建设银行南充支行、中国银行南充分行、人保公司南充公司；法制工作室联系地区中级人民法院、省人民检察院南充分院、地区公安处、司法局、民政局、监察局、法制局；教科文卫工作室联系地区教委、科委、文化局、卫生局、体委、计生委、档案局、广播电视局、民族宗教事务局。3 月，省七届人大常委会二十八次会议通过，任命唐国尧为地区人大工委委员。5 月，地区人大工委主任办公会议对地区人大工委新任副主任和委员工作分工作出决定，副主任袁天锡协助主任分管法制工作；委员唐国尧协助分管教科文卫工作。9 月，地区人大工委办公地址迁至西河中路 53 号。12 月，省七届人大常委会三十二次会议通过，免去文明富、魏荐鹗南充地区人大工委副主任职务，青永秀、左文斯南充地区人大工委委员职务；任命青永秀、左文斯为南充地区人大工委副主任，胡志胜、徐荣廷为南充地区人大工委委员。是月，南充地区人大工委第九次全体会议决定任免相关办事机构负责人。1993 年 4 月，地区人大工委主任办公会议对地区人大工委个别副主任分工进行调整，副主任袁天锡分管代表联络工作。是月，省八届人大常委会二次会议通过，免去胡伯琴、张启文南充地区人大工委委员职务；任命樊荣华、黄德明为南充地区人大工委委员。12 月，南充市第一届人大常委会选举产生，地区人大工委终结。

四川省人大常委会南充地区工作委员会主任、副主任一览表

表 1－3

姓名	性别	籍贯	党派	职务	任职时间
冯希尧	男	山西省代县	中共	主　任	1990. 9—1993. 12
康智盛	男	山西省平鲁县	中共	副主任	1990. 9—1991. 11
文明富	男	南充市嘉陵区	中共	副主任	1990. 9—1992. 12
魏荐鄂	男	南充市营山县	民盟	副主任	1990. 9—1992. 12
王以恂	男	南充市蓬安县	中共	副主任	1990. 11—1993. 12
袁天锡	男	南充市南部县	中共	副主任	1991. 11—1993. 12
青永秀	男	南充市嘉陵区	中共	副主任	1992. 12—1993. 12
左文斯	男	广安市广安区	中共	副主任	1992. 12—1993. 12

四川省人大常委会南充地区工作委员会内设机构负责人一览表

表 1－4

内设机构	职务	姓名	任职时间
办公室	主　任	孙永清	1990. 9—1992. 12
	副主任	李仕珍	1990. 10—1993. 12
		张志成	1992. 12—1993. 12
	行政科科长	王艾莉	1990. 11—1992. 10
		何长清	1992. 10—1993. 12
	秘书科科长	吴宗麟	1992. 12—1993. 12
	联络科科长	何　虎	1990. 11—1993. 12
	信访科科长	李大茂	1992. 12—1993. 12

续表 1－4

内设机构	职务	姓名	任职时间
经济工作室	主　任	李代玖	1992. 12—1993. 12
	副主任	胡春阳	1990. 10—1993. 12
法制工作室	副主任	袁正卫	1991. 7—1993. 12
教科文卫工作室	副主任	张泽友	1990. 10—1993. 12

第四节　中共南充地区人大派出机构党组

1984 年至 1993 年，南充地区人大派出机构经批准先后成立党组、党支部。

一、地区人大派出机构党组

1989 年 11 月，地委决定，建立地区人大联络委党组，冯希尧任党组书记，康智盛任党组副书记，文明富、孙永清为党组成员。1990 年 9 月，地委决定，建立地区人大工委党组，冯希尧任党组书记，康智盛任党组副书记，文明富、孙永清为党组成员。1992 年 5 月，地委决定，增补王以恂、袁天锡为地区人大工委党组成员。12 月，地委决定，增补青永秀、左文斯为地区人大工委党组成员。

二、地区人大派出机构党支部

1984 年 11 月，经地级党群系统机关党委批准，地区人大联络处成立党支部。1989 年 11 月，地区人大联络委对原联络处党支部成员进行调整。1991 年 1 月，地级党群系统机关党委批准成立地区人大工委党支部，并同意改选结果报告，孙永清任支部书记，胡春阳、王艾莉为支部委员。1993 年 1 月，地级党群系统机关党委批复地区人大工委党支部换届改选结果报告，同意新一届党支部由张志成、王艾莉、陈彬、唐明凤、苏利明组成。张志成任支部书记，王艾莉任支部副书记，陈彬为组织委员，唐明凤为宣传委员，苏利明为纪检委员。

第五节　南充地区人大派出机构主要工作

1984 年至 1993 年，省人大常委会南充地区派出机构根据省人大常委会安排组织驻南充地区全国人大代表、省人大代表开展视察，指导各县（市）人大常委会组织各自辖区省人大代表开展视察，开展工作调研并形成调查报告报送省人大常委会和地委及相关单位，联系县（市）人大常委会工作，召开县（市）人大常委会主任会、人大工作总结表彰和经验交流会。省人大常委会南充地区工作委员会成立后，根据省人大常委会安排，按照《四川省人大常委会地区工作委员会工作条例》规定，开展对“一署两院”的监督工作。

一、听取和审议工作汇报

1990年9月，地区人大工委成立后，至1993年7月，先后听取和审议升钟水库配套工程续建、达成铁路修建、武胜东西关水电站兴建情况汇报。审议指出，资金落实到位是三大重点工程建设至关重要的问题，建议全力争取中、省及有关部门支持帮助；严格集资款使用和管理，做到专项储存，专款专用，严禁挪用；加快升钟水库配套工程建设速度，保证质量，同时抓好水库管理和综合利用，促进发挥最佳效益；抓紧做好达成铁路和东西关电站各项准备工作，力争早日开工建设。听取和审议环保工作情况汇报。针对环境污染情况呈发展趋势等突出问题，要求相关部门引起高度重视，严格执行有关法律法规，进一步加强环境保护工作。听取和审议贯彻执行《中华人民共和国企业法》《中华人民共和国乡村集体所有制企业条例》《全民所有制企业转换经营机制条例》情况和开展“质量、品种、效益年”活动、企业改革等工作情况汇报。审议指出，质量、品种、效益问题仍然是全区工业企业经济整体效益不好的重要原因，开展的“质量、品种、效益年”活动不够平衡，全区经济效益下降势头尚未止住，少数企业亏损严重。商贸企业“四放开”改革工作在县（市）间、行业间、企业间发展不平衡，少数企业改革方案实施不力，落实不够，个别企业班子弱、管理差、漏洞多，对企业摊派集资收费既多又重，企业执法外部环境和机制还没有完全形成，相关部门在贯彻转换企业经营机制条例中，放权力度不够，存在明放暗不放、放一些留一些、制定贯彻意见和清理文件行动较慢等情况。抓典型处理、查处不够，制止“三乱”（乱收费、乱罚款、乱摊派）措施不力。地区人大工委建议完善和深化企业内部改革，严格依法治企，健全和完善企业内部经济责任制，积极推行企业承包，改革用工制度和分配办法，在实行企业目标管理、定额管理、分配制度、考核和奖惩制度上狠下功夫，认真清理和纠正与企业法相抵触的文件规定，减少对企业的行政干预，继续抓好清理“三角债”和清理制止“三乱”，进一步减轻企业负担，积极为企业开辟产品销售市场，尽最大努力减少产品积压，扩大产品销售，为企业发展创造良好的外部环境。听取和审议“二五”普法准备工作情况汇报。建议组织干部群众，特别是各级领导干部认真学习有关文件，带头学好用好法律；建立普法领导小组和办事机构，搞好县（市）试点工作；制定“二五”普法规划，抓紧搞好启动工作。听取和审议社会治安综合治理工作、开展反盗窃工作情况汇报。审议指出，社会治安综合治理工作存在发展不平衡，齐抓共管、真抓实管局面未完全形成，一些不安定因素仍然存在，特别是一些地方盗窃、抢劫犯罪活动猖獗，黑恶势力横行乡里，治安形势严峻。建议在“打击、防止、教育、管理、建设”5个环节上突出抓基础、抓基层、抓重点、抓落实，集中力量，对重点地区和单位进行重点整治；落实责任制，开展社会治安综合治理达标活动。督促政法部门建立健全乡镇社会治安综合治理委员会和群防群治组织机构，分期分批建齐全区337个乡镇公安派出所，进一步开展“严打”斗争和除“六害”（卖淫嫖娼，拐卖妇女儿童，利用封建迷信骗钱害命，聚众赌博，制作、贩卖、传播淫秽物品，吸食、制作、贩卖毒品）斗争，严厉打击黑恶势力和盗窃、抢劫等严重刑事犯罪活动。听取和审议民事审判工作、经济审判工作情况汇报。建议并督促依法保证案件及时审理，做到案件审结事实清楚、证据充分，是非责任明确，适用法律正确，处理适当，程序合法，严格案件审结期限，防止办案超时限；采取坚决措施，排除一切干扰和阻力，依法执行已经判决而执行难的案件。听取和审议反贪污贿赂工作、查处“侵权”和渎职犯罪工作情况汇报。建议进一步搞好全地区法纪检察工作，抓紧查办大案要案，集中力量突破影响大的案件。地区检察分院研究制定服务改革开放和经济建设5条意见，狠抓办案，做到办案与保护相结合、办案与预防相结合、办案与促进相结合，要求各县（市）院切实做到“打击、保护、预防、促进”一体化服务。针对检察机关自身建设问题，检察分院在地委、行署确定的29个重点企业聘任36名检察联络员，成立反贪污贿赂局，在地区税务局、供销社派驻检察室，制定《检察干警守则》。听取和审议土地管理工作情况汇报。针对国土管理工作中越权审批占用土地较为严重、乱占滥用耕地等不法行为时有发生，浪费和破坏土地资源现象依然存在等问题，建议进一步宣传《中华人民共和国土地管理法》《四川省土地管理实施办法》，坚持依法统一管理土地，严肃查处违法占地案件，严格控制乱占滥用行为；加强对国土管理人员的教育、管理和整顿；严格土地管理税费和罚款征收、管理和使用。听取和审议行政监察工作情况汇报。要求监察机关进一步履行职责，严肃执纪，及时查处地区交通局副局长王某某参与嫖娼案、地区文化局局长王某某通奸案、武胜县科技副县长任某某通奸案等在全地区造成较大影响的案件，督促地区监察局及时办理审议意见。听取和审议贯彻执行《中华人民共和国行政诉讼法》情况汇报。建议加强法律宣传，解决行政案件当事人不会起诉、不愿起诉、不敢起诉等问题；行政机关依法行政，领导以身作则，依法办事；通过行政审判活动推动行政执法部门提高执法水平；督促法院加强行政审判工作，依法维护和保护当事人权益；有关部门注意改善行政审判工作条件和环境；政府法制部门加强行政执法工作检查和监督。听取和审议《中华人民共和国技术合同法》，四川省技术市管理条例、农民负担管理条例、中等职业技术教育暂行条例、计划生育条例和文化市场管理暂行条例等法律法规贯彻执行与中小学德育、救灾救济和计划生育、音像管理、开发农村电影市场等工作情况汇报。针对中小学德育工作发展不平衡，少数地方重视不够，学校德育工作相对薄弱，重视德育工作风气还没有完全形成等问题，建议并督促强化德育工作首要地位，克服片面追求“升学率”倾向；调整充实学校德育骨干力量，加强德育教师队伍建设，开展对教师“教书育人，为人师表”的职业道德教育；建立学校、家庭、社会“三结合”的德育工作网络，创造良好育人环境。听取和审议救灾救济工作情况汇报。建议从扶持和发展生产入手，坚持“重点灾区重点照顾，特殊困难特殊照顾”原则，掌握好扶持资金投向，解决好特困户生产生活急需；进一步整顿扶贫福利企业，深化改革，加强管理；抓好城镇扶贫和社区服务工作，加强对敬老院的管理和农村社会养老保险工作。听取和审议贯彻实施农民负担管理条例情况汇报，建议并督促各级政府把减轻农民负担列入重要议事日程，作为一件大事来抓；全面清理涉及农民负担文件，各种摊派、集资、达标竞赛活动和行政事业性收费等，切实把农民负担控制在农民负担管理条例规定比例和范围之内；加强对农民负担的监督检查，逐步形成监督管理机制，严格依法管理，及时查处违法违纪行为；大力发展乡镇企业，壮大村社集体经济，拓展减轻农民负担有效途径。听取和审议国民经济和社会发展年度安排意见和执行情况、财政预算年度安排意见和执行情况汇报，并提出审议意见。建议切实解决财税工作中新情况和新问题，努力发展经济，积极组织收入；加强财政监督，强化征收管理，把财政、税务工作纳入法治化轨道；贯彻落实预算外资金管理条例，切实加强预算外资金管理。

二、执法检查

1988年9月，地区人大联络处根据省人大常委会安排，要求各县（市）人大常委会、政府对《中华人民共和国义务教育法》实施情况进行自查。10月，地区人大联络处、地区行政公署、地区政协联络处及相关部门组成2个执法检查组，分别到南充县、阆中县对《中华人民共和国义务教育法》贯彻执行情况进行检查。检查组采取听汇报、看办学条件、查有关资料、开座谈会等方式，对办学指导思想、实施规划步骤、义务教育质量、学生流失情况、师资、经费、校舍条件等进行检查。1990 年 4 月至 1993 年 7 月，地区人大联络委、地区人大工委采取多种方式，重点检查促进南充地区经济和社会发展的法律法规实施情况。执法检查采取普遍自查、重点抽查、交叉检查和条块联合检查 4 种形式，对执法检查中发现的问题，做到边检查边督促整改。对涉及地区全局问题，召开地区人大工委全体会议，听取“一署两院”情况汇报，将执法检查中发现的问题，用工委正式文件送“一署两院”整改落实。先后开展《中华人民共和国全民所有制工业企业法》《中华人民共和国水法》《中华人民共和国城市规划法》《中华人民共和国经济合同法》《中华人民共和国税收征管法》《中华人民共和国义务教育法》《中华人民共和国文物保护法》《中华人民共和国矿产资源法》《中华人民共和国会计法》《中华人民共和国全国人民代表大会和地方各级人民代表大会选举法》《中华人民共和国地方各级人民代表大会和地方各级人民政府组织法》《中华人民共和国全国人民代表大会和地方各级人民代表大会代表法》《中华人民共和国村民委员会组织法》《中华人民共和国城市居民委员会组织法》《中华人民共和国刑法》《中华人民共和国刑事诉讼法》《中华人民共和国行政诉讼法》、国家治安管理处罚条例、四川省各级人大常委会监督条例、乡村集体所有制企业条例、种子管理条例、转换企业经营机制条例、农民负担管理条例、保护消费者合法权益条例、工业产品质量监督条例、中等职业技术教育管理条例、文化市场管理条例以及查禁赌博、卖淫嫖娼、拐卖妇女儿童方面法律法规执法检查。在《中华人民共和国水法》执法检查中，发现部分干部群众对依法治水、管水、用水认识不足，个别领导干部对该法一无所知，水事纠纷和违法案件调解处理不够及时，有的查而未处，水政管理力量薄弱，水利工程配套差，存在有水无渠、渠道不畅现象。地区人大工委邀请地委、行署领导召开情况汇报会，要求加强水法宣传，对全地区水电系统干部职工进行水法知识考试。在《中华人民共和国全民所有制工业企业法》执法检查中，查实“三乱”现象，公开曝光违法摊派，并督促清退。在转换企业经营机制条例执法检查中，对企业转换经营机制中各方面情况进行调查和分析，研究提出解决问题建议和对策。在《中华人民共和国地方各级人民代表大会和地方各级人民政府组织法》执法检查中，发现蓬安县政府违背法律规定，任命县人大常委会一名副主任兼任县绿化委员会副主任，要求县人大常委会依法督促县人民政府予以纠正。

三、代表视察

1985 年 3 月至 1993 年 7 月，省人大常委会南充地区人大派出机构按照省人大常委会办公厅安排，组织驻南充地区全国人大代表、省人大代表开展视察，指导各县（市）人大常委会组织各自辖区省人大代表开展视察。全国人大代表视察组先后深入农村、企业、施工现场实地视察国营及乡镇企业、学校、种养专业户、农业生产及田间管理、农业开发及农田基本建设现场、农田水利建设、多种经营发展、升钟水库干渠工地、蓬安马回电站施工现场、城市街道建设工地和革命老区发展变化情况，分别听取地区行署、各县（市）政府关于国民经济计划执行和财政预决算、教育、科技和经济体制改革、乡镇企业和第三产业、成都对口支援仪陇、经济环境治理和整顿经济秩序、清理制止“三乱”、普法教育、县乡两级人大换届选举等工作汇报。在视察南充县氮肥厂、南充县糖厂、南充县纬编针织厂时，了解到县氮肥厂 1984 年后擅自提高产品销价非法收入 56 万元，受到上级物价部门查处，遂向该厂负责人进行询问并给予批评教育，希望以此为教训，端正办企业方向，不要再发生违法乱纪和损害人民群众利益行为；对县纬编针织厂转产后大胆改革、努力探索、搞活企业，由过去长期亏损而变为盈利所取得好成绩给予鼓励。视察阆中县时，对阆中县政府工作给予肯定，认为阆中县城乡经济放得开，搞得活，特别是乡镇企业和专业户、个体户发展迅速，收益大。建议对各行各业改革进行消化、补充和完善，兴利除弊，坚持农业基础，抓好畜牧业、乡镇企业、蚕桑和柑橘生产、劳务输出，充分利用全县资源和优势，促进服务体系建立和横向经济联合。视察仪陇县、营山县乡镇、村农业生产和专业户、个体户发展情况中，对年纯收入达2万元的养鸭专业户出资为21户村民安装电灯电表和水管、水表的汽车修理专业户给予充分肯定。视察广安县、蓬安县、南部县工作时，对广安县、南部县在农业旱涝灾害严重、工业能源奇缺、财力紧张、市场竞争激烈情况下，工农业总产值分别比1986年增长8.15%和8.53%的成绩感到满意。对重庆市政府在资金、技术、物资等方面给予广安县大力支持表示赞赏。对蓬安马回电站工程施工进度较快、质量较好给予肯定。视察西充县、南充县、南充市工作时，建议地方各级各单位实行“一个漏斗下计划”，做到该管的要管住，该放开的要放开；抓好“二五”普法，依法整治以言代法、以权压法行为，严厉惩处有的乡镇治安室私设公堂，随便关人、审人和打人、乱施刑具、乱罚款等违法行为；转换国营企业经营机制，应把企业后劲发展列为承包硬指标加以完善，真正放权给企业，继续扩大企业自主权；要强化农民负担的管理工作，认真清理涉及农民负担的文件，坚决废止与条例相违背的文件并卡住与条例相违背的文件出台。历次全国人大代表、省人大代表在视察中收集的意见和建议，分别提出处理意见；属于当地解决的问题，分别向地区行署、县（市）政府及有关部门和单位反映，提出处理意见。属于国家、省解决的问题，通过代表个人或联名，向全国人民代表大会、省人民代表大会会议提出议案、建议、批评和意见。

四、工作调研

1984年10月至1986年2月，地区人大联络处根据蓬安县人大常委会报告，经调查核实发现，蓬安县城有185户机关干部和企事业单位职工占用周口镇及附近红旗乡、清溪乡土地25.54亩建私房，并存在不按规定交纳土地使用费、廉价占用、少批多占情况，甚至根本不办用地申请，乱占乱用，有的占地后无钱修建而导致成片土地荒芜，使得某社60户215名农业人口，人均耕地不到1分，社员生活困难。尽管县政府解决机动粮1万公斤，但未从根本上解决农民生活来源。调查指出，领导干部在城郊乡乱占乱用土地建房，引起近郊社员群起效尤，同时引起边远乡干部职工建私房风气。调查建议，地区行署，蓬安县委、县政府要对部分干部职工乱占土地建房谋私问题引起高度重视，蓬安县人大常委会要监督并持续关注该问题整改情况。地区人大联络处根据地区中级人民法院《情况反映》所登载《银行清理信贷中发生一些新的经济纠纷》，召集地区中级人民法院、南充检察分院、地区工商行政管理局、人民银行南充分行、工商银行南充支行和农业银行南充支行等单位召开座谈会，分析问题原因，对银行中途停贷及企业违约受损失、银行帮助贷款人签订假购销合同骗钱还贷、贷款未到期银行截扣担保人资金抵贷款、银行截扣法院所收诉讼费抵贷款等问题，以及法律上还没有明确规定的问题，商定并提出具体解决意见，并一致希望，银行在贷款中要加强可行性考察，放准放好贷款。1990年4月至1993年7月，地区人大联络委、地区人大工委根据省人大常委会安排，先后开展贯彻全民所有制企业转换经营机制条例、四川省农民负担管理条例、乱占土地建房谋私、银行信贷中纠纷、学校乱收费等情况调研，形成调查报告，报送省人大常委会，送地委及地区相关单位。地区人大工委调查组到阆中、南部、西充、蓬安、广安、华蓥等县（市）调研。调研发现部分地方制定的农民负担方案比例超限，农民负担居高不下，统筹费一刀切，管理混乱，任意挤占，挪作他用；部门没有文件规定的隐形负担较为突出，公积金提取标准普遍偏低，集体积累有名无实；增设项目，提高标准，层层压任务发行报刊等加码情况较为突出，催收款项的违法乱纪问题时有发生；工作中法制意识淡薄，政绩观念有偏差，政出多门，对农民富裕程度估计过高，不从实际出发，搞一刀切；监督不力，查处不及时。调查建议，要全面清理涉及农民负担的文件，凡与条例相违背的文件要坚决修改或废止；各级领导机关和各部门要以身作则，依法办事，特别是农业行政主管部门要认真履行监督管理职责，会同有关部门参与审核涉及农民负担的文件，切实把好法律关和政策关；出台与农民负担有关的文件，应严格依法由党委、政府分管领导把关，年初提留、统筹费方案和分摊办法要及时通知到户，接受农民监督；严格控制5%以外其他收费和集资摊派；各级农业主管部门认真履行法定职责，加强农民负担管理，人大、法院、检察院、纪检和监察应强化农民负担执法监督和党纪政纪监督。地区人大工委根据基层政法工作人员反映政法单位办公和生活条件异常困难情况，要求各县（市）人大常委会进行专门调查，同时组织调查组到困难较为突出地方开展调查研究。调查发现，全区135个派出所、115个法庭均在“因陋就简”条件下工作，尽管地方政府挤出资金，调剂增加部分用房和办公设施，改善60个派出所、39个法庭办公和生活条件，但办公用房狭小、办案条件差、办案经费紧缺、生活住房紧缺和子女就业难等供需矛盾仍很突出。调查建议，地、县（市）党委、政府要把改善基层政法单位工作、生活条件纳入议事内容，召集有关单位研究解决措施，督促计划、财政、物资、城建等部门和区委、区公所在用房建设、公房调剂、财力等方面提供支持帮助，逐步解决困难，改善办公和生活条件。同时，县（市）政法部门要保证基层派出所和法庭办案公用经费需要，对他们子女、家属给予必要帮助和关照。地区人大工委根据省人大代表罗玉芳反映阆中市望垭镇蒲家嘴村小学和护垭小学收费高、干部群众意见大问题，会同阆中市人大常委会，前往所反映2所小学调查。调查发现，2所学校存在不同程度乱收费现象，收费项目多，书本费加码，金额高，导致学生流失较为严重。地区人大工委将调查报告和罗玉芳代表情况反映刊登在地区人大工委办公室的《情况反映》，送地委、行署领导和地教委、地物价局阅示，得到地委、行署领导及相关部门重视，问题得到解决。

五、联系指导县级人大工作

1984年11月，省人大常委会南充地区人大派出机构成立后、开始联系指导县（市）人大常委会工作。1988年12月，地区人大联络委召开县（市）人大常委会主任会议，交流县（市）人大及其常委会如何围绕党的十三届三中全会精神和全国人大、省人大关于贯彻三中全会精神决定，讨论和研究如何把保证和促进治理经济秩序、整顿经济环境和全面深化改革作为监督工作首要任务。地区人大联络委要求县（市）人大常委会以治理、整顿和全面深化改革为首要任务安排好下一年人大工作，开好人民代表大会会议和常委会会议，加强国民经济和社会发展计划、财政预算审查和执行监督工作，围绕经济社会重大问题听取“一府两院”工作汇报，开展执法检查和代表视察，支持政法机关依法从严惩处和打击犯罪，拓展和畅通人大代表和人民群众对“一府两院”工作监督渠道。1990年6月，地区人大联络委召开县（市）人大常委会主任座谈会，学习中共中央总书记江泽民和国务院总理李鹏在全国两会（人代会、政协会）党员负责人会议上讲话，交流上一届人大工作经验，讨论研究新一届人大发挥职能作用等问题。会上，联络委主任冯希尧部署县（市）人大工作，地区行署常务副专员文正经要求县（市）政府组成人员学习宪法和法律，增强法律意识，尊重和支持人大工作，为人大常委会行使职权创造良好条件。地委常务副书记李正培对县（市）委如何加强党对人大工作领导提出意见。会议要求，各地要加强人大常委会组成人员业务学习，履行宪法、法律赋予人大的职权，搞好执法检查，加强法律监督，密切人大代表同人民群众的联系，加强对乡镇人大工作的指导。1993年3月，地区人大工委召开县（市）人大常委会座谈会，总结交流上届人大工作经验，讨论研究如何搞好新一届人大工作。会议认为，坚持和依靠党的领导，是做好人大工作的根本保证；服从和服务于经济建设，是做好人大工作的指导思想；坚持依法办事和充分发扬民主是做好人大工作的主要原则；加强调查研究，是做好人大工作的重要基础；加强同代表和人民群众的联系，是做好人大工作的力量源泉。地委书记李正培参加会议并讲话，他要求各级党委要进一步加强和改善对人大工作的领导，更好地支持人大及其常委会依法行使职权，督促“一府两院”自觉接受人大监督；县（市）人大常委会要进一步提高组成人员思想政治和业务水平，加强自身建设和乡镇人大主席团建设，认真履行职责，积极开展工作，努力发挥作用。地区人大工作委员会主任冯希尧从讨论决定重大事项、加强法律监督和工作监督、依法进行选举和人事任免、加强代表工作、指导乡镇人大工作和自身建设6个方面总结和肯定上届县（市）人大常委会所做工作和所起作用，对新一届县（市）人大常委会提出指导意见。同时，省人大常委会南充地区人大派出机构还通过印发简报，指导县（市）人大工作；转发全国人大常委会委员长彭真在安徽省人大常委会就地方人大常委会工作和建设所作重要讲话，全国人大常委会办公厅《关于人大常委会组成人员不得担任国家行政机关、审判机关和检察机关职务的通知》；印发地区人大工委关于在全地区法院工作中进一步贯彻实施《中华人民共和国全民所有制工业企业法》、四川省农民负担管理条例通知，县乡人大换届选举工作指导意见等，督促县（市）人大常委会和“一府两院”贯彻执行。通报各县（市）传达贯彻地委人大工作会议精神，县（市）党委召开人大工作会议及所作关于加强人大及其常委会工作决定；转发县（市）人大常委会相关工作决议、决定、意见，监督“一府两院”工作试行办法，人事任免试行办法，关于农业投入资金使用管理监督试行办法，与“三长”（政府县市长、法院院长、检察院检察长）联席会议制度等，推广和交流县（市）人大常委会依法行权工作举措。印发相关县（市）人大常委会年度工作要点、工作总结、调研报告等；印发开展法制宣传教育，宣传人民代表大会制度情况；印发审议学校收费问题，监督教育事业振兴做法、体会和效果；印发开展农民负担管理条例等法律法规执法检查情况，组织人大代表评议公、检、法机关工作，视察经济开发区、农贸市场建设、水利建设、修建敬老院、学生入学等情况，供县（市）人大常委会交流借鉴。通报县（市）人大常委会组织代表开展活动，发挥代表作用；加强县（市）人大常委会和乡镇人大主席团自身建设，建立完善区人大工作委员会；指导乡人大依法召开人民代表大会会议，区乡人大开展评议政府及法庭、派出所工作等情况；印发相关县（市）人大常委会主任、副主任在人大相关会议上讲话和发言，人大行权工作经验交流材料，促进工作宣传、理论探索和经验交流。通报县“一府两院”制定接受人大常委会监督规定，执行人大及其常委会决议决定，办理人大常委会审议意见与代表所提议案和建议、批评和意见的做法，营造树立人大权威和意识氛围。摘登外地人大工作理论探讨和行权工作做法。

第二章

南充市人民代表大会组织机构

1993 年 7 月，南充撤地建市。8 月，南充市选举委员会成立。11 月，南充市选举委员会指导各县（市、区）和驻军选举产生市一届人民代表大会代表。12 月 1 日至 5 日，市一届人大一次会议选举产生市一届人大常委会。1996 年 1 月，市一届人民代表大会设立专门委员会。1999 年 1 月至 2020 年 12 月，市二届至六届人民代表大会先后选举产生市二届至六届人大常委会，设立和变更市二届至六届人大专门委员会。市人大常委会及其机关成立党组、党委、党支部和总工会、妇委会等群团组织。

第一节　南充市人民代表大会

1993 年 11 月至 2020 年 12 月，南充市 9 县（市、区）人民代表大会和驻市部队先后选举市历届人大代表，产生市历届人民代表大会。市历届人民代表大会闭会期间，市人大代表调离、去世、辞职和被罢免代表职务，其代表资格终止。9 县（市、区）人民代表大会和驻市部队适时对缺额市人大代表进行补选，对未选足和增加的市人大代表名额进行另选。

一、南充市第一届人民代表大会

1993 年 11 月，南充市 9 县（市、区）人民代表大会和驻市部队选举产生市一届人民代表大会代表 479 名，市选举委员会确定选举结果有效。市一届人大一次会议预备会议选举产生的市一届人民代表大会代表资格审查委员会审查并确认，当选的 479 名代表资格有效，产生市一届人民代表大会。

南充市第一届人民代表大会代表名单一览表

表 2－1　　(1993 年 12 月)

选举单位	代表名单（以姓氏笔画为序）
顺庆区人大（39 名）	弋光全　马琼芳（女）　王光辉　王秀清（女）　邓朝富　吕世璠　任启贵　向　阳　刘方勇　刘智明　杜朝容　李友生　李中宣　李正培　李茂乔　李国炯　李　斌　杨安民　杨克勇　杨劲松　杨赐端　杨嘉荣　吴宗勤（女）　何炳华（女）　张久文　张世富　张兴国　张晓鸣（女）　陈玉华（女）　胡亨霖　侯恩征　费艳春　黄德益　彭尧吉　程玉华（女）　曾纪琼（女）　雷震清　黎碧秀（女）　魏荐鹗
高坪区人大（37 名）	万泰辉（女）　马林福　文长菊（女）　龙泗佐　刘隆平　许佑均　李慎宽　杨春林　杨继英（女）　杨维织　时瑞芬（女）　何国清　余长春　张敏惠（女）　张霁帆（女）　青永秀　范果太　林坤锡　钟　俊　姚应清　徐天喜　徐邓辉　高炳和　唐众能　唐晋福　陶坤明　黄　河　黄柏林　黄惠兰（女）　康咸熙　董仲良　景中琪　傅金凤（女）　谢志远　蒲元璋　蒲芝龙　滕明才
嘉陵区人大（44 名）	弋良章　王芝茂　王明贵　尹昌敏　皮明芳（女）　成开平　任秋红（女）　任胜中　刘永尧　刘光发　刘国裕　刘维钧　阮南北　杜元耀　杜泽荣　李玉清（女）　李志光　李武生　杨成忠　何多福　何兴育（女）　何德寿　邹海泉　张世金　张明才　陈荣芳（女）　陈俊能　青桂堂　苟喜高　明　玉（女）　罗珍秀（女）　周世清　胡志胜　胡明清　胥凌云　秦群林　贾健民　高宗成　曹兆瑞　蒋自奇　韩大明　焦红梅（女）　蒲学芳（女）　樊荣华

续表 2－1

选举单位	代表名单（以姓氏笔画为序）
阆中市人大（57 名）	马华富　马兴福（回族）　马昌群（女，回族）　马　凯　马德雄　王少伯　王正忠　王素兰（女）　王　萌　邓文泉　邓　敏　冯启联　任德俭　刘作政　刘富涛　安永凡　杜炳强　李开荣　李代玖　李学贵　杨百林　杨　兴　杨淑芬（女）　来建勋　吴长寿　何开宗　汪明树　张远碧（女）　张国勇　张祥麟　陈玉荣（女）　陈绍发　陈景山　苟文均　罗　委（女）　周洪达　庞建雄　赵国坤　赵　晖（女）　柏富荣　哈庆庵（回族）　段映宗　夏仕春　席素琼（女）　黄友新　黄先贵　黄秀兰（女）　黄河基　戚永相　常思九　彭子银　董绍平　韩秀珍（女）　蒲茂连　蔡正明　鲜开芬（女）　廖琼芬（女）
南部县人大（84 名）	马玉霞（女）　马朝普　王光碧　王明华（女）　王　爱（女）　王朝梁　王翠花（女）　牛兴林　文明富　邓清华（女）　卢定平　田远志　央金拉姆（女，藏族）　白明江　冯文祥　刘宗智　江开忠　阳德祥　严运鉴　杜永龙　李元珍（女）　李仕珍　李正元　李世德　李仕琰　李全荣　李志杰　李秀华（女）　李治明　李振明　李盛文　李维周　杨代炳　杨光直　杨碧琼（女）　杨嘉格　吴开荣　吴显荣　吴洪榜　吴　壁　何国文　何国凯　汪文楷　宋运成　张子龙　张子秀（女）　张玉英（女）　张成武　张国民　陈历权　陈修烈　陈浩　陈锦芳（女，高山族）　罗自省　周道权　庞嘉祯　怡发银　赵秀清（女）　赵钦光　赵常苏　胡长寿　胡光庭　费德明　袁天锡　徐兴科　徐安静　高俊生　郭昌远　唐彦华　黄同达　黄丰泉　黄茂华（女）　黄德明　梁仕培　彭小蓉（女）　董淑芳（女）　敬德雄　蒋明桦　韩湘荣　蒲树林　蒲显福　蔡淑君（女）　鲜碧昌　黎仁海
西充县人大（45 名）	王树伦　王家甫　冯希尧　吕　峰　刘小刚　刘中平　刘荣志　严万钧　苏世荣　杜庆芳（女）　李钧道　李淑凤（女）　杨子富　杨亚非（女）　杨荣清　杨家舜　吴国晋　何文跃　何敬才　张伟荣　张泽友　张泽荣　张廉启　张德芳　范体泉　范泽元　范音树　庞德政　屈玉蓉（女）　赵仕鹏　赵代坤　赵永焕（女）　赵培善　赵常奇　胡联慧（女）　胡慧明（女）　胥家源　姚绍顺　袁文超　郭光纯　郭宪书　郭祥琼（女）　黄永凤　曹植勋　谯毓波
仪陇县人大（64 名）	王以恂　王华敬　王洪兴　王翠花（女）　扎西尼玛（藏族）　文宗游　邓学界　邓忠金　龙思康　卢先礼　权绍伦　朱玉蓉（女）　刘文沛　刘仕益　刘华蓉（女）　刘铮玉（女）　刘禄光　阳小虎　苏光莲（女）　杜光辉　杜河清　李万明　李元开　李友斗　李守模　李洪平　杨先才　吴成信　吴显书　邱碧荣（女）　何海德　张三贵　张友学　张志成　张丽萍（女）　张明权　陈远栋　陈绍森　罗文荣　罗江兴　罗清泉　郑廷培　郑伯成　胡　威　祝德明　姚开珍（女）　骆正田　秦永刚　袁年伦　袁学席　涂新明　黄仕敏　黄光伟　曹数扬　龚向东（女）　康智盛　阎军书　彭治伦　傅伦强　温丕卿　鲜忠模　鲜经纬　谭碧兰（女）　熊　雄
营山县人大（58 名）	马敬国　王吉成　王明炽　王和平　王泽民　王锡才　牛希文　邓台平　叶占元　华成学　刘文瑞　刘芳珍（女）　刘　碧（女）　许永良　李大成　李白玉（女）　李荣成　李树森　李婉珠（女）　杨荣久　吴建国　邱子龙　何永兴　余忠伦　张大贵　张正勇　张杰华　张承盛　张益维　陈大经　陈　福　陈德厚　欧晓东　罗平亚　罗远安　罗建清（女）　罗春林　罗琼芳（女）　周后鹏　郑荣华　赵世忠　莫玉琼（女）　莫培武　夏学序　翁弘庆　唐本珍（女）　唐光福　唐秀碧（女）　唐国尧　唐　泽　唐润生　黄剑华　阎淑琴（女，蒙古族）　彭仕鉴　彭昌家　彭修昌　蒋善瑜　廖素华（女）
蓬安县人大（44 名）	兰培根　朱兴忠　任强　刘万荣　刘玉琼（女）　刘伦莉（女）　刘绍国　孙永清　苏碧清（女）　杜先根　李隆万　杨元生　杨顺高　杨俊芳（女）　杨碧贞（女）　肖盛林　吴炳奇　何　军　张开志　张友国　张玉芬（女）　张家光　陈尚君　陈忠源　陈宗元　陈香泉　林顺瑜（女）　易延清（女）　胡琼英（女）　贺功义　徐荣廷　唐建碧（女）　唐　荣　曹华敏　曹兴伟　盘文泗　蒋文清　韩　鲲　谢正顺　蒲元益　蒲玉清（女）　赖祯辉（女）　蔡守宪　黎德富
驻市部队（7 名）	朱洪银　何建国　鱼国智　孟庆文　赵先文　祝茂余　姬新桥

1993 年 12 月至 1994 年 12 月，南部县人大选举的市一届人大代表吴开荣、黎仁海和驻市部队选举的市一届人大代表祝茂余先后调离南充，阆中市人大选举的市一届人大代表哈庆庵去世。南部县人大常委会补选王德繁、苏理荣为市一届人大代表，驻市部队和阆中市人大常委会分别补选李柏霖、郝承杰为市一届人大代表。1995 年 1 月至 1995 年 12 月，顺庆区人大选举的市一届人大代表黄德益、嘉陵

区人大选举的市一届人大代表贾健民、西充县人大选举的市一届人大代表何敬才、南部县人大选举的市一届人大代表韩湘荣先后调离南充市行政区域；南部县人大选举的市一届人大代表白明江辞去市一届人大代表职务；仪陇县人大选举的市一届人大代表扎西尼玛未经批准不出席市一届人大二次、三次会议，被仪陇县人大常委会依法终止其市一届人大代表资格。相关县（市、区）人大常委会分别补选陈传乐、刘茂琪、侯哲伟、伏文超、郑猛功、黄修明、赵泯淙、胡春阳为市一届人大代表。1996 年 1 月至 1996 年 12 月，顺庆区人大选举的市一届人大代表李正培、向阳，阆中市人大选举的市一届人大代表马德雄、驻市部队选举的市一届人大代表朱洪银先后调离南充市行政区域；西充县人大选举的市一届人大代表杜庆芳迁出南充市行政区域；南部县人大选举的市一届人大代表蒲树林被南部县人大常委会罢免代表职务；南部县人大常委会补选的市一届人大代表苏理荣、蓬安县人大选举的市一届人大代表林顺瑜、营山县人大选举的市一届人大代表彭仕鉴病故。西充县、顺庆区人大常委会分别补选敬中春、李川为市一届人大代表。1996 年 12 月至 1997 年 2 月，高坪区人大选举的市一届人大代表刘隆平、驻市部队选举的市一届人大代表赵先文先后调离南充市行政区域；阆中市人大选举的市一届人大代表黄先贵被阆中市人大常委会罢免代表职务。嘉陵区、阆中市、南部县、蓬安县、仪陇县人大常委会和驻市部队分别补选赵太武、蒋辅义、庞明轩、徐兴发、何大清、何崇高、张雕选、吴俊为市一届人大代表。1997 年 2 月至 1997 年 10 月，驻市部队选举的市一届人大代表姬新桥调离南充市行政区域。阆中市、南部县人大常委会分别补选王明奎、刘家厚为市一届人大代表。届内市人大代表变动均经市一届人大常委会代表资格审查委员会审查，代表调离和去世代表情况真实，罢免代表职务、终止代表职务程序合法，手续完备，其代表资格终止；补选代表符合宪法、法律规定程序和代表基本条件，报经市一届人大常委会确认代表资格有效。至 1998 年 12 月，市一届人民代表大会届满时，有市一届人大代表 478 名。

二、南充市第二届人民代表大会

1998 年 12 月至 1999 年 1 月，南充市 9 县（市、区）人民代表大会和驻市部队选举产生市二届人民代表大会代表 518 名，市选举委员会确定选举结果有效。市一届人大常委会代表资格审查委员会对选举过程进行审查，选举符合宪法、法律规定程序和代表基本条件，报经市一届人大常委会确认的 518 名市二届人民代表大会代表代表资格有效，产生市二届人民代表大会。

南充市第二届人民代表大会代表名单一览表

表 2－2　　（1999 年 1 月）

选举单位	代表名单（以姓氏笔画为序）
顺庆区人大（40 名）	弋光全　马昌群（女，回族）　王开国　王加兴　王光辉　王翠花（女）　冯运欧　吕世璠　任　剑　刘碧玉（女）　孙　纯　杜大平　杜亚刚　杜春茂　李中宣　李玉淑（女）　李茂乔　李　斌　李　强　杨兴碧（女）　杨素珍（女）　杨培源　吴一和　吴宗勤（女）　何多福　余长春　张久文　张世富　张洪明　张晓鸣（女）　罗良秀（女）　胡亨霖　钟文平　侯恩征　高宗成　彭可云　敬中春　韩大进　程玉华（女）　蒲玉清（女）
高坪区人大（40 名）	丁应昌　万泰辉（女）　马林福　王志强　邓先忠　龙小平　冯庆煜　刘　畅　阳礼文　苏明惠（女）　李代玖　李先志　李　果　李国炯　李慎宽　杨世银　杨会兰（女）　杨春林　杨继英（女）　杨毓培　张世金　张泽友　陈代和　青永红　范果太　林国英（女）　明方贵　罗月华（女）　罗阳树　周仁勇　周国民　夏永明　夏再洲　高炳和　陶治国　黄慧兰（女）　章清源　曾崇九　蒲元章　滕明才

续表 2－2

选举单位	代表名单（以姓氏笔画为序）
嘉陵区人大 （48 名）	王仁果　王正忠　王世平　王维泗　毛恩东　申庆明　冯希尧　冯爱国　成开平　任启志　任敏强 刘永尧　刘光发　刘志康　刘维康　孙国政　李玉清（女）　李先荣　杨才智　吴　丽（女） 余善卫　邹海泉　汪绍先　汪嗣荣　张成富　张华荣　张　进　张秀蓉（女）　张学军　陈传乐 陈荣仲　陈　洁　卓俊娴（女）　明　玉（女）　庞　宣　郑思贵　赵太武　赵代坤　姚本莲（女） 郭成志　龚曙光　淳定清　彭建设　斯明甫　蒲发春　蒲嘉春　蒙后珍（女）　魏玉芳（女）
阆中市人大 （62 名）	马再发　马兴福（回族）　王大明　王天勇　王少伯　王兴明（回族）　王明奎　王　旗 毛淑芳（女）　白马拥西（女，藏族）　白永强　任　明　刘文沛　刘富涛　杜明杰　杜炳强 李华琼（女）　杨汉翔　杨　兴　杨兴普　杨安民　杨承华　杨春三（女）　杨俊芳（女） 杨　莽　杨淑芬（女）　来建勇　肖庆果　吴长寿　何国林　何素荣（女）　何模元　张远碧（女） 张运太　张　强　陈绍发　罗永林　罗忠福　罗德满　周玉梅（女）　周尚献　官成康　赵远发 赵国坤　赵　晖（女）　柏富荣　侯　健　贺承德　涂兴录　黄秀兰（女）　黄　青　梁正勤 梁仕培　彭兴友　董仲良　蒋辅义　韩秀珍（女）　韩　英　韩定基（女）　程　琳　蒲仕新 蒲运筹
南部县人大 （92 名）	马良穆（回族）　马朝武　马鹏举　王子孝　王文志　王用生　王永玉　王兴怀　王体刚　王泽碧 王继全　王清萍（女）　王德永　方述锐（女）　邓光瑞　邓清华（女）　田华芬（女） 冯国利　伏文超　任素华（女）　任德俭　向维智　刘文瑞　刘晓云　刘高强　刘家厚　汤德元 孙小林　阳小虎　苏成鹏　李友生　李　双　李仕珍　李永川　李仁勇　李秀华（女）　李维州 杨天武　杨文盛　杨顺孝　吴成信　吴洪榜　何　军　何希美　何国恺　宋先秀　宋素芳（女） 宋清全　张宗金　张继全　张敏忠　张朝州　陆大新　陈　平　陈　浩　范树猛　林　娟（女） 罗开义　罗平亚　罗先锋　罗目省　周丕茂　庞明轩　郑猛功　郑汇芬（女）　赵一洁　赵开源 赵继章　赵　蓉（女）　胡长寿　胡锦云（女）　贺和平　莫小竹（女）　徐兴发　徐安静 高先海　黄旭东　黄登庆　隆富贵　彭小蓉（女）　彭昌家　董淑芳（女）　敬晓娟（女） 蒋治发　喻晓斌　程立功　蒲春举　蒲显福　蒲　勇　蒲彩刚　蒙登茂　谭旭辉（女）
西充县人大 （48 名）	马庆学　王华敬　王家甫　王渲茂　尹孟良　冯锐志　朱　英（女）　任春林　向　宇　庄为充 江明翠（女）　李科元　李润芬（女）　李德平　杨子富　杨昌洪　杨家舜　何国钊　何朝广 张天祥　张益维　张霁帆（女）　陈绍森　陈培珍（女）　罗桂华（女）　庞丕生　庞春华（女） 庞嘉祯　屈玉蓉（女）　赵友禄　赵　中　赵永焕（女）　赵华章　赵培善　赵常奇　赵碧蓉（女） 胥家源　姚其清　秦群林　贾良山　高华英（女）　唐文金　黄明槐　黄经胜　曹直勋 曹慧君（女）　释胜精　蒲廷模
仪陇县人大 （68 名）	王素清（女）　王润民　王　斌　文宗游　邓如兰（女）　邓晓林　龙思泉　龙腾辉　冯新平 权绍伦（女）　朱玉蓉（女）　刘中伯　刘正辉　刘仕益　刘兴斗　刘隆跃　刘禄光　江茂泽 许尔凯　许　伦　许学照　许洪杰　许琼芳（女）　严运杰　苏光莲（女）　杜光辉　李元开 李志荣　杨祥昌　肖盛光　肖庭林　吴名仕　邱碧蓉（女）　何大清　何义文　何义普　何文德 何　勇　何海德　张明权　张　和　陈跃林　陈善荣　范红英（女）　林双远（女）　林益贵 林盟欣　罗成选　罗清泉　郑廷音　赵德胜　胡　威　饶正强　姚　琦　袁晓丽（女）　聂劲枝（女） 唐国英（女）　唐　琦　涂玉华（女）　康咸熙　董仲泽　韩晓明　傅伦佳　曾凡友　谢仕民 雷建兰（女）　鲜经纬　潘琪三
营山县人大 （61 名）	马敬国　王吉成　王明炽　方先吉　方先俊　邓国芳（女）　龙　荣　白劲斌　冯　斌　宁幼康 吕友清　任润华　苏华东　李正碧（女）　李志杰　李茂康　李明全　李泽平　李荣成　李晓康 李富先　杨其孝　杨福碧（女）　吴果行　何春芳（女）　余冬青（女）　邹学智　张廷山 张明才　张素清（女）　陈华明　陈丽芳（女）　陈　健　欧晓东　易书辉　周和平（女） 郑启明　郑映畅　郑剑波　屈良发　赵学宽　段建明　莫恒彪　徐孝碧（女）　郭小川　郭志英（女） 唐　平　唐　泽　唐德友　阎汇琴（女，蒙古族）　喻小广　曾宗瑛（女）　蔡丽君（女） 蔡　勇　蔺正友　廖国安　廖权声　熊海荣（女）　黎　荣　滕明信　魏顺泽
蓬安县人大 （49 名）	朱兴忠　伍晓林　刘心仁　刘王华（女）　刘玉琼（女）　刘延生　刘伦莉（女）　刘绍国 刘　媛（女）　孙明钧　苏碧清（女）　李龙万　李兴国　杨元生　汤正乾　杨顺高　杨碧珍（女） 吴元尧　吴　超　邹艳清（女）　沈秀文（女）　张大华　张文毅　张志成　陈自立　陈尚君 陈忠源　陈香泉　陈晋川　范琼花（女）　周绍君（女）　郑伯成　郑象凡　赵正铭　胡光明 侯瑜俊　祝定国　姚元珍（女）　姚　敏　晏明全　唐国远　唐建秋　唐春燕（女）　梁　斌 谢正顺　谢华国　黎必博　黎德富　魏　磊
驻市部队 （10 名）	朱洪银　伍元富　任利民　向东　张雕选　周荣华　唐亮义　蒋安吉　蒲伦富　赖淑君（女）

1999 年 1 月至 2000 年 1 月，蓬安县人大选举的市二届人大代表陈香泉、黎德富、魏磊，营山县人大选举的市二届人大代表李富先病故。仪陇县人大常委会补选刘光福、陈家怀，高坪区人大常委会补选任晓春为市二届人大代表。2000 年 1 月至 2000 年 12 月，高坪区人大选举的市二届人大代表龙小平、阆中市人大选举的市二届人大代表何模元、南部县人大选举的市二届人大代表李双、仪陇县人大选举的市二届人大代表何大清、驻市部队选举的市二届人大代表唐亮义先后调离南充市行政区域；嘉陵区人大选举的市二届人大代表赵代坤被嘉陵区人大常委会罢免代表职务；阆中市人大选举的市二届人大代表白马拥西、顺庆区人大选举的市二届人大代表杜亚刚辞去代表职务。嘉陵区人大常委会补选陈德林、阆中市人大常委会补选邓火平为市二届人大代表。2001 年 1 月至 2002 年 1 月，阆中市人大选举的市二届人大代表杨安民，营山县人大选举的市二届人大代表吴果行、吕友清，蓬安县人大选举的市二届人大代表刘媛，驻市部队选举的市二届人大代表伍元富、向东先后调离南充市行政区域。顺庆区人大常委会补选黄顺福、彭敏，嘉陵区人大常委会补选张在强、陈修鹏，营山县人大常委会补选宋辉光、陈昌文，西充县人大常委会补选帅国雷、杜延聪，驻市武警 8740 部队补选任利国、陈明德，武警南充支队补选李大军，蓬安县人大常委会、南部县人大常委会分别补选刘伯忠、游少春为市二届人大代表。2002 年 1 月至 2002 年 3 月，西充县人大选举的市二届人大代表尹孟良、南部县人大选举的市二届人大代表汤德元、驻市部队选举的市二届人大代表周荣华先后调离南充市行政区域，仪陇县人大选举的市二届人大代表罗清泉病故。驻市武警 8740 部队补选黄文祥，武警南充市消防支队补选欧阳廷贵为市二届人大代表。2002 年 4 月至 2002 年 11 月，顺庆区人大选举的市二届人大代表敬中春，西充县人大选举的市二届人大代表张天祥，南充军分区选举的市二届人大代表蒲伦富，武警 8740 部队补选的市二届人大代表任利国、陈明德先后调离南充市行政区域。2003 年 1 月至 2003 年 2 月，顺庆区、嘉陵区、高坪区、南部县、蓬安县人大常委会分别补选马道蓉、杨雪鸿、陈新民、周绍林、吕功孝，营山县人大常委会补选周太荣、罗南辉，仪陇县人大常委会补选蒋元忠、李成忠为市二届人大代表。2003 年 12 月，高坪区人大选举的市二届人大代表杨春林被高坪区人大常委会罢免代表职务。届内市二届人大代表变动均经市二届人大常委会代表资格审查委员会审查，代表调离和去世情况真实，接受代表辞职、罢免代表职务程序合法，手续完备，其代表资格终止；补选代表符合宪法、法律规定程序和代表基本条件，报市本届人大常委会确认代表资格有效。至 2003 年 12 月，市二届人民代表大会届满，有市二届人大代表 518 名。

三、南充市第三届人民代表大会

2004 年 1 月至 2 月，南充市 9 县（市、区）人民代表大会和驻市部队选举产生市三届人民代表大会代表 505 名，市选举委员会确定选举结果有效，市二届人大常委会代表资格审查委员会对选举过程进行审查，选举符合宪法、法律规定程序和代表基本条件，报经市二届人大常委会确认的 505 名市三届人民代表大会代表代表资格有效，产生市三届人民代表大会。

南充市第三届人民代表大会代表名单一览表

表 2－3（2004 年 3 月）

选举单位	代表名单（以姓氏笔画为序）
顺庆区人大（39 名）	马道蓉（女，回） 王仁果 王进（女） 王星照 田世宏 冉崇恒 刘碧玉（女） 李红兵 李应乔 李春光 李新春 吴仕诺 何万金 何小平 何昌惠（女） 何晓英（女） 张志成 张雪妃（女） 陈 飞 陈 志 陈 君 林国英（女） 林 鸥（女） 易延兴 赵定成 段永红 凌保东 郭玉梅（女） 唐普一 唐 毅 黄 昕 黄顺福 淳定清 彭先均 彭 敏（女） 蒋贤良 覃瑜莉（女） 程玉华（女） 潘琪文
高坪区人大（38 名）	刘美华（女） 刘敏俐（女） 杜桂琼（女） 李 果 李辉桃 李慎宽 杨凤林 时春英（女） 吴浩彪 何 平 何 重 余贤英（女） 余善卫 张志明 张奇伟 张国庆 张 和 张 春（女） 陈 博 陈新民 陈福英（女） 青永红 青凌波 罗思广 罗朝汇 周国民 胡光明 徐天喜 唐文金 黄晓红（女） 黄慧兰（女） 章清源 寇德林 蒋家荣 释广永 谢子钊 蒲元章 蒲芝龙
嘉陵区人大（46 名）	万义军 王 吉 王 伦 王 健（女） 王朝富 王 毅 冯成明 冯希尧 任俊明 刘长安 刘光发 刘 松 刘维康 刘慧芳（女） 江绍刚 苏云强 杜路成 李晓荣 李晓慧（女，土家） 李通勇 杨雪鸿 吴宗麟 张 平 张在强 张成富 张 帆 张 荔（女） 陈修鹏 陈德林 青建伟 明菊华（女） 罗凤琼（女） 郑 焰 赵太武 赵秀清（女） 赵 燕（女） 钟双全 侯定沅 蒋立言 韩官全 喻小广 蒲永富 蒲发春 蒲群英（女） 蒙庆珍（女） 魏玉芳（女）
阆中市人大（60 名）	马 波 马洪斌 王大明 王天勇 王少伯 王加常 王 刚 王兴志 王兴明（回族） 王贵洲 王 旗 文 平 邓国秀（女） 邓 敏 冯朝勇 冯 斌 朱卫兵（女） 任晓春 刘长权 刘 忠 李中卯 李华琼（女） 李建波 杨 平 杨永红（女） 杨春玉（女） 肖 辉 何长英（女） 何晓荣 张益元 张 强 张碧全 张霁帆（女） 陈跃芬（女） 陈福生 欧素华（女） 罗永林 周 力 周玉梅（女） 郑勇德 官晓林 孟慧蓉（女） 赵书远 赵春禄（女） 赵 晖（女） 胥仕勋 顾新荣 徐召吉 陶治国 曹 阳（女） 彭兴友 董 超 蒋丽华（女） 蒋辅义 温焕云（女） 蒲卫东（回族） 蒲仕新 蒲 炜 蔡 勇 魏顺泽
南部县人大（91 名）	马秀琼（女） 王一茹（女） 王文志 王玉琼（女） 王兴怀 三运志 王泽碧 王桂华（女） 王继全 勾春平 邓光瑞 邓鸣湖 邓清华（女） 冯武忠 冯祥权 朱家媛（女） 任素红（女） 任德俭 刘天纯 刘友生 刘恩浦 刘高强 刘家厚 严绍福 杜文国 杜沂珉（女） 杜武勤 李玉珍（女） 李光文 李光辉 李传勇 李伯乐 李国英（女） 李树凡 杨仕全 杨 冰（女） 杨 岚（女） 杨顺孝 吴宗才 吴菊芬（女） 何顺伦 何 勇 何海燕 何清瑞 汪小伟 汪 俊 宋玲蓉（女） 张年琼 张春典 张继全 张 森 陈 平 陈茂林 陈 涛（女） 陈 浩 陈密勇 幸天勇 罗 维 周绍林 郑映畅 郑猛功 赵一吉 赵玉章 赵记章 赵明光 赵 蓉（女） 胥亚英（女） 贺和平 敖宏彬 夏绍蓉（女，彝族） 徐 元 徐 海 唐红春（女） 黄朝和 梁正勤 梁仕培 彭建设 董淑芳（女） 敬永霞（女） 敬树政 蒋治发 喻晓斌 谢华国 谢勇恩 蒲五才 蒲玉梅（女） 蒲显福 蒲锐光 蒙登茂 雍玉红（女） 廖白露（女）
西充县人大（47 名）	马云海 马庆学 马明书 王秋明 王清茂 王 智 王静莉（女） 邓明志 付小云（女） 冯小军 刘 勇 刘鑫平 孙远程 孙 纯 孙琼惠（女） 杜延聪 杜兵 杜建辉 李德平 杨丹 杨怀春 杨林江 杨昌洪 何大山 何国钊 何碧琼（女） 张一飞 张吉会（女） 陈正泽 陈昌义 罗平亚 周 原 周继琼 屈良俊 赵学会（女） 赵培善 侯卿平 胥慧琼（女） 贾志彪 柴小强 高先海 黄启纯（女） 黄明槐 崔竹君（女） 游少春 黎必博 魏 泱
仪陇县人大（67 名）	王方军 王定辉 王 晞（女） 邓学辉 邓济昌 石耀忠 龙思泉 付经明 兰 阳 刘正辉 刘守怀 刘红英（女） 刘高华 刘 彬 刘 媛（女） 刘福宁 安 靖（女） 许尔凯 许琼芳（女） 阳康志 严官明 杜光辉 李元开 李 平 李成忠 李怀淑（女） 李育明 李 波 李晓荣（女） 李雪梅（女） 杨春燕（女） 吴应学 吴道军 邱明星 何义文 何 平 何秀芳（女） 何 斌 张 杰 张艳玲（女） 陈 奇 陈 科 陈善荣 陈露梅（女） 林盟欣 罗 荣 罗湘卒（女） 周秀珍（女） 郑大清 袁召琼（女） 聂高升 贾 晖（女） 唐 琦 涂玉华（女） 黄登强 曹 雷 崔 均 康咸熙 彭代彬 彭昌家 蒋元忠 韩晓明 傅伦佳 曾 曦 蒲芝元 熊华英（女） 黎洪昌

续表 2－3

选举单位	代表名单（以姓氏笔画为序）
营山县人大（59 名）	弋光全　马敬国　王红英（女）　王杰明　王明进　王荣忠　王　勇　王　梅（女）　方小莉（女）　尹才勋　邓晓梅（女）　石国付　田玉华（女）　史有全　白秀华（女）　白劲斌　冯　艳（女）　宁幼康　许阳占　苏华东　李正刚　李永英（女，土家）　李志杰　李茂康　李秉国　李　琼（女）　杨亚洲　杨其孝　杨福碧（女）　肖凤碧（女）　肖志权　张建荣　陈功全　陈　伟　陈　健　罗青芳（女）　罗南辉　周太荣　赵世忠　赵德荣　胡文龙　柏富荣　钟吕坤　侯建英（女）　侯琼芳（女）　夏丹娟（女）　高宗成　郭小川　唐华全　唐　泽　黄祖强　蒋德芳（女）　曾振宇　蔡贤志　蔺正友　鲜玉珍（女）　鲜建荣　黎　明　滕明佳
蓬安县人大（48 名）	王润生　吕功孝　伏文超　刘少康　刘中平　刘中伯　刘玉华（女）　刘延生　刘华明　刘伯忠　刘　琪（女）　刘　楠　汤琪华（女）　李龙万　李克伦　李秀芳（女）　李明节　李忠明　李梦华（女）　李　敏（女）　吴元尧　吴志国　佘正松　邹平　张大华　张兰英（女）　陈自立　陈　静（女）　范琼花（女）　罗小锋　罗　琳　郑兴国　胡　云　段素霞（女）　侯瑜俊　唐国远　唐建秋　唐春燕（女）　唐洁屏（女）　唐恒金　黄万才　黄万灿　梁　斌　覃一民　蔡建忠　谭显维　魏兴峨　魏定平
驻市部队（10 名）	朱洪银　青泽政　贺国庆　程世培　刘　军　张雕选　郑　庸　袁诗光　李大军　欧阳廷贵

2004 年 3 月至 2005 年 1 月，顺庆区人大选举的市三届人大代表黄顺福、冉崇恒、唐普一，嘉陵区人大选举的市三届人大代表王毅，西充县人大选举的市三届人大代表王静莉，营山县人大选举的市三届人大代表杨亚洲先后调离南充市行政区域。其间，2004 年 11 月，营山县、高坪区人大常委会分别选举的市三届人大代表石国付、陈博分别被营山县、高坪区人大常委会罢免市三届人大代表职务。2005 年 1 月，顺庆区、西充县、南部县、营山县人大常委会分别补选王宁、蔡绍雄、杨建华、袁志鸣，嘉陵区人大常委会补选何智彬、谢和友，蓬安县人大常委会补选刘强、杜延茂为市三届人大代表。2005 年 2 月至 2005 年 11 月，嘉陵区人大选举的市三届人大代表陈德林、张平、刘长安，阆中市人大选举的市三届人大代表蒋辅义，南部县人大选举的市三届人大代表赵明光，驻市部队选举的市三届人大代表刘军先后调离南充市行政区域。其间，2005 年 9 月，南部县人大选举的市三届人大代表蒋治发被南部县人大常委会罢免代表职务。2005 年 12 月至 2006 年 1 月，高坪区、嘉陵区、阆中市、南部县、营山县、仪陇县人大常委会分别补选黄小明、弋国才、向东、方昕、刘永尧、刘克常为市三届人大代表。2006 年 2 月至 2006 年 11 月，顺庆区人大选举的市三届人大代表田世宏，嘉陵区人大选举的市三届人大代表侯定沅，南部县人大选举的市三届人大代表勾春平，营山县人大选举的市三届人大代表钟吕坤，蓬安县人大选举的市三届人大代表刘中伯、胡云、李明节，仪陇县人大选举的市三届人大代表任晓春，驻市部队选举的市三届人大代表李大军先后调离南充市行政区域。2006 年 12 月至 2007 年 1 月，阆中市人大常委会补选蒋建平、陈正广，西充县人大常委会补选阎利仁、冯异友，蓬安县人大常委会补选杨勇、黄成立，仪陇县人大常委会补选范平、张险峰，驻市部队补选王松清为市三届人大代表。2007 年 2 月至 2007 年 5 月，南部县人大选举的市三届人大代表吴宗才病故，顺庆区人大选举的市三届人大代表王宁、驻市部队选举的市三届人大代表黄祖强先后调离南充市行政区域。2007 年 6 月至 2006 年 7 月，顺庆区、南部县、蓬安县人大常委会分别补选刘宏建、何修礼、袁菱，嘉陵区人大常委会补选李强成、李达帆为市三届人大代表。2007 年 7 月至 2007 年 10 月，南部县人大选举的市三届人大代表方昕、驻市部队选举的市三届人大代表张雕选先后调离南充市行政区域。2007 年 11 月，南部县、营山县、仪陇县分别选举的市三届人大代表赵记章、白劲斌、周秀珍先后被选举县人大常委会罢免代表职务。届内市三届人大代表变动均经市三届人大常委会代表资格审查委员会审查，代表调离和

去世情况真实，罢免代表职务程序合法，手续完备，其代表资格终止；补选代表符合宪法、法律规定程序和代表基本条件，报市本届人大常委会确认代表资格有效。至 2007 年 12 月，市三届人民代表大会届满，有市三届人大代表 501 名。

四、南充市第四届人民代表大会

经省人大常委会决定，南充市第四届人民代表大会代表名额为 522 名。2008 年 1 月至 4 月，南充市 9 县（市、区）人民代表大会和驻市部队，先后选举产生市四届人民代表大会代表 509 名，市选举委员会确定选举结果有效，市三届人大常委会代表资格审查委员会对选举过程进行审查，选举符合宪法、法律规定程序和代表基本条件，报经市三届人大常委会确认的 509 名市四届人民代表大会代表代表资格有效，产生市四届人民代表大会。

南充市第四届人民代表大会代表名单一览表

表 2－4　　（2008 年 5 月）

选举单位	代表名单（以姓氏笔画为序）
顺庆区人大（39 名）	马道蓉（女，回族）　王仁果　王奇志（女）　王定华　邓　建　邓　登　刘　彬　刘鑫平　杜　彬　李天祥　李元开　吴　开　张仕和　张益萍（女）　陈　宁　陈修鹏　林登德　易树文　罗加福　罗　斌　季文智　周　俊　庞文健　赵　华　姚　宏（女）　秦文仙（女）　贾成刚　徐永萍（女）　郭玉梅（女）　唐建明　唐俐斌　陶治国　淳定清　覃瑜莉（女）　程玉华（女）　蒲　涛（女）　雍兴兵　廖　丹　廖先毅
高坪区人大（40 名）	马长清　王朝富　田蓬南　任兵平　任贤明　任清礼　刘冬苓（女）　刘美华（女）　杜光辉　杜桂琼（女）　李晓松　李慎宽　杨凤林　杨　铁　杨雪鸿　杨朝光　吴宗麟　何　平　何花强（女）　何　征　宋永娟（女）　张志明　张迎春（女）　张奇伟　陈忠树　陈学明　陈新民　青　超　莫海清　唐子理（女）　唐文金　黄小明　黄再林　董清源　寇德林　彭代彬　蒋大清　程世培　释广永　雷　震
嘉陵区人大（47 名）	弋国才　尹晓辉（女）　冯希尧　冯　斌　朱家媛（女）　刘顺军　刘维康　江绍刚　杜成根　杜路成　李达帆　李光明　李晓兰（女）　李晓荣　李雪飞（女）　李强成　杨先泽　杨秀琼（女）　杨辉和　肖　辉　何传强　何奉江　何晓荣　何智彬　张三梅（女）　张在强　张　帆　张红梅（女）　张金广　张　荔（女）　陈功全　青建伟　罗凤琼（女）　赵　燕（女）　钟双全　袁生泽　袁先庚　袁　彪　徐　志　唐永康　黄祖林　彭发阳　韩官全　蒲正良　蒲发春　蒲群英（女）　蒙庆珍（女）
阆中市人大（60 名）	马　波　马洪斌　王兴志　王兴明（回族）　王扶玖　王星照　王　格　王瑜辉　王　旗　牛德强　文　平　文亚波（女）　邓　敏　朱卫兵（女）　朱廷春（女）　任洪江　向　东　李中卯　李东旭（女）　李华琼（女）　李全林　李明香（女）　李育明　杨国栋　杨　贵　吴利平　何长英（女）　何旭东　何　莫（女）　陈正广　陈素华（女）　陈福生　欧素华（女）　罗玉华（女）　罗永林　周兴文　官晓林　赵书远　赵爱华（女）　柯　敏　费　明（女）　姚　鹏　袁才武　聂　铭　高先辉　唐　鸿　黄凤林　曹仁伟　曹　阳（女）　崔　均　寇子旭　彭　莉（女）　蒋建平　蒲卫东（回族）　蒲仕新　蒲芝龙　蔡　勇　蔡智莉（女）　廖德惠　谭　波
南部县人大（89 名）	马东然　马秀琼（女）　马锡昊　王一茹（女）　王桂华（女）　方礼文　尹光明　邓小雪（女）　邓鸣湖　邓清华（女）　冯绍娟（女）　任德俭　刘友生　刘扬杰　刘高强　刘　鹏　阳小虎　杜万伦　杜秀娟（女）　杜沂民（女）　杜　彬　李小平　李玉珍（女）　李光辉　李传军　李　军　李伯乐　李国英（女）　杨仕全　杨仕斌　杨　伟　杨　冰（女）　杨　进　杨　波（女）　杨顺孝　杨　鑫　何顺伦　何修礼　何海燕　汪小伟　汪文成　汪　俊　宋玲蓉（女）　张年琼　张兴全　张　军　张昌华　张建华（女）　张　森　张　斌　陈正泽　幸天勇　罗　维　迭国原　金衍棉　周绍林　周继琼　郑猛功　屈经甫　赵建国　赵　斌　胡光明　胡修云　姚世平　贺和平　袁　碧（女）　聂明国　莫义广　郭友谊　唐红春（女）　唐峻峰　唐浪生　黄朝和　康　健（女）　彭昌家　彭建设　敬永霞（女）　敬树政　敬莲花（女）　谢华国　蒲元涛　蒲玉梅（女）　蒲显福　蒲晓斌　蒲锐光　雍王红（女）　廖白露（女）　廖茂杰　薛留伟

续表 2－4

选举单位	代表名单（以姓氏笔画为序）
西充县人大（47名）	王永茂　王其浩　邓建新　石耀忠　卢忠伟　冉小琼（女）　冯小军　冯异友　冯明义　冯学奎　朱玉红（女）　任守斌　孙琼惠（女）　严　明　杜亚利（女）　杜延茂　李　元　李国龙　李明全　李南春（女）　李　彪　邱汉乔　何大山　何小平　何明科　何碧琼（女）　张一飞　张　洵　范小民　范德会（女）　罗开琼（女）　周　原　赵学会（女）　赵思勇　赵培善　侯祥仲　高先海　高壮志　黄明槐　黄啟纯（女）　崔竹君（女）　阎利仁　喻小广　游少春　蔡绍雄　鲜俊才　熊营生
仪陇县人大（69名）	王文艺　王方军　王玉莲（女）　王志佳　王定辉　邓济昌　宁卫平　朱　瑛（女）　伏贤猛　任　明　向彦明　刘永福　刘光学　刘红英（女）　刘克常　刘宏建　刘良国　刘　媛（女）　安　靖（女）　许琼芳（女）　麦生学　严官明　杜志敏（女）　李小平　李　莉（女）　李晓玫（女）　李　涛　李琼瑶（女）　杨建华　肖丽君（女）　吴开洪　吴应学　吴道军　邱明星　何义文　余新民　张　杰　张险峰　张艳玲（女）　张晓艳（女）　陈思林　陈　科　陈家怀　陈善荣　陈露梅（女）　范　平　林盟欣　罗均生　罗克轼　罗湘卒（女）　周　力　郑大清　胡文军　胡永伦　胡胜平　姜华　姜福芳（女）　夏建平　徐　元　唐琳琅　唐路明　曹　雷　龚　宁　彭洪吉　蒋大芝　傅伦佳　熊华英（女）　黎洪昌　潘婷婷（女）
营山县人大（59名）	王杰民　王荣忠　王　勇　方小莉（女）　尹才勋　艾小松　龙建春　卢德全　史有权　白秀华（女）　冯祥权　宁幼康　刘永尧　刘剑平　孙家东　阳　柳（女）　苏华东　李正刚　李茂盛　李国清　李莲英（女）　李海涛　李祥昌　李　琼（女）　李锦蓉（女，彝族）　杨　健　肖凤碧（女）　肖志权　吴绪文　邹九九　张其锐　张和　张　毅　陈兴智　陈昌义　罗南辉　周太荣　周汝席　郑　琨（女）　胡文龙　钟　敏（女）　段茜君（女）　侯方杰　袁志鸣　柴心怡　徐冬梅（女）　郭小川　唐恒博　黄远斌　蒋松伯　蒋德轩　曾振宇　谢和友　蔡智明（女）　谭顺辉　黎　明　滕明佳　魏书林　魏兴峨
蓬安县人大（49名）	王志伟　王应龙　王香梅（女）　王　瑜　王德根　邓彩群（女）　刘少康　刘玉华（女）　刘华明　刘伯忠　刘　强　汤其华（女）　孙　纯　孙　超　李志杰　李克伦　李秀芳（女）　李建平　李德平　杨丽君（女）　吴元尧　邹　平　辛仲文　汪旭英（女）　张　云（女）　张庭澍　张德胜　陈中贵　陈自立　陈茂英（女）　陈　炜　奉崇权　青泽政　范琼花（女）　罗大明　罗小峰　周玉艾　周京国　郑兴国　赵小轻　袁　菱（女）　唐利民　黄万灿　黄成立　梅质军　曹　轩　蒋佳珊（女）　谢福瓶　谭显维
驻市部队（10名）	王松清　冯　潜　李宏生　何良奎　陈应学　罗　胜　罗德礼　费国宏　贾雪荔（女）　梁建文

2008 年 5 月至 2009 年 1 月，高坪区人大选举的市四届人大代表杨雪鸿，南部县人大选举的市四届人大代表唐浪生、方礼文，蓬安县人大选举的市四届人大代表刘强，驻市部队选举的市四届人大代表罗德礼先后调离南充市行政区域。其间，2009 年 1 月，嘉陵区、西充县、蓬安县人大常委会分别补选伍果丽（女）、韩伦红、刘光远为市四届人大代表。2009 年 2 月至 2010 年 1 月，营山县人大选举的市四届人大代表周太荣、仪陇县人大选举的市四届人大代表刘良国、高坪区人大选举的市四届人大代表黄小明先后被选举县、区人大常委会罢免代表职务；阆中市、仪陇县人大分别选举的市四届人大代表费明、陈家怀辞去代表职务。2010 年 1 月，高坪区、阆中市人大常委会分别补选刘本良、沈一凡，南部县人大常委会补选温桂彪、汪忖理，营山县人大常委会补选王晓钧、王玉龙为市四届人大代表，驻市部队补选 1 名市四届人大代表。2010 年 1 月至 2011 年 1 月，阆中市人大选举的市四届人大代表崔均，南部县人大选举的市四届人大代表邓小雪、彭建设，西充县人大选举的市四届人大代表邱汉乔，仪陇县人大选举的市四届人大代表范平、向彦明先后调离南充市行政区域。其间，2010 年 6 月，嘉陵区人大选举的市四届人大代表刘维康被嘉陵区人大常委会罢免代表职务。2010 年 12 月，高坪区人大常委会补选王邦习、贾敬铣，阆中市人大常委会补选王明章、罗庆双为市四届人大代表。2011 年 1 月，市四届人大四次会议后，嘉陵区人大选举的市四届人大代表李强成、驻市部队选举的市四届人大代表罗胜先后调离南充市行政区域。其间，2011 年 10 月，仪陇县人大常委会补选蒋晓凌为市四届人

大代表。届内市四届人大代表变动均经市四届人大常委会代表资格审查委员会审查，代表调离情况真实，接受代表辞职、罢免代表职务程序合法，手续完备，其代表资格终止；补选代表符合宪法、法律规定程序和代表基本条件，报市本届人大常委会确认代表资格有效。至2011年12月，市四届人民代表大会届满，有市四届人大代表504名。

五、南充市第五届人民代表大会

经省人大常委会决定，南充市第五届人民代表大会代表名额为522名。2011年12月，南充市9县（市、区）人民代表大会和驻市部队，先后选举产生市五届人民代表大会代表515名，市选举委员会确定选举结果有效，市四届人大常委会代表资格审查委员会对选举过程进行审查，选举符合宪法、法律规定程序和代表基本条件，报经市四届人大常委会确认的515名市五届人民代表大会代表代表资格有效，产生市五届人民代表大会。

南充市第五届人民代表大会代表名单一览表

表2－5 （2012年1月）

选举单位	代表名单（以姓氏笔画为序）
顺庆区人大（45名）	弋国才 弋才剑 马道蓉（女，回族） 王奇志（女） 尹文莉（女） 邓 建 代 俊 朱 华（女） 朱 瑛（女） 伍果丽（女） 刘启民 刘 彬 刘鑫平 杜 彬 李天祥 李建民 杨国斌 杨辉和 吴士诺 张应富 陈 宁 陈伦全 陈彦鹏 林登德 罗加福 季文智 庞文健 郑再兴 屈经甫 柯培发 姚 宏 秦文仙 袁 刚 唐利斌 戚 辉 覃瑜莉（女） 粟 粟 程玉华（女） 释灵慈（女） 温桂彪 谢 勇 蒲 涛（女） 廖 丹 廖白露（女） 谭绍兵
高坪区人大（43名）	伏贤猛 王体刚 王宗坤 邓俊辉（女） 朱家媛（女） 任乐平 任清礼 刘 川 刘本良 刘美华（女） 刘敏俐（女） 杜光辉 杜桂琼（女） 杜碧君（女） 李 弘 李道成 李慎宽 杨天武 杨凤林 杨 铁 何江蓉（女） 何 征 何朝坤 张迎春（女） 张晓艳（女） 陈利权 陈绍荣 罗 飚（女） 周 刚 周国民 郑小红（女） 胥卫东 顾东辉 柴心怡 唐子理（女） 唐文金 唐仕海 章清源 梁 进 寇德林 谢华国 雷 震 廖先民
嘉陵区人大（49名）	王邦习 王 平 王贵平 王桂华（女） 尹光明 尹晓辉（女） 史 燚 冉中华 包丽蓉（女） 任雪峰 刘永尧 刘自新 孙修峰 杜成根 李晓荣 李 康 杨武秀（女） 吴诗全 何 龙 何传强 何晓荣 张代君（女） 张 帆 张红梅（女） 张和才 张 荔（女） 陈功全 陈亚军 范 飞 范中伟 赵 燕（女） 胡光明 胡 红（女） 钟双全 袁 山 袁先庚 唐永康 唐 涛 涂 健 黄祖林 龚 宁 彭发阳 董 敏 蒋和金 韩秀琼（女） 蒲正良 蒲影飞（苗族） 雷国林 黎林光
阆中市人大（59名）	马 波 马顺宁（回族） 王兴明（回族） 王 虎 王 勇 王 格 王晓钧 王 旗 文 平 文亚波（女） 邓建新 邓 敏 帅丕志 朱卫兵 朱旭霞（女） 伏 亮 任 益 向 东 杜永龙 李小云（女） 李晓松 李全林 李秀琼（女） 杨均英（女） 杨国栋 杨 贵 何明科 何晓君（女） 张小东 张丽华（女） 陈玉芬（女） 陈龙全 陈绍波 陈素华（女） 陈福生 苟晓利（女） 易 良 罗庆双 周兴文 郑 云 胡安福 胡 蓉（女） 柯 敏 洪 峰 袁才武 徐晓阳（女） 席筠梅（女） 唐 鸿 盛 强 寇子旭 蒋建平 蒋晓林 韩 娟（女） 廖伦志 廖德惠 谭正佐 熊小林 颜 昭 魏晓泉

续表 2－5

选举单位	代表名单（以姓氏笔画为序）
南部县人大（83 名）	王玉龙 马东然 马秀琼（女） 马锡果 王炳培 王继全 尤朝晖 邓清华（女） 卢成华（女） 冯国连 冯 斌 朱仕友 朱彦雨 任保林 任德俭 刘友生 刘光辉 刘克常 刘剑平 刘高强 孙洪芬（女） 阳小虎 杜莉春（女） 杜 彬 杜 毅 李大江 李小平 李东旭（女） 李光明 李光辉 李国英（女） 李育明 李南春（女） 杨仕全 杨成果 杨 冰（女） 杨 进 吴全兴 何旭东 何志明 何 昕 何修礼 何智彬 何 婷（女） 汪小伟 汪 俊 宋玲蓉（女） 张子和 张仁芬（女） 张年琼 张全杰 张 斌 陈小俐（女） 陈正泽 陈财明 幸天勇 罗加平 金衔棉 周绍林 郑鹏溱 赵 华 赵建国 胡仕明 侯 健 姚世平 袁克均 袁 碧（女） 贾 勇 黄萧冰 黄朝和 曹齐麟 彭正炯 敬玉秀（女） 敬永国 敬 虹（回族） 敬莲花（女） 谢 瑛（女） 蒲显福 雍小君（女） 蔡永泉 廖茂杰 黎 明 薛留伟
西充县人大（47 名）	王永茂 马 婕（女） 王其浩 王 鑫 邓 东 邓如云 石耀中 龙 刚 白 云 冯小军 冯异友 吕兴伦 任 明 刘小玲（女） 刘 平 刘建菊（女） 江志勇 安淮胜 孙琼惠（女） 严 杰 李化树 李 军 李甫健 李炳才 李 莉（女） 杨建华 杨春林 肖云强 何 华（女） 何 春 范昌惠（女） 罗 妍（女） 赵云强 赵文萍（女） 赵 磊 侯国忠 侯祥仲 胥洪超 贾红君（女） 贾敬铣 高先海 郭峥嵘 韩伦红 舒天忠 游 江 谢和友 谢 勇
仪陇县人大（70 名）	王晓晴 王文艺 王方军 王 伟 方建全 石全华 石珍全 田景耀 冯明义 任 蕾（女） 刘永强 刘 岗 刘宏建 刘 媛（女） 安 靖（女） 严培东 李小平 李忠福 李承华 李晓兰（女） 李 涛 李琼瑶（女） 肖 岚（女） 吴开洪 吴成德 吴道军 何永钧（女） 何安玉 何孝英（女） 汪小菊（女） 张庆国 张 杰 张险峰 张 勇 张艳玲（女） 张 敏（女） 张 超 张 雄 陈学一 陈 科 陈善荣 陈露梅（女） 罗兴武 罗均生 罗克轼 罗晓明 罗雄林 周 益 周 菊（女） 胡文军 胡 鸢 胡绍俊 胡胜平 柏洪强 姜福芳（女） 秦 明 贾怀平 徐 元 唐琳琅 唐 蔚（女） 黄光伟 康际平 康 健（女） 彭洪吉 彭 健 蒋继学 喻小广 蔡 青（女） 廖全军 黎万吉
营山县人大（60 名）	王杰民 于兰萍（女） 王 勇 方小莉（女） 龙建春 卢德全 仪龙云 白秀华（女） 冯 伟 冯建国 兰兴国 任黎明 孙家东 阳仁泽 杜云芳（女） 杜延茂 巫小莲（女） 李玉清（女） 李志杰 李郁葱（女） 李国清 李 明 李荣成 李莲英（女） 李海涛 李祥昌 杨茂康 杨国平 杨 波 杨素梅（女） 杨 健 肖凤碧（女） 吴绪文 何小波 何 俊 邹九九 张其锐 张 和 陈兴智 欧阳东林 罗 涛 周 原 胡 斌 段茜君（女） 侯小康 侯方杰 侯双林 骆亚忠 徐冬梅（女） 唐恒博 唐爱民 陶治国 黄利生 黄海涛 葛淑清（女） 蒋松伯 蔡绍雄 鲜俊才 廖大春 滕明佳
蓬安县人大（49 名）	王应龙 王志伟 王官中 王建忠 母 华 乔逆希（女） 刘庆平 刘伯忠 汤其华（女） 杜 胜 李 红（女） 李建平 杨元勇 杨明君 肖 文 吴元尧 吴宜文 邹 平 辛仲文 沈一凡 张 云（女） 张 俊（女） 陈自立 陈茂英（女） 陈 炜 陈学军 陈晓明 罗晓峰 罗 靖 罗德义 郑兴国 郑和平 赵小轻 祝 洁（女） 袁 菱（女） 唐利民 唐作银 黄万灿 黄成立 梅质军 曹 轩 蒋丽芳（女） 蒋晓凌 谢福瓶 雷小平 蔡青海 蔡宝成 廖映成 滕明鹏
驻市部队（10 名）	夏礼作 李宏生 李 凯 肖 辉 陈 伟 黄 轶 盛兴泉 梁建文 裴 雨 熊工宇

2012 年 1 月至 2012 年 12 月，高坪区、南部县、仪陇县人大和驻市部队分别选举的市五届人大代表李道成、何智彬、方建全、盛兴泉先后调离南充市行政区域。其间，2012 年 11 月，仪陇县人大选举的市五届人大代表罗克轼被仪陇县人大常委会罢免代表职务，陈学一辞去市五届人大代表职务。2012 年 12 月至 2013 年 1 月，市五届人大代表没有增减变化。2013 年 1 月至 2014 年 2 月，顺庆区、嘉陵区、阆中市、南部县人大分别选举的市五届人大代表袁刚、范中伟、王虎、赵建国，西充县人大选举的市五届人大代表谢和友、白云、游江、舒天忠先后调离南充市行政区域。其间，2013 年 12 月，蓬安县人大选举的市五届人大代表母华辞去代表职务，仪陇县、蓬安县人大分别选举的市五届人大代表周益、袁菱，先后被仪陇县、蓬安县人大常委会罢免代表职务。高坪区、嘉陵区、西充县、营山县

人大常委会分别补选王利涛、罗适、刘作鸿、罗明远，南部县人大常委会补选黄洪华、李崇明，仪陇县人大常委会补选陈智尧、胡钊阳、李继康为市五届人大代表。2014 年 2 月至 2015 年 5 月，顺庆区人大选举的市五届人大代表陈宁，高坪区人大选举的市五届人大代表唐文金，嘉陵区人大选举的市五届人大代表杨武秀、胡红，仪陇县人大选举的市五届人大代表刘宏建，驻市部队选举的市五届人大代表熊工先后调离南充市行政区域。高坪区、阆中市人大分别选举的市五届人大代表唐仕海、蒋晓林病故。顺庆区、高坪区、西充县、营山县人大分别选举的市五届人大代表刘彬、朱家媛、杨建华、杜延茂，嘉陵区人大选举的市五届人大代表胡光明、李康，南部县人大选举的市五届人大代表刘光辉、黄萧冰、何修礼、袁克均，仪陇县人大选举的市五届人大代表贾怀平、刘岗，蓬安县人大选举的市五届人大代表雷小平、邹平、赵小轻先后辞去代表职务；南部县人大选举的市五届人大代表何昕，营山县人大选举的市五届人大代表罗涛，蓬安县人大选举的市五届人大代表罗小峰先后被选举县人大常委会罢免代表职务。其间，2015 年 5 月，顺庆区、高坪区、阆中市人大常委会分别补选陈光浩、王翠花、单木真，嘉陵区人大常委会补选潘国华、匡科、贾德华，南部县人大常委会补选吴小可、唐燕、李在伟、张根生，西充县人大常委会补选袁险峰、古正举，仪陇县人大常委会补选李仲彬、何迎晓、熊建春，营山县人大常委会补选林建国，蓬安县人大常委会补选曾勇、徐远火，驻市部队补选出尹方、杨铁成、周文为市五届人大代表。2015 年 5 月至 9 月，顺庆区人大选举的市五届人大代表马道蓉、伍果丽、陈修鹏，高坪区人大选举的市五届人大代表杜光辉、杨铁、谢华国，嘉陵区人大选举的市五届人大代表雷国林，阆中市人大选举的市五届人大代表李晓松、张小东、胡蓉、魏晓泉，南部县人大选举的市五届人大代表冯斌、李南春、杨成果、胡仕明，西充县人大选举的市五届人大代表王永茂、任明、李军、高先海，仪陇县人大选举的市五届人大代表吴道军、张险峰、罗兴武、康际平、喻小广，营山县人大选举的市五届人大代表李明、李志杰、杨茂康、骆亚忠、陶治国、蔡绍雄、廖大春，蓬安县人大选举的市五届人大代表陈自立、黄成立先后辞去代表职务。嘉陵区人大选举的市五届人大代表黎林光调离南充市行政区域，蒋和金病故；仪陇县人大选举的市五届人大代表胡胜平代表病故。2015 年 9 月至 2016 年 3 月，顺庆区人大选举的市五届人大代表陈伦全，阆中市人大选举的市五届人大代表杨贵、向东先后调离南充市行政区域。其间，2016 年 2 月，顺庆区、南部县、西充县、蓬安县人大常委会和驻市部队分别补选朱华、宋先佐、陈泽斌、蒲国、佘东明，阆中市人大常委会补选宋朝华、张斌、高立新，仪陇县人大常委会补选李晓东、张晋林为市五届人大代表。届内市五届人大代表变动均经市五届人大常委会代表资格审查委员会审查，代表调离、去世情况真实，接受代表辞职、罢免代表职务程序合法，手续完备，其代表资格终止；补选代表符合宪法、法律规定程序和代表基本条件，报市本届人大常委会确认代表资格有效。至 2016 年 10 月，市五届人民代表大会届满，有市五届人大代表 472 名。

六、南充市第六届人民代表大会

经省人大常委会决定，南充市第六届人民代表大会代表名额为 522 名。2016 年 11 月至 12 月，南充市 9 县（市、区）人民代表大会和驻市部队，先后选举产生市六届人民代表大会代表 509 名，市选举委员会确定选举结果有效，市五届人大常委会代表资格审查委员会对选举过程进行审查，选举符合宪法、法律规定程序和代表基本条件，报经市六届人大常委会确认的 508 名市六届人民代表大会代表代表资格有效，1 名代表资格暂缓确认，产生市六届人民代表大会。

南充市第六届人民代表大会代表名单一览表

表 2－6

（2017 年 1 月）

选举单位	代表名单（以姓氏笔画为序）
顺庆区人大（44 名）	王　荣　王奇志　尹文莉（女）　白　钢　朱训宜　朱　华　朱　华（女）　刘　松　阳　琼（女）　严秋华（女）　李正元　李　华（女）　李　林　李　霞（女）　杨国斌　吴翰林　何文军　何光宏　何　刚　何晓荣　邹九九　张红梅（女）　张应富　张　勇　张晓兰（女）　张　健　陈希刚　陈　琳　陈　蓉（女）　陈群文　周　原　赵　华　赵健博　秦文仙（女）　黄治文　黄　毅　董文斌　程玉华（女）　释灵慈（女）　蒲　涛（女）　蒲影飞（苗族）　廖　丹　熊建春　缪　红（女）
高坪区人大（43 名）	王利涛　王晓钧　邓俊辉（女）　古正举　石耀忠　卢春燕（女）　田方有　田蓬南　冯仁惠（女）　匡　科　朱俊武　刘川　刘　平　刘美华（女）　严　辉　杜　勇　李　琦　李慎宽　杨天武　杨　果　吴全明　吴　庆（女）　何　宏　何明春　余　游（女）　陈圣伦　陈自新　陈　钰（女）　易小艳（女）　赵　东　胥卫东　袁华兵　柴心怡　郭洪平（女）　黄祖林　寇德林　韩伦红　程冬梅（女）　鲁仕奎　雷　震　蔡礼儒　谭光才　熊营生
嘉陵区人大（48 名）	丁　洪　王　平　王吉财　王建伟　王春燕（女）　王贵平　邓代军　史　燚　吕金菊（女）　朱　瑛（女）　任　洪　任雪峰　向贵瑜　刘自新　刘露民　苏明海　杜颖鉴　李晓荣　杨方军　杨　隽　吴　强　吴群刚　何　龙　何建新　何　勇　张　帆　张和才　张　星　张　莉（女）　陈功全　陈　焱（女）　青　鹏　周　丽（女）　周建群　郑　雄　姚碧惠（女）　聂文钧　贾旭平（女）　徐远火　唐永康　唐　涛　戚　辉　龚　宁　敬　虹（回族）　程思富　谢　敏（女）　蒲凤玲（女）　廖伦志
阆中市人大（58 名）	马顺宁（回族）　王东华（女）　王伟静　王兴明（回族）　王建平（女）　王晓凤（女）　王斌　邓伟明　邓建新　石全华　朱卫兵（女）　朱明章　许艳梅（女）　赤　耿　严泓全　杜永龙　李亚林（女）　李在伟　李红兵　李秀琼（女）　李　胜　杨均英（女）　杨彦刚　杨彩虎　杨德宇　肖　建　吴兴家　何迎晓（女）　何晓君（女）　余国林　宋云峰　宋兴卫　张玉杰　张金国　张　斌　陈　芳（女）　陈家喜　陈福生　迭光俊　周靖入　周　曦　庞　云　郑　红（女）　胡琪涛　柯　敏　段　辉（女）　姚世平　徐永文　高立新　唐　鸿　黄荣军　黄　鹃（女）　曹　磊　戚　红（女）　龚　诚　彭海涛　蔡　可　鲜大国
南部县人大（81 名）	马东然　马锡果　王　丽（女）　王　玲（女）　王炳培　王晓芬（女）　王　新　尤朝晖　冉德华　朱仕友　朱彦雨　伏云强　任旭勇　任　军　任爱民　任德俭　刘上源　刘天纯　刘友生　刘　坚　刘高强　刘　梅（女）　宇　震　杜春洪　杜素蓉（女）　杜莉春（女）　杜晓秋（女）　杜晓凌（女）　杜　彬　李成胜　李光远（女）　李光辉　李　阳　李　媛（女）　杨小曼（女）　杨仕斌　杨达成　杨兵于　杨佳华（女）　邱文启　何友作　何良辉（女）　何　佳（女）　何晓林　何　婷（女）　汪小伟　宋先佐　张仁芬（女）　张全杰　张根生　陈　勇　罗庆双　金衍棉　周　娟（女）　郑鹏溱　胡修云　侯永淑（女）　施应融　祝雄跃　袁险峰　贾德华　徐小斌　徐　坚　唐成兴　黄万胜　黄海燕　董国勤　敬永国　敬明珍（女）　谢小林　谢均华（女）　谢　瑛（女）　蒲冠舟　雍小君（女）　裴小华（女）　鲜碧珍（女）　廖茂杰　谭必武　熊玲英（女）　黎　明　魏小洁
西充县人大（47 名）	马　婕（女）　王宏伟　邓如云　龙　刚　代　俊　冯朝勇　吕兴伦　向　峰　刘建菊（女）　孙　骏　阳世杰　杜玉莲（女）　李化树　李东旭（女）　李占勇　李念标　李炳才　李　莉（女）　李晓兰（女）　李　婧（女）　杨　平　杨晓宁　杨　敏　何小娟（女）　何文辉　宋　江（女）　张　伟　张　瑜（女）　陈　林　陈凯曼　陈泽斌　赵国平　赵　磊　钟　智　侯鲁川　姚　艳（女）　郭峥嵘　郭斌定　唐红春（女）　唐恒博　程海林　释际亘　谢雨芝（女）　谢　勇　蒲　勇　蒙胜庆　潘国华
仪陇县人大（68 名）	王　伟　王永忠　王英龙　王晓晴　王　斌　尹成平　龙腾飞　田小龙　田景耀　朱　江　刘本良　刘永强　刘录方　许　宁　苏　勇　李小平　李仁强　李　刚　李苇茜（女）　李晓东　李琼瑶（女）　肖代华　吴成德　邱克祥　何安玉　何春燕（女）　宋朝华　张之菡（女）　张北平　张庆国　张寿伯　张志森　张　勇　陈双全　陈亚军　陈华东　陈　英（女）　陈　明　陈明珍（女）　陈　科　陈　俊　陈　跃　林建国　罗雄林　周　菊（女）　郑元勤　郑和平　单木真（藏族）　胡文军　胡钊阳　胡拥军　胡英华（女）　胡　鸾　祝国文　莫盛恩　徐　元　徐　坤　郭宗海　唐国英（女）　唐　蔚（女）　彭洪吉　蒋　政　蒋继学　谢　艳（女）　蒙朝贵　蔡　青（女）　谭　术　熊　英（女）

续表 2－6

选举单位	代表名单（以姓氏笔画为序）
营山县人大（59 名）	王杰民　王学军　王荣秀（女）　王荣忠　方小莉（女）　邓燕林（女）　龙开雄　龙思如（女）　龙　凌　卢德全　叶小林　白秀华（女）　冯　伟　司马慧（女）　刘小兵　刘恩波　杜云芳（女，白族）　李　双　李玉清（女）　李郁葱（女）　李祥昌　李智琴（女）　李　磊　杨志强　杨素梅（女）　肖凤碧（女）　肖　林　吴绪文　何小波　余　飞　张　松　张俊忠　陆昌斌　罗　伟　罗明远　罗惠明　周永刚　郑恩全　柏洪强　段吉君（女）　侯方杰　贾敬铣　夏　晔　郭显华　郭清碧（女）　唐阳春　唐　燕（女）　黄金盛　黄　浩　葛淑清（女）　蒋晓凌　曾　勇　曾振宇　蒲亨坤　蔡发军（女）　谭代林　熊爱凌（女）　黎　荣　滕明鹏
蓬安县人大（48 名）	王应龙　王官中　王晓荣　王晓燕（女）　邓建明　卢　彤　冉中华　刘庆平　刘作鸿　刘伯忠　严清权　杜　胜　李长河　李光辉　李　红（女）　李　波　李跃武　杨元勇　杨建芳（女）　肖　毅　吴小可　吴宜文　吴　曦　何林忠　沈一凡　宋　敏　张　鑫　陈茂英（女）　陈建业　陈梅英（女）　罗　艳（女）　罗德义　郑　勇　胡毓文　祝剑雄　贾继英（女）　唐启富　唐　琴（女）　黄明钰　曹　红（女）　崔竹君（女）　蒋丽芳（女）　喻淑蓉（女）　谢福瓶　蒲　国　雷年光　蔡青海　廖学静
驻市部队（12 名）	王元坤（苗族）　刘成章　刘桂忠（回族）　李宏生　杨铁成　周　文　夏礼作　唐三川　黄　旋（女，傣族）　黄　煌　蒋　锐　喻　新

2017 年 1 月至 12 月，顺庆区人大选举的市六届人大代表朱训宜、张健，高坪区、南部县、仪陇县人大分别选举的市六届人大代表匡科、王玲、陈俊，营山县人大选举的市六届人大代表曾勇、张松，蓬安县人大选举的市六届人大代表王官中、曹红，驻市部队选举的市六届人大代表刘桂忠、夏礼作先后调离南充市行政区域；嘉陵区人大选举的市六届人大代表刘自新因病去世。其间，2017 年 4 月，阆中市、营山县人大常委会分别补选费国宏、斯顺平为市六届人大代表；12 月，高坪区人大常委会补选伍定、陈多平，驻市部队补选银军为市六届人大代表。2017 年 12 月至 2018 年 2 月，营山县人大选举的市六届人大代表谭代林辞去代表职务；驻市部队选举的市六届人大代表蒋锐调离南充市行政区域。其间，2018 年 1 月，高坪区、嘉陵区人大分别另选洪峰、宇旻，西充县人大另选张光全、杨佳，顺庆区、南部县、仪陇县、营山县、蓬安县人大常委会分别补选胡文骥、赵平、邓步林、何鹏、喻兆宇为市六届人大代表。2018 年 2 月，阆中市人大另选庞亮为市六届人大代表。2018 年 2 月至 6 月，顺庆区、高坪区人大分别选举的市六届人大代表李正元、韩伦红和部队选举的市六届人大代表王元坤先后调离南充市行政区域。其间，2018 年 5 月、6 月，阆中市人大选举的市六届人大代表迭光俊、姚世平先后辞去市六届人大代表职务；6 月，顺庆区、蓬安县、营山县人大常委会分别补选寇春茂、吴志敏、李海鸥为市六届人大代表。2018 年 7 月至 2019 年 1 月，嘉陵区、阆中市、仪陇县人大分别选举的市六届人大代表向贵瑜、王斌、林建国，南部县人大选举的市六届人大代表李成胜、杨兵于，驻市部队选举的市六届人大代表黄煌、杨铁成、周文、喻新先后调离南充市行政区域；营山县、阆中市、西充县人大分别选举的市六届人大代表罗惠明、郑红、钟智，南部县人大选举的市六届人大代表任爱民、刘上源先后辞去市六届人大代表职务。2019 年 2 月至 3 月，阆中市人大选举的市六届人大代表何迎晓调离南充市行政区域；营山县人大选举的市六届人大代表唐阳春辞去代表职务。顺庆区人大常委会补选蒲鹏程，嘉陵区人大常委会补选李洪长、何康武，阆中市人大常委会补选马家斌、李洪君，南部县人大常委会补选冯祥权、杨积义、陈正泽、黄波，西充县人大常委会补选张洪波，仪陇县人大常委会补选兰吉春、唐恒金，营山县人大常委会补选孙泽芝、林洪涛，驻市部队补选马勇、刘国庆、李本事、谷新仪、陈昌华、蒋济南为市六届人大代表。2019 年 3 月至 2020 年 1 月，高坪区、南部县、营山县、蓬安县人大分别选举的市六届人大代表袁华兵、贾德华、唐燕、吴小可，阆中市人大选举的市六届人

大代表邓伟明、高立新，仪陇县人大选举的市六届人大代表熊英、陈双全先后调离南充市行政区域。其间，2019 年 11 月，仪陇县人大选举的市六届人大代表陈明辞去代表职务。2020 年 1 月至 5 月，顺庆区人大选举的市六届人大代表白钢、陈希刚，蓬安县人大选举的市六届人大代表廖学静，驻市部队选举的市六届人大代表黄旋先后调离南充市行政区域；嘉陵区、阆中市、西充县人大和驻市部队分别选举的市六届人大代表聂文钧、余国林、何小娟、刘成章分别辞去代表职务。阆中市选举陈有波、赵光学，南部县选举王希刚、刘向君，仪陇县选举欧阳梅、王元君，营山县选举王忠臣，蓬安县选举张晓艳、唐方春为市六届人大代表。6 月，高坪区、嘉陵区人大分别选举的市六届人大代表王晓钧、敬虹，仪陇县人大选举的市六届人大代表李晓东、龙腾飞、唐恒金、刘本良，营山县人大选举的市六届人大代表葛淑清、王杰民，蓬安县人大选举的市六届人大代表冉中华、喻淑蓉、王应龙先后辞去代表职务。顺庆区人大常委会补选周浩新，高坪区人大常委会补选黄春江、黄雪云，嘉陵区人大常委会补选张青松、李枫，阆中市人大常委会补选朱逢娟、沈阳、李锋，南部县人大常委会补选梁超、李小东，西充县人大常委会补选李林，仪陇县人大常委会补选唐粼波、王霆、许少琳，营山县人大常委会补选夏选民、郑莉、陈德，蓬安县人大常委会补选谷秀春、何晓林、唐敏、祝皓、陈智，驻市部队补选陈晋、沙玛木迁为市六届人大代表。6 月至 9 月，南部县人大选举的市六届人大代表朱仕友辞去代表职务。9 月至 10 月，西充县人大选举的市六届人大代表孙骏调离南充市行政区域；阆中市人大选举的市六届人大代表宋兴卫辞去代表职务。10 月至 12 月，顺庆区人大选举的市六届人大代表朱华、陈泽斌，南部县人大选举的市六届人大代表张根生，营山县人大选举的市六届人大代表黄金盛、周永刚调离南充市行政区域；南部县人大选举的市六届人大代表马东然、营山县人大选举的市六届人大代表陆昌斌先后辞去代表职务。2020 年 12 月至 2021 年 2 月，西充县、仪陇县、蓬安县人大和驻市部队分别选举的市六届人大代表杨敏、陈科、宋敏、唐三川，营山县人大选举的市六届人大代表王忠臣、李双先后调离南充市行政区域；高坪区、阆中市、蓬安县人大分别选举的市六届人大代表杨天武、费国宏、何晓林，嘉陵区人大选举的市六届人大代表戚辉、陈功全，南部县人大选举的市六届人大代表郑鹏溱、徐小斌、刘高强、陈正泽、陈勇，营山县人大选举的市六届人大代表林洪涛、斯顺平先后辞去代表职务。高坪区人大常委会补选龚军，嘉陵区人大常委会补选张学军、张德兵，阆中市人大常委会补选曹健、赵云强，南部县人大常委会补选刘卫颖、罗嘉陵，西充县人大常委会补选温桂彪、邓强、王刚，仪陇县人大常委会补选赵迎春、文兴洪、夏永国，营山县人大常委会补选黄志权、罗乐、袁剑柏、敬健、李涛、曹毅，蓬安县人大常委会补选方雷、欧阳丹东、陈克明、舒洪军为市六届人大代表。届内市六届人大代表变动均经市六届人大常委会代表资格审查委员会审查，代表调离、去世情况真实，接受代表辞职程序合法，手续完备，其代表资格终止；补选代表符合宪法、法律规定程序和代表基本条件，报市本届人大常委会确认代表资格有效。至 2021 年 2 月，市六届人大六次会议召开时，有市六届人大代表 510 名。

第二节　南充市人大常委会及其主任会议

1993年12月至2020年12月，南充市一届至六届人民代表大会第一次会议分别选举产生市一届至六届人大常委会组成人员，产生市一届至六届人大常委会及其主任会议。市人大常委会依法设立办事工作机构，任免办事工作机构工作人员。市历届人大常委会依法设立代表资格审查委员会，审议通过代表资格审查委员会组成人员人选，并审议通过缺额补充人选。市人大常委会决定接受常委会相关组成人员辞职。市人民代表大会对届中缺额组成人员适时进行补选。市人大常委会党组、历届人大常委会及其主任会议审议通过和调整常委会及其主任会议组成人员工作分工，明确常委会组成人员及办事工作机构工作职责和办事工作机构联系部门分工。

一、南充市人大常委会及其主任会议组成人员

1993年12月，市一届人大一次会议选举市一届人大常委会主任、副主任、秘书长、委员共39名组成人员，其中由主任、副主任和秘书长组成的主任会议组成人员9名，产生市一届人大常委会及其主任会议。市一届人大常委会主任：李慎宽，副主任：田远志、袁天锡、谢志远、樊荣华、杜河清、张明才、常思九、李志光，秘书长：张明才（兼），委员30名（以姓氏笔画为序）：马昌群（女，回族）、王爱（女）、王朝梁、邓忠金、刘文瑞、刘宗智、孙永清、阳小虎、李代玖、李国炯、杨代炳、杨荣久、杨荣清、何多福、何军、何德寿、宋运成、张成武、张祥麟、张廉启（回族）、陈德厚、周后鹏、郑伯成、胡亨霖、秦永刚、黄茂华（女）、梁仕培、彭子银、蒲玉清（女）、蔡守宪。市一届人大常委会主任李慎宽主持常委会全面工作。各位副主任协助主任分管常委会相关工作，田远志负责常委会常务工作，分管常委会有关财政经济方面工作；袁天锡分管常委会有关法制方面工作；谢志远分管常委会有关选举任免联络方面工作；樊荣华分管常委会有关农业方面工作；杜河清分管常委会有关教科文卫方面工作，张明才分管人大机关工作和常委会有关教科文卫方面工作；常思九分管常委会有关农业方面工作；李志光分管常委会有关财政经济方面工作。常委会9名专职委员分别协助常委会有关副主任和秘书长分管常委会相关工作，李代玖负责常委会办公厅工作；邓忠金、周后鹏、蒲玉清分管常委会有关财政经济方面工作；何多福、杨荣清分管常委会有关农业方面工作，何多福具体负责常委会农业工作委员会工作；孙永清分管常委会有关教科文卫方面工作；杨荣久分管常委会有关选举任免联络方面工作；宋运成分管常委会有关法制方面工作，具体负责常委会法制工作委员会工作。常委会21名兼职委员协助常委会有关副主任联系常委会相关方面工作，王爱、王朝梁、刘宗智、杨代炳、郑伯成、张廉启、张成武、何德寿、何军联系常委会有关财政经济方面工作；阳小虎、梁仕培、陈德厚联系常委会有关农业方面工作；张祥麟、黄茂华、蔡守宪联系常委会有关法制方面工作；刘文瑞、李国炯、彭子银、胡亨霖联系常委会有关教科文卫方面工作；秦永刚、马昌群联系常委会有关选举任免联络方面工作。1994年4月，市一届人大常委会主任会议决定常委会主任、副主任分工联系县（市、区）人大常委会，主任李慎宽联系高坪区，副主任田远志、袁天锡、谢志远、樊荣华、杜河清、张明才、常思九、李志光分别联系南部县、顺庆区、西充县、嘉陵区、仪陇县、营山县、阆中市、蓬

安县。主要职责为：联系指导县（市、区）人大常委会工作，总结工作经验；负责与所联系县（市、区）选出的市人大代表联系联络工作，帮助选举单位组织市人大代表开展活动，反映市人大代表意见和建议；围绕经济工作开展调查研究，提出建设性意见。1997 年 2 月，市一届人大五次会议审议决定，接受袁天锡、谢志远、樊荣华、李志光辞去市一届人大常委会副主任职务，孙永清、梁仕培辞去市一届人大常委会委员职务；补选杨元生、谢正顺、彭修昌、肖盛林为市一届人大常委会副主任，刘茂琪、吴显荣为市一届人大常委会委员。3 月，市人大常委会主任会议对补选的常委会 4 名副主任工作作出分工，杨元生协助主任分管常委会有关人事代表方面工作，谢正顺协助主任分管常委会有关城乡建设环境保护方面工作，彭修昌协助主任分管市人大常委会有关农业方面工作，肖盛林协助主任分管市人大常委会有关法制方面工作。1999 年 1 月，市一届人大常委会届满，有常委会组成人员 39 名。

南充市第一届人大常委会主任、副主任、秘书长一览表

表 2－7

姓名	性别	籍贯	党派	职务	任职时间
李慎宽	男	广安市广安区	中共	主　任	1993. 12—1999. 1
田远志	男	四川省遂宁市	中共	副主任	1993. 12—1999. 1
袁天锡	男	南充市南部县	中共	副主任	1993. 12—1997. 2
谢志远	男	南充市高坪区	中共	副主任	1993. 12—1997. 2
樊荣华	男	南充市营山县	中共	副主任	1993. 12—1997. 2
杨元生	男	重庆市涪陵区	中共	副主任	1997. 2—1999. 1
谢正顺	男	南充市南部县	中共	副主任	1997. 2—1999. 1
杜河清	男	江苏省宜兴市	九三学社	副主任	1993. 12—1999. 1
张明才	男	重庆市铜梁县	中共	副主任兼秘书长	1993. 12—1999. 1
常思九	男	四川省阆中市	中共	副主任	1993. 12—1999. 1
李志光	男	南充市营山县	中共	副主任	1993. 12—1997. 2
彭修昌	男	广安市岳池县	中共	副主任	1997. 2—1999. 1
肖盛林	男	南充市仪陇县	中共	副主任	1997. 2—1999. 1

1999 年 1 月，市二届人大一次会议选举市二届人大常委会主任、副主任、秘书长、委员共 35 名组成人员，其中由主任、副主任和秘书长组成的主任会议组成人员 13 名，产生市二届人大常委会及其主任会议。市二届人大常委会主任：李慎宽，副主任：杨元生、谢正顺、张明才、张益维、肖盛林、杨汉翔、孙纯、罗自省、陈绍森、黄旭东、王素清（女），秘书长：何多福，委员 22 名（以姓氏笔画为序）：马昌群（女，回族）、王明炽、冯庆煜、任敏强、刘文沛、刘文瑞、刘家厚、许学照、阳小虎、李代玖、李国炯、吴成信、张廷山、张明权、周绍君（女）、庞丕生、郑伯成、赵学宽、贺和平、夏永明、淳定清、滕明才。是月，市二届人大常委会主任会议对当选的市二届人大常委会主任、副主任、秘书长工作作出分工。主任李慎宽主持市人大常委会全面工作。各位副主任协助主任分管常委会相关工作，杨元生负责常委会常务工作，分管办公厅工作；谢正顺分管城乡建设环境资源保护委员会工作，负责法制培训中心建设；张明才分管人事代表工作委员会工作，负责联系市政协；张益维分管农业委

员会工作；肖盛林分管常委会法制建设工作，负责市法建领导小组日常工作；杨汉翔分管教育科学文化卫生委员会工作；孙纯分管财政经济委员会工作和联系企业工作；罗自省分管法制委员会工作；陈绍森分管财政经济委员会工作；黄旭东分管研究室工作；王素清分管民族宗教外事侨务委员会工作。秘书长何多福主持常委会机关工作，负责办公厅工作。2001 年 1 月，市二届人大常委会十四次会议审议决定，接受淳定清辞去市二届人大常委会委员职务。是月，市二届人大三次会议补选邹海泉为市二届人大常委会副主任。3 月，市人大常委会主任会议对常委会副主任、秘书长分管常委会常务工作和机关工作分工进行细化并作出调整。副主任杨元生原负责常委会常务工作、分管办公厅工作调整为负责处理常委会、主任会议日常工作，分管机关政治思想、组织机构、干部队伍建设工作；副主任谢正顺原分工中分管城乡建设环境资源保护委员会工作不变，负责法制培训中心建设调整为负责机关服务中心工作；新任副主任邹海泉分管常委会机关建设、人大宣传、信访工作；秘书长何多福原分工中主持常委会机关工作调整为分管常委会机关日常工作，负责办公厅工作不变。2002 年 1 月，市二届人大常委会二十次会议审议决定，接受何多福辞去市二届人大常委会秘书长职务，接受马昌群、许学照、李代玖、吴成信、夏永明辞去市二届人大常委会委员职务。4 月，市二届人大四次会议审议决定，接受张明才、肖盛林辞去市二届人大常委会副主任职务，补选张世富、马敬国为市二届人大常委会副主任，徐兴发为市二届人大常委会秘书长，马良穆（回族）、邓先忠、张志成、赵开源、彭敏（女）为市二届人大常委会委员。是月，市人大常委会主任会议再次对常委会副主任和秘书长工作分工作出相应调整，副主任谢正顺分管城乡建设环境资源保护委员会工作，不再负责机关服务中心工作；副主任孙纯联系企业工作，不再分管财政经济委员会工作；副主任罗自省在原分管法制委员会工作基础上，增加分管原副主任肖盛林所分管的常委会法制建设工作，并负责法建领导小组日常工作；副主任邹海泉分管原副主任张明才所分管的人事代表工作委员会工作和负责联系的市政协工作；副主任张世富分管财政经济委员会工作；副主任马敬国分管谢正顺原分管的机关服务中心工作和邹海泉原分管的常委会机关建设、人大宣传、信访工作；秘书长徐兴发分管原秘书长何多福原分管的常委会机关日常工作和办公室工作。其他副主任分管工作未作调整。2003 年 2 月，市二届人大常委会二十七次会议审议决定，接受赵开源、滕明才辞去市二届人大常委会委员职务。是月，市二届人大六次会议决定，接受李慎宽辞去市二届人大常委会主任职务，杨元生、谢正顺辞去市二届人大常委会副主任职务，补选黄顺福为市二届人大常委会主任；任德俭、赵太武为市二届人大常委会副主任。任德俭协助主任具体主持常委会全面工作。2004 年 3 月，市二届人大常委会届满，有常委会组成人员 33 名。

南充市第二届人大常委会主任、副主任、秘书长一览表

表 2－8

姓名	性别	籍贯	党派	职务	任职时间
李慎宽	男	广安市广安区	中共	主　任	1999. 1—2003. 2
黄顺福	男	资阳市安岳县	中共	主　任	2003. 2—2004. 3
杨元生	男	重庆市涪陵区	中共	副主任	1999. 1—2003. 2
任德俭	男	南充市南部县	中共	副主任	2003. 2—2004. 3
谢正顺	男	南充市南部县	中共	副主任	1999. 1—2003. 2
张明才	男	重庆市铜梁县	中共	副主任	1999. 1—2002. 4

续表 2－8

姓名	性别	籍贯	党派	职务	任职时间
张益维	男	广安市武胜县	中共	副主任	1999. 1—2004. 3
肖盛林	男	南充市仪陇县	中共	副主任	1999. 1—2002. 4
杨汉翔	男	广安市广安区	民革	副主任	1999. 1—2004. 3
孙　纯	男	南充市顺庆区	中共	副主任	1999. 1—2004. 3
罗自省	男	南充市南部县	中共	副主任	1999. 1—2004. 3
陈绍森	男	四川省阆中市	中共	副主任	1999. 1—2004. 3
黄旭东	男	达州市渠县	中共	副主任	1999. 1—2004. 3
王素清	女	南充市仪陇县	中共	副主任	1999. 1—2004. 3
邹海泉	男	南充市高坪区	中共	副主任	2001. 1—2004. 3
张世富	男	南充市顺庆区	中共	副主任	2002. 4—2004. 3
马敬国	男	南充市蓬安县	中共	副主任	2002. 4—2004. 3
赵太武	男	南充市南部县	中共	副主任	2003. 2—2004. 3
何多福	男	南充市嘉陵区	中共	秘书长	1999. 1—2002. 1
徐兴发	男	南充市南部县	中共	秘书长	2002. 4—2004. 3

2004 年 3 月，市三届人大一次会议选举市三届人大常委会主任、副主任、秘书长、委员共 33 名组成人员，其中由主任、副主任和秘书长组成的主任会议组成人员 10 名，产生市三届人大常委会及其主任会议。市三届人大常委会主任：黄顺福，副主任：刘伯忠、孙纯、马敬国、赵太武、梁仕培、余善卫、李元开、陶治国，秘书长：刘彬，委员 23 名（以姓氏笔画为序）：冯成明、邓明志、刘勇、江绍刚、李育明、吴应学、何勇、张在强、张志成、陈功全、幸天勇、罗南辉、罗湘卒（女）、郑映畅、官晓林、胥仕勋、贺和平、唐恒金、章清源、彭昌家、彭敏（女）、董超、谢勇恩。是月，市三届人大常委会主任会议对当选的市三届人大常委会主任、副主任、秘书长工作作出分工。主任黄顺福主持市人大常委会全面工作。各位副主任协助主任分管常委会相关工作，刘伯忠负责常委会常务工作，分管常委会机关干部人事和财务工作；孙纯分管财政经济委员会工作；马敬国分管办公室、研究室工作；赵太武分管城乡建设环境资源保护委员会、民族宗教外事侨务委员会工作；梁仕培分管内务司法委员会工作；余善卫分管教育科学文化卫生委员会工作；李元开分管人事代表工作委员会工作，负责联系市政协；陶治国分管农业与农村委员会工作。秘书长刘彬负责市人大常委会机关日常工作和办公室工作，协调主任、副主任日常活动，主持常委会新闻发布会、秘书长会议。4 月，市三届人大常委会主任会议通过《南充市人大常委会主任会议制度（试行）》，制度规定，主任会议由市人大常委会主任、副主任、秘书长组成；主任会议处理常委会重要日常工作，负责处理常委会授权事项。2005 年 2 月，市三届人大常委会七次会议审议决定，接受黄顺福辞去市三届人大常委会主任职务。是月，市三届人大二次会议补选王宁为市三届人大常委会主任。3 月，常委会主任会议对主任分工进行相应调整，主任王宁主持市人大常委会全面工作，各位副主任和秘书长工作分工不变。2006 年 3 月，市三届人大常委会十五次会议审议决定，接受何勇辞去市三届人大常委会委员职务。9 月，市三届人大常委会第十

八次会议审议决定，接受刘彬辞去市三届人大常委会秘书长职务。2007 年 2 月，市三届人大四次会议补选邱明星、高宗成、覃一民为市三届人大常委会委员。7 月，市三届人大常委会二十四次会议决定，接受王宁辞去市三届人大常委会主任职务。是月，市三届人大五次会议补选刘宏建为市三届人大常委会主任。2008 年 5 月，市三届人大常委会届满，有常委会组成人员 34 名。

南充市第三届人大常委会主任、副主任、秘书长一览表

表 2－9

姓名	性别	籍贯	党派	职务	任职时间
黄顺福	男	资阳市安岳县	中共	主　任	2004.3—2005.2
王　宁	男	四川省德阳市	中共	主　任	2005.2—2007.7
刘宏建	男	四川省彭州市	中共	主　任	2007.7—2008.5
刘伯忠	男	广安市武胜县	中共	副主任	2004.3—2008.5
孙　纯	男	南充市顺庆区	中共	副主任	2004.3—2008.5
马敬国	男	南充市蓬安县	中共	副主任	2004.3—2008.5
赵太武	男	南充市南部县	中共	副主任	2004.3—2008.5
梁仕培	男	南充市南部县	中共	副主任	2004.3—2008.5
余善卫	男	南充市顺庆区	中共	副主任	2004.3—2008.5
李元开	男	南充市仪陇县	中共	副主任	2004.3—2008.5
陶治国	男	四川省南充市	九三学社	副主任	2004.3—2008.5
刘　彬	男	南充市仪陇县	中共	秘书长	2004.3—2006.9

2008 年 5 月，市四届人大一次会议选举市四届人大常委会主任、副主任、秘书长、委员共 41 名组成人员，其中由主任、副主任和秘书长组成的主任会议组成人员 8 名，产生市第四届人大常委会及其主任会议。市四届人大常委会主任：刘宏建，副主任：李志杰、李元开、陶治国、陈自立、傅伦佳、陈修鹏，秘书长：郑猛功，委员 33 名（以姓氏笔画为序）：王永茂、王杰民、冯异友、冯明义、冯潜、江绍刚、阳小虎、李东旭（女）、李育明、李南春（女）、吴应学、邱明星、汪旭英（女）、张兴全、张昌华、张和、张晓艳（女）、陈功全、陈新民、幸天勇、罗湘卒（女）、周太荣、周汝席、周绍林、官晓林、贺和平、唐红春（女）、唐鸿、黄成立、章清源、淳定清、彭昌家、游少春。是月，市四届人大常委会主任会议对当选的市四届人大常委会主任、副主任、秘书长工作作出分工。主任刘宏建主持市人大常委会全面工作。各位副主任协助主任分管常委会相关工作，李志杰负责常委会常务工作，分管常委会机关干部人事和财务工作；李元开分管人事代表工作委员会（省人大代表联络处）工作，负责联系市政协；陶治国分管农业与农村委员会工作；陈自立分管内务司法委员会、民族宗教外事侨务委员会工作；傅伦佳分管教育科学文化卫生委员会、城乡建设环境资源保护委员会工作；陈修鹏分管财政经济委员会和办公室、研究室、信访办公室工作。秘书长郑猛功负责常委会机关日常工作，协调主任、副主任日常活动，主持常委会新闻发布会、秘书长会议。2009 年 6 月，周太荣因被罢免市四届人大代表资格，其市四届人大常委会委员职务相应撤销。2010 年 8 月，市四届人大常委会十七次会议决定，接受李元开辞去市四届人大常委会副主任职务。2011 年 1 月，市四届人大四次会议补选王明

章为市四届人大常委会委员。5 月，市四届人大常委会第二十三次会议决定，接受吴应学辞去市四届人大常委会委员职务。是月，市人大常委会党组研究决定，市人大常委会副主任陈自立分工调整为，分管人事代表工作委员会、内务司法委员会、民族宗教外事侨务委员会工作，负责联系市政协。10 月，市四届人大常委会二十六次会议审议决定，接受贺和平、游少春辞去市四届人大常委会委员职务。2012 年 1 月，市四届人大常委会届满，有常委会组成人员 37 名。

南充市第四届人大常委会主任、副主任、秘书长一览表

表 2 - 10

姓名	性别	籍贯	党派	职务	任职时间
刘宏建	男	四川省彭州市	中共	主　任	2008. 5—2012. 1
李志杰	男	南充市南部县	中共	副主任	2008. 5—2012. 1
李元开	男	南充市仪陇县	中共	副主任	2008. 5—2010. 8
陶治国	男	四川省南充市	九三学社	副主任	2008. 5—2012. 1
陈自立	男	南充市蓬安县	中共	副主任	2008. 5—2012. 1
傅伦佳	男	南充市仪陇县	中共	副主任	2008. 5—2012. 1
陈修鹏	男	四川省南充市	中共	副主任	2008. 5—2012. 1
郑猛功	男	南充市南部县	中共	秘书长	2008. 5—2012. 1

2012 年 1 月，市五届人大一次会议选举市五届人大常委会主任、副主任、秘书长、委员共 41 名组成人员，其中由主任、副主任和秘书长组成的主任会议组成人员 8 名，产生市五届人大常委会及其主任会议。市五届人大常委会主任：高先海，副主任：谢华国、陶治国、陈自立、陈修鹏、李晓松、李南春（女），秘书长：王永茂，委员 33 名（以姓氏笔画为序）：王玉龙、王应龙、王杰民、王桂华（女）、王晓晴、冯明义、阳小虎、杜永龙、李化树、李东旭（女）、李甫健、李忠福、李育明、李康、杨成果、何旭东、何志明、张和、张险峰、张晓艳（女）、幸天勇、罗庆双、周原、郑小红（女）、侯双林、夏礼作、唐鸿、黄光伟、章清源、葛淑清（女）、蒋晓林、蒲影飞（苗族）、蔡宝成。2 月，市五届人大常委会主任会议对当选的市五届人大常委会主任、副主任、秘书长工作作出分工。主任高先海主持市人大常委会全面工作。各位副主任协助主任分管常委会相关工作，谢华国分管市人大城乡建设环境资源保护委员会工作，分管市人大常委会机关党务、纪检、干部人事、老干部和财务工作，联系市政协工作；陶治国分管市人大农业与农村委员会工作；陈自立分管市人大内务司法委员会工作；陈修鹏分管市人大财政经济委员会（常委会预算工作委员会）工作；李晓松分管市人大民族宗教外事侨务委员会和常委会人事代表工作委员会（省人大代表联络处）工作；李南春分管市人大教育科学文化卫生委员会工作和机关妇委会工作。秘书长王永茂负责市人大常委会机关日常工作，协调常委会主任、副主任日常活动，分管常委会办公室、研究室和信访工作，联系协调市人大各专门委员会和常委会办事机构工作。2014 年 1 月，市五届人大常委会十五次会议审议决定，接受谢华国辞去市五届人大常委会副主任职务。2 月，市五届人大四次会议补选吴道军为市五届人大常委会副主任。是月，市人大常委会主任会议对吴道军作出分工决定，吴道军联系市人大城乡建设环境资源保护委员会，分管机关财务工作，联系市政协。7 月，蒋晓林因病去世，市五届人大代表资格自行终止，其市五届人大常委会委员和市五届人大内务司法委员会委员职务相应撤销。9 月，市五届人大常委会第十九次会议审

议决定，接受陈自立辞去市五届人大常委会副主任职务。2015 年 5 月，李康辞去市五届人大代表职务，代表资格终止，其市五届人大常委会委员和市五届人大教育科学文化卫生委员会委员职务相应撤销。是月，市五届人大五次会议审议决定，接受高先海辞去市五届人大常委会主任职务，陶治国、陈修鹏、李晓松、李南春、吴道军辞去市五届人大常委会副主任职务，王永茂辞去市五届人大常委会秘书长职务。会议补选袁险峰为市五届人大常委会主任，徐远火、李在伟、熊建春、王翠花（女）为市五届人大常委会副主任，王玉龙为市五届人大常委会秘书长。王玉龙市五届人大常委会委员职务相应终止。是月，市人大常委会党组研究决定，对市五届人大常委会新当选的主任、副主任、秘书长工作进行分工。主任袁险峰主持市人大常委会全面工作。各位副主任协助主任分管常委会相关工作，徐远火联系市人大教育科学文化卫生委员会、城乡建设环境资源保护委员会工作，分管市人大常委会机关党务、纪检、老干部工作，联系市政协工作；李在伟联系市人大财政经济委员会（常委会预算工作委员会）工作，分管市人大常委会人事代表工作委员会（省人大代表联络处）工作，分管机关财务、人事工作；熊建春联系市人大内务司法委员会、民族宗教外事侨务委员会工作，分管人大制度理论研究、人大新闻宣传工作；王翠花联系市人大农业与农村委员会工作，联系人大机关工会和妇委会工作。秘书长王玉龙负责市人大常委会机关日常工作，分管市人大常委会办公室、研究室和信访工作，联系协调市人大各专门委员会和常委会办事机构工作，协调常委会主任、副主任日常活动，协助常委会主任、副主任做好联系、分管工作。6 月，市五届人大常委会二十六次会议审议决定，接受杨成果、张险峰辞去市五届人大常委会委员职务。2016 年 3 月，市五届人大六次会议补选李晓东、张晋林、高立新为市五届人大常委会委员。2017 年 1 月，市五届人大常委会届满，有常委会组成人员 38 名。

南充市第五届人大常委会主任、副主任、秘书长一览表

表 2－11

姓名	性别	籍贯	党派	职务	任职时间
高先海	男	南充市南部县	中共	主　任	2012. 1—2015. 5
袁险峰	男	河南省南阳市	中共	主　任	2015. 5—2017. 1
谢华国	男	四川省南充市	中共	副主任	2012. 1—2014. 1
陶治国	男	四川省南充市	九三学社	副主任	2012. 1—2015. 5
陈自立	男	南充市蓬安县	中共	副主任	2012. 1—2014. 9
陈修鹏	男	四川省南充市	中共	副主任	2012. 1—2015. 5
李晓松	男	南充市仪陇县	中共	副主任	2012. 1—2015. 5
李南春	女	南充市西充县	中共	副主任	2012. 1—2015. 5
吴道军	男	南充市高坪区	中共	副主任	2014. 2—2015. 5
徐远火	男	四川省简阳市	中共	副主任	2015. 5—2017. 1
李在伟	男	广元市苍溪县	中共	副主任	2015. 5—2017. 1
熊建春	男	广安市广安区	中共	副主任	2015. 5—2017. 1
王翠花	女	南充市南部县	九三学社	副主任	2015. 5—2017. 1
王永茂	男	南充市西充县	中共	秘书长	2012. 1—2015. 5
王玉龙	男	南充市西充县	中共	秘书长	2015. 5—2017. 1

2017年1月，市六届人大一次会议选举市六届人大常委会主任、副主任、秘书长、委员共36名组成人员，其中由主任、副主任和秘书长组成的主任会议组成人员7名，产生市六届人大常委会及其主任会议。市六届人大常委会主任：袁险峰，副主任：徐远火、熊建春、陈圣伦、陈科、杜永龙，秘书长：冉中华，委员29名（以姓氏笔画为序）：王利涛、王应龙、王杰民、王玲（女）、王晓晴、龙腾飞、李化树、李东旭（女）、李晓东、何晓林、宋先佐、张和才、陈希刚、陈建业、陈琳、罗庆双、周建群、周原、郑雄、赵健博、夏礼作、高立新、郭洪平（女）、唐鸿、龚宁、葛淑清（女）、蒋继学、喻淑蓉（女）、蒲影飞（苗族）。是月，市人大常委会党组研究，报经市委同意，对市六届人大常委会主任、副主任、秘书长作出分工。主任袁险峰主持市人大常委会全面工作。各位副主任协助主任分管常委会相关工作，徐远火联系市人大教育科学文化卫生委员会、城乡建设环境资源保护委员会，分管市人大常委会研究室，分管机关党建、纪检、人事、群团、老干部工作；熊建春联系市人大法制委员会、内务司法委员会，分管市人大常委会法制工作委员会；陈圣伦联系市人大农业与农村委员会、民族宗教外事侨务委员会；陈科兼任仪陇县委书记，暂不作分工；杜永龙联系市人大财政经济委员会（常委会预算工作委员会），分管市人大常委会人事代表工作委员会（省人大代表联络处），分管机关财务工作。秘书长冉中华负责市人大常委会机关日常工作，分管市人大常委会办公室，协调常委会主任、副主任日常活动，协助常委会主任、副主任做好分管、联系工作，协调市人大各专门委员会和常委会办事工作机构工作。10月，市六届人大常委会六次会议审议决定，接受高立新辞去市六届人大常委会委员职务。12月，夏礼作、王玲调离南充市行政区域，市六届人大代表资格自行终止，其市六届人大常委会委员职务相应终止。是月，市六届人大二次会议补选许宁、银军、廖学静为市六届人大常委会委员。2019年3月，市六届人大四次会议补选冯祥权、林洪涛、唐恒金为市六届人大常委会委员。4月，市人大常委会副主任杜永龙兼任嘉陵江文旅职业学院筹建领导小组组长，负责嘉陵江文旅职业学院筹建工作，在此期间，杜永龙分管和联系的人大工作由常委会其他副主任代管和代联系。为此，市六届人大常委会主任会议对常委会部分副主任分工作出调整，徐远火在原分管和联系工作基础上，代杜永龙分管市人大常委会人事代表工作委员会（省人大代表联络处）；熊建春在原分管和联系工作基础上，代杜永龙分管机关财务工作；陈圣伦在原联系工作基础上，代杜永龙联系市人大财政经济委员会（常委会预算工作委员会）。市人大常委会主任会议其他成员分工保持不变。2020年1月，高立新调离南充市行政区域，市六届人大代表资格自行终止，其市六届人大常委会委员职务相应终止。6月，冉中华辞去市六届人大代表职务，市六届人大代表资格终止，其市六届人大常委会秘书长职务相应终止；王杰民、李晓东、王应龙、龙腾飞、唐恒金、葛淑清、喻淑蓉分别辞去市六届人大代表职务，市六届人大代表资格终止，其市六届人大常委会委员职务相应终止。是月，市六届人大常委会三十一次会议审议决定，接受宋先佐辞去市六届人大常委会委员职务。是月，市六届人大五次会议补选张晓艳为市六届人大常委会副主任、宋先佐为市六届人大常委会秘书长，另选和补选吕兴伦、朱逢娟（女）、刘露民、何晓林、谷秀春（女）、陈林、郑莉（女）、夏选民、唐敏、梁超、释际亘为市六届人大常委会委员。7月，市人大常委会主任会议对常委会部分副主任分工作出调整，副主任张晓艳联系市人大社会建设委员会，副主任熊建春不再联系市人大社会建设委员会。12月，市六届人大常委会三十六次会议审议决定，接受许宁辞去市六届人大常委会委员职务。2021年1月，林洪涛、何晓林先后辞去市六届人大代表职务，市六届人大代表资格终止，其市六届人大常委会委员职务相应终止。是月，市六届人大常委会三十七次会议审议决定，接受陈科辞去市人大常委会副主任职务。2月，市六届人大六次会议接受杜永龙辞去市人大常委会副主任职务，补选温桂彪为市六届人大常委会副主任，文兴洪、刘卫颖（女）、夏永国为市六届人大常委会委员。至此，市六届人大常委会有组成人员41名。

南充市第六届人大常委会主任、副主任、秘书长一览表

表2－12

姓名	性别	籍贯	党派	职务	任职时间
袁险峰	男	河南省南阳市	中共	主　任	2017. 1—
徐远火	男	四川省简阳市	中共	副主任	2017. 1—
熊建春	男	广安市广安区	中共	副主任	2017. 1—
陈圣伦	男	遂宁市蓬溪县	中共	副主任	2017. 1—
陈　科	男	南充市嘉陵区	中共	副主任	2017. 1—2021. 1
杜永龙	男	南充市南部县	中共	副主任	2017. 1—
张晓艳	女	四川省南充市	民建	副主任	2020. 6—
温桂彪	男	南充市嘉陵区	中共	副主任	2021. 2—
冉中华	男	广元市苍溪县	中共	秘书长	2017. 1—2020. 6
宋先佐	男	南充市南部县	中共	秘书长	2020. 6—

二、南充市人大常委会办事工作机构

1993年12月，市一届人大常委会一次会议审议通过《关于设立办事工作机构的决定》，决定市人大常委会下设6个办事工作机构，即办公厅、法制工作委员会、农业工作委员会、财政经济工作委员会、选举任免联络工作委员会、教科文卫工作委员会。各工作委员会制定与对口联系单位工作联系办法。法制工作委员会对口联系市级司法机关和有关行政执法单位工作；农业工作委员会对口联系市人民政府农业工作部门工作；财政经济工作委员会对口联系市人民政府工业交通、商业贸易、计划统计、城建环保、财税金融等工作部门工作；选举任免联络工作委员会对口联系市“一府两院”及组织、统战、人事等部门选举任免工作。办公厅主要工作职责为，在秘书长统一组织下，为市人大及其常委会和本机关召开各种会议做好筹备和服务工作，为市人大常委会依法行使职权发挥参谋助手作用；承办常委会及办公厅有关文书处理工作；负责市人大常委会整体工作发文、报告及讲话材料起草和制作工作；承办常委会加强人民代表大会制度宣传和研究的有关具体工作；负责编印市人大常委会内部刊物；承办人民群众来访接待和来信处理工作；负责市人大常委会机关行政后勤管理和安全、保卫、保密工作以及公务接待工作；抓好机关精神文明建设、综合治理和政治、业务学习以及本机关人事工作。各工作委员会主要工作职责为，提前通知对口联系单位关于市人大常委会及其工作委员会有关工作、活动安排；经常走访对口联系单位，了解情况，听取意见，研究工作；与对口联系单位及时相互通报情况，相互交换文件资料；积极、及时将对口联系单位勤政务实、廉洁奉公、严格执法、自觉接受人大监督的先进人物和事迹在人大系统有关刊物上介绍，帮助反映对口联系单位工作和生活中具体困难和问题，支持其依法开展工作。1994年4月，市委机构编制委员会印发通知，市人大常委会设立办公厅和各工作委员会，办公厅及各工作委员会按1正2副配备，下设各机构为科级，按1正1副配备。1995年3月，市一届人大常委会主任会议讨论决定，原市人大常委会办公厅秘书科、行政科、信访科、调研科，各工作委员会秘书科均更名为处，其科长、副科长职务相应免除。12 月，市一届人大常委会十三次会议审议决定，撤销法制工作委员会、农业工作委员会、财政经济工作委员会、教科文卫工作委员会。市人大常委会办事工作机构减至 2 个，即办公厅、选举任免联络工作委员会。1996 年 4 月，市一届人大常委会十六次会议，根据市机构改革方案，参照省人大常委会机构设置，将选举任免联络工作委员会更名为人事代表工作委员会，原选举任免联络工作委员会主任、副主任职务自行免除。1997 年，市委机构改革方案明确市人大常委会设办公厅、人事代表工作委员会、研究室 3 个正县级办事综合办事机构，并对秘书长、副秘书长和综合办事机构领导职数及内设机构作出规定。8 月，根据市委关于市人大常委会机关机构改革方案，市人大常委会主任会议讨论决定，原市人大常委会办公厅秘书处、调研处、行政处、信访处、人事政工处，市人大常委会人事代表工作委员会秘书处均更名恢复为科，其处长、副处长职务相应免除。

1999 年 4 月，市二届人大常委会二次会议决定设立市人大常委会研究室。研究室主要工作职责为，围绕市人大及其常委会会议审议议题开展调查研究，提供调研报告和相关资料；受市人大常委会主任会议委托，拟订有关议案草案；负责市人大常委会工作报告、有关重要文件和常委会主要领导重要讲话稿起草工作；负责承办市人大常委会机关刊物组稿、编辑、印制、出版工作，收集、编写有关信息资料；管理市人大常委会机关图书资料室；承办市人大制度研究会具体工作；与市人大常委会办公厅配合，编写市人民代表大会会议和常委会会议简报、快报。2000 年 4 月，市人大常委会主任会议决定，将市人大常委会办公厅信访科改为市人大常委会信访办公室（级别为正科级）。2001 年 11 月，根据市委关于市人大常委会机关机构改革方案，市人大常委会将市人大常委会办公厅更名为市人大常委会办公室，原任命的市人大常委会办公厅秘书科、行政科、离退休干部管理科、宣传科副科长职务，市人大常委会人事代表工作委员会办公室主任职务，市人大常委会研究室办公室主任职务自行免除，市人大常委会办公室下设机关服务中心（事业单位）。

2004 年 4 月，市三届人大常委会参照省人大常委会做法，报经市委同意，不再设办公室主任、副主任。2005 年 11 月，市机构编制委员会印发通知，将市人大常委会办公室信访科调整为市人大常委会办事机构，设立信访办公室，副县级，核定主任领导职数 1 名。2007 年 5 月，设立市人大常委会省人大代表联络处，与市人大常委会人事代表工作委员会合署办公。11 月，市委同意，将市人大常委会机关领导职数调整为，秘书长 1 名、副秘书长 3 名（1 名由办公室主任兼任、1 名由研究室主任兼任、1 名由民主党派成员或无党派人士担任），办公室主任 1 名、副主任 2 名，研究室正副主任各 1 名，信访办公室主任（副县级）1 名。

2008 年 6 月，市四届人大常委会一次会议决定设立市人大常委会信访办公室。信访办公室主要工作职责为，负责处理人民群众向市人大常委会及其领导来信，接待群众来访，向领导反映来信来访中提出的重要建议、意见和问题；承办省人大常委会和市人大常委会领导交办的信访事项，向县（市、区）和市级部门交办信访事项，督促检查重要信访事项处理和落实；做好公民和法人提出的申诉、控告、检举等受理工作，转交有关部门办理；处理好重要信访信息，对带有普遍性、倾向性的问题和重大案件办理情况，及时报省、市人大常委会领导及其他有关领导并通报有关部门；联系指导各县（市、区）人大常委会和市人民法院、市人民检察院信访业务工作等。是月，市四届人大常委会按照《南充市人大机关机构改革方案》，报请市委同意，恢复常委会办公室主任、副主任岗位职务。12 月，市委机构编制委员会批复，增设市人大常委会办公室综合科，增加正科级领导干部职数 1 名，主要负责人大机关后勤管理和保障方面工作。2010 年，市委编制委会研究决定，撤销市人大常委会机关服务中心，增设市人大常委会办公室后勤保障科。是年 12 月，市人大常委会办公室对常委会办公室、研究室内设机构作相应调整，办公室增设后勤保障科和规范性文件备案审查科（简称备案审查科），为正科级机构；秘书宣传科更名为秘书科，综合科更名为宣传信息科，综合科职责归并到后勤保障科。机构变更后，原职务自行终止。调整后，办公室内设机构有秘书科、人事科、后勤保障科、备案审查科、宣传信息科。研究室内设秘书科。

2012 年 2 月，市五届人大常委会设立预算工作委员会，挂靠财经委员会。2015 年 6 月，市人大常委会撤销信访办公室，在常委会办公室增设信访科。2016 年 2 月，市五届人大常委会三十二次会议审议决定，设立市人大常委会法制工作委员会，为常委会正县级综合办事机构，下设法规科，并将办公室下设的规范性文件备案审查科划归法制工作委员会。法制工作委员会主要职责为，负责市人大常委会年度立法项目征集、立项初审和协调汇总工作，制定年度立法计划和立法规划；起草主任会议相关议案代拟稿，起草或参与起草相关法规草案；根据常委会、专委会对法规草案审议意见以及其他有关方面意见，提出法规草案的修改建议稿；承办地方性法规公布工作；编辑印制法规单行本、法规汇编；承办全国人大、省人大有关法律和地方性法规草案征求意见和建议收集、整理、上报工作；组织和参与相关立法调研工作；承办政府规章及规范性文件备案审查工作。

2019 年 7 月，市委编委印发《南充市人大常委会机关职能配置、内设机构和人员编制规定》，核定市人大常委会机关正科级领导职数 19 名，副科级领导职数 4 名。其中，市人大常委会办公室宣传信息科划归研究室，撤销市人大财经委秘书科，增设市人大财经委经济运行监督科和预算审查监督科。12 月，市委编委同意，设立市人大常委会信息服务中心，为市人大常委会办公室管理的正科级事业单位。2020 年，市人大常委会设有办公室、研究室、人事代表工作委员会、法制工作委员会、预算工作委员会，办公室下设市人大常委会信息服务中心（正科级事业单位）。

南充市人大常委会副秘书长一览表

表 2－13

姓　名	任职时间（以任职时间为序）	备　注
邓忠金	1996. 4—1999. 4	—
刘茂琪	1996. 7—1999. 4	—
李代玖	1996. 7—1997. 4	—
郑猛功	2004. 4—2008. 5	—
唐成义	2004. 4—2008. 6	—
廖先毅	2004. 4—2011. 11	兼任
王永茂	2005. 10—2012. 1	兼任
阳小虎	2008. 6—2017. 2	—
张　和	2012. 2—2017. 2	兼任
吴全兴	2012. 2—2016. 8	兼任
宋先佐	2014. 1—2016. 2　2019. 3—2020. 6（兼）	—
何康武	2017. 2—	—
林洪涛	2019. 3—2020. 12	—
黄金树	2020. 6—	兼任

南充市人大常委会办事工作机构主任、副主任一览表

表 2－14　（以任职时间为序）

单位	职位	姓名	任职时间	备注
办公厅（1993. 12—2002. 6）	主任	李代玖	1993. 12—1996. 7	—
		刘茂琪	1996. 7—1999. 4	兼任
		何多福	1999. 4—2001. 12	兼任
	副主任	吴宗麟	1993. 12—1997. 8	—
		何长青	1994. 2—1999. 4	—
		刘　彬	1997. 8—2002. 6	—
		王　勇	1999. 4—2002. 6	—
		唐成义	2000. 7—2002. 6	—
办公室（2002. 6 起）	主任	刘　彬	2002. 6—2004. 4	—
		廖先毅	2008. 6—2011. 11	—
		张　和	2012. 2—2017. 2	—
		郑　雄	2017. 2—2019. 2	—
		宋先佐	2019. 2—2020. 6	—
		黄金树	2020. 6—	
	副主任	王　勇	2002. 6—2004. 4	—
		唐成义	2002. 6—2004. 4	—
		廖先毅	2002. 6—2004. 4	—
		吴全兴	2008. 5—2012. 2	—
		宋先佐	2009. 11—2014. 1	—
		何康武	2012. 2—2017. 2	—
		余　翔	2014. 3—2016. 10	—
		兰海燕（女）	2016. 10—	—
		蒋松柏	2017. 2—	—
法制工作委员会（1993. 12—1995. 12）（2016. 2 起）	主任	宋运成	1993. 12—1995. 12	1995 年 12 月前法工委职能为监督职能
		宋先佐	2016. 2—2019. 2	2016 年 2 月后职能为立法职能
		唐恒金	2019. 2—2020. 6	—
		龚　宁	2020. 6—	—
	副主任	何　虎	1993. 12—1995. 12	—
		童文星	2016. 10—2017. 10	—
		翟绍军	2020. 12—	—

续表 2－14

单位	职位	姓名	任职时间	备注
农业工作委员会	主 任	何多福	1993. 12—1995. 12	机构时间（1993. 12—1995. 12）
	副主任	胡春阳	1994. 2—1995. 12	
财政经济工作委员会	主 任	李仕珍	1993. 12—1995. 12	
预算工作委员会（2012. 2 起）	主 任	王杰民	2012. 2—2020. 6	兼任
		吕兴伦	2020. 6—	兼任
	副主任	章清源	2012. 2—2017. 1	兼任
		罗庆双	2012. 2—	兼任
		李海鸥	2013. 6—	兼任
教科文卫工作委员会	主 任	张泽友	1993. 12—1995. 12	—
选举任免联络工作委员会	主 任	张志戎	1993. 12—1996. 4	机构时间（1993. 12—1996. 4）
	副主任	淳定青	1995. 06—1996. 4	
人事代表工作委员会（1996. 4 起）（省人大代表联络处）（2007. 5 起）	主 任	杨荣久	1996. 4—1999. 4	—
		淳定青	1999. 4—2001. 3	—
		唐恒金	2004. 4—2008. 6	—
		张 和	2008. 6—2012. 2	—
		蒋继学	2012. 2—2019. 2	—
		郑 雄	2019. 2—	—
	副主任	淳定青	1996. 4—1999. 4	—
		唐恒金	2001. 8—2004. 4	—
		谢明斗	2004. 4—2009. 3	—
		贾敬先	2009. 11—2015. 7	—
		宇 震	2016. 6—2019. 8	—
		李 龙	2019. 10—	—
研究室（1999. 4 起）	主 任	李仕珍	1999. 4—2001. 12	—
		郑猛力	2001. 12—2008. 6	—
		王永成	2008. 6—2012. 2	—
		吴全兴	2012. 2—2016. 8	—
		赵健博	2017. 2—	—
	副主任	李 双	1999. 4—2001. 12	—
		王永成	2002. 6—2005. 10	—
		赵健博	2011. 2—2017. 2	—
		张小林	2017. 2—	—

续表 2－14

单位	职位	姓名	任职时间	备注
信访办公室（2008. 6—2015. 6）	主　任	尹伯清	2000. 5—2002. 6	机构未经市编委同意
		王玉龙	2008. 6—2015. 6	机构经市编委同意

南充市人大常委会办事工作机构下设室处（科）负责人一览表

（以任职时间为序）

表 2－15

单位	职位		姓名	任职时间	备注
办公厅（1993. 12—2002. 06）	人事政工处	副处长	王　勇	1996. 5—1997. 8	—
	人事科	科　长	王　勇	1997. 8—2002. 6	—
	行政处	处　长	唐成义	1995. 3—1997. 8	—
	行政科	科　长	何长青	1993. 12—1995. 3	—
			唐成义	1997. 8—2002. 6	—
		副科长	丁继容	2000. 6—2002. 6	—
	调研科	科　长	李　双	1993. 12—1995. 3	—
				1997. 8—2002. 6	—
		副科长	王永茂	1997. 8—2002. 6	—
	秘书处	处　长	刘　彬	1995. 3—1997. 8	—
	秘书科	科　长	吴宗麟	1993. 12—1995. 3	—
			刘　彬	1997. 8—1997. 8	—
			廖先毅	1999. 3—2002. 6	—
		副科长	张文清（女）	1993. 12—1995. 3	—
				1997. 8—1999. 3	—
			廖先毅	1997. 8—1999. 3	—
			潘碚中	1999. 3—2002. 6	—
	信访处	副处长	谢明科	1995. 3—1997. 8	—
	信访科	科　长	李大茂	1993. 12—1995. 3	—
			谢明科	1997. 8—1999. 3	—
			尹伯清	1999. 3—2000. 5	—
	宣传科	副科长	杨五四	1999. 3—2002. 6	—
	离退休干部工作科	副科长	唐明凤（女）	1999. 11—2002. 6	—

续表 2－15

单位	职位		姓名	任职时间	备注
办公室（2002.6 起）	人事科	科　长	潘碚中	2002. 6—2005. 11	—
			吴全兴	2005. 11—2008. 5	—
			石俊勇	2009. 8—2011. 12	—
			杜　辉	2012. 9—2015. 4	—
			翟绍军	2015. 4—2018. 3	—
			陈晓燕（女）	2018. 3—	—
		副科长	刘　利	2002. 6—2009. 6	—
			甘德枫	2009. 7—2010. 12	—
	综合科	科　长	何康武	2009. 7—2010. 12	—
	秘书宣传科	科　长	赵健博	2005. 10—2010. 12	—
		副科长	郭宇英（女）	2002. 6—2004. 5	—
			赵健博	2003. 4—2005. 10	—
			余　翔	2005. 10—2009. 7	—
			宇　震	2008. 8—2010. 12	—
	秘书科	科　长	宇　震	2010. 12—2015. 12	—
			张小林	2015. 4—2017. 3	—
			李　龙	2018. 4—2019. 10	—
			李泳龙	2020. 4—	—
		副科长	李泳龙	2018. 4—2020. 4	—
			王　彬	2020. 4—	—
	宣传信息科	科　长	彭增超	2012. 8—2015. 4	—
			蒋松柏	2015. 4—2017. 2	—
			文凯莉（女）	2018. 4—2019. 9	—
	后勤保障科	科　长	何康武	2010. 12—2012. 2	—
			彭祚权	2012. 8—2015. 4	—
			杜　辉	2015. 4—2020. 4	—
			唐　冰（女）	2020. 12—	—
		副科长	李晓华	2013. 12—2017. 7	—
			唐　冰	2018. 4—2019. 11	—

续表 2－15

单位	职位		姓名	任职时间	备注
	备案审查科	科　长	李汝先	2010. 12—2013. 1	—
			张小林	2013. 8—2015. 4	—
			宇　震	2015. 4—2015. 12	—
			陈晓燕（女）	2015. 12—2016. 4	—
		副科长	陈晓燕（女）	2013. 1—2015. 12	—
			陈　涛	2015. 12—2016. 2	—
	信访科	科　长	尹伯清	2002. 6—2005. 10	兼任
			王玉龙	2005. 10—2008. 6	—
			林春莉（女）	2017. 7—2020. 12	—
		副科长	石俊勇	2003. 6—2009. 8	—
	老干科	科　长	李万军	2015. 12—2020. 12	—
			林春莉（女）	2020. 12—	—
法制工作委员会（1993. 12—1995. 12）（2016. 2 起）	秘书科	科　长	杨天武	1993. 12—1995. 12	—
	法规科	科　长	李　龙	2016. 6—2018. 4	—
			张　建	2018. 4—	—
		副科长	张　建	2016. 6—2018. 4	—
	备案审查科	科　长	陈晓燕（女）	2016. 4—2018. 4	—
			陈　涛	2018. 4—	—
		副科长	陈　涛	2016. 2—2018. 4	—
农业工作委员会	秘书处	副处长	李先荣	1995. 3—1995. 12	—
财政经济工作委员会	秘书处	处　长	郑猛功	1995. 3—1995. 12	—
教科文卫工作委员会	秘书处	副处长	彭小化	1995. 3—1995. 12	—
选举任免联络工作委员会	秘书处	处　长	钱　铁	1995. 3—1997. 8	—
人事代表工作委员会（1996. 4 起）（省人大代表联络处）（2006. 10 起）	办公室	主　任	唐恒金	1999. 3—2002. 6	—
	代表联络科	科　长	钱　铁	1997. 8—2003. 4	—
	选举任免科	副科长	唐恒金	1997. 8—1999. 3	—
	秘书科	科　长	李大茂	2002. 6—2004. 5	—
			贾敬铣	2005. 10—2009. 11	—
			李小平	2013. 1—2015. 7	—
			宇　震	2015. 12—2016. 6	—
		副科长	贾敬铣	2003. 4—2005. 10	—
			李小平	2010. 12—2013. 1	—
			林琳琅	2020. 9—	—

续表 2-15

单位	职位		姓名	任职时间	备注
研究室（1999. 4 起）	办公室	主　任	王永茂	1999. 3—2002. 6	—
	秘书科	科　长	杨五四	2002. 6—2010. 12	—
			蒋松柏	2010. 12—2015. 4	—
			彭增超	2015. 4—2020. 3	—
			严　雷	2020. 4—	—
		副科长	蒋松柏	2008. 08—2010. 12	—
	宣传信息科	科　长	赵健博	2010. 12—2011. 2	—
			文凯莉（女）	2019. 9—	—
信访办公室（2008. 06 起）	综合科	科　长	杜　辉	2010. 12—2012. 9	—
			林春莉（女）	2012. 8—2017. 7	—

三、南充市人大常委会代表资格审查委员会

1993 年 11 月，市选举委员会第三次全体会议通过市一届人大一次会议代表资格审查委员会组成人员人选，主任委员：王以恂，副主任委员：任德俭、魏荐鹗，委员（以姓氏笔画为序）：王爱（女）、李国炯、杨荣久、邹海泉、梁仕培、彭子银。1994 年 2 月，市一届人大常委会二次会议决定，设立市一届人大常委会代表资格审查委员会，通过代表资格审查委员会组成人员人选，主任委员：袁天锡，副主任委员：张明才，委员（以姓氏笔画为序）：王爱（女）、杨荣久、秦永刚、梁仕培、彭子银。12 月，市一届人大常委会代表资格审查委员会会议审议通过代表资格审查委员会议事办法。代表资格审查委员会主要职责为，负责本届人大常委会任期内本级人民代表大会代表资格审查、确认，并向常委会会议作出书面报告；代表资格审查委员会设立办公室，办公室设在市人大常委会选任联工委。是月，市一届人大常委会七次会议决定，杨荣久任代表资格审查委员会副主任委员，其委员职务相应终止。1997 年 2 月，袁天锡、梁仕培分别辞去市一届人大常委会副主任和委员职务，其代表资格审查委员会主任委员和委员职务相应终止。6 月，市一届人大常委会二十四次会议决定，杨元生任代表资格审查委员会主任委员，马昌群（女、回族）任代表资格审查委员会委员。

1999 年 4 月，市二届人大常委会二次会议决定，设立市二届人大常委会代表资格审查委员会，通过代表资格审查委员会组成人员人选，主任委员：张明才，副主任委员：庞丕生、淳定清，委员（以姓氏笔画为序）：马昌群（女、回族）、王明炽、何多福、赵学宽。2001 年 1 月，淳定清辞去市二届人大常委会委员职务；2002 年 1 月，何多福辞去市二届人大常委会秘书长职务，马昌群辞去市二届人大常委会委员职务；4 月，张明才辞去市二届人大常委会副主任职务。上述 4 人代表资格审查委员会职务相应终止。6 月，市二届人大常委会二十二次会议决定，邹海泉任代表资格审查委员会主任委员，徐兴发、贺和平、彭敏（女）任代表资格审查委员会委员。

2004 年 4 月，市三届人大常委会一次会议决定，设立市三届人大常委会代表资格审查委员会，通过代表资格审查委员会组成人员人选，主任委员：李元开，副主任委员：唐恒金、官晓林，委员（以姓氏笔画为序）：刘勇、罗湘卒（女）、贺和平、彭敏（女）。

2008 年 7 月，市四届人大常委会二次会议决定，设立市四届人大常委会代表资格审查委员会，通

过代表资格审查委员会组成人员人选，主任委员：李元开，副主任委员：张和、官晓林，委员（以姓氏笔画为序）：江绍刚、阳小虎、李南春（女）、陈功全、贺和平、淳定清。2010 年 8 月，市四届人大常委会十七次会议审议决定，接受李元开辞去市四届人大常委会副主任职务，其代表资格审查委员会主任委员职务相应终止。2011 年 6 月，市四届人大常委会二十四次会议决定，陈自立任市四届人大常委会代表资格审查委员会主任委员。10 月，贺和平辞去市四届人大常委会委员职务，其代表资格审查委员会委员职务相应终止。

2012 年 2 月，市五届人大常委会一次会议决定，设立市五届人大常委会代表资格审查委员会，通过代表资格审查委员会组成人员人选，主任委员：李晓松，副主任委员：张和、葛淑清（女），委员（以姓氏笔画为序）：王晓晴、阳小虎、李甫健、李康、黄光伟、蒋晓林。2014 年 7 月，蒋晓林病故，其代表资格审查委员会职务自然终止。2015 年 5 月，李康辞去市五届人大代表职务，其代表资格审查委员会委员职务相应终止。9 月，李晓松辞去市五届人大代表职务，其代表资格审查委员会主任委员职务相应终止。是月，市五届人大常委会二十八次会议作出《关于调整代表资格审查委员会组成人员的决定》，决定李在伟任代表资格审查委员会主任委员。

2017 年 2 月，市六届人大常委会一次会议决定，设立市六届人大常委会代表资格审查委员会，通过代表资格审查委员会组成人员人选，主任委员：杜永龙，副主任委员：高立新、蒋继学，委员（以姓氏笔画为序）：王晓晴、李化树、张和才、陈琳、龚宁、喻淑蓉（女）。10 月，高立新辞去市六届人大常委会委员职务，其代表资格审查委员会副主任委员职务相应终止。2020 年 6 月，喻淑蓉辞去市六届人大代表职务，其代表资格审查委员会委员职务相应终止。是月，郑雄任市六届人大常委会代表资格审查委员会副主任委员。12 月，许宁辞去市六届人大常委会委员职务，其代表资格审查委员会副主任委员职务相应终止。

南充市历届人大常委会代表资格审查委员会组成人员一览表

表 2－16

机构名称	职位	姓名	任职时间	备注
市一届人大常委会代表资格审查委员会	主任委员	袁天锡	1994. 2—1997. 2	专职
		杨元生	1997. 6—1999. 1	专职
	副主任委员	张明才	1994. 2—1999. 1	专职
		杨荣久	1994. 12—1999. 1	专职
	委　员	王　爱（女）	1994. 2—1999. 1	兼职
		杨荣久	1994. 2—1994. 12	专职
		秦永刚	1994. 2—1999. 1	兼职
		梁仕培	1994. 2—1997. 2	兼职
		彭子银	1994. 2—1999. 1	兼职
		马昌群（女，回族）	1997. 6—1999. 1	兼职

续表 2－16

机构名称	职位	姓名	任职时间	备注
市二届人大常委会代表资格审查委员会	主任委员	张明才	1999. 4—2002. 4	专职
		邹海泉	2002. 6—2004. 3	专职
	副主任委员	庞丕生	1999. 4—2004. 3	兼职
		淳定清	1999. 4—2001. 1	专职
	委　员	王明炽	1999. 4—2004. 3	兼职
		何多福	1999. 4—2002. 1	专职
		赵学宽	1999. 4—2004. 3	兼职
		马昌群（女，回族）	1999. 4—2002. 1	兼职
		徐兴发	2002. 6—2004. 3	专职
		贺和平	2002. 6—2004. 3	专职
		彭　敏（女）	2002. 6—2004. 3	兼职
市三届人大常委会代表资格审查委员会	主任委员	李元开	2004. 4—2008. 5	专职
	副主任委员	唐恒金	2004. 4—2008. 5	专职
		官晓林	2004. 4—2008. 5	兼职
	委　员	刘　勇	2004. 4—2008. 5	专职
		罗湘卒（女）	2004. 4—2008. 5	兼职
		贺和平	2004. 4—2008. 5	专职
		彭　敏（女）	2004. 4—2008. 5	专职
市四届人大常委会代表资格审查委员会	主任委员	李元开	2008. 7—2010. 8	专职
		陈自立	2011. 6—2012. 1	专职
	副主任委员	张　和	2008. 7—2012. 1	专职
		官晓林	2008. 7—2012. 1	兼职
	委　员	江绍刚	2008. 7—2012. 1	兼职
		阳小虎	2008. 7—2012. 1	专职
		李南春（女）	2008. 7—2012. 1	兼职
		陈功全	2008. 7—2012. 1	兼职
		贺和平	2008. 7—2011. 10	专职
		淳定清	2008. 7—2012. 1	兼职

续表 2－16

机构名称	职位	姓名	任职时间	备注
市五届人大常委会代表资格审查委员会	主任委员	李晓松	2012. 2—2015. 9	专职
		李在伟	2015. 9—2017. 1	专职
	副主任委员	张　和	2012. 2—2017. 1	专职
		葛淑清（女）	2012. 2—2017. 1	兼职
	委　员	王晓晴	2012. 2—2017. 1	兼职
		阳小虎	2012. 2—2017. 1	专职
		李甫健	2012. 2—2017. 1	专职
		李　康	2012. 2—2015. 5	兼职
		黄光伟	2012. 2—2017. 1	兼职
		蒋晓林	2012. 2—2014. 7	兼职
市六届人大常委会代表资格审查委员会	主任委员	杜永龙	2017. 2—	专职
	副主任委员	蒋继学	2017. 2—	专职
		高立新	2017. 2—2017. 10	兼职
		许　宁	2017. 12—2020. 12	兼职
		郑　雄	2020. 6—	专职
	委　员	王晓晴	2017. 2—	兼职
		李化树	2017. 2—	兼职
		张和才	2017. 2—	兼职
		陈　琳	2017. 2—	兼职
		龚　宁	2017. 2—	兼职
		喻淑蓉（女）	2017. 2—2020. 6	兼职

第三节　南充市人大专门委员会

1996 年 1 月，市一届人大四次会议审议通过《关于设立南充市第一届人民代表大会专门委员会的决定》，决定设立市第一届人民代表大会法制委员会、财政经济委员会、农业委员会、民族宗教外事侨务委员会、教育科学文化卫生委员会、城乡建设环境保护委员会，并通过各专门委员会主任委员、副主任委员、委员人选。各专门委员会下设办事机构秘书处，秘书处设处长、副处长。3 月，市一届人大各专门委员会举行会议，审议通过与市级分工联系单位和市辖各县（市、区）人大常委会工作联系办法。4 月，市一届人大常委会十六次会议审议通过《南充市人民代表大会专门委员会工作规定》，各专门委员会由主任委员 1 人、副主任委员 1—3 人和委员若干人组成，下设办公室，设主任 1 人、副主任 1—2 人。专门委员会工作由主任委员主持，副主任委员协助主任委员工作，办公室负责办理专门委员会日常工作。专门委员会主要工作职责为，贯彻并检查市“一府两院”及市政府有关部门执行上级和本级人大及其常委会决议、决定情况；向市人民代表大会或常委会提出有关议案、报告，审议市人民代表大会主席团或常委会交付的有关议案或质询案，并报告审议结果，提出初审意见；协助市人大及其常委会开展工作监督和法律监督；负责办理全国和省人大常委会交付的有关法律法规草案征求意见工作；负责审议市“一府两院”及政府部门相关决定、命令、规范性文件和县（市、区）人大常委会决议、决定，并向常委会主任会议报告；对有关重要问题进行专题调查，提出调查报告和建议；密切同市人大代表联系，听取和收集他们对有关工作的意见和建议，并对有关重要问题进行调研；受市人大常委会委托，组织市人大代表开展视察、调查和检查，办理常委会及其主任会议交办的有关工作评议和述职评议事项；对有关信访和申诉案件提出意见，转交并督促有关部门处理；加强同市“一府两院”及市政府有关工作部门和省、县级人大常委会有关机构的工作联系。是月，根据市人大机关机构改革方案，各专门委员会秘书处撤销，设立办公室，秘书处处长、副处长职务自行免除。1997 年 2 月，市一届人大五次会议决定，接受法制委员会、农业委员会、城乡建设环境保护委员会共 3 名主任委员辞职，通过这 3 个专门委员会主任委员补充人选；接受农业委员会 2 名副主任委员辞职，通过财政经济委员会、农业委员会、教育科学文化卫生委员会各 1 名副主任委员补充人选。4 月，市一届人大常委会二十二次会议决定接受农业委员会 1 名委员辞职。

南充市第一届人民代表大会专门委员会成员一览表

表 2 - 17

单位及职务		姓名	任职时间	备注
法制委员会	主任委员	袁天锡	1996. 1—1997. 2	兼任
		肖盛林	1997. 2—1999. 1	兼任
	副主任委员	宋运成	1996. 1—1999. 1	—
		侯哲伟	1996. 1—1999. 1	—
	委　员	张祥麟	1996. 1—1999. 1	—
		胡亨霖	1996. 1—1999. 1	—
		黄茂华（女）	1996. 1—1999. 1	—
		蔡守宪	1996. 1—1999. 1	—
财政经济委员会	主任委员	田远志	1996. 1—1999. 1	兼任
	副主任委员	周后鹏	1996. 1—1999. 1	—
		郑猛功	1996. 1—1999. 1	—
		陈德厚	1997. 2—1999. 1	—
	委　员	王　爱（女）	1996. 1—1999. 01	—
		杨代炳	1996. 1—1999. 1	—
		何德寿	1996. 1—1999. 1	—
		张成武	1996. 1—1999. 1	—
		郑伯成	1996. 1—1999. 1	—

续表 2-17

单位及职务		姓名	任职时间	备注
农业委员会	主任委员	樊荣华	1996. 1—1997. 2	兼任
		彭修昌	1997. 2—1999. 1	兼任
	副主任委员	何多福	1996. 1—1999. 1	—
		陈德厚	1996. 1—1997. 2	—
		胡春阳	1996. 1—1997. 2	—
		吴显荣	1997. 2—1999. 1	—
	委　员	阳小虎	1996. 1—1999. 1	—
		梁仕培	1996. 1—1997. 4	—
教育科学文化卫生委员会	主任委员	杜河清	1996. 1—1999. 1	兼任
	副主任委员	孙永清	1996. 1—1997. 2	—
		张泽友	1996. 1—1999. 1	—
		李代玖	1997. 2—1999. 1	—
	委　员	刘文瑞	1996. 1—1999. 1	—
		刘宗智	1996. 1—1999. 1	—
		杨嘉格	1996. 1—1999. 1	—
		李中宣	1996. 1—1999. 1	—
		李国炯	1996. 1—1999. 1	—
		彭子银	1996. 1—1999. 1	—
城乡建设环境保护委员会	主任委员	李志光	1996. 1—1997. 2	兼任
		谢正顺	1997. 2—1999. 1	兼任
	副主任委员	蒲玉清（女）	1996. 1—1999. 1	—
		李仕珍	1996. 1—1999. 1	—
	委　员	王朝梁	1996. 1—1999. 1	—
		何军	1996. 1—1999. 1	—
		陈传乐	1996. 1—1999. 1	—
民族宗教外事侨务委员会	主任委员	常思九	1996. 1—1999. 1	兼任
	副主任委员	杨荣清	1996. 1—1999. 1	—
		张志成	1996. 1—1999. 1	—
	委　员	马昌群（女，回族）	1996. 1—1999. 1	—
		张廉启	1996. 1—1999. 1	—
		黄修明	1996. 1—1999. 1	—

1999 年 1 月，市二届人大一次会议审议通过《关于南充市第二届人民代表大会专门委员会设置的

决定》，决定设置市二届人民代表大会法制委员会、财政经济委员会、农业委员会、民族宗教外事侨务委员会、教育科学文化卫生委员会、城乡建设环境资源保护委员会，通过各专门委员会主任委员、副主任委员、委员人选。与市一届人大专门委员设置相比，市二届人大将城乡建设环境保护委员会改为城乡建设环境资源保护委员会，其他5个专门委员会保持不变。4月，市二届人大常委会二次会议任命财政经济委员会1名副主任委员。2000年12月，城乡建设环境资源保护委员会1名委员去世，其委员职务自动终止。2001年8月，市二届人大常委会十七次会议任命财政经济委员会、农业委员会、教育科学文化卫生委员会、民族宗教外事侨务委员会各1名副主任委员。12月，市二届人大常委会十九次会议决定，接受财政经济委员会、农业委员会各2名副主任委员，教育科学文化卫生委员会、民族宗教外事侨务委员会各1名副主任委员，法制委员会、民族宗教外事侨务委员会各1名委员辞职。2002年6月，市二届人大常委会二十二次会议免去教育科学文化卫生委员会、民族宗教外事侨务委员会各1名副主任委员职务，任命教育科学文化卫生委员会1名副主任委员。2003年1月，市二届人大常委会二十六次会议决定，接受法制委员会、教育科学文化卫生委员会各 名副主任委员辞职。2月，市二届人大六次会议决定，接受城乡建设环境资源保护委员会主任委员辞职；市二届人大常委会二十七次会议决定，接受财政经济委员会1名副主任委员、民族宗教外事侨务委员会1名委员辞职。4月，根据市人大常委会机关机构改革方案，市人大常委会主任会议决定将市人大各专门委员会下设办公室改为秘书科，原任命的市人大各专门委员会办公室主任、副主任职务相应免除。

南充市第二届人民代表大会专门委员会成员一览表

表2-18

单位及职务		姓名	任职时间	备注
法制委员会	主任委员	罗自省	1999.1—2004.3	兼任
	副主任委员	贺和平	1999.1—2004.3	—
		杨天武	1999.1—2003.1	—
	委员	杨　兴	1999.1—2004.3	—
		张廷山	1999.1—2004.3	—
		周绍君（女）	1999.1—2004.3	—
		胡亨霖	1999.1—2001.12	—
		姚本莲（女）	1999.1—2004.3	—
		彭可云	1999.1—2004.3	—
财政经济委员会	主任委员	陈绍森	1999.1—2004.3	兼任
	副主任委员	吴成信	1999.1—2001.12	—
		郑猛功	1999.1—2001.12	—
		任敏强	1999.4—2004.3	—
		赵开源	2001.8—2003.2	—
	委员	冯庆煜	1999.1—2004.3	—
		任敏强	1999.1—1999.4	—
		刘文沛	1999.1—2004.3	—
		杨俊芳（女）	1999.1—2004.3	—
		汪绍先	1999.1—2004.3	—
		柏富荣	1999.1—2004.3	—

续表 2－18

单位及职务		姓名	任职时间	备注
农业委员会	主任委员	张益维	1999. 1—2004. 3	—
	副主任委员	许学照	1999. 1—2001. 12	—
		李先荣	1999. 1—2001. 12	—
		邓先忠	2001. 8—2004. 3	—
	委　员	阳小虎	1999. 1—2004. 3	—
		李晓康	1999. 1—2004. 3	—
		张明权	1999. 1—2004. 3	—
		彭昌家	1999. 1—2004. 3	—
教育科学文化卫生委员会	主任委员	杨汉翔	1999. 1—2004. 3	兼任
	副主任委员	夏永明	1999. 1—2001. 12	—
		张泽友	1999. 1—2003. 1	—
		徐兴发	2001. 8—2002. 6	—
		马良穆	2002. 6—2004. 3	—
	委　员	王明炽	1999. 1—2004. 3	—
		刘家厚	1999. 1—2004. 3	—
		李国炯	1999. 1—2004. 3	—
		侯　健	1999. 1—2004. 3	—
城乡建设环境资源保护委员会	主任委员	谢正顺	1999. 1—2003. 2	兼任
	副主任委员	赵学宽	1999. 1—2004. 3	—
		张　和	1999. 1—2004. 3	—
	委　员	刘文瑞	1999. 1—2004. 3	—
		杜亚刚	1999. 1—2000. 12	—
		陈传乐	1999. 1—2004. 3	—
		郑伯成	1999. 1—2004. 3	—
民族宗教外事侨务委员会	主任委员	王素清（女）	1999. 1—2004. 3	兼任
	副主任委员	李代玖	1999. 1—2001. 12	—
		张志成	1999. 1—2004. 3	—
		马良穆	2001. 8—2002. 6	—
	委　员	马昌群（女，回族）	1999. 1—2001. 12	—
		郑剑波	1999. 1—2004. 3	—
		释胜精	1999. 1—2004. 3	—
		滕明才	1999. 1—2003. 2	—

2004 年 3 月，市三届人大一次会议审议通过《关于南充市第三届人民代表大会专门委员会设置的决定》，决定设置市三届人民代表大会内务司法委员会、财政经济委员会、农业与农村委员会、教育科学文化卫生委员会、城乡建设环境资源保护委员会、民族宗教外事侨务委员会，通过各专门委员会主任委员、副主任委员、委员人选。与市二届人大专门委员设置相比，市三届人大将法制委员会、农业委员会分别更名为内务司法委员会、农业与农村委员会，其他 4 个专门委员会保持不变。2006 年 1 月，市三届人大常委会十四次会议任命财政经济委员会 1 名委员。2007 年 2 月，市三届人大四次会议通过内务司法委员会、财政经济委员会、农业与农村委员会、城乡建设环境资源保护委员会副主任委员补充人选各 1 名。

南充市第三届人民代表大会专门委员会成员一览表

璈 2－19

单位及职务		姓名	任职时间	备注
内务司法委员会	主任委员	贺和平	2004. 3—2008. 5	—
	副主任委员	覃一民	2007. 2—2008. 5	—
	委　员	彭　敏（女）	2004. 3—2007. 2	—
		张在强	2004. 3—2008. 5	—
		邓国秀（女）	2004. 3—2008. 5	—
		江绍刚	2004. 3—2008. 5	—
财政经济委员会	主任委员	董　超	2004. 3—2008. 5	—
	副主任委员	章清源	2004. 3—2008. 5	—
		韩官全	2004. 3—2008. 5	—
		高宗成	2007. 2—2008. 5	—
	委　员	柏富荣	2004. 3—2008. 5	—
		万义军	2004. 3—2008. 5	—
		弋国才	2006. 1—2008. 5	—
农业与农村委员会	主任委员	邓明志	2004. 3—2008. 5	—
	副主任委员	王杰民	2004. 3—2008. 5	—
		彭　敏（女）	2007. 2—2008. 5	—
	委　员	何　勇	2004. 3—2008. 5	—
		彭昌家	2004. 3—2008. 5	—
		李育明	2004. 3—2008. 5	—
		唐　毅	2004. 3—2008. 5	—

续表 2－19

单位及职务		姓名	任职时间	备注
教育科学文化卫生委员会	主任委员	吴应学	2004. 3—2008. 5	—
	副主任委员	王　勇	2004. 3—2008. 5	—
	委　员	陈功全	2004. 3—2008. 5	—
		郑映畅	2004. 3—2008. 5	—
		寇德林	2004. 3—2008. 5	—
城乡建设环境资源保护委员会	主任委员	冯成明	2004. 3—2008. 5	—
	副主任委员	刘　勇	2004. 3—2008. 5	—
		张　和	2004. 3—2008. 5	—
		邱明星	2007. 2—2008. 5	—
	委　员	罗南辉	2004. 3—2008. 5	—
		何　平	2004. 3—2008. 5	—
		谢勇恩	2004. 3—2008. 5	—
		唐红春（女）	2004. 3—2008. 5	—
民族宗教外事侨务委员会	主任委员	张志成	2004. 3—2008. 5	—
	副主任委员	周　原	2004. 3—2008. 5	—
	委　员	胥仕勋	2004. 3—2008. 5	—
		幸天勇	2004. 3—2008. 5	—
		林　鸥（女）	2004. 3—2008. 5	—
		释广永	2004. 3—2008. 5	—

2008 年 5 月，市四届人大一次会议审议通过《关于南充市第四届人民代表大会专门委员会设置的决定》，决定设置市四届人民代表大会内务司法委员会、财政经济委员会、农业与农村委员会、教育科学文化卫生委员会、城乡建设环境资源保护委员会、民族宗教外事侨务委员会，通过各专门委员会主任委员、副主任委员、委员人选。2009 年 6 月，教育科学文化卫生委员会 1 名委员市四届人大代表职务被罢免，其委员职务相应终止。2010 年 10 月，市四届人大常委会十六次会议免去教育科学文化卫生委员会 1 名副主任委员职务。2011 年 2 月，市四届人大常委会二十二次会议任命财政经济委员会 1 名副主任委员。5 月，市四届人大常委会二十三次会议决定，接受教育科学文化卫生委员会主任委员辞职，任命该委员会 1 名副主任委员。10 月，市四届人大常委会二十六次会议决定，接受内务司法委员会主任委员和 1 名副主任委员辞职。11 月，市四届人大常委会二十七次会议任命内务司法委员会 1 名副主任委员。是月，财政经济委员会 1 名委员调离南充市行政区域，其委员职务随市四届人大代表资格终止而相应终止。

南充市第四届人民代表大会专门委员会成员一览表

表 2－20

单位及职务		姓名	任职时间	备注
内务司法委员会	主任委员	贺和平	2008. 5—2011. 10	—
	副主任委员	游少春	2008. 5—2011. 10	—
		蒋晓凌	2011. 11—2012. 1	—
	委　员	刘良国	2008. 5—2012. 1	—
		杜桂琼（女）	2008. 5—2012. 1	—
		李南春（女）	2008. 5—2012. 1	—
		唐　鸿	2008. 5—2012. 1	—
		黄成立	2008. 5—2012. 1	—
		黎　明	2008. 5—2012. 1	—
财政经济委员会	主任委员	张兴全	2008. 5—2012. 1	—
	副主任委员	章清源	2008. 5—2012. 1	—
		罗庆双	2011. 2—2012. 1	—
	委　员	弋国才	2008. 5—2012. 1	—
		江绍刚	2008. 5—2012. 1	—
		杜　彬	2008. 5—2012. 1	—
		李强成	2008. 5—2011. 11	—
		张昌华	2008. 5—2012. 1	—
		周绍林	2008. 5—2012. 1	—
		赵　华	2008. 5—2012. 1	—
农业与农村委员会	主任委员	汪旭英（女）	2008. 5—2012. 1	—
	副主任委员	王杰民	2008. 5—2012. 1	—
	委　员	邓建新	2008. 5—2012. 1	—
		尹晓辉（女）	2008. 5—2012. 1	—
		卢德全	2008. 5—2012. 1	—
		李育明	2008. 5—2012. 1	—
		彭昌家	2008. 5—2012. 1	—

续表 2－20

单位及职务		姓名	任职时间	备注
教育科学文化卫生委员会	主任委员	吴应学	2008. 5—2011. 5	—
	副主任委员	王　勇	2008. 5—2010. 6	—
		王明章	2011. 5—2012. 1	—
	委　员	李光明	2008. 5—2012. 1	—
		陈功全	2008. 5—2012. 1	—
		幸天勇	2008. 5—2012. 1	—
		周太荣	2008. 5—2009. 6	—
		庞文健	2008. 5—2012. 1	—
		曹　雷	2008. 5—2012. 1	—
		淳定清	2008. 5—2012. 1	—
城乡建设环境资源保护委员会	主任委员	邱明星	2008. 5—2012. 1	—
	副主任委员	韩官全	2008. 5—2012. 1	—
	委　员	王奇志（女）	2008. 5—2012. 1	—
		冯明义	2008. 5—2012. 1	—
		李东旭（女）	2008. 5—2012. 1	—
		陈新民	2008. 5—2012. 1	—
		周汝席	2008. 5—2012. 1	—
		唐红春（女）	2008. 5—2012. 1	—
		唐峻峰	2008. 5—2012. 1	—
民族宗教外事侨务委员会	主任委员	罗湘卒（女）	2008. 5—2012. 1	—
	副主任委员	王应龙	2008. 5—2012. 1	—
	委　员	冯异友	2008. 5—2012. 1	—
		杨辉和	2008. 5—2012. 1	—
		张晓艳（女）	2008. 5—2012. 1	—
		覃瑜莉（女）	2008. 5—2012. 1	—
		释广永	2008. 5—2012. 1	—
		蒲　涛（女）	2008. 5—2012. 1	—

2012 年 1 月，市五届人大一次会议审议通过《关于南充市第五届人民代表大会专门委员会设置的决定》，决定设置市五届人民代表大会内务司法委员会、财政经济委员会、农业与农村委员会、教育科学文化卫生委员会、城乡建设环境资源保护委员会、民族宗教外事侨务委员会，通过各专门委员会主任委员、副主任委员、委员人选。2014 年 1 月，内务司法委员会 1 名委员调离南充市行政区域，其委员职务随市五届人大代表资格终止而相应终止。7 月，内务司法委员会 1 名委员去世，其委员职务随

市五届人大代表职务终止而相应终止。2015 年 5 月，教育科学文化卫生委员会 1 名委员辞去市五届人大代表职务，其委员职务随代表资格终止而相应终止。6 月，市五届人大常委会二十六次会议决定，接受教育科学文化卫生委员会主任委员、内务司法委员会 1 名委员、财政经济委员会 2 名委员、农业与农村委员会 1 名委员辞职。2016 年 3 月，市五届人大六次会议审议通过《关于设立南充市第五届人民代表大会法制委员会的决定》，通过法制委员会主任委员、副主任委员、委员人选，通过教育科学文化卫生委员会主任委员补充人选。市人大专门委员会增加为 7 个。法制委员会主要职责为，对列入人民代表大会和人大常委会会议议程的地方性法规案进行统一审议，并向人民代表大会主席团或者人大常委会提出审议报告、地方性法规案修改稿及表决稿；审议由法制委员会提请人民代表大会和人大常委会审议的地方性法规草案和其他有关法规议案；审议人民代表大会主席团交付的有关法规议案，并向人民代表大会主席团或者人大常委会提出报告；审议地方性法规年度立法计划草案，报请主任会议审议决定，并向人大常委会会议报告。

南充市第五届人民代表大会专门委员会成员一览表

表 2－21

单位及职务		姓名	任职时间	备注
法制委员会	主任委员	李在伟	2016. 3—2017. 1	兼任
	副主任委员	宋先佐	2016. 3—2017. 1	兼任
	委　员	马　婕（女）	2016. 3—2017. 1	—
		李东旭（女）	2016. 3—2017. 1	—
		张晋林	2016. 3—2017. 1	—
		赵云强	2016. 3—2017. 1	—
		唐　涛	2016. 3—2017. 1	—
		徐　元	2016. 3—2017. 1	—
内务司法委员会	主任委员	李甫健	2012. 1—2017. 1	—
	副主任委员	蒋晓凌	2012. 1—2017. 1	—
	委　员	王桂华（女）	2012. 1—2017. 1	—
		杨天武	2012. 1—2017. 1	—
		范中伟	2012. 1—2014. 1	—
		唐　鸿	2012. 1—2017. 1	—
		黄成立	2012. 1—2015. 6	—
		蒋晓林	2012. 1—2014. 7	—
		覃瑜莉（女）	2012. 1—2017. 1	—

续表 2－21

单位及职务		姓名	任职时间	备注
财政经济委员会	主任委员	王杰民	2012. 1—2017. 1	—
	副主任委员	章清源	2012. 1—2017. 1	—
		罗庆双	2012. 1—2017. 1	—
	委　员	弋国才	2012. 1—2017. 1	—
		杜彬（顺庆团）	2012. 1—2017. 1	—
		李建平	2012. 1—2017. 1	—
		胡仕明	2012. 1—2015. 6	—
		骆亚忠	2012. 1—2015. 6	—
		黄光伟	2012. 1—2017. 1	—
农业与农村委员会	主任委员	蔡宝成	2012. 1—2017. 1	—
	副主任委员	何旭东	2012. 1—2017. 1	—
	委　员	邓建新	2012. 1—2017. 1	—
		卢德全	2012. 1—2017. 1	—
		李育明	2012. 1—2017. 1	—
		张险峰	2012. 1—2015. 6	—
		郑小红（女）	2012. 1—2017. 1	—
		赵　华	2012. 1—2017. 1	—
		彭　健	2012. 1—2017. 1	—
教育科学文化卫生委员会	主任委员	杨成果	2012. 1—2015. 6	—
		李晓东	2016. 3—2017. 1	—
	副主任委员	何志明	2012. 1—2017. 1	—
	委　员	王晓晴	2012. 1—2017. 1	—
		李　康	2012. 1—2015. 5	—
		李光明	2012. 1—2017. 1	—
		何　俊	2012. 1—2017. 1	—
		陈功全	2012. 1—2017. 1	—
		幸天勇	2012. 1—2017. 1	—
		寇德林	2012. 1—2017. 1	—

续表 2－21

单位及职务		姓名	任职时间	备注
城乡建设环境资源保护委员会	主任委员	侯双林	2012. 1—2017. 1	—
	副主任委员	蒲影飞	2012. 1—2017. 1	—
	委　员	冯异友	2012. 1—2017. 1	—
		冯明义	2012. 1—2017. 1	—
		刘自新	2012. 1—2017. 1	—
		李东旭（女）	2012. 1—2017. 1	—
		罗　涛	2012. 1—2017. 1	—
		庞文建	2012. 1—2017. 1	—
		谢　勇	2012. 1—2017. 1	—
民族宗教外事侨务委员会	主任委员	王应龙	2012. 1—2017. 1	—
	副主任委员	李忠福	2012. 1—2017. 1	—
	委　员	杜永龙	2012. 1—2017. 1	—
		李化树	2012. 1—2017. 1	—
		杨辉和	2012. 1—2017. 1	—
		张晓艳（女）	2012. 1—2017. 1	—
		唐作银	2012. 1—2017. 1	—
		释灵慈（女）	2012. 1—2017. 1	—
		蒲　涛（女）	2012. 1—2017. 1	—

2017 年 1 月，市六届人大一次会议审议通过《关于南充市第六届人民代表大会专门委员会设置的决定》，决定设置市六届人民代表大会法制委员会、内务司法委员会、财政经济委员会、农业与农村委员会、教育科学文化卫生委员会、城乡建设环境资源保护委员会、民族宗教外事侨务委员会，通过各专门委员会主任委员、副主任委员、委员人选。8 月，城乡建设环境资源保护委员会 1 名委员去世，其委员职务随市六届人大代表资格终止而相应终止。2018 年 6 月，市六届人大常委会十一次会议任命民族宗教外事侨务委员会 1 名副主任委员。是月，市六届人大常委会十二次会议任命农业与农村委员会、财政经济委员会各 1 名副主任委员。2019 年 3 月，市六届人大四次会议审议通过《关于增设南充市第六届人民代表大会社会建设委员会和内务司法委员会更名为监察和司法委员会的决定》，决定设立市六届人民代表大会社会建设委员会，将内务司法委员会更名为监察和司法委员会，通过这 2 个专门委员会主任委员、副主任委员、委员人选和其他 6 个专门委员会各 1 名兼职副主任委员及相关专门委员会 7 名委员增补人选。市人大专门委员会增加为 8 个。4 月，市人大常委会主任会议对市六届人大各专门委员会联系部门（单位）作出调整，分别为，监察和司法委员会联系市监察委员会、市中级人民法院、市人民检察院、市公安局、市司法局、市信访局、市监狱、南充国家安全局、川中监狱、嘉陵监狱；财政经济委员会联系市发展和改革委员会（市粮食和

物资储备局、市能源局)、市经济和信息化局、市财政局、市审计局、市国有资产监督管理委员会、市场监督管理局(市知识产权局、市食品安全委员会办公室、市民营经济发展办公室)、市统计局、市金融工作局、南充经济开发区、市住房公积金管理中心、市税务局、国家统计局南充调查队、市烟草专卖局、人行南充市中心支行、南充银保监分局、市工商联;农业与农村委员会联系市水务局、市农业农村局、市林业局、市扶贫开发局、市供销社、南充升钟水利工程建设管理局、市农科院、市气象局、南充水文局、省蚕业研究所;教育科学文化卫生委员会联系市教育和体育局、市科学技术局、市文化广播电视和旅游局(市文物局)、市卫生健康委员会(市中医药管理局)、市政府新闻办、朱德故居管理局、阆中古城景区管理局、市地方志办公室、市招生办、市社科联、市文联、市科协、市红十字会;城乡建设环境资源保护委员会联系市自然资源和规划局、市生态环境局、市住房和城乡建设局(市人民防空办公室)、市交通运输局、市城市管理行政执法局、市政务服务管理局、市房管局、市政府投资非经营性项目代建中心;民族宗教外事侨务委员会联系市商务局、市经济合作和外事局(市港澳事务办公室)、市机关事务管理局、市政府侨务办公室、市政府台湾事务办公室、市民族宗教事务局、南充海关、市贸促会、市友协、市侨联;社会建设委员会联系市民政局、市人力资源和社会保障局、市退役军人事务局、市应急管理局(市安全生产委员会办公室)、市医疗保障局、市总工会、团市委、市妇联、市残联。9 月,市编委关于《南充市人大常委会机关职能配置、内设机构和人员编制规定》核定市人大机关正科级领导职数 19 名,副科级领导职数 4 名。其中,市人大内务和司法委员会秘书科更名为市人大监察和司法委员会秘书科;撤销原市人大财政经济委员会秘书科,设置市人大财政经济委员会经济运行监督科、预算审查监督科;增设市人大社会建设委员会秘书科。2020 年 1 月和 5 月,市六届人大财政经济委员会 2 名委员先后调离南充市行政区域,其委员职务随市六届人大代表资格终止而相应终止。6 月,财政经济委员会、教育科学文化卫生委员会、城乡建设环境资源保护委员会 3 名主任委员与民族宗教外事侨务委员会主任委员和 1 名委员辞去市六届人大代表职务,其专门委员会职务相应终止。是月,市六届人大常委会三十一次会议接受监察和司法委员会主任委员和法制委员会 1 名副主任委员辞职;市六届人大五次会议增补相关专门委员会 5 名主任委员、2 名副主任委员和 3 名委员。2021 年 1 月,市六届人大城乡建设环境资源保护委员会 1 名委员调离南充市行政区域,其委员职务随市六届人大代表资格终止而相应终止;市六届人大教育科学文化卫生委员会 1 名副主任委员辞去市六届人大代表职务,其副主任委员职务相应终止。2 月,市六届人大社会建设委员会 2 名兼职副主任委员辞去市六届人大代表职务、1 名委员调离南充市行政区域,他们的专委会职务相应终止;市六届人大城乡建设环境资源保护委员会、财政经济委员会各 1 名兼职副主任委员辞去市六届人大代表职务,他们的专委会职务相应终止。是月,市六届人大常委会第三十八次会议接受市六届人大农业与农村委员会 1 名副主任委员辞职。

南充市第六届人民代表大会专门委员会成员一览表

表 2－22

单位及职务		姓名	任职时间	备注
法制委员会	主任委员	周　原	2017. 1—	—
	副主任委员	宋先佐	2017. 1—2020. 6	兼任
		李东旭（女）	2017. 1—	—
		陈　琳	2019. 3—	兼任
		龚　宁	2020. 6—	兼任
	委　员	杨　平	2017. 1—	—
		陈　琳	2017. 1—2019. 3	—
		李化树	2017. 1—	—
		徐　元	2017. 1—2020. 7	—
		唐　鸿	2017. 1—	—
		程冬梅（女）	2017. 1—	—
内务司法委员会	主任委员	龚　宁	2017. 1—2019. 3	—
	副主任委员	蒋晓凌	2017. 1—2019. 3	—
	委　员	朱　华（女）	2017. 1—2019. 3	—
		赤　耿	2017. 1—2019. 3	—
		青　鹏	2017. 1—2019. 3	—
		胡修云	2017. 1—2019. 3	兼任
		蒲亨坤	2017. 1—2019. 3	—
监察和司法委员会	主任委员	龚　宁	2019. 3—2020. 6	—
		夏选民	2020. 6—	—
	副主任委员	胡修云	2019. 3—	兼任
		蒋晓凌	2019. 3—	—
	委　员	马　婕（女）	2019. 3—	—
		朱　华（女）	2019. 3—	—
		李　霞（女）	2019. 3—	—
		何　龙	2019. 3—	—
		黄治文	2019. 3—	—
		蒲亨坤	2019. 3—	—

续表 2－22

单位及职务		姓名	任职时间	备注
财政经济委员会	主任委员	王杰民	2017. 1—2020. 6	—
		吕兴伦	2020. 6—	—
	副主任委员	罗庆双	2017. 1—	—
		李海鸥	2018. 6—	—
		戚　辉	2019. 3—2021. 2	兼任
	委　员	赵　华	2017. 1—	—
		戚　辉	2017. 1—2019. 3	—
		黄　毅	2017. 01—	—
		廖学静	2017. 1—2020. 5	—
		邓伟明	2019. 3—2020. 1	—
		何　宏	2019. 3—	—
		孙泽芝	2020. 6—	—
		张红梅（女）	2020. 6—	—
农业与农村委员会	主任委员	何晓林	2017. 1—	—
	副主任委员	吴志敏	2018. 6—2021. 2	—
		何林忠	2019. 3—	兼任
	委　员	邓俊辉（女）	2017. 1—	—
		卢德全	2017. 1—	—
		何林忠	2017. 1—2019. 3	—
		杜晓秋（女）	2017. 1—	—
		赵　磊	2017. 1—	—
		程玉华（女）	2017. 1—	—
		陈　蓉（女）	2019. 3—	—
教育科学文化卫生委员会	主任委员	李晓东	2017. 1—2020. 6	—
		郑　莉（女）	2020. 6—	—
	副主任委员	张　伟	2019. 3—	兼任
		何晓林	2020. 6—2021. 1	—
	委　员	王晓晴	2017. 1—	—
		张　伟	2017. 1—2019. 3	—
		杨彩虎	2017. 1—	—
		寇德林	2017. 1—	—
		王　荣	2019. 3—	—
		何光宏	2019. 3—	—
		蒲　勇	2019. 3—	—

续表 2－22

单位及职务		姓名	任职时间	备注
城乡建设环境资源保护委员会	主任委员	王应龙	2017. 1—2020. 6	—
城乡建设环境资源保护委员会	主任委员	梁　超	2020. 6—	—
城乡建设环境资源保护委员会	副主任委员	蒲影飞	2017. 1—	—
城乡建设环境资源保护委员会	副主任委员	杨天武	2019. 3—2021. 2	兼任
城乡建设环境资源保护委员会	委　员	王　斌	2017. 1—	—
城乡建设环境资源保护委员会	委　员	王奇志（女）	2017. 1—	—
城乡建设环境资源保护委员会	委　员	刘自新	2017. 1—2017. 8	—
城乡建设环境资源保护委员会	委　员	宋　敏	2017. 1—2021. 1	—
城乡建设环境资源保护委员会	委　员	杨天武	2017. 1—2019. 3	—
城乡建设环境资源保护委员会	委　员	柯　敏	2017. 1—	—
城乡建设环境资源保护委员会	委　员	唐红春（女）	2017. 1—	—
城乡建设环境资源保护委员会	委　员	李长河	2019. 3—	—
民族宗教外事侨务委员会	主任委员	龙腾飞	2017. 1—2020. 6	—
民族宗教外事侨务委员会	主任委员	谷秀春（女）	2020. 6—	—
民族宗教外事侨务委员会	副主任委员	寇春茂	2018. 6—	—
民族宗教外事侨务委员会	副主任委员	郑元勤	2019. 3—	兼任
民族宗教外事侨务委员会	委　员	李　琦	2017. 1—	—
民族宗教外事侨务委员会	委　员	李亚林（女）	2017. 1—	—
民族宗教外事侨务委员会	委　员	李晓兰（女）	2017. 1—	—
民族宗教外事侨务委员会	委　员	郑元勤	2017. 1—2019. 3	—
民族宗教外事侨务委员会	委　员	莫盛恩	2017. 1—	—
民族宗教外事侨务委员会	委　员	葛淑清（女）	2017. 1—2020. 6	—
民族宗教外事侨务委员会	委　员	蒲　涛（女）	2017. 1—	—
民族宗教外事侨务委员会	委　员	释际亘	2020. 6—	—
社会建设委员会	主任委员	冯祥权	2019. 3—	—
社会建设委员会	副主任委员	费国宏	2019. 3—2021. 2	兼任
社会建设委员会	副主任委员	斯顺平	2019. 3—2021. 2	兼任
社会建设委员会	副主任委员	蒋继学	2019. 3—	—
社会建设委员会	委　员	尹文莉（女）	2019. 3—	—
社会建设委员会	委　员	刘　梅（女）	2019. 3—	—
社会建设委员会	委　员	阳　琼（女）	2019. 3—	—
社会建设委员会	委　员	李　双	2019. 3—2021. 2	—
社会建设委员会	委　员	李　华（女）	2019. 3—	—

南充市人大专门委员会办事机构负责人一览表

表 2－23

单位及职务			姓名	任职时间	备注
法制委员会（1996. 1—2004. 3） 内务司法委员会（2004. 3—2019. 3） 监察和司法委员会（2019. 3—）	秘书处	处　长	杨天武	1996. 1—1996. 4	—
		副处长	李晓敏	1996. 1—1996. 4	—
	办公室	主　任	杨天武	1996. 4—1999. 3	—
			李晓敏	1999. 3—2003. 4	—
		副主任	李晓敏	1996. 4—1999. 3	—
			何志刚	2001. 3—2003. 4	—
	秘书科	科　长	李晓敏	2003. 4—2005. 10	—
			蒋晓凌	2005. 10—2011. 11	—
			苟亿良	2012. 10—	—
		副科长	宋先佐	2003. 6—2005. 10	—
			蒋晓凌	2003. 4—2005. 10	—
			李汝先	2005. 10—2010. 12	—
财政经济委员会	办公室	主　任	钱　铁	1999. 3—1997. 8	—
		副主任	陈仕鹏	2001. 3—2003. 4	—
	秘书科	科　长	钱　铁	2003. 4—2004. 5	兼任
			陈仕鹏	2004. 5—2010. 12	—
			寇春茂	2010. 12—2016. 11	—
			蒲小飞（女）	2016. 11—2019. 9	—
		副科长	陈仕鹏	2003. 4—2004. 5	—
			张荣生	2003. 4—2004. 5	—
			郭宇英（女）	2004. 5—2010. 12	—
			寇春茂	2010. 12—2012. 2	—
	预算审查监督科	科　长	蒲小飞（女）	2019. 9—2020. 11	—
	经济运行监督科	科　长	唐　冰（女）	2019. 11—2020. 12	—
法制委员会（2017. 1—　）	秘书科	科　长	李晓华	2017. 7—	—

续表 2－23

单位及职务			姓名	任职时间	备注
农业委员会（1996. 1—2004. 3） 农业与农村委员会（2004. 3— ）	秘书处	副处长	李先荣	1996. 1—1996. 4	—
	办公室	主　任	李先荣	1997. 8—1999. 3	—
			王杰民	1999. 3—2003. 4	—
		副主任	李先荣	1996. 4—1997. 8	—
	秘书科	科　长	王杰民	2003. 4—2004. 5	—
			卢晓成	2005. 10—2009. 7	—
			余　翔	2009. 7—2014. 3	—
			翟绍军	2018. 4—2020. 12	—
			彭祚权	2020. 12—	—
		副科长	卢晓成	2003. 4—2005. 10	—
			青　山	2015. 12—2018. 1	—
教育科学文化卫生委员会	秘书处	副处长	彭小化	1996. 1—1996. 4	—
	办公室	主　任	彭小化	1997. 8—2003. 4	—
		副主任	彭小化	1996. 4—1997. 8	—
	秘书科	科　长	彭小化	2003. 4—2005. 10	—
			张荣生	2004. 5—2005. 9	—
			宋先佐	2005. 10—2009. 11	—
			王一茹（女）	2012. 8—2012. 11	—
			李汝先	2013. 1—2020. 3	—
		副科长	姚素琼（女）	2003. 4—2010. 12	—
			王一茹（女）	2010. 12—2012. 8	—
城乡建设环境保护委员会（1996. 1—1999. 1） 城乡建设环境资源保护委员会（1999. 1— ）	秘书处	处　长	张　和	1996. 1—1996. 4	—
	办公室	主　任	张　和	1996. 4—1999. 1	—
			谢明科	1999. 3—2003. 4	—
		副主任	张文清（女）	1999. 3—2003. 4	—
	秘书科	科　长	谢明科	2003. 4—2004. 5	兼任
			郭建英（女）	2005. 10—2010. 12	—
			翟绍军	2013. 1—2015. 5	—
			彭祚权	2015. 5—2020. 12	—
		副科长	郭建英（女）	2003. 6—2005. 10	—
			翟绍军	2010. 1—2013. 1	—

续表 2 - 23

<table>
<tr><th colspan="3">单位及职务</th><th>姓名</th><th>任职时间</th><th>备注</th></tr>
<tr><td rowspan="9">民族宗教外事侨务委员会</td><td>秘书处</td><td>副处长</td><td>王杰民</td><td>1996. 1—1996. 4</td><td>—</td></tr>
<tr><td rowspan="3">办公室</td><td>主　任</td><td>王杰民</td><td>1997. 8—2003. 4</td><td>—</td></tr>
<tr><td rowspan="2">副主任</td><td>王杰民</td><td>1996. 4—1997. 8</td><td>—</td></tr>
<tr><td>周　原</td><td>1999. 3—2003. 4</td><td>—</td></tr>
<tr><td rowspan="5">秘书科</td><td rowspan="4">科　长</td><td>周　原</td><td>2003. 4—2004. 5</td><td>—</td></tr>
<tr><td>李大茂</td><td>2004. 5—2015. 1</td><td>—</td></tr>
<tr><td>蒲小飞（女）</td><td>2015. 12—2016. 11</td><td>—</td></tr>
<tr><td>寇春茂</td><td>2016. 11—2018. 6</td><td>—</td></tr>
<tr><td>副科长</td><td>蒲小飞（女）</td><td>2010. 12—2015. 12</td><td>—</td></tr>
<tr><td>社会建设委员会（2019. 3—　）</td><td>秘书科</td><td>科　长</td><td>李万军</td><td>2020. 12—</td><td>—</td></tr>
</table>

第四节　南充市人大常委会机关党组织

1993 年 12 月，市委决定，建立市人大常委会党组。至 2021 年 2 月，市人大常委会机关先后设立机关党组、机关党委、机关纪委、纪检组和机关党支部。其间，2018 年，纪检系统机构改革，市人大常委会机关纪检组划转市纪委，改设为市纪委派驻市人大常委会机关纪检组。2019 年，监察体制改革，市纪委派驻市人大常委会机关纪检组更名为市纪委监委派驻市人大常委会机关纪检监察组。

一、南充市人大常委会党组

1993 年 12 月，市委决定，建立市人大常委会党组，李慎宽任党组书记；田远志任党组副书记；袁天锡、谢志远、樊荣华、张明才、常思九、李志光、王以恂、青永秀 8 人为党组成员。1995 年 8 月，王以恂退休，市委同意，免去王以恂市人大常委会党组成员职务。1997 年 3 月，市委对市人大常委会党组成员作出调整决定，同意增补杨元生、谢正顺、彭修昌、肖盛林 4 人为党组成员；免去袁天锡、谢志远、樊荣华、李志光 4 人党组成员职务。

1999 年 2 月，市人大常委会换届，市委调整市人大常委会党组成员。调整后，李慎宽任党组书记，杨元生、谢正顺任党组副书记，张明才、张益维、肖盛林、孙纯、罗自省、陈绍森、黄旭东、王素清、何多福 9 人任党组成员。2001 年 8 月，市委同意，邹海泉任市人大常委会党组成员。2002 年 5 月，市委决定，张世富、马敬国、徐兴发任市人大常委会党组成员，免去张明才、肖盛林、何多福党组成员职务。2003 年 3 月，市委决定，任德俭任市人大常委会党组书记，赵太武任党组成员；免去李慎宽党组书记职务，杨元生、谢正顺党组副书记职务。

2004 年 3 月，市人大常委会换届，市委调整市人大常委会党组成员职务。调整后，刘伯忠任党组副书记，主持市人大常委会党组工作。孙纯、马敬国、赵太武、梁仕培、余善卫、李元开、刘彬任党组成员；免去任德俭市人大常委会党组书记职务，张益维、罗自省、陈绍森、黄旭东、王素清、邹海泉、张世富、徐兴发党组成员职务。2005 年 6 月，市委决定，刘伯忠任市人大常委会党组书记。2005 年 12 月，市委决定免去刘彬党组成员职务。

2008 年 5 月，市人大常委会换届，市委调整市人大常委会党组成员职务。调整后，李志杰任党组书记，李元开、陈自立、傅伦佳、陈修鹏、郑猛功任党组成员，免去刘伯忠党组书记职务，孙纯、马敬国、赵太武、梁仕培、余善卫党组成员职务。2010 年 8 月，市委决定，免去李元开市人大常委会党组成员职务。

2012 年 1 月，市人大常委会换届，市委调整市人大常委会党组成员职务。调整后，高先海任党组书记，谢华国、陈自立、陈修鹏、李晓松、李南春、王永茂任党组成员；免去李志杰党组书记职务，傅伦佳、郑猛功党组成员职务。2014 年 3 月，市委决定，增补吴道军为市人大常委会党组成员，免去谢华国党组成员职务。2015 年 5 月，市委决定，袁险峰任市人大常委会党组书记，徐远火、李在伟、熊建春、王玉龙任党组成员；免去高先海党组书记职务，陈自立、陈修鹏、李晓松、李南春、吴道军、王永茂市人大常委会党组成员职务。

2017 年 1 月，市人大常委会换届，市委调整市人大常委会党组成员职务。调整后，袁险峰任党组书记，徐远火、熊建春、陈圣伦、陈科、杜永龙、冉中华任党组成员，免去王玉龙党组成员职务。2020 年 6 月，市委决定，增补宋先佐为市人大常委会党组成员，免去冉中华党组成员职务。2021 年 1 月，市委决定，免去陈科市人大常委会党组成员职务。2021 年 2 月，市委决定，增补温桂彪为市人大常委会党组成员。

二、南充市人大常委会机关党组

2019 年 6 月，市委批复同意，设立中共南充市人大常委会机关党组，设党组成员 7 人，其中书记 1 人、副书记 1 人。7 月，市委任命冉中华为市人大常委会机关党组书记、宋先佐为机关党组副书记，王应龙、郑雄、何康武、何晓林、石俊勇为机关党组成员。2020 年 6 月，市委作出调整市人大常委会机关党组决定，免去冉中华机关党组书记职务、宋先佐机关党组副书记职务、王应龙机关党组成员职务，任命宋先佐为机关党组书记、黄金树为机关党组副书记、夏选民为机关党组成员。

三、南充市人大常委会机关党委

1997 年 9 月，市直属机关工委批复同意，成立市人大常委会机关党委筹备组，张明才、刘茂琪、王艾莉（女）、淳定清、王勇为市人大常委会机关党委筹备组成员。张明才任组长，刘茂琪、王艾莉（女）任副组长，淳定清、王勇为成员。10 月，市直属机关工委批复同意市人大常委会机关党委选举结果，同意张明才、刘茂琪、王艾莉、青永秀、李代玖、周后鹏、何多福、张志成、李仕珍、淳定清、王勇为市人大常委会机关第一届党委成员。张明才任书记，刘茂琪、王艾莉（女）任副书记，青永秀、李代玖、周后鹏、何多福、张志成、李仕珍、淳定清、王勇为委员。

1999 年 5 月，市人大常委会换届，机关党委成员变动较大，经研究并报市直机关工委同意，选举产生市人大常委会机关第二届党委，由何多福、淳定清、许学照、吴成信、夏永明、贺和平、李仕珍、李代玖、青永秀、张和组成。选举何多福为机关党委书记，淳定清、许学照为组织委员，青永秀、夏永明、李仕珍为宣传委员，贺和平、吴成信为纪检委员，李代玖、张和为群工综治委员。10 月，增补何长青为机关党委专职副书记。

2002年6月，市人大常委会机关党委换届选举，徐兴发、钱铁、唐恒金、邓先忠、刘茂琪、郑猛功、马良穆、贺和平、张和、刘彬、赵开源、张志成、罗宇顺当选为市人大常委会机关第三届党委成员。选举徐兴发为机关党委书记，钱铁为机关党委副书记。书记徐兴发主持全面工作，副书记钱铁负责日常工作，邓先忠、唐恒金为组织委员，刘茂琪、马良穆、郑猛功为宣传委员，赵开源、贺和平为纪检委员，张志成、张和为群工委员，刘彬、罗宇顺为综治委员。

2004年5月，市人大常委会机关党委换届选举，报经市人大常委会党组和市直机关工委同意，刘彬任机关党委书记，董超、邓明志、吴应学、冯成明、唐成义、尹伯清为机关党委委员。7月，钱铁任专职副书记，唐恒金、郑猛功为组织委员，吴应学、唐成义为宣传委员，邓明志、贺和平、董超为纪检委员，张志成、尹伯清为群工委员，冯成明、罗宇顺为综治委员。

2008年12月，市人大常委会机关党委换届选举，报经中共市直机关工委批复同意，郑猛功、钱铁、廖先毅、张和、王永茂、贺和平、张兴全、汪旭英、吴应学、邱明星、罗湘卒、潘碚中、罗宇顺当选为新一届党委成员。选举郑猛功为书记，钱铁为副书记，廖先毅、张和为组织委员，王永茂、吴应学、邱明星为宣传委员，贺和平、张兴全、汪旭英为纪检委员，罗湘卒、潘碚中、罗宇顺为群工综治委员。2013年，经市委编委办同意，市人大常委会机关党委设专职书记，为副县级。2016年4月，市人大常委会机关党委研究，报经市直机关工委同意，增补李万军、陈晓燕、蒲小飞为市人大常委会机关党委委员。其中，李万军任组织委员，陈晓燕任宣传委员，蒲小飞任文体委员。

2017年8月，市人大常委会机关党委换届选举并成立机关纪委，报经市直机关工委批复同意，何晓林当选为新一届市人大常委会机关党委书记，兰海燕当选为副书记，李万军、陈晓燕、蒲小飞当选为委员。李万军为组织委员，陈晓燕为宣传委员，蒲小飞为文体委员。机关纪委选举结果报经市纪委批复同意，蒋晓凌为市人大常委会机关纪委书记，彭祚权、翟绍军为机关纪委委员。2019年3月，市人大常委会机关党委研究，报经市直机关工委同意，增补机关纪委书记蒋晓凌为机关党委副书记。

四、市人大常委会机关纪检监察机构

2001年11月，市人大常委会机关机构改革方案核定市人大常委会机关设纪检组组长1名。是年12月至2004年4月，谢明科任市人大常委会机关纪检组组长。2007年11月，市委编委印发通知，核定市人大常委会机关党委副书记兼纪检组组长编制1名。2011年7月，蒋晓凌任市人大常委会机关党委副书记兼纪检组组长。12月，石俊勇任市人大常委会机关党委副书记兼机关纪检组组长。2018年1月，纪检系统机构改革，市人大常委会机关纪检组划转市纪委，改设为市纪委派驻市人大常委会机关纪检组。市纪委任命石俊勇为市纪委派驻市人大常委会机关纪检组组长，青山为纪检组成员。2019年2月，监察体制改革，市纪委派驻市人大常委会机关纪检组更名为市纪委监委派驻市人大常委会机关纪检监察组，市纪委监委任命石俊勇为纪检监察组组长，青山、蒲杨先后为纪检监察组成员。2020年10月，市纪委监委任命杜林娜（女）为驻市人大常委会机关纪检监察组副组长。

五、市人大常委会机关党支部

1993年12月，市人大常委会党组研究，对原地区人大工委机关党支部书记、副书记进行调整，增选委员。市人大常委会机关党支部选举产生书记、副书记，报经市党群口机关党委同意，张明才任市人大常委会机关党支部书记，李代玖任副书记。1999年6月，市人大常委会机关党委研究同意，成

立市人大常委会研究室机关支部。

1999年8月，市人大常委会机关各党支部换届选举，市人大常委会机关党委同意刘彬任办公厅党支部书记，王勇任副书记，唐成义、廖先毅、罗宇顺为委员；淳定清任人事代表工作委员会党支部书记；李仕珍任研究室党支部书记；贺和平任法制委员会党支部书记，李晓敏任副书记；郑猛功任财政经济委员会党支部书记，钱铁任副书记；李先荣任农业委员会党支部书记，王杰民任副书记；夏永明任教育科学文化卫生委员会党支部书记；张和任城乡建设环境资源保护委员会党支部书记；张志成任民族宗教外事侨务委员会党支部书记。

2002年7月，市人大常委会机关各党支部换届选举，市人大常委会机关党委同意刘彬任办公室党支部书记，王勇任副书记，唐成义、廖先毅、罗宇顺为委员；唐恒金任人事代表工作委员会党支部书记；郑猛功任研究室党支部书记；贺和平任法制委员会党支部书记，李晓敏任副书记；赵开源任财政经济委员会党支部书记，陈仕鹏任副书记；王杰民任农业委员会党支部书记；马良穆任教育科学文化卫生委员会党支部书记；张和任城乡建设环境资源保护委员会党支部书记；张志成任民族宗教外事侨务委员会党支部书记。

2004年6月，市人大常委会机关党委对市人大常委会机关各党支部成员进行调整，唐成义任办公室党支部书记，廖先毅任副书记，潘碚中、赵健博为委员；贺和平任内务司法委员会党支部书记；董超任财政经济委员会党支部书记；邓明志任农业与农村委员会党支部书记；吴应学任教育科学文化卫生委员会党支部书记；冯成明任城乡建设环境资源保护委员会党支部书记；尹伯清任退休干部党支部书记。2006年2月，市人大常委会机关党委决定，王永茂任市人大常委会办公室党支部委员、副书记。

2008年12月，市人大常委会机关各党支部换届选举，市人大常委会机关党委同意廖先毅任办公室党支部书记，吴全兴任副书记，何康武、林春莉、罗宇顺为委员；张和任人事代表工委委员会党支部书记；王永茂任研究室信访办党支部书记；贺和平任内务司法委员会党支部书记；张兴全任财政经济委员会党支部书记；汪旭英任农业与农村委员会党支部书记；吴应学任教育科学文化卫生委员会党支部书记；邱明星任城乡建设环境资源保护委员会党支部书记；罗湘卒任民族宗教外事侨务委员会党支部书记；潘碚中任退休干部党支部书记，尹伯清、刘茂琪任副书记。2010年6月，市人大常委会办公室党支部补选，报经人大常委会机关党委同意，宋先佐任办公室党支部委员、副书记。

2017年8月，市人大常委会机关党委研究，报经常委会党组同意，作出撤并整合机关党支部决定。撤销办公室党支部，组建机关第一党支部；合并研究室党支部、人事代表工作委员会党支部、法制委员会和法制工作委员会党支部，组建机关第二党支部；合并内务司法委员会党支部、财政经济委员会党支部、农业与农村委员会党支部、教科文卫委员会党支部、城乡环境资源保护委员会党支部、民族宗教外事侨务委员会党支部，组建机关第三党支部；保留退休党支部。10月，市人大常委会机关撤并整合后的3个党支部举行选举，经市人大常委会机关党委同意，机关第一党支部由郑雄、蒋松柏、杜辉、李泳龙、林春莉组成，郑雄任书记，蒋松柏任副书记，杜辉任组织委员，李泳龙任学习宣传委员，林春莉任文娱委员；机关第二党支部由宋先佐、宇震、张小林、张建、李晓华组成，宋先佐任书记，宇震、张小林任副书记，张建任组织委员，李晓华任学习宣传委员；机关第三党支部由王应龙、罗庆双、彭祚权、苟亿良、李汝先、青山、冯城组成，王应龙任书记，罗庆双任副书记，彭祚权任组织委员，苟亿良任学习委员，李汝先任宣传委员，青山任生活委员，冯城任青年委员。2019年3月，市人大常委会机关党委对机关部分党支部书记作出调整决定，宋先佐任机关第一党支部书记，不再担任机关第二党支部书记；郑雄任机关第二党支部书记，不再担任机关第一党支部书记。2020 年 2 月至 4 月，市人大常委会机关第二党支部报经常委会机关党委审查，增补李龙为党支部副书记，严雷任组织委员，陈涛任纪检委员。

2020 年 8 月，市人大常委会机关各党支部换届选举，市人大常委会机关党委同意，中共市人大常委会机关第一支部委员会由黄金树、蒋松柏、杜辉、林春莉、王彬组成，黄金树任书记，蒋松柏任副书记，杜辉任组织委员，林春莉任纪检委员，王彬任宣传委员。中共市人大常委会机关第二支部委员会由郑雄、张小林、李龙、张建、李晓华、严雷、陈涛组成，郑雄任书记，张小林、李龙任副书记，张建任组织委员，李晓华任宣传委员，严雷任学习委员、陈涛任纪检委员。中共市人大常委会机关第三支部委员会由夏选民、罗庆双、罗刚云、彭祚权、荀亿良、李汝先、冯城组成，夏选民任书记，罗庆双任副书记，罗刚云任组织委员，李汝先任学习宣传委员，荀亿良任文体委员，彭祚权任纪检委员，冯城任青年委员。

第五节　南充市人大常委会机关群团组织

1994 年 4 月，市人大常委会报经市总工会同意，成立市人大常委会机关工会第一届委员会，至 1996 年 12 月，张泽友为市人大常委会机关工会第一届委员会主席（兼），何长青为副主席（兼）。

1996 年 12 月，市人大常委会机关工会委员会换届选举，报经市总工会同意，何长青为市人大常委会机关工会第二届委员会主席（兼），张泽友为副主席（兼）。2000 年 8 月，何长青不再兼任市人大常委会机关工会主席。

2002 年 6 月，市人大常委会机关工会委员会换届选举，报经市总工会同意，廖先毅为市人大常委会机关工会第三届委员会主席（兼），丁继容为专职副主席（副科级），杨天武、郭宇英、贾进贤为委员；谢明科为市人大常委会机关工会第三届经费审查委员会主任，钱铁、陈仕鹏为委员。

2009 年 8 月，市人大常委会机关全体妇女干部职工民主选举，经市妇联同意，王一茹为市人大机关妇女委员会主任，郭建英、林春莉为委员。

2010 年 12 月，市人大常委会机关工会委员会换届选举，报经市总工会同意，吴全兴为市人大常委会机关工会第四届委员会主席，郭宇英、罗宇顺、舒艳辉为副主席，王一茹、寇春茂为委员；陈仕鹏为市人大常委会机关工会第四届经费审查委员会主任，赵健博、李小平为委员。

2013 年 1 月，市人大常委会机关妇委会换届选举，蒲小飞当选为市人大常委会机关妇女委员会主任。

2017 年 8 月，市人大常委会机关工会委员会换届选举，并报经市总工会同意，市人大常委会机关工会第五届委员会由兰海燕、荀亿良、蒲小飞、舒艳辉、彭晖、秦时全、张建 7 名委员组成。兰海燕为工会主席，舒艳辉为工会专职副主席，荀亿良为工会副主席，蒲小飞为工会副主席兼女职工委员。市人大机关工会委员会第五届经费审查委员会由蒋松柏、彭增超、文凯莉组成，蒋松柏为经费审查委员会主任。

第三章

南充市人民代表大会会议

1993 年 12 月至 2021 年 2 月，市人民代表大会历经 6 届，共召开 35 次代表大会会议。市人民代表大会会议举行前，召开预备会议，选举会议主席团和秘书长，通过会议议程和其他准备事项的决定。预备会议由市人大常委会主持。市人民代表大会会议由主席团主持。主席团第一次会议由市人大常委会主任召集，推选主席团常务主席若干人，主席团常务主席召集并主持主席团会议。主席团第一次会议推选主席团成员若干人分别担任每次大会全体会议执行主席。市人民代表大会会议有 2/3 以上的市人大代表出席，方可举行。市政府组成人员、市中级人民法院院长、市人民检察院检察长不是市人大代表的，列席市人民代表大会会议；市人大常委会办事工作机构负责人、参加市政协会议人员、其他有关机关、团体负责人、全国人民代表大会代表、省人民代表大会代表，经市人大常委会决定，列席市人民代表大会会议。列席会议的人员有发言权，没有表决权。市人民代表大会会议实行民主集中制。市人大代表通过人民代表大会会议集中人民意志，代表人民利益，依法集体行使职权。会议各项议题的审议，采取以代表团分组审议为主，辅以全体会议审议、代表团审议、专题审议等各种形式。大会全体会议通过决议、决定时，由全体代表过半数通过。市人民代表大会通过的决议、决定、选举结果及其他表决结果由主席团公告，并在《南充日报》、南充人大网、《南充市人大常委会公报》等相关媒体上予以公布。大会通过的地方性法规按规定报省人大常委会批准。市人民代表大会选举的市人大常委会主任、副主任、秘书长、委员，市人民政府市长、副市长，市监察委员会主任，市中级人民法院院长，通过的专门委员会主任委员、副主任委员、委员等，按照《四川省宪法宣誓制度实施办法》，自 2016 年 3 月 23 日起，在公布当选结果后，进行宪法宣誓。市人民代表大会选举的市人民检察院检察长，报经省人民检察院检察长提请省人民代表大会常务委员会批准后，进行宪法宣誓。会议期间，代表可依法提出议案和建议、批评、意见，还可以提出质询案和询问事项。

第一节　南充市第一届人民代表大会会议

1993 年 12 月至 1999 年 1 月，南充市第一届人民代表大会期间，共召开 7 次代表大会会议。

一、市一届人大一次会议

1993 年 12 月 1 日至 5 日，市一届人大一次会议在果城会堂召开。应到代表 479 名，实到代表 465 名，符合法定人数。

大会主席团成员（55 名，以姓氏笔画为序）：王爱（女）、王以恂、王朝梁、文明富、邓忠金、扎西尼玛（藏族）、叶占元、田远志、冯希尧、吕峰、任德俭、向阳、刘宗智、杜元耀、杜河清、杨兴、杨元生、杨成忠、杨安民、李友斗、李中宣、李正培、李世德、李白玉（女）、李志光、李国炯、李慎宽、时瑞芬（女）、张久文、张明才、张祥麟、青永秀、罗平亚、胡亨霖、赵培善、祝茂余、袁天锡、郭宪书、黄茂华（女）、黄河基、黄德益、常思九、康咸熙、康智盛、梁仕培、彭子银、董淑芳（女）、傅金凤（女）、谢志远、蒲玉清（女）、蒲显福、蔡守宪、滕明才、樊荣华、魏荐鹗。

大会主席团常务主席：李正培、李慎宽、冯希尧、黄德益、田远志、袁天锡、杜河清。

大会秘书长：袁天锡。

市一届人大一次会议举行5次全体会议。大会主席团常务主席、执行主席李慎宽主持第一次全体会议。大会主席团常务主席、执行主席李正培主持第二次全体会议。大会主席团常务主席、执行主席黄德益主持第三次全体会议。大会主席团常务主席、执行主席冯希尧主持第四次全体会议。大会主席团常务主席、执行主席李慎宽主持第五次全体会议。

大会主席团常务主席、市委书记李正培致开幕词。会议审议通过《南充市第一届人民代表大会第一次会议选举办法》。会议选举李慎宽为市一届人大常委会主任，选举田远志、袁天锡、谢志远、樊荣华、杜河清、张明才、常思九、李志光为副主任，选举张明才为秘书长（兼），选举市一届人大常委会委员30名。选举向阳为市人民政府市长，选举杜元耀、谢正顺、胡昌川、陈香泉、董仲良、王正忠、张益维为副市长。选举欧晓东为市中级人民法院院长。选举罗自省为市人民检察院检察长，须依法报经省人民检察院检察长提请省人大常委会批准。

会议听取和审议市长向阳代表市人民政府所作的《政府工作报告》。会议批准这个报告，作出《关于政府工作报告的决议》。会议认为，国务院作出调整南充地区行政区划、建立南充市的决定，为加速南充经济和社会事业的发展，圆满实现翻两番的战略目标提供难得的机遇。各级人民政府要以党的十四届三中全会精神为指导，认真学习邓小平建设有中国特色社会主义的理论，围绕社会主义市场经济体制的建立，进一步解放思想，加大改革开放的力度，抓住机遇，发挥优势，励精图治，加快发展，努力实施市第一次党代会确立的经济发展战略，全面实现提前两年翻两番的宏伟目标。会议指出，要深化经济体制改革，建立适应社会主义市场经济的新体制。要转换企业经营机制，全面落实企业各项自主权，搞好劳动用工、工资分配和社会保障制度的改革，努力创造条件建立现代企业制度。要深化农村改革，加强对农业的宏观指导和保护，建立起适应社会主义市场经济要求的农村经济运行机制和管理体制。要加速南充市各类市场的培育和发展，逐步建立起统一、开放、竞争、有序的市场体系。要深化财税、金融体制改革，推进社会保障和住房制度改革，为在20世纪末初步建立起新的经济体制奠定基础。会议指出，要以经济建设为中心，加快发展步伐。加强交通、能源、通信等基础设施和后劲项目的建设。实施“科教兴市”战略，进一步创造人尽其才、人才辈出的环境和条件，依靠科技进步和提高劳动者素质促进经济发展。要加强对农业和农村工作的领导，把农业放在首位。调整农村产业结构，大力发展乡镇企业，建设优质农产品基地，改善基础条件，加快扶贫开发，完善政策，增加投入，确保农村经济全面发展。要加快结构调整步伐，努力提高工商企业效益。放手发展第三产业和非公有制经济，着力培养新的经济生长点。要搞好城市的规划、建设和管理，发挥中心城市功能。加快小集镇建设步伐。加大对外开放的力度，加快南充走向世界的步伐。会议要求，必须坚持物质文明和精神文明建设“两手抓，两手都要硬”的方针，加强社会主义民主与法治建设。坚持不懈地进行党的基本路线、爱国主义、社会主义、集体主义教育和社会公德、职业道德教育。进一步搞好社会治安综合治理，为改革和建设创造良好的社会环境。要抓好计划生育和环境保护。要进一步发展文化、卫生、体育等各项社会事业。会议要求，各级人民政府全体工作人员要更新思想观念，按照政企分开和“精简、统一、效能”的原则，积极稳妥地进行政府机构改革，切实转变政府职能，改进工作作风，提高管理水平。要加强廉政建设，开展反腐败斗争，树立与社会主义市场经济相适应的良好的政府形象。

会议听取和审议市人大常委会主任李慎宽所作的《南充市第一届人民代表大会常务委员会工作报告》。会议批准这个报告，作出《关于南充市第一届人民代表大会常务委员会工作报告的决议》。会议认为，市一届人大常委会任期的五年，将是实现南充市经济和社会发展第二步战略目标的关键时期。

市一届人大常委会要坚持以建设有中国特色社会主义的理论和党的基本路线为指导，认真贯彻党的十四大和八届全国人大一次会议精神，紧紧围绕经济建设这个中心行使职权，把加强社会主义民主法治建设作为根本任务，认真履行宪法和法律赋予的职权，进一步发挥地方国家权力机关的职能作用。要按照建立社会主义市场经济体制的要求，逐步健全监督机制，加强对宪法、法律实施情况的监督和对南充市人民政府、南充市中级人民法院和南充市人民检察院的工作监督，要密切同代表和人民群众的联系，不断加强人大常委会的自身建设，为坚持和完善人民代表大会制度，推进有中国特色的社会主义民主政治建设，保障和促进南充市改革开放和社会主义现代化建设事业更快更好的发展，做出更大的贡献。

会议听取和审议市中级人民法院院长欧晓东所作的《南充市中级人民法院工作报告》。会议批准这个报告，作出《关于南充市中级人民法院工作报告的决议》。会议要求，市中级人民法院要以邓小平建设有中国特色的社会主义理论为指导，认真贯彻执行党的“一个中心，两个基本点”的基本路线和党的十四大、十四届三中全会精神，紧紧围绕经济建设这个中心，忠实地履行宪法和法律赋予的审判职能，全面加强各项审判工作，严厉打击严重刑事犯罪和严重经济犯罪，充分运用法律手段调整经济关系、民事关系和其他社会关系，维护社会稳定和社会经济秩序，保障经济发展和公民、法人的合法权益。要深化法院自身改革，完善司法制度，严格依法办案，为实现南充市经济和社会发展第二步战略目标，提供有力的司法保障和法律服务。

会议听取和审议市人民检察院检察长罗自省所作的《南充市人民检察院工作报告》。会议批准这个报告，作出《关于南充市人民检察院工作报告的决议》。会议要求，市人民检察院要认真贯彻落实党的十四大和十四届三中全会精神，以邓小平建设有中国特色的社会主义理论为指导，坚持党的基本路线和“两手抓、两手都要硬”的方针，充分发挥法律监督的职能作用，惩治贪污、贿赂等严重经济犯罪，严厉打击严重刑事犯罪活动，认真查处“侵权”、渎职犯罪案件，积极开展对刑事、民事、经济、行政审判活动的监督工作，检察纠正侦查、审判和监管改造工作中的违法行为。要进一步加强检察机关的自身建设，为南充市社会稳定、经济发展和廉政建设服务，为提前实现南充市第二步战略目标做贡献。

大会主席团常务主席李正培、冯希尧、黄德益等向市人大常委会主任、副主任、秘书长、委员，市人民政府市长、副市长，市中级人民法院院长，市人民检察院检察长颁发当选证书，并向市人大常委会、市人民政府、市中级人民法院、市人民检察院授牌、授印。市人大常委会主任李慎宽在会上致闭幕词。

会议期间，代表们认真履行职责，积极提出议案。大会收到 10 名以上代表联名提出的议案 87 件，经大会主席团审议，决定将杨成忠等 13 名代表提出的《加快绿化步伐，力争 2000 年绿化全市》议案、马兴福等 10 名代表提出的《要求立项扶持回族贫穷乡经济发展》议案、高炳和等 10 名代表提出的《要求制止把生猪屠宰税变成“人头税”》议案列为议案，其余 84 件转为建议、批评和意见处理。

二、市一届人大二次会议

1994 年 3 月 30 日至 4 月 2 日，市一届人大二次会议在果城会堂召开。应到代表 476 名，实到代表 444 名，符合法定人数。列席大会的各界人士 420 人。

大会主席团成员（57 名，以姓氏笔画为序）：马昌群（女，回族）、王爱（女）、王以恂、王朝梁、邓忠金、田远志、冯希尧、吕峰、刘文瑞、刘宗智、阳小虎、孙永清、杜河清、杨兴、杨代炳、杨成忠、杨荣久、杨荣清、李友斗、李正培、李代玖、李白玉（女）、李志光、李国炯、李慎宽、时瑞芬（女）、何军、何多福、何德寿、宋运成、张成武、张明才、张祥麟、张廉启、陈德厚、青永秀、罗建清（女）、周后鹏、郑伯成、胡亨霖、赵培善、祝茂余、秦永刚、袁天锡、黄茂华（女）、黄河基、黄德益、常思九、康咸熙、梁仕培、彭子银、董淑芳（女）、谢志远、蒲玉清（女）、蔡守宪、樊荣华、滕明才。

大会主席团常务主席：李正培、李慎宽、黄德益、田远志、袁天锡、谢志远、樊荣华、杜河清、张明才、常思九、李志光。

大会秘书长：田远志。

市一届人大二次会议举行3次全体会议。大会主席团常务主席、执行主席李慎宽主持第一次全体会议。大会主席团常务主席、执行主席黄德益主持第二次全体会议。大会主席团常务主席、执行主席田远志主持第三次全体会议。

会议听取和审查市长向阳代表市人民政府所作的《政府工作报告》。会议批准这个报告，作出《关于政府工作报告的决议》。会议指出，1994年是建立社会主义市场经济体制关键一年，也是南充市加快改革和发展步伐、提前两年实现第二步战略目标的重要一年。必须以邓小平建设有中国特色社会主义理论为指导，深入贯彻党的十四大和十四届三中全会精神，加快建立社会主义市场经济体制步伐，把握发展机遇，加大改革力度，进一步扩大对外开放，大力调整经济结构，提高综合经济效益，保持社会稳定，促进国民经济持续、快速、健康发展。会议强调，必须紧紧围绕建立社会主义市场经济体制的总目标，积极开展现代企业制度试点，有重点地抓好县级经济综合改革的一些基础性工作，综合配套、全面推进财税、金融、投资、计划、外贸体制改革，进一步提高对外开放程度，用好用活政策，以增加出口创汇、拓宽招商引资渠道为重点，发展第三产业。会议强调，必须坚定不移地以经济建设为中心，坚持“发展才是硬道理”，集中精力加速经济发展，高度重视农业，在抓好粮食生产的前提下，加快结构调整，力争粮棉油产量恢复到1992年的水平；要大力发展乡镇企业，确保农民增收，集中力量加强交通、通信，能源等基础设施建设，缓解“瓶颈”制约。进一步调整工业结构，发展支柱产业和拳头产品，推进企业技术改造和技术进步，真正把工业发展的着眼点放在优化结构、提高质量、强化管理、讲求效益上来。多渠道融通资金，做好财税、金融工作，增加地方财政收入。坚持做好减轻农民、企业不合理负担的工作。进一步加强扶贫工作，继续实施科教兴市战略，促进科技，教育、经济紧密结合，切实把教育摆在优先发展的战略地位，面向经济，深化科技体制改革，充分发挥教育、科技对经济、社会发展的引导和推动作用。协调发展各项社会事业。依法管理土地资源、资产。严格控制人口增长，加强环境资源保护。会议强调，必须妥善处理好改革、发展和稳定的关系，坚持“两手抓，两手都要硬”的方针，加强社会主义精神文明建设和民主法治建设，巩固和发展安定团结的政治局面。认真学习《邓小平文选》第三卷，全面推进思想文化建设。高扬爱国主义、集体主义、社会主义主旋律，反对拜金主义、形式主义、主观主义、官僚主义和浮夸作风。继续开展创建、共建文明城市、文明单位、文明村镇。增强军政、军民团结，加强社会主义民主政治建设。各级政府要认真执行人大决议，自觉接受人大监督，搞好民主协商，巩固和发展爱国统一战线。围绕建立社会主义市场经济体制，加强法制教育，强化执法监督，严格依法行政。坚持专门机关与群众路线相结合，搞好社会治安综合治理，正确处理新时期人民内部矛盾，维护社会安定。依法严厉打击各种刑事犯罪活动和严重经济犯罪活动，扫除社会丑恶现象。会议要求，各级政府要按照上级党委、政府的统一部署，转变职能，理顺关系，精兵简政，提高效率。继续加强廉政建设，深入开展反腐败斗争。大张旗鼓地提倡艰苦创业精神，大兴调查研究之风。所有国家机关工作人员都要勤政务实，廉洁奉公，鞠躬尽瘁，当好公仆。

会议经过审查，并根据计划预算审查委员会审查报告，批准市人民政府提出的南充市1994年国民经济和社会发展计划，批准市计划委员会主任杜光辉受市人民政府委托所作的《关于南充市1994年国民经济和社会发展计划草案的报告》，作出《关于南充市1994年国民经济和社会发展计划的决议》。会议同意计划预算审查委员会在审查报告中对顺利完成1994年计划提出的各项建议。会议要求各级政府从国民经济全局出发，维护整体利益，在经济发展中，处理好改革、发展和稳定的关系，做到有机结合，互相促进，下决心把经济工作转到优化经济结构、加快技术进步、强化经营管理、提高经济效益的轨道上来。切实加强农业的基础地位，促进农村经济的全面发展。关心群众生活，控制固定资产投资规模、物价上涨幅度。各级领导干部要统一思想、同心同德、艰苦奋斗，动员和依靠群众，全面完成国民经济和社会发展计划。

会议经过审查，并根据计划预算审查委员会的审查报告，批准市财政局局长陈绍森受市人民政府委托所作的《关于南充市1994年财政预算初步安排的报告》，同意市人民政府提出的南充市1994年财政预算初步安排。作出《关于南充市1994年财政预算初步安排的决议》。会议同意计划预算审查委员会在审查报告中对实现1994年财政预算初步安排提出的各项建议。会议要求各级政府树立全局观念，认真执行财税法律法规，严格财经纪律。在预算执行中，要加强税收征管，千方百计增加收入，控制支出，力争做到收支平衡，促进国民经济持续、快速、健康发展。会议授权市人大常委会审查批准南充市1994年财政预算。

会议听取和审查市人大常委会主任李慎宽所作的《南充市第一届人民代表大会常务委员会工作报告》。会议认为，市一届人大一次会议以来，常务委员会为南充市经济发展与社会进步做了大量工作，取得明显成效。会议批准这个报告，作出《关于南充市第一届人民代表大会常务委员会工作报告的决议》。会议要求，在新的一年里，市人大常委会要继续坚持以邓小平建设有中国特色社会主义的理论和党的基本路线为指导，坚持以经济建设为中心，认真行使宪法和法律赋予的各项职权，进一步发挥权力机关的职能作用。要加强对行政、审判、检察机关的法律监督和工作监督，加强常委会的自身建设，密切联系人大代表和人民群众，加强与基层人大的联系，为坚持和完善人民代表大会制度，推进社会主义民主法制建设，建立社会主义市场经济体制，保障和促进南充市改革开放现代化建设的顺利发展而努力。

会议听取和审议市中级人民法院院长欧晓东所作的《南充市中级人民法院工作报告》。会议批准这个报告，作出《关于南充市中级人民法院工作报告的决议》。

会议听取和审议市人民检察院检察长罗自省所作的《南充市人民检察院工作报告》。会议批准这个报告，作出《关于南充市人民检察院工作报告的决议》。

会议听取和审议市人大常委会副主任兼秘书长张明才所作的市人大常委会《关于南充市人民代表大会议事规则（草案）》的说明，审议通过《南充市人民代表大会议事规则》。

市人大常委会主任李慎宽在闭幕大会上作了讲话。

会议期间，代表们认真履行职责，积极提出议案，大会收到10名以上代表联名提出的议案61件，经大会主席团审议，决定将成开平等11名代表提出的《加大科技投入力度，将科教兴市落到实处》和程玉华等13名代表提出的《给青少年创造一个健康成长的良好环境》列为议案，其他59件转为建议、批评和意见处理。

三、市一届人大三次会议

1995 年 1 月 18 日至 22 日，市一届人大三次会议在果城会堂召开。应到代表 479 名，实到代表 458 名，符合法定人数。列席大会的各界人士 455 人。

大会主席团成员（59 名，以姓氏笔画为序）：马昌群（女，回族）、王爱（女）、王以恂、王朝梁、邓忠金、田远志、冯希尧、吕峰、刘文瑞、刘宗智、阳小虎、孙永清、权绍伦（女）、杜河清、杨兴、杨代炳、杨成忠、杨荣久、杨荣清、李友斗、李正培、李代玖、李白玉（女）、李志光、李国炯、李柏霖、李慎宽、时瑞芬（女）、何军、何多福、何德寿、宋运成、张成武、张明才、张祥麟、张廉启、陈德厚、青永秀、罗建清（女）、周后鹏、郑伯成、胡亨霖、赵培善、秦永刚、袁天锡、席素琼（女）、黄茂华（女）、黄河基、黄德益、常思九、康咸熙、梁仕培、彭子银、董淑芳（女）、谢志远、蒲玉清（女）、蔡守宪、樊荣华、滕明才。

大会主席团常务主席：李正培、李慎宽、黄德益、田远志、袁天锡、谢志远、樊荣华、杜河清、张明才、常思九、李志光。

大会秘书长：田远志。

市一届人大三次会议举行 3 次全体会议。大会主席团常务主席、执行主席李慎宽主持第一次全体会议。大会主席团常务主席、执行主席黄德益主持第二次全体会议。大会主席团常务主席、执行主席田远志主持第三次全体会议。

会议听取和审议市长向阳代表市人民政府所作的《政府工作报告》。会议批准这个报告，作出《关于政府工作报告的决议》。会议强调，1995 年既是建立社会主义市场经济体制关键一年，也是南充市加快改革开放和发展步伐，实现第二步战略目标重要一年；必须坚持党的基本路线，坚持“发展才是硬道理”，加速经济发展；正确处理改革、发展，稳定的关系，坚持“两手抓，两手都要硬”的方针，加强社会主义精神文明建设和民主法制建设，巩固和发展安定团结的政治局面。认真学习《邓小平文选》第三卷，坚持用邓小平建设有中国特色社会主义理论武装广大干部和群众，全面推进“两个文明”建设。会议要求，各级政府要加强自身建设，切实转变工作作风，大兴调查研究之风，务实求效，努力提高工作效率，确保政令畅通，真正把各项工作落到实处。所有国家机关工作人员都要加强学习，努力提高全心全意为人民服务的才干与本领，勤政廉洁，树立良好形象。

会议听取和审查市计划委员会主任杜光辉受市人民政府委托所作的《关于南充市 1994 年国民经济和社会发展计划执行情况及 1995 年国民经济和社会发展计划草案的报告》，并根据计划预算审查委员会审查报告，批准市人民政府《关于南充市 1994 年国民经济和社会发展计划执行情况及 1995 年国民经济和社会发展计划草案的报告》，作出《关于南充市 1994 年国民经济和社会发展计划执行情况及 1995 年国民经济和社会发展计划的决议》。

会议听取和审查市财政局局长陈绍森受市人民政府委托所作的《关于南充市 1994 年预算执行情况和 1995 年预算草案的报告》，并根据计划预算审查委员会的审查报告，批准市人民政府关于 1994 年市本级预算执行情况的报告和 1995 年市本级预算，同意市人民政府关于南充市 1994 年总预算执行情况和 1995 年总预算草案的报告，作出《关于南充市 1994 年预算执行情况和 1995 年预算的决议》。

会议听取和审查市人大常委会主任李慎宽所作的《南充市人民代表大会常务委员会工作报告》。会议认为，市一届人大二次会议以来，常委会紧紧围绕经济建设中心，把推进社会主义民主与法制建设作为根本任务，认真履行宪法和法律赋予的职责，在宣传人民代表大会制度，加强民主与法制建设，保障和促进改革开放和经济建设，维护社会稳定等方面做了富有成效的工作。会议批准这个报告，作出《关于南充市人民代表大会常务委员会工作报告的决议》。会议要求，市人大常委会要继续坚持以邓小平建设有中国特色社会主义理论和党的十四届三中、四中全会精神为指针，坚持以经济建设为中心，坚持"抓住机遇、深化改革、扩大开放、促进发展、保持稳定"的工作大局，认真行使宪法和法律赋予的各项职权，更好地发挥地方国家权力机关的职能作用。要进一步加强法律法规实施的监督检查，加强对市人民政府、市中级人民法院、市人民检察院监督，加强常委会自身建设，密切联系人大代表和人民群众，为完善人民代表大会制度，推进社会主义民主法制建设，建立社会主义市场经济体制，保障和促进南充市改革开放和现代化建设的顺利发展而努力。

会议听取和审议市中级人民法院院长欧晓东所作的《南充市中级人民法院工作报告》。会议批准这个报告，作出《关于南充市中级人民法院工作报告的决议》。

会议听取和审议市人民检察院检察长罗自省所作的《南充市人民检察院工作报告》。会议批准这个报告，作出《关于南充市人民检察院工作报告的决议》。

会议听取和审议市人大常委会副主任兼秘书长张明才所作的关于修改《南充市人民代表大会议事规则》的决议（草案）说明，审议通过《关于修改〈南充市人民代表大会议事规则〉的决议》。

市人大常委会主任李慎宽在闭幕大会上作了讲话。

会议期间，代表们认真履行职责，积极提出议案，大会收到代表团提出的议案 2 件，10 名以上代表联名提出的议案 63 件，共 65 件。经大会主席团审议，决定将唐光福等 14 名代表提出的《尽快解决高坪至营山路段被损坏的公路》、胥凌云等 12 名代表提出的《依法解决我市城市管理工作多头管理而导致市容脏乱差的问题》、胥凌云等 11 名代表提出的《嘉陵个体私营经济试验区应纳入市府重要日程的议案》和王秀清等 14 名代表提出的《建立企业激励机制，实现企业扭亏增盈》作为议案。其余 61 件改为建议、批评和意见。

四、市一届人大四次会议

1996 年 1 月 23 日至 27 日，市一届人大四次会议在果城会堂召开。应到代表 480 名，实到代表 453 名，符合法定人数。

大会主席团成员（59 名，以姓氏笔画为序）：马昌群（女，回族）、王爱（女）、王以恂、王朝梁、邓忠金、田远志、冯希尧、冯启联、吕峰、刘文瑞、刘宗智、阳小虎、孙永清、权绍伦（女）、杜河清、杨兴、杨代炳、杨成忠、杨荣久、杨荣清、李友斗、李正培、李代玖、李白玉（女）、李志光、李国炯、李柏霖、李慎宽、时瑞芬（女）、何军、何多福、何德寿、宋运成、张成武、张明才、张祥麟、张廉启、陈德厚、青永秀、罗建清（女）、周后鹏、郑伯成、胡亨霖、赵培善、席素琼（女）、秦永刚、袁天锡、黄茂华（女）、常思九、康咸熙、梁仕培、彭子银、董淑芳（女）、谢志远、傅金凤（女）、蒲玉清（女）、蔡守宪、樊荣华、滕明才。

大会主席团常务主席：李正培、李慎宽、傅金凤（女）、田远志、袁天锡、谢志远、樊荣华、杜河清、张明才、常思九、李志光。

大会秘书长：田远志。

市一届人大四次会议举行 3 次全体会议。大会主席团常务主席、执行主席李慎宽主持第一次全体会议。大会主席团常务主席、执行主席李正培主持第二次全体会议。大会主席团常务主席、执行主席田远志主持第三次全体会议。

会议听取和审查市长向阳代表市人民政府所作的《政府工作报告》。会议批准这个报告，作出《关于政府工作报告的决议》。会议指出，1996 年是全面实施“九五”计划和 2010 年远景规划的重要一年。做好 1996 年的工作，对于圆满实现南充市第二步战略目标，具有极其重要的意义。必须以邓小平建设有中国特色社会主义理论和党的基本路线为指导，坚持“抓住机遇，深化改革，扩大开放，促进发展，保持稳定”的全党全国工作大局，坚定不移地以经济建设为中心，正确处理改革、发展、稳定的关系，积极推进经济体制和经济增长方式的转变，坚持科教兴市，强化农业基础，优化工业结构，深化企业改革，增强开放实效，培育市场体系，改善宏观调控，加强精神文明建设和民主法制建设，推动全市经济和社会发展再上新台阶，为全面实现“九五”时期宏伟目标打下良好的基础。会议强调，紧紧抓住经济体制和经济增长方式转变这个关键环节，进一步深化各项改革，集中精力加速经济发展，继续围绕增粮、增收、脱贫三大目标，加快农业产业化进程，不断强化科教兴农，加强农业基本建设，增加农业投入，切实减轻农民的负担，充分调动和保护农民的积极性，大力发展乡镇企业。要进一步搞活城市经济，把改革、改组、改造和加强管理紧密结合起来。转换国有企业经营机制，组建企业集团，抓好建立现代企业制度和省的综合流通体制改革试点。加强技术改造和企业管理，努力培养一批有规模效益的骨干企业，大力提高经济增长质量和效益。进一步加强和改善宏观调控，完善财税、金融体制改革，整顿和规范经济秩序，继续抑制通货膨胀。强化市场观念，开拓国内外市场，以招商引资、出口创汇为重点，全方位、多层次地引进资金，多渠道增加外贸出口，继续发展对境外、市外的经济技术合作。继续培育金融、人才、科技、信息、劳动力、房地产等生产要素市场。加强基础设施建设，努力改善投资环境。坚定不移地继续实施土地管理、计划生育、环境保护三大基本国策，协调发展各项社会事业。要始终不渝地坚持“两手抓，两手都要硬”的方针，继续加强精神文明建设和民主法制建设。大力开展“三五”普法，继续推行部门执法责任制，提高全民法律素质。加大对敌对势力、暴力犯罪、团伙犯罪和经济犯罪的打击力度。继续坚持“扫黄”“打非”，严厉打击各种流氓犯罪活动，坚决制止社会丑恶现象滋长蔓延，促进社会风气进一步好转。会议要求，各级政府要牢固树立为人民服务的宗旨，不断加强自身建设。要自觉接受人大及其常委会的监督，广泛听取对政府工作的意见和建议，促进政府决策民主化、科学化，加强学习，勤政为民；反对腐败，廉洁从政；精简机构，转变作风；加强督办，狠抓落实。

会议听取和审查副市长张益维所作的《关于南充市国民经济和社会发展“九五”计划及 2010 年远景规划编制情况的说明》，审查市人民政府提出的南充市国民经济和社会发展“九五”计划及 2010 年远景规划（草案），批准南充市国民经济和社会发展“九五”计划及 2010 年远景规划，作出《关于南充市国民经济和社会发展“九五”计划及 2010 年远景规划的决议》。

会议听取和审查市计划委员会主任杜光辉受市人民政府委托所作的《关于南充市 1995 年国民经济和社会发展计划执行情况及 1996 年国民经济和社会发展计划草案的报告》，并根据计划预算审查委员会的审查报告，批准市人民政府提出的 1996 年国民经济和社会发展计划，批准《关于南充市 1995 年国民经济和社会发展计划执行情况及 1996 年国民经济和社会发展计划草案的报告》，作出《关于南充市 1995 年国民经济和社会发展计划执行情况及 1996 年国民经济和社会发展计划的决议》。

会议听取和审查市财政局局长陈绍森受市人民政府委托所作的《关于南充市 1995 年财政预算执行情况和 1996 年财政预算草案的报告》，并根据计划预算审查委员会的审查报告，同意《关于南充市 1995 年财政预算执行情况和 1996 年财政预算草案的报告》，批准市人民政府提出的 1996 年市本级财政预算，作出《关于南充市 1995 年财政预算执行情况和 1996 年财政预算的决议》。

会议听取和审议市人大常委会主任李慎宽所作的《南充市人民代表大会常务委员会工作报告》。会议批准这个报告，作出《关于南充市人民代表大会常务委员会工作报告的决议》。会议认为，过去一年，市人大常委会坚持以经济建设为中心，以推进社会主义民主法制建设为重点，认真履行宪法和法律赋予的职责，为保障和促进改革开放和经济建设、维护社会稳定等方面做了富有成效工作，取得新的进展。会议要求，市人大常委会在新的一年里，要继续坚持以邓小平建设有中国特色社会主义理论和党的基本路线、基本方针为指导，认真贯彻落实党的十四届五中全会和市委一届四次全会精神，紧紧围绕经济建设中心，认真行使宪法和法律赋予的各项职权，更好地发挥地方国家权力机关的作用。要进一步加强法律法规实施的监督检查，加强对市“一府两院”监督。密切联系代表和人民群众，加强人大制度的宣传和人大常委会机关的自身建设，为推进全市社会主义民主法制建设，顺利实施国民经济和社会发展“九五”计划及2010年远景规划，做出新的贡献。

会议听取和审议市中级人民法院院长欧晓东所作的《南充市中级人民法院工作报告》。会议批准这个报告，作出《关于南充市中级人民法院工作报告的决议》。

会议听取和审议市人民检察院检察长罗自省所作的《南充市人民检察院工作报告》。会议批准这个报告，作出《关于南充市人民检察院工作报告的决议》。

会议听取和审议市人大常委会副主任谢志远所作的市人大常委会对《关于设立南充市人民代表大会专门委员会的议案》的说明，审议《南充市人大常委会关于设立南充市人民代表大会专门委员会的议案》，审议通过《关于设立南充市人民代表大会专门委员会的决定》，决定市一届人大设立法制委员会、财政经济委员会、农业委员会、民族宗教外事侨务委员会、教育科学文化卫生委员会、城乡建设环境保护委员会。市一届人大常委会不再设立农业工作委员会、财政经济工作委员会、法制工作委员会、教育科学文化卫生工作委员会。会议通过市一届人大各专门委员会组成人员名单。

市人大常委会主任李慎宽在闭幕大会上作了讲话。

会议期间，代表们认真履行职责，积极提出议案，大会收到代表团和10名以上代表联名提出的议案48件。其中政法方面1件、财政经济方面9件、工业交通方面10件、农业方面7件、教育科学文化卫生方面5件、城乡建设方面4件、其他方面12件。经大会主席团审议，决定将胥凌云等16名代表提出的《加速发展南充旅游业》、李国炯等16名代表提出的《加强城市管理，巩固创卫成果》和高坪、嘉陵、顺庆3个代表团联合提出的《关于市与市辖三区事权划分急需完善的问题》作为议案，其余45件议案改作建议、批评和意见。

五、市一届人大五次会议

1997年2月19日至24日，市一届人大五次会议在果城会堂召开。应到代表478名，实到代表436名，符合法定人数。列席大会的各界人士501人。

大会主席团成员（59名，以姓氏笔画为序）：马昌群（女，回族）、王爱（女）、王以恂、王朝梁、邓忠金、田远志、冯希尧、冯启联、吕峰、刘文瑞、刘宗智、阳小虎、孙永清、权绍伦（女）、杜河清、杨兴、杨代炳、杨成忠、杨荣久、杨荣清、李代玖、李白玉（女）、李志光、李国炯、李柏霖、李慎宽、时瑞芬（女）、何军、何多福、何崇高、何德寿、宋运成、张成武、张明才、张祥麟、张廉启（回族）、陈德厚、青永秀、罗建清（女）、周后鹏、郑伯成、胡亨霖、赵培善、席素琼（女）、秦永刚、袁天锡、黄茂华（女）、常思九、康咸熙、梁仕培、敬中春、彭子银、董淑芳（女）、谢志远、傅金凤（女）、蒲玉清（女）、蔡守宪、樊荣华、滕明才。

大会主席团常务主席：敬中春、李慎宽、傅金凤（女）、田远志、袁天锡、谢志远、樊荣华、杜河清、张明才、常思九、李志光。

大会秘书长：田远志。

市一届人大五次会议举行 4 次全体会议。大会主席团常务主席、执行主席李慎宽主持第一次、第四次全体会议。大会主席团常务主席、执行主席田远志主持第二次全体会议。大会主席团常务主席、执行主席张明才主持第三次全体会议。

会议听取和审查代市长李川所作的《政府工作报告》。会议批准这个报告，作出《关于政府工作报告的决议》。会议指出，1997 年是南充市实施“九五”计划、加快改革与发展攻坚的一年。必须认真贯彻落实党的十四届五中全会、六中全会精神，以邓小平建设有中国特色社会主义理论和党的基本路线为指导，坚持“抓住机遇，深化改革，扩大开放，促进发展，保持稳定”的基本方针，解放思想，振奋精神，求真务实，突出发展，坚定不移地以经济建设为中心，正确处理改革、发展、稳定的关系，依法治市、科教兴市，切实推进经济体制和经济增长方式的根本性转变，努力实现农业增产增收，工业增质增效，扩大对外开放规模，确保社会稳定，开创物质文明和精神文明建设新局面。会议认为，要保持国民经济持续、快速健康发展，必须把加快发展农业和农村经济放在首位，以小康建设统帅农村工作全局。要认真执行农业法律法规，依法治农，科技兴农。坚持贯彻落实“决不放松粮食生产、积极发展多种经营、大力发展乡镇企业”的方针，继续稳定和完善农村政策。加快农业产业化进程和以水利为重点的农田基本建设。加快扶贫攻坚步伐。切实减轻农民负担，增加农民收入，调动和保护农民生产积极性。按照“增粮增收增后劲，脱贫致富奔小康”的思路，加快向农业强市发展的进程。会议要求，要抓住机遇，千方百计把城市经济搞上去。要深化国有企业改革，切实推进产业、产品和资产结构的调整，实行名牌战略，大力振兴支柱产业，积极发展第三产业。放手发展非公有制经济，培育新的经济增长点，要努力建立与市场经济相适应的企业机制，强化企业管理，抓好扭亏增效和解困工作。强化市场观念，积极开拓市场；提高招商引资实效，加大与发达地区的合作力度，扩大出口规模，继续发展与国内外的经济技术合作；深化投资体制改革，推进重点基础设施建设；继续培育金融、人才、科技、信息、劳动力、房地产等要素市场和各类商品市场。要坚定不移地加强土地管理、计划生育、环境保护工作，协调发展各项社会事业。会议强调，要始终不渝地坚持“两手抓、两手都要硬”的方针，切实把精神文明建设摆在更加突出的地位。要加强民主法治建设，大力开展“三五”普法，继续推行部门执法责任制，提高全民法律素质。要加大对危害国家安全犯罪、严重刑事犯罪和严重经济犯罪的打击力度，坚持“扫黄”“打非”，坚决制止社会丑恶现象滋长蔓延，促进社会风气进一步好转。会议要求，各级政府要牢固树立为人民服务的宗旨，切实转变政府职能，努力改进工作作风，不断加强自身建设。要自觉接受人大及其常委会的监督，广泛听取对政府工作的意见和建议，促进政府决策民主化、科学化；勤政为民、廉洁从政、反对腐败；实行严格的目标管理责任制，加强督办，狠抓落实。

会议听取和审议市计划委员会主任杜光辉受市人民政府委托所作的《关于南充市 1996 年国民经济和社会发展计划执行情况及 1997 年国民经济和社会发展计划草案的报告》，并根据南充市人民代表大会财政经济委员会的审查报告，批准市人民政府提出的 1997 年国民经济和社会发展计划，同意《关于南充市 1996 年国民经济和社会发展计划执行情况及 1997 年国民经济和社会发展计划草案的报告》，作出《关于南充市 1996 年国民经济和社会发展计划执行情况及 1997 年国民经济和社会发展计划的决议》。会议同意市人大财政经济委员会在审查报告中对完成 1997 年计划所提出的各项建议。会议要求市人民政府坚决贯彻、认真落实本次会议确定的指导方针和工作目标，紧紧抓住实现经济体制和经济增长方式转变这个关键环节，调动一切积极因素，努力实现本次人代会通过的目标任务。在实施中，要以小康建设统率农业和农村工作，努力实现增产增收；要以结构调整为主线，大力促进工业增效减亏；要以“三个有利于”为根本标准，深化经济体制改革；要以推动实施“大经贸战略”为动力，努力提高对外贸易和利用外资水平，要以经济建设为中心，促进经济和社会各项事业协调发展，人民生活水平不断提高。各级领导干部一定要讲政治，顾大局，守纪律，统一思想，同心同德，开拓创新，艰苦奋斗，动员和依靠广大人民群众，全面完成1997年国民经济和社会发展计划，为顺利实现“九五”计划打好坚实的基础。

会议经过审查并根据市人大财政经济委员会审查报告，批准市人民政府提出的1997年市本级财政预算，同意市财政局局长陈绍森受市人民政府委托所作的《关于南充市1996年财政预算执行情况和1997年财政预算草案的报告》，同意市人大财政经济委员会在审查报告中对完成1997年财政预算草案提出的建议，作出《关于南充市1996年财政预算执行情况和1997年财政预算的决议》。

会议听取和审议市人大常委会主任李慎宽所作的《南充市人民代表大会常务委员会工作报告》。会议认为，一年来市人大常委会依照宪法和法律赋予的职权，在加大监督力度、加强法治建设、拓展代表工作、发挥专委会和常委会办事机构作用、完善自身建设等各方面的工作都有新的进展。会议批准《南充市人民代表大会常务委员会工作报告》，作出《关于南充市人大常委会工作报告的决议》。会议要求，在新的一年里，市人大常委会要继续坚持以邓小平建设有中国特色社会主义理论和党的基本路线、基本方针为指导，坚持以经济建设为中心，以推进社会主义民主法治建设为重点，依法行使各项职权。要认真贯彻依法治国方针，积极推进依法治理；要加大个案监督力度，务求监督实效；要抓好重大问题的调查研究，加大对“一府两院”工作，特别是计划、财政、经济建设工作的监督力度；要不断提高常委会工作质量，跟踪监督审议意见的落实；要加强代表基础工作，指导县级人大换届选举；要重视人民群众的来信来访工作，督促解决一些实际问题；要加强自身建设，适应人大工作的需要；要进一步坚持和完善人民代表大会制度，促进南充市国民经济快速、健康发展，推动社会的全面进步。

会议听取和审议市中级人民法院院长欧晓东所作的《南充市中级人民法院工作报告》。会议批准这个报告，作出《关于南充市中级人民法院工作报告的决议》。

会议听取和审议市人民检察院检察长罗自省所作的《南充市人民检察院工作报告》。会议批准这个报告，作出《关于南充市人民检察院工作报告的决议》。

会议通过《关于接受常务委员会和专门委员会部分组成人员辞去职务的决定》，接受袁天锡辞去市一届人大常委会副主任、市一届人大法制委员会主任委员职务，谢志远辞去市一届人大常委会副主任职务，樊荣华辞去市一届人大常委会副主任、市一届人大农业委员会主任委员职务，李志光辞去市一届人大常委会副主任、市一届人大城乡建设环境保护委员会主任委员职务，陈德厚辞去市一届人大农业委员会副主任委员职务，孙永清辞去市一届人大常委会委员、市一届人大教育科学文化卫生委员会副主任委员职务，梁仕培辞去市一届人大常委会委员职务。会议通过《关于接受市人民政府部分领导人员辞去职务的决定》，接受谢正顺、胡昌川辞去市人民政府副市长职务。会议通过《南充市第一届人民代表大会第五次会议选举办法》。会议选举李川为市人民政府市长，陈福、陈尚君、罗月华为市人民政府副市长。选举杨元生、谢正顺、彭修昌、肖盛林为市一届人大常委会副主任，选举刘茂琪、吴显荣为市一届人大常委会委员。会议通过《通过补充南充市第一届人民代表大会专门委员会部分组成人员人选办法》，以举手表决方式通过补充市一届人大农业委员会主任委员、副主任委员，财政经济委员会副主任委员，城乡建设环境保护委员会主任委员，教育科学文化卫生委员会副主任委员，法制委员会主任委员名单。会议听取和审议市人大常委会副主任兼秘书长张明才对《关于修改〈南充市人民代表大会议事规则〉的决议（草案）》的说明，审议通过《关于修改〈南充市人民代表大会议事规则〉的决议》。

市人大常委会主任李慎宽在闭幕大会上作了讲话。

会议期间，代表们认真履行职责，积极提出议案，大会收到代表团提出的议案 1 件，10 名以上代表联名提出的议案 36 件，共计 37 件。其中政法方面 4 件、财政经济方面 17 件、农业方面 4 件、教育科学文化卫生方面 8 件、城乡建设环境保护方面 4 件。经大会主席团审议，决定将赵钦光等 16 位代表提出的《关于加大升钟水库淹没区扶贫开发力度的议案》列为议案。其余 36 件议案改作建议、批评和意见。

六、市一届人大六次会议

1997 年 12 月 4 日至 5 日，市一届人大六次会议在果城会堂召开。应到代表 478 名，实到代表 436 名，符合法定人数。列席大会的各界人士 106 人。

大会主席团成员（64 名，以姓氏笔画为序）：马昌群（女，回族）、王爱（女）、王明奎、王朝梁、邓忠金、田远志、冯希尧、任德俭、吕峰、刘文瑞、刘茂琪、刘宗智、刘家厚、阳小虎、孙永清、权绍伦（女）、杜河清、杨兴、杨元生、杨代炳、杨成忠、杨荣久、杨荣清、李代玖、李白玉（女）、李志光、李国炯、李柏霖、李慎宽、吴显荣、肖盛林、时瑞芬（女）、何军、何多福、何崇高、何德寿、宋运成、张成武、张明才、张祥麟、张廉启、陈德厚、罗建清（女）、周后鹏、郑伯成、胡亨霖、赵培善、席素琼（女）、秦永刚、袁天锡、黄茂华（女）、常思九、康咸熙、敬中春、彭子银、彭修昌、董淑芳（女）、谢正顺、谢志远、傅金凤（女）、蒲玉清（女）、蔡守宪、樊荣华、滕明才。

大会主席团常务主席：敬中春、李慎宽、傅金凤（女）、田远志、杨元生、谢正顺、杜河清、张明才、常思九、彭修昌、肖盛林。

大会秘书长：田远志。

市一届人大六次会议举行 2 次全体会议。大会主席团常务主席、执行主席李慎宽主持第一次全体会议，大会主席团常务主席、大会执行主席张明才主持第二次全体会议。

会议通过《关于接受李川辞去南充市人民政府市长职务的决定》。会议通过《南充市第一届人民代表大会第六次会议选举办法》。会议选举杜元耀为市人民政府市长。选举产生南充市出席省第九届人民代表大会代表 61 人，报省人大常委会代表资格审查委员会审查。

大会执行主席为省人大代表颁发当选证书，市人大常委会主任李慎宽为新当选的市长颁发当选证书。新当选市长杜元耀在大会上发表当选讲话。

七、市一届人大七次会议

1998 年 2 月 16 日至 19 日，市一届人大七次会议在果城会堂召开。应到代表 478 名，实到代表 441 名，符合法定人数。列席大会的各界人士 492 人。

大会主席团成员（64 名，以姓氏笔画为序）：马昌群（女，回族）、王爱（女）、王明奎、王朝梁、邓忠金、田远志、冯希尧、任德俭、吕峰、刘文瑞、刘茂琪、刘宗智、刘家厚、阳小虎、孙永清、权绍伦（女）、杜河清、杨兴、杨元生、杨代炳、杨成忠、杨荣久、杨荣清、李代玖、李白玉（女）、李志光、李国炯、李柏霖、李慎宽、吴显荣、肖盛林、时瑞芬（女）、何军、何多福、何崇高、何德寿、宋运成、张成武、张明才、张祥麟、张廉启、陈德厚、罗建清（女）、周后鹏、郑伯成、胡亨霖、赵培善、席素琼（女）、秦永刚、袁天锡、黄茂华（女）、常思九、康咸熙、敬中春、彭子银、彭修昌、董淑芳（女）、谢正顺、谢志远、蒲玉清（女）、蒲显福、蔡守宪、樊荣华、滕明才。

大会主席团常务主席：敬中春、李慎宽、蒲显福、田远志、杨元生、谢正顺、杜河清、张明才、常思九、彭修昌、肖盛林。

大会秘书长：田远志。

市一届人大七次会议举行4次全体会议。大会主席团常务主席、执行主席李慎宽主持第一次、第四次全体会议；大会主席团常务主席、执行主席张明才主持第二次全体会议；大会主席团常务主席、执行主席田远志主持第三次全体会议。

会议听取和审议市长杜元耀代表市人民政府所作的《政府工作报告》。会议批准这个报告，作出《关于政府工作报告的决议》。会议认为，1997年全市农业遭受特大旱灾，工业面临着非常严重的困难，改革和社会发展出现了一些新情况和新问题，市政府组织和带领全市人民，团结奋斗，开拓进取，化解矛盾，战胜困难，实现“稳中求进”的奋斗目标，完成市一届人大五次会议确定的主要目标任务。会议对政府工作表示满意。会议要求，市政府在1998年工作中，要按照十五大提出的要求，切实做到思想更解放，改革更深化，开放更扩大，把“三个有利于”作为衡量和检验一切工作成败得失的标准，敢闯敢试、敢走新路，积极推进经济体制和经济增长方式的根本性转变，圆满完成1998年全市国民经济和社会事业发展的各项任务。会议强调，必须坚持进中求快的方针，努力解决好经济发展中的突出矛盾和人民群众普遍关心的问题。全力抓好抗灾夺丰收，推进农业产业化进程，认真实施小康规划和扶贫攻坚计划，确保农业增产、农民增收。大力调整经济结构，尽快改变所有制结构、产业结构和产品结构，以适应市场激烈竞争的需要。加快资产重组，打好产权制度改革攻坚战。努力培植四大支柱产业，抓好新产品开发和技术改造，壮大民营经济，发展新的经济增长点。下决心提高企业管理水平，扩大地方产品的市场覆盖面，在减亏增效上见成效。进一步抓好“再就业工程”，努力创造条件，广开就业门路，做好下岗职工的转岗安置工作。加快以“五大工程”为重点的基础设施建设，推动全市经济的快速发展。千方百计争取优化资本结构试点城市的政策，用好国家对丝绸纺织行业的解困政策，搞好招商引资工作，扩大对外经济技术合作，努力增加资金投入，推动全市对外开放再上新的台阶。强化财税职能，充分发挥金融支持地方经济的作用。会议强调，必须大力加强社会主义民主法治建设和精神文明建设，维护社会稳定。要认真做好依法治市工作，积极推进依法行政，促进全社会的依法治理。坚决打击各种刑事犯罪和经济犯罪活动，扫除社会丑恶现象。落实社会治安综合治理各项措施，确保社会治安状况的进一步改善。要加强社会管理工作，推进科技、教育、文化、卫生、体育、环境保护、计划生育等社会事业全面发展。全体政府工作人员特别是各级领导干部要始终坚持全心全意为人民服务的宗旨，实事求是，改进作风，勤政务实，廉洁奉公，努力提高工作质量和效率。

会议听取和审议市计划委员会主任邹海泉受市人民政府委托所作的《关于南充市1997年国民经济和社会发展计划执行情况及1998年国民经济和社会发展计划草案的报告》，会议同意这个报告，并根据市人大财政经济委员会的审查报告，批准市人民政府提出的1998年国民经济和社会发展计划，作出《关于南充市1997年国民经济和社会发展计划执行情况及1998年国民经济和社会发展计划的决议》。

会议听取和审议市财政局局长陈绍森受市人民政府委托所作的《关于南充市1997年财政预算执行情况和1998年财政预算草案的报告》，会议同意这个报告，并根据市人大财政经济委员会的审查报告，批准市人民政府提出的1998年市级财政预算，作出《关于南充市1997年财政预算执行情况和1998年财政预算的决议》。

会议听取和审议市人大常委会主任李慎宽所作的《南充市人民代表大会常务委员会工作报告》。会议认为，一年来，市人大常委会依法行使各项职权，在开展调查研究、服务经济建设、加大监督力度、大力推进依法治市、广泛开展代表活动、加强对县级换届选举工作的指导、加强自身建设等方面做了大量工作，取得明显成效。会议批准这个报告，作出《关于南充市人大常委会工作报告的决议》。会议要求，在本届市人民代表大会任期最后的一年，市人大常委会要继续高举邓小平理论伟大旗帜，全面贯彻党的十五大精神，坚持以经济建设为中心，以推进社会主义民主法治建设为重点，认真行使宪法和法律赋予的各项职权。要继续贯彻依法治国方针、积极推进依法治市工作，开展调查研究、促进经济快速发展，搞好代表工作、提高监督工作实效，抓好人大制度宣传、推进民主法治和人大制度建设，加强自身建设、做好市级人大换届选举工作，更好地发挥地方国家权力机关在经济建设、精神文明建设和民主法治建设中的重要作用。

会议听取和审议市中级人民法院院长欧晓东所作的《南充市中级人民法院工作报告》。会议批准这个报告，作出《关于南充市中级人民法院工作报告的决议》。

会议听取和审议市人民检察院检察长罗自省所作的《南充市人民检察院工作报告》。会议批准这个报告，作出《关于南充市人民检察院工作报告的决议》。

市人大常委会主任李慎宽在闭幕大会上作了讲话。

会议期间，代表们认真履行职责，积极提出议案，大会收到10名以上代表联名提出的议案13件。其中法治方面2件、财政经济方面3件、农业方面1件、教育科学文化卫生方面3件、城乡建设环境保护方面4件。经大会主席团审议，决定将李中宣等25名代表提出的《关于分步创建文化大市，促进经济和社会事业发展的议案》列为议案。其余12件议案改作建议、批评和意见。

第二节　南充市第二届人民代表大会会议

1999年1月至2004年3月，南充市第二届人民代表大会期间，共召开6次代表大会会议。

一、市二届人大一次会议

1999年1月19日至24日，市二届人大一次会议在果城会堂召开。应到代表518名，实到代表507名，符合法定人数。列席大会的各界人士538人。

大会主席团成员（58名，以姓氏笔画为序）：马昌群（女，回族）、王华敬、王明炽、王明奎、王素清（女）、尹孟良、冯庆煜、冯希尧、权绍纶（女）、任敏强、任德俭、刘文沛、刘文瑞、刘家厚、许学照、孙纯、阳小虎、李代玖、李国炯、李慎宽、杨元生、杨汉翔、杨安民、肖盛林、吴成信、吴宗勤（女）、何大清、何多福、张廷山、张明才、张明权、张益维、陈绍森、陈荣仲、陈香泉、周绍君（女）、罗自省、庞丕生、郑伯成、赵太武、赵正铭、赵学宽、赵培善、胡亨霖、侯健、贺和平、姚敏、夏永明、莫恒彪、黄旭东、阎淑琴（女，蒙古族）、康咸熙、淳定清、敬中春、蒋安吉、谢正顺、蒲显福、滕明才。

大会主席团常务主席：敬中春、李慎宽、杨安民、何大清、杨元生、谢正顺、张明才、肖盛林、张益维、杨汉翔、孙纯、罗自省、陈绍森、黄旭东、王素清（女）。

大会秘书长：杨元生。

市二届人大一次会议举行4次全体会议。大会主席团常务主席、执行主席李慎宽主持第一次、第四次全体会议，大会主席团常务主席、执行主席杨元生主持第二次全体会议，大会主席团常务主席、执行主席杨安民主持第三次全体会议。

会议听取和审议代市长吴果行代表市人民政府所作的《政府工作报告》。会议批准这个报告，作出《关于政府工作报告的决议》。会议认为，过去五年全市连续遭受历史罕见的特大旱灾，轻纺工业不景气，市人民政府组织全市人民，团结奋斗，开拓进取，化解矛盾，战胜困难，基本完成市一届人民代表大会第一次会议确定的各项任务。会议对市人民政府过去五年工作表示肯定。会议要求，市人民政府在未来五年的工作中，要进一步解放思想，抓住机遇，扎实工作，努力实施“富民兴市”战略，把南充的经济和社会发展全面推向前进。会议强调，1999年是本届政府任期头一年，是起好步、打基础的关键一年。市人民政府要切实加快企业改革和发展步伐，发展四大支柱工业，着力提高经济效益；要稳定完善农村政策，积极推进农业产业化进程，确保农村经济持续发展；要努力开拓市场、刺激消费，促进地方经济发展；要加快交通、能源、城市建设等基础设施建设，拉动全市经济适度快速增长；要积极创造条件，大力发展民营经济；要加大对外开放力度，积极培育新的经济增长点；要认真抓好社会主义精神文明建设，坚持“科教兴市”方针，进一步推动社会各项事业向前发展；要认真贯彻依法治国方针，积极推动依法治市进程，维护社会稳定。市人民政府组成人员要解放思想、勇于进取、勤政廉政、团结实干、改进作风，不断提高行政效能，树立人民政府的整体良好形象。

会议经过审议并根据计划预算委员会审查报告，同意市计委主任邹海泉受市人民政府委托所作的《关于南充市1998年国民经济和社会发展计划执行情况及1999年国民经济和社会发展计划草案的报告》，批准市人民政府提出的1999年国民经济和社会发展计划，作出《关于南充市1998年国民经济和社会发展计划执行情况及1999年国民经济和社会发展计划的决议》。

会议经过审议并根据计划预算委员会的审查报告，同意市财政局局长陈绍森受市人民政府委托所作的《关于南充市1998年财政预算执行情况和1999年财政预算草案的报告》，批准市人民政府提出的1999年市级财政预算，作出《关于南充市1998年财政预算执行情况和1999年财政预算的决议》。

会议听取和审议市人大常委会主任李慎宽所作的《南充市人大常委会工作报告》。会议认为，五年来，市人大常委会按照“围绕中心，突出‘法’字，加强监督，注重实效”的工作思路，依法履行职责，在促进地方经济发展，推动法治进程，开展人大监督，发挥代表作用，加强自身建设等方面做了大量富有成效的工作。会议批准这个报告，作出《关于南充市人大常委会工作报告的决议》。会议要求，市二届人大常委会要在市委领导下，高举邓小平理论伟大旗帜，坚持党的基本路线和基本方针，紧紧把握改革、发展、稳定的大局，认真实施依法治国方略，努力行使宪法、法律赋予的职权，充分发挥地方国家权力机关的职能作用，保障和促进全市改革开放和现代化建设的顺利进行。要根据建立健全社会主义市场经济、推进社会主义民主法治建设的需要，继续坚持以经济建设为中心，促进经济发展；认真贯彻依法治国方针，积极推动依法治市进程；切实加强法律监督和工作监督，务求监督工作取得更大实效；密切同人大代表、人民群众的联系，充分发挥人大代表的作用；加强常委会自身建设，不断适应新形势下人大工作的需要；进一步加强人大制度和人大工作的宣传，为人大工作的开展创造良好环境。常委会组成人员要尽心尽责，恪守其职，为促进全市经济持续、快速、健康发展和社会全面进步，作出新的更大的贡献。

会议听取和审议市中级人民法院院长欧晓东所作的《南充市中级人民法院工作报告》。会议批准这个报告，作出《关于南充市中级人民法院工作报告的决议》。

会议听取和审议市人民检察院检察长罗自省所作的《南充市人民检察院工作报告》。会议批准这个报告，作出《关于南充市人民检察院工作报告的决议》。

会议审议关于市二届人大专门委员会设置的议案，作出《关于南充市第二届人民代表大会专门委员会设置的决定》。市二届人大设置6个专门委员会，序列为：市人大法制委员会、市人大财政经济委员会、市人大农业委员会、市人大教育科学文化卫生委员会、市人大城乡建设环境资源保护委员会、市人大民族宗教外事侨务委员会。

会议通过《南充市第二届人民代表大会第一次会议选举办法》。会议选举李慎宽为市二届人大常委会主任，选举杨元生、谢正顺、张明才、张益维、肖盛林、杨汉翔、孙纯、罗自省、陈绍森、黄旭东、王素清（女）为副主任，选举何多福为秘书长，选举市二届人大常委会委员22名。选举吴果行为市人民政府市长，选举杜光辉、王正忠、陈尚君、罗月华（女）、高先海、李志杰、赵德胜为副市长。选举欧晓东为市中级人民法院院长。选举梁仕培为市人民检察院检察长，须依法报经四川省人民检察院检察长提请四川省人民代表大会常务委员会批准。

会议通过《关于通过南充市第二届人民代表大会各专门委员会组成人员人选办法》。以举手表决方式，通过市二届人大各专门委员会主任委员、副主任委员、委员名单。

市人大常委会主任李慎宽在闭幕大会上作了讲话。

会议期间，代表们认真履行职责，积极提出议案，大会收到代表团和10名以上代表联名提出的议案40件。其中政法类4件、财政经济类7件、工业交通类7件、农业类6件、教育科学文化卫生类6件、城乡建设类8件、综合类2件。经大会主席团审议，决定将阆中市代表团马再发等11位代表提出的《关于要求妥善解决红岩子电站建成后对阆中造成的淹没问题》的议案列为议案。将顺庆区代表团程玉华等12位代表提出的《学校应加强中小学生的法制教育》的议案列为议案。将营山县代表团龙荣等16位代表提出的《关于推动广电、电信合作，充分利用国家公网加快农村有线电视建设》的议案、蓬安县代表团唐春燕等14位代表提出的《关于推动广电、电信合作，充分利用国家公网加快农村有线电视建设》的议案、仪陇县代表团韩小明等14位代表提出的《积极推动广播电视、电信合作，充分利用国家公网加快农村有线电视建设》的议案、高坪区代表团李先志等10位代表提出的《关于采用邮电光缆传输电视节目》的议案、南部县代表团蒙登茂等16位代表提出的《关于充分利用国家公网组建有线电视传输网》的议案合并为《关于推动广电、电信合作，充分利用国家公网加快农村有线电视建设的议案》列为议案。其余33件议案改作建议、批评和意见。

二、市二届人大二次会议

2000年1月15日至18日，市二届人大二次会议在果城会堂召开。应到代表517名，实到代表501名，符合法定人数。列席大会的各界人士587人。

大会主席团成员（55 名，以姓氏笔画为序）：马昌群（女，回族）、王华敬、王明炽、王明奎、王素清（女）、尹孟良、冯庆煜、冯希尧、权绍纶（女）、任敏强、刘文沛、刘文瑞、刘家厚、许学照、孙纯、阳小虎、李代玖、李国炯、李慎宽、杨元生、杨汉翔、杨安民、肖盛林、吴成信、吴宗勤（女）、何多福、张廷山、张明才、张明权、张益维、陈绍森、陈荣仲、周绍君（女）、罗自省、庞丕生、郑伯成、赵太武、赵正铭、赵学宽、赵培善、胡亨霖、侯健、贺和平、姚敏、夏永明、莫恒彪、黄旭东、阎淑琴（女，蒙古族）、康咸熙、淳定清、敬中春、蒋安吉、谢正顺、蒲显福、滕明才。

大会主席团常务主席：敬中春、李慎宽、杨安民、杨元生、谢正顺、张明才、张益维、肖盛林、杨汉翔、孙纯、罗自省、陈绍森、黄旭东、王素清（女）。

大会秘书长：杨元生。

市二届人大二次会议举行 3 次全体会议。大会主席团常务主席、执行主席李慎宽主持第一次、第三次全体会议，大会主席团常务主席、执行主席杨安民主持第二次全体会议。

会议听取和审议市长吴果行所作的《政府工作报告》。会议批准这个报告。作出《关于政府工作报告的决议》。会议认为，过去的一年，市人民政府组织全市人民，团结奋斗，励精图治，攻坚破难，开拓创新，基本实现市二届人大一次会议确定的各项任务。会议对市人民政府过去一年的工作表示满意。会议要求，市人民政府在新一年工作中，要进一步解放思想，抓住机遇，扎实工作，努力实施“富民兴市”战略，把南充的经济和社会发展全面推向前进。会议强调，2000 年是世纪交替之年，也是“九五”计划的最后一年。市人民政府要抓住“入世”和中央实施西部大开发的机遇，以加快发展、提高效益为中心，围绕工业增速增效、农民增收、财税增长三大目标，加快结构大调整，提高工业竞争力；要大力推进农业经济结构战略性调整，加速农业产业化步伐，确保农村经济持续发展；要加快基础设施建设、生态环境建设和城市建设步伐，努力增加投入，拉动经济快速增长；要实行积极的消费政策，繁荣商贸流通，多方位启动市场；要全面推行大开放战略，积极扩大对外出口，加大招商引资力度；要抓好财税和金融工作，努力培植税源，依法强化税收征管，确保财税稳步增长；要认真抓好社会主义精神文明建设，坚持“科教兴市”方针，进一步推动各项社会事业向前发展；要认真贯彻依法治市决定，积极推进依法行政；要切实抓好社会治安综合治理，维护社会稳定。市人民政府组成人员要解放思想、勇于进取、勤政廉洁、团结实干，改进作风，不断提高行政效能，树立人民政府的良好形象。会议号召，全市人民一定要高举邓小平理论伟大旗帜，坚持以党的十五大精神为指针，再接再厉，发奋图强，以新的姿态迎接新世纪的挑战。

会议经过审议并根据市人大财政经济委员会审查报告，同意市计委主任张世富受市人民政府委托所作的《关于南充市 1999 年国民经济和社会发展计划执行情况及 2000 年国民经济和社会发展计划草案的报告》，批准市人民政府提出的 2000 年国民经济和社会发展计划，作出《关于南充市 1999 年国民经济和社会发展计划执行情况及 2000 年国民经济和社会发展计划的决议》。

会议经过审议并根据市人大财政经济委员会审查报告，同意市财政局局长邹海泉受市人民政府委托所作的《关于南充市 1999 年财政预算执行情况和 2000 年财政预算草案的报告》，批准市人民政府提出的 2000 年市本级财政预算，作出《关于南充市 1999 年财政预算执行情况和 2000 年财政预算的决议》。

会议听取和审议市人大常委会主任李慎宽所作的《南充市人民代表大会常务委员会工作报告》。会议认为，过去一年，市人大常委会按照“围绕中心、突出‘法’字、加强监督、注重实效”的工作思路，认真履行宪法和法律赋予的职责，各方面工作都取得新的进展。会议对此表示满意，批准这个报告，作出《关于南充市人大常委会工作报告的决议》。会议要求，新的一年，市人大常委会要继续高举邓小平理论伟大旗帜，坚持党的基本路线和基本方针，紧紧把握改革、发展、稳定的大局，依法行使各项职权。要继续坚持以经济建设为中心，努力促进地方经济发展；深入贯彻依法治国方针，积极推动依法治市进程；切实加强法律监督和工作监督，推动“一府两院”依法行政、公正司法；充分发挥人大代表作用，密切同人民群众的联系；加强对县、乡两级人大的指导，不断推进基层民主政治建设；进一步搞好人大制度宣传，加强常委会自身建设，不断适应新形势下人大工作的需要。常委会组成人员要加强学习、努力工作、恪尽职守，为推进社会主义民主法治建设，促进南充市经济持续、快速、健康发展和社会全面进步，做出新的贡献。

会议听取和审议市中级人民法院院长欧晓东所作的《南充市中级人民法院工作报告》。会议批准这个报告，作出《关于南充市中级人民法院工作报告的决议》。

会议听取和审议市人民检察院检察长梁仕培所作的《南充市人民检察院工作报告》。会议批准这个报告，作出《关于南充市人民检察院工作报告的决议》。

市人大常委会主任李慎宽在闭幕大会上作了讲话。

会议期间，代表们认真履行职责，积极提出议案，大会收到10名以上代表联名提出的议案46件。其中政法方面4件、财经方面13件、工业交通方面10件、农业方面4件、教育科学文化卫生方面4件、城乡建设环境资源保护方面11件。经大会主席团审议，决定将嘉陵区代表团陈洁等11名代表提出的《关于加快达成铁路、成南高速公路南充段沿线乡镇经济开发》的议案、顺庆区代表团吴宗勤等10名代表提出的《关于建设南充市马市铺垃圾综合治理场》的议案、高坪区代表团李国炯等11名代表提出的《实施“园丁”工程，推进素质教育》的议案列为议案。其余43件议案改作建议、批评和意见。

三、市二届人大三次会议

2001年1月16日至20日，市二届人大三次会议在果城会堂召开。应到代表511名，实到代表492名，符合法定人数。列席大会的各界人士602人。

大会主席团成员（55名，以姓氏笔画为序）：马昌群（女，回族）、王华敬、王明炽、王明奎、王素清（女）、尹孟良、冯庆煜、冯希尧、权绍纶（女）、任敏强、刘文沛、刘文瑞、刘家厚、许学照、孙纯、阳小虎、李代玖、李国炯、李慎宽、杨元生、杨汉翔、杨安民、肖盛林、吴成信、吴宗勤（女）、何多福、张廷山、张明才、张明权、张益维、陈绍森、陈荣仲、周绍君（女）、罗自省、庞丕生、郑伯成、赵太武、赵正铭、赵学宽、赵培善、胡亨霖、侯健、贺和平、姚敏、夏永明、莫恒彪、黄旭东、阎淑琴（女，蒙古族）、康咸熙、淳定清、敬中春、蒋安吉、谢正顺、蒲显福、滕明才。

大会主席团常务主席：敬中春、李慎宽、杨安民、杨元生、谢正顺、张明才、张益维、肖盛林、杨汉翔、孙纯、罗自省、陈绍森、黄旭东、王素清（女）。

大会秘书长：杨元生。

市二届人大三次会议举行3次全体会议。大会主席团常务主席、执行主席李慎宽主持第一、三次全体会议，大会主席团常务主席、执行主席杨元生主持第二次全体会议。

会议听取和审议市长吴果行代表市人民政府所作的《政府工作报告》。会议批准这个报告，作出《关于政府工作报告的决议》。会议认为，过去的一年，市人民政府认真贯彻党中央、国务院关于实施西部大开发的战略决策，及时制定追赶型、跨越式发展目标，做了大量卓有成效的工作，加快了经济和社会事业的发展。会议对此给予充分肯定。会议指出，2001 年是迈入新世纪、执行“十五”计划的第一年，是实施国民经济发展第三步战略目标的起步年。市人民政府要紧紧抓住西部大开发和国家即将加入 WTO 的机遇，切实加快工业结构的战略性调整，大力扶持优势和重点行业，全面提高工业增长速度和效益；要围绕农民增收，优化农业和农村经济结构，增强农业和农村经济发展的活力；要继续加强交通、能源和城市基础设施建设，加快信息网络建设，拉动经济的快速增长；要着眼扩大对内对外开放，优化招商引资环境，放手发展民营经济，积极培育新的经济增长点；要高度重视扩大消费需求，切实抓好旅游经济，加快发展现代服务业，积极增加就业渠道；要努力搞好社会主义精神文明建设，大力实施“科教兴市”和可持续发展战略，促进各项社会事业的全面进步；要狠抓社会治安综合治理，推动依法治市进程，保障人民群众的民主权利，维护社会稳定。会议要求，市人民政府要进一步解放思想，更新观念，抓住新的历史发展机遇，不断探索新思路、新办法、新机制。要在整体推进各方面工作的同时，突出发展重点，体现地方特色。要牢固树立长期奋斗的思想，脚踏实地，不断开创经济和社会发展的新局面，确保全年目标任务的圆满完成。市人民政府组成人员要认真实践“三个代表”重要思想，切实转变政府职能，改进工作作风，严格依法行政，树立廉洁、勤政、务实、高效的政府机关形象。会议号召，全市人民一定要高举邓小平理论的伟大旗帜，以党的十五届五中全会精神为指针，发扬“同心图强、实干争先”的南充精神，开拓创新，乘势前进，以优异的成绩实现新世纪的良好开局。

会议听取和审查副市长陈尚君所作的《关于南充市国民经济和社会发展第十个五年计划（草案）的说明》，审查市人民政府提出的《南充市国民经济和社会发展第十个五年计划（草案）》。会议批准《南充市国民经济和社会发展第十个五年计划》，作出《关于批准〈南充市国民经济和社会发展第十个五年计划〉的决议》。

会议经过审议并根据市人大财政经济委员会审查报告，同意市计委主任张世富受市人民政府委托所作的《关于南充市 2000 年国民经济和社会发展计划执行情况及 2001 年国民经济和社会发展计划（草案）的报告》，批准市人民政府提出的 2001 年国民经济和社会发展计划，作出《关于南充市 2000 年国民经济和社会发展计划执行情况及 2001 年国民经济和社会发展计划的决议》。

会议经过审议并根据市人大财政经济委员会审查报告，同意市财政局局长邹海泉受市人民政府委托所作的《关于南充市 2000 年财政预算执行情况和 2001 年财政预算（草案）的报告》，批准市人民政府提出的 2001 年市级财政预算，作出《关于南充市 2000 年财政预算执行情况和 2001 年财政预算的决议》。

会议听取和审议市人大常委会主任李慎宽所作的《南充市人民代表大会常务委员会工作报告》。会议认为，一年来，市人大常委会按照“围绕中心、突出‘法’字、加强监督、注重实效”工作思路，在行使重大事项决定权，改进监督工作，推进依法治市，加强代表工作，指导县乡人大工作，搞好自身建设等方面做了大量工作，为推进社会主义民主法治建设，促进全市经济和社会事业快速发展，做出积极努力。会议批准这个报告，作出《关于南充市人民代表大会常务委员会工作报告的决议》。会议要求，新的一年，市人大常委会要坚持以邓小平理论和党的十五大、十五届五中全会精神为指导，努力实践“三个代表”重要思想，紧紧围绕实施西部大开发战略决策和追赶型、跨越式发展目标，认真履行宪法和法律赋予的职责。要认真审议决定重大事项，促进重大事项决策的民主化、科学化；加强和改进监督工作，推动“一府两院”依法行政、公正司法；大力推进依法治市，保障经济社会的健康发展；完善代表工作，充分发挥代表作用；深入开展调查研究，积极为经济社会发展献计献策；加强对基层人大工作的指导，促进全市人大工作；搞好人大制度宣传，增强全社会的“人大意识”；加强人大自身建设，增强人大工作的生机和活力，为实现新跨越做出新的更大贡献。

会议听取和审议市中级人民法院院长欧晓东所作的《南充市中级人民法院工作报告》。会议批准这个报告，作出《关于南充市中级人民法院工作报告的决议》。

会议听取和审议市人民检察院检察长梁仕培所作的《南充市人民检察院工作报告》。会议批准这个报告，作出《关于南充市人民检察院工作报告的决议》。

会议通过《南充市第二届人民代表大会第三次会议选举办法》。会议选举邹海泉为市二届人大常委会副主任。大会主席团常务主席、执行主席李慎宽向邹海泉颁发当选证书。

市人大常委会主任李慎宽在闭幕大会上作了讲话。

会议期间，代表们认真履行职责，积极提出议案，大会收到代表团和10名以上代表联名提出的议案46件。其中政法方面2件、财经方面15件、农业方面8件、教科文卫方面9件、城建方面11件、旅游方面1件。经主席团审议，决定将西充代表团提出的《关于加强升钟水利工程年度维修整治，确保灌溉效益》的议案列为议案；将仪陇县代表团严运杰等12位代表提出的《关于改革蚕业管理体制》的议案，以及与此相关的阆中市代表团张运太等11位代表提出的《市政府尽快研究改革南充蚕业管理体制》的议案、南部县代表团何国恺等12位代表提出的《为了南充蚕业的明天，现行的管理体制必须尽快改革》的议案、西充县代表团李科元等11位代表提出的《关于取消对西充蚕茧指令调拨》的议案合并为《关于改革蚕业管理体制》的议案列为议案；将蓬安县代表团赵正铭等46位代表提出的《关于嘉陵江南充段电航梯级综合开发》的议案，以及仪陇县代表团刘光福等15位代表提出的《嘉陵江梯级开发电航工程淹没土地需建立统一赔偿标准》的议案、仪陇县代表团陈家怀等11位代表提出的《关于统一制定嘉陵江电站梯级开发土地淹没、房屋拆迁、苗木赔偿等政策》的议案合并为《关于制定相关政策，加快嘉陵江南充段水能资源的开发的议案》列为议案。其余38件议案改作建议、批评和意见。

四、市二届人大四次会议

2002年4月12日至16日，市二届人大四次会议在果城会堂召开。应到代表515名，实到代表496名，符合法定人数。列席大会的各界人士603人。

大会主席团成员（55名，以姓氏笔画为序）：马良穆（回族）、王明炽、王明奎、王素清（女）、邓先忠、冯庆煜、冯希尧、权绍纶（女）、任敏强、任德俭、朱洪银、刘文沛、刘文瑞、刘伯忠、刘家厚、孙纯、阳小虎、杜延聪、李国炯、李慎宽、杨元生、杨汉翔、杨培源、肖盛林、吴宗勤（女）、邹海泉、张在强、张廷山、张志成、张明才、张明权、张益维、陈绍森、陈荣仲、周绍君（女）、罗自省、庞丕生、郑伯成、赵开源、赵正铭、赵学宽、赵培善、贺和平、姚敏、莫恒彪、徐兴发、黄旭东、黄顺福、阎淑琴（女，蒙古族）、康咸熙、敬中春、彭敏（女）、谢正顺、蒲显福、滕明才。

大会主席团常务主席：黄顺福、李慎宽、刘伯忠、杨元生、谢正顺、张明才、张益维、肖盛林、杨汉翔、孙纯、罗自省、陈绍森、黄旭东、王素清（女）、邹海泉。

大会秘书长：杨元生。

市二届人大四次会议举行3次全体会议。大会主席团常务主席、执行主席李慎宽主持第一次、第三次全体会议，大会主席团常务主席、执行主席杨元生主持第二次全体会议。

会议听取和审议代市长杜光辉代表市人民政府所作的《政府工作报告》。会议批准这个报告，作出《关于政府工作报告的决议》。会议指出，2002 年，市人民政府要坚持以邓小平理论和“三个代表”重要思想为指导，认真贯彻落实中央、省委关于改革发展稳定的各项部署，正确把握复杂多变的国际政治经济形势，抵御和克服前进道路上的各种风险和困难，抓住西部大开发和加入世贸组织带来的机遇，坚持实施扩大内需的方针，努力做好各方面的工作，促进全市经济的跨越式发展和社会的全面进步。会议要求，政府工作要以跨越式发展为主线，抓大事，攻难事，办实事。实施“工业兴市”，要着力提高工业整体水平和企业核心竞争力，加大国有企业改革力度，加快产业结构优化升级，抓好重点企业和名牌产品，提高工业运行的质量和效益。要以农民增收为目标，大力推进农村经济结构战略性调整，推进农业产业化经营，搞好农村税费改革。要以构建川东北商贸中心为重点，改造提升传统服务业，努力培育壮大旅游支柱产业，多管齐下刺激消费，促进第三产业快速发展。要加大招商引资力度，注重提高招商引资质量，大力发展开放型经济，放手发展非公有制经济，提高非公有制经济在国民经济中的比重。要保持投资较快增长，认真抓好城市规划建设和道路交通、嘉陵江梯级开发等重点基础设施建设。要努力增加财政收入，积极推进金融安全区建设，加大信贷投入，充分发挥地方金融机构在支持经济发展中的作用。要进一步完善城镇社会保障体系，切实搞好“两保”和“低保”，关心群众生活，做好特困群众的扶贫、救助工作。要坚持实施科教兴市战略，推进科技进步，发展高新技术产业，抓好人力资源开发，促进社会事业的全面发展。要坚持依法治市，积极推进政府法治建设，依法规范行政行为。要切实抓好廉政建设，加大反腐力度。要切实转变政府职能，转变工作作风，克服形式主义、官僚主义，不断提高政府机关办事效能。

会议经过审议并根据市人大财政经济委员会审查报告，批准市发展计划委员会主任赵太武受市人民政府委托所作的《关于南充市 2001 年国民经济和社会发展计划执行情况及 2002 年国民经济和社会发展计划草案的报告》，批准市人民政府提出的南充市 2002 年国民经济和社会发展计划，作出《关于南充市 2001 年国民经济和社会发展计划执行情况及 2002 年国民经济和社会发展计划的决议》。

会议经过审查并根据市人大财政经济委员会审查报告，同意市财政局局长陈修鹏受市人民政府委托所作的《关于南充市 2001 年财政预算执行情况和 2002 年财政预算草案的报告》，批准南充市 2002 年市本级财政预算，作出《关于南充市 2001 年财政预算执行情况和 2002 年财政预算的决议》。

会议听取和审议市人大常委会主任李慎宽所作的《南充市人民代表大会常务委员会工作报告》。会议批准这个报告，作出《关于南充市人民代表大会常务委员会工作报告的决议》。会议要求，市人大常委会要坚持以邓小平理论和党的基本路线为指导，按照“三个代表”重要思想的要求，做好今后一年的各方面工作。要坚持以发展为主题，以维护最广大人民的根本利益为出发点，认真审议决定重大事项，促进民主决策、科学决策。要加强对“一府两院”的法律监督和工作监督，增强监督实效，促进依法行政和公正司法。要积极推进依法治市，为跨越式发展创造良好的法治环境。要努力拓展代表基础工作，充分发挥代表在两个文明建设中的作用。要加强对县、乡人大工作的指导，深入开展民主法治宣传，促进全市各级人大工作的全面开展。要加强常委会自身建设，努力开创人大工作新局面，为推进依法治市，促进经济跨越式发展和社会事业全面进步，做出新的更大贡献。

会议听取和审议市中级人民法院院长欧晓东所作的《南充市中级人民法院工作报告》。会议批准这个报告，作出《关于南充市中级人民法院工作报告的决议》。

会议听取和审议市人民检察院检察长梁仕培所作的《南充市人民检察院工作报告》。会议批准这个报告，作出《关于南充市人民检察院工作报告的决议》。

会议通过《关于接受张明才、肖盛林辞去南充市第二届人民代表大会常务委员会副主任职务的决定》。会议通过《南充市第二届人民代表大会第四次会议选举办法》。会议选举杜光辉为市人民政府市长，选举张世富、马敬国为市二届人大常委会副主任，选举徐兴发为市二届人大常委会秘书长，选举马良穆（回族）、邓先忠、张志成、赵开源、彭敏（女）为市二届人大常委会委员。大会主席团常务主席、执行主席李慎宽向杜光辉、张世富、马敬国、徐兴发、马良穆、邓先忠、张志成、赵开源、彭敏颁发当选证书。

市人大常委会主任李慎宽在闭幕大会上作了讲话。

会议期间，代表们认真履行职责，积极提出议案，大会收到10名以上代表联名提出的议案63件。其中政法方面8件、财经方面21件、农业方面10件、教科文卫方面11件、城建方面12件、民族宗教方面1件。经主席团审议，决定将蓬安县代表团周绍君等15位代表提出的《制定相关政策，关心弱势群体，切实做到确保符合"低保"条件的特困职工"应保尽保"》的议案列为议案；将西充县代表团李德平等12位代表提出的《关于加大城市环城绿化建设力度》的议案列为议案；将西充县代表团赵碧蓉等16位代表提出的《关于制定强制性文件，立即规范"音像""网吧""电子游戏厅"等文化市场》的议案列为议案；将顺庆区代表团胡亨霖等16位代表提出的《关于建立顺庆工业园区》的议案、顺庆区代表团王翠花等10位代表提出的《关于筹建顺庆区舞凤镇家具城工业园区》的议案，高坪区代表团李果等10位代表提出的《关于在高坪区都京镇建立南充市工业发展园区》的议案，高坪区代表团蒲元章等13位代表提出的《关于把高坪区都京镇都京坝作为工业园区》的议案合并为一个议案《关于对市辖三区工业园区加强统一规划的议案》列为议案。其余56件议案改作建议、批评和意见。

五、市二届人大五次会议

2002年12月5日至6日，市二届人大五次会议在果城会堂召开。应到代表510名，实到代表468名，符合法定人数。

大会主席团成员（57名，以姓氏笔画为序）：马良穆（回族）、马敬国、王明炽、王明奎、王素清（女）、邓先忠、冯庆煜、冯希尧、权绍纶（女）、朱洪银、任敏强、任德俭、刘文沛、刘文瑞、刘伯忠、刘家厚、孙纯、阳小虎、杜延聪、李国炯、李慎宽、杨元生、杨汉翔、杨培源、肖盛林、吴宗勤（女）、邹海泉、张世富、张在强、张廷山、张志成、张明才、张明权、张益维、陈绍森、陈荣仲、周绍君（女）、罗自省、庞丕生、郑伯成、范琼花（女）、赵开源、赵正铭、赵学宽、赵培善、贺和平、姚敏、莫恒彪、徐兴发、黄旭东、黄顺福、阎淑琴（女，蒙古族）、康咸熙、彭敏（女）、谢正顺、蒲显福、滕明才。

大会主席团常务主席：黄顺福、李慎宽、刘伯忠、杨元生、谢正顺、张益维、杨汉翔、孙纯、罗自省、陈绍森、黄旭东、王素清（女）、邹海泉、张世富、马敬国。

大会秘书长：杨元生。

市二届人大五次会议举行2次全体会议。大会主席团常务主席、执行主席李慎宽主持两次全体会议。

会议通过《南充市第二届人民代表大会第五次会议选举办法》，选举产生南充市出席省第十届人民代表大会代表59人，报省人民代表大会常务委员会代表资格审查委员会审查。

六、市二届人大六次会议

2003年2月26日至3月2日，市二届人大六次会议在果城会堂召开。应到代表519名，实到代表

475 名，符合法定人数。

大会主席团成员（59 名，以姓氏笔画为序）：马良穆（回族）、马敬国、马道蓉（女，回族）、王明炽、王素清（女）、邓先忠、冯庆煜、冯希尧、任晓春、任敏强、任德俭、刘中伯、刘文沛、刘文瑞、刘伯忠、刘家厚、孙纯、朱洪银、权绍纶（女）、阳小虎、吴宗勤（女）、张世富、张在强、张廷山、张志成、张明才、张明权、张益维、李国炯、李慎宽、杜延聪、杨元生、杨汉翔、杨毓培、肖盛林、邹海泉、陈绍森、陈荣仲、周太荣、周绍君（女）、庞丕生、罗自省、范琼花（女）、郑伯成、姚敏、贺和平、赵学宽、赵培善、徐兴发、高先海、康咸熙、阎淑琴（女，蒙古族）、黄旭东、黄顺福、彭敏（女）、蒋元忠、谢正顺、谢华国、蒲显福。

大会主席团常务主席：黄顺福、李慎宽、刘伯忠、杨元生、谢正顺、张益维、杨汉翔、孙纯、罗自省、陈绍森、黄旭东、王素清（女）、邹海泉、张世富、马敬国、徐兴发。

大会秘书长：杨元生。

市二届人大六次会议举行 3 次全体会议。大会主席团常务主席、执行主席李慎宽主持第一次全体会议，大会主席团常务主席、执行主席刘伯忠主持第二次全体会议，大会主席团常务主席、执行主席黄顺福主持第三次全体会议。

会议听取和审议市长杜光辉代表市人民政府所作的《政府工作报告》。会议批准这个报告，作出《关于政府工作报告的决议》。会议指出，21 世纪头 20 年，是一个可以大有作为的重要发展时期，一定要十分珍惜，紧紧抓住这一战略发展机遇，集中力量全面建成小康社会。要坚持用邓小平理论和"三个代表"重要思想统揽各项工作，把党的十六大精神和省委、市委全委会精神，落实到实际工作中去，增强紧迫感，干好每一年，确保 6 年翻一番、2020 年翻三番目标的顺利实现。会议强调，2003 年是全面贯彻落实党的十六大精神的重要一年，是推进南充发展新跨越关键一年，也是本届市人民政府任期最后一年。市人民政府要按照市委二届七次全会的部署，坚持以发展为主题，以全面建成小康社会为目标，努力开创各项工作的新局面。要充分利用各种有利条件，知难而进，迎难而上，着力加快经济结构的战略性调整，提升经济运行速度和质量；要加大投资拉动力度，牢固树立经营城市的理念，加速交通能源和生态建设，增加企业技改投入，夺取经济增长新成就；要坚持一、二、三产业互动，加快工业化、农业产业化进程，大力发展现代服务业，推进经济发展新跨越；要深入推进改革开放，深化国有企业改革，大力发展非公有制经济，实现招商引资新突破；要实施科教兴市战略，加大科技创新力度，推动各项社会事业新发展；要完善社会保障体系，积极拓宽就业渠道，切实关心困难群众生活，确保人民生活水平新提高；要加强民主法制建设，坚持政务公开，依法行政，强化社会治安综合治理，开创维护稳定新局面；要加强政府自身建设，努力转变政府职能，改进工作作风，树立人民政府新形象。

会议经过审议并根据市人大财政经济委员会审查报告，批准市发展计划委员会主任赵太武受市人民政府委托所作的《关于南充市 2002 年国民经济和社会发展计划执行情况及 2003 年国民经济和社会发展计划草案的报告》，批准市人民政府提出的南充市 2003 年国民经济和社会发展计划，作出《关于南充市 2002 年国民经济和社会发展计划执行情况及 2003 年国民经济和社会发展计划的决议》。

会议经过审查并根据市人大财政经济委员会审查报告，同意市财政局局长陈修鹏受市人民政府委托所作的《关于南充市 2002 年财政预算执行情况和 2003 年财政预算草案的报告》，批准 2002 年市本级财政预算执行情况的报告和 2003 年市本级财政预算，作出《关于南充市 2002 年财政预算执行情况和 2003 年财政预算的决议》。

会议听取和审议市人大常委会主任李慎宽所作的《南充市人大常委会工作报告》。会议认为，一年来，市人大常委会在市委领导下，坚持以邓小平理论和“三个代表”重要思想为指导，突出发展主题，认真行使宪法和法律赋予的职权，在决定重大事项、监督“一府两院”工作、营造良好法制环境、推进基层民主法治建设、加强自身建设等方面做了大量工作，取得新的进展，为促进全市经济建设和社会事业发展做出新的贡献。会议批准这个报告，作出《关于南充市人大常委会工作报告的决议》。会议要求，新的一年，市人大常委会要坚持以党的十六大精神和“三个代表”重要思想为指导，以发展为主题，以全面建成小康社会为目标，依法履行职责，努力开展工作。要加强调查研究，认真审议决定重大事项；加强对“一府两院”的监督，大力推进依法治市；加强代表基础工作，充分发挥代表作用；认真搞好市级换届选举，指导县乡人大工作；加强民主法治和人大制度宣传，抓好常委会自身建设。要牢记根本宗旨，不辱历史使命，在中共南充市委的领导下，与时俱进，开拓创新，团结奋斗，扎实工作，为加强民主法治建设，实现南充新跨越，全面建成小康社会做出更大的贡献。

会议听取和审议市中级人民法院院长欧晓东所作的《南充市中级人民法院工作报告》。会议批准这个报告，作出《关于南充市中级人民法院工作报告的决议》。会议要求，2003 年，市中级人民法院要认真学习贯彻党的十六大精神，继续突出公正与效率主题，严惩严重刑事犯罪，营造良好的治安环境，确保人民群众安居乐业；继续审理好各种民商事纠纷和行政案件，加强执行工作，营造良好的发展环境，确保社会经济持续健康发展；继续加强法院队伍建设，不断提高法官政治业务素质，确保严肃执法、公正司法；继续推进法院改革，与时俱进，开拓进取，努力开创法院工作新局面，为推进南充新跨越、全面建成小康社会做出新的贡献。

会议听取和审议市人民检察院检察长梁仕培所作的《南充市人民检察院工作报告》。会议批准这个报告。作出《关于南充市人民检察院工作报告的决议》。会议要求，2003 年，市人民检察院要坚持以邓小平理论和“三个代表”重要思想为指导，深入贯彻党的十六大精神，紧紧围绕发展这个执政兴国的第一要务，突出“强化监督、公正执法”主题，与时俱进，开拓创新，依法全面履行检察职能，为推进南充发展新跨越，全面建设小康社会做出新的贡献。

会议通过《关于接受李慎宽辞去南充市第二届人民代表大会常务委员会主任职务的决定》，通过《关于接受杨元生、谢正顺辞去南充市第二届人民代表大会常务委员会副主任等职务的决定》，通过《关于接受欧晓东辞去南充市中级人民法院院长职务的决定》。

会议通过《南充市第二届人民代表大会第六次会议选举办法》。会议选举黄顺福为市二届人大常委会主任，选举任德俭、赵太武为副主任，选举崔均为市中级人民法院院长。

市委书记、市人大常委会主任黄顺福在闭幕大会上作了讲话。

会议期间，代表们认真履行职责，积极提出议案，大会收到代表团和 10 名以上代表联名提出的议案 57 件。其中政法方面 5 件、财经方面 26 件、农业方面 11 件、教科文卫方面 8 件、城建方面 6 件、其他 1 件。经主席团审议，决定将嘉陵区代表团成开平等 16 名代表提出的《关于加快加大建立绿色蔬菜基地》的议案，顺庆区代表团王加兴等 12 名代表提出的《关于调整我市机关公务员和退休人员医疗补助标准》的议案，顺庆区代表团胡亨霖等 17 名代表提出的《市上应增加对市辖三区教育投入》的议案列为议案。其余 54 件议案改作建议、批评和意见。

第三节　南充市第三届人民代表大会会议

2004 年 3 月至 2008 年 5 月，南充市第三届人民代表大会期间，共召开 6 次代表大会会议。

一、市三届人大一次会议

2004 年 3 月 17 日至 22 日，市三届人大一次会议在果城会堂召开。应到代表 505 名，实到代表 493 名，符合法定人数。列席大会的各界人士 625 人。

大会主席团成员（58 名，以姓氏笔画为序）：马敬国、马道蓉（女，回族）、勾春平、邓明志、冉崇恒、冯成明、冯希尧、任晓春、任德俭、伏文超、刘勇、刘彬、刘中伯、刘伯忠、孙纯、朱洪银、江绍刚、何勇、余善卫、吴应学、张在强、张志成、李元开、李育明、李慎宽、杜光辉、杨雪鸿、陈君、陈功全、陈新民、周太荣、官晓林、屈良俊、幸天勇、罗南辉、罗湘卒（女）、范琼花（女）、郑映畅、胡文龙、胥仕勋、贺和平、赵太武、赵培善、唐恒金、陶治国、高先海、康咸熙、梁仕培、章清源、黄顺福、彭敏（女）、彭昌家、董超、蒋元忠、蒋辅义、谢华国、谢勇恩、蒲显福。

大会主席团常务主席：黄顺福、伏文超、任德俭、刘伯忠、孙纯、马敬国、赵太武、梁仕培、冉崇恒。

大会秘书长：刘伯忠。

市三届人大一次会议举行 4 次全体会议。大会主席团常务主席、执行主席黄顺福主持第一次、第三次、第四次全体会议，大会主席团常务主席、执行主席刘伯忠主持第二次全体会议。

会议听取和审议市长杜光辉代表市人民政府所作的《政府工作报告》。会议批准这个报告，作出《关于政府工作报告的决议》。会议认为，过去 5 年，市人民政府认真贯彻市二届人大各次会议决议，动员和组织全市人民，坚持以经济建设为中心，以跨越式发展为主题，抓住西部大开发和“入世”机遇，克服诸多难以预见的困难，保持经济社会持续快速健康发展的良好势头。全市政治稳定，社会安定，人民生活总体上初步实现由温饱到小康的历史性跨越，进入全面建设小康社会的新阶段。会议指出，今后 5 年是南充经济社会跨越式发展和全面建设小康社会的关键时期，必须大力弘扬解放思想、求真务实的精神，牢固树立科学发展观，树立正确的政绩观，做到以经济结构调整为主线，以改革开放和科技进步为动力，以提高人民群众生活水平为根本出发点，加大推进“三个转变”力度，加快工业化、城镇化、农业产业化和信息化进程，促进物质文明、政治文明、精神文明协调发展，不断开创全面建设小康社会的新局面。会议强调，2004 年是新一届政府工作的开局之年。市人民政府要认真贯彻落实党的十六大、十六届三中全会和市第三次党代会精神，按照“五个统筹”的要求和“五句话”的工作思路，着力提高工业经济整体竞争力，促进农业和农村经济全面发展，加快经营城市步伐，大力发展第三产业，加大投资力度，进一步推进改革开放，放手发展非公有制经济，做好财税金融工作，不断改善人民生活，繁荣各项社会事业，提高行政管理水平，保持社会政治稳定，努力开创各项工作的新局面。会议号召，全市人民要在中共南充市委的领导下，高举邓小平理论和“三个代表”重要思想伟大旗帜，励精图治，真抓实干，开拓进取，奋发图强，为推进南充发展新跨越，全面建设小康社会而努力奋斗。

会议经过审议并根据计划预算委员会审查报告，批准市发展计划委员会主任高宗成受市人民政府委托所作的《关于南充市2003年国民经济和社会发展计划执行情况及2004年计划草案的报告》，批准市人民政府提出的南充市2004年国民经济和社会发展计划，作出《关于南充市2003年国民经济和社会发展计划执行情况及2004年计划的决议》。

会议经过审查并根据计划预算委员会审查报告，同意市财政局局长陈修鹏受市人民政府委托所作的《关于南充市2003年财政预算执行情况和2004年财政预算草案的报告》，批准2003年市级财政预算执行情况的报告和2004年市级财政预算，作出《关于南充市2003年财政预算执行情况和2004年财政预算的决议》。

会议听取和审议市人大常委会主任黄顺福所作的《南充市人大常委会工作报告》。会议认为，5年来，市二届人大常委会在市委领导下，高举邓小平理论伟大旗帜，认真实践“三个代表”重要思想，深入贯彻党的十五大、十六大精神，坚持“围绕中心、突出‘法’字、加强监督、注重实效”的工作思路，团结奋斗，开拓创新，切实履行宪法和法律赋予的职权，充分发挥职能作用，为推进依法治市进程，保障和促进全市经济发展和社会事业全面进步，实现发展新跨越做出重要贡献。会议批准这个报告，作出《关于南充市人大常委会工作报告的决议》。会议强调，市三届人大常委会任期的5年是南充加快发展、全面建设小康社会的重要时期。市三届人大常委会要在市委领导下，高举邓小平理论和“三个代表”重要思想伟大旗帜，全面贯彻党的十六大、十六届三中全会精神，以建设高度政治文明为己任，以全面建设小康社会为目标，紧紧围绕推进南充跨越式发展这一主题，不辱使命，与时俱进，认真行使重大事项决定权，增强决策的科学性；加强和改进监督工作，促进“一府两院”依法行政、公正司法；认真执行人事任免办法，不断加强和改进人事任免工作；加强同代表和人民群众的密切联系，切实维护人民群众的根本利益；加强常委会的自身建设，保持开拓奋进的活力，为推进南充跨越式发展，促进物质文明、政治文明、精神文明的协调发展做出新贡献。

会议听取和审议市中级人民法院院长崔均所作的《南充市中级人民法院工作报告》。会议批准这个报告，作出《关于南充市中级人民法院工作报告的决议》。

会议听取和审议市人民检察院检察长梁仕培所作的《南充市人民检察院工作报告》。会议批准这个报告，作出《关于南充市人民检察院工作报告的决议》。

会议审议关于南充市第三届人民代表大会专门委员会设置议案，通过《关于南充市第三届人民代表大会专门委员会设置的决定》。市三届人大设置6个专门委员会，序列为：市人大内务司法委员会、市人大财政经济委员会、市人大农业与农村委员会、市人大教育科学文化卫生委员会、市人大城乡建设环境资源保护委员会、市人大民族宗教外事侨务委员会。

会议通过《南充市第三届人民代表大会第一次会议选举办法》。会议选举黄顺福为市人大常委会主任，选举刘伯忠、孙纯、马敬国、赵太武、梁仕培、余善卫、李元开、陶治国为副主任，选举刘彬为秘书长，选举市三届人大常委会委员23名。选举杜光辉为市人民政府市长，选举蒋辅义、胡云、王静莉、钟吕坤为副市长。选举崔均为市中级人民法院院长。选举周力为市人民检察院检察长，须依法报经省人民检察院检察长提请省人大常委会批准。

会议通过《关于南充市第三届人民代表大会各专门委员会组成人员人选办法》。以举手表决方式，通过市三届人大各专门委员会主任委员、副主任委员、委员名单。

市委书记、市人大常委会主任黄顺福在闭幕大会上作了讲话。

会议期间，代表们认真履行职责，积极提出议案，大会收到10名以上代表联名提出的议案100件。其中内务司法方面10件、教科文卫方面14件、财经方面34件、城乡建设环保方面18件、农业方面20件，其他4件。经主席团审议，决定将顺庆区代表团李春光等19位代表提出的《关于调整布局结构，整合优化基础教育资源，促进南充市城区经济、社会事业协调发展》的议案，南部县代表团幸天勇等13位代表提出的《关于加强农村基层卫生组织建设》的议案列为议案。其余98件议案改作建议、批评和意见。

二、市三届人大二次会议

2005年2月22日至26日，市三届人大二次会议在南充大剧院召开。应到代表505名，实到代表486名，符合法定人数。列席大会的各界人士615人。

大会主席团成员（59名，以姓氏笔画为序）：马敬国、马道蓉（女，回族）、勾春平、王宁、王星照、邓明志、冯成明、冯希尧、冯斌、任晓春、任德俭、伏文超、刘勇、刘彬、刘强、刘中伯、刘伯忠、孙纯、朱洪银、江绍刚、何勇、何智彬、余善卫、吴应学、张在强、张志成、张春典、李元开、李志杰、李育明、李慎宽、陈功全、陈君、周继琼、官晓林、屈良俊、幸天勇、罗南辉、罗湘卒（女）、范琼花（女）、郑映畅、胡文龙、胥仕勋、贺和平、赵太武、赵培善、唐文金、唐恒金、陶治国、高先海、康咸熙、梁仕培、章清源、彭昌家、彭敏（女）、董超、谢勇恩、蒲显福、蔡勇。

大会主席团常务主席：王宁、伏文超、刘伯忠、刘强、孙纯、马敬国、赵太武、梁仕培、余善卫、李元开、陶治国、刘彬。

大会秘书长：刘伯忠。

市三届人大二次会议举行3次全体会议。大会主席团常务主席、执行主席王宁主持第一次全体会议，大会主席团常务主席、执行主席伏文超主持第二次全体会议，大会主席团常务主席、执行主席刘伯忠主持第三次全体会议。

会议听取并审查市长杜光辉代表市人民政府所作的《政府工作报告》。会议批准这个报告，作出《关于政府工作报告的决议》。

会议经过审查并根据市人大财政经济委员会审查报告，批准市发展计划委员会主任高宗成受市人民政府委托所提交的《关于南充市2004年国民经济和社会发展计划执行情况及2005年计划草案的报告》，批准市人民政府提出的南充市2005年国民经济和社会发展计划，作出《关于南充市2004年国民经济和社会发展计划执行情况及2005年计划的决议》。

会议经过审查并根据市人大财政经济委员会审查报告，同意市财政局局长陈修鹏受市人民政府委托所提交的《关于南充市2004年财政预算执行情况和2005年财政预算草案的报告》，批准2004年市本级财政预算执行情况的报告和2005年市本级财政预算，作出《关于南充市2004年财政预算执行情况和2005年财政预算的决议》。

会议听取并审查市人大常委会副主任刘伯忠代表市人大常委会所作的《南充市人民代表大会常务委员会工作报告》。会议批准这个报告，作出《关于南充市人民代表大会常务委员会工作报告的决议》。

会议听取并审查市中级人民法院院长崔均所作的《南充市中级人民法院工作报告》，批准这个报告，作出《关于南充市中级人民法院工作报告的决议》。

会议听取并审查市人民检察院检察长周力所作的《南充市人民检察院工作报告》，批准这个报告，作出《关于南充市人民检察院工作报告的决议》。

会议通过《南充市第三届人民代表大会第二次会议选举办法》。会议选举王宁为市三届人大常委会主任。

市委书记、市人大常委会主任王宁在闭幕大会上作了讲话。

会议期间，代表们认真履行职责，积极提出议案，大会收到代表团提出的议案1件，10名以上代表联名提出的议案40件，共计41件。其中内务司法方面3件、教科文卫方面9件、财经方面15件、城乡建设环保方面9件、农业方面3件、其他2件。经主席团审议，决定将南部县代表团吴宗才等13位代表提出的《关于进一步加强和改进土地管理工作的议案》列为议案。其余40件议案改作建议、批评和意见。

市三届人大二次会议为了提高会议效率，转变会风，计划、财政报告改为书面报告。六大报告经代表团审议后，各报告单位需要根据代表审议意见提出对报告的书面修改意见，由报告人向主席团会议汇报，主席团会议不再听取各代表团对报告审议情况汇报。预备会议、开幕大会在半天内先后进行。各大报告及决议文字简练，原则上政府工作报告文字不超过1.2万字，计划、财政、人大、法院、检察院工作报告不超过6000字，各项决议一律不重复报告内容。

三、市三届人大三次会议

2006年2月15日至19日，市三届人大三次会议在南充大剧院召开。应到代表504名，实到代表472名，符合法定人数。列席大会的各界人士141人。

大会主席团成员（57名，以姓氏笔画为序）：马敬国、马道蓉（女，回族）、王宁、王星照、勾春平、尹才勋、邓明志、冯斌、冯成明、冯希尧、任晓春、任志俭、刘勇、刘彬、刘强、刘中伯、刘伯忠、孙纯、朱洪银、江绍刚、何智彬、余善卫、吴应学、张在强、张志成、李元开、李志杰、李育明、李慎宽、陈功全、周继琼、官晓林、幸天勇、易延兴、罗南辉、罗湘卒（女）、范琼花（女）、郑映畅、胡文龙、胥仕勋、赵太武、赵培善、贺和平、唐文金、唐恒金、陶治国、高先海、康威熙、梁仕培、章清源、彭敏（女）、彭昌家、喻小广、董超、谢勇恩、蒲显福、蔡勇。

大会主席团常务主席：王宁、刘伯忠、孙纯、马敬国、赵太武、梁仕培、余善卫、李元开、陶治国、刘彬。

大会秘书长：刘伯忠。

市三届人大三次会议举行3次全体会议。大会主席团常务主席、执行主席王宁主持第一次、第三次全体会议，大会主席团常务主席、执行主席刘伯忠主持第二次全体会议。

会议听取和审查市长杜光辉代表市人民政府所作的《政府工作报告》。会议批准这个报告，作出《关于政府工作报告的决议》。

会议审查《南充市国民经济和社会发展第十一个五年规划纲要（草案）》（以下简称《纲要》）。会议认为，《纲要》以邓小平理论和“三个代表”重要思想为指导，用科学发展观统领南充市未来五年经济和社会发展全局，紧紧围绕实现全面建设小康社会目标和构建和谐社会的要求，谋划布局今后五年南充市经济社会发展的宏伟蓝图。《纲要》符合党的十六届五中全会、省委八届六次全会、市委三届四次全会精神和南充实际，目标明确，重点突出，体现全市人民加快发展的迫切要求和共同愿望。会议批准《南充市国民经济和社会发展第十一个五年规划纲要》，作出《关于〈南充市国民经济和社会发展第十一个五年规划纲要〉的决议》。

会议经过审查并根据市人大财政经济委员会审查报告，批准市发展和改革委员会主任高宗成受市人民政府委托所提交的《关于南充市2005年国民经济和社会发展计划执行情况及2006年计划草案的报告》，批准市人民政府提出的南充市2006年国民经济和社会发展计划，作出《关于南充市2005年国民经济和社会发展计划执行情况及2006年计划的决议》。

会议经过审查并根据市人大财政经济委员会审查报告，同意市财政局局长陈修鹏受市人民政府委托所提交的《关于南充市2005年财政预算执行情况和2006年财政预算草案的报告》，批准2005年市本级财政预算执行情况的报告和2006年市本级财政预算，作出《关于南充市2005年财政预算执行情况和2006年财政预算的决议》。

会议听取和审查市人大常委会主任王宁代表市人大常委会所作的《南充市人民代表大会常务委员会工作报告》。会议批准这个报告，作出《关于南充市人民代表大会常务委员会工作报告的决议》。

会议听取和审查市中级人民法院院长崔均所作的《南充市中级人民法院工作报告》，批准这个报告，作出《关于南充市中级人民法院工作报告的决议》。

会议听取和审查市人民检察院检察长周力所作的《南充市人民检察院工作报告》，批准这个报告，作出《关于南充市人民检察院工作报告的决议》。

会议通过《关于接受杜光辉辞去南充市人民政府市长职务的决定》。会议通过《南充市第三届人民代表大会第三次会议选举办法》。会议选举高先海为市人民政府市长。大会主席团常务主席、执行主席王宁向高先海颁发当选证书。

市委书记、市人大常委会主任王宁在闭幕大会上作了讲话。

会议期间，代表们认真履行职责，积极提出议案，大会收到10名以上代表联名提出的议案95件。其中内务司法方面3件、教科文卫方面18件、财经方面27件、城乡建设环保方面19件、农业方面23件、旅游方面2件，其他3件。经主席团审议，决定将嘉陵区代表团赵燕、高坪区代表团张志明、仪陇县代表团邓济昌等35位代表提出的议案合并为《关于加强嘉陵江流域（南充段）水资源保护的议案》，列为议案；将仪陇县代表团付经明、南部县代表团幸天勇、嘉陵区代表团刘光发等41位代表提出的议案合并为《关于加强农村村道公路建设及维护的议案》，列为议案；将仪陇县代表团陈善荣等10位代表提出的《关于整合职教资源，培养技能型人才的议案》列为议案。其余88件议案改作建议、批评和意见。

四、市三届人大四次会议

2007年2月8日至12日，市三届人大四次会议在南充大剧院召开。应到代表504名，实到代表465名，符合法定人数。

大会主席团成员（59名，以姓氏笔画为序）：马敬国、马道蓉（女，回族）、王宁、尹才勋、邓明志、冯成明、冯希尧、任德俭、刘勇、刘强、刘伯忠、孙纯、朱洪银、江绍刚、何智彬、余善卫、吴应学、吴宗麟、张在强、张志成、杜光辉、杨建华、李元开、李志杰、李育明、李慎宽、邱明星、邹平、陈功全、陈修鹏、官晓林、幸天勇、罗南辉、罗湘卒（女）、易延兴、范琼花（女）、郑映畅、胡文龙、胡光明、胥仕勋、赵太武、赵培善、贺和平、唐文金、唐恒金、陶治国、高宗成、康咸熙、梁仕培、章清源、彭敏（女）、彭昌家、董超、喻小广、覃一民、谢勇恩、蒲芝龙、蒲显福、蔡勇。

大会主席团常务主席：王宁、刘伯忠、刘强、孙纯、马敬国、赵太武、梁仕培、余善卫、李元开、陶治国。

大会秘书长：刘伯忠。

市三届人大四次会议举行3次全体会议。大会主席团常务主席、执行主席王宁主持第一次、第三次全体会议，大会主席团常务主席、执行主席刘伯忠主持第二次全体会议。

会议听取和审查市长高先海代表市人民政府所作的《政府工作报告》。会议批准这个报告，作出《关于政府工作报告的决议》。

会议经过审查并根据市人大财政经济委员会审查报告，批准市发展和改革委员会主任王星照受市人民政府委托所提交的《关于南充市2006年国民经济和社会发展计划执行情况及2007年计划草案的报告》，批准市人民政府提出的南充市2007年国民经济和社会发展计划，作出《关于南充市2006年国民经济和社会发展计划执行情况及2007年计划的决议》。

会议经过审查并根据市人大财政经济委员会审查报告，同意市财政局局长吴道军受市人民政府委托所提交的《关于南充市2006年财政预算执行情况和2007年财政预算草案的报告》，批准2006年市本级财政预算执行情况的报告和2007年市本级财政预算，作出《关于南充市2006年财政预算执行情况和2007年财政预算的决议》。

会议听取和审查市人大常委会主任王宁代表市人大常委会所作的《南充市人民代表大会常务委员会工作报告》。会议批准这个报告，作出《关于南充市人民代表大会常务委员会工作报告的决议》。会议要求，市人大常委会要坚持以邓小平理论和“三个代表”重要思想为指导，全面落实科学发展观，坚持党的领导、人民当家作主和依法治国的有机统一，认真履行宪法和法律赋予的职权，进一步加强和改进监督工作，增强监督实效，努力推进社会主义民主法治建设和依法治市进程，为促进经济社会又好又快发展和构建和谐南充做出新的贡献。

会议听取和审查市中级人民法院院长崔均所作的《南充市中级人民法院工作报告》，批准这个报告，作出《关于南充市中级人民法院工作报告的决议》。

会议听取和审查市人民检察院检察长周力所作的《南充市人民检察院工作报告》，批准这个报告，作出《关于南充市人民检察院工作报告的决议》。

会议通过《南充市第三届人民代表大会第四次会议选举办法》。会议选举邱明星、高宗成、覃一民（以姓氏笔画为序）为市三届人大常委会委员。

会议通过《通过补充南充市第三届人民代表大会专门委员会部分组成人员人选办法》。会议以举手表决方式，通过补充市三届人大内务司法委员会副主任委员1名、财政经济委员会副主任委员1名、农业与农村委员会副主任委员1名、城乡建设环境资源保护委员会副主任委员1名。

市委书记、市人大常委会主任王宁在闭幕大会上作了讲话。

会议期间，代表们认真履行职责，积极提出议案，大会收到10名以上代表联名提出的议案157件。其中内务司法方面14件、教科文卫方面28件、财经方面60件、城乡建设环保方面30件、农业方面20件、旅游方面1件，其他4件。经主席团决定，将顺庆代表团彭敏等12位代表提出的《关于高度重视妇女儿童事业发展的议案》列为议案。其余156件议案改作建议、批评和意见。

五、市三届人大五次会议

2007年7月19日，市三届人大五次会议在果城会堂召开，会期一天。应到代表506名，实到代表450名，符合法定人数。列席大会的各界人士156人。

大会主席团成员（59名，以姓氏笔画为序）：马敬国、马道蓉（女，回族）、尹才勋、邓明志、冯成明、冯希尧、任德俭、刘勇、刘强、刘伯忠、刘宏建、孙纯、朱洪银、江绍刚、何智彬、余善卫、吴应学、吴宗麟、张在强、张志成、杜光辉、杨建华、李元开、李志杰、李育明、李慎宽、邱明星、邹平、陈功全、陈修鹏、官晓林、幸天勇、罗南辉、罗湘卒（女）、易延兴、范琼花（女）、郑映畅、胡文龙、胡光明、胥仕勋、赵太武、赵培善、贺和平、唐文金、唐恒金、陶治国、高宗成、康咸熙、梁仕培、章清源、彭敏（女）、彭昌家、董超、喻小广、覃一民、谢勇恩、蒲芝龙、蒲显福、蔡勇。

大会主席团常务主席：刘宏建、刘伯忠、刘强、孙纯、马敬国、赵太武、梁仕培、余善卫、李元开、陶治国。

大会秘书长：刘伯忠。

市三届人大五次会议举行2次全体会议。大会主席团常务主席、执行主席刘宏建主持第一次全体会议，大会主席团常务主席、执行主席刘伯忠主持第二次全体会议。

会议通过《南充市第三届人民代表大会第五次会议选举办法》，会议选举刘宏建为市三届人大常委会主任。

市委书记、市人大常委会主任刘宏建在闭幕大会上作了讲话。

六、市三届人大六次会议

2007年12月18日至19日，市三届人大六次会议在果城会堂召开。

大会主席团成员（59名，以姓氏笔画为序）：马敬国、马道蓉（女，回族）、尹才勋、邓明志、冯成明、冯希尧、任德俭、刘勇、刘强、刘伯忠、刘宏建、孙纯、朱洪银、江绍刚、何智彬、余善卫、吴应学、吴宗麟、张在强、张志成、杜光辉、杨建华、李元开、李志杰、李育明、李慎宽、邱明星、邹平、陈功全、陈修鹏、官晓林、幸天勇、罗南辉、罗湘卒（女）、易延兴、范琼花（女）、郑映畅、胡文龙、胡光明、胥仕勋、赵太武、赵培善、贺和平、唐文金、唐恒金、陶治国、高宗成、康咸熙、梁仕培、章清源、彭敏（女）、彭昌家、董超、喻小广、覃一民、谢勇恩、蒲芝龙、蒲显福、蔡勇。

大会主席团常务主席：刘宏建、刘伯忠、刘强、孙纯、马敬国、赵太武、梁仕培、余善卫、李元开、陶治国。

大会秘书长：刘伯忠。

市三届人大六次会议举行2次全体会议。大会主席团常务主席、执行主席刘宏建主持2次全体会议。

会议通过《南充市第三届人民代表大会第六次会议选举办法》，选举产生南充市出席省第十一届人民代表大会代表58人，报省人大常委会代表资格审查委员会审查。

市委书记、市人大常委会主任刘宏建在闭幕大会上作了讲话。

第四节　南充市第四届人民代表大会会议

2008年5月至2012年1月，南充市第四届人民代表大会期间，共召开4次代表大会会议。

一、市四届人大一次会议

2008年5月6日至10日，市四届人大一次会议在南充大剧院召开。应到代表509名，实到代表

495 名，符合法定人数。列席大会的各界人士 639 人。

大会主席团成员（65 名，以姓氏笔画为序）：马道蓉（女，回族）、王永茂、王杰民、尹才勋、冯潜、冯异友、冯希尧、冯明义、任德俭、刘强、刘伯忠、刘宏建、江绍刚、孙纯、阳小虎、杜光辉、杨建华、李元开、李东旭（女）、李志杰、李育明、李南春（女）、李慎宽、吴应学、吴宗麟、何智彬、邱明星、邹平、汪旭英（女）、张和、张兴全、张昌华、张晓艳（女）、陈功全、陈自立、陈修鹏、陈新民、幸天勇、罗湘卒（女）、周太荣、周汝席、周绍林、郑猛功、官晓林、胡文龙、胡光明、赵培善、侯方杰、贺和平、徐永萍（女）、高先海、唐鸿、唐文金、唐红春（女）、陶治国、黄成立、章清源、淳定清、彭昌家、喻小广、傅伦佳、游少春、蒲芝龙、蒲显福、蔡勇。

大会主席团常务主席：刘宏建、刘伯忠、李志杰、刘强、李元开、陶治国。

大会秘书长：李志杰。

市四届人大一次会议举行 3 次全体会议。大会主席团常务主席、执行主席刘宏建主持第一次、第三次全体会议，大会主席团常务主席、执行主席李志杰主持第二次全体会议。

会议听取和审查市长高先海代表市人民政府所作的《政府工作报告》。会议批准这个报告，作出《关于政府工作报告的决议》。会议认为，过去四年，市政府动员和组织全市人民，深入贯彻落实科学发展观，围绕建设川东北区域中心城市的奋斗目标，抢抓机遇，攻坚克难，务实创新，开拓奋进，圆满完成市三届人大历次会议确定的主要目标任务，推动全市经济社会又好又快发展。会议指出，今后五年是加快川东北区域中心城市建设的关键时期。政府工作要牢牢把握加快发展、科学发展、又好又快发展的总体取向，坚持推进优势产业跨越发展、推进民生问题有效解决、推进体制机制不断创新的工作重点，以大力实施项目推动战略为工作抓手，围绕把南充实力做强、功能做优、形象做美、品位做高的基本要求，努力使南充经济更加发展、基础更加完善、生态更加优美、人民更加富裕、社会更加和谐。会议强调，2008 年是全面贯彻落实党的十七大精神的第一年，也是新一届政府工作的开局之年。必须抢抓机遇，乘势而上，进一步加快新型工业化进程，扎实推进新农村建设，积极发展现代服务业，大力实施项目推动战略，深入推进改革开放，加强能源资源节约和生态环境保护，做好财税金融工作，全面发展社会事业，切实解决民生问题，以新的更大作为，奋力推进南充经济社会又好又快发展。会议号召，全市人民要高举中国特色社会主义伟大旗帜，以邓小平理论和“三个代表”重要思想为指导，全面贯彻落实科学发展观，深入贯彻党的十七大、省委九届四次、市委四届四次全会精神，在中共南充市委的坚强领导下，同心同德、真抓实干，为加快川东北区域中心城市建设进程而努力奋斗。

会议经过审查并根据计划预算审查委员会审查报告，批准市发展和改革委员会主任王星照受市人民政府委托所提交的《关于南充市 2007 年国民经济和社会发展计划执行情况及 2008 年计划草案的报告》，批准市人民政府提出的南充市 2008 年国民经济和社会发展计划，作出《关于南充市 2007 年国民经济和社会发展计划执行情况及 2008 年计划的决议》。

会议经过审查并根据计划预算审查委员会审查报告，同意市财政局局长吴道军受市人民政府委托所提交的《关于南充市 2007 年财政预算执行情况和 2008 年财政预算草案的报告》，批准 2007 年市本级财政预算执行情况的报告和 2008 年市本级财政预算，作出《关于南充市 2007 年财政预算执行情况和 2008 年财政预算的决议》。

会议听取和审查市人大常委会主任刘宏建代表市三届人大常委会所作的《南充市人民代表大会常务委员会工作报告》。会议批准这个报告，作出《关于南充市第三届人民代表大会常务委员会工作报告的决议》。会议要求，市四届人大常委会要认真贯彻党的十七大、省委九届四次、市委四届四次全会精神，高举中国特色社会主义伟大旗帜，以邓小平理论和“三个代表”重要思想为指导，深入贯彻落实科学发展观，坚持党的领导、人民当家作主和依法治国的有机统一，牢牢把握加快发展、科学发展、又好又快发展的全省工作总体取向，紧紧围绕全市工作大局，认真依法履行职责，为坚持和完善人民代表大会制度、发展社会主义民主政治，加快建设川东北区域中心城市、实现富民强市全面小康做出新的更大的贡献。

会议听取和审查市中级人民法院院长崔均所作的《南充市中级人民法院工作报告》。会议批准这个报告，作出《关于南充市中级人民法院工作报告的决议》。

会议听取和审查市人民检察院检察长周力所作的《南充市人民检察院工作报告》。会议批准这个报告，作出《关于南充市人民检察院工作报告的决议》。

会议审议了关于市四届人大专门委员会设置的议案，听取市三届人大常委会副主任李元开关于市四届人大专门委员会设置议案的说明（书面），作出《关于南充市第四届人民代表大会专门委员会设置的决定》。市四届人大设置6个专门委员会，序列为：市人大内务司法委员会、市人大财政经济委员会、市人大农业与农村委员会、市人大教育科学文化卫生委员会、市人大城乡建设环境资源保护委员会、市人大民族宗教外事侨务委员会。

会议通过《南充市第四届人民代表大会第一次会议选举办法》。会议选举刘宏建为市四届人大常委会主任，选举李元开、李志杰、陈自立、陈修鹏、陶治国、傅伦佳（以姓氏笔画为序）为副主任，选举郑猛功为秘书长，选举市四届人大常委会委员33名。选举高先海为市人民政府市长，选举冯斌、朱家媛（女）、向东、何智彬、张奇伟、喻小广、谢华国（以姓氏笔画为序）为副市长。选举崔均为市中级人民法院院长。选举周力为市人民检察院检察长，须依法报经省人民检察院检察长提请省人大常委会批准。

会议通过《通过南充市第四届人民代表大会专门委员会组成人员人选办法》。以举手表决方式，通过市四届人大各专门委员会主任委员、副主任委员、委员名单。

市委书记、市人大常委会主任刘宏建在闭幕大会上作了讲话。新当选的市人民政府市长高先海在大会上发表当选讲话。

会议期间，代表们认真履行职责，围绕落实市委四届四次全会确定的奋斗目标，积极提出议案。大会收到10名以上代表联名提出的议案75件。其中内务司法方面4件、教科文卫方面14件、财经方面25件、城乡建设环保方面16件、农业方面8件、民族和旅游方面5件、其他3件。经主席团审议，决定将南部代表团阳小虎等14位代表提出的《采取有效措施，遏制耕地撂荒的议案》、高坪代表团黄再林等10位代表提出的《关于切实解决农村土地撂荒问题的议案》列为议案。其余73件议案改作建议、批评和意见。

二、市四届人大二次会议

2009年2月17日至20日，市四届人大二次会议在南充大剧院召开。应到代表507名，实到代表489名，符合法定人数。列席大会的各界人士650人。

大会主席团成员（64名，以姓氏笔画为序）：马道蓉（女，回族）、王永茂、王杰民、冯潜、冯异友、冯希尧、冯明义、任德俭、刘彬、刘光远、刘伯忠、刘宏建、江绍刚、阳小虎、孙纯、杜光辉、杜延茂、杨建华、李元开、李东旭（女）、李达帆、李志杰、李育明、李南春（女）、李慎宽、吴应学、吴宗麟、邱明星、邹平、汪旭英（女）、张和、张兴全、张昌华、张晓艳（女）、陈功全、陈自立、陈修鹏、陈新民、幸天勇、罗湘卒（女）、周汝席、周绍林、郑猛功、官晓林、胡文龙、胡光明、赵培善、侯方杰、贺和平、徐永萍（女）、唐鸿、唐文金、唐红春（女）、陶治国、黄成立、章清源、淳定清、彭昌家、傅伦佳、游少春、蒲芝龙、蒲显福、蔡勇、蔡绍雄。

大会主席团常务主席：刘宏建、李志杰、刘光远、李元开、陶治国、陈自立、傅伦佳、陈修鹏、郑猛功。

大会秘书长：李志杰。

市四届人大二次会议举行3次全体会议。大会主席团常务主席、执行主席刘宏建主持第一次、第三次全体会议，大会主席团常务主席、执行主席李志杰主持第二次全体会议。

会议听取和审查市长高先海代表市人民政府所作的《政府工作报告》。会议批准这个报告，作出《关于政府工作报告的决议》。会议指出，2009年是中华人民共和国成立60周年，也是应对宏观经济形势复杂多变，推进“十一五”规划顺利实施的关键一年。面对前所未有的严峻形势，必须紧紧抓住“保增长、保民生、保稳定”的工作主线，把“快”和“实”贯穿政府工作的始终，坚定不移地实施项目推动战略，扎实推进新型工业化，加快发展农村经济，大力发展现代服务业，深入推进改革开放，加强资源节约和环境保护，抓好财税金融工作，统筹解决民生问题，切实推进南充经济社会又好又快发展。

会议经过审查并根据市人大财政经济委员会审查报告，批准市发展和改革委员会主任尹才勋受市人民政府委托所提交的《关于南充市2008年国民经济和社会发展计划执行情况及2009年计划草案的报告》，批准市人民政府提出的南充市2009年国民经济和社会发展计划，作出《关于南充市2008年国民经济和社会发展计划执行情况及2009年计划的决议》。

会议经过审查并根据市人大财政经济委员会审查报告，同意市财政局局长吴道军受市人民政府委托所提交的《关于南充市2008年财政预算执行情况和2009年财政预算草案的报告》，批准2008年市本级财政预算执行情况的报告和2009年市本级财政预算，作出《关于南充市2008年财政预算执行情况和2009年财政预算的决议》。

会议听取和审查市人大常委会主任刘宏建代表市人大常委会所作的《南充市人民代表大会常务委员会工作报告》。会议批准这个报告，作出《关于南充市人民代表大会常务委员会工作报告的决议》。会议要求，市人大常委会要高举中国特色社会主义伟大旗帜，以邓小平理论和“三个代表”重要思想为指导，深入贯彻落实科学发展观，紧紧围绕市委的总体部署，切实履行宪法和法律赋予的职责，加强民主法治建设，促进社会和谐稳定，为实现全市经济止滑提速、爬坡上行，奋力开创经济社会发展新局面做出新的贡献。

会议听取和审查市中级人民法院院长崔均所作的《南充市中级人民法院工作报告》，批准这个报告，作出《关于南充市中级人民法院工作报告的决议》。

会议听取和审查市人民检察院检察长周力所作的《南充市人民检察院工作报告》，批准这个报告，作出《关于南充市人民检察院工作报告的决议》。

市委书记、市人大常委会主任刘宏建在闭幕大会上作了讲话。

会议期间，代表们认真履行职责，围绕建设川东北区域中心城市的奋斗目标，围绕实施“三个推进”战略和项目推动战略、围绕群众普遍关心的问题，积极提出议案。大会收到10名以上代表联名提出的议案76件。其中内务司法方面9件、教科文卫方面5件、财经方面23件、城乡建设环保方面21

件、农业方面 11 件、旅游方面 7 件。经主席团审议，决定将其中南部县代表团彭昌家等 11 名代表提出的《关于加强我市面源污染治理为主的环境保护的议案》和高坪区代表团青超等 10 名代表提出的《关于切实加强农村集镇环境污染综合治理的议案》合并列为一个议案，将蓬安县代表团汪旭英等 10 名代表提出的《推进农业机械化促进现代农业发展的议案》列为议案。其余 73 件议案改作建议、批评和意见。

三、市四届人大三次会议

2010 年 1 月 19 日至 22 日，市四届人大三次会议在南充大剧院召开。应到代表 508 名，实到代表 486 名，符合法定人数。

大会主席团成员（65 名，以姓氏笔画为序）：马道蓉（女，回族）、王永茂、王杰民、冯斌、冯潜、冯异友、冯希尧、冯明义、任德俭、刘彬、刘光远、刘伯忠、刘宏建、江绍刚、阳小虎、孙纯、杜光辉、杜延茂、杨建华、李元开、李东旭（女）、李达帆、李志杰、李育明、李南春（女）、李慎宽、吴应学、吴宗麟、何修礼、邱明星、邹平、汪旭英（女）、张和、张兴全、张昌华、张晓艳（女）、陈功全、陈自立、陈修鹏、陈新民、幸天勇、罗湘卒（女）、周汝席、周绍林、郑猛功、官晓林、胡文龙、赵培善、侯方杰、贺和平、徐永萍（女）、唐鸿、唐文金、唐红春（女）、陶治国、黄成立、章清源、淳定清、彭昌家、傅伦佳、游少春、谢和友、蒲芝龙、蒲显福、蔡勇。

大会主席团常务主席：刘宏建、李志杰、刘光远、李元开、陶治国、陈自立、傅伦佳、陈修鹏、郑猛功。

大会秘书长：李志杰。

市四届人大三次会议举行 3 次全体会议。大会主席团常务主席、执行主席刘宏建主持第一次、第三次全体会议，大会主席团常务主席、执行主席李志杰主持第二次全体会议。

会议听取和审查市长高先海代表市人民政府所作的《政府工作报告》。会议批准这个报告，作出《关于政府工作报告的决议》。会议强调，2010 年是完成“十一五”规划的最后一年，也是南充深入实施项目推动战略、统筹谋划“十二五”发展的关键之年。全市上下要紧紧围绕建设川东北区域中心城市的奋斗目标，按照市委总体要求和工作部署，求真务实，开拓进取，圆满完成全年的各项目标任务。

会议经过审查并根据市人大财政经济委员会审查报告，批准市发展和改革委员会主任尹才勋受市人民政府委托所提交的《关于南充市 2009 年国民经济和社会发展计划执行情况及 2010 年计划草案的报告》，批准市人民政府提出的南充市 2010 年国民经济和社会发展计划，作出《关于南充市 2009 年国民经济和社会发展计划执行情况及 2010 年计划的决议》。

会议经过审查并根据市人大财政经济委员会审查报告，同意市财政局局长吴道军受市人民政府委托所提交的《关于南充市 2009 年财政预算执行情况和 2010 年财政预算草案的报告》，批准 2009 年市本级财政预算执行情况的报告和 2010 年市本级财政预算，作出《关于南充市 2009 年财政预算执行情况和 2010 年财政预算的决议》。

会议听取和审查市人大常委会主任刘宏建代表市人大常委会所作的《南充市人民代表大会常务委员会工作报告》。会议批准这个报告，作出《关于南充市人民代表大会常务委员会工作报告的决议》。会议要求，市人大常委会要在市委领导下，高举中国特色社会主义伟大旗帜，以邓小平理论和“三个代表”重要思想为指导，深入贯彻落实科学发展观，全面贯彻党的十七届四中全会、省委九届七次全会、省委人大工作会议、市委四届七次全会和市委人大工作会议精神，紧紧围绕建设川东北区域中心城市的总体目标，紧紧围绕市委的总体要求和工作部署，切实履行宪法和法律赋予的职责，进一步加强民主法治建设，为圆满完成“十一五”规划，奋力推动全市经济社会跨越发展作出新的贡献。

会议听取和审查市中级人民法院院长崔均所作的《南充市中级人民法院工作报告》，批准这个报告，作出《关于南充市中级人民法院工作报告的决议》。

会议听取和审查市人民检察院检察长周力所作的《南充市人民检察院工作报告》，批准这个报告，作出《关于南充市人民检察院工作报告的决议》。

会议期间举行2次专题审议会，是市人代会上首次举办的专题审议会。大会主席团常务主席、市人大常委会副主任傅伦佳主持第七次城市总体规划修编工作专题审议会，市人民政府副市长谢华国报告《关于南充市第七次城市总体规划修编工作情况的报告》；大会主席团常务主席、市人大常委会副主任陶治国主持培育壮大农业特色产业专题审议会，市人民政府副市长何智彬报告《关于大力实施“百千万”工程，培育壮大农业特色产业情况的报告》。部分市人大代表参加专题审议会，与会市人大代表围绕专题审议议题踊跃发言，提出中肯意见和建议。

市委书记、市人大常委会主任刘宏建在闭幕大会上作了讲话。

会议期间，代表们认真履行职责，紧紧围绕建设川东北区域中心城市的奋斗目标，紧紧围绕市委“五深入五突破”的工作部署，紧紧围绕人民群众普遍关心的热点、难点问题，积极提出议案。大会收到10名以上代表联名提出的议案61件。其中内务司法方面7件、财经方面22件、农业方面8件、教科文卫方面10件、城乡建设环保方面12件、民宗外侨方面2件。经主席团审议，决定将其中南部县代表团敬永霞等13名代表提出的议案和顺庆区代表团秦文仙等10名代表提出的议案合并为《关于加强市区交通管理，解决市民乘车出行难的议案》列为议案；将嘉陵区代表团张帆等10名代表提出的《关于支持农民工返乡创业的议案》列为议案；将蓬安县代表团刘华明等11名代表提出的议案、嘉陵区代表团尹晓辉等12名代表提出的议案、嘉陵区代表团杨秀琼等10名代表提出的议案、南部县代表团彭昌家等11名代表提出的议案、南部县代表团何海燕等10名代表提出的议案合并为《关于围绕龙头企业发展培育壮大特色产业基地的议案》列为议案；将嘉陵区代表团李光明等10名代表提出的议案《加大政府投入是公立医院坚持其公益性质的保障》列为议案。其余52件议案改作建议、批评和意见。

四、市四届人大四次会议

2011年1月26日至29日，市四届人大四次会议在南充大剧院召开。应到代表505名，实到代表484名，符合法定人数。

大会主席团成员（64名，以姓氏笔画为序）：马道蓉（女，回族）、王永茂、王杰民、冯斌、冯潜、冯异友、冯希尧、冯明义、任德俭、刘彬、刘光远、刘伯忠、刘宏建、江绍刚、阳小虎、孙纯、杜光辉、杜延茂、杨建华、李东旭（女）、李达帆、李志杰、李育明、李南春（女）、李慎宽、吴应学、吴宗麟、何修礼、邱明星、邹平、汪旭英（女）、张和、张兴全、张昌华、张晓艳（女）、陈功全、陈自立、陈修鹏、陈新民、幸天勇、罗湘卒（女）、周汝席、周绍林、郑猛功、官晓林、胡文龙、赵培善、侯方杰、贺和平、徐永萍（女）、唐鸿、唐文金、唐红春（女）、陶治国、黄成立、章清源、淳定清、彭昌家、傅伦佳、游少春、谢和友、蒲芝龙、蒲显福、蔡勇。

大会主席团常务主席：刘宏建、李志杰、刘光远、陶治国、陈自立、傅伦佳、陈修鹏、郑猛功。

大会秘书长：李志杰。

市四届人大四次会议举行3次全体会议。大会主席团常务主席、执行主席刘宏建主持第一次、第三次全体会议，大会主席团常务主席、执行主席李志杰主持第二次全体会议。

会议听取和审查市长高先海代表市人民政府所作的《南充市人民政府工作报告》。会议认为，2010年全市按照市委的总体要求和工作重点，克服多重困难和复杂矛盾，经济保持平稳较快发展。“十一五”时期，经受住了汶川特大地震、洪涝旱灾等自然灾害以及国际金融危机的重大考验，抓住纪念朱德120周年诞辰、国家扩大内需和灾后重建等重大机遇。产业培育力度加大，经济实现快速增长；基础条件明显改善，发展后劲不断增强；开放合作扎实推进，发展活力进一步显现；社会事业全面进步，城乡面貌显著变化；人民生活水平明显提高，社会保持和谐稳定。会议充分肯定市政府2010年和“十一五”时期的工作，同意报告提出的“十二五”和2011年全市经济社会发展目标任务与工作部署，批准这个报告，作出《关于南充市人民政府工作报告的决议》。

会议审议《南充市国民经济和社会发展第十二个五年规划纲要（草案）》，批准这个规划纲要。会议高度评价“十一五”期间南充经济社会发展取得的显著成就。会议认为，面对汶川特大地震、洪涝灾害等自然灾害和国际金融危机的严重影响，市人民政府带领全市人民抢抓机遇，实施项目推动战略，加快建设川东北区域中心城市，圆满完成“十一五”规划的主要目标和任务。会议认为，规划纲要全面贯彻《四川省国民经济和社会发展第十二个五年规划纲要》《中共南充市委关于制定国民经济和社会发展第十二个五年规划建议》精神，提出的指导思想、发展目标、工作重点和主要措施，体现省委和市委的重大战略部署，反映全市人民加快发展的共同愿望，符合南充市情和时代发展的客观要求。会议强调，“十二五”时期是南充深入实施西部大开发战略、全面建设小康社会的关键时期，是深化改革开放、加快转变经济发展方式、全面建设川东北区域中心城市的攻坚时期。全市必须以科学发展为主题，以加快转变经济发展方式为主线，以加快建设川东北区域中心城市为主导，坚持“三个推进”，实施项目推动，深化改革开放，着力改善民生，促进社会和谐，奋力实现经济社会发展新跨越，为2020年与全国、全省同步实现小康社会打下具有决定性意义的基础。

会议审查市人民政府提出的《关于南充市2010年国民经济和社会发展计划执行情况及2011年计划草案的报告》。同意市人大财政经济委员会审查结果报告，同意《关于南充市2010年国民经济和社会发展计划执行情况及2011年计划草案的报告》，批准2011年国民经济和社会发展计划，作出《关于南充市2010年国民经济和社会发展计划执行情况及2011年计划的决议》。

会议审查市人民政府提出的《关于南充市2010年财政预算执行情况和2011年财政预算草案的报告》和2011年全市及市级预算草案。同意市人大财政经济委员会审查结果报告，同意《关于南充市2010年财政预算执行情况和2011年财政预算草案的报告》，批准2011年市本级财政预算，作出《关于南充市2010年财政预算执行情况和2011年财政预算的决议》。

会议听取和审查市人大常委会主任刘宏建受市四届人大常委会委托所作的《南充市人民代表大会常务委员会工作报告》。会议充分肯定市人大常委会过去一年的工作，同意报告提出的2011年的主要任务，批准这个报告，作出《关于南充市人民代表大会常务委员会工作报告的决议》。会议要求，市人大常委会要在市委领导下，高举中国特色社会主义伟大旗帜，以邓小平理论和“三个代表”重要思想为指导，认真落实党的十七届五中全会、省委九届八次全会和市委四届八次全会精神，深入贯彻落实科学发展观，以科学发展为主题，以加快转变经济发展方式为主线，以加快建设川东北区域中心城市为主导，紧紧围绕市委“四个更加”的总体要求和“五个突出抓好”的工作部署，认真履行宪法、法律赋予的各项职权，切实增强监督实效，充分发挥代表作用，为南充经济社会又好又快发展，实现“十二五”良好开局提供有力的法治保障。

会议听取和审查市中级人民法院代理院长王邦习所作的《南充市中级人民法院工作报告》，批准这个报告，作出《关于南充市中级人民法院工作报告的决议》。

会议听取和审查市人民检察院检察长周力所作的《南充市人民检察院工作报告》，批准这个报告，作出《关于南充市人民检察院工作报告的决议》。

会议通过《南充市第四届人民代表大会第四次会议选举办法》。选举王邦习为市中级人民法院院长，选举王明章为市四届人大常委会委员。

市委书记、市人大常委会主任刘宏建在闭幕大会上作了讲话。

会议期间，代表们认真履行职责，以加快建设川东北区域中心城市为奋斗目标，紧紧围绕市委四届八次全会提出的“四个更加、五个突出抓好”的总体要求，紧扣人民群众普遍关心的热点难点问题，积极提出议案。大会收到10名以上代表联名提出的议案54件。其中内务司法方面2件、财经方面11件、农业方面2件、教科文卫方面15件、城乡建设环保方面23件、民宗外侨方面1件。经主席团审议，决定将其中西充县代表团周原等10名代表提出的《关于加快城市公交事业发展的议案》和南部县代表团廖茂杰等16名代表提出的《关于加快学前教育发展的议案》列为议案。其余52件议案改作建议、批评和意见。

第五节　南充市第五届人民代表大会会议

2012年1月至2017年1月，南充市第五届人民代表大会期间，共召开6次代表大会会议。

一、市五届人大一次会议

2012年1月4日至8日，市五届人大一次会议在南充大剧院召开。应到代表514名，实到代表498名，符合法定人数。列席大会的各界人士646人。

大会主席团成员（69名，以姓氏笔画为序）：马道蓉（女，回族）、王玉龙、王永茂、王应龙、王杰民、王桂华（女）、王晓晴、尹光明、冯斌、冯明义、伍果丽（女）、任德俭、向东、刘彬、刘本良、刘伯忠、刘宏建、刘启民、阳小虎、杜永龙、杜光辉、杜延茂、李康、李晓松、李化树、李东旭（女）、李志杰、李甫健、李忠福、李育明、李南春（女）、李慎宽、杨波、杨成果、杨武秀（女）、杨建华、何旭东、何志明、何修礼、张和、张险峰、张晓艳（女）、陈科、陈自立、陈修鹏、幸天勇、罗庆双、周原、郑小红（女）、胡斌、侯方杰、侯双林、袁菱（女）、夏礼作、高先海、唐鸿、唐文金、陶治国、黄光伟、章清源、葛淑清（女）、蒋建平、蒋晓林、韩伦红、喻小广、谢华国、蒲显福、蒲影飞、蔡宝成。

大会主席团常务主席（6人）：刘宏建、李志杰、杨波、陶治国、陈自立、陈修鹏。

大会秘书长：李志杰。

市五届人大一次会议举行3次全体会议。大会主席团常务主席、执行主席刘宏建主持第一次、第三次全体会议，大会主席团常务主席、执行主席李志杰主持第二次全体会议。

会议听取和审查市长高先海代表市人民政府所作的《政府工作报告》。会议认为，市四届人大一次会议以来的 4 年，是南充发展历程中极不平凡的 4 年，全市围绕建设川东北区域中心城市的奋斗目标，大力实施项目推动战略，突出“三个推进”的工作重点，克服地震、低温、干旱、洪涝等自然灾害和国际金融危机持续深入的影响，抓住国家扩大内需强力拉动、西部大开发深入实施、灾后重建政策支持、四川石化产业战略布局等重大发展机遇，同心合力，攻坚破难，全市经济社会发展取得巨大成就，经济实力赶超跨越，发展后劲显著增强，发展活力充分显现，人民生活水平明显提高，社会大局保持和谐。会议充分肯定市政府过去 4 年的工作。会议指出，按照市第五次党代会部署和南充“十二五”规划，提出的未来 5 年主要预期目标和任务符合南充发展实际，鼓舞人心、催人奋进。提出的 2012 年政府工作意见明确具体、切实可行。同意报告提出的未来 5 年和 2012 年全市经济社会发展目标任务与工作部署。会议批准这个报告，作出《关于政府工作报告的决议》。

会议经过审查并根据计划预算审查委员会审查报告，批准市发展和改革委员会主任尹才勋受市人民政府委托所提交的《关于南充市 2011 年国民经济和社会发展计划执行情况及 2012 年计划草案的报告》，批准市人民政府提出的南充市 2012 年国民经济和社会发展计划，作出《关于南充市 2011 年国民经济和社会发展计划执行情况及 2012 年计划的决议》。

会议经过审查并根据计划预算审查委员会审查报告，同意市财政局局长吴道军受市人民政府委托所提交的《关于南充市 2011 年财政预算执行情况和 2012 年财政预算草案的报告》，批准 2011 年市本级财政预算执行情况的报告和 2012 年市本级财政预算，作出《关于南充市 2011 年财政预算执行情况和 2012 年财政预算的决议》。

会议审议市人大常委会主任刘宏建代表市人大常委会所作的《南充市人民代表大会常务委员会工作报告》。会议高度评价市人大常委会过去 4 年的工作，同意报告提出的今后工作建议，批准这个报告，作出《关于南充市第四届人民代表大会常务委员会工作报告的决议》。会议认为，市四届人大常委会在市委领导下，坚持以科学发展观为统领，全面贯彻党的路线、方针、政策，紧紧围绕建设川东北区域中心城市奋斗目标，认真执行市四届人大各次会议决议，切实履行宪法和法律赋予的职权，在助推跨越发展、维护群众利益、推进依法治市、加强代表工作和自身建设等方面取得显著成绩，较好地发挥地方国家权力机关的职能作用，为推进地方民主法治建设，保障和促进全市经济社会又好又快发展做出重要贡献。会议要求，市五届人大常委会要在市委领导下，坚持以邓小平理论和“三个代表”重要思想为指导，深入贯彻落实科学发展观，紧紧围绕市第五次党代会和市委五届二次全会确定的发展目标和工作部署，切实履行宪法和法律赋予的各项职权，进一步加强重大事项审议和监督工作，大力推进依法治市，切实加强代表工作和自身建设，不断提高人大工作水平，开拓奋进，务实创新，为谱写民主法治新篇章，建设川东北区域中心城市和成渝经济区北部中心城市做出新的贡献。

会议听取和审查市中级人民法院院长王邦习所作的《南充市中级人民法院工作报告》。会议批准这个报告，作出《关于南充市中级人民法院工作报告的决议》。

会议听取和审查市人民检察院代理检察长廖全军所作的《南充市人民检察院工作报告》。会议批准这个报告，作出《关于南充市人民检察院工作报告的决议》。

会议审议《关于南充市第五届人民代表大会专门委员会设置的议案》，听取市四届人大常委会副主任陈自立《关于南充市第五届人民代表大会专门委员会设置议案的说明》（书面），作出《关于南充市第五届人民代表大会专门委员会设置的决定》。市五届人大设置 6 个专门委员会，序列为：市人大内务司法委员会、市人大财政经济委员会、市人大农业与农村委员会、市人大教育科学文化卫生委员会、市人大城乡建设环境资源保护委员会、市人大民族宗教外事侨务委员会。

会议通过《南充市第五届人民代表大会第一次会议选举办法》。会议选举高先海为市五届人大常委会主任，选举李晓松、李南春（女）、陈自立、陈修鹏、陶治国、谢华国（以姓氏笔画为序）为副主任，选举王永茂为秘书长，选举市五届人大常委会委员33名。选举向东为市人民政府市长，选举朱家媛（女）、邹平、郑和平、胡光明、袁刚、谢和友、廖伦志（以姓氏笔画为序）为副市长。选举王邦习为市中级人民法院院长。选举廖全军为市人民检察院检察长，须依法报经省人民检察院检察长提请省人大常委会批准。

会议通过《通过南充市第五届人民代表大会专门委员会组成人员人选办法》。以举手表决方式，通过市五届人大各专门委员会主任委员、副主任委员、委员名单。

市委书记刘宏建在闭幕大会上作了讲话。新当选的市人大常委会主任高先海、新当选的市人民政府市长向东分别在大会上发表当选讲话。

会议期间，代表们认真贯彻落实市五次党代会和市委五届二次全会精神，紧紧围绕加快建设川东北区域中心城市和成渝经济区北部中心城市的奋斗目标，紧扣人民群众普遍关心的热点难点问题，积极提出议案。大会收到10名以上代表联名提出的议案67件。其中内务司法方面4件、财经方面19件、农业方面8件、教科文卫方面14件、城乡建设环保方面15件、民宗外侨方面3件、其他方面4件。经主席团审议，决定将其中高坪区代表团张迎春等11名代表提出的《关于做好保障性住房管理和分配的议案》、阆中市代表团柯敏等17名代表提出的《关于制定并出台南充非物质文化遗产保护办法的议案》、顺庆区代表团程玉华等13名代表提出的《关于打造西河生态旅游景观长廊的议案》和南部县代表团杨成果等11名代表提出的《关于加快区域卫生信息化建设、早日实现卫生信息资源实用共享的议案》列为议案。其余63件议案改作建议、批评和意见。

二、市五届人大二次会议

2012年12月27日至28日，市五届人大二次会议在南充大剧院召开。应到代表508名，实到代表474名，符合法定人数。列席大会的各界人士40人。

大会主席团成员（69名，以姓氏笔画为序）：马道蓉（女，回族）、王玉龙、王永茂、王应龙、王杰民、王桂华（女）、王晓晴、尹光明、冯斌、冯明义、伍果丽（女）、任德俭、刘彬、刘本良、刘伯忠、刘宏建、刘启民、阳小虎、杜永龙、杜光辉、杜延茂、李康、李化树、李东旭（女）、李志杰、李甫健、李忠福、李育明、李南春（女）、李晓松、李慎宽、杨波、杨成果、杨武秀（女）、杨建华、何旭东、何志明、何修礼、张和、张险峰、张晓艳（女）、陈科、陈自立、陈修鹏、幸天勇、罗庆双、周原、周菊（女）、郑小红（女）、胡斌、侯双林、袁菱（女）、夏礼作、高先海、唐鸿、唐文金、陶治国、黄光伟、章清源、葛淑清（女）、蒋建平、蒋晓林、韩伦红、喻小广、程玉华（女）、谢华国、蒲显福、蒲影飞、蔡宝成。

大会主席团常务主席：刘宏建、高先海、杨波、谢华国、陶治国、陈自立、陈修鹏、李晓松、李南春（女）、王永茂。

大会秘书长：谢华国。

市五届人大二次会议举行2次全体会议。大会主席团常务主席、执行主席高先海主持第一次全体会议，大会主席团常务主席、执行主席杨波主持第二次全体会议。

会议通过《南充市第五届人民代表大会第二次会议选举办法》，选举产生南充市出席省第十二届人民代表大会代表58人，报省人大常委会代表资格审查委员会审查。

市委书记刘宏建在闭幕大会上作了讲话。

三、市五届人大三次会议

2013 年 1 月 15 日至 18 日，市五届人大三次会议在南充大剧院召开。应到代表 508 名，实到代表 477 名，符合法定人数。列席大会的各界人士 632 人。

大会主席团成员（69 名，以姓氏笔画为序）：马道蓉（女，回族）、王玉龙、王永茂、王应龙、王杰民、王桂华（女）、王晓晴、尹光明、冯斌、冯明义、伍果丽（女）、任德俭、刘彬、刘本良、刘伯忠、刘宏建、刘启民、阳小虎、杜永龙、杜光辉、杜延茂、李康、李化树、李东旭（女）、李志杰、李甫健、李忠福、李育明、李南春（女）、李晓松、李慎宽、杨波、杨成果、杨武秀（女）、杨建华、何旭东、何志明、何修礼、张和、张险峰、张晓艳（女）、陈科、陈自立、陈修鹏、幸天勇、罗庆双、周原、周菊（女）、郑小红（女）、胡斌、侯双林、袁菱（女）、夏礼作、高先海、唐鸿、唐文金、陶治国、黄光伟、章清源、葛淑清（女）、蒋建平、蒋晓林、韩伦红、喻小广、程玉华（女）、谢华国、蒲显福、蒲影飞（苗族）、蔡宝成。

大会主席团常务主席：刘宏建、高先海、杨波、谢华国、陶治国、陈自立、陈修鹏、李晓松、李南春（女）、王永茂。

大会秘书长：谢华国。

市五届人大三次会议举行 3 次全体会议。大会主席团常务主席、执行主席高先海主持第一次、第三次全体会议，大会主席团常务主席、执行主席谢华国主持第二次全体会议。

会议听取和审查市长向东代表市人民政府所作的《政府工作报告》。会议充分肯定市人民政府过去一年的工作，同意报告提出的 2013 年全市经济社会发展的总体要求、目标任务和工作重点，批准这个报告，作出《关于政府工作报告的决议》。会议认为，2012 年，市人民政府动员和组织全市人民，深入贯彻落实科学发展观，牢牢把握“稳定增势、高位求进、加快发展”的工作基调，突出项目攻坚，强化产业培育，狠抓城镇发展，深化改革开放，促进社会和谐，注重生态建设，各项工作扎实有序推进，较好地完成市五届人大一次会议确定的各项目标任务。会议指出，2013 年是南充建市二十周年，是全面深入贯彻落实党的十八大精神的开局之年，也是实施“十二五”规划承前启后的关键之年。政府工作要全面贯彻落实党的十八大和中央、省委经济工作会议精神，按照市委五届六次全会的总体部署，坚持以邓小平理论、“三个代表”重要思想和科学发展观为指导，围绕建设川东北区域中心城市和成渝经济区北部中心城市的奋斗目标，把握“科学发展、加快发展”的工作基调，坚持“两化”互动、城乡统筹，突出投资拉动、产业支撑、城市发展、民生改善、改革创新的工作重点，大力弘扬“快”和“实”的工作作风，推动经济社会持续快速健康发展。

会议审查市人民政府提出的《关于南充市 2012 年国民经济和社会发展计划执行情况及 2013 年计划草案的报告》，同意市人大财政经济委员会审查结果报告，批准《关于南充市 2012 年国民经济和社会发展计划执行情况及 2013 年计划草案的报告》和 2013 年国民经济和社会发展计划，作出《关于南充市 2012 年国民经济和社会发展计划执行情况及 2013 年计划的决议》。

会议审查市人民政府提出的《关于南充市 2012 年财政预算执行情况和 2013 年财政预算草案的报告》和 2013 年全市及市级预算草案，同意市人大财政经济委员会审查结果报告，批准《关于南充市 2012 年财政预算执行情况和 2013 年财政预算草案的报告》和 2013 年市本级财政预算，作出《关于南充市 2012 年财政预算执行情况和 2013 年财政预算的决议》。

会议听取和审查市人大常委会主任高先海受市人大常委会委托所作的《南充市人民代表大会常务委员会工作报告》。会议充分肯定市人大常委会过去一年工作，同意报告提出的2013年的主要任务，批准这个报告，作出《关于南充市人民代表大会常务委员会工作报告的决议》。会议要求，市人大常委会要在市委领导下，高举中国特色社会主义伟大旗帜，以邓小平理论和“三个代表”重要思想、科学发展观为指导，全面贯彻党的十八大精神，紧紧围绕市委五届六次全会和市五届人大三次会议确定的目标任务和工作部署，认真履行宪法、法律赋予的各项职权，充分发挥代表作用，为推进南充民主法治建设，建设川东北区域中心城市和成渝经济区北部中心城市作出新的贡献。

会议听取和审查市中级人民法院院长王邦习所作的《南充市中级人民法院工作报告》，批准这个报告，作出《关于南充市中级人民法院工作报告的决议》。

会议听取和审查市人民检察院检察长廖全军所作的《南充市人民检察院工作报告》，会议批准这个报告，作出《关于南充市人民检察院工作报告的决议》。

市委书记刘宏建在闭幕大会上作了讲话。

会议期间，代表们认真履行职责，围绕建设川东北区域中心城市和成渝经济区北部中心城市的奋斗目标，紧扣全市发展大局，紧扣人民群众普遍关心的热点难点问题，积极提出议案。大会收到10名以上代表联名提出的议案97件，其中内务司法方面17件、财经方面28件、农业方面16件、教科文卫方面13件、城乡建设环保方面17件、民宗外侨方面6件。经主席团审议，决定将阆中市代表团柯敏等15名代表提出的《关于制定南充湿地生态保护管理办法的议案》和南部县代表团幸天勇等12名代表提出的《关于建立非物质文化遗产展演中心的议案》列为议案。其余95件议案改作建议、批评和意见。

四、市五届人大四次会议

2014年2月12日至15日，市五届人大四次会议在南充大剧院召开。应到代表504名，实到代表473名，符合法定人数。列席大会的各界人士633人。

大会主席团成员（68名，以姓氏笔画为序）：马道蓉（女，回族）、王玉龙、王永茂、王应龙、王杰民、王桂华（女）、王晓晴、尹光明、冯斌、冯明义、伍果丽（女）、任德俭、刘彬、刘本良、刘伯忠、刘宏建、刘启民、阳小虎、杜永龙、杜光辉、李康、李化树、李东旭（女）、李志杰、李甫健、李忠福、李育明、李南春（女）、李晓松、李慎宽、杨波、杨成果、杨武秀（女）、杨建华、何旭东、何志明、何修礼、张和、张险峰、张晓艳（女）、陈科、陈自立、陈修鹏、幸天勇、罗庆双、周原、周菊（女）、郑小红（女）、胡斌、侯双林、夏礼作、高先海、唐鸿、陶治国、黄光伟、章清源、葛淑清（女）、蒋建平、蒋晓林、韩伦红、喻小广、程玉华（女）、温桂彪、谢华国、蒲显福、蒲影飞（苗族）、蔡宝成、鲜俊才。

大会主席团常务主席：刘宏建、高先海、杨波、陶治国、陈自立、陈修鹏、李晓松、李南春（女）、王永茂。

大会秘书长：陈自立。

市五届人大四次会议举行3次全体会议。大会主席团常务主席、执行主席高先海主持第一次、第三次全体会议，大会主席团常务主席、执行主席陈自立主持第二次全体会议。

会议听取和审查市长向东代表市人民政府所作的《政府工作报告》。会议批准这个报告，作出《关于政府工作报告的决议》。会议认为，2013年，市人民政府动员和组织全市人民，始终坚持“科学发展、加快发展”的工作指导思想，突出投资拉动、产业支撑、城市发展、民生改善等工作重点，真抓实干，攻坚克难，完成市五届人大三次会议确定的各项目标任务。会议指出，2014 年是全面深化改革的开局之年，也是实施“十二五”规划的关键之年。政府工作要深入贯彻党的十八届三中全会和中央、省委、市委经济工作会议精神，紧紧围绕率先次级突破、同步全面小康、实现富民强市的总任务，牢牢把握稳中求进、改革创新的核心要求，深入实施“三大发展战略”，着力改革开放、产业支撑、投资拉动、城镇发展和民生改善，全面推进南充经济、社会、城市、生态可持续发展。

会议审查市人民政府提出的《关于南充市 2013 年国民经济和社会发展计划执行情况及 2014 年计划草案的报告》，同意市人大财政经济委员会审查结果报告，批准《关于南充市 2013 年国民经济和社会发展计划执行情况及 2014 年计划草案的报告》和 2014 年国民经济和社会发展计划，作出《关于南充市 2013 年国民经济和社会发展计划执行情况及 2014 年计划的决议》。

会议审查了市人民政府提出的《关于南充市 2013 年财政预算执行情况和 2014 年财政预算草案的报告》和 2014 年全市及市级预算草案，同意市人大财政经济委员会审查结果报告，批准《关于南充市 2013 年财政预算执行情况和 2014 年财政预算草案的报告》和 2014 年市本级财政预算，作出《关于南充市 2013 年财政预算执行情况和 2014 年财政预算的决议》。

会议听取和审查市人大常委会主任高先海受市人大常委会委托所作的《南充市人民代表大会常务委员会工作报告》。会议批准这个报告，作出《关于南充市人民代表大会常务委员会工作报告的决议》。会议要求，市人大常委会要在市委领导下，以邓小平理论、“三个代表”重要思想和科学发展观为指导，深入贯彻党的十八大和十八届三中全会精神，坚持党的领导、人民当家作主、依法治国有机统一，按照“推动人民代表大会制度与时俱进”的要求，紧紧围绕全市改革发展稳定大局，认真行使宪法和法律赋予的各项职权，充分发挥地方国家权力机关的作用，为推进民主法治建设和区域中心城市建设做出新的更大贡献。

会议听取和审查市中级人民法院院长王邦习所作的《南充市中级人民法院工作报告》，批准这个报告，作出《关于南充市中级人民法院工作报告的决议》。

会议听取和审查市人民检察院检察长廖全军所作的《南充市人民检察院工作报告》，会议批准这个报告，作出《关于南充市人民检察院工作报告的决议》。

会议通过《南充市第五届人民代表大会第四次会议选举办法》，补选吴道军为市五届人大常委会副主任。

市委书记刘宏建在闭幕大会上作了讲话。

会议期间，代表们认真履行职责，积极提写议案。大会收到 10 名以上代表联名提出的议案 40 件，其中内务司法方面 2 件、财经方面 13 件、农业农村方面 10 件、教科文卫方面 10 件、城乡建设环保方面 4 件、民宗外侨方面 1 件。经主席团审议，决定将阆中市代表团柯敏等 12 名代表提出的《关于建设绿色生态走廊，营造嘉陵江秀美景观的议案》，南部县代表团李东旭等 13 名代表提出的《关于加大大气污染治理力度，提升南充环境质量的议案》列为议案。其余 37 件议案改作建议、批评和意见。

五、市五届人大五次会议

2015 年 5 月 21 日至 25 日，市五届人大五次会议在南充大剧院召开。应到代表 501 名，实到代表 465 名，符合法定人数。市政协委员和 127 名社会各界人士列席会议。

大会主席团成员（63 名，以姓氏笔画为序）：王玉龙、王应龙、王杰民、王桂华（女）、王晓晴、王翠花（女）、尹光明、古正举、冯明义、匡科、伍果丽（女）、任德俭、刘本良、刘伯忠、刘启民、阳小虎、杜永龙、杜光辉、李化树、李东旭（女）、李在伟、李仲彬、李甫健、李忠福、李育明、李慎宽、杨波、杨成果、吴小可、何旭东、何志明、何迎晓（女）、张和、张险峰、张根生、张晓艳（女）、陈科、陈光浩、幸天勇、罗庆双、周原、周菊（女）、郑小红（女）、胡斌、侯双林、袁险峰、夏礼作、徐远火、唐鸿、黄光伟、章清源、葛淑清（女）、蒋建平、韩伦红、程玉华（女）、曾勇、温桂彪、蒲显福、蒲影飞（苗族）、蔡宝成、鲜俊才、熊建春、潘国华。

大会主席团常务主席：李仲彬、袁险峰、杨波、徐远火、李在伟、熊建春、王翠花（女）、王玉龙。

大会秘书长：杨波。

市五届人大五次会议举行4次全体会议。大会主席团常务主席、执行主席李仲彬主持第一次、第二次全体会议，大会主席团常务主席、执行主席杨波主持第三次全体会议，大会主席团常务主席、执行主席袁险峰主持第四次全体会议。

会议表决通过关于接受市人大常委会相关组成人员辞职的决定。会议决定接受高先海辞去市五届人大常委会主任职务的请求，接受陶治国、陈修鹏、李晓松、李南春、吴道军辞去市五届人大常委会副主任职务的请求，接受王永茂辞去市五届人大常委会秘书长职务的请求。

会议通过《南充市第五届人民代表大会第五次会议选举办法》，补选袁险峰为市五届人大常委会主任，补选徐远火、李在伟、熊建春、王翠花（女）为副主任，补选王玉龙为秘书长。袁险峰在会上发表当选讲话。

会议听取和审查市长向东代表市人民政府所作的《政府工作报告》。会议批准这个报告，作出《关于政府工作报告的决议》。会议认为，2014年是南充发展史上非常特殊、非常困难的一年。市人民政府动员和组织全市人民，沉着应对经济下行压力，牢牢把握“稳中求进”工作总基调，着力改革开放、投资拉动、产业支撑、城乡统筹和民生改善，全市经济社会持续健康发展。会议指出，2015年是全面完成“十二五”规划的收官之年，也是南充攻坚克难、转型发展关键之年。政府工作要紧紧围绕“四个全面”战略布局，认真贯彻党的十八届三中、四中全会，省委十届四次、五次全会和市委经济工作会议精神，主动适应经济新常态，突出发展第一要务，深入实施“三大发展战略”，统筹推进稳增长、促改革、调结构、惠民生、防风险，努力实现经济持续健康发展和社会和谐稳定。

会议审查市人民政府提出的《关于南充市2014年国民经济和社会发展计划执行情况及2015年计划草案的报告》，同意市五届人大财政经济委员会审查结果报告。批准《关于南充市2014年国民经济和社会发展计划执行情况及2015年计划草案的报告》，批准2015年国民经济和社会发展计划，作出《关于南充2014年国民经济和社会发展计划执行情况及2015年计划的决议》。

会议审查市人民政府提出的《关于南充市2014年财政预算执行情况和2015年财政预算草案的报告》和2015年全市及市级财政预算草案，同意市五届人大财政经济委员会审查结果报告。批准《关于南充市2014年财政预算执行情况和2015年财政预算草案的报告》和2015年市本级财政预算，作出《关于南充市2014年财政预算执行情况和2015年财政预算的决议》。

会议听取和审查市人大常委会主任袁险峰受市人大常委会委托所作的《南充市人民代表大会常务委员会工作报告》。会议批准这个报告，作出《关于南充市人民代表大会常务委员会工作报告的决议》。会议要求，市人大常委会要在市委领导下，全面贯彻党的十八大及十八届三中、四中全会精神，认真贯彻习近平总书记系列重要讲话精神，深入贯彻省委十届四次、五次全会精神和市委的决策部署，坚持党的领导、人民当家作主、依法治国有机统一，紧紧围绕全面建成小康社会、全面深化改革、全面依法治国、全面从严治党的战略布局，切实履行宪法和法律赋予的职权，主动适应新常态，谋求新作为，为全面深入推进依法治市，加快建设开放、生态、法治、繁荣的川东北区域中心城市作出新贡献。

会议听取和审查市中级人民法院院长王邦习所作的《南充市中级人民法院工作报告》。会议批准这个报告，作出《关于南充市中级人民法院工作报告的决议》。

会议听取和审查市人民检察院检察长廖全军所作的《南充市人民检察院工作报告》。会议批准这个报告，作出《关于南充市人民检察院工作报告的决议》。

市委书记李仲彬在闭幕大会上作《在发现问题正视问题解决问题中不断前进》的讲话。

会议期间，代表们围绕全市改革发展主题，紧扣人民群众普遍关心的热点难点问题，认真履行职责，积极提写议案。大会收到10名以上代表联名提出的议案61件，其中内务司法方面3件、财经方面14件、农业方面12件、教科文卫方面9件、城乡建设环保方面20件、民宗外侨方面3件。经主席团审议，决定将高坪区代表团雷震等12名代表提出的《关于积极落实简政放权的议案》、顺庆区代表团尹文莉等12名代表提出的《关于提高南充市森林覆盖率、打造生态南充的议案》列为议案。其余59件议案改作建议、批评和意见。

六、市五届人大六次会议

2016年3月19日至23日，市五届人大六次会议在南充大剧院召开。应到代表465名，实到代表419名，符合法定人数。市政协委员和125名社会各界人士列席会议。

大会主席团成员（61名，以姓氏笔画为序）：王玉龙、王应龙、王杰民、王桂华（女）、王晓晴、王翠花（女）、尹光明、古正举、冯明义、匡科、朱华、任德俭、刘本良、刘伯忠、刘启民、阳小虎、杜永龙、杨波、李化树、李东旭（女）、李在伟、李仲彬、李甫健、李忠福、李育明、李慎宽、吴小可、何旭东、何志明、何迎晓（女）、佘东明、张和、张根生、张晓艳（女）、陈科、陈光浩、幸天勇、罗庆双、周原、周菊（女）、郑小红（女）、胡斌、侯双林、袁险峰、夏礼作、徐远火、唐鸿、黄光伟、章清源、葛淑清（女）、蒋建平、韩伦红、程玉华（女）、温桂彪、曾勇、蒲显福、蒲影飞（苗族）、蔡宝成、鲜俊才、廖伦志、熊建春。

大会主席团常务主席：李仲彬、袁险峰、杨波、徐远火、李在伟、熊建春、王翠花（女）、王玉龙。

大会秘书长：徐远火。

市五届人大六次会议举行3次全体会议。大会主席团常务主席、执行主席袁险峰主持第一次全体会议，大会主席团常务主席、执行主席李仲彬主持第二次、第三次全体会议。

会议听取和审查代市长宋朝华代表市人民政府所作的《政府工作报告》。会议批准这个报告，作出《关于政府工作报告的决议》。会议认为，“十二五”时期，全市上下团结奋斗、攻坚克难，抢抓机遇、不懈努力，较好地完成“十二五”规划纲要确定的主要目标任务，综合实力大幅提升，实体经济不断壮大，发展环境明显改善，城乡建设统筹推进，发展活力逐步释放，群众福祉持续增强。特别是2015年，面对严峻复杂的国内外形势和持续加大的经济下行压力，全市上下牢牢把握稳中求进总基调，下大力气转方式、调结构、补短板、惠民生，经济社会实现持续健康发展。会议对市政府“十二五”时期和2015年工作表示满意，同时要求充分认清南充发展存在的不足，进一步强化忧患意识和责任意识，把市委五届十次全会精神全面落实到政府工作之中。会议指出，2016 年是实施“十三五”规划的开局之年，是推进结构性改革的攻坚之年，市政府要全面贯彻党的十八大和十八届三中、四中、五中全会战略部署，深入学习习近平总书记系列重要讲话精神，全面落实省委十届六次、七次全会决策部署，紧紧围绕市委五届十次全会总体要求，认真践行“五大发展理念”，深入实施省委“三大发展战略”和市委富民强市“十大行动”，大力弘扬勤劳、朴实、诚信、包容的南充城市精神，统筹推进稳增长、促改革、调结构、惠民生、防风险，着力抓好去产能、去库存、去杠杆、降成本、补短板，努力实现“十三五”发展良好开局，为决战决胜全面小康，加快建设创新、开放、生态、法治、繁荣的区域中心城市打下坚实基础。

会议审查市人民政府提出的《南充市国民经济和社会发展第十三个五年规划纲要（草案）》。会议同意市五届人大财政经济委员会审查结果报告，批准规划纲要，作出《关于南充市国民经济和社会发展第十三个五年规划纲要的决议》。会议认为，南充市“十三五”规划纲要全面贯彻党的十八届五中全会精神，遵循市委五届十次全会关于“十三五”规划的建议，提出的“十三五”时期经济和社会发展目标、任务和措施，体现中央和省委、市委的重大战略部署，反映全市人民建设美好家园的共同愿望，符合南充市情和实际，是“十三五”时期南充市经济和社会发展的纲领性文件。会议要求，要认真实施“十三五”规划纲要，按照中央“四个全面”战略布局，贯彻创新、协调、绿色、开放、共享的发展理念，解放思想，深化改革，坚定信心，艰苦奋斗，加快建设创新、开放、生态、法治、繁荣的区域中心城市，为实现“十三五”时期发展蓝图，与全国全省同步全面建成小康社会而努力奋斗。

会议审查市人民政府提出的《关于南充市 2015 年国民经济和社会发展计划执行情况及 2016 年计划草案的报告》，同意市五届人大财政经济委员会审查结果报告。批准《关于南充市 2015 年国民经济和社会发展计划执行情况及 2016 年计划草案的报告》，批准 2016 年国民经济和社会发展计划，作出《关于南充市 2015 年国民经济和社会发展计划执行情况及 2016 年计划的决议》。

会议审查市人民政府提出的《关于南充市 2015 年财政预算执行情况和 2016 年财政预算草案的报告》以及 2016 年全市和市级财政预算草案，同意市五届人大财政经济委员会审查结果报告。批准《关于南充市 2015 年财政预算执行情况和 2016 年财政预算草案的报告》和 2016 年市本级财政预算，作出《关于南充市 2015 年财政预算执行情况和 2016 年财政预算的决议》。

会议听取和审查市人大常委会主任袁险峰受市五届人大常委会委托所作的《南充市人民代表大会常务委员会工作报告》。会议充分肯定市人大常委会过去一年的工作，同意报告提出的 2016 年主要任务和工作安排，批准这个报告，作出《关于南充市人大常委会工作报告的决议》。会议要求，市人大常委会要在市委领导下，全面贯彻党的十八大和十八届三中、四中、五中全会战略部署，深入学习习近平总书记系列重要讲话精神，全面落实省委十届六次、七次全会决策部署，紧紧围绕市委五届十次全会和市委人大工作会议总体要求，认真践行“五大发展理念”，致力服务“四个全面”战略布局，依法行使宪法和法律赋予的各项职权，切实在助推经济社会发展、保障人民群众权益、推进法治南充建设中实现更大作为，为南充决战决胜全面小康，建设创新、开放、生态、法治、繁荣的区域中心城市作出新的贡献。

会议听取和审查市中级人民法院院长王邦习所作的《南充市中级人民法院工作报告》。会议批准这个报告，作出《关于南充市中级人民法院工作报告的决议》。

会议听取和审查市人民检察院检察长廖全军所作的《南充市人民检察院工作报告》。会议批准这个报告，作出《关于南充市人民检察院工作报告的决议》。

会议审议市人大常委会《关于设立南充市第五届人民代表大会法制委员会的议案》，听取市人大常委会秘书长王玉龙所作的《关于设立南充市第五届人民代表大会法制委员会的议案的说明》（书面），通过《关于设立南充市第五届人民代表大会法制委员会的决定》。

会议通过《部分专门委员会人选通过办法》，以举手表决方式，通过市人大教育科学文化卫生委员会主任委员和市人大法制委员会主任委员、副主任委员、委员名单。

会议审议市人民代表大会关于推进法治南充建设的决议（草案）的议案，听取市人大常委会副主任熊建春关于推进法治南充建设的决议草案的说明，作出《关于推进法治南充建设的决议》。

会议审议《南充市人民代表大会及其常务委员会立法条例（草案）的议案》，听取市人大常委会副主任李在伟所作的《关于〈南充市人民代表大会及其常务委员会立法条例（草案）〉的说明》。通过《南充市人民代表大会及其常务委员会立法条例》，报省人大常委会批准。

会议通过《南充市第五届人民代表大会第六次会议选举办法》，选举宋朝华为市人民政府市长，选举李晓东、张晋林、高立新为市五届人大常委会委员。

根据《四川省宪法宣誓制度实施办法》，新当选的市人民政府市长和市人大常委会委员、市人大法制委员会组成人员，在大会上进行宪法宣誓。

市委书记李仲彬在闭幕大会上作《尊重群众联系群众服务群众》的讲话。新当选的市人民政府市长宋朝华在大会上发表当选讲话。

会议期间，代表们积极提出议案。大会收到10名以上代表联名提出的议案60件。其中立法方面5件、内务司法方面9件、财经方面12件、农业方面6件、教科文卫方面6件、城乡建设环保方面21件、民宗外侨方面1件。经主席团审议，决定将顺庆区代表团覃瑜莉等13名代表提出的《关于制定〈南充市市容和环境卫生管理条例〉的议案》，阆中市代表团柯敏等21名代表提出的《关于加强主城区饮用水源保护的议案》列为议案。其余58件议案改作建议、批评和意见。

第六节　南充市第六届人民代表大会会议

2017年1月至2021年2月，南充市第六届人民代表大会期间，共召开6次代表大会会议。

一、市六届人大一次会议

2017年1月6日至10日，市六届人大一次会议在南充大剧院召开。应到代表508名，实到代表495名，符合法定人数。列席大会的各界人士共612人。

大会主席团成员（57名，以姓氏笔画为序）：王玲（女）、王利涛、王应龙、王杰民、王晓晴、古正举、龙腾飞、冉中华、匡科、任德俭、刘伯忠、刘桂忠（回族）、杜永龙、李化树、李东旭（女）、李晓东、李慎宽、杨桂华（女）、吴小可、邱克祥、何迎晓（女）、何晓林、宋先佐、宋朝华、张斌、张和才、陈科、陈琳、陈圣伦、陈希刚、陈泽斌、陈建业、罗庆双、周原、周建群、郑雄、单木真（藏族）、赵健博、胡修云、袁险峰、贾德华、夏礼作、徐远火、高立新、郭洪平（女）、唐鸿、黄金盛、龚宁、葛淑清（女）、蒋继学、韩伦红、喻淑蓉（女）、曾勇、蒲国、蒲影飞（苗族）、廖伦志、熊建春。

大会主席团常务主席：宋朝华、袁险峰、古正举、何迎晓、曾勇、廖伦志、匡科、单木真（藏族）、贾德华、徐远火、熊建春。

大会秘书长：徐远火。

市六届人大一次会议举行3次全体会议。大会主席团常务主席、执行主席袁险峰主持第一次全体会议，大会主席团常务主席、执行主席宋朝华主持第二次、第三次全体会议。

会议听取和审查代市长吴群刚代表市人民政府所作的《政府工作报告》。会议批准这个报告，作出《关于政府工作报告的决议》。会议认为，市五届人大一次会议以来的5年，是南充发展史上极为特殊、极其复杂、极不平凡的5年。面对多重困难叠加、多重任务交织的严峻考验，全市上下保持定力、负重前行，推动经济社会持续健康发展，实体经济不断壮大，城乡面貌不断改善，发展动能不断集聚，民生福祉不断提升。会议对市政府过去5年的工作表示满意，强调要充分认清南充发展存在的不足，切实增强紧迫感、责任感和使命感，以市第六次党代会精神为引领，统筹抓好政府各项工作，深入推进市委重大决策部署落地落实。会议强调，今后5年，市政府要高举中国特色社会主义伟大旗帜，深入学习贯彻以习近平同志为核心的党中央治国理政新理念新思想新战略，紧紧围绕“五位一体”总体布局和“四个全面”战略布局，全面贯彻落实省委治蜀兴川系列战略部署和市第六次党代会精神，大力实施“155发展战略”，强化责任担当，奋力攻坚克难，推动南充在成渝之间强势崛起、次级突破，在成渝之后率先跨越、一马当先，努力实现5年初见成效、10年大见成效，全力重塑区域经济格局、重振川北重镇雄风。会议指出，2017年是新一届市政府工作开局之年，也是全面实施“155发展战略”、加快建设“南充新未来·成渝第二城”的发力之年。市政府要全面贯彻落实中央、省委和市委决策部署，始终保持专注发展、转型发展的战略定力，牢固树立和贯彻落实新发展理念，主动适应把握引领经济发展新常态，按照市委“坚决保持‘三个高于’稳中求进总基调、坚决实现‘三大突破’跳起摸高总目标、坚决打赢‘三场必胜’攻坚克难总体战”的工作思路，统筹做好稳增长、促改革、调结构、惠民生、防风险各项工作，为开创南充新未来、建设成渝第二城奠定坚实基础。

会议审查市人民政府提出的《关于南充市2016年国民经济和社会发展计划执行情况及2017年计划草案的报告》，同意市六届人大一次会议计划预算审查委员会审查结果报告，批准《关于南充市2016年国民经济和社会发展计划执行情况及2017年计划草案的报告》，批准2017年国民经济和社会发展计划，作出《关于南充市2016年国民经济和社会发展计划执行情况及2017年计划的决议》。

会议审查市人民政府提出的《关于南充市2016年财政预算执行情况和2017年财政预算草案的报告》和2017年全市及市级财政预算草案，同意市六届人大一次会议计划预算审查委员会审查结果报告。批准《关于南充市2016年财政预算执行情况和2017年财政预算草案的报告》和2017年市本级财政预算，作出《关于南充市2016年财政预算执行情况和2017年财政预算的决议》。

会议听取和审查市人大常委会主任袁险峰受市五届人大常委会委托所作的《南充市人民代表大会常务委员会工作报告》。会议充分肯定市人大常委会过去5年的工作，同意报告关于今后工作的建议，批准这个报告，作出《关于南充市人大常委会工作报告的决议》。会议要求，市人大常委会要在市委领导下，高举中国特色社会主义伟大旗帜，深入学习贯彻习近平总书记系列重要讲话精神，全面落实市第六次党代会系列重大决策部署，紧紧围绕推进实施“155发展战略”，切实加强地方立法工作，充分发挥监督助推作用，依法讨论决定重大事项，不断提升履职行权效能，全力以赴支持改革发展、促进民生改善、推进依法治市，努力为开创南充新未来、建设成渝第二城提供坚强有力的民主法治保障。

会议听取和审查市中级人民法院代理院长杨敏所作的《南充市中级人民法院工作报告》。会议批准这个报告，作出《关于南充市中级人民法院工作报告的决议》。

会议听取和审查市人民检察院代理检察长周永刚所作的《南充市人民检察院工作报告》。会议批准这个报告，作出《关于南充市人民检察院工作报告的决议》。

会议审议关于市六届人大各专门委员会设置议案，通过《关于南充市第六届人民代表大会专门委员会设置的决定》。市六届人大设置7个专门委员会，序列为：市人大法制委员会、市人大内务司法委员会、市人大财政经济委员会、市人大农业与农村委员会、市人大教育科学文化卫生委员会、市人大城乡建设环境资源保护委员会、市人大民族宗教外事侨务委员会。

会议通过了《南充市第六届人民代表大会第一次会议选举办法》。会议选举袁险峰为市六届人大常委会主任，选举徐远火、熊建春、陈圣伦、陈科、杜永龙为副主任，选举冉中华为秘书长，选举市六届人大常委会委员29名。选举吴群刚为市人民政府市长，选举潘国华、唐燕（女）、刘作鸿、林建国、李在伟、朱华、张根生为副市长。选举杨敏为市中级人民法院院长，选举周永刚为市人民检察院检察长。新选出的市人民检察院检察长周永刚由省人民检察院检察长提请省人大常委会批准。

会议通过《通过南充市第六届人民代表大会专门委员会组成人员人选办法》。以举手表决方式，通过市六届人大各专门委员会主任委员、副主任委员、委员名单。

根据《四川省宪法宣誓制度实施办法》，大会选举的市六届人大常委会主任、副主任、秘书长、委员，市人民政府市长、副市长，市中级人民法院院长，以及大会通过的市六届人大各专门委员会组成人员在大会上进行宪法宣誓。大会主席团常务主席、执行主席宋朝华向当选的市六届人大常委会主任、副主任、秘书长，市人民政府市长、副市长，市中级人民法院院长颁发当选证书。

市委书记宋朝华在闭幕大会上作《实施项目大会战建设成渝第二城》讲话。新一届市人大常委会主任袁险峰、新当选的市人民政府市长吴群刚分别在大会上发表当选讲话。

会议期间，代表们认真贯彻落实市第六次党代会和市委六届二次全会精神，紧紧围绕“南充新未来·成渝第二城”这一总体目标，紧扣人民群众普遍关心的热点难点问题，积极提出议案。大会收到10名以上代表联名提出的议案74件。其中法治方面5件、内务司法方面4件、财经方面20件、农业农村方面11件、教科文卫方面16件、城乡建设环境资源保护方面14件、民族宗教外事侨务方面4件。经主席团审议，决定将高坪区代表团王利涛等11名代表提出的《关于嘉陵江（南充段）综合保护开发的议案》列为议案。其余73件议案改作建议、批评和意见。

二、市六届人大二次会议

2017年12月27日至29日，市六届人大二次会议在南充大剧院召开。应到代表501名，实到代表475名，符合法定人数。列席大会的各界人士46人。

大会主席团成员（56名，以姓氏笔画为序）：王利涛、王应龙、王杰民、王晓晴、古正举、龙腾飞、冉中华、任德俭、刘伯忠、孙骏、许宁、杜永龙、李化树、李东旭（女）、李晓东、李慎宽、杨桂华（女）、吴小可、何迎晓（女）、何晓林、宋先佐、宋朝华、张斌、张和才、张根生、陈科、陈琳、陈圣伦、陈希刚、陈泽斌、陈建业、林建国、罗庆双、周原、周建群、郑雄、单木真（藏族）、赵健博、袁华兵、袁险峰、贾德华、徐远火、郭洪平（女）、唐鸿、黄金盛、龚宁、银军、葛淑清（女）、蒋继学、喻淑蓉（女）、蒲国、蒲影飞（苗族）、蔡可、廖伦志、廖学静、熊建春。

大会主席团常务主席：宋朝华、袁险峰、古正举、何迎晓（女）、廖伦志、单木真（藏族）、贾德华、林建国、徐远火、熊建春、陈圣伦、陈科、杜永龙、冉中华。

大会秘书长：徐远火。

市六届人大二次会议举行2次全体会议。大会主席团常务主席、执行主席袁险峰主持第一次全体会议，大会主席团常务主席、执行主席古正举主持第二次全体会议。

会议通过《南充市第六届人民代表大会第二次会议选举办法》，选举产生南充市出席省第十三届人民代表大会代表57人，报省人大常委会代表资格审查委员会审查；选举伍定为市监察委员会主任；补选许宁、银军、廖学静（以姓氏笔画为序）为市六届人大常委会委员。根据《四川省宪法宣誓制度实施办法》《南充市人民代表大会常务委员会关于南充市监察委员会副主任、委员任免及主任、副主任、委员宪法宣誓有关事项的决定》，大会选举的市六届人大常委会委员、市监察委员会主任在大会上进行宪法宣誓。大会主席团常务主席、执行主席宋朝华向当选的市监察委员会主任颁发当选证书。市委书记宋朝华在闭幕大会上作了讲话。

三、市六届人大三次会议

2018年2月25日至27日，市六届人大三次会议在南充大剧院召开。应到代表509名，实到代表477名，符合法定人数。列席大会的各界人士共616人。

大会主席团成员（56名，以姓氏笔画为序）：王利涛、王应龙、王杰民、王晓晴、古正举、龙腾飞、冉中华、任德俭、刘伯忠、孙骏、许宁、杜永龙、李化树、李东旭（女）、李晓东、李慎宽、杨桂华（女）、吴小可、何迎晓（女）、何晓林、宋先佐、宋朝华、张斌、张和才、张根生、陈科、陈琳、陈圣伦、陈希刚、陈泽斌、陈建业、林建国、罗庆双、周原、周建群、郑雄、单木真（藏族）、赵健博、袁华兵、袁险峰、贾德华、徐远火、郭洪平（女）、唐鸿、黄金盛、龚宁、银军、葛淑清（女）、蒋继学、喻淑蓉（女）、蒲国、蒲影飞（苗族）、蔡可、廖伦志、廖学静、熊建春。

大会主席团常务主席：宋朝华、袁险峰、古正举、贾德华、徐远火、熊建春、陈圣伦、陈科、杜永龙、冉中华。

大会秘书长：徐远火。

市六届人大三次会议举行3次全体会议。大会主席团常务主席、执行主席袁险峰主持第一次、第三次全体会议，大会主席团常务主席、执行主席徐远火主持第二次全体会议。

会议听取和审查市人民政府市长吴群刚所作的《政府工作报告》。会议批准这个报告，作出《关于政府工作报告的决议》。会议认为，2017年，市人民政府坚持以习近平新时代中国特色社会主义思想为指导，牢牢把握稳中求进工作总基调，紧紧围绕“南充新未来．成渝第二城”战略目标，大力实施“155发展战略”，打好打赢“三场攻坚战”“三场保卫战”“三场持久战”，经济社会发展取得全新成就，圆满完成市六届人大一次会议确定的各项目标任务。会议强调，中国特色社会主义进入新时代，南充发展站上新起点。要牢牢把握习近平新时代中国特色社会主义思想，牢牢把握以人民为中心的发展思想，牢牢把握市委“三步走”战略部署，加速壮大“五大千亿产业集群”、统筹培育“五大百亿战略性新兴产业”，强力推进“五大板块重大工程项目”、扎实抓好“100件大事”，以永不懈怠的精神状态和一往无前的奋斗姿态，奋力谱写南充强势突破的新篇章，不断展现南充大城崛起的新精彩。会议指出，2018年是贯彻党的十九大精神开局之年，是改革开放40周年，是决胜全面建成小康社会、实施“十三五”规划承上启下关键一年，也是加快建设“成渝第二城”深化之年。市政府要坚持以习近平新时代中国特色社会主义思想为指导，深入贯彻党的十九大精神、中央经济工作会议精神和习近平总书记来川视察重要讲话精神，全面落实省第十一次党代会、省委十一届二次全会、省委经济工作会和市委六届七次全会、市委经济工作会决策部署，坚持稳中求进工作总基调，坚持高质量发展要求，坚持“项目建设年”部署，聚焦“三稳三进三突破”总目标，按照市委“坚决打赢‘六场攻坚战’，坚决打赢‘三场持久战’，坚决抓好‘五大统筹’”总安排，深入实施“155 发展战略”，统筹抓好稳增长、促改革、调结构、惠民生、防风险各项工作，大力推动质量变革、效率变革、动力变革，促进全市经济社会持续快速健康发展。

会议审查市人民政府提出的《关于南充市 2017 年国民经济和社会发展计划执行情况及 2018 年计划草案的报告》，同意市六届人大财政经济委员会审查结果报告，批准《关于南充市 2017 年国民经济和社会发展计划执行情况及 2018 年计划草案的报告》，批准 2018 年国民经济和社会发展计划，作出《关于南充市 2017 年国民经济和社会发展计划执行情况及 2018 年计划的决议》。

会议审查市人民政府提出的《关于南充市 2017 年财政预算执行情况和 2018 年财政预算草案的报告》和 2018 年全市及市级财政预算草案，同意市六届人大财政经济委员会审查结果报告，批准南充市 2017 年市本级预算执行情况的报告和 2018 年市本级财政预算，作出《关于南充市 2017 年财政预算执行情况和 2018 年财政预算的决议》。

会议听取和审查市人大常委会主任袁险峰受市六届人大常委会委托所作的《南充市人民代表大会常务委员会工作报告》。会议充分肯定市人大常委会过去一年的工作，同意报告提出的 2018 年工作安排，批准这个报告，作出《关于南充市人大常委会工作报告的决议》。会议要求，市人大常委会要坚持以习近平新时代中国特色社会主义思想为指导，在市委坚强领导下，认真贯彻党的十九大精神和习近平总书记到四川视察重要讲话精神，深入落实省委十一届二次全会和市委六届七次全会决策部署，紧紧围绕全市改革发展稳定大局，切实担负起宪法和法律赋予的各项职责，着力提升地方立法质量、监督工作实效和讨论决定重大事项水平，不断完善密切联系人大代表和人民群众工作机制，切实加强人民当家作主制度保障，为决胜全面建成小康社会、加快建设“成渝第二城”努力奋斗。

会议听取和审查市中级人民法院院长杨敏所作的《南充市中级人民法院工作报告》。会议批准这个报告，作出《关于南充市中级人民法院工作报告的决议》。会议要求，市中级人民法院要坚持司法为民公正司法主线，切实履行宪法和法律赋予的职责，全力以赴抓好执法办案，坚定不移深化司法改革，持之以恒推进从严治院，埋头苦干，不懈奋斗，为决胜全面建成小康社会、加快建设“成渝第二城”提供有力的司法保障。

会议听取和审查市人民检察院检察长周永刚所作的《南充市人民检察院工作报告》。会议充分肯定市人民检察院过去一年的工作，同意报告提出的 2018 年工作安排，批准这个报告，作出《关于南充市人民检察院工作报告的决议》。会议要求，市人民检察院要切实履行宪法和法律赋予的检察职权，紧紧围绕“155 发展战略”，以严格规范公正文明司法为核心，以深化司法改革为动力，全面提升法律监督能力和司法公信力，为决胜全面建成小康社会、加快建设“成渝第二城”提供有力的司法保障。

市委书记宋朝华在闭幕大会上作《发展为了人民奋斗成就梦想》的讲话。

会议期间，代表们紧紧围绕“南充新未来．成渝第二城”这一总体目标和“155 发展战略”，紧扣人民群众普遍关心的发展和民生问题，积极提出议案。大会收到 10 名以上代表联名提出的议案 42 件。其中法治方面 2 件、财经方面 3 件、农业方面 9 件、教科文卫方面 8 件、城乡建设环保方面 15 件、民宗外侨方面 4 件、其他方面 1 件。经主席团审议，决定将阆中市代表团杨彩虎等 11 名代表提出的《关于加快建设嘉陵江（南充段）绿色生态走廊的议案》、高坪区代表团余游等11名代表提出的《关于加大力度整治南充城区交通秩序的议案》列为议案。其余40件议案改作建议、批评和意见。

四、市六届人大四次会议

2019年3月20日至22日，市六届人大四次会议在高坪区文化艺术中心召开。应到代表510名，实到代表479名，符合法定人数。市政协委员和88名社会各界人士列席会议。

大会主席团成员（59名，以姓氏笔画为序）：王利涛、王应龙、王杰民、王建平（女）、王晓晴、古正举、龙腾飞、冉中华、任德俭、冯祥权、刘友生、刘伯忠、孙骏、许宁、杜永龙、李化树、李东旭（女）、李晓东、李慎宽、吴小可、何晓林、宋先佐、宋朝华、张斌、张和才、张根生、陈科、陈琳、陈圣伦、陈希刚、陈泽斌、陈建业、林洪涛、罗庆双、周原、周建群、郑雄、单木真（藏族）、赵健博、袁华兵、袁险峰、贾德华、徐远火、郭洪平（女）、唐鸿、唐启富、唐恒金、黄金盛、龚宁、银军、葛淑清（女）、蒋济南、蒋继学、喻淑蓉（女）、蒲国、蒲影飞（苗族）、廖伦志、廖学静、熊建春。

大会主席团常务主席：宋朝华、袁险峰、古正举、贾德华、徐远火、熊建春、陈圣伦、陈科、杜永龙、冉中华。

大会秘书长：徐远火。

市六届人大四次会议举行3次全体会议。大会主席团常务主席、执行主席袁险峰主持第一次、第三次全体会议，大会主席团常务主席、执行主席徐远火主持第二次全体会议。

会议听取和审查市人民政府市长吴群刚所作的《政府工作报告》。会议批准这个报告，作出《关于政府工作报告的决议》。会议认为，过去一年，全市上下坚定以习近平新时代中国特色社会主义思想为指导，深入学习贯彻党的十九大精神和习近平总书记对四川工作系列重要指示精神，牢牢把握稳中求进工作总基调，认真落实高质量发展要求，紧紧围绕建设“成渝第二城”、争创全省经济副中心战略目标，大力实施“155发展战略”，打好打赢“九场战役”，全面完成各项目标任务，经济社会发展取得新成绩。会议对市政府过去一年的工作表示满意，强调要继续坚持目标导向和问题导向，进一步增强紧迫感、责任感和使命感，砥砺前行、乘势而上，统筹抓好政府各项工作，奋力谱写南充发展的崭新篇章。会议指出，市委六届八次全会鲜明发出建设“成渝第二城”、争创全省经济副中心的时代号令，市委六届九次全会明确2019年全市工作总体思路、着力重点和具体要求，为推动治南兴南再上新台阶指明前进方向和路径遵循。全市上下要保持定力、坚定信心，咬定目标不放松、撸起袖子加油干、一马当先抓推进，深入实施“155发展战略”，加快构建“5+5”现代产业体系，大力实施“5+100”重大工程项目，推动形成“一主一副、区域协同”发展新格局，坚定不移朝着大城崛起的时代梦想奋勇前进。会议强调，2019年是中华人民共和国成立70周年，是深入贯彻党的十九大精神、决胜全面建成小康社会关键之年，是南充建设“成渝第二城”、争创全省经济副中心攻坚之年。全市上下要坚持以习近平新时代中国特色社会主义思想为指导，全面贯彻党的十九大，十九届二中、三中全会，中央经济工作会议精神，深入学习贯彻习近平总书记对四川工作系列重要指示精神，认真落实省委十一届三次、四次全会、省委经济工作会议精神，认真贯彻省委“一干多支、五区协同”“四向拓展、全域开放”的战略部署，全面落实市委六届八次、九次全会、市委经济工作会议决策部署，聚焦“总量‘三突破’、增速‘三高于’、排位‘一方阵’”总目标，按照市委坚定不移打好“三场攻坚战”“三场突围战”“三场持久战”和“产业年、项目年、开放年”总部署，统筹推进稳增长、促改革、调结构、惠民生、防风险、保稳定各项工作，进一步稳就业、稳金融、稳外贸、稳外资、稳投资、稳预期，保持经济持续健康发展和社会大局稳定。会议号召，全市人民要更加紧密地团结在以习近平同志为核心的党中央周围，在省委、省政府和市委的坚强领导下，高举习近平新时代中国特色社会主义思想伟大旗帜，不忘初心、牢记使命，锐意进取、真抓实干，加快建设“成渝第二城”、全力争创全省经济副中心，以优异成绩向中华人民共和国70华诞献礼。

会议审查市人民政府提出的《关于南充市2018年国民经济和社会发展计划执行情况及2019年计划草案的报告》，同意市六届人大财政经济委员会审查结果报告，批准《关于南充市2018年国民经济和社会发展计划执行情况及2019年计划草案的报告》，批准2019年国民经济和社会发展计划，作出《关于南充市2018年国民经济和社会发展计划执行情况及2019年计划的决议》。

会议审查市人民政府提出的《关于南充市2018年财政预算执行情况和2019年财政预算草案的报告》和2019年全市及市级预算草案，同意市六届人大财政经济委员会审查结果报告，批准南充市2018年市本级预算执行情况的报告和2019年市本级预算，作出《关于南充市2018年财政预算执行情况和2019年财政预算的决议》。

会议听取和审查市人大常委会主任袁险峰受市六届人大常委会委托所作的《南充市人民代表大会常务委员会工作报告》。会议充分肯定市人大常委会的工作，同意报告提出的2019年主要任务，批准这个报告，作出《关于南充市人民代表大会常务委员会工作报告的决议》。会议要求，市人大常委会要在市委坚强领导下，以习近平新时代中国特色社会主义思想为指导，深入贯彻习近平总书记关于坚持和完善人民代表大会制度的重要思想，全面落实中央大政方针和省委决策部署，紧紧围绕市委确立的“三场攻坚战”“三场突围战”“三场持久战”和“产业年、项目年、开放年”总部署，认真行使各项法定职权，着力提升地方立法质量，切实增强监督工作实效，依法讨论决定重大事项，不断完善代表工作机制，奋力开创全市人大工作新局面，为建设“成渝第二城”、争创全省经济副中心提供坚实民主法治保障。

会议听取和审查市中级人民法院院长杨敏所作的《南充市中级人民法院工作报告》。会议批准这个报告，作出《关于南充市中级人民法院工作报告的决议》。会议要求，市中级人民法院要以习近平新时代中国特色社会主义思想为指导，坚持党对法院工作的绝对领导，紧紧围绕“努力让人民群众在每一个司法案件中感受到公平正义”目标，聚焦聚力“九场战役”，决战决胜“六个实质化”，抓细抓实“三项工程”，着力保稳定、保发展、保民生，着力提升案件质量、效率、效果，着力加强队伍建设、文化建设、基础建设，踏实工作、锐意进取、不懈奋斗，为建设“成渝第二城”、争创全省经济副中心提供坚强有力的司法保障。

会议听取和审查市人民检察院检察长周永刚所作的《南充市人民检察院工作报告》。会议批准这个报告，作出《关于南充市人民检察院工作报告的决议》。会议要求，市人民检察院要紧密团结在以习近平同志为核心的党中央周围，坚持以习近平新时代中国特色社会主义思想为指导，切实履行宪法和法律赋予的检察职权，以严格规范公正文明司法为核心，以深化司法体制改革为动力，全面提升法律监督能力和司法公信力，为加快建设“成渝第二城”、奋力争创全省经济副中心提供坚强有力的司法保障。

会议审议《关于南充市第六届人民代表大会增设社会建设委员会和内务司法委员会更名为监察和司法委员会的议案》，听取市人大常委会副主任杜永龙关于市六届人大增设社会建设委员会和内务司法委员会更名为监察和司法委员会的议案的说明（书面），通过《关于增设南充市第六届人民代表大会社会建设委员会和内务司法委员会更名为监察和司法委员会的决定》。增设及更名后，市六届人大设立8个专门委员会：法制委员会、监察和司法委员会、财政经济委员会、农业与农村委员会、教育科学文化卫生委员会、城乡建设环境资源保护委员会、民族宗教外事侨务委员会、社会建设委员会。

会议通过《南充市第六届人民代表大会专门委员会组成人选的表决办法》。补充通过市六届人大监察和司法委员会主任委员、副主任委员、委员，社会建设委员会主任委员、副主任委员、委员，法制委员会个别副主任委员，财政经济委员会个别副主任委员、委员，农业与农村委员会个别副主任委员、委员，教育科学文化卫生委员会个别副主任委员、委员，城乡建设环境资源保护委员会个别副主任委员、委员，民族宗教外事侨务委员会个别副主任委员。

会议通过《南充市第六届人民代表大会第四次会议选举办法》，选举市六届人大常委会委员3名（以姓氏笔画为序）：冯祥权、林洪涛、唐恒金。

市委书记宋朝华在闭幕大会上作《时代呼唤担当实干成就梦想同心同力争创全省经济副中心》的讲话。

会议闭幕后，大会选举的市六届人大常委会委员和表决通过的市六届人大专门委员会成员进行宪法宣誓。

会议期间，代表们紧紧围绕市委六届八次、九次全会决策部署和工作安排，突出服务“建设‘成渝第二城’、争创全省经济副中心”这一战略目标和工作抓手，切实把握人民群众普遍关心的热点难点问题，积极提出议案。大会收到10名以上代表联名提出的议案40件。其中监察和司法方面2件、财经方面6件、农业农村方面4件、教科文卫方面15件、城乡建设环保方面9件、民族宗教旅游方面3件、社会建设方面1件。经主席团审议，决定将顺庆区代表团朱华等17名代表和蓬安县代表团李长河等14名代表提出的《进一步推进南充市民营经济发展的议案》、西充县代表团马婕等11名代表提出的《关于加快创建“中国蚕桑丝绸文化旅游名城”的议案》列为议案。其余37件议案改作建议、批评和意见。

五、市六届人大五次会议

2020年6月19日至21日，市六届人大五次会议在高坪区文化艺术中心召开。应到代表515名，实到代表483名，符合法定人数。市政协委员和62名社会各界人士列席会议。

大会主席团成员（63名，以姓氏笔画为序）：王利涛、王希刚、王忠臣、王晓晴、古正举、冯祥权、吕兴伦、朱逢娟（女）、任德俭、刘友生、刘伯忠、刘美华（女）、刘露民、许宁、孙骏、杜永龙、李化树、李东旭（女）、李在伟、李慎宽、何晓林（南部）、何晓林（蓬安）、谷秀春（女）、宋先佐、宋朝华、张斌、张和才、张根生、张晓艳（女）、陈林、陈科、陈琳、陈圣伦、陈多平、陈泽斌、陈建业、林洪涛、罗庆双、周原、周建群、郑莉（女）、郑雄、单木真（藏族）、赵健博、袁险峰、夏选民、徐远火、郭洪平（女）、唐敏、唐鸿、黄金盛、龚宁、崔竹君（女）、银军、梁超、蒋济南、蒋继学、释际亘、谢敏（女）、蒲影飞（苗族）、廖伦志、熊建春、潘国华。

大会主席团常务主席：宋朝华、袁险峰、古正举、王希刚、徐远火、熊建春、陈圣伦、陈科、杜永龙。

大会秘书长：徐远火。

市六届人大五次会议举行3次全体会议。大会主席团常务主席、执行主席袁险峰主持第一次、第三次全体会议，大会主席团常务主席、执行主席徐远火主持第二次全体会议。

会议听取和审查吴群刚市长代表市人民政府所作的《政府工作报告》。会议充分肯定全市新冠肺炎疫情防控取得的成效和市人民政府2019年的工作，同意报告提出的2020年目标任务及重点工作安排，批准这个报告，作出《关于政府工作报告的决议》。会议认为，新年伊始，面对突如其来的新冠肺炎疫情，全市上下坚定以习近平总书记重要讲话和指示批示精神为指导，在省委、省政府和市委的坚强领导下，始终把人民群众生命安全和身体健康放在第一位，按照“坚定信心、同舟共济、科学防治、精准施策”总要求，打响一场抗击疫情的人民战争、总体战、阻击战。经过艰苦努力，全市疫情防控阻击战取得重大阶段性胜利，统筹推进疫情防控和经济社会发展取得积极成效。会议认为，2019年，市人民政府全面落实省委“一干多支、五区协同”“四向拓展、全域开放”战略部署，紧紧围绕建设成渝第二城、争创全省经济副中心战略目标，大力实施“155发展战略”，全力打好“九场战役”，圆满完成各项目标任务，经济社会发展开创新局面、取得新突破。会议强调，2020年是全面建成小康社会和“十三五”规划收官之年。当前，境外疫情仍在扩散蔓延，输入性风险依然较大，疫情防控工作决不能掉以轻心、麻痹大意。受疫情影响，全市经济社会发展面临的挑战前所未有。面对困难、风险和不确定因素增多的复杂形势，全市上下要保持战略定力，坚持底线思维，增强必胜信心，奋力夺取疫情防控和经济社会发展双胜利。会议强调，2020年，政府工作要坚持以习近平新时代中国特色社会主义思想为指导，全面贯彻党的十九大和十九届二中、三中、四中全会精神，增强“四个意识”、坚定“四个自信”、做到“两个维护”，认真落实省委、省政府决策部署和市委决定要求，统筹推进疫情防控和经济社会发展，坚持稳中求进工作总基调，坚持新发展理念和高质量发展要求，以供给侧结构性改革为主线，以改革开放为动力，扎实做好“六稳”工作，全面落实“六保”任务，把“农业多贡献、工业挑大梁、投资唱主角、消费促升级”作为工作着力点，大力实施“155发展战略”，深入开展“开放年、产业年、项目年”行动，坚决打好“九场战役”，确保全面建成小康社会，为加快建设成渝第二城、争创全省经济副中心奠定更加坚实的基础。会议号召，重任千钧唯担当，奋楫扬帆勇向前。全市人民要更加紧密地团结在以习近平同志为核心的党中央周围，高举中国特色社会主义伟大旗帜，在省委、省政府和市委的坚强领导下，不忘初心、牢记使命，齐心协力、攻坚克难，为坚决打赢脱贫攻坚战、努力实现全面建成小康社会目标任务，为加快建设成渝第二城、争创全省经济副中心而不懈奋斗。

会议审查市人民政府提出的《关于南充市2019年国民经济和社会发展计划执行情况及2020年计划草案的报告》，同意市六届人大财政经济委员会审查结果报告。会议批准《关于南充市2019年国民经济和社会发展计划执行情况及2020年计划草案的报告》，批准2020年国民经济和社会发展计划，作出《关于南充市2019年国民经济和社会发展计划执行情况及2020年计划的决议》。

会议审查市人民政府提出的《关于南充市2019年预算执行情况和2020年预算草案的报告》和2020年全市及市级预算草案，同意市六届人大财政经济委员会审查结果报告。会议批准《关于南充市2019年预算执行情况和2020年预算草案的报告》和2020年市级预算，作出《关于南充市2019年预算执行情况和2020年预算的决议》。

会议听取和审查市人大常委会主任袁险峰受市人大常委会委托所作的《南充市人民代表大会常务委员会工作报告》。会议充分肯定市六届人大四次会议以来市人大常委会取得的工作成绩，同意报告提出的今后一个阶段主要任务和工作安排。会议批准这个报告，作出《关于南充市人大常委会工作报告的决议》。会议要求，市人大常委会要高举中国特色社会主义伟大旗帜，全面贯彻党的十九大和十九届二中、三中、四中全会精神，深入学习贯彻习近平新时代中国特色社会主义思想特别是习近平总书记关于坚持和完善人民代表大会制度的重要思想，认真落实省委决策部署和市委决定要求，不断提升立法、监督和重大事项决定等工作水平，提高服务代表能力，加强自身建设，努力开创新时代地方人大工作新局面，为坚决打赢脱贫攻坚战、决胜全面建成小康社会、加快建设成渝第二城、争创全省经济副中心贡献人大力量。

会议听取和审查市中级人民法院院长杨敏所作的《南充市中级人民法院工作报告》，会议批准这个报告，作出《关于南充市中级人民法院工作报告的决议》。

会议听取和审查市人民检察院检察长周永刚所作的《南充市人民检察院工作报告》，会议批准这个报告，作出《关于南充市人民检察院工作报告的决议》。

会议通过《南充市第六届人民代表大会第五次会议选举办法》。会议选举张晓艳为市六届人大常委会副主任，选举宋先佐为市六届人大常委会秘书长，选举吕兴伦、朱逢娟（女）、刘露民、何晓林、谷秀春（女）、陈林、郑莉（女）、夏选民、唐敏、梁超、释际亘为市六届人大常委会委员，选举黄春江为市监察委员会主任。

会议通过《关于南充市第六届人民代表大会有关专门委员会成员人选表决办法》。通过市六届人大法制委员会个别副主任委员，监察和司法委员会主任委员，财政经济委员会主任委员、个别委员，教育科学文化卫生委员会主任委员、个别副主任委员，城乡建设环境资源保护委员会主任委员，民族宗教外事侨务委员会主任委员、个别委员名单。

根据《四川省宪法宣誓制度实施办法》，大会选举的市六届人大常委会副主任、秘书长、委员，市监察委员会主任在大会上进行宪法宣誓。大会主席团常务主席、执行主席宋朝华向当选的市六届人大常委会副主任、秘书长、委员，市监察委员会主任颁发当选证书。

市委书记宋朝华在闭幕大会上作《发展实体经济做强产业支撑》的讲话。

会议期间，代表们认真履行职责，积极提出议案。大会收到 10 名以上代表联名提出的议案 30 件。其中法治方面 1 件、监察和司法方面 1 件、财政经济方面 4 件、农业农村方面 3 件、教科文卫方面 8 件、城乡建设环保方面 8 件、商务方面 2 件、社会建设方面 3 件。依照本次大会通过的关于议案的规定，市人大各专门委员会对代表所提议案进行认真审议。经主席团审议，鉴于所提议案，有的已列入市人大地方立法计划，有的属“一府两院”职权范围问题，有的属对某项工作建议，有的已经被市政府纳入 2020 年工作安排，还有一些属需要向上级政府及有关部门反映解决的问题，决定全部改作建议、批评和意见。

六、市六届人大六次会议

2021 年 2 月 18 日至 21 日，市六届人大六次会议在南充大剧院召开。应到代表 510 名，实到代表 470 名，符合法定人数。市政协委员和 99 名社会各界人士列席会议。

大会主席团成员（63 名，以姓氏笔画为序）：王利涛、王希刚、王晓晴、文兴洪、古正举、史燚、冯祥权、吕兴伦、朱逢娟（女）、任德俭、刘卫颖（女）、刘友生、刘伯忠、刘露民、杜永龙、李化树、李东旭（女）、李在伟、李琼瑶（女）、李慎宽、何晓林、谷秀春（女）、宋先佐、宋朝华、张斌、张光全、张和才、张晓艳（女）、陈林、陈琳、陈圣伦、陈多平、陈建业、罗庆双、罗明远、周原、周建群、郑莉（女）、郑雄、单木真（藏）、赵健博、袁险峰、夏永国、夏选民、徐远火、郭宗海、郭洪平（女）、唐敏、唐鸿、黄波、龚宁、崔竹君（女）、银军、梁超、蒋济南、蒋继学、释际亘、温桂彪、蒲鹏程、蒲影飞（苗）、廖伦志、熊建春、潘国华。

大会主席团常务主席（10 人）：宋朝华、袁险峰、古正举、王希刚、徐远火、熊建春、陈圣伦、杜永龙、张晓艳（女）、宋先佐。

大会秘书长：徐远火。

市六届人大六次会议举行 3 次全体会议。大会主席团常务主席、执行主席袁险峰主持第一次、第三次全体会议，大会主席团常务主席、执行主席徐远火主持第二次全体会议。

会议听取和审查市长吴群刚代表市人民政府所作的《政府工作报告》。会议充分肯定南充“十三五”发展主要成就和市人民政府 2020 年工作，同意报告提出的 2021 年目标任务和重点工作安排建议，批准这个报告。作出《关于政府工作报告的决议》。会议认为，“十三五”时期，是南充决战脱贫攻坚、决胜全面小康取得决定性成就的五年。五年来，南充深入实施“155 发展战略”，统筹推进稳增长、促改革、调结构、惠民生、防风险、保稳定，较好完成了规划确定的目标任务，为南充开启全面建设社会主义现代化新征程奠定坚实基础。2020 年，百年不遇的新冠肺炎疫情突如其来，全市经济社会发展受到严重冲击，面对前所未有的困难和挑战，全市上下同舟共济、众志成城，统筹推进疫情防控和经济社会发展，扎实做好“六稳”工作，全面落实“六保”任务，抗疫斗争取得重大阶段性胜利，全市经济逐季回升向好，社会大局保持安定稳定，为“十三五”收官画上圆满句号。会议指出，“十四五”时期是中国开启全面建设社会主义现代化国家新征程、向第二个百年奋斗目标进军的第一个五年，也是南充在新的起点上加快建设成渝第二城、争创全省经济副中心、打造成渝地区双城经济圈次极核至为关键的五年。做好南充“十四五”工作，要立足新发展阶段，贯彻新发展理念，融入新发展格局，加快建设经济总量占比高的经济强市、综合承载能力强的区域枢纽、创新发展动能强的科创中心，加快打造区域带动作用强的重要增长极。会议强调，2021 年，政府工作要坚定以习近平新时代中国特色社会主义思想为指导，全面贯彻党的十九大和十九届二中、三中、四中、五中全会精神，认真落实省委、省政府和市委决策部署，坚持稳中求进工作总基调，以推动高质量发展为主题，以深化供给侧结构性改革为主线，以改革创新为根本动力，以满足人民日益增长的美好生活需要为根本目的，坚持系统观念，巩固拓展疫情防控和经济社会发展成果，更好统筹发展和安全，扎实做好“六稳”工作、全面落实“六保”任务，深入实施“155 发展战略”，全力确保“十四五”开好局、起好步。会议号召，全市人民要更加紧密地团结在以习近平同志为核心的党中央周围，在省委、省政府和市委的坚强领导下，不忘初心、牢记使命、永远奋斗，为加快建设成渝第二城、争创全省经济副中心、打造成渝地区双城经济圈次极核做出新的更大贡献，以优异成绩庆祝中国共产党成立 100 周年！

会议审查市人民政府提出的《南充市国民经济和社会发展第十四个五年规划和二〇三五年远景目标纲要（草案）》。会议同意市六届人大财政经济委员会审查结果报告，批准《南充市国民经济和社会发展第十四个五年规划和二〇三五年远景目标纲要》（以下简称“十四五”规划纲要），作出《关于南充市国民经济和社会发展第十四个五年规划和二〇三五年远景目标纲要的决议》。会议认为，“十四五”规划纲要全面贯彻党的十九届五中全会、省委十一届八次全会精神，全面落实了市委六届十三次全会关于制定南充市国民经济和社会发展第十四个五年规划和二〇三五年远景目标的建议，综合考虑国内外发展环境，提出的“十四五”时期经济和社会发展目标、任务、措施以及二〇三五年远景目标符合南充实际，是未来五年及更长时期南充经济和社会发展的纲领性文件。会议要求，要高举中国特色社会主义伟大旗帜，以习近平新时代中国特色社会主义思想为指导，认真实施“十四五”规划和二〇三五年远景目标纲要，统筹推进“五位一体”总体布局，协调推进“四个全面”战略布局，深入落实省委“一干多支、五区协同”战略部署和市委“155 发展战略”，坚持稳中求进工作总基调，把握新发展阶段、贯彻新发展理念、融入新发展格局，不忘初心、牢记使命、永远奋斗，加快建设成渝第二城、争创全省经济副中心、打造成渝地区双城经济圈次极核，奋力夺取全面建设社会主义现代化南充新胜利。

会议审查市人民政府提出的《关于南充市 2020 年国民经济和社会发展计划执行情况及 2021 年计划草案的报告》，同意市六届人大财政经济委员会审查结果报告。会议批准《关于南充市 2020 年国民经济和社会发展计划执行情况及 2021 年计划草案的报告》，批准 2021 年国民经济和社会发展计划，作出《关于南充市 2020 年国民经济和社会发展计划执行情况及 2021 年计划的决议》。

会议审查市人民政府提出的《关于南充市 2020 年预算执行情况和 2021 年预算草案的报告》及 2021 年全市及市级预算草案，同意市六届人大财政经济委员会审查结果报告。会议批准南充市 2020 年市级预算执行情况的报告和 2021 年市级预算，作出《关于南充市 2020 年预算执行情况和 2021 年预算的决议》。

会议听取和审查市人大常委会主任袁险峰受市人大常委会委托所作的《南充市人大常委会工作报告》。会议批准这个报告，作出《关于南充市人大常委会工作报告的决议》。会议要求，市人大常委会要高举中国特色社会主义伟大旗帜，以习近平新时代中国特色社会主义思想为指导，认真学习贯彻习近平总书记关于坚持和完善人民代表大会制度的重要思想、习近平法治思想，坚持党的领导、人民当家作主、依法治国有机统一，坚持和完善人民代表大会制度，全面落实中央、省委、市委系列重大决策部署，紧扣推进实施“155 发展战略”，依法履职尽责，积极担当作为，着力提升地方立法质量，不断增强监督工作实效，充分发挥代表主体作用，切实加强自身能力建设，持续深化“四讲四有”人大建设，为加快建设成渝第二城、争创全省经济副中心、打造成渝地区双城经济圈次极核贡献人大力量，奋力夺取全面建设社会主义现代化南充新胜利。

会议听取和审查市中级人民法院代理院长欧阳丹东所作的《南充市中级人民法院工作报告》，会议批准这个报告，作出《关于南充市中级人民法院工作报告的决议》。

会议听取和审查市人民检察院代理检察长罗乐所作的《南充市人民检察院工作报告》，会议批准这个报告，作出《关于南充市人民检察院工作报告的决议》。

会议通过《关于接受杜永龙辞职的决定》，决定接受杜永龙辞去南充市第六届人民代表大会常务委员会副主任职务。

会议通过《南充市第六届人民代表大会第六次会议选举办法》。会议选举温桂彪为市六届人大常委会副主任，选举文兴洪、刘卫颖（女）、夏永国为市六届人大常委会委员，选举欧阳丹东为市中级人民法院院长。选举罗乐为市人民检察院检察长，须依法报经省人民检察院检察长提请省人大常委会批准。

大会选举的市六届人大常委会副主任、委员，市中级人民法院院长在大会上进行宪法宣誓。大会主席团常务主席、执行主席宋朝华向当选的市六届人大常委会副主任、委员，市中级人民法院院长颁发当选证书。

市委书记宋朝华在闭幕大会上作《当好耕耘者　种好责任田》的讲话。

会议期间，代表们认真履行职责，积极提出议案。大会收到 10 名以上代表联名提出的议案 16 件。其中财政经济方面 4 件，教科文卫方面 2 件，城乡建设环保方面 9 件，社会建设方面 1 件。依照本次大会通过的关于议案的规定，市人大各专门委员会对代表所提议案进行认真审议。经主席团审议，鉴于所提议案，有的属“一府两院”职权范围的问题，有的属对某项工作的建议，有的已经被市政府纳入 2021 年工作安排，还有一些属需要向上级政府及有关部门反映解决的问题，决定全部改作建议、批评和意见。

第四章

南充市人大常委会会议

1993年12月至2021年2月，市人民代表大会历经6届，共召开204次常委会会议。其中，市一届人大常委会召开会议34次，市二届人大常委会召开会议35次，市三届人大常委会召开会议29次，市四届人大常委会召开会议28次，市五届人大常委会召开会议40次，市六届人大常委会召开会议38次。

第一节　南充市第一届人大常委会会议

1993年12月14日至16日，市一届人大常委会举行第一次会议。市人大常委会主任李慎宽，副主任田远志、袁天锡分别主持全体会议。市人大常委会副主任谢志远、樊荣华、杜河清、张明才、常思九、李志光和委员共38人出席会议。会议学习地方各级人民代表大会和地方各级人民政府组织法和有关文件，审议通过《南充市人民代表大会常务委员会关于设立办事机构的决定》，会议审议通过人事任命事项，任命市级国家机关工作人员131名。2月16日下午，在果城会堂召开颁发任命书大会，向通过任命的131人颁发任命书。市委书记李正培、市人大常委会主任李慎宽在颁发任命书大会上作了讲话。市人民政府市长向阳、副市长杜元耀，市中级人民法院院长欧晓东，市人民检察院检察长罗自省，原省人大常委会南充地区人大工委负责人，各县（市、区）人大常委会负责人列席会议，市政协副主席黄益安和部分省、市人大代表应邀列席会议。

1994年2月22日至24日，市一届人大常委会举行第二次会议。市人大常委会主任李慎宽，副主任田远志、谢志远分别主持全体会议。市人大常委会副主任樊荣华、杜河清、张明才、常思九、李志光和委员共35人出席会议。会议学习《中华人民共和国农业法》《中华人民共和国农业技术推广法》，听取和审议市人民政府关于1994年农业情况汇报，审议通过南充市人大常委会对市人民政府《关于1994年农业情况汇报》审议意见；听取和审议关于召开南充市第一届人民代表大会第二次会议的决定（草案）说明，审议通过《南充市人民代表大会常务委员会关于召开南充市第一届人民代表大会第二次会议的决定》；审议通过《南充市第一届人民代表大会第二次会议主席团和秘书长名单（草案）》，决定提请市一届人大二次会议预备会议通过；审议通过《南充市第一届人民代表大会第二次会议列席人员名单》；审议通过《南充市第一届人民代表大会第二次会议议案审查委员会名单（草案）》，决定提请市一届人大二次会议预备会议通过；审议通过《南充市第一届人民代表大会第二次会议计划预算审查委员会名单（草案）》，决定提请市一届人大二次会议预备会议通过；听取和审议关于《南充市人民代表大会常务委员会设立代表资格审查委员会的决定（草案）》的说明，审议通过《南充市人民代表大会常务委员会关于设立代表资格审查委员会的决定》；听取和审议关于《南充市人民代表大会常务委员会组成人员守则（草案）》说明，审议通过《南充市人民代表大会常务委员会组成人员守则》；听取和审议关于《南充市人民代表大会常务委员会议事规则（草案）》说明，审议通过《南充市人民代表大会常务委员会议事规则》；听取和审议关于《南充市人民代表大会常务委员会人事任免试行办法（草案）》说明，审议通过《南充市人民代表大会常务委员会人事任免试行办法》；听取和审议《南充市人民代表大会常务委员会关于加强同市人大代表联系的办法（草案）》说明，审议通过《南充市人民代表大会常务委员会关于加强同市人大代表联系的办法》；听取和审议关于《主任、“三长”联席会议制度（草案）》说明，审议通过《主任、“三长”联席会议制度》；审议通过市一届人大常委会工作要点；审议通过市人大常委会1994年工作安排；审议通过市一届人大常委会工作报告（草案），决定提请市一届人大二次会议审议；审议《南充市人民代表大会议事规则（草案）》；听取和审议通过关于市一届人大一次会议主席团交付市人大常委会农业工作委员会办理的杨成忠等13名代表提出的《加快绿化步伐，力争2000年绿化全市》的议案和马兴福等10名代表提出的《要求立项扶持回族贫穷乡经济发展》的议案办理结果报告；听取和审议通过关于市一届人大一次会议主席团交付市人大常委会财政经济工作委员会办理的高炳和等10名代表提出的《要求制止把生猪屠宰税变成“人头税”》的议案办理结果报告；听取和审议市人大常委会选举任免联络工作委员会关于西充县十一届人大一次会议选举副县长有关问题调查报告，审议通过《关于陈家怀同志当选西充县人民政府副县长无效的决定》；审议通过人事任免事项。会议任命市级国家机关工作人员7名。市人大常委会党组成员王以恂、青永秀，市人民政府副市长陈香泉、秘书长彭修昌，市中级人民法院副院长宋云明，市人民检察院检察长罗自省，市政府办公厅、市农工委、市农业局、市林业局、市畜牧局、市气象局、市开发办主要负责人，市人大常委会办事机构负责人，各县（市、区）人大常委会负责人列席会议，市政协副主席杨汉翔和3名全国、省、市人大代表应邀列席会议。

1994年4月27日至29日，市一届人大常委会举行第三次会议。市人大常委会主任李慎宽，副主任田远志、袁天锡、张明才分别主持全体会议。市人大常委会副主任谢志远、杜河清、李志光和委员共36人出席会议。会议听取和审议市人民政府关于南充市当前工业经济工作情况汇报，听取和审议市人民政府关于南充市当前商贸工作情况汇报，审议通过市人大常委会对市人民政府关于当前工商经济工作情况汇报审议意见；听取和审议市人民政府关于宣传贯彻《中华人民共和国教师法》有关情况汇报，审议通过南充市人大常委会对市人民政府宣传贯彻教师法情况汇报的审议意见；听取和审议市人民政府关于南充市造林绿化工作情况汇报，审议通过《南充市人民代表大会常务委员会关于实现全市绿化的决议》；审议通过南充市人民代表大会常务委员会关于将市一届人大二次会议期间成开平等11位代表提出《加大科技力度，将科教兴市落到实处》的议案和程玉华等13位代表提出《给青少年创造一个健康成长的良好环境》的议案交市人民政府办理的决定。市委常委、市纪委书记叶占元到会指导并讲话。市人民政府市长向阳，副市长杜元耀、董仲良、王正忠、张益维，秘书长彭修昌，市中级人民法院副院长刘明，市人民检察院副检察长马岳松，市政府办公厅、市体改委、市计委、市农工委、市经贸委、市建委、市财政局、市教委、市林业局、市工业局、市粮食局、市物价局、市统计局、市劳动局、市医药局、市轻工局、市审计局、市工商局、市交通局、市物资局、市税务局、市贸易局、市对外贸易局、市纺织局、市烟草专卖局、茧丝绸公司主要负责人，市人大常委会办事机构负责人，各县（市、区）人大常委会1名负责人列席会议，市政协副主席杨汉翔和8名省、市人大代表应邀列席会议。

1994年6月28日至29日，市一届人大常委会举行第四次会议。受市人大常委会主任李慎宽委托，市人大常委会副主任田远志、袁天锡、谢志远、樊荣华分别主持全体会议。市人大常委会副主任杜河清、张明才、常思九、李志光和委员共33人出席会议。会议听取和审议市人民政府关于南充市当前物价工作的情况汇报，审议通过南充市人大常委会对市人民政府关于当前物价工作情况汇报的审议意见；听取和审议市人民政府关于南充市土地管理工作情况汇报，审议通过南充市人大常委会对市人民政府关于土地管理工作情况汇报审议意见；听取和审议市人民政府关于南充市“二五”普法工作情况汇报，审议通过《南充市人大常委会关于加强“二五”普法工作的决议》；审议通过人事任免事项。市委副书记黄德益到会指导并讲话。市人民政府副市长谢正顺，市中级人民法院院长欧晓东、副院长宋云明，市人民检察院副检察长朱长富，市政府办公厅、市物价局、市土地管理局、市司法局、市建委、市农委、市农业局、市乡镇企业局、市林业局、市法制局、市统计局、市水电局、市工商局、市卫生局、市贸易局主要负责人，市人大常委会办事机构负责人，各县（市、区）人大常委会负责人列席会议，市政协副主席杨汉翔和4名省、市人大代表应邀列席会议。

1994年8月29日至31日，市一届人大常委会举行第五次会议。市人大常委会主任李慎宽，副主任田远志、杜河清、李志光分别主持全体会议。市人大常委会副主任袁天锡、谢志远、樊荣华、张明才、常思九和委员共35人出席会议。会议传达省第八届人大常委会十次会议精神；听取和审议市人民政府关于南充市1994年上半年国民经济和社会发展计划执行情况报告，审议通过南充市人大常委会对市人民政府《关于南充市1994年上半年国民经济和社会发展计划执行情况的报告》的审议意见；听取和审议市人民政府关于南充市1994年财政预算草案的报告，听取和审议市人大常委会财政经济工作委员会关于南充市1994年财政预算草案初审情况的汇报，审议通过市人大常委会关于批准南充市1994年财政预算的决议；听取和审议市人民政府关于上半年计划生育工作情况汇报，审议通过市人大常委会对市人民政府《关于上半年计划生育工作情况的汇报》的审议意见。市人民政府副市长杜元耀、张益维、胡昌川，市中级人民法院院长欧晓东，市人民检察院副检察长朱长富，市政府办公厅、市计委、市财政局、市计生委、市经贸委、市教委、市体改委、市农工委、市科委、市贸易局、市工业局、市乡镇企业局、市物价局、市统计局、市卫生局、市劳动局、市对外经济贸易合作局、人民银行主要负责人，市人大常委会办事机构负责人，各县（市、区）人大常委会负责人列席会议，市政协副主席杨汉翔和3名省、市人大代表应邀列席会议。

1994年10月25日至27日，市一届人大常委会举行第六次会议。受市人大常委会主任李慎宽委托，市人大常委会副主任田远志、袁天锡、谢志远、李志光分别主持全体会议。市人大常委会副主任樊荣华、杜河清、张明才、常思九和委员共29人出席会议。会议听取和审议市人民政府关于全市调整完善乡镇建制工作情况汇报；听取和审议市人民政府关于全市农村社会治安综合治理情况汇报，审议通过市人大常委会对市人民政府关于农村社会治安综合治理工作情况汇报审议意见；听取和审议市人民政府关于宣传贯彻《中华人民共和国反不正当竞争法》《中华人民共和国消费者权益保护法》情况汇报，审议通过市人大常委会对市人民政府关于宣传贯彻《中华人民共和国反不正当竞争法》《中华人民共和国消费者权益保护法》情况汇报的审议意见；听取和审议市人民政府关于落实市一届人大常委会三次会议对南充市当前工业经济工作审议意见的情况汇报；听取和审议市人民政府关于落实市一届人大常委会三次会议对商贸经济工作审议意见的情况汇报；听取和审议市人民政府关于在市政府各部门推行部门执法责任制的议案的说明，审议市人民政府关于在市政府各部门推行部门执法责任制的议案，审议通过《南充市人大常委会关于在市人民政府、市中级人民法院、市人民检察院实行部门执法责任制的决议》；审议市人民政府关于报请审议调整南充市1994年人口计划的议案，审议通过《南充市人民代表大会常务委员会关于批准调整南充市1994年人口计划的决议》；听取和审议市人民政府关于办理市一届人大二次会议《加大科技力度，将科教兴市落到实处》议案的情况汇报，审议通过市人大常委会关于市一届人大二次会议主席团交付审议的成开平等11名代表提出的《加大科技力度，将科教兴市落到实处》的议案审议结果的报告；听取和审议市人民政府关于办理市一届人大二次会议《给青少年创造一个健康成长的良好环境》议案的情况报告，审议通过市人大常委会关于市一届人大二次会议主席团交付审议的程玉华等13名代表提出的《给青少年创造一个健康成长的良好环境》的议案审议结果的报告；审议通过人事任免事项，任命市级国家机关工作人员3名。市人民政府副市长杜元耀、董仲良、王正忠，秘书长彭修昌，市中级人民法院副院长刘明，市人民检察院检察长罗自省，市政府有关部门主要负责人，市人大常委会办事机构负责人，各县（市、区）人大常委会负责人列席会议，市政协副主席刘大魁和4名省、市人大代表应邀列席会议。

1994年12月19日至21日，市一届人大常委会举行第七次会议。市人大常委会主任李慎宽，副主任袁天锡、李志光分别主持全体会议。市人大常委会副主任田远志、谢志远、樊荣华、杜河清、张明才、常思九和委员共35人出席会议。会议传达省八届人大常委会十二次会议精神；审议通过关于召开市一届人大三次会议决定；审议决定召开市一届人大三次会议的有关问题；听取和审议市人民政府关于南充市1994年财政预算调整方案的报告，审议通过《南充市人民代表大会常务委员会关于批准南充市1994年财政预算调整方案的决定》；听取和审议市人民政府办公厅关于市一届人大二次会议代表所提建议、批评和意见办理情况的汇报；听取和审议关于起草《南充市人民代表大会常务委员会关于国民经济和社会发展计划监督试行办法（草案）》的说明，审议通过《南充市人民代表大会常务委员会关于国民经济和社会发展计划监督试行办法》；听取和审议关于起草《南充市人民代表大会常务委员会关于预算监督办法（草案）》说明，审议通过《南充市人民代表大会常务委员会关于预算监督实施办法》；审议《南充市人大常委会关于反馈审议意见办理情况的试行办法（草案）》；讨论市人大常委会工作报告（草案），决定提请市一届人大三次会议审议；审议市人大常委会1995年度工作要点（草案）；审议通过《关于增补杨荣久同志为南充市人大常委会代表资格审查委员会副主任委员的决定》；听取和审议通过市一届人大常委会代表资格审查委员会关于补选代表的代表资格审查报告。市人民政府副市长杜元耀，市中级人民法院院长欧晓东，市人民检察院检察长罗自省，市政府有关部门主要负责人，市人大常委会办事机构负责人列席会议，市政协副主席刘大魁、陈修烈和3名省、市人大代表应邀列席会议。

1995年2月27日至28日，市一届人大常委会举行第八次会议。市人大常委会主任李慎宽，副主任袁天锡、谢志远、樊荣华分别主持全体会议。市人大常委会副主任杜河清、张明才、常思九、李志光和委员共30人出席会议。会议传达省八届人大三次会议精神；听取和审议市人民政府关于1995年农业生产及升钟水库配套工程建设的情况汇报，审议通过《南充市人民代表大会常务委员会关于加快升钟水库配套建设的决议》；审议通过市人大常委会对市人民政府关于1995年农业生产情况汇报的审议意见；书面听取和审议市人民政府关于办理市人大常委会对土地管理工作审议意见的情况汇报；审议市一届人大三次会议主席团交付市人大常委会审议的4件议案，作出《南充市人民代表大会常务委员会关于将唐光福、胥凌云、王秀清等代表分别所提4件议案交市人民政府办理的决定》；审议通过市一届人大常委会1995年度工作要点；审议通过《南充市人民代表大会常务委员会关于反馈审议意见办理情况的试行办法》；审议通过人事任免事项，任命市级国家机关工作人员19名，免去5名市级国家机关工作人员职务。李慎宽向被任命人员颁发任命书。市人民政府副市长陈香泉，市中级人民法院副院长刘明，市人民检察院检察长罗自省，市政府有关部门主要负责人，市人大常委会办事机构负责人列席会议，市政协副主席杨汉翔和1名省人大代表应邀列席会议。

1995年4月26日至28日，市一届人大常委会举行第九次会议。市人大常委会主任李慎宽，副主任田远志、袁天锡、张明才、常思九、李志光分别主持全体会议。市人大常委会副主任谢志远、杜河清和委员共35人出席会议。会议听取和审议市人民政府关于市国有资产管理工作情况汇报，审议通过市人大常委会对市人民政府关于市国有资产管理工作情况汇报的审议意见；听取和审议市人民政府关于办理市一届人大三次会议王秀清等14位代表所提《建立企业激励机制，实现扭亏增盈》议案情况汇报；听取和审议市人民政府关于贯彻执行市人大常委会关于实现全市绿化的决议的情况汇报；听取和审议市人民政府关于文化市场管理情况的汇报；听取和审议市文化局关于市人大代表评议后整改工作的情况汇报；听取和审议市人大常委会执法检查组关于检查《中华人民共和国妇女权益保障法》《四川省〈中华人民共和国妇女权益保障法〉实施办法》执行情况汇报，审议通过《南充市人民代表大会常务委员会关于进一步贯彻实施〈中华人民共和国妇女权益保障法〉的决议》；审议通过人事任免事项，任命市级国家机关工作人员7名，免去1名市级国家机关工作人员职务。市委常委、市委组织部部长任德俭应邀指导会议。市人民政府副市长董仲良、张益维、陈香泉、王正忠，市中级人民法院副院长孟端正，市人民检察院副检察长支卫平，市政府有关部门主要负责人，市人大常委会办事机构负责人，各县（市、区）人大常委会负责人列席会议，市政协副主席杨汉翔和6名省、市人大代表应邀列席会议。

1995年6月27日至29日，市一届人大常委会举行第十次会议。市委书记李正培到会指导并讲话。市人大常委会主任李慎宽，副主任田远志、袁天锡、樊荣华、杜河清、李志光分别主持全体会议。市人大常委会副主任谢志远、张明才、常思九和委员共35人出席会议。会议传达省八届人大常委会十五次会议精神；听取和审议市人民政府关于全市工业企业扭亏增盈工作的情况汇报，听取和审议市人民政府关于全市商贸企业扭亏增盈工作情况汇报，审议通过市人大常委会对市人民政府关于工商企业扭亏增盈工作情况汇报的审议意见；听取和审议市人民政府关于全市优质农产品基地建设的情况汇报，审议通过市人大常委会对市人民政府《关于全市优质农产品基地建设的情况汇报》的审议意见；听取和审议市人民政府关于南充市贯彻《中华人民共和国义务教育法》落实教育投入的情况汇报，听取和审议市人大常委会教育经费投入专题检查组关于南充教育经费投入政策落实情况专题检查的报告，审议通过市人大常委会对市人民政府贯彻《中华人民共和国义务教育法》落实教育投入情况汇报的审议意见；听取和审议市人民政府关于贯彻市人大常委会在“一府两院”实行部门执法责任制的决议的情况汇报，听取和审议市中级人民法院关于实行部门执法责任制的情况汇报，听取和审议市人民检察院关于实行部门执法责任制的情况汇报，审议通过市人大常委会对市人民政府、市中级人民法院、市人民检察院关于实行部门执法责任制情况汇报的审议意见；听取和审议市人民政府关于办理市一届人大三次会议唐光福等14名代表所提《尽快解决高坪至营山路段被损坏的公路》议案的情况汇报；听取和审议市人民政府关于市本级1994年财政决算的报告，听取和审议市人大常委会财政经济工作委员会关于市本级1994年财政决算初审情况的报告，审议通过关于批准市本级1994年财政决算的决议；审议通过人事任免事项，任命市级国家机关工作人员3名，免去2名市级国家机关工作人员职务。市人民政府副市长杜元耀、董仲良、张益维、王正忠、胡昌川，秘书长彭修昌，市中级人民法院院长欧晓东、副院长孟端正，市人民检察院副检察长支卫平、朱长富，市政府有关部门主要负责人，市人大常委会办事机构负责人，各县（市、区）人大常委会负责人列席会议，市政协副主席杨汉翔和6名省、市人大代表应邀列席会议。

1995年8月29日至31日，市一届人大常委会举行第十一次会议。市人大常委会主任李慎宽，副主任田远志、谢志远分别主持全体会议。市人大常委会副主任袁天锡、樊荣华、杜河清、常思九、李志光和委员共32人出席会议。会议传达省八届人大常委会十六次会议精神；听取和审议市人民政府关于南充市1995年上半年国民经济和社会发展计划执行情况的报告，审议通过市人大常委会对市人民政府《关于南充市1995年上半年国民经济和社会发展计划执行情况的报告》的审议意见；听取和审议市人民政府关于南充市1995年1月至7月财政收支预算执行情况的报告，审议通过市人大常委会对市人民政府《关于南充市1995年1—7月财政预算执行情况的报告》审议意见；听取和审议市人民政府关于调整南充市1995年商品零售物价指数的报告，审议通过《南充市人民代表大会常务委员会关于批准调整南充市1995年商品零售物价指数的决议》；听取和审议市人民政府关于贯彻实施《中华人民共和国药品管理法》情况汇报，听取和审议市人大常委会执法检查组关于《中华人民共和国药品管理法》执法检查情况报告，审议通过市人大常委会对市人民政府关于贯彻实施《中华人民共和国药品管理法》情况汇报的审议意见；听取和审议市中级人民法院经济审判工作报告，审议通过市人大常委会关于市中级人民法院经济审判工作情况汇报的审议意见；审议市人大常委会讨论决定重大事项的暂行规定（草案）；审议通过《南充市人民代表大会常务委员会关于全市乡级人民代表大会代表选举时间的决定》。市委副书记蒲显福应邀指导会议并讲话。市人民政府副市长杜元耀、张益维，市中级人民法院院长欧晓东，市人民检察院检察长罗自省，市政府有关部门主要负责人，市人大常委会办事机构负责人，各县（市、区）人大常委会负责人列席会议，市政协副主席杨汉翔和6名省、市人大代表应邀列席会议。

1995年10月25日至27日，市一届人大常委会举行第十二次会议。市委书记李正培到会指导。市人大常委会主任李慎宽，副主任田远志、谢志远分别主持全体会议。市人大常委会副主任袁天锡、樊荣华、杜河清、张明才、常思九、李志光和委员共24人出席会议。会议传达学习中共十四届五中全会精神；传达省八届人大常委会十七次会议精神；听取和审议市人民政府关于《南充市国民经济和社会发展“九五”计划及2010年规划（送审稿）》编制情况和1996年重点基本建设项目安排情况的汇报；听取和审议市人民政府关于市本级1995年预算调整方案的报告，审议通过《南充市人民代表大会常务委员会关于批准南充市市本级1995年预算调整方案的决议》；听取和审议市人民政府关于南充市预算外资金管理情况汇报，审议通过市人大常委会对市人民政府《关于南充市预算外资金管理的情况汇报》审议意见；听取和审议市人民政府关于贯彻实施国家赔偿法情况汇报；听取和审议市中级人民法院关于贯彻实施国家赔偿法情况汇报；听取和审议市人民检察院关于贯彻实施国家赔偿法情况汇报；听取和审议市人民政府关于办理市一届人大三次会议胥凌云等11位代表所提《嘉陵个体私营经济试验区应纳入市府重要日程》议案的情况汇报；听取和审议市人民政府关于办理市一届人大三次会议胥凌云等12位代表所提《依法解决我市城市管理工作多头管理而导致市容脏、乱、差的问题》议案的情况汇报；审议通过《南充市人民代表大会常务委员会关于讨论决定重大事项的暂行规定》；审议通过人事任免事项，任命市级国家机关工作人员8名，免去1名市级国家机关工作人员职务。市人民政府市长向阳，副市长杜元耀、谢正顺、张益维，秘书长彭修昌，市中级人民法院副院长刘明、宋云明，市人民检察院副检察长朱长富，市政府有关部门主要负责人，市人大常委会办事机构负责人，各县（市、区）人大常委会负责人列席会议，市政协副主席杨汉翔和部分省、市人大代表应邀列席会议。

1995年12月18日至20日，市一届人大常委会举行第十三次会议。市人大常委会主任李慎宽，副主任谢志远、张明才分别主持全体会议。市人大常委会副主任田远志、袁天锡、樊荣华、常思九、李志光和委员共34人出席会议。会议听取和审议市人民政府关于全市“二五”普法工作总结的情况汇报；听取和审议市人民政府办公厅关于市一届人大三次会议代表所提建议、批评和意见办理情况汇报；听取和审议市人大常委会执法检查组关于城市规划法执法检查情况汇报（书面）；听取和审议通过市一届人大三次会议主席团交付市人大常委会审议的代表提出的四件议案审议结果的报告；讨论市人大常委会工作报告（草案），决定提请市一届人大四次会议审查；审议通过关于召开市一届人大四次会议的决定；讨论决定召开市一届人大四次会议有关事项；审议《南充市人大常委会关于设立南充市人民代表大会专门委员会的议案（草案）》，决定提请市一届人大四次会议审议；听取和审议通过关于终止白明江、扎西尼玛等代表资格的报告；审议通过人事任免事项，免去1名市级国家机关工作人员职务；以无记名投票方式补选原成都铁路局局长、党委副书记王源峰为省八届人大代表，报省人大常委会代表资格审查委员会审查；市委副书记傅金凤应邀指导会议。市人民政府副市长杜元耀，市中级人民法院副院长刘明，市人民检察院副检察长马岳松，市政府有关部门主要负责人，市人大常委会办事机构负责人列席会议，市政协副主席杨汉翔和5名省、市人大代表应邀列席会议。

1996年1月19日，市一届人大常委会举行第十四次会议。市人大常委会主任李慎宽主持会议并讲话。市人大常委会副主任田远志、袁天锡、谢志远、张明才、常思九、李志光和委员共30人出席会议。会议听取和审议市人民政府关于南充市1995年1月至9月市本级预算执行和其他财政收支的审计工作报告；听取和审议通过市一届人大常委会代表资格审查委员会关于补选的代表资格审查报告。市人民政府副秘书长、市财政局、市审计局主要负责人，市人大各专门委员会、常委会办事机构负责人列席会议。

1996年2月28日至29日，市一届人大常委会举行第十五次会议。市人大常委会主任李慎宽、副主任谢志远分别主持全体会议。市人大常委会副主任袁天锡、樊荣华、张明才、常思九、李志光和委员共28人出席会议。会议传达省八届人大四次会议精神；听取和审议市人民政府关于科技兴农和1996年大春备耕情况汇报；听取和审议市科委主任胥德会述职报告；审议通过市人大常委会1996年度工作要点。市人民政府副市长胡昌川，市中级人民法院副院长孟端正，市人民检察院副检察长朱长富，市政府有关部门主要负责人，市人大各专门委员会、常委会办事机构负责人，各县（市、区）人大常委会负责人列席会议。市政协副主席杨汉翔和7名省、市人大代表应邀列席会议。

1996年4月24日至25日，市一届人大常委会举行第十六次会议。市人大常委会主任李慎宽、副主任谢志远分别主持全体会议。市人大常委会副主任田远志、袁天锡、樊荣华、张明才、李志光和委员共31人出席会议。会议传达省八届人大常委会二十次会议精神；听取和审议市人民政府关于贯彻执行《四川省农作物种子管理条例》情况汇报，审议通过市人大常委会对市人民政府贯彻《四川省农作物种子管理条例》情况汇报的审议意见；听取和审议市人民政府关于1995年财政预算执行情况和其他财政收支情况的审计报告；听取和审议市人民政府关于实施科技成果转化百亿工程的情况汇报，审议通过市人大常委会对市人民政府关于《实施科技成果转化百亿工程的情况汇报》的审议意见；听取和审议关于《南充市人民代表大会专门委员会工作规定（草案）》的说明，审议通过《南充市人民代表大会专门委员会工作规定》；听取和审议关于《南充市人民代表大会常务委员会〈关于加强同市人大代表联系的办法〉的补充意见（草案）》的说明，审议通过市人大常委会《关于加强同市人大代表联系的办法》补充意见；听取和审议关于《南充市人民代表大会常务委员会对市司法机关案件监督规定（草案）》的说明，审议通过《南充市人民代表大会常务委员会对市司法机关案件监督规定》；审议通过《关于南充市人大常委会选举任免联络工作委员会更名的决定》，将市人大常委会选举任免联络工作委员会更名为市人大常委会人事代表工作委员会，原市人大常委会选举任免联络工作委员会主任、副主任职务自行免除；审议通过《南充市人大常委会关于通报表彰市科委主任胥德会的决定》。审议通过人事任免事项，任命市级国家机关工作人员7名，免去1名市级国家机关工作人员职务。市人民政府副市长杜元耀、王正忠，市中级人民法院副院长刘明，市人民检察院副检察长支卫平，市政府办公厅、市农业局、市财政局、市工业局、市科委、市公安局、市审计局、市司法局、市种子公司主要负责人，市人大各专门委员会、常委会办事机构负责人，各县（市、区）人大常委会负责人列席会议。市政协副主席杨汉翔和6名省、市人大代表应邀列席会议。

1996年7月3日至5日，市一届人大常委会举行第十七次会议。市人大常委会主任李慎宽、副主任张明才分别主持全体会议。市人大常委会副主任袁天锡、谢志远、樊荣华、常思九、李志光和委员共32人出席会议。会议传达省八届人大常委会二十一次会议精神；听取和审议市人民政府关于南充市1995年财政决算草案的报告，审议通过《南充市人大常委会关于批准南充市1995年财政决算的决议》；听取和审议市人民政府关于南充市化肥价格调整后执行情况的汇报，审议通过市人大常委会对市人民政府《关于南充市化肥价格调整后执行情况的汇报》的审议意见；听取和审议市人民政府关于加强中小学收费管理、坚决制止乱收费的情况报告，审议通过市人大常委会对市人民政府《关于加强中小学收费管理、坚决制止乱收费的情况报告》审议意见；听取和审议市人民政府关于省第八届运动会筹备工作情况汇报；听取和审议市人民政府关于阆中市博树回族乡经济和社会发展情况汇报，审议通过市人大常委会对市人民政府《关于阆中市博树回族乡经济和社会发展情况的汇报》审议意见；审议通过《南充市人大常委会关于通报表彰市工业局的决定》。听取和审议市一届人大常委会代表资格审查委员会关于对南部县人大常委会罢免蒲树林市一届人大代表职务的审查报告；审议通过人事任免事项，任命市级国家机关工作人员4名，免去2名市级国家机关工作人员职务。市人民政府副市长杜元耀、王正忠，秘书长彭修昌，市中级人民法院副院长孟端正，市人民检察院副检察长马岳松，市政府有关部门主要负责人，市人大各专门委员会、常委会办事机构负责人，各县（市、区）人大常委会负责人列席会议。市政协副主席杨汉翔和6名省、市人大代表应邀列席会议。

1996年8月28日至30日，市一届人大常委会举行第十八次会议。市人大常委会主任李慎宽，副主任谢志远、樊荣华分别主持全体会议。市人大常委会副主任田远志、袁天锡、杜河清、张明才、常思九、李志光和委员共34人出席会议。会议传达省八届人大常委会二十二次会议精神；听取和审议市人民政府关于全市“三五”普法规划情况的汇报，审议通过《南充市人民代表大会常务委员会关于在全市开展第三个五年法制宣传教育的决议》；听取和审议市人民政府关于全市工业企业扭亏增盈情况汇报，听取和审议市人民政府关于全市商贸企业扭亏增盈情况汇报，审议通过《南充市人大常委会对市人民政府关于工商企业扭亏增盈工作情况汇报的审议意见》；听取和审议市人民政府关于1996年1月至6月财政预算执行工作情况报告，审议通过《南充市人大常委会对市人民政府〈关于1996年1—6月财政预算执行工作的情况报告〉的审议意见》；听取和审议市人民政府关于开展“城市规划年”活动情况汇报；听取和审议市中级人民法院院长欧晓东的述职报告。市人民政府副市长杜元耀、董仲良、张益维，市中级人民法院院长欧晓东，市人民检察院检察长罗自省，市政府有关部门主要负责人，市人大各专门委员会、常委会办事机构负责人，各县（市、区）人大常委会负责人列席会议。市政协副主席刘大魁和8名省、市人大代表应邀列席会议。

1996年10月30日至11月1日，市一届人大常委会举行第十九次会议。市人大常委会主任李慎宽、副主任谢志远分别主持全体会议。市人大常委会副主任田远志、袁天锡、樊荣华、杜河清、常思九、李志光和委员共36人出席会议。会议传达中共四川省六届七次全委会精神和省八届人大常委会二十三次会议精神；听取和审议市人民政府关于南充市1996年1月至8月国民经济和社会发展计划执行情况及部分指标变更意见的报告，听取和审议市人大财政经济委员会关于南充市1996年国民经济和社会发展计划部分指标变更意见的初审报告，审议通过《南充市人民代表大会常务委员会关于批准南充市1996年国民经济和社会发展计划部分指标变更的决定》；听取和审议市人民政府关于市级1996年财政预算调整方案报告，听取和审议市人大财政经济委员会关于对市级1996年财政预算调整方案初审报告，审议通过《南充市人民代表大会常务委员会关于批准南充市市级1996年财政预算调整方案的决定》；听取和审议市人民政府关于南充市农村小康建设工作情况的汇报，审议通过《南充市人大常委会关于加快农村小康建设的决议》；听取和审议通过市人大财政经济委员会关于市一届人大四次会议主席团交付审议的高坪区、嘉陵区、顺庆区代表团提出的《关于市与市辖三区事权划分急需完善的问题》议案的审议结果的报告；听取和审议通过市人大城乡建设环境保护委员会关于市一届人大四次会议主席团交付审议的代表提出的《加强城市管理、巩固创卫成果》的议案审议结果的报告；听取和审议通过市人大民族宗教外事侨务委员会关于市一届人大四次会议主席团交付审议的代表提出的《加速发展南充旅游业》议案审议结果的报告；审议通过人事任免事项，任命市级国家机关工作人员3名。审议通过《关于接受向阳辞去南充市人民政府市长职务请求的决定》；审议通过《关于李川副市长代理南充市人民政府市长职务的决定》。市人民政府副市长陈香泉，市中级人民法院副院长刘明，市人民检察院副检察长马岳松，市政府有关部门主要负责人，市人大各专门委员会、常委会办事机构负责人，各县（市、区）人大常委会负责人列席会议。市政协副主席杨汉翔和3名省、市人大代表应邀列席会议。

1996年12月30日至31日，市一届人大常委会举行第二十次会议。市人大常委会主任李慎宽，副主任田远志、谢志远分别主持全体会议。市人大常委会副主任袁天锡、樊荣华、杜河清、张明才、常思九、李志光和委员共34人出席会议。会议传达省八届人大常委会二十四次会议精神；听取和审议市人大常委会执法检查组关于检查《中华人民共和国环境保护法》执行情况的汇报（书面）；听取和审议市人大常委会执法检查组关于检查《中华人民共和国农业技术推广法》执行情况的报告（书面）；听取和审议市人民政府办公厅关于市一届人大四次会议代表所提建议、批评和意见办理情况的汇报；听取和审议市人民政府关于贯彻实施《四川省社会治安综合治理条例》的情况汇报；审议通过关于召开市一届人大五次会议的决定；审议通过市一届人大五次会议议程（草案），决定提请市一届人大五次会议预备会议通过；审议通过市一届人大五次会议主席团、秘书长建议名单，决定提请市一届人大五次会议预备会议通过；审议通过市一届人大五次会议列席人员名单；审议通过市人大常委会工作报告（草案），决定提请市一届人大五次会议审查；审议通过市人大常委会1997年度工作要点；听取和审议市一届人大常委会代表资格审查委员会关于补选的代表资格审查报告；听取和审议关于市一届人大常委会补选省八届人大代表的说明；审议通过《南充市第一届人民代表大会常务委员会第二十次会议选举办法》；会议补选李慎宽为省八届人民代表大会代表，报省人大常委会代表资格审查委员会审查；听取和审议《关于修改〈南充市人民代表大会议事规则〉的决议（草案）》的说明，审议通过《关于修改〈南充市人民代表大会议事规则〉的决议（草案）》，决定提请市一届人大五次会议审议表决；审议通过人事任免事项，免去1名市级国家机关工作人员职务。市人民政府秘书长彭修昌，市中级人民法院副院长孟端正，市人民检察院副检察长支卫平，市政府有关部门主要负责人，市人大各专门委员会、常委会办事机构负责人，各县（市、区）人大常委会负责人列席会议。市政协副主席杨汉翔和6名省、市人大代表应邀列席会议。

1997年2月16日，市一届人大常委会举行第二十一次会议。市人大常委会主任李慎宽主持会议并讲话。市人大常委会副主任田远志、袁天锡、樊荣华、杜河清、张明才、常思九、李志光和委员共34人出席会议。会议听取和审议市人民政府关于大春备耕工作情况汇报，审议通过对市人民政府大春备耕工作情况汇报的审议意见；听取和审议通过市一届人大常委会代表资格审查委员会关于对阆中市人大常委会罢免黄先贵市一届人大代表职务的审查报告，听取和审议通过市一届人大常委会代表资格审查委员会关于补选的代表资格审查报告；审议通过人事任命事项，任命市级国家机关工作人员 1 名，李慎宽向被任命人员颁发任命书。市人民政府副市长杜元耀、陈香泉，市中级人民法院院长欧晓东，市人民检察院检察长罗自省，市政府有关部门主要负责人，市人大各专门委员会、常委会办事机构负责人，各县（市、区）人大常委会负责人列席会议。市政协副主席杨汉翔应邀列席会议。

1997 年 4 月 3 日，市一届人大常委会举行第二十二次会议。市人大常委会主任李慎宽主持会议并讲话。市人大常委会副主任田远志、杨元生、谢正顺、张明才、常思九、彭修昌、肖盛林和委员共 33 人出席会议。会议审议通过人事任免事项，任命市级国家机关工作人员 20 名，免去 17 名市级国家机关工作人员职务。李慎宽向被任命人员颁发任命书；会议审议通过《关于接受梁仕培辞去南充市第一届人民代表大会农业委员会委员职务的决定》。市人民政府市长李川，市中级人民法院院长欧晓东，市委组织部、市人事局、南充日报社、市广播电视局 1 名负责人，市人大各专门委员会、常委会办事机构负责人列席会议。

1997 年 4 月 28 日至 30 日，市一届人大常委会举行第二十三次会议。市人大常委会主任李慎宽，副主任杨元生、张明才分别主持全体会议。市人大常委会副主任田远志、谢正顺、杜河清、常思九、彭修昌和委员共 34 人出席会议。会议传达省八届人大五次会议精神；听取和审议市人民政府关于全市农田水利基本建设情况汇报，审议通过《南充市人大常委会关于对市人民政府农田水利基本建设情况汇报的审议意见》；听取和审议市人民政府关于全市“三五”普法启动工作的情况汇报；听取和审议市人民银行关于全市金融工作情况汇报；听取和审议市贸易局关于评议整改工作情况汇报，审议通过《南充市人大常委会关于对市贸易局评议整改工作情况汇报的审议意见》；听取和审议市公安局关于评议整改工作情况汇报，审议通过《南充市人大常委会关于对市公安局评议整改工作情况汇报的审议意见》；听取和审议市土地管理局关于评议整改工作情况汇报，审议通过《南充市人大常委会关于对市土地管理局评议整改工作情况汇报的审议意见》；听取和审议市广播电视局关于评议整改工作情况汇报，审议通过《南充市人大常委会关于对市广播电视局评议整改工作情况汇报的审议意见》。会上，李慎宽传达省委书记谢世杰到南充现场办公时的讲话精神。市人民政府副市长杜元耀、陈香泉，市中级人民法院、市人民检察院 1 名负责人，市政府有关部门负责人，市人大各专门委员会、常委会办事机构负责人，各县（市、区）人大常委会负责人列席会议。会议还邀请市政协副主席李阶生和部分省、市人大代表列席会议。

1997 年 6 月 25 日至 27 日，市一届人大常委会举行第二十四次会议。市人大常委会主任李慎宽主持会议并讲话。市人大常委会副主任杨元生、谢正顺、杜河清、张明才、常思九、彭修昌、肖盛林和委员共 33 人出席会议。会议传达省八届人大常委会二十七次会议精神；听取和审议市人民政府关于推进农业产业化情况汇报，审议通过《南充市人大常委会对市人民政府推进农业产业化情况汇报的审议意见》；听取和审议市人民政府关于市级 1996 年度预算执行和其他财政收支的审计工作报告，审议通过《南充市人大常委会对市人民政府关于南充市市级 1996 年度预算执行和其他财政收支的审计工作报告的审议意见》；听取和审议市人民政府关于南充市 1996 年财政决算草案的报告，听取和审议市人大财政经济委员会关于南充市 1996 年财政决算草案的审查报告，审议通过《南充市人民代表大会常务委员会关于批准南充市 1996 年市级财政决算的决议》；听取和审议市人民政府关于南充市宗教事务管理情况的汇报，审议通过《南充市人大常委会关于对市人民政府宗教事务管理情况汇报的审议意见》；听取市监察局局长述职；听取和审议关于《南充市人民代表大会常务委员会人事任免试行办法（修改草案)》的说明，审议通过关于修改《南充市人民代表大会常务委员会人事任免试行办法》的决定；审议通过《关于增补南充市第一届人民代表大会常务委员会代表资格审查委员会主任委员、委员的决定》。市委副书记傅金凤应邀指导会议。市人民政府副市长杜元耀、陈香泉、罗月华，市中级人民法院、市人民检察院1名负责人，市政府有关部门负责人，市人大各专门委员会、常委会办事机构负责人，各县（市、区）人大常委会负责人列席会议。会议还邀请6名省、市人大代表列席会议。

1997年8月27日至29日，市一届人大常委会举行第二十五次会议。市人大常委会主任李慎宽主持会议并讲话。市人大常委会副主任田远志、杨元生、谢正顺、杜河清、张明才、常思九、彭修昌、肖盛林和委员共36人出席会议。会议传达省八届人大常委会二十八次会议精神；听取和审议市人民政府关于南充市1997年上半年国民经济和社会发展计划执行情况的报告，审议通过《南充市人大常委会对市人民政府〈关于南充市1997年上半年国民经济和社会发展计划执行情况的报告〉的审议意见》；听取和审议市人民政府关于贯彻执行《四川省建筑管理条例》的情况汇报，审议通过《南充市人大常委会对市人民政府关于贯彻执行〈四川省建筑管理条例〉情况汇报的审议意见》；听取和审议市人民政府关于全市贯彻实施《四川省文化市场管理条例》的情况汇报，审议通过《南充市人大常委会对市人民政府关于贯彻实施〈四川省文化市场管理条例〉情况汇报的审议意见》；听取和审议关于《南充市人民代表大会常务委员会关于依法治市的决议（草案)》的说明，审议通过《南充市人民代表大会常务委员会关于依法治市的决议》；听取和审议关于《南充市人民代表大会常务委员会〈四川省各级人民代表大会常务委员会评议工作条例〉实施办法（草案)》的说明，审议通过《南充市人民代表大会常务委员会〈四川省各级人民代表大会常务委员会评议工作条例〉实施办法》；听取和审议关于修改《南充市人民代表大会常务委员会议事规则》的决定（草案）的说明，审议通过《关于修改〈南充市人民代表大会常务委员会议事规则〉的决定》；审议通过人事任免事项，任命市级国家机关工作人员6名，免去2名市级国家机关工作人员职务。李慎宽向被任命人员颁发任命书。市委常委、市委组织部部长任德俭，市委常委、市纪委书记叶占元应邀指导会议。市人民政府市长李川、副市长陈福，市中级人民法院院长欧晓东，市人民检察院1名负责人，市政府有关部门负责人，市人大各专门委员会、常委会办事机构负责人，各县（市、区）人大常委会负责人列席会议。会议还邀请市政协副主席杨汉翔和5名省、市人大代表列席会议。

1997年10月28日至30日，市一届人大常委会举行第二十六次会议。市人大常委会主任李慎宽主持会议并讲话。市人大常委会副主任田远志、杨元生、谢正顺、杜河清、张明才、常思九、彭修昌、肖盛林和委员共33人出席会议。会议传达省八届人大常委会二十九次会议精神；听取和审议市人大常委会执法检查组关于检查《四川省归侨侨眷企业事业权益保护条例》执行情况报告；听取和审议市人民政府关于贯彻市人大常委会作出的《加快农村小康建设的决议》的情况汇报；听取和审议市人民政府关于南充市1997年1月至9月财政预算执行情况和市级财政预算调整方案（草案）的报告，听取和审议了市人大财政经济委员会关于市级1997年财政预算调整方案（草案）的初审报告，审议通过《南充市人民代表大会常务委员会关于批准南充市市级1997年财政预算调整方案的决定》；听取和审议通过市人大农业委员会关于市一届人大五次会议主席团交付审议的代表提出的《关于加大升钟水库淹没区扶贫开发力度的议案》审议结果的报告；听取和审议市人民政府关于南充市贯彻实施《四川省企业负担监督管理条例》情况汇报，听取和审议市人大常委会执法检查组关于检查《四川省企业负担监督管理条例》实施情况报告，审议通过《南充市人大常委会对市人民政府关于贯彻实施〈四川省企业负担监督管理条例〉的情况汇报的审议意见》；听取和审议市人民政府关于南充旅游业发展情况的汇报，审议通过《南充市人大常委会对市人民政府〈关于南充旅游业发展情况的汇报〉的审议意见》；听取和审议市一届人大常委会代表资格审查委员会关于补选代表的代表资格审查报告；审议通过关于召开市一届人大六次会议的决定；听取和审议市外侨办主任述职报告；审议通过人事任免事项，任命市级国家机关工作人员 4 名，免去 4 名市级国家机关工作人员职务。李慎宽向被任命人员颁发任命书。市人民政府副市长杜元耀、陈香泉、陈尚君、罗月华，市中级人民法院院长欧晓东，市人民检察院 1 名负责人，市政府有关部门负责人，市人大各专门委员会、常委会办事机构负责人，各县（市、区）人大常委会 1 名负责人列席会议。会议还邀请市政协副主席杨汉翔和 7 名省、市人大代表列席会议。

1997 年 12 月 29 日至 31 日，市一届人大常委会举行第二十七次会议。市人大常委会主任李慎宽主持会议并讲话。市人大常委会副主任田远志、杨元生、谢正顺、杜河清、张明才、常思九、彭修昌、肖盛林和委员共 35 人出席会议。会议传达省八届人大常委会三十次会议精神；听取和审议市人民政府关于依法治市工作情况的汇报；听取和审议市人民检察院关于迎评整改的情况汇报；听取和审议市人民政府关于《南充市国民经济和社会发展“九五”计划部分调整意见》的说明，听取和审议市人大财政经济委员会对《南充市国民经济和社会发展“九五”计划部分调整意见》的初审报告，审议通过《南充市人民代表大会常务委员会关于批准南充市国民经济和社会发展“九五”计划部分调整方案的决议》；听取和审议市人民政府关于市级财政周转金等专项资金使用情况审计调查的报告；听取和审议市人民政府关于南充市 1997 年国民经济和社会发展计划执行情况及 1998 年国民经济和社会发展计划初步安排意见的汇报；听取和审议市人民政府办公厅关于市一届人大五次会议代表所提建议、批评和意见办理情况的汇报；听取和审议市人大常委会秘书长关于反馈 1997 年度市人大常委会审议意见办理情况的汇报；听取和审议市人民政府落实《市人大常委会对市人民政府 1997 年上半年国民经济和社会发展计划执行情况报告的审议意见》的情况汇报；听取和审议市乡镇企业管理局局长的述职报告；审议市人大常委会工作报告（草案），决定提请市一届人大七次会议审查；听取和审议通过市人大常委会 1998 年工作要点；审议通过关于召开市一届人大七次会议的决定；讨论决定召开市一届人大七次会议的有关事项；审议通过《关于接受陈香泉辞去南充市人民政府副市长职务请求的决定》；审议通过人事任免事项，任命市级国家机关工作人员 6 名，免去 4 名市级国家机关工作人员职务。李慎宽向被任命人员颁发任命书。市人民政府市长杜元耀，市中级人民法院、市人民检察院 1 名负责人，市政府有关部门负责人，市人大各专门委员会、常委会办事机构负责人，各县（市、区）人大常委会负责人列席会议。会议还邀请市政协副主席李阶生和部分省、市人大代表列席会议。

1998 年 2 月 26 日至 27 日，市一届人大常委会举行第二十八次会议。市人大常委会主任李慎宽、副主任杨元生分别主持全体会议。市人大常委会副主任田远志、谢正顺、杜河清、张明才、常思九、彭修昌、肖盛林和委员共 30 人出席会议。会议传达省九届人大常委会一次会议精神；听取和审议市人民政府关于 1998 年农业生产安排的情况汇报；听取和审议市人民政府关于南充市历史文化名城保护规划编制情况的汇报；听取和审议市人民政府关于西山风景名胜区总体规划编制情况的汇报；听取和审议市人大城乡建设环境保护委员会关于南充市历史文化名城保护规划和西山风景名胜区总体规划的初审报告；审议通过《南充市人民代表大会常务委员会关于同意南充市历史文化名城保护规划的决议》；审议通过《南充市人民代表大会常务委员会关于同意南充市西山风景名胜区总体规划的决议》；审议通过人事任免事项，任命市级国家机关工作人员 12 名，免去 2 名市级国家机关工作人员职务。李慎宽向被任命人员颁发任命书。市人民政府副市长杨安民，市中级人民法院 1 名负责人，市人民检察院检察长罗自省，市政府有关部门负责人，市人大各专门委员会、常委会办事机构负责人，各县（市、区）人大常委会负责人列席会议。市政协副主席胡昌川和3名市人大代表列席会议。

1998年4月28日至29日，市一届人大常委会举行第二十九次会议。市人大常委会主任李慎宽、副主任张明才分别主持全体会议。市人大常委会副主任田远志、杨元生、谢正顺、杜河清、常思九、彭修昌、肖盛林和委员共35人出席会议。会议传达省九届人大常委会二次会议精神；听取和审议市人民政府关于减轻企业负担的情况汇报，审议通过《南充市人大常委会关于切实减轻企业负担的决议》；听取和审议市建委、市教委、市工商局接受评议整改工作的情况汇报：听取市人大民宗外侨委关于考察阆中市博树回族乡落实《民族乡行政工作条例》的情况汇报。市中级人民法院、市人民检察院负责人，市政府有关部门负责人，市人大各专门委员会、常委会办事机构负责人，各县（市、区）人大常委会负责人列席会议。会议还邀请3名市人大代表列席会议。

1998年6月29日至30日，市一届人大常委会举行第三十次会议。市人大常委会主任李慎宽、副主任张明才分别主持全体会议。市人大常委会副主任谢正顺、杜河清、常思九、彭修昌、肖盛林和委员共30人出席会议。会议传达省九届人大常委会三次会议精神；听取和审议市人民政府关于南充市1997年财政决算（草案）的报告，听取和审议市人大财政经济委员会关于南充市1997年财政决算（草案）的审查报告，审议通过《南充市人民代表大会常务委员会关于批准南充市市级1997年财政决算的决议》；听取和审议市人民政府关于南充市1997年度市级财政预算执行和其他财政收支的审计工作报告；审议通过《南充市人大常委会对市人民政府关于南充市1997年度市级财政预算执行和其他财政收支的审计工作报告的审议意见》；听取和审议市人民政府关于提请市人大常委会审议西河综合整治开发工程的议案，听取和审议市人民政府关于南充西河（城区段）综合整治开发工程的情况汇报，听取和审议市人大城环委员会关于南充市西河（城区段）综合整治开发工程议案初审情况的报告；听取和审议市人民政府关于贯彻市人大常委会《关于切实减轻企业负担的决议》的情况汇报；听取和审议市人民政府关于办理市人大常委会《关于南充旅游业发展情况汇报的审议意见》的情况汇报；审议通过《南充市人大常委会关于接受黄工乐辞去四川省第九届人民代表大会代表职务的决定》；审议通过人事任免事项，任命市级国家机关工作人员1名。市人民政府副市长杨安民、陈福、罗月华，市中级人民法院、市人民检察院1名负责人，市政府有关部门负责人，市人大各专门委员会、常委会办事机构负责人，各县（市、区）人大常委会1名负责人列席会议。市政协副主席胡昌川应邀列席会议。

1998年9月3日至4日，市一届人大常委会举行第三十一次会议。市人大常委会主任李慎宽、副主任张明才分别主持全体会议。市人大常委会副主任杨元生、杜河清、常思九、彭修昌、肖盛林和委员共31人出席会议。会议传达省九届人大常委会四次会议精神；听取和审议市人民政府关于全市旱山村人畜饮水工程建设的情况汇报；听取和审议市人民政府关于依法行政工作情况汇报；听取和审议市人民政府关于南充市1998年1月至7月国民经济和社会发展计划执行情况汇报；听取和审议市人民政府关于南充市1998年1月至7月财政预算收支执行情况报告。市人民政府副市长高先海，市中级人民法院、市人民检察院负责人，市政府有关部门负责人，市人大各专门委员会、常委会办事机构负责人，各县（市、区）人大常委会负责人列席会议。

1998年10月27日至29日，市一届人大常委会举行第三十二次会议。市人大常委会主任李慎宽，副主任田远志、张明才分别主持全体会议。市人大常委会副主任杨元生、杜河清、常思九、彭修昌、肖盛林和委员共35人出席会议。会议传达学习中共十五届三中全会精神，传达省九届人大常委会五次会议精神；听取和审议市人民政府关于贯彻实施《中华人民共和国乡镇企业法》情况汇报；听取和审议市人民政府关于市级1998年财政预算调整方案（草案）报告，听取和审议市人大财政经济委员会关于对市级1998年财政预算调整方案（草案）审查报告，审议通过《南充市人民代表大会常务委员会关于批准南充市市级1998年财政预算调整方案的决议》；听取和审议市人民政府关于南充市1998年1月至9月重点项目建设情况汇报；听取和审议市人民政府关于贯彻实施《四川省计划生育条例》情况汇报；听取和审议市人民政府关于办理市人大常委会提出的对市北湖公园、市西山运动场、市体育场等公益事业单位近两年来财务收支情况的审计和对市建委、市公安局、市房管局等几家单位的收费、罚款收入及资金使用情况重点审计的情况汇报；听取和审议市中级人民法院、市物价局、市医药管理局关于落实市人大代表评议整改意见情况汇报；听取和审议通过市一届人大七次会议主席团交付教科文卫委员会审议的《关于分步创建文化大市，促进经济和社会事业发展的议案》审议结果报告；审议通过人事任免事项，免去1名市级国家机关工作人员职务。市人民政府副市长董仲良、罗月华，市中级人民法院院长欧晓东，市人民检察院负责人，市政府有关部门负责人，市人大各专门委员会、常委会办事机构负责人，各县（市、区）人大常委会负责人列席会议。市政协副主席胡昌川应邀列席会议。

1998年12月17日至18日，市一届人大常委会举行第三十三次会议。市人大常委会主任李慎宽，副主任杨元生、张明才分别主持全体会议。市人大常委会副主任田远志、谢正顺、杜河清、常思九、彭修昌、肖盛林和委员共37人出席会议。会议听取和审议市人民政府办公厅关于市一届人大七次会议代表所提建议批评和意见办理情况的汇报；审议通过关于召开市二届人大一次会议的决定；讨论市人大常委会工作报告（草案），决定提请市二届人大一次会议审议；听取和审议市二届人大专门委员会设置的议案（草案）及其说明，审议通过市二届人大专门委员会设置的议案（草案），决定提请市二届人大一次会议审议；审议通过人事任免事项，会议决定任命吴果行为市人民政府副市长；审议通过《关于接受杜元耀请求辞去南充市人民政府市长职务的决定》；审议通过《关于吴果行副市长代理南充市人民政府市长职务的决定》。市人民政府副市长杨安民，市中级人民法院院长欧晓东，市人民检察院检察长罗自省，市人大各专门委员会、常委会办事机构负责人，各县（市、区）人大常委会1名负责人列席会议。市政协副主席李阶生应邀列席会议。

1999年1月9日下午，市一届人大常委会举行第三十四次会议。市人大常委会主任李慎宽主持会议。市人大常委会副主任杨元生、谢正顺、杜河清、张明才、彭修昌、肖盛林和委员共29人出席会议。会议传达省九届人大常委会六次会议精神；听取和审议市一届人大常委会代表资格审查委员会关于市二届人大代表资格审查报告，确认当选的518名代表资格有效；讨论决定召开市二届人大一次会议有关事项。市人民政府代市长吴果行，市中级人民法院院长欧晓东，市人民检察院检察长罗自省，市人大各专门委员会、常委会办事机构负责人列席会议。

第二节　南充市第二届人大常委会会议

1999年2月9日至10日，市二届人大常委会举行第一次会议。市人大常委会主任李慎宽，副主任杨元生、谢正顺、张明才分别主持全体会议。市人大常委会副主任张益维、肖盛林、杨汉翔、孙纯、罗自省、陈绍森、黄旭东、王素清，秘书长何多福和委员共33人出席会议。会议传达省九届人大常委会七次会议精神；听取和审议市人民政府关于南充市1999年农业稳粮增收目标及其措施的情况汇报；审议通过市二届人大常委会1999年工作要点；审议通过人事任免事项，任命市级国家机关工作人员37名。举行了颁发任命书大会，李慎宽分别向市政府37个组成部门主要负责人颁发任命书。市委书记敬中春、市人大常委会主任李慎宽、市长吴果行作了讲话。市人民政府副市长杜光辉，市中级人民法院、市人民检察院1名负责人列席会议。市政协副主席胡昌川应邀列席会议。

1999年4月14日至15日，市二届人大常委会举行第二次会议。市人大常委会主任李慎宽，副主任张明才、肖盛林分别主持全体会议。市人大常委会副主任杨元生、谢正顺、张益维、杨汉翔、孙纯、罗自省、陈绍森、黄旭东、王素清，秘书长何多福和委员共33人出席会议。会议传达省九届人大常委会八次会议精神和省人大生态环境座谈会精神；听取和审议市人民政府关于贯彻实施《中华人民共和国科技进步法》情况报告；听取和审议关于修改《南充市人民代表大会常务委员会组成人员守则》决定（草案）的说明，审议通过关于修改《南充市人民代表大会常务委员会组成人员守则》的决定；听取和审议关于制定《南充市人大常委会会议列席制度（草案）》的说明，审议通过《南充市人大常委会会议列席制度》；听取和审议《关于设立南充市人民代表大会常务委员会研究室的决定（草案）》的说明，通过《关设立南充市人民代表大会常务委员会研究室的决定》；听取和审议关于《南充市第二届人大常委会代表资格审查委员会名单（草案）》的说明，审议通过市二届人大常委会代表资格审查委员会名单；审议通过人事任免事项，任命市级国家机关工作人员8名，免去6名市级国家机关工作人员职务。李慎宽向被任命人员颁发任命书；会议举办首次法制讲座，邀请四川师范学院副教授傅建民主讲《宪法民主、依法治国与建设中国特色社会主义》。市人民政府副市长杜光辉、罗月华，市中级人民法院副院长刘明，市人民检察院检察长梁仕培，市政府办公厅、市科委、市人事局、市法建办主要负责人，市人大各专委会、常委会各办事机构负责人，各县（市、区）人大常委会负责人列席会议。市政协副主席张泽荣应邀列席会议。

1999年6月10日至11日，市二届人大常委会举行第三次会议。市人大常委会主任李慎宽，副主任张明才、张益维分别主持全体会议。市人大常委会副主任杨元生、谢正顺、张明才、张益维、肖盛林、杨汉翔、孙纯、罗自省、陈绍森、黄旭东、王素清，秘书长何多福和委员共35人出席会议。会议传达省九届人大常委会九次会议精神；听取和审议市人民政府关于清理整顿农村合作基金会的情况汇报；听取和审议市人民政府关于南充市1998年财政决算（草案）及1999年1—5月财政预算执行情况的报告；听取和审议市人民政府关于南充市1998年度市级财政预算执行和其他财政收支的审计工作报告；听取和审议市人大财政经济委员会关于南充市1998年财政决算草案及1999年1月至5月财政预算执行情况的审查报告；审议通过《南充市人大常委会关于批准南充市1998年市级财政决算的决议》；听取和审议市人民政府关于全市“三五”普法工作情况汇报；听取和审议市人民政府关于全市侨属企业发展情况汇报；审议通过人事任免事项，任命市级国家机关工作人员3名，免去1名市级国家机关工作人员职务。李慎宽向被任命人员颁发任命书；会议举办法制讲座，邀请市中级人民法院副院长刘明讲授《中华人民共和国国家赔偿法》。市人民政府副市长陈尚君、高先海，市中级人民法院院长欧晓东，市人民检察院检察长梁仕培，市政府办公厅、市法制局、市司法局、市计委、市财政局、市审计局、市统计局、市国税局、市地税局、市农业局、市农工委、市法建办、市外侨办主要负责人，市人大各专委会、常委会各办事机构负责人，各县（市、区）人大常委会负责人列席会议。市政协副主席胡昌川应邀列席会议。

1999年8月24日，市二届人大常委会举行第四次会议。市人大常委会主任李慎宽、副主任杨汉翔分别主持全体会议。市人大常委会副主任杨元生、谢正顺、张明才、张益维、肖盛林、孙纯、罗自省、陈绍森、黄旭东、王素清，秘书长何多福和委员共34人出席会议。会议传达省九届人大常委会十次会议精神；听取和审议市人民政府关于南充市1999年1月至6月国民经济和社会发展计划执行情况的报告；听取和审议通过市人大常委会代表资格审查委员会关于仪陇县、高坪区补选的市二届人大代表资格审查报告；会议举办了法制讲座，邀请市中级人民法院经济二庭庭长唐扬壁讲授《中华人民共和国合同法》。市人民政府秘书长马敬国，市中级人民法院副院长蒙长安，市人民检察院检察长梁仕培，市政府办公厅、市计委、市法建办主要负责人，市人大各专委会、常委会各办事机构负责人，各县（市、区）人大常委会负责人列席会议。会议邀请市政协副主席李阶生和两名市人大代表列席会议。

1999年10月26日至27日，市二届人大常委会举行第五次会议。市人大常委会主任李慎宽，副主任张明才、陈绍森分别主持全体会议。市人大常委会副主任杨元生、张益维、肖盛林、杨汉翔、孙纯、罗自省、黄旭东、王素清，秘书长何多福和委员共32人出席会议。会议传达省九届人大常委会十一次会议精神；听取和审议市人大常委会执法检查组关于检查《中华人民共和国森林法》贯彻执行情况的报告（书面）；听取和审议市人民政府关于推进农业产业化经营情况汇报；听取和审议市人民政府关于全市重点工程建设情况汇报；听取和审议市人民政府关于贯彻《四川省开发区管理条例》，加快南充市经济技术开发区发展步伐情况汇报，审议通过《南充市人大常委会关于贯彻〈四川省开发区管理条例〉，加快南充市经济技术开发区发展步伐情况汇报的审议意见》；听取和审议市人民政府关于市级1999年度财政预算调整方案（草案）的报告，听取和审议市人大财政经济委员会关于对市级1999年财政预算调整方案（草案）审查报告，审议通过《南充市人大常委会关于批准南充市市级1999年财政预算调整方案的决议》；听取和审议关于制定《南充市人大常委会处理人民群众来信来访暂行办法（草案）》的说明，审议通过《南充市人大常委会关于处理人民群众来信来访暂行办法》；审议通过人事任免事项，任命市级国家机关工作人员6名。李慎宽向被任命人员颁发任命书；会议举办法制讲座，邀请市人大常委会副主任张明才讲授《中华人民共和国地方各级人民代表大会和地方各级人民政府组织法》。市人民政府副市长杜光辉、陈尚君、赵德胜，市中级人民法院、市人民检察院1名负责人，市政府办公厅、市计委、市建委、市财政局、市国土局、市交通局、市农工委、市重点办、市开发区管委会主要负责人，市人大各专委会、常委会各办事机构负责人，各县（市、区）人大常委会负责人列席会议。市政协副主席陈福应邀列席会议。

1999年12月22日至23日，市二届人大常委会举行第六次会议。市人大常委会主任李慎宽，副主任罗自省、黄旭东分别主持全体会议。市人大常委会副主任杨元生、张明才、张益维、肖盛林、杨汉翔、陈绍森、王素清，秘书长何多福和委员共29人出席会议。会议传达省九届人大常委会十二次会议精神；听取和审议市人大常委会执法检查组关于检查《中华人民共和国建筑法》实施情况报告（书面）；听取和审议市人民政府办公厅关于办理市二届人大一次会议代表建议、批评和意见的情况汇报；听取和审议市中级人民法院关于开展“执行年”活动情况报告；听取和审议市人大常委会办公厅关于1999年度市人大常委会审议意见办理反馈情况的汇报；听取和审议市人大农业委员会关于市二届人大一次会议主席团交付审议的代表提出的《关于妥善解决红岩子电站建成后对阆中造成的淹没问题的议案》审议结果报告；听取和审议通过市人大法制委员会关于市二届人大一次会议主席团交付审议的代表提出的《关于推动广电、电信合作，充分利用国家公网加快农村有线电视建设的议案》审议结果报告；听取和审议通过市人大教科文卫委员会关于市二届人大一次会议主席团交付审议的代表提出的《学校应加强中小学生法制教育的议案》审议结果报告；听取和审议关于召开市二届人大二次会议的决定（草案）的说明，审议通过《南充市人民代表大会常务委员会关于召开南充市第二届人民代表大会第二次会议的决定》；会议期间举办法制讲座，邀请市中级人民法院院长欧晓东讲授《全国人大常委会关于取缔邪教组织、防范和惩治邪教活动的决定》及最高人民法院、最高人民检察院有关司法解释的若干问题。市人民政府、市中级人民法院、市人民检察院负责人，市政府办公厅、市教委、市水电局、市广播电视局、市电信局主要负责人，市人大各专委会、常委会各办事机构负责人，各县（市、区）人大常委会负责人列席会议。市政协副主席李阶生和部分市人大代表应邀列席会议。

2000 年 1 月 7 日，市二届人大常委会举行第七次会议。市人大常委会主任李慎宽、副主任杨元生分别主持全体会议。市人大常委会副主任谢正顺、张明才、张益维、肖盛林、杨汉翔、孙纯、罗自省、陈绍森、黄旭东、王素清，秘书长何多福和委员共 35 人出席会议。会议传达省九届人大常委会十三次会议精神；听取和审议市二届人大常委会代表资格审查委员会关于代表变动情况的说明；讨论市人大常委会工作报告（草案），决定提请市二届人大二次会议审查；审议通过市人大常委会 2000 年工作要点；听取和审议通过市人大农业委员会关于市二届人大一次会议主席团交付审议的代表提出的《妥善解决红岩子电站建成后对阆中造成的淹没问题的议案》审议结果报告；审议市二届人大二次会议议程（草案），决定提请市二届人大二次会议预备会议通过；审议市二届人大二次会议主席团和秘书长名单（草案），决定提请市二届人大二次会议预备会议通过；审议通过市二届人大二次会议列席人员名单。市人民政府、市中级人民法院、市人民检察院负责人，市人大各专委会、常委会各办事机构负责人，各县（市、区）人大常委会负责人列席会议。

2000 年 3 月 7 日至 8 日，市二届人大常委会举行第八次会议。市人大常委会主任李慎宽、副主任王素清分别主持全体会议。市人大常委会副主任杨元生、谢正顺、张明才、张益维、杨汉翔、孙纯、黄旭东，秘书长何多福和委员共 31 人出席会议。会议传达省九届人大常委会十四次会议精神；听取和审议市人民政府关于南充市推行公务员制度情况汇报；听取和审议市人民政府关于全市农业结构调整安排意见汇报，审议通过《南充市人大常委会对市人民政府〈关于全市农业结构调整安排意见的汇报〉的审议意见》。会议举办了法制讲座，邀请四川师范学院副教授周建军讲授《中华人民共和国公司法》。市人民政府副市长杜光辉、高先海，市中级人民法院、市人民检察院负责人，市政府办公厅、市农工委、市人事局、市农业局、市水电局、市畜牧局主要负责人，市人大各专委会、常委会各办事机构负责人，各县（市、区）人大常委会负责人列席会议。市政协副主席张泽荣应邀列席会议。

2000 年 5 月 15 日至 16 日，市二届人大常委会举行第九次会议。市人大常委会主任李慎宽、副主任杨元生分别主持全体会议。市人大常委会副主任谢正顺、张明才、肖盛林、杨汉翔、孙纯、罗自省、陈绍森、黄旭东、王素清，秘书长何多福和委员共 32 人出席会议。会议传达省九届人大常委会十五次、十六次会议精神；听取和审议市人民政府关于市企业改革、资产重组情况汇报；听取和审议市人民政府关于市公安队伍建设情况汇报；听取和审议关于《南充市公民旁听市人大常委会会议规则（草案）》的说明，审议通过《南充市公民旁听市人大常委会会议规则》；审议通过人事任免事项。会议举办了法制讲座，邀请市工商干部学校校长刘恩华主讲《中华人民共和国个人独资企业法》。市人民政府副市长李志杰，市中级人民法院院长欧晓东，市人民检察院检察长梁仕培，市政府办公厅、市经贸委、市体改委、市商贸委、市公安局、市国资委主要负责人，市人大各专委会、常委会各办事机构负责人，各县（市、区）人大常委会负责人列席会议。市政协副主席陈修烈应邀列席会议。

2000 年 7 月 26 日至 28 日，市二届人大常委会举行第十次会议。市人大常委会主任李慎宽，副主任杨元生、谢正顺、肖盛林分别主持全体会议。市人大常委会副主任张明才、张益维、杨汉翔、孙纯、罗自省、陈绍森，秘书长何多福和委员共 31 人出席会议。会议传达省九届人大常委会十七次会议精神；听取和审议市人民政府关于南充市实施西部大开发战略、加快发展的情况汇报，审议通过《南充市人大常委会关于积极推进我市实施西部大开发战略、加快经济发展的决议》；听取和审议市人民政府关于南充市 2000 年 1 月至 6 月国民经济和社会发展计划执行情况的报告；听取和审议市人民政府关于南充市 1999 年财政决算（草案）的报告，听取和审议市人大财政经济委员会关于南充市 1999 年财政决算草案的审查报告，审议通过《南充市人大常委会关于批准南充市 1999 年市级财政决算的决议》；听取和审议市人民政府关于南充市 1999 年市级财政预算执行和其他财政收支的审计工作报告，审议通过《南充市人大常委会对市人民政府关于南充市 1999 年市级财政预算执行和其他财政收支的审计工作报告的审议意见》；听取和审议市人民政府关于贯彻实施《中华人民共和国土地管理法》《四川省〈中华人民共和国土地管理法〉实施办法》情况汇报；听取和审议市人民政府关于培育旅游支柱产业情况汇报；听取和审议关于《南充市人民代表大会常务委员会司法案件监督规定（修订草案）》的说明，审议通过《南充市人民代表大会常务委员会司法案件监督规定》；听取和审议市人民政府关于办理市人大常委会《关于贯彻四川省开发区管理条例审议意见》情况汇报（书面）；审议通过人事任免事项，任命市级国家机关工作人员 2 名。李慎宽向被任命人员颁发任命书；会议举办了法制讲座，邀请市人大法制委员会副主任委员杨天武主讲《关于学习立法法的几个问题》。市人民政府副市长杜光辉、高先海、赵德胜，市中级人民法院院长欧晓东，市人民检察院检察长梁仕培，市政府办公厅、市计委、市财政局、市审计局、市国土局、市旅游局主要负责人，市人大各专委会、常委会各办事机构负责人，各县（市、区）人大常委会负责人列席会议。会议邀请 4 位市人大代表列席会议。按照《南充市公民旁听市人大常委会会议规则》规定，市人大常委会会议首次邀请 2 位公民旁听会议。

2000 年 9 月 27 日至 29 日，市二届人大常委会举行第十一次会议。市人大常委会主任李慎宽、副主任张明才、张益维、杨汉翔分别主持全体会议。市人大常委会副主任杨元生、谢正顺、肖盛林、孙纯、罗自省、陈绍森、黄旭东、王素清，秘书长何多福和委员共 32 人出席会议。会议传达省九届人大常委会十八次、十九次会议精神；听取和审议市人民政府关于提请审议《南充市农业产业化发展纲要（草案）》的议案及其说明，审议通过《南充市人大常委会关于批准〈南充市农业产业化发展纲要〉的决议》；听取和审议市人民政府关于南充市 2000 年 1 月至 7 月财政预算执行情况和 2000 年市级财政预算调整方案（草案）的报告，听取和审议市人大财政经济委员会关于南充市 2000 年市级财政预算调整方案（草案）的审查报告，审议通过《南充市人大常委会关于批准南充市 2000 年市级财政预算调整方案的决议》；听取和审议市中级人民法院关于解决人民法院“执行难”问题情况汇报，审议通过《南充市人大常委会关于加强全市法院执行工作的决议》；听取和审议市人大常委会执法检查组关于依法治市决议贯彻落实情况的检查报告；听取市人民政府关于贯彻执行《中华人民共和国食品卫生法》工作情况汇报（书面）；听取和审议市人大常委会执法检查组关于《中华人民共和国食品卫生法》执法检查情况的报告；听取和审议市人大常委会主任会议关于提请授予张世富等六位同志“人民好公仆”荣誉称号的议案及其说明，审议通过《南充市人大常委会关于授予张世富等六位同志“人民好公仆”荣誉称号的决定》，会议向被授予“人民好公仆”荣誉称号的人员颁发荣誉证书和荣誉证章；听取和审议通过市人大常委会代表资格审查委员会关于罢免赵代坤市二届人大代表职务的报告；会议期间，举行市人大法制培训中心授牌仪式；会议举办了法制讲座，邀请市人大常委会副主任陈绍森主讲《关于地方人大依法对地方财政监督问题》。市委常委、市委组织部部长何大清应邀指导会议。市人民政府副市长高先海、罗月华，市中级人民法院院长欧晓东，市人民检察院 1 名负责人，市政府办公厅、市政府法制局、市教委、市建委、市农工委、市商贸委、市农业局、市财政局、市经贸委、市卫生局、市人事局、市法建办主要负责人，市人大各专委会、常委会各办事机构负责人，各县（市、区）人大常委会负责人列席会议。市政协副主席李阶生应邀列席会议。会议邀请3位市人大代表列席会议，2位公民旁听会议。

2000年11月21日至22日，市二届人大常委会举行第十二次会议。市人大常委会主任李慎宽、副主任张明才、肖盛林分别主持全体会议。市人大常委会副主任杨元生、谢正顺、张益维、杨汉翔、孙纯、罗自省、陈绍森、黄旭东、王素清和委员共33人出席会议。会议传达省九届人大常委会二十次会议精神；听取和审议市人民政府关于贯彻实施《中华人民共和国促进科技成果转化法》的情况汇报；听取和审议市人民政府关于全市“三五”普法工作总结验收的情况汇报；听取和审议市人民检察院关于全市检察机关诉讼监督工作情况报告；听取和审议市人大常委会执法检查组关于《中华人民共和国环境保护法》专题执法检查的报告；听取和审议关于召开市二届人大三次会议的决定（草案）的说明，审议通过关于召开市二届人大三次会议决定；听取和审议关于制定《南充市人大常委会督促办理代表议案和建议、批评、意见的暂行规定（草案）》的说明，审议通过《南充市人大常委会关于督促办理代表议案和建议、批评、意见的暂行规定》；审议通过人事任免事项，任命市级国家机关工作人员9名，免去3名市级国家机关工作人员职务。李慎宽向被任命人员颁发任命书；会议举办科学技术知识讲座，邀请中国工程院院士、西南石油学院院长罗平亚主讲当前科学技术的发展趋势及科学技术在经济建设中的作用。市人民政府副市长杜光辉、罗月华，市中级人民法院院长欧晓东，市人民检察院检察长梁仕培，市政府办公厅、市科委、市人事局、市环保局、市经委、市工商局、市公安局、市国家安全局、市司法局、市政府法制办、市法建办、市城管办、南充石油天然气公司主要负责人，市人大各专委会、常委会各办事机构负责人，各县（市、区）人大常委会负责人列席会议。市政协副主席张泽荣应邀列席会议。

2000年12月25日至26日，市二届人大常委会举行第十三次会议。市人大常委会主任李慎宽、副主任杨元生分别主持全体会议。市人大常委会副主任谢正顺、张明才、张益维、肖盛林、杨汉翔、孙纯、罗自省、陈绍森、黄旭东、王素清，秘书长何多福和委员共33人出席会议。会议传达省九届人大常委会二十次会议精神；听取和审议市人民政府关于《南充市国民经济和社会发展第十个五年计划（草案）》编制工作情况汇报；听取和审议市人大常委会秘书长关于办理2000年度市人大常委会审议意见反馈情况汇报；听取和审议市人民政府办公厅关于代表建议、批评和意见办理情况汇报；听取和审议通过市人大农业委员会关于市二届人大二次会议主席团交付审议的代表提出的《加大达成铁路、成南高速公路沿线乡镇经济开发的议案》审议结果报告；听取和审议通过市人大城乡建设环境资源保护委员会关于市二届人大二次会议主席团交付审议的代表提出的《关于建设南充市马市铺垃圾综合处理场的议案》审议结果报告；听取和审议通过市人大教科文卫委员会关于市二届人大二次会议主席团交付审议的代表提出的《实施“园丁”工程，推进素质教育的议案》审议结果报告；审议市人大常委会工作报告（草案），决定提请市二届人大二次会议审查；审议通过市人大常委会2001年度工作要点；听取和审议通过市人大常委会代表资格审查委员会关于补选市人大代表资格的审查报告；讨论决定召开市二届人大三次会议有关事项；通过人事任免事项，任命市级国家机关工作人员1名。李慎宽向被任命人员颁发任命书。市人民政府副市长杜光辉、陈尚君、秘书长马敬国，市中级人民法院院长欧晓东，市人民检察院副检察长陈菊芳，市政府有关部门主要负责人，市人大各专委会、常委会各办事机构负责人，各县（市、区）人大常委会负责人列席会议。

2001年1月14日下午，市二届人大常委会举行第十四次会议。市人大常委会主任李慎宽主持会议并讲话。市人大常委会副主任杨元生、谢正顺、张明才、张益维、肖盛林、杨汉翔、罗自省、陈绍森、黄旭东、王素清，秘书长何多福和委员共33人出席会议。会议听取和审议通过市二届人大常委会代表资格审查委员会关于代表资格审查报告；审议通过《南充市人大常委会关于接受淳定清辞去市二届人大常委会委员职务的决定》；审议通过南充市第二届人民代表大会第三次会议议程（草案），决定提请市二届人大三次会议预备会议通过。

2001年3月12日至13日，市二届人大常委举行第十五次会议。市人大常委会主任李慎宽、副主任张明才分别主持两次全体会议。市人大常委会副主任杨元生、谢正顺、张益维、肖盛林、杨汉翔、孙纯、罗自省、陈绍森、黄旭东、王素清、邹海泉，秘书长何多福和委员共34人出席会议。会议传达省九届人大常委会二十一次会议精神；听取和审议市人民政府关于依靠科技进步促进农民增收的情况汇报，审议通过市人大常委会对市人民政府《关于依靠科技进步促进农民增收的情况汇报》的审议意见；听取和审议关于《南充市人大常委会关于加强经济工作监督的决定（草案）》的说明，审议通过《南充市人大常委会关于加强经济工作监督的决定》；审议通过《关于接受吕友清辞去南充市人民政府副市长职务请求的决定》；审议通过人事任免事项，任命市级国家机关工作人员13名，免去6名市级国家机关工作人员职务。李慎宽向被任命人员颁发任命书；会议举办法制讲座，邀请市委党校副校长、教授宋先钧主讲中国加入世界贸易组织的有关知识。市人民政府副市长杜光辉、高先海，市中级人民法院副院长孟端正，市人民检察院检察长梁仕培、副检察长朱长富，市政府办公厅、市人事局、市计委、市科委、市农工委、市财政局、市农业局、市畜牧局、市水电局、市林业局、市工商局、市经贸委、市商贸委、市审计局、市国税局、市地税局、市人行、市茧丝绸公司主要负责人，市人大各专委会、常委会各办事机构负责人，各县（市、区）人大常委会负责人列席会议。市政协副主席李阶生应邀列席会议。

2001年6月5日至6日，市二届人大常委会举行第十六次会议。市人大常委会主任李慎宽、副主任王素清分别主持全体会议。市人大常委会副主任杨元生、谢正顺、张明才、张益维、肖盛林、杨汉翔、孙纯、罗自省、陈绍森、黄旭东、邹海泉，秘书长何多福和委员共32人出席会议。会议传达省九届人大常委会二十二次、二十三次会议精神；听取和审议市人大常委会执法检查组关于老年人权益保障法执法检查情况的报告；听取和审议市人民政府关于规范旅游市场强化旅游行业管理情况汇报，审议通过市人大常委会对市人民政府《关于规范旅游市场强化旅游行业管理情况汇报》的审议意见；听取和审议市中级人民法院关于审判监督工作的情况汇报；听取和审议通过市二届人大常委会代表资格审查委员会关于对蓬安县人大常委会选举刘伯忠为市二届人大代表资格的审查报告。会议举办法制讲座，邀请四川师范学院副教授刘永红主讲《法学理论的几个基本问题》。市人民政府副市长陈尚君，市中级人民法院副院长刘明，市人民检察院副检察长陈菊芳，市政府办公厅、市人事局、市劳动局、市建委、市公安局、市文化局、市旅游局、市老龄委主要负责人，市人大各专委会、常委会各办事机构负责人，各县（市、区）人大常委会负责人列席会议。会议还邀请市政协副主席陈修烈、3位市人大代表列席会议，4位公民旁听会议。

2001年8月28日至31日，市二届人大常委会举行第十七次会议。市人大常委会主任李慎宽，副主任杨元生、谢正顺分别主持四次全体会议。市人大常委会副主任张明才、张益维、肖盛林、杨汉翔、孙纯、罗自省、陈绍森、黄旭东、王素清、邹海泉，秘书长何多福和委员共35人出席会议。会议首次使用电子表决器表决有关事项。会议听取和审议市人民政府关于市级机构改革工作的情况汇报；听取和审议关于修改《南充市人民代表大会常务委员会人事任免办法》决定（草案）的说明，审议通过关于修改《南充市人民代表大会常务委员会人事任免办法》的决定；审议通过人事任免事项，任命市级国家机关工作人员22名，免去7名市级国家机关工作人员职务。会议首次听取每位提请任命人员限时5分钟的供职发言。李慎宽向被任命人员颁发任命书；会议传达省九届人大常委会二十四次会议精神；听取和审议市人大常委会执法检查组关于开展《中华人民共和国城市规划法》执法检查的情况汇报；听取和审议市人民政府关于全市“三五”普法工作和“四五”普法规划情况的汇报，审议通过《南充市人民代表大会常务委员会关于进一步开展法制宣传教育的决议》；听取和审议市人民政府关于贯彻执行《中华人民共和国传染病防治法》《四川省预防控制性病艾滋病条例》情况汇报；听取和审议市人民政府关于南充市2000年财政决算（草案）及2001年1—6月财政预算执行情况的报告；听取和审议市人民政府关于南充市2000年度市级财政预算执行和其他财政收支的审计工作报告；听取和审议市人大财经委关于南充市2000年财政决算草案的审查报告；审议通过关于批准南充市2000年市级财政决算的决议；听取和审议市人民政府关于南充市2001年1月至6月国民经济和社会发展计划执行情况的报告；听取和审议关于建设绿化生态市的决议（草案）说明，审议通过《南充市人民代表大会常务委员会关于建设绿化生态市的决议》；听取和审议关于授予纳光元“人民好法官”荣誉称号的决定（草案）的说明，审议通过《南充市人民代表大会常务委员会关于授予纳光元“人民好法官”荣誉称号的决定》。李慎宽为荣获“人民好法官”荣誉称号的纳光元颁发荣誉证书、奖牌和奖金。会议举办法制讲座，邀请四川师范学院政法系副教授马桂瑛主讲《国际法在现代国际关系中的作用》。市人民政府市长吴果行，副市长罗月华、李志杰，市中级人民法院、市人民检察院1名负责人，市政府办公室、市人事局、市计委、市建委、市财政局、市审计局、市林业局、市国土局、市环保局、市卫生局、市司法局、市规划局、市经济技术开发区管委会、市西山风景区建设委员会、市法建办、市城管办主要负责人，市人大各专委会、常委会各办事机构负责人，各县（市、区）人大常委会负责人列席会议。市政协副主席李阶生应邀列席会议。

2001年10月23日至24日，市二届人大常委会举行第十八次会议。市人大常委会主任李慎宽、副主任张明才分别主持两次全体会议。市人大常委会副主任杨元生、谢正顺、张益维、肖盛林、杨汉翔、孙纯、陈绍森、黄旭东、邹海泉，秘书长何多福和委员共31人出席会议。会议传达省九届人大常委会二十五次会议精神；听取和审议市人大常委会执法检查组关于开展《中华人民共和国种子法》执法检查情况报告；听取和审议市人大常委会执法检查组关于开展《中华人民共和国产品质量法》执法检查情况报告；听取和审议市人民政府关于全市重点工程建设的情况汇报；听取和审议市人民政府关于南充市2001年市级财政预算调整方案（草案）的报告；听取和审议市人大财政经济委员会关于南充市2001年市级财政预算调整方案（草案）的审查报告；审议通过关于批准南充市2001年市级财政预算调整方案的决议；听取和审议市人民检察院关于查办职务犯罪案件工作情况汇报；听取和审议市人大常委会关于表彰优秀市人大代表、人大工作先进集体、先进个人的决定（草案）的说明；审议通过《南充市人大常委会关于表彰优秀市人大代表、人大工作先进集体、先进个人的决定》，会议决定表彰58名优秀市人大代表、11个先进市人大代表小组、15个人大工作先进集体、23名人大工作先进个人；听取和审议市人大常委会关于规范性文件备案审查的规定（草案）的说明，审议通过《南充市人大常委会关于规范性文件备案审查的规定》；审议通过人事任免事项，任命市级国家机关工作人员2名，免去1名市级国家机关工作人员职务。会议举办法制讲座，邀请市人大法制委员会副主任委员杨天武主讲《关于有中国特色社会主义法律体系的几个问题》。市人民政府副市长杜光辉、赵德胜，市中级人民法院副院长蒙长安，市人民检察院检察长梁仕培、副检察长朱长富、支卫平，市政府办公室、市发展计划委员会、市建设局、市财政局、市人事局、市农业局、市林业局、市工商局、市经贸委、南充质监局、市政府法制办、市重点办主要负责人，市人大各专委会、常委会各办事机构负责人，各县（市、区）人大常委会负责人列席会议，3 名市人大代表应邀列席会议。

2001 年 12 月 17 日至 18 日，市二届人大常委会举行第十九次会议。市人大常委会主任李慎宽、副主任谢正顺分别主持两次全体会议。市人大常委会副主任杨元生、张益维、肖盛林、杨汉翔、孙纯、罗自省、陈绍森、黄旭东、王素清、邹海泉，秘书长何多福和委员共 31 人出席会议。会议传达省第九届人大常委会二十六次会议精神；听取和审议市人大财政经济委员会关于市二届人大三次会议主席团交付审议的代表提出的《市政府应尽快对蚕桑管理体制进行改革的议案》审议结果报告；听取和审议市人大农业委员会关于市二届人大三次会议主席团交付审议的代表提出的《加强升钟水利工程维修整治，确保今年春夏灌溉的议案》审议结果报告；听取和审议市人大城乡建设环境资源保护委员会关于市二届人大三次会议主席团交付审议的代表提出的《关于制定相关政策加快嘉陵江南充段水能资源的开发的议案》审议结果报告；听取和审议市人大常委会秘书长关于 2001 年度市人大常委会审议意见办理反馈情况的汇报；听取和审议市人民政府办公室关于办理市二届人大三次会议代表建议、批评和意见的情况汇报；审议通过《关于同意吴成信、许学照等 8 人辞去职务的决定》。审议通过人事任免事项，任命市级国家机关工作人员 1 名，免去 12 名市级国家机关工作人员职务。李慎宽向被任命人员颁发任命书。会议期间，举行宣传人大制度和民主法制建设好编辑、好记者、好通讯员及市第九届宣传人大制度好新闻颁奖仪式。会议举办法制讲座，邀请市中级人民法院民事审判第一庭副庭长李儒琪主讲关于修改后婚姻法新增的主要内容。市人民政府秘书长马敬国，市中级人民法院、市人民检察院 1 名负责人，市政府办公室、市经贸委、市水利局、市升钟水库管理局主要负责人，市人大各专委会、常委会各办事机构负责人，各县（市、区）人大常委会负责人列席会议。市政协副主席李阶生应邀列席会议。

2002 年 1 月 10 日至 11 日，市二届人大常委会举行第二十次会议。市人大常委会主任李慎宽、副主任杨元生分别主持三次全体会议。市人大常委会副主任谢正顺、张益维、肖盛林、杨汉翔、孙纯、罗自省、陈绍森、黄旭东、王素清、邹海泉，秘书长何多福和委员共 34 人出席会议。会议听取市二届人大常委会代表资格审查委员会关于补选市人大代表资格的审查报告；审议通过关于召开市二届人大四次会议决定；讨论市人大常委会工作报告（草案），决定提请市二届人大四次会议审议；审议通过市人大常委会 2002 年度工作要点；审议通过《南充市人民代表大会常务委员会关于接受吴果行辞职的决定》；听取和审议市人大常委会主任会议关于提请杜光辉为市人民政府代理市长的议案及说明。审议通过《南充市人民代表大会常务委员会关于杜光辉为南充市人民政府代市长的决定》；审议通过《南充市人民代表大会常务委员会关于接受何多福辞去职务的决定》；审议通过《南充市人民代表大会常务委员会关于接受马昌群、许学照等 5 人辞职的决定》。市人民政府代市长杜光辉，市中级人民法院、市人民检察院负责人，市人大各专委会、常委会各办事机构负责人，各县（市、区）人大常委会负责人列席会议。市政协副主席张泽荣应邀列席会议。

2002 年 3 月 11 日至 12 日，市二届人大常委会举行第二十一次会议。市人大常委会主任李慎宽、副主任杨元生分别主持两次全体会议。市人大常委会副主任谢正顺、张明才、张益维、肖盛林、杨汉翔、孙纯、罗自省、陈绍森、黄旭东、王素清、邹海泉和委员共 28 人出席会议。会议传达省九届人大常委会二十七次会议精神；听取和审议市人民政府关于推进农业产业化经营情况汇报；听取和审议市人民政府关于推进工业强市工作情况汇报；听取和审议市人大常委会代表资格审查委员会关于补选市二届人大代表资格的审查报告；听取和审议关于市二届人大四次会议筹备工作报告；会议补选黄顺福为省九届人民代表大会代表；审议通过人事任免事项，任命市级国家机关工作人员15名，免去31名市级国家机关工作人员职务。李慎宽向被任命人员颁发任命书；会议审议通过市二届人大四次会议议程（草案），决定提请市二届人大四次会议预备会议通过；审议通过市二届人大四次会议主席团和秘书长名单（草案），决定提请市二届人大四次会议预备会议通过；审议通过市二届人大四次会议列席人员名单；审议通过市二届人大四次会议主席团常务主席建议名单（草案）；审议通过市二届人大四次会议执行主席分组名单（草案）；审议通过市二届人大四次会议副秘书长建议名单（草案）；会议举办法制讲座，邀请市中级人民法院院长欧晓东主讲《WTO与司法改革》。市人民政府副市长高先海、蔡勇，市中级人民法院院长欧晓东，市人民检察院检察长梁仕培，市政府办公室、市经贸委、市农业局、市畜牧局、市水电局、市林业局、市乡镇企业管理局、市财办、市茧丝绸公司主要负责人，市人大各专委会、常委会各办事机构负责人，各县（市、区）人大常委会负责人列席会议。会议邀请市政协副主席李阶生、两名市人大代表列席会议。

2002年6月4日至5日，市二届人大常委会举行第二十二次会议。市人大常委会主任李慎宽主持会议并讲话。市人大常委会副主任杨元生、谢正顺、张益维、杨汉翔、孙纯、罗自省、陈绍森、黄旭东、王素清、邹海泉、张世富、马敬国，秘书长徐兴发和委员共35人出席会议。会议传达省九届人大常委会二十八、二十九次会议精神；听取和审议市人民政府关于全市“四五”普法工作进展情况汇报；听取和审议市人民政府关于南充市粮食流通体制改革情况汇报；听取和审议市人大常委会主任会议关于补选市二届人大常委会代表资格审查委员会组成人员的议案及说明，审议通过补选市二届人大常委会代表资格审查委员会组成人员名单；审议通过《关于接受罗月华辞去南充市人民政府副市长职务的决定》；审议通过人事任免事项，任命市级国家机关工作人员33名，免去5名市级国家机关工作人员职务。李慎宽向被任命人员颁发任命书；会议举办法制讲座，邀请省国际贸易研究所所长朱锡祥主讲《以“入世”为契机，扩大对外开放，进一步加快我省外经贸发展》。市人民政府市长杜光辉，市中级人民法院院长欧晓东，市人民检察院检察长梁仕培，市政府办公室、市财政局、市粮食局、市审计局、市司法局、市法建办主要负责人，市人大各专委会、常委会各办事机构负责人，各县（市、区）人大常委会负责人列席会议。市政协副主席李阶生应邀列席会议。

2002年8月12日至14日，市二届人大常委会举行第二十三次会议。市人大常委会主任李慎宽、副主任杨元生分别主持两次全体会议。市人大常委会副主任谢正顺、张益维、杨汉翔、孙纯、罗自省、陈绍森、黄旭东、王素清、邹海泉、张世富、马敬国，秘书长徐兴发和委员共33人出席会议。会议传达省九届人大常委会三十次会议精神；听取和审议市人民政府关于南充市2001年财政决算（草案）的报告，听取和审议市人民政府关于南充市2001年市级财政预算执行和其他财政收支的审计工作报告，审议通过《南充市人大常委会关于批准南充市2001年市级财政决算的决议》；听取和审议市人民政府关于南充市2002年1月至6月国民经济和社会发展计划执行情况报告；听取和审议市人民政府关于南充市2002年1月至6月财政预算执行情况报告；听取和审议市人大常委会执法检查组关于南充市贯彻执行《中华人民共和国劳动法》执法检查情况报告；听取和审议市人大常委会执法检查组关于检查《中华人民共和国老年人权益保障法》实施情况报告；听取和审议市人大常委会主任会议关于提请审议《关于依靠科技进步促进农民增收的决议（草案）》的议案及其说明，审议通过《南充市人民代表大会常务委员会关于依靠科技进步促进农民增收的决议》；审议通过人事任命事项，任命市级国家机关工作人员2名，免去1名市级国家机关工作人员职务。李慎宽向被任命人员颁发任命书；会议举办法制讲座，邀请四川大学副教授黄幼陵主讲《入世与知识产权保护》。市人民政府市长杜光辉、副市长伏文超、陈尚君，市中级人民法院副院长陈代和，市人民检察院检察长梁仕培、副检察长吴鉴，市政府办公室、市发展计划委员会、市财政局、市审计局、市经贸委、市科技局、市农业局、市畜牧局、市统计局、市水利局、市劳动和社会保障局、市人事局、市民政局、市社会保险局、市乡镇企业管理局主要负责人，市人大各专委会、常委会各办事机构负责人。各县（市、区）人大常委会负责人列席会议。会议还邀请市政协副主席李阶生和3名市人大代表列席会议。

2002年10月14日至17日，市二届人大常委会举行第二十四次会议。市人大常委会主任李慎宽，副主任谢正顺、张益维、邹海泉分别主持五次全体会议。市人大常委会副主任杨元生、杨汉翔、孙纯、罗自省、陈绍森、黄旭东、王素清、张世富、马敬国，秘书长徐兴发和委员共35人出席会议。会议听取市人民政府10名组成人员述职报告，听取市人大常委会述职评议调查组对10名被评人员履行职责情况的调查报告，并进行公开评议；会议传达省九届人大常委会三十一次会议精神；听取和审议市人民政府关于全市农村税费改革试点工作情况汇报；听取和审议市人民政府关于加快建设川东北商贸中心情况汇报；听取和审议市人民政府关于市辖城区水电气规范管理情况汇报，审议通过《南充市人民代表大会常务委员会关于供水、供电、供气计量收费到用户的决议》；听取和审议市人民政府关于南充市2002年市级财政预算调整方案（草案）的报告，听取和审议市人大财经委关于南充市2002年市级财政预算调整方案（草案）审查报告，审议通过《南充市人民代表大会常务委员会关于批准南充市2002年市级财政预算调整方案的决定》；听取和审议市人大常委会主任会议关于提请审议《关于加强非税财政收入收支两条线管理监督的决定（草案）》的议案及其说明，审议通过《南充市人民代表大会常务委员会关于加强非税财政收入收支两条线管理监督的决定》；听取和审议市人民政府关于南充市第六次城市总体规划修编的情况汇报，审议通过《南充市人民代表大会常务委员会关于南充市第六次修编的城市总体规划的决议》；审议通过人事任命事项，任命市级国家机关工作人员1名。李慎宽向被任命人员颁发任命书；会议举行法制讲座，邀请四川大学教授杨祖贵主讲《城市规划法规与管理》。市委副书记任德俭应邀指导会议，市人民政府市长杜光辉，副市长伏文超、陈尚君、高先海、赵德胜，市中级人民法院院长欧晓东、副院长蒙长安，市人民检察院副检察长吴鉴、田丰，参加评议市人民政府10名组成人员的省、市人大代表，市人大各专委会、常委会各办事机构负责人，各县（市、区）人大常委会负责人，市政府32个工作部门和市级其他有关部门的负责人列席会议，市政协副主席李阶生应邀列席会议。

2002年11月13日上午，市二届人大常委会举行第二十五次会议。市人大常委会主任李慎宽主持会议并讲话。市人大常委会副主任杨元生、谢正顺、张益维、杨汉翔、孙纯、罗自省、陈绍森、黄旭东、王素清、邹海泉、张世富、马敬国，秘书长徐兴发和委员共35人出席会议。会议听取市人大常委会代表资格审查委员会关于个别代表的代表资格终止的报告。审议通过关于召开市二届人大五次会议决定；审议通过市二届人大五次会议议程（草案），决定提请市二届人大五次会议预备会议通过；审议通过市二届人大五次会议主席团和秘书长名单（草案），决定提请市二届人大五次会议预备会议通过；审议通过市二届人大五次会议列席人员名单；审议通过市二届人大五次会议应邀在大会主席台就座人员名单；审议市二届人大五次会议主席团常务主席建议名单；审议市二届人大五次会议执行主席分组建议名单；审议市二届人大五次会议副秘书长建议名单；审议通过市人大常委会人事任免名单，任命市级国家机关工作人员2名，免去2名市级国家机关工作人员职务。李慎宽向被任命人员颁发任命书。市人民政府副市长伏文超，市中级人民法院、市人民检察院 1 名负责人，市政府办公室、市人事局 1 名负责人，市人大各专委会、常委会各办事机构负责人，各县（市、区）人大常委会主任列席会议。

2003 年 1 月 6 日至 7 日，市二届人大常委会举行第二十六次会议。市人大常委会主任李慎宽，副主任杨元生、谢正顺分别主持三次全体会议。市人大常委会副主任张益维、杨汉翔、孙纯、罗自省、陈绍森、黄旭东、王素清、邹海泉、张世富、马敬国，秘书长徐兴发和委员共 33 人出席会议。会议传达省九届人大常委会三十二次会议精神；听取和审议市人民政府关于城市社区建设情况汇报；听取和审议市人大常委会秘书长关于 2002 年度市人大常委会审议意见办理反馈情况汇报；听取和审议市人民政府办公室关于市二届人大四次会议代表建议、批评和意见办理情况汇报；听取和审议通过市人大法制委员会关于市二届人大四次会议主席团交付审议的代表提出的《制定相关政策关心弱势群体，切实做到符合低保条件的特困职工应保尽保的议案》审议结果报告；听取和审议通过市人大农业委员会关于市二届人大四次会议主席团交付审议的代表提出的《加大市级环城绿化建设力度的议案》审议结果报告；听取和审议通过市人大教科文卫委员会关于市二届人大四次会议主席团交付审议的代表提出的《制定强制性文件、立即规范“音像”“网吧”“电子游戏厅”等文化市场的议案》审议结果报告；听取和审议通过市人大城环资委员会关于市二届人大四次会议主席团交付审议的代表提出的《关于对市辖三区工业区加强统一规划的议案》审议结果报告；听取市人大常委会办公室关于市二届人大四次会议代表建议批评和意见处理情况汇报（书面）；讨论修改市人大常委会工作报告（草案）；审议通过市人大常委会 2003 年度工作要点；通过关于召开市二届人大六次会议决定；审议通过市二届人大六次会议议程（草案），决定提请市二届人大六次会议预备会议通过；审议通过市二届人大六次会议主席团和秘书长名单（草案），决定提请市二届人大六次会议预备会议通过；审议通过市二届人大六次会议列席人员名单；审议通过市二届人大六次会议应邀在大会主席台就座人员名单；审议通过市二届人大六次会议主席团常务主席建议名单；审议通过市二届人大六次会议执行主席分组建议名单；审议通过市二届人大六次会议副秘书长建议名单；审议通过关于同意接受张泽友、杨天武辞去职务的决定；审议通过有关人事任免事项，任命市级国家机关工作人员 1 名，免去 2 名市级国家机关工作人员职务。李慎宽向被任命人员颁发任命书。市人民政府市长杜光辉、副市长伏文超、秘书长陈自立，市中级人民法院院长欧晓东、副院长伏蜀培，市人民检察院副检察长支卫平、谢凡举，市政府办公室、市人事局、市财政局、市建设局、市国土资源管理局、市规划局、市民政局、市文化局、市卫生局、市林业局主要负责人，市人大各专委会、常委会各办事机构负责人，各县（市、区）人大常委会负责人列席会议。

2003 年 2 月 24 日上午，市二届人大常委会举行第二十七次会议。市人大常委会主任李慎宽主持会议并讲话。市人大常委会副主任杨元生、谢正顺、张益维、杨汉翔、孙纯、罗自省、陈绍森、黄旭东、王素清、邹海泉、张世富、马敬国，秘书长徐兴发和委员共 34 人出席会议。会议听取市人大常委会代表资格审查委员会关于补选代表的代表资格的审查报告。通过关于接受赵开源、滕明才辞去职务的决定；听取市二届人大六次会议有关事项的说明；审议通过人事任免事项，任命市级国家机关工作人员 10 名。李慎宽向被任命人员颁发任命书。市人民政府副市长唐文金，市中级人民法院院长欧晓东，市人民检察院检察长梁仕培，市人大各专委会、常委会各办事机构负责人列席会议。

2003 年 4 月 17 日至 18 日，市二届人大常委会举行第二十八次会议。市委书记、市人大常委会主任黄顺福，市人大常委会副主任任德俭分别主持会议。市人大常委会副主任张益维、杨汉翔、罗自省、陈绍森、黄旭东、王素清、邹海泉、张世富、马敬国、赵太武，秘书长徐兴发和委员共32人出席会议。会议传达十届全国人大一次会议、省十届人大常委会二次会议精神；听取和审议市人民政府关于依靠科技进步促进农民增收情况汇报；听取和审议市人民政府关于南充市本级2002年非税财政收入执行“收支两条线”管理情况汇报；审议通过关于接受王正忌辞去南充市人民政府副市长职务的决定；审议通过人事任免事项，任命市级国家机关工作人员32名，免去4名市级国家机关工作人员职务。黄顺福向被任命人员颁发任命书。会议举办法制讲座，邀请西南农业大学副校长、教授王永才主讲《入世与畜牧法律法规》。市人民政府市长杜光辉、副市长李斌、秘书长陈自立，市中级人民法院院长崔均，市人民检察院检察长梁仕培、副检察长谢凡举，市政府办公室、市人事局、市财政局、市审计局、市农业局、市畜牧局、市科技局、市乡镇企业局主要负责人，市人大各专委会、常委会各办事机构负责人，各县（市、区）人大常委会负责人列席会议。市政协副主席陈修烈应邀列席会议。

2003年6月11日至12日，市二届人大常委会举行第二十九次会议。市委书记、市人大常委会主任黄顺福主持会议并讲话。市人大常委会副主任任德俭、张益维、杨汉翔、孙纯、罗自省、陈绍森、黄旭东、王素清、邹海泉、张世富、马敬国、赵太武，秘书长徐兴发和委员共33人出席会议。会议传达省十届人大常委会三次会议精神；听取和审议市人民政府关于全市非典型肺炎防治工作情况汇报；市人民政府关于做强工业情况汇报；听取和审议市人民政府关于全市农村卫生工作及农村卫生体制改革工作情况汇报；听取和审议市人民政府关于贯彻实施土地管理法情况汇报；会议举办法制讲座，邀请川北医学院副院长、教授李健主讲《依法做好传染病防治工作》。市人民政府副市长蔡勇、市长助理朱家媛，市中级人民法院院长崔均，市人民检察院检察长梁仕培，市政府办公室、市经贸委、市人事局、市财政局、市建设局、市卫生局、市国土资源管理局、市规划局、市乡镇企业管理局、市防疫站主要负责人，市人大各专委会、常委会各办事机构负责人，各县（市、区）人大常委会负责人列席会议。市政协副主席李阶生应邀列席会议。

2003年8月19日至20日，市二届人大常委会举行第三十次会议。受市委书记、市人大常委会主任黄顺福委托，市人大常委会副主任任德俭主持会议，市人大常委会副主任张益维、杨汉翔、孙纯、罗自省、陈绍森、黄旭东、王素清、邹海泉、张世富、马敬国、赵太武，秘书长徐兴发和委员共31人出席会议。会议传达省十届人大常委会四次会议精神；听取和审议市人民政府关于南充市2002年财政决算和2003年1月至6月财政预算执行情况报告；听取和审议市人民政府关于南充市2002年度市级预算执行和其他财政收支的审计工作报告；听取和审议市人大财经委关于南充市2002年财政决算的审查报告；审议通过关于批准南充市2002年市级财政决算的决议；听取和审议市人民政府关于南充市2003年1月至6月国民经济和社会发展计划执行情况报告；听取和审议市中级人民法院关于房地产审判工作情况汇报；听取和审议市人大常委会执法检查组关于检查《中华人民共和国水法》贯彻执行情况报告；听取和审议市人大常委会执法检查组关于检查《中华人民共和国老年人权益保障法》实施情况报告；听取市人大常委会主任会议关于许可司法机关对个别市人大代表采取强制措施的报告（书面）；审议通过了市人大常委会关于接受赵德胜辞去南充市人民政府副市长职务的决定；审议通过人事任命事项，任命市级国家机关工作人员1名。任德俭向被任命人员颁发任命书；会议举办法制讲座，邀请省人民检察院党组成员、反贪污贿赂局局长陈昌斌主讲《我国惩治贪污贿赂犯罪的法律规定与司法实践》。市人民政府副市长陈尚君，市中级人民法院院长崔均，市人民检察院副检察长吴鉴，市政府办公室、市发展计划委员会、市经济贸易委员会、市民政局、市财政局、市人事局、市国土资源局、市审计局、市社会保险局、市建设局、市环境保护局、市城市规划局、市房管局、市水利局、市物价局、市国税局、市地税局、市拆迁办主要负责人，市人大各专委会、常委会各办事机构负责人，各县（市、区）人大常委会负责人列席会议。市政协副主席李阶生应邀列席会议。

2003 年 10 月 16 日至 17 日，市二届人大常委会举行第三十一次会议。市委书记、市人大常委会主任黄顺福主持会议。市人大常委会副主任任德俭、张益维、杨汉翔、孙纯、罗自省、陈绍森、黄旭东、王素清、邹海泉、张世富、马敬国、赵太武，秘书长徐兴发和委员共 29 人出席会议。会议传达省十届人大常委会五次会议精神；听取和审议市人民政府关于贯彻实施城市规划法情况报告；听取和审议市人民政府关于西河（顺庆段）整治工作情况汇报；听取和审议市人民政府关于南充市 2003 年市级财政预算调整方案（草案）报告，听取和审议市人大财政经济委员会关于南充市 2003 年市级财政预算调整方案（草案）的审查报告，审议通过关于批准南充市 2003 年市级财政预算调整方案的决定；听取和审议市人民政府关于入世以来南充检验检疫工作情况的汇报；听取和审议市人民政府关于全市公安队伍集中教育整顿工作情况报告；听取和审议市人民检察院关于全市检察机关开展预防职务犯罪工作情况报告；听取市人大常委会主任会议关于许可司法机关对个别市人大代表采取强制措施的报告（书面）；会议举办法制讲座，邀请市中级人民法院民一庭副庭长赵莉主讲妇女权益保障法。市人民政府副市长伏文超，市中级人民法院院长崔均，市人民检察院检察长梁仕培，市政府办公室、市财政局、市公安局、市人事局、市商检局、市建设局、市规划局、市环保局、市水利局、市国土资源局、市房管局、市城管办、市开发区、市西山风景区开发建设委主要负责人，市人大各专委会、常委会各办事机构负责人，各县（市、区）人大常委会负责人列席会议。市政协副主席余长春应邀列席会议。

2003 年 12 月 15 日，市二届人大常委会举行第三十二次会议。受市委书记、市人大常委会主任黄顺福委托，市人大常委会副主任任德俭主持会议。市人大常委会副主任张益维、杨汉翔、罗自省、陈绍森、黄旭东、王素清、邹海泉、张世富、马敬国、赵太武，秘书长徐兴发和委员共 29 人出席会议。会议传达省十届人大常委会六次会议精神；听取和审议市人民政府办公室关于市二届人大六次会议代表建议、批评和意见办理情况汇报；听取和审议通过市人大农业委员会关于市二届人大六次会议主席团交付审议的代表提出的《加快建立绿色蔬菜基地的议案》审议结果报告；听取和审议通过市人大财政经济委员会关于市二届人大六次会议主席团交付审议的代表提出的《关于要求调整我市机关公务员和退休人员医疗补助标准的议案》审议结果报告；听取和审议通过市人大教科文卫委员会关于市二届人大六次会议主席团交付审议的代表提出的《市上应增加顺庆教育投入》的议案审议结果报告；书面听取市人大常委会人事代表工委关于市二届人大六次会议代表建议、批评和意见处理情况汇报；讨论修改市人大常委会工作报告（草案），决定提请市三届人大一次会议审议；书面听取市人大常委会代表资格审查委员会关于终止杨春林市二届人大代表资格的报告；审议通过关于撤销杨春林市建设局局长职务的决定；审议通过关于撤销邬大渊市城市规划管理局局长职务的决定；审议通过《南充市人大常委会关于撤销杨春林“人民好公仆”荣誉称号的决定》；审议通过人事免职事项，免去 1 名市级国家机关工作人员职务。市人民政府副市长李志杰、秘书长陈自立，市中级人民法院副院长汪世波，市人民检察院副检察长吴鉴，市政府办公室、市财政局、市农业局、市劳动和社会保障局、市卫生局、市国土资源局、市教育局、市人事局主要负责人，市人大各专委会、常委会各办事机构负责人，各县（市、区）人大常委会负责人列席会议。市政协副主席李阶生应邀列席会议。

2004 年 1 月 15 日上午，市二届人大常委会举行第三十三次会议。受市委书记、市人大常委会主任黄顺福委托，市人大常委会副主任任德俭主持会议。市人大常委会副主任张益维、杨汉翔、孙纯、罗自省、陈绍森、黄旭东、王素清、邹海泉、马敬国、赵太武，秘书长徐兴发和委员共 30 人出席会议。

会议审议通过人事任免事项，任命市级国家机关工作人员2名，免去1名市级国家机关工作人员职务。任德俭向被任命人员颁发任命书。市人民政府市长杜光辉，市中级人民法院副院长陈代和，市人民检察院检察长梁仕培，市政府办公室、市人事局主要负责人，市人大各专委会、常委会各办事机构负责人列席会议。

2004年2月21日上午，市二届人大常委会举行第三十四次会议。受市委书记、市人大常委会主任黄顺福委托，市人大常委会副主任任德俭主持会议。市人大常委会副主任张益维、杨汉翔、罗自省、陈绍森、黄旭东、王素清、邹海泉、张世富、马敬国、赵太武，秘书长徐兴发和委员共29人出席会议。会议传达省十届人大常委会七次会议精神；听取和审议市人民政府关于落实市人大常委会对2002年财政决算报告审议意见整改情况汇报；听取和审议关于召开市三届人大一次会议的决定（草案）的说明，审议通过关于召开市三届人大一次会议的决定。市人民政府副市长伏文超，市中级人民法院副院长宋云明，市人民检察院副检察长陈菊芳，市政府办公室、市财政局、市审计局主要负责人，市人大各专委会、常委会各办事机构负责人列席会议。

2004年3月5日下午，市二届人大常委会举行第三十五次会议。市委书记、市人大常委会主任黄顺福主持会议并讲话。市人大常委会副主任杨汉翔、罗自省、陈绍森、黄旭东、王素清、邹海泉、张世富、马敬国、赵太武，秘书长徐兴发和委员共28人出席会议。市人大各专委会、常委会各办事机构负责人列席会议。会议听取市二届人大常委会代表资格审查委员会关于市三届人大代表资格的审查报告，市三届人大代表共505名；审议关于市三届人大专门委员会设置议案（草案），决定提请市三届人大一次会议审议；审议市三届人大一次会议议程（草案），决定提请市三届人大一次会议预备会议通过；审议市三届人大一次会议主席团、秘书长名单（草案），决定提请市三届人大一次会议预备会议通过；审议市三届人大一次会议议案审查委员会名单（草案），决定提请市三届人大一次会议预备会议通过；审议市三届人大一次会议计划预算委员会名单（草案），决定提请市三届人大一次会议预备会议通过；审议通过市三届人大一次会议列席人员名单；审议通过市三届人大一次会议应邀在大会主席台就座人员名单。

第三节　南充市第三届人大常委会会议

2004年4月22日至23日，市三届人大常委会举行第一次会议。受市委书记、市人大常委会主任黄顺福委托，市人大常委会副主任刘伯忠主持会议。市人大常委会副主任马敬国、赵太武、梁仕培、余善卫、李元开、陶治国，秘书长刘彬和委员共30人出席会议。会议传达省十届人大常委会八次会议精神；听取关于对个别市人大代表采取强制措施的报告（书面）；听取和审议市人民政府关于促进农民增收情况汇报，审议通过《市人大常委会对市人民政府〈关于促进农民增收情况汇报〉的审议意见》；审议通过市人大常委会2004年工作要点；审议通过《南充市人民代表大会常务委员会关于设立代表资格审查委员会的决定》；审议通过人事任免事项，任命市级国家机关工作人员33名。刘伯忠向任命人员颁发任命书。市人民政府市长杜光辉、副市长胡云、钟吕坤，市中级人民法院、市人民检察院负责人，市政府办公室、市人事局、市畜牧局、市乡镇企业管理局、市农业局、市水利局、市林业局主要负责人，市人大各专委会、常委会办事机构负责人，各县（市、区）人大常委会负责人列席会议。市政协副主席陈福应邀列席会议，两位公民旁听会议。

2004 年 6 月 29 日至 30 日，市三届人大常委会举行第二次会议。受市委书记、市人大常委会主任黄顺福委托，市人大常委会副主任刘伯忠主持会议。市人大常委会副主任孙纯、马敬国、赵太武、梁仕培、余善卫、李元开、陶治国，秘书长刘彬和委员共 31 人出席会议。会议传达省十届人大常委会九次会议精神；听取和审议市人民政府关于南充市 2003 年市级财政预算执行和其他财政收支的审计工作报告；听取和审议市人民政府关于全市民营经济发展情况汇报；听取和审议市人民政府关于落实水电气计量收费到用户决议情况汇报；审议通过人事任免事项，任命市级国家机关工作人员 4 名，免去 1 名市级国家机关工作人员职务。刘伯忠向被任命人员颁发任命书；会议举办法制讲座，邀请四川省农业厅农经总站副站长、高级农经师潘孝如讲授农村土地承包法。市人民政府副市长蒋辅义、胡云，市中级人民法院副院长陈代和、市人民检察院副检察长谢凡举，市政府办公室、市人事局、市财政局、市审计局、市乡镇企业局、市国土资源局、市建设局、市经贸委、市工商局、市物价局、市国税局、市地税局、南充电业局、市康源水务公司、南充燃气总公司主要负责人列席会议，市人大常委会副秘书长，市人大各专委会、常委会办事机构负责人，各县（市、区）人大常委会负责人列席会议。市政协副主席陈福、2 名市人大代表应邀列席会议，2 名公民旁听会议。

2004 年 8 月 25 日至 26 日，市三届人大常委会举行第三次会议。受市委书记、市人大常委会主任黄顺福委托，市人大常委会副主任刘伯忠主持会议。市人大常委会副主任马敬国、赵太武、梁仕培、余善卫、李元开、陶治国，秘书长刘彬和委员共 29 人出席会议。会议传达省十届人大常委会十次会议精神；听取和审议市人民政府关于南充市 2003 年财政决算和 2004 年 1 月至 6 月财政预算执行情况的报告，听取和审议市人大财经委关于南充市 2003 年财政决算的审查报告，审议通过南充市人大常委会关于批准南充市 2003 年市级财政决算的决议；听取和审议市人民政府关于南充市 2004 年 1 月至 6 月国民经济和社会发展计划执行情况的报告；听取和审议市人民政府关于市本级 2004 年 1 月至 6 月非税财政收入执行“收支两条线”管理情况的报告；听取和审议市人民政府关于全市“四五”普法和依法治市工作情况汇报；听取和审议市人民政府关于贯彻执行《四川省宗教事务条例》的情况汇报；听取和审议市人大常委会执法检查组关于检查《中华人民共和国农村土地承包法》贯彻执行情况报告；审议通过人事任免事项，任命市级国家机关工作人员 1 名，免去 2 名市级国家机关工作人员职务。刘伯忠向被任命人员颁发任命书；会议举办法制讲座，邀请四川大学华西医学中心法学院教授杜昌维主讲食品卫生法。市人民政府副市长蒋辅义，市中级人民法院院长崔均，市人民检察院副检察长陈菊芳，市政府办公室、市计委、市财政局、市审计局、市国税局、市地税局、市法制办、市司法局、市民宗局、市农业局、市林业局、市国土局主要负责人，市人大常委会副秘书长，市人大各专委会、常委会办事机构负责人，各县（市、区）人大常委会负责人列席会议。市政协副主席李承远、2 名市人大代表应邀列席会议，2 名公民旁听会议。

2004 年 11 月 1 日至 2 日，市三届人大常委会举行第四次会议。市委书记、市人大常委会主任黄顺福，市人大常委会副主任刘伯忠分别主持 3 次全体会议。市人大常委会副主任孙纯、马敬国、赵太武、梁仕培、余善卫、李元开、陶治国，秘书长刘彬和委员共 33 人出席会议。会议传达省十届人大常委会十一次会议精神；听取和审议市人民政府关于实施城市规划工作情况汇报；听取和审议市人民政府关于安全生产工作情况汇报；听取和审议市人民政府关于南充市 2004 年市级财政预算调整方案（草案）报告，听取和审议市人大财政经济委员会关于南充市 2004 年市级财政预算调整方案（草案）审查报告，审议通过关于批准南充市2004年市级财政预算调整方案的决定；听取和审议市中级人民法院关于法院队伍建设的情况汇报；听取和审议市人民检察院关于查办渎职侵权犯罪案件的情况汇报；听取和审议市人大常委会执法检查组关于检查《中华人民共和国食品卫生法》贯彻执行情况报告；审议通过人事任命事项，任命市级国家机关工作人员4名。黄顺福向被任命人员颁发任命书；会议举办法制讲座，邀请西华师大政法学院教授赵永行讲授行政许可法。市人民政府副市长蒋辅义，市中级人民法院院长崔均，市人民检察院检察长周力，市政府办公室、人事局、财政局、审计局、安监局、规划局、建设局、国土资源局、城管执法局、开发区、人防办、卫生局、工商局、质检局、财办、轻工行业办主要负责人，市人大常委会副秘书长，市人大各专委会、常委会办事机构，市人大常委会机关党委、纪检组负责人，各县（市、区）人大常委会负责人列席会议。市政协副主席李承远和2名市人大代表应邀列席会议，2名公民旁听会议。

2004年11月30日下午，市三届人大常委会举行第五次会议。市委书记、市人大常委会主任黄顺福主持会议。市人大常委会副主任刘伯忠、孙纯、马敬国、赵太武、梁仕培、余善卫、李元开、陶治国，秘书长刘彬和委员共33人出席会议。会议审议通过人事任免事项，任命市级国家机关工作人员1名。黄顺福向被任命人员颁发任命书；审议通过《南充市人大常委会关于接受王静莉辞去南充市人民政府副市长职务的决定》；听取和审议通过市人大常委会代表资格审查委员会关于个别市人大代表的代表资格终止的报告；传达省委人大工作会议精神。市人民政府市长杜光辉，市中级人民法院副院长陈代和，市人民检察院检察长周力，市政府办公室、市人事局主要负责人，市人大常委会副秘书长，市人大各专门委员会、常委会办事机构负责人，市人大常委会机关党委、纪检组负责人列席会议。市政协副主席胥德会应邀列席会议。

2004年12月29日至30日，市三届人大常委会举行第六次会议。受市委书记、市人大常委会主任黄顺福委托，市人大常委会副主任刘伯忠主持会议。市人大常委会副主任孙纯、马敬国、赵太武、梁仕培、余善卫、陶治国，秘书长刘彬和委员共30人出席会议。会议传达省十届人大常委会十二次会议精神；听取和审议市人民政府关于市三届人大一次会议代表建议、批评和意见办理情况汇报；听取和审议通过市人大教科文卫委员会关于市三届人大一次会议主席团交付审议的代表提出的《关于调整布局结构，整合优化基础教育资源，促进南充市城区经济、社会事业协调发展的议案》审议结果报告；听取和审议通过市人大教科文卫委员会关于市三届人大一次会议主席团交付审议的代表提出的《关于加强农村基层卫生组织建设的议案》审议结果报告；听取和审议关于修改市人大常委会组成人员守则的决定草案的说明，通过《南充市人民代表大会常务委员会关于修改〈南充市人民代表大会常务委员会组成人员守则〉的决定》；听取市人大常委会人事代表工委关于市三届人大一次会议代表建议、批评和意见处理情况汇报（书面）；听取和审议关于召开市三届人大二次会议的决定（草案）的说明，审议通过《南充市人大常委会关于召开南充市第三届人民代表大会第二次会议的决定》；讨论市人大常委会工作报告（草案），决定提请市三届人大二次会议审查；会议举办法制讲座，自学《四川省各级人民代表大会常务委员会监督条例》。市人民政府副市长蒋辅义，市中级人民法院副院长伏蜀培，市人民检察院副检察长谢凡举，市政府办公室、教育局、卫生局主要负责人，市人大常委会副秘书长，市人大各专门委员会、常委会办事机构负责人，市人大常委会机关党委、纪检组负责人，各县（市、区）人大常委会负责人列席会议。市政协副主席李盛文应邀列席会议。

2005年2月19日上午，市三届人大常委会举行第七次会议。受市委书记、市人大常委会主任黄顺福委托，市人大常委会副主任刘伯忠主持会议。市人大常委会副主任孙纯、梁仕培、余善卫、陶治国，秘书长刘彬和委员共29人出席会议。会议传达省十届人大常委会十三次会议精神；审议市三届人大二次会议议程草案，决定提请市三届人大二次会议预备会议通过；审议市三届人大二次会议主席团和秘书长名单草案，决定提请市三届人大二次会议预备会议通过；审议通过市三届人大二次会议列席人员名单、应邀在大会主席台就座人员名单；听取关于市三届人大二次会议筹备工作的报告；审议通过《南充市人大常委会关于接受黄顺福辞去南充市人大常委会主任职务的决定》。听取市人大常委会代表资格审查委员会关于补选市三届人大代表资格的审查报告。市人民政府副市长蒋辅义，市中级人民法院副院长汪世波，市人民检察院副检察长谢凡举，市人大常委会副秘书长，市人大各专门委员会、常委会办事机构负责人，市人大常委会机关党委、纪检组负责人列席会议。

2005年4月12日至13日，市三届人大常委会举行第八次会议。市委书记、市人大常委会主任王宁，市人大常委会副主任刘伯忠、马敬国分别主持三次全体会议，市人大常委会副主任孙纯、赵太武、梁仕培、余善卫、李元开、陶治国，秘书长刘彬和委员共31人出席会议。会议传达省十届人大常委会十四次会议精神；听取和审议市人民政府关于推进南充市农业产业化经营情况汇报，审议通过《南充市人大常委会关于推进农业产业化经营情况汇报的审议意见》；听取和审议市人民政府关于依法行政情况汇报，审议通过《南充市人大常委会关于依法行政情况汇报的审议意见》；审议通过市人大常委会2005年工作要点；会议举办法制讲座，邀请省委、省政府信访办副主任何太原主讲信访条例。市人民政府副市长蒋辅义、秘书长陈自立，市中级人民法院副院长汪世波，市人民检察院检察长周力，市人民政府办公、市政府法制办、市畜牧局、市农业局、市林业局、市乡镇企业局主要负责人，市人大常委会副秘书长，市人大各专委会、常委会办事机构负责人，市人大常委会机关党委、纪检组负责人，各县（市、区）人大常委会负责人列席会议。市政协副主席余长春、市委农工办负责人，1名市人大代表应邀列席会议，2名公民旁听会议。

2005年6月15日至16日，市三届人大常委会举行第九次会议。市委书记、市人大常委会主任王宁主持会议。市人大常委会副主任刘伯忠、孙纯、马敬国、赵太武、梁仕培、余善卫、李元开、陶治国，秘书长刘彬和委员共30人出席会议。会议传达省十届人大常委会十五次会议精神；听取和审议市人民政府关于培育工业支柱产业情况汇报；听取和审议市人民政府关于南充市城市总体规划实施情况汇报；听取和审议市人民检察院关于队伍建设情况汇报；审议通过人事任免事项，任命市级国家机关工作人员10名，免去2名市级国家机关工作人员职务。王宁向被任命人员颁发任命书。会议举办法制讲座，邀请省人大预算工作委员会副主任胥纯讲授《如何搞好预算审查监督》。市人民政府市长杜光辉、副市长蒋辅义，市中级人民法院院长崔均，市人民检察院检察长周力，市政府办公室、市人事局、市经委、市规划和建设局主要负责人，市人大常委会副秘书长，市人大各专委会、常委会办事机构负责人，市人大常委会机关党委、纪检组负责人，各县（市、区）人大常委会负责人列席会议。市政协副主席胥德会、2名市人大代表应邀列席会议，2名公民旁听会议。

2005年8月16日至18日，市三届人大常委会举行第十次会议。受市委书记、市人大常委会主任王宁委托，市人大常委会副主任刘伯忠、李元开分别主持四次全体会议。市人大常委会副主任马敬国、赵太武、梁仕培、余善卫、陶治国，秘书长刘彬和委员共28人出席会议。会议传达省十届人大常委会十六次会议精神；听取和审议市人民政府关于南充市2004年财政决算情况和2005年上半年财政预算执行情况报告，听取和审议市人民政府关于南充市2004年市级财政预算执行和其他财政收支的审计工作报告，听取市人大财政经济委员会关于南充市2004年财政决算的审查报告，通过关于批准南充市2004年市级财政决算的决议；听取和审议市人民政府关于南充市2005年上半年国民经济和社会发展计划执行情况的汇报；听取和审议市人民政府关于南充市2005年上半年非税财政收入执行“收支两条线”管理工作的情况汇报；听取和审议市人大常委会执法检查组关于检查《中华人民共和国促进科技成果转化法》执行情况汇报（书面）；听取和审议市教育局、市林业局、市环保局、市外事台侨旅游局主要负责人述职报告，听取和审议人大常委会述职评议调查组关于市教育局等4个部门被评议人员履行职责情况调查报告，会上对被评议人员进行满意度测评，被评议人员作表态发言；审议通过人事任免事项，任命市级国家机关工作人员12名，免去9名市级国家机关工作人员职务。刘伯忠向被任命人员颁发任命书；会议举办法制讲座，邀请省中小企业局政策法规处处长梁粤懿讲授《中华人民共和国中小企业促进法》。市人民政府副市长蒋辅义、谢华国，市中级人民法院、市人民检察院1名负责人，市政府办公室、市发改委、市经委、市财政局、市审计局、市科技局、市农业局、市畜牧局、市国税局、市地税局、非税中心主要负责人，市人大常委会秘书长，市人大各专门委员会、常委会办事机构负责人，各县（市、区）人大常委会负责人列席会议。会议邀请市政协副主席李盛文、2名市人大代表列席会议，2名公民旁听会议。

2005年9月26日下午，市三届人大常委会举行第十一次会议。受市委书记、市人大常委会主任王宁委托，市人大常委会副主任刘伯忠主持会议。市人大常委会副主任孙纯、马敬国、赵太武、梁仕培、李元开，秘书长刘彬和委员共28人出席会议。会议审议通过人事任命事项，任命国家机关工作人员1名。刘伯忠向被任命人员颁发任命书。市人民政府副市长蒋辅义，市中级人民法院院长崔均，市人民检察院检察长周力，市政府办公室、市人事局主要负责人，市人大常委会副秘书长列席会议。市政协副主席李盛文应邀列席会议。

2005年10月25日至26日，市三届人大常委会举行第十二次会议。市委书记、市人大常委会主任王宁，市人大常委会副主任刘伯忠分别主持全体会议。市人大常委会副主任孙纯、马敬国、赵太武、梁仕培、余善卫，秘书长刘彬和委员共28人出席会议。会议传达省十届人大常委会十七次会议精神；听取和审议市人民政府关于农业基础设施建设的情况汇报；听取和审议市人民政府关于构建川东北商贸物流中心的情况汇报；听取和审议市人民政府关于发展旅游业的情况汇报；听取和审议市人民政府关于编制南充“十一五”规划的情况汇报；听取和审议市人民政府关于南充市2005年市级财政预算调整方案（草案）的报告，听取和审议市人大财经委员会关于南充市2005年市级财政预算调整方案（草案）的审查报告，审议通过关于批准南充市2005年市级财政预算调整方案的决定；听取和审议市人大常委会执法检查组关于检查《中华人民共和国中小企业促进法》执行情况的汇报（书面）；听取和审议市中级人民法院关于民商事审判工作情况的汇报。审议通过人事任免事项，任命市级国家机关工作人员1名，免去3名市级国家机关工作人员职务。刘伯忠向被任命人员颁发任命书；会议举办法制讲座，邀请市审计局副局长、高级审计师廖大春讲授审计法。市人民政府副市长胡云、钟吕坤、市长助理朱家媛，市中级人民法院院长崔均，市人民检察院副检察长吴鉴，市政府办公室、市发改委、市经委、市财政局、市水利局、市农业局、市商务局、市规划和建设局、市旅游局、市农田办、市扶贫办主要负责人，市人大常委会副秘书长，市人大各专委会、常委会办事机构负责人，市人大常委会机关党委、纪检组负责人，各县（市、区）人大常委会负责人列席会议。市政协副主席李承远、市委农工办1名负责人、2名市人大代表应邀列席会议。2名公民旁听会议。

2005年12月15日上午，市三届人大常委会举行第十三次会议。受市委书记、市人大常委会主任王宁委托，市人大常委会副主任刘伯忠主持会议。市人大常委会副主任孙纯、马敬国、梁仕培、余善卫、李元开、陶治国，秘书长刘彬和委员共28人出席会议。会议传达省十届人大常委会十八次会议精神；会议听取和审议市人民政府办公室关于市三届人大二次会议代表建议、批评和意见办理情况的汇报；听取市人大常委会人事代表工作委员会关于市三届人大二次会议代表建议、批评和意见处理情况的报告（书面）；听取和审议通过市人大城乡建设环境资源保护委员会关于市三届人大二次会议主席团交付审议的代表提出的《关于进一步加强和改进土地管理工作的议案》审议结果的报告；听取和审议关于召开市三届人大三次会议的决定（草案）的说明，审议通过《南充市人民代表大会常务委员会关于召开南充市第三届人民代表大会第三次会议的决定》。市人民政府副市长蒋辅义，市中级人民法院副院长蒙长安，市人民检察院检察长周力，市政府办公室、市国土管理局主要负责人，市人大常委会副秘书长，市人大各专门委员会、常委会办事机构负责人，各县（市、区）人大常委会负责人列席会议。市政协副主席李盛文、1 名市人大代表应邀列席会议，1 名公民旁听会议。

2006 年 1 月 23 日上午，市三届人大常委会举行第十四次会议。市委书记、市人大常委会主任王宁主持会议，市人大常委会副主任刘伯忠、孙纯、马敬国、赵太武、梁仕培、余善卫、李元开、陶治国，秘书长刘彬和委员共 32 人出席会议。会议传达省十届人大常委会十九次会议精神；审议市人大常委会工作报告（草案），决定提请市三届人大三次会议审查；审议通过市人大常委会 2006 年度工作要点；审议通过市三届人大三次会议议程（草案），决定提请市三届人大三次会议预备会议通过；审议通过市三届人大三次会议主席团和秘书长名单（草案），决定提请市三届人大三次会议预备会议通过；审议通过市三届人大三次会议列席人员名单；听取和审议市人大常委会代表资格审查委员会关于个别市人大代表资格的审查报告；审议通过《南充市人大常委会关于接受蒋辅义辞去南充市人民政府副市长职务的决定》；审议通过人事任免事项，任命国家机关工作人员 4 名，免去 2 名国家机关工作人员职务。王宁向被任命人员颁发任命书。市人民政府市长杜光辉，市中级人民法院副院长蒙长安，市人民检察院检察长周力，市政府办公室、市人事局主要负责人，市人大常委会副秘书长，市人大各专门委员会、常委会办事机构负责人，各县（市、区）人大常委会负责人列席会议。市政协副主席余长春应邀列席会议。

2006 年 3 月 23 日上午，市三届人大常委会举行第十五次会议。市委书记、市人大常委会主任王宁主持会议，市人大常委会副主任刘伯忠、马敬国、赵太武、梁仕培、余善卫、李元开、陶治国，秘书长刘彬和委员共 28 人出席会议。会议听取和审议市人民政府关于全市社会治安综合治理工作情况的汇报；审议通过人事任免事项，任命国家机关工作人员 1 名，免去 2 名市级国家机关工作人员职务。王宁向被任命人员颁发任命书；审议通过《南充市人大常委会关于接受田世宏辞去南充市人民政府副市长职务的决定》；审议通过《南充市人大常委会关于接受何勇辞去南充市人大常委会委员职务的决定》；会议举办法制讲座，邀请市人事局副局长苏彬主讲《公务员法的主要内容和特点》。市人民政府市长高先海、副市长谢华国，市中级人民法院副院长陈代和，市人民检察院副检察长吴鉴，市政府办公室、市人事局、市综治办主要负责人，市人大常委会副秘书长，市人大各专门委员会、常委会办事机构负责人，各县（市、区）人大常委会 1 名负责人列席会议。市政协副主席李盛文应邀列席会议。

2006 年 5 月 19 日上午，市三届人大常委会举行第十六次会议。市委书记、市人大常委会主任王宁主持会议。市人大常委会副主任刘伯忠、马敬国、赵太武、梁仕培、余善卫、李元开、陶治国，秘书长刘彬和委员共 31 人出席会议。会议传达省十届人大常委会二十次会议精神；听取和审议市人民政府关于全市牧业经济发展的情况汇报；审议通过《南充市人大常委会关于接受钟吕坤、杜一力辞去南充市人民政府副市长职务的决定》；审议通过人事任免事项，任命国家机关工作人员 5 名，免去 2 名国家机关工作人员职务。王宁向被任命人员颁发任命书；会议举办法制讲座，邀请省农机局行业管理处处长刘基华主讲农业机械化促进法。市人民政府市长高先海、副市长谢华国，市中级人民法院副院长陈代和，市人民检察院检察长周力，市政府办公室、市人事局、市财政局、市畜牧局、市商务局、南充市食品药品监督管理局主要负责人，市人大常委会副秘书长、市人大各专门委员会、常委会办事机构负责人，各县（市、区）人大常委会1名负责人列席会议。市政协副主席余长春、市委农工办1名负责人，1名省人大代表和1名市人大代表应邀列席会议。

2006年7月27日至28日，市三届人大常委会举行第十七次会议。市委书记、市人大常委会主任王宁，市人大常委会副主任刘伯忠分别主持全体会议，市人大常委会副主任孙纯、马敬国、赵太武、梁仕培、余善卫、李元开、陶治国，秘书长刘彬和委员共32人出席会议。会议传达省十届人大常委会二十一次会议精神；听取和审议市人民政府关于嘉陵江流域（南充段）水污染防治工作的情况汇报；听取和审议市人民政府关于南充市2005年财政决算的报告，听取和审议市人民政府关于南充市2005年度市级财政预算执行和其他财政收支的审计工作报告，听取和审议市人大财政经济委员会关于南充市2005年财政决算的审查报告，审议通过《南充市人大常委会关于批准南充市2005年市本级财政决算的决议》；听取和审议市人民政府关于南充市2006年1—6月国民经济和社会发展计划执行情况的汇报（书面）；听取和审议市人民政府关于南充市2006年1月至6月财政预算执行情况的汇报（书面）；听取和审议市人民政府关于市本级2006年1月至6月非税收入执行“收支两条线”管理情况的报告（书面）；听取和审议市人民政府关于“四五”普法工作和“五五”普法规划的情况汇报，审议通过《南充市人民代表大会常务委员会关于加强法制宣传教育的决议》；听取和审议市人大常委会关于组织人大代表视察庭审工作的情况报告；听取和审议市人大常委会执法检查组关于检查《中华人民共和国农业机械化促进法》贯彻实施情况的报告；听取和审议市人大常委会执法检查组关于检查《中华人民共和国土地管理法》贯彻实施情况的报告；审议通过《南充市人大常委会关于接受胡云辞去南充市人民政府副市长职务的决定》；审议通过人事任免事项，任命市级国家机关工作人员7名，免去3名市级国家机关工作人员职务。王宁向被任命人员颁发任命书；会议举办法制讲座，邀请市国土资源局法规监察科科长邓建明主讲土地管理法。市人民政府市长高先海、副市长向东、谢华国，市中级人民法院院长崔均，市人民检察院检察长周力，市政府办公室、市人事局、市财政局、市国土资源局、市审计局、市农业局、市水利局、市畜牧局、市农机局、市发改委、市经委、市规划和建设局、市环保局、市公安局、市司法局、市国税局、市地税局主要负责人，市人大常委会副秘书长，市人大各专门委员会、常委会办事机构负责人，各县（市、区）人大常委会负责人列席会议。市政协副主席胥德会、1名省人大代表和1名市人大代表应邀列席会议。

2006年9月20日至21日，市三届人大常委会举行第十八次会议。受市委书记、市人大常委会主任王宁委托，市人大常委会副主任刘伯忠主持会议。市人大常委会副主任孙纯、马敬国、梁仕培、余善卫、李元开、陶治国，秘书长刘彬和委员共27人出席会议。会议传达省十届人大常委会二十二次会议精神；听取和审议市人民政府关于贯彻实施农村义务教育经费保障机制改革工作的情况汇报；听取和审议市人民政府关于2005年至2006年度南充市城市总体规划执行情况的汇报；审议通过《南充市人大常委会关于接受刘彬辞去南充市人大常委会秘书长职务的决定》。会议举行市人大常委会述职评议大会，听取和审议市商务局局长袁生泽、市人口和计划生育委员会主任李军、市粮食局局长杨明君的述职报告和市人大常委会述职评议调查组的调查报告，对3名被评议人员进行满意度测评，3名被评议人员进行表态发言。会议举办法制讲座，邀请市安监局局长、市安办主任王明章讲授安全生产法。市人民政府副市长冯斌，市中级人民法院副院长伏蜀培，市人民检察院副检察长谢凡举，市政府办公室、市财政局、市教育局、市规划和建设局、市规划办公室主要负责人，市人大常委会副秘书长，市人大各专门委员会、常委会办事机构负责人，各县（市、区）人大常委会负责人列席会议。市政协副主席冯庆煜、3 名市人大代表应邀列席会议。

2006 年 11 月 10 日，市三届人大常委会举行第十九次会议。受市委书记、市人大常委会主任王宁委托，市人大常委会副主任刘伯忠主持会议。市人大常委会副主任孙纯、马敬国、梁仕培、余善卫、李元开、陶治国和委员共 28 人出席会议。会议传达省十届人大常委会二十三次会议精神；听取和审议市人民政府关于南充市 2006 年市级财政预算调整方案（草案）的报告，听取和审议市人大财政经济委员会关于南充市 2006 年市级财政预算调整方案（草案）的审查报告，审议通过《南充市人民代表大会常务委员会关于批准南充市 2006 年市级财政预算调整方案的决定》；听取和审议市人民政府关于贯彻实施国务院《宗教事务条例》的情况汇报；听取和审议通过市人大城乡建设环境资源保护委员会关于市三届人大三次会议主席团交付审议的代表提出的《关于加强嘉陵江流域（南充段）水资源保护的议案》审议结果的报告；听取和审议通过市人大农业与农村委员会关于市三届人大三次会议主席团交付审议的代表提出的《加强农村村道建设及维护的议案》审议结果的报告；听取和审议通过市人大教育科学文化卫生委员会关于市三届人大三次会议主席团交付审议的代表提出的《关于整合职教资源、培养技能型人才》的议案审议结果的报告；审议通过人事任免事项，任命市级国家机关工作人员 23 名，免去 5 名市级国家机关工作人员职务。刘伯忠向被任命人员颁发任命书。市人民政府副市长向东、范平，市中级人民法院副院长伏蜀培，市人民检察院检察长周力，市政府办公室、市财政局、市人事局、市农业局、市水利局、市畜牧局、市经委、市交通局、市规划和建设局、市环保局、市教育局、市民宗局、市农机局、市以工代赈办、市扶贫办主要负责人，市人大常委会副秘书长，市人大各专门委员会、常委会办事机构负责人，各县（市、区）人大常委会负责人列席会议。市政协副主席李盛文、2 名市人大代表应邀列席会议。

2006 年 12 月 26 日，市三届人大常委会举行第二十次会议。受市委书记、市人大常委会主任王宁委托，市人大常委会副主任刘伯忠主持会议。市人大常委会副主任孙纯、马敬国、赵太武、梁仕培、余善卫、李元开、陶治国和委员共 27 人出席会议。会议传达省十届人大常委会二十四次会议精神；听取和审议市人民政府办公室关于市三届人大三次会议代表建议、批评和意见办理情况的汇报；听取和审议市人大常委会人事代表工作委员会关于市三届人大三次会议代表建议、批评和意见处理情况的报告（书面）；听取和审议市人大常委会主任会议《关于废止〈南充市人民代表大会常务委员会司法案件监督规定〉的议案》的说明，审议关于废止《南充市人民代表大会常务委员会司法案件监督规定》的议案，审议通过《南充市人民代表大会常务委员会关于废止〈南充市人民代表大会常务委员会司法案件监督规定〉的决定》；审议市人大常委会工作报告（草案），决定提请市三届人大四次会议审查；听取和审议关于召开市三届人大四次会议的决定（草案）的说明，审议通过《南充市人民代表大会常务委员会关于召开南充市第三届人民代表大会第四次会议的决定》；审议通过人事任免事项，任命市级国家机关工作人员 1 名，免去 1 名市级国家机关工作人员职务。刘伯忠向被任命人员颁发任命书。市人民政府副市长向东，市中级人民法院副院长李秉国，市人民检察院副检察长李敏，市政府办公室、市人事局主要负责人，市人大常委会副秘书长，市人大各专门委员会、常委会办事机构负责人，各县（市、区）人大常委会负责人列席会议。

2007 年 1 月 16 日，市三届人大常委会举行第二十一次会议。受市委书记、市人大常委会主任王宁委托，市人大常委会副主任刘伯忠主持会议。市人大常委会副主任马敬国、赵太武、梁仕培、余善卫、李元开、陶治国和委员共26人出席会议。会议审议通过市人大常委会主任会议关于提请审议市三届人大四次会议议程（草案）的议案、关于提请审议市三届人大四次会议主席团和秘书长名单（草案）、列席人员名单（草案）的议案，决定将市三届人大四次会议议程（草案）、主席团和秘书长名单（草案）提请市三届人大四次会议预备会议通过。审议通过市三届人大常委会代表资格审查委员会关于个别市人大代表资格的审查报告。会议指出，市三届人大常委会二十次会议决定市三届人大四次会议于1月下旬召开，鉴于省十届人大五次会议提前到1月下旬召开，市三届人大四次会议将延期召开，会议同意市三届人大四次会议召开具体时间授权市人大常委会主任会议决定。市人民政府副市长范平，市中级人民法院副院长李光旭，市人民检察院检察长周力，市政府办公室主要负责人，市人大常委会副秘书长，市人大各专门委员会、常委会办事机构负责人，各县（市、区）人大常委会负责人列席会议。市政协副主席胥德会应邀列席会议。

2007年3月14日，市三届人大常委会举行第二十二次会议。受市委书记、市人大常委会主任王宁委托，市人大常委会副主任刘伯忠主持会议。市人大常委会副主任马敬国、赵太武、梁仕培、余善卫、李元开、陶治国和委员共30人出席会议。会议传达省十届人大常委会二十六次会议精神；听取和审议市人民政府关于全市新农村建设的情况汇报；审议通过市人大常委会2007年度工作要点；审议通过人事任命事项，任命市级国家机关工作人员1名。刘伯忠向被任命人员颁发任命书；会议举办学习贯彻监督法专题讲座。市人民政府副市长向东，市中级人民法院副院长伏蜀培，市人民检察院副检察长谢凡举，市政府办公室、市人事局、市财政局、市农业局、市畜牧局、市粮食局、市水利局、市交通局、市扶贫办公室主要负责人，市人大常委会副秘书长，市人大各专门委员会、常委会办事机构负责人，各县（市、区）人大常委会负责人列席会议。会议邀请市政协副主席冯庆煜、1名省人大代表、1名市人大代表列席会议。

2007年5月23日，市三届人大常委会举行第二十三次会议。受市委书记、市人大常委会主任王宁委托，市人大常委会副主任刘伯忠主持会议。市人大常委会副主任孙纯、马敬国、赵太武、梁仕培、李元开和委员共30人出席会议。会议传达省十届人大常委会二十七次会议精神；听取和审议市人民政府关于嘉陵江流域（南充段）水污染防治工作的情况汇报；听取和审议市中级人民法院关于诉讼调解工作的情况报告；听取和审议市人大常委会主任会议关于提请审议废止《南充市人民代表大会常务委员会〈四川省各级人民代表大会常务委员会评议工作条例〉实施办法》的议案及说明。审议通过关于废止《南充市人民代表大会常务委员会〈四川省各级人民代表大会常务委员会评议工作条例〉实施办法》的决定；审议通过人事任免事项，任命市级国家机关工作人员1名，免去2名市级国家机关工作人员职务。刘伯忠向被任命人员颁发任命书。会议举办法制讲座，邀请市教育局局长周继琼讲授义务教育法。市人民政府市长高先海、副市长范平，市中级人民法院院长崔均，市人民检察院检察长周力，市政府办公室、市财政局、市环保局、市水利局、市建设局、市交通局、市农业局、市林业局、市畜牧局、市司法局主要负责人，市人大常委会副秘书长，市人大各专门委员会、常委会办事机构负责人，各县（市、区）人大常委会负责人列席会议。会议邀请1名省人大代表、1名市人大代表列席会议，1位公民旁听会议。

2007年7月10日，市三届人大常委会举行第二十四次会议。受市人大常委会主任王宁委托，市人大常委会副主任刘伯忠主持会议。市人大常委会副主任孙纯、马敬国、赵太武、梁仕培、余善卫、李元开、陶治国和委员共33人出席会议。会议审议通过《南充市人民代表大会常务委员会关于召开南充市第三届人民代表大会第五次会议的决定》；审议通过市三届人大五次会议议程草案，决定提请市三届人大五次会议预备会议通过；审议通过市三届人大五次会议主席团和秘书长名单草案，决定提请市三届人大五次会议预备会议通过；审议通过市三届人大五次会议列席人员名单；审议通过《南充市人大常委会关于接受王宁辞去南充市人大常委会主任职务的决定》；听取和审议通过市三届人大常委会代表资格审查委员会关于个别市人大代表资格的审查报告。市人民政府秘书长陈自立，市中级人民法院副院长陈代和，市人民检察院副检察长谢凡举，市人民政府办公室主要负责人，市人大常委会副秘书长，市人大各专门委员会、常委会办事机构负责人，各县（市、区）人大常委会负责人列席会议。市政协副主席李盛文应邀列席会议。

2007 年 8 月 14 日，市三届人大常委会举行第二十五次会议。市委书记、市人大常委会主任刘宏建主持会议。市人大常委会副主任刘伯忠、孙纯、马敬国、赵太武、余善卫、李元开、陶治国和委员共 31 人出席会议。会议传达省十届人大常委会二十八次、二十九次会议精神；听取和审议市人民政府关于南充市实施新型农村合作医疗制度的汇报；听取和审议市人民政府关于南充市 2006 年财政决算和 2007 年 1 月至 6 月财政预算执行情况的报告，听取和审议市人民政府关于南充市 2006 年度市级财政预算执行和其他财政收支的审计工作报告，听取和审议市人大财政经济委员会关于南充市 2006 年财政决算的审查报告，审议通过《南充市人民代表大会常务委员会关于批准南充市 2006 年市级财政决算的决议》；听取和审议市人民政府关于南充市 2007 年上半年国民经济和社会发展计划执行情况的报告；听取和审议市人民政府关于南充市 2007 年上半年市级非税收入执行收支两条线管理情况的报告（书面）；会议举办法制讲座，邀请市人大代表、三合律师事务所主任马波讲授物权法。市人民政府副市长向东、朱家媛，市中级人民法院院长崔均，市人民检察院检察长周力，市政府办公室、市发改委、市财政局、市审计局、市卫生局、非税收入监管中心主要负责人，市人大常委会副秘书长，市人大各专门委员会、常委会办事机构负责人，各县（市、区）人大常委会负责人列席会议。会议邀请市政协副主席胥德会、1 名省人大代表、1 名市人大代表列席会议，1 位公民旁听会议。

2007 年 9 月 26 日，市三届人大常委会举行第二十六次会议。市委书记、市人大常委会主任刘宏建主持会议。市人大常委会副主任刘伯忠、孙纯、马敬国、梁仕培、余善卫、陶治国和委员共 31 人出席会议。会议听取和审议市人民政府关于实施工业强市战略的情况汇报；听取和审议市人民政府关于 2006 年至 2007 年度南充市城市总体规划执行情况的汇报；听取和审议市人民检察院关于公诉工作的情况汇报；听取和审议市人大常委会执法检查组关于检查《中华人民共和国城市房地产管理法》执行情况的报告；审议通过人事任免事项，任命市级国家机关工作人员 23 名，免去 10 名市级国家机关工作人员职务。刘宏建向被任命人员颁发任命书。会议举办法制讲座，邀请西华师范大学法学院院长、教授刘永红讲授农产品质量安全法。市人民政府副市长谢华国、冯斌，市中级人民法院院长崔均，市人民检察院检察长周力、副检察长李敏，市政府办公室、市经委、市规划和建设局、市规划办公室、市公安局、市国土资源局、市房管局主要负责人，市人大常委会副秘书长，市人大各专门委员会、常委会办事机构负责人，各县（市、区）人大常委会负责人列席会议。会议邀请市政协副主席陈宗君、2 名市人大代表列席会议，1 位公民旁听会议。

2007 年 11 月 28 日，市三届人大常委会举行第二十七次会议。市委书记、市人大常委会主任刘宏建主持会议。市人大常委会副主任刘伯忠、孙纯、马敬国、赵太武、梁仕培、余善卫、李元开、陶治国和委员共 32 人出席会议。会议传达省十届人大常委会三十次会议精神；听取和审议市人民政府关于南充市 2007 年市级财政预算调整方案（草案）的报告，听取和审议市人大财政经济委员会关于南充市 2007 年市级财政预算调整方案（草案）的审查报告，审议通过《南充市人民代表大会常务委员会关于批准南充市2007年市级财政预算调整方案的决定》；听取和审议市人民政府办公室关于市三届人大四次会议代表建议、批评和意见办理情况的报告；听取和审议通过市人大内务司法委员会关于市三届人大四次会议主席团交付审议的代表提出的《关于高度重视妇女儿童事业发展的议案》审议结果的报告；听取市人大常委会人事代表工作委员会关于市三届人大四次会议代表建议、批评和意见处理情况的报告（书面）；审议通过《南充市人民代表大会常务委员会关于召开南充市第三届人民代表大会第六次会议的决定》；审议通过市三届人大六次会议议程（草案），决定提请市三届人大六次会议预备会议通过；审议通过市三届人大六次会议主席团和秘书长名单（草案），决定提请市三届人大六次会议预备会议通过；审议通过市三届人大六次会议列席人员名单；听取和审议通过市人大常委会代表资格审查委员会关于南充市第三届人民代表大会个别代表的代表资格审查报告；审议通过人事任免事项，任命市级国家机关工作人员1名。刘宏建向被任命人员颁发任命书。市人民政府市长高先海、副市长向东、秘书长陈自立，市中级人民法院副院长陈代和，市人民检察院副检察长谢凡举，市政府办公室、市人事局、市财政局、市妇儿工委办公室主要负责人，市人大常委会副秘书长，市人大各专门委员会、常委会办事机构负责人，各县（市、区）人大常委会负责人列席会议。会议邀请市政协副主席余长春和1名省人大代表、1名市人大代表列席会议，1名公民旁听会议。

2008年1月9日下午，市三届人大常委会举行第二十八次会议。市委书记、市人大常委会主任刘宏建主持会议。市人大常委会副主任刘伯忠、孙纯、马敬国、赵太武、梁仕培、余善卫、李元开、陶治国和委员共32人出席会议。会议传达省十届人大常委会三十一次会议精神；审议通过《南充市人民代表大会常务委员会关于召开南充市第四届人民代表大会第一次会议的决定》；审议通过人事任免事项，任命市级国家机关工作人员1名，免去1名市级国家机关工作人员职务。刘宏建向被任命人员颁发任命书。市人民政府市长高先海，市中级人民法院院长崔均，市人民检察院检察长周力，市政府办公室、市人事局主要负责人，市人大常委会副秘书长，市人大各专门委员会、常委会办事机构负责人，各县（市、区）人大常委会负责人列席会议。会议邀请市政协副主席李盛文列席会议。

2008年4月29日下午，市三届人大常委会举行第二十九次会议。市委书记、市人大常委会主任刘宏建主持会议并讲话。市人大常委会副主任刘伯忠、孙纯、马敬国、赵太武、梁仕培、余善卫、李元开、陶治国和委员共34人出席会议。会议传达省十一届人大常委会二次会议精神；审议通过关于市四届人大专门委员会设置的议案，提请市四届人大一次会议审议；听取和审议通过市三届人大常委会代表资格审查委员会关于市四届人大代表资格的审查报告，市四届人大代表共509名；审议市四届人大一次会议议程（草案），决定提请市四届人大一次会议预备会议通过；审议市四届人大一次会议主席团和秘书长名单（草案）、议案审查委员会名单（草案）、计划预算审查委员会名单（草案），决定提请市四届人大一次会议预备会议通过；审议通过市四届人大一次会议列席人员名单；审议市人大常委会工作报告（草案），决定提请市四届人大一次会议审查。市人民政府副市长向东，市中级人民法院副院长陈代和，市人民检察院副检察长李敏，市政府办公室主要负责人，市人大常委会副秘书长，市人大各专门委员会、常委会办事机构负责人列席会议。

第四节 南充市第四届人大常委会会议

2008 年 6 月 13 日，市四届人大常委会举行第一次会议。市委书记、市人大常委会主任刘宏建主持会议。市人大常委会副主任李志杰、李元开、陶治国、陈自立、傅伦佳、陈修鹏，秘书长郑猛功和委员共 40 人出席会议。会议审议通过《关于设立南充市人民代表大会常务委员会信访办公室的决定》；审议通过人事任免事项，任命市级国家机关工作人员 38 名，免去 4 名市级国家机关工作人员职务。市人大常委会副主任李志杰主持颁发任命书大会，市四届人大常委会一次会议被任命人员参加大会，市委书记、市人大常委会主任刘宏建向被任命人员颁发任命书。市人民政府市长高先海，市中级人民法院院长崔均，市人民检察院检察长周力，市政府办公室、市人事局主要负责人，市人大常委会副秘书长，市人大各专门委员会、常委会办事机构负责人，各县（市、区）人大常委会负责人列席会议。市政协副主席胥德会应邀列席会议。会议还邀请 2 名省人大代表、2 名市人大代表列席会议。

2008 年 7 月 28 日至 29 日，市四届人大常委会举行第二次会议。市委书记、市人大常委会主任刘宏建主持会议。市人大常委会副主任李志杰、李元开、陶治国、陈自立、傅伦佳、陈修鹏，秘书长郑猛功和委员共 38 人出席会议。会议听取和审议市人民政府关于南充市 2008 年上半年国民经济和社会发展计划执行情况的报告；听取和审议市人民政府关于南充市 2008 年上半年财政预算执行情况的报告；听取和审议市人民政府关于推进南充工业优势产业跨越发展情况的汇报；听取和审议市人民政府关于贯彻中央强农惠农政策情况的汇报；听取和审议市人民政府关于实施医疗卫生工程的情况汇报；听取和审议市人民检察院关于加强检察工作监督情况的报告；审议通过关于设立市四届人大常委会代表资格审查委员会的决定；审议通过人事任免事项，任命市级国家机关工作人员 10 名。会议任命林文贵、敬再志、张明、赵叶、雍丽华、刘北平为南充市人民检察院检察委员会委员。任命文艺、黄山松、高峻松、李文辉为南充市人民检察院检察员。刘宏建向被任命人员颁发任命书；会议举办法制讲座，邀请省人大法工委副主任肖萍讲授监督法。市人民政府副市长向东、冯斌，市中级人民法院院长崔均，市人民检察院检察长周力，市政府办公室、市发改委、市财政局、市经委、市农业局、市林业局、市畜牧局、市粮食局、市卫生局、市人事局、市农机局主要负责人，市人大常委会副秘书长，市人大各专门委员会、常委会办事机构负责人，各县（市、区）人大常委会负责人列席会议。会议邀请市政协副主席胥德会、市委农办 1 名负责人列席会议，会议还邀请 1 名省人大代表、1 名市人大代表列席会议。

2008 年 9 月 10 日，市四届人大常委会举行第三次会议。市委书记、市人大常委会主任刘宏建、市人大常委会副主任李志杰主持两次全体会议。市人大常委会副主任李元开、陶治国、陈自立、陈修鹏，秘书长郑猛功和委员共 38 人出席会议。会议传达省十一届人大常委会四次会议精神；听取和审议市人民政府关于南充市 2007 年财政决算的报告，听取和审议市人民政府关于南充市 2007 年度市级财政预算执行和其他财政收支的审计工作报告，听取和审议市人大财经委关于南充市 2007 年财政决算的审查报告，审议通过《南充市人民代表大会常务委员会关于批准南充市 2007 年市级财政决算的决议》；听取和审议市人民政府关于抗震救灾工作情况的报告；听取和审议市人民政府关于节能减排工作情况的汇报；听取和审议市人民政府关于“五五”普法工作情况的报告；听取和审议市人民政府关于全市旅游产业发展的情况汇报；听取和审议市人大常委会主任会议关于提请审议《南充市人民代表大会常务委员会议事规则（修订草案）》的议案，审议通过《南充市人民代表大会常务委员会议事规则》；听取和审议市人大常委会主任会议关于提请审议《南充市人民代表大会常务委员会组成人员守则（修订草案）》的议案，审议通过《南充市人民代表大会常务委员会组成人员守则》；审议通过人事任免事项，任命市级国家机关工作人员7名，免去1名市级国家机关工作人员职务。刘宏建向被任命人员颁发任命书。市人民政府市长高先海，副市长谢华国、张奇伟，市中级人民法院院长崔均，市人民检察院检察长周力，市政府办公室、市经委、市民政局、市司法局、市财政局、市人事局、市规划和建设局、市交通局、市审计局、市环保局、市旅游局、市房管局、西山风景区管理局、市应急办主要负责人，市人大常委会副秘书长，市人大各专门委员会、常委会办事机构负责人，各县（市、区）人大常委会负责人列席会议。市政协副主席彭敏、1名省人大代表、1名市人大代表应邀列席会议。

2008年11月27日，市四届人大常委会举行第四次会议。市委书记、市人大常委会主任刘宏建主持会议。市人大常委会副主任李志杰、陶治国、陈自立、傅伦佳，秘书长郑猛功和委员共33人出席会议。会议传达省十一届人大常委会五次会议精神；听取和审议市人民政府关于南充市2008年市级财政预算调整方案（草案）及1—10月预算执行情况的报告；听取和审议市人大财政经济委员会关于南充市2008年市级财政预算调整方案（草案）的审查报告，审议通过《南充市人民代表大会常务委员会关于批准南充市2008年市级财政预算调整方案的决定》；听取和审议市人民政府关于市六次城市总体规划实施和第七次城市总体规划修编工作情况的报告；听取和审议市人大常委会执法检查组关于检查《中华人民共和国义务教育法》实施情况的报告；会议举办法制讲座，邀请市财政局局长吴道军讲授预算法。市人民政府副市长谢华国，市中级人民法院院长崔均，市人民检察院副检察长李敏，市政府办公室、市财政局、市教育局、市规划办公室主要负责人，市人大常委会副秘书长，市人大各专门委员会、常委会办事机构负责人，各县（市、区）人大常委会负责人列席会议。市政协副主席胥德会应邀列席会议，会议还邀请1名省人大代表、1名市人大代表列席会议。

2008年12月17日，市四届人大常委会举行第五次会议。市委书记、市人大常委会主任刘宏建主持会议。市人大常委会副主任李志杰、李元开、陶治国、陈自立、傅伦佳、陈修鹏，秘书长郑猛功和委员共36人出席会议。会议传达省十一届人大常委会六次会议精神；听取和审议通过市人大农业与农村委员会关于市四届人大一次会议主席团交付审议的代表提出的《切实解决农村土地撂荒问题》议案审议结果的报告；审议通过关于召开市四届人大二次会议的决定；审议通过人事任免事项，免去3名市级国家机关工作人员职务。市人民政府副市长朱家媛，市中级人民法院副院长伏蜀培，市人民检察院检察长周力，市政府办公室、市农业局主要负责人，市人大常委会副秘书长，市人大各专门委员会、常委会办事机构负责人，各县（市、区）人大常委会负责人列席会议。市政协副主席胥德会、市委农工办1名负责人、1名省人大代表、2名市人大代表应邀列席会议。

2009年2月10日，市四届人大常委会举行第六次会议。市委书记、市人大常委会主任刘宏建主持会议。市人大常委会副主任李志杰、李元开、陶治国、陈自立、傅伦佳、陈修鹏，秘书长郑猛功和委员共38人出席会议。会议听取和审议市人民政府关于市四届人大一次会议代表建议、批评和意见办理情况的报告；听取市人大常委会人事代表工委关于市四届人大一次会议代表建议、批评和意见处理情况的报告（书面）；审议《南充市第四届人民代表大会第二次会议议程（草案）》，决定提请市四届人大二次会议预备会议通过；审议《南充市第四届人民代表大会第二次会议主席团和秘书长名单（草案）》，决定提请市四届人大二次会议预备会议通过；审议通过《市第四届人民代表大会第二次会议列席人员名单》；审议《南充市人民代表大会常务委员会工作报告（草案）》，决定提请市四届人大二次会议审查；听取和审议通过市人大常委会代表资格审查委员会关于个别市四届人大代表资格的审查报告。市人民政府副市长向东、秘书长李晓松，市中级人民法院院长崔均，市人民检察院检察长周力，市人民政府办公室负责人，市人大常委会副秘书长，市人大各专门委员会、常委会办事机构负责人，各县（市、区）人大常委会负责人列席会议。市政协副主席程立洲和1名省人大代表、2名市人大代表应邀列席会议。

2009年3月31日，市四届人大常委会举行第七次会议。市委书记、市人大常委会主任刘宏建主持会议。市人大常委会副主任李志杰、李元开、陶治国、陈自立、傅伦佳、陈修鹏，秘书长郑猛功和委员共38人出席会议。会议传达省十一届人大常委会八次会议精神；听取和审议市人民政府关于市人大常委会组成人员2008年度审议意见研究处理情况的汇报；审议通过市人大常委会2009年工作要点；审议通过人事任免事项，任命市级国家机关工作人员7名，免去10名市级国家机关工作人员职务。刘宏建向被任命人员颁发任命书。市人民政府市长高先海、秘书长李晓松，市中级人民法院院长崔均，市人民检察院检察长周力，市人民政府办公室1名负责人，市人大常委会副秘书长，市人大各专门委员会、常委会办事机构负责人列席会议。市政协副主席王星照，1名省人大代表、2名市人大代表应邀列席会议。

2009年5月26日，市四届人大常委会举行第八次会议。市委书记、市人大常委会主任刘宏建，市人大常委会副主任李志杰分别主持全体会议。市人大常委会副主任李元开、陶治国、陈自立、傅伦佳、陈修鹏，秘书长郑猛功和委员共39人出席会议。会议听取和审议市人民政府关于“十一五”规划纲要实施中期情况的报告；听取和审议市人民政府关于嘉陵江两岸生态绿化工程建设情况的报告，审议通过《南充市人民代表大会常务委员会关于加快嘉陵江南充段两岸生态绿化工程建设的决议》；听取和审议市人民政府关于公安机关刑事侦查工作情况的报告；会议举办法制讲座，邀请省环保局巡视员谷声文讲授《中华人民共和国水污染防治法》。市人民政府副市长向东、张奇伟、喻小广，市中级人民法院院长崔均，市人民检察院检察长周力，市政府办公室、市发改委、市经委、市劳动保障局、市林业局、市水利局、市国土资源局、市财政局、市规划和建设局、市公安局主要负责人，市人大常委会副秘书长，市人大各专门委员会、常委会办事机构负责人，各县（市、区）人大常委会负责人列席会议。会议邀请市政协副主席胥德会、市委农工办1名负责人，1名省人大代表、2名市人大代表列席会议。

2009年7月21日，市四届人大常委会举行第九次会议。市委书记、市人大常委会主任刘宏建主持会议。市人大常委会副主任李志杰、李元开、陈自立、傅伦佳、陈修鹏，秘书长郑猛功和委员共34人出席会议。会议听取和审议市人民政府关于南充市2009年上半年国民经济和社会发展计划执行情况的报告；听取和审议市人民政府关于南充市2009年上半年财政预算执行情况的报告；听取和审议市人民政府关于南充市2008年市级财政决算的报告，听取和审议市人民政府关于南充市2008年财政预算执行和其他财政收支的审计工作报告，听取和审议市人大财政经济委员会关于南充市2008年市级财政决算的审查报告，审议通过关于批准南充市2008年市级财政决算的决议；听取和审议市人民政府关于项目推动工作的情况汇报；听取和审议市人民政府关于加强农田水利基本建设情况汇报；听取和审议市人大常委会执法检查组关于检查水污染防治法执行情况的报告；听取和审议通过市人大常委会代表资格审查委员会关于个别市四届人大代表资格的审查报告；审议通过人事任免事项，任命市级国家机关工作人员8名，免去2名市级国家机关工作人员职务。刘宏建向被任命人员颁发任命书。市人民政府市长高先海、副市长谢华国、喻小广、秘书长李晓松，市中级人民法院院长崔均，市人民检察院检察长周力，市人民政府有关部门主要负责人，市人大常委会副秘书长，市人大各专门委员会、常委会办事机构负责人，各县（市、区）人大常委会负责人列席会议。会议邀请市政协副主席王星照、2名省人大代表、4名市人大代表列席会议。

2009年9月23日，市四届人大常委会举行第十次会议。市委书记、市人大常委会主任刘宏建主持会议。市人大常委会副主任李志杰、李元开、陶治国、傅伦佳、陈修鹏，秘书长郑猛功和委员共36人出席会议。会议传达省十一届人大常委会十次会议精神；听取和审议市人民政府关于重点工程建设情况的汇报；听取和审议市人民政府关于扩大内需促进商贸服务业发展情况的报告；听取和审议市人民政府关于土地出让收入管理情况的汇报；听取和审议市人民检察院关于查办职务犯罪工作情况的报告；审议通过市人大常委会听取和审议专项工作报告暂行办法；听取和审议通过市人大常委会代表资格审查委员会关于个别市四届人大代表资格的审查报告；审议通过人事任免事项，任命市级国家机关工作人员17名，免去14名市级国家机关工作人员职务。刘宏建向被任命人员颁发任命书。会议举办法制讲座，邀请南充职业技术学院副教授、南充电子工业学校校长陈行辉讲授《中华人民共和国职业教育法》。市人民政府副市长谢华国、朱家媛、喻小广，市中级人民法院院长崔均，市人民检察院检察长周力，市政府办公室、市发改委、市财政局、市规划和建设局、市交通局、市水利局、市商务局、市国土资源局、市重点办、市金融办主要负责人，市人大常委会副秘书长，市人大各专门委员会、常委会办事机构负责人，各县（市、区）人大常委会负责人列席会议。会议邀请市政协副主席胥德会列席会议，会议还邀请1名省人大代表、2名市人大代表列席会议。

2009年11月26日，市四届人大常委会举行第十一次会议。市委书记、市人大常委会主任刘宏建主持会议并讲话。市人大常委会副主任李志杰、李元开、陶治国、陈自立、傅伦佳、陈修鹏，秘书长郑猛功和委员共38人出席会议。会议传达省委人大工作会议精神；传达省十一届人大常委会十一次会议精神；听取和审议市人民政府关于第七次城市总体规划修编工作情况的汇报；听取和审议市人民政府关于南充市2009年市级财政预算调整方案（草案）的报告 听取和审议市人大财政经济委员会关于南充市2009年市级财政预算调整方案（草案）的审查报告，审议通过关于批准南充市2009年市级财政预算调整方案的决定；审议通过关于召开市四届人大三次会议决定；审议通过人事任免事项，任命市级国家机关工作人员6名，免去2名市级国家机关工作人员职务。刘宏建向被任命人员颁发任命书；举行《中华人民共和国就业促进法》法制讲座和工作评议大会。工作评议大会听取市发展和改革委员会、市经济委员会、市民政局、市卫生局4个被评议单位工作报告。听取市人大常委会各工作评议调查小组对4个被评议单位的调查报告，对4个被评议单位工作进行满意度测评，4个被评议单位进行表态发言。市人民政府市长高先海、副市长谢华国、朱家媛，市中级人民法院副院长李秉国，市人民检察院检察长周力、副检察长吴鉴，市纪委、市委组织部1名负责人，市政府办公室、市发改委、市财政局、市人事局、市规划和建设局、市交通局、市环保局、市规划办主要负责人，市发改委、市经委、市民政局、市卫生局四个单位的班子成员，市人大常委会副秘书长，市人大各专门委员会、常委会办事机构负责人，各县（市、区）人大常委会负责人列席会议。会议邀请市政协副主席康大寿、王星照列席会议，会议还邀请1名省人大代表、2名市人大代表和12名参加工作评议调查小组的市人大代表列席会议。

2009年12月29日上午，市四届人大常委会举行第十二次会议。市委书记、市人大常委会主任刘宏建主持会议。市人大常委会副主任李志杰、李元开、陶治国、陈自立、傅伦佳、陈修鹏，秘书长郑猛功和委员共37人出席会议。会议听取和审议市人民政府办公室关于市四届人大二次会议代表建议、批评和意见办理情况的报告；听取市人大常委会人事代表工委关于市四届人大二次会议代表建议、批评和意见处理情况的报告（书面）；听取和审议通过市人大农业与农村委员会关于市四届人大二次会议主席团交付审议的议案审议结果的报告；听取和审议通过市人大城乡建设环境资源保护委员会关于市四届人大二次会议主席团交付审议的议案审议结果的报告；会议举办法制讲座，自学《中华人民共和国食品安全法》。市人民政府秘书长李晓松，市中级人民法院院长崔均，市人民检察院检察长周力，市政府办公室、市委农工办、市财政局、市水务局、市农业局、市环保局、市畜牧局、市农机局主要负责人，市人大常委会副秘书长，市人大各专门委员会、常委会办事机构负责人，各县（市、区）人大常委会负责人列席会议。会议邀请市政协副主席胥德会列席会议，邀请1名省人大代表、2名市人大代表列席会议。

2010年1月12日，市四届人大常委会举行第十三次会议。市委书记、市人大常委会主任刘宏建主持会议。市人大常委会副主任李志杰、李元开、陶治国、陈自立、傅伦佳，秘书长郑猛功和委员共34人出席会议。会议审议通过《南充市第四届人民代表大会第三次会议议程（草案）》，决定提请市四届人大三次会议预备会议通过；审议通过《南充市第四届人民代表大会第三次会议主席团和秘书长名单（草案）》，决定提请市四届人大三次会议预备会议通过；审议通过《南充市第四届人民代表大会第三次会议列席人员名单》；审议《南充市人民代表大会常务委员会工作报告（草案）》，决定提请市四届人大三次会议审查；审议通过市人大常委会代表资格审查委员会关于个别市四届人大代表资格的审查报告。市人民政府副市长张奇伟，市中级人民法院院长崔均，市人民检察院检察长周力，市人大常委会副秘书长，市人大各专门委员会、常委会办事机构负责人，各县（市、区）人大常委会负责人列席会议。会议邀请市政协副主席胥德会列席会议。

2010年3月3日，市四届人大常委会举行第十四次会议。市委书记、市人大常委会主任刘宏建主持会议。市人大常委会副主任李志杰、李元开、陶治国、陈自立、傅伦佳、陈修鹏，秘书长郑猛功和委员共39人出席会议。会议审议通过市人大常委会主任会议关于提请审议《南充市人民代表大会常务委员会听取和审议专项工作报告暂行办法修正案（草案）》的议案，听取和审议关于《南充市人民代表大会常务委员会听取和审议专项工作报告暂行办法修正案（草案）》的说明，审议通过市人大常委会关于修改《南充市人民代表大会常务委员会听取和审议专项工作报告暂行办法》的决定；听取和审议市人民政府关于扩大内需促进商贸服务业发展的情况报告的审议意见研究处理情况的报告，并进行满意度测评，测评结果为满意；听取和审议市人民政府关于市本级土地出让收入及土地资源管理情况汇报的审议意见研究处理情况的报告，并进行满意度测评，测评结果为满意；听取和审议市人民检察院关于查办职务犯罪工作情况的报告的审议意见研究处理情况的报告，并进行满意度测评，测评结果为满意；审议通过市人大常委会2010年度工作要点；审议通过人事任免事项，任命市级国家机关工作人员2名，免去3名市级国家机关工作人员职务。刘宏建向被任命人员颁发任命书；审议通过《南充市人大常委会关于接受崔均辞去南充市中级人民法院院长职务的决定》；审议通过《南充市人大常委会关于王邦习任南充市中级人民法院代理院长的决定》。市人民政府副市长朱家媛、喻小广，市中级人民法院院长崔均、市人民检察院检察长周力，市政府办公室、市财政局、市人事局、市规划和建设局、市商务局、市审计局、市国土资源局、市地税局、市规划办、市房管局、市经济开发区主要负责人，市人大常委会副秘书长，市人大各专门委员会、常委会办事机构负责人，市人大常委会机关党委、纪检组负责人，各县（市、区）人大常委会负责人列席会议。市政协副主席胥德会应邀列席会议，会议还邀请1名省人大代表、2名市人大代表列席会议。

2010年4月27日，市四届人大常委会举行第十五次会议。受市委书记、市人大常委会主任刘宏建委托，市人大常委会副主任李志杰主持会议。市人大常委会副主任李元开、陶治国、陈自立、傅伦佳、陈修鹏，秘书长郑猛功和委员共36人出席会议。会议传达省十一届人大常委会十五次会议精神；听取和审议市人民政府关于南充市第七次城市总体规划修编工作情况的报告；听取和审议市中级人民法院关于刑事审判工作情况的报告；会议举办法制讲座，邀请省交通运输厅政策法规处副处长张均讲授《中华人民共和国公路法》。市人民政府副市长谢华国，市中级人民法院代理院长王邦习、市人民检察院检察长周力，市政府办公室、市发改委、市经委、市规划和建设局、市交通局、市水务局、市环保局、市旅游局、市规划办、市国土资源局、市经济开发区主要负责人，市人大常委会副秘书长，市人大各专门委员会、常委会办事机构负责人，各县（市、区）人大常委会负责人列席会议。市政协副主席胥德会应邀列席会议，会议还邀请1名省人大代表、2名市人大代表列席会议。

2010年6月17日，市四届人大常委会举行第十六次会议。市委书记、市人大常委会主任刘宏建主持会议。市人大常委会副主任李志杰、李元开、陶治国、陈自立、傅伦佳、陈修鹏，秘书长郑猛功和委员共40人出席会议。会议传达省十一届人大常委会十六次会议精神；听取和审议市人民政府关于南充市化学工业园区建设及园区招商引资工作情况的报告；听取和审议市人民政府关于城市建设管理工作的报告；听取和审议通过市人大常委会代表资格审查委员会关于个别市四届人大代表资格的审查报告；审议通过人事任免事项，任命市级国家机关工作人员15名，免去2名市级国家机关工作人员职务。刘宏建向被任命人员颁发任命书；会议举办《城市市容和环境卫生管理条例》法制讲座。市人民政府市长高先海，副市长谢华国、胡光明，市中级人民法院代理院长王邦习，市人民检察院检察长周力，市政府办公室、市发改委、市人事局、市国土资源局、市规划和建设局、市环保局、市城管执法局、市国资委、市规划办、市经济开发区主要负责人，市人大常委会副秘书长，市人大各专门委员会、常委会办事机构负责人，各县（市、区）人大常委会负责人列席会议。市政协副主席彭敏应邀列席会议，会议还邀请1名省人大代表、2名市人大代表列席会议。

2010年8月31日，市四届人大常委会举行第十七次会议。市委书记、市人大常委会主任刘宏建主持会议。市人大常委会副主任李志杰、李元开、陶治国、陈自立、傅伦佳、陈修鹏，秘书长郑猛功和委员共37人出席会议。会议传达省十一届人大常委会十七次会议精神；听取和审议市人民政府关于南充市2010年上半年国民经济和社会发展计划执行情况的报告；听取和审议市人民政府关于南充市2009年度财政决算及2010年1月至6月财政预算执行情况的报告，听取和审议市人民政府关于南充市2009年度市级财政预算执行和其他财政收支情况的审计工作报告；听取和审议市人大财政经济委员会关于南充市2009年财政决算情况的审查报告，审议通过《南充市人民代表大会常务委员会关于批准南充市2009年市级财政决算的决议》；听取和审议市人大常委会执法检查组关于检查《中华人民共和国公路法》及《四川省〈中华人民共和国公路法〉实施办法》贯彻实施情况的报告；听取和审议关于《南充市人民代表大会常务委员会工作评议试行办法（草案）》及说明，审议通过《南充市人民代表大会常务委员会工作评议试行办法》；审议通过人事任免事项，免去5名市级国家机关工作人员职务。审议通过《南充市人大常委会关于接受李元开辞去职务的决定》。市人民政府市长高先海，市中级人民法院代理院长王邦习，市人民检察院副检察长吴鉴，市政府办公室、市发改委、市监察局、市财政局、市国土资源局、市规划和建设局、市交通局、市审计局、市统计局、市规划办、市国税局、市地税局、市公路局主要负责人，市人大常委会副秘书长，市人大各专门委员会、常委会办事机构负责人，各县（市、区）人大常委会负责人列席会议。市政协副主席陈宗君应邀列席会议，会议还邀请1名省人大代表、2名市人大代表列席会议。

2010年10月21日，市四届人大常委会举行第十八次会议。市委书记、市人大常委会主任刘宏建主持会议并讲话。市人大常委会副主任李志杰、陶治国、傅伦佳、陈修鹏，秘书长郑猛功和委员共36人出席会议。会议传达省十一届人大常委会十八次会议精神；听取和审议市人民政府关于南充市2010年市级财政预算调整草案及1月至9月市级财政主要工作情况的报告，听取和审议市人大财政经济委员会关于南充市2010年市级财政预算调整方案草案的审查报告，审议通过《南充市人大常委会关于批准南充市2010年市级财政预算调整方案的决定》；听取和审议市人民政府关于“十二五”规划编制工作情况的报告；听取和审议市人民政府关于全市城郊蔬菜基地建设有关情况的报告；听取和审议市中级人民法院关于刑事审判工作情况报告的审议意见研究处理情况的报告，并进行满意度测评，测评结果为满意；听取和审议关于《南充市人民代表大会常务委员会规范性文件备案审查规定》的说明，审议通过《南充市人民代表大会常务委员会规范性文件备案审查规定》；审议通过人事任免事项，任命市级国家机关工作人员20名，免去7名市级国家机关工作人员职务。刘宏建向被任命人员颁发任命书；会议举办法制讲座，邀请省人大法制委员会主任委员邢泸生主讲《四川省〈中华人民共和国各级人民代表大会常务委员会监督法〉实施办法》。市人民政府市长高先海，副市长何智彬、胡光明，市中级人民法院代理院长王邦习，市人民检察院检察长周力，市政府办公室、市发改委、市财政局、市人事局、市国土资源局、市农业局主要负责人，市人大常委会副秘书长，市人大各专门委员会、常委会办事机构负责人，各县（市、区）人大常委会负责人列席会议。市政协副主席程立洲应邀列席会议，会议还邀请1名省人大代表、2名市人大代表列席会议。

2010年11月24日，市四届人大常委会举行第十九次会议。市委书记、市人大常委会主任刘宏建主持会议并讲话。市人大常委会副主任李志杰、陶治国、陈自立、傅伦佳，秘书长郑猛功和委员共34人出席会议。会议听取和审议市人民政府关于医药卫生体制改革工作情况的报告；听取和审议市国土资源局、市司法局、市交通运输局3个被评议单位的工作报告，听取和审议市人大常委会工作评议调查小组对3个被评议单位的调查报告，市人大常委会对3个被评议单位工作进行满意度测评，测评结果均为满意；会议还举办《法治与文化》法制讲座。市人民政府副市长谢华国、朱家媛，市中级人民法院代理院长王邦习，市人民检察院检察长周力，市政府办公室、市司法局、市财政局、市人社局、市国土资源局、市交通运输局、市卫生局、市食品药品监管局主要负责人，市人大常委会副秘书长、市人大各专门委员会、常委会办事机构负责人，各县（市、区）人大常委会负责人列席会议。市政协副主席冯庆煜，市纪委、市委组织部负责人应邀列席会议，会议邀请1名省人大代表、2名市人大代表列席会议。

2010年12月24日，市四届人大常委会举行第二十次会议。受市委书记、市人大常委会主任刘宏建委托，市人大常委会副主任李志杰主持会议。市人大常委会副主任陶治国、陈自立、傅伦佳、陈修鹏，秘书长郑猛功和委员共37人出席会议。会议传达省十一届人大常委会十九次会议精神；听取和审议市人民政府办公室关于市四届人大三次会议代表建议、批评和意见办理情况的报告；听取市人大常委会人事代表工委关于市四届人大三次会议代表建议、批评和意见处理情况的报告（书面）；听取和审议通过市人大财政经济委员会关于市四届人大三次会议主席团交付审议的代表提出的《支持农民工返乡创业的议案》审议结果的报告；听取和审议通过市人大农业与农村委员会关于市四届人大三次会议主席团交付审议的代表提出的《围绕龙头企业发展培育壮大特色产业基地的议案》审议结果的报告；听取和审议通过市人大教育科学文化卫生委员会关于市四届人大三次会议主席团交付审议的代表提出的《加大政府投入是公立医院坚持其公益性质的保障的议案》审议结果的报告；听取和审议通过市人大城乡建设环境资源保护委员会关于市四届人大三次会议主席团交付审议的代表提出的《关于加强市区交通管理解决市民乘车出行难的议案》审议结果的报告；听取和审议市人民政府关于城市建设和管理工作报告的审议意见研究处理情况的报告，并进行满意度测评，测评结果为满意；审议通过关于召开市四届人大四次会议的决定；审议通过人事任免事项，任命市级国家机关工作人员 6 名。李志杰向被任命人员颁发任命书。市人民政府副市长谢华国、秘书长李晓松，市中级人民法院代理院长王邦习，市人民检察院检察长周力，市政府办公室、市人社局、市国土资源局、市环保局、市住建局、市城乡规划局主要负责人，市人大常委会副秘书长，市人大各专委会、常委会办事机构负责人，各县（市、区）人大常委会负责人列席会议。会议邀请 1 名省人大代表、2 名市人大代表列席会议。

2011 年 1 月 5 日，市四届人大常委会举行第二十一次会议。市委书记、市人大常委会主任刘宏建主持会议并讲话。市人大常委会副主任李志杰、陶治国、陈自立、傅伦佳、陈修鹏，秘书长郑猛功和委员共 39 人出席会议。会议审议通过《南充市第四届人民代表大会第四次会议议程（草案）》，决定提请市四届人大四次会议预备会议通过；审议通过《南充市第四届人民代表大会第四次会议主席团和秘书长名单（草案）》，决定提请市四届人大四次会议预备会议通过；审议通过《南充市第四届人民代表大会第四次会议列席人员名单》；审议《南充市人民代表大会常务委员会工作报告（草案）》，决定提请市四届人大四次会议审查；听取和审议通过市人大常委会代表资格审查委员会关于个别市四届人大代表资格的审查报告；补选彭渝、李志杰为省十一届人大代表，报请省人大常委会代表资格审查委员会进行资格审查并公告。市人民政府市长高先海，市中级人民法院代理院长王邦习，市人民检察院检察长周力，市人大常委会副秘书长，市人大各专门委员会、常委会办事机构负责人，各县（市、区）人大常委会负责人列席会议。市政协副主席胥德会应邀列席会议。

2011 年 2 月 22 日，市四届人大常委会举行第二十二次会议。市委书记、市人大常委会主任刘宏建主持会议。市人大常委会副主任李志杰、陶治国、陈自立、傅伦佳、陈修鹏，秘书长郑猛功和委员共 39 人出席会议。会议听取和审议市人民政府关于南充生态市建设规划的议案及说明，审议通过《南充市人大常委会关于南充生态市建设规划的决议》；听取和审议关于《南充市人大常委会 2011 年工作要点（草案）》有关情况的说明，审议通过市人大常委会 2011 年工作要点；审议通过人事任免事项，任命市级国家机关工作人员 7 名，免去 4 名市级国家机关工作人员职务。刘宏建向被任命人员颁发任命书。市人民政府副市长谢华国，市中级人民法院院长王邦习，市人民检察院检察长周力，市政府办公室、市环保局主要负责人，市人大常委会副秘书长，市人大各专门委员会、常委会办事机构负责人，各县（市、区）人大常委会负责人列席会议。市政协副主席胥德会应邀列席会议，会议邀请 1 名省人大代表、2 名市人大代表列席会议。

2011 年 5 月 4 日上午，市四届人大常委会举行第二十三次会议。市委书记、市人大常委会主任刘宏建主持会议。市人大常委会副主任李志杰、陶治国、陈自立、傅伦佳、陈修鹏，秘书长郑猛功和委员共 37 人出席会议。会议传达省十一届人大常委会二十二次会议精神；听取和审议市人民政府关于城乡文化建设工作情况的报告；听取和审议市人民检察院关于预防职务犯罪工作情况的报告；审议通过人事任免事项，任命市级国家机关工作人员 1 名。刘宏建向被任命人员颁发任命书；审议通过《南充市人大常委会关于接受吴应学辞去职务的决定》；会议举办《风险管理与科学发展观》法制讲座。市政府副市长朱家媛，市中级人民法院院长王邦习，市人民检察院检察长周力，市政府办公室、市委编委办、市发改委、市教育局、市监察局、市财政局、市人社局、市住建局、市规划局、市文体局、市广电局、市审计局主要负责人，市人大常委会副秘书长，市人大各专委会、常委会办事机构负责人，各县（市、区）人大常委会负责人列席会议。市政协副主席冯庆煜应邀列席会议，会议邀请1名省人大代表、2名市人大代表列席会议。

2011年6月22日上午，市四届人大常委会举行第二十四次会议。市委书记、市人大常委会主任刘宏建主持会议。市人大常委会副主任李志杰、陶治国、陈自立、傅伦佳，秘书长郑猛功和委员共37人出席会议。会议听取和审议市人民政府关于保障性住房建设工作情况的报告；听取和审议市人民政府关于安全生产工作情况的报告；听取和审议市人民政府关于医药卫生体制改革工作情况报告的审议意见研究处理情况的报告，并进行满意度测评，测评结果为满意；听取和审议市人民政府关于城郊蔬菜基地建设工作情况报告的审议意见研究处理情况的报告，并进行满意度测评，测评结果为满意；听取和审议关于《南充市人民代表大会常务委员会讨论决定重大事项的规定（修订草案）》议案及说明，审议通过《南充市人民代表大会常务委员会讨论决定重大事项的规定》；听取和审议市人大常委会主任会议关于提请任命陈自立为市四届人大常委会代表资格审查委员会主任委员议案及说明，审议通过关于任命陈自立为市四届人大常委会代表资格审查委员会主任委员的决定；书面听取市国土资源局、市司法局、市交通运输局关于市人大常委会工作评议意见整改落实情况的报告；会议举办选举法法制讲座。市政府市长高先海、副市长谢华国，市中级人民法院院长王邦习，市人民检察院检察长周力，市政府办公室、市发改委、市财政局、市国土资源局、市住建局、市城乡规划局、市农牧局、市卫生局、市安监局、市房管局主要负责人，市人大常委会副秘书长，市人大各专委会、常委会办事机构负责人，各县（市、区）人大常委会负责人列席会议。市政协副主席程立洲应邀列席会议，会议邀请1名省人大代表、2名市人大代表列席会议。

2011年8月23日上午，市四届人大常委会举行第二十五次会议。市委书记、市人大常委会主任刘宏建主持会议并讲话。市人大常委会副主任李志杰、陶治国、陈自立、傅伦佳、陈修鹏，秘书长郑猛功和委员共39人出席会议。会议传达省十一届人大常委会二十四次会议精神；听取和审议市人民政府关于南充市2011年上半年国民经济和社会发展计划执行情况的报告；听取和审议市人民政府关于南充市2010年度财政决算及2011年1月至6月财政预算执行情况的报告，听取和审议市人民政府关于南充市2010年度市级财政预算执行和其他财政收支的审计工作报告，听取和审议市人大财政经济委员会关于南充市2010年市级财政决算情况的审查报告，审议通过关于批准南充市2010年市级财政决算的决议；听取和审议市人民政府关于城乡文化建设工作审议意见研究处理情况的报告，并进行满意度测评，测评结果为满意；听取被评议单位市农牧局、市工商局工作报告和市人大常委会各评议调查小组调查报告，并进行满意度测评，测评结果均为满意；会议举办《中华人民共和国食品安全法》法制讲座。市政府市长高先海、副市长朱家媛、喻小广，市中级人民法院院长王邦习，市人民检察院副检察长李敏，市纪委、市委组织部负责人，市政府办公室、市发改委、市财政局、市人社局、市国土局、市住建局、市规划局、市文体局、市审计局、市旅游局主要负责人，市农牧局、市工商局领导班子成员，市人大常委会副秘书长，市人大各专委会、常委会各办事工作机构负责人，各县（市、区）人大常委会负责人列席会议。市政协副主席王星照应邀列席会议，会议邀请1名省人大代表、2名市人大代表列席会议。

2011年10月11日上午，市四届人大常委会举行第二十六次会议。市委书记、市人大常委会主任刘宏建主持会议。市人大常委会副主任李志杰、陶治国、陈自立、傅伦佳、陈修鹏，秘书长郑猛功和委员共33人出席会议。会议传达省十一届人大常委会二十五次会议精神；听取和审议市人民政府关于项目推动工作情况的报告；听取和审议市人民政府关于贯彻落实《市人大常委会关于加快嘉陵江（南充段）两岸生态绿化工程建设的决议》情况的报告；听取和审议市人民政府关于“五五”普法工作情况和“六五”普法依法治理意见的报告；听取和审议关于《南充市人大常委会关于进一步加强法制宣传教育的决议（草案）》的说明，审议通过《南充市人大常委会关于进一步加强法制宣传教育的决议》；审议通过人事任免事项，任命市级国家机关工作人员12名，免去4名市级国家机关工作人员职务。刘宏建向被任命人员颁发任命书。审议通过《南充市人大常委会关于廖全军任南充市人民检察院代理检察长的决定》；审议通过《南充市人大常委会关于接受贺和平辞去职务的决定》；审议通过《南充市人大常委会关于接受游少春辞去职务的决定》；会议举办《中华人民共和国侵权责任法》法制讲座。市人民政府市长高先海，市中级人民法院院长王邦习，市人民检察院检察长周力，市政府办公室、市发改委、市司法局、市林业局主要负责人，市人大常委会副秘书长，市人大各专委会、常委会各办事工作机构负责人，各县（市、区）人大常委会负责人列席会议。市政协副主席彭敏应邀列席会议，会议邀请1名省人大代表、2名市人大代表列席会议。

2011年11月17日上午，市四届人大常委会举行第二十七次会议。市委书记、市人大常委会主任刘宏建主持会议。市人大常委会副主任李志杰、陶治国、陈自立、傅伦佳、陈修鹏，秘书长郑猛功和委员共34人出席会议。会议听取和审议市人民政府关于城市总体规划实施情况的报告；听取和审议市人民政府关于南充市2011年市级财政预算调整方案（草案）及1月至10月市级财政主要工作情况的报告，听取和审议市人大财政经济委员会关于南充市2011年市级财政预算调整方案（草案）的审查报告，审议通过关于批准南充市2011年市级财政预算调整方案的决定；听取和审议市人大常委会执法检查组关于检查《中华人民共和国食品安全法》实施情况的报告；听取和审议关于《提请审议〈南充市人民代表大会常务委员会预算审查监督办法〉（修订草案）的议案》及说明，审议通过《南充市人民代表大会常务委员会预算审查监督办法》；审议通过关于召开市五届人大一次会议的决定；听取和审议通过市人大常委会代表资格审查委员会关于个别市四届人大代表资格的审查报告，市四届人大代表共504人；审议通过人事任免事项，任命市级国家机关工作人员1名，免去1名市级国家机关工作人员职务。刘宏建向被任命人员颁发任命书。市人民政府市长高先海、副市长谢华国，市中级人民法院副院长袁彪，市人民检察院代理检察长廖全军，市政府办公室、市财政局、市住建局、市规划局、市农牧局、市卫生局、市质监局、市工商局、市食品药品监督管理局主要负责人，市人大常委会副秘书长，市人大各专委会、常委会各办事工作机构负责人，各县（市、区）人大常委会负责人列席会议。市政协副主席彭敏应邀列席会议，会议邀请1名省人大代表、2名市人大代表列席会议。

2011年12月22日下午，市四届人大常委会举行第二十八次会议。市委书记、市人大常委会主任刘宏建主持会议并讲话。市人大常委会副主任李志杰、陶治国、陈自立、傅伦佳、陈修鹏，秘书长郑猛功和委员共33人出席会议。会议传达省十一届人大常委会二十六次会议精神；听取和审议市人民政府办公室关于市四届人大四次会议代表建议、批评和意见办理情况的报告；听取和审议市人大常委会人事代表工作委员会关于市四届人大四次会议代表建议、批评和意见处理情况的报告（书面）；听取和审议市工商局关于市人大常委会工作评议意见整改落实情况的报告（书面）；听取和审议市农牧业局关于市人大常委会工作评议意见整改落实情况的报告（书面）；听取和审议通过市人大教育科学文化卫生委员会关于市四届人大四次会议主席团交付审议的代表提出的《加快学前教育发展的议案》审议结果的报告；听取和审议通过市人大城乡建设环境资源保护委员会关于市四届人大四次会议主席团交付审议的代表提出的《加快城市公共交通事业发展的议案》审议结果的报告；审议《南充市人民代表大会常务委员会工作报告（草案）》，决定提请市五届人大一次会议审查；审议通过《南充市第五届人民代表大会第一次会议议程（草案）》，决定提请市五届人大一次会议预备会议通过；审议通过《南充市第五届人民代表大会第一次会议主席团和秘书长名单（草案）》，决定提请市五届人大一次会议预备会议通过；审议通过《南充市第五届人民代表大会第一次会议列席人员名单》；听取和审议通过市人大常委会代表资格审查委员会关于市五届人大代表资格的审查报告；审议通过市人大常委会关于市五届人大专委会设置议案。市人民政府副市长袁刚、秘书长李晓松，市中级人民法院院长王邦习，市人民检察院代理检察长廖全军，市政府办公室、市工商局、市农牧局主要负责人，市人大常委会副秘书长、市人大各专委会、常委会各办事工作机构负责人，各县（市、区）人大常委会主要负责人列席会议。会议邀请1名省人大代表、2名市人大代表列席会议。

第五节　南充市第五届人大常委会会议

2012年2月28日上午，市五届人大常委会举行第一次会议。市人大常委会主任高先海主持会议并讲话。市人大常委会副主任谢华国、陶治国、陈自立、陈修鹏、李晓松、李南春，秘书长王永茂和委员共41人出席会议。会议听取和审议关于市人大常委会2012年度工作要点（草案）起草情况的说明，审议通过市人大常委会2012年度工作要点；听取和审议关于设立市第五届人大常委会代表资格审查委员会的决定（草案）的说明，审议通过关于设立市第五届人大常委会代表资格审查委员会的决定；审议通过人事任免事项，任命市级国家机关工作人员48名，免去3名市级国家机关工作人员职务。高先海向被任命人员颁发任命书。市人民政府市长向东，市中级人民法院院长王邦习，市人民检察院检察长廖全军，市政府办公室、市人力资源社会保障局主要负责人，市人大常委会副秘书长，市人大各专委会、常委会各办事工作机构负责人，各县（市、区）人大常委会主任列席会议。市政协副主席尹才勋应邀列席会议，会议邀请1名省人大代表、3名市人大代表列席会议。

2012年4月17日至18日，市五届人大常委会举行第二次会议。市人大常委会主任高先海主持会议。市人大常委会副主任谢华国、陶治国、陈自立、陈修鹏、李南春，秘书长王永茂和委员共39人出席会议。会议传达十一届全国人大五次会议精神；传达省十一届人大常委会二十九次会议精神；听取和审议市人大常委会办公室关于开展规范性文件备案审查工作情况的报告（书面）；听取和审议市人民政府关于全市社会治安管理创新工作情况的报告；听取和审议市人民政府关于城市重点工程建设情况的报告；听取和审议市人民政府关于全市水利工程建设情况的报告；听取和审议市人民政府关于全市文化产业发展情况的报告；听取和审议市人民检察院关于预防职务犯罪工作情况报告的审议意见研究处理情况的报告，并进行满意度测评，测评结果为满意；审议通过人事任免事项，任命市级国家机关工作人员17名，免去4名市级国家机关工作人员职务。高先海向被任命人员颁发任命书。会议举办社会保险法法制讲座。市人民政府副市长袁刚、邹平，市中级人民法院院长王邦习，市人民检察院检察长廖全军，市政府办公室、市发展和改革委员会、市公安局、市司法局、市民政局、市财政局、市环境保护局、市住房和城乡建设局、市城乡规划局、市水务局、市文化体育局、市广播电影电视局、市审计局、市旅游局、市工商行政管理局主要负责人，市人大常委会副秘书长，市人大各专委会、常委会各办事工作机构负责人，各县（市、区）人大常委会负责人列席会议。会议邀请1名省人大代表、3名市人大代表列席会议。

2012年6月27日，市五届人大常委会举行第三次会议。市人大常委会主任高先海主持会议并讲话。市人大常委会副主任谢华国、陶治国、陈自立、陈修鹏、李晓松、李南春，秘书长王永茂和委员共37人出席会议。会议传达省十一届人大常委会三十次会议精神；听取和审议市人民政府关于“六五”普法启动工作情况的报告；听取和审议市人民政府关于战略性新兴产业培育情况的报告；听取和审议市人民政府关于安全生产工作审议意见研究处理情况的报告，并进行满意度测评，测评结果为满意；听取和审议市人民政府关于保障性住房建设工作审议意见研究处理情况的报告，并进行满意度测评，测评结果为满意；听取和审议市人大常委会执法检查组关于检查《中华人民共和国社会保险法》贯彻实施情况的报告；审议通过人事任免事项，任命市级国家机关工作人员5名，免去1名市级国家机关工作人员职务。高先海向被任命人员颁发任命书。市人民政府副市长廖伦志，市中级人民法院院长王邦习，市人民检察院检察长廖全军，市政府办公室、市经信委、市司法局、市人社局、市住建局、市安监局、市房管局主要负责人，市人大常委会副秘书长，市人大各专委会、常委会各办事工作机构负责人，各县（市、区）人大常委会负责人列席会议。市政协副主席程卫东应邀列席会议，会议邀请1名省人大代表、3名市人大代表列席会议。

2012年9月4日，市五届人大常委会举行第四次会议。市人大常委会主任高先海主持会议并讲话。市人大常委会副主任谢华国、陶治国、陈自立、陈修鹏、李晓松、李南春，秘书长王永茂和委员共37人出席会议。会议传达省十一届人大常委会三十一次会议精神；听取和审议市人民政府关于南充市2012年上半年国民经济和社会发展计划执行情况的报告；听取和审议市人民政府关于南充市2011年度财政决算草案及2012年1月至6月财政预算执行情况的报告，听取和审议市人民政府关于2011年度市级财政预算执行和其他财政收支情况的审计工作报告，听取和审议市人大财政经济委员会关于南充市2011年财政决算情况的审查报告，审议通过关于批准南充市2011年市级财政决算的决议；审议通过人事任免事项，任命市级国家机关工作人员2名，免去3名市级国家机关工作人员职务。高先海向被任命人员颁发任命书。市人民政府副市长郑和平，市中级人民法院院长王邦习，市人民检察院检察长廖全军，市政府办公室、市发改委、市经信委、市财政局、市国土资源局、市审计局、市国税局、市地税局主要负责人，市人大常委会副秘书长，市人大各专委会、常委会各办事工作机构负责人，各县（市、区）人大常委会负责人列席会议。市政协副主席杨兴应邀列席会议，会议邀请1名省人大代表、3名市人大代表列席会议。

2012年10月24日至25日，市五届人大常委会举行第五次会议。市人大常委会主任高先海主持会议并讲话。市人大常委会副主任谢华国、陶治国、陈自立、陈修鹏、李晓松、李南春，秘书长王永茂和委员共36人出席会议。会议传达省十一届人大常委会第三十二次会议精神；听取和审议市人民政府关于全民医保推进工作情况的报告；听取和审议市人民政府关于现代农业示范园区建设情况的报告；听取和审议市人大常委会执法检查组关于检查《四川省城乡环境综合治理条例》实施情况的报告；听取和审议市人民政府关于社会治安管理创新工作审议意见研究处理情况的报告，并进行满意度测评，测评结果为满意；听取和审议市人民政府关于水利工程建设工作审议意见研究处理情况的报告，并进行满意度测评，测评结果为满意；听取和审议市人民政府关于食品安全法实施情况审议意见研究处理情况的报告，并进行满意度测评，测评结果为基本满意；听取和审议市人民政府关于城市重点工程建设审议意见研究处理情况的报告，并进行满意度测评，测评结果为满意；听取和审议市教育局、市商务和粮食局、市国资委、市城管执法局工作报告，听取和审议市人大常委会工作评议调查小组的调查报告，对市教育局、市商务和粮食局、市国资委、市城管执法局工作进行满意度测评，测评结果均为满意；会议举办行政许可法法制讲座。市人民政府副市长谢和友，市中级人民法院副院长李秉国、冯朝勇，市人民检察院检察长廖全军、副检察长王岚，市政府办公室、市发改委、市公安局、市财政局、市人社局、市国土资源局、市环保局、市住建局、市城乡规划局、市交通运输局、市水务局、市农牧局、市卫生局、市食品药品监管局、市食安办、市工商局、市质监局、市医保局、市现代农业示范园区管委办主要负责人，市教育局、市商务和粮食局、市国资委、市城管执法局班子成员，市人大常委会副秘书长，市人大各专委会、常委会各办事工作机构负责人，各县（市、区）人大常委会负责人列席会议。市政协副主席杨兴应邀列席会议，会议邀请1名省人大代表、3名市人大代表列席会议。

2012年12月3日下午，市五届人大常委会举行第六次会议。市人大常委会主任高先海主持会议并讲话。市人大常委会副主任谢华国、陶治国、陈自立、陈修鹏、李晓松、李南春，秘书长王永茂和委员共37人出席会议。会议传达省十一届人大常委会三十四次会议精神；听取和审议市人民政府关于南充市2012年市级财政预算调整方案的报告，听取和审议市人大财政经济委员会关于南充市2012年市级财政预算调整方案的审查报告，审议通过关于批准南充市2012年市级财政预算调整方案的决定；审议通过关于召开市五届人大二次会议的决定；审议通过《南充市第五届人民代表大会第二次会议议程（草案）》，决定提请市五届人大二次会议预备会议通过；审议通过《南充市第五届人民代表大会第二次会议主席团和秘书长名单（草案）》，决定提请市五届人大二次会议预备会议通过；审议通过《南充市第五届人民代表大会第二次会议列席人员名单》；听取和审议通过市人大常委会代表资格审查委员会关于市五届人大个别代表资格的审查报告。市人民政府副市长邹平，市中级人民法院院长王邦习，市人民检察院检察长廖全军，市政府办公室、市财政局主要负责人，市人大常委会副秘书长，市人大各专委会、常委会各办事工作机构负责人，各县（市、区）人大常委会负责人列席会议。市政协副主席杨兴，市委组织部负责人应邀列席会议。

2012年12月20日下午，市五届人大常委会举行第七次会议。市人大常委会主任高先海主持会议。市人大常委会副主任谢华国、陶治国、陈自立、陈修鹏、李晓松、李南春，秘书长王永茂和委员共37人出席会议。会议听取和审议市人民政府关于南充市城市总体规划执行情况的报告；听取和审议市人民政府关于全市文化产业发展情况的审议意见研究处理情况的报告，并进行满意度测评，测评结果为满意；审议通过关于召开市五届人大三次会议决定；审议通过人事任免事项，任命市级国家机关工作人员5名，免去5名市级国家机关工作人员职务。高先海向被任命人员颁发任命书。市人民政府副市长谢和友，市中级人民法院院长王邦习，市人民检察院检察长廖全军，市政府办公室、市发展和改革委、市经济和信息化委、市财政局、市住房和城乡建设局、市城乡规划局、市文化广播影视体育局、市旅游局、市投资促进局主要负责人，市人大常委会副秘书长，市人大各专委会、常委会各办事工作机构负责人，各县（市、区）人大常委会负责人列席会议。

2013年1月8日下午，市五届人大常委会举行第八次会议。市人大常委会主任高先海主持会议并讲话。市人大常委会副主任谢华国、陶治国、陈自立、陈修鹏、李晓松、李南春，秘书长王永茂和委员共33人出席会议。会议听取和审议市人民政府关于市五届人大一次会议代表建议、批评和意见办理情况的报告；听取和审议市人大常委会人事代表工委关于市五届人大一次会议代表建议、批评和意见处理情况的报告（书面）；听取和审议通过市人大内司委关于市五届人大一次会议主席团交付审议的代表提出的《关于制定南充市非物质文化遗产保护办法的议案》审议结果的报告；听取和审议通过市人大教科文卫委关于市五届人大一次会议主席团交付审议的代表提出的《加快区域卫生信息化建设早日实现卫生信息资源实用共享的议案》审议结果的报告；听取和审议通过市人大城环资委关于市五届人大一次会议主席团交付审议的代表提出的《做好保障性住房管理和分配的议案》审议结果的报告；听取和审议通过市人大民宗外侨委关于市五届人大一次会议主席团交付审议的代表提出的《打造西河生态景观长廊的议案》审议结果的报告；审议通过《南充市第五届人民代表大会第三次会议议程（草案）》，决定提请市五届人大三次会议预备会议通过；审议通过《南充市第五届人民代表大会第三次会议主席团和秘书长名单（草案）》，决定提请市五届人大三次会议预备会议通过；审议通过《南充市第五届人民代表大会第三次会议列席人员名单》；审议《南充市第五届人民代表大会常务委员会工作报告（草案）》，决定提请市五届人大三次会议审查；审议通过市人大常委会代表资格审查委员会关于市五届人大代表资格的审查报告。市人民政府秘书长沈一凡，市中级人民法院院长王邦习，市人民检察院检察长廖全军，市政府办公室、市公安局、市民政局、市财政局、市环境保护局、市住房和城乡建设局、市城乡规划局、市林业局、市文化广播影视体育局、市卫生局、市旅游局、市食品药品监督管理局主要负责人，市人大常委会副秘书长，市人大各专委会、常委会各办事工作机构负责人，各县（市、区）人大常委会负责人列席会议。市政协副主席杨兴，市委组织部负责人应邀列席会议。

2013 年 2 月 27 日下午，市五届人大常委会举行第九次会议。市人大常委会主任高先海主持会议并讲话。市人大常委会副主任谢华国、陶治国、陈自立、陈修鹏、李晓松、李南春，秘书长王永茂和委员共 36 人出席会议。会议听取和审议关于《南充市人大常委会 2013 年度工作要点（草案）》说明，审议通过市人大常委会 2013 年度工作要点；审议通过人事任免事项，任命市级国家机关工作人员 1 名，免去 2 名市级国家机关工作人员职务。高先海向被任命人员颁发任命书。市人民政府副市长郑和平，市中级人民法院院长王邦习，市人民检察院检察长廖全军，市政府办公室、市人社局负责人，市人大常委会副秘书长，市人大各专委会、常委会各办事工作机构负责人，各县（市、区）人大常委会负责人列席会议。市政协副主席杨兴应邀列席会议。

2013 年 4 月 16 日，市五届人大常委会举行第十次会议。市人大常委会主任高先海主持会议并讲话。市人大常委会副主任谢华国、陶治国、陈自立、陈修鹏、李晓松、李南春，秘书长王永茂和委员共 38 人出席会议。会议传达省十二届人大常委会二次会议精神；听取和审议市人民政府关于城乡居民最低生活保障工作情况的报告；听取和审议市人民政府关于“六五”普法启动工作审议意见研究处理情况的报告，并进行满意度测评，测评结果为满意；听取和审议市人民政府关于战略性新兴产业培育情况审议意见研究处理情况的报告，并进行满意度测评，测评结果为满意；听取和审议市人民政府关于社会保险法执法检查报告审议意见研究处理情况的报告，并进行满意度测评，测评结果为满意；听取和审议《南充市人大常委会关于加强对司法工作监督的决定（草案）》的说明，审议通过《南充市人大常委会关于加强对司法工作监督的决定》；听取和审议关于《南充市人大常委会专题询问试行办法（草案）》的说明，审议通过《南充市人大常委会专题询问试行办法》；审议通过人事任免事项，任命市级国家机关工作人员 2 名，免去 5 名市级国家机关工作人员职务。高先海向被任命人员颁发任命书；会议举办农业机械化促进法法制讲座。市人民政府副市长袁刚，市中级人民法院副院长李秉国，市人民检察院检察长廖全军，市政府办公室、市经信委、市司法局、市民政局、市财政局、市人社局主要负责人，市人大常委会副秘书长，市人大各专委会、常委会各办事工作机构负责人，各县（市、区）人大常委会负责人列席会议。市政协副主席杨兴应邀列席会议。

2013 年 6 月 28 日，市五届人大常委会举行第十一次会议。市人大常委会主任高先海主持会议并讲话。市人大常委会副主任谢华国、陶治国、陈自立、陈修鹏、李晓松、李南春，秘书长王永茂和委员共 39 人出席会议。会议传达省十二届人大常委会三次会议精神；听取和审议市人民政府关于南充化学工业园区建设及产业培育情况的报告；听取和审议市人民政府关于全民医保推进工作的审议意见研究处理情况的报告，并进行满意度测评，测评结果为满意；听取和审议市人民政府关于国家现代农业示范区建设情况的审议意见研究处理情况的报告，并进行满意度测评，测评结果为满意；听取和审议市人民政府关于《四川省城乡环境综合治理条例》执法检查报告的审议意见研究处理情况的报告，并进行满意度测评，测评结果为基本满意；听取和审议市人大常委会执法检查组关于《中华人民共和国农业机械化促进法》执法检查情况的报告；审议通过市人大常委会关于撤销任伟行政职务的决定，决定撤销任伟南充市司法局局长职务；审议通过人事任免事项，任命市级国家机关工作人员 11 名，免去 10 名市级国家机关工作人员职务。高先海向被任命人员颁发任命书。市人民政府市长向东、副市长朱家媛、秘书长沈一凡，市中级人民法院院长王邦习，市人民检察院检察长廖全军，市政府办公室、市经济信息化委、市财政局、市人力资源社会保障局、市国土资源局、市环境保护局、市住房城乡建设局、市城乡规划局、市水务局、市农牧业局、市卫生局、南充经济开发区、市农机局、市国家现代农业示范区管委办、市医改办主要负责人，市人大常委会副秘书长，市人大各专委会、常委会各办事工作机构负责人，各县（市、区）人大常委会负责人列席会议。市政协副主席杨兴应邀列席会议，会议邀请 1 名省人大代表、3 名市人大代表列席会议。

2013 年 8 月 8 日，市五届人大常委会举行第十二次会议。市人大常委会主任高先海主持会议并讲话。市人大常委会副主任谢华国、陶治国、陈自立、陈修鹏、李晓松、李南春，秘书长王永茂和委员共 37 人出席会议。会议传达省十二届人大常委会四次会议精神；听取和审议市人民政府关于南充市 2013 年上半年国民经济和社会发展计划执行情况的报告；听取和审议市人民政府关于南充市 2012 年财政决算及 2013 年 1 月至 6 月财政预算执行情况的报告，听取和审议市人民政府关于 2012 年度财政预算执行和其他财政收支情况的审计工作报告，听取和审议市人大财政经济委员会关于南充市 2012 年市级财政决算的审查结果报告，审查批准南充市 2012 年市级财政决算；听取和审议市人民政府关于城市重点工程建设情况的报告；听取和审议关于《南充市人大常委会打造西河生态景观长廊的决议（草案)》的说明，审议通过南充市人大常委会关于打造西河生态景观长廊的决议；听取和审议关于《南充市人大常委会会议公民旁听办法（草案)》的说明，审议通过市人大常委会会议公民旁听办法。市人民政府副市长郑和平，市中级人民法院副院长冯朝勇，市人民检察院检察长廖全军，市政府办公室、市发展改革委、市经济信息化委、市财政局、市住房城乡建设局、市城乡规划局、市农牧业局、市商务粮食局、市审计局主要负责人，市人大常委会副秘书长，市人大各专委会、常委会各办事工作机构负责人，各县（市、区）人大常委会负责人列席会议。市政协副主席杨兴应邀列席会议，会议邀请 1 名省人大代表、3 名市人大代表列席会议，5 名公民旁听会议。

2013 年 10 月 30 日至 31 日，市五届人大常委会举行第十三次会议。市人大常委会主任高先海主持会议并讲话。市人大常委会副主任谢华国、陶治国、陈自立、陈修鹏、李晓松、李南春，秘书长王永茂和委员共 40 人出席会议。会议传达省十二届人大常委会五次会议精神；听取和审议市人民政府关于千万头生猪产业工程建设情况的报告；听取和审议市人民政府关于民办教育促进法实施情况的报告；听取和审议市人大常委会关于检查《中华人民共和国老年人权益保障法》贯彻实施情况的报告；听取和审议关于《南充市人大常委会与市人民政府、市中级人民法院、市人民检察院联系办法（草案）》的说明，审议通过市人大常委会与市人民政府、市中级人民法院、市人民检察院联系办法；听取和审议市人社局、市环保局、市水务局、市审计局、市统计局工作报告，听取和审议市人大常委会工作评议调查小组的调查报告，对市人社局、市环保局、市水务局、市审计局、市统计局工作进行满意度测评，对市人社局、市环保局、市水务局、市审计局测评结果为满意，对市统计局测评结果为基本满意；审议通过人事任免事项，任命市级国家机关工作人员 2 名，免去 1 名市级国家机关工作人员职务。高先海向被任命人员颁发任命书。会议举办《法治思维与领导干部的法治能力》法制讲座。市人民政府市长向东、副市长朱家媛、邹平，市中级人民法院院长王邦习，市人民检察院检察长廖全军、副检察长李敏，市政府办公室、市教育局、市民政局、市农牧业局主要负责人，市人社局、市环保局、市水务局、市审计局、市统计局局长、副局长，市人大各专委会、常委会各办事机构负责人，各县（市、区）人大常委会负责人列席会议。市政协副主席杨兴，市纪委常委陆斌，市委党建办副主任杨勇应邀列席会议，会议邀请 1 名省人大代表、4 名市人大代表列席会议，4 名公民旁听会议。

2013 年 12 月 5 日上午，市五届人大常委会举行第十四次会议。市人大常委会主任高先海主持会议并讲话。市人大常委会副主任谢华国、陶治国、陈自立、陈修鹏、李晓松、李南春，秘书长王永茂和委员共 36 人出席会议。会议传达省十二届人大常委会六次会议精神；听取和审议市人民政府关于南充市城市总体规划实施情况的报告；听取和审议市人民政府关于南充市 2013 年市级财政预算调整方案（草案）的报告，听取和审议市人大财政经济委员会关于南充市 2013 年市级财政预算调整方案（草案）的审查报告，审议通过关于批准南充市 2013 年市级财政预算调整方案的决定；听取和审议市政府办公室关于市五届人大三次会议议案和代表建议批评意见办理情况的报告；听取和审议市人大常委会人事代表工委关于市五届人大三次会议代表建议批评和意见办理情况的报告（书面）；听取和审议通过市人大农业与农村委员会关于市五届人大三次会议主席团交付审议的代表提出的《制定南充市湿地保护管理办法的议案》审议结果的报告；听取和审议通过市人大教育科学文化卫生委员会关于市五届人大三次会议主席团交付审议的代表提出的《建立非物质文化遗产展演中心的议案》审议结果的报告；审议通过关于召开市五届人大四次会议决定。市人民政府副市长胡光明、秘书长沈一凡，市中级人民法院副院长李秉国，市人民检察院检察长廖全军，市政府办公室、市财政局、市住房城乡建设局、市城乡规划局主要负责人，市人大常委会副秘书长，市人大各专委会、常委会各办事工作机构负责人，各县（市、区）人大常委会负责人列席会议。市政协副主席杨兴应邀列席会议，会议邀请 1 名省人大代表、3 名市人大代表列席会议，5 名公民旁听会议。

2014 年 1 月 8 日上午，市五届人大常委会举行第十五次会议。市人大常委会主任高先海主持会议并讲话。市人大常委会副主任谢华国、陶治国、陈自立、陈修鹏、李晓松、李南春，秘书长王永茂和委员共 36 人出席会议。会议审议通过《南充市第五届人民代表大会第四次会议议程（草案）》，决定提请市五届人大四次会议预备会议通过；审议通过《南充市第五届人民代表大会第四次会议主席团和秘书长名单（草案）》，决定提请市五届人大四次会议预备会议通过；审议通过《南充市第五届人民代表大会第四次会议列席人员名单》；审议《南充市第五届人民代表大会常务委员会工作报告（草案）》，决定提请市五届人大四次会议审查；审议通过关于接受袁菱辞去省十二届人大代表职务的决定，报送省人大常委会备案、公告；听取和审议通过市人大常委会代表资格审查委员会关于个别市五届人大代表资格的审查报告，经市五届人大常委会代表资格审查委员会第三次会议审查确认，市五届人民代表大会代表共有 506 名；审议通过关于变更市五届人大四次会议有关事项的决定；审议通过人事任免事项，任命市级国家机关工作人员 1 名，免去 1 名市级国家机关工作人员职务。高先海向被任命人员颁发任命书。审议通过关于接受谢华国辞去市五届人大常委会副主任职务的决定。市人民政府副市长邹平，市中级人民法院院长王邦习，市人民检察院检察长廖全军，市人民政府办公室主要负责人，市人大常委会副秘书长，市人大各专委会、常委会各办事工作机构负责人，各县（市、区）人大常委会负责人列席会议。市政协副主席杨兴应邀列席会议。

2014 年 3 月 27 日，市五届人大常委会举行第十六次会议。市人大常委会主任高先海主持会议并讲话。市人大常委会副主任陶治国、陈自立、陈修鹏、李晓松、李南春、吴道军，秘书长王永茂和委员共 38 人出席会议。会议传达十二届全国人大二次会议精神；传达省十二届人大常委会八次会议精神；听取和审议市人民政府关于科技创新工作情况的报告；听取和审议市人民政府关于城乡居民最低生活保障工作情况报告的审议意见研究处理情况的报告，并进行满意度测评，测评结果为满意；听取和审议关于市人大常委会 2014 年工作要点（草案）的说明，审议通过市人大常委会 2014 年工作要点；审议通过人事任免事项，任命市级国家机关工作人员 13 名，免去 16 名市级国家机关工作人员职务。审议通过关于撤销何万波市中级人民法院审判员职务的决定。高先海向被任命人员颁发任命书。市人民政府副市长郑和平、朱家媛，市中级人民法院院长王邦习，市人民检察院检察长廖全军，市政府办公室、市教育局、市科技局、市经济信息化委、市民政局、市财政局、市人力资源社会保障局、市农牧业局主要负责人，市人大常委会副秘书长，市人大各专委会、常委会各办事工作机构负责人，各县（市、区）人大常委会负责人列席会议。市政协副主席程卫东应邀列席会议，会议邀请 1 名省人大代表、3 名市人大代表列席会议，5 名公民旁听会议。

2014 年 5 月 22 日，市五届人大常委会举行第十七次会议。市人大常委会主任高先海主持会议并讲话。市人大常委会副主任陶治国、陈自立、陈修鹏、李晓松、李南春、吴道军，秘书长王永茂和委员共 35 人出席会议。会议书面听取和审议关于 2013 年南充市人大常委会开展规范性文件备案审查工作情况的报告；听取和审议市人民政府关于扶贫开发工作情况的报告；听取和审议市人民政府关于南充化学工业园区建设及产业培育情况报告的审议意见研究处理情况的报告，并进行满意度测评，测评结果为满意；听取和审议市人民政府关于民办教育促进法实施情况报告的审议意见研究处理情况的报告，并进行满意度测评，测评结果为满意；听取和审议市人民政府关于农业机械化促进法执法检查报告的审议意见研究处理情况的报告，并进行满意度测评，测评结果为满意；听取和审议市中级人民法院关于民事审判工作情况的报告；审议通过人事免职事项，免去 1 名市级国家机关工作人员职务。市人民政府副市长胡光明，市中级人民法院院长王邦习、副院长袁彪，市人民检察院副检察长吴利平，市政府办公室、市教育局、市财政局、市人力资源社会保障局、市扶贫移民局、南充经济开发区、市农机局主要负责人，市人大常委会副秘书长，市人大各专委会、常委会各办事工作机构负责人，各县（市、区）人大常委会负责人列席会议。市政协副主席杨兴应邀列席会议，会议邀请 1 名省人大代表、3 名市人大代表列席会议，5 名公民旁听会议。

2014 年 7 月 22 日，市五届人大常委会举行第十八次会议。市人大常委会主任高先海主持会议并讲话。市人大常委会副主任陶治国、陈自立、陈修鹏、李晓松、李南春、吴道军，秘书长王永茂和委员共 29 人出席会议。会议传达省十二届人大常委会九次会议精神；听取和审议市人民政府关于南充市 2014 年上半年国民经济和社会发展计划执行情况的报告；听取和审议市人民政府关于南充市 2013 年度财政决算草案及 2014 年 1 月至 6 月财政预算执行情况的报告，听取和审议市人民政府关于 2013 年度市级财政预算执行和其他财政收支的审计工作报告，听取和审议市人大财政经济委员会关于南充市

2013 年财政决算的审查结果报告，审议通过关于批准南充市 2013 年市级财政决算的决议；听取和审议市人民政府关于千万头生猪产业工程建设情况报告审议意见研究处理情况的报告，并进行满意度测评，测评结果为满意；听取和审议市人民政府关于老年人权益保障法执法检查报告审议意见研究处理情况的报告，并进行满意度测评，测评结果为满意；听取和审议市人大常委会执法检查组关于传染病防治法执法检查情况的报告；听取和审议通过市人大常委会代表资格审查委员会关于个别市人大代表资格的审查报告。市人民政府副市长郑和平，市中级人民法院副院长冯朝勇，市人民检察院副检察长吴利平，市政府办公室、市发展改革委、市经济信息化委、市民政局、市财政局、市农牧业局、市卫生局、市审计局、市食品药品监管局、市疾控中心、市老龄办主要负责人，市人大常委会副秘书长，市人大各专委会、常委会各办事工作机构负责人，各县（市、区）人大常委会负责人列席会议。市政协副主席杨兴应邀列席会议，会议邀请 1 名省人大代表、3 名市人大代表列席会议，3 名公民旁听会议。

2014 年 9 月 22 日至 23 日，市五届人大常委会举行第十九次会议。市人大常委会主任高先海主持会议并讲话。市人大常委会副主任陶治国、陈自立、陈修鹏、李晓松、李南春、吴道军，秘书长王永茂和委员共 39 人出席会议。会议传达省十二届人大常委会十一次会议精神；听取和审议市人民政府关于“十二五”规划《纲要》中期评估情况的报告，听取和审议市人大财政经济委员会关于《南充市人民政府关于“十二五”规划〈纲要〉实施中期评估的报告》的审查报告，审议通过关于批准南充市“十二五”规划《纲要》部分指标调整的决议；听取和审议市人民政府关于南充生态市建设规划实施情况的报告；听取和审议市人民检察院关于民事行政检察工作情况的报告；听取和审议关于《南充市人大常委会组成人员守则（修订草案）》的说明，审议通过《南充市人大常委会组成人员守则》；听取和审议关于《南充市人大常委会组成人员出席常委会会议请假规定（草案）》的说明，审议通过《南充市人大常委会组成人员出席常委会会议请假规定》；听取和审议通过市人大常委会代表资格审查委员会关于个别市人大代表资格的审查报告。听取和审议市城乡规划局、市林业局、市旅游局、市安全监管局、市金融办工作报告，听取和审议市人大常委会工作评议调查小组的调查报告，对市城乡规划局、市林业局、市旅游局、市安全监管局、市金融办工作进行满意度测评，测评结果均为满意；审议通过人事任免事项，任命市级国家机关工作人员 8 名。高先海向被任命人员颁发任命书。审议通过关于接受陈自立辞去市五届人大常委会副主任职务的决定。市人民政府副市长胡光明，市中级人民法院院长王邦习，市人民检察院检察长廖全军，市政府办公室、市发展改革委、市经济信息化委、市财政局、市环境保护局、市商务粮食局、市统计局主要负责人，市城乡规划局、市林业局、市旅游局、市安全监管局、市金融办领导班子成员，市人大常委会副秘书长，市人大各专委会、常委会各办事工作机构负责人，各县（市、区）人大常委会负责人列席会议。市政协副主席杨兴应邀列席会议，会议邀请 1 名省人大代表、3 名市人大代表列席会议，2 名公民旁听会议。

2014 年 11 月 19 日至 20 日，市五届人大常委会举行第二十次会议。市人大常委会主任高先海主持会议并讲话。市人大常委会副主任陶治国、陈修鹏、李晓松、李南春、吴道军，市人大常委会秘书长王永茂和委员共 39 人出席会议。会议传达省十二届人大常委会十二次会议精神；听取和审议市人民政府关于政府性债务情况的报告；审查南充市 2014 年市级财政预算调整方案（草案），通过关于批准南充市 2014 年市级财政预算调整方案的决定；听取和审议市人民政府关于城乡总规实施情况的报告；听取和审议市人民政府关于落实《市人大常委会关于打造西河生态景观长廊的决议》情况的报告；听取和审议市人民政府关于科技创新工作情况报告审议意见研究处理情况的报告，并进行满意度测评，测评结果为满意；听取和审议市人大常委会执法检查组关于农产品质量安全法执法检查情况的报告；听取和审议市人民政府关于大气污染防治工作情况的报告，并进行专题询问；审议通过人事任命事项，任命市级国家机关工作人员1名。高先海向被任命人员颁发任命书。市人民政府副市长郑和平、胡光明，市中级人民法院、市人民检察院和市级相关部门主要负责人，市人大常委会副秘书长，市人大各专门委员会、常委会各办事工作机构负责人，各县（市、区）人大常委会主任，市辖3区人民政府分管大气污染防治工作的副区长列席会议；市政协副主席杨兴，1名省人大代表、3名市人大代表应邀列席会议；3名公民旁听会议。

2015年1月15日，市五届人大常委会举行第二十一次会议。市人大常委会主任高先海主持会议并讲话。市人大常委会副主任陶治国、陈修鹏、李晓松、李南春、吴道军，秘书长王永茂和委员共37人出席会议。会议传达省十二届人大常委会十三次会议精神；听取和审议市人民政府办公室关于市五届人大四次会议代表议案和建议批评意见办理情况的报告；听取和审议市人大常委会人事代表工委关于市五届人大四次会议代表建议批评和意见处理情况的报告（书面）；听取和审议通过市人大农业与农村委员会关于市五届人大四次会议主席团交付审议的代表提出的《建设绿色生态走廊营造嘉陵江秀美景观的议案》审议结果的报告；听取和审议通过市人大城乡建设环境资源保护委员会关于市五届人大四次会议主席团交付审议的代表提出的《加大大气污染治理提升南充环境质量的议案》审议结果的报告；听取和审议市中级人民法院关于民事审判工作情况的报告审议意见研究处理情况的报告，并进行满意度测评，测评结果为满意；听取和审议通过市人大常委会代表资格审查委员会关于个别市五届人大代表资格的审查报告。审议通过关于接受杜延茂、何修礼辞去省人大代表职务的决定；审议通过人事免职事项，免去1名市级国家机关工作人员职务。市人民政府副市长胡光明、秘书长沈一凡，市中级人民法院院长王邦习、副院长袁彪，市人民检察院检察长廖全军，市政府办公室、市环境保护局、市林业局主要负责人，市人大常委会副秘书长，市人大各专委会、常委会各办事工作机构负责人，各县（市、区）人大常委会负责人列席会议。市政协副主席杨兴应邀列席会议，会议邀请1名省人大代表、4名市人大代表列席会议。

2015年2月16日，市五届人大常委会举行第二十二次会议。市人大常委会主任高先海主持会议。市人大常委会副主任陶治国、陈修鹏、李晓松、李南春、吴道军，秘书长王永茂和委员共34人出席会议。会议审议通过人事任命事项，任命市级国家机关工作人员1名。高先海向被任命人员颁发任命书。市人民政府市长向东，市中级人民法院院长王邦习，市人民检察院检察长廖全军，市政府办公室、市人力资源社会保障局主要负责人，市人大常委会副秘书长，市人大各专委会、常委会各办事工作机构负责人，各县（市、区）人大常委会负责人列席会议。

2015年3月26日，市五届人大常委会举行第二十三次会议。市人大常委会主任高先海主持会议并讲话。市人大常委会副主任陈修鹏、李南春、吴道军，秘书长王永茂和委员共35人出席会议。会议传达十二届全国人大三次会议精神；听取和审议市人民政府关于扶贫开发工作情况报告审议意见研究处理情况的报告，并进行满意度测评，测评结果为满意；听取和审议市人民政府关于传染病防治法执法检查报告审议意见研究处理情况的报告，并进行满意度测评，测评结果为满意；听取和审议市人民检察院关于民事行政检察工作情况报告审议意见研究处理情况的报告，并进行满意度测评，测评结果为满意；听取和审议关于《南充市人大常委会2015年度工作要点（草案）》的说明，审议通过市人大常委会2015年度工作要点。市人民政府副市长朱家媛，市中级人民法院副院长袁彪，市人民检察院检察长廖全军，市政府办公室、市卫生局、市扶贫移民局、市食品药品监管局、市疾控中心主要负责人，市人大常委会副秘书长，市人大各专委会、常委会各办事工作机构负责人，各县（市、区）人大常委会负责人列席会议。市政协副主席杨兴应邀列席会议，会议邀请 1 名省人大代表、3 名市人大代表、2 名乡镇人大主席列席会议，3 名公民旁听会议。

2015 年 4 月 24 日，市五届人大常委会举行第二十四次会议。市人大常委会主任高先海主持会议。市人大常委会副主任陶治国、陈修鹏、李晓松、李南春、吴道军，秘书长王永茂和委员共 37 人出席会议。会议审议通过人事任免事项，任命市级国家机关工作人员 17 名，免去 8 名市级国家机关工作人员职务。高先海向被任命人员颁发任命书。市人民政府副市长郑和平，市中级人民法院院长王邦习，市人民检察院检察长廖全军，市政府办公室、市人力资源社会保障局主要负责人，市人大常委会副秘书长，市人大各专委会、常委会各办事工作机构负责人列席会议。市政协副主席杨兴应邀列席会议。

2015 年 5 月 15 日下午，市五届人大常委会举行第二十五次会议。市人大常委会主任高先海主持会议并讲话。市人大常委会组成人员共 35 人出席会议。会议传达省十二届人大常委会十五次会议精神；审议通过关于召开市五届人大五次会议的决定；审议通过《南充市第五届人民代表大会第五次会议议程（草案）》，决定提请市五届人大五次会议预备会议通过；审议通过《南充市第五届人民代表大会第五次会议主席团和秘书长名单（草案）》，决定提请市五届人大五次会议预备会议通过；审议通过《南充市第五届人民代表大会第五次会议列席人员名单》；审议《南充市人大常委会工作报告（草案）》，决定提请市五届人大五次会议审查；审议通过关于接受刘宏建辞去省人大代表职务的决定；听取和审议市人大常委会代表资格审查委员会关于个别市五届人大代表资格的审查报告。审议通过人事免职事项，免去 2 名市级国家机关工作人员职务。

2015 年 6 月 25 日至 26 日，市五届人大常委会举行第二十六次会议。市人大常委会主任袁险峰主持会议并讲话。市人大常委会副主任徐远火、李在伟、熊建春，秘书长王玉龙和委员共 30 人出席会议。会议听取和审议市人民政府关于深化行政审批制度改革工作情况的报告；听取和审议市人民政府关于全市医疗卫生服务体系建设情况的报告；听取和审议市人民政府关于提请审议四川南充国家农业科技园区总体规划的议案及说明，听取和审议市人大教科文卫委关于四川南充国家农业科技园区总体规划审查结果的报告，审议通过南充市人大常委会关于四川南充国家农业科技园区总体规划的决议；听取和审议市人民政府关于南充生态市建设规划实施情况报告的审议意见研究处理情况的报告，并进行满意度测评，测评结果为满意；听取和审议市人民政府关于南充市政府性债务情况报告的审议意见研究处理情况的报告，并进行满意度测评，测评结果为基本满意；书面听取和审议市人大常委会办公室关于 2014 年南充市人大常委会开展规范性文件备案审查工作情况的报告；审议通过关于接受杨成果辞去市五届人大常委会委员等职务的决定，关于接受张险峰辞去市五届人大常委会委员等职务的决定，关于接受黄成立辞去市五届人大内务司法委员会委员职务的决定，关于接受胡仕明辞去市五届人大财政经济委员会委员职务的决定，关于接受骆亚忠辞去市五届人大财政经济委员会委员职务的决定；审议通过人事任免事项，任命市级国家机关工作人员 1 名，免去 14 名市级国家机关工作人员职务。袁险峰向被任命人员颁发任命书。会议邀请西华师范大学法学院党委书记、教授刘永红作《中华人民共和国宪法》专题讲座。市人民政府市长向东、副市长林建国，市中级人民法院院长王邦习，市人民检察院检察长廖全军，市政府办公室、市发展改革委、市科技局、市财政局、市人力资源社会保障局、市国土资源局、市环境保护局、市城乡规划局、市农牧业局、市卫生局主要负责人列席会议，市人大常委会副秘书长，市人大各专委会、常委会各办事工作机构负责人，各县（市、区）人大常委会负责人列席会议。市政协副主席尹才勋、许东明应邀列席会议，会议邀请 1 名省人大代表、2 名市人大代表、2 名乡镇人大主席列席会议，5 名公民旁听会议。

2015 年 7 月 30 日，市五届人大常委会举行第二十七次会议。市人大常委会主任袁险峰主持会议并讲话。市人大常委会副主任徐远火、李在伟、熊建春、王翠花，秘书长王玉龙和委员共 32 人出席会议。会议传达省十二届人大常委会十七次会议精神；听取和审议市人民政府关于南充市 2015 年上半年国民经济和社会发展计划执行情况的报告；听取和审议市人民政府关于南充市 2014 年度财政决算及 2015 年 1 月至 6 月财政预算执行情况的报告，听取和审议市人民政府关于 2014 年度市级财政预算执行和其他财政收支的审计工作报告，听取和审议市人大财政经济委员会关于南充市 2014 年市级财政决算的审查结果报告，审议通过关于批准南充市 2014 年市级财政决算的决议；听取和审议市人民政府关于《中华人民共和国农产品质量安全法》执法检查报告审议意见研究处理情况的报告，并进行满意度测评，测评结果为满意；听取和审议市人大常委会执法检查组关于开展《中华人民共和国动物防疫法》执法检查情况的报告；审议通过人事任免事项，任命市级国家机关工作人员 11 名，免去 2 名市级国家机关工作人员职务。袁险峰向被任命人员颁发任命书。市人民政府副市长郑和平、贾德华，市中级人民法院院长王邦习，市人民检察院副检察长贾成刚，市政府办公室、市发展改革委、市财政局、市人力资源社会保障局、市农牧业局、市卫计委、市审计局、市食品药品监督管理局、市工商局、市质量技术监督局主要负责人，市人大常委会副秘书长，市人大各专委会、常委会各办事工作机构负责人，各县（市、区）人大常委会负责人列席会议。会议邀请 1 名省人大代表、2 名市人大代表、2 名乡镇人大主席列席会议，3 名公民旁听会议。

2015 年 9 月 18 日，市五届人大常委会举行第二十八次会议。市人大常委会主任袁险峰主持会议并讲话。市人大常委会副主任徐远火、李在伟、熊建春、王翠花，秘书长王玉龙和委员共 31 人出席会议。会议听取和审议市人民政府关于农村产权制度改革情况的报告；听取和审议市人民政府关于全市环境保护工作情况的报告；听取和审议市人民政府关于《南充大气污染防治工作情况报告的审议意见》落实情况的报告，并进行满意度测评，测评结果为满意；听取和审议市中级人民法院关于民事案件执行工作情况的报告；听取和审议市人大常委会代表资格审查委员会关于个别市人大代表资格的审查报告。听取和审议关于调整代表资格审查委员会组成人员的决定（草案）的说明，通过关于调整市五届人大常委会代表资格审查委员会组成人员的决定；听取和审议关于接受柴永柏等辞去省十二届人大代表职务的决定（草案）说明，审议通过市人大常委会关于接受柴永柏、伍果丽、任明、李志杰、吴道军、张险峰、高先海、程立洲辞去省十二届人大代表职务的决定，报省人大常委会备案、公告。市人民政府副市长林建国，市中级人民法院副院长袁彪，市人民检察院副检察长李敏，市政府办公室、市发展改革委、市公安局、市财政局、市国土资源局、市环境保护局、市住房城乡建设局、市水务局、市农牧业局、市林业局、市城管执法局、市金融办、市气象局主要负责人，市人大常委会副秘书长，市人大各专委会、常委会各办事工作机构负责人，各县（市、区）人大常委会负责人列席会议。市委改革办、市委农工委主要负责人应邀列席会议，会议邀请 1 名省人大代表、2 名市人大代表、2 名乡镇人大主席列席会议，4 名公民旁听会议。

2015 年 11 月 26 日，市五届人大常委会举行第二十九次会议。市人大常委会主任袁险峰主持会议并讲话。市人大常委会副主任李在伟、熊建春、王翠花，秘书长王玉龙和委员共 27 人出席会议。会议传达省十二届人大常委会十八次会议精神；听取和审议市人民政府关于南充市城市总体规划实施情况的报告；听取和审议市人民政府关于南充市 2015 年市级财政预算调整方案（草案）的报告，听取和审议市人大财政经济委员会关于南充市 2015 年市级财政预算调整方案（草案）的审查报告，通过关于批准南充市 2015 年市级财政预算调整方案的决定；听取和审议市人民政府关于打造西河生态景观长廊决议落实情况报告审议意见研究处理情况的报告，并进行满意度测评，测评结果为满意；听取和审议市人大常委会执法检查组关于检查《中华人民共和国旅游法》贯彻实施情况的报告；审议通过人事任免事项，任命市级国家机关工作人员2名，免去1名市级国家机关工作人员职务。袁险峰向被任命人员颁发任命书；会议举办党内法规专题讲座。市人民政府副市长贾德华，市中级人民法院院长王邦习，市人民检察院检察长廖全军，市政府办公室、市发展改革委、市财政局、市人力资源社会保障局、市国土资源局、市环境保护局、市住房城乡建设局、市城乡规划和测绘局、市交通运输局、市水务局、市旅游局、市食品药品监督管理局、市工商行政管理局、市质量技术监督局、市西河治理办主要负责人，市人大常委会副秘书长，市人大各专委会、常委会各办事工作机构负责人，各县（市、区）人大常委会负责人列席会议。市政协副主席尹才勋、许东明应邀列席会议，会议邀请1名省人大代表、2名市人大代表、2名乡镇人大主席列席会议，4名公民旁听会议。

2015年12月31日上午，市五届人大常委会举行第三十次会议。市人大常委会主任袁险峰主持会议并讲话。市人大常委会副主任徐远火、李在伟、熊建春、王翠花，秘书长王玉龙和委员共31人出席会议。会议传达省十二届人大常委会十九次会议精神；听取和审议市人民政府关于《南充市国民经济和社会发展第十二个五年规划纲要》实施情况的总结评估报告；听取和审议市人民政府关于提请审议批准2015年地方政府债务限额议案及说明，听取和审议市人大财政经济委员会关于《南充市人民政府提请审议批准2015年地方政府债务限额议案》的审查报告，通过关于批准《南充市人民政府提请审议批准2015年地方政府债务限额议案》的决议；听取和审议市人民政府办公室关于市五届人大五次会议代表建议、批评和意见办理情况的报告；听取和审议市人大常委会人事代表工委关于市五届人大五次会议代表建议、批评和意见处理情况的报告（书面）；听取和审议通过市人大财政经济委员会关于市五届人大五次会议主席团交付审议的代表提出的《关于积极落实简政放权的议案》审议结果的报告；听取和审议通过市人大农业与农村委员会关于市五届人大五次会议主席团交付审议的代表提出的《关于提高森林覆盖率打造生态南充的议案》审议结果的报告；审议通过人事任免事项，任命市级国家机关工作人员5名，免去5名市级国家机关工作人员职务。会议批准王朝富辞去高坪区人民检察院检察长职务，洪峰辞去阆中市人民检察院检察长职务。袁险峰向被任命人员颁发任命书。市人民政府副市长郑和平、秘书长沈一凡，市中级人民法院院长王邦习，市人民检察院检察长廖全军，市政府办公室、市发展改革委、市监察局、市财政局、市人力资源社会保障局、市林业局、市政务服务中心主要负责人，市人大常委会副秘书长，市人大各专委会、常委会各办事工作机构负责人，各县（市、区）人大常委会负责人列席会议。市政协副主席尹才勋应邀列席会议，会议邀请1名省人大代表、2名市人大代表、2名乡镇人大主席列席会议，3名公民旁听会议。

2016年1月15日上午，市五届人大常委会举行第三十一次会议。受市人大常委会主任袁险峰委托，市人大常委会副主任徐远火主持会议。市人大常委会主任袁险峰，副主任李在伟、熊建春、王翠花，秘书长王玉龙和委员共31人出席会议。会议听取和审议关于《推进法治南充建设的决议（草案）》起草说明，审议《关于推进法治南充建设的决议（草案）》；听取和审议关于《南充市人民代表大会及其常务委员会立法条例（草案）》起草说明，审议《南充市人民代表大会及其常务委员会立法条例（草案）》；听取和审议关于《召开南充市第五届人民代表大会第六次会议的决定（草案）》及起草说明，通过关于召开市五届人大六次会议的决定；听取和审议关于《提请审议补选四川省第十二届人民代表大会代表的议案》及说明，补选袁险峰、李在伟为省十二届人大代表。市人民政府副市长林建国，市中级人民法院院长王邦习，市人民检察院检察长廖全军，市政府办公室、市公安局、市司法局、市环境保护局、市住房和城乡建设局、市规划和测绘信息局、市文化广电新闻出版局、市城管执法局、市政府法制办、市房管局主要负责人，市人大常委会副秘书长，市人大各专委会、常委会各办事工作机构负责人，各县（市、区）人大常委会负责人列席会议。会议邀请1名省人大代表、3名市人大代表和西华师大地方立法研究中心相关人员列席会议。

2016年2月22日下午，市五届人大常委会举行第三十二次会议。市人大常委会主任袁险峰主持会议并讲话。市人大常委会副主任徐远火、李在伟、熊建春、王翠花，秘书长王玉龙和委员共31人出席会议。会议听取和审议关于召开市五届人大六次会议的决定（草案）的说明，审议通过关于召开市五届人大六次会议的决定；听取和审议关于设立市人大常委会法制工作委员会的议案的说明，审议市人大常委会主任会议关于设立市人大常委会法制工作委员会的议案，通过关于设立市人大常委会法制工作委员会的决定；审议通过人事任免事项，任命市级国家机关工作人员7名，免去3名市级国家机关工作人员职务。会议听取和审议关于接受向东辞去市人民政府市长职务的议案的说明，审议市人大常委会主任会议关于接受向东辞去市人民政府市长职务的议案，通过关于接受向东辞去市人民政府市长职务的决定；听取和审议关于宋朝华代理市人民政府市长职务的议案的说明，审议市人大常委会主任会议关于提名宋朝华代理市人民政府市长的议案，通过关于宋朝华代理市人民政府市长职务的决定；根据《四川省宪法宣誓制度实施办法》，首次举行宪法宣誓仪式，宋朝华等7名新任命的国家机关工作人员进行宪法宣誓，袁险峰向被任命人员颁发任命书。市人民政府副市长郑和平，市中级人民法院院长王邦习，市人民检察院检察长廖全军，市政府办公室、市人力资源社会保障局主要负责人，市人大常委会副秘书长，市人大各专委会、常委会各办事工作机构负责人，各县（市、区）人大常委会负责人列席会议。市政协副主席尹才勋应邀列席会议。

2016年3月8日下午，市五届人大常委会举行第三十三次会议。市人大常委会主任袁险峰主持会议并讲话。市人大常委会副主任徐远火、李在伟、王翠花，秘书长王玉龙和委员共30人出席会议。会议审议《南充市第五届人民代表大会第六次会议议程（草案）》，决定提请市五届人大六次会议预备会议通过；审议《南充市第五届人民代表大会第六次会议主席团和秘书长名单（草案）》，决定提请市五届人大六次会议预备会议通过；审议通过《南充市第五届人民代表大会第六次会议列席人员名单》；听取和审议关于设立市五届人大法制委员会的议案（草案）的说明，审议通过关于设立市五届人大法制委员会的议案，决定提请市五届人大六次会议通过；听取和审议关于市五届人大常委会2016年工作要点（草案）的说明，审议通过市五届人大常委会2016年工作要点；听取和审议关于市人大常委会工作报告（草案）起草情况的说明，审议市人大常委会工作报告（草案），决定提请市五届人大六次会议审查；听取和审议关于《南充市人民代表大会及其常务委员会立法条例（草案二审稿）》修改情况的说明，审议《南充市人民代表大会及其常务委员会立法条例（草案二审稿）》；听取和审议市人大常委会代表资格审查委员会关于个别市五届人大代表资格的审查报告；审议通过人事任免事项，任命市级国家机关工作人员2名，免去2名市级国家机关工作人员职务。新任命国家机关工作人员进行宪法宣誓，袁险峰向被任命人员颁发任命书。市人民政府副市长潘国华，市中级人民法院院长王邦习，市人民检察院检察长廖全军，市政府办公室、市人力资源社会保障局主要负责人，市人大常委会副秘书长，市人大各专委会、常委会各办事工作机构负责人，各县（市、区）人大常委会负责人列席会议。市政协副主席尹才勋应邀列席会议。

2016年5月4日上午，市五届人大常委会举行第三十四次会议。市人大常委会主任袁险峰主持会议并讲话。市人大常委会副主任徐远火、李在伟、熊建春、王翠花，秘书长王玉龙和委员共33人出席会议。会议传达省十二届人大常委会二十四次会议精神；听取和审议市人民政府关于医疗卫生服务体系建设情况报告审议意见研究处理情况的报告，并进行满意度测评，测评结果为满意；听取和审议市中级人民法院关于民事执行工作报告审议意见研究处理情况的报告，并进行满意度测评，测评结果为满意；听取和审议市人大常委会关于2015年规范性文件备案审查工作情况的报告；审议通过人事任免事项，任命市级国家机关工作人员5名，免去6名市级国家机关工作人员职务。新任命的国家机关工作人员进行宪法宣誓，袁险峰向被任命人员颁发任命书。市人民政府副市长单木真，市中级人民法院院长王邦习，市人民检察院检察长廖全军，市政府办公室、市人力资源和社会保障局、市卫生和计划生育委员会、市政府法制办主要负责人，市人大常委会副秘书长，市人大各专委会、常委会各办事工作机构负责人，各县（市、区）人大常委会负责人列席会议。会议邀请3名公民旁听会议。

2016年6月28日至29日，市五届人大常委会举行第三十五次会议。市人大常委会主任袁险峰主持会议并讲话。市人大常委会副主任徐远火、李在伟、熊建春，秘书长王玉龙和委员共32人出席会议。会议传达省十二届人大常委会二十五次、二十六次会议精神；听取和审议市人民政府关于全市农村改革发展情况的报告；听取和审议市人民政府关于2014年度财政预算执行和其他财政收支审计查出问题整改情况的报告；听取和审议市人民政府关于撤销西充县设立南充市西充区有关情况的报告；听取和审议市人民政府关于城市市容秩序管理工作情况报告审议意见研究处理情况的报告，并进行满意度测评，测评结果为满意；听取和审议市人民政府关于城市交通秩序管理工作情况报告审议意见研究处理情况的报告，并进行满意度测评，测评结果为基本满意；听取和审议市人民政府关于《中华人民共和国动物防疫法》执法检查报告审议意见研究处理情况的报告，并进行满意度测评，测评结果为满意；听取和审议市人民政府关于《中华人民共和国旅游法》执法检查报告审议意见研究处理情况的报告，并进行满意度测评，测评结果为满意；听取和审议市人民检察院关于全市检察机关自侦案件工作情况的报告；听取和审议市人大常委会执法检查组关于检查《中华人民共和国食品安全法》贯彻实施情况的报告；听取和审议市人大城乡建设环境资源保护委员会关于《南充市城市园林绿化条例（草案）》的说明，审议《南充市城市园林绿化条例（草案）》；审议通过人事任免事项，任命市级国家机关工作人员1名，免去2名市级国家机关工作人员职务。新任命的国家机关工作人员进行宪法宣誓，袁险峰向被任命人员颁发任命书。会议还举办立法法法制讲座。市人民政府副市长刘作鸿、林建国，市中级人民法院副院长刘鑫平，市人民检察院检察长廖全军，市政府办公室、市委农工委、市发展和改革委员会、市公安局、市民政局、市财政局、市人力资源和社会保障局、市环境保护局、市住房和城乡建设局、市城乡规划和测绘地理信息局、市交通运输局、市农牧业局、市林业局、市文化广电新闻出版局、市审计局、市旅游局、市城市管理行政执法局、市安全生产监督管理局、市食品药品监督管理局、市工商行政管理局、市质量技术监督局、市政府法制办、市公安局交警支队、市园林管理处主要负责人，市人大常委会副秘书长，市人大各专委会、常委会各办事工作机构负责人，各县（市、区）人大常委会负责人列席会议。会议邀请1名省人大代表、2名市人大代表、2名乡镇人大主席列席会议，3名公民旁听会议。

2016年8月30日至31日，市五届人大常委会举行第三十六次会议。市人大常委会主任袁险峰主持会议并讲话。市人大常委会副主任徐远火、李在伟、熊建春、王翠花，秘书长王玉龙和委员共34人出席会议。会议传达省十二届人大常委会二十七次会议精神；听取和审议市人民政府关于南充市2016年上半年国民经济和社会发展计划执行情况的报告；听取和审议市人民政府关于南充市2015年财政决算草案及2016年上半年财政预算执行情况的报告；听取和审议市人民政府关于2015年财政预算执行和其他财政收支的审计工作报告；听取和审议市人大财政经济委员会关于南充市2015年财政决算的审查结果报告，通过关于批准南充市2015年市级财政决算的决议；听取和审议市人大法制委员会关于《南充市城市园林绿化条例（草案二审稿）》修改情况和主要问题的说明，审议《南充市城市园林绿化条例（草案二审稿）》；听取和审议市中级人民法院、市科技局、市住建局3个被评议单位工作报告，以及市人大常委会各工作评议调查小组的调查报告，并对3个被评议单位工作进行满意度测评。对市中级人民法院工作满意度测评结果为基本满意，对市科技局工作满意度测评结果为满意，对市住建局工作满意度测评结果为基本满意。审议通过人事免职事项，免去2名市级国家机关工作人员职务。市人民政府副市长郑和平，市人民检察院副检察长王岚，市政府办公室、市发展和改革委员会、市科学技术和知识产权局、市财政局、市人力资源和社会保障局、市住房和城乡建设局、市城乡规划和测绘地理信息局、市林业局、市审计局、市城市管理行政执法局、市园林管理处主要负责人，市中级人民法院、市科技局、市住建局领导班子成员，市人大常委会副秘书长，市人大各专委会、常委会各办事工作机构负责人，各县（市、区）人大常委会负责人列席会议。会议邀请1名省人大代表、2名市人大代表、2名乡镇人大主席列席会议，3名公民旁听会议。

2016年9月20日上午，市五届人大常委会举行第三十七次会议。市委书记宋朝华指导会议并发表讲话。市人大常委会主任袁险峰主持会议并讲话。市人大常委会副主任徐远火、李在伟、熊建春、王翠花，秘书长王玉龙和委员共35人出席会议。会议审议通过人事任免事项，任命市级国家机关工作人员1名，免去1名市级国家机关工作人员职务。听取和审议关于接受宋朝华辞去市人民政府市长职务的议案的说明，审议市人大常委会主任会议关于接受宋朝华辞去市人民政府市长职务的议案，通过关于接受宋朝华辞去市人民政府市长职务的决定。听取和审议关于吴群刚代理市人民政府市长职务的议案的说明，审议市人大常委会主任会议关于吴群刚代理市人民政府市长职务的议案，通过关于吴群刚代理市人民政府市长职务的决定。新任命的国家机关工作人员进行宪法宣誓，袁险峰向被任命人员颁发任命书。市人民政府副市长李正元，市中级人民法院副院长冯朝勇，市人民检察院副检察长李敏，市政府办公室、市人力资源社会保障局主要负责人，市人大常委会副秘书长，市人大各专委会、常委会各办事工作机构负责人列席会议。市政协副主席尹才勋应邀列席会议。

2016年10月14日，市五届人大常委会举行第三十八次会议。市人大常委会主任袁险峰主持会议并讲话。市人大常委会副主任徐远火、王翠花，秘书长王玉龙和委员共26人出席会议。会议传达省十二届人大常委会二十八次会议精神、省人大常委会专题学习会议精神以及全市换届选举工作电视电话会议精神；听取和审议市人民政府关于南充市城市总体规划执行情况的报告；听取和审议市人大法制委员会关于《南充市城市园林绿化条例（草案三审稿）》审议结果的报告，审议通过《南充市城市园林绿化条例（草案三审稿）》，报省人大常委会批准；听取和审议市人民政府关于《南充市城镇环境卫生管理条例（草案）》的说明，听取和审议市人大城乡建设环境资源保护委员会关于《南充市城镇环境卫生管理条例（草案）》的审议意见，审议《南充市城镇环境卫生管理条例（草案）》；审议通过人事任免事项，任命市级国家机关工作人员4名，免去1名市级国家机关工作人员职务。新任命的国家机关工作人员进行宪法宣誓，袁险峰向被任命人员颁发任命书。听取和审议关于接受王邦习辞去市中级人民法院院长职务的议案的说明，审议市人大常委会主任会议关于接受王邦习辞去市中级人民法院院长职务的议案，通过关于接受王邦习辞去市中级人民法院院长职务的决定；听取和审议关于杨敏代理市中级人民法院院长职务的议案的说明，审议市人大常委会主任会议关于杨敏代理市中级人民法院院长职务的议案，通过关于杨敏代理市中级人民法院院长职务的决定；听取和审议关于接受廖全军辞去市人民检察院检察长职务的议案的说明，审议市人大常委会主任会议关于接受廖全军辞去市人民检察院检察长职务的议案，通过关于接受廖全军辞去市人民检察院检察长职务的决定；听取和审议关于周永刚代理市人民检察院检察长职务的议案的说明，审议市人大常委会主任会议关于周永刚代理市人民检察院检察长职务的议案，通过关于周永刚代理市人民检察院检察长职务的决定。市人民政府副市长贾德华，市中级人民法院副院长冯朝勇，市人民检察院副检察长李敏，市政府办公室、市人力资源和社会保障局、市住房和城乡建设局、市城乡规划和测绘地理信息局、市城市管理行政执法局、市政府法制办、市园林管理处主要负责人，市人大常委会副秘书长，市人大各专委会、常委会各办事工作机构负责人，各县（市、区）人大常委会负责人列席会议。会议邀请1名省人大代表、2名市人大代表、2名乡镇人大主席团主席列席会议。

2016年11月11日，市五届人大常委会举行第三十九次会议。市人大常委会主任袁险峰主持会议并讲话。市人大常委会副主任徐远火、李在伟、熊建春、王翠花，秘书长王玉龙和委员共30人出席会议。会议传达中共十八届六中全会精神和市第六次党代会精神；听取和审议市人民政府关于嘉陵江沿江两岸绿色生态走廊建设情况的报告；听取和审议市人民政府关于全市环境保护工作情况的报告；听取和审议市人民政府关于《打造西河生态景观长廊的决议》办理落实情况的报告；听取和审议关于召开市六届人大一次会议的决定（草案）的说明，审议通过关于召开市六届人大一次会议的决定；审议通过人事任免事项，任命市级国家机关工作人员3名，免去5名市级国家机关工作人员职务。新任命的国家机关工作人员进行宪法宣誓，袁险峰向被任命人员颁发任命书。市人民政府代理市长吴群刚、副市长单木真，市中级人民法院代理院长杨敏，市人民检察院代理检察长周永刚，市政府办公室、市财政局、市人力资源和社会保障局、市环境保护局、市住房和城乡建设局、市城乡规划和测绘地理信息局、市水务局、市林业局、市西河治理办公室主要负责人，市人大常委会副秘书长，市人大各专委会、常委会各办事工作机构负责人，市人大常委会机关党委、纪检组负责人，各县（市、区）人大常委会负责人列席会议。会议邀请2名市人大代表、2名街道人大工委主任列席会议。

2016年12月29日上午，市五届人大常委会举行第四十次会议。市人大常委会主任袁险峰主持会议并讲话。市人大常委会副主任李在伟、熊建春、王翠花，秘书长王玉龙和委员共29人出席会议。会议听取和审议市人民政府关于南充市2016年市级财政预算调整方案（草案）及全市地方政府债务限额情况的报告，听取和审议市人大财政经济委员会关于南充市2016年市级财政预算调整方案（草案）及全市地方政府债务限额情况的审查报告，审议通过关于批准南充市2016年市级财政预算调整方案的决议，审议通过关于批准南充市2016年地方政府债务限额的决议；听取和审议市人民政府办公室关于市五届人大六次会议代表建议批评意见办理情况的报告；听取和审议市人大常委会人事代表工委关于市五届人大六次会议代表建议批评意见处理情况的报告（书面）；听取和审议市人大法制委员会关于市五届人大六次会议主席团交付审议的代表提出的关于制定《南充市市容和环境卫生管理条例》的议案办理落实情况审议结果的报告；听取和审议市人大农业与农村委员会关于市五届人大六次会议主席团交付审议的代表提出的《关于加强主城区饮用水源保护的议案》办理落实情况审议结果的报告；听取和审议市人大常委会代表资格审查委员会关于市六届人大代表资格的审查报告；审议《南充市第六届人民代表大会第一次会议议程（草案）》，决定提请市六届人大一次会议预备会议通过；审议市六届人大一次会议有关名单（草案）；审议《南充市第六届人民代表大会第一次会议选举办法（草案）》；审议《关于设立南充市第六届人民代表大会各专门委员会的议案（草案）》，决定提请市六届人大一次会议审议；审议《南充市第六届人民代表大会各专门委员会组成人员人选通过办法（草案）》；审议《南充市人大常委会工作报告（草案）》，决定提请市六届人大一次会议审查；补选省第十二届人大代表。市人民政府副市长潘国华、秘书长向贵瑜，市中级人民法院代理院长杨敏，市人民检察院代理检察长周永刚，市政府办公室、市财政局主要负责人，市人大常委会副秘书长，市人大各专委会、常委会各办事工作机构负责人，市人大常委会机关党委、纪检组负责人列席会议。

第六节　南充市第六届人大常委会会议

2017 年 2 月 27 日上午，市六届人大常委会举行第一次会议。市委书记宋朝华到会指导并讲话。市人大常委会主任袁险峰主持会议并讲话。市人大常委会副主任徐远火、熊建春、陈圣伦、陈科、杜永龙，秘书长冉中华和委员共 34 人出席会议。市委副书记古正举到会指导。会议听取和审议关于市人大常委会 2017 年工作要点（草案）的说明，审议通过市人大常委会 2017 年工作要点；听取和审议关于设立市六届人大常委会代表资格审查委员会的决定（草案）的说明，审议通过关于设立市六届人大常委会代表资格审查委员会的决定；审议通过人事任免事项，任命市级国家机关工作人员 50 名，免去 8 名市级国家机关工作人员职务。新任命的国家机关工作人员进行宪法宣誓，袁险峰向被任命人员颁发任命书。市人民政府市长吴群刚，副市长李正元、刘作鸿，秘书长向贵瑜，市中级人民法院院长杨敏，市人民检察院检察长周永刚，市政府办公室、市教育和体育局、市科学技术和知识产权局、市经济和信息化委员会、市公安局、市监察局、市司法局、市民政局、市财政局、市人力资源和社会保障局、市国土资源局、市住房和城乡建设局、市城乡规划和测绘地理信息局、市交通运输局、市水务局、市农牧业局、市林业局、市文化广电新闻出版局、市卫生和计划生育委员会、市审计局、市国有资产监督管理会员会、市旅游局、市安全生产监督管理局、市统计局、市金融工作办公室、市工商行政管理局、市质量技术监督局、市投资促进合作局主要负责人，市人大各专委会、常委会各办事工作机构和市人大常委会机关党委、纪检组负责人，各县（市、区）人大常委会负责人列席会议。

2017 年 3 月 10 日上午，市六届人大常委会举行第二次会议。市人大常委会主任袁险峰主持会议并讲话。市人大常委会副主任徐远火、熊建春、陈圣伦，秘书长冉中华和委员共 30 人出席会议。会议听取和审议市人大法制委员会关于《南充市城镇环境卫生管理条例（草案二审稿）》修改情况和主要问题的说明，审议《南充市城镇环境卫生管理条例（草案二审稿）》；通过人事任命事项，任命市级国家机关工作人员 6 名。新任命的国家机关工作人员进行宪法宣誓，袁险峰向被任命人员颁发任命书。市人民政府副市长李在伟，市中级人民法院院长杨敏，市人民检察院检察长周永刚，市政府办公室、市人力资源和社会保障局、市城市管理行政执法局、市政府法制办主要负责人，市人大各专委会、常委会各办事工作机构负责人，各县（市、区）人大常委会负责人列席会议。市政协副主席杨雄应邀列席会议，会议邀请 2 名市人大代表、2 名乡镇人大主席团主席列席会议。

2017 年 4 月 27 日，市六届人大常委会举行第三次会议。市人大常委会主任袁险峰主持会议并讲话。市人大常委会副主任徐远火、熊建春、陈圣伦、杜永龙和委员共 27 人出席会议。会议传达习近平总书记在参加十二届全国人大五次会议四川代表团审议时发表的重要讲话精神、全国两会精神；传达省十二届人大常委会三十二次会议精神；听取和审议市人大法制委员会关于《南充市城镇环境卫生管理条例（草案三审稿）》审议结果的报告，审议通过《南充市城镇环境卫生管理条例》，报省人大常委会批准；听取和审议市人民政府关于食品安全法执法检查报告审议意见研究处理情况的报告，并进行满意度测评，测评结果为满意；听取和审议市人民检察院关于自侦案件工作报告审议意见研究处理情况的报告，并进行满意度测评，测评结果为满意；通过人事任免事项，任命市级国家机关工作人员2名，免去1名市级国家机关工作人员职务。新任命的国家机关工作人员进行宪法宣誓，袁险峰向被任命人员颁发任命书。市委副书记古正举到会指导。市人民政府副市长李在伟，市中级人民法院院长杨敏，市人民检察院检察长周永刚，市政府办公室、市人力资源和社会保障局、市农牧业局、市城市管理行政执法局、市食品药品监督管理局、市工商行政管理局、市质量技术监督局、市政府法制办主要负责人，市人大各专委会、常委会各办事工作机构负责人，市人大常委会机关党委、纪检组负责人，市人大法制委委员，各县（市、区）人大常委会负责人列席会议。市政协副主席尹才勋应邀列席会议，会议邀请1名省人大代表、2名市人大代表、2名乡镇人大主席团主席列席会议，3名公民旁听会议。

2017年6月27日，市六届人大常委会举行第四次会议。受市人大常委会主任袁险峰委托，市人大常委会副主任徐远火主持会议并讲话。市人大常委会副主任熊建春、杜永龙，秘书长冉中华和委员共25人出席会议。会议传达中共四川省第十一次代表大会精神和市委书记宋朝华在市委常委（扩大）会议上的讲话精神；传达省十二届人大常委会三十三次、三十四次会议精神；听取和审议市人民政府关于城市道路交通管理工作情况的报告；听取和审议市人民政府关于2015年度市级预算执行和其他财政收支审计查出问题整改情况的报告；听取和审议市人大常委会执法检查组关于检查《四川省农村扶贫开发条例》实施情况的报告；会议邀请省人大常委会法制工作委员会副主任杨筠作《中华人民共和国各级人民代表大会常务委员会监督法》辅导讲座。市人民政府副市长刘作鸿，市中级人民法院院长杨敏，市人民检察院检察长周永刚、副检察长李敏，市政府办公室、市发展和改革委员会、市教育和体育局、市经济和信息化委员会、市公安局、市民政局、市财政局、市人力资源和社会保障局、市国土资源局、市住房和城乡建设局、市城乡规划和测绘地理信息局、市交通运输局、市水务局、市农牧业局、市卫生和计划生育委员会、市审计局、市城市管理行政执法局、市扶贫和移民工作局主要负责人，市人大各专委会、常委会各办事工作机构负责人，市人大常委会机关党委、纪检组负责人，各县（市、区）人大常委会负责人列席会议。会议邀请1名省人大代表、2名市人大代表、2名乡镇人大主席团主席列席会议，2名公民旁听会议。

2017年8月11日，市六届人大常委会举行第五次会议。市人大常委会主任袁险峰主持会议并讲话。市人大常委会副主任徐远火、熊建春、陈圣伦、杜永龙，秘书长冉中华和委员共28人出席会议。会议传达省十二届人大常委会三十五次会议精神；传达市委六届六次全会精神；听取和审议市人民政府关于“三场攻坚战、三场保卫战”推进情况的报告；听取和审议市人民政府关于2017年1月至6月国民经济和社会发展计划执行情况的报告；听取和审议市人民政府关于2016年财政决算和2017年1月至6月预算执行情况的报告，听取和审议市人民政府关于2016年度市本级财政预算执行和其他财政收支的审计工作报告，听取和审议市人大财政经济委员会关于南充市2016年财政决算的审查结果报告，通过关于批准南充市2016年市级财政决算的决议；听取和审议市人民政府关于农村产权制度改革情况的报告；审议通过人事任免事项，任命市级国家机关工作人员3名，免去3名市级国家机关工作人员职务。新任命的国家机关工作人员进行宪法宣誓，袁险峰向被任命人员颁发任命书。市人民政府副市长王美如，市中级人民法院副院长冯朝勇，市人民检察院检察长周永刚，市政府办公室、市发展和改革委员会、市经济和信息化委员会、市公安局、市财政局、市国土资源局、市环境保护局、市住房和城乡建设局、市城乡规划和测绘地理信息局、市交通运输局、市水务局、市农牧业局、市林业局、市审计局、市安全生产监督管理局、市金融工作办公室、市扶贫和移民工作局、市投资促进合作局主要负责人，市人大各专委会、常委会各办事机构负责人，市人大常委会机关党委、纪检组负责人，各县（市、区）人大常委会负责人列席会议。会议邀请市委农村工作委员会主要负责人、1 名省人大代表、2 名市人大代表、2 名乡镇人大主席团主席列席会议，3 名公民旁听会议。

2017 年 10 月 25 日至 26 日，市六届人大常委会举行第六次会议，第六次会议举行 2 次全体会议和一次专题询问会。市人大常委会主任袁险峰主持会议并讲话。市人大常委会副主任徐远火、熊建春、陈圣伦、杜永龙，秘书长冉中华和委员共 25 人出席会议。会议传达中共第十九次全国代表大会精神；与会人员观看十九届中央政治局常委同中外记者见面直播；传达省十二届人大常委会三十六次会议精神；听取和审议市人民政府关于城市总体规划实施情况的报告；听取和审议市人民政府关于南充市 2017 年市级财政预算调整方案（草案）及全市地方政府债务限额情况的报告；听取和审议市人大财政经济委员会关于南充市 2017 年市级财政预算调整方案（草案）及全市地方政府债务限额情况的审查报告；通过市人大常委会关于批准南充市 2017 年市级财政预算调整方案的决议；通过市人大常委会关于批准南充市 2017 年地方政府债务限额的决议；听取和审议市民政局、市交通运输局工作情况的报告，听取市人大常委会工作评议调查小组关于市民政局、市交通运输局工作评议调查情况的报告，对市民政局、市交通运输局工作进行满意度测评。对市民政局工作满意度测评结果：应到 36 人，实到 25 人，满意 24 票，基本满意 1 票。对市交通运输局工作满意度测评结果：应到 36 人，实到 25 人，满意 24 票，基本满意 1 票；听取和审议关于接受高立新辞去市六届人大常委会委员职务的决定（草案）的说明，审议通过市人大常委会关于接受高立新辞去市六届人大常委会委员职务的决定；听取和审议关于召开市六届人大二次会议的决定（草案）的说明，审议通过市人大常委会关于召开市六届人大二次会议的决定；审议通过人事免职事项，免去 1 名市级国家机关工作人员职务。市人民政府副市长潘国华，市中级人民法院院长杨敏，市人民检察院检察长周永刚，市政府办公室、市财政局、市国土资源局、市住房和城乡建设局、市城乡规划和测绘地理信息局、市审计局、市城管执法局主要负责人，市民政局、市交通运输局领导班子成员，市人大常委会副秘书长，市人大各专委会、常委会各办事机构负责人，市人大常委会机关党委、纪检组负责人，各县（市、区）人大常委会负责人列席会议。会议邀请 1 名省人大代表、2 名市人大代表、2 名乡镇人大主席团主席列席会议，2 名公民旁听会议。

市六届人大常委会六次会议联组审议市辖 3 区城区基础教育发展情况专题询问会由市人大常委会主任袁险峰主持。会议听取市人民政府关于市辖 3 区城区基础教育发展情况的报告，与会人员观看市辖 3 区城区基础教育发展专题片，7 名市人大常委会委员就城区基础教育工作进行询问，市人民政府相关部门主要负责人现场作答，市人民政府副市长李在伟作表态发言。市中级人民法院、市人民检察院、市人民政府组成部门主要负责人，市人大常委会副秘书长，市人大各专委会、常委会各办事工作机构负责人，各县（市、区）人大常委会负责人，市辖 3 区区长、分管副区长、教育局局长和区人大教科文卫委主要负责人参加会议，会议邀请市委宣传部、市委编办、市广播电视台负责人，1 名省人大代表、2 名市人大代表、2 名乡镇人大主席团主席列席会议，2 名公民旁听会议。

2017 年 12 月 22 日，市六届人大常委会举行第七次会议。市人大常委会主任袁险峰主持会议并讲话。市人大常委会副主任徐远火、熊建春、陈圣伦、杜永龙，秘书长冉中华和委员共 25 人出席会议。会议传达中共四川省委十一届二次全会精神；传达省十二届人大常委会三十七次会议精神；听取和审议市人民政府关于工业园区重大项目推进情况的报告；听取和审议市人民政府关于嘉陵江（南充段）旅游专项规划情况的报告；听取和审议市人民政府关于环境状况和环境保护目标完成情况的报告；听取和审议市人民政府关于南充市2016年度市级预算执行和其他财政收支审计查出问题整改情况的报告；听取和审议市人民政府关于市六届人大一次会议代表建议批评和意见办理情况的报告；听取和审议市人大常委会人事代表工委关于市六届人大一次会议代表建议批评和意见处理情况的报告（书面）；听取和审议通过市人大财政经济委员会关于市六届人大一次会议主席团交付审议的代表提出的《关于嘉陵江（南充段）综合保护开发的议案》审议结果的报告；听取和审议市人大常委会代表资格审查委员会关于市六届人大代表资格的审查报告；听取和审议市人大常委会《关于南充市监察委员会副主任、委员任免及主任、副主任、委员宪法宣誓有关事项的决定（草案）》的说明，审议通过市人大常委会关于市监察委员会副主任、委员任免及主任、副主任、委员宪法宣誓有关事项的决定；审议通过市六届人大二次会议议程（草案），决定提请市六届人大二次会议预备会议通过；审议通过市六届人大二次会议有关名单（草案）；审议通过人事任免事项，免去1名市级国家机关工作人员职务。市人民政府副市长王美如，市中级人民法院副院长刘鑫平，市人民检察院副检察长王岚，市政府办公室、市发展和改革委员会、市经济和信息化委员会、市财政局、市环境保护局、市住房和城乡建设局、市城乡规划和测绘地理信息局、市林业局、市审计局、市旅游局、南充经济开发区主要负责人，市人大常委会副秘书长，市人大各专委会、常委会各办事机构负责人，市人大常委会机关党委、纪检组负责人，各县（市、区）人大常委会负责人列席会议。会议邀请1名省人大代表、2名市人大代表、2名乡镇人大主席团主席列席会议，邀请3名公民旁听会议。

2018年1月2日上午，市六届人大常委会举行第八次会议。市人大常委会主任袁险峰主持会议并讲话。市人大常委会副主任徐远火、熊建春、陈圣伦、杜永龙，秘书长冉中华和委员共31人出席会议。会议听取和审议通过市监察委员会关于人事任命的议案，任命王荣秀、王瑜、马文林为市监察委员会副主任，任命周莉、文兴洪、杨帆、冯爱萍、李本银为市监察委员会委员。新任命的国家机关工作人员进行宪法宣誓，袁险峰向被任命人员颁发任命书。市人民政府副市长潘国华，市监察委员会主任伍定，市中级人民法院院长杨敏，市人民检察院检察长周永刚，市人大常委会副秘书长，市人大各专门委员会、常委会各办事机构负责人，市人大常委会机关党委、纪检组负责人列席会议。

2018年2月8日下午，市六届人大常委会举行第九次会议。市人大常委会主任袁险峰主持会议并讲话。市人大常委会副主任徐远火、熊建春、陈圣伦、杜永龙，秘书长冉中华和委员共30人出席会议。会议传达省十三届人大一次会议、省政协十二届一次会议精神；传达省十二届人大常委会三十八次会议和省十三届人大常委会一次会议精神；听取和审议关于《南充市人大常委会工作报告（草案）》起草情况的说明，审议《南充市人大常委会工作报告（草案）》，决定提请市六届人大三次会议审查；听取和审议关于《南充市人大常委会2018年工作要点（草案）》起草情况的说明，审议通过市人大常委会2018年工作要点；审议通过关于召开市六届人大三次会议的决定；听取和审议市人大常委会代表资格审查委员会关于个别市人大代表资格的审查报告；审议通过市六届人大三次会议议程（草案），决定提请市六届人大三次会议预备会议通过；审议通过市六届人大三次会议有关名单（草案）。市人大各专门委员会、常委会各办事机构负责人，市人大常委会机关党委、纪检组负责人列席会议。

2018年4月2日，市六届人大常委会举行第十次会议。市人大常委会主任袁险峰主持会议并讲话。市人大常委会副主任徐远火、熊建春、杜永龙，秘书长冉中华和委员共29人出席会议。会议传达十三届全国人大一次会议、全国政协十三届一次会议精神；传达省十三届人大常委会二次会议精神；听取和审议市人民政府关于《南充市嘉陵江生态环境保护条例（草案）》起草情况的说明，听取和审议市人大民族宗教外事侨务委员会关于《南充市嘉陵江生态环境保护条例（草案）》审议意见的报告，审议《南充市嘉陵江生态环境保护条例（草案）》；听取和审议市人民政府关于《四川省农村扶贫开发条例》执法检查报告审议意见研究处理情况的报告，并进行满意度测评，测评结果为满意；听取和审议市人大常委会法工委关于2017年度规范性文件备案审查工作情况的报告；听取和审议关于《南充市人大常委会关于加强南充市市辖城区道路交通管理的决定（草案）》及说明，通过《南充市人大常委会关于加强南充市市辖城区道路交通管理的决定》；会议举办《中华人民共和国水土保持法》法制讲座。市人民政府副市长向贵瑜，市监察委员会副主任王瑜，市中级人民法院副院长刘鑫平，市人民检察院检察长周永刚，市政府办公室、市公安局、市环境保护局、市住房和城乡建设局、市城乡规划和测绘地理信息局、市交通运输局、市水务局、市农牧业局、市政府法制办、市旅游局、市城市管理行政执法局、市扶贫和移民工作局主要负责人，市人大常委会副秘书长、市人大各专门委员会、常委会各办事机构负责人，市人大常委会机关党委负责人，各县（市、区）人大常委会负责人列席会议。会议邀请1名省人大代表、2名市人大代表、2名乡镇人大主席团主席列席会议。

2018年6月6日下午，市六届人大常委会举行第十一次会议。市人大常委会主任袁险峰主持会议并讲话。市人大常委会副主任徐远火、熊建春、陈圣伦、杜永龙，秘书长冉中华和委员共33人出席会议。会议传达省十三届人大常委会四次会议精神；听取和审议市六届人大常委会代表资格审查委员会关于个别市人大代表资格的审查报告；审议通过人事任免事项，任命市级国家机关工作人员4名，免去6名市级国家机关工作人员职务。新任命的国家机关工作人员进行宪法宣誓，袁险峰向被任命人员颁发任命书。市人民政府副市长潘国华，市监察委员会主任伍定，市中级人民法院副院长袁彪，市人民检察院检察长周永刚，市人民政府办公室1名负责人，市人大常委会副秘书长，市人大各专门委员会、常委会各办事机构负责人，市人大常委会机关党委、市纪委派驻市人大常委会机关纪检组负责人列席会议。

2018年6月29日，市六届人大常委会举行第十二次会议。市人大常委会主任袁险峰主持会议并讲话。市人大常委会副主任徐远火、熊建春，秘书长冉中华和委员共23人出席会议。会议听取和审议市人大法制委员会关于《南充市嘉陵江生态环境保护条例（草案）》修改情况和主要问题的说明，审议《南充市嘉陵江生态环境保护条例（草案）》；听取和审议市人民政府关于《南充市城市道路车辆通行管理条例（草案）》的起草说明，听取和审议市人大内务司法委员会关于《南充市城市道路车辆通行管理条例（草案）》审议意见的报告，审议《南充市城市道路车辆通行管理条例（草案）》；听取和审议市人民政府关于全市脱贫攻坚情况的报告；听取和审议市人民政府关于城市公交发展情况的报告；听取和审议市人民政府关于城市道路交通管理工作情况报告审议意见研究处理情况的报告，并进行满意度测评，测评结果为满意；听取和审议市人民政府关于农村产权制度改革情况报告审议意见研究处理情况的报告，并进行满意度测评，测评结果为满意；听取和审议市人大常委会执法检查组关于检查《中华人民共和国水土保持法》实施情况的报告；听取和审议市六届人大常委会代表资格审查委员会关于个别市人大代表资格的审查报告；审议通过人事任免事项，任命市级国家机关工作人员3名，免去1名市级国家机关工作人员职务。新任命的国家机关工作人员进行宪法宣誓，袁险峰向被任命人员颁发任命书。市人民政府副市长陈大纪，市监察委员会副主任马文林，市中级人民法院院长杨敏，市人民检察院检察长周永刚，市政府办公室、市发展改革委、市经济信息化委、市公安局、市财政局、市国土资源局、市环境保护局、市住房城乡建设局、市规划和测绘局、市交通运输局、市水务局、市农牧业局、市林业局、市政府法制办、市国资委、市城管执法局、市扶贫移民局、市工商局、市质监局、市公安局交警支队、市公交公司主要负责人，市人大常委会副秘书长，市人大各专委会、常委会各办事机构负责人，市人大常委会机关党委、市纪委派驻市人大常委会机关纪检组负责人，各县（市、区）人大常委会负责人，顺庆区、高坪区、嘉陵区人民政府分管交通运输工作负责人列席会议。会议还邀请市委农工委负责人，1 名省人大代表、2 名市人大代表、2 名乡镇人大主席团主席列席会议。

2018 年 8 月 23 日至 24 日上午，市六届人大常委会举行第十三次会议。市人大常委会主任袁险峰主持会议并讲话。市人大常委会副主任徐远火、熊建春、陈圣伦、杜永龙，秘书长冉中华和委员共 33 人出席会议。会议传达省十三届人大常委会五次会议精神；传达市委六届八次全会精神；听取和审议市人大法制委员会关于《南充市嘉陵江流域生态环境保护条例（草案三审稿）》审议结果的报告。因省十三届人大常委会十二次主任会议讨论《南充市嘉陵江流域生态环境保护条例（草案）》时，提出以《南充市嘉陵江流域生态环境保护条例（草案）》为蓝本，制定四川行政区域内统一的法规，并交由省人大相关专委会和省人大常委会相关办事机构协调，经市六届人大常委会二十九次主任会议讨论决定，《南充市嘉陵江流域生态环境保护条例（草案）》暂不提请本次常委会会议表决；听取和审议市人大法制委员会关于《南充市城市道路车辆通行管理条例（草案二审稿）》修改情况和主要问题的报告；听取和审议市人民政府关于南充市 2018 年上半年国民经济和社会发展计划执行情况的报告；听取和审议市人民政府关于南充市 2017 年度财政决算和 2018 年 1 月至 6 月财政预算执行情况的报告；听取和审议市人大财政经济委员会关于南充市 2017 年财政决算的审查结果报告；听取和审议市人民政府关于南充市 2017 年度市本级财政预算执行和其他财政收支的审计工作报告；通过《南充市人大常委会关于批准南充市 2017 年度财政决算的决议》；听取和审议市人民政府关于现代农业千亿产业集群建设情况的报告；听取和审议市人民政府关于市辖 3 区城区基础教育发展情况报告审议意见研究处理情况的报告，并进行满意度测评，测评结果：总体情况基本满意；市教育体育局满意；市财政局基本满意；市国土资源局基本满意；市规划和测绘局基本满意；市国资委基本满意；听取和审议市人民政府关于工业园区重大项目推进情况报告审议意见研究处理情况的报告，并进行满意度测评，测评结果为满意；听取和审议市人民政府关于嘉陵江旅游专项规划情况报告审议意见研究处理情况的报告，并进行满意度测评，测评结果为满意；听取和审议市经济和信息化委员会工作情况的报告，听取和审议市人大常委会评议调查小组关于对市经济和信息化委员会工作评议调查情况的报告，会议对市经济和信息化委员会工作进行评议，评议结果为满意；听取和审议市监察委员会关于监察体制改革工作情况的报告；听取和审议关于接受任爱民辞去省人大代表职务的决定（草案）的说明，审议通过市人大常委会关于接受任爱民辞去省十三届人大代表职务的决定，报省人大常委会备案、公告；听取和通过市人大常委会代表资格审查委员会关于个别市人大代表资格的审查报告；审议通过人事任免事项，任命市级国家机关工作人员 6 名，免去 2 名市级国家机关工作人员职务。新任命的国家机关工作人员进行宪法宣誓，袁险峰向被任命人员颁发任命书。会议邀请四川大学法学院院长左卫民作《监察体制改革和监察立法解读》专题法制讲座。市人民政府副市长潘国华、刘作鸿、朱华，市监察委员会、市中级人民法院、市人民检察院负责人，市政府办公室、市发展改革委、市教育体育局、市经济信息化委、市公安局、市财政局、市国土资源局、市环境保护局、市住房城乡建设局、市规划和测绘局、市交通运输局、市水务局、市农牧业局、市林业局、市审计局、市政府法制办、市国资委、市旅游局、市城管执法局、市统计局、市金融办、市扶贫移民局、市工商局、市质监局、市经开区、市投促局、市航务局、国家税务总局南充市税务局、人民银行南充市中心支行、市公安局交警支队负责人，市人大常委会副秘书长，市人大各专委会、常委会各办事机构负责人，市人大常委会机关党委、市纪委派驻市人大常委会机关纪检组负责人，市人大法制委委员，各县（市、区）人大常委会负责人，顺庆区、高坪区、嘉陵区人民政府分管教育工作负责人列席会议。会议还邀请市委农工委负责人，1 名省人大代表、2 名市人大代表、2 名乡镇人大主席团主席列席会议。

2018 年 9 月 10 日上午，市六届人大常委会举行第十四次会议。市人大常委会主任袁险峰主持会议。市人大常委会副主任熊建春、陈圣伦、杜永龙，秘书长冉中华和委员共 30 人出席会议。会议听取和审议相关人事任命议案及说明，听取拟任命人员的供职发言，表决通过人事任免事项，任命市级国家机关工作人员 1 名。新任命的国家机关工作人员进行宪法宣誓，袁险峰向被任命人员颁发任命书。市人民政府副市长潘国华，市监察委员会主任伍定，市中级人民法院副院长刘鑫平，市人民检察院检察长周永刚，市政府办公室、市人力资源社会保障局主要负责人，市人大常委会副秘书长，市人大各专委会、常委会各办事机构负责人，市人大常委会机关党委、市纪委派驻市人大常委会机关纪检组负责人列席会议。

2018 年 9 月 17 日下午，市六届人大常委会举行第十五次会议。市人大常委会主任袁险峰主持会议。市人大常委会副主任熊建春、杜永龙，秘书长冉中华和委员共 24 人出席会议。会议听取和审议阆中市公安局关于提请许可对市人大代表郑某采取刑事强制措施情况的报告，通过提请许可事项。市人大常委会副秘书长，市人大各专委会、常委会各办事工作机构负责人，市纪委驻市人大常委会机关纪检组负责人、阆中市公安局负责人列席会议。

2018 年 10 月 30 日至 31 日，市六届人大常委会举行第十六次会议。市人大常委会主任袁险峰主持会议并讲话。市人大常委会副主任徐远火、熊建春、陈圣伦、杜永龙，秘书长冉中华和委员共 27 人出席会议。会议传达学习栗战书委员长在深入学习贯彻习近平总书记关于坚持和完善人民代表大会制度的重要思想交流会上的讲话精神；传达学习省十三届人大常委会六次会议精神；听取和审议市人大法制委员会关于《南充市城市道路车辆通行管理条例（草案三审稿）》审议结果的报告，审议通过《南充市城市道路车辆通行管理条例》，报省人大常委会批准；听取和审议市人民政府关于“十三五”规划（纲要）实施中期评估的报告，听取和审议市人大财政经济委员会关于《南充市人民政府关于“十三五”规划〈纲要〉实施中期评估的报告》的审查报告，审议通过《南充市人大常委会关于批准南充市“十三五”规划〈纲要〉部分指标调整的决议》；听取和审议市人民政府关于南充市 2018 年市本级财政预算调整方案（草案）及全市地方政府债务限额情况的报告，听取和审议市人民政府关于本届政府债务举借和偿还计划的报告，听取和审议市人大财政经济委员会关于南充市 2018 年市本级财政预算调整方案（草案）及全市地方政府债务限额情况的审查报告，审议通过《南充市人大常委会关于批准南充市 2018 年市级财政预算调整方案的决议》，审议通过《南充市人大常委会关于批准南充市 2018 年地方政府债务限额的决议》；听取和审议市人民政府关于城市总体规划实施情况的报告；听取和审议市人民政府关于市辖 3 区旅游环线开发建设情况的报告；听取和审议市中级人民法院关于执行工作情况的报告；听取和审议市人民检察院关于全市检察机关开展公益诉讼工作情况的报告；听取和审议关于《南充市人大常委会关于升钟湖保护的决定（草案）》的说明，审议通过《南充市人大常委会关于升钟湖保护的决定》；听取和审议关于《南充市人大常委会关于被任命人员述职测评暂行办法（草案）》的说明，审议通过《南充市人民代表大会常务委员会关于被任命人员述职测评暂行办法》；听取和审议关于《南充市人民代表大会代表履职评价暂行办法（草案）》的起草及修改说明，审议通过《南充市人民代表大会代表履职评价暂行办法》；开展嘉陵江及支流环境保护专题询问；会议邀请西华师范大学教授、硕士研究生导师刘永红作《宪法修改与依宪治国》专题法制讲座。市人民政府副市长潘国华、沈一凡，市监察委员会、市中级人民法院、市人民检察院负责人，市政府办公室、市发展改革委、市经济信息化委、市公安局、市司法局、市财政局、市人力资源社会保障局、市国土资源局、市环境保护局、市住房城乡建设局、市规划和测绘局、市交通运输局、市水务局、市农牧业局、市林业局、市商务粮食局、市文化广电新闻出版局、市卫生计生委、市审计局、市政府法制办、市国资委、市旅游局、市城管执法局、市统计局、市食品药品监管局、市工商局、市质监局、国家税务总局南充市税务局、国家统计局南充调查队、市升钟水利工程建设管理局、市公安局交警支队负责人，各县（市、区）人大常委会、人民政府负责人，市人大各专门委员会、常委会各办事工作机构负责人，市人大常委会机关党委、市纪委派驻市人大常委会机关纪检组负责人、市人大法制委委员列席会议。会议邀请1名省人大代表、2名市人大代表、2名乡镇人大主席列席会议。

2018年12月26日至27日，市六届人大常委会举行第十七次会议。市人大常委会主任袁险峰主持会议并讲话。市人大常委会副主任徐远火、熊建春、陈圣伦、杜永龙，秘书长冉中华和委员共32人出席会议。会议传达学习省委十一届四次全会精神；传达学习省十三届人大常委会八次会议精神；听取和审议市人大常委会执法检查组关于检查《中华人民共和国水污染防治法》实施情况的报告；听取和审议市人民政府关于南充市2017年度市级预算执行和其他财政收支审计查出问题整改情况的报告；听取和审议市级相关部门关于南充市2017年度市级预算执行和其他财政收支审计查出问题整改情况的报告；听取和审议市人民政府关于市级预算绩效管理推进情况的报告；听取市人大常委会部分任命人员2018年度履职情况的报告，并进行满意度测评。会议对市中级人民法院副院长冯朝勇、市人民检察院副检察长李敏、市司法局局长夏选民、市民政局局长林登德、市交通运输局局长刘本良、市审计局局长陈勇、市国资委主任苏勇2018年度履职情况报告满意度测评结果均为满意；听取和审议市人民政府关于环境状况和环境保护目标完成情况的报告；听取和审议市人民政府办公室关于市六届人大三次会议代表建议、批评和意见办理情况的报告；听取和审议市人大常委会人事代表工委关于市六届人大三次会议代表建议、批评和意见处理情况的报告（书面）；听取和审议市人大常委会人事代表工委关于市六届人大三次会议重点督办建议办理情况的报告。会议对关于市六届人大三次会议重点督办建议办理情况的报告进行满意度测评，测评结果为满意；听取和审议通过市人大内务司法委员会关于市六届人大三次会议主席团交付审议的《关于加强市辖城区交通管理的议案》办理落实情况审议结果的报告；听取和审议通过市人大农业与农村委员会关于市六届人大三次会议主席团交付审议的《关于加快建设嘉陵江流域（南充段）绿色生态走廊的议案》办理落实情况审议结果的报告；听取和审议市人大常委会关于接受尧德中辞去省十三届人大代表职务的决定（草案），通过《南充市人大常委会关于接受尧德中辞去省十三届人大代表职务的决定》，报省人大常委会备案、公告；听取和审议市人大常委会主任会议关于提请审议补选省十三届人大代表的议案（草案）及说明，通过《关于补选黄勇同志为四川省第十三届人民代表大会代表的决定》；听取和审议市人大常委会关于召开市六届人大四次会议的决定（草案）的说明，通过《关于召开南充市第六届人民代表大会第四次会议的决定》。市人民政府副市长王美如，市监察委员会、市中级人民法院、市人民检察院负责人，市政府办公室、市经济信息化委、市公安局、市财政局、市环境保护局、市住房城乡建设局、市水务局、市农牧业局、市林业局、市审计局、市城管执法局、市食品药品监管局、南充升钟水利工程建设管理局、南充卫生学校负责人，市人大常委会副秘书长，市人大各专门委员会、常委会各办事工作机构负责人，市纪委监委派驻市人大常委会机关纪检监察组负责人，各县（市、区）人大常委会负责人列席会议。会议邀请1名省人大代表、2 名市人大代表、2 名乡镇人大主席列席会议。

2019 年 1 月 22 日下午，市六届人大常委会举行第十八次会议。市人大常委会主任袁险峰主持会议并讲话。市人大常委会副主任徐远火、熊建春、陈圣伦、杜永龙和委员共 28 人出席会议。会议传达学习省十三届人大二次会议和省政协十二届二次会议精神；传达学习省十三届人大常委会九次会议精神；传达学习市委六届九次全会暨市委经济工作会议、项目现场拉练会精神；审议通过人事任免事项，任命市级国家机关工作人员 2 名，免去 4 名市级国家机关工作人员职务。审议市六届人大常委会代表资格审查委员会关于市六届人大个别代表的代表资格审查报告；审议通过市人大常委会关于延期召开市六届人大四次会议的决定；审议达州市公安局达川分局关于对市人大代表马某某采取强制措施的报告。市中级人民法院副院长冯朝勇、市人民检察院副检察长李敏，市人民政府办公室负责人，市人大常委会副秘书长，市人大各专门委员会、常委会各办事工作机构负责人，市纪委派驻市人大常委会机关纪检组负责人列席会议。

2019 年 2 月 18 日下午，市六届人大常委会举行第十九次会议。市人大常委会主任袁险峰主持会议并讲话。市人大常委会副主任徐远火、熊建春、陈圣伦、杜永龙，秘书长冉中华和委员共 30 人出席会议。会议审议通过人事任免事项，任命市级国家机关工作人员 22 名，免去 5 名市级国家机关工作人员职务。新任命的国家机关工作人员进行宪法宣誓，袁险峰向被任命人员颁发任命书。市人民政府市长吴群刚、副市长潘国华，市监察委员会主任伍定，市中级人民法院副院长冯朝勇，市人民检察院副检察长李敏，市政府办公室、市发展和改革委员会、市经济和信息化局、市教育和体育局、市科学技术局、市公安局、市民政局、市司法局、市财政局、市人力资源和社会保障局、市自然资源和规划局、市生态环境局、市住房和城乡建设局、市交通运输局、市水务局、市农业农村局、市林业局、市商务局、市文化广播电视和旅游局、市卫生健康委员会、市退役军人事务局、市应急管理局、市审计局、市国有资产监督管理委员会、市市场监督管理局、市统计局、市扶贫开发局、市信访局、市金融工作局、市经济合作和外事局、市医疗保障局、市机关事务管理局、市城市管理行政执法局、市政务服务管理局主要负责人，市人大常委会副秘书长，市人大各专门委员会、常委会各办事工作机构负责人，市纪委派驻市人大常委会机关纪检组负责人，各县（市、区）人大常委会负责人列席会议。市政协副主席尹才勋应邀列席会议。

2019 年 3 月 14 日下午，市六届人大常委会举行第二十次会议。市人大常委会主任袁险峰主持会议并讲话。市人大常委会副主任徐远火、陈圣伦、杜永龙，秘书长冉中华和委员共 25 人出席会议。会议审议通过市人大常委会 2019 年工作要点；审议市人大常委会工作报告（草案），决定提请市六届人大四次会议审查；审议市六届人大四次会议的议程（草案），决定提请市六届人大四次会议预备会议通过；审议市六届人大四次会议主席团和秘书长名单（草案），决定提请市六届人大四次会议预备会议通过；审议通过市六届人大四次会议列席人员名单；审议关于市六届人大增设社会建设委员会及内务司法委员会更名为监察和司法委员会的议案（草案），决定提请市六届人大四次会议审议；听取和审议市六届人大常委会代表资格审查委员会关于市六届人大个别代表资格的审查报告；审议市公安局关于提请许可对个别市人大代表采取强制措施情况的报告；审议通过人事任命事项，任命市级国家机关工作人员 3 名。新任命的国家机关工作人员进行宪法宣誓，袁险峰向被任命人员颁发任命书。市人民政府副市长潘国华，市监察委员会、市中级人民法院、市人民检察院负责人；市人大常委会副秘书长，市人大各专门委员会、常委会各办事工作机构负责人，市人大常委会机关党委、市纪委监委派驻市人大常委会机关纪检监察组负责人；各县（市、区）人大常委会负责人列席会议。

2019 年 4 月 29 日下午，市六届人大常委会举行第二十一次会议。市人大常委会主任袁险峰主持会议并讲话。市人大常委会副主任徐远火、陈圣伦、杜永龙，秘书长冉中华和委员共 31 人出席会议。会议传达学习十三届全国人大二次会议精神、全国政协十三届二次会议精神和市六届人大四次会议精神、市政协六届三次会议精神；传达学习全国人大常委会委员长栗战书在四川开展水污染防治法执法检查期间有关讲话精神和省委书记、省人大常委会主任彭清华在座谈会上的表态讲话精神；传达学习省十三届人大常委会十次会议精神；听取和审议市人大城乡建设环境资源保护委员会关于《南充市物业管理条例（草案）》的审议意见的报告，审议《南充市物业管理条例（草案）》；听取和审议市人大常委会法工委关于 2018 年度规范性文件备案审查工作情况的报告；审议通过人事任命事项，任命市级国家机关工作人员 3 名。新任命的国家机关工作人员进行宪法宣誓，袁险峰向被任命人员颁发任命书。市人民政府党组成员单木真，市中级人民法院、市人民检察院负责人；市政府办公室、市发展和改革委、市公安局、市司法局、市财政局、市住房和城乡建设局、市城市管理行政执法局、市房地产管理局负责人；市人大常委会副秘书长，市人大各专门委员会、常委会各办事工作机构负责人，市人大常委会机关党委、市纪委监委派驻市人大常委会机关纪检监察组负责人；各县（市、区）人大常委会负责人列席会议。会议邀请 1 名省人大代表、2 名市人大代表、2 名乡镇人大主席列席会议。

2019 年 6 月 27 日，市六届人大常委会举行第二十二次会议。市人大常委会主任袁险峰主持会议并讲话。市人大常委会副主任徐远火、熊建春、陈圣伦、杜永龙，秘书长冉中华和委员共 32 人出席会议。会议传达学习中央、省委、市委关于“不忘初心、牢记使命”主题教育有关会议精神；传达学习省十三届人大常委会十一次会议精神；听取和审议市人民政府关于保税物流中心建设情况的报告；听取和审议市人民政府关于水土保持法执法检查情况报告审议意见研究处理情况的报告，并进行满意度测评，测评结果为满意；听取和审议市人政府关于城市公交发展情况报告审议意见研究处理情况的报告，并进行满意度测评，测评结果为基本满意；听取和审议市人大常委会执法检查组关于检查《中华人民共和国水法》实施情况的报告；审议通过人事任免事项，任命市级国家机关工作人员 1 名，免去 15 名市级国家机关工作人员职务。新任命的国家机关工作人员进行宪法宣誓，袁险峰向被任命人员颁发任命书。市人民政府副市长朱华，市中级人民法院院长杨敏，市人民检察院检察长周永刚，市监察委员会负责人；市政府办公室、市公安局、市财政局、市自然资源和规划局、市生态环境局、市交通运输局、市水务局、市农业农村局、市林业局、市商务局、市国资委、南充海关、市物流与口岸办、南充现代物流园、市公交公司负责人；市人大常委会副秘书长，市人大各专门委员会、常委会各办事工作机构负责人，市人大常委会机关党委、市纪委监委派驻市人大常委会机关纪检监察组负责人；各县（市、区）人大常委会负责人列席会议。会议邀请 1 名省人大代表、2 名市人大代表、2 名乡镇人大主席列席会议。

2019 年 7 月 26 日，市六届人大常委会举行第二十三次会议。市人大常委会主任袁险峰主持会议并讲话。市人大常委会副主任徐远火、熊建春、陈圣伦、杜永龙，秘书长冉中华和委员共 32 人出席会议。会议审议通过人事任免事项，任命市级国家机关工作人员 1 名，免去 2 名市级国家机关工作人员职务。新任命的国家机关工作人员进行宪法宣誓，袁险峰向被任命人员颁发任命书。市人民政府副市长潘国华，市监察委员会、市中级人民法院、市人民检察院负责人，市人大常委会副秘书长、市人大各专门委员会、常委会各办事工作机构负责人，市人大常委会机关党委、市纪委监委派驻市人大常委会机关纪检监察组负责人，各县（市、区）人大常委会负责人列席会议。

2019 年 8 月 23 日，市六届人大常委会举行第二十四次会议。市人大常委会主任袁险峰主持会议并讲话。市人大常委会副主任徐远火、熊建春、陈圣伦、杜永龙，秘书长冉中华和委员共 29 人出席会议。会议传达学习省十三届人大常委会十二次会议精神；传达学习市委六届十次全会精神；听取和审议市人大法制委员会关于《南充市物业管理条例（草案二审稿）》修改情况的报告；审议《南充市物业管理条例（草案二审稿）》；听取和审议市人民政府关于 2019 年 1 月至 6 月国民经济和社会发展计划执行情况的报告；听取和审议市人民政府关于 2018 年度财政决算和 2019 年 1 月至 6 月财政预算执行情况的报告，听取和审议市人民政府关于 2018 年度市级财政预算执行和其他财政收支的审计工作报告，听取和审议市人大财政经济委员会关于南充市 2018 年度财政决算的审查报告，审议通过《南充市人大常委会关于批准南充市 2018 年市级财政决算的决议》；听取和审议市人民政府关于企业国有资产管理及市属国有企业运营情况的报告；听取和审议市人民检察院、市卫生健康委员会、市城市管理行政执法局工作情况的报告；听取市人大常委会评议调查小组关于对市人民检察院、市卫生健康委员会、市城市管理行政执法局工作评议调查情况的报告；听取和审议市人民政府关于嘉陵江及支流水环境保护工作情况报告及审议意见研究处理情况的报告；听取和审议市中级人民法院关于执行工作情况报告及审议意见研究处理情况的报告；听取和审议市人民检察院关于公益诉讼工作情况报告及审议意见研究处理情况的报告；审议通过人事任免事项，任命市级国家机关工作人员 2 名，免去 1 名市级国家机关工作人员职务。新任命的国家机关工作人员进行宪法宣誓，袁险峰向被任命人员颁发任命书。市人民政府副市长潘国华，市监察委员会负责人，市中级人民法院院长杨敏，市人民检察院检察长周永刚，市政府办公室、市发展和改革委员会、市公安局、市财政局、市自然资源和规划局、市生态环境局、市住房和城乡建设局、市林业局、市卫生健康委员会、市审计局、市国有资产监督管理委员会、市市场监督管理局、市统计局、市金融工作局、市城市管理行政执法局、市税务局、市房地产管理局负责人；市人大常委会副秘书长，市人大各专门委员会、常委会各办事工作机构负责人，市人大常委会机关党委、市纪委监委派驻市人大常委会机关纪检监察组负责人；各县（市、区）人大常委会负责人列席会议。会议邀请 1 名省人大代表、2 名市人大代表、2 名乡镇人大主席列席会议。

2019 年 9 月 29 日下午，市六届人大常委会举行第二十五次会议。市人大常委会主任袁险峰主持会议并讲话。市人大常委会副主任徐远火、熊建春、陈圣伦、杜永龙，秘书长冉中华和委员共 30 人出席会议。会议传达学习纪念地方人大设立常委会 40 周年有关会议精神；传达学习省十三届人大常委会十三次会议精神；听取和审议市人民政府关于南潼南充过境（二绕东北段）和阆营 3 条高速公路项目投资人招标文件核心条款的报告，审议通过《南充市人大常委会关于〈南充市人民政府关于南潼、南充过境（二绕东北段）和阆营 3 条高速公路项目投资人招投标文件核心条款的报告〉的决定》；听取和审议市人民政府关于支持川北医学院建设发展事项的报告，审议通过《南充市人大常委会关于〈南充市人民政府关于支持川北医学院建设发展事项的报告〉的决定》；听取和审议市人民政府关于支持西华师范大学建设发展事项的报告，审议通过《南充市人大常委会关于〈南充市人民政府关于支持西华师范大学建设发展事项的报告〉的决定》；听取和审议市人大法制委员会关于《南充市物业管理条例（草案三审稿）》修改情况的报告，审议《南充市物业管理条例（草案三审稿）》；对市人民检察院工作评议满意度进行测评，测评结果为满意；对市卫生健康委员会工作评议满意度进行测评，测评结果为满意；对市城市管理行政执法局工作评议满意度进行测评，测评结果为满意；审议通过人事任命事项，任命市级国家机关工作人员 1 名。新任命的国家机关工作人员进行宪法宣誓，袁险峰向被任命人员颁发任命书。市人民政府副市长潘国华，市监察委员会负责人，市中级人民法院院长杨敏，市人民检察院检察长周永刚，市政府办公室、市教育和体育局、市司法局、市财政局、市住房和城乡建设局、市交通运输局、市城市管理行政执法局、市房地产管理局主要负责人，市人大常委会副秘书长，市人大各专委会、常委会各办事工作机构负责人，市人大常委会机关党委、市纪委监委派驻市人大常委会机关纪检监察组负责人，各县（市、区）人大常委会负责人列席会议。

2019 年 10 月 30 日，市六届人大常委会举行第二十六次会议。市人大常委会主任袁险峰主持会议并讲话。市人大常委会副主任徐远火、熊建春、陈圣伦、杜永龙，秘书长冉中华和委员共 30 人出席会议。会议学习习近平总书记在庆祝中华人民共和国成立 70 周年大会上的讲话精神；听取和审议市人大法制委员会关于《南充市物业管理条例（草案四审稿）》审议结果的报告，审议通过《南充市物业管理条例》，报请省人大常委会批准；听取和审议市人民政府关于扫黑除恶专项斗争工作情况的报告；听取和审议市中级人民法院关于整治“三案”、彰显“三公”专项活动情况的报告；听取和审议市人民政府关于南充市 2019 年市本级财政预算调整方案（草案）及全市地方政府债务限额情况的报告，听取和审议市人大财政经济委员会关于南充市 2019 年市本级财政预算调整方案（草案）及全市地方政府债务限额情况的审查报告，审议通过《南充市人大常委会关于批准南充市 2019 年市级财政预算调整方案的决议》，审议通过《南充市人大常委会关于批准南充市 2019 年地方政府债务限额的决议》；听取和审议市人民政府关于国有资产管理及市级国有企业运营情况的报告；听取和审议市人民政府关于“100 件大事”推进情况的报告；听取和审议市人民政府关于乡村产业振兴推进情况的报告；听取和审议市人民政府关于城市总体规划实施情况的报告；听取和审议市人民政府关于贯彻落实《南充市人大常委会关于升钟湖保护的决定》情况的报告；听取和审议市人大常委会执法检查组关于检查《南充市城镇环境卫生管理条例》实施情况的报告；听取和审议市人民政府关于市辖 3 区旅游环线建设情况报告审议意见研究处理情况的报告，并进行满意度测评，测评结果为满意；听取和审议市人民政府关于检查《中华人民共和国水污染防治法》实施情况报告审议意见研究处理情况的报告，并进行满意度测评，测评结果为基本满意；听取和审议关于《南充市人民代表大会常务委员会听取和审议专项工作报告办法（草案）》的起草说明，审议通过《南充市人民代表大会常务委员会听取和审议专项工作报告办法》；审议通过人事任命事项，任命市级国家机关工作人员 1 名。新任命的国家机关工作人员进行宪法宣誓，袁险峰向被任命人员颁发任命书。市人民政府副市长陈有波，市监察委员会负责人，市中级人民法院院长杨敏，市人民检察院检察长周永刚，市政府办公室、市发展改革委、市公安局、市司法局、市财政局、市自然资源和规划局、市生态环境局、市住房和城乡建设局、市交通运输局、市水务局、市农业农村局、市林业局、市文化广播电视和旅游局、市审计局、市国有资产监督管理委员会、市城市管理行政执法局、市税务局、市房地产管理局、南充升钟水利工程建设管理局主要负责人，市人大常委会副秘书长，市人大各专委会、常委会各办事工作机构负责人，市人大常委会机关党委、市纪委监委派驻市人大常委会机关纪检监察组负责人，市人大法制委委员，各县（市、区）人大常委会负责人，顺庆区人民政府、高坪区人民政府、嘉陵区人民政府、阆中市人民政府、南部县人民政府负责人列席会议。会议邀请 1 名省人大代表、2 名市人大代表、2 名乡镇人大主席列席会议。

2019 年 12 月 24 日至 25 日，市六届人大常委会举行第二十七次会议。市人大常委会主任袁险峰主持会议并讲话。市人大常委会副主任熊建春、陈圣伦、杜永龙，秘书长冉中华和委员共 33 人出席会议。会议传达学习中共十九届四中全会精神；传达学习中共四川省委十一届六次全会精神；传达学习省十三届人大常委会十四次会议精神；传达学习全省人大“四讲四有”建设经验交流会议精神；传达学习市委六届十一次全会精神；听取和审议市人民政府关于南充市 2018 年度市级预算执行和其他财政收支审计查出问题整改情况的报告；听取和审议市卫生健康委员会、市人民防空办公室、市房地产管理局、市医疗保障中心、市园林管理处、市食品药品检验所关于南充市 2018 年度市级预算执行和其他财政收支审计查出问题整改情况的报告，并进行满意度测评。测评结果：市卫生健康委员会满意，市人民防空办公室基本满意，市房地产管理局满意；听取和审议市人民政府关于 2019 年度市级预算绩效管理工作情况的报告；听取和审议市人民政府关于贯彻落实全市教育大会精神暨市辖三区城区基础教育发展情况的报告；听取和审议市人民政府关于环境状况和环境保护目标完成情况的报告；听取和审议市人民政府关于市六届人大四次会议代表建议、批评和意见办理情况的报告；听取和审议市人大常委会人事代表工委关于市六届人大四次会议代表建议、批评和意见处理情况的报告（书面）；听取和审议通过市人大财政经济委员会关于市六届人大四次会议主席团交付审议的《关于促进我市民营经济加快发展的议案》办理落实情况审议结果的报告；听取和审议通过市人大民族宗教外事侨务委员会关于市六届人大四次会议主席团交付审议的《关于加快创建“中国蚕桑丝绸文化旅游名城”的议案》办理落实情况审议结果的报告；审议通过关于召开市六届人大五次会议的决定；听取和审议市人民政府关于全市医保基金征收管理使用情况的报告并进行专题询问；听取和审议市科学技术局局长陈家喜、市农业农村局局长滕明鹏、市经济合作和外事局局长赵爱华、市统计局局长刘晓梅、市中级人民法院副院长刘鑫平、市人民检察院副检察长王岚 2019 年述职情况报告，并进行满意度测评，测评结果均为满意；审议通过人事任免事项，任命市级国家机关工作人员 4 名，免去 5 名市级国家机关工作人员职务。新任命的国家机关工作人员进行宪法宣誓，袁险峰向被任命人员颁发任命书。市人民政府副市长朱华、欧阳梅，市监察委员会主任伍定，市中级人民法院院长杨敏，市人民检察院检察长周永刚，市政府办公室、市发展和改革委员会、市经济和信息化局、市教育和体育局、市科学技术局、市公安局、市民政局、市司法局、市财政局、市人力资源和社会保障局、市自然资源和规划局、市生态环境局、市住房和城乡建设局、市交通运输局、市水务局、市农业农村局、市林业局、市商务局、市文化广播电视和旅游局、市卫生健康委员会、市退役军人事务局、市应急管理局、市审计局、市国有资产监督管理委员会、市市场监督管理局、市统计局、市扶贫开发局、市信访局、市金融工作局、市经济合作和外事局、市医疗保障局、市机关事务管理局、市城市管理行政执法局、市政务服务管理局、市人防办、市房地产管理局、市医保中心、市园林管理处、市食品药品检验所主要负责人，各县（市、区）人民政府及相关部门负责人，市人大常委会副秘书长，市人大各专门委员会、常委会各办事工作机构负责人，市人大常委会机关党委、市纪委监委派驻市人大常委会机关纪检监察组负责人，各县（市、区）人大常委会负责人列席会议，会议邀请 1 名省人大代表、2 名市人大代表、2 名乡镇人大主席列席会议。

2020 年 1 月 10 日，市六届人大常委会举行第二十八次会议。市人大常委会主任袁险峰主持会议并讲话。市人大常委会副主任徐远火、熊建春、陈圣伦、杜永龙，秘书长冉中华和委员共 34 人出席会议。会议听取和审议通过市人大常委会代表资格审查委员会关于市六届人大个别代表的代表资格的审查报告；听取和审议关于接受贾德华辞去省十三届人大代表职务的决定说明，审议通过《南充市人大常委会关于接受贾德华辞去四川省第十三届人民代表大会代表职务的决定》，报省人大常委会备案、公告；听取和审议关于接受伍定辞去市监察委员会主任职务的议案的说明，审议市人大常委会主任会议关于接受伍定辞去市监察委员会主任职务的议案，审议通过《南充市人大常委会关于接受伍定同志辞职请求的决定》，接受伍定辞去市监察委员会主任职务的请求，报市人大备案；审议通过人事任免事项，任命市级国家机关工作人员 1 名，免去 1 名市级国家机关工作人员职务。新任命的国家机关工作人员进行宪法宣誓，袁险峰向被任命人员颁发任命书。市人民政府副市长伍定、陈大纪，市监察委员会、市中级人民法院、市人民检察院负责人，市政府办公室、市人力资源和社会保障局主要负责人，市人大常委会副秘书长，市人大各专门委员会、常委会各办事工作机构负责人，市人大常委会机关党委、市纪委监委派驻市人大常委会机关纪检监察组负责人列席会议。

2020年3月27日，市六届人大常委会举行第二十九次会议。市人大常委会主任袁险峰主持会议并讲话。市人大常委会副主任徐远火、熊建春、陈圣伦、杜永龙，秘书长冉中华和委员共34人出席会议。会议听取和审议市人民政府关于坚持“两手抓、两手硬”统筹推进疫情防控和经济社会发展情况的报告；听取和审议市人民政府关于2019年度法治政府建设工作情况的报告；听取和审议市人大常委会法制工作委员会关于2019年度规范性文件备案审查工作情况的报告；审议通过人事任免事项，任命市级国家机关工作人员2名，免去3名市级国家机关工作人员职务。新任命的国家机关工作人员进行宪法宣誓，袁险峰向被任命人员颁发任命书。市人民政府副市长欧阳梅，市监察委员会副主任王荣秀，市中级人民法院院长杨敏，市人民检察院检察长周永刚，市政府办公室、市发展和改革委、市司法局、市人力资源和社会保障局、市卫生健康委主要负责人，市人大常委会副秘书长，市人大各专门委员会、常委会各办事工作机构负责人，市人大常委会机关党委、市纪委监委派驻市人大常委会机关纪检监察组负责人列席会议。

2020年5月29日，市六届人大常委会举行第三十次会议。市人大常委会主任袁险峰主持会议并讲话。市人大常委会副主任徐远火、熊建春、陈圣伦、杜永龙，秘书长冉中华和委员共31人出席会议。会议传达省十三届人大三次会议精神；听取和审议通过市人大常委会代表资格审查委员会关于市六届人大个别代表的代表资格的审查报告；听取和审议市人民政府关于《中华人民共和国水法》执法检查情况报告审议意见研究处理情况的报告，并进行满意度测评，测评结果为满意；听取和审议市人民政府关于保税物流中心建设情况报告审议意见研究处理情况的报告，并进行满意度测评，测评结果为满意；审议《南充市人大常委会工作报告（草案)》，决定提请市六届人大五次会议审查；审议通过人事任免事项，任命市级国家机关工作人员9名，免去12名市级国家机关工作人员职务。新任命的国家机关工作人员进行宪法宣誓，袁险峰向被任命人员颁发任命书。市人民政府副市长欧阳梅，市监委负责人，市中级人民法院院长杨敏，市人民检察院检察长周永刚，市政府办公室、市人力资源和社会保障局、市生态环境局、市水务局、市政府物流与口岸办公室、市水务局水利综合监察支队主要负责人，市人大常委会副秘书长，市人大各专门委员会、常委会各办事工作机构负责人，市人大常委会机关党委、市纪委监委派驻市人大常委会机关纪检监察组负责人列席会议。

2020年6月17日，市六届人大常委会举行第三十一次会议。市人大常委会主任袁险峰主持会议并讲话。市人大常委会副主任徐远火、熊建春、陈圣伦、杜永龙，秘书长冉中华和委员共32人出席会议。会议传达省十三届人大常委会十九次会议精神；审议通过市人大常委会2020年工作要点；审议通过市六届人大五次会议议程草案，决定提请市六届人大五次会议预备会议通过；审议通过市六届人大五次会议主席团和秘书长名单草案，决定提请市六届人大五次会议预备会议通过；审议通过列席人员名单；审议通过市人大常委会关于调整代表资格审查委员会组成人员的决定；审议通过市人大常委会关于接受个别代表辞去南充市第六届人民代表大会及其常务委员会相关职务的决定；听取和审议通过市六届人大常委会代表资格审查委员会关于市六届人大个别代表的代表资格的审查报告；审议通过人事任免事项，任命市级国家机关工作人员8名，免去17名市级国家机关工作人员职务。新任命的国家机关工作人员进行宪法宣誓，袁险峰向被任命人员颁发任命书。市人民政府副市长欧阳梅，市监察委员会副主任马文林，市中级人民法院副院长刘远，市人民检察院检察长周永刚，市人力资源和社会保障局主要负责人，市人大常委会副秘书长，市人大各专门委员会、常委会各办事工作机构负责人，市人大常委会机关党委、市纪委监委派驻市人大常委会机关纪检监察组负责人列席会议。

2020年7月28日，市六届人大常委会举行第三十二次会议。市人大常委会主任袁险峰主持会议并讲话。市人大常委会副主任徐远火、熊建春、陈圣伦、杜永龙、张晓艳，秘书长宋先佐和委员共34人出席会议。会议传达市委六届十二次全会精神；听取关于接受市第六届人民代表大会专门委员会个别成员辞职的决定（草案）的说明，审议通过市人大常委会关于接受市第六届人民代表大会专门委员会个别成员辞职的决定；审议通过关于许可对市六届人大代表宋兴卫采取强制措施的决定；审议通过人事任免事项。任命市级国家机关工作人员8名，免去6名市级国家机关工作人员职务。新任命的国家机关工作人员进行宪法宣誓，袁险峰向被任命人员颁发任命书。市人民政府副市长苏士勇，市监察委员会主任黄春江，市中级人民法院副院长刘远，市人民检察院检察长周永刚，市政府办公室、市人力资源和社会保障局主要负责人，市人大常委会副秘书长，市人大各专门委员会、常委会各办事工作机构负责人，市纪委监委派驻市人大常委会机关纪检监察组负责人列席会议。

2020年9月4日，市六届人大常委会举行第三十三次会议。市人大常委会主任袁险峰主持会议并讲话。市人大常委会副主任徐远火、熊建春、陈圣伦、杜永龙，秘书长宋先佐和委员共32人出席会议。会议传达学习省十三届人大常委会二十次和二十一次会议精神；听取市人大城乡建设环境资源保护委员会关于《南充市城市景观风貌保护条例（草案）》的审议意见，审议《南充市城市景观风貌保护条例（草案）》；听取和审议市人民政府关于南充市2020年上半年国民经济和社会发展计划执行情况的报告；听取和审议市人民政府关于南充市2019年财政决算及2020年上半年财政预算执行情况的报告，听取和审议市人民政府关于南充市2019年度市级预算执行和其他财政收支的审计工作报告，听取和审议市人大财政经济委员会关于南充市2019年财政决算的审查结果报告，审议通过《南充市人大常委会关于批准南充市2019年度财政决算的决议》；听取和审议市人民政府关于全市公安机关、司法行政机关履行职能营造法治化营商环境工作情况的报告，听取和审议市中级人民法院关于全市法院履行职能营造法治化营商环境工作情况的报告，听取和审议市人民检察院关于全市检察院履行职能营造法治化营商环境工作情况的报告；听取和审议通过市人大常委会代表资格审查委员会关于市六届人大个别代表的代表资格的审查报告。审议通过人事任免事项，任命市级国家机关工作人员3名，免去2名市级国家机关工作人员职务。新任命的国家机关工作人员进行宪法宣誓，袁险峰向被任命人员颁发任命书。市人民政府副市长沈一凡，市监察委员会负责人，市中级人民法院副院长黄海燕，市人民检察院副检察长唐蔚，市政府办公室、市发展和改革委员会、市公安局、市司法局、市财政局、市自然资源和规划局、市住房和城乡建设局、市审计局负责人，市人大常委会副秘书长，市人大各专门委员会、常委会各办事工作机构负责人，市纪委监委驻市人大常委会机关纪检监察组负责人，各县（市、区）人大常委会负责人列席会议。

2020年10月20日，市六届人大常委会举行第三十四次会议。市人大常委会副主任徐远火主持第一次全体会议，市人大常委会主任袁险峰主持第二次全体会议并讲话。市人大常委会副主任熊建春、陈圣伦、杜永龙、张晓艳，秘书长宋先佐和委员共33人出席会议。会议传达省十三届人大常委会二十二次会议精神；听取和审议市人大法制委员会关于《南充市城市景观风貌保护条例（草案）》修改情况的报告，审议《南充市城市景观风貌保护条例（草案二审稿）》；听取和审议市人民政府关于《南充市物业管理条例》实施情况的报告；听取和审议市人民政府关于市属国有企业资产运营管理及国企改革情况的报告；听取和审议市人大常委会执法检查组关于检查《中华人民共和国传染病防治法》实施情况的报告；听取和审议市人民政府关于扫黑除恶专项斗争工作情况报告审议意见研究处理情况的报告，并进行满意度测评，测评结果为满意；听取和审议市人民政府关于乡村产业振兴推进情况报告审议意见研究处理情况的报告，并进行满意度测评，测评结果为满意；听取和审议市人民政府关于未成年人保护和预防未成年人犯罪情况专项视察意见研究处理情况的报告，并进行满意度测评，测评结果为满意；听取和审议市人民政府关于减税降费相关政策落实情况的报告；听取和审议市人民政府关于城市总体规划执行情况的报告；听取和审议市人民政府关于全市污水处理设施建设及运行情况的报告；听取和审议市人民政府关于创建中国蚕桑丝绸文化旅游名城工作推进情况的报告；听取和审议市人民政府关于退役军人就业安置工作情况的报告；听取和审议市人民政府关于市人大常委会关于检查《南充市城镇环境卫生管理条例》实施情况报告审议意见研究处理情况的报告，并进行满意度测评，测评结果为满意；听取和审议通过市六届人大常委会代表资格审查委员会关于市六届人大个别代表资格的审查报告；审议通过人事任免事项，任命市级国家机关工作人员 2 名，免去 2 名市级国家机关工作人员职务。新任命的国家机关工作人员进行宪法宣誓，袁险峰向被任命人员颁发任命书。市人民政府副市长欧阳梅、黄志权，市监察委员会负责人，市中级人民法院副院长刘鑫平，市人民检察院副检察长唐蔚，市政府办公室、市教育和体育局、市公安局、市民政局、市司法局、市财政局、市人力资源和社会保障局、市自然资源和规划局、市生态环境局、市住房和城乡建设局、市交通运输局、市农业农村局、市商务局、市文化广播电视和旅游局、市卫生健康委、市退役军人事务局、市国资委、市市场监管局、市扶贫开发局、市城市管理行政执法局、市税务局、市房地产管理局、南充市疾控中心、南充规划设计院主要负责人，市人大常委会副秘书长，市人大各专门委员会、常委会各办事工作机构，市纪委监委驻市人大常委会机关纪检监察组负责人，各县（市、区）人大常委会负责人列席会议。

2020 年 11 月 4 日下午，市六届人大常委会举行第三十五次会议。市人大常委会主任袁险峰主持会议并讲话。市人大常委会副主任徐远火、熊建春、陈圣伦、杜永龙、张晓艳，秘书长宋先佐和委员共 34 人出席会议。会议传达学习中国共产党第十九届中央委员会第五次全体会议精神；听取和审议市人民政府关于南充市 2020 年市级财政预算调整方案（草案）及全市地方政府债务限额情况的报告，听取和审议市人大财政经济委员会关于南充市 2020 年市级财政预算调整方案（草案）及全市地方政府债务限额情况审查结果的报告，审议通过《南充市人大常委会关于批准南充市 2020 年市级财政预算调整方案的决议》《南充市人大常委会关于批准南充市 2020 年地方政府债务限额的决议》；听取和审议市人大常委会关于《南充市人民代表大会常务委员会规范性文件备案审查规定（修订草案）》修改情况的报告，审议通过《南充市人民代表大会常务委员会规范性文件备案审查规定》。审议通过人事任免事项，任命市级国家机关工作人员 3 名，免去 1 名市级国家机关工作人员职务。新任命的国家机关工作人员进行宪法宣誓，袁险峰向被任命人员颁发任命书。随后，在万泰大酒店顺庆厅，听取市人民政府关于《南充市城市道路车辆通行管理条例》实施情况报告，并进行专题询问。市人民政府副市长黄志权，市监察委员会副主任马文林，市中级人民法院院长杨敏，市人民检察院检察长周永刚，市人大常委会机关二级巡视员，市人民政府联系城市管理工作的副秘书长，市人民政府组成部门负责人，市人大常委会副秘书长，市人大各专门委员会、常委会各办事工作机构负责人，市纪委（监委）派驻市人大常委会机关纪检（监察）组负责人，各县（市、区）人大常委会主要负责人，顺庆区、高坪区、嘉陵区人民政府分管城市管理工作的负责人，市场监督管理局、综合行政执法局主要负责人，市公安局交警支队政委、副支队长、各直属大队主要负责人列席会议。会议邀请 2 名省人大代表、5 名市人大代表列席会议，5 名公民旁听会议。

2020年12月17日至18日，市六届人大常委会举行第三十六次会议。市人大常委会主任袁险峰主持会议并讲话，市人大常委会副主任徐远火、熊建春、陈圣伦、杜永龙、张晓艳，秘书长宋先佐和委员共33人出席会议。会议传达学习省委十一届八次全会精神；传达学习省委人大工作会议精神；传达学习省十三届人大常委会二十三次、二十四次会议精神；听取和审议市人大法制委员会关于《南充市城市景观风貌保护条例（草案三审稿）》审议结果的报告，审议通过《南充市城市景观风貌保护条例（草案三审稿）》，报省人大常委会批准；听取和审议市人民政府关于"三医"信息共享平台建设情况的报告（书面）；听取和审议市人民政府关于南充市2019年度市级预算执行和其他财政收支审计查出问题整改情况的报告；听取和审议市教育和体育局关于2019年度财政预算执行和其他财政收支审计查出问题整改情况的报告并进行满意度测评，测评结果为满意；听取和审议市人民政府关于2020年度市级预算绩效管理工作情况的报告（书面）；听取和审议市人民政府关于学前教育发展目标完成情况的报告（书面）；听取和审议市人民政府关于2020年度环境状况和环境保护目标完成情况的报告（书面）；听取和审议市农业农村局工作情况的报告，听取和审议市人大常委会评议调查小组关于对市农业农村局工作评议调查情况的报告（书面），对市农业农村局工作进行满意度测评，测评结果为满意；听取和审议市商务局工作情况的报告，听取和审议市人大常委会评议调查小组关于对市商务局工作评议调查情况的报告（书面），对市商务局工作进行满意度测评，测评结果为满意；听取和审议市人民政府关于贯彻落实全市教育大会精神暨市辖3区城区基础教育发展情况报告审议意见研究处理情况的报告，并进行满意度测评，测评结果为满意；听取和审议市人民政府关于医保基金征收管理使用情况报告审议意见研究处理情况的报告，并进行满意度测评，测评结果为满意；听取和审议市人民政府关于市六届人大五次会议代表建议、批评和意见办理情况的报告；听取和审议市人大常委会人事代表工作委员会关于市六届人大五次会议代表建议、批评和意见处理情况的报告（书面）；听取和审议市经济和信息化局局长石全华、市交通运输局局长杨积义、市扶贫开发局局长马家斌、市机关事务管理局局长樊森林、市中级人民法院副院长黄海燕、市检察院副检察长吴利平2020年述职情况的报告，并进行满意度测评，测评结果均为满意；听取和审议通过关于对个别市人大代表采取强制措施的请示（书面）；听取和审议通过市六届人大常委会代表资格审查委员会关于市六届人大个别代表的代表资格的审查报告；审议通过人事任免事项，任命市级国家机关工作人员6名，免去7名市级国家机关工作人员职务。新任命的国家机关工作人员进行宪法宣誓，袁险峰向被任命人员颁发任命书；审议通过《南充市人大常委会关于接受周永刚辞职的决定》；听取和审议市人大常委会主任会议关于提请决定罗乐代理南充市人民检察院检察长职务的议案，审议通过《南充市人大常委会关于罗乐代理南充市人民检察院检察长职务的决定》；审议通过《南充市人大常委会关于接受许宁辞职的决定》。市人民政府副市长方雷、沈一凡，市监察委员会副主任王瑜，市中级人民法院副院长黄海燕，市人民检察院代理检察长罗乐、副检察长吴利平，市人大常委会机关二级巡视员，市政府办公室、市发展和改革委员会、市经济和信息化局、市教育和体育局、市科学技术局、市公安局、市民政局、市司法局、市财政局、市人力资源和社会保障局、市自然资源和规划局、市生态环境局、市住房和城乡建设局、市交通运输局、市水务局、市农业和农村局、市林业局、市商务局、市文化广播电视和旅游局、市卫生健康委员会、市退役军人事务局、市应急管理局、市审计局、市国有资产监督管理委员会、市市场监督管理局、市统计局、市扶贫开发局、市信访局、市金融工作局、市经济合作和外事局、市医疗保障局、市机关事务管理局、市城市管理行政执法局、市政务服务管理局主要负责人，市人大常委会副秘书长，市人大各专门委员会、市人大常委会各办事工作机构负责人，市人大常委会机关党委、市纪委监委驻市人大常委会机关纪检监察组负责人，各县（市、区）人大常委会负责人列席会议。

2021 年 1 月 13 日，市六届人大常委会举行第三十七次会议。市人大常委会主任袁险峰主持会议并讲话。市人大常委会副主任徐远火、熊建春、陈圣伦、杜永龙、张晓艳，秘书长宋先佐和委员共 34 人出席会议。会议听取和审议通过市人大常委会关于召开市六届人大六次会议的决定；听取和审议通过市人大常委会关于接受省十三届人民代表大会个别代表辞职的决定；补选出席四川省十三届人民代表大会代表；审议通过人事任免事项，任命市级国家机关工作人员 3 名，免去 2 名市级国家机关工作人员职务。新任命的国家机关工作人员进行宪法宣誓，袁险峰向被任命人员颁发任命书；听取和审议通过市人大常委会关于接受陈科辞职的决定，接受陈科辞去南充市人大常委会副主任职务的请求，报南充市第六届人民代表大会备案。听取和审议通过市人大常委会关于接受杨敏辞职的决定，接受杨敏辞去南充市中级人民法院院长、审判委员会委员、审判员职务的请求，报南充市第六届人民代表大会备案。听取和审议市人大常委会主任会议关于提请审议决定欧阳丹东为南充市中级人民法院代理院长的议案，通过南充市人大常委会关于欧阳丹东为南充市中级人民法院代理院长的决定。听取和审议通过市六届人大常委会代表资格审查委员会关于市六届人大个别代表的代表资格的审查报告。市人民政府副市长苏士勇，市监察委员会主任黄春江，市中级人民法院代理院长欧阳丹东、副院长刘鑫平，市人民检察院代理检察长罗乐，市人大常委会机关二级巡视员，市政府办公室、市人力资源和社会保障局主要负责人，市人大常委会副秘书长，市人大各专门委员会、市人大常委会各办事工作机构负责人，市人大常委会机关党委、市纪委监委驻市人大常委会机关纪检监察组负责人，各县（市、区）人大常委会主任、办公室主任列席会议。

2021 年 2 月 9 日，市六届人大常委会举行第三十八次会议。市人大常委会主任袁险峰主持会议并讲话。市人大常委会副主任徐远火、熊建春、陈圣伦、杜永龙、张晓艳，秘书长宋先佐和委员共 30 人出席会议。会议传达学习省十三届人大四次会议和省政协十二届四次会议精神；传达学习省十三届人大常委会第二十五次会议精神；听取和审议市人民政府关于《南充市国民经济和社会发展第十三个五年规划纲要》实施总结评估的报告；审议通过市六届人大六次会议议程（草案），决定提请市六届人大六次会议预备会议通过；审议通过市人大常委会工作报告（草案），决定提请市六届人大六次会议审查；审议通过市人大常委会关于接受吴志敏辞职的决定，接受吴志敏辞去南充市人大农业与农村委员会副主任委员职务的请求；听取和审议通过市六届人大常委会代表资格审查委员会关于市六届人大个别代表的代表资格的审查报告；审议通过市六届人大六次会议主席团和秘书长名单（草案），决定提请市六届人大六次会议预备会议通过；审议通过市六届人大六次会议列席人员名单。市人民政府副市长伍定，市监察委员会副主任王瑜，市中级人民法院副院长刘鑫平，市人民检察院副检察长吴利平，市人大常委会机关二级巡视员，市发展和改革委员会主要负责人，市人大常委会副秘书长，市人大各专门委员会、市人大常委会各办事工作机构负责人，市人大常委会机关党委、市纪委监委驻市人大常委会机关纪检监察组负责人列席会议。

第五章

南充市人大常委会主任会议

1993 年至 2000 年，历届市人大常委会通过召开主任会议，处理常委会的重要日常工作。讨论决定人代会、常委会议等重要会议和重大活动有关事项；提出和研究处理相关议案；提出和研究处理有关人事任免事项；决定和组织、实施有关监督事项；听取市人大各专门委员会、常委会办事工作机构重要工作安排和工作情况汇报；研究处理人民群众来信来访反映的重大问题；讨论常委会机关建设有关重大事项等。

第一节　南充市第一届人大常委会主任会议

1994 年至 1998 年，市一届人大常委会主任会议主要听取市人民政府关于转换企业经营机制、工商企业扭亏增盈、乡镇企业发展、群众性体育和学校体育工作、农村初级卫生保健工作、外事侨务工作、南充市城市规划区内开展清理整顿土地隐形市场工作、开展“无假货一条街”试点活动、深化国有企业改制改组工作、重点集镇和城郊开发区建设、大力发展个体私营经济工作、南充市粮食体制改革、全市中小学收费检查、公路建设情况的汇报、市本级城市建设维护费使用和安排、城市管理工作、计划生育工作、环城绿化工作、农机服务体系建设、升钟水库淹没区扶持资金使用等情况汇报。听取市人民政府关于贯彻执行红十字法、食品卫生法、科技进步法、科技成果转化法、四川省农民负担管理条例、四川省家禽家畜防疫检疫条例等法律法规的情况汇报。听取市中级人民法院关于清理整顿执行室工作情况的汇报。研究开展企业法、反不正当竞争法、农业法、教师法、科技进步法、妇女权益保障法、环境保护法、商标法、城市规划法、代表法、水法、残疾人保障法、药品管理法、乡镇企业法、全国人大常委会关于严禁卖淫嫖娼的决定、四川省禁止赌博条例、四川省归侨侨眷企业事业权益保护条例等法律法规执法检查方案。研究对市文化局、市科技局、市工业局、市贸易局、市公安局、市土地管理局、市广播电视局、市建委、市教委、市工商局、市物价局、市医药管理局和市中级人民法院等单位开展评议方案。专题调研天然气价格增长严重冲击南充市化肥企业和农业基础情况、南充市国有资产管理工作、南充市农业“四靠”、南充市农业服务体系、搞好南充市财力、南充市农业产业化、巩固和发展农村小康建设成果等问题，并形成专题调研报告。研究南充市县（市、区）人大常委会主任学习会、法律知识电视大赛、市人大优秀代表和全市人大先进工作者经验交流表彰会、代表专题视察等工作。研究 34 次市一届人大常委会会议召开的议程、日程等事宜。研究 7 次市一届人民代表大会会议召开事宜。

第二节　南充市第二届人大常委会主任会议

1999 年，市二届人大常委会主任会议主要听取市人民政府关于化解农村金融风险工作措施的汇报、贯彻实施行政监察法的情况汇报、市本级 1998 年城市维护建设税、公益事业附加费、市政建设配套费收管用及 1999 年计划安排情况的汇报、宣传贯彻土地管理法的情况汇报、环城绿化的情况汇报、升钟水库淹没区扶贫资金使用情况的汇报、加强建筑工程质量管理工作的情况汇报。听取市人大常委会办公厅关于市人大法制培训中心建设进展情况的汇报。研究《关于南充市城区饮用水水源保护情况的调查报告》专题调研报告。

2000 年，市二届人大常委会主任会议主要听取市人民政府关于“两保”再就业工作情况的汇报、2000 年单位预算安排的情况汇报、贯彻执行动物防疫法的情况汇报、1999 年城建资金收支情况及 2000 年城建资金预算安排情况的汇报、1999 年市级财政决算情况的汇报、办理森林法执法检查意见的情况汇报、贯彻执行招投标法的情况汇报、重点工程建设情况的汇报、西山风景区建设及“两个整治”工作的情况汇报、减轻农民负担工作的情况汇报。研究《关于南充市规划区内部分存量土地、闲置土地情况的调查报告》专题调研报告。

2001 年，市第二届人大常委会主任会议主要听取市人民政府关于督促侦办假药案的情况汇报、市本级 2000 年城市建设资金收管使用及 2001 年计划安排情况、贯彻实施人民防空法的情况汇报、实施“十五”计划中的重大问题调查方案的情况汇报、计划投资项目的情况汇报、公费医疗改革工作的情况汇报、“收支两条线”工作的情况汇报、实施农业产业化发展纲要的情况汇报、退耕还草还林工作的情况汇报、物业管理工作的情况汇报、招商引资工作的情况汇报、审计监督工作的情况汇报、城市居民最低生活保障条例执行情况的汇报、城市管理工作的情况汇报。听取市中级人民法院、市人民检察院关于落实司法错案责任追究制的情况汇报。研究《“筑巢”讲成效、“引凤”促跨越》《关于规范旅游市场，强化旅游行业管理情况调查报告》等专题调研报告。

2002 年，市二届人大常委会主任会议主要听取市人民政府关于农村劳务输出情况的汇报、应对“入世”推进政务公开的情况汇报、城市建设资金使用情况的汇报、土地利用总体规划的实施及土地整治的情况汇报、贯彻执行计划生育条例的情况汇报、贯彻执行民族乡行政工作条例的情况汇报。研究《关于我市纺织服装业应对“入世”加速发展的调查报告》《关于培育壮大农业龙头企业的调查报告》等专题调研报告。

2003 年，市二届人大常委会主任会议主要听取市人民政府关于城市重点基础设施建设和城建资金安排使用的情况汇报、城市管理工作的情况汇报、牧业经济发展的情况汇报、中小学教育结构布局调整的情况汇报、2003 年上半年非税财政收入收支两条线管理情况的汇报。听取市中级人民法院关于行政审判工作的情况汇报。研究《关于嘉陵江南充段水资源保护情况的调查报告》专题调研报告。

第三节　南充市第三届人大常委会主任会议

2004 年，市三届人大常委会主任会议主要听取市人民政府关于城建资金安排使用的情况汇报、规划区内征地安置补偿工作的情况汇报、行政许可法实施准备工作的情况汇报、2003 年非税财政收入执行“收支两条线”管理工作的情况汇报、城市管理综合执法的情况汇报、水法执法检查意见的落实情况汇报、查办经济犯罪案件的情况汇报。听取市人民检察院关于刑事拘留专项监督工作的情况汇报。研究通过市人大常委会主任会议制度。研究《深化农村卫生体制改革，全面提高农民健康水平和生活质量》专题调研报告。

2005 年，市三届人大常委会主任会议主要听取市人民政府关于贯彻开发区管理条例的情况汇报、2004 年非税财政收入执行“收支两条线”管理的情况汇报、贯彻实施妇女发展纲要的情况汇报、进出口商品检验检疫工作的情况汇报、贯彻实施建筑法的情况汇报、贯彻实施工会法的情况汇报。听取市人民政府关于 2005 年度市人大常委会审议意见办理反馈情况的汇报。听取市中级人民法院关于执行工作情况的汇报。研究《关于嘉陵江流域（南充段）水环境现状的调查与建议》专题调研报告。

2006 年，市三届人大常委会主任会议主要听取市人民政府贯彻实施开发区管理条例加快工业集中区建设的情况汇报、2005 年非税财政收入执行“收支两条线”管理工作的情况汇报、南充市 2005 年市级财政预算执行和其他财政收支审计处理结果报告、南充市创建优秀旅游城市的情况汇报、粮食产业化经营的情况汇报、创建国家卫生城市的情况汇报。听取人大信访工作情况汇报。研究通过关于加强和规范市人大代表活动的意见、市人大机关实施监督法工作意见。研究南充市乡村道路建设情况专题调研报告。

2007 年，市三届人大常委会主任会议主要听取市人民政府关于巩固发展创优成果、加强城市管理工作的情况汇报、法律援助工作的情况汇报、2006 年非税财政收入执行“收支两条线”管理工作的情况汇报、全市果业经济发展的情况汇报、失地农民失业保险工作的情况汇报、农村散居少数民族扶贫开发工作的情况汇报、实施蚕桑“百万工程”的情况汇报、扫黑除恶工作的情况汇报。研究《关于当前生猪生产形势的调查报告》《发展现代流通新网络，服务社会主义新农村》等专题调研报告。

第四节　南充市第四届人大常委会主任会议

2008 年，市四届人大常委会主任会议主要听取市人民政府关于 2008 年市本级基本建设专项资金收支预算安排意见的汇报、行政复议法及其实施条例执行情况的报告、集体林权制度改革情况的报告、非物质文化遗产保护工作情况的报告、清理整顿城市规划区内农村违规违法建房工作情况的报告。听取关于修订南充市人大常委会机关制度的说明，通过市人大常委会机关一系列制度。研究《关于完善市政务服务中心建设的调研报告》《关于全市旅游业发展的调查报告》《关于南充市投融资平台体系建设情况的调查报告》《南充农业产业化龙头企业发展壮大面临的困难及对策的调研报告》《关于加快我市工业园区建设的调查报告》等专题调研报告。

2009 年，市四届人大常委会主任会议主要听取市人民政府关于市本级 2009 年基本建设专项资金收支预算安排的情况汇报、2008 年市本级社保基金征收管理使用情况的汇报、2008 年市本级社保基金征收管理使用情况的审计报告、科技成果转化和技术创新情况汇报、职业教育情况汇报、贯彻实施台湾同胞投资保护法的情况汇报、2008 年土地出让收入管理使用情况的审计报告、实施“金土地”工程的情况汇报。研究《南充市城郊蔬菜产业发展面临的困难及对策》《加强文化遗产保护，助推文化事业发展》等专题调研报告。

2010 年，市四届人大常委会主任会议主要听取市人民政府关于专项资金安排使用情况的报告、城区中小学校教育发展和学校布局调整情况的报告、节能减排情况的报告、贯彻执行《南充市人大常委会关于加快嘉陵江（南充段）两岸生态绿化建设的决议》情况的报告、房地产业发展情况的报告、民族宗教工作情况的报告、南充市2009年度财政决算情况的报告、南充市2009年度市级财政预算执行和其他财政收支情况的审计工作报告、2009年市本级国有资产经营收支管理审计情况的报告、2009年市本级医保资金收支管理审计情况的报告、依法行政情况的报告、项目推动战略实施情况的报告。研究市人大常委会组成人员关于《市政府关于南充市第七次城市总体规划修编情况的报告》的审议意见。听取市人大内司委、财经委、城环资委关于市人大常委会组成人员审议意见跟踪督办情况的报告。研究《市本级财政性国有资产经营管理情况调研报告》《关于全市教育管理体制机制建设问题的调研报告》《关于嘉陵江流域南充段旅游开发的对策与建议》等专题调研报告。

2011年，市四届人大常委会主任会议主要听取市人民政府关于2010年市级基金和基本建设预算执行情况及2011年市级基金和基本建设预算安排意见的报告、农业五大特色产业基地建设情况的报告、科技创新工作情况的报告、建筑节能工作情况的报告、南充市2010年度财政决算及2011年1月至6月财政预算执行情况的报告、南充市2010年市级财政预算执行和其他财政收支的审计工作报告、市本级住房资金管理审计情况的报告、行政监察法实施情况的报告、南充市2011年市级财政预算调整方案（草案）的报告。听取市中级人民法院关于审判管理工作情况的报告。听取市人大农委关于市人民政府研究处理城郊蔬菜基地建设工作审议意见的督查报告。听取市人大教科文卫委关于市人民政府研究处理医药卫生体制改革工作审议意见的督查报告、市人民政府研究处理城乡文化建设工作审议意见的督查报告。研究通过《南充市人大常委会新闻发布会和新闻发言人制度（试行）》。研究《关于南充市学前教育发展情况的调研报告》。

第五节　南充市第五届人大常委会主任会议

2012年，市五届人大常委会主任会议主要听取市人民政府关于2011年市级土地基金及基本建设预算执行情况和2012年市级土地基金及基本建设预算安排意见的报告、南充化学工业园区建设情况的报告、2012年上半年全市经济发展情况的报告、城市教育发展情况的报告、嘉陵江流域（南充段）旅游开发情况的报告、南充市2011年度财政决算草案及2012年1月至6月财政预算执行情况的报告、南充市2011年度市级财政预算执行和其他财政收支的审计工作报告、基层农技推广服务体系建设情况的报告和关于城区存量土地整治情况的报告、扶贫开发工作情况的报告、人民防空工作情况的报告、市级非税收入情况的报告、南充市2012年市级财政预算调整方案（草案）的报告。听取市中级人民法院关于民事审判工作情况的报告。听取市人民检察院关于民事行政检察工作情况的报告。听取市人大常委会办公室关于规范性文件备案审查工作情况的报告。听取市人大内司委关于市人民政府研究处理社会治安管理创新工作情况报告、市检察院研究处理预防职务犯罪工作情况报告审议意见的督办报告。听取市人大财经委关于市人民政府研究处理安全生产工作情况报告的审议意见的督办报告。听取市人大农委关于市人民政府研究处理水利工程建设情况报告的审议意见的督办报告。听取市人大教科文卫委关于市人民政府研究处理全市文化产业发展情况报告、食品安全法执法检查报告的审议意见的督办报告。听取市人大城环资委关于市人民政府研究处理全市保障性住房建设工作情况报告、城市重点工程建设情况报告的审议意见的督办报告。研究市人大常委会组成人员关于社会治安管理创新工作情况、城市重点工程建设情况、水利工程建设情况、文化产业发展情况、“六五”普法启动情况、战略性新兴产业培育情况、全民医保推进工作情况、现代农业示范园区建设情况、社会保险法执法检查情况报告、城乡环境综合治理条例执法检查情况报告的审议意见，决定交市人民政府研究处理。研究《关于打造西河生态旅游景观长廊的调查与建议》《关于南充市城市教育发展情况的调研报告》《关于全市产业园区建设情况的调研报告》《关于我市农业特色产业基地建设情况的调查报告》等专题调研报告。研究通过《南充市人大常委会主任会议议事规则》、“一府两院”负责人参加市人大有关会议活动规定。研究市五届人大各专委会联系单位。

2013 年，市五届人大常委会主任会议主要听取市人民政府关于 2012 年基本建设预算执行情况及市本级 2013 年基本建设专项资金收支预算安排情况的报告、升钟水库管理运行情况的报告、全市一季度经济运行情况的报告、2013 年南充市市级土地基金及基本建设预算有关情况的报告、法律援助工作情况的报告、市辖三区城区基础教育规划实施情况的报告、耕地和基本农田保护工作情况的报告、嘉陵江流域（南充段）旅游开发规划修编工作情况的报告、贯彻实施精神卫生法情况的报告、南充市 2012 年度财政决算及 2013 年 1—6 月财政预算执行情况的报告、南充市 2012 年度市级财政预算执行和其他财政收支情况的审计工作报告、移民后扶工作情况的报告、政府采购工作情况的报告、关于贯彻实施专利法情况的报告、南充市 2013 年市级财政预算调整方案（草案）的报告。听取市人民检察院关于刑事诉讼法律监督工作情况的报告。听取市人大常委会办公室关于规范性文件备案审查工作情况的报告。听取市人大内司委关于“六五”普法启动工作的审议意见督办情况的报告。听取市人大财经委关于战略性新兴产业培育情况、社会保险法执法检查报告、全民医保推进工作的审议意见督办情况的报告。听取市人大农委关于现代农业示范园区建设情况的审议意见督办情况的报告。听取市人大城环资委关于省城乡环境综合治理条例执法检查报告的审议意见督办情况的报告。研究交由市人民政府研究处理关于城乡居民最低生活保障工作情况报告、化学工业园区建设及产业培育情况报告、农业机械化促进法执法检查情况报告、千万头生猪产业工程建设情况报告、民办教育促进法贯彻实施情况报告的审议意见。研究《关于城市小区物业管理工作情况的调研报告》《关于我市投资理财公司运行情况的调研报告》等专题调研报告。

2014 年，市五届人大常委会主任会议主要听取市人民政府关于市级土地基金及基本建设 2013 年预算执行情况及 2014 年预算安排意见的报告、禁毒工作情况的报告、2014 年上半年全市工业经济运行情况的报告、加强行政监察推进廉政建设情况的报告、保障性安居工程工作情况的报告、清泉坝片区开发建设及相关重点城建项目情况的报告、农村土地流转情况的报告、市辖三区城区基础教育规划实施情况的报告、“引嘉入西”水环境综合整治工程调整方案情况的报告、清理低效闲置土地工作情况的报告、金城山和嘉陵江第一曲流旅游开发情况的报告、南充市 2014 年市级财政预算调整方案（草案）的报告、市文化馆未完工程处置情况的报告、国有资本运营情况的报告、农村基础教育工作情况的报告、2014 年市级土地基金及基本建设预算调整方案的报告。听取市人大常委会办公室关于规范性文件备案审查工作情况的报告。听取市人大内司委关于城乡居民最低生活保障工作情况的审议意见督办情况的报告、市中级人民法院研究处理民事审判工作审议意见的督办报告。听取市人大财经委关于南充化学工业园区建设及产业培育情况的审议意见督办情况的报告。听取市人大农委关于农业机械化执法检查报告的审议意见督办情况的报告。听取市人大教科文卫委关于民办教育促进法实施情况、科技创新工作情况的审议意见督办情况的报告。研究交由市人民政府研究处理的关于科技创新工作情况报告、扶贫开发工作情况报告、检查传染病防治法贯彻实施情况报告、南充生态市建设规划实施情况报告、政府性债务情况报告、大气污染防治工作情况报告、《打造西河生态景观长廊的决议》落实情况报告、《中华人民共和国农产品质量安全法》执法检查情况报告的审议意见。研究交由市中级人民法院研究处理的关于民事审判工作情况报告的审议意见。研究交由市人民检察院研究处理的关于民事行政检察工作情况报告的审议意见。听取市人大常委会机关开展“五个专项整治”工作情况汇报。研究《关于全市药品安全监督工作的调研报告》《关于全市工业集中区运行情况的调研报告》等专题调研报告。研究市人大常委会大气污染防治工作情况专题询问实施方案、乡镇和街道建立“代表之家”等工作。研究通过市人大常委会机关财务管理办法、公务接待管理办法、会议费管理办法、车辆管理办法等制度。

2015 年，市五届人大常委会主任会议主要听取市人民政府关于打击经济犯罪工作情况的报告、物业管理工作情况的报告、推进依法治市和建设法治南充工作情况的报告、市级土地基金及基本建设 2014 年预算执行情况和 2015 年预算安排意见的报告、全市专业蔬菜基地建设情况的报告、南充市 2014 年度财政决算及 2015 年 1 月至 6 月财政预算执行情况的报告、2014 年度财政预算执行和其他财政收支的审计工作报告、政务服务工作情况的报告、“十三五”规划编制工作情况的报告、嘉陵江流域（南充段）绿色生态走廊建设总体规划及执行情况的报告、市辖 3 区城区基础教育规划实施情况的报告。听取市中级人民法院、市人民检察院关于推进依法治市和建设法治南充工作情况的报告。听取市人大常委会办公室关于规范性文件备案审查工作情况的报告。听取市人大内司委关于民事行政检察工作情况报告审议意见督办情况的报告。听取市人大财经委关于南充市人民政府性债务情况报告的审议意见督办情况的报告。听取市人大农委关于扶贫开发工作情况报告审议意见督办情况的报告、关于农产品质量安全法执法检查报告审议意见督办情况的报告。听取市人大教科文卫委关于传染病防治法执法检查报告审议意见督办情况的报告。听取市人大城环资委关于南充生态市建设规划实施情况的审议意见督办情况的报告、大气污染防治工作情况报告审议意见督办情况的报告。听取市人大民宗外侨委关于打造西河生态景观长廊决议落实情况报告的审议意见督办情况的报告。研究交由市人民政府研究处理的关于深化行政审批制度改革情况报告、医疗卫生服务体系建设情况报告、《中华人民共和国动物防疫法》执法检查情况报告、农村产权制度改革情况报告、环境状况和环境保护目标任务完成情况报告、城市管理工作情况报告、旅游法执法检查情况报告的审议意见。研究交由市中级人民法院研究处理的关于民事执行工作情况报告的审议意见。研究《关于政府投资非经营性项目代建工作情况的调研报告》。研究关于城市管理工作情况专题询问实施方案和市人大常委会机关制度立改废计划等工作。

2016 年，市五届人大常委会主任会议主要听取市人民政府关于国家公共文化服务体系示范区创建工作情况的报告、2015 年土地基金及基本建设项目预算执行情况的报告、市级基本建设专项资金安排情况的报告、全市社团组织登记管理工作情况的报告、政务服务工作意见建议办理情况的报告、关于精准脱贫工作情况的报告、南充市 2015 年财政决算草案及 2016 年上半年财政预算执行情况的报告、2015 年财政预算执行和其他财政收支的审计工作报告、城市基础教育发展情况的报告、南充市 2016 年市级财政预算调整方案（草案）的报告。听取市人大常委会法工委关于规范性文件备案审查工作情况的报告。听取市人大内司委关于民事执行工作报告审议意见督办情况的报告。听取市人大农委关于动物防疫法执法检查报告审议意见督办情况的报告。听取市人大教科文卫委关于医疗服务体系建设情况报告的审议意见督办情况的报告。听取市人大城环资委关于城市管理工作情况报告审议意见督办情况的报告。听取市人大民宗外侨委关于旅游法执法检查报告审议意见督办情况的报告。听取《南充市城市园林绿化条例（草案）》的修改情况和主要问题的说明。研究《关于赴浙江大学学习农产品质量安全法暨现代农业情况的报告》《关于推进全市农业龙头企业发展情况的调研报告》《培育丝纺服装千亿产业集群调研报告》等专题调研报告。研究指导县乡人大换届选举工作方案、市人大及其常务委员会举行宪法宣誓仪式组织方案等工作。

第六节　南充市第六届人大常委会主任会议

2017 年，市六届人大常委会主任会议主要听取市人民政府关于 2017 年市级基本建设项目资金计划安排情况的报告、国有资本经营管理情况的报告、医疗卫生项目建设情况的报告、法律援助工作情况的报告、市辖城区城市公交发展情况的报告、主城区旅游规划建设情况的报告、实施“155 发展战略”城市建设板块重大建设项目实施情况的报告、科技创新平台建设情况的报告、民族宗教工作情况的报告、供销合作社综合改革情况的报告、中央环保督查工作情况的报告、深入推进城市执法体制改革改进城市管理工作情况的报告、现代农业千亿产业集群建设情况的报告。听取市中级人民法院司法体制改革工作推进情况的报告、2016 年行政案件司法审查情况的报告。听取市人民检察院关于公益诉讼工作情况的报告。听取市人大常委会各专项视察组关于“项目攻坚”专项视察情况的汇报。听取市人大常委会法工委关于南充市嘉陵江生态环境保护条例、南充市城市道路车辆通行条例起草工作情况的报告、规范性文件备案审查工作情况的报告。听取市人大内司委关于自侦案件工作审议意见研究处理情况督办的报告。听取市人大教科文卫委关于食品安全法执法检查报告审议意见研究处理情况督办的报告。研究交由市人民政府研究处理的关于城市道路交通管理工作情况报告、四川省农村扶贫开发条例执法检查情况报告、农村产权制度改革情况报告、市辖 3 区基础教育发展情况报告的审议意见。听取《南充市城镇环境卫生管理条例（草案）》修改情况及主要问题的说明。研究《南充市城镇环境卫生管理条例（草案三审稿）》。研究《打通嘉陵江黄金水道，服务“成渝第二城”建设》专题调研报告。研究对市辖 3 区城区基础教育发展情况专题询问方案和市人大常委会基层立法联系点、立法咨询专家库成员名单等工作。

2018 年，市六届人大常委会主任会议主要听取市人民政府关于 2018 年市级项目资金计划情况的报告、医疗基础设施建设情况的报告、科技成果转化工作情况的报告、旅游扶贫工作情况的报告、社会治安管理工作情况的报告、中省环保督查反馈问题整改落实情况的报告、食品药品安全监管工作情况的报告。研究市人大常委会 2018 年、2019 年立法工作计划。听取市人大常委会人事代表工委关于代表履职绩效评价工作情况的报告。听取市人大内司委关于城市道路交通管理工作情况报告审议意见研究处理情况的督办报告。听取市人大财经委关于工业园区重大项目推进情况报告审议意见研究处理情况的督办报告。听取市人大农委关于《四川省农村扶贫开发条例》执法检查情况报告的审议意见研究处理情况的督办报告、农村产权制度改革工作情况报告审议意见研究处理情况的督办报告。听取市人大教科文卫委关于市辖 3 区城区基础教育发展情况报告审议意见研究处理情况的督办报告。听取市人大民宗外侨委关于嘉陵江旅游专项规划情况报告审议意见研究处理情况的督办报告。研究决定交由市人民政府研究处理的关于工业园区重大项目推进情况报告、嘉陵江（南充段）旅游专项规划情况报告、城市公交发展情况报告、执法检查《中华人民共和国水土保持法》实施情况报告、市辖3区旅游环线开发建设情况报告、嘉陵江及支流水环境保护工作情况报告的审议意见。研究决定交由市中级人民法院研究处理的关于执行工作情况报告的审议意见。研究决定交由市人民检察院研究处理的关于公益诉讼工作情况报告的审议意见。研究《关于古城立法保护及开发利用的学习考察报告》《全市工业园区发展情况调研报告》等专题调研报告。研究《中共南充市委关于落实健全人大讨论决定重大事项制度、各级政府重大决策出台前向本级人大报告的实施意见（代拟稿）》。研究市人大常委会关于嘉陵江及支流水环境保护工作专题询问方案、市人大常委会机关关于深入开展"四讲四有"人大常委会机关建设的实施方案、确定市人大常委会任命人员2018年度述职测评对象的报告、确定审计整改情况报告满意度测评单位的报告、表彰2017年度优秀市人大代表的通报等工作。

2019年，市六届人大常委会主任会议主要听取市人民政府关于2019年度市级项目资金计划情况的报告、农产品质量安全工作情况的报告、民间传统文化传承与保护工作情况的报告、不动产交易登记工作情况的报告、对外开放工作情况的报告、工业发展资金管理使用情况的报告、全市脱贫攻坚工作情况的报告、南充市地方志工作情况的报告、康养产业发展情况的报告、宗教事务条例贯彻落实情况的报告。听取市人大监察和司法委关于法院执行工作情况报告审议意见研究处理情况的督办报告、公益诉讼工作情况报告审议意见研究处理情况的督办报告。听取市人大农委关于嘉陵江及支流水环境保护工作报告审议意见研究处理情况的督办报告、水土保持法执法检查情况报告审议意见研究处理情况的督办报告。听取市人大教科文卫委关于市辖三区旅游环线开发建设情况报告审议意见研究处理情况的督办报告。听取市人大城环资委关于城市公交发展情况报告审议意见研究处理情况的督办报告、检查《中华人民共和国水污染防治法》实施情况报告审议研究处理情况的督办报告。研究决定交由市人民政府研究处理的关于检查《中华人民共和国水污染防治法》实施情况报告、保税物流中心建设情况报告、检查《中华人民共和国水法》实施情况报告、扫黑除恶工作情况报告、市人民政府关于乡村产业振兴推进情况报告、检查《南充市城镇环境卫生管理条例》实施情况报告的审议意见。研究《关于加快推进保税物流中心（B型）建设的调研报告》《关于全市砂石资源经营管理体制改革工作的调研报告》《关于全市违法建设治理的调研报告》《医保基金征收管理使用运行情况调研报告》《南充市生猪产业发展现状与对策》《关于促进民营经济健康发展相关政策落实情况的调研报告》等专题调研报告。研究市人大常委会2020年立法计划、医保基金征收管理使用运行情况专题询问方案、市人大代表专业组组成人员名册、2019年度市人大代表履职评价积分细则、进一步做好市人大代表专业组活动的意见、市人大代表学习培训工作的意见、确定市人大常委会任命人员2019年度述职测评对象的报告、市人大成立以来突出贡献代表和2018年履职优秀市人大代表名单等工作。

2020年，市六届人大常委会主任会议主要听取市人民政府关于2020年市级项目资金计划安排情况的报告、关于全市重点交通项目建设实施情况的报告、关于外事（港澳）工作情况的报告、关于城市总体规划（2010—2020年）实施情况的报告、关于《南充市人大常委会关于打造西河生态景观长廊的决议》实施情况的报告。听取市中级人民法院关于深入推进扫黑除恶专项斗争切实维护社会大局稳定有关情况的报告。研究决定交由市人民政府研究处理的关于贯彻落实全市教育大会精神暨市辖三区城区基础教育发展情况报告、关于医保基金征收管理使用情况报告、关于全市公安机关司法行政机关履行职能营造法治化营商环境工作情况报告、关于检查《中华人民共和国传染病防治法》实施情况报告、关于《南充市物业管理条例》实施情况报告、关于创建中国蚕桑丝绸文化旅游名城工作推进情况报告、关于退役军人就业安置工作情况报告、关于《南充市城市道路车辆通行管理条例》实施情况的审议意见。研究决定交由市中级人民法院研究处理的关于全市法院履行职能营造法治化营商环境工作情况报告的审议意见。研究决定交市人民检察院研究处理的关于履行职能营造法治化营商环境工作情况报告的审议意见。听取市人大法制委员会关于市人大常委会检查《南充市城镇环境卫生管理条例》实施情况报告审议意见研究处理情况的督办报告。听取市人大监察和司法委员会关于扫黑除恶专项斗争工作情况报告审议意见研究处理情况的督办报告。听取市人大农业与农村委员会关于《中华人民共和国水法》执法检查情况报告审议意见研究处理情况的督办报告、关于乡村产业振兴推进情况报告审议意见研究处理情况的督办报告。听取市人大教育科学文化卫生委员会关于贯彻全市教育大会精神暨市辖三区城区基础教育发展情况报告审议意见研究处理情况的督办报告。听取市人大民族宗教外事侨务委员会关于保税物流中心建设情况报告审议意见研究处理情况的督办报告。听取市人大社会建设委员会关于未成年人保护和预防未成年人犯罪情况专项视察意见研究处理情况的督办报告、关于医保基金征收管理使用情况报告审议意见研究处理情况的督办报告、关于全市养老服务体系建设情况视察意见。听取市人大常委会人事代表工作委员会关于2019年度市人大代表履职评价情况的报告。研究《关于南充设立省级新区的调查与思考》《统筹推进“两手抓”全力确保“双胜利”》《关于融入“双城圈”打造“次级核”的调查与思考》《关于市辖城区道路交通管理工作情况的调研报告》《关于全市人才工作情况的调研报告》《关于全市夜间经济发展情况的调研报告》等专题调研报告。研究南充市2019年履职优秀市人大代表建议名单、关于人大代表走访企业群众专项工作实施方案、关于《南充市城市道路车辆通行管理条例》实施情况专题询问方案、关于开展进一步改进地方人大工作和加强自身建设专题调研的方案、关于开展《中华人民共和国传染病防治法》执法检查的方案等工作。

第六章

立法工作

2015 年 3 月，全国人大依法赋予设区的市地方立法权。12 月，省人大常委会依法赋予南充等 13 个设区的市地方立法权。2016 年 3 月，市五届人大六次会议表决通过《南充市人民代表大会及其常务委员会立法条例》（以下简称《条例》）。《条例》出台后，市人大常委会相继制定南充基层立法联系点、立法论证、专家咨询、立法计划编制、立法听证等工作制度，聘任川渝两地 25 名法学专家、知名律师和法务工作者为南充地方立法专家咨询库成员，并与西华师范大学联合成立地方立法研究中心。11 月，省人大常委会批准南充市首部实体地方性法规《南充市城市园林绿化条例》。至 2020 年，南充相继制定实施 4 部实体地方性法规。在推进地方立法过程中，市人大常委会所颁布实施的每部法律都具有较强的地方特色，南充地方立法实践经验被省人大常委会以通报形式转发全省各市（州）参考借鉴。

第一节　地方立法准备

2015 年 3 月，十二届全国人大三次会议通过《全国人民代表大会关于修改〈中华人民共和国立法法〉的决定》，依法赋予设区的市地方立法权，规定设区的市人大及其常委会根据本市具体情况和实际需要，在不同上位法抵触前提下，对城乡建设与管理、环境保护，历史文化保护等方面的事项制定地方性法规。

2015 年 4 月，市人大常委会组织相关人员到成都、甘孜、阿坝、凉山等市州人大常委会考察其立法机构设置、专业人员配备、工作机制建设、立法运作程序等方面的做法和经验。6 月，市人大常委会向市委提交《关于设立南充市人民代表大会法制委员会的请示》，市人大常委会办公室向市委机构编制委员会提交《关于成立南充人民代表大会常务委员会法制工作委员会的报告》。是月，市人大常委会组织市人大代表及市人大常委会组成人员、市人大常委会机关有关人员、市人民政府有关部门负责人参加全国和省人大常委会组织开展的地方立法业务知识培训，并派员参加省人大常委会开展的立法实践活动。7 月至 9 月，市人大常委会组织市政府法制办、市住建局、市城管局、市环保局、市文广新局等部门对涉及城乡建设与管理、环境保护、历史文化保护等方面的立法需求进行深入调研，对 2009 年后市人大及其常委会、市政府及其办公室作出的涉及城乡建设与管理、环境保护、历史文化保护等方面规范性文件进行全面清理，对市人大常委会 5 年来开展涉及城乡建设与管理、环境保护、历史文化保护等方面的监督工作情况进行认真梳理，初步拟定 5 年立法规划（草案）和 2016 年立法计划（草案）。10 月，市人大常委会成立以市人大常委会主任袁险峰为组长，市人大常委会副主任李在伟、熊建春为副组长，市人大各专门委员会、常委会各工作办事机构主要负责人为成员的地方立法筹备工作领导小组，并随即启动地方立法条例草案起草工作。同时，对全市立法人才储备情况进行摸底，建立地方立法人才储备库。是月，西华师范大学挂牌成立地方立法研究中心，为南充地方立法提供专业咨询和智力支持。11 月，市委批复同意依法设立市人大法制委员会。市人大常委会根据省人大常委会办公厅《关于我省设区的市和州申请第一批确定行使地方立法权有关事项的通知》要求，向省人大常委会报送《关于申请确定南充市行使地方立法权的申报资料》。12 月 3 日，省十二届人大常委会十九次会议表决通过《四川省人民代表大会常务委员会关于确定自贡、攀枝花、泸州、德阳、绵阳、遂宁、南充、宜宾、广安、达州、巴中、雅安、眉山市开始行使地方立法的决定》，南充成为全省首批获得地方立法权的市。是月，市委机构编制委员会同意成立南充市人大常委会法制工作委员会，为市人大常委会正县级综合办事机构，核定主任1名、副主任1名，内设法规科，并将原设置于市人大常委会办公室的规范性文件备案审查科划归市人大常委会法制工作委员会。

2016年2月，市五届人大常委会第三十二次会表决通过《关于设立南充市人大常委会法制工作委员会的决定》，会议任命宋先佐为市人大常委会法制工作委员会主任。3月，市五届人民代表大会六次会议表决通过《关于设立南充市第五届人民代表大会法制委员会的决定》和法制委员会主任委员、副主任委员、委员名单，市人大常委会副主任李在伟兼任市人大法制委员会主任委员，宋先佐（兼）、李东旭任市人大法制委员会副主任委员。

第二节 立法制度的建立

2016年8月后，市人大常委会主任会议先后通过《南充人民代表常务委员会基层立法联系点工作办法》《南充市人民代表大会常务委员会立法论证工作办法》《南充人民代表大会常务委员会立法咨询专家库管理办法》《南充人民代表大会常务委员会立法计划编制工作办法》《南充人民代表大会常务委员会立法听证规则》。市人大常委会聘任川渝两地25名法学专家、知名律师和法务工作者为南充地方立法专家咨询库成员。至2020年，市人大常委会依法举行听证会，召开专题论证会，对地方性法规草案提出修改意见，确保地方立法质量。

一、基层立法联系点制度

2016年8月24日，市五届人大常委会第九十九次主任会议通过《南充人民代表常务委员会基层立法联系点工作办法》，决定在县（市、区）机关、乡镇（街道）、村（居）民委员会以及高等院校、企事业单位、律师事务所、行业协会设立基层立法联系点，负责向市人大常委会法工委提出立法项目建议；对省、市地方性法规草案和全国人大常委会下发征求意见的法律草案提出修改意见和建议；协助市人大常委会法工委到所在地进行立法考察、调研、评估和理论研究等事宜；接受邀请，参加市人大常委会组织的立法听证会、论证会等重要立法活动，提出意见和建议；加强立法宣传，引导社会舆论，为法规有效实施做好基础性工作。2018年4月19日，市六届人大常委会第十六次主任会议确定顺庆区舞凤街道办事处、顺庆区舞凤街道办事处环都路居委会、顺庆区新建街道办事处镇泰路居委会、高坪区白塔街道办事处江村街居委会、高坪区小龙街道办事处、嘉陵区吉安镇政府、阆中市保宁街道办事处、南部县升钟镇政府、南部县滨江街道办事处、西充县凤鸣镇双龙桥村委会、仪陇县金城镇政府、仪陇县新政镇政府、营山县绥安街道办事处、蓬安县罗家镇政府等14个单位为市六届人大常委会基层立法联系点。至2020年，各基层立法联系点累计提出立法项目建议17条，对地方性法规草案提出修改意见近120条，参加立法论证、听证活动80余人次，积极主动地投入到地方性法规宣传贯彻工作，为确保地方性法规的精准性和执行力发挥重要作用。

二、地方立法论证制度

2016 年 10 月 13 日，市五届人大常委会第一百〇二次主任会议通过《南充市人民代表大会常务委员会立法论证工作办法》，决定根据立法活动阶段性特点，对地方性法规草案开展立项论证、起草论证和审议论证，明确论证会参加人员为：论证会举办单位负责人；相关领域的专家、学者等专业人士；相关领域的实务工作者；市人大有关专门委员会、常委会有关办事工作机构负责人和人大代表；市政府法制工作部门、市政府有关部门负责人。

三、地方立法专家咨询制度

2017 年 6 月 20 日，市六届人大常委会第八次主任会议通过《南充人民代表大会常务委员会立法咨询专家库管理办法》，决定在法律、政治、经济、社会、文化、科技等领域教学、科研人员和实务工作者中，选聘熟悉城乡建设与管理、环境保护、历史文化保护等方面法律法规及相关专业知识的人士组成地方立法专家咨询库，为立法规划和计划的制定、重要法规草案的起草和修改、立法过程中重点难点问题的听证论证、立法效果评估、规范性文件备案审查等工作提供咨询意见。2018 年 4 月 19 日，市六届人大常委会第十六次主任会议决定选聘市律协副会长、四川三合律师事务所主任马波，四川惠博律师事务所首席合伙人、主任王敏，市政法纪工委副书记、市委政法委执法监督室主任王誉峰，教育部长江学者特聘教授、四川大学法学院院长左卫民，西华师范大学法学院教授刘永红，市公安局法制支队支队长杜平，西华师范大学文学院教授杨小平，西华师范大学环境科学与工程学院副教授肖娟，川北医学院管理学院副院长、副教授何文强，西南政法大学行政法学院教授、教研室主任陆伟明，西华师范大学法学院副教授罗荀新，市中级人民法院审判委员会委员、庭长罗勤阳，高坪区委常委、政法委书记周成，西充县司法局副主任科员周峥嵘，四川松合律师事务所主任赵青松，西华师范大学文化遗产研究院院长饶建华，西华师范大学地理系教授徐邓耀，西南政法大学行政法学院副教授唐尧，西南政法大学法学院副教授康良辉，西南政法大学行政法学院教授喻少如，四川大学法学院副院长、教授谢维雁，西南政法大学行政法学院教授曾哲，市人民检察院专委、四级高级检察官雍丽华，四川助民律师事务所主任廖丹，西南政法大学行政法学院院长、教授谭宗泽等 25 名专家学者为南充地方立法专家咨询库首批成员。至 2020 年，累计召开专题论证会 13 次，对地方性法规草案提出修改意见达 200 多条，为保证地方立法质量发挥重要作用。

四、地方立法计划编制制度

2017 年 6 月 20 日，市六届人大常委会第八次主任会议通过《南充人民代表大会常务委员会立法计划编制工作办法》（以下简称《办法》），《办法》明确要遵循关系改革发展稳定重大决策项目优先、关系人民群众切身利益项目优先、地方迫切需要且条件成熟项目优先的原则做好立法计划编制工作，并对立法计划编制时限、主要内容、审定批准和变更程序作出明确规定。

五、地方立法听证制度

2017 年 7 月 31 日，市六届人大常委会第十次主任会议通过《南充人民代表大会常务委员会立法听证规则》，明确规定，在制定地方性法规过程中，有新设行政许可、行政处罚、行政强制和其他涉及行政管理部门与行政相对人之间重大利害关系的情形；对制定、修改或者废止地方性法规的必要性、可行性有较大争议的情形；对地方性法规草案的有关内容存在重大意见分歧的情形，市人大有关专门委员会、市人大常委会法工委、市政府有关部门应当依法举行听证。此规则对听取证的举行、流程、公示程序和结果运用作出明确规定。

第三节　地方性法规

2015 年 10 月，市人大常委会启动《南充市人民代表大会及其常务委员会立法条例》起草工作。2016 年 6 月，《南充市人民代表大会及其常务委员会立法条例》正式公布实施。至 2020 年，《南充市城市园林绿化条例》《南充市城镇环境卫生管理条例》《南充市城市道路车辆通行管理条例》《南充市物业管理条例》《南充市城市景观风貌保护条例》相继公布实施。其间，2017 年市人大常委会起草的《南充市嘉陵江流域生态环境保护条例（草案）》引起省人大常委会高度重视，决定将其纳入省级层面立法，未能颁布实施。

一、《南充市人民代表大会及其常务委员会立法条例》

2015 年 10 月，市人大常委会成立《南充市人民代表大会及其常务委员会立法条例（草案）》起草小组。至 2016 年 1 月，条例起草小组参照《中华人民共和国立法法》《四川省人民代表大会及其常务委员会立法条例》，借鉴成都、重庆等经验，结合南充实际，起草《南充市人民代表大会及其常务委员会立法条例（草案）》，《条例（草案）》形成后，广泛征求各方意见，历经反复修改，于 2016 年 1 月 13 日提交市五届人大常委会第九十次主任会议讨论，会后再次征求省人大常委会法工委意见建议，形成《条例（草案）》审议稿。2016 年 1 月 15 日，市五届人大常委会第三十一次会议对《南充市人民代表大会及其常务委员会立法条例（草案）》进行第一次审议。根据常委会组成人员审议意见，条例起草小组对《条例（草案）》进行修改完善，将其刊载在南充人大网面向社会公开征求意见。2 月至 3 月，市人大常委会多次召开会议归纳整理反馈意见，在充分吸纳各方意见建议的基础上，形成《条例（草案二审稿）》。3 月 8 日，市五届人大常委会第三十三次会议审议《南充市人民代表大会及其常务委员会立法条例（草案二审稿）》，同意将修改完善后的《条例（草案）》提交市人民代表大会会议表决。3 月 23 日，市五届人民代表大会六次会议表决通过《南充市人民代表大会及其常务委员会立法条例（草案）》。6 月 1 日，省十二届人大常委会第二十五次会议全票批准《南充市人民代表大会及其常务委员会立法条例》，条例于 2016 年 6 月 8 日公布实施。

《南充市人民代表大会及其常务委员会立法条例》共 5 章 60 条，主要内容包括：明确制定地方性法规的主体是市人民代表大会及其常务委员会；明确制定地方性法规则应遵循依法立法、科学立法、民主立法的基本原则，确保法规具有针对性和可执行性；明确地方立法权限是涉及城乡建设与管理、环境保护和历史文化保护等方面的事项；明确地方立法规划、立法计划的编制规范和变更程序；明确地方性法规的起草责任以及法规草案的前期论证、意见征集、举行听证等具体规程；明确法规案的提出、审议、表决、报批、公布五大环节的操作规程；对市政府规章的备案审查作出规定。

二、《南充市城市园林绿化条例》

2016年4月，市人大常委会召开立法工作会议，确定2016年起草审议《南充市城市园林绿化条例（草案）》（以下简称《条例（草案）》），成立以市人大常委会副主任李在伟为组长的法规草案起草小组，起草工作由市人大常委会法工委具体负责。法规起草小组随即启动立法前期调研，在广泛征求社会各界意见、充分借鉴外地实践经验的基础上，同步推进《条例（草案）》起草工作。5月，市人大常委会副主任李在伟主持条例起草工作推进会，听取《条例（草案）》前期调研及起草工作情况，对《条例（草案）》的重点内容进行讨论，明确提出要坚持问题导向，贴合南充实际，重点解决城市园林建设和绿化管理方面存在的显性短板和长远机制问题，切实保障条例的可行性、科学性和可操作性。历经反复讨论修改，6月中旬形成《条例（草案一审稿）》。28日，市五届人大常委会第三十五次会议听取审议市人大城环资委《关于提请审议南充市城市园林绿化条例的议案》和《条例（草案）》的起草说明。会议认为，南充市城市绿量不足、体量不大、品位不高，特别是旧城区改造过程中绿地严重损失；城市建设缺少绿化专项规划，绿化管控缺失，规划绿地随意变更，绿化建设得不到保障；随意侵占绿地和擅自改变绿地性质的现象时有发生，行政处罚缺乏具体依据和标准，或依据和标准明显不符合城市发展实际。常委会组成人员一致同意尽快出台城市园林绿化地方性法规，推动城市园林绿化事业健康发展，不断改善城市人居环境。市人大常委会组成人员在审议中对《条例（草案一审稿）》提出20多条修改意见。7月，市人大常委会法工委多次组织市级相关部门、行业专家学者、人大代表、政协委员和公民代表对《条例（草案）》进行专题讨论，结合一审期间修改建议，形成《条例（草案）》征求意见稿。市人大常委会办公室将《条例（草案）》征求意见稿刊载于南充市人大网，面向社会公开征求意见。8月2日至5日，市人大常委会法工委与市住建局、市园林管理处负责人深入仪陇县、南部县、阆中市对《南充市城市园林绿化条例（草案）》进行论证调研。调研组实地查看3个县（市）城区内和中心建制镇城市公园、公共绿地、新旧小区和街道等现场，了解和掌握城区内现有绿地的实际情况和绿地管理过程中存在的问题，并分别召集3个县（市）政府法制、规划、建设、城管、园林等部门负责人召开座谈会，对《条例（草案）》提出修改意见和建议。8月15日，市住建局、市园林管理处举行《条例（草案）》立法听证会，市人大代表、市政协委员、律师代表、法律专家以及来自市辖三区政府机关工作人员、市民代表，对《条例（草案）》条款提出30条修改意见。8月16日和19日，市人大常委会副主任李在伟两次主持召开《南充市城市园林绿化条例》立法工作座谈会，分析各方意见建议，围绕《条例（草案）》中责任主体、绿化指标、审批程序、法律责任等重点内容进行深入研讨，并据此修改完善《条例（草案二审稿）》。8月30日至31日，市五届人大常委会第三十六次会议听取审议市人大法制委关于《南充市城市园林绿化条例（草案二审稿）》修改情况和主要问题说明。会议对城市绿地养护管理责任、移植和砍伐树木审批、城市自然山体林地保护、居住区附属绿地工程监管、城市绿地系统规划编制、城区公共绿地和游园控制指标、城市绿地界定等8个方面14个具体条款进行修改。9月，市人大常委会法工委委托西南政法大学、西华师范大学专家对《条例（草案）》中专业性、技术性较强内容进行论证，同步征求省人大常委会法工委意见，并报市委常委会，市委常委会研究讨论后原则同意。10月11日，市人大法制委员会召开第五次全体会议，对《条例（草案）》进行审议，在综合吸纳各方意见基础上，形成《南充市城市园林绿化条例（草案三审稿）》。《条例（草案三审稿）》重点对城市绿地系统规划和专项规划备案、绿地率标准、附属绿化工程的建成期限、擅自改变居住区绿地性质的处罚规定、委托不具有相应资质等级单位承担绿化工程建设的法律责任、损毁城市绿地及绿化设施的法律责任、执法主体责任的划分等问题作出修订和完善。10月14日，市五届人大常委会第三十八次会议听取审议市人大法制委关于《南充市城市园林绿化条例（草案三审稿）》审议结果报告，审议通过《南充市城市园林绿化条例（草案表决稿）》，决定报省人大常委会批准。11月30日，省十二届人大常委会第二十九次会议批准《南充市城市园林绿化条例》，南充市首部实体性地方性法规正式出台。2017年3月1日，《南充市城市园林绿化条例》施行启动仪式在市北湖公园广场举行。市级相关部门和各县（市、区）相继组织开展专题学习，推进条例宣传贯彻执行工作。

《南充市城市园林绿化条例》共5章40条，主要特点是：聚焦居住小区绿化问题，明确城市新建居住区的绿化率不得于低于30%，旧城改造居住区不低于百分之20%；要求建设项目附属绿化工程与主体工程同步规划、同步设计，其设计方案应有行政主管部门参加审查，在主体工程建成后的6个月内完成绿化项目，经验收合格方可交付使用；要求建设单位公示绿地平面图，接受公众监督；对开发商蓄意违法，按不足绿地面积数处以每平方米1万元以上3万元以下罚款。聚焦公共区域绿化问题，要求各级政府依据城市总体规划，编制城市绿地系统规划和自然山体保护规划、城市绿道系统规划、城市公园绿地规划、城市道路绿化规划等专项规划，实现“绿线”管理；要求加强城市公园、游园、街头绿地建设，确保300米半径“见绿”、500米半径“见园”，并依据道路红线宽度分级设置绿化指标；要求对绿地内烧纸点蜡、停放车辆、摆摊设点、毁绿种菜、倾倒垃圾、跳广场舞等突出问题进行严格管制，并设置相应行政处罚。聚焦城市绿廊保护问题，要求城市树木确需要修剪的，必须报请行政主管部门批准后，统一组织修剪；城市树木确需要移植的，总量在30株以内的必须经园林绿化主管部门同意，超过30株必须报请同级人民政府批准；大规模变更城市道路绿化的，必须组织专家进行论证，或者召开听证会听取公众意见。

三、《南充市城镇环境卫生管理条例》

2016年4月，市人大常委会立法工作会议确定2016年起草审议《南充市城镇环境卫生管理条例》（以下简称《条例》），成立以市人大常委会副主任徐远火为组长，市人大法制委、市人大城环资委、市人大常委法工委、市政府法制办、西华师大地方立法研究中心和市城管执法局等部门单位参与的法规草案起草小组，起草工作由市城管执法局具体负责。法规草案起草小组到沈阳、大连、烟台、威海、济南等城市考察学习，并深入各县（市、区）调研座谈，同步推进法规草案起草工作。5月上旬，市城管执法局完成《条例（草案）》初稿起草工作，并征求9县（市、区）环境卫生主管部门和市环保局、市住建局、市卫生局、市食品药品监督局、市规划测绘局等15个相关部门意见，起草小组据此对《条例（草案）》进行修改完善，并刊载于市政府法制办、市城管执法局、市政府门户网站，面向社会公开征求意见。7月13日，市人大常委会召开《南充市城镇环境卫生管理条例（草案）》起草工作协调推进会，对后期起草工作进行安排部署，并就《条例（草案）》的重点内容和收集的意见建议进行专题讨论。是月，起草小组再次深入南部县、营山县部分乡镇听取基层群众意见。8月1日至10日，市政府法制办书面征求市委、市政府部分法律顾问意见，收集整理修改意见和建议19条。8月15日，市政府在市住建局二楼会议室召开《条例（草案）》听证会，征求到社会各界的意见和建议24条，并据此对《条例（草案）》初稿进行再次修改。8月18日，市政府第140次常务会议审议，原则同意将修改后《条例（草案）》提请市人大常委会审议。9月26日，市人大城环资委召开第十次全体会议，审议《南充市城镇环境卫生管理条例（草案）》。与会人员从法律条款表述的准确、内涵与外延的界定、法律条款的突破与创新、相关职能部门的责任明确、上位法的依据、制定落实条件和与相关法律的衔接等方面对《条例（草案）》提出具体修改意见。会议认为修改后的《条例（草案）》初稿基本成熟，符合南充实际，决定将《条例（草案）》提交市人大常委会会议审议。10月14日，市五届人大常委会第三十八次会议听取审议市政府关于《南充市城镇环境卫生管理条例（草案）》说明，听取审议市人大城环资委关于《南充市城镇环境卫生管理条例（草案）》审议意见，审议《南充市城镇环境卫生管理条例（草案）》。会议认为：随着城镇化进程不断加快，城镇规模不断扩张，城镇人口不断增加，城镇环境卫生管理压力越来越大，为改变南充城镇管理环境卫生水平不够高、卫生状况不够好的现状，亟须出台相应的地方性法规对城镇环境卫生管理工作加以规范。常委会组成人员在审议中对《条例（草案一审稿）》提出11条修改意见。11月至2017年2月，市人大常委会法工委及时将《条例（草案一审稿）》修改完善后，印送市级各部门、部分市人大代表、市政协委员征求意见，并到阆中、南部、仪陇等县（市）开展座谈调研。2017年3月8日，市人大法制委员会召开全体会议，围绕常委会组成人员和各方反映意见建议，对《条例（草案）》进行统一审议形成《条例（草案二审稿）》。3月9日，市六届人大常委会第二次主任会议对《条例（草案二审稿）》进行讨论，再次对《条例（草案二审稿）》进行修改完善。3月10日，市六届人大常委会二次会议听取审议市人大法制委关于《南充市城镇环境卫生管理条例（草案二审稿）》修改情况和主要问题的说明，审议《南充市城镇环境卫生管理条例（草案二审稿）》。会议对《条例（草案）》的章节结构进行调整，对《条例》的适用范围进行扩张，对部门职责划分进行细化，对委托行使行政处罚权、加强脏车入城管理等内容作出补充完善。3月22日，市人大常委会对《条例（草案二审稿）》进行修改完善后，形成征求意见稿，在南充人大网上予以公示，广泛征求社会各界意见。4月12日，市人大常委会法工委组织召开《南充市城镇环境卫生管理条例（草案）》征求意见座谈会，听取市级相关部门对《条例（草案）》的修改意见建议，重点围绕立法目的、适用范围、环境卫生管理内容、环境卫生行政执法等方面提出具体的修改意见和建议。随后，市人大法制委员会召开全体会议，在综合各方意见建议的基础上，形成《条例（草案三审稿）》。市人大常委会党组将《南充市城镇环境卫生管理条例（草案）》提交市委常委会研究讨论，市委表示原则同意。4月27日，市六届人大常委会三次会议听取审议市人大法制委员会关于《南充市城镇环境卫生管理条例（草案三审稿）》审议结果的报告，审议通过《南充市城镇环境卫生管理条例》，决定报省人大常委会批准。5月24日，市人大常委会在重庆召开《南充市城镇环境卫生管理条例》立法论证会。西南政法大学行政法学院谭宗泽院长、喻少如教授、陆伟明副教授、金承光副教授等专家学者围绕《条例》草案的立法依据、适用范围、立法原则、相关定义、职责划分、执法主体、行政处罚等论证议题进行研讨，针对《条例（草案）》的专业术语、文字表述等提出3点修改意见。市人大常委会法工委据此对《条例（草案）》进行适当调整。7月27日，省十二届人大常委会第三十五次会议批准《南充市城镇环境卫生管理条例》，条例于2017年12月1日起施行。

《南充市城镇环境卫生管理条例》共6章64条，主要内容：明确《条例》适用于南充市城市规划区（包括已规划而未建设的城乡接合部）、县政府所在地镇（街道）规划区、镇（乡）人民政府所在地的环境卫生管理及相关活动。厘清市、县两级城市管理部门、街道办事处、乡（镇）人民政府、村（居）民委员会以及环保、住建、规划等相关部门的职能职责，构建了“横向到边、纵向到底”的责任体系。全面推行城镇环境卫生管理责任区制度。对市民反映强烈的26类影响环境卫生的行为和情形作出禁止性规定或限制性规定。对生活垃圾、餐厨垃圾、建筑垃圾、工业垃圾、医疗垃圾的分类处置作出强制性规定。对城镇环境卫生设施建设与管理作出明确规定。对违反《条例》相关规定的禁止性行为设置行政处罚。

四、《南充市嘉陵江流域生态环境保护条例》

2017 年 3 月，市人大常委会立法工作会议确定当年起草审议《南充市嘉陵江流域生态环境保护条例（草案）》（以下简称《条例》），成立以市人大常委会副主任熊建春为组长，市人大法制委、市人大城环资委、市人大民宗外侨委、市人大常委法工委、市政府法制办、市环保局、西华师大地方立法研究中心等部门单位参与的法规草案起草工作组，起草工作由市环保局具体负责。4 月上旬，法规草案起草工作小组在认真学习上位法规、参考其他地方立法经验、扎实开展实地调研的基础上，形成《条例（草案）》初稿。4 月中旬，市环保局向各县（市、区）政府、市级各部门征求《条例（草案）》初稿修改意见，并多次组织业内人士对《条例（草案）》初稿进行讨论、修改和完善。4 月下旬，市环保局通过市政府门户网站广泛征求社会各界意见，并多次组织相关专家学者、职能部门、市人大代表、市政协委员、公民代表对《条例（草案）》初稿进行专题讨论，收集到大量建议意见，据此形成《条例（草案）》送审稿。5 月至 10 月，市人大常委会副主任熊建春多次带领起草小组深入沿江两岸踏勘、暗访，摸清嘉陵江流域生态环境现状和存在的问题，总结保护工作中的成功做法和有益经验，掌握嘉陵江流域（南充段）生态环境基本情况和基础数据，梳理出 12 类 38 项问题，收集到立法建议 63 项，为提高《条例（草案）》的针对性、操作性奠定基础。其间，起草小组多次召开协调会研究各方意见建议，据此对《条例（草案）》送审稿进行修改完善。10 月 24 日，市环保局主持召开《南充市嘉陵江流域生态环境保护条例（草案）》立法论证会。参加会议的有市人大常委会法工委、市政协社法委、市环保局、市发改委、市水务局、市农牧业局、市交通局、市国土局、市林业局、市旅游局、市住建局、市规划局、西华师范大学法学院等单位熟悉立法工作的专家或科室负责人。市人大常委会法工委介绍《条例》立法背景和起草工作进展情况。市环保局对《条例（草案）》起草过程进行详细介绍。与会专家对《条例（草案）》的框架结构、立法依据、责任主体、生态保护、开发利用、监督检查、法律责任等方面内容进行深入论证，提出修改意见 18 条。11 月 30 日，市政府第 30 次常务会议讨论通过《南充市嘉陵江流域生态环境保护条例（草案）》，12 月 19 日，将《条例（草案）》提请市人大常委会审议。2018 年 4 月 2 日，市六届人大常委会第十次会议听取审议市政府关于《南充市嘉陵江流域生态环境保护条例（草案）》的起草说明，听取审议市人大民宗外侨委关于《南充市嘉陵江流域生态环境保护条例（草案）》审议意见，审议《南充市嘉陵江流域生态环境保护条例（草案）》。会议认为，近年来嘉陵江破坏生态环境现象比较突出，河道沙石资源无序开采、禁采区域偷采滥挖、电毒鱼破坏生物多样性等现象未能有效遏制；破坏湿地植被现象依然存在，沿岸两岸开荒种菜、建筑垃圾倾倒及砂石乱挖滥采造成河岸裸露、水土流失，破坏自然景观和江岸线；工业生活污水直排的问题依然突显，河道周边工业废水和沿线乡镇生活污水直排嘉陵江及其支流，造成水体污染，群众对此反映强烈，必须及时启动嘉陵江流域生态环境保护地方立法，保护好长江上游的重要生态屏障和水源涵养地。会议对市政府提交的《条例（草案一审稿）》提出 17 条具体修改意见。5 月至 6 月，市人大常委会法工委根据常委会组成人员审议意见，对《条例（草案）》进行修改完善，印送市人大常委会组成人员、市级各部门、各县（市、区）人大常委会、立法咨询专家、基层立法联系点征求意见，并在人大网站发布公告，全文刊载《条例（草案）》，公开向社会各界征求意见。同时，市人大常委会组织部分常委会委员、法制委委员、市级相关部门负责人赴沿江县（市、区）调研嘉陵江流域饮用水水源保护、砂石开采、公益林建设、岸线生态修复情况，以及嘉陵江流域沿岸乡镇污水处理厂运行和重点企业污水处理情况，并多次召开座谈会广泛征求社会各界意见，据此对《条例（草案）》进行修改完善。6 月 13 日，市人大法制委员会召开全体会议，对《条例（草案）》进行统一审议，形成《条例（草案二审稿）》。6 月 29 日，市六届人大常委会第十二次会听取审议市人大法制委关于《南充市嘉陵江生态环境保护条例（草案）》修改情况和主要问题的说明，审议《南充市嘉陵江生态环境保护条例（草案）》。会议对《条例（草案）》的框架结构和条款顺序、职能部门的责任划分、河（湖）长制的建立、水土保持、饮用水源保护、砂采开采活动以及行政机关的失责追究等方面，提出 11 条修改意见。7 月，市人大常委会法工委将修改后的《条例（草案二审稿）》在南充人大网全文刊载，再次征求公众意见，并将《条例（草案）》呈送省人大常委会法工委、市领导、市人大常委会组成人员征求意见。针对重点、疑点、难点问题，进一步向市级相关部门、各县（市、区）人大常委会、立法咨询专家、基层立法联系点征求意见，并请省人大常委会法工委代为向省纪委及省环保厅、省住建厅、省财政厅、省交通运输厅、省水利厅、省林业厅、省农业厅等征询意见。市人大常委会法工委认真梳理、汇总、研究各方意见建议，逐条进行修改完善。8 月 21 日，省十三届人大常委会第十二次主任会议研究报请省人大常委会会议审议的法规议题。其中《南充市嘉陵江流域生态环境保护条例》引起省人大常委会副主任黄新初的高度重视。黄新初指出，南充市人大常委会开展的嘉陵江流域生态环境保护立法值得充分肯定，《南充市嘉陵江流域生态环境保护条例》具有较强的地方特色和创制性。但鉴于嘉陵江还流经四川境内的广元、广安等市，建议将嘉陵江流域生态环境保护纳入省人大常委会立法，吸纳南充市立法成果，以《南充市嘉陵江流域生态环境保护条例》为“样本”，制定覆盖全省域的地方性法规。省人大常委会副主任叶壮、刘作明等领导也对《条例》给予充分肯定，对纳入省级立法表示赞同。8 月 22 日，市人大法制委员会召开全体会议，对修改后的《条例（草案）》进行审议，形成《条例（草案三审稿）》。8 月 23 日，市六届人大常委会第十三次会议听取审议市人大法制委员会关于《南充市嘉陵江流域生态环境保护条例（草案三审稿）》审议结果的报告。因省十三届人大常委会第十二次主任会议讨论《南充市嘉陵江流域生态环境保护条例（草案）》时，提出以《南充市嘉陵江流域生态环境保护条例（草案）》为蓝本，制定四川省行政区域内统一的法规，并交由省人大相关专委会和省人大常委会相关办事机构协调，经市六届人大常委会第二十九次主任会议讨论决定，《南充市嘉陵江流域生态环境保护条例（草案）》暂不提请本次常委会会议表决。

因嘉陵江流域生态环境保护纳入省级立法，《南充市嘉陵江流域生态环境保护条例》未能颁布实施。《条例》特点主要体现在 10 个方面：一是注重整体保护，兼顾开发利用。既注重水域保护，又注重陆域保护，既注重对环境资源的静态保护，又注重对生态系统的动态保护，还对沿江开发活动进行规范。二是落实中央精神，确立河长制度，在嘉陵江流域确立河（湖）长制度，分级分段规定河（湖）长职责，进一步夯实河（湖）长制度的法治基础。三是坚持规划先行，抓好统筹推进。明确要求市政府要编制统一保护规划，县（市、区）政府应当根据规划制定实施方案，确保规划实施，确保规划实施效果。四是完善生态补偿，促进协同发展。按照“受益者付费和破坏者付费”原则，探索设立地区间横向生态补偿机制，促进生态环境保护利益各方协同发展。五是明确各方职责，构建共治格局。既明确市、县两级政府及部门的职责，又规定沿江乡镇、街道等基层单位的职责，推动实现生态环境的常态化监管。六是建立联动机制，提升管理实效。确立县级行政区域的联合防治协调机制、信息共享机制和事故联合应急处置机制，避免多头管理、重复执法等“乱象”。七是坚持底线思维，划定生态红线。明确重点生态功能区、生态环境敏感区和脆弱区，划定生态红线，实施最严格的管理措施和环境准入制度。八是加强水源保护，保障饮水安全。对饮用水水源一级、二级保护区管理作出严格规定，有效保障饮用水水源安全。九是突出问题导向，推动问题整改。对生活污水直排、畜禽养殖不规范、化肥农药超标超量使用、违法开采砂石等典型性、普遍性的突出问题，作出严格的禁止性规定，并设定相应的法律责任。十是按日连续计罚，保持高压态势。对违反水污染物排放标准和重点水污染物排放总量控制指标排放水污染物的行为，拒不改正的采取按日连续计罚的方式，不设置环境违法成本的上限，通过严管重罚对违法行为形成震慑、坚决遏制。

五、《南充市城市道路车辆通行管理条例》

2016 年 3 月，市人大常委会将城市道路车辆通行管理立法纳入立法计划，经过一年多时间的前期调研论证，于 2017 年正式启动《南充市城市道路车辆通行管理条例（草案）》的起草工作。

2017 年 3 月，市人大常委会立法工作会议决定启动《南充市城市道路车辆通行管理条例（草案）》（以下简称《条例》）起草审议工作，成立由市人大常委会副主任熊建春任组长，市人大法制委、市人大内务司法委员会、市人大常委会法工委、市政府法制办、市公安局、市交通局、市公安局交警支队、西华师大地方立法中心等部门单位参与的法规草案起草工作组，起草工作由市公安局交警支队具体负责。8 月，市公安局交警支队经过充分调研论证，在广泛征求市级部门、专家学者和社会公众意见的基础上，形成《条例（草案）》初稿。8 月中旬，市公安局通过市政府门户网站征求社会各界意见，并再次召开专家论证会，对《条例（草案）》的可行性和必要性进行论证，在综合各方意见基础上形成《条例（草案）》。8 月 30 日，市政府常务会议对《条例（草案）》进审议，要求对《条例（草案）》初稿做进一步修改完善。9 月至 11 月，市人大常委会多次组织召开《条例（草案）》起草工作推进会，明确立法重点，协调主要分歧，提出修改意见，并邀请西华师大地方立法研究中心对《条例（草案）》进行分析论证。2018 年 3 月 9 日，市公安局举行包括社区居民、私家车主、出租车公司、公交公司、运输企业、电动车车主、电动车销售企业、人力三轮车主、城市规划专家、交通领域专家、法律专家参加的立法听证会。市公安局根据收集到的意见建议，对《条例（草案）》初稿进行修改完善后，3 月 26 日再次提请市政府审议，审议中提出 40 余条修改意见。4 月，市政府法制办与市人大常委会法工委、市公安局召开立法协调会，针对《条例（草案）》中存在的主要分歧交换意见，认真梳理出《条例（草案）》各条款所涉及的上位法依据，形成《条例（草案）》送审稿。6 月 6 日，《条例（草案）》经市政府第 40 次常务会议通过，决定提请市人大常委会审议。6 月 14 日，市人大内务司法委员会召开第四次全体会议，结合前期调研情况对制定条例的必要性和《条例》草案的可行性进行审议。6 月 29 日，市六届人大常委会第十二次会议听取审议市政府关于提请审议《南充市城市道路车辆通行管理条例（草案）》的议案及起草说明，听取审议市人大内司委关于《南充市城市道路车辆通行管理条例（草案）》审议意见报告，审议《南充市城市道路车辆通行管理条例（草案）》。会议认为，制定城市道路车辆通行管理条例是缓堵保畅的形势所迫，是补充细化上位法规定的客观所需，是回应社会普遍关切的现实之举。市政府提交的《条例（草案）》立法依据清楚、立法重点突出、符合南充实际。7 月上旬，市人大常委会法工委根据常委会组成人员审议意见对《条例（草案）》进行修改，并印送市人大常委会组成人员、市级有关部门、各县（市、区）人大常委会、立法咨询专家、基层立法联系点征求意见，同时在南充人大网全文刊载，面向社会公开征求意见。7 月 31 日，市人大常委会主任袁险峰带领部分常委会组成人员、部分市人大代表、市级相关部门负责人、立法咨询专家组成的立法调研组，深入城区主要街道实地了解道路交通执法情况、交通设施建设情况、电动车经销情况、地下停车场管理使用情况，并主持召开座谈会征求有关方面意见建议。市人大常委会法工委据此对《条例（草案）》

进行修改完善。8月22日，市人大法制委员会召开全体会议，对《条例（草案）》进行审议，形成《条例（草案二审稿）》。8月23日，市六届人大常委会第十三次会议听取审议市人大法制委员会关于《南充市城市道路车辆通行管理条例（草案）》修改情况和主要问题的报告。市人大常委会组成人员围绕城市道路的界定、条例的适用范围、市区两级政府的职能职责、建设项目交通影响评价、交通设施的建设与管理、交通指引性标志标牌的设置、占用城市道路的问题、公交专用道和道路停车泊位设置标准的规定、公交专用道的通行规定、道路停车泊位的设置、电动车的生产销售管理、超标准电动两轮车的管理、特种电动三轮车的管理、智能交通建设、法律责任的调整等15个方面提出26条修改意见。9月，市人大常委会法工委根据常委会组成人员审议意见对《条例（草案）》进行修改，在南充人大网全文刊载，公开征求意见，并将《条例（草案）》印送省人大常委会法工委、市领导、市人大常委会组成人员征询意见。针对重点、疑点、难点问题，进一步向市级相关部门、各县（市、区）人大常委会、立法咨询专家、基层立法联系点征求意见，并请省人大常委会法工委代为向省公安厅、省住建厅、省交通运输厅、省质监局等部门征询意见，还委托西南政法大学对《条例》草案进行全面论证。10月10日，市人大常委会法工委组织高校专家代表和市政府法制办、市公安局、市城管执法局、市交通运输局、市公安局交警支队等部门负责人召开立法论证会，听取专家论证意见。会议认为，《条例（草案）》的体例和内容符合立法技术要求，行政审批程序符合国省相关规定，行政处罚的行为、种类、幅度符合行政处罚法关于地方性法规处罚种类设定的相关规定，具有合法性。同时，专家组认为《条例（草案）》针对实际情况作出具体规定，突出地方特色，具有较强的针对性和可操作性。会议对《条例（草案）》的13个条款提出修改意见。10月29日，市人大法制委员会召开全体会议，对修改后的《条例》草案进行审议，形成《条例（草案三审稿）》。随后，市人大常委会党组将《南充市城市道路车辆通行管理条例（草案）》提交市委常委会研究讨论，市委表示原则同意。10月30日至31日，市六届人大常委会第十六次会议听取审议市人大法制委员会关于《南充市城市道路车辆通行管理条例（草案三审稿）》审议结果的报告，通过《南充市城市道路车辆通行管理条例（草案）》，决定报省人大常委会批准。12月7日，省十三届人大常委会八次会议批准《南充市城市道路车辆通行管理条例》，该条例于2019年3月1日起施行。

《南充市城市道路车辆通行管理条例》共39条，主要有6大特点：一是理顺道路交通管理体制。《条例》规定交通安全设施的建设管理和机动车道路的违停处罚，统一由公安机关交通管理部门实施，打破原有的“多头管理”格局，实现“一体化”管理，将从体制层面彻底解决管理脱节、管理失软等难题。二是创制电动车辆管理规定。《条例》针对南充大量存在的电动车辆，从概念界定、产销管理、上路条件、通行规则等方面作出创制性规定，特别规定超标准电动自行车应当按照非机动车通行规则通行，发生道路交通安全事故应当承担相应法律责任。这一系列规定有效填补上位法“空白”，为解决南充长期存在的“小微车辆”管理难题提供法律依据。三是着力解决城区停车难题。《条例》加大对占用、挪用停车场行为的行政处罚力度，增加其违法成本，在供需矛盾突出区域的周边道路，作出可以实行夜间性和时段性停车的规定；同时，鼓励开发立体停车空间、开放内部停车资源，为南充解决“停车难”问题提供综合治理方案。四是引入交通影响评价机制。《条例》充分吸纳城市道路规划建设的先进理念，确立交通影响评价机制，规定交通影响评价应当作为重大建设项目的建设依据，避免重大建设项目因“未评先建”造成“永久性”区域交通问题。五是深化公交优先发展理念。《条例》对城市公交的线路规划、站点布局和专用车道作出规定，将推动南充公交体系健康发展。对特种车辆和其他公共交通工具借用公交专用车道“开绿灯”，将有效提高道路通行资源的利用率。同时，《条例》还对公交车辆进出站“乱象”进行规范。六是强化交通管理能力建设。《条例》规定公安机关交通管理等执法部门应当建立轻微交通事故“快撤快处”机制，推广运用交通管理的新型科技手段，加强执法人员的教育、培训和考核，同时还对警务辅助人员的工作职责作出创制性规定。

六、《南充市物业管理条例》

2017 年 3 月，市人大常委会立法工作会议将物业管理纳入地方立法调研课题。4 月至 10 月，市人大常委会组织部分常委会委员、市级相关部门负责人、市人大代表、市政协委员到各县（市、区）对物业管理、配套设施运行、物业企业、业主委员会和存在的问题进行实地调研，了解物业承接查验、物业企业服务管理、业主权益保障和政府职责履行情况，为后期立法奠定基础。11 月 27 日至 30 日，市人大常委会副主任熊建春带领考察组到内江市、自贡市、泸州市学习考察物业管理立法和城市建设管理工作。2018 年 3 月，市人大常委会立法工作会议决定将制定《南充市物业管理条例》（以下简称《条例》）纳入 2018 年立法计划，成立由市人大常委会副主任徐远火任组长，市人大法制委、市人大城环资委、市人大常委会法工委、市政府法制办、市住建局、市房管局、西华师大地方立法研究中心等部门单位参与的法规草案起草工作组，起草工作由市房管局具体负责。4 月至 8 月，市房管局到各县（市、区）开展调研，多次组织市级相关部门开展座谈，在充分借鉴其他城市先进经验基础上，于 8 月下旬形成《条例（草案）》初稿。9 月，市人大城环资委召开由市住建局、市城乡规划局、市城管执法局、市房管局等部门及市辖三区部分街道、社区、业主代表和各县（市、区）人大常委会分管领导、城环资委负责人参加的《条例（草案）》初稿可行性论证会，与会人员对《条例（草案）》的部门职责、物业管理配套设施、物业承接查验、物业企业服务管理、业主权益保障等章节提出修改意见。11 月，市房管局在局门户网站全文刊载《条例（草案）》初稿，面向社会公开征求意见。是月，市房管局主持召开市级相关部门、县（市）房管部门负责人、市（区）人大代表、市（区）政协委员、部分街道和社区负责人、物管企业代表、业主代表等参加的立法听证会，在充分吸纳各方意见基础上，对市（区）初稿作进一步完善。2019 年 1 月 24 日，市政府第 58 次常务会议通过《南充市物业管理条例（草案）》，决定将《条例（草案）》提请市人大常委会审议。会议要求，要聚焦当前物业管理中存在的业委会成立难、监管难，前期物业服务品质不高，业主大会选聘物业服务企业不规范，物业服务企业与小区业主纠纷多等突出问题，规范和加强物业管理，形成符合南充市实际、切实解决当前物业管理突出问题的地方性法规。3 月 22 日，市人大城环资委第九次全体会议对《南充市物业管理条例（草案）》的必要性和可行性进行论证，同意将《条例（草案）》提交市人大常委会会议审议。4 月 29 日，市六届人大常委会第二十一次会议听取审议市政府《关于〈南充市物业管理条例（草案）〉的起草情况说明》，听取审议市人大城乡环境资源保护委员会关于《南充市物业管理条例（草案）》审议意见的报告，审议《南充市物业管理条例（草案）》。会议认为，南充城市物业管理广泛存在业主委员会建设滞后、物业管理企业职责不清、物业服务不够规范、房地产开发遗留问题较多等现实问题，制定《南充市物业管理条例》确有必要。常委会组成人员围绕房地产行政主管部门职责、街道和社区在物业管理中作用、住宅专项维修资金管理使用等问题提出修改意见。5 月至 7 月，市人大法制委、常委会法工委将修改后的《条例（草案）》印送市人大常委会组成人员、市级相关部门、各县（市、区）人大常委会、立法咨询专家、基层立法联系点征求意见，并在南充人大网全文公布，公开征求社会公众意见。同时，到营山、蓬安等县开展立法调研，分别组织市级相关部门、市辖三区相关部门、人大代表、建设单位、物业服务企业、业主代表，分类分群体有针对性召开征求意见座谈会，调研全市法院关于物业服务纠纷案件的情况、公安机关物业领域治安管理工作开展情况、司法行政系统物业纠纷调解工作开展情况，并到省人大常委会法工委征询意见。根据市人大常委会组成人员审议意见和各方反映的意见建议，市人大法制委、常委会法工委坚持从南充实际情况出发，以解决具体问题、尽量不重复上位法的规定、对上位法较原则的规定进行细化的工作导向，对《条例（草案）》进行深入研讨和反复修改。8月23日，市六届人大常委会第二十四次会议听取审议市人大法制委员会关于《南充市物业管理条例（草案）》修改情况报告，审议《南充市物业管理条例（草案二审稿）》。会议围绕法规名称、部门管理职能、物业管理区域划分、业主共有资产权益、业主大会筹备和召开、业主委员会的产生和职责、物管企业的管理和服务、物业承接查验制度、物业服务费用标准、车库（位）租售、专项维修资金的征管用、物业的维修责任等内容提出30多条修改意见。9月18日，市人大常委会召开由市级相关部门、街道办事处代表、社区代表、房地产开发企业代表、市物业协会代表、物业服务企业代表、业主委员会代表、业主代表参加的《南充市物业管理条例（草案）》立法听证会，重点围绕物业服务收费标准、车库（位）租售、专项维修资金、建设单位保修责任以及新设的行政处罚等内容征求行政相对人意见。9月27日，市人大常委会主任袁险峰主持召开《南充市物业管理条例（草案）》立法专家论证会，四川大学法学院、西南财经大学法学院等8名立法专家，围绕《南充市物业管理条例（草案）》，从合法性、可行性、体例结构、文字表述等方面，针对部门职责、业主大会成立、业主委员会权利和义务、物业服务企业职责、行政处罚等内容，进行深入细致论证，并提出修改意见和建议。9月29日，市六届人大常委会第二十五次会议听取审议市人大法制委关于《南充市物业管理条例（草案）》修改情况报告，审议《南充市物业管理条例（草案三审稿）》。会议对《条例（草案）》7个条款作出修改。随后，市人大常委会党组将《南充市物业管理条例（草案）》提交市委常委会研究讨论，市委表示原则同意。10月30日，市六届人大常委会第二十六次会议听取审议市人大法制委关于《南充市物业管理条例（草案）》审议结果的报告，表决通过《南充物业管理条例》，决定报省人大常委会批准。11月28日，省十三届人大常委会第十四次会议批准《南充市物业管理条例》，条例于2020年3月1日起施行。

《南充市物业管理条例》共7章64条，包括总则、业主和业主组织、物业服务企业、物业服务、物业的使用与维护、法律责任和附则。主要内容：明确市县两级政府及其职能相关部门、街道办事处（乡镇）、居（村）民委员会在物业管理中的责任、权利和义务；要求市政府建立统一的物业管理信息共享平台，为业主大会召开会议、物业管理招投标、住宅专项维修资金管理、业主共有资金管理、业主实时查询、政府部门监督管理等提供高效便捷、公开透明的技术支持和保障；对业主大会和业主委员会的产生和运行、主要职责、议事规划以及业主委员会委员当选条件作出明确规定；对物管企业服务内容作出明确规定，并设置相应禁止性条款；要求县（市、区）政府住房和城乡建设部门会同街道办事处（乡、镇人民政府）定期开展物业服务企业服务质量满意度测评；建立物业服务企业及其项目负责人信用管理制度，健全物业服务评价体系，实行信用记分管理，对物业服务企业的基本情况、服务情况、投诉举报情况等事项进行动态管理。满意度测评结果和信用评价结果应当向社会公告；严格实行物业承接查验制度，对物业服务合同签订及收费标准作出明确规定；对小区车位管理作出相应规定；明确物管区域禁止性行为；对业主共有资金的使用管理作出明确规定；对住宅专项维修资金的管理使用作出明确规定；对《条例》规定的禁止性行为设置行政处罚。

七、《南充市城市景观风貌保护条例》

2019年3月，市人大常委会立法工作会将城市违法建设治理、自然山体保护纳入立法调研课题。

2020年5月，市人大常委会立法工作推进会决定综合城市违法建设治理、自然山体保护调研成果，组织起草城市景观风貌保护条例。2020年5月19日，市政府召开专题会议，对《南充市城市景观风貌保护条例》（以下简称《条例》）起草工作进行研究部署。5月26日，市自然资源和规划局会同市司法局、市住建局、市水务局、市林业局、市文化广播电视和旅游局、市城市管理行政执法局等部门专题研究《条例》起草工作，成立《条例》起草工作小组。6月3日，市政府再次召开《条例》起草工作推进会，明确各相关单位的责任分工。随后，开展调研和论证等前期工作。

在前期调研、论证的基础上，市自然资源和规划局主笔起草了《条例（草案）》初稿，并广泛征求社会各界的意见建议。7月16日，召开立法听证会，7月21日召开专家论证会，并根据听证会、论证会情况再次进行修改，最终形成《条例（草案）》报市司法局。市司法局书面征求市级有关部门的意见，同时通过市政府门户网站征求到社会各界的意见和建议37条，对《条例（草案）》进行修改完善，形成《条例（草案送审稿）》提请市政府常务会议研究决定。9月2日，市人民政府市长吴群刚主持召开市六届政府128次常务会议，研究并讨论通过《条例（草案）》，形成法规案报市人大常委会审议。9月3日，市人大城环资委召开第十三次全委会议，对条例草案进行必要性、可行性审查，并提出具体修改意见。9月4日，市六届人大常委会第三十三次会议听取审议市人民政府关于《南充市城市景观风貌保护条例（草案）》的起草情况说明，听取审议市人大城乡环境资源保护委员会关于《南充市城市景观风貌保护条例（草案）》审议意见的报告，审议《南充市城市景观风貌保护条例（草案）》。会议认为，上位法对城市景观风貌的相关规定又比较宏观、比较笼统、比较分散，亟须通过地方立法加强对城市的空间立体性、平面协调性、风貌整体性、文脉延续性等方面的规划管控，以利于留住城市特有的地域环境、文化特色、建筑风格等"基因"，建议对《条例（草案）》的篇章结构进行调整和充实，分成建筑景观风貌保护、山体景观风貌保护、绿地景观风貌保护、江河景观风貌保护、历史文化景观风貌保护五个方面。会后，市人大法制委、市人大常委会法工委书面征求市级相关部门、各县（市、区）人大常委会、部分市人大代表和政协委员的意见建议。同时，在南充人大网上全文刊登《条例（草案）》，向社会各界征求意见建议。9月中旬，市人大法制委、市人大常委会法工委赴部分县（市、区）开展立法调研。其间，先后多次组织市人大城环资委、市经济和信息化局、市民政局、市自然资源和规划局、市住房和城乡建设局、市交通运输局、市水务局、市林业局、市文化广播电视和旅游局、市城市管理行政执法局等部门召开座谈会，对《条例（草案）》进行逐条梳理和完善。

2020年10月16日，市人大法制委召开全体会议，围绕常委会组成人员的审议意见和各方意见建议，对《条例（草案）》进行统一审议，形成《条例（草案二审稿）》提请常委会继续审议。10月20日，市六届人大常委会第三十四次会议对《条例（草案二审稿）》进行第二次审议，决定将法规适用范围修改为南充市顺庆区、高坪区、嘉陵区城市规划区，市人大常委会组成人员对27个法条提出具体修改意见。会后，市人大常委会法工委书面征求市级相关部门、市辖三区人大常委会，部分市人大代表、市政协委员的意见，通过《南充日报》、《南充晚报》、南充新闻网、南充人大网广泛征求社会公众的意见和建议，赴市辖三区开展立法调研，多次组织经济和信息化、民政、自然资源和规划、住房和城乡建设、交通运输、水务、城市管理等部门对条例的适用范围、执法主体、法律责任等内容进行讨论研究，委托西南政法大学行政法学院、西华师范大学地方立法研究中心对《条例（草案）》的专业性、技术性、合法性进行论证。11月23日，市人大常委会副主任熊建春带队专程到西南政法大学行政法学院征求《条例（草案）》修改意见。12月1日，市人大常委会主任袁险峰组织省国土空间规划研究院、中国建筑西南设计研究院、四川大学法学院、西南财经大学法学院等科研院所的专家、学者、教授召开立法论证会。围绕各方反馈的意见建议，对《条例（草案）》进行反复修改，并呈送市委、市政府、市政协主要领导和市人大常委会组成人员征求意见。庚即，省人大常委会法工委召集市人大常委会法工委召开专题会议反馈《条例（草案）》修改意见。按照常委会主要领导的要求，市人大常委会法工委又多次征询市级相关部门、市辖三区人大常委会和相关科研院所的专家、学者、教授的意见建议，结合各方反馈的意见，对《条例（草案）》又作进一步修改完善。随后，市人大常委会党组将《南充市城市景观风貌保护条例（草案）》提交市委常委会研究讨论，市委原则同意。

12 月 4 日，市人大法制委召开全体会议，对《条例（草案）》进行统一审议，形成《条例（草案三审稿）》提请市人大常委会会议审议。12 月 18 日，市六届人大常委会第三十六次会议对《条例（草案）》进行第三次审议。当日，市人大法制委、市人大常委会法工委根据常委会组成人员的审议意见，将《条例（草案）》适用范围修改为南充市城市开发边界范围内，建立城市景观风貌保护名录制度，并围绕开展城市景观风貌保护科学技术研究、强化城市夜景的营造和建设保护、建立生态修复制度、历史建筑消防安全等方面进行修改，形成《条例（草案表决稿）》提请主任会议讨论通过后，交付常委会会议表决。12 月 18 日，《南充市城市景观风貌保护条例（草案）》经市六届人大常委会第三十六次会议表决通过。2021 年 3 月 26 日经四川省第十三届人民代表大会常务委员会第二十六次会议批准，自 2021 年 6 月 1 日起施行。

《条例》共 8 章 67 条，包括总则、建筑景观风貌保护、山体景观风貌保护、江河景观风貌保护、绿地景观风貌保护、历史文化景观风貌保护、法律责任和附则，主要内容为：（1）总则部分。明确立法目的、适用范围、部门职责、重点管控区域，规定编制城市景观风貌保护专项规划，建立城市景观风貌保护名录制度、专家咨询制度和公众参与制度，以及鼓励开展城市景观风貌保护科学技术研究、加强宣传教育等。（2）建筑景观风貌保护部分。明确规定了控制建筑色彩、高度、体量和屋顶形式，建筑外立面进行公建化处理，合理布局景观照明工程，市政设施景观风貌要求，以及公共环境艺术品的设置和维护要求等。（3）山体景观风貌保护部分。明确规定了山体周边建筑的选址、高度、风格、色彩要求，建立山体自然灾害监测制度，开展山体修复治理，以及山体景观风貌保护范围内的禁止行为等。（4）江河景观风貌保护部分。明确规定了江河景观风貌保护范围的管控要求，嘉陵江及其支流沿岸建设项目风貌要求，不得擅自破坏自然地形地貌、江心洲、岛屿、景观，以及江河景观风貌保护范围内的禁止行为等。（5）绿地景观风貌保护部分。明确规定了分级分类建设城市绿地，城市绿地的设计应当符合绿地功能需要，不得擅自占用城市绿地，建立绿地占补平衡补偿机制，鼓励支持社会资金参与破损城市绿地修复治理，城市重要街道行道树树种不得整体更换，禁止损害古树名木的行为等。（6）历史文化景观风貌保护部分。明确规定了南充历史文化街区景观风貌的保护原则，历史文化街区内新建、改建、扩建建筑的要求，历史建筑的管理和修缮责任，以及具有历史文化内涵的传统地名的保护等。（7）法律责任部分。根据有关法律、法规规定，结合南充市经济社会发展水平，确定违反条例规定行为的处罚种类和处罚幅度。

第七章

讨论决定重大事项

1993 年 12 月至 2020 年 12 月，历次市人民代表大会会议作出决议决定 189 个，主要包括：审查通过地方国家机关年度工作报告、审查批准国民经济和社会发展计划执行情况、年度计划及五年规划纲要、审查批准财政预算执行情况及年度财政预算、审查批准多名市人大常委会组成人员和“一府两院”领导人员的辞职请求、决定历届市人大专门委员会的设置和更名、推进法治南充建设等。历届市人大常委会作出决定决议 209 个，主要涉及经济工作、重大政策制定、重大项目建设、重大规划审批、民生改善、法治建设、生态环境等方面。

第一节　南充市人民代表大会决定决议

1993 年 12 月 5 日，市一届人大一次会议表决通过《关于政府工作报告的决议》《关于南充市第一届人民代表大会常务委员会工作报告的决议》《关于南充市中级人民法院工作报告的决议》《关于南充市人民检察院工作报告的决议》，明确市人大常委会、市人民政府、市中级人民法院、市人民检察院今后 5 年的奋斗目标和主要任务，号召全市上下坚持以邓小平同志建设有中国特色的社会主义理论为指导，认真贯彻执行党的“一个中心，两个基本点”基本路线和党的十四大、十四届三中全会精神，在中共南充市委的领导下，自力更生，艰苦创业，为实现南充市经济和社会发展第二步战略目标、建设富裕文明的新南充而努力奋斗。1994 年 4 月 2 日，市一届人大二次会议表决通过《关于政府工作报告的决议》《关于南充市第一届人民代表大会常务委员会工作报告的决议》《关于南充市中级人民法院工作报告的决议》《关于南充市人民检察院工作报告的决议》《关于南充市 1994 年国民经济和社会发展计划的决议》《关于南充市 1994 年财政预算初步安排的决议》，决议充分肯定市一届人大一次会议以来各项工作取得的成绩，同意市人大常委会、市人民政府、市中级人民法院、市人民检察院提出的 1994 年工作指导思想、目标任务和主要措施。大会表决通过《南充市人民代表大会议事规则》。1995 年 1 月 22 日，市一届人大三次会议表决通过《关于南充市 1994 年国民经济和社会发展计划执行情况及 1995 年国民经济和社会发展计划草案的决议》，审查批准 1995 年国民经济和社会发展计划。决议确认：1994 年全市地区生产总值完成 83.27 亿元，农业总产值完成 55.4 亿元，工业总产值完成 74 亿元，全社会固定资产投资 15 亿元，社会消费品零售总额达到 32.98 亿元，财政收入完成 4.33 亿元，农民人均纯收入 748 元，职工平均工资 2750 元，人口自然增长率为 7.2‰。大会表决通过《关于南充市 1994 年财政预算执行情况和 1995 年财政预算的决议》，审查批准《关于南充市 1994 年财政预算执行情况和 1995 年财政预算草案的报告》和 1995 年市级财政预算。决议确认：1994 年，地方财政收入完成 43276 万元，支出完成 78312 万元。大会表决通过关于市人大常委会、市人民政府、市中级人民法院、市人民检察院 4 个工作报告的决议。大会听取和审议并表决通过《关于修改〈南充市人民代表大会议事规则〉的决议》。1996 年 1 月 27 日，市一届人大四次会议听取和审查《关于南充市国民经济和社会发展“九五”计划及 2010 年远景规划编制情况的说明》，审查并作出《关于南充市国民经济和社会发展“九五”计划及 2010 年远景规划的决议》。大会表决通过《关于南充市 1995 年国民经济和社会发展计划执行情况及 1996 年国民经济和社会发展计划草案的决议》，审查批准 1996 年国民经济和社会发展计划。决议确认：1995 年，全市地区生产总值完成 98.8 亿元，农业总产值完成 68 亿元，工业总产值完成83.2亿元，全社会固定资产投资15.8亿元，社会消费品零售总额达到37.6亿元，财政收入完成4.56亿元，农民人均纯收入893元，城镇居民人均收入3100元，人口自然增长率为6.93‰。大会表决通过《关于南充市1995年财政预算执行情况和1996年财政预算的决议》，审查批准《关于南充市1995年财政预算执行情况和1996年财政预算草案的报告》和1996年市级财政预算。决议确认：1995年，地方财政收入完成45642万元，支出完成83441万元；市级财政收入完成9788万元，市级财政支出完成15500万元。大会还表决通过关于市人大常委会、市人民政府、市中级人民法院、市人民检察院4个工作报告的决议。大会表决通过《关于设立南充市人民代表大会专门委员会的决定》，明确各专门委员会受市人民代表大会领导，在大会闭会期间，受市人大常委会领导。1997年2月20日，市一届人大五次会议听取和审议并通过《关于修改〈南充市人民代表大会议事规则〉的决议》。2月21日，大会表决通过《关于接受常务委员会和专门委员会部分组成人员辞去职务的决定》。大会表决通过《关于接受市人民政府部分领导人员辞去职务的决定》。2月24日，大会表决通过《关于南充市1996年国民经济和社会发展计划执行情况及1997年国民经济和社会发展计划草案的决议》，审查批准1997年国民经济和社会发展计划。决议确认：1996年，全市地区生产总值完成116.36亿元，农业总产值完成75.8亿元，工业总产值完成74.56亿元，全社会固定资产投资18.34亿元，社会消费品零售总额达到41.85亿元，财政收入完成5.62亿元，居民消费价格上涨7.4%。大会表决通过《关于南充市1996年财政预算执行情况和1997年财政预算的决议》，审查批准《关于南充市1996年财政预算执行情况和1997年财政预算草案的报告》和1997年市级财政预算。决议确认：1997年，地方财政收入完成56203万元，支出完成96500万元；市级财政收入完成10539万元，市级财政支出完成19007万元。大会还表决通过关于市人大常委会、市人民政府、市中级人民法院、市人民检察院4个工作报告的决议。1998年2月19日，市一届人大七次会议表决通过《关于南充市1997年国民经济和社会发展计划执行情况及1998年国民经济和社会发展计划草案的决议》，审查批准1998年国民经济和社会发展计划。决议确认：1997年，全市地区生产总值完成135亿元，全社会固定资产投资23.2亿元，工业总产值72.6亿元（1990价），社会消费品零售总额达到53.3亿元，财政收入完成61996万元，居民消费价格上涨3.1%。大会表决通过《关于南充市1997年财政预算执行情况和1998年财政预算的决议》，审查批准《关于南充市1997年财政预算执行情况和1998年财政预算草案的报告》和1998年市级财政预算。决议确认：1997年，地方财政收入完成61996万元，支出完成116165万元；市级财政收入完成11275万元，市级财政支出完成24733万元。大会还表决通过关于市人大常委会、市人民政府、市中级人民法院、市人民检察院4个工作报告的决议。

1999年1月21日，市二届人大一次会议作出《关于南充市第二届人民代表大会专门委员会设置的决定》。1月24日，大会表决通过《关于南充市1998年国民经济和社会发展计划执行情况及1999年国民经济和社会发展计划草案的决议》，审查批准1999年国民经济和社会发展计划。决议确认：1998年，全市地区生产总值完成147.24亿元，全社会固定资产投资30.4亿元，工业总产值84.6亿元（1990价），社会消费品零售总额达到62.55亿元，一般公共预算收入完成67479万元，城镇居民人均可支配收入实现4958元，居民消费价格下降0.8%。大会表决通过《关于南充市1998年财政预算执行情况和1999年财政预算的决议》，审查批准《关于南充市1998年财政预算执行情况和1999年财政预算草案的报告》和1999年市级财政预算。决议确认：1998年，全市地方财政一般预算收入完成67479万元，全市地方财政一般预算支出完成124862万元，全市当年赤字4675万元，累计赤字4752万元。1998年，市级财政一般预算收入完成12498万元，市级财政一般预算支出完成27730万元，市级当年赤字 2222 万元，累计赤字 4934 万元。大会还表决通过关于市人大常委会、市人民政府、市中级人民法院、市人民检察院 4 个工作报告的决议。2000 年 1 月 18 日，市二届人大二次会议表决通过《关于南充市 1999 年国民经济和社会发展计划执行情况及 2000 年国民经济和社会发展计划的决议》，审查批准 2000 年国民经济和社会发展计划。决议确认：1999 年，全市地区生产总值完成 158.45 亿元，工业总产值达到 98.9 亿元（1990 价），工业增加值增长 13.2%，全社会固定资产投资 37.9 亿元，社会消费品零售总额达到 69.66 亿元，一般预算收入完成 75021 万元，城镇居民人均可支配收入实现 5245 元，居民消费价格下降 2.4%。大会表决通过《关于南充市 1999 年财政预算执行情况和 2000 年财政预算的决议》，审查批准《关于南充市 1999 年财政预算执行情况和 2000 年财政预算草案的报告》和 2000 年市级财政预算。决议确认：1999 年，全市地方财政一般预算收入完成 75021 万元，全市地方财政一般预算支出完成 146221 万元，全市当年赤字 3603 万元，累计赤字 3933 万元。1999 年，市级财政一般预算收入完成 14524 万元，市级财政一般预算支出完成 35732 万元，市级当年赤字 2234 万元，累计赤字 6076 万元。大会还表决通过关于市人大常委会、市人民政府、市中级人民法院、市人民检察院 4 个工作报告的决议。2001 年 1 月 20 日，市二届人大三次会议听取和审查《关于南充市国民经济和社会发展第十个五年计划（草案）的说明》《南充市国民经济和社会发展第十个五年计划（草案）》，作出《关于批准〈南充市国民经济和社会发展第十个五年计划〉的决议》。大会表决通过《关于南充市 2000 年国民经济和社会发展计划执行情况及 2001 年国民经济和社会发展计划的决议》，审查批准 2001 年国民经济和社会发展计划。决议确认：2000 年，全市地区生产总值完成 176.76 亿元，工业总产值达到 128.16 亿元，工业增加值增长 23.5%，全社会固定资产投资 48 亿元，社会消费品零售总额达到 79.4 亿元，一般预算收入完成 6.7 亿元，城镇居民人均可支配收入实现 5499 元，居民消费价格下降 0.4%。大会表决通过《关于南充市 2000 年财政预算执行情况和 2001 年财政预算的决议》，审查批准《关于南充市 2000 年财政预算执行情况和 2001 年财政预算草案的报告》和 2001 年市级财政预算。决议确认：2000 年，全市地方财政一般预算收入完成 67041 万元，全市地方财政一般预算支出完成 178589 万元，全市当年赤字 5641 万元，累计赤字 4153 万元。1998 年，市级财政一般预算收入完成 11848 万元，市级财政一般预算支出完成 45857 万元，市级当年赤字 1468 万元，累计赤字 5510 万元。大会还表决通过关于市人大常委会、市人民政府、市中级人民法院、市人民检察院 4 个工作报告的决议。2002 年 4 月 14 日，市二届人大四次会议表决通过《关于接受张明才、肖盛林辞去市二届人大常委会副主任职务的决定》。4 月 15 日，大会表决通过《关于南充市 2001 年国民经济和社会发展计划执行情况及 2002 年国民经济和社会发展计划的决议》，审查批准 2002 年国民经济和社会发展计划。决议确认：2001 年，全市地区生产总值完成 200.05 亿元，工业增加值增长 28.2%，全社会固定资产投资 58.69 亿元，社会消费品零售总额达到 90.67 亿元，财政一般预算收入完成 7.15 亿元，城镇居民人均可支配收入实现 5928 元，农民人均纯收入 1766 元，居民消费价格上涨 2%。大会表决通过《关于南充市 2001 年财政预算执行情况和 2002 年财政预算的决议》，审查批准《关于南充市 2001 年财政预算执行情况和 2002 年财政预算草案的报告》和 2002 年市级财政预算。决议确认：2001 年，全市地方财政一般预算收入完成 71528 万元，全市地方财政一般预算支出完成 239186 万元，全市当年赤字 317 万元，累计赤字 5582 万元。2001 年，市级财政一般预算收入完成 13539 万元，市级财政一般预算支出完成 70490 万元，市级当年赤字 229 万元，累计赤字 4368 万元。大会还表决通过关于市人大常委会、市人民政府、市中级人民法院、市人民检察院 4 个工作报告的决议。2003 年 2 月 28 日，市二届人大六次会议表决通过《关于接受李慎宽辞去南充市第二届人民代表大会常务委员会主任职务的决定》《关于接受杨元生、谢正顺辞去南充市第二届人民代表大会常务委员会副主任等职务的决定》《关于接受欧晓东辞去南充市中级人民法院院长职务的决定》。3 月 2 日，大会表决通过《关于南充市 2002 年国民经济和社会发展计划执行情况及 2003 年国民经济和社会发展计划的决议》，审查批准 2003 年国民经济和社会发展计划。决议确认：2002 年，全市地区生产总值完成 219.11 亿元，工业增加值增长 12.8%，全社会固定资产投资 73.92 亿元，社会消费品零售总额达到 103.96 亿元，财政收入完成 7.86 亿元，城镇居民人均可支配收入实现 6323 元，农民人均纯收入 1887 元，人口自然增长率为 0.84‰。大会表决通过《关于南充市 2002 年财政预算执行情况和 2003 年财政预算的决议》，审查批准《关于南充市 2002 年财政预算执行情况和 2003 年财政预算草案的报告》和 2003 年市级财政预算。决议确认：2002 年，全市地方财政一般预算收入完成 78605 万元，支出完成 307447 万元，预算收入加上税收返还、省专款补助、各种转移支付补助及结算补助、国债转贷收入和上年结余等，全年总收入 32095 万元，减去当年实际支出上解省支出、国债转贷资金支出和按规定应结转下年继续安排使用的项目结余资金等，全市累计赤字 3976 万元，其中当年赤字 81 万元。2002 年，市级财政一般预算收入完成 17824 万元，支出完成 77458 万元，预算收入加上税收返还、省专款补助和转移支付补助、下级上解收入、国债转贷收入、各项结算补助及上年结余等，总收入为 92040 万元，减去当年实际支出、上解支出和补助下级支出及按规定应结转下年继续安排的项目结余资金等，市级累计赤字 3872 万元，其中当年结余 121 万元。大会还表决通过关于市人大常委会、市人民政府、市中级人民法院、市人民检察院 4 个工作报告的决议。

2004 年 3 月 19 日，市三届人大一次会议表决通过《关于南充市第三届人民代表大会专门委员会设置的决定》。3 月 22 日，大会表决通过《关于南充市 2003 年国民经济和社会发展计划执行情况及 2004 年国民经济和社会发展计划的决议》，审查批准 2004 年国民经济和社会发展计划。决议确认：2003 年，全市地区生产总值完成 250.32 亿元，工业总产值完成 175.62 亿元，工业增加值增长 16%，全社会固定资产投资 102.7 亿元，社会消费品零售总额达到 119.68 亿元，财政收入完成 7.86 亿元，城镇居民人均可支配收入实现 6451 元，农民人均纯收入 2037 元，城镇新增就业 3.3 万人，居民消费价格上涨 1.8%，人口自然增长率为 1.07‰。大会表决通过《关于南充市 2003 年财政预算执行情况和 2004 年财政预算的决议》，审查批准《关于南充市 2003 年财政预算执行情况和 2004 年财政预算草案的报告》和 2004 年市级财政预算。决议确认：2003 年，全市地方财政一般预算收入完成 91640 万元，支出完成 321517 万元，预算收入加上税收返还、省专款补助、各种转移支付补助及结算补助、国债转贷收入和上年结余等，全年总收入 344971 万元，减去当年实际支出上解省支出、国债转贷资金支出和按规定应结转下年继续安排使用的项目结余资金等，全市累计赤字 582 万元，其中当年结余 2302 万元。2003 年，市级财政一般预算收入完成 22023 万元，支出完成 74949 万元，预算收入加上税收返还、省专款补助和转移支付补助、下级上解收入、国债转贷收入、各项结算补助及上年结余等，总收入为 92186 万元，减去当年实际支出、上解支出和补助下级支出及按规定应结转下年继续安排的项目结余资金等，市级累计赤字 1814 万元，其中当年结余 1878 万元。大会还表决通过关于市人大常委会、市人民政府、市中级人民法院、市人民检察院 4 个工作报告的决议。2005 年 2 月 26 日，市三届人大二次会议表决通过《关于南充市 2004 年国民经济和社会发展计划执行情况及 2005 年国民经济和社会发展计划的决议》，审查批准 2005 年国民经济和社会发展计划。决议确认：2004 年，全市地区生产总值完成 307.09 亿元，规上工业增加值增长 28.5%，全社会固定资产投资 128.02 亿元，社会消费品零售总额达到 139.82 亿元，地方财政一般预算收入完成 8.38 亿元，城镇居民人均可支配收入实现 7208 元，农民人均纯收入 2345 元，城镇新增就业 3.86 万人，人口自然增长率为 1.2‰。大会表决通过《关于南充市2004年财政预算执行情况和2005年财政预算的决议》，审查批准《关于南充市2004年财政预算执行情况和2005年财政预算草案的报告》和2005年市级财政预算。决议确认：2004年，全市地方财政预算收入完成83797万元，支出完成410069万元，预算收入加上税收返还、省专款补助、各种转移支付补助及结算补助、国债转贷收入和上年结余等，全年总收入431933万元，减去当年实际支出上解省支出、国债转贷资金支出和按规定应结转下年继续安排使用的项目结余资金等，全市累计赤字3370万元，其中当年赤字699万元。2004年，市级财政预算收入完成24692万元，支出完成86595万元，预算收入加上税收返还、省专款补助和转移支付补助、下级上解收入、国债转贷收入、各项结算补助及上年结余等，总收入为109949万元，减去当年实际支出、上解支出和补助下级支出及按规定应结转下年继续安排的项目结余资金等，市级累计赤字1685万元，其中当年赤字452万元。大会还表决通过关于市人大常委会、市人民政府、市中级人民法院、市人民检察院4个工作报告的决议。2006年2月17日，市三届人大三次会议表决通过《关于接受杜光辉辞去南充市人民政府市长职务的决定》。2月19日，大会表决通过《关于〈南充市国民经济和社会发展第十一个五年规划纲要〉的决议》，批准《南充市国民经济和社会发展第十一个五年规划纲要》。大会表决通过《关于南充市2005年国民经济和社会发展计划执行情况及2006年国民经济和社会发展计划的决议》，审查批准2006年国民经济和社会发展计划。决议确认：2005年，全市地区生产总值完成335.3亿元，规上工业增加值增长34.5%，全社会固定资产投资140亿元，社会消费品零售总额达到142.3亿元，财政收入完成91123万元，城镇居民人均可支配收入实现7764元，农民人均纯收入2646元，城镇新增就业3.8万人，居民消费价格上涨1.5%，人口自然增长率为0.7‰。大会表决通过《关于南充市2005年财政预算执行情况和2006年财政预算的决议》，审查批准《关于南充市2005年财政预算执行情况和2006年财政预算草案的报告》和2006年市级财政预算。决议确认：2005年，全市地方财政一般预算收入完成91122万元，支出完成504726万元，预算收入加上税收返还、省专款补助、各种转移支付补助及结算补助、国债转贷收入和上年结余等，全年总收入540128万元，减去当年实际支出上解省支出、国债转贷资金支出和按规定应结转下年继续安排使用的项目结余资金等，全市累计结余1282万元。2005年，市级财政一般预算收入完成29255万元，支出完成81623万元，预算收入加上税收返还、省专款补助和转移支付补助、下级上解收入、国债转贷收入、各项结算补助及上年结余等，总收入为106658万元，减去当年实际支出、上解支出和补助下级支出及按规定应结转下年继续安排的项目结余资金等，市级累计结余543万元。大会表决通过关于市人大常委会、市人民政府、市中级人民法院、市人民检察院4个工作报告的决议。2007年2月12日，市三届人大四次会议表决通过《关于南充市2006年国民经济和社会发展计划执行情况及2007年计划的决议》，审查批准《关于南充市2006年国民经济和社会发展计划执行情况及2007年计划草案的报告》，审查批准2007年国民经济和社会发展计划。决议确认：2006年，全市地区生产总值达到396.5亿元，全社会固定资产投资167.2亿元，社会消费品零售总额达到164.5亿元，一般公共预算收入完成11.25亿元，城镇居民人均可支配收入实现8671元，农村居民人均纯收入实现2901元，城镇新增就业4.32万人，单位生产总值综合能耗下降4%，人口自然增长率为1.1‰。大会表决通过《关于南充市2006年财政预算执行情况和2007年财政预算的决议》，审查批准《关于南充市2006年预算执行情况和2007年预算草案的报告》和2007年市级预算。决议确认：2006年，全市地方财政一般预算收入完成112465万元，全市财政一般预算支出完成670055万元；全市一般预算收入加上返还性收入、各类补助收入、债券转贷、上年结余和动用预算稳定调节金等，全年总收入为693777万元，总收入减去当年实际支出、上解上级支出和按规定应结转下年继续安排使用的项目结余后，全市累计结余 2280 万元。2006 年，市级财政一般预算收入完成 34940 万元，市级财政一般预算支出完成 111017 万元，市级财政一般预算收入加上返还性人、各类补助收入、债券转贷、上年结余、下级上解收入和动用预算稳定调节金等，全年总收入为 126602 万元，总收入减去当年实际支出、按规定应结转下年继续安排的项目结余资金等，市级累计结余 576 万元。大会还表决通过关于市人大常委会、市人民政府、市中级人民法院、市人民检察院 4 个工作报告的决议。

2008 年 5 月 8 日，市四届人大一次会议作出《关于南充市第四届人民代表大会专门委员会设置的决定》。5 月 10 日，大会表决通过《关于南充市 2007 年国民经济和社会发展计划执行情况及 2008 年计划的决议》，审查批准 2008 年国民经济和社会发展计划。决议确认：2007 年，全市地区生产总值达到 508. 13 亿元，全社会固定资产投资 200. 82 亿元，社会消费品零售总额达到 193. 3 亿元，一般公共预算收入完成 15. 01 亿元，城镇居民人均可支配收入实现 10209 元，农村居民人均纯收入实现 3366 元，城镇新增就业 4. 61 万人，单位生产总值综合能耗下降 4%。大会表决通过《关于南充市 2007 年财政预算执行情况和 2008 年财政预算的决议》，审查批准《关于南充市 2007 年预算执行情况和 2008 年预算草案的报告》和 2008 年市级预算。决议确认：2007 年，全市地方财政一般预算收入完成 150148 万元，全市财政一般预算支出完成 871256 万元；全市一般预算收入加上返还性收入、各类补助收入、债券转贷、上年结余和动用预算稳定调节金等，全年总收入为 921211 万元，总收入减去当年实际支出、上解上级支出和按规定应结转下年继续安排使用的项目结余后，全市累计结余 4853 万元。2007 年，市级财政一般预算收入完成 45040 万元，市级财政一般预算支出完成 115232 元，市级财政一般预算收入加上返还性人、各类补助收入、债券转贷、上年结余、下级上解收入和动用预算稳定调节金等，全年总收入为 149691 万元，总收入减去当年实际支出、按规定应结转下年继续安排的项目结余资金等，市级累计结余 263 万元。大会还表决通过关于市人大常委会、市人民政府、市中级人民法院、市人民检察院 4 个工作报告的决议。2009 年 2 月 20 日，市四届人大二次会议表决通过《关于南充市 2008 年国民经济和社会发展计划执行情况及 2009 年计划的决议》，审查批准《关于南充市 2008 年国民经济和社会发展计划执行情况及 2009 年计划草案的报告》，审查批准 2009 年国民经济和社会发展计划。决议确认：2008 年，全市地区生产总值达到 601. 9 亿元，规上工业增加值增长 29. 6%，全社会固定资产投资 297. 4 亿元，社会消费品零售总额达到 233. 7 亿元，一般公共预算收入完成 18. 7 亿元，城镇居民人均可支配收入实现 9776 元，农村居民人均纯收入实现 3864 元，城镇新增就业 4. 77 万人，居民消费价格上涨 5. 2%，人口自然增长率为 2. 03‰，单位生产总值综合能耗下降 4. 2%。大会表决通过《关于南充市 2008 年财政预算执行情况和 2009 年财政预算的决议》，审查批准《关于南充市 2008 年财政预算执行情况和 2009 年财政预算草案的报告》和 2009 年市级预算。决议确认：2008 年，全市地方财政一般预算收入完成 186807 万元，全市财政一般预算支出完成 1348421 万元；全市一般预算收入加上返还性收入、各类补助收入、债券转贷、上年结余和动用预算稳定调节金等，全年总收入为 1395607 万元，总收入减去当年实际支出、上解上级支出和按规定应结转下年继续安排使用的项目结余后，全市累计结余 4437 万元。2008 年，市级财政一般预算收入完成 57603 万元，市级财政一般预算支出完成 152356 万元，市级财政一般预算收入加上返还性人、各类补助收入、债券转贷、上年结余、下级上解收入和动用预算稳定调节金等，全年总收入为 185914 万元，总收入减去当年实际支出、按规定应结转下年继续安排的项目结余资金等，市级财政累计结余 296 万元。大会还表决通过关于市人大常委会、市人民政府、市中级人民法院、市人民检察院 4 个工作报告的决议。2010 年 1 月 22 日，市四届人大三次会议表决通过《关于南充市 2009 年国民经济和社会发展计划执行情况及 2010 年计划的决议》，审查批准《关于南充市2009年国民经济和社会发展计划执行情况及2010年计划草案的报告》，审查批准2010年国民经济和社会发展计划。决议确认：2009年，全市地区生产总值达到686.3亿元，规上工业增加值增长28.3%，全社会固定资产投资502.7亿元，社会消费品零售总额达到277.9亿元，一般公共预算收入完成23.5亿元，城镇居民人均可支配收入实现11086元，农村居民人均纯收入实现4173元，居民消费价格上涨1.4%，城镇新增就业4.84万人，人口自然增长率为2.2‰，单位生产总值综合能耗下降5.7%。大会表决通过《关于南充市2009年预算执行情况和2010年预算的决议》，审查批准《关于南充市2009年预算执行情况和2010年预算草案的报告》和2010年市级预算。决议确认：2009年，全市地方财政一般预算收入完成235240万元，全市财政一般预算支出完成1605171万元；全市一般预算收入加上返还性收入、各类补助收入、债券转贷、上年结余和动用预算稳定调节金等，全年总收入为1659206万元，总收入减去当年实际支出、上解上级支出和按规定应结转下年继续安排使用的项目结余后，全市累计净结余4650万元。2009年，市级财政一般预算收入完成73893万元，市级财政一般预算支出完成210891万元，市级财政一般预算收入加上返还性入、各类补助收入、债券转贷、上年结余、下级上解收入和动用预算稳定调节金等，全年总收入为249355万元，总收入减去当年实际支出、按规定应结转下年继续安排的项目结余资金等，市级累计净结余289万元。大会还表决通过关于市人大常委会、市人民政府、市中级人民法院、市人民检察院4个工作报告的决议。2011年1月29日，市四届人大四次会议表决通过《关于〈南充市国民经济和社会发展第十二个五年规划纲要〉的决议》，批准《南充市国民经济和社会发展第十二个五年规划纲要》。大会表决通过《关于南充市2010年国民经济和社会发展计划执行情况及2011年计划的决议》，审查批准2011年国民经济和社会发展计划。决议确认：2010年，全市实现地方生产总值827.8亿元，地方财政一般预算收入32.3亿元，全社会固定资产投资656.7亿元，社会消费品零售总额346.7亿元，城镇居民人均可支配收入12638元，农民人均纯收入4814元，城镇新增就业5.69万人，单位生产总值能耗同比下降4.2%。大会表决通过《关于南充市2010年预算执行情况和2011年预算的决议》，审查批准《关于南充市2010年预算执行情况和2011年预算草案的报告》和2011年市级预算。决议确认：2010年，全市地方财政一般预算收入322515万元，全市财政一般预算支出1839952万元；一般预算收入加上返还、各类补助、债券转贷、上年结余等，全年总收入为1897339万元；总收入减去当年实际支出、上解支出、安排稳定调节金和按规定应结转下年继续安排使用的项目结余资金等，全市累计净结余1741万元。2010年，市级财政一般预算收入完成96089万元，一般预算支出完成238648万元；一般预算收入加上返还、各类补助、债券转贷、上年结余等，全年总收入为274009万元；总收入减去当年实际支出、安排稳定调节金和补助下级支出、按规定应结转下年继续安排的项目结余资金等，市级累计净结余300万元。大会还表决通过关于市人大常委会、市人民政府、市中级人民法院、市人民检察院4个工作报告的决议。

2012年1月4日，市五届人大一次会议作出《关于南充市第五届人民代表大会专门委员会设置的决定》。1月6日，大会表决通过《关于南充市2011年国民经济和社会发展计划执行情况及2012年计划的决议》，审查批准2012年国民经济和社会发展计划。决议确认：2011年，全市地区生产总值达到1010亿元，规上工业增加值增长23%，全社会固定资产投资710亿元，社会消费品零售总额达到392亿元，一般公共预算收入完成43.2亿元，城镇居民人均可支配收入实现14500元，农村居民人均纯收入实现5580元，居民消费价格上涨6.5%，城镇新增就业5.2万人，人口自然增长率为2.5‰，城镇化率为37.7%，单位生产总值综合能耗下降3.5%。大会表决通过《关于南充市2011年预算执行情况和2012年预算的决议》，审查批准《关于南充市2011年预算执行情况和2012年预算草案的报告》和

2012年市级预算。决议确认：2011年，全市地方财政一般预算收入完成432863万元，全市财政一般预算支出完成2316645万元；全市一般预算收入加上返还性收入、各类补助收入、债券转贷、上年结余和动用预算稳定调节金等，全年总收入为2361064万元，总收入减去当年实际支出、上解上级支出和按规定应结转下年继续安排使用的项目结余后，全市累计净结余4873万元。2011年，市级财政一般预算收入完成129232万元，市级财政一般预算支出完成307642万元，市级财政一般预算收入加上返还性入、各类补助收入、债券转贷、上年结余、下级上解收入和动用预算稳定调节金等，全年总收入为342475万元，总收入减去当年实际支出、按规定应结转下年继续安排的项目结余资金等，市级累计净结余300万元。大会还表决通过关于市人大常委会、市人民政府、市中级人民法院、市人民检察院4个工作报告的决议。2013年1月17日，市五届人大三次会议表决通过《关于南充市2012年国民经济和社会发展计划执行情况及2013年计划的决议》，审查批准2013年国民经济和社会发展计划。决议确认：2012年，全市地区生产总值达到1200亿元，规上工业增加值增长17.5%，全社会固定资产投资860亿元，社会消费品零售总额达到455亿元，一般公共预算收入完成52.9亿元，城镇居民人均可支配收入实现16722元，农村居民人均纯收入实现6771元，居民消费价格上涨3.2%，城镇新增就业6.4万人，城镇化率为39.2%，单位生产总值综合能耗下降3.5%。大会表决通过《关于南充市2012年预算执行情况和2013年预算的决议》，审查批准《关于南充市2012年预算执行情况和2013年预算草案的报告》和2013年市级预算。决议确认：2012年，全市公共财政预算收入完成528694万元，全市公共财政预算支出2795866万元，全市公共财政预算收入加上返还性收入、各类补助收入、债券转贷收入和上年结余收入，全年总收入2856728万元，总收入减去当年支出、上解上级支出和按规定应结转下年继续安排使用的项目结余后，全市累计净结余2643万元。2012年，市级公共财政预算收入完成155744万元，市级公共财政预算支出362098万元，市级公共财政预算收入加上返还性收入、各类补助收入、债券转贷收入和上年结余收入，全年总收入为392617万元，总收入减去当年支出、上解上级支出和按规定应结转下年继续安排的项目结余资金后，市级累计净结余1130万元。大会还表决通过关于市人大常委会、市人民政府、市中级人民法院、市人民检察院4个工作报告的决议。2014年2月14日，市五届人大四次会议表决通过《关于南充市2013年国民经济和社会发展计划执行情况及2014年计划的决议》，审查批准2014年国民经济和社会发展计划。决议确认：2013年，全市地区生产总值达到1328.6亿元，规上工业增加值增长11.8%，全社会固定资产投资1102.8亿元，社会消费品零售总额达到523.4亿元，一般公共预算收入完成65.6亿元，城镇居民人均可支配收入实现19206元，农村居民人均纯收入实现7650元，居民消费价格上涨3.2%，城镇化率为41.1%。大会表决通过《关于南充市2013年预算执行情况和2012年预算的决议》，审查批准《关于南充市2013年预算执行情况和2012年预算草案的报告》和2012年市级预算。决议确认：2013年，全市公共财政预算收入655666万元，加上中省补助收入和上年结转结余等，收入总量3170406万元；全市公共财政预算支出3100351万元，加上上解上级支出等，支出总量3147996万元。收支总量相抵并扣除按规定结转下年继续安排使用的项目结余后，累计净结余4212万元，当年结余971万元。2013年，市级公共财政预算收入188362万元，加上中省补助收入和上年结转结余等，收入总量992078万元；市级公共财政预算支出368221万元，加上补助下级支出、上解上级支出等，支出总量978620万元；收支总量相抵并扣除按规定结转下年继续安排的项目结余资金后，市级累计净结余1000万元，当年结余25万元。大会还表决通过关于市人大常委会、市人民政府、市中级人民法院、市人民检察院4个工作报告的决议。2015年5月21日，市五届人大五次会议表决通过《关于接受南充市人大常委会相关组成人员辞职的决定》。5 月 23 日，大会表决通过《关于南充市 2014 年国民经济和社会发展计划执行情况及 2015 年计划的决议》，审查批准 2015 年国民经济和社会发展计划。决议确认：2014 年，全市地区生产总值达到 1432 亿元，规上工业增加值增长 6%，全社会固定资产投资 1244.5 亿元，社会消费品零售总额达到 593.4 亿元，一般公共预算收入完成 76.6 亿元，城镇居民人均可支配收入实现 21223 元，农村居民人均可支配收入实现 8555 元，居民消费价格上涨 2.3%，城镇化率为 42.4%。大会表决通过《关于南充市 2014 年预算执行情况和 2015 年预算的决议》，审查批准《关于南充市 2014 年预算执行情况和 2015 年预算草案的报告》和 2015 年市级财政预算。决议确认：2014 年，全市一般公共预算收入完成 765568 万元，一般公共预算支出完成 3446815 万元，加上转移性等收支后，净结余 7581 万元；全市政府性基金预算收入完成 1393601 万元，支出完成 1489252 万元，加上转移性等收支后，滚存结余 43007 万元。2014 年，市级一般公共预算收入完成 225853 万元，支出完成 511162 万元，加上转移性等收支后，净结余 1569 万元；市级政府性基金预算收入完成 295369 万元，支出完成 279428 万元，加上转移性等收支后，滚存结余 29547 万元。大会还表决通过关于市人大常委会、市人民政府、市中级人民法院、市人民检察院 4 个工作报告的决议。2016 年 3 月 19 日，市五届人大六次会议表决通过《关于设立南充市第五届人民代表大会法制委员会的决定》。3 月 23 日，大会表决通过《关于南充市国民经济和社会发展第十三个五年规划纲要的决议》，批准南充市国民经济和社会发展第十三个五年规划纲要。大会表决通过《关于推进法治南充建设的决议》，决议从坚持党的领导，倡导全民参与；加强人大监督，推进科学立法；建设法治政府，推进依法行政；深化司法改革，推进公正司法；创新社会治理，推进基层民主；弘扬法治精神，推进全民守法等六个方面对建设法治南充作出安排部署。大会表决通过《关于南充市 2015 年国民经济和社会发展计划执行情况及 2016 年计划的决议》，审查批准 2016 年国民经济和社会发展计划。决议确认：2015 年，全市地区生产总值达到 1516.2 亿元，规上工业增加值增长 9.8%，服务业增加值达到 439.7 亿元，全社会固定资产投资 1389 亿元，社会消费品零售总额达到 698.8 亿元，一般公共预算收入完成 85.1 亿元，城镇居民人均可支配收入实现 23950 元，农村居民人均可支配收入实现 10292 元，居民消费价格上涨 1.8%，城镇化率为 43.8%。大会表决通过《关于南充市 2015 年预算执行情况和 2016 年预算的决议》，审查批准《关于南充市 2015 年预算执行情况和 2016 年预算草案的报告》和 2016 年市级预算。决议确认：2015 年，全市一般公共预算收入完成 850746 万元，支出完成 3696431 万元，与转移性收支、地方政府债务收支等加减，并扣除结转下年继续使用的 32029 万元后，年度预算实现收支平衡；全市政府性基金预算收入完成 731511 万元，支出完成 882960 万元，与转移性收支、地方政府债务收支等加减后，年终滚存结余 30334 万元；全市国有资本经营预算收入完成 19470 万元，支出完成 15694 万元，收支相抵后，年末结转 3776 万元；全市社会保险基金预算收入完成 1269451 万元，支出完成 1225696 万元，收支相抵并加上上年滚存结余后，年末滚存结余 919720 万元。2015 年，市级一般公共预算收入完成 247098 万元，支出完成 486701 万元，与转移性收支、地方政府债务收支等加减，并扣除结转下年继续使用的 24520 万元后，年度预算实现收支平衡；市级政府性基金预算收入完成 91344 万元，支出完成 137220 万元，与转移性收支、地方政府债务收支等加减后，年终滚存结余 24356 万元；市级国资本经营预算收入完成 642 万元，支出完成 440 万元，收支相抵后，年末结转 202 万元；市级社会保险基金预算收入完成 233618 万元，支出完成 211818 万元，收支相抵并加上上年滚存结余后，年末滚存结余 215221 万元。大会还表决通过关于市人大常委会、市人民政府、市中级人民法院、市人民检察院 4 个工作报告的决议。

2017 年 1 月 8 日，市六届人大一次会议表决通过《关于南充市第六届人民代表大会专门委员会设置的决定》。1月10日，大会表决通过《关于南充市2016年国民经济和社会发展计划执行情况及2017年计划的决议》，审查批准2017年国民经济和社会发展计划。决议确认：2016年，全市地区生产总值达到1610亿元，规上工业增加值增长9.8%，服务业增加值达到485亿元，全社会固定资产投资1555亿元，社会消费品零售总额达到785亿元，一般公共预算收入完成95亿元，城镇居民人均可支配收入实现25986元，农村居民人均可支配收入实现11321元，城镇新增就业6.3万人，居民消费价格上涨2%，人口自然增长率为3.08‰，森林覆盖率达到39.96%，单位生产总值综合能耗下降3.7%。大会表决通过《关于南充市2016年预算执行情况和2017年预算的决议》，审查批准《关于南充市2016年预算执行情况和2017年预算草案的报告》和2017年市级预算。决议确认：2016年，全市一般公共预算收入完成95亿元，支出完成429.5亿元，与转移性收支、债务转贷收支等加减后，年终滚存结余4亿元；全市政府性基金预算收入完成51.9亿元，支出完成69.2亿元，与转移性收支、债务转贷收支等加减后，年终滚存结余1.7亿元；全市国有资本经营预算收入完成2.9亿元，支出完成2.9亿元，与上级转移支付、上年结余等加减后，年终滚存结余0.1亿元；全市社会保险基金预算收入完成194.6亿元，支出完成201.7亿元，收支相抵并加上上年滚存结余后，年末滚存结余84.8亿元。2016年，市级一般公共预算收入完成28.3亿元，支出完成60.2亿元，与转移性收支、债务转贷收支等加减，年终滚存结余2.8亿元；市级政府性基金预算收入完成4.4亿元，支出完成6.6亿元，与转移性收支、债务转贷收支等加减后，年终滚存结余1.5亿元；市级国有资本经营预算收入完成2.6亿元，支出完成2.6亿元，与上级转移支付、补助下级支出等加减后，年终滚存结余0.1亿元；市级社会保险基金预算收入完成26.8亿元，支出完成25.8亿元，收支相抵并加上上年滚存结余后，年末滚存结余23.4亿元。大会还表决通过关于市人大常委会、市人民政府、市中级人民法院、市人民检察院4个工作报告的决议。2018年2月27日，市六届人大三次会议表决通过《关于南充市2017年国民经济和社会发展计划执行情况及2018年计划的决议》，审查批准2018年国民经济和社会发展计划。决议确认：2017年，全市地区生产总值达到1827.9亿元，规上工业增加值增长10.2%，服务业增加值达到714.6亿元，全社会固定资产投资1820亿元，社会消费品零售总额达到888.3亿元，一般公共预算收入完成103.3亿元，城镇居民人均可支配收入实现28333元，农村居民人均可支配收入实现12389元，居民消费价格上涨1.8%，常住人口城镇化率达到46.47%，人口自然增长率为3.89‰，单位地区生产总值能耗下降4.7%，单位地区生产总值二氧化碳排放下降4.5%。大会表决通过《关于南充市2017年预算执行情况和2018年预算的决议》，审查批准《关于南充市2017年预算执行情况和2018年预算草案的报告》和2018年市级预算。决议确认：2017年，全市一般公共预算收入完成103.3亿元，支出完成460亿元，与转移性收支等加减后，收支品迭，年终结转5.9亿元；全市政府性基金预算收入完成102.7亿元，支出完成105.5亿元，与转移性收支等加减后，收支品迭，年终结余3.3亿元；全市国有资本经营预算收入完成0.4亿元，支出完成0.6亿元，与转移性收支等加减后，收支平衡；全市社会保险基金预算收入完成207.2亿元，支出完成181.9亿元，收支相抵并加上上年滚存结余后，年末滚存结余126.8亿元。2017年，市级一般公共预算收入完成28.5亿元，支出完成80.6亿元，与转移性收支等加减后，收支品迭，年终结转2.7亿元；市级政府性基金预算收入完成18.9亿元，支出完成16.2亿元，与转移性收支等加减后，收支品迭，年终结余1.7亿元；市级国有资本经营预算收入完成0.2亿元，支出完成0.4亿元，与转移性收支等加减后，收支平衡；市级社会保险基金预算收入完成59.6亿元，支出完成56亿元，收支相抵并加上上年滚存结余后，年末滚存结余36.1亿元。大会还表决通过关于市人大常委会、市人民政府、市中级人民法院、市人民检察院4个工作报告的决议。2019

年3月21日，市六届人大四次会议表决通过《关于增设南充市第六届人民代表大会社会建设委员会和内务司法委员会更名为监察和司法委员会的决定》，增设及更名后，市六届人大设有8个专门委员会。3月22日，大会表决通过《关于南充市2018年国民经济和社会发展计划执行情况及2019年计划的决议》，审查批准2019年国民经济和社会发展计划。决议确认：2018年，全市地区生产总值达到2006亿元，规上工业增加值增长11%，服务业增加值达到800.1亿元，全社会固定资产投资1674.7亿元，社会消费品零售总额达到960亿元，一般公共预算收入完成113.9亿元，城镇居民人均可支配收入实现30810元，农村居民人均可支配收入实现13583元，居民消费价格上涨1.8%，单位地区生产总值能耗下降5.94%，单位地区生产总值二氧化碳排放下降2.5%，城镇新增就业达到8万人，常住人口城镇化率达到48.14%。大会表决通过《关于南充市2018年预算执行情况和2019年预算的决议》，审查批准《关于南充市2018年预算执行情况和2019年预算草案的报告》和2019年市级预算。决议确认：2018年，全市一般公共预算收入完成113.9亿元，支出完成495.2亿元，收支品迭，全市一般公共预算收支平衡；全市政府性基金预算收入完成202.8亿元，支出完成180.8亿元，收支品迭，年终结余5亿元；全市国有资本经营预算收入完成0.51亿元，支出完成0.27亿元，与转移性收支等加减后，收支平衡；全市社会保险基金预算收入完成214.2亿元，支出完成204.3亿元，收支相抵并加上上年滚存结余后，年末滚存结余156.9亿元。2018年，市级一般公共预算收入完成28.7亿元，支出完成77.7亿元，收支品迭，市级一般公共预算收支平衡；市级政府性基金预算收入完成25.1亿元，支出完成19.4亿元，收支品迭，年终结余1.5亿元；市级国有资本经营预算收入完成0.19亿元，支出完成0.1亿元，与转移性收支等加减后，收支平衡；市级社会保险基金预算收入完成67.8亿元，支出完成58.5亿元，收支相抵并加上上年滚存结余后，年末滚存结余46.4亿元。大会还表决通过关于市人大常委会、市人民政府、市中级人民法院、市人民检察院4个工作报告的决议。2020年6月21日，市六届人大五次会议表决通过《关于南充市2019年国民经济和社会发展计划执行情况及2020年计划的决议》，审查批准2020年国民经济和社会发展计划。决议确认：2019年，全市地区生产总值达到2322.2亿元，规上工业增加值增长10%，服务业增加值达到980.4亿元，全社会固定资产投资增长13.3%，社会消费品零售总额达到1068.9亿元，一般公共预算收入完成123.3亿元，城镇居民人均可支配收入实现33749元，农村居民人均可支配收入实现15027元，居民消费价格上涨3.1%，单位地区生产总值能耗下降5.37%，单位地区生产总值二氧化碳排放下降2.5%，城镇新增就业达到8.1万人，常住人口城镇化率达到49.72%。大会表决通过《关于南充市2019年预算执行情况和2020年预算的决议》，审查批准《关于南充市2019年预算执行情况和2020年预算草案的报告》和2020年市级预算。决议确认：2019年，全市一般公共预算收入完成123.3亿元，支出完成555.2亿元，与转移性收支、地方政府债券收支等加减后，全市一般公共预算收支平衡；全市政府性基金预算收入完成287.1亿元，支出完成235.6亿元，与转移性收支、地方政府债券收支等加减后，全市政府性基金预算收支平衡；全市国有资本经营预算收入完成1.2亿元，支出完成1.1亿元，全市国有资本经营预算收支平衡；全市社会保险基金预算收入完成208.3亿元，支出完成211.8亿元，收支相抵并加上上年滚存结余后，年末滚存结余151.5亿元。2019年，市级一般公共预算收入完成30.2亿元，支出完成79.8亿元，与转移性收支、地方政府债券收支等加减后，市级一般公共预算收支平衡；市级政府性基金预算收入完成50.7亿元，支出完成29.1亿元，与转移性收支、地方政府债券收支等加减后，市级政府性基金预算收支平衡；市级国有资本经营预算收入完成0.5亿元，支出完成0.4亿元，市级国有资本经营预算收支平衡；市级社会保险基金预算收入完成68.6亿元，支出完成58.1亿元，收支相抵并加上上年滚存结余后，年末滚存结余55亿元。大会还表决通过市人大常委会、市人民政府、市中级人民法院、市人民检察院4个工作报告的决议。

第二节 南充市人大常委会决定决议

1993年12月至1999年1月，市一届人大常委会一至三十四次会议先后审议通过《南充市人民代表大会常务委员会关于设立办事机构的决定》《关于设立南充市第一届人民代表大会常务委员会代表资格审查委员会的决定》《关于陈家怀同志当选西充县人民政府副县长无效的决定》《南充市人民代表大会常务委员会关于实现全市绿化的决议》《关于召开南充市第一届人民代表大会第三次会议的决定》《南充市人民代表大会常务委员会关于批准南充市1994年财政预算调整方案的决定》《关于增补杨荣久同志为南充市人大常委会代表资格审查委员会副主任委员的决定》《南充市人民代表大会常务委员会关于加快升钟水库配套建设的决议》《南充市人民代表大会常务委员会关于进一步贯彻实施〈中华人民共和国妇女权益保障法〉的决议》《关于批准南充市市本级1994年财政决算的决议》《南充市人民代表大会常务委员会关于批准调整南充市1995年商品零售物价指数的决议》《南充市人民代表大会常务委员会关于全市乡级人民代表大会代表选举时间的决定》《南充市人民代表大会常务委员会关于批准南充市市本级1995年预算调整方案的决议》《关于召开南充市第一届人民代表大会第四次会议的决定》《关于南充市人大常委会选举任免联络工作委员会更名的决定》《南充市人大常委会关于通报表彰市科委主任胥德会的决定》《南充市人大常委会关于批准南充市1995年财政决算的决议》《南充市人大常委会关于通报表彰市工业局的决定》《南充市人民代表大会常务委员会关于在全市开展第三个五年法制宣传教育的决议》《关于接受向阳辞去南充市人民政府市长职务请求的决定》《关于李川副市长代理南充市人民政府市长职务的决定》《南充市人民代表大会常务委员会关于批准南充市市级1996年财政预算调整方案的决定》《南充市人民代表大会常务委员会关于批准南充市1996年国民经济和社会发展计划部分指标变更的决定》《南充市人大常委会关于加快农村小康建设的决议》《关于召开南充市第一届人民代表大会第五次会议的决定》《关于接受梁仁培辞去南充市第一届人民代表大会农业委员会委员职务的决定》《南充市人民代表大会常务委员会关于批准南充市1996年市级财政决算的决议》《关于修改〈南充市人民代表大会常务委员会人事任免试行办法〉的决定》《关于增补南充市第一届人民代表大会常务委员会代表资格审查委员会主任委员、委员的决定》《南充市人民代表大会常务委员会关于依法治市的决议》《关于修改〈南充市人民代表大会常务委员会议事规则〉的决定》《南充市人民代表大会常务委员会关于批准南充市市级1997年财政预算调整方案的决定》《关于召开南充市第一届人民代表大会第六次会议的决定》《南充市人民代表大会常务委员会关于批准南充市国民经济和社会发展“九五”计划部分调整方案的决议》《关于召开南充市第一届人民代表大会第七次会议的决定》《关于接受陈香泉辞去南充市人民政府副市长职务请求的决定》《南充市人民代表大会常务委员会关于同意南充市历史文化名城保护规划的决议》《南充市人民代表大会常务委员会关于同意南充市西山风景名胜区总体规划的决议》《南充市人大常委会关于接受黄工乐辞去四川省第九届人民代表大会代表职务的决定》《南充市人民代表大会常务委员会关于批准南充市市级1998年财政预算调整方案的决议》《关于召开南充市第二届人民代表大会第一次会议的决定》《关于接受杜元耀请求辞去南充市人民政府市长职务的决定》《关于吴果行副市长代理南充市人民政府市长职务的决定》，作出《南充市人民代表大会常务委员会关于将唐光福、胥凌云、王秀清等代表分别所提4件议案交市人民政府办理的决定》。其中，《南充市人民代表大会常务委员会关于设立办事机构的决定》中，决定市人大常委会下设办公厅、法制工作委员会、农业工作委员会、财政经济工作委员会、选举任免联络工作委员会、教科文卫工作委员会6个办事机构。《关于设立南充市第一届人民代表大会常务委员会代表资格审查委员会的决定》中，决定由袁天锡任主任委员，张明才任副主任委员，王爱、杨荣久、秦永刚、梁仕培、彭子银为委员。《南充市人民代表大会常务委员会关于加快升钟水库配套建设的决议》提出：用3年时间完成升钟水库一期工程项目，在全市实现有效灌面135万亩。《南充市人民代表大会常务委员会关于进一步贯彻实施〈中华人民共和国妇女权益保障法〉的决议》要求全市各级人民政府要健全完善妇女权益保护机制，加强对用工单位的法律约束和工作监督，督促其严格执行《女职工劳动保护条例》；要重视对妇女干部的培养选拔，严厉打击侵犯妇女合法权益的犯罪活动。《关于南充市人大常委会选举任免联络工作委员会更名的决定》将南充市人民代表大会常务委员会选举任免联络工作委员会更名为南充市人民代表大会常务委员会人事代表工作委员会。《南充市人民代表大会常务委员会关于在全市开展第三个五年法制宣传教育的决议》要求：继续进行以宪法、基本法律和社会主义市场经济法律知识为主要内容的第三个五年法制宣传教育活动，着力增强全民法治观念，提高各级干部特别是领导干部依法决策、依法办事、依法管理的能力和水平。《南充市人大常委会关于加快农村小康建设的决议》要求：用好用活农村各项政策，严格控制农民负担，切实改善农业基础条件，大力调整农村产业结构，深入实施农业产业化战略，健全农村发展多元投入机制，力保按期实现小康规划目标。《关于修改〈南充市人民代表大会常务委员会人事任免试行办法〉的决定》中，对地方国家权力机关、行政机关、审判机关、检察机关任免范围作了进一步明确，特别对决定代理市长、代理法院院长、代理检察长的程序和办法作出详细规定，明确提请任命人员必须通过法律知识考试，市人大常委会组成人员不得担任行政机关、审判机关、检察机关的职务等等。《关于增补南充市第一届人民代表大会常务委员会代表资格审查委员会主任委员、委员的决定》中，决定增补杨元生同志为市一届人大常委会代表资格审查委员会主任委员，马昌群为委员。《南充市人民代表大会常务委员会关于依法治市的决议》要求：坚持以邓小平建设有中国特色社会主义理论和党的基本路线为指导，以经济建设为中心，以发展社会主义民主、健全社会主义法制为目标，依照宪法和法律管理政治、经济、文化和社会事务，调整各方面的关系，使全市政治、经济、文化和社会生活各个方面都走上法治化轨道，做到“有法可依、有法必依、执法必严、违法必究”，力争到2010年，使南充基本成为政治民主、社会稳定、经济繁荣、科技进步、人民富裕，具有良好社会风尚的社会主义法治市。《关于修改〈南充市人民代表大会常务委员会议事规则〉的决定》对专门委员会的履职行权活动作出相应规定。《南充市人大常委会关于切实减轻企业负担的决议》要求，市人民政府根据中央政策文件和相关法规精神，制定出台南充市减轻企业负担的实施意见，及时清理中省要求保留和取消的收费项目，并在《南充日报》上向社会公布；对市级各部门自立的收费项目，要将清理结果向市人大常委会作出专题汇报；对顶风违纪、乱收乱罚的单位和个人坚决严肃处理，确保企业减负工作落到实处、收到实效。

1999年2月至2004年3月，市二届人大常委会一至三十五次会议先后审议通过《关于修改〈南充市人民代表大会常务委员会组成人员守则〉的决定》《关于设立南充市人民代表大会常务委员会研究室的决定》《南充市人大常委会关于批准南充市1998年市级财政决算的决议》《南充市人大常委会关于批准南充市市级 1999 年财政预算调整方案的决议》《关于召开南充市第二届人民代表大会第二次会议的决定》《南充市人大常委会关于积极推进南充实施西部大开发战略加快经济发展的决议》《南充市人大常委会关于批准南充市 1999 年市级财政决算的决议》《南充市人大常委会关于加强全市法院执行工作的决议》《南充市人大常委会关于授予张世富等六位同志“人民好公仆”荣誉称号的决定》《南充市人大常委会关于批准〈南充市农业产业化发展纲要〉的决议》《南充市人大常委会关于批准南充市 2000 年市级财政预算调整方案的决议》《关于召开南充市第二届人民代表大会第三次会议的决定》《南充市人大常委会关于接受淳定清辞去市二届人大常委会委员职务的决定》《南充市人大常委会关于加强经济工作监督的决定》《关于接受吕友清辞去南充市人民政府副市长职务请求的决定》《南充市人民代表大会常务委员会关于进一步开展法制宣传教育的决议》《南充市人民代表大会常务委员会关于建设绿化生态市的决议》《关于修改〈南充市人民代表大会常务委员会人事任免办法〉的决定》《南充市人民代表大会常务委员会关于授予纳光元同志“人民好法官”荣誉称号的决定》《关于批准南充市 2000 年市级财政决算的决议》《关于批准南充市 2001 年市级财政预算调整方案的决议》《南充市人大常委会关于表彰优秀市人大代表、人大工作先进集体、先进个人的决定》《关于同意吴成信、许学照等 8 人辞去职务的决定》《南充市人民代表大会常务委员会关于接受吴果行辞职的决定》《南充市人民代表大会常务委员会关于任命杜光辉为南充市人民政府代市长的决定》《南充市人民代表大会常务委员会关于接受何多福辞去职务的决定》《南充市人民代表大会常务委员会关于接受马昌群、许学照等 5 人辞职的决定》《关于召开南充市第二届人民代表大会第四次会议的决定》《关于接受罗月华辞去南充市人民政府副市长职务的决定》《南充市人民代表大会常务委员会关于依靠科技进步促进农民增收的决议》《南充市人大常委会关于批准南充市 2001 年市级财政决算的决议》《南充市人民代表大会常务委员会关于供水、供电、供气计量收费到用户的决议》《南充市人民代表大会常务委员会关于加强非税财政收入收支两条线管理监督的决定》《南充市人民代表大会常务委员会关于南充市第六次修编的城市总体规划的决议》《关于批准南充市 2001 年市级财政预算调整方案的决定》《关于召开南充市第二届人民代表大会第五次会议的决定》《关于同意接受张泽友、杨天武辞去职务的决定》《关于召开南充市第二届人民代表大会第六次会议的决定》《关于接受赵开源、滕明才辞去职务的决定》《关于接受王正忠辞去南充市人民政府副市长职务的决定》《关于批准南充市 2002 年市级财政决算的决议》《南充市人大常委会关于接受赵德胜辞去南充市人民政府副市长职务的决定》《关于批准南充市 2003 年市级财政预算调整方案的决定》《关于撤销杨春林南充市建设局局长职务的决定》《关于撤销邬大渊南充市城市规划管理局局长职务的决定》《南充市人大常委会关于撤销杨春林“人民好公仆”荣誉称号的决定》《关于召开南充市第三届人民代表大会第一次会议的决定》。其中，《南充市人大常委会关于积极推进南充实施西部大开发战略加快经济发展的决议》提出，南充要把实施西部大开发战略的着力点放在解放生产力、发展生产力上来；充分发挥法治对经济发展的规范保障作用，维护好市场经济秩序，吸引鼓励外来投资，保护投资者、经营者、开发者合法权益；进一步规范行政司法行为，逐步提高行政司法人员运用法律手段处理和调节各种经济关系的能力；动员全市人民积极参与实践，投身西部大开发，打好加快发展总体战。《南充市人大常委会关于加强全市法院执行工作的决议》提出，当事人必须履行人民法院已经发生法律效力的判决、裁定等法律文书以及依法由人民法院执行的其他法律文书所确定的义务，有履行能力而拒不履行或者妨害执行的，应依法予以制裁；人民法院要严肃执法，公正裁判，提高办案质量，坚持依法执行、及时执行、文明执行；要加快执行工作管理体制改革步伐，全面实行审执分立，搞好审执配合，健全执行工作制度，提高执行人员素质，对违法执行的要追究责任；任何单位和个人都要积极支持和配合人民法院执行工作，不得阻碍和干涉司法公正；市县两级人大常委会要加强对人民法院执行工作的监督，帮助其排除干扰和阻力，督促其纠正执行中的违法行为。《南充市人大常委会关于授予张世富等六位同志“人民好公仆”荣誉称号的决定》中，决定授予南充市计委主任张世富、南充市教委主任徐兴发、南充市建委主任杨春林、南充市交通局局长余长春、南充市国土局局长胥德会、南充市畜牧局局长何玉钊“人民好公仆”荣誉称号。《南充市人大常委会关于加强经济工作监督的决定》明确市人大常委会对经济工作的监督内容主要包括：市人民政府编制的国民经济和社会发展年度计划和中长期计划草案；年度计划、中长期计划和年度财政预算执行过程中的部分变更和调整；经济运行过程中工业、农业、商贸、城建、财税、金融等方面的重大问题；交通、信息、能源等基础设施重点项目的开发和建设，城市总体规划重大调整情况，土地、矿产、森林、水利等重要自然资源、旅游资源的开发利用和环境保护；市人大常委会依据法律法规认为需要审议或决定的其他事项。《南充市人民代表大会常务委员会关于进一步开展法制宣传教育的决议》要求，继续开展宪法、国家基本法律宣传教育，宣传教育重点放在各级领导干部、司法人员、行政执法人员、青少年和企业经营管理人员上；各级领导干部应坚持理论学习中心组学法、法制讲座、法律培训制度、任职前法律知识考试和任职后学法用法考核制度，并把学法用法守法情况作为考核、任免干部的依据之一；要将行政执法、司法人员学法纳入国家公务员“十五”培训总体规划，建立健全法律知识统一培训、考试、考核和颁发合格证制度；企业要建立健全经营管理人员法律知识培训制度，将依法经营、依法管理作为考核企业经营管理者的重要依据之一；各级、各单位和普法工作机构要通过办各类法制培训班、报告会、宣讲会等多种形式，进行广泛的法治宣传教育；要把学法和用法、法治宣传教育和依法治理实践紧密结合起来，继续深入推进依法治市，逐步实现各项社会事务管理法治化；各级政府应建立重大决策前的法律咨询审核制度和法律顾问制度，继续全面推行和完善执法责任制和执法过错责任追究制度，保证依法行政；各级司法机关要依法实行审判公开、检务公开，进一步建立健全错案责任追究制度，保证公正司法，努力形成地方、行业、基层依法治理协调发展格局。《南充市人民代表大会常务委员会关于建设绿化生态市的决议》提出，要切实加大专项投入，不断深化林业改革，大力开展义务植树，深入实施科技兴林，坚持实行政府首长绿化生态建设任期目标责任制、领导联系办点制度、行业绿化目标责任制，扎实抓好天然林资源保护工程、退耕还林还草工程、绿色通道工程、环城绿化和城市园林绿化工程、生态治理工程，力争到2010年全市新增造林面积300万亩，林地面积达到718万亩，活立木蓄积达到1830万立方米，森林覆盖率达到38%，城市人均绿地面积达到8.5平方米以上，全面建成绿化生态市，建立起基本适应可持续发展的绿化生态环境。《关于修改〈南充市人民代表大会常务委员会人事任免办法〉的决定》确立拟任命人员供职发言制度，增加电子表决、对政绩突出的被任命人员授予“地方荣誉称号”等内容。《南充市人大常委会关于表彰优秀市人大代表、人大工作先进集体、先进个人的决定》中，决定表彰58名优秀市人大代表、11个先进市人大代表小组、15个人大工作先进集体、23名人大工作先进个人。《南充市人民代表大会常务委员会关于依靠科技进步促进农民增收的决议》提出，加快农业科技成果转化，大力推广良种良法，积极创办农业科技示范园区，深入推进农业标准化建设，健全完善农村科技信息网络和农业科技推广体系，广泛开展现代农业知识培训，不断增加科技兴农专项投入，依托科技的力量，推动南充由农业大市向农业强市转变。《南充市人民代表大会常务委员会关于加强非税财政收入收支两条线管理监督的决定》将非税收入征管用情况纳入市人大常委会经济工作监督范畴。

2004年4月至2008年4月，市三届人大常委会一至二十九次会议先后审议通过《关于设立南充市第三届人民代表大会常务委员会代表资格审查委员会的决定》《南充市人大常委会关于批准南充市2003年市级财政决算的决议》《关于批准南充市2004年市级财政预算调整方案的决定》《南充市人大常委会关于接受王静莉辞去南充市人民政府副市长职务的决定》《南充市人民代表大会常务委员会关于修改〈南充市人民代表大会常务委员会组成人员守则〉的决定》《南充市人大常委会关于召开南充市第三届人民代表大会第二次会议的决定》《南充市人大常委会关于接受黄顺福辞去南充市人大常委会主任职务的决定》《南充市人大常委会关于批准南充市2004年市级财政决算的决议》《关于批准南充市2005年市级财政预算调整方案的决定》《南充市人民代表大会常务委员会关于召开南充市第三届人民代表大会第三次会议的决定》《南充市人大常委会关于接受蒋辅义辞去南充市人民政府副市长职务的决定》《南充市人大常委会关于接受田世宏辞去南充市人民政府副市长职务的决定》《南充市人大常委会关于接受何勇辞去南充市人大常委会委员职务的决定》《南充市人大常委会关于接受钟吕坤、杜一力辞去南充市人民政府副市长职务的决定》《南充市人民代表大会常务委员会关于加强法制宣传教育的决议》《南充市人大常委会关于批准南充市2005年市本级财政决算的决议》《南充市人大常委会关于接受胡云辞去南充市人民政府副市长职务的决定》《南充市人大常委会关于接受刘彬辞去南充市人大常委会秘书长职务的决定》《南充市人民代表大会常务委员会关于批准南充市2006年市级财政预算调整方案的决定》《南充市人民代表大会常务委员会关于召开南充市第三届人民代表大会第四次会议的决定》《南充市人民代表大会常务委员会关于废止〈南充市人民代表大会常务委员会司法案件监督规定〉的决定》《关于废止南充市人民代表大会常务委员会〈四川省各级人民代表大会常务委员会评议工作条例〉实施办法的决定》《南充市人民代表大会常务委员会关于召开南充市第三届人民代表大会第五次会议的决定》《南充市人大常委会关于接受王宁辞去南充市人大常委会主任职务的决定》《南充市人民代表大会常务委员会关于批准南充市2006年市级财政决算的决议》《南充市人民代表大会常务委员会关于批准南充市2007年市级财政预算调整方案的决定》《南充市人民代表大会常务委员会关于召开南充市第三届人民代表大会第六次会议的决定》《南充市人民代表大会常务委员会关于召开南充市第四届人民代表大会第一次会议的决定》。其中，《关于设立南充市第三届人民代表大会常务委员会代表资格审查委员会的决定》中，决定由李元开任主任委员，唐恒金、官晓林任副主任委员，刘勇、罗湘卒、贺和平、彭敏为委员。《南充市人民代表大会常务委员会关于废止〈南充市人民代表大会常务委员会司法案件监督规定〉的决定》中，市人大常委会根据监督法相关规定决定停止实施个案监督。

2008年6月至2011年12月，市四届人大常委会一至二十八次会议先后审议通过《关于设立南充市人民代表大会常务委员会信访办公室的决定》《关于设立南充市第四届人民代表大会常务委员会代表资格审查委员会的决定》《南充市人民代表大会常务委员会关于批准南充市2007年市级财政决算的决议》《南充市人民代表大会常务委员会关于批准南充市2008年市级财政预算调整方案的决定》《关于召开南充市第四届人民代表大会第二次会议的决定》《南充市人民代表大会常务委员会关于加快嘉陵江南充段两岸生态绿化工程建设的决议》《关于批准南充市2009年市级财政预算调整方案的决定》《关于召开南充市第四届人民代表大会第三次会议的决定》《关于修改〈南充市人民代表大会常务委员会听取和审议专项工作报告暂行办法〉的决定》《南充市人大常委会关于接受崔均辞去南充市中级人民法院院长职务的决定》《南充市人大常委会关于王邦习任南充市中级人民法院代理院长的决定》《南充市人民代表大会常务委员会关于批准南充市2009年市级财政决算的决议》《南充市人大常委会关于接受李元开辞去职务的决定》《南充市人大常委会关于批准南充市2010年市级财政预算调整方案的决定》《关于召开南充市第四届人民代表大会第四次会议的决定》《南充市人大常委会关于南充生态市建设规划的决议》《南充市人大常委会关于接受吴应学辞去职务的决定》《关于任命陈自立为南充市第四届人大常委会代表资格审查委员会主任委员的决定》《关于批准南充市 2010 年市级财政决算的决议》《南充市人大常委会关于进一步加强法制宣传教育的决议》《南充市人大常委会关于廖全军任南充市人民检察院代理检察长的决定》《南充市人大常委会关于接受贺和平辞去职务的决定》《南充市人大常委会关于接受游少春辞去职务的决定》《关于批准南充市 2011 年市级财政预算调整方案的决定》《关于召开南充市第五届人民代表大会第一次会议的决定》。其中，《关于设立南充市第四届人民代表大会常务委员会代表资格审查委员会的决定》中，间的由李元开任主任委员，张和、官晓林任副主任委员，江绍刚、阳小虎、李南春、陈功全、贺和平、淳定清为委员。《南充市人民代表大会常务委员会关于加快嘉陵江南充段两岸生态绿化工程建设的决议》要求，对嘉陵江南充段河滩地和台地，从近水面向外镶上三层“彩带”，形成三道风景线：第一层，栽植垂柳、芭茅和喜湿灌草，形成河风扶柳、芳草萋萋、水鸟翻飞的湿地风景线；第二层，栽植红叶杨、意杨等速生林木，形成色泽变化丰富的景观林带；第三层，栽植喜树、水杉，同时在适宜区域配置优质水果、干果树等，形成生态、经济兼用林带；同时对离嘉陵江较近的公路、铁路等交通干线实施生态绿化建设，打造四季常绿的通道景观带；对沿岸荒坡将进行绿化；对沿江的公园、景区和自然保护区等采用因势造景、因景选树的办法实施生态建设，形成品位较高的旅游景观带，力争到 2011 年年底前，在沿江两岸目力所及范围内新增造林面积 8.6 万亩，逐步形成四季常绿、浓荫拥江、景致各异的独特嘉陵江风光。《关于修改〈南充市人民代表大会常务委员会听取和审议专项工作报告暂行办法〉的决定》调整专项工作报告审议意见研究处理情况的满意度计划办法，明确规定，测评获满意票和基本满意票之和达实到会常委会组成人员 80% 以上（含 80%）且满意票超过基本满意票的为满意；满意票、基本满意票之和为实到会常委会组成人员 50% 以下（含 50%）的为不满意；其余情况为基本满意。《南充市人大常委会关于南充生态市建设规划的决议》同意市人民政府提出的《南充生态市建设规划（草案）》，规划草案提出分 3 个阶段、用 5 至 10 年时间，把南充建设成为生态经济高效、生态环境优美、生态文化发达、生态人居良好、人与自然和谐的现代化生态市。分区目标设置为：阆中市、南部县于 2013 年建成省级生态县，顺庆区、高坪区、西充县、仪陇县、营山县、蓬安县于 2015 年建成省级生态县，嘉陵区于 2017 年建成省级生态县，到 2019 年所有县（市、区）全部建成国家级生态县。规划草案将南充划分为：北部低山深丘农林业生态功能区、中部中丘农业生态功能区、南部浅丘农业生态功能区、嘉陵江沿江生态经济综合发展功能区。规划草案提出 8 项工作重点：大力发展生态工业、生态农业、生态旅游业、生态服务业、生态文化、生态人居、生态环境以及切实加强生态能力建设。《南充市人大常委会关于进一步加强法制宣传教育的决议》对“六五”普法工作作出安排、提出要求。

2012 年 2 月至 2016 年 12 月，市五届人大常委会一至四十次会议先后审议通过《关于设立南充市第五届人大常委会代表资格审查委员会的决定》《关于批准南充市 2011 年市级财政决算的决议》《关于批准南充市 2012 年市级财政预算调整方案的决定》《关于召开南充市第五届人民代表大会第三次会议的决定》《南充市人大常委会关于加强对司法工作监督的决定》《南充市人大常委会关于撤销任伟行政职务的决定》《南充市人大常委会关于打造西河生态景观长廊的决议》《关于批准南充市 2012 年市级财政决算的决议》《关于批准南充市 2013 年市级财政预算调整方案的决定》《关于召开南充市第五届人民代表大会第四次会议的决定》《关于接受袁菱辞去省十二届人大代表职务的决定》《关于接受谢华国辞去市五届人大常委会副主任职务的决定》《关于撤销何万波的南充市中级人民法院审判员职务的决定》《关于批准南充市2013年市级财政决算的决议》《关于批准南充市“十二五”规划〈纲要〉部分指标调整的决议》《关于接受陈自立辞去市五届人大常委会副主任职务的决定》《关于批准南充市2014年市级财政预算调整方案的决定》《关于接受杜延茂、何修礼辞去省十二届人大代表职务的决定》《关于召开南充市第五届人民代表大会第五次会议的决定》《关于接受刘宏建辞去四川省人大代表职务的决定》《关于四川南充国家农业科技园区总体规划的决议》《关于接受杨成果辞去南充市第五届人民代表大会常务委员会委员等职务的决定》《关于接受张险峰辞去南充市第五届人民代表大会常务委员会委员等职务的决定》《关于接受黄成立辞去南充市第五届人民代表大会内务司法委员会委员职务的决定》《关于接受胡仕明辞去南充市第五届人民代表大会财政经济委员会委员职务的决定》《关于接受骆亚忠辞去南充市第五届人民代表大会财政经济委员会委员职务的决定》《关于批准南充市2014年市级财政决算的决议》《关于调整市五届人大常委会代表资格审查委员会组成人员的决定》《关于接受柴永柏等辞去四川省第十二届人民代表大会代表职务的决定》《关于批准南充市2015年市级财政预算调整方案的决定》《关于批准南充市人民政府提请审议批准2015年地方政府债务限额议案的决议》《关于召开南充市第五届人民代表大会第六次会议的决定》《关于设立南充市人大常委会法制工作委员会的决定》《关于接受向东辞去南充市人民政府市长职务的决定》《关于宋朝华代理南充市人民政府市长职务的决定》《关于批准南充市2015年市级财政决算的决议》《关于接受宋朝华辞去南充市人民政府市长职务的决定》《关于吴群刚代理南充市人民政府市长职务的决定》《关于接受王邦习辞去南充市中级人民法院院长职务的决定》《关于接受廖全军辞去南充市人民检察院检察长职务的决定》《关于杨敏代理南充市中级人民法院院长职务的决定》《关于周永刚代理南充市人民检察院检察长职务的决定》《关于召开南充市第六届人民代表大会第一次会议的决定》《关于批准南充市2016年市级财政预算调整方案的决议》《关于批准南充市2016年地方政府债务限额的决议》。其中，《关于设立南充市第五届人大常委会代表资格审查委员会的决定》中，决定由李晓松任主任委员，张和、葛淑清任副主任委员，王晓晴、阳小虎、李康、李甫健、黄光伟、蒋晓林为委员。《南充市人大常委会关于加强对司法工作监督的决定》规定，市人大常委会根据宪法和法律赋予的职权，对司法机关和司法工作人员中遵守执行宪法、法律、法规以及人大决议决定的情况，依法开展法律监督和工作监督；市人大常委会监督司法的具体工作由市人大内务司法委员会负责，对司法机关以及由市人大常委会任命的司法工作人员的司法活动和履职情况、处理交办或督办事项情况、接受监督情况等，建立单位和个人履职记录，根据情况适时通报，作为评价司法机关工作和市人大常委会任免司法工作人员职务的参考依据。决定要求：司法机关要建立健全相互协作的工作机制，实行严格的工作责任制、执法责任制、错案责任追究制和绩效考核机制，自觉接受外部监督，不断提高执法办案效率，保证案件质量，维护司法公正。决定提出，市人大常委会或市人大内务司法委员会可通过来信来访、执法检查、视察调研等渠道发现应当启动法律监督的线索和事项，交市人民检察院依法进行法律监督，市人民检察院应按要求报告处理情况，认为不应当启动法律监督的，须书面报告并说明理由。市人民检察院提出抗诉的案件、检察建议以及相关司法机关处理结果，应当各自报市人大内务司法委员会备案，并列入履职记录。《南充市人大常委会关于打造西河生态景观长廊的决议》分总体目标、规划编制、污染治理、景观打造和保障措施等五个部分18条，决议要求市人民政府立足西河是生命之河、生态之河、休闲之河的总体定位，按照“治污是前提、生态是核心、城区是重点、景点是关键”的思路，于2013年年底前编制完成总体规划和重要节点控制性详细规划；于2014年年底力争西河常年水质达三类以上；于2016年年底，把西河建设成为南充市一条重要的生态长廊、休闲走廊和景观长廊。决议强调要把西河生态景观长廊打造纳入重点项目重点督办，出台监管办法和问责制度，严格考核、落实奖惩，坚决杜绝边治理边污染、重复污染等现象发生。《关于批准南充市“十二五”规划〈纲要〉部分指标调整的决议》同意，将“十二五”时期地区生产总值年均增长调整到11.7%，人均GDP增长预期目标调整为11.5%；将原规模以上工业企业实现销售收入指标调整为规模以上工业增加值增速13.4%；将三次产业结构调整为20：53.5：26.5。《关于四川南充国家农业科技园区总体规划的决议》同意市人民政府提出的四川南充国家农业科技园区总体规划草案，该规划草案提出，园区建设时间为3年，到2017年核心区基本完成预期建设，实现探索形成“政府引导、企业带动、农民主体、科技引领、市场运作、金融扶持”六方联动的运行机制；建成涉农特色产业生产、加工、销售、物流为一体的龙头企业聚集地；建成技术创新、科技研发、集成示范、成果转化、企业孵化、信息交流、人才培训为一体的农业科技创新创业平台；以农业科技发展为主要推动力，围绕果蔬和畜牧两大主导产业，建设川东北良种繁育、农产品生产和物流加工基地等四个方面的总体目标。规划草案将四川南充国家农业科技园区分为核心区、示范区和辐射区，核心区位于西充县中岭乡、凤鸣镇和义兴镇，规划面积2.2万亩；示范区涵盖顺庆区、高坪区、嘉陵区、西充县33个乡镇，面积约50万亩；辐射区涵盖除核心区和示范区之外的南充市辖所有县（市、区），面积约400万亩。《关于调整市五届人大常委会代表资格审查委员会组成人员的决定》中，决定由李在伟任主任委员，张和、葛淑清任副主任委员，王晓晴、阳小虎、李甫健、黄光伟为成员。《关于设立南充市人大常委会法制工作委员会的决定》明确市人大常委会法制工作委员会主要职责是：负责市人大常委会年度立法项目的征集、立项初审和协调汇总工作，制定年度立法计划和立法规划；起草主任会议相关议案的代拟稿，起草或参与起草相关法规草案；根据常委会、专委会对法规草案的审议意见以及其他有关方面的意见，提出法规草案的修改建议稿；承办地方性法规公布工作；编辑印制法规单行本、法规汇编；承办全国人大、省人大有关法律和地方性法规草案征求意见和建议的收集、整理、上报工作；组织和参与相关立法调研工作；承办政府规章及规范性文件备案审查工作；办理市人大常委会、主任会议交办的其他立法方面的工作。

2017年2月至2021年2月，市六届人大常委会一至三十八次会议先后审议通过《关于设立南充市第六届人民代表大会常务委员会代表资格审查委员会的决定》《关于批准南充市2016年市级财政决算的决议》《南充市人大常委会关于批准南充市2017年市级财政预算调整方案的决议》《南充市人大常委会关于批准南充市2017年地方政府债务限额的决议》《南充市人大常委会关于接受高立新辞去南充市第六届人大常委会委员职务的决定》《南充市人大常委会关于召开南充市第六届人民代表大会第二次会议的决定》《南充市人大常委会关于南充市监察委员会副主任、委员任免及主任、副主任、委员宪法宣誓有关事项的决定》《南充市人大常委会关于加强南充市市辖城区道路交通管理的决定》《南充市人大常委会关于批准南充市2017年度财政决算的决议》《南充市人大常委会关于接受任爱民辞去四川省第十三届人民代表大会代表职务的决定》《南充市人大常委会关于批准南充市“十三五”规划〈纲要〉部分指标调整的决议》《南充市人大常委会关于升钟湖保护的决定》《南充市人大常委会关于批准南充市2018年市级财政预算调整方案的决议》《南充市人大常委会关于批准南充市2018年地方政府债务限额的决议》《南充市人大常委会关于接受尧德中辞去省十三届人大代表职务的决定》《关于补选黄勇同志为四川省第十三届人民代表大会代表的决定》《关于召开南充市第六届人民代表大会第四次会议的决定》《南充市人大常委会关于批准南充市2018年市级财政决算的决议》《南充市人大常委会关于〈南充市人民政府关于南潼、南充过境（二绕东北段）和阆营三条高速公路项目投资人招投标文件核心条款的报告〉的决定）》《南充市人大常委会关于〈南充市人民政府关于支持川北医学院建设发展事项的报告〉的决定》《南充市人大常委会关于〈南充市人民政府关于支持西华师范大学建设发展事项的报告〉的决定》《南充市人大常委会关于批准南充市 2019 年市级财政预算调整方案的决议》《南充市人大常委会关于批准南充市 2019 年地方政府债务限额的决议》《关于接受贾德华辞去四川省第十三届人民代表大会代表职务的决定》《关于接受伍定辞去南充市监察委员会主任职务的决定》《关于推迟召开南充市第六届人民代表大会第五次会议的决定》《关于接受宋先佐、龚宁辞去南充市第六届人民代表大会及其常务委员会相关职务的决定》《关于接受市第六届人民代表大会专门委员会个别成员辞职的决定》《关于许可对市第六届人民代表大会代表宋兴卫采取强制措施的决定》《关于批准南充市 2018 年市级财政决算的决议》《关于批准南充市 2020 年市级财政预算调整方案的决议》《关于批准南充市 2020 年地方政府债务限额的决议》《关于接受周永刚辞职的决定》《关于关于接受许宁辞职的决定》《关于罗乐代理南充市人民检察院检察长职务的决定》。其中，《关于设立南充市第六届人民代表大会常务委员会代表资格审查委员会的决定》中，决定由杜永龙任主任委员，高立新、蒋继学任副主任委员，王晓晴、李化树、张和才、陈琳、龚宁、喻淑蓉为委员。《南充市人大常委会关于南充市监察委员会副主任、委员任免及主任、副主任、委员宪法宣誓有关事项的决定》明确市监察委员会副主任、委员的任免程序、表决方式，规定南充市监察委员会主任、副主任、委员就职时应当公开进行宪法宣誓。《南充市人大常委会关于加强南充市市辖城区道路交通管理的决定》要求，市人民政府要进一步优化交通规划、完善交通设施、建设智能交通、加强停车场建管、发展公共交通，健全建立“一体化”交通管理体系；公安机关交通管理部门要加强法律法规的宣传教育、加大交通秩序的管理力度、规范停车泊位的施划和管理、加大对交通违法行为的处罚力度。决议对上位法规定较为原则的摩托车、电动二轮、电动三轮车、行人的通行规则进行明确细化，重点解决低速车辆长时间占用道路快速通行资源和行人乱穿乱行等突出问题。《南充市人大常委会关于批准南充市“十三五”规划〈纲要〉部分指标调整的决议》同意将“十三五”规划纲要中劳动年龄人口平均受教育年限规划目标由 13 年调整为 11 年，森林发展中的森林蓄积量规划目标由 0.4 亿立方米调整为 0.245 亿立方米，非化石能源占一次能源消耗比重规划目标由 32% 调整为 23%，对市人民政府提出的“研究与试验发展经费支出占 GDP 比重规划目标”调整建议不予采纳。《南充市人大常委会关于升钟湖保护的决定》要求，市人民政府要将升钟湖的保护工作纳入国民经济和社会发展规划，将升钟湖保护经费纳入本级财政预算，要建立保护投入和生态补偿的长效机制，按照保护为主、合理开发、以人为本、综合利用、统一规划、有效治理的原则，扎实抓好水体保护、水生资源保护、水体周边环境保护、水域特色文化保护工作。决议提出：要建立升钟湖保护区制度，根据水源水质保护需要，划定核心保护区、重要保护区和一般保护区。核心保护区不得新建、改建、扩建影响生态环境安全的设施及项目；不得填库、圈圩，搞库中库；不得拦河、围网，搞网箱养殖；不得排放各类有毒有害物质和污染物。重要保护区不得设置废物回收（加工）场、有毒有害物品仓库、垃圾填埋场；不得设置屠宰场、畜禽养殖场；不得设置剧毒物质或危险化学品贮存、运输设施。一般保护区不得乱搭乱建影响环境风貌的设施；禁止在二十五度以上陡坡地开垦种植农作物、更新经济林；禁止乱砍滥伐林木。核心保护区、重要保护区、一般保护区的区域构成和范围界线，由市人民政府根据升钟湖保护规划划定，并向社会公布。《南充市人大常委会关于〈南充市人民政府关于支持川北医学院建设发展事项的报告〉的决定》和《南充市人大常委会关于〈南充市人民政府关于支持西华师范大学建设发展事项的报告〉的决定》同意市政府采取必要措施支持驻市高校建设发展，按相关法律规定推进重大交通项目招标工作。

第八章

监督工作

1993 年至 2020 年，历届市人大常委会监督工作确立审议专项工作报告，监督计划预算执行，开展执法检查、工作评议、专题询问、规范性文件备案审查，审议撤职案等常规行权手段。其间的 2007 年，《中华人民共和国各级人民代表大会常务委员会监督法》的施行是人大监督工作的里程碑和分水岭。此前，市人大常委会按照《中华人民共和国宪法》《中华人民共和国地方各级人民代表大会和地方各级人民政府组织法》相关规定，对“一府两院”进行工作监督和法律监督。之后，市人大常委会根据《中华人民共和国各级人民代表大会常务委员会监督法》及其四川省实施办法，逐渐形成较为规范完善的监督制度体系，为南充经济社会发生根本性变革、取得历史性成就提供坚实民主法治保障。

第一节　听取审议专项工作报告

1993 年 12 月至 1999 年 1 月，市一届人大常委会听取审议市政府及其工作部门、市中级人民法院、市人民检察院工作报告 153 项。农业农村方面：专题听取农业生产、农村小康建设、农业产业化经营、农田水利建设、升钟水库配套工程建设等情况汇报，督促市政府及其有关方面采取有效措施强化农业基础地位，改善农业生产条件，调整农业产业结构，全面振兴农村经济。市人大常委会在审议中强调，要稳定家庭联产承包责任制，按照“引导、支持、保护、调整”八字方针来抓农业生产；要稳定主要农资价格，加强种子市场监管；要认真落实以工补农措施、管好用活农发基金、财政支农资金和扶贫开发资金，不断加大农业投入；要严格执行农产品保护价收购政策，切实落实减轻农民负担的各项规定；要搞好大面积水利设施建设，加快推进升钟一期配套工程，着力解决旱山村人畜饮水困难；要重点培育传统特色优势产业，力求上规模、上档次、上水平，充分运用现代技术和科学管理方法予以改造，使之在最短时间内成为主导产业；要根据所确定的主导产业，成片规划、集中开发，打造一批规模化经营、标准化生产农产品基地，选择一批有实力、有市场、有效益的企业作为农业产业化龙头予以重点扶持，采取有效措施支持乡镇企业发展壮大，切实发挥好龙头企业在农产品生产、加工、储藏、营销方面的带动作用，带动提升区域农业综合效益。届期内，全市农业产业结构逐步优化，畜禽、油料、水果、蚕茧、水产品和蔬菜等农产品产量大幅增长，乡镇企业总产值年均递增 22%；农业基础设施建设成效显著，升钟水库一期工程建设全面竣工，2958 个旱山村人畜饮用水困难问题得到基本解决；农机总动力新增 22. 2 万千瓦；完成中低产田土改造 87. 21 万亩，农业总产值达到 58. 5 亿元（90 不变价）。工业商贸经济方面：市人大常委会听取审议工业企业扭亏为盈、商贸企业扭亏为盈、国有企业治乱减负、侨属企业发展、旅游业发展等情况汇报。市人大常委会强调：要着力解决好工业经济结构、产品、管理和科技落后等突出问题；对亏损大户要量身定制扭亏增盈方案，实现严格目标管理，该破产破产，该转型转型，该改制改制；要建立国有企业激励监督机制，理顺企业产权关系，抓好企业班子建设，加快完善现代企业制度，彻底解决“大锅饭”问题，推行企业法人工资与企业增值利润挂钩；要坚持政企分开，减少行政干预，推进依法治企，加强行政规费清理，减少各种摊派，减轻企业负担；要善于运用高新技术改造传统工业，形成新的拳头产品，提高企业综合生产力和市场竞争力；要求按照“抓大、活小、建新、强管”的思路抓好商贸经济，不断深化商贸和流通领域综合改革，大力发展旅游产业等新兴服务业，努力培育新的经济增长点。市人大常委会先后向市委、市政府提出关于大力发展市属经济、发挥市带县功能的建议，以重点项目支撑区域经济发展、大力提高经济效益的建议，关于经济发展应以产品立企、产品立市的建议，并通过跟踪监督抓好相关建议意见的落地落实。届期内，全市工业从困境中逐步回升，初步形成机械、化工、食品和服装四大支柱产业，完成重点技术改造项目 110 个、开发新产品 986 个，一批优势企业出现可喜的发展势头，工业总产值达到 84.6 亿元（1990 不变价）。商贸经济持续健康发展，全市社会商品零售总额达到 62.55 亿元，第三产业增加值年均递增 11.3%。民生和社会事业方面：市人大常委会听取审议物价工作、文化市场管理、中小学乱收费等专项报告。对物价工作，市人大常委会要求建立食油储备制度，设立粮油和主要副食风险基金，切实稳控粮油价格；主要商品和服务项目必须明码标价制度，严格实行价格监审；防止天然气价格疯涨推升工业成本；要坚决制止部分公用事业单位和执法单位巧立名目乱收费、乱涨价。对于文化市场管理，市人大常委会要求市人民政府全面清理校园周边娱乐场所，加大对淫秽录像厅和色情服务歌舞厅的查处力度，依法关闭非法出版印刷厂。对中小学乱收费问题，市人大常委会要求市人民政府对全市中小学自立收费项目、超标收费项目、向学生募捐办学经费、向学生摊销复习资料或商品等行为进行全面清理，采取多种渠道向社会公示中小学的收费项目、标准及政策依据。市人民政府在办理审议意见过程中，采取有效措施控制物价，届期内，居民消费价格年均涨幅控制在 5% 以内，关停非法出版印刷厂、电子游戏厅、色情娱乐场所近 100 家，取缔中小学收费项目 16 个，涉及金额数千万元。同时，市人大常委会多次组织常委会组成人员和省、市人大代表调查升钟水库淹没区扶贫情况，推动市人民政府出台关于加快库区扶贫的总体规划和相关配套政策，有效改善库区生产生活条件。法治建设方面：市人大常委会听取审议关于“二五”普法、“三五”普法、依法行政、依法治市、社会治安综合治理专题报告，专题审议《中华人民共和国反不正当竞争法》《四川省企业负担监督管理条例》《中华人民共和国乡镇企业法》《四川省开发区管理条例》《中华人民共和国科技进步法》《中华人民共和国教师法》《中华人民共和国消费者权益保护法》《中华人民共和国国家赔偿法》等 10 多部法律法规贯彻实施情况报告，组织并参与市人民政府依法治理“五个一”（一个乡镇、一个工厂、一个学校、一个居委会、一个机关单位）试点工作，组织编印《依法行政手册》，对 59 个具有执法主体资格的市级部门实行部门执法责任制的情况进行深入检查，分别提出审议意见。市人大常委会作出《关于对司法机关案件监督的规定》，督促市中级人民法院、市人民检察院推行司法错案责任追究制，届期内市人大常委会按照个案监督程序，督促司法部门对 13 个错案作出纠正。计划预算监督方面：市一届人大常委会七次会议表决通过《南充市人大常委会国民经济和社会发展计划监督试行办法》《南充市人大常委会预算监督实施办法》，坚持每年听取全市国民经济和社会发展长远规划和年度计划的制定及实施情况报告，定期听取审议财政执行情况报告，依法批准市级财政决算，并把预算外资金收入管理纳入经济工作监督范围，就加快重点工程建设、保证年度计划实施、强化财政资金收管用提出指导性意见。届期内，全市相继启动一批重大工程项目，达成铁路全线通车，一级公路实现零的突破，南充嘉陵江二桥破土动工，成南高速公路开工建设，城市建成区面积扩增 44.3%，城市化水平由 1993 年年底的 9% 提高到 15%，全市财政收入实现翻番目标。

1999 年 2 月至 2004 年 2 月，市二届人大常委会听取审议专项工作报告 84 个。农业农村方面：听取审议市政府关于农业产业结构调整、农业产业化经营、农业科技推广、耕地保护、退耕还林、农村税费改革、农村劳务输出、粮食流通体制改革以及清理整顿农村合作基金会等专项工作报告。市人大常委会要求：要树立现代化、商品化、市场化的大农业观念，在充分尊重农民自主权的基础上，持续深化农业结构调整，大力发展畜禽、蚕桑、水果、蔬菜、水产和林业六大优势产业，集中连片建设特色种养基地，因势利导发展龙头企业和专业经营组织，扎实做好农业新品种、新技术示范推广工作，依法整顿种子、种畜、种苗市场，不断提升农业综合效益；积极支持农村富余劳动力向城市和工商领域转移，多渠道促进农民增收；严格执行国家耕地红线保护制度和退耕还林政策，确保农村基本经营体制稳定；在全市范围内对农村中小学收费、农村建房、计划生育指标、报刊征订、农村水电费、农村殡葬等涉农收费进行专项治理，全面推行农业税收和涉农收费公示制，从源头上遏制向农民乱收费的行为。届期内，全市农业农村经济持续发展，农业产业化经营快速推进，畜牧业产值占农业总产值比重达到51%，培育规模以上农业产业化龙头企业127户，劳务开发成为农民增收重要渠道；农村税费改革工作和农村合作基金清理整顿工作全面完成，退耕还林全面铺开，基本农田得到有效保护。工业和商贸经济方面：市人大常委会坚持每年定期组织召开工业、财税、外经外贸等经济形势分析会，听取审议关于工业经济发展、旅游行业管理、经开区建设等专项报告。市人大常委会要求市、县两级政府设立专项资金支持工业经济发展，采取针对性举措做强本地工业龙头，培育成长型中小微企业，做好亏损企业和传统工业的减负、增效、技改工作，大力实施高新技术产业培育工程，推动区域工业超常规发展；严格执行旅游产业发展总体规划，加强旅游市场管理，充分释放旅游产业活力；理顺开发区管理体制，制定开发区招商引资优惠政策，完善开发区配套设施建设，不断提升平台支撑力和政策吸引力。届期内，南充工业兴市成效明显，石油化工、汽车汽配、丝纺服装、建材、食品等支柱产业发展势头强劲，规模以上工业实现销售收入112.16亿元、增加值30.32亿元、利税5.69亿元，年均分别增长27.5%、26.3%、79.8%；现代服务业发展势头良好，城市中心商务区已具雏形，完成社会消费品零售总额119.68亿元，年均增长13.9%，以阆中古城、三国文化、将帅故里、嘉陵风光为品牌的全省第四条旅游精品线加快建设，旅游业实现总收入10.8亿元，年均增长36%。社会事业方面：市人大常委会听取审议科技进步法、义务教育法、文物保护法、传染病防治法、职业病防治法、四川省计划生育条例、预防控制性病艾滋病条例、民族乡镇工作条例等法律法规贯彻执行情况汇报以及文化产业、教育结构和布局、医疗保险、物业管理、粮食流通体制改革等工作情况汇报。届期内，全市实施科技成果转化项目500余项，取得科技成果600项；义务教育投入逐年增加，教育质量显著提高；城乡卫生服务体系基本建设和农村初级保健工作不断推进；计划生育基本国策得到落实，人口自然增长率低于全省平均水平。民生改善方面：市人大常委会对农民负担、再就业工程、城市低保、水电气价格、医院和中小学校收费、拖欠教师工资、打假治劣等热点问题进行专项检查，听取审议政府专项工作报告，切实维护群体合法利益。及时听取审议全市非典型肺炎防治工作的情况汇报，提出强化预防工作意见，并以此为契机对贯彻传染病防治法、突发公共卫生事件应急条例情况进行检查，把“非典”防治纳入法治化轨道。城市建管方面：市人大常委会听取审议城市规划布局、市政重点工程建设、城建用地管理、城建资金管理使用、创建卫生文明城市、城市社区建设等工作情况汇报。届期内，全市完成固定资产投资322.2亿元，年均增长25.2%，超过15%的预期目标。成南高速公路全线通车，212线顺庆至阆中一级路改造、清泉寺嘉陵江大桥、南充港等工程竣工，南广高速、绕城高速、高坪机场加快建设，市到县两小时路网、连接周边城市的快速通道和通达全国的水陆空立体交通网络初步形成。城市基础设施不断完善，新建和改扩建街道125条，新增住宅面积750万平方米、商业用房面积170万平方米、绿化面积1032万平方米，城市承载力、聚集力、带动力显著增强。市人大常委会专题听取群众反映强烈的大都会违法违规建筑情况汇报，提出整改建议方案，撤销有关违法违纪人员行政职务和荣誉称号，终止相关涉案人员的市人大代表职务。法治建设方面：市人大常委会听取审议普法教育和依法治市工作情况报告，督促落实执法责任制、错案责任追究制等措施，及时修订《南充市人民代表大会常务委员会司法案件监督规定》，规范司法案件监督行为。届期内，重点督查群众反映强烈的16件个案，保护公民、法人和其他组织的合法权益。特别是跟踪监督查处阆中市母某某、西充县王某某制售假劣药品案，在社会上引起强烈反响。计划预算监督方面：市人大常委会围绕长远发展和年度工作目标，加强对计划、财政工作监督，听取审议实施西部大开发战略、加入WTO后应对策略、重大工程及项目建设情况汇报，每年及时审议国民经济和社会发展计划执行情况、财政预算执行情况、市级财政预算执行及其他财政收支审计报告，依法批准财政决算和预算调整方案，保证年度计划、预算顺利实施和经济工作顺利开展。

2004年3月至2008年5月，市三届人大常委会听取审议专项工作报告73个。经济工作方面：围绕实施“工业强市”战略，听取审议民营经济发展、工业支柱培育、工业集中区建设等专项报告，促进政府深化结构调整、推进企业改制、强化科技创新、优化经济发展软环境。市人大常委会强调要把民营经济发展纳入经济社会发展总体规划，研究完善扶持民营企业的相关政策体系；通过国有企业转制、公用事业支持、承接外地产业转移、吸引乡友回乡创业等方式做大民营经济总量；加强对民营企业联系指导，帮助其解决生产经营中实际困难。按照“壮大石化、做强汽配、提升轻纺、发展水电、培育高新”基本思路，做大做强优势工业，改造传统工业、发展高新产业，促进企业与市内高校和科研院所合作开发特、优、新产品，延伸壮大产业链条；引导企业提升装备技术水平、打造主导产品品牌；继续完善支持工业发展的政策措施，提升政务服务综合水平，依法保护企业正当权益，不断优化企业用工环境、融资环境，帮助企业降本增盈；大力推进工业集中区建设，完善基础设施配套，提升平台承载能力，深入推进工业向园区集中，促进同链产业深化协作、抱团发展。届期内，全市规上企业达383户、实现工业增加值140.91亿元，工业对经济增长的贡献率达到58.2%，初步形成油气化工、汽车汽配、丝纺服装、农产品加工四大优势产业。围绕建设“现代农业强市”，市人大常委会听取审议促进农民增收、全市农村经济发展、社会主义新农村建设等专项报告，对农业产业化经营、农业基础设施建设、蚕桑“百万工程”、牧业果业经济发展开展专项督导，力促农业增效、农民增收、农村繁荣。市人大常委会提出要按照《南充市农业产业化发展纲要》和区域化布局、专业化生产、规模化经营的要求，加快以畜牧业为主的“五业经济”商品基地建设，尽快培育一批立县富民主导产业带；创新农业经营机制，大力发展专业合作组织，促进龙头企业、专合组织与农民结成利益共同体；积极推进农业标准化体系建设，大力发展品牌农业，走农工贸一体化经营路子；力促农村二、三产业做大做强，大力发展农产品精深加工业、搞活农产品流通，抓好农民工成建制输出和“回引创业”工作，拓展农民多元化、非农化增收渠道；大力推进社会主义新农村建设，量力而行改善农村人居环境和生产条件，厚植农业农村发展内生动能。届期内，全市农业产业化水平加速提升，建成农民专业合作组织1638个，初步形成畜牧、蚕桑、优质粮油、果蔬、竹木、中药材五大特色农业产业基地，农业总产值达到248.9亿元，其中畜牧业占比达到55.3%，农民人均纯收入年均增长13.4%。城市建管和基础设施建设方面：市人大常委会围绕建设“川东北区域中心城市”目标，组织代表对城市管理、房地产开发、交通设施建设、市政重点工程建设进行调研视察，听取审议城市总体规划执行、城建资金安排使用、规划区内征地安置补偿、创建国家优秀旅游城市、创建国家卫生城市和国家园林城市、构建川东北商贸物流中心等专项报告，就优化城市空间布局、完善城市功能配套、提升城市宜居宜业水平提出建设性意见。市人大常委会要求：要坚持按照“以江为轴、南延北拓、跨江东进、拥江发展”的思路，逐步拉大主城区框架；要调整城市产业布局，推进工业向城南集聚；要注重城市公共交通规划和市场配套设施建设；要加大城市设计和景观规划的编制力度，注重城市历史文化和自然资源保护，塑造城市特色，提升城市形象；要全面实施西河综合整治、水环境综合整治、城市建绿工程等项目，加强城市周边山头、河滩、林地、湿地保护，积极创建优秀旅游城市、国家园林城市、国家卫生城市；要加强城市控制性规划执行，注重相关规划统一配套，严格执行城市规划变更程序，严查违法违规建设；要合理确立拆迁安置补偿标准，严禁拖久农民拆迁安置补偿款，竭尽全力解决好失地农民转移就业有关问题。届期内，全市完成固定资产投资200.82亿元，市政新区、江东新区启动开发，市区建成面积达到61.2平方公里、增加13.7平方公里，常住人口达到69万人、增加17万人，城镇化水平达32%，城市建成区覆盖率达到93%，南充迈入大城市行列；征地拆迁安置问题有效解决，207万平方米拆迁还房如期完成并顺利回迁。民生改善方面：市人大常委会听取审议农村义务教育经费保障机制改革工作、新型农村合作医疗试点工作、升钟水库淹没区扶贫开发工作等专项报告，对义务教育法、文物保护法、工会法、国务院《宗教事务条例》、妇女儿童发展纲要的贯彻实施情况进行跟踪监督，对失地农民失业保险、农村散居少数民族扶贫、嘉陵江南充段水环境保护等社会热点问题进行专项视察，全力促进解决人民群众利益问题。届期内全市筹资21亿元，深入开展涉及72个民生项目在内的“十大惠民行动”，41.5万名城乡居民被纳入低保范围、93.66万名农村贫困生免除义务教育阶段学杂费、15.01万名农村贫困生享受生活补贴、44.3万名学生免费得到教科书；全市新农合参合率达到84.6%，建成社区卫生服务中心（站）55个；下岗失业人员和失地农业实现就业再就业2.18万人，登记失业率控制在4.6%以内；升钟库区扶贫第二个年度计划全面完成。生态环保方面：市人大常委会与市政协联合开展嘉陵江水资源保护专题调研，深入开展以保护嘉陵江母亲河为主题的环保世纪行活动，听取审议嘉陵江南充段水污染防治工作专项报告，要求市人民政府及其有关方面加大环保法、水污染防治法、环境影响评价法执行力度，严把建设项目和产业项目的环评关口，加强城市污水、生活垃圾、医疗垃圾集中治理，强化重点污染源专业整治和在线监测，建生态南充，还一江清水。届期内，全市集中整治重点污染源企业15家和重点污染源场镇10个，西河污水截流工程启动建设，城市污水处理率达到66.7%，嘉陵江干流水质保持稳定。司法监督方面：市人大常委会听取审议法检两院关于商事审判、诉讼调解、公诉工作、刑事拘留监督、查办渎职侵权案件和司法队伍建设等专项报告，组织省、市、县三级人大代表对市、县两级法院庭审工作进行视察，对群众反映强烈的5件司法案件进行个案监督，纠正错案，化解积案，维护司法权威，促进司法公正。市人大常委会根据监督法相关规定，废止《南充市人民代表大会常务委员会司法案件监督规定》，全面停止个案监督。计划预算监督方面：市人大常委会切实加强计划预算执行情况审查，依法批准市级财政决算，尤其关注重大基础设施项目进展情况，多次听取相关专题汇报，并就提升财政资金使用效益、抓好重大项目建设提出意见建议。届期内，南充绕城高速、省道204线全线贯通，嘉陵江上中坝大桥建成通车，高坪机场、南广（安）高速相继竣工；南（充）西（充）输水工程竣工通水；达成铁路复线和南渝高速建设快速推进；南广（元）、南巴（中）、南万（州）高速列入国省规划；兰渝铁路、升钟二期等重大项目开展前期工作。市三届人大常委会履职期间，围绕胡锦涛总书记对仪陇发展的重要指示，加强对仪陇“两路一桥”等9件大事的专项监督，为确保相关工程建设扎实推进、圆满完成做出积极贡献。

2008年5月至2012年1月，市四届人大常委会听取审议专项工作报告95个。项目建设方面：市人大常委会高度重视项目工作统揽作用，积极支持市人民政府大胆谋项目、主动跑项目、全力抓项目，每年听取和审议项目推动工作和重点工程建设情况汇报，支持市政府抢抓政策机遇，突破要素瓶颈，推进城市基础设施建设、重点水利建设和铁路、高速公路、机场改扩建、高等级航道综合交通枢纽建设，及时审查批准政府融资方案，支持市政府多渠道筹措项目建设资金，加快化学工业园区、下中坝开发、西华体育公园等项目建设进度，听取审议重大项目、重点工程的计划预算安排和基本建设专项资金预算报告，加强对重点工程专项资金审查监督，确保资金安全规范使用、重大项目顺利高效实施。届期内，全市交通建设投资211亿元，南渝、广南高速公路建成通车，成德南、南巴、南大梁高速公路加快建设；达成铁路复线建成运行，兰渝铁路建设有序推进；嘉陵江9级航电枢纽工程建成，南充港客运码头主体工程顺利完成，都京作业区多用途码头开工建设。全市累计完成水利投资51.6亿元，升钟水库二期工程获得国家批准立项。产业培育方面：市人大常委会多次视察调研化工园区建设、农业龙头企业发展情况，专题听取化学工业园区招商引资、农业特色产业培育和全市旅游工作等专项报告。市人大常委会要求，要按照“两年打基础、三年见成效、五年上台阶”的目标，一手抓园区建设拓展，一手抓招商引资做强产业，加速推进河西片区土地平整和化工园区综合配套，全面完成文峰大道延长线和两座跨江大桥建设，密切跟进与中石油的战略合作，加大省内外石化龙头企业招引力度，力争化工园区尽早投产达能；要持续强化农业基础地位，不断创新农业经营模式，着力提升农业标准化、市场化、商品化经营水平；要编制完善全市旅游产业发展总体规划，强化对辖区旅游资源的系统研判和高效开发利用，着力打造精品旅游环线。届期内，全市三次产业比重调整到22.4：51.8：25.8，二产业对GDP增长的贡献率超过70%，规模以上工业实现销售收入1300亿元，南充被列入四川三大石化基地和成渝经济区石油天然气精细化工基地。全市农业发展质量快速提升，建成生猪规模化养殖园区1.5万个、桑园基地99万亩、优质粮油基地124万亩、柑橘基地90万亩、速丰林基地109万亩，南充国家级现代农业示范区顺利获批。全市创建国家AAAA级旅游景区5个，年实现旅游收入突破120亿元。国际金融危机发生后，省人大常委会及时就工业企业受冲击情况、台湾同胞投资保护法执行情况和金融工作进行调研，支持促进市政府有效应对宏观经济下行压力，加强实体经济培育、加快产业园区建设、加大招商引资力度，厚植经济增长新动能。城市建管方面：市人大常委会听取审议城市规划实施、城市总规第七次修编工作、城市建设管理、违法违规建房清理整治等专项报告，组织代表对下中坝开发及城市道路、卫生、绿化、亮化等市政工程建设情况进行视察，要求市政府维护规划权威，创新城管体制，治理无序开挖、解决城市内涝，支持市政府多渠道筹措项目建设资金，加快下中坝开发和西华体育公园、过街天桥、港湾式站台等市政设施建设，并依法审查通过《南充市第七次城市总体规划（2011—2030）》。届期内，全市累计完成城镇基础设施投资200亿元，拓展城镇面积50平方公里，城镇人口达到236.9万人，城镇化率达37.7%；市辖三区完成城市基础设施投资140亿元，主城区人口由69万人增加到97万人，建成区面积由64.1平方公里拓展到90.6平方公里，并成功创建国家园林城市、省级卫生城市、省级文明城市。市政新区、江东新区功能进一步完善，南门坝等旧城改造工程顺利实施，北部新城加快建设。西华体育公园等五大公园开工建设，上中坝生态湿地公园规划设计等前期工作基本完成，下中坝开发基础设施全面完成，清泉坝、望天坝开发全面启动。主城区主要街道内涝整治全面完工，地下管网等基础设施建设逐步完善。民生事业方面：市人大常委会深入落实教育优先发展战略，听取审议教师队伍建设、中小学布局调整情况报告，重点督办关于加强学前教育发展的议案，督促市政府有效解决群众反映突出的超大班额、入学难、入园贵等问题。届期内，全市新建校舍35万平方米，中小学危房改造30万平方米，城区学校“大班额”问题逐步缓解，教育质量不断提高，“两基”顺利通过国检。市人大常委会听取审议医疗卫生工程、医药卫生体制改革等情况报告，督促市政府加快社区卫生服务机构和重点卫生基础设施建设，加快公立医院改革和基本药物试点改革，降低住院费用报销门槛，提高补偿报销比例，切实解决老百姓看病难、看病贵问题。届期内，全市改扩建24个县级医疗机构、486个乡镇卫生院、20个社区卫生机构和530个村卫生室，市中心医院门诊内科大楼等重点卫生基础设施建设进展顺利，法定报告传染病年发病率下降 15.5%，基本医疗保障和公共卫生服务体系加快完善。2008 年，汶川“5·12”地震发生后，市人大常委会迅即作出应急部署，专项视察灾后重建工作，听取抗震救灾情况报告，配合省人大常委会开展灾后物价检查，组织人员到对口援建区调研援建工作，围绕加快恢复重建、增加专项预算、完善应急体系、维护物价稳定、抓好困难群众生产生活等提出意见建议。市政府认真落实人大审议意见，累计投资 153 亿元，高效完成损毁基础设施、中小学校、居民住房等各项重建任务，向重灾区捐赠资金和物资 2694.6 万元，按期完成梓潼县许州镇 10 个对口援建项目，夺取抗震救灾工作的全面胜利。市人大常委会对城市“菜篮子”工程进行专题调研，连续听取审议城郊蔬菜基地建设情况报告，推动市政府落实 1000 万元专项资金，建成 10 万亩城郊专业蔬菜基地。生态环保方面：市人大常委会每年开展“南充环保世纪行”宣传活动，听取审议节能减排工作情况报告，连续 3 年对城乡环境综合治理、西河、宝马河等小流域治污情况进行督查调研，推动市政府层层落实节能减排和环境治理责任，加快城市污水处理厂、村镇垃圾回收站等基础设施建设，加强饮用水水源保护。届期内，全市实施农贸市场“三化一改”54 个，新建县级以上城市污水处理厂 7 座、垃圾处理场 4 个，建成乡镇生活污水和垃圾处理设施 60 处，单位生产总值能耗下降 17.2%，化学需氧量削减 1.2 万吨；工业企业达标排放率达到 92%，城区环境空气质量平均值达到国家二级标准，嘉陵江干流水质长期保持Ⅱ至Ⅲ类标准。市人大常委会还听取审议“金土地”工程、基本农田保护等专项报告，促进政府依法、高效、节约利用国土资源。依法治理方面：市人大常委会听取审议依法行政及行政复议法、行政监察法贯彻执行情况报告，视察政务中心运行情况，督促政府规范执法程序，落实执法责任，强化执法监察，推行阳光政务，加快法治政府建设。听取审议刑事审判执行、预防查办职务犯罪、公安刑事侦查等工作报告，督促法院加强审判管理、推进量刑规范化，提高执行工作效率；督促市人民检察院加大惩贪治腐力度、完善渎职案件侦办机制；督促公安机关严厉打击刑事犯罪，深入开展扫黑除恶和“两抢一盗”专项斗争。计划预算监督方面：市人大常委会坚持每年听取审议计划、预算、审计报告，深入落实市人民代表大会关于国民经济、社会发展、财政预算的各项决议，并于 2011 年 11 月修订《南充市人民代表大会常务委员会预算审查监督办法》，将预算审查范围明确为一般公共财政预算、国有资本经营预算、社会保障预算和其他预算，并将财政投资建设性资金调整幅度超过年初预算总额 10% 和新增单个项目投资额在 3000 万元以上的，纳入专项预算调整审查范围。对《南充市人大常委会审议专项工作报告暂行办法》进行重新修订，正式对“一府两院”研究处理市人大常委会审议意见情况进行满意度测评。届期内，市人大常委会对市政府研究处理扩大内需促进商贸服务业发展、土地出让收入及土地管理、医卫体制改革、城郊蔬菜基地建设审议意见情况以及市中级法院研究处理刑事审判工作审议意见的情况，进行跟踪督办和满意度测评，测评结果均为满意。

2012 年 2 月至 2017 年 1 月，市五届人大常委会听取审议“一府两院”专项工作报告 127 个。经济工作方面：市人大常委会听取审议工业经济发展、化工园区建设、战略性新兴产业培育、农村产权制度改革、农业示范区建设、专利法贯彻实施、科技创新工作、政务服务工作、打击经济犯罪、行政审批制度改革、旅游产业发展等专项报告，常委会重点就农业现代化建设、传统工业转型升级、加大招商引资力度、释放改革创新动力、强化实体经济扶持、优化资源要素配置、规范市场经济秩序、改善投资创业环境等方面提出审议意见，并以会议纪要形式同意市政府设立专项资金支持三环电子、鑫达材料、吉利新能源商用车等重大招商项目，同意将南充化工园区铁路专线纳入地方财政预算，并强调要严格专项资金使用监管，加强招商成本核算，最大限度发挥财政资金杠杆效应。市政府认真落实市人大常委会审议意见，相继印发《南充市工业发展资金管理办法》《南充市中小企业应急转贷资金管理暂行办法》《南充市加强新型农业经营主体培育工作实施方案》《南充市关于实施创新驱动发展战略率先实现次级突破的意见》《南充市关于深化行政审批制度改革的实施意见》等系列政策文件，着力优化经济发展软环境。届期内，南充工业向集约化迈进，总投资70亿元吉利新能源商用车项目落户建设，首期投资30亿元鑫达新材料项目建成投产，工业园区建成区面积突破100平方公里，工业集中度达到78%。农业向精细化发展，南充成为全省唯一的农业改革与建设试点示范区，有机农产品基地规模居西部第一，粮食总产量连续14年居全省首位。服务业向新业态衍变，现代金融、现代物流、电子商务快速发展，南充现代物流园建成开园，南充成为全国首批信息消费试点城市、区域流通节点城市。重点改革有序推进，农村“七权”同确基本完成、九县（市、区）农村产权交易中心挂牌成立、东风南充汽车公司完成转制、南充农商行挂牌开业，投融资体制、新型城镇化和供给侧结构性改革扎实推进。创新创业活力得到激发，西华师范大学科技园成功创建为川东北首家省级大学科技园，南充创业小镇影响力持续扩大，全市民营经济市场主体突破20万户。南充成功举办中国四川国际文化旅游节、中国南充国际木偶艺术周、C21论坛等活动，西博会、融渝投资促进等活动成效明显，全市招商引资到位资金累计超过2300亿元。政府职能加速转变，行政审批在法定时限基础上提速65%，在全国率先探索政务公开标准化体系建设。全市地区生产总值在川东北各市中率先跨入“千亿俱乐部”。民生事业方面：市人大常委会把助推脱贫攻坚作为最大政治任务和最大民生工程来抓，届期内，每年听取审议有关专项报告，要求市政府强化精准识别，坚持分类施策，下足绣花功夫，统筹推进产业扶贫、基础扶贫、能力扶贫、新村扶贫、民生扶贫，力保农村所有贫困人口同步全面稳定奔康。南部、蓬安脱贫摘帽顺利通过省级评估验收，全市326个贫困村完成退出，67.3万名贫困人口实现脱贫。市人大常委会特别关注主城区日益突出的基础教育供需矛盾，连续调研、督查、审议市辖三区城区基础教育规划发展实施情况，促进主城区在规划期内新改扩建幼儿园、中小学21所，有效缓解市民子女入学难题。市人大常委会持续助推医疗卫生事业发展，听取审议医保工作、精神卫生法贯彻实施、医疗卫生服务体系建设等专项报告，着力推动解决诊疗体制不顺、基层基础不牢、医疗资源总量不足、医技力量分布不均等现实问题和医保基金征管用存在的现实短板，市政府认真落实市人大常委会审议意见，纵深推进医卫项目建设，川北医学院附属医院新院区、市中心医院门诊住院大楼、市中医院综合楼和240所乡镇卫生院、1446个村卫生室先后建成并投入使用，南充成功申报为公立医院改革国家联系试点城市，公立医院药品加成全面取消。市人大常委会听取审议专业蔬菜基地建设情况报告，促进市政府实现市内蔬菜供给平衡。市人大常委会听取审议安居工程情况报告，要求政府科学编制保障性住房建设规划，健全公正、公开的分配机制和能进、能出的管理制度，让困难群众公平享受惠民政策阳光。全市建成保障性住房和棚户区改造安置住房20.5万套。市人大常委会听取审议文化产业发展、公共文化服务体系示范区创建等专项报告，要求市政府健全文化资源共享机制，加强文化遗产传承保护，不断满足人民群众日益增长的精神文化需求。届期内，全市公共财政在民生领域投入超过1370亿元。依法治理方面：市人大常委会深入开展“六五”普法决议执行情况专项检查，听取普法工作专项报告，促进政府完善普法教育机制，深入开展“法律七进”活动，聚焦关键少数，丰富载体形式，大力弘扬法治精神、倡导法治思维、培植法治信仰，学法尊法守法用法逐步成为公序良俗。市人大常委会听取审议刑事诉讼法律监督工作情况报告，督促检察机关加强刑事案件立案监督、侦查监督、审判监督和刑罚执行监督，防范执法不严、司法不公、徇私枉法等问题。市人大常委会听取禁毒工作、社会治安管理专项报告，要求严厉打击毒品犯罪活动，加快全力推进平安南充建设。市人大常委会听取审议市检察院自侦案件情况报告，促进加大职务犯罪惩治预防力度。听取审议民事案件执行情况报告，要求法院加强失信惩戒，加快积案清零，切实维护群众合法权益。市人大常委会提前预判南充投资理财行业潜在风险，组织专门力量开展专题调研，向市政府发出风险预警、提出工作建议，专题审议打击经济犯罪工作情况报告，要求政府强化行业监管，完善应急预案，最大限度维护人民群众财产安全。生态环保方面：市人大常委会牢固树立“绿水青山就是金山银山”的发展理念，建立健全生态环境常态监督机制，市五届人大常委会第十二次会议表决通过《关于打造西河生态景观长廊的决议》，对西河生态治理的总体目标、规划编制、污染治理、景观打造和保障措施提出要求，届内与沿河县（区）人大常委会合力推进决议落实，组织视察暗访15次，召开协调推进会12次，督办典型个案6件，并将突出问题列表成册印送责任主体，责成限期落实整改，严防污染反弹，促成市政府投入8个多亿推进排污管网建设，关闭排污口44个，整治沿线畜禽养殖场149家、屠宰场48家，西河水质由劣Ⅴ类重返常年Ⅲ类，生态景观长廊基本建成。市人大常委会听取审议嘉陵江流域（南充段）绿色生态走廊建设总规实施情况报告，要求加强沿江两岸林地、湿地、水源修复保护，加快滨江节点生态、人文、自然景观建设。市政府印发《嘉陵江南充段绿色生态走廊建设总体规划》，全力推进嘉陵江三百里生态长廊建设，沿江两岸完成植树造林2万余亩。城市建管监督方面：市人大常委会坚持每年听取城市总规执行情况报告，专项审议城市重点工程建设情况报告，要求严格规划变更程序，加强重大项目前期论证，切实提升城市建管水平。计划预算监督方面：市人大常委会着力加强计划、预算执行情况监督，届期内，每年召开经济形势分析会，对稳调长、调结构、转方式提出意见和要求。市人大常委会将审查基本建设预算安排作为常规监督议题，两次听取土地基金及基本建设预算情况报告，强调城建应分清轻重缓急，优先办好发展和群众急需的事情。市政府采纳市人大常委会意见，决定暂缓实施市民服务中心、北湖公园、西山运动场等建设，结余约1.4亿元用于西河污染整治和西河路南延线建设。市人大常委会审议“十二五”规划部分指标调整方案的报告，同意将“十二五”时期地区生产总值年均增长下调3.3个百分点、人均GDP增长预期目标调整为11.5%、三次产业结构调整为20：53.5：26.5。其间，2015年市人大常委会首次审查批准地方政府债务限额，并将“四本预算”同时提交代表大会审查。2016年首次听取审议审计查出问题整改落实情况的报告，推动解决屡审屡犯、屡查不改突出问题，南充人大预算监督工作多次在国、省人大专题会议上交流经验。按照相关制度规定，市五届人大常委会对市政府研究处理安全生产、保障性住房建设、社会治安管理创新、水利工程建设、城市重点工程建设、“六五”普法启动工作、战略性新兴产业培育、医保推进工作、国家现代农业示范区建设、城乡居民最低生活保障工作、化工园区建设、民办教育促进法实施、千万头生猪产业工程建设、科技创新工作、扶贫开发工作、生态市建设规划实施、打造西河生态景观长廊决议执行情况、政府性债务工作、医疗卫生服务体系建设等审议意见的情况以及市中级法院研究处理民事执行工作、市检察院研究处理预防职务犯罪工作和民事行政检察院审议意见的情况进行跟踪督办和满意度测评，测评结果均为满意。

2017年2月至2020年12月，市六届人大常委会听取审议“一府两院”专项工作报告146个。经济领域：听取审议“十三五”规划实施中期评估和“十四五”规划编制情况报告，要求有关方面践行新发展理念，稳控投资势能，释放改革动能，激活资源潜能，推动产业培育由中低端向中高端转变、项目选择由看体量向看质量转变、增长方式由要素驱动向创新驱动转变。市人大常委会坚持把项目攻坚作为经济工作监督的重点，每年听取基本建设项目预算安排情况报告，专题审议城建板块、医卫板块、交通板块重大项目实施情况，连续两年专项督导重大产业项目落地情况，全力推动解决项目实施过程中的关键性障碍和节点性梗阻。届期内，南充项目建设全面开花，城市建设、交通枢纽、科教文卫、旅游三产、产业园区五大板块重点项目投资接近2万亿元，实施建市后最大范围的城市修复、最大体量的城市改造、最大规模的城市会战，全市中心城市面积拓展到153平方公里、常住人口增长到145万人，营达、遂西、绵西等高速建成通车，成南达万、汉巴南“双铁路”和高坪国家开放口岸机场和阆中旅游目的地机场“双机场”加速推进，中欧班列暨陆海新通道南充专列正式运行，南充入选“全国百强品牌城市排行榜”和“2020城市商业魅力排行榜”。市人大常委会密切关注现代产业体系构建，听取审议工业园区重大项目实施、现代农业千亿产业集群建设、市辖三区旅游环线打造等专项报告，提出工业布局要力戒同质化竞争，企业扶持要缩小差别化待遇，政策引领要突出智能化改造，营商环境要加强精细化服务；要求扶强现代农业新型经营主体，补齐农产品加工短板，注重农业品牌开发，推动传统农业由粗放生产向精细管理、由数量扩张向品质提升、由分割经营向融合发展转变；强调注重城市建设与旅游开发的关联性、一致性、协同性，用精品旅游点线镌刻果城印象，彰显绸都底蕴，展示南充魅力。全市现代工业规上产值达到1695亿元，农业“国字号”园区和省星级园区居全省第一，文旅产业产值突破千亿元大关，全市经济总量达到2401亿元，朝着全省经济副中心奋斗目标加速迈进。市人大常委会高度关注实体经济的生存与发展，专题调研民营经济培育扶持政策落实情况，促进市政府加快构建“宏观调控有度、市场机制有效、政策支撑有力”的现代经济体系，全方位为实体经济释负减压、降本增盈、纾难解困。2020年新冠肺炎疫情暴发后，市人大常委会专题听取审议民营企业减税降费情况报告，深入检查“支持中小企业发展十六条措施”落地情况，帮助各类市场主体止血止损、复工复产、提质提效，平稳渡过“寒冬”，划出“上扬曲线”。届期内，民营经济对经济增长的贡献率超过60%，民营经济发展综合指数、环境指数、动能指数位居全省前五位。市人大常委会力促开放高地建设，审议对外开放工作情况报告，多次视察招商引资重大项目推进情况，专题调研保税物流中心建设，要求提高选商择资标准，深化“最多跑一次”改革，全力打造中高端产业“承接地”、外向型经济“桥头堡”、自由贸易协同改革“先行区”。市人大常委会高度重视改革创新工作，听取审议农村产权制度改革、城管体制改革、供销合作社综合改革以及科技成果转化等专项报告，要求稳步推进农村产权抵押融资担保、集体建设用地管理创新试点，加快搭建规模化、集成化、市场化的为农服务平台；提出要建立分级管理、属地为主、重心下移、权责对等的现代城管体系；强调要深化政企研三方合作，推进科技成果与传统产业的融合聚变。届期内，农业农村综合改革全面突破，城市管理体制日渐顺畅，科技对经济增长的贡献率达到52.5%。民生领域：市人大常委会全程助力小康社会建设，深入检查《四川省农村扶贫开发条例》贯彻执行情况，分类开列问题清单，逐县明确整改重点，要求坚持脱贫攻坚与乡村振兴相统筹、持续攻坚与防止返贫相协调、开发式扶贫与保障性扶贫相结合，着力提升帮扶规划针对性、激发贫困群众主动性、保障脱贫奔康稳定性；听取审议旅游扶贫工作情况报告，建议深挖农业生态价值、文化价值、休闲价值，支持发展农家庄园、乡村民宿、特色小镇，拓展贫困群众增收致富渠道。全市7个贫困县全部摘帽、1290个贫困村全部退出、57.8万名贫困人口全部脱贫，历史性解决区域性整体贫困、消除农村绝对贫困。市人大常委会听取审议学前教育发展、市辖三区城区基础教育发展情况报告，现场检查主城区中小学和幼儿园校点布局规划执行情况，要求优先保障资源要素供给，着力实施教育“三名”工程，全面加强师德师风建设，办好人民满意教育。审议康养产业发展、不动产登记交易管理、农产品质量安全监管、食药安全监管工作情况报告，推进“医养结合”，落实“房住不炒”，维护“舌尖安全”。审议医疗卫生基础设施建设情况，促进落实“健康南充2030规划纲要”。审议城市公交发展情况，推动出台公交解困方案，帮助公交企业走出困境。审议城市道路交通管理工作情况报告，督促优化路网通行功能，分类规范车辆通行秩序，科学布局公共停车场所，切实疏解中心城区交通压力。审议退役军人安置工作情况报告，提出要保障政策执行力，提升工作满意度，增强军人获得感。届期内，民生支出占一般公共预算支出的65%以上。法治领域：市人大常委会听取审议营造法治化营商环境、深化司法体制改革、行政审判工作、执行工作、公益诉讼工作、整治“三案”彰显“三公”等情况报告，要求审判机关完善员额法官管理，加强案件质量评查，严格错案责任追究，强化审执衔接、执行联动、失信惩戒力度，努力让人民群众在每一起司法案件中都感受到公平正义；要求检察机关用好“两法衔接”平台，依法惩戒生态环境、资源保护、食品药品安全领域损害公共利益的违法行为。审议扫黑除恶、社会治安管理情况报告，推动司法机关强化协同作战，实施精准打击，深挖黑恶势力背后的“保护伞”和“关系网”，切实维护公共安全、社会安定、百姓安宁。届期内，南充被评为全省扫黑除恶先进市、维护社会稳定优秀市、社会治安综合治理先进市。生态领域：市人大常委会坚持每年听取审议环境状况和环保目标完成情况，推动市政府严格执行“三个十条”，深入实施绿化南充行动，统筹推进内河生态治理、大气污染防治和重点污染行业整治；组织开展城区水污染治理专项检查，督促加快污水处理厂建设进度，全面提升治污减排能力；组织开展饮用水水源保护专项检查，要求严守水源地生态红线，切实维护市民饮水安全；审议国省环保督察反馈问题整改情况，要求政府落实过硬措施，建立常态抓手，提升治理成果，严防各类污染反弹回潮；建立环境污染典型个案督办清单，采取暗访、函告等方式，压实主体责任，力促即行实改，促成南部县燕子窝饮用水水源保护问题限期销号，促成荆溪、文峰污水处理厂按期投运，促成主城区餐厨废弃物处置项目如期落地，促成西充河省控断面重返Ⅲ类水质；审议《关于打造西河生态景观长廊的决议》落实情况，督促整改污染西河的六类突出问题；审议《关于加强升钟湖保护的决议》执行情况，要求从严落实核心保护区禁养、禁渔、禁伐制度，加强水域岸线保护和污染源头治理，依法守护西南地区最大的人工湖；审议全市污水处理设施建设及运行情况报告，就提升终端处理能力、管网运行效率、设施管护水平作出要求。每年组织开展南充人大“环保世纪行”活动，引导有关各方共守环境质量安全底线，共筑长江上游绿色生态屏障。届期内，主城区空气质量优良开数稳定在290天左右，嘉陵江干流和重点湖库水质常年保持Ⅱ类标准，南充成功创建为全国第三批黑臭水体治理示范城市。市人大常委会持续加强计划预算监督，依法审议计划预算执行和审计工作报告，要求强化财税收入征管，厘清财政支出边界，严控政府举债规模，不断提升财政资源配置效率、管理效能、使用效益。其间，2018年首次听取审计查出问题整改情况报告，2019年将国有资本运营情况纳入常规监督议题。按照相关制度规定，市人大常委会对市政府研究处理工业园区重大项目建设、城市道路交通管理、农村产权制度改革、嘉陵江旅游开发专项规划、市辖三区旅游环线建设、保税物流中心建设、扫黑除恶工作、乡村产业振兴、城市公交发展、未成人保护工作、市辖三区城区基础教育发展等审议意见的情况进行满意度测评，除关于城市公交发展审议意见办理情况满意度测评结果为基本满意外，其余均为满意。市人大常委会对市中级人民法院研究处理执行工作以及市人民检察院研究处理自侦工作、公益诉讼工作审议意见的情况进行满意度测评，测评结果均为满意。

第二节　执法检查

1995年2月，市一届人大常委会对《中华人民共和国妇女权益保障法》进行执法检查。执法检查组分别深入西充县、高坪区以及南充棉纺厂、市公交公司、赛丽斯股份有限公司、四川天歌（集团）股份有限公司、益和服装公司、依格尔纺织品有限公司、南充教育学院、南充市农业科学研究所、南充财贸学校等单位，通过听取汇报、实地查看、个别访谈、组织部分代表座谈等形式对法律贯彻实施情况进行深入检查。在充分肯定法律实施成效的同时，执法检查组指出存在的法律宣传教育不深入、组织机构尚不健全、妇女权益保护不充分、妇女就业待遇不平等、打拐工作难度大效果差等现实问题。执法检查组建议市政府及其有关方面把妇女权益保障纳作“二五”普法重点，同步加强妇女“四自”教育，组织专门力量进对“三资”企业、私营企业损害女职工权益进行执法监督，有效发挥工会在保护女职工合法权益方面的重要作用，加大对妇女干部的培养和选拔，支持妇女参政，维护妇女的政治权利；充实各级打拐办力量，切实维护好妇女的人身权利。7月，市人大常委会对《中华人民共和国药品管理法》进行执法检查，执法检查组由常委会组成人员6人、市人大代表4人、部门负责人及抽调工作人员17人组成，在听取市级卫生、医药、工商等相关职能部门对药品管理情况的情况汇报后；分组对市属药品生产经营企业、医疗卫生机构和顺庆、高坪、嘉陵三区药品生产、经营、使用主渠道及部分药品经营个体户贯彻执行法律情况进行实地检查。在充分肯定法律实施成效的同时，执法检查组指出市场伪劣药品仍在泛滥、药品监督执法力度不够、药材市场管理无序、基本处于无证经营状况等问题。执法检查组建议市政府要理顺监管体系，督促各相关职能部门依法履职，把好准入关口和质量检查关品，严厉打击制售伪劣药品的违法犯罪活动，同时要严禁从非法经营者手中采购药品；严禁采用回扣或者行贿、索贿等手段购销药品；要加大对医疗机构的投入，解决医院以药养医的问题；要强化对特殊药品的管理，尽快解决中药材市场管理无序、监督缺位的问题。政府及其有关方面认真落实常委会审议意见，及时弥补法律执行过程中呈现的工作短板。1996年9月，市一届人大常委会对《中华人民共和国农业技术推广法》进行执法检查。执法检查组重点检查全市各地在宣传法律、加强农技服务体系建设、落实农技推广经费和推广人员待遇、开展技物结合等方面的情况。在充分肯定法律实施成效的同时，执法检查组指出《中华人民共和国农业技术推广法》的宣传贯彻在深度、广度和力度上不够；农技推广发展不平衡、点上突出、面上薄弱等现象客观存在；个别新技术、新成果的推广应用较缓慢；基层农业服务体系建设滞后，不适应科技兴农现实需求；市县财政对农技服务体系建设的投入不增反降且资金到位情况不好；基层农技服务队伍力量不足、职责不清、难以有效发挥作用。据此，执法检查组建议市政府要加强法律宣传教育、增强科技兴农意识；加大农技推广力度，强化农业科技成果应用，力争在“九五”期间将农业科技成果转化率提高到50%以上；要增加农业科技投入、保障农技推广经费；要抓好农业服务体系建设、解决基层服务断层问题，为农业产业化经营提供坚实支撑。市政府及有关方面扎实抓好问题整改，有力保障了法律正确实施。11月，市人大常委会和市政府联合开展环保法执法检查。执法检查组听取市环保局关于1996年环保执法情况的汇报，现场检查嘉陵江南充市城区段饮用水水源保护情况，西河南充市城区段水质污染治理情况，省一监狱、南充盐厂、市丝绸印染厂、市棉纺织印染厂、市热电厂、南充炼油厂、市垃圾处理场、市达享氨基酸厂等企业“三废”治理情况，严重污染应关停的企业南充化工总厂电镀分厂贯彻落实国发〔1996〕31号文件精神情况。执法检查组指出一些地方和企业环保基本国策意识不强、三废治理和水资源保护问题突出，环保执法不严、有法不依，环保资金投入严重不足等问题。执法检查组提出整改意见30多条，15家污染严重的小型企业和土法生产企业被责令限期关停。1997年7月，市一届人大常委会对《四川省归侨侨眷企业事业权益保护条例》（以下简称《条例》）进行执法检查，检查范围主要是市本级和市辖三区。执法检查组充分肯定法律实施成效，同时指出部分地方和部门侨务法治观念淡薄，对侨企歧视性和偏见性行为时有发生；部分侨资企业没有享受到法定的减税免费政策，且对行政收费项目繁多、随意性大反映强烈；部分侨资企业因经营管理不善、发展前景堪忧。执法检查组建议市政府加强侨务法律法规宣传，制定出台与《条例》配套的政策措施，有效保障侨资企业权益，彻底制止“三乱”行为，取消不合理收费项目，简化办事手续，提高工作效率，严查倚仗职权卡、压、拖的人和事，为侨企创造良好发展环境。市政府及有关方面扎实抓好问题整改，有力保障法律正确实施。

1999年3月，市二届人大常委会对嘉陵区、高坪区和市级有关部门贯彻实施《中华人民共和国科技进步法》情况进行执法检查。检查组采取听取汇报、查看现场、召开座谈会的形式，对法律宣传教育情况、科技财政投入情况、基层科技服务体系建设及作用发挥情况、科技成果转化情况进行检查。执法检查组充分肯定法律实施成效，同时提出部分地方和部门领导的科技意识不强、地方财政对科技的投入没有达到总收入的2%、产学研结合不紧密、科技成果转化能力不足等问题。执法检查组建议市政府把科技法律法规纳入“三五”普法内容，强化法律宣传教育；增加科技投入，建立以财政投入为主体、银行贷款为支撑、社会筹集和引进外资为补充的多元科技投资体系；加大科技成果转化力度，不断提高科技对经济建设的贡献率；建立科学人才引育激励机制，努力形成科技人才辈出的良好环境。4月至9月，市人大常委会对《中华人民共和国森林法》贯彻实施情况进行执法检查。检查组通过听取汇报、召开座谈会、个别走访、实地检查、查阅资料等方式，重点检查1997年以来《中华人民共和国森林法》修订后贯彻执行情况。在充分肯定法律实施成效，执法检查组指出部分地方存在利用农林结构调整随意毁林现象，部分工程建设征占林地未依法办理手续，林业执法还存在机构不健全、队伍较薄弱、执法宽松软等问题。执法检查组建议市政府坚决制止农林结构调整中的乱砍滥伐行为，严格执行征占林地审批制度，加强林业执法队伍建设，健全基层护林队伍，设立林业基金制度，依法收取各种规费并加强使用监管。市政府及其有关方面扎实抓好问题整改，依法建立长效机制，有效保证法律正确实施。2000年6月，市二届人大常委会对《中华人民共和国食品卫生法》进行执法检查。执法检查组历时两个多月，实地检查食品卫生监督机构9个、食品生产单位20个、副食销售单位24个、餐饮业51个、食品市场2个，重点检查卫生监督管理机构对食品卫生的监管情况、卫生许可证办证发证情况、食品从业人员健康体检情况、食品从业人员卫生法律知识培训情况、食品卫生管理执法情况以及违法案件行政处罚情况等。执法检查组充分肯定法律实施成效，同时指出卫生执法力度尚需加大、食品卫生抽检合格率偏低、基层卫生防疫检验经费投入不足、市县两级防疫机构职责划分不清等问题。执法检查组建议市政府进一步加大法律宣传力度，健全食品卫生监督执法体系，足额预算卫生执法专项经费，切实保证食品卫生公共安全。9月，市人大常委会对《中华人民共和国环境保护法》进行执法检查，检查重点是南充市主城区重点污染源企业抓废水废气达标排放的情况以及推广清洁燃料的相关情况。在执法检查推动下，主城区文化路、鹤鸣路、都尉路清洁燃料三条示范街达标率为96%，全市195家污染源企业治理达标123家，经有关方面共同努力，如期完成主城区“一控双达标”专项整治任务。2001 年 9 月，市二届人大常委会对《中华人民共和国种子法》进行执法检查，执法检查覆盖阆中、南部、蓬安、高坪、仪陇、营山 6 县（市、区）和市级相关部门。执法检查组充分肯定法律实施成效，同时指出种子生产经营和行政管理部门职能分割不彻底、种子市场无证经营现象较突出、经果苗木引入检疫把关不严、种子贮备制度未建立等问题。执法检查组建议市政府及其有关方面加强法律宣传教育，严格分离种子生产经营和行政监管职能，集中力量开展种子市场整顿，对全市种子生产许可证、经营许可证进行重新审核和核发，严把经果林苗检疫关口，严防出现重大种源责任事故。市政府认真落实市人大常委会审议意见，采取有力措施落实相关建议。是月，市人大常委会对《中华人民共和国产品质量安全法》进行执法检查，检查范围涵盖高坪区、阆中市、南部县、西充县、蓬安县、仪陇县和市级部分单位，随机抽查 18 家生产企业、31 家流通企业。执法检查组充分肯定法律实施成效，同时指出产品质量法宣传贯彻不平衡、有死角；少数领导干部对打假工作存在认识误区、地方保护主义思想较严重；制假售假问题客观存在，抗拒执法、拒绝检查情况时有发生等问题。执法检查组要求坚决关停国家明令禁止的“五小企业”，重拳严查狠打各类假冒伪劣产品，并要求市政府在 1 个月内依法处理检查过程中发现的顺庆纯净水问题、三区反映强烈的将工业用油当食用油销售使用问题、阆中饼干厂饼干质量问题、蓬安航星钢厂产品化学成分超标问题、蓬安师范校消极对抗质量抽检问题等典型个案。市政府及其有关方面扎实进行问题整改，有力保证法律正确实施。2001 年开始，市二届人大常委会连续 3 年对《中华人民共和国老年人权益保障法》进行执法检查，检查范围涵盖九县（市、区）和市县相关部门、企事业单位。执法检查组在执法检查中指出部分县（市、区）老龄工作机构不健全、落实国省优待老年人相关规定不力、部分改制企业退休职工和乡镇退休教师养老金发放不及时、侵犯老年人权益案件处理不及时、老年福利设施和活动场所建设财政投入不足、老年人看病就医等具体困难解决不到位等现实问题，并通过持续跟踪监督推动相关问题有效解决。2002 年 7 月，市二届人大常委会对《中华人民共和国劳动法》贯彻执行情况进行执法检查。4 个检查组分别到顺庆区、嘉陵区、仪陇县、南部县、营山县、西充县、市级有关部门和单位，通过召开座谈会、实地调查、走访群众、查阅档案资料等方式了解核实有关情况。执法检查组充分肯定法律实施成效，同时指出劳动法宣传深度不够，尚有死角；劳动合同和集体合同管理不规范，存在损害职工利益现象；职业资格证书制度执行情况较差，持证上岗占比较低；养老保险、失业保险扩面工作进展缓慢，不缴欠缴问题突出；部分企业劳动保护条件极差，随意延长工时普遍，不执行法定假日加薪制度；劳动监察执法机构不健全，执法力度不够、水平不高等问题。执法检查组建议市政府尽快健全市县两级专业监察执法机构、建立政府、工会、企业三方共同参与的劳动关系协作机制，并由市政府制定规范性文件对劳动合同签订、劳动安全卫生、技术工种从业人员持证上岗、最低工资保障线、加班及婚丧假期工资发放、参加养老和失业保险等方面问题作出具体规定，依法维护劳动者合法权益。市政府及其有关方面从实推进问题整改，确保相关建议落地落实。2003 年 6 月，市二届人大常委会对《中华人民共和国水法》进行执法检查。执法检查组采取听取汇报、召开座谈会、查看现场、查阅档案资料等方式检查法律宣传贯彻执行情况，督促整改阆中市水政监察大队自收自支、蓬安县水政执法机构未入编制以及南部县二水厂、化工厂、老鸦丝厂、金泰公司取水不办证等典型个案。执法检查组指出全市各地水法宣传力度不够，水危机意识、水商品意识、水法律意识不强；水资源污染问题较为严重，尚没有治理污水的统一规划和措施，全市城镇生产生活污水以及绝大多数工业污水未经任何处理直接排入江河，导致水体污染严重；网箱养鱼和施肥养鱼导致库区水质急剧下降；部分生产企业的垃圾场、排污口设置不尽合理；法律规定的水保方案、申报许可制度、水资源有偿使用制度、取水论证许可制度、取水计量管理制度、计划取用水制度、采砂论证许可制度落实情况不好，水政执法队伍建设急需加强。市人大常委会建议市政府及其有关方面增强依法治水意识，制定出台水污染治理规划，加快南充污水处理厂建设步伐，强化库区水质管理，控制网箱养鱼，严禁施肥养鱼，建立城镇供水旬报制度，保证城乡居民饮用水安全。市政府及有关方面认真落实市人大常委会审议意见，采取有效措施推动相关问题及时有序解决。

2004 年 7 月，市三届人大常委会对《中华人民共和国农村土地承包法》宣传贯彻执行情况进行执法检查，检查范围覆盖顺庆、嘉陵、西充、南部、阆中、仪陇 6 县（市、区）及市级相关部门。检查内容主要包括干涉承包方依法享有的生产经营自主权；违法收回农户承包地；违法调整农户承包地；不落实二轮承包政策；利用职权变更、解除土地承包合同；强迫承包方流转土地承包经营权；阻碍承包方依法流转土地承包经营权；侵占承包方的土地收益；违法发包农村土地；侵害妇女依法享有的土地承包经营权；地方政策是否有违反国家农村土地承包政策法律等 12 个方面的情况。执法检查组充分肯定法律贯彻实施成效，同时指出法律宣传存在上热下冷现象；部分乡镇土地流转程序不规范、主体不合法、合同不严谨；土地征用还存在未批先占、先占后批、边占边批、越权审批、批少征多、未补先用、征而不用、低价卖地现象；部分地方早年征地补偿标准过低，导致失地农民生活困难，拆迁还房不及时、安置补偿不到位，引发群众上访、影响社会稳定；部分地方没有成立农业用地承包合同仲裁委员会，且农业服务中心岗位紧缺、人员不足等问题。执法检查组要求进一步加大法律宣传力度，增强干部群众守法意识；要加快确权颁证进度，保护农民承包权益；要健全完善引导、仲裁、服务机制，规范农村土地流转行为；要开展违法占地专项清理，严厉打击各种非法用地；要科学制定征地安置补偿办法，切实维护失地农民根本利益。9 月，市人大常委会对《中华人民共和国食品卫生法》贯彻执行情况进行执法检查，检查范围覆盖高坪、嘉陵、南部、蓬安 4 县（市、区）及市级相关部门，检查内容包括食品生产过程中使用添加剂的情况，食品生产企业的资质和基础条件，食品经营企业执行进货索证制度的情况，学校食堂、餐饮业及建筑工地食品安全状况等等。通过实地检查，执法检查组认为，食源性疾病仍然是危害公众健康的主要因素，全市建筑工地、学校食堂以及分散在社区、城乡接合部、村镇的餐饮业卫生条件令人担忧，少数餐饮业硬件设施缺乏，操作间没有基本的防蝇、防尘、冷藏等设施，从业人员缺乏基本的卫生知识和操作培训，大多数餐饮业、食品超市没有建立进货索证索票和台账登记制度，食品安全监督职责交叉不清，多头执法、相互推诿现象客观存在。执法检查组要求建立健全食品安全组织协调机制，加强综合执法和日常监管；全面清理修订涉及食品安全方面的部门规定，加快建立食品卫生规范（GHP）或生产规范（GMP）标准体系；深入推行食品市场准入制、查验登记制、食品备案制、不合格食品退市制；从重、从快、从严查处违法生产经营者，严厉打击制售假冒伪劣食品行为，重惩违法犯罪团伙和首恶分子，坚决遏制生产、销售假冒伪劣和毒害食品犯罪活动，切实维护人民群众食品安全。市人大常委会将审议意见印送市政府及相关部门，并通过跟踪监督力促问题整改，保证两部法律正确有效实施。2005 年 5 月，市三届人大常委会对《中华人民共和国促进科技成果转化法》贯彻执行情况进行执法检查，检查范围覆盖营山、阆中、西充 3 县（市）和市级相关部门，顺庆、高坪、嘉陵、南部、仪陇、蓬安 6 县（区）同步开展自查。检查内容主要包括重点科技成果转化项目实施情况、科技成果转化优惠政策落实情况、科技成果转化基金设立情况等。执法检查组充分肯定全市科技成果转化取得的突出成绩，同时指出部分地方和企业缺乏科技创新意识、体制改革滞后、整体活力不足；全市科技人才总量匮乏，流失严重；市、县两级配套投入低于年度预算的 1%，且没有设立专项基金、建立风投机制；特别是农业科技服务体系不健全、推广力量很薄弱，急需予以改善和加强。执法检查组建议，要把科技成果推广计划纳入国民经济和社会发展规划之中，摆到重要议事日程，做到认识到位、责任到位、政策到位、工作到位；要建立科技创新基金，用于支持中小企业实施技术改造和转化科技成果；要有效保障科技创新财政投入，建立逐年增长机制；要积极促进院企、校企合作，建立多种形式的产学研联合体；要建立科技成果项目库，打造科技成果转化平台，向企业推荐优秀的科技成果，加速产业化进程；要鼓励发展各类科技中介服务机构，形成以技术创新、技术交易、技术咨询、技术评估、风险投资、人才与信息沟通为主要内容的科技服务网络，在资本市场与技术市场之间架起一座桥梁，促进科技成果商品化交易，实现产业化经营。市政府认真落实常委会审议意见，印发《关于加强技术创新，发展高新技术产业的决定》《关于鼓励职务发明创造，促进专利技术转化为现实生产力的实施意见》，进一步健全和完善科技成果转化保障体系，坚持从市应用技术研究与开发资金中拿出20%重点支持民营科技企业。全市当年完成技改投入12.3亿元，增长26.8%，共有25个重点技改项目竣工投产、18个项目列入省级重点技改项目、6户企业进入省“小巨人”计划。是月，市人大财经委按省人大常委会工作要求，对《四川省国家投资工程建设项目招标投标条例》进行执法检查。9月，市人大常委会对《中华人民共和国中小企业促进法》贯彻实施情况进行执法检查，检查范围覆盖顺庆、高坪、嘉陵、南部、阆中5县（市、区）和市级相关部门，其他各县同步开展自查。检查内容主要包括涉及中小企业发展的资金支持、政策扶持、技术创新、市场开拓、融资担保、社会服务及权益保障等方面等情况。执法检查组在肯定法律实施成效的同时，指出部分单位服务中小企业发展意识不强、办事效率低下，缺少应有的灵活性；新办企业和招商引资项目的简化办证程序和减免费用不够公开透明；部分存量土地征而未用，新引进项目又无地可用；个别国有企业改制重组遗留问题未能很好解决，影响新组建企业生产经营；个别中介机构服务质量差，主管部门管理不规范，收费偏高；中小企业难入信贷门槛，企业信用担保规模小，体系不健全，与银行合作不够紧密，不能适应企业发展需要；部分企业设备老化，技术落后，员工素质偏低，产品质量不高，企业信用等级低，不能适应市场需要。执法检查组建议，要大力优化发展环境，转变政府职能，加强部门间的协调与配合，简化审批流程，减少行政收费，提高办事效率，打造诚信政府；要加强低效闲置土地清理，让位工业项目用地；要妥处改制企业遗留问题，依法兑现政府承诺，切实解决下岗职工实际困难；要协调银企银政关系，建立完善企业融资信用担保体系，探索建立中小企业贷款联保机制，有效破解企业融资难题；要大力促进传统企业提档升级，不断适应市场经济发展需求。市人大常委会组成人员审议意见印送市政府及相关部门，并跟踪检查落实情况，为促进解决中小企业实际困难发挥重要作用。

2006年6月，市三届人大常委会对《中华人民共和国农业机械化促进法》贯彻执行情况进行执法检查。执法检查主要采取听取汇报、实地察看、查阅资料等方式进行，检查范围覆盖嘉陵、西充、南部、阆中、蓬安、高坪等6个县（市、区）及市级相关部门。执法检查组认为，全市农机争资引项成效明显、农机推广步伐日渐加快，但农业基础设施薄弱、财政专项投入不够、机械耕种保障能力较差等短板客观存在，农业机械化整体水平仍然大幅落后于全国、全省平均值。执法检查组建议市政府要制定农机发展中长期规划，增加农机项目地方财政配套资金，采取“以补促投”方式拉动社会参与，同步推进农业基础设施改造，大力发展农机专业服务组织，加速全市农业现代化进程。市政府在落实审议意见期间，印发《关于进一步加快发展农业机械化的决定》，制定农机发展专项规划，新修续建农村公路1681公里，新增农机总动力5.8万千瓦。是月，市人大常委会对《中华人民共和国土地管理法》贯彻实施情况进行执法检查。执法检查组认为全市基本形成规范化耕地保护和土地出让管理制度，土地占补总体平衡，土地经营水平有所提高，出让程序比较规范，同时指出部分县（市、区）在土地管理上存在未批先用、少批多用等违法用地行为，耕地保护和节约用地意识淡薄，小城镇建设遗留问题偏多，征地安置补偿矛盾较为突出。执法检查组建议市政府探索建立工业用地“预申请+招拍挂”市场配置机制，严格征地用途管理和违约责任追究，严查以租用耕地名义变更土地用途，依法做好征地安置补偿工作，切实解决失地农民后顾之忧。市政府在办理审议意见期间，扎实开展土地市场专项整治“百日行动”，建立土地利用评价指标体系，严格控制新增项目用地，全面加强存量土地管理，加强对土地出让合同实施情况的动态监测，及时清理整顿闲置低效用地，切实提升全市土地利用效率和集约化水平。是月，市人大常委会对全市贯彻实施道路交通安全法律法规情况进行检查，针对发现的法规宣传不深入、行政执法不规范、基础设施不配套等问题，要求市政府大力推进道路交通法规“五进”活动；加强路面执法力度和交通乱象整治，切实纠正有法不依、执法不严、执法不公正不文明等现象；提出要坚持交通设施与道路建设同规划、同设计、同施工、同验收、同投用，并在主要街道建设道路交通监控系统和电子警察系统，以更好适应城市发展需求。市政府认真研究处理市人大常委会审议意见，采取系列针对性措施落实整改，有力保证执法检查效果。2007年6月，市三届人大常委会对《中华人民共和国城市房地产管理法》贯彻执行情况进行执法检查。执法检查组实地查看市房地产管理局、顺庆区、嘉陵区、南部县、营山县工作情况，其余县（市、区）同步开展自查。检查内容包括商品房预售管理，房地产权属登记管理，违法违规案件查处，房地产执法监管等情况。执法检查组充分肯定法律实施成效，同时指出全市房地产预售管理不够严格，权属登记市区两级责权不够清晰，房地产市场执法力量相对薄弱，房屋维修资金征管用不够规范，城镇廉租房和经济适用房供需矛盾突出等问题。执法检查组建议严格坚持商品房预售标准，坚决制止违规变相预售；加强预售款使用监控，防止开发商违规挪用损害群众利益；理顺市辖三区产权登记发证关系，避免“证”出多门；研究制定相关行政措施，依法解决小产权房问题；细化完善房屋维修资金的归集、使用、监管具体办法，最大限度提升资金使用效益；加强房地产执法监管力度，依法保障市场秩序和群众利益；加大廉租房和经济适用房建设力度，有效缓解低收入群体住房困难。市政府及其有关方面认真办理市人大常委会审议意见，积极推动相关问题依法整改，有效保证法律规定落地生根。

2008年10月，市四届人大常委会对《中华人民共和国义务教育法》贯彻实施情况进行执法检查。执法检查覆盖顺庆、高坪、嘉陵、南部、仪陇、营山等6个县（市、区）。执法检查组认为，全市各地坚持教育优先发展战略，专项经算保障有力，“两免一补”政策执行到位，城乡办学条件同步改善，“普九”债务化解成效明显。同时，执法检查组指出财政预算内教育经费还没有达到GDP的4%，生均公用经费偏低，校舍排危改造经费不足，城乡之间、区域之间、校际之间发展不平衡，特别是城区学校“大班额”现象凸显，教育供地明显不足，素质教育推进较难，教师队伍进口不畅、编制不足等问题。执法检查组要求市政府足额保障义务教育经费投入，加大校舍维修危改专项投入；合理配置教育资源，着力改善薄弱学校基础条件，稳步推进农村撤点并校；大力推进素质教育工程和考试评价制度改革，全面提升立德树人水平；深化中小学用人制度改革，健全教师队伍激励保障机制，统筹解决教师队伍在编制、住宿、培训、支教等方面存在的实际困难和问题。市政府在办理市人大常委会审议意见期间，为94.4万名义务教育阶段学生免除学杂费，为90万名义务教育阶段学生免费提供教科书，为16.2万农村贫困家庭寄宿生提供生活补助，新改扩建学校37所，新增教学班560个，义务教育学校教师绩效工资政策全面兑现，素质教育工程和考试评价制度改革稳步推进，全面完成农村义务教育“普九”债务化解工作。2009年5月，市四届人大常委会对《中华人民共和国水污染防治法》进行执法检查。执法检查组主要采取实地调研、召开座谈会、听取汇报等方式进行，重点查看境内9条主要江河水污染防治情况、14个挂牌污染治理项目建设情况、9个乡镇生活污水和生活垃圾处理情况、城镇饮用水水源保护情况。执法检查组认为，全市水环境质量总体呈下降趋势，嘉陵江干流水质明显退化，21条主要支流污染严重，部分乡镇生活废水和生活垃圾处置不当，饮水水源水质合格率仅为29%，农村面源污染突出，特别是畜禽养殖污染日渐加剧。执法检查组建议，要将绿色GDP和环境质量纳入政府政绩考核，严格执行环保“一票否决制”，要严把建设项目、产业发展环评关口，深入开展违法排污企业专项整治；要逐年增加环保专项资金预算，完善多元化环保投入机制，加快推进乡镇污水和垃圾综合治理，严格落实饮用水水源保护制度，探索建立生态补偿机制，切实保护好水环境。市政府及其有关方面认真落实市人大常委会审议意见，深入开展全民节能减排行动，全面加强节能、节水、节材和资源综合利用，严格排污许可和“三同时”制度，扎实抓好重点领域、重点行业、重点企业的减排工作，认真实施城乡环境综合治理三年规划，突出抓好城镇环卫基础设施建设，积极推进污水处理厂、垃圾处理站建设，做好垃圾村收、乡运、县集中处理工作。经过治理，全市工业企业废水排放量减少12.7%，城市生活污水集中处理率提高到70%，新建污水处理厂6个，实现县县有污水处理厂目标，划定饮用水水源保护区392个，建成2个自然保护区。市人大常委会对市政府研究处理执法检查报告审议意见的情况进行跟踪督办和满意度测评，测评结果为满意。2010年5月，市四届人大常委会对《中华人民共和国公路法》及四川省实施办法贯彻执行情况进行执法检查。执法检查主要采取自查自纠、实地调研、座谈讨论、听取汇报等方式进行，检查组实地察看南搬路、西射路、G318线、G212线、S101线、S302线、S204线南充辖区段和部分农村公路建管情况，重点检查地方财政对公路建设养护投入情况、公路两侧建筑控制区管理情况、违法占用公路处理情况、公路两侧及上空广告标牌管理情况、车辆超载超限治理情况和收费公路管理情况。执法检查组充分肯定全市公路建管工作成绩，同时指出部分干线公路损毁较重、路况较差；公路两侧控制区内建房现象突出；公路沿线标识设置不规范、不完整；车辆超限超载较为严重；公路养护投入不足、体制不顺、技术不强、水平不高等问题。执法检查组建议市政府加大公路建设专项投入力度，逐步提高干线公路等级，科学设计重点路段负载标准，取消乡村公路建设环评、水保、可研等行政性收费，落实公路建设设计期限质量保证责任制，加强路政执法管理，重拳治理超载超限和公路两侧违法建房；分级落实公路养护责任制，最大限度延长道路使用寿命。市政府在办理审议意见期间，全面完成国道212线南部至阆中段改造工程，建成通乡油路（水泥路）818公里、通村公路1981公里，同步取消乡村公路建设的相关行政收费。相关部门组织开展为期两个月的超限超载集中整治活动，处罚改装货车1482辆、强卸超载货物2.6万吨。全市大力推进公路机械化养护，建设机养中心2个，确立以县级人民政府为责任主体，县、乡、村共同负责，专业养护和家庭、个人承包养护相结合的农村公路养护管理格局，初步构建“县为主体、省市补助、社会捐资”的农村公路养护资金保障机制，农村公路养护管理工作得到逐步加强。市人大常委会对市政府研究处理执法检查报告审议意见的情况进行跟踪督办和满意度测评，测评结果为满意。2011年9月，市四届人大常委会执法检查组分成4个检查小组，对市、县两级人民政府和市卫生局、市工商行政管理局、市食品药品监督管理局、市农牧业局和市质量技术监督局等5个相关部门贯彻实施《中华人民共和国食品安全法》情况进行执法检查。检查组到部分食品生产加工企业、种植养殖基地、超市、饭店、餐馆、农贸市场、学生食堂、工地食堂，深入调查了解法律实施和食品安全状况。执法检查组充分肯定食安监管工作取得的成绩，同时指出部分企业落实进货查验、出厂检测、保存期限记录制度不到位，对相关法律规定掌握不透彻；农牧生产投入品控制不力，存在安全隐患；

食安执法力量总量不足，基层基础尤其薄弱；农家乐、农村群体性聚餐和城镇流动摊贩监管存在缺失；检验检测设施较落后等问题。市人大常委会组成人员在审议中要求市政府加强法律宣传教育，完善目标考核机制，压实地方政府和业务部门主体责任，加强食品安全源头控管和联合执法力度，建立食品安全举报违法奖励机制和食品安全企业信用档案，严厉打击制售假冒伪劣食品和非法滥用食品添加剂等违法行为，切实维护人民群众“舌尖上的安全”。在办理审议意见期间，市政府将食品安全纳入“一把手”工程，成立市食安办，明确为正县级机构，预算专项经费850万元，保证专项工作开展；全市所有乡镇（街道）均落实专人分管食安工作，村（社区）选聘食安监管人员，健全完善市县乡村四级食品安全监管网络。全市举办法律培训班32期，对农牧生产投入品进行拉网检查，查处假劣问题农资48起，没收假劣种子、肥料3600多公斤及假劣饲料1300多公斤、过期农药兽药1260瓶，抽样检查食品经营户16835户次、乳制品经营户8695户次、食用油经营户1568户次、酒类经营户2123户次、食品添加剂经营户8563户次，取缔不合格生猪定点屠宰点70余处，查处食品违法案件828件，司法机关立案2件，处罚金177.18万元，收到良好社会效果。市人大常委会对市政府研究处理执法检查报告审议意见情况进行跟踪督办和满意度测评，测评结果为满意。

2012年5月，市五届人大常委会对《中华人民共和国社会保险法》贯彻实施情况进行执法检查。执法检查组实地查看社保经办机构、乡镇街道社区服务窗口、部分医院药店贯彻执行法律情况，重点检查社会保险法的学习宣传情况、各险种参保扩面和基金征缴情况、社保待遇发放落实情况、经办机构建设情况和社保基金监管情况，针对法律执行过程中存在的问题，执法检查组要求市政府加强法律宣传教育、拓展参保覆盖范围，强化基金运行监管，加快社保信息化建设步伐，切实提升综合保障水平，并就农民适用险种少、补贴水平低、养老保障流动受限等问题向国、省人大常委会提出立法建议。市政府认真落实执法检查组意见建议，当年征收扩面参保企业520户、新增参保人员136.7万人，对2000多名重复参保、重复领取待遇人员进行清理，清收企业历史欠费2810.35万元、清收失地农民社保欠费10.93亿元、争取省级专项补助资金29.2亿元、在全省率先启动社保卡发放工作、市县乡村四级社保服务平台基本建成，社保工作步入良性发展轨道。市人大常委会对市政府研究处理执法检查报告审议意见情况进行跟踪督办和满意度测评，测评结果为满意。9月，市人大常委会对《四川省城乡环境综合治理条例》贯彻实施的情况进行执法检查，重点检查组织机构设置、责任区制度实行、绩效考核体系建立、执法经费保障、基础设施建设、法律宣传教育等情况，在审议意见中提出要设置常设机构，编制专项规划，保障财政投入，完善配套设施，实行考核驱动，开展效能监察，分年分类治理影响城乡环境的突出问题，不断改善城乡人居环境。市政府认真落实市人大常委会审议意见，全市成立城乡环境治理工作组织协调机构412个，落实治理工作人员1261人，建立健全定期清扫保洁制、门前“双五包”责任制、后续保洁责任制、垃圾清运制等规章制度，科学编制全市风貌塑造规划，完成风貌塑造项目87个，打造特色街道10条，清理建筑立面15.8万余平方米，新增绿化面积38万余平方米，改造城中村17处、背街小巷38条，改造城乡接合部11万余平方米，新建丝绸文化主题公园、西河生态公园等公园绿地190万平方米，主城区建成区绿地率达34.5%。市人大常委会对市政府研究处理执法检查报告审议意见情况进行跟踪督办和满意度测评，测评结果为基本满意。2013年5月，市五届人大常委会对《中华人民共和国农业机械化促进法》贯彻实施情况进行执法检查。执法检查组充分肯定法律贯彻实施成效，针对农业机械化整体水平不高、推进力度不大、投入保障不足，基层农机服务体系不健全、农机专合组织发展不充分、农业基础设施配套不能完全适应机械化耕种要求等问题，执法检查组要求市政府加强政策法规宣传，科学制定农机发展总规；高效利用国、省扶持政策，增加市、县两级财政专项投入，大力发展农机专业合作组织，夯实农业机械化基层基础。在研究处理执法检查审议意见过程中，市政府编制印发《南充市农机发展“十二五”规划》，次年市级财政农机专项投入达到500万元，整合涉农资金2亿多元用于农业基础设施改造，农机专业合作社达到300个以上，新增农业机械总动力11.38万千瓦。市人大常委会对市政府研究处理执法检查报告审议意见情况进行跟踪督办和满意度测评，测评结果为满意。9月，市人大常委会对《中华人民共和国老年人权益保障法》贯彻实施情况进行执法检查。执法检查组针对老年事业缺乏专门规划、扶持政策未完全落实、养老产业结构单一且发展缓慢等客观实际，市人大常委会组成人员在审议中提出，要加快制定老年事业发展规划和扶持政策，要以政府投入为引导、社会投入为主体，加快建设一批集生活服务、文体活动、日间照料、心理咨询、护理康复于一体的养老服务网点；要建立完善公共财政投入增长机制，加大康养产业的专项投入和定向扶持；要研究制定养老服务设施建设标准和养老服务行业规范，加强对社会养老机构的业务指导、日常监督和年度检查，不断提高养老服务质量；要依法打击诈骗、伤害、遗弃、虐待老年人等各种违法行为，切实维护老年人合法权益。在办理审议意见过程中，市政府启动编制南充市养老服务业发展专项规划，计划在2020年前建设养老服务设施100万平方米，新增养老床位2.5万张。次年，全市预算养老事业发展资金5990.6万元，落实养老服务设施建设用地320.39亩，办理涉老人身侵权案、经济纠纷案1500余件。市人大常委会对市政府研究处理执法检查报告审议意见情况进行跟踪督办和满意度测评，测评结果为满意。2014年6月，市五届人大常委会通过实地查看、听取汇报、开展座谈、调阅资料和突击暗访等方式，对《中华人民共和国传染病防治法》贯彻实施情况进行执法检查。针对存在的工作短板，要求市政府广泛开展爱国卫生运动和健康教育，增强公众防治传染病的法律意识和自我保护意识；加大城乡环境综合治理力度、畜禽产品检验检疫力度和工业园区污水处理厂建设力度；加强对学校、酒店、娱乐场所等重点场所的卫生联合执法，有效制止医疗废水直排乱排问题；支持传染病医院基础设施和重点学科建设，不断提高传染病监测检验治愈能力。市人大常委会对市政府研究处理执法检查报告审议意见情况进行跟踪督办和满意度测评，测评结果为满意。10月，市人大常委会对《中华人民共和国农产品质量安全法》贯彻实施情况进行检查。执法检查组检查发现存在法律宣传教育不深入、监管体系不完善、投入品监管有缺失、检测能力较薄弱、产地准出和市场准入制度落实情况不好等问题。市人大常委会审议意见提出要将农产品质量安全工作纳入国民经济计划、财政预算盘子和“三农”工作考核指标；进一步加大法律宣传力度，普及农业投入品使用知识、无公害生产技术知识和农产品质量辨别知识；进一步加快县级检测站的“双认证”步伐和各类检测资源的有机整合，逐步提升检测能力、扩大检测范围、增加检测频次，着力构建“功能齐全、覆盖全面、运行高效”的农产品质量检测网；积极对接国家农产品质量安全标准体系，健全完善覆盖主要农产品的生产规程和地方标准，形成农产品生产、加工、流通全程标准化体系。市政府认真落实常委会审议意见，在南充农业信息网开设“12316”农产品质量监管服务热线，出动执法人员4133人次查处各类违法问题105起，南充市农产品质量安全监督检验中心建设改造项目全面完成，检测能力达到4000个样品/年，主要检测指标与国内先进检测实验室接轨，除顺庆外8个县级监测机构全面建成，411个涉农乡镇加挂农产品质量安全监管服务站牌子，372个乡镇落实监管人员，农产品质量安全体系日渐完善。市人大常委会对市政府研究处理执法检查报告审议意见情况进行跟踪督办和满意度测评，测评结果为满意。2015年6月，市五届人大常委会组成5个执法检查小组对《中华人民共和国动物防疫法》贯彻执行情况进行检查，针对发现的疫情危机意识不浓、疫病源头控管不力，防疫经费保障不足、疫病检测治疗能力不强、基层动物防疫队伍不稳以及部分屠宰场规划不合理、建设不规范，排污不达标等问题，市人大常委会组成人员在审议中要求市政府制定总体规划，增加财政投入、稳定防疫队伍，健全责任体系，加强产地检疫、屠宰检疫和动物防疫网络信息平台建设，增强动物疫情分析预警和应急处置能力。在办理审议意见过程中，全市共印发法律法规宣传资料12余万份（册），举办专题培训班37期，接受群众咨询12500余次，市县乡村层层签订《重大动物疫病防控及畜产品质量安全责任书》，对动物防疫工作实行目标管理，修订完善《口蹄疫防控应急预案》等重大动物疫病防控应急预案，高致病性禽流感等5种强制免疫密度达到100%，立案查处违法案件305件。各级财政共落实资金1330万元，加快兽药残留快速检测实验室建设，共招录98名基层技术服务人员充实到乡镇畜牧兽医站，动物防疫水平显著提升。市人大常委会对市政府研究处理执法检查报告审议意见情况进行跟踪督办和满意度测评，测评结果为满意。9月，市人大常委会对《中华人民共和国旅游法》贯彻实施情况进行检查。执法检查组针对法律执行过程中存在的短板，建议市政府实行“市场主导、企业主体、政府监管”的发展模式，扎实抓好优质旅游项目定向招商，把最具潜力的优势资源放手给最具领跑能力的旅游企业；要求市政府精心编制全市旅游业“十三五”发展规划及系列子规划，加快基础设施配套，注重文化内涵挖掘，搞好外宣专题策划，强化旅游市场监管，努力把南充打造成国内重要旅游目的地。在办理审议意见过程中，市政府印发《南充市“十三五”旅游业发展规划》《四川南充休闲农业与乡村旅游示范带发展战略规划》，同步启动《嘉陵江流域南充段旅游开发专项规划》《嘉陵江流域综合保护开发总体规划》编制工作。次年，全市启动建设旅游项目45个。其中，西充青龙湖休闲旅游度假区等3个项目入选全国优选旅游项目目录。同时，市政府决定以朱德故里景区创5A、凤垭山“天乐谷”创4A为载体，推动旅游景区提档升级；以阆中嘉陵江山、南部升钟湖创国家级旅游度假区和蓬安第一桑梓、高坪凌云山创建省级旅游度假区为抓手，完善旅游服务配套设施建设，优化旅游服务环境，推动全市旅游产业转型发展。市人大常委会对市政府研究处理执法检查报告审议意见情况进行跟踪督办和满意度测评，测评结果为满意。2016年5月，市五届人大常委会对新修订的《中华人民共和国食品安全法》实施情况进行检查。执法检查由市人大常委会主任袁险峰牵头，分5个小组到九县（市、区）和14个市级部门实地考察农产品种植基地、食品生产企业、超市、饭店、餐馆、农贸市场、学校（单位）食堂、食品加工小作坊63个，暗访市辖三区食品生产、加工、流通企业7家。针对发现的问题，执法检查组要求将食品安全工作纳入国民经济和社会发展计划，着力加强食品安全监管信息化建设、检验检测技术支撑体系建设、基层监管所标准化建设、食品质量追溯体系建设、食品抽样检验和应急装备建设；前移食品安全关口，加强农畜产品产地环境综合治理，严格控制工业污染，有效治理农残超标；加大对“两超一非”、假冒伪劣食品的打击力度，深入推进行政执法和刑事司法衔接，坚决维护人民群众“舌尖上的安全”。次年，市政府安排专项资金3791万元修建南充市食品药品检验中心（川东北区域食品药品检验中心），争取中央财政专项资金2200万元，新建营山县、阆中市两个县级区域食品检验检测中心；组织开展农资打假、农业投入品等专项整治行动，查处各类违法案件439起，查获问题种子3215公斤、肥料2000公斤、农药2540公斤、兽药21公斤，没收销毁假冒伪劣和过期变质食品215公斤，排查食品安全隐患543处，关停小、散、乱、差屠宰场210家；全市88个基层食品监管机构有45个通过“两化”验收，任命食品安全管理员398名，聘任食品安全协管员和信息员2895名，全市食品安全综合保障能力显著增强。市人大常委会对市政府研究处理执法检查报告审议意见情况进行跟踪督办和满意度测评，测评结果为满意。

2017年5月，市六届人大常委会对《四川省农村扶贫开发条例》（以下简称《条例》）贯彻执行情况进行执法检查。执法检查过程中，市县乡三级人大联动开展明察暗访，实地走访18个乡镇、20

个贫困村、35户贫困户，查看项目现场21个，查阅档案材料180余卷，发放调查问卷近180份，召开村民座谈会16次，听取240余名基层干部群众的意见建议，检查重点是《条例》的宣传普及、扶贫对象精准识别、贫困群众思想观念转变、扶贫规划编制、脱贫奔康产业园建设、非贫困村帮扶措施落实、处理好群众普惠和贫困户特惠之间关系等10个方面。执法检查组充分肯定《条例》实施成效，同时提出《条例》学习宣传效果需要进一步提升；驻村帮扶工作需要进一步夯实；贫困群众内生动力需要进一步增强；精准脱贫成效需要进一步巩固；产业发展带动能力需进一步提高；扶贫资金拨付进度需进一步落实；贫困村与非贫困村同步发展需要进一步平衡等审议意见。执法检查组专门开列涉及11个方面的问题清单，分别指出各县（市、区）在贯彻条例过程中存在的27个突出问题，连同审议意见一并印送市政府及其有关方面研究处理。市政府及其有关方面在落实整改过程中，按照“两不愁、三保障”标准对全市农村困难家庭和贫困户进行全覆盖走访摸排，深入查找住房安全、教育医疗等方面存在的突出短板，锁定脱贫困难户、返贫户、返贫风险户和特殊困难户，逐户逐人建立台账，全面跟踪整改落实；着力加强脱贫奔康产业园建设，全市共建成脱贫奔康产业园876个，带动贫困户5.7万户，户均增收1.2万元以上；制定《“回头看”“回头帮”工作实施方案》，坚持贫困群众脱贫后扶持政策不变、支持力度不减、帮扶力量不撤，对所有已脱贫人口全面加强动态监测和跟踪扶持，实行产业培育、设施配套、政策支持、技能培训、干部帮扶“五跟进”，确保稳定脱贫不返贫；对3.2万贫困群众开展定制化技能培训，在全市100个贫困村试点建立“扶贫保险＋风险基金”的风险防控机制，给扶贫产业安了“保险杠”，给贫困群众吃了“定心丸”。市人大常委会对市政府研究处理执法检查报告审议意见情况进行跟踪督办和满意度测评，测评结果为满意。2018年4月，市六届人大常委会对《中华人民共和国水土保持法》贯彻执行情况进行执法检查。市人大常委会部分组成人员和市人大代表组成5个检查小组，深入九县（市、区）和11个市级部门，通过广泛开展座谈、调阅相关资料、实地查看现场等方式，深入了解法律实施情况，汇总形成检查报告。执法检查组充分肯定法律实施成效，同时指出个别县（市、区）未按规定编制落实水土保持方案；一些产业项目建设无视生态环保，未落实水土保持措施，人为造成山体荒芜化；一些城建项目挖山、填湖、毁林现象迭出，不少城市山体被肆意开挖，山体破坏严重，建筑渣土随意乱堆乱弃；全市水土保持监测站点较少，未实现全域覆盖，水土流失动态监测人员、工作经费未得到有效保障，网络监测数据未共享，监测体系不完善等问题。市人大常委会组成人员在审议执法检查报告时提出，要把建设长江上游生态屏障放在首要位置，加强法律宣传贯彻力度，坚决摒弃以牺牲环境为代价去换取一时一地经济增长的发展模式；要从严保护水土保持功能区和水土流失脆弱区，强化水土保持方案的刚性约束，坚决遏制城市、农村山体荒芜现象；要对嘉陵江两岸采砂取石予以重点监管，坚决叫停无视水土保持的项目建设；要加大水土保持执法力度，严肃查处、公开曝光典型案件；要加强水土流失治理，提升水土涵养能力，最大限度减轻由此造成的生态环境损害。市政府及其有关方面认真落实整改，大力开展水土保持专项执法，排查出三类违法项目109个，发出整改通知109份，完成整改项目9个，落实23个生产建设项目水土保持设施自主验收备案；各县（市、区）全面禁止在25度以上陡坡地开垦种植农作物，对所发现的问题，责令生产建设单位立即停止违法行为，采取植被恢复等水土保持措施，进行水土流失治理，全市农业产业开发项目形成“光山化”造成新增水土流失的局面得到根本性扭转；全市共取缔规划外砂石堆码场400余家，关闭非法砂石料场2处，31处砂石堆码场停业整改，新规划的18处砂石堆码场全部办理环评手续。市人大常委会对市政府研究处理执法检查报告审议意见情况进行跟踪督办和满意度测评，测评结果为满意。9月，市六届人大常委会对《中华人民共和国水污染防治法》实施情况进行执法检查。执法检查组采取明察与暗访相结合方式到饮用水水源保护地、小流域、污水处理厂、工业园区、中省环保督察反馈问题点等开展检查，广泛听取情况汇报、调阅相关资料、倾听群众意见，汇总形成检查报告。执法检查组充分肯定法律实施成效，同时指出法律宣传的广度、深度不够，方式方法比较陈旧，群众知晓率不高；嘉陵江及其支流水环境质量堪忧，全市纳入国、省考核的5个地表水监测断面水质优良比例为60%，未达到年度目标要求；饮用水水源保护需进一步规范，县城及以上水源地应急备用水源均未建成，乡镇饮用水水源地普遍无应急预案、无应急备用水源地；污水处理能力严重不足，主城区每天约10万吨富余污水只能靠临时处理设施进行处理排放，部分县（市、区）的城市污水处理厂升级扩能改造未按时推进，全市应建乡镇污水处理设施建设进度不足50%，全市10个工业聚集区仅完成4座污水处理厂建设；农村农业面源污染存在隐忧，畜禽养殖场规范化建设水平较低，农业径流污染整治缺乏有效手段，大量的氮、磷和农药残留通过地表径流流入嘉陵江干流及各支流，造成水体污染；农村生活垃圾收集转运设施不健全、处理不规范不及时，垃圾露天任意堆放现象严重，生活垃圾经雨水冲刷，造成附近水体二次污染。执法检查组要求市政府依法设立饮用水水源保护区，严厉打击水源保护区范围内违法行为，补齐水源地保护区规范化建设短板；加快城乡污水处理设施建设进度，列出时间表线路图，尽快补齐污水处理能力严重不足的短板；制定完善水污染防治实施细则和规范性文件，加大河长制执行力度，健全水污染防治领导目标责任制和考核评价制度；推进农业面源污染防治，完善畜禽养殖企业有关配套设施建设标准，开展农村环境综合整治工作，加大对农村生活垃圾收集、转运和处理力度；加大对嘉陵江砂石开采的整治力度和城市黑臭水体治理力度。市政府及其有关方面在落实整改过程中，共投入资金约6.58亿元，完成主城区饮用水水源地迁建工程和县城饮用水水源地45个环境问题整治，共排查出155个乡镇集中式饮用水水源地156个环境问题；主城区新建污水处理厂3座，新增污水处理能力约6万吨/天；各县（市、区）建成污水处理厂6座，在建3座；乡镇污水处理厂共建成260座，覆盖率达64.05%，同比提升30%；10个省级工业园区中，南充经济开发区、阆中经济开发区、蓬安工业园区按期完成污水处理厂建设；高坪、嘉陵、南部、西充、营山、仪陇工业园区污水处理厂经调试正式投运，顺庆高新技术产业园区污水处理厂选址等前期工作全面完成。全面落实“河长制”，组织开展专项督查3批30余次，发现问题5类共154个；建立IPM绿色防控示范区18个近80.3万亩，带动绿色防控面积达440.64万亩；全市畜禽规模养殖场粪污处理设施设备配套率达93%以上，畜禽粪污综合利用率达82%以上；取缔规划外砂石堆码场400余家，查处非法采砂案件33件；核查确认入河（湖）排污口444个，取缔或关闭入河排污口108个，完成整改提升305个。通过不懈努力，嘉陵江干流及重点湖库升钟水库水质稳定保持在Ⅱ类水质、3个国控断面水质优良（达到或优于III类）比例达100%、省控西充河彩虹桥断面全面恢复达标；27条市级河长河流水质达标率85.1%，全市县级以上城市集中式饮用水水源地水质达标率稳定保持在100%，乡镇饮用水水源地水质达标率64.8%，全市水环境质量总体呈稳中向好趋势。市人大常委会对市政府研究处理执法检查报告审议意见情况进行跟踪督办和满意度测评，测评结果为满意。2019年5月，市六届人大常委会对《中华人民共和国水法》实施情况进行执法检查。执法检查分为5个检查组，分别由市人大常委会领导带队，到9个县（市、区）和3个市级部门对水资源规划、水工程建设、水污染防治、水生态保护等方面工作开展检查。执法检查组充分肯定法律实施成效，同时指出全市各界水忧患意识、水危机意识、水安全意识比较淡薄，依法治水管水兴水意识还需要加强；水污染防治问题依然突出，水环境问题整治力度还需加大；一些地方政府轻视河湖保护，非法侵占水域滩地，肆意破坏水生物栖息地；县城及乡镇水源地水质达标率低，安全饮水保障不够充分。市人大常委会组成人员在审议执法检查报告中提出，要坚持“节水优先、空间均衡、系统治理、两手发力”的新时期水利工作方针，树立山水林田湖生命共同体的治水理念，从改变自然、征服自然转向调整人的行为、纠正急功近利思维，给自然留下自我修复的空间；要强化地下水保护，加强水土保持工作，推进重点区域和行业水土流失治理；要加强重要生态保护区、水源涵养区生态保护；要推进城乡水环境治理，加强农村河道综合整治，全面实施水源地保护区规范化建设，补齐水源地预警监控、风险防控、应急防范能力建设等短板；要深入开展河长制工作，强化河湖生态保护，实行河湖分级管理，有序推动河湖休养生息，构建“互联互通、引排顺畅、水清岸洁、生态良好”的现代河网水系；要完善城市污水管网配套建设，提高污水收集率和处理率，扩大污水处理范围和规模，重点抓好主城区和6个县（市）所在地城中村、老旧城区、城乡接合部的污水截流和收集，确保污水达标排放。市政府及其有关方面扎实抓好对标整改，深入实施河湖“清四乱”专项行动，排查整改挂牌点位55个，拆除违建117.35万平方米，修复岸线40.04公里；开展砂石资源经营管理体制改革，削减各类船舶413艘，消化砂石存量1235万立方米，拆除机具3282余套，取缔非法码头527家；全市下泄生态流量问题电站关停3座，完成整改57座，整改率达到100%；制发《南充市长江经济带水土保持专项执法行动实施方案》，组织排查涉嫌违法项目231个，集体约谈2批次27人，立案查处违法案件7件；依法划定、调整饮用水水源保护区53个，撤销和停用水源地177个，156个乡镇及以下水源地梳理出保护区内环境问题122个，完成整治22个；全市新（改、扩）建城市污水处理厂8座，竣工7座；新建、改造污水管网项目28个，完工27个；累计建成乡镇污水设施290座，完成黑臭水体整治20公里；累计开展水行政执法巡查1800余次，办理水事案件130件，移送司法处理人员42人，刑事处罚16人，涉水违法行为得到有效遏制。常委会对市政府研究处理执法检查报告审议意见情况进行跟踪督办和满意度测评，测评结果为满意。9月，市六届人大常委会对全市贯彻实施《南充市城镇环境卫生管理条例》（以下简称《条例》）的情况进行执行检查。执法检查组以明察与暗访、集中检查和分散自查相结合的方式，重点对市级相关部门及市辖三区执行条例情况进行深入调研。执法检查在充分肯定《条例》执行成效的同时，指出《条例》宣传不深入、不到位，部分条款执法不力、落实情况较差等问题。市人大常委会组成人员在审议执法检查报告中提出，要继续深化《条例》宣传教育，着力提高《条例》的社会知晓度；要增加财政资金专项投入，逐步扭转环卫设施老旧现状；要深化体制改革，逐步改变环境卫生管理领域人浮于事、投入产出比例低的现状；要加大执法工作力度，推动环境卫生管理法治进程。市政府及其有关方面在落实整改过程中，对城市管理标准进行全面梳理，及时废除和修改不合时宜的过时标准；将市辖城区城管领域行政处罚权全部下沉到3区，各县（市、区）综合行政执法部门组建城管综合执法大队，并向街道或乡镇派驻执法中队或人员开展综合执法工作；主城区累计投入6.18亿元专项资金，新增新建环卫设施和市政园林管理装备；全力推进循环经济产业园建设，深入落实垃圾处理设施建设方案，启动垃圾焚烧发电厂二期扩能项目；扎实抓好餐厨垃圾规范化处置工作，主城区日收运处理能力达到100吨。市人大常委会对市政府研究处理执法检查报告审议意见情况进行跟踪督办和满意度测评，测评结果为满意。2020年7月，市六届人大常委会对《中华人民共和国传染病防治法》实施情况进行执法检查，着力推动解决新冠肺炎疫情防控工作中暴露出来的医卫短板。执法检查由常委会领导带队，分别到市、县相关部门和部分学校、医院、酒店、宾馆、餐厅、娱乐场所、农贸市场等重点区域，采取听取汇报、开展座谈、察看现场、查阅资料等方式，重点检查传染病联防联控、群防群治工作落实情况。执法检查组充分肯定法律实施成效，同时指出还存在法律宣传教育不深入、疫病预警检测救治能力不足、基层防疫力量急需充实等现实问题。市人大常委会组成人员在审议执法检查报告中提出，要增强社会各界依法防治意识，压紧压实防疫工作主体责任，把改扩建市级传染病专科医院纳入重点建设项目，打造川东北区域重大疫情防控救治基地，市、县至少建设39个P2生物实验室；要加大医疗废物管理，集中处置率应达到100%；要加强城乡集中供水站和污水处理厂运营监管，保障城乡居民饮水安全；要优先配置基层医疗机构急诊急救设备和检验检测设施，大力引进预防医学、卫生检验等专业人才，不断提升突发公共卫生事件应急处置能力。市政府及其有关方面在办理审议意见过程中，调整充实重大传染病防治工作委员会，修订完善突发公共卫生事件应急预案和传染病诊疗、感染控制等技术方案；积极争取国家、省政策资金，加强防控项目建设，对各县（市、区）疾控中心进行新（改、扩）建，新建面积2.1万平方米，改扩建面积2000余平方米。在全市9个综合医院设立感染性疾病科或传染病科、发热门诊、肠道门诊，实行传染病预检分诊制度。进一步加大对医疗卫生机构、采供血机构、公共场所和消毒产品生产经营单位的监管力度，依法严格查处违法违规案件；深入开展爱国卫生运动，实施城乡环境综合治理，全面推行医疗废弃物集中分类处理，加强城乡饮用水水质监测，为控制和预防各类传染病的发生和流行奠定坚实基础。

第三节　工作评议

1994年9月，市一届人大常委会参照《四川省各级人民代表大会常务委员会评议工作条例》，组织部分省、市人大代表对市文化局的工作开展评议，围绕群众文化工作、文化市场管理和专业剧团工作形成评议意见，提出14个问题和4点建议。次年，市人大常委会专题听取整改情况汇报。在整改工作中，市文化局草拟南充市文化事业1995至2010年的发展规划（草案），从艺术、群众、文博、电影、新闻出版等事业和文化市场发展等6个方面提出近中远期发展目标；加强对“三国文化”“丝绸文化”的管理保护工作，巩固企业文化、校园文化的发展；纵深推进专业剧团体制改革，对市直属4个文艺团体进行考评定级，加大对剧团专业人才培养选拔力度；进一步强化对文化市场的稽查和执法，重点加强对电子游戏厅和录像放映室的规范管理，查处一批电子游戏赌博和非法音像制品，保证整改意见的有效落地。1995年4月，市一届人大常委会组织部分市人大代表对市畜牧局工作进行评议。通过深入调查，评议小组指出市畜牧局在抓基层服务体系建设、抓机关内部建设管理方面存在的不足。建议市畜牧局进一步加大畜禽养殖基地建设力度，走区域化布局、专业化生产、一体化经营、企业化管理、社会化服务发展路子；强化乡镇畜牧兽医站建设，改善环境、留住人才、稳定队伍；强化机关建设管理，根据实际情况分离公益性和营利性人员，为后期推行机构改革奠定基础。市畜牧局认真落实代表意见建议，加快提升畜牧规模化经营水平和行业队伍规范化管理水平。1996年9月，市一届人大常委会组织部分市人大代表对市贸易局、市公安局、市土地管理局、市广播电视局的工作进行评议，分别对被评单位职能工作短板提出整改意见。次年，市人大常委会专题听取各被评单位整改情况汇报。市贸易局在整改过程中，扎实抓好商贸企业扭亏增盈工作，严格执行专营专卖法规政策，加强医药市场、农资市场、烟草市场、酒类专卖市场整顿，严打假冒伪劣产品、治理流通秩序取得良好效果。市公安局在整改过程中，从严加强干警队伍管理，处理一批执法不严、执法不公、徇情枉法和不文明执法的人员，并出台一系列规章制度，对机关规费、经费、罚没收入进行规范管理，对公安械具、服装、警用标志管理不严问题进行清理整顿。市土地管理局在整改过程中，依法查处市康达技贸商行违法征地、火花镇征地闲置、金上房产公司涉嫌圈地等典型案件，进一步加强土地转让、出租、抵押监管，查处违法占地案件近1000件。市广播电视局在整改过程中，进一步强化机关内部管理，对机关中层干部进行轮岗调整，加强对电视节目审查把关，抓好有线电视相关清理整顿工作，确保评议工作收到预期实效。1997年4月，市一届人大常委会根据全省统一部署，组织部分人大代表对市县两级人民检察院工作进行评议。评议活动历时将近一年，市县人大代表参与人数达400余人，累计提出工作建议300余条，对100个具体案件和事项提出整改意见，推动检察机关纠正一批冤假错案，查办贪污贿赂大案77件、徇私舞弊案6件，提起刑事公诉778件，向法院提起抗诉14件，并制定出台《追究领导责任暂行规定》《关于检察机关自觉接受监督和加强自我监督的意见》《关于检察机关严格执法、文明办案、热情服务的几点意见》《关于检察人员政治纪律、廉政纪律、办案纪律的规定》和《检察干部诫勉制度暂行办法》等系列内控制度，推行中层干部竞争上岗机制，有效调动检察干警工作热情。通过开展内部自查自纠，查处市县两级检察院干警中违法违纪案件5件8人，除给予党纪政纪处分外，其中1人被追究刑事责任，引起强烈社会反响。

1997年8月27日，市一届人大常委会第二十五次会议表决《南充市人民代表大会常务委员会〈四川省各级人民代表大会常务委员会评议工作条例〉实施办法》（以下简称《实施办法》）。《实施办法》结合4年工作实践，将工作评议和述职评议结合起来进行，实现对人和事的同步监督，在评议内容上增添依法行政、公正司法、勤政为民、完成工作目标任务等内容，明确规定评议对象选择方式、评议工作操作规程以及测评定档相关细则。《实施办法》的出台为后期评议工作规范化开展奠定制度基础。

1997年8月，市一届人大常委会组织部分市人大代表对市贸易局、市公安局、市土地管理局、市广播电视局工作进行评议，对被评单位职能工作短板提出整改意见。次年，市人大常委会专题听取各被评单位整改情况汇报。市建委在整改过程中切实抓好市康达技贸商行改变规划用地用途、市侨台房地产公司延迟滨江北路改造两个社会热点问题的处置工作，进一步加快城市规划编制，将小区详规覆盖率提高到90%，做好城市消防设施、公厕、农贸市场、停车等专项规划编制，进一步理顺规划执法体制，处理好市民反映强烈的城市绿化、供水、公共交通管理问题，启动污水处理工程建设申报立项工作。市工商局在整改过程中提出主城区农贸市场建设规划建议，启动一批市场改扩建工程，制定整顿市场摊区方案；受理消费者投诉520件、查处欺诈违法案件80件，建成“一站式”服务的企业登记大厅，提高行政审批效率。市教委在评议整改中开展扫盲工作复查，提升“普九”工作质效，将素质教育列入工作重点，启动相关试点工作，同步出台关于加强职业教育发展的相关文件，对中小学乱收费问题进行专项整治。1998年6月，市一届人大常委会组织部分市人大代表对市中级人民法院、市医药管理局、市物价局工作进行评议，对被评单位职能工作短板提出整改意见。10月，市人大常委会专题听取各被评单位整改情况汇报。市中级人民法院在整改过程中，对代表提出的45件个案进行复查，并纠正个别判决不公案件；制定出台《错案责任追究制度》《办案质量检查办法》《说情公开制度》《关于加强案件审限管理的若干规定》等规章制度，着力提升审判质效和司法公信力。市医药管理局在整改过程中，切实纠正药品经营企业合格证发放审查不严问题，对药品流通秩序混乱、无证经营、超范围经营现象开展专项治理，制定出台一系列促进药品生产的政策措施，抓好直属医药企业债务清偿和股份制改革工作。市物价局在整改过程中组织开展价格法执法检查，重点对批发市场、街区门店、文化部门、医院、农电、房地产和劳动就业部门的收费标准进行全面清理，查处一批群众反映强烈的物价投诉案件，强制取消或调减一批不合规收费，得到社会一致好评。

2007 年 5 月 23 日，市三届人大常委会第二十三次会议审议通过关于废止《南充市人民代表大会常务委员会〈四川省各级人民代表大会常务委员会评议工作条例〉实施办法》的决定。

2009 年 10 月，市四届人大常委会根据《中华人民共和国各级人民代表大会常务委员会监督法》及四川省实施办法相关规定，对市发改委、市经委、市民政局开展工作评议。各评议调查小组到各被评单位召开动员会，采取个别谈话等方式听取各方意见，形成评议调查报告。市人大常委会听取各被评单位工作情况报告和各评议小组调查报告，采取无记名投票方式进行满意度测评，测评结果均为满意。市人大常委会评议意见肯定各被评单位工作成效，要求市发改委加强国、省宏观政策研判，做好争资引项统筹协调工作；不断完善项目管理机制，特别是要加强招投标管理，强化对争取和引进项目、资金的实施使用监管。要求市经委牢固树立科学发展观，研究制定区域工业经济中长期发展规划，严把招商引资准入关口，大力发展绿色低碳经济；提高为企业服务质量，着力帮助企业解决好融资、人才、技改、创新方面的实际问题。要求市民政局进一步加强对民政资金发放使用的经常性监督检查，严防挪用和流失；扎实做好对街头流浪乞讨人员的救助管理工作；加快公益性民政项目建设进度，不断提高民生民权保障水平。各被评单位认真落实常委会评议意见，保证评议工作见实效、见长效。2010 年 8 月，市四届人大常委会第十七次会议表决通过《南充市人民代表大会常务委员会工作评议试行办法》，并据此对市级国家行政机关、审判机关、检察机关和具有行政管理职能的其他部门全面工作或专项工作进行评议。11 月，市四届人大常委会对市国土资源局、市司法局、市交通运输局工作进行评议。各评议调查小组到各被评单位召开动员会，采取个别谈话等方式听取各方意见，形成评议调查报告。市人大常委会听取各被评单位工作情况报告和各评议小组调查报告，采取无记名投票方式进行满意度测评，测评结果均为满意。市人大常委会评议意见肯定各被评单位工作成效，要求市国土资源局加强土地法律法规政策宣传，强化建设用地供后监管，加大用地指标争取力度，深入推进国土资源“两整治一改革”专项行动；要求市司法局抓好基层司法所规范化建设，提升社区矫正工作整体质效，强化律师、公证、鉴定、基层法律服务行业管理；要求市交通运输局精心编制全市交通运输“十二五”规划，加快重点交通项目建设进度，提高公路建设管理养护水平，规范交通工程招投标、建设、监理、验收、审计等程序，保持交通运输市场“扫黑”高压态势。各被评单位认真落实常委会评议意见，市国土资源局出台《关于加强全市土地执法监察工作的意见》《关于加强国有建设用地批后监管的通知》等文件，加强对闲置土地、低效利用土地等行为的查处，打击囤地行为，严防新的闲置、粗放用地，坚决遏制改变用途搞房地产开发以及乡镇私自征地卖地行为，次年争取年度用地指标 9000 亩，争取“挂钩项目”周转指标 7500 亩，争取省以上立项的重点项目规划指标 8000 亩。市司法局次年建成基层司法所 391 个，其中 37 个所被省司法厅批准为规范化司法所，在九县（市、区）建立社区矫正机构，70% 的乡镇也建立相应矫正机构，全市重新犯罪率控制在 0.1% 以内。市交通运输局如期完成全市交通发展总体规划编制工作，在重点交通项目建设上，高速公路建设完成投资 45.24 亿元，桥梁建设完成投资 1.53 亿元，国省干道整治完成投资 8.7 亿元，南充旅游码头建设完成投资 1.02 亿元，交通民生工程建设完成投资 16.55 亿元，均超额完成目标任务。2011 年 6 月中旬，市四届人大常委会启动对市农牧业局、市工商局工作评议。6 月下旬，各评议调查小组到各被评单位召开动员会，采取个别谈话等方式听取各方意见，实地查看相关工作现场，形成评议调查报告。市人大常委会听取各被评单位工作情况报告和各评议小组调查报告，采取无记名投票方式进行满意度测评，测评结果均为满意。市人大常委会评议意见肯定各被评单位工作成效，要求市农牧业局加速推进农业特色产业基地建设，加强农牧业行政执法力度，积极推进基层农业服务体系建设，增强农村基层公共服务能力；要求市工商局抓好市场主体增量行动、促进企业提升行动和商标品牌创建行动，强化流通环节食品安全监管，加大打击传销力度，加强对虚假广告、商业贿赂等突出问题的专项治理，切实提高各类消费纠纷特别是群体性消费纠纷的调处水平。市工商局在落实评议意见期间，全市新增民营企业1756户、个体工商户1.67万户、新登记集团企业11户，帮助875户个体工商户转型为企业，新增注册商标1490件，市场主体总量居全省第二，南充市被命名为四川省实施商标战略示范城市；查获食品质量案件580件、问题食品12.2万公斤，严厉打击传销和不正当竞争行为，其中查办的制售假冒长城、华夏红酒案被评为“全国工商机关移送公安机关十大典型案例”；受理消费者投诉、申诉案5732件，处理率达98%以上。市农牧局在落实评议意见期间，先后组织粮油、果蔬、畜禽、丝绸等企业参加西博会、农交会、农高会、广交会，在农交会上，南充展馆接待参观者100余万人次，实现销售金额113.1万元，成交合同金额12.3亿元，达成意向合同金额27.96亿元，分别占全省的12.5%、10.8%、8.5%，国务院副总理回良玉对南充现代农业环境生态化、养殖规范化、粪污无害化、良田标准化、耕作机械化、防控绿色化、产品安全化发展模式给予充分肯定。同时，全市优质粮油、柑橘、蚕茧、蔬菜、中药材五大特色产业基地加速扩张，南部、阆中进入全省现代农业产业基地强县序列，全市产业基地强县达到5个，全省农业标准化暨现代农业产业基地建设会在南充召开。

2012年9月上旬，市五届人大常委会启动对市教育局、市商务粮食局、市国资委、市城管执法局工作评议。评议内容为：各被告评单位贯彻执行宪法、法律法规和国家方针政策的情况；执行上级和本级人民代表大会及其常务委员会决议、决定的情况；践行科学发展观，履行职责，依法行政，完成工作目标任务情况；办理市人大常委会审议意见以及市人大代表提出的议案和建议、批评、意见的情况；勤政为民、联系群众、廉政建设等方面情况。9月中旬，各评议调查小组到各被评单位召开动员会，采取个别谈话方式收集各方意见，形成评议调查报告。10月，市人大常委会听取各被评单位近3年工作情况报告和各评议小组的调查报告，采取无记名投票方式进行满意度测评，测评结果均为满意。市人大常委会根据评议调查和集中审议情况，形成评议意见印送被评单位对照整改。对市教育局的工作，市人大常委会提出要规范教师考聘考录工作，加强师德师风建设，大力支持高职教育发展，强化实用人才定向培养，有效解决农村学校办学条件较差、师资力量紧缺、投入保障不足等问题。对市商务粮食局的工作，市人大常委会要求加大商贸物流中心建设力度，强化粮食流通领域综合执法。对市国资委的工作，市人大常委会要求完善国资管理体系，抓好国资清理登记划转工作，加快推进国资管理信息化，不断深化国有企业体制改革，提升国有资产保值增值能力。对市城管执法局的工作，市人大常委会要求进一步理顺管理体制，加大综合执法力度，规范行政执法行为，更加注重优化城市功能布局和便民设施配套。市教育局在落实整改期间，印发《关于全市教育系统统一考调、考查、考聘教职工的暂行办法》，着力解决教师队伍人员紧缺问题，大力开展义务教育阶段教师“国培计划”和“学前教育三年行动计划”，召开全市县域内义务教育均衡发展推进会，实行城乡学校领导和教师“交流服务期”制度，组织开展中职学校示范创建工程，大力促进职教事业健康发展。市商务粮食局在落实整改期间，着力加强对生猪、粮油、酒类等重点行业监管，办结相关投诉案件108件，暂停或取消粮食收购企业资格26家；纵深推进川东北综合物流中心建设，南充现代物流园成功签约11个、协议总投资68.88亿元，完成土地控规11.6平方公里，成功进入全省50个重点推进项目盘子。市国资委在落实整改期间，大力实施“国资监管能力提升年”计划，积极推动组建国有企业监事会，重点完善企业分配、薪酬管理、产权监管、资产处置管理、经营预算等规章制度，对129个国有出资经营实体进行全面清产核资，着力强化对政府融资平台风险防控，初步建立借用管监督制衡机制。市城管执法局在落实整改期间，扎实抓好户外广告专项整治、车辆停放专项整治和城区拆违专项行动，撤出违法设置的户外广告 732 处，新增停车位 1781 个，取消设置不合理、不合规停车位 237 个、查处违法建筑 475 处，扎实抓好“门前五包”责任制落实、“城管义工”体系建设和“数字城管”系统建设工作，有力提升城市现代化管理水平。2013 年 8 月下旬，市五届人大常委会启动对市人社局、市环保局、市水务局、市审计局、市统计局工作评议。9 月上旬，各评议调查小组到各被评单位召开动员会，广泛收集各方意见建议，形成评议调查报告。10 月，市人大常委会听取各被评单位工作情况报告和各评议小组调查报告，采取无记名投票方式进行满意度测评，市人社局、市环保局、市水务局、市审计局测评结果为满意，市统计局测评结果为基本满意。市人大常委会评议意见肯定各被评单位工作成效，建议市人社局完善人力资源信息交换平台，健全就业创业服务体系，加强职业技能培训工作，纵深推进社保信息化建设，强化社保基金运行监管；建议市环保局加大环保政策法规宣传力度、乡村环保设施建设力度和环境保护综合执法力度。建议市水务局严打非法采砂、掠夺性捕鱼、野蛮施工破坏供排水设施等违法行为，健全水利设施管护机制，推进主城区供排水能力建设，妥善处理下属改制企业遗留问题；建议市审计局加大干部离任审计、政府债务审计、项目投资审计、民生资金和国资经营专项审计力度，跟踪问效审计查出问题整改情况；建议市统计局提高统计数据质量，增强对统计数据的定性分析和预警研判能力。市人社局在落实整改过程中，争取省上专项资金 150 万元启动建设川东北人力资源市场，人事考试面试基地和指挥中心建设进入招标程序，促成市委、市政府及时启动嘉陵江英才工程计划，大规模对外招引优秀人才；组织召开全市工业园区用工暨校企合作座谈会，解决企业用工难题；以金保二期工程建设为龙头，大力推进社保信息平台建设；全面启动省级异地就医结算平台建设，为群众异地就医申保提供方便。市环保局在落实整改期间，印发《关于做好规模化畜禽养殖业污染防治及减排工作的通知》，全面启动畜禽禁养区、限养区和养殖区划定工作；整治关闭屠宰场 43 家，督促建设乡镇生活污水处理设施 4 座；划定饮用水水源保护区 384 个，取缔饮用水水源保护区排污口 130 余个；大力加强环境执法监察，查处各类污染企业、作坊、餐馆共计 320 个。市水务局在落实整改期间，举办世界水日、中国水周系列宣传活动，促进增强社会各界依法治水意识；开展渔业联合执法专项行动，严查重处违法捕鱼案件 34 起；开展为期 5 个月的河道采砂专项整治行动；启动市第四、第五水厂和嘉陵区生活污水处理厂建设前期工作；形成原市水电工程公司、原市升钟车队改制遗留问题调处建议方案，并抓好推进实施。市审计局在落实整改期间对西河路南延线、西华体育公园、化工园区基础设施工程等 42 个政府投资 1000 万元以上的重大工程建设项目及扩大内需项目开展跟踪审计，对嘉陵江四桥、滨江大道下穿改造、市文化馆新馆等 27 个工程项目开展工程造价、项目竣工决算及投资效益审计，对市农牧业局、市交通运输局、市城乡规划局、市投资促进合作局、市道路运输管理局 5 个部门的主要负责同志任期经济责任履行情况进行审计，对保障性住房建设及资金管理使用情况进行跟踪审计，对秦巴山区扶贫资金管理、使用和绩效进行专项审计，充分发挥审计监督利剑作用。市统计局在落实整改期间，改革 GDP 核算体系，全面实行 GDP 下算一级；根据第三次经济普查，修订工业增加值历史数据；强力推进县级统计机构规范化建设达标，建立覆盖 1500 户企业的统计电子台账档案；在 732 户企业建立统计工作 AB 岗制度；加强统计数据质量控制、联网直报监控和数据协调性评估，确保综合指标和行业数据的支撑性。2014 年 8 月中旬，市五届人大常委会启动对市城乡规划局、市林业局、市旅游局、市安监局、市金融办工作评议。8 月下旬，各评议调查小组到各被评单位召开动员会，采取个别谈话方式听取各方意见，形成评议调查报告。9 月 22 日，市人大常委会听取各被评单位工作情况报告和各评议小组调查报告，采取无记名投票方式进行满意度测评，测评结果均为满意。市人大常委会评议意见肯定各被评单位工作成效，建议市城乡规划局在3区设立分支机构，提升规划工作整体效能；强调要注重多规衔接，重视规划建设时序安排，着力解决高水平规划、低水平建设问题；严格规划变更程序和工程竣工验收，严禁以罚代法。建议市林业局重点抓好嘉陵江两岸绿化工程，加快实施中央财政造林补贴试点项目，健全完善林木限额采伐制度；建议市旅游局完善乡村旅游发展专项规划，突出嘉陵江旅游品牌和3区旅游环线建设，吸纳社会资本投入旅游开发，加强旅游资源整体营销，强化旅游行业管理，构建更加人性化的旅游服务环境；建议市安监局严格执行安全生产市场准入制度，深入落实企业安全生产主体责任，加大明察暗访和挂牌督办力度，健全各县（市、区）应急救援指挥中心，提高突发事件应急处理能力；建议市金融办重抓投资理财行业监管，引导社会信用体系建设，有效解决企业融资难题，促进金融生态持续向好发展。市城乡规划局在落实整改期间，启动规划执法监察大队的重建工作，共查处违规工程建设11个，移送无证建设工程案件线索14件，重新修订《南充市城乡规划管理技术规定》《规划报建指南》，加强重大规划编制民意征集力度。市林业局在落实整改期间，新植速丰林11万亩，完成珍稀树木基地建设6.6万亩，立案查处违法占用林地案件50起，取缔无证经营木材加工厂154家。市旅游局在落实整改期间，完成《南充市智慧旅游规划》编制工作，印发《关于强化旅游市场综合治理工作的意见》，推动市政府制定《关于深入推进嘉陵江流域（南充段）生态文化旅游区建设的实施意见》，对A级景区和星级旅游饭店进行全面复核，组织召开市辖3区旅游环线建设推进会，为旅游业后续发展注入强劲动力。市安监局在落实整改期间，重抓道路交通安全综合整理治，在27个高速公路入口全部建成自动检测系统，设立国省干线治超点17个；对全市3000多家危险化学品、烟花爆竹企业进行全面普查，开展各类专项执法行动75次，督促整改各类安全隐患292处、立案查处生产安全事故及隐患案件24件。市金融办在落实整改期间，大力进行农村金融体系改革，促成举办政银企洽谈会33次，对接项目126个，帮助重点项目、重点领域和“三农”、中小微企业落实资金476亿元；印发《南充市融资性担保公司重大风险突发事件应急预案》《南充市小额贷款公司重大风险突发事件应急预案》《南充市社会融资风险和维稳工作方案》，约见52家投资理财公司高管进行警示教育，发放大量宣传资料，引导群众远离非法集资，保护财产安全。2015年9月下旬，市五届人大常委会启动对市公安局、市文化广电新闻出版局、市扶贫移民局、市质监局的工作评议。10月上旬，各评议调查小组相继到各被评单位召开动员会，采取个别谈话方式听取各方意见，形成评议调查报告。11月10日，市人大常委会召开评议工作会，听取各被评单位工作情况报告和各评议小组调查报告，采取无记名投票方式进行满意度测评，测评结果均为满意。2016年7月中旬，市五届人大常委会启动对市中级人民法院、市科技局、市住建局工作评议。各评议调查小组到各被单位召开动员会，采取个别谈话方式听取各方意见，形成评议调查报告。8月3日，市人大常委会听取各被评单位工作情况报告和各评议小组调查报告，采取无记名投票方式进行满意度测评，市中级人民法院、市住建局测评结果为基本满意，市科技局测评结果为满意。市人大常委会评议意见肯定各被评单位工作成效，建议市中级人民法院增加审判人员比例，明晰班子成员分工，全面落实立案登记制度和限时审结制度，严格禁止久调不判、久拖不决；加强类案分析研究，规范法官自由裁量权，避免同案异判；加大执行工作力度，严格规范和控制程序性结案，保障好当事人合法权益；严格执行错案责任追究制度，增强审判人员责任意识。建议市科技局深度参与“嘉陵江英才工程”，大力推进市属科研院所改革，搞好人才有效流动，支持自主探索，包容非共识创新；大力实施企业创新主体培育工程，构建政产学研用一体的创新网络；推动建立多元化创新创业平台，完善市级科技进步奖评审制度，增大对有较大影响的科技成果奖励额度。建议市住建局要厘清权力清单和责任清单，避免多头管理、交叉管理；建立完善市政工程公众参与机制和重大项目论证决策机制，保证项目建设的系统性和科学性，提升建设领域行政执法水平，实现依法治建，依法兴建。市中级人民法院在落实整改过程中，结合司法责任制改革，充实一线办案力量，将综合部门人员总数控制在15%以下；严格案件审限管理，印发《两年基本解决执行难工作方案》，全市法院未结案件同比下降7000余件。市科技局在落实整改过程中，通过嘉陵江英才工程从市外引入急需人才459名，引进清华大学软件学院组建中国西部三维技术产业园，武汉大学再生纤维科技成果在南充落地转化；与浙江大学、兰州大学、中国航天七院合作共建技术转移中心成功签约；并与驻地高校签订新一轮校地合作协议。市住建局在落实整改期间，印发《非限额招标比选采购项目内部管理办法》，建立建筑领域失信惩戒机制，大力开展建筑市场专项整治，检查项目工地200余个，下发执法整改通知书216份，有力打击建筑领域违规违法行为；清理行政权力清单506项，并实现全部上网公开运行。

2017年8月，市六届人大常委会启动对市民政局、市交通运输局工作评议。各评议调查小组到各被单位召开动员会，采取个别谈话方式听取各方意见，形成评议调查报告。市人大常委会会议听取各被评单位工作情况报告和各评议小组调查报告，采取无记名投票方式对市民政局、市交通运输局工作进行满意度测评，测评结果均为满意。市人大常委会评议意见充分肯定各被评单位工作成效，建议市民政局要统筹规划康养产业发展，积极探索医养结合模式，重点培育健康养老、运动养生、生态养心等产业；加强居家养老和社区养老建设，发展日间照料中心，积极探索“民办公助”“公办民营”发展模式，有序引进社会资本进入养老产业，统筹协调推进低、中、高档次养老机构建设，满足不同群体的养老需求；严把低保审核关口，健全和完善低保审核公示制度，严格审批程序，拓展公示渠道，扩大公示范围，增加低保工作的透明度，有效杜绝“人情保”“关系保”；常态跟踪低保对象收入变化，健全低保对象退出机制，做到应保尽保，应退尽退。建议市交通运输局要抢抓“南推”机遇，深度研判国家、省宏观政策导向，力争更多重点交通项目挤进计划盘子；切实提升交通发展规划的前瞻性，科学性和操作性，加速推进多式联运一体化、骨干线路网络化、公路航道等级化；加大路政、运管执法力度，重点整治三轮车、残疾人车辆非法载客运营，切实加大农村公路“两超治理”，维护运输市场良好秩序；健全完善嘉陵江南充段航道疏浚、清淤常态机制，加快航运配套工程和专用码头建设，力争早日达到四级航道标；加快交通扶贫项目实施进度，推进行政村硬化路全域覆盖，采取有效措施强化农村公路质量监管和管理养护，有序实施渡改桥工程和危桥整治，着力提升农村交通综合水平；强化对城市公交系统业务监管责任，会同有关方面落实好城市公交解困方案，推动公交事业走上正常轨道。市民政局在落实整改期间，编制《南充市养老服务业“十三五”规划》，印发《南充市医养结合试点城市工作方案》，全市共新增公办养老机构床位880张，新增民办养老机构床位2720张，维修改造公办养老机构床位3200张，建设城乡社区日间照料中心104个，为282190名困难家庭的失能老人和80周岁以上高龄老人提供居家养老服务；严格执行最低生活保障审核审批办法，与车管、房管、住房公积金、人社、公安等部门建立信息共享平台，完善低保对象季度审验制度，组织开展民政干部亲属违规享受低保专项整治活动，对发现问题坚决予以整治，取得良好社会反响。市交通运输局在落实整改期间，对全市“十三五”交通规划实施情况进行客观审视和综合评估，列出调增、调减、变更项目清单，为更多项目挤入全省“十三五”中期调整规划盘子奠定基础、赢得先机；着力加快在建项目实施进度，确保绵西、营达高速和顺蓬营、定升一级公路等25个重点项目按计划有序推进；争取上级项目补助资金30多亿元，并通过推行BOT、PPP等模式，大力招引央企和大型国企参与交通重大项目建设，有效破解资金瓶颈制约；印发《南充市集中开展市辖城区非法营运专项整治工作方案》，扎实开展“平安交通专项整治”“道路运输平安年”等专项行动，有效规范交通运输市场秩序；推动出台《南充市深化改革推进出租汽车行业健康发展有实施意见》《南充市网络预约出租汽车经营服务管理实施细则（试行）》等政策文件，深入落实城市公交解困方案，在创建“公交都市”工作中发挥重要作用。2018年7月，市六届人大常委会启动对市经济信息化委工作评议。市人大常委会部分组成人员和人大代表组成4个评议调查小组，分别到各县（市、区）工业园区、市级相关部门，通过现场察看、汇报座谈、问卷调查等方式了解情况，分别征求省经济信息化委、部分市人大代表、部分企业负责人意见，座谈听取单位班子成员、中层干部、普通职工、离退休人员意见，形成评议调查报告。8月，市人大常委会听取市经信委工作报告和评议调查小组调查报告，采取无记名投票方式对市经信委工作进行满意度测评，测评结果为满意。市人大常委会评议意见充分肯定市经信委工作成效，针对评议调查中发现的短板与不足，要求市经信委精心研究制定促进工业发展的政策措施，重点支持企业招引、转型升级和人才培养；积极为企业在国、省争取项目扶持资金，同等关注科技型、生态型、创新型小微企业以及本地企业的培育、发展和壮大；主动协调解决企业在用工、办证、用电、用气等方面的问题；搭建银企共同发展平台，逐步解决中小企业融资难、成本高的问题；用活用好政策，为企业上市、转型升级提供全方位优质服务。市经信委在落实整改期间，印发《促进工业经济和先进制造业加快发展若干措施》，制定完善产业五年实施方案、年度行动计划和配套政策，分板块确立拟培育的重点企业和拟实施的重点项目，并通过财政补贴、税收优惠、以奖代补等手段，积极支持企业扩能增产、提质增效；全市6户企业进入全省大企业集团培育计划；12户工业企业入围省级“成长型”企业；规模以上工业增加值增速达到10.5%；中小型企业总量达到736户，占规上工业企业总数的98.3%，其中，38户企业纳入省“专精特新”中小企业，212户企业458个产品列入全省名优产品推广应用目录；大力整顿园区僵尸企业，清理园区僵尸企业40余户；着力深化“最多跑一次”专项改革，推行集中审批、并联审批、网上审批，协调发改、财政等部门暂停和取消政府性基金、行政事业性收费87项；为45户企业争取直购电政策，帮助33户企业参加电力市场化交易；印发《工业优质项目融资推荐手册》，每季度召开一次银政企融资对接会、工业项目融资推介会，帮助各类企业达成融资协议40余亿元。2019年7月，市六届人大常委会启动对市人民检察院、市科技局、市城管执法局工作评议。各评议调查小组到各被单位召开动员会，采取个别谈话方式听取各方意见，形成评议调查报告。8月，市人大常委会听取各被评单位工作情况报告和各评议小组调查报告。市人大常委会评议意见充分肯定各被评单位工作，针对评议调查中发现的短板与不足，建议市人民检察院进一步加强民事行政监督力度，改进“以抗诉为中心”的监督理念和监督模式，把监督范围从以裁判结果监督为主扩大到对诉讼过程、诉讼结果、执行程序的全方位无缝监督；进一步加强公益诉讼工作，以刑罚手段树立公益诉讼权威，督促责任主体依法履职，维护公共利益；进一步强化智慧检务成果推广，加快检察工作数字化、网络化、智能化建设，推动全市检察工作迈上新台阶。建议市卫健委加强基层公共卫生服务能力建设，大力推进医养一体化建设和医疗信息共享平台建设；加强卫生科技成果的转化和运用，不断提升全市医技整体水平；加强医疗卫生项目争取力度，加快在建医卫项目实施进度；严肃查处大处方、过度医疗和红包回扣等不正之风，塑造医疗卫生行业良好形象。建议市城管执法局稳妥推进城市管理社会化、专业化改革，用科学高效的运行机制来提升城市管理水平和效果；抓好农贸市场管理整治，引导摊点入市，强力整治占道经营，对沿街摆卖、违规占道行为及时查纠；强力推进防违治违工作，建立规范高效的拆违工作机制，坚决遏制违法建设势头；加强对城市道路及公共绿地的常态化巡查维护，建立规范高效的市政道路设施和城市公共绿地维修养护制度；按照全域统筹、综合布局、共建共享、城乡一体要求，加快推动“顺高嘉”“阆南西”“仪营蓬”三大片区固废循环经济产业园建设。市人民检察院在落实整改期间，办理生效裁判监督215件，同比上升20%；配合市委目标办将行政公益诉讼诉前检察建议落实情况纳入依法治市目标考核；“群众家门口的检察院”“护航成长”“检企服务中心”等智慧检务平台全面建成，“掌上检察”“事实孤儿”司法救助、“知心姐姐”等特色品牌在全市铺开。市卫健委在落实整改期间，争取专项资金220余万元，帮助部分基层医疗机构添置更换设备设施；理顺基层卫生专业技术人员招录考评机制，推动出台《南充市乡村医生退出保障制度实施方案》；积极推动民营医疗机构规范发展、提档升级，全市有10家民营医疗机构创建为二级乙等医院；大力推进医养一体化建设，发展医养结合机构18家，456家养老机构与医疗机构建立协作机制；包装谋划健康扶贫工程建设项目116个，争取中央预算内投资资金11.52亿元；健全完善区域卫生信息共享平台，与9个县级平台和全市38家公立医院、127家民营医院、477家基层医疗机构实现互联互通；开展规范医疗服务专项整治，重点整治大处方、过度医疗，排查问题242个，口头警告23人次，通报批评235人次，提醒诫勉谈话118人次。市城管执法局在落实整改期间，投入6.18亿元新增新建环卫设施和市政园林管理装备，与公安、交警等部门资源共建共享，推进数字化城市管理指挥中心二期建设，合理设计规划环卫管理模式，新建物联网智能监管平台和智慧环卫系统平台；强力整顿店外经营乱象，受理办结交办件690余件，规范取缔流动摊点4500余起（次），规范骑门占道经营2800余次；深入开展违法建设治理工作，拆除违法建设2080余处，面积4.56万余平方米。2020年9月，市六届人大常委会启动对市农业农村局、市商务局工作评议，评议内容包括贯彻执行宪法、法律法规和国家方针政策的情况；执行上级和本级人民代表大会及其常务委员会决议、决定的情况；履行职责、依法行政，完成工作目标任务的情况；办理人大常委会审议意见以及人大代表议案建议的情况。10月至11月，各评议调查小组到各被单位采取个别谈话、问卷调查方式听取各方意见，形成评议调查报告。12月，市人大常委会听取被评单位工作情况报告和评议小组调查报告，采取无记名投票方式对被评单位工作进行满意度测评，测评结果均为满意。市人大常委会评议意见充分肯定各被评单位工作成效，针对评议调查中发现的短板与不足，要求市农业农村局采取有效措施保证粮食安全，纵深推进农村产权制度改革，大力培育农业新型经营主体，健全完善基层农业服务体系，持续推进农村人居环境整治，加快提升农业耕种收综合机械化水平。建议市商务局加强电商平台建设，补齐物流业末端链，管好用活保税物流中心等对外开放平台；规范发展夜间经济示范街区，加强南充名优特产推广力度。两个被评单位认真落实评议意见，市农业农村局大力推进“米袋子”“菜篮子”工程建设，全市建成特色产业规模基地350万亩、畜禽规模养殖场1498个，认定省星级农业园区3个，选派组建驻村农技员、专家服务团、巡回指导小组定点联系脱贫奔康产业园后续发展；大力推进农业基础设施改造，全市累计建设高标准农田63万亩，农业机械化率达59%，成功跻身中西部唯一的国家畜禽粪污资源化利用项目整市推进试点市。市商务局推动出台《关于加快构建“4+5”现代服务业体系推动服务业高质量发展的实施意见》，为繁荣商贸经济注入强劲动力，第三产业增加值突破700亿元；组织南充名优特产会展活动300余场次；中欧班列（南充）组货基地、西部陆海新通道集散中心、中欧班列暨陆海新通道建设加速推进，全市外贸进出口总额保持高速增长。

第四节　专题询问

2013 年 4 月 16 日，市五届人大常委会第十次会议表决通过《南充市人大常委会专题询问试行办法》，为专项工作有序有效开展奠定制度基础。

2014 年 11 月 19 日，市五届人大常委会第二十次会议对大气污染防治工作开展专题询问，这是市人大常委会成立以来首次专题询问。为确保询问效果，市人大有关专委会和部分常委会组成人员对大气污染有关情况进行深入调研，联合新闻媒体进行明察暗访，制成专题片在询问会上现场播放，以实为证，以案说法。市人大常委会组成人员围绕大气污染构成原因及相应治理措施进行提问，市环保局、市住建局、市城管执法局等相关部门主要负责人现场作答。会议要求，市政府及其有关方面要科学制定大气污染防治总体规划，细化大气污染防治工作的“时间表”和“路线图”；要转变经济发展方式，调整能源和产业结构，严格落实国定排放标准，构建生态经济发展体系；要建立目标倒逼和责任追查机制，大力开展专项治理行动，严厉打击各类破坏空气质量的违法行为。市政府分管副市长在会上作表态性发言。在办理审议意见期间，市政府印发《南充市防治大气污染行动计划实施细则》，重点围绕扬尘治理、机动车污染防治、燃煤整治、秸秆焚烧治理等相关工作提出 11 类 34 条具体措施，并组织开展系列专项治理行动。次年，南充主城区空气质量达标率同比提高 9.3%，主要污染物 PM10 浓度同比下降 19%，环境质量综合指数排名提高 10 位。市五届人大常委会第二十八次会议对市政府研究大气污染防治工作审议意见的情况进行满意度测评，测评结果为满意。2015 年 11 月 27 日，市五届人大常委会第二十九次会议对城市管理工作进行专题询问。在观看暗访专题片后，市人大常委会组成员人员重点围绕市容环境卫生、交通秩序管理两个方面进行现场提问，市公安局、市城管执法局负责人当场作答。会议要求，要把城市管理作为城市软实力来抓，加快理顺城市管理体制，厘清权责边界，形成工作合力；要完善城市道路标识标线、隔离设施，提高交叉口信控率，改变混合、混行交通状态；要尽快编制城市停车设施专项规划，缓解日益突出的停车难题；要加大城市管理执法力度，深度治理破坏城市环境和秩序的各种行为；要引导市民群众增强自律意识、遵守文明规范，共同维护良好城市形象。市政府分管副市长潘国华代表市人民政府作表态性发言。在办理审议意见期间，市政府投入 2000 余万元新购现代环卫设备，拆除违规搭建 80 处，整治脏、乱、差农贸市场 8 家，取缔占道经营 1.8 万余起，教育处罚违章停车行为 1.5 万余起，新规划设置停车位 3000 余个，清理不合规招牌、灯箱广告 5200 余处、“僵尸车” 256 辆。市五届人大常委会第三十五次会议分市容秩序、交通秩序两个方面对市人民政府研究处理城市管理工作情况报告审议意见的情况进行满意度测评，市容秩序测评结果为满意，交通秩序测评结果为基本满意。这是市人大常委会首次对专项工作进行分项测评。

2017 年 10 月 26 日，市六届人大常委会第六次会议举行联组会议，听取审议市人民政府关于市辖三区城区基础教育发展情况报告，并进行专题询问。市人大常委会主任袁险峰主持会议，市人民政府副市长李在伟参加会议并作关于市辖三区城区基础教育发展情况的报告。与会人员观看市辖三区城区基础教育发展专题片，7 名市人大常委会组成人员围绕城区基础教育工作呈现的短板进行询问，市教育体育局、市规划和测绘局等市级部门主要负责人现场作答。询问结束后，市人大常委会主任袁险峰在讲话中要求，要高点站位，深入贯彻教育优化发展战略，真正把“教育优化发展”落到实处；要重点突破，加快落实市辖三区城区基础教育布点规划，进一步提升主城区基础教育的办学质量和综合水平；要切实强化基础教育发展综合保障，坚持规划引领，深化部门协作，强化要素保障，在加快项目实施进度上下功夫，在优化教育资源配置上花心思，在推进区域“名校”建设上用力气，在强化师德师风建设上出实招，竭尽所能办好“人民满意教育”。市人民政府副市长李在伟在表态发言中明确提出，要加大基础教育投入力度，加快规划校点建设进度，努力增加城区教育供给，不断满足人民群众日益增长的教育需求；切实加强教师队伍建设，严格规范办学行为，坚决杜绝违规收费、有偿补课等现象，持续净化育人环境，办好人民满意教育。在办理审议意见期间，政府先后制定《南充市教育和体育事业“十三五”发展规划》《第三期学前教育发展规划（2017—2020）》《高中阶段教育普及攻坚计划实施方案（2017—2020）》和《南充市城镇小区配套幼儿园建设和管理实施办法》等系列规划和文件，计划在“十三五”期间，投资18亿余元用于城区基础教育学校建设；针对教师缺编问题，实行编制动态管理，根据学校生源、办学规模、学科任务等因素的变化，最大限度满足学校用编需求；组织力量对“十二五”规划未完成的21个基础教育项目，进行情况摸底、全面梳理，将其中15个项目转入“十三五”规划实施，启动开工建设6个。市人大常委会对市政府及相关部门研究处理市辖三区城区基础教育发展审议意见的情况进行分别测评，总体情况测评结果为基本满意；对市教育体育局的评测结果为满意；对市财政局、市国土资源局、市规划和测绘局、市国资委的测评结果为基本满意。这是市人大常委会首次对专项工作进行分部门测评。2018年10月31日，市六届人大常委会第十六次会议对嘉陵江及其主要支流水环境保护工作进行专题询问。市人大常委会主任袁险峰主持会议，市人民政府副市长沈一凡汇报嘉陵江及其主要支流水环境保护工作情况。询问会上，与会人员观看嘉陵江及主要支流水环境保护情况专题片，市人大常委会7名组成人员围绕影响水环境质量的11个突出问题进行现场提问，市环境保护局、市水务局、市农牧业局等部门主要负责人现场回答相关询问。询问结束后，市人大常委会主任袁险峰在讲话指出，嘉陵江是南充人民的母亲河，保护好这一江清水是贯彻党中央关于加强生态环境保护重要部署的具体体现，是落实习近平总书记关于筑牢长江上游生态屏障的重要抓手，市人民政府及相关职能部门要严格履行职责，强化重点治理，建立长效机制，形成工作合力，切实将专题询问成果转化为做好嘉陵江及其支流水环境保护工作的重要推力；各县（市、区）人民政府要认真落实环境保护主体责任，做到守土有责、守土尽责，共建天蓝、地绿、水清的美丽南充。市人民政府副市长沈一凡表示，将以专题询问为契机，以贯彻落实河湖长制为主要抓手，以“二十项专项行动”为统揽，大力开展河湖治理，继续实施好清河、护岸、净水、保水四大行动，督促各县（市、区）统筹实施乡镇污水处理工程、取缔河道网箱养鱼、加快污水处理设施建设等相关工作，加快实现“河畅、水清、岸绿、景美”总体目标。在办理审议意见期间，市政府及其有关方面完成了嘉陵江南充段及支流河道分布、水质现状、污染种类等情况调查；健全以党政河长、记者河长、河道警长、民间河长为主体的河（湖）长工作体系，形成专项报告178份，落实27条主要河流“目标、问题、任务、责任”四张清单；荆溪污水处理厂和嘉东污水处理厂扩建工程如期开工，文峰污水处理厂一期工程全面完成、二期工程加快启动；431座乡镇生活污水处理厂开工建设，440个入河排污口完成整改提升；44个县级集中式饮用水水源地环境问题得到整治，禁养区内992家畜禽养殖场被取缔或关停，专题询问效果得到充分体现。市人大常委会对市政府办理审议意见情况进行满意度测评，测评结果为满意。2019年12月25日，市六届人大常委会第二十七次会议对全市医保资金征收管理使用情况开展专题询问。市人大常委会主任袁险峰主持会议并讲话。会议听取市人民政府关于全市医保基金征收管理使用情况的报告；听取市人大常委会关于全市医保基金征收管理使用情况的调研报告；观看全市医保基金征收管理使用情况专题片。启动专题询问之前，市人大常委会聘请第三方机构对医保工作进行群众满意度调查。专题询问会上，市人大常委会组成人员围绕医保基金运行风险、分配机制、套骗行为、监管体系、保障水平以及药品价格问题、过度医疗问题、政策宣传问题等14个热点问题进行询问。市医疗保障局、市卫生健康委员会、市财政局、市审计局、市市场监督管理局、市扶贫开发局、市税务局主要负责人现场作答。市人大常委会主任袁险峰在询问结束时的讲话中要求，在基金统筹上要坚决做到应征尽征，在基金监管上要坚决做到应管严管，在基金使用上要坚决做到应支才支；要加快完善医保基金管理信息化建设，整合信息资源，推进信息数据联网，打通信息孤岛，搭建统一的监管平台，努力把医保工作抓得更好、更实、更有成效。市人民政府副市长朱华表态，将直面对专题询问中曝光问题，对症施策、抓实整改；创新方式、严格监管；深化改革、便利惠民，管好用好人民群众“救命钱”。在办理审议意见过程中，市政府印发《南充市基本医疗保险付费总额控制暂行办法》《医保基金安全专项治理方案》《关于进一步完善医疗保险市级统筹管理方式的通知》，从根本上堵住滋生医保争议问题的制度漏洞，医保基金使用效率明显提高；不断完善医疗监督检查信息平台，健全智能审核和监控系统，对高风险的行为重点监控，着力构建针对事前、事中、事后不同情况的立体交叉监管信息体系，智能审核推送违规费用1643万元；组织开展打击欺诈骗保专项整治活动，全市查处定点机构2160余家，涉及违规费用9326万元，暂停协议或结算42家，解除协议11家，移交公安、卫健、纪委监委线索案件37件；围绕医保综合柜员服务事项整合不够、办事效率低等民生领域突出问题开展专项整治，整改问题马上办21件、网上办22件、就近办3件、一次办36件。研究制定融入成渝地区双城经济圈发展的异地就医医保政策，开通省内直接结算药店1224家、门诊457家、医院218家，开通跨省直接结算医院173家，全面完成联网扩面任务。制定《国家集采药品使用试点实施意见》，两批采集品种涉及试点的公立医疗机构近500家，网络合同签订总数4229个、资金1742万元，57个品种平均降幅70%以上。市六届人大常委会第三十六次会议对市人民政府研究处理审议意见情况进行满意度测评，测评结果为满意。2020年11月4日，市六届人大常委会第三十五次会议对《南充市城市道路车辆通行管理条例》（以下简称《条例》）实施情况进行专题询问。会议听取市人民政府关于条例贯彻实施情况的报告，观看《依法治堵、刻不容缓》专题片。会上，市人大常委会聚焦《条例》宣传、电动车管理、停车位施划、交通影响评价等10个方面问题提出询问，市发改委、市公安局、市城管执法局、市城乡规划局负责人现场作答。市人大常委会主任袁险峰在询问结束时的讲话中强调，要抓好条例“七进”活动，切实增强交通参与者的守法意识；要巩固电动车销售市场治理成果，全面禁止不符合国家安全技术标准的车辆进入市场；要落实电动车登记管理制度，加快推行车、牌、证“三统一”；要规范电动车通行秩序，依法惩戒占道行驶、逆向行驶、随意变道、乱停乱放等顽疾；要下决心解决停车难问题，对擅自改变地下停车场规划用途的行为进行专项清理，对路面停车泊位的施划进行充分论证，对中心城区停车资源的利用进行通盘布局，加快推行停车差异化收费，有效化解路面停车和地下停车的现实矛盾；要健全完善交安设施建管、交通影响评价部门联动机制，使专业意见得到充分尊重、更多采纳。市政府副市长黄志权当场作表态性发言。市政府及其相关部门在办理审议意见过程中，组织开展《条例》主题宣传12次，举行专题讲座30场，刊发专栏680余期；将交安设施建设费用纳入新（改、扩）建道路总体预算，基本做到交安设施与主体工程同时设计、同时施工、同时投入使用；全面清理城市公共停车资源，强力整治违法改变停车场规划用途案件3起；取缔路侧临时停车泊位600余个、增设6672个，筹资建设停车场10个、新增停车泊位2068个，推动企事业单位、居民小区共享车位4900余个，一定程度缓解中心城区停车压力；改造公安交通管理指挥中心，接入视频监控9116套、卡口设备442套、电子警察456套，汇聚出租车、气象预警等社会资源数据，联动高德地图ET城市大脑、四川省高速公路路网运行平台，初步实现自动感知交通态势、自动抓拍交通违法、自动发布预警信息，城市交通管理更加精准高效；对9处主干路口实施交通渠化改造，查处擅自开挖城市道路、占道施工行为41起，劝离占道经营行为2万余起，违规侵占道路资源的行为明显减少；常态开展电动车交通违法、机动车乱停乱放、酒驾醉驾毒驾、“拆伞除篷”等专项整治，累计查处交通违法行为6万余起，城区道路车辆通行秩序向好转变。

第五节　规范性文件备案审查

2001年10月24日，市二届人大常委会第十八次会议依据《中华人民共和国宪法》《中华人民共和国地方各级人民代表大会和地方各级人民政府组织法》《四川省各级人民代表大会常务委员会监督条例》相关规定，表决通过《南充市人大常委会关于规范性文件备案审查的规定》，明确市人大常委会开展规范性文件备案审查的范围为：市人民政府及其办公室制定和发布的具有普遍约束力的决定、命令、通告、意见等；市中级人民法院、市人民检察院制定的规定、决定、通告等；并对审查内容、审查方式、审查程序作出翔实规定。

2001年10月至2004年3月，市二届人大常委会对“一府两院”提交的80多份规范性文件进行备案审查，包括市人民政府及其办公室制定出台的出租车管理办法、市辖区城市管理规定、争创国家园林城市实施方案、旅游市场管理办法、加快嘉陵江干流南充段电航建设若干政策的决定等文件以及法检两院制定出台的规定、决定和通告等，并依据相关法律规定，提出修改意见，从源头上依法规范行政司法行为。

2004年4月至2008年5月，市三届人大常委会对市人民政府及其办公室制定出台的土地管理规定、物业管理办法、物业管理实施细则、房屋拆迁安置补偿办法等18个具有普遍约束力的规范性文件进行备案审查，维护法治的权威、尊严和统一。

2008年5月至2010年12月，市四届人大常委会对市政府制定出台的市辖城区占道经营管理暂行办法等7件规范性文件进行备案审查。其间：2010年10月21日，市四届人大常委会第十八次会议根据《中华人民共和国地方各级人民代表大会和地方各级人民政府组织法》《四川省〈中华人民共和国地方各级人民代表大会常务委员会监督法〉实施办法》相关规定，表决通过《南充市人民代表大会常务委员会规范性文件备案审查规定》，明确市人大常委会开展规范性文件备案审查的范围为：有关国家机关制定或者发布的涉及公民、法人和其他组织的权利义务，在本行政区域内具有普遍约束力，能反复适用的文件。包括各县（市、区）人民代表大会及其常务委员会作出的决议、决定；市人民政府发布的和经市人民政府同意由其办公室发布的具有普遍约束力的决定、命令、通告、规定、办法等。审查方式以被动审查为主，一般由文件发布机关在规范性文件制定或发布后30天内报送备案。审查程序：先由备案审查专门工作机构进行初审，再由相关专门委员会进行合法性、适当性审查，报经主任会议同意后，向文件制定或发布机关提出书面审查意见。2010年11月，市人大常委会办公室下设规范性文件备案审查科，作为备案审查专门工作机构。从2011年起，市人大常委会坚持每年专题听取规范性文件备案审查工作情况报告。2011年，市四届人大常委会共收到报送备案的规范性文件162件，其中：市人民政府规范性文件19件，各县（市、区）人大常委会报送规范性文件143件。市人民政府报送的规范性文件主要包括：鼓励和促进企业上市实施办法、关于进一步建立健全解决建筑领域民工工资拖欠问题长效机制的意见、南充市城市道路管理暂行办法、南充市住宅专项维修资金管理办法等。经审查，市人大常委会对个别规范性文件的文字表述问题提出修改意见。

2012年，市五届人大常委会收到报送备案的规范性文件42件。其中：市人民政府规范性文件17件，县（市、区）人大常委会规范性文件25件。市人民政府报送的规范性文件主要包括：《南充市政府投资项目监督管理办法》《南充市城市规划区内市本级项目征地拆迁补偿管理实施办法》《南充市市辖城区建筑渣土处置管理办法》《南充市公共住房租赁管理暂行办法》《南充市食品安全举报奖励办法》。经审查，市人大常委会对个别县（市）人大常委会超越法定权限批准年度预算草案的事项责成其自行纠正；对市政府制定的人防费收取标准提出修改意见，要求市政府依照新的有关规定自行纠正。2013年，市五届人大常委会收到报送备案的规范性文件103件，其中：市人民政府规范性文件20件，各县（市、区）人大常委会报送规范性文件83件。市人民政府报送的规范性文件主要包括：《南充市政府投资项目监管办法》《南充市财政支出绩效评价管理办法》《南充市政府性债务管理暂行办法》《南充市住房公积金缴存管理办法》《南充市住房公积金提取管理办法》《南充市住房公积金个人住房贷款管理办法》《南充城市规划区政府储备土地管理办法》《关于调整城镇基本医疗保险政策的通知》《南充市城市规划区征地补偿安置办法》《南充市城市规划区征地房屋拆迁补偿安置办法》《建设领域防范拖欠农民工工资管理暂行办法》《关于进一步规范应急处突物资征用有关事项的通知》《南充市西充河流域污染综合治理监督管理办法》《南充市餐厨垃圾管理办法》《南充市城市排水管理办法》《南充市西充河流域沿线乡镇生活污水处理设施运行管理办法》等。经初步审查，市人大常委会认为市人民政府办公室制定出台的《关于进一步深化殡葬改革规范殡葬管理工作的通知》第三条、第五条："对法律规定应当火化而未火化的，人社部门和相关单位不得发放抚恤金、丧葬费，其遗属不享受定期生活补助费用"的规定与公务员法第七十七条以及民政部、人力资源社会保障部《关于国家机关工作人员及退休人员死亡一次性抚恤金发放有关问题的通知》《四川省完善企职工基本养老保险制度实施办法》精神不符。5月5日，市人大常委会办公室召集市政府办公室、市民政局进行会商，要求其在不能出具补充依据前期条件下，限期予以纠正。次年，市委办公室与市政府办公室联合发文对此作出新规，终止该条款执行。2014年，市第五届人大常委会收到报送备案的规范性文件116件，其中：市人民政府制定的规范性文件21件，各县（市、区）人大常委会制定的规范性文件95件。市人民政府报送的规范性文件主要包括：《行政审批前置服务类中介机构管理办法》《关于加强政府投资项目招标投标工作的意见》《棚户区改造管理实施办法》《城市地下空间开发利用管理办法》《砂石堆码场建设管理办法》《城市道路管理办法》《公交站台设施管理办法》《城乡居民社会养老保险实施办法》《医疗纠纷预防与处置办法》《升钟水库灌区二期工程建设征地移民安置实施办法》《城市规划区征收集体土地房屋拆迁货币安置实施办法》《食品安全举报奖励办法》《企业工资集体协调实施办法》《城镇补充医疗保险调整方案》《市辖城区扬尘污染综合治理实施办法》《林地保护利用管理办法》《湿地保护管理办法》《市辖城区广场歌舞管理办法》等。经审查，市人大常委会对个别规范性文件文字表述提出修改意见。2015年，市五届人大常委会收到报送备案的规范性文件83件，其中：市人民政府报备规范性文件9件，各县（市、区）人大常委会报备规范性文件74件。市人民政府报送的规范性文件主要包括：《关于进一步加强土地出让管理的意见》《促进企业兼并重组的实施意见》《南充市中小企业应急转贷资金管理暂行办法》《南充市工业发展资金管理办法》《南充市工商登记制度改革实施方案》《南充市完善城镇医疗保险市级统筹实施方案》《南充市市辖城区建设工程民工工资支付保证金管理办法》《关于划定高污染燃料禁燃区的通告》《南充市市区生活垃圾收集清运处置管理办法（试行）》等。经审查，市人大常委会对个别规范性文件的文字表述提出修改意见。2016年2月22日，市五届人大常委会第三十二次会议表决通过《关于设立南充市人大常委会法制工作委员会的议案》，规范性文件备案审查科由常委会办公室划归市人大常委会法工委。2016年，市五届人大常委会收到报送备案的规范性文件95件，其中：市人民政府制定的规范性文件16件，各县（市、区）人大常委会作出的决议决定79件。同时，按照省委、市委《关于党内规范性文件合法性审查办法》的要求，从2016年2月起，市委规范性文件出台前报经市人大常委会法工委进行合法性审查。是年，市人大常委会法工委对市委制定的13件党内规范性文件进行合法性审查，对其中3件提出审查意见11条，均得到采纳。市人民政府制定的规范性文件主要包括：《关于企业国有产权转让管理的实施意见》《南充市现代商贸流通服务业务发展专项资金管理办法》《关于支持科技企业孵化器建设的实施意见》《促进民营企业建立现代企业制度实施方案》《全市共有园区设置、撤并管理办法》《南充市食品安全责任约谈管理办法》《南充市城乡居民基本医疗保险试行办法》《南充市市属公立医院综合改革财政补偿办法（试行）》《关于调整全市城乡居民最低生活保障标准的通知》《南充市生产安全事故应急预案》《南充市烟花爆竹生产安全事故应急预案》《南充市非煤矿山生产安全事故应急预案》《南充市危险化学品安全事故应急预案》等。经审查，市人大常委会对个别文件文字表述提出修改意见。

2017年，市六届人大常委会收到市人民政府、县（市、区）人大常委会报送备案的规范性文件139件，其中：市人民政府制定的规范性文件26件，各县（市、区）人大常委会作出的决议决定113件。市人大常委会法工委对报送规范性文件及时进行审查，对个别规范性文件的文字表述提出修改意见。市人大常委会法工委对拟以市委及其办公室名义出台的96件规范性文件进行合法性审查，就《关于落实环境保护“党政同责”和“一岗双责”责任制的通知》《关于大力发展农村新型集体经济的意见》《南充市深入推进人民防空改革发展实施方案》等13件规范性文件中存在的不合法、不适当情形提出修改建议，并得到采纳。年内，市人大常委会接到公民提出的规范性文件备案审查建议2件，个别公民认为《南充市全民健身实施计划（2016—2020年）》中“50%以上的街道、社区和70%的村建有便捷、实用的健身设施”标准太低，与全民健身的目的不适应。市人大常委会法工委审查认为，该规定符合《四川省全民健身实施计划（2016—2020年）》要求，符合南充实际。个别公民要求对《营山县人民政府关于印发〈营山县城镇退伍士兵暨转业士官安置暂行办法〉的通知》进行合法性审查。市人大常委会法工委及时协调市人社局、市民政局等单位了解情况，据查该文件已于2005年失效，建议营山县依法妥处退伍士兵和转业士官安置问题。2018年，市六届人大常委会收到市人民政府、各县（市、区）人大常委会报送备案的规范性文件133件，其中：市人民政府制定的规范性文件15件、地方性规章2件，各县（市、区）人大常委会作出的决议决定116件。市人民政府报送备案的政府规章分别是《南充市人民政府拟定地方性法规草案和制定规章程序规定》《南充市非物质文化遗产保护办法》；报送的规范性文件主要涉及重大行政决策、国有资产管理、教学成果等级评定、中介机构管理等方面内容。经审查，市人大常委会法工委对个别规范性文件的文字表述提出修改意见。在对各县（市、区）人大常委会报送的决定、决议审查过程中，市人大常委会法工委认为部分县级人大常委会作出的关于同意将采用PPP模式建设的工程项目资金纳入财政预算的决定，与财政部《关于规范政府和社会资本合作（PPP）综合信息平台项目库管理的通知》有关规定不符；个别县级人大常委会作出的《关于批准通过定向债务融资工具筹集发展建设资金的决议》，违反《地方政府隐性债务问责办法》相关规定，对此及时书面反馈审查意见，督促其认真整改。年内，市人大常委会法工委对92件拟以市委名义出台的规范性文件进行了合法性审查，并逐一形成书面审查意见。对《关于深化职称制度改革的实施意见》《关于推进公共法律服务体系建设的实施意见》等16件规范性文件中存在的不合法、不适当情形提出19条修改意见，均得到采纳。2019年，市六届人大常委会收到市人民政府、各县（市、区）人大常委会报送备案的规范性文件158件，其中：市人民政府制定的规范性文件15件、地方性规章1件，各县（市、区）人大常委会作出的决议决定142件。市人民政府报送备案的政府规章是《南充市城市户外广告规划设置管理办法》，报送的规范性文件主要涉及行政审批、参加重大比赛奖励、社会科学成果评定、加强土地出让管理等方面内容；各县（市、区）人大及其常委会报送备案主要涉及代表大会决议、成立街道工委、行政区划调整、人大代表名额确定、财政预算调整等方面内容。经审查，未发现存在超越法定权限、限制或者剥夺公民、法人和其他组织的合法权利或者增加其义务、违法设定行政许可、行政处罚、行政强制或者行政收费等违法情形。年内，市人大常委会法工委对52件拟以市委名义出台的规范性文件进行合法性审查，逐一形成书面审查意见，并对《南充市乡村振兴战略规划（2018—2022年）》等8件规范性文件中存在的不合法、不适当情形提出30条修改意见，均得到采纳。按照全国人大常委会和省人大常委会安排部署，市人大常委会认真开展涉及食品药品安全领域法规的专项清理工作，未发现有涉及食品药品安全领域相关文件规范。同时，按照市委要求，市人大常委会法工委参与机构改革后所有市级部门行政权力清单和“三定方案”的合法性审查，提出的相关意见得到采纳，规范部门职责，促进依法行政。2020年，市六届人大常委会对《南充市人民代表大会常务委员会规范性文件备案审查规定》进行修改，完善审查机制，规范备案程序，明确审查范围，明确提出将法检两院的规范性文件纳入备案审查范围，基本实现审查全覆盖；大力推进规范性文件备案审查信息平台建设，实现备案审查工作电子化、智能化，有效提升审查效率和质量。全年共收到市委委托审查的规范性文件22件、市政府报备送审规范性文件11件、市人民检察院报备送审规范性文件1件、各县（市、区）人大常委会报备送审规范性文件100件。市政府报送规范性文件主要涉及高坪机场净空及电磁环境保护管理、科技创新奖励、房屋租赁管理、森林防火、铁路和高速公路征地拆迁、市规划区出让土地监管、抢险救灾工程项目管理、救灾资金分配管理、城区声环境功能区划分、消防安全责任制、重点群体就业等方面工作。市人大常委会法工委对3件规范性文件中存在的不合法、不适当情形提出5条修改意见，均得到采纳。

第六节　撤职案的审议和决定

2003年12月15日，市二届人大常委会第三十二次会议根据市人民政府市长杜光辉的提请，审议通过关于撤销杨某某南充市建设局局长职务的决定；审议通过关于撤销邬某某南充市城市规划管理局局长职务的决定；审议通过南充市人大常委会关于撤销杨某某“人民好公仆”荣誉称号的决定。

2013年6月28日，市五届人大常委会第十一次会议根据市人民政府市长向东的提请，依据《中华人民共和国地方各级人民代表大会和地方各级人民政府组织法》第四十四条以及《中华人民共和国各级人民代表大会常务委员会监督法》第四十四条、第四十五条相关规定，审议通过关于撤销任某行政职务的决定，撤销任某的南充市司法局局长职务。

2014 年 3 月 27 日，市五届人大常委会第十六次会议根据市中级人民法院院长王邦习的提请，依据《中华人民共和国地方各级人民代表大会和地方各级人民政府组织法》第四十四条以及《中华人民共和国各级人民代表大会常务委员会监督法》第四十四条、第四十五条相关规定，审议通过关于撤销何某某的市中级人民法院审判员职务的决定。

第九章

选举任免

1993 年 12 月至 2021 年 2 月，市人民代表大会依法选举历届市人大常委会组成人员，历届市长、副市长，历届市监察委员会主任、市中级人民法院院长、市人民检察院检察长（须报经省人民检察院检察长提请省人大常委会批准），历届省人民代表大会代表。市人大常委会作为市人民代表大会常设机构，闭会期间依法决定副市长的个别任免；在市长、市监察委员会主任、市中级人民法院院长、市人民检察院检察长因故不能担任职务的时候，从市人民政府、市监察委员会、市中级人民法院、市人民检察院副职领导人员中决定代理的人选（决定的代理检察长须报省人民检察院和省人民代表大会常务委员会备案）。根据市长提名，决定市人民政府秘书长、局长、委员会主任、办公室主任的任免；任免人民法院副院长、庭长、副庭长、审判委员会委员、审判员，任免人民检察院副检察长、检察委员会委员、检察员，批准任免县（市、区）人民检察院检察长；决定撤销个别副市长的职务；决定撤销任命的市人民政府其他组成人员和人民法院副院长、庭长、副庭长、审判委员会委员、审判员，人民检察院副检察长、检察委员会委员、检察员，中级人民法院院长，人民检察院分院检察长的职务；补选省人民代表大会出缺的代表和罢免个别代表。

第一节　南充市人民代表大会选举

1993 年 12 月至 2021 年 2 月，市人民代表大会共召开 35 次会议，依法选举历届市人大常委会组成人员 288 人次，历届市长、副市长 54 次，市监委主任 2 人次，历届市中级人民法院院长 9 人次、市人民检察院检察长（须报经省人民检察院检察长提请省人大常委会批准）7 人次，历届省人民代表大会代表 293 人次。

一、南充市第一届人民代表大会选举

1993 年 12 月 1 日至 5 日，市一届人大一次会议选举产生的市级国家机关领导人员有：市一届人大常委会主任李慎宽，副主任田远志、袁天锡、谢志远、樊荣华、杜河清、张明才、常思九、李志光，秘书长张明才（兼）。委员（以姓氏笔画为序）：马昌群（女，回族）、王爱（女）、王朝梁、邓忠金、刘文瑞、刘宗智、阳小虎、孙永清、杨代炳、杨荣久、杨荣清、李代玖、李国炯、何军、何多福、何德寿、宋运成、张成武、张祥麟、张廉启（回族）、陈德厚、周后鹏、郑伯成、胡亨霖、秦永刚、黄茂华（女）、梁仕培、彭子银、蒲玉清（女）、蔡守宪。

市人民政府市长向阳，副市长杜元耀、谢正顺、胡昌川、陈香泉、董仲良、王正忠、张益维。

市中级人民法院院长欧晓东；市人民检察院检察长罗自省，须依法报经省人民检察院检察长提请省人大常委会批准。

1996 年 1 月 23 日至 27 日，市一届人大四次会议通过的市一届人大各专门委员会组成人员有：法制委员会主任委员袁天锡，副主任委员宋运成、侯哲伟，委员（以姓氏笔画为序）：张祥麟、胡亨霖、黄茂华（女）、蔡守宪。财政经济委员会主任委员田远志，副主任委员周后鹏、郑猛功，委员（以姓氏笔画为序）：王爱（女）、杨代炳、何德寿、张成武、郑伯成。农业委员会主任委员樊荣华，副主任委员何多福、陈德厚、胡春阳，委员（以姓氏笔画为序）：阳小虎、梁仕培。民族宗教外事侨务委员会主任委员常思九，副主任委员杨荣清、张志成，委员（以姓氏笔画为序）：马昌群（女）、张廉启、黄修明。教育科学文化卫生委员会主任委员杜河清，副主任委员张永清、张泽友，委员（以姓氏笔画为序）：刘文瑞、刘宗智、杨嘉格、李中宣、李国炯、彭子银。城乡建设环境保护委员会主任委员李志光，副主任委员蒲玉清（女）、李仕珍，委员（以姓氏笔画为序）：王朝梁、何军、陈传乐。

1997 年 2 月 19 日至 24 日，市一届人大五次会议通过《关于接受常务委员会和专门委员会部分组成人员辞去职务的决定》。接受辞去常务委员会和专门委员会部分组成人员有：袁天锡辞去市一届人大常委会副主任、市一届人大法制委员会主任委员职务；谢志远辞去市一届人大常委会副主任职务；樊荣华辞去市一届人大常委会副主任、市一届人大农业委员会主任委员职务；李志光辞去市一届人大常委会副主任、市一届人大城乡建设环境保护委员会主任委员职务；陈德厚辞去市一届人大农业委员会副主任委员职务；孙永清辞去市一届人大常委会委员、市一届人大教育科学文化卫生委员会副主任委员职务；梁仕培辞去市一届人大常委会委员职务。会议补选杨元生、谢正顺、彭修昌、肖盛林为市一届人大常委会副主任，李川为市人民政府市长，陈福、陈尚君、罗月华为副市长，刘茂琪、吴显荣为市一届人大常委会委员。会议通过的市一届人大各专门委员会组成人员有：法制委员会主任委员肖盛林；财政经济委员会副主任委员陈德厚；农业委员会主任委员彭修昌，副主任委员吴显荣；教育科学文化卫生委员会副主任委员李代玖；城乡建设环境保护委员会主任委员谢正顺。

1997 年 12 月 4 日至 5 日，市一届人大六次会议选举南充市出席省第九届人民代表大会代表 61 名，报省人大常委会代表资格审查委员会进行代表资格审查确定。其中：省直机关（11 名，按姓氏笔画为序）：向阳、刘同心、杜世弘、李朝浦、吴性儒、张中伟、林先泽、袁季广、徐匡、黄工乐、敬瑞祥；南充市（50 名，以姓氏笔画为序）：王元、王萌、王华敬、王明华（女）、王桂珍（女）、艾力（女）、卢兴琼（女）、冯希尧、刘世英（女）、刘家厚、孙纯、杜元耀、杨汉翔、李川、李斌、李仕亿、李明东、李慎宽、吴国晋、何大清、邹海泉、张谦（女）、张世金、张成武、张学陶（女）、张和才、陆代风、陈正琼（女）、陈明琼（女）、陈绍森、陈善荣、陈道远、欧晓东、罗玉芳（女）、赵太武、赵正铭、赵德胜、祝琳（女）、莫恒彪、陶治国、黄丽秀（女）、敬中春、蒋明斌、蒋辅义、程全、傅光国、傅金凤（女）、谢奇、蔡勇、蔡宝成。通过关于接受李川辞去市人民政府市长职务的决定，补选杜元耀为市人民政府市长。

二、南充市第二届人民代表大会选举

1999 年 1 月 19 日至 24 日，市二届人大一次会议选举产生的市级国家机关领导人员有：市二届人大常委会主任李慎宽，副主任杨元生、谢正顺、张明才、张益维、肖盛林、杨汉翔、孙纯、罗自省、陈绍森、黄旭东、王素清（女），秘书长何多福。委员（以姓氏笔画为序）：马昌群（女，回族）、王明炽、冯庆煜、任敏强、刘文沛、刘文瑞、刘家厚、许学照、阳小虎、李代玖、李国炯、吴成信、张廷山、张明权、周绍君（女）、庞丕生、郑伯成、赵学宽、贺和平、夏永明、淳定清、滕明才。

市人民政府市长吴果行，副市长杜光辉、王正忠、陈尚君、罗月华（女）、高先海、李志杰、赵德胜。

市中级人民法院院长欧晓东；市人民检察院检察长梁仕培，须依法报经省人民检察院检察长提请省人大常委会批准。

市二届人大一次会议通过的市二届人大各专门委员会组成人员名单（以姓氏笔画为序）：法制委员会主任委员罗自省（兼），副主任委员贺和平、杨天武，委员杨兴、张廷山、周绍君（女）、姚本莲

（女）、彭可云、胡亨霖；财政经济委员会主任委员陈绍森（兼），副主任委员吴成信、郑猛功，委员冯庆煜、刘文沛、杨俊芳（女）、汪绍先、柏富荣、任敏强；农业委员会主任委员张益维，副主任委员许学照、李先荣，委员阳小虎、李晓康、张明权、彭昌家；教育科学文化卫生委员会主任委员杨汉翔，副主任委员夏永明、张泽友，委员王明炽、刘家厚、李国炯、侯健；城乡建设环境资源保护委员会主任委员谢正顺（兼），副主任委员赵学宽、张和，委员刘文瑞、陈传乐、郑伯成、杜亚刚；民族宗教外事侨务委员会主任委员王素清（女，兼），副主任委员李代玖、张志成，委员郑剑波、释胜精、滕明才、马昌群（女，回族）。

2001 年 1 月 16 日至 20 日，市二届人大三次会议，补选邹海泉为市二届人大常委会副主任。

2002 年 4 月 12 日至 16 日，市二届人大四次会议召开。14 日，会议通过《关于接受张明才、肖盛林辞去南充市第二届人民代表大会常务委员会副主任职务的决定》。16 日，会议补选杜光辉为市人民政府市长，张世富、马敬国为市二届人大常委会副主任，徐兴发为秘书长，马良穆（回族）、邓先忠、张志成、赵开源、彭敏（女）为委员。

2002 年 12 月 5 日至 6 日，市二届人大五次会议选举南充市出席省第十届人民代表大会代表 59 人，报省人大常委会代表资格审查委员会审查。其中：省直机关（9 名，以姓氏笔画为序）：邓剑、向阳、孙继昌、朱俊伟、杨武云、唐燕（女）、崔太平、黄小祥、敬瑞祥；南充市（50 名，以姓氏笔画为序）：马道蓉（女）、王萌、王翠花（女）、冯庆煜、卢兴琼（女）、宁幼康、艾力（女）、任晓春、任德俭、伏文超、刘世军、刘伯忠、成能明、许伦、吴道军、张云、张和才、张奇伟、张春典、李秀华（女）、李梦华（女）、李慎宽、杜光辉、杜延聪、杜春茂、杨凤林、杨雪鸿、杨朝光、邹平、邹海泉、陈修鹏、陈善荣、陈新民、屈经甫、罗南辉、郑秀兰（女）、姚其清、胡光明、赵一洁、赵明光、赵碧英（女）、唐国英（女）、陶治国、高宗成、隆益贵、黄丽秀（女）、黄顺福、董保真、蒋小华（女）、蔡宝成。

2003 年 2 月 26 日至 3 月 2 日，市二届人大六次会议召开。2 月 28 日，会议通过《关于接受李慎宽辞去南充市第二届人民代表大会常务委员会主任职务的决定》《关于接受杨元生辞去南充市第二届人民代表大会常务委员会副主任职务，谢正顺辞去南充市第二届人民代表大会常务委员会副主任、南充市第二届人民代表大会城乡建设环境资源保护委员会主任委员职务的决定》《关于接受欧晓东辞去南充市中级人民法院院长职务的决定》。3 月 2 日，会议补选黄顺福为市二届人大常委会主任，任德俭、赵太武为副主任，崔均为市中级人民法院院长。

三、南充市第三届人民代表大会选举

2004 年 3 月 17 日至 22 日，市三届人大一次会议选举产生的市级国家机关领导人员有：市三届人大常委会主任黄顺福，副主任刘伯忠、孙纯、马敬国、赵太武、梁仕培、余善卫、李元开、陶治国，秘书长刘彬。委员（23 名，以姓氏笔画为序）：邓明志、冯成明、刘勇、江绍刚、李育明、吴应学、何勇、张在强、张志成、陈功全、幸天勇、罗南辉、罗湘卒（女）、郑映畅、官晓林、胥仕勋、贺和平、唐恒金、章清源、彭敏（女）、彭昌家、董超、谢勇恩。

市人民政府市长杜光辉，副市长蒋辅义、胡云、王静莉、杨雪鸿、钟吕坤。

市中级人民法院院长崔均；市人民检察院检察长周力，须依法报经省人民检察院检察长提请省人大常委会批准。

市三届人大一次会议通过的市三届人大各专门委员会组成人员有：内务司法委员会主任委员贺和

平，委员：彭敏（女）、张在强、邓国秀（女）、江绍刚。财政经济委员会主任委员董超，副主任委员章清源、韩官全，委员柏富荣、万义军。农业委员会主任委员邓明志，副主任委员王杰民，委员彭昌家、何勇、李育明、唐毅。教育科学文化卫生委员会主任委员吴应学，副主任委员王勇，委员陈功全、郑映畅、寇德林。城乡建设环境保护委员会主任委员冯成明，副主任委员刘勇、张和，委员罗南辉、谢勇恩、何平、唐红春（女）。民族宗教外事侨务委员会主任委员张志成，副主任委员周原，委员胥仕勋、幸天勇、林鸥（女）、释广永。

2005 年 2 月 22 日至 26 日，市三届人大二次会议选举王宁为市三届人大常委会主任。

2006 年 2 月 15 日至 19 日，市三届人大三次会议召开。17 日，会议通过《关于接受杜光辉辞去南充市人民政府市长职务的决定》。19 日，会议选举高先海为市人民政府市长。

2007 年 2 月 8 日至 12 日，市三届人大四次会议召开。12 日，会议补选邱明星、高宗成、覃一民为市三届人大常委会委员。补充通过市三届人大专委会部分组成人员名单：内务司法委员会副主任委员覃一民；财政经济委员会副主任委员高宗成；农业农村委员会副主任委员彭敏；城乡建设环境资源保护委员会副主任委员邱明星。

2007 年 7 月 19 日，市三届人大五次会议选举刘宏建为市三届人大常委会主任。

2007 年 12 月 18 日至 19 日，市三届人大六次会议选举产生南充市出席省第十一届人民代表大会代表 58 人，报省人大常委会代表资格审查委员会审查。其中，省直机关（8 名，以姓氏笔画为序）：王宁、王毓强、杨武云、崔太平、尧德中、朱俊伟、黄锦生、侯雄飞；南充市（50 名，以姓氏笔画为序）：万义军、马洪涛、王星照、王翠花（女）、卢兴琼（女）、兰梁、邢敏、任益、刘小玲（女）刘少康、刘伯忠、刘宏建、孙洪波（女）、苏明利、李丽君（女）、李秀华（女）李建民、李新春、杨凤林、杨建华、杨勇、吴宗麟、吴道军、何正旺、张云、张在强、张和才、张琴（女）、陈平、陈秋燕（女）、陈健、陈善荣、范培元、罗先锋、周力、周国民、赵一洁、段永红、贺频（女）、高先海、郭小华（女）、唐国英（女）、唐明刚、陶治国、黄丽秀（女）、蒋小华（女）、蒋建平、喻小广、蔡宝成、黎萍（女）

四、南充市第四届人民代表大会选举

2008 年 5 月 6 日至 10 日，市四届人大一次会议选举产生的市级国家机关领导人员有：市四届人大常委会主任刘宏建，副主任（以姓氏笔画为序）李元开、李志杰、陈自立、陈修鹏、陶治国、傅伦佳，秘书长郑猛功；委员（33 名，以姓氏笔画为序）：王永茂、王杰民、冯潜、冯异友、冯明义、江绍刚、阳小虎、李东旭（女）、李育明、李南春（女）、邱明星、汪旭英（女）、张兴全、张昌华、张和、张晓艳（女）、陈功全、陈新民、幸天勇、罗湘卒（女）、周汝席、周绍林、官晓林、唐红春（女）、唐鸿、黄成立、章清源、淳定清、彭昌家、贺和平、游少春、吴应学、周太荣。

市人民政府市长高先海，副市长（以姓氏笔画为序）冯斌、朱家媛（女）、向东、何智彬、张奇伟、喻小广、谢华国。

市中级人民法院院长崔均；市人民检察院检察长周力，须依法报经省人民检察院检察长提请省人大常委会批准。

市四届人大一次会议通过的市四届人大各专门委员会组成人员有：内务司法委员会主任委员贺和平，副主任委员游少春，委员（以姓氏笔画为序）：刘良国、杜桂琼（女）、李南春（女）、唐鸿、黄成立、黎明。财政经济委员会主任委员张兴全，副主任委员章清源，委员（以姓氏笔画为序）：弋国才、江绍刚、杜彬、李强成、张昌华、周绍林、赵华。农业与农村委员会主任委员汪旭英（女），副主任委员王杰民，委员（以姓氏笔画为序）：邓建新、尹晓辉（女）、卢德全、李育明、彭昌家。教育科学文化卫生委员会主任委员吴应学，副主任委员王勇，委员（以姓氏笔画为序）：李光明、陈功全、幸天勇、周太荣、庞文健、曹雷、淳定清。城乡建设环境资源保护委员会主任委员邱明星，副主任委员韩官全，委员（以姓氏笔画为序）：王奇志（女）、冯明义、李东旭（女）、陈新民、周汝席、唐红春（女）、唐俊峰。民族宗教外事侨务委员会主任委员罗湘卒（女），副主任委员王应龙，委员（以姓氏笔画为序）：冯异友、杨辉和、张晓艳（女）、覃瑜莉（女）、释广永、蒲涛（女）。

2011 年 1 月 26 日至 29 日，市四届人大四次会议召开。29 日，会议选举王邦习为市中级人民法院院长，补选王明章为市四届人大常委会委员。

五、南充市第五届人民代表大会选举

2012 年 1 月 4 日至 8 日，市五届人大一次会议选举产生的市级国家机关领导人员有：市五届人大常委会主任高先海，副主任（以姓氏笔画为序）李晓松、李南春（女）、陈自立、陈修鹏、陶治国、谢华国，秘书长王永茂。委员（33 名，以姓氏笔画为序）：王玉龙、王应龙、王杰民、王桂华（女）、王晓晴、冯明义、阳小虎、杜永龙、李康、李化树、李东旭（女）、李甫健、李忠福、李育明、杨成果、何旭东、何志明、张和、张险峰、张晓艳（女）、幸天勇、罗庆双、周原、郑小红（女）、侯双林、夏礼作、唐鸿、黄光伟、章清源、葛淑清（女）、蒋晓林、蒲影飞（苗族）、蔡宝成。

市人民政府市长向东，副市长（以姓氏笔画为序）朱家媛（女）、邹平、郑和平、胡光明、袁刚、谢和友、廖伦志。

市中级人民法院院长王邦习；市人民检察院检察长廖全军，须依法报经省人民检察院检察长提请省人大常委会批准。

市五届人大一次会议通过的市五届人大各专门委员会组成人员有：内务司法委员会主任委员李甫健，副主任委员蒋晓凌，委员（以姓氏笔画为序）：王桂华（女）、杨天武、范中伟、唐鸿、黄成立、蒋晓林、覃瑜莉（女）。财政经济委员会主任委员王杰民，副主任委员章清源、罗庆双，委员（以姓氏笔画为序）：弋国才、杜彬（顺庆团）、李建平、胡仕明、骆亚忠、黄光伟。农业与农村委员会主任委员蔡宝成，副主任委员何旭东，委员（以姓氏笔画为序）：邓建新、卢德全、李育明、张险峰、郑小红（女）、赵华、彭健。教育科学文化卫生委员会主任委员杨成果，副主任委员何志明，委员（以姓氏笔画为序）：王晓晴、李康、李光明、何俊、陈功全、幸天勇、寇德林。城乡建设环境资源保护委员会主任委员侯双林，副主任委员蒲影飞（苗族），委员（以姓氏笔画为序）：冯异友、冯明义、刘自新、李东旭（女）、罗涛、庞文健、谢勇。民族宗教外事侨务委员会主任委员王应龙，副主任委员李忠福，委员（以姓氏笔画为序）：杜永龙、李化树、杨辉和、张晓艳（女）、唐作银、释灵慈（女）、蒲涛（女）。

2012 年 12 月 27 日至 28 日，市五届人大二次会议选举南充市出席省十二届人大代表 58 人，报省人大常委会代表资格审查委员会审查。其中：省直机关（8 名，以姓氏笔画为序）王宁、尧德中、吴琳、张力、陈焕祥、柴永柏、崔太平、曾清华（女）；南充市（50 名，以姓氏笔画为序）马克敏（女）、王斌、王邦习、王旭东、王晓晴、文平、史燚、冉中华、兰梁、伍果丽（女）、任明、向东、刘友生、刘宏建、孙洪波（女）、杜永龙、杜延茂、李一清、李志杰、李建平、李建民、杨天武、吴永阳、吴道军、何修礼、汪付理、张云、张险峰、邵大庆、罗光平、罗先锋、金衍棉、周菊（女）、郑同春、赵学会（女）、胡先成、钟双全、秦明、袁菱（女）、高先海、郭小华（女）郭洪平（女）、唐国英（女）、唐祥君（女）、黄秀丽（女）、梁万园、寇德林、程立州、廖全军、黎萍（女）。

2014 年 2 月 12 日至 15 日，市五届人大四次会议补选吴道军为市五届人大常委会副主任。

2015 年 5 月 21 日至 25 日，市五届人大五次会议召开。会议决定接受高先海辞去市五届人大常委会主任职务；陶治国、陈修鹏、李晓松、李南春（女）、吴道军辞去市五届人大常委会副主任职务；王永茂辞去市五届人大常委会秘书长职务。23 日，补选袁险峰为市五届人大常委会主任，徐远火、李在伟、熊建春、王翠花（女）为副主任，王玉龙为秘书长。

2016 年 3 月 19 日至 3 月 23 日，市五届人大六次会议选举宋朝华为市人民政府市长，补选李晓东、张晋林、高立新为市五届人大常委会委员。

市五届人大六次会议通过的市五届人大部分专门委员会组成人员有：教育科学文化卫生委员会主任委员李晓东，法制委员会主任委员李在伟（兼），副主任委员宋先佐（兼），委员（以姓氏笔画为序）：马婕（女）、李东旭（女）、张晋林、赵云强、唐涛、徐元。

六、南充市第六届人民代表大会选举

2017 年 1 月 6 日至 10 日，市六届人大一次会议选举产生的市级国家机关领导人员有：市六届人大常委会主任袁险峰，副主任（以姓氏笔画为序）杜永龙、陈科、陈圣伦、徐远火、熊建春，秘书长冉中华。委员（29 名，以姓氏笔画为序）：王玲（女）、王利涛、王应龙、王杰民、王晓晴、龙腾飞、李化树、李东旭（女）、李晓东、何晓林、宋先佐、张和才、陈琳、陈希刚、陈建业、罗庆双、周原、周建群、郑雄、赵健博、夏礼作、高立新、郭洪平（女）、唐鸿、龚宁、葛淑清（女）、蒋继学、喻淑蓉（女）、蒲影飞（苗族）。

市人民政府市长吴群刚，副市长（以姓氏笔画为序）：朱华、刘作鸿、李在伟、张根生、林建国、唐燕（女）、潘国华。

市中级人民法院院长杨敏；市人民检察院检察长周永刚，由省人民检察院检察长提请省人大常委会批准。

市六届人大一次会议通过的市六届人大各专门委员会组成人员有：法制委员会主任委员周原，副主任委员宋先佐、李东旭（女），委员（以姓氏笔画为序）：杨平、陈琳、李化树、徐元、唐鸿、程冬梅（女）。内务司法委员会主任委员龚宁，副主任委员蒋晓凌，委员（以姓氏笔画为序）：朱华（女）、赤耿、青鹏、胡修云、蒲亨坤。财政经济委员会主任委员王杰民，副主任委员罗庆双，委员（以姓氏笔画为序）：赵华、戚辉、黄毅、廖学静。农业与农村委员会主任委员何晓林，委员（以姓氏笔画为序）：邓俊辉（女）、卢德全、何林忠、杜晓秋（女）、赵磊、程玉华（女）。教育科学文化卫生委员会主任委员李晓东，委员（以姓氏笔画为序）：王晓晴、张伟、杨彩虎、寇德林。城乡建设环境资源保护委员会主任委员王应龙，副主任委员蒲影飞（苗族），委员（以姓氏笔画为序）：王斌、王奇志（女）、刘自新、宋敏、杨天武、柯敏、唐红春（女）。民族宗教外事侨务委员会主任委员龙腾飞，委员（以姓氏笔画为序）李琦、李亚林（女）、李晓兰（女）、郑元勤、莫盛恩、葛淑清（女）、蒲涛（女）。

2017 年 12 月 27 日至 29 日，市六届人大二次会议选举伍定为市监察委员会主任，补选的市六届人大常委会委员有（以姓氏笔画为序）：许宁、银军、廖学静，选举南充市出席省十三届人大代表 57 人，报省人大常委会代表资格审查委员会审查。其中：省直机关（7 名）：王宁、曾省权、唐文金、刘达贵、郭志强、尧德中、张燕云；南充市（50 名，以姓氏笔画为序）：万学（女）、马克敏（女）、王彦、王晓晴、王翠花（女）、朱卫兵（女）、朱冬翌、伍定、任爱民、刘松、刘小兵、刘友生、孙洪波（女）、杜晓秋（女）、李华（女）、杨敏、杨雨龙、肖强、吴强、吴曦、吴永阳、吴群刚、但嵩山、宋朝华、张勇、张辉、张明贵、张海明、陈蓉（女）、陈建业、周娟（女）、周菊（女）、周永刚、郑小红（女）、屈华梅（女）、赵学会（女）、胡先成、胡春兰（女）、钟小红（女）、袁险峰、贾德华、徐坚、郭洪平（女）、郭晓华（女）唐其勋、涂刚、崔竹君（女）、寇德林、韩伦红、蒲鹏程。

2019 年 3 月 20 日至 22 日，市六届人大四次会议选举冯祥权、林洪涛、唐恒金为市六届人大常委会委员。补充通过的市六届人大有关专委会组成人员有：监察和司法委员会主任委员龚宁，副主任委员胡修云（兼）、蒋晓凌，委员（以姓氏笔画为序）：马婕（女）、朱华（女）、李霞（女）、何龙、黄治文、蒲亨坤。社会建设委员会主任委员冯祥权，副主任委员（以姓氏笔画为序）：费国宏（兼）、斯顺平（兼）、蒋继学，委员（以姓氏笔画为序）：尹文莉（女）、刘梅（女）、阳琼（女）、李双、李华（女）。法制委员会副主任委员（增补）陈琳（兼）。财政经济委员会副主任委员（增补）戚辉（兼），委员（增补，以姓氏笔画为序）邓伟明、何宏。农业与农村委员会副主任委员（增补）何林忠（兼），委员（增补）陈蓉（女）。教育科学文化卫生委员会副主任委员（增补）张伟（兼），委员（增补，以姓氏笔画为序）：王荣、何光宏、蒲勇。城乡建设环境资源保护委员会副主任委员（增补）杨天武（兼），委员（增补）李长河。民族宗教外事侨务委员会副主任委员（增补）郑元勤（兼）。

2020 年 6 月 19 日至 21 日，市六届人大五次会议选举张晓艳为市六届人大常委会副主任，宋先佐为市六届人大常委会秘书长，吕兴伦、朱逢娟（女）、刘露民、何晓林、谷秀春（女）、陈林、郑莉（女）、夏选民、唐敏、梁超、释际亘为市六届人大常委会委员；黄春江为市监察委员会主任。补充通过的市六届人大有关专委会组成人员有：法制委员会副主任委员龚宁（兼）；监察和司法委员会主任委员夏选民；财政经济委员会主任委员吕兴伦，委员（以姓氏笔画为序）：孙泽芝、张红梅（女）；教育科学文化卫生委员会主任委员郑莉（女），副主任委员何晓林；城乡建设环境资源保护委员会主任委员梁超；民族宗教外事侨务委员会主任委员谷秀春（女），委员释际亘。

2021 年 2 月 18 日至 21 日，市六届人大六次会议通过《关于接受杜永龙辞去市六届人大常委会副主任职务的决定》。依法选举温桂彪为市六届人大常委会副主任；文兴洪、刘卫颖（女）、夏永国为市六届人大常委会委员；欧阳丹东为市中级人民法院院长；罗乐为市人民检察院检察长，由省人民检察院检察长提请省人大常委会批准。

第二节　南充市人大常委会人事任免

1993 年 12 月至 2021 年 2 月，市人大常委会依法召开 204 次会议，依法决定任免市人民政府组成人员 424 人次，任免市人大常委会机关、市监察委员会、市中级人民法院、市人民检察院工作人员 568 人次，批准任命县（市、区）人民检察院检察长 69 人次，对任命的国家机关工作人员，由市人大常委会主任颁发任命书。

一、南充市第一届人大常委会人事任免

1993年12月14日至16日，市一届人大常委会一次会议任命李代玖为市人大常委会办公厅主任、吴宗麟为副主任，宋运成为市人大常委会法制工作委员会主任、何虎为副主任，何多福为市人大常委会农业工作委员会主任，李仕珍为市人大常委会财政经济工作委员会主任，张志成为市人大常委会选举任免联络工作委员会主任，张泽友为市人大常委会教科文卫工作委员会主任。决定任命彭修昌为市人民政府秘书长，杨先才为市人民政府办公厅主任，杜光辉为市计划委员会主任，贾健民为市经济贸易委员会主任，张昌华为市经济体制改革委员会主任，吴显荣为市农村工作委员会主任，杨兴普为市教育委员会主任，胥德会为市科学技术委员会主任，黄伯林为市建设委员会主任，陈绍森为市财政局局长，张泽荣为市公安局局长，刘茂琪为市监察局局长，王素清为市民政局局长，冯新平为市司法局局长，庞丕生为市人事局局长，沈国庆为市劳动局局长，吴成信为市工业局局长，蔡华为市交通局局长，高先海为市农业局局长，何玉钊为市畜牧局局长，陈道远为市水利电力局局长，陈绍发为市林业局局长，杨春林为市乡镇企业管理局局长，任启贵为市贸易局局长，赵开源为市对外贸易经济合作局局长，覃一民为市土地管理局局长，夏永明为市文化局局长，罗文荣为市广播电视局局长，黄永凤为市卫生局局长，黄开甲为市体育运动委员会主任，陈贤柱为市计划生育委员会主任，杜永彩为市工商行政管理局局长，邹海泉为市审计局局长，马良穆为市统计局局长，苏世荣为市外事侨务办公室主任。任命刘明、孟端正、宋云明为市中级人民法院副院长、审判委员会委员，纳光元为市中级人民法院刑事审判第一庭庭长、审判委员会委员，唐杨璧为市中级人民法院经济审判庭庭长、审判委员会委员，侯前光为市中级人民法院行政审判庭庭长、审判委员会委员，毛兴无为市中级人民法院审判员、审判委员会委员，陈登科为市中级人民法院刑事审判第二庭庭长，陈洪吉为市中级人民法院房地产审判庭庭长，张应海为市中级人民法院告诉申诉庭庭长，李文明为市中级人民法院刑事审判第一庭副庭长，张永俊为市中级人民法院刑事审判第二庭副庭长，杜世刚为市中级人民法院民事审判庭副庭长，王加志为市中级人民法院经济审判庭副庭长，曹冀蜀为市中级人民法院经济审判庭副庭长，何启潭为市中级人民法院房地产审判庭副庭长，李爱民为市中级人民法院行政审判庭副庭长，张开富为市中级人民法院告诉申诉庭副庭长，吕家祥、杜昌大、任先农、伍良臣、陈健、王宗成、吴基会、李福香、赵新社、侯爱英、李和序、杜昌金、贺和平、文显友、张洪国、黄河银、李儒琪、林文富、李帮权、何华轩、王贵平、刘德伟、任亮章、秦志华、周根礼、朱文杰、张昊伶为市中级人民法院审判员。任命马岳松、朱长富、支卫平为市人民检察院副检察长、检察委员会委员，肖安民、罗丕显、邓天慧、周世华、唐承发、黄勤君为市人民检察委员会委员、检察员，胡启华、罗清国、李毓钦、何力、贾成培、梁俊德、赵本玉、李全芳、黎洪宝、林明阳、张德吉、刘发良、王心民、何志先、柏生禄、范和平、李洪长、张忠平、王化成、李全德、袁朝福、李显成、林文贵、宋映礼、罗仁敏、朱万恒、王航、任华、孙林云、孙益寿、袁国际为市人民检察院检察员。批准任命谢凡举为顺庆区人民检察院检察长，肖明金为高坪区人民检察院检察长，何建中为嘉陵区人民检察院检察长。1994年2月22日至24日，市一届人大常委会二次会议任命何长青为市人大常委会办公厅副主任，胡春阳为市人大常委会农业工作委员会副主任，李文明、何启潭、李爱民、张开富、谢佐为市中级人民法院审判员。6月28日至29日，市一届人大常委会四次会议免去王化成的市人民检察院检察员职务。10月25日至27日，市一届人大常委会六次会议任命官静、潘世星、罗书伦为市人民检察院检察员。1995年2月27日至28日，市一届人大常委会八次会议任命贺和平为市中级人民法院审判委员会委员，杜世刚为市中级人民法院

民事审判庭庭长、审判委员会委员，李儒琪为市中级人民法院民事审判庭副庭长，伏蜀培为市中级人民法院经济审判第一庭庭长、王加志为副庭长，唐扬壁为市中级人民法院经济审判第二庭庭长、曹冀蜀为副庭长，谢佐为市中级人民法院执行庭副庭长。雷鸣、韩俊莉、梁本禄、樊友德、蒲真新、汤观学、龚晓虎、刘鑫平、秦学义、曹勇、张志平为市中级人民法院审判员。免去毛兴无的市中级人民法院审判委员会委员、审判员职务，杜世刚的市中级人民法院民事审判庭副庭长职务，唐扬壁的市中级人民法院经济审判庭庭长职务，王加志、曹冀蜀的市中级人民法院经济审判庭副庭长职务。4 月 26 日至 28 日，市一届人大常委会九次会议决定任命张兴治为市国家安全局局长。任命蔡学勤、江世平、王道友、罗林、王福生、曾兴松、谭岳建为市人民检察院检察员。免去伍良臣的市中级人民法院审判员职务。6 月 27 日至 29 日，市一届人大常委会十次会议，决定免去贾健民的市经济贸易委员会主任职务、黄永风的市卫生局局长职务。决定任命杜培松为市经济贸易委员会主任，何国钊为市卫生局局长。任命淳定清为市人大常委会选举任免联络工作委员会副主任。10 月 25 日至 27 日，市一届人大常委会十二次会议任命唐代才、赖真祥、周银碧、刘宇文、蒋绍志、岳安文、蒋东平、杨雪海为市人民检察院检察员。免去李和序的市中级人民法院审判员职务。12 月 18 日至 20 日，市一届人大常委会十三次会议免去何虎的市人大常委会法制工作委员会副主任职务。1996 年 4 月 24 日至 25 日，市一届人大常委会十六次会议免去李文明的市中级人民法院刑一庭副庭长职务。任命邓忠金为市人大常委会副秘书长，杨荣久为市人大常委会人事代表工作委员会主任，淳定清为市人大常委会人事代表工作委员会副主任。李文明为市中级人民法院刑二庭副庭长、韩俊莉为市中级人民法院刑一庭副庭长、邓冰为市中级人民法院审判员；薛志为市人民检察院检察员。1996 年 7 月 3 日至 5 日，市一届人大常委会十七次会议免去李代玖的市人大常委会办公厅主任职务、任先农的市中级人民法院审判员职务。决定免去刘茂琪的市监察局局长职务、黄柏林的市建设委员会主任职务。任命李代玖为市人大常委会副秘书长、刘茂琪为市人大常委会副秘书长、办公厅主任。决定任命李志杰为市建设委员会主任、刘学贤为市监察局局长。10 月 30 日至 11 月 1 日，市一届人大常委会十九次会议，通过《关于接受向阳辞去南充市人民政府市长职务请求的决定》《关于李川代理南充市人民政府市长职务的决定》。决定任命李川为市人民政府副市长，陈自立为市粮食局局长；任命荀在志为市人民检察院检察员。12 月 30 日至 31 日，市一届人大常委会二十次会议免去陈健的市中级人民法院审判员职务。1997 年 2 月 16 日，市一届人大常委会二十一次会议决定任命傅伦佳为市医药管理局局长。4 月 3 日，市一届人大常委会二十二次会议通过《关于接受梁仕培辞去南充市第一届人民代表大会农业委员会委员职务的决定》。免去李代玖的市人大常委会副秘书长职务。决定免去彭修昌的市人民政府秘书长职务，杨先才的市人民政府办公厅主任职务，杜光辉的市计划委员会主任职务，杜培松的市经济贸易委员会主任职务，吴显荣的市农村工作委员会主任职务，邹海泉的市审计局局长职务。决定任命杜光辉为市人民政府秘书长，张世富为市经济贸易委员会主任，杜培松为市审计局局长。免去陈登科的市中级人民法院刑事审判第二庭庭长职务，张永俊、李文明的市中级人民法院刑事审判第二庭副庭长职务，张应海的市中级人民法院告诉申诉审判庭庭长职务，李儒琪的市中级人民法院民事审判庭副庭长职务，张开富的市中级人民法院告诉申诉审判庭副庭长职务，陈洪吉的市中级人民法院房地产审判庭庭长职务，何启潭的市中级人民法院房地产审判庭副庭长职务，杜世刚的市中级人民法院民事审判庭庭长职务，侯光前的市中级人民法院行政审判庭庭长职务。任命曹勇为市中级人民法院刑事审判第一庭副庭长，李文明为市中级人民法院刑事审判第二庭庭长，袁彪为市中级人民法院刑事审判第二庭副庭长、审判员，周根礼为市中级人民法院刑事审判第二庭副庭长，张应海为市中级人民法院民事审判第一庭庭长，李儒琪、张开富为市中级人民法院民事审判第一庭副庭长，陈洪吉为市中级人民法院民事审判第二庭庭长，何启潭为市中级人民法院民事审判第二庭副庭长，龚晓虎为市中级人民法院经济审判第一庭副庭长，黄河银为市中级人民法院经济审判第二庭副庭长，杜世刚为市中级人民法院行政审判庭庭长，侯前光为市中级人民法院告诉立案庭庭长，吕家祥为市中级人民法院审判监督庭庭长，秦学义为市中级人民法院审判监督庭副庭长，杜昌大为市中级人民法院执行庭庭长，何西忠为市中级人民法院执行庭副庭长、审判员。8 月 27 日至 29 日，市一届人大常委会二十五次会议免去吴宗麟的市人大常委会办公厅副主任职务，任命刘彬为市人大常委会办公厅副主任。决定免去赵开源的对外贸易经济合作局局长职务；决定任命吕友清为市人民政府副市长、邹海泉为市计委主任、何永胜为市物价局局长、蔡小林为市技术监督局局长、赵开源为市对外贸易经济合作委员会主任。10 月 28 日至 30 日，市一届人大常委会二十六次会议决定免去吴成信的市工业局局长职务；决定任命吴成信为市机械化学工业局局长，黄兴武为市环境保护局局长。免去张永俊的市中级人民法院审判员职务，何志先的市人民检察院检察员职务，李洪长的市人民检察院检察员职务。任命王朝富为市人民检察院检察员，吴利平为市人民检察院检察员。12 月 29 日至 31 日，市一届人大常委会二十七次会议，通过《关于接受陈香泉辞去南充市人民政府副市长职务请求的决定》。决定免去杜光辉的市人民政府秘书长职务、李志杰的市建委主任职务、杨春林的市乡镇企业管理局局长职务、杨兴普的市教委主任职务。决定任命杨安民、高先海为市人民政府副市长，李志杰为市人民政府秘书长，杨春林为市建委主任，邓先忠为市乡镇企业管理局局长，徐兴发为市教委主任。1998 年 2 月 26 日至 27 日，市一届人大常委会二十八次会议决定免去蔡华的市交通局局长职务，高先海的市农业局局长职务；决定任命余长春为市交通局局长，唐建秋为市农业局局长。任命李秉国为市中级人民法院审判员；批准任命谢凡举为顺庆区人民检察院检察长，肖明金为高坪区人民检察院检察长，何建忠为嘉陵区人民检察院检察长，杨子富为西充县人民检察院检察长，陈朝清为阆中市人民检察院检察长，谭德武为南部县人民检察院检察长，杨润珉为营山县人民检察院检察长，韩志春为蓬安县人民检察院检察长，吴鉴为仪陇县人民检察院检察长。6 月 29 日至 30 日，市一届人大常务委员会第三十次会议通过《关于接受黄工乐辞去省九届人大代表职务的决定》。任命赵林为市中级人民法院审判员。10 月 27 日至 28 日，市一届人大常委会三十二次会议免去李福香的市中级人民法院审判员职务。12 月 17 日至 18 日，市一届人大常委会三十三次会议，通过《关于接受杜元耀请求辞去南充市人民政府市长职务的决定》；决定任命吴果行为市人民政府副市长；通过《关于吴果行副市长代理南充市人民政府市长职务的决定》。

二、南充市第二届人大常委会人事任免

1999 年 2 月 9 日至 10 日，市二届人大常委会一次会议决定任命张世富为市计划委员会主任，冯斌为市经济贸易委员会主任，张昌华为市经济体制改革委员会主任，徐兴发为市教育委员会主任，唐建秋为市科学技术委员会主任，陈自立为市公安局局长，张兴治为市国家安全局局长，傅伦佳为市监察局局长，唐平为市民政局局长，冯新平为市司法局局长，邹海泉为市财政局局长，李元开为市人事局局长，覃一民为市劳动局局长，杨春林为市建设委员会主任，蒲嘉春为市机械化学工业局局长，余长春为市交通局局长，赵远发为市农业局局长，陈绍发为市林业局局长，陈道远为市水利电力局局长，赵开源为市对外贸易经济合作委员会主任，郭宪伟为市文化局局长，周太荣为市广播电视局局长，何国钊为市卫生局局长，白劲斌为市计划生育委员会主任，何永华为市体育运动委员会主任，杜培松为市审计局局长，马良穆为市统计局局长，潘琪文为市工商行政管理局局长，胥德会为市国土局局长，

黄兴武为市环境保护局局长，何玉钊为市畜牧局局长，邓先忠为市乡镇企业管理局局长，蔡小林为市技术监督局局长，李晓松为市物价局局长，庞嘉祯为市粮食局局长，杨天福为市医药管理局局长，姚先德为市外事侨务办公室主任。4月14日至15日，市二届人大常委会二次会议免去刘茂琪的市人大常委会副秘书长、办公厅主任职务，邓忠金的市人大常委会副秘书长职务，杨荣久的市人大常委会人事代表工作委员会主任职务，何长青的市人大常委会办公厅副主任职务；任命何多福为市人大常委会办公厅主任（兼），王勇为市人大常委会办公厅副主任、淳定清为市人大常委会人事代表工作委员会主任，李仕珍为市人大常委会研究室主任，李双为市人大常委会研究室副主任，任敏强为市人大财政经济委员会副主任委员。决定任命马敬国为市人民政府秘书长，袁生泽为市贸易局局长。免去贺和平的市中级人民法院审判委员会委员、审判员职务，任亮章的市中级人民法院审判员职务。6月10日至11日，市二届人大常委会三次会议免去肖安民的市人民检察院检察委员会委员职务。任命蒙长安为市中级人民法院副院长、审判委员会委员；陈菊芳为市人民检察院副检察长、检察委员会委员，张忠平为市人民检察院检察委员会委员。10月26日至27日，市二届人大常委会五次会议决定任命吕友清为市人民政府副市长。任命刘红、谢艳、胥雪梅、冯苔民、冉晓玲为市中级人民法院审判员。2000年7月26日至28日，市二届人大常委会十次会议，任命唐成义为市人大常委会办公厅副主任。决定任命杨天福为市药品监督管理局局长。9月27日至29日，市二届人大常委会十一次会议通过《关于授予市计委主任张世富、市教委主任徐兴发、市建委主任杨春林、市交通局局长余长春、市国土局局长胥德会、市畜牧局局长何玉钊等六位同志“人民好公仆”荣誉称号的决定》，并颁发荣誉证书和荣誉证章。11月21日至22日，市二届人大常委会十二次会议决定免去何国钊的市卫生局局长职务；决定任命汪旭英为市卫生局局长。免去杜昌大的市中级人民法院执行庭庭长职务，谢佐的市中级人民法院执行庭副庭长职务。任命李秉国为市中级人民法院立案庭庭长，谢佐为市中级人民法院执行庭庭长，刘鑫平为市中级人民法院立案庭副庭长，赵莉、何万波、田冬梅、尹林、邹九九为市中级人民法院审判员。12月25日至26日，市二届人大常委会十三次会议决定任命蔡勇为市人民政府副市长。2001年1月14日，市二届人大常委会十四次会议通过《关于接受淳定清辞去市二届人大常委会委员职务的决定》。3月12日至13日，市二届人大常委会十五次会议通过《关于接受吕友清辞去市人民政府副市长职务的决定》。免去淳定清的市人大常委会人事代表工作委员会主任职务。决定免去张世富的市计划委员会主任职务，邹海泉的市财政局局长职务，杜培松的市审计局局长职务，黄兴武的市环境保护局局长职务。决定任命赵太武为市计划委员会主任，陈修鹏为市财政局局长，王华敬为市审计局局长，斯明甫为市环境保护局局长。免去黄河银的市中级人民法院经济审判第二庭副庭长职务。任命黄河银为市中级人民法院审判监督庭副庭长，邓金荣为市中级人民法院审判员；朱瑛、秦秀堂、唐浪生、谭莉、彭志蓉、鲁德斌、周世权为市人民检察院检察员。8月28日至31日，市二届人大常委会十七次会议通过《关于授予纳光元同志“人民好法官”荣誉称号的决定》。任命赵开源为市人大财政经济委员会副主任委员，邓先忠为市人大农业委员会副主任委员，徐兴发为市人大教育科学文化卫生委员会副主任委员，马良穆为市人大民族宗教外事侨务委员会副主任委员，唐恒金为市人大常委会人事代表工作委员会副主任。决定免去冯新平的市司法局局长职务，赵远发的市农业局局长职务，陈绍发的市林业局局长职务，何玉钊的市畜牧局局长职务，邓先忠的市乡镇企业局局长职务，白劲斌的市计划生育委员会主任职务，马良穆的市统计局局长职务。决定任命余善卫为市人民政府办公室主任，赵太武为市发展计划委员会主任，喻小广为市教育局局长，唐建秋为市科学技术局局长，覃一民为市劳动和社会保障局局长，胥德会为市国土资源局局长、杨春林为市建设局局长，邬大渊为市城市规划管理局局长，白劲斌为市农业局局长，李德平为市林业局局长，刘中伯为市水利局局长，蒋元忠为市畜牧局局长，李军为市乡镇企业局局长，袁生泽为市对外贸易经济合作局局长，何永华为市体育局局长，宋辉光为市计划生育委员会主任，张兴全为市统计局局长，姚先德为市外事台侨旅游工作局局长。10月23日至24日，市二届人大常委会十八次会议决定任命游少春为市司法局局长，任命王岚为市人民检察院检察员，免去刘德伟的市中级人民法院审判员职务。12月17日至18日，市二届人大常委会十九次会议通过《关于接受吴成信、许学照等8人辞去职务的决定》，同意吴成信、郑猛功辞去市人民代表大会财政经济委员会副主任委员职务，许学照、李先荣辞去市人民代表大会农业委员会副主任委员职务，夏永明辞去市人民代表大会教育科学文化卫生委员会副主任委员职务，李代玖辞去市人民代表大会民族宗教外事侨务委员会副主任委员职务，胡亨霖辞去市人民代表大会法制委员会委员职务，马昌群辞去市人民代表大会民族宗教外事侨务委员会委员职务。免去何多福的市人大常委会办公厅主任职务、李仕珍的市人大常委会研究室主任职务、李双的市人大常委会研究室副主任职务；任命郑猛功为市人大常委会研究室主任。免去刘明的市中级人民法院副院长、审判委员会委员、审判员职务，张应海的市中级人民法院民事审判第一庭庭长、审判员职务，陈洪吉的市中级人民法院审判第二庭庭长、审判员职务，杜世刚的市中级人民法院行政审判庭庭长、审判委员会委员、审判员职务，周根礼的市中级人民法院刑事审判第二庭副庭长、审判员职务，杜昌金、陈登科、赵新社、侯爱英、梁本禄、文显友、樊友德的市中级人民法院审判员职务。2002年1月10日至11日，市二届人大常委会二十次会议通过《关于接受吴果行辞去市人民政府市长职务的决定》《关于杜光辉为南充市人民政府代市长的决定》《关于接受何多福辞去南充市第二届人民代表大会常务委员会秘书长职务的决定》《关于接受马昌群、许学照、李代玖、吴成信、夏永明辞去南充市第二届人民代表大会常务委员会委员职务的决定》。3月11日至12日，市二届人大常委会二十一次会议补选黄顺福为省第九届人民代表大会代表。免去孟端正的市中级人民法院副院长、审判委员会委员、审判员职务，李秉国的市中级人民法院立案庭庭长、审判委员会委员职务，李儒琪的市中级人民法院民事审判第一庭副庭长职务，李爱民的市中级人民法院行政审判庭副庭长职务，刘鑫平的市中级人民法院立案庭副庭长职务，林文富、王宗成的市中级人民法院审判员职务。任命陈代和、伏蜀培为市中级人民法院副院长、审判委员会委员，姚琦为市中级人民法院审判委员会委员、审判员，李儒琪为市中级人民法院民事审判第一庭庭长，曹冀蜀为市中级人民法院民事审判第二庭庭长，唐扬壁为市中级人民法院民事审判第三庭庭长，李爱民为市中级人民法院行政审判庭庭长，刘鑫平为市中级人民法院立案庭庭长。免去马岳松、朱长富的市人民检察院副检察长、检察委员会委员职务，罗丕显的市人民检察院检察委员会委员、检察员职务，张忠平的市人民检察院检察委员会委员职务，柏生禄、刘发良、李全芳、宋映礼、朱万恒、李全德、孙林云、何力、曾兴松、孙益寿、蒋绍志、岳安文、周银碧、赖真祥、王航、唐代才、王福生、胡启华、任华、范和平的市人民检察院检察员职务。批准谢凡举辞去顺庆区人民检察院检察长职务，吴鉴辞去仪陇县人民检察院检察长职务，杨子富辞去西充县人民检察院检察长职务，杨润珉辞去营山县人民检察院检察长职务。任命谢凡举、吴鉴为市人民检察院副检察长、检察委员会委员，杨子富为市人民检察院检察委员会委员、检察员。批准任命任华为顺庆区人民检察院检察长，范和平为西充县人民检察院检察长，张建荣为营山县人民检察院检察长，石耀中为仪陇县人民检察院检察长。6月4日至5日，市二届人大常委会二十二次会议通过《关于接受罗月华辞去南充市人民政府副市长职务的决定》，免去徐兴发的市人民代表大会教育科学文化卫生委员会副主任委员职务、马良穆的市人民代表大会民族宗教外事侨务委员会副主任委员职务。任命马良穆为市人民代表大会教育科学文化卫生委员会副主任委员，刘彬为市人大常委会办公室主任，王勇、唐成义、廖先毅为市人大常委会办公室副主任，王永茂为市人大常委会研究室副主任。决定免去马敬国的市人民政府秘书长职务、陈自立的市公安局局长职务。决定任命伏文超、唐文金为市人民政府副市长，陈自立为市人民政府秘书长，张奇伟为市公安局局长。免去曹勇的市中级人民法院刑事审判第一庭副庭长职务。任命尹林为市中级人民法院刑事审判第一庭副庭长，冉晓玲为市中级人民法院刑事审判第二庭副庭长，赵莉为市中级人民法院民事审判第一庭副庭长，何万波、王贵平、谢艳为市中级人民法院民事审判第三庭副庭长，曹勇为市中级人民法院行政审判庭副庭长，任勇旗为市中级人民法院立案庭副庭长、审判员，武家庆、雍西俊、史用明、张亚平、杨琳莉、王维登、尹凌云、高冬梅、刘燕、汪静、段辉、陈红卫、朱伟、何顺红、敬琪蓉为市中级人民法院审判员。8月12日至14日，市二届人大常委会二十三次会议决定免去周太荣的市广播电视局局长职务。决定任命邓火平为市广播电视局局长。任命田丰为市人民检察院副检察长、检察委员会委员。10月14日至17日，市二届人大常委会二十四次会议决定任命王静莉为市人民政府副市长。11月13日，市二届人大常委会二十五次会议决定免去刘中伯的市水利局局长职务，蒋元忠的市畜牧局局长职务。决定任命刘光福为市水利局局长，侯双林为市畜牧局局长。2003年1月6日至7日，市二届人大常委会二十六次会议通过《关于接受张泽友辞去市人大教科文卫委副主任委员职务、杨天武辞去市人大法制委员会副主任委员职务的决定》。决定免去高先海的市人民政府副市长职务，决定任命李斌为市人民政府副市长。任命程鹰为市中级人民法院审判员。2月24日，市二届人大常委会二十七次会议通过《关于接受赵开源辞去市人大常委会委员、市人大财经委副主任委员职务，滕明才辞去市人大常委会委员、市人大民宗外侨委委员职务的决定》。任命崔均为市中级人民法院副院长、审判委员会委员、审判员。批准任命任华为顺庆区人民检察院检察长、贾成刚为高坪区人民检察院检察长、王朝富为嘉陵区人民检察院检察长、范和平为西充县人民检察院检察长、谭德武为南部县人民检察院检察长、何晓荣为阆中市人民检察院检察长、张建荣为营山县人民检察院检察长、石耀中为仪陇县人民检察院检察长、李敏为蓬安县人民检察院检察长。4月17日至18日，南充市二届人大常委会二十八次会议通过《关于接受王正忠辞去南充市人民政府副市长职务的决定》。决定免去赵太武的市发展计划委员会主任职务、余长春的市交通局局长职务。决定任命高宗成为市发展计划委员会主任、邱明星为市交通局局长。免去刘鑫平的市中级人民法院立案庭庭长、审判员职务，袁彪的市中级人民法院刑事审判第二庭副庭长、审判员职务。任命李文明、曹冀蜀、吕家祥为市中级人民法院审判委员会委员，王加志为市中级人民法院立案庭庭长、审判员，李彪、黄兵、樊俊、张玉勤、江春虹、何嘉武、邹宏辉、王晓燕、沈灿为市中级人民法院审判员；吴利平为市人民检察院检察委员会委员，吴兴家、谢勇、祝小平、何玉松、张明、蒲正茂、邓晓勤、王群、冯林欢、罗表章、蒲天德、唐蔚、梅宗奎、吴苏芳、冯舜民、刘惠为市人民检察院检察员。8月19日至20日，市二届人大常委会三十次会议通过《关于接受赵德胜辞去南充市人民政府副市长职务的决定》。任命汪世波为市中级人民法院副院长、审判委员会委员、审判员。12月15日，市二届人大常委会三十二次会议通过《关于撤销杨春林市建设局局长职务的决定》《关于撤销邬大渊市规划局局长职务的决定》《关于撤销杨春林“人民好公仆”荣誉称号的决定》。免去史用明市中级人民法院审判员职务。2004年1月15日，市二届人大常委会三十三次会议决定任命胡云为市人民政府副市长。免去支卫平的市人民检察院副检察长、检察委员会委员职务。任命周力为市人民检察院副检察长、检察委员会委员。

三、南充市第三届人大常委会人事任免

2004年4月22日至23日，市三届人大常委会一次会议免去刘彬的市人大常委会办公室主任职务，

王勇、唐成义、廖先毅的市人大常委会办公室副主任职务。任命郑猛功、唐成义、廖先毅为市人大常委会副秘书长，唐恒金为市人大常委会人事代表工作委员会主任、谢明科为副主任。决定任命田世宏为市人民政府副市长，陈自立为市人民政府秘书长，袁志鸣为市人民政府办公室主任，高宗成为市发展计划委员会主任，冯斌为市经济贸易委员会主任，喻小广为市教育局局长，张奇伟为市公安局局长，傅伦佳为市监察局局长，唐平为市民政局局长，游少春为市司法局局长，陈修鹏为市财政局局长，覃一民为市劳动和社会保障局局长，邱明星为市交通局局长，刘光福为市水利局局长，白劲斌为市农牧业局局长，李德平为市林业局局长，袁生泽为市对外贸易经济合作局局长，郭宪伟为市文化局局长，杜远清为市计划生育委员会主任，庞明轩为市审计局局长，陈家怀为市环境保护局局长，邓火平为市广播电视局局长，何永华为市体育局局长，张兴全为市统计局局长，张正义为市外事台侨旅游工作局局长，杨明君为市粮食局局长，侯双林为市畜牧局局长，阳仁泽为市城市管理行政执法局局长。6月29日至30日，市三届人大常委会二次会议决定任命周太荣为市人事局局长，杜延茂为市建设局局长，罗加福为市城市规划管理局局长。免去秦秀堂的市人民检察院检察员职务，任命罗庆勇为市人民检察院检察员。8月25日至26日，市三届人大常委会三次会议免去宋云明的市中级人民法院副院长职务，吴利平的市人民检察院检察委员会委员、检察员职务。任命李秉国为市中级人民法院副院长、审判委员会委员、审判员。11月1日至2日，市三届人大常委会四次会议决定任命李南春为市科学技术局局长，汪旭英为市卫生局局长。任命罗泽民、周朝阳为市中级人民法院审判员。11月30日，市三届人大常委会五次会议通过《关于接受王静莉辞去市人民政府副市长的决定》，决定任命谢华国为市人民政府副市长。2005年2月19日，市三届人大常委会七次会议通过《关于接受黄顺福辞去市人大常委会主任职务的决定》。6月15日至16日，市三届人大常委会九次会议决定任命高宗成为市发展和改革委员会主任，胡光明为市经济委员会主任，杜延茂为市规划和建设局局长，袁生泽为市商务局局长，李军为市人口和计划生育委员会主任，王明章为市安全生产监督管理局局长。免去邓天慧、周世华的市人民检察院检察委员会委员职务。任命罗伟、杨蓬、吴晓云、赵叶为市人民检察院检察员。8月16日至18日，市三届人大常委会十次会议免去汪世波的市中级人民法院副院长、审判委员会委员、审判员职务，纳光元的市中级人民法院审判委员会委员、刑事审判第一庭庭长职务，吕家祥的市中级人民法院审判委员会委员、审判监督庭庭长职务，王家志的市中级人民法院立案庭庭长职务，唐扬璧的市中级人民法院民事审判第三庭庭长职务，曹冀蜀的市中级人民法院民事审判第二庭庭长职务，赵莉的市中级人民法院民事审判第一庭副庭长职务，邹九九、杜昌大的市中级人民法院审判员职务。任命李爱民为市中级人民法院审判委员会委员，王维登为市中级人民法院审判委员会委员、审判监督庭庭长，唐扬璧为市中级人民法院民事审判第二庭庭长，曹翼蜀为市中级人民法院民事审判第三庭庭长，尹林为市中级人民法院刑事审判第一庭庭长，赵莉为市中级人民法院立案庭庭长，胥雪梅为市中级人民法院刑事审判第一庭副庭长，罗泽民为市中级人民法院刑事审判第二庭副庭长，朱伟为市中级人民法院民事审判第一庭副庭长，程鹰为市中级人民法院民事审判第二庭副庭长，汪静为市中级人民法院立案庭副庭长，周朝阳为市中级人民法院审判监督庭副庭长。9月26日，市三届人大常委会十一次会议决定任命杜一力为市人民政府副市长。10月25日至26日，市三届人大常委会十二次会议免去王永茂的市人大常委会研究室副主任职务，黄河银的市中级人民法院审判监督庭副庭长职务，田冬梅的市中级人民法院审判员职务。任命王永茂为市人大常委会副秘书长。2006年1月23日，市三届人大常委会十四次会议通过《关于接受蒋辅义辞去南充市人民政府副市长职务的决定》。决定免去刘光福的市水利局局长职务，白劲斌的市农业局局长职务；决定任命向东、朱家媛为市人民政府副市长，魏顺泽为市水利局局长。任命弋国才为市三届人大财政经济委员会委员。3月23日，市三届人大常委会十五次会议通过《关于接受田世宏辞去南充市人民政府副市长职务的决定》《关于接受何勇辞去南充市人大常委会委员职务的决定》。决定免去喻小广的市教育局局长职务，邱明星的市交通局局长职务。决定任命汪洋为市交通局局长。5月19日，市三届人大常委会十六次会议通过《关于接受钟吕坤、杜一力辞去南充市人民政府副市长职务的决定》。决定免去陈修鹏的市财政局局长；免去姚琦的市中级人民法院审判委员会委员、审判员职务。决定任命冯斌为市人民政府副市长，吴道军为市财政局局长，白永强为市旅游局局长；任命潘世星、罗仁敏为市人民检察院检察员。7月27日至28日，市三届人大常委会十七次会议通过《关于接受胡云辞去南充市人民政府副市长职务的决定》。决定免去高宗成的市发展和改革委员会主任职务，胡光明的市经济委员会主任职务，覃一民的市劳动和社会保障局局长职务。决定任命范平为市人民政府副市长，王星照为市发展和改革委员会主任，林登德为市经济委员会主任，李晓松为市劳动和社会保障局局长，周继琼为市教育局局长，蔡宝成为市农业局局长；任命李光旭为市中级人民法院副院长、审判委员会委员、审判员。9月20日至21日，市三届人大常委会十八次会议通过《关于接受刘彬辞去市第三届人民代表大会常务委员会秘书长职务》。11月10日，市三届人大常委会十九次会议决定免去庞明轩的市审计局局长职务，李南春的市科学技术局局职务。免去陈菊芳、田丰的市人民检察院副检察长、检察委员会委员，杨子富的市人民检察院检察委员会委员。决定任命何修礼为市审计局局长。任命王锐、何俊、贾龙军、谭世蓉、曾小袂、黄东、龚莉、张怡丹、沈涌、赵建华、冯晟为市中级人民法院审判员；李敏为市人民检察院副检察长、检察委员会委员，王岚为市人民检察院检察委员会委员、范和平为市人民检察院检察员。批准任命贾成刚为顺庆区人民检察院检察长，王朝富为高坪区人民检察院检察长，何晓荣为嘉陵区人民检察院检察长，吴利平为阆中市人民检察院检察长，唐浪生为南部县人民检察院检察长，石耀中为西充县人民检察院检察长，唐恒博为营山县人民检察院检察长，王瑜为蓬安县人民检察院检察长，朱瑛为仪陇县人民检察院检察长。12月26日，市三届人大常委二十次会议决定免去汪洋的市交通局局长职务。决定任命谢和友为市交通局局长。2007年3月14日，市三届人大常委会二十二次会议决定任命朱廷春为市科学技术局局长。5月23日，市三届人大常委会二十三次会议决定免去唐平的市民政局局长职务，何修礼的市审计局局长职务。决定任命何大公为市民政局局长。7月10日，市三届人大常委会二十四次会议通过《关于接受王宁辞去市第三届人民代表大会常务委员会主任职务的决定》。9月26日，市三届人大常委会二十六次会议免去冉晓玲的市中级人民法院刑事审判第二庭副庭长、审判员职务。任命张国庆、杨辉、朱苏川为市中级人民法院审判员；雍丽华、刘北平、李晓冬、刘翔、何涛、罗卫红、周豫为市人民检察院检察员。11月28日，市三届人大常委会二十七次会议决定任命张奇伟为市人民政府副市长。2008年1月9日，市三届人大常委会二十八次会议决定免去邓火平市广播电视局局长职务；决定任命朱德修为市广播电视局局长。

四、南充市第四届人大常委会人事任免

2008年6月13日，市四届人大常委会一次会议免去郑猛功的市人大常委会研究室主任职务，唐恒金的市人大常委会人事代表工委主任职务，唐成义的市人大常委会副秘书长职务。任命阳小虎为市人大常委会副秘书长，廖先毅为市人大常委会办公室主任，吴全兴为市人大常委会办公室副主任，张和为市人大常委会人事代表工委主任，王永茂为市人大常委会研究室主任，王玉龙为市人大常委会信访办公室主任。决定任命李晓松为市人民政府秘书长，袁志鸣为市人民政府办公室主任，尹才勋为市发

展和改革委员会主任，林登德为市经济委员会主任，周继琼为市教育局局长，朱廷春为市科学技术局局长，张奇伟为市公安局局长，何大公为市民政局局长，吴道军为市财政局局长，侯健为市人事局局长，陈昌义为市劳动和社会保障局局长，罗加福为市规划和建设局局长，谢和友为市交通局局长，魏顺泽为市水利局局长，蔡宝成为市农业局局长，李德平为市林业局局长，袁生泽为市商务局局长，白云为市文化局局长，杨成果为市卫生局局长，李军为市人口和计划生育委员会主任，廖大春为市审计局局长，陈家怀为市环境保护局局长，朱德修为市广播电视局局长，何永华为市体育局局长，吴兴中为市统计局局长，白永强为市旅游局局长，阳仁泽为市城市管理行政执法局局长，王明章为市安全生产监督管理局局长，侯双林为市畜牧局局长，杨明君为市粮食局局长。免去黄勤君的市人民检察院检察员、检察委员会委员职务；任命王岚为市人民检察院副检察长，吴利平为市人民检察院检察委员会委员。7 月 28 日至 29 日，市四届人大常委会二次会议任命林文贵、敬再志、张明、赵叶、雍丽华、刘北平为市人民检察院检察委员会委员，文艺、黄山松、高峻松、李文辉为市人民检察院检察员。9 月 10 日，市四届人大常委会三次会议决定任命李甫健为市司法局局长。免去李光旭的市中级人民法院副院长、审判委员会委员、审判员职务。任命龚晓虎、李儒琪、赵莉、尹林、段辉为市中级人民法院审判委员会委员，唐荣为市中级人民法院立案庭副庭长、审判员。12 月 17 日，市四届人大常委会五次会议免去谢凡举的市人民检察院副检察长职务，唐承发的市人民检察院检察委员会委员、检察员职务，罗清国的市人民检察院检察员职务。2009 年 3 月 31 日，市四届人大常委会七次会议免去谢明科的市人大常委会人事代表工委副主任职务。决定免去冯斌的市人民政府副市长职务。决定任命胡光明为市人民政府副市长。免去蒙长安、陈代和的市中级人民法院副院长职务，宋云明的市中级人民法院审判委员会委员、审判员职务，曹冀蜀的市中级人民法院审判委员会委员、民事审判第三庭庭长、审判员职务，赵林的市中级人民法院审判员职务。任命冯朝勇、袁彪为市中级人民法院副院长、审判委员会委员、审判员。免去刘宇文、蔡学勤、王道友的市人民检察院检察员职务。任命赵映广、罗洪波、谢奎为市人民检察院检察员。批准任命敬永国为南部县人民检察院检察长，洪峰为阆中市人民检察院检察长。7 月 21 日，市四届人大常委会九次会议免去袁志鸣的市人民政府办公室主任职务，谢和友的市交通局局长职务。决定任命温桂彪为市人民政府办公室主任，蔡绍雄为市交通局局长。任命魏正勇、罗勤阳、刘远、李卫东、欧红、宋峰为市中级人民法院审判员。9 月 23 日，市四届人大常委会十次会议决定免去朱廷春的市科技局局长职务。免去李文明的市中级人民法院刑事审判第二庭庭长职务，李儒琪的市中级人民法院民事审判第一庭庭长职务，唐杨壁的市中级人民法院民事审判第二庭庭长职务，赵莉的市中级人民法院立案庭庭长职务，李爱民的市中级人民法院行政审判庭庭长职务，谢佐的市中级人民法院执行庭庭长职务，胥雪梅的市中级人民法院刑事审判第一庭副庭长职务，张开富的市中级人民法院民事审判第一庭副庭长职务，何启潭的市中级人民法院民事审判第二庭副庭长职务，程鹰的市中级人民法院民事审判第二庭副庭长职务，何万波的市中级人民法院民事审判第三庭副庭长职务，周朝阳的市中级人民法院审判监督庭副庭长职务，唐荣的市中级人民法院立案庭副庭长、审判员职务。任命罗泽民为市中级人民法院刑事审判第二庭庭长，黄河银为市中级人民法院民事审判第一庭庭长，何万波为市中级人民法院民事审判第二庭庭长，谢艳为市中级人民法院民事审判第三庭庭长，任勇旗为市中级人民法院立案庭庭长，曹勇为市中级人民法院行政审判庭庭长，邱书培为市中级人民法院执行庭庭长、审判员，何嘉武为市中级人民法院刑事审判第二庭副庭长，谭世蓉为市中级人民法院民事审判第一庭副庭长，黄东为市中级人民法院民事审判第二庭副庭长，刘红为市中级人民法院民事审判第二庭副庭长，周朝阳为市中级人民法院民事审判第三庭副庭长，刘远为市中级人民法院民事审判第三庭副庭长，龚莉为市中级人民法院民事审判第三庭副庭长，赵建华为市中级人民法院立案庭副庭长，程鹰为市中级人民法院行政审判庭副庭长，胥雪梅为市中级人民法院审判监督庭副庭长。11 月 26 日，市四届人大常委会十一次会议任命宋先佐为市人大常委会办公室副主任，贾敬铣为市人大常委会人事代表工委副主任。免去周继琼的市教育局局长职务，何永华的市体育局局长职务。决定任命雷国林为市教育局局长，魏顺泽为市水务局局长，朱德修为市广播电影电视局局长，刘国进为市体育局局长。2010 年 3 月 3 日，市四届人大常委会十四次会议通过《关于接受崔均辞去市中级人民法院院长职务的决定》《关于王邦习任市中级人民法院代理院长的决定》。决定任命王晓钧为市科技局局长。免去李邦权、吴基会、汤观学的市中级人民法院审判员职务。任命王邦习为市中级人民法院副院长、审判委员会委员、审判员。6 月 17 日，市四届人大常委会十六次会议免去王勇的市人大教科文卫委副主任委员职务。决定免去林登德的市经济委员会主任职务。决定任命林登德为市监察局局长。任命刘大轩、任强、孙杰、雷发军、沈咏梅为市中级人民法院审判员；任命吴利平为市人民检察院副检察长，汪建平、钟智慧、张莉、殷春娥、严春光、何桂兵、陈燕、杨丽君为市人民检察院检察员。8 月 31 日，市四届人大常委会十七次会议通过《关于接受李元开辞去市人大常委会副主任、市人大常委会代表资格审查委员会主任委员职务的决定》。免去伏蜀培的市中级人民法院副院长职务，李爱民的市中级人民法院审判委员会委员、审判员职务，蒲真新、何启潭、张洪国的市中级人民法院审判员职务。10 月 21 日，市四届人大常委会十八次会议决定免去何大公的市民政局局长职务，陈家怀的市环境保护局局长职务，魏顺泽的市水务局局长职务，李德平的市林业局局长职务，王明章的市安全生产监督管理局局长职务，李军的市人口和计划生育委员会主任职务，阳仁泽的市城市管理行政执法局局长职务。决定任命王晓钧为市科学技术和知识产权局局长，杨铁为市经济和信息化委员会主任，李军为市民政局局长，侯健为市人力资源和社会保障局局长，陈学军为市环境保护局局长，罗加福为市住房和城乡建设局局长，徐晓阳为市城乡规划局局长，蔡绍雄为市交通运输局局长，吕兴伦为市水务局局长，蔡宝成为市农牧业局局长，侯双林为市林业局局长，杨明君为市商务和粮食局局长，白云为市文化体育局局长，阳仁泽为市人口和计划生育委员会主任，唐恒金为市外事侨务办公室主任，刘国进为市政府国有资产监督管理委员会主任，费国宏为市城市管理行政执法局局长，滕明鹏为市安全生产监督管理局局长，冉中华为市扶贫和移民工作局局长，邓兴广为市食品药品监督管理局局长。12 月 24 日，市四届人大常委会二十次会议决定任命杨丹为市金融办公室主任。任命罗勤阳为市中级人民法院刑事审判第一庭副庭长，范红、唐晓兰为市中级人民法院审判员。任命李本银、杜林娜为市人民检察院检察员。2011 年 1 月 5 日，市四届人大常委会二十一次会议通过《关于补选彭渝、李志杰为省第十一届人大代表的决定》，报请省人大常委会代表资格审查委员会进行资格审查并公告。2 月 22 日，市四届人大常委会二十二次会议任命赵健博为市人大常委会研究室副主任，罗庆双为市人大财政经济委员会副主任委员。免去唐蔚的市人民检察院检察员职务。批准贾成刚辞去顺庆区人民检察院检察长职务，朱瑛辞去仪陇县人民检察院检察长职务，王瑜辞去蓬安县人民检察院检察长职务。任命贾成刚为市人民检察院检察委员会委员、检察员，王瑜为市人民检察院检察委员会委员、检察员。批准任命朱瑛为顺庆区人民检察院检察长，唐蔚为仪陇县人民检察院检察长，杨元勇为蓬安县人民检察院检察长。5 月 4 日，市四届人大常委会二十三次会议通过《关于接受吴应学辞去市人大常委会委员、市人大教育科学文化卫生委员会主任委员职务的决定》；任命王明章为市人大教育科学文化卫生委员会副主任委员。10 月 11 日，市四届人大常委会二十六次会议通过《关于接受贺和平辞去市人大常委会委员、代表资格审查委员会委员、市人大内务司法委员会主任委员职务的决定》《关于接受游少春辞去市人大常委会委员、市人大内务司法委员会副主任委员职务的决定》。决定免去张奇伟的市公安局局长职务；决定任命郑和平为市人民政府副市长，袁刚为市人民政府副市长、市公安局局长。任命罗晓翠、李发勇、鲜平、龙燊、欧春芳、陈智慧、马建威、吕元华、韩莉为市中级人民法院审判员；免去唐扬璧的市中级人民法院审判委员会委员、审判员职务，王加志、张亚平的市中级人民法院审判员职务。任命廖全军为市人民检察院副检察长、检察委员会委员，通过《关于市人民检察院副检察长廖全军任市人民检察院代理检察长的决定》。11月17日，市四届人大常委会二十七次会议免去廖先毅的市人大常委会副秘书长、办公室主任职务；任命蒋晓凌为市人大内务司法委员会副主任委员。

五、南充市第五届人大常委会人事任免

2012年2月28日，市五届人大常委会一次会议免去吴全兴的市人大常委会办公室副主任职务，张和的市人大常委会人事代表工作委员会主任职务，王永茂的市人大常委会研究室主任职务。任命阳小虎为市人大常委会副秘书长，张和为市人大常委会副秘书长、办公室主任，何康武为市人大常委会办公室副主任，蒋继学为市人大常委会人事代表工作委员会（省人大代表联络处）主任，吴全兴为市人大常委会副秘书长、研究室主任；决定任命沈一凡为市人民政府秘书长，刘纯杰为市人民政府办公室主任，刘永尧为市发展和改革委员会主任，雷国林为市教育局局长，王晓钧为市科学技术和知识产权局局长，杨铁为市经济和信息化委员会主任，袁刚为市公安局局长，林登德为市监察局局长，任伟为市司法局局长，李军为市民政局局长，吴道军为市财政局局长，侯健为市人力资源和社会保障局局长，陈学军为市环境保护局局长，罗加福为市住房和城乡建设局局长，徐晓阳为市城乡规划局局长，蔡绍雄为市交通运输局局长，吕兴伦为市水务局局长，向贵瑜为市农牧业局局长，陈斌为市林业局局长，杨明君为市商务和粮食局局长，白云为市文化体育局局长，朱德修为市广播电影电视局局长，郑和平为市卫生局局长，阳仁泽为市人口和计划生育委员会主任，廖大春为市审计局局长，唐恒金为市外事侨务办公室主任，刘国进为市政府国有资产监督管理委员会主任，白永强为市旅游局局长，费国宏为市城市管理行政执法局局长，滕明鹏为市安全生产监督管理局局长，吴兴中为市统计局局长，杨丹为市金融工作办公室主任，冉中华为市扶贫和移民工作局局长，邓兴广为市食品药品监督管理局局长。批准任命朱瑛为市顺庆区人民检察院检察长，王朝富为高坪区人民检察院检察长，何晓荣为嘉陵区人民检察院检察长，洪峰为阆中市人民检察院检察长，敬永国为南部县人民检察院检察长，石耀中为西充县人民检察院检察长，唐蔚为仪陇县人民检察院检察长，唐恒博为营山县人民检察院检察长，杨元勇为蓬安县人民检察院检察长。4月17日至18日，市五届人大常委会二次会议免去伏蜀培的市中级人民法院审判委员会委员职务，何万波的市中级人民法院民事审判第二庭庭长职务，邓金荣、张开富的市中级人民法院审判员职务。任命吴兴家、谭莉、罗庆勇为市人民检察院检察委员会委员；秦秀堂、蒙洪平、阳荣、吴朝辉、任晓军、张长江、兰林、陈翠、张义、鲜伟、冯莉娟、李建冰、张婷、罗盛茂为市人民检察院检察员。6月27日，市五届人大常委会三次会议免去赵建华的市中级人民法院立案庭副庭长职务；任命罗泽民、黄河银、谢艳、任勇旗、曹勇为市中级人民法院审判委员会委员。9月4日，市五届人大常委会四次会议决定免去滕明鹏的市安全生产监督管理局局长职务；决定任命白云为市文化广播影视体育局局长、文剑英为市安全生产监督管理局局长；因机构整合，白云的市文化体育局局长职务、朱德修的市广播电影电视局局长职务自然免除。12月20日，市五届人大常委会七次会议任命刘鑫平为市中级人民法院副院长、审判委员会委员、审判员，张云为市中级人民法院审判委员会委员、审判员，贾成刚为市人民检察院副检察长、石耀中为市人民检察院检察委员会委员、检察员，

罗表章为市人民检察院检察委员会委员；免去吴鉴的市人民检察院副检察长职务，潘世星、罗仁敏、林文贵、敬再志的市人民检察院检察委员会委员职务。2013 年 2 月 27 日，市五届人大常委会九次会议决定免去刘纯杰的市人民政府办公室主任职务；决定任命刘洪为市人民政府办公室主任。免去伏蜀培的市中级人民法院审判员职务。4 月 16 日，市五届人大常委会十次会议免去谢凡举的市人民检察院检察委员会委员、检察员职务；赵叶的市人民检察院检察委员会委员职务；罗伟的市人民检察院检察员职务。批准石耀中辞去西充县人民检察院检察长职务；唐恒博辞去营山县人民检察院检察长职务。任命江世平、李晓冬、李本银为南充市人民检察院检察委员会委员。批准任命唐恒博为西充县人民检察院检察长；罗伟为营山县人民检察院检察长。6 月 28 日，市五届人大常委会十一次会议决定免去谢和友的市人民政府副市长职务、白云的市文化广播影视体育局局长职务。决定撤销任某的市司法局局长职务。决定任命杜延茂为市人民政府副市长、黄金盛为市司法局局长、陈家喜为市文化广播影视体育局局长。免去黄河银的市中级人民法院民事审判第一庭庭长职务、秦学义的市中级人民法院审判监督庭副庭长职务、何西忠的市中级人民法院执行庭副庭长职务、刘远的市中级人民法院民事审判第三庭副庭长职务、罗勤阳的市中级人民法院刑事审判第一庭副庭长职务、程鹰的市中级人民法院行政审判庭副庭长职务、汪静的市中级人民法院立案庭副庭长职务、刘红的市中级人民法院民事审判第二庭副庭长职务。任命刘远为市中级人民法院民事审判第一庭庭长、赵莉为市中级人民法院民事审判第二庭庭长、吕元华为市中级人民法院立案庭副庭长、陈智慧为市中级人民法院民事审判第一庭副庭长、朱苏川为市中级人民法院民事审判第二庭副庭长、杨辉为市中级人民法院民事审判第二庭副庭长、李卫东为市中级人民法院民事审判第三庭副庭长、马建威为市中级人民法院刑事审判第一庭副庭长。10 月 30 日至 31 日，市五届人大常委会十三次会议决定免去袁刚的市人民政府副市长、市公安局局长职务；决定任命刘作鸿为市人民政府副市长、市公安局局长。任命魏庆锋为市中级人民法院审判委员会委员、审判员。2014 年 1 月 8 日，市五届人大常委会十五次会议免去宋先佐的市人大常委会办公室副主任职务；任命宋先佐为市人大常委会副秘书长。通过《关于接受袁菱辞去省十二届人大代表职务的决定》《关于接受谢华国辞去市五届人大常委会副主任职务的决定》。3 月 27 日，市五届人大常委会十六次会议通过《关于撤销何万波的市中级人民法院审判员职务的决定》。任命余翔为市人大常委会办公室副主任。决定免去吴道军的市财政局局长职务，罗加福的市住房和城乡建设局局长职务，吕兴伦的市水务局局长职务，廖大春的市审计局局长职务，刘国进的市人民政府国有资产监督管理委员会主任职务。决定任命廖大春为市财政局局长，吕兴伦为市住房和城乡建设局局长，陈泽斌为市水务局局长，陈勇为市审计局局长，苏勇为市人民政府国有资产监督管理委员会主任。任命刘红为市中级人民法院行政审判庭副庭长，田娟、司莉、蒙秀梅、郭锐、吴彪、熊东为市中级人民法院审判员。免去李秉国的市中级人民法院副院长、审判委员会委员、审判员职务，蒙长安的市中级人民法院审判委员会委员、审判员职务，陈代和的市中级人民法院审判委员会委员、审判员职务，李儒琪的市中级人民法院审判委员会委员、审判员职务。5 月 22 日，市五届人大常委会十七次会议，决定免去邹平的市人民政府副市长职务。9 月 22 日至 23 日，市五届人大常委会十九次会议任命陈明国、刘荣耀、李良俊、庄娟、鲜代秋、苟豪、石炜、陈国兵为市中级人民法院审判员；审议通过关于接受陈自立辞去市五届人大常委会副主任职务的决定。11 月 19 日至 20 日，市五届人大常委会二十次会议，决定任命林建国为市人民政府副市长。2015 年 1 月 15 日，市五届人大常委会二十一次会议，通过《关于接受杜延茂、何修礼辞去省十二届人大代表职务的决定》。决定免去杜延茂的市人民政府副市长职务。2 月 16 日，市五届人大常委会二十二次会议，决定任命单木真为市人民政府副市长。4 月 24 日，市五届人大常委会二十四次会议，决定任命唐燕、贾德华为市人民政府副市长。免去赵莉的市中级人民法院民事审判第二庭庭长职务，任勇旗的市中级人民法院立案庭庭长职务，尹林的市中级人民法院刑事审判第一庭庭长职务，罗泽民的市中级人民法院刑事审判第二庭庭长职务，谢艳的市中级人民法院民事审判第三庭庭长职务，曹勇的市中级人民法院行政审判庭庭长职务，王维登的市中级人民法院审判监督庭庭长职务，邱书培的市中级人民法院执行庭庭长职务。任命尹林为市中级人民法院刑事审判第二庭庭长，罗勤阳为市中级人民法院民事审判第三庭庭长，谢艳为市中级人民法院行政审判庭庭长，邱书培为市中级人民法院立案庭庭长，任勇旗为市中级人民法院审判监督庭庭长，陈红兵为市中级人民法院执行庭庭长。任命弋河、徐继、陈婧、文苑、赵果、陈飞燕、张玲、付娟、吴昊为市人民检察院检察员。5 月 15 日，市五届人大常委会二十五次会议通过《关于接受刘宏建辞去省十二届人大代表职务的决定》。决定免去胡光明、朱家媛的市人民政府副市长职务。6 月 25 日至 26 日，市五届人大常委会二十六次会议，通过《关于接受杨成果辞去市五届人大常委会委员、市五届人大教育科学文化卫生委员会主任委员职务的决定》《关于接受张险峰辞去市五届人大常委会委员、市五届人大农业与农村委员会委员职务的决定》《关于接受黄成立辞去市五届人大内务司法委员会委员职务的决定》《关于接受胡仕明辞去市五届人大财政经济委员会委员职务的决定》《关于接受骆亚忠辞去市五届人大财政经济委员会委员职务的决定》。决定免去廖伦志的市人民政府副市长职务、刘洪的市人民政府办公室主任职务、刘永尧的市发展和改革委员会主任职务、杨铁的市经济和信息化委员会主任职务、林登德的市监察局局长职务、李军的市民政局局长职务、黄金盛的市司法局局长职务、廖大春的市财政局局长职务、侯健的市人力资源和社会保障局局长职务、蔡绍雄的市交通运输局局长职务、陈泽斌的市水务局局长职务、杨丹的市金融工作办公室主任职务、冉中华的市扶贫和移民工作局局长职务、邓兴广的市食品药品监督管理局局长职务。因政府机构改革涉及市级单位整合撤并，雷国林的原市教育局局长职务、阳仁泽的原市人口和计划生育委员会主任职务、郑和平的原市卫生局局长职务自然免除。决定任命潘国华为市人民政府副市长。7 月 30 日，市五届人大常委会二十七次会议免去贾敬铣的市人大常委会人事代表工作委员会（省人大代表联络处）副主任职务。决定任命冉中华为市发展和改革委员会主任、黄金盛为市监察局局长、林登德为市民政局局长、许东明为市交通运输局局长、郑和平为市卫生和计划生育委员会主任、杨勇为市扶贫和移民工作局局长、王瑞胜为市食品药品监督管理局局长、徐晓阳为市城乡规划和测绘地理信息局局长、向贵瑜为市农牧业局局长、陈家喜为市文化广电新闻出版局局长、李泽林为市质量技术监督局局长。因政府机构改革涉及市级单位整合撤并，徐晓阳原任市城乡规划局局长、向贵瑜原任市农牧业局局长、陈家喜原任市文化广播影视体育局局长职务自然免除。免去李文明的市中级法院审判委员会委员、审判员职务。9 月 18 日，市五届人大常委会二十八次会议通过《关于接受柴永柏、伍果丽、任明、李志杰、吴道军、张险峰、高先海、程立州辞去省十二届人大代表职务的决定》，报省人民代表大会常务委员会备案、公告。11 月 26 日，市五届人大常委会二十九次会议免去何西忠的市中级人民法院审判员职务；任命任雅莉、蒲勇君为市中级人民法院审判员。12 月 31 日，市五届人大常委会三十次会议，决定任命陈琳为市人民政府办公室主任、郭宗海为市教育和体育局局长、代俊为市人力资源和社会保障局局长、任爱民为市水务局局长、曹均山为市工商局局长；免去吴鉴的市人民检察院检察委员会委员职务，石耀中的市人民检察院检察委员会委员、检察员职务，范和平、敬再志、周世权的市人民检察院检察员职务；批准王朝富辞去高坪区人民检察院检察长职务、洪峰辞去阆中市人民检察院检察长职务。2016 年 1 月 15 日，市五届人大常委会三十一次会议补选袁险峰、李在伟为省第十二届人民代表大会代表。2 月 22 日，市五届人大常委会三十二次会议，决定任命宋朝华为市人民政府副市长。免去宋先佐的市人大常委会副秘书长职务；任命宋先佐为市人大常委会法制工作委员会主任。决定免去白永强的市旅游局局长职务；决定任命孙骏为市经济和信息化委员会主任，夏选民为市司法局局长。通过《关于接受向东辞去市人民政府市长职务的决定》《关于市人民政府副市长宋朝华代理市人民政府市长职务的决定》。免去谢艳的市中级人民法院审判委员会委员、行政审判庭庭长、审判员职务；任命邱书培、刘远、罗勤阳为市中级人民法院审判委员会委员。3 月 8 日，市五届人大常委会三十三次会议决定免去向贵瑜的市农牧业局局长职务、杨勇的市扶贫和移民工作局局长职务。决定任命滕明鹏为市农牧业局局长，向贵瑜为市扶贫和移民工作局局长。5 月 4 日，市五届人大常委会三十四次会议决定任命李正元为市人民政府副市长。免去马建威的市中级人民法院刑事审判第一庭副庭长职务，武家庆的市中级人民法院审判员职务，秦学义的市中级人民法院审判员职务，孙杰的市中级人民法院审判员职务。任命马建威为市中级人民法院刑事审判第一庭庭长。免去吴兴家的市人民检察院检察委员会委员、检察员职务，祝小平的市人民检察院检察员职务；任命吴广元为市人民检察院检察员；批准任命吴兴家为阆中市人民检察院检察长，石耀中为高坪区人民检察院检察长。6 月 28 日，市五届人大常委会三十五次会议任命宇震为市人大常委会人事代表工作委员会（省人大代表联络处）副主任。决定免去许东明的市交通运输局局长职务，黄金盛的市监察局局长职务。8 月 30 日至 31 日，市五届人大常委会三十六次会议免去吴全兴的市人大常委会副秘书长、研究室主任职务；决定免去陈琳的市人民政府办公室主任职务。9 月 20 日，市五届人大常委会三十七次会议通过《关于接受宋朝华辞去市人民政府市长职务的决定》；决定任命吴群刚为市人民政府副市长；通过《市人民政府副市长吴群刚代理市人民政府市长职务的决定》；决定免去徐晓阳的市城乡规划和测绘地理信息局局长职务。10 月 14 日，市五届人大常委会三十八次会议免去余翔的市人大常委会办公室副主任职务；任命兰海燕为市人大常委会办公室副主任，童文星为市人大常委会法制工作委员会副主任。通过《关于接受王邦习辞去市中级人民法院院长职务的决定》；任命杨敏为市中级人民法院副院长，通过《关于市中级人民法院副院长杨敏代理市中级人民法院院长职务的决定》。通过《关于接受廖全军辞去市人民检察院检察长职务的决定》；任命周永刚为市人民检察院副检察长；通过《关于市人民检察院副检察长周永刚代理市人民检察院检察长职务的决定》。11 月 11 日，市五届人大常委会三十九次会议决定免去沈一凡的市人民政府秘书长职务、郭宗海的市教育和体育局局长职务、孙骏的市经济和信息化委员会主任职务、任爱民的市水务局局长职务。决定任命向贵瑜为市人民政府秘书长、何刚为市人民政府办公室主任、王荣秀为市监察局局长。免去雍西俊的市中级人民法院审判员职务。

六、南充市第六届人大常委会人事任免

2017 年 2 月 27 日，市六届人大常委会一次会议免去张和的市人大常委会副秘书长、办公室主任职务，阳小虎的市人大常委会副秘书长职务，何康武的市人大常委会办公室副主任职务。任命郑雄为市人大常委会办公室主任、赵健博为市人大常委会研究室主任、何康武为市人大常委会副秘书长、蒋松柏为市人大常委会办公室副主任、张小林为市人大常委会研究室副主任。决定任命李正元、王美如为市人民政府副市长、向贵瑜为市人民政府秘书长、何刚为市人民政府办公室主任、黎明为市教育和体育局局长、石全华为市经济和信息化委员会主任、刘作鸿为市公安局局长、王荣秀为市监察局局长、林登德为市民政局局长、夏选民为市司法局局长、代俊为市人力资源和社会保障局局长、吕兴伦为市环境保护局局长、刘平为市住房和城乡建设局局长、陈正泽为市城乡规划和测绘地理信息局局长、刘本良为市交通运输局局长、王体刚为市水务局局长、滕明鹏为市农牧业局局长、郑和平为市商务和粮

食局局长、陈家喜为市文化广电新闻出版局局长、王晓钧为市卫生和计划生育委员会主任、陈勇为市审计局局长、苏勇为市国有资产监督管理委员会主任、唐宗政为市旅游局局长、陈斌为市城市管理行政执法局局长、向贵瑜为市扶贫和移民工作局局长、李泽林为市食品药品监督管理局局长、曹均山为市工商行政管理局局长。免去段辉的市中级人民法院审判委员会委员、审判员职务，谢艳的市中级人民法院审判委员会委员、行政审判庭庭长、审判员职务，马建威的市中级人民法院刑事审判第一庭庭长职务，刘远的市中级人民法院民事审判第一庭庭长职务，黄东的市中级人民法院民事审判第二庭副庭长职务。任命赵建华为市中级人民法院审判委员会委员，马建威为市中级人民法院审判委员会委员、行政审判庭庭长，黄东为市中级人民法院审判委员会委员、民事审判第一庭庭长，罗泽民为市中级人民法院刑事审判第一庭庭长，刘远为市中级人民法院民事审判第二庭庭长，董行为市中级人民法院审判员，陈忱为市中级人民法院审判员，刘苗为市中级人民法院审判员，张梓欣为市中级人民法院审判员。批准任命何晓荣为顺庆区人民检察院检察长，石耀中为高坪区人民检察院检察长，朱瑛为嘉陵区人民检察院检察长，吴兴家为阆中市人民检察院检察长，敬永国为南部县人民检察院检察长，唐恒博为西充县人民检察院检察长，唐蔚为仪陇县人民检察院检察长，罗伟为营山县人民检察院检察长，杨元勇为蓬安县人民检察院检察长。3 月 10 日，市六届人大常委会二次会议决定任命韩伦红为市发展和改革委员会主任、赵秀清为市科学技术和知识产权局局长、徐坚为市财政局局长、王天配为市安全生产监督管理局局长、刘晓梅为市统计局局长、黄金树为市金融工作办公室主任。4 月 27 日，市六届人大常委会三次会议决定任命李平为市质量技术监督局局长、曹健为市林业局局长。免去何华轩市中级人民法院审判员职务。8 月 11 日，市六届人大常委会五次会议决定免去林建国的市人民政府副市长、向贵瑜的市人民政府秘书长、何刚的市人民政府办公室主任职务；决定任命向贵瑜为市人民政府副市长、高立新为市人民政府秘书长、杨积义为市人民政府办公室主任。10 月 25 日至 26 日，市六届人大常委会六次会议，通过《关于接受高立新辞去市第六届人民代表大会常务委员会委员职务的决定》；免去童文星市人大常委会法制工作委员会副主任职务。12 月 22 日，市六届人大常委会七次会议免去黄河银的市中级人民法院审判委员会委员、审判员职务。审议通过《南充市人大常委会关于南充市监察委员会副主任、委员任免及主任、副主任、委员宪法宣誓有关事项的决定》。2018 年 1 月 2 日，市六届人大常委会八次会议任命王荣秀、王瑜、马文林为市监察委员会副主任，周莉、文兴洪、杨帆、冯爱萍、李本银为市监察委员会委员。6 月 6 日，市六届人大常委会十一次会议任命寇春茂为市人大民宗外侨委员会副主任委员。决定任命陈大纪为市人民政府副市长，决定免去韩伦红市发展和改革委员会主任职务。免去韩俊利市中级人民法院刑事审判第一庭副庭长职务，任命任雅莉为市中级人民法院民事审判第二庭副庭长、蒲勇君为市中级人民法院刑事审判第一庭副庭长。免去贾成刚市人民检察院副检察长职务，吴鉴、罗林、罗仁敏市人民检察院检察员职务。6 月 29 日，市六届人大常委会十二次会议任命吴志敏为市人大农业与农村委员会副主任委员、李海鸥为市人大财政经济委员会（市人大常委会预算工作委员会）副主任委员（副主任）。决定免去李正元市人民政府副市长职务；决定任命刘松为市发展和改革委员会主任。8 月 23 日至 24 日，市六届人大常委会十三次会议通过《关于接受任爱民辞去四川省第十三届人民代表大会代表职务的决定》。决定免去向贵瑜的市人民政府副市长、市扶贫和移民工作局局长职务；决定任命马家斌为市扶贫和移民工作局局长。免去冯苔民的市中级人民法院审判员职务；任命李碧英、何超、蒙琼梅为市中级人民法院审判员，蒙政、郭迅珲为市人民检察院检察员。9 月 10 日，市六届人大常委会十四次会议决定任命沈一凡为市人民政府副市长。12 月 26 日至 27 日，市六届人大常委会十七次会议通过《关于接受尧德中辞去四川省第十三届人民代表大会代表职务的决定》；补选黄勇为省第十三届人民代表大会代表。2019年1月22日，市六届人大常委会十八次会议免去曹勇的市中级人民法院审判委员会委员、审判员职务，谢佐的市中级人民法院审判员职务；李本银的市人民检察院检察委员会委员职务，秦秀堂的市人民检察院检察员职务。任命张莉、陈燕为市人民检察院检察委员会委员。2月18日，市六届人大常委会十九次会议免去郑雄的市人大常委会办公室主任职务、蒋继学的市人大常委会人事代表工委（省人大代表联络处）主任职务、宋先佐的市人大常委会法工委主任职务；任命宋先佐为市人大常委会办公室主任、郑雄为市人大常委会人事代表工委（省人大代表联络处）主任、唐恒金为市人大常委会法工委主任；决定免去王美如的市人民政府副市长职务、苏勇的市国有资产监督管理委员会主任职务。决定任命石全华为市经济和信息化局局长、陈家喜为市科学技术局局长、夏选民为市司法局局长、吕兴伦为市生态环境局局长、滕明鹏为市农业农村局局长、曹健为市林业局局长、赵秀清为市文化广播电视和旅游局局长、王晓钧为市卫生健康委员会主任、王林为市退役军人事务局局长、王天配为市应急管理局局长、蒲冠舟为市国有资产监督管理委员会主任、曹均山为市市场监督管理局局长、马家斌为市扶贫开发局局长、黄金树为市金融工作局局长、赵爱华为市经济合作和外事局局长、李泽林为市医疗保障局局长、樊森林为市机关事务管理局局长、陈斌为市城市管理行政执法局局长、谷秀春为市政务服务管理局局长。3月14日，市六届人大常委会二十次会议任命宋先佐、林洪涛为市人大常委会副秘书长；决定任命陈正泽为市自然资源和规划局局长。4月29日，市六届人大常委会二十一次会议任命肖逍、蒲文博、杨若朗为市中级人民法院审判员。6月27日，市六届人大常委会二十二次会议任命胡旭东为市中级人民法院副院长、审判委员会委员、审判员；免去李本银、赵映广、汪建平、梅宗奎、何玉松、刘翔、刘蕙、何桂兵、罗洪波、鲜伟、张长江、钟智慧、杜林娜、文苑、吴昊的市人民检察院检察员职务。7月26日，市六届人大常委会二十三次会议决定免去李在伟的市人民政府副市长职务、高立新的市人民政府秘书长职务；决定任命陈有波为市人民政府副市长。8月23日，市六届人大常委会二十四次会议免去宇震的市人大常委会人事代表工作委员会（省人大代表联络处）副主任职务；决定任命尹成平为市商务局局长、杨庆萍为市信访局局长。9月29日，市六届人大常委会二十五次会议决定任命蒲国为市人民政府秘书长。10月30日，市六届人大常委会二十六次会议任命李龙为市人大常委会人事代表工作委员会（省人大代表联络处）副主任。12月24日至25日，市六届人大常委会二十七次会议决定免去唐燕的市人民政府副市长职务，杨积义的市人民政府办公室主任职务，黎明的市教育和体育局局长职务，代俊的市人力资源和社会保障局局长职务，刘本良的市交通运输局局长职务。决定任命欧阳梅为市人民政府副市长，代俊为市教育和体育局局长，何刚为市人力资源和社会保障局局长，杨积义为市交通运输局局长。2020年1月10日，市六届人大常委会二十八次会议通过《关于接受伍定辞去市监察委员会主任职务的决定》；决定免去潘国华的市人民政府副市长职务；决定任命伍定为市人民政府副市长。3月27日，市六届人大常委会二十九次会议决定免去谷秀春的市政务服务管理局局长职务。决定任命袁剑柏为市人民政府办公室主任，袁伟平为市政务服务管理局局长。免去高冬梅的市中级人民法院审判员职务，朱苏川的市中级人民法院民事审判庭第二庭副庭长职务。5月29日，市六届人大常委会三十次会议决定免去刘平的市住房和城乡建设局局长职务；决定任命廖先毅为市住房和城乡建设局局长。免去冯朝勇、袁彪的市中级人民法院副院长、审判委员会委员职务，胡旭东的市中级人民法院副院长、审判委员会委员、审判员职务，刘远的市中级人民法院民事审判第二庭庭长职务，马建威的市中级人民法院行政审判庭庭长、审判委员会委员、审判员职务，任雅莉的市中级人民法院民事审判第二庭副庭长、审判员职务，陈明国的市中级人民法院审判员职务，吕元华的市中级人民法院立案庭副庭长、审判员职务，石炜的市中级人民法院审判员职务；李敏、王岚的市人民检察院副检察长职务。任命黄海燕为市中级人民法院副院长、审判委员会委员、审判员，刘远为市中级人民法院副院长，谢艳、王贵平为市中级人民法院审判委员会委员、审判员，严钲棚、李旸、刘春莲为市中级人民法院审判员；唐蔚、罗伟为市人民检察院副检察长、检察委员会委员、检察员。6月17日，市六届人大常委会三十一次会议通过《关于接受宋先佐辞去市六届人大常委会委员、市人大法制委员会副主任委员（兼）职务的决定》《关于接受龚宁辞去市六届人大监察和司法委员会主任委员职务的决定》。免去宋先佐的市人大常委会副秘书长（兼）、办公室主任职务，唐恒金的市人大常委会法制工作委员会主任职务。任命黄金树为市人大常委会副秘书长（兼）、办公室主任，龚宁为市人大常委会法制工作委员会主任。决定免去陈大纪的市人民政府副市长职务。决定任命苏士勇为市人民政府副市长。免去罗庆勇的市人民检察院检察委员会委员、检察员职务，李晓冬的市人民检察院检察委员会委员、检察员职务，陈燕的市人民检察院检察委员会委员、检察员职务，蒙洪平的市人民检察院检察员职务，张明的市人民检察院检察委员会委员职务，刘北平的市人民检察院检察委员会委员职务，贾成刚的市人民检察院检察委员会委员、检察员职务，吴苏芳的市人民检察院检察员职务，吴晓云的市人民检察院检察员职务。批准免去石耀中的高坪区人民检察院检察长职务，敬永国的南部县人民检察院检察长职务，唐蔚的仪陇县人民检察院检察长职务，罗伟的营山县人民检察院检察长职务，杨元勇的蓬安县人民检察院检察长职务。任命严春光为市人民检察院检察委员会委员，谢奎为市人民检察院检察委员会委员，李建冰为市人民检察院检察委员会委员，罗卫红为市人民检察院检察委员会委员，赵小英为市人民检察院检察员。7月28日，市六届人大常委会三十二次会议通过《关于接受徐元辞去南充市第六届人民代表大会法制委员会委员职务的决定》。决定免去林登德的市民政局局长职务，夏选民的市司法局局长职务，王晓钧的市卫生健康委员会主任职务，黄金树的市金融工作局局长职务。决定任命李斌为市民政局局长，任洁平为市司法局局长，朱胜国为市卫生健康委员会主任，任萍为市金融工作局局长。免去文兴洪的市监察委员会委员职务，杨帆的市监察委员会委员职务。批准任命李晓冬为南部县人民检察院检察长，陈燕为仪陇县人民检察院检察长，蒙洪平为营山县人民检察院检察长，彭彪彬为蓬安县人民检察院检察长。9月4日，市六届人大常委会三十三次会议决定免去吕兴伦的市生态环境局局长职务，尹成平的市商务局局长职务。决定任命王洪波为市生态环境局局长，向峰为市商务局局长。批准任命罗庆勇为高坪区人民检察院检察长。10月20日，市六届人大常委会三十四次会议决定免去刘作鸿的市人民政府副市长、市公安局局长职务。决定任命黄志权为市人民政府副市长、市公安局局长。免去龚晓虎的市中级人民法院审判委员会委员、审判员职务。任命刘伟为市中级人民法院审判员。11月4日，市六届人大常委会三十五次会议决定免去张根生的市人民政府副市长职务。决定任命赵迎春为市人民政府副市长。任命蔡斌为市监察委员会委员，蒲勇君为市中级人民法院行政审判庭庭长。12月17日至18日，市六届人大常委会三十六次会议免去林洪涛的市人大常委会副秘书长职务，任命翟绍军为市人大常委会法制工作委员会副主任。决定免去朱华的市人民政府副市长职务、蒲国的市人民政府秘书长职务、刘松的市发展和改革委员会主任职务；决定任命方雷为市人民政府副市长、许宁为市人民政府秘书长、张勇为市发展和改革委员会主任。免去王荣秀的市监察委员会副主任委员职务、周莉的市监察委员会委员职务、冯爱萍的市监察委员会委员职务；任命冯爱萍为市监察委员会副主任，罗乐为市人民检察院副检察长、检察委员会委员、检察员。决定接受周永刚辞去市人民检察院检察长职务，许宁辞去市人大常委会委员、代表资格审查委员会副主任委员职务，罗乐代理市人民检察院检察长职务。2021年1月13日，市六届人大常委会三十七次会议决定免去陈正泽的市自然资源和规划局局长职务、曹健的市林业局局长职务，任命欧阳丹东为市中级人民法院审判员、审判委员会委员、副院长，决定任命马文林为市自然资源和规划局局长、杨方军为市林业局局长。决定接受陈科辞去市人大常委会副主任职务，杨敏辞去市中级人民法院院长、审判委员会委员、审判员职务，欧阳丹东代理市中级人民法院院长职务。2 月 9 日，市六届人大常委会三十八次会议决定接受吴志敏辞去市人大农业农村委员会副主任委员职务。

第三节 南充市人大常委会任后监督

1996 年至 2020 年，市人大常委会加强对任命干部的任后监督，督促其坚持党的领导，进一步强化法治意识、人大意识、公仆意识和勤政廉政意识，增强依法行政、公正司法的责任感和使命感。组织对 23 名干部开展述职评议，对 19 名干部开展履职测评。

一、述职评议

1996 年 2 月 28 日至 29 日，市一届人大常委会十五次会议听取审议市科委主任胥德会的述职报告。4 月 25 日，市一届人大常委会十六次会议，根据市一届人大常委会十五次会议对市科委主任胥德会的述职评议意见，一致认为，胥德会在依法行政、履行岗位职责方面，成效显著，决定予以通报表彰。1996 年 8 月 28 日至 30 日，市一届人大常委会十八次会议听取审议市中级人民法院院长欧晓东的述职报告。

2001 年，市人大常委会主任会议组织部分市人大常委会组成人员和部分市人大代表对市中级人民法院刑事审判第一庭庭长纳光元、经济审判第一庭庭长伏蜀培和市人民检察院检察员李毓钦（法纪检察处处长）、罗清国（民事行政检察处处长）进行述职评议。5 月下旬，在市、县两级法院、检察院公告征求被评议人员的意见，6 月下旬，组织 16 名常委会组成人员和市人大代表，分成 5 个评议调查组到市中级人民法院、市人民检察院、市辖三区的人民法院和人民检察院等 14 个单位，走访 130 多人并进行座谈，对被评议的 4 人 1999 年以来执行宪法、法律法规和人大及其常委会决议、决定的情况，履行职责、公正司法、完成工作任务的情况以及清正廉洁、勤政为民的情况进行认真调查了解，为评议发言做准备。7 月 27 日，市人大常委会在市人大法制培训中心 5 楼会议厅召开对纳光元等 4 人的评议会议。市人大常委会副主任、秘书长 11 人，委员 8 人，市人大代表 3 人出席会议，市委组织部、市委政法委负责人应邀到会，市中级人民法院、市人民检察院的审判员、检察员以上干部参加会议。在评议会上，4 位被评人员作述职报告，各位参评的市人大常委会组成人员和人大代表本着对党和人民高度负责的精神，认真履行职责，在评议发言中既充分肯定他们的工作成绩，又严肃诚恳地指出工作中存在的问题与不足，同时提出意见和建议。参评的市人大常委会组成人员和人大代表认为，纳光元政治思想素质好，审判业务能力强；认真执行宪法、法律法规和人大及其常委会决议、自觉性高；认真履行职责，工作兢兢业业，无私奉献，实绩和效果显著；执法严格，办案公正，严于律己，清正廉洁，模范带头作用好，做到说情不动、请吃不去、送礼不要、恐吓不怕，在家庭经济困难情况下也不动摇，经受住权与钱、法与情、得与失的考验。在评议会上的民主测评中，纳光元得到与会的 22 位市人大常委会组成人员和人大代表一致好评，优秀票达 100%。不少参评人员建议市人大常委会授予纳光元地方荣誉称号，对他的事迹进行宣传，号召全市广大司法干警向他学习。依照《中华人民共和国地方各级人民代表大会和地方各级人民政府组织法》第四十四条之规定，经市人大常委会主任会议研究，决定提请市人大常委会授予纳光元“人民好法官”荣誉称号。2001 年 8 月 31 日，市二届人大常委会十七次会议决定授予纳光元“人民好法官”荣誉称号。

2002 年，市人大常委会组织对市经贸委主任冯斌、市对外贸易经济合作局局长袁生泽、市农业局长白劲斌、市畜牧局局长蒋元忠、市建设局局长杨春林、市科技局局长唐建秋、市计生委主任宋辉光、市外事台侨旅游工作局局长姚先德、市民政局局长唐平、市审计局局长王华敬进行述职评议。主要是对 10 名市政府组成人员 2001 年以来依法行政、履行岗位职责、勤政为民、清正廉洁等方面的情况进行评议。按“本人述职、听取民意、民主测评、集中评议、转达意见、落实整改”6 个步骤进行，大体分“评议准备、评议调查、公开评议、督促整改”4 个阶段。9 月上旬，市人大常委会组织近 100 名人大代表参加的 10 个评议调查小组，分别深入到被评人员所在部门及其下属单位，采取开座谈会、个别谈话、走访、查阅资料、问卷调查等形式，听取和征求干部职工和离退休人员、市县两级四大班子领导和省、县（市、区）对口部门的意见，掌握第一手资料；各评议调查小组在此基础上形成被评人员履职情况调查报告。10 月 14 日，市二届人大常委会二十四次会议集中听取 10 名被评人员述职报告，市人大常委会组成人员和参评代表进行评议，提出公正客观的评议意见。

2005 年 7 月 6 日，市人大常委会召开评议市教育局局长喻小广、市林业局局长李德平、市环保局局长陈家怀、市外事台侨旅游局局长张正义履职情况动员会，启动述职评议工作。继而，各评议调查小组开展对评议对象民主测评和履行岗位职责情况调查，主任会议听取调查情况汇报。8 月中旬，市三届人大常委会第十次会议对 4 名评议对象进行述职评议，提出评议意见。主任会议审定述职评议综合意见，印发评议对象整改落实。9 月 2 日，市人大常委会主任会议审定对市政府 4 名组成人员述职评议综合意见，听取 4 名被评议人员整改方案。11 月 17 日，市人大常委会主任会议听取市政府 4 名被评议人员评议整改情况汇报。

2006 年 9 月 20 日至 21 日，市人大常委会举行述职评议大会，听取和审议市商务局局长袁生泽、市人口和计划生育委员会主任李军、市粮食局局长杨明君的述职报告和市人大常委会述职评议调查组的调查报告，对 3 名被评议人员进行满意度测评，3 名被评议人员进行表态发言。

二、述职测评

2018 年 10 月 31 日，市六届人大常委会十六次会议通过《南充市人民代表大会常务委员会关于被任命人员述职测评暂行办法》，切实加强对市人大常委会任命人员履职情况监督。办法规定：述职对象为市人大常委会决定任命的市人民政府秘书长、局长、主任，由市人大常委会任命的市中级人民法院副院长、市人民检察院副检察长，由市人大常委会主任会议确定的市人大常委会任命的其他人员，每年 12 月中旬应向市人大常委会报送述职报告。述职内容为围绕中心，服务大局，贯彻落实中央大政方针和省委、市委重大决策部署，完成本单位主要工作情况；遵守和执行法律法规，依法履职，落实执法普法责任情况；接受市人大及其常委会监督，执行市人大及其常委会决议、决定，办理市人大常委会审议意见情况；支持人大代表执行职务，办理人大代表建议、批评和意见情况；工作存在的问题和不足；下年度工作总体思路及具体打算。测评对象：市人大常委会每年选择部分向市人大常委会述职报告的人员对其进行述职测评，原则上每人届内至少接受一次述职测评；每年 10 月上旬市人大各专门委员会提出接受市人大常委会述职测评人员建议名单，由市人大常委会人事代表工委汇集后征求有关国家机关主要负责人意见，再报市人大常委会主任会议确定。测评程序为市人大常委会在每年12月底前召开常委会会议，听取被评人员口头述职报告；常委会组成人员在听取述职报告后可进行审议，并可就相关工作进行询问，报告人应认真回答询问；常委会组成人员以无记名投票或电子表决方式对被测评人员履职情况进行满意度测评，测评选项分为满意和不满意两个选项。获满意票达到参加测评常委会组成人员60%以上为满意，否则为不满意，测评结果当场公布。测评结果运用，测评结束后及时将测评结果及有关情况报送市委，抄送市人民政府、市监察委员会、市中级人民法院、市人民检察院、市委组织部；测评结果为不满意的应向市人大常委会作书面整改报告，市人大常委会将其纳入下一年度述职测评人员名单。述职测评工作在市人大常委会领导下进行。

2018年12月15日前，市人民政府秘书长、局长、主任，市中级人民法院副院长、市人民检察院副检察长向市人大常委会提交2018年履职情况书面述职报告，市人大常委会人事代表工委送交市人大常委会组成人员审阅。2018年12月26日至27日，市六届人大常委会十七次会议听取和审议市人大常委会部分任命人员履职情况报告，市司法局局长夏选民、市民政局局长林登德、市交通运输局局长刘本良、市审计局局长陈勇、市国资委主任苏勇、市中级人民法院副院长冯朝勇、市人民检察院副检察长李敏的2018年口头述职情况报告。12月27日，对以上7人2018年度履职情况进行满意度测评，测评结果均为满意。

2019年12月15日前，市人民政府秘书长、局长、主任，市中级人民法院副院长、市人民检察院副检察长向市人大常委会提交2019年履职情况书面述职报告，市人大常委会人事代表工委送交市人大常委会组成人员审阅。2019年12月24日至25日，市六届人大常委会二十七次会议听取和审议市人大常委会部分任命人员履职情况报告，市科学技术局局长陈家喜、市农业农村局局长滕明鹏、市经济合作外事局局长赵爱华、市统计局局长刘晓梅、市中级人民法院副院长刘鑫平、市人民检察院副检察长王岚的2019年口头述职情况报告。12月25日，对以上6人2018年度履职情况进行满意度测评，测评结果均为满意。

2020年12月15日前，市人民政府秘书长、局长、主任，市中级人民法院副院长、市人民检察院副检察长向市人大常委会提交2020年履职情况书面述职报告，市人大常委会人事代表工委送交市人大常委会组成人员审阅。2020年12月17日至18日，市六届人大常委会三十六次会议听取和审议市人大常委会部分任命人员履职情况报告，市经济和信息化局局长石全华、市交通运输局局长杨积义、市扶贫开发局局长马家斌、市机关事务管理局局长樊森林、市中级人民法院副院长黄海燕、市检察院副检察长吴利平作2020年口头述职情况报告。12月18日，对以上6人2020年度履职情况进行满意度测评，测评结果均为满意。

第十章

代表工作

1993 年至 2020 年，历届市人大常委会不断完善代表工作机制，相继出台《关于加强同市人大代表联系的办法》《关于督促办理代表议案和建议、批评、意见的暂行规定》《常委会组成人员联系代表、代表联系群众工作办法》《代表活动经费管理使用办法》《关于市人大代表学习培训工作的意见》等系列制度和文件，全力保障人大代表依法执行职务。重视做好联系全国人大代表和省人大代表工作，重视加强同市级人大代表的联系，采取多种方式，直接听取代表的意见，认真对待代表提出的议案和建议，按照法律规定认真处理和及时转交办理，通过协调、检查、督促，使议案和建议尽可能办理得让代表满意。切实做好人大代表和常委会组成人员视察工作，采取大型和小型，集中和分散相结合的方式，深入基层，直接听取人民的意见，注重提高视察的实际效果。为促进人大代表密切联系群众，市人大常委会推动全市所有乡镇（街道）建立“人大代表之家”，助力基层治理。组织开展“双走访”活动，赢得良好社会反响。推动建立市人大代表履职绩效评价机制，促进人大代表履职动能和行权效力同步提升。

第一节　代表议案办理

一、市一届人大议案办理

1993 年 12 月至 1999 年 1 月，市一届人大代表议案共 14 件，市一届人大常委会按照法律规定认真处理和及时转交办理。

市一届人大一次会议主席团交付办理的代表议案有《关于加快绿化步伐，力争 2000 年绿化全市的议案》《关于要求立项扶持回族贫困乡经济发展的议案》《关于要求制止把生猪屠宰税变成“人头税”的议案》。会后，市人大常委会农工委牵头办理《关于加快绿化步伐，力争 2000 年绿化全市的议案》。市人大常委会农工委及时同市林业局研究，市政府和市林业局非常重视。市政府印发《关于一九九四年至一九九五年实现全市基本绿化的紧急通知》，要求各级政府“坚持实现基本绿化目标不动摇，狠下决心，统一认识，加强领导，突击开展全民植树造林工作”，进一步明确各级政府主要负责人是辖区绿化第一责任人。召开全市绿化扩大会议，签订“政府首长保护发展森林资源任期目标责任书”。实施“南充环城绿化工程”，以改变市辖三区造林绿化滞后状况，进行重点突破。市人大常委会将绿化工作列入 1994 年市人大常委会议题，并就加快绿化步伐，力争 2000 年绿化全市作出决议。组织部分市人大代表就绿化工作开展视察。市人大常委会农工委牵头办理《关于要求立项扶持回族贫困乡经济发展的议案》。市人大常委会农工委专题与市扶贫开发办和阆中市博树乡进行研究。市扶贫开发办 1993 年通过阆中市给该乡安排扶贫资金 6.25 万元，其中用于扶贫贴息专项贷款 3 万元，立项栽大行桑 6000 亩；用 2 万元发展油桐 2000 亩，建立油桐基地；用以工代赈资金 1.25 万元，搞秸秆氨化养牛。1994 年继续给予立项支持。市人大常委会财经工委牵头办理《关于要求制止把生猪屠宰税变成“人头税”的议案》。市人大常委会财经工委及时同市政府办公厅和市税务局共同协商。市税务局向市政府报送《关于坚决纠正少数乡镇在农村按人头摊派生猪屠宰税的报告》。市政府向各县（市、区）政府及市政府有关部门印发《关于批转市税务局〈关于坚决纠正少数乡镇在农村按人头摊派生猪屠宰税的报告〉的通知》，要求各级政府加强对税法的宣传，组织力量对按人头摊派生猪屠宰税和其他违背税法情况进行调查，发现问题立即纠正。对有令不止，继续违背税法的责任人要严肃查处。要求各级税务部门强化征管，依法治税，确保税法全面贯彻实施。

市一届人大二次会议主席团交付办理的代表议案有《关于加大科技力度，将科教兴市落到实处的议案》《关于优化学校周边环境，给青少年创造一个健康成长的良好环境的议案》。会后，市人大常委会教科文卫工委、选任联工委跟踪了解《关于加大科技力度，将科教兴市落到实处的议案》。市政府行动积极，任务落实，责任明确，认真调整科教兴市的格局，使全市科教投入和科技效益明显提高，全市基础教育和中等职业技术教育在困境中有了发展。但还存在着科技、教育投入不足，科技人员的作用发挥不够，科技成果转化率和规模效益仍然不高，预算外教育经费征收和划拨机制不健全等问题。市人大建议，市政府要进一步提高对科技教育的认识，树立经济发展靠科技，科技发展靠教育的观念，加强领导，确保各项任务按时完成。同时，在实施中要对有关经济部门提出加大科技含量的明确要求，督促生产、经营单位制定详细规划，完善具体措施。市人大常委会教科文卫工委、选任联工委跟踪了解《关于优化学校周边环境，给青少年创造一个健康成长的良好环境的议案》。市政府责成有关单位加强对学校周边文化市场的管理，重点整顿距学校校门 200 米内开设的电子游戏厅和台球经营点。同时要求有关职能部门协调配合，在抓好文化市场的规划布局、总量控制等宏观工作上狠下功夫。经过 5 个多月认真的清理整顿，学校周边的部分电子游戏厅和台球经营点已关、停、并、转，舞厅、卡拉 OK 厅等文化娱乐场所内外环境有了较大改观。但是，优化育人环境范围大，内容多，文化娱乐市场面广点多，要完全解决好这方面的问题难度较大。市人大建议，市政府要进一步认真落实《四川省文化市场管理暂行条例》和有关政策规定，加强宏观控制和微观管理，使文化市场朝着健康有益的方向发展，为维护学校正常教学秩序和中小学生健康成长创造良好的环境。

市一届人大三次会议主席团交付办理的代表议案有《关于建立对企业的激励、监督机制，使企业扭亏增盈的议案》《关于尽快解决高坪至营山路段被损坏的公路的议案》《关于依法解决我市城市管理工作多头管理而导致市容脏乱差的问题的议案》《关于嘉陵个体私营经济试验区应纳入市政府重要日程的议案》。会后，市人大财政经济工作委员会负责督办《关于建立对企业的激励、监督机制，使企业扭亏增盈的议案》。市人大常委会组织调查组对市政府、部门、企业建立与实行激励监督约束机制，促进企业扭亏增盈情况开展调查，加强督办。市政府两次召开专题会议研究，市经贸委党组提出方案，市政府审定后实施。具体做法是：建立教育培训机制，对国有企业的厂长经理进行教育培训，提高素质和能力；完善选拔任用机制，在制定厂长经理等级标准基础上，实行分类定级管理，评聘分离和动态管理办法；建立企业激励约束机制，实行对厂长经理的任职等级升降制度，通过行政、经济、法纪、社会舆论等方面的激励与约束手段，使综合素质高、管理水平强、经营业绩显著的厂长经理得到提拔重用。督促工商企业扭亏增盈，抓紧培育新的经济增长点，抓好以南内厂为龙头的机械工类改组改造，东风汽车改装厂挂牌投入生产，小龙氮肥厂尿素项目的实施，全年可新增产值 4000 万元；着力挖掘内部潜力，抓好货款催收和窗口企业资金回收，盘活企业现有资金；狠抓节能降耗，降低生产成本；狠抓工作落实，加强协调配合，形成工作合力。市人大财政经济工作委员会负责督办《关于尽快解决高坪至营山路段被损坏的公路的议案》。市政府组织市政府办公厅、交通局、公路局和营山公路分局以及公路沿线部分（区）、乡镇的负责同志，在长乐镇召开南营公路现场办公会，专题研究烂路整治、确保畅通问题，并形成会议纪要。市交通局、市公路局按照市政府安排部署，集中力量，集中精力整治烂路。在整治中，层层分解任务，落实目标责任，及时解决整治中的有关具体问题，沿线县（区）和乡镇紧密协调配合，支持烂路整治，投资70多万元（不含铁路部门赔偿的25万元），经过突击整治，全长86.2公里烂路基本通畅，车辆能够顺利通行。市人大常委会办公厅负责督办《关于依法解决我市城市管理工作多头管理而导致市容脏乱差的问题的议案》。市政府召开四次城市管理委员会会议，分析研究全市城市管理的现状、存在的主要问题和改进措施。对城市管理体系进行探索，明确市容环境卫生由市建委主管，城市道路交通由市公安局主管，市场摊区由市工商局主管。先后依法制定完善《关于加强城市管理工作的决定》《南充市市容环境卫生管理暂行办法》《关于加强城市建设管理工作的通知》《关于禁止机动车上人行道的通告》等城市管理制度文件13个，全市城市管理步入有法可依、依法管理的轨道。3个月完成投资3000万元，南充城市基础设施有了大的改观。突出整治重点，通过4次大的战役行动，得到全国城市卫生检查团的充分肯定。市人大农业工作委员会负责督办《关于嘉陵个体私营经济试验区应纳入市政府重要日程的议案》。市政府把加强对嘉陵个体私营经济试验区领导，促进个体私营经济蓬勃发展列入重要议事日程，组织召开市工商、国土、建委、税务等部门负责人和嘉陵区政府分管区长参加的碰头会，专题研究办理议案有关问题，成立南充市个体私营经济试验区协调领导小组，组长、副组长分别由市长、分管副市长担任，有关部门负责人和区政府领导为成员。针对试验区的实际，出台促进个体私营经济发展的有关优惠政策，支持区政府全面加强基础设施建设，完成月供气能力8万平方米的工业与民用天然气一、二级配气站供应的建设任务，安装供气主管线4600米的配套设施，近500户居民用上天燃气，完成2400米排水能力达3.7平方米/秒的防水槽，解决近3平方公里的排水和防洪。市人大建议，市政府要进一步加大投入，完善基础设施建设；加快发展速度，出台切实可行的优惠政策；发展个体私营经济与发展县域经济、抓骨干项目相一致。

市一届人大四次会议主席团交付办理的代表议案有《关于市与市辖三区事权划分急需完善的问题的议案》《关于加强城市管理，巩固创卫成果的议案》《关于加速发展旅游业的议案》。会后，市人大财政经济委员会牵头督办《关于市与市辖三区事权划分急需完善的问题的议案》。市政府依据南充市城市规划修编方案，城市规划区的建设规划由市政府统一管理（其中金台、潆溪、青居、文峰4个乡镇的规划管理工作按行政区划委托所在地区政府办理）；市政、园林、环卫实行分工管理；三区范围内的建筑、安装、装饰、预制构件、房地产开发企业及勘测设计单位，一律按行政隶属关系实行分级管理；规划区外及规划区内的金台、潆溪、青居、文峰4个乡镇的建设工程、质监、招投标及造价管理由各区建环局负责（各区不成立质监站和招投标管理站）；城市维护建设税（含公用事业附加费）市上收取部分，按实收数80%返高坪区、100%返嘉陵区，专款用于城市建设；城市建设配套费由市建委统一集中收管，高坪区属部分按实收数80%返区建环局，嘉陵区属部分按100%返区建环局，专款用于城市基础设施建设。对议案未明确提及的文化市场管理改委托管理为分级管理；对卫生监督监测、疾病控制、妇幼保健和药品监督管理实行分级管理，新建医疗卫生机构由市政府按《医疗机构管理条例》统一规划，合理布点，分级组织实施，三区不再设立药检所。对城市规划区土地管理（金台、潆溪、青居、文峰4个乡镇委托所在区管理）、市区工商管理、市属及其以上企业财税管理工作仍由市政府统一管理。市人大城环资委牵头督办《关于加强城市管理，巩固创卫成果的议案》。市人大城环资委多次到市级有关部门进行座谈，研究问题，现场调查，了解情况，提出建议，并直接参与城市建设、管理等具体工作。市政府召开系列会议，研究解决城市建设和管理工作中具体问题，在加强城市管理，开展创建文明卫生城市工作中，加强有关法律法规宣传，开展文明知识、提高市民素质教育，增加城市建设资金投入，新建和完善城市部分基础设施，拓展城市部分道路，拆除一些“卡脖子”建筑路障，完善城市管理办法，落实门前“三包”责任，调整市辖三区事权划分，调动各方面力量，加强城市管理工作，使城市面貌有了新的变化，城市环境及卫生状况有了进一步改善。但在城市管理中，也还存在依法管理力度不够，城市基础设施仍然滞后，坚持经常性管理和宣传教育显得不足，管理力量较为薄弱，部分执法人员非国家正式工作人员且素质不高，执法不文明，甚至执法中违法打人的问题时有发生。市人大建议，市政府要进一步加大城市领导力度，严格城市依法管理；提高执法人员素质，做到文明执法；增加城市建设资金投入，不断完善城市基础设施和配套设施建设；经常开展城市意识和文明卫生意识教育，不断提高市民素质；加强基层基础建设，充分发挥各方面力量，搞好部门协调配合，认真落实“门前三包”，抓住重点带动一般，促进全面发展，管理好城市；继续探索搞好城市管理的新措施和新办法，使城市管理工作进一步规范化和制度化。市人大民宗外侨委牵头督办《关于加速发展旅游业的议案》。市人大民宗外侨委先后5次深入市级有关部门，进行座谈会商，了解议案办理情况，提出建议意见，要求市级有关部门抓住机遇，采取措施，抓紧办理，取得实效。市政府召开市长办公会议，讨论确定编制南充旅游发展“九五”计划和2010年远景目标要点，提出建立市级旅游协调领导小组、加强旅游管理机构、建立旅游质监所、建立川北旅游培训中心、贯彻省政府有关文件精神的设想，依法《关于加快南充市旅游业发展有关问题的通知》，制定一定优惠政策，强化旅游机构职能，加强旅游行业管理，发展旅游事业。但是，南充旅游业还缺乏具体规划指导，在旅游资源的保护、开发、利用和资金投入、管理等方面还存在一些亟待解决的问题。市人大建议，市政府抓紧编制全市发展旅游“九五”计划和2010年远景目标，并列入全市国民经济和社会发展计划和2010年远景规划，统筹安排，抓紧实施。尽快成立领导机构，加强统筹协调，多渠道、多层次、多形式筹集资金，落实优惠政策，增加旅游事业投入，改善和建设旅游设施，加快旅游资源的开发步伐，强化旅游管理，推动全市旅游业快速健康发展。

市一届人大五次会议主席团交付办理的代表议案为《关于加大升钟水库淹没区扶贫开发力度的议案》，会后，由市人大农委牵头督办。市委、市政府作出《关于解决升钟水库淹没区问题的决定》（以下简称《决定》）。市政府接到议案办理通知后，市政府分管领导两次召集有关部门专题研究议案办理工作，要求市审计局对《决定》规定的资金落实情况进行专项审计调查。根据市审计局审计报告，市政府决定，全面落实政策规定，扶贫基金几种渠道要坚决落实，欠交的扶贫资金要分文不少地上交。实行部门一把手负责制，定期督查通报，市政府还对升钟水库淹没区的扶贫开发中的蚕桑工作进行安排部署。

市一届人大七次会议主席团交付办理的代表议案为《关于分步创建文化大市，促进经济和社会事业发展的议案》，会后，由市人大教科文卫委牵头督办。市政府常务副市长两次对议案办理作出批示，分管副市长先后4次召集有关部门专题研究。市政府召开市计委、市财政局、市教委等部门负责人会议，围绕创建文化大市进行认真分析论证，提出办理议案具体要求。市政府拟订分步实施“创建文化大市”的目标规划，即围绕一个中心（经济建设），认真实施两大战略（科技兴市、教育兴市），大力繁荣三大文化艺术（专业艺术、群众文化、文博事业），切实抓好四大建设（卫生、体育、城建、旅游）。为落实规划，市政府成立专门领导机构，由市长挂帅，分管副市长亲自抓，定期召开专题会议，研究解决“创建”中的具体问题。为加强对外宣传，拍摄8集电视旅游风光片《溯源三国话南充》和画册《锦乡南充》及台历等。

二、市二届人大议案办理

1999年1月至2004年3月，市二届人大代表议案共16件，市二届人大常委会按照法律规定认真处理和及时转交办理。

市二届人大一次会议主席团交付办理的代表议案有《关于妥善解决红岩子电站建成后对阆中造成的淹没问题的议案》《学校要加强中小学生法制教育的议案》《关于推动广电、电信合作，充分利用国家公网加快农村有线电视建设的议案》。会后，市人大农委牵头督办《关于妥善解决红岩子电站建成后对阆中造成的淹没问题的议案》。市人大农委提出成立协调工作组、召开协调工作会、研究解决问题方案的 3 条办理意见。市政府分管副市长召集南部、阆中两县（市）及市级有关部门负责同志召开联席会议，专题研究南部红岩子电站淹没处理的有关问题，形成《关于协调南部红岩子电站淹没处理有关问题的会议纪要》，市政府成立红岩子电站淹没处理协调工作组，市人大常委会副主任张益维任顾问，副市长赵德胜任组长，南部县庞明轩、阆中市邓火平任副组长，市级相关部门负责人为成员。制定依法、公开、公平处理，坚持群众根本利益不受损害，实事求是、友好协商、通力合作、平稳妥善的工作原则。实施步骤为：两县（市）工作小组及时制定红岩子电站淹没处置的工作方案，协调小组批准后组织实施；组织有关人员对省内同类电站淹没处理的经验进行学习，制定出符合实际的“库区淹没处理实施细则”；两县（市）政府在2000 年12 月底前完成电站淹没区淹没实物、土地等的核实确权工作，2001 年 2 月至 8 月完成淹没区的补偿工作，2001 年 8 月至 12 月搞好清理扫尾和总结工作。

市二届人大二次会议主席团交付办理的代表议案有《关于加快达成铁路、成南高速公路南充段沿线经济开发的议案》《关于建设南充市马市铺垃圾综合治理场的议案》《实施“园丁”工程，推进素质教育的议案》。

市二届人大三次会议主席团交付办理的代表议案有《关于市政府应尽快对蚕桑管理体制进行改革的议案》《关于加强升钟水利工程维修整治，确保今年春夏灌溉的议案》《关于制定相关政策加快嘉陵江南充段水能资源的开发的议案》。会后，市人大财经委牵头督办《关于市政府应尽快对蚕桑管理体制进行改革的议案》。市人大财经委提出：市政府应高度重视，认真调研，广泛听取提出议案代表、相关部门、单位和企业的意见；尽快制定出有利于促进全市蚕桑事业和丝绸工业发展的改革方案；改革方案的制定和实施应尽可能与市、县、乡机构改革结合进行的办理意见。市政府多次召开专题会议进行研究，结合南充实际，及时成立以市长吴果行挂帅、常务副市长杜光辉为副组长的蚕桑丝绸行业改革与发展领导小组，指导协调改革工作，由分管副市长蔡勇具体组织实施，市经贸委、体改办、劳动和社会保障局、公安局等部门参与，负责抓好具体工作。深入调研，本着稳定生产、稳定队伍、稳定发展的原则，制定蚕桑和丝绸体制改革的初步方案，其基本思路是：先改丝绸工业和经营企业，后改蚕桑管理体制，确保全市蚕桑丝绸行业改革平稳有序进行。大力推进丝绸工业企业的改革、改制，全市县属以下丝绸企业改革、改制基本到位；市属大中型丝绸企业改革、改制工作加速推进，取得明显成效；六合集团、丝印厂改制全面完成，南泰集团改制工作接近尾声，锦泰、阆绸、泰丰改制全面启动，年底基本完成。市人大建议，市政府针对中国已经入世新情况，采取切实有效应对措施，继续完善落实蚕桑体制改革方案，并尽快付诸实施。市人大农委牵头督办《关于加强升钟水利工程维修整治，确保今年春夏灌溉的议案》。市人大农委提出：组织力量普查情况，制定维修整治计划；突出重点维修整治，保证当年春夏灌溉；多方筹措资金，解决维修资金不足；探索用水管理机制，解决水费拖欠问题的办理意见。市政府高度重视，多次组织市水电局、升钟水库管理局等单位实地踏勘，现场办公，对 193 公里的干、支渠段进行逐一探勘检查，找准问题，摸清原因，制定出初步整治维修方案，按照轻重缓急原则，拟定出 2001 年至 2005 年维修实施计划；按照有关规范和技术要求，千方百计组织 525 万多元资金对毁坏、渗漏严重、隐患重大的干支渠主要地段提前进行彻底整治维修，共维修、改造、整治渠道68处，确保2001年春夏灌溉期间渠道的正常运行，实现2001年2月至8月历时162天的不间断放水，共放水2.7亿立方米，基本保证灌区灌溉用水和人民生活用水。组织市水利局、财政局、人事局等部门和单位进行多次研究，草拟《升钟水利工程管理体制改革意见》，从渠系、用水、人事管理体制和水费收缴体制等方面进行改革，解决工程管护难、协调用水难、水费收缴难、节水扩灌难等根本性的问题。市人大建议，市政府对由于管理体制和水费拖欠等问题仍未得到根本解决、2001年放水后新出现的升钟水利工程毁损无力维修问题，要认真予以解决。市人大城环资委牵头督办《关于制定相关政策加快嘉陵江南充段水能资源的开发的议案》。在办理过程中，市人大城环资委多次与政府相关部门联系，了解议案办理情况，加强跟踪督办。市政府高度重视，把加快嘉陵江南充段梯级航电工程开发纳入重要议程，成立南充市嘉陵江梯级航电工程开发领导小组，市长吴果行任组长，副市长赵德胜任常务副组长，下设办公室，具体抓好嘉陵江南充段水能资源的开发工作。组织有关部门、专家和技术人员，依据有关法律法规，技术规范和国务院、省政府的有关文件规定，结合南充实际情况，进行深入调查，广泛听取意见，反复讨论修改，先后八易其稿，制定《关于加快嘉陵江干流南充段航电工程建设若干政策的决定》，对建设投资、征地拆迁、安置补偿，包括计算标准、土地补偿、林木补偿、建（构）筑物、附着物补偿办法以及税费优惠，服务保障措施等方面，都作出明确规定。

市二届人大四次会议主席团交付办理的代表议案有《关于制定相关政策关心弱势群众，切实做到符合低保条件的特困职工应保尽保的议案》《关于加大市级环城绿化建设力度的议案》《关于制定强制性文件、立即规范“音像”“网吧”“电子游戏厅”等文化市场的议案》《关于对市辖三区工业区加强统一规划的议案》。会后，市人大法制委牵头督办《关于制定相关政策关心弱势群众，切实做到符合低保条件的特困职工应保尽保的议案》。市政府先后组织各县（市、区）政府和民政、财政、劳动保障等部门就低保工作召开5次专题会议，周密部署，深入调查研究，组织交叉检查，解决实际问题8次，把低保工作作为实践“三个代表”重要思想的具体体现和依法行政的重要内容，纳入工作目标考核，明确提出，2002年6月30日前将符合低保条件的城市贫困居民全部纳入低保范围，做到应保尽保。市人民政府印发《关于进一步做好城市居民最低生活保障工作的通知》，就建立低保工作目标责任制、加大工作力度、不搞虚拟收入、加快信息网点建设、落实帮扶政策等5个具体问题作出规定。具体工作中，积极筹措资金，加大财政投入；严格审批程序，公开、公正、透明；充实健全队伍，加强基层工作；健全发放制度，完善发放手续。从2002年10月底市上组织的交叉检查情况看，地方资金基本落实，保障对象达136129人，其中在职职工5400人，下岗职工47504人，离退休人员2928人，失业人员40334人，“三无”人员5189人，其他人员34774人，发放低保资金2825.1万元，月人均补差35.51元，基本做到对象准确，应保尽保，发放比较及时，手续较为完善，社会效果较好。市人大建议，市政府应进一步重视低保工作，加大市县两级财政的投入，强化对低保资金的监督管理，加强对低保享受对象的动态管理，不符合低保条件的，应坚决取消，应保未保的及时纳入。市人大农委牵头督办《关于加大市级环城绿化建设力度的议案》。市人大农委召集市政府办、市林业局负责人研究议案办理具体措施，先后两次实地调查、听取汇报、督促加快办理进度。市委、市政府联合出文，对市环城绿化领导小组进行调整充实，强化责任领导，召开环城绿化工作动员会，在《南充日报》和南充电台、电视台等新闻媒体开展“环城绿化回头看”专题宣传活动。市环城绿化领导小组办公室编制《2002年南充市环城绿化工程规划设计实施方案》，规划落实环城绿化的范围和面积，集中安排三区6个乡镇造林1万亩。市财政集中安排323万元资金用于环城绿化建设，区、乡财政也筹集189万元资金投入环城绿化工程。采取定乡镇、定山头、定责任的办法，将目标任务层层落实，在种苗供给方面，实行“谁供苗、谁栽植、谁保成活”的约束机制，保证进度和质量。坚持走环城绿化与义务植树、退耕还林、业主开发三结合的路子，利用国家法律和优惠政策，调动社会各方力量参与三区环城造林绿化，全年共整地打窝146636个，完成绿化栽植10050亩。市人大教科文卫委牵头督办《关于制定强制性文件、立即规范“音像”“网吧”“电子游戏厅”等文化市场的议案》。市政府责成市文化局、市公安局、市信产办、市工商局等相关部门进行认真研究并及时办理。规范音像市场，打击盗版，市文化局印发《关于进一步整改和规范音像市场的通知》，对音像制品经营单位的进货渠道、标准、商家承诺制、举报公示制等都作出明确规定，对全市音像制品单位进行清理整顿，重新换发经营许可证。整顿游戏厅，取缔无证经营，市文化局下发《关于大力整改电子游戏厅经营场所的通知》，对经营场所提出具体要求，公布审核合格的电子游戏厅名单，取缔无证的游戏厅，由原来的120多家减到37家。专项整治网吧，查处违规行为，市文化局、市公安局、市信产办、市工商局联合印发《关于对全市“网吧”等互联网上网服务营业场所进行专项治理的通知》，经集中整治，共处罚违规经营网吧100多家，取缔“黑网吧”1家，强制搬迁距离中小学200米内的网吧42家。市人大建议，市政府要进一步加大对《互联网上网服务营业场所管理条例》的宣传，继续加强文化市场特别是营业性网吧的管理，巩固和发展整治成果。市人大城环资委牵头督办《关于对市辖三区工业区加强统一规划的议案》。市政府大力实施“工业兴市和经营城市”战略，完善城市功能布局，结合南充市城市第六次总体规划修编，对市辖三区工业区进行统一规划。明确规划工业园区的原则，在城市下风下水地段集中布局，从城市功能上合理划分生产、生活用地，减少基础设施的重复建设和投入，实现资源共享；在城市主导风下风向和嘉陵江城区段下游，集中安排二、三类污染工业项目，高坪片区都京镇可提供用地1平方公里，嘉陵片区跃目坝，文峰镇可提供用地4.5平方公里；利用绕城高速公路和总体规划的小龙物流园，选择部分与居民区相邻区域安排一类工业用地，如嘉陵片区都尉坝，可提供用地1平方公里。市人大建议，市政府要加快工业园区详细规划的编制，制定工业园区建设的配套政策，创新工业园区管理、建设的新机制，积极招商引资，加快建设，为南充经济新跨越和工业兴市做出贡献。市二届人大六次会议主席团交付办理的代表议案有《关于加快建立绿色蔬菜基地的议案》《关于要求调整我市机关公务员和退休人员医疗补助标准议案》《关于市上应增加顺庆教育投入的议案》。会后，市人大农委牵头督办《关于加快建立绿色蔬菜基地的议案》。在议案办理过程中，市人大农委专门召集市农业局、市蔬菜办负责人研究议案办理的具体措施，并到三区就蔬菜业的发展情况进行认真调查，形成报告报市人大常委会主任会议。市人大常委会办公室根据调查情况向市政府发出《关于督办加快建立绿色蔬菜基地议案中发现的几个问题的通知》《关于报送加快建立绿色蔬菜基地议案办理的通知》，督促加快办理进度，取得实质效果。该议案转市政府后，市政府责成市农业局、市蔬菜办等部门和单位认真研究，尽快提出解决方案，调查无公害蔬菜基地发展情况，形成《市辖三区蔬菜生产及市场的有关情况调查汇报》《关于南充市无公害蔬菜基地情况的调查汇报》，摸清蔬菜生产及城市供应、专用菜地被占用及新菜地开发建设基金收缴、全市无公害蔬菜基地建设等基本情况，提出加快无公害蔬菜基地发展的建议。出台《关于加快无公害蔬菜发展的意见》，全市建立无公害蔬菜基地面积5.48万亩。就多渠道解决好无公害蔬菜资金投入、搞好无公害蔬菜基地建设、高规格建好南充无公害农产品检测体系、逐步实行蔬菜市场绿色准入制度、抓好无公害蔬菜标准化生产、市、县（区）分别成立“菜篮子”工作领导小组、抓紧做好当前工作等进行专题研究，达成共识。明确资金投入的主要渠道，市国土、市财政要加大菜田基金的收取力度，凡占用专业菜地缴纳的新菜地开发建设资金，均专款用于无公害蔬菜基地建设和解决主管部门建基地、办培训、引良种、抓示范等工作经费。市政府决定将市区蔬菜办必需的工作经费纳入同级财政预算，每年在农业专项投入中安排一定数量经费支持发展无公害蔬菜。建立南充市无公害农产品检验监测中心，检测中心设在市农科所，并落实办公条件。省财政拨专项资金 87 万元、市政府决定从菜田基金、新增农业投入资金中解决专款 100 万元，主要用于购置检测设备，对蔬菜基地农户进行技术培训。检测中心在 2004 年上半年全面启动。市人大建议，市政府要采取强有力措施，全面完成无公害蔬菜基地建设的目标任务。市人大财经委牵头督办《关于要求调整我市机关公务员和退休人员医疗补助标准议案》。市政府及其相关部门在办理中，广泛地听取各方面的意见，并做有针对性的调查研究，认真分析南充市与达州市、内江市的医疗补助政策的差异，为完善南充市医疗补助政策提供参考依据。对比分析认为：南充市机关公务员和退休人员享受按工资（或退休费）2% 的门诊医疗补助，年补助额为 160 元至 380 元；而达州市、内江市一律不给门诊医疗补助，南充市优于达州、内江两市。南充市和内江市住院补助未设起补标准，达州市设有起补标准，即住院医疗费超过一个半月工资（或退休费）才能得到机关公务员和退休人员医疗补助，南充市宽于达州市。南充市和达州市住院补助未设最高补助限额，内江市规定年累计住院补助不超过 5 万元，南充市宽于内江市。南充市机关公务员和退休人员医疗补助没有在职和退休的区别，住院一律按 50% 补助。达州市和内江市均体现在职与退休的区别，内江市还向机关退休人员进行政策倾斜，这是南充市原有政策的不足。南充市机关公务员和退休人员医疗补助政策与达州市、内江市相比各有特点，在省内各市（州）居中上水平，但在向机关退休人员医疗补助政策倾斜上做得不够。在广泛征求意见和分析的基础上，合理调整南充市医疗补助政策。市政府在充分考察市本级财政负担及机关公务员和退休人员基金承受能力的基础上，经过详细测算，印发《关于调整市本级国家公务员医疗补助标准的通知》，明确适当调高机关公务员和退休人员医疗补助标准，适当向退休人员倾斜的政策。规定凡符合公务员住院医疗补助范围的住院费用，退休人员按 80% 报销，在职职工按 60% 报销。机关退休人员在原基础上提高 30% 的报销比例，在职职工提高 10% 的报销比例。市人大认为，市本级医疗补助政策调整既考虑市本级财政和国家机关工作人员及退休人员的承受能力，又在一定程度上缓解议案中集中反映的客观矛盾，是实事求是的。市人大教科文卫委牵头督办《关于市上应增加顺庆教育投入的议案》。市政府重视该议案办理，分管副市长及时作出办理批示，市政府领导先后五次到 10 多所中小学座谈，从教育经费投入、教育安全整顿、中小学危房改造，布局结构调整等方面，广泛听取意见进行认真分析，提出均衡发展教育的整体思路。安排资金向顺庆区重点倾斜。市政府在安排市级收取的城市教育费附加时，安排用于顺庆城区教育 594 万元，占应分配 770 万元的 77%。针对顺庆城区学校危房改造现状，市政府组织市级单位专项捐赠 50 多万元，对顺庆区教育发展给予积极支持。针对办学条件不足的矛盾，市政府制定一系列政策调控措施，加快南高嘉陵新校区建设，大力促进民办教育发展，有效地缓解顺庆城区入学难和大班的突出问题。按照国务院要求，市政府进一步完善经费保障机制随着财力增加，逐步加大对顺庆区教育投入，并争取更多转移支付用于教育发展。市人大建议，市政府继续加强对教育工作领导，积极向中央和省上争取教育资金，确保教育投入，从根本上改善当前顺庆城区办学条件。

三、市三届人大议案办理

2004 年 3 月至 2008 年 5 月，市三届人大代表议案共 7 件，市三届人大常委会按照法律规定认真处理和及时转交办理。

市三届人大一次会议主席团交付办理的代表议案有《关于调整布局结构，整合优化基础教育资源，促进南充市城区经济、社会事业协调发展的议案》《关于加强农村基层卫生组织建设的议案》。会后，市人大教科文卫委牵头督办《关于调整布局结构，整合优化基础教育资源，促进南充市城区经济、社会事业协调发展的议案》。市政府高度重视，专题调研，积极推动，调整城区学校布局，解决读书难问题。根据南充市未来20年城市发展规划，责成市教育局草拟城市基础教育发展规划，规划未来5年市辖三区基础教育将投资1.8亿元，新建初中、小学、幼儿园7所，改扩建高中、初中、小学8所。为解决西门坝、西山一带儿童读书难问题，对新建西山小学所需的建校资金、校址进行研究落实。为解决市政新区发展配套，新建1所九年一贯制学校，征地100亩，投资2700万元，2005年3月动工，建成后将解决3000名小学、初中学生读书问题。采取有力措施，加快农村教育和民办教育发展。2004年，市政府先后制订《关于加快发展民办教育的决定》《关于进一步加强农村教育的决定》，着力提高民办教育和农村教育的规模和水平。强化政府责任，实现办学多元化。市政府采取拨、征、捐、贷、引、争、减等办法，加大对教育经费投入。抓住发展高中教育前所未有大好机遇，以扩大优质高中教育为重点，积极发展高中教育。争取一中、六中、十中、白塔中学、高坪中学、嘉陵中学尽快跨入国家级、省级示范高中行列。市人大建议，市政府进一步加强领导，科学实施南充市城市基础教育发展规划，认真落实加强农村教育和加快发展民办教育的两个决定，务求实效。市人大教科文卫委牵头督办《关于加强农村基层卫生组织建设的议案》。在议案办理过程中，市人大教科文卫委专题研究议案办理具体方案；组织人员对部分县（市、区）农村基层卫生组织建设进行调研，召开全市人大农村卫生工作座谈会，专题研究农村基层卫生组织建设问题，并向市委写出专题调研报告，市委转发到各县（市、区）委及市级相关部门。市政府完成建制乡镇卫生院上划管理工作。2003年年底，市委、市政府印发《关于加强农村卫生工作的实施意见》《关于农村卫生机构改革与管理的实施意见》，坚持乡镇卫生院以政府举办为主的原则，将全市原532所乡镇卫生院进行清理、整顿，撤并为481所建制乡镇卫生院。落实乡镇卫生院人员编制，将乡镇卫生院从事公共卫生工作的人员编制核定为全额拨款的事业单位人员编制，将从事基本医疗服务人员核定为自收自支或财政定额专项补助人员编制，全市共核定落实乡镇卫生院人员编制4616个，其中公共卫生人员编制1284人，院均2.7人，基本医疗服务人员编制332人，院均6.9人，基本到达省上要求。加大农村卫生投入力度，落实农村卫生经费1421.36万元，主要为全市1284名公共卫生人员的人头经费，年人均约0.9万元。农村卫生工作经费由市、县两级财政实行定额、定项预算安排，并随着经济增长和财政收入增加，调整财政支出结构，加大对农村卫生投入力度，从经费上保障农村基层卫生工作有序开展。加强农村基层卫生组织建设，争取国、省投入576万元，改善乡镇卫生院基础设施条件。初步建立离退休人员养老保险制度，481个建制乡镇卫生院共有离退休人员1942人，其中1473人参加社会养老保险，参保面为75.85%。市人大建议，市政府要进一步抓好农村卫生工作，真正让农民少生病、看得起病、看得好病，全面提高农民健康水平。

市三届人大二次会议主席团交付办理的代表议案有《关于进一步加强和改进土地管理工作的议案》，会后，由市人大城环资委牵头督办。在办理议案过程中，市人大城环资委多次到市政府和市国土管理部门了解办理情况，专题听取市国土局办理议案工作情况汇报。市政府成立由分管副市长挂帅，市国土局组成的议案办理工作组，组织市国土局中层以上干部就代表提出的问题进行认真分析，结合工作实际，将需要加强和改进的问题归纳为：严格土地用途管理、维护征地农民利益，规范土地交易行为、严格土地出让金管理，加大执法监督、建立制度措施等7个方面，对7个方面问题重点加以完善和改进。全市总面积1.25万平方公里，已利用农用地10429平方公里。其中，耕地4485平方公里（基本农田39.77万公顷），林地3106平方公里，园地、牧草地及其他农用地2838平方公里；建设用地 1347 平方公里；未利用地 706 平方公里。人口密度 581 人/平方公里，人均耕地占有量 0. 74 亩，低于联合国粮农组织确定的人均 0. 8 亩耕地的警戒线。1999 年新修订的《中华人民共和国土地管理法》实施后，全市报经省政府批准实际征用土地 54235. 2 亩。其中耕地 38403 亩，安置被征地农民 100933 人，其中一次性货币安置的 86930 人，按月发生活费供养的 14003 人，已支付安置补偿各项费用 9. 13 亿元。市本级（含市属重点项目）报经省政府批准实际征用土地 16599. 9 亩，其中耕地 11708. 1 亩，安置被征地农民 30921 人，其中一次性货币安置 27391 人，按月发生活费供养的 3530 人，已支付安置补偿各项费用 3. 29 亿元。全市共征地拆迁农民房屋 232. 86 万平方米，修建和尚未还房的有 98. 41 万平方米。针对贯彻《中华人民共和国土地管理法》过程中存在的执行用地政策不严，征地安置补偿不到位，土地交易行为不规范，擅自减免土地出让金等问题，市政府在多方面听取意见，反复分析论证基础上，形成并出台《关于进一步加强土地管理规范土地市场的决定》，就加强土地集中统一管理，严格土地用途管制，保护耕地和基本农田，征地安置补偿，土地出让，土地交易，土地执法监察等方面做出完善和具有操作性的规定，从办事程序和办事制度上进一步规范各级政府和有关部门依法强化土地资源管理的工作行为。

市三届人大三次会议主席团交付办理的代表议案有《关于加强嘉陵江流域（南充段）水资源保护的议案》《关于加强农村村道公路建设及维护的议案》《关于整合职教资源培养技能型人才的议案》。会后，市人大城环资委牵头督办《关于加强嘉陵江流域（南充段）水资源保护的议案》。市政府成立议案办理调研小组，对嘉陵江流域（南充段）水环境保护工作进行充分调研论证，开展水环境容量测算，划定饮用水资源保护区，重点实施对工业污染、生活污染、农村面源污染、特别是规模养殖污染防治。市政府把嘉陵江流域南充段水环境保护工作纳入工作规划，强化对污染的防治，确定具体工作目标。全市 92 家重点污染源企业，3 年内实现全面治理达标，开展 20 个重点乡镇生活污水和生活垃圾合理化处理等，至 2015 年嘉陵江水环境质量得到有效控制，全面达到国家三类水标准。市政府印发《关于进一步加强嘉陵江流域（南充段）水污染防治工作的决定》，决定对嘉陵江流域南充段水污染防治的组织领导、工作目标、工作步骤、政策措施、资金保障、责任考核等进行细化和分解，投入治理资金 3000 多万元，全面开展 6 条小流域污染治理工作，局部治理初见成效。市人大农委牵头督办《关于加强农村村道公路建设及维护的议案》。市政府将村道建设纳入重要议事日程，成立村道建设领导小组，制定村道建设发展目标，将村道建设列入全市“十一五”发展规划，制定年度建设目标，落实建设任务，明确各级政府责任。2006 年新建村道公路 520 公里，改建村道 460 公里，超额完成全年目标任务。市政府创新投入机制，形成以国家投入作引导，群众投入为主体，社会投入为补充的多元化村道建设投入机制。完成投入 10212 万元。严格村道建设规范管理，坚持抓点示范，创新工作机制，成功探索村道建设“决策、立项、建设、监督”建管新路子。市农机局印发《关于加强村社道路养护的通知》，村道路养护办法得到完善。市人大教科文卫委牵头督办《关于整合职教资源培养技能型人才的议案》。市政府加大对发展职业教育宣传力度，统一各部门思想认识，建立职业教育联席会议制度，及时解决职业教育中重大问题，成立领导机构，完善机制，确保职教工作有人抓，责任落实，措施到位。市政府制定南充市职业教育“十一五”规划，规划“十一五”期间建设国家级重点中职 5 所，省级重点中职 12 所，市级重点中职 15 所，实训基地 10 个，合格县级职教中心 9 个。建成 10 个省级重点专业，30 个市级重点专业，重点建设 3 个至 5 个涉农专业。市本级投入 90 万元用于职业教育，各类中等职业学校投入 5000 万元改善办公条件。大力推进教育资源合理配置，使资源向优势职业学校集中，积极筹建市级职教集团，实现学校之间优势互补，资源共享，共同发展。积极筹建现代制造、计算机应用与软件设计、电子电器、丝纺服装、旅游服务和高级护理等6个市级职教集团。

市三届人大四次会议主席团交付办理的代表议案有《关于高度重视妇女儿童事业发展的议案》，会后，由市人大内司委牵头督办。市人大内司委和提议案的2名人大代表，分别到蓬安县和市教育局、公安局、劳动保障局、卫生局抽查议案办理情况，扎实推进办理工作。市政府高度重视议案办理工作，分管领导及时就议案办理工作作出批示，先后4次召集各县（市、区）分管领导和市妇女儿童工委成员单位负责人会议，部署相关工作，研究解决妇女儿童事业发展的具体问题，重点做到“五个纳入”，即把妇女儿童事业发展目标纳入全面建设小康社会总体要求，纳入“三个文明”建设，纳入政府工作重要议事日程，纳入部门职责范围和同级财政预算，纳入公共事业发展和公共政策。南充市妇女儿童工作形成领导高度重视、相关部门齐抓共管、社会各界关心支持的良好局面。“十大惠民行动”惠及全市30多万妇女儿童。参加创业、就业和再就业培训的女性约占参培总人数的44%，全市有就业能力和就业愿望的女性91%实现就业；拨付惠民帮扶中心建设资金20万元；争取有关项目资金近1000万元；帮助仪陇县、升钟水库淹没区等地200名贫困女大学生入学，3000多名贫困女童返回校园；免费为43.7万名学生提供金额为4230万元的教科书，为93.6万名学生免杂费9960万元。小学学龄儿童净入学率达98.96%，初中学生入学率95.05%，残疾儿童接受义务教育普及率达85%以上，小学、初中、高中女教师学历达标率分别为98%，92.5%，60%；为10万名妇女免费普查妇科疾病，援助5000名贫困妇女实施各类妇科手术；孕产妇死亡率、新生儿死亡率、婴儿死亡率、5岁以下儿童死亡率、孕产妇住院分娩率、儿童计划免疫“四苗”接种率均实现规定目标。市人大建议，市政府要将妇女儿童事业发展规划纳入经济和社会发展计划，进一步强化对妇女儿童事业发展的领导，继续加大妇女儿童权益保障法律法规的宣传、执行力度，将妇女儿童工作纳入各县（市、区）和市妇儿工委成员单位的目标考核，积极建议和推动有关方面按规定配齐妇女领导干部和依法按比例推荐女性人大代表，继续增加财政投入，落实妇儿工委办的专项工作经费，通过更加扎实有效的工作，如期、全面实现“两纲”所确定的南充市妇女儿童事业发展目标。

四、市四届人大议案办理

2008年6月至2012年1月，市四届人大代表议案共9件，市四届人大常委会按照法律规定认真处理和及时转交办理。

市四届人大一次会议主席团交付办理的代表议案有《关于切实解决农村土地撂荒的议案》，会后，由市人大农委牵头督办。市人大农委提出对农村土地撂荒情况加强调查，提出建议，督促加快办理进度，取得实质效果。通过调查，摸清全市农村土地撂荒基本情况，全市耕地撂荒面积约81.8万亩，占耕地面积447万亩的18.3%。开展推动土地流转专题调研，形成《关于南充农村土地流转情况的调查报告》，推进农村土地承包经营权规范有序流转。加强农业基础设施建设，2008年，全市投入18亿元开展农田水利基本建设，新建各类饮水工程4.75万处，推广23种农用机具5000余台（套）。起草《关于创新机制，加快推进农村土地承包经营权流转的意见》，强化强农惠农政策兑现落实。市人大建议，市政府尽快出台有关解决农村土地撂荒的规范性文件，加大管理力度，完善配套机制，创新工作举措，强化管理责任，继续做好复耕复种和土地流转工作。

市四届人大二次会议主席团交付办理的代表议案有《关于加强我市西河污染治理为主的环境保护的议案》《推进农业机械化，促进现代农业发展的议案》。会后，市人大城环资委牵头督办《关于加强我市西河污染治理为主的环境保护的议案》。市政府把农村面源污染治理提高到与经济社会同步发展的重要地位，切实加强领导，完善工作规划，强化投入保障，夯实基础设施，加大执法监管，深化宣传教育，全市农村环保工作取得明显成效。环保基础设施建设加快，近三年投入近3亿元整治城镇小流域污染，120多个乡镇新建简易垃圾填埋场，20多个乡镇生活污水进行简易处理。2007年，全面完成农村饮用水源保护专项行动，督促整改乡镇生活垃圾，生活废水污染问题。农业面源污染防治有力。2009年全面实施病虫害综合防治技术，推广生物防控技术，推广高效低毒农药，免耕覆盖沃土技术，秸秆还田等，创造“科学规划、以种定养、干稀分流、生化处置、综合利用、控制污染”的畜禽养殖污染治理“南充模式”。全市按照“科学规划、民生优先、政府主导、社会参与、重点突破、整体推进”原则，大力开展城乡环境综合治理，以“农业面源污染防治”为工作切入点，清理农村垃圾、污水，推进“一池三改”，全面启动19个省级“千村示范村”规划编制和人居环境治理，全面实施天保工程和嘉陵江100万亩速丰林建设工程。全市建成沼气池25万口，建成环境优美乡镇12个，文明生态村23个，生态家园203个，农村生态园10个，农村环境明显改善。

市四届人大三次会议主席团交付办理的代表议案有《关于支持农民工返乡创业的议案》《关于围绕龙头企业发展培育壮大特色产业基地的议案》《关于加大政府投入是公立医院坚持其公益性质的保障的议案》《关于加强市区交通管理解决市民乘车出行难的议案》。会后，市人大财经委牵头督办《关于支持农民工返乡创业的议案》，市人大财经委会同市人大农委提出办理意见。在议案办理过程中，市人大财经委对农民工返乡创业情况进行认真调查，提出建议、加强督促。市政府高度重视办理工作，多次专题研究解决有关具体问题，狠抓办理落实工作，积极从资金、项目、技术、服务等方面加大政策支持力度，取得实质效果。2010年，全市投资10万元以上的返乡创业农民工2500余人，兴办项目1350个，总计投资超过6亿元。返乡创业农民工通过创办产业园区、组建专合组织等，带动23万农户近100万农民参与新农村建设，促进农业发展。在各级政府的鼓励和支持下，全市农民工返乡创业呈现出人数多、效益好、示范带动作用强的良好势头。市人大建议市政府要把农民工返乡创业工作纳入“十二五”规划，不断完善政策体系，强化服务保障，形成常抓不懈、持续推动发展的工作格局，努力把返乡创业农民工发展成为全市社会主义新农村建设的骨干力量。市人大农委牵头督办《关于围绕龙头企业发展培育壮大特色产业基地的议案》，市人大农委加强办理情况调查，提出办理建议，强化跟踪督办，确保办理效果。市政府强化组织领导，印发《关于培育壮大特色产业推动农业农村工作上新台阶的意见》，提出发展目标、工作重点和保障措施。围绕龙头企业发展需要，按照“一县一主业、一区域一品种”总体思路，制定特色产业工程总体规划和县（市、区）区域规划。市政府常务会议决定从2010年至2012年，每年安排资金1000万元，建立菜田建设基金，激励引导三区、西充县加快推进城郊专业蔬菜基地建设。将特色产业基地建设年度目标考核评比的重要内容作为重点督办事项，大力推进五大特色产业基地建设（百万担蚕茧、百万吨柑橘、百万亩速丰林、百万吨优质粮油、千万头生猪），特色产业基地建设呈现规模化、标准化、一体化发展态势。市人大建议，市政府要充分把握新一轮发展机遇，进一步整合各类资源，优化要素配置，加快推进特色产业基地建设，确保龙头企业快速扩张、农民持续增收。市人大教科文卫委牵头督办《关于加大政府投入是公立医院坚持其公益性质的保障的议案》。市人大教科文卫委加大督办力度，确保办理实效。市政府责成相关职能部门认真贯彻落实中央、省委深化医药卫生体制改革意见，以公立医院改革试点为契机，高度重视议案办理工作。制定《南充市公立医院改革试点工作方案》，明确改革目标任务，提出完善公立医院服务体系、创新公立医院管理体制、将公立医院运行资金由服务收费、药品加成收入和政府补助三个渠道改为服务收费和政府补助两个渠道，不断加大政府对公立医院的投入力度。2010年，市本级对公立医院的投入达

4577.74 万元，比 2009 年增长 98.7%。合理控制医院医药总费用、次均费用，加强医疗服务质量监管，规范服务流程，积极探索按病种付费、总额预付等方式，力争 3 年至 5 年内 50 个病种推行按病种付费的支付方式。市人大建议，市政府进一步加强对公立医院改革的领导，科学实施改革方案，搞好监督管理，使全市的公立医院改革步入良性循环轨道。市人大城环资委牵头督办《关于加强市区交通管理解决市民乘车出行难的议案》。市人大城环资委对市区拥堵问题多次开展调研和督办，组织领衔代表和部分代表对议案办理情况进行视察，听取市政府及相关部门汇报，对议案办理表示满意。市政府科学编制城市交通综合规划，及时委托上海市政设计研究总院编制《南充市城市综合交通规划》《核心城区骨干路网改善规划》《道路交叉口节点改善规划》等系列规划，提出城市综合交通规划总体思路。加快城市交通基础设施建设，2010 年，对育英路、胜利路等 11 处城区道路卡口堵头进行改造；投资 3000 余万元，在滨江大道、涪江路等重点路段建 9 座人行天桥。成功关闭滨江车站，顺利启动投资 4600 万元的马市铺车站。加强城市交通综合管理，安排警力实行定岗、定位、定责，对学校、商场、十字路口等部位和职工上下班、学生上学、放学等拥堵高发时段进行管控，在部分区域试行交通信号绿波带。加强路面交通整治，狠抓交通法规宣传教育，经常开展驾驶员交通法规及交通安全知识培训，交通运输从业人员整体素质得到不断提升。

市四届人大四次会议主席团交付办理的代表议案有《关于加快学前教育发展的议案》《关于加快城市公共交通事业发展的议案》。市人大教科文卫委牵头督办《关于加快学前教育发展的议案》。市人大常委会领导带领教科文卫委和部分常委会委员到有关县（市、区）开展学前教育专题调研。市人大教科文卫委对议案办理意见的落实情况进行跟踪督办。市政府把学前教育作为“一把手工程”纳入市政府目标管理，层层签订责任书，明确目标，落实责任。启动实施学前教育三年行动计划，印发《南充市人民政府关于加快学前教育改革与发展的意见》，对各县（市、区）学前教育发展规划、经费投入、师资队伍建设、教学质量提升等方面进行总体安排部署，并制定今后五年全市学前教育发展规划。采取市、县两级财政逐年增加预算、筹措社会资金予以补充等方式，逐步加大学前教育经费投入。着眼根本，打造高素质幼教师资队伍，充实幼儿教师队伍，加强幼师教育培养，严格教师资格准入关。责成县级教育行政部门负责审批各类幼儿园，严把准入关，对未取得办园许可、未办理登记注册手续的幼儿园一律依法予以取缔。市、县两级政府和有关部门按照“政府主导、社会参与、公办民办并举”的指导原则，逐步理顺公办幼儿园管理体制。市人大城环资委牵头督办《关于加快城市公共交通事业发展的议案》。市人大城环资委委托市审计局就公交公司运营情况进行审计，对公交基础设施现状以及市区拥堵问题多次开展调研，组织领衔和部分附议代表进行视察，听取市政府和相关部门汇报，确保议案办理效果。市政府科学编制城市公交规划，市规划局委托上海市政设计研究总院编制完成《南充市城市综合交通规划》，坚持公交优先理念，统筹考虑线网分布、站场布局、用地规模等因素，优化营运结构。加快公交基础设施建设。市公交公司在嘉陵工业园区征地 35 亩，用于建设公交保修基地，采取融资租赁方式共投入近 4000 万元，采购公交车 75 辆，其中 54 辆为 12 米新型公交车，分别投入 3 路、22 路运营，提升城市形象，市民出行舒适度不断提高。市政府给予公交公司专项购车补贴 1000 万元，调整线路 4 条，市区到龙门新开通 35 路公交车，城乡客运一体化逐步推进，社会反响良好。市人大建议，市政府在大力发展城市经济的同时，高度重视城市公交事业发展，全面落实各项政策措施，建立健全长效投入机制，对存在的困难和问题逐步加以解决，实现城市公交事业与城市经济社会协调同步发展。

五、市五届人大议案办理

2012 年 2 月至 2017 年 1 月，市五届人大代表议案共 12 件，市五届人大常委会按照法律规定认真处理和及时转交办理。

市五届人大一次会议主席团交付办理的代表议案有《关于制定南充市非物质文化遗产保护办法的议案》《关于加快区域卫生信息化建设早日实现卫生信息资源实用共享的议案》《关于做好保障性住房管理和分配的议案》《关于打造西河生态旅游景观长廊的议案》。会后，市人大内司委牵头督办《关于制定南充市非物质文化遗产保护办法的议案》。市人大内司委提出“高度重视，组织由文化主管部门牵头的专门力量，落实专项经费，加强调研，起草符合南充实际的非物质文化遗产保护办法”办理意见。市文广体局承担《南充市非物质文化遗产保护办法》起草任务，形成《南充市非物质文化遗产保护办法（试行）》送审稿。市政府召集文化、发改、财政等部门对《南充市非物质文化遗产保护办法（试行）》送审稿进行修改完善，提请市政府常务会议审议通过《南充市非物质文化遗产保护办法（试行）》，明确非物质文化遗产保护工作主体及职能职责，确立非物质文化遗产保护具体措施，规范保护基础上的开发利用，《南充市非物质文化遗产保护办法（试行）》从 2013 年 3 月 1 日起施行。市人大教科文卫委牵头督办《关于加快区域卫生信息化建设早日实现卫生信息资源实用共享的议案》。市人大教科文卫委提出“完善机制，加强监督；加大投入，强化保障；完善网络，强化应用”办理意见。市政府将卫生信息化建设作为 2012 年全市医药卫生体制改革的重点工作之一，纳入对县（市、区）医药卫生体制改革创新工作重要考核内容和对市卫生局年度绩效管理工作目标考核；印发《南充市卫生信息化发展规划（2010—2015）》《南充市区域卫生信息化建设实施方案》《南充市信息化建设管理办法》《南充市公立医院信息化建设方案》《数字化医院评估验收标准》，筹集资金 1. 28 亿元保障卫生信息化建设投入；遵循“统一规划、分步实施、统一标准、分级负责”和“先易后难”原则，启动市、县区域信息平台建设，全面实施“数字化医院和预约就诊信息系统”建设，启动“一网一卡”建设，基本形成卫生信息化网络框架。市人大城环资委牵头督办《关于做好保障性住房管理和分配的议案》。市人大城环资委就保障房管理和分配工作情况开展多次调研，并组织领衔和部分附议代表进行视察，听取市政府和相关部门汇报，促进议案加快办理。市政府印发《廉租住房管理办法》《经济适用住房管理办法》《南充市公共租赁住房管理暂行办法》，对廉租住房、经济适用住房、公共租赁住房保障对象收入标准、住房标准、户口限制等准入条件作出明确规定；按照群众申报、社区街道初审、部门联审、纪检监察部门监督、县（市、区）住房保障部门审批、张榜公布等程序，对申请廉租住房和经济适用住房家庭的住房和收入情况进行全面了解和审核；保障性住房年度建设计划、分配政策、分配对象、分配房源、分配程序、分配结果、退出情况等信息，由各县（市、区）政府通过当地政府网站、住房保障部门门户网站等进行公布。对每个具体项目建设计划、工程进度、建设标准等情况在建设现场进行公示；在分配上，坚持阳光操作，做到房源、保障对象、分配结果“三公开”，采取公开摇号等方式确定保障顺序，自觉接受社会和群众监督。对符合保障条件的，严格按照轮候顺序分配安置，对无房户和老弱病残等特殊困难家庭优先予以安置。市人大民宗外侨委牵头督办《关于打造西河生态旅游景观长廊的议案》。市人大民宗外侨委加强西河生态旅游景观长廊打造情况调研，提出针对性建议，督促加快办理进度。市政府印发《关于印发〈2012 年西充河流域污染综合治理工作方案〉的通知》，对西河流域污染综合治理各项任务进行全面安排部署，明确治理工作总体目标、进度要求和责任单位。启动西河生态旅游景观长廊打造总体方案设计。建成主城区栋梁路污水提升泵站，完成西河桥至玉带路铁路桥段排污口整治工程建设和西充县污水处理二期工程主体施工，治理关闭顺庆主城区排污口114个，整治西河东岸靠主城区排污口16个，新建防洪河堤8.3公里。在西充段设立禁养区、限养区，关闭养殖场16家，整治达标12家，龙兴公司养殖废水基本实现“零排放”；在西充段建5个标准化屠宰场，其余屠宰场一律取缔。在流域沿岸500米范围内建成户用沼气池2430口，大型沼气池2座。向上争取项目资金，西河流域污染治理纳入省环境保护厅“农村环境连片整治重点示范区”——“415工程”（四县一湖五河），争取资金7000万元，到位资金1000万元。吸引社会资金参与西河流域整治工作，引进业主投资2.1亿元在西充县城至张澜故居建设有机观光农业示范区，种植珍贵苗木3000亩、中天玫瑰1000亩、精品果蔬1.4万亩。市财政安排专项资金1750万元对沿线乡镇生活污染治理设施建设按照总投入的30%进行以奖代补，有效调动乡镇建设热情。将西河流域整治工作纳入重点实施项目重点督办，不定期开展专项检查，并通过《南充日报》《南充晚报》及市电视台对治污进度、打造进度进行跟踪报道。打造西河生态旅游景观长廊涉及两区一县，部门多、战线长、任务重。市人大建议，市政府要把该项工作纳入本届政府工作重点，尽快制定治理打造总体规划，突出重点，分步推进，确保“还市民一河清水”的郑重承诺得到落实，把西河建设成充实南充优秀旅游城市内涵、提升南充城市品质、丰富市民百姓健身休闲生活的幸福之河。

市五届人大三次会议主席团交付办理的代表议案有《关于制定南充市湿地保护管理办法的议案》《关于建立非物质文化遗产展演中心的议案》。会后，市人大农委牵头督办《关于制定南充市湿地保护管理办法的议案》。市人大农委提出：“要高度重视湿地保护管理办法的制定工作，组织专门力量，落实专项经费，结合议案所提意见和当前湿地保护管理的新情况，按照相关法律法规的规定，尽早着手起草南充市湿地保护管理办法，由市政府颁布实施。”等办理意见。市林业局承担《南充市湿地保护管理办法（草案）》起草任务，市林业局成立以局长为组长，分管领导为副组长，野生动植物保护及自然保护区管理科等部门负责人为成员的起草工作组。起草工作组根据《国家湿地保护管理规定》《四川省湿地保护条例》，对各县（市、区）湿地保护管理工作进行调研，借鉴外地相关立法经验，到省外部分已出台湿地保护管理办法的城市考察学习，并征求长期从事湿地保护管理工作人员的意见，形成《南充市湿地保护管理办法（草案）》初稿后又征求省林业厅、西华师大生命科学院湿地保护专家、市级相关部门负责人、议案领衔人和部分市人大代表的意见，经过十余次修改，最终形成《南充市湿地保护管理办法（草案）》上报市政府。《南充市湿地保护管理办法（草案）》明确湿地保护的管理体制和保障机制，确立全市湿地保护重点区域，制定湿地保护的具体措施，规范湿地利用的前置审批程序，规定违反《南充市湿地保护管理办法》规定的法律责任，经市政府常务会议通过施行。市人大教科文卫委牵头督办《关于建立非物质文化遗产展演中心的议案》。市人大教科文卫委先后两次听取办理情况汇报，实地察看，现场督办，到外地学习考察非遗展演中心建设和管理工作经验，及时交流议案办理意见，督促办理工作落到实处。市政府狠抓川剧团改建工程，有效改善剧场环境；在西华体育公园原规划建设的南充博物馆工程项目中增加南充市非物质文化遗产演艺中心，规划建筑面积2500多平方米，包括非遗实物库房、非遗实物展示厅、非遗传习所、展演交流（设观众席600座）及多媒体视频放映厅等，该工程项目设计方案向社会各界广泛征求意见，市五届第19次规委会原则同意博物馆、文化馆、非遗演艺中心集中布置的概念方案，2013年开工建设。

市五届人大四次会议主席团交付办理的代表议案有《关于建设绿色生态走廊营造嘉陵江秀美景观的议案》《关于加大大气污染治理提升南充环境质量的议案》。会后，市人大农委牵头督办《关于建设绿色生态走廊营造嘉陵江秀美景观的议案》。市人大农委提出“高起点搞好总体规划设计，细化落实各项目标任务，建立强有力的开发建设协调机制”等办理意见，督办中，市人大常委会领导带领市人大农委相关人员先后两次到顺庆、仪陇等县（区）嘉陵江两岸现场察看，加强督办。市政府按照“山顶绿帽子、山腰银带子、山下金靴子”和“生态与产业并重、保护与开发并重”原则，由市林业局牵头起草，市政府组织相关部门多次修改完善，形成《嘉陵江流域南充段绿色生态走廊建设总体规划工作构想》，确定具有国家甲级设计单位资质的省林业工程勘察设计院完成规划设计。该项规划立意新、起点高，注重与全市旅游总体规划等相关规划相衔接，着重在“绿”与“美”上下功夫，既体现前瞻性，更注重实效性和可操作性。每个县立足不同立地条件、生态环境，做到各有侧重，在嘉陵江两岸建设1个至2个示范点，为2014年嘉陵江生态工程全面实施奠定基础和积累经验。市政府专门安排80万元专项经费，用于总体规划编制。市人大建议，市政府要按照旅游总体规划要求，及时分解目标任务，落实工作责任，狠抓资金保障，强力推进该项工作，力争在本届政府任期内取得初步成效，2020年前基本建成嘉陵江（南充段）绿色生态走廊。市人大城环资委牵头督办《关于加大大气污染治理提升南充环境质量的议案》。市人大常委会对市政府大气污染防治工作开展专题询问，市人大城环资委就该项工作多次开展调研，听取相关部门的汇报，征求各方意见，促进议案加快办理，确保办理实效。市政府先后制定防治建筑、拆迁、市政工程、渣土运输扬尘等规定，强制改装渣运车辆近600台，投资1000万余元新添置各类环卫车辆38台，新增环卫工人419人，多次对火车北站片区、北部新城片区等重点区域开展巡查，对区域内建设项目扬尘治理进行拉网式排查。抽调城管、住建、交警、运管等109人，先后查处违规渣运车3000余台。对餐饮燃煤、烧烤等开展专项整治，共收缴或捣毁烧煤炉具43个、关闭及搬迁餐馆3家、规范烧烤摊点200余个（次），开通12319城市管理热线，畅通投诉举报渠道。成立由环保、住建、城管、公安等部门人员组成的“蓝天行动督查办公室”，开展现场督查。设立500万元专项奖励资金，对3区政府按月排名通报考核。制定出台《城区重污染天气应急预案》，应对空气严重污染时的极端情况。加大大气监测能力建设，安排专业人员开展大气监测、分析和管理，专款投入1000万元用于采购空气质量监测仪器。先后组织环保、住建等部门到外地学习考察大气污染综合治理经验，多次邀请国内大学、科研院所的专家，对南充大气污染开展“会诊研判”，社会各界初步形成大气污染防治共识。市五届人大五次会议主席团交付办理的代表议案有《关于积极落实简政放权的议案》《关于提高南充市森林覆盖率、打造生态南充的议案》。会后，市人大财经委牵头督办《关于积极落实简政放权的议案》。在议案办理过程中，市人大财经委就简政放权落实情况进行认真调查，并提出建议、督促进度。市政府切实开展组织领导、项目清理、中介规范、政务服务、监督检查等具体工作，印发《南充市2015年推进简政放权放管结合转变政府职能工作方案》，全面清理并编制、公布《南充市市本级行政许可项目目录》《南充市市本级行政权力清单》，印发《关于印发南充市市本级行政许可项目办理时限汇总表的通知》，深入推进行政审批制度改革、投资审批改革7个方面、22项任务，取得一定效果。其间，2015年，市本级清理公开行政许可230项、行政权力6489项，取消、合并、修正行政审批涉及的前置中介服务77项，取消、调整非行政许可审批事项97项，取消属于企业自主经营权的核准前置要件18项。市人大建议，市政府认真对待政务服务中仍然存在的态度不好、效率不高、程序繁杂等具体问题，切实把简政放权纳入自身建设重要内容，加大工作力度，强化执行实效，规范行政行为，为建设为民、务实、法治政府奠定坚实基础。市人大农委牵头督办《关于提高南充市森林覆盖率、打造生态南充的议案》。市人大农委提出“实施好规划、突出重点、强化保障”办理意见。市政府结合《南充市园林绿化导则》、嘉陵江（南充段）绿色生态走廊建设总体规划和南充生态资源实际，多次召开专题工作会议，组织市林业、市国土资源、市城乡规划、市环保部门以及专业技术人员对全市森林资源现状、绿化美化需求等状况进行深入调研，修订和完善建设生态南充的各类专项规划方案，提出提高全市森林覆盖率并稳定在40%以上的工作措施和目标，明晰责任单位和责任人。把天然林保护、退耕还林和经济林培育作为巩固提升全市森林覆盖率的重要抓手，完成83.86万亩退耕还林和6.45万亩国有林管护任务。全市新发展中药材、特色经果林等14.7万亩，速丰林总面积达到140万亩。清理排查违法征占用林地案件线索166起、涉林面积115.95公顷，侦办各类涉林案件354件，挽回经济损失280多万元。全市共统筹和争取资金4.25亿元（其中国家、省林业项目资金3.7亿元，市本级0.27亿元，县、市、区0.28亿元），投入造林绿化工程。全市林地总面积达到745万亩，活立木蓄积量增加到2850万立方米，森林覆盖率由39.3%增加到39.83%，生态环境质量得到改善。工作中也存在投入不足（全市2015年共投入0.55亿元，只占国家、省投入资金的15%）、嘉陵江绿化生态长廊建设推进力度不够、林权改革及融资困难、服务配套体制机制不健全等问题。市人大建议市政府把嘉陵江（南充段）绿色生态走廊建设继续作为本届政府工作的重点，创新机制，长效落实，提升效果，不断充实南充优秀旅游城市内涵、提升南充城市品质，努力把南充打造成为“城市生态—小镇环保—乡村美丽”的山水田园城市，不断提高南充市民百姓的生活质量和幸福指数。市五届人大六次会议主席团交付办理的代表议案有《关于制定南充市市容和环境卫生管理条例的议案》《关于加强主城区饮用水源保护的议案》。会后，市人大法制委牵头督办，市人大常委会法工委办理《关于制定南充市市容和环境卫生管理条例的议案》。年初，市人大常委会将《南充市城镇环境卫生管理条例》纳入2016年立法计划，成立由市人大常委会主任为组长，常委会联系副主任、市政府分管副市长为副组长的立法工作领导小组，组织市人大城环资委、市人大常委会法工委、市政府法制办、市城管执法局等部门和西华师大地方立法研究中心起草《南充市城镇环境卫生管理条例（草案)》，草案形成后，先后书面征求常委会组成人员、市级有关部门、人大代表以及各县（市、区）的意见建议；召开立法听证会，充分听取行政相对人的意见建议。市五届人大常委会第三十八次会议对《南充市城镇环境卫生管理条例（草案)》进行审议。同时，法工委还对条例中的清扫保洁、垃圾处置、设施管理、行政处罚等重点内容深入开展调研、广泛听取意见，开展调研论证，确保条例突出地方特色，立得住、行得通、真管用。市人大农委牵头督办《关于加强主城区饮用水源保护的议案》。市人大农委对主城区饮用水源保护落实情况进行认真调研，并提出建议、跟踪问效、督促整改。市政府建立和完善饮用水源保护联动机制，统筹研究重大项目建设，协调解决工作中具体困难和问题，层层分解水源地保护目标任务，细化责任落实，完善考核机制和责任追究制度。主城区正式启动自来水厂建设项目1个，污水处理厂扩建工程3个，中途泵站工程2个，依法取缔（搬迁）保护区内养殖场、餐饮点等36个，查办违规违法事件、案件37起，在迎接国务院、省政府考核中取得全省第一名的好成绩，为保护主城区市民饮用水安全提供重要保障。市人大建议，市政府认真对待主城区水源保护中存在的基础设施及配套建设投入不足、联合执法力度不够、保障制度不配套等具体问题，切实把主城区水源保护纳入日常工作中的重要内容抓紧抓实，加大工作力度，统筹各方资源，强化执行实效，严肃责任追究，为全市人民生命财产安全提供重要保障。

六、市六届人大议案办理

2017年2月至2020年，市六届人大代表议案共5件，市六届人大常委会按照法律规定认真处理和及时转交办理。

市六届人大一次会议主席团交付办理的代表议案《关于嘉陵江综合保护开发的议案》由市人大财

经委牵头督办。市人大财经委对2017年嘉陵江综合保护开发工作提出“科学制定规划、做好绿化管护、强力治理污染、切实重拳治乱、强化要素保障”办理意见。市政府制定《嘉陵江流域绿色生态走廊建设工程作战图》，绿色生态走廊打造持续推进，2017年完成嘉陵江沿岸绿化造林1.6万亩，投入嘉陵江绿色生态走廊建设资金约2.3亿元。制定出台《嘉陵江（南充段）“一河一策”管理保护方案》落实嘉陵江保护制度，划定生态保护红线，加强水环境监测和预警体系建设。制定出台《城镇污水处理设施建设三年推进方案和城乡垃圾处理建设三年方案》《南充市水污染防治激励约束考核办法》。市发展改革委印发《嘉陵江流域（南充段）综合保护开发规划编制工作责任表》，委托中国人民大学、复旦大学等规划编制单位对各项规划进行编制。其间，2017年，全市共关停取缔环境违法企业194家，立案处罚680起，责令停产停业205家，查封扣押14家，省挂牌督办的431家养殖场（户）已关闭425家，关停率98.6%。全年共争取嘉陵江流域（南充段）综合保护开发中省预算内项目6个，到位资金4.56亿元；申报交通旅游道路建设、旅游水利基础设施项目贷款2.6亿元；采用PPP模式建设水环境污染综合治理等项目，2017年1月至10月，全市嘉陵江流域综合保护开发项目累计完成投资48亿元。市人大建议，市政府继续把嘉陵江综合保护开发纳入本届政府工作重点，坚持长远定位，注重生态打底，强化规划约束，紧紧抓住“四川南充在嘉陵江流域综合保护开发中先行先试”被纳入国家《西部大开发“十三五”规划》的重要契机，统筹项目布局，积极争取中省支持，科学实施，扎实推进，努力把嘉陵江打造成为融入长江经济带的黄金水道和承载绿色发展的美丽长廊，使综合保护开发成果真正惠及南充百姓、造福南充人民。

市六届人大三次会议主席团交付办理的代表议案有《关于加强市辖城区交通管理的议案》《关于加快建设嘉陵江（南充段）绿色生态走廊的议案》。会后，市人大内司委牵头督办《关于加强市辖城区交通管理的议案》。市人大内司委提出“高度重视议案办理，继续加强城市道路交通管理；积极完善管理机制，加强道路交通要素保障；加大交通管理执法力度，提高城区道路通行效率。”等办理意见。市政府积极组织起草《南充市城市车辆通行管理条例》，针对影响城市交通拥堵的管理体制不顺、管理方式滞后、规划落实不到位、停车场所建设管理落后及电动两轮、三轮车，摩托车违法行驶等影响交通拥堵的突出问题，将各地行之有效的管理措施和经验纳入法规案。编制完成《南充市城市交通管理规划》《城市道路交通发展战略规划》等中长期规划，为系统解决城市道路交通拥堵问题奠定基础。对城区7条道路完成升级改造，新增并优化调整交通信号灯、施划标线标识、新设隔护栏等措施，以减少行人乱穿行、车辆乱掉头等致堵行为发生。在主城区新增停车泊位1700多个，一定程度缓解主城区停车供需矛盾。大力推进公共交通建设，进一步加强交通组织管理，通过开展“文明停车、文明出行”等大型系列宣传活动、发放宣传资料、录播广播电台节目等方式引导市民文明、低碳出行，有序停车。市人大建议，市政府结合市辖城区道路交通实际，进一步加强城市道路规划实施，不断优化城市路网结构，加强交通要素保障，优化交通组织管理，升级城市智能交通管理系统，为建设成渝第二城、争创全省经济副中心提供良好的城市交通环境。市人大农委牵头督办《关于加快建设嘉陵江（南充段）绿色生态走廊的议案》。市人大农委就嘉陵江绿色生态走廊工作情况多次开展调研，听取相关部门汇报，征求各方意见，督促议案加快办理。市政府将嘉陵江绿色生态走廊建设相关项目纳入全市重点督办项目和年度目标考核体系。争取到中央财政天保工程、退耕还林工程、省级财政现代林业产业补助以及社会资金投入2亿余元，切实保障嘉陵江绿色生态走廊建设有序实施。坚持以规划为统揽，组织规划、建设、林业等部门，编制《南充市建设嘉陵江中游生态屏障实施方案》《嘉陵江干流四川南充段河道采砂规划》《全市砂石经营体制改革方案》，印发《南充市城乡垃圾处理设施建设三年推进方案》，全市共完成营造林面积38.9万亩，城区和乡镇生活垃圾收集率分别达到96%和85%以上，查处非法采砂案件32件、取缔非法砂石堆码场近200处，督促25处砂石场完善环评手续，关闭搬迁禁养区内畜禽养殖场（户）992家，治理非禁养区内畜禽养殖场（户）746家；成功申报国家畜禽养殖粪污资源化利用整市推进项目，落实资金1.6亿元，鼓励养殖业主完善粪污处理设施，着力发挥种植基地消纳粪污作用；建成县城以上生活污水处理厂7座、乡（镇）生活污水处理厂66个，市第四自来水厂、嘉东污水处理厂、永丰水库等重点工程正加紧推进。2018年1月至9月，嘉陵江（南充段）流域水环境质量总体保持稳定，全市9个县城及以上集中式饮用水水源地水质达标率100%。

市六届人大四次会议主席团交付办理的代表议案有《关于促进我市民营经济加快发展的议案》《关于加快创建"中国蚕桑丝绸文化旅游名城"的议案》。会后，市人大财经委牵头督办《关于促进我市民营经济加快发展的议案》。市人大财经委在议案办理过程中，多次组织视察，察看工作开展情况，听取民营经济主体意见建议，推动议案办理落实。市政府高度重视、加强组织领导，市、县两级成立政府主要领导任组长，相关部门主要负责人为成员的民营经济和中小企业发展领导小组及办公室，修订市民营经济和中小企业发展领导小组成员单位联席会议议事规则，对领导小组及办公室、相关成员单位的工作职责作了细化明确，加强信息建设，与全省企业维权服务平台实现互联互通，维权平台进入试运行。出台配套政策、强化制度保障，先后出台《中共南充市委、南充市人民政府关于促进民营经济健康发展的实施意见》《加强各级领导干部联系服务民营企业构建"亲""清"新型政商关系的实施办法》《建立企业信用承诺公示制度促进民营经济健康发展的实施办法》《强化税收支持政策落实促进民营经济健康发展的实施办法》，形成促进民营经济健康发展"1+4"政策包，厘清职责任务，强化目标考核，将民营经济发展指标、贯彻落实民营政策措施情况纳入年度目标考核。下调企业职工基本养老保险单位缴费比例，落实稳岗补贴；放宽参与直购电交易企业条件，支持符合条件的民营企业管道天然气用户改"转供"为"直供"；降低市场准入门槛，放宽民营经济准入条件。其间，2019年1月至9月，全市减免企业所得税6.629亿元，办理民营企业出口货物退（免）税7138万元，民营经济体享受免征增值税税额1.9553亿元；办理延期缴纳税款1.29亿元。缓解融资难题。至2019年9月，全市小微企业贷款余额886亿元，比2018年同期增加81亿元，同比增长8.7%；民营企业贷款余额666亿元，比2018年同期增加38亿元，同比增长6%；全市民营企业综合贷款利率6.83%，较年初下降0.36个百分点，从一定程度上缓解融资难、融资贵的问题。优化服务、营造营商环境，出台《加强各级领导干部联系服务民营企业构建"亲""清"新型政商关系实施办法》和政商交往正负面清单，明晰政商交往原则；市委、市政府组织召开南充市民营经济健康发展暨南商发展大会，对接全省企业维权服务平台，回应和解决民营企业合理诉求；对民营企业分类指导、依法监管；开展"扫黑除恶"专项斗争，努力维护民营企业合法权益。市人大建议，市政府要继续保持发展定力，进一步强化组织领导，进一步强化统筹协调，进一步抓政策落实落地，形成合力，不懈推进，努力促进民营经济健康快速发展。市人大民宗外侨委牵头督办《关于加快创建"中国蚕桑丝绸文化旅游名城"的议案》。市人大民宗外侨委在议案办理过程中，就中国蚕桑丝绸文化旅游名城创建情况进行认真督办，提出建议、督促进度、推动落实。市政府强化组织保障，建立由市政府分管领导牵头，市政府副秘书长协调，市商务局、市文广旅局、市经信局、市农业农村局等部门参与的创建工作推进机制。编制了初步规划，市商务局编制《南充市创建"中国蚕桑丝绸文化旅游名城"规划》方案。明确工作任务，制定《创建"中国蚕桑丝绸文化旅游名城"任务分解表（2019—2022年）》，对工作重点、责任单位、年度任务进行细化安排。实施项目建设，市政府将"中国蚕桑丝绸文化旅游名城"创建工作纳入年度目标考核体系，由市商务局牵头考核，推进创建工作项目化、具体化。市级相关部门和部分县（市、区）在蚕桑基地建设、桑茶产品开发、“中国绸都．丝绸文化”品牌创建、蚕桑丝绸旅游宣传推介等方面做了一定工作，取得一定成效。市人大民宗外侨委员会同意市政府关于议案办理情况的报告，并对办理结果表示基本满意。市人大建议，市政府要把议案办理纳入重要工作日程，加大工作力度，落实工作举措，提升工作实效，持续推进“中国蚕桑丝绸文化旅游名城”创建工作。

第二节 代表建议、批评和意见办理

1993 年 12 月至 1999 年 1 月，市一届人大代表建议、批评和意见共 601 件，按规定办理落实。其中，市一届人大一次会议期间，代表提出建议、批评、意见 152 件（其中含议案转作建议 40 件）。针对市“一府两院”均属首次办理本级人大代表建议、批评和意见实际情况，市人大常委会和市政府联合召开交办工作会，对各承办单位提出希望和要求。经过“一府两院”及各承办单位积极努力，建议、批评和意见基本办理完结。从代表反馈意见看，对所提议案和建议、批评、意见的办理效率和质量表示满意。市一届人大二次会议期间，代表对政府工作提出建议、批评和意见 174 件。市政府将办理工作列入政府工作议事日程；健全制度、严格程序，使办理工作逐步制度化、规范化；突出重点、调查研究，努力提高办理质量；注重实效，狠抓落实，把办理建议与解决实际问题相结合；协调配合，及时回复，力求做到代表满意、群众满意、领导满意；在市人大常委会的监督和市政府及相关部门的共同努力下，全部办理完毕。建议中提到的问题得到解决或基本解决的 77 件，占承办总数的 44.3%；因客观条件限制，需要进一步调查研究，逐步创造条件解决的 63 件，占承办总数的 36.2%；按现行政策不能解决或权限不在市里需要向上级争取的 34 件，占承办总数的 19.5%。从收到代表的反馈意见看，满意和基本满意的 75 件，占反馈意见的 90%；不满意的 8 件，占反馈意见的 10%，对不满意件，市政府办公厅及时交承办部门，再征求代表意见，进行重复办理。市一届人大三次会议期间，代表对政府工作提出建议、批评和意见 173 件。市政府将办理工作纳入重要议事日程，市政府和部门领导直接抓办理工作，抓重点、突难点，加快办理工作进度，加强调查研究，注重解决实际问题，规范办理程序，加强与人大代表联系，提高办理质量。在市人大常委会的监督和指导下，经过县（市、区）和各承办部门的共同努力，全部办理完毕。代表建议中所提问题得到解决和基本解决的 60 件，占办理总数的 34.7%，正在解决中的 42 件，占办理总数的 24.3%。需要进一步调查研究，逐步创造条件解决的 34 件，占办理总数的 19.6%，国家政策的规定暂时不能解决或权限不在市里，需要进一步争取或作解释说明的 37 件，占办理总数的 21.4%。在建议办结后，共收到人大代表反馈的意见 77 件，满意或基本满意的 67 件，占反馈意见的 87%；不满意的 10 件，占反馈意见的 13%。市政府办公厅及时督促承办单位重新办理，并直接听取人大代表意见。市一届人大四次会议期间，代表对政府工作提出建议、批评和意见 102 件。市政府和部门领导亲自抓办理工作，抓重点、深入调查研究，切实解决实际问题；加强督办工作，努力提高办理质量。经过各县（市、区）和市政府有关部门的共同努力，全部办理完毕。代表建议中所提问题得到解决和基本解决的 38 件，占办理总数的 37.3%，正在解决中的 25 件，占办理总数的 24.5%。需要进一步调查研究，逐步创造条件解决的 21 件，占办理总数的 20.6%，因国家政策的规定暂时不能解决或权限不在市里，需要进一步争取或作解释说明的18件，占办理总数的17.6%。在建议办结后，共收到人大代表反馈的意见56件，满意或基本满意的53件，占反馈意见的95%；不满意的3件，占反馈意见的5%。对不满意的，市政府办公厅及时督促承办单位直接听取人大代表意见，重新办理。如将“达成铁路顺庆客站路基下通道应安装路灯”作为重点办理建议，市政府派专人到市铁办交办，市铁办非常重视，拨出资金，积极组织工程技术人员实施，及时安装好路灯，落实维修人员，方便过往行人。

1999年1月至2004年3月，市二届人大代表建议、批评和意见共350件，按规定办理落实。其中，市二届人大三次会议期间，代表对政府工作提出建议103件。经过县（市、区）和各承办部门共同努力，全部办理完毕。代表建议中所提问题得到解决和基本解决的45件，占办理总数的43%，正在解决中的25件，占办理总数的24%。需要进一步调查研究，逐步创造条件解决的21件，占办理总数的20%，国家政策的规定暂时不能解决或权限不在市里，需要进一步争取或作解释说明的12件，占办理总数的13%。在建议办结后，共收到人大代表反馈的意见78件，满意或基本满意的75件，占反馈意见的96%；不满意的3件，占反馈意见的4%。在办理过程中，市政府及其相关单位高度重视，狠抓办理工作的制度建设；加强领导，狠抓办理工作的落实；注重实效，切实解决实际问题；加强跟踪督办，走访代表，提高办理质量。如在办理“关于在顺庆城区内对所有安装的天然气管道进行全面检查维修的建议”时，市经贸委召集有关单位进行专门研究，天然气公司为加快此项工作的进度，成立“管网维护班”，对天然气管线、计量表等进行认真检查、维修、整改，消除安全隐患，保证市民安全用气。市二届人大四次会议期间，代表提出建议133件，年内全部办理完毕。代表建议中所提问题得到解决和基本解决的92件，占办理总数的69%，正在解决或逐步解决的32件，占办理总数的24%。国家政策的规定暂时不能解决或权限不在市里，需要进一步争取或作解释说明的9件，占办理总数的7%。在建议办结后，共收到人大代表反馈的意见133件，满意或基本满意的126件，占反馈意见的95%；不满意的7件，占反馈意见的5%。代表对答复不满意的，市人大常委会人事代表工委发函督促承办单位重新办理，代表对办理结果满意。市政府高度重视，周密安排，及时部署，人大代表建议有人管有人抓有人落实；加强管理，健全制度，完善机制，保证人大代表建议的办理质量；深入调查，加强联系，增强透明度，切实解决人大代表反映的实际问题。如市畜牧局在办理《切实加强乡镇畜牧兽医站建设，为农民增收夯实基础的建议》时，市畜牧局立即组织人员先后到嘉陵、顺庆、西充等县区的乡镇做深入调查，并邀请部分人大代表，当面听取意见，增强办理实效。市二届人大六次会议期间，代表提出建议114件，其中交政府办理109件，中级人民法院办理3件，组织人事部门办理2件，年内全部办结。在办理过程中，收到4件不满意反馈意见，其中1件是涉及资金、项目，因财政困难解决不了，市政府接到反馈意见后，立即责成相关单位及时与代表进行座谈，倾听代表意见，代表对回答结果感到满意。市政府在办理过程中将理解建议内容和现场调查、沟通、了解相结合，弄清代表所提建议实质问题，使回复更有针对性；将建议内容与本职工作相结合，以建议促进本部门工作上台阶，使建议更有推动性；将建议办理的书面回复与解决实际问题相结合，让代表满意，使建议更有实效性；以统分结合、善始善终的工作要求，规范建议的管理、办理和回复，用制度保证人大代表建议办理质量和期限。如办理《关于加大成南高速公路南充段绿色通道建设力度的建议》时，市政府领导和市林业局认真总结成南高速公路南充段规划建设情况，继续加大退耕还林任务，安排嘉陵区退耕还林35000亩，配套荒山造林35000亩，投入种苗费350万元，市上要求集中安排在成南高速两旁，把路两边目力所及的坡薄耕地全部实施退耕，用于绿化；加大天保公益林建设任务，安排嘉陵天保公益林建设6000亩，每亩国家补助160元，折合投资96万元；继续对嘉陵区投入环城绿化资金，重点用于绿化通道建设。

2004年3月至2008年5月，市三届人大代表建议、批评和意见共617件，按规定办理落实。其中，市三届人大一次会议期间，代表共提出建议、批评和意见187件，议案转为建议98件，交市政府办理171件、市中级人民法院办理7件，由市人大常委会、市组织人事部门、市直机关党委、市精神文明办等办理9件。闭会期间提出建议13件，交由相关单位办理。市人大各专门委员会重点督办7件。年内，代表所提建议全部办理完毕，并答复代表。有9件建议，代表对办理不满意，经重新办理，采取个别走访代表，直接请代表座谈协商，现场交换意见等，代表对187件建议的办理，满意、基本满意率为100%。在办理过程中，做到“五个及时”：及时交办，落实承办责任。人代会后，人事代表工委认真整理代表建议，按照不同类别登记编号，及时召开交办会议，讲明办理代表建议的重要性，提出明确办理要求，落实承办责任。及时督办，提高办理速度。组织力量定期不定期地向承办单位了解办理进展情况，协助解决办理中的难题。拿出处理意见，及时答复。本着实事求是的原则，尽快拿出处理意见，及时答复代表，只要政策明确，具备办理条件，立即办理；对因客观条件限制一时不能解决的，也要向代表说明情况，创造条件解决。采取切实措施，及时落实。如代表在对办理的《加大扶持，尽快改变蓬安落后交通面貌的建议》中说：“市交通局对建议办理及时，落实具体，从项目、资金、技术上对蓬安交通建设给予扶持，在蓬安县交通局具体承办，积极工作有基础上，较短时间内使蓬安路况初步有了改观，为此，对市交通局办理此建议感到非常满意。”及时宣传，推动建议的办理，主动积极与新闻媒体联系，宣传在办理代表建议中的典型事例，表彰办理建议工作开展好的部门、单位，宣传推动建议办理工作。市三届人大二次会议期间，代表共提出建议、批评和意见131件，议案转为建议40件，交市政府办理124件、市中级人民法院办理2件、市人大常委会办理3件（人事工委2件、内司委1件），市委组织部办理1件、市精神文明办办理1件。闭会期间提出建议2件，交由相关单位办理。市人大各专门委员会及常委会办事机构重点督办13件。年内，代表所提建议全部办理完毕并答复代表。在办理、答复代表建议中，有3件建议答复不符合要求，立即退回，重新按要求答复代表。有4件建议，代表对办理不满意，经重新办理，采取个别走访代表，直接请代表座谈协商，现场交换意见等，代表对131件建议的办理，满意、基本满意率为99%。在办理过程中，各承办单位推行和完善主要领导、分管领导和承办人员各负其责的“三级负责制”，把代表建议办理工作作为年度工作的重要任务列入议事日程，从领导上、组织上保障办理工作正常进行。建立一套交办、承办、督办等切实可行的工作制度，做到每个环节都有章可循。加强同人大常委会与人大代表联系，主动向人大负责督办的人事代表工委和政府办公室汇报办理情况，商讨解决办法，通过电话、走访，邀请代表视察等形式与代表加强沟通，增进相互了解，从而提高办理效率，形成联合办理，整体推进，协调高效的办理机制。严格按照市人大常委会出台的《南充市人大常委会关于督促办理代表议案和建议、批评、意见的暂行规定》和市政府要求精神执行，不断加强对建议的督办工作，将其作为开展监督工作的一项重要内容，促进建议办理工作效率和水平的进一步提高，使代表建议真正落实到实处。及时宣传推动建议的办理。主动积极与新闻媒体联系，宣传在办理代表建议中的典型事例，表彰办理建议工作开展好的部门、单位，有力推动建议办理工作。市三届人大四次会议期间，代表共提出建议、批评和意见282件，议案转为建议的156件，闭会期间提出建议2件，交市政府办的274件，市委组织部、市委宣传部、市委政法委、市精神文明办、市妇联各1件，市人大常委会办理5件。市人大各专门委员会及常委会办事机构重点督办建议12件。年内，代表所提建议全部办理完毕并答复代表。在办理、答复代表建议中，有4件建议答复不符合要求，立即退回，重新按要求答复代表。有2件建议，代表对办理不满意，经重新办理，直接请代表座谈协商，现场交换意见等达到基本满意。1件代表约见市政府领导的建议，经市人大常委会联系，市政府领导见面答复代表建议与要求后，代表们较为满意。代表对284件建议的办理，满意率为98%以上。在办理过程中，各承办单位按照市人大常委会提出的在办理代表建议中实行“三结合、三把握、三见面”的要求，认真推行和完善主要领导分管领导和承办人员各负其责的“三级负责制”，并把代表建议办理工作作为年度工作的重要任务，列入议事日程。市政府明确办理工作的指导思想、范围、职责、原则、程序以及工作要求，完善“交办、承办、催办、审查、答复、查办、总结”等基本程序，并建立健全联系会商、进度通报、责任分解、管办落实、沟通协作、意见反馈、质量把关等制度。市政府印发《关于市三届人大四次会议代表建议和市政协三届四次会议委员提案办理工作情况的通报》，肯定工作成绩，点名批评办理责任不落实，办理质量不高的单位，并提出严格的整改要求。市政府办公室先后责令10余个单位重新办理代表建议20余件，市人大人事代表工委退回4件代表建议答复件，要求重新答复代表，对2件代表不满意的建议答复，认真组织承办单位和代表座谈、协商，当面答复代表，直至代表满意为止。

2008年6月至2012年1月，市四届人大代表建议、批评和意见共807件，按规定办理落实。其中，市四届人大一次会议期间，代表提出建议229件（含议案转为建议72件），闭会期间提出建议9件，共计238件。由市政府办理224件，市中级人民法院办理2件，市委组织部办理4件，市妇联办理1件，团市委办理4件，市人大常委会办理3件。市人大各专委会及常委会办事机构重点督办全市经济社会发展及群众利益密切相关的交通、畜牧、景区开发、水资源保护、青少年教育等方面建议15件。市政府认真总结以往办理经验，进一步明确责任，在建立和完善工作责任制上下功夫，使代表建议真正落到实处。年内，代表所提建议办理完毕并答复代表。有1件建议重新按要求答复代表，代表对7件建议办理不满意，经重新办理、直接请代表座谈协商、现场交换意见等达到基本满意。代表对建议办理的满意率为97%以上。如市交通局在办理《关于加大农村公路建设投入的建议》时，积极创新机制，破解资金瓶颈，增大建设投入，掀起农村公路建设新高潮，全市通乡和通村公路建设提前超额完成省政府下达目标任务。市四届人大三次会议期间，代表提出建议323件，闭会期间代表提出建议5件，共328件，由市人大常委会办理3件，交市政府办理320件，市中级人民法院办理2件，市委组织部办理2件，办理期间代表撤回建议1件。年内，代表所提建议办理完毕并答复代表。在办理中，有5件不符合答复要求的由办理单位重新办理并答复代表。代表对建议办理的满意和基本满意率为99%。其中，市人大常委会将代表反映集中、群众关注度高的出租车规范管理、大学生就业、农村产业化发展、环境污染治理、学校新门口公路减速带设置等建议确定为重点督办建议，分别由一名市人大常委会副主任牵头负责，实行定人定责督办。市人力资源和保障局在办理《关于拓展大学生就业门路，解决两代人之忧的建议》（第150号）时，主动邀请代表现场视察，报告办理进度，倾听代表对建议办理的意见，进一步增强办理实效。市住房和城乡建设局在办理《关于合理布局公交站台，缓解交通拥堵的建议》（第270号）时，积极向市政府汇报情况，多次进行专题研究，兴建港湾式公交站台和过街人行天桥，对缓解城区交通拥堵发挥积极作用。市四届人大四次会议期间，代表提出建议241件，由市人大常委会办理2件，交市政府办理229件、市中级人民法院办理1件、其他有关部门办理9件。年内，代表所提建议办理完毕并答复代表。在办理中，有2件代表对答复不满意的建议、6件不符合答复要求的建议，由办理单位重新办理并答复代表。代表对建议办理的满意和基本满意率为98%。市人大常委会将代表反映集中、群众关注度高的社区职能建设、整治市容市貌、消除消防隐患、蔬菜种植供应、发展茧丝绸产业等建议确定为重点督办建议。在办理《关于解决市民出行难的建议》（第22号）时，市政府印发《关于加快城市公交事业的实施意见》，市政府领导带领交通、财政、规划、城管、公安等部门负责人开展实地调研，认真座谈协商，进行部署分工，对4条公交车线路进行调整优化，新增公交车74辆，新开第35路公交线路，有效缓解市民出行难题。市精神文明办在办理《关于加强和改进未成年人思想道德建设工作的建议》（第46号）时，积极协调教育、文化、公安、工商、关工委等部门建立联席会议制度，定期召开协调会议研究工作，着力加强未成年人活动场所建设管理，构建学校、家庭、社会“三结合”教育体系，净化社会文化环境，取得较好成效。

2012年2月至2017年1月，市五届人大代表建议、批评和意见共1352件，按规定办理落实。其中，市五届人大一次会议期间，代表提出建议267件，由市人大常委会办理1件，交市政府办理264件，市中级人民法院办理1件，市检察院办理1件。年内，代表建议办理完毕并答复代表，代表对初始办理答复不满意的2件，经承办单位重新办理后代表表示满意，不符合答复要求建议4件，承办单位按要求重新答复代表。市政府办理的264件建议全部办理完毕，办结率100%，满意和基本满意率98%。市人大常委会将代表反映集中、群众关注度高的城区蔬菜基地建设、政务大厅管理、解决场镇居民吃水难、社区参与城市建设管理、乡村公路建设等17件建议确定为重点督办建议，分别由市人大常委会领导和各专委会牵头负责督办。在办理《关于加大力度扶持南充市农业龙头企业发展的建议》（第12号）时，市委农办、市财政局、市农牧业局、市金融办、市政务中心、相关金融机构共同研究，协同配合，对重点龙头企业进行信贷贴息；健全担保体系，降低信贷门槛，解决企业融资难题；大力实施生猪、蚕桑、柑橘、速丰林、粮油五大特色产业工程，从源头上解决农产品加工企业原料紧缺问题；简化行政审批程序，努力为涉农企业提供优质服务。市农牧业局在办理《关于加快主城区蔬菜基地建设的建议》（第37号）时，多次与市财政局、顺庆区政府磋商，主动与市人大代表沟通，研究制定《南充市城郊专业菜地建设规划》，明确市农牧业局、县（区）政府和乡镇党委政府建管责任，建立3000万元的市级专项基金，规划顺庆百里现代循环农业示范带，加大对专业蔬菜基地建设的项目支持力度，将顺庆申报为国家蔬菜标准园创建县（区），有效推进城区蔬菜基地建设工作。市五届人大三次会议期间，代表提出建议、批评、意见295件，由市人大常委会办理4件，交市党群有关部门办理20件、市政府有关部门办理267件、市中级人民法院办理3件、市人民检察院办理1件。年内，所有代表建议办理完毕并答复代表。代表对初始办理答复不满意的建议1件，经承办单位与代表沟通交流后代表表示满意。其中，市政府办理的267件，办结率100%，满意和基本满意率99%以上。市人大常委会将农村老人养老、土地出让收益市区分成、农机补贴、农村治安管理等16件建议确定为重点督办建议。市人大常委会向市级各部门印发《市人大代表议案和建议办理工作考评细则》，明确考评内容、分值和考评标准。市中级人民法院在办理《关于加大对民事、行政案件审限监督的建议》（第96号）时，扎实开展清理化解工作，排查出18个月以上未结案件136件，并着力加快审案结案进度；切实加强审判管理，从源头上预防和减少新增未结案件。市交通运输局在办理《关于加强对车辆超载超限治理的建议》（第279号）时，积极推动治超规范性文件出台，加大宣传力度，整合执法力量，加强源头管理，狠抓路面执法，完善治超网络平台，有效减少车辆超载超限现象。市工商局在办理《关于促进我市小微企业健康发展的建议》（第1号）时，深入开展调研，向市政府专题汇报并提出工作建议；开辟小微企业“绿色通道”，在工商所设立“小微企业创业服务岗”，与相关部门联合举办创业培训，进一步降低市场准入成本，优化企业发展环境。市五届人大四次会议期间，市人大代表提出建议299件，闭会期间提出1件。由市人大常委会办理4件，交市级党群部门办理14件、市政府部门办理280件、市中级法院办理2件。年内，代表所提建议办理完毕，共收到代表反馈意见142份，其中对办理情况表示满意的114件，表示基本满意的24件，表示不满意的4件。对代表不满意的，均重新办理答复，除1件因条件不具备无法整改到位外，其余3件重办结果得到代表认可。市人大常委会将嘉陵江航道建设、城市建设、社会保障、小城镇建设等21件建议确定为重点督办建议。会后，市人大常委会对代表建议进行全面梳理，在《南充人大》网站开辟《代表议案建议》专栏，将建议原文、提出情况和交办情况向社会公开。对承办单位办理答复和对代表反馈意见进行收集汇总，除不宜公开的17件外，其余建议的办理答复、办结情况和代表反馈意见都在网站上进行公开。对办理结果不满意或超时的，在网上亮红灯警告。市人大常委会积极探索建议办理特约评论模式，制定特约评论办法，邀约15名人大代表、法律工作者、新闻记者、老干部作为代表建议办理工作特约评论员。市环保局在办理《关于加强农村生活污水处理的建议》时，认真做好饮用水源保护区划定工作，扎实推进城镇小流域污染整治，严把乡镇污水处理厂建设审批关，积极争取污水治理资金，有效改善农村生活污水处理现状。市食药局在办理《关于加快推进餐厨垃圾规范化管理的建议》时，与协办单位密切配合，到餐饮企业现场办公，赴周边市州考察学习，和人大代表面对面协商办理措施，稳步推进餐厨垃圾规范化管理工作。市五届人大五次会议期间，代表提出建议241件，交市委组织部办理2件、市委目标办1件、市精神文明办1件、市民宗局2件，市政府部门办理235件。年内，共收到代表反馈意见50份，其中对办理情况表示满意的35件，表示基本满意的14件，不满意1件。市城管执法局对代表不满意件重新办理，代表表示基本满意。其中，市人大常委会将代表反映集中、群众关注度高的精准扶贫、社会保障等15件建议确定为重点督办建议。市文广新局在办理人大代表提出的《关于加强村村通建设，广泛宣传法律政策的建议》（第14号）时，在得知代表因病去世的情况下，仍然认真对待建议办理，多次派人到乡镇调研，有针对性解决建议所提问题。市住建局会同市交通局、市公安局交警支队在办理《关于实施综合改造、改造高架桥、下穿隧道出入口的交通状况的建议》（第72号）时，对人民南路公交线路分三个阶段五个步骤进行优化，禁左转、禁掉头、禁停放等措施，在一定程度上缓解人民南路拥堵问题。市五届人大六次会议期间，代表提出建议249件，交市委组织部办理1件、市委宣传部1件、市委目标办1件、市精神文明办1件、市委编办1件，市人大专门委员会及常委会办事机构办理5件、市中级人民法院2件、市政府部门及相关县（市、区）政府办理237件。年内，共收到代表反馈意见48份，其中对办理情况表示满意的43件、表示基本满意的4件、不满意1件。因代表不满意件涉及交通事故认定及民事诉讼，市交警支队无法再次办理，经与代表沟通，同意不再办理。其中，市人大常委会将创新驱动、精准扶贫、环境保护、教育卫生等15件建议确定为重点督办建议。市公安局在交通秩序整治、强化秩序管理、增大人技投入等方面有明显改进。针对多名市人大代表对五星下穿工程、五星商圈建设、治安秩序管理等建议，市住建局、城管局、公安局与顺庆区政府既分工又合作，尽力解决出现的问题。升钟水利工程建设管理局对办理《关于再次提议修建升钟水库右干渠安全护栏的建议》（第222号）十分重视，迅速上报市政府并转报省水利厅，争取配套资金1000万元，其中部分用于护栏建设，年内改造完毕。

2017年2月至2020年1月，市六届人大代表建议、批评和意见共1333件，按规定办理落实。其中，市六届人大一次会议期间，代表提出建议、批评、意见共343件（其中含议案转作建议73件），交给市纪委及市委工作部门13件，市人大常委会办事机构10件、市中级人民法院3件、市政府部门及相关县（市、区）政府办理317件。年内，共收到代表反馈意见299份，其中对办理情况表示满意的278件，表示基本满意的19件，不满意2件。另有1件不满意件系通过电话形式向人事代表工委反馈。对代表不满意的件，人事代表工委进行跟踪督导。其中，对顺庆区下穿工程改造的建议回复，承办单位邀请代表座谈沟通，代表予以理解，表示基本满意。对涉及交通事故诉讼的办理回复，通过上门解释和人事代表工委协调，代表不再坚持。对尽快开通小龙电航桥的建议办理，人事代表工委要求办理人员实地察看、走访相关单位、与提议代表沟通交流，并再次答复，提议代表表示基本满意。人事代表工委、市政府办公室会后，赓即进行分类，对办理任务进行分解，及时与市级部门沟通联络，及时衔接转交代表建议，会同市政府召开政府系统代表建议交办大会，明确办理时限，重申办理要求。市政府办公室就建议办理印制文本样式，供政府系统办理单位参考。市人大常委会将精准扶贫、环境保护、教育卫生、城市管理等19件建议确定为重点督办建议，分别由市人大常委会领导和各专委会牵头负责牵头督办。市食品药品监督管理局针对代表提出的《关于加强街头裸售无包装熟肉食品监管的建议》（第9号），委托阆中市局对古城景区内的25家小作坊逐一摸排，逐户签订责任书，对其中存在问题的7户责令整改，组织召开警示约谈会，签订承诺书，并对应省上规定，草拟《南充市肉制品加工小作坊生产规范（试行）》，强化规范约束。针对代表提出的《关于加大整治学校周边环境的建议》（第265号），高坪区城管局、食品药品监管局、环保局等单位采取常态监管与联勤联动的方式，先后4次开展专项整治，持续推进城管进校园活动，校园环境有了较大改善。代表提出的“三个拆除”（育英路绿化隔离带、市中心医院停车场入口电桩、南湖街口绿化带）均得到相关部门积极采纳，有的全部拆除，有的部分拆除。市六届人大三次会议期间，代表提出建议、批评和意见共337件，交办给市纪委（监委）及市委工作部门31件，市人大常委会办事机构8件、市中级法院1件、市政府部门及相关县（市、区）政府办理291件、群众团体6件。年内，共收到领衔代表反馈意见225份，其中对办理情况表示很满意的128件，表示满意的83件，表示基本满意的10件，不满意2件。两件初始回复不满意的，经过二次办理后，代表表示满意。市人大常委会将产业发展、社会治理、医疗保障、交通管理等14件建议确定为重点督办建议，分别由市人大常委会领导和各专委会牵头负责牵头督办，并在主任会议上确定，年末由人事代表工委同相关专委会对办理情况进行评估并提出等次建议，供市人大常委会组成人员在逐件测评时参考。市水务局将《关于多元化筹措资金保障城镇污水处理的建议》（第133号）办理与项目建设同研究、同安排、同争取，在污水处理设施建设方面，制定3年推进方案，近两年共争取省上专项债券资金近2亿元。市住建局在回复《关于加大对农村土坯房改造政策支持的建议》（第208号）时，明确将采取拆、保、改、建相结合方式，力争用5年时间，基本完成全市33万户农村土坯房分类改造整治。市六届人大常委会十七次会议听取市人大常委会人事代表工委关于重点督办建议办理情况的报告，并对14件重点督办建议办理情况进行满意度测评，测评结果均为满意。市六届人大四次会议期间，代表提出建议、批评、意见共364件，经市人大常委会研究，代表所提建议交办给市委工作部门21件、市人大常委会办事机构3件、市政府部门及相关县（市、区）政府办理338件、市监察委2件。年内，共收到代表网上平台和书面反馈意见234份，其中对办理态度表示很满意的169件，表示满意的62件，表示基本满意的3件，不满意0件；对办理结果表示很满意的160件，表示满意的70件，基本满意的3件，不满意1件。1件初始回复不满意的，经过二次办理后，代表表示很满意。市人大常委会将基础教育、产业发展、城市管理、社会建设、交通管理等15件建议确定为重点督办建议，分别由市人大常委会领导和各专委会负责牵头督办。市人大常委会领导带领相关专委会、办事机构负责人和提建议的代表，深入现场调研，听取情况汇报，对办理情况进行详细了解，提出意见和要求，以点带面促进代表建议办理工作。市人大常委会人事代表工委在市人大常委会二十七次会议上开列问题清单。市六届人大五次会议期间，市人大代表提出建议、批评、意见（以下统称建议）共289件，均按要求在10月底前办理完毕。经市人大常委会研究，代表所提建议交办给市人大常委会办事工作机构1件、市中级人民法院2件、市政府部门及相关县（市、区）政府办理286件。至11月底，共收到领衔代表反馈意见119份，其中对办理态度表示很满意的91件，表示满意的25件，表示基本满意的3件；对办理结果表示很满意的78件，表示满意的36件，表示基本满意的5件。主动沟通协调，办理快捷高效。针对2020年疫情特殊情况，人代会后，人事代表工委赓即对建议进行分类，对办理任务分解细化，会同市政府于7月上旬通过网络平台交办建议，明确办理时限，强调办理要求。跟踪重点建议，督办有序有力。市人大常委会将代表反映集中、群众关注度高的产业发展、社会治理、医疗保障、交通管理等16件建议确定为重点督办建议，分别由市人大常委会领导和各专委会牵头督办。承办过程务实，注重问题解决。大多数承办单位领导都比较重视建议办理工作，把建议办理作为顺应群众意愿、推进单位工作的重要抓手，通过建议办理促进有关问题落实落地。市公安局、市城市管理行政执法局、市房地产管理局在分办《关于加大我市地方立法实施的建议》（第139号）时，充分利用报刊、网站、微信、移动宣传车等载体大力宣传《南充市物业管理条例》，开展送法进机关、进社区、进学校等活动，建立统一的物业管理信息共享平台和物业管理第三方评估机构，完善物业管理定价指导机制等。市市场监督管理局在贯彻中央、省、市支持民营经济发展的政策举措，支持培育民营企业健康发展时，出台《南充市应对新型冠状病毒肺炎疫情支持中小企业发展的十六条措施》及相关政策，将23项政策措施、138条任务逐一分解落实到48个市级牵头部门。2020年上半年，全市民营经济税收减免总额20.42亿元，惠及民营企业1000余户，疫情期间全市各类企业水、电、气优惠金额总计约1.7亿元。

第三节　代表视察

1993年12月至2020年10月，市人大常委会在加强同代表联系中，积极组织人大代表开展视察活动，集思广益，发挥人大代表身处一线、熟悉情况优势，充分发挥人大代表作用。

一、市一届人大代表视察

1994年3月，市一届人大常委会安排市一届人大代表按选区划分，分期分批到各县（市、区）对各项工作进行全面视察。参加视察的450余名市一届人大代表广泛收集被视察单位和人民群众反映的问题、意见和建议600余条，逐条归纳整理，提出处理意见和要求，并在落实上下功夫。凡属市上处理的问题，由市人大代表带回在市一届人大二次会议上提出；凡属县（市、区）解决的，要求县（市、区）人大常委会及时转交政府及有关部门办理、落实。南部选区的市人大代表在视察期间，收集意见和问题共137件，现场督促政府及有关部门研究落实11件，解决项目资金1153万元。对群众反映的邮电通信落后、资金不足的问题，市邮电局及有关领导当场研究筹措资金，用于5个邮电项目建设，市邮电局还挤出自有资金解决县邮电局资金紧缺问题。对县毛纺厂和罐头厂两个特困企业，市人大代表提出了“起死回生”的方案和建议。7月，市人大常委会组织部分省、市人大代表视察升钟水库淹没区。4日，召开代表视察工作预备会议，成立6个视察小组，5日至8日，视察小组分赴南部县、阆中市境内升钟水库淹没的11个乡镇、31个村、83个社、132户农户，了解到淹没区存在的吃饭难、用钱难、行路难、上学难、结婚难、人畜饮水难、作物灌溉难、项目开发难、干部工作难、群众了解难等“十难”问题。淹没占地补偿不落实、电灌站建设与管理维修不落实、对口帮扶不落实、对淹没区的优惠政策不落实等“四个不够落实”。淹没区要求解决生产、生活用水难、用电难、落实兑现有关政策、农户缺口粮、开发资金匮乏、库区学生读书难等问题。14日，市人大常委会主任会议专题听取视察情况汇报，形成视察意见：统一思想认识，增强扶贫致富的紧迫感；确定扶持重点，实行分类指导；落实扶贫攻坚计划，大力调整产业结构；及时解决口粮供应，解决吃饭问题；建立扶贫开发基金，重点用于开发项目；积极兴办社会福利事业，逐步改善淹没区生产和生活环境；继续实行对口定点扶持，争取更多帮助；切实加强对扶贫开发工作的领导，市县开发办要列入重点工作。市人大常委会主任会议决定将视察意见交由市政府研究落实，并将落实情况报告市人大常委会。

1995年7月18日至21日，市人大常委会组织市一届人大代表视察物价工作。代表们实地视察顺庆区第一、二市场物价情况、嘉陵区农资公司化肥等重要农用物资价格情况；听取市工商局、市物价局、市城调队、市蔬菜办等单位关于物价工作情况的汇报；重点视察对人民生活必需品、生产资料重要商品的物价监控情况，建立物价调控体系，建设“菜篮子”等有效供给的商品生产基地和重要商品的储备情况，加强市场物价管理，整顿市场物价秩序，纠正价格违法行为的情况，开展物价检查，查处乱涨价、乱收费的情况。同时，代表们指出物价工作存在的问题，对如何进一步采取措施控制物价涨幅，抑制通货膨胀提出意见建议。

1995年12月27日至28日，市人大常委会组织市一届人大代表视察造林绿化工作情况。代表们到高坪、嘉陵两区部分乡镇就造林绿化开展实地视察，听取区、乡镇政府及市、区有关部门情况汇报，并和基层干部群众就如何搞好绿化问题进行座谈。代表们认为，市政府提出以雪耻的精神和背水一战的决心绿化南充，各级干部精神振奋，斗志昂扬，加大领导力度，突出工作重点，至1994年年底，全市初步实现基本绿化目标。但也存在不少死角和薄弱环节，部分地方尚未完成栽植任务，馒头山尚未彻底消灭，疏林地和未成林地的补栽补植任务还很大。建议提高认识，加强领导，采取强有力措施，加快推进造林绿化的进程；突出重点，猛攻薄弱环节，实施好园林绿化规划，把绿化任务纳入目标考核；要科学规划，适地适树，坚持科学配植树种，优化结构，促进快速生长，早日成林；要增加林业投入，强化资金管理，坚持专款专用，依法搞好审计监督，确保资金充分发挥效益；要依法治林，加强管护，按照有关政策规定正确处理好林粮争地矛盾，防止毁林还耕。

1996年12月3日至11日，市人大常委会组织驻市国、省人大代表和部分市一届人大代表围绕南充市1996年国民经济和社会发展计划执行情况，工业、农业、商贸、法治建设、中西部发展等内容，深入机关、企业、学校和乡镇、村进行实地视察，听取市政府及其职能部门、市中级人民法院、市人民检察院和营山、蓬安、高坪等县（区）人大、政府情况汇报，并与有关人员进行座谈。代表们指出视察中发现的问题，并提出意见和建议：关于农业和农村工作，主要问题是增产增收难，产业结构调整不到位，农业干部的思想观念和工作方式不适应社会主义市场经济新形势的需要；建议要围绕小康配好班子、探好路子、出好点子、做好样子；关于县属国有中小工商企业，主要问题是面临“三重一缺”的困难，即历史债务重、人员负担重、税费负担重和资金十分紧缺；建议要靠政策，认真落实企业经营自主权，放水养鱼，要靠产品，围绕市场定产品，培育名牌，占领市场，要靠管理，降低成本，提高效益，要靠技改，抓住机遇，正确决策，要靠班子，班子要一门心思求发展、增效益，要靠服务，为企业改革、发展创造良好的环境；关于法治建设，主要问题是全民法治观念和法律意识需加强，立法欠科学，不完善和不配套难以操作和实施，执法不严，法律监督体系不健全，监督乏力；建议要扎扎实实抓好“三五”普法，加强和改进立法，严格司法、执法行为，建立健全监督机制，市人大及其常委会要加强对司法、执法个案监督。

1997年1月14日至15日，市人大常委会组织市一届人大代表视察顺庆区宗教活动场所。代表们认为，顺庆区宗教事务管理工作和宗教活动较为正常健康，但也存在一些问题：宗教事务管理仍需加大力度，部分合法宗教活动场所外部环境差，合法权益受侵犯时有发生，建议加强领导，依法加大对宗教事务管理力度，各级领导干部要加强对宗教有关政策、法规的学习，进一步教育群众提高识别正常宗教活动与封建迷信及反动组织的区分能力，继续打击反动组织，取缔封建迷信，保护正常宗教活动；清理各类宗教场所外部环境，理顺关系，落实责任，区人大作为国家权力机关，可安排听取政府工作汇报，督促政府限期解决好一些地方搞封建迷信活动和邪教“门徒会”残余势力死灰复燃等问题。

1998年12月1日至3日，市人大常委会受上级人大委托，组织部分驻市全国人大代表和南充市选出的省人大代表对南充市城市基础设施建设、农田水利基本建设、农村产业化建设进行视察，并提出很多颇有建设性的意见。代表们先后视察市滨江路、江东路建设和西河整治工程、高坪区柑橘改良工程、顺庆至南部段升钟水库渠系工程等，听取市政府领导与市级相关部门负责人关于国民经济和社会发展、“两保”再就业工程、城市建设工作、升钟水库一期工程建设及续建二期工程等方面情况汇报。在视察中，代表们指出，南充市农村产业化建设要加大启动力度，国有企业尤其是国有丝绸企业要加大产品立企力度，加大县域经济培育力度，加强法治建设，规范行政行为，保证政令畅通，加大依法治市力度。在高坪区视察柑橘改良工程时，代表们建议，柑橘优良品种选用不能单一化，其他有市场销路的水果品种也应多元化发展，水果产业化工程要自始至终，产、供、销一条“龙”要“舞”起来。政府要做好产前、产中、产后服务工作，不断了解掌握市场信息，促进果品更新换代，让农民尝到科技的甜头。水果产业化建设要解决好加工、运输、销售等问题，加强技术指导，增强市场竞争力。拓展果品市场，除了可打广告外，还可请专家主持召开柑橘研究会，发挥专业人员智慧和作用。农村产业化建设，政府统一规划是必要的，但要充分尊重农民首创精神，发挥农民闯市场主观能动性，变“要我干”为“我要干”。在视察顺庆至南部段升钟水库渠系工程时，代表们高度赞扬南充人民这一幸福工程，建议对升钟水库一期工程，特别是现有4000多公里长的渠系要加强管理和维护，提高开发价值，发挥综合效益。代表们提出《关于升钟水库二期工程立项建设》等议案，分别上交第九届全国人民代表大会第二次会议、四川省第九届人民代表大会第二次会议审议。

二、市二届人大代表视察

1999年10月29日，市二届人大常委会组织市二届人大代表视察南充市火葬场、殡仪馆迁建工作。代表们认为，市政府对火葬场、殡仪馆迁建工作十分重视，纳入年度重要工作议事日程，通过市民政局和市级相关部门密切配合，迁建工作有良好开端。代表们提出视察意见和建议：政府及其相关部门要结合迁建工程建设，认真执行《殡葬管理条例》《公墓管理条例》，大力宣传有关法律法规和殡葬改革政策，提高思想认识，加大执法力度；要进一步加强对火葬场、殡仪馆迁建工作的领导，市政府要高度重视，加强组织领导，明确一名市级领导负责联系，实行目标责任制，确保2000年开工，2001年完成第一期工程，投入使用；要拓展投资渠道，多方筹集资金，落实优惠政策；要突出重点，分步实施，自我积累，滚动发展；完善市区事权划分，实行市区殡葬事业统一管理。对于殡仪馆的迁建，要坚持殡仪馆、火葬场、公墓三位一体的原则，由市上统一规划、统一建设、统一管理。

2000年11月14日至15日，市人大常委会组织市二届人大代表视察城市建设管理情况。代表们分别视察城区滨江大道建设、自来水管网建设、小区物业管理和人防工程建设等情况。视察结束后，市人大常委会将视察中十分关注的“一路两桥”问题和邬家巷人行天桥问题函告市建委并提出相关建议。关于“一路两桥”问题，两桥属危桥，不能通车，正在安装通往华凤镇的自来水管因此也摆在桥上不能安装，特别是影响到四川师范学院的基地建设和2001年秋季招生用水问题，希望市建委尽快查明原因，分清职责，落实措施，加速解决危桥问题。关于邬家巷人行天桥桩墩基桩堵塞滨江人防工程通道，使滨江大道片区两万余平方米人防工程无法进行正常维护管理问题。代表们认为，人防是国防的重要组成部分，是现代城市建设的重要内容，邬家巷人行天桥桩墩基桩堵塞人防工程通道，事前未征求人防部门意见，未按有关法规要求办理造成人防工事无法使用和国家资财损失，希望市建委妥善处理好此事，做到人行天桥和人防工程两者兼顾。

2001年7月31日，市人大常委会组织部分市二届人大代表视察农业科研示范基地建设情况。代表们先后到西充大明科技示范园、市农科所科研基地、省蚕研所科技园、顺庆区蔬菜科研所等科研、示范单位视察。代表们认为，农业科研示范基地是农业科技进步的重要推动力量，希望充分发挥其辐射带动作用，促进农业跨越式发展。代表们建议，要加大科技推广力度，积极创新经营机制，下决心把科技示范基地办成辐射功能强、社会效益好的农业科研基地、技术培训基地、种苗供应基地和示范推广基地，促进农业科技成果的转化运用；要加大园区建设力度，通过适当增加资金投入和营造良好的外部环境，促进示范基地改善设施条件，提高科研水平，确保科研、示范、推广工作的顺利进行；要加大对科技的支持力度，从信贷、税收、土地等方面给予优惠政策，鼓励多渠道、多层次集资兴办农业科技示范园区，逐步形成具有强大推动力的科技示范园群体，使农业领域在科技方面始终保持领先地位。

2003年11月10日至15日，市人大常委会组织20名驻市全国人大代表，部分省人大代表开展集中视察活动。代表们首先集中视察市辖三区政府经营城市工作、重点工程建设、招商引资、工业企业生产经营等方面的情况，然后分两个视察小组到西充、南部、阆中、蓬安、仪陇、营山6县（市），围绕改革发展稳定、国民经济和社会发展、农业结构调整、政法队伍教育整顿、经营城市、国有企业改制、民营企业发展、城镇建设、优化投资环境等方面开展视察。视察中，代表们对南充的发展给予充分肯定，对存在的问题提出中肯意见和建议。属于当地解决的问题转当地政府处理，需要上级政府和上级有关部门解决的问题主要有：加大对贫困县财政转移支付力度，南充市辖9县（市、区）中有4个国定贫困县和2个省定贫困县，恳请中央进一步加大对西部地区财政困难市、县的财政转移支付力度，以帮助尽快脱贫奔小康。加快升钟水库二期工程项目建设，《四川省升钟水库二期工程项目建议书》通过水利部审查，已送国家发改委，建议国家发改委早日将升钟水库工程项目列入国家基本建设计划，尽快批复。加大转移支付力度，调整教育管理体制，帮助偿还“普九”债务。健全农产品质量安全体系，增强农业的市场竞争力，加大对农产品质量安全标准的制定修订工作，建立健全农产品检验体系，加强农产品质量安全认证工作，加大质量安全监督力度，建立无公害农产品生产基地和标准化综合示范区。对仪陇县城搬迁给予资金支持。

2004年3月15日上午，百名市二届人大代表、政协委员视察大都会。2003年两会期间，市人大代表、市政协委员对大都会违规建设提出质询议案和提案，引起各方高度关注。省委、省政府在全省经营城市会议上，将南充大都会工程列为“全省大案”。市委、市政府对这幢超道路红线、超建筑红线、超高的“三超”建筑予以坚决查处，一大批腐败官员依法受到惩处，违规建筑“毒瘤”被坚决摘除。根据省、市两级政府要求，顺庆区委、区政府组织、督促开发业主四川泰升（集团）洪洲房地产公司对大都会违规建筑部分进行整改，并按照依法进行、快速启动原则，全面启动大都会建设后续工作。在市三届人大一次会议、市政协三届一次会议召开前夕，顺庆区委、区政府组织百余名省、市、县（区）三级人大代表和政协委员，视察整改后即将交付使用的大都会。代表、委员们一起视察整改后的大都会现场，负责整改任务的顺庆区委、区政府做了大量艰苦细致的工作，依法保护投资者利益，使广大购房户情绪稳定，大都会建设有效推进。对大都会“三超”部分动“手术”，体现党委、政府依法行政、惩治腐败决心；对违规建筑进行整改，既见政治效益，又最大限度地保护购房业主经济效益。大都会经过整改，其规模、气势没有改变，其所处的黄金口岸没有改变，其集休闲、购物、餐饮、娱乐、金融、宾馆、商贸于一体的功能没有改变。

三、市三届人大代表视察

2004 年 11 月 24 日，市人大常委会组织部分市三届人大代表视察东风南充汽车有限公司。代表们实地察看公司生产现场，听取公司负责人对有关企业生产经营情况介绍。代表们认为，东风公司认真实施市委、市政府“工业兴市”发展战略，在资产重组转换企业经营机制，调整产品结构等方面取得好的成效，保持较好的发展态势。代表们就如何进一步促进工业发展提出建议，对南充工业发展要保持清醒的头脑，正确认识和把握工业经济发展规律，要在发展基础上，处理好稳定和协调的关系。要进一步治理南充工业发展环境，要抓好政策环境，如兑现落实好鼓励性政策；要抓好政务环境，切实解决有关部门办事拖拉、推诿、吃拿卡要等问题；要抓好企业信誉环境，帮助企业加强产品质量管理，提高经济效益，树立良好社会信誉；要抓好执法环境，进一步规范政府部门执法行为，加大整治力度；要抓好舆论环境，政府和新闻单位要加强对绩效好的企业的宣传和引导，帮助企业做强做大。要把南充工业园区建设提到议事日程上，切实打造好南充工业园区，为南充工业发展提供载体。政府要切实帮助企业解决具体问题，特别是对重点工业企业要进行单个研究，梳理问题，责成相关部门办理并加以跟踪督办；关心和帮助已落户南充的企业和本土企业的发展。企业自身要树立市场前瞻意识，在深化机制改革的基础上，抓好技术创新，把产品做精做细，做强品牌，做大企业。政府和企业要共同努力，抓好产业互动，实现产品的市场对接。要注意抓好企业的安全生产和清洁生产，要在加快发展的基础上，牢固树立安全生产意识和环境保护意识，切实搞好企业的安全生产和环境污染治理。

2004 年 11 月 30 日，市人大常委会组织部分市三届人大代表视察残疾人工作。代表们先后视察残疾人创办的嘉陵区总真山良种兔繁殖场、南充市滤清器厂、顺庆区华凤镇张关垭村残疾人危房改造和食用菌种植等情况，代表们对残疾人工作取得的成绩感到满意。代表们建议，加大《中华人民共和国残疾人保障法》及其配套法规、规定宣传力度，提高全社会扶残助残意识。全市各级政府和部门、各单位、社会各方面都要认真履行好《中华人民共和国残疾人保障法》及其相关规定确定的责任和义务，形成全社会扶残助残机制。加大对残疾人教育、培训力度。扶残更要扶志、扶技，要帮助残疾人转变观念，积极进取，自立自强。政府一方面要积极开辟残疾人就业通道和领域，另一方面，要通过加大培训力度，发展残疾人教育事业，提高他们生存能力、发展能力。要维护好残疾人合法权益，对于残疾人报案、打官司的，公安、司法机关要积极办理，做好保障这些弱势群体合法权益的工作，多为残疾人办好事、办实事。

2004 年 12 月 1 日，市人大常委会组织部分市三届人大代表视察财税金融工作。代表们先后视察市国税局及其直属分局、非税收入管理中心、市国土资源局、市经济技术开发委，深入了解全市税收征管、非税收入征管、国有土地出让收入征管、失地农民补偿以及拆迁户安置补偿等情况。代表们认为，税务部门和非税收入管理中心以改革的精神，狠抓征收管理，努力培育税源，加强队伍建设、行风建设和廉政建设，取得较好成效。针对税收增长缓慢、经济质量不高、征收难度大等问题，代表们建议：要进一步加大征收力度，加强软硬环境建设，逐步理顺征收环境，做到应收尽收。要在培育税源上大做文章，特别是要培育和扶持县域经济发展。要着力研究新形势下出现的新问题，采取切实有效措施积极应对。针对国有土地出让收入征管，失地农民补偿以及拆迁户安置补偿方面存在的问题，代表们建议：市经济技术开发区、市西山开发委的土地已基本用完，今后何去何从，政府应研究一个方案；征地应考虑把失地农民的养老保险和失业保险列入成本中，做好农民安置补偿工作；使用国有土地的招商引资项目应严格把关；要进一步加大国有土地的管理力度；要加大催收拖欠国有土地出让金的力度；要认真研究拆迁工作中出现的新问题新情况，多向政府汇报。

2005 年 12 月 12 日至 16 日，市人大常委会组织国、省、市人大代表视察南充经济社会发展情况。重点视察重点工程建设，农业和农村经济发展，抓好安全生产、食品、药品安全监管，扩大就业再就业，健全社会保障体系，加强社会主义精神文明建设、民主法治建设、和谐社会建设等问题及人民群众普遍关心的热点难点问题。代表们集中视察南充经济和社会发展、城市征地拆迁农民还房情况和高坪区农业产业化结构调整、青林新村建设情况，然后分成两个视察小组，深入相关县、乡镇，重点视察仪陇县新县城、“两路一桥”、嘉陵江渠化建设、扶贫开发构建和谐社会的情况、蓬安县基层政权精神文明、民主法治建设、和谐社会建设情况。在视察中，代表们对南充各级党委、政府率领广大人民群众紧紧围绕把南充建设成为川东北区域中心城市目标，坚持以科学发展观统领全局，坚持一手抓产业培育，一手抓解决群众疾苦促和谐的发展思路和艰苦奋斗、求真务实的创业精神给予充分的赞扬，对在各项建设中所取得的成就，给予高度评价。同时，对全市工作中存在的问题提出中肯意见和建议。对于反映的问题，代表们表示将用各种渠道呼吁反映，建议上级政府及有关部门加以解决。

2006 年 3 月下旬至 5 月下旬，市人大常委会组织 30 名省、市人大代表、59 名县级人大代表，采取随机抽取方式，对市、县两级法院公开审理的 24 件案件庭审工作进行视察。代表们认为，法官、检察官和律师在庭审中，能够严格执行有关诉讼法和司法解释、部门规章，坚持以事实为依据，以法律为准绳办理案件，程序公正得到高度重视，庭审程序较为规范，庭审制度改革不断深化。问题和不足：法官在庭审活动中庭审规范还应进一步严格要求，应坚持不懈抓庭审能力提高，庭审礼仪和形象应进一步改善，庭审效率不高；检察官在出庭公诉活动中出庭支持公诉的能力和水平有待进一步提高，必须严格要求公诉人员高度认真负责地对待每一件案件，出庭形象有待进一步改善；出庭律师方面，应进一步加强对律师队伍的职业道德水平的提高、法律业务水平的提高、职业纪律教育；行政案件没有行政首长出庭应诉。建议要把增强司法能力、提高司法水平作为一项根本任务，常抓不懈；进一步改革、完善各项庭审、公诉工作制度；进一步提高司法效率，要采取有力措施，加快办案节奏，提高办案效率；进一步强化律师队伍的管理与引导；采取有力措施，加快基层人民法院审判法庭和人民法庭建设及审案的设备配置，积极推行行政首长出庭应诉，以利于加强和改进行政执法工作。

四、市四届人大代表视察

2009 年 1 月 15 日，市人大常委会组织部分市四届人大代表视察南充出口创汇工作。代表们先后到恒一食品有限公司、六合集团公司、市出入境检验检疫局，详细了解市出口创汇工作现状以及政府机关、各企业为应对国际金融风暴所采取的积极措施。面对欧美市场萎缩的困难局面，市政府部门与各生产企业积极行动，一方面大力开拓非洲、东南亚等新兴市场，努力保住销量，一方面苦练内功，大力压缩生产成本，出口创汇较快增长。代表们建议，面对金融危机，企业要不等不靠，积极开拓新兴市场，依靠自身条件，实现“转危为机”。同时，企业也要加强技术研发，形成自己的核心竞争力，经受住冲击，把南充的出口创汇工作推上新台阶。

2010 年 7 月 9 日，市人大常委会组织部分市四届人大代表，视察预防和制止家庭暴力工作情况。代表们先后到顺庆区公安分局西河派出所家庭暴力投诉站、南充市预防和制止家庭暴力法律援助团、南充家庭暴力伤情司法鉴定中心、嘉陵区塘殿堰社区家庭暴力投诉点等地，详细了解预防和制止家庭暴力工作，听取市妇联预防和制止家庭暴力工作情况汇报。全市 85% 的基层公安派出所、社区警务室都建立预防和制止家庭暴力投诉站（点），并将家庭暴力报警纳入“110”和投诉站（点）出警工作范围，切实保障家庭成员特别是广大妇女儿童的合法权益。通过视察，代表们认为，家庭暴力的存在不容忽视，要引起全社会的高度重视。希望相关部门进一步健全救助途径，加大对家庭暴力行为防治力度。

2011 年 10 月 28 日，市人大常委会组织市四届人大常委会组成人员及部分市四届人大代表，对下中坝片区开发建设情况进行视察。下中坝片区北接高坪主城区，南连都京坝片区，西依嘉陵江，东临鹤鸣路，建设用地规模为 4.8 平方公里，规划容纳人口约 8 万人，规划为以发展商贸、金融、文化及生活居住为主的综合性功能区。总投资约 30 亿元，已完成投资额约 11 亿元。代表们实地视察下中坝片区的市政基础设施建设、土地整治及下中坝大桥施工进度，对下中坝片区的高标准规划设计表示满意。在召开的下中坝片区开发建设座谈会上，代表们要求，要依法维护好下中坝片区规划设计的严肃性，严格按规划方案进行施工。要注重下中坝片区周边环境的协调和配套，在城市地标性建筑、夜景打造、人居和谐、环境保护等方面多下功夫。要进一步重视和加快征地、拆迁、安置和还房建设进度，在开发建设过程中把以人为本放在重要位置。

2011 年 11 月 11 日，市人大常委会组织部分市四届人大代表对南充烟草物流、电子商务等进行视察。代表们先后参观市烟草公司物流配送中心、电子商务网上订货区以及呼叫中心等，对市烟草公司企业内部专业化管理以及烟草专卖化特色表示肯定。在召开的座谈会上，代表们表示，市烟草公司要进一步加强企业内部管理；要与公安、工商、质监等部门相互配合，打击销售假烟行为，净化全市烟草市场环境；要不断提高企业管理、员工队伍水平；要在各方面争创一流，打造川东北烟草配送中心。在开展的“天府一号”“金叶维权”“天府之剑”等专项整治活动中，查处一批有影响的假烟网络案件。

五、市五届人大代表视察

2012 年 6 月 28 日，市人大常委会组织部分市人大代表视察医疗卫生基础设施建设重点项目。代表们到市中心医院、川北医学院附属医院、市精神卫生中心、市疾控中心、市妇幼保健院和市中医院，对 6 大医疗卫生基础设施建设重点项目施工现场进行视察，听取市级相关部门和施工单位情况汇报，对取得的成绩给予充分肯定，针对问题提出建议意见，建议市政府及其相关部门、建设实施单位要进一步增强紧迫感和责任感，加快建设，早日建成，缓解住院难、看病难，满足人民群众需要；强化责任，加快建设项目进度，要实行倒排工期，落实责任，分解任务，层层督查督办，月月跟踪落实，装修的招投标、主体工程建设等可以交叉进行，缩短工期，加快建设进度；通力协作，主动服务，项目建设过程中，涉及发改、财政、国土、环保、建设、规划等部门和顺庆区政府的工作时，各方要大力支持，共同解决具体问题；加强项目建设监管，确保项目质量，市级相关部门和各项目实施单位要加强对项目进度、质量、安全和资金的全程监督管理，把惠及民生的德政工程建成“精品工程”“廉洁工程”，确保医疗卫生基础设施项目经得起检验。

2013 年 12 月 10 日，市人大常委会组织驻市国、省人大代表和部分市人大代表开展联合视察。代表们实地视察南充化学工业园、南充现代农业产业示范园（顺庆搬罾）、南充现代物流园，听取市政府及相关部门工作汇报和情况介绍，对南充经济社会发展提出视察意见和建议。

2014 年 12 月 11 日，市人大常委会组织部分市五届人大代表视察市级医疗卫生项目建设情况。代表们先后前往川北医学院附属医院新区、市疾控中心、市中医院和市中心医院等地，听取市级医疗卫生项目建设情况汇报。代表们就进一步加大医疗卫生项目实施和投入力度、积极探索医疗卫生项目代建新模式等提出建议。代表们认为，市医疗卫生项目立项多、投入大、发展快，南充医疗卫生事业取得长足进步，技术装备和服务水平得到提高，老百姓“看病难”“看病贵”得到有效缓解，老百姓就医条件得到有效改善。代表们要求，要把发展医疗卫生事业作为民生工程的重点来抓，充分发挥技术、人才等优势，加快重点专科与基层医疗站点配套建设，坚持科学规划和布局，更好服务社会、方便群众。要引入社会资本参与医疗卫生项目建设，推动全市医疗卫生事业科学发展、加快发展、均衡发展。人大代表要充分发挥职能作用，在各级党政部门、医疗机构和老百姓之间架起桥梁，积极建言献策，做到上情下达、下情上传，助推南充医疗卫生事业发展。

2015 年 12 月 15 日，市人大常委会组织驻市国、省人大代表和部分市人大代表开展联合视察。代表们对南充经济社会发展提出建议意见。在产业培育方面，建议要充分发挥吉利汽车龙头带动作用，支持加快投产；要加大品牌建设力度，让南充符号成为一种资源；要鼓励企业在提升品牌影响力的同时，依托电子商务平台和线下销售加快产品走出去；要切实用好招商引资政策，加大对招商引资合同的审查力度。在农业和扶贫方面，要注重扶贫政策扶持和产业扶持的连续性、长效性，消除贫困村和贫困户的后顾之忧；要注重激发扶贫对象内生动力，在扶贫对象确定上不能简单依据贫困情况一刀切。在城市建设和管理方面，要切实改进市、区管理体制，增强城市规划管理的统筹力度；要保护性预留好城市生态用地，坚持高品位规划。在“十三五”规划方面，要把握国家实施的秦巴山区开发战略机遇和南充处于中国中西部陆上交通枢纽的地理优势，加强战略项目储备，加强生态农业发展规划。在地方立法方面，要充分运用好南充已经取得的地方立法权，对南充区域所有河流实施更严厉的立法保护。在发展环境方面，出台政策应注重南充实际情况，不能简单硬套上级文件，政府服务方面要解决末端不作为、乱作为问题。

2016 年 5 月 18 日，市人大常委会组织常委会组成人员和部分市五届人大代表，对城市管理工作专题询问审议意见办理落实情况进行专题视察。先后现场察看人民南路与大西街交会处交通运行情况，正阳东路佳兆业广场外公交站台车辆违规停放情况、白土坝路与西华路十字路口交通管理情况等。代表们对有关部门为缓解城市拥堵所做的工作表示满意。代表们建议，市政府相关部门一定要协调联动，按照市委“摆顺，扫干净”要求，全力整治城市管理乱象；交警部门要把路面车辆秩序管理好，城管部门要把城市市容秩序管理好，规划建设部门要把城市基础设施规划好、建设好；相关执法人员要加大路面巡逻，进一步强化城市管理工作，不断提升南充城市形象。

六、市六届人大代表视察

2017 年 7 月 12 日，市人大常委会组织部分省、市人大代表到顺庆区、嘉陵区视察环境保护工作。

先后视察南门坝提升泵站扩建、文峰污水处理厂、紫竹街幼儿园排污口、恒大绿洲排污口和市第二自来水厂双女石取水口，详细了解南门坝污水提升泵站扩建工程及污染水管网建设，应急超磁水体净化设施建设，文峰污水处理厂一期工程建设运行情况，污水排放和取水口饮用水源保护情况，现场听取相关情况介绍。代表们建议，各相关部门要高度重视环境保护设施建设，加快南门坝污水提升泵站扩建工程建设，提高泵站对城区污水的提升能力；要抓紧污水输送管道和污水处理后尾水排放等相关配套工程建设，确保文峰污水处理厂一期正常运行；要高度重视，着眼长远，科学规划，加快文峰污水处理厂二期前期准备工作，尽早开工建设并投入使用，进一步提高城市污水处理能力，减少环境污染；要加大治污力度，全面排查排污口，特别是在实施滨江大道、玉带路、江东大道等城市道路改造时，对城区原有雨污分流管道进行截污改造，做到统一设计，统一规划，统一实施，避免重复建设，最大限度减少城区污水直排，提高城区生活污水收集率，减少水体污染，从源头上解决水污染问题。代表们强调，饮用水源环境保护是关乎社会民生的大事，要加强宣传力度，强化群众的环保意识，形成强大社会舆论氛围。同时要加快第四自来水厂及其清水管道和原水输水管建设进度，保证按时关闭主城区现有取水口，彻底解决城区饮用水源安全问题。

2017年8月9日，市人大常委会组织市人大常委会组成人员、部分省、市人大代表，专题视察“三场攻坚战、三场保卫战”推进情况。先后视察鑫达南充生产研发基地、南充三环电子有限公司、吉利南充新能源商用车研发生产项目、南充经开区新材料产业园，详细了解企业发展规划和生产经营情况。观看2017年上半年“三场攻坚战”纪实短片，听取市级相关部门负责人情况介绍。视察组认为：要站位全局，紧贴中心，当好“三场攻坚战、三场保卫战”倡导者，市人大常委会及其组成人员，必须自觉把思想和行动统一到市委决策部署上来，充分发挥密切联系群众和代表优势，联系各方面人脉资源优势，积极宣传好市委决策部署，宣传好南充的信心和决心，更加广泛凝聚共识和力量。要实事求是，立足实际，当好“三场攻坚战、三场保卫战”力行者，要通过对“一府两院”工作的监督，进一步共谋难点，发现问题，提出好的意见和建议，推动各项工作又好又快实施。要依法办事，尽职尽责，当好“三场攻坚战、三场保卫战”的实施者，要发扬善于吃苦，善于谋划，敢打硬仗的精神，推动工作再上新台阶。

2017年9月11日，市人大常委会组织部分省、市人大代表视察高等职业教育和民办教育工作。视察组先后到南充职业技术学院、南充电子信息产业技术研究院、南充第十一中学、南职蓝天驾校等进行视察。代表们认为，加快现代职业教育体系建设，培养高素质劳动者和技能型人才，是社会发展的必然要求；要着力解决职业教育与普通教育互联互通问题，建立“工学结合、校企合作、产教融合”办学模式，加快公共实训基地建设，着力解决人才培养与市场需求脱节问题。代表们建议，要切实把职业教育摆在更加突出的位置，遵循职业教育经验，促进南充职业教育水平不断向前发展；要注重培养高素质的教师队伍，通过培养名师，评选名师，促进学校教育水平再上新台阶；更加注重改革创新，更加注重促进公开，更加注重对外开放，不断解放思想，开拓思维，加快培养具有专业技能与工匠精神的高素质劳动者和技术技能人才；要结合南充实际和产业发展需求，加强骨干专业和创新型专业建设，不断优化和调整专业设置，更好地为全市经济社会发展培养大批实用型技术技能人才；要深化教育体制改革，优化教育资源配置，打造精品教育，特色教育，办人民满意教育，推动全市教育事业不断进步。

2017年11月6日，市人大常委会组织部分市人大常委会组成人员、省市人大代表前往嘉陵区视察重点建设项目推进情况。视察组先后前往吉利南充新能源商用车研发生产项目、银翔南充汽车项目、凤垭山天乐谷景区项目、李渡嘉陵江大桥项目、黄金江岸项目等建设现场进行视察，详细了解项目规划、工期推进、资金保障等情况。代表们建议，各重点建设项目，要按照市委要求，科学谋划、精心部署，制定时间表、路线图，对照目标任务，扎实推进建设进度，尽快实现重点项目开花结果。各部门要通力协作，紧密配合，加大协调力度，积极解决项目建设中的难点问题，并做好考核和督导。要高标准、严要求、确保建设项目的质量并确保施工安全，建设人民满意工程。

2017 年 12 月 14 日，驻南充部分省、市人大代表对市中小企业发展情况进行专题视察。代表们先后前往南充依格尔纺织品有限责任公司、嘉陵区创业小镇、南充清软海芯科技有限公司、南充星荃智元科技有限公司等地进行实地视察。在专题座谈会上，与会代表听取市政府关于全市中小企业发展情况汇报，听取部分中、小企业生产经营及企业发展情况汇报。代表们指出，南充中小企业收获创新驱动发展成果，呈现出小企业体现大能量，低消耗实现大成效，高科技创造大品牌，集优势成就大梦想的良好发展局面。建议各级各部门要一如既往关心、关注中小企业发展，积极抓好企业培育，加强要素保障，加大项目包装，千方百计推动中小企业发展。企业要积极争取政策，用好用活现有政策，开源节流挖掘自身潜力，总结提炼完善发展经验，不断拓展发展新路径。希望省、市人大代表要依法履职，积极参加市人大常委会组织的各项活动，利用各自能力和智慧，助力南充中小企业发展。中小企业要正视“整体结构不优、竞争能力不强、要素支撑不足、综合效益不好、发展环境欠佳”等实际问题，要进一步加大政策扶持力度，完善梯度培育体系、增强企业自身活力、破解企业融资难题、优化企业发展环境。市人大常委会要继续关注中小企业的生存与发展，有针对性地组织专门的视察、调研、督导，力所能及地为实体经济办实事、解难事，与政府一道，共同努力为中小企业发展保驾护航。

2018 年 3 月 19 日，市人大常委会组织部分省、市人大代表视察市中级人民法院工作情况。视察组首先到市中级人民法院审判庭及荆溪片区公共人防工程建设现场，了解项目建设进度、功能分区等情况。随后，视察组到诉讼服务中心、执行指挥中心等地，详细了解法院信息化建设、便民举措、案件办理等内容。在座谈会上，代表们认为，市中级人民法院无论是案件执行还是信息化建设都取得显著成效。同时，法院在平安建设、脱贫攻坚、便民诉讼、处非工作、法治宣传等方面精准发力，充分体现人民法院保障服务大局的责任担当和使命自觉。代表们建议，要牢固树立“四个意识”，坚定正确政治方向，坚决做到维护核心，绝对忠诚，听党指挥、勇于担当，把法院工作主动融入市委中心工作，为南充经济社会发展提供坚强的司法保障；要始终坚持法治理念，切实维护公平正义，全市法院要把“法治思维和法治方式”作为工作全面发展的主要方法的内在要求。要自觉主动接受监督，不断改进完善工作，既要树立“监督就是支持”的理念，又要加强与人大代表的联络沟通，多邀请人大代表参加旁听庭审、评查案件、见证执行。要高度重视队伍建设，全面提升司法形象，紧紧围绕“正规化、专业化、职业化”的要求，全面强化法定和辅助人员的责任意识、程序意识、公正意识，确保法院干警“内外双优秀”。

2018 年 10 月 15 日，市人大常委会组织 100 名市人大代表，分成 6 个小组开展“摆顺扫干净不拥堵”专项视察活动。6 个小组分别前往顺庆区丝绸路，人民广场，南充北高速出口、潆溪大道、铁昌路、西华路、红光路、玉带路、高坪区金融中心广场、王府井广场、小龙门村、鹤鸣花园、安汉广场、高坪机场入口，嘉陵区白马大道，滨江大道、南虹路、成南高速嘉陵出口、嘉陵大道、都尉路等地，视察道路交通保障、环境卫生提升、建筑立面改造等情况。代表们认为，市、区相关部门认真履职尽责，重拳整治城市乱象、市容市貌、交通秩序等城市管理工作取得显著成效。代表们建议，市、区各相关部门要树立长期思想，持之以恒抓好落地落实，将“摆顺扫干净不拥堵”作为一项长期性工作一干到底；要树立科学思想，运用智能手段、科学手段管理城市，进一步提升城市管理工作的效率和质量；要理顺管理体制，实行多方合作，各相关部门加强协同配合，有力有序有效开展各项工作。各级人民政府要为职能部门履行职责提供资金、人力、政策等保障；市人大及其常委会要及时出台相关法规，为城市管理工作提供坚强法律后盾；全市人大代表要充分发挥职能，积极调研、献策，在各级党委政府和老百姓之间架起沟通桥梁，形成齐抓共管良好社会氛围。

2018 年 12 月 12 日至 13 日，驻市国家、省人大代表和市人大政务组代表，联合视察南充经济社会和民生事业发展情况。代表们实地视察滨江路亮化工程、川东北金融中心、城市道路改扩建项目、上中坝生态湿地保护工程、中法农业科技园等重点项目建设情况，听取 2018 年全市经济社会和民生事业发展情况汇报。代表们认为，各级人大代表要唱响主旋律，凝聚思想共识，切实发挥好桥梁纽带作用，引导社会各界看清发展主流、融入发展大局，努力为南充“建设成渝第二城，争创全省经济副中心”凝聚力量。要画好同心圆，强化责任担当，在自身岗位上，在不同领域中，当好先锋，做好表率，紧扣中心担当责任，紧盯大局出智出力，齐心协力为决胜全面小康、实现大城崛起增添人大力量。要增强使命感，依法高效行权，切实增强行权履职的积极性和主动性，深切体会南充的发展实情，发展困难和发展愿景，多到基层“接地气”，多向群众“问疾苦”，多去一线“察实情”，认真听取各方意见，积极反映各方诉求，为人民群众代真言，为南充发展代好言。各级人大代表要紧紧围绕经济社会发展中的重大问题、群众关心关注的热点问题扎实开展调查研究，认真整理议案建议；利用好两会契机，积极向上反映南充的声音，愿望和困难，努力在项目上、资金上、政策上为南充赢取更大支持。市级相关部门要主动加强与国省人大代表的沟通联系，把职能内的好建议、好想法、好点子贡献出来，帮助国省代表形成一批有质量、有见地、可操作的议案建议，以更好地展示南充智慧，提供南充方案，服务南充发展。会上，市政府负责人向全市各级人大代表为政府工作鼓励喝彩，建净言、献良策表示衷心感谢。市政府将诚恳接受各级人大代表对政府工作的意见和建议，把各位代表提出的意见建议进行梳理分类，逐条研究，落实整改，将其转变成南充发展实实在在的成效。热切期望各代表对政府工作继续给予大力支持。

2018 年 12 月 27 日，市人大常委会组织 90 余名人大代表开展市辖三区“摆顺、扫干净、不拥堵”专项视察。人大代表分成 3 个组，分别前往顺庆区、高坪区、嘉陵区就交警路面执法、建筑立面改造、城市绿化改造，清扫保洁等情况进行视察。座谈会上，市政府负责人就市辖城区“摆顺扫干净不拥堵”工作进行汇报，听取汇报后。市人大常委会主要负责人说，“摆顺扫干净不拥堵”是一项长期工作，需持之以恒。《南充市城市园林绿化条例》《南充市城镇环境卫生管理条例》先后颁布实施。省十三届人大常委会八次会议批准《南充市道路车辆通行管理条例》，并将于 2019 年 3 月 1 日正式实施。这些条例的实施促进了城市管理工作，提升了城市“颜值”。要认真学习贯彻三个条例，持之以恒抓好落地落实；要文明执法，严格执法、人性执法，进一步提升城市管理工作质量；要完善基础设施，从源头上解决乱停问题；要理解关怀城管、环卫职工和交警，爱护他们的劳动成果，共同创造和维护美丽家园。

2019 年 3 月 19 日，出席市六届人大四次会议的 500 余名市人大代表视察“印象嘉陵江”湿地公园、黄金江岸项目、凤垭山孝心台夜景、城市夜景、江东音乐喷泉等多个重点城建项目，实地感受近年来南充发生的喜人变化。代表们一路看一路议，越看越欣喜、越看越激动，每到一处视察点，都纷纷掏出手机，拍照留念。一天的视察中，代表们亲身感受到城市发展的日新月异。大家纷纷表示，将进一步发挥人民代表作用，充分反映社情民意，更加关注和支持城市建设，为建设成渝第二城、争创全省经济副中心不懈奋斗。

2019 年 12 月 9 日至 10 日，市人大常委会组织驻市国家、省人大代表和部分市人大代表对南充经济社会发展情况开展联合视察。代表们实地视察南充化学工业园危险废物综合处置项目、南充化学工业园精对苯二甲酸项目、嘉陵区黄金江岸建设项目，并听取南充经济社会发展情况汇报。在视察危险废物综合处置项目、精对苯二甲酸项目、黄金江岸项目时，代表们深入项目建设现场，详细了解项目发展规划、建设进度、经济效益等情况。由四川晟达化学新材料有限责任公司投资建设的精对苯二甲酸项目，总投资约 45 亿元，占地面积 960 亩，该项目的建设可有效带动南充聚酯树脂、丝纺服装、汽车汽配、瓶片包装等行业发展。嘉陵区黄金江岸建设项目北接西河长廊，西连南湖公园，东达猪山松林，南抵凤垭山景区，项目按照“亲水性、生态性、通透性、休闲性、人民性”要求实施建设。通过视察，代表们深刻感受到南充加快发展、创新发展、跨越发展取得的良好成绩，对南充建设成渝第二城、争创全省经济副中心的宏伟目标充满信心。建议南充发展一定要坚持大抓项目，抓大项目，推动更多大项目、好项目向南充聚集，以项目建设推动经济高质量发展；要下定决心抓好县域经济的发展，要最大限度调动各县（市、区）发展积极性，激发县域经济发展潜力，加快补齐县域经济发展的短板；要注重防范化解重大风险，要坚持底线思维，增强忧患意识，提高防控能力，切实把防范化解风险隐患各项工作部署落实落细，见到实效。各级人大代表要主动作为、当好表率，紧扣南充发展大局，紧扣市委中心工作，多建言献策、多出智出力，努力为南充建设成渝第二城、争创全省经济副中心贡献力量。要深入基层察民情、问民需、解民忧，以此次视察为契机，积极反映各方诉求，针对南充发展的实际情况，提出有质量、有见地、可操作的议案建议。汇报会上，国家、省人大代表围绕科技创新、产业兴市、人才培养、风险防范、数字经济、脱贫攻坚等各个方面为南充发展提出中肯的意见建议。

2020 年 4 月 22 日，市人大常委会到嘉陵区视察市重点招商引资项目复工情况。实地视察北京中农联农产品电商产业小镇、浙江吉利新能源客车及商用车动力总成车间、四川顺成丝织服装及口罩生产基地、北京燕京啤酒等市重点招商引资项目，并就南充市近年招商引资项目建设进度、到位资金情况及建设中存在的问题与困难等进行详细了解。视察组对各企业为积极复工复产所做出的努力表示肯定，针对企业涉及进一步恢复产能的工作指出，企业方面要积极主动、奋勇争先，安全有序抓好复工达产工作，相关部门要全面了解招商引资企业在复工达产的需求和面临的困难，尽快把影响复工复产的堵点找出来并解决之，全力推动全市招商引资企业复工达产。

2020 年 10 月 13 日，市人大常委会对全市现代农业园区建设工作开展专题视察。先后视察嘉陵区柠檬生猪种养循环现代农业园区、西充县粮油现代农业园区、西充县有机果蔬现代农业园区、南部县柑橘现代农业园区、仪陇县蚕桑现代农业园区。在嘉陵区天兆猪业“楼房式”种猪场、西充县农事综合服务中心、“有机村”有机文化博览馆、南部县基地水肥智能控制中心、仪陇县桑蚕文化展示馆等地，视察组详细听取当地现代农业园区建设发展有关情况介绍，并就强化农业科技支撑、规范农业社会化服务、提升农产品质量、发挥龙头企业牵引作用等方面，与园区业主、当地县乡干部进行深入探讨交流。视察组指出，2020 年是打赢脱贫攻坚、全面建成小康社会和全面完成“十三五”任务的收官之年，脱贫攻坚堡垒能否攻克，小康社会是否底色十足，关键看“三农”工作成效。各级政府要认真贯彻习近平总书记“三农”工作思想，夯实粮食安全基础，端牢中国饭碗，认真贯彻省委有关“三农”工作的决策部署，特别是抓好全省现代农业园区建设现场会议精神的贯彻落实，充分认识到加快推进现代农业园区建设是稳住农业基本盘、实现农业多贡献的重要抓手，是在常态化疫情防控的大背景下抓“六保”促“六稳”、做好农业农村农民工作的重要支撑，是在“四化”同步发展的大逻辑下推动农业现代化、实现高质量发展的关键之举。要高质量高标准建设现代农业园区，继续发挥南充传统农业优势，做大擦亮四川农业大省金字招牌。要做强产业基地，坚持围绕现代农业“5＋5”产业体系规划布局，坚持区域化、流域化、全域化布局，发展大产业、建设大园区。要做大精深加工，合理确定加工类型和加工产能，不断延伸完善农产品产业链条，提高农产品附加值，打造产业链条完备的高效园区。要聚焦“农业多贡献”，大力推进高标准农田建设和农业基础设施建设，不断完善园区路、水、电、气基础设施，加大农业科技投入，努力提升全市现代农业产业技术水平和经营能力。

2020 年 11 月 4 日，市人大常委会组织常委会组成人员、部分市人大代表，对南充市出台的《南充市城市道路车辆通行管理条例》实施情况开展专题视察。视察分三个小组进行，在顺庆区、高坪区、嘉陵区相关区域、重要交通节点、电动车销售点、地下停车场等进行实地察看。调研组成员先后视察车辆规范行驶、停车情况，电动车登记情况和违法生产、改装、销售等情形的治理情况，深入了解全市智能交通指挥系统建设、三、四轮电动车整治情况等，并对已建成的规划停车场所被挪用问题整改处理情况等进行重点视察，现场征询群众对《南充市城市道路车辆通行管理条例》（以下简称《条例》）实施情况的意见和建议，认真听取交通管理、城管等部门在相关点位所作的情况汇报。视察组指出，《条例》是专门针对南充市在城市道路交通方面存在的突出问题而制定，有很强的针对性和创制性，《条例》的有效实施与广大市民群众生活息息相关。视察组建议交警和城管部门、各街道办要建立健全行之有效的道路管理工作协同机制，严格规范文明执法；要持续通力协作、紧密配合，有针对性地对城区车辆乱停乱放的乱象进行严格治理，划定停车位，规范停车，实现道路交通管理责任立体化，构建共建共治共享的社会治理格局，确保条例得到全面贯彻落实；要借助主流媒体，依托新媒体，持续加强《条例》宣传，提高广大群众对《条例》的知晓率和交通安全意识，进一步增强地方性法规的社会影响力，让条例成为全市人民的共同守则。

2020 年 11 月 19 日，市人大常委会专项视察组到顺庆、高坪、嘉陵区开展养老服务体系建设专项视察。视察组实地察看市社会福利中心、顺庆区李家镇爱老疗养院、潆溪镇福顺康养中心、高坪区东观镇敬老院、鹤鸣山老年养护中心、嘉陵区南湖街道泥溪口日间照料中心、五福堂颐养院等地，详细了解养老服务体系建设规划、体制机制建立、居家和社区养老服务保障等情况，听取顺庆、高坪、嘉陵区关于养老服务体系建设情况汇报，专项视察组成员提出意见建议。视察组认为，从前期专题调研和现场视察情况来看，市政府及相关职能部门对养老服务体系建设高度重视，在搭设政策框架、建构服务体系、落实配套福利、提升运行质量、探索服务模式等方面做了大量卓有成效的工作，取得阶段性成效。同时也还存在配套和引导资金不足、政策落实力度不够、发展不全面不均衡、人才数量质量欠缺等问题。视察组强调，养老服务体系建设是社会关注、群众关心的重大民生工程，要认真贯彻中、省和市委有关指示精神，主动作为，创新思路，探索举措，努力实现“老有善养”。一要坚持政府主导、全面发展。加大政策支持和引导力度，加强政府在制度、政策、规划、监管、服务等方面的主导作用，营造平等参与、公平竞争、开放透明的市场环境。二要坚持分类保障、统筹发展。坚持优先保障城乡特困人员、重点优抚对象等特殊困难群体老人的基本养老，持续做好全国第五批社区居家养老试点，创新推动社区居家养老服务。三要坚持深化改革、创新发展。积极深化养老服务业发展综合改革，推动养老服务在政策、服务供给模式、养老保障制度、监管方式、服务内容等方面的创新，充分激发市场活力。四坚持长效监管、安全发展。推进养老服务业规范化、专业化建设，实行各类养老服务机构分类管理。加强部门监管、部门配合和行业规范，制定和完善各类养老服务标准，探索依靠第三方专业机构开展评估和指导，提高服务质量。

2020年12月21日至22日，市人大常委会组织部分驻市全国人大和省人大代表对南充经济社会发展情况进行联合视察。40多名国、省人大代表实地视察西充现代农业园区、顺庆区中科九微科技有限公司、南充高中临江校区，并听取市人民政府关于2020年南充经济社会发展情况汇报。座谈会上，与会人大代表充分肯定南充市经济建设、社会发展、教育发展、项目建设、城乡面貌等各个方面都发生巨大变化，对南充市各项工作、特别是抗击疫情、恢复经济发展、改善民生福祉等方面工作给予充分肯定。代表们还从人才引进、老城区改造、深化改革、产业发展等各个方面提出中肯的意见和建议。视察组认为，要珍惜来之不易的成绩，增强必胜的信心和决心；要直面前所未有的困难，增添有效的举措和办法；要担当大城崛起的使命，凝聚发展的动力和合力，各级人大代表要敢于担当、履职为民，为人民群众代真言，为南充发展代好言，积极为南充建设成渝第二城、争创全省经济副中心、打造成渝地区双城经济圈次极核贡献力量。

第四节　代表履职评价

2015年，市人大常委会人事代表工委着手起草《南充市人民代表大会代表履职绩效考评办法》（以下简称《办法》），准确全面记录代表履职情况，促进代表依法履职，更好为代表履职服务。配套开发软件系统，着力推动代表履职具体化、公开化、可量化。在《办法》起草过程中，查阅相关法律法规，借鉴浙江省和渭南、黄石、郴州、师宗等外省、市以及四川达州等市代表履职考评情况，到县（市、区）和代表中进行专题调研，召开有基层代表、从事法律工作的代表和县（市、区）人事代表工作负责人参加的专题座谈会。2016年年初，初稿形成后，印送市五届人大常委会组成人员征求意见，个别组成人员提出修改意见。按照2016年《中共中央关于加强和改进人大代表、政协委员有关工作的通知》中关于加强人大代表、政协委员履职管理和市委《关于进一步加强人大工作和建设的意见》中关于建立人大代表履职网上登记系统和评价系统要求，代表履职工作被列为人大改革创新考核项目和年度目标考核项目。2016年，在蓬安县和嘉陵区进行试运行。2017年全面推开。在运行过程中，发现指标设置不尽科学、真实性难以把握、及时性难以保障等问题，2018年4月，在南部县召开县（市、区）人代工委负责人和个别代表参加的座谈会，再次对《办法（草案）》及计分细则进行修订。2018年10月11日，市人大常委会主任会议上，市人大常委会人事代表工委报告代表履职评价工作和办法起草情况，市人大常委会领导、各委（室）负责人提出意见建议，对《办法（草案）》标题和内容进行全面修改，并再次征求各委（室）负责人意见，形成《南充市人民代表大会代表履职评价暂行办法（草案）》。2018年10月31日，市六届人大常委会十六次会议通过《南充市人民代表大会代表履职评价暂行办法》。本办法所称履职评价，系对市人民代表大会代表履行人大代表职务相关信息进行登记管理和分析评价。代表履职评价由市人大常委会组织，市人大常委会人事代表工作委员会负责日常工作，各县（市、区）人大常委会负责本选举单位所属代表履职评价组织工作。代表履职信息来源于人民代表大会会议期间（包括出席人民代表大会全体会议、代表团会议、小组会议情况），审议议案、决定、决议、报告和其他议题发表意见情况，提出议案和建议、批评、意见情况，参加市人民代表大会会议期间的其他工作；人民代表大会闭会期间（包括列席市人大常委会、各专门委员会的会议情况），参加市人大常委会组织的执法检查、工作评议、视察、调研、专题会议等活动情况，以代表身份应邀参加党政群团活动和社会活动，参加履职学习培训情况，参加代表小组、人大代表之家活动情况，围绕中心工作和社会普遍关注的热点难点问题，开展视察调研，提出视察建议，撰写调研报告等情况，联系基层群众，收集社情民意，反映群众诉求，化解矛盾纠纷，帮助群众解决实际困难，为群众办实事好事等情况，同选举单位联系，接受选举单位监督等情况，参加县（市、区）人大常委会组织的活动等情况，其他履职事项。代表履职信息依托“南充市人大代表履职服务平台”进行登记管理，代表参加市人民代表大会情况，由大会秘书处登记；代表参加市、县（市、区）人大常委会组织的会议活动情况，由市、县（市、区）人大常委会有关机构登记；代表参加代表小组活动或自行召集开展活动，由活动组织者登记；代表个人自行开展活动，由代表个人登记；若代表本人操作有困难，可委托他人代为登记，或采用纸质方式记录后交市人大常委会人事代表工作委员会登记。代表履职信息实行分级复核，县（市、区）人大常委会对所在选举单位所属代表活动情况进行初审，市人大常委会人事代表工作委员会对各项信息进行确认。市人大常委会采取计分方式对代表履职信息进行分析评价，计分细则由市人大常委会主任会议确定。评价时段为每年1月1日至12月31日。被暂停代表职务，暂缓确定评价等次。解放军代表履职信息委托南充军分区进行登记管理。代表个人履职评价结果运用，在次年人代会上对上年度评价情况予以通报，作为评选优秀代表、推荐参加连选的重要依据，凡年度得分低于60分的，由本人向选举单位作出书面说明。

第五节　代表培训

1993年至2020年，市人大常委会将代表培训工作作为提升代表履职能力、强化代表工作基础来抓。历届市人大常委会都对新任代表进行全覆盖集中培训，集中培训代表3000余名。在培训中，紧扣法律法规学习和履职经验交流两大主题，采用专家授课和代表交流相结合方式进行，时间集中、内容丰富、形式灵活，参训代表对人民代表大会制度和人大相关法律法规的理解更为深刻，对新代表如何履职，受益匪浅。同时，组织外出履职能力提升培训。选送市人大代表参加全国、省、市人大常委会组织的履职能力提升班培训1356名。培训中，系统学习中央大政方针、省委决策部署，市委工作要求，学习《中华人民共和国地方各级人民代表大会和地方各级人民政府组织法》《中华人民共和国全国人民代表大会和地方各级人民代表大会代表法》《中华人民共和国村民委员会组织法》等法律法规，提高代表的整体素质和履职能力。其间，2016年12月19日，市六届人大代表任前培训班在宇豪大酒店开班，新当选的310多名市六届人大代表参加培训班学习。市人大常委会副主任李在伟主持开班仪式，市人大常委会主任袁险峰出席开班仪式并讲话。培训班采用以会代训形式，邀请全国人大常委会代表资格审查委员会办公室原主任、全国人大常委会办公厅联络局原巡视员李伯钧，省人大法制委员会副主任委员张力，西华师范大学法学院党委书记刘永红等，就《中华人民共和国宪法》《中华人民共和国各级人民代表大会常务委员会监督法》和人大代表依法履职要求进行专题培训，并就市人大代表履职登记系统进行操作演练。培训期间，组织代表观看警示教育片《警钟》。袁险峰在讲话中指出，要当好人大代表，必须讲政治，强定力，始终把握正确的政治方向，充分认识坚持党的领导的重要性，把党的领导贯穿于人大依法履职整个过程、落实到人大工作各个方面。要不辜负组织对大家的政治信任，用实际行动回馈组织的厚爱，无愧代表神圣使命。要保证党的决策部署得到全面有效执行，始终把坚持党的领导摆在最核心的位置，牢固树立政治意识，时刻保持清醒的政治头脑，无条件地执行好党的决定。袁险峰强调，人大代表一定要讲担当、顾大局，充分发挥参与决策和管理的作用，积极为实施“155 发展战略”建言献策；要充分发挥监督和协助作用，通过参加人代会和闭会期间的视察、检查和调研等活动，针对“一府两院”及有关部门在工作中出现的问题，依照法定程序和方式，提出建议、批评和意见，督促问题解决，保障法律法规的正确实施，促进各项行政、司法工作的落实。要充分发挥桥梁和纽带作用，善于倾听群众的呼声、收集群众的意见、反映群众的愿望，宣传市委市政府的重要决策和工作成效，引导群众增强发展信心，形成发展合力。要充分发挥模范和带头作用，立足本职、顾全大局，争当改革开放的先行者、经济建设的生力军、发展致富的带头人。

第六节 人大代表之家

2014 年，南充市启动市人大代表之家建设工作。市委办公室和市人大常委会办公室联合印发《关于在乡镇和街道建立人大代表之家的通知》。9 月 4 日，市人大常委会组织召开全市建立“人大代表之家”工作会议。12 月底，全市 421 个乡镇、街道基本完成建立工作。2015 年年底，市委印发《关于加强县乡人大工作和建设的实施意见》，强调人大代表之家建设的重要意义。各级人大常委会坚持“立足实际、因地制宜、整合资源、注重实用”建设原则，在乡镇（街道）开展建设人大代表之家，努力为代表开展活动提供规范性、综合性的平台，在较集中的村（社区）设立人大代表联络室，延伸代表活动阵地。2019 年，全市共建设人大代表之家和人大代表联络室 437 个，实现乡镇（街道）人大代表之家全覆盖、人大代表之家联系代表全覆盖。各级人大常委会围绕“代表平台建设好、代表制度执行好、代表活动开展好、代表作用发挥好”建设目标，合理布置建设内容，持续强化人大代表之家服务功能。通过搭建学习平台，提升代表履职能力；通过搭建接访平台，密切代表与群众的联系；通过搭建活动平台，增强代表监督实效；通过搭建展示平台，激励代表有为有位。各级人大常委会按照“有固定场所、有醒目标牌、有必要经费、有负责人员、有规章制度、有具体安排、有详细记载”的建设标准，根据代表工作实际需求，不断提升保障条件、完善工作制度、充实人员力量，基本做到基础硬件规范、制度建设规范、保障机制规范、代表活动规范、台账资料规范和服务管理规范。在人大代表之家建设中，着眼能力提升，建立健全培训机制。嘉陵区每年为区、乡人大代表集中开展 1—2 次人大知识专题培训，采取集中学习、收看影像、寄送资料等多种方式组织代表学法律、学业务、学技能。南部县采取轮训、履职交流、知识竞赛等方式，帮助人大代表提高履职能力与素质，切实解决代表“不敢履职、不善履职”的问题。仪陇县人大常委会、县政府、县人民法院、县人民检察院定期向代表寄送工作通报，鼓励乡镇人大创建代表微信群、QQ 群，及时向代表通报工作情况，为代表知政知情、学习交流提供便捷服务。顺庆区为方便代表和群众进人大代表之家开展活动，制作代表联系群众流程图，对人大代表之家运行管理作出详细规定。蓬安县为各乡镇制订人大代表之家年度活动计划，大力开展一次培训学习、一次专题视察、一次专题调研、一次履职交流的“四个一”活动。嘉陵区指导乡镇人大和街道人大工委组织代表每月固定时间轮流“坐班”接待选民，按照“接待选民—意见登记—分类处理—跟踪督办—办理反馈—登记存档”的方式处理受理群众问题，做到“一告知，两登记、三分类、四转办”闭环管理，推动群众反映问题得到有效解决。高坪区每半年开展一次乡镇人大工作督导，适时组织经验交流，用好的典型带动全区人大代表之家建设工作迈上新台阶。阆中市为每位代表建立履职档案，详细记录代表接待选民、解决问题等情况，作为届内履职表现和下届连任的重要依据。西充县组织县人大代表在选区乡镇向选民述职，并接受选民现场满意度测评，选民满意率达98%以上，代表的责任感、使命感明显增强，参与活动次数明显增加，提出意见建议的数量质量明显提升。嘉陵区建立并启动人大代表履职信息平台，根据视察调研、民情日记、接待选民、述职评议结果、履职承诺兑现等方面，对代表履职情况进行量化考核，提高代表履职的积极性、主动性和创造性。蓬安县将人大代表之家建设融入中心工作，号召代表在疫情防控中勇当防疫员，在脱贫攻坚中争当向导员，在纠纷治理中抢当调解员。嘉陵区大兴乡组织代表围绕经济建设、法律贯彻实施和群众反映的热点问题进行监督，开展脱贫攻坚迎接国家普查、村庄清洁行动、防止非洲猪瘟等系列专题调研，督促政府在经济发展中不越位、解决群众问题不缺位、落实法规政策不错位。在“双走访”活动中，全市各级人大充分发挥人大代表之家作用，组织代表围绕市委“发展实体经济、做强产业支撑”决策部署，认真倾听企业呼声，积极回应群众关切，汇总梳理交办为企业群众纾困解难的问题、建议，助推全市经济社会发展。在疫情防控阻击战中，各地人大代表之家积极响应市人大常委会号召，组织代表以强烈的责任意识和深厚的为民情怀投身疫情防控工作，践行“人民选我当代表、我当代表为人民”的初心使命。在“脱贫攻坚——人大代表再行动”活动中，营山县2500多名人大代表均联系1至2户贫困户，代表们为贫困户开展脱贫政策、涉农法律、农村实用技术等培训1000余场次，提供生产发展和就业信息6000余条，排查化解矛盾纠纷200多起，引进、培育到村到户的产业项目3000多个，协调落实扶贫资金8000多万元，赢得人民群众对代表的信任和肯定。嘉陵区把代表的“身份信息、履职承诺、履职成果”在人大代表之家公示栏中亮相，通过“三亮”活动促进代表端正态度、改进作风，让群众放心进“家”反映问题。营山县东升镇发挥代表宣传解释政策身份优势，在南大梁高速、巴南广高速等征地拆迁项目中，组织以人大代表为主要成员的“政策宣传队”，走村串户，面对面、心贴心为群众宣传政策，为项目的快速推进贡献代表力量。高坪区斑竹乡按照代表本职工作将代表划分为产业发展、扶贫帮扶、矛盾调解等小组，让代表在服务群众中充分发挥专业优势，收到实实在在的成效。至2020年，全市人大代表之家建设达到建家有品、管家有方、用家有为的良好效果。

第七节　优秀人大代表表彰

1996年11月28日至29日，市人大常委会召开优秀市人大代表（小组）和人大工作先进个人（集体）表彰大会。出席会议的有李正培、李慎宽、李川、赵培善、傅金凤、杜元耀、杨元生、田远志、袁天锡、谢志远、樊荣华、杜河清、常思九、李志光、杨汉翔等领导。全市55名优秀市人大代表、48名人大先进工作者、10个先进市人大代表小组、专业组和20个人大工作先进集体受到表彰。

部分受表彰的先进个人和集体代表在会上交流经验。市委书记李正培在会上指出，要进一步提高新形势下加强人大工作和代表工作重要性认识，促进人大工作和代表工作依法开展。人大代表要进一步增强依法管理国家事务的责任感和使命感，要认真学习和贯彻党的十四届六中全会、省委六届七次全委会和市委一届五次全委会精神并落到实处；充分反映人民群众的意见和要求，全心全意为人民服务；进一步增强参与意识，想全局、议大事、积极协助政府切实推进改革开放和经济建设。市委副书记、代市长李川在会上充分肯定各级人大及其常委会对政府工作的监督和支持，他要求各级政府进一步从改进政府工作、防止腐败和巩固人民政权的高度来认识和自觉地接受人大代表和人大常委会的监督，要从人、财、物上积极支持人大工作，主动为人大代表和人大常委会依法行使职权创造良好的条件。市人大常委会主任李慎宽对全市人大工作和代表工作进行全面、系统总结。他指出，各级人大不断坚持和完善人民代表大会制度，地方人大工作取得新的进展；要重视抓好代表基础工作建设，人大代表参与决策、执法监督、桥梁纽带和模范带头作用得到充分发挥；各级人大代表和人大常委会机关工作人员立足本职，勤奋工作，争做优秀的人大代表和合格的国家公务员。他要求以人为本，不断提高代表素质；以职责为重，人大常委会机关工作人员要做到政治上坚定、理论上成熟、作风上过硬、业务上精通、工作上勤奋、纪律上严明、保证人大常委会机关工作正常运转。

2001 年 10 月 24 日，市二届人大常委会十八次会议决定，表彰优秀市人大代表 58 名：

顺庆区 4 人：杨培源、吕世璠、杨兴碧（女）、弋光全；

高坪区 4 人：范果太、夏在州、阳礼文、蒲元章；

嘉陵区 4 人：姚本莲（女）、张成富、张学军、刘光发；

西充县 5 人：冯锐志、黄明槐、王清茂、高华英（女）、赵永焕（女）；

阆中市 6 人：蒋辅义、王明奎、罗永林、罗德满、来建勋、周玉梅（女）；

南部县 8 人：何国恺、王泽碧、杨顺孝、邓清华（女）、王德永、赵继章、王用生、罗先锋；

仪陇县 6 人：刘光福、陈善荣、唐琦、吴名仕、涂玉华（女）、罗存选；

营山县 6 人：杨毓培、莫恒彪、汪嗣荣、曾宗琪（女）、黎荣、杨其孝；

蓬安县 5 人：赵正铭、刘伦莉（女）、李兴国、范琼花（女）、张文毅；

部队 1 人：赖淑君（女）；

专业组 9 人：马昌群（女）、刘文瑞、李国炯、周绍君（女）、余善卫、毛淑芳（女）、王永玉、汤德元、陆大兴。

先进市人大代表小组 11 个：

市级机关农业专业组、市级机关城环专业组、顺庆第一代表小组、高坪第一代表小组、嘉陵第二代表小组、西充农业专业代表小组、南部第二代表小组、阆中农业代表小组、营山第三代表小组、蓬安第二代表小组、仪陇第三代表小组（农村经济）。

人大工作先进集体 15 个：

南部县人大常委会、阆中市人大常委会、营山县人大常委会、市人大法制委员会、市人大农业委员会、市人大常委会办公厅、顺庆区人大常委会办公室、高坪区人大常委会办公室、嘉陵区人大常委会办公室、西充县人大常委会人事代表工委、南部县人大常委会办公室、阆中市人大常委会法制工委、营山县人大常委会办公室、蓬安县人大常委会财经工委、仪陇县人大常委会办公室。

人大工作先进个人 23 名：

市人大常委会机关 5 人：赵学宽、唐恒金、王永茂、陈仕鹏、罗宇顺。

顺庆区 2 人：李彦成、张建雄。

高坪区 2 人：曾兴周、王耀德。

嘉陵区 2 人：杜元富、袁文才。

西充县 2 人：杨国辉、杜建辉。

南部县 2 人：程明安、庹有鸣。

阆中市 2 人：李旭东、张先贵。

营山县 2 人：唐德友、冯向东。

蓬安县 2 人：吴刚、杜柏华（女）。

仪陇县 2 人：何文德、廖大为。

2019 年 12 月，市人大常委会决定，对马婕、邓如云、邓俊辉、李化树、李秀琼、李智琴、杨志强、杨桂华、杨建芳、张寿伯、陈芳、陈蓉、陈自新、胡文军、唐涛、谢敏、黄治文、董文斌、敬永国、蔡青海等 20 名 2018 年度履职优秀市人大代表予以表彰。

2019 年 12 月，在新中国成立 70 周年、地方人大设立常委会 40 周年和南充市人民代表大会成立 26 周年之际，市人大常委会决定，对王明奎、刘友生、刘美华、李晓兰、李琼瑶、李慎宽、侯方杰、程玉华、寇德林、廖丹等 10 名市人民代表大会建立后有突出贡献的代表予以表彰。号召全体市人大代表向榜样学习，积极履职，奋发有为，为建设成渝第二城、争创全省经济副中心贡献代表力量。

2020 年 11 月 16 日，市人大常委会决定，对王荣、王晓凤、李长河、李亚林、李晓兰、李晓荣、李琼瑶、杨果、杨晓宁、吴全明、何光宏、余飞、陈华东、周娟、姚艳、姚碧惠、唐启富、谢瑛、廖丹、黎荣等 20 名 2019 年度履职优秀市人大代表予以表彰。

南充市人民代表大会志

NAN CHONG SHI REN MIN DAI BIAO DA HUI ZHI

1950/2020

下

《南充市人民代表大会志》编纂委员会 编

方志出版社
Publishing House of Local Records

目　录（下）

第十一章

专题调研

1993 年至 2020 年，历届市人大常委会高度重视调研工作，组织专题调研组对南充经济发展、民主法治、社会民生等工作开展专题调研，形成调研报告提交市委，供市委决策参考，部分调研报告得到市委批转。

第一节 南充市第一届人大常委会专题调研

1994 年 6 月，市人大常委会组织市经贸委、物价局、工业局等部门，对市、县两级 7 家化肥生产企业进行调研，撰写《关于天然气价格增长，严重冲击我市化肥企业和农业基础的情况调查》。《情况调查》分析天然气价格猛涨对全市化肥生产企业以及农业生产带来的严重后果。天然气价格翻番，对微利支农化肥企业无疑是雪上加霜，全行业面临危机。全市 7 家化肥生产企业年产碳铵 40 万吨，1993 年盈利仅 436.6 万元，资产利润率不到 1%，一季度，因国家新征 13% 的增值税等因素，总计亏损 300 万元。7 家企业 1993 年用气 1.16 亿立方米，其中计划内用气 5184.82 万立方米，计划外用气 6427.3 万立方米。如按新的调整价计算，将增支 4506 万元，每吨碳铵将增加成本 112.75 元，7 家化肥厂将由盈利 436.6 万元变为年亏损 4074 万元，每家企业都因此成为亏损大户。对此，企业反应强烈，后果不堪设想，企业生产越多，亏损越大。企业垮了，4796 名职工连带家属近两万人出路在哪里？更为严重的是，还将危及农业这个基础，如果化肥生产出问题，稳粮增收目标就难以实现。严重夏旱对农业生产造成极大威胁，一旦灾情缓解，必须有足够肥料来保证夺回损失，如化肥不能保证，后果将十分严重。调研组建议南充要落实省上价格政策，维护省上提出的天然气价格计划内每立方米上涨 0.15 元的方案，即每立方米气均价为 0.4696 元，同国家调价方案 0.708 元比，7 家企业可减少支出 2768 万元。要争取提高计划内气的占比指标，争取拉到 80% 计划内用气指标。南充化肥生产企业使用计划内气的指标只占整个用气的 44.65%，大大低于川西及省内同行业 80%—95% 的水平，仅此一项，南充 7 家企业每年多支出 1760 万元。适度调价，从行情看，每吨碳铵出厂价由 360 元涨到 380 元，农民基本能接受，市场能消化。减少化肥销售中间环节和调整利益分配，减少市、县两级中间环节，生产企业直接对基层供销社，可减少 5% 管理费，总共可减少 720 万元，或按国务院文件精神，将 5% 下调到 1.5%，每吨销价可减少 12.6 元，既有利企业也有利农民。企业从苦练内功、节能降耗和一主多副上找出路。节能降耗的路子是采用新技术，加强管理，均衡生产，合理开机，堵塞跑、冒、滴、漏，达到平均每吨碳铵耗气降 10 立方米的目标，全行业可节支 280 万元，耗电每吨碳铵降 12.5 千瓦时，全行业可年节支 60 万元，再加上降低维修费，全行业节能降耗的总目标可达 400 多万元，各企业在开发新产品和搞一主多副方面要进一步下功夫，化工总厂开发的水质稳定剂，有特色、有市场、要形成规模，增加收益。

1995 年 2 月至 3 月，市人大常委会组织市经贸委、商贸委、体改委、工业局、财政局、审计局、国资局、工商银行等单位相关人员分成 4 个调研组，深入市辖三区和南部县，对市、县所属 23 个国有工商企业国有资产营运情况进行专题调研，形成《关于我市国有资产管理工作的调查报告》。《调查报告》介绍全市国有资产营运基本情况，认为国有资产营运取得一定效益，国有企业起到国民经济的支柱作用，在社会主义市场经济中发挥着主导作用，南充形成齐全的国资门类体系，全市三大门类国有工业均有国有资产参与营运。至1994年年底，全市共有国有企业444户，拥有国有资产8.39亿元。1993年地方国有企业提供税利占当年财政收入40.6%。解决大量社会劳动力就业。至1993年年底，全市地方国有企业有职工11.53万人，占全市国有经济单位职工总数的20%以上。充分发挥促进经济和社会发展的支柱作用。1993年，全市国有工业企业每百元工业总产值实现利税8元，高于集体经济的6元和其他经济的2元。国有大中型企业的国有资产产值率高于3.4个百分点，劳动生产率6.5个百分点。调研组认为，国有资产正以令人心惊的速度流失。全市444户国有企业资产负债率达85.34%，高于全国平均水平17个百分点；有301户亏损，占总户数的67.9%，盈亏1.65亿元；资不抵债的87户，占总户数的19，59%。清产核资的361户企业中有81户资不抵债，占22.9%；73%的账面净资产被掏空。调查的23户企业国有资产总额11.06亿元，负债总额9.31亿元，资产负债率84.2%。23户企业全部国有净资产总量已抵消不了潜亏和挂账损失。全市444户国有企业301户亏损，亏损总额达1.65亿元，平均每天亏损45.3万元。在企业转制中，忽视国家利益，造成国有资产流失。企业转制时低估国有资产或国有资产入股不分红。呆滞账款沉淀虚化国有资产。企业法人代表失职、渎职，做主不会当家，管理混乱，聚宝盆成了大漏斗，挥霍浪费严重，山吃海喝耗公材。造成上述问题主要原因是：法律法规不健全，立法滞后；体制不健全，职能部门“庙小位卑”，难当重任；“报喜不报忧”；监督机制不健全，权利和责任不相称，监督不齐不力。调研组建议以法治手段强化国有资产的管理，加强国有资产管理的宣传教育，树立国有资产意识。从实际出发，完善机构，明确责任，完善对企业法人代表的选拔、评价、考核、奖惩制度。改进审计制度，将厂长经理离任审计变为年年审计。构建适应社会主义市场经济的国有资产管理体制，建立健全国有资产专职管理体系；建立国有资产经营预算，改革投资体制，实行国有资产投资收益管理一体化；建立高效的产权市场，促进国有资产的优化配置与组合；确立企业法人财产权，建立现代企业制度。狠抓企业内功，不断提高企业经济效益综合指数水平。层层建立目标责任制，实行资产保值、减值与工资挂钩；国有资产保值增值应列为法人代表的政绩业绩考核。

1996年2月，市人大常委会组织的专题调研组通过调研，撰写《当前农业“四靠”面临的问题及建议》，就发展农业一靠政策、二靠科技、三靠投入、四靠法治等“四靠”出现的新情况和新问题进行分析并提出建议。在农业政策方面，调研组认为，有些政策可操作性不强，主要表现在政策不配套，执行政策缺条件和政策不稳定。发展农业政策落实难。调研组建议，无论是农业政策制定，还是农业政策落实，都必须考虑保护农民利益，当务之急，尽快建立以市场配置资源的农产品购销体制，农产品的定购价格应逐步与市场接轨；要认真理顺工农产品的比价关系，对农业生产资料要规定生产、经营环节的利润率，实行最高限价，或者对某种产品实行优惠政策，使生产经营者有利可图；要切实落实有关农业发展政策，从体制入手，改进考核办法，强化监督机制，确保农业政策落到实处。在农业科技方面，农业科研经费短缺，农业科技体制不完善，农业科研政策落实难。农技推广管理体制不够完善、管人与管事分离、不利于工作，人头经费不足，业务经费严重不足，适用技术和新技术难以引进、推广、示范。农技人员精力放在做生意、保饭碗，无精力搞农技推广，不少农技人员外流，农技推广网络基本处于“线断、网破、人散”状态。建议，各级政府应牢固树立科技是第一生产力的观点，增加对农业科研和技术推广的投入；稳定农业科技推广队伍，巩固完善市、县、乡、村四级农技推广网络，抓住稳定机构，健全体系，充实队伍，强化手段，增加经费，改善条件等关键环节，解决“线断、网破、人散”的问题，对第一线科研人员和农技推广人员，实行岗位津贴，给予农龄补贴。南充农业投入面临的问题更加严峻，种田效益低，工农产品剪刀差大，农民不愿意投入；财政投入不足，9个县（市、区）有4个国定贫困县，2个省定贫困县，有8个县（区）财政赤字。上级对南充农业的投入有限，不能满足南充农业发展的需要。由于农业投入不足，造成农田水利等基础设施年久失修或新建困难，农村社会化服务体系不健全，农业科研成果推广困难，农业粗放经营面扩大，严重制约着农业的发展。调研组建议：适当调整国民收入分配格局，提高国家基本投资、财政预算内资金、信贷资金用于农业的比重，国家对农田水利基本建设的投资增长速度要高于、至少等于财政收入增长速度；完善信贷机制，保障农业信贷需要；补充农发基金，建立刚性的约束机制，农村中各个企业和单位，只能向农业"贴金"，不能向农业"刮金"，要形成制度，增强刚性约束，保证专款专用；继续落实好中央有关扶持粮食大县专项贷款和扶持中西部乡镇企业发展专项贷款政策；在农业法治方面，立法相对滞后，不能适应新形势下农业和农村法治建设的需要；人们守法意识差，法治观念不强，随意性大；一些法律规定操作性不强；执法监督机制不健全，监督乏力的现象比较普遍。建议要加快农业立法。加强执法力度，建立和完善行政执法监督机制，加强人大及其常委会的监督力度；要将农业法治建设作为一个地方农业发展的一项重要内容。

1996年6月，市人大常委会组织专题调研组对阆中市博树回族乡经济社会发展情况进行调研，形成专题调研报告。博树回族乡是南充市唯一的一个少数民族乡，1995年，全乡工农业总产值859.72万元，人均932元，比阆中市人均2250元低1318元；人均生产粮食394公斤，与阆中市农业人均393公斤基本持平；财政收入28万元，几乎全为农业税和特产税，工商税收0.3万元；全年赤字8万元；农民人均纯收入526元，比阆中市人均低100多元，其中回族人均纯收入比汉族低40元。乡镇工业仅有几处米面加工和小规模煮酒作坊；乡级公路16.6公里；62个社中有42%没有机耕道；有乡完全小学校1所（附设初中班），村小6所，在校学生970人，100余名适龄儿童因家庭困难不能入学；有乡卫生院1所，医护人员11名，人均仅0.001人，户户通电，安装电灯。博树乡经济发展滞后的主要原因：教育相对落后，乡民文化科技素养较差；乡主要领导思想认识不尽统一，相互信任支持不够，工作步调不尽一致，错过不少发展机遇；自然条件较差，基础设施脆弱；投入不足，重点不突出，缺乏支撑项目。调研组建议，加强领导，统一认识，打好扶贫攻坚总体战。市政府应把该乡经济和社会发展纳入全市国民经济和社会发展计划，解决发展中的问题；各有关职能部门要大力支持，增加扶贫开发、基地建设、交通整治、中低产田土改造、水利建设、普九等项目资金的投入，改善基础，提高乡民素质，促进经济发展；帮助制订发展规划，进行科技培训，培植骨干产业，进行基地建设。加强自身思想建设，进一步解放思想，更新观念，增强改革开放和市场经济意识。突出重点，培植骨干支柱产业和拳头产品，形成民族特色经济。抓好蚕桑生产，发展草食牧畜生产，特别是山羊生产这项具有民族特色的产业；利用绿化成果，发展经济林果生产；利用博树乡连界数乡区位优势，建设和培育商品交易市场，逐步形成农产品集散地。

1996年9月，市人大常委会组织专题调研组对全市农业服务体系建设情况进行调研，撰写《我市农业服务体系面临的问题及对策》。从总体上看，南充农业服务体系随着农业"两法"的颁布实施，服务体系性质明确了，机构保住了，队伍壮大了，管理上路了，服务功能增强了，支撑体系的实体建设开始起步，服务体系"网破、线断、人散"的局面得到初步遏制，在完善农村双层经营体制，改善农业产业地和建立社会主义农业市场机制中，作用日益突出，显示出强大的生命力，促进农业和农村经济的持续稳定发展。但农业服务体系建设面临的问题不容忽视，认识上不适应农业和农村经济发展，必须依靠农业经济体制和农业增长方式两个根本转变要求；服务机构不适应农村"小生产与大市场"格局运营的要求；服务功能不适应农业和农村经济产业化开发的要求；自身建设不适应系列化服务的要求。调研组建议，要打好基础，着力抓好网络建设，巩固完善县级，健全强化乡（镇）级，突破村级的三级农业社会化服务组织；抓好队伍建设，搞好基层站的定编、定岗、定员工作，制定人才培训计划，提高现有人员素质；服务实体建设；抓好基地建设，鼓励和支持服务体系建立起自己的以市场为导向、以科技为支撑、以优质为前提、以高产为基础、以效益为目标、以辐射示范为目的的示范基地，辐射带动千家万户。理顺管理体制，着重明确乡镇政府，县农业行政主管部门职能职责；理顺农技“三农”物资上关系，各级各有关部门从法律法规和政策上统一认识，协调好农技站、土肥站、植保站经营化肥、农药、农膜等行为；农技部门与供销部门的庄稼医院关系，两个部门要坚持以为农服务为宗旨，优势互补，扬长避短，协调服务，共谋发展。

1997 年 5 月，市人大常委会组织专题调研组对全市宗教事务管理情况进行调研，形成专题调研报告。报告认为，南充市经政府批准开放的宗教活动场所 42 处，其中佛教 12 处、天主教 9 处、道教 4 处、伊斯兰教 3 处、基督教 13 处。宗教职员 68 名，信教群众近 50 万人，约占全市总人口的 7%，宗教活动基本正常，宗教形势基本稳定。但全市宗教事务管理中也存在不可忽视的问题：信教群体剧增，宗教管理难度加大。宗教事务管理不平衡，力度不够，领导重视程度不一致；宗教管理机构、人员配备不适应宗教事务管理形势需要；宗教活动场所规划、布局不尽合理；管理工作力度不一致。非正常宗教活动较为严重。乱建滥建小庙，塑露天佛像之风屡禁不止。邪教组织死灰复燃，危害社会。调研组建议，要加大宣传教育力度，正确认识宗教这一社会现象，提高对宗教事务管理认识水平；加强对宗教事务管理的领导；依法加强对宗教事务的管理；部门配合，做好协调，形成监管合力。

1997 年 5 月，市人大常委会组织专题调研组历时半月，到市财政局、税务局等 16 个市级部门，就培育税源财源，搞活南充市财力进行调研，撰写《关于搞好我市财力的调查报告》。报告认为，南充 1996 年财政总支出 9. 66 亿元，累计赤字 1. 65 亿元，市级地方财政收入全年 1. 04 亿元，仅增 5%；全年完成预算 82. 9%，欠账 4400 万元，累计赤字 2567 万元。市级财政难保吃饭，难保市级职工工资；市级职工人均工资较上年增长 5%，比全省人均增长 11% 低 6 个百分点，人均工资 4072 元，比全省人均 5156 元少 1084 元；部分单位职工的基本工资、福利、医疗等条件难以得到基本保障。市级财力脆弱，难保社会建设事业发展。如“普九教育”、城市污染治理和环境改善、公检法办案及装备经费以及一些重点国情、国力调查、普查等费用支出。尤其是对生产性建设投入更难以为继，失去不少发展机遇。财政困难危及保吃饭、保稳定、保工作正常运转、保社会事业和经济建设发展。主要原因是经济发展慢、效益差，导致财力脆弱。1996 年，全市人均国内生产总值仅 1649 元，分别比全国、全省低 86. 7%、55. 8%；财政总收入占国内生产总值的比重为 6. 35%，分别比全国、全省低 4. 58 个和 2. 65 个百分点；全市预算内国营工业企业亏 3. 34 亿元，商业亏 0. 44 亿元，粮食亏 1. 37 亿元。财政性资金统管难以足额到位。1996 年市级行政事业性收费应纳入财政统管的项目 516 个，资金 1. 1 亿元，实际统收的项目仅 282 个，资金 0. 27 亿元。企业欠税严重，国资收入大量流失。1996 年，企业欠缴国税、地税税额 5000 余万元。市级应收公用设施出租收入，公共投入收入 400 余万元，实际仅收 36. 7 万元。财政供养人口达 13. 2 万人，年工资 5. 7 亿元，占可用财力的 81. 43%。重视和培育市级新财力工作力度不够。调研组建议，下大决心搞活国有大中型企业，大力培植新的财税增长点，从资金投入和政策上大力扶持经济发展，加快产权制度改革，认真制订和实施“九五”财源建设规划，严格依法征收，改进完善征管办法，尽力争取优惠政策，强化统管与监督，加强对各种专项资金的监督管理，搞活市级财政，严格控制“七费”不合理开支，大力提高资金使用效益。

1997 年 11 月，市人大常委会组织专题调研组到市级部门和县（市、区），对市人大监督事与监督人结合问题进行调研，形成专题调研报告。报告认为，市人大监督工作得到强化和发展，取得明显成效。但在行使法律监督、工作监督权时，不太注意对人的监督，有时用法律监督、工作监督代替对人的监督，造成监督事与监督人的脱节，影响人大监督工作质量和效果。一些人对党管干部与人大依法任命干部原则以及干部与人民群众关系理解不深刻，片面认为既然党管干部，何必提人大监督，忽略人大代表、人民群众对任命干部进行监督是对人民负责，对党负责的体现。一些地方人大把人事监督权仅作人事代表工作部门一家之事，在进行法律、工作监督时，不主动过问对人的监督。法律法规对人事监督未作出十分明确、具体规定，原则性规定操作弹性较大。调研组建议，要强化认识，提高对监督事与监督人结合的自觉性。充分认识人大对其选举、任命人员进行监督有明确的理论和法律依据；深刻理解监督事与监督人的关系的一致性。拓展形式，确保监督事与监督人结合实效性。搞好两个评议，听取工作汇报，离任审计制，错案责任监督，发出《人事监督书》。抓住重点，增强监督事与监督人结合的针对性。突出“法”字原则，因地因时制宜原则，抓大事原则。健全制度，力求监督事与监督人结合的规范性。市、县两级人大在适当的时候制订《人事监督暂行办法》，使人事监督制度化，规范化。

1997 年 11 月，市人大常委会组织专题调研组对南充实施农业产业化建设情况进行调研，撰写《农业产业化是向农业强市转变的必由之路》调研报告。报告认为，南充实施农业产业化建设有较好基础条件，生产条件得到改善，主导产业较为明晰，商品基地初具规模，农产品的加工业有一定的发展。南充实施农业产业化建设面临较好的机遇。各级党政高度重视农业产业化的发展，国家实施中西部发展战略，有利于推进南充农业产业化建设。外向型农业逐步发展，市、县基础设施有了较好改善。南充实施农业产业化建设土地资源、原料资源、劳动力资源、人才资源、科技资源丰富。南充发展农业走农业产业化的路子，要解决好领导问题，主要是解决好领导认识问题、发展农业观念问题、领导农业方法和力度问题，抓“龙头”增强产业化的带动力；兴市场疏通产业化的发展渠道，创造产业化正常运转条件。突出产业化专业村模式、专业乡模式、组合型模式等。实施农业产业化要合理分配产业化经营各个环节的利益，在制定发展规划时，要坚持城市、农村一盘棋，抓好农村保城市，搞好农业保工业。要尊重农民意愿，不搞强迫命令，不搞一刀切。要实事求是，不生搬硬套，一年一个花样瞎折腾。要在稳定家庭联产承包责任制基础上探索农村土地使用权流动形式，要与扶贫攻坚，脱贫致富奔小康相结合，用好用活各项扶贫资金。加强对农业产业化知识和典型的宣传，加深广大干部、群众对农业产业化的认识和理解。

1998 年 2 月，市人大常委会组织专题调研组对南充市劳务输出现状进行调研，形成《强化输出，鼓励回流，再促发展》调研报告。报告认为，劳务输出是解决农村剩余劳动力出路的主渠道：南充有人口 627.9 万人，剩余劳动力 188.4 万人，外出务工者达 105.8 万人。1995 年至 1997 年，三年经邮局汇回的务工收入分别有 20.18 亿元，27.08 亿元，34.58 亿元，均占当年国民经济总量的 20% 以上。1997 年，南充农民人均纯收入为 1310 元，其中 580 元来自劳务收入。劳务收入是维护农村稳定的有力保证，农村各方面负担有 4 亿多元是用劳务收入支付的，农村生产、生活和发展投入有 20 多亿来自劳务收入。劳务输出是农村发展的强力助推器，仅 1996 年、1997 年全市回乡办企业的有 3500 多人，办企业 2100 多个，投入达 1.5 亿元，产值达 4.5 亿元。他们不仅带回资金、技术、人才，而且带回新观念和管理经验。劳务输出是发展民营经济的姊妹篇，民营经济要进一步发展，上档次，上台阶，离不开劳务输出带回的资金、新观念、新经验。面临的问题主要有：认识不深刻，体制不顺畅；输出限制增多增大，全国各地大力提倡减员增效，人员分流；劳动力供求关系变化，由供不应求转成基本饱和；

当地就业压力增大，设置限制条件；培训滞后，优惠政策难兑现。调研组建议，明确认识，分化管理，要形成思想上共识，理顺关系，加强基层劳务输出组织建设，建立及时准确的劳动信息制度，搞好跟踪管理和服务。积极开拓，多方扩展，注重搜集各地用工信息，做好对口联系省、市工作。强化培训，提高素质，兑现政策，招才引资。

1998 年 6 月，市人大常委会组织专题调研组开展农村奔小康建设调研，形成《巩固和发展农村小康建设成果的问题与建议》调研报告。报告认为，南充各级党政重视小康建设，摆上议事日程，小康建设看得见，摸得着。一批小康乡镇发挥示范作用。问题主要有：执行小康标准不严格，上报数据有水分，少数地方人为达标问题较突出。达标任务重，乡镇负债多，巩固小康成果工作差，农民负担重，农村小康建设环境不宽松。调研组建议，各地要继续更新观念，转变对农业经济的领导方法。积极推进农业产业化建设，抓好有市场竞争力的优势农产品基地建设，抓好龙头企业和服务体系建立。抓住关键，继续加强乡镇组织建设，严格选拔合格人才作乡镇领导干部，保持领导班子的相对稳定。乡镇经济、社会事业发展规划不能因领导变动而中断，乡镇社会事业发展必须同经济发展相适应。依靠科技，提高发展农村经济整体水平，县（市、区）要制定引进人才优惠政策，组织科技人员“包”，依靠党校“育”。坚持小康标准，严格考核验收，小康验收数据以统计部门数据为准，统计部门要加强基础数据的整理，提高数据科学性和准确性，把好验收关。

第二节　南充市第二届人大常委会专题调研

1999 年 5 月，市人大常委会组织专题调研组对南充市城区饮用水水源保护情况开展调研，形成《关于南充市城区饮用水水源保护情况的调查报告》。报告认为，南充依法划定市辖三区城区饮用水水源保护范围，制定管理办法，定期监测检查，市政府制定的《南充市辖三区嘉陵江段饮用水水源保护区污染防治管理办法》，明确职责，制定措施，强化管理。整治水源污染，提高饮用水源质量，治理保护区内重点污染源，改造顺庆城区部分排污管道，对沿江两岸固体垃圾进行清理，取得一定成效。存在的主要问题有：水质恶化趋势加剧，水质污染状况令人担忧，高锰酸盐指数、生化需氧量、大肠杆菌等严重超标。非离子氨等指数逐年上升，一、二级保护区水质达不到标准。水质恶化情况表明，依法保护饮用水水源还存在一些突出问题。主要表现在：大量生产、生活污水直接排入一级保护区内，两岸较大排污口每年向一级保护区直排工业废水和生活污水 1000 多万立方米，江东氮肥厂和其他各类小工厂每小时向一级保护区直排生产废水 400 多立方米，生活污水 20 多立方米。在保护区河道、河岸违法从事生产经营，严重污染水源。在一级保护区沿江两岸违法倾倒工业废渣和生活垃圾。汇入保护区的两条支流污染对饮用水水源水质造成影响。保护区内部分排污设施损坏严重。调研组建议，要进一步明确市区责任，建立健全保护责任制。把饮用水水源保护规划纳入城市总体规划，深刻认识饮用水水源保护重要意义，正确处理经济发展与保护水源关系。加强法治教育，加大执法力度，采取多种形式，广泛深入宣传水资源保护法律法规，营造依法保护水资源良好氛围。进一步加大水资源保护工作力度，做到有法必依，执法必严，违法必究。要建立城区饮用水水源污染举报制度，落实治理措施，突出重点治理，尽快整治对水域污染特严重的龙王街、乌家巷两个排污口，整治高坪氮肥厂等企业排污问题。把马市铺垃圾场及渗透液污染治理摆上重要日程。对保护区内污染进行清理整顿，把好新建项目审批关，堵住产生新的污染源。严格保护区内建设项目环境管理，新建项目应进行环境影响评价，严格实行新建项目“三同时”制度。禁止在保护区内新建、改建、扩建对水源有污染的项目。禁止在江岸堆放工业废渣、生活垃圾和其他废弃物。禁止从事其他可能污染水源的活动，堵住污染源头，减少对饮用水水源的污染危害，确保饮用水水源符合法定标准。

2000 年上半年，市人大常委会组织专题调研组对市规划区内部分存量土地、闲置土地情况进行专题调查，形成《关于南充市规划区内部分存量土地、闲置土地情况的调查报告》。报告认为，南充在贯彻土地法律法规、加强土地管理、土地开发利用等方面，做了大量工作，为促进经济社会发展，发挥了积极作用。1992 年后，报经省政府批准，市辖区统征 7 个镇 209 个村民小组的土地。其中：全征 125 个小组，部分征地 84 个小组，计税面积 10880 亩，总面积 20890 亩，存量土地 10010 亩。批准使用 8483 亩，存量土地 12441 亩。其中：高坪区存量土地 5430 亩，市国土局存重点建设项目用地 4027 亩，顺庆区存量土地 2093 亩，嘉陵区存量土地 891 亩。市城区内经批准办理划拨出让手续又未建设用地，闲置的有 21 宗 397 亩。其中：闲置 8—9 年土地 2 宗 62 亩，闲置 3—5 年的土地 5 宗 37 亩，闲置 1—2 年的土地 14 宗 298 亩。主要原因是：权力分散，多头管地现象较为突出，土地收益金政府难以集中管理；依法有序出让土地做得不够，个别单位不按土地出让程序，擅自定价出让，土地出让金把关不严，有些项目论证不充分，获地年未能如期建设；存量土地分配不合理，开发利用效率较低；有些部门和管理单位，不严格按土地管理法律法规使用土地，仅签订意向性出让协议，收取极少定金，致使大量土地被圈占；对闲置土地缺乏应有监管措施。调研组建议，进一步加强土地的集中管理，加大力度，盘活存量土地，对建设用地条件好的存量土地，在政策上给予倾斜，促使尽快开发建设。加强土地价格宏观调控和管理，多种方式利用不易开发的存量土地。加大对闲置土地的监管力度，依法对闲置土地进行清理整治并依法进行处置。土地行政主管部门和相关部门严格按照土地管理法律法规管理和使用土地。进一步研究和完善征地安置办法，市城区现有供养人员 2 万多人，每月支付生活费 200 万元左右，要确保生活费按时足额发放，要进一步加强供养资金管理，做到专项存储，专款专用。

2001 年 4 月，市人大常委会组织专题调研组对市规划区内部分招商引资项目土地开发利用情况进行调查，形成《“筑巢”讲成效、“引凤”促跨越》调查报告。报告认为，市规划区内部分招商引资项目土地开发利用促进了土地资源有效开发利用和优化配置，促进了区域性产业结构的调整和完善，促进了城市建设快速发展，促进了区域经济的发展。调查的 32 个项目带来投资 6.5 亿元，投产的 21 个项目，2000 年创产值 3.2 亿余元，纳税 789.5 万元，安置劳动力 2600 人，实现“他发财，我发展”双赢局面。主要问题有：招商项目量少，规模小，缺乏高科技产业支撑。以地招商行为欠规范，多部门管地，市规划区有独立行使土地价格和收益权的部门和组织 10 个，难以形成统一、集中的以地招商的资源优势和政策优势。出让地价行为不规范，有的单位土地出让不按程序，不执行评估价和基准地价，随意定价，甚至出现争夺项目，恶性压价。对项目用地规模和位置界定不充分，有的项目用地规模过大，超前，造成土地闲置；有的项目用地位置与城市规划和城市发展不相适应。部分招商项目土地利用效益较低。在调查的 32 个项目中，有 8 个项目土地利用较低，部分土地开发环境急需改善，规划区内供水、供电、交通等基础设施跟不上发展需要。调研组建议，要进一步深化对土地资源有效利用认识，积极扩大对外合作。要按照市场经济规律，既要解放思想，大胆引进，又要讲求经济效益和环境效益。对项目要充分论证，统筹好土地优惠政策和纳税、就业等对比帐，使土地资源得到有效利用。要健全完善项目用地和土地使用制约的运行机制。要按照土地利用总体规划、城市建设总体规划、小区建设控制详规，对项目用地充分论证。工业园区规划、工业项目选址要有利于生态环境保护、城市建设和发展、土地的有效开发。在基础条件好的区域规划高新产业园区，引进、吸纳优良企业、知名品牌。严格土地集中统一管理，进一步规范出让程序。要对招商项目实行多种供地方式，根据项目情况，可实行划拨、出让、租赁、作价入股等形式供地。要以项目的综合效益因素为依据，确定地价优惠程度，供地方式。要对部分项目闲置土地情况逐一清理，分清情况，区别处理，限期建设，无力建设的予以收回，确属炒作的，要依法处置。要进一步营造土地有效开发利用优良环境，加大基础设施投入，重点解决好电、水、路等问题。进一步搞好城市管理、绿化，进一步提高办事效率，增强服务意识，提高服务质量。

2001 年 4 月至 5 月，市人大常委会组织专题调研组对全市旅游市场管理情况进行专题调研，形成《关于规范旅游市场，强化旅游行业管理情况调查报告》。报告认为，南充市结合实际，先后制定涉及旅游管理规范性文件 7 个，编制《南充旅游发展总体规划》。开展旅游质监工作，成立旅游质监所，开通投诉电话，建立举报处理制度。加强对旅游企业，服务价格及从业人员管理，促进旅游业发展。2000 年，全市接待游客比上年增长 28%，旅游总收入 3.86 亿元，增长 44%，在全市生产总值构成份额由 1999 年的 1.2%上升到 2000 年的 2.2%。全市开放景区（点）50 余处，有国内游专线 30 余条，旅行社 12 家，旅游从业人员 3500 人，常年接待游客百万人次。主要问题有：南充市旅游市场规模不大，产品质量不高，本地精品少，旅行社业务量不足，团队游客少。景区重建设、轻管理，资源浪费较严重。从业人员法律意识不强，素质不高，服务质量和服务水平较低等问题。主要原因是：旅游执法机构不健全，执法主体不够明确，依法管理难以到位，优惠政策难以落实。管理体制不顺，部门协调配合不够，多头管理，思想难统一。旅游发展法治环境不健全，乱收费、乱摊派、乱罚款，制约旅游业发展。调研组建议，加大行业管理力度，依法规范旅游市场。市政府要尽快制定和出台优惠政策，大力扶持和壮大旅游产业。要尽快制定《南充市加强旅游行业管理的暂行规定》等规范性文件，推动旅游业管理法治化、规范化。理顺管理体制，明确各自职责。要采取措施，加强领导，减轻解决旅游管理体制不顺等问题。严格执行规划，突出重点建设，要严格按规划进行开发建设，分步实施，防止重复建设和资源浪费。围绕热点，突出地方特色，选准项目搞好开发。采取多种形式强化宣传，开辟稳定客源市场。要加强旅游法律法规宣传教育，提高行政管理部门、旅游企业、从业人员法律意识。要落实部门执法责任制，加大执法监督力度，认真查处“三乱”行为。加强旅游从业人员职业道德教育和技能培训，努力提高服务水平和质量。

2002 年 8 月，市人大常委会组织专题调研组对全市纺织服装业应对“入世”，加速发展有关情况进行调研，形成《关于我市纺织服装业应对“入世”加速发展的调查报告》。报告认为，2001 年，全行业实现工业总产值 7.94 亿元，列全省同行业第三；实现销售收入 8.08 亿元，列全省同行业第二。主要问题有：技术装备落后，产品结构单一。产品档次不高，市场竞争力低。蚕茧质量下滑，制约丝绸行业的发展。出口渠道不畅，出口优势逐步丧失。专题调研组建议，加大技术进步力度，用高新技术提升产品质量和档次，以技术进步和技术创新为重点，加快产业产品升级换代，重点实施对织造设备、缫丝设备、服装生产设备的更新换代和印染后整理设备的技术改造。调整产品结构，努力开发名、特、优、新产品，以市场为导向，以产品创新为突破口，开发生产适销对路、附加值高的产品。抓住中国加入 WTO 契机，努力开拓国际市场。加大改革力度，创新企业机制，实施多种形式产权制度改革，彻底理顺和完善不适应发展的管理体制。要充分发挥纺织服装和丝绸行办的指导、协调职能，加紧建立企业融资担保体系，认真落实企业减负措施，培养一批有较高专业技能和管理才干的高科技人才来充实纺织服装行业。

2002 年 11 月，市人大常委会组织专题调研组对培育壮大农业龙头企业进行专题调查研究，形成《关于培育壮大农业龙头企业的调查报告》。报告认为，全市上下按照农业产业化发展思路，采取政策引导、资金扶持、内育外引等多种措施，制定《南充市农业产业化发展纲要》，出台发展龙头企业的优惠政策措施，改善龙头企业内外发展环境，龙头企业呈现出数量增加、规模扩张、科技进步、效益提升的发展态势。2001 年，全市龙头企业发展到 100 多家，总产值达 26 亿多元。主要问题有：龙头企业规模小，带动力不强。龙头企业与农户的利益联结机制尚不健全，发展环境较差，投入不足，流动资金严重缺乏。龙头企业自身素质不高，加工技术水平较低。调研组建议：加快农业基地建设，夯实龙头企业发展基础。围绕“五业”经济发展，重点扶持一批“龙头”企业。加速科技进步和创新，提高龙头企业总体水平，鼓励增加科技创新投入比例，鼓励吸收和应用新技术、新设备、新工艺，大力推进农业标准化建设，鼓励和支持龙头企业建立现代企业制度。继续实行领导干部联系企业制度，支持和指导龙头企业发展。创新利益联结机制，稳定企业与农户产销关系。建立多元化投融资体系，增加对龙头企业投入，加大财政扶持力度，加大金融信贷投放力度，加大招商引资力度，鼓励龙头企业开展资本经营和增资扩容，鼓励民间资本发展股份合作制龙头企业。加强宏观管理与服务，营造良好的发展环境，开通绿色通道，核发“绿色通行证”。转变职能，强化服务，实行“一站式”办公，“一条龙”服务和“办公办事限时承诺制”。加大政策扶持力度，采取得力措施，治理“三乱”。实施名牌战略，促进产品销售。加快农业信息网络建设，为龙头企业提供信息服务。

2003 年 6 月至 7 月，市人大常委会组织专题调研组对嘉陵江南充段水资源保护情况进行专题调研，形成《关于嘉陵江南充段水资源保护情况的调查报告》。报告认为，从嘉陵江南充段内的沙溪场、清泉寺、青居 3 个监测断面监测情况看，PH 值、悬浮物等 19 个监测指标达到地表水Ⅲ类标准，监测项目中仅有粪大肠菌群超标。选取溶解氧、化学需氧量、亚硝酸盐氮、砷、汞等 13 项染物进行评价，南充段进口断面沙溪场、出口断面青居镇饮用水源断面水质均为较清洁。从水质参数污染负荷分担情况看，非离子氨、生化需氧量、溶解氧、化学需氧量等污染程度靠前。嘉陵江南充段共有支流 19 条，有 14 条水质达到地表Ⅲ类或Ⅱ类标准，5 条水质仅为Ⅳ类或Ⅴ类标准。按国家对嘉陵江干流广元至重庆段航电开发规划，共 16 个梯级开发，建设 16 座电站。其中南充段设 9 个电站。广元至重庆段航电梯开发建成后，南充段 9 级梯级电站年发电量可达 44 亿千瓦时，年收入 13.2 亿元，创税收 2 亿元。干流总里程缩短 56.2 公里，满足Ⅳ级航道标准，通航船队由 80 吨至 250 吨级提高到 1000 吨级。主要问题：9 级电站建成后，江水流速减慢，水体自净能力减弱。从监测情况看，个别指标开始恶化，水体污染负荷继续增加，给嘉陵江水体保护带来新压力，提出更高要求。沿江城镇生活、生产废水、固体废弃物对嘉陵江水域构成严重污染，不少支流几乎成沿线城镇污水的排污沟，水质仅为Ⅴ类或Ⅳ类标准，直排嘉陵江，一遇雨天便直接冲入江中，造成严重污染。农业面源污染对嘉陵江水质影响更加突出，土壤中化肥和农药残留量逐年增加，加之航电工程建成后，自净能力减弱，面源污染对嘉陵江水质的影响更突出。南充 9 级航电工程建设共开挖土石方约 2654.62 万立方米，弃渣约 3174.98 万立方米，增加水土流失量约 1428.74 万吨。施工机械和炸药产生明显的大气污染和噪声污染。航电工程建成后，通航能力由 7 级提高到 4 级，加之旅游业大开发，势必对嘉陵江水体构成新的污染威胁。调研组建议，制定嘉陵江南充段流域生态环境保护规划。认真按照“保护一江，治理六河”总体要求，制定南充段生态环境保护规划。下决心建成一批生态环境保护区，水污染防治工程，抓好水污染防治，严格控制排污总量。加大水污染防治力度，加快城镇环境基础设施建设，加强工业大户在线监控，加强养殖业污染防治，发展无公害生产等。严把环保审批关，严格控制新污染源，严格执行“三同时”制度，严控“十五小”企业。切实加强嘉陵江水环境管理，征收排污费。进一步增加对环保的投入，建设环保基础设施，切实加强水资源保护工作的领导。

第三节　南充市第三届人大常委会专题调研

2004年上半年，市人大常委会组织专题调研组对全市农村卫生体制改革情况进行深入调查研究，形成《深化农村卫生体制改革，全面提高农民健康水平和生活质量》的专题调研报告。报告认为，南充完成建制乡镇卫生院上划管理工作，落实乡镇卫生院人员编制，加大农村卫生投入力度，稳定分流乡镇卫生院富余人员，初步建立离退休人员养老保险制度，化转乡镇卫生院债务，加强农村公共卫生体系能力建设。主要问题是：发展不平衡，基础条件差，队伍素质低，管理运行不善。调研组建议：加强农村卫生工作重要性认识，把农村卫生工作真正纳入当地社会经济发展总体规划，纳入政府重要工作议事日程，纳入工作目标管理，纳入领导干部政绩考核内容。加大资金投入，建立农村卫生发展专项资金，进一步健全、完善乡镇卫生院职工养老保障制度，稳定基层卫生队伍。加快农村公共卫生体系建设，抓好疾病防治控制和农村健康人群的保健和健康促进工作，着力开展健康教育活动，做好基本医疗服务和农村卫生监督执法工作。加强规范管理，着力提高基本医疗服务质量和基本卫生服务能力，进一步严格乡镇卫生院的质量管理，加快人事制度、工资制度改革。加紧培养人才，打通卫计人才流向农村渠道，严格执行医务人员晋升职称前到乡镇卫生院工作的具体规定，真正让农民少生病，看得起病，看得上病，看得好病。

2005年4月至9月，市人大、市政协联合组织专题调研组开展嘉陵江南充流域水环境保护专题调研，撰写《关于嘉陵江流域（南充段）水环境现状的调查与建议》。报告认为，随着城市化、工业化、农业产业化快速推进，流域污染程度越来越严重，水质退化日渐明显。水质严重退化，不容乐观。干流水质明显退化，“九五”期间，综合污染指数为0.21，“十五”期间达到0.26。调查的27条支流中，Ⅲ类水质达14条，Ⅴ、劣Ⅴ类的6条。水库水质变差，调查的7座水库水质为Ⅲ—Ⅳ类。工业污染点多量大，沿干流、支流而建的规模企业每天直排7万余吨废水，400多吨固体废渣进入水体。生活污染成为祸首，沿流域的城镇，每天约22万吨生活污水95%以上直排江河，每天2000余吨固体垃圾渗透液全入江河，各类船舶每天产生垃圾，废油860多吨，90%直排江河。流域流入水体的农药残留量629吨，化肥淋失量10.17万吨，农膜未回收量667吨，养殖场每天产生废水3880吨，排泄物281吨，60%直排。医疗污染日渐加剧，每天有40余吨医疗垃圾未规范处理，30多吨医疗废水直排。随着城镇面积扩大，人口猛增，工业、农业污染源快速增长，畜禽养殖污染加剧，水环境容量不堪重负，保护嘉陵江，还嘉陵江一江清水刻不容缓。主要问题是：一些人未树立科学发展观和正确政绩观，重GDP，轻COD，重当前轻长远，缺乏整治污染现实紧迫感和历史责任感。历史欠账多，治理未跟上。政策不配套，资金不落实。执法环境差，监管力度弱。调研组建议，在全社会进一步强化科学发展观的宣传教育力度，加大环保法律法规的宣传力度，加大全流域上下配合，整体联动，标本兼治的宣传力度，加大舆论监督和社会监督力度。尽快制定嘉陵江流域南充段水环境保护总体规划和实施方案，及时对嘉陵江水环境保护项目作出安排；建立行政一把手为组长的水环境保护协调小组，负责协调处理辖区内环境保护重大事项；建立条块结合，以块为主的管理机制；市、县（市、区）政府要把保护环境纳入工作日程，明确任务，落实责任。嘉陵江水环境保护工作要将嘉陵江水环境保护总的目标纳入五年规划，制定专业规划和年度计划。加大工业污染、城镇生活污染、农村面源污染治理力度和流域生态环境建设力度。配套政策要强力推进，制定综合治理污染的规范性政策、多渠道筹资政策、优惠激励政策。严格执法，加强监管，正确处理发展与环保关系，支持严格依法监管，从严查处违法行为。

2007 年 7 月，市人大常委会组织专题调研组深入基层、深入实际进行调研，形成《关于当前生猪生产形势的调查报告》。报告认为，生猪生产的困难主要有：生猪散养大幅下降，生猪存栏明显减少，生猪种源严重不足，生猪受疫情影响发展。主要原因是：全国性生猪出栏减少，导致市场供求关系紧张；饲料仔猪价格上涨，导致生猪饲养成本增加；生猪加工外销大量增加，导致本地市场供给不足。专题调研组建议：要认真分析形势，切实加强领导，及时召开由有关部门参加的生猪生产形势分析会，客观分析当前生猪生产形势和肉价上涨原因，动态把握生猪产业发展趋势，作出科学决策，促进生产发展，保持社会稳定。抢抓良好机遇，顺势做大产业，通过增加总量，提高质量，大幅提高产业市场竞争能力，把资源优势转化为商品优势，持续提高从业者的经济效益，促进农民收入稳定增长。培育优质种源，夯实产业基础，研究构建基础母猪群的保障机制，拿出奖励或补助政策，补充母猪种源，坚持走自繁自养之路，要发动养殖户做好生猪的补栏增栏工作。扩大规模养殖，提高竞争能力，要针对小家禽“短、平、快”特点，调整猪禽结构，大力发展家禽和草食牲畜，缓解生猪供应紧张局势。加强疫病防控，保障食品安全，要做好防疫、控疫、堵疫和猪肉检疫工作。实施激励政策，助推产业发展，要制定和实施能繁母猪补贴制度，研究制定规模养殖的激励政策，尽快研究实施能繁母猪保险政策，最大限度降低养猪风险损失，充分调动养猪户的积极性，促进生猪产业发展。

2007 年 8 月，市人大常委会在深入调研基础上，形成《发展现代流通新网络，服务社会主义新农村》调查报告。报告认为，2006 年，全市供销系统实现销售收入 27.89 亿元，完成农副产品收购 3.58 亿元，实现利润总额 811 万元，同比上年分别增长 14.1%、11.1%、15.4%，其中组织供应化肥 46 万吨，占总供应量的 80% 以上，其主要经济指标名列全省前列。主要问题有：新网建设任务艰巨，具备一定藏储能力的大型配送中心不足，有一定实力的农产品收购网点缺乏，网点设施简陋、功能单一脆弱，村级网络建设较为薄弱，资金投入严重不足，资产管理不够规范，农资储备制度空缺。建议各地要强化领导，加大政策扶持力度，将农村“新网工程”建设纳入惠民行动，认真研究化肥储备制度建立问题，尽快出台《关于建设农村现代流通服务网络的意见》。大力实施“新网工程”，逐步建成以大型龙头为重要依托，以“五大网络”为主要内容，上联厂家（或大型供应商）、下联流通服务终端网点，集采购、配送、零售和科技服务为一体，能全面覆盖全市各乡村的现代流通网络服务体系。突出重点，强化村级网络建设，重点发展具备“六统一”标准的消费品、农资连锁放心店和农民专合组织、专业协会、农产品代购代销店，迅速扩大村级网络覆盖面。增加投入，推进网络快速发展，坚持“以补促投”和“重点解决”原则，多渠道，多层次筹措资金，破解投入难题。加强监管，实现资产保值增值，坚持建管并重，以“防止资产流失、实现保值增值”为核心目标，研究制定和实施《社有资产管理办法》，明晰社有资产产权，强化资产规范管理，通过建立健全制度，完善监管机制，严查违规行为，追究落实责任等手段，确保资产保值增值，长期发挥效益。

第四节 南充市第四届人大常委会专题调研

2008年9月，市人大常委会组织开展市政务服务中心建设情况调查，形成《关于完善市政务服务中心建设的调研报告》。市政务服务中心成立于2006年，设有独立办事窗口、综合服务窗口、业务咨询窗口、财政票据窗口和金融服务窗口，有工作人员88人。中心坚持“便民、高效、廉洁、规范”的服务宗旨，实行“一站式办公，一条龙服务，阳光下作业，规范化管理”，取得明显效果。初步实现集中受理、办理，方便群众办事。简化办事程序，提高办事效率。建立健全审批告知制度，保证群众的知情权。强化审批行为监督，规范权力运行。主要问题有：进驻部门38个，入驻率66%，进入项目445项，入驻率69%。窗口授权不充分，一些窗口“只挂号，不看病”，成了部门“收发室”。部分项目审批流程仍然烦琐，政务服务中心管理权限不到位。建议市政务服务中心进一步转变思想观念，形成建好政务服务中心共识。加大审批项目清理力度，进一步转变政府职能。对市本级行政审批项目进行清理，该取消的取消，该调整的调整，能下放的下放，保留项目全部进入政务服务中心，并向社会公布。完善审批运行机制，提高办事效率，优化流程提速。督促部门授权到位，变“窗口受理”为“窗口办理”。

2008年11月，市人大常委会部分领导带领相关专委会、部分市人大代表、市级有关部门负责人到九县（市、区）、相关部门及部分旅游企业就全市旅游业发展情况进行调研，形成《关于全市旅游业发展的调查报告》。报告认为，全市旅游工作以嘉陵江流域（南充段）生态文化旅游区开发建设为中心，坚持“政府主导、企业主体、市场运作、多元投入”的原则，抓住全省新五大旅游区建设和三国文化、红色旅游环线开发的大好机遇，以南充市、阆中市创建中国优秀旅游城市为载体，旅游景区建设不断上档升级，建设步伐不断加快，设施不断完善，产业结构不断优化，旅游产业呈现良好发展态势。2007年接待旅客695万人次，旅游收入38.6亿元，相当全市生产总值的7.6%，名列全省第9位。工作力度明显加大，旅游规划不断完善，旅游环境日趋优化，旅游市场明显拓展，旅游产品逐步丰富，旅游效应初步显现。主要问题有：发展不平衡，动态差距较大，个别地方无一家星级宾馆、无一个旅行社。特色不鲜明，开发层次低，缺乏大品牌，整体规模小。体制不顺畅，景区景点存在多头交叉重复管理，对问题的解决处理存在推诿扯皮现象。景区的地位、职能职责不明晰，实施操作难度大。资源整合不充分，因条块分割、利益各异，旅游资源的整体利用效果不佳。设施不配套，旅游设施“吃、住、行、游、购、娱”六要素中“购和娱”缺乏。建议应着力改变有资源无优势的发展状况，真正树立起抓旅游就是抓经济、抓旅游就是抓发展、抓旅游就是抓增收的观念，通过旅游业的发展提升城市整体形象，使旅游业成为建设川东北区域中心城市的推动器。提高思想认识，克服畏难情绪、短期行政思维，增强各级干部抓好旅游工作的主动性、自觉性，真正实现“党委统揽，政府主导”。完善发展规划，进一步完善嘉陵江流域生态文化旅游（南充段）开发规划，制定市辖三区旅游发展详规，把旅游发展规划与绿化建设及环境保护规划相结合，在城市规划建设和景区打造上要突出解决区域分工不明、人文历史断层，城市与人、人与自然缺少亲近感、相融性等突出问题。挖掘文化内涵，充分挖掘南充历史文化、民俗文化和地域文化内涵，高起点、大手笔地规划建设文化旅游产品，加快嘉陵江流域生态文化旅游区开发，抓好三国文化“源”的进一步挖掘和启动三国文化“流”的开发工作。以西山万卷楼、阆中张飞庙为重点，认真研究制定南充三国文化旅游线路开发的实施方案。注重市区共建，整合优势资源，优化发展环境，强化领导机制，硬化考核机制，创新工作机制，理顺景区管理机制，健全财政投入机制，认真落实已经出台的旅游产业发展政策，及时出台产业、土地、财税金融、招商引资、人才招引培训等促进旅游业发展的若干优惠政策，推动旅游业做大做强。

2008 年 11 月，市人大常委会组织市人大财经委等相关专委会对投融资平台体系建设情况进行专题调研，形成《关于南充市投融资平台体系建设情况的调查报告》。报告认为，市政府性投融资平台按行政管理体制分为土地储备、交通建设、城市建设和国资经营等 4 个小平台，由于资源分散、投融资和使用监管合一，致使各平台经营调剂机制不灵，经营效益较差，偿债能力较弱，政府性投融资作用未能充分发挥。土地储备中心平台，贷款主要是纳入财政预算进行统筹安排使用。交通建设平台，主要负责国、省道干线公路和桥梁的建设改造工程。城市建设平台，主要承担城市基础设施的建设和管理。国资经营平台，市国有资产投资经营有限责任公司主要负责划入国有资产的经营管理并承担市政府重点项目建设和产业发展投融资职能。主要问题有：平台分散，不能形成合力；实力弱，投融资能力差；经营机制不灵，经营效益差。建议依托市国投公司，把国资经营、土地储备、交通建设、城市建设 4 个小平台进行有效整合，建立综合性的投融资平台。确立法人主体地位，实行企业化管理，履行政府性出资人职责和政府性举债、偿债职责。整合资源，增强实力。将市级各行政事业单位闲置国有资产、经营性资产以及政府性资源、设施经营权、股权等资产通过清产核资注入其中，增大注册资本金，以壮大政府性投融资平台实力，增强平台投融资能力。将新组建的投融资平台提升为市政府直接管理，在平台的经营上，坚持市场化运作，尽最大可能规避风险。经营考核实行目标管理，以确保平台的良性经营和可持续发展。完善平台自身经营机制，加强诚信建设，实现与金融机构的充分合作，努力实现经营效益的最大化和国有资产的保值、增值。加强中小企业融资担保体系建设。2007 年，全市中小企业有 17436 家，年销售收入 357. 5 亿元，上缴税金 6. 45 亿元，从业人员 29 万人。至 2008 年 9 月，全市有中小企业担保机构 11 家，全年担保融资额 6 亿多元。主要问题有：一些领导对加快担保体系建设解决中小企业融资难的作用认识不到位，财政资金支持严重不足，担保机构的担保能力较弱，银保合作刚刚起步。建议力争在 3 年之内，使全市中小企业融资担保机构发展到 15 家，货币资本金增加到 5 亿元以上，年担保融资总额 25 亿元以上。尽快出台加快中小企业融资担保体系建设的实施意见，壮大担保实力，放大担保贷款功能。建议市、县两级财政每年安排一定额度的预算资金（市级不低于 1000 万元，县级不低于 300 万元），注入政策性担保机构和会员制担保机构，积极争取上级政策性资金支持，鼓励企业股金投入。完善激励机制，实现良性互动，建议市、县（市、区）政府每年对金融机构的目标考核指标设置上作导向性调整，着重考核总体存贷差降低率、有效支持中小企业发展的金融新产品推出量、金融部门支持担保机构的贷款放大倍数提高率。

2008 年 12 月，市人大常委会组织专题调研组对农业产业化龙头企业发展壮大所面临的困难与问题进行专题调研，形成《南充农业产业化龙头企业发展壮大面临的困难及对策的调研报告》。报告认为，要坚持把加快发展龙头企业作为推进农业产业升级、带动农业结构调整、促进农业增产增收的工作重点和主要抓手，大力实施龙头带动战略，不断加大扶持引导力度，促使龙头企业呈现出由少变多、由弱变强的良好发展态势。“龙头”数量不断增多，经营规模不断扩张，产值效益不断提升。面临的困难及原因有：发展资金短缺，企业融资相当困难。扩张资金、流动资金、技改资金缺乏。造成资金短缺和贷款困难的主要原因是：支农金融体系不健全、信贷制度设计不合理、企业信誉度不高。

基地建设滞后，企业加工原料不足；利益机制不活，抗市场风险能力弱；创新能力不够，企业综合实力不强。对策措施及建议：创新开发机制，夯实基地建设基础。要紧紧围绕主导产业，按照区域化布局、标准化生产、一体化经营和社会化服务的发展思路，继续抓好粮食、生猪、肉牛、肉兔、竹业、水果、蔬菜、药材等基地建设，建好龙头企业第一车间。创新农业基地开发机制，研究解决有关规划、机制、资金、服务等重要问题，促进基地朝专业化、优质化、标准化和规模化方向快速发展。拓宽筹资渠道，切实保障资金供给。加大财政资金扶持，捆绑涉农资金投入，加大金融信贷投放力度，加大招商引资力度，建立中小企业上市育成机制，鼓励龙头企业开展资本经营和增资扩股，实现低成本扩张。完善利益机制，促进农企协调发展。要主动承担起抗击市场风险、保护农民利益的责任，以开发市场化解风险，以精深加工消化风险，尽量减轻市场风险冲击农民利益。引导龙头企业直接建设农产品加工原料基地，大力发展“订单农业”，规范订单合同，商定保护价格，大力发展专业协会、专业合作社等中介服务组织，不断增强“自我管理、自主经营、自我发展、自我服务”能力。依靠科技进步，增强企业竞争实力。鼓励龙头企业创新科技，大力实施品牌战略，加大人才引进和培训力度。完善政策措施，优化企业发展环境。完善政策机制，以更加优惠的政策扶持龙头企业做大做强；完善工作机制，以更加优质高效的服务支持龙头企业做大做强；完善管理机制，以更加有效的奖罚措施激励龙头企业做大做强。要建立相应的奖励制度，对开发新产品、新技术和收入、税收上规模的企业主分别给予奖励，鼓励龙头企业上规模、上档次、上水平。

2008 年 12 月，市人大常委会组织专题调研组对全市工业园区建设情况进行调研，形成《关于加快我市工业园区建设的调查报告》。报告认为，南充园区建设面积迅速扩大，入驻企业不断增加。园区投入强度加大，产出效果较好。园区建设各具特色，创造出加快建设新经验，领导重视，有力地促进园区建设快速推进；创新投入机制，确保快速推进的园区建设资金不断链；精心规划，产业定位初显特色；拆迁安置以人为本，确保园区建设的社会稳定。主要问题有：园区发展不平衡，园区建设资金筹措难，功能服务配套性较差，拆迁安置欠账多。园区管理机构不适应园区建设需要，既不能进行融资，又不能承担资产债权债务，管理人员也是临时抽调借用，人心不稳，管理不到位，协调手段弱。园区建设绩效考核缺乏科学评价体系。建议进一步统一加快工业园区建设的认识，充分认识工业园区是工业集中、集群、集约发展的有效载体，是承接产业转移、加快城市产业填充的基础性保障。通过算好招引企业产出效益账、财政税收增收账、企业安置就业人员个人收入及消费账，和工业发展带动农业发展的大帐，把大家的思想统一到一心一意建园区谋发展上来，增强加快工业园区建设的信心和决心。创新体制和机制，促进工业园区建设可持续发展，建立以商补工的机制，建立招商入园企业用地评审机制，切实保护土地稀有资源。找准产业定位，着力建设优势特色产业园。制定和完善招商引资产业政策导向规则，按“优势优先、主业突出、企业自愿”的原则打造特色产业集群。加大园区招商引资力度和强度，建立长期稳定的招商引资机制和渠道。完善园区功能配套，降低企业运行成本。进一步完善园区规划，积极破解园区土地供应指标难题。加大拆迁安置投入，加快拆迁安置还房进度。建立科学合理的园区建设考核评价体系。对“9 +1”的园区建设拟用投资强度/亩：单位成本/亩作为考核的依据，引导园区建设提高投入产出效果。园区工业发展效益考核体系，建议以入园企业纳税增长率为基本评价，同时，对退城入园企业应扣除原纳税基数后再纳入考核计算，有利于鼓励新增企业入园。可用抽样调查的方式建立工业园区农民拆迁安置还房评价体系，了解人民群众的满意度。

2009 年上半年，市人大常委会组织专题调研组对全市非物质文化遗产保护情况进行深入调研，形成《加强文化遗产保护，助推文化事业发展》专题调研报告。南充通过非物质文化遗产初步普查，整理出近300个人类口头和非物质文化遗产项目。其中，有国家级“非遗”项目4个、省级项目14个、市级项目21个、县级项目125个；国家级项目代表性传承人3人、省级代表性传承人13人。主要问题及原因有：认识不充分，重视不够；机构不健全，人才缺乏；经费无保障，设施简陋；环境欠优化，断层严重。对策及建议：加强宣传力度，增强保护意识。在学生中普及非物质文化遗产保护知识，激发青少年热爱祖国优秀传统文化的热情，让各级各类学校的艺术教育承担起民族民间艺术的传承义务。坚持政府主导，完善工作机制，要把加强非物质文化遗产保护作为加快文化强市建设的重要工作来抓，纳入经济社会发展总体规划，明确各级政府保护主体责任，尽快制定全面、长远、切实可行的工作规划。要设立直属于政府的专门性工作机构（如南充市非物质文化遗产保护研究开发中心），从事非物质文化遗产保护工作。建立保护机制，落实工作措施，建立分级保护制度，进一步完善濒危项目的保护、传承机制，开展传承人的命名活动，制定非物质文化遗产进入市场经营的优惠政策，建立激励机制，对生存与发展的生态环境已经消失，确实无法传承的非物质文化遗产，运用现代技术手段复制成资料予以保存，把非物质文化遗产保护工作列入目标考核，进行监督管理。加大财政投入，筹措专项经费。调整“十一五”规划时，认真调整文化发展战略，在项目、资金、人才上给予充分考虑。除财政拨款以外，还可通过政策引导等措施，鼓励个人，企业和社会团体对非物质文化遗产保护工作进行资助。坚持继承创新，展示优秀文化，利用旅游景点，节庆活动，组织有地方特色的民间文艺演出、非物质文化遗产展示，也可规划建设民俗文化园、文化生态保护区、民间工艺美术、民俗表演一条街等文化街区、积极打造融保护传承、休闲旅游为一体的非物质文化产业实体。

2009年12月，市人大常委会组织市人大农业与农村委员会和市级相关部门到市辖三区围绕城郊蔬菜产业发展进行专题调研，形成《南充市城郊蔬菜产业面临的困难及对策》调查报告。报告认为，2008年，市辖三区拥有商品蔬菜基地10万亩，比2002年增加2万亩，增长20%，其中专业蔬菜基地6万亩，较2002年增加1万亩；品种供应明显丰富，突出表现为蔬菜品种丰富、错季蔬菜增多。蔬菜质量明显提高。市辖三区建有无公害蔬菜基地8万亩，涉及品种21个，年产25万吨，占商品蔬菜总量的80%左右，基本保证城乡居民吃上“放心菜”。市场流通明显活跃；规模效益明显提高。面临困难及问题有：一线菜地急剧减少，专业菜地扩充不够。资金投入严重不足，设施建设较为落后。产销成本大幅增高，市场价格“水涨船高”。生产资料全面上涨，劳动力大幅升值，流通成本较高。蔬菜价格一路走高，城镇居民反映强烈。建议坚持城乡统筹，着力振兴城郊蔬菜产业，要在发展观念、决策思路、规划布局、资金投入、发展目标上形成共识，坚持城乡统筹、科学规划，采取有力措施，推动城郊蔬菜产业快速健康发展，使之成为支援城市建设、致富一方百姓的优质蔬菜生产基地。科学规划布局，着力扩展蔬菜基地面积。在布局上，要发挥优势、突出特色，重点安排在沿江两线和公路两旁。在规模上，要集中成片、连片开发，每片不少于3000亩，着力建成各有专攻、各具特色的产业片和产业群，力争两三年内种植规模迅速扩大，蔬菜产量迅速增加。构建投入机制，着力完善基础配套设施。加大政策落实力度，加大财政补贴力度，加大信贷投放力度，加大招商引资力度。推广科学技术，着力提高蔬菜品种质量。推进良种化进程，实行科学化种植，推行标准化生产，实施法治化管理。建立健全质量检测体系，逐步推行市场准入制度，依法做好蔬菜安全质量检测工作，深入实施“放心菜”工程，确保“菜篮子”质量安全。加强市场建设，着力构建现代蔬菜流通体系。发展壮大蔬菜批发市场，健全市场销售网络，加强信息体系建设。做好蔬菜信息的收集、整理、分析预测和信息发布工作，正确引导生产流通。加大政策扶持，着力强化产业发展保障。坚持政府一把手负责制，组织成立蔬菜产业发展领导小组，定期研究解决问题。要将“菜篮子”工程建设列为“民生工程”的重点项目之一，纳入政府年度目标考核内容，严格奖惩，推进工作。市政府应尽快研究振兴城郊蔬菜产业规划，在支持加工龙头企业发展、建设蔬菜生产基地、培育流通销售组织、扶持专业合作组织等重点领域和关键环节上，制定出具体可行的激励政策和措施，给予灵活的土地政策和优惠的税费政策，强力推动蔬菜产业快速发展。

2010 年 11 月，市人大常委会组织专题调研组对市本级国有资产经营管理情况进行调研，形成《市本级财政性国有资产经营管理情况调研报告》。报告认为，市本级国有公司法人治理结构较为完善，制定《董事会议事规则》《监事会议事规则》《总经理工作规则》《党委议事规则》《绩效考核管理暂行办法》等 19 项基本管理制度，初步做到运行规范，经营有序。国有资产经营管理成效明显，与统管前相比，从 2010 年 1 月起，南充发展投资公司通过中介机构评估、市场调查测算、总经理办公会审定，重新招租，确定 2009 年年底到期的 290 处国有资产的租赁价格，实现经营收益大幅增长。投资融资业务开展顺利，市本级财政性国有资产集中统一管理，有效地解决资产多头管理、资产部门所有、资产家底不清等难题，有利于集中资金办大事，有利于监管国有资产转让行为，有利于防止国有资产流失。通过健全机构、明确职责、管理到位的有效作为，全市财政性国有资产监管、营运、使用逐步走上规范化的轨道。存在的问题有：国有资产移交工作滞后，融资工作进展较慢，监管制度还不够完善。建议进一步加快资产移交工作，加快推进移交资产的清收和未移交资产的划转工作，做实南充发展投资公司注册资本，壮大公司实力。进一步理顺南充发展投资公司运行体制，完善规章制度，要落实市政府作为出资人的股权管理权利，加强实物资产动态监管，由市国资委、财政局每年联合下达公司收入、支出预算，特别是以净利润指标和成本费用指标为核心的年度目标考核任务，激励企业积极创收和控员增效，并由市审计局落实年度定期审计制度。整合投融资平台，突出南充发展投资公司融资的主体作用。市政府在融资平台整合中为其创造条件，在地方财力状况允许的情况下，逐步增加南充发展投资公司资本金，增强融资功能，支持南充经济建设发展。加强公共资源开发管理。为支持南充发展投资公司尽快做大资本金，增强融资功能，建议市政府将一些资源性项目由财政和相关部门评审后，由南充发展公司运作。

2010 年 12 月，市人大常委会组织专题调研组对全市教育管理体制和教师队伍建设进行调研，形成《关于全市教育管理体制机制建设问题的调研报告》。报告认为，全市各级教育行政主管部门狠抓中小学校长和教师“两支队伍”建设，改革管理制度，推动事业发展。提高业务素质，促进质量提升。树立教育形象，提高职业素养。化解矛盾纠纷，确保行业稳定。问题及原因有：队伍管理责权利分离。部分县（市、区）教师队伍管理条块分割、以“块”为主，财权、人权、事权分离，责、权、利不统一。人才引进渠道不畅。南充采取公开考聘办法，引进优秀大学毕业生，特别是面向周边地区引进有丰富教学经验的优秀中青年教师充实教师队伍，然而，受学校编制、用人计划、人事档案、工资关系等诸多因素的制约，有许多优秀人才因迟迟无法办理相关手续遗憾离去。队伍结构矛盾突出。地域分布极不平衡，主城区和城周边的学校教师相对超编；农村中小学教师学科不配套，专任教师短缺，进人缺乏学科计划性。教师培训步履艰难。个别县有教师培训机构的牌子，但没有基地和人员，教师培训流于形式，难收实效。激励机制难以建立。干多干少待遇基本一样的“大锅饭”又已形成，教职工的积极性难以调动。建议进一步理顺教师管理体制。由县级以上教育行政部门依法履行中小学教师的资格认定、招聘录用、职务评聘、培养培训、调配交流、档案管理和考核等管理职能。进一步畅通进人用人渠道。在优秀人才的引进方面，要尽量减少人为障碍，简化相关手续，做到特事特办。进一步实行编制动态管理。机构编制部门要根据教育布局结构调整和学校学生来源、办学规模、学科任务等因素的变化，适时调整教职工编制，实行动态管理，在编制内自主决定年度用编计划。进一步完善农村教师培训机制。要切实落实教师培训专项经费，各级政府应按《中华人民共和国教育法》《中华人民共和国教师法》规定，以教育经费投入的2%作为教师培训经费纳入当年财政预算；在培训经费的安排使用上，应优先考虑农村中小学教师培训的需要。进一步建立健全教师培训机构，办好办实各级教师进修校，加强培训基地、设施设备和教研队伍建设；加强师德师风建设，提高教师职业道德素养，树立爱岗敬业精神。进一步加强激励机制建设。合理布局村级小学，按需调配教师编制，既要满足学生就近上学的需求，又要保障教师劳动均衡，切实解决城乡学校教师薪酬大锅饭现象。

2010 年 12 月，市人大常委会组织专题调研组对嘉陵江流域（南充段）旅游开发进行调研，形成《关于嘉陵江流域南充段旅游开发的对策与建议》。报告认为，南充按照《嘉陵江流域（南充段）旅游开发总体规划》，遵循“整体规划、分段建设，逐步推进、适时整合”的原则，以实施旅游重大项目建设为载体，着力推动嘉陵江流域（南充段）旅游开发，取得一定成效。南充和阆中两座优秀旅游城市正成为嘉陵江流域生态文化旅游区的集散中心。重点景区建设取得重大突破。全市创建 12 个 A 级旅游景区（国家 AAAA 级景区 6 个、AAA 级景区 4 个、AA 级景区 2 个）。外部交通及水上高速日趋完善。旅游服务功能支撑体系不断提升。旅游景点（区）深度开发势头强劲。存在问题有：旅游开发合力不足，认识不到位，缺大项目带动，上下联动乏力。特色文化彰显不够，景区打造缺乏文化张力，沿江城市及场镇文化内涵外化不力，宣传不够。都市旅游带动功能不强，市区内景区景点品位不高，特色街区少，休闲娱乐产品不多。水上旅游基础设施建设滞后，旅游码头不足，航道存在通航障碍，运力不足，水上旅游线路整合运行机制、管理机制和营销机制还未形成。沿江绿化美化亮化档次较低，绿化率不高，美化不够，污染急待解决。建议充分认识加快嘉陵江（南充段）旅游开发的战略意义，加快嘉陵江（南充段）旅游开发是南充做强旅游业的必然选择，加快嘉陵江（南充段）旅游开发是推进川东北区域中心城市建设的重要载体，加快嘉陵江（南充段）旅游开发是推进经济社会发展的重要抓手。以重大项目为载体，推进嘉陵江（南充段）旅游深度开发，抢抓机遇，抓好景区的上档升级，开发极具影响力的水上旅游产品。提升南充城市内涵强化旅游带动功能，尽快启动都市旅游规划，整合三区旅游资源，抓好市区共建。加快嘉陵江（南充段）水上旅游通道建设，抓好南充港口群与旅游码头建设，加大水上运力建设，加大江面管理执法力度，启动制定嘉陵江水上旅游线路开发实施方案。加强沿江两岸生态文化和环境的保护开发。全面落实市人大常委会作出的《关于加快嘉陵江南充段两岸生态绿化工程建设的决议》，加强嘉陵江（南充段）水资源保护，注重沿江文化挖掘，常态化举办嘉陵江重大节日。强化嘉陵江（南充段）旅游开发保障措施，加强组织领导，成立嘉陵江流域（南充段）旅游开发领导小组，建立工作联席会议制度；拓展融资渠道，广泛吸引外资和民营资本参与嘉陵江流域（南充段）旅游开发建设。强化宣传促销。整合有限资源综合运用多种手段宣传促销。注重人才培养。制定优惠政策，引进旅游产业发展急需的规划、管理、营销和经营人才。加强旅游培训基地建设，加强旅游职业教育和从业人员培训，努力提高从业人员素质，为嘉陵江流域旅游开发提供人才保障。

2011 年 7 月至 8 月，市人大常委会组织部分常委会组成人员和市人大代表，采取听汇报、看现场、访群众等方式，对市、县两级学前教育发展情况进行专项调研，形成《关于南充市学前教育发展情况的调研报告》。报告认为，全市各级党委、政府认真贯彻落实科学发展观，高度重视学前教育，将其作为重要的民生问题，加强领导，积极探索，做了大量工作，推动全市学前教育进一步发展，但还存在入园难，城乡失衡，发展无序等许多困难和问题。主要问题有：认识不够，工作滞后；投入不足，保障乏力，供给缺口大；师资力量弱，配套设施简陋；管理不优，发展无序；办园准入不严，无证育幼，安全隐患较多；政策不全，支持受限，在发展学前教育上全市没有统一规定，存在无序发展。调研组建议：将发展学前教育纳入各级政府综合评价和绩效考核体系，出台《关于加快学前教育改革与发展的意见》，形成政府负责、社会关注、各方努力、共促发展良好局面。科学规划，合理布局，扩大资源，加快城镇小区配套幼儿园和公办幼儿园建设，大力发展农村学前教育，积极扶持普惠性民办幼儿园。政府主导，社会参与，完善机制，建立学前教育专项经费制度，引导社会资本举办学前教育，完善成本合理分担机制。理顺体制，强化管理，规范秩序，严格办园准入制度。强化师资，落实待遇，提升素质，解决好教师编制问题，健全幼师准入制度，积极落实幼儿教师地位和待遇，积极推动实施公办幼儿教师绩效工资制度，提高民办园幼儿教师待遇，完善非事业编制教师医疗、养老“一金五险”保障制度，保持幼儿教师队伍稳定。

第五节　南充市第五届人大常委会专题调研

2012 年，市人大常委会组织专题调研组对打造西河生态旅游景观长廊开展专题调研，形成《关于打造西河生态旅游景观长廊的调查与建议》。报告认为，把西河治理打造定位为“生态旅游景观长廊”，是基于西河的自然属性和功能属性，基于广大群众的强烈需求和形势发展的必然趋势，基于南充城市品质提升等诸多因素。独特的自然资源为打造生态旅游景观长廊奠定坚实基础，现实的迫切需求为打造生态旅游景观长廊给予有力支撑，有利的发展态势为打造生态旅游景观长廊提供坚强保证。2007 年开始，市委、市政府将西河流域治理纳入重要议事日程，西河污染状况大有改善，完成西充县城“两河”治理工程和县城生活污水处理厂一期工程建设，建成城市生活垃圾处理场 1 个，场镇生活污水人工湿地处理系统 20 个，乡镇垃圾收集站 17 个，沿河 28 户企业建成污水处理设施，关停 4 户重污企业。顺庆区工业企业基本达标排放，设置畜牧业“禁养区”，搬迁 8 户养殖企业，整治达标 41 户，治理关闭排污口 114 个，完成栋梁路污水提升泵站建设。西河前期治理使生态环境得到改善，景点建设初具规模。西充县成片造林 6000 亩，栽种麻竹 1 万亩，退耕还林 9.6 万亩，嘉陵区沿河绿化 3702 亩，顺庆区沿河绿化 1.2 万亩，大面积栽植绿化苗木 130 多万株；西山风景区成功创建国家 AAAA 级旅游景区，张澜故居完成核心景点建设，凤鸣镇“中国西部有机生态循环第一村建设”有序推进，西充梨花园、桃花园等乡村旅游人气兴旺。主要问题有：规划的科学性和前瞻性有待进一步提升，污染治理的力度与深度有待进一步增强，景区景点融合性与独特性有待进一步挖掘。调研组建议，要科学规划抓统筹，高起点定位，差异化布局，统筹推进。突出重点强推进，建设洁净西河、美丽西河、休闲西河。创新机制谋长效，创新投融资机制，创新激励机制，创新监督机制。强化组织领导和要素保障。

2012 年 5 月至 8 月，市人大常委会组织专题调研组到全市产业园区 80 多户企业进行专题调研，形成《关于全市产业园区建设情况的调研报告》。报告认为，2008 年以来，全市产业园区实现从无到有，由小到大，由弱到强的根本蜕变。至 2012 年 8 月，全市产业园区累计完成基础设施投入超过 110 亿元，产业园区建成面积 72 平方公里，入园企业 736 户，实现销售收入 2000 亿元，纳税 60 余亿元。产业园区成为推进“两化”互动，统筹城乡发展的强大引擎。产城一体化初步显现，产业园区注重城镇与园区功能相互配套、布局有机融合，将产业规划、城市规划、国土规划进行较好衔接，加强公共服务设施建设，全市依托“9 +2”园区建设的宜居、宜业产业新城正在形成。产业特色基本形成，各园区按照市上定位要求，结合区域实际和城市业态现状，对园区产业进行优化布局，各县（市、区）初步形成以本地资源为依托的产业园区。综合效益开始凸显，各地依托产业园区开展招商引资，成功引进上市公司37家，龙头企业45户，园区年产值将突破千亿元，税金20多亿元。园区劳动密集型企业达600余家，解决就业1.5万余人。主要问题有：宏观经济调控压力不减，国家调控政策调整，园区建设要素缺口巨大，项目落地难度越来越大。园区土地利用效率不高，企业生产要素保障不力，土地指标缺口超过7000亩，资金缺口超过15亿元，工业用气缺口超过9500万立方米，劳动力缺口达5000人。园区监管体制机制不顺。调研组建议，坚定不移实施项目推动战略，坚定不移抓好产业园区建设。土地清理要坚决，切实履行招商引资协议，严格执行国家用地政策，全面清理入园企业用地履约情况，下决心解决投资强度低和产出效益不高问题。要素保障要跟进，努力缩小资金缺口，加大园区基础设施和公共服务设施建设力度，积极协调，搞好水电气等要素供给，加强就业培训，保障企业用工。招大引强要突破，依托高质量的优势资源，大力招引国内外知名企业和品牌企业入园。进一步创新园区管理体制，实现园区统一领导、统一规划、统一建设、统一管理，健全园区发展协调机制，探索园区建设市级运作机制，增强园区可持续发展能力。

2012年6月至9月，市人大常委会组织专题调研组对全市城市教育发展情况进行专题调研，形成《关于南充市城市教育发展情况的调研报告》。报告认为，南充市城市教育发展的主要成效有：战略推动，措施有力，区域教育中心地位初步凸显。规划先行，发展蓝图广阔；投入加大，保障力度空前；项目推动，资源新增显著；加强培训，队伍建设有力；管理加强，教学质量提升；措施得力，安全态势稳定。但区域教育中心建设任务艰巨，南充是教育大市，教育事业经济效益在第三产业比重超过8%，教育对GDP贡献率超过10%。但与省内教育强市相比尚有不小的差距。主要问题有：教育资源总量不足，2011年，全市共有中小学、幼儿园330所，在校（园）学生419608人，共有7538个班。按标准尚需增加幼儿园57所约684个班，小学20所约593个班，初中7所249个班，高中8所313个班；优质教育资源短缺，教育发展不均衡，优质教育资源不足，择校热、大班额问题突出；要素保障难度较大，师资力量不足，建设资金匮乏，教育用地矛盾突出；教育装备难以满足教育基本需求。调研组建议：抢抓机遇，突破瓶颈，推进区域教育中心加快发展。大力推进资源新增，严格执行国家标准，从源头上确保教育配套功能与城市扩展相适应。加大项目推动城市教育资源新增工作的力度，力求做到改扩建盘活存量，提质增效。进一步抓好《中华人民共和国民办教育促进法》及其实施办法的贯彻落实，着力做大优质资源，推行强弱结合，以强带弱，推动名校和弱校捆绑发展。借鉴成渝等地构建城市教育优质品牌高中集群经验，打造2—3所高、初中名校。坚持办人民满意教育，大力推行名师、名校、名校长工程，不断提升教育教学质量。切实加强要素保障，落实兑现关于保障教育投入的政策，依法确保教育投入“三个增长”。创新理念，按照有关法律政策原则，完善城区教育投入的体制与机制。切实维护《南充市城区基础教育布点规划》的刚性，充分体现教育优先发展，稳妥解决公开考录教师中的具体问题。加强资金管理，抓好项目效益评估，坚持规范运行，加强对教育投入管理。

2012年下半年，市人大常委会组织专题调研组对全市特色产业基地建设情况进行专题调研，形成《关于我市农业特色产业基地建设情况的调查报告》。报告认为，2010年，南充强力启动实施“五大特色产业工程”，即千万头生猪、百万担蚕茧、百万吨柑橘、百万亩速生林、百万吨特色优质粮油，取得可喜成绩。产业基地规模迅速扩张，全市建成连片万亩以上特色产业基地25个，优质粮油基地153万亩；年出栏万头以上养殖场118个，年出栏生猪830万头；建成优质蚕桑基地99万亩，产茧38万担；优质柑橘基地90万亩，产量达56万吨；速生林102万亩，商品蔬菜基地30万亩，中药材基地23万亩。6县（市、区）被列为全省现代农业产业基地强县。基地生产条件快速改善，坚持以大项目、大投入带动产业大发展，整合资金连片改善基础设施，着力推进“四网”配套，基地发生很大变化。产业发展质量明显提升，科技含量不断提升，农业循环经济初现成效，品牌建设成效凸现。产业助农增收成效显著。以农业龙头企业、农民专合组织、农业种养业主等新型农业经营主体呈快速发展态势，全市规模以上农产品加工企业达288家，年收入600亿元，农民专业经合组织2588个，入社成员约54万户，各类业主大户6.2万个。五大特色产业助农增收比重逐年加大，基地农户人均纯收入比全市平均高2000元。主要问题有：全市农业产业基地建设处于起步发展阶段，距现代农业发展和“四化同步”要求存在不小差距，产业基地整体水平不高，专用型原料严重不足，产业经营主体带动力不强，产业发展环境不优。调研组建议，要加强产业发展规划，着力在连片建设整体推进上求突破，要突出科学性、全域性和同步性。加快基地提档升级，着力在建好龙头企业的“第一车间”上求突破，要持续推进基地的规模扩张，切实推进基地档次提升，强力推动品牌建设，大力推进基础设施配套建设。加速培育经营主体，着力在破解“谁来建基地”难题上求突破，创新土地流转机制、利益联结机制、资金使用方式。强化发展要素保障，着力在优化产业环境上求突破。坚持一届接着一届干，着力在持之以恒推进基地建设上求突破。

2013年上半年，市人大常委会组织专题调研组对城市小区物业管理工作情况进行调研，形成《关于城市小区物业管理工作情况的调研报告》。据调研，全市共有物业管理服务211家，物管面积达3000多万平方米，从业人员3万余人。前期物业服务、物业承接查验备案、维修资金归集使用监管等工作不断规范，物管工作成效显著。物业管理工作环境趋好，对物业管理的重要性认识不断提升，市民“花钱买服务”观念逐步形成，市政府及时出台物业管理规范性文件。物业管理作用日益凸现，助力提升城市形象，成为社会管理的重要组成部分，缓解就业压力作用明显。物业管理综合业绩突出。主要问题有：老旧小区物业管理问题多，老旧小区面积约占全部住宅小区的35%以上，大多是开放式小区，环境、治安管理难度大；基础设施建设标准低且年久失修，加之未归集维修资金，维修处理难度大；小区未实施水电气智能改造，分摊问题较多。开发遗留问题处理难度大。配套设施建设移交管理不明确，开发遗留问题未及时处理。小区业主自身行为难以规范，部分业主缺乏正确物业消费意识，业主随意违规装修搭建，业主委员会作用发挥不好。物管企业专业能力亟待提升。调研组建议，切实加强行业管理，不断提高管理水平。严把规划审批关、工程竣工验收关、业主委员会产生关、物业企业选择关。注意产业政策扶持，切实加大发展力度。加快市场化步伐，建设现代化物业，注重品牌化建设，努力维护业主权益。相关职能部门要积极履职尽责，充分发挥业主委员会主体作用，发挥物管协会监管自律作用。认真抓好宣传引导，积极营造良好氛围。

2013年7月至9月，市人大常委会组织专题调研组实地调研市辖三区、仪陇县、营山县等地的23家投资理财公司，学习考察遂宁经验，重点了解理财公司规范运营、项目资金风险管理、政府部门行业监管等情况，广泛听取市级有关单位和部门的意见，形成《关于我市投资理财公司运行情况的调研报告》。报告认为，2006年至2010年6月，全市登记注册投资理财中介机构14家，至2012年6月，迅速增至76家。政府介入及时，监管日趋有序，规范公司经营活动，提高行业门槛，加强工商行政管理，开展行业清理整顿。整体实业增强，作用可圈可点，仅2012年至2013年6月，民间资金中介发生额达20多亿元，在借余额近17亿元，预计2013年中介发生额可达40亿元。主要问题有：重视支持发展，忽视有效监管，缺乏明确的监管机构、统一的资信标准、刚性的监管制度。重视业务扩展，忽视规范操作，项目审查、资金运作、合同文本、项目推介不规范。重视资金投放，忽视投向调整，突出表现为资金投向单一，不符合国家产业结构调整要求和民间资金中介行业发展宗旨。重视追逐利益，忽视风险防范，融资成本居高不下，审定项目仓促草率，项目监管流于形式，债务回购责任不清，抵押不足变现困难，前店后厂自筹自用。调研组建议：抓好建章立制，加强规范引导，在清理整顿基础上，研究制定规范性文件和行业管理办法。有关主管部门要指导行业协会规范投资理财公司操作流程和项目推荐、资金运作、合同文本等，做到标准、程序、文本统一。完善监管机制，加强行业治理，建立常态化监管机制，风险预警机制和突发事件处理预案。开展综合执法检查，加大对非法集资，放高利贷等违法行为打击力度。继续抓好清理整顿工作，严格控制公司数量，纠正行业不正之风。指导成立民间资金中介服务行业协会，制定和完善行业协会章程和行业自律细则，加强投资理财公司业务指导，明确业务流程，建立借贷业务备案制度，信息发布制度，风险提示制度，风险保证金制度，保障出借人知情权、选择权、自主决定权。坚持安全第一，加强风险教育。加强法治宣传，增强法制意识，远离非法集资，高利诱惑等投资陷阱。加强舆论引导，让“投资有风险，理财需谨慎”认识深入人心，不断增加投资者识别风险和规避风险的能力。完善制度，加强管理，约束行为，防范风险，促进投资理财中介行业健康有序发展。

2014年8月，市人大常委会组织专题调研组对全市药品安全监督工作进行专题调研，形成《关于全市药品安全监督工作的调研报告》。报告认为，南充强化药品生产企业日常监管，扎实开展新版GMP达标认证工作，已完成7家企业GMP达标认证，年底前完成3家，剩余5家预计2015年年底全部完成。扎实开展药品经营企业日常监管，开展药品安全专项整治，把好药品经营企业入口关，全力实施新版GSP达标认证工作。加大医疗器械监督管理力度，加大医疗器械整治力度，严把医疗器械经营企业行政审批现场验收关口。认真学习宣传新修订的《医疗器械监督管理条例》。加大药品违法广告查处力度，加强药品、医疗器械、化妆品不良反应监测上报工作，加强特殊药品的管理。主要问题有：基层监督力量薄弱，基层监管人员缺乏，基层监管机构人员到位率低，基层监管所装备不到位，协管员作用发挥不明显。检验检测场地狭窄，检验检测达不到相关要求，基层监管执法手段缺乏。药品监管法律法规亟待修订，从业人员任职资格和职称等法律法规建设严重滞后，药品价格和供销体制急需调整。调研组建议，加强基层药品安全监管力量建设，加强机构队伍建设，解决基层监管所执法装备等实际问题，加强基层药品安全监管人员履职能力建设。加强技术支撑力量建设。尽快修订和制定相关法律法规。加快药品价格形成机制调整。

2014年10月，市人大常委会组织专题调研组对全市工业园区运行情况进行专题调研，形成《关于全市工业集中区运行情况的调研报告》。报告认为，全市实施项目推动战略，大力推进工业园区开发建设，坚持规划先行，狠抓园区建设，强化要素保障，园区面积快速扩展，产业聚集初具规模，档次水平不断提升。产业发展不断加快，入园企业不断增加，全市工业集中区入驻各类工业企业666户，累计完成投资152亿元，户均投入2620万元，平均投资强度115元/亩。规上工业快速增长，园区规模以上企业437家，占全市规上企业的75.6%。园区效益日趋突显，2014年1月至10月，园区企业实现销售收入1451亿元，工业增加值338亿元，入库税金7.24亿元，吸纳就业13.21万人。运行管理日趋规范，理顺管理体制，创新建园机制，开展合同清理。主要问题有：园区建设水平不高，总规刚性不足，产业布局不优、档次不高。产业发展后劲不足，产业结构层次低端，园区无序竞争加剧，企业投资强度不足。要素制约矛盾突出，用地问题极为突出，用工矛盾日益凸显，开发资金筹措困难，投资软环境有待改进。调研组建议，工业园区建设要坚持高起点规划，坚持统筹发展，坚持有保有压，坚持服务至上，坚持可持续发展。

2015年8月，市人大常委会组织专题调研组对政府投资非经营性项目代建工作进行专题调研，形成《关于政府投资非经营性项目代建工作情况的调研报告》。报告认为，2009年5月，市代建中心成立，基本建立责任明确、权利清楚、管理规范的工作运行体系，制定和完善政府投资项目相关管理办法。代建项目管理逐步完善，项目选择实行“五步工作法”，即：市民“海推”—市政府专题研究—征求市人大、市政协意见—市政府常务会议议定—市委常委会审定。建立项目前期合作单位选择、项目施工过程管理、项目资金管控、项目竣工验收等相关工作管理制度。代建项目建设快速推进，采取挂图作战加快建设进度，完成代建项目113个，投资27.6亿元。代建制成效初步显现，专业化管理程度提高，投资控制能力增强，廉政建设深入推进。主要问题有：代建工作制度在中国起步较晚，没有专门法律规定和统一、具体、可操作办法，尚处在探索完善阶段。南充代建管理实施办法尚未正式出台，在实际运行中存在代建单位、项目使用单位、职能部门等之间权、责、利不明确等问题，易出现管理不到位、责任不落实。代建工作人才队伍缺乏，市代建中心每年承担市本级财政投资项目30多个，总投资几十亿元，每名职工管理4—5个项目，管理难以专业对口。代建管理质量不高。建议：建立和完善相关制度，尽快出台《政府投资非经营性项目代建管理办法》，对代建项目类型、代建工作内容和程序、项目执行、验收与移交、费用标准与支付、项目中止等进行规范。加强代建机构和人才队伍建设，提高代建项目管理质量，做细项目可研、设计、环评等前期工作，建立设计方案公示制度和内审制度，加强施工过程精细化管理，严格投资控制，严格执行工程质量责任终身制。强化风险防范，加强廉政教育，建立健全廉政责任制和切实有效的风险防范制度；加强关键岗位、关键人员、关键环节的监督；提高管理透明度，推广阳光代建。

2016年4月23日至29日，市人大常委会组织市、县级人大相关委室，市扶贫移民局，市农业局和部分农业龙头企业负责人，到浙江大学开展农产品质量安全法暨现代农业专题学习考察，形成《关于赴浙江大学学习农产品质量安全法暨现代农业情况的报告》。学习考察人员在浙江大学听取10名专家教授讲授的《中华人民共和国农产品质量安全法》《转型期社会热点问题分析》《农业品牌规划与发展》等10个专题，实地考察艺福堂茶业，千岛湖鱼头等企业，结合南充实际，就农业品牌打造、农产品质量监督、农村电子商务发展等问题进行探讨。深切感受现代农业发展的浙江奇迹。浙江在人多地少等资源条件制约中始终围绕“市场”和“创新”，走出一条独特而富有成就的现代农业发展道路，谱写中国现代农业发展成功范本，给南充发展现代农业诸多启示、借鉴和思考。主要启示有：坚持把解放思想作为根本前提，坚持把农业转型作为根本出路，坚持把科技创新作为根本抓手。建议进一步解放思想，在高效生态农业发展上求突破。进一步健全五大体系，在农业品牌打造上求突破，健全生产、服务、宣传、网络、监管体系。进一步重视农业信息化建设，在农村电子商务发展上求突破，加强财政支持，提供技术保障，完善物流体系，借力借智促发展。进一步抓好质量监管，在农产品质量安全上求突破，强化宣传培训，加强队伍建设，强化执法监督，严格标准生产。充分发挥人大监督作用，推进农业大市向农业强市转变，着力推进农业转型发展，着力推进农业品牌创建，着力推进农村电子商务发展，着力推进农产品质量安全。

2016年9月至10月，市人大常委会组织专题调研组对全市农业龙头企业发展情况进行调研，形成《关于推进全市农业龙头企业发展情况的调研报告》。报告认为，2015年，全市规模以上农业龙头企业有362家，各类合作社组织4427家，家庭农场3031家，土地流转总面积137万亩，年收入达到263.7亿元。“龙头企业+基地+农户”产业化生产模式得到较好应用，市场化程度大大提高，形成一批农产品新兴基地，西充香桃基地、高坪柑橘基地、阆中中药材基地、嘉陵柠檬基地等都发展成为优势规模产业，辐射范围不断扩大，带动功能不断增强。2015年，全市市级以上龙头企业共带动农户参与产业化脱贫，支付农民工资2.35亿元。品牌优势逐渐呈现，市场占有率大幅提升，至2015年年底，全市获得无公害农产品品牌11个、有机认证品牌26个、市知名商标63个、省著名商标27个、国家免检产品7个。南充农业龙头企业面临的挑战有：企业融资相当困难。90%龙头企业存在资金缺乏，融资难的问题，也没有一家国有银行实现真正意义上用农村土地经营承包权证，农产品作为质押贷的成功案例；企业市场驾驭能力弱。国、省级农业龙头企业数量少，整体实力不强，联动带动发展力有限，市场驾驭整体能力较弱。企业与农户联结机制不顺。龙头企业与农户的利益联结机制是合同制、合作制、股份制关系及其他形式，但经常性出现违约或毁约现象；政府服务不到位。政府在为龙头企业和农户提供市场信息、咨询、法律援助、质量监测检验体系方面存在缺位现象。面临的机遇有：国、省政策新机遇。中央1号文件聚焦农业、政策支持，资本青睐；国家大力实施产业扶贫，构建脱贫奔康产业园，国家加大对农业投入；市委新战略新机遇。11月3日，南充现代农业投资推介暨合作项目签约仪式在蓉举行，共签约现代农业产业项目及农产品精深加工项目31个，总投资128.7亿元；市委、市政府大力实施“155发展战略”，着力培育现代农业千亿产业集群；农产品质量安全新机遇。南充作为西部有机农产品重要生产基地，品牌响亮，消费者期盼；现代农业发展新机遇。南充是农业大市，有国家现代农业示范区、国家农业科技园、中华农业科技园三块金字招牌，有机农业名列全国前茅，西南第一。建议要配套好发展政策，落实好、出台好、完善好政策。强化市场、科技、品牌意识。提供优质高效服务，强化组织领导，加强行业服务，加大宣传力度。创新利益机制，按照“利益共享，风险共担，政策引导”的原则，巩固和发展产业化经营，使企业和农户联结机制规范化、制度化、科学化；引导专业合作社和专业协会建设，解决好小生产和大市场衔接问题；选择最佳的企业与农户的联结方式，增强企业与农户的联结深度。

2016年9月至10月，根据市委统一安排，市人大常委会课题组承担培育丝纺服装千亿产业集群调研。课题组聘请中国工程院院士，西南大学教授等专家组成专家团队。历时3个月，深入研究，数易其稿，形成《培育丝纺服装千亿产业集群调研报告》。报告厘清南充培育丝纺服装千亿产业集群的基础机遇、思路目标、路径重点，许多内容转化为市委决策。报告认为，南充丝纺服装千亿产业集群产业体系比较完整，形成从桑、茧、缫丝、纺纱、织造、染整到服装服饰、家居用品、旅游制品、出口贸易、文化旅游、科研教育较为完整的产业链条；省内同行优势明显，全市有规模以上丝纺企业72户，年主营收入达300余亿元，占全省总量的20%，居于首位；品牌创建成果初现，南充是西部唯一享有“中国绸都”称号的城市，是全国唯一丝绸类外贸转型升级专业示范基地，现有自主品牌22个，其中：中国驰名商标3个，中国品牌产品2个，高档丝绸标志认证产品3个和国家原产地保护标志9个；市场网络日臻完善。产品研发基础良好，有国家级技术机构1个、省级6个、市级5个及中等职校1个，共获发明技术专利30多项。主要问题有：经济总量不大，龙头弱；产业结构不优，层次低；创新能力不强，人才缺；原料供应不足，质量差；政策支撑不力，宣传弱。面临挑战有：国际市场丝绸需求疲软，部分南美、东南亚国家正致力蚕丝发展，全球丝绸产品供需矛盾加剧；长三角、珠三角处于行业霸主地位，南充丝纺服装产业被逼入原料供给、配套生产、来料加工的狭窄胡同；丝绸、棉纺织、服装加工产值占比几乎相等，丝绸缺高端产品，服装缺终端产品，整体缺名牌产品；“直营店+

互联网＋综合市场”成为丝纺服装产品营销主流，而南充还处于封闭状态。面临的机遇有：全球经济呈现持续复苏态势，生产力布局加速调整，新技术革命迅速兴起，为后发赶超提供可能；在“一带一路”倡议背景下，丝绸作为中国文化符号受到各方重视，国家、省上相继出台支持政策。建议加快建成“一基地、一中心、一名城”，即建成中国西部最大的丝纺服装生产研发基地，中国西部最大的丝纺服装产品集散中心和中国蚕桑丝绸文化旅游名城。树立“大纺织”视野，依托“大龙头”带动，实施“大创新”驱动，借助“大市场”拉动，营造“大环境”促动。坚持“优存量，育增量，提质量，挖变量”。10年为期，分两步走：第一步（2016—2020年）全市桑园面积达到80万亩，产蚕能力2.5万担，丝纺服装产业实现年总收入600亿元。第二步（2021—2025年）桑园面积达到100万亩，产蚕能力达到5万吨，丝纺服装产业实现年总收入1000亿元。大力实施龙头企业培育工程。重抓四大专业园区，加快建设高坪都京丝纺服装产业园、嘉陵丝纺服装产业园、仪陇光华制鞋产业园和南充化纤纺织园。重点发展一批服装加工龙头、一批化纤纺织龙头、一批高端丝绸龙头和一批蚕桑综合开发龙头；抓招商、抓融合、抓扶持、抓重组。大力实施集成创新工程，靠人才创新，强技术创新；大力实施品牌创建工程，创建区域品牌，打造国际品牌，加强品牌宣传保护。大力实施蚕桑提档升级工程，稳定规模，提升质量，综合利用。大力实施丝绸文化旅游开发工程，重要抓“一园一区一走廊”平台建设。在高坪都京建设一个产业、小镇、文化、旅游、生态五位一体的丝绸文化产业园。建设完善嘉陵蚕桑生态和丝绸工业旅游区。打造丝绸文化精品旅游环线走廊，充分发挥南充市与法国海外事务所签订的《南充中法丝纺服装产业联盟合作协议》、与意大利科莫纺织商会签订的《丝绸产业合作备忘录》，与中丝集团签订的《全面推动丝绸产业链条合作联盟协议》作用，引进一批支撑性项目落地南充，着力实施东、南、西三路突破。强化组织领导。成立由主要领导任组长的培育丝纺服装千亿产业集群领导小组，落实定点联系企业制度，明确专门机构主抓发展推进工作，建立定期联席会议制度，成立由政府、部门、企业、专家组成的咨询委员会，为企业提供全方位综合服务，研究制定产业发展专项规划，出台具体实施意见，进一步明确发展思路、目标、举措，实行挂图作战，持之以恒，一抓到底。组建产业联盟，争取南充成为中国西部国际丝绸博览会和中国西部茧丝绸论坛永久举办地；推动成立成渝丝纺服装行业商会和中国西部茧丝绸产业联盟，实现优势互补，共融共赢；推动建立南充丝纺服装产业协会。加强行业扶持。出台具体扶持政策，设立专项基金，对重点项目给予专项扶持；严格执行国家对丝纺服装企业的出口退税和税收减免政策；将蚕桑基地建设纳入脱贫攻坚、退耕还林、幸福美丽新村等项目建设内容，带动其他资本投入产业发展。优化金融服务。加大宣传力度。促进政策落地，开列企业“问题清单”逐一清查解决。

第六节　南充市第六届人大常委会专题调研

2017年2月下旬至3月上旬，市人大常委会组织嘉陵江航运发展专题调研组到广安、武胜、合川、重庆等地，对嘉陵江航电枢纽建设和航运发展情况开展调研，形成《打通嘉陵江黄金水道，服务“成渝第二城”建设》的调研报告。报告认为，南充于20世纪80年代末开始，嘉陵江实施15级航电枢纽建设，境内9级相继建成投入运行，正实施航运配套工程建设。工程竣工后，航道达到四级标准。嘉陵江川内沿线广元港、南充港，广安港相继建成并投入运行，南充港有5个港区11个作业区，其中7个作业区均建成并投入运行。发展嘉陵江航运是推动南充市产业发展的迫切需要。据推测，水运成本比陆运低40%，比空运低70%。水运成本低、运量大的特点是推动南充工业和现代物流业发展的重要优势，是南充吸引产业投资、推动产业发展的“助推器”。发展嘉陵江航运是嘉陵江流域综合保护开发的重要支撑和前提，发展嘉陵江航运是建设“成渝第二城”，融入长江经济带，对接“一带一路”发展的需要。主要问题有：思想认识不到位，航道不畅通，体制不健全，政策不配套。合川利泽航电枢纽工程因工程蓄水位、环评、淹没补偿等问题，从2004年至2017年，先后3次开工，又3次停工，工程概算总投资由23.78亿元增加到约36亿元。该项目经国务院重点督办，交通运输部多次协调和川渝两地多层面多次磋商，各项工作全力推进，计划年底前全面开工建设主体工程，2019年航闸建成通航，2022年基本完成枢纽建设任务。但是，该项目投资大、融资难度大，资金缺口高达27亿元。如项目后续资金不能保障，即使在年内开工，也可能面临第四次停工的危险，使嘉陵江全江通航的预期时间再次推延。建议，协助解决合川利泽航电枢纽建设有关问题，积极推动川渝履行按比例出资协议，积极争取省上加大支持力度；促进项目环评报告和省内移民安置规划大纲的审批工作早日完成。加快推进航道治理工程，强力治理乱挖乱采行为，建立疏浚、清淤、航闸维护保养制度等。成立嘉陵江流域管理机构。出台扶持航运发展的政策，认真落实《南充市人民政府关于加快嘉陵江等内河水运发展的实施意见》中的有关优惠政策。尽早出台扶持嘉陵江航运发展政策措施，包括船舶公司化经营，船型标准化建设、港口经营、资金保障、水运企业优惠政策等，以推动南充嘉陵江航运发展。

2018年5月14日至21日，市人大常委会组织市人大常委会办公室、市人大城环资委、市人大常委会法工委、阆中市人大常委会、阆中古城保护管理局负责人到凤凰古城、丽江古城、平遥古城、彝人古镇等地，学习考察古城立法、保护、开发、利用等情况，形成《关于古城立法保护及开发利用的学习考察报告》。各地主要做法是：在立法工作方面，坚持问题导向，突出地方特色，完善配套政策，坚持及时修改。在保护管理方面，坚持规划先行，明确管理机构，“点”“线”“面”保护相结合，大力开展风貌整治。在开发利用方面，凤凰古城准确把握发展定位，充分挖掘民族文化，大力开发旅游产品；丽江古城创新独特民族文化，打造自己特色文化符号，旅游经典创意，多方联动促发展，创新旅游管理新模式；平遥古城注重旅游要素完善，注重文化产业培养，注重旅游秩序整治；彝人古镇深入挖掘彝人文化，具有丰富多彩的业态分布。对阆中古城保护的几点启示：在立法工作方面，要明确立法理念，建议修订《四川省阆中古城保护条例》，改变过去仅对古城建筑物进行保护的观念，坚持“山、水、城”一体保护和“历史、文化、环境”全面保护的立法理念；突出修法重点，重新界定保护范围，将山体、水体以及历史、文化纳入古城保护范围，并对保护范围进行核心保护区、风貌协调区、建设控制区划分，明确各区的保护要求等，提高执法的可操作性；完善配套制度，在对《四川省阆中古城保护条例》进行修订基础上，修改完善《阆中古城修缮指南》《古城风貌整治技术要点》。在保护管理方面，科学编制规划，以申报世界文化遗产为契机，科学编制《蜀道阆中古城世界遗产保护规划》《蜀道阆中古城世界遗产整治规划》；明确管理机构，及时运行阆中古城景区管理局，按照定编、定岗、定人、定责原则，配齐配强干部队伍；开展风貌整治，根据国务院颁布的《历史文化名城名镇名村保护条例》，大力开展古城风貌整治。在开发利用方面，坚持高位规划，明确发展定位，坚定建设世界古城旅游目的地的发展定位不动摇，以旅游经济带动整个经济社会持续健康发展；坚持政府主导，发挥市场作用，采取“政府引导+企业主体+市场化运作”模式，多渠道开发建设，破解景区建设资金难题；注重资源整合，提升服务质量，坚持专业化经验、市场化运作方式，制定优惠政策，吸引丽江古城等地经营客栈业主到阆中古城经营客栈，提高客栈档次、降低收费标准；加大宣传力度，丰富营销策略，充分借力网络、报刊、城市电台等多种平台，投放阆中旅游线路产品宣传广告，进一步完善“阆中古城旅游”官方微信公众平台、阆中古城企业微博，积极引导网络媒体跟踪报道，借鉴丽江古城的成功经验，吸引投资商到阆中拍摄宣传片、电影、电视剧等影视作品，切实提高阆中古城的知名度、美誉度、影响力。

2018 年 9 月，市人大常委会组成调研组对全市“1 +9”工业园区发展情况进行实地调查，先后与市、县级相关部门，86 家企业代表开展座谈交流，深入掌握一线情况，广泛收集意见建议，形成《全市工业园区发展情况调研报告》。报告认为，南充园区已成工业集群发展主要承载体，平台承载力大幅提升，工业集中度大幅提升，经济贡献率大幅提升；园区已成产业转型升级的重要聚集地，强投入，重人才，抓创新；园区已成扩大开放合作的前沿桥头堡，体量大、档次高、潜力强；园区已成优化政务服务的先行示范区，优化政策供给，提升审批效率，创新服务机制。存在问题有：产业布局偏杂，融合发展不够，错位发展不充分，硬件设施不完善，集群效应不明显；企业实力偏弱，竞争能力不强，缺龙头企业，缺科技含量，缺自主品牌；生产成本偏高，要素保障不足，用工难，融资难，降本难；服务效能偏低，政策落实不力，亲商观念不强，资源配置不优，政策落实不力。建议专注定力，把格局做大，在全省“一干多枝、五区协同”发展战略背景下，南充要从 7 个区域中心城市中脱颖而出，争创全省经济副中心必须在做强工业经济上蓄劲突破，后发赶超，着力打造核心增长极，着力培育上市企业，着力发展总部经济；提档扩能，把平台夯实，要按照“产业集聚、功能集成、资源集约”思路，推进园区错位式发展、标准化建设、梯度性开发，维护规划严肃性，注重功能完善度，提升土地利用率；招强引优，把企业选好，坚持宁缺毋滥，力戒饥不择食，力求把有限的要素配置给合适的企业，注重引育旗舰型企业，注重引育科技型企业，注重引育生态型企业；转型升级，把产业扶强，既要用好市场这只“无形之手”，又要发挥好政府这只“有形之手”，改造传统产业，支持技术创新，淘汰落后产能；降本增盈，把环境做优，改善用工环境、融资环境、经营环境；务实重行，把机制搞活，完善服务机制，真正把招商承诺落在实处，把营商环境抓在点上，完善管理机制，依法对园区管委会放权赋能，完善考核机制，对园区的考核要坚持正向激励与负面约束相结合，既要重视新增投资额，工业增加值、财税贡献、技术创新等刚性考核，也要重视安全、环保、债务负面清单考核，鲜明政策导向，力促园区走上持续健康快车道。

2019 年 5 月，市人大常委会组织专题调研组对全市推进保税物流中心（B 型）建设工作进行调研，形成《关于加快推进保税物流中心（B 型）建设的调研报告》。报告认为，南充保税物流中心（B 型）建设工作谋划较早，思路明晰，保障有力；项目推进较快，空间布局较为科学，建设目标初步实现；创建申报较顺，部门工作积极主动，创建前景相对乐观。主要问题有：外贸经济量小质弱，缺乏支撑力；保税物流中心运营欠佳，缺乏竞争力；支持鼓励发展外向型经济政策不优，缺乏吸引力。建议坚定不移发展外向型经济，发挥区位优势、挖掘产业潜力、用好开放平台，在“引进来”“走出去”搭建开放平台方面先下一城。坚持“大招商、招大商”不动摇，坚持新发展理念，用发展的成效解决发展中的问题；强化新政策支持、提升新视野定位，着力改造提升传统优势产业，提高出口产品质量，促进高附加值产品出口。创新运营管理机制，充分发挥保税物流中心的特殊作用。壮大市场主体，着力培育龙头企业；加强行业管理，规范市场秩序；提升专业水平，增强保税物流中心的吸引力、聚合力、竞争力。完善功能要素，努力提高保障水平，夯实物流“硬”实力，进一步提升南充物流迅捷和低成本的绝对竞争力；下足申报“细”功夫，着力强化保税物流中心创建工作的组织领导保障，整合创建力量，把申报创建纳入政府工作重要议事日程，进一步充实整合申报工作力量，相关部门应及时跟进、主动对接，有关领导要密切联系、主动汇报，做到环环紧扣、步步为营，力争“摘牌”成功。

2019 年 7 月，市人大常委会组织专题调研组对全市砂石资源经营管理体制改革工作进行专题调研，形成《关于全市砂石资源经营管理体制改革工作的调研报告》。报告认为，南充采砂秩序规范有序，砂石市场平稳有序，社会积怨有效纾解；生态效益明显，水生态环境得到改善，水域岸线得到保护，水事安全得到保障；经济效益显著，财政收入大幅增加，管理成本大幅减少，砂石资源利用有序。南充坚持示范引领，先行先试，高位推动，全面推进；坚持总量控制，把握关键，优化资源配置，削减采砂船只，取缔非法码头；坚持严格执法，强化监管，健全机制，强化督查，严厉查处。主要问题有：规范管理尚有差距，岸线保护问题较多，偷挖盗采问题仍然存在。建议要继续抓好巩固提升。注重加强国有砂石经营企业日常监管，继续规范码头建设，督促除西充、营山外的其余 7 县（市、区）全面规范砂石码头管理，强化非法采砂的源头管控。继续抓好规范管理。充分注重统筹规划，启动编制《嘉陵江干流南充段河道采砂规划报告（2020—2025）》，加强各县（市、区）年度采砂总量控制，加快划定河道管理范围，以全面推行河（湖）长制为切入点，按照全市河道划界工作安排，细化实施方案，压实工作责任，加强技术保障，推进划界工作开展。继续抓实长效机制。进一步强化部门协同、强化信息化管理、强化行业监管，持续开展嘉陵江、东河、流江河等河流非法采砂专项整治行动，采取包干分片、交叉检查、现场巡察等方式，严格落实采砂管理责任，加大联合执法力度，依法打击非法采砂行为，持续巩固砂石资源经营管理体制改革成果。

2019 年 8 月，市人大常委会组织调研组对全市 9 县（市、区）违法占地和违法建设治理工作（以下简称“两违”治理）进行深入调研，形成《关于全市违法建设治理的调研报告》。报告认为，南充违建种类多，体量大；抢建新增多，群体大；治理手段多，风险大。存在问题有：“4 个合理不合法”问题导致“两违”治理风险巨大，建成的违法建筑成因复杂，解决历史遗留合理不合法；在建的违法建筑趋利趋快，处置违建抢建合理不合法；违建初始阶段发现机制缺失，实施控源追责合理不合法；违建强制拆除法定时限太长，开展快拆强拆合理不合法。各县（市、区）在制止违法建设时，采取停水断电、人车围堵等措施，这些措施有效但不合法。对规划实施影响的认定不明不力、查封施工现场后续措施缺乏缺失、公职人员违法建设处罚处分不清等问题，制约着违法建设治理工作有序有效和依法推进。省内外治理立法经验有：浙江省在全国违法建设治理中，率先出台地方条例，明确拆除措施，突出两大特点：即建即拆、代履行强制执行。武汉市突出规划主管作用，设立有奖举报制度，建立征地拆迁违建不予补偿机制。广州市在地方立法中规定较细，对上位法没有具体明确的事项从六个方面予以明确。南宁市、资阳市结合地方实际，实行“四大”法规措施，建立健全违法建设治理工作综合协调机制、有奖举报机制、控源机制、实施即建即拆举措。对南充地方立法建议：注重民生，化解民忧，依法解决违建历史遗留问题，明确楼顶漏雨，传统堵漏不能解决的，由顶层业主提出申请，物管、社区提出意见，设计单位制定突出堵漏措施、消防安全、建筑安全的设计方案，明确堵漏建设的层高标准，经相关部门研究，函复同意建设，并由物管、社区监督实施。合理强制，注重纠违，依法解决违建抢建趋利趋快问题。合理使用“纠正违法行为”，对正在进行的违法建设，锁定违建进度，凡后续超进度建设部分予以即建即拆；合理使用“查封施工现场”，对破坏查封封条、擅自恢复施工的，由公安机关予以行政拘留，构成犯罪的，移送司法机关追究刑事责任。明确分工，分级负责，依法解决违法建筑源头管控的问题。明确村社、物业的发现职责；乡镇（街道）的属地职责、规划住建的违法认定职责、城管国土的行政处罚职责、房管国土的违建房产不予办理产权登记和转让职责、公安部门的治安管理职责；供水、供电、供气、输油等单位的法定职责义务；开发商的商品房销售机制；公职人员不得违法建设，并对违法建设的公职人员给予相应的组织、人事、纪律处理规定。简化程序，快拆强拆，依法解决强拆法定时限长的问题。违法建筑的强制拆除法定时限过长，不利于违法建设的有效治理。

2019 年 8 月，市人大常委会专题调研组先后到市医保局、财政局、卫健委等市级部门和县（市、区）、乡镇、村（社区）、部分医疗机构、医药机构、医保定点网点，广泛开展调查研究，形成《医保基金征收管理使用运行情况调研报告》。报告认为，南充聚焦体制机制，不断深化改革，医疗保障有力有效，实施全面参保计划，基本实现医疗保障“全覆盖”；实施基金市级统筹，基本实现统收统支“一盘棋”；深化医保机构改革，基本实现医保职能“一体化”。聚焦基金管理，强化风险防控，基金运行平稳健康，实行预算管理、总额控制、分级负责。聚焦基金使用，着力规范运行，监管水平不断提高，不断建立完善管理制度，严格规范医保服务行为，持续打击欺诈骗保行为。聚焦民生保障，注重尽力而为，群众福祉有所增进，广大群众“政策性”红利增加，贫困群众“倾斜式”保障增强，医保报销“一站式”便捷惠民。存在问题有：医保基金支付局部存在风险，基金刚性支出增加，区域保障能力不平衡，基金总量增长受限，欠费争议衍生潜在风险。侵蚀医保基金问题仍较突出，医保报销目录部分药品价格高得离谱，一些医疗机构欺诈骗保问题屡禁不止，医保系统医疗领域违规违法案件时有发生。参保群众看病就医满意度不高，分级诊疗落实不够到位，医疗机构医疗费用控制不够到位，医保政策宣传不够到位，体制机制改革仍然没有到位，医保机构改革未到位，医保监管法治不健全，部门协调机制未建立，信息监督平台未跟上。建议持续抓好市级“两个统筹”，防范化解局部风险。深入研究解决刚性支付增大的支付风险，保证基金管理使用安全；认真研究解决医保基金征收扩面困难的风险，确保医保基金应征尽征；切实研究解决债务争议衍生潜在风险，防止隐形争议债务衍生潜在支付风险，甚至出现一些医疗机构以此拒绝医疗服务，产生医患矛盾纠纷等风险。持续强化监督管理，加大违法违规行为整治，强力推进“三医”监管平台建设，创新医保基金监管方式，加大欺诈骗保整治力度。持续聚焦民生权益，强化医疗民生保障服务，进一步简化群众办事程序，健全分担机制，强化住院基本医疗保障。持续推进体制改革，形成有力有效保障体系，建立健全机制体制，落实分级诊疗制度，加强约束监管力度，避免“打擦边球”行为对“保基本”的医保基金造成浪费。

2019 年 10 月 22 日至 23 日，市人大常委会组织调研组到先行试点的顺庆区、仪陇县，对涉及人大选举工作推进情况和法律适用问题进行专题调研，形成《关于乡镇行政区划调整改革有关人大选举法律适用问题的调研报告》。报告认为，总体来看，顺庆区、仪陇县在乡镇行政区划调整改革试点中起到很好的探索和示范作用，党政重视，统筹有方；依法办事，组织有序；总体稳定，推进有力。有关法律问题：关于代表怎么选、选区如何划分、届次如何确定、代表资格如何审查、代表大会如何召集、乡镇撤并设立街道办事处、乡镇行政区划调整后原来所选出县（市、区）人大代表资格、乡镇人大如何挂牌的问题。建议利用改革契机加强乡镇人大组织建设。基于区划调整后乡镇规模变大，建议每个乡镇人大都应配备 1 名专职主席、1 名专职副主席、至少 1 名专职工作人员。利用改革契机同步推进街道人大工委建设。以利基层人大组织在机构设置上协调一致，有效保证地方人大事业持续健康发展。同步抓好乡镇行政区划调整后的县（市、区）人大代表补选工作。撤并乡镇中退出领导干部序列的乡镇人大主席可以依法辞去县（市、区）人大代表职务，由县级人大常委会及时组织补选，以确保新当选的乡镇人大主席能够增补为县（市、区）人大代表。

2019 年 10 月，市人大常委会对全市生猪产业发展现状进行调研，形成《南充市生猪产业发展现状与对策》的调研报告。报告认为，南充生猪产能急剧下降，规模养殖正待兴起，良繁体系基本建立，绿色理念正在养成。主要问题有：重视程度还不够，思想认识不到位，应急处置不规范，工作保障有欠缺，审批程序还烦琐。发展难度显著加大，疫病防控难度增大，饲养成本大幅增加，填槽补栏十分困难，配种困难。要素保障约束趋紧，缺少规模养殖用地，缺乏发展资金保障，缺少科技人才队伍。抵御风险能力不足，产业结构极不合理，市场供应严重不足，养殖管理较为粗放。建议提高认识，严格落实责任，认清紧迫形势，严格落实责任，规范生猪疫情处置，简化审批程序，严格按照放管服要求，简化各类审批手续，压缩审批时限，对符合条件养殖项目及时审批，限期办理。多措并举恢复发展产能，千方百计保住产能，持续完善良繁体系，大力实施招大引强，积极鼓励增养复养，指导发生疫情的养殖场（户）改造升级圈舍设施、完善防疫消毒设施，验收合格后尽快复养。通力协作强化要素保障，优化国土空间配置，强化发展政策支撑，加强体系队伍建设，积极发挥基层畜牧技术队伍作用，大力推广先进实用技术，为生猪产业健康发展服务。全面提升风险防控能力，积极发展多种养殖，大力发展规模养殖，强力落实保险政策，扩大能繁母猪和育肥猪政策性保险覆盖面，鼓励支持中小养殖户投保生猪保险，实现应保尽保，提升中小养殖户抗风险能力。

2019 年 11 月，市人大常委会组织市级相关部门及金融机构，先后到 9 县（市、区）就促进民营经济健康发展相关政策落实情况进行专题调查研究，形成《关于促进民营经济健康发展相关政策落实情况的调研报告》。报告认为，南充民营经济发展主要呈现“三升三低”的特点，经济总量、覆盖领域、创新意识呈上升趋势；二产占比、存活比例、科技含量低。推进情况：重视程度前所未有，高规格健全机构，高标准完善机制，高要求细化责任；要素制约得到缓解，降低用工、用能、制度性交易成本；企业受惠效果明显，放宽准入条件，减轻企业负担，缓解融资难题。存在问题有：从政策制定层面上看，个别条款制定和实际需求还有距离，个别条款相对宏观，个别政策相互割离，政策制定个性不足。从政策实施层面上看，一些政策预期和政策落地还有距离，政策传导、要素配置、营商环境尚有差距。从企业发展层面上看，一些企业发展和时代要求还有距离，企业知晓政策意识不强，企业对政策研究不够，企业对接政策条件不足。建议：进一步强化政策统领，从制度上提振民营经济发展信心，细化政策体系，强化政策支撑，硬化政策监管。进一步推进解难纾困，从要素上化解民营经济发展阻力，化解“融资难”，破解“保障难”，解决“兑现难”。进一步支持创新转型，从内生上增强民营经济发展动能，填充人才实力，强化科技动力，夯实自身能力。进一步提升政府效能，从服务上努力优化民营经济发展环境，提升服务效率，强化服务能力，优化服务环境，避免执法简单化、“一刀切”，坚持司法处置和稳定发展相统一、监督管理和服务扶持相结合，保障企业合法经营，营造良好治理环境，促进民营经济健康发展。

2019 年 11 月 26 日至 30 日，市人大常委会组织市人大教科文卫委、社会建设委、市医疗保障局、市卫生健康委、川北医学院附属医院等部门和单位负责人到浙江省宁波市、温州市学习考察“智慧医保”建设情况，形成《关于学习考察宁波温州“智慧医保”建设情况的报告》。宁波、温州“智慧医保”建设的主要做法是：以“医保智慧化”建设为牵引，通过医保信息化平台建设，将医疗、医保、医药信息化平台整合到一起，使三个原来相互分隔、各自为政的独立专业信息化平台，成为一个紧密联系、互联互通的信息化综合平台，在浙江省域内实现所有医疗机构、医保平台和医药单位完全共享。主要成效有：极大方便群众就医，广大群众获得实惠；医疗服务水平大幅提升，医疗机构成本总体下降；医保基金监管规范有力，欺诈骗保基本制止。“智慧三医”平台建设对南充的启示有：因势利导，先行先试，争取中、省重视与支持；坚持人民利益至上，打破利益藩篱，形成共享平台建设共识；已有较好基础，只要互联共享，潜能就会极大释放。建议：强化组织领导，市委、市政府将智慧医保建设纳入年度重点工作安排，纳入重大项目建设计划，主要领导亲自过问，推进实施；强化限时推进，建议分阶段实施，2021年年底，推动市、县、乡三级“三医”信息化互联互通，实现以医保为牵头引领的医疗、医保、医药三医联动智慧化；强化督查督办，市委、市政府将“智慧三医”建设工作纳入目标考核，市委目标绩效管理办公室实施重点目标督查，加大考核力度，推动相关部门积极作为，按时按质完成“智慧三医”建设。市人大常委会把“智慧三医”信息化平台建设情况列为2020年重点监督议题，通过专题视察、听取专项工作报告等方式，加大监督力度，推进“智慧三医”建设进度，为建设川东北医疗卫生中心提供重要支撑。

2020年2月，市人大常委会组织专题调研组对川东北设立省级新区必要性、南充建设省级新区可行性以及新区选址、总体定位、实施路径等进行调查研究，形成《关于南充设立省级新区的调查与思考》的调研报告。报告认为，从全省经济版图看，在川东北设立省级新区有利于实现区域平衡、形成鼎足支撑；从全域开放格局看，在川东北设立省级新区有利于借力国家战略、推进东拓北扩；从成渝同体发展看，在川东北设立省级新区有利于破解哑铃效应，防止中部塌陷；从区域发展现状看，在川东北设立省级新区有利于构筑硬核支撑、强化集成示范。南充布局省级新区从区位优势看，南充是中心；从历史沿革看，南充是龙头。南充打造省级新区实力最强，经济实力、科教实力、文化实力领先领跑。南充建设省级新区前景最好，交通便捷度、平台支撑性、资源承载力优势明显。南充打造省级新区的选址立足于“南西蓬一体化”，以江为轴，拥江发展，形成“两带两园”总体格局。主要依据符合省委指导意见、南充既定规划、城市扩展走向、资源承载能力。川北新区定位为“成渝双城经济圈北部开放桥头堡，川东北高质量发展综合示范引航区，嘉陵江畔美好生活理想城”。阶段目标设置以15年为期，分三步走，到2023年，总体框架基本形成；到2025年，城市形态基本显现；到2035年，嘉陵江畔美好生活理想之城基本建成，常住人口达到200万人，地区生产总值达到2000亿元。南充建设省级新区要着力打造“四大中心”，突出成渝双城经济圈北部开放桥头堡的“开放姿态”，打造区域“立体交通中心”“商贸物流中心”“金融信息中心”“国际会展中心”。着力建设“四大基地”，突出川东北经济区高质量发展引航区的“现代业态”，建设“高新智造示范基地”“产教融合示范基地”“有机农业示范基地”“文旅融合示范基地”。着力创建“四型城市”，突出嘉陵江畔美好生活理想城的“城市形态”，创建“公园城市”“智慧城市”“幸福城市”“首善城市”，努力把新区建设为川东北社会秩序最好、社会环境最优、社会文明程度最高的首善之城。

2020年3月，市人大常委会组织专题调研组到各县（市、区）及市级相关部门，进行新冠病毒疫情对南充市经济社会发展影响情况的专题调研，形成《统筹推进“两手抓”，全力确保“双胜利”》的调研报告。报告认为，南充疫情防控工作得力，总体可防；经济发展阶段受阻，总体可逆；社会秩序逐步复常，总体可控。在疫情影响下，加快转段信心、主动投资信心、积极消费信心不足，工业经济面临原料供应、产品销售、流动资金制约，农业工作面临生猪补栏、农产品销售、果蔬损失弥补难，第三产业面临房产市场降温回暖、文化旅游停止重启、商贸服务停滞复常困境，攻坚行动面临脱贫攻坚迎国检、对外开放抓招引、项目建设达进度减缓，财政运行面临前期减收、刚性支出、后续增收压力，社会民生面临保就业、稳物价、强治理难题，公共卫生防控治联动体系需完善、政社民协同机制需健全、医卫保队伍建设需加强。调研组建议，疫情防控不放松，打赢战“疫”稳信心，要依法防控、严密防控、精准防控。工业经济抢进度，阶段损失全年补，以时间、超速、超量抢进度。增产增收靠后劲，点上损失面上补，抓农业增收、抓三产增效、抓新型业态增长。开放借力促增长，项目损失招引补，力争国省项目，加大招商引资，园区提档升级。开源节流促增收，前期损失后期补，土地拉动、政策拉动、投资拉动。分类施策守底线，民生影响发展补，抓好居民就业、物价稳定、基层治理。全面小康保全胜，对标排查抢时补，加强对标整改，化解疫情影响，着力巩固提升。公共卫生强体系，医卫短板机制补，完善机制，长远规划，补短强优，壮大医疗卫生及关联产业，拓展公共卫生发展空间。

2020 年 4 月，市人大常委会组织专题调研组对南充抢抓战略机遇，融入成渝双城经济圈进行调查研究，形成《关于融入“双城圈”打造“次级核”的调查与思考》调研报告。报告认为，从川渝合作战略框架中，感受到交通发展规划的“边缘化”风险，跨地合作平台呈现“被动性”缺失，产业协作互补“竞争力”缺陷。从兄弟市（州）竞相角逐中体悟到资阳、内江、遂宁等地处于成渝轴心区域，充分利用良好区位优势，在成渝联动发展上大做文章。地处川南的宜宾、泸州、自贡等市，密集加强与成渝两地互动交流，在抢入双城经济圈中动作频频。川东北板块城市群的达州、广安、巴中等市，争相打出融入成渝的特色牌，在成渝协作发展上下好先手棋。南充要着力构建“两大抓手”，着力推动构建“嘉陵江绿色生态经济走廊”，借力水道纵联山城；着力构建“成遂南达”东向出川通道经济走廊，借力干线横贯蓉城。着力搭建“三大平台”，搭建政府联系、产业协作、资源互享平台。着力办成“四件大事”，要高标建设南充临江新区，打造“成渝双城经济圈北部开放桥头堡”“川东北高质量发展综合示范引航区”“嘉陵江畔美好生活理想城”目标。全力贯通南渝直达高铁。谋划打造飞地经济园区。推动组建嘉陵江航运集团，在融入“大战略”中下好先手棋，在推进“大开放”中打开新局面。

2020 年 4 月，市人大常委会组织部分常委会组成人员、市人大代表就城市道路交通管理工作开展专题调研，形成《关于市辖城区道路交通管理工作情况的调研报告》。报告认为，提升城市道路交通治理能力和水平势在必行，交通管理亟须提档升级。城市道路交通立法更加健全，交通执法监管亟待加强。广大市民诉求日益强烈，“畅通南充”建设更显迫切。主要问题是：电动车辆监管缺位，电动车辆违法销售问题突出，电动车辆违法通行现象普遍，电动车辆管理缺位。停车供需矛盾突出，公共停车泊位缺口较大，地下停车位底数不清，差异化收费政策落实不力，路面违停治理不力。部门协作配合不力，规划执法协作不力，联动机制执行不到位，交通管理设施标准不统一。调研组建议：加大执法力度，规范通行秩序，加强源头治理，加强路面执法，加强通行管理，充分运用科技手段优化交通要素资源配置，加强车辆引导、分流，强化道路交通动态管理，助力畅通南充建设。强化规划实施，缓解停车矛盾，加快停车场所建设，加强规划执法，健全停车差异化收费制度，有效释放路面资源，提升路面通行效率。完善工作机制，增强监管合力，健全领导机构，强化协作配合，相关职能部门要切实履行监管职责，共享信息资源，加强协作配合，形成监管合力，不断提高城市道路交通治理能力和水平。

2020 年 8 月，市人大常委会组织专门力量，围绕夜间经济的发展现状、发展潜力以及创新发展模式等方面对全市夜间经济发展情况进行深入调查研究，形成《关于南充市夜间经济发展情况的调研报告》。报告认为，全市夜间经济起步较早，经过多年探索，逐渐形成成熟的多元化夜间产品供给体系，为经济发展提供有力支撑。主要表现为“三大特点”：空间覆盖面广、消费体量较大、增长亮点较多。主要问题主要突显在“三大方面”。重物质消费，轻文化消费；同质化较重，个性化偏弱；品牌化不强，精细化不够。先进经验：从国内大城市做法来看，主要呈现出“三大经验”。政府重视、政策扶持；统一规划、重点突出；文化助力、全域开花。发展定位分析：积极因素，中省政策方面，中省相继出台《关于进一步激发文化和旅游消费潜力的意见》《四川省培养发展新消费三年行动方案》等文件为夜间经济发展提供依据和方向。市场潜力方面，城市居民在消费方面潜力巨大，截至2019年年底，南充市主城区常住人口145万人，全市城镇人均收入达33749元，同比增长9.5%，居民银行存款达2668.48亿元，同比增长11.3%，社消零达1068.93亿元，同比增长11.3%。消费习惯方面。根据居民的消费习惯调研发现，60%的消费发生在夜间。南充人民夜间生活丰富多彩，“夜游、夜购、夜宵、夜啤酒”成为南充人民的主流消费习惯，随着全市夜间经济业态的不断优化和布局调整，市场消费方面将面临更大空间。制约因素，疫情带来的消费意愿降低，互融互通带来的消费流失，传统业态带来的消费疲乏。关键因素：精准把控投入和效益的平衡点，精准把控业态和结构的平衡点，精准把控传统和升级的平衡点。探索发展新模式：规划引领，落实“三大布局”，依托大数据分析在不同年龄段、不同群体的消费习惯和消费领域，分区分项精细化制定规划布局、业态布局、空间布局“三大布局”。多维度编好规划布局，要注重规划衔接，要完善功能布局，要打造示范街区。多元化做好业态布局，要提升传统业态，要发展新兴业态，要补齐短板业态。多层次建好空间布局。以“印象嘉陵江”最美江岸线，“山水南充城”最靓天际线为目标，实行差异化布局，多元化发展。聚焦区域消费和就近消费布局。优化资源配置，完善“三个供给”充实文化供给。要传承历史文化，倡导健康文化，培养城市文化。搭建平台供给。要搭建宣传平台、互动平台、招引平台。整合资源供给。要整合品牌资源、整合文化资源、整合行业资源。筑牢基础支撑，强化“三项保障”：强化组织保障，成立专班推进、形成协商机制、建立“首长”制度；强化功能保障，要加强安全、物业、交通保障；强化政策保障，要优化政务服务、落实税费优惠、加大资金扶持。

2020年9月，市人大常委会组织力量，对全市人才工作情况进行深入调研，形成《关于全市人才工作情况的调研报告》。人才工作的四大阶段性成果：近几年，全市严格坚持“党管人才”原则，深入实施人才强市战略，思想重视程度、招智引才强度、政策配套密度前所未有，全市人才工作持续向好发展。“引才”有力，增量提升；“育才”有方，存量盘活；“留才”有术，总量扩大；“用才”有效，质量凸显。人才优势极大巩固了南充在教育、医疗、农业等方面的区域领跑地位，科技对经济增长的贡献率达到52%。人才工作的四个现实性隐忧：虽然南充市人才工作全省考核排名呈快速跃升之势，但仍位居7个中心城市中游，正面临“标兵渐远、追兵逼近、主要竞争对手加速发力”的巨大压力。主要表现出占比不大、层次不高、流失不少、贡献不足的问题。工作的四块竞争性短板：虽然南充市人才工作较之五年前已有长足进步，但与发展需求相比、与兄弟市州相比、与人才期盼相比仍有差距，在引才、聚才、留才、用才等方面仍有文章可做、仍有潜力可挖。主要表现在引才机制有待完善，聚才政策有待调整，补贴标准偏低，人才公寓偏少，专项编制偏紧；留才环境有待优化，编制核定较慢、职称评定较难、子女入学较麻烦。另外，部分单位反映，南充市事业单位绩效工资系数十年未调，明显低于泸州、内江等地。用才体制有待健全、政产学研用结合不紧、本地科研项目供给不足、人才市场配置机制不顺。人才工作的十五条操作性建议：构建“专业机构+市场运作”工作格局，组建市委人才工作局，做优高端人才服务中心，建立人才大数据平台。营造“优惠政策+可瞻前景”聚才磁场。坚持经济待遇、生活待遇、政治待遇同步发力，着力打造“引得进、留得住、用得好”的人才梦想港湾。提高人才补贴标准，推进人才安居工程，拓展人才发展空间。实施“留根溯源+猎头行动”揽才计划。做好人才工作既要放眼世界，也要立足本土，既要追求“高大上”，也要避免“灯下黑”，真正做到聚天下英才而用之。实施“驻市高校毕业生留南计划”，实施“南充籍高校毕业生归雁计划”，实施“精英人才猎头行动计划”。建立“多层平台+多元激励”用才机制。完善政产学研用联动机制、完善科研项目对接机制、完善人才评价机制。健全“绿色通道＋专项单列”运作体系。“短、平、快”是打赢人才争夺战的制胜法宝，要敢于破除陈规，善于革弊立新，坚持用最有效率的方式抢占最为宝贵的资源。提升工作效率、增设专项编制、落实绩效考核，督促“一把手”抓好“第一资源”，形成“地方党委统一领导、专职机构牵头抓总、有关部门各司其职”的人才工作新格局，努力把南充建设成为“寻觅人才求贤若渴、发现人才如获至宝、举荐人才不拘一格、使用人才各尽其能”的人才强市。

第十二章

自身建设

1993 年至 2020 年，市人大常委会始终坚持党的领导，坚持重大事项向市委报告制度，保证人大工作的正确方向。落实从严治党主体责任，充分发挥市人大常委会党组的战斗堡垒作用，坚持把政治建设摆在首位，严明政治纪律和政治规矩。充分发扬民主，严格依法办事。抓好全体组成人员和办事机构工作人员的政治、业务学习，扎实开展“三讲”教育、先进性教育、群众路线教育、“三严三实”教育、“两学一做”教育、“不忘初心、牢记使命”教育，大力开展创建“和谐机关、活力人大”主题实践活动，加快建设“四讲四有”人大常委会机关。扎实推进“深刻汲取教训、净化政治生态、重塑南充形象”等专项整治活动。建立健全信访制度，维护群众合法权益和社会稳定。制定常委会、专委会议事规则和保证机关正常运转的一系列制度，坚持用制度管权、用制度管事、用制度管人。加强对人民代表大会制度和地方人大工作的理论研究，充分利用有关报刊和新闻媒体，宣传南充人大工作。抓好市人大及其常委会定点联系贫困村、结对帮扶贫困户工作。

第一节　市委人大工作会议及重要文件

1994 年 9 月 20 日至 21 日，市委召开全市人大工作会议，市委书记李正培、市人大常委会主任李慎宽、市人民政府市长向阳分别作报告。是月，市委印发《关于加强人大工作的决定》。决定主要内容有：认真学习马克思主义国家学说，不断深化对人民代表大会制度的认识；把人大制度宣传作为党的宣传工作的重要组成部分，做好人大制度、人大工作的宣传；积极支持人大及其常委会依法主动、独立负责地开展工作；支持人大及其常委会依法决定重大事项；支持人大及其常委会采取有效监督形式，加强法律监督和工作监督；支持人大及其常委会依法行使任免权，贯彻执行党的干部路线、方针和政策；加强和改善党对人大工作的领导，定期研究解决人大工作中的重要问题；善于把党的主张通过法定程序转化为国家意志；党委应事先向人大常委会党组或主任会议通报拟推荐重要干部的人事安排意见和基本情况；吸收人大常委会主要领导参加同级党委或列席党委常委会议；加强各级人大的思想建设、组织建设、廉政建设和干部队伍建设；建立健全联系代表制度，支持保障代表密切联系群众，发挥民主主渠道作用。

1999 年 12 月 21 日，市委召开全市人大工作会议。次年 3 月，市委印发《关于加强和改善党对人大工作领导的意见》。意见主要内容有：加大学习和宣传的力度，进一步提高对人民代表大会制度和人大工作重要性的认识；把人大工作列入重要议事日程；凡应当依法由人大及其常委会决定的事项，都要提交本级人大及其常委会讨论审议；支持人大常委会加大司法个案监督力度，加强对“一府两院”的工作评议和组成人员的述职评议；凡由人大及其常委会依法任免的干部，必须在依法通过并对外公布后方可到职或离职；加强代表队伍建设，为代表知情、知政、履职创造条件；支持人大履行法定职责，充分发挥人大在依法治市中的主导作用；国家机关及领导干部要带头依法办事；加强人大领导班子建设，优化人大机关干部的年龄、知识、专业结构；加强乡镇人大组织建设；人大要坚持请示汇报制度，主动向党委请示、汇报工作。

2005 年 6 月 16 日，市委召开全市人大工作会议。是月，市委印发《进一步加强和改进人大工作的意见》。意见主要内容有：充分认识加强和改进新时期人大工作的重要意义；把民主法治建设与支持和保证人大工作的情况纳入对下级党委工作目标的考核内容；善于通过人大党组织和党员，保证党的路线、方针、政策和党委的决定决议的贯彻落实；把宣传民主法治建设、人民代表大会制度和人大工作作为党的宣传工作的重要组成部分；支持和保证人大及其常委会进一步完善监督制度、健全监督机制、加强监督力度，增强监督的针对性和实效性；完善党委、人大、政府决策的规则和程序，支持人大依法决定重大事项；完善选举任免程序，实现党内工作程序和人大及其常委会法定程序的有机结合；完善公民旁听人大常委会会议、人民代表大会会议等制度，加强人大信访工作；优化代表结构，提高代表素质，建立健全代表向选民述职制度和代表辞职制度；加强同人大代表的联系，建立国家机关向代表通报重要工作和重要事项制度，为代表履职提供便利；优化各级人大常委会和专门（工作）委员会组成人员年龄、知识和专业结构；完善人大及其常委会审议规则和议事程序，实行相关重大事项向社会公示制度和公开听证制度；把人大机关干部纳入党政干部培养、交流序列，加大对外交流力度；解决好各级人大常委会机构设置和编制问题，解决好人大及其常委会履职、代表培训与活动所需经费。

2009 年 12 月 4 日，市委召开人大工作会议，市委书记、市人大常委会主任刘宏建讲话。市领导高先海、杜光辉、胡文龙、李志杰、刘伯忠、向东、蔡勇、唐文金、李树林、谢华国、刘光远、冯斌、李元开、陶治国、陈自立、傅伦佳、陈修鹏，市委、市人大常委会、市政府、市政协相关负责人，武警 8740 部队、市中级人民法院、市人民检察院、各县（市、区）、市级部门、驻市高校负责人参加会议。市人大常委会党组书记、副主任李志杰就新形势下如何做好人大工作作讲话，市委常委、市委组织部部长刘光远在会上作讲话，会议进行交流发言。市委常委、市委秘书长唐文金主持会议。12 月 18 日，市委印发《关于进一步加强人大工作的实施意见》。意见主要内容有：从战略全局高度，深刻认识坚持和完善人民代表大会制度的重大意义；健全和落实党委领导人大工作机制，党委每届任期内召开一次人大工作会议，每年至少听取一次人大常委会党组工作汇报；发挥常委会党组领导核心作用，坚持和完善党组会议制度和重大事项报告制度；坚持和完善领导干部学法制度，加强对党员干部执行宪法、法律法规和人大决定决议的监督检查；支持人大及其常委会按照法定程序开好人代会和常委会会议；凡属人大职权范围内的重大事项，应由党委向同级人大或人大常委会提出建议或由政府、法院、检察院依法提请审议，经人大或人大常委会讨论决定；支持和保障人大及其常委会综合运用法定监督手段，加强工作监督和法律监督；凡依法应由人大及其常委会选举或任免的干部，要提前向人代会临时党委或常委会党组介绍党委推荐意见；支持人大对外交流；不断优化代表年龄、知识和专业结构，建立代表履职登记和激励评价机制；组织人大代表开展经常性活动，切实保障人大代表依法履行代表职务；进一步加强人大代表议案和建议、批评、意见办理工作；各级人大及其常委会要强化市委提出的“八种意识”，加强思想和作风建设；进一步优化人大常委会组成人员的年龄、知识和专业结构，推进人大工作制度创新和机制创新；把人大常委会机关干部的培养、使用和交流纳入干部队伍建设的总体规划；落实好人大常委会机关人员编制，建立健全人大工作经费保障机制；选齐配强乡镇人大工作力量，支持保障乡镇人大履职行权。

2015 年 12 月 9 日，市委人大工作会议举行，市委书记李仲彬出席会议并讲话。市委副书记、市长向东，市人大常委会主任袁险峰、市政协主席吴小可出席会议。会上，袁险峰传达省委人大工作会议精神。市委常委、市委组织部部长杨波主持会议。市委常委、市人大常委会班子成员、市中级人民法院院长、市人民检察院检察长，南充军分区主要领导，市人大常委会委员、市人大各专门委员会、市人大常委会各办事工作机构负责人，市直各部门党组（党委）主要负责人，各县（市、区）委书记、人大常委会负责人，部分乡镇（街道）党委书记、人大主席参加会议。西充县委、高坪区人大常委会、顺庆区和平街道党工委、阆中市天宫乡党委、南部县窖场乡人大主席团、仪陇县柴井乡人大主席团分别在会上发言。会议认真贯彻落实党的十八届三中、四中、五中全会精神和习近平总书记重要讲话精神，贯彻落实中央《关于加强县乡人大工作和建设的意见》和省委《关于加强县乡人大工作和建设的意见》精神，对做好新形势下全市人大工作进行安排部署。次年2月23日，市委印发《关于进一步加强人大工作和建设的意见》。意见主要内容有：准确把握加强人大工作和建设的基本原则；加强对人大工作的领导，把人大工作纳入整体工作布局，统一部署和推进；充分发挥人大常委会党组作用，把党委决策部署贯彻到人大工作中去；把人大制度和理论列入党校、行政学院必修课程，列入全市社会科学研究总体规划，把人大工作和代表履职宣传纳入党委宣传部门重要职责；合理安排县、乡镇人大会议次数和会期；加强对开好人代会和常委会会议的领导，提高会议质量；建立市人大立法工作机构，抓好立法队伍建设；将立法工作纳入地方改革发展总体规划和总体布局，健全立法体制机制；尽快启动重点领域立法工作，深入推进科学立法、民主立法；健全人大讨论、决定重大事项制度，明确相应范围；支持人大及其常委会创新监督载体，完善监督机制，增强监督实效；科学制定监督计划，紧扣监督重点加大监督实效；建立政府向人大常委会定期报告政府债务、重大投资、国有资产管理及运营情况制度；市、县两级政府出台规范性文件应及时向同级人大常委会报送备案；精准选题，规范程序，促进专题询问规范化、制度化；完善工作评议制度，对专项工作开展满意度测评；及时向人大通报党委人事安排，听取意见建议，尊重选举、表决结果；完善任前考试、任职表态、颁发任命书等制度，落实宪法宣誓制度；建立被选举任免人员述职报告制度；加强对换届选举工作的组织领导；健全代表候选人提名推荐工作程序，完善代表资格审查机制；建立任务分解、检查监督、责任倒查机制，加强选举任免工作监督；建立代表联系群众常态化机制，建立健全常委会组成人员、乡镇人大主席团成员联系代表机制；完善议案、建议、批评和意见办理程序，推动代表反映问题及时高效解决；组织好代表学习培训，建立代表履职财政补助制度，积极支持和保障代表依法履行职务；健全代表履职考核机制和退出机制，加强代表履职监督；加强人大及其常委会的组织建设、作风建设、能力建设和信息化建设；加强乡镇（街道）人大工作和建设，加强对基层人大工作的指导和保障。

2020年12月31日，市委人大工作会议召开。市委书记宋朝华出席会议并讲话。市委副书记、市长吴群刚主持会议，市人大常委会主任袁险峰传达省委人大工作会议精神，市政协主席潘国华出席会议。市委常委、市人大常委会副主任、市人民检察院代理检察长，市人大常委会、市政府、市政协秘书长，市直有关部门，各县（市、区）委书记、人大常委会主要负责人参加会议。会上，仪陇县、顺庆区人大常委会党组、市生态环境局分别作交流发言。会前，市委印发《关于加强新时代人大工作和建设的实施意见》。意见主要内容有：实行党委书记联系人大工作制度；健全人大相关负责人列席本级党委全会、参加本级党委重要会议机制；把党委领导人大工作，党委工作部门支持人大工作、“一府一委两院”接受人大监督纳入考核范围；完善常委会党组重大事项报告制度；明确县级人大常委会根据工作需要可设立机关党组；明确将人大制度列为党委（党组）理论学习内容和党校（行政学院）教学计划；推动党校、高校院所开展人大理论制度研究；健全立法工作机制，加强地方性法规的宣传和执行；健全人大常委会审议专项工作报告制度；全面落实政府向本级人大常委会报告国有资产管理情况制度；干部考察注重运用人大监督结果；健全完善人大决定讨论重大事项机制、政府重大决策出台前向本级人大报告工作制度；党委推荐须由人大选举任命的干部时，应听取人大常委会党组及相关工作机构的意见；对提请任命的法官、检察官人选，人大常委会应当通过一定方式了解拟任人员履职情况；健全人大常委会任命人员述职测评制度；推进民生实事项目人大代表票决制工作，强化代表履职服务保障；将人大代表之家运行经费列入县级财政预算；健全人大代表任期培训制度，完善代表履职绩效评价机制；统筹市县人大机构设置，加强乡镇（街道）人大力量配备；允许有条件的地方探索人大常委会主任、副主任、秘书长、副秘书长和驻会的常委会委员在地方总编制中单列；市、县（区）人大常委会专职组成人员应占2/3左右，应有1/3以上能在换届时连任；加强人大干部的选拔任用、轮岗交流、挂职锻炼力度；加强市人大常委会立法工作力量建设；推进办公、会议和宣传等信息化建设。

第二节 思想政治建设

1994年至1998年，市人大常委会组成人员认真学习马列主义、毛泽东思想和邓小平建设有中国特色社会主义理论，学习马克思主义国家学说的理论、人民代表大会制度的理论及其发展历史、党中央和邓小平等领导人关于人民代表大会制度和人大工作重要性的论述，学习《中华人民共和国宪法》《中华人民共和国地方各级人民代表大会和地方各级人民委员会组织法》等一系列重要法律法规，增强对人大工作的理性认识，实现思想观念和工作方法的转变，提高理论修养，提高执行党的政策和依法办事的能力，形成严谨求实、勤奋工作良好风气。中共十四届四中全会后，市人大常委会按照市委部署，联系实际对四中全会文件进行学习和讨论，提出贯彻落实会议精神的具体要求。其间，1997年，市人大常委会根据《中共中央关于加强党的建设几个重大问题的决定》《中共中央关于加强社会主义精神文明建设若干重要问题的决议》，印发《南充市人大常委会机关关于加强和改进思想政治工作的意见》。

1999年，市人大常委会领导班子成员集中精力进行为期2个月的“三讲”教育。参加“三讲”教育的领导班子成员以高度的政治责任感和良好的精神状态，以整风的精神开门搞“三讲”，高标准，严要求，认真学习，理论联系实际，严格剖析自己，积极开展批评和自我批评。2000年，市人大常委会组织组成人员和机关干部认真学习江泽民总书记关于“三个代表”重要思想重要论述，深刻领会“三个代表”重要思想内涵和实质，进一步解决理想、信念和宗旨问题，增强中心意识、发展意识和群众观念，为做好新时期地方人大工作奠定思想基础。按照市委统一部署，市人大常委会领导班子和领导干部认真开展“三讲”教育“回头看”活动，机关干部的政治思想觉悟有了进一步提高，精神面貌有了新变化，领导班子团结协作精神明显增强，提高了战斗力和凝聚力。2001年，市人大常委会组织组成人员和机关干部深入学习江泽民总书记“七一”重要讲话，学习市场经济知识、法律法规和人大业务，提高市人大常委会组成人员和机关干部的思想素质、理论素养和工作水平，进一步增强政治意识、大局意识和群众观念。2002年至2004年，市人大常委会切实推进机关党的建设，始终坚持把思想政治工作作为机关党建工作的重要任务。机关思想政治工作做到有组织领导、有计划安排、有措施办法、有总结评比。机关党委印发《关于2002年党员教育管理的通知》，要求机关各党支部进一步加强党员思想政治工作，提出具体学习教育内容。印发《关于在党员中进一步加强学习的安排意见》，要求机关各党支部认真组织党员系统学习“三个代表”重要思想，全面理解内容实质，深刻把握理论精髓。重点抓《中共中央关于加强党的执政能力建设的决定》和中央、省、市领导发表的重要讲话以及时事政治的学习等。2005年，机关党委和各党支部组织党员参观张澜纪念馆、罗瑞卿纪念馆和市政建设现场，深入到美亚集团等企业生产车间，进行革命传统、艰苦奋斗和为南充社会经济的发展该如何做贡献等多种形式的思想政治工作教育。机关党委扎实开展“深入学习雍宗满，争做人民好儿女”活动，组织党员到南部县四房嘴村实地参观，听取雍宗满先进事迹报告，举办学习雍宗满先进事迹心得体会演讲，并将机关全体党员撰写的心得体会汇编成书，供大家相互交流学习。以纪念邓小平100周年诞辰为契机，组织党员到邓小平故居参观，深切缅怀伟人丰功伟绩，加深对邓小平理论的理解。在参加市党群系统庆“七一”卡拉OK和党的知识竞赛活动中，市人大常委会机关党委以选拔形式激励党员的参与和学习热情。在党的知识竞赛中，市人大常委会机关代表队获得二等奖。在参加全省人大制度知识电视竞赛中荣获一等奖。

2005年至2006年，市人大常委会不断适应新形势要求。自觉坚持党的领导，积极贯彻执行市委决议决定，努力实现党委意图和主张。按照市委部署，认真开展“保持共产党员先进性教育活动”，重点学习《保持共产党员先进性教育读本》，开展“保持共产党员先进性教育活动”知识竞赛。在党员中开展“党员先锋工程”“党员扶贫互助”活动和“‘三百工程’进社区”活动。邀请市畜牧专家到市人大常委会机关联系的阆中市妙高镇，对帮扶贫困党员的项目及所需启动资金进行调研、指导。机关全体党员踊跃捐款近5000元，帮助扶持9户贫困党员发展种养殖业。在“‘三百工程’进社区”活动中，到帮扶对象——顺庆区五里店社区了解情况，召集相关部门与北城街道办事处一起到社区开现场帮扶会议，研究落实具体帮扶措施。在保持先进性教育活动中，开展以实践“三个代表”重要思想为主题的“党员示范行动”。各党支部在春节前夕访贫助困，走访贫困户，捐赠食油、大米、肉类、慰问金等，把党的温暖和关怀送到贫困户家中。机关12名厅级和22名县级领导干部结对帮扶30户贫困户和6名贫困学生，落实帮扶措施和项目61个，捐赠帮扶资金和物质折款9100元。市人大常委会机关在市委开展的评比“满意不满意单位”活动中，被评为“满意单位”。市人大常委会机关评选出先进党支部6个，优秀共产党员43人，学习雍宗满优秀共产党员5人，优秀党务工作者6人，被市直机关工委表彰的优秀共产党员3人，优秀党务工作者2人。2007年，市人大常委会组织开展“以良好的作风推进坚持科学发展、构建和谐南充”为主题的大讨论，学习贯彻胡锦涛总书记在中央党校重要讲话精神，组织干部职工学习贯彻党的十七大精神，为全体党员购买党的十七大报告及辅导材料和新党章，聘请市委宣讲团成员到市人大常委会机关作十七大精神辅导报告，为各党支部订阅《党支部工作指导》《四川机关党建》等学习刊物。

2008年，市人大常委会坚持中心组学习制度，组织组成人员学习邓小平理论、“三个代表”重要思想，认真贯彻胡锦涛总书记在中央政治局第九次集体学习时的重要讲话精神，着力增强党员干部推动科学发展、促进社会和谐的能力。坚持和完善机关各党支部学习制度，通过组织生活会、报告会、座谈会、主题活动等形式，切实加强机关党员和干部职工的思想政治建设。汶川大地震后，机关党员捐款达24870元，交纳特殊党费13950元，捐赠衣被106件。2009年，市人大常委会机关开展深入学习实践科学发展观活动。市人大常委会党组精心准备，认真谋划，及时研究制定实施方案，成立学习实践活动领导小组，落实领导责任制。领导小组提出具体目标，明确学习调研、分析评议、整改落实阶段的工作任务，坚持做到个人自学与集中学习、专题辅导与研讨交流、加强学习与提高能力、学习理论与思考问题、深入学习与注重调研等“五结合”，组织全体党员干部观看中央党校王怀超教授主讲的《关于科学发展观的几个认识问题》电视专题讲座。坚持把实践探索作为落实科学发展观的根本动力，围绕加强和改进市人大常委会监督工作，对工作评议、专项工作监督进行积极探索，制定《南充市人民代表大会常务委员会听取和审议专项工作报告暂行办法》。坚持把提升效能作为落实科学发展观的基本要求，进一步加大对常委会组成人员和机关干部学习培训力度，加强机关日常管理，改进会风文风，改善机关办公条件。采取实地察看、集中座谈、专题汇报等形式，收集各方面基本情况，听取各级干部、人大代表和基层群众对推进发展的意见和建议，谋取推进发展的新举措和办法。组织撰写的《把科学发展观落实在细节中》《把科学发展观贯穿于人大工作始终》被南充日报“科学发展观在南充征文大赛”刊用。在专题民主生活会上，各位党组成员结合各自分工和自身实际，重点查找思想、工作、作风等方面不适应、不符合科学发展观的问题，以及在党性、党风、党纪方面存在的问题，认真总结经验教训，提出进一步贯彻落实科学发展观的措施和努力方向，切实做到敞开思想，坦诚沟通，严肃认真，实事求是。体现重在自我教育、重在自我提高、重在总结经验、重在明确方向的要求。机关各党支部也分别召开专题组织生活会，在找准突出问题、分析根本原因基础上，进一步理清工作思路，明确整改重点，提出整改措施。市人大常委会党组两次召开扩大会进行分析总结，重点围绕贯彻落实科学发展观的思想观念、工作思路、具体措施等方面情况，深入分析市人大常委会领导班子贯彻落实科学发展观的情况，总结取得的主要成效和形成的共识，查找存在的问题和不足，提出具体思路和措施，形成市人大常委会党组贯彻落实科学发展观情况分析检查报告。在整改中建章立制，在建章立制中推动整改，着力解决影响市人大常委会职能作用发挥的突出问题，建立贯彻落实科学发展观、推动人大工作的长效机制。组织机关干部职工和退休人员、人大代表、服务对象等104人，对市人大常委会机关学习实践活动进行测评，满意度达98.1%。2010年，市人大常委会在开展纪念新中国成立60周年和地方人大常委会设立30周年系列活动中，回顾人民代表大会制度的光辉历程，推动市人大常委会工作不断与时俱进。2012年7月，市人大常委会机关深入开展创先争优活动。市人大常委会成立创先争优活动领导小组，在活动中认真贯彻落实党的十七届三中、四中全会和省委九届七次、市委四届七次全会精神，以邓小平理论和“三个代表”重要思想为指导，以深入学习实践科学发展观、奋力推进川东北区域中心城市建设为主题，以创先争优为主要内容、结合工作实际，坚持改革创新，统筹推进党的建设和其他经常性工作。机关各党支部围绕深入贯彻落实党的路线方针政策和省、市决策部署，突出“五深入五突破”工作重点，抓好项目攻坚、产业培育、城市发展、民生改善等工作，在推动南充科学发展上争先锋、作表率。推进机关“学习型、创新型、服务型、帮带型”党组织建设，深入开展“领导挂点、部门包村、干部帮户”活动。2013年，市人大常委会认真落实机关学习制度，组织召开常委会组成人员培训会和常委会组成人员暨县（市、区）人大常委会主任学习会、专项工作座谈会、专题培训会，深入学习党的十八大和省第十次党代会、市第五次党代会精神，学习与人大工作密切相关的法律法规和人大工作知识，准确把握新形势对社会主义民主政治建设和人大工作的新要求。认真贯彻落实中央八项规定，大力倡导求真务实、密切联系群众的作风。开展机关干部作风整顿，采取集中学习与自学、学理论与学业务、学新知与秉承优秀传统文化相结合的方式，创新学习内容、形式和手段，开展“创建和谐环境、团结协作共事”活动。结合人大工作实际，组织专题学习，坚持把加强学习贯穿始终，认真领会习近平总书记系列重要讲话精神以及中央、省委、市委系列重大决策部署，扎实开展“群众路线怎么走、改进作风怎么办、五好干部怎么当”等大讨论活动。2014年2月至11月，市人大常委会机关开展党的群众路线教育实践活动（以下简称教育实践活动），市人大常委会党组成立市人大常委会机关党的群众路线教育实践活动领导小组。市人大常委会党组要求县级以上党员领导干部以普通党员身份参加所在支部活动，突出问题导向，紧扣主题、紧盯“四风”，开门评风，切实做到整改不到位不放过、问题不解决不放过、群众不满意不放过。党组和机关党委每周组织两次集中学习，由党组书记和机关党委书记检查一次学习笔记。请专家上形势教育课，到监狱上警示教育课，去仪陇上红色教育课，听侯方杰先进事迹报告，看兰辉等先进事迹专题片。组织开展“为了谁、依靠谁、我是谁”等专题讨论，党组成员逐一发言，畅谈对“好干部”的理解、对“促发展”的思考，对“改作风”的认识。按照“真听意见、听真意见，广泛听取意见、带回广泛意见，面对面听意见、背靠背听意见”总要求，多角度、深层面、全方位查找班子和个人存在的突出问题。以开门评风、上门寻诊、叩门问症三项活动为载体，按“全覆盖”的要求开展交心谈心活动。党组成员各带一个党支部深入基层“下去访”，请党委政府、法检两院、市级部门相关负责人和机关离退休老领导“当面提”。在乡镇（街道）、村社（社区）开坝坝会，让群众代表“现场讲”。向社会各界“发函问”，借助信访窗口让群众“敞开说”，开通热线电话、网络平台和意见箱“专门听”等“七条通道”，召开座谈会16次、坝坝会27次，发放征求意见表326份，参与的基层干部群众达1500多人次，为群众解决实际问题13个，征集到意见建议600多条，经归纳、梳理和汇总，其中涉及人大的共48条。市人大常委会党组自查出19个问题，列出班子“四风”问题25种具体表现，为对症下药、落实整改奠定坚实基础。市人大常委会广泛听取意见的做法得到省委督导组肯定，在南部县召开的全市推进会上介绍经验。

2015年6月至12月，市人大常委会机关县处级以上领导干部开展“三严三实”专题教育。机关县处级以上领导干部认真把握教育主题、强化问题导向、贯彻从严要求、注重讲求实效，把“三严三实”要求体现到履职尽责、做人做事，每人每月形成不少于5000字的读书笔记和1篇不少于1500字的心得体会。组织全体县处级以上领导干部到邓小平故居参观缅怀馆，学习邓小平“三严三实”精神。个人重点研读《习近平谈治国理政》《习近平关于党风廉政建设和反腐败斗争论述摘编》《优秀领导干部先进事迹》。开展典型教育，听取人大代表典型事迹报告。开展警示教育，集中观看领导干部违纪违法典型案例警示片。集中学习省委从严治党“决定”“两个意见”及加强领导班子思想政治建设10项规定，学习市委《关于落实党员干部直接联系群众制度的若干实施细则》《贯彻落实全省、全市领导班子思想政治建设工作会议精神实施方案》和“三个带头”“四个管好”具体规定。以“严以修身，加强党性修养，坚定理想信念，拧紧思想和行动的总开关”为专题，召开市人大常委会组成人员暨县（市、区）人大常委会主任学习会等四次专题讨论。是年，面对南充拉票贿选案的严重影响，市人大常委会坚决执行市委决策部署，紧扣“深刻汲取教训、净化政治生态、重塑南充形象”这条主线，结合“三严三实”专题教育，扎实开展学党章党纪、学先辈先进等系列活动，采取党组中心组学习会、班子民主生活会、支部组织生活会等形式进行深刻剖析反思。及时召开组成人员暨县（市、区）人大常委会主任学习会，推动全市人大系统重振信心、坚定决心，切实把心思和精力集中到助推发展上来。

2016年1月，市人大常委会党组召开专题民主生活会。5月，市人大常委会机关开展“两学一做”学习教育，深入学习贯彻习近平总书记系列重要讲话精神，进一步解决机关党员队伍在思想、组织、作风、纪律等方面存在的问题。12月，各党支部围绕“两学一做”主题，召开专题组织生活会，各党支部召开党员大会，组织开展“三定四评”民主评议。开展“三亮三比三评”（亮标准、亮身份、亮承诺，比技能、比作风、比业绩，群众评议、党员互评、领导点评）活动，全面实行党员挂牌上岗。

2017年，市人大常委会以中共十九大报告和党章为主要内容，采取集中学习、专家授课、领导宣讲、交流讨论、撰写心得等方式，在机关干部职工中掀起学习贯彻中共十九大精神热潮，推进“两学一做”学习教育常态化、制度化，重点学习习近平总书记系列重要讲话和党章党规、省第十一次党代会和市第六次党代会精神，以知促行，以学促改。加强党员干部的政治思想教育，坚定理论信念，严守政治纪律和政治规矩，不断增强政治意识、大局意识、核心意识、看齐意识，在政治上、思想上、行动上与以习近平总书记为核心的党中央保持高度一致。

2018 年 6 月，市人大常委会机关印发“两学一做”学习教育暨党建重点任务清单，坚持把政治建设摆在首位，严明政治纪律和政治规矩，常态化开展“两学一做”学习教育，及时传达贯彻中央、省委、市委重要会议精神，坚持把能力建设贯穿日常，有序推进组成人员、人大代表、机关干部业务轮训，适时邀请专家学者举办专题讲座进行形势教育，不断提升运用法治思维指导实践、推动工作、解决问题的本领。严格执行全面从严治党若干规定，扎实开展庸懒散浮拖专项治理，努力维护崇廉尚实、干事创业、风清气正、遵纪守法的良好政治生态。坚持定期召开主任学习会、专项工作会和业务座谈会，深刻学习领会以习近平总书记为核心的党中央坚持和完善人民代表大会制度新要求，认真贯彻落实省委、市委推动人大工作新部署，着眼于不断研究新情况、总结新经验、解决新问题，推动市县乡三级人大工作创新发展。大力开展创建“和谐机关、活力人大”主题实践活动，提振精气神，画好同心圆，努力营造和谐共事、活力干事、用心成事的良好工作氛围。

2019 年，市人大常委会机关深入开展“四讲四有”人大常委会机关建设活动，建设讲忠诚有信念的政治机关、建设讲法治有权威的权力机关、建设讲责任有担当的工作机关、建设讲宗旨有情怀的代表机关。市人大常委会党组书记、主任袁险峰在全省人大“四讲四有”建设经验交流会上交流工作经验。9 月至 11 月，市人大常委会机关开展“不忘初心、牢记使命”主题教育活动。市人大常委会党组把主题教育与庆祝中华人民共和国成立 70 周年、深化“四讲四有”人大常委会机关建设、深入开展“构建和谐机关、创建活力人大”活动结合起来，引导广大党员干部不忘历史、不忘初心，始终保持奋斗精神和革命精神，敢于斗争、善于斗争，勇于战胜各种艰难险阻、风险挑战。深入落实市委“155 发展战略”，认真履行法定职责，充分发挥人大作用，为加快建设成渝第二城、争创全省经济副中心注入新动能。市人大常委会在仪陇县召开为期 5 天“不忘初心、牢记使命”主题教育学习会，坚持把学习教育、调查研究、检视问题、整改落实贯穿始终。正视问题、刀刃向内、自我革命，找差距、补短板、强弱项。坚持从群众不满意的地方改起，从群众需要的地方做起。在“实”上下功夫，学习抓实、问题查实、原因找实、措施务实、整改落实。机关党员干部共检视出各类问题 200 余条，整改落实率达 90% 以上。在主题教育活动中，先后邀请中央党校宫力、中央党史研究室高屹、市人大常委会主任袁险峰等专家和领导讲党课。组织机关党员干部到朱德纪念馆、张思德纪念馆等红色教育基地接受革命传统教育。组织收看中华人民共和国成立 70 周年系列庆典活动，观看四川省庆祝中华人民共和国成立 70 周年大型成就展。

2020 年，市人大常委会采取集中学习和参加常委会党组中心组理论学习、市人大常委会组成人员暨县（市、区）人大常委会主任学习会等方式，开展理论学习 15 次，系统学习党的十九届四中、五中全会，省委、市委全会和省委、市委人大工作会议精神以及党和国家机关基层组织工作条例。围绕市人大常委会重点工作，充分发挥统筹协调作用，为市人大常委会依法高效履职提供坚强保障；充分发挥综合协调作用，主动熟知上情、掌握外情、吃透内情，力促市人大常委会各项工作统筹有力、运行有序、落地见效。面对突如其来的新冠肺炎疫情，成立市人大常委会机关疫情防控工作领导小组，组建检测防疫、信息报送、物资采购小组，先后召开疫情防控专题会议 13 次，部署机关疫情防控工作，确保疫情防控责任落地落细。严格实施防控措施，坚持做到体温检测全覆盖、公共消杀无死角、个人防护零遗漏。严格加强防控保障，通过多方协调及时采购发放口罩、酒精、洗手液、消毒液等防疫物资，为机关干部职工办公防疫提供全面保障。深入开展“四讲四有”人大、“构建和谐机关、创建活力人大”建设。市人大常委会党组充分发挥示范作用，认真履行管党治吏主体责任，带头尚法守制，带头遵规守纪，带头执行“三会一课”“民主生活会”“民主评议党员”制度。召开组成人员学习会，举办人大代表专题培训班，成立机关青年干部论坛组，分层分类建立常态教育机制，用新思想武装头脑，用新理念指导实践，按新要求推动工作。

第三节　党风廉政建设

1994 年至 2007 年，市人大常委会始终把党风廉政建设放在重要位置来抓，组织干部职工认真学习《中国共产党党内监督条例（试行）》《中国共产党纪律处分条例》，及时传达中央、省、市落实党风廉政建设责任制电视电话会议精神，印发《关于深入学习贯彻胡锦涛同志在中纪委第六次全会上重要讲话精神的通知》。充分利用典型案例开展警示教育，先后组织全体党员干部职工观看《反腐败典型案件警示录》（2 集）及《覆辙之路》《王怀忠的两面人生》《珍惜政治生命，珍惜自由生活》《汉源事件的背后》等典型案例。给机关县级以上党员干部转发市纪委制作的《领导干部从政“六不准”》警示牌，做到警钟长鸣，从源头上筑起反腐败的思想防线。在机关作风整顿中坚持“三为主”方针（思想教育为主、正面教育为主、自我教育为主），采取学、谈、查、改等方法进行。组织干部职工认真学习毛泽东《关于纠正党内的错误思想》《反对自由主义》，邓小平《党在组织战线和思想战线上的迫切任务》，周恩来《反对官僚主义》。召开市人大常委会党组成员专题民主生活会，领导干部带头开展自我批评，自觉接受群众监督。专职委员和各厅（委）领导、党员按照共产党员标准，创先争优条件进行对照检查。进一步建立和完善《文书处理办法》、行政管理制度（接待、车辆管理、电话使用、请销假、机关综合治理、会议室租用、职工住院护理等制度）、财务管理制度、学习制度、会议制度等各项规章制度，明确目标责任和人大常委会各办事机构职责。深入开展“以良好的作风推进坚持科学发展、构建和谐南充”大讨论。大讨论从创新理念、开拓进取，在推进科学发展上有新突破；联系群众、关注民生，在促进社会和谐上有新作为；求真务实、真抓实干，在增强“执行力”上有新提高；清正廉洁、艰苦奋斗，在廉洁从政自律上有新形象等四个专题展开，机关担任实职的县级领导干部集中参加讨论，每位县级干部提交 500 字至 800 字的书面发言，各专委会、办事机构安排 1 人在会上发言。各专委会和办事机构集中组织干部认真开展讨论，结合各自工作实际，明确各自在作风建设上的主要任务、解决的主要问题，以及解决这些问题的举措。

2008 年至 2012 年，市人大常委会机关认真落实党风廉政建设责任制，深入开展机关效能建设，坚持讲政治、顾大局、守纪律、重品行，积极营造风清气正的机关氛围。深入学习执行胡锦涛总书记“四个亲自”要求，全面贯彻落实《建立健全教育、制度、监督并重的惩治和预防腐败体系实施纲要》《建立健全惩治和预防腐败体系 2008—2012 年工作规划》及省委《实施办法》、市委《实施意见》，进一步健全完善以责任分解、责任考核、责任追究等为主要内容的党风廉政建设责任制。机关纪检组注重从源头上预防和抵制腐败，认真落实党风廉政建设责任制，分别与各专委会、办事机构负责人签订《党风廉政建设责任书》。订阅《中国纪检检察报》《廉政瞭望》杂志等供党员干部学习。组织学习中央、省、市有关党风廉政建设会议和文件精神，组织党员干部集中观看《执政之路——加强从政道德修养》《颜色革命警示录》等警示片。组织机关党员干部开展“清正廉洁、艰苦奋斗，在廉洁从政自律上有新形象”为专题的大讨论。召开党员干部廉政建设专题民主生活会，组织党员领导干部召开作风整顿建设民主专题会，参加全市领导干部作风整顿建设活动学习效果测试，个人结合市纪委反馈的“问卷调查”情况，认真查找突出问题、剖析思想根源、提出整改措施。贯彻中纪委、省委和市委《关于严格禁止利用职务上的便利谋取不正当利益的若干规定》，认真做好自查自纠工作。组织学习有关执行勤俭节约和制止奢侈浪费的规定，开展党政干部公款出国（境）旅游专项工作自查工作。组织党员进行各个年度党风廉政建设责任制情况自查和民主测评工作。2013 年至2014 年，对照中、省、市关于密切联系群众改进工作作风、厉行节约反对浪费等若干规定，修订完善机关管理制度，精简会议，简化接待，规范视察调研，严控“三公”经费支出，推进务实型、亲民型、效能型、廉洁型机关建设。积极对接中、省、市各项纪律规定和专项治理行动，围绕落实管党治党责任、整改“四风”突出问题、创新地方人大工作，修订组成人员守则以及调查研究、财务管理、公务接待等制度16 项，坚持用制度管人、管事、管物，确保作风建设见实效、见长效。

2015 年，面对南充拉票贿选案的严重影响，市人大常委会新的领导班子坚决执行新的市委班子在非常时期的决策部署，针对暴露出的深层次问题，制订完善《南充市人大常委会组成人员和机关工作人员廉洁自律若干规定》等规章制度，通过筑牢思想防线、开展作风整顿、织密制度篱笆，把纪律挺在前面，扎实推进“深刻汲取教训、净化政治生态、重塑南充形象”等专项整治活动，坚定不移正风肃纪，坚持不懈革弊立新，构建风清气正、崇廉尚实、干事创业、遵纪守法的良好工作格局。2016年，市人大常委会机关领导班子按“一岗双责”要求，加强机关作风建设和反腐倡廉建设，努力推进党风廉政建设责任制的落实。认真贯彻市纪委“转职能、转方式、转作风”等要求，不断强化对领导干部的监督、管理和教育。根据党风廉政建设责任制规定，市人大常委会成立以秘书长为组长，机关党委书记、纪检组组长为副组长、相关办事机构、专委会负责人为成员的机关党风廉政建设工作领导小组。市人大常委会党组书记分别与班子成员、各办事机构、专委会负责人签订《党风廉政建设责任书》，明确相关领导干部党风廉政建设的职责、任务。将党风廉政建设和反腐败工作纳入党的建设总体布局，对工作任务进行责任分解，制定考核办法。举办反腐倡廉专题辅导报告，组织观看《镜鉴》警示教育片。市人大常委会机关根据市纪委、监察局工作要求，召开廉政警示教育专题会。会上，全体机关干部认真观看《贪欲打开堕落之门》廉政教育警示片，学习市纪委、市监察局《关于开展“四风”突出问题专项整治工作的通知》、市纪委办公室《关于紧盯节点加强监督执纪问责推动落实中央八项规定精神的通知》、市委办公室《关于进一步落实问责工作的通知》。会议要求，市人大常委会全体机关干部要加强学习，提升拒腐防变能力；要加强纪律修养，自觉抵制“四风”，严格落实中央八项规定精神，主动带头遵纪守法，自觉接受党内外监督；要正确对待手中权力，始终做到慎权、慎欲、慎微、慎独；要加强道德修养，在任何情况下，重视培养高尚的道德和操守，清廉自守，老老实实做人、干干净净做事，并且在平时工作、日常生活和人际交往当中，始终做到胸怀坦荡、光明磊落。要守得住寂寞，努力净化朋友圈，要心怀敬畏，淡泊明志，洁身自好，努力实践共产党人高尚的人生价值；要努力工作，积极弘扬清风正气，脚踏实地、埋头苦干、用心工作，弘扬实事求是作风，坚持重实际、说实话、办实事、鼓实劲、求实效，真正把心思用在“想事”上，把本领用在“谋事”上、把精力用在“干事”上，兢兢业业、扎扎实实地做好每一项工作。机关党委各支部开展以《重温入党誓词》为主题的党性教育，深刻认识廉洁从政、执政为民的重大意义。结合实际情况完善党组中心组学习计划，制定集中学习制度，引导市人大工作人员提高法律监督、工作监督能力和水平，进一步坚定政治方向、强化宗旨意识、端正价值取向。制定廉政约谈制度、落实党风廉政建设主体责任和监督责任的实施意见，扎实开展执纪工作。突出工作重点，严肃换届纪律，切实履行主体责任。市人大常委会党组把换届风气监督作为履行管党治党主体责任，成立县乡人大换届指导小组，把严格执行换届纪律纳入工作要点，主动担起人大换届选举的法律责任和工作责任。市人大常委会党组书记、主任袁险峰认真履行主体责任和第一责任人责任，严格执行党组议事规则，坚持严于律己、带好班子、管好队伍，坚决维护换届工作的严肃性和法律、纪律的权威性，与市人大常委会机关各党支部书记签订目标责任书，各党支部书记与每位党员签订换届纪律公开承诺书。市人大常委会制订了《南充市人大常委会组成人员和机关工作人员廉洁自律若干规定》，市人大常委会党组和各党支部围绕“坚守纪律底线，树立清风正气，抓好人大换届选举工作”开展专题讨论，严格执行领导干部个人有关事项报告的规定，认真开展自查自纠，严格执行市辖3区内生活自理的规定。常委会机关重大活动、重大事件、干部任免及调配等集体决策，纪检干部都到会监督，提出监督意见和建议。严格请假、考勤等日常工作制度，加强单位车辆管理，严格执行公务车辆管理及配备的制度。公车改革后，严格实行办公室统一派车制，公务车辆定点存放、保养维修，杜绝公车私驾等违规行为。严格财务手续，严格执行财务制度和财经纪律，杜绝工作中出现违纪审批、把关失控现象的发生。严格选人用人工作，认真执行《党政干部选拔任用工作条例》，对新提拔的科级干部，严格按党组动议、组织预审、民主推荐考察、讨论决定等工作程序，逐步推进，把党管干部原则贯穿在选人用人全过程，严格执行“一评议、两公示、两核查”制度。2017年，根据党风廉政建设责任制规定，市人大常委会机关成立以秘书长为组长，机关党委书记、纪检组组长为副组长、相关办事机构、专委会负责人为成员的机关党风廉政建设工作领导小组。常委会党组书记分别与班子成员、各办事机构、专委会负责人签订《党风廉政建设责任书》，明确相关领导干部党风廉政建设的职责、任务。印发《2017年度人大机关牵头和协办单位落实惩防体系建设任务工作方案》，将党风廉政建设和反腐败工作纳入党的建设总体布局，对工作任务进行责任分解，制定考核办法。举办反腐倡廉专题辅导报告，组织观看《打铁还需自身硬》《被围猎的权力》警示教育片。组织观看《红旗漫卷西风》《邓小平登黄山》等革命教育影片。进一步坚定政治方向、强化宗旨意识、端正价值取向。制定廉政约谈制度、落实党风廉政建设主体责任和监督责任的实施意见。对21项机关管理制度再次进行修订，严格请假、考勤等日常工作制度，加强单位车辆管理，严格执行公务车辆管理及配备的制度。2018年，市人大常委会紧盯“四风”问题新表现，认真解决“调门高、落实少”、工作“留痕不留迹、留迹不留心”等突出问题，持续开展“不作为、慢作为、乱作为”专项整治，有效防止“四风”问题反弹回潮。深入推进“转作风、优服务、走基层”活动，机关党员干部深入基层干部群众，深入工作一线，了解社情民意，开展调查研究，帮助基层想办法、出主意、解难题，服务基层、服务群众。认真落实党风廉政建设责任制，层层签订《党风廉政建设责任书》，明确机关各级党员领导干部党风廉政建设职责任务。组织机关党员干部到广安邓小平故居、仪陇朱德纪念馆、巴中川陕革命根据地重温入党誓词，接受革命传统教育，传承红色基因。组织观看《荣辱两重天》等警示教育片，增强党员干部拒腐防变能力。严格执行中央八项规定，完善机关管理制度，尤其是对机关管人、管钱、管车、管物等重要岗位强化约束监督，有效防止违法违规行为的发生。2019年，组织机关党员干部观看蒋建平、任爱民、秦水平、腾凡、谭伟等人违法犯罪警示片，参观川中监狱廉政教育基地，深入开展蒲波、侯晓春、彭宇行严重违纪违法“以案促改”教育。严格执行中央八项规定，不断完善机关各项管理制度，尤其是加强对重点岗位党员干部的约束监督。2020年，组织机关党员干部观看警示教育片《背叛之殇》，引导党员干部深刻汲取违纪违法案件教训，时刻筑牢拒腐防变思想防线。机关党组切实肩负主体责任，把做好省委巡视和市委巡察整改作为政治忠诚度、工作执行力的检验。按照市委巡察反馈问题整改要求，及时召开巡察反馈问题整改专题部署会，将巡察反馈问题整改工作安排到位、责任落实到位。在南充人大网站显著位置公开《市委第二巡察组反馈意见整改方案》，自觉接受社会群众监督。围绕巡察反馈的 4 类 25 项问题和“举一反三”自主查找的 5 项问题，制定落实整改措施 82 项，按照以点带面、破立并举的原则不断拓展深化，建立健全长效工作机制 12 项。召开机关党组扩大会议，研究巡察整改情况，听取责任部门情况汇报，梳理分析存在问题，部署整改工作。对照整改落实台账完成时限，组织人员对整改资料逐项核实，做到对账销号，对整改进度实现动态掌握。及时对整改情况进行总结，形成机关党组《关于巡察反馈问题整改情况的报告（草案）》报市委巡察组，有效展示机关立行立改的鲜明态度和重实重效的工作导向。

第四节　制度建设

1994 年至 1998 年，市一届人大常委会根据《中华人民共和国宪法》《中华人民共和国地方各级人大代表大会和地方各级人民政府组织法》以及全国人大常委会、省人大常委会相关议事规则、工作制度和指导意见，制定出台《南充市人民代表大会议事规则》《南充市人民代表大会常务委员会议事规则》，对市人代会和市人大常委会会议的筹备和召开、议案的提出和审议、行权的方式和规程、发言表决等作出规定，形成“三会”召开基本规范；制定出台《南充市人民代表大会常务委员会人事任免试行办法》《南充市人民代表大会常务委员会关于加强国民经济和社会发展计划审查监督的规定》《南充市人民代表大会常务委员会预算审查监督办法》《南充市人民代表大会常务委员会司法案件监督规定》《南充市人民代表大会常务委员会关于反馈审议意见办理情况的试行办法》《南充市人大会常委会〈四川省各级人民代表大会常务委员会评议工作条例〉实施办法》《南充市人民代表大会常务委员会讨论决定重大事项的暂行规定》等制度，为依法开展监督、任免、讨论决定重大事项工作提供依据，形成“三权”行使基本规范；制定出台《南充市人民代表大会常务委员会关于加强同市人大代表联系的办法》《县（市、区）人大常委会主要负责人列席市人大常委会会议制度》《主任、“三长”联席会议制度》，建立市人大常委会与人大代表、“一府两院”、县级人大常委会的沟通联系机制；制定出台《南充市人民代表大会专门委员会工作规定》，明确专门委员会性质、地位、职责以及在人代会闭会期间活动原则，理顺专门委员会与市人大常委会及其办事工作机构、“一府两院”及其组成部门关系，为其依法履职提供支撑。首届市人大常委会在市人大工作制度体系建设中发挥开创性、奠基性作用。届期内，市人大常委会高度重视机关管理和队伍建设，制定出台集中学习、目标管理、文秘工作、人事管理、财务后勤等系列管理制度，保障机关工作规范、有序、高效运转。

1999 年至 2003 年，市二届人大常委会着力完善代表工作机制，制定出台《南充市人民代表大会代表联系办法》《南充市人民代表大会代表执行职务的规定》《南充市人民代表大会常务委员会督促办理代表议案和建议、批评、意见的暂行规定》等制度，保障代表依法履职行权，支持代表发挥主体作用。修正《南充市人民代表大会常务委员会人事任免工作试行办法》，对换届后须提请市人大常委会任命的国家机关工作人员及人代会上落选的副市长人选不能提请市人大常委会个别任命情况作出规定，明确因机构撤销、合并、更名，由市人大常委会任命的国家机关工作人员的职务自行消除，新机构工作人员的职务重新任命，建立拟任命人员供职发言制度，增加电子表决方式和授予国家机关工作人员“地方荣誉称号”等内容，将其确立为长效工作制度；修订《南充市人大常委会司法案件监督规定》，增加司法案件备案审查制度等相关内容；制定出台《南充市人大常委会会议列席制度》《南充市公民旁听市人大常委会会议规则》，明确市人大常委会会议法定列席及邀请列席的人员范围及参会要求，拓宽人民群众对人大工作的参与渠道；制定出台《南充市人民代表大会常务委员会关于处理人民群众来信来访暂行办法》，建立信访接办及结果反馈程序；制定出台《南充市人民代表大会常务委员会关于规范性文件备案审查的规定》，明确规范性文件备案审查的范围、内容、方式和程序。市二届人大常委会的制度建设侧重于对履职行权具体事项相关规定的补充、细化和完善，同时紧密结合人大工作阶段性任务作出创制性规定。其间，2000 年，市人大常委会组织力量历时半年编印 100 余万字的《依法行政手册》，明确政府各部门开展行政执法依据、责任、程序、处罚规范和执法监督，在依法治市中发挥重要作用。届期内，市人大常委会修订完善机关学习制度、文印制度、传阅制度、目标管理、财务管理、安全管理、档案管理、印章管理、值班管理、小车管理等 20 多项内控制度，有效提升机关工作效能。

2004 年至 2007 年，市三届人大常委会在制度体系建设上更加注重权力的规范行使和机关的高效运转。制定出台《南充市人民代表大会常务委员会主任会议制度》，明确主任会议的责权边界和工作内容；制定出台《南充市人民代表大会常务委员会秘书长会议制度》，加强对机关日常事务的统筹协调；制定出台《关于提高会议服务工作质量的若干规定》，建立会务工作标准化流程，完善集体讨论决定事项和组成人员审议意见的督办落实机制；制定出台《南充市人民代表大会常务委员会调查研究制度》，着力提升人大调研工作水平；制定出台《新闻宣传工作实施办法》《新闻宣传联系制度》《宣传人大制度和人大工作的稿酬奖励办法》，将新闻宣传列入重要日常工作，建立新闻宣传激励机制，促进全市人大系统大力宣传国家根本政治制度和地方人大特色亮点工作；制定出台《南充市人大常委会机关工作目标管理办法》，建立日常考核、年度述职、评先推优机制，实行目标驱动，形成压力传导，促进机关干部高效履行岗位职责；制定出台《南充市人大常委会机关党员干部教育管理制度》《关于完善机关党风廉政建设责任制的意见》，修订《南充市人大常委会机关中心组》学习制度，充分发挥党建引领作用，着力提升机关党组织的凝聚力、战斗力、向心力；修订完善《南充市人大常委会联系人大代表及人民群众制度》《南充市人大常委会处理人民群众来信来访暂行办法》《关于对集体上访、异常上访的处理办法》，强化人大“民意机关”定位，切实维护群众合法权益。根据监督法相关规定，废止《南充市人民代表大会常务委员会〈四川省各级人民代表大会常务委员会评议工作条例〉实施办法》《南充市人民代表大会常务委员会司法案件监督规定》，暂停工作评议，终止个案监督。在此基础上，市人大各专委会相继制定工作规则，明确专委会的职能职责、行权方式及工作规程。在管理制度建设方面，市人大常委会修订机关公文处理、档案管理、值班管理、财务管理、小车管理、图书管理等规章，出台《领导批示事项督办办法》《临时工管理暂行办法》等新规。

2008 年至 2011 年，市四届人大常委会按照《中华人民共和国各级人民代表大会常务委员会监督法》及其四川省实施办法相关规定，健全完善系列制度。制定出台《南充市人民代表大会常务委员会听取和审议专项工作报告暂行办法》，对市人大常委会审议专项工作报告的议题确定、审议准备、审议重点、审议意见形成和督办、审议意见研究处理情况满意度测评作出规定，细化市人大常委会专项审议会前、会中、会后各环节工作要求。修订《南充市人民代表大会常务委员会预算审查监督办法》，对财政预决算审查和批准、执行和调整以及预算执行审计工作等作出要求。制定出台《南充市人民代表大会常务委员会规范性文件备案审查规定》，明确备案审查范围为市、县（市、区）人大及其常委会作出的决议、决定；市人民政府发布的和经市人民政府同意由其办公室发布的具有普遍约束力的决定、命令、通告、规定、办法等，并对报备程序、审查重点、处理流程、争议协调、修改撤销等作出规定，未继续将法检两院规范性文件纳入备案审查范围。制定出台《南充市人民代表大会常务委员会工作评议办法》，对评议对象、评议内容、评议准备、评议调查、评议会议、评议整改及责任追究等作出规定。修订《南充市人民代表大会常务委员会讨论决定重大事项规定》，进一步明确市人大常委会讨论决定重大事项主要范围和“一府两院”提请常委会审议重大事项工作流程，对议而必决、议而可决的具体情形及人大决议决定的执行监督作出规定。修订《南充市人民代表大会常务委员会议事规则》，对撤职案、质询案的提出和处理，组织特定问题调查委员会的提出和决定，审议专项工作报告的程序、时限及审议意见办理等内容作出修改。市三届人大常委会的工作制度建设主要基于与监督法及其实施办法的对接，总体上形成市人大常委会行使监督职权的主要依据。届期内，市人大常委会集成一届至四届机关管理经验，推进管理制度立改废工作，编印《南充市人大常委会机关管理制度汇编》，形成包括职工学习、党务纪检、目标管理、文秘工作、新闻宣传、调查研究、人事管理、财务后勤、安全稳定、老干部工作等10个方面管理制度体系。

2012年至2016年，市五届人大常委会持续聚焦监督法贯彻实施，加强工作制度体系建设。制定出台《南充市人民代表大会常务委员会专题询问试行办法》，对专题询问的议题选择、流程设定以及审议意见办理作出规定，为市人大常委会对社会热点问题开展刚性监督提供依据。作出《关于加强对司法工作监督的决定》，强化对司法机关和司法工作人员遵守执行宪法、法律、法规以及人大决议决定情况的法律监督和工作监督，诸多创制规定引起广泛关注，得到借鉴推广。制定出台《南充市人民代表大会常务委员会主任会议议事规则》，遵循民主集中制原则，完善领导班子集体行权制度，明晰主任会议11个方面日常工作。制定出台《南充市人大常委会与“一府两院”的联系办法》《关于“一府两院”负责人参加市人大常委会有关会议及活动的规定》，增进市人大常委会与“一府两院”之间双向沟通和常态联系，促进其自觉接受人大监督、配合人大工作。制定出台《南充市人民代表大会常务委员会基层立法联系点工作办法》《南充市人民代表大会常务委员会立法论证工作办法》，拓展立法诉求表达渠道，建立多方联动协作机制，科学民主立法。在管理制度建设方面，市人大常委会结合党的群众路线教育、“三严三实”专题教育、“两学一做”学习教育以及南充拉票贿选案专项整治活动，对议事、行权、管理、党建等若干制度进行全面检修，修订《市人大常委会党组关于重大事项向市委请示报告制度》，强化党对人大工作的领导，坚持人大工作的正确政治方向。制定《常委会组成人员和机关工作人员廉洁自律若干规定》《常委会党组专题研究党建工作制度》等系列规章，强化政治引领，落实管党责任，整改“四风”问题，严格执行中央、省委、市委关于改进工作作风、密切联系群众的若干规定。在此基础上，市人大常委会对照主题教育和专项治理梳理出来的突出问题，连续3年推进制度立改废工作，修订完善财务管理、公务接待、廉政建设等内控制度30多项，通过织密制度篱笆、堵塞制度漏洞，把纪律挺在前面，把权力关进笼子，确保主题教育和正风肃纪工作见实效、见长效。

2017年至2020年，市六届人大常委会深入贯彻落实中央、省委、市委关于加强和改进新时期人大工作和建设相关规定，及时将实践创新成果固化为制度创新成果。修订试行10年之久的《南充市人民代表大会常务委员会听取和审议专项工作报告暂行办法》，建立“审议意见＋问题清单”制度，规范审议意见要素构成，调整审议意见研究处理情况满意度计算办法，有效增强监督工作的刚性、针对性和实效性，并将其确立为长效制度。代拟市委印发的《关于健全和落实人大讨论决定重大事项制度、各级政府重大决策出台前向本级人大报告的实施意见》，进一步明确人大讨论决定重大事项的主要范围和基本规程，为市人大常委会科学、民主、依法决策提供制度支撑。代拟市委印发的《关于完善审计工作和审计查出突出问题整改情况向市人大常委会报告机制的意见》，力促审计整改工作制度化、实效化，切实维护人大监督权威性和审计监督严肃性，依法保障财政资金规范管理、安全运行、高效使用。代拟市委印发的《关于建立市政府向市人大常委会报告国有资产管理情况制度的意见》，将国有资本运营情况纳入每年必审议题，运用法治手段为人民群众看紧“钱袋子”。修订《南充市人民代表大会常务委员会规范性文件备案审查规定》，将法检两院规范性文件重新纳入备案审查范围，健全完善统一受理、分工负责、依法审查、及时沟通、集中反馈的备案审查工作机制。制定出台《南充市人民代表大会常务委员会关于被任命人员述职测评暂行办法》，明确要求市政府组成部门主要负责人和法检两院副职必须向市人大常委会提交年度述职书面报告，并随机选择部分人员进行口头述职和满意度测评，加强干部任后监督。制定出台《南充市人民代表大会代表履职评价试行办法》，对市人大代表在市人代会闭会期间的履职情况进行登记管理，亮晒行权动态，形成压力传导，促进代表提升执行职务的内生动能，为群众监督代表创造条件，为提名连任代表提供依据。制定出台《南充市人民代表大会常务委员会立法咨询专家库管理办法》《南充市人民代表大会常务委员会立法计划编制工作办法》《南充市人民代表大会常务委员会立法听证规则》，形成立项、起草、审议、论证、听证、表决、公布等各个环节的地方立法“1+5”制度体系。在管理制度建设方面，市人大常委会结合“不忘初心、牢记使命”主题教育检视问题和巡视巡察反馈问题，持续完善党建工作和内控制度体系，制定出台《中共南充市人大常委会机关党组议事规则》《中共南充市人大常委会机关中心组学习规则》《中共南充市人大常委会机关党组专题研究党建工作制度》《中共南充市人大常委会机关党组民主生活会实施细则》等制度，保障机关党内政治生活的常态化、规范化、实效化；制定出台《南充市人大常委会机关干部八小时外行为规范》《南充市人大常委会机关廉政谈话工作制度》《南充市人大常委会机关厉行节约反对浪费十条规定》《南充市人大常委会机关财务报账工作细则》等内控制度，修订机关财务管理、培训管理、公务用车管理、聘用人员管理以及调查研究等制度规章20余项，市人大常委会机关管党治吏短板得到及时修复、漏洞得到及时填补、积弊得到及时根治，推动形成遵纪守法、崇廉尚实、风清气正的干事创业环境。

第五节 人大理论研究

1994年11月，南充市人民代表大会制度理论研讨会暨人民代表大会制度研究会成立大会举行。会议通过研究会章程，选举产生第一届理事会、常务理事会，李慎宽当选为会长，田远志、袁天锡、谢志远、张明才当选为副会长，张明才当选为秘书长，孙永清、吴宗麟当选为副秘书长，聘请冯希尧、王以恂、青永秀为研究会顾问。南充市人民代表大会制度研究会成立后，每年召开一次市人大制度研讨会暨研究会年会，组织和协调各方面力量加强对人民代表大会制度和地方人大工作的理论研究，促进人大工作水平不断提高，促进全市社会主义民主法治建设进一步发展，从理论与实践结合上，探索做好人大工作新途径。每年组织研究会会员、理事和市县人大常委会机关、市人民政府、市中级人民法院、市人民检察院、驻市高校及社会团体撰写论文，开展人大制度研讨，举行研究会年会，对参会论文进行评选颁奖。至1999年，共组织来自社会各界的论文336篇，评出优秀论文112篇。先后编辑出版论文集《实践与探索》3集，收入论文114篇，除分送会员外，还在市内外、省内外广泛交流。研究会会长、副会长和常务理事撰写人大制度理论研究文章150余篇。其中，在省内外报刊上发表近100篇。会长李慎宽主编的《前进中的市级人大》《案例与普法》《依法行政手册》等书由中国民主法制出版社出版发行。人大制度研究活动的开展，有力地促进人大制度的建设和发展。人大制度建设不断完善，也为人大制度的研究提供更为广阔的领域。各县（市、区）也举办有关人大制度和民主法制建设研讨会、经验交流会和工作联系会。市人大常委会还专门组织新闻单位集中采访报道各地推进人大制度建设和民主法治建设情况。这些会议及活动从理论与实践结合上，形成有较高质量的理论文章和经验总结材料，大力宣传人大制度和民主法治建设，对促进人大工作的开展和依法治市及民主法制建设的进程有很大作用。一些会员在市内外的报刊上发表有关人大制度和民主法治建设的学术论文和工作研究文章。市人大常委会领导及研究会会长、副会长及常务理事利用检查工作和参加会议等机会，与在其他机关和各县（市、区）工作的会员研究人大制度建设中的问题，交流经验，指导研究活动的开展。研究会办公室积极为各地开展研究活动提供信息，协助并促进各地加强研究工作。研究会编印的《会刊》印发给会员，与市外人大常委会机关和研究会交流。把市人大常委会编印的机关刊物《南充人大》发送给会员，为其开展研究活动提供帮助。研究会将部分会员的研究成果推荐给市级和省级报刊发表，省级报刊采用110篇，市级报刊采用90多篇。推荐给有关科研成果评选机构的优秀论文16篇，其中8篇被评为市哲学社会科学三等奖。研究会还与省人大制度研究会和市社科联等协会加强协作，与学会以及市外人大制度研究会保持经常联系，互通信息，互相交流，吸取经验。

2000年5月17日，南充市人民代表大会制度研究会第二次会员代表大会暨研究会年会举行。会议选举产生第二届理事会理事91名、常务理事42名。李慎宽当选为研究会会长，杨元生、谢正顺、张明才、黄旭东当选为副会长，黄旭东当选为秘书长，何多福、李仕珍、刘彬、李双当选为副秘书长。2001年，研究会理事会会议增补9名理事。至2004年，南充市人大制度研究会共组织开展人大制度研讨会和优秀论文评选活动5次，收到论文160多篇，评选表彰62篇优秀论文。研究会会长、副会长和常务理事撰写人大制度理论研究文章200余篇。其中，在省内外报刊上发表近100篇。会长李慎宽主编的《依法行政手册》获市第四届社科成果一等奖，副会长杨元生、黄旭东主持撰写的《我市乡镇债务调查》等两篇调研文章获市第四届社科成果三等奖。李慎宽专著《转岗岁月》收入省人大编辑的人大从书中，由四川人民出版社出版发行。李慎宽编辑的研究农业产业化经营的文集《农业新跨越之路》获市第五届社科成果优秀奖。

2004年12月30日，南充市人民代表大会制度研究会第三次会员代表大会暨研究会年会举行。会议选举产生第三届理事会理事90名、常务理事45名，刘伯忠当选为会长，孙纯、马敬国、赵太武当选为副会长，刘彬当选为秘书长，郑猛功、唐成义、廖先毅、王永茂当选为副秘书长。至2008年，南充市人大制度研究会召开纪念人民代表大会制度建立50周年、地方人大常委会设立25周年座谈会，广泛深入开展人大制度理论研讨。组织开展人大制度研讨会和优秀论文评选活动4次，收到论文230多篇，评选表彰78篇优秀论文。研究会会长、副会长和常务理事撰写人大制度理论研究文章40余篇。其中，在省内外报刊上发表近20篇。研究会办公室有1人受到市社科联表彰。

2008年12月30日，南充市人民代表大会制度研究会第四次会员代表大会暨研究会年会举行。会议听取第三届常务理事会工作报告，修改研究会章程，选举产生第四届理事会理事83名、常务理事31名，李志杰当选为会长，李元开、陶治国、陈自立、傅伦佳、陈修鹏、郑猛功当选为副会长，王永茂当选为秘书长，阳小虎、廖先毅当选为副秘书长。至2013年，南充市人大制度研究会共组织开展人大制度研讨会和优秀论文评选活动6次，收到论文191篇。常务理事会组织力量开展论文评选活动，共评出优秀论文93篇，表彰组织人大制度研究工作较好的12个单位。编印论文集《实践与探索》两集，收录论文78篇。研究会立足本职工作，坚持理论联系实际，大兴调查研究之风，在加强人大制度研究方面起到很好的带头作用。围绕项目推动、产业培育、城市发展、民生改善等全市中心工作开展调研。市人大常委会领导、研究会常务理事共撰写调研报告和人大制度理论研究文章110余篇。在市人大常委会党组和常务理事会统筹安排下，市人大各专委会、办事机构充分发挥职能作用，结合人大常委会听取和审议工作报告、决定重大事项、执法检查等工作，每年组织开展专题调研和执法调研活动，形成较高质量的调研报告，为市人大常委会依法履职提供重要依据。编印《人大代表专题调研报告》4辑，收录市人大代表调研报告172篇。按照市人大常委会工作安排，重点加强对人大制度研究，先后草拟《听取和审议“一府两院”专项工作报告办法》《工作评议办法》《专题询问办法》《主任会议议事规则》《重大事项决定办法》等工作制度15个。研究会办公室和研究室积极承办《南充人大》的编印发送工作，共出刊30期，推出的理论及调研文章被国、省、市报刊刊载150多篇，互联网上发表180多篇。南充人大网站，点击数达3万多人（次）。认真撰写论文，积极参加省人大制度研讨会。编印的论文集、刊物除向人大代表和“一府两院”部门发送外，还与市外、省内外人大交流。市人大研究会的工作受到省人大制度研究会、市人大常委会和市社科联肯定，研究会两次被评为市社会科学优秀学会。

2013年4月16日，南充市人民代表大会制度研究会第五次会员代表大会暨研究会年会举行。会议听取第四届常务理事会工作报告，修改研究会章程，选举产生第五届理事会理事71名、常务理事40名，高先海当选为会长，谢华国、王永茂、吴全兴当选为副会长，吴全兴当选为秘书长，阳小虎、张和、赵健博当选为副秘书长。至2016年，南充市人大制度研究会共组织人大制度优秀论文评选3次，收到论文224篇，评出优秀论文80篇。编印优秀论文集《实践与探索》1集，收录论文44篇。围绕市委提出的“155发展战略”，紧扣产业园区建设、民生事业发展、社会依法治理、民族宗教工作等热点难点问题，组织开展调查研究，对培育丝纺服装千亿产业集群进行课题研究，部分调研成果被转化为市第六次党代会的战略决策。形成专题调研报告48篇，其中11篇得到市委领导批转。为期5年的南充民间传统文化搜集整理编纂工作圆满完成。

2017年至2020年，市人大常委会及南充市人民代表大会制度研究会深刻学习领会以习近平为核心的党中央坚持和完善人民代表大会制度新要求，认真贯彻落实省委、市委推动人大工作新部署，着眼于不断研究新情况、总结新经验、解决新问题，推动市、县、乡三级人大工作创新发展。加强人大制度研究，将实践创新成果固化为制度创新成果，修改完善《南充市人民代表大会常务委员会听取和审议专项工作报告暂行办法》《南充市人民代表大会常务委员会规范性文件备案审查规定》等工作制度，制定《南充市人民代表大会常务委员会关于被任命人员述职测评暂行办法》《南充市人民代表大会代表履职评价试行办法》《南充市人民代表大会常务委员会立法咨询专家库管理办法》《南充市人民代表大会常务委员会立法计划编制工作办法》《南充市人民代表大会常务委员会立法听证规则》等工作制度，代拟市委出台的《关于健全和落实人大讨论决定重大事项制度、各级政府重大决策出台前向本级人大报告的实施意见》《关于完善审计工作和审计查出突出问题整改情况向市人大常委会报告机制的意见》《关于建立市政府向市人大常委会报告国有资产管理情况制度的意见》。引导44个代表小组深入开展视察调研，了解群众急难盼愁。牵头开展川东北经济区全国人大代表乡村振兴专题调研，为代表在两会期间反映社情民意、审议工作报告、撰写议案建议提供依据。组建法治、预算、农业农村等12个专业代表小组，围绕社会热点开展调查研究，以智惠民，聚智督政，撰写专题报告500余篇。围绕重点工作开展专题调研，组织专题调研组到广安、武胜、合川、重庆等地，对嘉陵江航电枢纽建设和航运发展情况进行调研，形成《打通嘉陵江黄金水道，服务“成渝第二城”建设》的调研报告。组织市人大常委会办公室、市人大城环资委、市人大常委会法工委、阆中市人大常委会、阆中古城保护管理局到凤凰古城、丽江古城、平遥古城、彝人古镇等地，学习考察古城立法、保护、开发、利用等情况，形成《关于古城立法保护及开发利用的学习考察报告》。组成调研组对全市“1+9”工业园区发展情况进行实地调查，先后与市、县相关部门，86家企业代表开展座谈交流，广泛收集意见建议，形成《全市工业园区发展情况调研报告》。组织专题调研组对全市推进保税物流中心（B型）建设工作进行调研，形成《关于加快推进保税物流中心（B型）建设的调研报告》。组织专题调研组对全市砂石资源经营管理体制改革工作进行专题调研，形成《关于全市砂石资源经营管理体制改革工作的调研报告》。组织调研组对全市9县（市、区）违法占地和违法建设治理工作进行深入调查研究，形成《关于全市违法建设治理的调研报告》。组织专题调研组到市医保局、财政局、卫健委等市级部门和各县（市、区）、乡镇、村（社区）、部分医疗机构、医药机构、医保定点网点，广泛开展调查研究，形成《医保基金征收管理使用运行情况调研报告》。组织调研组到顺庆区、仪陇县，对涉及人大选举工作推进情况和法律适用问题进行专题调研，形成《关于乡镇行政区划调整改革有关人大选举法律适用问题的调研报告》。组织调研组对全市生猪产业发展现状与对策进行调研，形成《南充市生猪产业发展现状与对策》。组织市级相关部门及金融机构先后到9县（市、区）就促进民营经济健康发展相关政策落实情况进行专题调查研究，形成《关于促进民营经济健康发展相关政策落实情况的调研报告》。组织市人大教科文卫委、社会建设委、市医疗保障局、市卫生健康委、川北医学院附属医院等部门和单位负责人到浙江省宁波市、温州市学习考察“智慧医保”建设情况，形成《关于学习考察宁波温州“智慧医保”建设情况的报告》。组织专题调研组对川东北设立省级新区必要性、南充建设省级新区可行性以及新区选址、总体定位、实施路径等进行调查研究，形成《关于南充设立省级新区的调查与思考》的调研报告。组织专题调研组到各县（市、区）及市级相关部门，进行新冠病毒疫情对全市经济社会发展影响情况的专题调研，形成《统筹推进“两手抓”，全力确保“双胜利”》的调研报告。组织专题调研组对南充抢抓战略机遇，融入成渝双城经济圈进行调查研究，形成《关于融入“双城圈”打造“次级核”的调查与思考》调研报告。组织部分常委会组成人员、市人大代表就城市道路交通管理工作开展专题调研，形成《关于市辖城区道路交通管理工作情况的调研报告》。组织专门力量，围绕夜间经济的发展现状、发展潜力以及创新发展模式等方面对全市夜间经济发展情况进行深入调查研究，形成《关于南充市夜间经济发展情况的调研报告》。组织力量，对全市人才工作情况进行深入调查研究，形成《关于全市人才工作情况的调研报告》。

第六节　宣传工作

1993 年至 1998 年，市一届人大常委会把宣传人大制度作为基础工作来抓。市人大常委会制定《关于宣传人大制度和人大工作的稿酬奖励办法》，建立宣传激励机制，充分调动人大工作者多写稿、写好稿、多投稿、出精品的积极性。办公室和市委宣传部联合印发《关于加强和改进人大宣传工作的意见》，市人大常委会制定《关于人大新闻宣传工作实施办法》，创办《公报》《人大工作》《人大简报》《人大要情》等机关刊物，刊登反映市委加强和改善对人大工作的领导、人大依法行使职权、“一府两院”自觉接受人大监督，各级人大代表重大活动等文章。每年坚持给代表发送《民主法制建设》《人民权力报》等报刊资料和《公报》《人大工作》等人大机关刊物，使代表更好地知情议政，学习法律知识，了解和监督市人大常委会及“一府两院”工作。成立南充市人大制度宣传报道站和各县（市、区）人大常委会宣传报道组，以市、县两级人大常委会宣传骨干为成员，形成全市范围内宣传网络，在《民主法制建设》《人民权力报》等报刊宣传南充人大工作。承办全省《民主法制建设》宣传发行会。举办 2 期宣传骨干培训班，邀请省人大《人民权力报》《民主法制建设》总编和驻市大专院校教授讲课，提高人大制度宣传队伍宣传水平。每年在市委党校培训班上开设“人大制度和法律知识专题讲座”，市人大常委会领导坚持带头授课。抓住纪念《中华人民共和国宪法》颁布和人大制度建立 40 周年这一契机，大力宣传《中华人民共和国宪法》和人大制度。有组织、有计划地开展“宪法知识”学习宣传周、“宣传人大制度好新闻”有奖征文、电视讲话、纪念报告会、理论研讨会等活动。举办市级机关县级以上干部“宪法知识、人大制度”学习班，邀请省委党校教授和省人大常委会研究室领导授课，600 多名县级以上干部参加学习，推动市、县两级领导干部学法，增强广大干部和群众的宪法观念和“人大意识”。在代表法颁布 3 周年之际，专门发文并检查促进市级各单位组织全体职工学习代表法，举行各级人大代表座谈会，帮助四川师范学院（今西华师范大学）志愿者协会在顺庆城区设立 3 个街头宣传站宣传，印送 6000 余份宣传提纲，以提高社会对人大代表的认识。连续 2 年组织力量深入基层对全市各行各业的人大代表进行采访，通过报刊宣传代表事迹，并编辑出版 2 集《代表风采》。连续两年组织市级新闻单位记者并邀请省人大“一报一刊”记者参加和指导，开展两次有规模的宣传采访活动，通过省、市报刊和电台、电视台集中刊播，收到很好的宣传效果。其间，1996 年，受全国人大常委会办公厅委托，市人大常委会主任李慎宽主编出版《前进中的市级人大》一书。1998 年，李慎宽编著出版《转型时期的地方人大工作》一书，省委书记、省人大常委会主任谢世杰作序给予高度评价。向社会各界征稿近 300 篇，公开出版《案例与普法》。编辑《南充市人民代表大会画册》，向全社会宣传南充市人大及其常委会的性质、地位和在政治、经济、社会生活中的作用。每年举办一次南充市“宣传人民代表大会制度好新闻”评选活动，评选工作由市新闻主管部门、市级主要新闻单位、市人大常委会机关有关方面负责人等组成评选委员会具体负责评选，评出好新闻 136 件，向省人大推荐 32 件，获四川省宣传人大制度好新闻一等奖 3 件、二等奖 10 件、三等奖 10 件。经省人大常委会推荐，全市有 3 件作品获全国宣传人大制度好新闻奖。

1999 年至 2003 年，市二届人大常委会办公室先后设置宣传科和秘书宣传科，配备专人，确保人大宣传工作有人管、有人抓、有人落实。在宣传工作中，注重宣传的经常化、规范化，凡召开会议，开展重大活动都坚持邀请市级宣传部门和新闻单位参加。每年召开的全市人大宣传工作会议，总结人大宣传工作经验，制定加强和改进人大宣传工作的意见，为全市人大制度宣传工作深入开展奠定基础。制定人大新闻宣传工作实施办法，进一步规范人大宣传工作。两次组织市级新闻采访团到各县（市、区）采访报道人大工作和人大代表先进事迹，扩大对外影响，推动人大工作。其间，2001 年开始，市人大常委会组织开展评选表彰“宣传人大制度和民主法制建设好编辑、好记者、好通讯员”的活动，对全市新闻单位的 5 名好编辑、6 名好记者和 12 名人大好通讯员进行通报表彰，极大地激发新闻工作者和人大通讯员参与宣传人大制度、民主法治建设和人大工作的热情，在社会上产生积极的宣传效应。同时，市人大常委会把宣传发行好省人大常委会机关报刊当作日常宣传的重要工作来抓，以发行促宣传，连续多年获省人大常委会宣传人大制度和发行工作特等奖或一等奖。2002 年，市人大常委会开展“七个一”活动纪念代表法颁布实施 10 周年，同“一府两院”召开纪念代表法颁布实施 10 周年座谈会，组织代表对代表法贯彻实施情况进行执法检查，市人大常委会主要领导在电视上发表重要讲话，在市级报刊开辟宣传专版集中发表纪念文章，在市级报刊和电台各辟一个专栏陆续宣传一批人大代表的先进事迹，组织人员在街头进行集中宣传、组织各单位在街道和主要建筑物上张挂宣传标语，取得良好效果。2003 年，结合纪念市人大及其常委会成立 10 周年活动，在《南充人大》上开办纪念专刊，编辑出版《前进中的南充人大》画册。为推动普法工作，以市人大常委会主任为主要领导的市法建领导小组编辑出版依法治市的学习资料《南充法治》6 集。

2004 年至 2007 年，市三届人大常委会为激励机关干部职工写稿投稿积极性，在以往稿酬奖励基础上，大幅提高稿酬奖励标准，把投稿、发稿情况与机关工作人员岗位目标挂钩，对全年未投一稿的，取消年终评优评先资格。对县级人大投稿情况，半年进行一次汇总通报，并对县级人大宣传工作开展情况进行检查评比，对开展好的单位，市人大常委会给予通报表彰。坚持和完善与市委宣传部门、市级新闻单位的定期联系制度，人大制度好新闻评选等制度，有效地推动人大宣传工作，促进人大工作的深入开展。在宣传的内容上，着重抓好“三会”的宣传，在实践中总结经验，对“三会”的宣传报道进行规范。在参照上级人大“三会”宣传报道方式基础上，与市级宣传新闻单位一起，结合实际制定具体宣传报道计划，每次会议期间确定专人负责督促落实。市“一报两台”做到既重形式又重内容，既抓常规宣传又抓深度报道，收到良好的社会效果。人大及其常委会闭会期间，加强对重要活动和人大代表履行职责宣传。其间，2006 年县、乡两级人大换届选举，是宪法修正案将乡级人大任期由 3 年改为 5 年后的第一次同步换届，是全市政治生活中的一件大事。市、县两级人大精心组织，大力宣传选举法、代表法和中央、省委有关选举的重要文件精神；大力宣传县、乡人大代表选举对于坚持人大制度、巩固和加强党的执政能力、加强基层民主政治建设的重要意义；大力宣传广大人民群众积极参与这场社会主义民主政治的生动实践；大力宣传各地在换届选举中的好经验、好做法，充分宣传人大制度的优越性。省市人大常委会共同配合，组织四川日报、四川电视台、南充日报、南充电视台等 12 家省市新闻媒体，在南充开展“人大代表集中采访宣传活动”，对 8 名市人大代表履职典型事迹、南充市和高坪区人大常委会开展代表工作先进经验进行集中采访宣传，取得很好的宣传效果，提升南充人大的对外形象。收集整理各级人大代表履职的先进事迹，对其中 60 名代表的先进事迹汇集编印《代表风采》一书，在全社会推广，并在南充电台进行连续宣传，极大地激发代表的光荣感、责任感，增强代表依法履行职责的自觉性，推动在全社会尊重代表权利、支持代表执行职务的良好氛围。开展第十二届至十五届南充市“宣传人民代表大会制度好新闻奖”评选活动，组织各类参评稿件 262 篇，评选获奖作品80件。

2008年至2011年，市四届人大常委会研究室设立宣传信息科，统筹组织市人大常委会机关宣传信息工作，落实室分管领导，配备专业工作人员，明确责任，增强宣传信息工作力度。与市委组织部、市委宣传部联合印发《关于进一步加强人大宣传工作的意见》，加强组织引导，完善宣传制度。制订并修改完善《南充市人大网站管理制度》《南充市人大宣传信息通讯员制度》《南充市人大宣传信息通讯员宣传工作考核办法》《南充市人大信息工作考核办法》《南充市人大机关宣传人大制度和人大工作稿酬奖励办法》《南充市人大机关报送四川省人大信息工作考核办法》。继续办好《南充人大》《人大常委会公报》《南充人大信息》等内部刊物。创办南充人大网，扩大人大工作宣传面、传播力。召开全市人大信息工作会议，通报人大信息报送、采用情况。充实人大信息工作人员，成立由市人大常委会副秘书长、研究室主任为组长，各专委会、办事机构秘书科长、副科长为成员的人大信息工作领导小组。明确各专委会、办事机构秘书科长为人大信息工作目标责任人，每年每个科上报省人大信息10条以上，采用2条以上，全年上报数不得低于100条、采用数不得低于40条。将完成人大信息工作任务情况与个人年终评先评优挂钩，并给予上报省人大信息20元/条、采用40元/条的奖励。编发《南充人大信息》45期，刊载信息660多条，及时反映全市各级人大工作的动态与信息，发现和推广各地人大工作的新经验。积极做好省人大信息上报工作，上报信息386条，采用193条，采用数连续3年占全省第2位，荣获省人大信息工作二等奖。组织编印《南充市第四届人民代表大会及其常务委员会工作记事》画册，全书约140个彩页，客观记载市四届人大及其常委会的工作。成立市人大摄影书画协会。开展第十六届至十九届南充市“宣传人民代表大会制度好新闻奖”评选活动，组织各类参评稿件400余篇，评选获奖作品110余件。市人大常委会连续4年获得全省人大宣传工作一等奖。

2012年至2016年，市五届人大常委会每年召开一次全市新闻宣传工作会议，表彰先进，部署工作，协调关系，为开展好人大宣传信息工作打下良好基础。继续办好《南充人大》杂志，每年出刊6期，刊物主题更加鲜明，栏目设置版式更加灵活生动，刊物编辑效率进一步提高，《南充人大》杂志被市新闻出版局评为优秀内刊。办好《南充人大信息》，共编发400余期，充分发挥信息在全市人大工作中的服务功能。坚持学法与普法相结合，举办市人大常委会组成人员、“一府两院”负责人参加的法制讲座，提高领导干部依法行政、依法办事的自觉性。主动加强与市委宣传部门联系，充分发挥市级新闻媒体的作用，不断提升常委会自办刊物、网站、信息的质量。大力宣传人民代表大会制度、特色亮点工作和代表先进典型，媒体用稿量、信息采用量、好新闻等次奖在全省各市州人大中名列前茅。其间，2012年起，南充市“宣传人民代表大会制度好新闻奖”改称为“南充人大新闻奖”，组织各类参评稿件451篇，评选获奖作品131件。推荐优秀作品参评四川人大新闻奖和中国人大新闻奖，荣获中国人大新闻奖二等奖2项、三等奖4项，荣获四川人大新闻奖一等奖8项、二等奖4项，奖项等次、获奖总量在全省市州人大中名列第一。

2017年至2020年，市六届人大常委会突出宣传重点，注重宣传实效。针对市、县、乡三级人大新闻通讯队伍变动较大、新手较多实际，及时组织召开全市人大系统新闻宣传工作会议，邀请省人大《人民权力报》《民主法制建设》报刊社负责人到会开展业务培训，达到凝聚思想共识、统一工作要求、提升业务技能的良好效果。坚持围绕南充人大特色亮点工作捕捉新闻线索，提炼新闻素材，抓好专题策划。邀请省报记者采写省人大代表郭洪平通过提交代表建议、促成达成铁路货运降价的典型案例，此稿成为当年四川省唯一荣获全国人大新闻奖一等奖的作品。策划地方人大换届选举的经验做法，此稿件荣获全省人大新闻奖二等奖。围绕展现全市人大代表在抗击新冠肺炎疫情中的责任与担当，积极向省人大《人民权力报》《民主法治建设》推送代表先进事迹，连续刊载专题报道8篇，积极讲好南充人大抗击疫情的“故事”。围绕展现全市人大代表“双走访”活动成效，在《人民权力报》专版报道市人大代表履职为民的生动事迹，有力展现人大代表风采。围绕市人大代表依法履职行权，组织市级新闻媒体记者，在《南充日报》、南充电视台上宣传报道15名优秀人大代表履职事迹。纪念地方人大设立常委会40周年，举办座谈会、表彰会、职工运动会、书画摄影展、优秀征文评比等系列主题活动，回顾历史成就，总结宝贵经验，充分展示人大制度优越性和生命力，不断增强国家根本政治制度自信。重视宣传阵地建设，在巩固本地报刊、电台、电视台等新闻阵地同时，不断抓好自身阵地建设。继续办好南充人大网站，及时进行网站改版升级，新增党的十九大、地方立法等专栏，开通代表履职情况登记接口，届内更新网站页面5000余页。继续办好《南充人大》杂志，每年出刊6期，办刊质量得到持续提升。在例行出刊的基础上，加开纪念地方人大设立常委会40周年增刊。继续办好《南充人大信息》，届内共编印156期。继续办好南充人大微信公众号，届内共编发工作动态信息2300余条。每年开展一次“南充人大新闻奖”评选活动，共组织各类参评稿件433篇，评选获奖作品125件。把上届人大所有好新闻、好论文获奖作品印成汇编，印发全市人大宣传工作者、从事人大新闻宣传的媒体记者学习参阅，起到示范引领、正确激励、压力传导作用，激发县、乡人大组织和新闻媒体单位参与民主法治建设宣传的热情与斗志。抓好中国人大新闻奖、四川人大新闻奖的推荐工作，推荐各类参评作品41件，荣获中国人大新闻奖一等奖1件、三等奖2件，四川人大新闻奖一等奖3件、二等奖4件、三等奖5件，奖项的总量和分量位居全省各市州人大首位。市人大常委会连续4年被省人大常委会评为宣传人民代表大会制度先进单位，多名同志被评为优秀通讯员。全市人大系统在国家、省人大新闻奖评选中连续保持领先水平，为讲述南充故事、传递南充声音、扩大南充影响发挥重要作用。至2020年，南充市“宣传人民代表大会制度好新闻奖”连续举办11届，共评出好新闻200多件，向省人大推荐100多件，其中获四川省“宣传人大制度好新闻”一等奖8件、二等奖18件、三等奖16件。4件作品获全国“宣传人大制度好新闻”奖。市人大常委会机关干部职工踊跃写稿投稿，在各级报刊、电台、电视台刊播的稿件就达1100余件，其中，有3人次获国家级奖励、26人次获省级奖励、54人次获市级奖励。

第七节　帮扶工作

1995年，市人大常委会确定嘉陵区里坝镇、阆中市双龙镇、西充县义兴镇、营山县回龙镇为市人大常委会农业工作联系点，组织有关人员深入点上和面上就优质农产品基地建设和个体私营经济发展以及农业投入、抗灾自救等问题进行专题调查研究，提出许多好的意见和建议。1997年，市人大常委会领导定点联系高坪区、嘉陵区、南充罐头厂、营山烧碱厂、南充热电厂、市丝绸科研所、青居电站、达成铁路、华兴寺嘉陵江大桥等县（区）、企业和重点建设项目，深入定点联系点，在工作思路、资金项目、产品开发、培育市场、寻找对策等方面做了大量工作。市人大常委会机关定点帮扶阆中市妙高镇、阆中市博树回族乡和西充县晋城镇，确定帮扶目标，加强组织领导，落实帮扶措施，帮助解决实际困难和问题，为加快农民脱贫致富步伐，发挥积极作用。1998年，市人大常委会机关定点联系的西充县晋城镇改为南部伏虎镇。1999 年，市人大机关加大帮扶投入力度，搞好南部伏虎镇，阆中博树回族乡、妙高镇帮扶工作。2010 年，市人大常委会机关深入开展定点联系阆中市博树回族乡、帮扶嘉陵区蚂蝗堰社区困难群众工作，安排机关年轻干部到对口帮扶乡镇挂职帮扶。设立“少数民族发展资金”，推动阆中市博树回族乡村组改水、修路，搞好产业发展。2012 年至 2014 年，市人大常委会机关积极开展阆中博树回族乡、嘉陵蚂蝗堰社区和龙岭镇芭蕉桥村帮扶工作，协调联系项目资金 300 多万元。扎实开展“走基层、解难题、办实事、惠民生”活动，认真做好高坪区东观镇大石头村、嘉陵区蚂蝗堰社区、阆中市博树回族乡等地结对帮扶工作，帮助制订发展规划，协调项目资金，慰问贫困群众，让老百姓得到实惠。坚持把投身全面建成小康社会作为代表履行职责、联系选民的重要内容，向代表发出“脱贫攻坚——人大代表再行动”倡议，市人大代表与 518 户贫困家庭结成帮扶对子，涌现出一批帮贫助困、扶危济难先进典型。市人大常委会领导到定点联系点分析致贫症结，研讨脱贫办法，解决实际困难，选派优秀中青年干部蹲点驻守，帮助制定脱贫规划，协调政策资金支持，推进实施一批基础设施项目和产业发展项目，定点联系点经济社会面貌明显改观，贫困群众生活质量稳步提升，得到基层干部群众好评。

2015 年，市人大常委会按照市委“挂帅出征、挂图作战”要求，扎实抓好对高坪区会龙镇杉树沟村帮扶工作。杉树沟村位于高坪区东北，距高坪区主城区 45 公里，总面积 2. 1 平方公里，辖 8 个村民小组，有农村人口 1046 人。2015 年有贫困户 56 户 234 人，贫困发生率 20. 9%。在脱贫帮扶工作中，市人大常委会立足“三村”（旱山村、偏远村、落后村）村情实际，围绕“四缺”（缺硬件基础、缺项目支撑、缺要素保障、缺能力信心）现实困难，制定项目、产业、能力、基础设施、公共服务、人居环境 6 大帮扶措施。通过深入走访、摸清实情、发动群众、制定并不断完善《杉树沟村扶贫规划（2015—2020）》。在精准脱贫方面，立足“五个精准”，查找贫困原因、确定脱贫措施、落实帮扶主体。在整村推进方面，着眼基础条件改善，编制修建山坪塘、产业路、社路以及土地整理、安全饮水等具体项目，以规划为纲，做到一个规划干到底、一个规划管到底。组织市人大常委会机关干部结对帮扶，“一对一、一帮一”，每年为近 70 户困难党员、贫困群众送去节目慰问物品和资金。开办讲座，以会代训，宣传扶贫政策，开展教育培训，号召自力更生，发动群众成为创造生活、改善生活、享受幸福生活的责任主体。明确项目、产业、能力、作风四大工作抓手，着力强化领导力量和工作保障。市人大常委会主任、党组书记袁险峰多次现场调研指导《精准扶贫规划》编制，主持专题会议督促落实帮扶措施、帮扶任务，到贫困群众、贫困党员家中走访慰问，鼓励发动贫困村干部群众致富奔康，实地察看和解决人居环境改善、基础设施建设、农业产业发展等方面的具体困难和问题，多次为村集体猪场建设协调资金，协调落实“四小”项目，协调市财政、民政、交通、水务、建设等部门专项资金，切实解决扶贫项目、资金保障问题，确保帮扶工作始终在上级督导、群众参与、各方关注中良性运行。在项目建设方面，注重把好招标程序关、施工质量关、资金拨付关，强化工程建设管理重点；在产业发展方面，注重落实管护责任，加强后期管理，抓好产业填充，力争立村产业尽快见效；在集体经济培育方面，加强生猪托养场运行管理，落实岗位管理制度和收益分配机制，落实村民群众长期受益、持续受益的长效保障；在安全住房改造方面，逐户走访摸排、分户分项预算，确保应改尽改；在文明新风建设方面，制定各种奖励措施，推行村民自治管理规程。立足农业根本推进扶贫工作，统筹解决农业发展中的具体问题。针对土地撂荒严重、种植收益低下、农村劳力缺乏等现状，着力把农业机械化、农业现代化作为“扶持生产和就业发展一批”的突破之举，加强农机专业合作社运行管理，以适度补贴作为激励，以种粮收益作为动力，调动村民群众种粮积极性，全村累计耕种面积达

3000余亩。累计投入资金2000余万元，实施道路、水利、人饮工程、土地整理、安全住房改造等项目建设和优质柑橘、优质粮油、生猪托养、家禽散养等产业发展，构建长效机制，强化主体责任，重视能力提升，弘扬文明新风，加强基层党建，夯实整村脱贫基础。确定规划先行、整村推进、一户一策、措施到人帮扶思路，围绕“一水二路三产业四住房五新风六党建”工作重点，完成修建社水泥路11公里，生产便道、入户路13公里；修建山坪塘14口、蓄水池18口，溪流渠系整治3.5公里；新建集中供水站9个，完成全村一体化供水管网建设；整理、调型坡台低产耕地300亩，争取土地增减挂钩项目300亩，规划建设村民集中居住点2处；社会援建捐资修建村综合服务中心500平方米、村民健身娱乐活动场所1000平方米，实施村道绿化树栽植2000株；筹资438万元发展柑橘产业园区，集中栽植柑橘300亩1.5万株；指导实施党员精准扶贫示范工程养殖项目3个，筹资40万元发展散养小家禽和庭院经果林，户均实现增收500元；协调50万元财政资金购置13台大型农机具，复耕撂荒田地350余亩，全村年实现机耕机收1000亩以上；筹资550万元修建3500头生猪标准化养殖场一期、二期、三期工程，坚持“2233”分配比例（即：公益事业20%、特困群众20%、一般困难群众及弱势群体30%、一般村民群众30%），实现年出栏生猪2.7批、收入100余万元；实施村民住房安全改造、安全用电改造和新建、迁建、改建住房90余户；多批次义疹村民300余人次，落实贫困户突发变故、大病救助15人次3万元，实施临时救助40余人次5万元，实施残疾人扶助15人次9000元。建档立卡贫困户全部实现脱贫达标，高质量通过市、区组织的贫困村、贫困人口脱贫验收，顺利通过省检第三方评估。全村56户234名贫困人口回头看、回头帮、脱贫不脱钩工作顺利通过省、市组织的脱贫村“五个一”帮扶力量一系列督查、检查、验收活动。

2017年，市人大常委会机关开展对南部县谢河镇射洪庙村（含六家井村）精准帮扶工作。射洪庙村总面积5.76平方公里，辖6个（合并前19个）村民小组，耕地面积2276亩，林地面积2476亩，其中：田736亩，土1540亩。农业总户数785户，总人口2951人。全村建档立卡贫困户176户701人。在精准帮扶工作中，市人大常委会主要领导高度重视，亲自带队、亲自把关、亲自规划，多次带领市农业农村局、市扶贫开发局、市农科院以及四川新希望六和集团、四川天兆猪业、四川丹韵农业发展有限公司等单位负责人、专家到村现场办公，现场解决问题，现场确定发展规划。市人大常委会分管领导、市人大常委会办公室负责人、市人大农委负责人多次到村与乡村干部群众座谈，共商发展大计，并带领市农业农村局、市农科院的土肥、畜牧、经作方面专家，到村进行技术指导，调整前期规划。到生猪养殖场、柑橘和青花椒产业园现场解决技术、防疫和资金难题。市人大常委会争取项目资金100万元，引进业主投资，与四川新希望六和集团达成合作，建成年出栏4000头的现代化生猪规模养殖场，并依托养殖场成立六家井永顺养殖农民专业合作社，为村集体和村民解决长期无稳定收入来源问题。建成800余亩血橙8号柑橘产业园、800余亩青花椒产业园、100余亩生态鱼养殖产业园，推动成立柑橘种植农民专业合作社、南部县惠众种植专业合作社，通过分红和劳务收入，村集体和广大群众增加收入。积极争取农机项目资金10余万元，为村购置微耕机6台，推动成立六家井村农机专业合作社，从根本上解决土地撂荒、群众就近务工、贫困户收入不稳定等问题。积极改善通行条件，多方协调，整合扶贫专项资金800余万元，新建产业路9公里、社路2公里，安装道路护栏2.2公里，实现社路全部硬化。协调资金550万元，整治灌溉渠道4公里，新修山坪塘5口，维修堰塘4口。争取资金140万元，实施土坯房改造110户，易地搬迁11户，完成村级文化室、卫生室装修改造，添置文化体育设施2套。市人大常委会机关厉行节约，打紧开支，从机关办公经费中调剂资金50余万元用于产业发展、扶贫助困、救济慰问。2018年顺利通过南充市“五个一帮扶”工作考核，2019年通过全省脱贫攻坚“两不愁三保障”回头看大排查交叉检查，2020 年通过全省脱贫攻坚“大排查大走访”交叉检查。是年，通过国家脱贫攻坚产业发展项目抽查，全村建档立卡贫困户成功退出，整村脱贫。

第八节　信访工作

1994 年，市人大常委会成立之初，建立信访工作制度，认真接待各级人大代表和人民群众来信来访，受理人民群众申诉、控告和检举，共受理和接待来信来访 1100 多件（人次），并及时办理，力争做到事事有着落、件件有答复。对反映出的一些重要问题尽快结案，转交有关部门办理的，限期报告结果。对其中反映突出的问题，按照法定程序，督促作出处理。如川北医学院某教师在某商场选购服装时遭打致伤，迟迟未得到解决，13 名教师和群众联名给市人大常委会来信，市人大常委会收到后，及时责成市工商局查处，并汇报处理结果。市工商局和市保护消费者权益委员会立即配合公安部门对伤害消费者的当事人作出治安拘留 15 天和赔偿 1. 3 万多元的处理。1995 年，市人大常委会完善信访工作制度，制订来信来访处理办法，规范信访工作程序，受理来信 1504 件（次）、来访 535 人（次），对每一件来信来访都认真处理，不“一转了事”，督促解决嘉陵区龙蟠镇政府来信反映南充罐头厂不执行合同停止收购老百姓芦笋一事，当地农民减少几十万元经济损失。市人大常委会接到蓬安县天府机器有限公司 30 名职工来信，反映公司女职工陈某因医生极不负责，手术切口缝合后腹腔内尚有一块纱布，病人不得不再次开刀，既多受痛苦又花钱。市人大常委会立即责成有关机关和部门迅速进行调查，有关医生受到严肃处理，并赔偿病人经济损失 4000 元。1996 年至 1997 年，市人大常委会认真对待代表和人民群众来信来访反映的问题，及时处理，做好疏导教育工作。对个别案件，开展调查，加强个案监督。如反映强烈的陈某某贪污案、东风绸厂货款案、重复处罚南充化工总厂小金库案、市康达计贸商行征用土地案等，主任会议听取专项汇报，逐一进行审议，督促有关机关审查核实，及时依法予以公正处理。

1999 年，市人大常委会制定《接待和处理人民群众来信来访暂行办法》，完善有关接待处理信访程序。全年共接待人民群众来访 1088 人（次），受理来信 1152 件，认真办理和督促办理一批重点信访案件。西充县同德乡梅树湾村村民集体来信来访，反映乡政府越权撤换村民委员会组成人员问题。市人大常委会领导高度重视，及时派员会同西充县有关单位进行调查，督促纠正违法行为并进行通报。受理长城厂电镀废水污染西河信访件后，市人大常委会及时组织有关部门调查并督促严肃处理。2000 年，市人大常委会设立信访办公室，召开全市人大信访工作会议，建立主任接待日制度，规定每月 15 日为主任接待日，由市人大常委会主任、副主任、秘书长轮流值班，接待处理群众来信来访。全年共接待处理来信来访 3342 件次。其中，市人大常委会领导处理信访 294 件次。上访长达 12 年的原南充地区广播器材厂职工袁某某的退休争议问题、上访 7 年多的南充市机电设备公司职工杨某某的工残赔偿问题等，督促有关部门妥善解决。2001 年，市人大常委会坚持常委会组成人员联系代表、代表联系选民的双联系制度，加强信访工作，坚持主任接待日制度，坚持公民旁听常委会会议制度，保持与人民群众、人大代表的血肉联系。全年共接待处理群众来信来访 4241 件次。其中，市人大常委会领导直接接待处理 396 件次。2002 年至 2003 年，市人大常委会紧紧围绕抓解决百姓疾苦促进和谐这个重点，督办解决一些久拖不决的老大难问题。不断拓宽民主监督渠道，邀请市人大代表列席和公民旁听常委会会议，听取他们对经济社会发展和人大工作的意见、建议。

2004年至2007年，市人大常委会加强和改进信访工作，听取人大信访工作专题汇报。实行常委会领导预约接待上访群众制度，直接听取公民的申诉、控告、检举和建议批评意见。认真做好对来访群众的宣传、引导工作。按照全国人大关于信访工作“四个100%”的要求，认真办理群众信访。搞好疏导解释工作，化解社会矛盾，切实维护群众利益和社会稳定。对群众反映强烈的司法不公和企业改制、征地拆迁安置补偿及社会保障工作中出现的问题，督促有关部门认真查处和研究解决，及时化解社会矛盾，切实维护人民群众的合法权益，促进社会稳定。强化监督手段，把突出信访问题作为监督工作的重要内容，督促“一府两院”依法妥善处理群众反映强烈的问题和处理不公、久拖不决、执行不力的涉法涉诉信访案件。其间，2004年接待处理信访6217件次；2005年接待群众来访3413人次，处理群众来信2603件；2006年接待群众来访2850人次，处理群众来信2360件次；2007年，共处理群众来信1019件，接待来访1075人次。

2008年至2011年，市人大常委会依法设立信访工作机构，配备专职信访干部，为信访工作的有力开展创造良好条件。认真办理群众来信，热情接待群众来访，把信访作为听民意、解民忧、促和谐的重要途径。市人大常委会领导坚持批阅群众来信，接待和处理群众来访，对群众反映强烈的问题和一批长期未解决的涉法涉诉信访案件，市人大常委会领导亲自听取情况汇报，并深入案件管辖地督促“一府两院”依法妥善处理。共受理群众信访5140件4003人次，依法妥善处理群众反映强烈的信访案件。

2012年至2016年，市人大常委会坚持把信访工作作为联系群众的窗口，坚持常委会领导预约接访制度，做好动态分析工作，积极探索做好人大信访工作的有效途径，确保信访人的合法诉求得到依法处理。成功承办全省人大信访工作会议，积极交流学习信访工作经验。重点研究涉法涉诉信访案件处置工作，重视信访情况综合分析，坚持把信访案件中带有普遍性、倾向性以及反映强烈的问题列入监督计划，力促共性问题统筹解决。严格落实领导约见、签批转办、跟踪督办、限时回复制度。督促“一府两院”及时妥善解决群众合法诉求，有效化解社会矛盾，促进社会和谐稳定。常年聘请专业律师为人大信访工作的法律顾问，为涉法涉诉信访群众免费提供法律咨询服务。进一步明确职责，继续由市人大常委会秘书长分管信访工作，一名副秘书长联系信访工作。继续将市人大常委会信访办与专门委员会、办事工作机构同等对待，单独预算工作经费。其间，2012年受理群众信访事项1060件，接待群众来访781人次；2013年处理群众来信来访898件次（其中，市人大常委会领导阅处282件）；2014年接办人民群众来信来访912件次；2015年受理群众来信来访589件次（其中，来信182件，来访407批528人）；2016年受理群众来信来访762件次（其中，来信308件，来访454批622人）。

2017年，市人大常委会坚持把人大信访工作纳入常委会年度工作计划的总盘子，严要求，细部署，同检查、同考核。坚持把重大信访信息、案件反映的情况作为常委会调研、视察、检查和审议等监督事项的重要内容。坚持常委会领导接待信访制度，及时研究信访工作新情况和新问题。聘请熟悉业务的信访工作人员，落实信访津贴，为人大信访工作顺利开展提供保障、创造条件。全年共受理群众来信来访757件次。其中，来信317件，来访440批590人。2018年，根据中央《关于依法处理涉法涉诉信访问题的意见》要求，就重要涉法涉诉信访加强与内司委、法工委协商，征求研讨处理意见。属于进入司法程序解决问题的信访，不纳入一般信访解决。对不符合法律和政策规定的信访，结合诉求宣讲法律政策，摆事实、讲道理，争取其主动息诉罢访。全年接待信访540件次。其中，来信203

件，来访337件。2019年，信访工作紧紧围绕常委会工作重点，密切关注扶贫、城建、环保等热点，及时提供信访信息，当好参谋助手。重视初信、初访和老访、集访。对热点难点、情况复杂、涉及面广问题，有可能引发群体性事件的问题，及时立案呈报领导阅批后转办，通过下基层、信函、电话加强督办，促进信访问题有效处理。全年接待信访384件次。其中，来信153件，来访231件。2020年，市人大常委会重点督办涉法涉诉、民生改善方面的信访案件。发现问题，立即汇报，及时交办，认真督办。抓住督办的重点案件不放，一督到底，督出结果，突出办理效果，给上访人明白交代，并坚持事后回访，从源头上做好重信重访工作。同时，配合市群工局、公安、法检两院和县（市、区）人大常委会共同办理，确保信访工作效率。全年接待信访151件次。其中来信64件，来访87件，信访总量明显减少。对市人大常委会领导批示和省人大信访办交办的重要信访件进行转办、督办和回复。

第九节　队伍建设

1993年，市一届人大常委会成立伊始，即向市委提交关于加强人大自身建设的报告，建议逐步充实一批年富力强、文化程度较高、热爱人大工作的人员到市人大各专门委员会和常委会办事机构工作，以确保地方国家权力机关正常有序运转。市委作出关于加强人大工作的决定，对人大干部队伍建设提出指导意见。至1998年，市人大常委会认真落实市委要求，大力加强干部队伍能力建设，坚持把市、县、乡三级人大干部纳入全市干部培训总体规划，举办人大干部短训班，系统学习社会主义市场经济、中国特色社会主义理论、社会主义民主法治建设知识以及与人大工作密切相关的法律法规知识。建立组成人员暨各县（市、区）人大常委会主任学习会制度，每年不定期开展集中学习，交流实践经验，研讨共性问题，推动提升全市人大整体水平；每年组织部分常委会组成人员和机关工作人员参加全国人大干部培训中心和省委、市委党校专题培训，提升人大干部政治素质、理论修养和业务能力。在作风建设方面，出台系列管理制度，规范机关工作秩序，推动形成严谨求实、敬业奉献的工作氛围。届期内，市人大常委会根据工作需要，相继调入10多名中青年干部到各委（室）工作，机关工作人员由届初的30多人增到届末的56人，3名中青年干部交流到党政机关任职。

1999年至2003年，市二届人大常委会高度重视机关干部思想政治建设，分批开展以班子成员和县级干部为重点的“三讲”教育，深入学习“三个代表”重要思想，加强理论武装；扎实开展批评与自我批评、整顿队伍作风；建立完善内控机制，严格制度约束；机关干部政治意识、发展意识、群众意识同步增强。在履职能力建设方面，坚持完善业务轮训和学习考核制度，促进机关干部系统学习党的路线方针政策和宪法法律知识，结合中国加入世贸组织历史背景，相继开设合同法、公司法、独资企业法、预算法及《WTO与司法改革》《入世与对外贸易问题》《入世与知识产权保护》《城市规划法规范管理》系列专题讲座，促进机关干部更新知识结构，不断适应形势要求。其间，2001年，市人大法制培训中心挂牌成立，成为全市各级人大代表、人大干部的业务培训基地。在作风效能建设方面，大力开展“创建人民满意单位”活动，积极推进机关科级干部轮岗交流，严格实行岗位目标管理，先后推荐5名中青年干部到党政机关任职，数名年轻干部得到职级晋升，同步选拔4名专业人才充实干部队伍，届末机关工作人员总数67人，中专及以上学历人员占比达到70%以上，队伍年龄、专业、知识结构持续优化。

2004 年至 2007 年，市三届人大常委会坚持完善集中学习制度，采取以会代训、党校调训、专题培训、学习考察等方式，组织机关干部继续深入学习邓小平理论、“三个代表”重要思想，相继开设公务员法、农业机械化促进法、土地管理法、安全生产法、农产品质量安全法、义务教育法、土地承包法、食品卫生法、行政许可法、省人大监督条例等专题讲座，促进机关干部提升政治理论水平和依法履职能力。在作风效能建设方面，扎实开展共产党员先进性教育活动和“学习雍宗满，争做人民好儿女”主题活动，通过开门整风和对照检查，认真查改干部职工思想、工作和作风上存在的突出问题，健全完善首问责任制、限时办结制、责任追究制和岗位责任制等规章制度，推进建设为民、务实、廉洁、高效的地方国家权力机关，市人大常委会机关连续 3 年被评为“人民满意单位”。深入推进干部人事制度改革，实行科级干部竞争上岗，通过竞职演讲、民主测评、党组决策等流程，选拔各委（室）科长、副科长，在机关年轻干部中形成比学赶超氛围。届期内，市人大常委会先后推荐 3 名优秀干部到党政机关任职，数名中青年干部得到职务晋升，选调和安置军转干部 7 名，90% 以上具有大专及以上学历，队伍梯次结构日趋合理，履职行权能力同步增强，机关工作活力充分彰显。

2008 年至 2011 年，市四届人大常委会以“学习实践科学发展观”为主线，持续加强思想政治建设，促进机关干部增强政治意识、大局意识、责任意识；以“领导干部作风整顿建设活动”和“创先争优”活动为主线，持续加强作风效能建设；严格实行机关工作人员岗位目标管理，对机关干部完成业务工作、交办工作、参与内部建设等情况进行量化考核，考核结果作为评先、调级、晋职和交流使用的主要依据。市人大常委会高度重视队伍能力建设，相继组织干部轮训 9 批次、开设法制讲座 13 期，每年召开组成人员学习会和专项工作座谈会，深入学习党的路线方针政策和中央、省委、市委重要会议精神，系统学习与人大工作密切相关的法律法规知识和制度理论知识，引导机关干部准确把握新形势对人大工作的新要求，不断增强政治能力、履职能力、调研能力以及群众工作能力。组织开展纪念中华人民共和国成立 60 周年和地方人大设立 30 周年系列活动，深入宣传人民代表大会制度优势，激励机关干部增强职业自信，以更强本领、更好状态、更实作风投入地方民主法治建设。市人大常委会高度重视干部队伍新陈代谢问题，通过考调方式先后选拔 11 名青年干部到各委（室）工作，实绩突出的中青年干部及时得到提拔重用，2 名干部交流到党政机关任职。

2012 年至 2016 年，市五届人大常委会坚持完善政治理论学习制度，持续推进干部队伍履职能力建设，相继开展业务轮训 11 批次、法制讲座 14 期，着力强化干部队伍理想信念、宗旨观念、法治理念，不断适应人大工作发展要求。市人大常委会按照中央、省委、市委统一部署，深入开展党的群众路线教育实践活动，按照“照镜子、正衣冠、洗洗澡、治治病”总要求，对标中央八项规定、省委省政府十项规定和市委市政府九项规定，以基层问症、百姓听音、开门评风活动为载体，广泛听取社会各界意见建议，召开专题民主生活会，深入查找“四风”突出问题，结合问题产生根源对症下药，综合施策，精心制定整改方案，逐项抓好整改落实，同步开展“庸懒散浮拖”等专项治理，促进干部队伍作风持续向好转变。其间，2015 年至 2016 年，面对南充拉票贿选案的严重影响，市人大常委会坚决拥护中央、省委对案件的查处决定，严格执行市委在非常时期决策部署，扎实开展“深刻汲取教训、净化政治生态、重塑南充形象”专题警示教育，同步推进“三严三实”专题教育和“两学一做”学习教育，更加注重发挥党组班子政治引领作用，扎实推进党内政治生活制度化、规范化、实效化，通过学党章党纪、学先辈先进，引导机关党员干部筑牢信仰之基、补足精神之钙、把稳思想之舵，自觉把政治纪律和政治规矩挺在前面；组织开展系列整风活动，检修干部队伍思想、作风和工作上存在的突出问题，健全完善议事规则、工作规范、管理制度51项，堵塞空窗漏洞，扎紧制度笼子，规范权力运行，坚定不移正风肃纪，坚持不懈革弊立新，重拳治理沉疴痼疾，致力构建正“三观”、祛“四风”、争当“五好”干部的长效机制。市人大常委会坚持正确用人导向，大力推行“1+5”干部考核机制，在统一年度考核基础上，对机关副县级及以下干部参与党建工作、投入重点工作、纪律作风表现、参与公益事业和群团活动、助推脱贫攻坚等5个方面进行综合测评，将测评结果作为党组向市委提名推荐干部主要依据。届期内，市人大常委会选拔11名中青年干部进入人大常委会机关，3名干部交流到县（市、区）任职，德能勤绩表现突出的年轻干部得到职级晋升或提拔重用，以最严要求、最实举措、最快效率实现重构政治生态、重塑人大形象、重振队伍士气。

2017年至2020年，市六届人大常委会坚持把政治建设摆在首位，全面落实新时代党的建设总要求，充分发挥党组政治功能，深入开展“两学一做”学习教育和“不忘初心、牢记使命”主题教育，认真学习贯彻习近平新时代中国特色社会主义思想、习近平总书记关于坚持和完善人民代表大会制度的重要思想以及习近平总书记对四川工作、人大工作系列重要指示精神，深刻领会中央、省委、市委历次全会重大决策部署，自觉用新思想武装头脑、用新理念指导实践、用新方略推动工作，不断增强“四个意识”、坚定“四个自信”、做到“两个维护”。市人大常委会坚持把作风引向深入，结合主题教育活动，扎实开展理想信念教育、革命传统教育、形势政策教育、先进典型教育和廉政警示教育，要求机关党员干部对照党章党纪、群众期待、先进典型和身边榜样，围绕中央提出的“18个是否”，通过召开班子民主生活会、支部组织生活会和查找差距专题会议等方式，全面检视机关和个人存在的不足，并结合巡视巡察反馈意见，建立整改台账，严格限期销号，做到思想问题、作风积弊、工作短板、制度漏洞同步修复，实现党性修养、宗旨观念、履职效能、执纪定力同步提升。市人大常委会十分注重发挥纪检派驻机构作用，深入落实廉政风险谈心谈话、提醒诫勉制度，对标“四风”问题最新表现，及时纠正干部队伍中呈现的苗头性、倾向性问题，推动形成正向激励想干事、容错纠错敢干事、反向约束不出事的良好氛围。市人大常委会高度重视干部队伍能力建设，采取会前学法、业务轮训、专题讲座等多种形式，促进机关干部更新知识结构、提升履职能力，相继组织各类专题培训12期、法制讲座10期，市人大常委会主要领导连续3年开设“民主与法治、坚持和完善人民代表大会制度、宪法的起源和发展”系列主题党课，教育引导机关党员干部坚定不移走中国特色社会主义政治发展道路，不断提升运用法治思维指导实践、推动工作、解决问题的本领。市人大常委会纵深推进“和谐机关、活力人大”建设，围绕扫暮气、提朝气、扬正气，开展系列思想教育和作风整顿活动，促进增强机关干部责任意识、担当精神、集体观念。组织开展中华人民共和国成立70周年和地方人大常委会设立40周年纪念活动，联合市辖3区人大常委会举办职工运动会和摄影书法作品展，宣扬制度伟力，凝聚团队合力。健全完善自上而下的层级责任体系，细化明确党组领导责任、委（室）工作责任和干部岗位责任，年终逐级述职，坚持以上率下，有效提升干部队伍向心力、凝聚力、战斗力。市人大常委会继续深入推行“1+5”干部考核机制，鲜明实干导向，突出实绩标准，让能干事、会干事、干成事的机关干部有想头、有劲头、有奔头，依据考核结果提拔任用县级干部6人次、科级干部12人次，机关干部晋升职级37人次，2名干部交流到县（市、区）党委任职，通过遴选方式考录9名年轻人充实干部队伍。

第十三章

县（市、区）人大概况

1950 年年初，中共中央和中央人民政府决定建置川东、川南、川西、川北 4 个省级行政区和重庆直辖市。川北区分别建置直辖南充市和遂宁、南充、剑阁、达县 4 个专区。其中，南充专区辖 8 县。南充市和南充专区辖县成立后，先后召开各界人民代表会议。1952 年 9 月，川北行署撤销，南充专区改隶四川省人民政府。1954 年，南充专区所辖县（市）相继召开人民代表大会，建立人民代表制度。“文化大革命”期间南充各县（市）成立的革命委员会作为特定历史时期国家政权机关，代行人民代表大会职权。1980 年，南充地区所辖各县（市）相继选举产生县级人大常委会。1993 年，南充撤地建市，新设的地级南充市辖顺庆区、高坪区、嘉陵区、南部县、西充县、仪陇县、营山县、蓬安县，代管省辖阆中市。至 2020 年，南充县级人民代表大会作为地方国家权力机关，在召开的各次人民代表大会会议时听取地方国家机关工作报告，审查批准国民经济和社会发展计划、预算及其执行情况报告；讨论决定有关重大事项；选举地方国家权力机关负责人以及出席上一级人民代表大会代表。县级人大常委会是县级人民代表大会常设机构，在人代会闭会期间行使职权。

第一节　南充市顺庆区人大

1950 年年初，川北行署成立后，划南充县部分区域建置南充市（川北行署直辖市）。至 1954 年，南充市共历经三届各界人民代表会议。其代表通过协商分配名额，经过推荐、邀请或选举产生，由会议选举产生委员组成协商委员会。其间，1952 年 9 月，撤销川北行署。1953 年，南充市改为南充专区辖市。1954 年至 1993 年，南充市共召开十一届市人民代表大会。其间，1969 年成立的南充市革命委员会作为特定历史时期国家政权机关，代行市人民代表大会职权。1980 年，市人民代表大会开始设立常务委员会。1993 年 7 月，撤销南充市（县级），设立南充市（地级）顺庆区。是年 11 月至 2020 年，南充市顺庆区共召开 6 届区人民代表大会。

一、南充市各界人民代表会议

1950 年 2 月 22 日至 28 日，南充市一届一次各界人民代表会议召开，138 名代表参加会议。中共川北区委第一书记、川北行署主任胡耀邦在会上作题为《团结起来，建设新川北》报告。会议作出剿匪肃特、建立革命秩序，恢复与发展稳定金融，征收公粮支援战争，开展文化教育工作，提高人民的政治思想及文化水平等决议。大会推选出 31 人组成南充市第一届各界人民代表大会协商委员会，选举吴致中、牛天鸾、高开吉、姚淑英（女）、金瑞祥、唐忠达、杨万银、侯庆五、谢泽川、王化、赵国桢、王得功、张恢先、杜汴沧、王祺、袁观、康守忠、张双九、冯仲雅、骆英、李淑媛、杨中慎、杜世祥、饶雪庵、杜孟祥、秦保全、谢海清、蒋衡镒、李继伯、林全九等 31 人为南充市协商委员会委员，主席吴致中，副主席林维干，秘书杨中慎。大会收到提（议）案 130 余件。9 月 3 日至 6 日，一届二次会议召开，99 名代表参加会议。市长袁观作《半年来工作及今后任务》的政府工作报告。会议通过调整工商业、征收 1950 年公粮，市政建设、减租退押、清匪反霸等决议。会议选举产生南充市协商委员会委员 21 名，主席吴致中，副主席袁观、张恢先，秘书杜汴沧。12 月 29 日至 31 日，一届三次会议召开，301 名代表参加会议。会议听取政府工作报告和协商委员会工作总结报告，作出提前在市郊进行土地改革、改善劳资关系、建设南充市、发展工商、繁荣经济、1951 年度财政收支等决议。大会选举产生南充市协商委员会委员 31 名，主席吴致中，副主席袁钊、张恢先，秘书杜汴沧。

1951 年 6 月 2 日至 5 日，南充市二届一次各界人民代表会议召开，269 名代表参加会议。会议听取政府工作报告和协商委员会工作报告，作出深入开展抗美援朝运动、镇压反革命、发展生产、繁荣经济等决议。大会收到提（议）案 265 件，选举吴致中、牛天鸾、高开吉、姚淑英、金瑞祥、唐中达、杨万银、侯庆五、谢泽川、王化、赵国桢、王得功、张恢先、杜汴沧、王祺、袁钊、康守忠、张双九、冯仲雅、骆英、李淑媛，杨中慎、杜世祥、饶雪庵、杜孟祥、秦保全、谢海清、蒋衡镒、李继伯、林全九等 31 人为南充市协商委员会委员，主席吴致中，副主席袁钊、张恢先，秘书杜汴沧。9 月 26 日，二届二次会议召开，271 名代表参加会议。会议听取政府工作报告和协商委员会报告，通过上呈毛泽东主席致敬信和拥护周恩来总理反对美国旧金山会议声明电及代表公约等决议。大会收到提（议）案 237 件，整理归并为 105 件。作出深入开展抗美援朝运动，坚决镇压反革命，发展生产、繁荣经济、市政建设、增产节约，反贪污、反浪费、反官僚主义，开展城市民主改革等决议。选举产生南充市协商委员会委员 27 名，主席吴致中，副主席张恢先，秘书杜汴沧。1952 年 1 月 10 日至 12 日，二届三次会议召开，246 名代表参加会议。会议听取市委《关于有步骤有计划有领导的开展城市民主改革》的报告，选举产生南充市协商委员会委员 29 人，主席吴致中，副主席张恢先，秘书杜汴沧。

1952 年 7 月 5 日至 8 日，南充市三届一次各界人民代表会议召开，165 名代表参加会议。会议听取政府工作报告和协商委员会工作报告，通过南充市协商委员会组成人员名单、增产节约委员会组成人员名单、致中国人民志愿军和朝鲜人民军的慰问电。会议作出继续加强抗美援朝斗争、争取更大胜利，继续深入开展爱国增产节约运动，大力宣传与贯彻婚姻法等决议。大会收到提（议）案 218 件，整理归并为 152 件（其中政法 12 件、财经 103 件、文化教育 37 件），意见 152 件。大会选举产生南充市协商委员会委员 25 名，主席孙桂林，副主席吴致中、张恢先，秘书杜汴沧。1953 年 1 月 29 日至 31 日，三届二次会议召开，165 名代表参加会议。大会以实行人民代表大会制度，迎接普选，加强文化教育工作等为中心议题，并作出相应决议。大会收到提（议）案 217 件，整理归并为 84 件（其中政法 10 件、文教卫生 38 件、财经 36 件），意见 1090 件。大会选举郭子玉、吴致中、张恢先、罗文华、郭登科、肖端重、吴仲埒、费锡光、彭先诚、郭会、邓耀勤、林昌全、赵伯林、赵维、侯庆五、蒋衡镒、苏承业、罗松柏、杜恩培、范导江、周问鼎、余晴皋、杜汴沧、张协兆、张蕴华等 25 人为南充市协商委员会委员，主席郭子玉，副主席吴致中、张恢先，秘书杜汴沧。

二、南充市人民代表大会

1954 年 7 月，召开南充市首届人民代表大会。至 1993 年，南充市共召开 12 届市人民代表大会。其间，第一届至第六届由市政府（市人民委员会）组织召开；第七届为 1969 年成立的南充市革命委员会。1980 年开始设立人民代表大会常务委员会，为南充市人民代表大会常设机构。第八届至第十二届由市人大常委会组织召开。

1. 南充市人大及其常委会

1953 年 12 月，全市 110 个选区 8. 3 万名选民选举市一届人大代表 167 人，市一届人民代表大会产生，1954 年 7 月，市一届人大一次会议召开。

1956 年 12 月，全市 61 个选区 9. 7 万名选民选举市二届人大代表 171 人，市二届人民代表大会产生，1956 年 12 月，市二届人大一次会议召开。

1958 年 5 月，全市 84 个选区 8.2 万名选民选举市三届人大代表 155 人，市三届人民代表大会产生，1958 年 6 月，市三届人大一次会议召开。

1961 年 3 月，全市 91 个选区 10 万名选民选举市四届人大代表 175 人，市四届人民代表大会产生，1961 年 4 月，市四届人大一次会议召开。

1963 年 3 月，全市 97 个选区 10 万名选民选举市五届人大代表 175 人，市五届人民代表大会产生，1963 年 7 月，市五届人大一次会议召开。

1965 年 12 月，全市 111 个选区 11 万名选民选举市五届人大代表 177 人，市六届人民代表大会产生，1965 年 12 月，市六届人大一次会议召开。

1969 年 2 月，南充市革命委员会成立，作为特定历史时期国家政权机关，代行市人民代表大会职权，列为市七届人大。

1978 年 11 月，恢复人民代表大会制度。1980 年 8 月，成立南充市选举委员会。10 月，全市 69 个选区 13 万选民选举产生 204 名市人大代表，市八届人民代表大会产生。12 月，市人民代表大会开始设立常务委员会。在市八届人大一次会议上，选举市八届人大常委会组成人员 17 名，产生市八届人大常委会。市八届人大常委会主任刘自璋，副主任于洪敏、张善生、张默生，委员：王宗才、王素菜（女）、王鉴臣、刘永焰、朱明菊（女）、陈雪（女）、杜条一、李松年、李惠民、范导江、罗邦直、黄启凤（女）、蒲济南。选举刘自璋、张默生、蒲济南、谢成秀（女）、马琼芳（女）、王素菜、边祥麟（女）、万家集、杜贤义、杨子才、张韶和、陈仲达、陈全波、郝俊芳、胡锦矗、秦禹德、黎龙植等 17 人为省人民代表大会代表。市人大常委会内设办公室，秘书组、政法组、信访联络代表组。1982 年保留办公室，设立法制工作科、信访科、人事代表联络科。此后，每一届召开人代会都建立有代表资格审查委员会和会议期间的临时提（议）案审查委员会、计划预算审查委员会。

南充市第八届人大常委会主任、副主任一览表

表 13－1　　(1980.12—1984.3)

姓名	性别	党派	籍贯	职务	任职年限
刘自璋	男	中共	四川省南充县	主　任	1980.12—1984.3
于洪敏	男	中共	山东省招远县	副主任	1980.12—1984.3
张默生	男	民盟	南充市顺庆区	副主任	1980.12—1984.3
张善生	男	中共	湖北省武汉市	副主任	1980.12—1984.3

1984 年 3 月，全市 77 个选区 15 万选民选举产生 210 名市人大代表，市九届人民代表大会产生。在市九届人大一次会议上，选举市九届人大常委会组成人员 17 名，产生市九届人大常委会。市九届人大常委会主任张启文，副主任吴才正、李培梁、张善生、魏荐鹗、郝俊芳，委员（以姓氏笔画为序）：朱金华（女）、冉隆芬（女）、刘方勇、孙文魁、杜林波、杨光毅、刘开英（女）、余善元、汪荣锋、张泽雄、张碧英（女）、陈雪（女）、范导江、胡蜀平、黄启凤（女）、焦东明、蒲济南。市九届人大常委会内设办公室、法制科、财经科、教科文卫科、代表联络科。1987 年 3 月，有工作人员 12 人。

南充市第九届人大常委会主任、副主任一览表

表 13－2　　（1984. 3—1987. 3）

姓名	性别	党派	籍贯	职务	任职年限
张启文	男	中共	南充市营山县	主　任	1984. 3—1987. 3
吴才正	男	中共	南充市顺庆区	副主任	1984. 3—1987. 3
李培樑	男	中共	山西省右玉县	副主任	1984. 3—1987. 3
张善生	男	中共	湖北省武汉市	副主任	1984. 3—1987. 3
魏荐鹗	男	民盟	南充市营山县	副主任	1984. 3—1987. 3
郝俊芳	男	九三学社	河北省唐山市	副主任	1984. 3—1987. 3

1987 年 1 月，全市 94 个选区 16 万选民选举产生 205 名市人大代表，市十届人民代表大会产生。在市十届人大一次会议上，选举市十届人大常委会组成人员 23 名，产生市十届人大常委会。市十届人大常委会主任张启文，副主任李培梁、魏荐鹗、张善生、陈久儒，委员（以姓氏笔画为序）：弋良章、王爱（女）、朱金华（女）、任作瑛（女）任炳田、刘厚华（女）、杜仕君、何永远、余善元、李家雄、陈善为、范导江、柯泽忠、徐兴才、董光良、彭俊兴、傅光国、蒲济南。

南充市第十届人大常委会主任、副主任一览表

表 13－3　　（1987. 3—1990. 3）

姓名	性别	党派	籍贯	职务	任职年限
张启文	男	中共	南充市营山县	主　任	1987. 3—1990. 3
李培樑	男	中共	山西省右玉县	副主任	1987. 3—1990. 3
魏荐鹗	男	民盟	南充市营山县	副主任	1987. 3—1990. 3
陈久儒	男	中共	南充市南部县	副主任	1987. 3—1990. 3

1990 年 1 月，全市 77 个选区 19 万选民选举产生 152 名市人大代表，市十一届人民代表大会产生。在市十一届人大一次会议上，选举市十一届人大常委会组成人员 23 名（其中，专职委员 9 名），产生市十一届人大常委会。市十一届人大常委会主任李培樑，副主任雷震清、蒲济南、郭志道、张武贤，委员（以姓氏笔画为序）：弋良章、王爱（女）、朱金华、朱德修、任作英（女）、苏世琼（女）、苏光富、杜任君、何永远、张晓鸣（女）、陈传乐、陈善为、庞华忠、青培喜、赵学宽、董光良、蒋昌志、廖吉雍。市十一届人大常委会设有办公室、财经工作委员会、法制工作委员会、教科文卫工作委员会、城乡建设工作委员会。办公室内设人事代表联络科等办事机构。

南充市第十一届人大常委会主任、副主任一览表

表 13－4　　（1990. 3—1993. 1）

姓名	性别	党派	籍贯	职务	任职年限
李培樑	男	中共	山西省右玉县	主　任	1990. 3—1993. 1
雷震清	男	中共	南充市蓬安县	副主任	1990. 3—1993. 1
蒲济南	男	民建	南充市顺庆区	副主任	1990. 3—1993. 1
郭志道	男	中共	南充市仪陇县	副主任	1990. 3—1993. 1
张武贤	男	中共	四川省阆中市	副主任	1990. 3—1993. 1

1992年12月，全市77个选区21万选民选举产生177名市人大代表，市十二届人民代表大会产生。在市十二届人大一次会议上，选举市十二届人大常委会组成人员25名（其中，专职委员10名），产生市十二届人大常委会。市十二届人大常委会主任胡亨霖，副主任雷震清、李彦成、张武贤、杨汉翔，委员（以姓氏笔画为序）：弋良章、王铁庆、朱金华（女）、刘中林、刘厚华（女）、苏世群、苏光富、李兴贵、宋松柏、张晓鸣（女）、陈功鳌、陈善为、林邦国、庞华忠、赵益民、徐征、高如曾、黄显杰、彭子银、谢志谦。

南充市第十二届人大常委会主任、副主任一览表

表13-5 （1993.1—1993.11）

姓名	性别	党派	籍贯	职务	任职年限
胡亨霖	男	中共	内江市简阳县	主　任	1993.1—1993.11
雷震清	男	中共	南充市蓬安县	副主任	1993.1—1993.11
李彦成	男	中共	南充市仪陇县	副主任	1993.1—1993.11
张武贤	男	中共	四川省阆中市	副主任	1993.1—1993.11
杨汉翔	男	民革	广安市广安区	副主任	1993.1—1993.11

2. 南充市人民代表大会会议

1954年7月2日至6日，南充市第一届人民代表大会第一次会议召开。会议除法定内容外，专题学习讨论《中华人民共和国宪法（草案）》，并作出《关于拥护宪法草案的决议》。大会收到提案242件，经过审查综合归并后为51案（其中财经类33件、政法类8件、教科文类10件）。9月，为贯彻执行国家对棉布实行计划供应政策，南充市在城区及各乡分别召集人民代表开会，听取有关报告后，经过讨论，作出《关于动员全市人民坚决贯彻执行棉布计划供应和棉花计划收购政策的决议》。1955年5月2日至4日，市一届人民代表大会二次会议召开。会议选举产生由市长郭子玉，副市长彭先诚、张默生，委员23人组成的南充市人民委员会。

1956年12月26日至28日，南充市第二届人民代表大会第一次会议召开。会议主要议题是如何加快建设高级农业合作社。大会收到提案65件，经过审查综合归并为65件（其中政法类7件、科教文卫类27件、市政建设类7件、农林水利类7件、财政贸易类17件），收到意见和建议177件。1957年9月，市二届人民代表大会二次会议召开。大会选举郭子玉为市长，彭先诚、张默生、张恢先、费锡光为副市长。

1958年5月15日至19日，南充市第三届人民代表大会第一次会议召开，会议听取和审议市人民委员会工作报告、市1957年财政决算和1958年财政预算报告，选举产生南充市第三届南充市人民委员会委员23名，选举出席省第二届人民代表大会代表7人。选举郭子玉为市长，彭先成、张恢先为副市长。收到提案422件。第三届人民代表大会只举行一次会议。

1961年4月5日至7日，南充市第四届人民代表大会第一次会议召开，会议听取和审议市人民委员会工作报告、市1959年和1960年国民经济执行情况报告、市1958年至1960年财政决算、1961年财政预算的报告。大会收到提案112件。大会选举产生市四届人民委员会委员23名，选举张九文为市长，彭先诚、张恢先、张继援为副市长，补选张久文为省人大代表。第四届人民代表大会只举行一次会议。

1963年7月12日至15日，南充市第五届人民代表大会第一次会议召开，会议听取和审议市人民委员会工作报告，市国民经济计划、财政预决算、法院工作报告。大会收到提案143件。选举产生市五届人民委员会委员25名，选举赵祥生为市长，张恢先、吴才正为副市长。选举赵祥生等10人为省第三届人民代表大会代表。第五届人民代表大会只举行一次会议。

1965年12月22日至26日，南充市第六届人民代表大会第一次会议召开，会议听取和审议市人民委员会、市财政预决算等工作报告。大会收到提案109件，大会选举产生市第六届人民委员会委员27名，选举赵祥生为市长，张恢先、吴才正为副市长。

1969年2月12日，经省革命委员会批准，南充市革命委员会成立。作为特定历史时期国家政权机关，南充市革命委员会代行市人民代表大会职权。

1980年12月至1984年3月，南充市第八届人民代表大会共召开3次会议，各次会议均听取和审查市政府工作报告、国民经济和社会发展计划报告、财政预算报告、市人大常委会工作报告、市人民法院工作报告、市人民检察院工作报告，审议通过关于各项工作报告决议。其间，市八届人大一次会议选举产生市人大常务委员会委员17名，选举刘自璋为人大常委会主任，于洪敏、张默生、张善生为副主任。选举张启文为市长，冯海清、李正培、魏荐鹗、李培梁、明衡如为副市长。会议全面贯彻执行中共十一届三中全会精神，恢复实行人民代表大会制度，设立市人民代表大会常务委员会。同时，改南充市革命委员会为南充市人民政府。市八届人大二次会议专题讨论“文明礼貌月”活动，作出《关于巩固发展全民文明礼貌月活动成果的决议》。会议期间，全体人大代表参加清扫公共场所劳动。市八届人大三次会议审议并通过《关于加强城市环境卫生管理办法》和《关于动员全市人民编修南充市地方志》两项议案。从市八届人大三次会议起，代表“提案”改称为“议案”。

1984年3月至1987年3月，南充市第九届人民代表大会共召开3次会议，各次会议均听取和审查市政府工作报告、国民经济和社会发展计划报告、财政预算报告、市人大常委会工作报告、市人民法院工作报告、市人民检察院工作报告，审议通过关于各项工作报告决议。其间，市一届人大一次会议选举产生南充市人大常务委员会委员23名。选举张启文为人大常委会主任，吴才正、李培梁、张善生、魏荐鹗、郝俊芳为副主任。选举向阳为市政府市长，张世富、刘永焰、胡亨霖、马俊莲为副市长。会议作出《关于开展认真履行代表职责当好人民代表的决定》，号召全市人民和各级干部支持人民代表履行职责开展活动。市九届人大二次、三次会议分别作出《关于市人民政府（兴建北湖公园的议案）的决议》《关于颁布（南充市市民守则）的决议》。

1987年3月至1990年3月，南充市第十届人民代表大会共召开4次会议，各次会议均听取和审查市政府工作报告、国民经济和社会发展计划报告、财政预算报告、市人大常委会工作报告、市人民法院工作报告、市人民检察院工作报告，审议通过关于各项工作报告决议。其间，市十届人大一次会议选举产生市人大常委会委员23名，选举张启文为市人大常委会主任，李培梁、魏荐鹗、张善生、陈久儒为副主任。选举刘永焰为市政府市长，张世富、胡亨霖、马俊莲、唐科伦为副市长，并选举产生市人民法院院长、市人民检察院检察长。市十届人大二次会议选举张启文、杨光毅、谢奇、赵国佐、李智明、任炳田、杜河清、张焱、付光国、李惠民、蒲济南等12人为省人大代表。市十届人大三次会议、四次会议制定和通过《关于审议国民经济和社会发展计划程序的试行办法》等规定5个。

1990年3月至1993年1月，南充市第十一届人民代表大会共召开3次会议，各次会议均听取和审查市政府工作报告、国民经济和社会发展计划报告、财政预算报告、市人大常委会工作报告、市人民法院工作报告、市人民检察院工作报告，审议通过关于各项工作报告决议。其间，选举产生市第十一届人大常委会委员23名，选举李培樑为市人大常委会主任，雷震清、蒲济南、郭志道、张武贤为副主任。选举任启贵为市政府市长，邓朝富、何文怀、吴宗渝为副市长，选举产生市人民法院院长、市人民检察院检察长。

1993 年 1 月 3 日至 10 日，南充市第十二届人民代表大会第一次会议召开，会议听取和审查市政府工作报告、国民经济和社会发展计划报告、财政预算报告、市人大常委会工作报告、市人民法院工作报告、市人民检察院工作报告，审议通过关于各项工作报告决议。选举产生市第十二届人大常委会委员 25 名，选举胡亨霖为市人大常委会主任，雷震清、李彦成、张武贤、杨汉翔为副主任。选举任启贵为市政府市长，李斌、张世金、罗月华、杨毓培、黄兴武为副市长，选举产生市人民法院院长、市人民检察院检察长。选举胡亨霖、古小琴、刘继邦、李承远、周兴仪、韩大进、彭尚红、蒲济南、雷修全 9 人为出席省第八届人民代表大会代表。

3. 南充市人大常委会会议

1980 年，南充市第八届人大开始设立市人民代表大会常务委员会。至 1984 年 3 月，市八届人大常委会共举行 18 次会议，先后听取和审议相关重要工作汇报或议案，作出《关于加强与人民代表联系的决定》《关于我市抗洪救灾工作的情况汇报的决定》《关于搞好人民代表和代表小组经常性活动的几点意见的决定》《关于在全市开展学习讨论〈宪法修改草案〉的决议》等 17 个决定、决议，审议通过《南充市城镇集体所有制企业职工老年社会保险的暂行办法》等地方性暂行（试行）办法、通告、规定共 9 个。

1984 年 3 月至 1987 年 3 月，市九届人大常委会会议共举行 18 次会议，先后听取和审议相关重要工作汇报或议案，作出《关于把严厉打击严重刑事犯罪活动斗争引向深入的决定》《关于批准〈南充市容管理的若干暂行规定〉的决定》《关于保护农村专业户、重点户合法权益的决定》等决议、决定 31 个。通过地方性的暂行（试行）办法、通告、规定 5 个。根据市长、市人民法院院长、市人民检察院检察长提请，任免国家机关工作人员 117 人次。

1987 年 3 月至 1990 年 3 月，市十届人大常委会共召开常委会会议 22 次，主任会议 53 次，先后听取和审议相关重要工作汇报或议案，作出相应决议、决定 23 个，制定和通过《关于审议国民经济和社会发展计划程序的试行办法》等规定 5 个，任免国家机关工作人员 80 人次。其间，1987 年针对乱占耕地、滥用土地等现象，市人大常委会会议听取市政府贯彻实施土地法情况汇报，督促市政府根据土地法的规定，严格土地管理，健全规章制度。1989 年，市人大常委会组织代表对驻市 13 个企业进行专题调查视察，有效推动企业法的宣传和实施。作出《关于依法治市的决议》，号召全市人民努力学法懂法、守法，为维护市区安定团结。届内还先后作出《关于加强社会治安综合治理、关于创建拥军优属拥政爱民模范城市的暂行办法》，提高机关工作人员法律意识，推动民主法治进程。

1990 年 3 月至 1993 年 1 月，市十一届人大常委会共召开常委会会议 17 次，主任会议 24 次，先后听取和审议相关重要工作汇报或议案，作出相应的决议、决定 34 个，任免国家机关工作人员 103 人次，组织代表视察、专题调查 73 次，办理和督促办理代表议案、意见、建议和批评案 520 件，受理各种申诉、控告、检举 85 件次，市人大常委会正副主任受理群众来信来访 600 余人次。市人大常委会根据经济发展需要，作出《关于认真搞好“二五”普法宣传教育，推进社会主义人民民主法治建设》。

1993 年 1 月至 10 月，市十二届人大常委会召开常委会会议 6 次，主任会议 7 次，先后听取和审议相关重要工作汇报或议案，作出决议决定 13 个，任免国家机关工作人员 98 人次。办理和督促办理代表的议案、意见、建议和批评案 200 余件，市人大常委会正副主任受理来信来访 45 件次。针对市场经济的发展需要，市人大常委会作出《关于进一步加强预算外资金管理》《关于加强部门执法责任制保证法律法规实施》《关于推动科技进步振兴我市经济》等决议决定。

4. 南充市人大常委会主要工作

1980 年 12 月至 1984 年 3 月，市八届人大常委会以经济建设为中心，以社会发展为大局，坚持民生为本，始终把民生所向作为履职方向，把民之所难作为监督重点，排民忧，解民困，暖民心。积极化解矛盾，维护社会安定团结。认真履行各项法定职权，依法行使重大事项决定权。先后开展对相关重要工作调查并听取和审议工作汇报或议案，作出决议决定 17 个，并督促决议贯彻执行。依法行使人事任免权，任免国家机关工作人员共 110 人次。对个别提请任命，经审议不适合或者不合格的任职者，不予通过。充分发挥人民代表作用，组织代表开展视察、调查研究、专题评议等活动。对“一府两院”工作进行评议，逐步完善成熟后，既要评议测评单位部门工作，还要测评单位部门主要领导。围绕全局性、政策性、群众性和倾向性的大事，联合有关部门进行专题调查研究。市政府拟订《南充市城镇集体所有制企业职工老年社会保险的暂行办法》，提请市人大常委会审议通过。市人大常委会认真进行调查，市人大常委会领导带队深入有关部门、街道座谈，认真听取群众意见，并派出工作人员协助政府测算保险基金收支情况，设计 6 种不同方案，计算 5000 多个数据。在常委会会议上根据调查情况，对《南充市城镇集体所有制企业职工老年社会保险的暂行办法》逐条逐款进行讨论，提出 16 条修改意见，交由市政府再次反复测算，修改后人大常委会才作出决议，原则批准后由市政府颁布实施。由于调研充分，切合实际，受到广大职工欢迎。劳动人事部为此在南充市召开全国集体所有制职工老年社会保险经验交流会议，并向全国通报。为解决全市人民反映强烈的交通噪声问题，针对已经市人大常委会审议通过，由市政府发布的《关于加强市内噪声管理暂行规定》未能认真执行的问题，市人大常委会组织市环境保护局、交通局、农机局、公安局和部分人大代表组成调查组，通过查阅资料，召开座谈会，在城区的 7 个主要交通道口定点实地监测登记，摸清交通噪声污染源问题。市人大常委会办公室会同市政府有关部门共同研究提出 8 条改进措施，经市人大常委会主任会议审议后，责成市政府有关部门办理，设置控制车辆噪声的交通标志等久拖不决的问题很快得到解决，市内交通噪声问题得到有效改善。市人大常委会设立代表联络科，访问代表，征询意见，组织代表视察、调研。人大常委会正副主任按分工联系各个方面代表，广泛了解群众呼声，及时解决群众困难。针对市民强烈反映的小街小巷行路难、吃水难、照明难问题，市人大常委会和 12 个代表组的 26 名代表，走街串巷，通过座谈，现场查看，将存在问题向市委汇报，同市政府交换意见，市委、市政府十分重视，及时采取办法，仅用 9 个多月时间，全市 37 条小街小巷铺筑混凝土路面 26100 平方米，新增供水站、点 179 个，新安装路灯 36 盏，路、水、电“三难”问题得到改善。市人大常委会严格依法办事，为推动南充市政权建设和“两个文明”建设做了大量工作，取得显著成绩和成功经验。先后 5 次在省和地区人大工作会议上交流经验。撰写的 58 件报告、汇报、经验材料，分别为全国和省、地区人大办的刊物采用。

1984 年 3 月至 1987 年 3 月，市九届人大常委会依法行使重大事项决定权，作出决议、决定 31 个。通过地方性暂行（试行）办法、通告、规定 5 个。依法行使人事任免权，任免国家机关工作人员 117 人次。市人大常委会就全市贯彻执行《中华人民共和国土地法》《中华人民共和国企业法》进行执法检查，作出《关于保护农村专业户、1985 年作出重点户合法权益的决定》《关于五年左右在全市公民中普及法律常识的决定》。组织人大代表开展 523 次视察、专题调查。先后听取和审议“一府两院”关于贯彻执行《中华人民共和国经济合同法》《中华人民共和国兵役法》《中华人民共和国文物保护法》和国务院《土地管理实施细则》等 7 个法律法规的情况报告，在听取和审议市政府旧城改造、土地管理、工业产品质量、中小学教育改革、文物保护、社会治安等情况汇报后，作出相应的决议、决定3个。组织常委会委员和人大代表94人次，对这些法律法规的实施情况进行3次视察和2个专题调查，发现并纠正一些违法行为。

1987年3月至1990年3月，市十届人大常委会制定和通过《关于审议国民经济和社会发展计划程序的试行办法》等规定5个，任免地方国家机关工作人员80人。结合中心工作，市人大常委会抽派人员参加工业生产服务团，定乡联系支农，基层政权建设试点、普法、城乡经济体制改革、治理整顿、清理公司等工作。市人大常委会针对乱占耕地、滥用土地的情况，专门听取市政府贯彻实施《中华人民共和国土地法》情况汇报，督促市政府严格土地管理，健全规章制度。市政府对市人大常委会的意见非常重视，对土地进行清理整顿，对乱占土地进行严肃处理，保证《中华人民共和国土地法》不折不扣的贯彻实施。组织代表对驻市13个企业贯彻企业法的情况进行专题视察，有效推动《中华人民共和国企业法》的宣传和贯彻实施。市人大常委会提出《关于依法治市的议案》后，市人大经过审议，批准这个议案，号召全市人民努力学法、知法、懂法、守法，为维护安定团结，加快改革和建设步伐做出贡献。围绕全市经济建设和重大事项，常委会组织人大代表和有关人员400余人次，开展19次大规模视察、调查和检查活动。督促市政府解决和平西路水淹房、马道巷下水道和南校场区划问题和确定西山风景区建设项目。

1990年3月至1993年1月，市十一届人大常委会依法行使重大事项决定权，先后作出《关于加强社会治安综合治理》《关于创建拥军优属拥政爱民模范城市》《关于施行南充市殡葬管理暂行办法》《关于认真搞好“二五”普法宣传教育，推进社会主义民主法制建设》《关于进一步加强预算外资金管理》等决议、决定34个，受理各种申诉、控告、检举85件次，任免地方国家机关工作人员103人，组织代表视察及专题调查73次，参加人数达500人次。办理和督促办理代表议案、意见、建议和批评案520件。加强对政府组成部门及法官、检察官评议工作。评议人员达百余人，部门达30多个。

1993年1月至1993年10月，市第十二届人大常委会法行使重大事项决定权，作出相应决议、决定13个，任免地方国家机关工作人员98人。组织驻会专职委员和参加评议的市人民代表，深入城区和新建、舞凤等乡广泛收集人民代表和群众的意见和建议。召开企事业单位领导干部座谈会。对一些典型的、群众反映强烈的问题和案件组织人员进行专题调查，查阅案卷，在形成一手资料、一切准备充分的情况下，召开市人民法院评议会。市人民法院通过评议后，对评议会提出的意见和建议进行认真整改，工作大为改观，效果好，起色新，受到群众的好评。

三、南充市顺庆区人民代表大会

1993年7月，撤销南充市（县级），建立南充市顺庆区。8月，省委决定，成立南充市筹备工作领导小组。9月，南充市筹备工作领导小组组建顺庆区筹备工作领导小组。是月，顺庆区成立选举委员会，开展区第一届人大代表选举和区一届人大一次会议筹备工作。11月，选举产生区一届人大及其常委会。至2020年，顺庆区共召开6届人民代表大会。

1. 顺庆区人大及其常委会

1993年9月25日，原南充市选举委员会决定，同意设立顺庆区选举委员会，负责区一届人大代表选举。11月，顺庆区101个选区37万选民选举产生区一届人大代表227名，经审查，确认227名代表资格有效，区第一届人民代表大会产生。是月，区一届人大一次会议选举区一届人大常委会组成人员23名，产生区一届人大常委会。区一届人大常委会主任胡亨霖，副主任雷震清、李彦成、张武贤、吕世藩，委员：王文雷、卢克强、朱金华（女）、伍宏（女）、刘厚华（女）、汤光明、苏世琼（女）、苏光富、李兴贵、吴智慧（女）、宋松柏、张晓鸣（女）、陈功鳌、陈善为、林邦国、庞华忠、徐征、谢志谦。选举张世富为顺庆区政府区长，李斌、袁明淦、杨毓培、邓国文、蒲亨伟、刘世英（女）为区政府副区长。选举张洪明为区人民法院院长，谢凡举为区人民检察院检察长。顺庆区第一届人大常委会设财经工作委员会、法制工作委员会、教科文卫工作委员会、城乡建设工作委员会和办公室，人事代表联络科（正科级）并入办公室。1994 年，补选和增选区人大代表 9 名，区一届人大代表增加为 236 名。

顺庆区第一届人大常委会主任、副主任一览表

表 13－6　　(1993. 11—1998. 1)

姓名	性别	党派	籍贯	职务	任职年限
胡亨霖	男	中共	内江市简阳县	主　任	1993. 11—1998. 1
雷震清	男	中共	南充市蓬安县	副主任	1993. 11—1998. 1
李彦成	男	中共	南充市仪陇县	副主任	1993. 11—1998. 1
张武贤	男	中共	四川省阆中市	副主任	1993. 11—1998. 1
吕世藩	男	无党派	南充市蓬安县	副主任	1993. 11—1998. 1

1997 年 12 月，顺庆区 101 个选区 39 万名选民选举产生区二届人大代表 229 名，经审查，确认 229 名代表资格有效，区第二届人民代表大会产生。1998 年 1 月，区二届人大一次会议选举区二届人大常委会组成人员 23 名，产生区二届人大常委会。区二届人大常委会主任胡亨霖，副主任杨培源、李彦成、吕世藩、蒲亨伟、张家云，委员：刘厚华（女）、宋松柏、冯金伟、罗雷、肖凤英（女）、弋光全、李远政、汤光明、苏光富、吴智慧（女）、李国平、张晓鸣（女）、肖鑫元、庞朝晖、林邦国、黄显吉、杨克勇。1998 年 8 月，罗雷辞去区人大常委会委员职务。区二届人大二次会议补选李晓东为区二届人大常委会委员。1999 年 10 月，苏光富逝世，区人大常委会委员职务自然终止。区二届人大四次会议接受胡亨霖辞去区人大常委会主任职务，选举杨培源为区人大常委会主任。2001 年 3 月，增选刘厚华（女）、孟子俊为区二届人大常委会副主任。2001 年 6 月，冯金伟辞去区人大常委会委员职务。2002 年 1 月，根据区委《关于区级机关机构改革的实施意见》精神和区机构编制委员会《关于〈南充市顺庆区人大机关机构改革方案〉的通知》，区人大常委会设办事机构 2 个：办公室、人事代表工作委员会，设置工作机构 4 个：财经工作委员会、教科文卫工作委员会、法制工作委员会、城乡建设工作委员会。

顺庆区第二届人大常委会主任、副主任一览表

表 13－7　　(1998. 1—2002. 12)

姓名	性别	党派	籍贯	职务	任职年限
胡亨霖	男	中共	内江市简阳县	主　任	1998. 1—2001. 3
杨培源	男	中共	南充市顺庆区	主　任	2001. 3—2002. 12
杨培源	男	中共	南充市顺庆区	副主任	1998. 1—2001. 3
李彦成	男	中共	南充市仪陇县	副主任	1998. 1—2002. 12

续表 13－7

姓名	性别	党派	籍贯	职务	任职年限
吕世藩	男	无党派	南充市蓬安县	副主任	1998. 1—2002. 12
蒲亨伟	男	中共	南充市高坪区	副主任	1998. 1—2002. 12
张家云	男	中共	广安市广安区	副主任	1998. 1—2002. 12
刘厚华	女	中共	广安市广安区	副主任	2001. 3—2002. 12
孟子俊	男	中共	江苏省江阴市	副主任	2001. 3—2002. 12

2002 年 12 月，顺庆区 99 个选区 44 万选民选举产生区三届人大代表 229 名，经审查，确认 229 名代表资格有效，区第三届人民代表大会产生。2003 年 1 月，区三届人大一次会议选举区三届人大常委会组成人员 23 名，产生区三届人大常委会。区三届人大常委会主任马道蓉（女），副主任淳定清、赵定成、何仁新、李新春、刘厚华（女）、林方百、赵志云（女）、韩大平，委员：弋光全、石全华、石爱国、乐先进（女）、任俊才、李国平、肖凤英、吴应德、何昌慧（女）、罗明生、庞朝晖、郑延琦、程玉华（女）、潘菊英（女）。2004 年 1 月，区人大依法罢免涉嫌犯罪的柏富国、李强的人大代表资格。区三届人大常委会任期内，接受 3 名区人大代表辞职，依法终止 10 名区人大代表资格。

顺庆区第三届人大常委会主任、副主任一览表

表 13－8 （2003. 1—2006. 10）

姓名	性别	党派	籍贯	职务	任职年限
马道蓉	女	中共	四川省成都市	主　任	2003. 1—2006. 10
淳定清	男	中共	南充市高坪区	副主任	2003. 1—2006. 10
赵定成	男	中共	重庆市潼南县	副主任	2003. 1—2006. 10
何仁新	男	中共	南充市顺庆区	副主任	2003. 1—2006. 10
李新春	男	无党派	山东省新泰县	副主任	2003. 1—2006. 10
刘厚华	女	中共	广安市广安区	副主任	2003. 1—2006. 10
赵志云	女	中共	河北省武清县	副主任	2003. 1—2006. 10
林方百	男	中共	南充市顺庆区	副主任	2003. 1—2006. 10
韩大平	男	中共	南充市嘉陵区	副主任	2003. 1—2006. 10

2006 年 10 月，顺庆区选举产生区四届人大代表 229 名，经审查，确认 229 名代表资格有效，区第四届人民代表大会产生。是月，区四届人大一次会议选举区四届人大常委会组成人员 18 名，产生区四届人大常委会。区四届人大常委会主任陈修鹏，副主任淳定清、赵定成、易树文、何仁新、李新春、任华、赵志云（女）、韩大平，委员：吴应德、王开国、李正泽、李在均、崔川生、邹兴国、任俊才、吴强、曾光武、杨枫（女）、冯秋华、赵联（女）、李兰英、李健中、王玉（女）、段永红、程玉华（女）、何昌惠（女）。2008 年 7 月，区四届人大四次会议补选刘彬为区人大常委会主任。2010 年 8 月，区人大常委会机关增设人民群众来信来访办公室。

顺庆区第四届人大常委会主任、副主任一览表

表 13－9　　（2006.10—2011.12）

姓名	性别	党派	籍贯	职务	任职年限
陈修鹏	男	中共	南充市顺庆区	主　任	2006.10—2008.07
刘　彬	男	中共	南充市仪陇县	主　任	2008.07—2011.12
淳定清	男	中共	南充市高坪区	副主任	2006.10—2011.12
赵定成	男	中共	重庆市潼南县	副主任	2006.10—2011.12
易树文	男	中共	南充市顺庆区	副主任	2006.10—2011.12
何仁新	男	中共	南充市顺庆区	副主任	2006.10—2011.12
李新春	男	无党派	山东省新泰县	副主任	2006.10—2011.12
赵志云	女	中共	河北省武清县	副主任	2006.10—2011.12
韩大平	男	中共	南充市嘉陵区	副主任	2006.10—2011.12
任　华	男	中共	南充市顺庆区	副主任	2006.10—2011.12

2011 年 12 月，顺庆区选举产生区五届人大代表 229 名，经审查，确认 229 名代表资格有效，区第五届人民代表大会产生。是月，区五届人大一次会议选举区五届人大常委会组成人员 22 名，产生区五届人大常委会。区五届人大常委会主任谢勇，副主任（以姓氏笔画为序）李建民、赵险峰、柯培发、韩大平，委员（以姓氏笔画为序）：王玉（女）、王东平、王宗余、石建明（女）、冯秋华（女）、朱华（女）、伍建春、李天祥、李兰英（女）、吴应德、何仁新、何晓天、张光成、易延兴、罗丕能、赵联（女）、段永红、董成全、程玉华（女）、曾长江、蒲涛（女）、雍海樱（女）。区五届人大常委会设置机构有：办公室、人事代表工委、人民群众来信来访办公室、财经工委、城乡工委、教科文卫工委、法工委。2012 年 11 月，补选涂进、李光林、陈红武为区五届人大代表。2012 年 11 月，吴应德、王东平、伍建春工作变动，辞去区五届人民代表大会代表职务。根据相关规定，吴应德、王东平区五届人大常委会委员职务终止；补选涂进、李光林、吕思双为区五届人大常委会委员。2014 年 3 月，补选阳宁胜为区五届人大常委会委员。2015 年，城乡工委分设为农村工委、城市工委，其他机构未变。

顺庆区第五届人大常委会主任、副主任一览表

13－10　　（2011.12—2016.12）

姓名	性别	党派	籍贯	职务	任职年限
谢　勇	男	中共	南充市顺庆区	主　任	2011.12—2016.12
柯培发	男	中共	南充市高坪区	副主任	2011.12—2016.12
赵险峰	男	中共	南充市嘉陵区	副主任	2011.12—2016.12
韩大平	男	中共	南充市嘉陵区	副主任	2011.12—2016.12
李建民	男	民进	南充市顺庆区	副主任	2011.12—2016.12

2016 年 12 月，顺庆区选举产生区六届人大代表 226 名，经审查，确认 226 名代表资格有效，区第

六届人民代表大会产生。是月，区六届人大一次会议选举区六届人大常委会组成人员30名，产生区六届人大常委会。区六届人大常委会主任陈琳，副主任缪红（女）、王润生、贺频（女）、韩大平，委员：于文全、王泗安、文林、尹波、田克、冯金伟、朱华（女）、任利民、刘明雄、刘俊柏、阳宁胜、阳琼（女）、巫俊芳（女）、李华（女）、李黎明、邱玲（女）、何钦、张先奎、张华德、张燕（女）、林杨（女）、罗迦、胡英华、段永红、姚宏（女）、唐余林、涂进、程玉华（女）、蒲忠、蒲涛（女）。大会通过区六届人大财政经济委员会、农业与农村委员会、法制委员会、教育科学文化卫生委员会、城乡建设环境资源保护委员会、民族宗教外事侨务委员会6个专门委员会设置的决定，撤销原区人大常委会财经工作委员会、农村工作委员会、教育科技文化卫生工作委员会、法制工作委员会、城市工作委员会、民族宗教外事侨务工作委员会，在11个街道办事处设立人大工作委员会。2019年3月，区六届人大常委会二十四次会议接受尹成平、胡英、邱玲等22人因工作变动辞去区六届人大代表职务。终止胡英华等9人区六届人大常委会委员职务及其专委会所任职务。将区人大民族宗教外事侨务委员会更名为城市经济委员会。大会表决通过张华德为区人大农业与农村工作委员会主任委员，李黎明为城市经济委员会主任委员，巫俊芳为城市经济委员会副主任委员，白钢、李华、袁鹏飞为城市经济委员会委员。2018年2月，将人民群众来信来访办公室更名为研究室。2018年9月，区六届人大三次会议选举王国猛、何泓春、唐健波为区第六届人大常委会委员。表决通过何泓春为区人大城乡建设环境资源保护委员会主任委员，冯建明为区人大法制委员会委员，段永红、潘峰为区人大城市经济委员会委员，周大勇、袁国志、董文斌为农业与农村委员会委员。2019年3月，区六届人大四次会议作出设立区人大社会建设委员会决定和区六届人大调整和增补专门委员会组成人员办法。大会表决通过蒋大川、饶声富为区六届人大财政经济委员会副主任委员，潘峰为城市经济委员会副主任委员，袁国志为农业与农村委员会委员，周晓俊为城乡建设环境资源保护委员会副主任委员，袁洪为教育科学文化卫生委员会副主任委员，青维东为社会建设委员会副主任委员，张丽君为财政经济委员会委员，王晓芬为农业与农村委员会委员，阳琼、杨大志为教育科学文化卫生委员会委员，冯运欧、鲜丽君为社会建设委员会委员。2019年9月，区人大常委会作出成立顺庆区人大常委会搬罾街道工作委员会的决定。2020年5月，区六届人大五次会议选举王东平、李好、杨爱明、况定山、彭松林为区六届人大常委会委员。表决通过李好为区六届人大法制委员会主任委员，彭松柏、张晓军、李果为法制委员会委员；彭松林为社会建设委员会主任委员，舒晓平、冯涛为社会建设委员会委员；杨爱明为教育科学文化卫生委员会主任委员；韩玖强为城市经济委员会委员；李昭君为农业与农村委员会委员；蒲强为城乡建设环境资源保护委员会委员。

顺庆区第六届人大常委会主任、副主任一览表

13－11 （2016. 12— ）

姓名	性别	党派	籍贯	职务	任职年限
陈 琳	男	中共	南充市仪陇县	主 任	2016. 12—
缪 红	女	中共	上海市	副主任	2016. 12—
王润生	男	中共	南充市西充县	副主任	2016. 12—
贺 频	女	民革	四川省阆中市	副主任	2016. 12—
韩大平	男	中共	南充市顺庆区	副主任	2016. 12—

2. 顺庆区人民代表大会会议

1993 年 11 月至 1998 年 1 月，区一届人民代表大会各次会议均听取和审查区政府、区人大常委会、区人民法院、区人民检察院、区国民经济和社会发展计划（书面）、财政预决算（书面）等 6 个工作报告，并通过各项决议决定。其间，一届一次会议选举产生区一届人大常委会，选举胡亨霖为主任，雷震清、李彦成、张武贤、吕世藩为副主任，区人大常委会委员 18 名。选举张世富为区政府区长，李斌、袁明淦、杨毓培、邓国文、蒲亨伟、刘世英为区政府副区长。选举张洪明为区人民法院院长，谢凡举为区人民检察院检察长。选举弋光全、李正培、向阳、黄德益、杨安民、张世富、邓朝富、胡亨霖、李斌、雷震清等 39 人为顺庆区出席南充市第一届人民代表大会代表。区一届人大五次会议通过关于接受 1 人辞去区一届人大常委会委员职务的决定、关于 1998 年全区全面实现绿化和关于全区“普九”基本达标的议案的决议。大会选举李斌为顺庆区政府区长。

1998 年 1 月至 2002 年 12 月，区二届人民代表大会各次会议均听取和审查区政府、区人大常委会、区人民法院、区人民检察院、区国民经济和社会发展计划（书面）、财政预决算（书面）等 6 个工作报告，并通过各项决议决定。其间，二届一次会议选举产生区二届人大常委会，选举胡亨霖为区二届人大常委会主任，杨培源、李彦成、吕世藩、蒲亨伟、张家云为副主任，人大常委会委员 23 名。选举李斌为区政府区长，陈昌义、邓国文、柏富国、朱德修、陈正泽、韩志刚为区政府副区长。选举张洪明为区人民法院院长，谢凡举为区人民检察院检察长。1999 年 1 月，区二届人大二次会议选举弋光全、胡亨霖、杨培源、王翠花等 40 人为顺庆区出席南充市第二届人民代表大会代表。接受李斌辞去区长职务的请求，补选高宗成区政府区长。2001 年 3 月，区二届人大四次会议审议并通过《关于南充市顺庆区国民经济和社会发展第十个五年计划纲要》，大会接受胡亨霖辞去区人大常委会主任职务，选举杨培源为区人大常委会主任。增选刘厚华、孟子俊为区二届人大常委会副主任。接受高宗成辞去区政府区长职务，选举王星照为区政府区长。区二届人大五次会议接受谢凡举辞去区人民检察院检察长职务，选举任华为区人民检察院检察长。

2003 年 1 月至 2006 年 10 月，区三届人民代表大会各次会议均听取和审查区政府、区人大常委会、区人民法院、区人民检察院、区国民经济和社会发展计划（书面）、财政预决算（书面）等 6 个工作报告，并通过各项决议决定。其间，区三届人大一次会议选举产生区三届人大常委会，选举马道蓉为区人大常委会主任，选举淳定清、赵定成、何仁新、李新春、刘厚华、林方百、赵志云、韩大平为副主任，人大常委会委员 14 名。选举王星照为区政府区长，殷晋川、柏富国、刘国进、柯培发、缪红、向贵瑜、王宾、朱廷春为区政府副区长。选举李红兵为区人民法院院长，任华为区人民检察院检察长。区三届人大二次会议选举田世宏等 39 人为顺庆区出席南充市第三届人民代表大会代表。区三届三次会议提出《关于把顺庆建成南充样板区的议案》，并将其列为本次会议议程。经审议大会通过相应的决议。区三届人大四次会议选举蒲芝龙为区政府区长。区三届人大五次会议批准顺庆区国民经济社会发展第十一个五年规划纲要。

2006 年 10 月至 2011 年 12 月，区四届人民代表大会各次会议均听取和审查区政府、区人大常委会、区人民法院、区人民检察院、区国民经济和社会发展计划（书面）、财政预决算（书面）等 6 个工作报告，并通过各项决议决定。其间，2006 年 10 月，区四届人大一次会议选举陈修鹏为区人大常委会主任，淳定清、赵定成、易树文、何仁新、李新春、任华、赵志云、韩大平为副主任，人大常委会委员 18 名。选举刘彬为区政府区长，戚辉、缪红、赵险峰、向贵瑜、蒋文革为区政府副区长。选举刘鑫平为区人民法院院长，贾成刚为人民检察院检察长。2007 年 3 月，区四届人大三次会议选举马道蓉、李元开、陶治国等 39 人为顺庆区出席南充市第四届人民代表大会代表。区四届人大四次会议补选刘彬为区人大常委会主任，补选尹光明为区政府区长。区四届人大六次会议提出 2010 年工作思路和目标，作出加快建设川东北区域中心城市的决议。区四届人大七次会议补选朱英为区人民检察院检察长。

2011 年 12 月至 2016 年 12 月，区五届人民代表大会各次会议均听取和审查区政府、区人大常委会、区人民法院、区人民检察院、区国民经济和社会发展计划（书面）、财政预决算（书面）等 6 个工作报告，并通过各项决议决定。其间，区五届人大一次会议选举产生区五届人大常委会，选举谢勇为区人大常委会主任，柯培发、赵险峰、韩大平、李建民为副主任，人大常委会委员 18 名。选举温桂彪为区政府区长，戴俊、李建中、李洪长、邱跃峰、贺频、曹建为副区长，区五届人大常委会委员 22 名。选举刘鑫为区人民法院院长，朱英为区人民检察院检察长。选举弋才剑等 39 人为顺庆区出席南充市第五届人民代表大会代表。区五届人大二次会议补选 3 人为区五届人大代表。区人民法院院长刘鑫平因工作调整，辞去区人民法院院长职务，选举邹九九为区人民法院院长，区五届人大三次会议补选黎明为区政府区长，1 人为区五届人大常委会委员。区五届人大五次会议补选 1 名市人大代表，2 名区人大代表。补选胡英华为区五届人大常委会委员。

2016 年 12 月至 2020 年 5 月，顺庆区第六届人民代表大会各次会议听取和审查区政府、区人大常委会、区人民法院、区人民检察院、区国民经济和社会发展计划（书面）、财政预决算（书面）等工作报告，并通过各项决议决定。其间，区一届一次会议选举产生区六届人大常委会，选举陈琳为区人大常委会主任，缪红、王润生、贺频、韩大平为区人大常委会副主任，人大常委会委员 30 名。选举刘松为区政府区长，秦水平、李洪长、李兴贵、张益萍、李献丰为副区长。选举邹九九为区人民法院院长，何晓荣为区人民检察院检察长。撤销原区人大常委会各个工作委员会，新设置区人大财政经济委员会、农业与农村委员会、教育科学文化卫生委员会、城乡建设环境资源保护委员会、法制委员会、民族宗教外事侨务委员会。表决通过区人大各委员会组成人员。在全区 11 个街道办事处设立人大工作委员会。区六届人大二次会议选举胡文骥为顺庆区监察委员会主任，表决通过区六届人大的部分专门委员会组成人员；通过区人大民族宗教外事侨务委员会更名的决定。区六届人大三次会议依法选举出席南充市人民代表大会代表 45 名，因工作变动终止 4 人的区人大专门委员会的职务；选举蒲鹏程为顺庆区人民政府区长；选举王国猛、何泓春、唐健波为区六届人大常委会委员；表决通过城市建设环境资源保护委员会、法制委员会、城市经济委员会、农业与农村委员会的组成人员通过 13 人区人大专门委员会职务。区六届人大五次会议选举 5 人为区六届人大常委会委员，表决通过区六届调整和增补专门委员会组成人员名单。

3. 顺庆区人大常委会会议

1993 年 11 月至 1998 年 1 月，区一届人大常委会召开 28 次常委会会议，24 次主任会议。会议听取和审议“一府两院”工作报告、情况汇报 85 个，讨论决定重大事项，依法作出重要决议、决定 66 个，组织执法检查 72 次，依法任免国家机关工作人员 296 人次，对 6 个职能部门进行工作评议，8 个区政府组成部门人员述职评议。其间，区一届人大常委会九次会议对区工业局局长韩大平、人事局局长易树文、教育局局长张家云、司法局局长贾德昭进行述职评议；区一届人大常委会十六次会议对区统计局局长赵志云、乡镇企业局局长石爱国、卫生局局长张家亮、民政局局长冯菊华和区公安分局进行述职评议和工作评议；区一届人大常委会二十一次会议对区人民法院院长张洪明、区政府办公室主任侯定忠进行述职评议；先后作出《关于加强预算外资金管理监督的决议》《关于实现全区绿化的决议》《关于在区人民政府、区人民法院、区人民检察院实行部门执法责任制的决议》《关于初级卫生初级保健工作的决议》《关于创建社区服务示范城区的决议》等决议、决定。

1998 年 1 月至 2002 年 12 月，区二届人大常委会召开 37 次常委会会议，听取和审议“一府两院”工作报告、情况汇报 96 个，开展执法检查 28 次，依法作出对重大事项的决议 4 个，重要决定 93 个，依法任免国家机关工作人员 300 人次，组织开展对区人民法院和区政府 3 个职能部门工作评议。届内，先后对区政府副区长陈正泽、区人民检察院检察长谢凡举、区国土局局长蒋克宽、科技局局长李在均、计划局局长赵志云、交通局局长王铁庆、计生局局长蒲万琼、统计局局长杨中国进行述职评议。对 25 个人大选举和常委会任命的地方国家机关工作人员的述职进行评议、测评，满意度达到 90% 以上。

2003 年 1 月至 2006 年 10 月，区三届人大常委会召开 45 次常委会会议，先后任免国家机关工作人员 103 人，通过 17 名人民陪审员任命，先后对区政府 2 个职能部门进行工作评议，对 11 名政府组成人员、部分法官、部分检察官进行述职评议。区三届人大常委会第七次会议和第十四次会议分别对区政府副区长柯培发、区政府副区长刘国进、区民政局局长杨献龙、建设局局长李正泽、卫生局局长王厉、发展计划局局长张霞、水利局局长蒋贤良、法院副院长张少龙、检察院副检察长杨元勇等进行述职评议。区三届人大常委会召开主任会议 28 次，听取“一府两院”工作汇报、情况汇报 53 次。其间，先后听取区人民检察院关于请求对区人大代表柏富国、李强采取强制措施的报告，决定许可采取强制措施。听取区人民检察院《关于提请审议决定犯罪嫌疑人陈某某是否构成私分国有资产罪的报告》，决定对其不作私分国有资产罪追究，建议给予党纪严肃处理。讨论修改《南充市顺庆区预防职务犯罪工作办法（试行）》提交经区人大常委会审议通过。区三届人大常委会第三十一次会议听取和审议区政府副区长刘进国关于《中华人民共和国传染病防治法》《中华人民共和国食品卫生法》《关于顺庆区最低生活保障》的情况汇报，听取顺庆区副区长向贵瑜《关于顺庆区实施扶贫开发情况汇报》，并作出相应的决议。区三届人大常委会第三十三次会议审议通过，决定接受蒲芝龙辞去区政府区长职务的请求。

2006 年 10 月至 2011 年 12 月，区四届人大常委会召开常委会会议 42 次，主任会议 36 次，听取“一府两院”工作汇报 168 项，依法作出决议、决定 32 件，形成审议（评议）意见 84 件，任命区政府组成部门局长（主任）21 人，听取和审议区政府关于财政预算调整、“四五”普法工作和“五五”普法规划人才引进、农村九年义务教育保障机制、农业技术推广法、人民法院刑事审判工作、社会养老保险工作、机关效能建设、投资项目管理、粮食流通管理条例实施情况、旅游工作、卫生人才建设、国民经济和社会发展计划执行等情况汇报，并作出决议。对区政府关于顺庆区学前教育工作审议意见办理情况进行满意度测评，测评结果为满意。区四届人大常委会十三次会议作出关于接受刘彬辞去区政府区长职务的请求、关于任命尹光明为区政府副区长职务，并决定其代理区人民政府区长职务。区四届人大常委会十五次会议审议通过决定接受陈修鹏辞去区人大常委会主任职务。区四届人大常委会第四十一次会议审议通过决定任命温桂彪、李洪长为顺庆区人民政府副区长，审议通过决定任命温桂彪为顺庆区政府代区长。审议通过决定任命区政府组成部门主任（局长）19 人。

2011 年 12 月至 2016 年 12 月，区五届人大常委会召开常委会会议 47 次，主任会议 75 次，听取和审议“一府两院”专项工作报告 127 项，依法任免地方国家工作人员及人民陪审员等 699 人次。先后听取和审议关于“五五”普法规划实施情况何“六五”普法规划情况的汇报、全区基层文化网络建设工作、全区食品药品安全监督管理工作、通乡通村公路建设工作、关于评议意见办理、乡镇敬老院建设和管理、殡葬改革管理工作、妇女儿童权益保障法执行情况、森林法执行等情况汇报。听取审议通过关于接受 2 人辞去区五届人大代表职务的决定。审议区政府关于提请审议区行政区划调整方案的议案，同意撤销大林乡、辉景乡、永丰乡建制，设置大林镇、辉景镇、永丰镇，新增设西山街道办事处。区五届人大常委会十七次会议通过黎明为副区长的议案，并决定其代理区长职务，区五届人大常委会第四十二次会议同意黎明同志辞去区长职务，决定刘松为副区长的议案，并决定其代理区长职务。审议通过顺区人大常委会人事任免办法及8人的人事任免事项。通过区人民法院、区人民检察院33人任命议案。听取商贸工作评议意见办理的情况汇报和区农业产业发展工作办理情况汇报，经过评议测评商贸工作评议意见满意度为88%，区农业产业发展工作办理满意度为100%。

2016年12月至2020年5月，区六届人大常委会召开常委会会议47次，主任会议52次。在区六届一次人大常委会会议上，区人大常委会主任陈琳为区人大各专门委员会组成人员颁发证书。表决通过区人大常委会关于设立代表资格审查委员会的决定。听取和审议区政府提交的5个PPP项目议案，表决通过《关于同意南充市顺庆区西河生态乡村旅游开发项目采用PPP模式建设并将区级承担资金纳入财政预算的决定》等6个决定。区六届人大九次常委会听取和审议区政府《关于〈环境保护法〉贯彻实施情况的审议意见办理情况的报告》《关于加强我区农村饮水安全工作的议案办理情况的报告》《关于加强城市社区阵地建设的议案办理情况的报告》等。并对区政府组成部门主要负责人履职情况进行满意度测评，测评均为满意。区六届人大常委会十次会议上，对履职为优秀等次的吴翰林、何良永、何晓文、高彬郎、唐俐斌进行表彰，颁发荣誉证书。区六届人大常委会十二次会议听取和审议区政府《关于土地出让情况的报告》等5个报告，对上述报告进行测评，形成审议意见。接受27人辞去区六届人大代表职务。区六届人大常委会二十八次会议，审议全区乡镇行政区划调整、选举工作等有关事项，决定成立南充市顺庆区人大常委会搬罾街道工作委员会。会议接受并终止6人区第六届人大代表职务。接受3人辞去区六届人大常务委员会委员职务。调整区六届人大常委会代表资格审查委员会组成人员。区六届人大常委会三十二次会议决定接受4人辞去区六届人民代表大会代表职务。区六届人大常委会第三十三次会议听取和审议区人民政府《关于脱贫攻坚工作开展情况的报告》《关于加强非遗保护挖掘文化品牌议案办理情况的报告》，补选1名市人大代表。

4. 顺庆区人大常委会主要工作

1993年11月至1998年1月，区一届人大常委会面对撤县级南充市，建立南充市顺庆区诸多具体困难，勇于破解难题，以经济发展为中心，加大监督检查力度，组织开展对省村镇规划建设管理、妇女权益保护法、义务教育法、税法等执行情况的检查，对“一府两院”工作视察、调查102次，对区政府的6个职能部门的工作进行评议，对8个部门主要领导（政府组成人员）进行述职评议测评。专项听取关于防洪设施和江河管理情况汇报、关于升钟水库配套工程建设进展情况汇报、关于社会保险等工作情况汇报。先后作出《关于动员全区人民积极支持投身升钟水库配套建设议案的决议》《关于实现全区绿化的决议》等18个决议、决定。为109名地方国家机关工作人员颁发任命书。组织人大代表对全区贯彻实施农业法、农业技术推广法、林业法方面法律法规情况进行视察、检查，要求区政府抓好农业五大基地建设，推动农村经济建设发展。积极参与和协调经济建设工作，常委会成员分工联系轻工企业，积极支持做好企业产权制度改革工作，在参与中监督，在监督中支持帮助，使轻工业全系统的产权制度改革工作收到显著成效。为促进被任命人员依法行政，先后3次组织拟任命人员参加法律知识考试，未参加考试或者考试不合格者不予任命。为推进农村基层民主政治建设，区人大常委会指派专人在舞凤周家坝蹲点，指导和帮助其开展村民自治，为南充市农村基层民主政治建设经验交流会的成功召开奠定基础。届内每年都要抽选10个重点部门（单位）进行述职评议。组织代表听取区公安分局进行评议。区工业局局长韩大平、人事局局长易树文、教育局局长张家云、司法局局长贾德昭就廉洁勤政等情况向常委会述职并进行评议。组织人大常委会委员、部分人大代表听取区交通局、计生局、统计局、卫生局、民政局、乡镇企业局局长就履职以来的廉政从政履职等方面情况述职并进行评议。多次到搬罾、荆溪等乡镇调研、视察贯彻义务教育法，开展“普九”工作情况，解决中小学生流失、经费投入不足等问题。针对部分乡镇反映农民负担过重的问题，区人大常委会领导在年初下达农民负担任务时，提前介入乡镇进行严格审核，切实砍掉不合理的负担，年终组织人大代表深入桂花、李家等10多个乡镇对农民负担问题进行专题调查，查看落实情况，听取乡镇领导汇报，指出存在问题，督促限期进行纠正。先后组织人大代表对《中华人民共和国预算法》《中华人民共和国审计法》《中华人民共和国劳动法》《中华人民共和国环境保护法》《中华人民共和国义务教育法》《中华人民共和国体育法》《全民健身纲要》《四川预算资金管理条例》等17个法律法规贯彻执行情况进行检查，及时提出意见及建议。

1998年1月至2002年12月，区二届人大常委会组织召集5次人民代表大会会议，召开37次常委会会议，听取和审议“一府两院”工作报告、情况汇报，组织开展执法检查，依法作出对重大事项的决定、决议，依法任免地方国家机关工作人员，组织开展对区人民法院和区政府13个职能部门的工作评议，对25名人大选举的和常委会任命的地方国家机关工作人员的述职进行评议，针对存在问题提出意见和建议，并要求限期整改。任期内，区人大常委会加强对全区经济运行宏观调控监督，督促政府坚持按照量入而出，量力而行的编制预算，并对其执行情况进行经常性跟踪监督检查。1998年年初作出关于发展以城郊型农业决议，年终先后组织委员、代表就年前的决议执行情况，到搬罾、荆溪、舞凤、新复、芦溪、金台、共兴、潆溪8个乡镇的养殖业、经果林蔬菜基地集中视察。围绕改革发展稳定大局，常委会领导和委员多次深入联系企业调查研究，帮助企业出点子，定措施，指路子。常委会自始至终要求政府从维护社会稳定的大局出发，切实做好企业下岗职工安置工作，引导鼓励企业职工自谋职业。2000年组织委员、人大代表先后多次到正大化工、顺成机械、人本轴承等企业调研视察，提出解放思想，更新观念，优化环境等建设性意见。先后3次组织委员及部分人大代表就农业综合开发及蚕桑工作，到搬罾、舞凤、荆溪等乡镇，视察川东北农业高新技术示范区、南充绿宝菌业科技有限公司、顺庆区科学养羊示范区，听取相关情况汇报，提出以市场为导向组织生产，强化服务，以科技、政策促发展等建议，得到区政府采纳。2001年为完成全区国有集体产权制度改革任务，区人大常委会先后2次组织区公交系统及驻会人大代表和省市人大代表到康达汽车配件有限公司、人本轴承等企业进行调研视察。区人大常委会专题听取区政府关于招商引资工作情况汇报。2001年9月、10月，人大常委会组织人大代表分别到区劳动局、卫生局等部门调研视察，深入调查走访，广泛征求群众意见，收集一手资料，与局领导座谈，提出加强卫生队伍建设等建议。区二届人大常委会三十四次会议对区人民法院刑事审判庭和少年刑事审判庭庭长、副庭长、审判员；区人民检察院批捕科、监所科检察员进行述职评议。针对固定资产投资方面存在的问题，区人大常委会及时作出《关于进一步加强固定资产投资审计监督工作的决议》。要求区政府尽快制定关于进一步加强固定资产投资审计监督工作的实施办法，加强对《中华人民共和国审计法》和相关法律法规的学习宣传，要求区审计部门认真履行职责，加大查处力度，确保全区固定资产投资健康有序发展。

2003年1月至2006年10月，区三届人大常委会召集5次人代表大会会议，召开31次人大常委会会议，28次主任会议。依法任免地方国家机关工作人员175人次，通过17名人民陪审员任命。先后开展区政府2个职能部门工作评议及11名政府组成人员、部分法官、部分检察官的述职评议，依法行使任免权。讨论修改《南充市顺庆区预防职务犯罪工作办法（试行）》，提交区人大常委会审议通过。组织对区政府副区长缪红、区劳动社会保障局局长岳金良、区审计局局长谭卫明、区人民法院副院长唐恒博、区人民检察院副检察长杨元勇述职评议，对区文化局进行工作评议。听取、审议区政府情况汇报，作出相应的决议。通过听汇报、评议测评等方式，对区政府组成部门、组成人员进行监督，规范政府工作人员行政行为。审议同意区政府提出的将全区22个乡镇7个街道办事处调整为12个乡、8个镇、8个街道办事处的方案的决定。

2006年10月至2011年12月，区四届人大常委会召开常委会会议42次，主任会议36次，听取“一府两院”工作报告、情况汇报并依法作出决议、决定。围绕全区社会经济发展重大事项和人民群众关心的热点难点等问题，组织视察、检查、调查。依法任免地方国家机关工作人员，任命区政府组成人员21人。听取和审议区政府关于财政预算调整、“四五”普法工作、“五五”普法规划、关于人才引进工作、关于农村九年义务教育保障机制运行、农业技术推广法实施、人民法院刑事审判工作、关于社会养老保险工作情况、关于机关效能建设的情况、关于投资项目管理工作情况、关于粮食流通管理条例实施情况、旅游工作、关于卫生人才建设、国民经济和社会发展计划执行等情况汇报，并作出相应决议。对区政府关于顺庆区学前教育工作审议意见办理情况进行满意度测评，测评结果为“满意”。

2011年12月至2016年12月，区五届人大常委会共举行常委会会议47次，举行主任会议75次，听取和审议“一府两院”专项工作报告127项，组织专项执法检查12次，专题询问1次，专题调研、专项视察84次，作出决议37件，审议意见39件，依法任免国家工作人员及人民陪审员699人次。区人大常委会坚持发展第一要务，围绕中心，服务大局，加强工作监督，积极推动全区经济平稳健康持续发展。深度参与“十三五”规划编制工作。出谋划策，助推项目加快实施。每年定期听取和审议国民经济和社会发展计划执行情况汇报，加强预算监督，定期审查批准财政预算和决算调整方案，重视审计结果效力；加强对《中华人民共和国预算法》实施情况的监督，审查全口径财政预算执行情况，提高政府管理绩效；先后30多次深入财政税务部门调研财税工作情况，推动税制改革的平稳过渡。积极开展项目专项评议工作，并依法作出决议。积极参与顺庆府署和文庙布展、人民南路立面改造、下中坝和南门坝还房安置、金融大道、气象生态公园、北部新城“三路一堤”、潆华工业集中区等等重大项目建设。举全力助推三大产业转型升级，围绕做大做强商贸服务业，先后对商贸中心建设工作进行调研视察，开展实地评议与指导，促进政府大力发展商贸经济。围绕工业转型升级，协助政府招引绿地集团、鑫达材料等一大批知名企业入驻，并组织相关的检查与指导。围绕农业特色化，先后视察、检查蔬菜基地建设、新农村建设、重点集镇建设、连乡公路建设、小型水库整治、百里现代农业循环经济示范带等工作。现场察看，听取汇报，开展评议，进行指导，想办法，出实招，就大力发展新型农业、特色农业、现代农业向区政府提出建议，促进现代农业快速发展。持续聚焦民情民意着力推进民生改善。始终坚持把群众关心的教育、医疗、住房、养老、食品安全等热点难点问题作为重点监督，督促落到实处。加强法律监督促进依法治理，严格执法，公正司法，全民守法的法治环境。进一步完善人事考核考评任免办法。其间，2012年2月27日，听取和审议区人民政府副区长李洪长所作的《关于“五五”普法规划实施情况何“六五”普法规划情况的汇报》。2012年10月30日，听取审议区人民政府副区长李建中关于全区基层文化网络建设工作、副区长贺频关于全区食品药品安全监督管理工作、副区长曹健关于通乡通村公路建设工作、副区长曹健关于评议意见办理、副区长李洪长关于乡镇敬老院建设和管理工作审议意见办理情况汇报，对上述工作汇报进行测评，满意度达到100%；接受吴应德、伍建春辞去区五届人民代表大会代表职务。2013年10月16日，听取区人民政府关于殡葬改革管理工作审议意见办理、关于妇女儿童权益保障法执行情况审议意见办理、关于森林法执行情况办理等情况汇报；审议通过周良永、唐学亭、罗晓敏、谭秀春等的人事任免事项。2014 年 2 月 26 日，通过区人民法院、区人民检察院提请的 33 人任命议案，同时，听取商贸工作评议意见办理情况汇报和区农业产业发展工作办理情况汇报，经过评议测评，商贸工作评议意见满意度为 88%，区农业产业发展工作办理满意度为 100%。2014 年 3 月 24 日，通过黎明任副区长的议案，并决定代理区长职务。2016 年 7 月 5 日，同意黎明辞去区长职务，决定刘松代理顺庆区人民政府区长职务。

2016 年 12 月至 2020 年 12 月，区六届人大常委会召开人大常委会会议 54 次，组织召集 5 次人民代表大会会议，主任会议 47 次。区人大常委会紧紧围绕区委确定的建设“成渝第二城核心功能区”目标定位和区委做出的战略部署，统筹谋划人大工作基本思路和着力点，选择确定年度专项监督调研议题。坚持党管干部和人大依法任免有机统一，进一步完善干部任免机制，抓住任前法律考试、投票表决任命和就职宪法宣誓等关键环节，充分发挥人大的决定权、任免权。其间，2016 年 12 月，在区六届一次常委会上，区人大常委会主任陈琳为区人大各专门委员会组成人员颁发证书。表决、通过《南充市顺庆区人大常委会关于设立代表资格审查委员会的决定（草案）》《关于提请高彬郎等 22 名同志任命的议案》。2017 年，围绕“五大千亿产业集群”培育和“五大板块重大工程项目”建设，组织省、市人大代表和部分区人大代表视察、检查项目开工及建设情况，推动项目实施进程。听取和审议区人民政府提交的 6 个 PPP 项目议案，表决通过 6 个 PPP 议案，并作出决定。听取和审议财政预算调整方案报告，听取和审议区人民政府《关于〈中华人民共和国环境保护法〉贯彻实施情况的审议意见办理情况的报告》等 3 个报告。对区人民政府组成部门主要负责人履职情况进行满意度测评，均为满意。2018 年，终止区人大代表资格 16 人，补选市人大代表 2 人。依法任免地方国家机关工作人员 33 人次，对履职为优秀等次的人大代表进行表彰。依法讨论决定重大事项，2018 年作出 PPP 项目内容调整和棚户区改造政府购买服务等决定 11 项。听取和审议区人民政府《关于公办幼儿园建议情况的报告》等 5 个报告，并对其进行测评，形成审议意见。2019 年，表决任免区机关干部 147 人次，接受辞职 33 人次。依法讨论决定重大事项，作出乡镇区划调整、代表名额确定等决议、决定 14 个。围绕区委工作重点，谋划落实监督议题 14 个。2020 年，区人大常委会主动作为，全面参与脱贫攻坚、新冠肺炎疫情防控、经济社会发展的大会战。区人大常委会领导带领常委会委员等到农村基层、企业单位，走访群众，走访企业，形成定期走访制度，经济社会发展战的帮扶指导、到乡村逐户察访，专题调研，进行帮扶，解决他们的具体困难，想办法破解难题，送去温暖，送去爱心，受到群众的好评。2020 年 6 月 15 日，专题听取和审议区人民政府《关于脱贫攻坚工作开展情况的报告》等 3 个报告。区人大常委会对助推区重大建设项目、加强市政建设、法治建设，扩展城市发展、经济发展，脱贫致富奔小康和“两个文明建设”做了大量工作，取得显著成绩和成功经验，先后 5 次在省和市人大工作会议上交流经验。

第二节 南充市高坪区人大

1950年3月至1953年2月，南充县共召开四届各界人民代表会议。1954年至1993年11月，南充县共召开十一届县人民代表大会。其间，1969年成立的南充县革命委员会，作为特定历史时期国家政权机关，代行县人民代表大会职权。1980年，人民代表大会开始设立常务委员会。1993年7月，南充县撤销，设立南充市高坪区。是年11月至2020年，南充市高坪区共召开6届区人民代表大会。

一、南充县各界人民代表会议

1950年3月15日至18日，南充县一届一次各界人民代表会议召开。从工人、农民、军队、民主党派及民主人士、工商界、妇女、青年、文卫、机关干部及其他等10个届别中推选、选派、邀请的362名代表参会。会上，县委书记刘天相作形势报告，县长孙桂林作政府工作报告。会议学习党的政策，讨论县政府关于征粮、剿匪肃特、生产救灾和各项任务，并就这三大任务和完成任务措施做了安排部署。大会选举产生南充县一届一次各界人民代表会议常务委员会委员20人，选举孙桂林为常务委员会主席，蒙思普、蒲向阳、李方为副主席。选举出席川北区各代会代表5人。8月22日至30日，一届二次会议召开，467名代表参加会议。会上，县委书记丁耿林作时事政治报告，县长李启唐作半年政府工作报告。大会讨论通过代表公约，讨论建立县人民法庭及各分路设置分庭，选举产生常务委员会委员33人，选举张修实为常务委员会主席。决定建立一月一次常委会、一周报告一次工作制度。11月17日至21日，一届三次会议召开，参会代表406人。会上，县委书记丁耿林作当前形势报告，县长李启唐作《关于1950年9、10月政府工作总结和反对封建，加强统一战线，彻底实行清匪、反霸、减租退押的工作报告》。会议通过《南充县实施减租退押的九条补充决议》，表扬11名模范人民代表，批评和处分丧失代表作用、违法乱纪的代表滕某某等人，并撤销滕某某代表资格。

1951年2月20日至25日，南充县二届一次各界人民代表会议召开，从10个届别中推选的495名代表参加会议。会上，县委书记丁耿林作关于土改政策的报告，县长李启唐作《政府工作报告》，会议讨论通过成立南充县土地改革委员会。会议选举产生第二届各界人民代表会议常务委员会委员33人，选举李启唐为常务委员会主席，张修实为副主席。6月17日至21日，二届二次会议召开，出席代表506人。会上县委书记丁耿林作土地改革总结报告，并就筹备召开乡、镇人民代表会议，以及建立乡、镇人民政府等工作作出决议，会议通过给毛泽东主席、中国人民志愿军及胡耀邦主任的致敬电，大会选举蒲良全为常务委员会主席，增选常务委员会委员10名。10月6日至11日，二届三次会议召开，545名代表参会。会议听取和审议县长谢志光所作《政府工作总结和常务委员会工作报告》及县委书记丁耿林作的时事报告。大会收到代表对政府工作的批评意见66条。会议学习讨论毛泽东《论人民民主专政》和川北行署“查田评产”等有关文件。经过讨论作出贯彻《中华人民共和国婚姻法》，帮助翻身农民发展农业生产，建立区人民代表座谈会制度的决议。大会选举谢志光为常务委员会副主席，选举常务委员会委员43人。

1952年4月16日至19日，南充县各界人民代表三届一次会议召开，应到代表546名，实到449

名。县委书记丁耿林作关于开展反贪污、反浪费、反官僚主义的专题报告，副县长蒲良全作关于1951年冬季工作总结，县长谢志光作关于增产节约工作和1952年春季工作计划的报告，会议选举第三届各界人民代表会议常务委员会委员42人，选举谢志光为常务委员会主席，张修实为副主席。9月26日至30日，三届二次会议召开，应到代表715人，实到569名代表。会议听取县长谢志光作政府工作及今后任务的报告，县委书记马远清作今冬9月至12月工作计划的报告，县妇联作关于贯彻婚姻法报告等3个专题报告，讨论通过关于开展爱国增产竞赛，发展互助组，试办农业合作社，恢复发展工商业，贯彻婚姻法，开展爱国卫生防疫，推进司法改革等决议，大会收到提案644件，经合并整理为565件，大会选举常务委员会委员48人。

1953年2月17日至22日，南充县各界人民代表四届一次会议召开，713名代表参加会议。会议听取县长蔡依渠作政府工作报告、副县长许荣祥作关于农村互助合作运动情况报告，县法院作关于贯彻婚姻法情况的报告，会议审议代表提案590件，讨论通过关于加强抗美援朝宣传教育，巩固农村互助合作组织，宣传贯彻选举法，召开各级人民代表大会以及贯彻婚姻法、调整工商业、开展卫生防疫，提高教师业务水平等项决议，大会选举常务委员会委员47人，选举蔡依渠为常务委员会主席，张修实为副主席。

二、南充县人民代表大会

1954年7月，召开南充县首届人民代表大会。至1993年，南充县共召开11届县人民代表大会。其间，1969年成立的南充县革命委员会代行县人民代表大会职权。1980年，县七届人大开始设立县人大常委会。至1993年，南充县人民代表大会及其常务委员会坚持和完善人民代表大会制度，积极探索人大履职行权方式方法，不断开创南充县人大工作新局面。

1. 南充县人大及其常委会

1953年4月，南充县成立选举委员会，负责领导选举工作。1953年5月，在搬罾乡进行重点普选试点，在总结搬罾乡经验后在全县铺开。一届人大代表选举在农村多以举手表决，在机关、工厂、学校采取无记名投票方式。全县43.76万名选民选举县一届人大代表439人，县一届人民代表大会产生，1954年7月，县一届人大一次会议召开。

1956年9月，全县43.70万名选民投票选出439名县二届人大代表，县二届人民代表大会产生，1956年12月二届人大一次会议召开。

1958年3月，全县47.02万名选民投票选出447名县三届人大代表，县三届人民代表大会产生，1958年5月，三届人大一次会议召开。

1961年3月，全县40.88万名选民投票选出447名县四届人大代表，县四届人民代表大会产生，1961年12月，四届人大一次会议召开。

1963年3月，由各乡人民代表大会选举出席县五届人民代表大会代表449名，县五届人民代表大会产生，1963年3月，五届人大一次会议召开。

1965年11月，全县43.84万名选民投票选出449名县六届人大代表，县六届人民代表大会产生，1965年12月，县六届人大一次会议召开。

1969年3月，南充县革命委员会成立，作为特定历史时期国家政权机关，代行县人民代表大会职权。

1978年11月，恢复人民代表大会制度，南充县成立第七届人民代表大会筹备领导小组。1980年8

月25日，成立各级选举委员会，10月，68.87万选民以无记名投票方式选举产生475名县、6433名乡（镇）人民代表，12月，县人民代表大会开始设立常务委员会。省人大常委会确定县七届人大常委会组成人员名额为20人。在县七届人大一次会议上，选举县七届人大常委会组成人员10名，产生县七届人大常委会。县七届人大常委会主任吕玺，副主任何子扬、王万兴、董旺、康明廉，委员：郝耀山、李福元、尚帅旗、吴栋、马治民、王存碧（女）、杨春林、青济川、彭尧吉、赖凌陶（女）。1982年3月县七届人大二次会议召开，补选李兴凉为县七届人大常委会主任。七届人大常委会初设的办事工作机构有办公室，下设人秘、信访、政法3个组，工作人员12人，驻会委员4人，负责办理常委会机关日常事务。1982年，人大常委会机关保留办公室，取消3个组，设立法制工作科、代表联系工作科，工作人员16人，驻会委员5人。

南充县第七届人大常委会主任、副主任一览表

表13-12　(1980.12—1982.3)

姓名	性别	党派	籍贯	职务	任职年限
吕　玺	男	中共	山西省朔县	主　任	1980.12—1982.3
李兴凉	男	中共	南充市西充县	主　任	1982.3—1984.4
何子扬	男	中共	四川省南充县	副主任	1980.3—1984.4
王万兴	男	中共	四川省南充县	副主任	1980.3—1984.4
董　旺	男	中共	山西省平鲁县	副主任	1980.3—1983.2
康明廉	男	无党派	四川省南充县	副主任	1980.3—1984.4

1983年12月，县人大常委会作出决定，成立由陈德静任主任的县八届人大选举委员会。是月，77.39余万名选民以无记名投票方式选举产生441名县人民代表，县八届人民代表大会产生。1984年4月，在县八届人大一次大会上，选举县八届人大常委会组成人员15名，产生县八届人大常委会。县八届人大常委会主任李兴凉，副主任王万兴、康明廉、郑兴元、郑永义、罗万金，委员：马志民、王以清、孔宪胜、孙德俊、李福元、余秉桔、陈照吉、周帮柱（女）、青纳川、青济川、欧雨节、黄良忠、彭永清、温南台、赖凌陶（女）。1985年4月，县八届人大二次会议补选青永秀为县八届人大常委会主任。县八届人大二次会议决定人大常委会办事工作机构设两科一室，即办公室、法律工作科、代表联系工作科。县八届人大常委会十一次会议决定撤销代表联系工作科，相关职能纳入办公室；增设财政经济工作科、教科文卫工作科；法律工作科改为法制工作科，常委会机关工作人员增至21人。

南充县第八届人大常委会主任、副主任一览表

表13-13　(1984.2—1987.3)

姓名	性别	党派	籍贯	职务	任职年限
李兴凉	男	中共	南充市西充县	主　任	1984.4—1985.4
青永秀	男	中共	四川省南充县	主　任	1985.4—1987.3
王万兴	男	中共	四川省南充县	副主任	1984.4—1986.3
康明廉	男	无党派	四川省南充县	副主任	1984.4—1987.3
郑兴元	男	中共	四川省南充县	副主任	1984.4—1987.3
郑永义	男	中共	广安市武胜县	副主任	1984.4—1987.3
罗万金	男	中共	四川省南充县	副主任	1984.4—1987.3

1986 年 10 月 17 日，县人大常委会通过《关于设立南充县选举委员会的决定》。1987 年 1 月 15 日，77.39 万名选民无记名投票选举产生 371 人县九届人大代表，县九届人民代表大会产生。县选举委员会以“提高代表素质，减少代表数量”为指导思想，把县人大代表名额由八届的 441 名减至九届的 371 名，全国人大常委会办公厅以简报形式向全国各地介绍南充县选举委员会减少代表数量的做法。1987 年 3 月，在县九届人大一次会议上，选举县九届人大常委会组成人员 16 名，产生县九届人大常委会。县九届人大常委会主任郑永义，副主任郑兴元、吴长亮、罗万金、康明廉，委员：王以清、孔宪胜、冯国碧（女）、杨方成、陈云章、杜朝容、范果太、青济川、姚应清、胥凌云、顾太生、袁永坤、袁昌杰、唐桂英（女）、覃大才、温南台。九届人大常委会一次会议决定常委会办事工作机构改“科”为“工作委员会”，设办公室、法制工作委员会、财经工作委员会、教科文卫工作委员会。1989 年 5 月，增设联络工作委员会，12 月增设农业工作委员会。

南充县第九届人大常委会主任、副主任一览表

表 13－14 （1987.3—1990.3）

姓名	性别	党派	籍贯	职务	任职年限
郑永义	男	中共	广安市武胜县	主　任	1987.3—1990.3
郑兴元	男	中共	四川省南充县	副主任	1987.3—1990.3
吴长亮	男	中共	四川省南充县	副主任	1987.3—1990.3
罗万金	男	中共	四川省南充县	副主任	1987.3—1990.3
康明廉	男	无党派	四川省南充县	副主任	1987.3—1990.3

1989 年 10 月 9 日，县九届人大常委会十七次会议决定设立南充县选举委员会，主持第十届人大代表选举工作。1990 年 1 月 6 日，全县 87.13 万名选民无记名投票选举产生 385 名县人民代表。县十届人民代表大会产生。3 月，在县十届人大一次会议上，选举县十届人大常委会组成人员 18 名，产生县十届人大常委会。县十届人大常委会主任曾兴孝，副主任温南台、梁月沛、万泰辉（女）、周世才，委员：王方中、王绍凡、孔宪胜、尹继善、艾力（女）、陈云章、何世萍（女）、李启蕃、肖洪建、张敏惠（女）、范果太、易传家、岳宋良、周帮柱（女）、侯春徽（女）、胥凌云、姚应清、顾太生。县十届人大常委会办事工作机构未发生变化。1990 年，县人大常委会在 13 个区和高坪镇设立区或镇派出机构区（镇）工作委员会，1992 年，撤区并乡，县人大常委会派出机构各区（镇）工作委员会被撤销。

南充县第十届人大常委会主任、副主任一览表

表 13－15 （1990.3—1992.12）

姓名	性别	党派	籍贯	职务	任职年限
曾兴孝	男	中共	四川省南充县	主　任	1990.3—1992.12
温南台	男	中共	四川省南充县	副主任	1990.3—1992.12
梁月沛	男	中共	四川省南充县	副主任	1990.3—1992.12
万泰辉	女	民盟	重庆市北碚区	副主任	1990.3—1992.12
周世才	男	中共	四川省南充县	副主任	1990.3—1992.12

1992年9月22日，县十届人大常委会第十八次会议决定，成立南充县选举委员会，主持县十一届人大代表选举。报经地区选举领导小组同意，代表名额为385名。县十一届人民代表大会产生。1993年1月，在县十一届一次人大会议上，选举县十一届人大常委会组成人员20名，产生县十一届人大常委会。县十一届人大常委会主任滕明才，副主任杨维织、范果太、万泰辉（女）、吉维拔，委员：王方中、王正东、王绍凡、文长菊（女）、艾力（女）、杜生彪、杜其中、杨方成、何裕远、易传家、周帮柱（女）、侯春徽（女）、胥凌云、袁昌杰、高宗成、高炳和、席尊明、唐众能、唐庆艳、谢祖光。1993年5月，县人大常委会会议决定，常委会办事工作机构增设信访办公室，县十一届人大常委会办事工作机构有5委2室，工作人员25人。

南充县第十一届人大常委会主任、副主任一览表

表13－16 （1992.12—1993.11）

姓名	性别	党派	籍贯	职务	任职年限
滕明才	男	中共	重庆市潼南县	主　任	1993.1—1993.11
杨维织	男	中共	四川省南充县	副主任	1993.1—1993.11
范果太	男	中共	四川省南充县	副主任	1993.1—1993.11
万泰辉	女	民盟	重庆市北碚区	副主任	1993.1—1993.11
吉维拔	男	中共	南充市西充县	副主任	1993.1—1993.11

2. 南充县人民代表大会会议

1954年7月5日至9日，南充县第一届人民代表大会第一次会议召开，439名代表参加会议，县属部、委、局、办主要负责人列席。县长蔡依渠作政府工作报告。县委书记马远清到会并讲话。会议讨论办好农业生产合作社，巩固、提高互助组，大力发展城乡经济，努力办好文教、卫生事业等主要工作，对政府工作报告进行审议，并做出相应决议。会上收到代表议案40件。1955年9月13日至17日，县一届人大二次会议召开，372名代表参加会议，政府工作人员10人列席。县长许荣祥作政府工作报告。会上，审议农业合作化、统购统销、财政预决算和打击反革命分子破坏活动等问题并做出相应决议。大会按照上级要求，通过改人民政府为人民委员会决议。选举蔡依渠为县长，林德宣、董旺为副县长，18人为人民委员会委员。会议收到代表议案24件。1956年11月2日，县一届人大三次会议召开，县长许荣祥作南充县一年来政府工作报告。

1956年12月27日至30日，南充县第二届人民代表大会第一次会议召开，应到代表439人，实到345人，列席人员17人。县委书记黄正坤传达省一届人大四次会议精神、《全国农业发展纲要（草案）》精神、县委贯彻意见。县长许荣祥作县人民委员会工作报告。会议听取1955年财政决算和1956年财政预算执行情况及人民法院工作报告并进行审议。13名代表在大会上发言，对政府工作中存在的官僚主义和干部中的强迫命令作风进行批评。会议通过县人委工作报告、财政预决算报告和贯彻《全国农业发展纲要（草案）》决议，大会选举许荣祥为县长，林德宣、董旺为副县长，18人为县人民委员会委员，卫天玉为县法院院长。会议收到代表议案141件。1957年9月25日至10月7日，县二届人大二次会议召开，到会代表337人，列席代表18人。县委书记黄正坤传达省一届人大五次会议精神，大会分别听取人民委员会工作报告、1956年财政决算和1957年财政预算、法院工作报告、检察院工作报告。大会审议并通过县人委工作报告和财政预决算报告的决议。

1958年5月12日至16日，南充县第三届人民代表大会第一次会议召开，应到会代表447人，实际到会代表384人。县长许荣祥作人民委员会工作报告，副县长林德宣作1957年财政决算和1958年财政预算的报告，卫天玉、王增印分别作人民法院和检察院工作报告，会议通过县人委工作报告和财政预决算报告。大会决议中提出一些不切实际的口号和生产指标。会议选举许荣祥为县长，林德宣为副县长，19人为人民委员会委员，卫天玉为人民法院院长。

1961年12月11日至13日，南充县第四届人民代表大会第一次会议召开，应到会代表447人，实到302人。会议以贯彻中共中央、国务院关于“调整、巩固、充实、提高”八字方针为中心，听取和审议许荣祥作的第四届县人民委员会工作报告、林德宣作的1960年财政决算和1961年财政预算执行情况的报告，以及县人民法院和人民检察院工作报告，并通过上述报告和决议。会上，10名代表发言。会议选举卫天玉为县长，许荣祥、林德宣为副县长，18人为县四届人民委员会委员，宋德有为人民法院院长，大会补选张涛为省第二届人民代表大会代表。

1963年3月28日至4月3日，南充县第五届人民代表大会第一次会议召开，应到代表449人，实际出席代表413人。县长卫天玉作人民委员会工作报告，会议听取和审议1961年、1962年财政决算和1963年财政预算的报告、人民法院工作报告和人民检察院工作报告，大会审议通过县人委工作报告及财政预决算报告，并作出各项决议。会议收到代表议案186件。选举康咸熙为县长，许荣祥、卫天玉、林德宣、何子扬为副县长，18人为县人民委员会委员，宋德有为人民法院院长。7月11日至13日，县五届人大二次会议召开，应到代表449人，实到代表345人。县长康咸熙作关于当前农村形势、过渡时期的阶级斗争和当前任务的报告，代表分组讨论，选举王韶等8人为出席省三届人民代表大会代表。

1965年12月23日至27日，南充县第六届人民代表大会第一次会议召开，应到代表449人，实到387人，列席代表123人。县长康咸熙作县人委会工作报告，大会听取关于1964年财政决算和1965年财政预算执行情况的报告、县人民法院工作报告，审议3个报告并通过报告的决议。大会进行小组讨论，10人在大会发言。会议选举康咸熙为县长，何子扬、张华俊、刘自璋、青永秀为副县长，20人为第六届人民委员会委员，吴长亮为人民法院院长。

1966年“文化大革命”开始后，至1979年，未召开人民代表大会。

1980年12月10日至15日，南充县第七届人民代表大会第一次会议召开，应到代表475人，实到464人。县革委副主任何济民作《政府工作报告》，会议听取和审议财政预决算、人民法院、人民检察院工作报告，并作出决议。大会按照《地方各级人民代表大会和地方各级人民政府组织法》规定，建立南充县人民代表大会常务委员会，恢复人民政府，废止“革命委员会”。选举吕玺为县人大常委会主任，何子扬、王万兴、董旺、康明廉为副主任，选举县七届人大常委会委员10人；选举何济民为县长，杜兴、郑兴元、杜元耀、傅金凤（女）、蔡维钧、刘维钧为副县长；吴长亮为人民法院院长、罗万金为人民检察院检察长。1982年3月召开的县七届人大二次会议、1983年3月召开的县七届人大三次会议均听取和审查政府工作报告、人大常委会工作报告、人民法院工作报告、人民检察院工作报告、财政预决算及国民经济计划执行和安排报告等报告，并通过这些报告的决议。县七届人大二次会议补选李兴凉为县七届人大常委会主任。县七届人大三次会议选举南充县出席省第六届人民代表大会代表11人。七届人大会议收到代表联名提出的议案1400余件。

1984年4月至1987年3月，南充县第八届人民代表大会举行会议3次。3次会议均听取和审查县政府、县人大常委会、县人民法院、县人民检察院、县国民经济和社会发展计划（书面）、财政预决算（书面）等6个工作报告，并通过各项报告。会议收到代表联名提出的议案124件、建议737件，大会决定所有议案转为建议交县政府办理。其间，县八届人大一次会议作出《关于大力开展植树造林，加速绿化的决议》。选举李兴凉为县八届人大常委会主任，王万兴、康明廉、郑兴元、郑永义、罗万金为副主任，选举人大常委会委员 15 人；选举青永秀为县长，蔡维钧、曾兴孝、滕明才、贾蔚文（女）为副县长；唐光贵为人民法院院长，林际胜为人民检察院检察长。八届人大二次会议通过青永秀请求辞去县长职务的决定，补选黄柏林为县长。县人大常委会主任李兴凉工作变动，补选青永秀为主任。八届人大三次会议通过接受王万兴辞去人大常委会副主任职务的决议。

1987 年 3 月至 1990 年 3 月，南充县第九届人民代表大会举行会议 4 次，除第二次会议议程为选举省人大代表事项外，其余 3 次会议均听取和审查县政府、县人大常委会、县人民法院、县人民检察院、县国民经济和社会发展计划（书面）、财政预决算（书面）等 6 个工作报告，并通过各项报告。代表大会上，共收到议案、建议、批评和意见 547 件，其中 2 件议案列入大会议程，其余议案均转为建议。其间，九届人大一次会议选举郑永义为县人大常委会主任，郑兴元、吴长亮、罗万金、康明廉为副主任，选举人大常委会委员 16 人；选举黄柏林为县长，董仲良、曾兴孝、王继丹（女）、余长春为副县长；唐光贵为人民法院院长，林际胜为人民检察院检察长。会上，新民、潆溪、西兴 3 个代表团对水稻、玉米良种价格过高、城市建设维护费使用不当提出质询，县农业局、城建局负责人当面答复，代表仍不满意，大会授权人大常委会跟踪督办。县九届人大二次会议选举南充县出席省第七届人民代表大会代表 6 人。县九届人大三次会议设立 2 个分会场，安排县政府领导直接听取代表意见和建议。青居区移山乡代表唐联德在大会上展示该乡 1986 年以来未兑现的粮棉挂钩化肥票。会后，县政府立即调查，20 天内全部兑现。县九届人大四次会议审议并通过《关于贯彻执行全国人大常委会〈加强民主法制维护安定团结保障改革和建设顺利进行的决定〉的决议》。

1990 年 3 月至 1992 年 12 月，南充县第十届人民代表大会举行会议 3 次，均听取和审查县政府、县人大常委会、县人民法院、县人民检察院、县国民经济和社会发展计划（书面）、财政预决算（书面）等 6 个工作报告，并通过 6 个报告。会议共收到代表联名提出议案 134 件、建议 589 件，其中 2 件议案列入大会议程，其余议案转为建议。其间，县十届人大一次会议选举曾兴孝为县人大常委会主任，温南台、梁月沛、万泰辉（女）、周世才为副主任，选举人大常委会委员 18 人；选举董仲良为县长，杨春林、余长春、朱映阶、冯达才、陈贵德、杨秀清（女）、罗琼辉为副县长；唐光贵为人民法院院长，林际胜为人民检察院检察长。县十届人大二次会议审议并通过《关于进一步依靠科学技术振兴农业的决议》《关于认真制止“三乱”减轻农民负担的决议》。县十届人大三次会议审议批准县政府提交会议讨论的《国民经济和社会发展“八五”计划纲要》。根据县人大常委会作出的《关于消灭荒山实现绿化的决议》，要求县政府在每年县人代会上就绿化情况作专题报告，请代表审查。

1992 年 12 月 27 日至 1993 年 1 月 1 日，南充县第十一届人大第一次会议听取和审查县人民政府、县人大常委会、县人民法院、县人民检察院、县国民经济和社会发展计划（书面）、财政预决算（书面）等 6 个工作报告，通过 5 项报告，在审查县政府 1992 年国民经济和社会发展计划执行情况及财政决算报告时，提出原则性意见，会议决定不予通过。审议县政府关于绿化工作情况报告，通过《关于南充县一九九九年全面实现绿化的决议》。会议选举滕明才为县人大常委会主任，杨维织、范果太、万泰辉（女）、吉维拔为副主任，选举县人大常委会委员 20 人；选举余长春为县长，李成敏、陈贵德、杨秀清（女）、罗琼辉、何大清、陈新民、刘培元为副县长；陈代和为县人民法院院长，谢凡举为县人民检察院检察长；选举县出席省八届人民代表大会代表 8 人。会议收到代表提出议案 41 件，建议 49 件，大会确定 1 件议案，其余代表所提议案转为建议。

3. 南充县人大常委会会议

1980 年 12 月至 1983 年 12 月，县七届人大常委会召开常委会会议 19 次，讨论的重要议题有 29 项。先后审议作出《关于千方百计把我县中小学教育搞上去的决议》《关于制止乱砍滥伐森林的决议》《关于公社改为乡设乡人民政府的决定》《关于建立村民委员会的决定》《关于加强人民代表联系的决定》等 16 项决议决定。听取县政府关于加强物价管理、打击投机倒把活动、制止乱砍滥伐林木、抗洪救灾、计划生育、环境保护等工作的汇报；县公安局关于打击刑事犯罪活动整顿社会治安的情况汇报；听取县人民法院、人民检察院工作汇报 33 次。依法开展人事任免，县七届人大常委会第十一次会议决定青永秀为副县长，代理县长。七届人大常委会共任免常委会办事工作机构负责人、政府组成部门负责人、法检两院工作人员 169 人次。

1984 年 4 月至 1987 年 3 月，县八届人大常委会召开常委会会议 19 次。先后审议作出《关于大力推进科学技术发展，为振兴我县经济而斗争的决议》《关于大力支持加快发展乡村企业的决议》《关于开展社会主义法制宣传、促进经济体制改革顺利进行的决议》《关于贯彻实施〈药品管理法〉的决议》《关于加强土地管理，制止乱占耕地的决议》等 11 个决议决定。听取和审议“一府两院”关于食品经营户办证、县城建设和城镇建设维护费安排使用、无计划生育费用管理和使用等工作汇报 24 项（次）。任免国家机关工作人员 145 名。

1987 年 3 月至 1990 年 3 月，县九届人大常委会召开常委会会议 21 次。先后审议作出《关于南充县 1990 年基本实现绿化的决议》《关于贯彻执行四川省计划生育条例的决议》等 11 项决议决定。听取“一府两院”关于土地管理、计划生育、义务教育、药品管理等工作汇报 31 次，作出审议意见 18 个。依法开展人事任免，共任免干部 99 名。

1990 年 3 月至 1992 年 12 月，县十届人大常委会召开会议 20 次，先后审议作出《关于消灭荒山实现绿化的决议》等 15 项决议决定。听取县政府及其工作部门、县人民法院和县人民检察院关于深化企业改革、支农资金使用和管理、科技兴农、植树造林、蚕桑生产、农民负责管理、整顿医药市场、农村卫生工作、劳动就业、扶贫工作、打击经济犯罪、社会治安综合治理等工作汇报，以及城市规划法、行政诉讼法、土地管理法、乡村集体所有制企业条例以及“二五”普法情况等执法普法等工作汇报 32 次，作出审议意见 16 项。依法开展人事任免工作，先后决定任命 150 人次。

1992 年 12 月至 1993 年 11 月，县十一届人大常委会召开常委会会议 5 次，听取“一府两院”关于区划调整后乡镇政权建设、社会治安综合治理工作、发展优质高产高效农业、加强经济审判等汇报 11 次，作出审议意见 7 项。依法开展人事任免工作，决定任命 47 人次、免职 8 人次。

4. 南充县人大常委会主要工作

1980 年 12 月至 1983 年 12 月，县七届人大常委会依法对涉及全县经济、社会、民生方面的重大事项行使决定权，审议通过决议决定 16 项。届内，常委会先后听取“一府两院”汇报和工作报告 33 次，组织人大代表对农业生产责任制，二家公社蚕桑生产，城关公社 16 村养鸡重点户，金台公社农业综合开发，石圭、阙家公社柑橘生产，以及到县氮肥厂、冷冻厂等一批企业和部分中小学校、单位进行代表视察，工作检查。严格干部任免法律程序，对拟任者实行主任会议初审，无记名投票表决的原则讨论干部任免事项。届内共任命国家机关工作人员 169 人次。县人代会共收到代表提出议案 1400 余件，县人大常委会召开专题会议，共同商讨，督促县政府办理，限期将办理议案情况向人大常委会汇报。确定办公室专人负责代表联系工作，制定并通过《关于加强与县人民代表联系的决定》。分别在县级机关和农村人民公社建立 107 个代表小组。代表小组每季度活动一次，学习有关文件，传达上级指示，倾听代表意见，反映群众要求，并向县人大常委会报告。县人大常委会3位副主任分别带队到公社、单位召开代表座谈会，参加座谈会代表395人次，提出意见和建议58条。其间，1980年各乡镇恢复乡（镇）人民代表大会制度后，指导乡（镇）政府组织召开人民代表大会。

1984年4月至1987年3月，县八届人大常委会依法行使重大事项决定权，作出决议11项。县人大常委会通过《关于深入开展法制宣传，促进经济体制改革的决议》之后，督促县政府制定实施计划，在县直机关、驻县单位开展普法工作。县人大常委会作出《进一步深入贯彻实施四川省农作物种子管理条例的决议》后，督促有关部门对严重违反种子管理条例的两个案件进行严肃处理，对玉米和水稻种子严重不足问题采取措施，并研究农作物种子管理可行办法。届内听取和审议"一府两院"工作汇报24次，对成绩加以肯定，对缺点错误严肃指出，把监督和支持结合起来。推进议案办理，制订《南充县人大常委会关于办理议案和县人民代表建议、批评、意见的暂行办法》，对县人代会收到的870件议案、建议、批评和意见，县人大常委会分别统一整理编号，提请主任会议讨论，然后对口移送。承办部门一般在6个月内办理完毕，并书面答复代表。县人大常委会加强代表联络工作，增设代表联系工作科，印发《关于基层单位建立代表小组的通知》，全县以区为单位，建立代表联系组13个；以乡（镇）为单位，建立代表小组99个；县行政、企事业单位建立代表小组7个。将芦溪区总结制订的《开展代表小组活动的十条办法》以《工作简报》形式印发各代表组。制定《南充县人民代表大会代表工作试行办法》，要求各代表组以经济建设为中心，定期开展活动，并以《公报》《工作简报》形式交流经验做法，对推动人大代表联系工作起到积极作用。指导乡镇人大工作，每年乡镇人大代表大会由县人大常委会年初作出安排，乡镇政府召集。其间，1986年开始在区、乡（镇）配备兼职人大工作干部，区级由组织干部兼任，乡级由党委分管党务副书记兼任。同年安排乡镇人大换届工作，训练骨干，检查督促，指导选出3965名乡镇人大代表。

1987年3月至1990年3月，县九届人大常委会行使重大事项决定权，先后审议作出《关于贯彻执行四川省计划生育条例的决定》等11项决议决定。对"一府两院"工作进行监督。县人大常委会先后听取关于土地管理、计划生育、义务教育、药品管理、打击刑事和经济犯罪、端正办学方向、清理整顿公司、推广农业实用技术、发展林业、发展畜牧业、发展乡镇企业以及商业、民政等工作汇报31次，作出审议意见18个。开展执法检查，对《中华人民共和国刑法》《中华人民共和国刑事诉讼法》《中华人民共和国药品管理法》《中华人民共和国食品卫生法》《中华人民共和国土地管理法》《中华人民共和国全民所有制工业企业法》《四川省计划生育条例》《中华人民共和国义务教育法》进行执法检查。分年度在潆溪、新民等地对经营药品的77个单位，生产、经营副食品的196个单位检查贯彻执行《中华人民共和国药品管理法》和《中华人民共和国食品卫生法》情况。对县属82个行政机关和政法部门执法情况进行检查。检查105个与这些部门工作密切相关的法律、法规和行政规章执行情况。依法开展人事任免工作，在提请会议任命前，组织被任命干部参加法律考试，对不符合条件的，返回提请单位调整，不勉强通过。凡县人大常委会在换届后较集中任命干部时，都召开县级机关大型会议颁发任命书；平时个别任命干部，在其单位召开小型会议颁发任命书。届内决定任命84人次、免职13人次、撤职2人次。督促议案、建议办理，根据县人大常委会建议，县政府印发《关于及时办理人民代表提出的议案、建议、批评和意见的通知》，建立县长亲自抓，常务副县长和办公室主任具体抓，其他副县长按分工督促的责任制，九届人大常委会共督促办理议案、建议、批评和意见547件。加强代表联系，印发《关于保证县人大代表执行职务有关问题的通知》。县人大常委会办公室、县政府办公室联合印发《关于保证县人大代表执行代表职务有关事项的通知》，要求代表活动期间工资奖金不受影响。组织代表联系组、代表小组和代表个人开展“联系选民、宣传法律法规、协助当地政府工作、反映群众呼声”四个方面活动。省人大常委会在《代表活动信息》刊文介绍永安乡代表活动。评选表彰县人大先进代表小组和先进个人，对评为先进的代表小组、代表给予物质奖励。对丝二厂人大代表韦某的受贿行为，按照相关法律规定，交由原选区选民依法罢免其代表资格。在乡镇人大设立专职工作人员，至九届末，有9个乡镇配备专职人大主席团主席或副主席。改进县人大常委会例会开法，形成每年年初召开“一府两院”联席会议，协商拟定县人大常委会当年例会议题，每次会议一般一至两个议题；议题上会前组织部分委员和政府相关部门负责人调查研究，形成上会调查报告和相关资料；会议审议哪方面就组织先学哪方面法律和政策，把握好审议依据，审议时间至少2天，让委员充分发表意见；每次审议结果需作决议决定的通过决议决定，不作决议决定的分别提出书面审议意见，转“一府两院”办理；会后跟踪监督，使县人大常委会的审议意见和决议决定得到落实。南充县创新人大常委会开会方式的做法得到省上肯定，省人大常委会《工作通讯》发表专题文章《搞好对重大事项审议的新尝试》向全省介绍。

1990年3月至1992年12月，县十届人大常委会依法行使重大事项决定权，先后审议作出《关于消灭荒山实现绿化的决议》等15项决议决定。听取县人民政府及其工作部门、县人民法院和县人民检察院工作汇报32次，作出审议意见16项。重点围绕经济工作加强监督，制定《南充县人大常委会关于对本县国民经济和社会发展计划审查、监督的试行办法》，对计划的编制、提出、变更、审查、批准、执行和监督作出规定，加强对计划实施的监督。在财政监督方面，做到年初审查预算，年末听取执行情况汇报并批准部分变更，每次人代会前都对计划、财政执行情况进行审查。加强对预算外资金管理，制订《关于县财政预算外资金管理试行办法》，督促县政府制定《南充县预算外资金管理试行办法》。开展法治工作监督，听取和审议县政府关于贯彻实施《中华人民共和国城市规划法》《中华人民共和国行政诉讼法》《禁止赌博条例》和《乡村集体所有制企业条例》以及“二五”普法情况汇报，并做出相应的决定决议或提出审议意见，促进法律法规的贯彻执行。组织县人大常委会组成人员和人大代表会同政府部门对《中华人民共和国会计法》《中华人民共和国城市规划法》《中华人民共和国土地管理法》《中华人民共和国药品管理法》《四川省农民负担管理条例》《计划生育条例》等30多个法律、法规的贯彻实施情况进行执法检查。规范任免程序，制定《南充县人大常委会任免国家机关工作人员实行无记名投票表决试行办法》，规定人事任免不再举手表决。县十届人大常委会先后决定任命150人次、免职11人次、撤职1人次。组织任免干部述职，县人大常委会作出《关于消灭荒山实现绿化的决议》，要求分管绿化的县长和林业部门负责人每年就抓绿化工作向县人大常委会述职。完善人大信访工作，采取自办、联办、督办和转办的办理方式，处理来信和接待来访1073件次。督促“一府两院”办理代表提出的批评、意见和建议753件。推进代表工作，修订《代表工作试行办法》，在潆溪镇试点，开展“代表向选民述职，选民评议代表”活动，各代表联系组普遍建立反映群众意见、参加集体活动、传达代表大会精神、向选民述职、定期联系选民等制度。指导乡镇人大工作，县人大常委会在溪头乡开展完善乡镇人大主席团成员试点，指导全县92个乡镇人大设立常设主席团，配备专兼职常务主席或主席，并培训提高乡镇人大主席团常务主席的思想业务素质。县人大常委会就乡镇人大主席团如何开好每三个月一次例会在溪头乡进行试点，提出“议题要选好，准备要充分，审议要认真，意见在落实”四条意见在全县推广。县人大常委会在地区人大工作会上交流指导乡镇人大工作的经验，地区人大工委转印各地。

1992年12月至1993年11月，县十一届人大常委会举行常委会会议5次，听取“一府两院”工作汇报11次，作出审议意见7项。开展《中华人民共和国食品卫生法》《中华人民共和国药品管理法》《农民负担管理条例》《全民所有制企业转换经营机制条例》等5部法律法规执法检查；依法人事任免，先后决定任命47人次、免职8人次。组织代表履职行权，召开代表座谈会、建立代表小组，组织到高坪丝厂、十里工业街等单位视察。指导乡镇人大工作，县人大常委会就召开乡镇人代会的若干问题请示县委印发通知，并派人指导，全县各乡镇人代会成功召开，地区人大工委及时转发各地参照办理。与财政部门协商，落实乡镇人大代表活动经费，为乡镇人大主席团制作吊牌，刻制印章，督促落实办公地点，为乡镇人大正常开展工作创造必要条件。加强制度建设，规范常委会工作行为，制定县人大常委会议事规则，主任会议议事规则，受理公民申诉、控告、检举的暂行办法等制度。

三、南充市高坪区人民代表大会

1993年7月，南充县被撤销，建立南充市高坪区。8月，中共四川省委决定，成立南充市筹备工作领导小组。9月，南充市筹备工作领导小组组建高坪区筹备工作领导小组。是月，高坪区成立选举委员会，开展区第一届人大代表选举和区一届人大一次会议筹备工作。11月，选举产生区一届人大及其常委会。至2020年，高坪区共召开6届人民代表大会。

1. 高坪区人大及其常委会

1993年11月3日，高坪区依法选举产生第一届区人大代表231名。经审查，确认231名代表资格有效，区第一届人民代表大会产生。是月，区一届人大一次会议选举区一届人大常委会组成人员16名，产生区一届人大常委会。区一届人大常委会主任滕明才，副主任杨维织、范果太、万泰辉（女）、左文杰，委员：王方中、王正东、文长菊（女）、艾力（女）、杜其中、杨方成、张绍文、易传家、周帮柱（女）、侯春徽（女）、祝隆华、高炳和、席尊明、唐众能、唐启元、谢忠全。选举出席南充市第一届人民代表大会代表37人。1994年7月，区一届人大二次会议上，左文杰的常委会副主任职务随区人大代表资格罢免而相应撤销。1996年4月，区一届人大四次会议补选刘泽华为常委会副主任，唐桂英（女）为常委会委员。是年7月，区一届人大常委会十七次会议通过常委会委员易传家辞职申请。至1997年12月，区一届人大代表届内因调出和免职7人，组织选区补选7人。区人大常委会辞职委员1人，补选委员1人。区一届常委会设立办公室、法制工作委员会、财经工作委员会、农业工作委员会、教科文卫工作委员会、代表联络工作委员会和信访办公室7个办事工作机构。

高坪区第一届人大常委会主任、副主任一览表

表13-17 （1993.11—1997.12）

姓名	性别	党派	籍贯	职务	任职年限
滕明才	男	中共	重庆市潼南县	主　任	1993.11—1997.12
杨维织	男	中共	南充市高坪区	副主任	1993.11—1997.12
范果太	男	中共	南充市嘉陵区	副主任	1993.11—1997.12
万泰辉	女	无党派	重庆市北碚区	副主任	1993.11—1997.12
左文杰	男	中共	南充市高坪区	副主任	1993.11—1994.07
刘泽华	男	中共	重庆市潼南县	副主任	1996.01—1997.12

1997年9月，区一届人大常委会二十七次会议通过区人大换届选举和成立区选举委员会决定，选

出区二届人大代表229名。经审查，确认229名代表资格有效，区第二届人民代表大会产生。12月，区二届人大一次会议选举区二届人大常委会组成人员18名，产生区二届人大常委会。区二届人大常委会主任滕明才，副主任范果太、万泰辉（女）、袁昌杰、陈仁炳，委员：邓琼英（女）、龙小平、冯玉泉、刘清泉、许佑钧、杜其中、杨方成、李映平、张明科、林仕昭、郑健康、胡龙、赵清梦、姜良玉、徐泽义、高炳和、席尊明、蒋荣繁。1999年1月，区二届人大二次会议选举出席南充市二届人代会代表40人。2000年1月，区二届人大四次会议补选唐善强、何惠东为常委会委员。2001年3月，区二届人大五次会议补选张福清为常委会委员。2002年1月，区二届人大常委会三十次会议，决定接受杜其中、杨方成、席尊明、冯玉泉、邓琼英辞去常委会委员职务。是月，区二届人大六次会议补选陈忠树为区二届人大常委会副主任，邓光明、石全华、刘良荣、苏明惠（女）、曾兴洲为常委会委员。区二届人大常委会办事工作设4委1室，财经工作委员会和农业工作委员会合并为经济工作委员会，教科文卫委员会更名为社会事业工作委员会，代表联络工作委员会更名为人事代表工作委员会，信访办公室合并到办公室，保留法制工作委员会，办公室下设秘书股、行政股、信访股。

高坪区第二届人大常委会主任、副主任一览表

表13－18　（1998.1—2002.12）

姓名	性别	党派	籍贯	职务	任职年限
滕明才	男	中共	重庆市潼南县	主　任	1998.1—2002.12
范果太	男	中共	南充市嘉陵区	副主任	1998.1—2002.12
万泰辉	女	无党派	重庆北碚区	副主任	1998.1—2002.12
袁昌杰	男	中共	南充市高坪区	副主任	1998.1—2002.12
陈仁炳	男	中共	南充市高坪区	副主任	1998.1—2002.12
陈忠树	男	中共	南充市嘉陵区	副主任	2002.1—2002.12

2002年11月，区二届人大常委会三十五次会议决定设立区选举委员会，主持区三届人大代表选举工作。12月13日，选举产生区三届人大代表229名，经审查，确认229名代表资格有效，区第三届人民代表大会产生。12月24日，区三届人大一次会议选举区三届人大常委会组成人员12名，产生区三届人大常委会。区三届人大常委会主任杨毓培，副主任陈新民、刘培元、张光杰、陈新光、肖明金、蒋家荣、陈忠树、刘坤华、张兴春、杜桂琼（女），委员：邓光明、冯春生、刘良荣、苏明惠（女）、李映平、张文通、张福清（女）、易凌云（女）、周国民、郑健康、徐泽义、黎萍（女）。2004年2月，区三届人大二次会议选举出席市三届人代会代表38人。7月，区三届人大三次会议，罢免杨毓培区人大常委会主任职务和区人大代表资格，补选周继琼为区人大常委会主任。2003年8月，区三届人大常委会三次会议决定接受黎萍辞去常委会委员职务。2004年6月，区三届人大常委会九次会议决定接受苏明慧（女）辞去常委会委员职务。2005年10月，区三届人大常委会十八次会议因郑健康调离高坪，免去其常委会委员职务。区三届人大常委会办事工作机构无变化。

高坪区第三届人大常委会主任、副主任一览表

表 13－19　（2002. 12—2006. 10）

姓名	性别	党派	籍贯	职务	任职年限
杨毓培	男	中共	西充县	主　任	2002. 12—2004. 6
周继琼	男	中共	南部县	主　任	2004. 7—2006. 9
陈新民	男	中共	嘉陵区	副主任	2002. 12—2006. 10
刘培元	男	中共	高坪区	副主任	2002. 12—2006. 10
张光杰	男	中共	高坪区	副主任	2002. 12—2006. 10
陈新光	男	中共	嘉陵区	副主任	2002. 12—2006. 10
蒋家荣	男	中共	嘉陵区	副主任	2002. 12—2006. 10
肖明金	男	中共	高坪区	副主任	2002. 12—2006. 10
陈忠树	男	中共	嘉陵区	副主任	2002. 12—2006. 10
刘坤华	男	中共	武胜县	副主任	2002. 12—2006. 10
张兴春	男	中共	嘉陵区	副主任	2002. 12—2006. 10
杜桂琼	女	无党派	嘉陵区	副主任	2002. 12—2006. 10

2006 年 8 月，区三届人大常委会二十四次会议决定成立选举委员会，主持区四届人大代表选举工作。9 月 18 日，选举产生区四届人大代表 229 名。经审查，确认 229 名代表资格有效，区第四届人民代表大会产生。10 月，区四届人大一次会议选举区四届人大常委会组成人员 17 名，产生区四届人大常委会。区四届人大常委会主任吴宗麟，副主任陈新民、刘培元、张光杰、张明科、陈忠树、蒋家荣、刘坤华、张兴春、杜桂琼（女），委员：陈说、冯伟、陈元卒、王耀德、姜勋志、罗盛元、郑仕昌、李蓉清（女）、李灿、李兴海、钟成珍（女）、周国民、赵春光、陈钰（女）、易凌云（女）、杨朝光、陈志。2007 年 9 月，区人大常委会副主任张兴春逝世，其人大常委会副主任及区人大代表资格终止。2007 年 11 月，区四届人大常委会六次会议接受易凌云辞去常委会委员职务。2008 年 1 月，区四届人大二次会议补选邓评（女）、刘天喜为常委会委员。2010 年 1 月，区四届人大四次会议补选徐洪伟、曾长权、杨晓军为常委会委员，选举高坪区出席南充市四届人民代表大会代表 40 人。区四届人大常委会办事工作机构无变化。

高坪区第四届人大常委会主任、副主任一览表

表 13－20　（2006. 10—2011. 12）

姓名	性别	党派	籍贯	职务	任职年限
吴宗麟	男	中共	南部县	主　任	2006. 10—2011. 10
陈新民	男	中共	嘉陵区	副主任	2006. 10—2011. 12
刘培元	男	中共	高坪区	副主任	2006. 10—2011. 12
张光杰	男	中共	高坪区	副主任	2006. 10—2011. 12

续表 13-20

姓名	性别	党派	籍贯	职务	任职年限
蒋家荣	男	中共	嘉陵区	副主任	2006. 10—2011. 12
陈忠树	男	中共	嘉陵区	副主任	2006. 10—2011. 12
张明科	男	中共	重庆璧山县	副主任	2006. 10—2011. 12
刘坤华	男	中共	武胜县	副主任	2006. 10—2011. 12
张兴春	男	中共	嘉陵区	副主任	2006. 10—2007. 9
杜桂琼	女	无党派	嘉陵区	副主任	2006. 10—2011. 12

2011 年 10 月 21 日，区四届人大常委会三十二次会议决定成立区选举委员会，负责组织全区人大代表选举工作。11 月 25 日，选举产生区五届人民代表大会代表 227 人。经审查，确认 227 名代表资格有效，区第五届人民代表大会产生。12 月 5 日，区五届人大一次会议选举区五届人大常委会组成人员 18 名，产生区五届人大常委会。区五届人大常委会主任杨天武，副主任侯春徽（女）、李红兵、杜桂琼（女）、任乐平，委员：王耀德、邓评（女）、邓华斌、田蓬南、冯勤德、李映平、李银和、李蓉清（女）、杨涛、杨晓军、杨朝光、陈钰（女）、陈元卒、林海、周国民、胡俊华（女）、唐文雄、曾长权。2013 年 8 月，区五届人大常委会第十二次会议接受侯春徽辞去常委会副主任职务的请求，接受王耀德辞去常委会委员、区人大代表职务的请求。2014 年 2 月，区五届人大常委会十六次会议接受曾长权辞去常委会委员职务。是月，区五届人大三次会议，补选程冬梅（女）为常委会副主任，王志明、廖丽婷（女）、曹均龙、何德平、莫世富等 5 人为常委会委员。2014 年 8 月，常委会委员陈元卒逝世，其常委会委员资格自动丧失。2016 年 2 月，区五届人大五次会议选举明长林、彭开礼为常委会委员。区五届人大常委会初设办公室、人事代表工作委员会、经济工作委员会、法制工作委员会、社会事业工作委员会、信访办公室 6 个办事工作机构。区五届人大十六次会议决定设立农业工作委员会、城乡建设和环境保护工作委员会 2 个工作机构。

高坪区第五届人大常委会主任、副主任一览表

表 13-21　　(2011. 12—2016. 12)

姓名	性别	党派	籍贯	职务	任职年限
杨天武	男	中共	广安市岳池县	主　任	2011. 12—2016. 12
侯春徽	女	中共	南充市营山县	副主任	2011. 12—2013. 8
李红兵	男	中共	南充市仪陇县	副主任	2011. 12—2016. 12
任乐平	男	中共	南充市嘉陵区	副主任	2011. 12—2016. 12
程冬梅	女	中共	南充市高坪区	副主任	2014. 2—2016. 12

2016 年 9 月，区五届人大常委会三十七次会议通过议案，决定成立区选举委员会。省人大常委会确定区人大代表名额 229 名，常委会组成人员名额为 35 人。10 月 29 日，选举产生区六届人民代表大会代表 226 名。经审查，确认 226 名代表资格有效，区第六届人民代表大会产生。12 月，区六届人大一次会议选举区六届人大常委会组成人员 26 名，产生区六届人大常委会。区六届人大常委会主任杨天武，副主任赵亩、任乐平、程冬梅（女），委员：王志明、邓华斌、冯刚、田蓬南、何川、何德平、

张萍（女）张勇军、李兵、李银和、杨涛、杨永刚、肖明、陈钰（女）、陈春华（女）、周韦华（女）、周国民、明长林、林海、姚平、胡国志、贺超、莫世富、曹均龙、彭开礼、雷震。选举六届人民代表大会专门委员会主任、副主任、委员共42人，选举出席市六届人代会代表43人。撤销区人大常委会法制工作委员会、经济工作委员会、农业工作委员会、城乡建设与环境资源保护工作委员会、社会事业工作委员会等5个工作机构和信访室1个办事机构，增设区人大常委会研究室，人事代表工作委员会更名为人事代表工作室。决定设立区人民代表大会法制与内务司法委员会、财政经济委员会、城乡建设与环境资源保护委员会、农业与农村委员会、社会事业委员会、民族宗教外事侨务委员会等6个委员会。区人大设有6个专门委员会，区人大常委会设立办公室、人事代表室、研究室等3个办事机构。2018年1月，区六届人大三次会议补选张毅、周德琼（女）为区六届人大常委会委员。2019年3月，区六届人大常委会第十八次会议接受张毅、张勇军辞去区人大常委会委员职务。3月29日，区六届人大四次会议决定区人民代表大会增设预算委员会，法制与内务司法委员会更名为监察和司法委员会，财政经济委员会更名为经济委员会，社会事业委员会更名为教育科学文化卫生委员会，民族宗教外事侨务委员会更名为社会建设委员会。选举王耀德、冉玲英（女）、陈强为区人大常委会委员，通过新设更名的5个委员会主任、副主任、委员。2020年6月，区六届人大常委会十九次会议决定接受张萍辞去社会事业委主任委员。7月，区六届人大五次会议选举张萍为区人大常委会副主任，选举朱明国、杨晓松、彭明贵为区人大常委会委员，决定周德琼为社会事业委主任委员。区六届人大设有7个专门委员会，区六届人大常委会设有3个办事机构，有工作人员49人。

高坪区第六届人大常委会主任、副主任一览表

表13－22 （2016.12— ）

姓名	性别	党派	籍贯	职务	任职年限
杨天武	男	中共	广安市岳池县	主　任	2016.12—
赵　亩	男	中共	四川省阆中市	副主任	2016.12—
任乐平	男	中共	南充市嘉陵区	副主任	2016.12—
程冬梅	女	中共	南充市高坪区	副主任	2016.12—
张　萍	女	民革	南充市嘉陵区	副主任	2020.7—

2. 高坪区人民代表大会会议

1993年11月至1997年12月，区一届人民代表大会举行会议5次，除第三次会议外，其余4次会议均听取和审查区政府、区人大常委会、区人民法院、区人民检察院、区国民经济和社会发展计划（书面）、财政预决算（书面）等6个工作报告，并通过各项报告。其间，区一届人大一次会议选举滕明才为区一届人大常委会主任，杨维织、范果太、万泰辉（女）、左文杰为副主任，16名委员。选举出席南充市第一次人民代表大会代表38人。选举刘隆平为区政府区长，谢华国、陈贵德、陈新民、刘培元、敬树丰、屈良俊、袁昌杰为副区长。陈代和为区人民法院院长，肖明金为区人民检察院检察长。会议审议通过区人大常委会议事规则、区人大常委会任免国家机关工作人员表决办法。区一届人大二次会议听取和审议区长刘隆平作的《高坪区1994年至2000年国民经济和社会发展计划纲要（草案）的报告》。会议授权区人大常委会对《纲要（草案）》审查后区政府实施。审议通过修订的区人民代表大会议事规则。区一届人大三次会议审议通过区人大常委会关于开展执法大检查的若干规定。区一届人大四次会议听取和审议副区长陈新民作的《高坪区国民经济和社会发展“九五”计划和二〇一〇年远景规划的报告》，作出《关于开展1996年乡镇企业发展年活动的决议》，补选刘泽华为区人大常委会副主任，唐桂英为区人大常委会委员。区一届人大五次会议接受刘隆平辞去区政府区长职务，补选贾荣良为区政府区长、任晓春为副区长。届内，议案审查委员会收到议案54件，建议、批评和意见165件。

1997年12月至2002年12月，区二届人大共举行会议7次。除第三次和第七次会议主要议程是选举外，其余五次会议均听取和审查区政府、区人大常委会、区人民法院、区人民检察院、区国民经济和社会发展计划（书面）、财政预决算（书面）等6个工作报告，并通过各项报告。其间，区二届人大一次会议选举滕明才为区二届人大常委会主任，范果太、万泰辉（女）、袁昌杰、陈仁炳为副主任，18名委员；选举出席南充市第二次人民代表大会代表40人。选举杨毓培为区政府区长，任晓春、陈春华（女）、蒲芝龙、蒋家荣、吴道军、周仁勇为副区长；选举陈代和为区人民法院院长，肖明金为区人民检察院检察长。通过《南充市高坪区第二届人民代表大会第一次会议关于依法治区的决议》。区二届人大三次会议补选任晓春为区政府区长。区二届人大四次会议补选唐善强、何惠东为常委会委员，审议通过《关于加快区乡镇公路改造的决议》。区二届人大五次会议审议并通过副区长刘坤华所作《关于制定高坪区国民经济和社会发展第十个五年计划草案的报告》；补选张福清为常委会委员。区二届人大六次会议补选陈忠树为常委会副主任，邓光明、石全华、刘良荣、苏明惠、曾兴洲为常委会委员；选举张国庆为区人民法院院长。区二届人大七次会议选举蒲芝龙为区政府区长；会上，人大代表对区政府组成部门工作进行测评。届内，收到议案98件，建议55件，质询7件。

2002年12月至2006年10月，区三届人大共举行会议5次。除第三次会议主要议程涉及选举外，其余4次会议均听取和审查区政府、区人大常委会、区人民法院、区人民检察院、区国民经济和社会发展计划（书面）、财政预决算（书面）等6个工作报告，并通过各项报告。其间，区三届人大一次会议选举杨毓培为区三届人大常委会主任，陈新民、刘培元、张光杰、陈新光、肖明金、蒋家荣、陈忠树、刘坤华、张兴春、杜桂琼（女）为副主任，12名委员；选举蒲芝龙为区政府区长，周昂、周仁勇、曹健、王志强、蒲亨坤、郑莉（女）为副区长；选举张国庆为区人民法院院长，贾成刚为区人民检察院检察长。区三届人大二次会议选举高坪区出席南充市第三次人民代表大会代表38人。区三届人大三次会议罢免杨毓培区人大常委会主任职务和人大代表资格；听取、审议并通过副区长周昂提交的《高坪区人民政府关于编制国民经济与社会发展“十一五”规划纲要工作情况的说明》，补选周继琼为区人大常委会主任。区三届人大五次会议审议通过《南充市高坪区国民经济与社会发展“十一五”规划纲要》，补选黄小明为区政府区长。届内，收到议案117件，建议、批评和意见61条。

2006年10月至2011年12月，区四届人大共举行会议5次，会议均听取和审查区政府、区人大常委会、区人民法院、区人民检察院、区国民经济和社会发展计划（书面）、财政预决算（书面）等6个工作报告，并通过各项报告。其间，区四届人大一次会议选举吴宗麟为区四届人大常委会主任，陈新民、刘培元、张光杰、张明科、陈忠树、蒋家荣、刘坤华、张兴春、杜桂琼（女）为副主任，17名委员；选举黄小明为区政府区长，王体刚、王志强、刘松、郑莉（女）、赵亩、黄春、樊晟为副区长；选举李红兵为区人民法院院长，王朝富为区人民检察院检察长。区五届人大二次会议选举出席南充市第四次人民代表大会代表39人，补选邓评（女）、刘天喜为常委会委员。区四届人大四次会议罢免黄小明区政府区长职务，选举刘本良为区政府区长。补选徐洪伟、曾长权、杨晓军为常委会委员。区四届人大五次会议审议通过《高坪区国民经济和社会发展第十二个五年代纲要》。届内，议案组收到议案190件，建议、批评和意见145件，大会主席团将9件确定为议案。

2011 年 12 月至 2016 年 12 月，区五届人民代表大会共举行会议 6 次，除第二、第六次会议外，均听取和审查区人民政府、区人大常委会、区人民法院、区人民检察、区国民经济和社会发展计划（书面）、财政预决算（书面）等 6 个工作报告，并通过各项报告。其间，区五届人大一次会议选举杨天武为区五届人大常委会主任，侯春徽（女）、李红兵、杜桂琼（女）、任乐平为副主任，18 名委员；选举王体刚为区政府区长，曹华光、黎家远、赵亩、郑莉（女）、吴斌、刘松、陈绍荣、苟国旗、魏波、王翠花（女）、马文林为副区长；熊营生为区人民法院院长，王朝富为区人民检察院检察长。会议选举出席南充市第五次人民代表大会代表 39 人。区五届人大三次会议补选程冬梅（女）为区人大常委会副主任，王志明、廖丽婷（女）、曹均龙、何德平、莫世富为常委会委员。区五届人大五次会议选举明长林、彭开礼为常委会委员，石耀中为区人民检察院检察长。会议审查和批准高坪区国民经济和社会发展第十三个五年规划纲要。届内，议案审查委员会收到议案、建议、批评和意见 476 件。

2016 年 12 月至 2020 年 12 月，区六届人民代表大会共举行会议 5 次，除第二次会议议程涉及选举外，其余四次会议均听取和审查区政府、区人大常委会、区人民法院、区人民检察、区国民经济和社会发展计划（书面）、财政预决算（书面）等 6 个工作报告。其间，区六届人大一次会议选举杨天武为区六届人大常务委员会主任，赵亩、任乐平、程冬梅（女）为副主任，26 名委员；选举袁华兵为区政府区长，曹华光、刘天灵、敬健、任贤明、王宗坤、袁伟平（女）为副区长；熊营生为区人民法院院长，石耀中为区人民检察院检察长；选举高坪区出席南充市第六次人民代表大会代表 43 人。审议通过关于区六届人民代表大会各专门委员会设置议案，设立 6 个专门委员会。通过区六届人民代表大会各专门委员会主任委员、副主任委员、委员人选。审议通过区政府关于在全区进行封山育林并禁伐林木的议案，作出封山育林并禁伐林木的决定。区六届人大二次会议听取和审议代理区长陈多平作的《高坪区人民政府 2017 年上半年工作情况汇报》，选举陈多平为区政府区长。区六届人大三次会议选举洪峰为区监察委员会主任，补选 2 名常委会委员。区六届人大四次会议补选 3 名常委会委员。表决通过区六届人大增设专门委员会及部分专门委员会更名的决定和区六届人民代表大会专门委员会成员人选名单。区六届人大五次会议选举张萍为区人大常委会副主任，补选 3 名常委会委员，补选王晓燕（女）为区人民法院院长、罗庆勇为区人民检察院检察长。区六届人大六次会议选举兰吉春（女）为区政府区长。届内，收到议案、建议、批评和意见 472 件。

3. 高坪区人大常委会会议

1993 年 12 月至 1997 年 12 月，区一届人大常委会共举行常委会会议 31 次，听取“一府两院”工作报告 32 次，作出专项决议 21 个、决定 22 个、审议意见 14 个、人事任免 160 余人次。审议通过《南充市高坪区大常委会议事规则》《南充市高坪区人大常委会人事任免表决办法》，明确区人大常委会组成人员分工。围绕经济社会发展重大议题开展工作，区人大常委会先后作出《关于九年义务教育规划的决议》《实施初级卫生保健的决议》《高坪区农业生态环境管理暂行规定的决议》《批准高坪区生态农业建设规划的决定》《进一步加快乡镇企业发展的决议》《加快企业产权制度改革工作的审议意见》《加快公路交通建设的决议》《进一步加快集镇建设的决议》《发展个体私营经济的审议意见》《企业扭亏增赢的审议意见》等决议和审议意见。听取和审议“一府两院”在贯彻实施法律方面专题汇报，先后作出《在区人民政府、区人民法院、区人民检察院实行部门执法责任制的决议》《认真贯彻实施〈中华人民共和国水法〉的决议》《进一步贯彻实施〈农业法〉〈农业技术推广法〉的审议意见》《贯彻实施〈中华人民共和国残疾人保障法〉的审议意见》等，推动“一府两院”依法行政、公正司法。做好人任免工作，共任免 127 人次。同意刘隆平辞去区政府区长职务，接受邹振胜、甘灵、赵从容、敬树丰、那小川和屈良俊、李清禾、袁昌杰辞去区政府副区长职务；任命贾荣良区政府副区长、决定为代理区长，任命甘灵、赵从容、李清禾、何跃、那晓川、贾荣良、蒲芝龙和周昂任区政府副区长。

1997 年 12 月至 2002 年 12 月，区二届人大常委会共召开常委会会议 36 次，听取和审议“一府两院”审议意见 21 个；工作汇报 92 次，主任会议议案 5 个，作出专项决议 54 个，审议意见 21 个。二届人大常委会围绕经济和社会发展重大议题开展工作，先后听取区政府关于加快民营经济发展、加强计划生育工作、贯彻执行乡镇企业法及其实施办法、加强蔬菜基地建设、加速水果产业建设、农村土地使用权流转、预算外资金管理、区乡公路改造、加快旅游业发展、加强城市建设和管理、松林小区开发、招商引资、环城绿化、十里工业街经济技术开发区建设等工作汇报。听取和审议区政府农业产业化基地建设情况汇报，作出《进步加快农业产业化基地建设的决议》并跟踪农业产业化工作。听取和审议区政府关于全区农业产业化建设情况的汇报，作出《关于围绕农业产业化发展龙头企业的决议》，要求区政府围绕果品、蔬菜、畜禽、种子、蚕桑等特色产业开展招商活动，引进业主开发，培植加工龙头和营销龙头。人事任免 286 人次。届内，先后接受杨毓培、任晓春辞去区长职务，先后接受陈春华（女）、陈新民、吴道军、蔡宝成、张明科、刘坤华辞去区政府副区长职务，罢免唐善强区政府副区长职务。

2002 年 12 月至 2006 年 10 月，区三届人大常委会共召开常委会会议 25 次，听取专题汇报 35 次，作出决议、决定 26 个，审议意见 25 项。对涉及全区重大事项先后作出《关于加快建设“四大中心”发展的决议》《关于实施“工业富区”战略的决议》《关于高坪生态区建设规划的决议》《关于加强法制宣传教育的决议》《关于进一步做好扶贫开发工作的决议》《关于进一步加快旅游业发展的决议》等决议、决定 26 个；围绕全区工作重点和人民群众关心关注的热点，听取“一府两院”关于社会主义新农村建设、农业产业结构调整、工业经济发展、交通建设、招商引资、素质教育、加强传染病防治、食品卫生管理、文化和体育事业发展、社会救助、农民增收工作等方面汇报 35 次，作出审议意见 25 项。先后 12 次听取区政府关于工业经济发展专项工作情况汇报，督促区政府把产业化建设、招商引资与工业富区结合起来，以盘活资产、培育支柱为目标，提高工业质量，壮大工业规模，促进全区工业经济发展。人事任免 168 人次。届内，同意蒲芝龙辞去区长职务，任命黄小明为区政府副区长、决定为代理区长，先后任命何全林为区政府副区长，接受周仁勇、曹健、蒲亨坤辞去区政府副区长职务。罢免杨春林市第二届人大代表职务。罢免明方贵区财政局局长、蔡学胜区交通局局长、徐洪生区教育局局长职务。

2006 年 12 月至 2011 年 12 月，区五届人大常委会举行会议 33 次。听取审议区人民政府、区人民法院、区人民检察院的专题汇报 39 次，作出决议、决定 30 余项，审议意见 35 项。加强对“一府两院”工作监督和法律监督，除每年按监督法要求对财政预算执行和财政预算调整方案进行审查批准外，针对全区重点工作和人民群众关心关注的热点难点问题，依法履职行权，先后听取和审议区政府凌云山风景区旅游开发建设、江东新区开发建设、航空港工业园区建设情况汇报，作出《关于加快“四大中心”建设的决议》。听取和审议区政府关于人口和计划生育工作、推进义务教育工作、社会主义新农村建设等工作汇报，作出审议意见。听取审议区人民法院工作汇报，作出《关于加强执行联动威慑机制工作的决议》。依法开展人事任免，共任免“一府两院”工作人员 175 人次。届内，接受刘本良辞去区政府区长职务，任命王体刚为副区长，决定为代理区长。先后任命黎家远、温生平为区政府副区长，接受樊晟、王志强、温生平辞去区政府副区长职务，接受李红兵辞去区人民法院院长职务，任命熊营生为区人民法院副院长，决定为代理院长。强化常委会自身建设，规范常委会运行，修改《常委会议事规则》《常委会主任会议议事规则》《财政预算审查监督试行办法》《人大常委会关于审议、决定重大事项的若干规定》。

2011 年 12 月至 2016 年 12 月，区五届人大常委会共召开常委会会议 39 次，作出决议决定 32 项，听取和审议专项工作报告 68 项，提出审议意见 36 项。审议决定重大事项，加强对“十二五”规划执行情况的监督，依法作出对“十二五”规划部分指标进行调整的决议。提前介入“十三五”规划编制工作，听取区政府“十三五”规划编制情况汇报，提出 14 项意见建议。根据政府议案，作出撤销佛门、走马、南江、隆兴 4 个乡建制设立镇建制的决议。开展工作监督，听取区政府关于工业园区建设、重点项目建设、林业产业发展、城市商圈培育、新农村综合体建设、农村专合组织发展、“五大商圈”建设、旅游休闲产业发展、“十二五”公路规划建设情况等经济工作情况汇报；听取区政府关于矛盾纠纷大调解、社区卫生服务、学前教育投入、失地农民就业、弱势群体救助、禁毒工作、工业企业排污、螺溪河流域污染整治、医疗卫生体制改革、社会治安防控体系建设、保障性住房建设、养老社会化服务、公共文化服务体系建设、城区基础教育设施建设等社会民生方面工作汇报，并作出审议意见。对法检两院开展工作监督，首次听取法检两院半年工作情况汇报。依法人事任免，届内人事任免共 377 人次。同意王体刚辞去区政府区长职务，任命袁华兵为区政府副区长、决定为代理区长。先后任命周成、谢政、任贤明、李文举、何晓荔为区政府副区长，接受陈绍元、魏波、马文林、谢政、李文举、王翠花、何晓荔、苟国旗辞去区政府副区长职务。届内，还决定接受王朝富辞去区人民检察院检察长职务，任命石耀中为区人民检察院副检察长、决定为代理检察长。加强常委会自身建设，先后审议通过《南充市高坪区街道人大工委工作办法》《南充市高坪区人大常委会组成人员履职规定》和《南充市高坪区人大常委会关于建立常委会组成人员履职档案制度的决定》，印发《规范性文件备案审查规定》《信访工作实施办法》《询问工作办法》，规范人大常委会工作。

2016 年 12 月至 2020 年 12 月，区六届人大常委会共召开常委会会议 37 次，听取和审议专项工作报告 106 项，作出决议决定 47 项，提出审议意见 73 项。先后作出加快川东北金融中心建设，批准南充市高坪区“十三五”规划（纲要）部分指标调整、同意将城区停车场存量项目政府可行性缺口补助资金纳入区财政预算及中长期规划、依法开展“七五”普法、乡镇行政区划调整改革方案、乡镇行政区划调整改革涉及乡镇人大工作有关事项等决议决定等 39 项。加强对“一府两院”工作监督，围绕经济工作听取现代服务业重点项目推进、柑橘产业发展、区政府性重大投资建设项目计划编制、现代物流园建设和发展等工作汇报，对相关工作提出审议意见。围绕社会民生改善，听取村级卫生室建设、全区养老事业健康发展、全区开展交通建设、“厕所革命”、教育事业“十三五”规划项目实施等工作汇报。重视生态环保监督，听取和审议区政府关于贯彻执行区六届人大一次会议作出的封山育林禁伐林木决定的情况汇报。加强法治工作监督，听取和审议法检两院司法体制改革工作、监察体制改革工作、扫黑除恶专项斗争工作等情况汇报，坚持年中听取法检两院半年工作情况汇报。依法开展人事任免。同意袁华兵辞去区长职务，任命陈多平为副区长，决定为代理区长。先后同意曹华光、王宗坤、袁伟平、敬健、邱跃峰、任贤明辞去副区长职务，任命邓颖睛、何建新、吴翰林为副区长。接受熊营生辞去区人民法院院长、石耀中区人民检察院检察长职务，任命王晓燕为区人民法院副院长，决定为代理院长；任命罗庆勇为区人民检察院副检察长、决定为代理检察长职务。

4. 高坪区人大常委会主要工作

1993 年 11 月至 1997 年 12 月，区一届人大常委会围绕全区经济建设中心和社会发展大局，切实履行法定职权。审查批准《南充市高坪区一九九四年至二〇〇〇年国民经济和社会发展计划纲要（草案）》，听取区政府《高坪区一九九三年以来乡镇企业发展的情况汇报》，作出《进一步加快发展乡镇企业的决议》。根据区政府提出，审议批准《南充市高坪区生态农业建设规划》《南充市高坪区农业生态环境管理的暂行规定》，审查每年的预算执行情况和预算调整情况。根据区委有关文件和区政府提请，作出《关于南充市高坪区人民政府部分机构变动的决定》。听取区文体局等部门关于文化市场管理情况汇报，根据文化市场管理中存在的问题，提出审议意见。区文体局根据审议意见，对区内舞厅、录像经营点、印刷行业、书摊进行清理整顿。《人民权力报》在头版头条对高坪区规范管理全区文化市场作专题报道。听取和审议区政府关于1995年至1997年普及九年制教育规划（草案），作出普及九年制义务教育规划的决议。区人大常委会组成人员分组到龙门、胜观、走马等乡镇检查“普九”情况，听取区教育局对落实“普九”规划和区人大常委会决议情况汇报，作出《进一步加快普及九年制义务教育进程的审议意见》。高坪区普及九年制义务教育工作经省、市政府验收合格，名列全市第一名，受到省、市政府表彰奖励。组织区人大代表评议区法院工作，授予区人民法院“人民的好法院”称号。对区人民检察院、公安分局和水电局、林业局、畜牧局、农业局、蚕桑局、蔬菜办等6个涉农单位进行工作评议，先后对区农业局局长刘天喜、交通局局长徐云成、文化局局长罗洪玉履行职务、执行法律、落实人大及其常委会决议决定情况进行评议。区人大常委会认真开展法律监督，根据主任会议提议，作出《在区人民政府、区人民法院、区人民检察院实行部门执法责任制的决议》，在区计划生育局试点后，在全区范围内推行部门执法责任制，听取区人民法院实施部门执法责任制情况报告，并对12个政府行政执法主体单位落实部门执法责任制情况进行检查，量化打分。此项工作受到省、市人大好评，重庆、达县以及市内蓬安、阆中等人大前来学习借鉴。制定并通过《关于开展执法检查的若干规定》，对执法检查的内容、对象、方案、方式，以及对违法行为和典型案件的处理等作出具体规定。先后对《中华人民共和国劳动法》《中华人民共和国公司法》《中华人民共和国药品管理法》《中华人民共和国农业法》《中华人民共和国农业技术推广法》《中华人民共和国赔偿法》《中华人民共和国水土保持法》《中华人民共和国村民委员会组织法》《中华人民共和国城市居民委员会组织法》《中华人民共和国保险法》等40多个法律开展执法检查。依法行使人事任免权，在人事任免工作中坚持党管干部原则和依法行使任免权有机统一，任命前对被任命干部进行法律考试，不及格者不提请任命。任命时被任命人员作供职演说，区人大常委会委员以无记名投票方式表决。根据被任命人员供职演说和岗位要求，责成被任命人员报送年度履职情况，接受区人大常委会监督。届内共任免127人次。建立代表学习、视察、联系选民和汇报工作等制度。制定《常委会组成人员联系区人大代表、区人大代表联系选民的制度》，规定每名常委会组成人员联系区人大代表，每名区人大代表联系选区选民的“双联系”制度。组织人大代表学习法律法规，围绕每年重大事项、重点工作开展代表视察，先后视察乡镇企业、卫生事业、工商企业、农业基础设施、柑橘改良、城郊绿化等工作。在指导乡镇人大工作方面，乡镇建制调整后，指导有选举任务的22个乡镇选出乡镇人大代表1075人。指导乡镇人民代表大会选举产生乡镇人大主席团，推选主席团专职常务主席和副主席27人，落实22名专职人大工作人员。针对斑竹乡人大主席团选举问题，作出《关于撤销斑竹乡人大主席团主席违法当选的决定》，撤销获赞成票未超过代表总人数过半数的乡人大主席当选资格。特邀乡镇人大主席、副主席轮流列席区人大常委会会议，参加执法检查、专题调查和代表视察活动，规范乡镇人大主席团工作。指导乡镇加强基层民主政治建设，建立村（居）民代表会议制度。在浸水乡开展村民代表会议制度试点，建立村民代表会议制度，增强村委会自我管理、自我教育和自我服务职能。浸水乡试点成功后在全区367

个行政村推行。在高坪、白塔两个居委会进行居民代表会议制度试点，试点成功后在全区 24 个居委会推行。届内接收处理人民群众来信来访 475 件次。协调处理青居镇顺江村河滩地使用权属引发械斗的信访案件，督促区政府和青居镇政府采取措施，及时解决争执多年的土地使用权纠纷问题。

1997 年 12 月至 2002 年 12 月，区二届人大常委会围绕全区经济建设社会事业热点难点履行决定权，作出专项决议 54 个。听取和审议区政府工作汇报，作出《加速水果产业化建设的决议》《加快发展民营经济的决议》《加强蔬菜基地建设的决议》《加强稻鱼果基地建设的决议》《松林小区开发建设的决议》《在我区全面推行素质教育的决议》《抓住西部大开发机遇，努力实现我区经济超常规、跨越式发展的决议》《进一步加强农业产业化基地建设的决议》《招商引资工作的决议》《南充十里工业街经济技术开发区开发建设的决议》《环城绿化工程建设的决议》。加强对“一府两院”工作监督，听取和审议“一府两院”专项工作汇报 92 次，作出审议意见 21 个。听取并审议区政府在计划生育、农村土地流转、乡村道路改造、依法治区、发展民营经济、创建先进文化区等方面的工作汇报，作出审议意见。听取区人民法院执行工作、人民检察院开展“五好两满意”活动等工作汇报。加大对区人大常委会所作决议决定和审议意见的跟踪监督，审议通过了《南充市高坪区人大常委会反馈审议意见办理情况的若干办法》，明确主任会议、常委会议定期听取工作汇报，要求常委会办事机构开展经常性调研督查，保障监督工作有始有终。有针对性开展《中华人民共和国乡镇企业法》《中华人民共和国药品管理法》《四川省农民负担管理条例》《四川省公共卫生条例》《中华人民共和国审计法》《中华人民共和国食品卫生法》等法律法规执法检查。在《中华人民共和国统计法》执法检查中，督促有关部门对区种子公司拒报 1 月至 6 月商业报表的违法行为，依法作出限期补报和罚款 1000 元的行政处罚。在《中华人民共和国环境保护法》执行检查中，督促执法部门对执意使用燃煤造成污染的 6 户经营业主作出行政处罚。依法行使人事任免权，届内人事任免 286 人次。在开展工作评议方面，组织区内各级人大代表对 5 个基层法庭和区人民法院 1996 年至 1998 年工作进行评议，根据评议结果，授予区人民法院“公正廉洁的优秀法院”称号、区人民法院院长“优秀法院院长”称号，授予区人民法院刑事审判庭、经济审判庭、执行庭和高坪、长乐、龙门人民法庭先进集体称号。区人大常委会会同区纪委、区委组织部，组织部分人大代表、乡镇党委书记、人大主席、民营企业法人、个体工商户代表近 500 人，分片对 60 个涉企服务部门工作进行无记名测评，将汇总综合评价的占位情况通报全区，这是建区以来首次测评，影响十分巨大。对区计划委员会进行工作评议，作出表彰奖励区计划委员会的决定。制定《南充市高坪区人大常委会组成人员联系区人大代表、区人大代表联系选民的制度》，建立区人大常委会组成人员联系区人大代表和区人大代表联系选民的“双联系”制度，先后组织代表视察农业、乡镇企业、城郊绿化、松林小区开发、东新路扩建、城区综合整治等工作，接待省、市人大代表视察高坪重点建设、农业、水利、民营经济、柑橘产业化、交通、小集镇建设、教育卫生和旅游事业。指导乡镇人大工作，届内培训区人大代表、乡镇人大主席、副主席 263 人次。指导乡镇人大换届选举，针对鄢家乡副乡长选举出现的问题，作出《关于撤销鄢家乡四届人大第一次会议副乡长选举结果的决定》，区人大常委会依法决定梁某当选副乡长无效。重视人民来信来访，届内收到人民群众来信 1629 件，接待人民群众来访 1138 人次，研究处理重大疑难案件 45 件。其间，区人大常委会责成司法部门，分别办结东观供销社职工李某某长达 3 年的经济纠纷案和黄溪乡农民王某某长达 4 年的房屋纠纷案。

2002 年 12 月至 2006 年 10 月，区三届人大常委会依法履行重大事项决策权，作出《关于实施“工业富区”战略的决议》《关于进一步做好扶贫开发工作的决议》《关于进一步加快旅游业发展的决议》《关于做好法律援助工作的决议》《关于进一步加强社会救助工作的决议》《关于财政预算调整、财政决算的决议》等决议决定26个。听取和审议“一府两院”专题汇报35次，作出审议意见25个。先后12次听取区政府关于产业化建设、招商引资、工业富区等专项工作情况汇报，督促区政府提高工业发展质量，壮大工业规模。听取和审议国民经济计划和财政预决算、财政管理、预算外资金管理、税源培植、税收征管等方面工作汇报，依法作出决议决定和审议意见。围绕新农村建设、农业产业化建设、扶贫开发、畜牧业发展、农民增收等重点问题，听取和审议区政府情况汇报，提出意见和建议。听取和审议区政府推行素质教育、加强传染病防治和食品卫生管理、加快文化和体育事业发展、加大社会救助和殡葬改革等工作汇报，督促区政府协调发展社会事业。听取关于民事行政检察工作、法律援助工作汇报，组织个案监督，督促司法机关妥善处理16起当事人久诉不息、人民群众反映较大的典型案件。对《中华人民共和国建筑法》《中华人民共和国税法》《中华人民共和国预算法》《中华人民共和国计划生育法》《中华人民共和国价格法》《中华人民共和国种子法》《中华人民共和国法官法》《中华人民共和国警察法》等38部法律法规的贯彻执行情况进行检查，保障法律法规在全区贯彻实施。对区建设局、交通局、水利局、农业局、卫生局、区发展和改革局、司法局工作进行评议。听取区建设局、水利局、交通局、农业局、卫生局对评议工作整改情况汇报，决定授予区水利局、卫生局为“人大代表评议满意单位”。依法人事任免，届内共任免国家机关工作人员168人次。注重代表议案、建议、批评和意见办理，区三届人大代表在会议期间和闭会期间共提议案、建议、批评和意见249件。区人大常委会要求承办单位实事求是，严格按法规和政策办事，做到办前调查、办中座谈、办后回访，代表议案办理质量明显提高，代表满意度明显提高。创新代表工作方式，丰富代表活动内容，发挥人大代表在履职行权、联系群众、发展经济中的作用。市、区人大代表吴浩彪兴办社区实体经济，帮助800余名居民就业，被省委、市委、区委授予“优秀爱民书记”“十大杰出青年”“优秀人大代表”称号；市、区人大代表刘美华在北斗坪村带动群众兴办20余家农家乐，被省政府评为“劳动模范”。省人大常委会领导带领省、市12家新闻单位专程到高坪就代表工作座谈采访，深入报道。届内共收到人民来信2696件，接待群众来访2138人次。邀请36名乡镇人大主席或副主席列席常委会会议，78名乡镇人大代表参加执法检查、专题调查和代表视察活动。召开乡镇人大工作片会。

2006年12月至2011年12月，区四届人大常委会行使重大事项权，作出《关于加快‘四大中心’建设的决议》《关于进一步加强项目推动工作的决议》《关于进一步加强农业集约化经营中心建设的决议》《关于财政预算调整、财政决算的决议》《关于同意撤销小龙等镇设立街道办事处的决议》等决议决定30余个。先后15次听取区政府专项工作汇报，督促区政府把产业建设、招商引资与工业强区有机结合，多管齐下引资融资、全速推进园区建设、积极引导技术创新、强化项目指导督查，全力推进工业发展。以“一线两业”和“五大园区”为重点，围绕新农村建设、农业集约化经营中心建设、富民强村等重点工作开展调查、视察，听取区政府相关情况汇报，有针对性地提出意见和建议。对区政府提出的国民经济计划和财政预决算进行认真审查，对财政管理、预算外资金管理、税源培植、税收征管等方面的工作加强监督。先后对航空港工业集中区、都京丝纺工业园区、江东新区、现代农业园区等重点工程建设情况进行监督，提出整改意见和建议。听取区政府关于新农村建设、“构建和谐社区”、教育工作、新型农村合作医疗管理、城乡环境综合整治、食品卫生安全、乡村公路建设、计划生育工作、清溪河螺溪河治理改造等工作汇报，提出审议意见。听取和审议民事刑事调解工作、刑事审判工作、预防职务犯罪工作汇报，督促司法机关妥善处理9起人民群众反映较大的典型案件。先后对区民政局、区人口和计划生育局、区公安分局、区人民法院、区人民检察院等部门进行工作评议，促进被评议单位转变作风、推进工作。推进依法治区，组织力量到乡镇、街道和区级单位检查“五五”

普法工作，指导查漏补缺和完善资料，总结推广先进经验，全区“五五”普法工作顺利通过上级验收。举办4期法制讲座，对全区副科级以上干部进行宪法修正案、刑法修正案、行政许可法、宪法与人大制度、预防职务犯罪等法律知识的培训。先后对《中华人民共和国人口和计划生育法》《中华人民共和国行政许可法》《中华人民共和国劳动合同法》《中华人民共和国食品安全法》《中华人民共和国安全生产法》等法律法规的贯彻执行情况进行检查，提出改进意见和建议，督促相关部门进行有效整改。坚持党管干部和人大依法任免干部有机统一原则，严格按照法定程序，坚持任前法律知识考试，任前供职发言，任后注重履职监督，先后任免区级国家机关工作人员175人次。创新代表工作，区人大常委会提出在辖区省、市、区、乡镇四级人大代表中开展“以履职尽责，争为高坪发展做贡献”为主题，当好一名“政策信息宣传员，产业发展领跑员，扶贫致富帮扶员，矛盾纠纷调解员，沟通上下联络员，两项‘活动’监督员”为主要内容的“六个一”活动。人大代表张顺成、袁素洁的典型事迹载入《身边的感动》一书，被省、市多家新闻媒体报道宣传。召开区委人大工作暨“六个一”活动表彰大会，表彰“六个一”活动先进代表。指导乡镇人大工作，向区委提出乡镇人大正科级专职副主席配备建议，全区30个乡镇配齐专职人大副主席。指导乡镇人大依法召开人代会，规范乡镇人大主席团工作，组织乡镇人大席、副主席参加省、市、区培训，实行乡镇人大工作片会制度，召开乡镇人大工作片区会议26次。参与富民强村暨“挂包帮”活动，选派干部驻村蹲点，帮助发展富民产业，开展困难救助和节日慰问，届内共帮助所联系乡镇、村社争取项目22个，争取项目资金556万元，为所联系乡镇、“挂帮包”村社及社区和困难帮扶对象捐助钱物23.6万元。制订和实施区人大常委会领导定期听取信访工作情况制度和区人大常委会领导接待来访群众制度。共接待人民群众来信来访875件次，区人大常委会领导接访督办重点案件40件次。

2011年12月至2016年12月，区五届人大常委会对“十二五”规划执行情况进行监督，组成6个调研组开展调研，听取区政府“十二五”规划纲要实施中期评估汇报，依法作出对“十二五”规划部分指标进行调整的决议。提前介入“十三五”规划编制工作，对“十三五”规划编制开展调研，专题听取规划编制情况汇报，提出14条意见，审查通过规划编制。根据区政府提请，审查同意安汉新区、林海北路、青莲统筹城乡发展试验区、都京永安工业园区、龙门古镇等重点项目的招融资建设模式。听取“六五”普法工作汇报，审查出台《关于全面深入推进依法治区建设法治高坪的决议》。先后听取区政府债务化解工作汇报，提出严控规模、加强监管、消赤减债、防范风险等意见。听取和审议区政府关于医疗卫生体制改革、学前教育投入、弱势群体救助、养老社会化服务、公共文化服务体系建设、保障性住房建设、村道公路维修管护等专题工作汇报，提出审议意见，推动一系列事关群众切身利益问题的解决。配合市人大常委会连续3年跟踪督促城区基础教育布点规划落实，缓解城区居民子女入学难题。聚焦脱贫攻坚，开展精准脱贫专题调研，听取审议区政府脱贫攻坚专项工作报告，作出审议意见。把环境治理保护作为监督工作重点，针对螺溪河生态治理问题，采用听取专项工作汇报、组织代表视察、开展专题询问等方式持续监督，提出将螺溪河流域生态治理纳入“十三五”规划、还螺溪河一河清水、建设流域经济增长带的意见，督促建立螺溪河生态治理联席会议制度和治理工作定期报告制度。针对高坪城区空气质量存在的问题，组织常委会委员、人大代表围绕大气污染防治工作，用时3个月专题调研，进行明察暗访，调查21个乡镇、街道和部门，制作大气污染现状电视专题片，就城市扬尘治理、污染企业关停、环保执法等问题对16个相关部门进行专题询问，提出加强源头管控、实施重拳整治等整改措施24条。特别是针对两家污染严重的生猪屠宰企业，常委会作出限期关停的处理意见。听取和审议区政府社会治安防控体系建设、社会矛盾纠纷大调解专项汇报，开展预防青少年犯罪调研，督促加强校园周边治安环境整治。开展失地农民就业、社会救助、企业工资集体协商等工作调研，促进社会难点问题有效化解。建立半年听取“法检两院”工作汇报制度，专题听取公安、检察、法院办理“拒执”案件情况汇报，推动执行难问题有效解决。开展《中华人民共和国城乡规划法》《中华人民共和国禁毒法》《中华人民共和国安全生产法》《中华人民共和国食品卫生法》《中华人民共和国道路交通安全法》等9部法律法规执法检查。连续3年对全区食品安全开展执法检查和跟踪督查，多次组织校园及周边食品安全检查，督促区政府落实审议意见，健全机制，加强执法，规范学校食堂管理，整顿校园周边餐饮，确保饮食安全。依法严格人事任免，严守法定程序，把好任前考察、法律知识考试、供职发言、宪法宣誓“四关”，届内任免国家机关工作人员377人次。对常委会任命人员进行跟踪监督，每年年末常委会会议上，随机抽取常委会任命人员述职，由常委会组成人员无记名打分，并将测评结果报告区委。在区、乡两级人大代表中开展“五模范三联系一满意”主题实践活动，号召人大代表依法履职、为民谋利、促进和谐、助推发展的模范，争做人民满意的人大代表。活动得到省、市人大常委会充分肯定。在省人大代表联系群众工作经验交流会上，胜观镇人大主席欧阳勇作经验交流发言。省《人民权力报》专稿刊发高坪区“五三一”活动情况。市人大常委会在高坪区召开全市人大人事代表工作会议，向全市人大推广高坪的做法。在乡镇、街道建立“人大代表联络室”，代表轮流到联络室值班接待群众，收集整理意见建议，跟踪督促问题解决，增进人大代表与群众的密切联系。雅安、资阳和仪陇、营山、西充、蓬安等地人大前来学习，省、市人大也给予充分肯定。完善代表议案建议办理机制，人代会前组织准备议案建议，人代会后及时明确督办责任，提出办理意见，做到“办前访”“办中督”“办后复”。其中，有关临江公园建设、螺溪河污染治理、新农合群众报账、场镇人饮工程、高坪环城公交开通、城乡妇女“两癌”筛查、社区办公场地建设、重要交通要道两侧新建农房规范化管理等一批事关群众切身利益的议案建议办理措施有力，社会反响较好。届内共收到代表所提议案、建议、批评、意见476件，办复落实率达90%以上，满意率达到95%。制定《街道人大工委工作办法》，促进街道人大工委工作制度化、规范化。每次常委会会议均安排乡镇人大主席、街道人大工委主任列席。分类分片召开人大年度片区会议，提高乡镇、街道人大履职能力。纪念人民代表大会制度建立60周年，开展征文书画摄影展览，编辑出版《制度的力量》。开展精准扶贫，向结对帮扶的胜观镇东林寺村、龙王塘村派驻“第一书记”，帮助两个村104户贫困户落实就业培训、危房维修、发展庭院经济等帮扶措施，支持成立竹木种植加工合作社，建立编织加工点，建成脱贫奔康产业园。扶持回乡大学生创办野猪野鸡养殖场、李子园。

2016年12月至2020年12月，区六届人大常委会依法行使重大事项决定权，作出《关于同意区人民政府下中坝行政区划调整实施方案的意见》。届内每年针对财政决算和上半年财政预算执行情况，提前介入，开展预算实质性审查，维护人大预算审查严肃性。针对政府性债务管理及风险防控问题，听取专项工作汇报，提出“强化限额管理、建立预警机制、提高偿债能力”意见。审查通过《南充市高坪区人民政府关于提请将南充市高坪区城镇人口密集区危化企业土地整治项目政府购买服务纳入区2019年度财政调整预算的议案》决议，同意区政府将该项目政府购买服务资金纳入区2019年度财政调整预算。审查通过区政府关于提请审议的南充市高坪区乡镇行政区划调整改革方案的议案。先后听取和审议“一府两院”关于航空港工业园区转型升级、特色小镇建设、全区精准扶贫工作、江东新区商务服务区建设、乡村文化振兴工作、“四好农村路”建设、城市门户新高地建设、应急救援工作、学前教育工作、人民检察院公益诉讼工作等情况汇报，并作出审议意见。听取审议区政府贯彻落实封山育林禁伐林木决定的情况汇报。组织开展《中华人民共和国环境保护法》《中华人民共和国大气污染防治法》《中华人民共和国农药管理条例》执法检查，对全区大气污染防治开展联合巡查，对中、省环保督察组交办的信访案办理情况进行重点跟踪督办。组织开展《中华人民共和国水污染防治法》《南充市城市园林绿化条例》执法检查。加强对螺溪河流城污染治理工作监督，听取和审议区政府治理工作情况报告，提出加紧抓好治污基础设施建设，加快实施污染企业关闭搬迁，加速推进农村能源改造进程等审议意见。组织人大代表对螺溪河流域开展全流域、全方位调研，提出螺溪河流域生态文明体系建设目标，形成专报报区委。推动区政府出台《关于加强螺溪河污染治理工作实施方案》，与区政府共同召开乡镇污水处理站建设工作推进会，督促建好管好用好污水处理站。组织开展螺溪河污染治理专题询问，对13个有相应治理责任的部门和2个乡镇落实治理方案情况进行询问。对《中华人民共和国安全生产法》《中华人民共和国农业法》《中华人民共和国社区矫正实施办法》等8部法律法规开展等执法检查，推动法律法规在高坪贯彻实施。先后组织对区人民法院、区扶贫和移民工作局、区人力资源和社会保障局、区市场监督管理局、区经济合作和外事局、区行政审批局等6个单位进行工作评议，评议结果均为满意。对区扶贫移民局、区发改局等6个区级部门脱贫攻坚工作开展专题询问，提出询问意见24条，会后成立6个工作小组跟踪督办。专题询问区政府及相关部门、沿河乡镇螺溪河污染治理工作，提出询问13个方面的问题，形成专询问意见交区政府研究处理。专题询问区政府关于川东北金融中心建设情况，从规划制订、发展思路、目标定位、载体建设、要素配置保障等12个方面进行询问，会后形成询问意见交区政府研究处理。届内共收到代表议案建议349件，区人大常委会督促承办单位建立与代表办理前沟通、办理中联系、办理后跟踪3个环节交流的联系机制，开展议案建议办理满意度测评，将议案建议办理工作纳入年终目标考核，议案建议办理满意率保持在90%以上。组织开展“脱贫攻坚——人大代表再行动”活动，引导鼓励人大代表通过捐资捐物、投资产业、招引项目、培训技术等方式参与精准扶贫工作。指导乡镇人大工作，印发《关于进一步加强乡镇人大工作规范化建设的意见》，在斑竹乡、老君镇、江陵镇3个乡镇开展人大规范化建设试点，试点成功后向全区推广。

第三节　南充市嘉陵区人大

1993年7月，南充撤地建市，新建嘉陵区。8月，中共四川省委决定，成立南充市筹备工作领导小组。9月，南充市筹备工作领导小组组建嘉陵区筹备工作领导小组。是月，嘉陵区成立选举委员会，开展区一届人大代表选举和区一届人大一次会议筹备工作。11月，选举产生区一届人大及其常委会。1993年至2002年，区一、二届人大常委会学习运用各地人大推广的行权形式和办法，特别是学习借鉴工作评议、司法案件监督等监督工作经验作法，并改进完善，稳步推进，促进发展。2003年至2006年，区三届人大常委会深入推进行权履职，开拓创新监督形式，强化监督实效。在全市率先开展任职评定，加强任命人员任后监督。出台办法、规定，加强对区本级年度财政预算的审查监督和司法案件监督。加强乡镇人大工作指导，重点推行乡镇人大规范化建设试点并全面推广和持续深化，走在全市县级人大前列。2007年至2017年，区四、五、六届人大常委会贯彻执行《中华人民共和国各级人民代表大会常务委员会监督法》，监督工作全面法律化和规范化。坚持开展任后监督，依法终止任职评定，创新开展履职测评。加强对街道人大工作的领导，报请区委批转《关于加强街道人大工作委员会工作的意见》，成为全市街道人大工作先行者。2018 年后，区六届人大常委会以习近平新时代中国特色社会主义思想为指导，开创新时代人大工作新局面。

一、嘉陵区人大及其常委会

1993 年 11 月 5 日，嘉陵区 101 个选区选举产生 253 名区一届人大代表，经审查，确认 253 名代表资格有效，区一届人民代表大会产生。是月，省人大常委会确定区一届人大常委会组成人员名额为 17 名。区一届人大一次会议选举区一届人大常委会组成人员 14 名，产生区一届人大常委会。区一届人大常委会主任：杨成忠，副主任：王绍凡、王维泗、陈代富、杜路成，委员 9 名（以姓氏笔画为序）：弋良章、王建春、龙永武、刘国裕、杜生彪、杜庆海、汪嗣荣、张玉清（女）、胥凌云。12 月，区一届人大常委会第二次会议设立区一届人大常委会代表资格审查委员会，设立区人大常委会办公室、经济工作委员会、法制工作委员会、教科文卫工作委员会共 4 个办事工作机构。1995 年 2 月，区一届人大常委会第九次会议撤销区人大常委会经济工作委员会，设立财经工作委员会和农业工作委员会。3 月，区一届人大三次会议补选弋良章为区一届人大常委会副主任，李玉清（女）、杨才智、张大兴为区一届人大常委会委员。弋良章区一届人大常委会委员职务相应终止。1997 年 3 月，区一届人大五次会议审议决定，接受汪嗣荣辞去区一届人大常委会委员职务。5 月，区一届人大常委会第二十四次会议设立火花、李渡、金凤、安平、大通、龙蟠、金宝、西兴 8 个工作委员会，为区人大常委会派出工作机构。之后，随着区人民政府火花工作委员会撤销和城郊工作委员会设立，区人大常委会火花工作委员会相应撤销。同时，区人大常委会设立城郊工作委员会。至 1997 年 12 月，区一届人民代表大会届满，任期 4 年。区一届人大代表中，先后有 6 人调离嘉陵区行政区域，1 人去世，其代表资格自行终止。在 4 个出缺代表选区先后补选 4 名区一届人大代表。时有区一届人大代表 250 名，区一届人大常委会组成人员 16 名，区人大常委会办事工作机构 5 个、派出工作机构 8 个。

嘉陵区第一届人大常委会主任、副主任一览表

表 13－23

姓名	性别	党派	籍贯	职务	任职年限
杨成忠	男	中共	四川省广安市	主　任	1993. 11—1997. 12
王绍凡	男	中共	南充市顺庆区	副主任	1993. 11—1997. 12
王维泗	男	民盟	南充市嘉陵区	副主任	1993. 11—1997. 12
陈代富	男	中共	南充市嘉陵区	副主任	1993. 11—1997. 12
杜路成	男	中共	南充市嘉陵区	副主任	1993. 11—1997. 12
弋良章	男	中共	南充市顺庆区	副主任	1995. 3—1997. 12

1997 年 12 月 19 日，嘉陵区 98 个选区选举产生 252 名区二届人大代表，经审查，确认 252 名代表资格有效，区二届人民代表大会产生。1997 年 12 月底至 1998 年 1 月初，按照省人大常委会确定区二届人大常委会组成人员名额为 21 名规定，区二届人大一次会议选举区二届人大常委会组成人员 19 名，产生区二届人大常委会。区二届人大常委会主任：赵太武，副主任：姚本莲（女）、王绍凡、王维泗、陈代富、杜路成，委员 13 名（以姓氏笔画为序）：龙永武、冯芝德、孙国政、杜元富、杜生彪、李玉

清（女）、李仲杰、杨才智、何培海、张玉清（女）、张恒国、罗国凤（女）、袁文才。是月，区二届人大常委会第一次会议设立区二届人大常委会代表资格审查委员会。1999 年 1 月，区二届人大二次会议另选程祖德为区二届人大常委会委员。9 月，区二届人大常委会第十五次会议审议决定，接受杨才智辞去区二届人大常委会委员职务。2000 年 8 月，区二届人大常委会第二十二次会议设立区人大常委会人事代表工作委员会。2001 年 1 月，区二届人大常委会第二十五次会议审议决定，接受龙永武、杜生彪辞去区二届人大常委会委员职务。3 月，区二届人大常委会第二十六次会议审议决定，接受赵太武辞去区二届人大常委会主任职务。是月，区二届人大四次会议补选张在强为区二届人大常委会主任，邓智碧（女）、杨应强为区二届人大常委会委员。4 月，因行政区划调整，区人民政府撤销派出工作机构工作委员会建制，区人大常委会派出工作机构工作委员会相应撤销。2002 年 1 月，根据区委机构改革方案，区二届人大常委会第三十二次会议审议决定，撤销区人大常委会财经工作委员会和农业工作委员会，再次设立经济工作委员会。至 2002 年 12 月，区二届人民代表大会届满，任期 5 年。区二届人大代表中，先后有 14 人调离嘉陵区行政区域，2 人被罢免代表职务，其代表资格终止。在 10 个出缺代表选区先后补选 10 名区二届人大代表。时有区二届人大代表 246 名，区二届人大常委会组成人员 19 名，区人大常委会办事工作机构 5 个。

嘉陵区第二届人大常委会主任、副主任一览表

表 13－24

姓名	性别	党派	籍贯	职务	任职年限
赵太武	男	中共	南充市南部县	主　任	1998. 1—2001. 3
张在强	男	中共	四川省阆中市	主　任	2001. 3—2003. 1
姚本莲	女	中共	四川省广安市	副主任	1998. 1—2003. 1
王绍凡	男	中共	南充市顺庆区	副主任	1998. 1—2003. 1
王维泗	男	民盟	南充市嘉陵区	副主任	1998. 1—2003. 1
陈代富	男	中共	南充市嘉陵区	副主任	1998. 1—2003. 1
杜路成	男	中共	南充市嘉陵区	副主任	1998. 1—2003. 1

2002 年 12 月 13 日，嘉陵区 102 个选区选举产生 251 名区三届人大代表，经审查，确认 251 名代表资格有效，区三届人民代表大会产生。2003 年 1 月，区三届人大常委会组成人员名额保持 21 名，区三届人大一次会议选举区三届人大常委会组成人员 21 名，产生区三届人大常委会。区三届人大常委会主任：张在强，副主任：赵天明、杜路成、郭成志、蒲俊锠、杜元富、苟正光、赵燕（女），委员 13 名（以姓氏笔画为序）：王保平、邓智碧（女）、任红梅（女）、任俊明、刘顺军、李仲杰、杨应强、何志勇、张玉清（女）、青孝成、罗国凤（女）、覃国东、樊学广。2 月，区三届人大常委会第一次会议设立区三届人大常委会代表资格审查委员会；再次撤销区人大常委会经济工作委员会，恢复设立财经工作委员会和农业工作委员会，并设立区人大常委会信访办公室。2005 年 7 月，区三届人大常委会第二十次会议审议决定，接受刘顺军辞去区三届人大常委会委员职务。2006 年 1 月，区三届人大五次会议补选蒲正良为区三届人大常委会委员。5 月，区三届人大常委会第二十七次会议审议决定，接受张玉清辞去区三届人大常委会委员职务。至 2006 年 10 月，区三届人民代表大会届满，任期 4 年。区三届人大代表中，先后有 7 人调离嘉陵区行政区域，1 人去世，其代表资格自行终止。在 4 个出缺代表

选区先后补选4名区三届人大代表。时有区三届人大代表247名，区三届人大常委会组成人员20名，区人大常委会办事工作机构7个。

嘉陵区第三届人大常委会主任、副主任一览表

表13－25

姓名	性别	党派	籍贯	职务	任职年限
张在强	男	中共	四川省阆中市	主　任	2003.1—2006.10
赵天明	男	中共	南充市嘉陵区	副主任	2003.1—2006.10
杜路成	男	中共	南充市嘉陵区	副主任	2003.1—2006.10
郭成志	男	中共	山西省洪洞县	副主任	2003.1—2006.10
蒲俊锠	男	中共	南充市嘉陵区	副主任	2003.1—2006.10
杜元富	男	中共	南充市嘉陵区	副主任	2003.1—2006.10
苟正光	男	中共	南充市顺庆区	副主任	2003.1—2006.10
赵　燕	女	民革	南充市顺庆区	副主任	2003.1—2006.10

2006年10月18日，嘉陵区101个选区选举产生252名区四届人大代表，经审查，确认252名区代表资格有效，区四届人民代表大会产生。是月，按照省人大常委会确定区四届人大常委会组成人员名额为25名规定，区四届人大一次会议选举区四届人大常委会组成人员25名，产生区四届人大常委会。区四届人大常委会主任：张在强，副主任：赵天明、任静海、杜路成、郭成志、蒲俊锠、杜元富、苟正光、赵燕（女），委员16名（以姓氏笔画为序）：王泽环、王保平、邓团信、邓智碧（女）、任全国、杜如先、杨方钊、杨应强、何志勇、张诚、陈洁、贾廷春、蒋太平、蒋全芳（女）、程荣志、樊学广。11月，区四届人大常委会第一次会议设立区四届人大常委会代表资格审查委员会和区人大常委会派出工作机构火花街道工作委员会。2007年7月，区四届人大常委会第六次会议审议决定，接受杜如先辞去区四届人大常委会委员职务。2009年1月，区四届人大常委会第十八次会议审议决定，接受王泽环辞去区四届人大常委会委员职务。2月，区四届人大五次会议补选陈启斌、覃树平为区四届人大常委会委员。2011年9月，区四届人大常委会第三十八次会议设立区人大常委会都尉街道工作委员会、凤垭街道工作委员会、文峰街道工作委员会共3个派出工作机构。至2011年11月，区四届人民代表大会届满，任期5年。区四届人大代表中，先后有21人调离嘉陵区行政区域，4人辞职，其代表资格终止。在13个出缺代表选区先后补选13名区四届人大代表。时有区四届人大代表241名，区四届人大常委会组成人员25名，区人大常委会办事工作机构7个、派出工作机构4个。

嘉陵区第四届人大常委会主任、副主任一览表

表13－26

姓名	性别	党派	籍贯	职务	任职年限
张在强	男	中共	四川省阆中市	主　任	2006.10—2011.12
赵天明	男	中共	南充市嘉陵区	副主任	2006.10—2011.12
杜路成	男	中共	南充市嘉陵区	副主任	2006.10—2011.12

续表 13-26

姓名	性别	党派	籍贯	职务	任职年限
郭成志	男	中共	山西省洪洞县	副主任	2006.10—2011.12
蒲俊錩	男	中共	南充市嘉陵区	副主任	2006.10—2011.12
任静海	男	中共	南充市嘉陵区	副主任	2006.10—2011.12
杜元富	男	中共	南充市嘉陵区	副主任	2006.10—2011.12
苟正光	男	中共	南充市顺庆区	副主任	2006.10—2011.12
赵　燕	女	民革	南充市顺庆区	副主任	2006.10—2011.12

2011年11月23日，嘉陵区101个选区选举产生252名区五届人大代表，经审查，确认252名代表资格有效，区五届人民代表大会产生。12月，按照省人大常委会确定区五届人大常委会组成人员名额为27名规定，区五届人大一次会议选举区五届人大常委会组成人员27名，产生区五届人大常委会。区五届人大常委会主任：李康，副主任：唐发国、赵燕（女）、王平、郑小东，委员22名（以姓氏笔画为序）：王保平、邓团信、邓智碧（女）、龙斌、任全国、刘顺军、李刚、杨方钊、杨应强、何志勇、何毅、张学军、张诚、陈启斌、易慧（女）、赵北海、贺斌、莫强林、贾廷春、蒋全芳（女）、覃树平、鲜金玉（女）。2012年2月，区五届人大常委会第一次会议设立区五届人大常委会代表资格审查委员会。12月，区五届人大常委会第七次会议设立区人大常委会预算工作委员会，挂靠财经工作委员会。2014年9月，区五届人大常委会第十八次会议设立区人大常委会派出工作机构西兴街道工作委员会。2015年5月，区五届人大常委会第二十一次会议审议决定，接受李康、郑小东辞去区五届人大代表职务。李康区五届人大常委会主任职务、郑小东区五届人大常委会副主任相应终止。是月，区五届人大四次会议补选侯卿平为区五届人大常委会副主任。6月，区五届人大常委会第二十三次会议设立区人大常委会派出工作机构南湖街道工作委员会。2016年2月，区五届人大五次会议补选尹光明为区五届人大常委会主任。至2016年10月，区五届人民代表大会届满，任期5年。区五届人大代表中，先后有16人调离嘉陵区行政区域，7人辞职，3人去世，其代表资格终止。在12个出缺代表选区先后补选12名区五届人大代表。时有区五届人大代表238名，区五届人大常委会组成人员27名，区人大常委会办事工作机构8个、派出工作机构6个。

嘉陵区第五届人大常委会主任、副主任一览表

表 13-27

姓名	性别	党派	籍贯	职务	任职年限
李　康	男	中共	南充市西充县	主　任	2011.12—2015.5
尹光明	男	中共	南充市嘉陵区	主　任	2016.2—2016.12
侯卿平	男	中共	四川省阆中市	副主任	2015.5—2016.12
唐发国	男	中共	南充市嘉陵区	副主任	2011.12—2016.12
赵　燕	女	民革	南充市顺庆区	副主任	2011.12—2016.12
王　平	男	中共	南充市嘉陵区	副主任	2011.12—2016.12
郑小东	男	中共	南充市顺庆区	副主任	2011.12—2015.5

2016 年 10 月 26 日，嘉陵区 101 个选区选举产生 252 名区六届人大代表，经审查，确认 252 名代表资格有效，区六届人民代表大会产生。12 月，按照省人大常委会确定区六届人大常委会组成人员名额为 35 名规定，区六届人大一次会议选举区六届人大常委会组成人员 29 名，产生区六届人大常委会；设立区六届人民代表大会财政经济委员会、农业与农村委员会、城乡建设环境资源保护委员会、法制和内务司法委员会、社会事业委员会、民族宗教外事侨务委员会共 6 个专门委员会。区六届人大常委会主任：戚辉，副主任：侯卿平、唐发国、赵燕（女）、王平，委员 24 名（以姓氏笔画为序）：弋和平、王保平、邓团信、龙斌、任全国、杜永培、杜南江、杨方钊、杨应强、何志勇、何毅、张学军（人大）、张莉（女）、陈启斌、罗永年、周正才、赵北海、赵曙光、侯娣（女）、贺斌、莫强林、贾廷春、蒋全芳（女）、覃胤。2017 年 1 月，区六届人大常委会第一次会议设立区六届人大常委会代表资格审查委员会，撤销区人大常委会财经工作委员会、农业工作委员会、法制工作委员会、教科文卫工作委员会。2018 年 1 月，区六届人大三次会议另选何应勇、罗元春、赵剑波、徐小康为区六届人大常委会委员。11 月，区六届人大常委会第十八次会议审议决定，接受何毅辞去区六届人大常委会委员职务。2019 年 3 月，区六届人大常委会第二十一次会议审议决定，接受杨应强、王保平、徐小康辞去区六届人大常委会委员职务。是月，区六届人大四次会议另选和补选冯智、杨宇、罗彤、罗锡蓉（女）、唐永康、唐福荣为区六届人大常委会委员；增设区六届人民代表大会社会建设委员会，将区六届人民代表大会法制和内务司法委员会更名为监察和司法委员会。11 月，因乡镇、街道行政区划调整，撤销区人民政府派出机构凤垭街道办事处，归并到南湖街道办事处，区人大常委会派出工作机构凤垭街道工作委员会相应撤销。是月，区六届人大常委会第二十八次会议审议决定，接受莫强林、陈启斌、何志勇、任全国、周正才辞去区六届人大常委会委员职务。2020 年 5 月，区六届人大五次会议补选杜烨、钟鑫（女）、贾旭东、程小凤（女）、蒲文建为区六届人大常委会委员；将区六届人大社会事业委员会更名为教科文卫委员会。10 月，区六届人大常委会第三十八次会议审议决定，将区人大常委会信访办公室更为区人大常委会研究室，接受邓团信、杨方钊、贾廷春、蒋全芳、罗永年辞去区六届人大常委会委员职务。至 2020 年 12 月，区六届人大代表中，先后有 13 人调离嘉陵区行政区域，7 人辞职，3 人去世，其代表资格终止。在 16 个出缺代表选区先后补选 16 名区六届人大代表。时有区六届人大代表 245 名，区六届人大常委会组成人员 35 名，区六届人大专门委员会 7 个，区人大常委会办事工作机构 4 个、派出工作机构 5 个。

嘉陵区第六届人大常委会主任、副主任一览表

表 13 – 28

姓名	性别	党派	籍贯	职务	任职年限
戚　辉	男	中共	南充市营山县	主　任	2016. 12—
侯卿平	男	中共	四川省阆中市	副主任	2016. 12—
唐发国	男	中共	南充市嘉陵区	副主任	2016. 12—
赵　燕	女	民革	南充市顺庆区	副主任	2016. 12—
王　平	男	中共	南充市嘉陵区	副主任	2016. 12—

二、嘉陵区人民代表大会会议

1993 年 11 月至 1997 年 12 月，区一届人民代表大会共举行 5 次会议。各次会议均听取和审查区人民政府工作报告、区国民经济和社会发展计划报告、区财政预算报告、区人大常委会工作报告、区人民法院工作报告、区人民检察院工作报告，审议通过关于各项工作报告决议；代表联名提出议案共161件，提出建议、批评和意见（以下简称建议）共182件，所提议案全部改作建议处理。其间，区一届人大一次会议选举杨成忠为区一届人大常委会主任，王绍凡、王维泗、陈代富、杜路成为副主任，9名委员；张世金为区一届人民政府区长，何大清、何文怀、赵大伦、陈简政、刘永尧为副区长；郭成志为区一届人民法院院长；何建中为区一届人民检察院检察长（须报经市人民检察院提请市人大常委会批准）；选举44名嘉陵区出席南充市第一届人民代表大会代表（须报经市一届人民代表大会代表资格审查委员会进行代表资格审查）。区一届人大三次会议补选弋良章为区一届人大常委会副主任，补选委员3名。区一届人大四次会议听取和审查区国民经济和社会发展“九五”计划及2010年远景规划（草案）（书面）及说明，作出关于批准这个远景规划决议。区一届人大五次会议接受区一届人大常委会1名委员辞职，补选白劲斌为区一届人民政府区长、汪嗣荣为区一届人民政府副区长。

1997年12月至2002年12月，区二届人民代表大会共举行5次会议。各次会议均听取和审查区人民政府工作报告、区国民经济和社会发展计划报告、区政预算报告、区人大常委会工作报告、区人民法院工作报告、区人民检察院工作报告，审议通过关于各项工作报告决议；代表联名提出议案共202件，提出建议共145件，所提议案全部改作建议处理。其间，区二届人大一次会议选举赵太武为区二届人大常委会主任，姚本莲（女）、王绍凡、王维泗、陈代富、杜路成为副主任，13名委员；斯明甫为区二届人民政府区长，何大公、赵大伦、刘永尧、赵国新、李更生、李中耀为副区长；郭成志为区二届人民法院院长；何建中为区二届人民检察院检察长（须报经批准）。区二届人大二次会议选举48名嘉陵区出席南充市第二届人民代表大会代表（须报经审查确认代表资格），另选区二届人大常委会1名委员。区二届人大四次会议补选张在强为区二届人大常委会主任、王吉为区二届人民政府区长，补选区二届人大常委会委员2名；听取和审查区国民经济和社会发展第十个五年计划（草案）（书面）及说明，作出关于批准这个计划决议。

2003年1月至2006年10月，区三届人民代表大会共举行5次会议。除区三届人大三次会议议程仅有选举事项外，其他4次会议均听取和审查区人民政府工作报告、区国民经济和社会发展计划报告、区财政预算报告、区人大常委会工作报告、区人民法院工作报告、区人民检察院工作报告，审议通过关于各项工作报告决议；代表联名提出质询案2件、议案共207件，提出建议共56件，审议通过3件议案，代表主动撤回2件质询案，204件议案改作建议处理。其间，区三届人大一次会议选举张在强为区三届人大常委会主任，赵天明、杜路成、郭成志、蒲俊錩、杜元富、苟正光、赵燕（女）为副主任，13名委员；王吉为区三届人民政府区长，吴宗麟、王秀国、王体刚、范飞、王翠花（女）、王勇为副区长；熊营生为区三届人民法院院长；王朝富为区三届人民检察院检察长（须报经批准）。区三届人大二次会议选举46名嘉陵区出席南充市第三届人民代表大会代表（须报经审查确认代表资格）。区三届人大三次会议补选谢和友为区三届人民政府区长。区三届人大四次会议审议通过公民旁听区人民代表大会会议暂行办法。区三届人大五次会议补选区三届人大常委会1名委员；听取和审查区国民经济和社会发展第十一个五年规划纲要（草案）（书面）及说明，作出关于批准这个规划纲要决议。

2006年10月至2011年12月，区四届人民代表大会共举行7次会议。除区四届人大四次会议议程仅有选举事项外，其他6次会议均听取和审查区人民政府工作报告、区国民经济和社会发展计划报告（书面）、区财政预算报告（书面）、区人大常委会工作报告、区人民法院工作报告、区人民检察院工作报告；除区四届人大一次会议未安排审议各项工作报告决议议程外，其他5次会议均审议通过关于各项工作报告决议；代表联名提出议案共149件，提出建议共73件，所提议案全部改作建议处理。其间，区四届人大一次会议选举张在强为区四届人大常委会主任，赵天明、任静海、杜路成、郭成志、蒲俊錩、杜元富、苟正光、赵燕（女）为副主任，16名委员；谢和友为区四届人民政府区长，彭发阳、何晓林、陈标、范飞、王翠花（女）、王勇、张学军、任晓强为副区长；袁彪为区四届人民法院院长；何晓荣为区四届人民检察院检察长（须报经批准）。区四届人大二次会议补选李达帆为区四届人民政府区长。区四届人大三次会议选举47名嘉陵区出席南充市第四届人民代表大会代表（须报经审查确认代表资格）。区四届人大四次会议补选伍果丽（女）为区四届人民政府区长。区四届人大五次会议补选区四届人大常委会2名委员。区四届人大六次会议补选王贵平为区人民法院院长。区四届人大七次会议听取和审查区国民经济和社会发展第十二个五年规划纲要（草案）（书面）及说明，作出关于批准这个规划纲要决议。

2011年12月至2016年12月，区五届人民代表大会共举行5次会议。各次会议均听取和审查区人民政府工作报告、区国民经济和社会发展计划报告（书面）、区（财政）预算报告（书面）、区人大常委会工作报告、区人民法院工作报告、区人民检察院工作报告，审议通过关于各项工作报告决议；代表联名提出议案共102件，提出建议共77件，审议通过3件议案，99件议案改作建议处理。其间，区五届人大一次会议选举李康为区五届人大常委会主任，唐发国、赵燕（女）、王平、郑小东为副主任，22名委员；史燚为区五届人民政府区长，彭发阳、唐红莉（女）、杨铭（下派）、侯剑涛（下派）、张晓天、黎萍（女）、张申宏、何建新为副区长；王贵平为区五届人民法院院长；何晓荣为区五届人民检察院检察长（须报经批准）；49名嘉陵区出席南充市第五届人民代表大会代表（须报经审查确认代表资格）。区五届人大三次会议听取和审议《嘉陵工业集中区工业企业退出管理办法（试行）（草案）》和《嘉陵区房地产项目管理办法（试行）（草案）》及说明，作出关于批准这2个管理办法（试行）决议。区五届人大四次会议补选侯卿平为区五届人大常委会副主任。区五届人大五次会议补选尹光明为区五届人大常委会主任；听取和审查区国民经济和社会发展第十三个五年规划纲要（草案）（书面）及说明，作出关于批准这个规划纲要决议。

2016年12月至2020年12月，区六届人民代表大会共举行5次会议。除区六届人大一次会议未听取和审议计划报告和预算报告外，其他4次会议均听取和审查区人民政府工作报告、区国民经济和社会发展计划报告（书面）、区预算报告（书面）、区人大常委会工作报告、区人民法院工作报告、区人民检察院工作报告，审议通过关于各项工作报告决议；代表联名提出议案共81件，提出建议共174件，所提议案均改作建议处理。其间，区六届人大一次会议选举戚辉为区六届人大常委会主任，侯卿平、唐发国、赵燕（女）、王平为副主任，24名委员；史燚为区六届人民政府区长，杨方军、张晓天、黎萍（女）、申庆超、罗适为副区长；王贵平为区六届人民法院院长；朱瑛（女）为区六届人民检察院检察长（须报经批准）；48名嘉陵区出席南充市第六届人民代表大会代表（须报经审查确认代表资格）。大会设立区六届人民代表大会6个专门委员会，通过各专门委员会成员人选。区六届人大三次会议选举宇旻为区监察委员会主任、市六届人大代表（须报经审查确认代表资格），另选区六届人大常委会4名委员；通过区六届人大有关专门委员会主任委员人选。区六届人大四次会议另选和补选区六届人大常委会6名委员；增设和更名区六届人大有关专门委员会，通过有关专门委员会成员人选。区六届人大五次会议补选段辉（女）为区人民法院院长，补选区六届人大常委会5名委员；更名区六届人大有关专门委员会，通过有关专门委员会成员名人选。

三、嘉陵区人大常委会会议

1993 年 11 月至 1997 年 12 月，区一届人大常委会共举行 29 次会议。会议先后听取和审议相关重要工作汇报或议案，作出关于实行部门执法责任制、开展“三五”普法、大力发展乡镇企业、加强预算外资金管理、加强“三农”物资（农药、农膜、化肥）经营管理、进一步贯彻实施国家“八七扶贫攻坚计划”、加快造林步伐实现全面绿化、加强农村初级卫生保健工作决议，关于批准普及九年义务教育规划决议，并听取和审议通过贯彻执行决议情况汇报。听取和审议区人民政府关于农村经济产业化和川中农业综合开发项目建设，农业技术推广和科技工作，土地和农民负担管理，区城、铁路和农贸市场建设，个体私营经济发展，社会治安、环境保护和计划生育等法律法规贯彻执行和工作情况汇报，分别提出审议意见，并听取和审议通过相关审议意见办理情况汇报。其间，区一届人大常委会第五次会议否决区人民政府关于农贸市场建设情况汇报，决定第六次会议重新听取和审议该项工作情况汇报。听取和审议区一届人大历次会议代表所提建议办理情况汇报。听取和审议区财政预算执行情况报告和财政预算执行及其他财政收支情况审计工作报告，审查批准区本级上一年度财政决算和当年财政预算调整方案；不定期听取和审议区国民经济和社会发展计划执行情况汇报。作出评议区人民检察院、区贸易局、区农机局、区公安分局、区建环局、区土地管理局工作决定。根据区人大代表评议结果，决定对区人民检察院、区公安分局进行表彰奖励。第 1 次评议区人民检察院工作，授予其“边办案边建院，抓办案促建院”荣誉称号，颁发锦旗 1 面，奖励人民币现金 3000 元；第 2 次评议区人民检察院工作，授予检察长何建中“优秀检察长”荣誉称号；授予区公安分局“优秀公安局”荣誉称号，颁发锦旗 1 面，奖励人民币现金 1000 元。听取和审议通过被评议单位关于区人大代表评议意见整改情况汇报。决定撤销双店乡十一届人大二次会议违反选举办法选举产生人大主席结果。决定接受张世金辞去区一届人民政府区长职务，决定任命白劲斌为副区长，决定白劲斌为代理区长；决定接受白劲斌辞去区长职务，决定任命斯明甫为副区长，决定斯明甫为代理区长；决定任命褚孔基、何大公、韩志范、邓虹、杨洪波、马松江、陈兴富、赵国兴、杨京辉、邓可为副区长，决定接受何大清辞去副区长职务；决定任命区一届人民政府组成部门主要负责人 36 人次，未通过任命 1 人，决定免职 10 人次。任命区人大常委会办事工作机构和派出机构主任、副主任 23 人次，免职 4 人次。任命区人民法院审判员、审判委员会委员、副庭长、庭长、副院长 81 人次，免职 8 人次。任命区人民检察院检察员、检察委员会委员、副检察长 32 人次。听取和评议任命的区政府办公室主任和组成部门 13 名局长述职报告。会议还审议通过区人大常委会议事规则、组成人员守则、关于区“一府两院”办理审议意见试行办法和基层人大工委试行办法；决定并调整区一届人大常委会组成人员工作分工，决定区一届人大历次会议与区、乡人大代表换届选举和乡镇建制调整乡级人大代表选举工作事项；听取区人大代表变动情况报告，确认届中补选 4 名区一届人大代表和换届选举 252 名区二届人大代表资格有效，补选嘉陵选区市人大出缺代表 2 名。

1998 年 1 月至 2002 年 12 月，区二届人大常委会共举行 41 次会议。会议先后听取和审议相关重要工作汇报或议案，作出关于依法治区、开展“四五”普法、加强预算外资金管理、加强小城镇建设、加强公路村通工程建设、加强固定资产投资审计、加强“两保”（养老保险、失业保险）再就业决议，关于批准城市规划建设管理若干问题决定的决议，并听取和审议通过决议贯彻执行情况汇报。听取和审议区“一府两院”关于秦巴扶贫世行贷款项目和旱山村人畜饮水工程建设，公路及公路村通工程建设和管理，预算外资金管理和税收征管，小城镇建设，动物防疫和种子管理，审计监督、行政监察、打击贪污贿赂和依法治理，招商引资、发展民营经济和企业转制，农民负担，计划生育、药品和殡葬管理等法律法规贯彻执行和工作情况汇报，分别提出审议意见。听取和审议区二届人大历次会议代表所提建议办理情况汇报。听取和审议区财政预算、计划执行情况报告和财政预算执行及其他财政收支情况审计工作报告，审查批准区本级年度财政决算和财政预算调整方案。作出评议区人民法院、区经贸委、区统计局、区财政局、区审计局、区农业局工作决定。根据区人大代表评议结果，作出表彰区人民法院决定，授予区人民法院“优秀人民法院”荣誉称号，奖励人民币现金3000元。听取和审议通过被评议单位关于区人大代表评议意见整改情况汇报。审议作出授予“人民满意的公安派出所（科室）、民警”荣誉称号决定，决定授予区公安分局火花派出所、吉安派出所、金宝派出所、安福派出所、户政科共5个单位为“人民满意派出所（科室）”，授予“人民满意民警”11人。决定撤销李某耀区人民政府副区长职务，潘某海区审计局局长职务，何某区人民法院经济审判庭庭长、审判委员会委员、审判员职务。决定撤销白家乡十一届人民代表大会第六次会议违法选举结果及2项决议。决定接受赵太武辞去区二届人大常委会主任职务，接受3人辞去区二届人大常委会委员职务；任命办事工作机构和派出机构负责人13人次，免职9人次。决定接受斯明甫辞去区二届人民政府区长职务，决定任命王吉为副区长，决定王吉为代理区长；决定任命常健、卢世希、蒲俊锠、王秀国、任静海、胡定国、王体刚、张行忠、吴宗麟、范飞、王翠花（女）、王勇为副区长，决定免去杨京辉副区长职务，决定接受李更生、刘永尧、何大公、赵大伦辞去副区长职务；决定任命区二届人民政府组成部门主要负责人61人次，未通过任命1人，决定免职24人次。任命区人民法院工作人员69人次，未通过任命1人，免职56人次。任命区人民检察院工作人员19人次，免职4人次。听取和评议任命的区“一府两院”23名工作人员述职报告，对部分人员任职情况进行民主测评，12人被评为“优秀”，6人被评为“称职”；会议还审议通过区人大常委会议事规则（修订案）和组成人员守则（修订案）；决定并调整区二届人大常委会组成人员工作分工，决定区二届人大历次会议与区、乡人大代表换届选举工作事项；听取区人大代表变动情况报告，确认届中补选10名区二届人大代表和换届选举251名区三届人大代表资格有效，补选嘉陵选区市人大出缺代表4名。

2003年1月至2006年10月，区三届人大常委会共举行31次会议。会议审议通过关于讨论决定重大事项暂行规定。先后听取和审议相关重要工作议案，作出关于加强畜牧业工作和建设成南高速公路嘉陵段生态经济走廊决议，关于限期撤销乡镇教育办公室（办事处）决定及未执行决定的处理决定，关于批准区人民政府机关办公驻地迁址和乡镇行政区划建制调整方案决议，并听取和审议通过决议决定贯彻执行情况汇报。审议通过反馈审议意见办理情况试行办法。听取和审议区“一府两院”关于农业产业结构调整、农业综合开发、畜牧业发展和农村土地承包，实施退耕还林、天然林资源保护和水土保持，招商引资、工业兴区和发展第三产业，城镇职工医疗保险和非典型性肺炎预防，中小学校调整布局和贯彻执行“两免一补”政策（对义务教育阶段家庭经济困难学生免费提供教科书、免杂费和补助寄宿生生活费），土地、药品和产品质量管理，以工代赈和项目资金争取及使用，行政执法监督、法院执行和检察院反贪污贿赂，农村有线广播发展和计划生育，安全生产、防洪和社会治安，政府负债及债务化解，城区失地农民拆迁还房建设，旅游，法院、检察院干部队伍建设等法律法规贯彻执行和工作情况汇报；听取和审议《中华人民共和国残疾人保障法》《中华人民共和国食品卫生法》执法检查报告，分别提出审议意见。听取和审议区三届人大历次会议代表所提议案和建议办理情况汇报。听取和审议区财政预算、计划执行情况报告和财政预算执行及其他财政收支情况审计工作报告，审查批准区本级年度财政决算和财政预算调整方案；审议通过区级财政预算审查监督办法，审查批准区级部门年度预算方案。听取和审议对区公安分局“人民满意公安派出所（科室）、民警”复查情况汇报。审议通过评议工作暂行办法。作出评议区人民法院、区民政局、区教育局、区地税局工作决定。根据区人大代表评议结果，分别授予区人民法院龙蟠人民法庭及3名法官“人民满意法庭”“人民满意法官”荣誉称号。听取和审议通过被评议单位关于区人大代表评议意见整改情况汇报。听取和审议通过城市建设、县道公路养护、森林植被管护情况视察报告。审议撤销安福镇十四届人大三次会议关于改造安蓬公路决议中涉及向农民筹资内容决定、华兴乡十三届人大三次会议关于改造华吉公路决议中涉及向农民筹资内容决定。审议通过人事任免办法。决定接受王吉辞去区三届人民政府区长职务，决定任命谢和友为副区长，决定谢和友为代理区长；决定任命蔡永新、张学军、陈标、任晓强为副区长，决定接受吴宗麟辞去副区长职务；决定任命区三届人民政府组成部门主要负责人38人次，决定免职11人次。决定接受2人辞去区三届人大常委会委员职务；任命办事工作机构工作人员23人次，免职6人次。任命区人民法院工作人员51人次，其中人民陪审员20人，未通过任命1人，决定任命无效1人，免职35人次。任命区人民检察院工作人员11人次，免职9人次。听取和评议任命的区“一府两院”12名工作人员述职报告，对部分人员履职情况进行民主测评，6人被评为“优秀”，4人被评为“称职”。审议通过任职评定暂行办法。听取和审议任命的区政府组成部门和“两院”工作人员2003年度、2004年度和2005年度述职报告，进行履职评定。3年共评定区政府组成部门59人次、区法院107人次、区检察院69人次，总计235人次。其中，229人次被评定为“称职”，2名政府工作人员、2名法院工作人员、1名检察院工作人员被评定为“基本称职”，1名检察院工作人员被评定为“不称职”。听取和审议通过“不称职”人员整改情况报告。会议还审议通过区人大常委会议事规则（修订案）、调查研究工作制度、联系人大代表和人民群众制度、与区“一府两院”工作联系办法、交办信访事项办理办法、受理信访申诉控告检举办法和司法案件监督规定（试行）；决定区三届人大常委会组成人员工作分工，决定区三届人大历次会议与区、乡人大代表换届选举工作事项；听取区人大代表变动情况报告，确认届中补选4名区三届人大代表和换届选举252名区四届人大代表资格有效，补选嘉陵选区市人大出缺代表5名。

2006年10月至2011年12月，区四届人大常委会共举行41次会议。会议先后听取和审议相关重要工作议案，作出关于开展“五五”普法宣传教育和实施国家商品猪战略保障基地产业发展决议，关于批准农田水利综合规划、可持续发展实验区总体规划（2010—2013）、生态区建设规划和城市规划区内乡镇行政区划建制调整方案决议，并听取和审议通过决议贯彻执行情况汇报。审议通过听取和审议专项工作报告暂行办法。重点听取和审议区“一府两院”关于现代农业、农村人饮安全工程和绿色水果标准化生产基地建设，工业经济发展、招商引资、工业园区建设发展和实施项目推动战略，城市建设及管理和城区专业市场建设及运营，社会抚养费征收和使用与社保资金征收和管理，社会治安和城乡环境综合治理，法院商事审判和审判监督与检察院公诉工作和行政检察监督，征地拆迁安置补偿和城乡居民最低生活保障，三级医疗卫生服务网络和乡镇综合文化站建设，乡村公路规划及建设，政府投资项目管理，实施“十一五”规划等专项工作报告，分别提出审议意见，并听取和审议通过区“一府两院”贯彻落实各项审议意见研究处理情况报告（书面）。听取和审议区四届人大历次会议代表所提议建议办理情况汇报。审查批准区级部门年度预算方案，听取和审议区财政预算、计划执行情况报告和财政预算执行及其他财政收支情况审计工作报告，审查批准区本级年度财政决算和财政预算调整方案。审议通过开展执法检查暂行规定。听取和审议区人大常委会执法检查组关于《中华人民共和国畜牧法》《中华人民共和国安全生产法》《中华人民共和国各级人民代表大会常务委员会监督法》《中华人民共和国行政许可法》《中华人民共和国审计法》《中华人民共和国传染病防治法》《中华人民共和国残疾人保障法》执法检查情况报告，提出审议意见，并听取和审议通过执法检查报告及审议意见研究处理情况报告（书面）。审议通过工作评议暂行办法。作出评议区工商局、民政局工作决定，听取被评议单位工作报告，作评议调查发言，提出评议意见，对其工作进行满意度测评，测评结果均为“满意”。听取和审议通过被评议单位关于评议意见整改情况报告。听取和审议通过市、区人大代表视察组关于社会主义新农村建设、新型农村合作医疗制度实施、溪河流域环境整治、成南高速公路（嘉陵段）生态经济走廊建设、教师周转房建设、“两所一庭”（基层人民法庭、公安派出所、司法所）建设、招商引资项目建设投产等工作情况视察报告。决定接受谢和友辞去区四届人民政府区长职务，决定任命李达帆为副区长，决定李达帆为代理区长；决定接受李达帆辞去区长职务，决定任命伍果丽（女）为副区长，决定伍果丽为代理区长；决定接受伍果丽辞去区长职务，决定任命史燚为副区长，决定史燚为代理区长；决定任命范才全、王高彬、李红波、丁培杰、黄桂平、李强、张伟、郑国妙、杨铭、八青克珍莫（女）、侯剑涛、黎萍（女）为副区长，决定免去范才全、李洪波、李强副区长职务，决定接受陈标、任晓强、范飞辞去副区长职务；决定任命区四届人民政府组成部门主要负责人 48 人次，决定免职 19 人次。决定接受 2 人辞去区四届人大常委会委员职务；任命办事工作机构工作人员 14 人次，免职 12 人次。决定接受袁彪辞去区四届人民法院院长职务，任命王贵平为区人民法院副院长，决定王贵平为代理院长；任命区人民法院其他工作人员 45 人次，其中人民陪审员 32 人，免职 9 人次。任命区人民检察院工作人员 17 人次，免职 16 人次。审议废止任职评定暂行办法，审议通过测评国家机关工作人员履职情况暂行办法。听取和审议任命的区政府组成部门和“两院”工作人员 2007 年度至 2008 年度、2009 年度和 2010 年度履职报告，进行满意度测评。其间，2007 年度至 2008 年度被测评对象 23 人，22 人获得“满意”、1 人获得“基本满意”，获得 80% 以上满意度 7 人；2009 年度被测评对象 25 人，均获得“满意”，获得 90% 以上满意度 10 人；2010 年度被测评对象 23 人，均获得“满意”，获得 90% 以上满意度 12 人。会议还审议通过人大代表列席区人大常委会会议暂行办法、公民旁听区人大常委会会议暂行办法、规范性文件备案审查暂行办法和信访工作暂行办法，审议废止司法案件监督暂行规定；决定区四届人大常委会组成人员工作分工，决定区四届人大历次会议与区、乡人大代表换届选举工作事项；决定接受 4 名区四届人大代表辞职，罢免 1 名区四届人大代表职务，听取区人大代表变动情况报告，确认届中补选 13 名区四届人大代表和换届选举 252 名区五届人大代表资格有效，补选嘉陵选区市人大出缺代表 1 名。

2011 年 12 月至 2016 年 12 月，区五届人大常委会共举行 34 次会议。会议先后听取和审议相关重要工作议案，作出关于开展“六五”普法宣传教育决议，关于批准城市建设融资方案、相关乡镇和街道办建制调整方案、“十二五”规划指标调整方案与新建城市公园命名决议，并听取和审议通过决议贯彻执行情况汇报。审议通过反馈审议意见办理情况暂行办法。重点听取和审议区“一府两院”关于扶贫、林业、现代农业示范区建设和完善农业“三项补贴”政策（良种补贴、种粮直接补贴、农资综合补贴），土地经营和招投标管理，城区、农村和学前教育，新型农村合作医疗和农村卫生站建设及运行，商事、刑事审判和民事执行与反渎职侵权，还房建设和居家养老，税务，安全生产等专项工作报告，分别提出审议意见，听取区“一府两院”贯彻落实各项审议意见研究处理情况报告（书面），进行审议和满意度表决，对招投标管理和城区教育工作审议意见研究处理情况报告表决结果为“基本满意”，对其他报告表决结果均为“满意”。听取和审议区五届人大历次会议代表所提议案和建议办理情况汇报。审查批准区级部门年度预算方案；听取和审议区财政预算、计划执行情况报告和财政预算执行及其他财政收支情况审计工作报告，审查和批准区本级年度财政决算和财政预算调整方案。听取和审议区人大常委会执法检查组关于《中华人民共和国食品安全法》《中华人民共和国残疾人保障法》《中华人民共和国道路交通安全法》《中华人民共和国药品管理法》《中华人民共和国农村土地承包法》执法检查情况报告，提出审议意见，听取执法检查报告及审议意见研究处理情况报告（书面），进行审议和满意度表决，表决结果均为“满意”。听取和审议通过市、区人大代表视察组关于农村水利建设、交通运输情况视察报告。决定任命孙骏、陈忠、李辉、韩成宇、马德芬（女）、丁振东、韩行、张青松为区五届人民政府副区长，决定接受唐红莉、张申宏、孙骏辞去副区长职务，决定免去韩行副区长职务；决定任命区五届人民政府组成部门主要负责人 43 人次，决定免职 14 人次。任命区人大常委会办事工作机构工作人员 24 人次，免职 6 人次。任命区人民法院工作人员 211 人次，其中人民陪审员 156 人次，免职 41 人次。决定接受何晓荣辞去区五届人民检察院检察长职务，任命朱瑛（女）为区人民检察院检察员、检察委员会委员、副检察长，决定朱瑛为代理检察长；任命区人民检察院其他工作人员 28 人次，免职 5 人次。听取和审议任命的区政府组成部门主要负责人、区人民法院副院长和区人民检察院副检察长 2013 年履职情况报告，对其履职情况进行满意度测评，共 24 人均获得“满意”，其中，7 人获得 90% 以上满意票。会议还审议通过专题询问办法与人大会议和活动纪律规定；决定区五届人大常委会组成人员工作分工，决定区五届人大历次会议与区、乡人大代表换届选举工作事项；决定接受 3 名市五届人大代表和 8 名区五届人大代表辞职，听取区人大代表变动情况报告，确认届中补选 12 名区五届人大代表和换届选举 252 名区六届人大代表资格有效，补选嘉陵选区市人大出缺代表 4 名。

2016 年 12 月至 2020 年 12 月，区六届人大常委会共举行 40 次会议。会议先后听取和审议相关工作汇报和议案，作出开展“七五”普法宣传教育决议和支持法院“基本解决执行难”问题决定，关于批准年度重点建设项目实施建议方案、年度财政涉农资金统筹融合使用方案、黄金江岸旅游基础设施项目建设模式、支持企业上市奖励办法、全区地方政府债务限额、全区 39 个乡镇（街道）行政区划调整和 593 个村（社区）建制调整改革方案、加快总部经济发展激励机制、调增西顺嘉快速通道桃子沟段道路及隧道工程概算投资和明确后续建设方式、调整天乐谷景区基础设施建设项目（一期）投资事项、将城乡环境综合治理 PPP 项目政府支出责任纳入财政中长期规划与城区 5 条主要街道改造及绿化、美化、亮化和雨污管网分流及暗涵整治工程纳入建设规划并启动建设等决议，并听取和审议通过决议决定贯彻执行情况汇报。听取和审议脱贫攻坚和农村低保，新寇肺炎防治，环境保护及年度环境状况和环境保护目标完成，扫黑除恶、治安工作和法治建设，新城新区建设和城市园林绿化，监察体制改革，民事、刑事、行政审判与侦查监督和公益诉讼，农业产业化，城乡一体化供水工程建设，国有资产管理，城乡困难群众大病医疗救助和区人民医院运行等专项工作报告，分别提出审议意见，听取和审议区“一府两院”贯彻落实各项审议意见研究处理情况报告（书面），进行审议和满意度表决，表决结果均为“满意”。审议通过代表建议提出与办理办法。听取和审议区六届人大历次会议代表所提建议办理情况汇报。听取和审议预算、计划执行情况报告和预算执行及其他财政收支情况审计工作报告，审查和批准区本级年度决算和预算调整方案，听取和审议审计查出问题整改情况报告。听取和审议区人大常委会执法检查组关于《中华人民共和国民办教育促进法》《中华人民共和国人民调解法》《中华人民共和国动物防疫法》《中华人民共和国水污染防治法》执法检查报告，提出审议意见，听取和审议执法检查报告及审议意见研究处理情况报告（书面），进行审议和满意度表决，表决结果均为“满意”。审议通过工作评议暂行办法（修正案）。作出评议区发改局、区交通运输局、区地税局、区农业和农村工作局工作决定，听取被评单位工作报告，作评议调查报告，提出评议意见，对其工作进行满意度测评，测评结果均为“满意”。听取和审议通过被评单位关于评议意见整改情况报告。决定接受史燚辞去区六届人民政府区长职务，决定任命张青松为副区长，决定张青松为代理区长；决定任命王宇洲、丁振东、赵少雄、朱鹏、何建新、王春艳（女）、冯文强为副区长，决定免去丁振东、王宇洲副区长职务，决定接受杨方军、何建新、罗适辞去副区长职务；决定任命区六届人民政府组成部门主要负责人52人次，决定免职13人次。任命区监察委员会副主任、委员10人次，免职4人次。决定接受区六届人大常委会委员和专门委员会成员辞职24人次；任命办事工作机构和专门委员会工作人员55人次，其中街道工作委员会委员37人次，免职11人次，其中街道工作委员会委员1人。决定接受王贵平辞去区六届人民法院院长职务，任命段辉（女）为区人民法院审判员、审判委员会委员、副院长，决定段辉为代理院长；任命区人民法院其他工作人员114人次，其中人民陪审员91人，免职17人次。任命区人民检察院工作人员9人次，免职25人次。审议通过测评国家机关工作人员履职情况暂行办法（修正案）、关于暂不开展对监察委员会副主任和委员进行履职测评报告。听取和审议任命的区政府组成部门主要负责人和“两院”工作人员2018年度和2019年度履职情况报告，对其履职情况进行满意度测评，两年共测评65人次，均获得“满意”，其中，政府组成部门共5人次获得100%满意票。会议还审议通过关于区监察委员会副主任、委员任免及主任、副主任、委员宪法宣誓有关事项决定；决定区五届人大常委会组成人员工作分工，决定区六届人大历次会议与区、乡人大代表换届和乡镇调整建制乡级人大代表选举工作事项；审议通过关于补选区、乡镇人大代表程序规定，决定接受4名市六届人大代表和7名区六届人大代表辞职，听取区人大代表变动情况报告，确认补选16名区六届人大代表资格有效，补选嘉陵选区市人大出缺代表4名。

四、嘉陵区人大常委会主要工作

1993年11月至1997年12月，区一届人大常委会依法行使职权，履行工作职责。行使重大事项决定权。主要作出关于重大事项实体性决议。先后开展对相关重要工作调查并听取和审议工作汇报或议案，作出实体性决议8个、批准性决议1个，督促决议贯彻执行。行使法律监督和工作监督权。主要采取听取和审议工作汇报方式开展法律法规贯彻执行情况监督，独自开展执法检查少，以配合上级人大常委会开展执法检查为主。对区人民政府关于5部法律法规贯彻执行和20项重点工作开展情况进行调查并听取和审议工作汇报，提出审议意见，并督促研究办理。听取和审查批准区本级年度财政决算和财政预算调整方案。开展省文化市场管理条例和农民负担管理条例等法规执法检查，向全区通报执法检查报告；配合省、市人大常委会开展《中华人民共和国全国人民代表大会和地方各级人民代表大会代表法》《中华人民共和国环境保护法》《中华人民共和国妇女权益保障法》《中华人民共和国农业法》《中华人民共和国劳动法》《中华人民共和国农业技术推广法》《中华人民共和国水土保持法》《中华人民共和国残疾人保障法》、省建筑管理条例、省农作物种子管理条例、省计划生育条例等法律法规执法检查。组织区人大代表评议区人民检察院、区农机局、区贸易局、区公安分局、区建环局、区土地管理局工作。其中，2次评议区人民检察院工作。工作评议经过评议准备、宣传动员、评议调查、评议会议、评议整改等阶段。评议会议听取和评议被评议单位工作报告和领导班子成员述职报告，提出评议意见，开展民主测评，进行表彰奖励。区人民检察院在第1次评议中，获得区委、区人大常委会、区人大代表、市人民检察院“四满意”，被授予“边办案边建院，抓办案促建院”荣誉称号；在第2次评议中，综合工作被评为“满意”，检察长何建中和1名副检察长被评为“优秀”，何建中获

“优秀检察长”荣誉称号，2 名副检察长被评为“称职”。区农机局工作被评为“满意”，局长李信才和 1 名副局长均被评为“优秀”，局班子被认定为巩固的“四好班子”。区贸易局工作被评为“基本满意”，局长被评为“基本称职”，副局长唐某建被评为“不称职”。区公安分局综合工作被评为“基本满意”，局长杨森富、政委彭仕剑被评为“优秀”，3 名副局长被评为“称职”。区建环局综合工作被评为“基本满意”，局长王富元和 2 名副局长被评为“优秀”，1 名副局长被评为“称职”。区土地管理局综合工作被评为“满意”，局长青跃荣和 1 名副局长被评为“优秀”，2 名副局长被评为“称职”。评议后，督促评议意见整改落实。在对贸易局评议中，向区委提出对贸易局班子进行彻底整顿建议，区委采纳建议，将区贸易局局长调离，安排新任局长人选并通过人大常委会任命。区公安分局整改效果明显，被授予“优秀公安局”荣誉称号。组织市、区人大代表集中视察铁路建设、长江防护林治理工程、畜牧基地建设等工作，向全区通报视察情况；受省、市人大常委会委托，组织省、市人大代表于省、市人代会前开展集中视察活动，调研国有工商企业转换经营机制、扭亏增盈情况。介入并监督多个典型司法个案，维护司法公正。行使人事任免权，开展任后监督。审议通过相关人事任免，召开颁发任命书大会。听取和评议区人民政府办公室主任和组成部门 13 名局长述职报告。开展信访工作。建立信访工作责任制，届内共受理和督办来信来访 1126 件次，对影响较大的土门乡三村换届选举、金宝皮革厂污染、区内简易人身保险兑现等信访件，常委会领导亲自督促处理。指导乡镇人大工作。重点指导乡镇人民代表大会会议、人大主席团会议召开，乡级人大代表评议乡镇政府和公安派出所工作试点，乡镇换届和建制调整人大代表选举工作。

1998 年 1 月至 2002 年 12 月，区二届人大常委会依法行使职权，履行工作职责。行使重大事项决定权。先后开展调查并审议作出实体性决议 7 个、批准性决议 1 个，督促决议贯彻执行。特别是根据新的四川省预算外资金管理条例，在区一届人大常委会所作决议基础上，再次作出加强预算外资金管理决议，进一步强化财政资金管理监督。行使法律监督和工作监督权。对区“一府两院”关于 9 部法律法规贯彻执行和 25 项重点工作开展情况进行调查并听取和审议工作汇报，提出审议意见，督促研究办理。听取和审查批准区本级年度财政决算和财政预算调整方案。把执法检查作为一种主要监督方式，开展《中华人民共和国动物防疫法》《中华人民共和国食品安全法》《中华人民共和国水土保持法》《中华人民共和国老年人权益保障法》《中华人民共和国消防法》、国务院医疗机构管理条例、四川省农民负担管理条例和行政监察条例等法律法规执法检查，督促执法检查报告办理落实；配合省、市人大常委会开展《中华人民共和国乡镇企业法》《中华人民共和国审计法》《中华人民共和国森林法》《中华人民共和国村民委员会组织法》《中华人民共和国残疾人保障法》《中华人民共和国城市居民委员会组织法》《中华人民共和国税收征管法》《中华人民共和国刑事诉讼法》、省计划生育条例等法律法规执法检查。组织区人大代表评议区人民法院、区经贸委、区统计局、区财政局、区审计局、区农业局工作。指导乡镇人大主席团组织乡级人大代表评议 7 个基层人民法庭工作，代表满意度均为 100%，3 名庭长和 8 名副庭长中，4 人被评为“优秀”，7 人被评为“称职”。区经贸委主任张辉被评为“优秀”，2 名副主任被评为“称职”。区统计局局长和 2 名副局长均被评为“称职”。区财政局、区审计局综合工作获得满意率均为 94.7%，区农业局综合工作获得满意率为 92.6%，均被评为“满意”。区财政局局长龚曙光被评为“优秀”，3 名副局长被评为“称职”。区审计局局长赵健民和 1 名副局长被评为“优秀”，1 名副局长被评为“称职”。区农业局局长和 5 名副局长均被评为“称职”。被评议单位均经过评议整改。区人民法院被授予“优秀人民法院”荣誉称号。开展评选“人民满意派出所（科室）、民警”活动，组织全区公安系统准备动员、民主推荐、征求意见、确定正式候选名单，听取和审议评选工作汇报，决定授予全区公安系统“人民满意派出所（科室）”5个、“人民满意民警”11人，并予通报表彰。组织区人大代表集中视察“普九”（普及九年义务教育），贯彻实施“两制”（部门执法责任制和错案责任追究制），李蟠公路改扩建、川中农业综合开发、成南高速公路等工程建设和区城建设情况，督促视察报告办理；受市人大常委会委托，组织市人大代表开展集中视察，开展《中华人民共和国未成年人保护法》《中华人民共和国预防未成年人犯罪法》执行情况调研。制定司法案件监督工作意见，依法监督纠正9起司法案件，报请市人大常委会监督市人民法院对市饮食服务总公司偿还嘉陵区吉安镇基金会借款案判决结果进行强制执行，维护法律权威，促进公正司法。行使人事任免权，开展任后监督。开展任前法律知识考试，实行任前供职报告，审议通过相关人事任免。听取和评议任命的区“一府两院”23工作人员述职报告，进行民主测评。开展信访工作。审议通过处理人民群众来信来访暂行办法。完善来信来访接待、登记、阅批、处理、转办、督办等具体工作办法和制度。届内受理来信来访1128件次，督办重点信访18件次。

2002年12月至2006年10月，区三届人大常委会依法行使职权，履行工作职责。行使重大事项决定权。先后开展调查并审议作出实体性决议决定4个、批准性决议2个，督促决议决定贯彻执行。行使法律监督和工作监督权。对区“一府两院”关于8部法律法规贯彻执行和32项重点工作开展情况进行调查并听取和审议工作汇报，提出审议意见，督促研究办理。听取和审查批准区本级年度财政决算和财政预算调整方案；实行区级财政预算审查监督，听取和审查批准区级部门年度预算方案，督促贯彻执行。加强执法检查监督力度，开展《中华人民共和国环境保护法》《中华人民共和国残疾人保障法》《中华人民共和国档案法》《中华人民共和国食品卫生法》执法检查，听取和审议相关执法检查报告，提出审议意见，督促执法检查报告及审议意见贯彻执行；配合市人大常委会开展《中华人民共和国工会法》《中华人民共和国水法》《中华人民共和国土地管理法》《中华人民共和国农业机械化促进法》、省各级人大常委会监督条例、省国家投资建设项目招投标条例等法律法规执法检查。组织复查区公安系统巩固创满成果和保持荣誉称号情况，听取和审议通过“人民满意公安派出所（科室）、民警”复查情况汇报。组织区人大代表评议区人民法院、区民政局、区教育局、区地税局工作。区教育局领导班子工作被评为“基本满意”，局长李通勇和1名副局长被评为“满意”。区地税局领导班子工作及其局长张义荣和1名副局长均被评为“满意”。经过代表评议，提出评议意见，开展满意度测评，进行表彰奖励。区人民法院龙蟠人民法庭及3名法官分别被授予“人民满意法庭”“人民满意法官”荣誉称号。评议后，督促评议意见整改落实。组织省、市、区人大代表集中视察区城建设及三产发展、工业园区建设及招商引资、公路养护和森林植被管护、再就业和还房建设、教育布局、环境保护等工作情况，听取和审议通过重点工作视察报告，督促视察报告贯彻落实，将相关视察报告报送区委决策参考。组织开展西河流域水土保持、民营经济发展、农村税费改革后农民负担及增收、政府负债、发展“南良3号脐橙”、嘉陵江（嘉陵段）流域水资源等情况调研，督促调研报告研究处理。审议通过司法案件监督暂行规定，督促区司法机关贯彻执行；介入多起典型个案，监督程序不规范、效率不高、判决不公、执行不力等问题。行使人事任免权，开展任后监督。规范开展任前法律知识考试，听取和审议任前供职报告，审议通过相关人事任免。听取和评议任命的区“一府两院”12名工作人员述职报告，进行民主测评。在全市率先创新开展任后监督任职评定，对任命的区政府组成部门和“两院”工作人员2003年度、2004年度和2005年度任职情况进行评定。评定工作经过准备动员、调查测评、会议评定、整改落实等阶段，3年共对区“一府两院”工作人员235人次进行任职评定。其中，229人次被评定为“称职”，5人被评定为“基本称职”，1人被评定为“不称职”。对2003年度任职评定获

“称职”人员给予每人500元现金奖励和通报表彰，对2004年度和2005年度任职评定获“称职”人员进行通报表彰，对“基本称职”人员给予不享受年终一次性奖金处罚，对“不称职”人员发出限期6个月整改通知书。向全区通报任职评定结果及奖励与处罚决定。召开任职评定总结会，颁发任职评定书。开展信访工作。制定主任接待日制度，审议通过受理公民、法人和其他组织信访、申诉、控告、检举案件办法与交办信访事项办理办法。推行全国人大信访改革制度，规范承办信访事件办理程序和方法。届内接待群众来信来访235件516人次，接到上级人大常委会交办信访案件15件，全部按时办结回复。重点指导乡镇人大主席团开展述职评议和乡镇人大规范化建设工作。指导文峰镇、安平镇人大主席团组织镇人大代表开展对镇长、副镇长述职评议，安排其他乡镇人大主席现场学习观摩。乡镇人大规范化建设走在全市前列。分别在李渡、大通、火花3个乡镇开展以“六有、五簿、一册、两上墙”为主要内容的乡镇人大规范化建设试点工作，做到有专兼职工作人员、经费预算、办公室、办公用品、牌子、相关书刊，建立主席团会议记录簿、来信来访登记簿、代表活动登记簿、文件登记簿与代表建议、批评和意见登记簿和代表花名册，各种制度职责上墙和人大工作流程上墙。分片组织全区48个乡镇人大主席参加3个乡镇试点现场学习观摩。

2006年10月至2011年12月，区四届人大常委会依法行使职权，履行工作职责。行使重大事项决定权。以主要作出实体性决议转变为主要作出批准性决议。先后开展调查并审议作出实体性决议决定2个、批准性决议4个，督促决议决定贯彻执行。其中，跟踪区三届人大常委会关于撤销乡镇教育办公室（办事处）决定和未限期撤销处理决定贯彻执行情况，督促该事件经一波三折后最终落到实处。根据《中华人民共和国各级人民代表大会常务委员会监督法》规定，行使法律监督和工作监督权。对法律法规贯彻执行情况监督，均依法采取执法检查方式，不再听取和审议执法情况汇报。听取和审查批准区级部门年度预算方案、区本级年度财政决算和财政预算调整方案，督促贯彻执行。对区“一府两院”28项专项工作情况进行调查并听取和审议专项工作报告，对7部法律贯彻执行情况开展检查，听取和审议执法检查报告，督促区“一府两院”在3—6个月内对各专项工作报告审议意见、执法检查报告及审议意见进行研究处理，听取和审议通过研究处理情况报告（书面），将专项工作报告及审议意见和审议意见研究处理情况报告、执法检查报告及审议意见和研究处理情况报告通过印发公报、文件和张贴监督工作公布栏等形式向区人大代表通报并向社会公布。开展对区工商局、区民政局工作评议。评议工作主体由人大代表变为人大常委会。通过评议，2个部门工作均被评为“满意”。评议后，督促评议意见整改落实。组织市、区人大代表视察循环经济和生态经济建设、工业园区建设和招商引资、城区教育、农村医疗、城市生活垃圾处理、土地整理、畜牧养殖、蔬菜基地、基层司法机关和教师周转房建设等工作情况，听取和审议通过相关视察报告，督促贯彻落实。开展“干果”生产发展、计划生育服务机构建设、乡镇财政体制运行、生猪产业发展等工作情况调研，督促调研报告研究处理，并报送处理结果书面报告。行使人事任免权，开展任后监督。不断规范任免程序和完善任免机制，坚持实行任前法律知识考试和供职报告，采用电子表决方式，审议通过相关人事任免。听取和审议述职报告和年度任职评定的任后监督形式改为听取和审议履职报告和年度履职测评。听取和审议27名任命的区“一府两院”工作人员履职报告。对任命的区政府组成部门和“两院”工作人员2007年度至2008年度、2009年度和2010年度履职情况进行测评。经过准备动员、调查测评、会议测评等阶段，3年共对71人次进行满意度测评，70人获“满意”，1人获“基本满意”。将测评结果向全区进行通报。对在2007年度至2008年度和2009年度2次测评中满意度均在90%以上5名被测评人员作出表彰决定。开展信访工作。对信访工作各方面内容和程序作出规定，维持信访工作基本方法和程序不变，继续坚持全员参与大信访机制。届内共处理来访信件586件次，接待来访群众870人次。指导基层人大工作。重点指导乡镇人大工作规范化运作；开展年度表彰活动，届内表彰乡镇、街道人大工作先进集体共42个、先进个人共58名，分别授予奖牌或荣誉证书，并给予奖金奖励。

2011年12月至2016年12月，区五届人大常委会依法行使职权，履行工作职责。行使重大事项决定权。主要作出关于重大事项批准性决议。重点围绕区委“四城两园一山”（嘉陵主城区和朱凤、凤栖、白马三座新城，南充化学工业园和嘉陵工业园，凤垭山）建设总体战略，开展调查并审议作出实体性决议1个、批准性决议6个，督促决议贯彻执行。行使法律监督和工作监督权。听取和审查批准区级部门年度预算方案、区本级年度财政决算和财政预算调整方案，督促贯彻执行。对区“一府两院”21项专项工作情况进行调查并听取和审议专项工作报告，对5部法律贯彻执行情况开展检查，听取和审议执法检查报告，提出审议意见，督促限期研究处理并报告结果，通过满意度表决。政府对招投标管理和城区教育审议意见研究处理不到位，区人大常委会表示“基本满意”，遂督促其进一步整改落实。结合行权工作，开展对重点工作常规性视察和调研，注重视察调研广度和深度。组织常委会组成人员和市、区人大代表，开展农村水利建设和交通运输情况视察，听取和审议通过视察报告，督促视察报告贯彻落实；开展“四城两园一山”、城市及公园、重点项目、城区还房、蔬菜基地等建设和交通及公路养护情况视察，督促问题整改落实。组织常委会组成人员，开展新农村综合体、畜牧业龙头企业发展、科技创新型企业运行、三产发展、西河和凤垭河环境治理与学校食堂及餐饮企业食品安全、房地产企业监管、国土经营管理、区福利院和避难中心及乡敬老院建设、城乡教育均衡发展、基层公共卫生服务体系建设、计划生育服务和文化市场管理、地税和区妇幼保健院工作等情况调研，为行权工作了解掌握一手资料。本届未开展对“两院”和区政府组成部门工作评议监督。行使人事任免权，开展任后监督。进一步规范人事任免任前、任中、任后程序，审议通过相关人事任免，实行任命人员宪法宣誓制度。年中不再听取履职情况报告，年度履职测评开展较少，仅对任命的区政府组成部门主要负责人、区人民法院副院长和区人民检察院副检察长2013年履职情况进行测评，24名被测评人员全部获得“满意”。将履职测评结果向全区进行通报。开展信访工作。坚持“综合分析、统一交办、定期反馈、严格督查”和创新涉法涉诉信访工作机制，完善常委会领导接待处理群众信访制度，重点督办带普遍性、倾向性以及反映强烈的问题，化解信访积案。届内共受理群众信访825件，督办重要信访案件25件。指导基层人大工作。重点开展乡镇、街道人大工作宣传报道；进一步健全和完善乡镇人大规范化建设，指导乡镇人大换届首次开展人民代表大会会议试点，组织全区乡镇人大主席现场学习观摩；开展乡镇、街道“人大代表之家”试点并全面推广。参与脱贫攻坚。人大常委会机关联系龙泉镇脱贫攻坚工作，负责2个贫困村贫困户对口帮扶和1个非贫困村贫困户帮扶工作督促指导，机关干部职工对口帮扶近130户贫困户。

2016年12月至2020年12月，区六届人大常委会依法行使职权，履行工作职责。行使重大事项决定权。主要围绕全区经济社会发展大局作出批准性决议。先后开展调查并审议作出实体性决议2个、批准性决议25个，督促决议贯彻执行。行使法律监督和工作监督权。不再实行区级部门年度预算方案审查，听取和审查批准区本级年度财政决算和财政预算调整方案，加强审计查出问题整改监督。对区“一府两院”24项专项工作情况进行调查并听取和审议工作报告，对4部法律贯彻执行情况开展检查，听取和审议执法检查报告，提出审议意见，督促限期研究处理并报告结果，通过满意度表决。开展对区发改局、区交通运输局、区地税局、区农业和农村工作局工作评议。评议内容主要增加“单位上年度工作在9县（市、区）或市辖3区排位和争取上级支持情况”。通过评议，4个部门工作均被评为

"满意"。评议后，督促评议意见整改落实。组织常委会组成人员和区人大代表视察重点项目（工作）、教育重点工程和升钟二期工程建设、桑基地和晚熟柑橘（柠檬）基地建设、小区建设及管理、河西砂石堆码场经营管理和城市黑臭水体防治等工作情况，督促视察报告贯彻落实，并将相关视察报告报送区委决策参考；受市人大常委会委托，组织省、市人大代表视察吉利汽车二期项目、中农联电商小镇、城市道路修复提升工程、黄金江岸项目工程等建设进展情况。根据区委安排，开展脱贫攻坚、实体经济发展、民营医院运行及监管和区妇幼保健院运行等重要工作情况调研，将调研报告报送区委，供决策参考，受到区委肯定。同时，督促调研报告研究办理。还开展教育事业发展、推进全面依法治区、河流生态环境保护、新冠肺炎疫情对经济社会影响等工作情况调研，为行权工作提供参考。开展人大代表走访企业、群众专项工作，重点调研新寇脑炎疫情对企业生产经营的影响。行使人事任免权，开展任后监督。坚持规范任免程序，审议通过相关人事任免。对任命的区政府组成部门主要负责人、区"两院"工作人员2018年度和2019年度履职情况进行测评。测评内容主要增加"供职单位上年度工作在9县（市、区）或市辖3区排位和争取上级支持情况"。经过测评，两年共65人次均被评为"满意"。对获得100%满意票的5名次工作人员进行表彰，授予其年度"人民满意公务员"地方荣誉称号。将履职测评结果向全区进行通报。开展代表工作。完善和改进乡镇、街道"人大代表之家"规范化建设，实行"人大代表之家"阵地建设及民生工作人大代表票决制，开展试点并逐步推行；在全市县（市、区）率先建立区人大代表履职服务网络平台和履职考评制度，实行年度量化打分考核。加强街道人大工作。审议提出加强街道人大工作委员会工作意见，报经区委批转执行；任命街道人大工作委员会委员，明确工作职责，指导工作开展，督促任务落实。街道人大工作走在全市县级人大前列。开展脱贫攻坚工作。常委会领导和人大机关共联系6个乡镇，人大常委会机关负责龙泉镇2个贫困村和1个非贫困村，机关干部职工对口帮扶2个贫困村共129户贫困户，联系指导1个非贫困村51户贫困户对口帮扶，圆满通过2018年国家脱贫攻坚第三方考核评估和2020年国家脱贫攻坚全面检查验收。参与疫情防控工作。第一时间对新寇肺炎疫情防控作出安排部署，制定防控工作实施方案；向全区各级人大代表印发公开信，发挥人大代表战"疫"作用；班子成员靠前指挥，深入联系乡镇（街道）督导疫情防控工作，慰问防疫一线工作人员；成立人大常委会机关党员先锋突击队，安排值守2个居民小区；组织捐款捐物，多方筹集疫情防控物资；听取和审议区人民政府关于疫情防控工作报告，督促审议意见研究处理。

第四节　阆中市人大

1950年3月至1954年5月，阆中县历经4届，共召开10次各界人民代表会议，代表由团体或单位按分配名额推选，或由县政府选聘有代表性的各界人士参加。各代会休会期间，不定期地召开常务委员会议商讨有关的重要事宜。1954年至1966年，阆中县历经6届，共召开20次县人民代表大会，大会的召集和日常工作由县人民代表大会选举产生的县人民委员会负责，闭会期间，县人民委员会既行使权力机关职权，又担负行政机关职能。1969年成立的县革命委员会作为特定历史时期国家政权机关，代行县人民代表大会职权。1980年12月至1990年2月，召开3届阆中县人民代表大会。1991年

1月12日，国务院批准阆中撤县建市。1991年3月至2020年8月，阆中市历经7届，共召开32次阆中市人民代表大会。其间，1980年开始实行代表差额选举制，由选民直接投票选举代表，产生人民代表大会，人民代表大会开始选举产生人大常委会。人大常委会为人民代表大会的常设机关，闭会期间依法履行宪法和法律赋予的职权。

一、阆中县各界人民代表会议

1950年3月27日至31日，县一届一次各界人民代表会议召开，出席代表158名。会议听取和讨论县长王大文的政府工作报告，决议征收公粮、肃清匪特、恢复生产、防备灾荒等，选举王大文、李原、孔震生等15人组成各界人民代表会议常务委员会，选举王大文为主席。8月11日至15日，县一届二次各界人民代表会议召开，出席代表269名。会议听取、审议县长李原4个月来的施政报告，学习讨论《川北区农业税征收条例》和公粮任务分配，决议继续完成征粮、清匪、减租退押等中心任务，选举李原为主席，提名通过成立阆中县禁烟委员会。11月30日至12月3日，县一届三次各界人民代表会议召开，出席代表205名，列席代表20名。会议决议继续完成清匪反霸和减租退押等中心任务，健全各级农会组织，组建人民武装，宣传抗美援朝等。增选郑可行任各代会常委会副主任。常委会始设固定办公机构并配备3名专职工作人员，办公地址设县城白花庵街。

1951年2月20日至22日，县二届一次各界人民代表会议召开，出席代表501名，列席代表23名。会议听取、审议政府施政报告和减租退押工作总结，通过进行土地改革、抗美援朝、镇压反革命，发展农业生产，发展文教事业、巩固统一战线等6项决议，审议提案36件，选举等25人组成各界人民代表会议常务委员会，选举李原为主席，孔震生、郑可行为副主席。5月29日至31日，县二届二次各界人民代表会议召开，出席代表250名。会议审议通过政府工作报告，讨论总结土地革命工作和今后任务，审议提案32件。通过巩固土改胜利、处理土改遗留问题，加强教育，推广民办公助学校，提高群众科学文化水平，继续深入开展抗美援朝宣传教育，发展生产等决议。10月6日至10日，县二届三次各界人民代表会议召开，出席代表245名。会议中心议题是深入持久开展抗美援朝宣传，完成征粮任务和开展秋冬季生产等。审议提案184件。1952年1月15日至19日，县二届四次各界人民代表会议召开，出席会议除上次会议代表外，每乡增补2名劳动模范，每区增补1名管生产的区干部和1名场镇工商业者，共计386名。出席川北区各代会的33名代表列席会议。会议审议提案222件，通过开展爱国增产节约运动，开展“三反”（反贪污、反浪费、反官僚主义）运动等决议。

1952年4月10日至11日，县三届一次各界人民代表会议召开，出席代表267名。会议听取审议政府工作报告和常委会工作报告，通过防旱抗旱和搞好大春生产的决议，审议提案79件，选举李原、郑可行等27人组成各界人民代表会议常务委员会。选举李原为主席，郑可行为副主席。10月24日至27日，县三届二次各界人民代表会议召开，出席代表261名。会议听取审议政府工作报告和常委会工作报告，讨论决议巩固互助组、发展农业生产合作社，深入开展增产节约运动和生产自救等问题，审议提案180件，以行政区编成12个代表通讯联络组，增选古鹤龄为各代会常委会副主席，常委会办公地址迁至县城三陈街1号。

1953年2月4日至8日，县四届一次各界人民代表会议召开，出席代表245名。会议听取审议政府工作报告和常委会工作报告，对农业生产、互助合作、继续加强抗美援朝、贯彻婚扯辑法、调整商业、民主建设、发展文教卫生事业等分别作出决议，传达第二次赴朝慰问团活动情况，中国农民赴苏代表团成员赵京一（仪陇人）作赴苏观感报告，审议提案329件，选举27人组成各代会常委会。选举县长李峰为主席，郑可行、古鹤龄为副主席。

二、阆中县人民代表大会

1954 年 7 月至 1990 年 2 月，先后历经 9 届，共召开 20 次县人民代表大会。其间，1969 年成立县革命委员会，作为特定历史时期国家政权机关，代行县人民代表大会职权，列为第 7 届。1980 年，县八届人大开始设立县人大常委会。

1. 阆中县人大及其常委会

1954 年 6 月 24 日召开乡（镇）人民代表大会，选举产生阆中县第一届人民代表大会代表 400 名，经过代表资格审查，全部有效，阆中县第一届人民代表大会产生。1954 年 7 月 2 日至 5 日召开阆中县第一届人大一次会议。

1956 年 12 月前，选举阆中县第二届人大代表 400 人，经过代表资格审查，全部有效，阆中县第二届人民代表大会产生。1956 年 12 月 28 日至 30 日召开阆中县第二届人大一次会议。

1958 年 5 月前，选举阆中县第三届人大代表 400 人，经过代表资格审查，全部有效，阆中县第三届人民代表大会产生。1958 年 5 月 13 日至 15 日召开阆中县第三届人大一次会议。

1961 年 9 月前，选举阆中县第四届人大代表 400 人，经过代表资格审查，全部有效，阆中县第四届人民代表大会产生。1961 年 9 月 26 日至 28 日召开阆中县第四届人大一次会议。

1963 年 7 月前，选举阆中县第五届人大代表 410 人，经审查，代表资格全部有效，阆中县第五届人民代表大会产生。1963 年 7 月 15 日至 17 日召开县第五届人大一次会议。

1965 年 12 月前，选举阆中县第六届人大代表 411 人，经过代表资格审查，全部有效，阆中县第六届人民代表大会产生。1965 年 12 月 27 日至 31 日召开阆中县第六届人大一次会议。

1969 年 4 月 22 日，经省革命委员会批准，成立阆中县革命委员会。作为特定历史时期国家政权机关，代行县人民代表大会职权，列为县七届人大。

1980 年 10 月 14 日，由选民直接选举阆中县第八届人民代表大会代表 411 人，经过代表资格审查，全部有效，阆中县第八届人民代表大会产生。1980 年 12 月 12 日至 17 日召开阆中县第八届人大一次会议，选举 17 人组成阆中县第八届人大常委会，选举孙福传为主任，张启富、刘伯阶、苗底旺、杨林由、谢杰成、安天泽为副主任，委员：王描江、李长清、杜春玉、张明松、张毅、赵德俊、胡绩臣、袁仲祥、黄元龙、雷辅臣、蔡玲，陈正广。县八届人大常委会一次会议设立八届人大常委会代表资格审查委员会，决定人大常委会下设办事机构“一室三组”，即办公室，办公室内设代表联系组、政法组、调查研究组，办公地点设在原县委机关大院内。1984 年 3 月决定三个组改建为“四科”，办事机构为办公室，代表联络科，调研科，法制科，教科文卫科。

阆中县第八届人大常委会主任、副主任一览表

表 13－29　　(1980. 12—1984. 3)

姓名	性别	党派	籍贯	职务	任职年限
孙福传	男	中共	广元市苍溪县	主　任	1980. 12—1984. 3
张启富	男	中共	四川省阆中市	副主任	1980. 12—1984. 3
刘伯阶	男	中共	四川省阆中市	副主任	1980. 12—1984. 3
苗底旺	男	中共	山西省兴县	副主任	1980. 12—1984. 3

续表 13－29

姓名	性别	党派	籍贯	职务	任职年限
杨林由	男	中共	四川省广安县	副主任	1980. 12—1984. 3
谢杰成	男	中共	广元市苍溪县	副主任	1980. 12—1984. 3
安天泽	男	无党派	四川省阆中市	副主任	1980. 12—1984. 3

1984 年 3 月 10 日，选举县人大代表 365 人，经过代表资格审查，全部有效，阆中县第九届人民代表大会产生。3 月 25 日至 29 日，召开县第九届人大一次会议，选举 21 人组成阆中县第九届人大常委会，选举谭承耀为主任，张启富、马世华、刘伯阶、谢杰成、邵述珍、安天泽为副主任，委员：万斯年、王一秀、王兴泽、伏文超、向仲勋、李大林、肖庆果、杨惠蓉、周映仙、郑德俊、高文秀、李长清、袁仲祥、彭以清、程玉林。县九届人大常委会一次会议设立九届人大常委会代表资格审查委员会。

阆中县第九届人大常委会主任、副主任一览表

表 13－30　（1984. 3—1987. 3）

姓名	性别	党派	籍贯	职务	任职年限
谭承耀	男	中共	南充市仪陇县	主任	1984. 3—1987. 3
张启富	男	中共	四川省阆中市	副主任	1984. 3—1987. 3
马世华	男	中共	山西省沁水县	副主任	1984. 3—1987. 3
刘伯阶	男	中共	四川省阆中市	副主任	1984. 3—1987. 3
谢杰成	男	中共	广元市苍溪县	副主任	1984. 3—1987. 3
邵述珍	女	中共	四川省阆中市	副主任	1984. 3—1987. 3
安天泽	男	无党派	四川省阆中市	副主任	1984. 3—1987. 3

1987 年 1 月中旬前，选举县人大代表 281 人，经过代表资格审查，全部有效，阆中县第十届人民代表大会产生。3 月 9 日至 14 日，召开县第十届人大一次会议，选举 15 人组成阆中县第十届人大常委会，选举谭承耀为主任，李炽昌、邵述珍、曹诲人、黄河基（兼职）为副主任，委员：王一秀、白永强、向仲勋、李怀宸、苟明安、周映仙、郑德俊、高文秀、程玉林、魏浩荣。县十届人大常委会一次会议设立代表资格审查委员会。1987 年 3 月，决定各区配备一名兼职人大工作联络员。4 月，在各区设立县人大常委会派出机构人大代表联络组。1988 年 10 月，决定将人大常委会机关办事机构“四科”分别改为“四委”，即代表联络工作委员会、财经工作委员会、教科文卫工作委员会、法制工作委员会。1990 年 2 月，决定增设农业工作委员会、各区联络组改建为区人大工作组。

阆中县第十届人大常委会主任、副主任一览表

表 13－31　（1987. 3—1990. 3）

姓名	性别	党派	籍贯	职务	任职年限
谭承耀	男	中共	南充市仪陇县	主任	1987. 3—1990. 3
李炽昌	男	中共	四川省阆中市	副主任	1987. 3—1990. 3
邵述珍	女	中共	四川省阆中市	副主任	1987. 3—1990. 3
曹诲人	男	中共	四川省阆中市	副主任	1987. 3—1990. 3
黄河基	男	无党派	成都市新都区	副主任	1987. 3—1990. 3

2. 阆中县人民代表大会会议

1954 年 7 月 2 日至 5 日，县一届人大一次会议召开，会议听取和审查县政府工作报告，作出完成农业增产任务、巩固与发展互助合作、拥护《中华人民共和国宪法（草案）》的决议。选举 21 人组成县人民委员会，选举李峰为县长，薛朝刚、郑弗名为副县长。选举县人民法院院长。选举李峰等 4 名代表出席省首届人民代表大会。1954 年 9 月 18 日至 20 日，县一届领导二次会议召开，会议讨论、总结巩固发展互助合作经验和贯彻实施统购统销政策的成绩与经验教训。1955 年 9 月 14 日至 16 日，县一届三次会议召开，会议听取和审查县人民委员会工作报告，作出三项决议：要求全县 1956 年入社农户发展到占总农户的 66.11%，基本实现农业合作化；为使统购统销制度化、合理化，把农村“定产、定购、定销”的“三定”政策落实到户；坚决、彻底、干净地肃清一切反革命分子。作出改阆中县人民政府为阆中县人民委员会的决议。

1956 年 12 月 28 日至 30 日，县二届人大一次会议召开，会议听取、审查、议决县人民委员会、县财政预决算和县人民法院工作报告；学习讨论中共中央提出的《1956 到 1967 年全国农业发展纲要（草案）》；作出关于小社并大社和实现高级形式的农业合作社的决议，关于粮、棉、油增产计划，加强对农业合作社、手工业合作社及其他劳动者合作组织的领导，加强思想政治教育工作等决议；选举 21 人组成县第二届人民委员会，选举冶玉书为县长，郑弗名为副县长。1957 年 10 月 4 日至 8 日，县二届人大二次会议召开，会议听取、审查、议决县人民委员会、财政预决算、法院、检察院工作报告，作出巩固合作化运动和增产计划的有关决议，号召发动群众投入反对资产阶级右派的斗争。

1958 年 5 月 13 日至 15 日，县三届人大一次会议召开，听取、审查、议决县人民委员会、财政预决算、县人民法院、县人民检察院工作报告；选举 21 人组成县第三届人民委员会，选举刘纯夫为县长，樊起瑞为副县长；选举人民法院院长、人民检察院检察长；选举陶淑芬、张际中、刘纯夫、雷文淑为省第二届人民代表大会代表。根据“鼓足干劲，力争上游，多快好省地建设社会主义”的总路线精神，制定 1958 年把农业生产推向新高潮的任务和措施。

1961 年 9 月 26 日至 28 日，县四届人大一次会议召开，会议听取、审查、议决县人民委员会工作报告和 1958 年至 1960 年财政决算、1961 年财政预算报告、县人民法院、县人民检察院工作报告；选举 21 人组成县第四届人民委员会，选举樊起瑞为县长、蒲向荣为副县长。会议根据“调整、巩固、充实、提高”方针，提出大力开展生产自救、节约度荒的群众运动。

1963 年 7 月 15 日至 17 日，县五届人大一次会议召开，会议听取、审查、议决县人民委员会工作报告和县财政 1961 年至 1962 年决算和 1963 年预算报告以及县人民法院工作报告；学习讨论八届十中全会精神，总结贯彻执行以农业为基础的发展国民经济方针和“八字方针”、恢复工农业生产的经验；决议今后工作任务和措施。选举 21 人组成县第五届县人民委员会，选举王学义为县长，樊起瑞、何清淼为副县长；选举县人民法院院长，选举王学义、李明金等 6 人为省第三届人民代表大会代表。

1965 年 12 月 27 日至 31 日，县六届人大一次会议召开，会议听取、审查、议决县人民委员会、县财政预决算和县人民法院工作报告，通过工农业生产任务等决议。选举 23 人组成县第六届县人民委员会，选举孙福传为县长，蒲向荣、侯明培、何清淼、刘伯阶为副县长；选举县人民法院院长，补选孙福传为省人民代表大会代表。

1969 年 4 月 22 日，经省革命委员会批准，成立阆中县革命委员会。作为特定历史时期国家政权机关，代行县人民代表大会职权，列为第 7 届。

1980 年 12 月至 1984 年 3 月，县八届人大共召开 3 次会议，各次会议均听取和审查县政府、人大常委会、县人民法院、县人民检察院、财政工作报告，并作出相应决议。其间，县一届一次会议作出《关于废止县革命委员会恢复县人民政府的决定》，选举产生县人大常委会，第八届人大常委会主任孙福传，副主任张启富、刘伯阶、苗底旺、杨林由、谢杰成、安天泽，委员11人，选举常思九为县长，侯明培、蒋长富、邵述珍、郭历权、郑文焕、冯启联为副县长，刘志毅为县人民法院院长，马世华为县人民检察长；审查代表提案283件。县八届第二次会议选举杨林为县人大常委会副主任、陈正广为委员；通过《关于保护林木严禁乱砍滥伐的决定》；审查代表提案303件。县八届人大三次会议选举邓秀英、刘纯夫、孙福传、何正富、张际中、谢永刚、何秀清为省第六届人大代表；审查代表建议199件。

1984年3月至1987年3月，县九届人大共举行3次会议，各次会议均听取和审查县人大常委会、“一府两院”、计划、财政6个工作报告，并作出相应决议。其间，县九届一次会议选举产生阆中县第九届人大常委会，选举谭承耀为主任，张启富、马世华、刘伯阶、谢杰成、邵述珍、安天泽为副主任，委员15人；选举郭历权为县长，王先华、冯启联、赵国贵、侯明培、吴自成、艾治信为副县长，邓天金为县人民法院院长，马世华为县人民检察院检察长；审查代表建议346件。县九届人大二次会议讨论振兴阆中经济，提早实现翻番规划，抓好生产等问题，并作出相应决议；审查代表建议151件。县九届人大三次会议作出《关于批准阆中县国民经济“七五”计划的决议》，审查代表建议417件。

1987年3月至1990年2月，县十届人大共举行4次会议，第一、三、四次会议均听取和审查县人大常委会、“一府两院”、计划、财政6个工作报告，并作出相应决议。其间，县十届人大一次会议选举产生阆中县第十届人大常委会，选举谭承耀为主任，李炽昌、邵述珍、曹诲人、黄河基（兼职）为副主任，委员10人；选举郭历权为县长，冯启联、吴自成、赵国贵、陈绍发、陈光荣、艾治信、吴纪枢为副县长，邓天金为县人民法院院长，赵文训为县人民检察院检察长；作出《关于学习宣传贯彻执行〈全国人大常委会关于加强法制教育维护安定团结的决定〉的决议》；审查代表议案83件、质询案11件、建议233件，决定将代表提出的制定土地管理实施细则的议案列为议案，其余议案转为建议，9件质询案由有关部门到提出质询案的代表团口头答复，2件质询案会后有关部门书面答复。县十届人大二次会议听取县人大常委会主任谭承耀报告县人大代表变化情况和筹备选举省人大代表情况；选举李慎宽、谭承耀、郭历权、程玉林、母万华为省第七届人大代表。县十届人大三次会议审查代表议案48件、质询案16件、建议155件，决定48件议案转为建议，将代表提出的“县农业局植保站贩卖假红苕保鲜剂造成严重烂苕要求追究经济责任”和“推广良种造成减产应赔偿损失”等3件质询案列为质询案，交农业部门办理，其余13件质询案转为建议办理。县十届人大四次会议审查代表议案39件、质询案18件、建议263件，决定39件议案16件质询案转为建议办理，将代表提出的“关于违反杂交水稻合同解决水稻种子问题”的两件质询案列为质询案，责成县政府分管领导和种子公司负责人向提出质询案的代表团当面回答。

3. 阆中县人大常委会会议

1980年12月至1984年2月，县八届人大常委会共召开20次会议，听取和审议“一府两院”关于计划和财政工作，物价政策执行，工业企业整顿，城镇建设管理，劳动就业，教育工作，计划生育，抗洪救灾，社会治安整顿，打击经济领域犯罪等工作汇报54项，作出《关于抗洪救灾的决议》《关于处理私房改造遗留问题的决定》《关于打击经济领域严重犯罪活动的决议》《关于加强民事审判工作的决议》《关于处理私房改造遗留问题的补充决定》《关于提高中小学教育质量的决定》《关于进一步整顿社会治安的决定》《关于加强民事审判工作的决议》《关于开展学习宣传贯彻宪法活动的决议》，通过《阆中县城镇建设和管理实施办法》《阆中县江河管理实施办法》《阆中县人民代表大会代表、代表小组联系工作暂行办法》。届内依法任免170人次，接受常思九辞去县长职务，决定郭历权代理县长，选举6名省六届人大代表，罢免县人大代表3人，补选3名县人大代表。

1984年3月至1987年2月，县九届人大常委会共召开20次会议，听取和审议“一府两院”关于计划、财政、税收工作，工业生产，科技体制改革，普及初等教育，卫生体制改革，农村产业结构调整，农技推广，小集镇建设，林业生产发展，“普法”教育及规划，民事审判，“严打”、反盗窃斗争和社会治安管理等52项工作汇报，作出《关于县人大代表在“富民升位”中应积极作出贡献的决议》《关于贯彻实施四川省绿化暂行条例的决议》《关于贯彻实施统计法的决议》《关于贯彻实施食品卫生法的决议》《关于认真实施县城建设总体规划的决定》《关于进一步实施经济合同法的决议》《关于进一步加强法制教育普及法律知识的决议》《关于加强审计工作的决议》《关于加强普及初等教育工作的决议》《关于建立区（镇）县人民代表联络组的决定》《关于加强农村户办、联户办企业发展工作的决议》《关于认真贯彻实施义务教育法的决议》《关于同意县政府制定农村场镇管理办法的决定》，通过《阆中县人大常委会关于人事任免程序暂行规定》《阆中县人大常委会工作实施细则（试行）》《阆中县人大常委会联系代表实施办法》。任免81人。

1987年3月至1990年2月，县十届人大常委会共召开22次会议，听取和审议“一府两院”关于计划和财政预决算，预算执行及变更，预算外资金管理，审计、税收、物价工作，交通运输管理，清理整顿公司，农村经济改革，五年脱贫规划，中小学收费，文化市场整顿，医疗卫生改革，计划生育，审判工作改革，法庭建设，打击经济犯罪等67项工作汇报，并作出相应审议意见。作出《关于学习宣传贯彻执行全国人大常委会关于加强法制教育维护安定团结的决定》《关于学习宣传实施行政诉讼法的决议》《关于进一步搞好综合治理工作的决议》《关于科技兴农的决议》《关于实施脱贫致富规划决议》《关于加强扶贫工作解决贫困户温饱的决议》《关于加强计划生育工作的决议》《关于加强林业工作的决议》《关于保护军事设施的决议》，通过《阆中县预算外资金管理试行办法》《阆中县土地管理实施办法》《村民委员会工作细则》《对“公、检、法”进行监督程序的试行办法》《阆中县城市规划和综合管理实施办法》《阆中县造林护林实施办法》《加强县人大常委会同县政府、法院、检察院工作联系试行办法》《对县法院、检察院、公安局实行工作监督保证法律实施的试行办法》《审查监督国民经济和社会发展计划和试行办法》《审查监督县财政预决算试行办法》《阆中县人大常委会工作规则》《阆中县人大常委会关于联系代表工作实施办法》。依法任免141人。届内对拟任人员进行任前考察，提请单位主要领导到会介绍拟任人员情况，改举手表决为无记名投票表决，对任命的人员颁发任命书。

4. 阆中县人大常委会主要工作

1980年12月至1984年2月，县八届人大常委会先后筹备召集3次县人民代表大会，主持开展县人大代表换届选举工作。围绕审议决定的重大事项，组织开展对文教事业发展，计划生育工作，物价政策执行，社会治安整顿，森林保护，抗洪救灾，城区工厂污染等情况的专题调研、视察和工作检查，并形成调研报告。在城乡开展历时两月的宣传学习宪法活动。建立代表联系制度，指导代表小组开展联系群众活动。督办代表提案和建议740件，受理信访1190余件次。

1984年3月至1987年2月，县九届人大常委会先后筹备召集3次县人民代表大会，主持开展县人大代表换届选举工作。围绕审议决定的重大事项和群众普遍关注的问题开展60多项专题调研，形成53份调研报告。组织委员和部分代表对石滩水库工程建设，城区居民饮用水源不足、水质浑浊问题等进行专题视察，协助全国和省人大代表视察部分工厂、学校、文物保护单位，视察张飞庙时发现年久失修问题，解决维修经费，搬出在张飞庙内办公的县文化馆，及时维修保护这一文物建筑。组织开展食品卫生、统计、计量、药品管理、经济合同等方面的执法检查。督办代表建议915件。制定代表小组和代表开展活动制度。以区或片区召开代表联席会议，总结交流代表小组和代表开展活动经验。受理信访1193件次。

1987年3月至1990年3月，县十届人大常委会先后筹备召集4次县人民代表大会，主持开展县人大代表换届选举工作。围绕审议决定的重大事项组织开展50多项工作调研，形成调查报告50件。开展土地管理、环境保护、义务教育、计划生育、治安管理、刑事诉讼等方面的执法检查。督办代表建议804件。办理代表提出的“县农业局植保站贩卖假红苕保鲜剂造成严重烂苕要求追究经济责任”的质询案，经过调查，在第十次常委会会议上专题听取县农业局办理质询案情况汇报，作出审结意见，责成有关部门依法教育和处理直接责任人。组织委员和代表视察12次，协助全国人大和省人大代表视察5次。受理信访731件次。

三、阆中市人民代表大会

1991年1月12日，国务院批准阆中撤县建市，至2020年6月，历经7届，共召开32次阆中市人民代表大会，届次在原县人民代表大会届次的基础上连续计算。

1. 阆中市人大及其常委会

1990年1月中旬前，选举县十一届人大代表271名，经过代表资格审查，全部有效，县十一届人民代表大会产生。3月5日至10日，县十一届人大一次会议召开，选举产生县十一届人大常委会，选举谭承耀为主任，李炽昌、邵述珍、黄河基（兼职）、马正经为副主任，委员：魏浩荣、张国勇、王一秀、白永强、苟明安、闵克源、敬国富、吴长寿、高文秀、赵国坤。县十一届人大二次会议补选马凯、周世泽为委员；县十一届人大四次会议增选戚永相为副主任。县十一届人大常委会一次会议设立代表资格审查委员会。其间，1990年6月，区人大工作组改为区人大工作委员会。8月，决定办公室内设人事秘书股、行政管理股、调查研究股，1991年，“股”改为“科”，增设信访办公室。

阆中市第十一届人大常委会主任、副主任一览表

表13－32　（1990.3—1993.1）

姓名	性别	党派	籍贯	职务	任职年限
谭承耀	男	中共	南充市仪陇县	主　任	1990.3—1993.1
李炽昌	男	中共	四川省阆中市	副主任	1990.3—1993.1
邵述珍	女	中共	四川省阆中市	副主任	1990.3—1993.1
黄河基	男	无党派	成都市新都区	副主任	1990.3—1993.1
马正经	男	中共	四川省阆中市	副主任	1990.3—1993.1
戚永相	男	中共	四川省阆中市	副主任	1992.2—1993.1

1992年12月前，选举市十二届人大代表291名，经过代表资格审查，全部有效，市十二届人民代表大会产生。1993年1月4日至10日，召开市十二届人大一次会议，选举产生市十二届人大常委会，选举常思九为主任，戚永相、黄河基、苟明安、李仲德为副主任，委员：敬国富、唐绍刚、马凯、张先贵、王一秀、刘作政、陈正广、张玉胜、张国勇、吴长寿、郑玉华、来建勋。十二届人大四次会议补选主任冯启联，增选副主任赵永生；十二届人大五次会补选副主任宋永贵，补选委员杨大兴、李富

贤、梁飞；十二届人大六次会议补选主任王明奎。市十二届人大常委会一次会议设立代表资格审查委员会。

阆中市第十二届人大常委会主任、副主任一览表

表 13－33

（1993. 1—1998. 1）

姓名	性别	党派	籍贯	职务	任职年限
常思九	男	中共	四川省阆中市	主任	1993. 1—1995. 3
冯启联	男	中共	四川省阆中市	主任	1995. 3—1997. 2
王明奎	男	中共	四川省阆中市	主任	1997. 2—1998. 1
戚永相	男	中共	四川省阆中市	副主任	1993. 01—1998. 1
黄河基	男	无党派	成都市新都区	副主任	1993. 1—1998. 1
苟明安	男	中共	四川省阆中市	副主任	1993. 1—1998. 1
李仲德	男	中共	四川省阆中市	副主任	1993. 1—1996. 1
赵永生	男	中共	四川省阆中市	副主任	1995. 3—1998. 1
宋永贵	男	中共	四川省阆中市	副主任	1996. 2—1998. 1

1997 年 12 月前，选举市十三届人大代表 278 名，经过代表资格审查，全部有效，市十三届人民代表大会产生。1998 年 1 月 9 日至 13 日，召开市十三届人大一次会议，选举产生市十三届人大常委会，选举王明奎为主任，李旭东、赵永生、宋永贵、赵晖为副主任，委员：李晓军、马茂英、王旗、张先贵、张泽清、张恩捷、杨朝志、郑国文、曹顺宗、刘桂清、李校、邓玉强、彭兴友、杨学本、黄友新、吴长寿、李富贤、蒲国。市十三届人大三次会议补选杨福仁、罗永林、胡蓉、赵梦琪、温焕云为市人大常委会委员。其间，市十三届人大常委会一次会议设立十三届人大常委会代表资格审查委员会。1998 年，决定代表联络工作委员会更名为人事代表工作委员会。

阆中市第十三届人大常委会主任、副主任一览表

表 13－34

（1998. 1—2003. 1）

姓名	性别	党派	籍贯	职务	任职年限
王明奎	男	中共	四川省阆中市	主任	1998. 1—2003. 1
李旭东	男	中共	四川省阆中市	副主任	1998. 1—2003. 1
赵永生	男	中共	四川省阆中市	副主任	1998. 1—2003. 1
宋永贵	男	中共	四川省阆中市	副主任	1998. 1—2003. 1
赵　晖	女	无党派	山东省昌乐县	副主任	1998. 1—2003. 1

2002 年 12 月前，选举市十四届人大代表 290 名，经过代表资格审查，全部有效，市十四届人民代表大会产生。2003 年 1 月 6 日至 10 日，召开市十四届人大一次会议，选举产生市十四届人大常委会，选举任晓春为主任，胥仕勋、冯元培、赵晖、庞绍富、彭明龙、马洪斌、何元福为副主任，委员：马洪轩、赵军、曹顺宗、张先贵、邓玉强、赵友、李开清、杨福仁、任益、冯正荣、罗成建、温焕云、杨学本、罗永林、彭兴友。市十四届人大三次会议增选卢兴琼为副主任，市十四届人大四次会议补选王星照为主任。其间，市十四届人大常委会一次会议设立代表资格审查委员会。2003 年，决定信访办

公室归并到人大常委会办公室，设立信访科。2005 年，决定人大常委会办公室内设人秘科、行政科、信访科、调研科。2005 年 8 月，撤销区行政建制，各区人大工作委员会随之撤销。

阆中市第十四届人大常委会主任、副主任一览表

表 13－35　（2003. 1—2006. 10）

姓名	性别	党派	籍贯	职务	任职年限
任晓春	男	中共	南充市高坪区	主任	2003. 1—2005. 1
王星照	男	中共	南充市南部县	主任	2005. 1—2006. 10
胥仕勋	男	中共	四川省阆中市	党组书记、副主任	2003. 1—2006. 10
冯元培	男	中共	四川省阆中市	副主任	2003. 1—2006. 10
赵晖	女	无党派	山东省昌乐县	副主任	2003. 1—2006. 10
庞绍富	男	中共	四川省阆中市	副主任	2003. 1—2006. 10
彭明龙	男	中共	四川省阆中市	副主任	2003. 1—2006. 10
马洪斌	男	中共	四川省阆中市	副主任	2003. 1—2006. 10
何元福	男	中共	四川省阆中市	副主任	2003. 1—2006. 10
卢兴琼	女	中共	四川省阆中市	副主任	2004. 08—2006. 10

2006 年 9 月前，选举市十五届人大代表 290 名，经过代表资格审查全部有效，市十五届人民代表大会产生。2006 年 10 月 21 日至 26 日，召开市十五届人大一次会议，选举产生市十五届人大常委会，选举蒲芝龙为主任，陈正广、卢兴琼、冯元培、赵晖、王萌、庞绍富、彭明龙、马洪斌、何元福为副主任，委员：涂汉君、赵军（人代委）、曹顺宗、赵军（教工委）、赵友、李天金、温焕云、马洪轩、任益、李明香、张晓波、罗永林、郑国敏、柯敏、席会兰、谢吉鹏、蔡从容。市十五届人大常委会一次会议设立代表资格审查委员会。

阆中市第十五届人大常委会主任、副主任一览表

表 13－36　（2006. 10—2011. 12）

姓名	性别	党派	籍贯	职务	任职年限
蒲芝龙	男	中共	南充市嘉陵区	主任	2006. 10—2011. 12
陈正广	男	中共	四川省阆中市	党组书记、副主任	2006. 10—2011. 12
卢兴琼	女	中共	四川省阆中市	副主任	2006. 10—2011. 12
冯元培	男	中共	四川省阆中市	副主任	2006. 10—2011. 12
赵　晖	女	无党派	山东省昌乐县	副主任	2006. 10—2011. 12
王　萌	男	无党派	四川省阆中市	副主任	2006. 10—2011. 12
庞绍富	男	中共	四川省阆中市	副主任	2006. 10—2011. 12
彭明龙	男	中共	四川省阆中市	副主任	2006. 10—2011. 12
马洪斌	男	中共	四川省阆中市	副主任	2006. 10—2011. 12
何元福	男	中共	四川省阆中市	副主任	2006. 10—2011. 12

2011 年 12 月前，选举市十六届人大代表 290 名，经过代表资格审查，全部有效，市十六届人民代表大会产生。2011 年 12 月 5 日至 9 日，召开市十六届人大一次会议，选举产生市十六届人大常委会，选举杜永龙为主任，黄凤林、王萌、黎艳光、王勇为副主任，委员：邓国成、冯元才、兰秉谦、任会梅、李明香、杨卫、杨红、杨福贵、郑国敏、赵友、柯敏、侯鸿志、袁嫣、席会兰、涂汉君、常荣祥、彭莉、蔡从容、蔡光俊、廖怀菊、廖周德、熊开熔。市十六届人大常委会一次会议设立十六届人大常委会代表资格审查委员会。

阆中市第十六届人大常委会主任、副主任一览表

表 13－37　（2011. 12—2016. 12）

姓名	性别	党派	籍贯	职务	任职年限
杜永龙	男	中共	南充市南部县	主　任	2011. 12—2016. 12
黄凤林	男	中共	四川省阆中市	副主任	2011. 12—2016. 12
王萌	男	无党派	四川省阆中市	副主任	2011. 12—2016. 12
黎艳光	男	中共	四川省阆中市	副主任	2011. 12—2016. 12
王　勇	男	中共	四川省阆中市	副主任	2011. 12—2016. 12

2016 年 12 月前，选举市十七届人大代表 290 名，经过代表资格审查，全部有效，市十七届人民代表大会产生。2016 年 12 月 5 日至 9 日，召开市十七届人大一次会议，选举产生市十七届人大常委会，选举杜永龙为主任，黎艳光、谭波、周靖人为副主任，委员：王建、王东华、帅丕志、冯志荣、吕国荣、刘婧、李兵、李雨霖、杨伟、杨红、杨勇、张兴敏、屈瑛、赵友、赵刚、袁嫣、贾艾君、唐菲、唐其勋、黄鹏、曹云平、曹琼、盛勇、彭莉、谢吉鹏、鲜仕国、颜昭。决定设置法制与内务司法委员会，财政经济委员会，农业与农村委员会，教育科学文化卫生委员会，城乡建设与环境资源保护委员会。市十七届人大二次会议选举费国宏为主任。市十七届人大三次会议选举宋正德为副主任。市十七届人大四次会议选举宋林勇为副主任，陈正道为委员。市十七届人大五次会议表决通过各专委会组成人员。市十七届人大六次会议选举祝琳为副主任，陈经碧、蒲晓君为委员。其间，市十七届人大常委会一次会议设立代表资格审查委员会。2017 年 5 月，决定设立市人大常委会研究室。2019 年 4 月，增设社会建设委员会，将原法制与内务司法委员会更名为监察和司法委员会。2020 年，先后在保宁、沙溪、七里、江南、河溪街道设立人大工作委员会。

阆中市第十七届人大常委会主任、副主任一览表

表 13－38　（2016. 12—　）

姓名	性别	党派	籍贯	职务	任职年限
杜永龙	男	中共	南充市南部县	主　任	2016. 12—2017. 03
费国宏	男	中共	湖南省祁阳县	主　任	2017. 04—
黎艳光	男	中共	四川省阆中市	副主任	2016. 12—2018. 01
谭　波	男	中共	四川省阆中市	副主任	2016. 12—2018. 01
周靖人	男	中共	四川省阆中市	副主任	2016. 12—
宋正德	男	中共	四川省阆中市	副主任	2018. 02—
宋林勇	男	中共	四川省阆中市	副主任	2019. 04—
祝　琳	女	无党派	南充市顺庆区	副主任	2020. 06—

2. 阆中市人民代表大会会议

1990年3月至1992年12月，市十一届人大共举行4次会议，第一、二、四次会议均听取和审查县人大常委会、“一府两院”、计划、财政6个工作报告，并作出相应决议。其间，市十一届人大一次会议通过《阆中县人民代表大会议事规则》；选举谭承耀为县十一届人大常委会主任，李炽昌、邵述珍、黄河基（兼职）、马正经、戚永相为副主任，委员10人；选举冯启联为县长，刘富涛、赵国贵、陈绍发、陈光荣、曾绰余、吴纪枢为副县长，邓天金为县人民法院院长，赵文训为县人民检察院检察长。审查代表议案32件、质询案11件、建议259件，决定将柏垭代表团提出的“关于裕农乡六角溪大桥引桥垮塌责任”的质询案列为质询案，其余议案转为建议，其余10件质询案5件转为询问，由分管副县长和有关部门负责人回答询问，5件转为建议办理。市十一届人大二次会议通过《关于撤销阆中县设立阆中市后第十一届人民代表大会代表为阆中市第十一届人民代表大会代表的决定》《届次在原县人民代表大会届次的基础上连续计算的决定》。选举马凯、周世泽为市人大常委会委员，赵远发为副市长；审查代表议案36件、质询案9件、建议153件，决定36件议案和4件质询案转为建议，5件质询案转为询问，由有关部门负责人会议期间到有关代表团和主席团会上答复。市十一届人大三次会议通过《关于撤销阆中县人大常委会设立阆中市人大常委会及确认其组成人员的决定》《关于撤销阆中县人民政府设立阆中市人民政府及确认市长、副市长的决定》《关于撤销阆中县人民法院设立阆中市人民法院及确认法院院长的决定》《关于撤销阆中县人民检察院设立阆中市人民检察院及确认检察院检察长的决定》《关于继续贯彻执行阆中县人大及其常委会所作的各项决议、决定和县十一届人大二次会议代表提出的建议、批评、意见的决定》《关于把阆中建设成“双文明”市的决议》。市十一届人大四次会议听取市政府关于《阆中市国民经济和社会发展十年规划和第八个五年计划纲要（草案）》的说明，并作出相应决议；选举市人大常委会副主任戚永相；审查代表议案34件、质询案5件、建议136件，决定议案和质询案全部转为建议。

1993年1月至1998年1月，市十二届人大共举行6次会议，除第二次会议外，均听取和审查市人大常委会、“一府两院”、计划、财政6个工作报告，并作出相应决议。其间，市十二届人大一次会议选举常思九为市十二届人大常委会主任，戚永相、黄河基、苟明安、李仲德为副主任，委员12人；选举刘富涛为市长，赵国贵、陈光荣、赵远发、胥仕勋、曾绰余、周嘉陵为副市长，邓天金为市人民法院院长，陈菊芳为市人民检察院检察长；选举省第八届人民代表大会代表。审查代表议案44件、质询5件、建议99件，决定44件议案和4件质询转为建议；1件质询转为询问，由邮电部门到会答复。市十二届人大二次会议选举南充市人大代表57名。市十二届人大三次会议审查代表议案15件、质询1件、建议79件，决定全部议案和质询转为建议办理。市十二届人大四次会议决定接受常思九辞去市人大常委会主任职务，选举冯启联为市人大常委会主任，赵永生为副主任。审查代表议案33件、建议95件，决定将张先贵等代表提出的“治理城市脏、乱、差”和涂加勇等代表提出的“建设罗千35千伏变电站”的议案列为议案，其余议案转为建议办理。市十二届人大五次会议听取和审查市政府关于《阆中市国民经济和社会发展“十五”计划和“九五”计划纲要（草案）》的说明，并作出相应决议；接受李仲德辞去市人大常委会副主任职务，选举宋永贵为市人大常委会副主任，杨大兴、李富贤、梁飞为委员；审查代表议案11件、建议47件，决定11件议案转为建议办理。市十二届人大六次会议，分别决定同意冯启联辞去市人大常委会主任职务、赵国贵辞去副市长职务，选举王明奎为市十二届人大常委会主任，选举蒋辅义为市长。审查代表议案20件、建议99件，决定将保宁代表团代表提出的“关于清理阆中历年扶贫资金使用情况，要求大会组成特定问题调查委员会对扶贫办成立以来扶贫款的使用情况进行彻底查清并向人代会报告”和“把教职工工资纳入教委直接管理”的议案列为议案，其余议案转为建议办理。

1998 年 1 月至 2002 年 12 月，市十三届人大共召开 6 次会议，除第六次会外，均听取和审查市人大常委会、“一府两院”、计划、财政 6 个工作报告，并作出相应决议。其间，市十三届人大一次会议选举王明奎为市十三届人大常委会主任，李旭东、赵永生、宋永贵、赵晖为副主任，委员 18 人；选举蒋辅义为市长，梁正勤、胥仕勋、周嘉陵、陈正广、张坤伦、王萌为副市长，李红兵为市人民法院院长，陈朝清为市人民检察院检察长；审查代表议案、质询案和建议共 168 件，决定所有议案和质询案转为建议办理。市十三届人大二次会议决定同意蒋辅义辞去市长职务，选举梁正勤为市长；选举南充市第二届人大代表 62 名；审查代表议案 21 件、质询 3 件、建议 75 件，决定将陈天军等代表提出的“清理升钟水库渠系配套资金使用情况合理分摊世行贷款债务”的议案列为议案，其余议案和质询案转为建议。市十三届人大三次会议听取市政府关于清理升钟水库渠系配套资金使用情况合理分摊世行贷款债务的议案办理情况汇报；接受梁正勤辞去市长职务，选举邓火平为市长，杨福仁、罗永林、胡蓉、赵梦琪、温焕云为市人大常委会委员；审查代表议案、建议 114 件，决定将代表提出的水、电、气收费办法实行改革的议案列为议案，其余议案转为建议办理。市十三届人大四次会议，听取和审查市政府关于《阆中市国民经济和社会发展“十五”计划纲要（草案）》的说明，并作出相应决议；听取市政府关于“水、电、气收费改革”议案办理情况汇报；审查代表议案 21 件、建议 134 件，决定将李旭东等代表提出的“环境保护与保宁城区周围绿化”的议案、赵梦棋等代表提出的“关闭小马鞍山页岩砖厂”的议案、杨朝志等代表提出的“急需建设阆中文化体育会议中心”的议案列为议案，其余议案转为建议办理。市十三届人大五次会议听取市政府对四次会议确定的前述三个议案的办理情况说明；审查代表议案 19 件、建议 67 件，决定全部议案转为建议办理。市十三届人大六次会议选举魏顺泽为市长。

2003 年 1 月至 2006 年 9 月，市十四届人大共举行 5 次会议，除第三次会议外，均听取和审查市人大常委会、“一府两院”、计划、财政 6 个工作报告，并作出相应决议。其间，市十四届人大一次会议通过《关于推进阆中经济社会发展新跨越的决议》；选举任晓春为市十四届人大常委会主任，胥仕勋、冯元培、赵晖、庞绍富、彭明龙、马洪斌、何元福为副主任，委员 15 人；选举魏顺泽为市长，王萌、刘晓林、罗毅、郭宗海、唐红莉、蒋建平、蒲革为副市长，冯朝勇为市人民法院院长，何晓荣为市人民检察院检察长；审查代表议案 48 件、建议 107 件，决定 48 件议案全部转为建议。市十四届人大二次会议，选举南充市第三届人大代表 60 名；审查代表议案 56 件、建议 86 件，决定将“搬迁大桥旁废旧塑料处理场”的议案列为议案，其余议案转为建议办理。市十四届人大三次会议选举卢兴琼为市人大常委会副主任。市十四届人大四次会议，接受任晓春辞去市人大常委会主任职务，补选王星照为市人大常委会主任；审查代表议案 34 件、建议 68 件，作出《关于将在古城保护区禁止饲养屠宰猪牛羊等牲畜列为议案的决定》，其余议案转为建议办理。市十四届人大五次会议听取和审查市政府关于《阆中市国民经济和社会发展第十一个五年规划纲要（草案）》的说明，并作出相应决议；审查市政府关于代表议案、建议办理情况的汇报（书面）；补选蒋建平为市长；审查代表议案 41 件、建议 74 件，决定将“整治沙溪场饮用水取水点周边环境”的议案列为议案，其余议案转为建议办理。

2006 年 10 月至 2011 年 11 月，市十五届人大共召开 5 次会议，均听取和审查市人大常委会、“一府两院”、计划、财政 6 个工作报告，并作出相应决议；均审查市政府对上次会议确定的议案的办理情况报告（书面）。其间，市十五届人大一次会议选举蒲芝龙为市十五届人大常委会主任，陈正广、卢兴琼、冯元培、赵晖、王萌、庞绍富、彭明龙、马洪斌、何元福为副主任，委员17人；选举蒋建平为市长，徐晓阳、杜永龙、李熊、王建中、刘晓林、何在明、文春涛、黄金盛、林鸿斌为副市长，李全林为市人民法院院长，吴利平为市人民检察院检察长；审查代表议案55件、建议76件，决定55件议案全部转为建议办理。市十五届人大二次会议选举南充市第四届人大代表60名；审查代表议案72件、建议92件，决定将张先贵等代表提出的“修建环城公路”的议案列为议案，其余议案转为建议办理。市十五届人大三次会议选举洪峰为市人民检察院检察长；审查代表议案47件、建议105件，决定47件议案全部转为建议办理。市十五届人大四次会议审查代表议案60件、建议96件，决定将“加强金银台库区水生态环境保护”的议案列为议案，其余议案转为建议。市十五届人大五次会议听取和审查市政府关于《阆中市国民经济和社会发展十二个五年规划纲要（草案）》的编制说明，并作出相应决议；审查代表议案69件、建议98件，决定将代表提出的“彻底整治金银台库区水污染”的议案列为议案，其余议案转为建议办理。

2011年12月至2016年11月，市十六届人大共召开5次会议，均听取和审查市人大常委会、“一府两院”、计划、财政6个工作报告，并作出相应决议；均审查市政府对上次会议确定的议案的办理情况报告（书面）。其间，市十六届人大一次会议选举杜永龙为市十六届人大常委会主任，黄凤林、王萌、黎艳光、王勇为副主任，委员22人；选举魏晓泉为市长，杨汉勇、何正华、何旭东、陈俊、赵爱华、祝琳、顾战宇、徐坚、童文星为副市长，李全林为市人民法院院长，洪峰为市人民检察院检察长；选举南充市第五届人大代表59人；审查代表议案129件、建议78件，决定将文成代表团提出的“做好东河水资源保护与治理”的议案列为议案，其余议案转为建议办理。市十六届人大二次会议审查代表议案82件、建议108件，决定将老观代表团提出的“取缔姜家拐屠宰场，保护金沙湖水资源”的议案列为议案，其余议案转为建议办理。市十六届人大三次会议选举彭远为市人民法院院长；审查代表议案110件、建议96件，作出《关于将柏垭代表团代表提出的“老城区危旧小区改造”的议案列为议案的决定》，其余议案转为建议办理。市十六届人大四次会议审查代表议案70件、建议77件，决定将王少伯等代表提出的“解决古城区污水直排问题”的议案列为议案，其余议案转为建议。市十六届人大五次会议听取和审查市政府关于《阆中市国民经济和社会发展第十三个五年规划纲要（草案）》的说明（书面），并作出相应决议；补选张斌为市长，吴兴家为市人民检察院检察长；审查代表议案65件、建议65件，决定将杨红等代表提出的“全面改造老城区雨污管道，彻底整治污水直排”和赵友等代表提出的“关于启动城市第二饮用水源建设”的议案列为议案，其余议案转为建议办理。

2016年12月至2020年6月，市十七届人大共召开6次会议，除第二、第六次会议外，均听取和审查市人大常委会、“一府两院”、计划、财政6个工作报告，并作出相应决议；均审查市政府对上次会议确定的议案的办理情况报告（书面）。其间，市十七届人大一次会议听取关于《阆中市第十七届人民代表大会专门委员会设置议案》的说明（书面），作出《关于阆中市第十七届人民代表大会专门委员会设置的决定》；选举杜永龙为市十七届人大常委会主任、黎艳光、谭波、周靖入为副主任，委员27人；表决通过市十七届人大法制与内务司法委员会主任委员曹琼，副主任委员杨伟、马大军，委员郑涛、蒲松林；财政经济委员会（挂预算工作委员会牌子）主任委员帅丕志，副主任委员冯志荣、杨红，委员罗甫淑、唐其勋；农业与农村委员会主任委员曹云平，副主任委员李兵、赵勇，委员冯文贵、陈义；教育科学文化卫生委员会副主任委员盛勇、李雨霖，委员苟朝均、侯国统；城乡建设与环境资源保护委员会主任委员赵友，副主任委员鲜仕国、周永猛，委员李刚、何米文。选举杨德宇为市长，刘勇、杨洪江、易良、周拿云、祝琳为副市长，段辉为市人民法院院长；选举南充市人大代表58人。

审查代表议案55件、建议81件，决定将席秋平等代表和蒲永杰等代表提出的“建成覆盖全市城乡高起点无害化污水与垃圾处理体系，消除五马东滩坝垃圾填埋场隐患”和宋兴卫等代表提出的“大力发展乡村特色旅游，推动全市旅游多元化全域化发展”的议案列为议案，其余议案转为建议。市十七届人大二次会议选举费国宏为市十七届人大常委会主任，选举南充市第六届人大代表2人。市十七届人大三次会议选举宋正德为市人大常委会副主任，庞亮为市监察委员会主任；审查代表议案44件、建议45件，决定将赵友等代表提出的“加快老城区停车场建设步伐”和周永猛等代表提出的“加强古城消防安全管理建立健全长效机制”的议案列为议案，其余议案转为建议。市十七届人大四次会议听取市十七届人大增设社会建设委员会及法制与内务司法委员会更名为监察和司法委员会的议案说明，通过《市十七届人大增设社会建设委员会及法制与内务司法委员会更名为监察和司法委员会的决定》；选举宋林勇为市人大常委会副主任，陈正道为市人大常委会委员；表决通过市第十七届人大监察和司法委员会主任委员曹琼，副主任委员杨伟、马大军，委员郑涛、蒲松林；社会建设委员会副主任委员盛勇，委员宋伯远、盛凌；教育科学文化卫生委员会主任委员彭莉。审查代表议案48件、建议131件，决定将周永猛等代表提出的“强化城市管理提升市民素质夯实双创工作基础”的议案列为议案，其余议案转为建议。市十七届人大五次会议表决通过刘才文为市十七届人大农业与农村委员会主任委员，杨戚为城乡建设与环境资源保护委员会主任委员，张金国为社会建设委员会主任委员；审查代表议案37件、建议204件，决定将石建军等代表提出的“补齐公共卫生短板、提升卫生应急能力建设”和赵刚等代表提出的“提升城市精细化管理水平”的议案列为议案，其余议案转为建议。市十七届人大六次会议，选举祝琳为市人大常委会副主任，陈经碧、蒲晓君为市人大常委会委员，赵光学为市监察委员会主任，任雅莉为市人民法院院长。

3. 阆中市人大常委会会议

1990年3月至1992年12月，市十一届人大常委会共召开21次会议，先后听取和审议“一府两院”关于计划和财政预决算，预算执行及变更，预算外资金管理，环境保护，救济救灾，科技兴农，企业改革，文化、体育工作，学校德育教育，医药市场管理，广播电视，农田基本建设，开发区、飞机场、金银台电站三大工程建设，“长防工程”建设，行政审判，反贪污贿赂斗争等工作汇报61项，并作出相应审议意见35件。作出《关于贯彻实施四川省预算外资金管理条例的决议》《关于预算外资金管理的决定》《关于科技兴农的决议》《关于加强农村能源综合建设的决议》《关于建设阆中市七里坝经济技术开发区的决议》《关于保护军事设施的决议》等决议决定，通过《阆中市土地管理实施细则》《房屋搬迁安置补偿实施办法》《阆中市环境保护实施办法》《阆中县城市规划建设和综合管理实施办法》《阆中市林地保护管理实施办法》《阆中市造林护林实施办法》《阆中市优抚对象抚恤优待办法》《阆中县人大常委会工作规则》《阆中县人大常委会关于联系代表工作的实施办法》《阆中市人大常委会区工作委员会工作试行办法》《阆中县乡镇人大主席团工作细则》。任免202人次，其中任命169人，免职33人，先后同意吴纪枢、刘俊德、陈绍发、陈祥平辞去副市（县）长职务，魏浩荣、赵国坤辞去县人大常委会委员职务。

1993年1月至1997年12月，市十二届人大常委会共召开36次会议，分别听取和审议“一府两院”关于计划、财政、税收工作，企业扭亏增盈，国土管理，交通建设，农田水利建设，农民负担管理，农产品基地建设，扶贫工作，文化市场管理，初级卫生保健，医药管理，计划生育，反腐倡廉，刑事、民事审判，打击经济犯罪等工作汇报132项，作出审议意见126件。作出《阆中市人大常委会关于依法治市的决议》《关于在全市开展第三个五年法制宣传教育的决议》《关于阆中市城市建设总体规划修订方案的决定》《关于加强初级卫生保健工作的决议》《关于搞好基本农田保护工作的决议》《关于在市级行政机关、审判机关、检察机关实行部门执法责任制、错案追究制的决议》《关于阆中市部分乡镇换届选举的决定》，通过《阆中市普及九年制义务教育方案》《阆中市农民负担管理实施办法》《阆中市水土保持法实施细则》《审查监督国民经济和社会发展计划的办法》《审查监督财政预决算办法》《市人大常委会同市政府、法院、检察院加强工作联系的办法》《关于法律实施情况检查监督的实施办法》《反馈审议意见办理情况的办法》《关于区人大联络工作试行办法》《阆中市人大常委会代表联系工作实施办法》《阆中市第十二届人大常委会组成人员守则》。任免 244 人次，撤职 3 人。任免中包括决定任命梁正勤、李建明为副市长，免去范正义副市长职务；同意刘富涛辞去市长职务，决定蒋辅义代理市长；同意陈正广、郑素华辞去市十二届人大常委会委员职务。

1998 年 1 月至 2003 年 1 月，市十三届人大常委会共召开 46 次会议，分别听取和审议“一府两院”关于计划、财政、税收工作，财政信用资金催收，城市规划建设，金银台等重点工程建设，产业结构调整，民营经济，畜牧，扶贫，人饮工程，古城保护和旅游业发展，文化市场管理，法院执行工作，检察执法监督，查办贪污、贿赂，渎职犯罪等工作汇报 78 项，作出审议意见 57 件。作出《关于同意阆中市城市总体规划的决议》《关于进一步开展法制宣传教育的决议》《关于加强人民法院执行工作的决议》等决议决定 21 项，通过《阆中市历史文化名城保护管理暂行办法》《阆中市土地利用总体规划》《阆中市旅游管理办法》《阆中市城市管理暂行规定》《阆中市城市房屋拆迁管理实施细则》《阆中市文物保护管理暂行办法》《阆中市人大常委会人事任免办法》《关于司法机关实行部分案件备案制度的规定》。任免 326 人次，其中任命 245 人次、免职 76 人次、撤销职务 5 人，未予通过任命 6 人。任免中包括第 13 次会议接受梁正勤辞去市长职务，决定任命邓火平为副市长、代理市长；先后任命蒋建平、刘智勇、魏顺泽、蒲革、唐红莉、赵陆久、邹平、白永强、彭圣为副市长，免去胥仕勋副市长职务。第 17 次会议接受李富贤等五位同志辞去市十三届人大常委会委员职务，第 39 次会议同意邓火平辞去市长职务。

2003 年 1 月至 2006 年 9 月，市十四届人大常委会共召开 36 次会议，先后听取和审议“一府两院”关于计划安排和执行，财政预决算，预算执行及变更，劳动和社会保障，城市建设，文物、古城保护，旅游开发，交通工作，防控“非典”，农村卫生，民办教育发展，畜牧食品管理，乡镇机构改革，计划生育执法，刑事审判，监所监督，“反贪”等工作报告 45 项，作出审议意见 28 件 106 条。作出《关于加强金银台库区水生态环境保护的决定》《关于南苑小区规划建设的决议》等决议决定 23 项，通过《阆中市城市绿化管理办法》《阆中市城市房屋拆迁管理办法》《关于对选举和任命的干部实行个人重大事项报告制度的暂行规定》《阆中市人大常委会工作规则》《阆中市人大常委会关于讨论决定重大事项的暂行规定》《阆中市人大常委会关于对审议决定事项实行投票表决的暂行办法》。任免 219 人次，市人大常委会第 35 次会议任命徐晓阳、文春涛为副市长，李全林为市人民法院副院长、代理院长；同意冯朝勇辞去法院院长职务，何晓荣辞去检察院检察长职务。第 15 次会议同意任晓春辞去市人大常委会主任职务。第 27 次会议同意魏顺泽辞去市长职务。第 28 次会议任命蒋建平为代理市长，补选向东为南充市第三届人大代表。

2006 年 10 月至 2011 年 11 月，市十五届人大常委会共召开 38 次会议，分别听取和审议“一府两院”关于计划、财政工作，地震灾后重建，重建资金管理，救灾救济，扩大内需，工业经济发展，重点工程建设，旅游产业发展，网吧监督管理，食品、饮水安全，农村公路建设，库区移民扶贫，新型农村合作医疗试点，刑事侦查，审判监督，预防职务犯罪等工作报告 73 项，作出审议意见 56 件。作出《关于加强全市法制宣传教育的决议》《关于进一步加强网吧管理工作的决议》《关于批准阆中生态市建设规划的决定》《关于阆中市农田水利综合规划的决定》《关于同意调整江南镇行政区划的决定》《关于同意土地储备中心贷款的决定》等决议决定29个。通过《阆中市〈四川省阆中古城保护条例〉实施细则》《阆中市非税收入管理办法》《阆中市农田水利综合规划》《老观历史文化名镇保护暂行办法》《对任命的国家机关工作人员实行履职测评的暂行规定》《规范性文件备案审查规定》《市人大常委会议事规则》。任免279人次，届内先后决定任命何正华、谭红斌、刘宇、魏晓泉、旺娜、赵秀清、鲜明凡、陈俊、何旭东为副市长，童文星为副市长、公安局局长；免去黄金盛副市长、公安局局长职务，免去刘晓林副市长职务，接受何在明、徐晓阳辞去副市长职务；任命洪峰为市人民检察院副检察长、代理检察长；补选蒋建平、陈正广、王明章、罗庆双为南充市第三届人大代表。

2011年12月至2016年12月，市十六届人大常委会共召开45次会议，听取和审议"一府两院"关于财政、审计，招商引资，城市总体规划修编，城市建设控制性详细规划，国有资产经营管理，征地补偿安置，扶贫移民，古城创AAAAA，环境保护，食品安全监管网络建设，拆迁还房和廉租房建设，道台衙门恢复重建，嘉陵江四桥筹建，亿元以上政府性重大投资项目，招商引资项目千万元以上的政府性奖励，地方政府债务限额情况，民间传统文化搜集整理，注水牛肉案件办理，立案和执行，民事、刑事审判，反贪、反渎职侵权等工作报告96个，并作出相应审议意见。对政府性重大项目投资和招商引资奖励，提出项目建设应广泛征求意见，充分论证；严谨制定招引奖励政策，规范投资奖励行为，收回不履约企业的优惠政策等建议意见，要求上亿元的政府性投资项目和招商引资项目千万元以上政府性资金奖励以及国有企业重大投资和政府抵押担保贷款，要事前向市人大常委会报告；提出鱼翅广场不宜作为嘉陵江四桥选址点，待条件成熟再修建等建议被采纳。作出《关于批准阆中市人民政府2015年地方政府债务限额的决议》《关于同意乡镇政府贷款处置方案的决议》《关于对阆中市人民政府停车场建设项目融资报告的决议》《关于同意对阆中市古城七期棚户区改造项目委托代建资金相关事宜进行调整的决定》《关于涉农资金预算调整的决议》《关于同意对阆中市落下闳大道奎星小区二期棚户区改造相关事宜调整的决定》《关于同意变更古城七期棚户区改造项目省级统贷主体的决定》《关于同意将阆中市落下闳大道奎星小区二期管理费列入财政预算的决定》《关于将东河作为城市饮用水备用水源进行保护的决议》等决议决定31项。任免326人次，接受代表辞职7人，补选南充市人大代表1人、市人大代表5人。届内分别决定任命郭亚楠、童鹏、李京法、杨洪江为副市长，同意李全林辞去市法院院长职务，任命彭远为市人民法院副院长、代理院长，接受魏晓泉辞去市长职务，决定任命张斌为副市长、代理市长，定任命杨德宇、梁盛宇为副市长，免去徐坚副市长职务，任命吴兴家为市人民检察院副检察长、代理检察长，撤销何旭东副市长职务，同意彭远辞去法院院长职务，任命段辉为市人民法院副院长、代理院长，免去童文星市公安局局长职务，任命周拿云为市公安局局长。

2016年12月至2020年6月，市十七届人大常委会共召开41次会议，听取和审议"一府两院"关于财政预决算，预算执行及调整，财政其他收支审计，脱贫攻坚，乡村振兴，文旅重点项目建设，古城水环境综合治理，生态环境保护，国有资产管理，政府债务及限额，房地产市场开发管理，城乡居民医保制度实施，村镇供水一体化建设，棚户区、老旧小区和古城破损街巷改造，"七五"普法规划，扫黑除恶工作及其长效机制建立，执行工作，公益诉讼等工作报告68项，并作出相应审议意见。制定《关于完善审计工作和审计查出突出问题整改情况向市人大常委会报告机制的意见》，解决财政收支屡审屡犯问题；控制政府债务过快增长，批准年度地方政府债务限额。建立市人民政府向市人大常委会报告国有资产管理情况制度。作出《关于开展全民法治宣传教育第七个五年规划的决议》《关于同意续建阆中机场的决议》《关于砂石资源经营管理体制改革的决议》《关于同意砂石经营管理体制改革相关方案的决议》《关于废止〈市人大常委会关于对阆中市人民政府关于将阆中市城市停车场建设项目（一期）购买服务资金纳入相关年度财政预算的报告的决议〉的决定》《关于〈阆中市人民政府关于将水观镇至河溪镇、江南镇至天林乡公路升级改造扶贫项目建设资金及管理费用分年度纳入财政预算的报告〉的决定》《关于对〈阆中市人民政府关于将黄连垭棚改等项目纳入政府购买服务的报告〉的决定》《关于批准2017年统筹整合使用财政涉农资金预算科目调整的决定》《关于批准阆中市人民政府2016年地方政府债务限额的决定》《关于废止〈关于将市人民医院融资租赁部分借款主体变更为市给排水公司用于新区污水处理厂建设的批复〉的决定》《关于〈阆中市人民政府关于将古城水环境综合治理PPP建设项目政府付费和可行性缺口补助资金纳入相应年度财政预算的报告〉的决定》《关于批准2018年统筹整合使用财政涉农资金预算科目调整的决定》《关于批准阆中市人民政府2018年地方政府债务限额的决定》《关于批准2019年政府债务限额的决议》《关于同意将嘉陵江文化旅游职业学院项目建设资金纳入中期财政规划和相应年度财政预算的决议》《关于批准2019年统筹整合使用财政涉农资金预算科目调整的决定》《关于〈阆中市河溪镇等39个乡（镇）行政区划调整方案的议案〉的决定》《关于同意〈保宁街道等28个乡镇（街道）村级建制调整改革方案〉的决定》等20多个决议决定，制订《阆中市人大常委会听取和审议专项工作报告办法》，修订完善《阆中市人大常委会议事规则》《阆中市人大常委会组成人员守则》《阆中市国家机关工作人员履职测评暂行办法》。任免126人次，补选南充市人大代表4人、阆中市人大代表5人，接受南充市人大代表辞职3人、阆中市人大代表辞职7人。届内先后决定任命钟西林、张华、王欣东、曾向桢、赵云强、范昶为副市长，免去周拿云副市长、公安局局长职务，决定任命祝隆平为副市长、公安局局长，接受贾艾君辞去委员职务，免去杨洪江的副市长职务，免去庞亮的市监察委员会主任职务，任命赵光学为市监察委员会副主任、代理主任，免去张华副市长职务，决定同意段辉辞去市人民法院院长职务，任命任雅莉为市人民法院代理院长。

4. 阆中市人大常委会主要工作

1990年3月至1993年1月，市十一届人大常委会先后筹备召集4次人民代表大会，主持开展市十二届人大代表选举工作。围绕审议决定的重大事项，组织开展专题调查，形成调研报告38份。开展环境保护、文物保护、食品卫生、传染病防治、药品管理、义务教育、行政诉讼、未成年人保护、计划生育、农民负担管理等方面共16部法律法规的执法检查。审查各乡镇的村规民约，纠正与法律、法规相违背的内容。督促有关部门依法管理预算外资金，把区、乡（镇）预算外资金纳入统一管理。组织委员和部分代表全面视察科技兴农工作，组织市内省人大代表视察金银台水电站前期工作准备、升钟水库左干渠建修等重点工程建设。督办代表质询、建议319件。多次对“裕农乡鹿鹤溪大桥引道工程垮塌造成损失”的质询案涉及的工程设计、施工、技术鉴定等情况进行详细调查，听取县交通局专题汇报，对修复大桥引道提出具体意见，协调解决办理落实该质询案的有关具体问题，使大桥引道在1990年12月中旬修复交付使用。建立县代表小组69个。继续在代表中开展“双五”活动，其经验得到省人大肯定和其他县（市）借鉴。督办代表建议175件，受理信访1311件次。在全县10区建立人大工作委员会，指导74个乡镇设立人大主席团，对区人大工委负责人和乡镇人大主席进行业务培训。召开1次乡镇人大工作经验交流会。组织开展纪念宪法颁布十周年和阆中人大设立常委会十周年活动，起草各种专题经验材料16份，编印《十年工作回顾》一书和《十年工作总结报告会专辑》，举办十年人大工作图片展览，组织全市2万名多干部职工参加纪念宪法颁布十周年法律知识大赛，先后召开6

次大型座谈会、800多人参加的纪念大会、1000多人参加的十年人大工作总结报告会，广泛宣传人民代表大会制度的优越性、重要性和人大及其常委会的性质、地位、作用以及十年人大工作成绩。

1993年1月至1998年1月，市十二届人大常委会先后筹备召集6次人民代表大会，主持开展市十三届人大代表选举工作。以纪念人民代表大会制度建立暨五四宪法颁布四十周年为契机，在全市上下开展丰富多彩的纪念宣传活动。围绕审议决定的事项，组织开展调查132项，形成调研报告128份。开展农业、农技推广、科技成果转化、农民负担、计划生育等方面共51部法律法规的执法检查，督促纠正30多起违法行为。开展30多项工作监督检查，督促解决农民负担过重、学校超项超标收费、办理结婚手续搭车收费等问题。运用多种方式持续监督计划生育基本国策实施，督促和支持政府采取宣传、教育、行政、经济、法律等手段，转变干部群众生育观念，控制人口一度猛增势头，多年持续稳定低生育水平，获得7次国家计划生育工作先进表彰奖励。1993年3月，组织市、乡镇人大代表对全市11个法庭、13个公安派出所和市公安局、法院、检察院1991年以来的执法、办案质量和廉政建设等工作，进行自下而上的公开评议，并跟踪检查督促评议所提238条意见的整改落实，促使公、检、法机关建立健全各项规章制度，强化规范管理，加强廉政建设，提高办案质量，办理群众反映强烈的一些疑难案件，办结一批积案，群众“告状难”“执行难”问题得到缓解，各种违法行为和犯罪分子受到查处和打击。1994年组织三级人大代表对市审计局的工作进行评议。1995年督促和指导“一府两院”推行部门执法责任制和错案责任追究制，在指导工商局开展执法责任制试点工作基础上，指导教委、建委、国土局等19个部门开展执法责任制工作、法院和检察院全面推行错案追究制。1996年启动开展任命人员的述职评议，对任命的建委主任和畜牧局局长德、能、勤、绩等方面的情况进行公开评议。1997年组织代表对市检察院的执法和队伍、廉政建设情况进行公开评议，并跟踪监督评议提出的问题整改，促使检察机关建立健全执法、监督、错案责任追究制和内部财务管理等制度，规范执法行为，纠正一些案件，侦办一批大案要案，群众反映强烈的原黄河电器公司总经理侵占案和皮革集团公司总经理贪污、受贿案，立案侦结，提起公诉。督办代表议案3件，建议批评意见545件，受理信访1915件次。对代表所提“治理城市脏、乱、差”和“千佛35千伏普电站建设问题”的议案，听取专题汇报，跟踪检查督促，两件议案均办理落实，城市脏、乱、差状况得到整治，在全国创卫检查验收中阆中名列全省24个县级市第七位。组织省、南充市、阆中市三级部分人大代表开展20多次工作视察。指导开展代表“五个一”“五带头”“四个万”和代表工作争先创优活动。召开代表工作表彰会，总结交流代表工作经验，表彰代表工作先进集体和先进个人。先后指导全市乡镇依法开展换届选举和建制调整的24个乡镇、建制变动和新建的43个乡镇的人大代表和乡镇人民代表大会的选举工作，指导乡镇人大评议政府工作和参与评议法庭、派出所工作。对乡镇人大主席进行2次培训。

1998年1月至2003年1月，市十三届人大常委会先后筹备召集6次人民代表大会，主持开展市十四届人大代表选举工作。围绕审议决定的事项和社会关注的“热点”“难点”问题，组织开展财政预算内外资金管理、环境保护、古城保护、文物保护等100多项专题调研，形成调查报告80多份。持续跟踪监督反映强烈的扶贫资金、财政信用资金问题，促使市政府彻底清理扶贫资金管理使用情况，并向人代会作专题报告；督促政府全面清查随意拆借的1.2亿多元财政信用资金，追回近亿元，减小财政损失，依法追究滥用职权造成财政信用资金管理失控的相关人员责任。催促政府责成有关部门赔偿因种子质量问题造成农民损失20余万元。组织开展城市规划、环境保护、水土保持、文物保护等方面共30多部法律的执法检查，督促执法部门整改执法中的问题，查处破坏水土保持的行为，修复水毁的水保项目工程，制止在城周边风景区内随意开山采石取土烧砖，关闭柯家沟、朱家山等5处砖厂，整治沙溪取水点污染，搬迁市内骨粉厂，落实垃圾处理厂建设。督促政府严格实施城市总体规划，对不符合规划建成的邮政职工宿舍大楼、植物油厂、会仙楼等建筑予以拆除。综合运用各种监督手段，极力保护古城，多次听取政府古城保护工作汇报，审议通过《阆中市文物保护管理暂行办法》《阆中市历史文化名城保护管理暂行办法》，督促政府停止拆毁古街古民居而进行的内环线拓宽改造施工建设，制止将挂牌保护的古民居杨家大院规划设计为集资建房的行为，收回已出售给个人进行商业开发的南街原为红四方面军政治部的秦家大院，变更古城核心区东门口温州商城七层建筑设计为一楼一底仿古建筑。在保护古城最急迫最艰难的时候，安排驻会委员和机关工作人员轮流看守街、院，阻止数十起破坏古城的乱拆乱建行为，挽救阆中古城被拆毁的命运。先后组织代表开展对市法院、检察院的工作评议和“两院”领导的述职评议，对市法院及其基层法庭的审判、执行工作和队伍廉政建设情况进行历时 7 个月的调查、评议，跟踪督促整改评议提出的 71 个案件，久拖不结的 35 个案件及时审结，方山特大交通事故赔偿等 7 个案件得到纠正，对 18 个案件作出包括深刻汲取教训的解释说明。组织开展对林业局、医卫局的工作评议和正副局长依法履职、勤政廉洁等情况的述职测评。开展司法个案监督，将 50 多个案件列为个案，限期整改。其中，报请南充市人大常委会监督 1 件。对李桂章保管梁波物品丢失纠纷一案，经省人民检察院抗诉，省高级人民法院指令再审，撤销南充和阆中两级法院判决，驳回梁波的诉讼请求，使申诉四年之久的案件得到纠正。反映强烈的杨全等人执行赔偿案，张某菠萝欠款致人伤害赔偿案，黄某某与黄某某房屋产权纠纷案等 40 多个案件，全部纠正、落实。对公、检、法取保候审、不予批捕、起诉、缓刑等十三类共 100 余个案件进行备案审查。确立任命干部法律考试、任前供职、述职评议、任职评定制度，开展对任命的政府委、办、局主任、局长，法院副院长、检察院副检察长的任职评定工作。先后组织委员和部分省、南充市和本市三级人大代表，对城市管理、市政建设，交通、能源等事关经济社会发展的重大事项，进行 10 余次较大规模视察。督办代表 5 件议案和 700 多条建议意见，督促办理落实环城绿化和水、电、气抄表收费到户的议案。受理信访 2300 余件次，督促市医卫局依法查处来信举报某中心卫生院购进假劣药品和禁用医疗器具从中牟取高额回扣的问题，督促有关部门依法查处信访反映的收受贿赂、以权谋私、随意抬高电价问题。开展常委会组成人员联系代表、代表联系选民的“双联”活动，继续在全市范围内开展代表“五个一”“五带头”活动。对个别地方出现的对人大代表履职不尊重不支持甚至打击报复的问题，进行专题调研，及时向市委报送关于维护人大代表合法权益、为人大代表履行职务创造条件的报告。指导乡镇依法开展换届选举工作；对各区人大工委主任和乡镇人大主席进行业务培训；执行和完善乡镇人大工作目标管理，对区、乡镇人大工作实行目标量化考核，制定考核试行办法。

2003 年 1 月至 2006 年 10 月，市十四届人大常委会先后筹备召集 5 次人民代表大会，主持开展市十五届人大代表选举工作。市十四届人大常委会产生后，剖析既往乐于拆毁古城的深层原因，果断决定申请立法保护，于 2003 年 8 月 21 日向南充市人大常委会专题报告请求省人大立法保护阆中古城，南充市人大常委会及时转报，受到省人大常委会重视，列入立法计划。常委会领导多次前往省人大汇报申请立法工作，陪同省人大领导前往云南丽江、山西平遥考察学习古城保护立法经验，配合省人大领导、立法起草小组多次来阆开展立法调研，多次列席省人大常委会审议《四川省阆中古城保护条例（草案）》的会议，多次协助条例修改完善工作，终使《四川省阆中古城保护条例》于 2004 年 7 月 30 日正式通过，并在当年 10 月 1 日正式实施，为阆中古城保护提供了法律保障。2003 年“非典”疫情突发后，多次深入城乡察看疫情防控工作，并听取防控“非典”专题报告，开展传染病防治执法检查，督促和支持政府加大医疗卫生和疫情防控投入，控制“非典”疫情。围绕审议决定的重大事项和群众普遍关注的问题，组织开展对“非典”防控、市容环境卫生、嘉陵江水资源保护等56项专题调研，形成调查报告49份。开展食品卫生、城市市容和环境卫生管理等方面共26部法律法规的执法检查。组织开展评议市人民法院、发展和改革局、劳动和社会保障局、卫生局、水利局、畜牧食品局、规划局、质监局等部门工作，对任命的政府组成部门28名主要负责人进行年度述职评议。督促法院执结10多个生效判决，备案审查13类80余件司法案件。古城保护条例颁布后，把监督实施作为工作重点，审议通过《阆中市城市房屋拆迁管理办法》，使古城区不协调现代建筑拆除有章可循。对地处古城重点保护区、与古城建筑风貌不协调的状元街19号、下新街原航运公司职工医院等房屋的维修改造，作出降层处理决定，督促有关部门按要求进行维修改建。对位于古城过渡区域、影响古城整体风貌的南苑小区高层建筑，作出撤销原南苑小区规划建设的决议，重新规划建成与古城整体风貌协调的“中华阆天城”。督促和支持政府迁建位于国家文物保护单位内的永安寺小学，修缮张飞庙、福音堂等文物单位。针对城区饮用水源被严重污染，作出《关于加强金银台库区水生态环境保护的决定》，督促政府搬迁污染嘉陵江阆中城区段水质的镇江寺牛羊屠宰场。参与协助政府招商引资、重点工程建设、中国优秀旅游城市创建、防洪工程建设、传染病防控、旅游开发、新区建设、市容市貌整治、古城不协调现代建筑拆除等工作。以全国人民代表大会成立50周年暨地方人大常委会设立25周年为契机，召开庆祝大会，利用市级新闻媒体，广泛宣传人大制度和人大工作。省人大授予阆中市人大常委会2004年度人大制度建设宣传工作特等奖和民主法制建设宣传二等奖。承办国家历史文化名城部分市县（区）人大工作研讨会第十五次会议，交流探讨阆中人大在古城保护与利用中的做法和经验，提升阆中古城知名度。督办代表4件议案和600多条建议，对久办无果的关闭锦屏山风景区周边四家砖厂的议案，多次协助市政府协调解决关闭中的实际问题，最终责成法院依法予以强制关闭，并追究落实有关部门随意行政许可的相应责任。受理信访4300多件次，督促市检察院兑付护垭乡村民的国家赔偿和有关部门按政策规定落实部分农村退休教师退休金。组织代表对工业、交通、能源、城管、教育、卫生、古城保护及旅游开发等方面的工作进行10余次视察。对全市290名市人大代表以区集中进行法律学习培训，对区人大工作负责人和70个乡镇人大主席、副主席进行了业务培训。指导建制调整的17个乡镇换届选举和部分乡镇的补选工作。依法处理狮子乡人代会选举中的贿选和个别村委会选举工作中问题。建立和完善常委会议事、监督、决定重大事项等方面的制度，制定常委会工作规则和人大常委会机关工作规则等工作和管理制度30多个。

2006年1月至2011年12月，市十五届人大常委会先后筹备召集5次人民代表大会，主持开展市十六届人大代表选举工作。围绕审议决定的事项和人民群众普遍关注的问题，组织开展抗震救灾，食品安全，网吧监管，古城风貌保护，老城区义务教育学校“大班额”问题等80多项专题调查，并分别形成调查报告。对城区及白塔风景区周围乱搭乱建、构溪河湿地保护、金银台库区和梅溪河水污染等六个方面的情况专题调查后，提出整治建议，及时书面报告市委，促使政府及其有关部门加大整治力度。督促和支持市政府及其职能部门抓好普法宣传教育，召开食品安全法等新颁法律法规的学习贯彻座谈会，举办监督法、物权法专题讲座。对城市房地产管理、互联网管理、古城保护、食品安全等方面的执法情况进行全面检查，督促整改城市房地产管理执法中监管不到位、无证预售、一房多卖、长期不办证等问题。针对市民反映强烈的网吧违规经营问题，听取政府专题报告，作出加强网吧管理决议，提出整改意见，多次明察暗访，历时3个月执法检查，跟踪督促查处违规经营，将全市91家网吧通过注销、停止营业、重组，减少到42家。针对古城保护执法检查中发现的多处古民居院落遭到违法拆建的严峻问题，提出整改意见紧急报送市委，引起政府重视，违法拆建得到遏制。督促政府和有关部门加强食品安全执法和日常监管，实施餐饮业服务规范化建设，实行农村场镇居民用水集中供水，及时整治食品、餐饮和饮用水安全隐患。2008 年 5 月 12 日强烈地震发生后，立即组织两个调查组，赴城乡查看灾情，慰问灾民，鼓励和帮助受灾单位、企业和灾民树立信心、克服困难，及时恢复生活、生产和重建。多次听取市政府灾后重建和重建资金管理使用及救灾救济情况报告，多次视察学校、医院等紧密关系民生的灾后重建工作，督促和支持政府严格重建资金使用监管，加快重建进度。发动机关干部职工为极重灾区捐款捐物，交纳特殊党费 3 万多元。组织委员不定期调研、视察全市江河水库水质状况，对污水直排、网箱养鱼等严重污染水质问题，提出整改意见，督促政府组织有关部门制定整治措施，治理污水直排，有计划地取缔全市江河水库网箱养鱼。对餐饮娱乐船只、城区居民、沙溪场镇人畜等的生活废水直排城区段江中，严重污染居民饮用水问题，连续三年追踪监督，督促政府和相关部门采取措施，控制污染源，搬迁沙溪场全部居民和战备码头所有餐饮娱乐船只，古城区临江排污口基本关闭，城区污水引入污水处理厂，古城区污染企业或关闭或南迁，沙溪金鼓村养殖场关闭，基本消除金银台库区污染源。参与协助政府工作，牵头联系灾后重点项目建设，多次深入建设现场，召开协调会，协助解决施工难题，推进重点项目建设加快进度；参与拆除古城不协调现代建筑；协助政府保障重点工程项目用地，依法拆迁 1840 多户，实施行政、司法强拆 25 件；协助招商引进天罡木业、浙江会馆、新型碳纤维、游乐城、滨江美食城等 10 多个项目落户阆中。督导城乡环境综合治理，督促联系的 27 个乡镇改善人居环境，限期整改场镇环境卫生、交通秩序和市场管理方面的问题。参与“领导挂点、干部帮户”的帮扶工作，为帮扶乡镇争取项目和资金，解决联系乡镇在水利、交通、养殖等方面的实际困难。组织委员和代表对古城创建国家 AAAA 旅游景区、灾后重建、工业集中区建设、农村公路建设、农业产业化建设、畜禽“百区千户”工程，铁路、高速公路阆中段建设、村级公共服务设施及灾后农房重建等全市重点项目和民生工程建设方面的情况，进行 11 次较大规模的视察，并分别提出视察建议意见。督办代表“加强金银台库区水资源保护”议案和 600 多条建议，办理情况通过满意度票决测评。坚持常委会领导和各委室轮流接待信访制度，受理信访 3000 余件次，协调解决因移民安置进京上访的老大难问题。对全市乡镇（街道）人大干部进行集中培训，并组织其参加省人大常委会举办的学习培训。依法处理北门乡选举贿选问题。对常委会已有的制度和规定进行全面清理，废止不符合监督法的规定、办法。推行阳光监督，建立监督公开制度，接受社会监督。在阆中市人大设立常委会 30 周年之际，编撰《岁月如歌》一书，展示阆中市（县）人大常委会 30 年丰硕成果；召开纪念阆中市人大设立常委会 30 周年大会，系统回顾总结市人大常委会 30 年工作实践和经验；在阆中人大网上设置专题宣传网页，宣传人大常委会 30 年工作成效。配合省人大拍摄《阆中古城立法始末》专题片，宣传保护古城工作。

2011 年 12 月至 2016 年 12 月，市十六届人大常委会先后筹备召集 5 次人民代表大会，主持开展市十七届人大代表选举工作。围绕全市经济社会发展和审议决定的重大事项开展财税工作，扶贫攻坚，征地补偿，拆迁安置，市、乡债务化解，园区工业企业运行，涉旅行业收费，留守学生现状，食品安全，劳动保障，民政专项资金使用，村道、场镇建设，农村场镇饮用水安全，全市水库塘堰污染情况，基层政法组织建设等 46 个专题调研，形成以《将东河作为阆中城区居民新的饮用水源势在必行》《水库水质污染严重，强化治理迫在眉睫》《规模膨胀风险加剧，消赤减债刻不容缓》《水流千家仍堪忧，何时达标“106”》《“均衡教育”就是教育领域最大的民生工程》为题的一批调研报告，提出近 300 条建议意见。组织开展文物保护、食品安全、传染病防治、动物防疫、招投标、禁毒、古城保护等方面共 11 部法律法规的执法检查，配合省、南充市人大开展旅游、水资源保护、老年人权益保护、城乡环境综合治理等方面的执法检查。备案审查《阆中市城市规划区内征地补偿安置实施办法》《阆中市政府投资项目监督管理办法》等17件规范性文件，重点对投资项目、征地补偿安置方面的规范性文件进行审查，并提出审查意见。对《中华人民共和国预算法》等20多部法律法规进行集中宣讲和学习。开展文物保护专题询问，多次审议和视察、调查文物保护执法情况，持续4年跟踪督办文物保护专题询问提出的整改意见，促成文物保护经费纳入财政预算，文物普查、抢险加固、标志安装等专项经费得到落实；督促拆除大佛寺景区违法建筑，解决部分文物无保护范围、无保护标志、无记录档案、无管护机构等多个问题。传承、弘扬优秀传统文化，牵头组织开展阆中民间传统文化编撰出版工作，历时4年调研、搜集、整理，完成集民间故事、民间习俗、民间艺术等7大类10册共500余万字的《国家历史文化名城阆中民间传统文化集成》丛书，并向市人大代表、政协委员、文化名人以及党政机关、学校等赠送丛书2700套。先后组织代表对AAAAA级景区创建，文物、古城、老观古镇保护，拆迁还房，移民安置，秦巴扶贫项目，构溪河国家湿地公园创建，经济开发区和农业产业园区建设，王中王、汇诚纺织、康美药业等工业企业建设及运行，中石化办公科研生活基地、宜华木业产业基地、中润国际商贸城等重点招引项目建设，嘉陵江三桥、四桥、国道347线、省道206线等重点交通市政道路建设和拟建嘉陵江五桥选址等30多项工作，进行52次视察。成立还房建设项目督查组，对相关部门和建设业主在建设进度、工程质量、回迁安置、配套建设和物业管理等方面进行督查。协助重点项目建设，协调解决建设中的具体问题。帮扶20多个贫困村，解决水利、交通、产业发展中的具体困难。指导乡（镇）人大依法开展换届选举工作。组织乡镇人大干部集训轮训20余次。督办代表议案6件、建议899件，受理信访1631件次。每年跟踪督办“取缔姜家拐屠宰场”议案，终使长达近十年代表呼吁解决的问题以关闭屠宰场告结。督促城管部门和有关办事处解决信访反映强烈的“普贤巷6号小区下水道长期堵塞”“福音堂广场坝坝茶摊占道经营”等问题。举办代表履职培训20余次。建成50个乡镇、街道“人大代表之家”。组织和协调150余名代表参与调研、视察、办公开放日、法院庭审等活动。引导代表以“1+2”（一名代表联系1—2户贫困户）的方式开展结对帮扶。承办南充市人大在阆中市天宫乡召开“扶贫攻坚——人大代表再行动”现场会。组织召开常委会组成人员专题学习会100多次。开展党的群众路线教育实践活动和“三严三实”专题教育、“两学一做”学习教育活动，全面贯彻中央八项规定精神。开展对外宣传和交流联系，被省人大确定为基层工作定点联系单位。在各级报刊和人大网站发表新闻稿件500余篇，获得省级、市级“人大好新闻”表彰奖励40余次。

2016年12月至2020年6月，市十七届人大常委会先后筹备召集6次人民代表大会。围绕“十件大事”“创文创卫”等中心工作，充分发挥监督支持作用，助力阆中市荣获“天府旅游名县”“县域经济强县”两块金字招牌。听取审议脱贫攻坚和乡村振兴工作专题报告，提出坚持脱贫攻坚与乡村振兴相统筹、持续攻坚与防止返贫相协调、开发式扶贫与保障性扶贫相结合的建议意见；抓好联系的老观、河楼、天林、木兰、峰占等9个乡镇和大房寨等20个贫困村的帮扶工作；持续开展“脱贫攻坚——人大代表再行动”活动，推动阆中市一举摘掉国家级贫困县帽子。助推机构改革和乡镇行政区划调整顺利实施，及时任命新组建的27个政府组成部门主要负责人；审议通过《阆中市河溪镇等39个乡（镇）行政区划调整方案的议案》，指导14个涉改乡镇完成代表选举和召开乡镇人民代表大会。全程参与《四川省阆中古城保护条例》修订工作，协助省人大常委会多方征集修改完善条例的建议意见，组织古管局、法制办、城管局等部门召开研讨会，反复研究修法重点难点；邀请专家学者和人大代表参加调研、座谈，收集古城保护利用方面建议100余条，修改完善保护范围、名录管理、修缮管理和消防管理等具体条款，形成修订草案初稿，推动条例顺利修订完成。新冠肺炎疫情暴发后，紧急动员，快速响应、迅速贯彻落实党中央决策部署，成立市人大常委会防疫工作领导小组，制定疫情应对处置预案，及时向全市各级人大代表发出积极参加疫情防控工作的倡议书。常委会领导班子成员全身心投入疫情防控阻击战，经常深入抗疫前线检查督导疫情防控，多次前往保宁、木兰、峰占等乡镇召开疫情防控部署会，多次深入老观柏山村和马鞍山社区2个新冠肺炎疫点，指导排查、隔离、消毒等工作。疫情缓解后，组成4个调研组，多次深入市内企业调研复工复产情况，帮助企业出谋划策，纾困解难，省人大常委会副主任王宁到阆中市调研“双走访”工作时，对阆中市人大代表参与企业纾困解难工作给予充分肯定。发动人大机关干部全力以赴投身疫情防控，抓好人大常委会机关联系的长安社区和帮扶木兰镇大房寨村的疫情防控工作；倡议市人大代表为抗疫工作捐物捐款近100万元、机关全体党员交纳“特殊党费”3万余元。先后组织委员和代表对江东农业示范园区、火车站站前广场等20多个在建重点项目，古城文化创意产业园、宜华康养城等9个涉旅项目，朱家山、黄连垭等4个棚户区改造项目，中医院综合楼、思源实验学校等教育卫生重点建设项目，柏垭、天宫等乡镇污水和垃圾处理设施，库区移民后扶安置项目建设，水城、赛城、阆中机场等项目推进情况，进行30多次视察，并提出视察建议意见；对视察了解的项目建设进度滞后、资金缺口大、拆迁工作难、项目用地指标少等问题，形成视察报告送交市委、市政府。督办代表议案5件、重点建议21件、建议440件，促成鱼翅广场、天象广场、演武街停车场开工建设，阆中至成都、重庆、兰州方向铁路班次和停靠时间得到优化，督办“建成覆盖全市城乡高起点无害化污水与垃圾处理体系”议案，33个乡镇建成污水处理站，13个乡镇污水处理纳入城乡供排水一体化项目，32个乡镇垃圾填埋场进行整改。落实“河长制”责任，督促抓好水污染防治、水环境保护、水生态修复和大洄溪、深沟河、华长河、银井河等14条河流的管护治理工作，持续跟踪中省环保督查问题整改等事项，责成环保部门依法处理工业园区个别企业向嘉陵江偷排污水行为。组织开展旅游发展环境、土地整理项目实施、乡镇场镇规划建设、生态循环农业、扫黑除恶专项斗争等70多项专题调研，形成调研报告60多份。开展旅游、环境保护、城市园林绿化、城市市容和环境卫生管理等方面共10多部法律法规的执法检查，督促有关部门集中整治旅游发展、环境保护方面存在的节假日交通拥堵、涉旅行业服务较差、古城风貌日益受损、随意摆摊设点、乱搭乱建问题和孙家垭垃圾填埋场超容超限、五马垃圾填埋场隐患、二道沟潲水养猪污染问题，封闭孙家垭垃圾填埋场，在二道沟实行禁养。配合并参与上级人大开展《中华人民共和国食品安全法》《四川省农村扶贫开发条例》《四川省就业创业促进条例》的执法检查和对《南充市城镇交通管理条例》《南充市城市道路车辆通行管理条例》等20余部法规的立法调研工作。自身建设方面，先后开展了“四讲四有”人大常委会机关建设和“不忘初心、牢记使命”主题教育，省人大常委会副主任黄兴初亲临人大常委会机关调研指导，并对“四讲四有”机关建设给予充分肯定。

第五节　南部县人大

1950年8月，南部县召开各界人民代表会议，至1953年，共历经4届，每届都设立常务委员会。1953年4月，完成全县105个乡镇人民代表大会代表选举工作，各乡镇召开代表大会选出县人民代表410名。1954年7月，南部县第一届人民代表大会第一次会议召开。“文化大革命”期间，人民代表大会制度遭到破坏，1969年由县革命委员会所替代。1981年2月，南部县第八届人民代表大会召开，选举产生南部县人民代表大会常务委员会。至2020年，南部县人大历经17届。

一、南部县各界人民代表会议

1950年8月25日至29日，县一届一次各界人民代表会议召开，会议听取县政府司法工作、财经工作、治安工作、文教工作、建设工作汇报及筹备工作报告、提案审查委员会提案审查报告。会议作出《大张旗鼓地宣传减租退押、清匪反霸的方针政策的决议》《夏季催征农业税的决议》等决议。会议决定成立县各界人民代表会议常务委员会，推举常务委员会正副主席、秘书长和委员35人，并决定常务委员会驻会人员，主持日常工作。1950年11月25日至30日上午，县一届二次各界人民代表会议召开，会议传达中共川北区委书记、川北行署主任胡耀邦在川北首届各代会协商委员会第二次全体委员会议上的报告，听取政府工作报告、施政计划报告。会议在认真学习和讨论的基础上，通过带头减租退押、胜利果实如实使用、拥护农协建设农民自己武装、彻底禁绝烟毒、扩大时事宣传、抗美援朝等决议。会议通过团结人民为迅速完成减租退押、清匪反霸、抗美援朝6大任务而斗争的宣言。

1951年1月28日至2月3日，县二届一次各界人民代表会议召开，会议听取“减租退押、清匪反霸、抗美援朝工作的总结”、土地改革的重大意义、各阶层人民应如何完成土地改革等报告和土改法的补充规定的说明。会议决定成立南部县土地改革委员会，并通过土地改革委员会名单和各代会向全县人民发出的《土改宣言》。会议作出加强自卫武装，护仓、消匪、肃特，严防反革命分子进行破坏活动；有秩序地进行土地改革，保护工商业；按政策没收、征收土地，处理不法地主分散的财产；关好冬水田，认真评选生产模范等决议。1951年5月27日至31日，县二届二次各界人民代表会议召开，会议听取第一期土改工作总结报告、关于镇压反革命的报告、南部农民分得土地房屋情况的报告，总结南部1950年1月至5月生产建设成绩。会议作出继续加强抗美援朝、土地改革、镇压反革命工作和抓好农业生产的决议。会议改选各代会常务委员会。1951年9月22日至28日，县二届三次各届人民代表会议召开，会议听取第二期土地改革和镇压反革命工作总结及继续加强抗美援朝的报告、1951年秋季工作报告、开展秋季大生产运动报告、二次会议提案办理情况和本次会议提案审查情况的报告。会议作出巩固土改胜利成果，进一步深入开展抗美援朝活动；保证1951年国庆前完成捐献两架飞机的任务；保证11月5日以前完成本年度的征粮任务；当年秋天普种荞子60万亩，1952年春植树450万株，当年冬每村至少挖塘堰2—5口；号召每户至少养一头猪，每三户养一头耕牛；继续检举反革命分子，严密监管地主；向中共川北区委书记、川北行署主任胡耀邦，川北行署副主任秦仲芳致保证书。1952年1月10日至16日，县二届四次各界人民代表会议召开，会议听取政府工作报告、各代会常委会工作报告。通过全县当年增产节约决议，通过致毛泽东、刘伯承、胡耀邦的函电，收到提案220件。

1952年4月26日至29日，县三届一次各界人民代表会议召开，会议听取开展“三反”“五反”总结报告，重点讨论农业生产问题，收到提案103件。1952年10月2日至5日，县三届二次各界人民代表会议召开，会议听取政府工作报告和今冬明春施政方针草案，作出健全与发展合作社和互助组；大力开展物资交流推销工业品运动和爱国售棉售粮运动；继续开展创模运动，深入秋耕秋种与兴建农田水利，开展冬季除虫积肥和植树运动；认真贯彻农业税收方针，按时完成任务；加强文教工作、逐步推广速成识字法，争取今冬明春扫除文盲3万人，并加强爱国卫生运动；加强《中华人民共和国婚姻法》宣传学习，认真贯彻执行等决议。会议共收到提案107件，共244案。

1953年2月4日，县四届一次各界人民代表会议召开，会议审议1952年工作情况和今后工作任务的报告，提出继续加强抗美援朝工作；继续深入开展爱国增产运动，努力完成1933年增产计划；迎接普选，加强民主建设工作；坚决贯彻《中华人民共和国婚姻法》等任务。

二、南部县人民代表大会

1953年至2020年，南部县历经17届，共召开56次县人民代表大会。其间，1969年成立的县革命委员会作为特定历史时期国家政权机关，代行县人民代表大会职权，列为第7届。1981年，县八届人大开始设立县人大常委会。

1. 南部县人大及其常委会

1953年4月，南部县首次进行基层普选，由乡镇人民代表大会选出县人大代表410名，组成县一届人民代表大会，任期2年零5个月。

1956年8月，由乡镇人民代表大会选出县人大代表411名，组成县二届人民代表大会，任期1年零5个月。

1958年3月，由乡镇人民代表大会选出县人大代表389名，组成县三届人民代表大会，任期3年零6个月。

1961年3月，由乡镇人民代表大会选出县人大代表389名，组成县四届人民代表大会，任期1年零8个月。

1963年2月，由乡镇人民代表大会选出县人大代表432名，组成县五届人民代表大会，任期2年零5个月。

1965年11月，由乡镇人民代表大会选出县人大代表435名，组成县六届人民代表大会。

1969年4月，成立南部县革命委员会，作为特定历史时期国家政权机关，代行县人民代表大会职权，列为县七届人大。

1981年1月4日，全县109个选区依法选举产生县八届人大代表449名，县八届人民代表大会产生，任期3年。1981年2月23日至28日，县八届人大一次会议召开，选举县八届人大常委会组成人员17名，产生县八届人大常委会。袁天锡当选为县八届人大常委会主任，陈现锐、王文福、刘家于当选为副主任。选举产生委员13名：赵其勋、姚济民、高马家、白象麟、刘安俊、刘越、全惠珍、何万章、汪忠清、金继文、杨万英、邱成云、谭玉成。1981年3月，县八届人大常委会第一次会议明确常委会至少每两个月召开一次，并设立办事机构。

南部县第八届人大常委会主任、副主任一览表

表13-39　（1981.2—1984.4）

姓名	性别	党派	籍贯	职务	任职年限
袁天锡	男	中共	南充市南部县	主　任	1981.2—1984.4
陈现锐	男	中共	广元市苍溪县	副主任	1981.2—1984.4
王文福	男	中共	南充市南部县	副主任	1981.2—1984.4
刘家于	男	无党派	南充市南部县	副主任	1981.2—1984.4

1984年3月12日，全县105个选区依法选举产生县九届人大代表435名，县九届人民代表大会产生，任期3年。1984年4月，县九届人大一次会议选举县九届人大常委会组成人员23名，产生县九届人大常委会。选举袁天锡为县九届人大常委会主任，陈现锐、王文福、刘家于、孙宏本、周君玉、杜

永伟为副主任，委员 16 名：赵其勋、姚济民、高马家、白象麟、刘安俊、刘越、全惠珍、何万章、汪忠清、金继文、杨万英、邱成云、谭玉成。1985 年 2 月，县九届人大常委会第六次会议设立县九届人大常委会代表资格审查委员会和县人大常委会各区联络组。4 月，县九届人大常委会八次会议设立常务委员会财政经济、教育科学文化卫生、法律 3 个专门委员会，常委会办事机构增设财政经济科、教科文卫科。

南部县第九届人大常委会主任、副主任一览表

表 13－40

（1984. 4—1987. 3）

姓名	性别	党派	籍贯	职务	任职年限
袁天锡	男	中共	南充市南部县	主　任	1984. 4—1987. 3
陈现锐	男	中共	广元市苍溪县	副主任	1984. 4—1987. 3
王文福	男	中共	南充市南部县	副主任	1984. 4—1987. 3
刘家于	男	无党派	南充市南部县	副主任	1984. 4—1987. 3
孙宏本	男	中共	南充市南部县	副主任	1984. 4—1987. 3
周君玉	女	中共	广安市岳池县	副主任	1984. 4—1987. 3
杜永伟	男	中共	南充市南部县	副主任	1984. 4—1987. 3

1987 年 1 月 15 日，全县 138 个选区依法选举产生县十届人大代表 340 名，第十届人民代表大会产生，任期 3 年。1987 年 3 月，县十届人大一次会议选举县十届人大常委会组成人员 25 名，产生县十届人大常委会。选举袁天锡为县十届人大常委会主任，陈现锐、王文福、刘家于、孙宏本、杨光直为副主任，委员 19 名：刁永英、王济民、冯明经、全惠珍（女）、何泽尧、邹振蓉（女）、陈栓柱、宋中龙、邱成云、杨怀军（女）、赵琦、赵文可、赵其勋、谢仕培、常德清、熊文健。4 月，县十届人大常委会第一次会议设立县人大常委会办公室、代表联络工作委员会、法制工作委员会、财政经济工作委员会、教科文卫工作委员会等办事机构，办公室内原有的两组分设为秘书、行政两科。1989 年 9 月，县十届人大常委会十六次会议设立县人大常委会农业工作委员会。

南部县第十届人大常委会主任、副主任一览表

表 13－41

（1987. 3—1990. 3）

姓名	性别	党派	籍贯	职务	任职年限
袁天锡	男	中共	南充市南部县	主　任	1987. 3—1990. 3
陈现锐	男	中共	广元市苍溪县	副主任	1987. 3—1990. 3
王文福	男	中共	南充市南部县	副主任	1987. 3—1990. 3
刘家于	男	无党派	南充市南部县	副主任	1987. 3—1990. 3
孙宏本	男	中共	南充市南部县	副主任	1987. 3—1990. 3
杨光直	男	中共	南充市南部县	副主任	1987. 3—1990. 3

1990 年 1 月 4 日，全县 137 个选区依法选举产生县十一届人大代表 345 名，县十一届人民代表大会产生，任期 3 年。1990 年 3 月，县十一届人大一次会议选举县十一届人大常委会组成人员 26 名，产生县十一届人大常委会。选举袁天锡为县十一届人大常委会主任，陈现锐、王文福、孙宏本、杨光直、

陈运生为副主任，委员19名：邓成实、王济民、冯明经、牟俊生、仝惠珍、任德余、邹瀛、杨万才、李小英、李培栋、宋中龙、严友林、沈光勤、汪治平、何绪亮、陈道明、罗小平、敬正明、董作寿。1992年3月，县十一届人大三次会议接受袁天锡辞去县人大常委会主任职务，补选陈现锐为县第十一届人大常委会主任，冯明经为县第十一届人大常委会副主任、杨学文为县第十一届人大常委会委员。1990年4月，县十一届人大常委会一次会议在各区设立工作委员会。

南部县第十一届人大常委会主任、副主任一览表

表13－42　（1990.3—1993.1）

姓名	性别	党派	籍贯	职务	任职年限
袁天锡	男	中共	南充市南部县	主　任	1990.3—1992.3
陈现锐	男	中共	广元市苍溪县	主　任	1992.3—1993.1
陈现锐	男	中共	广元市苍溪县	副主任	1990.3—1992.3
王文福	男	中共	南充市南部县	副主任	1992.3—1993.1
孙宏本	男	中共	南充市南部县	副主任	1990.3—1993.1
杨光直	男	中共	南充市南部县	副主任	1990.3—1993.1
陈运生	女	无党派	河南省温县	副主任	1990.3—1993.1

1992年12月10日，全县136个选区依法选举产生县十二届人大代表350名，县第十二届人民代表大会产生，任期5年。1993年1月，县十二届人大一次会议选举县十二届人大常委会组成人员25名，产生县十二届人大常委会。选举梁仕培为县十二届人大常委会主任，杨光直、张先方、陈运生（女）、蒲春举为副主任，委员20名：马玉霞（女）、王瑞金、邓成实、任德余、杨仕全、杨碧琼（女）、何大强、何芝轩、汪治平、张正文、张皓东、范太全、范清泉、罗小平（女）、罗春芳（女）、郑文周、高俊生、敬正明、敬瑞涛、韩明富。1997年1月，县十二届人大常委会二十八次会议接受梁仕培辞去县第十二届人大常委会主任职务。

南部县第十二届人大常委会主任、副主任一览表

表13－43　（1993.1—1998.1）

姓名	性别	党派	籍贯	职务	任职年限
梁仕培	男	中共	南充市南部县	主　任	1993.1—1997.1
杨光直	男	中共	南充市南部县	副主任	1993.1—1998.1
张先方	男	中共	南充市南部县	副主任	1993.1—1998.1
陈运生	女	无党派	河南省温县	副主任	1993.1—1998.1
蒲春举	男	中共	南充市顺庆区	副主任	1993.1—1998.1

1998年12月20日，全县149个选区依法选举产生县十三届人大代表375名，县第十三届人民代表大会产生，任期5年。1998年1月，县十三届人大一次会议选举县十三届人大常委会组成人员30名，产生县十三届人大常委会。选举刘家厚为县十三届人大常委会主任，蒲春举、王德繁、汪忠清、张先方、杨宗信为副主任，委员23名：牛兴林、冯忠良、李秀华、杨仕全、杨树明、何国恺、宋先秀、宋华中、张皓东、罗小平、罗春芳、侯玉芳、徐安静、殷瑞清、黄萧冰、庹有鸣、敬小娟、程明

安、傅玉祥、蒲长顺、雍兴盛、廖茂杰、谭旭辉。2001 年 3 月，县十三届人大四次会议补选县十三届人大常委会委员：山永柏、王明星、隆益贵。1999 年 11 月，县十三届人大常委会十四次会议接受牛兴林辞去县人大常委会委员职务。2001 年 12 月，县十三届人大常委会三十二次会议接受谭旭辉辞去县人大常委会委员职务。2002 年 3 月，县十三届人大常委会三十五次会议接受王明星辞去县人大常委会委员职务。

南部县第十三届人大常委会主任、副主任一览表

表 13－44

（1998. 1—2003. 1）

姓名	性别	党派	籍贯	职务	任职年限
刘家厚	男	中共	南充市南部县	主　任	1998. 1—2003. 1
蒲春举	男	中共	南充市顺庆区	副主任	1998. 1—2003. 1
王德繁	男	中共	南充市南部县	副主任	1998. 1—2003. 1
汪忠清	女	中共	南充市南部县	副主任	1998. 1—2003. 1
张先方	男	中共	南充市南部县	副主任	1998. 1—2003. 1
杨宗信	男	无党派	南充市南部县	副主任	1998. 1—2003. 1

2002 年 12 月 10 日，全县 151 个选区依法选举产生县十四届人大代表 375 名，县十四届人民代表大会产生。2003 年 1 月，县十四届人大一次会议选举县十四届人大常委会组成人员 29 名，产生县十四届人大常委会，任期 3 年零 9 个月。选举谢华国为县十四届人大常委会主任，周绍林、黄新华、樊仲修、山永柏、罗春芳、杨仕全、杨大伟、许科为副主任 8 人，委员 20 名：王毅、邓小华、冯忠良、刘蓝邑、杜彬、李秀华、杨仕均、宋玲蓉、张友华、罗小平、赵太雄、赵继章、赵勤民、侯玉芳、徐嘉陵、庹有鸣、敬素芬、程明安、程锐道、熊太平。2005 年 1 月，县十四届人大四次会议补选冯斌为县人大常委会主任。2006 年 7 月，县十四届人大六次会议补选胡光明为县人大常委会主任。2006 年 7 月，县十四届人大常委会三十五次会议接受冯斌辞去县人大常委会主任职务。

南部县第十四届人大常委会主任、副主任一览表

表 13－45

（2003. 1—2006. 10）

姓名	性别	党派	籍贯	职务	任职年限
谢华国	男	中共	南充市高坪区	主　任	2003. 1—2005. 1
冯　斌	男	中共	南充市顺庆区	主　任	2005. 1—2006. 7
胡光明	男	中共	南充市高坪区	主　任	2006. 7—2006. 10
周绍林	男	中共	南充市南部县	副主任	2003. 1—2006. 10
黄新华	女	中共	重庆市北碚区	副主任	2003. 1—2006. 10
樊仲修	男	中共	南充市南部县	副主任	2003. 1—2006. 10
山永柏	男	中共	南充市南部县	副主任	2003. 1—2006. 10
罗春芳	女	中共	南充市南部县	副主任	2003. 1—2006. 10
杨仕全	男	中共	南充市南部县	副主任	2003. 1—2006. 10
杨大伟	男	中共	南充市南部县	副主任	2003. 1—2006. 10
许　科	男	无党派	南充市南部县	副主任	2003. 1—2006. 10

2006年10月31日，全县138个选区依法选举产生县十五届人大代表375名，县第十五届人民代表大会产生，任期5年。2006年10月，县十五届人大一次会议选举县十五届人大常委会组成人员35名，产生县十五届人大常委会。选举胡光明为县十五届人大常委会主任，山永柏、许科、杨大伟、杨仕全、杨光松、周绍林、罗春芳、黄新华、樊仲修为副主任9名，委员25名：王毅、王大森、王泽松、邓小华、刘友生、刘扬杰、杜彬、杨岚、杨应雄、李秀华、宋玲蓉、何海燕、汪文成、陈忠标、欧阳明、赵太雄、徐全健、徐嘉陵、敬健、敬素芬、敬晓霞、程锐道、蒲万永、熊太平、黎兆勃。

南部县第十五届人大常委会主任、副主任一览表

表13-46　（2006.10—2011.12）

姓名	性别	党派	籍贯	职务	任职年限
胡光明	男	中共	南充市高坪区	主　任	2006.10—2011.12
周绍林	男	中共	南充市南部县	副主任	2006.10—2011.12
黄新华	女	中共	重庆市北碚区	副主任	2006.10—2011.12
樊仲修	男	中共	南充市南部县	副主任	2006.10—2011.12
山永柏	男	中共	南充市南部县	副主任	2006.10—2011.12
罗春芳	女	中共	南充市南部县	副主任	2006.10—2011.12
杨仕全	男	中共	南充市南部县	副主任	2006.10—2011.12
杨大伟	男	中共	南充市南部县	副主任	2006.10—2011.12
许　科	男	无党派	南充市南部县	副主任	2006.10—2011.12
杨光松	男	中共	南充市南部县	副主任	2006.10—2011.12

2011年9月20日，全县138个选区依法选举产生县十六届人大代表375名，县十六届人民代表大会产生，任期5年。2011年12月，县十六届人大一次会议选举县十六届人大常委会组成人员35名，产生县十六届人大常委会。选举胡仕明为县十六届人大常委会主任，陈奇、许科、聂明国、李光远为副主任4名，委员30名：王毅、王大森、王泽松、王虎全、邓小华、邓鸣湖、刘杰、刘友生、刘天纯、何悦、何广发、宋玲蓉、李子木、李长培、李瑞清、杜沂民、杨岚、杨仕全、陈忠标、庞辉政、赵毅、赵太雄、侯永淑、徐驰骋、徐嘉陵、袁克均、黄发纪、彭正炯、程锐道、熊太平。2016年2月，县十六届人大五次会议补选张根生为县十六届人大常委会主任，补选任保林、杜晓明为县十六届人大常委会委员。2014年2月，县十六届人大常委会十九次会议接受彭正炯辞去县第十六届人大常委会委员职务。2014年4月，县十六届人大常委会第二十一次会议接受聂明国辞去县人大常委会副主任职务。2015年5月，县十六届人大常委会三十二次会议接受袁克均辞去县第十六届人大常委会委员职务。2015年9月，县十六届人大常委会三十七次会议接受胡仕明辞去县人大常委会主任职务。

南部县第十六届人大常委会主任、副主任一览表

表13-47　（2011.12—2016.12）

姓名	性别	党派	籍贯	职务	任职年限
胡仕明	男	中共	南充市南部县	主　任	2011.12—2015.9
张根生	男	中共	巴中市南江县	主　任	2016.2—2016.12

续表 13－47

姓名	性别	党派	籍贯	职务	任职年限
陈　奇	女	中共	四川省阆中市	副主任	2011. 12—2016. 12
许　科	男	无党派	南充市南部县	副主任	2011. 12—2016. 12
聂明国	男	中共	南充市南部县	副主任	2011. 12—2014. 4
李光远	女	中共	南充市南部县	副主任	2011. 12—2016. 12

2016 年 10 月 31 日，全县 138 个选区依法选举产生县十七届人大代表 372 名，县十七届人民代表大会产生，任期 5 年。2016 年 12 月，县十七届人大一次会议选举县十七届人大常委会组成人员 39 名，产生县十七届人大常委会。选举胡修云县为县十七届人大常委会主任，汪文成、林鸿斌、李光远（女）、杜济为副主任 4 名，委员 34 名：王大森、王虎全、王泽松、王俊明、王毅、徐驰骋、易海涛、黄发纪、朱建珍（女）、任保林、刘天纯、刘友生、刘杰、刘高强、刘静（女）、刘毅、杜沂珉（女）、杜晓明、李云林、李长培、李成胜、李阳、李晓菊（女）、何兴浩、陈凤娟（女）、陈忠标、罗云勇、罗通、庞辉政、赵毅、侯永淑（女）、莫义猛、廖茂杰、熊太平。设立县人大法制与内务司法、财政经济、农业与农村、教育科学文化卫生、城乡建设环境资源保护 5 个专委会。2018 年 1 月，县十七届人大三次会议补选张长斌为县十七届人大常委会委员。2019 年 1 月，县十七届人大三次会议补选马小华、吴显国、张伟、张志良、尚潇、高小渝为县十七届人大常委会委员。2020 年 7 月，县十七届人大五次会议补选刘坚、李立、利明海、何晓兰（女）、罗小明、徐世龙、徐驰骋、梁先辉为县十七届人大常委会委员。2018 年 12 月，县第十七届人大常委会十八次会议免去徐驰骋、李阳县十七届人大常委会委员职务。2019 年 11 月，县十七届人大常委会三十四次会议接受刘静、侯永淑、陈凤娟辞去县十七届人大常委会委员职务。

南部县第十七届人大常委会主任、副主任一览表

表 13－48　　（2016. 12—　）

姓名	性别	党派	籍贯	职务	任职年限
胡修云	男	中共	广安市武胜县	主　任	2016. 12—
汪文成	男	中共	南充市南部县	副主任	2016. 12—
林鸿斌	男	无党派	南充市嘉陵区	副主任	2016. 12—
李光远	女	中共	南充市南部县	副主任	2016. 12—
杜　济	男	中共	南充市南部县	副主任	2016. 12—

2. 南部县人民代表大会会议

1954 年 7 月至 1956 年 12 月，县一届人民代表大会共举行 2 次会议。县一届人大一次会议听取和审查县人民委员会工作报告；讨论如何依靠互助合作组织带动全体农民战胜旱虫灾害，保证农业增产任务的完成和巩固互助合作组织；讨论《中华人民共和国宪法（草案）》的基本内容；选举崔荣寿为县长，李国富、杜籍箐为副县长，县人民委员会委员：王廷明、王谟初、文正乾、李德、段爱昌、袁天辅、张祥霖、张福成、张如岳、陈大经、陈维安、陈中枢、黄正坤、程义明、彭会文、郭方陌、杨平一、杨明俊、齐世勋、刘梅；选举王永乾为县人民法院院长；选举王杰、赵孟明、李开珍、孙文石、王宏石为南部县出席省一届人大代表；会议共收到提案件 499 件。县一届人大二次会议审查政府工作报告；补选黄正坤为省一届人大代表；选举新的县人民委员会组成人员 23 名；讨论粮食统购统销与三定到户工作；会议共收到提案 401 件。

1956 年 12 月至 1958 年 5 月，县二届人民代表大会共举行 2 次会议。县二届人大一次会议听取和审查县人民委员会工作报告；审查和批准县 1955 年财政决算和 1956 年财政预算；选举新的县人民委员会组成人员 26 名；选举李维庭为县长，段爱昌、杜籍箐为副县长，县人民委员会委员：王廷明、王谟初、文正乾、齐仕勋、李维庭、李泸生、杜长明、杜籍菁、刘梅、梁树彬、袁天辅、杨浒、张福成、段爱昌、陈大经、陈维安、陈中枢、郭芳陌、贾晓阳（女）、程义明、杨友国、杨明俊、罗健良；会议共收到提案件 445 件。县二届人大二次会议听取和审查县人民委员会工作报告、财政预决算报告、法院工作报告。

1958 年 5 月至 1961 年，县三届人民代表大会举行一次会议。县三届人大一次会议听取县人民委员会工作报告；审查和批准 1957 年财政决算和 1958 年财政预算；听取和审查县人民法院工作报告；依法选举县三届人民委员会组成人员 23 名，选举李维庭为县长，杜籍箐为副县长，县人民委员会委员：王廷明、王谟初、文正乾、齐世勋、李泸生、向廷全、何运华、唐良高、陈中枢、陈大红、杜长明、梁树彬、郭芳陌、程义明、宁纯信、杨明俊、杨浒、贾晓阳、薛翔、何辅清；选举王永乾为县人民法院院长；选举李维庭、李开珍、杨明孝、王宏实、孙文石为出席省二届人代会代表；会议共收到提案 186 件。

1961 年 11 月至 1963 年 7 月，县四届人民代表大会举行一次会议。县四届人大一次会议听取和审查县人民委员会工作报告、1958 年至 1960 年财政决算和 1961 年财政预算草案报告、县人民法院工作报告；选举县四届人民委员会组成人员 23 名，选举唐良高为县长，李兴文、杜籍菁为副县长，县人民委员会委员：齐世勋、杜长明、贾晓阳（女）、伏应喜、文正乾、郭芳陌、敬瑞海、杨明俊、陈大经、张祥霖、陈中枢、向廷全、何辅清、宁纯信、何运华、杨兴、姚济民、李桂林、牟芳秋（女）、李泸生；选举王永乾为县人民法院院长。

1963 年 7 月至 1965 年 12 月，县五届人民代表大会举行一次会议。县五届人大一次会议听取和审议县人民委员会工作报告、1961 年至 1962 年财政决算和 1963 年财政预算草案报告、县人民法院工作报告；选举县五届人民委员会组成人员 23 名，选举王廷明为县长，唐良高、杜籍菁为副县长，县人民委员会委员：王正贤、文正乾、齐世勋、刘冠群、伏应喜、刘占民、杜进时、李德、李桂林、何辅清、陈大经、敬瑞清、黄绍炳、郭芳陌、姚济民、杨明俊、陈仕周、景代俊、贾晓阳、宁纯信；选举王永乾为县人民法院院长；选举王廷明、向仲爱、尚德勇、刑辑五、杜籍菁、王宏实、孙文石为出席省三届人大代表，会议共收到提案 413 件，合并整理为 128 件。

1965 年 12 月，县六届人民代表大会举行一次会议。县六届人大一次会议听取和审议县人民委员会工作报告、财政预决算报告、县人民法院工作报告；选举县六届人民委员会组成人员 26 名，选举袁天锡为县长，唐良高、杜籍菁、刘国兴、熬赐觉、陈现锐为副县长，县人民委员会委员：王正贤、文正乾、刘冠群、刘占民、杜进时、李桂林、岳元龙、陈大经、陈仕周、咸庆昌、罗煜丰、张云梯、郭芳陌、敬瑞清、周君玉（女）、景代俊、宁纯信、杨明俊、杨文斌、杨正洪；选举杨序禄为县人民法院院长；补选袁天锡为出席省三届人大代表，会议共收到提案 375 件。

1969 年 4 月 25 日，南部县革命委员会成立，作为特定历史时期国家政权机关，代行县人民代表大会职权，列为第 7 届。

1981年2月至1984年3月，县八届人民代表大会共举行3次会议。县八届人大一次会议听取和审查县革命委员会、县人民法院、县人民检察院工作报告；选举产生由17人组成的县八届人大常委会，选举袁天锡为主任，陈现锐、王文福、刘家于为副主任，委员：赵其勋、姚济民、高马家、白象麟、刘家俊、刘越、全惠珍、何万章、汪忠清、金继文、杨万英、邱成云、谭玉成；选举敖赐觉为县政府县长，王义华、吴守文、杨光直、王正贤、周君玉、衡兴元为副县长；选举杨序禄为县人民法院院长；选举简耀为县人民检察院检察长；会议共收到提案448件。县八届人大二次会议听取和审查县政府、县人大常委会、县人民法院、县人民检察院工作报告；会议共收到提案545件。县八届人大三次会议听取和审查县政府、县人大常委会、县人民法院、县人民检察院工作报告，通过《关于进一步学习、宣传、遵守和维护宪法的决议》《关于制止滥占耕地建房的决议》《关于进一步做好计划生育工作的决议》《关于保护和发展林业，坚决制止乱砍滥伐林木的决议》，选举段秉仁、胡昌川、袁天锡、雷有德、刘钊、周绍伦、王光碧为出席省六届人大代表。

1984年3月至1987年3月，县九届人民代表大会共举行3次会议。县九届人大一次会议听取和审查县政府、县人大常委会、县人民法院、县人民检察院工作报告；选举产生由23人组成的县九届人大常委会，选举袁天锡为主任，陈现锐、王文福、刘家于、孙宏本、周君玉（女）、杜永伟为副主任，委员：刁永英、王济民、冯明经、全惠珍（女）、何泽尧、邹振蓉（女）、陈栓柱、宋中龙、邱成云、杨怀军（女）、赵琦、赵文可、赵其勋、谢仕培、常德清、熊文健；选举白明江为县政府县长，王义华、王永寿、衡兴元、杨光直为副县长；选举杨序禄为县人民法院院长；选举简耀为县人民检察院检察长。会议共收到提案53件。县九届人大二次会议听取和审查县政府、县人大常委会、县人民法院、县人民检察院工作报告；会议共收到议案46件。县九届人大三次会议听取和审查县政府、县人大常委会、县人民法院、县人民检察院工作报告；审查和批准1985年财政决算和1986年财政预算报告、1986年国民经济和社会发展计划安排的报告；同意杨序禄辞去县人民法院院长职务，选举王朝瑞为县人民法院院长；通过《关于加强农业科技推广工作的决议》《关于加强物价管理，确保市场价格基本稳定的决议》《关于加强城镇建设管理的决议》《关于大力发展二轻集体经济的决议》；会议共收到议案62件。

1987年3月至1990年3月，县十届人民代表大会共举行4次会议。县十届人大一次会议听取和审查县政府、县人大常委会、县人民法院、县人民检察院工作报告；审查和批准1986年财政决算和1987年财政预算报告、1987年国民经济和社会事业发展计划安排的报告、县国民经济和社会发展第七个五年计划；通过《关于认真学习、坚决贯彻〈关于加强法制教育维护安定团结的决定〉的决议》《关于加速升钟水库南部县灌区配套工程建设的决议》；选举产生由25人组成的县十届人大常委会，选举袁天锡为主任，陈现锐、王文福、刘家于、孙宏本、杨光直为副主任，委员：赵其勋、褚华东、何泽尧、冯明经、谢仕培、王子纯、杨永斌、吴宗明、王济民、胡光荣、全惠珍（女）、严友林、罗小平（女）、唐太德、梁德荣、邹瀛（女）、宋中龙、沈光勤、杨群华（女）；选举白明江为县政府县长，吴显荣、王永寿、衡兴元、陈道远、黄茂华（女）、杨乾芳为副县长；选举王朝瑞为县人民法院院长；选举简耀为县人民检察院检察长；会议共收到议案33件。县十届人大二次会议选举郦德合、袁天锡、何芝轩、邓伊霞、李丕耀为出席省七届人大代表。县十届人大三次会议听取和审查县政府、县人大常委会、县人民法院、县人民检察院工作报告；审查和批准1987年财政决算和1988年财政预算报告、1988年国民经济和社会事业发展计划安排的报告、县国民经济和社会发展第七个五年计划；通过《关于尽快解决贫困户温饱问题的决议》；会议共收到议案38件。县十届人大四次会议听取和审查县政府、县人大常委会、县人民法院、县人民检察院工作报告；审查和批准1988年财政决算和1989年财政预算报告、1988年国民经济和社会发展计划执行情况及1989年计划的报告；通过《关于大力发展农业的决议》；会议共收到议案29件。

1990年3月至1993年1月，县十一届人民代表大会共举行3次会议。各次会议均听取和审查县人大常委会、县人民政府、县人民法院、县人民检察院工作报告，审查和批准计划报告、财政报告。县十一届人大一次会议审议通过《南部县人民代表大会议事规则》《关于进一步强化农业基础，坚持综合开发，尽快实现脱贫目标的决议》，选举产生由25人组成的县十届人大常委会，选举袁天锡为主任，陈现锐、王文福、孙宏本、杨光直、陈运生为副主任，委员：邓成实、王济民、冯明经、牟俊生、全惠珍（女）、任德余、邹瀛（女）、杨万才、李小英（女）、李培栋、宋中龙、严友林、沈光勤、汪治平、何绪亮、陈道明、罗小平（女）、敬正明、董作寿；选举白明江为县政府县长，谭优祥、陈道远、蒲春举、庞嘉祯、吴承龙、沈则宏、高先海为副县长；选举王朝瑞为县人民法院院长；选举王益龄为县人民检察院检察长；会议共收到议案54件。县十一届人大二次会议通过《关于加强“双纲”吨粮田土、蚕桑、水果、禽畜基地建设的决议》《关于同意南部县城总体规划调整方案的决议》；会议共收到议案73件。县十一届人大三次会议接受袁天锡辞去县人大常委会主任职务，白明江辞去县政府县长职务；补选陈现锐为县人大常委会主任，冯明经为副主任，杨学文为县人大常委会委员；补选蔡小林为县政府县长；会议共收到议案35件。

1993年1月至1998年1月，县十二届人民代表大会共举行6次会议。各次会议除第二次外均听取和审查县人大常委会、县政府、县人民法院、县人民检察院工作报告，审查和批准计划报告、财政报告。县十二届人大一次会议选举产生由25人组成的县十二届人大常委会，选举梁仕培为主任，杨光直、蒲春举、陈运生（女）、张先方为副主任，委员：马光霞、王瑞金、邓成实、任德余、杨仕全、杨碧琼、何大强、何芝轩、汪治平、张正文、张皓东、范太全、范清泉、罗小平（女）、罗春芳（女）、郑文周、高俊生、敬正明、敬瑞涛、韩明富；选举李志杰为县政府县长，吴承龙、何善奇、周继琼、庞嘉祯、高先海、黄登庆、梁正勤（以姓氏笔画排列）为副县长；选举何跃斗为县人民法院院长；选举王益龄为县人民检察院检察长；选举何清瑞、林衍琼（女）、明云成、袁天锡、梁仕培、程立功（以姓氏笔画为序）等6人为南部县出席省八届人大的代表。县十二届人大二次会议选举出席市一届人大代表84名。县十二届人大三次会议共收到议案73件。县十二届人大四次会议通过《关于加大力度发展生猪生产的决议》，会议共收到议案75件。县十二届人大五次会议通过《关于南部县国民经济和社会发展第九个五年计划和2010年远景目标纲要的决议》《关于加强预算外资资金管理的决议》，选举伏文超为县政府县长，会议共收到议案54件。县十二届人大六次会议通过《关于修建红岩子水电站的决议》，接受伏文超辞去县长职务，选举刘家厚为县人大常委会主任，庞明轩为县政府县长。

1998年1月至2003年1月，县十三届人民代表大会共举行5次会议。各次会议均听取和审查县人大常委会、县政府、县人民法院、县人民检察院工作报告，审查和批准计划报告、财政报告。县十三届人大一次会议选举产生由25人组成的县十三届人大常委会，选举刘家厚为主任，蒲春举、王德繁、汪忠清、张先方、杨宗信为副主任，委员：朱兴林、冯忠良、李秀华（女）、杨仕全、杨树明、何国恺、宋先秀、宋华中、张皓东、罗小平（女）、罗春芳（女）、侯玉芳（女）、徐安静、殷瑞清（女）、黄萧冰、庹有鸣、敬小娟（女）、程明安、傅玉祥、蒲长顺、雍兴盛、廖茂杰、谭旭辉（女）；选举庞明轩为县政府县长，杜远清、何善奇、吴承龙、杜永龙、殷晋川、胡仕明为副县长；选举陈开华为县人民法院院长；选举谭德武为县人民检察院检察长；会议共收到议案建议 153 件。县十三届人大二次会议共收到议案建议 114 件。县十三届人大三次会议听取关于红岩子电航工程建设的情况汇报，通过《关于加强广播电视管理的决定》，会议共收到议案建议 85 件。县十三届人大四次会议选举张春典为县政府县长，补选山永柏、王明星、隆益贵为县人大常委会委员，会议共收到议案建议 100 件。县十三届人大五次会议通过《关于红岩子电航工程建设情况报告的决议》，会议共收到议案建议 126 件。

2003 年 1 月至 2006 年 10 月，县十四届人民代表大会共举行 6 次会议。除三次、六次会议外，各次会议均听取和审查县人大常委会、县政府、县人民法院、县人民检察院工作报告，审查和批准计划报告、财政报告。县十四届人大一次会议选举产生由 29 人组成的县十四届人大常委会，选举谢华国为主任，周绍林、黄新华（女）、樊仲修、山永柏、罗春芳（女）、杨仕全、杨大伟、许科为副主任，委员：王毅、邓小华、冯忠良、刘晓邑（女）、杜彬、李秀华（女）、杨仕均、宋玲蓉（女）、张友华、罗小平（女）、赵太雄、赵继章、赵勤民、侯玉芳（女）、徐嘉陵、庹有鸣、敬素芳（女）、程明安、程锐道、熊太平；选举张春典为县政府县长，黄小明、胡仕明、陈德金、肖思和、邓于明、王熊骅、祝琳（女）为副县长；选举徐元为县人民法院院长；选举谭德武为县人民检察院检察长；会议共收到议案建议 159 件。县十四届人大二次会议首次对副县长、法院院长、检察院检察长进行年度履职民主测评；表彰区、乡镇人大工作先进集体和先进个人；选举出席市三届人大的代表 91 名；会议共收到议案建议 173 件。县十四届人大三次会议选举杨建华为县政府县长。县十四届人大四次会议对副县长、法院院长、检察院检察长进行年度履职民主测评；补选冯斌为县人大常委会主任；会议共收到议案建议 133 件。县十四届人大五次会议对副县长、法院院长、检察院检察长进行年度履职民主测评；表彰区、乡镇人大工作先进集体和先进个人；会议共收到议案建议 191 件。县十四届人大六次会议选举胡光明为县人大常委会主任。

2006 年 10 月至 2011 年 12 月，县十五届人民代表大会共举行 7 次会议。除二次、五次会议外，各次会议均听取和审查县人大常委会、县政府、县人民法院、县人民检察院工作报告，审查和批准计划报告、财政报告。县十五届人大一次会议选举产生由 35 人组成的县十五届人大常委会，选举胡光明为主任，周绍林、杨光松、黄新华（女）、樊仲修、山永柏、罗春芳（女）、杨仕全、杨大伟、许科为副主任，选举王毅、王大森、王泽松、邓小华、刘友生、刘扬杰、杜彬、杨岚、杨应雄、李秀华、宋玲蓉、何海燕、汪文成、陈忠标、欧阳明、赵太雄、徐全健、徐嘉陵、敬健、敬素芬、敬晓霞、程锐道、蒲万永、熊太平、黎兆勃。选举杨建华为县政府县长，陈正泽、梁伟、曹卫东、邓于明、祝琳（女）、张晓天、尹成平为副县长；选举陈奇为县人民法院院长；选举唐浪生为县人民检察院检察长；会议共收到议案建议 238 件。县十五届人大二次会议审查和批准计划报告、财政报告；选举何修礼为县政府县长；会议共收到议案建议 38 件。县十五届人大三次会议补选刘天纯、李树凡为县人大常委会委员，选举出席市四届人大代表 89 人，会议共收到议案建议 157 件。县十五届人大四次会议选举杜济、黄发纪、曹齐麟为县人大常委会委员，选举敬永国为县人民检察院检察长；会议共收到议案建议 137 件。县十五届人大五次会议选举何修礼为县人大常委会主任，陈正泽为县政府县长。县十五届人大六次会议共收到议案建议 98 件。县十五届人大七次会议审查和批准县国民经济和社会发展第十二个五年规划纲要；会议共收到议案建议 91 件。

2011 年 12 月至 2016 年 12 月，县十六届人民代表大会共举行 5 次会议。各次会议均听取和审查县人大常委会、县政府、县人民法院、县人民检察院工作报告，审查和批准计划报告、财政报告。县十六届人大一次会议选举产生由 35 人组成的县十六届人大常委会，选举胡仕明为主任，陈奇、许科、聂明国、李光远为副主任，委员：王毅、王大森、王泽松、王虎全、邓小华、邓鸣湖、刘杰、刘友生、刘天纯、何悦、何广发、宋玲蓉、李子木、李长培、李瑞清、杜沂民、杨岚、杨仕全、陈忠标、庞辉政、赵毅、赵太雄、侯永淑、徐驰骋、徐嘉陵、袁克均、黄发纪、彭正炯、程锐道、熊太平。选举陈正泽为县政府县长，朱仕友、王熊骅、李家禄、赵晓斌、林鸿斌、吴宗学、杨鑫、杨庆萍为副县长；选举黄海燕为县人民法院院长；选举敬永国为县人民检察院检察长；会议共收到议案建议 153 件。县十六届人大二次会议共收到议案建议 126 件。县十六届人大三次会议审议通过关于实施“户植千株杨、百年小康房”工程决议；会议共收到议案建议 97 件。县十六届人大四次会议共收到议案建议 109 件。县十六届人大五次会议审议通过关于南部县第十三个五年规划纲要的决议，选举张根生为县人大常委会主任，任保林、杜晓明为县人大常委会委员，会议共收到议案建议 71 件。

2016 年 12 月至 2020 年 12 月，县十七届人民代表大会共举行 5 次会议。除二次会议外，各次会议均听取和审查县人大常委会、县政府、县人民法院、县人民检察院工作报告，审查和批准计划报告、财政报告。县十七届人大一次会议选举胡修云为县人大常委会主任，汪文成、林鸿斌、李光远、杜济为县人大常委会副主任，王大森、王虎全、王泽松、王俊明、王毅、徐驰骋、易海涛、黄发纪、朱建珍（女）、任保林、刘天纯、刘友生、刘杰、刘高强、刘静（女）、刘毅、杜沂珉（女）、杜晓明、李云林、李长培、李成胜、李阳、李晓菊（女）、何兴浩、陈凤娟（女）、陈忠标、罗云勇、罗、通、庞辉政、赵毅、侯永淑（女）、莫义猛、廖茂杰、熊太平等 36 人为县人大常委会委员；选举任爱民为县政府县长，邓彪、冯文强、杨波（女）、吴宗学、钟源、蒲冠舟为县政府副县长；选举黄海燕为县人民法院院长；选举敬永国为县人民检察院检察长，报市人民检察院提请市人大常委会批准；新设立法制与内务司法委员会、财政经济委员会、教育科学文化卫生委员会、农业与农村委员会、城乡建设环境资源保护委员会，并通过专委会人选名单。县十七届人大二次会议听取和审查县人民政府脱贫攻坚工作报告，会议共收到议案建议 18 件。县十七届人大三次会议选举赵平为县监察委员会主任，补选张长斌为县人大常委会委员，会议共收到议案建议 84 件。县十七届人大四次会议选举黄波为县政府县长，补选马小华、吴显国、张伟、张志良、尚潇、高小渝为县人大常委会委员，补选杨积义、陈正泽、黄波为出席市六届人大代表，会议共收到议案建议 84 件。县十七届人大五次会议补选刘坚、李立、利明海、何晓兰（女）、罗小明、徐世龙、徐驰骋、梁先辉为南部县第十七届人民代表大会常务委员会委员，选举马建威为县人民法院院长，选举李晓冬为县人民检察院检察长。会议共收到议案建议 101 件。

3. 南部县人大常委会会议

1981 年 3 月至 1984 年 3 月，县八届人大常委会共举行 19 次会议。作出关于打击拐卖妇女儿童犯罪活动制止妇女盲目外流、进一步支持保护和发展农村专业户重点户、迅速刹住侮辱殴打教师歪风、1985 年完成全县绿化栽植任务等决议决定；听取审议推行农业生产责任制问题、贯彻森林法问题、处理县八届人大一次会议提案问题、加强青少年教育工作、国民经济计划执行、法院工作、检察院工作、常务委员会建立后工作、物价检查、社会治安、整治金鱼状元两溪初步方案、发展林业生产、教育工作、民政工作、执行国务院规定制止乱占耕地建房、发展专业户重点户、开展以宪法为主要内容的法治宣传活动、严厉打击刑事犯罪活动、贯彻执行《中华人民共和国食品卫生法（试行）》、啤酒厂建厂、税收工作、综合农业区划等报告汇报；同意熬赐觉辞去县长职务请求，决定白明江代理县长；通过城乡卫生管理暂行办法、职工住房分配试行办法、《南部县人大常委会议事规则》《关于组织县人民代表小组、代表联系组及其活动暂行办法》；决定设立县人民法院审判委员会、县检察委员会。

1984 年 4 月至 1987 年 2 月，县九届人大常委会共举行 22 次会议。作出加强小集镇建设、组织人大代表视察、设立县人大常委会各区联络组、学习宣传贯彻执行《治安管理处罚条例》、加强文物保护工作等决议决定；听取和审议严厉打击刑事犯罪活动、贯彻中央文件精神发展“两户”、保护妇女儿童合法权益宣传、发展乡镇企业、城镇蔬菜供应、开展审计、建立和实行机关岗位责任制、宣传贯彻《中华人民共和国食品卫生法（试行）》、升钟水库工程建设、税收完成和实行利改税、贯彻执行县人大常委会《关于 1985 年完成我县绿化栽植任务的决议》、开展集资办学发展中小学教育事业、成立升水乡、体育工作、加强集镇建设、蚕桑生产、发展交通事业、科技工作、落实知识分子政策、开展“双扶”（扶贫和扶优抚对象）和纯棉布絮棉赊销工作、完成绿化栽植任务、交通安全工作、计划生育工作开展、推广农业科技工作、乡镇企业发展、商业工作、外事侨务工作、公安工作、执行《中华人民共和国经济合同法》、二轻工业发展、广播电视事业发展、实施《中华人民共和国计量法》准备工作的情况、农业生产资料供应和资金安排、执行县九届人大会议决议加强农业科技推广工作、贯彻执行《中华人民共和国药品管理法》、加强土地管理制止乱占耕地、普及法律常识工作、加强基层法庭建设、打击严重经济犯罪、反盗窃斗争、贯彻县人大会议《关于普及初等教育的决定》和保护文物古迹、减轻农民负担、粮食工作、贯彻执行《中华人民共和国统计法》等报告和汇报；先后决定任命陈道远、谢正顺、杨乾芳为县政府副县长；通过《县人大常委会工作细则》《南部县人民代表大会常务委员会工作细则（试行）》《南部县人大常委会监督本倒司法机关执行法律的试行办法》。

1987 年 4 月至 1990 年 2 月，县十届人大常委会共举行 20 次会议。作出 1990 年实现全县绿化、宣传贯彻执行《中华人民共和国全民所有制工业企业法》、大力发展蚕桑生产等决议决定；听取审议抗灾自救、绿化情况、计划生育工作、国民经济计划执行情况和“双增双节”运动开展、普及初等教育工作、蚕桑基地建设、贯彻执行县人大《关于加快畜牧业发展的决议》、认真贯彻民事诉讼法、开展法纪检察工作、执行新的《治安管理处罚条例》、在全县公民中普及法律常识工作进展情况和今后初步安排意见、检查“两法”执行、安全工作、深化企业改革、扶贫开发、贯彻执行《中华人民共和国环境保护法（试行）》、完善农村双层经营合作制试点工作、春节物资供应和灾区群众生活安排、扶贫资金使用管理、加快升钟水库南部灌区配套工程建设决议执行、科技工作、在公民中开展普法工作、贯彻执行《公共场所卫生管理条例》、劳动就业、乡镇企业深化改革、1989 年小春生产准备、治安秩序和进一步做好保卫工作、加强执行工作维护法律尊严、人民调解工作、婚姻登记、开展税收财务和金融大检查、固定资产投资在建项目清理、贯彻清理整顿公司、贯彻执行《中华人民共和国档案法》、升钟水库淹没区扶贫开发、化肥农药农膜农贷安排落实、贯彻执行《四川省农作物种子管理条例》和大春种子供应、升钟水库配套工程建设进展、统计法规执行情况大检查、社会治安、开展经济罪案举报工作、农业生产情况、廉政工作、“扫黄”工作、科技兴农、城镇蔬菜生产供应和市场管理、改造中小学危房、尽快解决贫困户温饱问题的决议、税收财务物价大检查、清理整顿公司、贯彻执行最高人民法院、最高人民检察院《通告》等工作报告和汇报；先后决定免去衡兴元、杨乾芳、王永寿县政府副县长职务，决定任命蒲春举、沈则宏、庞嘉祯为县政府副县长；通过《主任、县长、院长、检察长联席会议制度》，原则通过修正的县人大常委会《工作通则》《会议规则》《人事任免暂行办法》《人民代表工作暂行办法》和新制订的《审查财政预决算草案和监督预算执行暂行办法》。

1990 年 4 月至 1992 年 12 月，县十一届人大常委会共举行 21 次会议。作出加速发展乡镇企业、撤销南部县人大常委会各区工作委员会、加强社会治安工作、加速公路交通建设、学习贯彻国务院《农民承担费用和劳务管理条例》和省人大常委会《四川省农民负担管理条例》、贯彻执行《四川省预算外资金管理条例》、修建火峰公园等决议决定；听取和审议农业生产、人口普查、道路交通、贯彻执行《中华人民共和国行政诉讼法》准备工作、清理制止“三乱”、减轻农民负担和纠正行业不正之风、农业生产及完善农村双层经营责任制、加强和改进中小学德育工作、宣传贯彻《四川省老年人合法权益保护条例》和退休干部管理、升钟水库淹没区扶贫开发、严厉打击贪污贿赂和侵权渎职犯罪活动、升钟水库配套工程建设、改造中低产田土、关于1990年财政预算部分变更、广播电视工作、国土管理工作、加快“两庭”建设步伐、农发资金筹集管理使用、农业生产、工商企业承包合同执行、社会治安工作、编制南部县国民经济和社会发展十年规划和八五计划纲要、科技兴农、贯彻执行《四川省工业产品质量监督条例》、商品基地建设、预算外资金管理、南部县“一五”普法规划实施和“二五”普法准备、医疗卫生事业、“四大工程”建设、学习宣传贯彻《四川省农民负责负担管理条例》、调解工作、宣传贯彻《四川省文化市场管理条例》、检查南部县贯彻执行《税收征收管理暂行条例》情况、检查南部县贯彻实施科技“两法一条例两决议”、公有住房制度改革进展、税收征管工作、检查贯彻执行《全国人大常委会关于加强社会治安综合治理的决定》情况、商贸企业“四放开”改革、劳动工作中“三大制度”改革和劳动就业、修建火峰公园前期筹备、集贸市场建设、乡镇企业发展、监察工作、检查《全民所有制工业企业法》实施情况、检查《乡村集体所有制企业条例》实施情况、调整区乡（镇）建制情况、粮食购销经营、严厉打击生产和经销假冒伪劣商品违法行为、打击贪污贿赂等经济犯罪、检查南部县贯彻实施《四川省中等职业技术教育暂行条例》等报告或汇报；决定任命陈维琪、杨平安、黄登庆、蔡小林、高家林、李志杰为县政府副县长，决定免去陈维琪、陈道远、沈则宏、杨平安、蔡小林县政府副县长职务；通过《南部县人民代表大会常务委员会区工作委员会暂行办法》《南部县预算外资金管理暂行办法》《南部县人大常委会受理公民来信来访暂行办法》。

1993年3月至1997年12月，县十二届人大常委会共举行36次会议。作出撤销楠木镇碑院乡人民代表大会违法确认当选镇长乡长的决定、调整《南部县实施九年制义务教育规划》、加强农作物种子管理、再次调整南部县实施九年制义务教育规划、全面贯彻药品管理法、加快升钟水库配套工程建设、减轻农民负担、进一步加强科技工作、南部县人民法院实行干警优化组合、在全县开展第三个五年法治宣传教育、依法治县、嘉陵江以东乡镇农田水利基本建设、全面解决贫困户温饱问题等决议决定；听取和审议教育工作、农业生产、经济审判工作、社会治安综合治理、南部县国有工商企业贯彻落实《全民所有制工业企业转换经营机制条例》、南部县国有工商企业贯彻落实《全民所有制工业企业转换经营机制条例》《四川省农民负担管理条例》的贯彻、文化市场管理、兑现中小教师工资、检查《四川省农民负担管理条例》实施情况、检查南部县社会治安综合治理工作、农田水利基本建设、检查县人民法院已经审结的经济犯罪案件和县人民检察院免予起诉的案件、金融工作、南部县土地使用制度改革、加强农贸市场管理、贯彻国务院《城市市容环境卫生管理条例》、计划外生育费收取管理使用和流动人口计划生育管理、种子管理工作、大春生产准备、清理和制止乱收费、《城镇集体所有制企业条例》贯彻实施、全县农村初级卫生保健工作、楠木伏虎大桥镇引进“川棉五六”棉种和盘龙黄金镇引进“Ⅱ优六三”稻种的调查处理情况、宣传贯彻《教师法》、实施国家税制改革、国有资产管理、贯彻实施统计法、贯彻实施农业法、农业技术推方法、农民负担管理条例、整顿市场物价、开展除“六害”工作、完善乡镇建制、贯彻实施《四川省计划生育条例》（修正案）、贯彻执行《乡村集体所有制企业条例》、拓宽改造西街文庙街和狮子拐工程拆迁安置、县城西街狮子拐和文庙街拓宽改造方案、灾区水库淹没区和城镇贫困居民生活安排、宣传贯彻水土保持法、大春生产、贯彻落实《关于加大力度发展生猪生产的决议》、贯彻执行公司法推进产权制度改革、农资供应和生猪流通、农民负担管理、解决县氮肥厂和县农资集团公司在储备化肥运输中存在的问题、税收征管工作、推行部门执法责任制、预算法贯彻实施、贯彻执行《县人大常委会关于加强农作物种子管理工作的决议》、扶贫开发工作、在农村开展计划生育“三结合”工作、贯彻实施《四川省预算外资金管理条例》、南部县邮电附加费收支情况专项审计结果、大春生产前种子农资资金准备、贯彻实施城市规划法及小集镇建设、农民负担管理、普及九年制义务教育、税收征管工作、开展“严打”斗争、广播电视工作、贯彻《四川省农业机械管理条例》、县公安局关于接受人大评议监督开展整改工作、优质农产品基地建设、全县工商企业技术改造、人口与计划生育、村民委员会组织法贯彻实施、审判方式改革工作、文化市场管理、贯彻实施环境保护法、“普九”工作、地面卫星接收站管理、农民负担管理、初级卫生保健工作、贯彻乡镇企业法、企业改革和住房制度改革、畜牧业生产、预算外资金管理、计划生育等工作报告和汇报；决定任命彭忠东、李合意、汪忠清、杜先继、杨富光、伏文超、胡继全、杜永龙、郭丹、陈进达、李富河为县政府副县长，决定伏文超代理县长，决定免去高先海、黄登庆、彭忠东、庞嘉祯、李志杰、杨富光、杜先继、郑祖铨县政府副县长职务；通过《南部县人大常委会关于组织代表评议“一府两院”工作的暂行办法》《南部县人大常委会关于对本级人大及其常务委员会选举、任命的国家机关工作人员履行职责和为政清廉的情况进行考核的暂行办法》《南部县人大常委会区联络工作委员会工作暂行办法》；对县城柳林公园已建成部分如何按规划建设和管理向县建委提出询问。

1998 年 2 月至 2002 年 12 月，县十三届人大常委会共举行 43 次会议。作出批准《南部县县城地区禁止燃放烟花爆竹的规定》、在全县实行村务公开民主管理、代表联络工作委员会更名为人事代表工作委员会、防治县城地区环境噪声污染、加强审计工作、水电气直接抄表收费到户、进一步加强“三五”普法、建设红岩子风景区、进一步开展法治宣传教育、滨江路建设规划、同意南部县县城总体规划第三次修编方案、防治县城地区水污染、县二水厂尽快投产运行等决议决定；听取和审议大春生产准备、农民负担管理工作、农村财务管理工作、“普九”扫盲和成人教育工作、创建文明卫生城市工作、依法治县、县人民法院关于人大代表评议工作后整改措施落实情况、广播电视工作、畜牧业生产、预算外资金管理、林业工作、交通工作、文体工作、县人民法院执行工作、税收征管、贯彻实施科技成果转化法的情况、农民负担管理、开展医疗市场专项治理、贯彻实施《四川省预算外资金管理条例》的情况、贯彻实施《中华人民共和国村民委员会组织法》的情况、计划生育工作、种子市场管理专项治理、企业改革、检查依法治县工作及区乡镇人大工作、全县旅游发展总体规划、县农业局关于人大代表评议农业工作后整改落实情况、“扫黑除恶”专项斗争、行政事业性收费和罚没收入“收支两条线”管理、贯彻执行药品管理法的情况、滨江大道建设详细规划、查办职务犯罪、招商引资工作、《城市居民最低生活保障条例》执行情况、医疗保险制度改革工作、人大代表评议计划生育局工作整改落实情况、南部县“一费制”收费政策执行情况、红岩子电站建设筹资券发放管理及借资券兑付情况、贯彻实施《中华人民共和国种子法》和《四川省农作物种子管理条例》的情况、审判工作改革、农村税费改革试点工作、贯彻落实《南部县人民代表大会常务委员会关于行政事业性收费规范管理的决议》的情况、“四五”普法工作、县民政局关于人大代表评议民政工作后整改情况、刑事检察工作等报告和汇报；决定任命米开富、徐增盛、周奇、梁伟、张春典、宋小兰、肖思和为县政府副县长，决定张春典代理县长，决定免去杜远清、赵为、何善奇、殷晋川、杜永龙县政府副县长职务，接受庞明轩辞去县政府县长职务；通过《南部县人大常委会与县人民政府、县人民法院、县人民检察院联系办法》《关于行政事业性收费规范管理的规定》；会议进行任职评定。

2003 年 1 月至 2006 年 10 月，县十四届人大常委会共举行 42 次会议。作出表彰区乡镇人大工作先进集体和先进个人、加强升钟水库南部灌区渠道管护工作、进一步加强审计工作、确定人民陪审员名额、推进县城“两溪”综合整治、继续开展教育等决议决定；听取和审议国土资源管理工作、实施会计法和会计中心运行的情况、义务教育法贯彻实施的情况、查办职务犯罪工作、交通工作、非典型肺炎防治工作、刑事审判工作、《四川省广播电视管理条例》贯彻实施情况、水土保持法贯彻实施情况、价格法贯彻实施情况、城市管理工作、县政府机关办公驻地迁址、立案工作、国有集体企业改革情况、退耕还林和天保工程实施情况、《四川省人口与计划生育条例》贯彻实施情况、农村卫生工作、人大代表评议公安工作整改落实情况、人大代表评议畜牧工作整改落实情况、人大代表评议审计工作整改落实情况、贯彻实施《四川省文化市场管理条例》的情况、劳动和社会保障工作、旅游工作、升钟水库渠道管护工作、贯彻实施《中华人民共和国民办教育促进法》的情况、执行工作、农业产业化建设、城镇居民最低生活保障工作、《中华人民共和国产品质量法》贯彻实施情况、“四五”普法工作、监察工作、国土管理工作情况、贯彻实施《中华人民共和国政府采购法》《中华人民共和国药品管理法》情况、人大代表评议检察工作整改落实情况、人大代表评议房管工作整改落实情况、贯彻落实《中华人民共和国职业教育法》情况、《南部县人大常委会关于加强升钟水库南部灌区渠道管护工作的决议》的贯彻实施情况、劳务开发、《中华人民共和国科学技术普及法》贯彻执行情况、耕地保护、招商引资工作、行政审判工作、县经济和商务局关于人大代表评议经济和商务工作整改落实情况、县水利局关于人大代表评议水利工作整改落实情况、《中华人民共和国档案法》贯彻实施情况、新型农村合作医疗制度的实施情况、全县社会治安管理工作、“两免一补”政策执行情况、公诉工作等报告和汇报；决定任命朱江、郑群、杨建华、任伟、李军、曹卫东、尹成平、张晓天为县政府副县长，决定杨建华代理县长，决定免去肖思和、黄小明、朱江、郑群、李军县政府副县长职务，接受张春典辞去县政府县长职务；通过《南部县人民代表大会代表辞职暂行办法》《关于同意南部县乡镇行政区划建制调整方案的批复》《南部县人民代表大会常务委员会区工作委员会工作办法》《南部县人民代表大会常务委员会审议县人民政府、县人民法院、县人民检察院工作汇报投票表决办法》，修改通过《南部县人民代表大会常务委员会任职评定办法》。

2006 年 10 月至 2011 年 12 月，县十五届人大常委会共举行 48 次会议。作出批准《南部县生态县建设规划》、批准《四川省南部县农田水利规划》、加快农村长效产业发展、批准调整国民经济和社会发展“十一五”规划纲要部分指标、县人民检察院对派出所加强法律监督、县人民检察院对行政执法机关移送涉嫌犯罪案件加强法律监督、进一步加强公路养护管理、光华乡和碑院镇大佛村行政区划调整意见、批准《南部县水利改革发展“十二五”规划》、每年定期举办升钟湖钓鱼桂花旅游文化节、设立“南部县慈善日”、同意县政府收购德仁中学并将收购贷款资金本息纳入财政预算、进一步加强法治宣传教育等决议决定；听取和审议职业教育发展、《中华人民共和国森林法》贯彻执行情况、侦查监督工作、县城新区建设、婚姻登记、社保资金审计、抗震救灾、加强民商案件调解、《农民专业合作社》贯彻执行情况、城市总体规划执行情况、城市管理工作、行业协会规范管理、节约和集约利用土地、教师周转房建设及学校灾后重建、药品监管及广告规范管理、加强林业资源管理、农村长效产业发展、代表议案建议办理、“十一五”中期评估、《县人大常委会关于民商事案件调处工作的决议》落实情况、查办和预防职务犯罪、全县旅游规划、治理“超红线、超容积率、超强标、小产权房”、人口和计划生育、劳动社会保障、城市总体规划修编的情况、贯彻执行《县人大常委会关于批准〈南部县县城地区禁止燃放烟花爆竹的规定〉的决议》、解决城区教育布局及超大班额、城乡环境综合整治、扫黑除恶工作、南隆镇行政区划调整工作等专项工作报告；决定任命汪文成、李毅锴、曹华光、杨鑫为县政府副县长，决定免去梁伟县政府副县长职务，任命敬永国代理检察长，免去唐浪生县人民检察院检察长职务；对《中华人民共和国人口与计划生育法》《中华人民共和国劳动合同法》《四川省城市供水管理条例》《水土保持法》《四川省燃气管理条例》开展执法检查；通过《南部县人大常委会工作评议暂行办法》《街道人大工委暂行办法》；每年对被任命人员开展供职承诺检查。

2011 年 12 月至 2016 年 12 月，县十六届人大常委会共举行 49 次会议。作出设立县十六届人大常委会代表资格审查委员会、将农村信用社政府性债务偿债资金纳入财政年度预算、将南部县第二批乡镇建设用地征地拆迁安置及基础设施建设资金贷款本息纳入财政年度预算、加强县人民检察院对刑事诉讼活动法律监督、加强行政执法与刑事司法衔接工作、批准“十二五”规划纲要部分指标调整方案、加强惩治和预防渎职侵权违法犯罪工作、“全国法治县”创建工作、加强禁毒工作、确定人民陪审员名额、批准县政府将县农村信用社所缴纳税款地方留存部分等额用于偿还政府背景贷款本金列入县财政年度预算、同意将南部县棚户区改造一期工程项目委托代建资金和代建管理费列入县财政年度预算等决议决定；听取和审议南部县城市规划实施、县人民检察院刑事诉讼法律监督工作报告，财政收支预算方案报告、优化教育资源配置、代表议案建议办理、革命老区扶贫工作、城乡居民养老保险工作、新农合工作、南部县保障性安居工程专项工作、农村综合示范区建设、“六五”普法工作、重点项目推进情况、扫黑除恶维护社会治安秩序、“十二五”规划纲要实施情况的中期评估报告、贯彻落实县人大常委会农村长效产业发展决议、失地农民社会保障、旅游规划及旅游产业发展、工业集中区低效用地清理工作、森林资源管护工作、行政监察工作、贯彻执行《四川省饮用水水源保护管理条例》情况、农村场镇供水工作、贯彻执行《县人大常委会关于农村长效产业发展决议》、全县农村道路交通安全设施建设、南部县宗教活动场所及寺庙管理工作、将南部县盘龙供水工程建设项目部分所需资金纳入县财政年度预算、将满福坝整体城镇化（东区）建设项目委托代建政府购买服务协议款纳入县财政年度预算、将园区土地整治及农民集中住房项目部分所需资金纳入县财政年度预算、将南部县武引二期光中支渠建设项目所需资金纳入县财政预算、省级农产品质量安全监管示范县建设、转变农村长效产业发展机制、南部县城市总体规则（2009—2030）实施评估报告、“十三五”规划纲要编制情况、大气污染防治、乡镇卫生和计生工作发展及资源整合、审判监督等报告；对《中华人民共和国城乡规划法》《中华人民共和国消费者权益保护法》《中华人民共和国行政许可法》《中华人民共和国食品安全法》《中华人民共和国残疾人保障法》《中华人民共和国老年人权益保障法》《四川省城乡环境综合治理条例》《四川省殡葬管理条例》开展执法检查；对城市管理行政执法局、食品药品监督管理局、林业局、公安局、经济商务和科技信息局、人口和计划生育局、交通运输局、水务局、扶贫移民局、发展和改革局、人社局、财政局、民政局、文化广播影视体育局、住建局、教育局、农牧业局、环保局进行工作评议；决定任命王晓勇、罗大午、张世超、赵晨阳、黄杰为县政府副县长，决定免去赵晓斌、李家禄、刘刚、赵晨阳县政府副县长职务，接受聂明国辞去县十六届人大常委会副主任职务，免去胡仕明县十六县人大常委会主任职务，决定免去陈正泽县政府县长职务，决定任命任爱民为县政府副县长、代理县长；通过《南部县人民代表大会常务委员会审议意见研究处理情况报告和决议决定执行情况报告投票表决办法》《南部县人民代表大会常务委员会人事任免办法（修正案）》《南部县人民代表大会常务委员会讨论决定重大事项暂行办法》《南部县人民代表大会常务委员会听取和审议专项工作报告办法》《南部县人民代表大会常务委员会规范性文件备案审查办法》《南部县人民代表大会常务委员会议事规则（修正稿）》《南部县人大常委会关于“一府两院”工作人员出列席县人大常委会工作会议和参加活动的规定》《南部县人大常委会专题询问办法》《南部县人大常委会与县人民政府、人民法院、人民检察院联系办法（修正案）》《南部县人民代表大会常务委员会组成人员守则》《南部县人民代表大会常务委员会组成人员出席常委会会议请假规定》《南部县人民代表大会代表联系群众工作办法》；对饮用水水源保护管理工作开展专题询问。

2017 年 1 月至 2019 年 12 月，县十七届人大常委会共举行 36 次会议。听取和审议报告 58 项，作出决议决定 23 个，开展执法检查法律 3 部、工作评议政府组成部门 6 个，开展专题询问 1 次，任免国家机关工作人员 162 人次。听取和审议水污染治理工作、县级公立医院综合改革工作、县人民法院法官员额制改革和队伍建设工作、市场监督管理行政执法、一年半基本解决执行难、代表议案建议办理、扶贫政策措施贯彻落实审计情况、工业经济发展、县城学校规划建设、刑事案件立案同步监督、残疾人“量服”工作、代表议案建议办理、南部县 2017 年度县级预算执行和其他财政收支审计查出问题整改情况、环境状况和环境保护目标完成情况、全县扫黑除恶、脱贫奔康产业园建设管理、食品药品安全监管、乡村振兴战略规划编制、招商引资及民营经济发展、国有资产管理、环境状况和环境保护目标完成情况等报告；对《中华人民共和国安全生产法》《中华人民共和国中小企业促进法》《中华人民共和国水污染防治法》开展执法检查；对司法局、城管执法局、商务和经济信息化局、水务局、卫生健康局、民政局进行工作评议；作出批准南部县地方政府债务限额、批准县政府关于 2017 年统筹整合使用财政涉农资金预算科目调整、撤销大堰乡设立八尔湖镇、推进砂石资源经营管理体制改革、确定人民陪审员名额、批准南部县满福坝片区控制性详细规划、批准《南部县乡镇行政区划调整改革方案（草案）》、成立南部县人大常委会南隆街道工作委员会满福街道工作委员会、重新确定新设立乡镇人大代表名额、2019 年统筹整合财政涉农资金预算科目调整等决议决定；决定任命黄波为县政府副县长、代理县长，决定任命黄杰、罗国文、杜彬、陈燕辉、李磊为县政府副县长，决定免去邓彪、吴宗学、罗国文、张全杰的县政府副县长职务，决定免去任爱民县政府县长职务；通过《南部县人民代表大会常务委员会关于审计查出问题整改情况的报告满意度测评办法》《南部县宪法宣誓制度实施办法》《南部县人大常委会预算审查监督咨询专家库管理办法》；对国家级电子商务进农村综合示范县项目建设工作开展专题询问。

4. 南部县人大常委会主要工作

1981 年 2 月至 1984 年 4 月，县八届人大常委会按照《中华人民共和国地方组织法》赋予县级人大常委会的决定权、任免权、监督权认真开展工作，以召开县人大常委会会议为主要工作形式，及时讨论决定全县重大事项，同时注意开展会外工作，促进县内各项事业发展。届内，围绕经济领域严重犯罪、拐卖妇女儿童犯罪、侮辱殴打教师等人民群众关注的热点问题作出决议决定 16 个。围绕贯彻《中华人民共和国森林法》、林业生产、教育工作、社会治安、民政工作等听取和审议报告和汇报 49 项。根据“一府两院”及人大常委会主要负责人提议，任免国家机关工作人员 196 人。以“经济上实行进一步调整、政治上实行进一步安定”为中心内容，视察物价工作、抗灾抗旱工作、县城交通及市镇建设、经济工作、打击经济领域严重犯罪工作、“两溪”排洪、促进农村“专业户、重点户”发展、法治宣传活动、观音井大桥修建工程和县啤酒厂修建工程，对城镇居民职工“买肉难”、农村产业户重点户发展情况、饮食服务行业经营承包责任制等开展专项调查。组织讨论《中华人民共和国宪法（修正草案）》《四川省土地管理试行条例（草案）》《四川省保护妇女儿童若干规定（草案）》《四川省县、乡两级人民代表大会选举实施细则（草案）》《四川省绿化暂行条例（征求意见稿）》。

1984 年 4 月至 1987 年 3 月，县九届人大常委会按照《中华人民共和国宪法》、地方组织法赋予的职责，为发展社会主义民主，健全社会主义法治，推进“两个文明”建设，认真行使“三权”做了重要工作。围绕集镇建设、文物保护工作等作出决议决定21个。围绕打击刑事犯罪、保护妇女儿童合法权益、教育事业、集镇建设、蚕桑生产、交通事业、乡镇企业发展、二轻工业发展、减轻农民负担、粮食工作等听取和审议报告和汇报61项。根据“一府两院”及人大常委会主要负责人提议，依法任免国家机关工作人员115人。对10年未修通的南部至楠木公路、县城水污染情况、全县工农业生产、乐群路、贯彻执行食品卫生法情况、贯彻执行药品管理法、县城机关普法情况、城镇建设进行视察，对《中华人民共和国食品卫生法》贯彻情况、交通安全工作、小集镇建设问题、干旱情况开展调研。组织对《四川省绿化暂行条例（征求意见稿)》《四川省江河管理条例（草案)》《四川省〈土地管理法〉实施细则（草案)》进行讨论。

1987年4月至1990年3月，县十届人大常委会围绕中心、服务大局，依法履职。依法行使决定权，围绕全县绿化、大力发展蚕桑等作出决议决定19个。依法行使监督权，围绕抗灾自救、计划生育、普及初等教育、蚕桑基地建设、扶贫开发、乡镇企业深化改革、升钟水库淹没区扶贫开发、改造中小学危房等听取和审议报告和汇报73项。依法行使任免权，根据“一府两院”及人大常委会主要负责人提议，依法任免国家机关工作人员142人。开展视察调查，对执行刑法、刑事诉讼法情况、伏虎片区旱情、南隆镇地区和全县11个区场镇的市场物价、《治安管理处罚条例》和民诉法贯彻执行情况、部门办理代表建议和意见情况、县化工总厂等企业深化企业改革情况、“专业户生产和农民群众生活、经济问题”、大风冰雹灾情、贯彻执行《公共场所卫生管理条例》情况、升钟水库南部灌区配套工程建设情况、小春生产准备工作、经济及工农业生产、扶贫工作、乡镇企业发展、南隆镇地区贯彻执行环境保护法和“两溪”行洪障碍清除工作、宣传贯彻执行企业法情况、伏虎镇省道烂路现状等进行视察，对小春收获情况、春夏茧生产、“V优64”水稻减产原因、民事治安案件办理及执法情况、农村实用科技推广及应用情况、川剧团长期不能正常演戏、经济工作、小春播种、脱贫致富进展情况和边远山区群众生产及生活情况、南隆地区文化市场、村民委员会组织法实施情况、蔬菜产销等开展调研。讨论法律法规草案，对《中华人民共和国乡镇企业法（草案送审稿)》《中华人民共和国水法（草案)》《中华人民共和国标准化法（草案)》《中华人民共和国行政诉讼法（草案)》《〈中华人民共和国土地管理法〉修正案（草案)》《中华人民共和国野生动物法（草案)》《四川省人民代表大会议事规则（草案)》《四川省土地管理实施办法修正案（草案)》《四川省县级人民代表大会常务委员会行使职权的若干规定（征求意见稿)》起草进行讨论，并提出修改意见。

1990年3月至1992年3月，县十一届人大常委会围绕发展乡镇企业、社会治安工作、公路交通建设、修建火峰园等作出决议决定29个。听取和审议农业生产、人口普查、道路交通、清理制止“三乱”、打击贪污贿赂和侵权、渎职犯罪活动、商品基地建设、医疗卫生事业、集贸市场建设等听取和审议报告和汇报63项。县人大常委会领导带队，组织部分委员或相关工委负责人，在相关部门负责人陪同下，深入乡镇、部门、企业等单位对《中华人民共和国刑法》《中华人民共和国刑事诉讼法》《中华人民共和国会计法》《中华人民共和国义务教育法》《中华人民共和国土地管理法》《中华人民共和国水法》《国家税收征收管理暂行条例》《中华人民共和国技术合同法》《中华人民共和国专利法》《中华人民共和国国旗法》《中华人民共和国全民所有制工业企业法》《四川省技术市场管理条例》《四川省农作物种子管理条例》《乡村集体所有制企业条例》《四川省工业产品质量监督条例》《四川省义务教育法实施条例》《四川省计划生育条例》《家禽家畜防疫条例》《四川省保护消费者合法权益条例》贯彻实施情况进行检查．根据“一府两院”及人大常委会主要负责人提议，任免国家机关工作人员304人次。县领导常委会领导带队，组织常委会委员、人大代表、相关工委同志对科技兴农、升钟水库淹没区扶贫开发工作、县棉毛纺织厂、棉花收购工作、中小学德育工作、嘉陵江大桥建设工程和升钟水库左分干渠配套工程、特大洪灾的受灾情况、县机械总厂、城区交通安全和城市管理、“二五”普法实施情况、县影剧院房屋基础裂变、专业市场和农贸市场等进行视察；由县领导常委领导带队，或由相关工委牵头，组织部分常委会委员、县人大代表对乡镇人大经费列支情况、大春生产、区乡财政所建设情况、依法从重从快打击“七类犯罪”活动情况，小春生产、乡镇人大工作、企业承包合同落实情况、农发基金筹集管理工作、乡镇企业发展、税收征管、社会治安、升钟水库淹没区扶贫开发情况、蚕果畜禽四大商品基地建设情况、农民负担、当前农业生产、人大代表履职、农村卫生工作、蚕桑生产等开展调查。组织讨论《中华人民共和国水土保持法（草案）》《村民委员会组织法实施办法》、选举法、地方组织法、《四川省农民负担管理条例（草案）》《四川省〈中华人民共和国水法〉实施办法（草案）》《四川省绿化条例（草案）》《四川省各级人民代表大会常务委员会监督条例》征求意见稿、《四川省律师履行职务的若干规定（草案）》《中华人民共和国国家赔偿法（试拟稿）》《四川省乡镇企业条例（草案）》《四川省预防狂犬病条例（修正案）》《四川省计划生育条例（修正案）》《四川省公证条例（草案）》《四川省收容遣送条例（修正案）》《土地管理法（修订草案）》《退耕还林条例》，并提出意见建议。通过听取和审议关于代表建议、意见的办理情况汇报，对一些重要建议、意见跟踪督办。届内确定的 4 件议案和 549 建议批评意见均在法定期限内办结并答复代表，办结率 100%，代表满意度 99%。通过法制宣传月、法制讲座、纪念日、普法检查、座谈会，对《中华人民共和国残疾人保障法》《中华人民共和国妇女权益保障法》《中华人民共和国经济合同法》《中华人民共和国行政诉讼法》《中华人民共和国水法》《中华人民共和国公路法》《中华人民共和国民事诉讼法》《中华人民共和国农业法》《中华人民共和国行政许可法》《中华人民共和国城市规划法》等近 40 部法律法规进行宣传教育，营造良好法治氛围。召开全县乡镇人大主席团工作现场会、各区人大工委主任会议、县人大代表工作暨乡镇人大工作经验交流会、全县乡镇人大会议等各类会议 9 次，组织乡镇人大主席参加省内外学习考察、举办人大培训班等 6 次，指导乡镇人大主席团自身建设、召开人代会、代表活动、乡镇人大换届选举、代表述职评议、评议等 26 次，编印《人大工作通讯》乡镇人大信息 7 期，下发供学习参考。将县人大常委会设在各区的联络组改为县人大常委会工作委员会，设主任 1 人，副主任 1—2 人、委员若干。区、乡镇建制后，各区人大工委相继撤销。届内制定了《南部县预算外资金管理暂行办法》《南部县人大常委会受理公民来信来访暂行办法》等制度。

1993 年 1 月至 1998 年 1 月，县十二届人大常委会围绕九年制义务教育、农作物种子管理、加快升钟水库配套工程建设、减轻农民负担等作出决议决定 57 个。围绕农田水利基本建设、土地使用制度改革、清理和制止乱收费、国有资产管理、完善乡镇建制、农资供应和生猪流通、农民负担管理、贯彻实施《中华人民共和国城市规划法》及小集镇建设等听取和审议报告和汇报 133 项。县人大常委会领导带队，组织部分委员或相关工委负责人，在相关部门负责人陪同下，深入乡镇、部门、企业等单位对《中华人民共和国企业法》《全民所有制工业企业转换经营机制条例》《中华人民共和国食品安全法》《四川省计划生育条例》《中华人民共和国国旗法》《四川省绿化条例》《中华人民共和国水法》《种子管理条例》《四川省农作物种子管理条例（修正案）》《中华人民共和国环境保护法》《中华人民共和国大气污染防治法》《中华人民共和国水污染防治法》《中华人民共和国野生动物保护法》《噪声污染防治条例》《中华人民共和国农业法》《中华人民共和国农业技术推广法》《四川省农民负担管理条例》《中华人民共和国妇女权益保障法》《四川省〈妇女权益保障法〉实施办法》《中华人民共和国药品管理法》《四川省农作物种子管理条例》《中华人民共和国科技进步法》《中华人民共和国食品卫生法》《中华人民共和国劳动法》《四川省农业机械管理条例》《中华人民共和国农业技术推广法》《中华人民共和国乡镇企业法》《四川省计划生育条例》进行执法检查。对县公安局开展人大评议监督，并听取整改工作报告。根据主任会议，“一府两院”主要负责人提请，任免国家机关工作人员289人次。组织代表对国民经济计划、经济社会发展、棉纺厂等企业、火峰公园工程建设、机械总厂生产经营、水果基地建设、升钟水库西蓬干渠通水、城市经济、唐巴公路建设、“普九”工作、城镇建设等情况进行视察；由县领导常委会领导带队，对大春备耕、中小学生流失、依法治企、农民负担管理、农村文化市场管理、农田水利基本建设、工商企业国有资产现状、蔬菜生产、抗旱救灾、推进企业产权制度改革、王家镇与蓬安县交界处1.8公里过境路整治、扶贫工作、文化市场经营管理、畜牧业生产、升钟水库淹没区优惠政策兑现落实等情况进行调查。通过听取和审议关于代表建议、意见的办理情况汇报，对一些重要建议、意见跟踪督办。届内确定的2件议案、1件质询案和841建议批评意见均在法定期限内办结并答复代表。组织讨论《四川省惩治拐卖、绑架妇女、儿童违法犯罪的决定（草案）》《四川乡镇企业条例（草案）》《四川省预防狂犬病条例（修正案）》《四川计划生育条例（修正案）》《四川省公证条例（草案）》《四川省收容遣送条例（修正案）》，分别提出修改意见。通过法制宣传月、法制讲座、纪念日、普法检查、座谈会对《中华人民共和国水法》《中华人民共和国刑事诉讼法》《中华人民共和国行政处罚法》《四川省公路养路费征收管理条例》《中华人民共和国全国人民代表大会和地方各级人民代表大会代表法》《中华人民共和国动物防疫法》《中华人民共和国公路法》进行宣传。召开全县乡镇人大工作会议、组织学习考察人大工作等会议活动5次，以人大工作通讯编印乡镇人大信息3期。届内制定《南部县人大常委会关于组织代表评议“一府两院”工作的暂行办法》《南部县人大常委会关于本级人大及其常委会选举、任命的国家机关工作人员履行职责和为政清廉的情况进行考核的暂行办法》《南部县人大常委会区联络工作委员会工作暂行办法》等制度。

1998年1月至2003年1月，县十三届人大常委会通过听取和审议“一府两院”专项工作报告、对重大事项作出决议决定、组织视察调查及执法检查、依法人事任免等方式，促进经济社会又好又快发展。围绕禁止燃放烟花爆竹、噪声污染、水电气直接抄表收费到户等作出决议决定45个。围绕大春生产、农民负担管理、创建文明卫生城市、种子市场管理、扫黑除恶、查办职务犯罪、招商引资工作、农村税费改革试点、“四五”普法等听取和审议报告和汇报97项。根据主任会议、“一府两院”主要负责人提请，任免国家机关工作人员393人次。对《四川省农民负担管理条例》《中华人民共和国水法》《四川省计划生育条例》《中华人民共和国统计法》《中华人民共和国审计法》《中华人民共和国国旗法》《中华人民共和国森林法》《中华人民共和国城市规划法》《四川省计划生育条例》《中华人民共和国价格法》《中华人民共和国药品管理法》《中华人民共和国劳动法》《四川省行政执法监督条例》《涉案物品价格鉴定条例》《中华人民共和国动物防疫法》进行执法检查。组织代表对县城“两溪”治理、南隆镇高效农业园区、红岩子电航工程截流后工程进度、国道212线南部段改造、县啤酒厂和塔山酒厂、企业改制、嘉陵江二桥选址、城市供水等进行视察；对大春生产和农民负担、中小学教师队伍建设、“普九”工作、非法宗教活动、创卫工作、依法治乡、国土资源、经济案件侦查、“三五”普法、水土保持等进行视察。对农村工作、大春生产和农民负担、中小学教师队伍建设、普九工作、查禁非法宗教活动、依法治乡、大升路工程、“三五”普法和依法治理、水土保持进行调研。通过听取和审议关于代表建议、意见的办理情况汇报，对一些重要建议、意见跟踪督办，届内确定的2件议案和576件建议批评意见均在法定期限内办结并答复代表。通过召开座谈会、举办法治讲座等方式对《生猪屠宰条例》《中华人民共和国母婴保健法》《四川省中医条例》《粮食收购条例》《中华人民共和国国家赔偿法》《中华人民共和国公司法》《中华人民共和国民事诉讼法》《WTO与中国法制建设》等进行法治宣传教育。加强自身建设，届内制定《南部县人大常委会与县人民政府、县人民法院、县人民检察院联系办法》《关于行政事业性收费规范管理的规定》。将县人大常委会代表联络工作委员会更名为人事代表工作委员会。

2003年1月至2006年10月，县十四届人大常委会围绕升钟水库南部灌区渠道管护工作、审计工作、县城“两溪”综合整治等作出决议决定34个。围绕查办职务犯罪、非典型肺炎防治、退耕还林、天保工程实施情况、“四五”普法、劳务开发、耕地保护、招商引资、行政审判工作、“两免一补”政策执行等听取和审议报告80项。根据主任会议、“一府两院”主要负责人提请，任免国家机关工作人员308人次。对《中华人民共和国义务教育法》《农药管理条例》《中华人民共和国矿产资源法》《四川省广播电视管理条例》《中华人民共和国水土保持法》《中华人民共和国价格法》《中华人民共和国环境保护法》《计划生育技术服务管理条例》《重大动物疫情应急条例》《四川省道路运输管理条例》举行执法检查。组织县人大代表对县公安局、畜牧局、审计局、经济和商务局、水利局工作进行评议。组织代表对县城新区开发和土地经营管理、“非典”防治工作、嘉陵江二桥建设、国有集体企业改制、网吧经营管理、环保工作、升钟水库淹没区群众生产生活、城市建设、安全生产工作、“两溪”治理重点工程等进行视察。对红岩子库区嘉陵江水源保护、国土资源管理、刑事审判工作、社会治安、" 非典" 防治工作、“冈优725”水稻种子质量案件、城镇建设用地、天然资源保护和“退耕还林”两大工程实施、升钟水库（南部灌区）渠道管护、《中华人民共和国民办教育促进法》贯彻实施、新型农村合作医疗工作运行、新村建设等进行专题调查。法治宣传教育，通过召开座谈会、举办法治讲座等，对《中华人民共和国地方组织法》《中华人民共和国农业法》《中华人民共和国农村土地承包法》《中华人民共和国科学技术普及法》《中华人民共和国担保法》《中华人民共和国行政许可法》《中华人民共和国农业机械化促进法》《宪法与人民代表大会制度》《地方国家权力机关的职权行使》《中华人民共和国畜牧法》进行宣传教育。通过听取和审议关于代表建议、意见的办理情况汇报，对一些重要建议、意见跟踪督办，届内确定的6件议案和640件建议批评意见均在法定期限内办结并答复代表。通过召开全县乡镇人大工作会议，分组分片检查指导、组织考察学习、召开座谈会等形式等形式指导乡镇人大工作，促进乡镇人大工作开展。加强自身建设，届内制定《南部县人民代表大会代表辞职暂行办法》《南部县人民代表大会常务委员会区工作委员会工作办法》《南部县人民代表大会常务委员会审议县人民政府、县人民法院、县人民检察院工作汇报投票表决办法》，修改制定《南部县人民代表大会常务委员会任职评定办法》。

2006年10月至2011年12月，县十五届人大常委会围绕生态县建设规划、定期举办升钟湖钓鱼桂花旅游文化节、设立“南部县慈善日”等作出决议决定34个。围绕经济社会发展、民生问题改善、生态环境保护等进行监督选题，并通过电视、网站、公告等形式征求社会各界意见后，列入重点进行有力监督。为促进全县经济社会发展，听取和审议农民专业合作社运行、加强林业资源管理、城市总体规划修编、节约和集约利用土地等报告，有针对性提出意见和建议。围绕县政府10件实事办理、乡镇饮用水安全、社会治安、教室周转房及学校灾后重建、经济适用房及廉租房建设、扫黑除恶等人民群众关注的热点、难点问题进行监督。听取和审议城乡环境综合整治、贯彻执行《县人大常委会关于批准〈南部县县城地区禁止燃放烟花爆竹的规定〉的决议》《中华人民共和国森林法》贯彻执行情况、城市总体规划执行情况等报告，督促县政府正确处理发展经济与保护环境的关系，完善满福坝建设和红岩子库区水源保护总体规划，阻止蚕食石子岭土地行为，听取和审议报告54项。举办法治讲座，举办《中华人民共和国监督法》《中华人民共和国劳动合同法》《中华人民共和国城乡规划法》《中华人民共和国食品安全法》《中华人民共和国社会保险法》等法治讲座，对“五五”普法工作进行检查，大力推进全社会法治宣传教育。通过开展《中华人民共和国劳动合同法》《四川省城市供水管理条例》《中华人民共和国水土保持法》《四川省燃气管理条例》等执法检查，配合省、市人大开展《中华人民共和国公路法》《四川省水利工程管理条例》《中华人民共和国水污染防治法》等执法检查及“环保世纪行”活动，推进法律法规贯彻实施。采取宣传发动、调查研究、听取被评议单位工作报告、大会集中评议并进行满意度测评方式，对县卫生局、司法局进行工作评议，促进被评议部门依法行政、改进工作。依法任免选举，按照任前调查了解、法律知识考试、供职发言、任职谈话等环节，依法任免国家机关工作人员253人次。把监督人和监督事相结合，推行“年初承诺、年中检查、年终考核”任职承诺检查制度，并在县领导常委会会议上对任命人员进行满意度测评。接受42名领导干部因工作变动失去原有代表属性而辞去代表职务，补选43名人大代表。按照《中华人民共和国选举法》和《选举法实施办法》，首次实行同比例选举人大代表要求，选举新一届县人大代表372人，乡镇人大代表3530人。组织代表视察抗震救灾、升钟库区扶贫开发和工业集中区建设、行政中心建设、“两溪”治理、产业园区建设、速生林栽植、升钟湖景区打造、黑龙观省级新农村示范片建设、农村“五化”目标实施等工作情况24次。专题调查客运市场管理、生猪产业发展、网吧管理、粮食流通体制改革、涉农收费监察、残疾人就业、食品安全监管、燃气市场管理、禹迹山创AAA级旅游景区、烟草专卖执法环境等情况65次。通过召开代表议案建议办理交办会，明确办理责任人，采取限时办理、重点挂牌督办、评选表彰、制成专题片在电视上公开“交账”等方式，届内代表提出的严格城市总体规划、林业资源管理、加强水利设施建设等12件议案、850余件建议全部办理完毕并答复代表，代表满意率在90%以上。接待群众信访，县人大常委会积极畅通群众诉求渠道，届内共处理信访案件1257件，办结1169件，有663件涉法涉诉信访案件得到妥善处理。加强与县电视台、南部新闻之窗等县内媒体沟通与联系，完善宣传激励机制，届内被市级以上媒体采用稿件430多条，其中人民网、中国人大网等国家媒体采用36条。连续5年获得省、市人大民主法制建设宣传特等奖、人大宣传工作先进集体等荣誉称号，有41篇文章73人次获得省市人大好新闻评选和制度研究年会等级奖。县人大常委会领导包片和办事机构联系乡镇人大工作，加强乡镇人大负责人业务培训，召开乡镇人大工作经验交流会，通报表扬一批乡镇（街道）人大工作先进集体和个人，落实乡镇人大副主席正科级待遇。新设立县人大常委会信访办公室、蜀北、滨江街道人大工委，印发《街道人大工委工作暂行办法》《工作评议暂行办法》，建立健全机关政治理论学习、干部教育培训、考勤考核等11项内部管理制度。深入开展学习实践科学观活动、“两爱、四教育”活动和创新争优活动，启动机关人大信息化建设，积极参与升钟湖旅游开发渔家乐结对援建、“挂包帮”、对口帮扶乡镇、抗震救灾等活动，无偿捐赠和协调解决资金68万多元。届内一直保持“省级无吸烟单位”“市级文明单位”等荣誉称号。

2011年12月至2016年12月，县十六届人大常委会围绕“亲水南部”发展定位和全县工作大局谋划人大工作，作出全国法制县创建、司法工作监督、农产品质量监督等决议决定34个。听取和审议计划、财政及审计报告，加强全口径预决算审查。围绕工业经济发展、农村综合示范区建设、旅游规划及旅游产业发展、新型农村合作组织发展及运行进行监督，推动以一产为基础、二产为龙头、三产为纽带的现代化产业体系。坚持群众至上，解决民主难题，通过听取和审议森林资源管护工作、大气污染防治、革命老区扶贫工作、城乡居民养老保险工作、优化教育资源配置推进教育机会公平、扫黑除恶维护社会治安秩序、农村场镇供水工作、失地农民社会保障、全县农村道路交通安全设施建设等报告，有力推进生态环境保护，社会事业发展、民生保障等群众关注的热点、难点问题解决。针对县城新区小学建设滞后问题，连续 3 年对幸福小学修建工作持续监督，督促县政府落实选址和修建经费，确保幸福小学如期竣工招生。举办《中华人民共和国土地管理法》《四川饮用水水源保护管理条例》《中华人民共和国预算法》等 8 次法治讲座，大力推进法治宣传教育。对《中华人民共和国城乡规划法》《四川省城乡环境综合治理条例》《中华人民共和国残疾人保障法》《中华人民共和国老年人权益保障法》等法律法规进行执法检查，配合省、市人大开展《中华人民共和国旅游法》《中华人民共和国动物防疫法》《四川省农村扶贫开发条例》等执法检查。依法对"一府两院"和乡镇人大报送的规范性文件进行备案审查。按照县委要求，采取调查研究、大会集中评议、跟踪督办评议意见、听取整改落实情况报告并进行满意度测评等方式，对林业、城管执法、公安等 18 个政府组成部门开展工作评议。通过评议，住建部门解决困扰多年的 1 万多户购房户办证难问题，人社部门报请县政府同意一次性拨付 5800 万元解决失地农民补缴医疗保险和养老保险，环保部门查处一批非法转移和倾倒医疗废物的违法行为。届内首次开展饮用水源保护专题询问，询问会上播放《生命之源的隐忧》电视专题片，10 多名组成人员询问近 20 个问题。会后，县政府中止八尔湖养鱼合同，启动老鸦污水处理厂建设。依法任免选举，修改完善人事任免办法，实施被任命人员向宪法宣誓制度，任免国家机关工作人员 216 人次，人民陪审员和人民监督员 303 人次。继续坚持"年初承诺、年中检查、年末考核"的供职承诺制度。依据《代表辞职暂行办法》，依法罢免、接受辞职、自动终止代表资格 32 人，补选代表 28 人。按照"环环依法依规、处处留痕留印"要求，切实抓好选区区划、选民登记、提名推荐代表候选人、投票选举等各个阶段，依法选举新一届人大代表 363 名，乡镇人大代表 3589 名。组织代表视察"创国卫"、全县重点项目建设、城区公立医院及部分乡镇村卫生机构、蔬菜基地建设及农产品质量安全、经济发展、农村场镇供水及管网管护等工作情况 25 次。对城区饮用水水源保护、乡镇场镇饮用水源安全保障、盘龙镇窑坝寺土地开发建设等专题调查 73 次。通过听取办理报告、制作电视专题片、纳入目标考核等方式，届内确定的 9 件议案、523 件批评、意见、建议，在规定时间办理完毕并答复代表。县人大常委会积极畅通群众诉求渠道，届内接待群众来信来访 769 件次，其中常委会受理 16 件，其余转交给相关部门进行办理，并加强跟踪督办。加强信息宣传，媒体用稿量、好新闻评选、制度研究连续 5 年保持领先地位，机关报送的《人大评议意见成为纪委约谈"一把手"依据》《暗访，在午夜出发》获得全国人大好新闻二等奖。安排乡镇（街道）人大负责人列席县人大常委会会议 216 人次，组织乡镇（街道）人大干部到国、省、市人大培训 138 人次。每年召开乡镇人大工作会议，通报表扬一批乡镇街道人大工作先进集体和先进个人。开展代表向选民述职试点活动，全县 73 个乡镇（街道）全部按照"七有"标准完成"人大代表之家"建设。制订和完善《常委会议事规则》《主任会议议事规则》《听取和审议专项工作报告办法》等 10 多项履职制度。认真开展党的群众路线教育、"三严三实""两学一做""干群一家亲"等专题教育活动，出台《加强机关作风建设的若干规定》。选派机关干部 90 余人次参加上级人大组织的预算法、立法法、换届选举等业务培训，人大工作连续 5 年在全市人大目标考核中位居前列。

2016 年 12 月至 2020 年 12 月，县十七届人大常委会围绕全县改革发展重大事项，作出撤销大堰乡设立八尔湖镇、推进砂石资源经营管理体制改革、确定人民陪审员名额等决议决定。听取和审议工业经济发展、招商引资及民营经济健康发展、国有资产管理、乡村振兴战略规划编制、脱贫奔康产业园建设管理等报告，促进经济健康发展。听取和审议水污染治理工作、环境状况和环境保护目标等报告，促进政府加大生态环境保护。听取和审议残疾人"量服"工作、食品药品安全监管、县城地区学校规划建设等报告，促进民生不断改善。听取和审议法官员额制改革和队伍建设、刑事案件立案同步监督、市场监督管理行政执法、全县扫黑除恶、一年半基本解决执行难等报告，维护良好法治环境。通过召开动员会、检查调研、审议执法检查报告及办理报告，对《中华人民共和国安全生产法》《中华人民共和国中小企业促进法》《中华人民共和国水污染防治法》《中华人民共和国残疾人保障法》《中华人民共和国律师法》《基层法律服务工作者管理办法》《中华人民共和国传染病防治法》开展执法检查。邀请专家学者举办《中华人民共和国中小企业促进法》等法制讲座，提高全县领导干部法治意识。采取宣传发动、调查研究、大会集中评议、跟踪督办评议意见、听取整改落实情况报告并进行满意度测评等方式，对县司法局、城管执法局、商务和经济信息化局、水务局、卫生健康局、民政局、发展和改革局、农业农村局、住房和城乡建设局等10个政府组成部门进行工作评议。通过评议，促进司法部门加强普法和人民调解，城管部门新改建公厕31座。对国家级电子商务进农村综合示范县项目建设工作开展专题询问，解决项目建设迟缓问题。严格任免程序，依法任免国家机关工作人员125人次，加强被任命人员任后监督，每年开展供职承诺检查，届内进行履职点评。依据《代表辞职暂行办法》，依法罢免、接受辞职、自动终止代表资格15人，补选代表15人。组织代表视察重点项目建设、脱贫奔康产业园建设、工业经济运行、水污染治理、饮用水源保护和“河长制”、法律“七进”活动及司法所规范化建设等情况20余次，专题调研小区物业及城区车位管理、科普经费落实、宗教场所规范管理、警务规范化建设等情况40余次。通过组织代表视察、听取办理报告、制作电视专题片、纳入目标考核等方式，届内确定的3件议案、353件批评、意见、建议，在规定时间办理完毕并答复代表。接待群众信访，规范人大信访程序，共有70余件信访件进行妥善处理。向上级人大报送信息宣传稿件160多篇，有10篇稿件获得省、市人大好新闻等级奖，县人大常委会获得省人大“2018—2019年度宣传人民代表大会制度”特等奖。落实县人大常委会领导联系乡镇人大工作制度，建立人大工作QQ群、微信群，指导乡镇（街道）制订年度计划、开好人代会和主席团会以及执法检查、工作评议、视察调研等活动，指导规范运行“人大代表之家”，安排乡镇（街道）人大负责人列席常委会会议160余人次，组织乡镇（街道）人大干部到国、省、市人大培训164人次。每年召开乡镇人大工作会议，通报表扬一批乡镇街道人大工作先进集体和先进个人，加强学习交流。加强自身建设，制订《南部县宪法宣誓制度实施办法》《审计查处问题整改情况报告满意度测评办法》等履职制度。常态化开展“两学一做”“不忘初心、牢记使命”主题教育，开展“四讲四有”主题实践活动，落实从严治党和党风廉政建设“两个责任”，严格遵守中央八项规定。

第六节　西充县人大

1950年3月，西充县召开各界人民代表会议，至1953年，共历经4届，召开10次会议，每届都设立常务委员会。1954年7月，西充县召开第一届人民代表大会第一次会议。“文化大革命”期间，人民代表大会制度遭到严重破坏，1969年由县革命委员会所替代。1981年2月，西充县第八届人民代表大会召开，选举产生西充县人民代表大会常务委员会。至2020年，西充县人大历经16届。

一、西充县各界人民代表会议

1950年3月8日，西充县第一届各界人民代表会议筹备委员会成立，由县人民政府邀请各界民主人士、妇女代表、工农代表、党政代表共21人组成。3月15日至21日，西充县各界人民代表会议一届一次会议召开，中共西充县工委书记庞志汉作接管工作、征粮、剿匪、生产方针报告，大会通过决议，解散各乡“开明士绅座谈会”，并决议开明士绅应由农民协会承认，政府认可。会议选举产生县各界人民代表会议常务委员会，主持闭会后的日常工作。驻会专职副主席张抚均、专职常委赵璧光负责办理常委会的日常事务。庞志汉为主席，何铁钢、张抚均为副主席，王卓维为秘书长，常务委员由15人组成。8月1日至7日，召开县各界人民代表会议一届二次会议，会议听取和审议县政府所作的施政方针报告，学习讨论《公粮条件》《减租条例》和统战政策。会议改选常务委员会，委员由23人组成，郝肯堂为主席，何铁钢、张抚均为副主席，王卓维为秘书长，新设驻会常委由张抚均、赵璧光担任，负责处理日常工作。11月26日，县各界人民代表会议一届三次会议召开，会议听取县政府所作的《关于“减租退押”“清匪反霸”和“抗美援朝”报告》。

1951年3月22日至29日，西充县各界人民代表会议二届一次会议召开。县长郝肯堂作土地改革工作报告。6月15日至19日，西充县各界人民代表会议二届二次会议召开。会议讨论土地改革、抗美援朝、镇压反革命等问题。10月3日至8日，西充县各界人民代表会议二届三次代表会议召开，庞志汉作完成土地改革、查田评产发土地证、实行合理负担的报告。

1952年4月5日至7日，西充县各界人民代表会议三届一次会议召开。县长郝肯堂作反贪污、反浪费、反官僚主义和抗旱生产的报告。8月7日至8日，西充县各界人民代表会议召开常委扩大会，会议讨论四川合并建省问题（川东、川西、川南、川北四个行署合并为四川省）。10月9日至13日，西充县各界人民代表会议三届二次会议召开，县长程志远作迎接大规模经济建设的报告，县政府有关领导人在会上向代表检讨缺点错误和官僚主义作风。

1953年1月23日至30日，西充县各界人民代表会议四届一次会议召开，会议讨论开展爱国增产节约运动，民主建政和贯彻实行婚姻法。

二、西充县人民代表大会

1954年至2020年，西充县历经16届，共召开56次县人民代表大会。其间，1969年成立县革命委员会，作为特定历史时期国家政权机关，代行县人民代表大会职权。1981年，县七届人大开始设立县人大常委会。

1. 西充县人大及其常委会

1954年7月前，选举县一届人大代表316人，经过代表资格审查，取消1名代表代表资格，县第一届人民代表大会产生。1954年7月3日至6日，召开县一届人大一次会议。

1956年12月前，选举县二届人大代表315人，经过代表资格审查，全部有效，县第二届人民代表大会产生。1956年12月27日至30日，召开县二届人大一次会议。

1958年5月前，选举县三届人大代表315人，经过代表资格审查，全部有效，县第三届人民代表大会产生。1958年5月2日至4日，召开县三届人大一次会议。

1961年11月前，选举县四届人大代表317人，经过代表资格审查，全部有效，县第四届人民代表大会产生。1961年11月1日至2日，召开县四届人大一次会议。

1963年7月前，选举县五届人大代表352人，经过代表资格审查，全部有效，县第五届人民代表大会产生。1963年7月11日至11日，召开县五届人大一次会议。

1965年12月前，选举县六届人大代表350人，经过代表资格审查，全部有效，县第六届人民代表大会产生。1965 年 12 月 22 日至 25 日，召开县六届人大一次会议。

1969 年 4 月，经省革命委员会批准，成立西充县革命委员会。作为特定历史时期国家政权机关，代行县人民代表大会职权。

1981 年 2 月前，由选民直接选举县七届人大代表 350 人，经过代表资格审查，全部有效，县七届人民代表大会产生。1981 年 2 月 20 日至 26 日，召开县七届人大一次会议，选举 15 人组成县七届人大常委会，选举杨绍伯为县人大常委会主任，晏绍婴、阳承一、李瑞生、王洪信为副主任，选举马维政、冯大福等 10 人为县人大常委会委员。县人大常委会设立办公室，办公室内设立政法组、联访组、调查研究组，有工作人员 15 人。

西充县第七届人大常委会主任、副主任一览表

表 13－49　（1981. 2—1984. 4）

姓名	性别	党派	籍贯	职务	任职年限
杨绍伯	男	中共	南充市西充县	主　任	1981. 2—1984. 4
晏绍婴	男	中共	南充市西充县	副主任	1981. 2—1984. 4
李瑞生	男	中共	安徽省萧县	副主任	1981. 2—1984. 4
阳承一	男	民盟	南充市西充县	副主任	1981. 2—1984. 4
王洪信	男	中共	安徽省太和县	副主任	1981. 2—1984. 4

1984 年 4 月前，选举县八届人大代表 341 人，经过代表资格审查，全部有效，县八届人民代表大会产生。1984 年 4 月 16 日至 22 日，召开县八届人大一次会议，选举 17 人组成县八届人大常委会，选举马良和为县人大常委会主任，晏绍婴、李瑞生、阳承一、赵仕金为副主任，王大全、李长庚为专职常委。常委会设有办公室、代表联络科、法制科、财政经济科、科教文卫科、农业科。其中代表资格审查委员会和代表联络科合署办公。有工作人员 16 人。按照《中华人民共和国地方组织法》规定，人民代表 3 人以上，成立代表小组。西充县 6 个区和晋城镇成立 7 个中心联络组。其余 47 个乡、镇共成立 68 个代表小组。代表小组民主选举正、副组长，每两月或一个季度定期开晨活动，其余时间，分工联系选民，就地开展人民代表的工作。

西充县第八届人大常委会主任、副主任一览表

表 13－50　（1984. 4—1987. 3）

姓名	性别	党派	籍贯	职务	任职年限
马良和	男	中共	南充市西充县	主　任	1984. 4—1987. 3
晏绍婴	男	中共	南充市西充县	副主任	1984. 4—1987. 3
李瑞生	男	中共	安徽省萧县	副主任	1984. 4—1987. 3
阳承一	男	民盟	南充市西充县	副主任	1984. 4—1987. 3
赵仕金	男	中共	南充市西充县	副主任	1984. 4—1987. 3

1987 年 3 月前，选举县人大代表 225 人，经过代表资格审查，全部有效，县九届人民代表大会产生。1987 年 3 月 11 日至 17 日，召开县九届人大一次会议，选举 11 人组成县九届人大常委会，选举李全玉为县人大常委会主任，赵仕金、阳承一、杜君和、李长庚为副主任，县人大常委会委员 11 名。1988 年 11 月，县人大常委会副主任阳承一病逝。县九届人大常委会十八次会议，通过《西充县人大

常委会关于将县人大常委会办事机构的科改为工作委员会的决定》，将县人大常委会办事机构中的财经科、法制科、教科文卫科、代表联络科改名为财经工作委员会、法制工作委员会、教科文卫工作委员会、代表联络工作委员会。

西充县第九届人大常委会主任、副主任一览表

表 13－51　　(1987.3—1990.3)

姓名	性别	党派	籍贯	职务	任职年限
李全玉	男	中共	南充市西充县	主　任	1987.3—1990.3
赵仕金	男	中共	南充市西充县	副主任	1987.3—1990.3
阳承一	男	民盟	南充市西充县	副主任	1987.3—1988.11
杜君和	男	中共	南充市西充县	副主任	1987.3—1990.3
李长庚	男	中共	南充市西充县	副主任	1987.3—1990.3

1990 年 1 月 6 日，西充县选举县人大代表 228 名。经过代表资格审查，全部有效，西充县第十届人民代表大会产生。1990 年 3 月 5 日至 10 日，召开县十届人大一次会议，选举 17 人组成县七届人大常委会，选举杨兴普为县人大常委会主任，杜君和、罗世彪、赵天纪、赵世鹏为副主任，县人大常委会委员 12 名。1990 年 4 月 27 日，县十届人大常委会一次会议决定恢复县人大常委会农业工作委员会。1990 年 6 月 12 日，县十届人大常委会二次会议决定将县人大常委会各区联络组改为工作委员会。1990 年 8 月 25 日，全县所辖 6 个区相继召开县人大常委会各区工作委员会成立大会，举行授牌、授印章、颁发任命书等仪式。1992 年 3 月 25 日至 29 日，县十届人大三次会议接受杨兴普辞去县人大常委会主任职务，补选杜君和为县人大常委会主任。

西充县第十届人大常委会主任、副主任一览表

表 13－52　　(1990.3—1993.1)

姓名	性别	党派	籍贯	职务	任职年限
杨兴普	男	中共	四川省阆中市	主　任	1990.3—1992.3
杜君和	男	中共	南充市西充县	主　任	1992.3—1993.1
杜君和	男	中共	南充市西充县	副主任	1990.3—1992.3
罗仕彪	男	中共	南充市西充县	副主任	1990.3—1993.1
赵天纪	男	无党派	南充市西充县	副主任	1990.3—1993.1
赵世鹏	男	中共	南充市西充县	副主任	1990.3—1993.1

1993 年 1 月前，选举县人大代表 231 人，经过代表资格审查，全部有效，县十一届人民代表大会产生。1993 年 1 月 5 日至 11 日，召开县十一届人大一次会议，选举 18 人组成县十一届人大常委会，选举吕峰为县人大常委会主任，赵世鹏、赵天纪、朱家树、马登武为副主任，县人大常委会委员 12 名。1993 年 6 月 30 日，县十一届人大常委会四次会议决定接受郭举祥辞去县人大常委会委员职务。1995 年 5 月 23 日，县人大常委会主任会议决定在县人大常委会办公室内设秘书科和行政科。1997 年 2 月 27 日，县十一届人大常委会三十次会议确认王华敬等 7 名县人大代表代表资格有效。1997 年 3 月 1 日至 5 日，县十一届人大六次会议决定接受赵世鹏辞去县人大常委会副主任职务，杨仕聪、林世明、王光伦辞去县人大常委会委员职务，补选张泽轩为县人大常委会副主任，李枢、杨昌洪、赵崇祥、敬凤林为县人大常委会委员。

西充县第十一届人大常委会主任、副主任一览表

表 13－53 (1993. 1—1997. 12)

姓名	性别	党派	籍贯	职务	任职年限
吕　峰	男	中共	南充市西充县	主　任	1993. 1—1997. 12
赵世鹏	男	中共	南充市西充县	副主任	1993. 1—1997. 3
赵天纪	男	无党派	南充市西充县	副主任	1993. 1—1997. 12
朱家树	男	中共	南充市西充县	副主任	1993. 1—1997. 12
马登武	男	中共	南充市西充县	副主任	1993. 1—1997. 12
张泽轩	男	中共	南充市西充县	副主任	1997. 3—1997. 12

1997 年 12 月前，选举县人大代表 249 名，经过代表资格审查，全部有效，县十二届人民代表大会产生。1997 年 12 月 28 日至 1998 年 1 月 1 日，召开县十二届人大一次会议，选举 21 人组成县十二届人大常委会，选举王华敬为县人大常委会主任，赵华章、李树湘、马登武、吴国晋、张泽轩为副主任，县人大常委会委员 15 名。1998 年 3 月 6 日，县十二届人大常委会一次会议决定在县人大常委会内增设研究室、信访办公室。1998 年 7 月 29 日，县十二届人大常委会三次会议决定在各区设立工作委员会，并任命各区工作委员会主任。2001 年 3 月 11 日，县十二届人大常委会二十一次会议决定接受王华敬辞去县人大常委会主任职务，确认赵来华、白纪全代表罢免程序符合法律规定，其县人大代表资格即行终止，同时确认冯先普、帅国雷、屈良俊、彭仕剑为县十二届人大代表。2001 年 3 月 16 日至 20 日，县十二届人大四次会议补选帅国雷为县人大常委会主任。2001 年 12 月 28 日，县十二届人大常委会二十九次会议决定撤销县人大常委会研究室、信访办公室、财经工作委员会、农业工作委员会、教科文卫工作委员会，设立县人大常委会经济工作委员会、社会事业工作委员会，决定接受帅国雷辞去县人大常委会主任职务。2002 年 1 月 26 日，县十二届人大常委会三十次会议决定接受马登武辞去县人大常委会副主任职务，敬凤林、范培树、李枢辞去县人大常委会委员职务，并确认补选的杜延聪、李永生、范和平的县人大代表资格有效。2002 年 1 月 29 日至 2 月 2 日，县十二届人大五次会议选举杜延聪为县人大常委会主任，李永生为县人大常委会副主任。

西充县第十二届人大常委会主任、副主任一览表

表 13－54 (1997. 12—2003. 1)

姓名	性别	党派	籍贯	职务	任职年限
王华敬	男	中共	南充市仪陇县	主　任	1997. 12—2001. 3
帅国雷	男	中共	南充市西充县	主　任	2001. 3—2001. 12
杜延聪	男	中共	南充市西充县	主　任	2002. 1—2003. 1
赵华章	男	中共	南充市西充县	副主任	1997. 12—2003. 1
李树湘	男	中共	南充市西充县	副主任	1997. 12—2003. 1
马登武	男	中共	南充市西充县	副主任	1997. 12—2002. 1
吴国晋	男	民盟	南充市西充县	副主任	1997. 12—2003. 1
张泽轩	男	中共	南充市西充县	副主任	1997. 12—2003. 1
李永生	男	中共	南充市西充县	副主任	2002. 1—2003. 1

2003 年 1 月前，选举县人大代表 249 名，经过代表资格审查，全部有效，县十三届人民代表大会产生。2003 年 1 月 7 日至 11 日，召开县十三届人大一次会议，选举 21 人组成县十三届人大常委会，选举杜延聪为县人大常委会主任，冯异友、何永庆、何大山、张昌信、李永生、范泽元、蒙庆苏、孙琼惠（女）为副主任，县人大常委会委员 12 名。2005 年 1 月 30 日，县人大常委会购买原西充师范学校教学大楼、办公大楼、学生公寓作为县人大常委会机关办公及其附属用房。

西充县第十三届人大常委会主任、副主任一览表

表 13 - 55　　（2003. 1—2006. 10）

姓名	性别	党派	籍贯	职务	任职年限
杜延聪	男	中共	南充市西充县	主　任	2003. 1—2006. 10
冯异友	男	中共	南充市西充县	副主任	2003. 1—2006. 10
何永庆	男	中共	南充市西充县	副主任	2003. 1—2006. 10
何大山	男	中共	南充市西充县	副主任	2003. 1—2006. 10
张昌信	男	中共	南充市西充县	副主任	2003. 1—2006. 10
李永生	男	中共	南充市西充县	副主任	2003. 1—2006. 10
范泽元	男	中共	南充市西充县	副主任	2003. 1—2006. 10
蒙庆苏	男	中共	南充市西充县	副主任	2003. 1—2006. 10
孙琼惠	女	无党派	南充市西充县	副主任	2003. 1—2006. 10

2006 年 10 月前，选举县人大代表 250 人，经过代表资格审查，全部有效，县十四届人民代表大会产生。2006 年 10 月 28 日至 31 日，召开县十四届人大一次会议，选举 25 人组成县十四届人大常委会，选举喻小广为县人大常委会主任，冯异友、何永庆、何大山、张昌信、李永生、范泽元、孙琼惠（女）、为副主任，县人大常委会委员 17 名。2007 年 5 月，县十四届人大三次会议，决定接受杨辉、张瑜（女）辞去县人大常委会委员职务。2008 年 1 月，县十四届人大二次会议补选马仕超、李树春为县人大常委会委员。2008 年 7 月，县十四届人大三次会议选举蔡绍雄为县人大常委会主任。2009 年 8 月，县十四届人大五次会议选举谢和友为县人大常委会主任。2011 年 3 月，县十四届人大常委会第三十次会议决定接受马仕超辞去县人大常委会委员职务。至 2011 年 12 月县十四届人大及其常委会届满，县十四届人大代表中，先后有 1 人调离县行政区域，8 人辞去代表职务，这 9 名县第十四届人民代表大会代表资格终止。

西充县第十四届人大常委会主任、副主任一览表

表 13 - 56　　（2006. 10—2011. 12）

姓名	性别	党派	籍贯	职务	任职年限
喻小广	男	中共	浙江省桐庐县	主　任	2006. 10—2008. 06
蔡绍雄	男	中共	南充市营山县	主　任	2008. 07—2009. 07
谢和友	男	中共	南充市仪陇县	主　任	2009. 08—2011. 12
冯异友	男	中共	南充市西充县	副主任	2006. 10—2011. 12
孙琼惠	女	无党派	南充市西充县	副主任	2006. 10—2011. 12

续表 13 - 56

姓名	性别	党派	籍贯	职务	任职年限
何大山	男	中共	南充市西充县	副主任	2006. 10—2011. 12
何永庆	男	中共	南充市西充县	副主任	2006. 10—2011. 12
李永生	男	中共	南充市西充县	副主任	2006. 10—2011. 12
范泽元	男	中共	南充市西充县	副主任	2006. 10—2011. 12
张昌信	男	中共	南充市西充县	副主任	2006. 10—2011. 12

2011 年 12 月前，选举县人大代表 250 人，经过代表资格审查，全部有效，县十五届人民代表大会产生。2011 年 12 月 6 日至 9 日，召开县十五届人大一次会议，选举 25 人组成县十五届人大常委会，选举冯异友为县人大常委会主任，曹慧君（女）、孙琼惠（女）、阳光、赵云强为副主任，县人大常委会委员 22 名。2013 年 1 月，县十五届人大二次会议补选杨国辉、胥慧琼（女）为县人大常委会委员。2014 年 2 月，县十五届人大三次会议选举李晨红为县人大常委会副主任，补选何民生为县人大常委会委员。2016 年 2 月，县十五届人大五次会议选举韩伦红为县人大常委会主任、杨平为副主任。2012 年 2 月，县十五届人大四次会议决定接受李洪辞去县人大常委会委员职务。2012 年 7 月，县十五届人大常委会五次会议决定接受李灵辞去县人大常委会委员职务。2013 年 6 月，县十五届人大常委会十五次会议决定接受任定华辞去县人大常委会委员职务。2014 年 10 月，县十五届人大常委会二十八次会议决定接受孙琼慧（女）辞去县人大常委会副主任职务。2014 年 11 月，县十五届人大常委会二十九次会议决定接受马婕（女）、何凡辞去县人大常委会委员职务。2014 年 12 月，县十五届人大常委会十三次会议决定接受曹慧君（女）辞去县人大常委会副主任职务。2015 年 6 月，县十五届人大常委会三十六次会议决定接受阳光辞去县人大常委会副主任职务。2015 年 12 月，县十五届人大常委会四十二次会议决定接受何明生辞去县人大常委会委员职务。2016 年 7 月，县十五届人大常委会五十次会议决定接受韩伦红辞去县人大常委会主任职务，决定杨平代理县人大常委会主任职务。至 2016 年 12 月县十五届人大及其常委会届满，县第十五届人大代表中，先后有 4 人调离县行政区域，5 人辞去代表职务，这 9 名县十五届人民代表大会代表资格终止。县人大常委会在出缺代表选区先后补选 8 名县十五届人大代表。

西充县第十五届人大常委会主任、副主任一览表

表 13 - 57　　(2011. 12—2016. 12)

姓名	性别	党派	籍贯	职务	任职年限
冯异友	男	中共	南充市西充县	主任	2011. 12—2016. 02
韩伦红	男	中共	南充市营山县	主任	2016. 02—2016. 07
曹慧君	女	中共	南充市西充县	副主任	2011. 12—2014. 12
孙琼惠	女	无	南充市西充县	副主任	2011. 12—2014. 10
阳　光	男	中共	南充市西充县	副主任	2011. 12—2015. 06
赵云强	男	中共	南充市西充县	副主任	2011. 12—2016. 12
李晨红	男	中共	南充市西充县	副主任	2014. 02—2016. 12
杨　平	男	中共	南充市蓬安县	副主任	2016. 02—2016. 12

2016年12月前，选举县人大代表246人，经过代表资格审查，全部有效，县十六届人民代表大会产生。2016年12月6日至9日，召开县十六届人大一次会议，选举32人组成县十六届人大常委会，选举张伟为县人大常委会主任，杨平、贾全林、李晨红为副主任，王进、王忠勇、冯星明、刘西蓬、严杰、杨厚勇、杨聪林、何忠、赵春（女）为专职常委（以姓氏笔画为序）。新设立法制和内务司法委员会、财政经济委员会、城乡建设和环境资源保护委员会、农业和农村委员会、社会事业委员会共5个专门委员会。县十六届人大常委会二次会议免去宋昭绪县人大常委会办公室主任职务。县十六届人大常委会四次会议免去胥慧琼、赵春的县人大常委会办公室副主任职务和李枢的县人大常委会信访办公室副主任职务，任命赵晓平为县人大常委会办公室副主任、李艳秋为县人大常委会人事代表工委副主任。县十六届人大常委会五次会议任命罗云标为县人大常委会办公室主任，免去杜冲的县人大常委会信访办主任、常委会委员职务。县十六届人大三次会议选举罗云标、黄磊为县人大常委会委员。县十六届人大常委会十六次会议任命雍智为县人大财经委委员。县十六届人大常委会二十五次会议任命贾虎为县人大常委会办公室副主任，谢小东为县人大常委会信访办公室副主任。县十六届人大常委会二十六次会议同意冯星明辞去县人大常委会委员职务。县十六届人大四次会议表决通过新组建县人大社会建设委员会，将原县人大法制和内务司法委员会更名为监察和司法委员会，社会事业委员更名为教育科学文化卫生委员会，会议表决通过县人大部分专门委员会组成人员。县十六届人大常委会二十七次会议同意黄磊辞去县人大常委会委员职务。县十六届人大常委会二十八次会议任免县人大部分专门委员会组成人员。县十六届人大常委会三十三次会议同意郭进辞去县人大常委会委员职务，任命王峰为南台街道人大工委主任、袁和平为晋城街道人大工委主任。县十六届人大常委会三十五次会议同意赵文所等16人辞去县第十六届人民代表大会代表职务。县十六届人大常委会三十八次会议同意何小娟辞去县十六届人大代表职务。县十六届人大五次会议选举何碧琼为县人大常委会副主任，杨琦、周世恩、谢小东为县人大常委会委员，表决通过谢小东为县人大社会建设委员会主任委员。县十六届人大常委会四十二次会议免去谢小东的县人大常委会信访办公室副主任职务。

西充县第十六届人大常委会主任、副主任一览表

表13－58　　(2016.12—　)

姓名	性别	党派	籍贯	职务	任职年限
张　伟	男	中共	广安市岳池县	主　任	2016.12—
杨　平	男	中共	南充市蓬安县	副主任	2016.12—
贾全林	男	中共	南充市西充县	副主任	2016.12—
李晨红	男	中共	南充市西充县	副主任	2016.12—
何碧琼	女	民建	南充市西充县	副主任	2020.6—

2. 西充县人民代表大会会议

1954年7月3日至6日，县一届一次人民代表大会召开，大会应到代表316人，实到297人。其中，农民代表226人，工人代表8人，党政军代表15人，民主人士代表5人，工商业代表12人，摊贩代表2人，手工业代表1人，城市居民代表3人，教育、科技、卫生代表25人，会议听取县政府工作报告，讨论总结农业生产互助合作，建立国家粮食市场，中小学教育，群众业余文化教育，加强基层政权，优抚、救济、司法、治安等方面问题。作出《关于拥护宪法草案的决议》《关于完成农业增产任务和巩固发展互助合作的决议》。选举程志远、马树华、杨达璋、段可情为出席省人民代表大会代表。1955 年 9 月 17 日至 19 日，县一届二次人民代表大会召开，应到代表 316 人，实到 278 人。会议主要议程为：审查和批准县人民委员会工作报告和《西充县 1954 年财政预算执行情况的报告》，选举县长、县人民委员会委员和县人民法院院长，讨论全县建立农业合作社及发展生产等问题。选举杜学才为县长，王清盛、白朝永、李长润、李宝善、李直年、吴盛之、何作云、胥平章、袁昌润、梁子荣、程志远、宁位发、杨连海、赵壁光、赵文诗（女）等 16 人为县人民委员会委员。选举史登朝为县人民法院院长。

1956 年 12 月 27 日至 30 日，县二届人大一次会议召开，大会应到代表 315 人，实到 290 人，列席 21 人。会议听取、审查和决议人民委员会工作报告和财政预决算报告，听取、审查和决议县人民法院的工作报告，听取一届人大二次会议提案办理报告，听取省一届人大四次会议精神传达报告，学习讨论中央提出的农业发展细要及加强农业、手工业合作社及其他劳动者合作社组织领导和加强政治教育等问题。会议选举薛昌泽为县长，白朝永、赵壁光为副县长，王书元、刘明传等 14 人为县人民委员会委员。1957 年 10 月 2 日至 8 日。县二届人大二次会队召开，应到代表 315 人，实到 264 人。大会听取县长薛昌泽关于县人民委员会工作报告，程志远关于省一届人大五次会议精神传达报告，赵兴容关于县 1956 年财政决算和 1957 年财政预算（草案）报告，史登朝关于县人民法院工作报告，李文选关于县人民检察院工作报告。会议对上述 5 个报告中的 4 个报告进行审议并作出决议，会议号召。

1958 年 5 月 2 日至 4 日，县三届人大一次会议召开，大会应到代表 315 人、实到 276 人。会议听取、审查并决议县人民委员会工作报告、1957 年财政决算报告、县人民法院工作报告，选举郭维屏为县长、白朝永为副县长，程志远、刘名传等 15 人为县人民委员会委员。选举郭维屏、蔡源、杨达璋、冯文芳（女）为省人大代表。会议提出把农业生产推向新高潮的任务和措施。

1961 年 11 月 1 日至 2 日，县四届人大一次会议召开，会议应到代表 317 人。会议听取、审查县人民委员会工作报告、1958 年至 1960 年财政决算和 1961 年财政预算（草案）报告、县人民法院工作报告、县人民检察院工作报告及县三届人大提案办理报告。会议提出大力开展生产自救，节约度荒群众运动。选举白朝永为县长，何荣智为副县长。王洪信、王开法等 15 人为县人民委员会委员，史登朝为县人民法院院长。

1963 年 7 月 11 日至 14 日，县五届人大一次会议召开。应到代表 352 人，实到代表 325 人，列席 4 人。会议听取、审议县政府工作报告、财政预决算报告、县人民法院工作报告、县人民检察院工作报告。会议学习讨论党的八届十中全会精神，总结贯彻执行以农业为基础的发展国民经济方针和调整工农业生产的“八字方针”，议决今后工作任务和措施。选举白朝永为县长，何泽民、何荣智为副县长，王洪信、王芹等 15 人为县人民委员会委员。史登朝为县人民法院院长，选举王叔云、白朝永、刘先玉、陈洪庆、韩建民、任渊为出席省第三届人民代表会议代表。

1965 年 12 月 22 日至 25 日，县六届人大一次会议召开，应到代表 350 人，实到代表 288 人，列席 39 人。会议听取、审查县政府工作报告。1963 年、1964 年财政决算及 1965 年财政预算（草案）报告，并作出决议。会议还听取提案审查委员会作的提案审查报告，选举王芹、石涵润等 16 人组成第六届人民委员会。选举任渊为县长，任海如、代周、傅全清、何荣智为副县长，补选任渊为省人大代表。

1981 年至 1983 年，县七届人大共召开三次会议。各次大会都听取和审查县人大常委会、县政府、县人民法院、县人民检察院、县计划委员会、县财政局所作的工作报告，并作出相应决议。其间，县七届人大一次会议选举杨绍伯为县七届人大常委会主任，晏绍婴、李瑞生、阳承一、王洪信为副主任。选举刘国兴为县政府县长，张长端、任海如、何光复、赵仕金、董百祥为副县长。袁生洪为县人民法院院长，贾国畅为县人民检察院检察长。将提案委员会改为议案委员会。县七届人大三次会议将代表提案改称为代表建议、批评和意见，并将办理结果由县政府向县人民代表大会报告改为向县人大常委会报告。

1984 年 4 月至 1987 年 3 月，县八届人大共举行 3 次会议，各次会议均听取和审查县人大常委会、县政府、县计划委员会、县财政局、县人民法院、县人民检察院 6 个报告，并通过各项报告的决议。其间，县八届人大一次会议选举马良和为县八届人大常委会主任，晏绍婴、李瑞生、阳承一、赵仕金为副主任。选举李占富为县政府县长，张长端、董百祥、斯明甫、陈贤柱为副县长。选举袁生洪为县人民法院院长，贾国畅为县人民检察院检察长。县八届人大二次会议召开。会议除听取和审查县人大常委会、县政府等 6 个报告外，还听取和审议县人大常委会《关于县财政预决算补充意见议案办理情况的报告》。县八届人大三次会议审议通过国民经济和社会发展“七五”计划，接受李占富辞去县政府县长职务，选举杨兴普为县政府县长。

1987 年 3 月至 1990 年 3 月，县九届人大共举行 4 次会议，除第二次会议仅有选举事项外，其余 3 次会议均听取和审查县人大常委会、县政府、县计划委员会、县财政局、县人民法院、县人民检察院 6 个报告，并通过各项报告的决议。其间，县九届人大一次会议审议通过《关于加强法制教育，维护安定团结的决议》《关于筹集资金、落实劳动积累修建升钟水库西充县灌区配套工程的决议》。选举县人大常委会组成人员，选举李全玉为县人大常委会主任，赵仕金、阳承一、杜君和、李长庚为副主任。选举杨兴普为县政府县长，张长端、董百祥、斯明甫、陈贤柱、刘荣志为副县长。选举袁生洪为县人民法院院长，贾国畅为县人民检察院检察长。县九届人大二次会议选举李全玉、杨兴普、周兴仪、赵培善、高振中为省七届人大代表。县九届人大三次会议听取审议升钟水库工程建设情况汇报。县九届人大四次会议听取审议升钟水库工程建设情况汇报，通过关于在有工资收入的非农业人员中筹集资金修建升钟水库西充灌区配套工程的决议。

1990 年 3 月至 1993 年 1 月，县十届人大共举行 3 次会议，各次会议均听取和审查县人大常委会、县政府、县计划委员会、县财政局、县人民法院、县人民检察院 6 个报告，并通过各项报告的决议。其间，县十届人大一次会议选举县人大常委会组成人员，选举杨兴普为县人大常委会主任，杜君和、罗仕彪、赵天纪、赵世鹏为副主任。选举杜培松为县政府县长，王永寿、刘荣志、吴国晋、杨英贤、董百祥、斯明甫为副县长。选举谌贵普为县人民法院院长，杨子富为县人民检察院检察长。县十届人大二次会议听取审议关于《西充县实施九年制义务教育规划（草案）》的议案及说明和关于《西充县实施九年制义务教育规划的决议》。县十届人大三次会议通过接受杨兴普辞去县人大常委会主任职务的决定，选举杜君和为县人大常委会主任。

1993 年 1 月至 1997 年 12 月，县十一届人大共举行 6 次会议，除第 2 次会议仅有选举任务外，其余各次会议均听取和审查县人大常委会、县政府、县计划委员会、县财政局、县人民法院、县人民检察院 6 个报告，并通过各项报告的决议。其间，县十一届人大一次会议选举县人大常委会组成人员，选举吕峰为县人大常委会主任，赵仕鹏、赵天纪、朱家树、马登武为副主任。选举王叔云、谢奇、吕峰、赵天纪、杨开芳为省八届人大代表。选举刘荣志为县政府县长，斯明甫、庞明轩、吴国晋、王海友、杨元松、陈家怀为副县长。选举赵林为县人民法院院长，杨子富为县人民检察院检察长。县十一届人大二次会议选举吕峰、刘荣志等 45 人为南充市第一届人民代表大会代表。县十一届人大三次会议选举袁生泽为县政府副县长。县第十一届人大四次会议召听取审议升钟水库西充灌区基本建设及资金使用情况汇报。县十一届人大五次会议审议通过国民经济和社会发展“九五”规划的决议。县十一届人大六次会议决定接受陈家怀辞去县政府副县长，赵仕鹏辞去县人大常委会副主任，杨仕聪、林世明、王光伦辞去县人大常委会委员职务。会议选举张泽轩为县人大常委会副主任，李枢、敬凤林、赵崇祥、杨昌洪为县人大常委会委员，李德平为县政府县长。

1997 年 12 月至 2003 年 1 月，县十二届人大共举行 5 次会议，各次会议均听取和审查县人大常委会、县政府、县计划委员会、县财政局、县人民法院、县人民检察院 6 个报告，并通过各项报告的决议。其间，县十二届人大一次会议审议通过《关于加快县乡公路改造的决议》，选举县人大常委会组成人员，选举王华敬为县人大常委会主任，赵华章、李树湘、马登武、吴国晋、张泽轩为副主任。选举李德平为县政府县长，周继琼、袁生泽、吴宗麟、何永庆、庞明坝、姚其清为副县长。选举王加志为县人民法院院长，杨子富为县人民检察院检察长。县十二届人大二次会议选举王华敬、李德平等 48 人为南充市第二届人民代表大会代表。县十二届人大四次会议审议通过国民经济“十五”规划的决议，选举帅国雷为县人大常委会主任。县十二届人大五次会议选举杜延聪为县人大常委会主任、李永生为副主任，周继琼为县政府县长，范和平为县人民检察院检察长。

2003 年 1 月至 2006 年 10 月，县十三届人大共举行 4 次会议，各次会议均听取和审查县人大常委会、县政府、县计划委员会、县财政局、县人民法院、县人民检察院 6 个报告，并通过各项报告的决议。其间，县十三届人大一次会议选举县人大常委会组成人员，选举杜延聪为县人大常委会主任，冯异友、何永庆、何大山、张昌信、李永生、范泽元、蒙庆苏、孙琼慧为副主任。选举周继琼为县政府县长，陈正泽、姚其清、文春涛、盛大见、曹慧君、史燚为副县长。选举刘鑫平为县人民法院院长，范和平为县人民检察院检察长。县十三届人大二次会议选举杜延聪、周继琼等 47 人为南充市第三届人民代表大会代表。县十三届人大三次会议选举蔡绍雄为县政府县长。县十三届人大四次会议审议通过《关于西充县国民经济和社会发展第十一个五年规划纲要的决议》，会议补选县人大常委会委员 1 名。

2006 年 10 月至 2011 年 12 月，县十四届人大共举行 7 次会议。除第三次、第五次会议议程仅有选举事项外，其他 5 次会议均听取和审查县政府工作报告、国民经济和社会发展计划报告（书面）、财政预算报告（书面）、县人大常委会工作报告、县人民法院工作报告、县人民检察院工作报告，并通过各项工作报告决议。代表联名提出议案原件共 6 件，提出建议、批评和意见原件共 386 件，所提议案全部改为建议、批评和意见处理。其间，县十四届人大一次会议选举喻小广为县十四届人大常委会主任、蔡绍雄为县政府县长、熊营生为县十四届人民法院院长、石耀忠为县人民检察院检察长。选举何永庆、何大山、张昌信、李永生、范泽元、孙琼惠（女）、冯异友为县十四届人大常委会副主任。选举朱仕友、刘平、李明全、李虹波、时春英（女）、曹慧君（女）为副县长，选举杨辉、杜建辉、赵友禄、张家茂、李永松、张昭明、何先政、安永胜、何克英（女）、蒋建军、范小民、罗彬、张瑜（女）、宋昭绪、晏睛、赵学会（女）、蒙胜庆为县十四届人大常委会委员。县十四届人大二次会议补选马仕超、李树春为县十四届人大常委会委员。选举产生 47 名西充县出席南充市第四届人民代表大会代表。县十四届人大三次会议选举蔡绍雄为县人大常委会主任，韩伦红为县政府县长。县十四届人大五次会议选举谢和友为县人大常委会主任。县十四届人大七次会议听取和审查《西充县国民经济和社会发展第十二个五年规划纲要（草案）（书面）》及说明，作出批准这个纲要的决议。

2011 年 12 月至 2016 年 12 月，县十五届人大共举行 5 次会议。各次会议均听取和审查县政府工作报告、国民经济和社会发展计划报告（书面）、财政预算报告（书面）、县人大常委会工作报告、县人民法院工作报告、县人民检察院工作报告，并通过各项工作报告决议。代表联名提出议案原件共 210 件，提出建议、批评和意见原件共 306 件，其中 9 件议案原件作为议案办理，201 件议案全部转为建议、批评和意见处理。其间，县十五届人大一次会议选举冯异友为县人大常委会主任、任明为县政府县长、刘建菊为县人民法院院长、石耀忠为县人民检察院检察长，当选检察长石耀忠，由县人民检察院报经市人民检察院提请市人大常委会批准。选举曹慧君（女）、孙琼惠（女）、阳光、赵云强为县人大常委会副主任，22名常委会委员。选举何晓林、罗毅、何德清、蒲永红、何俐（女）、张晓波为县政府副县长。选举出席南充市第五届人民代表大会代表48人。县十五届人大二次会议选举唐恒博为县人民检察院检察长，杨国辉、胥慧琼为县人大常委会委员。当选检察长唐恒博，由县人民检察院报经市人民检察院提请市人大常委会批。县十五届人大三次会议选举李晨红为县人大常委会副主任、何明生为县人大常委会委员。县十五届人大五次会议选举韩伦红为县人大常委会主任、陈泽斌为县政府县长、杨平为县人大常委会副主任。会议听取和审查《西充县国民经济和社会发展第十三个五年规划纲要（草案）》及说明，作出批准这个纲要的决议。

2016年12月至2020年7月，县十六届人大共举行5次会议。各次会议均听取和审查县政府工作报告、国民经济和社会发展计划报告（书面）、财政预算报告（书面）、县人大常委会工作报告、县人民法院工作报告、县人民检察院工作报告，并通过各项工作报告决议。其间，县十六届人大一次会议选举张伟为县人大常委会主任，杨平、贾全林、李晨红为县人大常委会副主任。选举孙骏为县政府县长，向峰、何德清、蒲永红、何俐（女）、张晓波、杨春林为副县长。选举刘建菊为县人民法院院长，唐恒博为县人民检察院检察长，当选检察长唐恒博，由县人民检察院报经市人民检察院提请市人大常委会批准。通过县十六届人大专门委员会组成人员名单，选举县人大常委会委员32名，选举出席南充市第六届人民代表大会代表48名。县十六届人大三次会议选举张光全为县政府县长，杨佳为县监察委员会主任，张光全、杨佳为西充县出席南充市第六届人民代表大会代表，罗云标、黄磊为县人大常委会委员。县十六届人大四次会议选举张洪波为县监察委员会主任，会议决定新设立县人大社会建设委员会，将原县人大法制和内务司法委员会更名为监察和司法委员会，社会事业委员更名为教育科学文化卫生委员会。会议表决通过县人大部分专门委员会组成人员。县十六届人大五次会议选举何碧琼（女）为县人大常委会副主任，杨琦、周世恩、谢小东为县人大常委会委员，会议表决通过谢小东为西充县人大社会建设委员会主任委员。

3. 西充县人大常委会会议

1981年2月至1984年5月，县七届人大常委会共召开会议17次。听取关于西充县农业区划、西充县城市建设总体规划、经济体制改革、代表建议意见办理和贯彻统计法等法律法规的情况汇报，以及关于财政、文教、公安、交通、林业、蚕桑、物价、计划生育、编修地方志等工作情况汇报。通过县人大常委会议事规则、县计划生育若干问题试行规定、县城镇卫生守则、关于化风山公园和县城河流管理规定等。作出关于召开各次县人民代表大会决议、关于各年度县人大工作要点决议、关于各项人事任免的决议、关于推行经营承包制的决议、关于综合农业区划的决议以及开展学习宣传新宪法、普法工作、打击严重经济犯罪和刑事犯罪活动等重大活动的决议。其间，县七届人大常委会五次会议通过《西充县人大常委会议事规则》。

1984年5月至1987年3月，县八届人大常委会共召开会议21次。听取关于发展商品生产、财政预决算、财政预算执行、“七五”计划编制、劳动制度改革、审计监督工作、《中华人民共和国计量法》贯彻实施、代表视察、县城江河管理、城市规划建设管理、妇女儿童权益保障等情况报告。听取经济、财政、统计、税务、工商、公安、文教、卫生、林业、物价、计划生育、代表建议意见办理等工作情况报告。听取县人民法院关于民事审判工作、县人民检察院关于检察工作、司法局关于普法工作等情况报告。审议通过关于召开各次县人民代表大会决议、关于各年度县人大工作要点决议、关于各项人事任免决议、关于同意报送西充县“七五”计划送审稿决议、关于普及法律常识五年规划决议、关于实施绿化条例振兴西充林业决议、关于学习经济体制改革决定决议、关于移交城市建设江河管理视察意见决议。依法作出关于财政预决算议案办理、稳步发展乡镇企业、编修西充县地方志、减轻农民负担、加强审计监督、加强土地管理制止乱占耕地、实施城镇建设总体规划等决议。

1987 年 3 月至 1990 年 4 月，县九届人大常委会共召开会议 26 次。听取审议关于开展增产节约增收节支的情况汇报、关于实施经济合同管理条例的情况汇报、关于省财政困难扶持资金使用情况汇报、关于开展税收财务物价大检查的情况汇报、关于升钟集资议案办理情况的汇报，关于加强法治教育、环境保护、文明单位建设、婚姻登记改革、物价管理、税收管理、交通运输、乡镇企业发展、粮油生产、蚕桑生产、生猪生产、打击经济犯罪、组建监察局、经济审判等工作情况汇报，听取关于《中华人民共和国土地管理法》《中华人民共和国义务教育法》《治安管理处罚条例》《计划生育条例》等法律法规贯彻实施情况报告。审议通过县人大常委会对县人民法院和县人民检察院行使监督权试行办法、人事任免暂行办法、财政预决算暂行办法，依法作出关于召开各次县人民代表大会决议、关于各年度县人大工作要点决议、关于各项人事任免决议、关于将县人大常委会办事机构的科改为工作委员会决定，以及关于县财政预算部分变更、进一步贯彻执行《中华人民共和国婚姻法》、普及九年制义务教育、全县农村开展普法工作、认真贯彻水法严格治水、加强土地管理、加强廉政建设等决议。

1990 年 4 月至 1993 年 2 月，县十届人大常委会共召开会议 21 次。听取审议关于乡镇企业治理整顿、质量品种效益年活动、社会治安综合治理、“二五”普法实施意见、代表建议意见办理、工业结构调整、农田基本建设、消费者利益保护、中小学德育教育、文化市场管理、城市维护费使用、农发资金使用、扫除“六害”、制止“三乱”、科技兴农、计划生育、廉政监察、渎职犯罪、反贪污贿赂、劳动就业、广播电视、农村卫生、水利建设、殡葬改革、农民负担、金融、税收、老龄、审计、商业等情况汇报。听取审议关于《中华人民共和国土地法》《中华人民共和国传染病防治法》《中华人民共和国城市规划法》《中华人民共和国环境保护法》《中华人民共和国行政诉讼法》《中华人民共和国代表法》《四川省计划生育条例》《四川省农民负担管理条例》等法律法规贯彻实施情况的报告。决定设立西充县选举委员会、代表资格审查委员会、农业工作委员会、人大常委会各区工作委员会。审议通过西充县《流动人口计划生育管理规定》《行政区划调整变更方案》《计划审查监督办法》，以及关于贯彻执行森林法、会计法、传染病防治法、城市规划法、四川省农民负担管理条例等决议。依法作出关于召开各次县人民代表大会、各年度县人大工作要点、各项人事任免、各年度计划预算执行、财政预算部分调整变更、实施“二五”普法、加强行政审判工作、依靠科技振兴农业、制止乱收费乱罚款和各种摊派等决议。

1993 年 2 月至 1998 年 3 月，县十一届人大常委会共召开会议 38 次。听取审议关于城镇总体规划修编、“二五”普法、企业转换经营机制、社会治安综合治理、代表建议意见办理、国土“两法”和环境保护、三级医疗保护网建设、升钟配套设施建设与管理、国有资产管理、企业负担检查、乡镇企业股份制改造、减轻农民负担、工业企业扭亏增盈、个体私营经济、中小学德育教育、扶贫资金管理使用、城建工作和城建资金使用等情况报告。听取审议科技、交通、审计、物价、税收、房改、计划生育、粮食生产、蚕桑生产、刑事审判、经济审判、反贪污贿赂、廉政建设、广播电视、养老保障、律师公证等工作情况报告。听取审议关于《中华人民共和国反不正当竞争法》《中华人民共和国消费者权益保护法》《中华人民共和国教师法》《中华人民共和国农业法》《中华人民共和国森林法》《基本农田保护条例》以及四川省《长江防护林体系管理条例》《价格管理条例》《个体工商户管理条例》等法律法规贯彻实施情况报告。审议通过西充县“九五”计划和2010年远景目标规划草案、西充县环境保护实施办法，以及关于实施九年制义务教育、迁建县政府办公地址、实行行政部门执法责任制等议案。听取法院、公安工作评议情况及整改落实评议意见情况报告，以及农业、蚕桑、商业、监察、水电、文化、民政、乡镇企业等局局长和计划生育委员会主任的述职报告。审议通过关于召开各次县人民代表大会、各年度县人大工作要点、各项人事任免、各年度计划预算执行、财政预算部分调整变更、实施“三五”普法、西充县城总体规划修编、调整实施九年制义务教育规划、加强国有资产管理等决议。

1998年3月至2003年2月，县十二届人大常委会共召开会议41次。听取审议关于“十五”规划编制、“三五”普法和依法治县、“四五”普法规划、农业产业化建设、农业生产结构调整、工业经济发展、工业兴县、招商引资、城建资金安排使用、预算外资金管理、重点工程建设、应对“入世”转变政府职能、审判制度改革、乡镇财政体制改革、教育改革、减轻学生经济和课业负担、行政执法责任制建立和执行、错案责任追究制建立和执行等情况报告，以及广播电视发展、打击预防职务犯罪、审判监督、政务公开、公路建设、国土管理、退耕还林、稳粮增收、外事、侨务、旅游、治安、商贸、经贸、卫生等工作情况报告。审议通过加强同县人民代表联系办法、反馈决定决议审议意见办法、常委会组成人员守则、主任“三长”联席会议制度、人事任免办法、旁听人大常委会规则、预算监督办法、司法案件监督规定、县城管理暂行规定、流动人员计划生育工作管理修正案等。批准西充县生态环境建设规划、城南新区控制详细规划、西充县城总体规划修编方案。依法作出关于召开各次县人民代表大会、各年度县人大工作要点、各项人事任免、各年度计划预算执行、财政预算部分调整变更、增设县人大常委会研究室和信访办公室、在各区设立人大工作委员会、授予西充县公安局和晋城派出所等6个派出所“人民满意”派出所荣誉称号等决议决定。听取审议关于《中华人民共和国森林法》《中华人民共和国电力法》《中华人民共和国义务教育法》《中华人民共和国动物防疫法》《中华人民共和国村民委员会组织法》《兽药管理条例》《种畜禽管理条例》等法律法规贯彻实施情况的报告。听取县人民法院、政府办、发展计划局、劳动和社会保障局、经贸局、农业局等单位主要负责人的述职报告。

2003年2月至2006年10月，县十三届人大常委会共召开会议28次。听取审议关于“四五”普法和依法治县、西充中学整体迁建、西充县绿色农副产品供给区建设、药品价格和医疗服务收费、财政违法行为处罚、非典型肺炎防治、行政事业性收费、项目资金管理使用、职工社会养老保险、建设全面小康新西充、旅游业发展、规范网吧管理、县城总体规划成果、行政审判工作、升钟灌区工程管护、广播电视村村通工程、治理经济发展软环境、债务清偿、退耕还林、城镇低保以及检察院诉讼监督、查办职务犯罪和公安局刑事侦查工作等情况报告。审议通过行政首长参与行政诉讼规定、西充县城总体规划第二次修编方案。依法作出关于召开各次县人民代表大会、各年度县人大工作要点、各项人事任免、各年度计划预算执行、财政预算部分调整变更、青龙乡另选副乡长选举结果无效、撤销政府办西府发〔2003〕45号文件等决议决定。听取审议关于《中华人民共和国传染病防治法》《中华人民共和国消费者权益保护法》《中华人民共和国行政诉讼法》《中华人民共和国药品管理法》《中华人民共和国动物防疫法》等法律法规贯彻实施情况的报告。

2006年10月至2011年12月，县十四届人大常委会共举行35次会议。审议通过听取审议专项工作报告暂行办法、测评国家机关工作人员履职情况暂行办法、县城北部新区开发建设土地整理项目实施方案。听取审议关于大力整治升钟农渠工程、进一步加强“生态卫生城”建设和监管、形成规范有序公平公正偿债机制、取缔升钟集资粮切实减轻农民负担、增加西充县城出租车运力、加大乡镇事业人员异地交流力度等议案办理情况报告。听取审议关于中国西部有机食品基地县建设、南充生态后花园建设、城北新区规划与建设、教育基础设施项目建设、农业产业化建设、高速公路规划建设、生态环境建设、公安“三基”工程建设、乡村公路建设、乡镇卫生院管理运行等情况报告。听取审议县政府关于工业经济、招商引资、重点项目实施、抗震救灾及灾后重建等专项工作情况报告，县人民法院关于诉讼调解、清理执行积案、刑事审判等专项工作报告，县人民检察院关于公诉工作、查办和预防职务犯罪等专项工作报告，以及“一府两院”研究处理专项工作人大审议意见情况报告。听取审议关于《中华人民共和国森林法》《中华人民共和国劳动法》《中华人民共和国水污染防治法》《中华人民共和国农产品质量安全法》《中华人民共和国义务教育法》《中华人民共和国公务员法》《中华人民共和国残疾人保障法》《中华人民共和国城市居民委员会组织法》《中华人民共和国道路交通安全法》等法律法规贯彻执行情况报告。依法作出关于召开各次县人民代表大会、各年度县人大工作要点、各项人事任免、各年度计划预算执行、财政预算部分调整变更等决议决定。听取审议各次人民代表大会代表所提议案、建议、批评和意见办理情况汇报，以及县人大常委会任命人员年度履职情况报告，并对履职情况进行满意度测评。

2011 年 12 月至 2016 年 12 月，县十五届人大常委会共举行 55 次会议，听取审议“一府两院”专项工作报告 118 个，作出决定、决议 56 个。审议通过“十三五”规划纲要、县城总体规划（2011—2030）修编、城市总体规划（2014—2030）、西充县第七次城市总体规划修编成果报告、西充县“5 + 3”农业特色优势产业发展规划（2013—2020 年）、重庆市渝北区政府和西充县政府缔结友好区县合作协议、撤销西充县成立南充市西充区、“十二五”规划指标中期调整、实施生态文化旅游产业园建设、莲池乡撤乡设镇方案等重大事项。依法作出关于召开各次县人民代表大会、各年度县人大工作要点、各项人事任免、各年度计划预算执行、财政预算部分调整变更，以及实施化凤山文化旅游开发及棚户区改造项目、实施同欣驾考检测中心项目、城南污水治理湿地项目、北部新城人工湖项目和城北实验学校 BT 建设项目、实施迎宾大道风貌和棚户区改造项目、调整西充安汉投资有限责任公司注入资产等决议决定。听取审议关于现代农业示范园区建设、现代农业品牌化建设、保障性住房建设管理、张澜故居打造国家 AAAA 级旅游景区、九龙湖景区规划建设、公共文化服务体系建设、加快新型工业转型升级及实施“双十工程”、莲花湖景区规划建设管理专题询问整改、垄断和不正当竞争行为专项治理议案办理、封山育林并禁伐 3 年规定执行、基层卫生院人才队伍建设等情况报告。听取关于西充河流域治理、生态文明建设、城乡居民社会养老保险试点、食品安全监管、小区物业管理、精准扶贫、土地流转、农村低保、民事审判、行政审判、民事执行、反渎职侵权、反贪污贿赂、刑事执行检察等专项工作情况报告，以及“一府两院”研究处理专项工作人大审议意见情况报告。听取关于加大农村小微病险水利工程维修力度、深度打造“中国西部文化名县”、加强农村广播电视网络管理和维护、开通县城至多扶镇公交线路、巩固两河治理成果确保两河水清境幽、对垄断行为和不正当竞争行为进行专项治理、加大全县升钟农渠管护维修力度等议案办理情况报告。听取审议各次人民代表大会代表所提议案、建议、批评和意见办理情况汇报，以及县人大常委会任命人员年度履职情况报告，并对履职情况进行满意度测评。听取审议关于《中华人民共和国人民调解法》《中华人民共和国审计法》《中华人民共和国妇女权益保障法》《中华人民共和国残疾人保障法》《中华人民共和国行政监察法》《中华人民共和国食品安全法》《中华人民共和国药品管理法》《中华人民共和国文物保护法》等法律法规贯彻执行情况报告。

2016 年 12 月至 2020 年 7 月，县十六届人大常委会共举行 42 次会议，听取审议“一府两院”专项工作报告 123 个，作出决定、决议 83 个。审查批准“十三五”规划及其部分指标调整方案和规划实施中期评估报告、西充县城市总体规划（2014—2030）修编方案、西充县乡镇行政区划调整改革方案及各年度国民经济和社会发展计划执行情况、财政预算、财政决算、预算执行等情况报告。审议通过县政府关于撤销西充县设立南充市西充区，关于车龙乡撤乡设镇、晋城镇撤镇设街道办相关行政区划调整等议案。依法作出关于加强县城停车设施建设等决议，批准同意县政府实施全县公共文化服务体系、生态文化旅游产业园、龙滩河流域现代农业示范区、旅游快速通道、青龙湖休闲旅游度假区等重大建设项目，以及“海绵城市”建设一期、川东北现代农业园区基础建设、川东北（南充）康养文化小镇、县城棚户区改造等 PPP 项目。听取审议“七五”普法规划及普法工作开展、全县重点项目建设、全县经济运行、川东北农产品精深加工产业园建设运行、现代循环农业园区建设、农业社会化服务体系建设情况、城区基础教育发展、学前教育发展、民间传统文化传承保护与开发利用等情况报告。听取审议现代农业、工业经济、乡村产业振兴、乡村旅游发展、脱贫攻坚、依法行政、环境保护、城市管理、全民健康保障计划实施、公共卫生服务体系建设、基层卫生人才队伍建设、代表建议意见办理、审计工作和审计查出问题整改落实、行政事业性国有资产管理等专项工作情况报告。听取审议县监察委员会工作运行，公安经侦工作、扫黑除恶工作，法院案件质量管理、立案登记制度实施，检察院刑事检察、刑事执行检察、公益诉讼等工作情况报告。修订出台《关于行政首长参与行政诉讼的规定》，明确行政首长出庭应诉的具体要求和过错责任追究。听取审议食品安全法、残疾人保障法、水污染防治法、就业促进法、文物保护法、行政监察法、环境保护法和饮用水水源保护管理条例等法律法规贯彻实施情况报告。听取县人力资源和社会保障局、住房和城乡建设局、农业农村局、发展和改革局、综合行政执法局等被评议单位整改落实人大工作评议意见情况报告。依法任免国家机关工作人员 296 人次，补选市人大代表 2 名、县人大代表 24 名。县十六届人大常委会七次会议任命何涌泉为县政府副县长。县十六届人大常委会八次会议同意孙骏辞去县政府县长职务，任命张光全为县政府副县长、代理县长。县十六届人大常委会九次会议同意何俐辞去县政府副县长职务。县十六届人大常委会十二次会议免去蒲永红县政府副县长职务，任命周小红为县政府副县长。县十六届人大常委会十四次会议接受赵利民辞去县第十六届人大常委会委员和代表职务，免去张晓波的县政府副县长职务。县十六届人大常委会十五次会议任命严春林、赵利民为县监察委员会副主任，刘艳、李晓川、朱阳为县监察委员会委员。县十六届人大常委会十六次会议任命胡媛为县政府副县长。县十六届人大常委会十七次会议任命刘洪国为县政府副县长、县公安局局长。县十六届人大常委会十九次会议同意杨佳辞去县监察委员会主任职务，任命张洪波为县监察委员会副主任、代理县监察委员会主任职务。县十六届人大常委会二十二次会议同意钟智辞去南充市第六届人民代表大会代表职务，补选张洪波为南充市第六届人民代表大会代表，并确认罗嘉陵、张洪波的县第十六届人民代表大会代表资格有效。县十六届人大常委会二十三次会议免去杨春林的县政府副县长职务，任命涂开美为县政府副县长。县十六届人大常委会二十五次会议同意胡媛辞去县政府副县长职务。县十六届人大常委会二十九次会议同意免去向峰的县政府副县长职务，任命庞亮为县政府副县长。县十六届人大常委会三十二次会议免去何涌泉的县政府副县长职务，任命苟小军为县政府副县长。县十六届人大常委会四十二次会议补选李林为南充市第六届人民代表大会代表。

4. 西充县人大常委会主要工作

1981 年 2 月至 1984 年 4 月，县七届人大常委会听取审议“一府两院”专项工作报告 45 个，依法作出决议决定 27 个。听取《晋城镇建设总体规划》《晋城镇建设管理暂行办法》《西充县综合农业区划》和关于开展文明礼貌月活动、保护妇女儿童合法权益、公社改乡试点工作、群众办学等情况汇报，并进行认真审议，提出建议意见。加强《城镇守则》《中华人民共和国食品卫生法》执行情况监督，听取专项汇报，肯定成绩，指出不足，提出改进意见。听取审议县精神文明办公室所作的《关于开展文明礼貌月活动的情况和今后意见的汇报》，作出《关于深入开展全民文明礼貌月活动的决议》。民主法治建设方面，听取关于学习宣传宪法、普及法律常识、打击严重经济犯罪和严重刑事犯罪、社会治安综合治理、经济检察工作和民事审判工作等方面的工作汇报，进行认真审议，作出有关决定决议。县人大常委会委员和县政协常委共 24 人采取听汇报、看现场、召开小型座谈会、查阅资料、个别走访、举行报告会等方式，对农村“包产到户”“大包干”责任制改革的情况和效果进行联合视察。县七届人大常委会依法任命国家机关工作人员 76 人次，有 3 名未通过任命。其间，1983 年 6 月 6 日，县仁和镇王先棋被选为全国人大代表，参加第六届全国人大一次会议。县七届十六次人大常委会接受刘国兴辞去县长职务，任命李占富为县政府代理县长。全县人大代表建立 57 个代表小组，社、镇人大代表建立 610 个代表小组。县人大常委会对人大工作成绩突出的 29 个代表小组和 56 名人民代表颁奖，对触犯法律的 1 名县人大代表依法终止代表资格。建立完善规章制度，制订《常委会议事规则》《调查研究制度》等各种制度。深入开展调查研究，围绕县委中心工作和经济社会热点难点问题及常委会议题开展调研，及时准确掌握情况。

1984 年 4 月至 1987 年 3 月，县八届人大常委会听取审议“一府两院”专项工作报告 59 个，依法作出决议决定 23 个。在经济工作方面，加强发展商品生产、经济体制改革、财政预决算补充意见议案办理、“七五”计划制定、工业技术改造、乡镇企业发展、贯彻执行经济合同等工作监督，听取县工商局、财政局、税务局、统计局等政府部门专项工作报告，认真进行审议，指出存在问题，提出改进意见，促进经济加快发展。在社会建设方面，加强优抚安置、劳动制度改革、城市规划建设、妇女儿童合法权益保障、县城江河管理等工作监督，听取县卫生局、文教局、城建局、安全办、地方志办等单位专项工作报告，提出意见建议，促进社会事业发展。在民主法治建设方面，听取县司法局关于普及法律知识 5 年规划汇报、县人民法院关于民事审判工作汇报以及县人民检察院、县公安局专项工作报告，认真开展乡镇换届选举工作，促进基层民主法治建设。多形式开展代表视察，组织驻县省人大代表和县人大代表对学习宣传贯彻宪法活动情况开展联合视察。晋城镇县人民代表小组文卫组代表对城关幼儿园建设问题进行专题视察，较为系统地考查幼儿园历史和现状，提出解决意见和办法，及时转交县政府办理，促成一幢 1200 平方米可容纳 450 名幼儿入园新幼儿园建成。组织部分常委会委员及有关部门和单位负责人对《西充县晋城镇建设管理暂行办法》《西充县城河流与化凤山公园管理规定》贯彻执行情况进行复查视察，督促县政府对违章建筑单位进行批评教育，限期拆除并进行罚款处理，有效回应干部群众反映强烈的占用街道河床乱修乱建房屋问题。依法进行人事任免，共任命国家机关工作人员 71 人次。加强自身建设工作，制订机关岗位责任制，规定机关干部职工应具备的基本条件、县人大常委会领导和机关工作人员具体职责，明确机关内部科室的业务范围和工作职责，健全机关考核办法和奖惩制度、请假休假制度。届内，县人大常委会机关连续 2 年被评为先进党支部，有 2 人被评为优秀共产党员，对 18 个代表小组和 55 名代表分别颁奖。

1987 年 3 月至 1990 年 4 月，县九届人大常委会依法行使职权，认真履行职责，听取审议“一府两院”专项工作报告51个，依法作出决议决定38个。在经济工作方面，加强国民经济计划执行、乡镇企业发展、经济体制改革、蚕桑生产、粮油生产等工作监督，专项检查物价管理、税收征管、省财政困难扶持资金使用等工作，审议通过财政预决算暂行办法和财政收支预算部分变更、加强土地管理等决议。督促升钟集资议案办理，检查督促县人代会作出的《关于筹集资金，落实劳动积累，修建升钟水库西充灌区配套工程的决议》《关于在全县有工资收入的非农业人员中短信资金修建升钟水库西充灌区配套工程的决议》贯彻执行情况，促成集资1147万元，完成长150公里的五条干、支渠和6条斗渠、7座渡槽的工程建设，农业生产和群众生活用水得到极大改善。在社会建设方面，审议作出关于普及九年制义务教育的决议，要求县政府制定普及九年制义务教育规划，积极创造条件，早日实现义务教育法提出的要求。检查督促环境保护、文明单位建设、计划生育管理、维护安定团结全面深化改革等工作，促进社会事业全面发展。在民主法治方面，审议作出《关于在全县农村开展普法工作的决议》，要求各级政府要把普法当作一件大事来抓，真正做到“三集中”“三精心”“五统一”，普法、生产一齐抓，收到预期效果。督促贯彻执行全国人大作出的《关于加强法制教育维护安定团结的决定》及县九届一次会议作出的有关决议，检查乡镇、司法机关宣传贯彻工作，推动普法工作深入开展。认真开展土地管理法、药品管理法、治安管理处罚条例、计划生育条例、审计条例等法律法规的执法检查，促进有关法律法规全面贯彻执行。听取关于加强法治教育、打击经济犯罪、执行民法通则、司法行政、经济审判等工作汇报，审议通过关于设立县选举委员会、县乡两级代表名额、县人代会召开时间等决定，保证人民依法有序行使民主权利。依法决定国家机关工作人员人事任免事项10项，县九届人大常委会二次会议通过换届后的干部人事任命27人，县九届人大常委会十一次会议任命杨英贤为县政府副县长，县人大九届常委会二十一次会议免去陈贤柱副县长职务，县九届人大常委会二十五次会议任命王永寿为县政府副县长。加强自身建设，讨论通过《县人大常委会人事任免暂行办法》《县人大常委会质询工作暂行办法》，将县人大常委会办事机构的科改为工作委员会。按照省委文件，增加机关编制5个，先后调进多名中青年干部，缓解人大干部青黄不接现象。对工作表现突出的先进集体和先进个人给予表彰奖励。

1990年3月至1993年1月，县十届人大常委会依法行使职权，认真履行职责，听取审议“一府两院”专项工作报告69个，依法作出决议决定37个。依法加强工作监督和法律监督。在经济工作方面，加强计划、财政预算执行、预算外资金管理、乡镇企业治理整顿、工业结构调整、金融、税收、审计、科技兴农、农田基本建设等工作监督。对群众反映强烈的农民负担过重问题进行专项监督。县人大常委会、县政府组织人大代表和有关人员对全县12个乡、154个村、1440个村民组的农民负担情况进行走访调查。县十届人大常委会十三次会议作出《关于认真宣传贯彻〈四川省农民负担管理条例〉的决议》，要求县政府采取强硬措施切实减少农民负担，建议各乡镇召开人民代表大会审查决定农民负担各项定额标准，农民负担过快的势头得到有效遏制。在社会建设方面，检查督促中小学德育教育、九年制义务教育、社会治安综合治理、劳动就业、广播电视、环境保护等工作情况。县十届人大常委会十七次会议审议通过县政府关于撤区并乡建镇方案报告，同意撤销6个区、31个乡，扩大5个镇，扩并2个乡，新建10个镇，保留9个乡，全县调整为15个镇、11个乡。在民主法治方面，听取关于依法治镇、渎职犯罪、反贪污贿赂等情况汇报，开展城市规划法、森林法、土地法、传染病防治法、四川省计划生育条例等法律法规执法检查，加快法治西充建设。决定县乡换届选举时间和代表名额，通过召开县人代会时间、设立县乡选举委员会决定，任命县选举委员会成员，推动换届选举工作顺利开展。依法决定国家机关工作人员人事任免事项12项。县十届人大常委会一次会议对换届后干部进行任命，任命杨承宇为县政府副县长，胥春明等31人为政府各组成部门负责人。县十届人大常委会十一次会议任命王海友为县政府副县长。县十届人大常委会二十次会议决定接受杜培松辞去县政府县长、王永寿辞去县政府副县长职务，决定刘荣志代理县政府县长职务。加强人大自身建设，县十届人大常委会一次会议决定恢复县人大常委会农业工作委员会县十届人大常委会二次会议决定将县人大常委会各区联络组改为工作委员会（正局级），相继召开全县各区工作委员会成立大会，并举行授牌、授印章、颁发任命书仪式。县人大常委会在县委党校举办有51人参加的乡镇人大主席团干部训练班，并组织召开全县乡镇人大工作会议、县人大常委会成立十周年纪念大会。

1993年1月至1997年12月，县十一届人大常委会依法行使职权，认真履行职责，听取审议“一府两院”专项工作报告95个，依法作出决议决定39个。依法加强工作监督和法律监督。在经济工作方面，加强计划和财政预算执行、扶贫资金管理使用、预算外资金管理、国有资产管理等工作监督，听取企业转换经营机制、工业企业扭亏增盈、乡镇企业股份制改造、个体私营经济发展等情况汇报，促进经济加快发展。在社会建设方面，加强城镇总体规划修编、社会治安综合治理、三级医疗保护网建设、计划生育、文化市场管理、中小学收费管理等工作监督，审议修订九年制义务教育规划，审议通过《西充县环境保护法实施办法》，促进社会建设事业健康发展。在民主法治方面，审议作出关于依法治县的决议，加强刑事审判、经济审判、反贪污贿赂、律师公证等工作监督，开展教师法、药品管理法、老年人权益保障法、消费者权益保护法、残疾人保障法等法律法规执法检查，确保法律法规全面贯彻实施。依法决定国家机关工作人员人事任免事项25项。县十一届人大常委会一次会议对换届后的政府各委办局主任、局长进行任命。县十一届人大常委会八次会议免去王海友县政府副县长职务。县十一届人大常委会九次会议任命刘长安为县政府副县长。县十一届人大常委会十一次会议任命陈家怀为县政府副县长。县十一届人大常委会十四次会议任命燕希为县政府副县长。县十一届人大常委会十七次会议决定免去刘长安的县政府副县长职务。县十一届人大常委会二十六次会议决定任命宝珍勤为县政府副县长，决定免去燕希的县政府副县长职务。县十一届人大常委会二十八次会议决定接受刘荣志辞去县政府县长职务，决定任命李德平为县政府副县长、代理县长职务。县十一届人大常委会三十二次会议决定吴宗麟、何永庆为县政府副县长。县十一届人大常委会三十五次会议决定免去蒋河的县政府副县长职务。加强人大自身建设。届内，县人大常委会召开乡镇人大主席团工作座谈会，学习《中华人民共和国代表法》《四川省乡镇人大主席团工作条例》，7个乡镇人大主席团在会上交流工作经验。县人大常委会对机关原有岗位职责和机关工作制度进行修订。县人大常委会主任会议决定，在县人大常委会办公室内分设秘书科和行政科。县人大常委会连续两年被省人大授予“四川省人大制度宣传”特等奖和“四川省民主法制建设宣传”一等奖。

1997年12月至2003年1月，县十二届人大常委会依法行使职权，认真履行职责，听取审议“一府两院”专项工作报告112个，依法作出决议决定75个。加强工作监督和法律监督。在经济工作方面，加强对计划和财政预算执行、财政收支审计、财政预算调整、农业产业化建设、退耕还林、商贸经贸、国土管理、重点工程建设等工作的监督。在社会建设方面，加强对城南新区控制性详规、生态环境建设规划、流动人口计划生育管理、广播电视发展、教育改革、减轻学生经济和课业负担等工作的监督。在民主法治建设方面，讨论通过司法案件监督规定、预算监督办法、县城管理暂行规定，加强对“三五”普法和依法治县、治安管理、审判制度改革、行政执法责任制建立和执行、错案责任追究制建立和执行等工作的监督，并认真督办县人代会、县人大常委会作出的决议、决定、审议意见和代表提出的议案、建议。授予县公安局为优秀公安局，晋城派出所等6个派出所为人民满意派出所。

依法决定国家机关工作人员人事任免事项 29 项。对换届后的政府组成部门领导进行任命。县十二届人大常委会四次会议决定任命何大山为县政府副县长。县十二届人大常委会九次会议决定免去袁生泽、宝珍勤的县政府副县长职务。县十二届人大常委会十一次会议决定任命张昌信为县政府副县长。县十二届人大常委会十二次会议决定任命陈功为县政府副县长。县十二届人大常委会十九次会议决定任命梁德宇为县政府副县长。县十二届人大常委会二十五次会议决定接受李德平辞去县政府县长职务、陈功辞去县政府副县长职务，决定周继琼代理县政府县长。县十二届人大常委会二十九次会议决定接受吴宗麟辞去县政府副县长职务。县十二届人大常委会三十六次会议决定任命盛大见为县政府副县长。县十二届人大常委会三十九次会议决定任命陈正泽、史燚为县政府副县长。县十二届人大常委会四十次会议决定任命曹慧君、侯卿平为县政府副县长。同时，对县人民法院等单位进行工作评议。加强对人大任命人员监督，听取发展计划、经贸、农业、劳保等政府部门负责人和法检两院副职述职报告。加强人大自身建设。制定人大常委会议事规则、公民旁听县人大常委会会议规则、预算监督实施办法、对司法机关案件监督规定、人事任免办法、加强同人大代表联系的办法、县人大常委会组成人员守则、实行年度述职考核测评决定、国民经济和社会发展计划监督实施办法等制度。决定在县人大常委会内增设研究室、信访办公室，在各区设立工作委员会，任命有关人员，明确机构职责。召开县委人大工作会议，通过《中共西充县委〈关于加强和改善党对人大工作领导的意见〉》。县人大常委会召开乡镇人大工作总结表彰会议，对实施“乡镇人大工作量化目标管理先进单位”作表彰。县十二届人大常委会二十九次会议作出《关于修改西充县人大常委会人事任免办法的决定》，同时决定撤销县人大常委会研究室、信访办公室、财经工作委员会、农业工作委员会、教科文卫工作委员会，设立县人大常委会经济工作委员会、社会事业工作委员会。

2003 年 1 月至 2006 年 10 月，县十三届人大常委会依法行使职权，认真履行职责，听取审议“一府两院”专项工作报告 75 个，依法作出决议决定 35 个。加强工作监督和法律监督。在经济工作方面，审查批准年度财政决算和财政预算部分调整方案，组织代表视察工业经济，专题调查财政收支、计划执行、审计工作及顺西优质农产品加工示范区建设等情况，加强计划、财政预算执行、项目资金管理、经济发展软环境治理、蚕桑产业发展等情况监督，助推经济持续健康发展。在社会建设方面，积极支持西充中学整体迁建，密切关注“非典”防治工作，召开妇女权益保障法实施情况座谈会，组织代表视察县城居民饮水工程、“两河治理”工程，专题调查新型农村合作医疗试点工作、动物防疫法贯彻实施、学校“两免一补”等情况，加强职工社会养老保险、医疗服务收费、旅游产业发展、网吧规范管理、农村电网改造、县乡道路养护等工作监督，促进社会民生改善。在民主法治建设方面，加强职务犯罪检察查办、公安刑事侦查、司法法律服务等工作监督，作出关于青龙乡另选副乡长选举结果无效决定，开展统计法、村民委员会组织法、治安管理处罚法、宗教事务条例、网吧管理条例等法律法规执法检查，督促“四五”普法和依法治县工作深入开展，督查督办代表议案 18 件、建议批评意见 320 件。完成县乡两级换届选举工作，全县选举县十四届人大代表共 250 人，代表结构更趋合理，整体素质明显提高。依法任免国家机关工作人员 117 人。其中，任命 84 人，免职 33 人，未通过任命 4 人，对违纪违规的 5 名领导干部劝其辞职。县十三届人大常委会一次会议对换届后干部进行任命。县十三届人大常委会十二次会议决定接受周继琼辞去县政府县长职务，决定任命蔡绍雄为县政府副县长、代理县长职务。县十三届人大常委会十四次会议决定接受侯卿平辞去县政府副县长职务。县十三届人大常委会十八次会议根据全国人大常委会《关于完善人民陪审员制度的决定》，首批任命 13 名人民陪审员。加强自身建设工作。县委召开全县人大工作会议，县委书记屈良俊、县人大常委会主任杜延聪、县长蔡绍雄在会上讲话。组织人大干部参加学习培训，开展保持共产党员先进性教育活动，加强邓小平理论、“三个代表”重要思想和法律法规、人大业务知识的学习，提高干部的政治理论和业务能力。专题调查乡镇人大工作运行情况，专门召开乡镇人大工作会议，督促指导乡镇人大工作依法开展。加强档案管理，经检查验收，县人大常委会档案工作达到省二级标准。加强基础建设，县人大常委会购买原师范学校闲置教学楼作为人大新办公场所，届内完成装修改造，完成整体搬迁。

2006 年 10 月至 2011 年 12 月，县十四届人大常委会共依法筹备召开县人民代表大会 7 次，举行常委会会议 35 次，听取审议“一府两院”专项工作报告 86 个，依法作出决议决定 42 个。依法决定重大事项。审查批准各年度计划和计划执行、预算和预算执行、财政决算、财政预算调整方案、西充县城总体规划第二次方案、“十一五”规划纲要中期调整方案等重大事项，作出关于加强升钟水库西充灌区工程管护工作、停止南—西输水工程每立方水增收 1 元集资款等决议。加强工作监督和法律监督。在经济社会方面，重点加强工业经济、招商引资、重点项目实施、农业产业化建设、生态环境保护、教育基础设施建设、乡镇卫生院管理运行、抗震救灾及灾后重建、乡村公路建设、城市交通秩序整治等工作监督，组织代表集中视察中国西部有机食品基地县建设、城北新区开发建设、南充生态后花园建设等情况。在民主法治建设方面，重点加强政府依法行政、公安“三基工程”建设、清理执行积案、刑事审判、诉讼调解、公诉工作、查办和预防职务犯罪等情况监督，备案审查规范性文件 1300 多件，责令纠正 5 件，对义务教育法、劳动法、环境保护法、残疾人保障法、农产品质量安全法、道路交通安全法等 14 部法律法规开展执法检查，不断促进依法行政和公正司法。顺利完成换届选举工作，全县选举县十五届人大代表 250 人。依法进行人事任免。补选市第四届人大代表 1 人，任命国家机关工作人员 203 人次。同时加强任命人员任后监督，坚持每年听取被任命人员的履职报告，对县林业局、环保局、政府办、司法局、民政局、文广局、教体科局等开展工作评议，并进行满意度测评。认真受理人民群众来信来访，届内共受理群众来信 1130 件，接待群众来访 3170 批次，有效化解社会矛盾。加强自身建设工作。加强干部职工思想作风建设，深入学习“三个代表”重要思想，扎实开展“保先”教育、创先争优和学习实践科学发展观等活动，引导干部职工积极为汶川、玉树、舟曲灾区捐款捐物，切实促进干部职工思想作风转变。建立健全规章制度，先后修订完善常委会议事规则、主任会议制度、主任“三长”联席会议制度、常委会领导和委室分片联系乡镇人大工作制度，新制定听取审议专项工作报告暂行办法、工作评议办法、预算监督办法、规范性文件备案审查试行办法等制度，并将相关制度集结印制成《西充县人大机关制度汇编》，形成比较完善的制度体系，让人大工作有章可循、有法可依。加强乡镇人大工作联系指导，指导乡镇人大及时制定年度工作计划、依法举行会议、积极开展活动，有效提升乡镇人大工作制度化、规范化水平。加强代表联系服务，定期向代表通报工作和经济社会发展情况，邀请代表列席有关会议 170 人次，旁听庭审 85 人次，参加听证 58 人次，督促办理代表议案 10 件、建议批评意见 510 件，促进代表依法履职。

2011 年 12 月至 2016 年 12 月，县十五届人大常委会共依法筹备召开县人民代表大会 5 次，举行常委会会议 55 次，召开主任会议 93 次，听取审议“一府两院”专项工作报告 118 个，作出决议决定 56 个，交办审议意见 67 件。依法决定重大事项。审查批准各年度县级财政决算、财政预算调整方案、“十二五”规划纲要中期调整方案、西充县城市总体规划（2014—2030）等重要事项，作出关于同意县政府撤县设区、封山育林并禁伐 3 年和实施全县公共文化服务体系建设、生态文化旅游产业园建设、县城棚户区改造等重大项目决议决定，审查批准升钟水库灌区二期工程、青春大道棚户区改造、县域旅游快速通道等重大融资建设项目。加强工作监督和法律监督。督促政府完善预算，强化项目资金、财政规范管理监督，多次专题听取审计工作和审计查出问题整改情况报告。加强重点项目建设、产业培育发展、农业农村等工作监督，专题听取全县重点项目推进工作情况报告，对九龙潭水库、北部新城、土地整理等17个政府投资重点项目资金使用情况进行专项检查，组织人大代表视察调研工业园区建设、新农村建设、有机农业发展、农村土地整治、中国西部有机食品基地县建设等工作。加强生态环境建设、教育基础设施建设、分级诊疗制度实施、文化产业、乡村旅游、商贸流通等工作监督，组织代表视察“两河治理”、城市污水处理工程、城乡环境综合治理、遂西高速公路、城南湿地公园、北部新城、县城棚户区改造等重点项目建设情况。督促政府加快实施城乡环境综合治理、水土保持、乡镇垃圾和污水处理站建设等生态环境保护工程。届内，县人大常委会连续3年运用听取审议专项工作报告、专题调研视察、常态化巡查、跟踪督促整改等方式，持续跟踪监督西河流域污染综合治理，西河流域西充段生态环境明显改善。针对县城停车难问题，开展专题调研，广泛听取社会各界意见和建议，作出《关于加强县城停车设施建设的决定》。针对莲花湖景区建设和管理中存在的问题，首次采取专题询问方式加强监督，促进景区规范建设管理。专题调研“农保”“低保”、医疗救助、廉租房分配、空巢老人关爱、伤残军人优抚等情况，促进民生问题得到有效解决。县人大常委会牵头完成140万字的《西充民间传统文化》编撰出版工作，传承弘扬本土优秀历史文化。做好规范性文件备案审查工作，上报市人大备案规范性文件236件，审查县政府和乡镇备案文件512件，提出整改意见42件次，督促整改备案文件16件。修订完善县人大常委会《关于行政首长参与行政诉讼的规定》，完成人民陪审员倍增计划，组织人大代表参与“百名代表听百案”活动。听取审议县人民法院关于民事审判、民事执行、立案登记等专项工作报告，督促县人民法院加大审判和执行力度，提高调解能力，认真解决立案难执行难等问题。听取审议县人民检察院关于公诉工作、反贪工作、刑事执行检察工作等情况报告，督促县人民检察院坚持宽严相济、惩防并举，实施科技强检，加强人才培养，促进检察工作有序推进。对人民调解法、妇女权益保障法、残疾人保障法、食品安全法、药品管理法等15部法律法规开展执法检查，对公益事业捐赠法等6部法律法规贯彻落实情况进行专题调研，促进法律法规正确贯彻实施。认真督办代表议案、建议，届内9件议案和507件建议批评意见均在法定期限内办结并答复代表，办结率100%，代表满意率达98%。认真做好信访工作，共受理群众来信1468件，接待群众来访2315人次，处理上级批转信访件116件。依法进行人事任免监督。共任免国家机关工作人员207人次，任命人民陪审员86人，接受辞职15人次，暂停县人大代表职务2人；选举南充市第五届人民代表大会代表4人，接受5人次辞去南充市第五届人民代表大会代表职务。其中，决定代理县人大常委会主任1人次、代理县政府县长2人次、代理县人民法院院长1人次、代理县人民检察院检察长1人次，决定县政府副县长任免11人次、接受县人大常委会副主任辞职3人次和委员辞职6人次。同时，加强对人大任命干部的任后监督，分别对政府组成部门局长（主任）、县人民法院副院长、县人民检察院副检察长开展年初目标承诺和年终履职测评，先后对县林业局、环保局、政府办、司法局、民政局、文广局、教体科局进行工作评议。加强自身建设工作。经县委同意，县人大工作机构进行调整，县人大常委会原经济工作委员会更名为财政经济工作委员会，增设农业农村经济工作委员会、城乡建设和环境资源保护工作委员会、预算工作委员会。新制定《人大机关内部考核规定》等11项制度，整理编印《西充县人大常委会制度及有关法律法规汇编》，为人大工作依法有序开展奠定基础。实行人大常委会领导和常委会各委室分片联系乡镇人大工作制度，指导乡镇人大及时制定年度工作计划、依法举行会议、积极开展活动。建立完善“人大代表联系企业”制度，召开代表联系企业工作座谈会4次。全面建成全县44个乡镇“人大代表之家”，并将代表履职经费、乡镇人大工作经费、乡镇

"人大代表之家"建设运行经费列入财政预算，为代表依法履职创建良好条件。认真开展帮扶助困、精准扶贫工作，组织代表参与"脱贫攻坚——人大代表再行动"活动，帮助困难群众脱贫致富。

2016年12月至2020年7月，县十六届人大常委会共依法筹备召开县人民代表大会5次，举行县人大常委会会议42次，召开主任会议59次，听取审议"一府两院"专项工作报告138个，作出决议决定和审议意见97个，开展视察调研55次、执法检查6次，为推进全县经济社会高质量发展做出积极贡献。依法决定重大事项。审查批准各年度财政决算、预算执行、预算调整方案、"十三五"规划部分指标调整、西充县城市总体规划（2014—2030）修编方案、撤销西充县设立南充市西充区、乡镇行政区划调整改革方案等重大事项，同意县政府实施"海绵城市"建设一期、川东北现代农业园区基础建设、棚户区改造等10个政府购买服务项目、川东北（南充）康养文化小镇等PPP项目，作出关于同意实施公共文化服务体系建设、生态文化旅游产业园建设、龙滩河流域现代农业示范区、旅游快速通道、青龙湖休闲旅游度假区、县城棚户区改造等重大项目的决定。加强工作监督和法律监督。加强"十三五"规划科学编制和计划编制执行、财政预算管理、行政事业性国有资产管理监督，督促政府将预算编制从"两本预算"扩展到"四本预算"，促进新预算法贯彻实施。加强重点项目建设监督，专题听取重点项目推进情况报告，深入调研西充产业新城、南西田园新城等重点项目建设情况，专项检查九龙潭水库、北部新城等重点项目资金使用情况。加强产业发展情况监督，组织代表集中视察现代农业示范区、金太线万亩现代柑橘产业园、百公里百村香桃产业园、"义兴—凤鸣乡村振兴示范带"等建设情况，专题调研"中国有机农业第一县"建设、新型农业经营主体、多扶工业集中区、川东北农产品精深加工产业园、乡村振兴战略规划编制等情况，听取审议县人民政府关于现代农业、工业经济、乡村旅游等专项工作报告，促进三产融合发展。加强城市建设管理监督，组织代表视察城市建设管理、莲花湖片区海绵化改造等情况。关注支持生态文明建设和环境资源保护工作，扎实开展环保世纪行活动，督促整改落实中央和省环保督察反馈问题，专题调研九龙潭水库环境保护和乡镇污水处理站建设运行情况，听取审议全县环境保护工作报告，支持政府持续打好污染防治"八大战役"，持续加强西河流域污染综合治理、"四河"治理专项监督。专题调研义务教育均衡发展、城区基础教育等情况，督促解决示范幼儿园教师缺额问题，促进张澜学校综合实验楼建设。促进公共文化设施建设，指出"四馆一场一中心"建设严重滞后问题，统筹推进文化惠民工程，督促民间传统文化传承保护与开发利用、文物保护法贯彻实施。专题调研基层卫生人才队伍建设、智慧医疗、大健康产业发展等情况，关注支持新冠肺炎疫情防控工作，在全力做好机关疫情防控工作的同时，专题调研全县疫情防控和经济社会发展情况，组织人大干部和人大代表走访企业、群众，了解企业和群众生产生活情况，积极参与群防群控联防联控，踊跃捐款捐物，帮助解决困难，大力支持疫情防控和经济社会发展。聚焦脱贫攻坚，开展农村扶贫开发条例执法检查，创新推进县乡人大代表联动监督脱贫攻坚机制，对脱贫攻坚工作进行调研督查，持续开展"脱贫攻坚——人大代表再行动"活动，常委会领导定点联系贫困村15个，全县2454名县乡代表结对联系帮扶贫困群众3200户，帮助10个贫困村、2600户贫困户脱贫摘帽。紧盯群众反映强烈的小吃烧烤食品摊贩乱象问题，开展专题监督检查5次，督促取缔西充中学校门外和九州春天文化路口小吃烧烤摊点，规划建设"烧烤城"，促进集中规范经营。采取代表视察、专题调研、督查督办等措施，切实维护空巢老人、留守儿童、残障人士、低保家庭等特殊群体的合法权益。加强政府依法行政、"七五"普法，法院立案登记、案件执行，检察院刑事执行检察、公益诉讼等工作监督，深入推进司法体制改革，督促完成员额法官、员额检察官入额遴选工作和人民陪审员倍增计划，组织开展"百名代表听百案活动"，修订完善《县人大常委会关于行政首长参与行政诉讼的规定》，促进依法行政、公正司法。开展食品安全法、行政监察法、残疾人保障法执法检查，督促开展“六五”普法、法律“七进”、创建“全国法治先进县”、依法治县、“述责述法”“三务”公开等活动。加强规范性文件备案审查，共审查备案规范性文件809件，上报市人大备案文件108件。对县发改局、城管局等政府部门开展工作评议，促进被评议单位依法行政、改进作风、履职尽责。受理群众来信来访274件702人次，督办市人大批转信访件16件，维护群众合法权益，促进社会和谐稳定。2016年11月9日，全县依法选举出新一届县人大代表246名、乡镇人大代表2208名。各乡镇人代会和县人代会也分别于2016年11月中旬和12月初顺利召开，依法选举产生新一届县乡人大、政府领导班子和法检“两院”主要领导，圆满完成换届选举任务。县十六届人大一次会议通过决定，将县人大常委会的5个工作机构改设为县人大的5个专门委员会，县人大常委会组成人员由原来的27名增加到35名。全县进行乡镇行政区划调整改革，新成立南台街道、晋城街道人大工作委员会，全县23个乡镇（街道）圆满完成行政区划调整改革人大选举任务。认真开展制度废改立工作，对人大现有制度进行清理修订，新制定《人大机关内部考核规定》《财务管理规定》等制度21项。加强干部职工政治理论和业务知识学习，深入开展“党的群众路线教育”“三严三实”“两学一做”“不忘初心、牢记使命”主题教育活动，大力加强党建和党风廉政建设，全面落实“两个责任”，严格执行中央八项规定和公务用车、办公用房、“三公”经费等各项管理制度，促进机关作风转变，夯实依法履职基础。

第七节　仪陇县人大

1950年3月，仪陇县召开各界人民代表会议，至1953年10月，共历经4届，召开12次会议。1953年4月，完成全县105个乡镇人民代表大会代表选举工作，各乡镇召开代表大会选出县人民代表410名。1954年7月，仪陇县第一届人民代表大会第一次会议召开。“文化大革命”期间，人民代表大会制度遭到破坏，1969年由县革命委员会所替代，作为特定历史时期国家政权机关，代行县人民代表大会职权，列为县七届人大。1981年2月，仪陇县第八届人民代表大会召开，选举产生仪陇县人民代表大会常务委员会。至2020年，仪陇县人大历经17届。

一、仪陇县各界人民代表会议

1950年3月10日至12日，县一届一次各界人民代表会议召开，参会代表235人。其中，农民代表119人，工人代表20人，工商界代表14人，文教界代表19人，学生代表15人，妇女代表。15人，军、烈属代表2人，社会知名人士16人，党、政、军机关干部15人，中共仪陇县委书记周慎、县人民政府县长郭宪书出席会议并讲话。会议听取县委时事报告、县人民政府工作报告和生产计划报告。会议分11个小组开展讨论，与会代表一致表示努力完成清匪、征粮、生产建设三大任务，并作出决议。会议选出第一届各界人民代表会议常务委员会主席、副主席和常务委员共15人，选举郭宪书为主席，周慎、王德俊为副主席。1950年8月15日至18日，县一届二次各界人民代表会议召开，参会代表311人。会议听取县人民政府工作报告和时事报告，学习川北区农业税暂行条例，通过减租退押、清匪反霸方案，对1949午公粮未完部分和1950年公粮完纳办法案、1950年下期小学教员任用办法和恢复完全小学案作出决议。会议增选常务委员3人，确定3人驻会，在县人民政府内办公。会后代表分成4个小组，由13名常务委员带队，分赴全县44个乡向各阶层人民宣传减租退押，清匪反霸政策。1950年11月29日至12月4日，县一届三次各界人民代表会议召开，参会代表384人。会议学习讨论减租退押、清匪反霸、抗美援朝有关文件资料，通过减租退押、清匪反霸、抗美援朝和文教、工商、生产建设等项决议。

1951年3月15日至19日，县二届一次各界人民代表会议召开，参会代表287人，其中党、政机关干部22人，驻军及复员军人13人，工人22人，农民104人，文教界代表25人，青年团和青年学生代表共6人，县妇联及区、乡妇女干部共26人，民主党派代表2人，烈军属代表7人，宗教界代表1人，工商界代表21人，城镇贫民代表7人，自由职业者代表7人，特邀代表24人。会议在学习讨论土地改革法和镇压反革命、惩治不法地主条例后订立爱国公约。会议选举郭宪书为二届各界人民代表会议常务委员会主席，周慎、康济南为副主席。选举产生的常务委员19人中有2人驻会。1951年5月23日至29日，县二届二次各界人民代表会议召开，参会代表359人。会议学习讨论有关土地改革、抗美援朝等文件，审议通过政府工作报告，并作出相应决议。会议决定，组织部分代表参观土地改革运动，组织部分常委参加反革命案件审查委员会和人民法庭工作。1951年10月3日至8日，县二届三次各界人民代表会议召开，参会代表302人。会议以巩固土地改革胜利成果、加强抗美援朝、交纳爱国公粮。开展秋季生产运动为中心议题，通过大会报告和小组讨论，就工商、文教、农业、优抚、卫生等工作，以及贯彻婚姻法作出决议，选举出席川北区各界人民代表会议代表25人。1952年2月5日至8日，县二届四次各界人民代表会议召开，参会代表263人。会议讨论制订出全县增产节约300万元的计划，决定以区为单位成立代表中心联络小组。

1952年4月14日至19日，县三届一次各界人民代表会议召开，参会代表259人。会议听取和审议县政府工作报告，学习、讨论南充专员公署布置的8项生产任务，订立抗旱生产计划，作出增产节约、镇压反革命、抗美援朝、思想改造、兴办合作社、生产建设、发展文教卫生事业、民主团结合作等决议，选举郭宪书为县三届各界人民代表会议常务委员会主席，周慎、刘化民为副主席，选举的常务委员23人中1人驻会。会议收到代表提案239件，工作汇报271份，常委会书面答复60件（份），有关部门书面回复199件（份）。1952年10月1日至6日，县三届二次各界人民代表会议召开，参会代表272人。会议讨论小春丰产竞赛活动和巩固互助组，发展壮大合作社以及开展增产节约运动等问题，作出防旱抗旱、精耕细作、变工互助等10项决议。

1953年2月3日至7日，县四届一次各界人民代表会议召开，参会代表233人。会议听取审议县政府工作报告和提案审查报告，对农业生产、互助合作，抗美援朝，贯彻执行《中华人民共和国婚姻法》、调整工商业、民主建政、发展文教卫生事业等作出决议。选举郭宪书为县四届各界人民代表会议常务委员会主席，林华芝、刘化民为专职副主席。选举的常务委员49人中1人驻会。1953年4月，县四届二次各界人民代表会议召开，会期5天，参会代表359人。会议学习《全国人民代表大会和地方各级人民代表大会选举法》，讨论发展互助组和贯彻执行《中华人民共和国婚姻法》等工作。1953年10月，县四届三次各界人民代表会议召开，会期6天，参会代表272人。会议收到提案438件，作出关于发展农业生产，发展互助合作、发展文教卫生事业等项决议。

二、仪陇县人民代表大会

1954年至2020年，仪陇县历经17届，共召开56次县人民代表大会。其间，1969年成立的县革命委员会作为特定历史时期国家政权机关，代行县人民代表大会职权，列为第7届。1981年，县八届人大开始设立县人大常委会。

1. 仪陇县人大及其常委会

1954年7月，召开首次县人民代表大会前，仪陇县成立县、乡两级选举委员会。选举委员会在做好人口登记和选民资格审查等一系列工作后，选举乡（镇）人民代表大会代表，召开乡（镇）人民代表大会，乡（镇）人民代表大会选举县人大代表363名。县一届人民代表大会产生。1954年7月3日至5日，县一届人大一次会议召开。

1956年12月前，通过基层选举，选出县二届人大代表341人，县二届人民代表大会产生。1956年12月28日至30日，县二届人大一次会议召开。

1958年5月前，选出县三届人大代表341人，县三届人民代表大会产生。1958年5月6日至8日，县三届人大一次会议召开。

1961年10月前，选出县四届人民代表大会代表341人，县四届人民代表大会产生。1961年10月2日至3日，县四届人大一次会议召开。

1963年7月前，选出县五届人大代表381人，县五届人民代表大会产生。1963年7月13日至16日，县五届人大一次会议召开。

1965年12月前，选出县六届人大代表381人，县六届人民代表大会产生。1965年12月25日至27日，县六届人大一次会议召开。

1969年4月，经省革命委员会批准，仪陇县革命委员会成立，作为特定历史时期国家政权机关，代行县人民代表大会职权，列为县七届人大。

1980年11月至1981年2月，实行差额选举制，通过直接选举、无记名投票，产生县第八届人大代表403名，经代表资格审查，全部有效，县第八届人民代表大会产生。1981年2月24日至3月1日，召开县一届人大一次会议，选举17人组成仪陇县八届人大常务委员会，选举李万琛为县八届人大人大常委会主任，马子秀、高步、张孟德、朱诗俊为副主任，付伦佳等12人为委员。县八届人大三次会议接受马子秀、张孟德辞去县人大常委会副主任职务。县人大常委会内设立办公室，办公室内设秘书、政法、信访和代表联系、经济、文教卫生5个组。

仪陇县第八届人大常委会主任、副主任一览表

表13－59　(1981.2—1984.4)

姓名	性别	党派	籍贯	职务	任职年限
李万琛	男	中共	南充市仪陇县	主　任	1981.2—1984.4
马子秀	男	中共	山西省临汾市	副主任	1981.2—1983.3
高　步	男	中共	山西省朔县	副主任	1981.2—1984.4
张孟德	男	中共	山西省临县	副主任	1981.2—1983.3
朱诗俊	男	无党派	南充市仪陇县	副主任	1981.2—1984.4

1983年冬至1984年春，选举产生县九届人大代表353名，经代表资格委员会审查，代表资格全部有效，县九届人民代表大会产生。1984年4月11日至15日，召开县九届人大一次会议，选举19人组成县人大常委会。选举李万琛为县九届人大常委会主任，高如尧、莫树清、朱诗俊等为副主任，尹友发等15人为委员。县九届人大常委会设办公室、法制科、财政经济科、教科文卫科、代表联络科。

仪陇县第九届人大常委会主任、副主任一览表

表 13－60 （1984. 4—1987. 3）

姓名	性别	党派	籍贯	职务	任职年限
李万琛	男	中共	南充市仪陇县	主　任	1984. 4—1987. 3
莫树清	男	中共	南充市仪陇县	副主任	1984. 4—1987. 3
高如尧	男	中共	南充市仪陇县	副主任	1984. 4—1987. 3
朱诗俊	男	无党派	南充市仪陇县	副主任	1984. 4—1987. 3

1987 年 2 月，选举产生县十届人大代表 280 名，经代表资格委员会审查，代表资格全部有效，县十届人民代表大会产生。1987 年 3 月 9 日至 14 日，召开县十届人大一次会议，选举 19 人组成县人大常委会，选举李万琛县十届人大常委会主任，朱诗俊、李友斗、骆正田、高如尧为副主任，文月辉（女）等 14 人为委员。县十届人大常委会设办公室、法制工作委员会、财政经济工作委员会、教科文卫工作委员会、代表联络工作委员会。

仪陇县第十届人大常委会主任、副主任一览表

表 13－61 （1987. 3—1990. 3）

姓名	性别	党派	籍贯	职务	任职年限
李万琛	男	中共	南充市仪陇县	主　任	1987. 3—1990. 3
朱诗俊	男	无党派	南充市仪陇县	副主任	1987. 3—1990. 3
李友斗	男	中共	南充市仪陇县	副主任	1987. 3—1990. 3
骆正田	男	中共	南充市营山县	副主任	1987. 3—1990. 3
高如尧	男	中共	南充市仪陇县	副主任	1987. 3—1990. 3

1990 年 1 月，选举产生县十一届人大代表 283 名，经代表资格委员会审查，代表资格全部有效，县十一届人民代表大会产生。1990 年 3 月 9 日至 14 日，县十一届人大一次会议选举 19 人组成县十一届人大常委会，选举张思智为县十一届人大常委会主任，高如尧、朱诗俊、李友斗、骆正田为副主任，刘立英（女）等 14 人为委员。县人大常委会设办公室、法制工作委员会、财政经济工作委员会、教科文卫工作委员会、农业工作委员会、信访室、代表联络工作委员会。县十一届人大常委会六次会议决定设立人大常委会派出机构区工作委员会。

仪陇县第十一届人大常委会主任、副主任一览表

表 13－62 （1990. 3—1993. 1）

姓名	性别	党派	籍贯	职务	任职年限
张思智	男	中共	南充市仪陇县	主　任	1990. 3—1993. 1
高如尧	男	中共	南充市仪陇县	副主任	1990. 3—1993. 1
朱诗俊	男	无党派	南充市仪陇县	副主任	1990. 3—1993. 1
李友斗	男	中共	南充市仪陇县	副主任	1990. 3—1993. 1
骆正田	男	中共	南充市仪陇县	副主任	1990. 3—1993. 1

1992 年 12 月，选举产生县十二届人大代表 289 名，经代表资格委员会审查，代表资格全部有效，

县十二届人民代表大会产生。1993 年 1 月 4 日至 9 日，县十二届人大一次会议选举 19 人组成县十二届人大常委会，选举李友斗为县十二届人大常委会主任，骆正田、何崇高、蒲明古、鲜经纬为副主任，江开斌等 14 人为委员。县十二届人大五次会议接受李友斗辞去县人大常委会主任职务，补选何崇高为县人大常委会主任。接受骆正田辞去县人大常委会副主任职务，补选何文德为县人大常委会副主任。县人大常委会设办公室、法制工作委员会、财政经济工作委员会、教科文卫工作委员会、农业工作委员会、代表联络工作委员会。

仪陇县第十二届人大常委会主任、副主任一览表

表 13－63　(1993. 1—1997. 12)

姓名	性别	党派	籍贯	职务	任职年限
李友斗	男	中共	南充市仪陇县	主　任	1993. 1—1996. 3
何崇高	男	中共	南充市仪陇县	主　任	1996. 3—1997. 12
骆正田	男	中共	南充市营山县	副主任	1993. 1—1996. 3
何崇高	男	中共	南充市仪陇县	副主任	1993. 1—1996. 3
蒲明古	男	中共	四川省阆中市	副主任	1993. 1—1997. 12
鲜经纬	男	无党派	南充市仪陇县	副主任	1993. 1—1997. 12
何文德	男	中共	南充市仪陇县	副主任	1996. 3—1997. 12

1997 年 12 月，选举产生县十三届人大代表 315 名，经代表资格委员会审查，代表资格全部有效，县十三届人民代表大会产生。1997 年 12 月 29 日至 1998 年 1 月 2 日，县十三届人大一次会议选举 23 人组成县十三届人大常委会，选举张明权为县十三届人大常委会主任，丁鹏洲、何文德、陈善荣、张现科为副主任，于明驹等 18 人为委员。县十三届人大六次会议接受何文德、张现科辞去县人大常委会副主任职务，补选李崇强、严运杰为县人大常委会副主任。县人大常委会设办公室、法制工作委员会、财政经济工作委员会、农业工作委员会、教科文卫工作委员会、人事代表工作委员会。

仪陇县第十三届人大常委会主任、副主任一览表

表 13－64　(1997. 12—2003. 1)

姓名	性别	党派	籍贯	职务	任职年限
张明权	男	中共	南充市仪陇县	主　任	1997. 12—2003. 1
丁鹏洲	男	中共	南充市仪陇县	副主任	1997. 12—2003. 1
何文德	男	中共	南充市仪陇县	副主任	1997. 12—2002. 2
陈善荣	男	民盟	南充市仪陇县	副主任	1997. 12—2003. 1
张现科	男	中共	南充市营山县	副主任	1997. 12—2002. 2
李崇强	男	中共	南充市仪陇县	副主任	2002. 2—2003. 1
严运杰	男	中共	南充市仪陇县	副主任	2002. 2—2003. 1

2002 年 12 月，选举产生县十四届人大代表 314 名，经代表资格委员会审查，代表资格全部有效，县十四届人民代表大会产生。2003 年 1 月 6 日至 10 日，县十四届人大一次会议选举 23 人组成县十四届人大常委会，选举蒋元忠为县十四届人大常委会主任，李成忠（常务副主任）、罗忠寿、陈善荣、

严运杰、李崇强、邓济昌、陈跃林为副主任，邓志文等15人为委员。县十四届人大常委会十三次会议接受蒋元忠辞去县人大常委会主任职务，县十四届人大三次会议补选任晓春为县人大常委会主任。县人大常委会设办公室、法制工作委员会、财政经济工作委员会、农业工作委员会、教科文卫工作委员会、人事代表工作委员会。

仪陇县第十四届人大常委会主任、副主任一览表

表13-65 （2003.1—2006.10）

姓名	性别	党派	籍贯	职务	任职年限
蒋元忠	男	中共	南充市顺庆区	主　任	2003.1—2004.9
任晓春	男	中共	南充市嘉陵区	主　任	2004.9—2006.10
李成忠	男	中共	南充市仪陇县	副主任	2003.1—2006.10
罗忠寿	男	中共	南充市仪陇县	副主任	2003.1—2006.10
陈善荣	男	民盟	南充市仪陇县	副主任	2003.1—2006.10
严运杰	男	中共	南充市仪陇县	副主任	2003.1—2006.10
李崇强	男	中共	南充市仪陇县	副主任	2003.1—2006.10
邓济昌	男	中共	南充市仪陇县	副主任	2003.1—2006.10
陈跃林	男	中共	南充市仪陇县	副主任	2003.1—2006.10

2006年10月，选举产生县十五届人大代表315名，经代表资格委员会审查，代表资格全部有效，县十五届人民代表大会产生。2006年10月24日至27日，县十五届人大一次会议选举27人组成县十五届人大常委会，选举任晓春为县十五届人大常委会主任，张险峰（常务副主任）、罗忠寿、陈善荣、严运杰、邓济昌、陈跃林为副主任，王玉莲等20人为委员。县十五届人大常委会三次会议接受任晓春辞去县人大常委会主任职务，县十五届人大二次会议补选杨建华为县人大常委会主任。县人大常委会设办公室、法制工作委员会、财政经济工作委员会、农业工作委员会、教科文卫工作委员会、人事代表工作委员会、信访办公室。

仪陇县第十五届人大常委会主任、副主任一览表

表13-66 （2006.10—2011.12）

姓名	性别	党派	籍贯	职务	任职年限
任晓春	男	中共	南充市嘉陵区	主　任	2006.10—2007.3
杨建华	男	中共	南充市营山县	主　任	2007.3—2011.12
张险峰	男	中共	南充市仪陇县	副主任	2006.10—2011.12
罗忠寿	男	中共	南充市仪陇县	副主任	2006.10—2011.12
陈善荣	男	民盟	南充市仪陇县	副主任	2006.10—2011.12
严运杰	男	中共	南充市仪陇县	副主任	2006.10—2011.12
邓济昌	男	中共	南充市仪陇县	副主任	2006.10—2011.12
陈跃林	男	中共	南充市仪陇县	副主任	2006.10—2011.12

2011年11月，选举产生县第十六届人大代表333名，经代表资格委员会审查，代表资格全部有

效，县十六届人民代表大会产生。2011 年 12 月 5 日至 9 日，县十六届人大一次会议选举 26 人组成县十六届人大常委会，选举张险峰为县十六届人大常委会主任，陈善荣、赵守培、罗兴武、严官明为副主任，王瑞波等 26 人为委员。县十六届人大五次会议接受张险峰辞去县人大常委会主任职务，补选陈科为县人大常委会主任。县十六届人大常委会二十八次会议接受罗兴武辞去县人大常委会副主任职务。县十六届人大常委会二十八次会议接受严官明辞去县人大常委会副主任职务。县十六届人大七次会议补选徐元为县人大常委会副主任。县人大常委会设办公室、法制工作委员会、财政经济工作委员会、农业工作委员会、教科文卫工作委员会、人事代表工作委员会、信访办公室。

仪陇县第十六届人大常委会主任、副主任一览表

表 13－67　（2011. 12—2016. 12）

姓名	性别	党派	籍贯	职务	任职年限
张险峰	男	中共	南充市仪陇县	主　任	2011. 12—2015. 6
陈　科	男	中共	南充市仪陇县	主　任	2015. 6—2016. 12
陈善荣	男	民盟	南充市仪陇县	副主任	2011. 12—2016. 12
赵守培	男	中共	南充市南部县	副主任	2011. 12—2016. 12
罗兴武	男	中共	南充市仪陇县	副主任	2011. 12—2015. 6
严官明	男	中共	南充市仪陇县	副主任	2011. 12—2015. 6
徐　元	男	中共	四川省阆中市	副主任	2016. 2—2016. 12

2016 年 11 月，选举产生县十七届人大代表 336 名，经代表资格委员会审查，当选代表中有一名代表涉嫌违法，依法确认其当选无效，其余 335 名代表的代表资格有效，县十七届人民代表大会产生。2016 年 12 月 5 日至 8 日，县十七届人大一次会议选举 40 人组成县十七届人大常委会，选举郑元勤为县十七届人大常委会主任，冷观军、徐元、吴开洪为副主任，王鹏超等 36 人为委员。县十七届人大五次会议补选许尔富为县十七届人大常委会副主任。县人大及其常委会设 5 委 4 室，即县人大常委会办公室、县人大法制与内务司法委员会、县人大财政经济委员会、县人大社会事业委员会、县人大农业与农村委员会、县人大城乡建设环境资源保护委员会、县人大常委会人事代表工作委员会、县人大常委会研究室、县人大常委会信访办公室。县十七届人大四次会议决定县人大增设社会建设委员会，将县人大法制与内务司法委员会更名为县人大监察和司法委员会、县人大社会事业委员会更名为县人大教育科学文化卫生委员会。县人大常委会二十二次会议决定，设立仪陇县人民代表大会常务委员会度门街道工作委员会。

仪陇县第十七届人大常委会主任、副主任一览表

表 13－68　（2016. 12—　）

姓名	性别	党派	籍贯	职务	任职年限
郑元勤	男	中共	四川省阆中市	主　任	2016. 12—
冷观军	男	中共	四川省资中市	副主任	2016. 12—
徐　元	男	中共	四川省阆中市	副主任	2016. 12—
吴开洪	男	中共	南充市仪陇县	副主任	2016. 12—
许尔富	男	民革	南充市仪陇县	副主任	2020. 6—

2. 仪陇县人民代表大会会议

1954年7月3日至5日，县一届人大一次会议召开，参会代表329名。大会听取和审查县政府工作报告，讨论开展抗旱防虫和发展互助合作组织议题，作出《仪陇县首届首次人民代表大会决议》。1955年9月15日至17日，仪陇县一届人大二次会议召开，选举县人民委员会组成人员，作出关于肃反和粮食统购统销决议，改县人民政府为县人民委员会。选举支厚久为县长、郭丕昌为副县长，选出县人委委员17人。选举支厚久为省人大代表。

1956年12月28日至30日，县二届人大一次会议召开，参会代表311人，列席18人。大会听取和审议县人委工作报告和财政预决算报告，选举支厚久为县长，选举县人委组成人员15人。选举高步为县人民法院院长。1957年10月，县二届人大二次会议召开，听取审议县人委工作报告、财政预决算报告、县法院工作报告，并对以上报告作出决议。

1958年5月6日至8日，县三届人大一次会议召开，参会代表312人。大会听取审议县人委工作报告、预决算报告、法院工作报告，动员全面开展大跃进，选举吴翠为县长，选举县人委委员16人，选举吴翠、程邦碧（女）、韩正夫、李伯平为省二届人大代表，选举高步为县人民法院院长。

1961年10月2日至3日，县四届人大一次会议召开，参会代表279人。大会听取审议县人委工作报告、预决算报告、法院工作报告，并作出决议。选举吴翠为县长、李万琛为副县长，选举产生县人委组成人员，选举高步为县人民法院院长。

1963年7月13日至16日，县五届人大一次会议召开，参会代表339人。大会听取审议县人委工作报告、预决算报告、法院工作报告，并作出决议。选举吴翠为县长，李万琛、任俊杰为副县长，选举产生县人委组成人员。选举吴翠、程邦碧（女）、唐尚志、韩正夫、李伯平、陈尚志为省三届人大代表，选举高步为县人民法院院长。

1965年12月25日至27日，县六届人大一次会议召开，参会代表381人。大会听取审议县人委工作报告和预决算报告，并作出决议。选举张天钊为县长，张思智、李万琛、任俊杰、李林俊为副县长，选举产生县人委委员18人，高步当选为县人民法院院长。

1969年4月25日，仪陇县革命委员会成立大会召开，1万多人参会。会议宣读省革命委员会关于成立仪陇县革命委员会的批示，县革委由军队干部代表、群众组织代表、地方领导干部代表47人组成，从中推选主任、副主任、委员共15人。作为特定历史时期国家政权机关，代行县人民代表大会职权，列为县七届人大。

1981年2月至1984年4月，县八届人大共举行3次会议，均听取审议县人大常委会工作报告（第一次会议未听取）、县政府工作报告（第一次会议为县人委工作报告）、财政预决算报告和法院、检察院工作报告，大会通过以上报告的决议。其间，1981年2月24日至3月1日召开的县八届人大一次会议，改县革命委员会为县人民政府，成立县人民代表大会常务委员会，选举17人组成仪陇县八届人大常务委员会，选举李万琛为县八届人大人大常委会主任，马子秀、高步、张孟德、朱诗俊为副主任，付伦佳等12人为委员。选举陈光远为县长，张思智、高如尧、邓载阳、王素清、吴玉书为副县长。选举莫树清为县人民法院院长、孔宗章为县人民检察院检察长，同时还产生县人民代表大会常务委员会组成人员，大会收集提案267件。1982年4月16日至19日，县八届人大二次会议补选李阶生为副县长，大会收到提案333件。1983年3月18日至21日，县八届人大三次会议选举郭宪书、陈光远、袁学慧、曾令涛、杨志玉为省六届人大代表。对进一步查清处理和坚决制止乱占耕地、乱伐林木的问题作出决议，接受马子秀、张孟德辞去县人大常委会副主任职务。大会收到提案215件。

1984 年 4 月至 1987 年 3 月，县九届人大共举行 3 次会议，均听取审查县人大常委会工作报告、县人民政府工作报告、国民经济和社会发展计划报告（第一次会议未听取）、财政预决算报告和法院、检察院工作报告，大会通过以上报告的决议。其间，1984 年 4 月 11 日至 15 日召开的县九届人大一次会议选举 19 人组成县人大常委会，选举李万琛为县九届人大常委会主任，高如尧、莫树清、朱诗俊等为副主任，尹友发等 15 人为委员。选举杨刚才为县长，张思智、王素清、骆正田、邓彤刚为副县长，选举何大述为县人民法院院长，伍怀才为检察院检察长。大会收到议案和建议、批评、意见共 407 件，对 3 年完成绿化栽植任务提案作出决议。1985 年 4 月 24 日至 26 日召开的县九届人大二次会议听取代表资格审查报告、财政预决算审查报告，收到议案和建议、批评、意见共 237 件。1986 年 4 月 21 日至 25 日召开的县九届人大三次会议选举李阶生为县长，作出《关于加强土地管理制止乱占耕地的决议》《关于大力发展户办、联户办企业的决议》，大会收到议案和建议、批评、意见共 301 件。

1987 年 3 月至 1990 年 3 月，县十届人大共举行 4 次会议，除第二次会议外，其余 3 次会议均听取审查县人大常委会、“一府两院”工作报告，计划、财政预决算报告，大会批准以上报告并作出相应决议。其间，1987 年 3 月 9 日至 14 日召开的县十届人大一次会议审查和批准“七五”计划。选举 19 人组成县人大常委会，选举李万琛县十届人大常委会主任，朱诗俊、李友斗、骆正田、高如尧为副主任，文月辉（女）等 14 人为委员。选举李阶生为县长，王华敬、邓彤刚、孙阶华、李元开、杜光辉为副县长。选举何大述为县人民法院院长，伍怀才为检察院检察长。大会收到议案和建议、批评、意见共 239 件。1987 年 12 月 14 日召开的县十届人大二次会议选举王玉珍（女）、孙佩瑜、李万琛、康智盛、蒋传华为省七届人大代表。1988 年 3 月 24 日至 27 日召开的县十届人大三次会议组成“三长”接待室，先后接见代表 35 名、答复问题 87 个。1989 年 3 月 11 日至 14 日召开的县十届人大四次会议听取财政预算审查报告，县政府根据大会主席团建议，先后三次邀请出席大会相关代表，就物价、农业、教育问题进行专题座谈。

1990 年 3 月至 1993 年 1 月，县十一届人大共举行 3 次会议，均听取审查县人大常委会、“一府两院”工作报告，计划、财政预决算报告，大会批准以上报告并作出相应决议。其间，1990 年 3 月 9 日至 14 日召开的县十一届人大一次会议选举 19 人组成县十一届人大常委会，选举张思智为县十一届人大常委会主任，高如尧、朱诗俊、李友斗、骆正田为副主任，刘立英（女）等 14 人为委员。选举杜光辉为县长，何政、王华敬、邓彤刚、李元开、何崇高、杨守忠为副县长。选举何大述为县人民法院院长，伍怀才为县人民检察院检察长。会议作出《一九九二年实现全县基本绿化的决议》。大会收到议案和建议、批评、意见共 194 件。1991 年 4 月 6 日至 9 日召开的县十一届人大二次会议期间，县政府邀请出席大会的部分代表，就财政、农业问题进行专题座谈。1992 年 3 月 3 日至 6 日召开的县十一届人大三次会议审查和批准县国民经济和社会发展计划十年规划和“八五”计划纲要，对 1991 年财政决算因地区行署尚未批复，会议没有作出最后决定，授权县人大常委会批准。

1993 年 1 月至 1997 年 12 月，县十二届人大共举行 6 次会议，除第二次会议外，其余 5 次会议均听取审查县人大常委会、“一府两院”工作报告，计划、财政预决算（四、五、六次会议无决算报告）报告，大会批准以上报告并作出相应决议。其间，1993 年 1 月 4 日至 9 日召开的县十二届人大一次会议选举 19 人组成县十二届人大常委会，选举李友斗为县十二届人大常委会主任，骆正田、何崇高、蒲明古、鲜经纬为副主任，江开斌等 14 人为委员。选举李元开为县长，王华敬、邓彤刚、何修君、吕蔺强、罗湘卒、杨铁、李成忠为副县长。选举张现科为县人民法院院长，许期慎为县人民检察院检察长。选举邓如兰（女）、杜河清、李友斗、何明刚、蒋传华为省第八届人大代表。大会收到议案和建议、批评、意见共205件。1993年10月18日至19日召开的县十二届人大二次会议是在南充地区行政区划调整这一特定历史条件召开的，会议选举王以恂、王华敬、杜光辉为南充市第一届人大代表。1994年3月4日至7日召开的县十二届人大三次会议选举傅伦佳为县长，接受王华敬、邓彤刚辞去副县长职务。1995年1月12日至14日召开的县十二届人大四次会议作出《关于加速生猪生产的决议》《关于全面实现绿化的决议》。1996年3月11至14日召开的县十二届人大五次会议作出《关于加强基本农田保护的决议》，大会收到议案和建议、批评、意见共80件，质询案2件，补选席素华为副县长。1997年3月26日至30日召开的县十二届人大六次会议作出《关于加强村社财务管理的决议》，大会收到议案和建议、批评、意见共92件，选举饶正强为县长。

1997年12月至2003年1月，县十三届人大共举行6次会议，除第三次会议外，其余5次会议均听取审查县人大常委会、"一府两院"工作报告，计划、财政预算报告，大会批准以上报告并作出相应决议。其间，1997年12月29日至1998年1月2日召开的县十三届人大一次会议选举23人组成县十三届人大常委会，选举张明权为县十三届人大常委会主任，丁鹏洲、何文德、陈善荣、张现科为副主任，于明驹等18人为委员。选举饶正强为县长，刘中伯、杨铁、罗湘卒、张更德、鲜经纬、张险峰为副县长。选举姚琦为县人民法院院长，吴鉴为县人民检察院检察长。大会收到议案和建议、批评、意见共97件、质询案1件。1999年1月3日至6日召开的县十三届人大二次会议收到议案和建议、批评、意见共81件。1999年6月28日至29日召开的县十三届人大三次会议补选陈家怀为县长、陈新为副县长，并对代表和列席人员进行法律培训。2000年1月10日至13日召开的县十三届人大四次会议作出《关于加快省县乡公路改建的决议》。2001年3月18日至21日召开的县十三届人大五次会议补选刘良国为副县长。大会收到议案和建议、批评、意见共110件，质询案4件，将《关于加强第三自来水厂水源保护的议案》《关于加大力度催收合作基金会欠款和处理合作基金会遗留问题的议案》列入会议议程，并作出相应决议。2002年2月20日至24日召开的县十三届人大六次会议收到议案和建议、批评、意见124件，质询案2件。

2003年1月至2006年10月，县十四届人大共举行6次会议，除第三、六次会议外，其余4次会议均听取审查县人大常委会、"一府两院"工作报告，计划、财政预算报告，大会批准以上报告并作出相应决议。其间，2003年1月6日至10日召开的县十四届人大一次会议选举23人组成县十四届人大常委会，选举蒋元忠为县十四届人大常委会主任，李成忠（常务副主任）、罗忠寿、陈善荣、严运杰、李崇强、邓济昌、陈跃林为副主任，邓志文等15人为委员。选举吴道军为县长，陈科、冷观军、张光全、敬小娟、汪俊波、蒲仕钊、龚宁为副县长。选举陈奇为县人民法院院长，石耀忠为县人民检察院检察长。大会收到议案和建议、批评、意见共127件。2004年2月26日至3月1日召开的县十四届人大二次会议选举南充市第三届人大代表67人。收到议案和建议、批评、意见共116件、质询案1件，作出《关于在金城镇开行公共汽车的决议》。2004年9月21日至22日召开的县十四届人大三次会议补选任晓春为县人大常委会主任。2005年1月12日至15日召开的县十四届人大四次会议作出《关于研究和制定县乡油路管护办法的决议》，收到议案和建议、批评、意见共117件。2006年1月9日至11日召开的县十四届人大五次会议作出《关于高度重视果业生产的决议》《关于整合职教资源、培养技能型人才的决议》，会议批准仪陇县国民经济和社会发展第十一个五年规划，收到议案和建议、批评、意见共98件。2006年5月16日至17日召开的县十四届人大六次会议补选陈科为县长。

2006年10月至2011年12月，县十五届人大共举行6次会议，除第二次会议外，其余5次会议均听取审查县人大常委会、"一府两院"工作报告，计划、财政预算报告，大会批准以上报告并作出相应决议。其间，2006 年 10 月 24 日至 27 日召开的县十五届人大一次会议选举 27 人组成县十五届人大常委会，选举任晓春为县十五届人大常委会主任，张险峰（常务副主任）、罗忠寿、陈善荣、严运杰、邓济昌、陈跃林为副主任，王玉莲等 20 人为委员。选举陈科为县长，尹强、任明、任爱民、何绍明、郑元勤、施德祥、高向东、龚宁、敬小娟、蒋建平、谢新宇为副县长。选举徐元为县人民法院院长，朱瑛为县人民检察院检察长。作出《关于加强网吧管理的决议》，大会收到议案和建议、批评、意见共 150 件。2007 年 3 月 19 日至 20 日召开的县十五届人大二次会议补选杨建华为县人大常委会主任。2008 年 1 月 5 日至 9 日召开的县十五届人大三次会议选举南充市第四届人大代表 69 人，作出《关于切实解决失地无业农民生活保障问题的决议》，收到议案和建议、批评、意见共 105 件。2009 年 1 月 8 日至 12 日召开的县十五届人大四次会议作出《关于研究和制定县乡油路管护办法的决议》，收到议案和建议、批评、意见共 126 件。2010 年 1 月 12 日至 15 日召开的县十五届人大五次会议收到议案和建议、批评、意见共 108 件。2011 年 1 月 13 日至 16 日召开的县十五届人大六次会议补选唐蔚为县人民检察院检察长，会议审查并批准关于仪陇县国民经济和社会发展第十二个五年规划、仪陇县建设革命老区经济强县规划，收到议案和建议、批评、意见共 106 件。

2011 年 12 月至 2016 年 12 月，县十六届人大共举行 7 次会议，除第五、第七次会议外，其余 5 次会议均听取审查县人大常委会、“一府两院”工作报告，计划、财政预算报告，大会批准以上报告并作出相应决议。其间，2011 年 12 月 5 日至 9 日召开的县十六届人大一次会议选举 26 人组成县十六届人大常委会，选举张险峰为县十六届人大常委会主任，陈善荣、赵守培、罗兴武、严官明为副主任，王瑞波等 26 人为委员。选举石全华为县长，贾怀平、何林忠、兰丽（女）、陈鹏、杨洪江、何振宇、郭红英（女）为副县长。选举徐元为县人民法院院长，唐蔚为县人民检察院检察长。选举南充市五届人大代表 84 人。大会收到议案和建议、批评、意见共 167 件。2013 年 1 月 7 日至 10 日召开的县十六届人大二次会议收到议案和建议、批评、意见共 104 件，其中“加强思德水库库区饮用水保护”等 4 个建议被列为重点建议。2014 年 1 月 6 日至 9 日召开的县十六届人大三次会议收到议案和建议、批评、意见共 87 件，其中“尽快出台殡葬改革相关配套措施”等 4 个建议被列为重点建议。2015 年 5 月 14 日至 16 日召开的县十六届人大四次会议收到议案和建议、批评、意见共 90 件。2015 年 6 月 23 日至 24 日召开的县十六届人大五次会议补选陈科为县人大常委会主任。2016 年 1 月 12 日至 15 日召开的县十六届人大六次会议审查并批准关于仪陇县国民经济和社会发展第十三个五年规划，收到议案和建议、批评、意见共 105 件。2016 年 2 月 25 日至 27 日召开的县十六届人大七次会议接受徐元辞去县人民法院院长职务，补选谢艳为县人民法院院长。

2016 年 12 月至 2019 年 12 月，县十七届人大举行 4 次会议，除第二次会议外，其余 3 次会议均听取审查县人大常委会、“一府两院”工作报告，计划、政府预算报告，大会批准以上报告并作出相应决议。其间，2016 年 12 月 5 日至 8 日召开的县十七届人大一次会议选举 40 人组成县十七届人大常委会，选举郑元勤为县十七届人大常委会主任，冷观军、徐元、吴开洪为副主任，王鹏超等 36 人为委员。选举郭宗海为县长，尹成平、何振宇、李涛、陈智、曹毅、何华（女）为副县长。选举谢艳为县人民法院院长，唐蔚为县人民检察院检察长。选举南充市第六届人大代表 68 人。作出设立 5 个县人大专门委员会的决定，并选举产生专门委员会主任委员、副主任委员、委员。大会收到议案和建议、批评、意见共 182 件。2017 年 7 月 24 日至 26 日召开的县十七届人大二次会议专题听取和审查县政府脱贫攻坚工作报告，来自县、乡、村 3 位县人大代表作审议发言，对全县脱贫攻坚工作从 6 个方面梳理出 18 个共性问题，会议作出关于县政府脱贫攻坚工作报告决议，收到议案和建议、批评、意见共 31

件。2018 年 1 月 15 日至 18 日召开的县十七届人大三次会议选举邓步林为县监察委员会主任，收到议案和建议、批评、意见共 143 件。2019 年 4 月 1 日至 4 日召开的县十七届人大四次会议选举人大常委会部分委员、审议县人大增设和更名有关专门委员会的议案，并作出相应决定。大会收到议案和建议、批评、意见共 104 件。

3. 仪陇县人大常委会会议

1981 年 2 月至 1984 年 4 月，县八届人大常委会共举行 19 次会议，分别听取审议县政府、法院、检察院关于工农业生产、交通运输、财政贸易、文教卫生、城镇建设、社会治安、打击经济领域里严重犯罪活动、维护妇女儿童合法权益、开展"五讲四美"等方面工作汇报或报告 56 次，并作《关于继续抓紧抓好财经纪律检查的决议》等 15 个决议和《关于城镇卫生管理违章罚款实施细则的决定》等 20 个决定。严格履行人事任免权，根据县政府县长提名，任免县政府组成人员 51 人；根据法院院长提名，任免副院长、正副庭长、审判员等 25 人；根据检察长提名，任免副检察长、检察员 9 人；县八届人大常委会十九次会议决定代表资格审查委员会作为常设机构，罢免 1 名人大代表职务。

1984 年 4 月至 1987 年 3 月，县九届人大常委会共举行会议 22 次，先后学习全国人大常委会委员长彭真 1983 年 12 月 18 日讲话、《中华人民共和国兵役法》等材料、法律 9 个；听取审议县人大常委会关于教育工作视察情况报告、代表资格审查报告、走访县人大代表情况报告等报告 6 个。县政府关于加快企业整顿步伐，努力提高经济效益情况汇报；关于严厉打击刑事犯罪活动，努力推进综合治理情况汇报；关于集资办学，改善办学条件情况汇报；关于仪陇县普及初等教育，改革中等教育结构情况汇报；关于仪陇县计划生育工作开展情况汇报；关于文星乡社会治安综合治理情况汇报；关于仪陇县普及法律常识准备工作情况和 1986 年普及法律知识工作实施意见的汇报；关于 1985 年扶贫工作情况和 1986 年扶贫工作意见的汇报等情况汇报 39 个。县人民法院关于运用法律武器，保护妇女儿童合法权益的情况汇报；关于打击经济犯罪和开展经济审判工作情况汇报等。县人民检察院关于 1985 年经济检察工作的情况汇报。作出或通过设立县九届人大常委会代表资格审查委员会的决定、关于学习宣传新兵役法决定、关于在全县公民中普及法律知识决定、关于组织代表就地视察决定、关于 1986 年财政预算部分变动的决议等决议决定 12 个。任命国家机关工作人员 74 人次，免去国家机关工作人员职务 17 人次，通过《县人大常委会关于县人大代表开展工作的办法》等。制定县人大常委会工作、会议、学习和保密等制度。任期内，每年人大常委会工作要点、常委会工作报告、上半年国民经济计划执行情况报告、代表所提议案和建议、批评及意见办理情况的报告、召开县九届人大各次会议有关事项等都在常委会会议上听取审议并通过。

1987 年 3 月至 1990 年 3 月，县十届人大常委会共举行会议 24 次，先后听取审议县人大常委会代表变动情况报告、代表资格审查报告、关于组织检查工业企业法等 4 个法律实施情况汇报等报告，关于大罗乡十一届人大一次会议另选副乡长情况汇报，并予以撤销，县政府关于贯彻执行《中华人民共和国土地法》加强土地管理制止乱占耕地的情况汇报、贯彻执行《中华人民共和国食品卫生法（试行）》和贯彻执行《四川省农作物种子管理条例》情况汇报（前后共汇报 15 部法律法规、条例的贯彻执行情况）、关于扶贫资金使用情况的报告、关于审计工作情况汇报、关于监察工作情况汇报、关于清理整顿公司加强市场管理情况汇报、关于农田水利和土地建设情况汇报、关于治理整顿文化市场的情况汇报、关于仪陇县科技工作情况汇报等情况汇报 60 个，县人民法院关于贯彻实施《中华人民共和国民法通则》情况报告，县人民检察院关于严惩严重经济犯罪促进改革全面深入的情况汇报，关于贯彻最高人民法院、最高人民检察院《通告》情况汇报等。作出或通过设立县十届人大常委会代表资格审查委员会决定、《关于加强监督工作，认真贯彻落实治理经济环境，整顿经济秩序，全面深化改革方针的决定》《关于对〈中华人民共和国全面所有制工业企业法〉等四个法律实施情况开展检查的决定》《关于认真贯彻中共十三届四中全会精神，维护安定团结的政治局面的决议》、关于加强中小学德育工作的决议等决议决定22个，提出审议意见1个。审议并通过《县人大常委会关于加强同县人民政府、县人民法院、县人民检察院工作联系的意见》《县人大常委会人事任免试行办法》《县人大常委会会议制度》、县人大常委会《乡镇人民代表大会主席团职责（试行）》《财政预算审查程序的暂行规定》《仪陇县预算外资金管理暂行办法》《关于仪陇县财政预算决算审查监督办法》《仪陇县人大常委会关于监督国民经济和社会发展计划的编制和执行的暂行办法》《仪陇县人大常委会监督县人民法院、县人民检察院执法的试行办法》等意见、制度、办法和规定。审议《仪陇县义务教育实施细则》、关于贯彻《四川省计划生育条例》的实施意见、《乡镇治安工作条例》等县政府提请审议的意见、条例。任命国家机关工作人员109人次、免去国家机关工作人员职务38人次。届内内，每年的人大常委会工作要点、常委会工作报告、上半年国民经济计划执行情况报告、代表所提议案和建议、批评、意见办理情况的报告、召开县十届人大各次会议有关事项、关于财政预算部分变更的报告等都在常委会会议上听取审议、通过或批准。

1990年3月至1993年1月，县十一届人大常委会共举行会议21次，先后听取审议代表资格审查报告、县人大常委会教科文卫工作委员会和财政经济工作委员会关于检查有关法律、法规的安排意见等，县政府关于清理干部职工建私房情况汇报、关于仪陇县城镇待业人员劳动就业情况汇报、关于贯彻落实县人大常委会二次会议有关科技兴农、国土管理和清理干部职工建私房等方面决议和审议意见的情况汇报、关于仪陇县体育事业发展的情况汇报、关于仪陇县法治宣传教育第二个五年规划实施意见的汇报、关于朱德铜像工程筹建工作的情况汇报、关于社会办医监督管理工作的情况汇报、关于房改方案的情况汇报、关于贯彻执行《中华人民共和国城市规划法》的情况汇报（前后共汇报9部法律法规、条例的贯彻执行情况）、关于仪陇县撤区扩乡建镇调整建制的情况汇报等情况汇报60个，县人民法院关于贯彻实施《中华人民共和国行政诉讼法》准备工作的情况报告、关于执行工作的情况汇报等，县人民检察院关于惩治贪污、贿赂等经济犯罪的情况汇报、关于查处“侵权”渎职犯罪案件的情况汇报等。作出或通过设立县十一届人大常委会代表资格审查委员会的决定、《关于组织县人大代表视察的决定和设立县人大常委会区人大工作委员会的决定》《关于加快发展我县乡镇企业的决议》《关于认真贯彻〈四川省预算外资金管理条例〉加强预算外资金管理的决议》等决议决定28个，提出审议意见8个。审议并通过县人大常委会制定的《区工作委员会工作职责的暂行规定》、县政府《关于我县调整区、乡（镇）建制的方案》等。任命国家机关工作人员193人次、免去国家机关工作人员职务17人次。届内，每年的人大常委会工作要点、常委会工作报告、上半年国民经济计划执行情况报告、代表所提议案和建议、批评、意见办理情况的报告、召开县十一届人大各次会议有关事项、关于财政预算部分变更的报告、财政决算报告等都在常委会会议上听取审议、通过或批准。

1993年1月至1997年12月，县十二届人大常委会共举行会议39次，先后听取审议代表资格审查报告、主任会议关于县人大常委会组织县人大代表对“一府两院”及其工作部门的工作评议的情况等，县政府关于落实县人大常委会《关于普及九年义务教育实施意见修正方案的决议》情况汇报、《关于贯彻〈中华人民共和国药品管理法〉的情况汇报》的审议意见办理情况的汇报、关于贯彻县十二届人大四次会议《关于加速发展生猪生产决议》的情况汇报、关于仪陇县职工社会保险工作的情况汇报、关于打击假冒伪劣商品保护消费者合法权益的情况汇报、关于贯彻实施《中华人民共和国保守国家秘密法》的情况汇报（前后共汇报8部法律法规、条例的贯彻执行情况）、关于仪陇县“三五”普法启动工作的情况汇报、关于仪陇县机构改革的情况汇报、关于国有集体企业产权制度改革工作的情况汇报、仪陇县国民经济和社会发展“九五”计划及2010年规划纲要等情况汇报78个。县人民法院关于经济审判工作的情况汇报，县人民检察院关于惩治贪污贿赂犯罪的情况汇报、关于法纪检察工作的情况汇报等情况汇报4个。作出或通过设立县十二届人大常委会代表资格审查委员会的决定、《关于撤销瓦子镇第一届人大一次会议违规选举副镇长的决定》《废止〈仪陇县人大常委会关于乡、镇人民代表大会主席团工作职责（试行）〉、〈关于区人大工作委员会职责的暂行规定〉的决定》《关于县人民政府及其工作部门实行执法责任制的决定》、暂时停止谢某某执行县人大代表的职务的决定、关于设置县人大常委会办事机构的决定等决议决定53个。提出《关于1996年大春生产及农资准备情况汇报的审议意见》等审议意见15个。审议并通过《仪陇县人大常委会议事规则》《仪陇县人大常委会人事任免试行办法》《仪陇县人大常委会关于县人大代表开展工作的办法》《仪陇县人大常委会审议意见办理反馈的暂行办法》等规则、办法6个。任命国家机关工作人员176人次、免去国家机关工作人员职务83人次。听取审议县国土局、计生委、劳动局等6个政府工作部门局长、主任的述职报告。届内，每年的人大常委会工作要点、常委会工作报告、上半年国民经济计划执行情况报告、代表所提议案和建议、批评、意见办理情况的报告、召开县十二届人大各次会议有关事项、关于财政预算部分变更的报告、财政决算报告、预算执行报告等都在常委会会议上听取审议、通过或批准。

1997年12月至2003年1月，县十三届人大常委会共举行会议39次，先后听取审议代表资格审查报告、关于《中华人民共和国义务教育法》执法检查报告、关于《广播电视管理条例》执法检查报告、关于《中华人民共和国种子法》执法检查的情况汇报、关于《个体工商户条例》执法检查的情况汇报、关于村民委员会组织法执法检查的情况汇报等，县政府关于计划生育工作情况报告、关于“两保”再就业工作的情况汇报、关于1999年农民负担监督管理工作的情况汇报、关于仪陇县行政监察工作情况汇报、关于《中华人民共和国土地管理法》贯彻实施的情况汇报（前后共汇报4部法律法规、条例的贯彻执行情况）、关于稳粮增收调结构的情况汇报、关于仪陇县卫生体制改革工作的情况汇报、关于加强农村财务管理质询案的办理情况的汇报、关于县十三届人大四次会议文物保护质询案的办理情况的汇报、关于农村合作基金会的治理整顿及股金兑付工作的情况汇报、关于中小学实施素质教育工作的情况汇报等情况汇报89个，县人民法院关于执行工作的情况汇报，县人民检察院关于反贪污贿赂犯罪的情况汇报、关于反贪污贿赂等经济犯罪工作情况汇报等。作出或通过设立县十三届人大常委会代表资格审查委员会的决定、仪陇县人大常委会关于依法治县的决议、关于认真做好越温脱贫攻坚工作的决议、关于同意仪陇县县城总体规划的决议、关于加强审计工作的决议、关于进一步开展法制宣传教育的决议等决议决定45个，提出审议意见23个。审议并通过《仪陇县人大常委会司法案件监督办法》。任命国家机关工作人员172人次、免去国家机关工作人员职务62人次。听取审议县交通局、科委、司法局等20个政府工作部门局长、主任的述职报告、县法院院长、县检察院检察长的述职报告。届内，每年的人大常委会工作要点、常委会工作报告、上半年国民经济计划执行情况报告、代表所提议案和建议、批评、意见办理情况的报告、召开县十三届人大各次会议有关事项、关于财政预算部分变更的报告、财政决算报告、财政预算执行和其他财政收支审计的工作报告等都在常委会会议上听取审议、通过或批准。县十三届人大常委会三十六次会议上举办婚姻法法制讲座。

2003年1月至2006年10月，县十四届人大常委会共举行会议30次，先后举办《中华人民共和国宪法》《中华人民共和国环境保护法》等法制讲座26期和宣传贯彻《中华人民共和国审计法》《中华人民共和国畜牧法》座谈会。先后听取审议代表资格审查报告、县人大常委会执法检查组关于检查政府采购法、道路交通安全法、传染病防治法、土地承包法、城市居民委员会组织法、网吧管理条例等28部法律法规的贯彻实施情况的报告等，县政府关于乡镇卫生院上划管理运行情况的报告、关于公安经济犯罪侦查工作的情况汇报、关于全县水利工作的情况汇报、关于仪陇县畜牧立县产业发展的情况汇报、关于仪陇县人口与计划生育工作的情况汇报、关于全县劳动与再就业工作的情况汇报等情况汇报63个，县人民法院关于审判执行工作的情况汇报，县人民检察院关于开展预防职务犯罪工作情况汇报、关于提高办案质量的情况汇报等。作出或通过设立县十四届人大常委会代表资格审查委员会的决定、关于同意县政府驻地迁址新政镇的决定、关于批准仪陇县新政城市总体规划的决议、关于同意县政府乡镇行政区划调整方案的决议、关于认真落实总书记批示切实解决群众生产生活用水困难的决议等决议决定61个，提出加强环境保护的审议意见、《关于认真落实下岗失业人员再就业各项优惠政策，全力做好劳动就业和社会保障工作的审议意见》等审议意见13个。审议并通过《仪陇县预算监督暂行办法》《仪陇县人大常委会议事规则》、机关管理等办法、规则、制度27个。任命国家机关工作人员170人次、免去国家机关工作人员职务43人次。听取审议县发展计划局、劳动和社会保障局、国土资源局等部分政府组成部门局长的述职报告，对人大常委会任命的“一府两院”部门负责人年度履职情况进行工作评议。届内，每年的人大常委会工作要点、常委会工作报告、上半年国民经济计划执行情况报告、代表所提议案和建议、批评、意见办理情况的报告、召开县十四届人大各次会议有关事项、关于财政预算部分变更的报告、财政决算报告、财政预算执行和其他财政收支审计的工作报告等都在常委会会议上听取审议、通过或批准。县十四届人大常委会二次会议上，县人民法院、县人民检察院、县公安局、县司法局负责人就“司法公正”向县人大常委会作出庄严承诺。

2006年10月至2011年12月，县十五届人大常委会共举行会议41次，先后听取审议县人大常委会关于对常委会任命的政府组成部门主要负责人年度履职情况的走访了解情况的报告（并进行履职测评）、代表资格审查报告、县人大常委会执法检查组关于检查企业工会工作条例、治安管理处罚法、税收征管法、畜牧法、农产品质量安全法、药品管理法、渔业法、消费者权益保护法、劳动合同法、文物保护法、动物防疫法、森林法、城市房地产管理法、城乡规划法等14部法律法规的贯彻实施情况的报告等，县政府关于新县城建设情况的报告、关于就业与再就业工作情况的报告、关于部分乡镇建制调整的议案、关于水资源保护工作情况的报告、关于城市管理工作情况的报告、关于新型农村合作医疗管理工作情况的报告、关于地震灾后重建工作情况的报告、关于城镇职工养老保险工作情况的报告、关于职业教育三年攻坚计划实施情况的报告、关于城乡环境综合治理工作情况的报告等报告、议案65个，县人民法院关于民（商）事审判工作的报告、关于《仪陇县人大常委会听取县人民法院民（商）事审判工作报告的审议意见》研究处理情况的报告，县人民检察院关于查办和预防职务犯罪工作情况的报告、关于反渎职侵权工作情况的报告。作出或通过设立县十五届人大常委会代表资格审查委员会的决定、关于废止〈仪陇县人民代表大会常务委员会司法案件监督办法〉的决定、关于同意罢免2名县十五届人大代表职务案的决定、罢免1名南充市第四届人民代表大会代表职务的决议、关于同意将南部县光华乡全建制划归仪陇的决定等决议决定62个，提出关于听取县政府新型农村合作医疗管理工作情况报告的审议意见、关于县人民法院民（商）事审判工作的审议意见等审议意见39个。审议并通过《仪陇县人民代表大会常务委员会任免国家机关工作人员暂行办法（草案）》《仪陇县人民代表大会常务委员会关于办理人大代表建议、批评和意见的规定（修订草案）》《仪陇县人民代表大会常务委员会关于规范性文件备案审查的规定（草案）》等规定、办法、规则6个。任命国家机关工作人员142人次、免去国家机关工作人员职务 64 人次。届内，每年的人大常委会工作要点、常委会工作报告、上半年国民经济计划执行情况报告、代表所提议案和建议、批评、意见办理情况的报告、召开县十五届人大各次会议有关事项、关于财政预算部分调整变动情况的报告、财政决算报告、财政预算执行和其他财政收支审计情况的报告等都在常委会会议上听取审议、通过或批准。任期内，对县民政局、水务局等 8 个政府组成部门进行工作评议，对常委会组成人员如何履职进行业务培训。

2011 年 12 月至 2016 年 12 月，县十六届人大常委会共举行会议 48 次，先后举办宪法等专题法制讲座 12 次。先后听取审议县人大常委会关于审查双胜镇四届人大一次会议选举工作情况报告、关于罢免县十六届人大个别代表职务情况报告、代表资格审查报告、县人大常委会执法检查组关于农业专业合作社法、《中华人民共和国价格法》《中华人民共和国安全生产法》《中华人民共和国环境保护法》《国务院城市居民最低生活保障条例》《中华人民共和国水土保持法》《中华人民共和国野生动物保护法》《中华人民共和国义务教育法》等 10 部法律法规贯彻实施情况报告等，县政府关于提请同意新建仪陇县工业集中区马鞍工业园区议案、关于城市管理工作情况报告、关于深入实施三名工程情况报告、关于推进依法行政工作情况报告、关于地质灾害防治工作情况的报告、关于基层法律服务及管理工作情况的报告、关于农村面源污染防治工作情况的报告、关于城乡供水管理体制改革及片区一体化供水建设的情况报告、关于朱德故里景区创建 AAAAA 级景区工作情况报告等报告、议案 109 个，县人民法院关于刑事审判、民事审判、行政审判、队伍建设等专项工作报告，县人民检察院关于反渎职侵权工作、刑事检察工作、查办和预防职务犯罪工作等专项报告。作出或通过设立县十六届人大常委会代表资格审查委员会决定、关于同意 2015 年地方政府债务限额的决定、未通过仪陇县人大常委会关于将国道 245 线巴中至金平公路仪陇段改扩建工程 PPP 项目服务费纳入财政年度预算的决议等决议决定 71 个，提出关于城市管理工作情况报告审议意见、关于深入实施“三名工程”审议意见、关于县城建设审议意见、关于进一步加强城镇医疗保险工作的建议函、关于进一步加强文化建设工作的建议函等审议意见 50 个、建议函 21 个。审议通过或修订完善县人大常委会工作评议试行办法、听取和审议专项工作报告暂行办法、任免国家机关工作人员暂行办法、人大代表联系群众工作办法、常委会领导联系代表小组、公务接待等规定、办法、制度 11 个。任免国家机关工作人员 228 人次，接受辞职 32 人次，罢免市人大代表 2 名，补选市人大代表 6 名、县人大代表 10 名，任命人民陪审员 129 名。届内，每年的人大常委会工作要点、常委会工作报告、关于走访了解政府组成部门主要负责人及“两院”副职领导年度履职情况的报告（并进行履职测评）、上半年国民经济计划执行情况报告、代表所提议案和建议、批评、意见办理情况的报告、召开县十六届人大各次会议有关事项、关于财政预算部分调整变动情况的报告、财政决算报告、财政预算执行和其他财政收支审计情况的报告等都在常委会会议上听取审议、通过或批准。任期内，对政府办、县人社局等 16 个政府组成部门进行工作评议。在县人大常委会二十一次会议上对县政府低保工作进行专题询问。

2016 年 12 月至 2019 年 12 月，县十七届人大常委会共举行会议 24 次，先后举办《中华人民共和国预算法》《中华人民共和国宪法》《中华人民共和国监察法》《中华人民共和国行政诉讼法》《中华人民共和国水污染防治法》《南充市城市园林绿化条例》《南充市城镇环境卫生管理条例》《南充市城市道路车辆通行管理条例》等专题法制讲座 9 次，开展县人大常委会组成人员履职辅导。先后听取审议县人大常委会关于提请审议《仪陇县人民代表大会常务委员会议事规则（修订草案）》的议案、督办县十七届人大四次会议建议办理情况的报告、代表资格审查报告、县人大常委会执法检查组关于开展《中华人民共和国道路交通安全法》执法检查情况的报告、关于检查《南充市城镇环境卫生管理条例》贯彻执行情况的报告等法律法规的贯彻实施情况的报告等，县政府关于县城教育卫生事业发展情况报告、关于城乡居民安全饮水情况报告、关于仪陇县实施乡村振兴战略情况报告、关于环境保护工作情况报告、关于宜居县城建设工作情况报告、关于仪陇县乡镇行政区划调整改革方案的议案等报告、议案 39 个，县人民法院关于民事审判工作情况的报告、关于执行工作情况的报告、关于执行工作审议意见研究处理情况的报告等专项工作报告，县人民检察院关于民事行政检察工作报告、关于未成年人检察工作报告、关于公益诉讼工作开展情况的报告等专项报告，县监察委员会关于扶贫领域腐败和作风问题治理工作的情况报告。作出或通过设立县十七届人大常委会代表资格审查委员会决定、关于开展第七个五年法治宣传教育的决议、关于将仪陇中学新政分校项目建设资金分年度纳入财政预算的决定、关于设立度门街道工作委员会的决定等决议决定 49 个，提出关于县城教育卫生事业发展情况报告的审议意见、关于宜居县城建设工作情况报告的审议意见等审议意见 20 个。审议通过或修订完善常委会议事规则、主任会议议事规则、工作评议办法、任免国家机关工作人员办法、预算审查监督办法、规范性文件备案审查、机关会议制度、各委室工作职责等规则、规定、办法、制度 25 个。出台仪陇县人大常委会关于进一步加强和规范乡镇人大工作的指导意见。任免国家机关工作人员 163 人次、接受辞职 94 人次、补选市人大代表 3 名、补选县人大代表 63 名、任命人民陪审员 117 名的人事任免事项。3 年中，每年的人大常委会工作要点、常委会工作报告、关于走访了解政府组成部门主要负责人及“两院”副职领导年度履职情况的报告（并进行履职测评）、上半年国民经济计划执行情况报告、代表所提议案和建议、批评、意见办理情况的报告、召开县十七届人大各次会议有关事项、关于财政预算部分调整变动情况的报告、财政决算报告、财政预算执行和其他财政收支审计情况的报告、政府预算执行及其他财政收支审计查出突出问题整改落实情况的报告等都在常委会会议上听取审议、通过或批准。3 年中，对县国土局、审计局等 12 个政府组成部门进行工作评议。

4. 仪陇县人大常委主要工作

1981 年 2 月至 1984 年 4 月，县八届人大常委会对落实党在农村经济政策、抗灾自救、工农商贸计划完成情况、计划生育、青少年教育等问题进行 7 次检查和 12 次专题调查。其中，1982 年 8 月，组织调查组调研县铁厂等企业时，发现县铁厂全年计划生产铁锅 14 万口，县日杂公司只承销 7 万口，其余产品既不准与外地订货，又不允许在本地销售，产品积压一半；县棉织厂全年计划生产布鞋 8 万双，百货公司只承销 1 万双，县商业局只供 1 万双原材料，且不准自购原材料和自销产品，该长设备利用率只有 15%，全年生产计划无法实现。调查组根据“改革、开放、搞活”经济政策，同工商主管部门协商，取消其不合理的限制和禁令，两企业的活力增强。为推动教育事业发展，1983 年 4 月，县人大常委会组织县人大常委会副主任、县政府分管教育副县长和文教局主管教育工作负责人组成视察组对 27 所中小学贯彻落实党的教育方针、党的知识分子政策、发动社会对集资办学、改善办学条件、落实“三师”报酬等进行视察，发现教育事业已为社会重视，尊重知识、尊重人才的风气已开始形成，但少数学校办学条件差，政府及有关部门关心教师生活疾苦不够，县人大常委会写出书面视察报告呈报县委，并交由县政府研究处理，及时妥善解决。组织调查组、视察组对财政税收情况进行调查和视察，针对存在问题，向县政府提出建议，对充裕全县财政收入做出贡献。接待人民来访 910 次，处理人民来信 625 件。

1984 年 4 月至 1987 年 3 月，县九届人大常委会坚持四项基本原则，依法履行职权。常委会除对《中华人民共和国经济合同法》《中华人民共和国食品安全法》《中华人民共和国计量法》等 8 部法律、条例的贯彻实施情况进行检查外，还对《中华人民共和国宪法》《中华人民共和国刑法》《中华人民共和国刑事诉讼法》等“九法一条例”进行普法宣传，1986 年，先后给 7 个部门和单位讲法治课 12 堂次，听课人数达 2000 人次。是年 3 月，听取审议县政府《关于我县普及法律知识准备工作情况和 1986 年普及法律知识工作实施意见的汇报》，会议审议通过这个实施意见，要求县政府和各部门要充分认识，把普法工作纳入重要议事日程，“一府两院”在抓好普法工作的同时，加强中小学生法治教育。常委会先后听取《关于发展乡（镇）企业情况的汇报》等经济建设多方面的报告 25 个，并组织有关视察和调查。为庆祝第一个教师节，组织开展对立山、观紫片 17 所中小学的教师工作视察活动，解决被调研学校教师吃水难、政策落实不到位、学校危房多等问题。为保障县九届人大一次会议作出的《三年完成全县绿化栽植任务的决议》的贯彻实施，县人大常委会深入区、乡，就采种育苗、植树造林、落实和完善林业“两制”、绿化经费的筹备和开支等方面情况进行调查，先后两次听取审议县政府《关于绿化栽植情况报告》，并作出决议。县政府认真贯彻执行决议，紧紧围绕落实林业政策，狠抓规划落实和科学管林，初步改变仪陇县林业生产中“折腾波动”的局面。组织开展石油经营执行价格情况、化肥经营中数量质量情况、农民摊派项目、执行财经纪律、文化艺术工作情况、科技体制改革、公路建设、绿化栽植情况等视察或调查活动，并提出相关建议交由有关部门研究处理。县人大常委会设立县人大常委会代表联络科，在区、县城机关建立县人民代表联系组，建立代表小组，并制定学习、联络、汇报、民主生活等制度，召开座谈会、经验交流会，走访代表和代表小组均达 70% 以上。届内共督办代表议案、建议、批评、意见 936 件，均按要求按时办理完毕，并将处理情况直接答复代表本人。接待人民来访 391 人次。做好县、乡（镇）两级人民代表大会代表换届选举工作，并指导乡（镇）召开新一届人大会议。

1987 年 3 月至 1990 年 3 月，县十届人大常委会依照宪法和法律所赋予的职权，强监督，促发展。县人大常委会除对《中华人民共和国义务教育法》《中华人民共和国计量法》《中华人民共和国药品管理法》《中华人民共和国治安管理处罚条例》《中华人民共和国统计法》《中华人民共和国刑事诉讼法》《中华人民共和国森林法》《中华人民共和国企业法》《中华人民共和国环境保护法》《中华人民共和国村民委员会组织法》《中华人民共和国全国人民代表大会和地方各级人民代表大会选举法》等 16 部法律、条例的贯彻实施情况进行检查外，还开展对“两法”执行情况检查、对 147 个单位、26 个乡镇近 15 万人进行普法教育等法律监督活动，并督促县政府依法严处查证属实的违法行为。县人大常委会组织部分委员和司法机关，深入法院、检察院、公安局和区、乡及区法庭、派出所，采取听汇报、查案卷、开座谈会、探视监所、走访干群等方法，对“两法”公布实施情况进行检查，在公检法自查纠正案件 15 件 18 人的基础上，检查出未能完全按照“两法”而错处的案件 8 件 8 人。县人大常委会不仅监督检查法律、法规贯彻实施情况，还对查证属实的违法行为督促相关部门依法惩处，大罗乡十一届人大一次会议在另选副乡长时，提出的预选办法和另选副乡长候选人既未经主席团提名，又未经主席团提请代表大会酝酿讨论，就投票选举，违反有关法律法规，县十届人大常委会 24 次会议依法作出决定，大罗乡十一届人大一次会议重选的副乡长邓某明无效，予以撤销。为将中共中央、国务院、中央军委平息政治风波的决策落到实处，作出《关于认真贯彻中共十三届四中全会精神，维护安定团结的政治局面的决议》。组织开展对农村实行双层经营合作制、煤炭供应、防止狂犬病、县城学校师资配备、蚕桑生产、农业生产、农田水利等工作视察或调查活动，并提出相关建议交由有关部门研究处理。帮助各区、乡（镇）和县城机关建立代表联系组 11 个、代表小组 74 个，帮助各代表小组建立代表学习考勤、会议记录、批评建议登记、先进事迹记载、工作计划等“代表小组五簿”，经常深入联络组、代表小组了解情况、总结经验、收集意见和建议、指导开展为民履职活动、倡议开展“五个一”活动。督办代表建议、批评、意见745件、议案1件，按要求按时办理完毕。接待人民来访1183人次，处理人民来信694件。做好县、乡（镇）两级人民代表大会代表的换届选举工作，并指导乡（镇）召开新一届人大会议。

1990年3月至1993年1月，县十一届人大常委会树立人大工作必须保证党的基本路线贯彻执行的指导思想，发扬民主，加强监督。届内，对《四川省乡镇人民代表大会主席团工作条例》《中华人民共和国刑法》《中华人民共和国水法》《中华人民共和国森林法》、保护消费者合法权益条例、工业产品质量监督条例等13部法律法规执法情况进行检查，听取县政府、法院、检察院关于《中华人民共和国土地管理法》《中华人民共和国义务教育法》《中华人民共和国会计法》《中华人民共和国全民所有制工业企业法》《中华人民共和国城市规划法》《中华人民共和国行政诉讼法》《社会治安管理处罚条例》和四川省农民负担管理条例、计划生育条例、预算外资金管理条例、绿化暂行条例、土地管理实施办法、社会办医管理办法等法律法规贯彻实施情况汇报，纠正和督促纠正与有关法律、法规相抵触文件23件，审阅司法案卷8卷，通过信访渠道，督促司法机关办理刑事、民事案件43件。总结全县“一五”普法经验，检查“二五”普法工作开展情况。组织开展农民负担、清理制止“三乱”、农业生产、蚕桑生产、工业产业质量、工业企业启动市场情况、国营企业转换经营机制情况、公路路政管理、查禁假冒伪劣产品、维护消费者权益、干部职工“三违”建私房等调查、检查、视察活动133次，形成调查报告75份，特别在清理“三乱”中，敦促政府取消、降低不合理不合法项目201个，为农民减负1100余万元。设立县人大常委会区工作委员会和信访办公室，采取走访、组织视察、召开座谈会等多种形式联系代表，并邀请省、县人大代表参加常委会组织的各种检查、调查活动、列席常委会会议。通过以会代训、邀请乡镇人大常务主席列席会议、总结交流乡镇人大主席开展工作经验等方式指导乡镇人大工作。通过组织专人督办、定期听取汇报等方式，共督办代表建议、批评、意见515件，议案1件，质询案3件。接待人民来访1704人次，处理人民来信1129件。

1993年1月至1997年12月，县十二届人大常委会认真履行宪法和法律赋予的职权，开展对《中华人民共和国反不正当竞争法》《中华人民共和国消费者权益保护法》、除“六害”法律法规、《中华人民共和国环境保护法》《中华人民共和国全民所有制工业企业法》、全民所有制工业企业转换经营机制条例、农业“两法一律”、《中华人民共和国工会法》《中华人民共和国全国人民代表大会和地方各级人民代表大会代表法》《中华人民共和国教师法》《中华人民共和国土地管理法》《中华人民共和国义务教育法》《中华人民共和国妇女权益保障法》《中华人民共和国村民委员会组织法（试行）》、四川省绿化条例、《中华人民共和国劳动法》《中华人民共和国城市规划法》、基本农田保护条例、《中华人民共和国水土保持法》《中华人民共和国农业技术推广法》等27部法律法规的执法检查，对发现的问题，形成书面意见，督促“一府两院”及有关单位采取措施，解决落实。通过有奖征文、理论研讨、图片展览、法治宣传等活动纪念宪法颁布和人民代表大会制度建立40周年。对县政府及其职能部门规范性文件进行全面审查，督促县政府纠正《仪陇县计划外生育费管理实施办法》中与《四川省计划生育条例》和《四川省计划外生育费管理办法》相悖的有关条款。县十二届人大常委会一次会议听取县选办《关于瓦子镇第一届人大一次会议违规选举副镇长的情况汇报》，会议认为瓦子镇一届人大一次会议将未获全体代表过半数赞成票的副镇长候选人宣布当选，决定予以撤销。县人民检察院检察委员会在讨论杨某成拐卖人口一案时，检察长不同意其他检察委员会委员的意见，根据有关法律规定，县十二届人大常委会27次会议认真审议县检察院关于杨某成拐卖人口报请决定的议案，决定同意检察长在检察委员会上的意见，依法对杨某成提起公诉。在全县开展对县人民法院、县人民检察院、公安局、司法局工作评议，全县 90% 的县人大代表和 1300 余名乡（镇）人大代表分别参与调查，在肯定成绩的同时提出整改意见 70 多条，推动司法机关的工作。县人大常委会对农业生产、基本农田建设、科技兴农、荒山绿化、全县生猪、蚕桑生产、思德水库右干渠配套工程、水土保持长江中上游防护林工程、计划生育费用管理使用、工商企业扭亏增盈工作、工业生产、物价上涨、税收入库、农民负担、社会治安、计划生育等开展专题调查 43 次，形成调查报告 37 份，特别是到观紫、土门、张公等乡镇对棉麻公司和县种子公司出售劣质玉米种“贵毕 301”情况进行调查，召集县政府及有关部门负责人专题研究，督促相关企业赔偿群众经济损失。常委会继续坚持组成人员分片联系人大代表、建立健全代表组织机构、修改完善代表工作暂行办法外，还用信函了解代表，组织代表开展视察、评议、学习和“三带头两联系”活动，表彰奖励先进，走访联系选民，任期内，常委会共走访联系代表 2 万余人次，邀请和组织 2000 余人次代表参加各种视察、调查、执法检查和评议活动。常委会抓好移交、答复、反馈、总结、报告等各个环节的工作督办代表的议案、建议、批评、意见，经常深入承办单位督促检查和催办，对办理不认真的退回承办单位重新办理，对评选办理工作先进单位和个人进行表彰，并总结推广经验。届内，常委会共接待群众来访 1697 人次，办理群众来信 2730 件；先后听取评议县劳动局、蚕桑局、卫生局、水电局、商贸委等 10 个单位被任命人员述职。常委会重视乡镇人大工作的指导，除协助乡镇人大主席团加强组织制度建设、改善内外工作环境、列席会议、召开交流会外，还两次组织人大主席集中学习、分批次参加市委党校和到外地学习考察。

1997 年 12 月至 2003 年 1 月，县十三届人大常委会先后举办法律法规、WTO 知识和科技讲座 31 期，参加讲座干部 2100 多人次。与县委党校、司法局等单位联合举办法治培训班 18 期，乡、村 86% 以上两级干部参加培训。县人大常委会、县政府联合对《农民负担管理条例》《税收征管工作》等法律法规在全县 11 个区开展为期 1 个月的巡回宣传，发放资料 2 万余册，到区、乡举办法治讲座 18 场。先后对《中华人民共和国建筑法》《中华人民共和国税收征管法》《中华人民共和国土地法》《中华人民共和国乡镇企业法》《中华人民共和国审计法》、农民负担管理条例、《中华人民共和国森林法》《中华人民共和国文物保护法》《中华人民共和国价格法》《中华人民共和国统计法》《中华人民共和国会计法》、四川省中医条例、社会力量办学管理条例等 36 部法律法规条例开展执法检查。对海发公司诉县农业局侵权赔偿、观紫建筑公司诉启明星电力有限公司仪陇分公司财产损害赔偿案、梁某某故意杀人案等 56 个案件进行个案监督。县人大常委会根据省、市人大常委会对法院开展评议工作的安排部署，积极研究拟定评议方案，成立评议领导小组，召开乡镇人大主席会议，安排部署评议工作，组织 30 多名省、市、县人大代表分 4 个调查组到各乡镇和县属单位调查了解县人民法院工作情况，在区所在地乡镇组织评议基层人民法庭工作的基础上，召开评议大会，集中评议县人民法院工作，并将评议意见交县人民法院办理，并在主任会议专题听取县人民法院接受代表评议改进法院工作和个案办理落实的情况汇报、落实代表评议意见整改方案情况汇报。常委会先后对下岗职工再就业、城市管理、农业产业结构调整、农村财务管理、扶贫资金到位情况、城市经济工作、“两保”基金征集、财政预算执行、仪平公路仪马段、天然气、川东北农业综合开发、县乡公路改建、企业改革、广播电视事业、科技兴农、农业基地建设、计划生育工作、减轻学生负担、卫生体制改革、县城饮用水源保护、小城镇建设等方面开展专题调查、视察 38 个，撰写调研报告和建议 28 篇，报送县委、县政府。常委会成立 73 个县人大代表活动小组，并落实组成人员“双联系”，长期为县人大代表赠送《人民权力报》《民主法制建设》及县人大常委会《公报》《仪陇人大》等刊物。组织市、县人大代表围绕经济建设中心开展视察、调查活动 6 次，参加评议 2 次；组织代表开展“人民选我当代表，我当代表为人民”的活动。常委会加强指导、规范乡镇人大工作，先后邀请69个乡镇人大主席列席会议、分批次培训乡镇人大主席、开展乡镇人大主席团现状调研、指导乡镇完成2次换届选举工作。督办质询案、建议、批评和意见363件，接待和处理群众来信来访4383件。

2003年1月至2006年10月，县十四届人大常委会深入开展“四五”普法教育活动，先后举办《中华人民共和国行政许可法》《中华人民共和国劳动保障法》《中华人民共和国建筑法》等法律法规讲座26期，参加讲座1800多人次；先后开展《中华人民共和国价格法》《中华人民共和国工会法》、计划生育“一法三规一条例”、《中华人民共和国教师法》《中华人民共和国会计法》《中华人民共和国质量法》《中华人民共和国安全生产法》、社会抚养费征收管理办法等28部法律法规执法检查；连续4年对公安局执法工作、法检司法工作进行工作评议，在检察机关建立起人民监督员制度、在人民法院建立起公民旁听制度，对15起案件进行个案监督；审查规范性文件5个，提出修改意见5次，督促县政府纠正《关于进一步规范供水管理条例》中的违法条款。先后对新政航电工程、人饮工程、琳琅山风景区建设、城镇建设、农业农村工作、村级公路、计划生育工作、乡镇卫生院建设、金城镇旧城改造、农村中小学办学及危改、学校“一费制”实行、蚕业生产、县城城管工作、农村中小学“两免一补”、下岗工人再就业、城市居民低保、文化事业发展、红色旅游建设、社会治安状况、职务犯罪、基层派出所工作、法院执行工作等进行调研视察，形成调研报告31篇，印发《人大工作》46期。在抗击“非典”期间，县人大常委会组织人员深入一线、广泛宣传、发动群众、积极抗疫，督促有关部门制定合理的消毒收费标准，减轻单位、群众负担。县人大常委会加强代表培训，提升代表素质，开展履职经验交流，了解并帮助解决代表履职和工作、生活中的困难与问题，邀请省、市、县人大代表列席会议，聘请代表兼任特邀监察员、陪审员，组织代表对重点工程进行视察、参加各种执法检查、专项调研等活动。先后督办代表建议、批评、意见458件，议案5件，每年都确定5—10件代表建议进行重点跟踪督办，提高办理质效。县人大常委会密切与乡镇人大主席团联系，不定期邀请乡镇人大主席列席会议，参加各种专题座谈会、执法检查、工作评议、视察活动，先后组织365人次的乡镇人大干部培训、37名人大主席参加省、市培训。届内，县人大常委会共受理群众来信586件、接待来访932人次，其中重要案件办理96件，抓住热点难点信访问题进行跟踪督办的做法被省《人民权力报》头版头条报道。

2006年10月至2011年12月，县十五届人大常委会大力开展法治宣传，先后举办《中华人民共和国各级人民代表大会常务委员会监督法》《中华人民共和国物权法》《中华人民共和国农民专业合作社法》《中华人民共和国劳动合同法》《中华人民共和国城乡规划法》《中华人民共和国就业促进法》《中华人民共和国档案法》《中华人民共和国传染病防治法》《中华人民共和国循环经济促进法》《中华人民共和国森林法》《中华人民共和国水法》《中华人民共和国审计法》《中华人民共和国道路交通安全法》《中华人民共和国食品安全法》《中华人民共和国环境保护法》等专题法制讲座；先后对《中华人民共和国义务教育法》《中华人民共和国教师法》《中华人民共和国农民专业合作社法》、四川省风景名胜区管理条例、《中华人民共和国水污染防治法》《中华人民共和国公路法》《四川省〈中华人民共和国公路法〉实施办法》《中华人民共和国节约能源法》《中华人民共和国食品安全法》等23部法律法规的贯彻实施情况进行检查；对县政府及乡镇人大报送的118份规范性文件进行审查，提出修改建议363条。先后开展对新县城建设等重点工程建设、朱德故居园区建设、果业生产、兔业生产、新政航电工程移民安置工作、公安基层警务建设、新县城建设、龙岗气田试采工程、农村公路建设、县人民医院新政院区建设、病险水利工程整治、农业产业基地建设、基层人民法庭建设、规模畜禽养殖企业污染治理、安全饮水、县城污水处理厂建设、新政防洪堤二期工程、“村村通”工程、乡镇垃圾填埋场建设、基层派出所阵地建设、安全生产监督管理、基层司法所建设、巴南高速公路建设、保障性住房建设、新型农村合作医疗、医药卫生体制改革、县级部门和乡镇两级消赤减债、新农村建设、城乡环境综合治理、“小金库”治理、“两基”迎国检、新农保等的视察、调研活动172次，提出工作建议586条。切实加强和改进代表工作，建立62个县人大代表小组，邀请代表列席会议172人次，安排代表参加视察、调研和执法检查1918人次，组织代表参加民主推荐、听证、工作测评等活动3246人次。配齐全县56个乡镇乡镇人大专（兼）职副主席、配备1—2名人大专职工作人员，并要求在办公场地、办公设施和工作经费等方面给予充分保障，先后对45名乡镇人大主席进行业务培训。受理群众来信923件、接待来访1652人次、督办代表建议584件、议案2件。届内，先后对县人口和计划生育局、民政局、水务局、卫生局、经济和商务局、教育局、林业局、食品药品监督管理局等8个部门进行工作评议，并进行满意度测评，测评结果满意率均达到90%以上。

2011年12月至2016年12月，县十六届人大常委会先后组织乡镇、部门负责人参加《中华人民共和国宪法》《中华人民共和国刑事诉讼法》等20部法律的学习辅导活动；对农业机械化促进法等10部法律的贯彻实施进行执法检查，并提出意见建议；向市人大报送规范性文件75件，依法审查“一府两院”及部门规范性文件66件，建议县政府修改1件、撤销1件。围绕发展大局和人民群众关注的热点难点问题，先后组织对殡葬改革、中医先进县建设、基层派出所、法庭、司法所运行、县乡公路大中修整治、工业园区建设、县城建设、高速公路连接线、嘉陵江二桥建设、乡镇财政所规范化建设、城市管理、公共租赁住房建设、安全生产、文化“三馆”建设、市政公园建设与管理、再生资源回收利用体系建设、食品药品监督管理、乡镇文化阵地、土地整理项目、县城城市管理工作、油坊沟水库建设、河西污水处理厂建设、精准扶贫、气象工作、文化市场管理、教育三名工程实施、中小学办学条件改善情况、乡镇人大代表之家等视察、调研活动175次，撰写《关于全县农村土地流转工作的调研报告》《关于全县中小学校点布局的调查报告》等调研报告10篇。先后对县政府办、人社局、司法局等16个部门开展工作评议，满意度测评结果均为满意或基本满意，并首次以专题询问的方式开展工作评议，针对城乡低保工作当场询问，当场答复，会后，县政府及相关部门认真落实会议要求，及时开展低保对象清理工作，收效良好。扎实开展党的群众路线教育实践活动，先后组织开展专题学习23次，专题讨论10场，观看教育片15部，印发学习资料50期，报送动态简报19期，召开征求意见座谈会30场次。注重代表活动开展和履职平台建设，举办代表专题培训班11次、专题法律讲座12次，组织代表赴省市培训100余人次，邀请代表参加活动、列席会议共3850人次；57个乡镇按照“七有”标准创建的“人大代表之家”接待选民万余人次、收集意见5000余条，为代表履职和联系选民提供平台。届内，受理群众来信279件，接待来访群众1147人次。

2016年12月至2019年12月，县十七届人大常委会先后开展《南充市城市园林绿化条例》《中华人民共和国行政诉讼法》《中华人民共和国水污染防治法》《南充市城镇环境卫生管理条例》《中华人民共和国行政诉讼法》《中华人民共和国预算法》《南充市城市道路车辆通行管理条例》《南充市物业管理条例》等专题法制讲座9次，开展执法检查9次，向市人大报送规范性文件29件，依法审查“一府两院”及部门的规范性文件20件。先后对工业经济发展、城乡污水处理、垃圾清运、G245仪陇段改扩建工程建设、医保基金管理和使用、百里产业示范带建设、乡镇人大工作开展、农村敬老院管理运行、乡镇财政运行及村财村用乡管情况、金城镇城镇规划建设、扶贫领域腐败和作风问题治理、百亿产业培育工程、城乡供排水一体化建设、朱德故里AAAAA级景区提升工程等开展视察、调研活动

68 次，形成调研报告 14 份，特别是对供排水一体化建设、产业发展、县城教育卫生、宜居县城建设的连续不间断监督，成效显著。县人大常委会把脱贫攻坚与人大依法履职有机结合起来，派出工作组 3 个、第一书记 1 人、帮扶干部 29 名深入到对口帮扶 3 个村、142 名贫困户倾情倾力开展帮扶工作，组织近 30 人，组建 3 个调研组，历时 5 个月，分赴 37 个帮扶单位、49 个乡镇、107 个贫困村、28 个非贫困村，直接对话 1029 户贫困户、1000 余名基层干部群众，形成阶段性调研材料 9 个、专题调研报告 1 个，提出有针对性的意见建议 100 余条，并在县十七届人大二次会议上专题听取审议县政府脱贫攻坚工作报告，开创仪陇人大以人民代表大会会议强力促进政府专项工作的先例；接受国检时，县人大常委会领导联系的新政、文星、保平、二道、双胜 5 个乡镇及人大常委会机关帮扶的马鞍镇险岩村均接受并顺利通过国家第三方评估验收。县人大常委会精心组织、周密安排“大学习、大讨论、大调研”活动，印发学习资料 16 期，开展专题宣讲 4 场，开展集中大讨论 3 次，形成专题调研报告 16 份；扎实开展“不忘初心、牢记使命”主题教育，围绕“两书一章”，组织为期 5 天的集中学习，开展学习研讨 3 次、党课教育 5 次，聆听“两德精神”专题辅导，赴巴中革命红色传统教育基地接受政治洗礼，形成专题调研报告 4 篇；圆满承办市人大常委会在仪陇举办的“不忘初心、牢记使命”主题教育学习会。筹划召开县委人大工作会议，会上，“一府一委两院”报告贯彻落实人大决议决定和自觉接受监督的情况，县人大常委会就做好本届人大工作向县委和大会作汇报。县人大常委会加强乡镇人大工作指导，规范乡镇人大工作，除加大乡镇人大工作目标考核、邀请乡镇人大主席列席常委会会议、参与人大组织的部门评议、视察调研、执法检查等活动外，还连续两年开展乡镇人大工作专题调研，向县委提交调研报告，代县委草拟《进一步加强和规范乡镇人大工作的意见》，文件经县委常委会审定并以县委名义印发实施，制定出台《关于进一步加强和规范乡镇人大工作的指导意见》，从指导思想、工作原则、依法召开乡镇人民代表大会、依法履行好乡镇人大主席团工作职责、充分发挥乡镇人大主席作用、积极创造乡镇人大开展工作良好条件等 6 个方面、24 项具体任务、58 个子项进行细化量化，提供样板式、清单式指导。制定考核评分细则，强化目标量化督导，推动乡镇人大工作再上新台阶。县人大常委会积极支持县乡机构改革各项工作部署，审议通过县政府 21 个新组（改）建部门主要负责人的任免事项，听取审议仪陇县乡镇行政区划调整改革方案，并作出关于重新确定行政区划调整改革乡镇人大代表名额等 6 个决定；扎实推进乡镇行政区划调整改革选举工作，坚持定点指导、蹲点督促、全程把关，并适时召开 1 次动员会、2 次推进会、3 次主任会，确保 1072 名县乡人大代表高票当选，组织提名的 169 名乡镇国家机关工作人员全部当选。2020 年年初新冠肺炎疫情突如其来，战“疫”时刻，县人大常委会坚决贯彻中央、省、市、县委部署要求，充分发挥人大职能作用，督导落实全国人大、省人大常委会关于依法做好疫情防控工作决定，参与调研疫情防控和经济社会发展工作，积极助力疫情防控下的天府旅游名县创建、重点项目建设；人大机关党员干部主动服从和服务于防疫工作大局，切实加强联防联控，精准落实防控措施；全县各级人大代表闻令而动、迎“疫”前行，从各个领域、行业、岗位发挥主体作用，全员参与疫情防控，带头推动复工复产，积极踊跃捐款捐物，以实际行动诠释人大代表的初心使命、家国情怀和先进本色。县人大常委会明确专人、专门机构督办落实、跟踪人大代表的建议意见办理情况，3 年内共督办代表建议意见 480 件，特别是在督办县城废旧物资收购网点管理等重点建议时，县人大常委会领导牵头包案督办，专委会全程跟踪督办，对办理效果不佳的建议，督促重新办理，主任会议专题汇报，有效提升办理质效。

第八节　营山县人大

1950 年 3 月，营山县首届各界人民代表会议召开，至 1953 年 2 月，县各界人民代表会议历经 4 届，共举行 10 次大会。1954 年 7 月至 1965 年，营山县人民代表大会历经第一届至第六届。1969 年成立的县革命委员会作为特定历史时期国家政权机关代行县人民代表大会职权，列为县七届人大。1981 年至 2020 年，营山县人民代表大会历经第八届至第十七届。

一、营山县各界人民代表会议

1950 年 3 月 16 日至 20 日，县一届一次各界人民代表会议召开，参会代表 309 名。大会听取县长曹廷明作的政府工作报告，县委书记王进之作的形势报告，财政科长刘德昌作的接管工作情况报告。大会选举产生县一届各界人民代表会议主席、副主席、秘书长和常务委员。选举曹廷明为主席，王进之、李大椿为副主席。1950 年 8 月 16 日至 20 日，县一届二次各界人民代表会议召开，参会代表 300 名，列席代表 50 名。大会听取县长曹廷明作的政府工作报告，中共川北区委副书记赵林作的时事政治报告，县委书记王进之作的关于各代会常委会的组成及职权的报告。与会代表对减租退押、清匪反霸讨论十分热烈，认为这是人民的合理要求，决心协助政府把这一工作搞好。会议通过大会决议和提案审查委员会对 10 件提案的审查报告。1950 年 11 月 18 日至 20 日，县一届三次各界人民代表会议召开，参会代表 300 名。大会听取县长蔡衣渠作的政府工作报告，南充专署专员王大昌作的形势报告。代表们经过认真讨论，订了 9 条公约，决心协助政府搞好清匪反霸、减租退押，完清 1950 年度公粮尾欠，以搞好生产的实际行动支援抗美援朝。全体代表一致通过向川北行署主任胡耀邦的保证书和向西藏进军的指战员的致敬信。会议选举蔡衣渠为各代会常委会主席。

1951 年 3 月 4 日至 7 日，县二届一次各界人民代表会议召开，参会代表 300 名。县长蔡衣渠作政府工作报告，县委宣传部副部长李煜生作时事报告。大会通过提案审查委员会对 28 件提案审查报告，选举产生县二届各代会主席、副主席、秘书长和常务委员。选举蔡衣渠为主席，王进之、李大椿为副主席。1951 年 6 月 4 日至 7 日，县二届二次各界人民代表会议召开，参会代表 306 名。县长蔡衣渠作政府工作报告，县委书记王进之作土地改革报告，财政科长刘德昌作夏季征粮报告。与会代表通过讨论，明确在土地改革中应有的态度。全体代表给川北行署主任胡耀邦写信，保证在土改中起模范带头作用。大会通过提案审查委员会对 12 件提案审查报告。1951 年 10 月 5 日至 8 日，县二届三次各界人民代表会议召开，参会代表 306 名。县长蔡衣渠作政府工作报告，副县长陈子木作征收公粮报告，县农会副主席刘天胤作关于发展供销、信用合作社的报告。代表们拥护政府提出的巩固土改胜利成果所采取的措施，赞成依率计征公粮 10 分，对兴办供销、信用合作社十分满意。大会通过提案审查委员会对 281 件提案审查报告。1951 年 12 月 26 日至 30 日，县二届四次各界人民代表会议召开，参会代表 370 名。县长蔡衣渠作政府工作报告，县委书记王进之作《为复查和全面结束土地改革而努力》的报告，各代会副主席李大椿作川北区第二次各界人民代表会议精神的传达报告。大会通过向川北行署主任胡耀邦的保证书和提案审查委员会对 128 件审查报告。

1952 年 4 月 5 日至 9 日，县三届一次各界人民代表会议召开，参会代表 450 名。县长蔡衣渠作《政府工作报告》，各代会常务委员李子麟作 1951 年常委会工作报告。大会评选奖励模范村、模范互助组和劳动模范。大会通过搞好春耕生产、防旱抗旱的决议和提案审查委员会对 192 件提案的审查报告，选举了营山县第三届各界人民代表大会主席、副主席、秘书长和常务委员。选举蔡衣渠为主席，解成仁、李子麟为副主席。1952 年 10 月 8 日至 11 日，县三届二次各界人民代表会议召开，参会代表 450 名。县长蔡衣渠作《政府工作报告》，各代会常务委员李宗伯作常委会工作报告。大会通过提案审查委员会对 316 件提案、123 条意见的审查报告。

1953 年 2 月 23 日至 27 日，县四届一次各界人民代表会议召开，参会代表 474 名。副县长李大炳作政府工作报告，各代会常务委员李宗伯作常委会工作报告，县委书记王进之作形势报告，县委宣传部部长陈子木作关于开展宣传贯彻执行婚姻法的报告。大会通过提案审查委员会对 729 件提案审查报告，选举第四届各代会主席、副主席、秘书长和常务委员。选举李大炳为主席，李子麟为副主席。

二、营山县人民代表大会

1953 年至 2020 年，营山县历经 17 届，共召开 56 次县人民代表大会。其间，1969 年成立的县革命委员会作为特定历史时期国家政权机关，代行县人民代表大会职权，列为第 7 届。1981 年，县八届人大开始设立县人大常委会。

1. 营山县人大及其常委会

1953 年 3 月，营山县成立选举委员会，6 月 13 日至 17 日，县选举办公室在小桥区所辖乡试点。宣传《中华人民共和国选举法》、培训骨干，普查人口、登记和审查选民资格，召开选民大会选举小桥区及所辖乡人民代表，召开乡人民代表大会，选举产生乡人民政府组成人员和出席县人民代表大会代表，按照小桥区所辖乡选举工作的做法，县选举委员会在全县 74 个乡分 3 批实施人口普查和选举工作。根据县选举委员会安排，各乡分别召开人民代表大会，选举产生乡人民政府领导成员，并从乡人民代表中选举产生出席县一届一次人民代表大会的代表 378 人（其中工人代表 10 人、农民代表 283 人、干部代表 21 人、解放军代表 1 人、文教代表 17 人、工商业代表 11 人、医卫代表 9 人、宗教界代表 1 人、军烈属代表 11 人、文艺界代表 1 人、社会各界和无党派人士 14 人；代表中有妇女 64 人，占代表总数的 16.8%），县第一届人民代表大会产生。1954 年 7 月 3 日至 6 日，县一届人大一次会议召开。

1956 年 12 月前，通过基层选举，选出县二届人大代表 354 人，县二届人民代表大会产生。1956 年 12 月 27 日至 29 日，县二届人大一次会议召开。

1958 年 5 月前，通过基层选举，选出县三届人大代表 379 人，县三届人民代表大会产生。1958 年 5 月 2 日至 4 日，县三届人大一次会议召开。

1961 年 11 月前，通过基层选举，选出县四届人民代表大会代表 379 人，县四届人民代表大会产生。1961 年 11 月 19 日至 22 日，县四届人大一次会议召开。

1963 年 3 月前，通过基层选举，选出县五届人大代表 409 人，县五届人民代表大会产生。1963 年 3 月 29 日至 4 月 2 日，县五届人大一次会议召开。

1965 年 12 月前，通过基层选举，选出县六届人大代表 409 人，县六届人民代表大会产生。1965 年 12 月 22 日至 25 日，县六届人大一次会议召开。

1969 年 3 月，经省革命委员会批准，营山县革命委员会成立，作为特定历史时期国家政权机关，代行县人民代表大会职权，列为县七届人大。

1981 年 2 月前，通过无记名投票，选举产生营山县第八届人大代表 401 名，县选举委员会确定选举结果有效，县第八届人民代表大会产生。1981 年 2 月 23 日至 28 日，县八届人大一次会议召开，选举 17 人组成县人民代表大会常务委员会，选举李炳祥为县八届人大常委会主任，吴显仁、卢兴光、熊德馨、廖次达为副主任。1981 年 4 月，建立县人大常委会党组，李炳祥为书记。人大常委会内设政法组、秘书组、信访联系代表组。

营山县第八届人大常委会主任、副主任一览表

表 13－69 （1981. 2—1984. 4）

姓名	性别	党派	籍贯	职务	任职年限
李炳祥	男	中共	营山县	主　任	1981. 2—1984. 4
吴显仁	男	中共	营山县	副主任	1981. 2—1984. 4
卢兴光	男	中共	营山县	副主任	1981. 2—1984. 4
熊德馨	女	中共	营山县	副主任	1981. 2—1984. 4
廖次达	男	无党派	营山县	副主任	1981. 2—1984. 4

1984 年 4 月，选举产生县九届人大代表 387 人，通过代表资格委员会审查，代表资格全部有效，县九届人民代表大会产生。1984 年 4 月 8 日至 12 日，县九届人大一次会议召开，选举 13 人组成县九届人大常委会，选举蒋正泽为主任，卢兴光、熊德馨（女）、廖次达、张芝祥为副主任，专职委员 7 人，兼职委员 6 人。常委会下设办公室。1986 年 4 月，县九届人大常委会 14 次会议根据省人大工作会议精神，增设教科文卫科，并将法律科更名为法制科，代表联系联络科更名为代表联络科。

营山县第九届人大常委会主任、副主任一览表

表 13－70 （1984. 4—1987. 3）

姓名	性别	党派	籍贯	职务	任职年限
蒋正泽	男	中共	南充市营山县	主　任	1984. 4—1987. 3
卢兴光	男	中共	南充市营山县	副主任	1984. 4—1987. 3
熊德馨	女	中共	南充市营山县	副主任	1984. 4—1987. 3
廖次达	男	无党派	南充市营山县	副主任	1984. 4—1987. 3
张芝祥	男	中共	山西省朔县	副主任	1984. 4—1987. 3

1987 年 3 月，选举产生县人大代表 282 名，经代表资格委员会审查全部有效，县十届人民代表大会产生。1987 年 3 月 11 日，县十届人大一次会议以无记名投票方式，选举 18 人组成县十届人大常委会，选举蒋正泽为主任，张芝祥、李白玉（女）、李树森为副主任。县十届人大常委会办事机构中保留了办公室，设法制工作委员会、财政经济工作委员会、教科文卫工作委员会、代表联络工作委员会。

营山县第十届人大常委会主任、副主任一览表

表 13－71　(1987.3—1990.3)

姓名	性别	党派	籍贯	职务	任职年限
蒋正泽	男	中共	南充市营山县	主　任	1987.3—1990.3
张芝祥	男	中共	山西省朔县	副主任	1987.3—1990.3
李白玉	女	中共	南充市营山县	副主任	1987.3—1990.3
李树森	男	民盟	南充市营山县	副主任	1987.3—1990.3

1990 年 3 月，选举产生县人大代表 267 名，经代表资格委员会审查全部有效，县十一届人民代表大会产生。1990 年 3 月 9 日，县十一届人大一次会议选举 18 人组成县十一届人大常委会，选举唐国尧为主任、李白玉（女）、李树森、李光碧、唐润生为副主任，专职委员 7 人，兼职委员 7 人。唐国尧任县人大常委会党组书记。县人大常委会设法制工作委员会、财政经济工作委员会、教科文卫工作委员会、农业工作委员会、代表联络工作委员会。1990 年 10 月，县十一届人大常委会 4 次会议决定将财政经济工作委员会和农业工作委员会合并为经济工作委员会。1992 年 10 月，增设农业工作委员会。

营山县第十一届人大常委会主任、副主任一览表

表 13－72　(1990.3—1993.1)

姓名	性别	党派	籍贯	职务	任职年限
唐国尧	男	中共	南充市营山县	主　任	1990.3—1993.1
李白玉	女	中共	南充市营山县	副主任	1990.3—1993.1
李树森	男	民盟	南充市营山县	副主任	1990.3—1993.1
李光碧	男	中共	南充市营山县	副主任	1990.3—1993.1
唐润生	男	中共	南充市营山县	副主任	1990.3—1993.1

1993 年 1 月，选举产生县人大代表 272 名，经代表资格委员会审查全部有效，县十二届人民代表大会产生。1993 年 1 月 5 日，县十二届人大一次会议选举 18 人组县十二届人大常委会，选举李白玉（女）为主任，唐润生、李树森、唐德友、傅文才为副主任。县人大常委会党组书记李白玉（女）。县十二届人大常委会保留办公室，设法制工作委员会、经济工作委员会、教科文卫工作委员会、代表联络工作委员会、农业工作委员会。县十二届人大常委会 34 次会议决定将财政工作委员会和农业工作委员会合并为经济工作委员会，代表联络工作委员会更名为人事代表工作委员会。

营山县第十二届人大常委会主任、副主任一览表

表 13－73　(1993.1—1998.1)

姓名	性别	党派	籍贯	职务	任职年限
李白玉	女	中共	南充市营山县	主　任	1993.1—1998.1
唐润生	男	中共	南充市营山县	副主任	1993.1—1998.1
李树森	男	民盟	南充市营山县	副主任	1993.1—1998.1
唐德友	男	中共	南充市营山县	副主任	1993.1—1998.1
傅文才	男	中共	南充市营山县	副主任	1993.1—1998.1

1998 年 1 月，选举产生县人大代表 292 名，经代表资格委员会审查全部有效，县十三届人民代表大会产生。1998 年 1 月 16 日，县十三届人大一次会议选举 21 人组成县十三届人大常委会，选举莫恒彪为主任，唐德友，宁幼康、朱永惠（女）、侯永华为副主任。2001 年，补选赵润双为副主任。莫恒彪任县人大常委会党组书记。县人大常委会设办公室、法制工作委员会、经济工作委员会、教科文卫工作委员会、人事代表工作委员会。县十三届常委会 32 次会议决定撤销教科文卫工作委员会，设立社会事业工作委员会。

营山县第十三届人大常委会主任、副主任一览表

表 13－74　（1998. 1—2003. 1）

姓名	性别	党派	籍贯	职务	任职年限
莫恒彪	男	中共	南充市营山县	主　任	1998. 1—2003. 1
唐德友	男	中共	南充市营山县	副主任	1998. 1—2003. 1
宁幼康	男	无党派	南充市营山县	副主任	1998. 1—2003. 1
朱永惠	女	中共	重庆市	副主任	1998. 1—2003. 1
侯永华	男	中共	南充市营山县	副主任	1998. 1—2003. 1
赵润双	男	中共	南充市营山县	副主任	2001. 1—2003. 1

2003 年 1 月，选举产生县人大代表 293 名，经代表资格委员会审查全部有效，县十四届人民代表大会产生。2003 年 1 月 6 日，县十四届人大一次会议选举 21 人组成县十四届人大常委会，选举周太荣为主任，罗南辉、宁幼康、朱永惠（女）、唐新权、李荣成、马超麒、肖志权为副主任，委员 20 人。县人大常委会党组书记罗南辉。2005 年 3 月，选举张春典为主任。2006 年 2 月，选举尹才勋为主任。县十四届人大常委会设办公室、法制工作委员会、经济工作委员会、农业工作委员会、社会事业工作委员会、人事代表工作委员会。

营山县第十四届人大常委会主任、副主任一览表

表 13－75　（2003. 1—2006. 12）

姓名	性别	党派	籍贯	职务	任职年限
周太荣	男	中共	南充市仪陇县	主　任	2003. 1—2004. 10
张春典	男	中共	南充市仪陇县	主　任	2005. 3—2006. 1
尹才勋	男	中共	四川省阆中市	主　任	2006. 2—2006. 12
罗南辉	男	中共	南充市营山县	副主任	2003. 1—2006. 12
宁幼康	男	无党派	南充市营山县	副主任	2003. 1—2006. 12
朱永惠	女	中共	重庆市	副主任	2003. 01—2006. 12
唐新权	男	中共	南充市营山县	副主任	2003. 1—2006. 12
李荣成	男	中共	南充市营山县	副主任	2003. 1—2006. 12
马超麟	男	中共	南充市营山县	副主任	2003. 1—2006. 12
肖志权	男	中共	南充市营山县	副主任	2003. 1—2006. 12

2006 年 10 月，全县 123 个选区选举产生县十五届人大代表 293 名。经代表资格委员会审查全部有

效，县十五届人民代表大会产生。2006年10月25日，县十五届人大一次会议选举产生县十五届人大常委会组成人员25人，选举尹才勋为主任，罗南辉、唐季蓉、朱永惠、宁幼康、唐新权、张建荣、李荣成、马超麒、肖志权为副主任，马锐等15人为县人大常委会委员。2008年7月，县第十五届人大常委会十三次会议接受尹才勋辞去县人大常委会主任职务。是月，县十五届人大三次会议补选杜延茂为县人大常委会主任。2009年9月11日，县人大常委会二十二次会议接受余红梅辞去县十五届人大常委会委员职务。县第十五届人大常委会设办公室、人事代表工委、法制工作委员会、农业工作委员会、财政经济工作委员会、社会事业工作委员会共6个正科级办事工作机构，各配备正、副主任1人。2010年8月，县人大常委会办公室增设秘书股，为县人大常委会办公室中层机构，设股长1名。2011年2月，县人大常委会设立人大信访办、代表工作联络室（在县人大常委会人事代表工委挂牌）2个正科级办事机构。

营山第十五届人大常委会主任、副主任一览表

表13－76

（2006.9—2011.12）

姓名	性别	党派	籍贯	职务	任职年限
尹才勋	男	中共	四川省阆中市	主　任	2006.9—2008.7
杜延茂	男	中共	南充市西充县	主　任	2008.7—2011.12
罗南辉	男	中共	南充市营山县	副主任	2006.9—2011.12
唐季蓉	女	中共	南充市营山县	副主任	2006.9—2011.12
宁幼康	男	无党派	南充市营山县	副主任	2006.9—2011.12
朱永惠	女	中共	重庆市	副主任	2006.9—2011.12
唐新权	男	中共	南充市营山县	副主任	2006.9—2011.12
李荣成	男	中共	南充市营山县	副主任	2006.9—2011.12
马超麟	男	中共	南充市营山县	副主任	2006.9—2011.12
肖志权	男	中共	南充市营山县	副主任	2006.9—2011.12
张建荣	男	中共	南充市仪陇县	副主任	2006.9—2011.12

2011年12月，选举产生县十六届人大代表293名，经代表资格委员会审查全部有效，县十六届人民代表大会产生。2011年12月6日至9日，县十六届人大一次会议选举产生县十六届人大常委会，选举骆亚忠为县十六届人大常委会主任，蒋晓莹、李荣成、马超麒、郑同春为副主任，王青等22人为县第十六届人大常委会委员。

营山县第十六届人大常委会主任、副主任一览表

表13－77

（2011.12—2016.12）

姓名	性别	党派	籍贯	职务	任职年限
骆亚忠	男	中共	南充市营山县	主　任	2011.12—2015.6
鲜俊才	男	中共	南充市南部县	主　任	2016.2—2016.6
蒋晓莹	女	中共	南充市蓬安县	副主任	2011.12—2014.9
李荣成	男	中共	南充市营山县	副主任	2011.12—2016.12
马超麒	男	中共	南充市营山县	副主任	2011.12—2016.12
郑同春	男	民盟	南充市营山县	副主任	2011.12—2016.12

2016 年 12 月，全县 122 个选区选举产生县十七届人大代表 281 名，经代表资格委员会审查全部有效，县十七届人民代表大会产生。2016 年 12 月 5 日至 9 日，县第十七届人大一次会议选举产生县十七届人大常委会，选举黄金盛为县十七届人大常委会主任，蒲亨坤、杨忠明、郑同春、张晓红为副主任，王方敏等 30 人为县第十七届人大常委会委员。2017 年 5 月 11 日至 13 日，县第十七届人大二次会议补选斯顺平为县第十七届人大常委会主任。县十七届人大设立法制与内务司法委员会、财政经济委员会、城乡建设与环境资源保护委员会、农业与农村委员会、社会事业委员会、民族宗教外事侨务委员会 6 个专门委员会。常委会设立办公室、人事代表工作委员会、信访办公室 3 个办事工作机构。2019 年 5 月 28 日至 31 日，县十七届人大四次会议个别专委会更名为：县第十七届人民代表大会监察和司法委员会、教育科学文化卫生委员会、社会建设委员会。2020 年，县十七届人大设 7 个专门委员会，分别是：监察和司法委员会、财政经济委员会、城乡建设与环境资源保护委员会、农业与农村委员会、民族宗教外事侨务委员会、教育科学文化卫生委员会、社会建设委员会；常委会设办事工作机构三个，分别是：办公室、人事代表工作委员会、研究室。

营山县第十七届人大常委会主任、副主任一览表

表 13－78　　（2016. 12—　）

姓名	性别	党派	籍贯	职务	任职年限
黄金盛	男	中共	南充市嘉陵区	主　任	2016. 12—2017. 5
斯顺平	男	中共	南充市西充县	主　任	2017. 5—
蒲亨坤	男	中共	四川省南充市	副主任	2016. 12—
杨宗明	男	中共	南充市营山县	副主任	2016. 12—
郑同春	男	民盟	南充市营山县	副主任	2016. 12—
张晓红	男	中共	南充市营山县	副主任	2016. 12—

2. 营山县人民代表大会会议

1954 年 7 月 3 日至 6 日，县一届人大一次会议召开，应到代表 378 人，实到 358 人，列席代表 32 人。大会听取和审议县长刘德昌作的《政府工作报告》。会上学习《中华人民共和国宪法》。大会选举刘德昌、吴树槐、张雪岩、伍非白为四川省第一届人民代表大会代表。1955 年 9 月 12 日至 13 曰，县一届人大二次会议召开。会议以无记名投票方式选举县第一届县人民委员会委员、县长、副县长和县人民法院院长。县人民委员会由 19 人组成。大会收到提案 216 件。

1956 年 12 月 27 日至 29 日，县二届人大一次会议召开，应到代表 354 人，实到 336 人，列席代表 32 人。大会听取和审议县人民委员会工作报告，1956 年财政预算报告。大会选举产生县二届县人民委员会委员 19 人、县长、副县长、县人民法院院长。补选王保林为省人大代表。1957 年 7 月 16 日至 18 日，县二届人大二次会议召开，到会代表 319 人。大会听取和审议县长王保林作的《县人委工作报告》。1957 年 10 月 8 日至 15 日，县二届人大三次会议召开，354 名代表出席会议。大会收到代表提案 656 件。

1958 年 5 月 2 日至 4 日，县三届人大一次会议召开，应到代表 379 人，实到 315 人，列席代表 94 人。大会听取和审议县长王保林作的《县人委工作报告》、县人民法院院长张芝祥作的《法院工作报告》、黄思忠作的《1957 年财政决算和 1958 年财政预算报告》。大会选举产生县三届人民委员会委员 19 人、县长、副县长、县人民法院院长。选举章秀峰、李萍（女）、丁朝松、熊季光为省第二届人民代表大会代表。大会收到代表提案 92 件。

1961 年 11 月 19 日至 22 日，县四届人大一次会议召开，应到代表 379 人，实到 328 人，列席代表 58 人。大会听取副县长王更生作的《县人委工作报告》、魏福州作的《1958 年至 1960 年财政决算和 1961 年财政预算报告》、县人民法院院长张芝祥作的《法院工作报告》。大会选举产生县四届县人民委员会委员 19 人、县长、副县长、县人民法院院长。大会收到代表提案 22 件。

1963 年 3 月 29 日至 4 月 2 日，县五届人大一次会议召开，应到代表 409 人，实到 386 人，列席代表 113 人。大会听取副县长王更生作的《县人委工作报告》、财政科长李迷锁作的《1962 年财政决算和 1963 年财政预算报告》。大会选举产生县五届县人民委员会委员 21 人、县长、副县长、县人民法院院长。1963 年 7 月 14 日，县五届人大二次会议召开，参会代表 317 人，邀请县政协、共青团、工会、妇联负责人列席。大会选举李子伟、朱仕国、黄庆碧、郑惠英、熊季光、谭文栋为营山出席省第三届人民代表大会代表。大会收到代表提案 12 件。

1965 年 12 月 22 日至 25 日，县六届人大一次会议召开，应到代表 409 人，实到 348 人，列席代表 247 人。大会听取和审议副县长王更生作的《县人委工作报告》、财政科长李迷锁作的《1964 年财政决算和 1965 年财政预算报告》、刘信国作的《法院工作报告》。大会选举产生第六届营山县人民委员会委员、县长、副县长。县人民委员会由组成。补选王永平为四川省第三届人民代表大会代表。本届代表大会收到代表提案 9 件。

经南充地区行署同意，1969 年 3 月成立的县革命委员会列为县七届人大。1978 年，四川省召开第五届人民代表大会，由县委确定李炳祥、毛厚学、杨怀林、唐顺于、卢永碧（女）为省第五届人民代表大会代表。

1981 年 2 月 23 日至 28 日，县八届人大一次会议召开，应到代表 401 人，实到 394 人。大会听取和审议县革命委员会主任王永平作的《县革委会工作报告》、县财政局局长伍平敖作的《财政预算报告》、县人民法院院长张芝祥作的《法院工作报告》、县人民检察院检察长李如春作的《检察院工作报告》。大会决定建立营山县人民代表大会的常设机构——常务委员会，选举产生县八届人大常委会主任、副主任及委员，并决定恢复县人民政府，选举产生县长、副县长、县人民法院院长、县人民检察院检察长。1982 年 3 月 17 日至 20 日，县八届人大二次会议召开，参会代表 373 人。大会听取和审议县长蒋正泽作的《政府工作报告》、县人大常委会副主任卢兴光作的《县人大常委会工作报告》、县财政局局长伍平敖作的《财政预决算报告》、县人民法院院长张芝祥作的《法院工作报告》、县人民检察院检察长李如春作的《检察院工作报告》。大会选举蒋正泽、李仁芳（女）、杨廉、马智媛（女）为营山出席省第六届人民代表大会代表，补选宋正芳为副县长。1983 年 3 月 21 日至 24 日，县八届人大三次会议召开，参会代表 357 人。大会听取和审议县长蒋正泽作的《政府工作报告》、人大常委会副主任卢兴光作的《人大常委会工作报告》、县财政局局长伍平敖作的《财政预决算报告》、县人民法院院长张芝祥作的《法院工作报告》、县人民检察院检察长李如春作的《检察院工作报告》。县八届人大 3 次会议共收到提案 769 件，分别交政府有关部门处理。其中，农业 89 件，计划、工交、人民生活 237 件，科技、文教、卫生、体育 227 件，财贸 129 件，政权建设、法院、民政 34 件，党政 53 件。

1984 年 4 月至 1987 年 3 月，县第九届人民代表大会共举行 3 次会议，大会均听取审议县人大常委会、“一府两院”工作报告，县财政预算报告。其间，县九届人大一次会议选举产生县人大常务委员会主任、副主任、委员，选举邓剑为县人民政府县长，周树元、文必武、李白玉、李汶祥、董仲良、唐德友、李泽永为副县长，陈弟明为县人民法院院长，李如春为县人民检察院检察长。县九届人大二次会议讨论通过《营山县绿化规划及实施规划》《营山县第九届人民代表大会关于议案的规定》。县第九届代表大会第三次会议，听取和审议《营山县国民经济和社会发展第七个五年计划及1986年财政预算草案的报告》。大会批准以上报告并作出相应决议。县九届人大举行的三次会议分别收到代表建议、批评和意见409件、321件、230件。

1987年3月至1990年3月，县十届人民代表大会共举行4次会议。除第二次会议，均听取和审议县人大常委会、“一府两院”工作报告和财政预算报告、国民经济和社会发展计划执行及计划草案报告，大会批准以上报告并作出相应决议。其间，县十届人大一次会议以无记名投票方式选举产生县十届人大常委会主任、副主任、委员，选举陈仕铮为县人民政府县长，周树元、文必武、唐德友、罗华英为副县长，选举陈弟明为县人民法院院长，李如春为县人民检察院检察长。听取《关于我县绿化工作进展情况的报告》。会议讨论通过《关于贯彻全国人大常委会〈关于加强法制教育维护安定团结的决定〉的决议》。县十届人大二次会议以无记名投票方式，选举蒋正泽、孟昭祯，马智媛（女）、李忠国（女）、罗明全为营山县出席省第七届人民代表大会代表。县第十届人大三次会议结束时，县委书记邓剑作题为《加强社会主义民主政治建设，不断完善人民代表大会制度》的讲话。县第十届人大四次会议通过《营山县预算决算审批试行办法》。县十届人大一、三、四次代表会议分别收到代表建议、批评和意见409件、321件、230件。会期中，政府及有关职能部门负责人同部分人大代表进行对话，解答提出的问题。

1990年3月至1993年3月，县十一届人民代表大会共举行3次会议。大会均听取和审议县人大常委会、“一府两院”工作报告和县财政预算报告、国民经济和社会发展计划执行和计划草案报告，大会批准以上报告并作出相应决议。其间，县十一届人大一次会议以无记名投票方式选举产生县人大常委会主任、副主任、委员，选举陈仕铮维稳县人民政府县长，选举罗华英、文必武、宋辉光、白敬斌、曹成杰为副县长，选举王吉成为县人民法院院长，李如春为县人民检察院检察长。县十一届人大二次会议通过《关于加强社会治安综合治理的决议》《关于认真贯彻土地管理法，进一步加强土地管理的决议》和《营山县国民经济和社会发展计划审查批准监督试行办法》。县十一届人大三次会议听取和审议《关于全县国民经济和社会发展十年规划和第八个五年计划草案的说明》《关于如何贯彻实施四川省绿化条例的报告》，作出《关于认真贯彻实施四川省绿化条例和加快长江防护林工程步伐的决议》。届内，补选宋辉光、罗南辉为副县长。三次会议中，分别收到代表建议、批评和意见290件、196件、172件。

1993年1月至1998年1月，县十二届人民代表大会共举行6次会议。6次大会均听取和审议县人大常委会、“一府两院”工作报告和县财政预算报告、国民经济和社会发展计划执行和计划草案报告。大会批准以上报告并作出相应决议。其间，县十一届人大一次会议听取和审议县人民政府《关于修改国民经济和社会发展十年规划和“八五”计划的议案》，并作出决议。会议选举产生县人大常委会主任、副主任、委员，选举宋辉光为县人民政府县长，白敬斌、王怀全、刘云、魏顺泽、侯双林、罗南辉、蒋善瑜、杨子春（下派）、韩官全为副县长。选举李白玉、李文波、陈德厚、罗明全、黄工乐为营山县出席省第八届人民代表大会代表。第一次会议中，鉴于1992年购回的春蚕蚕种质量差，造成绿水、新店、城守区的春蚕产量大面积减产，减少收入100多万元，第八、九代表团代表联名提出质询案，依法对县蚕桑局进行质询。质询后，有29名代表联名提出对县蚕桑局主要负责人罢免案，经大会主席团讨论，同意将罢免案提交大会审议表决，参加表决的代表267人，261票赞成，6票弃权。依法罢免县蚕桑局主要负责人职务。县十二届二次会议选举李白玉等58人为营山县出席南充市第一届人民代表大会代表。会议决定同意宋辉光辞去县人民政府县长职务，选举马敬国为县人民政府县长。县十二届人大三次会议补选赵韵新为县人民政府副县长（下派），县十二届人大四次会议补选邹卫东（下派）、戚辉为县人民政府副县长。县十二届人大五次会议补选尹才勋为县人民政府副县长。选举王吉成为县人民法院院长，选举杨润珉为县检察院检察长。县十二届人大六次会议决定同意马敬国辞去县人民政府县长，选举屈良俊为县人民政府县长。

1998 年 1 月至 2002 年 1 月，县十三届人民代表大会共举行 5 次会议。各次大会均听取和审议县人大常委会、“一府两院”工作报告和县财政预算报告、国民经济和社会发展计划执行和计划草案报告，大会批准以上报告并作出相应决议。其间，县十三届人大一次会议选举产生县人大常委会主任、副主任、委员。选举屈良俊为县人民政府县长，选举赵润双、周伦、李明全、郑树全（下派）为副县长。县第十三届人大二次会议选举莫恒彪等 61 人为营山县出席南充市第二届人民代表大会代表。县十三届人大三次会议补选韩伦红为县人民政府副县长。县十三届人大四次会议补选曹华光为县人民政府副县长。县十三届人大四次会议决定同意屈良俊辞去县人民政府县长，决定同意赵润双辞去县人民政府副县长，选举汪嗣荣为县人民政府县长，赵润双为县人大常委会副主任。县十三届人大五次会议决定接受县人民法院院长王吉成、县人民检察院检察长杨润民的辞职，选举李秉国为县人民法院院长，张建荣为县人民检察院检察长。县十三届人大 5 次会议收到质询案 2 件，分别是《关于在县乡机构改革中机关干部与乡镇干部执行退休政策不同的询问案》《关于办理结婚证的询问案》，县人事局和民政局负责人分别到代表团向代表作详细解释，讲清相关法律、政策依据，代表们表示满意。县十三届人大举行的 5 次会议分别收到人大代表建议、批评和意见 129 件、94 件、120 件、124 件、79 件。

2003 年 1 月至 2006 年 12 月，县十四届人民代表大会共举行 5 次会议，各次会议均听取和审议县人大常委会工作报告、“一府两院”工作报告、县国民经济计划和财政预算报告，大会批准以上报告，并作出相应决议。县十四届人大一次会议选举产生县人大常委会主任、副主任、委员，选举尹才勋为县长，选举祝长林、刘晓梅、刘学嵘、陈华明为副县长。选举李秉国为县人民法院院长，选举张建荣为县人民检察院检察长。县十四届人大三次会议决定同意李秉国辞去县人民法院院长，选举邹九九为县人民法院院长。各次大会收到代表议案、建议、批评和意见 167 件、163 件、134 件。其中：《关于减轻干部负担的议案》经议案审查委员会审查，提交大会主席团讨论通过，被列为议案，不作为大会议程，会后，由县人民政府办理并将办理情况报告县人大常委会。

2006 年 10 月至 2011 年 12 月，县十五届人大共举行 6 次会议，除第三次会议，各次会议均听取和审议县人大常委会工作报告、“一府两院”工作报告、县国民经济计划和财政预算报告，大会批准以上报告，并作出相应决议。其间，县十五届人大一次会议选举尹才勋为县人大常委会主任，罗南辉、唐季蓉、朱永惠、宁幼康、唐新权、张建荣、李荣成、马超麒、肖志权为副主任，马锐等 15 人为县人大常委会委员。选举刘永尧为县人民政府县长，刘本良、刘晓梅、李建民、何全林、陈志全、罗澜波、祝奎龙、徐昕为副县长。选举邹九九为县人民法院院长，选举唐恒博为县人民检察院检察长，并报南充市人民检察院检察长提请南充市人民代表大会常务委员会批准。会议期间，收到代表议案、建议、批评和意见 157 件（其中 45 件议案全部转为建议、批评和意见）。县十五届人大二次会议选举王勇等 59 人为营山县出席南充市第四届人民代表大会代表。会议期间，共收到代表议案、建议、批评和意见 126 件（其中，关于《县财政扣缴公务员机关养老保险金违法的议案》列为议案办理，不列入大会议程，由县人大常委会督促县人民政府办理；其余议案全部转为建议、批评和意见）。县十五届人大三次会议补选杜延茂为县人大常委会主任。县十五届人大四次会议期间，共收到代表议案、建议、批评和意见 54 件（其中 6 件议案全部转为建议、批评和意见）。县十五届人大五次会议审查和批准《营山县 2009 年国民经济和社会发展计划执行情况及 2010 年国民经济和社会发展计划（草案）的报告（书面）》。会议期间，共收到代表议案、建议、批评和意见 106 件（其中 10 件议案全部转为建议、批评和意见）。县十五届人大六次会议审查和批准《营山县国民经济和社会发展第十二个五年规划纲要（草案）》。会议期间，共收到代表议案、建议、批评和意见 74 件（其中 1 件议案转为建议、批评和意见）。

2011 年 12 月至 2016 年 12 月，县十六届人大共举行 6 次会议，除第三次会议，各次会议均听取和审议县人大常委会工作报告、“一府两院”工作报告、县国民经济计划和财政预算报告，大会批准以上报告，并作出相应决议。其间，县十六届人大一次会议选举产生县人大常委会主任、副主任、委员。选举鲜俊才为县人民政府县长，陈俊、李虹波、杨素梅、梁红光、周成、杨荣甫为副县长。选举邹九九为县人民法院院长。选举唐恒博为县人民检察院检察长，并报南充市人民检察院检察长提请南充市人民代表大会常务委员会批准；会议期间，共收到代表议案、建议、批评和意见 182 件（其中 24 件议案全部转为建议、批评和意见）。县十六届人大二次会议选举郑恩全为县人民法院院长，选举罗伟为县人民检察院检察长，并报南充市人民检察院检察长提请南充市人民代表大会常务委员会批准。会议期间，共收到代表议案、建议、批评和意见 155 件（其中 10 件议案全部转为建议、批评和意见）。县十六届人大三次会议选举罗明远为县人民政府县长。县十六届人大四次会议期间和会后，共收到代表议案、建议、批评和意见 178 件（其中 11 件议案全部转为建议、批评和意见）。县十六届人大五次会议期间和会后，共收到代表议案、建议、批评和意见 177 件（其中 13 件议案全部转为建议、批评和意见）。县十六届人大六次会议期间和会后，共收到代表议案、建议、批评和意见 176 件（其中 11 件议案全部转为建议、批评和意见）。

2016 年 12 月至 2020 年 6 月，县十七届人大共举行 5 次会议，除第二次会议，各次会议均听取和审议县人大常委会工作报告、“一府两院”工作报告、县国民经济计划和财政预算报告，大会批准以上报告，并作出相应决议。其间，县十七届人大一次会议选举产生县人大常委会主任、副主任、委员。选举罗明远为县人民政府县长，朱胜国、杨荣甫、杨素梅、何铮、陆昌斌、梁红光为副县长。选举郑恩全为县人民法院院长。选举罗伟为县人民检察院检察长，并报南充市人民检察院检察长提请南充市人民代表大会常务委员会批准。会议期间，共收到代表议案、建议、批评和意见 153 件（其中 18 件议案全部转为建议、批评和意见）；决定设立营山县第十七届人民代表大会法制与内务司法委员会、财政经济委员会、城乡建设与环境资源保护委员会、农业与农村委员会、社会事业委员会、民族宗教外事侨务委员会，表决通过刘春明等 38 人为各委员会主任委员、副主任委员、委员。县十七届人大二次会议补选斯顺平为县人大常委会主任，选举斯顺平为市六届人大代表。县十七届人大三次会议选举何鹏为县监察委员会主任。会议期间和会后，共收到代表议案、建议、批评和意见 91 件（其中议案 1 件；3 件议案转为建议、批评和意见）。县十七届人大四次会议通过县第十七届人民代表大会监察和司法委员会、教育科学文化卫生委员会、社会建设委员会的更名。表决通过杨荣等 27 人为营山县第十七届人民代表大会监察和司法委员会、财政经济委员会、城乡建设与环境资源保护委员会、教育科学文化卫生委员会、民族宗教外事侨务委员会、社会建设委员的主任委员、副主任委员。选举卢亚林等 7 人为营山县第十七届人民代表大会常务委员会委员。会议期间和会后，共收到代表议案、建议、批评和意见 150 件（其中 18 件议案全部转为建议、批评和意见）。县十七届人大五次会议选举罗顺辉为县人民法院院长。选举蒙洪平为县人民检察院检察长，并报南充市人民检察院检察长提请南充市人民代表大会常务委员会批准。选举马佳等 6 人为县第十七届人民代表大会常务委员会委员。会议期间和会后，共收到代表议案、建议、批评和意见140件（其中12件议案全部转为建议、批评和意见）。

3. 营山县人大常委会会议

1981年2月至1984年4月，县八届人大常委会举行常委会会议21次。县人大常委会行使以下任免权：作出同意蒋正泽辞去县人民政府县长的请求，由邓剑代理县长的决定。根据县人民政府县长的提名，任命委、办、局的主任、局长32名和区长10名；根据县人民法院院长的提名，任命副院长1名，人民法院审判委员会委员6名，审判员14名；根据县人民检察院检察长的提名，任命副检察长2名、人民检察院检察委员会委员6名、检察员17名。免去县人民政府主任、局长4名、区长2名。同时，县人大常委会会议听取人大正副主任、县政府正副县长及各委、办、局负责人共97人（次）工作汇报，内容主要有：国民经济计划执行情况、发展商品生产、搞活流通、发展乡镇企业、普及小学教育、提高教育质量、提高医护质量和社会效益、县志编纂、食品卫生、绿化、农田水利、工商行政管理、公路建设、镇容管理、财政预算执行情况、打击刑事犯罪、法治宣传和普及法律常识、人大代表建议、批评和意见办理情况等。

1984年4月至1987年3月，县九届人大常委会举行常委会会议20次，听取和审议县人大常委会正、副主任，县人民政府正、副县长，各委办局及法、检两院负责人19人（次）工作报告，主要内容有：代表建议、批评和意见的办理情况，绿化，《中华人民共和国计量法》实施情况，价格改革和物价工作，基层政权建设，土地管理，粮食生产，审计工作，刑事、民事审判，商业贸易、畜牧业生产、二轻工业生产情况，财政预算执行情况。其间，县九届人大三次常委会审议通过《营山县绿化规划》。县九届人大四次常委会审议通过《营山县城镇镇容管理暂行规定》。县九届人大五次常委会作出《关于贯彻实施中华人民共和国森林法的决定》。县九届人大八次常委会作出《关于用五年左右时间在全县公民中普及法律常识的决议》。县九届人大十次常委会，审议通过《营山县水产管理暂行办法》，并决定由县人民政府公布实施。

1987年3月至1990年3月，县十届人大常委会举行常委会25次，听取和审议“一府两院”工作报告39个，作决议决定21项。听取和审议县人大常委会正、副主任，县府正、副县长，各委、办、局及法、检两院负责人所作的工作报告，主要内容有：集体商业整顿，二轻工业，县志各专志编纂，计划生育，水利，物价，粮食生产，审计，税收，乡镇企业，城乡建设和管理，社会治安管理，廉政监察，卫生，商贸工作，调整高中招生计划，国民经济和社会发展计划执行，整顿市场秩序，查处违法活动，工业生产，农业生产，畜牧生产，蚕桑生产，农田水利基本建设，经济审判和执行等工作情况报告，县人大常委会围绕有关部门的工作进行深入调查，既肯定成绩，又提出建议、批评和意见，并作出相应的决议。

1990年3月至1993年1月，县十一届人大常委会举行常委会会议20次，听取和审议“一府两院”的工作报告43个，作出决议决定23项。工作报告的主要内容有：城市规划，中小学清理整顿“三乱”（乱收费、乱集资、乱发资料），科技兴农，文化市场管理，“二五”普法规划，蚕桑生产“2135”工程实施，达成铁路建设的前期准备工作，《中华人民共和国企业法》实施等情况，依法作出相应的决议决定。主要有：《关于1990年实现基本绿化的决定》《营山县人民代表大会代表工作试行办法》《关于办理县人大代表提出的建议、批评和意见的暂行办法》《关于贯彻实施（四川省计划生育条例）的决定》《关于依法保护县城近郊耕地的决定》《关于贯彻执行治理经济环境，整顿经济秩序，全面深化改革指导方针的决定》。

1993年1月至1998年1月，县十二届人大常委会举行常委会会议41次，听取和审议“一府两院”

工作报告 99 个，作出《关于减轻农民负担的决定》《关于修订普及九年制义务教育规划的决定》《关于县城总体规划的决定》《关于撤销罗洪顺粮食局局长职务、骆仕春工商行政管理局局长职务的决定》《关于治理幸福水库水源污染的决议》《关于悦中乡杨凌云当选副乡长无效的决定》《关于“九五”农村能源综合建设规划的决定》《关于依法治县的决议》等 22 项决议决定。

1998 年 1 月至 2003 年 1 月，县十三届人大常委会举行常委会会议 41 次，听取和审议“一府两院”工作报告 93 个，作出《营山县城区管理办法》《关于县城总体规划的决定》《关于授予营山县公安局 4 个“人民满意派出所”和 29 名“人民满意民警”决定》《营山县城区禁止燃放烟花爆竹的规定》《关于同意调整全县中小学布局实施方案的决定》《关于罗和平当选为星火镇副镇长、罗高明当选无效的决定》等决议决定 66 项。

2003 年 1 月至 2006 年 12 月，县十四届人大常委会举行 36 次常委会，听取和审议“一府两院”工作报告 24 个，作出《关于创建省级社会治安综合治理模范县的决议》《关于补选县第十四届人大代表的决定》《关于罢免石国付南充市第三届人大代表职务的决议》《关于接受黄凤鸣辞去营山县教育局局长职务的决定》《关于接受何白泉辞去营山县第十四届人民代表大会代表职务的决定》《关于撤销龙小碧营山县司法局局长职务的决定》《关于设立营山县北城街道办事处、南城街道办事处人大工作委员会的决定》《关于同意〈营山县乡镇机构改革方案〉的决定》《关于开展第五个五年普法教育的决议》《关于设立营山县选举委员会的决定》《关于县乡两级人民代表大会换届选举时间的决定》《关于重新确定朗池、城南、东升、骆市、小桥、灵鹫、星火、双流、绿水、消水 10 个镇的镇人大代表名额的决定》。

2006 年 12 月至 2011 年 12 月，县十五届人大常委会召开常委会会议 38 次，听取审议专项工作报告和议案 130 项，作出决议决定 26 个、审议意见 63 个，实施人事任免 223 人次。行使重大事项决定权，作出关于“六五”普法、“十二五”规划纲要、革命老区建设专项规划、生态县建设规划、农田水利建设综合规划、“十二五”规划纲要修编、水利建设“十二五”发展规划修编、年度县本级财政决算和预算调整、通乡（镇）公路建设、土地开发整理项目、三星产业园项目、朗池镇火箭村土地开发整理项目、北门河综合治理二期工程项目等决议决定。听取“一府两院”关于工业经济发展、农业产业化规模开发、房地产管理、南北两河综合整治工程、公路建设、扶贫新村建设、农村饮水安全工作、新型农村合作医疗、惠农政策落实、就业促进、“两基”教育巩固提高、城乡体育事业、安全生产工作、广电事业发展、社会治安、农村低保、环境保护、残疾人保障、“五五”普法、民事调解、民商事审判、刑事审判、公诉等工作情况的报告，并作出审议意见。行使人事任免权，任命县人大常委会办事和工作机构负责人 26 人次、县人民政府组成部门局长（主任）46 人次、县人民法院和县人民检察院有关职务 120 人次。接受尹才勋辞去县人大常委会主任职务，刘永尧辞去县人民政府县长职务；决定鲜俊才代理县人民政府县长职务；罢免白劲斌的市三届人大代表职务、周太荣的市四届人大代表职务；补选王晓钧、王玉龙为市四届人大代表，接受县人大常委会委员 1 人辞职，县人大代表、县选举委员会委员 5 人辞职。

2011 年 12 月至 2016 年 12 月，县十六届人大常委会召开常委会会议 40 次，听取和审议专项工作报告 79 个，依法作出决议、决定 44 项，人事任免 340 人次。听取和审议各年度财政预算执行情况的报告，批准县本级财政决算和下年度预算部分调整方案。审查和批准县第五次城市总体规划修编，西干道连接线工程采用 BT 方式招商，济川乡撤乡设镇，城北净水厂建设和两河整治工程的融资还贷资金列入县财政预算，县棚户区改造项目（一期）委托代建资金和代建管理费、一环路等 7 个建设项目的相关资金、县职业教育中心建设项目等18个乡镇生活污水处理项目股权投资（项目资本金投资）列入县本级财政预算。同意县人民政府提交的朗池镇、城南镇部分行政区划调整及设立绥安街道办事处方案。听取和审议县人民政府关于国民经济和社会发展计划半年执行等10项工作，工业集中区建设等8项工作，农村公路建设等10项工作，国有资产经营管理等7项工作，城乡环境综合治理等4项工作的情况报告；听取和审议县人民法院关于民商事审判等3项工作、县人民检察院关于侦查监督等4项工作情况的报告。制定《专题询问办法》。对县人民政府《公益性岗位管理办法》等5个规范性文件进行备案审查。实施人事任免，决定任免县人民政府副县长及组成部门的主任、局长78人次，县人民法院有关职务175人次，县人民检察院有关职务42人次，县人大常委会有关委（室）主任、副主任职务16人次。决定接受辞去相关职务27人次，暂停代表职务1人，罢免代表1人。新任命人员按照2015年7月1日第十二届全国人民代表大会常务委员会第十五次会议通过的全国人民代表大会常务委员会关于实行宪法宣誓制度的决定进行宪法宣誓。任命郑恩全为县人民法院副院长、审判委员会委员、审判员，罗伟为县人民检察院副检察长、检察委员会委员、检察员；决定郑恩全代理县人民法院院长职务、罗伟代理县人民检察院检察长职务；决定任命罗明远为县人民政府副县长；决定罗明远代理县长职务；决定接受骆亚忠辞去县十六届人大常委会主任职务；决定接受鲜俊才辞去县十六届人大常委会主任、市五届人大代表、县十六届人大代表职务。

2017年1月至2020年12月，县第十七届人大常委会召开常委会会议40次，听取和审议专项工作报告、议案130项，作出决定决议47项，提出审议意见83个，任免（接受辞职）国家机关工作人员334人次。作出将政府购买服务资金纳入相应年度财政预算、调整2017年统筹整合使用资金中危房改造预算科目、批复顺蓬营一级公路营山段建设PPP项目的政府债务事项、作出开展“七五”普法、乡镇行政区划调整改革方案、乡镇行政区划调整改革涉及乡镇人大工作有关事项等决议决定等20项。听取和审议县人民政府关于全县重大项目推进及资金使用情况、旅游发展、黑山羊产业发展情况、旅游扶贫工作情况、“新法朗”脱贫攻坚示范线建设情况、审计查出问题整改等专项工作报告，并提出审议意见。听取和审议县人民政府关于中小学素质教育、信息网络、广电网络建设、残疾人工作、全县疾病预防控制等专项工作报告，并提出审议意见。听取和审议县人民政府关于环境保护工作情况的报告，并提出审议意见。听取和审议县人民政府关于律师队伍建设、“扫黑除恶”专项斗争工作情况的报告；听取和审议县人民法院关于“一年内基本解决执行难”工作情况报告；县人民检察院关于自侦工作、公益诉讼工作情况报告，并提出审议意见。决定任免县人民政府副县长及组成部门的主任、局长67人次；任命县监察委员会有关职务10人次，县人民法院有关职务108人次，县人民检察院有关职务24人次，县人大常委会有关委（室）主任、副主任职务52人次；决定接受辞去相关职务72人次；决定撤销职务1人次。决定接受黄金盛辞去县人大常委会主任职务。决定接受刘海、傅亨国等17人辞去县十七届人大常委会委员职务；决定接受何鹏辞去县监察委员会主任职务；任命曹毅为县监察委员会副主任，代理主任；任命何自荣、马佳、莫炼分别为县人大常委会绥安、朗池、城南街道工作委员会主任，田彩虹为县人大常委会绥安街道工作委员会副主任；决定接受郑恩全辞去县人民法院院长职务，任命罗顺辉为县人民法院副院长、代理院长；决定接受罗伟辞去县人民检察院检察长职务，任命蒙洪平为县人民检察院副检察长、代理检察长；决定撤销刘仁昊的县人民法院副院长职务。

4. 营山县人大常委会主要工作

1981年2月至1984年4月，县八届人大常委会就农业生产责任制、植树造林、文化教育、法治宣传、交通运输、企业整顿、体制改革、城镇建设、环境保护等方面，进行10次视察。县八届二次常委会对全县乡村和城镇街道名称进行审定，并予以公布。县八届四次常委会通过《营山县城镇建设管理暂行规定》。县八届六次常委会作出《在调查的基础上适当降低水费的决定》。县八届七次常委会通过对违反国家计划生育政策的县人大代表杨成元，提交茶盘乡选区选民大会予以罢免的决定。县八届十五次常委会作出《关于深入开展以宪法为主要内容的法制宣传活动的决议》和《关于编修县志的决议》。县八届十七次常委会通过《关于防止水土流失保护土地资源的决定》，县人大常委会与县政协联合对群众反映乘车难的双河至柏林、老林至木垭、新店至大庙等地段进行视察，与交通运输部门研究改进措施。是月下旬，县人大常委会对措施落实情况又进行检查。县人大常委会主任、副主任带领县人大代表和林业部门干部两次视察老林区境内的黑马沟、卧虎岩、田坝嘴、朝阳洞、陈大寨、干人洞、铜鼓寨、三墩坡的国（社）有林，按照政策，落实国有林林界，与国有林附近村组订立新界约，解决多年的老问题。县人大常委会主任和驻县的省人大代表及部分县人大代表，视察县氮肥厂、麻纺厂、百货公司、土产公司、商业联合公司，对经济体制改革中出现的问题按企业管理权限分别向有关部门进行反映。

1984 年 4 月至 1987 年 3 月，县九届人大常委会围绕全县经济建设中心，进行执法检查。县人大常委会在对贯彻实施《中华人民共和国森林法》的执法检查中，发现部分地方执法不严，违法不究，对林木管护差等问题，常委会党组向县委写了报告，提出在林木采伐和流通中执行“一限三证”办法，县委将报告批转全县执行后，收到显著成效。县九届二次常委会审议通过《营山县江河管理实施细则》。县九届三次常委会审议通过《营山县绿化规划》。县九届四次常委会审议通过《营山县城镇镇容管理暂行规定》。县九届五次常委会作出《关于贯彻实施〈中华人民共和国森林法〉的决定》。县九届八次常委会作出《关于用五年左右时间在全县公民中普及法律常识的决议》。县九届十次常委会审议通过《营山县水产管理暂行办法》，并决定由县人民政府公布实施。会前，县人大常委会主任、副主任分别带领相关人员，围绕议题进行深入细致的调查，会上进行认真审议，既肯定成绩，又提出意见和建议，并依法作出相应决议决定。

1987 年 3 月至 1990 年 3 月，县十届人大常委对《中华人民共和国宪法》执行情况进行检查；9 月，组织人大代表对文殊、安化、大庙乡林木管护情况进行检查。组织县人大常委会委员对《中华人民共和国村民委员会组织法》试行情况进行检查，并将情况上报省人大。县九届人大常委会十五次会议作出《关于宣布绿水乡人民代表大会补选 1 名副乡长选举无效的决定》；县九届人大常委会十九次会议决定营山县第十届人民代表大会代表名额从 339 名减少为 282 名，选区从 134 个减少为 110 个，全县乡镇人大代表数为 2609 名。县人大常委会对贯彻《中华人民共和国食品卫生法》开展执法检查，责成有关部门对存在问题进行严肃处理；对公、检、法执行《中华人民共和国刑法》《中华人民共和国刑事诉讼法》情况进行检查，召开 3 次共 52 人参加的座谈会，抽查各类刑事案件 106 案、202 卷、134 人的审理材料，查看看守所、行政拘留所和收审所的管理情况，并将检查情况书面报告省人大常委会。

1990 年 3 月至 1993 年 1 月，县十一届人大常委会三次会议作出《关于 1990 年实现基本绿化的决定》，通过《营山县人民代表大会代表工作试行办法》《关于办理县人大代表提出的建议、批评和意见的暂行办法》；县十届人大常委会四次会议作出《关于贯彻实施〈四川省计划生育条例〉的决定》；县十一届人大常委会十五次会议作出《关于依法保护县城近郊耕地的决定》；县十一届人大常委会十六次会议作出《关于贯彻执行治理经济环境，整顿经济秩序，全面深化改革指导方针的决定》。县人大常委会在调查中发现，县城暂住户、城乡通婚户不实行计划生育的达 40% 的严重问题，责成县政府采取措施及时清查处理，县政府对此进行专题研究并积极行动，收到明显成效。县人大代表对公、检、法机关执行《中华人民共和国刑法》《中华人民共和国刑事诉讼法》情况进行调研，针对调研中发现的侦察羁押和个别案件办理超期限、刑事案件破案率低等问题提出改进措施。县十一届人大常委会二次会议作出《关于认真贯彻执行〈中华人民共和国城市规划法〉的规定》；县十一届人大常委会四次会议作出《关于认真贯彻实施〈中华人民共和国行政诉讼法〉的决定》；县十一届人大常委会八次会议作出《关于在全县公民中开展第二个五年普法教育的决定》；县十一届人大常委会十一次会议审议通过《营山县城镇房屋拆迁暂行管理办法》《营山县人大常委会信访工作试行办法》；县十一届人大常委会十二次会议作出《关于认真贯彻实施〈四川省预算外资金管理条例〉的决定》；县十一届人大常委会十五次会议根据县人民政府的提请，审议通过《营山城镇居民守则》，决定由县政府公布施行；县十一届人大常委会十七次会议作出《关于对调整全县区、乡（镇）建制方案的审议意见》，同意撤销10个区的建制，将68个乡镇合并调整为31个，并建议县人民政府报省人民政府批准后实施。

1993年4月至1998年1月，县十二届人大常委会作出《关于减轻农民负担的决定》《关于修订普及九年制义务教育规划的决定》和《关于县城总体规划的决定》；县人大常委会对全县实施《中华人民共和国企业法》《全民所有制工业企业转换经营机制条例》《四川省绿化条例》等18部法律法规情况进行执法检查，对农民负担、治税清欠、畜牧工作等情况进行调研，发现存在认识不足、宣传不力、政出多门等问题，县人大常委会党组向县委作专题报告，经检查督促，取消涉农负担项目43个，修改15个，纠正错误做法10条。

1998年1月至2003年1月，县十三届人大常委会依法行使决定权，在县十三届人大常委会十三次会议上通过《营山县城区管理办法》；县十三届人大常委会二十次会议作出《关于县城总体规划的决定》；县十三届人大常委会二十三次会议作出《关于授予营山县公安局4个"人民满意派出所"和29名"人民满意民警"决定》；县十三届人大常委会二十六次会议作出《营山县城区禁止燃放烟花爆竹的规定》；县十三届人大常委会二十八次会议作出《关于同意调整全县中小学布局实施方案的决定》；县十三届人大常委会三十一次会议作出《关于罗和平当选为星火镇副镇长、罗高明当选无效的决定》。县人大常委会对全县贯彻实施《中华人民共和国行政处罚法》《中华人民共和国药品管理法》《中华人民共和国教师法》《中华人民共和国国旗法》《中华人民共和国建筑法》《中华人民共和国土地管理法》等16部法律法规情况进行检查，对存在问题提出改进措施。

2003年1月至2006年12月，县十四届人大常委会六次会议作出《关于创建省级社会治安综合治理模范县的决议》。县十四届人大常委会十五次会议通过《关于补选县第十四届人大代表的决定》。县十四届人大常委会十六会议通过《关于罢免石国付南充市第三届人大代表职务的决议》。县十四届人大常委会二十一次会议通过《关于接受黄凤鸣辞去营山县教育局局长职务的决定》。县十四届人大常委会二十二次会议通过《关于接受何白泉辞去营山县第十四届人民代表大会代表职务的决定》。县十四届人大常委会二十四次会议通过《关于撤销龙小碧营山县司法局局长职务的决定》。县十四届人大常委会二十四次会议作出《关于设立营山县北城街道办事处、南城街道办事处人大工作委员会的决定》。县十四届人大常委会二十九次会议作出《关于同意〈营山县乡镇机构改革方案〉的决定》。县十四届人大常委会三十次会议作出《关于开展第五个五年普法教育的决议》《关于设立营山县选举委员会的决定》《关于县乡两级人民代表大会换届选举时间的决定》《关于重新确定朗池、城南、东升、骆市、小桥、灵鹫、星火、双流、绿水、消水10个镇的镇人大代表名额的决定》。对全县贯彻执行《中华人民共和国安全生产法》《中华人民共和国人口与计划生育法》《中华人民共和国教育法》《中华人民共和国水土保持法》《中华人民共和国土地管理法》进行执法检查，提出30余条意见的审议意见提交县人民政府及职能部门办理并加强跟踪督办，确保这些法律的正确贯彻实施。

2006年12月至2011年12月，县十五届人大常委会认真履行法定职责，针对全县经济社会发展重大议题，作出关于“六五”普法、“十二五”规划纲要、革命老区建设专项规划、生态县建设规划、白塔新区修建性详细规划和城市设计、农田水利建设综合规划、“十二五”规划纲要修编、年度财政决算和预算调整等决议决定26项。对《中华人民共和国建筑法》《中华人民共和国规划法》《中华人民共和国动物防疫法》《中华人民共和国环境保护法》等在全县的贯彻情况进行执法检查。对县人民政府《关于事业单位工伤职工伤残待遇有关问题的通知》等3个规范性文件进行备案审查。印发《营山县人大常委会工作评议办法》，对县国土资源局进行工作评议，促进部门依法履职。对常委会作出的审议意见进行跟踪督办，促进“一府两院”整改落实。出台《营山县人民代表大会代表建议批评和意见处理办法》，由常委会领导牵头对重点建议进行督办，对县政府办等办理先进单位进行通报表彰，各年度代表建议批评和意见的办结率、满意率均超过93%。建立代表履职档案，抽选79名县人大代表向选民述职并接受测评。习近平等党和国家领导人接见县人大代表、城南镇人大主席文建明，陈健、龙建春、侯方杰等一批代表荣获省、市表彰。县领导常委会切实规范乡镇人民代表大会召开、乡镇人大主席团运行、乡镇人大代表执行职务等工作。开展学习贯彻党的十七大精神、“万人评风”、学习实践科学发展观、创先争优、作风整顿等主题活动。完成县委各年度下达的招商引资目标，抽派精干力量参与交通建设、新农村建设、白塔片区土地整治、两河治理拆迁安置等重点工作。开展“挂包帮”活动，筹措资金158万元帮助福源乡方井村修建村道公路5.7公里、桥梁1座，11户38人脱贫。坚持常委会领导定期接访和重点督办制度，接待和处理群众来访来信1780余件（次）。组织县、乡人大换届选举工作，在121个县人大代表选区共选举产生县第十六届领导代表293名，1023个乡镇人大代表选区共选举产生乡镇人大代表2743名。

2011年12月至2016年12月，县第十六届人大常委会围绕全县经济建设和社会发展大局，切实履行法定职责。组织部分省、市、县人大代表对棚户区改造、工业集中区建设、农业产业化建设、一环路及公园建设管理情况进行集中视察。进行《中华人民共和国义务教育法》《中华人民共和国人口和计划生育法》《中华人民共和国劳动法》《中华人民共和国环境保护法》《中华人民共和国老年人权益保障法》《中华人民共和国安全生产法》执法检查。开展对县住建局、文广局、科技、扶贫移民局、经济商务和信息化局、农牧业局、卫生局、司法局、公安局、教育局、交通运输局、水务局工作评议。常委会领导参与县城北净水厂及原水输水管道工程建设、一环路、城市道路管网改造、脱贫攻坚、环保治理、城市管理等重点工作25项。组织县、乡人大换届选举工作，在121个县人大代表选区共选举产生县十七届领导代表293名，1023个乡镇人大代表选区共选举产生乡镇人大代表2673名。深入开展“脱贫攻坚——人大代表再行动”活动，2500余名各级人大代表主动与贫困户结成帮扶对子。以侯方杰代表为原型的电影《蓝风衣》在全国公映，杨国平代表受邀出席全市代表工作座谈会并作交流发言。在全县53个乡镇建成“人大代表之家”并全部启动运行，3000余名县乡人大代表坚持逢场天轮流值班接待选民。开展代表向选民述职83人次。组织完成《营山县民间传统文化》编撰、出版及发行工作。选派两名年轻干部到贫困村担任“第一书记”。

2017年1月至2020年12月，县十七届人大常委会切实履行法定职权，组织各级人大代表专项视察县城北部新城、重庆配套产业园等23项等重大项目建设管理情况。专题调研全县宗教场所情况、医疗保险报账等工作9个项目。对《中华人民共和国农产品质量安全法》《中华人民共和国医疗机构管理条例》《中华人民共和国安全生产法》等3部法律法规开展执法检查。组织对县经济商务和科技信息化局、城市管理行政执法局、林业局、民政局、发改局、自然资源和规划局、人力资源和社会保障局、生态环境局、农业农村局、审计局、医保局、住房和城乡建设局12个单位进行工作评议，评议结果均为满意。强力推进5个县级脱贫攻坚示范村建设，为分管的12个乡镇、联系的27个贫困村积极出谋划策、筹集资金、解决难题。动员全县各级人大代表进村入户开展精准扶贫，为贫困村、贫困户协调落实扶贫资金6000多万元、办实事3000多件。专题学习贯彻《四川省人民代表大会常务委员会关于依法做好当前新型冠状病毒肺炎疫情防控工作的决定》（以下简称《决定》）精神，依法听取审议《县人民政府关于营山县新型冠状病毒感染肺炎疫情防控工作报告》，专题开展《决定》在营山执行落实情况的调研，常委会领导带头深入抗疫一线，坐镇指挥，落实防控措施，保障物资供应。参与千坵村扶贫开发、清水湖应急补水等9项重点项目建设。高质量完成建制调整后的26个乡镇1458名人大代表及140名国家机关组成人员的选举工作。督促办好用好"人大代表之家"主阵地。扎实开展"两学一做""不忘初心、牢记使命"主题教育和"大学习大讨论调研"活动。深入开展走访企业、群众专项（简称"双走访"）工作，发现问题533个，解决问题430个，提出建议意见48条，转交县人民政府及相关部门代表意见建议81件。

第九节　蓬安县人大

1950年3月，蓬安县召开首次各界人民代表会议，至1953年，共历经4届，召开10次会议，每届都设立了常务委员会。1954年7月，蓬安县召开第一届人民代表大会第一次会议。1981年3月，蓬安县第八届人民代表大会召开，选举产生蓬安县人民代表大会常务委员会。至2020年，蓬安县人大历经17届。"文化大革命"期间，人民代表大会制度遭到严重破坏，1969年由县革命委员会所替代。蓬安县历届人大工作者认真履行宪法和法律赋予的职权，充分发挥地方国家权力机关作用，推进地方民主法治建设，有力地促进蓬安经济和社会发展。

一、蓬安县各界人民代表会议

1950年3月，县人民政府聘请各界代表17人组成蓬安县各界人民代表会议筹备委员会，经与各方询问、协商，采取遴选、聘请两种方法产生县一届各代会代表163人。3月23日至28日，县一届一次各界人民代表会议召开，参会代表151人，列席4人。会议听取县委书记赵文华关于接管工作报告、县长解成仁关于施政方针报告、驻军关于剿匪工作报告，通过征粮、剿匪、生产3项决议。9月14日至17日，县一届二次各界人民代表会议召开，参会代表240人，列席18人。会议听取县人民政府成立8个月来的工作总结报告，讨论通过政府工作报告决议。审查提案27件。会议决议：征收1950年度1600万斤公粮案、成立人民法庭案、设立县各代会常务委员会案。选举产生各代会常委会组成人员，选举解成仁为主席，伍识先为副主席，王伯权为秘书等。12月1日至6日，县一届三次各界人民代表会议召开，参会代表249人。会议听取县长解成仁的政府工作报告，围绕继续减租退押、清匪反霸、开展抗美援朝保家卫国运动进行讨论，代表们写决心书、保证书，制订代表公约。会议通过决议案，并协商提名，选举解成仁为主席，赵文华、肖子亹为副主席，王伯权为秘书，17人为常务委员会组成人员。

1951年3月13日至18日，县二届一次各界人民代表会议召开，参会代表279人，列席11人。会议听取县长解成仁工作报告，县人民政府各部门工作概要报告，参加县城居民、教师、学生、农民、工商界、宗教界等举行的反对美帝与日本单独媾和、重新武装日本的示威游行。会议围绕土改议题进行讨论，并作出决议。选举23人为常委会组成人员。6月13日至17日，县二届二次各界人民代表会议召开，参会代表225人，列席2人。会议听取县人民政府工作报告和关于镇压反革命分子情况报告，围绕土地改革、抗美援朝、生产建设、加强民主统一战线等工作进行讨论。会议选出处理反革命案件审查委员会，对100多件反革命案件进行严肃慎重审查，提出处理意见，逐级上报审批。选出土改委员会、土改调解委员会组成人员，选举23人为常委会委员。10月6日至12日，县二届三次各界人民代表会议召开，参会代表235人，会议听取县人民政府工作报告，讨论通过秋季生产、土改总结、各代会常委会工作计划、村民小学校经费筹措、对27件反革命案件的课刑等重要事项，通过提案审查委员会对123件提案的审查报告。选举出席川北行政区各界人民代表会议代表27人。选举23人为常委会委员。

1952年1月21日至24日，县三届一次各界人民代表会议召开，参会代表193人。会议听取县人民政府工作报告、各代会常委会工作报告、民政科关于民主建设和优抚工作报告，通过爱国增产节约运动，开展“三反”“五反”，在文教界开展自我思想改造运动等事项。选举23人为常委会组成人员，下降解成仁为主席，曹和斋、李道涵为副主席，王伯权为秘书。通过提案审查委员会对150件提案的审查报告。4月6日至10日，县三届二次各界人民代表会议召开，参会代表247人。会议听取县长解成仁关于“三反”总结报告，副县长李道涵关于土改复查工作报告，县委书记解登峰关于宣传贯彻新婚姻法报告，县委李世德部长关于开展防旱抗旱搞好春耕生产报告。会议通过相应的决议和各代会常委会工作制度，选举各代会常委会组成人员，通过提案审查委员会对156件提案的审查报告。9月27日至10月2日，县三届三次各界人民代表会议召开，参会代表327人。副县长李道涵作1月至9月政府工作报告，县长吉仰圣作关于今冬明春工作任务的报告。大会收到代表提案954件，会议采取会内审议、会外协商、上下联系、小组解答、大会总结方法，使提案件件有交代，对重大提案当即决定落实。会议选举各代会常委会组成人员，通过代表公约和给党中央毛泽东主席、省政府李井泉主席的致敬电。

1953年2月2日至7日，县四届一次各界人民代表会议召开，参会代表284人。副县长李道涵致开幕词，县各代会常委会秘书王伯权作常委会4个月来的工作报告，县长吉仰圣作政府工作报告。会议讨论政府工作报告，并作出决议。选举31人为常务委员会组成人员。会议收到代表提案1080件。副县长李道涵在会上对上届会议交办的154件提案执行情况和10件提案未办的理由作了说明。

二、蓬安县人民代表大会

1954年至1965年，蓬安县第一届至第六届人大代表由乡（镇）人民代表大会实行等额、间接选举产生。第一届至第六届选举委员会经县委研究，报经上级政府批准成立。1969年3月成立的蓬安县革命委员会作为特定历史时期国家政权机关，代行县人民代表大会职权，列为县七届人大。1980年至2020年，蓬安县第八届至第十七届人大代表由县、乡选举委员会主持，由选民实行差额、直接选举产生。第八届至第十七届选举委员会由县人大常委会任命。

1. 蓬安县人大及其常委会

1953年6月，蓬安县首次进行基层普选，由乡镇人民代表大会选出县人大代表319名，组成县一届人民代表大会。

1956年11月，由乡镇人民代表大会选出县人大代表295名，组成县二届人民代表大会。

1958年3月，由乡镇人民代表大会选出县人大代表293名，组成县三届人民代表大会。

1960年1月，由乡镇人民代表大会选出县人大代表295名，组成县四届人民代表大会。

1963年2月，由乡镇人民代表大会选出县人大代表327名，组成县五届人民代表大会。

1965年10月，由乡镇人民代表大会选出县人大代表327名，组成县六届人民代表大会。

1969年3月4日，成立蓬安县革命委员会，作为特定历史时期国家政权机关，代行县人民代表大会职权，列为县七届人大。

1981年1月，蓬安县以无记名投票方式选举产生县八届人大代表340名，经审查，确认340名代表资格有效，县八届人民代表大会产生。3月21日至26日，县八届人大一次会议召开，选举产生县第八届人大常委会。选举唐逢泳为主任，何泽民、宋金伯、王守仁、陈尚堪为副主任，委员：王天祥（专）、伍声良、任忠秀（女）、朱冠辟、成能勋、沈光清（女）、沈俊良（女）、邢素清（女）、秦维义、黄万钟、曹学道、敬瑞卿、吴政和。1982年6月，终止代表资格1人；委员黄万钟调离蓬安，补选吴政和为县人大常委会委员。1983年12月，县八届人大常委会十五次会议依法任命县乡（镇）两级选举委员会组成人员。1984年4月，县八届人大常委会十七次会议决定县人大常委会设立代表资格审查委员会。

蓬安县第八届人大常委会主任、副主任一览表

表13-79　（1981.3—1984.4）

姓名	性别	党派	籍贯	职务	任职年限
唐逢泳	男	中共	南充市蓬安县	主　任	1981.3—1984.4
何泽民	男	中共	南充市西充县	副主任	1981.3—1984.4
宋金伯	男	中共	南充市蓬安县	副主任	1981.3—1984.4
王守仁	男	中共	山西省平鲁县	副主任	1981.3—1984.4
陈尚堪	男	无党派	南充市蓬安县	副主任	1981.3—1983.1

1984年3月，蓬安县以无记名投票方式选出县九届人大代表321名，经审查，确认321名代表资格有效，县九届人民代表大会产生。1984年4月，县人大一次会议召开，选举产生县第九届人大常委会。选举蔡守宪为县九届人大常委会主任，韩黎明、宋金伯、何泽民、蒋洁清为副主任，委员：刘国柱、李申、沈光清（女）、沈高、毛远明、石定明、曾锡礼、杨实诚、陈荣华、张文伯、任忠秀（女）、沈俊良（女）、赵运玲、邢素清（女）。1985年4月，委员任忠秀调离蓬安，其代表资格自行终止。

蓬安县第九届人大常委会主任、副主任一览表

表13-80　（1984.4—1987.3）

姓名	性别	党派	籍贯	职务	任职年限
蔡守宪	男	中共	南充市蓬安县	主　任	1984.4—1987.3
韩黎明	男	中共	河北省任丘县	副主任	1984.4—1987.3
宋金伯	男	中共	南充市蓬安县	副主任	1984.4—1987.3
何泽民	男	中共	南充市西充县	副主任	1984.4—1987.3
蒋洁清	男	无党派	南充市蓬安县	副主任	1984.4—1987.3

1987 年 1 月 15 日，蓬安县选举产生县十届人大代表 223 名，经审查，确认 223 名代表资格有效，县十届人民代表大会产生。3 月 15 日至 20 日，县十届人大一次会议召开，选举产生县十届人大常委会，选举陈永高为县十届人大常委会主任，韩黎明、宋金伯、蒋洁清、孙德麟为副主任，委员：杨仕参、敬瑞卿、赵世学（女）、沈文孝、唐凯、张文伯、秦大川、杨礼建、陈茂泗、郎东升、唐秋碧、何子俊。12 月，县十届人大二次会议选举何伟发、宋荣熙、陈永高、唐秋碧、樊明辉为蓬安县出席省七届人民代表大会代表。1989 年 4 月，县十届人大四次会议补选李枝梁为县十届人大常委会委员。至 1990 年 3 月，县十届人大及其常委会届满，县人大代表李凤鸣、李定章调离蓬安，蒋淑蓉随军迁出蓬安，其代表资格自行终止。

蓬安县第十届人大常委会主任、副主任一览表

表 13－81　　（1987. 3—1990. 2）

姓名	性别	党派	籍贯	职务	任职年限
陈永高	男	中共	南充市南部县	主　任	1987. 3—1990. 3
韩黎明	男	中共	河北省任丘县	副主任	1987. 3—1990. 3
宋金伯	男	中共	南充市蓬安县	副主任	1987. 3—1990. 3
蒋洁清	男	无党派	南充市蓬安县	副主任	1987. 3—1990. 3
孙德麟	男	中共	山东省荣成县	副主任	1987. 3—1990. 3

1990 年 1 月，蓬安县选举产生县十一届人大代表 228 名，经审查，确认 228 名代表资格有效，县十一届人民代表大会产生。2 月 27 日至 3 月 4 日，县十一届人大一次会议召开，选举产生县十一届人大常委会，选举肖盛林为主任，唐科忠、孙德麟、刘永梅（女）、唐孝意为副主任，委员：王瑞琪、杨仕参、杨明君、杨建华、杨蜀民（女）、胡云华（女）、胡仲坤（女）、秦大川、章北星、谢仕远、谢栋材、张守域。1990 年，唐科忠逝世，谢正顺调离蓬安，代表资格自行终止。1991 年 3 月，县十一届人大二次会议决定接受肖盛林辞去县十一届人大常委会主任职务的请求，补选陈福为县十一届人大常委会主任，鲍克文为副主任。1991 年，鲍克文逝世，黎福平、翟周平被罢免，代表资格终止。1992 年 3 月，县十一届人大三次会议补选陈宗元为县十一届人大常委会副主任。县人大常委会在出缺选区先后补选 5 名县人大代表。

蓬安县第十一届人大常委会主任、副主任一览表

13－82　　（1990. 3—1993. 1）

姓名	性别	党派	籍贯	职务	任职年限
肖盛林	男	中共	南充市仪陇县	主　任	1990. 3—1991. 1
陈　福	男	中共	南充市营山县	副主任	1991. 3—1993. 1
唐科忠	男	中共	南充市蓬安县	副主任	1990. 3—1991. 3
孙德麟	男	中共	山东省荣成县	副主任	1990. 3—1993. 1
刘永梅	女	民盟	重庆市万州区	副主任	1990. 3—1993. 1
唐孝意	男	中共	南充市营山县	副主任	1990. 3—1993. 1
鲍克文	男	中共	南充市蓬安县	副主任	1990. 3—1991. 6
陈宗元	男	中共	南充市蓬安县	副主任	1992. 3—1993. 1

说明：按任职时间先后为序

1992年12月10日，蓬安县选举产生县十二届人大代表230名，经审查，确认230名代表资格有效，县十二届人民代表大会产生。1993年1月5日至10日，选举产生县十二届人大常委会，选举蔡守宪为主任，陈宗元、唐国权、翟向东、杨应虎为副主任，委员：邓国源、王桂珍（女）、杨忠诚、杨建华、陈忠源、章北星、黄昌久、谢衡、谢仕远、潘兴元、秦大川、杨蜀民。1993年，卢开德、肖盛林、秦大川调离蓬安，鞠昌兴病逝，刘大贵被罢免，代表资格终止。1994年，江永泰病逝，代表资格终止。1995年，伏文超调离蓬安，代表资格终止。1996年，杨蜀明、陈自立调离蓬安，刘明熙病逝，林顺超、刘贵才被罢免，代表资格终止。补选谢华国为县人大代表。

蓬安县第十二届人大常委会主任、副主任一览表

表13-83　(1993.1—1998.1)

姓名	性别	党派	籍贯	职务	任职年限
蔡守宪	男	中共	南充市蓬安县	主　任	1993.1—1998.1
陈宗元	男	中共	南充市蓬安县	副主任	1993.1—1998.1
唐国权	男	中共	南充市蓬安县	副主任	1993.1—1998.1
翟向东	男	无党派	南充市蓬安县	副主任	1993.1—1998.1
杨应虎	男	中共	南充市蓬安县	副主任	1993.1—1998.1

1997年12月，蓬安县选举产生县十三届人大代表253名，经审查，确认253名代表资格有效，县十三届人民代表大会产生。1998年1月4日至10日，县十三届人大一次会议召开，选举产生县十三届人大常委会，选举赵正铭为主任，吴元尧、沈前光、刘伦莉（女）、唐国权为副主任，委员：王晓钧、刘延生、李龙万、李兴国、李茂华（女）、吴刚、陈忠源、苟茂碧（女）、罗方全、付隆社（女）、谢仕远、潘兴元、杨怀宇、秦永福、文剑英、章北星、王双全。1999年10月，补选王培荣为县人大代表。2001年4月，汪华明被罢免。9月，补选宋俊为县人大代表。2002年11月，宋俊调离蓬安，代表资格终止。2002年2月，补选陈乃能、廖定杰为县人大代表。2002年11月，马道蓉调离蓬安，代表资格终止。

蓬安县第十三届人大常委会主任、副主任一览表

表13-84　(1998.1—2003.1)

姓名	性别	党派	籍贯	职务	任职年限
赵正铭	男	中共	南充市蓬安县	主　任	1998.2—2003.1
吴元尧	男	中共	南充市蓬安县	副主任	1998.2—2003.1
沈前光	男	中共	南充市蓬安县	副主任	1998.2—2003.1
刘伦莉	女	无党派	重庆市渝中区	副主任	1998.2—2003.1
唐国权	男	中共	南充市蓬安县	副主任	1998.2—2002.2
陈乃能	男	中共	南充市蓬安县	副主任	2002.2—2003.1

说明：按任职时间先后为序

2002年12月，蓬安县选举产生县十四届人大代表252名，经审查，确认252名代表资格有效，县十四届人民代表大会产生。2003年1月3日至9日，县十四届人大一次会议召开，选举产生县十四届人大常委会，选举刘中伯为主任，吕功孝、吴元尧、刘伦莉（女）、廖定杰、吴刚、王培荣、李茂华

（女）为副主任，委员：白文秀（女）、吕茂国、肖亚群（女）、陈静（女）、郑兴国、胡建忠、费晗、唐亚俊、鲁大纯、李世桂（女）、刘延生、祝奎龙、李兴国。2003 年 3 月，88 选区李兴国调离蓬安，87 选区陈刚被罢免，代表资格终止。7 月，补选 88 选区沈前理、102 选区王润生为县人大代表。2004 年 2 月，补选 74 选区罗风暴为县人大代表。6 月，梁怀泽调离，代表资格终止。2005 年 1 月，补选赵小轻、谢代平为县人大代表。9 月，李茂华调离，代表资格终止。12 月，沈前理辞职，代表资格终止。2006 年 2 月，补选 6 选区刘彬、41 选区任润生为县人大代表。4 月，祝奎龙调离，代表资格终止。

蓬安县第十四届人大常委会主任、副主任一览表

表 13－85 （2003. 1—2006. 10）

姓名	性别	党派	籍贯	职务	任职年限
刘中伯	男	中共	南充市仪陇县	主　任	2003. 1—2006. 10
吕功孝	男	中共	南充市蓬安县	副主任	2003. 1—2006. 10
吴元尧	男	中共	南充市蓬安县	副主任	2003. 1—2006. 10
刘伦莉	女	无党派	重庆市渝中区	副主任	2003. 1—2006. 10
廖定杰	男	中共	重庆市开江县	副主任	2003. 1—2006. 10
吴　刚	男	中共	南充市蓬安县	副主任	2003. 1—2006. 10
王培荣	男	中共	南充市西充县	副主任	2003. 1—2005. 9
李茂华	女	民盟	南充市蓬安县	副主任	2003. 1—2006. 10

说明：按任职时间先后为序

2006 年 10 月，蓬安县选举产生县十五届人大代表 253 名，经审查，确认 253 名代表资格有效，县十五届人民代表大会产生。10 月 25 日至 30 日，县十五届人大一次会议选举产生县十五届人大常委会，选举邹平为主任，黄成立、吕功孝、吴元尧、吴宗祥、刘伦莉（女）、廖定杰、吴刚、王培荣为副主任，委员：罗洪国、胡建忠、肖亚群（女）、杨卫东、罗风暴、刘少康、费晗、蒋佳珊（女）、郑兴国、王香梅（女）、刘楠、鲁大纯、阳和平、肖鹏、陈静（女）、张琳（女）、王荣生、陈国胜。2006 年 10 月 31 日，刘中伯调离蓬安，代表资格终止。12 月 21 日，张秀菊辞去代表职务。2007 年 6 月，黄文键被选区罢免，代表资格终止。2008 年 4 月，向潇转业离开蓬安，汪朝举调离蓬安，其代表资格终止。5 月，刘忠平调离蓬安，代表资格终止。6 月，唐小勇因单位搬迁离开蓬安，代表资格终止。7 月，冯泽林调离蓬安，代表资格终止。2007 年 3 月，补选魏有龙为县人大代表。

蓬安县第十五届人大常委会主任、副主任一览表

表 13－86 （2006. 11—2011. 12）

姓名	性别	党派	籍贯	职务	任职年限
邹　平	男	中共	重庆市江津区	主　任	2006. 11—2011. 12
黄成立	男	中共	眉山市丹棱县	副主任	2006. 11—2011. 12
吕功孝	男	中共	南充市蓬安县	副主任	2006. 11—2011. 12
吴元尧	男	中共	南充市蓬安县	副主任	2006. 11—2011. 12
吴宗祥	男	中共	南充市蓬安县	副主任	2006. 11—2011. 12
刘伦莉	女	无党派	重庆市渝中区	副主任	2006. 11—2011. 12

续表 13－86

姓名	性别	党派	籍贯	职务	任职年限
廖定杰	男	中共	达州市开江县	副主任	2006. 11—2011. 12
吴　刚	男	中共	南充市蓬安县	副主任	2006. 11—2011. 12
王培荣	男	中共	南充市西充县	副主任	2006. 11—2011. 12

说明：按任职时间先后为序

2011 年 11 月，蓬安县选举产生县十六届人大代表 253 名，经审查，确认 253 名代表资格有效，县十六届人民代表大会产生。12 月，县十六届人大一次会议选举县十六届人大常委会组成人员 27 名，县十六届人大常委会产生，选举黄成立为县人大常委会主任，吴元尧、刘学列、张晓录、费晗为副主任，委员（以姓氏笔画为序）：王劲松、甘雨鑫（女）、伍晓兰（女）、刘庆平、刘绍勇、刘雪梅（女）、杜胜、肖九林、吴宜文、何纲、张琳（女）、罗洪国、罗晓峰、罗蓬、郑兴国、胡建忠、祝洁（女）、唐树柏、黄晟、蒋丽芳（女）、蒋涛、曾琳（女）。2012 年 2 月，县十六届人大常委会一次会议审议决定，设立县十六届人大常委会代表资格审查委员会。10 月，县十六届人大常委会六次会议审议决定接受王劲松、张琳辞去县十六届人大常委会委员职务。2013 年 6 月，县十六届人大常委会十次会议审议决定接受甘雨鑫辞去县十六届人大常委会委员职务。2014 年 4 月，县十六届人大常委会十七次会议依法撤销罗小峰县十六届人大常委会委员职务。2015 年 5 月，县十六届人大常委会二十八次会议审议决定接受刘学列辞去县十六届人大常委会副主任职务。2016 年 3 月，县十六届人大常委会四十一次会议审议决定接受罗蓬辞去县十六届人大常委会委员职务。8 月，县十六届人大常委会四十四次会议审议决定接受温桂彪辞去县十六届人大常委会主任职务。县十六届人大代表中，先后有 17 人调离蓬安，9 人辞去代表职务，罢免代表职务 4 人，这 30 名县十六届人大代表资格终止。县人大常委会在出缺选区先后补选 13 名县十六届人大代表。

蓬安县第十六届人大常委会主任、副主任一览表

表 13－87　（2011. 12—2016. 12）

姓名	性别	党派	籍贯	职务	任职年限
黄成立	男	中共	眉山市丹棱县	主　任	2011. 12—2015. 6
温桂彪	男	中共	南充市高坪区	主　任	2015. 6—2016. 8
吴元尧	男	中共	南充市蓬安县	副主任	2011. 12—2016. 11
刘学列	男	中共	南充市蓬安县	副主任	2011. 12—2015. 5
张晓录	男	中共	南充市蓬安县	副主任	2011. 12—2015. 6
费　晗	男	无党派	南充市蓬安县	副主任	2011. 12—2016. 12
汪俊波	男	中共	南充市仪陇县	副主任	2016. 2—2016. 12

说明：按任职时间先后为序

2016 年 8 月至 10 月，蓬安县选举产生县十七届人大代表 253 名，经审查，确认 253 名代表资格有效，县第十七届人民代表大会产生。12 月 5 日，县十七届人大一次会议选举县十七届人大常委会组成人员 35 名，产生县十七届人大常委会，选举何林忠为县人大常委会主任，汪俊波、李光辉、费晗、蒲元平为副主任，委员（以姓氏笔画为序）：王昌志、邓小燕（女）、邓强、成慧君（女）、吕军、刘庆平、刘彤、刘国福、刘绍勇、刘雪梅（女）、杜胜、杨建芳（女）、杨显文、吴宜文、何纲、陈志明、陈梅英（女）、罗泯东、罗敬、赵琼会（女）、胡建忠、钟朝国、侯妮（女）、唐志荣、唐睿（女）、黄晟、蒋丽芳（女）、蒋涛、曾琳（女）、雷年光。县十七届人民代表大会设立法制与内务司法委员会、财政经济委员会、社会事业委员会、城乡建设与环境资源保护委员会、农业与农村委员会5个专门委员会，每个专委会设主任委员1名，副主任委员1名，委员5名。12月22日，县十七届人大常委会一次会议审议决定，设立县十七届人大常委会代表资格审查委员会。2017年2月，县十七届人大常委会二次会议审议决定接受刘雪梅辞去县十七届人大常委会委员职务。2018年1月，县十七届人大常委会九次会议审议决定接受陈志明辞去县十七届人大代表职务，相应终止其县十七届人大常委会委员职务。2019年3月，县十七届人大常委会二十一次会议审议决定接受胡建忠等11人辞去县十七届人大代表职务，胡建忠、刘国福、罗泯东、王昌志、蒋涛、杨建芳6人县十七届人大常委会委员职务、县十七届人大各专门委员会委员职务相应终止，张谓斌、陈秋伯县十七届农业农村委员会、财政经济委员会委员职务相应终止。4月，县十七届人大常委会二十二次会议依法任命刘忠为县人大农业农村委员会副主任委员。2019年4月，县十七届人大三次会议补选刘忠、刘翅翔、李斌、辛通元、段继芳、谢胜勇、谢雅玲为县十七届人大常委会委员；决定增设社会建设委员会，法制与内务司法委员会更名为监察和司法委员会、社会事业委员会更名为教育科学文化卫生委员会。11月，县十七届人大常委会二十九次会议审议决定接受黄晟、侯妮、陈梅英辞去县十七届人大常委会委员职务；设立县人大常委会相如街道工作委员会和周口街道工作委员会2个县人大常委会派出工作机构。至2019年12月，县十七届人大代表中，先后有10人调离蓬安县行政区域，18人辞去代表职务，这28人县十七届人大代表资格终止。县人大常委会分别在23个出缺代表选区先后补选24名县十七届人大代表。

蓬安县第十七届人大常委会主任、副主任一览表

表13－89 （2016.12— ）

姓名	性别	党派	籍贯	职务	任职年限
何林忠	男	中共	南充市营山县	主　任	2016.12—
汪俊波	男	中共	南充市仪陇县	副主任	2016.12—
李光辉	男	中共	南充市蓬安县	副主任	2016.12—
费　晗	男	无党派	南充市蓬安县	副主任	2016.12—
蒲元平	男	中共	南充市蓬安县	副主任	2016.12—

2. 蓬安县人民代表大会会议

1954年7月至1956年12月，县一届人民代表大会共举行2次会议。听取和审议政府工作报告，通过相应决议，协商提名，民主选举。其间，1954年7月，县一届人大一次会议听取县长王宝贵工作报告，选举出席省第一届人民代表大会代表。1955年9月，县一届人大二次会议选举任力为县长，王德鹏为副县长，县人民委员会委员15名。王一民为县人民法院院长。大会收到提案35件。

1956年12月至1958年5月，县二届人民代表大会举行2次会议。会议听取和审议县人民委员会工作报告、财政决算和预算报告、县人民法院工作报告。其间，1956年12月，县二届人大一次会议选举县二届人民委员会组成人员。大会收到提案83件，提案审查委员会审查提出处理原则，转交县人民委员会具体办理。1957年7月，县二届人大二次会议听取和审议县人民委员会半年工作报告、县财政决算和预算报告、县人民法院工作报告，作出相应决议。选举任力、陈尚堪、樊启瑞等17人为主席团成员。通过秘书长、副秘书长和代表资格审查、财政预决算审查、提案审查3个委员会名单。大会收到提案68件，提交县人民委员会依照审查意见处理。

1958年5月，县三届人大一次会议听取和审议县人民委员会工作报告、县财政决算和预算报告、县人民法院工作报告，通过相应决议。选举出席省第二届人民代表大会代表4人。大会收到代表提案8件，提交县人民委员会有关部门办理。选出第三届人民委员会组成人员：选举任力为县长，石宪级、陈尚堪为副县长，委员14人。选举王一民为县人民法院院长。

1961年10月，县四届人大一次会议听取和讨论审查县人民委员会工作报告、财政科关于蓬安县1960年财政决算和1961年财政预算的报告、县人民法院工作报告，通过相应决议。会议无记名投票选举县第四届人民委员会组成人员：选举杨泰为县长，刘大魁、陈尚堪为副县长，委员14人。选举杨泰为出席省第二届人民代表大会代表。会议收到代表提案76件，经审查，其中属于请示上级政府处理的4件，由政府立即办理的27件，暂缓办理的5件，向代表作解释的40件。

1963年5月至1965年12月，县五届人民代表大会举行2次会议。其间，1963年5月，县五届人大一次会议听取和审议县选举委员会关于1963年选举工作总结报告、县人民委员会工作报告、县1962年财政决算和1963年财政预算的报告、县人民法院工作报告，通过相应决议。选举县第五届人民委员会组成人员：选举杨泰为县长，刘大魁、陈尚堪为副县长，委员16人。选举李富芳为县人民法院院长。会议收到提案39件。1963年7月，县五届人大二次会议听取和讨论县长杨泰关于全力抓好生产实现农业全面大幅度增产报告，选举刘云波（女）、乔钟灵、杨泰、杨衡石、翟绍永为出席省第三届人民代表大会代表。

1965年12月，县六届人大一次会议听取和审议县人民委员会工作报告、财政预决算报告、人民法院工作报告，通过相应决议。选举产生县六届人民委员会：选举任尊俊为县长，何泽民、唐逢泳、刘大魁、陈尚堪、赵逸龙为副县长，委员15人。补选任尊俊为出席省第三届人民代表大会代表。大会收到提案68件，转交有关部门办理。

1969年3月，县革命委员会成立。作为特定历史时期国家政权机关，代行县人民代表大会职权，列为县七届人大。

1981年3月至1984年4月，县八届人民代表大会举行3次会议。其间，1981年3月，县八届人大一次会议根据规定设立蓬安县人民代表大会常务委员会，大会决定将蓬安县革命委员会改为蓬安县人民政府。会议听取和审议政府工作报告、财政预算报告、人民法院工作报告、人民检察院工作报告，通过相应决议。会议选举产生蓬安县第八届人民代表大会常务委员会，选举唐逢泳为主任，何泽民、宋金伯、王守仁、陈尚堪为副主任，委员13人。选举李凤鸣为县长，陈永高、韩黎明、胡子章、蔡守宪、岳定松为副县长，谢天永为县人民法院院长，李富芳为县人民检察院检察长。大会收到提案559件，由提案审查委员会审查，大会主席团决定由政府各工作部门办理。1982年6月，县八届人大二次会议听取和审议县人民政府工作报告、财政预决算报告、县人大常委会工作报告、县人民法院工作报告、县人民检察院工作报告，通过各项报告决议。增选陈尚君为县政府副县长。会议收到提案361件，分别交政府、法院、检察院办理。1983年3月，县八届人大三次会议听取和审议县人民政府工作报告、财政预决算报告、县人大常委会工作报告、县人民法院工作报告、县人民检察院工作报告，作出相应决议。选举何伟发、邢素清（女）、张仕荃、何泽民、唐逢泳为出席省第六届人民代表大会代表。大会听取提案审查委员会关于143件提案的审查报告。

1984 年 4 月至 1987 年 3 月，县九届人民代表大会举行 3 次会议。会议听取和审议县人民政府工作报告、县人大常委会工作报告和县人民法院、县人民检察院工作报告，审查批准财政预决算报告，作出相应决议。其间，1984 年 4 月，县九届人大一次会议选举蔡守宪为县九届人大常委会主任，韩黎明、宋金伯、何泽民、蒋洁清为副主任，委员 14 人。选举蒲显福为县人民政府县长，陈永高、陈尚君、岳定松、赵正铭为副县长。选举谢天永为县人民法院院长，何子俊为人民检察院检察长。会议收到议案 2 件，由县人大常委会办理，作出决定，交政府有关部门执行。代表建议、批评和意见 382 件，交政府、法院、检察院和其他有关部门办理。1985 年 5 月，县九届人大二次会议收到议案 1 件，由县人大常委会讨论作出决定，交政府执行。建议、批评和意见 231 件，由县人大常委会转政府及有关部门办理。1986 年 5 月，县九届人大三次会议收到代表议案 1 件、质询案 1 件、代表提案 298 件，交有关部门办理。

1987 年 3 月至 1990 年 2 月，县十届人民代表大会举行 4 次会议。会议听取和审议县人民政府工作报告、财政预决算草案报告，县人大常委会工作报告和县人民法院、县人民检察院工作报告，作出相应决议。其间，1987 年 3 月，县十届人大一次会议选举陈永高为县十届人大常委会主任，韩黎明、宋金伯、蒋洁清、孙德麟为副主任，委员 12 人。选举陈香泉为县人民政府县长，陈尚君、孙明钧、岳定松、赵正铭为副县长。选举谢天永为县人民法院院长，马岳松为县人民检察院检察长。大会共收到议案 49 件，质询案 1 件，建议、批评和意见 263 件，由人大常委会办事机构交“一府两院”及有关部门处理。1987 年 12 月，县十届人大二次会议选举何伟发、宋荣熙、陈永高、唐秋碧、樊明辉为出席省七届人民代表大会代表。1988 年 3 月，县十届人大三次会议收到议案 25 件，代表建议、批评和意见 114 件，共 139 件，由人大常委会汇总分类后，转交县政府、县法院、县检察院和有关部门研究办理。1989 年 4 月，县十届人大四次会议收到议案 19 件，代表建议、批评和意见 147 件，共计 166 件，由人大常委会汇总分类后，交县政府、县法院、县检察院及其他有关部门研究办理。

1990 年 3 月至 1993 年 1 月，县十一届人民代表大会举行 3 次会议。会议听取和审议县人民政府工作报告、财政预决算草案报告，县人大常委会工作报告和县人民法院、县人民检察院工作报告，作出相应决议。其间，县十一届人大一次会议选举肖盛林为县十一届人大常委会主任，唐科忠、孙德麟、刘永梅、唐孝意为副主任，委员 12 人。选举陈尚君为县人民政府县长，陈福、孙明钧、戴荣卿、岳定松、赵正铭、邓才元、倪仲文为副县长。谢天永为县人民法院院长，曹学群为县人民检察院检察长。大会共收到代表议案 56 件，代表建议、批评和意见 242 件，县人大常委会代表联络委员会将全部建议、批评和意见汇总分类，向县人大常委会汇报后，送交县政府、法院、检察院及有关部门研究办理。1991 年 3 月，县十一届人大二次会议决定接受肖盛林辞去县十一届人大常委会主任职务的请求，补选陈福为县十一届人大常委会主任，鲍克文为副主任。会议收到代表议案 22 件，建议、批评和意见 144 件。由县人大代表联络委员会汇总分类，转交县政府、县法院、县检察院及有关部门研究办理。1992 年 3 月，县十一届人大三次会议补选陈宗元为县十一届人大常委会副主任。会议收到代表议案 21 件，代表建议、批评和意见 110 件，质询案 1 件，共计 132 件，由县人大常委会送交县政府、县法院、县检察院及有关部门研究办理。

1993 年 1 月至 1998 年 1 月，县十二届人民代表大会举行 6 次会议。会议听取和审议县人民政府工作报告、财政预决算草案报告，县人大常委会工作报告和县人民法院、县人民检察院工作报告，作出相应决议。其间，1993 年 1 月，县十二届人大一次会议选举蓬安县出席省第八届人民代表大会代表。选举蔡守宪为县十二届人大常委会主任，陈宗元、唐国权、翟向东、杨应虎为副主任，委员 12 人。选举陈尚君为县人民政府县长，孙明钧、陈自立、戴荣卿、赵正铭、刘光福、邓才元、陈宗君、倪仲文为副县长。选举陈昌国为县人民法院院长，曹学群为县人民检察院检察长。大会收到议案37件、质询案1件、代表建议、批评和意见128件，由人大常委会汇总分类，交县政府、县法院、县检察院及有关部门研究办理。质询案1件，经主席团讨论决定由县政府委托职能部门向提出质询案的代表团予以答复。县十二届人大二次会议选举蓬安县出席南充市第一届人民代表大会代表44名。县十二届人大三次会议补选徐兴发为县人民政府县长，刘万荣为县第十二届人大常委会委员。大会收到议案16件，建议、批评和意见105件，由人大常委会办公室整理、归类、汇总，转交县政府及有关部门研究办理。县十二届人大四次会议收到议案20件，因19件不具备立案条件，转作建议、批评和意见处理。还收到建议、批评和意见62件，由人大常委会汇总分类，转交“一府两院”及有关部门研究办理。县十二届人大五次会议收到议案26件，经审查认为24件议案不具备立案条件，转作建议、批评和意见处理。还收到建议、批评和意见108件，由人大常委会办事机构整理归类汇总，转交县政府及有关部门研究办理。会议听取和审议《蓬安县国民经济和社会发展“九五”计划及2010年远景目标纲要》，作出《关于蓬安县国民经济和社会发展“九五”计划及2010年远景目标纲要的决议》。县十二届人大六次会议补选谢华国为县人民政府县长。大会收到议案27件，经审查25件不具备立案条件，转作建议、批评和意见处理，还收到建议、批评和意见54件，由人大常委会办事机构整理归类汇总，转交县政府及有关部门研究办理。

1998年1月至2003年1月，县十三届人民代表大会举行5次会议。会议听取和审议县人民政府工作报告、财政预决算草案报告，县人大常委会工作报告和县人民法院、县人民检察院工作报告，作出相应决议。其间，1998年1月，县十三届人大一次会议选举赵正铭为县十三届人大常委会主任，吴元尧、沈前光、唐国权、刘伦莉（女）为副主任，委员15人。选举孙明钧为县人民政府县长，刘兆东、吴宗祥、张行忠、陈宗君、蒋秀琼、魏磊为副县长。选举陈昌国为县人民法院院长，韩志春为县人民检察院检察长。大会收到议案45件，经审查认为42件不具备立案条件，转作建议、批评和意见处理，收到建议、批评和意见141件，由县人大常委会办事机构整理、归类、汇总，转交“一府两院”及有关部门研究办理。1999年1月，县十三届人大二次会议选举出蓬安县出席南充市第二届人民代表大会代表。收到议案21件，经审查认为转作建议、批评和意见处理。收到建议、批评和意见65件，全部由县人大常委会人事任免工委送交“一府两院”及有关部门研究办理。2000年1月，县十三届人大三次会议收到议案20件，经审查全部转作建议、批评和意见处理。收到建议、批评和意见49件，由县人大常委会人事代表工委送交县政府、县法院及有关部门研究办理。2001年3月，县十三届人大四次会议补选马道蓉为县人民政府县长，王双全、吕茂国为县十三届人大常委会委员。收到议案28件，经审查27件转作建议、批评和意见处理，收到建议、批评和意见60件，由县人大常委会人事代表工委送交县政府及有关部门研究办理。2002年2月，县十三届人大五次会议接受唐国权辞去县十三届人大常委会副主任职务，接受杨怀宇、奉永福辞去县十三届人大常委会委员职务。会议选举陈乃能为县十三届人大常委会副主任、廖定杰为县人民法院院长。大会收到议案21件，经审查转作建议、批评和意见处理。收到建议、批评和意见49件，由县人大常委会人事代表工委送交县政府及有关部门研究办理。

2003年1月至2006年10月，县十四届人民代表大会举行4次会议。会议听取和审议县人民政府工作报告、财政预决算草案报告，县人大常委会工作报告和县人民法院、县人民检察院工作报告，作出相应决议。其间，2003年1月，县十四届人大一次会议选举刘中伯为县第十四届人大常委会主任，吕功孝、吴元尧、刘伦莉（女）、廖定杰、吴刚、王培荣、李茂华（女）为副主任，委员13人。选举邹平为县人民政府县长，梁怀泽、吴宗祥、王应龙、彭德全、宋弘、杜朝君、邓秀珍（女）、黄春为副县长。选举袁彪为县人民法院院长，李敏为县人民检察院检察长。2004年2月，县十四届人大二次会议收到议案12件，经审查转作建议、批评和意见处理。收到建议、批评和意见54件，由县人大常委会人事代表工委，送交县政府及有关部门研究办理。2005年2月，县十四届人大三次会议收到议案17件，经审查转作建议、批评和意见处理，收到建议、批评和意见85件，由县人大常委会人事代表工委，转交县政府及有关部门研究办理。2006年2月，县十四届人大四次会议收到议案14件，经审查转作建议、批评和意见办理。收到代表建议、批评和意见64件，全部由人大常委会人事代表工委送交县政府及有关部门研究办理。

2006年10月至2011年11月，县十五届人民代表大会举行3次会议。会议听取和审议县人民政府工作报告、财政预决算草案报告，县人大常委会工作报告和县人民法院、县人民检察院工作报告，作出相应决议。其间，2006年10月，县十五届人大一次会议选举产生县十五届人大常委会，选举黄成立、吕功孝、吴元尧、吴宗祥、刘伦莉（女）、廖定杰、吴刚、王培荣为副主任，委员18人。选举邹平为县人民政府县长，赵小轻、陈鹏泉、杜朝君、曾颖、黎萍、张邦刚为副县长。选举张云为县人民法院院长，王瑜为县人民检察院检察长。大会收到议案33件，经审查转作建议、批评和意见处理。收到建议、批评和意见64件，全部由县人大常委会人事代表工委送交县政府及相关部门研究办理。2007年6月，县十五届人大二次会议选举邹平为县十五届人大常委会主任，袁菱为县人民政府县长。大会收到议案4件，经审查转作建议、批评和意见处理。收到建议、批评和意见21件，全部由县人大常委会人事代表工委送交县政府及相关部门研究办理。2008年4月，县十五届人大三次会议选举蒲永红为县人民政府副县长。选举产生出席南充市第四届人民代表大会代表。大会收到议案23件，经审查转作建议、批评和意见处理。收到建议、批评和意见33件，全部由县人大常委会人事代表工委送交县政府及相关部门研究办理。

2011年11月至2016年12月，县十六届人民代表大会举行7次会议。除第六次会议议程仅有选举事项外，其他6次会议均听取和审议“一府两院”和人大常委会工作报告21个，审查批准各年度国民经济和社会发展计划报告、财政预算报告以及蓬安县“十三五”规划纲要共计12项，并作出相应决议；6次会议共收到人大代表议案、建议、批评和意见795件。2011年12月，县十六届人大一次大会议选举产生县人大常委会，选举黄成立为主任，吴元尧、刘学列、张晓录、费晗为副主任，委员22人。选举产生县人民政府县长和6名副县长，县人民法院院长和县人民检察院检察长。2013年1月，县十六届人大三次大会选举任洁平为县人民法院院长；补选2名常委会委员。2015年6月，县十六届人大六次会议分别通过关于接受黄成立辞去县十六届人大常委会主任职务、张晓录辞去县十六届人大常委会副主任职务的决定，听取并通过关于接受刘学列辞去县十六届人大常委会副主任职务，赵小轻辞去县人民政府县长的备案报告（书面）。补选温桂彪为县十六届人大常委会主任、蒲国为县人民政府县长。2016年2月，县十六届人大七次会议听取关于接受汪俊波辞去县人民政府副县长的备案报告（书面），补选汪俊波为县十六届人大常委会副主任。会议听取和审查蓬安县国民经济和社会发展第十三个五年规划纲要（草案）及说明，作出批准这个纲要决议。

2016年12月至2019年12月，县十七届人民代表大会举行3次会议。各次会议均听取和审议“一府两院”和人大常委会工作报告，审查批准各年度国民经济和社会发展计划报告、财政预算报告，并作出相应决议；共收到人大代表议案、建议、批评和意见491件。其间，2016年12月，县十七届人大一次会议选举产生新一届人大常委会，选举何林忠为主任，汪俊波、李光辉、费晗、蒲元平为副主任，委员30人。选举产生县人民政府县长和6名副县长，县人民法院院长和县人民检察院检察长。选举产生蓬安县出席南充市第六届人民代表大会代表48名。决定县十七届人民代表大会各专门委员会设立及其组成人员的人选。2018年1月，县十七届人大二次会议选举喻兆宇为县监察委员会主任。2019年4月，县十七届人大三次大会补选7名常委会委员，决定增设蓬安县人民代表大会专门委员会1个、更名2个，表决通过24名县十七届人大5个专门委员会组成成员（监察司法委员会6名、财经经济委员会3名、教育科学文化委员会7名、农业农村委员会1名、社会建设委员会7名）。

3. 蓬安县人大常委会会议

1981年3月至1984年4月，县八届人大常委会共举行17次会议，听取和审议县人民政府、人民法院、人民检察院工作报告和工作汇报31次，作出决议、决定21项。任命“一府两院”工作人员120名，决定代理人选1名，接受辞职1名，免去职务17名。先后审议作出关于抗洪救灾工作的决议、关于打击经济领域中严重犯罪活动的决议、关于加强社会主义精神文明建设的决议、关于发展林业保护森林资源的决议、关于坚决制止乱占滥用土地建房的决议、关于县级政府机构改革问题的决议、关于严厉打击刑事犯罪活动尽快实现全县社会治安根本好转的决议、关于认真贯彻实施四川省保护妇女儿童合法权益的若干规定的决议等重大事项决议。听取和审议县人民政府关于社会治安、计划生育、中小学教育、人口普查、统计、卫生、耕地清理、劳动就业、农村综合体制改革、法治宣传、县级机构改革、严厉打击刑事犯罪等工作报告，审议通过关于蓬安县机关、企事业单位内部安全防范工作条例，审议批准县人民政府关于全县大队命名的报告，审议批复县公安局关于对县人大代表周某某行政拘留的报告。组织委员视察兴旺、龙蚕、罗家、河舒、蓬安中学等乡、村和学校的精神文明建设，锦屏乡的乡办企业发展情况和抗洪救灾、农业生产责任制、发展蚕桑、工业生产等工作情况。

1984年4月至1987年3月，县九届人大常委会共举行19次会议，听取和审议县人民政府、人民法院、人民检察院工作报告和工作汇报48次，作出决议、决定23项。任命“一府两院”工作人员51名，接受辞职1名，免去职务16名。先后审议通过关于认真贯彻实施四川省绿化暂行条例加速我县绿化步伐的决议、蓬安县人大常委会设立代表资格审查委员会的决定等，审议作出关于河舒、锦屏等9个乡撤乡建镇有关问题的决定、关于加速普及初等教育的决议、关于认真贯彻执行《中华人民共和国统计法》的决议、关于编纂好蓬安新县志的决议、关于加强法制宣传教育普及法律常识的决议、关于组织县人民代表进行视察的决定、关于搞好第一个教师节庆祝活动的决议、关于设立蓬安县选举委员会的决定、关于进一步做好扶贫和五保老人供养工作的决议、关于撤销蓬安县人民法院一项不符合法律规定的决定、关于加强质量管理的决议、关于蓬安县1985年财政预算部分变更的决定等。听取和审议县城总体规划、财政支出预算、1986年秋季招生、计划生育、物价、减轻农民负担、农村群众文化建设、1987年城市建设维修费安排等报告。听取和审议贯彻执行《中华人民共和国统计法》《中华人民共和国食品卫生法》等情况报告。

1987年3月至1990年2月，县十届人大常委会共召开22次会议。听取和审议县人民政府、人民法院、人民检察院工作报告和工作汇报65次，作出决议、决定24项。任命“一府两院”工作人员86人。其中代理县长1人，副县长3人，县政府各委、办、局的主任、局长43人，县人大常委会办公室和工委的主任、副主任13人，县法院副院长、庭长、副庭长、审判委员会委员、审判员18人，县检察院代理检察长、副检察长、检查委员会委员、检察员8人；免去职务11人。先后听取和审议县人民政府、人民法院、人民检察院专项工作报告；听取和审议通过县人大常委会关于县人大代表工作暂行办法、关于进一步搞好治理整顿保障改革和建设顺利进行的决议、关于在七个区和周口镇设立人大工作联络组的决定、关于县人大代表持证视察的决定、关于1990年基本实现全县绿化的决议、蓬安县人大常委会廉政建设制度；审议作出关于设立蓬安县人大常委会法制工作委员会、财经工作委员会、教科文卫工作委员会的决定，关于纠正银汉乡第十届人民代表大会第二次会议违法问题的决定、关于撤销蓬安县人民法院刑事审判第二庭成立告诉申诉庭的决定等；审议批准关于调整1987年财政预算的报告；听取和审议关于计划生育、蚕业、公安、马回水电站、肥料运销违纪查处兑现、抗洪救灾、双增双节运动、卫生、林业、代表建议批评意见办理、税收、民事审判、教育、保险、“扫黄”、扫除“六害”等工作汇报，听取和审议贯彻执行关于惩治贪污罪、贿赂罪的补充规定、标准化法、四川省工业产品质量监督条例、四川省老年人合法权益保护条例等检查情况汇报。

1990年3月至1993年1月，县十一届人大常委会会议召开19次。听取和审议“一府两院”工作汇报40项，作出重大决议、决定32个，依法任免国家机关工作人员185人，其中副县长5人，县政府所属委、办、局的主任、局长58人，县人大常委会办事机构和各区人大工委的主任、副主任、委员67人，县法院副院长、庭长、副庭长、审判委员会委员、审判员18人，县检察院检察员9人。免去职务26人。依法撤销职务2人。先后审议通过蓬安县人大常委会工作细则、区工作委员会工作试行办法、审查监督国民经济和社会发展计划的暂行办法，听取和审议关于科技兴农、农业生产资料供应、医疗卫生、中小学德育、查处“侵犯公民人身权利民主权利”案件、城市建设维护资金安排、财政预算执行和调整、商业企业扭亏增盈、打击经济犯罪、清理制止“三乱”、乡镇卫生院建设、蚕桑生产、计划生育、商业企业“四放开”、工业企业“五自主”改革等工作汇报，审议作出关于设立蓬安县人大常委会各区工作委员会的决定、关于设立蓬安县人大常委会农业工作委员会的决定、关于设立蓬安县人民检察院供销社检察室的决定、关于成立蓬安县人民检察院粮食检察室的决定、关于调整代表联络组组长副组长联络员的决定、关于深入开展法制宣传教育的决议、关于批准蓬安县城火车站经济综合开发区控制性详细规划的决定、关于加强城镇规划建设和管理的决议、关于对区乡（镇）建制调整后有关问题的决定、关于设立县选举委员会的决定，听取和审议贯彻实施四川省农民负担管理条例、企业法等检查情况报告。

1993年1月至1998年1月，县十二届人大常委会会议召开36次。听取和审议“一府两院”工作报告92次，作出决议、决定30项，提出专题书面审理意见28个，依法任免国家机关工作人员159人。其中代理县长2人，副县长9人，县政府所属委、办、局的主任、局长53人，县人大常委会办公室和工委主任、副主任10人，县法院副院长、庭长、副庭长、审判委员会委员、审判员，县检察院副检察长、检察委员会委员、检察员51人。同时，免去职务34人。还依法撤销1人职务，接受2名县长、7名副县长、2名人大常委会委员提出的辞职请求。先后审议通过县人大常委会关于设立代表资格审查委员会的决定、关于设立蓬安县人民检察院驻马回水电厂检察室的决定等，审议作出关于批准调整蓬安县国民经济和社会发展十年规划和“八五”计划纲要的决议、关于实行部门执法责任制的决议、关于加强生猪定点屠宰和上市猪肉卫生质量管理的决议、关于撤销蓬安县人民检察院驻县供销联社检察室的决定等，听取和审议关于春耕生产、农民负担、社会治安、农村卫生、县级机构改革、法纪检察、重点工程建设、达成铁路建设、开发区建设、乡镇企业发展、农业投入和农田基本建设、商贸企业深化改革、农业经济技术管理部门支农服务、“二五”普法、行政审判、物价检查、财政预算、整顿周口镇市容市貌、公路交通建设、企业产权制度改革、发展个体私营经济、民事审判、路桥重点工程建设、打假治劣、廉政建设、专办贪污贿赂、基层民主政治建设、农村初级卫生保健、行政事业性收费管理、普及九年制义务教育、“三五”普法等工作汇报。听取和审议县人大常委会调查组《关于全民所有制工业企业转换经营机制条例》《四川省农民负担管理条例》《四川省计划生育条例》等情况调查报告，审议批准蓬安县城总体规划。

1998年1月至2003年1月，县十三届人大常委会会议召开36次。听取和审议“一府两院”工作汇报94项，作出决议、决定39个，提出专题审理意见22个；任免“一府两院”工作人员246人。先后审议通过蓬安县人大常委会组成人员联系县人大代表和选民群众的试行办法、蓬安县人大常委会关于处理人民群众来信来访暂行办法、蓬安县人大常委会司法案件监督办法、蓬安县公民旁听县人代会、县人大常委会会议规则、蓬安县人民代表大会常务委员会工作规则、蓬安县城区管理暂行办法、蓬安县人大常委会关于对“普九”债务进行清理的决议，审议作出关于进一步加强农业产业化建设的决议、关于批准蓬安县国民经济和社会发展“九五”计划和2010年远景目标纲要调整的决定，听取和审议关于社会治安综合治理、农机、文化市场管理、农村财务、优抚、下岗职工再就业、广播电视、计划生育、农业产业化建设、工商企业产权制度改革、农村医疗卫生保健、县域经济运行、蓬安中学创办省重点中学、民营经济发展、财政预算、行政事业性收费管理、经济审判、体育、素质教育、畜牧业发展、案件执行、医疗管理、完善土地流转机制、招商引资、反贪、药品管理、蚕桑生产发展、旅游业发展、审判监督、县级机构改革、嘉陵江大桥建设资金筹集使用、城市住宅物业管理、农村税费改革、“四五”普法等工作报告，听取和审议贯彻实施四川省科技进步条例、四川省农民负担管理条例、关于文物保护法、关于执行人民检察院错案责任追究条例（试行）等调查情况报告；审查和批准上年度财政决算和当年财政预算调整方案，听取和审议财政预算执行情况、国民经济和社会发展计划执行情况等报告，听取和审议县城总体规划修编及抚琴小区详细规划。

1998年1月至2003年1月，县十四届人大常委会会议召开26次。听取和审议县人民政府、人民法院、人民检察院工作报告和工作汇报67次，作出决议、决定40项。任命国家机关工作人员207人（次），其中任命126人（次）。接受辞职5人，免去职务75人（次），撤销职务1人。先后审议通过关于设立蓬安县人大常委会代表资格审查委员会的决定，审议作出关于批准蓬安县2003年城建项目资金安排意见的决定、关于同意蓬安县乡镇机构改革方案的决定、蓬安县人大常委会关于大力推进法制宣传教育和依法治县工作的决议、关于批准蓬安县城木桥河综合整治规划的决定，听取和审议县人民政府关于文化、乡镇卫生院人事制度改革、公安户政管理、生猪发展、交通建设、人口与计划生育、城市管理、村居换届选举、科技、城市规划、卫生、劳动保障、教育人事制度改革、扶贫开发、商贸企业改制、城市基础设施建设、村社道路建设、法律服务管理、人才、食品卫生等工作报告，听取和审议县人民法院关于2000年以来破产案件审理、县人民检察院关于渎职侵权检察工作专项报告，审查和批准上年度财政预算和当年财政预算调整方案，听取和审议国民经济和社会发展计划执行情况报告；听取和审议传染病防治水域、突发公共卫生事件应急条例、土地管理法、森林法、动物防疫法、环境保护法、行政许可法等贯彻实施情况调查报告；听取和审议蓬安县人大常委会关于选举蓬安县第十五届人大代表和新一届乡（镇）人大代表有关事项的决定、蓬安县人大常委会关于成立选举委员会的决定。

2006年10月至2011年11月，县十五届人大常委会会议召开36次。听取和审议县人民政府、人民法院、人民检察院工作报告和工作汇报75次，作出决议、决定29项。依法任免国家机关工作人员121人（次），其中决定代理县长1人。同时接受辞职6人。先后审议通过关于设立蓬安县第十五届人民代表大会常务委员会代表资格审查委员会的决定、关于废止蓬安县人民代表大会常务委员会司法案件监督办法、蓬安县市民文明公约、关于修改蓬安县人民代表大会常务委员会工作规则的决定、蓬安县人民代表大会常务委员会审议意见办理办法等，审议批准蓬安县旅游发展规划、嘉陵第一桑梓旅游区商业运作策划、控制性详细规划及一期工程建筑与景观方案设计、调整木桥河城区下游段综合整治规划方案、蓬安县2006年财政预算调整方案；听取和审议县人民检察院关于公诉工作的报告，县人民政府关于嘉陵第一桑梓旅游区开发建设、扶贫开发、审计、劳动社会保障和就业再就业、粮食流通、农田水利设施与安全饮用水工程建设、农业综合开发土地治理项目实施、教育、安全生产、商贸流通、敬老院建设、人口和计划生育等工作报告，审查和批准上年度财政预算和当年财政预算调整方案，听取和审议国民经济和社会发展计划执行情况报告；蓬安县人大常委会关于县人民政府退耕还林及林业发展情况汇报；关于新型农村合作医疗工作汇报；关于成达铁路扩能改造工程建设的情况汇报；关于生猪产业工作情况的汇报；关于农村社会养老保险试点的情况汇报；县人大常委会执法检查组关于检查四川省乡镇人大主席团工作条例实施情况报告。

2011年11月至2016年12月，县十六届人大常委会召开47次会议，听取和审议“一府两院”工作报告60个，听取和审议县人大常委会相关法律执法检查报告22个，作出各类决议、决定44项；任免国家机关工作人员310人（次）。先后审议通过蓬安县人民代表大会常务委员会讨论决定重大事项暂行办法，修订并通过蓬安县人大常委会组成人员联系县人大代表和选民群众办法、蓬安县人民代表大会常务委员会县人大代表工作办法等3项常委会议事规则和代表工作相关规定；先后审议通过蓬安县人民代表大会常务委员会国民经济和社会发展计划审查监督办法、蓬安县人民代表大会常务委员会预算审查监督办法、蓬安县宪法宣誓制度实施办法，修订并通过蓬安县人民代表大会常务委员会专题询问办法、蓬安县人民代表大会常务委员会关于处理人民群众来信来访办法等5项行使职权决定、办法和规定；依法审议并作出关于依法治县建设法治蓬安的决议、关于同意将蓬安县人民政府变更四川省蓬安县丝绸厂片区城市棚户区改造项目省级统贷主体的决定等6项重大事项决议；审议批准蓬安县优质生猪产业发展规划等2项重要工作规划；听取和审议县人民政府关于保障性住房、农业机械化、文化体育、食品药品监督管理、投资审计、人口和计划生育、城镇企业职工养老保险、新型农村合作医疗、“一区三园”建设、国土资源管理、义务教育、城市管理、城镇医疗保险、五保供养、国有资产经营管理、饮水安全、旅游、城乡居民养老保险、农村卫生、扶贫工作、普法依法治县、农村饮水安全项目、环境保护、农村广播电视等专项工作报告，听取和审议县人民法院关于执行工作、刑事审判工作专项报告，县人民检察院关于预防职务犯罪、检务公开工作、反贪污贿赂工作专项报告，分别提出审议意见，同时适时听取“一府两院”就贯彻落实县人大常委会关于各项审议意见落实情况的报告；依法审查和批准县级部门年度预算方案、县本级上一年度财政决算和当年财政预算调整方案，每年听取和审议财政预算执行情况报告；听取和审议县人大常委会执法检查组关于《中华人民共和国种子法》《中华人民共和国律师法》《中华人民共和国传染病防治法》《中华人民共和国水土保持法》《中华人民共和国森林法》《中华人民共和国动物防疫法》《中华人民共和国信访条例》等22部法律法规执法检查情况报告，提出审议意见；先后对县司法局、县人社局、县扶贫移民局等多个政府组成部门进行工作评议，提出评议意见，进行满意度测评，测评结果均为“满意”，适时听取和审议被评议单位关于评议意见整改情况报告；听取和审议代表议案、建议、批评和意见办理情况汇报。

2016年12月至2019年12月，县十七届人大常委会会议共举行31次会议，听取和审议“一府一委两院”工作报告47个，开展执法检查并听取和审议执法检查报告11项，作出各类决议、决定63项，任免国家机关工作人员168人。县十七届人大常委会28次会议决定唐方春为蓬安县人民政府代理县长。先后在常委会会议上学习《中华人民共和国宪法》等23部法律法规；修订并通过蓬安县人民代表大会常务委员会工作规则、蓬安县人民代表大会常务委员会讨论决定重大事项暂行办法等常委会议事规则和办法；审议通过蓬安县人大代表年度履职监督登记办法（试行）、蓬安县人大代表向选民述职办法（试行）、蓬安县人大代表回访选民办法（试行）3个规范代表履职监督工作的试行办法；修订通过蓬安县人民代表大会常务委员会国民经济和社会发展计划审查监督办法、蓬安县人民代表大会常务委员会预算审查监督办法2项行使职权监督办法；依法审议并作出关于开展第七个五年法治宣传教育的决议、关于蓬安县乡镇行政区划调整改革方案的决定、关于批准蓬安县人民政府关于提请审议批准2019年地方债务限额的议案的决议等25项重大事项决定决议；审议批准关于开展第七个五年法治宣传教育的决议、关于批准四川省蓬安县生态文明建设规划（2018—2025）的决议等2项重要工作规划；审议批准县人民政府关于将漫滩湿地公园项目债务资金、清溪河堤景路桥综合工程项目资金纳入财政预算的报告，关于绕城北路、顺蓬营一级公路、G244县南北干道2个PPP项目购买服务资金纳入今后年度财政预算的报告；听取和审议县人民政府关于学前教育、“六五”普法实施情况暨“七五”普法工作意见、林业绿化、农村产权制度改革、旅游工作、脱贫奔康产业园、环境保护、医疗机构监督管理、全县高标准农田建设、扫黑除恶、招商引资项目建设、职业教育和就业培训、公安交通、国有企业国有资产管理、国有资源保护管理、相如故城保护开发、河长制以及各年度环境状况和环境目标任务完成情况等专项工作报告，听取和审议2018年县监察委员会专项工作报告，县人民法院关于立案、执行、民事审判等工作专项报告，县人民检察院关于控告申诉、未成年人检察、公益诉讼等工作专项报告，分别提出审议意见；听取“一府两院”就贯彻落实县人大常委会关于各项审议意见落实情况的报告；审议批准县人民政府关于2017年度、2018年度统筹整合使用财政涉农资金使用方向的报告；依法审查和批准县级部门年度预算方案、县本级上一年度财政决算和当年财政预算调整方案，每年听取和审议全县财政预算执行情况报告；听取和审议县人大常委会执法检查组关于《中华人民共和国环境保护法》《中华人民共和国安全生产法》《中华人民共和国道路交通安全法》《中华人民共和国就业促进法》《中华人民共和国水污染防治法》《中华人民共和国城乡规划法》《中华人民共和国食品安全法》《中华人民共和国动物防疫法》《中华人民共和国中小企业促进法》和《四川省农村扶贫开发条例》《南充市城市园林绿化条例》等11部法律法规执法检查情况报告，提出审议意见；先后对原县城管局、教育局和新组建的农业农村局等多个政府组成部门进行工作评议，听取工作报告、调查走访、提出评议意见，并对其工作进行满意度测评，测评结果均为“满意”，听取和审议被评议单位关于评议意见整改情况报告；听取和审议县人民政府关于议案、建议、批评和意见办理情况汇报。

4. 蓬安县人大常委会主要工作

1981年3月至1984年4月，县八届人大常委会听取和审议县人民政府、人民法院、人民检察院工作报告和工作汇报31次，作出决议、决定21项。依法行使人事任免权，开展任后监督。任命“一府两院”工作人员120名，决定代理人选1名，接受辞职1名，免去职务17名。行使法律监督和工作监督权。组织代表视察调研。组织代表5次视察。对徐家发挥代表作用问题进行调查，对县人大代表问题进行专门调查：银汉乡张某某违反计划生育政策强行生育第二胎、茶亭公社周某某参加赌博活动，县人大常委会讨论决定，罢免张某某代表资格，公安部门按治安管理处罚条例处理周某某。调查完善稳定农业生产责任制的问题。开展法治宣传。学习讨论宪法修改草案，全县广泛宣讲，作出4个决议开展法治宣传，普及法律常识。联系代表。走访代表450人次，各区设立7个代表联系组，各乡、镇和城区各系统建立61个代表小组，及时征求意见。召开代表小组座谈会29次。解决代表反映问题。

其间，1982 年 3 月，徐家人大代表反映缺绿豆种问题，及时联系县粮食局，运去绿豆种 3450 斤。开展信访工作。设立代表联络科，信访工作归该科负责。收到人民来信 215 件，接待来访 81 人（次）。做到件件有着落、办理有结果。办理代表提案。3 次代表大会收到代表提案 1063 件，除人大常委会自办 32 件外，其余 1031 件转交县人民政府、法院、检察院及有关部门研究办理。

1984 年 4 月至 1987 年 3 月，县九届人大常委会作出决议、决定 21 项。依法行使人事任免权，开展任后监督。届内有 22 次会议讨论干部任免事项，共决定任命国家机关工作人员 149 人，决定免去职务 31 人。对被任命的工作人员，县人大常委会均采取集中和个别相结合的方法发给任命书。对任命干部缺点，明确指出，由有关领导转告本人；对多数委员不同意任职的就不勉强通过。收到代表议案 4 件，质询案 1 件，建议、批评和意见共 911 件，落实办理专人。开展信访工作。受理人民来信来访 1284 件（次），除去重复信访 506 件（次）外，办理落实 778 件（次）。组织代表 8 次视察，调查林业生产，落实林业“两制”，解决林权问题；调查金溪、杨家、正源、海田、南燕、睦坝等 6 个乡农民经济负担过重，县委印发文件规定具体提留的范围和指标，同时还规定各项提留必须由乡人民代表大会审议决定。调查机关干部、企事业职工在县城附近的红旗乡 1 村 1 社、2 村 3、4、5 社，清溪乡的 10 村 1 社等地占用土地建私房。找出土地失控原因，组织力量专门查处。推进普法工作。作出关于加强法制宣传教育普及法律常识的决议，调研普法深广度，组织 51 人检查 18 个单位，推动普法工作深入开展。到 1986 年年底，城区 221 个单位、12727 个公民参加普法学习。

1987 年 3 月至 1990 年 2 月，县十届人大常委会先后召开 4 次县人民代表大会，22 次常委会会议。听取“一府两院”工作汇报 65 项，相应作出决议、决定 24 项。监督检查法律法规贯彻实施，先后对《中华人民共和国企业法》等法律法规贯彻实施情况进行视察和检查，提出意见和建议。对关于三年半建成马回水电站的决议、关于振兴蓬安县蚕桑生产的决议、关于一九九〇年基本实现全县绿化的决议等情况进行专题视察或调研，对城镇道路建设，乡村民桥民路建设，水库移民工作，整顿周口镇市场秩序等进行监督检查，各代表小组开展视察活动 114 次，促进决议决定贯彻执行。配合有关部门深入学习宣传贯彻全国人大常委会关于加强法制教育维护安定团结的决定。行使人事任免权，开展任后监督。任命 86 人，其中代理县长 1 人，副县长 3 人，县政府各委、办、局的主任、局长 43 人，县人大常委会办公室和工委的主任、副主任 13 人，县法院副院长、庭长、副庭长、审判委员会委员、审判员 18 人，县检察院代理检察长、副检察长、检查委员会委员、检察员 8 人。免去职务 11 人。开展工作评议。县十届人大常委会十五次会议，首次听取和审议县工商局局长的述职报告。这一经验，得到省人大常委会肯定，并在省人大常委会主办的《民主法制建设》杂志（1989 年第 10 期）上刊登推广。在农村以乡（镇）、县城以系统为单位组建 54 个代表小组，各组推选组长、副组长作为代表活动召集人。在 7 个区和周口镇设立人大代表联络组。制定关于县人大代表工作暂行办法，讨论通过代表工作意见和关于县人大代表持证视察的决定。分散和集中开展视察活动 114 次，召开代表联络工作会议 3 次，代表工作经验交流会和表彰会 2 次。办理代表提案。办理代表建议、批评和意见 598 件。开展信访工作。受理来信来访 919 件。县人大信访工作经验，被《四川信访》杂志选用刊登。设立各级选举领导机构及办事机构，选出县人大代表 228 名、乡镇人大代表 1915 名。

1990 年 3 月至 1993 年 1 月，县十一届人大常委会先后召开会议 19 次，听取和审议“一府两院”工作汇报 40 项，作出重大决议、决定 32 个。听取县人民政府、县人民法院关于认真做好行政诉讼法实施前准备工作的报告，作出关于宣传贯彻行政诉讼法的决议。县十一届人大常委会八次会议听取和审议县人民政府关于制定在全县范围内开展第二个五年普法教育规划情况的汇报，作出关于深入开展法制宣传教育的决议。依法任免国家机关工作人员185人，其中副县长5人，县政府委、办、局主任、局长58人，县人大常委会办事机构和各区人大工委的主任、副主任、委员67人，县人民法院副院长、庭长、副庭长、审判委员会委员、审判员18人，县检察院检察员9人。免去职务26人。依法撤销2人职务。组织视察、调研活动33次。在城区组织机关、企事业单位职工320余人参加省人大常委会举办的宪法知识竞赛活动。先后对《中华人民共和国土地法》等17个法律法规进行执法检查。建立联系网络，组建代表小组50个，走访70多名县人大代表，召开代表工作经验交流会。收到代表建议、批评和意见619件，总结表彰6个先进单位和9名先进个人。受理代表和人民群众来信来访及申诉、控告、检举1115件（次）。指导各乡镇人大主席团制定会议、学习、联系代表、视察、调查等制度；对乡镇人大主席团常务主席进行7天集中培训。

1993年1月至1998年1月，县十二届人大常委会先后召开6次县人民代表大会会议，36次常委会会议。听取和审议“一府两院”工作报告92次，作出决议、决定30项，提出专题书面审理意见28个。听取县人民政府“二五”普法工作情况专题汇报。推行执法责任制，督促县人民政府在县交通局、计生委进行部门执法责任制试点。提出关于在凡有执法主体资格承担有执法任务的部门和单位实行执法责任制议案，作出关于实行部门执法责任制的决议。组织5个检查组，对县人民政府17个执法部门和县人民法院、县人民检察院实行部门执法责任制的情况进行检查。根据省、市人大要求，把依法治县、建设社会主义法制县工作列入“三五”普法重要内容，作出关于进一步深化依法治县的决议。先后听取和审议“一府两院”关于执法工作专题汇报23项，对《中华人民共和国农业法》等35个法律法规贯彻执行情况进行执法检查。在个案监督中，始终把握介入适度。召开全县人民代表大会制度宣传工作会议，县人大办公室成立报道组，确定通讯员，在县城部分局级单位、新闻单位及部分乡镇发展通讯员、宣传员；县广播电台、各乡镇均开设专题节目。通讯员、宣传员先后在《人民代表报》《民主法制建设》《人民权利报》《南充日报》等报刊和广播电台、电视台上发表宣传人大制度反映人大工作的稿件29篇。组织代表视察达成铁路蓬安段建设和周口至河舒一级公路以及开发区的建设情况，听取邮电通信建设及发展规划、重点工程建设、达成铁路建设、开发区建设等专题报告，作出关于加快公路交通建设的决议、关于整顿周口镇市容市貌的决议等决议。对医药经营、化妆品经营、农资经销、汽配和电器经营、饲料经销、服装经营等进行视察和检查，督促有关职能部门对违法经营进行处理，维护市场秩序和消费者利益。对自来水厂取水区域、小纸厂、嘉宝公司、烟厂等环境状况进行视察，听取和审议县政府关于环境保护工作情况的汇报、关于企业产权制度改革情况的汇报等专题报告。开展工作评议。其间，1993年7月至11月，县人大常委会首次组织人大代表对法院、检察院、公安局、司法局的工作进行评议。48名省、县人大代表评议法院、检察院、公安局、司法局工作。还先后对县经委、财政局、工商物价局、交通局、建设土地管理局的工作进行评议。任免国家机关工作人员159人。任命125人，其中代理县长2人，副县长9人，县政府所属委、办、局的主任、局长53人，县人大常委会办公室和工委主任、副主任10人，县法院副院长、庭长、副庭长、审判委员会委员、审判员，县检察院副检察长、检察委员会委员、检察员51人。免去职务34人。依法撤销1人职务，接受2名县长、7名副县长、2名人大常委会委员提出的辞职请求。从1996年开始，县人大常委会对被任命干部开展任前法律知识考试，不及格的暂不任命。从1997年开始实行被任命干部向县人大常委会述职的监督形式。县人大常委会三十三次会议和三十四次会议分别听取和审议县审计局局长和县乡镇企业管理局局长述职报告。实行县人大常委会领导及办事机构分片联系代表等制度。召开县人大代表工作交流暨表彰会1次，督促和协助“一府两院”办理代表提案629件。为县人大代表订阅《人民权利报》，印发《人大工作通讯》介绍代表工作情况和常委会的重大活动。县人大常委会设立信访接待室，配备1名干部从事信访工作，接待群众来信来访1440件次。先后举办2期行政机关、企事业单位负责人和乡镇人大主席、乡镇长共161人参加的《中华人民共和国国家赔偿法》培训班。指导乡镇人大工作，领导开展县、乡（镇）人大代表换届选举。

1998年1月至2003年1月，县十三届人大常委会先后召集县人民代表大会会议5次，召开常委会会议36次，听取和审议“一府两院”工作汇报94项，作出决议、决定39个。其间，1999年10月，听取县政府关于“三五”普法、依法治县工作情况汇报。11月，农村普法活动月方案在全县实施。2000年，3次召开全县“三五”普法依法治理片会，明确提出把法治宣传教育和领导干部学法作为重点。10月底，组织对全县46个乡镇进行大检查，对发现问题，及时提出并要求限期补课整改。年底，县“三五”普法工作通过市上验收并在依法治理工作会议上作经验交流发言。2000年，对食品厂与二建司承包工程合同欠款纠纷一案，进行个案监督。2001年5月，县人大常委会制订和通过司法案件监督办法。6月，县人大常委会二十五次会议作出关于进一步开展法治宣传教育的决议。2002年11月，常委会组织人员对12个乡镇、1个办事处、6个行政、企事业单位普法情况进行检查，并在县人大常委会三十六次会议上听取县政府专题汇报。组织200多人考试。开展执法检查。先后对《中华人民共和国土地管理法》等40部法律法规贯彻实施情况进行检查。书面提出专题审理意见22个。组织人大代表开展视察调研活动9次。督促办理人大代表建议、批评和意见481件。制定《关于处理人民群众来信来访暂行办法》，设立信访办公室，实行主任、副主任轮流值班制度，受理群众来信来访1987件（次）。筹办全市人大教科文卫、城环、财经、人事代表和法制工作座谈会。组织36名县人大代表分成5个评议小组，对县法院和原8个基层法庭的工作进行评议，提出6个方面评议意见26条，涉及具体案件47件。评议意见经县人大常委会通过后督促法院进行整改。先后任免国家机关工作人员246人。组建46个县人大代表小组，完善代表学习、活动制度，定期组织活动。制定《蓬安县人大常委会组成人员联系县人大代表和选民群众的试行办法》，规定组成人员分驻会或不驻会分别联系10—15名人大代表，5至10名工人、农民、知识分子和个体私营企业从业人员选民。领导和主持完成2届乡镇换届选举、1届县级换届选举，召开县人大代表工作经验交流会1次，举办选举知识专题培训班。

2003年1月至2006年10月，县十四届人大常委会召开常委会议26次，听取和审议县人民政府、人民法院、人民检察院工作报告和工作汇报67次，作出决议、决定40项。对69部法律法规开展学习教育，督促县政府开展全县科级领导干部年度普法考试。会同有关部门组织全县5710人参加四川省百万公民宪法修正案知识竞赛。组织部分常委会组成人员采取查、看、听等方式，对部分乡镇、学校、机关普法及依法治理工作情况进行2次检查。先后听取和审议县人民政府关于贯彻实施行政许可法等18部法律法规的情况汇报，组织对《中华人民共和国传染病防治法》等35部法律法规贯彻实施情况进行执法检查，配合省、市人大常委会对《中华人民共和国残疾人权益保障法》等10余部法律法规贯彻实施情况进行检查。围绕全县重点工程、城市建设、农业产业化等进行视察。为探索个案监督，促进公正司法，抽查县法院各类案件13件，组织代表旁听县法院公开审理的部分刑事、民事、经济案件。任命国家机关工作人员207人次，其中任命126人次，接受辞职5人，免去职务75人次，撤销职务1人。开展对选举和任命人员述职评议活动，先后对2名副县长、法院院长、检察院检察长、14名政府职能部门主要负责人进行述职评议。届内对县政府两位副县长、法检两长、县经贸局、农业局、劳动和社会保障局、民政局、司法局、卫生局、审计局、公安局、建设局、教育局、财政局、水利局、交通局、监察局的局长进行述职评议。办理代表建议、批评和意见435件，代表对办理工作的满意率和基本满意率达98%。受理来信来访1826件次。

2006年10月至2011年12月，县十五届人大常委会召开常委会会议36次，听取和审议县人民政府、人民法院、人民检察院工作报告和工作汇报75次，作出决议、决定29项。听取和审议县人民政府关于贯彻实施森林法、关于“五五”普法依法治理决议贯彻落实情况的汇报。听取和审议县人民政府关于砂石资源和人饮安全工程建设、蚕桑产业发展、生态县建设等工作汇报，并提出建议。参与拯救嘉陵江、保护水资源为主题的“南充环保世纪行”集中宣传教育活动。组织对《中华人民共和国民办教育促进法》《中华人民共和国动物防疫法》《中华人民共和国工会法》《中华人民共和国计划生育法》《中华人民共和国烟草专卖法》和《四川省计划生育条例》《四川省文化市场管理条例》等法律法规贯彻实施情况进行检查。先后组织代表对农村交通建设、工业园区建设、嘉陵第一桑梓旅游区建设、县城规划区违法占地违法乱建、农村广播村村响工程、“两所一庭”建设和作用发挥等进行视察，对县法院4件庭审案件进行视察。依法任免国家机关工作人员121名，其中决定代理县长1人，接受辞职6人。选择部分政府工作部门进行工作评议，提升任命干部满意率。在全县39个乡镇和3个县级机关系统设立代表联络小组，常委会分工1名领导分管代表联络工作。办理议案1件，建议、批评和意见185件。受理来信来访798件513人（次）。邀请乡镇人大主席列席县人大常委会会议，支持乡镇人大主席团正确行使职权。

2011年12月至2016年12月，县十六届人大常委会召开47次常委会会议，听取和审议“一府两院”工作报告60次，作出各类决议、决定44项。先后就撤县设区、棚户区改造、城乡污水处理、农业产业发展规划、地方政府债务限额等重大事项依法作出决议、决定。监督检查国民经济和社会发展五年规划和年度计划实施情况，听取和审议县人民政府关于“十三五”规划编制有关重大问题的报告，提出意见建议；听取和审议财政投资项目、政府采购工作等专项报告，定期听取审计工作报告，听取和审议县人民政府关于城市建设和管理、交通项目、“一区三园”建设、农业机械化、旅游开发、文化体育等16个专项报告，审议作出加快推进生态县建设的决议；对南大梁高速公路、嘉陵江防洪堤、棚户区改造等18项重点建设和工业园区建设、企业技改升级和油坊沟、雁坪坝等观光农业产业带建设进行专项视察调研，提出意见建议。听取和审议县人大常委会执法检查报告22次，听取审议县人民政府扶贫工作专项报告2次，专题视察脱贫攻坚工作3次，就产业发展、异地搬迁、完善公共服务等提出建议23条，代表参与“股贫攻坚——代表再行动”主题实践，协调县级部门解决脱贫帮扶资金200多万元，累计捐款捐物折合现金150多万元。听取和审议县人民政府关于生态县建设、教育卫生、养老保险、保障房建设、农村安全饮水等专项报告11项，集中视察新农村综合体、乡镇卫生院建设、木桥河整治、城乡环境综合治理等民生工程。先后对《中华人民共和国产品质量法》等26部法律贯彻实施情况开展执法检查。聘请专家学者到县举办法治专题讲座21场。推进法律七进和依法治理，完成“六五”普法任务；审议作出关于推进依法治县建设法治蓬安的决议，督促开展法治蓬安创建工作，牵头制定蓬安县执法工作手册。对县经科信局、司法局、交通运输局等9个政府组成部门开展工作评议。开展规范性文件备案审查工作，制定《蓬安县规范性文件备案审查暂行办法》，对“一府两院”和乡镇人大报送的规范性文件进行备案审查。听取和审议县人民法院关于执行工作、刑事审判和县人民检察院关于反贪、预防职务犯罪、检务公开等专项报告，组织人大代表旁听法院案件庭审。落实人大信访工作责任制，受理群众来信383件，接待上访1325人次，督办省、市人大批转交办的重要信访件11件。任免国家机关工作人员310人次，其中决定代理人选2人，接受辞职19人，罢免2名市人大代表、2名县人大代表。对任命的国家机关工作人员61人开展履职满意度测评。组织代表参与议题调研、执法检查、工作视察和工作评议等活动580多人次，列席常委会会议128人。对代表议案、建议、批评和意见，采取跟踪督办、现场督办、听取专题报告等方式，加强办中督查和办后复查，确保795件议案、建议、批评和意见办理件件有回音，事事有着落。通过专题辅导、以会代训、组织代表参加省市人大培训等方式，对253名县人大代表进行轮训，提升代表的法律素质和履职能力。加强乡镇人大主席培训，组织编印《乡镇人大工作参考手册》。办好蓬安人大网站，开通蓬安人大微信平台，编印《蓬安县人大常委会公报》32期、《人大信息》53期。

2016年12月至2019年12月，县十七届人大常委会已举行3次代表大会、31次常委会会议，听取和审议"一府一委两院"工作报告47项。开展执法检查并听取和审议执法检查报告11项，作出决议、决定63项。就中长远发展项目资金保障、乡镇建制调整、涉农资金使用、政府债务管理、生态文明示范县建设等重大事项依法作出决定、决议。定期听取审议县人民政府关于国民经济和社会发展计划、财政预算编制、预算执行、预算调整工作报告；听取和审议县属国有企业国有资产管理、财政决算和审计查出突出问题整改等专项工作报告5项。行使法律监督和工作监督权。围绕蓬安"三城建设"总目标，对全县工业园区增量提质、相如故城保护与开发、城市建设管理、省级文明城市创建等重点工作以及燕山大道、冷链物流、恒丰国际广场、南充西南大学实验学校、博萨汽配产业园等重点项目建设开展专题视察调研30余次。针对涉军群体稳定、幼儿入学、涉法涉诉、农村确权颁证等热点、难点问题，先后听取和审议县人民政府关于民政优抚、学前教育、职业教育、法律援助、医疗机构监管、电子商务、农村产权制度改革等专项工作报告18项。听取县监察委员会专项工作报告；听取和审议县人民政府关于普法决议落实情况、扫黑除恶等专项工作报告4项，听取和审议县人民法院立案、执行、民事审判以及县人民检察院控申、未成年人检察、公益诉讼等工作报告6项；作出法治宣传教育决议。组织代表专题调研。聚焦中省环保督察反馈的83项整改任务、36件信访案件问题整改开展专项视察，蹲点监督、持续问效，适时将监督情况和建议意见梳理汇总，专题报告县委，并将专题视察问题清单，交由县人民政府研究处理。听取审议县人民政府环境状况和环境保护目标完成专项报告；专题听取审议河长制实施、林业绿化等情况报告5次，组织开展嘉陵江干流蓬安段生态综合保护开发利用、环保世纪行等活动4次。组织代表开展生态农业庄园建设、高标准农田建设等专题视察调研并听取和审议县人民政府专项报告，组织人员到外地考察学习国家农业公园的成功做法，结合实际，形成蓬安实施国家农业公园建设的考察报告；专题听取和审议县人民政府关于脱贫奔康产业园发展专项报告，多次调研全县脱贫攻坚成效巩固情况。开展执法检查。先后对《中华人民共和国环境保护法》等11部法律贯彻实施情况开展执法检查。现场讲解常用法律法规，深入乡镇开展法纪知识考试、依法治县工作专项督查。开展规范性文件备案审查，向市人大常委会报备规范性文件69件。开展工作评议，对县农业农村局、人社局、自然资源和规划局等9个政府组成部门开展"一问二看三查四访五评六建议"的工作评议，收集意见和建议1300余条提出建议意见47条，推进"一府一委两院"依法行政和公正司法。跟踪督办审议意见落实。依法任免国家工作人员168人，决定代理人选1人。人事任免中严格执行任前法律考试、供职发言和宪法宣誓制度，坚持依法任免和任后监督相结合，对任命的62名国家机关工作人员开展履职满意度测评。开展信访工作，受理群众来电来信来访和上级交办件956件1200余人次。组织代表参与调研、执法检查、工作视察和工作评议等300多人次，列席常委会会议72人。强化代表议案、建议、批评和意见督办，确保三次大会491件议案、建议、批评和意见全部办结，满意率达90%以上。通过专题辅导、以会代训、组织代表参加省、市人大培训等方式，对180余名县人大代表进行轮训，提升法律素质和履职能力。加强乡镇人大主席培训，重点指导人大依法召开会议、开展活动以及乡镇“人大代表之家”的运行和管理；坚持每年年初召开乡镇人大工作会议，总结上一年乡镇人大工作，共表彰奖励优秀乡镇人大主席团 8 个、优秀人大代表 25 名。积极参与全县中心工作。县人大常委会班子成员参与乡镇污水处理厂建设以及汉巴南、成南达万高铁蓬安建站设点、河长制等全县重大项目建设和重点工作推进；县人大常委会在做好脱贫攻坚联系帮扶工作的同时，还组织“脱贫攻坚——人大代表再行动”活动，各级人大代表累计协调争取项目 200 余个，宣讲政策、技术培训 2500 余人次，捐款捐物 600 余万元。强化自身建设，实施干部素质提升工程，常态化开展“两学一做”学习教育，“不忘初心、牢记使命”主题教育，先后开展“不作为、慢作为、乱作为”整治，“大学习大讨论大调研”，“四讲四有”人大常委会机关建设等专项活动；开展人大制度理论研究和对外宣传工作。办好蓬安人大网站，及时反映履职重点、监督成效、基层实践和代表先进事迹，省、市人大网站等媒体刊载县人大工作稿件 100 余篇，编印《蓬安县人大常委会公报》27 期、《人大信息》15 期。

人 物

1954 年至 2020 年，驻南充地区、南充市历届全国人大代表和省历届人大代表，认真履行代表职责，为南充经济社会发展建言献策。省人大常委会南充地区联络处、联络委员会、工作委员会主任、副主任和南充市历届人大常委会主任、副主任、秘书长，依法行权，履职尽责，不断开创南充人大工作新局面，大力推动南充民主法治建设进程。本志采用人物传（按卒年排序）、人物简介（按生年排序）、人物名录（按任职时间先后排序），对担任过省人大常委会南充地区派出机构历届领导、市人大常委会历届领导和驻南充历届全国人大代表和省历届人大代表予以记载。

人物传

王以恂（1932—1999），南充市蓬安县人，中共党员。1951 年 2 月至 1975 年 10 月，先后任农村小学教员，区财粮干事、宣传干事、区委宣传委员，地区农科所干事，地区农业局副局长兼南充市（县级）火花公社党委书记。其间，1952 年 12 月加入中国共产党。1975 年 10 月至 1990 年 11 月，先后任岳池县委副书记，仪陇县委书记，地区农贸办公室副主任，地区商贸委主任、党组书记兼政治部主任。1990 年 11 月至 1993 年 12 月，省人大常委会南充地区工作委员会副主任、党组副书记。1993 年 12 月，市一届人大常委会党组成员。1999 年 8 月逝世。

郭宪书（1922—1999），山西省静乐县人，中共党员。民国 26 年（1937）8 月参加革命，至民国 28 年（1939）7 月，静乐县青年救国会宣传队长、秘书。其间，民国 27 年（1938）12 月加入中国共产党。民国 28 年（1939）7 月至民国 31 年（1942）5 月，静乐县三区区委宣传干事、宣传队长。民国 31 年（1942）至民国 37 年（1948）7 月，静乐县三区区委书记。民国 37 年（1948）7 月至民国 37 年（1948）9 月，静乐县民政科科长。民国 37 年（1948）9 月至 1949 年 12 月，静乐县副县长。南下入川后，1950 年 1 月至 1952 年 8 月，仪陇县县长。1952 年 8 月至 1954 年 6 月，仪陇县委书记。1954 年 6 月至 1955 年 1 月，岳池县委书记。1955 年 1 月至 1956 年 1 月，地委组织部副部长。1956 年 3 月至 1957 年 8 月，地委常委、地委组织部部长。1957 年 9 月至 1961 年 4 月，广安县委第一书记。1961 年 4 月至 1973 年 2 月，地委副书记、地区行署副专员。1973 年 2 月至 1979 年 2 月，地区革委会副主任、地委书记。1979 年 3 月至 1983 年 12 月，地委书记、地区行署专员。1983 年 12 月至 1984 年 11 月，地委顾问。1984 年 11 月至 1988 年 2 月，地委顾问、省人大常委会南充地区联络处主任。1988 年 2 月至 1988 年 7 月，地委顾问。1989 年 7 月离休。1999 年 12 月逝世。

刘怀忠（1927—2002），河南省内黄县人，中共党员。民国 32 年（1943）8 月参加革命工作。民国 32 年（1943）8 月至民国 33 年（1944）8 月，河南省滑县工商局会计。民国 33 年（1944）8 月至民国 36 年（1947）9 月，鲁豫 4 分区银行会计。民国 36 年（1947）9 月至民国 37 年（1948）10 月，滑县银行副经理。其间，民国 36 年（1947）11 月加入中国共产党。民国 37 年（1948）10 月至 1950 年 3 月，河南省封丘县银行行长。1950 年 3 月至 1953 年 9 月，中国人民银行阆中县支行副行长。1954 年 3 月至 1955 年 10 月，在北京中国人民银行总行学习。1955 年 1 月至 1958 年 8 月，中国人民银行南充中心支行行长。1958 年 8 月至 1960 年 8 月，专区工业局局长。1960 年 8 月至 1962 年 11 月，岳池县委书记。1962 年 11 月至“文化大革命”前，营山县委副书记、书记。1971 年 9 月至 1973 年 4 月，地区工业局局长。1973 年 4 月至 1978 年 9 月，地区工交部副部长。1978 年 9 月至 1984 年 11 月，地委常委、地委办公室主任。1984 年 11 月至 1988 年 9 月，省人大常委会南充地区联络处副主任。1988 年 9 月至 1994 年 3 月，地委视察室副主任。1994 年 3 月离休。2002 年 5 月逝世。

魏荐鹗（1921—2002），南充市营山县人，中国民盟盟员。民国 35 年（1946）5 月加入中国民主同盟。民国36 年（1947）7 月毕业于国立四川大学师范学院中文系。民国38 年（1949）6 月参加革命工作。民国 38 年（1949）6 月至 1950 年 1 月，省民政局业务员。1950 年 2 月至 3 月，南充县城郊区公署秘书。1950 年 3 月至 1954 年 5 月，南充市（县级）人民政府秘书。1954 年 5 月至 1980 年 12 月，南充市（县级）建设局（建设科）局长（科长）。1980 年 12 月至 1984 年 3 月，南充市（县级）人民政府副市长。1984 年 4 月至 1989 年 9 月，南充市（县级）人大常委会副主任。1989 年 9 月至 1990 年 9 月，省人大常委会南充地区联络委员会副主任。1990 年 9 月至 1992 年 12 月，省人大常委会南充地区工作委员会副主任。1994 年 7 月离休。2002 年 12 月逝世。

康智盛（1929—2003），又名康三，山西省平鲁县人，中共党员。民国 34 年（1945）2 月加入中国共产党，5 月参加革命工作。民国 34 年（1945）5 月至民国 35 年（1946）5 月，平鲁县四区马亮沟村公所民兵副总队长。民国 35 年（1946）5 月至民国 36 年（1947）5 月，山西省平鲁县四区公署通讯员。民国 36 年（1947）5 月至民国 37 年（1948）5 月，山西省平鲁县合作社事务长。民国 37 年（1948）5 月至民国 38 年（1949）1 月，山西省大同县四区团区工委干事。民国 38 年（1949）1 月至 7 月，山西省大同县团县委委员。民国 38 年（1949 年 9 月 30 日止）8 月至 1949 年 12 月，山西省大同县学习，准备南下。1950 年 1 月至 1952 年 9 月，武胜县中心区区长、区委书记。1952 年 9 月至 1953 年 1 月，武胜县委组织部副部长。1953 年 2 月至 1953 年 8 月，武胜县供销社主任。1953 年 8 月至 1958 年 12 月，武胜县副县长、县长。1958 年 12 月至 1959 年 11 月，华蓥工矿区党委书记。1959 年 12 月至 1976 年 12 月，仪陇县委第一书记，取消第一书记后任县委书记、县革委会主任。1976 年 12 月至 1988 年 1 月，地委书记，取消第一书记制后任副书记。其间，1976 年 12 月至 1978 年 3 月，兼任岳池县委书记、县革委会主任；1984 年 1 月至 1988 年 2 月，兼任地区纪委书记。1988 年 2 月至 1989 年 9 月，省人大常委会南充地区联络处主任。1989 年 9 月至 1990 年 9 月，地区人大联络委员会副主任、党组副书记。1990 年 9 月至 1991 年 11 月，地区人大工作委员会副主任、党组副书记。1995 年 10 月离休。2003 年 7 月逝世。

李志光（1934—2007），南充市营山县人，中共党员。1951 年 3 月至 1962 年，营山县公安局干事，专区财贸部干事、副科长。其间，1955 年 1 月加入中国共产党。1962 年至 1977 年，专（地）区糖酒公司、蔬菜公司经理，地区财贸部副科长、科长，地区革命委员会发展畜牧业领导小组副组长兼办公室主任。1977 年至 1983 年，地区供销社主任、党委书记、党组书记。1983 年至 1992 年，地区工商行政管理局局长、党组书记。1992 年至 1993 年，地区工商行政管理局正县级调研员、政协四川省南充地区工作委员会委员。1993 年 12 月至 1997 年 2 月，市一届人大常委会副主任、党组成员。1997 年 2 月退休。2007 年 7 月逝世。

杜河清（1934—2009），江苏省宜兴市人，九三学社成员，教授。1952 年至 1953 年，四川省体育运动委员会运动员。1953 年至 1958 年，华西医科大学医疗系学习。1958 年至 1985 年，重庆医科大学附一院内科医师、主治医师、讲师，重庆医学院教务处电教室主任，川北医学院放射系主任。1985 年至 1999 年 1 月，川北医学院附属医院副院长、医学影像系主任，副教授、教授。其间，1987 年，任九三学社四川省委常委，南充市委（县级）主委；1989 年 9 月至 1990 年 9 月，地区人大联络委员会委员；1990 年 9 月至 1993 年 12 月，地区人大工作委员会委员；1990 年 3 月至 1993 年 1 月，南充市（县级）政协副主席；1993 年 12 月至 1999 年 1 月，市一届人大常委会副主任。1999 年 1 月退休。2009 年 3 月逝世。

左文斯（1932—2012），广安市广安区人，中共党员。1951 年 9 月参加工作。1953 年至 1972 年，先后任广安县代市税务所长、县税务局副局长、县人民银行副行长、县财政局局长、广安县委委员、广安县副县长。其间，1954 年 12 月加入中国共产党。1958 年大办钢铁期间，先后任猴儿沟铁厂、石码门铁厂、双河铁厂党委书记。1973 年至 1992 年 12 月，地委公交部交通科科长、南充报社党委书记兼副总编辑、地区财政局局长。1992 年 12 月至 1993 年 12 月，省人大常委会南充地区工作委员会副主任、党组成员。1993 年 12 月，省人大常委会广安地区工作委员会主任、党组书记。1997 年退休。2012 年 11 月逝世。

谢正顺（1939—2013），南充市南部县人，中共党员。1956 年 6 月至 1966 年 5 月，南部县定水区公所工作。其间，1959 年 8 月加入中国共产党。1966 年 6 月至 1977 年 6 月，南部县回龙乡、东坝镇党委书记。1977 年 7 月至 1982 年 2 月，南部县农业局局长、定水区代理区委书记、县委农工部副部长。1982 年 3 月至 1986 年 9 月，南部县委副书记、县人民政府副县长。1986 年 10 月至 1987 年 5 月，蓬安县委副书记。1987 年 6 月至 1990 年 9 月，蓬安县委书记。1990 年 9 月至 1993 年 11 月，地区行署副专员。1993 年 12 月至 1997 年 1 月，市人民政府副市长。1997 年 2 月至 1999 年 1 月，市一届人大常委会副主任、党组成员。1999 年 1 月至 2003 年 2 月，市二届人大常委会副主任、党组副书记。2003 年 2 月退休。2013 年 5 月逝世。

彭修昌（1937—2019），广安市岳池县人，中共党员。1961 年毕业于西南农学院农业经济系。1961 年至 1976 年，地委农工部干事。1976 年至 1983 年，地委农工部秘书科副科长。1983 年至 1989 年，地区行署办公室副主任。1989 年至 1990 年，地区行署办公室主任。1990 年至 1993 年，地区行署秘书长。1993 年至 1997 年，市人民政府秘书长。1997 年 2 月至 1999 年 1 月，市一届人大常委会副主任、党组成员。2019 年 5 月逝世。

谢华国（1955—2019），四川省南充市人，中共党员。1975 年 4 月加入中国共产党，1978 年 12 月参加工作。1978 年 12 月至 1982 年 10 月，南充县新民一小教师。1982 年 10 月至 1984 年 1 月，南充县新民区委组织干事。其间，1979 年 9 月至 1983 年 7 月，南充教育学院函授汉文专业专科学习。1984 年 1 月至 1985 年 11 月，南充县新民区委副书记。1985 年 11 月至 1992 年 10 月，南充县新民区委书记。其间，1989 年 9 月至 1992 年 6 月，西南师范大学函授教育管理专业本科学习。1992 年 10 月至 1993 年 11 月，南充县委常委、龙门镇党委书记。1993 年 11 月至 1997 年 1 月，高坪区委常委、区人民政府常务副区长。1997 年 1 月至 1997 年 11 月，蓬安县委副书记、县人民政府县长。其间，1996 年 3 月至 1997 年 8 月，省社科院经济管理专业研究生班学习。1997 年 11 月至 2002 年 10 月，蓬安县委书记。其间，2000 年 9 月至 2002 年 1 月，省委党校经济管理专业研究生学习；2002 年 3 月至 2002 年 7 月，中央党校学习。2002 年 10 月至 2003 年 1 月，南部县委书记。2003 年 1 月至 2004 年 11 月，南部县委书记、县人大常委会主任。2004 年 11 月至 2007 年 2 月，市人民政府副市长。其间，2005 年 6 月，市政府党组成员。2007 年 2 月至 2011 年 10 月，市委常委，市人民政府副市长、党组成员。2011 年 10 月至 2012 年 1 月，市人民政府副市长、党组成员。2012 年 1 月至 2014 年 1 月，市五届人大常委会副主任、党组成员。2019 年 7 月逝世。

谢志远（1933—2019），南充市高坪区人，中共党员。1951 年至 1957 年，营山县粮食局、专区粮食局干事、副股长、副科长。其间，1956 年 7 月加入中国共产党。1958 年至 1966 年，地委财贸部、地委组织部干事。1966 年至 1973 年，地委财贸政治部副科长。其间，1970 年至 1973 年，襄渝铁路南充民兵师组织科科长。1973 年至 1980 年，地委组织部副科长。1980 年至 1993 年 12 月，地委组织部副部长。其间，1985 年 5 月至 1993 年 12 月，兼任省干部函授学院南充分院副院长；1987 年至 1990 年，地级机关党委书记；1989 年至 1991 年，兼任地委老干局局长；1990 年 11 月至 1993 年 12 月，省人大常委会南充地区工作委员会委员。1993 年 12 月至 1997 年 2 月，市一届人大常委会副主任、党组成员。2019 年 9 月逝世。

人物简介

文明富 民国 18 年（1929）4 月生，南充市嘉陵区人，中共党员。1949 年 12 月至 1950 年 1 月，南充县人民政府小学教师训练班学习。1950 年 2 月至 1950 年 6 月，南充县补习班教书。1950 年 7 月至 1950 年 11 月，川北大学中文系学习。1950 年 12 月参加工作。1951 年 2 月，川北行署交通厅内河航运管理处工作。1951 年 2 月至 1952 年 12 月，川北航运处渠县三汇航管站站长。1952 年 12 月至 1954 年 5 月，在合川县先后任川北木船运输公司计划统计科负责人、西南航务局第三分局计划统计科副科长。其间，1954 年 3 月加入中国共产党。1954 年 5 月至 1957 年 6 月，在重庆先后任四川省航务局计划统计科副科长、科长。1957 年 7 月至 11 月，交通部船厂干部培训班学习。1957 年 11 月至 1965 年 4 月，重庆造船厂轮机车间党支部书记兼车间主任、生产计划科科长、党委办公室主任、党委宣传部部长。其间，1961 年 4 月至 1962 年 6 月，省委交通工作部办公室秘书。1965 年 4 月至 1966 年 4 月，省交通厅政治部宣传处副处长。1966 年 5 月至 1970 年 6 月，仪陇县委副书记。1970 年 7 月至 1977 年 12 月，仪陇县革命委员会副主任、仪陇县委副书记。其间，1970 年 11 月至 1973 年 2 月，襄渝铁路西段会战指挥部仪陇县民兵团副政委、政委。1978 年 1 月至 1980 年，南部县委书记兼县革命委员会主任。1980 年至 1986 年 8 月，南部县委书记。1986 年 9 月至 1989 年 9 月，省人大常委会南充地区联络处副主任。1989 年 9 月至 1990 年 9 月，省人大常委会南充地区人大联络委员会副主任、党组成员。1990 年 9 月至 1992 年 12 月，省人大常委会南充地区人大工作委员会副主任、党组成员。1993 年 1 月至 1994 年 7 月，市委、市政府重点建设工程达成铁路、升钟水库建设指挥部顾问。1994 年 7 月退休。

冯希尧 民国 18 年（1929）9 月生，山西省代县人，中共党员。民国 36 年（1947）3 月至 1949 年 12 月，历任代县六区区委通讯员、文书，代县县政府会计、文书，晋绥六专署秘书室文书，晋绥党校学习班长，党小组长。其间，民国 36 年（1947）6 月加入中国共产党。1949 年南下入川后，历任遂宁专署粮食局粮秣股长，川北区党委办公厅机要秘书，机要科副科长、科长、支部书记。1952 年 9 月至 1959 年，先后任省委办公厅机要科科长、省保密委委员，省委、省政府机要室一科科长、省委书记处办公室秘书。1959 年 11 月至 1965 年 10 月，李井泉秘书。1965 年 10 月至 1967 年 3 月，南充县委代理书记、书记。1973 年 9 月至 1976 年 2 月，西充县委书记。1976 年 3 月至 1989 年 9 月，地委副书记、书记，地区行署专员、党组书记。1989 年 9 月至 1990 年 9 月，省人大常委会南充地区联络委员会主任、党组书记。1990 年 9 月至 1993 年 12 月，省人大常委会南充地区工作委员会主任、党组书记。

1995 年离休。

青永秀 民国 21 年（1932）11 月生，南充市嘉陵区人，中共党员。1954 年 7 月至 1959 年 10 月，南充县龙蟠乡会计辅导员、团委书记、乡长、公社党委书记。其间，1954 年 11 月加入中国共产党。1959 年 11 月至 1965 年 11 月，南充县龙蟠区公所副区长，龙蟠区委副书记、区委书记。1965 年 12 月至 1969 年 2 月，南充县副县长。1969 年 3 月至 1975 年 11 月，南充县革命委员会副主任。1980 年 12 月至 1983 年 10 月，南充县委副书记兼县政协主席。1983 年 11 月至 1984 年 3 月，南充县委副书记、县人民政府代理县长。1984 年 4 月至 1985 年 3 月，南充县委副书记、县人民政府县长。1985 年 4 月至 1987 年 2 月，南充县委副书记、县人大常委会主任。1987 年 3 月至 1992 年 10 月，南充县委书记、县政协主席。其间，1989 年 9 月至 1990 年 9 月，兼任省人大常委会南充地区联络委员会委员；1990 年 9 月至 1992 年 12 月，兼任省人大常委会南充地区工作委员会委员。1992 年 12 月至 1993 年 12 月，省人大常委会南充地区工作委员会副主任、党组成员。1993 年 12 月至 1995 年，市人大常委会党组成员。1997 年 1 月退休。

袁天锡 民国 22 年（1933）3 月生，南充市南部县人，中共党员。1950 年 10 月参加工作。1952 年至 1958 年，南部县伏虎区副区长，建兴区区长、建兴区区委书记。其间，1952 年 8 月加入中国共产党。1959 年至 1963 年，南部县委农工部副部长（主持工作）。1964 年至 1980 年，南部县委副书记、县长。1981 年至 1986 年，南部县委副书记兼县人大常委会主任。1987 年至 1989 年，南部县委常委、南部县人大常委会主任。1989 年 9 月至 1991 年 11 月，南部县人大常委会主任，省人大常委会南充地区联络委员会委员、工作委员会委员。1991 年 11 月至 1993 年 12 月，省人大常委会南充地区工作委员会副主任、党组成员。1993 年 12 月至 1997 年 2 月，市一届人大常委会副主任、党组成员。2000 年 12 月退休。

樊荣华 民国 23 年（1934）2 月生，南充市营山县人，中共党员。1951 年 9 月至 1952 年，地委训练班学习。1952 年至 1962 年，武胜县盐业公司人事干事，武胜县委统战部、县委办公室秘书。其间，1952 年 9 月加入中国共产党。1963 年至 1965 年，武胜县委办公室副主任。1966 年至 1980 年，武胜县委、岳池县委副书记。1981 年至 1983 年，岳池县委副书记、县人民政府县长。1984 年至 1991 年，岳池县委副书记、书记。1991 年至 1993 年 12 月，地委政法委副书记、地区社会治安综合治理委员会副主任。1993 年 4 月至 1993 年 12 月，省人大常委会南充地区工作委员会委员。1993 年 12 月至 1997 年 2 月，市一届人大常委会副主任、党组成员。2000 年 7 月退休。

田远志 民国 23 年（1934）12 月生，四川省遂宁市人，中共党员。1952 年 10 月至 1954 年，蓬安县农技站、南充县新民区农技站工作，任副站长。1955 年至 1960 年，南充专区拖拉机站副站长。其间，1956 年 8 月加入中国共产党。1960 年至 1972 年，南充专区农机厂党委副书记、南充专区手工业供销经理部经理。1972 年至 1982 年，南充齿轮厂革委会副主任、党委副书记、党委书记。1982 年 6 月至 1983 年 7 月，地委委员、常委，地区行署副专员。1983 年 7 月至 1993 年 11 月，地区行署副专员。1993 年 12 月至 1999 年 1 月，市一届人大常委会副主任、党组副书记。1999 年 1 月退休。

常思九 民国 25 年（1936）1 月生，四川省阆中市人，中共党员。1952 年 12 月至 1973 年，阆中县大垭乡保险员、民兵队长，阆中县大垭乡、水观乡党委书记，洪山区委书记。其间，1953 年 5 月加入中国共产党。1974 年至 1980 年，阆中县委副书记。1980 年至 1983 年，阆中县委副书记、县人民政府县长。1983 年至 1987 年，阆中县委副书记。1987 年至 1993 年，阆中县（市）委书记。1993 年，阆中市人大常委会主任。1993 年 12 月至 1999 年 1 月，市一届人大常委会副主任、党组成员。1999 年

1 月退休。

李慎宽 民国 26 年（1937）12 月生，广安市广安区人，中共党员。1959 年 8 月参加工作。1959 年 8 月至 1960 年 12 月，广安师范学校团委书记、政治教师。其间，1960 年 2 月加入中国共产党。1961 年 1 月至 1975 年 8 月，广安县委宣传部、县委办公室、县生产指挥部干事、秘书、秘书组长、副主任。1975 年 9 月至 1978 年 12 月，广安县委办公室副主任、广安县协兴区委书记，区革委会主任。1978 年 12 月至 1979 年 9 月，广安县委常委、县委办公室主任。1979 年 10 月至 1982 年 12 月，广安县委副书记、书记。1983 年 1 月至 1987 年 9 月，阆中县委书记。1987 年 9 月至 1989 年 9 月，地委委员、地区行署常务副专员。1989 年 9 月至 1993 年 11 月，地委副书记、地区行署专员。1993 年 12 月至 2003 年 2 月，市人大常委会党组书记，市一届、二届人大常委会主任，省九届人大常委会委员。2003 年 6 月退休。

肖盛林 民国 27 年（1938）8 月生，南充市仪陇县人，中共党员。1959 年 7 月至 1961 年 8 月，仪陇县中学校团委书记。其间，1960 年 8 月加入中国共产。1961 年 8 月至 1970 年 5 月，仪陇县委办公室干事。1970 年 6 月至 1973 年 1 月，参加修建襄渝铁路，任仪陇县民兵团政治处副主任、团临时党委委员。1973 年 1 月至 1973 年 3 月，仪陇县革命委员会办公室干事。1973 年 3 月至 1979 年 4 月，仪陇县永乐区委副书记、区革命委员会副主任。1979 年 5 月至 1983 年 11 月，仪陇县委办公室副主任、主任。1983 年 12 月至 1987 年 3 月，仪陇县委副书记。1987 年 3 月至 1990 年 10 月，蓬安县委副书记。其间，1990 年 4 月任县人大常委会主任。1990 年 10 月至 1993 年 10 月，蓬安县委书记。1993 年 11 月至 1997 年 2 月，市委政法委副书记。1997 年 2 月至 2002 年 4 月，市一届、二届人大常委会副主任、党组成员。2004 年 4 月退休。

杨汉翔 民国 27 年（1938）9 月生，广安市广安区人，民革党员。1965 年，成都工学院水利工程系毕业后留校劳动。1969 年 10 月至 1984 年 7 月，广安县恒升公社劳动、恒升中学教师。1984 年 7 月至 1990 年 3 月，广安一中副校长、广安县政协副主席。其间，1987 年 2 月加入中国国民党革命委员会。1990 年 3 月至 1992 年 10 月，广安县人民政府副县长。其间，1991 年任地区侨联主席。1992 年 10 月至 1993 年 11 月，南充市（县级）人大常委会副主任。其间，1993 年 5 月任政协四川省南充地区工作委员会委员、民革南充市委主任委员。1993 年 12 月至 1999 年 1 月，政协南充市第一届委员会副主席、民革四川省委常委、市侨联主席。1999 年 1 月至 2004 年 3 月，市二届人大常委会副主任。2004 年 3 月退休。

张明才 民国 27（1938）12 月生，重庆市铜梁县人，中共党员。1960 年 9 月至 1964 年 8 月，南充师范学院（西华师范大学）中文系读书。1964 年 7 月毕业前加入中国共产党。1964 年 8 月至 1965 年 7 月，南充师范学院中文系任教。1965 年 8 月至 1975 年 9 月，中共南充地委办公室、地委宣传部干事、副科长。1975 年 10 月至 1977 年 4 月，中共南充县潆溪区委副书记。1977 年 5 月至 1980 年 7 月，中共南充地委办公室副主任。1980 年 7 月至 1983 年 9 月，中共武胜县委副书记兼县政协主席。1983 年 9 月至 1986 年 9 月，南充地区教育局副局长。1986 年 10 月至 1993 年 11 月，南充地区教育局（教委）局长（主任）、党组书记。其间，1993 年 1 月任政协四川省委员会南充地区工作委员会委员。1993 年 12 月至 1999 年 1 月，市一届人大常委会副主任兼秘书长、党组成员。1999 年 1 月至 2002 年 4 月，市二届人大常委会副主任、党组成员。2004 年 4 月退休。

杨元生 民国 28 年（1939）12 月生，重庆市涪陵区人，中共党员。1960 年 9 月至 1964 年 7 月，甘肃师范大学政教系读书。1964 年 8 月至 1971 年 3 月，甘肃省委宣传部、甘肃省哲学社会科学研究所干事。其间，1966 年 2 月加入中国共产党。1971 年 4 月至 1977 年 11 月，蓬安县革委政工组宣传组、蓬安县委宣传部理论教员，县委中心学习组秘书。1977 年 12 月至 1980 年 12 月，蓬安县委办公室副主任。1981 年 1 月至 1983 年 6 月，蓬安县委宣传部部长。1983 年 7 月至 1993 年 11 月，地委委员。其间，1983 年 12 月至 1993 年 11 月，地委宣传部部长；1984 年至 1990 年兼《南充日报》总编辑；1985 年至 1990 年兼省干部函授学院南充分院院长；1989 年至 1993 年兼地区社科联常务副主席。1993 年 11 月至 1997 年 2 月，市委常委、宣传部部长。其间，1994 年 7 月至 1997 年 2 月，兼任市文联主席。1997 年 2 月至 2003 年 2 月，市一届、二届人大常委会副主任，党组副书记。2003 年 2 月退休。

张益维 民国 29 年（1940）10 月生，广安市武胜县人，中共党员。1960 年 8 月至 1964 年 8 月，西南农学院农经系读书。1964 年 8 月至 1971 年 6 月，地区计委工作。其间，1966 年 3 月加入中国共产党。1971 年 6 月至 1974 年 3 月，地区工业局工作。1974 年 3 月至 1993 年 11 月，地区计委工作。其间，1981 年 10 月任副科长；1983 年 11 月任专职委员；1984 年 5 月任副主任；1990 年 1 月任主任、党组书记。1993 年 12 月至 1999 年 1 月，市人民政府副市长。1999 年 1 月至 2004 年 3 月，市二届人大常委会副主任、党组成员。2004 年 3 月退休。

罗自省 民国 30 年（1941）11 月生，南充市南部县人，中共党员。1961 年 9 月至 1965 年 7 月，西南政法学院政法系读书。1965 年 7 月至 1967 年 3 月，参加地委社教工作团。1967 年 4 月至 1979 年 12 月，仪陇县民政局干事、社教工作团队员、升钟水库指挥部干事。其间，1975 年 5 月加入中国共产党。1980 年 1 月至 1984 年 2 月，南部县人民检察院工作。其间，1980 年 1 月至 1983 年 12 月，助理检察员、检察员；1983 年 12 月任副检察长。1984 年 3 月至 1993 年 11 月，省人民检察院南充分院工作。其间，1984 年 3 月任副检察长；1990 年 5 月任党组副书记；1992 年 3 月任检察长、党组书记。1993 年 12 月至 1998 年 12 月，市人民检察院检察长、党组书记。1998 年 12 月至 1999 年 1 月，市人民检察院检察长。1999 年 1 月至 2004 年 3 月，市二届人大常委会副主任、党组成员。2006 年 1 月退休。

何多福 民国 31 年（1942）2 月生，南充市嘉陵区人，中共党员。1961 年 9 月至 1967 年 8 月，成都工学院水利系陆地水文专业读书。1967 年 8 月至 1972 年 8 月，自贡市农林水利农机局水利科干部，农林水牧综合农场政工科副科长、团委副书记。1972 年 8 月至 1973 年 8 月，南充地区水电局工程科干部。1973 年 8 月至 1983 年 8 月，地区水电勘测设计队组长、股长、办公室主任、副队长、副书记。其间，1974 年 7 月加入中国共产党。1983 年 8 月至 1985 年 5 月，地区水电局副局长、党组副书记。1985 年 5 月至 1987 年 7 月，武胜县委副书记（主持全面工作）。1987 年 7 月至 1993 年 12 月，地区水电局局长、党组书记。1993 年 12 月至 1995 年 12 月，市一届人大常委会委员、市人大常委会农工委主任。1996 年 1 月至 1999 年 1 月，市一届人大常委会委员、市一届人大农业委员会副主任委员。1999 年 1 月至 2002 年 1 月，市二届人大常委会秘书长、党组成员。其间，1999 年 4 月至 2001 年 12 月，市人大常委会办公厅主任。2001 年 12 月退休。

黄旭东 民国 33 年（1944）3 月生，达州市渠县人，中共党员。1965 年 9 月至 1968 年 12 月，西南师范学院中文系学习。其间，1966 年 4 月加入中国共产党。1968 年 12 月至 1971 年 4 月，营山县东升农场劳动锻炼。1971 年 4 月至 1971 年 10 月，营山县济川小学工作。1971 年 10 月至 1981 年 10 月，营山县委宣传部工作。1981 年 10 月至 1984 年 3 月，地委办公室工作。1984 年 3 月至 1989 年 9 月，地委政研室主任。1989 年 9 月至 1999 年 1 月，市（地）委政研室主任。其间，1994 年 1 月，市委副秘书长；1994 年 10 月兼任省社会科学院南充分院副院长。1999 年 1 月至 2004 年 3 月，市二届人大常委会副主任、党组成员。2004 年 3 月至 2007 年 11 月，市人大常委会顾问。2007 年 11 月退休。

任德俭 民国33年（1944）5月生，南充市南部县人，中共党员。1964年9月至1969年9月，成都工学院化工机械专业学习。其间，1965年12月加入中国共产党。1969年9月至1971年9月，中国人民解放军某部队农场锻炼。1971年9月至1972年9月，阿坝县农机厂干部。1972年9月至1978年9月，阿坝州工业局副科长。1978年9月至1980年1月，阿坝州化肥厂党委副书记、厂长。1980年1月至1983年2月，阿坝州委工交部副科长。1983年2月至1984年9月。南充地委组织部干部。1984年9月至1992年1月，地委组织部副部长。1992年1月至1993年11月，地委组织部副部长兼地区人事局局长、党组书记。1993年9月至1999年1月，市委常委、市委组织部部长。1999年1月至2001年5月，市委常委、市纪委书记。2001年5月至2003年2月，市委副书记、市纪委书记。2003年2月至2004年3月，市二届人大常委会副主任、党组书记。2004年3月至2007年2月，市政协主席、党组书记。2008年8月退休。

陈绍森 民国33年（1944）7月生，四川省阆中市人，中共党员。1967年7月，西南财经大学会计系毕业。1967年9月至1970年10月，苍溪县回水农场、九龙山农场劳动锻炼。1970年11月至1981年5月，苍溪县元坝供销社、县计委工作。其间，1973年10月加入中国共产党。1981年6月至1983年11月，苍溪县工业局党组书记、副局长。1983年11月至1984年11月，苍溪县人民政府副县长。1984年11月至1991年5月，地区财政局副局长。1991年7月至1999年1月，市（地区）财政局局长、党组书记。其间，1994年10月，市地方税务局局长。1999年1月至2004年3月，市二届人大常委会副主任、党组成员。2004年3月至2007年3月，市人大常委会顾问。2007年3月退休。

张世富 民国33年（1944）8月生，南充市顺庆区人，中共党员。1966年3月加入中国共产党。1967年，北京钢铁学院铸造专业毕业。1967年至1968年待分配。1968年至1978年，青海省某国营工厂、青海省国防工业办公室干事。1978年至1982年，原南充市委组织部干事。1982年3月至12月，原南充市纺织局副局长、南充市印染厂副厂长。1982年12月至1985年12月，原南充市人民政府副市长；1985年12月至1993年2月，中共原南充市委常委、市人民政府副市长。1993年2月至1993年9月，原南充市委副书记。1993年9月至1993年11月，顺庆区委副书记。1993年11月至1997年3月，顺庆区委副书记、顺庆区人民政府区长。1997年3月至1998年12月，市经贸委主任、党组书记。1998年12月至2001年3月，市计委主任、党组书记。2001年3月至2001年8月，市计委党组书记。2001年8月至2002年4月，市人民政府顾问。2002年4月至2004年3月，市二届人大常委会副主任、党组成员。2004年3月至2007年12月，市人大常委会顾问。其间，2001年10月至2008年6月兼任南充高坪机场建设开发有限责任公司总经理。2007年12月退休。

邹海泉 民国34年（1945）7月生，南充市高坪区人，中共党员。1964年，省财政学校毕业。1964年9月至1984年4月，地区财政局办事员。其间，1983年6月加入中国共产党。1984年4月至1988年4月，地区财政局行财科科长。其间：1985年至1987年7月，省委党校经济管理专业函授学习。1988年4月至1992年10月，地区审计局副局长。1992年10月至1997年4月，地区（市）审计局局长、党组书记。1997年4月至1997年8月，市计委副主任、党组书记。1997年8月至1999年1月，市计委主任、党组书记。1999年1月至2001年3月，市财政局局长、党组书记。2001年1月至2004年3月，市二届人大常委会副主任、党组成员。2004年3月至2009年4月，市人大常委会顾问。2009年4月退休。

王素清 女，民国34年（1945）11月生，南充市仪陇县人，中共党员。1968年9月，西南师范大学毕业。1968年9月至1970年6月，中国人民解放军某部锻炼。1970年7月至1974年3月，仪陇县保平乡公安员、永乐区妇联主任。其间，1973 年 5 月加入中国共产党。1974 年 4 月至 1979 年 6 月，仪陇县永乐区革命委员会副主任、副区长、副书记。1979 年 7 月至 1981 年 3 月，仪陇县大寅区委副书记、副区长。1981 年 3 月至 1990 年 12 月，仪陇县人民政府副县长。其间，1982 年 2 月，仪陇县委常委；1987 年 3 月，仪陇县委副书记。1990 年 12 月至 1993 年 12 月，地区民政局副局长、党组副书记。1993 年 12 月至 1998 年 12 月，市民政局局长、党组书记。1998 年 12 月至 1999 年 1 月，市民政局局长。1999 年 1 月至 2004 年 3 月，市二届人大常委会副主任、党组成员。2004 年 3 月至 2009 年 3 月，市人大常委会顾问。2009 年 3 月退休。

梁仕培 民国 35 年（1946）5 月生，南充市南部县人，中共党员。1964 年 9 月至 1968 年 8 月，西南师范大学汉语言文学专业学生。1968 年 8 月至 1968 年 12 月，在校待分配。1968 年 12 月至 1970 年 9 月，南部县元坝农场劳动。1970 年 9 月至 1983 年 11 月，南部县委宣传部干部。其间，1978 年 8 月加入中国共产党。1983 年 11 月至 1993 年 1 月，南部县委副书记。1993 年 1 月至 1994 年 10 月，南部县人大常委会主任。1994 年 10 月至 1995 年 7 月，南部县委代理书记、县人大常委会主任。1995 年 7 月至 1997 年 1 月，南部县委书记、县人大常委会主任。1997 年 1 月至 1999 年 1 月，阆中市委书记。1999 年 1 月至 2003 年 12 月，南充市人民检察院检察长、党组书记。2003 年 12 月至 2004 年 3 月，南充市人民检察院检察长。2004 年 3 月至 2008 年 5 月，市三届人大常委会副主任、党组成员。2009 年 6 月退休。

徐兴发 民国 35 年（1946）7 月生，南充市南部县人，中共党员。1965 年 9 月至 1969 年 5 月，四川外语学院学生。1969 年 5 月至 1970 年 9 月，中国人民解放军某部保管员。1970 年 9 月至 1978 年 8 月，蓬安县金溪中学教师、团委书记。其间，1972 年 8 月加入中国共产党。1978 年 8 月至 1983 年 12 月，蓬安县巨龙中学教导主任、副校长、工会主席（兼）。1983 年 12 月至 1985 年 10 月，蓬安县委常委、县文教局局长。1985 年 10 月至 1990 年 3 月，蓬安县委常委、县委宣传部部长兼县文教局局长。1990 年 3 月至 1994 年 1 月，蓬安县委副书记兼县委政法委书记。1994 年 1 月至 1997 年 2 月，蓬安县委副书记、县人民政府县长。1997 年 2 月至 1997 年 12 月，蓬安县委书记。1997 年 12 月至 2001 年 8 月，市教育委员会主任、党委书记。2001 年 8 月至 2002 年 6 月，市二届人大教育科学文化卫生委员会副主任委员。2002 年 4 月至 2004 年 3 月，市二届人大常委会秘书长、党组成员。2007 年 8 月退休。

赵太武 民国 36 年（1947）10 月生，南充市南部县人，中共党员。1970 年至 1971 年 10 月，南部县民办教师。1971 年 10 月至 1972 年 4 月，阆中师范学校学习。1972 年 4 月至 1977 年 4 月，南部县小学教师。1977 年 4 月至 1983 年 3 月，南部县柴井乡党委副书记、管委会主任、书记。其间，1978 年 8 月加入中国共产党。1983 年 3 月至 1985 年 8 月，地委党校政治专业学习。1985 年 8 月至 1988 年 9 月，南部县楠木区委副书记、东坝区委书记。1988 年 9 月至 1990 年 5 月，南部县建委主任。1990 年 5 月至 1992 年 9 月，阆中市委常委、市委组织部部长。1992 年 9 月至 1997 年 1 月，阆中市委副书记。1997 年 1 月至 1998 年 1 月，嘉陵区委书记。1998 年 1 月至 2001 年 3 月，嘉陵区委书记、区人大常委会党组书记、区二届人大常委会主任。2001 年 3 月至 2001 年 8 月，市计委主任。2001 年 8 月至 2002 年 10 月，市发展计划委员会主任、党组书记。2002 年 10 月至 2003 年 3 月，市发展计划委员会主任。2003 年 2 月至 2008 年 5 月，市二届、三届人大常委会副主任、党组成员。2008 年 12 月退休。

马敬国 民国 36 年（1947）12 月生，南充市蓬安县人，中共党员。1971 年 3 月至 1971 年 12 月，蓬安县盘龙公社蚕桑员。1971 年 12 月至 1974 年 3 月，蓬安县革委会办公室干部。其间，1972 年 8 月加入中国共产党。1974 年 3 月至 1978 年 3 月，蓬安县平头公社党委副书记。1978 年 3 月至 1984 年 1

月，蓬安县金溪区委宣传干部、副书记。1984年1月至1990年4月，蓬安县锦屏区区长、区委书记。其间：1984年9月至1986年7月，省委党校经济管理专业学习。1990年4月至1991年5月，营山县委常委、县委组织部部长。1991年5月至1993年11月，营山县委副书记。1993年11月至1997年2月，营山县委副书记、县人民政府县长。1997年2月至1999年5月，营山县委书记。1999年5月至2001年8月，市政府秘书长、办公厅党组书记。2001年8月至2002年4月，市政府秘书长、办公室党组书记。2002年4月至2008年5月，市二届、三届人大常委会副主任、党组成员。2011年5月退休。

孙　纯　民国38年（1949）2月生，南充市顺庆区人，中共党员。1967年9月至1978年10月，南充市人民南路小学代课教师、南充市航运公司工人。1978年10月至1982年12月，哈尔滨电工学院读书。其间，1982年3月加入中国共产党。1982年12月至1984年3月，南充炼油厂动力车间、电气车间助理工程师、工程师、车间副主任。1984年3月至1992年2月，南充炼油厂党委办公室秘书、副主任。1992年2月至1993年8月，南充炼油厂办公室主任。1993年8月至1994年1月，南充炼油厂副总经济师。1994年1月至1995年11月，南充炼油厂总经济师。1995年11月，南充炼油厂党委书记。1996年12月，南充炼油厂党委书记、厂长，高级工程师、教授级高级经济师。1997年2月，政协南充市第一届委员会副主席。1999年1月至2008年5月，市二届、三届人大常委会副主任、党组成员。2013年6月退休。

余善卫　1949年10月生，南充市顺庆区人，中共党员。1970年12月至1972年5月，武胜县乐善区普兴乡知青。1973年9月至1975年7月，武胜县文教局干部。1975年7月加入中国共产党。1975年7月至1978年10月，武胜县委宣传部、县委新闻报道组干部。1978年10月至1981年10月，南充教育学院中文系读书。1981年10月至1983年5月，地区教育局干部。1983年5月至1989年12月，地区行署办公室秘书、副科长、科长。1989年12月至1993年12月，地区行署办公室副主任。其间，1991年11月至1993年12月，兼任地区法制局局长。1993年12月至1997年3月，市政府副秘书长、办公室副主任、党组副书记。其间，1994年1月至1997年5月，兼任市地志办主任。1997年3月至2002年5月，市委、市政府副秘书长，市政府办主任、党组副书记。2002年5月至2004年3月，市委、市政府副秘书长，市政府办主任、党组书记。2004年3月至2008年5月，市三届人大常委会副主任、党组成员。2008年6月至2010年3月，市人大常委会顾问。2010年3月退休。

刘伯忠　1949年12月生，广安市武胜县人，中共党员。1962年10月至1976年10月，武胜县中心粮站工作。1976年10月至1980年10月，武胜县飞龙粮站农管组长。其间，1978年8月加入中国共产党。1980年10月至1987年7月，武胜县委统战部干事、科长，武胜县政协常委、副秘书长。其间，1985年9月至1987年7月，重庆大学社科系读书。1990年3月至1993年9月，武胜县委常委、县人民政府副县长。1993年9月至1997年12月，广安县委副书记、县人民政府县长、县委书记、县人大常委会主任，广安地委委员。1997年12月至1998年12月，广安地委委员、地委组织部部长。1998年12月至2000年11月，广安市委常委、市委组织部部长。2000年11月至2004年3月，南充市委常委、市委组织部部长、市委副书记、市委党校校长。2004年3月至2008年5月，市三届人大常委会副主任。其间，2005年6月任党组书记。2013年3月退休。

李元开　1950年7月生，南充市仪陇县人，中共党员。1972年4月至1975年1月，南充师范学院（今西华师范大学）中文系汉语言文学专业学生。其间，1974年11月加入中国共产党。1975年1月参加工作。1975年1月至1984年1月，仪陇县中学教师、教导处副主任。1984年1月至1984年10

月，仪陇县委办公室副主任。1984 年 10 月至 1985 年 12 月，仪陇县委宣传部部长。1985 年 12 月至 1987 年 3 月，仪陇县委宣传部部长、日兴区区委书记。1987 年 3 月至 1991 年 1 月，仪陇县政府副县长。其间，1990 年 4 月至 1990 年 7 月，省委第二党校县长班学习。1991 年 1 月至 1993 年 1 月，仪陇县委常委、副书记。1993 年 1 月至 1994 年 1 月，仪陇县委副书记、县人民政府县长。1994 年 1 月至 1997 年 3 月，仪陇县委书记。1997 年 3 月至 1999 年 1 月，市委组织部副部长。1999 年 1 月至 2004 年 3 月，市委组织部副部长、市人事局局长、市编委办主任。2004 年 3 月至 2010 年 8 月，市三届、四届人大常委会副主任、党组成员。2010 年 9 月退休。

陶治国 1952 年 5 月生，四川省南充市人，九三学社社员。1969 年 4 月至 1974 年 10 月，岳池县坪滩乡知青。1974 年 10 月至 1977 年 10 月，四川农学院牧医系兽医专业学习。1977 年 10 月至 1980 年 1 月，省农业厅干部。1980 年 1 月至 1980 年 12 月，省畜牧兽医总站助理兽医师。1980 年 12 月至 1981 年 3 月，地区农业局畜牧站干部、助理兽医师。1981 年 3 月至 1983 年 11 月，地区畜牧局兽防站干部、助理兽医师。1983 年 11 月至 1990 年 7 月，地区农牧局兽防站干部、兽医师。1990 年 7 月至 1994 年 7 月，地区（市）畜牧局副科长、科长。1994 年 7 月至 2001 年 11 月，市畜牧局副局长。2001 年 11 月至 2002 年 4 月，市监察局副局长。2002 年 4 月至 2004 年 3 月，市监察局副局长、九三学社南充市委主委。2004 年 3 月至 2015 年 5 月，市三届、四届、五届人大常委会副主任。其间，2004 年 3 月至 2011 年 12 月，九三学社南充市委主委。2015 年 9 月退休。

傅伦佳 1952 年 12 月生，南充市仪陇县人，中共党员。1974 年 6 月加入中国共产党。1975 年 2 月参加工作。1975 年 2 月至 1975 年 9 月，仪陇县二道公社教育工作组组长。1975 年 9 月至 1976 年 9 月，仪陇县三蛟公社党委副书记。1976 年 9 月至 1977 年 3 月，仪陇县先锋公社党委书记。1977 年 3 月至 1978 年 9 月，仪陇县新华区委副书记、先锋公社党委书记。1978 年 9 月至 1979 年 9 月，仪陇县观紫区委副书记、副区长。1979 年 9 月至 1985 年 8 月，共青团仪陇县委副书记。其间 1983 年 9 月至 1985 年 7 月，在四川大学哲学系脱产学习。1985 年 8 月至 1990 年 4 月，仪陇县工商行政管理局局长、党组书记。1990 年 4 月至 1992 年 12 月，仪陇县委常委、组织部部长。1992 年 12 月至 1994 年 1 月，仪陇县委副书记。1994 年 1 月至 1997 年 1 月，仪陇县委副书记，县人民政府县长。其间，1994 年 9 月至 1996 年 12 月，在四川省委党校经营管理专业函授学习。1997 年 1 月至 1999 年 1 月，市医药管理局局长、党委书记。1999 年 1 月至 2008 年 5 月，市纪委副书记、监察局局长。2008 年 5 月至 2012 年 1 月，市四届人大常委会副主任、党组成员。2012 年 1 月至 2012 年 12 月，市人大常委会顾问。2013 年 3 月退休。

郑猛功 1953 年 7 月生，南充市南部县人，中共党员。1978 年 1 月至 1980 年 4 月，南部师范学校学生。其间，1979 年 9 月参加南充师范学院（今西华师范大学）中文系汉语言文学专业本科函授学习；12 月加入中国共产党。1980 年 4 月至 1984 年 3 月，南部师范学校教师。1984 年 3 月至 1987 年 8 月，地委宣传部干事。其间，1984 年 7 月，西华师范大学中文系汉语言文学专业本科函授学习毕业。1987 年 8 月至 1988 年 6 月，华蓥市委宣传部副部长。1988 年 6 月至 1993 年 4 月，华蓥市委宣传部部长。其间，1992 年 4 月至 1992 年 7 月，省委党校宣传部部长班学习。1993 年 4 月至 1994 年 2 月，地区（市）川剧团党支部书记。1994 年 2 月至 1995 年 3 月，市人大常委会办公厅主任科员。1995 年 3 月至 1995 年 12 月，市人大常委会财政经济工作委员会秘书处处长。1996 年 1 月至 2001 年 12 月，市一届、二届人大财政经济委员会副主任委员。2001 年 12 月至 2004 年 4 月，市人大常委会研究室主任。2004 年 4 月至 2008 年 5 月，市人大常委会副秘书长、研究室主任。其间，2006 年 2 月，市人大常委会副秘书长（主持工作）。2008 年 5 月至 2012 年 1 月，市四届人大常委会秘书长、党组成员。2013 年 8 月退休。

陈自立 1954 年 6 月生，南充市蓬安县人，中共党员。1975 年 10 月至 1978 年 1 月，蓬安县鲜店公社蚕桑员。1978 年 1 月至 1979 年 1 月，蓬安县平头信用社会计。1979 年 1 月至 1980 年 12 月，蓬安县向东信用社主任。其间，1980 年 6 月加入中国共产党。1980 年 12 月至 1982 年 4 月，蓬安县农业银行信贷员。1982 年 4 月至 1983 年 12 月，蓬安县农行信贷股副股长。1983 年 12 月至 1990 年 12 月，蓬安县农业银行行长、党组书记、信用联社主任。其间，1989 年 3 月至 1990 年 6 月，中南财经大学财金系金融专业学习。1990 年 12 月至 1995 年 5 月，蓬安县人民政府副县长、党组成员。1995 年 5 月至 1996 年 10 月，蓬安县委常委、县人民政府副县长、党组副书记。1996 年 10 月至 1998 年 12 月，市粮食局局长、党委书记。其间，1996 年 3 月至 1997 年 8 月，省社科院工业经济与企业管理专业研究生班学习。1998 年 12 月至 2002 年 6 月，市公安局局长、党委书记。2002 年 6 月至 2008 年 5 月，市人民政府秘书长、党组成员（副厅）。2008 年 5 月至 2014 年 9 月，市四届、五届人大常委会副主任、党组成员。2014 年 10 月退休。

李志杰 1954 年 12 月生，南充市南部县人，中共党员。1975 年 1 月至 1977 年 3 月，南部县老鸦公社农科员。其间，1976 年 3 月加入中国共产党。1977 年 3 月至 1978 年 3 月，南部县老鸦公社党委副书记。1978 年 3 月至 1982 年 9 月，南部县委办公室干部。1982 年 9 月至 1983 年 12 月，共青团南部县委书记（共青团第十一次全国代表大会代表）。1983 年 12 月至 1986 年 12 月，南部县王家区委书记。1986 年 12 月至 1988 年 3 月，南部县农贸办主任、党组书记。1988 年 3 月至 1990 年 7 月，南部县委办公室主任。1990 年 7 月至 1991 年 10 月，南部县委常委。1991 年 10 月至 1993 年 1 月，南部县委副书记。其间，1992 年 9 月至 1993 年 1 月，县人民政府副县长，主持县政府工作。1993 年 1 月至 1995 年 6 月，南部县委副书记、县人民政府县长。1995 年 6 月至 1997 年 12 月，市建委主任、党委书记。1997 年 12 月至 1999 年 1 月，市人民政府秘书长、党组成员。1999 年 1 月至 2004 年 3 月，市人民政府副市长。其间，1999 年 9 月至 2001 年 6 月，省委党校经济学专业研究生班学习；2004 年 2 月，市委常委。2004 年 3 月至 2008 年 5 月，市委常委、市委政法委书记。2008 年 5 月至 2012 年 1 月，市四届人大常委会副主任、党组书记。2018 年 2 月退休。

陈修鹏 1955 年 3 月生，四川省南充市人，中共党员。1976 年 3 月至 1977 年 5 月，中国人民解放军某部战士。1977 年 5 月至 1978 年 12 月，中国人民解放军某部通讯员。其间，1977 年 12 月加入中国共产党。1978 年 12 月至 1981 年 9 月，中国人民解放军某部后勤处会计。1981 年 9 月至 1984 年 4 月，中国人民解放军某部财务处出纳。1984 年 4 月至 1994 年 2 月，地区（市）财政局干部、副科长、科长。其间，1988 年 9 月至 1991 年 7 月，省干函院经济管理专业专科学习；1992 年 9 月至 1992 年 12 月，地委党校中青班学习；1993 年下派岳池县九龙镇任副镇长。1994 年 2 月至 1999 年 12 月，市财政局副局长、党组成员。其间，1996 年 9 月至 1997 年 8 月，省社科院研究生班学习。1999 年 12 月至 2001 年 3 月，市财政局副局长、党组副书记。2001 年 3 月至 2001 年 8 月，市财政局局长、党组副书记。2001 年 8 月至 2006 年 4 月，市财政局局长、党组书记。其间，2000 年 9 月至 2003 年 6 月，省委党校经管专业研究生班学习。2006 年 4 月至 2008 年 5 月，顺庆区委书记、区人大常委会主任。2008 年 5 月至 2015 年 5 月，市四届、五届人大常委会副主任、党组成员。其间，2011 年兼任省人大教科文卫委员会副主任委员；2012 年至 2014 年兼任省人大城环资委副主任委员。2015 年 4 月退休。

高先海 1957 年 3 月生，南充市南部县人，中共党员。1975 年 9 月至 1978 年 2 月，南部县宏观初级中学教师。其间，1977 年 6 月加入中国共产党。1978 年 2 月至 1981 年 12 月，四川农业大学农学系农学专业学生。1981 年 12 月至 1985 年 4 月，四川农业大学教师、团委副书记。1985 年 4 月至 1986 年 4 月，南部县农贸办干部。1986 年 4 月至 1986 年 12 月，南部县楠木区副区长。1986 年 12 月至 1989 年 10 月，南部县盘龙区委副书记、区长。1989 年 10 月至 1990 年 3 月，南部县农业局局长、党组书记。1990 年 3 月至 1993 年 1 月，南部县人民政府副县长。1993 年 1 月至 1993 年 12 月，南部县委常委、县人民政府副县长。1993 年 12 月至 1997 年 1 月，南充市农业局局长、党组书记。1997 年 1 月至 1997 年 12 月，市人民政府市长助理、农业局局长、党组书记。1997 年 12 月至 2003 年 1 月，市人民政府副市长、党组成员。2003 年 1 月至 2006 年 2 月，市委副书记。其间，2000 年 9 月至 2003 年 7 月，西南财经大学经济学院产业经济学专业研究生学习。2006 年 2 月至 2011 年 10 月，市委副书记，市人民政府市长、党组书记。2011 年 10 月至 2012 年 1 月，市人民政府市长、党组书记。2012 年 1 月至 2015 年 5 月，市五届人大常委会主任、党组书记。2017 年 3 月退休。

李晓松 1957 年 11 月生，南充市仪陇县人，中共党员。1976 年 8 月至 1977 年 11 月，仪陇县大华乡民办中学教师。1977 年 11 月至 1982 年 3 月，仪陇县人民银行出纳、会计、信贷员。1982 年 3 月至 1983 年 1 月，仪陇县人民政府办公室秘书。1983 年 1 月至 1988 年 3 月，仪陇县委宣传部科长、县委报道组长。其间，1985 年 7 月加入中国共产党；1984 年 5 月至 1986 年 7 月，四川广播电视大学党政管理专业学习。1988 年 3 月至 1990 年 4 月，仪陇县对外经协办副主任。1990 年 4 月至 1993 年 11 月，地委政研室副科长、科长。1993 年 11 月至 1995 年 5 月，市委政研室副主任。1995 年 5 月至 1997 年 4 月，市招商办主任。1997 年 4 月至 1999 年 1 月，市计委副主任（正县）。其间，1995 年 3 月至 1997 年 8 月，省社科院工业管理专业研究生班学习。1999 年 1 月至 2001 年 10 月，市物价局局长、党组书记，市人民政府副秘书长，市招商办主任。其间，2000 年 9 月至 2001 年 1 月，省委党校中青班学习。2001 年 10 月至 2004 年 6 月，市发展计划委员会副主任、党组副书记，市物价局局长、党组书记。2004 年 6 月至 2006 年 7 月，市物价局局长、党组书记。2006 年 7 月至 2008 年 6 月，市劳动和社会保障局局长、党组书记。2008 年 6 月至 2012 年 1 月，市人民政府党组成员、秘书长。2012 年 1 月至 2015 年 5 月，市五届人大常委会副主任、党组成员。2017 年 11 月退休。

王　宁 1959 年 7 月生，四川省德阳市人，中共党员。1976 年 9 月至 1978 年 4 月，罗江县第二小学教师。1978 年 4 月至 1980 年 2 月，省财政学校财政专业学习。1980 年 2 月至 1987 年 9 月，省财政厅预算处干部、副科长、科长。其间：1981 年 9 月至 1983 年 2 月，湖北财经学院财经系学习；1985 年 12 月加入中国共产党。1987 年 9 月至 1991 年 8 月，省财政厅预算处副处长。1991 年 8 月至 1995 年 9 月，省财政厅预算处处长。其间，1993 年 9 月至 1994 年 1 月，省委党校县处级干部培训班学习；1994 年 3 月至 1995 年 1 月，兴文县委常委、副县长（挂职）；1994 年 6 月评为注册会计师。1995 年 9 月至 1998 年 5 月，省财政厅副厅长、党组成员。其间，1994 年 9 月至 1996 年 12 月，省委党校经济管理专业本科班学习；1995 年 11 月至 1997 年 11 月，财政部财政科研所财政专业研究生进修班学习。1998 年 5 月至 2003 年 1 月，省财政厅副厅长、党组副书记。其间，2001 年 9 月明确为正厅级。2003 年 1 月至 2004 年 12 月，省财政厅厅长、党组书记。其间，2000 年 9 月至 2003 年 6 月，西南财经大学财政学专业在职研究生学习，获经济学博士学位。2004 年 12 月至 2005 年 2 月，南充市委书记。2005 年 2 月至 2007 年 5 月，南充市委书记、市三届人大常委会主任。其间，2004 年 3 月至 2005 年 1 月，中央党校一年制中青年干部培训班学习。2007 年 5 月至 2015 年 4 月，省政府副省长、党组成员。其间，2012 年 3 月至 2012 年 4 月，中央党校省部级干部进修班学习。2015 年 4 月至 2018 年 10 月，省委常委，省政府常务副省长、党组副书记、四川行政学院院长。其间，2016 年 6 月至 2017 年 11 月，四川天府新区办主任。2018 年 10 月至 2020 年 1 月，省委常委，省政府常务副省长、党组副书记、四川行政学院院长。2020 年 1 月至 2020 年 5 月，省政府党组副书记。2020 年 5 月后，省人大常委会副主任、党组副书记。

袁险峰 1960 年 10 月生，河南省南阳市人，中共党员。1976 年 12 月至 1978 年 9 月，成都军区某团战士。1978 年 9 月至 1980 年 8 月，成都军区军医学校学员。其间，1979 年 12 月加入中国共产党。1980 年 8 月至 1981 年 10 月，解放军某团卫生员。1981 年 10 月至 1986 年 12 月，成都军区军医学校生理教研室技术员。1986 年 12 月至 1996 年 4 月，省民政厅社会福利处副主任科员、主任科员。其间，1988 年 8 月至 1990 年 7 月，省经济管理干部学院工业企业管理专业脱产大专班学习。1996 年 4 月至 1998 年 3 月，省民政厅社会事务处副处长。1998 年 3 月至 2003 年 9 月，省民政厅社会事务处处长。其间，1998 年 3 月至 1998 年 7 月，省委党校中青班学习；1998 年 9 月至 2000 年 12 月，省委党校行政管理专业本科学习；1999 年 9 月至 2001 年 7 月，四川大学法学院刑法专业研究生课程进修班在职学习。2003 年 9 月至 2008 年 5 月，广安市政府副市长。2008 年 5 月至 2011 年 2 月，广安市委常委、宣传部部长。2011 年 2 月至 2011 年 11 月，广安市委常委、宣传部部长、邓小平研究中心主任。2011 年 11 月至 2014 年 10 月，广安市委副书记、邓小平研究中心主任。2014 年 10 月至 2015 年 5 月，广安市委副书记。2015 年 5 月起，市五届、六届人大常委会主任、党组书记。

吴道军 1960 年 10 月生，南充市高坪区人，中共党员。1982 年 8 月至 1984 年 9 月，南充县财政局干部。1984 年 9 月至 1986 年 8 月，四川电大党政干部管理专业学习。1986 年 8 月至 1987 年 8 月，南充县财政局办公室主任。其间，1987 年 6 月加入中国共产党。1987 年 8 月至 1990 年 7 月，南充县财政局预算股长。1990 年 7 月至 1992 年 12 月，南充县财政局副局长。1992 年 12 月至 1993 年 12 月，南充县财政局局长、党组书记。1993 年 12 月至 1997 年 12 月，高坪区财政局局长、党组书记、地税局局长。其间，1995 年 9 月至 1997 年 12 月，省委党校经管专业本科学习。1997 年 12 月至 2001 年 9 月，高坪区副区长。其间，1999 年 9 月至 1999 年 12 月，省委党校培训。2001 年 9 月至 2002 年 10 月，仪陇县委常委、县政府副县长。2002 年 10 月至 2003 年 1 月，仪陇县委副书记、县政府代理县长。2003 年 1 月至 2006 年 4 月，仪陇县委副书记、县政府县长。2006 年 4 月至 2014 年 2 月，市财政局局长、党组书记。其间，2012 年 6 月，南充发展投资（控股）有限责任公司董事长、党委书记（挂职）；2013 年 1 月，市国投公司董事长（挂职）。2014 年 2 月至 2015 年 5 月，市五届人大常委会副主任、党组成员，南充发展投资（控股）有限责任公司董事长、党委书记、市国投公司董事长（挂职）。

冉中华 1960 年 12 月生，广元市苍溪县人，中共党员。1978 年 10 月至 1978 年 12 月，苍溪县供销社工人。1978 年 12 月至 1984 年 10 月，总参某部服役。其间，1979 年 1 月至 1980 年 12 月，57371 部队无线电通信专业中专学习；1984 年 1 月加入中国共产党。1984 年 10 月至 1985 年 1 月，苍溪县公安局刑警中队工作。1985 年 1 月至 1987 年 2 月，地区乡镇企业局工作。1987 年 2 月至 1989 年 5 月，地区乡镇企业农工商联合公司副经理。其间，1989 年 4 月，经济师。1989 年 5 月至 1991 年 3 月，地区乡镇企业农工商联合公司经理。1991 年 3 月至 1994 年 5 月，地区扶贫开发公司经理。其间，1992 年 9 月至 1992 年 12 月，地委党校中青班学习。1994 年 5 月至 2004 年 6 月，市扶贫办副主任、党组成员。2004 年 6 月至 2010 年 10 月，市扶贫办主任、党组书记。2010 年 10 月至 2015 年 6 月，市扶贫和移民工作局局长、党组书记。2015 年 6 月至 2015 年 7 月，市发改委党组书记。2015 年 7 月至 2017 年 1 月，市发改委主任、党组书记。2017 年 1 月至 2020 年 6 月，市六届人大常委会秘书长、党组成员。

杜永龙 1962 年 3 月生，南充市南部县人，中共党员。1982 年 7 月至 1984 年 7 月，南部县升钟区供销社物价员。1984 年 7 月至 1989 年 8 月，南部县升钟区供销社副主任。其间，1987 年 6 月加入中国共产党；1987 年 9 月至 1989 年 7 月，南充地委党校经管专业大专学习；1989 年 6 月自考四川大学党政干部专修科大专毕业。1989 年 8 月至 1989 年 10 月，南部县大桥区供销社副主任。1989 年 10 月至 1991 年 12 月，共青团南部县委副书记。1991 年 12 月至 1993 年 3 月，共青团南部县委书记兼南部茧丝绸总公司经理。1993 年 3 月至 1996 年 8 月，南部县棉纺厂党委书记、厂长。1996 年 8 月至 2002 年 10 月，县政府副县长。2002 年 10 月至 2006 年 10 月，阆中市委常委、开发区管委会主任。其间，2003 年 9 月至 2005 年 12 月，省委党校法律专业本科函授学习。2006 年 10 月至 2011 年 11 月，阆中市委常委、市政府副市长。其间，2006 年 9 月至 2009 年 6 月，省委党校公共管理专业研究生学习。2011 年 11 月至 2011 年 12 月，阆中市政府副市长。2011 年 12 月至 2017 年 1 月，阆中市人大常委会主任。2017 年 1 月起，市六届人大常委会副主任、党组成员。

王翠花 女，1963 年 8 月生，南充市南部县人，九三学社社员。1982 年 9 月至 1986 年 7 月，四川农业大学农学专业学生。1986 年 7 月至 1991 年 3 月，南部县农业局农技站干部。1991 年 3 月至 1994 年 3 月，南部县农业局农技站副站长。1994 年 3 月至 1996 年 1 月，顺庆区农业局农技站站长。其间，1994 年 9 月，农艺师。1996 年 1 月至 1999 年 12 月，顺庆区舞凤镇副镇长。1999 年 12 月至 2002 年 12 月，顺庆区舞凤镇镇长。2002 年 12 月至 2009 年 10 月，嘉陵区政府副区长。2009 年 10 月至 2011 年 12 月，嘉陵区政府副区长、九三学社南充市委副主委（兼）。2011 年 12 月至 2015 年 5 月，高坪区政府副区长、九三学社南充市委主委（兼）。2015 年 5 月至 2017 年 1 月，市五届人大常委会副主任、九三学社南充市委主委（兼）。2017 年 1 月起，市政协副主席、九三学社南充市委主委（兼）。

徐远火 1963 年 9 月生，四川省简阳市人，中共党员。1984 年 9 月至 1988 年 7 月，南充师范学院（西华师范大学）历史教育专业本科学习。其间，1988 年 1 月加入中国共产党。1988 年 7 月至 1992 年 2 月，南充师范学院历史系政治辅导员、团总支书记。其间，1991 年 9 月至 1992 年 1 月，西充县农村社教工作组。1992 年 2 月至 1992 年 12 月，四川师范学院（西华师范大学）团委工作。1992 年 12 月至 1994 年 12 月，四川师范学院团委副书记。其间，1992 年 9 月至 1993 年 7 月，四川师范学院助教进修班学习硕士研究生主要课程。1994 年 12 月至 1999 年 3 月，四川师范学院团委书记（副处级）。其间，1998 年 3 月至 1998 年 4 月，西南教育管理干部培训中心第 37 期高校干部培训学习；1996 年 9 月至 1998 年 8 月，西南师范大学经济政法学院思想政治教育专业研究生课程班学习。1999 年 3 月至 2000 年 1 月，四川师范学院工会、教代会专职副主席。其间，1999 年 12 月晋升副教授。2000 年 1 月至 2003 年 1 月，四川师范学院工会、教代会副主席（正处级）。其间，2000 年 3 月至 6 月，省第 3 期高校中青年干部培训班学习。2003 年 1 月至 2004 年 10 月，西华师范大学美术学院党总支书记。2004 年 10 月至 2007 年 4 月，西华师范大学工会、教代会常务副主席，离退休处处长、离退休党总支副书记。其间，2005 年 12 月评聘为研究员。2007 年 4 月至 2009 年 3 月，西华师范大学党委办公室、校长办公室主任，外事处处长。2009 年 3 月至 2010 年 3 月，西华师范大学党委办公室、校长办公室主任。2010 年 3 月至 2011 年 2 月，西华师范大学党委办公室、校长办公室主任，后勤及产业管理办公室主任。其间，2010 年 9 月至 11 月，国家教育行政学院第 34 期高校中青年干部培训班学习。2011 年 2 月至 2015 年 5 月，西华师范大学副厅级调研员。2015 年 5 月至 2016 年 4 月，市五届人大常委会副主任、党组成员。2016 年 4 月至 2017 年 1 月，市五届人大常委会副主任、党组成员，南充职业技术学院党委书记。2017 年 1 月，市六届人大常委会副主任、党组副书记，南充职业技术学院党委书记。2019

年12月起，市六届人大常委会副主任、党组副书记。

李南春 女，1964年5月生，南充市西充县人，中共党员。1982年12月至1984年10月，西充中学教务处干部。1984年10月至1988年12月，西充县图书馆助理馆员。其间，1985年9月至1988年7月，四川电大图书馆学专业脱产学习。1988年12月至1994年4月，地（市）委政研室干事、副主任干事。其间，1991年6月加入中国共产党；1991年9月至1992年1月，南充县龙门镇社教工作队队员。1993年9月，考入省委党校函授法律专业本科学习。1994年4月至1995年6月，共青团南充市委组宣部部长、党组成员。其间，1995年3月至6月，市委党校中青班学习；1995年4月至1995年5月，省委党校中青班学习。1995年6月至2001年12月，共青团南充市委副书记、市青联主席、市少工委主任。其间，1995年12月，省委党校函授法律专业本科毕业。2001年12月至2004年4月，共青团南充市委书记、党组书记、市青联主席、市青年企业家协会常务副会长。其间，2002年3月至2002年5月，省委党校局长培训班学习；2002年5月至12月，武汉市洪山区政府办公室副主任（国家三部委选派挂职）；2000年9月至2003年7月，省委党校经管专业研究生学习。2004年4月至11月，市科技局（知识产权局）党组书记、副局长（主持工作）。2004年11月至2006年9月，市科技局（知识产权局）局长、党组书记。2006年9月至2012年1月，市妇联主席、党组书记。2012年1月至2015年5月，市五届人大常委会副主任、党组成员。

陈　科 1964年11月生，南充市嘉陵区人，中共党员。1983年8月至1988年9月，南充县双桂小学教师。其间，1985年9月加入中国共产党。1988年9月至1990年7月，南充教育学院中文系专科学习。1990年7月至1991年6月，南充县双桂小学教师。1991年6月至1994年9月，南充县（高坪区）政府办公室科员。1994年9月至1997年6月，高坪区政府办公室副主任。1997年6月至10月，高坪区档案局局长兼高坪区政府办副主任。1997年10月至1999年6月，市政府办公厅秘书七科副科长、主任科员。其间，1995年9月至1997年12月，省委党校经济管理专业本科函授学习。1999年6月至2000年9月，市政府办公厅秘书八科科长。2000年9月至2001年11月，市政府办公厅副主任。2001年11月至2002年10月，市政府办公室副主任、党组成员。2002年10月至2006年4月，仪陇县委常委、县政府副县长。2006年4月至5月，仪陇县委副书记。2006年5月至2011年10月，仪陇县委副书记、县政府县长。其间，2005年9月至2007年6月，省委党校区域经济学专业研究生学习。2011年10月至12月，仪陇县委书记、县政府县长。2011年12月至2015年6月，仪陇县委书记。2015年6月至2016年12月，仪陇县委书记、县人大常委会主任。2016年12月至2017年1月，仪陇县委书记。2017年1月至2020年12月，市六届人大常委会副主任、党组成员，仪陇县委书记。2020年12月至2021年1月，市六届人大常委会副主任、党组成员，四川国际博览集团有限公司党委委员、副书记。2021年1月起，四川国际博览集团有限公司党委委员、副书记。

温桂彪 1965年1月生，南充市嘉陵区人，中共党员。1981年9月至1983年7月，岳池师范学校学习。1983年8月参加工作。1983年8月至1986年9月，南充县曲水小学教师。1986年9月至1994年1月，南充市白塔中学教师。其间，1988年9月至1990年7月，南充教育学院中文专业脱产大专学习；1993年5月加入中国共产党。1994年1月至1997年3月，南充市高坪区政府办公室干部、科长。1997年3月至1998年4月，高坪区青莲乡党委副书记。其间，1995年8月至1997年12月，省委党校经济管理专业函授本科学习。1998年4月至12月，高坪区政府办公室副主任。1998年12月至1999年11月，市委组织部研究室干部。1999年11月至2002年5月，市委组织部办公室主任。2002年5月至2004年7月，市委组织部干部三科科长。其间，2000年9月至2003年6月，省委党校经济管理专业研究生学习。2004 年 7 月至 2006 年 9 月，市政府办公室副主任、党组成员。2006 年 9 月至 2007 年 10 月，西充县委常委、县纪委书记。2007 月 10 月至 2009 年 5 月，市委副秘书长、市委、市政府接待办主任。2009 年 5 月至 2009 年 7 月，市政府办公室党组书记。2009 年 7 月至 2011 年 10 月，市政府副秘书长、政府办公室主任、党组书记。2011 年 10 月至 2011 年 12 月，顺庆区委副书记。其间，2011 年 11 月，顺庆区人民政府代理区长 2011 年 12 月至 2013 年 12 月，顺庆区委副书记、区人民政府区长。2013 年 12 月至 2015 年 6 月，蓬安县委书记。2015 年 6 月至 2016 年 4 月，蓬安县委书记、县人大常委会主任。2016 年 4 月至 6 月，蓬安县人大常委会主任。2016 年 6 月至 8 月，市环境保护局党组书记、蓬安县人大常委会主任。2016 年 8 月至 2017 年 1 月，市环境保护局党组书记。2017 年 1 月至 2 月，市政协党组成员、秘书长、市环境保护局党组书记。2017 年 2 月至 2019 年 7 月，市政协党组成员、秘书长。2019 年 7 月至 2021 年 2 月，市政协党组成员、秘书长、机关党组书记。2021 年 2 月起，市六届人大常委会副主任、党组成员。

张晓艳 女，1965 年 11 月生，南充市高坪区人，民建会员。1987 年 8 月至 1992 年 5 月，南充县林业局干部。1992 年 5 月至 2001 年 3 月，南充地区社保局干部。其间，1996 年 9 月，任副主任科员。2001 年 3 月至 2002 年 9 月，市医保中心干部。2002 年 9 月至 2004 年 12 月，市医保中心医疗监督科副科长。其间，2003 年 10 月，任主任科员。2004 年 12 月至 2007 年 7 月，市医保中心医疗监督科科长。其间，2005 年 3 月，民建八支部副主委；2006 年 10 月，民建南充市委委员。2007 年 7 月至 2009 年 10 月，市医疗保险管理中心副主任、民建南充市委委员。2009 年 10 月至 2012 年 3 月，市医疗保险管理局副局长、民建南充市委副主委。2012 年 3 月至 2014 年 8 月，市农村社会保险局局长、民建南充市委副主委。2014 年 8 月至 2016 年 7 月，市城乡居民社会养老保险局局长、民建南充市委副主委。2016 年 7 月至 2020 年 6 月，民建南充市委主委、市城乡居民社会养老保险局局长。2020 年 6 月起，市六届人大常委会副主任、民建南充市委主委。

熊建春 1966 年 8 月生，广安市广安区人，中共党员。1984 年 8 月至 1985 年 1 月，广安县种子公司技术员。1985 年 1 月至 1986 年 12 月，广安县农业局干部。1986 年 12 月至 1992 年 2 月，广安县委宣传部干部。其间，1989 年 5 月加入中国共产党；1989 年 12 月，四川大学自考党政基础专业大专毕业。1992 年 2 月至 1994 年 4 月，地（市）委宣传部干事。1994 年 4 月至 1997 年 7 月，市委宣传部办公室副主任。其间，1994 年 12 月至 1996 年 12 月，南充市嘉陵区安平镇党委副书记（下派）。1997 年 7 月至 2001 年 12 月，市委宣传部宣传科科长。其间，1996 年 9 月至 1998 年 12 月，省委党校经管专业本科学习。2001 年 12 月至 2010 年 12 月，市委外宣办（市政府新闻办）主任。其间，2010 年 4 月，正县级。2010 年 12 月至 2015 年 5 月，南充日报社总编辑、党委副书记。2015 年 5 月至 6 月，市五届人大常委会副主任、党组成员，南充日报社总编辑、党委副书记。2015 年 6 月至 2017 年 1 月，市五届人大常委会副主任、党组成员。2017 年 1 月起，市六届人大常委会副主任、党组成员。

王玉龙 1967 年 1 月生，南充市西充县人，中共党员。1985 年 8 月至 1986 年 4 月，西充县文教局干部。1986 年 4 月至 1990 年 12 月，西充县晋城一小教师。其间，1988 年 9 月至 1990 年 6 月，自贡教育学院文秘专业专科离职学习。1990 年 12 月至 1998 年 3 月，西充县政府办秘书、副科长、科长、团县委常委、政府系统团委书记。其间，1993 年 8 月至 1995 年 12 月，省委党校函授学院经济管理专业本科学习；1997 年 6 月加入中国共产党。1998 年 3 月至 2000 年 8 月，西充县项目经协办副主任、党组成员。2000 年 8 月至 2002 年 11 月，西充县槐树区委副书记、区工委副主任、槐树镇党委书记。2002 年 11 月至 2004 年 9 月，西充县人大常委会党组成员、常委会委员、办公室主任。2004 年 9 月至

2008年6月，市人大常委会办公室主任科员、信访科科长。其间，2002年9月至2005年6月，省委党校区域经济学专业研究生学习。2008年6月至2012年1月，市人大常委会信访办公室主任。2012年1月至2015年5月，市人大常委会委员、信访办公室主任。2015年5月至2017年1月，市五届人大常委会秘书长、党组成员。

王永茂 1967年2月生，南充市西充县人，中共党员。1988年8月至1994年8月，南充地区（市）计生委办公室干事。其间，1988年8月至1989年8月，营山县计生委工作（下派）。1994年8月至1999年3月，市人大常委会办公厅副主任科员、副科长。其间，1996年2月加入中国共产党。1999年3月至2002年6月，市人大常委会研究室办公室主任。2002年6月至2005年11月，市人大常委会研究室副主任。2005年11月至2008年6月，市人大常委会副秘书长。2008年6月至2012年1月，市人大常委会委员、副秘书长（兼）、研究室主任。2012年1月至2015年5月，市五届人大常委会秘书长、党组成员。

陈圣伦 1967年10月生，遂宁市蓬溪县人，中共党员。1987年9月至1991年7月，西南农业大学茶学专业学生。其间，1991年4月加入中国共产党。1991年7月至1995年10月，省农业厅办公室干部。其间，1992年1月至1993年1月，重庆市黔江县石会乡副乡长（挂职）。1995年10月至1996年11月，省农业厅办公室秘书科副科长。1996年11月至1998年3月，省农业厅办公室秘书科科长。其间，1997年9月至1998年1月，省直机关党校中青班十三期学习，考获全国经济师职称。1998年3月至2000年8月，省农业厅办公室副主任。2000年8月至2004年11月，省农业厅办公室主任、办公室信息中心支部书记。其间，2001年12月，评为高级农艺师；2002年9月至2004年1月，广安市政府副秘书长（挂职）；2002年11月至2004年10月，四川广安农业科技园区管委会副主任（兼）；2003年9月至2004年10月，中共广安区委副书记（兼）；2003年12月至2004年10月，中共广安市委副秘书长（兼）；2000年9月至2003年7月，中央党校经济管理专业研究生学习。2004年11月至2006年6月，省农业厅科技教育处处长、党支部书记。2006年6月至2008年1月，省农业厅农场管理局工作。2008年1月至2010年8月，省农业厅农场管理局调研员。其间，2005年9月至2008年12月，四川农业大学农学院作物栽培与耕作学专业博士研究生学习。2010年8月至2012年5月，省农业厅农场管理局副局长（正处级）。2012年5月至2015年6月，蓬安县委副书记（保留正县级）。其间，2013年3月至2013年4月，参加省委组织部双向交流干部培训班学习；2013年8月，参加省委统战干部培训班学习；2015年4月至2015年7月，参加四川省优秀年轻干部递进培养第四期经济金融班学习。2015年6月至2017年1月，市委农工委主任。2017年1月起，市六届人大常委会副主任、党组成员。

李在伟 1968年9月生，广元市苍溪县人，中共党员。1989年9月至1991年7月，绵阳师范专科学校中文系行政公关专业学习。其间，1991年1月加入中国共产党。1991年7月至1992年8月，苍溪县职业中学教师。1992年8月至1993年4月，苍溪县政府办公室秘书、县政府机关团委副书记。1993年4月至1995年10月，苍溪县政府办公室科员。1995年10月至1996年4月，广元市技术监督局科员。1996年4月至1996年12月，广元市技术监督局副主任科员。1996年12月至1997年12月，广元市技术监督局办公室副主任。其间，1995年8月至1997年12月，省委党校函授学院经管专业本科学习。1997年12月至2000年10月，广元市技术监督局机关党委副书记。2000年10月至2001年2月，广元市技术监督局副局长、党组成员。其间，1999年12月至2001年2月，省质量技术监督局人事教育处锻炼。2001年2月至2005年6月，省质量技术监督局人事教育处副处级干部、副处长。其间，2001 年 3 月至 2003 年 3 月，西南财经大学经济法专业研究生课程进修班学习。2005 年 6 月至 2006 年 6 月，遂宁市质量技术监督局副局长、党组副书记（主持工作）。其间，2003 年 9 月至 2006 年 7 月，中央党校经济学经济管理专业研究生学习。2006 年 6 月至 2010 年 10 月，遂宁市质量技术监督局局长、党组书记。其间，2007 年 3 月至 2009 年 7 月，四川大学法学专业专升本学习；2008 年 10 月至 12 月，东莞市质量技术监督局副局长（挂职）。2010 年 10 月至 2012 年 3 月，省质量技术监督局食品生产监管处处长。2012 年 3 月至 7 月，省食品安全委员会办公室综合协调处处长。2012 年 7 月至 2015 年 5 月，省食品安全委员会办公室副巡视员。其间，2011 年 12 月至 2014 年 6 月，武汉大学国际软件学院软件工程专业学习，获工程硕士学位。2015 年 5 月至 2016 年 3 月，市五届人大常委会副主任、党组成员。2016 年 3 月至 2017 年 1 月，市五届人大常委会副主任、党组成员，市人大法制委主任委员（兼）。2017 年 1 月至 2019 年 7 月，市政府副市长、党组成员。2019 年 7 月起，市委常委、市总工会主席。

宋先佐 1971 年 11 月出生，南充市南部县人，中共党员。1995 年 1 月至 1999 年 9 月，西充县人民法院书记员。其间，1998 年 2 月，任助理审判员；12 月，任审判员。1999 年 9 月至 2002 年 5 月，西充县人民法院义兴法庭副庭长。2002 年 5 月至 2003 年 2 月，西充县人民法院太平法庭副庭长。2003 年 2 月至 2005 年 10 月，市人大法制（内务司法）委员会秘书科科员、副科长。其间，2003 年 6 月加入中国共产党；2005 年 5 月，西华师范大学法律专业自考本科毕业。2005 年 10 月至 2009 年 11 月，市人大教育科学文化卫生委员会秘书科科长。2009 年 11 月至 2014 年 1 月，市人大常委会办公室副主任。2014 年 1 月至 2016 年 2 月，市人大常委会副秘书长。2016 年 2 月至 2017 年 1 月，市人大常委会法制工作委员会主任、法制委员会副主任委员（兼）。2017 年 1 月至 2019 年 2 月，市人大常委会委员、法制工作委员会主任、法制委员会副主任委员（兼）。2019 年 2 月至 2019 年 7 月，市人大常委会委员、副秘书长（兼）、办公室主任、法制委员会副主任委员（兼）。2019 年 7 月至 2020 年 6 月，市人大常委会委员、副秘书长（兼）、办公室主任、法制委员会副主任委员（兼）、机关党组副书记。2020 年 6 月，市六届人大常委会秘书长、党组成员、机关党组书记。

人物名录

一、驻南充地区（市）历届全国人大代表名录

1988 年 3 月至 1993 年 3 月，驻南充地区七届全国人大代表（以姓氏笔画为序）：冯希尧、刘晓萍（女）、张贤文、罗平亚、赵仕碧（女）、柴云振。

1993 年 3 月至 1998 年 3 月，驻南充市第八届全国人大代表（以姓氏笔画为序）：任作瑛（女）、李慎宽、陈明琼（女）、谈廷凤（女）、曾孝平。

1998 年 3 月至 2003 年 3 月，驻南充市第九届全国人大代表（以姓氏笔画为序）：任作瑛（女）、任清瑞、杜元耀、谈廷凤（女）、曾孝平。

2003 年 3 月至 2008 年 3 月，驻南充市第十届全国人大代表（以姓氏笔画为序）：王宁（2005—

2008.03)、任德俭、孙纯、孙洪波（女）、杜光辉、崔富华（女）。

2008年3月至2013年3月，驻南充市第十一届全国人大代表（以姓氏笔画为序）：刘伯忠、孙纯、李晓华（女）、高先海、崔富华（女）。

2013年3月至2018年3月，第十二届全国人大代表南充代表小组（以姓氏笔画为序）：王宁、向东、李屹、李晓华（女）、何俊明、宋朝华（2014—2018.03）、栗东生（2013.03—2014.02）、高先海（2013.03—2015）、黄光伟。

2018年3月起，第十三届全国人大代表南充代表小组（以姓氏笔画为序）：王宁、尧德中、李树林、吴群刚、张国芬（女）、苟兴龙、唐燕（女）、黄毅。

二、驻南充地区（市）四川省历届人大代表名录

1983年3月至1987年12月，驻南充地区省六届人大代表89名（以姓氏笔画为序）：万家集、马琼芳（女）、马智媛（女）、丰中铁、王光碧（女）、王素棻（女）、邓秀英（女）、付光国、边祥麟（女）、邢素清（女）、刘先玉（女）、刘自璋、刘钊、刘纯夫、刘春花（女）、江良云、安淑芳（女）、孙福传、孙群英（女）、阳承一、杜贤义、李仁芳（女）、李世德、李兴凉、杨子才、杨志玉（女）、杨绍伯、杨廉、肖芳淳、吴栋、吴曼丽（女）、何正富、何伟发、何仲明、何秀清（女）、何承光、宋世永、张之兰（女）、张世荃、张际中、张绍和、张默生、陈文、陈光远、陈仲达、陈全波、陈克廉、陈敦定、易桂花（女）、罗耀琼（女）、周天明、周世永、周承瞻、周绍伦、周效先、郑克明、郝俊芳、胡中友、胡昌川、胡锦矗、段秉仁、姜耀祖、洪长富、秦郁、秦禹德、袁天锡、袁中琼（女）、袁学慧（女）、夏正纲、郭宪书、唐逢詠、唐瑞华、唐德清、黄德操、董儒洲、蒋正泽、智泽民、曾令桃（女）、曾发成、谢永刚、谢成秀（女）、谢祖纯、蒲济南、蒲润祥、雷有德、蔡瑞波、廖红碧（女）、谯大明、黎龙植。

1987年12月至1993年1月，驻南充地区省七届人大代表70（以姓氏笔画为序）：马智媛（女）、丰中铁、王天惠（女）、王玉珍（女）、邓伊霞（女）、母万华（女）、任炳田、孙佩瑜、杜凤兰（女）、杜河清、李万琛、李丕耀、李全玉、李忠国（女）、李惠民（女）、李智明、李慎宽、杨光毅、杨兴普、何芝轩、何伟发、何郝炬、宋荣熙、张伯全、张启文、张焱、陆德祥、陈永高、陈进贤、陈明琼（女）、陈煜伦、苑红、林世弟、罗明全、周兴仪（女）、郑永义、孟昭祯、经玉琼（女）、赵国佐、赵培善、胡昌川、郦德合、俞景祥、姜跃祖、姚应清、秦郁、袁天锡、高振中、郭历权、唐明轩、唐秋碧（女）、唐德清、黄以琳、黄承淑（女）、黄德操、戚智、康智盛、董儒州、蒋正泽、蒋传华、蒋登伦、韩树远、程玉林、傅光国、曾发成、谢奇、蒲济南、蒲跃菊（女）、谭承耀、樊明辉。

1993年1月至1997年12月，驻南充地区省八届人大代表78名（以姓氏笔画为序）：王叔云、王桂珍（女）、邓如兰（女）、古小琴（女）、付清民、白尚武、冯希尧、吕峰、向开义、刘继邦、杜元耀、杜世弘、杜河清、李友斗、李文波（女）、李白玉（女）、李承远、杨开芳（女）、杨仕举、杨汉翔、肖秧、吴中煊、吴邦弟、何明刚、何清瑞、汪兴高、张坤伦、张炎、陆德祥、陈进贤、陈尚君、陈保明、陈煜伦、陈德厚、林衍琼（女）、明云成、罗玉芳（女）、罗华芬（女）、罗奇龄、罗明全、罗崇杰、罗福珍（女）、周仕泽、周兴仪（女）、经玉琼（女）、赵天纪、胡亨霖、姜跃祖、贺小华（女）、袁天锡、袁季广、夏克芬（女）、徐匡、徐泽义、唐德清、谈光强、黄工乐、黄承淑（女）、黄德操、常思九、康智盛、梁仕培、彭尚红（女）、敬中春、蒋传华、蒋明斌、蒋道武、韩大进、粟多成、程立功、傅光国、谢奇、谢德明、蒲济南、雷修全、蔡守宪、熊运元、滕明才。

1997年12月至2002年12月，驻南充市省九届人大代表61名。其中：省直机关（11名，按姓氏笔画为序）：向阳、刘同心、杜世弘、李朝浦、吴性儒、张中伟、林先泽、袁季广、徐匡、黄工乐、敬瑞祥；南充市（50名，以姓氏笔画为序）：王元、王萌、王华敬、王明华（女）、王桂珍（女）、艾力（女）、卢兴琼（女）、冯希尧、刘世英（女）、刘家厚、孙纯、杜元耀、杨汉翔、李川、李斌、李仕亿、李明东、李慎宽、吴国晋、何大清、邹海泉、张谦（女）、张世金、张成武、张学陶（女）、张和才、陆代凤、陈正琼（女）、陈明琼（女）、陈绍森、陈善荣、陈道远、欧晓东、罗玉芳（女）、赵太武、赵正铭、赵德胜、祝琳（女）、莫恒彪、陶治国、黄丽秀（女）、敬中春、蒋明斌、蒋辅义、程全、傅光国、傅金凤（女）、谢奇、蔡勇、蔡宝成。

2002年12月至2007年12月，驻南充市省十届人大代表59名：其中，省直机关（9名，以姓氏笔画为序）：邓剑、朱俊伟、向阳、孙继昌、杨武云、唐燕（女）、黄小祥、崔太平、敬瑞祥；南充市（50名，以姓氏笔画为序）：马道蓉（女）、王萌、王翠花（女）、艾力（女）、卢兴琼（女）、冯庆煜、宁幼康、成能明、伏文超、任晓春、任德俭、刘世军、刘伯忠、许伦、杜光辉、杜延聪、杜春茂、李秀华（女）、李梦华（女）、李慎宽、杨凤林、杨雪鸿、杨朝光、吴道军、邹平、邹海泉、张云、张奇伟、张和才、张春典、陈修鹏、陈善荣、陈新民、罗南辉、郑秀兰（女）、屈经甫、赵一洁、赵明光、赵碧英（女）、胡光明、姚其清、高宗成、唐国英（女）、陶治国、黄丽秀（女）、黄顺福、隆益贵、董保真、蒋小华（女）、蔡宝成。

2007年12月至2012年12月，驻南充市省十一届人大代表58名（以姓氏笔画为序）：万义军、马洪涛、王宁、王星照、王毓强（藏族）、王翠花（女）、卢兴琼（女）、兰梁、邢敏、尧德中、朱俊伟、任益、刘小玲（女）、刘少康、刘伯忠、刘宏建、孙洪波（女）、苏明利、李丽君（女）、李秀华（女）、李建民、李新春、杨凤林、杨武云、杨建华、杨勇、吴宗麟、吴道军、何正旺、张云、张在强、张和才、张琴（女）、陈平、陈秋燕（女）、陈健、陈善荣、范培元、罗先锋、周力、周国民、赵一洁、段永红、侯雄飞、贺频（女）、高先海、郭小华（女）、唐国英（女）、唐明刚、陶治国、黄丽秀（女）、黄锦生、崔太平（土家族）、蒋小华（女）、蒋建平、喻小广、蔡宝成、黎萍（女）。届中补选省十一届人大代表2名：彭渝（2011.1—2012.12）、李志杰（2011.1—2012.12）。

2012年12月至2017年12月，驻南充市省十二届人大代表58名。其中，省直机关（8名，以姓氏笔画为序）：王宁、尧德中、吴琳、张力、陈焕祥、柴永柏（2012.12—2015.09）、崔太平、曾清华（女）；南充市（50名，以姓氏笔画为序）：马克敏（女）、王邦习、王旭东、王晓晴、王斌、文平、史燚、冉中华、兰梁、伍果丽（女）（2012.12—2015.09）、任明（2012.12—2015.09）、向东、刘友生、刘宏建（2012.12—2015.5）、孙洪波（女）、杜永龙、杜延茂（2012.12—2015.1）、李一清、李志杰（2012.12—2015.09）、李建平、李建民、杨天武、吴永阳、吴道军（2012.12—2015.09）、何修礼（2012.12—2015.01）、汪忖理、张云、张险峰（2012.12—2015.09）、邵大庆、罗光平、罗先锋、金衍棉、周菊（女）、郑同春、赵学会（女）、胡先成、钟双全、秦明、袁菱（女）（2012.12—2014.1）、高先海（2012.12—2015.09）、郭小华（女）郭洪平（女）、唐国英（女）、唐祥君（女）、黄秀丽（女）、梁万园、寇德林、程立州（2012.12—2015.09）、廖全军、黎萍（女）。届中补选省十二届人大代表2名：袁险峰（2016.01—2017.12）、李在伟（2016.01—2017.12）。

2017年12月起，驻南充市省十三届人大代表57名。其中，省直机关（7名，以姓氏笔画为序）王宁、曾省权、唐文金、刘达贵、郭志强、尧德中（2017.12—2018.12）、张燕云；南充市（50名，以姓氏笔画为序）：万学（女）、马克敏（女）、王彦、王晓晴、王翠花（女）、朱卫兵（女）、朱冬翌、伍定、任爱民（2017. 12—2018. 08）、刘小兵、刘友生、刘松、孙洪波（女）、杜晓秋（女）、李华（女）、杨雨龙、杨敏、肖强、吴永阳、吴强、吴群刚、吴曦、但嵩山、宋朝华、张明贵、张勇、张海明、张辉、陈建业、陈蓉（女）、周永刚、周娟（女）、周菊（女）、郑小红（女）、屈华梅（女）、赵学会（女）、胡先成、胡春兰（女）、钟小红（女）、袁险峰、贾德华、徐坚、郭洪平（女）、郭晓华（女）唐其勋、涂刚、崔竹君（女）、寇德林、韩伦红、蒲鹏程。届中补选省十三届人大代表1名：黄勇（2018. 12—）。

注：1. 1954 年至 1983 年，驻南充地区第一届至第六届全国人大代表名单无资料可查。

2. 1954 年至 1978 年，驻南充地区第一届至第五届省人大代表名单无资料可查。

附　录

一、川北区各界人民代表会议文献选录

团结同心　站在庄严的公约下面

——胡耀邦在川北区各代会上关于人民代表公约的报告

（1950 年 7 月 1 日）

各位代表先生，各位同志：

现在，我们来讨论和通过一个“川北各界人民代表会议代表公约”了。主席团推定我对这个公约加以扼要的说明。

一、我们应该做一个良好的人民代表

我们的大会马上就要结束了，依靠我们的精诚团结和充分协商，我们的会议已顺利地完成了好几件有益于川北人民的大工程。可以断言：川北人民将为我们所做的工作而欢呼。但是，我们全体代表的工作并没有完，按照中央人民政府所颁发的“省各界人民代表会议组织通则”规定：“省各界人民代表会议代表的任期为二年”，并且还可“连选连任”。这就是说，各位代表回去之后，仍然还是一个光荣的川北区的人民代表！基于此，我们来通过一个共同遵守的公约，来互相约束我们大家更好地为人民服务，来互相勉励我们大家更好地为人民尽忠。这完全是符合人民对我们大家底希望的。

公约共十条全文如下：

（一）我们是人民的公仆，只能站在人民之中，不能站在人民之上。

（二）我们是人民的代表，要密切和群众联系，要坚决和敌人做斗争。

（三）我们是人民的代表，是人民政府各种政策法令的积极宣传者和组织者。

（四）我们是人民的代表，执行人民政府的政策法令要起带头作用和模范作用。

（五）随时倾听人民群众的意见和呼声，并及时向当地人民政府和川北协商委员会反映。

（六）发现各级人民政府工作人员中有缺点和错误时，应以负责的态度，及时向当地人民政府和川北协商委员会报告。

（七）经常努力学习人民政府的政策法令。

（八）经常向川北协商委员会作工作报告并随时提出建议。

（九）努力完成川北协商委员会所分配的工作任务。

（十）不得违背共同纲领和国家利益。

主席团认为这些条文，条条是为人民着想，条条都代表了人民的利益，而且条条都可以办到。毫无疑义，实现这些条文，就是人民代表的本色，就是人民代表应具备的品质，我们应该一致通过并坚决遵行。

二、协商委员会应帮助大家作一个良好的人民代表

闭会期中，各位代表是分散于各个地方，站在不同的岗位上，继续作人民的代表。为了使各位代表能履行公约，担当起人民代表繁重而光荣的责任，协商委员会就有责任经常帮助各位代表进步，并适当地解决各位代表今后工作中的困难。协商委员会应该如何帮助各位代表进步，现在尚无充分经验。各位代表将来工作中有何困难，也不能一一设想到。但下面的几条，协商委员会是应该办的。

第一、随时将协商委员会的重要决议通知各代表。

第二、随时解答各个代表的询问、建议和答复工作报告中的问题。

第三、经常发给各个代表以必需的书籍和文件。

第四、解决各个代表与协商委员会通讯的必需经费。

这就是说，协商委员会对全体代表的进步是负责任的。我们的协商委员会一定能负起这个责任，帮助各个代表朝着一个良好的人民代表方向前进。

三、我们大家都可以成为一个优秀的人民代表

人民希望我们个个都成为他们的优秀代表。每个代表也都可以成为一个优秀的人民代表。

有的代表问：过去作过错误事情的人，甚至还有不能告人的错误的人，能否成为一个优秀的人民代表，成为一个优秀的人民干部呢？这个问题毛主席已经肯定地答复了。毛主席在中国人民政治协商会议第一届全国委员会第二次会议上的闭幕词中说："只要谁肯真正为人民效力，在人民还有困难的时期内确实帮了忙，做了好事，并且是一贯地做下去，并不半途而废，那么，人民和人民的政府是没有理由不要他的，是没有理由不给他以生活的机会和效力的机会的"。

这就是说，人民的事业是长久的，路，还远。每个人过去的错误，都可以补救，补救了错误，作出了成绩，人民不但会原谅他过去的错误，而且会称赞他，爱戴他。

人民的眼睛是亮的。人民政府根据人民的意志来选择干部，共产党为人民服务得好些，人民就亲近了共产党，选择了共产党作自己的领袖，哪个共产党员一旦违反了人民利益，人民就一定疏远他，如果严重违反了人民利益，人民就一定摒弃他，共产党也会开除他。反过来说，那一个人虽然不是共产党员，但他为人民服务得很好，人民一定会亲近他，人民政府一定会根据人民的意志爱护他，提拔他。

代表先生们！各位同志们！让我们大家努力吧！让我们在为人民服务的工作过程中来进行比赛吧！人民在热烈地欢迎我们。

（录自《川北区志》方志出版社 2015 年 3 月第 1 版）

川北区首届第一次各界人民代表会议

1950年1月，中共川北临工委、川北行署，根据中共中央及中共中央西南局的指示，开始筹备召开川北区首届各界人民代表会议。4月22日，川北行署公布川北区首届各界人民代表会议筹备委员会名单，胡耀邦担任筹备委员会主任。4月25日，筹委会召开第一次全体会议，一致通过了筹委会常务委员名单及筹备组织条例；通过了施政方针起草委员会、代表资格审查委员会、提案整理委员会委员名单。5月7日，筹委会在《川北日报》上向代表发出公开信，要求代表召开座谈会，写出各界人民代表迫切需要解决的问题的各种提案。5月10日，筹委会召开第二次全体会议，确定增加常委名额和各界代表名额。5月22日，筹委会召开第三次全体会议，研究川北区首届各界人民代表会议文件的起草工作、会议规则、代表注意事项及会场布置等事宜。6月16日，筹委会召开第四次全体会议，决定代表报到时间为6月20日。6月22日上午，筹委会召开首席代表联席会议，决定午后举行预备会议。6月23日至7月1日，川北区首届第一次各界人民代表会议在南充市大北街天主教堂召开，应到代表432人，到会代表377人，列席33人，旁听6人，大会收到各界代表提案740件。会前举行了5分钟的预备会议，经全体代表一致通过，增加奚致和、卢子鹤、尹子勤为大会主席团成员。会上，川北行署主任胡耀邦作了《川北区当前施政方针》的报告。胡耀邦在报告中阐述了党的方针政策，分析了川北区面临的复杂形势，提出了在中国共产党的领导下彻底肃清匪特，建立巩固的革命秩序；实行减租减息，准备土地改革，恢复和发展生产；调整工商业政策，繁荣城市经济；严格执行财经纪律，努力完成财政任务；有步骤地改革与发展文化教育事业；巩固与扩大民主统一战线，建立巩固的各级人民政权等6大任务和完成6大任务的工作举措。同时指出，各界人民代表会议，是人民代表大会未召开之前，人民参加管理国家政权的主要形式，是人民政府联系与动员广大人民群众协助政府完成各项革命工作和建设工作的最好组织形式，强调各级人民政府务须按照《各界人民代表会议组织通则》按期召开和开好会议，开好会议的标准是真真实实发扬民主，的的确确解决问题。各县的常务委员会必须建立定期的会议制度，并经常开展工作，不许使其流于形式。川北行署副主任刘聚奎作了《川北半年来的政府工作报告》。中共代表赵林，民革代表龙杰三，民盟代表贾子群，青年代表胡健，解放军代表郭林祥，工人代表武毅，农民代表王洪道、龙鸣，学生代表赵维清，文化界代表段可情、张永青，教育界代表郑方、杨达璋，科技界代表徐孝恢、李云谙，少数民族代表彦五级，自由职业代表张福成，妇女代表戴俊、谭琴舫，工业界代表苏先吉，商业界代表李海、奚致和，特邀代表尹子勤先后在大会上发了言。会议期间，出席川北区首届第一次各界人民代表会议的60余名农民代表，通过协商，成立了川北农民协会筹备委员会，民主选举筹委会委员27名。6月29日，举行全体会议，与会代表在民主团结的气氛下，讨论通过了《〈川北区当前施政方针〉的决议》和《〈川北半年来的政府工作报告〉的决议》，审查修改提案740件。6月30日全体会议选举产生了川北区首届政治协商委员会委员和川北行署委员会。7月1日，川北区首届第一次各界人民代表会议举行闭幕式，川北行署主任胡耀邦作了《团结一心，站在庄严的公约下面——关于人民代表公约的报告》。《公约》内容是：我们是人民的公仆，只能站在人民之中，不能站在人民之上；我们是人民的代表，要密切联系群众，要坚持和敌人做斗争；我们是人民的代表，是人民政府各种政策法令的积极宣传者和组织者；我们是人民的代表，执行人民政府的政策法令要起带头作用和模范作用；随时倾听人民群众的意见和呼声，并及时向当地人民政府和川北协商委员会反映；发现各级人民政府工作人员中有缺点和错误时，应以负责任的态度，及时向当地人民政府和川北协商委员会报告；经常努力学习人民政府的政策法令；经常向川北区协商委员会作工作报告并随时提出建议；努力完成川北协商委员会所分配的工作任务；不得违背《共同纲领》和国家利益。胡耀邦要求大家共同遵守，相互约束，相互勉励，更好地为人民服务，为建设新川北艰苦奋斗。川北区首届第一次各界人民代表会议闭幕之后，南充市及川北区各县迅速宣传贯彻会议精神，宣传《川北区当前施政方针》，要求各界人民代表带头参加减租减息、征收公粮、清匪反霸等项工作，协助各地人民政府开展各项工作，维持社会治安秩序，在恢复和发展工农业生产、繁荣城市经济中起带头作用。

川北区首届第一次各界人民代表会议
政治协商委员会委员名录

共产党	赵　林	饶　兴	刘玉衡	胡亦仁	杨绍增
民　盟	贾子群	张雪岩	王文彝	杨西垣	
民　革	龙杰三	李树骅			
青年团	胡　健	郑红羽			
政　府	胡耀邦	秦仲方	刘聚奎	王叙五	
军　队	韦　杰	胡正平	赵世平		
工　人	武　毅	袁世锦			
农　民	龙　鸣	廖永志			
妇　女	谭琴舫	戴　俊	张明惠		
学　生	赵维清				
工商界	奚致和	苏先吉	李　鹏	李海渠	
文教界	张永青	王抒情	萧毅安	王棣之	
科技界	李仙舟	夏昌槐			
自由职业	杜顺福				
少数民族	马腾九	杨　汝			
特　邀	卢子鹤	颜德基	林维干	蹇幼樵	

（录自《川北区志》方志出版社2015年3月第1版）

川北区首届第二次各界人民代表会议

1951 年 12 月 6 日至 14 日，川北区首届第二次各界人民代表会议在川北行署礼堂召开。应到代表 1621 人，实到 1209 人，缺席 333 人，请假 14 人，大会收到提案、意见 1012 件。会上，川北行署主任、川北区政治协商委员会主席胡耀邦向大会作了《川北人民动员起来，向着争取反侵略斗争和建设我们伟大国家的胜利奋勇前进》的工作报告。《工作报告》总结了一年多的工作，提出了大规模地开展爱国增产节约；完成川北区的土地改革；彻底肃清反革命残余势力；在文化战线和知识分子中广泛开展思想改造运动；有步骤地开展工矿企业与水上的民主改革；继续加强革命的民主团结等 6 项工作任务。胡耀邦要求各市、县的各代会应继续按期召开，每会必须做到有广泛的代表，有简明扼要的工作报告，有充分的民主议事作风，有切实可行的决议。

川北行署副主任秦仲方作了《为动员组织一千六百万人民开展大规模的爱国增产节约运动而斗争》的报告，行署副主任裴昌会作了《川北一年来的抗美援朝运动》的报告，川北区协商委员会副主席赵林作了《为全面完成和全部结束川北区土地改革而斗争》的报告，川北区协商委员会副主席卢子鹤作了《川北区协商委员会工作和中国人民政治协商会议第一届全国委员会第三次会议传达》的报告，公安厅厅长董弼忱作了《彻底肃清反革命残余而斗争》的报告；川北区人民法院院长张雪岩作了《一年来川北区司法工作》的报告，文教厅厅长贾子群作了《动员与组织全区文化界、教育界和各种知识分子加速思想改造而斗争》的报告。中共代表赵林、解放军代表韦杰、民盟代表贾子群等 27 人作了大会发言。会议期间，着重讨论了“爱国增产节约”问题，提出全区增产 1000 万元的奋斗目标，按工矿企业、农村、机关、私营工商业等方面分别落实，并选举出以胡耀邦为主任委员的川北区爱国增产节约委员会。同时，根据中共中央主席毛泽东对各种知识分子的改造是我国在各方面彻底实现民主改革和逐步实现工业化的重要条件之一的指示，重点讨论了对教师的思想改造问题。经过与会代表充分讨论，会议通过了《关于川北人民行政公署各项工作报告和今后工作任务的决议》《关于川北区协商委员会工作报告的决议》《关于提案审查报告的决议》《川北区各界人民代表联系办法》。会议要求各界人民代表经常向川北行署委员会报告工作，随时提出建议，坚持每月书面或口头向所在市、县各界人民代表常务委员会汇报一次工作；驻南充市的代表，直接与川北区协商委员会联系；各市、县各界人民会议代表常务委员会每月向川北区协商委员会汇报一次工作，并将有关意见及时向人民政府反映；各市、县各界人民代表会议常务委员会负责与各界代表联系并反映代表履行代表公约的情况。12 月 14 日，会议增选林维干为川北区政治协商委员会副秘书长，增选董弼忱、王法海、陈玉山、张元德、徐四海、王宏实、谢瑞珍、袁毓明、孔震生、王约翰为川北区政治协商委员会委员。补选李文清、张宇、张默生、裴昌会、郝笑天、周海滨、梅吉俺为川北区政治协商委员会委员。会议闭幕后，各市、县相继召开了各界人民代表会议，迅速传达贯彻川北区首届第二次各界人民代表会议精神，宣传“爱国增产节约”运动，为川北区准备开展大规模的经济建设奠定了基础。

（录自《川北区志》方志出版社 2015 年 3 月第 1 版）

二、南充市人大常委会工作报告

南充市人民代表大会常务委员会工作报告

1993年12月4日在市一届人大一次会议上

南充市人大常委会主任　李慎宽

各位代表：

大会选举我担任南充市第一届人民代表大会常务委员会主任，并选出了副主任、秘书长和委员。这是代表和全市人民对我们的信任，我们表示衷心的感谢。我们一定不辜负代表和全市七百万人民的重托与期望，决心同全体代表一道，以对国家和人民高度负责的精神，严格依照宪法和法律的规定，竭尽全力把人大工作做好。

过去，四川省人大常委会南充地区联络处、四川省人大常委会南充地区联络委员会、四川省人大常委会南充地区工作委员会，在各个阶段的工作中，坚持以建设有中国特色社会主义的理论和党的基本路线为指导，把促进改革开放和经济发展作为首要职责，把推进社会主义民主和法制建设作为根本任务，在南充的政治、经济和社会生活中发挥了重要的作用。尤其是省人大常委会南充地区工作委员会成立以来，在省人大常委会和中共南充地委的领导下，认真行使《四川省人大常委会地区工作委员会工作条例》赋予的职权，协助省人大常委会加强对“一署两院”的法律监督和工作监督，督促、检查宪法、法律、法规和全国人大及其常委会、省人大及其常委会的决议、决定在本地区内的贯彻实施，了解“一署两院”的工作情况并适时听取汇报，对行政公署及其工作部门不适当的决定和行政措施，提出纠正的建议和意见，接受人民群众的申诉控告和来信来访，经常深入基层调查研究，认真联系本地区的全国人大代表和省人大代表，坚持联系本地区县市人大常委会，组织交流工作经验；指导县、乡两级人大代表的选举工作；积极承办省人大常委会交办的事项等等。同时，还努力加强自身建设，不断改善工作环境和条件。总之，各个时期的地区人大工作机关富有成效的工作，为市人大及其常委会的工作打下了良好的基础。为此，请允许我代表南充市第一届人民代表大会及其常务委员会向各个时期的地区人大工作机关的领导和同志们表示由衷的敬意和感谢！

各位代表，南充市第一届人大及其常委会任期的五年，是我市建立社会主义市场经济体制，实现经济和社会发展第二步战略目标的关键时期。为了做好本届任期的各项工作，人大常委会组成人员选举产生后，经过研究，提出了今后工作的重点和方向，现在向大会报告，请予审议。

一、充分认识人大的性质、地位和作用，明确人大工作的指导思想

人民代表大会制度是我国的根本政治制度。我国《宪法》规定：“中华人民共和国的一切权力属于人民。人民行使国家权力的机关是全国人民代表大会和地方各级人民代表大会。”《地方各级人民代表大会和地方各级人民政府组织法》规定：“地方各级人民代表大会都是地方国家权力机关。”《宪法》和《地方组织法》已明确指出；地方各级人民代表大会的性质就是地方国家权力机关。这个法定的性质就确定了人大的法定地位。各级人民代表大会在本行政区域内居于一切国家机关的首位，是法定的本行政区域内享有最高权威的地方国家机关。人民代表大会的这种地位，是由人民在国家中的地位决定的，也就是由我们国家的国体和政体决定的。它具有对本行政区域内重大事项的决策作用，对社会主义民主法制建设的保障作用，对本级其他国家机关的制约作用。因此，人民代表大会制度是我们党领导人民当家作主的最好组织形式，是适合我国国情的具有中国特色的根本政治制度。

人民代表大会制度建设进入了新的发展历史时期。党的十一届三中全会以来，中央发出了一系列关于加强人民代表大会制度建设的指示，邓小平同志在一九八九年春夏之交的“政治风波”平息之后及时强调指出，在政治体制改革方面，有一点可以肯定，那就是中国必须坚持实行人民代表大会制度，而不是美国式的“三权鼎立”制度。由于党和国家的重视，各级人大及其常委会的工作有了长足的发展，人民代表大会制度的建设取得了辉煌的成就。当前，随着社会主义市场经济体制的建立和发展，必将大大推动人民代表大会制度的加强和完善。

人大及其常委会在加强人民代表大会制度建设中，肩负着义不容辞、不可替代的重要历史使命。因此，本届人大及其常委会必须依照宪法和法律的规定，认真履行职责，充分发挥职能作用，较好地树立权威形象，切实推进人民代表大会制度的建设，从而保障和促进本行政区域内的政治稳定、经济和社会的全面发展。

今后人大工作的指导思想：在中共南充市委的领导和省人大常委会的监督指导下，坚持以建设有中国特色社会主义的理论和党的基本路线为指导，认真贯彻党的十四大、十四届三中全会和八届全国人大会议精神，坚持以经济建设为中心，把加强社会主义民主和法制建设作为根本任务，推进人民代表大会制度的加强和完善，保证宪法和法律在本行政区域内的贯彻实施，巩固和发展安定团结的政治局面，动员全市人民为完成中共南充市第一次党代会和市一届人大一次会议提出的各项任务，作出新的更大的贡献。

二、明确本届人大常委会工作任务围绕经济建设中心行使职权

本届人大常委会的工作要紧紧围绕经济建设这个中心，以民主法制建设为重点，认真行使法律赋予的各项职权。常委会的一切工作，要以国家和全市人民的根本利益为出发点，以有利于发展社会主义社会的生产力、有利于增强社会主义国家的综合国力、有利于提高人民的生活水平为检验标准，进一步解放思想，实事求是，切实发挥地方国家权力机关常设机关的作用。

第一，有效地行使决定重大事项的职权。

法律规定，人大常委会讨论、决定本行政区域内的政治、经济、教育、科技、文化、卫生、民政、民族工作的重大事项，根据本级人民政府的建议，决定对本行政区域内的国民经济和社会发展计划、预算的部分变更。因此，决定本行政区域内的重大事项是法律赋予人大常委会的一项重要职权。市人大常委会在本届任期内，将根据市级国家机关刚建立、“一府两院”对哪些重大事项应由人大常委会决定还不够熟悉和明确，南充区划调整后有大量事项需要人大常委会作出决议决定的实际情况，在农业生产，工交财贸，城镇建设，土地管理，基本建设，经济体制改革等经济工作方面；在廉政建设，维护国家、集体和公民合法权益，维护社会治安等民主法制建设方面，在计划生育、教育、科技、文化、卫生、体育等事业的发展方面，在重大自然灾害、重大事故、重大违法案件处理方面，在解决关系到人民群众切身利益的重大问题等方面，认真作出决议决定，发挥应有的职能作用。近一段时期内，市人大常委会要针对经济生活中出现的一些新矛盾和新问题，在充分调查研究的基础上，按照民主集中制的原则和法定的程序，及时作出决议和决定，以加强本市的社会主义民主和法制建设，推动经济建设和其他事业的发展。

第二，加强对“一府两院”的法律监督和工作监督。

按照宪法和法律的规定，人大及其常委会的监督，在国家监督机制中处于最高层次，具有最高的权威性和法律效力，是直接代表人民群众在对国家机关和国家工作人员实行监督。人大及其常委会行使监督权力，是为了保证国家行政、审判、检察机关按照人民的意志进行活动。这种监督既是对这些国家机关正确行使权力的支持和促进，又是为了防止权力被滥用。一切国家机关及其工作人员，都必须接受监督。认为自己的权力可以不受任何限制，是一种腐朽的封建特权思想。因此，人大及其常委会的监督是一种国家体制，不是个人行为。这种监督在巩固国家政权、保障社会主义现代化建设顺利进行中有着举足轻重的作用。

市人大常委会在今后的法律监督中，要把法律实施情况的检查监督放在重要位置，有计划有重点地开展执法检查，每年组织几次，并把听取和审议执法检查情况的汇报列入常委会会议议程，对检查出来的问题，要督促有关部门抓紧解决，并将解决的情况向常委会作出汇报；执法检查是常委会普遍使用的一种法律监督形式，我们要有效地运用这一形式，切实维护在改革开放和发展社会主义市场经济中确定下来的法律规范和形成的新的法律关系，保证法律法规得到正确有效的实施；常委会还要督促做好普法教育工作，进一步增强广大干部和群众依法办事的观念和能力，坚决同各种违法现象做斗争。常委会在今后的工作监督中，主要是支持和督促政府认真落实本次会议确定的各项任务。要建立每次常委会会议围绕改革和建设的重大问题及人民群众关心的“热点”问题，听取和审议“一府两院”的工作汇报的制度；要认真组织代表开展对“一府两院”工作的评议，要坚决惩治腐败，抓出成效，取信于民。当前，要通过有效监督，支持政府纠正乱集资、乱收费、乱罚款等现象，促使其规范化，要支持和督促本级政府优化投资结构，确保重点建设项目，要下大力气监督廉政建设；要支持和督促“一府两院”纠正“利益执法”“人情执法”的现象，对严重以权谋私，违法乱纪的大案要案，要支持有关部门一查到底。

监督工作是人大常委会的一项经常性的重要工作，我们在把握住监督工作重点的同时，还必须注意监督的力度和有效的问题。首先，要正确处理“敢于监督和善于监督”“既不失职又不越权”的关系。其次，要完善人大及其常委会的监督机制，主要又是完善执法检查机制，完善计划、预算监督机制，完善听取和审议“一府两院”工作报告的监督机制。再次，要按照法律、法规规定的监督内容和程序，根据实际情况，适当有效地运用监督的方式和手段，加强对本级“一府两院”的全面监督。

第三，依法做好人事任免工作。

按照《地方组织法》的规定，市人大常委会在本级人民代表大会闭会期间，决定副市长的个别任免；在市长、中级人民法院院长、人民检察院检察长因故不能担任职务的时候，从本级人民政府、人民法院、人民检察院副职领导人员中决定代理的人选。根据市人大常委会主任会议的提名，任免市人大常委会副秘书长、各办事机构正、副主任；根据市长的提名，决定本级人民政府秘书长、局长、主任的任免；市人大常委会还要根据人民法院、人民检察院组织法的规定，任免人民法院副院长、庭长、副庭长、审判委员会委员、审判员，任免人民检察院副检察长、检察委员会委员、检察员，批准任免下一级人民检察院检察长。市人大常委会在本级人民代表大会闭会期间，可以决定撤销个别副市长的职务，决定撤销由它任命的本级人民政府其他组成人员和市人大常委会、市中级人民法院、市人民检察院的有关负责工作人员的职务。

法律赋予了市人大常委会对本级国家机关有关负责工作人员任免和撤换的权力。我们要在坚持“党管干部”的前提下，本着对党负责和对人民负责的原则，认真行使好这一项职权，把那些德才兼备，勇于开拓，不断进取，有实践经验，实事求是，勤勤恳恳，人民群众欢迎的人，任用到领导岗位上去，使人民赋予的权力牢牢地掌握在政治可靠、思想成熟、工作能开创新局面、符合干部标准的人手中。

第四，加强同代表和人民群众及县、区（市）人大的联系。

代表工作是人大常委会的基础工作。常委会在今后工作中，要做好联系全国人大代表和省人大代表的工作，为他们开展活动，履行代表职务提供周到的服务；要加强同本级人大代表的联系，坚持常委会会议邀请部分有关代表列席的制度，并采取多种方式，直接听取代表的意见，为他们履行代表职务提供必要的条件；要认真对待代表提出的议案和建议，按照法律规定认真处理和及时转交办理，通过协调、检查、督促，使议案和建议尽可能办理得让代表满意；要有计划地做好市人大代表和常委会组成人员的视察工作，并请县、区（市）人大常委会协助做好安排，组织代表持证就近就地开展视察活动。视察采取大型和小型，集中和分散相结合的方式，事前制定视察方案，确定视察的重点单位和主要内容；视察要深入基层，直接听取人民的意见，注重提高视察的实际效果。

建立健全信访工作制度。常委会要认真接待各级人大代表和人民群众的来信来访，受理人民群众的申诉、控告和检举，并及时办理，力争做到事事有着落、件件有答复。对反映出的一些重要问题要尽快结案，如系转交有关部门办理的，要限期报告结果。

加强同县、区（市）人大常委会的联系。市人大常委会要加强对县、区（市）人大工作的指导，帮助解决工作中的问题和困难，支持他们依法行使职权。坚持常委会会议邀请县、区（市）人大常委会负责人列席的制度。根据需要和可能，在适当时候召开县级人大常委会负责人座谈会，总结和交流人大工作经验。

第五，始终抓好人民代表大会制度的研究和宣传工作。

人民代表大会制度和人大工作有许多理论问题值得研究和探索。市人大常委会要以马克思主义国家学说和建设有中国特色社会主义的理论为指导，围绕完善人民代表大会制度，建立社会主义市场经济体制，推进我国政治体制改革进程等问题，开展经常性地对人民代表大会制度和人大工作的研究，从而推动人大工作的深入开展。

加强对人民代表大会制度的宣传。要围绕经济建设这个中心，着眼于加强民主政治建设；要加强对人民代表大会制度的性质、地位、作用和优越性的宣传，要加强和改进对人大举行会议的宣传报道；要加强对人大工作的经常性报道；要遵循人大工作的特点，不断提高宣传报道的质量；要加强对人大制度宣传工作的组织领导；要认真办好人大宣传阵地，逐步建立会议新闻发布和旁听制度。

三、加强人大常委会自身建设，适应权力机关工作需要

（一）思想建设。常委会组成人员要加强学习马列主义毛泽东思想和邓小平同志建设有中国特色社会主义的理论，学习马克思主义国家学说的理论，学习人民代表大会制度的理论及其发展历史，学习党中央和邓小平等领导同志关于人民代表大会制度和人大工作重要性的论述，学习《宪法》《地方组织法》等一系列重要法律法规。通过学习，增强对人大工作的理性认识，逐步实现思想观念和工作方法的转变。市人大常委会刚刚选举产生，我们组成人员只有不断学习，不断提高，才能适应工作的需要。

（二）组织建设。按照法律的规定，市人大常委会担负着十分繁重而艰巨的任务。要完成好党和人民交付的工作，需要我们逐步加强办事机构和工作人员队伍的建设。市人大常委会将按照法律的规定，根据工作需要，合理、及时设置办事机构。同时，积极选调热爱人大工作的工作人员，逐步充实办事机构力量，努力造就一支既有理论水平又有实践经验的人大工作干部队伍。

（三）制度建设。人大工作的法律性、政策性、程序性很强。为保证常委会的工作依法有序地进行，本届人大常委会将陆续制定《常委会组成人员守则》《常委会会议议事规划》《常委会人事任免办法》《常委会关于加强同市人大代表联系的办法》《常委会关于加强国民经济和社会发展计划审查监督的规定》等制度。常委会还要尽快起草《市人民代表大会议事规划》，提交市一届人大二次会议通过。常委会的办事机构要尽快制定出保证机关工作正常运转的各项制度，为常委会主任会议、常委会会议、人民代表大会会议以及日常工作的开展，当好参谋服好务。

（四）作风建设。常委会全体组成人员和办事机构全体工作人员，在整个人大工作中，必须树立良好的工作作风。要廉洁自律，遵纪守法；要经常深入基层，调查研究，不断发现新情况和新问题，研究解决问题的措施和办法；要实事求是，全心全意为人民服务；要同心同德，艰苦奋斗，以高度的事业心和责任感把党和人民交给我们的事办好，不辜负党和人民的厚望。

各位代表：人大工作是党和国家工作的一个重要组成部分。随着经济建设和改革开放的加快发展，以及社会主义市场经济体制的建立，人大及其常委会的责任更加重大，任务更加繁重。我们坚信，只要以对党和人民高度负责的态度，振奋精神，齐心协力，脚踏实地，埋头苦干，人大工作就一定会迈上一个新的台阶！

南充市人民代表大会常务委员会工作报告

1994 年 4 月 1 日在市一届人大二次会议上

南充市人大常委会主任　李慎宽

各位代表：

我受南充市第一届人民代表大会常务委员会的委托，向大会报告工作，请予审议。

一

市一届人大一次会议闭幕后的三个多月时间里，市人大常委会依照法律的规定，在中共南充市委的领导下，在全市人大代表和广大人民群众的支持、监督下，坚定不移地贯彻党的基本路线，认真落实市一届人大一次会议通过的各项决议，为推动我市社会主义民主和法制建设，加快改革开放和经济建设的步伐，促进各项事业的发展，做了大量的工作。

（一）依法任命市级国家机关工作人员，为我市的改革开放和经济建设提供组织保证

市一届人大一次会议后，市人大常委会经过紧张的筹备，依法召开了两次市人大常委会会议，任命了市人大常委会办事机构负责人 10 名，市人民政府秘书长、主任、局长 35 名，市中级人民法院副院长、庭长、副庭长、审判委员会委员、审判员 53 名，市人民检察院副检察长、检察委员会委员、检察员 40 名，共计 138 人。为了使被任命的同志充分认识自己的历史使命，珍惜人民给予的权力，摆正公仆位置，努力做好工作，市人大常委会召开了隆重的颁发任命书大会，市委、市人大常委会主要领导讲了话，被任命人员代表发了言，使与会者受到了一次生动的民主法制教育。任命市级国家机关工作人员并颁发任命书，标志着我市国家机关已全部组建，为我市的改革开放和现代化建设事业提供了组织保证。

（二）认真办理代表提出的议案和建议、批评、意见，推进“一府两院”工作

市一届人大一次会议期间，代表提出建议、批评、意见 152 件，由议案转为意见、建议的 84 件。为使办理工作做到代表满意，针对我市“一府两院”均属首次办理本级人大代表建议、批评和意见的实际情况，市人大常委会和市人民政府联合召开了“交办工作会议”，有关领导到会对各承办单位提出了希望和要求。经过“一府两院”及各承办单位的积极努力，到三月中旬，代表在上一次人代会上所提建议、批评和意见基本办理完结。经上一次人代会主席团确定的 3 件议案，市人大常委会有关办事机构协同政府有关部门，进行了调查了解和可行性论证。常委会第二次会议听取和审议了 3 件议案办理结果的报告，市政府已拟定实施方案，正逐步实施。从代表反馈的意见看，对所提议案和建议、批评、意见的办理效率和质量都比较满意。

三个多月来，市人大常委会还受理和接待了大量的人民群众来信来访，均根据不同情况作了认真处理。对西充县部分人大代表反映该县第十一届人大一次会议选举副县长时出现的问题，市人大常委会及时派人调查，市一届人大常委会第二次会议作出了决定；对一些重要的信访、举报，常委会负责人亲自接待，督促有关部门严肃办理。

（三）加强同市人大代表的联系，注重常委会的基础工作

市人大代表是市级国家权力机关的组成人员，代表工作是市人大常委会的基础工作，常委会对此十分重视。为了加强常委会同市人大代表的联系，常委会第二次会议审议通过了《南充市人大常委会关于加强同市人大代表联系的办法》。为使代表直接了解、监督常委会的议政活动，常委会召开的例会都邀请了有关代表列席。常委会还定期向市人大代表和代表小组发送常委会《公报》《人大工作》以及省人大出版的刊物和有关资料，为市人大代表知情议政提供服务。

市人大常委会在加强同代表联系中，积极组织代表开展活动。1 月中旬，市人大常委会办公厅发出了在市一届人大二次会议前组织代表视察的通知，全体市人大代表在原选举单位和当地人大的协助下，按照市人大常委会的安排部署，认真开展了视察活动。市人大常委会部分组成人员分组视察了我市的一些工厂、农村、商贸企业、重点建设工程等，提出了许多中肯的意见和建议。对代表在视察中提出的意见、建议，都积极督促有关部门予以落实。

与此同时，市人大常委会的有关领导及有关办事机构的同志还为我市全国人大代表和省人大代表开展视察活动，提供了热情的服务。

（四）致力于人民代表大会制度的宣传，提高广大干部群众的“人大意识”

加强人民代表大会制度的宣传，不断提高全社会对人民代表大会制度的认识，是常委会的一项经常性的重要工作。常委会一成立，就组织专门力量收集资料，印制《南充人大》画册。画册收集首次人代会会议、常委会会议、常委会主任会议、人大代表视察的图片 140 幅，形象、生动、直观地宣传了人民代表大会制度和人大工作。为使人大制度和人大工作的宣传经常化，常委会在人力十分紧张的情况下，还尽力办好《公报》和《人大工作》等内部刊物，并及时发送每位市人大代表和市级有关部门，使人大制度的宣传有比较固定的媒介。常委会为了拓宽宣传的范围，增强宣传的效果，提高社会的“人大意识”，还注意加强同新闻部门的联系，及时召开市级新闻单位负责人座谈会，专题讨论研究宣传人大制度和人大工作的问题。

（五）积极进行自身建设，确保常委会工作顺利进行

常委会除组织全体组成人员集中学习有关法律、法规外，还号召大家坚持自学，进一步明确人大及其常委会的性质、地位和作用，认识人大工作的重要性；要求大家通过不断学习、深化认识，实现思想、工作和作风的转变。常委会在一次人代会后，及时召开常委会会议，决定成立了办公厅和法制、农业、财政经济、选举任免联络、教科文卫五个工作委员会共 6 个办事机构，并明确了各自的工作职责。为了使常委会的工作制度化、规范化，常委会积极着手制度建设，在常委会第二次会议上审议通过了《市人大常委会议事规则》《市人大常委会人事任免试行办法》《市人大常委会关于加强同市人大代表联系的办法》《市人大常委会组成人员守则》、市人大常委会本届《工作要点》等，使常委会的工作逐步步入规范化的轨道。

常委会在抓好起步工作的同时，还依法听取和审议了市人民政府关于农业生产的情况汇报，以正式文件转达了审议意见；各办事机构召开了相关单位座谈会，加强了与“一府两院”有关部门的联系；有关办事机构与政府有关部门一道开展了对新颁布法律法规的宣传；为了开好本次代表大会，常委会全力以赴进行了紧张的筹备，确保了大会如期举行。

市人大常委会选举产生以来，虽然做了大量的工作，但还存在一些不足，主要是对人民代表大会制度以及民主施政的形式和方法宣传不够广泛深入，对本行政区域内重大问题的决定和监督还是一个薄弱环节，同代表和下一级人大常委会的联系以及常委会自身建设等还有待于进一步加强。这些，在

新的一年工作中要认真加以改进。

二

1994 年，是我国经济体制改革整体推进的关键的一年，是南充撤地建市、抓住新机遇、建设新南充的第一年，也是市人大常委会依法全面履行职责、发挥职能作用的第一年。常委会要遵循小平同志建设有中国特色社会主义的理论，坚持党的基本路线，认真贯彻落实党的十四届三中全会和八届全国人大二次会议及省八届人大二次会议精神，把社会主义民主和法制建设作为根本任务，认真履行宪法和法律赋予的各项职责。随时注意了解经济建设中出现的新问题，了解可能影响社会稳定和改革顺利进行的各种情况，积极提出建设性意见，处理好改革、发展与稳定的关系。各项工作都要服从和服务于抓住机遇、深化改革、扩大开放、促进发展、保持稳定这个大局。

新的一年，市人大常委会在中共南充市委的领导下，根据法律的有关规定，结合人大工作的实际，着重抓好六个方面的工作：

（一）深入宣传人民代表大会制度，推动我市民主政治建设

宣传人民代表大会制度，是宣传我们国家的根本政治制度。对人大制度的宣传，是各级人大及其常委会的一项十分重要的工作。今年是全国人民代表大会成立四十周年。要围绕人民代表大会制度发展的光辉历程开展纪念活动，大力宣传人民代表大会制度的优越性，提高对新形势下加强人大工作重要性的认识，更好地发挥人民代表大会及其常委会的作用；在省委人大工作会议后，常委会要认真贯彻落实全省人大工作会议精神，更加广泛深入地宣传人民代表大会制度。常委会要进一步加强同新闻部门的联系，切实搞好对人大制度、人大工作的经常性宣传；要结合全国和省开展的“宣传人大制度好新闻”评选活动，组织好我市第二届评选“宣传人大制度好新闻”活动；要在党委及组织、宣传部门的支持下，把人大知识和法律知识列入党校学习的一个专题，努力提高各级领导干部的民主法制意识，要适时召开人大制度理论研讨会；联系实际研究人大制度和人大工作。常委会要认真办好内部刊物，不断提高质量。

（二）认真抓好宪法和法律的学习，保证宪法和法律在我市的正确实施

增强全社会的法律意识，是社会主义法制建设的重要内容，也是现代化建设顺利进行的必要条件。常委会要督促市人民政府及其司法行政部门认真抓好以宪法为核心、专业法为重点的“二五”普法工作，要监督和支持“一府两院”采取各种有效形式宣传和实施宪法和法律；要在年内适当时候组织对被选举和任命的国家机关工作人员进行法律知识考试，通过促领导干部带动一般干部，从而推动全市广大人民群众自觉学法、守法；要遵照上级人大的统一部署，结合我市的实际，有针对性地开展执法检查，努力提高检查的实效；要结合我国第一部宪法颁布四十周年纪念活动，加大宣传力度，努力改变有法不知，有法不依，执法不严，违法不究的现象；要加强对惩治腐败、制止随意增加农民和企业负担等工作的监督。常委会要通过不懈努力，为我市的改革和建设创造一个良好的法制环境。

（三）探索监督工作的有效途径，加强对“一府两院”的监督

常委会要紧紧围绕经济建设这个中心，有效地监督法律的实施和改革措施的落实。常委会在依法行使监督权，保障各项改革措施实施的过程中，要适时听取“一府两院”的工作汇报，对事关全局的重大问题作出决议、决定；要有计划地组织市人大代表开展对“一府两院”有关工作的评议和视察、调查、检查，支持“一府两院”推进工作；要分期分批听取市人民政府有关工作部门负责人的述职报

告，依法对任命人员履行职责和为政清廉的情况进行考核、评议。常委会还要通过审查“一府两院”的规范性文件，及时受理人民群众的申诉和意见，认真处理来信、来访等方式，开展对“一府两院”工作的全面监督。

（四）严格依法办事，认真开好常委会会议

人大常委会会议是地方人大常委会行使地方国家权力的最基本、最主要的形式。开好常委会会议，对坚持和完善人民代表大会制度，充分发挥地方国家权力机关的作用，具有十分重要的意义。为了开好常委会会议并不断提高会议质量，我们要结合本地实际，在选准议题，会前深入调查研究，会中审议畅所欲言、科学决策三个环节上下功夫。同时，常委会要对会议审议决定的问题进行跟踪监督，建立反馈制度，使会议的审议意见或决议、决定落到实处，切实提高会议质量。

（五）加强对县、市、区人大工作的指导，密切同市人大代表的联系

继续指导开好县、市、区人大工作横向联席会议，总结推广地方人大工作经验；坚持县、市、区人大常委会负责人和部分市人大代表列席常委会会议制度，适时征求市人大代表对常委会工作的意见；组织代表视察，督促有关部门解决人民群众反映强烈的问题，充分发挥代表的桥梁纽带作用。年内拟举办一至二期人大干部培训班，对全市各级人大机关的部分干部进行培训，提高人大干部队伍的业务素质。

（六）加强自身建设，基本适应工作需要

常委会是新成立的机构，自身建设的任务相当繁重。常委会要始终抓好全体组成人员和办事机构工作人员的政治、业务学习，使之尽快熟悉从事人大工作所必需的法律、政策、理论知识；要进一步致力于常委会和机关工作制度的建设。常委会要积极努力，使自身建设做到：制度基本建立、人员基本到位、运行基本正常。

各位代表：做好 1994 年的工作，对常委会今后工作的开展意义十分重大。我们一定要认清使命，真抓实干，不辜负全体市人大代表和全市 700 万人民的重托，努力把 1994 年的工作做好，为我市的改革开放、经济发展和社会稳定做出新的贡献。

南充市人民代表大会常务委员会工作报告

1995年1月20日在市一届人大三次会议上

南充市人大常委会主任　李慎宽

各位代表：

我受南充市第一届人民代表大会常务委员会的委托，向大会报告常务委员会的工作，请予审议。

市一届人大二次会议以来，常委会在中共南充市委的领导下，按照市一届人大二次会议通过的决议，坚持以邓小平同志建设有中国特色社会主义的理论和党的十四届三中、四中全会精神为指针，坚持“抓住机遇、深化改革、扩大开放、促进发展、保持稳定”的工作大局，紧紧围绕经济建设这个中心，把推进社会主义民主法制建设作为根本任务，积极宣传人大制度和人大工作，认真发挥代表作用，不断加强自身建设，努力依法行使职权，较好地发挥了地方国家权力机关的作用。

一、加强人大制度建设，增强全社会的“人大意识”

人民代表大会制度是我国的根本政治制度。宣传人民代表大会制度，不断提高全社会对人大及其常委会的性质、地位和作用的认识，是地方各级人大的一项长期而重要的工作。常委会把宣传人民代表大会制度，增强我市广大干部群众的“人大意识”，作为加强人大制度建设的突破口，开展了广泛深入的工作。

一是抓住纪念宪法颁布和人大制度建立四十周年的有利时机，大张旗鼓地宣传宪法和人大制度。常委会先后有组织、有计划地开展了“宪法知识”学习宣传周、好新闻评选、有奖征文、电视讲话、纪念报告会、理论研讨会等活动。举办了市级机关县级以上干部“宪法知识、人大制度”学习班，邀请省委二党校教授和省人大研究室领导讲课，600多名县级以上干部参加了学习。此项活动带了一个好头，推动了市、县两级组织领导干部的学法，普遍增强了广大干部和群众的宪法观念和“人大意识”。

二是以省委、市委人大工作会议的召开为契机，深化对人民代表大会制度的认识。去年九月，省委人大工作会议后，常委会及时提出了我市贯彻落实省委人大工作会议精神的具体意见，市委决定当月召开全市人大工作会议进行传达贯彻。常委会在短时间内为市委人大工作会议的顺利召开做了大量的准备工作。在市委人大工作会议上，领导分别作了深入浅出，理论联系实际的报告，有关县、市、区党委、人大、政府交流了经验，并进行了认真的讨论；市委作出的关于加强人大工作的决定，不仅符合本市实际，而且针对性很强，使全市人大工作有所遵循。各县、市、区委相继召开了人大工作会议进行传达贯彻。通过省、市人大工作会议精神的贯彻，改善了全市人大工作的环境，加深了全社会对人民代表大会制度和人大工作的认识。

三是拓宽宣传渠道，广泛地宣传人民代表大会制度。常委会十分重视同宣传、新闻部门的联系。凡召开会议与开展重大的活动，都坚持邀请宣传部门、新闻单位参加。对人大的宣传报道，既注重本级宣传的经常化、规范化，又重视在《民主法制建设》《人民权力报》及其他省一级刊物上积极宣传南充人大工作。同时，还通过自办的常委会《公报》《人大工作》《人大简报》《人大要情》等刊物反映党委加强和改善对人大工作的领导、人大依法行使职权、“一府两院”自觉接受人大监督的情况，反映各级人大代表的重大活动，宣传典型，推广经验，收到了较好的社会效果。

二、紧密围绕经济建设进行监督，促进经济的发展和社会的稳定

根据我市经济发展的总体规划和实施步骤，围绕市一届人大二次会议批准的全市国民经济和社会发展计划、财政预算等各项指标和任务，抓住建立社会主义市场经济体制中的重点，难点和热点问题，依法行使职权，加强对“一府两院”的监督。

1. 加强对农业工作的监督。常委会听取并审议了市人民政府关于1994年农业情况的汇报，针对我市农业自然灾害严重、科教兴农需要加强、农业内部结构调整力度不大、有的乡镇工作运转不够正常的问题，提出了审议意见。在监督落实审议意见的同时，常委会还深入基层就农业发展靠政策、靠科技、靠投入、靠法制的现状进行了广泛的调查研究，结合农业生产计划的执行情况有针对性地提出了弥补灾害损失，力争完成年初农业生产计划的措施，为全面贯彻《农业法》，常委会组织对我市贯彻实施《农业法》的情况进行了检查，纠正了一些违反农业法的行为，推动了我市依法治农、依法兴农的进程。常委会还分别对我市造林绿化、土地管理等方面的工作进行了监督，作出了《关于实现全市绿化的决议》，加快了全市绿化进程。

2. 促进企业改革和城市经济的发展。常委会在保障和促进我市经济的发展中，始终立足于“抓大事、做实事、办好事”。去年，常委会针对我市部分工商企业生产经营不景气的情况，深入县（市、区）23家企业就我市工业企业一度出现的产值、效益双下降，亏损面和亏损额双上升的原因及对策，进行了全面的调查。同时，还调查了国家关于财税、金融、外贸、投资，国有企业五大改革措施出台后，我市经济将可能出现的新情况和新问题。在此基础上，听取了市人民政府关于全市当前工交工作和商贸工作的情况汇报。常委会提出了以产权制度改革为突破口，加大国有企业改革力度；按市场导向调整产业和产品结构，培育优势拳头产品；加强经济运行的宏观管理，缓解资金矛盾；依法规范市场交易行为，为工商企业发展创造良好的外部环境；落实扭滑促升措施，提高企业效益等审议意见。市政府及时进行了研究落实，使全市工商企业出现了转机和活力，收到了企业增长速度和效益呈逐月回升态势的效果。常委会关于城市经济工作的一系列调查报告，观点明确，措施和对策可行，得到了市委、市政府的赞同和重视，省政府有关领导也予以了肯定。在监督城市经济工作中，还十分重视为企业做实事、办好事。如针对绢纺企业一度出现的原料紧缺的问题，帮助政府找准症结，督促政府规范绢纺原料市场的管理，积极为厂家出谋划策，使市绢纺厂在资金、原料极为紧缺、行业竞争十分激烈的情况下，不但起死回生，而且成为全省同行业中唯一的盈利大户；又如针对企业资金紧缺的矛盾，常委会领导亲自出面，找门路、想办法、牵线搭桥，先后为10多家企业引进调剂资金近1000万元，缓解了一些企业的矛盾和困难，促进了企业的发展。

3. 加强对国民经济和社会发展计划、财政预算执行情况的监督。常委会根据市一届人大二次会议的授权，认真审查批准了市人民政府关于南充市1994年财政预算草案的报告。审议了市人民政府关于1994年国民经济和社会发展计划上半年的执行情况。针对城市经济发展不够理想，农业大春形势严峻，市场物价涨幅过大的情况，常委会要求市人民政府要增强完成全年计划的责任感和紧迫感，重点抓好农业和国有企业，努力实施抓住关键、重点突破的战略，强化政府宏观调控职能，切实加强物价、项目、资金、原料和财税管理。常委会第七次会议根据市人民政府提出的预算调整方案，审查批准了1994年我市财政预算的部分变更，审议通过了常委会《关于国民经济和社会发展计划监督试行办法》《关于预算监督实施办法》，把计划、财政预算的编制、审批、执行、监督与管理纳入规范化轨道。常委会听取审议了市人民政府关于计划生育工作的情况汇报，批准了调整南充市1994年人口计划。

常委会及主任会议还听取审议了市人民政府关于企业产权制度改革、乡镇企业、完善乡镇建制、体育、文物保护、外事侨务等方面工作的情况汇报，推动了国民经济和各项社会事业的发展，促进了市一届人大二次会议提出的各项任务的实现。

4. 着力于解决热点、难点问题，维护社会的稳定。物价问题关系着改革开放、经济发展和社会稳定，是人民群众关注的“热点”。针对我市零售物价指数和农用化肥价格上涨过猛的问题，常委会组织进行了专题调查，分析原因，研究措施。及时听取审议了市人民政府关于物价工作的情况汇报，提出了审议意见。督促市政府及其物价、工商等部门加强市场物价监督管理，采取措施，增加有效供给，实行明码标价制度，开展物价大检查，查处乱涨价乱收费行为等，在一定程度上遏制了物价过度上涨的势头。在监督政府物价工作中，发现天然气涨价太高，必将危及全市七家化肥生产企业及农业增产增收，立即组织调查研究，并写出了专题报告，建议市委、市政府引起高度重视，并向省委、省政府提出了对策建议，得到了采纳。仅此一项，使我市七家化肥企业由天然气涨价将亏损4000多万元变为了盈利1000多万元，同时，还保证了农用化肥的供应。常委会还结合反腐败工作、“扫黄打非”、整顿文化市场、净化社会环境、开展农村社会治安综合治理等，听取了有关工作情况汇报，提出了审议意见，并监督其实施。

5. 加强司法监督，严格依法办事。常委会注重对司法机关进行经常性的监督，督促纠正有法不知、有法不依、执法不严、违法不究的问题，力求使我市的经济建设和各项工作的开展都严格地在法律法规的规范和约束下进行。为了防止司法权与行政权相混淆，规范人民法院的司法行为，常委会主任会议专题听取了市中级人民法院关于清理整顿派驻行政机关执行室工作的情况汇报，并提出了审议意见。同时，常委会对群众反映强烈的经济案件实施个案监督，也收到了较好的效果。

三、加强民主法制建设，推动全市依法治理进程

常委会切实把推进社会主义民主和法制建设，促进依法治理，作为一项重要任务，重点抓了以下几项工作：

1. 保证法律的正确实施，提高公民的法制意识。常委会把开展执法检查作为加强对“一府两院”法律监督的一种重要形式，组织对《农业法》《反不正当竞争法》《消费者权益保护法》《环境保护法》《教师法》《归侨侨眷权益保护法》《全国人大常委会关于严禁卖淫、嫖娼的决定》等14个法律法规的贯彻实施情况进行了检查。针对执法中存在的问题，听取了部分执法检查汇报和贯彻实施有关法律的情况汇报，提出了相应的审议意见。同时，还注意抓法律实施全过程的监督，对新颁布出台的《劳动法》《预算法》《审计法》等法律，督促并协助有关部门认真做好实施前的准备工作，确保这些法律在全市顺利实施。

常委会还着力于提高公民的法制意识，加强对市人民政府“二五”普法工作的监督，作出了《关于加强“二五”普法工作的决议》，促进市人民政府全面完成“二五”普法任务，推进本地区民主法制建设。

2. 推行“一府两院”部门执法责任制，促进依法行政，依法司法。从去年7月份开始，市人大常委会组织市中级人民法院、市司法局、市政府法制局等单位，对我国现行有效的法律、行政法规和地方性法规，依法界定出负责组织实施的主管单位和协管单位，明确了执法责任。常委会进行了认真审定，并组织召开了主任、“三长”联席会议，研究在“一府两院”推行部门执法责任制的具体问题。常委会根据市人民政府提出的关于推行部门执法责任制的议案，作出了在“一府两院”推行部门执法责任制的决议。在试点工作的基础上，市人民政府制定了实施方案，今年1月在市级机关全面推开。

按照《决议》要求，市中级人民法院、市人民检察院，认真做好了各项准备工作，为全面推行部门执法责任制，打下了基础。同时，常委会还指导了蓬安县开展部门执法责任制的试点工作，推广了他们的经验。

常委会还配合全国人大、省人大执法检查组对我市贯彻实施法律法规情况的检查；开展了对政府规范性文件的审查工作；对省人大发出的15个法律法规的征求意见稿，进行了座谈，提出了修改意见。

3. 推进农村基层民主政治建设。常委会认真贯彻四川省农村基层民主政治建设会议精神，结合南充实际，提出了切实解决好普遍推行村民代表会议制度、健全村民委员会和村民代表会议组织、搞好建章立制、实现民主管理、逐步推广村民自治示范的意见，市委已批转各地贯彻执行。与此同时，常委会还组织市民政局、顺庆区人大常委会在顺庆区舞凤镇开展了为期两个多月的农村基层民主政治建设试点，取得了经验，还在顺庆区召开了南充市农村基层民主政治建设经验交流会，以指导全市农村基层民主政治建设工作。

4. 组织代表开展评议。评议“一府两院”工作，是近几年来地方人大监督工作的一个新发展，是充分发挥人民代表主人翁作用的有效民主形式。市人大常委会组织人大代表对市文化局的工作进行了评议。代表们在评议中坚持客观公正、实事求是地讲成绩，开门见山、不讲情面地讲问题，语重心长、真诚热情地讲建议，得到了评议单位及社会各界的好评。不少部门都主动要求人大代表进行评议监督，以推动部门工作。常委会加强对选举任命人员的监督，组织了对市人民检察院检察长、市经贸委主任、市林业局局长的履行职责情况、廉洁勤政等进行了民主考核，听取了他们的述职，促进了他们正确运用党和人民给予的权力，忠于职守、廉洁奉公、励精图治。努力实现任期目标。

5. 指导乡镇选举工作。常委会把完善乡镇建制，选举产生乡镇人民政权，当作是实践人民民主权利的重要工作来抓，自始至终加强了对这次乡镇选举工作的指导。召开了全市乡镇选举工作会议，对选举工作进行具体的安排，确保了整个选举工作的顺利进行。

四、加强代表基础工作建设，确保民主主渠道的畅通

常委会在组建市人大代表活动小组的基础上，确定了代表工作联系点，建立了代表联系制度，保证代表活动有组织地进行；坚持定期给代表发送常委会《公报》《人大工作》和其他资料，订阅省人大常委会主办的《人民权力报》，使代表更好地知情议政，学习法律知识，了解和监督常委会及“一府两院”的工作；注意邀请有关代表参与一些重大问题的检查，视察，为代表执行职务、履行职责搞好服务工作；邀请全国，省，市人大代表列席常委会会议，直接听取代表的建议、批评和意见，了解群众的愿望和要求，加强了与市人大代表的联系，为代表依法履行职责创造了一定的条件。

对办理代表建议、批评和意见。常委会十分重视，确定了专门机构督办，听取了市人民政府办理情况的汇报，促进了办理工作。代表们提出的174件建议、批评和意见，已于去年10月底前全部办理完毕，答复了代表，代表反映较好，如，代表们提出整治文化巷脏、乱、差、堵的建议，市政府及时召开现场会，采取措施，拆迁了路段中的所有摊棚和临时建筑，并按城建规划拓宽硬化了文化巷街道，解决了市民行路难，清洁卫生差，市场混乱的问题，群众反映很好。市一届人大二次会议期间，代表们提出的两件议案，常委会作出了关于认真办理的决定，对办理结果进行认真审议，向代表提出了议案审议结果的书面报告。

根据市一届人大二次会议主席团的决定，常委会于去年7月上旬组织驻市部分省、市人大代表。赴南部县、阆中市境内升钟水库淹没区进行了视察。视察组听取了当地党委、政府的情况汇报，深入重淹区实地察看，共走访11个乡镇、31个村、83个社、132户农家，察看和了解了淹没区人民的生产和生活情况，以及迫切需要解决的一些实际问题。视察汇报后，常委会提出了解决淹没区困难问题的8条意见，印送市人民政府研究落实。在市一届人大三次会议召开前，常委会还组织代表就我市的经济和社会发展情况进行了全面视察。

常委会热情接待和受理市人大代表和人民群众的来信来访，从中获取信息，了解民意。一年来，共受理和接待来信来访1100多件（人次）。对其中反映突出的问题，按照法定程序，督促作出处理。如去年7月。川北医学院某教师在某商场选购服装时遭打致伤，迟迟未得到解决，13名教师和群众联名给市人大常委会来信，常委会收到后，及时责成市工商局查处，并汇报处理结果。市工商局和市保护消费者权益委员会，立即配合公安部门对伤害消费者的当事人作出了治安拘留15天和赔偿1.3万多元的处理，保护了消费者的合法权益，受到群众的好评。

五、加强自身建设，适应新形势人大工作的需要

常委会坚持学习制度。组织常委会成员认真学习宪法和法律知识，结合审议议题学习有关法律法规，以提高会议依法审议的质量。为了适应工作的需要，常委会还组织驻会组成人员和机关工作人员，比较系统地学习了党中央关于建立社会主义市场经济体制的路线、方针、政策，学习了《邓小平文选》中关于建设有中国特色社会主义的理论、加强社会主义民主法制建设的部分内容。党的十四届四中全会后，常委会按照市委的部署，联系实际对四中全会文件进行学习和讨论，提出了贯彻落实会议精神的具体要求。为了全面提高人大干部的理论水平和业务能力，市人大常委会建议市委，把市、县、乡三级人大干部纳入了干训总体规划，去年已成功地开办了第一期人大干部短训班。

常委会坚持了大兴调查研究之风。围绕各次例会议题、法律法规的贯彻实施、群众反映强烈和普遍关注的“热点”问题开展广泛深入的调查研究，力求使工作建立在科学、求实的基础上，作出的决议、决定，提出的审议意见尽可能符合实际，反映人民的愿望和要求。根据人大工作的性质和特点，常委会的调查研究工作本着真实、依法、有见解的原则进行，所提出的调研报告普遍得到了社会各界的肯定。如，常委会通过调查研究，经过认真分析，提出了全市上半年国民经济和社会发展计划执行中存在“五个反差”，市政府主要领导认为分析问题深刻，提出的意见中肯，对政府工作很有帮助。去年5月，常委会在调查研究时发现国务院关于生猪实行“定点屠宰、集中检疫、统收税费、分散经营”的规定不落实，生猪屠宰市场不规范、兽医卫生漏检，偷漏税严重、猪肉质量问题多，及时督促政府和有关部门在营山县试点并召开了现场会，推广经验，有效地遏制了税收流失和劣质猪肉充斥市场的现象。

在组织建设方面，常委会向市委提出了关于加强人大自身建设的报告，市委已批转各地执行。这个报告就全市人大机构、干部编制作了规定，使市、县、乡人大在组织建设上有所遵循。市人大常委会加强机关作风、制度建设。确保了工作的正常运转。与此同时，常委会还加强对外交往，与全国六十多个市、县建立了工作联系。先后参加省内外一些市、地、州人大组织召开的联席会、片区会，承办了省人大政法委在我市召开的人大法制联系点工作会；加强同县、市、区人大常委会的联系，坚持县、市、区人大常委会负责人列席市人大常委会会议制度等，互通情况，传递信息，交流经验，给人大工作带来了活力，推进了人大工作。

各位代表，市一届人大二次会议以来，常委会在坚持和完善人民代表大会制度的实践中，依靠党的领导，依靠全体市人大代表和广大人民群众的监督和支持，依靠各县、市、区人大常委会及社会各界的大力协助和关心，提高了广大干部群众对人大性质、地位和作用的认识，开创了人大工作的良好外部环境；在依法有序地开展常委会日常工作中，注意抓住了“五大建设”为重点，体现了地方人大工作的特色；始终着力于常委会工作的质量，较好地树立起权力机关的形象；注意了从理论和实践上探索人大工作的新路子，不断改进工作，增强依法行使职权的有效性。但是，我们工作中仍存在不少薄弱环节，主要是监督工作力度不够；代表工作、信访工作有待进一步改进；执法检查的方法和安排缺乏科学性，人大自身建设仍需不断加强，这些问题都应在今后的工作中加以解决。

1995年是“八五”计划的最后一年，是继续抓住机遇、深化改革、扩大开放、促进发展、保持稳定的一年，是加快改革和发展步伐的一年。在新的一年里，市人大常委会要在中共南充市委的领导下，坚持全面贯彻党的十四届三中全会和四中全会精神，认真贯彻即将召开的全国人代会、省人代会精神和本次会议的各项决议，围绕经济建设中心，把推进社会主义民主法制建设作为根本任务，更好地行使宪法和法律赋予的各项职权。

——要继续抓好社会主义民主法制建设。今年常委会要继续重视对法律、法规实施情况的监督检查，要重点组织开展《产品质量法》《国家赔偿法》《农业法》《义务教育法》《妇女权益保障法》《农民负担管理条例》的执法检查。要根据实际需要，围绕贯彻市场法律法规，规范市场行为，整顿市场秩序，听取“一府两院”对有关法律法规的贯彻实施情况汇报。对检查出的执法中存在的问题，要抓住不放，督促有关部门认真解决。要积极开展依法治理活动，突出抓好“一府两院”部门执法责任制的全面推行。要把农村基层民主政治建设工作，在试点的基础上，逐步在全市范围内推开。

——要围绕改革开放和“两个文明”建设的重大问题。以及事关全局和人民群众普遍关心的问题，加强对“一府两院”的工作监督。要把推进农业发展，国有企业改革，提高经济增长的质量和效益，控制物价过度上涨，加强社会治安综合治理，作为工作监督的重要内容来抓，为改革开放和经济发展创造一个良好的环境，维护社会稳定。

——要把贯彻代表法、充分发挥人大代表作用作为一项基础工作抓紧、抓好。按照修改后的代表法，继续组织代表开展各项活动。代表评议工作要在1994年开展的基础上进一步展开，重点是对有关司法机关和市政府有关职能部门的工作进行评议。

——要进一步抓好对人大制度建设的宣传工作。通过各种形式、各种活动，广泛宣传人民代表大会制度和人大工作，宣传人民代表的典型事迹，提高全社会的民主法制观念，进一步提高人们对新形势下坚持和完善人民代表大会制度的必要性和重要性的认识。

——要继续加强常委会的自身建设。认真组织常委会组成人员深入学习邓小平同志关于建设有中国特色社会主义的理论和社会主义市场经济理论，学习党的各项方针、政策和国家新出台的法律法规，提高理论修养，提高执行党的政策和依法办事的能力。要坚持调查研究，深入基层，深入群众，倾听代表和人民群众的呼声。要不断加强政治思想工作，改进工作作风，提高工作质量和工作效率，更好地发挥人大常委会的职能作用。

各位代表：深化改革，促进发展，建立和完善社会主义市场经济体制给人大及其常委会的工作提出了新的任务和要求。我们要认真履行宪法和法律赋予人大的职权，充分发挥地方国家权力机关的作用，团结全市人民，齐心协力，开拓进取，求真务实，艰苦奋斗，为推进我市社会主义民主法制建设，保障和促进改革开放和现代化建设的顺利进行作出新的贡献。

南充市人民代表大会常务委员会工作报告

1996 年 1 月 26 日在市一届人大四次会议上

南充市人大常委会主任　李慎宽

各位代表：

我受南充市第一届人民代表大会常务委员会的委托，向大会报告常务委员会的工作，请予审议。

市一届人大三次会议以来，常委会在中共南充市委的领导下，坚持以邓小平同志建设有中国特色社会主义理论为指导，认真贯彻市一届人大三次会议决议，努力行使各项职权，为推动全市的“改革、发展、稳定”和社会主义市场经济体制的建立，推进民主法制建设和社会进步，较好地发挥了地方国家权力机关的作用。

一、在紧紧围绕经济建设中心、努力促进经济建设发展方面取得了新的进展

常委会共举行了 6 次全体会议，听取和审议“一府两院”工作汇报的议题 25 个，其中经济建设的议题 16 个；主任会议还听取了经济建设方面的专题汇报 12 个，突出了以经济建设为中心。为了提高审议质量，组成人员和办事机构的同志在会前均深入基层进行广泛的调查研究，分析问题，总结经验，找出差距，提出有针对性的意见和建议。仅农业、财政经济方面，就先后向市人民政府送交了审议意见 13 个，并跟踪监督落实，限期报告办理结果。

常委会在不断改进和提高审议质量的同时，始终注意抓住农村经济和城市经济两条主线开展工作。

*（一）以贯彻《农业法》为重点，监督政府加强农业基础设施建设，调整农村产业结构、产品结构，发展“两高一优”农业，打好农业翻身仗。*常委会与市政府联合开展了对《农业法》的宣传和执行情况的检查活动，督促纠正违法行为，推动全市以法治农、依法兴农的进程。在开展《四川省农作物种子管理条例》执法检查中，督促有关部门和司法机关严肃查处了贩卖假种子、假农药的违法事件。加大了对《农民负担管理条例》的监督力度，尽力防止农民负担“反弹”，努力保护农民的合法权益。常委会组织对升钟水库配套建设的情况进行了专题调查研究，作出了《关于加快升钟水库配套建设的决议》，对《决议》的执行情况进行了检查，并督促政府认真抓好农田水利基本建设。同时，确定嘉陵区的里坝镇、阆中市的双龙镇、西充县的义兴镇、营山县的回龙镇为常委会农业工作联系点，经常组织有关同志深入点上和面上就优质农产品基地建设和个体私营经济的发展，以及农业投入、抗灾自救等问题进行专题调查研究，提出了许多好的意见和建议。还分别对《关于实现全市绿化的决议》的执行情况和南充市城市规划区内开展清理整顿土地隐性市场的工作进行了监督，收到了预期的效果。常委会在农村经济工作中所做的一切，为我市 1995 年度农业实现“双增”目标、喜获丰收做出了应有的贡献。

*（二）围绕提高经济增长质量和效益，着力国有企业的改革和现代企业制度的建立，推动城市经济的发展。*常委会根据人大工作特点，把现有工商企业扭亏增盈，加快交通、通信建设，改善投资环境，研究财税、金融、外经工作的新情况纳入法律监督和工作监督的重点，组织部分委员、市人大代表深入到西充、蓬安、营山、阆中、顺庆、高坪等县、市、区和市级有关部门、企业调查研究，提出了企业生产经营加强“三改一管”和实行商品经营、资产经营、资本营运三结合的建议，以促进企业

优化资金结构，盘活存量，扩大增量，提高投入产出效益。在工作方法上，十分重视帮助贫困县发展经济，以抓住南部大县和嘉陵新区为突破口，以点带面，推动全市经济的发展。联系工业经济的组成人员及部分市人大代表经常深入嘉陵区，在广泛调研的基础上提出“农业安家、工业发财”等建议，帮助选择项目，为发展工业奠定基础。同时，分管领导还积极为嘉陵区发展个体私营经济排忧解难。为了帮促南部县搞活国有工商企业，常委会组织有关人员深入该县11家企业进行了历时18天的调查研究，提出了深化企业产权制度改革和理顺企业所有者、经营者、劳动者三者关系的意见。这些工作得到当地党委、政府的支持，也得到了市委的肯定。一年来，我们还立足全市工业的发展，着力于机械工业，特别是汽配工业等一些全市重点项目和重点工程的建设，为全市培育新的经济增长点献计出力。为了改变国有资产流失严重的现状，管好用好国有资产，实现保值增值，以及挖掘资金潜力，提高资金使用效益，管好用好预算外资金和加强审计、统计等工作，常委会开展了一系列的法律监督和工作监督，推动了这些方面工作法制化的进程。去年以来，为规范市场经济行为，对广大人民群众普遍关心和反映强烈的物价管理工作和抑制通货膨胀等情况进行了调查，听取了专题汇报，同时组织市人大代表进行了视察；对《产品质量法》《四川省产品质量监督条例》《劳动法》《城市规划法》《环境保护法》等法律法规的执行情况也进行了检查。为了依法保障省人民政府批准的我市城市总体规划修编方案的实施，把南充市建设成为以发展轻、化工和商贸为主的“川北中心城市”，集“山、水、城”一体的历史文化名城，常委会从监督《城市规划法》和《四川省〈城市规划法〉实施办法》的执行情况入手，监督有关部门积极开展工作，推动了城市的依法规划、建设和管理。

一年来，常委会根据法律法规的规定，遵照加强和改善宏观调控的精神，分别审议或审查批准了1994年度市本级财政决算、1995年度财政预算及其执行情况和市本级预算调整方案，以及国民经济和社会发展计划及其执行情况；审议了我市“九五”计划及2010年远景规划草案。

二、在推进民主法制建设、改善经济建设环境方面取得了新的进展

推进民主法制建设是人大的根本任务，也是建立社会主义市场经济体制的内在要求。为此，常委会重点抓了以下几项工作：

（一）继续监督部门执法责任制的实施和推广。常委会组织检查组，用近一个月的时间对市级61个具有执法主体资格的部门和机关贯彻执行《关于在市人民政府、市中级人民法院、市人民检察院实行部门执法责任制的决议》的情况进行了检查，接着在常委会第十次会议上，对“一府两院”推行部门执法责任制的工作提出了审议意见，通过对审议意见落实情况的跟踪检查督促，大大推动了部门执法责任制工作的全面展开，有效地促进了我市的依法行政和依法司法。对全市改革的深化、经济的发展和社会的稳定发挥了重要的作用。此项工作，在省人大常委会、省政府召开的有关会议上介绍了情况，获得了好评；重庆、德阳、黔江等市（地）人大、政府也组团来我市考察此项工作。

（二）全面推进以农村为重点的基层民主政治建设。常委会把基层民主政治建设作为农村奔小康的一项重要工作来抓，以监督《地方组织法》《村民委员会组织法》《居民委员会组织法》《四川省〈村民委员会组织法〉实施办法》《四川省〈居民委员会组织法〉实施办法》和《乡镇人大主席团工作条例》的贯彻实施为主要内容，推进我市基层民主政治建设。先后确定了顺庆区舞凤镇、高坪区高坪镇、南部县建兴镇为常委会基层民主政治建设工作的联系点，多次深入调查研究，总结经验，指导面上的工作。

（三）提高广大干部群众法制意识，维护社会稳定。常委会以抓领导干部学法为重点，推动“二五”普法实现预定目标。去年，江泽民等中央领导同志听法律课的新闻播出之后，常委会领导带头集中学法，请市中级人民法院的领导讲授《赔偿法》。在经过充分准备的基础上，去年6月对常委会任命的国家机关工作人员集中进行了法律知识开卷考试，应参考148人，实际参考145人，人均91.58分。这些工作，不仅推动了广大干部自觉学习和掌握法律知识，增强法律意识和法制观念，也提高了领导干部运用法律手段管理经济和社会事务的能力。去年是“二五”普法的最后一年，常委会组织部分组成人员分赴有关县市和市级单位对“二五”普法任务的完成情况进行了检查、抽查，专题听取和审议了市人民政府关于“二五”普法工作完成情况的汇报，肯定了成绩，指出了问题。为了维护社会稳定，常委会十分重视社会治安综合治理工作和法律法规的执法检查，一年来共检查法律法规10个。还通过听取市中级人民法院关于经济审判工作的汇报、个案监督等方式规范了经济审判秩序，加强了对反腐败工作的监督，并支持司法机关和有关部门查办大案要案，维护法律的尊严。

三、在探索监督新形式、提高监督实效方面取得了新的进展

监督权是人大及其常委会的一项十分重要的职权，监督权行使的好坏关系到人大工作的整体质量。常委会针对如何加大监督力度的问题，进行了积极的探索；一是改进常委会会议审议方式．提高审议监督质量。常委会制订了《关于反馈审议意见办理情况的试行办法》，坚持做到了会前开展广泛的调查研究，会中提出切实可行的审议意见，并及时转达“一府两院”；会后跟踪督办审议意见，必要时，还专门听取办理审议意见的情况汇报，尽可能地将提出的意见和建议落到实处。二是充分发挥主任会议的作用。常委会主任会议吸收驻会委员列席，安排听取了“一府两院”有关汇报17个，完善和拓展了常委会的法律监督和工作监督手段。三是在充分调查研究的基础上，常委会制订了《讨论决定重大事项的暂行规定》，对本行政区域内的重大事项作出了较为具体的界定，为有效行使决定权和监督权进行了有益的探索。四是在人事监督上迈出了新的步伐。常委会于去年第4季度组织所有被任命人员，就贯彻党的路线、方针、政策，执行国家法律法规，尤其是实施与本部门相关的法律法规的情况，执行人大及其常委会决议、决定，办理人大代表议案及建议、批评和意见的情况；廉洁从政，履行岗位职责和自身建设情况等，向任命机关述职，促进了被任命人员依法办事，勤政廉政，进一步增强了公仆意识和民主法制观念。五是在努力探索监督新形式的同时，力求监督实效。顺庆区嘉陵路不足100米的街道上，有餐馆22家，油烟、煤气、污水、垃圾污染严重，下水道堵塞，臭水横流，常常深夜吵闹不休，严重影响附近200多户、1000余人的生活、休息和工作，市民反映强烈。常委会结合监督《环保法》的实施，组织市、区工商局、公安局、环保局、市政工程处、顺庆区政府、有关街道办事处等负责人现场察看后，督促有关部门限期拆除于增街搭接的摊、棚，迁走了应当搬迁的餐馆、火锅店，解决了这一老大难问题，群众对此非常满意。

四、在加强代表工作、密切同人民群众的联系方面取得了新的进展

代表工作是常委会的一项十分重要的基础工作。只有做好了代表工作，才能密切同人民群众的联系，确保民主主渠道的畅通。

（一）精心组织代表开展评议工作。常委会组织了65名市人大代表，分成3个代表评议小组，在全面座谈了解、充分掌握第一手材料的基础上，对市工业局、畜牧局、计生委的工作进行了评议。为了广泛地听取群众的意见，常委会在《南充日报》上发表了公告，向部分市人大代表发出了征求意见表。通过评议，提高了被评单位依法行政、依法管理的水平，明确了今后努力的方向，密切了同人民群众的联系，促进了勤政、廉政建设，达到了评出团结、评出干劲、评出风格的目的，促使机关工作和面上工作有了新的起色。去年，常委会还督促市文化局按照评议意见进行整改，使1994年底常委会组织的评议试点工作圆满结束。

（二）组织代表进行经常性的视察和检查。鉴于文化市场和医药市场的管理涉及千家万户和下一代人的身心健康，常委会把推动这两个市场的依法管理列入重要议事日程。先后组织有关代表对市本级和部分县、市、区政府贯彻执行《药品管理法》《医疗机构管理条例》的情况进行了检查，督促市政府及有关部门加强对药品生产、经营、使用的管理和药材市场的治理整顿，强化了国营主渠道的作用，查处了贩卖假劣药品案件，取得了一定成效。常委会依照《文化市场管理条例》的规定，对市辖三区40余家歌舞厅、卡拉OK厅、录像放映厅进行了检查，提出了整改意见。在常委会的监督下，市政府及其有关部门高度重视，密切配合．坚持对文化市场进行定期或不定期的检查和整顿，“扫黄打非”工作取得了明显成效，促进了文化市场健康发展。为推动科教兴市战略的实施，常委会组织代表对《义务教育法》的执行情况、农村初保工作、民营科技企业的生产、经营、销售情况进行了检查、视察，提出了进一步做好工作的意见。一年来，常委会还组织代表对《监狱法》《侨法》《妇女权益保障法》《红十字会法》《全国人大常委会关于禁毒的决定》的贯彻实施、科技成果转化百亿工程、计划生育、民族宗教工作、体育场馆建设等进行了视察和检查，推动了这些方面工作的顺利开展。

（三）督办代表所提议案及建议，批评和意见。市一届人大三次会议上，主席团决定交付常委会审议的议案4件。常委会第八次会议经过审议决定先交市人民政府办理，常委会全体会议先后几次审议了市政府办理情况，通过了4件议案审议结果的报告，答复了提议案的代表。代表们提出的177件建议、批评和意见，已于去年7月底前全部办理完毕。在市政府办理代表建议过程中，常委会注意了检查督促。如陈大经等代表提出的“解决由人民南路进入市中心医院的通道问题”和李国炯、韩大明代表提出的“整治公安巷街道”等10件建议，常委会组织了部分组成人员、部分市人大代表进行了专题视察和跟踪检查，较好地解决了问题，人民群众比较满意。

（四）深入宣传《代表法》，加强与代表和人民群众的联系。常委会以《代表法》颁布3周年为契机，专门发文并检查促进市级各单位组织全体职工学习《代表法》，举行各级人大代表座谈会，帮助四川师范学院志愿者协会在顺庆城区设立三个街头宣传站宣传《代表法》，印送了6000余份宣传提纲，以提高社会对人大代表的认识。同时，还在全体市人大代表中开展了“三带头两联系”的活动。为了宣传战斗在各条战线上的人大代表的感人事迹，常委会组织专门力量编辑出版了《代表风采》集。还坚持为每位市人大代表订阅《人民权力报》《民主法制建设》各一份，坚持定期向每位市人大代表寄送市人大常委会《公报》和《人大工作》等资料，为代表依法履行职责提供服务。

一年来，常委会还把认真接待和处理人大代表、人民群众的来信来访当成密切同人民群众联系的重要工作来抓。加强了对信访工作的领导，充实了信访工作力量，完善了信访工作制度，制订了来信来访处理办法，规范了信访工作程序。共接待来信1504件（次），来访535人（次），对每一件来信来访都认真处理，不“一转了事”。如去年5月，常委会根据嘉陵区龙蟠镇人民政府的来信，督促解决了南充罐头厂不执行合同，停止收购老百姓芦笋一事，使当地农民减少几十万元的经济损失。又如蓬安天府机器有限公司30名职工来信反映：该公司女职工陈某，因医生极不负责，手术切口缝合后腹腔内尚有一块纱布，病人不得不再次开刀，既多受痛苦又花钱。常委会接信后立即责成有关机关和部门迅速进行调查，有关医生受到了严肃处理，并赔偿了病人经济损失4000元。

五、在指导县乡两级人大工作、加强人大制度建设方面取得了新的进展

常委会把培训人大干部作为指导县、乡两级人大工作的重点，共举办了四期轮训班或短训班，培训县、乡两级人大干部133人，加强了县、乡两级人大干部队伍建设，提高了人大工作业务水平。常委会成立了专门机构，指导乡镇换届选举工作，先后深入部分县、市、区调查了解乡镇开展换届选举工作的情况，总结经验，指出问题，提出改进意见。常委会及其有关办事机构协助有关县、市、区承办了1995年度人大办公室、法制、农业、财经、代表、教科文卫等方面的工作联系会，交流经验，探讨问题，推动县级人大工作的全面深入开展。常委会领导和办事机构的同志注意经常深入县、市、区人大调查了解情况，总结推广各方面的工作经验，尽可能帮助解决一些具体困难，较好地体现了上下配合，协调一致，互相促进，共同提高。

常委会十分重视对人大制度和人大工作的宣传、研究。在常委会的支持下，市人大制度理论研究会成功地举行了一年一度的年会，交流的论文体现了较好的实践性、理论性、针对性、指导性，对推动地方人大工作的开展和坚持完善人大制度将产生积极的作用。同时，坚持办好《人大工作》等内部刊物，尽力提高知识性、可读性、指导性，努力宣传和促进南充各级人大的工作。为了推动县级人大办好内部刊物，常委会有关办事机构组织对各县、市、区人大自办的内刊进行了评选和奖励。还组织了南充市第三届“宣传人大制度好新闻”评选活动，积极为四川省评选第四届“宣传人大制度好新闻”推荐了参评作品。为了进一步规范和促进对人大制度和人大工作的宣传，去年5月，成立了南充市人大制度宣传报道站，吸收县、市、区人大的同志参加。在对全市人大宣传骨干进行培训的基础上，组建人大宣传网络，加大了宣传人大制度和人大工作的力度，获得了上级有关机关和社会各界的好评。

六、在重视自身建设、适应工作需要方面取得了新的进展

首先，常委会抓了以“为人民服务、为经济建设服务”为主要内容的机关作风建设。组织机关干部职工认真学习邓小平同志建设有中国特色社会主义理论，学习孔繁森同志的光辉事迹，学习人大制度理论和人大工作业务知识，强化公仆观念，坚定做好人大工作的信心。整个机关风气良好，全体工作人员充满朝气，显示出较强的集体观念和战斗力。去年，常委会鉴于成立时间不长、各项工作千头万绪的实际，采用目标量化管理形式，给各办事机构下达了较为繁重的任务。大家以对党和人民的事业高度负责的精神，以孔繁森同志为榜样，任劳任怨地完成了任务。其次，力求机关工作规范化、制度化。常委会会议、主任会议修改完善了各项工作制度，用制度管人管事，取得了明显的成效。第三，常委会机关积极进取，各项工作全面推进。机关档案工作规范整理，达到省三级标准；在全市创卫工作中，机关统一认识、统一标准、统一行动、统一检查、统一开支，被评为先进单位；机关“二五”普法工作在验收中成绩名列市级机关前茅；连年保持了文明单位、卫生单位、综合治理先进单位、门前“三包”达标单位等荣誉称号。这既是对常委会加强自身建设的肯定，也反映了机关的向心力和凝聚力。

一年来，常委会还依法任免了“一府两院”工作人员39人（次），完成了省人大常委会交办的13个法律法规草案征求修改意见工作，接待了全国人大、省人大的执法检查和兄弟市、地、州人大的考察学习。

各位代表，市一届人大三次会议以来，常委会依靠党的领导，各方面的支持配合，在依法行使职权的整个过程中，指导思想明确，重点突出，工作扎实，效果明显，体现了本地人大工作的特色。但是，我们工作中仍存在一些薄弱环节，主要是决定本行政区域内重大事项的工作有待于进一步加强，监督权行使的深度和力度不够，对人大制度宣传的广度和效果不很理想等。这些问题，我们在今后的工作中将努力改进。

1996年是“九五”计划的第一年。市人大常委会要在中共南充市委的领导下，坚持以邓小平同志建设有中国特色社会主义理论和党的基本路线、基本方针为指导，认真贯彻落实党的十四届五中全会和中央经济工作会议精神，紧紧围绕经济建设这个中心，依法行使职权，积极推进两个根本性的转变，正确处理社会主义现代化建设中的各种重大关系，加强民主法制建设，进一步动员全市人民解放思想，抓住机遇，振奋精神，加快发展，为全面实现“九五”计划开好头、起好步。

新的一年，常委会将按照“围绕中心，突出‘法’字，加强监督，注重实效”的思路开展工作，更好地体现地方人大的工作特色。

第一，进一步推动学法、普法、执法工作。把各级各部门领导干部学法作为重点来抓，促使领导干部实施权力的行为法律化，提高领导干部依法管理经济和社会生活的水平；要以新的普法规划启动为契机，在全市掀起声势浩大的全民普法热潮；继续监督推行部门执法责任制，督促“一府两院”依法行政，依法司法，严肃查处违法行为，严格依法办事。

第二，进一步推动依法兴农工作。强化农业基础地位的认识，加大对《农业法》和相关法律法规实施情况的监督力度，把农业的振兴纳入法制轨道，调动和保护农民的积极性，推进农业基础设施建设和农业产业结构的调整，加大农业科技含量，建立和完善农业社会化服务体系，推进小康建设的进程，促进农业和农村经济有新的发展。

第三，进一步推动依法管理经济工作。加大对经济法律法规执行情况的监督力度，着力加强和改善宏观调控、严格财经纪律、控制物价涨幅、整饬和规范经济秩序及市场行为，推动社会主义市场经济新规范、新秩序的建设；努力扩大对外开放，大力促进国有企业的改革与发展，促进现代企业制度的建立，积极推进“两个根本性转变”，提高经济增长质量和效益。强化环境、资源保护和城乡建设的依法管理意识，推进环境、资源保护和城乡建设的发展。

第四，进一步推动科教兴市工作。常委会将一如既往地运用法律监督和工作监督的手段，推动我市教育、科学、文化、卫生、计划生育、体育事业、广播电视的发展。同时，搞好民族、宗教、外事、侨务、台务工作的执法监督。

第五，进一步加强基层民主政治建设工作。常委会将继续抓好《村民委员会组织法》《居民委员会组织法》《四川省〈村民委员会组织法〉实施办法》《四川省〈居民委员会组织法〉实施办法》《乡镇人大主席团工作条例》的贯彻实施，通过加强基层民主政治建设来加快奔小康的进程。

第六，进一步加强评议、述职工作。常委会将总结过去的经验，为代表履行职责、行使职权进一步创造条件，拓宽渠道，做好服务。重点是有准备、有计划地抓好组织代表评议和对“一府两院”有关人员进行述职评议的工作。

第七，进一步加强人大制度的宣传工作。常委会将尽力利用市本级新闻宣传媒介和人大系统宣传阵地，组织多上稿件、上好稿件，扩大宣传面和宣传效果，增强全社会的人大意识。

第八，进一步加强自身建设工作。根据法律的规定和中央、省、市委的文件精神，人大机构将进行相应的调整和改革。要针对变化了的新情况，抓好组织建设和加强相关理论、法律、业务的学习，顺利实现转变，适应新形势对人大自身建设的需要。

各位代表，做好1996年的工作，对实现“九五”计划和2010年规划的宏伟目标，意义十分重大。我们一定要认清形势，振奋精神，奋发图强，苦干实干，不辜负全市人民的重托，为南充的改革、发展和稳定做出新的贡献！

南充市人民代表大会常务委员会工作报告

1997 年 2 月 21 日在市一届人大五次会议上

南充市人大常委会主任　李慎宽

各位代表：

我受南充市第一届人民代表大会常务委员会的委托，向大会报告工作，请予审议。

过去的一年，市人大常委会坚持以邓小平建设有中国特色社会主义理论和党的基本路线、基本方针为指导，在中共南充市委的领导下，认真落实市一届人大四次会议的决议，按照“围绕中心、突出‘法’字、加强监督、注重实效”的工作思路，依法行使职权，各方面工作都取得了新的进展。

一、监督工作力度有所加大

围绕本地执行法律法规的实际情况，统筹安排执法检查。常委会重点组织了对《科技进步法》《农业技术推广法》《环境保护法》《城市规划法》《劳动法》《食品卫生法》《四川省农作物种子管理条例》等法律法规执行情况的检查。安排执法检查时，加强上下联系，减少重复，注意效果，基本上做到上下同步进行。在顺庆、嘉陵、南部、阆中、蓬安、营山检查《农业技术推广法》和《四川省农作物种子管理条例》的执行情况时，市、县两级人大密切配合，加强法律法规宣传，督促纠正了违法行为，收到了较好的效果。检查蓬安、南部、嘉陵、顺庆、高坪的 15 个乡镇和市、县相关部门、21 个企业贯彻执行《科技进步法》的情况时，市、县、乡三级人大集中组织检查，对依法保证科技投入、加强科技队伍建设、促进科技成果转化起到了积极的推动作用。在部分县、区和市属企业检查《劳动法》执行情况时，督促政府及其执法部门对一些单位违反《劳动法》的有关规定，进行了纠正，依法保护了劳动者的合法权益，有效地推动了这些法律法规的贯彻实施。

围绕经济建设的重点、难点实施有效监督。常委会始终坚持把监督和推动农村工作作为重点，除了监督政府抓好农业大面积生产、科技兴农、依法治农等工作外，还针对农村小康建设存在的困难和问题，加强调查研究，听取和审议市政府专题汇报，作出了《关于加快农村小康建设的决议》，促进了全市小康建设工作的开展。为帮助民族乡尽快脱贫致富奔小康，常委会组织部分委员和代表深入阆中市博树乡视察，监督《民族乡行政工作条例》的实施，督促政府及有关部门在资金、物资、技术、政策、人才等方面给予扶持。

常委会在加大经济建设重大问题监督力度的同时，也十分重视支持和促进企业的生存和发展。常委会领导先后深入南充罐头厂、南充制药厂、百乐饮料厂、蓬安烟厂、赛丽斯、万博集团公司等市属十多家国有企业和部分县属企业调查研究，提出调查报告 10 多篇。同时既与企业面对面地交换意见，寻求发展路子，又督促并协助解决影响企业发展的一些实际问题，增强了监督政府推进企业改革、促进扶优限劣工作的实效性。针对企业化肥产销价格中的一些问题，及时听取和审议市政府关于化肥价格调整后执行情况的汇报，督促加强价格监管、整顿农资秩序。按照中宣部、国家内贸部提出开展“百城万店无假货”活动的要求，常委会督促市政府及其有关部门，开展了“百城万店无假货”知识竞赛，在顺庆区模范街开展“无假货一条街”试点活动，采取听取专题汇报、组织代表视察、开展执法检查等，依法销毁和封存了上千件假冒伪劣商品，处理投诉案件 100 多件，在群众中产生了良好的影响。

围绕推动国民经济和社会事业的健康发展，维护社会稳定，开展经常性监督。根据法律法规的规定，分别审议或审查批准了1996年国民经济和社会发展计划执行情况、1995年度市本级财政决算、1996年度财政预算及其执行情况和市本级预算调整方案。加强了对预算外资金管理和行政事业性收费管理工作的监督，促进财政增收节支。常委会、主任会议还听取和审议了关于科技成果转化百亿工程、开展城市规划年活动、四川省第八届运动会筹备工作、加强中小学收费管理、贯彻农民负担管理条例、加强农村集镇建设和城镇开发区建设、个体私营经济发展、烟草生产经营、法院审判改革、社会治安综合治理等工作汇报，提出了审议意见。

围绕群众关心、反映强烈的热点问题进行跟踪监督。近年来，一些地方农作物种子市场管理不严、贩卖伪劣种子的现象较为突出，给农业生产造成了一定损失，农民群众对此反应强烈。常委会加强对这项工作的跟踪监督，通过组织代表视察，深入实地调查，开展执法检查，听取政府专题汇报等，依法规范种子市场管理，督促有关执法部门对违法生产、销售伪劣种子的单位和个人进行了查处，其中，逮捕法办3人，受纪律处分的国家工作人员10多名，严肃了法纪。省、市新闻单位对此连续报道，受到了农民群众的欢迎。针对我市局部区域环境污染较为严重、直接影响到城市居民生产生活的实际情况，常委会继续开展了专项监督检查，深入到嘉陵江城区饮用水源保护区、西河南充城区段和11个企业，重点检查了“三废”治理情况，提出了“人类要生存，经济要发展，环境要保护，污染要治理，措施要落实，执法要严格”的建议。同时，配合开展“城市规划年”活动，督促政府进一步明确市与市辖三区实施城市规划的职责，理顺事权关系，加大执法力度，依法查处部分违法、违章建设，对部分城区街道，进行集中整治。嘉陵区都尉路的建设，在常委会的督促和关心下，一期工程已基本完成，群众反映很好。

二、法制建设不断加强

依法治国，建设社会主义法制国家，给人大及其常委会的工作，提出了新的任务和要求。一年来，常委会重点推动学法普法，规范行政、司法机关的行政行为、司法行为，推进社会主义法制建设进程，收到了较好的效果。在学法普法上，以“三五”普法启动为突破口，开展了一系列工作。一是认真学习贯彻中央〔1996〕9号文件，向市委提出专题报告，得到市委同意。二是听取和审议市政府关于全市“三五”普法规划情况的汇报，作出《关于在全市开展第三个五年法制宣传教育的决议》，从内容、形式、组织、领导上作出规定，保障普法规划的顺利实施。三是举办市级机关副科级以上干部《行政处罚法》《刑事诉讼法》法律知识讲座，邀请省人大法制理论水平较高的同志授课，推动了领导干部学法。四是在《南充日报》、市广播电视台开辟市场经济法律知识专栏和专题讲座，通过新法介绍、以案说法、领导和有关专家学者宣讲等形式，增强全社会的法制意识。五是举办首次南充市法律知识电视大赛。竞赛内容包括《宪法》《行政处罚法》《国家赔偿法》《行政诉讼法》《刑事诉讼法》《公司法》《劳动法》《国家公务员暂行条例》等法律知识。参赛队由市委、市人大、市政府、市政协、南充军分区、市纪委、市中级人民法院、市人民检察院分别组织，各队预赛，现场决赛，声势较大，教育面宽，社会反映良好。常委会还认真学习贯彻中央依法治国重要方针，联系实际，在《南充日报》上系统宣传依法治国的目的意义、基本内容、奋斗目标等，加深干部群众对依法治国方针的认识和理解。同时，重视国家新颁布法律法规的学习，适时组织召开法律实施座谈会，开办短期法律培训班等，有力地推动了我市“三五”普法工作。继续完善政府部门执法责任制和司法机关错案责任追究制，指导县、市、区政府及其职能部门全面推行执法责任制。为规范对司法机关案件的监督，制定并通过了

《南充市人大常委会对市司法机关案件监督规定》，使个案监督有规可循。

三、代表工作进一步拓展

人大代表是人民代表大会的组成人员。密切联系代表，充分发挥代表作用是人大常委会一项经常性的基础工作。常委会坚持了组成人员分片联系代表、组织市人大代表视察调查、邀请部分代表列席常委会以及代表联系选举单位、总结代表工作经验等制度。制定了《保障人大代表依法执行代表职务的暂行规定》，完善了同市人大代表联系的办法，为代表履行职责，创造条件，提供保障。各代表小组积极组织代表开展活动，采取代表个人持证视察、几级代表联合视察、组织专题调查等方式，发挥代表的作用。

组织代表评议“一府两院”的工作，开展对选举、任命人员的述职评议，是人代会闭会期间，常委会组织代表活动的重要内容之一，是人大行使监督职权的一种有效形式。常委会组织人大代表对市公安局、贸易局、土地管理局、广播电视局的工作进行了评议。常委会、主任会议听取了市中级人民法院院长、市科委主任、市劳动局局长、市卫生局局长、市水电局局长的述职报告，对他们履行岗位职责的情况进行了评议和测评。代表评议工作按“评议准备、宣传动员、调查研究、公开评议、整改落实”分段进行。参加评议的代表，深入部分县、市、区和被评单位调查了解，掌握第一手资料，保证了评议质量。在评议市公安局的工作中，采取自下而上、逐级评议的方式，指导县、乡人大公开评议了163个基层公安派出所、8个县市区公安局的工作。整个评议共组织8952名省、市、县、乡四级人大代表参与评议活动，有2878名代表直接参加了评议工作，代表走访群众4.8万多人；对人民群众反映的184个有异议的案件进行了调查核实，对公安工作提出意见、建议1800多条，引起各级党委、人大、政府的高度重视。市、县公安局、乡镇派出所认真对待，层层成立迎评领导机构，对代表提出的评议意见，及时制定了整改方案，认真进行整改。常委会向市委提出了解决公安工作具体问题的专题报告。根据评议、述职工作情况，常委会认为市工业局对代表评议指出的问题整改认真，转变职能、深入基层、为企业服务，效果明显；市科委主任胥德会依法行政、履行岗位职责，成效显著，分别作出决定予以表彰。

为总结推广代表工作和人大工作的先进经验，组织召开了南充市优秀市人大代表和人大工作先进集体、先进个人表彰会。对事迹典型、工作突出的55名优秀市人大代表、1个市人大专委会、10个市人大代表小组、2个县级人大常委会、8个县级人大常委会办事机构、9个乡镇人大主席团、48名人大先进工作者，进行了表彰。

四、专门委员会和办事机构的作用得到较好发挥

根据宪法、地方组织法的规定，市人大新设了6个专门委员会。在常委会的领导下，各专委会建立健全机构，明确工作职责，理顺各方关系，积极开展工作，为人大及其常委会依法行使职权，发挥了应有的作用。针对人大专门委员会刚设立、各项工作处于起步阶段，常委会制定并通过了《南充市人民代表大会专门委员会工作规定》，召开主任、“三长”联席会议，通报专门委员会的性质、主要职责，理顺专门委员会与常委会办事机构和“一府两院”及有关部门的关系，为专门委员会履行职责创造条件。各专门委员会依据法律和外地的实践经验，制定工作职责，建立各项工作制度，保证了专门委员会工作的正常运转。一年来，专门委员会听取和审议市政府工作部门、市中级人民法院、市人民检察院专题汇报32个，审查政府规范性文件11个，对26个法律法规和社会反映强烈的有关问题，进行了检查或专题调查。各专门委员会和常委会办事机构围绕6次常委会会议、29次主任会议审议议题和决定事项，积极开展调查研究，为科学决策提供了参考。审议代表提出的议案是专门委员会的一项重要职责。根据市一届人大四次会议主席团的决定，有 3 件议案交专门委员会审议。有关专门委员会经过认真审议，向常委会提出了审议结果的报告，这些报告已经常委会批准，并印送各位代表。一年来，各专委会还对全国人大、省人大下发的《刑法》《各级人大常委会评议工作条例》等 21 部法律法规征求修改意见稿，及时组织座谈讨论，汇总上报了修改意见。

常委会各办事机构努力为人大及其常委会依法行使职权服务，重视和加强调查研究，认真编印机关内部刊物，积极办理和交办、督办代表对各方面工作提出的建议、批评和意见。市一届人大四次会议期间，代表们提出的 106 件建议，都分别进行了研究处理，并向代表作了答复。一年来，共办理来信 1526 件，接待来访 643 人次，督促有关方面为人民群众解决了一些实际问题，同时也为常委会的监督工作提供了大量信息。

五、自身建设逐步完善

常委会紧紧依靠党的领导，坚持重大问题请示汇报制度，多次向市委汇报人大工作。去年，在市级机关机构改革工作中，市委按照中央、省委机构改革的要求，结合实际，对市人大的机构、人员编制作了规定，从组织上保证了市人大职能作用的发挥。

常委会十分重视人大干部队伍素质的提高。坚持学习制度，组织机关干部学习邓小平建设有中国特色社会主义理论和党的方针、政策，学习宪法和法律知识，学习经济体制改革和社会主义市场经济知识。组织部分常委会组成人员参加全国人大干部培训中心和省委、市委党校的培训，协助市委党校培训县、乡人大干部 78 人。通过学习培训，人大干部队伍的理论、法律水平不断提高，业务能力不断增强。在人员少、任务重的情况下，乐于清贫，勤奋工作，任劳任怨，认真履行职责，较好地完成了各项工作任务。同时，常委会还从政治、理论、作风、业务、工作、纪律等方面，要求机关干部争做合格的国家公务员，树立整体形象，以适应新时期人大工作的需要。

常委会加强人民代表大会制度和民主法制建设的宣传。充分利用全国《人大工作通讯》、省《人民权力报》《民主法制建设》等报刊和市级新闻媒体，编辑出版《代表风采》第二辑，宣传人大制度建设和人大工作，宣传各级人大代表履行职责的先进事迹。组织开展南充市第四届人大制度好新闻评选活动，召开南充市人大制度理论研究会年会，对人大制度理论和地方人大在依法治国中的地位和作用，进行了广泛研讨。常委会还加强与省人大和县、市、区人大的联系，定期列席省人大常委会会议，参加省人大组织召开的学习会、座谈会、联系会，通报情况，交流经验；邀请县市区人大常委会负责人列席市人大常委会会议，组织召开县（市、区）人大常委会主任学习会。协助开好人大财经、农业、教科文卫、法制工作、代表工作座谈会等，总结探讨实践中的一些重要问题，加强对县、市、区人大工作的指导，推动了全市人大工作。

一年来，常委会依法任免市级国家机关工作人员 17 人。根据向阳同志的辞职申请，决定接受其辞去南充市人民政府市长职务。决定任命李川为市人民政府副市长、代市长。补选了省、市两级人大代表。

总结过去一年的工作，常委会坚持党的领导，依靠全体代表共同努力，密切同社会各方面的配合，取得了一定成绩。但是我们也清醒地看到，常委会的工作还存在一些薄弱环节，主要是：监督工作力度仍然不够，尤其是一些刚性监督手段运用不够；代表工作仍需加强，代表作用尚未充分发挥；常委会机关的思想、作风、制度建设还需不断加强。这些问题，常委会将采取措施，认真加以改进。

1997 年是不平凡的一年，是我国历史发展上重要的一年，常委会要继续坚持以邓小平建设有中国特色社会主义理论和党的基本路线、基本方针为指导，认真贯彻党的十四届五中全会、六中全会精神和市一届人大五次会议决议，继续按照“围绕中心、突出‘法’字、加强监督、注重实效”的工作思路，在全面行使法定职权，整体推进各项工作的同时，抓住重点，做好工作，体现地方人大工作的特色。

一、认真贯彻依法治国方针，大力推进依法治理工作。要积极做好准备，适当时候作出依法治市的决议。及时听取和审议市人民政府依法治理工作的汇报，与新闻单位一道举办“依法治理有奖征文”活动；督促进一步深化政府部门执法责任制和司法机关错案责任追究制工作，推动依法行政，依法司法，依法管理；改善执法检查，加强审查规范性文件工作，对“一府两院”出台的涉及面宽、影响较大的规范性文件，要统一组织，分类审查，依法进行处理，推进依法治理进程。

二、加大个案监督力度，务求监督实效。围绕执法、司法工作中出现的违法问题，加强具体案件监督，对有法不依、执法不严、违法不究的人和事，要督促进行查处，力求做到处理一件，教育一片，一抓到底，公之于众。各专委会要协助常委会监督1至2个具体案件，逐步规范行政行为和司法行为。

三、抓好重大问题的调查研究，加大经济工作的监督力度。要突出对经济工作实施有效监督，围绕常委会会议审议议题，深入开展调查研究，增强人大对经济工作审议决定的针对性和可操作性。各专委会、常委会办事机构要选择1至2个对改革、发展、稳定有较大影响的问题进行调查，形成有一定见解、对工作有帮助和推动的调查报告。

四、做好常委会的基础工作，加强对县级人大换届选举的指导。要继续加强代表基础工作，不断总结完善代表评议工作，提高评议质量；广泛学习宣传《代表法》，组织代表开展活动，宣扬代表典型事迹，推广代表先进经验；积极为代表履行职责创造条件。要组织对县级人大换届选举工作的有关问题进行调查研究，召开换届工作会议，促进换届选举工作的顺利开展。

五、不断提高常委会会议质量，跟踪监督审议意见的落实。要突出重点，选准议题，认真听取和审议“一府两院”的工作汇报，充分发扬民主，严格依法办事。要跟踪督办审议意见，适时报告办理落实情况。

六、进一步加强对人大制度和人大工作的宣传，增强全社会“人大意识”。要加强同新闻单位的联系，健全和完善人大制度宣传网络，培训人大干部和宣传骨干，办好人大机关刊物，采取多种形式，拓宽宣传人大制度和人大工作的领域，不断扩大宣传效果。继续开展“宣传人大制度好新闻”评选活动，开好南充市人大制度研究会年会。

七、重视信访工作，密切同人民群众的联系。要认真做好人民群众来信来访的接待处理工作，健全信访工作制度，促进信访工作规范化、制度化。继续办好人大《信访摘报》。加强对重要信访案件的跟踪督办，有针对性地选择几件信访案件，组织专门力量进行调查，责成相关机关或部门公正处理，尽可能让当事人满意。

八、进一步加强自身建设，适应人大工作的需要。把学习邓小平建设有中国特色社会主义理论同学习法律、人大业务结合起来，加强思想政治工作和精神文明建设，不断提高常委会组成人员、专委会、办事机构工作人员的政治理论水平，提高业务能力和工作质量。认真推行人大机关公务员制度，完善人大机构改革。加强机关管理，改善办公条件，健全各项制度，促进高效运转，适应新形势人大工作的需要。

各位代表，新的一年任务已经明确。我们一定要在中共南充市委的领导下，认真履行宪法、法律赋予的职责，把握大局，振奋精神，扎实工作，不负重托，为南充的社会主义现代化建设作出新的贡献，以优异的成绩迎接党的十五大召开！

南充市人民代表大会常务委员会工作报告

1998 年 2 月 17 日在市一届人大七次会议上

南充市人大常委会主任　李慎宽

各位代表：

我受南充市人民代表大会常务委员会的委托，向大会报告常委会的工作，请予审议。

市一届人大五次会议以来，市人大常委会坚持以邓小平建设有中国特色社会主义理论和党的基本路线、基本方针为指导，认真贯彻党的十五大精神，在中共南充市委的领导下，按照“围绕中心、突出‘法’字、加强监督、注重实效”的工作思路，在全面行使法定职权，整体推进各项工作的同时，有重点地开展工作，较好地完成了各项工作任务。

一、深入开展调查研究，加大经济工作监督力度

调查研究是人大依法行使职权的一项基础性工作。常委会进一步改进工作作风，深入开展调查研究，增强了监督政府经济工作的实效。

结合审议议题，开展经常性的调查研究。一年来，常委会把监督政府经济工作放在突出位置。依法听取和审议了全市大春备耕工作、农田水利基本建设、推进农业产业化、贯彻《加快农村小康建设决议》的情况汇报；依法审议或审查批准了 1997 年上半年国民经济和社会发展计划执行情况、1996 年市级财政决算、1997 年财政预算执行情况和市本级预算调整方案、全市国民经济和社会发展“九五”计划调整意见、1996 年预算执行和其他财政收支的审计报告；常委会及主任会议还听取和审议了金融、交通、畜牧、旅游、劳动就业、宗教事务、计划生育、粮食流通、文化市场管理、城市建设维护费使用等方面的情况汇报。开展上述工作，坚持实事求是原则，认真组织调查研究，力争做到审议意见真实、依法、有据，督促政府推动和改进工作，收到了一定的效果。

围绕经济建设中的重点、难点问题，开展专题调查。常委会在开展审议议题调查工作的同时，有计划、有组织地开展了专题调查研究。一是针对国有企业改革和发展问题进行调查。根据蓬安县提出的“银企合作、以资抵债、返租经营、救活企业”的改革思路，及时调查分析，权衡利弊，总结经验，提出具体的建议措施，得到市委的重视和采纳。常委会用两个多月的时间，深入阆中、南部、仪陇、营山、西充、高坪、嘉陵 7 个县（市、区）和 20 多个企业，对全市国有集体中小型企业产权制度改革的现状，进行全面调查，认真分析企业产权制度改革存在的深层次矛盾和问题，提出对策措施，为市委召开全市产权制度改革会议，作出相关的决定，提供了建设性的意见，对市政府全面实施产权制度改革起到了促进作用。结合贯彻党的十五大精神，还对国有企业领导班子建设问题，促进南充工业发展问题，认真进行调查，为国有企业减亏增效，走出困境，积极建议献策。二是针对农村经济发展问题进行调查。为推动农业产业化经营，加快农业产业化进程，在充分调查研究的基础上，比较全面地分析全市实施农业产业化的有利条件及发展机遇，提出了“建基地、抓龙头、兴市场、抓服务”的建议，市委予以充分肯定。针对目前城镇建设中土地利用管理存在的问题，组织调查组对部分市、县经济技术开发区和顺庆、高坪、嘉陵、南部的 10 多个试点小集镇的土地管理和开发利用情况进行专题调查，研究对策，提出建议，促进全市依法利用和保护耕地。三是针对国民经济和社会事业发展的问题进行调查。我市财政特别是市级财政一直较为困难，对国民经济发展和社会进步，带来诸多不利。常委会组织力量，历时半月多，先后到市财政、税务、工商、审计、体改委、商贸委、经贸委、建委、金融等16个市级部门，就搞活我市财力的问题进行调查，广泛听取意见，认真分析原因，提出了生财、聚财、用财的13条建议，得到了市委、市政府的赞同，对财政工作具有一定的指导作用。同时，还开展了发挥侨务优势、服务南充经济建设的调查，学习蓬溪经验、加快南充发展的调查，加快发展民营经济的调查，推进全市依法治理的调查，人大依法监督事与监督人相结合的调查，加强中小学法制教育的调查等。各项调查报告，经主任会议审定后，都以书面方式报告市委。一年来，市委正式批转常委会专题调查报告10个，不仅为市委决策提供了参考，同时，也加强了人大监督工作。

开展执法检查监督，为经济发展提供良好环境。常委会开展了对水法、科技成果转化法、代表法、国防法、残疾人保障法、四川省企业负担监督管理条例、建筑管理条例、归侨侨眷企业事业权益保护条例、文化市场管理条例等法律法规执行情况的检查。在检查中，采取检查与调查相结合、重点抽查与自查相结合、听取汇报与召开座谈会相结合、发现问题与督促开展专项治理相结合的方式，有效地推动了这些法律法规的贯彻实施。在检查四川省企业负担监督管理条例执行情况时，集中半个多月时间，深入市级11个部门和21户市、县属企业，进行调查和检查，既掌握了大量实际情况，向市委提出减负建议措施，又认真进行审议，依法督促治乱减负工作，受到企业的欢迎。在检查水法的执行情况时，深入南部、西充、阆中、顺庆、高坪县（市）、区以及部分乡镇、水库、企业和嘉陵江部分河段，进行重点检查，督促依法建立水政监察队伍和水利建设基金，收到了较好效果。对建筑管理条例的执法检查，确定以建筑市场、设计市场为重点，现场查看20多个在建工程执法情况，发现问题，督促依法整改，促进建筑市场的依法管理。这些工作，对规范执法行为，促进经济的健康发展，都起到了重要的促进作用。

加强联系指导，帮助解决一些具体困难和问题。常委会部分领导定点联系高坪区、嘉陵区、南充罐头厂、营山烧碱厂、南充热电厂、市丝绸科研所、青居电站、达成铁路、华兴寺嘉陵江大桥等县区、企业和重点建设，深入实地，围绕发展出点子，帮扶解困办实事，在工作思路、资金项目、产品开发、培育市场、寻找对策等方面做了大量工作。市人大机关定点帮扶阆中市妙高镇、联系阆中市博树回族乡和西充县晋城镇，确定帮扶目标，加强组织领导，落实帮扶措施，帮助解决了一些实际困难和问题。

二、认真贯彻依法治国方针，加大推进依法治理的力度

实施依法治国、建设社会主义法治国家，地方各级人大及其常委会担负着十分重要的任务。去年省委、省人大作出依法治省决定、决议后，常委会坚持“党委加强领导，人大依法监督，‘一府两院’组织实施，群众积极参与”的原则，认真发挥人大在依法治理中的主导作用，大力推进依法治理工作。一是发挥参谋作用。常委会认真学习贯彻省委、省人大依法治省的决定和决议，对依法治市的各项准备工作作了具体安排部署，并向市委作了专题报告，提出具体建议。市委高度重视，专门组织学习，研究依法治市工作，及时作出了关于依法治市的决定。二是发挥决策作用。常委会领导适时参加了全国人大和省人大关于依法治国理论研讨会，学习依法治国理论，交流依法治理情况。同时，组织力量对全市依法治理工作进行调查研究，召开县（市、区）人大常委会主任学习会、人大制度研究会专题交流、探讨。去年8月，市人大常委会在认真准备的基础上，作出了依法治市决议。这个决议，包括了依法治市的指导思想、目标任务、普法行政执法、司法、法律服务和监督机制、基层基础工作及组织领导等各个方面的内容，并具有较强的针对性和可操作性。三是发挥监督作用。常委会重视全民普法教育的开展，相继听取和审议了市政府关于全市“三五”普法启动工作的情况汇报、关于贯彻依法治市决议的情况汇报。同时，与市法建办联合举办依法治市培训班 2 期，培训骨干 100 多名，组织“以案说法”稿件，在《南充日报》上开辟专栏，增强了广大干部群众对依法治市理论与实践的认识。四是发挥协调指导作用。积极配合市委、市政府召开依法治市动员大会，推动市委、市人大依法治市决定和决议的贯彻，并参与指导市政府开展依法治理“五个一”的试点工作，总结经验，以点带面，促使依法治市工作稳步、扎实地向前推进。

三、组织代表开展活动，加大工作监督力度

常委会十分重视加强同代表和人民群众的联系。继续坚持邀请部分市人大代表列席常委会会议制度，依法组织代表开展视察，参加述职评议和工作评议，保障代表合法权益。先后组织市人大代表视察关于省委、省政府在南充两次现场办公会议确定扶持我市的项目、资金落实进展情况；视察南部、阆中、嘉陵的经济运行情况；视察全市小春、大春生产和升钟水库淹没区人民的生产生活情况；视察南充火车站建设、城市园林绿化和城市小区物业管理工作的情况；视察全市“普九”、促进教育“双基”达标工作和顺庆区宗教活动场所的情况。本次会议前，还组织市人大代表进行全面视察，为开好本次人代会作了准备。通过视察，代表们增加了对各方面工作的了解，更多地听取了人民群众的呼声和要求，这对发挥人大代表的作用很有好处。

评议工作得到进一步改进和加强。分别组织开展了对市工商局、市建委、市教委的工作评议及任命人员的述职评议。听取了市监察局局长、市乡镇企业局局长、市外办主任的述职报告。依法对其履行岗位职责、依法办事、勤政廉政等情况进行了评议。按照省人大的统一部署，开展对市人民检察院的工作评议，市县两级人大统筹安排，上下配合，集中进行，对转变检察机关办案作风，规范执法行为，起到了积极的促进作用。同时，加强了对评议整改工作的领导，收到了较好效果。常委会对 1996 年开展评议的市贸易局、市公安局、市土地管理局、市广播电视局的整改情况进行审议，对去年评议单位的整改工作也提出了要求，限期整改落实，推动了被评单位的工作，解决了人民群众十分关心的一些实际问题。如，评议市工商局的工作，代表们反映嘉陵区临江乡 1.7 万多人没有一个集市，农民无场可赶，对发展当地经济极为不利，要求工商部门帮助建好市场。市工商局和嘉陵分局立即赴临江乡调查规划，并补助资金，帮助该乡建设一个 2000 平方米的农贸市场，结束了该乡长期无场无市的历史。又如，顺庆区西河市场，基础条件较差，给当地居民生活带来不便。代表们提出整改意见后，市工商局、市建委采取措施，对西河市场进行总体规划，并对进出口街道路面进行整治和硬化。

根据代表和人民群众来信来访反映的问题，常委会认真对待，及时处理，做好疏导、教育工作。对个别案件，开展调查，加强个案监督。如，反映强烈的陈和平贪污案、东风绸厂货款案、重复处罚南充化工总厂小金库案、市康达计贸商行征用土地案等，主任会议听取专项汇报，逐一进行审议，督促有关机关进一步审查核实，及时依法予以公正处理。代表评议检察机关反映的几个具体案件，市人民检察院认真对待，提出处理意见，向常委会作出了报告。

四、密切同各级人大的联系，加大对县级换届选举工作的指导力度

常委会加强与全国人大、省人大和县、乡人大的联系。组织人员参加全国、全省人大培训班的学习，承担全国人大办公厅委托编辑的《前进中的市级人大》一书，已于去年 6 月由中国民主法制出版社出版发行，受到全国人大常委会领导的肯定。定期列席省人大常委会会议，参加省人大组织召开的学习会、座谈会、联席会，接待省人大组织的执法检查、调查和视察活动团组，加强了与上级人大的联系。邀请县（市）、区人大常委会负责人列席市人大常委会会议，常委会主任、副主任到各县（市）、区考察时，注意听取县、乡人大的意见，对地方人大的工作给予支持和指导。有关专门委员会和常委会办事机构与县（市）、区人大共同召开了人大财经、城环、农业、民宗外侨、教科文卫、法制、代表工作座谈会以及乡镇人大工作座谈会，定期培训乡镇人大干部等，通过多种形式，讨论和研究人大工作的有关问题。同时，加强了与省内市级人大之间的联系。这些工作，密切了上下人大、兄弟人大之间的联系，达到了增进了解，互相学习，取长补短，改进工作的目的，增强了市人大工作的活力。

去冬今春，全市 9 个县（市）、区都开展了换届选举工作。针对这次县级换届选举面临的新情况，按照全国人大、省人大的决定和要求，及时部署，加强换届选举工作的指导。一是明确换届选举的指导思想和重大意义；二是对代表条件和代表组成结构以及选举中的问题提出了建议；三是统筹安排选举时间，县（市）、区人大代表于去年 12 月底前选出，县级人民代表大会选举县级领导班子，已于今年 1 月底前完成；四是加强换届选举的宣传教育工作，增强选民和代表的民主法制观念；五是加强换届选举的组织领导工作，市人大常委会成立选举办公室，指导各县（市）、区选举委员会的工作，及时答复选举工作中遇到的问题，为全市换届选举工作的顺利开展创造了条件，提供了保证。

五、搞好人大制度宣传，加大自身建设的力度

宣传人民代表大会制度是一项长期的工作。常委会充分利用全国《人大工作通讯》、省《人民权力报》《民主法制建设》等报刊和市级新闻媒体，撰写并发表论文 20 多篇，发表人大新闻稿件 110 多篇，宣传人大制度理论和地方人大工作。组织人大新闻采访组赴县（市）、区宣传采访，开展《代表法》宣传活动，举行南充市第五届人大制度好新闻评选活动，出版《实践与探索》第三辑，承办全省《民主法制建设》宣传发行会等，宣传我市人大工作的情况和各级人大代表先进事迹，在社会上产生了广泛的影响。

常委会重视机关干部队伍素质的提高，组织常委会组成人员和机关工作人员认真学习党的十五大精神，学习依法治国等重要理论。加强机关组织、制度、作风建设，为市人大发挥职能作用创造条件。市人大各专委会和常委会办事机构努力为人代会、常委会和主任会议依法行使职权服务。在时间紧、任务重的情况下，确保了市一届人大六次会议的圆满召开。同时，积极办理和交办、督办代表对各方面工作提出的议案、建议、批评和意见。市一届人大五次会议期间，大会主席团交付市人大农业委员会审议的《关于加大升钟水库淹没区扶贫开发力度的议案》，农业委员会认真审议，向常委会提出了审议结果的报告，这个报告已经常委会批准，并印送各位代表。代表们提出的 91 件建议，都分别进行了研究处理，并向代表作了答复。一年来，各专委会认真履行职责，依法开展执法检查，听取市政府工作部门和市中级人民法院、市人民检察院工作汇报，审查市政府规范性文件，接待处理人民群众来信来访，完成法律法规征求修改意见稿等，为常委会各项工作的有效开展，做出了积极的努力。

一年来，常委会完善人事任免制度，依法任免市级国家机关工作人员 46 人（次）。根据市人民政府市长的提请，分别决定任命 3 名副市长。根据代表缺额情况，补选了市人大代表。

总结过去一年的工作，常委会在市委的领导下，肩负全市人民重托，认真行使宪法和法律赋予的职权，各方面工作都取得了新的进步，这是常委会组成人员和全体市人大代表共同努力的结果，是市人民政府、市中级人民法院、市人民检察院和县（市）、区人大及其常委会大力支持的结果，是市人大各专委会和常委会办事机构全体同志辛勤工作的结果。在此，我代表市人大常委会表示衷心的感谢！

在肯定成绩的同时，我们也清醒地看到，常委会工作仍然存在一些薄弱环节，主要是：个案监督有待加强，审议意见办理情况反馈不够，机关思想、组织、作风建设仍需不断加强。这些问题都应在今后的工作中采取措施，认真加以改进。

1998 年是本届市人民代表大会任期最后一年，做好今年的工作至关重要。市人大常委会要在中共南充市委的领导下，高举邓小平理论伟大旗帜，全面贯彻党的十五大精神，认真执行全国、省九届人大一次会议决议，继续按照"围绕中心、突出'法'字、加强监督、注重实效"的工作思路，努力开展工作，更好地发挥人大在经济建设、精神文明建设和民主法制建设中的作用。

一、继续贯彻依法治国方针，积极推进依法治市工作。要认真贯彻市委、市人大关于依法治市的决定、决议，注意研究依法治市进程中的新情况、新问题，促进依法治市工作全面启动。加强对依法治理试点工作的指导，协助开好全市依法治理试点工作经验交流会。开展依法治市专项治理工作调查，并督促其实施。适时听取市人民政府开展"三五"普法、实施依法治市工作情况的汇报。继续督促各级领导干部带头学法，配合举办市级各部门领导干部法制学习班，加大法制宣传教育工作的力度。围绕严肃执法、执法队伍建设、具体行政行为、人民群众反映强烈的社会问题，加强对具体案件的监督力度，务求实效。加强对法律、法规实施的检查监督工作，着力规范国家机关依法行政、依法司法行为，督促纠正有法不依、执法不严、违法不究、滥用职权等现象。

二、继续开展调查研究工作，促进经济快速发展。在做好计划执行、财政预决算的审议工作，监督和促进政府努力完成全市各项目标任务的同时，重点围绕推进企业"两个转变"、培育市区经济、发展支柱产业、推动重点工程建设、维护社会稳定等重大问题开展调查研究，听取市"一府两院"工作汇报，提出有分量的审议意见，作出相应的决议、决定。各专委会和常委会办事机构要继续确定专题调研题目，形成观点明确、措施可行的调查报告，为市委决策和人大监督提供参考。

三、继续搞好代表工作，提高监督工作实效。进一步加强与市人大代表的联系，组织代表参加视察、调查、执法检查等活动，督促并认真办理代表提出的建议、批评和意见。继续组织代表列席常委会会议，参加工作评议和述职评议，搞好对市政府部分职能部门和市中级人民法院的评议工作。依法开展人事任免工作，把监督人和监督事结合起来，增强监督工作效果。

四、继续抓好人大宣传工作，推进民主法制和人大制度建设。除了加强对人大及其常委依法行使职权的情况进行报道外，要拓宽宣传内容，增加宣传深度。组织新闻记者采访报道基层人大代表的先进事迹，办好市级报刊、电台"以案说法"专栏，做好南充市第六届"宣传人大制度好新闻"评选，搞好市级人大换届选举的宣传等，增强全社会的"人大意识"和民主法制观念。

五、继续加强自身建设，做好市级人大换届选举工作。要进一步加强人大干部队伍的思想政治建设，深入学习依法治国理论和党的十五大精神；适时组织常委会组成人员外出学习、交流，取长补短，不断提高常委会组成人员、机关工作人员的政治理论水平和业务能力。加强对县（市）、区人大常委会新任领导的业务指导和培训工作，推动县级人大工作的有效开展。

今年底，市人大和乡镇人大将进行换届选举。这是全市人民政治生活中的一件大事。对进一步坚持和完善人民代表大会制度，加强政权建设，具有重要意义。常委会要组织做好南充市第二届人民代表大会代表的选举工作，认真筹备召开市二届人大一次会议，指导乡镇人大的换届选举。在市人大换届选举中，坚持充分发扬民主、严格依法办事的原则，充分尊重和保障参选代表的民主权利。要通过这次换届选举，进一步加强市人大及其常委会的组织建设。要努力改善人大代表和常委会组成人员的组成结构，在保证代表的广泛性、代表性的同时，注重代表的素质和议政能力，使选出的代表更好地履行职责；要使常委会的组成人员逐步专职化和比较年轻化，以适应新形势下人大工作的需要。

各位代表，新的一年目标任务已经明确。我们一定要坚持实事求是的原则，认清形势，正视困难，振奋精神，团结实干，不辜负全市人民的重托，为加快全市经济发展步伐，推动各项社会事业的全面进步，作出新的贡献！

南充市人民代表大会常务委员会工作报告

1999 年 1 月 21 日在市二届人大一次会议上

南充市人大常委会主任　李慎宽

各位代表：

我受南充市第一届人民代表大会常务委员会的委托，向大会报告本届常委会五年的主要工作，请予审议。

市一届人民代表大会一次会议以来，在中共南充市委的领导下，常委会高举邓小平理论伟大旗帜，认真贯彻党的十四大、十五大精神，坚持“围绕中心、突出‘法’字、加强监督、注重实效”的工作思路，切实履行《宪法》和法律赋予的职权，充分发挥职能作用，为推进全市人大制度建设和民主法制建设，保障和促进改革开放和现代化建设事业的顺利进行，作出了应有的贡献。

一、围绕中心，促进经济发展

市一届人大常委会任期内，共举行常委会会议 34 次，主任会议 115 次，听取和审议市政府及其工作部门、市中级人民法院、市人民检察院工作汇报 153 项，其中经济建设方面的议题占 60& 以上。在审议政府经济工作时，常委会组成人员及专委会、办事机构负责人深入调查研究，认真审议发言，提出了许多有针对性的意见和建议。仅农业、财政经济方面，就作出决议、决定 18 个，先后向市政府送交审议意见 30 个，突出了经济建设中心。

发挥人大在经济建设中的职能作用。坚持每年定期听取市政府农业生产和农村工作的情况汇报，督促市政府强化农业基础地位，改变农业生产条件，调整农业产业结构，大力发展乡镇企业，为连年实现粮增产钱增收做出了积极的努力。常委会还针对农村经济发展中的新情况和新问题，每年抓住 1 至 2 个重点，实施跟踪监督，先后多次组织部分常委会组成人员和省、市人大代表调查升钟水库淹没区的扶贫情况，督促市政府出台了有关加快库区扶贫的政策，帮助解决实际困难；认真检查林业法规的执行情况，及时作出了《关于实现全市绿化的决议》，推动了全市的绿化进程；每年开展农业执法检查，切实减轻农民不合理负担，维护农村社会稳定；同时，还对科教兴农、加快农业产业化步伐、实现扶贫攻坚目标、加快小康村镇建设，开展了视察和调查，提出了审议意见，作出了相应的决议，为我市由农业大市向农业强市转变，发挥了应有的作用。

在促进城市经济和基础设施建设方面，始终抓住影响和制约本地经济发展的关键问题，听取专题汇报，实施重点监督，积极建议献策，力求见到成效。一是加强国民经济计划和财政预算的审查监督。依法听取全市国民经济和社会发展长远规划和年度计划的制定、实施情况。定期听取审议财政决算报告、批准市级财政决算、监督预算的执行，加强对预算外资金管理的监督，逐步把预算外资金管理纳入规范化的轨道，收到了明显效果。二是围绕经济发展的宏观问题进行监督和提出建议。先后提出了关于大力发展市属经济、发挥市带县功能的建议，关于以重点项目支撑区域经济发展、大力提高经济效益的建议，关于经济发展应以产品立企、产品立市的建议。这些建议都是在充分调查研究的基础上形成的，具有较强的针对性。三是大力促进重点项目和基础设施建设。省委、省政府两次南充现场办公会确定的项目和资金，常委会积极支持政府做好工作，尽快落实。同时，还听取了市政府关于重点项目、基础设施建设的专题汇报，督促政府加大重点建设力度，努力改善投资环境，促进经济的持续、快速发展。四是依法整顿经济秩序、规范市场行为。通过有关法律法规的执法检查，整顿市场管理秩序，督促开展打假治劣、建立健全有关制度，以及监督国有企业“治乱减负”工作等，均收到一定效果。

常委会还听取和审议了有关企业改革、乡镇企业、个体私营经济发展、外贸、烟草、文物保护、民族宗教、侨务台事、社会治安、土地管理、环境保护、计划生育、教育、科技、文化、卫生、体育、法院审判方式改革等方面的情况汇报，确保国民经济和各项社会事业的发展。

开展专题调查研究，为正确决策提供参考。调查研究是人大履行职责的一项基础工作。常委会坚持把调查研究列入重要日程，除了围绕常委会、主任会议审议议题开展经常性的调查研究，确保会议审议质量外，每年都有计划、有组织地对事关全市经济发展和社会事业的一些重大问题、热点问题、难点问题进行专题调查。五年来，经主任会议审定后报送市委的专题调查报告共 30 多个，市委正式批转 21 个。这些调查报告为市委正确决策提供了参考，为市政府开展工作给予了支持。同时，也加大了人大对政府经济工作的监督力度。

加强联系指导，督促解决一些实际困难和问题。常委会根据市委的安排，认真开展联系县区、企业和重点建设项目的工作，为地方经济发展、企业减亏增效、重点工程立项建设积极献计出力。同时，还督促市政府为南部、阆中、嘉陵 3 个贫困县（市）、区及所属企业解决了一些实际困难。市人大机关还定点联系南部伏虎镇、阆中市博树回族自治乡、妙高镇，帮助解决了一些实际问题，为加快农民脱贫致富步伐，发挥了积极作用。

二、抓住根本，推动法治进程

推进社会主义法制建设是地方人大的根本任务。常委会抓住这个根本，依法履行职责，有效开展工作，推动了全社会的法治进程。

加强执法检查，促进法律法规的贯彻实施。保证宪法、法律法规在本行政区域的正确贯彻实施，是地方各级人大常委会的首要职责。五年来，常委会十分重视执法检查监督工作，先后组织对 20 多部法律法规的执行情况进行了检查。在检查中，不断改进方法，综合运用各种监督手段，做到上下联动，多管齐下，同步进行，强化了检查力度。针对执法检查发现的问题，及时通报情况，提出整改意见，督促纠正了一些执法不严、违法不究的问题。如发现一些地方农作物种子市场管理不严，贩卖伪劣种子现象较为突出，给农业生产带来了一定损失的问题，常委会及时督促进行查实，对触犯刑律的人员依法惩处，对涉及有关案件的国家工作人员分别给予了党纪政纪处分，严肃了法纪，消除了社会不良影响，有效地推动了法律法规的贯彻实施。

开展以领导干部为重点的法制宣传教育。常委会在采取多种形式开展经常性的法制宣传教育，增强全民法制意识的同时，始终把提高领导干部的法制意识和法律素质放在重要位置。针对部分干部群众人大意识和法制观念较为淡薄的实际情况，分层次举办了副县级、副科级以上干部法律学习班，共 1000 多人次参加了学习，在市级机关和各县（市）、区迅速掀起了领导干部学法的热潮。在人大关注下，市、县两级党校把学习法律纳入必修课程，着力提高领导干部的法律素质。常委会坚持实行任命干部“先考法，后任命”的法律考试制度，在届期内任命的 250 多名干部中，有 90% 通过了法律考试。为了把领导干部学法引向深入，结合开展“二五”普法教育，组织开展了声势较大的法律知识电视大赛。同时，在南充电视台、电台开展市场经济法律知识专题讲座，组织领导干部带头宣讲法律知识。这些活动，促进了我市领导干部学法教育的开展，有效地提高了领导干部的法律素质。

贯彻依法治国方针，推动依法治市进程。省委、省人大作出依法治省的决定和决议后，常委会对依法治市的各项准备工作及时作出安排部署，并向市委作了专题报告，提出具体建议，市委及时作出了关于依法治市的决定。常委会还组织力量对全市依法治理工作开展专题调查研究，召开县（市、区）人大常委会主任学习会、人大制度研究会进行专题交流、探讨，在认真准备的基础上，作出了依法治市决议。为推动全民普法教育和依法治市工作的开展，常委会相继听取和审议了市政府关于全市“二五”“三五”普法工作的情况汇报、关于贯彻依法治市决议的情况汇报，与市法建办联合举办依法治市培训班，组织编辑《案例与普法》通俗读物，指导并参与市政府开展依法治理“五个一”（一个乡镇、一个工厂、一个学校、一个居委会、一个机关单位）的试点工作，增强了广大干部群众对依法治国理论与实践的认识，促使依法治市工作稳步、扎实地向前推进。

常委会还针对农村基层民主法制建设十分薄弱，依法治理难度较大的实际情况，围绕贯彻落实“两法一条例”，开展了农村基层民主政治建设试点工作，组织召开了全市农村基层民主政治建设经验交流会议，推进农村村民代表会议制度、村委会、城镇居委会自治工作制度的逐步建立，促进了农村基层民主法制建设。

三、加强监督，规范行政司法行为

监督是《宪法》和法律赋予地方人大及其常委会的一项重要职权。在实践中，为了加大监督力度，常委会注意突出重点，提高监督实效，依法规范行政、司法行为。

积极推行部门执法责任制和司法错案责任追究制。常委会坚持“党委领导、人大监督、‘一府两院’实施”的原则，从1994年下半年开始，在市级机关督促开展了部门执法责任制和错案责任追究制工作，及时作出了《关于在市“一府两院”实行部门执法责任制的决议》。对市级59个具有执法主体资格的部门贯彻执行《决议》的情况进行检查，听取实施情况汇报，提出审议意见，加强跟踪监督。同时，常委会还作出了《对司法机关案件监督规定》，督促市中级人民法院、市人民检察院推行司法错案责任追究制，依法规范审判、检察工作，强化司法责任。这些工作，有力地推动了政府、“两院”执法责任制的全面展开，对规范行政、司法行为，促进依法行政、依法司法、依法办事，起到了积极作用。

认真开展工作评议和述职评议。常委会坚持开展了对政府工作部门、法院、检察院的工作评议和对人大及其常委会选举任命干部的述职评议。工作评议，从试点到全面铺开，组织评议了市政府13个组成部门和法院、检察院的工作。在评议工作中，既充分肯定成绩、提出中肯的批评意见和建议，又抓住工作中存在的主要问题，督促整改，限期落实，解决人民群众十分关心的一些实际问题。特别是对公安、法院、检察院的工作评议，按照全省统一部署，市、县两级人大统筹安排，上下配合，集中进行，形成了声势，对司法机关依法办案、公正司法，起到了积极的促进作用。

述职评议是近年来人大监督工作的新探索。常委会每年都要求所有任命干部进行书面述职，并确定部分干部进行会议述职。五年来，常委会会议、主任会议分别听取了市政府12个组成部门主要负责人、市中级人民法院院长、市人民检察院检察长的述职报告，对其履行职责、依法行政、依法司法以及个人思想作风、勤政廉政等情况进行评议，对政绩突出的单位和个人作出通报表彰决定。由于述职评议综合运用了调查、视察、检查、审议、询问、质询等多种监督手段，较好地体现了“实事求是、公正客观”的原则，强化了监督职能，增强了监督实效，对规范领导干部行为，加强班子建设和国家机关有效运转做出了积极努力。

依法强化个案监督。常委会在有计划地听取“一府两院”的工作报告，进行全面监督的同时，积极探索加强对个别重点事项的监督。一是重视代表议案和建议的督查督办工作。市一届人大各次代表大会会议上，主席团决定作为正式议案的共14件，代表提出的建议、批评、意见和由议案转为建议、批评、意见的共548件，这些议案、建议均按有关程序及时交“一府两院”和有关部门办理。对代表提出的一些反映强烈、久拖不决的问题，常委会实施重点监督。如整治市文化巷脏、乱、差、堵，拓宽硬化文化巷街道的问题，解决由人民南路进入市中心医院的通道问题，整治南充城区宁安巷街道问题等，都作为个别重点事项进行监督，受到了代表和人民群众的好评。二是根据人民群众的申诉控告，加强对个别司法案件的监督。常委会重视人民群众来信来访工作，对一些反映突出、明显违法的行政、司法个案，进行监督。五年来，严格按照个案监督程序，集体审定提出监督意见，督促司法部门对13个错案作了纠正。

四、依法办事，搞好换届选举工作

按照《宪法》《地方组织法》的规定，地方人大常委会指导下级人大换届选举和主持本级人大换届选举。市一届人大常委会任期内，依法指导了两次乡镇人大换届选举、一次县级人大换届选举，主持了市二届人民代表大会代表的选举及市二届人大一次会议的筹备工作，承办了选举南充出席四川省第九届人民代表大会代表的工作。

在选举工作中，常委会坚持充分发扬民主，严格依法办事的原则，精心组织，全面部署，加强各次换届选举工作的指导和领导。一是明确换届选举的指导思想和重大意义，把完善乡镇建制，选举产生县、乡人民政权，当作是实践人民民主权利的重要工作来抓；二是认真组织实施新修改的《选举法》《地方组织法》《四川省乡镇人大主席团条例》，对代表条件和代表组成结构以及选举国家机关领导人员中的问题，提出了建议；三是加强换届选举的宣传教育工作，增强选民和代表当家作主意识，激发了参选热情；四是统筹安排，集中时间，集中精力，选举市、县、乡三级人大代表，召开好换届后的第一次人民代表大会会议；五是加强换届选举的组织领导工作，市人大常委会成立选举办公室，指导各县（市）、区选举委员会的工作，及时答复、协调处理选举工作中遇到的问题；六是总结换届选举实践经验，督促处理选举违法的人和事。

这次换届选举市二届人大代表，从去年10月开始到今年1月上旬全部选出，整个工作进展顺利，新选举产生的518名市人大代表，经市一届人大常委会代表资格审查委员会审查，全部代表资格有效。

五年来，常委会还依法决定任免市人民政府组成人员69人次，任免市人大常委会机关、市中级人民法院、市人民检察院工作人员228人次，批准任命县（市）、区人民检察院检察长12人次，任免工作逐步规范和完善。

五、强化基础，推动人大工作

针对市人大组建运行时间不长的客观实际，常委会坚持不懈地抓了三大基础建设，以保障市人大依法行使职权，有效开展工作。

加强人大制度建设，增强全社会的“人大意识”。市人大成立第一年，常委会抓住《宪法》颁布、人大制度建立40周年、全省人大工作会议召开这一契机，有组织地开展了“《宪法》、人大知识”学习周，举办了有奖征文、电视讲话、纪念报告会等活动；认真贯彻市委人大工作会议精神，落实市委关于加强人大工作的决定。为了确保人大宣传教育工作经常化、制度化，常委会既注重抓好市级“一报两台”对人大工作的宣传，又重视在全国人大、省人大的报刊上积极宣传南充人大工作。同时，还通过自办《公报》《人大工作》等内部刊物，反映党委加强和改善对人大工作的领导、人大依法行使职权、“一府两院”自觉接受人大监督的情况，反映各级人大代表的重要活动，宣传典型，推广经验。

成立南充市人大制度研究会，每年召开一次年会，从理论与实践上进行广泛探讨，编辑出版了《实践与探索》3 辑；每年举行一次南充市“宣传人大制度好新闻”评选活动，评选推荐好新闻作品，有 26 篇获得全国、省级一、二、三等奖；组织新闻单位和人大机关干部采访宣传基层人大代表先进事迹，编辑出版了《代表风采》2 辑；成立南充市人大宣传报道站，组建宣传网络，加大了宣传力度。受全国人大常委会办公厅委托，主编出版了《前进中的市级人大》一书。去年又由省委、省人大主要领导作序出版了《转型时期的地方人大工作》一书，得到了全国人大和省人大领导的肯定。既推动了市人大的工作，又提高了全社会的“人大意识”。

加强代表基础工作建设，发挥人大代表的作用。常委会坚持把密切联系代表，充分发挥代表作用，提高代表素质，作为一项基础工作，作为加强同人民群众联系的重要渠道。制定了代表联系办法、代表执行职务的规定，从组织措施、工作制度上予以落实，基本上形成了常委会组成人员带头抓、专门委员会和办事机构具体抓、社会各方面支持代表工作的格局。组织市人大代表列席常委会例会和一些重要会议，参加检查、视察、调查、评议等活动形成了制度；给市人大代表征订省人大报刊，送发市人大常委会内刊、资料等得到了落实，保障了代表依法执行职务。为总结推广代表工作经验，成功地组织召开了优秀市人大代表和人大工作先进集体、先进个人表彰会议。这些工作深得代表好评，大大提高了代表履行职责、发挥作用的主动性和积极性。

加强机关自身建设，不断提高工作质量和水平。坚持学习制度，有计划、有重点地组织常委会组成人员和机关干部认真学习邓小平关于民主法制建设理论，学习《宪法》和法律法规，学习党和国家方针、政策，以及党和国家领导人关于人大工作的重要论述，从理论和实践上明确人大制度的基本内涵和人大工作的重要性。通过学习，提高常委会组成人员和机关干部的思想认识和业务水平，大家以饱满的热情投身于人大工作，形成了严谨求实、勤奋工作的良好风气。常委会及时制定了人代会、常委会、专委会议事规则和保证机关正常运转的一系列制度，各项工作逐步走上制度化、规范化的轨道。本着“精简、统一、效能”的原则，逐步建立完善专委会和常委会办事机构，明确各部门的职责，充实一批年富力强、文化程度较高、热爱人大工作的干部，专委会和办事机构的作用得到充分发挥。各专委会和办事机构加强对县、乡人大工作的指导，组织培训乡镇人大干部，密切同省人大和兄弟市、地、州人大的联系，认真履行职责，树立了机关整体良好形象。

回顾过去五年的工作，常委会在工作思路上，坚持“十六字”工作思路不动摇，力求干出本地特色；在工作目标上，自我加压缩短差距，力求起步晚而起点高；在工作方法上，既重形式更讲内容，力求主动灵活务求实效，各方面工作年年都有新进展。应当说，市一届人大常委会任期的五年，是打基础、起好步的五年，是大胆探索、积累经验的五年，是开拓进取、富有成效的五年。但是，与《宪法》和法律的要求、人民群众的期望以及经济社会发展的需要相比，我们的工作还有差距。对行使重大事项的决定权有待进一步加强；监督工作虽然做了很大努力，但仍需不断改进和完善；在依法治市的工作中，如何更好地发挥人大的主导作用，加快全市各项事业的法制化进程，也需在实践中进一步研究和探索。

经过五年的工作实践，常委会对如何做好地方人大工作有以下几点体会。

第一，人大工作必须坚持以邓小平理论为指导。市一届人大常委会认真贯彻小平同志“发展才是硬道理”“两手抓、两手都要硬”的方针，认真学习有关人民代表大会制度的理论、有关加强社会主义民主法制的理论、有关依法治国的理论，自觉运用邓小平理论指导人大工作，在服从和服务于改革开放、经济建设大局，推进社会主义民主法制建设，坚持和完善人民代表大会制度等方面，都较好地体现了地方人大及其常委会的性质、地位和作用。确保了常委会的各项工作，在党委的领导下，沿着正确的方向卓有成效的向前推进。

第二，人大工作必须坚持以经济建设为中心不动摇。经济建设是全党的工作中心，各项工作都要服从和服务于这个中心，人大工作也不例外。五年来，常委会始终坚持从经济建设着眼，从民主法制建设入手来开展工作，努力寻求为经济建设服务与加强民主法制建设的结合点，使人大工作与党的中心工作保持一致，较好地发挥了人大在推动地方经济发展中的职能作用，体现了地方人大工作的特色。

第三，人大工作必须抓住民主法制建设这个根本任务。实行依法治国，建设社会主义法治国家是一项跨世纪的战略目标，地方人大对此担负着十分繁重的任务。常委会按照《宪法》和法律的规定，始终把推进民主法制建设作为首要任务，充分履行职责，既推动了全市依法治理进程，又切实有效地保障和促进了经济建设和各项社会事业的健康发展。事实证明，人大工作只有在推进社会主义民主法制建设上有所作为，才能在建设社会主义现代化的伟大事业中有所贡献。

第四，人大工作必须坚持党的领导。地方人大工作不论在任何时候、任何情况下，都离不开党的领导。坚持党的领导，是做好人大工作的根本保证。在过去的实际工作中，常委会把坚持党的领导、贯彻党的意图、实现国家意志有机地结合起来，正确处理党管干部原则和人大依法任免的关系，自觉接受和依靠党的领导，认真传达贯彻党的意图，带头执行党委决定，重大问题及时向党委专题报告，形成了党委重视支持人大工作、人大自身开拓进取、不懈努力的良好局面。

第五，人大工作必须不断探索和完善。新时期的地方人大工作面临许多新情况、新问题，需要在实践中不断探索，在探索中不断完善。本届常委会根据这一基本思路，结合南充的实际情况，突出抓好“五大建设”（人大制度建设、经济建设、民主法制建设、代表基础工作建设、自身建设），积极探索做好人大工作的新方法、新措施，增强了人大工作的活力，逐步加深了对新时期人大工作的认识。

各位代表！

市二届人民代表大会正处于世纪之交、承前启后的重要时刻，肩负着跨世纪的历史重任。为了更好地发挥地方国家权力机关的职能作用，把我市人大工作推上一个新台阶，建议新的一届市人大常委会要继续高举邓小平理论伟大旗帜，认真贯彻落实十五大精神，围绕中心，促进经济发展；继续贯彻落实依法治国方针，积极推动依法治市进程；继续探索监督新领域，务求监督工作取得更大实效；继续加强自身建设，适应新形势人大工作需要；继续加强人大制度和人大工作的宣传，为人大工作的开展创造良好的环境。我们相信，在党的十五大精神指引下，在中共南充市委的领导下，新的一届人大常委会一定会把市人大的工作做得更加出色、更有成效，为推进南充改革开放、经济建设、社会发展和民主法制建设，作出新的更大的贡献！

南充市人民代表大会常务委员会工作报告

2000 年 1 月 17 日在市二届人大二次会议上

南充市人大常委会主任　李慎宽

各位代表：

我受南充市人民代表大会常务委员会的委托，向大会报告市二届人大一次会议以来常委会的工作和今后一年的主要工作任务，请予审议。

一、一年来的主要工作

1999 年是市二届人大常委会工作开局之年。常委会坚持以邓小平理论和党的十五大精神为指导，在中共南充市委的领导下，按照“围绕中心、突出‘法’字、加强监督、注重实效”的工作思路，认真执行市二届人大一次会议决议，切实履行宪法和法律赋予的职责，各方面工作都取得了新的进展。

（一）围绕经济建设中心开展人大工作，维护改革、发展和稳定大局

一年来，共举行常委会会议 7 次、主任会议 21 次，听取市人民政府、市中级人民法院、市人民检察院的工作报告和专题汇报 46 个，作出决议、决定 5 个，提出审议意见 16 个，有效地推动了“一府两院”的工作，促进了全市经济建设和社会事业的健康发展。

1. 强化经济运行宏观调控的监督，推动城市经济发展。

加强宏观调控是全市经济持续、快速、健康发展的重要保证，也是常委会监督工作的重点。常委会先后听取了市人民政府关于国民经济和社会发展计划执行情况、1999 年财政预算执行情况的报告，审查批准了 1998 年市本级财政决算和 1999 年财政预算调整方案。针对经济工作中存在的主要问题，提出了加强宏观调控、推动全市国民经济稳中求发展、进中增效益、大力培植财源、加强财政管理等审议意见。市人民政府按照要求，积极采取有效措施，扎实开展工作，较好地完成了国民经济计划和财政任务。

在重点建设方面，加强了工程质量管理的监督。听取和审议了市人民政府关于重点工程建设的汇报，提出了进一步完善建筑工程质量保障制度，加强建设市场统一管理，强化执法队伍建设等建议和意见；开展了对建筑法、四川省建筑管理条例的执法检查，对南充炼油厂等重点企业和清泉寺大桥、西河整治、滨江大道、西山风景区等建设项目进行了视察，为企业的改革和发展提出了中肯的建议，推动了重点工程建设。

为进一步改善投资环境、促进招商引资，常委会开展了对台湾同胞投资保护法及其实施办法的执法检查，听取和审议了市人民政府关于全市侨属企业发展和贯彻四川省开发区管理条例、加快南充经济技术开发区步伐的情况汇报，为依法规范有关部门的执法行为、完善开发区管理、保护投资人的合法权益、创造良好的投资环境，起到了积极的作用。

常委会领导还联系了一些重点行业、企业和工程。通过深入开展调查研究，有针对性地提出建议，推动了有关工作的开展。

2. 加大农业产业结构调整的监督力度，推动农村经济发展。

常委会十分重视农业的基础地位。去年换届后的第一次会议就听取和审议了市人民政府关于全市农业稳粮增收目标及其措施的情况汇报，提出了在调结构、建基地、兴市场、活流通等方面加大工作力度的意见，并建议在秋收后举办全市优质农产品博览会。市人民政府高度重视，通过市县两级各方面的努力，农博会获得圆满成功，收到了较好的经济效益和社会效益。同时，还听取和审议了市人民政府关于农业产业化经营的情况汇报。针对该项工作中存在的认识不到位、部分基地产品质低量小、龙头企业少等问题，提出了要更新观念，科学规划，重点投放，开拓市场，突出服务，强化落实的意见，推动了农业产业化进程。

在强化农业监督过程中，采取多种形式对森林法实施、升钟水库淹没区扶贫资金使用、环城绿化等工作进行了监督，对川北农副产品批发市场、高坪区柑橘高换改良、蓬安“锦橙100号”工程建设进行了视察。及时召开了全市人大农业工作座谈会，进一步明确了人大加强农业工作监督的重点，对促进政府重视流通、调整思路、开拓市场起到了一定的作用。

根据市委的统一部署，参与指导整顿农村合作基金会的工作，并听取和审议了市人民政府关于清理整顿农村合作基金会的情况汇报，提出了化解农村金融风险的建议和意见。

3. 围绕“富民兴市”开展专题调查研究。

常委会围绕经济和社会事业发展的重点和难点，就开拓城乡市场、启动内需、搞活国有企业、搞活农产品流通增加农民收入、减轻乡镇负债、培育支柱产业、发展民营经济、环境资源保护、重点基础设施建设等，开展了大量的调查研究工作，形成调研报告15个，以党组文件向市委报送11个，为市委决策提供了参考，同时为人大有效开展工作提供了依据。

4. 促进社会事业协调发展。

常委会对科技进步法、义务教育法、文物保护法、四川省计划生育条例进行了执法检查，听取了市人民政府关于贯彻实施科技进步法的情况汇报。针对科技意识不强、科技与经济结合不紧、科技投入严重不足等问题提出了建议，在加大科技成果转化力度、增加科技投入等方面收到了一定的效果。

（二）突出法制建设，推进依法治市进程

1. 加大推动“三五”普法力度，促进法制宣传教育。

常委会坚持把普法工作作为法制建设的基础工作来抓。通过听取和审议市人民政府关于全市“三五”普法工作的情况汇报、开展“三五”普法决议执行情况的检查，充分肯定了“三五”普法取得的阶段性成果。对一些地方存在的认识不到位、经费投入不足、工作发展不平衡的问题，提出了改进意见。市人民政府加强了对法制建设工作的领导，推动了“三五”普法工作深入开展。常委会指导召开了全市依法治校经验交流会，督促有关专门委员会参与全市中小学法制教育课本的编审工作，与市法建办联合举办企业厂长（经理）合同法培训班和乡镇领导干部依法治理法律知识培训班，为深入开展法制教育、推动依法治理打下了基础。

为进一步规范政府行政行为，去年，组织力量、历时半年编辑了100余万字的《依法行政手册》。该书对政府各部门的执法依据、责任、程序、处罚规范和执法监督作了明确规定，具有较强的针对性、指导性、适用性，已由中国民主法制出版社出版发行。为解决法制培训教育阵地问题，常委会经过艰苦努力，积极筹建法制培训中心，将对全市各级人大干部和依法治理工作骨干的培训发挥积极作用。

2. 加大执法检查力度，保障法律法规正确实施。

常委会和专门委员会共组织执法检查11次，先后检查了13部法律法规的执行情况，有力地保障了法律法规在我市的正确实施。去年6月，组织20多名人大代表历时15天，对政府及其有关工作部门实施统计法的情况进行了检查，并深入9个县市区的30个乡镇、27个村、52个县、乡企业进行调查，督促纠正了一些违法行为，在全市产生了较大的反响。

3. 严格规范行政司法行为，加强执法监督。

常委会十分重视对执法机关的监督。督促有关专门委员会协助市法建办和法制局组织开展了第二、第三批依法治局启动工作。通过对司法案件监督条例的学习贯彻，督促市级司法机关制定接受人大个案监督、强化内部制约、规范监督案件办理、确保司法公正的具体措施。去年，列入个案监督的案件9件，经过督促检查，已办结8件并回复。在依法对市人民政府7个规范性文件的审查中，督促纠正了有关工作部门制发的《加强基础设施管理办法》《道路交通事故车物损失价格评估暂行办法》和《公路养护管理暂行办法》中的违法规定，维护了法制的严肃性。为了监督和支持人民法院解决“执行难”问题，听取和审议了市中级人民法院关于开展“执行年”活动的情况汇报，提出了进一步加大执行工作力度、攻克执行难点的建议和意见。

（三）做好代表工作，密切与代表和人民群众的联系

1. 加强对办理代表议案和建议工作的督促检查。

市二届人大一次会议主席团交付市人大法制、农业、教科文卫委员会审议的3件议案，有关专门委员会向常委会提出了审议结果的报告，现已印发代表。市二届人大一次会议代表共提出建议、批评和意见110件，现已办理完结并答复代表。为促进代表所提建议、批评和意见的办理，除经常督促检查外，还听取和审议了市人民政府关于办理工作的情况汇报。针对政府个别部门办理质量不高、程序不规范等问题，提出了批评和改进意见。

2. 做好代表培训工作，提高代表履职能力。

针对换届后新代表较多的实际，于去年6月按选举单位组织代表进行了为期3天的集中培训。为搞好培训工作，常委会组织编写了培训资料，并派出力量到各县市区检查或授课。通过培训，代表们进一步提高了对人民代表大会这一根本政治制度的认识，加深了对权力机关职权和代表职责的理解，增强了依法履行职责的信心和能力。为帮助代表履行职责，还通过建立代表履职登记卡、印制代表通讯录、组建代表小组和代表专业组、建立邀请代表列席常委会会议制度等，加强了为代表服务的工作。

3. 组织代表开展“人民好公仆”评选活动，拓宽人大监督渠道。

为探索人大监督事与监督人相结合的新途径，在总结工作评议和述职评议经验的基础上，常委会组织了70多名市人大代表开展评选“人民好公仆”活动，对常委会任命的市人民政府37名组成人员依法行政、勤政为民、廉洁奉公、接受监督等方面的情况，进行了调查和考核。评选结束后，将对符合条件的人员授予“人民好公仆”荣誉称号，以促进政府组成人员树立对人民负责、受人民监督的公仆观念，推动干部队伍勤政廉政建设。

4. 认真做好人民群众来信来访工作。

为了搞好信访工作，发挥民主主渠道作用，常委会制定《接待和处理人民群众来信来访暂行办法》，完善了有关接待处理信访程序。一年来，共接待人民群众来访1088人（次），处理来信1152件，办理和督促办理了一批重点信访案件。去年8月，西充县同德乡梅树湾村村民集体来信来访，反映该乡政府越权撤换村民委员会组成人员的问题。常委会领导高度重视，及时派员会同该县有关单位进行调查，督促纠正违法行为并作了通报。在接到长城厂电镀废水污染西河的信访后，常委会及时组织有关部门调查并督促其严肃处理，人民群众感到满意。

（四）做好人事任免工作，指导乡镇搞好换届选举

1. 依法行使任免权，保障市级国家机关正常运转。

换届后，常委会依法任免了市级国家机关工作人员 61 人，其中：任命市人大专门委员会个别组成人员和常委会办事机构负责人 6 人，决定任命市人民政府副市长 1 人和其他组成人员 39 人，任命市中级人民法院副院长、审判委员会委员、审判员 6 人，任命市人民检察院副检察长、检察委员会委员 2 人，共免去职务 7 人，为市级国家机关正常运转提供了组织保证。在任命过程中，坚持被任命人员法律知识考试的制度；坚持干部“四化”标准，注重被任命人员的工作实绩；坚持公仆意识教育，及时召开颁发任命书大会。同时，建立被任命人员实绩档案，加强了人事任免监督工作。

2. 指导乡镇换届选举，推进基层民主政治建设。

从 1998 年 10 月至去年 1 月底，全市乡镇进行了换届选举。市人大常委会加强指导，保证了这项工作的依法有序进行。去年 4 月召开了全市乡镇人大换届选举总结会，交流工作经验，研究新时期搞好换届选举的有关问题。

（五）深入宣传人大制度，努力增强全社会的“人大意识”

1. 总结宣传经验，加强宣传队伍建设。

加强对人大制度的宣传，是一项长期而艰巨的任务。在市委的重视和支持下，全市人大制度和民主法制宣传工作有了新的进展。去年 5 月，召开全市人大宣传工作会议，总结人大宣传工作经验，进一步明确人大宣传工作的重大意义和工作方向，形成《关于加强和改进人大宣传工作的意见》，充实人大新闻宣传队伍，为全市人大制度宣传工作的深入开展奠定了基础。常委会还抓住地方人大及其常委会恢复建立二十周年的时机，召开座谈会，总结地方人大二十年来所取得的成绩，深化对我国人民代表大会制度的认识，宣传人大及其常委会的性质、地位和作用，坚定了做好人大工作的信心，收到了很好的效果。

2. 发挥新闻媒体和人大宣传阵地的作用，做好经常性的宣传工作。

常委会十分重视发挥新闻媒体的作用，先后组织宣传稿件 110 件供广播、电视和报刊采用，有力地宣传了我市人大工作和民主法制建设。在此基础上，开展第七届宣传人大制度好新闻评选活动，共评选出优秀作品 18 件，在全国和省级报刊发表的作品中，有 1 件获得全国三等奖，4 件获得全省二、三等奖；重视办好《公报》《南充人大》《人大要情》等机关内刊，编辑出版《南充市人民代表大会》画册，扩大了宣传面。

（六）加强自身建设，发挥人大专门委员会和常委会办事机构的作用

1. 搞好“三讲”教育，增强政治意识，提高理论水平。

常委会领导班子成员集中精力进行了为期 2 个月的“三讲”教育。在市委“三讲”教育领导小组的领导下和省委巡视组的具体指导下，参加“三讲”教育的同志，以高度的政治责任感和良好的精神状态，以整风的精神开门搞“三讲”，高标准，严要求，认真学习，理论联系实际，严格剖析自己，积极开展批评和自我批评，制定了整改方案。通过“三讲”教育，提高了思想认识，坚定了政治方向，增强了班子团结，改进了工作作风，为常委会机关“讲学习、讲政治、讲正气”风尚的进一步形成起到了表率作用。

2. 加强思想政治工作，完善各项制度，推动机关建设。

常委会在已有制度的基础上，又建立和完善了 9 个制度。建立常委会法制讲座制度，为提高常委会组成人员和机关工作人员的法律知识水平起到了积极作用。坚持每年的县（市、区）人大常委会主

任学习会制度，有重点地研究和探讨有关民主政治建设和经济发展的重大问题，推动了人大工作。在"三讲"教育中，坚持边学、边改，进一步完善了党员教育、调查研究等制度，促使机关工作的法律化、制度化、规范化。为充分调动机关干部的工作积极性，常委会机关实行了轮岗交流制度，90%的干部交流了工作岗位，增强了机关活力，锻炼了干部，效果较好。加强机关政治思想工作。通过开展声讨北约轰炸我国驻南使馆的罪行，以实际行动迎接五十周年国庆、迎接澳门回归等活动，激发了机关工作人员的政治热情和爱国主义精神。

为筹办市委人大工作会议，常委会切实做好会前调查、会议材料准备等工作，确保了会议的顺利召开。会议对进一步加强和改善党对人大工作的领导，努力开创人大工作新局面，充分发挥人大常委会在两个文明建设中的作用，具有十分重大的意义。

3. 重视发挥专门委员会和办事机构的作用。

换届后，常委会及时督促专门委员会和办事机构修订完善了有关工作制度，召开与政府相关部门和"两院"的联席会议，理顺工作思路，确定工作目标，为依法有序地开展工作奠定了基础。一年来专门委员会听取和审议市人民政府工作部门和"两院"专题汇报26个，协助常委会开展了执法检查、调查研究、个案监督等大量工作。各专委会还对全国人大和省人大下发的12部法律法规征求意见稿，及时组织座谈，广泛征求意见，汇总上报了修改意见。常委会办事机构为人大及其常委会依法行使职权服务，跟踪审议意见办理落实，开展调查研究，搞好定点帮扶乡镇工作，加强与上下人大联系等方面也做了积极的探索。

各位代表，一年来，常委会的工作虽然取得了一些成绩，但与宪法、法律的要求和全市人民的期望相比还有一定的差距，主要是对重大事项决定权的行使不够、监督工作实效性不够强、代表作用发挥不够充分、自身建设还存在一些薄弱环节等。对此，将在今后的工作中，采取有效措施，努力加以改进。

二、今后一年的主要工作任务

今年是世纪交替之年，是完成"九五"计划最后一年。做好今年的工作，具有十分重要而深远的意义。常委会工作的指导思想是：高举邓小平理论伟大旗帜，全面贯彻党的十五大和十五届三中、四中全会精神，在中共南充市委的领导下，按照省委、市委人大工作会议精神和市二届人大二次会议的各项决议，抓住国家实施西部大开发战略的机遇，围绕深化改革、促进发展，保持稳定的总体目标，认真行使宪法和法律赋予的职权，坚定信心，勤奋工作，充分发挥市人大常委会在依法治市中的主导作用，积极推进社会主义民主法制建设，保障和促进全市经济持续、快速、健康发展和社会全面进步。

（一）加大执法检查力度，保障法律法规正确实施。主要对食品卫生法、环境保护法、依法治市决议的贯彻实施情况进行检查。执法检查采取明察与暗访相结合、上下人大相配合的做法，不断改进和完善监督方式。要听取执法检查情况的报告，必要时就加强执法问题作出决议、决定；对执法检查情况的审议意见要及时送交有关机关和执法主体单位办理，并按期反馈整改情况。

（二）听取"一府两院"的工作汇报，审议决定重大事项。今年，常委会将重点听取和审议市人民政府关于国民经济和社会发展计划执行情况、财政决算及预算执行情况、农业产业结构调整情况、国有企业资产重组情况、贯彻实施土地管理法及其实施办法情况、第十个五年计划编制工作情况、科技成果转化情况、培育旅游支柱产业情况、公安队伍正规化建设情况、推行国家公务员制度情况的汇报；听取和审议市中级人民法院关于解决执行难问题情况的汇报；听取和审议市人民检察院关于开展法律监督工作情况的汇报。审议中对事关全局的重大事项，要适时作出决议、决定。

（三）突出监督重点，注重监督实效。组织市人大代表对市人民政府有关工作部门进行评议；继续做好“人民好公仆”的评选表彰工作；围绕依法行政、公正司法实施个案监督；加大“政务公开”和对代表所提议案、建议、批评和意见办理工作的监督力度。同时，按照市委要求，检查市委人大工作会议精神和市委《关于加强和改善党对人大工作领导的意见》的贯彻落实情况。

（四）加强法制建设，推动依法治市进程。大力推动领导干部的学法教育；指导“五个一”的依法治理工作，召开全市依法治理经验交流会；结合贯彻实施村（居）民委员会组织法，不断完善村级民主选举制度、村民议事制度和村务公开制度，推进村（居）民自治工作；督促搞好“三五”普法的总结验收工作。

（五）完善工作制度，充分发挥代表作用。继续完善代表视察制度、代表和人民群众来信来访办理制度、代表小组（专业组）活动制度、代表联系选民制度等，积极为代表履行职责创造条件。

（六）搞好人大宣传工作，深入开展人大理论研究。要根据省委批转《关于加强和改进人大宣传工作的报告》和我市《关于加强和改进人大宣传工作的意见》，加大自身宣传工作力度，重视发挥新闻媒体的作用，做好人大制度和民主法制的宣传工作。努力办好《公报》《南充人大》等内刊。搞好南充市人大制度研究会的换届工作，召开研究会年会，深入开展人大理论研究工作。

（七）加强对县、乡两级人大工作的指导，密切各级人大的联系。要重视对县、乡两级人大工作的指导，尤其要重视研究和解决乡镇人大建设中存在的问题，指导、帮助乡镇人大依法行使职权。要加强同外地人大的交往，组织学习外地人大工作经验，推动人大工作开展。

（八）加强自身建设，保障机关工作正常运转。要坚持各项学习、管理制度，继续办好县市区人大常委会主任学习会，搞好常委会机关县级干部“三讲”教育，不断增强政治意识、大局意识、“中心”意识和公仆意识，巩固和发展“三讲”教育成果。坚持开展调查研究，提高调研质量。要改进工作作风，讲求工作实效，力戒形式主义、文牍主义，努力提高工作效率。

各位代表！我们面临的任务光荣而艰巨。我们一定要在中共南充市委的领导下，认真行使宪法和法律赋予的各项职权，认清形势，明确任务，抓住机遇，开拓进取，坚定信心，团结奋斗，为推动全市的经济建设和社会进步，为进一步坚持和完善人民代表大会制度，加强民主法制建设作出新的贡献。

南充市人民代表大会常务委员会工作报告

2001 年 1 月 18 日在市二届人大三次会议上

南充市人大常委会主任　李慎宽

各位代表：

我受南充市第二届人民代表大会常务委员会的委托，向大会报告市二届人大二次会议以来常委会的工作和今年的主要工作任务，请予审议。

过去一年的主要工作

一年来，市人大常委会坚持以邓小平理论和党的十五大、十五届四中、五中全会精神为指导，紧紧围绕贯彻实施西部大开发战略决策和市委提出的追赶型、跨越式发展目标，认真履行宪法和法律赋予的职责，各方面工作都取得了新的进展，为推进社会主义民主法制建设，加快地方经济发展和社会进步，作出了新的贡献。

一、围绕经济建设中心，认真行使重大事项决定权

实施西部大开发战略，促进经济跨越式发展，是人大工作面临的一个新课题。常委会坚持以经济建设为中心，突出发展主题，及时作出了决议、决定。

作出推进我市实施西部大开发战略的决议。常委会认真贯彻省委、市委全委会精神，围绕“西部大开发，人大怎么办”，进行深入讨论和思考。及时调整工作思路，专题开展调查研究，听取审议了市政府关于实施西部大开发战略的情况汇报，作出了《关于积极推进我市实施西部大开发战略、加快经济发展的决议》。决议强调，实施西部大开发战略，实现南充新跨越，必须在经济发展总量、速度、效益上有新的突破；必须解放思想，开拓创新，突出跨越重点；必须立足长远，狠抓当前，树立真抓实干的工作作风；必须积极推进依法治市进程，大力营造良好的法制环境；必须调动全市人民的积极性，打好加快发展的总体战。这项决议的贯彻执行，对于动员和组织全市人民积极投身于西部大开发，实现跨越式发展，起到了积极的推动作用。

审议批准农业产业化发展纲要。农业是我市实施西部大开发战略，实现经济跨越式发展的基础。年初，常委会听取审议了市政府关于农业结构调整意见的情况汇报，建议制定符合我市实际、具有较强指导性的农业产业化规划。市政府根据常委会审议意见，认真组织调查，广泛论证，形成了《南充市农业产业化发展纲要》。常委会及时听取汇报，审议批准了这个纲要。对于加快我市农业结构的调整，推进农业产业化经营，将发挥积极的作用。

常委会还审议通过了加强全市法院执行工作的决议，审查批准了我市 1999 年市级财政决算、2000 年市级财政预算调整方案。

为推动各项决议、决定的贯彻落实，常委会深入开展调查研究，重点组织对调整农业结构、开发旅游资源、盘活规划区闲置土地、城区市场（商场）建设、乡镇企业发展等问题的调研，形成专题报告 16 篇，经主任会议审定后报送市委 11 篇，其中市委正式批转 7 篇。向市委报送的推动农村“三化”

进程，促进农村经济跨越式发展的调查报告，针对我市农村面临的新形势，提出了推进农业产业化、农村工业化、农村城镇化的具体建议。市委主要领导认为具有较强的操作性和指导性，很快批转。

二、围绕依法行政、公正司法，不断改进监督工作

常委会把监督工作放在重要位置，突出监督重点，有力地推动了“一府两院”的工作。一年来，共举行常委会会议7次，主任会议22次，听取审议“一府两院”及其职能部门的工作汇报36个，重点开展执法检查12项。

改进执法检查方式，加强法律监督。重点开展了对环境保护法、食品卫生法的执法检查。在开展环境保护法的执法检查中，着重检查了9家重点污染企业治污情况和顺庆区文化路、高坪区鹤鸣路、嘉陵区都尉路推广清洁燃料的情况，督促政府及有关部门对执法中存在的问题进行了整治。对食品卫生法的执法检查，主要检查了市、县两级食品卫生管理机构的执法情况。检查组既肯定了执法成绩，又严肃指出卫生执法力度不够、生产经营业主食品卫生意识淡薄、卫生防疫检验设施不足等问题，督促有关食品卫生管理机构、食品生产单位、销售单位和餐饮行业进行自查和整改。在执法检查方法上，常委会加强领导，统一部署，集中力量，分组进行。每项检查都形成执法检查报告，主任会议及时听取检查情况汇报，并提交常委会进行审议。有的问题还以审议意见的形式转达政府及执法主体单位，限期整改，务求实效，确保了执法检查的质量。

市人大各专门委员会还结合工作实际，分别开展了对水土保持法、商标法、税收征管法、残疾人保障法，四川省预算外资金管理条例、民营科技企业条例、计划生育条例、司法案件监督条例、归侨侨眷企业事业权益保护条例等法律法规的执法检查，推动了这些法律法规的贯彻实施。同时，对政府及其有关部门制订的规范性文件，进行了审查，对与法律法规不相符合的部分条款，提出了修改意见。

抓住重点难点，加强工作监督。一是加强对宏观经济运行的监督。听取和审议了2000年全市国民经济和社会发展计划执行情况的汇报、1999年市级财政预算和其他财政收支的审计工作报告、“十五”计划编制情况的汇报。二是加强对改革发展中的重要问题的监督。听取和审议了企业资产重组、土地管理、科技成果转化、旅游资源开发的情况汇报。三是加强对群众普遍关注的问题的监督。听取了诉讼监督工作、公安队伍建设，推选公务员制度、“两保”再就业工作、农民负担、城建资金收支、工程招投标管理、西河整治开发、动物防疫等方面的情况汇报。通过听取审议上述各项工作汇报，提出了许多有针对性的意见，有力地推动了政府工作。

评选人民好公仆，监督事与监督人相结合。开展评选人民好公仆活动，是常委会把监督事与监督人相结合，约束与激柳机制相结合，提高监督实效的重要措施。按照公开推荐、征求意见、组织评议、总结表彰的安排，对任命的市政府组成部门负责人，进行了认真评选。决定授予市计委主任张世富、市教委主任徐兴发、市建委主任杨春林、市交通局局长余长春、市国土局局长胥德会、市畜牧局局长何玉钊等六位同志南充市“人民好公仆”荣誉称号。整个评选工作较好地体现了公开、公平、公正的原则，受到社会各界的好评。

完善司法案件监督制度，加强个案监督。根据《四川省各级人大常委会司法案件监督条例》的规定，常委会及时修订《南充市人民代表大会常务委员会司法案件监督规定》，增加司法案件备案审查制度等内容，进一步规范司法案件监督行为，增强了司法案件监督的针对性和实效性。一年来，对严重违法违纪、群众反映强烈的15件个案，立案督查，跟踪监督，涉案问题都得到了及时处理，保护了公民、法人和其他组织的合法权益，维护了法律的权威。

加强信访工作，拓宽监督渠道。常委会把信访工作纳入重要议事日程，设立信访办公室，专门召开全市人大信访工作会议，传达贯彻省人大信访工作会议精神，总结部署我市人大信访工作。建立主任接待日制度，规定每月 15 日为主任接待日，由常委会主任、副主任、秘书长轮流值班，接待处理群众来信来访。一年来，共接待处理来信来访 3342 件次，其中常委会领导处理信访 294 件次。如上访长达 12 年的原南充地区广播器材厂职工袁继康的退休争议问题、上访 7 年多的南充市机电设备公司职工杨建伟的工残赔偿问题，都督促有关部门作了妥善解决。

三、围绕依法治市目标，充分发挥人大主导作用

常委会把推进民主法制建设作为一项根本任务来抓，紧紧围绕依法治市的总体目标，积极发挥主导作用，进一步推动了依法治市工作。

开展“三五”普法和依法治市工作的检查。为督促做好“三五”普法总结验收工作，把依法治市引向深入，常委会集中力量开展了对“三五”普法和依法治市工作的检查。8 名市级领导干部分别率领四个检查组，深入 9 个县（市、区）、50 多个基层单位和 70 多个省、市属机关企事业单位，检查“三五”普法教育、开展依法治理的工作情况。常委会听取了检查情况汇报，充分肯定了过去几年我市在法制宣传教育，提高领导干部法律素质，推行执法责任制，开展专项治理，实施基层依法治理“五个一工程”等方面取得的成绩。针对依法治市工作中的薄弱环节，提出了意见和建议，并向市委作了专题报告。

总结交流普法和依法治市工作经验。根据检查依法治市决议的执行情况，结合传达贯彻全省依法治省经验交流会精神，常委会及时向市委建议，召开了全市依法治市经验交流会。常委会机关承担了会议的主要筹备工作，确保了会议的顺利召开。会上，市委、市人大、市政府主要领导全面总结了近几年来我市依法治理工作，安排部署了今后的工作任务。19 个单位在会上交流了依法治理经验，收到良好效果。人大法制委员会还与市法建办、市经贸委、市教委等单位，联合组织召开全市依法治企、依法治校经验交流会，推动了部门和行业的依法治理工作。有关专委会分别召开农业、财经、外事侨务、教科文卫等法制工作座谈会，专题讨论了人大在为西部大开发提供法律保障的问题。一年来，组织有关单位对 15 个法律法规草案进行了座谈讨论，提出修改意见，为上级人大立法提供了参考。

继续促进领导干部带头学法。常委会坚持法制讲座制度，邀请有关专家、学者，讲授合同法、公司法、独资企业法、立法法、预算法等法律知识，举办了科技知识讲座，不断提高常委会组成人员、人大干部队伍依法履行职责的法律素质。按照市人大常委会人事任免有关规定，对任命的 12 名国家机关工作人员都实行了任前法律考试。在市委、市政府及有关方面的支持下，经过一年多时间的努力，建成了市人大法制培训中心，为我市各级领导干部、国家机关工作人员和人大代表的法制培训，提供了较好的场所。

四、围绕发挥代表作用，切实加强和改进代表工作

常委会十分重视代表基础工作，进一步完善和规范了代表的各项活动，充分发挥代表在“两个文明”建设中的作用。

积极组织代表开展活动。采取集中视察和小组视察相结合，全面视察和专题视察相结合的方法，组织代表对南充炼油化工总厂、嘉纺集团（股份）有限公司、清泉寺大桥、华兴寺大桥、滨江路改造、防洪堤工程、西河整治、成南高速公路南充段部分工程、西山风景区建设、城区电网改造、创建平安大道、实施畅通工程等进行了视察。本次人代会前，按选举单位组织市人大代表集中时间、分小组、分专题进行视察，为会议的召开做了充分准备。视察中，代表们不仅积极建言献策，还注意督促解决反映出的问题。

加强与代表和选民的联系。按照“三个代表”重要思想的要求，开展了常委会组成人员联系代表、代表联系选民的“双联系”活动。坚持邀请代表列席常委会会议制度，邀请代表参加执法检查和专题调查，为代表更好地履行职责创造了条件。为了进一步拓宽民主渠道，常委会制定了《南充市公民旁听市人大常委会会议规则》。部分来自机关、企业、农村的公民旁听了常委会会议，增进了公民对国家机关工作的了解，密切了同人民群众的联系。

加强对代表执行职务的保障。针对个别地方出现的对人大代表履行职务不尊重、不支持，甚至打击报复的问题，常委会邀请纪检、监察、公安的同志一道进行了专题调查，及时向市委作了汇报，并根据贯彻实施代表法的情况，报送了关于维护代表合法权益、保障代表执行职务的报告，提出了具体的意见和建议。市委及时批转了这个报告，为代表履行职责创造了良好的外部环境。

认真督促办理代表议案和建议。根据有关法律法规的规定，结合工作实际，常委会制定了《关于督促办理代表议案和建议、批评、意见的暂行规定》，对办理工作程序、工作职责、监督方法等作了规范。市二届人大二次会议主席团交付市人大农业委员会、教育科学文化卫生委员会、城乡建设环境资源保护委员会审议的3件议案，三个专门委员会分别进行了审议，向常委会提出了审议结果的报告，现已印发代表。市二届人大二次会议期间，代表共提出建议、批评和意见132件，常委会加强督办，听取了市政府办公厅关于办理工作的情况汇报，现已按规定办理完结并答复代表。代表提出的对升钟水库淹没区继续扶持的意见，常委会进行了跟踪督办。市政府认真对待，出台有关文件，召开现场办公会议，兑现了欠收欠拨的扶贫资金170多万元，并决定延长扶持5年，深受淹没区人民的好评。

五、围绕推进基层民主政治建设，加强对县乡人大工作的指导

认真贯彻市委人大工作会议精神。市委人大工作会议以后，常委会对贯彻会议精神十分重视，责成办事机构跟踪督办。专门组织力量对贯彻落实情况进行了检查。主任会议听取了检查情况的汇报，认为各地贯彻市委人大工作会议精神总体情况是好的。各级党委加强了对人大工作的领导；各级人大更加注重围绕经济建设为中心，依法履行职责；各级政府自觉接受人大监督的意识有所增强；人大及其常委会组成人员的政治、生活待遇逐步得到落实。同时，对一些乡镇专职人大主席或副主席配备不齐、代表活动经费不够落实、人大意识较为淡薄等问题，提出了意见。

加强人大工作的指导与联系。根据新时期地方人大工作面临的新情况，常委会组织召开了市、县（市、区）人大常委会主任学习会议，围绕人大如何在实施西部大开发中更好地发挥职能作用这一主题，进行系统学习，交流了作法，启迪了思想，明确了方向，推动了工作。召开市人大制度研究会年会，从理论与实践的结合上，探索了做好人大工作的新途径。坚持邀请县（市、区）人大常委会负责人列席常委会会议，利用人大法制培训中心，举办乡镇人大主席培训班，收到了较好的效果。市人大专委会、常委会办事机构根据各自工作实际，与县（市、区）人大联合召开相关工作座谈会，达到了互相交流，共同提高的目的。承办了全省市、地、州人大农业工作联系会，列席省人大常委会，参加省人大有关工作会，密切了同上下人大之间的联系。

加强人大制度宣传。常委会重视办好《南充人大》，及时反映全市人大动态、工作经验、调研成果。组织机关工作人员积极为报刊写稿投稿，先后在全国、省、市级报刊、电台、电视台发表稿件130多件。组织市级新闻采访团，深入各县（市、区）采访报道人大工作和人大代表的先进事迹，扩大了对外影响，推动了人大工作。

六、围绕提高人大干部素质，加强自身建设

常委会把提高人大干部队伍的政治素质、思想素质和业务素质，作为加强自身建设的重要内容来抓，取得了明显成效。

深入学习“三个代表”重要思想。常委会坚持各项学习制度，组织组成人员和机关干部认真学习江总书记关于“三个代表”的重要论述，深刻领会“三个代表”重要思想的内涵和实质，进一步解决理想、信念和宗旨问题，增强了中心意识、发展意识和群众观念，为做好新时期地方人大工作奠定了思想基础。

认真搞好机关“三讲”教育。按照市委的统一部署，常委会组织机关县级领导班子和县级领导干部，进行了为期3个月的“三讲”教育。参加学习的干部以高度的政治责任感和良好的精神状态，认真学习，深刻剖析，切实整改，达到了预期的目的。常委会领导班子和领导干部认真开展了“三讲”教育“回头看”活动。通过“三讲”及“回头看”活动，机关干部的政治思想觉悟有了进一步提高，精神面貌有了新变化，领导班子团结协作精神明显增强，提高了战斗力和凝聚力，机关工作作风更加扎实。常委会领导联系的重点企业和工程，参与的招商引资工作，都取得了实实在在的成效。

完善各项工作和管理制度。建立和健全了调查研究、信访接待、目标管理、后勤保障等10多项制度，使机关工作运行和各项管理更加规范。各专委会和常委会办事机构团结协作，互相配合、树立了良好的整体形象。

各位代表，过去的一年，常委会工作虽然取得了一定的成绩，但与宪法、法律的规定，与形势发展的要求和人民群众的期望相比，还有一定的差距。主要是：监督实效还需提高，代表议案、建议的督办工作有待加强，民主法制和人大工作的宣传力度不够，有些制度坚持得不够好。我们将在今后的工作中采取切实措施，认真加以改进和落实。

今后一年的主要工作任务

2001年是进入新世纪、实施“十五”计划的开局之年，做好全年的工作具有十分重要的意义。新的一年，常委会将重点抓好以下十个方面的工作。

（一）审议决定重大事项。行使重大事项决定权是宪法和法律赋予地方人大及其常委会的一项重要职能。常委会要对加强经济工作监督、加快嘉陵江南充段绿色屏障建设、实施“四五”普法教育等问题进行审议，并作出决议、决定。

（二）听取审议工作汇报。常委会、主任会议要认真听取和审议市“一府两院”工作汇报，加大工作监督力度。新的一年，主要听取市政府关于国民经济和社会发展计划、财政预算、依靠科技促进农民增收、农村费改税工作、审计监督工作、财政收支“两条线”管理、计划投资项目、重点工程建设、招商引资、规范旅游行业、城市管理、城市居民最低生活保障、传染病防治等情况汇报，听取市中级人民法院关于审判监督工作情况汇报、市人民检察院关于查办职务犯罪案件的情况汇报。各项汇报都要认真进行审议，提出切实中肯的审议意见，跟踪督促落实，推动“一府两院”的工作。

（三）加强和改进执法检查。坚持突出重点、上下配合、讲求实效的原则，加强执法监督工作。重点组织对种子法、产品质量法、城市规划法、老年人权益保障法进行执法检查。要进一步改进执法检查方式，综合运用各种手段，加大检查力度，推进法律法规的贯彻实施。

（四）继续推进依法治市。常委会要继续加强对依法治市工作的检查和指导。在新的一年，将重点检查依法行政、政务公开、司法错案责任追究制的落实情况。要加大个案监督力度，促进依法行政、公正司法。分期分批举办领导干部学法培训班。组织开展人大系统送法到农家的活动。为提高公民现代法制意识，促进经济跨越式发展创造良好的法制环境。

（五）加强规范性文件审查。加强对政府规范性文件的审查，是人大依法行使监督权的一个重要方面。新的一年，常委会要重点对涉及城市管理、市场秩序、群众切身利益的有关文件，进行审查规范。如市区水电气管理、城区绿化、房屋装修、城建环保等问题，督促政府及其有关部门修改完善或制订相应的规范性文件。

（六）努力完善代表工作。要进一步落实好常委会关于加强代表工作的八条意见，规范完善代表工作和代表活动。继续执行主任接待日制度、人大代表列席常委会会议制度、公民旁听常委会会议制度，更好地听取人大代表和人民群众的意见和要求，接受人民群众的监督。要按照常委会关于督促办理代表议案、建议的规定，保证议案审议质量和办理效果。

常委会要组织代表开展对市经贸委、市农业局的工作进行评议，听取市经贸委主任、市农业局局长的述职报告。逐步开展对市中级人民法院庭长、副庭长、审判员，市人民检察院检察员的述职评议。同时，将对市二届人大代表履职情况进行总结，表彰优秀人大代表，出版《代表风采》专辑，召开全市人大工作先进集体和个人表彰会议。

（七）加强调查研究工作。要围绕各项审议议题，深入基层，深入群众，开展经常性的调研工作，为常委会、主任会议审议议题作好充分准备。要开展对实施“十五”计划中重大问题、依靠科技促进农民增收情况、城市规划区建设用地情况、侨台企业发展情况、依法治校树立良好校风等进行专题调查研究。

（八）加强人大联系指导。常委会要密切同上级人大和其他市州人大的联系与交流，配合省人大搞好执法检查、立法调研工作，承办有关会议。加强对县、乡人大工作的指导，督促搞好乡镇人大换届选举工作。定期举办乡镇人大主席、人大干部培训班。

（九）加强人大宣传工作。要采取多种形式，进一步做好人大制度和民主法制的宣传教育工作，努力提高全社会的民主法制意识和“人大意识”。要深化“三会”宣传内容，组织开展依法治理、代表先进事迹的系列报道，继续办好《南充人大》《公报》，不断丰富宣传内容，活跃宣传形式。

（十）加强人大自身建设。要继续举办好法制讲座和经济知识、信息技术方面的专题讲座，以适应新时期地方人大工作的需要。常委会机关要深入开展“三个代表”重要思想的学习教育活动，巩固和扩大“三讲”教育的成果，不断提高机关干部的思想政治素质。要加强对机关干部的培养，积极推进干部轮岗交流，使人大机关的工作更有生机与活力。

各位代表，新世纪已经到来，宏伟蓝图已经绘就。我们一定要高举邓小平理论伟大旗帜，认真贯彻党的十五届五中全会精神和“三个代表”重要思想，在中共南充市委的领导下，坚定信心，振奋精神，改进作风，扎实工作，为推进民主法制进程，实现南充跨越式发展而努力奋斗。

南充市人民代表大会常务委员会工作报告

2002 年 4 月 14 日在市二届人大四次会议上

南充市人大常委会主任　李慎宽

各位代表：

我代表南充市第二届人民代表大会常务委员会向大会报告工作，请予审议。

过去的一年，在中共南充市委的领导下，市人大常委会坚持以邓小平理论为指导，努力实践“三个代表”重要思想，深入贯彻落实党的十五届五中、六中全会精神和市二届人大三次会议决议，按照“围绕中心、突出‘法’字、加强监督、注重实效”的工作思路，突出发展主题，认真行使宪法和法律赋予的职权，各项工作都取得了新的进展。

一、认真行使重大事项决定权，促进经济跨越式发展

围绕实现跨越式发展目标，一年来，常委会就我市经济社会发展的重大问题，进行了广泛深入的调查研究，及时作出了决议决定。

作出加强经济工作监督的决定。加强经济工作监督是实现经济跨越式发展的重要保证。根据有关法律、法规，在认真调查研究的基础上，常委会作出了《关于加强经济工作监督的决定》，规范了对经济发展中重大问题和重点项目的监督，明确了经济工作监督的对象、内容、方式，强调了监督意见办理落实，使人大对政府经济工作的监督进一步规范化、制度化。为突出监督重点，增强监督实效，常委会分别召开了商贸和财税经济形势分析会，认真研究问题，探讨对策，提出建议，确保年度工作目标的实现。常委会还及时审议，作出了批准 2000 年市级财政决算和 2001 年市级财政预算调整方案的决议。

作出建设绿化生态市的决议。为切实贯彻实施西部大开发战略，促进生态环境建设，保证我市经济社会的可持续发展，常委会开展专题调研，审议通过了《关于建设绿化生态市的决议》，提出了建设绿化生态市的目标、重点和保障措施，明确了国家机关及其工作部门各自的职责，充分体现了经济与社会、人与自然协调发展的精神，得到省级有关部门的充分肯定，国家、省级有关报刊给予报道和转载，产生了广泛的影响。市、县两级认真贯彻决议，积极开展植树造林、退耕还林还草工作，进一步促进我市生态环境的改善。

作出进一步开展法制宣传教育的决议。经济要跨越，法制作保障。根据全国“四五”普法规划和全国人大、省人大决议，总结“三五”普法经验，结合南充实际，常委会作出了《关于进一步开展法制宣传教育的决议》，强调今后五年要在全面提高全体公民特别是各级领导干部的法律素质、全面提高社会法治化管理水平上下功夫，努力实现由提高全民法律意识向提高全民法律素质的转变，实现由注重依靠行政手段管理向注重运用法律手段管理的转变。各县（市、区）人大常委会也相继作出了决议，政府制定了总体规划，为全面启动“四五”普法奠定了良好的基础。

加强重大经济社会课题的调查研究。实现经济跨越式发展和社会的全面进步，必须不断研究新情况，解决新问题。一年来，常委会对“十五”计划资金投入、招商引资、发展水果业、发展和规范旅游市场、教育科技投入、依法治校、加强检察机关法律监督工作、加强直管单位的监督等进行了专题调研，向市委报送专题报告 8 个，为市委决策提供了参考，也为人大审议决定重大事项提供了依据。常委会十分重视农业和农村工作，在前两年建议市政府成功举办农博会和制定全市农业产业化发展纲要的基础上，去年又进一步加强了对农业产业化经营的调研。在市委的关心和市政府、市政协及有关部门的大力支持下，组织编辑出版了《农业新跨越之路——产业化经营》一书，从理论、规划、实践和保障等方面，对农业产业化经营问题进行比较系统的总结和探讨。该书赠送到乡镇，对推进全市农业产业化经营起到一定的指导作用，受到了社会各界的好评。

二、加大监督工作力度，促进“一府两院”改进工作

常委会不断加大监督工作力度，促进“一府两院”加强和改进工作，确保跨越式发展目标的顺利实现。

加强执法检查。集中力量检查了《产品质量法》《种子法》《城市规划法》《老年人权益保障法》的贯彻执行情况。及时听取执法检查情况汇报，认真审议，肯定成绩，指出问题，提出意见和建议。通过对《产品质量法》的执法检查，提出了切实加强领导，加大打假治劣力度，杜绝地方保护主义，进一步规范市场行为等建议，督促查处了 10 余家企业产品质量问题，推进了产品立市、质量兴市工作的深入开展。通过对种子法的执法检查，督促进一步清理整顿种子市场，促进了科技兴农，维护了农民群众的利益。通过对《城市规划法》的执法检查，督促处理了 4 个单位的违法违规建设问题，督促城市规划区内 21 个在建项目依法补办了规划手续，增强了干部群众的城市规划意识。通过对《老年人权益保障法》的执法检查，针对发现的问题，提出了重视老龄工作，认真贯彻有关法律法规，落实老年人政治经济待遇，切实保障老年人合法权益的 7 条建议，并专题报告市委，市委及时予以批转。市政府及有关部门高度重视，积极为老年人办实事，得到社会的好评。市人大各专委会还分别组织对《价格法》《未成年人保护法》《预防未成年人犯罪法》《四川省医疗机构管理条例》《四川省农药管理条例》《四川省宗教事务条例》进行了执法检查，促进了这些法律法规的贯彻实施。

改进和加强工作监督。一是加强经济工作的监督。常委会会议听取审议了计划、预算执行、重点工程建设、规范旅游市场、依靠科技进步促进农民增收等工作情况汇报，主任会议听取了市人民政府关于计划投资项目、招商引资、退耕还林、城建资金管理、审计监督等经济工作的情况汇报，提出切实可行的意见和建议，督促政府及工作部门加强和改进工作。在审议重点工程建设事项中，针对国道 212 线西充段改造工程中存在的问题，常委会进行了专题研究，提出监督意见，要求查找原因，及时整改，保证国道畅通。市政府高度重视，认真对待，提出先修补，再彻底整治的方案，现正在积极实施中。二是加强对社会事业工作的监督。常委会及主任会议听取了贯彻执行《传染病防治法》《四川省预防控制性病艾滋病条例》、医疗保险制度改革、物业管理等工作的情况汇报，为推动社会事业的发展尽职尽责。三是加强对人民群众反映强烈的难点、热点问题的监督。针对农民负担工作中存在的突出问题，常委会认真贯彻市委的决定，及时发出加强农民负担专项治理监督工作的通知，组织开展了对全市农民负担工作的专项检查，主任会议认真审议检查情况汇报，提出了深化认识，加强宣传，强化监督管理，严格依法办事，防止农民负担反弹的建议，并向市委报送专题报告，市委及时批转各地贯彻执行。为促进我市生态环境保护工作，常委会组织人大、政府和新闻单位的力量，开展了“南充环保世纪行”宣传采访活动，把权力机关的监督和新闻舆论监督有机结合，对解决我市生态建设、环境保护中的重点、难点问题，起到了积极的作用。常委会还对城市居民水电气价格、医院和中小学校收费、拖欠教师工资等热点问题进行专门检查，有针对性地提出了意见和建议。

加强规范性文件审查。为从源头规范行政、司法行为，常委会根据有关法律法规规定，审议通过了《关于规范性文件备案审查的规定》，对“一府两院”制定的具有普遍约束力的规范性文件进行备案审查，明确了市人大各专委会、常委会办事机构在备案审查工作中的职责，规定了审查工作的运作程序、审查范围、主要内容以及奖惩办法。一年来，常委会对市政府提交的《出租车管理办法》《市辖区城市管理规定》《争创国家园林城市实施方案》《旅游市场管理办法》《加快嘉陵江干流南充段电航建设若干政策的决定》等文件进行了审查，依据有关法律法规，提出了修改意见。

三、积极推进依法治市，营造良好法治环境

常委会不断加强民主法制建设，大力推进依法治市，努力为跨越式发展营造良好的法治环境。

专题研究为跨越式发展营造良好法治环境问题。江泽民总书记“七一”讲话发表后，常委会赓即举办市、县人大主任学习会，集中学习江泽民总书记“七一”重要讲话，学习中央有关文件和全国人大常委会关于进一步开展法制宣传教育的决议，以及国务院关于整顿和规范市场经济秩序的决定，专题研究为全市经济跨越式发展创造良好法治环境的问题。通过学习，大家明确了良好法治环境的重大意义和具体内涵，增强了为跨越式发展创造良好法治环境的紧迫感和责任感，提出了营造良好法治环境必须大力启动“四五”普法工程、加强对“一府两院”的监督、开展执法检查和专项治理、支持国家机关依法行使职权、坚持法治和德治并举、齐抓共管等六项建议。这些建议经主任会议审定，及时报告市委，很快得到批转，对全市创造良好法治环境的工作起到了积极的推动作用。

大力推进“四五”普法启动工作。为全面贯彻落实关于进一步开展法制宣传教育的决议，常委会组织开展了一系列的重大活动。一是狠抓领导干部学法。举办法制讲座 5 期，集中学习世贸组织规则、法学基本理论、《国际法》《婚姻法》等法律知识，不断提高常委会组成人员、机关干部的法律素质。联合举办市级领导干部“四五”普法培训班，着力提高领导干部的法律素质，为“四五”普法培训骨干。二是组织开展送法进农家活动。按照常委会统一安排，市人大各专委会、常委会各办事机构组织 10 余个市级相关单位，深入 11 个乡镇，宣讲公民的基本权利和义务，宣讲《土地法》《农业法》《种子法》《婚姻法》等法律知识，赠送涉农法律书籍 3 万余册，受到干部群众的欢迎。三是推进中小学法制教育。组织市人大相关专委会、市教育局等单位修订完善中小学法制教材，开展对全市中小学校法制教育的课时安排、师资培训、教材准备等情况的专项检查，促进了中小学法制教育的深入开展。

加强司法个案监督。常委会加强对司法案件的监督，跟踪监督阆中母安勋、西充王洪太制售假劣药品案。主任会议两次听取办案情况汇报，要求加大力度，克服困难，迅速办结。在常委会的有力监督下，经过有关司法机关的共同努力，依法追究了犯罪分子的刑事责任，维护了正常的市场秩序。常委会还对原市水电局房屋租赁纠纷等案件进行了重点监督，维护了公民、法人及社会组织的合法权益。

常委会会议还听取了审判监督工作、查办职务经济犯罪工作的情况汇报，主任会议听取了“两院”实行错案责任追究制工作的情况汇报，提出了加强和改进法院、检察院工作的具体意见。

四、加强基础工作，发挥代表作用

常委会进一步加强代表基础工作，充分发挥代表在推进民主法制建设，促进经济跨越式发展中的作用。

开展代表视察活动。坚持集中视察和小组视察、全面视察和专题视察相结合的方法，组织全国、省、市人大代表，围绕农业产业化、企业改制、招商引资、重点建设工程、旅游资源开发、乡镇负债、农民负担、下岗职工再就业、医疗保障等方面进行视察。既看好的，也看差的，既充分肯定成绩，又指出问题，提出改进工作的意见和建议，督促解决实际问题，增强了视察实效。

开展代表评议工作。按照省人大的要求，首次开展了对市中级人民法院、市人民检察院部分庭长和检察员的述职评议。评议中，坚持公开公正、求实客观的原则，对被评对象进行认真评议。依据评议结果，对表现突出的市中院刑一庭庭长纳光元同志授予了“人民好法官”的荣誉称号，并给予奖励。市中级人民法院在全市法院系统开展向纳光元同志学习的活动，有力地推动了“两院”队伍建设。

加强换届选举组织指导工作。常委会高度重视乡镇、村（居委会）换届选举工作，及时向市委汇报，提出把乡、村两级换届选举有机结合，统一进行，分步实施的建议，加强了对乡、村两级换届选举工作的指导。成立换届选举办公室，召开换届选举工作会议，积极开展换届选举的试点工作，推动了换届选举工作顺利进行。去年底，全市 482 个乡镇、5700 多个村（居委会）已如期完成换届选举工作。

认真督办代表议案、建议。市二届人大三次会议主席团决定交付市人大有关专委会审议的三件议案，专委会认真审议，向常委会提出了审议结果的报告，经常委会会议审议，已印发代表。市二届人大三次会议上，代表提出建议、批评和意见 111 件，现已办理完毕，并答复代表。在办理工作中，常委会改进方法，突出重点，列出 13 件重点督办，收到了明显效果。常委会跟踪督办加强升钟水利工程维修整治的议案，两次实地调查，听取汇报，督促办理。市政府及相关工作部门及时开展水库渠系普查，提出病害工程整治维修方案，加快治理进度，保证了灌区生产生活用水。

加强工作指导和联系。坚持举办市、县人大主任学习会，邀请市人大代表和县（市）、区人大常委会负责人列席常委会议，举办乡镇人大主席培训班，召开优秀市人大代表、人大工作先进集体、先进个人表彰会等，加强了对县、乡人大工作的指导。承办全省市州人大研究室工作座谈会、全省人大外事侨务法制工作座谈会，组织召开人大工作专题座谈会，组织外出考察学习，加强了同外地人大的交流。同时，根据市、县两级机构改革的总体部署，积极向市委提出依法设置县级人大内部机构的建议，促进县级人大机构改革的顺利进行。

五、贯彻“三个代表”重要思想要求，不断加强自身建设

常委会历来重视自身建设，采取多种措施，增强做好新时期地方人大工作的能力和水平。

加强理论和业务学习。深入学习江泽民总书记“七一”重要讲话，学习市场经济知识，学习法律法规和人大业务，不断提高常委会组成人员和机关干部的思想素质、理论素养和工作水平，进一步增强政治意识、大局意识和群众观念。学习中，注重理论联系实际，努力把思想认识统一到“三个代表”重要思想的要求上来，统一到为跨越式发展作贡献上来。常委会重视理论研究及运用工作，提出了加强人大理论研究工作的意见，组织召开市人大制度研究年会，对新形势下人大制度理论研究提出了新的要求。

加强作风建设。认真组织学习中央加强和改进党的作风建设的决定及公民道德建设实施纲要，干部职工切实转变思想作风和工作作风，争做廉洁勤政的国家机关干部和符合道德规范的合格公民。坚持组成人员联系代表、代表联系选民的双联系制度，加强信访工作，坚持主任接待日制度，坚持公民旁听常委会会议制度，保持与人民群众、人大代表的血肉联系。一年来，常委会共接待处理群众来信来访 4241 件次，其中常委会领导直接接待处理了 396 件次。

加强人大宣传工作。制定了人大新闻宣传工作实施办法，进一步规范人大宣传工作；评选表彰宣传人大制度和民主法制建设的好新闻、好记者、好通讯员和好编辑；组织新闻采访团，深入宣传报道人大工作和人大代表；积极向上级推荐宣传稿件，在全省宣传人大制度和民主法制建设好新闻评选中，获奖等次和名额都居全省前列；进一步提高《南充人大》的办刊质量，扩大发送面，大力宣传我市民主法制建设和人大工作；继续编辑出版《代表风采》专辑，宣传各级人大代表先进事迹。市人大法制培训中心加强管理，发挥了法制宣传培训阵地应有的作用。

积极推进机关机构改革和机关建设。认真做好机改学习动员工作，明确目标任务；根据机改总体要求和实际情况，及时报送“三定”方案；妥善处理分流人员，努力推进干部交流。积极筹措资金，逐步改善机关办公条件；做好机关两个大院的绿化美化工作，给干部职工创造良好的工作生活环境。积极参加市上统一组织的庆“七一”歌咏比赛、市级机关运动会等大型活动，丰富了干部职工的文化生活。

常委会及时听取了市级机构改革工作的情况汇报，认真行使人事任免权。一年来，依法任免了74名市级国家机关工作人员，接受了市长吴果行的辞职，决定杜光辉为代理市长，为市级国家机关正常运行提供了组织保障。修订了人事任免办法，增加被任命人员供职发言等内容，增强被任命人员的责任感。改善常委会会议条件，安装电子表决系统，增强了审议决定的民主性、科学性。

各位代表，过去的一年，常委会工作虽然取得了新成绩，但与“三个代表”重要思想的要求，与新形势的需要相比，还有一定的差距。存在的主要问题是：督促办理代表议案、建议及审议意见的力度不够；出、列席常委会会议人员的制度坚持执行不够好；自身建设需进一步加强。这些问题，我们将在今后的工作中认真研究解决。

各位代表，2002年是我们党和国家历史上具有重要意义的一年，是我国加入WTO的第一年，做好全年工作至关重要。新的一年，常委会工作的指导思想是：坚持以邓小平理论和“三个代表”重要思想为指导，认真贯彻党的十五大、十五届六中全会精神，在中共南充市委的领导下，继续按照“围绕中心、突出‘法’字、加强监督、注重实效”的工作思路，坚持以发展为主题，以维护最广大人民的根本利益为出发点，认真履行职责，为推进依法治市，促进经济跨越式发展和社会事业全面进步，作出新的贡献。

（一）认真审议决定重大事项。新的一年，常委会将对依靠科技进步促进农民增收、财政收支两条线、城区水电气规范管理等问题进行专题审议，作出相应决议、决定。

（二）加强对“一府两院”的工作监督。要重点听取和审议市政府关于推进农业产业化经营、农村税费工作、粮食体制改革、推进工业强市、加快川东北商贸中心城市建设、南充城市总体规划修编、“四五”普法进展、城市社区建设等情况汇报，主任会议将听取和审议“一府两院”关于农村劳务输出、政府转变职能政务公开、城市建设资金使用、土地利用总体规划实施及土地整治、贯彻计划生育条例、贯彻民族乡镇工作条例、审判工作、检察工作改革等情况汇报，加大监督力度，增强监督实效。

（三）积极推进依法治市。要开展对《劳动法》《老年人权益保障法》的执法检查。配合省人大开展《药品管理法》的执法检查。要认真贯彻执行全国和省、市“四五”普法决议，分期举办领导干部的学法培训班，不断提高领导干部的法律素质和现代法治化管理水平。要加强个案监督，促进依法行政和公正司法。

（四）加强规范性文件审查。常委会将根据入世后对依法行政、公正司法、创造公平竞争环境等的新要求，督促“一府两院”对与市场经济不相适应、与世贸规则和新修改的法律法规不相符合的文件进行清理、修改和废止，依法规范行政、司法行为。

（五）努力拓展代表基础工作。要继续规范完善代表工作和代表活动，坚持开展常委会组成人员联系代表的“百千万”活动，坚持主任接待日制度，代表列席常委会会议制度，公民旁听常委会会议制度，认真听取代表和人民群众的意见和要求，接受人民群众的监督。要有计划地组织代表进行视察、检查，不断拓宽代表直接参与人大工作的形式和途径。要认真抓好述职评议工作，组织对市政府10个组成部门的主要负责人进行述职评议，达到强化监督、激励斗志、推进工作的目的。要尊重代表的民主权利，认真督办代表议案和建议、批评、意见，提高办理质量。要以《代表法》颁布实施10周年为契机，广泛深入开展代表法的学习、宣传、教育活动，形成支持代表执行职务的良好社会环境。

（六）加强调查研究工作。常委会要继续认真开展调查研究，不断改进工作作风。要对办好农业龙头企业、入世对我市纺织行业的机遇和挑战、城市社区治安综合治理、机改后的地方人大工作等课题进行专题调研，提供高质量的调查报告，供决策参考。继续开展人大制度理论研究，不断提高人大理论研究水平。

（七）加强对县、乡人大工作的指导。重视县、乡人大制度建设和人大工作，指导、帮助依法行使职权，充分发挥职能作用。要加强对县级人大换届工作的指导，适时召开换届选举工作会议，确保换届选举工作的顺利进行。坚持开好一年一度的人大常委会主任学习会，召开市、县人大相关工作座谈会，促进人大系统的学习交流。要继续举办乡镇人大主席、人大干部培训班，有计划地组织常委会组成人员和人大干部学习考察，密切联系，增进了解，推动工作。

（八）深入开展民主法制宣传工作。要继续组织新闻单位搞好民主法制、人大制度和人大工作的宣传，健全制度、拓宽渠道，使人大宣传工作经常化、规范化、制度化。要加强对人大行使决定、监督、任免等职权的深度报道。要努力办好常委会《公报》和《南充人大》，提高办刊质量，发挥人大自身宣传的窗口和阵地作用。

（九）加强常委会自身建设。要坚持常委会法制讲座制度和机关学习制度，特别要加强“三个代表”重要思想的学习教育，加强新颁布和新修改法律法规的学习，加强WTO知识的学习，定期举办现代经济知识、信息技术方面的专题讲座。要按照精简、效能的原则，继续做好市人大机关机构改革工作，认真组织实施“三定”方案，积极推进干部竞争上岗，促使人大机关更有生机与活力。加强干部队伍建设，开展干部职工的作风整顿。进一步坚持和完善机关各项规章制度，提高机关行政后勤管理水平和服务质量，切实为机关干部职工创造良好的工作条件。

各位代表，新的任务已经明确，新的目标催人奋进。让我们在中共南充市委的领导下，进一步解放思想、坚定信心，抓住机遇、开拓进取，转变作风、扎实工作，不断推进民主法制建设，努力促进经济跨越式发展和社会全面进步，以优异的成绩迎接党的十六大的胜利召开。

南充市人民代表大会常务委员会工作报告

2003年2月28日在市二届人大六次会议上

南充市人大常委会主任　李慎宽

各位代表：

我代表南充市第二届人民代表大会常务委员会向大会报告工作，请予审议。

过去一年的主要工作

过去的一年，在中共南充市委的领导下，市人大常委会坚持以邓小平理论和“三个代表”重要思想为指导，认真贯彻落实市二届人大四次会议决议，继续按照“围绕中心、突出‘法’字、加强监督、注重实效”的工作思路，紧紧围绕经济建设中心，认真行使宪法和法律赋予的职权，各项工作都取得了新的进展，为全市经济建设和社会事业的发展作出了新的贡献。

一、突出发展主题，加强调查研究，认真决定重大事项

常委会坚持以发展为主题，以代表人民群众的根本利益为出发点，认真开展调查研究工作，就事关全局的重大问题，及时审议，作出决议、决定。

作出依靠科技进步，促进农民增收的决议。科技进步是推动农村经济发展的关键，是农民增收的根本出路。常委会高度重视“三农”问题，把促进农民增收作为人大工作的重点，认真组织调查研究，广泛开展讨论，专题进行审议，作出了《关于依靠科技进步，促进农民增收的决议》。决议对加快农业科技成果转化、大力推广良种良法、创办农业科技示范区、推进农业标准化建设、鼓励龙头企业进行技术创新、增加科技兴农的投入、建设农村科技信息网络、改革和完善农业科技推广体系、广泛开展现代农业知识培训、完善农业科技进步考核体系等十个方面提出了具体要求，对推动农业结构调整，加快农业产业化进程，促进农民增收起到了重要作用。

作出南充市城市总体规划修编的决议。为加快城市化进程，把我市建设成为川东北中心城市，常委会十分重视城市总体规划修编工作，主任会议和常委会听取审议了市政府修编工作的情况汇报，对构建大城市的性质定位、发展方向、大体框架、功能分区、环境保护等问题提出了许多意见和建议。经过认真审议后，常委会作出了相应决议。

作出供水、供电、供气计量收费到用户的决议。水、电、气直接关系到人民的生产、生活，其计量收费问题一直是群众反映强烈的热点。为切实保障人民群众的利益，常委会把规范水、电、气管理，计量收费到用户的工作列上议事日程，组织考察学习，深入调查研究，听取市政府专题汇报，进行了认真审议。一致认为水、电、气供应计量收费到用户，是人民群众的迫切要求，也是企业依法经营，改善管理，提高服务质量的需要。为此，常委会作出决议，要求市辖城区水、电、气供应在2004年12月31日前，取消总表计量，直接计量收费到户，受到了广大市民和企事业单位的好评。

作出加强非税财政收入收支两条线管理监督的决定。根据有关法律法规，结合我市实际，常委会作出了《关于加强非税财政收入收支两条线管理监督的决定》，对包括行政事业性收费、罚没收入等非税财政收入的监管作出了明确的规定，为加大财税监督力度，增强政府调控能力，推进依法行政和廉政建设起到了积极的作用。

在认真审议决定重大事项的同时，常委会切实改进调研工作，集中领导、集中力量、集中时间，突出重点，就经济社会发展的重要课题开展专题调研，形成了我市纺织行业应对“入世”加快发展、培育和发展农业龙头企业、城市社区治安综合治理、机改后地方人大工作等调研报告，主任会议审定后报送市委，为市委决策提供了参考。

二、突出监督重点，注重监督实效，推进“一府两院”工作

为进一步规范和促进“一府两院”工作，保证跨越式发展目标顺利实施，常委会不断加强和改进工作监督，突出监督重点，增强监督实效。

一是加强对“工业兴市”工作的监督。“做强工业”是我市加快发展的首要任务，常委会十分重视工业工作，深入调查研究，加强检查监督。积极参加全市“工业兴市”大讨论，为加快工业化进程献计献策。及时听取和审议了市政府关于推进工业强市工作的情况汇报，就工业发展的工作思路、结构调整、企业改革、科技创新、招商引资和发展环境等问题提出了许多建设性的意见和建议。组织召开工业经济和外贸工作形势分析会，有针对性地提出了加速工业和外贸发展的对策措施。

二是加强对农业和农村工作的监督。常委会把“提升农业”、减轻农民负担、增加农民收入作为农业和农村工作的监督重点，围绕促进我市农业产业化发展纲要的实施，听取了市政府关于推进农业产业化经营的情况汇报，在调结构、转机制，立支柱、育龙头，抓市场、强管理，兴科技、增投入等方面提出了建议。农村税费改革是广大农民群众密切关注的问题。常委会听取了市政府关于农村税费改革试点工作的情况汇报，要求市政府高度重视，加大工作力度，积极稳妥地推进农村税费改革，切实减轻农民负担，进一步解放和发展农村生产力。主任会议还听取了市政府关于农村劳务输出的情况汇报，就转移农村剩余劳动力，提高劳务输出水平提出了意见和建议。

三是加强对商贸工作的监督。听取了市政府关于加快建设川东北商贸中心、粮食流通体制改革工作的情况汇报，充分肯定了两项工作所取得的成绩，强调了尽快把我市建设成为川东北商贸中心的重大意义，针对商业设施、购物环境、经营管理、服务质量等方面存在的问题，提出了意见和建议。

四是加强对计划财政工作的监督。及时听取、审议通过了市政府关于2001年财政决算、市级财政预算执行及其他财政收支的审计，2002年上半年国民经济和社会发展计划、财政执行和市级财政预算调整方案的报告，作出了相应的决议决定，保证了年度计划、预算的顺利实施。

五是加强对热点难点问题的监督。加强对生态建设和环境保护工作的监督，听取有关工作汇报，跟踪督促市政府贯彻落实市人大常委会关于建设绿化生态市的决议；继续开展“南充环保世纪行”宣传活动，督促生产企业落实治污措施，增强全社会的环保意识。加强城市建设和管理工作的监督，听取市政府关于城建资金管理情况的汇报，督促解决了群众反映强烈的危房改造、违章建筑等问题；督促市自来水公司、天然气公司、公交公司加强运营管理，提高服务质量；督促有关部门清理、退还了不适当的收费，保护了弱势群体的切身利益，受到社会的好评。

常委会主任会议还听取审议了审判工作改革和检察工作改革情况汇报，提出建议意见，促进了司法改革工作。

三、突出优化发展环境，加强执法检查，促进依法治市

为跨越式发展营造良好的法制环境是常委会一项常抓不懈的工作。一年来，主要做了以下工作。

加强执法检查，确保法律贯彻实施。由常委会领导带队，集中力量检查了劳动法、老年人权益保障法的贯彻执行情况。通过对劳动法执行情况的检查，指出了执法中存在的问题，提出了建立健全专业执法监察和劳动关系协作机制、加大宣传力度、强化劳动合同管理等建议，对规范劳动力市场，保障劳动者和用人单位的合法权益起到了积极作用。连续两年开展了对老年人权益保障法的执法检查，着重检查了政府及有关部门落实上年度执法检查意见的情况，提出了进一步学习宣传老年人权益保障法、加强对老龄工作的领导、落实优待老年人的政策规定、加强老年人社会保障制度建设等九项建议。市政府先后发出了两个通知，要求各地认真贯彻落实，切实保障老年人的合法权益。

常委会还协助全国人大、省人大开展了对种子法、气象法、药品管理法、动物防疫法、公路法、消防法、四川省行政执法监督条例、四川省宗教事务条例等法律法规贯彻执行情况的检查，促进了这些法律法规的贯彻实施。

推进“四五”普法，提高全民法律素质。听取和审议了全市“四五”普法工作进展情况的汇报，要求政府把普法教育和依法治理的实践紧密结合，加大工作力度，促进“两个转变、两个提高”，为经济社会发展创造良好的法制环境。召开纪念“八二”宪法颁布实施二十周年座谈会，通过新闻媒体集中宣传宪法和法治精神。组织市、区 21 个单位在“12・4”法制宣传日开展活动，举办宪法、安全生产法知识竞赛，增强群众的法制意识。坚持学法制度，联合举办两期领导干部和“四五”普法骨干法律知识培训班，举办专题法制讲座 5 期，学习世贸规则与司法改革、世贸规则与我国涉外法律制度、知识产权与法律保护、有关城市规划等方面的法律法规知识，不断提高国家机关工作人员的法律素质。

加强个案监督，促进公正司法。对群众反映强烈的司法案件，坚持实事求是、依法办事的原则，实行重点监督，督促依法处理了土地出让纠纷、人身损害赔偿等 9 件案件，维护了司法公正，保护了公民和法人的合法权益。

常委会主任会议、市人大有关专委会还听取了市政府关于贯彻职业病防治法、义务教育法、城市规划法、商检法、四川省计划生育条例、民族乡行政工作条例等法律法规的情况汇报。对“一府两院”提交的 65 件规范性文件进行了认真审查，从源头上依法规范行政司法行为。

四、突出代表主体，精心组织代表活动，充分发挥代表作用

各级人大代表是人大工作的主体，也是实践“三个代表”重要思想、实现跨越式发展的主力军，常委会十分重视代表基础工作。

认真开展述职评议。根据有关法律法规和年初工作安排，常委会组织代表历时 3 个月，对市经贸委主任、市民政局局长等 10 名市政府组成人员进行述职评议。在评议工作中，常委会领导带队，分 10 个工作组对被评人员依法行政、履行职责、勤政为民、清正廉洁等方面的情况进行深入调查，广泛听取意见，进行公开评议，民主测评。由于准备充分，组织有序，代表热情参与，部门主动配合，既充分发扬民主，又严格依法办事，评议达到了目的，收到了实效。被评政府工作部门负责人的敬业精神和民主法制意识进一步增强，精神面貌和工作作风进一步转变，为跨越式发展增添了新的动力。

切实开展代表视察活动。在积极支持代表个人持证视察、分散视察的同时，根据实际情况，去年常委会采取分级视察、分组视察和集中视察相结合的办法，集中时间、集中力量视察财税、农业产业化和农村税费改革、重点工程建设、城市绿化和生态环境保护、重点旅游景区开发、城市社区建设、文化建设和城市中小学收费等情况。视察组深入细致了解情况，实事求是指出问题，提出建议，推动了政府工作，为开好人代会做了充分准备。

加强代表宣传培训工作。召开代表法颁布实施十周年座谈会，组织新闻媒体宣传人大代表和代表法，增强人大代表的责任意识。开展了对部分乡镇人大主席、副主席的培训，进一步提高他们的履职能力。

督办代表提出的议案和建议、批评、意见。市二届人大四次会议主席团决定交付市人大有关专委会审议的4件议案，有关单位及时交付市政府办理。专委会认真审议办理情况，并向常委会提出了审议结果的报告，经常委会审议后，已印发代表。市二届人大四次会议代表提出的133件建议、批评、意见已办理完毕，并答复代表。常委会选择一批如城市低保、环城绿化等群众关心、关系重大的议案和建议、批评、意见，进行重点督办，收到了明显效果。

依法选举出席省十届人民代表大会代表。根据有关法律法规的规定，按照省人大的要求，常委会认真筹备，组织召开了市二届人大五次会议，顺利选出59名出席四川省第十届人民代表大会代表。

五、突出依法办事，指导县级换届选举，推进基层民主政治建设

常委会十分重视县级国家机关换届选举工作，切实加强指导，努力推进基层民主政治建设。

深入调查研究，积极献计献策。常委会组织认真学习中央、省委有关文件精神，充分认识换届选举对于加强县级政权建设，保持社会稳定，推进我市改革开放和依法治市进程，实现跨越式发展目标的重大意义，深入9县（市、区）开展调查研究，了解情况，研究问题。向市委报送了《关于全市县级人民代表大会换届选举工作有关问题的意见》，对换届选举的指导思想、时间安排、组织领导、代表名额和结构等问题提出了具体建议，得到市委的重视和采纳，市委及时批转了这个文件。常委会主要领导针对换届选举存在的几个具体问题，向市委提出了建议，为市委决策提供了参考。

加强检查指导，保证换届选举工作有序进行。常委会设立了选举办公室，负责换届选举的日常工作。按照市委统一安排，常委会领导定点联系指导仪陇、营山、西充、顺庆等地的换届选举工作，确保了换届选举顺利进行。

六、突出发展需要，不断加强学习，切实搞好自身建设

常委会认真贯彻“三个代表”重要思想，不断加强自身建设，努力适应跨越式发展新形势的需要。

理论联系实际，认真学习江泽民同志“5·31”重要讲话和党的十六大精神。坚持各项学习制度，加强政治理论学习。学习中，以贯彻“三个代表”重要思想为红线，就执政兴国的第一要务、全面建设小康社会、加强政治文明建设等新思想、新论断、新目标、新任务进行深入讨论，把全体干部职工的思想认识统一到十六大精神上来，统一到跨越式发展的要求上来，为进一步做好人大工作、更好地服务于经济建设和民主法制建设奠定了思想基础。改进市、县人大主任学习会学习方法，坐着学与走着学相结合，学经济工作经验与学人大工作经验相结合，组织到内江、泸州、宜宾、自贡四市考察学习，就经济发展、城市建设、旅游事业、人大工作等方面提出了具体建议，向市委报送了专题报告，得到市委的肯定，达到了学习借鉴经验、共谋发展大计的目的。

加强人大宣传工作，增强全社会的民主法制意识。结合依法治市和人大工作的实际，开展经常性、专题性的宣传活动。常委会领导带头撰写理论宣传文章，出版人大专著《转岗岁月》，为宣传人大、宣传南充起到了重要作用。召开全市人大宣传工作会议，评选宣传人大工作的优秀新闻工作者，提高《南充人大》《公报》的办刊质量，为增强全社会的民主法制意识发挥了作用。

做好信访工作，密切联系群众。坚持主任接待日制度，召开全市人大信访工作会议，加强对信访工作的领导。抓好重要信访案件的督查督办。一年来，共接待处理人大代表和人民群众的来信来访5468件次，其中，常委会领导接待处理信访476件次。督办解决了一些久拖不决的老大难问题，维护了群众的合法权益。有的信访者给人大送匾致谢。常委会还坚持代表列席常委会会议制度、公民旁听常委会会议制度，落实公民知情知政权，保证民主渠道的畅通。

以开展“创满”活动为契机，不断提高常委会机关工作水平。积极参加市级机关评选满意不满意单位活动，按照统一要求，分解任务，落实责任，增添措施，完善制度，改进工作，使“创满”活动收到实效。人大机关被评为“满意单位”，年终目标考核获得一等奖，受到市委表彰。人大机关干部职工的全局观念、服务意识进一步增强，服务质量、办事效率进一步提高，树立了良好的机关形象。

常委会认真行使人事任免权，继续坚持任命干部任前法律考试制度、任前供职发言制度，一年来，及时依法任免了136名市级国家机关工作人员，保证了“一府两院”工作正常运转。

各位代表，过去一年常委会的工作虽然取得了新的成绩，但与党的十六大的要求和人民的希望相比，还有一定的差距。代表工作还需进一步改进、监督意见的办理还需进一步跟踪落实、机关干部队伍建设还需进一步加强、办公现代化建设还须进一步加快。这些问题在今后的工作中要认真研究解决。

今年的主要工作任务

2003年是全面学习贯彻党的十六大精神的第一年，是市二届人大常委会任期的最后一年。常委会工作的指导思想是：坚持以邓小平理论和“三个代表”重要思想为指导，认真学习贯彻党的十六大精神，在中共南充市委的领导下，继续按照“围绕中心、突出‘法’字、加强监督、注重实效”的工作思路，突出发展主题，以全面建设小康社会为目标，依法履行职责，努力开展工作，为推进社会主义物质文明、政治文明、精神文明建设，实现南充经济新跨越作出新贡献，以优异成绩迎接建市十周年。

继续加强调查研究和审议决定重大事项工作。要认真开展调查研究，提高决策水平和工作质量。重点组织对农村全面建设小康、非公有制经济发展、嘉陵江水资源开发与保护、提高人大常委会组成人员整体素质等课题，进行专题调查研究。在广泛调查研究的基础上，就事关全局、群众关心的西河污染治理、提高城市公民素质、妇女权益保障等问题，进行专题审议，作出相应决议、决定。

继续加强对“一府两院”的工作监督。要加强对计划、预算执行情况的监督；要听取审议市政府关于做强工业、农民增收、牧业经济发展、非税财政收入收支两条线管理、城建资金的安排使用、城市重点基础设施建设、新体育场馆和会展中心建设、市辖城区水电气计量收费到户工作、中小学教育结构布局调整、农村卫生体制改革、商检工作等情况汇报；听取贯彻实施土地管理法、城市规划法、人民警察法的情况汇报；听取审议市中级人民法院关于房地产审判工作、市人民检察院关于预防职务犯罪工作的情况汇报；要组织召开我市地区生产总值提前翻番、招商引资形势分析会，提出意见和建议。

继续大力推进依法治市。开展对水法、老年人权益保障法的执法检查，配合省人大开展好相应的执法检查，努力营造良好的社会法治环境。继续贯彻执行“四五”普法决议，组织搞好领导干部和执法人员的法制培训，加强规范性文件审查和个案监督，促进依法行政和公正司法。

继续加强代表基础工作。开展好常委会组成人员联系代表、代表联系选民的活动。坚持主任接待日制度、代表列席常委会会议制度、公民旁听常委会会议制度。要围绕全市中心工作，有计划地组织代表进行视察、调查和检查，不断拓宽代表工作渠道。要尊重代表的民主权利，认真审议办理代表的议案、建议、批评和意见，提高审议办理的质量。要继续开展对市政府工作部门主要负责人的述职评议，强化对常委会任命人员的监督。

认真搞好市级换届选举和指导县乡人大工作。按照市委的统一部署，认真做好市级人大的换届选举工作。坚持开好市、县人大主任学习会和相关工作座谈会，促进人大系统的学习与交流。组织召开县（市、区）换届选举工作总结表彰会议。举办县（市、区）人大常委会新任主任、副主任培训班和乡镇人大主席培训班，有计划地组织常委会组成人员和人大干部学习考察，密切联系，增进了解，推动工作。

围绕“市人大成立十周年”纪念活动加强民主法制宣传。通过召开一次纪念座谈会、开办一期报刊专版、编印一本宣传画册、举办一次理论研讨会等多种形式，广泛宣传人大制度建设和民主法制建设。要继续办好常委会《公报》和《南充人大》内刊，提高办刊质量，发挥人大自身宣传的窗口和阵地作用。

以十六大精神为指导进一步加强自身建设。要继续深入学习贯彻十六大精神，用“三个代表”重要思想武装干部职工的头脑。要继续坚持法制讲座制度，加强法律法规知识的学习，加强现代经济知识的学习，不断提高自身的法律知识水平和工作能力。要积极开展机关“创满”活动，切实转变工作作风。要充实机关干部队伍，以适应新时期人大工作的需要。要坚持和完善机关各项规章制度，规范机关管理，提高服务质量，努力为机关干部职工创造良好的工作条件和生活条件。

各位代表，宏伟蓝图催人奋进，实现跨越任重道远，我们一定要高举邓小平理论的伟大旗帜，认真贯彻党的十六大精神和“三个代表”重要思想的要求，在中共南充市委的领导下，与时俱进，开拓创新，艰苦奋斗，扎实工作，为全面建设小康社会作出新的贡献。

南充市人民代表大会常务委员会工作报告

2004年3月19日在市三届人大一次会议上

南充市人大常委会

各位代表：

我受南充市第二届人民代表大会常务委员会的委托，向大会报告本届常委会的主要工作，请予审议。

市二届人大常委会任期的五年，是世纪之交、我市改革开放和现代化建设进入新阶段的五年。五年来，在中共南充市委的领导下，常委会高举邓小平理论伟大旗帜，认真实践“三个代表”重要思想，深入贯彻党的十五大、十六大精神，坚持“围绕中心、突出‘法’字、加强监督、注重实效”的工作思路，团结奋斗，开拓创新，切实履行宪法和法律赋予的职权，认真贯彻市党代会和人代会决议决定，充分发挥职能作用，为加强民主法制建设，推进依法治市进程，深化改革，维护稳定，保障和促进我市经济发展和社会全面进步，实现发展新跨越作出了新贡献。

五年工作的回顾

一、认真审议决定重大事项，积极推进跨越式发展

五年来，市二届人大常委会紧紧围绕跨越式发展主题，围绕维护和实现人民群众的根本利益，就我市经济社会发展的重大问题，进行了深入的调查研究，及时作出了决议决定30多个，包括《关于积极推进我市实施西部大开发战略、加快经济发展的决议》《关于依靠科技进步，促进农民增收的决议》《关于批准〈南充市农业产业化发展纲要〉的决议》《关于建设绿化生态市的决议》《关于南充市第六次修编的城市总体规划的决议》《关于供水、供电、供气计量收费到用户的决议》《关于进一步开展法制宣传教育的决议》《关于加强经济工作监督的决定》《关于加强非税财政收入收支两条线管理监督的决定》等，内容涉及政治、经济、社会、法制等方面，为动员和引导全市人民团结奋斗，全面推进跨越式发展发挥了重要作用。

为保证审议决定质量，促进决议决定的落实，五年来，常委会切实改进调研工作，集中力量、突出重点，就推进农业产业化经营、工业兴市、招商引资、搞活国企、发展民营经济、发展三产业、经营城市、环境保护、旅游资源开发、社会治安等经济社会发展的重要课题开展专题调研，形成专题调研报告54个，经主任会议审定后报送市委35个，为市委决策当好了参谋，为常委会审议决定重大事项奠定了基础。去年，常委会重点调查研究了发展非公有制经济、合理开发和保护嘉陵江水资源的情况，提出了中肯的意见和建议，受到市委的重视和采纳，收到了较好的效果。

二、加大工作监督力度，促进“一府两院”工作

五年来，常委会认真履行监督职责，加大监督力度，改进监督方式，注重监督实效，保证跨越式发展目标顺利实现。

一是围绕推进产业化经营，加强对农业和农村经济工作的监督。先后听取审议了市政府关于农业

产业结构调整、农业科技推广、农田水利建设、耕地保护、退耕还林、农民负担、农村税费改革、农村劳务输出等重要工作汇报，对农业和农村工作提出了总体要求和具体意见。从 1999 年开始，通过促成市政府成功举办首届全市农产品博览会，批准、督促实施农业产业化发展纲要，召开人大农业工作座谈会，编印《农业新跨越之路》，加强对农业产业化经营的监督和指导，有力地推进了农业产业化进程。

二是围绕“工业兴市”目标，加强对工业经济工作的监督。积极参加“工业兴市”大讨论，深入调查研究，为做强工业献计献策。及时听取和审议市政府关于工业工作的情况汇报，就工业发展的工作思路、结构调整、企业改制、科技创新、发展环境等问题提出了许多建设性的意见和建议。每年还定期组织召开工业、财税、外经外贸等经济形势分析会，有针对性地提出对策建议，对促进工业经济发展起到了积极的推动作用。

三是围绕长远发展和年度工作目标，加强对计划财政等重大经济工作的监督。听取实施西部大开发战略、加入 WTO 后的应对策略、重大工程及项目建设情况汇报，每年及时听取、审议国民经济和社会发展计划、财政执行、市级财政预算调整方案、市级财政预算执行及其他财政收支的审计报告，作出相关的决议决定，保证了年度计划、预算的顺利实施和经济工作的顺利开展。加强对非税财政收入管理的监督，对增强政府财政调控能力起到了重要作用。

四是围绕全面发展，加强对社会事业工作的监督。常委会及主任会议听取了科技进步法、义务教育法、文物保护法、传染病防治法、职业病防治法、四川省计划生育条例、预防控制性病艾滋病条例、民族乡镇工作条例等法律法规贯彻执行情况的汇报，听取审议了文化产业、教育结构和布局、旅游开发、医疗保险、物业管理、商贸中心建设、粮食流通体制改革、社会治安、公安队伍建设等工作情况汇报，针对问题提出工作建议，为推动社会事业全面发展尽职尽责。

五是围绕保障人民群众的根本利益，加强对重点、难点、热点问题的监督。听取市政府关于城市规划布局、市政重点工程建设、城建用地管理、城建资金管理使用、创建卫生文明城市等工作情况汇报，加强对经营城市工作的监督。如及时反映市人大代表和群众对大都会违法违规建筑的意见，引起市委和上级有关部门的重视，加大了查处力度。主任会议认真研究，提出大都会整改建议方案。常委会撤销了有关违法违纪人员的行政职务和荣誉称号，终止了市人大代表职务。连续开展“南充环保世纪行”宣传活动，加强对生态建设和环境保护工作的监督，促进可持续发展。对农民负担、再就业工程、城市低保、水电气价格、医院和中小学校收费、拖欠教师工资、打假治劣等热点问题进行专项检查，尤其注重保护弱势群体的利益，受到社会的好评。去年，为有效防控“非典”疫情，常委会及时听取了全市非典型肺炎防治工作的情况汇报，提出了强化预防的意见。并以此为契机，加大监督力度，对贯彻传染病防治法、突发公共卫生事件应急条例情况进行检查，把“非典”防治纳入法制化轨道，保护了人民生命财产安全。

常委会及主任会议还听取了“两院”实行错案责任追究制、检察院查办和预防职务犯罪、法院执行难问题、审判工作改革和检察工作改革等情况汇报，提出建议意见，推动了司法工作的不断改革和发展。

三、大力推进依法治市，营造良好法制环境

常委会始终抓住推进民主法制建设这个根本，充分发挥主导作用，不断推进依法治市，为跨越式发展创造良好法制环境。

一是加强执法检查，保证法律法规的遵守和执行。组织对劳动法、种子法、城市规划法、环境保护法、水法、统计法、老年人权益保障法等50多部法律法规的执行情况进行了检查，督促纠正了一些有法不依、执法不严、违法不究的问题，保证了法律法规在本地的贯彻实施。针对水资源污染严重、管理难度大的现实，去年，常委会组织了对水法执行情况的检查，指出了水资源管理中存在的问题，提出了加强宣传教育、加大治污力度、严肃查处违法案件、加强执法队伍建设等建议，特别就加强嘉陵江梯级开发后水资源管理提出了意见，引起了市县党政的高度重视。从2001年开始，连续三年组织开展了对老年人权益保障法的执法检查，提出了强化宣传、加强领导、落实优待政策、加强社会保障等20多项建议。并跟踪检查政府及有关部门落实执法检查意见的情况，切实保障老年人的合法权益，收到良好的社会效果。

二是大力推进“三五”“四五”普法，努力提高全民法律素质。听取普法教育和依法治市工作情况汇报，开展普法和法治工作的专项检查，认真总结和交流“三五”普法和依法治市工作经验，督促落实执法责任制、错案责任追究制等措施。作出“四五”普法的决定，大力启动和推进新一轮的全民普法教育。在普法中，常委会领导带头学法，始终把提高领导干部的法律素质放在重要位置。坚持法律培训制度，与市级有关部门联合举办市级机关领导干部和普法骨干培训班6期，培训干部1000多人次；坚持常委会法制讲座制度，共举办讲座25次，学习法律法规30多部；坚持被任命领导干部任前法律考试制度，促进领导干部带头学法、用法。组织编辑出版《依法行政手册》等法律读物；利用节假日、法制宣传日、宪法颁布和地方人大常委会成立纪念日等时机，开展丰富多彩的法制宣传教育活动，不断增强全民法制意识，大力推进依法治市。

三是加强司法个案监督和规范性文件审查，促进依法行政和公正司法。及时修订《南充市人民代表大会常务委员会司法案件监督规定》，规范司法案件监督行为，增强司法案件监督的针对性和实效性。五年来，重点督查了群众反映强烈的16件个案，保护了公民、法人和其他组织的合法权益，维护了法律的权威。常委会跟踪监督查处了阆中母安勋、西充王洪太制售假劣药品案，维护了正常的市场秩序，受到群众好评。为从源头规范行政、司法行为，常委会作出了《关于规范性文件备案审查的规定》，对“一府两院”制定的规范性文件进行备案审查，依据有关法律法规提出了完善意见，督促有关单位纠正了不适当的规定。

常委会还认真做好全国及省人大下达的30多部法律法规的立法调研任务，收集整理各界人士意见，积极为上级人大完善立法提出建议。

四、做好代表和选举任免工作，充分发挥人大代表作用

常委会重视选举任免和代表工作，尊重代表的民主权利，注重发挥代表作用。

组织代表开展视察活动。采取集中视察和小组视察、全面视察和专题视察相结合的办法，每年组织代表就事关我市经济社会发展的重要工作，就人民群众关心的热点、难点问题进行视察，了解情况，指出问题，提出建议，推进工作。

开展代表评议工作。组织开展对“一府两院”进行工作评议和评选“人民好公仆”“人民好法官”活动，把监督人与监督事相结合、奖励与警戒相结合，充分发挥了人大代表的监督作用。2002年，常委会组织代表历时3个月，对市经贸委、民政局等10个市政府工作部门负责人进行述职评议，通过自我总结、代表评议、群众测评、主任会议审定，对优秀者予以表彰，对群众反映较差者限期整改。有力地促进了被评政府部门负责人公仆意识、民主法制意识进一步增强，精神面貌和工作作风进一步转变。

为代表执行职务提供便利和保障。针对换届后新代表较多的实际，常委会按9个选举单位组织代表分别进行了集中培训，增强了代表执行职务的能力。针对个别地方出现的对人大代表履行职责不尊重、不支持，甚至打击报复的问题，常委会领导带队，邀请纪检、监察、公安的同志一道进行专题调查，及时向市委汇报，提出了维护代表合法权益、保障代表执行职务的具体意见，市委及时批转报告，为代表履行职责提供了保障。为了拓宽代表知情知政渠道，坚持常委会组成人员联系代表、代表联系选民的“双联系”制度；邀请市人大代表列席常委会例会和一些重要会议，参加检查、视察、调查、评议等活动；给市人大代表订阅赠送人大报刊资料，召开代表法颁布实施十周年座谈会、优秀市人大代表表彰会等，大大提高了代表履行职责、发挥作用的主动性和积极性。

认真督办代表提出的议案和建议、批评、意见。组织制定了《关于督促办理代表议案和建议、批评、意见的暂行规定》，对办理程序、工作职责、监督方法等作了规范，促进了办理质量的不断提高。五年来，共办理 16 件议案，604 件建议、批评、意见。常委会领导亲自督办一批如扶贫工作、环城绿化等群众关心的议案和建议、批评、意见，收到了明显效果。跟踪督办继续扶持升钟水库淹没区的意见，督促市政府兑现了 170 万元的扶贫资金，并决定延长扶持五年，受到库区人民欢迎。

认真行使人事任免权。对市委推荐和“一府两院”提请任命人员，任前都要广泛听取群众意见，提出人事任免建议，确保用好人，用能人。实行任前法律知识考试和供职发言制度，增强被任命人员的法治意识和责任感。五年来，常委会及时任免了 303 名市级国家机关工作人员，保证了“一府两院”工作正常运转。2002 年，组织召开了市二届人大五次会议，选举了 59 名出席四川省第十届人民代表大会代表。

五、加强联系指导，积极推进基层民主政治建设

常委会把联系和指导县乡人大工作列上重要工作日程，积极推进基层民主政治建设，不断加强跨越式发展的组织保障。

加强对县乡换届选举工作的指导。市二届人大期间，县乡都进行了一次换届选举。常委会领导深入调查研究，向市委提交专题报告，就换届选举的指导思想、时间安排、组织领导、代表名额和结构等提出具体意见。成立选举办公室，负责具体指导工作。按照市委统一安排，常委会领导还定点联系指导县（市、区）的换届选举工作，认真组织指导了县（市、区）人大选举市三届人大代表的工作，保证了选举工作的顺利进行。

督促落实省市委有关人大工作的规定和要求。2000 年，积极建议并配合市委成功召开了市委人大工作会议，对加强和改进人大工作的重要问题进行了研究和部署。会后，常委会督促各地贯彻落实会议精神，并重点检查了乡镇人大工作和干部配置情况，协调解决存在的问题，推动了基层人大工作的开展。针对机构改革和县级换届选举后县乡人大工作出现的新情况和新问题，常委会进行了专题调研。

加强工作联系指导。坚持一年一度的县（市、区）人大常委会主任学习会议制度，学习理论，交流经验，探讨问题，指导工作。从 2002 年开始，主任学习会改进了方法，在理论学习后，组织大家到省内外 10 多个市区学习考察，把理论与实践相结合，提高了认识，学习了经验，开阔了眼界。常委会还坚持邀请县（市、区）人大常委会负责人列席常委会会议、举办乡镇人大主席培训班、召开专题座谈会等，加强培训和指导。承办全省人大农业、调研等工作会议，参加省人大重要会议，接受上级人大的指导。

六、加强常委会自身建设，不断提高工作水平

常委会坚持加强自身建设，不断提高组成人员和机关干部政治思想素质和履职能力，努力适应跨越式发展新形势的需要。

深入学习“三个代表”重要思想。坚持理论学习制度，学习邓小平理论，学习“三个代表”重要思想，学习党的十五大、十六大精神，学习胡锦涛总书记讲话，围绕主题，结合实际，把握精髓，认识新形势，领会新思想，增添新动力，用“三个代表”重要思想武装头脑，指导工作。1999年和2000年，先后开展了常委会领导班子和领导干部、机关县级领导班子和领导干部的“三讲”教育活动，通过认真学习，深刻剖析，切实整改，干部的政治思想素质进一步提高，班子的凝聚力和战斗力进一步增强，为深入学习贯彻“三个代表”重要思想，开创人大工作新局面奠定了坚实的思想基础。

不断加强组织、制度和作风建设。加强常委会班子组织建设，坚持民主集中制原则，重大事项事前向党委请示报告，由常委会和主任会议集体研究决定。建立健全了常委会议事制度、工作制度、机关管理制度等30多项制度，实行制度化、规范化管理，不断提高工作效率，切实转变工作作风。实行人大代表和公民旁听常委会会议制度，拓宽公民知情知政渠道。改善常委会会议条件，安装电子表决器，增强审议决定事项的民主性和科学性。认真实施机构改革方案，调整内部机构，明确岗位职责，激活用人机制，培养选拔干部，交流充实工作人员，保持工作动力和活力。开展“创满”活动，实施党员先锋工程和扶贫工程，加强宗旨和廉政教育，领导班子和机关干部的廉洁、勤政、爱民、服务意识进一步增强。市人大机关被群众评为“满意单位”，树立了勤政务实、高效廉洁的良好形象。

做好信访工作。建立健全信访接待、主任接待日制度，形成专委会和办事机构齐抓共管的大信访格局。五年来，共处理群众信访2.33万多件次，督促查处了一些反映多、意见大的“老大难”问题，密切联系群众，维护了群众的合法权益和社会稳定。

加强人大宣传工作。常委会非常重视宣传工作，充分利用新闻媒体和人大自身宣传阵地，开展丰富多彩的宣传活动。常委会领导带头撰写宣传文章，编著《转岗岁月》《转型时期的地方人大工作》等人大专著，编印《实践与探索》《代表风采》等人大工作丛书和人大画册，办好《公报》《南充人大》内刊，做好全国、省人大报刊发行工作，召开宣传工作会议，坚持举办人大制度理论研讨会，评选表彰研究、宣传人大制度和人大工作好论文、好新闻和先进集体及个人，推动宣传工作向纵深发展，增强全社会的“人大意识”，为开创人大工作新局面创造良好环境。

此外，常委会还认真完成了市委统一安排的其他工作，如联系指导服装行业、制药企业、环城绿化、水电工程、机场建设、法制建设等重要工作，推进了相关工作的顺利开展。

五年工作的基本经验

市二届人大常委会五年丰富的实践和探索，使我们对坚持和完善人民代表大会制度有了更深刻的认识和体会，为今后的人大工作积累了宝贵经验。

第一，做好人大工作，必须坚持党的领导。人大工作是党的工作的重要组成部分。做好人大工作，最重要的就是坚持党的领导。坚持党的领导是坚持人民代表大会制度，充分发挥常委会职能作用的根本保证。五年来，常委会坚定不移地贯彻党的基本理论、基本路线和基本纲领，自觉运用邓小平理论武装头脑，用“三个代表”重要思想统领人大工作。始终坚持党委领导，自觉接受党委领导，以党委的工作中心为中心，坚持重大事项向党委请示报告制度，认真贯彻执行党委的决定，依法把党委的主张转变成国家意志，保证党委政策措施顺利贯彻落实，保证常委会工作沿着正确的方向发展。

第二，做好人大工作，必须坚持以发展为中心。发展是执政兴国的第一要务，也是人大工作的第一要务。人大工作必须围绕经济建设这个中心，按照“三个有利于”标准，服务于党和国家工作的大局。五年来，常委会坚持“十六字”工作思路，把“围绕中心”放在首位。在实际工作中，紧紧围绕经济建设中心和发展主题行使职权，开展工作。如开展广泛深入的调查研究，提高审议决定重大事项的科学性；加大监督力度，保证各项发展措施顺利落实；推进依法治市，为发展营造良好环境等，有力地推动了我市经济发展和社会全面进步。

第三，做好人大工作，必须充分发扬民主。发扬民主是建设社会主义政治文明的本质要求，人民代表大会制度是实现人民当家作主的根本政治制度。五年来，常委会始终把“三个代表”重要思想贯穿于人大工作，在审议决定重大事项、开展法律监督和工作监督、组织代表评议等工作中，坚持走群众路线，反映民情，体现民意，集中民智，保证民主主渠道的畅通，实行民主决策。始终把实现和维护好人民群众的根本利益作为工作的立足点和出发点，通过调查研究、“双联系”制度、个案监督、信访工作等加强同人民群众的联系，关心群众疾苦，倾听群众呼声，接受人民监督，对人民负责。始终把人民群众赞不赞成、拥不拥护、答不答应、高不高兴作为检验工作的基本原则。

第四，做好人大工作，必须依法行使职权。加强社会主义民主法制建设是人大常委会的根本任务，依法办事是人大工作的基本原则。五年来，常委会一方面大力推进依法治市、不断促进法制宣传教育，提高全民法律素质和全社会的法治水平，为跨越式发展提供法制保障。另一方面，常委会在工作中始终严格坚持依法履行职责，大力推进人大工作的法制化、制度化和规范化。实践证明，只有认真贯彻依法治国基本方略，严格按照宪法和法律的规定行使职权，才能充分发挥国家权力机关在政治、经济、社会各个领域中的重要作用。

第五，做好人大工作，必须充分发挥代表作用。各级人大代表是人大制度建设和人大工作的主体。调动和保护代表工作积极性，加强代表培训，提高参政议政能力，充分发挥他们的作用，是做好人大工作的关键所在。五年来，常委会代表工作从常规的代表培训、视察、调查，到组织开展工作评议、述职评议、评选“人民好公仆”“人民好法官”等活动，不断深化，不断创新，不断取得实效，使代表真正行使了管理国家和社会事务的权力，真正发挥了代表人民、联系人民、服务人民的作用。

第六，做好人大工作，必须不断加强自身建设。加强自身建设是做好人大工作的重要前提。没有过硬的队伍、过硬的思想、过硬的作风，就做不好人大工作。五年来，常委会不断加强自身建设，硬件软件两手抓，形成了学习自觉、管理规范、工作务实、环境优美、心情舒畅的浓厚氛围，为完成人大各项工作任务创造了条件。

五年来，常委会的工作虽然取得了成绩，积累了经验，但与党的十六大精神和“三个代表”重要思想的要求，与宪法、法律和法规规定相比，还有一定的差距。如决定重大事项的工作还需进一步规范和落实，法律监督和工作监督的力度还需进一步加大，人大代表履职积极性还需进一步提高，人大自身建设还需进一步加强。这些问题，有待在今后的工作中认真研究解决。

对今后工作的建议

市二届人大常委会即将完成历史使命，市三届人大常委会即将产生，建议市三届人大常委会要在市委的领导下，高举邓小平理论伟大旗帜，全面贯彻党的十六大精神，以“三个代表”重要思想统领人大工作，深入贯彻落实市第三次党代会精神，以建设高度政治文明为己任，以全面建设小康社会为目标，紧紧围绕推进南充跨越式发展这一主题，不辱使命，与时俱进，认真履行宪法和法律赋予的职责，创造性地开展人大工作，为推进我市的经济、政治、文化建设和改革开放，促进物质文明、政治文明、精神文明的协调发展作出新贡献。

——要继续认真行使重大事项决定权，保证决策的科学性。要围绕全市经济社会发展的中心和重点，以维护人民群众的根本利益为出发点，加强调查研究，反映民情，集中民智，民主决策、科学决策，促进跨越式发展。

——要继续改进监督工作，促进“一府两院”提高行政和司法水平。改进监督方式，突出监督重点，要围绕我市发展新跨越的总体目标，以深化改革、转变职能、扩大开放、维护稳定为重点，加大监督力度，提高监督实效。对已作出的决议决定，要继续跟踪监督落实。要加强对法律法规实施的检查监督，保证宪法、法律法规的正确实施。

——要继续做好人事任免工作，不断提高任免工作质量。要正确处理体现党委意图与人大依法履行职责的关系，加强对被任命人员的监督，开展工作评议和述职评议，把监督事与监督人结合起来，促进依法行政、执政为民、廉洁自律。

——要继续推进依法治市，为跨越式发展提供强有力的法制保障。要加强人大制度的宣传，不断提高全社会的“人大意识”。要继续抓好“四五”普法工作，提高全民特别是领导干部的法律素质，增强学法、用法的自觉性。要继续推进部门、行业的专项治理，形成依法决策、依法管理、依法经营、依法监督、依法办事的良好环境。

——要继续加强同市人大代表和人民群众的密切联系，切实维护人民群众的根本利益。要不断改进和加强代表工作，充分发挥代表的参政议政、桥梁纽带和先锋模范作用。要认真办理人大代表提出的议案、建议、批评和意见，为代表执行职务提供政治、经济和法律保障，充分调动代表的积极性。做好信访工作，拓宽人大联系群众、群众参与人大工作的渠道，反映、维护好人民群众根本利益。加强对县（市、区）人大工作的指导和联系，推进基层民主法制建设。

——要继续加强常委会的自身建设，保持开拓奋进的活力。要完善常委会学习制度，改进学习方法，不断提高组成人员和机关工作人员的政治理论水平和业务能力；要加强组织建设、制度建设和作风建设，扎实工作，与时俱进，为我市经济社会全面发展作出新贡献。

南充市人民代表大会常务委员会工作报告

2005年2月24日在市三届人大二次会议上

南充市人大常委会副主任　刘伯忠

各位代表：

我受南充市第三届人民代表大会常务委员会的委托，向大会报告工作，请予审查。

过去的一年，市人大常委会坚持以邓小平理论和“三个代表”重要思想为指导，认真贯彻党的十六大和十六届三中、四中全会精神，坚持以人为本，树立全面、协调、可持续的科学发展观，以维护人民群众的根本利益为出发点，切实履行宪法和法律赋予的职权，人大工作和民主法制建设取得了新的成绩。

一、以科学的发展观为指导，促进经济社会协调发展

一年来，市三届人大常委会以科学的发展观为指导，在服务经济建设、促进社会事业方面，做了大量卓有成效的工作。

认真审议决定经济发展的重大事项。听取和审议了2004年国民经济和社会发展计划执行、2004年市本级非税财政收入“收支两条线”管理、2003年市级财政预算执行和其他财政收支的审计工作等情况报告，审查批准了2003年市级财政决算和2004年市本级财政预算调整方案，切实加强对宏观经济工作的监督，保证经济社会发展计划的顺利实施。

加强对重大经济社会问题的监督。一是紧扣农民增收这一关键，加强对“三农”问题的监督。听取和审议市政府关于促进农民增收的情况汇报，向市政府提出抓好结构调整、发展“五业经济”、推进农业产业化、做大做强劳务开发等确保农民增收的建议。市政府根据常委会的意见，提出实施农业和农村经济发展的“233”目标，召开农民增收工作会议，促进了各项增收措施的落实和农村经济的发展。二是围绕做强工业总目标，加强对骨干企业和民营经济发展的监督。开展专题调查研究，听取专项工作汇报，要求市政府进一步优化环境，加强服务，加大招商引资力度，积极推动工业经济的发展。三是围绕提质升位，加强对经营城市工作的监督。对城市规划、城建用地、拆迁安置补偿、城市综合管理执法、城建资金安排使用、城市绿化卫生达标等重要工作进行检查，听取汇报，提出了改进工作的意见。四是立足维护稳定和保障人民群众的生命财产安全，加强对安全生产工作的监督。组织开展对贯彻安全生产法的专项检查，及时听取市政府关于安全生产工作的情况汇报，提出增强安全意识、查找安全隐患、加强安全措施、确保安全生产的意见。五是开展环保世纪行宣传活动，加强对生态环境保护的监督。组织开展以“保护母亲河，还一江清水”为主题的“南充环保世纪行”宣传教育活动，对61个项目的水污染防治工作进行了专题调查和新闻采访，在《南充日报》《南充晚报》、南充电视台开辟专栏、专题进行报道，提出环保工作建议36条，督促执法部门及时查处违法违规行为17起。通过调查研究，常委会提出把嘉陵江的水源保护从干流扩展到各支流水系，把环保工作从城市扩展到乡镇的要求，特别强调要抓好群众反映强烈的西河污染治理工作，给群众生产生活创造优美的环境，促进可持续发展。

深入开展专题调研。一是围绕常委会和主任会议议题开展调查研究，掌握真实情况，提高审议决定工作质量。二是紧紧围绕全市经济社会发展的重点和难点，深入基层就畜牧产业发展、农业财政资金管理、农村卫生体制改革、城镇职工医疗保险和再就业、村镇农房建设及管理等问题开展专题调研，形成专题报告，有3篇得到市委批转，为推动这些问题的解决发挥了积极作用。

二、以民主法制建设为根本，努力创造良好的社会法制环境

加大法律监督和工作监督力度，促进“一府两院”依法行政和公正司法。重点开展对农村土地承包法、食品卫生法的执法检查，针对检查发现的问题，提出规范土地流转、严格土地管理、加强队伍建设等建议。针对食品安全意识不强、监督不力、保障经费不足、部门协调不够等问题，向市政府提出强化责任、搞好协调、加强宣传、严格监管、建好队伍等意见，促进了食品卫生法的进一步贯彻落实。配合省人大开展对产品质量法、专利法、种子法、台湾同胞投资保护法等法律的执法检查，组织代表视察人防法、律师法、残疾人保障法、城市规划法等法律法规的贯彻执行情况，听取和审议文物保护法、义务教育法、水法和四川省宗教事务条例、四川省人口与计划生育条例等法律法规贯彻执行情况的汇报，听取行政许可法实施准备工作的情况汇报，审查市政府物业管理实施细则等规范性文件，向有关部门提出改进执法的意见，促进了依法行政、公正执法和文明执法。

常委会及主任会议及时听取了法院队伍建设、查办渎职侵权犯罪案件、查办经济犯罪案件和刑事拘留专项工作等情况的汇报，对司法工作提出意见和建议，促进公正司法。

大力推进“四五”普法和依法治市，提高全民尤其是领导干部的法律素质。组织开展对“四五”普法的检查和调研，听取全市“四五”普法和依法治市工作的情况汇报，要求加强宣传教育，大力落实依法治市的各项措施，整顿和规范市场经济秩序，切实维护社会稳定，为跨越式发展营造良好的法制环境和社会环境。把督促领导干部带头学法、用法、守法放在重要位置，增强法律意识、法治水平，带动公民自觉学法、守法。

加强司法案件监督，切实维护公民、法人的合法权益。坚持司法案件监督和法律文书备案审查制度，一年来，监督司法案件3件，督办申诉、控告29件，其中纠正应办不办、久拖不决、处理错误的25件，审查司法案件法律文书87件。规范司法程序，促进办案质量的提高，维护司法权威，保护当事人的合法权益。

常委会和专委会根据省人大的要求，开展传染病防治法、水法、阆中古城保护条例等法律法规的立法调研，为省人大制定和完善法律法规提出了意见和建议。

三、以人事任免为重点，保障市级国家机关正常运转

一年来，常委会根据主任会议和“一府两院”的提名，依照法定程序，及时审议通过了51名“一府两院”工作人员的任免；接受了1名副市长的辞职，新任命1名副市长；补选了8名市人大代表，依法罢免了2名市人大代表，为新一届市级国家机关正常运行提供了保障。

常委会认真贯彻人事任免办法，切实改进人事任免工作，在人事任命前，坚持法律知识考试制度，认真听取供职发言。根据需要，常委会组成人员深入部分拟任人选所在单位进行视察走访，广泛听取意见，充分掌握情况，做到知人知情，确保任免质量。坚持年度书面述职制度，加强对任命干部的任后监督，促进依法行政，公正司法，廉洁勤政。

四、以代表工作为基础，密切同代表和人民群众的联系

积极开展代表视察活动。坚持经常视察和集中视察相结合、全面视察和专题视察相结合的方式，组织市人大代表对我市经济社会发展情况进行视察，为促进发展献计献策，为人代会审议工作做好准备。常委会还代为组织了全国、省人大代表的联合视察活动。

切实开展代表培训。针对换届后新当选的市人大代表较多的实际，分选举单位开展人大代表的集中培训，系统学习宪法和法律，学习人大制度的基本理论和人大工作的基本知识，增强代表的责任感，提高代表的履职能力。

认真督办代表议案、建议、批评和意见。督促市政府认真办理市三届人大一次会议确定的加强农村基层卫生组织建设和调整布局结构、整合优化基础教育资源的两件议案。根据常委会的要求，市政府在完善管理、落实编制、加大投入、科学规划、强化责任等方面做了大量工作，推动了卫生、教育事业的发展。市三届人大一次会议以来，共收到代表提出的建议、批评和意见 187 件，常委会和有关专委会及时转交“一府两院”，加强督办，现已全部办理完毕。

加强与代表和选民的联系。深入开展“双联系”活动，坚持代表列席、公民旁听常委会会议制度，指导县乡两级人大代表向选民述职的试点工作，组织代表参加创满、创卫等工作的评审活动，拓宽代表和公民知情知政、参政议政渠道。为代表执行职务创造条件、提供保障。做好信访工作，坚持常委会领导信访接待日制度，全年共接待处理信访 6217 件次，搞好疏导解释工作，化解社会矛盾，切实维护群众利益和社会稳定。

五、以开展人大五十周年纪念活动为契机，大力宣传人大制度

开展全国人大成立 50 周年及地方人大常委会设立 25 周年纪念活动。召开全市性的纪念大会，组织收看中央和省委纪念大会实况，回顾我市人大的光辉历程，总结基本经验，对今后的民主政治建设提出新的要求和希望，增强了广大干部群众的人大意识和民主法制意识。

召开常委会组成人员和县（市、区）人大常委会主任学习会。认真学习胡锦涛总书记的重要讲话和十六届四中全会决定，着重就如何把坚持党的领导、人民当家作主和依法治国有机统一，把加强党的执政能力建设和发挥人大作用有机结合，不断增强常委会组成人员的履职能力，进一步提高人大工作水平等问题进行了探讨和交流，增强了组成人员的责任感。

开展丰富多彩的人大宣传活动。与市委宣传部联合在《南充日报》上开展“人民代表大会前进的步伐”征文活动，参加全省人大制度知识电视竞赛并荣获一等奖，召开市人大制度研究会会员代表大会和理论研究会年会，评选表彰优秀论文和征文，配合省 8 家新闻单位对我市联合进行人大宣传报道，积极向有关新闻媒体投稿，办好《人大要情》《人大简报》《公报》《南充人大》等内刊资料，系统整理和编撰议会人大志，充分利用自有阵地，加强了人大宣传工作。

六、以不断创新为动力，进一步加强人大自身建设

抓好思想教育和业务培训。组织党员干部学习“三个代表”重要思想，学习十六届四中全会精神，牢固树立“立党为公，执政为民”的观念。开展市人大常委会组成人员的专门培训，通过以会代训、党校调训、外出考察、专项培训等方式，提高常委会组成人员、机关干部职工法律水平和业务能力。坚持常委会法制讲座制度，学习土地承包法、食品卫生法、行政许可法、省人大监督条例等 4 部法律法规，组成人员和人大机关干部的法治素质进一步提高。

切实加强机关作风建设和制度建设。以“创满”活动为载体，以开展“学习雍宗满，争做人民好儿女”活动为契机，努力建设亲民、为民、廉洁、务实、高效的国家机关。及时调整充实了各专委会和办事机构工作人员，增添机关工作活力。完善常委会会议和主任会议议事制度，推进常委会和机关工作的制度化、规范化。人大机关在年度考评中被评为“人民满意单位”，保持了权力机关的良好形象。

加强工作联系和指导。召开专项工作座谈会、对口联席会，举办乡镇人大干部培训班，组织基层人大干部外出学习考察，加强对县乡人大的工作指导。积极参加上级人大召开的有关会议和组织的各项活动，热情接待外地人大的学习考察，学习外地经验，扩大对外交流。

各位代表，常委会工作虽然取得了新的成绩，但实践中也还存在一些不足。比如：依法治市力度有待进一步加大，监督工作的实效有待进一步提高，讨论决定重大事项的工作有待进一步完善，代表联系工作有待进一步深化，对县乡人大工作的指导有待进一步加强。这些问题需要在今后的工作中认真加以解决。

2005 年，是深入贯彻党的十六大和十六届三中、四中全会精神，全面落实胡锦涛总书记指示的关键一年，也是完成“十五”计划、奠定“十一五”发展基础的重要一年。市人大常委会工作的总体要求：高举邓小平理论和“三个代表”重要思想伟大旗帜，深入贯彻党的十六届三中、四中全会和省委人大工作会议精神，在中共南充市委的领导下，坚持党的领导、人民当家作主和依法治国的有机统一，以维护最广大人民的根本利益为出发点和落脚点，切实履行宪法和法律赋予的各项职权，促进我市物质文明、政治文明、精神文明的协调发展，为把南充建设成为川东北区域中心城市，推进南充新一轮的新跨越、新发展而努力奋斗。

为此，要着重做好以下工作：

*深入调查研究，积极依法行使重大事项决定权。*紧紧围绕市委提出的“三大突破”，抓住事关全局和群众切身利益的重要问题，加强调查研究，形成高质量的调查报告。通过法定程序，适时就国民经济和社会发展计划执行、财政决算及预算调整、重大改革方案、提高市民素质等重大事项作出决议决定。切实修订完善审议决定重大事项的规定，推进决策民主化、科学化。

*加大法律监督和工作监督力度，推进依法治市和“一府两院”工作。*重点开展对中小企业促进法、科技成果转化法的执法检查，促进法律法规的贯彻落实。开展“四五”普法检查验收工作，努力提高全市广大干部群众特别是领导干部的法律素质。听取市政府依法行政情况汇报，督促落实依法治市的各项措施，加强对政府规范性文件的备案审查，促进依法行政、依法管理。加强和改进司法监督工作，督促依法办案、公正司法，切实维护公民、法人和其他组织的合法权益。加强对国民经济和社会发展计划、财政预决算的审查监督，监督做好“十一五”计划的制定衔接工作，逐步开展对部门预算及其执行情况的审查，尤其要加强对专项资金使用和国有资产营运的检查监督，并实行向社会公告审计结果制度。常委会和主任会议适时听取和审议“一府两院”关于农业基础设施建设、畜牧业发展、构建川东北商贸物流中心、开发红色旅游资源、实施城市总体规划、科技中长期规划、非税财政收入管理、环境保护、实施妇女发展纲要和工会法、商事审判、检察队伍建设等情况汇报，督促“一府两院”改进工作。

*加强人事监督，做好任免工作。*坚持任命人员任前法律考试制度与供职发言制度，认真开展对市政府组成部门主要负责人的述职评议，切实增强被任命人员的法制观念、公仆意识和廉政意识。

*密切联系群众，充分发挥代表作用。*尊重代表民主权利，认真督办代表议案、建议、批评和意见。继续抓好代表培训，改进代表视察工作，开展“双联系”活动。逐步推行代表向选民述职制度，坚持代表列席和公民旁听常委会会议制度，进一步做好群众来信来访工作，广泛听取群众意见和要求，拓宽人大联系群众、群众参与人大工作的渠道，充分发挥代表作用，维护好、实现好人民群众的根本利益。

*不断加强常委会自身建设，努力适应新形势。*认真开展以实践“三个代表”重要思想为主要内容的保持共产党员先进性教育活动，树立正确的权力关、利益观，把以人为本的科学发展观落实到人大

工作的各个方面。认真贯彻落实省委人大工作会议精神，就进一步规范人大和“一府两院”及上下级人大的工作关系、切实健全县乡人大工作机构、优化常委会组成人员结构、促进人大干部的培养和交流、加强基层人大工作等问题，搞好调查研究，积极向市委提出建议，配合做好市委人大工作会议的筹备工作。围绕坚持党的领导，依法行使职权，广泛深入宣传人大和民主法制建设，积极开展人大制度理论研究，增强全社会人大意识。坚持和完善常委会组织制度和工作制度，促进人大工作法制化、制度化、规范化。加强干部队伍建设和作风建设，争创满意单位，为人大代表和常委会组成人员依法履职提供更好的服务。加大对县乡人大工作的指导力度，及时总结推广县乡人大工作的先进经验，加强对外联系与交流，共同推进人大工作。

各位代表，党的十六届四中全会对发展社会主义民主政治提出了新的目标和要求。我们要在邓小平理论、“三个代表”重要思想和党的十六大精神的指引下，在中共南充市委的领导下，进一步解放思想，振奋精神，奋发图强，真抓实干，不断开创人大工作新局面，为建设川东北区域中心城市，推进南充新一轮的新跨越、新发展，作出新的更大的贡献！

南充市人民代表大会常务委员会工作报告

2006 年 2 月 17 日在市三届人大三次会议上

南充市人大常委会主任　王　宁

各位代表：

我受南充市第三届人民代表大会常务委员会的委托，向大会报告工作，请予审议。

2005 年是实现“十五”计划目标、衔接“十一五”发展规划的重要一年，也是全市工作务实创新、卓有成效的一年。一年来，在中共南充市委的领导下，市人大常委会坚持以邓小平理论和“三个代表”重要思想为指导，深入贯彻落实党的十六大和十六届四中、五中全会精神，全面树立和落实科学的发展观和正确的政绩观，紧紧围绕建设川东北区域中心城市的奋斗目标，突出“一手抓产业培育促进发展、一手抓解决百姓疾苦促进和谐”的工作重点，大力推进“三个转变”，着力实施“三大突破”，认真履行宪法和法律赋予的职责，充分发挥人大及其常委会的职能作用，各方面工作都取得了新的进展。

一、围绕中心任务，努力促进经济社会快速协调发展

切实加强经济工作监督。一年来，常委会紧密结合人大工作实际，以发展为先，以大局为重，认真贯彻落实市委三届三次全会精神。围绕抓产业培育促进发展这个重点，听取和审议了市政府关于培育工业支柱产业、加强农业基础设施建设、推进农业产业化经营、构建川东北商贸物流中心、开发旅游资源、实施城市总体规划和开展进出口商品检验检疫等方面的情况汇报，加强对政府工作特别是经济工作的监督，促进三次产业联动发展。针对城市经济产业培育滞后、大企业、大集团少的实际，在审议中提出了具有较强针对性的意见和建议，要求市政府集中精力抓产业，突出重点抓工业，大力抓好工业六大板块建设，特别是炼化总厂、东风汽车公司南充分公司等重点企业的做强做大，着力培育产业集群，努力促进工业发展提速增效。坚持经济形势分析制度，分别召开茧丝绸行业和工业经济形势分析会，建议抓住丝绸发展有利时机，加快原料基地建设，实施名牌战略，着力打造“中国绸都”城市名片。常委会高度重视推进农业产业化工作，组织相关专委会深入市级相关部门、部分县（市、区）和企业，对我市农业产业化建设的现状和存在的问题进行专题调查研究，并及时听取汇报，认真审议，提出了制定目标、建设基地、培育龙头、开发品牌、创新机制、完善制度、强化服务等七个方面的意见。常委会还采取组织专题调查、视察、听取汇报等形式，围绕构建成渝南物流准三角区，积极建言献策，并切实加大对第三产业发展的监督力度。认真听取和审议市政府关于开发旅游资源、发展旅游产业的情况汇报，积极参与并认真审查创建中国优秀旅游城市规划，提出加快旅游产业发展的建设性意见。常委会领导还分别参与联系石油化工、汽车汽配、丝纺服装、食品医药、建筑建材、水电能源六大工业板块的工作，协调解决行业、企业发展中的具体问题。

加大重点难点问题督查力度。随着嘉陵江梯级开发的推进，嘉陵江水环境保护与治理已成为社会普遍关注的问题。常委会与市政协联合开展嘉陵江南充段水资源保护专题调查，通过走访调查、实地查看、组织专家座谈等多种形式，听取各方面的意见和反映，掌握了大量翔实的第一手资料，形成专题调研报告，得到市委的重视和肯定。继续开展以保护嘉陵江母亲河为主题的南充环保世纪行宣传教育活动，对全市水污染综合治理、饮用水源保护、重点污染源企业和水葫芦整治等7个方面的情况进行检查和监督，在市新闻媒体开辟专栏进行专题报道，努力提高市民的环保意识，推进治污项目的建设和环保重点、难点问题的解决。相关专委会还围绕促进职业教育发展、预防控制艾滋病、加强宗教事务管理等问题开展调查研究，提出了切实可行的意见和建议。常委会组织专门力量深入仪陇、南部、营山等县开展解决旱山村人畜饮水困难问题的专题调查。配合全国人大代表开展升钟水库淹没区群众生产生活困难和川中地区农民增收难问题的专题调研，形成调研报告，得到市委和省人大的充分肯定。认真贯彻落实胡锦涛总书记视察仪陇的重要指示精神，加强对朱德故居修缮与保护、“两路一桥”、新县城建设等重点工程建设的督促和检查，及时听取意见，反映情况，协调处理问题，推进了仪陇的建设和发展。

监督宏观经济的有效运行。常委会认真听取2005年国民经济和社会发展计划执行情况的报告、2005年上半年财政预算执行情况的报告，及时审查批准2004年市级财政决算和2005年市级财政预算调整方案。加强对2004年市级财政预算执行和其他财政收支情况的审计监督，督促实行审计结果公示制度，督促依法纠正和处理存在的问题。常委会听取和审议了2005年市本级非税收入管理的情况汇报，进一步规范了非税收入管理。为了衔接好“十一五”规划的编制工作，常委会提前介入，组织座谈，认真审议，提出制定“十一五”规划的意见和建议。

常委会坚持把党管干部与人大依法任免干部相统一，把充分发扬民主与严格依法办事有机结合，依法行使任免权，努力营造风正心齐、气顺劲足的干事创业环境。一年来，共任免国家机关工作人员39人次，并切实依法加强对任命人员的监督。开展了对市教育局、市林业局、市环保局、市外侨台旅局主要负责人的述职评议，坚持依法、求实和民主的原则，肯定成绩，指出问题，提出整改意见，督促措施落实，达到了增强公仆意识、促进依法行政、推动和改进工作的目的。

二、积极推进依法治市，努力创造良好的法制环境

扎实开展执法检查。常委会及专委会重点开展了对中小企业促进法、科技成果转化法、民办教育促进法、四川省国家投资建设基础项目招标条例的执法检查。针对中小企业发展存在的问题，提出继续加大宣传力度、优化发展环境、筹措发展资金、提高企业素质等建议。针对科技体制改革滞后、科技成果转化资金不足、农业科技成果推广体系不健全等问题，向市政府提出加大资金投入力度、建设科技成果库、完善农业服务体系建设等意见，促进了科技成果转化法的进一步贯彻落实。配合省人大开展了渔业法、人口与计划生育法及条例、律师法的执法检查。配合全国人大和省人大立法调研，对公务员法、物权法、妇女权益保障法修正案、义务教育法、农产品质量安全法、农村土地承包法实施办法等14部法律法规（草案）提出了修改建议。

推进“一府两院”依法行政、公正司法。常委会听取了市政府依法行政情况汇报，就制定全面推进依法行政规划、建立健全行政决策机制、健全完善行政执法责任制、清理整顿执法队伍、加强政府及其部门法制机构建设等提出审议意见。听取和审议了建筑法、工会法、妇女发展纲要、开发区管理条例等法律法规贯彻执行情况的汇报，重点审查了市政府土地管理、物业管理、房屋拆迁安置补偿办法等5个规范性文件，提出了修改完善意见。督促并参加了全市“四五”普法检查验收，对继续深入开展全民普法教育提出意见。坚持常委会法制讲座制度，举办信访条例、预算法、中小企业促进法、审计法等法制讲座。坚持对拟任命人员的法律知识考试制度，增强被任命人员的法律素质。视察公安工作，听取法院商事审判、检察院队伍建设的情况汇报，增强了司法机关公正司法、构建和谐南充、维护社会稳定的大局意识、责任意识。

进一步加强个案监督。坚持把个案监督作为常委会法律监督的重要内容。对上级人大督办的个案，人民群众来信来访中提出的申诉、控告案件，认真受理，及时予以监督。一年来，常委会及专委会受理督办了17件司法案件，切实维护当事人的合法权益。

三、密切联系群众，充分发挥桥梁纽带作用

代表工作进一步拓展。认真贯彻落实中共中央转发的《中共全国人大常委会党组关于进一步发挥全国人大代表作用，加强全国人大常委会制度建设的若干意见》和四川省委转发的《中共四川省人大常委会党组关于进一步发挥省人大代表作用，加强省人大常委会制度建设的意见》（以下简称《若干意见》和《意见》)，把发挥人大代表作用和加强人大制度建设作为人大工作的重点，摆在突出位置。坚持和完善组成人员联系代表、代表联系选民的“双联系”制度，经常听取、研究代表的意见和建议，保持与群众的密切联系。邀请市人大代表列席常委会会议，定期向市人大代表通报情况，寄送学习资料。认真组织代表围绕培育工业支柱产业、农业产业化经营、重点建设、新农村建设、再就业工程、社会保障、征地拆迁安置补偿、教育卫生等事关全局、事关人民群众切身利益的重大事项开展集中视察、专题视察，掌握民情，推进工作。市三届人大二次会议主席团交付审议的进一步加强和改进土地管理工作的议案，有关专委会督促市政府在全市开展土地资源现状调查和土地清理工作，摸清我市土地资源家底，作出加强土地管理的决定，进一步规范了各级政府土地管理行为。市三届人大二次会议代表提出的131件建议、批评和意见，在规定的时限内全部办理完毕并答复代表。同时，还组织代表参加评议、评满等专项活动，充分发挥人大代表的监督作用。

与人民群众联系更加密切。紧紧围绕抓解决百姓疾苦促进和谐这个重点，充分发挥人大联系群众广泛的优势，积极宣传，广泛动员。督促政府兑现落实“九件实事”的承诺，要求把实事办好，把好事办实，真正让群众满意。邀请市人大代表列席和公民旁听常委会会议，听取他们对经济社会发展和人大工作的意见、建议，不断拓宽民主监督渠道。坚持常委会主任信访接待日制度，制定和完善信访工作制度，充实信访工作力量，切实加强人大信访工作。认真做好对来访群众的宣传、引导工作。按照全国人大关于信访工作“四个100%”的要求，认真办理群众信访。一年来，共接待群众来访3413人次，处理群众来信2603件，对群众反映强烈的司法不公和企业改制、征地拆迁安置补偿及社会保障工作中出现的问题，督促有关部门认真查处和研究解决，及时化解社会矛盾，切实维护人民群众的合法权益，促进社会稳定。

四、加强常委会自身建设，不断适应新形势的需要

认真组织召开好市委人大工作会议。深入县（市、区）人大和市级机关座谈调研，结合人大工作实际，向市委提出了新形势下加强和改善党对人大工作的领导、加强和改进人大工作的建议。市委及时召开了人大工作会议，认真贯彻省委人大工作会议精神，研究解决我市人大工作面临的新情况和新问题，为开创人大工作新局面创造了条件。市委人大工作会议后，常委会抓住时机传达贯彻，制定落实措施，推进了人大工作和人大建设。

民主法制宣传不断深入。组织市级新闻媒体加强对人大常委会会议、主任会议、主任学习会议和人大执法检查、视察、评议等重要活动的宣传报道，突出宣传人大及其常委会依法履行职责的情况，宣传人大代表履行职责的先进典型，扩大了人大的社会影响。召开人大宣传工作会议和人大制度研究会年会，评选表彰优秀论文和新闻稿件，广泛动员社会各界积极支持参与人大制度的宣传和人大理论的研究，建立完善人大宣传工作机制，增强了全社会的民主法制意识。

机关建设进一步加强。把党员先进性教育活动同加强政治思想工作相结合，深入学习邓小平理论和“三个代表”重要思想，认真查找和深刻剖析思想作风、工作作风上存在的突出问题，切实制定整改措施，人大常委会机关党员党的观念、政治观念、大局观念和群众观念进一步增强，人大机关干部思想、工作作风进一步转变。人大常委会机关还积极组织和参与了“我为朱德故居添一片绿”和“结对帮扶构建和谐社区”活动，取得了较好的效果。切实加强常委会制度建设，制定和完善人大常委会议事制度、工作制度和机关管理制度，促进人大工作制度化、规范化。积极推进机关人事制度改革，通过干部轮岗、竞争上岗，激发了活力。加强对县、乡人大工作的联系和指导，开展了乡镇人大主席团主席培训工作，重视与省人大、市州人大的联系与交往，密切各级人大的关系。

各位代表，市人大常委会一年来各项工作之所以能取得新的进展和成绩，是中共南充市委正确领导的结果；是市人大代表、常委会组成人员、各专门委员会组成人员辛勤工作的结果；也是与全市人民、各级人大及其常委会的大力支持，与市人民政府、市中级人民法院、市人民检察院的密切配合分不开的。在此，我代表市人大常委会，向大家表示衷心的感谢！

在总结工作的同时，我们也清醒地认识到，常委会工作与党和人民的要求、与新形势的需要还存在一定的差距，还存在一些问题和不足，主要是：监督工作的机制和组织方式还应完善，跟踪监督的力度还需进一步加大；代表工作还需加强和改进，为代表履职服务的水平有待进一步提高；常委会自身建设还不能适应新形势对人大工作的要求，制度建设还需要进一步加强和落实，等等。对这些问题和不足，我们一定要以对人民、对代表高度负责的精神，在今后的工作中努力加以改进。

2006年是实施“十一五”规划的开局之年，也是南充加快发展的机遇之年。人大常委会工作的总体要求是：坚持以邓小平理论和“三个代表”重要思想为指导，全面贯彻党的十六大、十六届五中全会和省委八届六次全会以及市委三届四次全会精神，以科学发展观统领各项工作，坚持正确的政治方向，坚持民主集中制，坚持群众路线，按照省委“举旗帜、抓班子、带队伍、促发展”的要求，在中共南充市委的领导下，围绕中心，突出法治，加强监督，注重实效，切实履行宪法和法律赋予的职责，促进我市经济、政治、文化和社会建设全面协调发展，努力实现“十一五”开局之年的各项目标任务。为此，常委会着重做好以下五个方面的工作。

*进一步加强调查研究，依法行使好重大事项决定权。*要抓住影响“十一五”规划实施的重大问题，抓住人民群众关心关注的热点难点问题，紧紧围绕市委三届四次全会确定的五大任务，有重点的组织力量进行调研，并在认真调查研究和审议的基础上，适时就产业培育、促进社会和谐稳定等事关国计民生的重大事项作出决议决定。

*进一步加强和改进监督工作，切实增强监督实效。*要紧紧围绕全市改革发展稳定的大局，把监督的重点放在“十一五”规划实施中的重大问题上，放在集中精力抓产业、突出重点抓工业上，放在坚持不懈抓解决百姓疾苦、化解社会矛盾上，放在着力推进依法行政和公正司法、维护社会稳定上。综合运用执法检查和听取审议专题报告等形式，不断加强和改进监督工作，增强监督实效。要加强和改进执法检查工作。土地管理涉及农业、农村工作的全局、涉及广大农民的切身利益，也是推进社会主义新农村建设必须切实解决的重大问题。今年人大常委会将重点组织对土地管理法、农业机械化促进法的贯彻实施情况进行检查，保护农民合法权益，促进农业和农村经济的持续健康发展。配合省人大开展对水污染防治法、行政许可法的执法检查，确保法律法规的正确贯彻实施。听取和审议“一府两院”的专题工作报告是监督工作的重要内容。今年常委会要重点听取市政府关于国民经济和社会发展计划、财政预算决算及部门预算执行情况、非税收入管理、创建中国优秀旅游城市、加快工业集中区建设、贯彻实施开发区管理条例、金融工作、社会治安综合治理等情况汇报和视察法院庭审工作汇报。

对常委会会议审议意见的办理情况，要加强跟踪监督。要加大对仪陇建设“九件大事”的督促检查力度，推进重点工程建设高质量如期完成。切实加强对升钟淹没区扶贫开发和顺西优质农产品生产加工示范区建设的督促检查。要坚持监督事与监督人相结合，认真开展对市政府组成部门及其主要负责人的工作评议和述职评议，加强对被任命人员的监督。要进一步加强和改进司法监督工作，加强个案监督，视察法院庭审工作，依法维护公民、法人和其他组织的合法权益。要切实加强和改进信访工作，认真实施和完善信访工作制度，把人民群众来信来访中反映强烈的热点问题和带有普遍性的问题作为监督工作的重点，督促有关方面认真解决。

进一步加强和改进代表工作，充分发挥代表作用。要按照中共中央转发的《若干意见》和省委转发的《意见》要求，进一步加强和规范代表的组织、代表的议案建议办理、代表的服务、代表的联系和闭会期间代表活动等工作。要围绕我市经济社会发展的重点、难点和人民群众关心的热点，认真组织代表开展执法检查、视察、调查，促进各项发展措施的落实。继续开展好常委会组成人员联系代表、代表联系选民的“双联系”活动，坚持代表列席和公民旁听常委会会议制度，及时了解和反映代表的意见，拓宽人大联系群众、群众参与人大工作的渠道。今年下半年，全市县乡两级人大将进行换届选举，常委会要高度重视，认真组织，精心指导，按照省人大的安排部署，适时召开换届选举工作会议，举办换届选举工作人员培训班，切实帮助和指导下级人大的换届选举工作，保证换届选举工作顺利进行。

进一步加强法制宣传教育，推进“五五”普法和依法治市进程。今年是实施“五五”普法规划的第一年。要督促政府切实抓好“五五”普法规划的实施。要把法制宣传教育作为推进依法治市的一项基础工程来抓，把法制宣传教育和实践紧密结合，进一步在全市形成学法、懂法、守法、用法、严格依法按制度办事的良好氛围。要加强对各级干部的民主法制教育，坚持和完善干部任前法律考试制度，不断提高领导干部的法律素质和依法办事的能力。要充分发挥报刊、广播、电视等新闻媒体的作用，大力宣传民主法制建设、人大制度建设和人大工作，不断改进宣传方式，拓宽宣传领域，增强宣传效果，努力把人大新闻宣传工作提高到一个新水平。

进一步加强常委会自身建设，努力提高人大工作水平。要继续加强常委会及其机关的思想、组织、作风和制度建设。认真组织学习邓小平理论和“三个代表”重要思想，学习十六届五中全会精神，坚持用科学的发展观和正确的政绩观统领人大工作。要以抓好常委会组织制度和工作制度的实施为重点，进一步理顺关系、明确职责、规范程序，不断促进常委会各项工作制度化、规范化。要认真开展以执政为民、勤政廉洁、务实高效、优化环境、促进发展为主要内容的机关效能建设，使各级人大机关和人大干部在履行职责和改革创新上有新的突破，在服务质量和办事效率上有新的改进，在人民群众对人大工作的满意度上有新的提高。要按照政治坚定、业务精通、务实高效、作风过硬、团结协作、勤政廉洁的要求，大力加强人大干部队伍建设，为人大代表和常委会组成人员依法履职提供更好的服务。

各位代表，实现“十一五”宏伟目标、加快建设川东北区域中心城市进程对人大工作提出了新的更高的要求。我们一定要全面贯彻落实党的十六届五中全会精神，在市委的领导下，切实履行宪法和法律赋予的职权，团结一致，开拓创新，扎实工作，为推进“十一五”规划顺利实施、推进南充发展新跨越作出新的贡献！

南充市人民代表大会常务委员会工作报告

2007年2月10日在市三届人大四次会议上

南充市人大常委会主任　王　宁

各位代表：

我受南充市第三届人民代表大会常务委员会的委托，向大会作工作报告，请予审查。

2006年是南充历史上极不平凡的一年，是抢抓纪念朱德同志120周年诞辰机遇，实现仪陇大变化、南充大发展的一年，是实施“十一五”规划取得良好开局，经济社会发展较好、百姓得到实惠较多的一年。一年来，在中共南充市委的领导下，市人大常委会坚持以邓小平理论和“三个代表”重要思想为指导，以科学发展观统领各项工作，深入贯彻落实党的十六大和十六届五中、六中全会精神，紧紧围绕市委“两手抓两促进”的工作重点，认真履行宪法和法律赋予的各项职权，为推动我市经济社会发展作出了新的贡献。

一、坚持以科学发展观为指导，切实加强工作监督

一年来，常委会按照科学发展观的要求，切实加强事关培育壮大产业、解决百姓疾苦等重大问题的工作监督，听取和审议了市政府关于工业、农业、旅游、计划、财政、审计、教育、卫生、环保、宗教等专项工作报告18项，增强了监督实效。

加强对工业工作的监督。听取和审议了市政府关于城南工业集中区建设的情况汇报，要求科学编制工业集中区发展规划，完善投入机制，为加快工业发展提供良好平台。常委会领导加强对联系工业板块和县（市、区）工业企业的调研，协调解决企业发展中的具体问题。坚持经济形势分析制度，召开工业和商贸经济形势分析会，要求进一步优化发展环境，提高企业自主创新能力。加大招商引资力度，推动“产业兴市、工业强市”战略的实施。

加强对农村工作的监督。常委会听取和审议了市政府关于牧业经济发展的情况汇报，强调要以增加农民收入为核心，培育壮大龙头企业，保障畜产品安全，加快我市牧业经济的发展。听取和审议了市政府关于粮食产业化发展的情况汇报，建议要继续注重发展优质粮油，不断开发名特优新品牌，扶持发展龙头企业，增强其辐射带动力。采取专题调查、座谈等形式，加强对顺西优质农产品生产加工示范区建设的督查和联系，并就搞好科学规划、扩大规模、增加投入、完善配套设施等提出了建设性意见。开展了对我市村道建设的专题调查研究，提出了合理制定规划、宣传发动群众、实行民主决策和管理、建立多元化投入机制、抓好质量监管、坚持建管并重等六个方面的意见，调研报告得到市委重视和省人大转发。

加强对重要事项的监督。听取和审议了创建中国优秀旅游城市工作情况的汇报，常委会领导多次深入城区和重点单位督促检查“创优”工作，针对问题提出建议和意见，要求抓住“创优”契机，加快城市基础设施建设和旅游业发展，加大城市环境整治力度，规范和加强城市管理，有力推动了创优工作。加强对城市规划与建设的监督，听取和审议了市政府关于城市总体规划执行情况的汇报，要求紧紧抓住南充被列为全省“十一五”规划有条件向特大城市迈进的4个城市之一的发展机遇，加快城市区域和专项规划编制，强化城市规划的审批、执行和监督，充分发挥好城市规划在建设川东北区域中心城市中的先导作用。听取和审议了嘉陵江流域（南充段）水污染防治工作的情况汇报，督促政府完善相关配套政策，建立完善财政投入机制，强化日常执法监督，落实防治措施和目标责任。组织开展以拯救嘉陵江、保护水环境为主题的“南充环保世纪行”集中宣传教育活动，加强对环保先进典型的宣传和突出问题的监督。组织相关专委会专题调研农村义务教育经费保障机制改革工作，听取和审议该项工作的情况汇报，要求市政府进一步明确责任，加大义务教育法宣传力度，依法加大财政投入，以保证这项改革在我市的顺利实施和深入开展。同时，加强对仪陇“两路一桥”等9件大事的监督。建立常委会领导监督和联系重点工程责任制，采取明察暗访、发督查专报等多种方式，促进工程建设的扎实推进和圆满完成。

加强和改进财政预算审查监督。积极推动在市本级开展人代会审查部门预算的试点工作，市三届人大三次会议审查了市政府6个部门预算，加强了代表大会对财政预算的审查监督。常委会认真听取和审议了2006年上半年财政预算执行情况的报告，及时审查批准了2005年市级财政决算和2006年市级财政预算调整方案。听取2005年市级财政预算执行和其他财政收支的审计工作报告，要求有关方面及时整改审计出的问题，并将整改情况向常委会报告，取得了较好效果。

加强对扶贫解困工作的监督。常委会领导多次深入升钟库区，对重淹村社扶贫开发项目的实施情况进行调研，督促了政府及相关部门严格按照“一水二路三产业”的阶段性重点，加大帮扶力度，帮助库区群众发展脱贫增收特色产业，推进扶贫攻坚计划的顺利实施。督促市政府认真落实承诺的“十件实事”，实实在在帮助群众解决困难，密切了与人民群众的联系。

二、督促贯彻依法治市决议，切实加强法律监督

常委会始终抓住推进民主法制建设这个根本，充分发挥主导作用，不断推进依法治市，促进“一府两院”依法行政、公正司法，为建设川东北区域中心城市营造良好法治环境。

积极推进“五五”普法。听取了市政府关于“四五”普法工作和“五五”普法规划情况的汇报，及时作出关于加强法制宣传教育的决议，要求围绕大局，突出重点，创新方式，注重实践，加强领导，广泛动员全民共同推进新一轮法制宣传教育，促进依法治市的深入开展。

认真开展执法检查。组织对土地管理法、农业机械化促进法的执法检查，听取和审议了执法检查的情况报告。针对土地资源管理和利用中存在的问题，要求进一步加强耕地保护，规范建设用地管理，做好拆迁安置补偿工作，解决好失地农民的后顾之忧。针对农业机械化促进法的实施情况，强调要加强法律宣传，建立起多元化稳定投入增长机制，加大农机推广和服务力度，促进了农业机械化促进法的进一步贯彻落实。组织相关专委会对道路交通安全法、传染病防治法等法律法规的实施情况进行专项检查，提出工作意见和建议。配合省人大常委会对行政许可法、节能法、关于完善人民陪审员制度的决定实施情况进行执法检查。配合省人大常委会立法调研，对宗教事务管理条例、旅游管理条例、规章及规范性文件备案审查的规定等10余部地方性法规（草案）提出了修改建议，共有30余处（条）修改意见得到采纳。

大力推进依法行政和公正司法。常委会听取和审议了全市社会治安综合治理工作和开发区管理条例贯彻执行情况的汇报。督促市政府36个部门进一步完善和落实行政执法责任制，促进了依法行政。认真审查市政府的规范性文件，提出了修改完善意见。组织省、市、县三级人大代表开展视察全市法院庭审工作，对市、县两级法院共24件案件的庭审进行了视察，对庭审法官、出庭公诉人和律师，以程序公正为重点认真开展评议，并督促司法机关进行整改，对维护司法公正、加强和改进人大对司法工作的监督进行了有益探索。

切实加强人事任免和人事监督工作。一年来，常委会严格按照法律规定，坚持把党管干部和人大依法行使任免权相统一，认真做好人事任免工作，共任免和批准任命国家机关工作人员 64 人次。坚持和完善常委会拟任命人员任前法律考试、供职发言等制度，增强了国家机关工作人员接受人大监督的自觉性。坚持把行使任免权与监督权有机结合起来，加强对常委会任命人员的监督，对市商务局、市人口和计划生育委员会、市粮食局主要负责人进行了述职评议，推动和促进其依法行政、廉洁勤政。

三、加强和改进代表工作，密切与人民群众的联系

切实加强代表工作制度建设。根据中共中央转发的若干意见和省委转发的意见精神，常委会组织深入调研，切实制定贯彻意见，市委及时转发了《中共南充市人大常委会党组关于进一步发挥市人大代表作用，加强市人大常委会制度建设的意见》，进一步规范和加强了人大制度建设和人大代表工作。常委会结合实际，制定了《关于加强和规范南充市人大代表活动的意见》《代表议案建议的处理办法》，进一步完善和落实了代表联系、培训、视察、执法检查、专题调研、议案建议办理等制度，促进了代表活动的规范化、制度化。代表工作的经验与做法在全省推广。

大力保障和支持代表履行职责。认真开展常委会组成人员联系代表、代表联系人民群众的“双联系”工作，保持与群众的密切联系。为代表履职提供便利和保障，增加了市、县代表活动经费，代表活动条件得到改善。向市人大代表通报人大和“一府两院”工作情况，提供信息和学习资料，使代表知情知政。邀请代表列席和公民旁听市人大常委会会议，扩大了常委会审议的民主基础。邀请市人大代表参加执法检查、评议活动、专题调研和专委会会议，注意听取代表的意见和建议。围绕新农村建设、朱德同志 120 周年诞辰纪念活动、旅游产业发展、生态建设和环境保护、救灾减灾工作、重点工程建设、和谐社会建设等事关全局和人民群众普遍关心的热点难点问题，组织代表集中视察，有力推动了相关工作。

抓好代表议案和建议督办工作。市三届人大三次会议上代表提出并经主席团决定交由市人大相关专门委员会审议的 3 件议案，已全部办理完毕。加强嘉陵江流域（南充段）水资源保护的议案，市政府作出了进一步加强嘉陵江流域（南充段）水污染防治工作的决定。加强农村村道建设及维护的议案，市政府已制订加强村道建设实施方案。整合职教资源、培养技能型人才议案，市政府制定了全市职业教育“十一五”规划。市三届人大三次会议和闭会期间，代表提出的 242 件建议、批评和意见，已办理并答复代表，代表对办理工作的满意率达到 98% 以上。

认真做好县乡人大换届选举指导工作。去年 7 月，常委会深入调查研究，向市委提交了《关于做好全市县、乡两级人民代表大会换届选举工作的意见》，就县、乡人大换届选举的指导思想、时间安排、组织领导、代表名额和结构等提出了具体建议，得到了市委的重视和采纳。按照市委统一安排，常委会领导分片定点联系，加强了县（市、区）人大换届选举工作的指导，保证了换届选举顺利进行。

切实加强和改进信访工作。听取人大信访工作专题汇报，完善常委会主任接待日制度和信访信息综合分析通报等制度。一年来，共接待群众来访 2850 人次，处理群众来信 2360 件次。对一些群众反映强烈的问题和处理不公、久拖不决、执行不力的涉法涉诉信访案件，强化监督手段，督促“一府两院”依法妥善处理，努力化解社会矛盾，维护了人民群众的合法权益和社会稳定。

四、加强常委会自身建设，努力提高依法履职能力

加强政治理论和法制学习。深入学习邓小平理论、“三个代表”重要思想和科学发展观，牢固树立“立党为公，执政为民”的理念，不断适应新形势的要求。自觉坚持党的领导，积极贯彻执行市委决议决定，努力实现党委意图和主张。加强监督法的学习和宣传，对有关的工作制度和文件进行了梳理和规范，做好了监督法实施的准备工作。举办公务员法、农业机械化促进法、土地管理法、安全生产法等4次专题法制讲座，增强常委会组成人员依法履职能力。按照“两个务必”的要求，进一步加强作风建设，深入实际、深入基层、深入群众，认真调查研究，为审议决定重大事项奠定基础。常委会机关进一步强化服务意识，加强机关效能建设，服务质量和办事效率有了新的提高。

加强人大宣传工作。充分发挥新闻媒体和《南充人大》《南充市人大常委会公报》的作用，利用法律生效日、“12·4”法制宣传日等时机，加强对民主法制建设和人大制度、人大工作的宣传。积极开展人大制度理论研究工作，开展人大好新闻评选活动，进一步增强全社会的民主法制意识和人大意识。

加强县乡人大工作联系和指导。举办市、县（市、区）人大常委会主任学习会，召开人大工作专题座谈会，听取基层人大建议和意见，加强学习交流，推进了县乡人大工作的深入开展。坚持邀请县（市、区）人大常委会负责人列席常委会会议，认真组织人大干部参加相关培训学习，加强横向联系和交往，重视学习借鉴各地的好经验、好做法。

一年来，常委会的各项工作都取得了新的进展，但与宪法、法律的要求和全市人民的期望相比，还有一定的差距，主要是：围绕人民群众普遍关注的热点难点问题开展监督工作的力度还不够，代表工作还需进一步改进，自身建设有待进一步加强。我们一定要高度重视这些问题，在今后的工作中采取有效措施加以解决。

2007年是实施“十一五”规划、推进和谐社会建设的关键一年。常委会工作的总体要求是：坚持以邓小平理论和“三个代表”重要思想为指导，全面落实科学发展观，围绕“坚持科学发展、构建和谐南充”的主题，按照市委“两手抓两促进”的工作重点和市第四次党代会提出的目标任务，抓住全面落实科学发展观中的重要问题、构建和谐社会中的突出问题和人民群众最关心、最直接、最现实的利益问题开展人大工作，认真履行法定职责，切实贯彻实施监督法，进一步推进全市物质文明、政治文明、精神文明建设，促进全市经济社会又好又快发展，为加快构建川东北区域中心城市进程作出新的贡献。

按照这个总体要求，常委会将着重做好以下5个方面的工作。

一、围绕中心，突出重点，切实加强和改进监督工作。要以贯彻实施监督法为契机，进一步改进监督方法，提高监督实效。紧紧围绕全市工作大局，重点听取和审议市政府关于实施“产业兴市、工业强市”战略、建设社会主义新农村、进一步落实加强嘉陵江流域（南充段）水环境保护工作的决定和实施城市总体规划情况的汇报。组织对工业集中区建设、升钟库区3年扶贫开发计划实施情况进行视察。继续加强对“十一五”规划实施情况和本年度经济社会发展计划执行情况的检查督促。加强对本级政府财政预算执行情况和部门预算的审查监督，继续加强对预算外资金和预算内专项资金使用情况的监督，不断规范政府财政行为。加强和改进执法检查工作，组织开展对房地产管理法等法律法规的执法检查。切实加强司法监督，听取和审议法院诉讼调解工作、检察院公诉工作的情况汇报，督促两院依法行使审判权、检察权。加强对市政府“十大惠民行动”的监督。进一步加强信访工作，认真接待和处理人民群众来信来访，抓好重点信访案件的督办，不断提高信访案件的办结率和办理质量，切实维护好人民群众的合法权益。

二、注重调查，规范程序，认真行使好重大事项决定权和人事任免权。根据我市发展需要，对带有全局性、根本性、长远性的事项，认真开展调查研究，重点组织对农村供销服务网络建设、市级政府性投资项目资金使用情况进行专题调研，适时听取全市经济和社会发展计划、预算执行及其审计等情况汇报，并作出相应的决议、决定。认真总结常委会依法行使决定权的经验，修订完善常委会讨论、决定重大事项的具体办法，使这项工作更为规范。坚持党管干部原则，认真实施常委会人事任免暂行办法，依法任免国家机关工作人员。

三、推进法治，促进和谐，努力营造良好的发展环境。坚持以发展促进和谐，以法制保障和谐，进一步加强对依法治市工作的监督检查，促进依法治市各项措施的落实。大力推进“五五”普法工作，加强法制宣传教育，不断增强广大公民的法律意识和法治观念。密切关注社会热点、难点问题，督促解决好人民群众生产和生活中的实际问题。积极配合全国人大、省人大立法调研和执法检查。依据监督法的规定，加强对“一府两院”和下一级人大及其常委会的规范性文件的备案审查工作。听取打黑除恶和法律援助工作的情况汇报，督促公安、司法机关严厉打击各种刑事犯罪，加强社会治安综合治理，为改革发展创造安全稳定的社会环境。

四、密切联系，优化服务，不断加强和改进代表工作。深入贯彻中央、省、市委关于进一步发挥代表作用、加强人大制度建设的意见精神，加强和规范代表工作，努力提高代表工作水平。进一步完善联系代表制度，扩大代表对人大工作的参与度。组织代表围绕群众普遍关心的问题进行视察，参与执法检查、专题调研等重要活动，不断提高闭会期间代表活动质量。加强和改进代表议案、建议、批评和意见的办理工作，努力提高办理质量。进一步做好代表服务工作，积极为代表履职营造良好环境，依法保障代表权利。加强对代表履职先进典型的宣传，激励代表在“三个文明”建设和构建和谐社会中发挥模范带头作用。

五、深入学习，完善制度，进一步提高人大工作水平。要继续加强思想政治建设，认真学习邓小平理论、“三个代表”重要思想和十六届六中全会精神，坚持以科学发展观统领人大工作。继续坚持法制讲座制度，结合工作实际学习宪法和相关法律法规，重点学习贯彻好监督法，结合实际修订和完善监督工作制度和措施。要充分发挥各专门委员会、办事机构的作用。切实加强和改进人大制度宣传及信息工作，加强新形势下人大理论研究工作。按照“为民、开拓、务实、清廉”的要求，进一步加强常委会机关干部队伍建设和作风建设，不断提高干部的政治修养、业务素质和工作水平。进一步完善和落实机关工作制度，提高工作效能，为常委会依法行使职权提供良好服务。

各位代表！加强人大工作，推进社会主义民主法制建设，促进我市经济又好又快发展，是全市人民对市人大常委会和全体代表寄予的殷切期望。在新的一年里，让我们在市委的坚强领导下，全面落实科学发展观，紧紧依靠广大代表和全市人民，同心同德，奋发图强，实干兴业，实干富民，积极推进民主法制建设和依法治市进程，为加快构建川东北区域中心城市进程而努力奋斗！

南充市人民代表大会常务委员会工作报告

2008 年 5 月 8 日在市四届人大一次会议上

南充市人大常委会

各位代表：

我受南充市第三届人民代表大会常务委员会的委托，向大会报告四年来的主要工作，并对下一步工作提出建议，请予审查。

四年工作的回顾

市三届人大常委会任期的四年，是我市经济社会健康快速发展的四年，也是我市民主法制建设和人大工作不断推进的四年。四年来，在中共南充市委的领导下，市人大常委会高举邓小平理论和“三个代表”重要思想伟大旗帜，深入贯彻落实科学发展观，紧紧围绕“坚持科学发展，构建和谐南充”的主题，切实履行宪法和法律赋予的职责，认真落实市三届人大各次会议的决议，开创了人大工作的新局面，为加强民主法制建设，推进依法治市进程，保障和促进南充经济社会又好又快发展作出了重要贡献。

一、坚持以科学发展观为指导，讨论决定重大事项取得新进展。常委会坚持依法行使重大事项决定权，围绕事关我市经济社会发展的重大问题，共作出决议、决定 16 个。及时听取和审议年度国民经济和社会发展计划执行情况的报告，听取和审议财政预算执行情况和决算情况报告及财政收支的审计报告，作出相应决议，保证了年度计划、预算的顺利实施。2005 年听取了我市“十一五”规划纲要编制情况的报告，就发展的指导思想、奋斗目标、主要任务和保障措施提出了意见建议。贯彻依法治国方略，常委会听取和审议了市政府关于开展“四五”普法和“五五”普法工作安排的情况汇报，作出了关于加强法制宣传教育的决议。切实加强调研工作，就畜牧、蚕桑产业发展、解决旱山区人畜饮水困难、农村卫生体制改革、城镇职工医疗保险和再就业、深化教育经费保障机制改革、嘉陵江流域水资源保护等问题开展专题调研，形成专题报告 21 个，经主任会议审定后报送市委 9 个，为提高审议质量、讨论决定重大事项奠定了基础。2007 年重点组织对农村供销服务网络建设、市级政府性投资项目资金使用情况进行了专题调研，提出了加强和改进工作的意见和建议。常委会还围绕群众关注的热点问题，就生猪生产形势和蚕茧价格偏低的问题进行调查，有针对性地提出了促进生猪、蚕桑产业发展的建议，为市委决策当好参谋。

二、围绕全市工作大局，监督工作取得新成效。常委会不断加强监督工作，增强监督实效。特别是监督法颁布实施后，常委会认真学习贯彻，严格按照监督法的规定，全面、正确地履行监督职责。四年来，先后听取和审议“一府两院”专项工作报告 73 项，坚持向“一府两院”及政府有关部门及时印送审议意见，督促其改进工作。

突出“工业强市”，加强对工业经济工作的监督。围绕实施“产业兴市、工业强市”战略，常委会听取和审议了市政府发展民营经济、培育工业支柱产业、加快工业集中区建设、实施工业强市战略等专项工作报告，就工业发展的工作思路、结构调整、企业改制、科技创新、发展环境等问题提出了建设性的意见和建议。每年对工业、财税、外经外贸等经济形势进行专门分析，有针对性地提出加强经济工作的对策措施。2005年至2006年，按照市委“集中精力抓产业，突出重点抓工业”的要求，常委会领导加强对联系工业板块和县（市、区）工业企业的调研，指导和支持六大工业板块和县域经济的发展。

推进新农村建设，加强对农业和农村经济工作的监督。常委会把促进农业增效、农民增收作为监督重点，及时听取市政府解决“三农”问题、发展农业农村经济的工作报告，围绕实施蚕桑“百万工程”、发展牧业果业经济、加强农业基础设施建设、农业结构调整、农业产业化、新农村建设、农民增收等重大问题进行视察、调查，加大监督力度。近年来，加强对顺西优质农产品生产加工示范区建设的督查和联系，就搞好科学规划、扩大规模、增加投入、完善配套设施提出建议，有力地推进了示范区建设。2007年专题听取和审议了市政府关于推进社会主义新农村建设的情况汇报，要求市政府切实制定规划，构建投入机制，夯实农业基础，讲求工作实效，着力推进“百村示范”工程建设。

推进区域中心城市建设，加强对城市建设管理工作的监督。围绕建设川东北区域中心城市战略目标，组织常委会组成人员和市人大代表对加强城市管理、房地产管理、交通建设和管理、市政重点工程建设、城市生态环境保护等工作进行视察，听取和审议了市政府完善城市总体规划、城建资金安排使用、规划区内征地安置补偿、创建国家优秀旅游城市、创建国家卫生城市和国家园林城市、构建川东北商贸物流中心等专项工作报告，要求进一步科学规划，配套功能，优化环境，落实措施，加大力度，加强城市建设和管理，提升旅游、商贸等第三产业发展水平。

关注民生问题，加强对社会事业工作的监督。2006年听取和审议了市政府关于农村义务教育经费保障机制改革工作的情况汇报，并组织人大代表视察，要求市政府进一步明确责任，加大义务教育法宣传力度，依法加大财政投入，合理配置教育资源，促进义务教育均衡发展。2007年听取和审议了市政府关于推进新型农村合作医疗试点工作的情况汇报，要求进一步推进农村医疗卫生体制改革，建立完善公共卫生体系，切实解决好看病难、看病贵的问题。围绕人民群众关心的热点难点问题，先后就全市法律援助、失地农民失业保险、农村散居少数民族扶贫、城市居民水电气计量收费到户、加强嘉陵江流域南充段水环境保护等工作实施了有力监督，注重保护弱势群体和困难群众利益，受到社会好评。升钟水库淹没区扶贫开发工作一直是人大代表和人民群众十分关注的问题，常委会将其列为监督重点，开展调研和视察，督促落实扶贫开发规划，加快淹没区群众脱贫致富步伐。常委会还开展了对义务教育法、文物保护法工会法国务院宗教事务条例等法律法规和妇女儿童发展纲要、科技中长期规划贯彻实施情况的监督，推动了教育、文化、卫生和科技等社会事业的发展。

大力加强人大信访工作，促进社会和谐稳定。常委会把突出信访问题作为监督工作的重要内容。建立健全信访工作制度，坚持常委会主任信访接待日制度，召开人大信访工作座谈会，不断探索做好信访工作的新举措。四年来共处理来信8596件，接待来访10941人次。对城市房屋拆迁、征地补偿和企业改制等群众反映强烈的问题和一批处理不公、久拖不决的涉法涉诉信访案件，加强跟踪监督，督促“一府两院”依法妥善处理，维护了人民群众的合法权益和社会和谐稳定。

按照市委的统一安排，常委会以高度的责任感和使命感，认真落实胡锦涛总书记和省委对加快仪陇发展的指示，加强对仪陇“九件大事”的督查和联系，有力推进了仪陇的建设和发展。

三、着力推进民主法治建设，依法治市取得新成果。常委会充分发挥在民主法治建设中的主导作用，大力促进依法行政和公正司法，有效推进了依法治市进程。

认真开展执法检查。坚持每年有重点地选择二至三部法律法规进行执法检查，保证法律法规的遵守和执行。四年来，先后对农村土地承包法、食品卫生法、中小企业促进法、科技成果转化法、农业机械化促进法、土地管理法、房地产管理法等 7 部法律法规的执行情况进行了执法检查，配合省人大常委会开展了义务教育法、人口和计划生育法、行政许可法、节能法等 6 部法律的执法检查，督促纠正了一些有法不依、执法不严、违法不究的问题。土地管理是关系国计民生的重大问题。2004 年和 2006 年，常委会组织开展了对农村土地承包法、土地管理法的执法检查，听取和审议了执法检查的情况报告，督促政府及有关部门进一步加强土地管理，规范建设用地，做好拆迁安置补偿工作，切实保护耕地和失地农民的合法权益。2007 年，常委会对贯彻实施城市房地产管理法情况进行检查，督促政府加强房地产开发中土地利用、规划建设的管理，进一步规范房地产市场秩序。

大力促进依法行政和公正司法。督促“一府两院”进一步完善和落实部门执法责任制和错案责任追究制，督促政府及时制定和认真实施依法行政纲要，努力建设法治政府。坚持规范性文件备案审查制度，四年来共审查“一府两院”规范性文件 18 件。2004 年听取和审议了市人民检察院关于查办渎职侵权犯罪案件的情况汇报，要求检察机关进一步加大查处和预防渎职侵权犯罪工作力度，努力从源头上遏制职务犯罪和腐败现象。2006 年，组织省、市、县三级人大代表开展视察全市法院庭审工作，对市、县两级法院共 24 件案件的庭审进行了视察，对维护司法公正、加强和改进人大对司法工作的监督进行了有益探索。此外，还听取了“两院”队伍建设、商事审判、诉讼调解、刑事拘留监督、公诉工作等专项工作报告，要求审判机关和检察机关深入开展社会主义法治理念教育，狠抓司法队伍建设，坚持公正司法，维护公平正义。

深入推进法制宣传教育。及时听取和审议市政府依法治市工作情况汇报，开展专项检查，督促普法工作的深入开展。每年召开人大新闻宣传工作会议和人大制度理论研讨会，充分发挥新闻媒体和《南充人大》《南充市人大常委会公报》等宣传阵地的作用。召开纪念人民代表大会制度建立 50 周年和地方人大常委会设立 25 周年座谈会，利用节假日、法制宣传日等时机，组织开展丰富多彩的法制宣传教育活动，广泛深入地宣传民主法制建设、人大制度建设和人大工作。连年开展“环保世纪行”宣传活动，对一些典型事件进行跟踪报道和舆论监督。坚持领导干部任前法律考试制度，坚持常委会法制讲座制度，共举办讲座 16 期，学习法律法规 16 部，促进了领导干部带头学法、用法。常委会还配合省人大认真做好公务员法、选举法、地方组织法等 30 多部法律、地方性法规的立法调研和征求意见工作，积极为上级人大制订修改法律法规提出意见建议。

加强对县乡换届选举的指导。2006 年，常委会及时就县乡两级人大换届选举的有关问题向市委作了专题报告，提出做好换届选举工作的意见，举办换届选举工作人员培训班，加强县乡换届选举工作的联系指导，保证各地换届选举工作的顺利进行。今年我市本级人大换届，是全市人民政治生活中的一件大事。为选好新一届的省、市人大代表，常委会提前开展调查研究，及时提出意见建议，作出相应安排部署，圆满完成了省、市人大代表的推荐、选举工作，使代表结构进一步改善。

不断拓宽民主监督渠道。常委会重视健全民主制度，积极推进公民的有序政治参与。坚持实行公民旁听常委会会议制度，四年来，已有 58 位公民旁听市人大常委会会议，对我市经济社会发展以及民主政治建设提出很多意见建议，调动了公民参与民主政治建设的积极性，增强了人大工作的透明度。

四、密切联系代表和群众，代表和人事任免工作水平有新提高。代表工作是人大工作的基础。常委会在行使各项职权中，努力发挥人大代表的主体作用，进一步加强和改进代表工作。一是切实建立和完善代表工作制度。贯彻落实中央和省委指示精神，结合实际制定完善加强和规范代表活动、代表议案建议的提出和办理、代表执行职务保障等专项工作制度，促进了代表工作制度化、规范化。二是努力为代表履职创造更好的环境和条件。注重代表培训工作。2004 年，针对换届后新代表较多的实际，常委会按选举单位组织代表进行集中培训，不断提高代表的法律素质和管理地方国家事务的能力。代表活动经费逐年增加。严肃查处阻挠代表执行职务、侵犯代表权益的事件。坚持市人大代表列席常委会会议制度，组织代表听取“一府两院”工作汇报和重要情况通报。及时向市人大代表通报常委会会议、重要工作和重要活动情况，寄送常委会公报和学习资料，切实保障代表知政知情权。认真为本市的全国人大代表履职做好服务，设立省人大代表联络处，每年组织我市的省人大代表开展集中视察、专题调研。三是认真督办代表提出的议案和建议、批评、意见。常委会制定完善了议案办理办法，坚持听取和审议市政府办理工作情况汇报。对一些涉及面宽、办理难度较大、群众反映强烈的议案和建议，常委会组织承办部门共同研究落实，要求各相关专委会跟踪督办。四年来，共办理市人大代表议案 6 件，建议、批评和意见 841 件，办结率和代表满意度都明显提高。四是切实开展代表活动。采取多种形式组织人大代表开展执法检查、述职评议、专题视察、调研等活动，注意听取代表的意见和建议，充分发挥代表作用。2004 年以来，组织代表开展专题调研，形成 90 余篇调研报告，为代表履行职责打下了良好基础。

常委会正确处理依法行使任免权和坚持党管干部原则的关系，以对党和人民高度负责的精神，认真依法做好人事任免工作。四年来，依法任免地方国家机关工作人员 175 人（次）。对市委推荐和市政府提请任命人员，任前广泛听取群众意见，提出人事任免建议。实行常委会拟任命人员任前法律考试和供职发言制度，把行使任免权与监督权有机结合起来，坚持开展对“一府两院”任命干部进行年度书面述职。2004 年和 2005 年，对市政府 7 个部门主要负责人进行了述职评议，加强了对被任命人员的监督。

五、保持和发扬优良作风，常委会自身建设迈上新台阶。一是全面加强思想建设。坚持中心组学习制度，组织组成人员学习邓小平理论、“三个代表”重要思想和科学发展观，学习党的十六大、十七大精神，学习宪法和法律知识。在党员干部中相继开展保持共产党员先进性教育、领导干部作风整顿建设活动，增强了常委会组成人员和人大机关干部的责任感和使命感。二是不断加强组织建设。始终坚持党的领导，坚持重大事项向市委报告制度，保证人大工作的正确方向。为贯彻落实好中央 9 号文件和省委人大工作会议精神，常委会深入开展调查研究，向市委提出新形势下加强和改善党对人大工作的领导、加强和改进人大工作的建议，认真筹备召开市委人大工作会议，推进了人大工作的深入开展。坚持民主集中制原则，重大事项由常委会会议和主任会议集体研究决定，既充分发扬民主，又严格依法办事。定期召开领导班子民主生活会，开展批评与自我批评，增强了常委会领导班子的凝聚力和战斗力。三是切实加强制度建设。坚持和完善常委会议事、人大信访工作等制度。坚持用制度管权、用制度管事、用制度管人。积极进行干部人事制度改革，协助市委做好干部交流工作，对机关中层干部实行竞争上岗、轮岗，增强了人大机关活力。四是积极推进作风建设。坚持立党为公，执政为民，切实改进领导作风、工作作风和文风、会风。坚持群众路线，加强调查研究，实行常委会领导牵头负责调研课题制度，形成了一批有质量的调研报告，增强了行使职权的科学性、实效性和针对性。坚持每年召开市县人大主任学习会，加强同县（市、区）人大常委会的联系，指导支持工作，研究解决具体问题。五是着力加强党风廉政建设。严格遵守领导干部廉洁从政规定，认真落实党风廉政建设责任制，推动反腐倡廉工作的深入开展。

各位代表，市三届人大常委会取得的成绩，是在中共南充市委的正确领导下，经过常委会全体组成人员、市人大各专门委员会和常委会各办事机构的共同努力取得的。各级人大代表和县（市、区）人大常委会对市人大常委会的工作给予了大力的支持，市政府、市法院、市检察院对常委会的工作给予了积极的配合。在此，我代表市三届人大常委会，向大家表示衷心的感谢！

四年来，本届常委会虽然做了大量工作，取得了新的成绩，积累了新的经验，但与党和人民的要求，与宪法和法律规定相比，还有一定的差距。如法律监督和工作监督的力度还需进一步加大，人大代表履职能力和积极性还需进一步提高，人大自身建设还需进一步加强。这些问题，在今后的工作中一定要高度重视，认真加以解决。

各位代表，市三届人大常委会已经完成了自己的历史使命。回顾四年的实践和探索，我们主要有以下认识和体会。

第一，做好人大工作，必须坚持以邓小平理论和“三个代表”重要思想为指导，牢固树立和落实科学发展观。邓小平理论和“三个代表”重要思想是我们党长期坚持的指导思想。科学发展观是发展中国特色社会主义必须坚持和贯彻的重大战略思想。实践表明，只有坚持以邓小平理论和“三个代表”重要思想为指导，牢固树立和落实科学发展观，人大工作才有共同的思想基础，才会得到人民群众的拥护和支持，才能始终坚持正确的政治方向，走中国特色社会主义政治发展道路。

第二，做好人大工作，必须把坚持党的领导、人民当家作主和依法治国有机统一起来。四年来，常委会自觉坚持党的领导，坚决贯彻执行党的路线方针、政策，充分发扬民主，严格依法办事，通过法定程序，努力使党的主张转变为国家意志，保证各项决议决定代表人民的意愿和根本利益，广泛组织动员全市人民，积极推进政治、经济、文化和社会建设。实践证明，只有把坚持党的领导、人民当家作主和依法治国三方面有机统一起来，地方国家权力机关才能全面、正确行使职权，发挥作用。

第三，做好人大工作，必须服从和服务于发展大局。发展是执政兴国的第一要务，是党和国家的工作大局，也是人大工作大局。四年来市人大常委会紧紧围绕坚持科学发展，构建和谐南充的主题，认真行使职权，充分发挥职能作用，为经济社会又好又快发展提供有力保障，保持了人大制度和人大工作旺盛的生命力。

第四，做好人大工作，必须坚持以民为本。保持与人民群众的密切联系，坚持一切从人民群众的根本利益出发，是人大工作的本质要求。四年来，常委会紧密联系和依靠代表，把维护和实现广大人民群众的根本利益贯穿人大工作始终，关注民生，督促解决人民群众普遍关注的热点难点问题，促进了社会和谐发展。我们深深体会到，只有保持同人大代表和人民群众的密切联系，充分反映民意，集中民智，为民办事，才能真正代表人民的意志，依法行使好各项职权。

今后工作的建议

今后五年，是我市加快建设川东北区域中心城市的关键时期，也是人大工作大有作为的时期。新一届市人大常委会要在中共南充市委的领导下，高举中国特色社会主义伟大旗帜，认真贯彻党的十七大和省九届四次、市四届四次全委会精神，深入落实科学发展观，牢牢把握“加快发展、科学发展、又好又快发展”的全省工作总体取向，切实履行宪法和法律赋予的职责，为推进南充经济社会又好又快发展，构建社会主义和谐社会作出新的贡献。为此，要努力做好以下工作。

进一步认真贯彻实施监督法，加强和改进监督工作，切实提高监督实效。紧紧抓住关系改革发展稳定大局的重大问题和关系人民群众切身利益、社会普遍关注的热点问题，进一步加大监督力度，注重监督工作的连续性，提高监督的实效性。要进一步认真贯彻落实监督法，按照监督法的规定履行监督职能，做到既敢于监督，又善于监督。要紧紧围绕建设川东北区域中心城市的奋斗目标，切实把监督的重点放在承接产业转移，实施项目推进战略，促进优势产业跨越发展，做强经济实力上；放在推进民生问题有效解决，促进社会和谐上；放在推进体制机制不断创新，增强发展活力上。综合运用各种监督形式，加强对地方国家行政机关、审判机关和检察机关的监督，促进依法行政、公正司法。加强对计划、财政预算执行的监督，保证经济社会发展计划顺利实施。对常委会决议、决定执行情况和常委会会议审议意见的办理情况，按照监督法的要求进行检查，并向市人大代表通报和向社会公布。

进一步完善制度，努力探索，有效行使人事任免权和重大事项决定权。要坚持党管干部原则，依法行使人事任免权。不断总结经验，继续完善任免程序，加强对选举、任命干部的监督，督促国家机关工作人员依法履职、清正廉洁、奋发有为。要紧紧围绕市委的重大决策，抓住事关全市工作大局和人民群众切身利益的重大问题，深入调查研究，适时依法做出决议、决定，保证依法决策、民主决策和科学决策。

进一步发挥主导作用，深入推进依法治市，大力营造良好法制环境。要深入贯彻依法治国方略，抓住关键环节，不断总结探索，充分发挥主导作用，认真督促落实依法治市各项措施。要以提高各级领导干部依法执政、依法行政能力为重点，加强对法制宣传教育决议执行情况的检查，推动“五五”普法工作深入开展。要围绕关系经济建设、政治建设、文化建设和社会建设以及与人民群众切身利益联系最直接、最现实、最密切的法律、法规的执行情况，采取多种形式开展执法检查，有重点地提请常委会会议审议，确保宪法和法律在本行政区域得到正确实施。要加强规范性文件的备案审查工作，维护法制统一，切实为我市经济社会又好又快发展营造良好的法制环境。

进一步做好代表工作，密切同人民群众的联系，充分发挥代表作用。要把加强代表工作、充分发挥代表作用作为常委会的基础性工作，作为密切同人民群众联系的重要渠道。进一步健全代表工作机制，加强和改进代表闭会期间活动的组织、协调和服务，认真组织好专题调研和集中视察，充分发挥代表在建设川东北区域中心城市中的作用。加强代表议案和建议、批评、意见的办理和督办工作，提高办理质量和满意率。认真抓好新一届代表的学习和培训，依法保护代表的合法权益，保障代表的知情权、参与权、表达权和监督权，更好地为代表履行职责创造条件，提供保障。加强对基层人大的联系和工作指导，进一步密切与代表和人民群众的联系。

进一步贯彻落实党的十七大精神，坚持抓好常委会自身建设，不断提高依法履职能力。党的十七大对民主法制建设和人大工作提出了新的更高的要求。新一届人大常委会要深入学习贯彻党的十七大精神，深入学习实践科学发展观，深刻领会党的十七大关于发展社会主义民主政治的重要部署，进一步增强做好人大工作的责任感和使命感。要强化常委会组成人员和人大机关干部对政治理论、法律知识和业务知识的学习，不断提高政治理论素养和业务能力。要进一步完善和落实各项工作制度，大力推进人大工作的制度化、规范化、程序化。要深入基层、深入群众，把思想、组织和作风建设有机结合起来，不断提高常委会的决策水平和常委会机关服务质量。

各位代表，坚持科学发展，构建和谐南充，使命光荣，责任重大。让我们高举中国特色社会主义伟大旗帜，坚持以邓小平理论和“三个代表”重要思想为指导，深入贯彻落实科学发展观，努力发展社会主义民主政治，开拓进取，扎实工作，为加快建设川东北区域中心城市、开创全面建设小康社会新局面而努力奋斗！

南充市人民代表大会常务委员会工作报告

2009 年 2 月 18 日在市四届人大二次会议上

南充市人大常委会

各位代表：

我受南充市第四届人民代表大会常务委员会的委托，向大会报告工作，请予审查。

2008 年的主要工作

2008 年是极不平凡的一年，全市工作历经特殊困难和严峻考验。在省委、省政府的坚强领导下，市委、市政府团结带领全市人民，围绕建设川东北区域中心城市总体目标，顽强拼搏，超常付出，全市呈现出经济增长加快、人民生活改善、城乡面貌变化、各地竞相发展、党的建设加强的可喜局面。一年来，市人大常委会在中共南充市委的领导下，坚持以中国特色社会主义理论体系为指导，认真贯彻市委“三个推进”、实施项目推动战略、承接产业转移、机关行政效能建设等重大部署，切实履行宪法和法律赋予的各项职责，实现了本届常委会工作的良好开局，为保持全市经济社会发展的良好势头作出了新的贡献。

一、围绕中心，紧扣主题，服务大局作用不断发挥

一年来，市人大常委会紧紧抓住全市经济社会发展中具有根本性、全局性、长远性的问题和迫切需要解决的重大问题，深入调查研究，及时审议决定，积极服务全市工作大局。

全力支持抗震救灾。“5·12”汶川特大地震发生后，市人大常委会全力以赴投入抗震救灾，迅即作出应急部署，组织人员分赴县（市、区）调研指导抗震救灾工作，安排人员赴重灾区视察对口援建项目、慰问援建工作人员，配合省人大开展灾后重建价格检查。及时听取和审议市政府救灾工作报告，对进一步加强灾后恢复重建，维护市场物价稳定，完善应急体制机制，抓好困难群众生活安排、食品安全、安全生产等工作提出明确建议。市政府及时增列抗震救灾预算安排，加大资金监管力度，力保救灾资金需求和救灾物资安全。常委会向全市各级人大和人大代表发出慰问信，号召大家万众一心、不畏艰险，奋力夺取抗震救灾的全面胜利。广大代表有的赶赴重灾区参与抗震救灾、恢复援建；有的在本地组织群众重建家园、恢复生产；有的主动捐款捐物、义务献血；有的加班加点，坚守生产服务第一线；有的发挥专业特长，为抗震救灾、重建家园提出好的意见和建议。在这场特大自然灾害面前，全市人大代表以实际行动履行了自己的神圣职责，展示了人大代表的时代风尚，生动诠释了“人民选我当代表，我当代表为人民”的深刻内涵。

及时审议决定计划、预算事项。召开经济形势分析会，就国际金融危机、国家宏观调控、地震灾害等因素对我市的影响及应对措施进行了研讨。认真听取和审议国民经济和社会发展计划、财政预算执行情况的报告，听取和审议审计工作报告，严格审查批准 2007 年市级财政决算，对市政府重大融资项目进行审查，适时作出《关于批准 2008 年市本级财政收支预算调整方案的决议》，支持和督促市政府进一步抓住灾后重建、产业转移和全省生产力布局调整机遇，着力实施好项目推动战略，努力维护全市宏观经济平稳运行。提出加快推进天然气化工产业、南巴高速、南梁高速、升钟水库二期扶贫等重大建设项目和民生工程申报工作，加快嘉陵江水利资源综合开发利用等建议。督促市政府进一步深化部门预算，加大政府投资项目监管力度，加大土地基金收入、国有资产经营收入和各种规费的征管力度，不断优化财政收支结构。支持审计部门进一步加大审计监督力度，督促有关方面对审计查出的问题认真纠正、严肃处理，较好地发挥了监督作用。

深入开展调查研究。围绕市人大常委会审议议题，组织对工业园区建设、投融资平台建设、政务服务中心建设、环保基础设施建设、农村土地承包经营权流转等课题进行调查研究，形成一批较高质量的调研报告，为市人大常委会依法履职提供了参考。《南充农业产业化龙头企业发展壮大面临的困难及对策》等调研报告得到市委批转。围绕人大代表突出反映、人民群众普遍关心的热点、难点问题，组织开展涉法涉诉再申诉、环境保护等专题调研，指出存在问题，提出对策建议，推动有关工作。配合省人大开展农民专业合作经济组织法、防震减灾法、职业教育法、国家赔偿法、文物保护法等立法和执法调研，提出具体立法建议和意见。

一年来，市人大常委会领导还牵头和参与燕儿窝还房工程建设、市级机关国有资产清理等重点工作，常委会机关深入开展联系阆中博树回族乡、帮扶嘉陵区蚂蝗堰社区困难群众等工作，取得了良好成效。

二、立足发展，把握重点，监督实效不断增强

一年来，市人大常委会坚持围绕中心、突出重点、监督为民、服务发展的工作思路，深入贯彻实施监督法，创新监督方式，加大监督力度，努力增强监督实效。

积极助推产业发展。组织视察各县（市、区）工业园区建设情况，听取和审议市政府关于推进工业优势产业跨越发展的工作报告，推动市政府进一步改善投融资环境，加强工业园区规划和建设，加大招商引资力度，争取更多优势企业落户南充。听取和审议市政府旅游工作报告，对全市旅游行业贯彻执行旅游条例情况进行检查，就全市旅游定位、积极助推产业发展。组织视察各县（市、区）工业园区建设情况，听取和审议市政府关于推进工业优势产业跨越发展的工作报告，推动市政府进步改善投融资环境，加强工业园区规划和建设，加大招商引资力度，争取更多优势企业落户南充。听取和审议市政府旅游工作报告，对全市旅游行业贯彻执行旅游条例情况进行检查，就全市旅游定位、总体规划、精品打造、宣传促销以及行业管理等提出意见和建议，促进全市旅游资源优势向经济优势转化。听取和审议市政府关于节能减排工作情况的报告，深入开展“南充环保世纪行”活动，督促市政府进一步处理好发展经济与保护环境资源的关系，严格落实节能减排目标责任。

深入推进农村改革。听取和审议市政府关于中央强农惠农政策落实情况的报告，就如何进一步落实目标责任机制和监督考核机制、推进传统农业向现代农业转变提出具体意见。市政府认真落实审议意见，全面检查强农惠农政策落实情况，加大农田水利基本建设投入力度和农业产业化龙头企业扶持力度，及时查处了20件涉农违纪违规案件，促进了农业稳定发展、农民持续增收，维护了农民利益。听取市政府关于集体林权制度改革青况的汇报，就进一步推进林权改革、发展林业经济、保障林业生态提出意见和建议。结合《切实解决农村土地撂荒问题的议案》督办工作，推动市政府研究出台了《关于创新机制，加快推进农村土地承包经营权流转的意见》。

切实促进民生改善。围绕“八项民生工程”“问题奶粉”事件等涉及老百姓切身利益的具体问题开展监督，重点听取和审议市政府关于实施医疗卫生工程情况的报告，支持和督促市政府统筹推进公共财政体系建设、重大民生基础设施建设以及劳动就业和社会保障工作；督促市政府加强食品生产和流通监管，着力建立食品安全保障长效机制；建议市政府及有关部门进一步优化新农合方案，降低住院费用报销门槛线，提高补偿封顶线和报销比例；跟踪督促“六位一体”社区卫生服务机构建设和重点卫生基础设施项目建设，督促“医疗卫生工程”如期完成。

统筹推进城市建设。高度重视南充市城市总体规划修编工作，组织部分人大代表和有关专家深入实地视察，听取和审议市政府关于南充市第六次城市总体规划实施和第七次城市总体规划修编工作情况的报告，主任会议听取市政府关于非物质文化遗产保护、城市规划区内违规违法建房清理整治等工作情况汇报，对城乡统筹发展、城市功能定位、文化开发利用、城市管理执法、环境资源保护等问题提出意见和建议，为进一步丰富城市文化内涵，推进川东北区域中心城市建设起到了积极作用。

三、突出法治，加强宣传，依法治理不断深入

一年来，市人大常委会抓住法制建设这个根本，努力推进依法治市进程，积极营造良好的发展环境。

认真开展执法检查。采取与县（市、区）人大联动的方式，开展义务教育法执法检查。针对义务教育经费保障、教师队伍建设、地震损毁校舍改建、学校安全制度和应急机制建设等方面提出改进意见和建议。督促市政府进一步完善义务教育保障机制，调整学校布局，推进义务教育均衡发展。建议市政府研究解决农村孩子上好学校难和城市大班额等群众最关心的突出问题。配合省人大开展价格法、监狱法等执法检查，对进一步贯彻实施好这些法律法规起到了积极的促进作用。

大力促进依法行政和公正司法。依法对《市辖城区占道经营管理暂行办法》等规范性文件进行备案审查，加强对政府抽象行政行为的监督，督促市政府对有关文件进行修改完善，维护了国家法制统一。听取和审议市中级人民法院关于加强审判和执行工作监督情况的报告、市人民检察院关于加强检察工作监督情况的报告，督促市中级人民法院加强办案流程管理，提高办案质量和效率，督促市人民检察院进一步完善和落实检察工作监督长效机制。主任会议听取市政府关于行政复议法及其实施条例执行情况的报告，进一步支持和促进法治政府建设。

深入推进法制宣传教育。认真听取和审议市政府关于“五五”普法工作情况的报告，促进市政府围绕“一学三讲”“法律六进”主题，进一步扩大普法覆盖范围，提高普法宣传实效。召开人大制度研究年会和人大宣传工作会议，认真办好《南充人大》《人大常委会公报》《南充人大信息》等内部刊物，举办监督法、城乡规划法、预算法等法制讲座，积极引导和推动民主法制宣传工作。常委会先后荣获省人大2008年度宣传人大制度特等奖、四川省“五五”普法中期先进集体称号。

认真做好信访稳定工作。信访工作是人大及其常委会联系人民群众的窗口和开展监督的重要方式。常委会切实加强对信访工作的领导，依法设立信访工作机构，配备专职信访干部，为信访工作的有力开展创造良好条件。认真办理群众来信，热情接待群众来访，全年共受理群众信访1347件（次）。常委会领导坚持批阅群众来信，接待和处理群众来访。对一些群众反映强烈的问题和一批长期未解决的涉法涉诉信访案件，常委会领导亲自听取情况汇报，并深入案件管辖地督促“一府两院”依法妥善处理，努力化解社会矛盾，维护人民群众合法权益和社会和谐稳定。

四、发扬民主，依法办事，人事代表工作不断深化

一年来，市人大常委会切实加强和改进人事代表工作，广泛调动社会各方面积极性，不断增强共谋发展的强大合力。

顺利实现国家机关换届。去年是我市市级国家机关换届之年，市人大常委会始终坚持党管干部和人大依法任免干部的有机统一，充分发扬民主，严格依法办事，坚持任前法律知识考试、拟任人员供职发言制度，征求纪委、审计等部门意见，增进常委会组成人员对拟任人员德、能、勤、绩、廉等情况的了解。针对换届后政府部门领导变动情况，市人大常委会对新任命的市级国家机关和政府部门领导干部履职为民、为政勤廉等提出要求和希望，建立任职人员实绩档案，加强对任命干部履职情况的监督。一年来，市人大常委会共依法任命人大机关和“一府两院”工作人员56人，依法免职9人，为全市经济社会持续快速健康发展提供了坚强的组织保障。

着力提高代表履职能力。分选举单位对新一届市人大代表进行培训，为代表订阅《中国人大》《民主法制建设》《人民权力报》等报纸杂志，保障代表履职基础条件。主动向代表通报常委会重要工作，督促“一府两院”定期向代表通报工作，深入开展市人大常委会组成人员联系代表、代表联系选民的“双联系”活动。建立代表履职档案，开展代表争先创优活动，评选表彰优秀议案、建议及组织工作先进单位，提高了代表依法履职的积极性。

不断拓展代表履职渠道。及时建立代表活动组和代表专业组，组织和指导各组围绕南充创建省级文明城市、招商引资、重点工程建设、经济适用房和廉租房建设等问题开展专题视察和调研，形成代表调研报告专辑。健全代表民主参与机制，邀请代表列席市人大常委会会议和专委会会议，参加常委会视察、调研和执法检查活动，组织代表旁听法院庭审，认真听取代表意见，有效集中代表智慧，充分发挥代表作用。创办《代表视点》内部刊物，为代表闭会期间及时反映建议意见、依法履行职责搭建了快捷平台。

切实加强议案建议办理工作。对代表提出的议案和建议，及时交付有关部门办理，通过代表视察、听取汇报、联系协调等形式强化跟踪督办。实行办理工作意见反馈制，督促办理单位对代表不满意的7件予以重新办理，以点带面促进办理工作落实。市四届人大一次会议主席团交付办理的1件议案和229件建议，以及闭会期间代表提出的9件建议，均在规定时限内办理完毕，办结率达100%，代表满意率达97%。通过对“加大教师周转房建设速度”“恢复农村有线广播”“治理城市交通”等15件代表建议的重点督办，督促解决了一批事关民生的难点问题，完善了一批推动发展的政策措施。

一年来，市人大常委会还组织部分全国、省人大代表围绕全市经济社会发展情况开展视察、调研，协助他们向全国人大和省人大提出支持南充天然气资源开发利用、加强嘉陵江流域生态环境保护等议案和建议，为南充经济社会发展争取了更多的支持。

五、求真务实，探索创新，自身建设不断加强

一年来，市人大常委会结合开展机关效能建设活动，切实加强队伍建设和制度建设，不断提高机关工作质量和效率，努力适应新时期地方人大工作需要。

加强学习培训。认真落实机关学习制度，有计划地组织召开常委会组成人员培训会和专项工作座谈会，深入学习党的路线、方针、政策和中央、省、市重要会议精神，学习与人大工作密切相关的法律法规和人大工作知识，准确把握新形势对社会主义民主政治建设和人大工作的新要求，努力增强常委会组成人员和机关工作人员的大局意识、责任意识、法治意识，提高依法履职、科学履职的能力。

加强效能建设。完善专门委员会的工作职责，充分发挥专门委员会作用。及时调整任命机关中层干部，面向全市公开考调充实机关工作人员，干部队伍结构进一步优化。深入开展机关效能建设活动，认真落实首问责任制、限时办结制、责任追究制和岗位责任制，机关工作纪律明显增强，工作作风明显改善，工作效率明显提高。加强制度建设。重视将实践中总结、探索和借鉴的经验办法用制度进行巩固规范，先后制定和完善常委会工作制度、主任会议制度和机关管理制度等各方面制度45项，推动人大工作进一步规范化、制度化。“常委会组成人员未经批准一年内三次缺席常委会会议的，应当依照程序辞去常委会委员职务”的规定得到人大代表和人民群众的广泛认可。

密切联系交流。积极配合上级人大开展执法检查和调研等工作，主动接受上级人大的指导和监督；召开全市人大常委会主任学习会和专题座谈会，加强对县级人大的工作指导；密切同兄弟市、州人大的联系和交往，加深了相互了解，促进了工作交流。

各位代表！过去一年，市人大常委会各项成绩的取得，是中共南充市委正确领导的结果，是全市人民、全体人大常委会代表和社会各方积极参与和大力支持的结果。市人大各专委会和常委会各办事机构做了大量具体工作，县（市、区）人大常委会给予了有力支持，市人民政府、市中级人民法院和市人民检察院给予了积极配合，市人大机关工作人员也在各自的岗位上做出了努力。在此，我代表市人大常委会，向大家表示衷心的感谢！

回顾一年的工作，我们也清醒地看到，市人大常委会工作虽然取得了一定的成绩，但是离新形势的要求和人民群众的期望，还存在差距。主要表现在：自觉实践科学发展观的意识和能力有待进一步增强；监督工作方式有待进一步创新，以监督促改革、促发展的力度有待进一步加大；办理代表议案、建议的质量有待进一步提高；常委会组成人员的履职能力和机关工作人员的业务能力有待进一步增强。我们会高度重视这些问题，在今后的工作中采取有力措施认真加以解决。

2009 年的主要任务

2009 年是新中国成立 60 周年，是实现“十一五”规划承前启后之年，也是我市应对国际金融危机、确保经济平稳较快发展的关键一年。市委四届六次全会根据中央、省委有关会议精神，明确提出“两个坚定不移、六个加快”的重要部署和“突出快、体现实”的工作要求。我们按照市委的部署，提出了市人大常委会今年工作的总体要求：高举中国特色社会主义伟大旗帜，以党的十七大和十七届三中全会精神为指导，深入贯彻落实科学发展观，紧紧围绕市委的总体部署，依法行权，集纳民智，团结奋进，服务大局，加强民主法制建设，促进社会和谐稳定，为实现全市经济止滑提速、爬坡上行，奋力开创经济社会发展新局面作出新贡献。

一、以科学发展观为指导，依法行使决定权和任免权

围绕全市工作大局，进一步规范常委会决定重大事项的范围和程序，提高重大事项决定质量。适时对关系我市全局的国民经济和社会发展计划、预算及其执行情况的报告进行审议，严格审查批准市级财政决算，依法作出决议、决定；听取市政府关于城市规划修编工作情况的报告，围绕嘉陵江（南充段）生态绿化工程等问题深入开展调查研究，必要时作出决议、决定。通过依法行使重大事项决定权，把党的意图通过法定程序转化为地方国家权力机关的意志，转化为全市人民的共同行动，促进全市重大事项决策的民主化、科学化，保障和促进全市经济社会加快发展、科学发展、又好又快发展。加大对常委会决议、决定督办力度，确保决议、决定得到有效实施。

坚持党管干部和人大常委会依法任免干部的有机统一，进一步规范任免程序，探索任后监督途径，不断提高人事任免质量，增强被任命人员的法律意识、公仆意识和勤政廉洁意识，确保人民赋予的权力得到正确行使。

二、围绕全市工作大局，进一步强化监督工作

牢牢把握市委“突出快、体现实”的工作要求，坚持统筹兼顾，紧紧抓住全市经济社会发展中的重点、难点问题和薄弱环节开展监督。围绕国家保增长、扩内需、调结构的宏观经济政策落实情况进行监督，听取和审议市政府关于项目推动工作情况的报告、关于扩大内需促进商贸服务业发展情况的报告，跟踪监督工业园区建设和重点工程建设，全力推进重点产业、基础设施、民生工程、社会事业等项目建设，促进全市经济社会平稳较快发展。围绕推进农村改革发展，加强对中央一号文件落实情况的监督，听取和审议市政府农田水利基本建设专项报告，对农业机械化促进法执行情况进行检查，不断推进制度创新和机制创新，加快推进城乡经济社会发展一体化进程。围绕促进民生改善进行监督，积极推动公共资源向以民生为重点的社会建设领域倾斜，重点听取和审议市政府农村三级卫生服务网络和城市社区医疗卫生服务体系建设情况的报告、关于社保资金和国土资金使用情况的报告，促进民生问题的有效解决。进一步加强司法监督，重点听取和审议市政府关于公安机关刑事侦查工作情况的报告、市检察院查办职务犯罪工作情况的报告，不断增强和谐社会的法制保障。加强对环境和资源保护工作的监督，开展水污染防治法执法检查，推进资源节约型、环境友好型社会建设。

深入贯彻实施监督法，不断创新监督方式，加大监督力度，研究出台关于加强预算审查监督的决定，适时听取"一府两院"研究落实常委会2008年审议意见情况的报告，不断增强监督实效。采取多种方式将监督工作情况向市人大代表通报、向社会公布，接受人大代表和人民群众的监督，力求使监督工作顺应民心、反映民意、服务民生。进一步加强信访工作，实施好常委会领导预约接访制度，加大对重点信访件督办力度，努力促进矛盾化解，维护社会和谐稳定。

三、不断改进代表工作，充分发挥代表作用

进一步加强代表工作，不断提高代表工作水平，保障代表依法履行职务。着力提高代表履职能力，为市人大代表订阅、寄送有关报刊和资料，抓好市人大代表培训工作，及时向代表通报"一府两院"工作，不断夯实代表履职基础。进一步加强和规范闭会期间的代表活动，加强对代表活动的指导，认真组织代表开展专题调研和视察，鼓励代表个人持证视察，引导代表提出好的议案建议，增强代表活动实效。进一步密切与代表的联系，坚持邀请代表列席常委会会议、参加常委会组织的执法检查、视察、专题调研，深入开展常委会组成人员联系代表、代表联系选民活动，定期向代表通报常委会工作，自觉维护代表主体地位、接受代表监督。继续强化代表议案建议督办工作，严格实行办理工作意见反馈制，不断提高代表议案建议办理质量。认真开展代表争先创优活动，完善代表履职档案，努力促进代表尽职尽责。

四、深入开展法制宣传教育，积极推进依法治市进程

坚持把民主法制宣传教育作为推进依法治市的一项基础工程来抓，加大宣传力度，拓宽宣传领域，丰富宣传内容，增强宣传效果，进一步在全市形成学法、守法、用法、严格依法办事的良好氛围。督促抓好"五五"普法规划、决议的贯彻实施，增强全社会的法治观念，提高全民法律素质，促进各级领导干部牢固树立法治理念，不断提高依法办事的能力。充分发挥报刊、广播、电视、互联网等新闻媒体的作用，办好常委会机关报刊和南充人大网站，加强和改进对人民代表大会会议、常委会会议和闭会期间监督、代表履职等方面工作的宣传报道。继续开展"南充环保世纪行"宣传活动，加强舆论监督。加强人大制度和人大工作的理论研究，发挥好人大制度研究会的作用。以纪念地方人大常委会设立30周年为契机，进一步加强人民代表大会制度和民主法制宣传，不断增强全社会的人大意识和民主法制意识。

五、不断创新工作机制，努力提高人大工作水平

扎实开展深入学习实践科学发展观活动，着力转变不适应、不符合科学发展要求的思想观念，加强市人大常委会和市人大机关的组织建设、制度建设和作风建设，努力增强推动科学发展的能力。认真贯彻执行常委会各项工作制度，遵守常委会组成人员守则，确保常委会各项工作顺利开展。主动接受上级人大的法律监督与工作指导，积极加强与外地人大的联系交流，切实加强对基层人大的指导和联系，适时召开市、县（市、区）人大常委会主任学习会，不断学习、总结和推广人大工作先进经验。进一步加强机关干部队伍建设和效能建设，不断提高机关工作质量和效率，为人大代表和常委会组成人员依法履职提供更好的服务。

各位代表！

过去一年，我们在危难中挺立，在逆境中奋起。新的一年，我们将迎来更多的机遇，也将面临更大的考验。让我们紧密团结在以胡锦涛同志为总书记的党中央周围，高举中国特色社会主义伟大旗帜，坚持以邓小平理论和“三个代表”重要思想为指导，深入学习实践科学发展观，同心同德，锐意进取，知难而进，迎难而上，以更加奋发有为的精神状态，更加求真务实的工作作风，更加扎实有效的工作举措，谱写民主法制建设新篇章，为推进川东北区域中心城市建设而努力奋斗！

南充市人民代表大会常务委员会工作报告

2010 年 1 月 20 日在市四届人大三次会议上

南充市人大常委会

各位代表：

我受南充市第四届人民代表大会常务委员会的委托，向大会报告工作，请予审查。

2009 年的主要工作

2009 年是新世纪以来我国经济发展最困难的一年，也是南充应对挑战、化危为机、实现经济社会加快发展的重要一年。一年来，市人大常委会在中共南充市委的领导下，坚持以党的十七大，十七届三中、四中全会和省委九届七次、市委四届六次全会精神为指导，深入学习实践科学发展观，紧紧围绕建设川东北区域中心城市的工作大局，全面贯彻市委“两个坚定不移、六个加快”的重要部署和市四届人大二次会议的决议，始终坚持快和实的工作要求，依法履行职权，积极开展工作，充分发挥国家权力机关的作用。

一、始终突出加快发展主题，认真审议和决定事关改革发展稳定的重大事项

常委会牢固树立全市“一盘棋”思想，坚持长期目标，把握阶段重点，着力服务于最现实、最紧迫的发展任务，不断拓展人大工作深度、增强人大工作活力。

积极支持项目推动。适时听取和审议市政府项目推动工作报告，督促市政府进一步加强项目管理考核工作，支持政府全力争取灾后重建、基础建设和产业、民生等方面的重大项目，努力实现项目总量的大幅提升。重视财政投资项目的撬动作用，主任会议听取市政府基本建设专项资金收支预算安排情况报告，建议市政府切实做好政府投资项目的管理工作。密切关注项目落地情况，组织代表对达成铁路复线、航电枢纽等重点工程建设情况以及化学工业园区建设、城建项目推动情况进行视察，主任会议专题听取了市政府重点工程建设情况报告。为进一步缓解项目推动中的资金压力，组织代表专题视察金融工作，促进政府、银行、企业通力协作，提高放贷量、减少存贷差；批准用财政资金担保银行贷款 15 亿元，为加快推进航空港农副产品加工园、潆华农业生态经济园、化学工业园和南充经济技术开发区等项目建设发挥了积极作用。

切实加强财经监督。听取和审议市政府关于国民经济和社会发展计划执行情况、关于“十一五”规划执行情况的报告，在肯定成绩的同时，客观指出经济发展中存在的结构性矛盾，支持和督促市政府把实施规划同实施项目推动、抢抓政策机遇结合起来，把发展经济同改善民生结合起来，把保增长、扩内需、调结构同发展优势产业、推进工业化城镇化结合起来，努力保持经济平稳快速的发展态势。强化对财政预算编制和执行情况的监督，认真做好年度预算编制调研和初审工作，听取和审议市政府关于 2008 年市本级财政决算报告和相关审计报告、2009 年上半年财政预算执行情况的报告，批准 2008 年财政决算和 2009 年财政预算调整方案。深化对财政专项资金的监督，听取和审议市政府关于土地出让收入情况的报告，听取 2008 年度国土资金征收使用及管理情况的审计报告，支持和督促市政府及时开展市辖三区土地专项清理工作，进一步规范土地市场秩序，缓解财政压力。

助推城乡经济发展。围绕工业强市，组织常委会组成人员深入工业企业详细了解受金融危机冲击情况，对台湾同胞投资保护法贯彻实施情况进行专项调研，建议市政府及时对接国、省政策，指导和帮助企业渡过难关，促进工业经济快速回升。围绕农业农村工作，听取和审议市政府关于加强农田水利基本建设情况的报告、关于实施“金土地”工程情况的汇报，督促政府创新体制机制，有效解决农田水利基本建设不平衡、建设资金投入不足、工程重建轻管等问题；组织代表对现代畜牧业建设情况进行视察，建议市政府围绕区域化布局、专业化发展的思路，加快农产品基地建设，培育壮大农业特色产业，扎实推进农业产业化进程。围绕商贸服务业发展，听取和审议市政府关于扩大内需促进商贸服务业发展情况的报告，组织代表视察质量监督工作，推动市政府认真落实家电下乡和汽车以旧换新补贴政策，抓紧编制物流规划，建立服务业落户“绿色通道”，抓好“万村千乡”市场工程，加强对生产和流通领域的质量监管。

全面推进城市建设。城市规划是城市发展的灵魂。常委会高度重视南充市第七次城市总体规划修编工作，常委会和主任会议先后三次听取城市总体规划修编工作汇报，组织代表对城市建设和管理进行专项视察，就城市总体定位、注重规划的战略性和前瞻性、完善城市功能等，提出具体意见建议，促进规划方案从理念到细节的不断完善。为深入挖掘川东北区域中心城市文化内涵，常委会对全市非物质文化遗产保护情况进行专题调研，形成《加强文化遗产保护，助推文化事业发展》的专题调研报告，提出切实可行的建议，推动历史文化保护与城市建设协调发展。

大力推进环境保护。结合全省城乡环境综合治理活动，深入开展水污染防治法执法检查，督促市政府加大排污监管执法力度，倒排污水处理厂和垃圾填埋场建设工期，促进水资源利用与保护协调发展。对小流域水污染和治理情况进行专题调研，推动市政府适时调整城乡水务管理体制，加快集镇供水设施建设，切实保障群众饮水安全。为构建长江上游生态屏障，丰富南充优秀旅游城市内涵，常委会专题视察并听取审议市政府关于嘉陵江南充段两岸生态绿化工程建设情况的报告，在深入调研和听取各方意见的基础上，及时作出《关于加快嘉陵江南充段两岸生态绿化工程建设的决议》，明确提出到2011年底前，全面完成对沿江两岸的绿化任务，力争把嘉陵江沿岸打造成一条贯穿南充的优美生态长廊。从2000年起，常委会连续10年与新闻单位配合，持续深入开展“南充环保世纪行”活动，公开监督突出问题，引导社会关心参与，为推进全市经济社会协调可持续发展发挥了重要作用。

二、始终坚持服务民生，切实维护人民群众的根本利益

常委会注重围绕人民群众最关心、最直接、最现实的具体问题加强监督，使人大工作更贴民心、更具实效。

促进民生工程加快实施。组织代表对劳动和社会保障工作、返乡农民工自主创业、义务教育均衡发展等进行专题视察调研，着力推动“八项民生工程”全面实施。常委会和主任会议听取和审议市本级社保基金征收管理使用情况、职业教育工作情况等报告，进一步加强对涉及民生利益的重点工作的监督。主任会议听取市政府关于2008年市本级社保基金征收管理使用情况的审计报告，把人大监督与审计监督结合起来，促进社保资金的有效归集和安全使用。积极参与扶贫帮困工作，多次到定点联系的阆中博树回族乡，查看少数民族群众生产生活状况，帮扶慰问困难群众，建议市政府设立“少数民族发展资金”，切实支持少数民族加快发展。

推动民生问题有效解决。针对城市蔬菜供给问题，开展专题调研，形成《关于城郊蔬菜产业发展面临的困难及对策》的调研报告，建议市政府从降低市民生活成本、活跃农村经济的角度出发，切实抓好“菜篮子”工程，加快推进城郊蔬菜基地建设。针对城市小区管理方面存在的问题，建议市政府加快制定新建商品房物业管理基础设施交付验收备案规定，建立专门机构加强房屋维修基金管理，促进小区物业管理规范化。针对全市征地还房规模越来越大、部分地方还房进度滞后的现状，督促市政府优先安排还房工程资金和群众征地补偿金，确保还房工程按进度推进、群众生活有切实保障。

保证民意诉求渠道畅通。始终把信访作为听民意、解民忧、促和谐的一条重要途径，认真办理群众来信，热情接待群众来访，全年共受理人民群众来信 773 件、来访 820 批 1268 人次。坚持常委会领导定期听取信访工作情况汇报制度和常委会领导预约接待来访群众制度，常委会领导全年接访督办重点案件 21 件，督促解决“谢某申请国家赔偿案”“营山县小桥镇征地纠纷案”等信访问题，化解社会矛盾，维护公民、法人和其他组织的合法权益。

三、始终坚持民主法治建设，不断促进依法行政、公正司法

常委会在推进经济社会协调发展的同时，把坚持党的领导、人民当家作主和依法治国有机统一起来，进一步加大法律监督力度，努力为全市经济社会发展营造良好法治环境。

深入推进法治建设。高度注重法律法规在保障、促进经济社会又好又快发展中的作用，围绕经济社会发展中的重点、难点问题和群众普遍关注的热点问题，与县（市、区）人大联动，对水污染防治法、农村五保供养工作条例等法律法规实施情况进行执法检查，配合全国人大和省人大对工会法、土地法、食品安全法、农产品质量安全法、防震减灾法等 10 部法律法规进行执法检查，重点对行政主管部门执法情况进行监督，推动法律法规有效贯彻实施。按照全国人大和省人大安排，对石油天然气保护法、可再生能源法修正案、监督法四川省实施办法等 12 部法律法规草案进行研究讨论，认真提出意见建议，反映基层愿望和要求，支持国家民主立法、科学立法。加强对“五五”普法薄弱环节的调查了解和工作监督，举办水污染防治法、职业教育法、就业促进法、食品安全法等法制讲座，促进国家机关人员带头学法、依法办事。

切实加强司法工作监督。听取和审议市政府关于公安刑事侦查工作情况的报告，就“两抢一盗”、街面犯罪比较突出，刑侦工作程序不够规范等问题，对公安工作提出建议，推动公安机关不断提高办案质量和效率，加大侦查破案力度，狠抓命案侦破，深化打黑除恶和打击“两抢一盗”专项斗争，严厉打击街面犯罪行为，有效遏制侵财型犯罪案件高发态势，保障人民群众的生命和财产安全。听取和审议市人民检察院关于查办职务犯罪工作情况的报告，就加大查办职务犯罪的力度，积极应对职务犯罪轻刑倾向，加强诉讼监督，强化职务犯罪预防工作等提出建议。检察院积极行动，查办了一批危害国家宏观调控政策和涉农、司法、行政等领域的职务犯罪，开展预防职务犯罪巡回宣讲活动，有力促进国家机关工作人员依法行权、勤廉从政。

依法任免国家机关工作人员。坚持党管干部和人大依法任免有机统一，认真把握任前了解、法律考试、供职发言等各个环节工作要求，切实贯彻党委意图，严格做到依法办事，不断提高任免质量，全年共任免国家机关工作人员 57 人次，其中任命 32 人次、免职 25 人次，为国家机关开展工作提供了组织保障。在做好任免工作的同时，不断健全和完善政府组成部门主要领导和“两院”负责人的履职档案，坚持组织被任命人员向常委会作年度书面述职，促进被任命人员认真履职、勤政为民。

扎实开展工作评议。对“一府两院”进行工作评议是人大依法行使监督权的一种重要方式。常委会集中精力，集中时间，组织开展对市发改委、市经委、市民政局、市卫生局 4 个政府组成部门的工作评议。采取评议公示、宣传发动、调查研究、听取被评议单位工作报告、大会评议并进行满意度测评等方式，广泛征求各方面意见特别是基层群众的意见，实事求是肯定被评议部门的工作成绩，提出工作中存在的主要问题，有针对性地提出整改意见和建议，形成综合评议意见，交由被评议部门限期整改落实，同时报送市委及组织部门，抄送市政府，有力地促进被评议部门改进工作、依法行政。

四、始终尊重代表主体地位，积极保障代表依法履行职权

常委会坚持以增强代表履职实效为重点，不断完善制度，创新形式，强化服务，充分发挥人大代表在经济社会发展中的重要作用。

认真审议代表议案，办理代表建议、批评和意见。坚持重点督办制度和走访沟通制度，注重与提出议案、建议的代表进行沟通，邀请部分代表对办理工作进行检查、座谈，有效促进办理工作落实。市四届人大二次会议主席团交付审议办理的2件议案和353件建议、批评和意见均已办理完毕，代表满意率和基本满意率达99%。根据代表提出的议案，常委会进一步加强对农业机械化推进工作和农村面源污染防治工作的监督。市政府深入开展“农机推广年活动”，加大农机购置补贴力度，积极支持发展了一批农机合作社和农机服务公司，全市农业机械化水平进一步提高；结合城乡环境综合治理工作，加大农村环境整治力度，加快无公害农业发展进程，加强农村环保基础设施建设，农村面源污染严峻形势得到好转。

不断探索代表履职形式。进一步探索和改进人代会审议监督方式，在本次代表大会审议政府工作报告期间，组织代表对城市规划修编、培育壮大农业特色产业进行专题审议，广泛听取代表意见，集中代表智慧，进一步提高会议质量、推进相关工作。继续办好《代表视点》，加强与“一府两院”工作沟通，保证闭会期间代表反映意见、提出建议渠道畅通，办理快捷。

切实做好代表组织服务工作。坚持邀请代表列席常委会会议和专委会会议，参加常委会视察、调研和执法检查活动，及时多渠道向代表通报常委会会议情况和重要工作安排、重要活动情况，寄送常委会《公报》和全市经济社会发展方面的重要信息资料，积极保障代表知情知政。深入开展常委会组成人员联系代表和代表联系选民的“双联系”活动，认真听取代表和群众意见，密切与代表和人民群众的联系。坚持做好代表履职登记工作，开展代表述职评议活动，不断增强代表履行职务的责任感和积极性。

五、始终注重加强自身建设，不断提高依法履职和服务水平

常委会坚持把加强自身建设作为一项基础工作来抓。结合开展深入学习实践科学发展观活动，深入查找问题，不断提高认识，切实转变作风，积极探索创新，自身建设取得明显成效。省委、市委相继召开党委人大工作会议，出台了进一步加强人大工作的意见，为常委会不断加强自身建设、发挥职能作用注入新的活力。通过开展纪念新中国成立六十周年和地方人大常委会设立三十周年系列活动，回顾人民代表大会制度的光辉历程，推动了市人大常委会工作不断与时俱进。

坚持把实践探索作为落实科学发展观的根本动力。深入贯彻监督法，结合工作实际，围绕加强和改进常委会监督工作，积极探索工作评议和专项工作监督，制定了《南充市人民代表大会常务委员会听取和审议专项工作报告暂行办法》，同时建议“一府两院”建立相应制度规范，细化常委会专项审议会前、会中、会后各环节的工作要求，保障工作衔接，提高工作实效。特别是对审议意见落实情况进行满意度测评，体现民主集中原则，增强了审议的实效。

坚持把调查研究作为落实科学发展观的先决条件。紧紧围绕全市经济社会发展中的重要方面和薄弱环节开展调研。对列入常委会会议议程的重要议题，提前安排调研、视察，形成调研报告供组成人员参阅，力求情况真实可靠，对策建议切实可行，以增强监督的针对性和实效性。相关专委会完成了《关于城市物业管理的调研》《国家扩大内需政策对我市经济社会发展的影响》等18篇调研报告，为支持市委科学决策、推进“一府两院”工作提供了依据和参考。

坚持把提升效能作为落实科学发展观的基本要求。着力在制度的严格执行和有效落实上狠下功夫，进一步加大对常委会组成人员和机关干部学习培训力度，加强机关日常管理，改进会风文风，改善机关办公条件，努力提高人大机关及其工作人员为代表和常委会服务的能力和水平。高度重视机关干部队伍建设，加大优秀干部选拔使用力度，认真开展创优争先评选活动，在人大机关营造了一个会干事、肯干事、能干成事的人才成长氛围；各专门委员会认真履行代表大会闭会期间为常委会依法行使职权服务的职能，围绕中心工作和人民群众反映较多的问题，开展调查研究，提出意见建议，为推动和促进相关工作发挥了积极作用。进一步加强人大宣传工作，充分发挥新闻媒体宣传作用，办好常委会《公报》《南充人大》《南充人大信息》等刊物和南充人大网站，宣传人大工作，树立务实形象。深入开展人大理论研究，坚持举办市、县（市、区）人大常委会主任学习会和专项工作座谈会，密切同省人大以及兄弟市州人大的联系，加强对县级人大的指导，加深了相互了解，促进了交流协作。

各位代表！过去一年，在市委的正确领导下，通过全市各级人大代表、市人大常委会组成人员和机关工作人员的辛勤工作，以及市人民政府、市中级人民法院、市人民检察院的密切配合，县（市、区）、乡（镇）人大的大力支持，市人大常委会圆满完成了市四届人大二次会议确定的各项任务。在此，我代表市人大常委会，向大家表示衷心的感谢！

在肯定成绩的同时，我们也清醒地看到工作中还存在一些差距和不足：重大事项决定权的行使有待进一步加强，审议意见的针对性还有待进一步提高，规范性文件备案审查工作还有待进一步规范，代表议案、建议办理工作与代表的要求还有一定差距等。对此，我们将在今后的工作中不断加以改进。

2010 年的主要任务

2010 年是实施“十一五”规划的最后一年，也是南充深入实施项目推动战略，全力打基础、谋全局、利长远的关键之年。市人大常委会工作的总体要求是：坚持以邓小平理论和“三个代表”重要思想为指导，认真贯彻党的十七届四中全会、省委九届七次全会、省委人大工作会议、市委四届七次全会和市委人大工作会议精神，深入贯彻落实科学发展观，始终坚持党的领导、人民当家作主、依法治国有机统一，始终坚持建设川东北区域中心城市奋斗目标不动摇，紧紧围绕市委“五深入五突破”的工作部署，切实履行宪法和法律赋予的职权，进一步加强民主法治建设，全面贯彻市四届人大三次会议各项决议，为奋力推进南充经济社会跨越发展作出新的贡献。

一、继续围绕全市发展大局，审议决定重大事项。正确处理依法监督与全力支持的关系，紧紧围绕全市经济社会发展中的重点、难点问题和关键性问题开展监督。项目是南充实现追赶跨越的强大引擎，产业是经济发展的重要支撑。常委会将听取和审议市政府关于工业园区建设及招商引资工作情况的报告、市重点项目实施情况的报告，积极促进项目投资持续快速增长，产业培育实现新的突破。随着南充向百万人口特大城市迈进，城市发展与民生改善、经济社会可持续发展关系越来越重要。常委会将依法审议通过第七次城市规划修编方案、适时听取审议城市建设和管理工作情况报告，积极支持和推动建设实力强、功能优、形象美、品位高的川东北区域中心城市。围绕“三农”工作，听取和审议市政府城郊蔬菜基地建设情况、基本农田保护情况等报告，着力推动农村基础条件不断改善、农村经济快速发展。围绕环保工作，继续开展“南充环保世纪行”活动，听取市政府关于执行市人大常委会加快嘉陵江南充段两岸生态绿化工程建设决议的情况报告、关于节能减排工作情况的报告，支持和督促市政府把嘉陵江生态绿化工程和节能减排工作进一步抓好抓实。依法监督检查国民经济计划和财政预算执行情况，把预算监督贯穿到预算的编制、执行、调整、决算、审计以及预算外资金管理等各个环节，促使计划和预算圆满完成；听取市政府关于国有资产经营收支管理审计情况的报告，适时了解国有资产经营情况，深入推进政府投融资体制建设。

今年是完成“十一五”规划的最后一年，也是统筹谋划“十二五”发展的关键之年。常委会将及时听取市政府关于编制经济社会发展“十二五”规划的工作汇报，支持和督促政府加强对具有战略性、全局性重大问题的研究，全面、科学、高标准地编制好南充“十二五”发展规划，为南充长远发展奠定基础。

二、继续围绕社会普遍关注的问题，进一步加强监督工作。正确处理服务发展与改善民生的关系，始终把事关人民群众切身利益的重大问题作为监督重点。继续推动医疗卫生事业健康发展，听取和审议市政府关于医药卫生体制改革工作情况的报告、关于医保资金收支管理审计情况的报告，着力维护人民群众的生命健康权利。继续关注教育公平问题，对教师队伍管理体制机制进行调研，听取南充市城区中小学教育发展和学校布局调整情况的汇报，促进教育资源均衡化。密切关注房地产业发展，听取市政府关于房地产发展情况的报告，推动国家房地产业宏观调控政策有效落实。密切关注民族宗教工作，听取市政府关于民族宗教工作情况的报告，积极支持和维护安定团结的发展局面。坚持常委会领导预约接访制度，认真受理人民群众的来信来访和申诉控告，切实化解社会矛盾，维护稳定和谐。

三、继续加强民主法治建设，不断推进依法治市进程。正确处理发展社会主义民主政治与健全法制的关系，认真贯彻依法治国方略，全面实施依法治市和普法教育规划，积极探索推进依法治理新举措。对现行法律法规执行情况有重点地实施监督检查。开展公路法执法检查，着力推动全市公路交通事业健康发展，不断巩固南充全省次级交通枢纽地位。继续开展工作评议，听取和审议市政府依法行政工作、市中级人民法院刑事审判工作和市检察院民事行政检察工作报告，深入推进依法行政、公正司法。进一步完善备案审查工作制度和机制，做好对“一府两院”规范性文件和县（市、区）人大及其常委会作出的决议、决定的备案审查，维护法制的统一。围绕市委决策部署和全市经济社会发展中的重大问题、人民群众普遍关注的热点问题，结合审议专项工作报告和执法检查报告，适时作出决议、决定。加强对常委会决议、决定和审议意见跟踪督办力度，适时听取决议、决定执行情况和审议意见研究处理情况的报告，切实维护人大监督权威，增强人大监督实效。坚持党管干部和人大依法任免有机统一，积极探索加强对“一府两院”被任命人员任后监督新途径，努力为全市经济社会发展提供坚强有力的组织保障。

四、继续加强和改进代表工作，充分发挥代表作用。要把代表工作摆到更加重要的位置，进一步密切与代表的联系，紧紧依靠代表开展工作，更好地发挥代表作用。进一步加强和改进代表议案、建议工作，规范代表议案和建议提出的范围、内容和办理程序，加大督办力度，提高办理质量。进一步加强和改进代表闭会期间活动的组织、协调和服务工作，积极组织代表参加执法检查、专题调研和集中视察，扎实开展代表小组活动，邀请代表和公民旁听常委会会议，进一步扩大代表对常委会工作的参与。不断拓宽代表知情知政渠道，督促“一府两院”健全和完善向代表通报政情制度，切实保障代表知情知政的权利。

五、继续加强自身建设，不断提高履职能力。以全面贯彻落实省委、市委人大工作会议精神为契机，进一步巩固深入学习实践科学发展观活动成果，坚持不懈地加强常委会及机关的思想政治建设、业务素质建设和工作作风建设，不断提高常委会的履职能力和机关的服务效能。深入基层，深入群众，围绕全市经济社会协调发展和关系人民群众生产生活的重大问题开展调查研究，认真体察民情，积极反映民意。进一步完善工作制度，健全内部工作程序和工作机制，认真抓好落实。主动接受上级人大的法律监督与工作指导，积极开展对外交流和横向联系，切实加强对县（市、区）人大常委会和基层人大的联系指导，加强人大制度理论研究，进一步宣传好人民代表大会制度和人大工作，努力推进全市人大工作不断向前发展。

各位代表，时代赋予我们重任，人民寄予我们厚望。让我们更加紧密地团结在以胡锦涛同志为总书记的党中央周围，在中共南充市委的坚强领导下，充分发挥地方国家权力机关的职能作用，围绕中心，服务大局，真心为民，开拓创新，为推动全市经济社会跨越发展，胜利实现“十一五”发展目标而努力奋斗！

南充市人民代表大会常务委员会工作报告

2011 年 1 月 27 日在市四届人大四次会议上

南充市人大常委会

各位代表：

我受南充市第四届人民代表大会常务委员会委托，向大会报告工作，请予审查。

2010 年主要工作

2010 年是南充完成“十一五”规划、布局“十二五”发展的重要一年，也是人大工作乘势而上、积极作为的一年。在市委的领导下，市人大常委会坚持以科学发展观为指导，紧密团结和依靠全市各级人大代表和广大人民群众，全面贯彻落实市委决策部署和省委、市委人大工作会议精神，自觉服从和服务于建设川东北区域中心城市发展大局，认真行使宪法和法律赋予的各项职权，圆满完成了市四届人大三次会议确定的各项目标任务，为全市经济社会科学持续健康快速发展作出了积极贡献。

一、正确处理坚持党的领导与依法行使职权的关系，始终坚持人大工作正确的政治方向

市人大常委会充分认识坚持党的领导是做好新形势下人大工作的根本保证，始终把坚持和依靠党的领导作为贯穿人大各项工作的主线，积极推进民主法制建设和人大工作不断向前发展。

认真贯彻落实省委、市委人大工作会议精神。一年来，市人大常委会把贯彻落实省委、市委人大工作会议精神作为推动全市人大工作再上台阶的重要契机，积极建议市委进一步加强党对人大工作的领导，进一步加强各级人大常委会领导班子建设、组织机构建设、干部队伍建设、保障机制建设以及人大常委会自身建设。在此基础上，市、县两级党委就做好新形势下的人大工作进行了专门部署，细化了任务，明确了责任，确定了牵头领导，并将落实情况纳入了年度目标考核。按照市委的安排，市人大常委会领导带队深入到九县（市、区），对贯彻落实省委、市委人大工作会议精神进行专题督查调研，有力地推动会议精神全面贯彻落实。

自觉接受党委领导。市人大常委会党组专门制定了向市委的重大事项请示报告制度，把接受党的领导进一步制度化、具体化，及时将年度工作计划、拟作出对全市经济社会发展有重大影响的决议决定、工作评议、机关自身建设中的重大问题等向市委请示、报告，努力将市委的重大决策通过法定程序转化为全市人民的共同意志和行动。市委更加关心、重视和支持人大依法履行职权，及时研究、批复市人大常委会党组的工作请示，切实解决人大常委会履职保障、机构设置等方面的困难和问题，确保了人大工作依法、有序开展。

始终服从和服务于党委中心工作。市人大常委会紧紧围绕建设川东北区域中心城市奋斗目标，切实把握市委“四个坚持”的总体要求和“五深入五突破”的工作部署，从人大工作定位和特点出发，突出重点，认真履职，全年共听取和审议“一府两院”专项工作报告 14 项，作出决议、决定 3 项，对 5 部法律法规进行执法检查，评议市政府部门 3 个，有力地推动市委决策部署深入落实。常委会部分领导还积极参与下中坝开发、旧城区改造、依法治市等重要工作，在经济社会发展中发挥了领导带头作用。常委会机关深入开展联系阆中市博树回族乡、帮扶嘉陵区蚂蝗堰社区困难群众工作，安排机关年轻干部到对口帮扶乡镇挂职帮扶，积极为挂点联系乡镇和村组改水、修路、发展生产出谋划策，为群众办成了一批实事、好事，取得良好成效。

二、正确处理依法监督与大力支持的关系，始终把助推又好又快发展作为人大工作的第一要务

市人大常委会紧紧围绕市委中心工作开展监督，全力支持市政府应对挑战、抢抓机遇、奋力攻坚，为全市经济社会又好又快发展发挥了应有作用。

围绕项目攻坚开展监督。常委会及时掌握项目工作总体情况，深入了解推进过程中的重点、热点和难点问题，主任会议听取项目推动战略实施情况报告，全力助推项目战略实施。积极支持交通基础设施建设，评议市交通运输局工作，支持和推动市政府及交通运输部门积极谋划、大力争取高速公路项目、铁路项目、高等级航道及港口群建设项目以及机场改扩建项目，推进了全省次级综合交通枢纽建设；积极推动涉农项目整合，听取耕地和基本农田保护情况报告，组织视察农田水利基本建设，督促市政府及其职能部门围绕新农村建设和发展现代农业总体目标，积极争取资金，大力整合项目，最大程度发挥惠农资金效益；评议市国土资源局工作，督促国土部门严格基本农田保护，切实维护土地市场秩序，积极储备发展用地，全力抓好国土资源项目工作，努力为全市加快发展提供土地保障。

围绕产业培育开展监督。市人大常委会高度重视人大工作在加快载体建设、加速产业培育方面的推动作用，努力推动南充战略性支柱产业和特色优势产业快速发展。始终把推进石化产业发展、加快化学工业园区建设作为常委会的一项重点工作，听取和审议化学工业园区建设及园区招商引资工作情况报告、组织代表对化学工业园区建设情况进行视察，充分肯定建设化学工业园区、发展石化产业对于南充未来发展的战略意义，客观指出园区要素保障和工程进度方面存在的问题，积极支持解决园区建设资金缺口问题，审查批准化学工业园“两桥一路”、东西干道 BT 建设项目融资方案，促进项目融资规范、安全和高效使用，保障了园区建设顺利推进。常委会大力推进现代农业发展，认真督办《围绕龙头企业发展，培育壮大特色产业基地的议案》，组织代表视察千万头生猪工程和百万亩速生林工程，推动市政府加快实施五大特色产业工程建设，促进了农业特色产业基地与龙头企业协调快速发展。

围绕城市发展开展监督。市人大常委会充分认识城市发展与民生改善、产业培育、经济社会可持续发展的密切关系，积极推动南充百万人口大城市建设。积极支持城市规划修编，常委会两次听取第七次城市规划修编工作报告，组织代表在人代会上进行专题审议。在修编方案形成后，常委会再次听取总体规划修编情况报告，详细审查规划方案。市政府积极采纳常委会组成人员和人大代表的意见建议，全面展开控制性详规和专项规划，进一步加强规划的组织实施和监督管理，增强城市规划的权威性和约束力。积极推进城市建设和管理，听取和审议城市建设和管理工作情况报告，推动市政府严格执行城市规划方案，加强城乡环境综合治理，加大公益设施建设和维护力度，进一步改善市政基础设施，提升城市宜居宜业形象。督促推进节能减排工作，听取全市节能减排工作情况报告，开展“环保世纪行”宣传活动，配合省人大常委会开展节约能源法执法检查，督促市政府通过管理减排、工程减排、结构减排和污染治理，深入落实节能减排任务。

围绕民生改善开展监督。市人大常委会始终把保障和服务民生作为人大监督工作的出发点和落脚点，坚持从群众最急最盼最怨的事情入手，着力推动各项民生工程办好、办实、办出成效。继续推进教育均衡发展，深入开展了全市教育管理体制和教师队伍建设情况调研，认真听取了城区中小学教育发展和学校布局调整情况报告，督促市政府进一步理顺管理体制，优化校点布局，调整师资配备，有效治理了大班额问题。积极推进保障性安居工程建设，通过听取市房管局工作汇报、审议财政预算报告、视察城市建设管理，督促市政府及其有关部门加大统筹力度，切实解决建设资金、规划设计以及工程进度等方面的问题，按时完成年度目标任务。积极推进“菜篮子”工程建设，听取和审议城郊蔬菜基地建设情况报告，督促市政府切实落实财政专项资金，加快建设10万亩城郊专业蔬菜基地，为平抑市场蔬菜价格发挥了积极作用。大力推动生态环境保护，主任会议听取市政府执行市人大常委会关于加快嘉陵江南充段两岸生态绿化工程建设的决议的情况报告，跟踪推进决议落实。积极推进生态环境优势向旅游产业优势转化，形成《关于嘉陵江南充段旅游开发对策与建议》调研报告，为市委决策提供依据和参考。主任会议还听取民族宗教工作情况报告，推动民族宗教工作取得新的进展。

围绕基础管理开展监督。市人大常委会注重把握热点、难点问题背后的体制、机制问题，着力推动深化改革、加强管理，激活经济社会发展的内生动力。围绕群众反映突出的看病难、看病贵问题，听取医药卫生体制改革工作报告，结合督办《加大政府投入是公立医院坚持其公益性质的保障》的代表议案，督促公立医院改革与基本药物试点改革配套进行，逐步提高基本药物使用比例、取消药品加成政策。围绕投融资体制改革问题，把国有资产经营管理作为监督重点，听取2009年市本级国有资产经营收支管理的审计报告，对市本级国有资产经营管理情况进行调研，推动市政府进一步完善国资部门的责权利机制，利用国有资产搭建好投融资平台，为经济社会发展提供资金保障。

三、正确处理加快发展与民主法治的关系，始终把推进民主法制建设作为人大工作的根本任务

市人大常委会自觉从人大工作职能出发，大力弘扬社会主义民主法治理念，努力为南充加快发展营造良好的法治环境。

积极推进公正执法。听取市政府依法行政工作报告，推动市政府以新一轮机构改革为契机，进一步转变政府职能，明晰部门权责，强化行政监督，推进依法行政。听取和审议刑事审判工作报告，推动法院进一步加强刑事审判队伍建设和刑事审判管理，认真贯彻宽严相济刑事政策，严厉打击突出犯罪，切实做好刑事附带民事赔偿工作，使全市法院刑事审判质量、效果和效率进一步提升。评议司法局工作，推动司法行政部门深入开展规范化建设和法律服务行风建设，不断提升法制宣传和法律服务能力。主任会议听取民事行政检察工作情况报告，推动民事行政法律监督工作有效开展。认真做好信访工作，坚持常委会领导预约接访制度和动态分析制度，全年共受理群众信访事项1223件，接待群众来访1073人次，常委会领导督办涉法涉诉案件50多件，切实维护了群众合法权益，促进了社会稳定和谐。

依法审议决定财经事项。市人大常委会通过事先介入预审、广泛深入调研、召开经济形势分析会等方式，增强人大财经监督的前瞻性和科学性。听取和审议了2010年上半年国民经济和社会发展计划执行情况报告、“十二五”规划编制工作情况报告，积极推动全市经济社会平稳较快发展。适时听取2009年市本级财政决算报告和相关审计工作报告、2010年上半年财政预算执行情况报告，依法批准2009年市级财政决算、2010年市本级财政收支预算调整方案以及国、省债券使用方案，不断增强财政预算的实效性和约束力。听取和审议2010年市本级基本建设收支预算安排情况报告、2009年市本级医保资金收支管理审计情况报告，深化了对部门预算、重点建设和民生项目的资金监督。

深入推进法制建设。高度重视法律法规在保障、促进经济社会又好又快发展中的作用，组织开展了公路法执法检查，配合省人大开展了食品安全法、归侨侨眷权益保护法等执法检查，重点对行政主管部门执法情况进行监督，促进法律法规在本行政区域有效实施。积极组织对选举法修正案、刑法修正案、四川省风景名胜区条例、农民专业合作社法实施办法等法律法规草案进行研究讨论，认真提出修改意见，支持民主立法、开门立法。常委会还围绕开展执法检查、听取和审议专项工作报告，有针对性地举办公路法、监督法四川省实施办法等法制讲座，不断增强常委会组成人员的法制意识。

常委会坚持党管干部与人大依法任免干部有机统一，充分发扬民主，严格依法办事，认真执行任前法律知识考试和供职发言制度，依法任免国家机关工作人员 64 人次，为经济社会加快发展提供了有力的组织保障。

四、正确处理代表主体地位与常委会职能作用的关系，始终把充分发挥代表作用作为提升人大工作整体水平的基础工程

人大代表是人民代表大会的主体，为代表服务是人大常委会的应尽责任。市人大常委会坚持从充分发挥代表作用、保证人民当家作主的要求出发，积极做好代表工作。

切实为代表履职提供保障。坚持向代表寄送“一报一刊”，采取集中培训、以会代训等多种形式，不断加强代表对有关法律法规和人大业务知识的学习。及时落实代表活动经费，关心代表生产生活，解决代表具体困难，从组织、经费、交通等方面为代表履职提供保障。进一步密切同代表和群众的联系，认真开展“双联系”活动，组织代表列席人大常委会会议和专委会会议，参加视察、执法检查、工作调研和座谈会，继续办好《代表视点》，适时反映代表建议，充分听取代表意见。进一步落实代表履职考核机制，完善代表履职档案。认真组织开展全国、省、市人大代表视察活动，引导代表积极为我市经济社会发展献计出力。

不断加强代表议案建议督办工作。市四届人大三次会议确定的《支持农民工返乡创业》等 4 件议案和代表提出的 328 件建议已办理完毕，办结率和代表满意率进一步提高。常委会领导牵头督办了农业特色产业基地建设、城乡环境污染治理、大学生就业等重点建议。在办理缓解交通拥堵、解决市民出行难的代表议案、建议中，常委会领导带领部分组成人员、议案建议领衔代表和媒体记者深入城区视察走访，同时结合听取审议城市建设管理工作报告、配合省人大道路交通安全法执法检查，督促市政府加大主城区交通拥堵解决力度，不断提升市民出行畅通感和安全感。

高度重视代表反映的问题。注重从代表议案建议中体察民情、了解民意、集中民智。把代表反映集中的产业培育、城市管理、环境保护、就学就医、住房保障等问题作为常委会监督选题和工作推进的重要参考，通过听取和审议专项工作报告、执法检查、工作评议、组织代表视察调研等形式，促进热点难点问题有效解决，代表主体地位和监督权力得到充分体现。

五、正确处理服务科学发展与实现自身科学发展的关系，始终把加强自身建设作为提高常委会履职能力的有效途径

市人大常委会积极把握新形势赋予的新任务、提出的新要求，不断加强自身建设，积极探索创新方法，努力提升工作效能。

切实抓好制度建设。坚持用制度保证规范运转，用制度促进工作落实，积极稳妥推进人大机关制度建设，着力构建横向能衔接、纵向有深度的制度体系。以监督法四川省实施办法颁布为契机，深入调查研究，修订了听取和审议专项工作报告暂行办法，制定了常委会工作评议试行办法和规范性文件备案审查办法，常委会监督工作的规范性和实效性进一步增强。

不断加强机关建设。认真组织学习党的十七届五中全会、省委九届八次全会和市委四届七次全会精神，切实把握市委总体部署和工作要求，不断提升机关干部职工的大局意识、发展意识和服务意识。深入开展创先争优活动，组织开展人大制度理论研究年会优秀论文、宣传人大制度好新闻等评选活动，加强对机关日常工作的管理和考核，加大对机关干部的培养使用力度，充分调动机关干部职工的积极性，不断提升服务能力和水平。

积极开展交流协作。主动向省人大汇报工作，参加省人大组织的学习交流，接受省人大的工作指导。认真组织召开市县人大主任学习会、全市人大专项工作座谈会，举办乡镇人大主席培训班，加强对县、乡人大工作的指导。办好《南充人大》、市人大常委会《公报》《南充人大信息》，分析发展要求，交流工作经验，推动全市人大工作不断取得新的进展。

各位代表、同志们：

一年来，市人大常委会各项工作取得的成绩，是中共南充市委正确领导的结果，是全体市人大代表、常委会组成人员、各专委会组成人员以及市人大机关工作人员共同努力的结果，是市人民政府、市中级人民法院、市人民检察院以及各县（市、区）人大常委会大力支持配合的结果。在此，我谨代表市人大常委会，向大家表示衷心的感谢！

回顾一年来的工作，我们也清醒地看到，市人大常委会工作与人民群众的要求还有一定差距，主要表现在：常委会组成人员审议意见的针对性、操作性还需进一步增强；重大事项决定权的行使还需进一步规范；加强代表工作、支持代表更加深入有效地服务全局还需进一步探索创新。对此，常委会将高度重视、积极改进，也希望各位代表对常委会工作提出意见和建议，帮助我们把工作做得更好。

2011 年主要任务

2011 年是实施“十二五”规划的开局之年，是加快建设川东北区域中心城市的关键之年，也是本届人大和常委会任期的最后一年。在新的一年里，市人大常委会要高举中国特色社会主义伟大旗帜，以邓小平理论和“三个代表”重要思想为指导，认真落实党的十七届五中全会、省委九届八次全会和市委四届八次全会精神，深入贯彻落实科学发展观，在市委的坚强领导下，以科学发展为主题，以转变经济发展方式为主线，以加快建设川东北区域中心城市为主导，紧紧围绕市委“四个更加”的总体要求和“五个突出”的工作部署，认真履行宪法、法律赋予的各项职权，切实增强监督实效，充分发挥代表作用，为南充经济社会又好又快发展，实现“十二五”良好开局作出新的更大的贡献。

一、以建设川东北区域中心城市为主导，助推跨越发展

突出做好对重点工作的跟踪监督和热点问题的及时监督，通过深入有效的工作监督推动经济社会又好又快发展。继续围绕项目推动开展监督，听取和审议项目推动工作情况报告，组织驻市全国、省人大代表视察调研，支持市政府谋划、争取和实施项目，促进投资拉动高位增长。继续围绕产业培育开展监督，听取和审议农业五大特色产业工程建设情况报告，推动现代农业发展，促进农民稳定增收。继续围绕城市发展开展监督，听取和审议城市总体规划实施情况报告、城市文化建设情况报告、建筑节能情况报告、生态市建设规划情况报告以及关于加快嘉陵江南充段两岸生态绿化工程建设的决议执行情况的报告，督促市政府认真执行城市规划方案，进一步完善城市功能，提升城市品位，加快山清水秀、人与自然和谐相处的人居环境建设和山水田园城市建设。继续围绕民生改善开展监督，听取市本级住房资金管理审计情况报告、保障性住房建设情况报告，督促保障性住房建设顺利实施，组织代表对安全生产情况进行视察，听取和审议安全生产工作报告，进一步保障人民群众生命财产安全。

二、以民主法制建设为根本，优化发展环境

坚持党管干部与人大依法任免干部有机统一，依法任免国家机关工作人员，不断提高人事任免质量。听取和审议计划预算执行、财政收支审计、普法工作、预防职务犯罪等情况报告，促进国家机关工作人员依法履职、勤廉从政，促进全市经济社会平稳较快发展。深化预算审查监督工作，认真开展规范性文件备案审查工作，不断增强常委会办事机构专项审查实效。主任会议将听取市政府关于科技创新、行政监察法实施等情况报告，市中级法院审判管理工作情况报告。适时听取“一府两院”关于研究处理人大常委会组成人员审议意见情况的报告，严格进行满意度测评。认真做好群众信访接待和办理工作，切实维护群众合法权益。要主动将常委会监督工作情况向代表通报，向社会公布，广泛接受人大代表、人民群众对常委会工作的参与和监督。

三、以代表工作为基础，凝聚发展合力

努力保障代表知情权、参与权、表达权和监督权，积极组织市人大代表对物价、烟草、检验检疫、对外贸易、大学生就业创业、公安基层基础工作等进行视察，认真听取意见建议。继续做好代表议案、建议、批评和意见办理工作，坚持常委会领导牵头督办制度，发挥新闻媒体监督作用，不断将代表议案、建议转化为发展实效。深入开展“双联系”活动，积极创新代表活动形式，总结和推广代表活动经验，做好代表履职登记考核。高度重视换届选举工作，在市委统一领导下，加强对县（市、区）换届选举工作的指导，做好市本级换届选举筹备工作，依法选举产生南充市第五届人民代表大会代表。

四、以自身建设为重点，提升服务能力

深入学习党的十七届五中全会、中央经济工作会议精神和省委九届八次、市委四届八次全会精神，继续深入贯彻落实省委、市委人大工作会议精神，把思想和行动统一到市委的决策部署上来。坚持开展机关创先争优活动，不断完善岗位责任制度，加强干部队伍建设。继续加强人大工作理论研究和制度建设，主动接受上级人大的法律监督与工作指导，积极开展与外地人大的学习交流，进一步加强对县（市、区）人大和乡镇人大的联系指导，努力推进全市人大工作不断向前发展。

各位代表、同志们，人民赋予使命，奋斗书写荣光。让我们高举中国特色社会主义伟大旗帜，在中共南充市委的领导下，紧紧围绕建设川东北区域中心城市的奋斗目标，万众一心，扎实工作，为开创“十二五”发展新局面，谱写全市经济社会发展新篇章做出新的更大的贡献！

南充市人民代表大会常务委员会工作报告

2012 年 1 月 6 日在市五届人大一次会议上

南充市人大常委会

各位代表：

我受南充市第四届人民代表大会常务委员会的委托，向大会报告四年来的主要工作，并对今后工作提出建议，请予审查。

过去四年工作回顾

市四届人大常委会任期的四年，是我市经济社会乘势而上、跨越发展的四年，也是人大工作开拓奋进、富有成效的四年。四年来，在中共南充市委的领导下，市人大常委会坚持以科学发展观为统领，全面贯彻党的路线、方针、政策，紧紧围绕建设川东北区域中心城市奋斗目标，认真执行市四届人大各次会议决议，切实履行宪法和法律赋予的职权，依法作出决议决定 15 项，听取和审议专项工作报告 32 个，开展对 25 部法律法规的执法检查，任免地方国家机关工作人员 232 人次，各项工作都取得了新的进展，为推进地方民主法制建设，保障和促进全市经济社会又好又快发展做出了重要贡献。

——四年来，我们围绕中心，服务大局，助推发展成效显著

坚持从全市经济社会发展大局出发，紧跟形势主动作为，紧贴重点跟踪问效，有力地推动了市委决策部署贯彻实施。

全力助推项目攻坚。高度重视项目工作的统揽作用，积极支持政府大胆谋项目、主动跑项目、全力抓项目。每年听取和审议项目推动工作和重点工程建设情况汇报，支持政府抢抓政策机遇，突破要素瓶颈，推进城市基础设施建设、重点水利建设和铁路、高速公路、机场改扩建、高等级航道综合交通枢纽建设，推动中盐银港、北京燕京啤酒、汇源果汁等一批重大项目建成投产。及时审查批准政府融资方案，支持政府多渠道筹措项目建设资金，加快化学工业园区、下中坝开发、西华体育公园等项目建设进度。听取和审议计划、财政及审计报告，认真审议重大项目、重点工程的计划预算安排和基本建设专项资金预算报告，加强对重点工程专项资金审查监督，确保资金安全规范使用，重大项目顺利高效进行。

着力助推产业培育。高度重视产业发展的支撑作用。积极推进产业园区建设。开展对全市工业园区建设情况的调研，在“合理布局园区功能”“实现以商养园”等方面提出建议；连续四年对化学工业园区建设情况进行视察，专题听取化学工业园区建设及园区招商引资工作报告，督促政府一手抓园区建设拓展载体，一手抓招商引资做强产业，积极争取产业布局政策，促进南充化学工业园和九县（市、区）工业园竞相发展，为南充被列入四川三大石化基地和成渝经济区石油天然气精细化工基地作出了贡献。积极推进农业特色产业培育。2008 年对农业龙头企业发展情况进行专题调研；2009 年听取农田水利基本建设、“金土地”工程建设情况报告；2010 年市人代会对培育壮大农业特色产业进行专题审议，常委会听取基本农田保护工作情况报告，对围绕农业龙头企业发展特色产业基地的议案进

行重点督办；2011 年听取农业五大特色产业基地建设情况报告，督促政府加强片区产业规划、完善土地流转机制、整合涉农资金项目、加快农业机械化，推进生猪、蚕茧、果蔬、速丰林、优质粮油等五大产业快速发展，南充被确定为国家级现代农业示范区。积极推进旅游产业发展。作出关于加强嘉陵江南充段生态绿化工程建设的决议，听取市政府执行决议情况报告和全市旅游工作报告，开展旅游条例执法检查，组织嘉陵江旅游开发和生态绿化工程建设情况视察和专题调研，督促政府加快嘉陵江流域生态绿化和旅游开发。

大力助推城市建设。高度重视城市发展的聚集带动作用，紧紧围绕城市规划、建设和管理工作开展监督。三次听取市政府第七次城市总体规划修编工作报告，并在人代会上进行专题审议，就明确城市定位、完善城市功能、提升城市品位等提出审议意见。坚持每年听取城市规划实施情况报告，专题听取城市建设管理、违法违规建房清理整治等工作报告，组织对下中坝开发及城市道路、卫生、绿化、亮化等市政工程建设情况进行视察，推动政府大力维护规划刚性权威，不断创新城市管理手段，切实治理无序开挖、城市内涝等突出问题，高起点、高规格、高品位建设区域中心城市。重视文化在城市发展中的引领凝聚作用。2010 年听取非物质文化遗产保护工作报告，2011 年听取城乡文化建设工作报告，督促政府进一步挖掘历史文化、培育品牌文化、繁荣公共文化、发展文化产业，不断提升城市品位。

齐心协力共克时艰。“5·12”汶川特大地震发生后，迅即作出应急部署，安排人员分赴县（市、区）调研指导抗震救灾工作，向全市各级人大和人大代表发出抗震救灾号召，动员各级人大积极捐款捐物，配合省人大开展灾后重建物价检查，组织人员赴对口援建区调研援建工作，视察全市灾后重建项目，听取市政府救灾工作报告，围绕加快恢复重建，增加专项预算，完善应急体系，维护物价稳定，抓好困难群众生产生活等提出意见建议，与全市人民一道奋力夺取抗震救灾全面胜利。国际金融危机发生后，及时就工业企业受冲击情况、台湾同胞投资保护法执行情况和金融工作进行调研，召开专题经济形势分析会，对扩内需促商贸服务业发展、农民工回乡创业等工作进行监督，支持政府采取有力措施抓项目、扶企业、保民生，促进全市经济平稳运行。

——四年来，我们贴近民生，服务民众，群众利益有效维护

坚持从广大人民群众根本利益出发，切实把握群众所想所盼，督促解决群众所急所需，亲民的主动性不断增强，利民的实效性不断提升。

积极推动民生工程加快实施。围绕环境保护工程，听取节能减排工作报告，开展节约能源法、水污染防治法执法检查，坚持开展“南充环保世纪行”宣传活动，连续三年对城乡环境综合治理、西河、宝马河等小流域治污情况进行督查调研，推动政府层层落实节能减排和环境治理责任，加快城市污水处理厂、村镇垃圾回收站等基础设施建设，加强饮用水源保护。2011 年作出关于生态市建设规划的决议，推进全市生态文明建设进一步法治化。围绕城市“菜篮子”工程，2009 年对全市蔬菜基地建设情况进行专题调研，提出加快城郊蔬菜基地建设的建议，2010 年跟进听取城郊蔬菜基地建设情况报告，推动市政府近三年每年安排 1000 万元专项资金，加快建设 10 万亩城郊专业蔬菜基地。针对城市交通拥堵情况，结合办理代表议案建议，开展道路安全法执法检查、城市交通管理情况专题调研，督促政府进一步加大公交投入，强化交通管理，加快过街天桥、港湾式站台等基础设施建设。听取保障性住房建设情况报告，要求政府在严抓项目质量、进度的同时，进一步建立公平公正的分配、退出机制。做好阆中博树回族乡、嘉陵区蚂蝗堰社区和龙岭镇芭蕉桥村帮扶工作，建议设立“少数民族发展资金”，为挂点联系乡镇和村组改水、修路、产业发展出谋划策，为群众办成一批实事、好事。

积极推动民生问题有效解决。听取教师队伍建设、中小学布局调整情况报告，两次开展义务教育法执法检查，2011年对加强学前教育的议案进行重点督办，由常委会领导牵头开展对学前教育的重点调研，督促市政府进一步优化校点布局、加强师资队伍建设、完善管理机制、加大经费投入，切实解决群众反映突出的“超大班额”“入学难”“入园贵”等问题，推进教育均衡发展。先后听取医疗卫生工程、服务网络建设、医药卫生体制改革等情况报告，督促政府加快社区卫生服务机构和重点卫生基础设施建设，加快公立医院和基本药物试点改革，降低住院费用报销门槛，提高补偿报销比例，努力解决老百姓看病难、看病贵问题。连续三年开展食品安全法执法检查，督促政府严格履行职责，加大执法力度，深入开展问题奶粉、地沟油、“瘦肉精”猪肉、学校食品安全等专项整治。

围绕民生资金的归集和使用，有计划地听取医保、社保、土地出让金等专项资金管理情况报告和专项审计报告，督促政府深化公共财政体系建设，加强民生资金收支管理，推进民生资金绩效考核，确保民生资金投入到位，使用到位。

切实保障民意诉求渠道畅通。自觉保持与人民群众的密切联系，注重从代表议案建议、群众信访、社会舆论中体察民情，了解民意，集中民智。设立人大信访专门工作机构，建立完善常委会领导接待处理群众信访制度和信访信息综合分析制度，切实做好人大信访工作。四年共受理群众信访5140件4003人次，督促“一府两院”依法妥善处理涉法涉诉、征地拆迁、劳动和社会保障等群众反映强烈的信访案件，维护群众合法权益，促进社会和谐稳定。

——四年来，我们弘扬民主，坚持法治，依法治市深入推进

始终把民主法制建设作为人大根本任务，坚持以法治促发展，以法治促和谐，法制保障作用不断增强。

大力推进依法行政和公正司法。听取市政府依法行政情况、行政复议法、行政监察法贯彻执行情况等报告，视察政务中心运行情况，督促政府规范执法程序，落实执法责任，强化执法监察，推行阳光政务，加快法治政府建设。开展对市发改委、工商局、国土资源局等9个部门的工作评议，深入调查研究，广泛征求意见，集中公开评议测评，提出有针对性的评议意见，督促落实整改，促进被评议部门改进工作、依法行政。加强规范性文件备案审查，审查规范性文件278件，维护国家法制统一。听取法院刑事审判和执行、检察院预防和查办职务犯罪、公安刑事侦查等工作报告，督促法院加强审判管理和监督指导，努力推进量刑规范化，切实加大执行工作力度；督促检察院坚持惩防并举，加大预防和查办职务犯罪力度；督促公安机关严厉打击严重刑事犯罪，深化打黑除恶和打击“两抢一盗”专项斗争。

深入开展执法检查。与县（市、区）人大联动，对公路法、农村五保供养工作条例等5部法律法规执法情况进行检查，促进交通部门落实公路养护责任，开展全市车辆超限超载专项整治。配合全国人大和省人大对防震减灾法、统计法、归侨侨眷权益保护法等20部法律法规进行执法检查，促进法律法规正确贯彻实施。配合全国人大和省人大对刑法修正案、监督法实施办法、风景名胜区条例等32部法律法规草案进行意见征集和立法调研，提出法律法规修改建议，有60多条意见得到采纳。

切实加强法制宣传教育。多次召开法律法规实施座谈会，适时听取市政府“五五”普法工作情况的报告，加强对全市普法工作进展情况的督查。全市“五五”普法顺利通过省上检查验收。及时作出关于开展“六五”普法的决议，推进依法治理和新一轮普法工作。通过新闻媒体和网站，利用节假日、“12·4”法制宣传日，中华人民共和国成立60周年、地方人大常委会设立30周年纪念日，开展民主法制和人民代表大会制度集中宣传活动。举办法制讲座18期，讲授法律20部，加强对领导干部

的法制教育。

依法做好人事任免和换届选举工作。把党管干部和人大依法任免干部相结合，严把任前了解关、法律考试关、供职发言关，及时任免国家机关工作人员，补选省人大代表。实行被任命人员向常委会年度书面述职制度，加强任后监督。坚持把党的领导、发扬民主、依法办事贯穿换届选举全过程，认真贯彻新修订的代表法和选举法，提出县乡人大换届选举实施意见，发出关于做好市五届人大代表选举的通知，开展换届选举专题培训，深入县（市、区）巡回督查指导，督促县乡两级人大周密部署、精心组织，确保县、乡人大换届选举圆满完成，市级人大换届选举顺利推进。全市先后选举产生新一届乡级人大代表20214名、县级人大代表2510名、市人大代表514名，代表结构进一步优化，代表整体素质有了新的提高。积极指导村（居）“两委”换届选举，开展社区建设视察，推进基层民主政权建设，促进社会管理创新。

——四年来，我们创新举措，强化保障，代表工作充满活力

始终把代表工作作为人大的一项基础工作，以创新机制为基础，以强化服务为保障，代表履职环境不断改善，代表作用充分发挥。

积极支持代表履行职务。坚持邀请代表列席人大常委会会议和专委会会议，组织代表参加“一府两院”工作通报会、听证会，向代表印送经济社会发展资料和动态信息，寄送《中国人大》，省人大《民主法制建设》《人民权力报》、市人大常委会公报、《南充人大》，代表知情知政渠道更为畅通。不断丰富常委会组成人员联系代表和代表联系选民的“双联系”活动，代表与选民的关系更为密切。精心编印《代表风采》专辑，大力宣传优秀代表履职情况，加强代表履职考核，代表履职热情进一步增强。切实保障代表活动经费，维护代表合法权益，积极帮助代表解决履职、工作和生活中的具体困难，代表履职环境进一步改善。认真做好代表培训工作，四年共培训代表865人次，代表履职能力不断增强。

认真组织闭会期间代表活动。充分发挥代表密切联系群众的优势，着力加强和改进闭会期间代表活动，更加切实有效地反映民意、集中民智、维护民权、发扬民主。健全代表小组活动机制，以代表团或代表小组为单位，围绕全市中心工作和热点难点问题，每年组织一至二次专题调研和集中视察。四年来共编印《人大代表专题调研报告》4辑，收录市人大代表调研报告172篇。《南充农业产业化龙头企业发展壮大面临的困难及对策》《关于学前教育发展情况的调研报告》等一批调研报告得到市委肯定批转、政府研究采纳。

不断加强议案、建议办理工作。建立健全议案、建议办理制度，推动政府将办理情况纳入承办单位年度目标考核。实行重点建议督办制度，每年选择一些代表反映集中、群众关注度高的代表建议，由常委会领导牵头，相关专委会跟踪督办。组织代表与承办单位面对面交流沟通，增强办理的针对性和实效性。推进农业机械化、治理农贸市场脏乱差、加强城市出租车管理等一批议案、建议得到认真办理，促进了相关问题妥善解决。创办《代表视点》快讯，及时反映闭会期间代表建议意见，交由有关机关办理。四年来，共办理代表议案7件，代表建议、批评和意见1067件，重点督办代表建议69件，对11件代表不满意的要求承办单位重新办理，代表满意率逐年提高。

——四年来，我们坚定方向，牢记使命，自身建设不断加强

始终把加强自身建设作为依法履行职责、提高工作实效的关键，在发展中探索，在探索中奋进，与时俱进的状态始终保持，依法履职的能力不断提升。

深入贯彻省、市委人大工作会议精神。2009年省委人大工作会议后，协助市委及时召开市委人大

工作会议，出台市委关于进一步加强人大工作的实施意见，对加强党的领导、发挥人大职能作用、保障代表依法履职、加强人大自身建设提出明确要求，为做好新形势下人大工作指明了方向。建议市委印发关于贯彻落实实施意见责任分工的通知，按照市委安排对县（市、区）贯彻落实情况进行督查调研，协调解决县乡人大组织机构、干部配备、经费保障等具体问题。建立完善市人大常委会党组向市委请示报告重大事项制度，把接受党的领导进一步制度化、具体化。市委高度重视和支持人大工作，帮助解决人大组织、机构、队伍等方面的困难和问题。市人大常委会先后增设预算工作委员会和信访办公室，届中提拔、交流县处级干部6名，公开选调年轻干部10名，机关工作活力不断增强。在本次换届中全市县级人大常委会主任和绝大多数乡镇人大主席均实现单设，各县（市、区）人大均设立了人大信访办和市人大代表联络室，部分地方设立了街道人大联络工委，基层人大工作力量进一步加强。

积极抓好思想作风建设。深入开展学习实践科学发展观、“创先争优”等主题实践活动，不断增强常委会组成人员和机关干部职工的政治意识、大局意识、责任意识。认真落实党风廉政建设责任制，深入开展机关效能建设，坚持讲政治、顾大局、守纪律、重品行，积极营造风清气正的机关氛围，始终保持开拓奋进的工作状态。切实改善办公条件和生活条件，加强机关党建、老干、工会、妇女等工作，不断提升机关工作活力。市人大机关连续4年获得年度目标考核一等奖。

不断推进工作和制度创新。探索人代会大会审议方法，开展大会集中专题审议，提高议事质量。改进市人大常委会组成人员暨县（市、区）人大常委会主任学习会，每年一个重点，先后对听取和审议专项工作报告程序、工作评议、代表和选举工作等议题进行专题研讨，制定听取和审议专项工作报告暂行办法、工作评议试行办法，作出对审议意见办理情况、被评议部门工作进行满意度测评的新规定；两项工作都走在全省前列。认真贯彻监督法和四川省实施办法，相继修订讨论决定重大事项规定、预算监督审查办法，制定规范性文件备案审查办法，加大财经监督力度，推动重大决策科学化、规范化。及时修订常委会议事规则和组成人员守则，建立健全机关管理制度，进一步提升了人大工作的规范性。

切实加强和改进人大宣传工作。召开人大宣传工作会议，与市委组织部、宣传部联合印发进一步加强人大宣传工作的意见，加强组织引导。完善宣传制度，调整机构人员，建立健全通讯员队伍。充分利用市级新闻媒体和网络媒体加强对人大“三会”、人大代表和人大常委会重要活动的深入报道。办好《常委会公报》、南充人大网站和《南充人大信息》，提升《南充人大》办刊质量，增强指导性和可读性。开展宣传人大好新闻评选活动，召开市人大制度研究会年会，成立市人大摄影书画协会，多形式多渠道宣传人大工作。连续四年获得全省人大宣传工作一等奖。

在认真完成人大工作任务的同时，常委会领导和人大机关还按照市委安排，参与了下中坝开发、旧城区改造、依法治市等重要工作，取得良好实效。积极配合上级人大开展检查调研，自觉向省人大报备规范性文件，密切与兄弟市（州）人大的横向联系，加强对县、乡人大联系指导和干部培训，增进交流协作，提高工作水平。

各位代表，四年来市人大常委会取得的工作成绩，是中共南充市委正确领导的结果，是全体市人大代表、常委会组成人员、市人大各专委会和常委会各办事机构共同努力的结果，是“一府两院”及各县（市、区）人大常委会大力支持配合的结果。在此，我代表市四届人大常委会，向大家表示衷心的感谢！

市四届人大常委会四年的探索实践告诉我们，坚持和完善人民代表大会制度，不断开创人大工作新局面，必须始终坚持正确的政治方向，把党的领导、人民当家作主和依法治国有机结合；必须紧紧服从和服务于发展大局，把推动经济发展和促进民生改善、社会和谐相结合；必须坚持依法治国方略，把加快发展和推进法治相结合；必须坚持与时俱进的要求，把依法履职和开拓创新相结合；必须坚持不断提升内生动力，把发挥人大代表主体作用和发挥人大常委会及专委会、办事机构整体效能相结合。

回顾四年来的工作，虽然取得了一定成绩，但也还存在一些需要进一步加强和改进的地方。如讨论决定重大事项的规定应进一步落实，预算监督力度应进一步加大，审议意见的针对性还需要进一步增强，代表活动方式还需进一步创新。对这些问题，相信新一届市人大常委会一定会高度重视，在今后的工作中不断探索，加以改进。

对今后工作的建议

未来五年，是南充加快发展、全面建设小康社会的关键时期，也是全市人大工作继往开来、助推发展的重要时期。新一届市人大常委会要在中共南充市委的领导下，坚持以邓小平理论和“三个代表”重要思想为指导，深入贯彻落实科学发展观，紧紧围绕市第五次党代会和市委五届一次、二次全会确定的发展目标和工作部署，切实履行宪法和法律赋予的各项职权，充分发挥地方国家权力机关职能作用，为建设川东北区域中心城市和成渝经济区北部中心城市作出新的贡献。

——*进一步加强重大事项审议和监督工作，保障和促进经济社会又好又快发展。*认真贯彻监督法和市人大常委会讨论决定重大事项规定，紧紧围绕“十二五”规划，抓住发展计划、预算财政、项目攻坚、产业培育、招商引资、城市发展、文化建设、社会管理等重大问题，抓住就业、就医、就学、住房、环境保护、食品安全等关系人民群众切身利益、社会普遍关注的民生热点问题，深入调查研究，扎实开展监督，适时作出决议决定，着力推动市委重大决策部署的贯彻落实，全力保障和促进全市经济社会又好又快发展。

——*进一步推进依法治市，大力营造良好的发展环境。*按照依法治国、建设社会主义法治国家的要求，着力加强民主法制建设，深入推进依法治市。督促抓好“六五”普法规划和法制宣传教育决议的贯彻实施，加强宪法和法律法规的宣传，增强全社会特别是各级领导干部的法制观念，提高全民法律素质，进一步在全市形成学法、守法、用法、严格依法办事的良好氛围。强化对法律法规的执法检查，加强对规范性文件的备案审查，督促“一府两院”完善落实执法责任制，认真开展工作评议，保证法律、法规的正确贯彻执行，促进依法行政、公正司法。认真贯彻党管干部和人大依法任免干部相统一的原则，强化任后监督，依法做好人事任免工作。

——*进一步加强代表工作，充分发挥代表作用。*坚持邀请代表列席常委会和专委会会议，参加执法检查、集中视察、专项调研等活动，创新活动方式，丰富活动内容，增强活动实效。深入开展代表“双联系”活动，建立市人大代表计划和预算审查监督联络员制度，加强对代表履职情况的考核和宣传，积极为代表执行职务创造条件，调动代表依法履职的积极性。进一步加强代表议案和建议批评意见的办理工作，加大督办力度，提高办理质量。认真总结推广县、乡人大代表工作经验，做好新一届代表培训工作，建立履职档案，提高代表依法履职的能力和水平。

——*进一步加强自身建设，不断提高人大工作水平。*认真贯彻落实省、市委人大工作会议精神，切实加强人大常委会及机关的思想、组织、作风和制度建设。坚持举办市人大常委会组成人员暨县（市、区）人大常委会主任学习会、法制讲座和人大工作专题座谈会，不断提高政治理论素养和业务能力。进一步完善和落实各项工作制度，促进人大工作制度化、规范化，提高常委会工作效率和质量。

进一步加强人大干部的培养交流，改善工作条件，增强机关工作活力。主动接受上级人大的法律监督与工作指导，积极开展对外学习交流，进一步加强对基层人大的联系和工作指导，努力推进全市人大工作不断向前发展。

各位代表、同志们！立足实干，南充已奠定跨越赶超的坚实基础。依托成渝，我们正迎来更加广阔的发展空间。让我们紧密团结在以胡锦涛同志为总书记的党中央周围，高举中国特色社会主义伟大旗帜，在中共南充市委的领导下，同心同德，开拓奋进，为谱写民主法治新篇章，建设川东北区域中心城市和成渝经济区北部中心城市而努力奋斗！

南充市人民代表大会常务委员会工作报告

2013 年 1 月 16 日在市五届人大三次会议上

南充市人大常委会主任　高先海

各位代表：

我受南充市第五届人民代表大会常务委员会的委托，向大会报告工作，请予审查。

2012 年主要工作

过去一年，是市五届人大常委会依法履职的第一年。一年来，在中共南充市委的坚强领导下，市人大常委会坚持以邓小平理论、“三个代表”重要思想、科学发展观为指导，紧紧围绕市委决策部署和谋发展、惠民生、重法治、促和谐的工作取向，求真务实，开拓创新，依法履行地方国家权力机关职权，召开人代会 1 次、常委会会议 7 次、主任会议 17 次、专项工作会议 10 次，作出决议决定 6 项，听取和审议专项工作报告 21 项，开展对两部法律法规的执法检查和 4 个政府部门的工作评议，完成 5 项重点专题调研，任免国家机关工作人员 90 人次。开局之年各项工作取得新的进展，为推进民主法制建设、促进南充经济社会又好又快发展作出了新的贡献。

一、紧扣发展主题，审议监督重大事项有新成效

紧紧抓住新型工业化、新型城镇化、农业现代化中的重点和难点问题，认真审议决定重大事项，加强监督和支持，全力服从和服务于全市发展大局。

监督促进产业优化发展。突出产业培育、实施项目推动是市委的重大战略部署，也是市人大常委会监督和支持的重点。听取审议战略性新兴产业培育情况报告，提出尽快制定发展规划、加强政策扶持、培育壮大新能源、新材料等新型支柱产业的审议意见。听取审议化学工业园区建设情况报告，督促解决园区建设中的资金、土地、动能等要素问题，推进石化项目的立项建设。专题调研全市产业园区建设情况，召开产业园区发展座谈会，推进产业向园区集中集聚发展。视察机械汽配、石油化工、新能源汽车等重点产业企业和石化工业园、现代物流园建设情况，建议大力推进经济发展方式转变，加快培育新兴实体经济和优质企业，夯实南充新型工业化基础。

监督促进城市发展。围绕“两化”互动、城乡统筹战略，听取和审议城市规划执行情况报告，建议实施“阳光”规划，做好生态环境等专项规划，提高规划的权威性和约束力。听取审议城市重点工程建设情况报告，要求加强在建项目资金、质量、安全监管，科学有序实施项目，最大限度减少对城市交通和市民出行的影响。听取城区存量土地整治情况报告，支持政府大力清理存量土地，切实缓解城建土地制约问题。听取人民防空工作报告，调研城市避难设施情况，推动防灾减灾体系建设。组织专业组代表视察城市管理、创建国家卫生城市和环保模范城市，推进区域中心城市建设。

监督促进新农村建设。围绕发展产业富民增收，组织代表专题视察农业农村综合示范区建设，听取审议现代农业示范区建设情况报告，要求进一步强化科技支撑，抓好产业填充，推进机制创新，充分发挥示范引领作用，带动现代农业发展。听取审议水利工程建设情况报告，建议统筹抓好水利发展规划，建立健全水利投入稳定增长机制，完善配套工程建设，充分盘活现有水利资源，不断提高水利保障能力。听取基层农技推广服务体系建设情况报告，推动政府进一步理顺农技推广服务体制，有效解决农技推广“最后一公里”问题。听取扶贫开发工作情况报告，要求抓住秦巴山区连片扶贫开发的机遇，坚持基础优先、产业优先，深入推进扶贫开发，让困难群众尽快脱贫致富。跟踪推进城郊蔬菜基地建设，开展农业特色产业基地专题调研，提出强化规划引领，一届接着一届干，集中连片推进特色产业基地规模化发展的建议。

加强对计划预算执行情况的监督。认真听取审议2012年上半年国民经济和社会发展计划执行、财政预算执行情况报告和2011年财政决算、财政审计报告，强化部门预算审查监督，严格审查批准市本级2011年财政决算和2012年财政预算调整方案，切实维护预算的权威性和严肃性。依法扩大监督范围，加强对重大资金和重大项目的监督，深化对基本建设预算安排执行情况、非税收入征管情况的动态监管，确保用好用活财政资金。召开专题经济形势分析会，对宏观经济形势变化、房地产调控政策给我市经济运行带来的影响进行研讨，提高财经监督的预见性和针对性。

二、围绕民生改善，促进解决群众关注的热点难点问题有新作为

坚持把群众对美好生活的向往作为工作推进的重要目标，紧紧围绕群众关心关注的热点难点问题开展监督，切实维护群众根本利益，保证改革发展成果由人民群众共享。

督促推进教育文化发展。高度关注教育均衡发展问题。重视城市化对教育的影响，听取城市教育发展情况报告，专题调研城市教育，检查督促市区中小学、幼儿园五年新建任务的落实。建议进一步完善规划布点、争取政策项目、增加资金投入，努力解决城市教育资源总量不足等问题。深入调研农村教育情况，建议更加关心留守儿童，提高农村教育质量。视察学前教育、职业教育、民办教育，建议在保证义务教育投入的前提下，把高中教育的重点放到城市，引领带动全市城乡教育加快发展。视察学生食堂和校园周边餐饮店，督促加强学校食品安全工作。积极推动和参与文化建设。听取审议全市文化产业发展情况报告，提出编制文化产业发展总体规划、制定文化产业扶持政策、挖掘利用传统文化资源等建议。开展“三国文化之源”“嘉陵江文化”调研，就南充主题文化定位、品牌文化打造提出建议。开展民间传统文化搜集整理工作，普查搜集民间传统文化资料。高度重视“非遗”保护工作，督促办理《关于制定南充市非物质文化遗产保护办法的议案》，为“非遗”保护提供制度保障。

大力推进社会保障体系建设。听取审议全民医保推进工作情况报告，建议加快医疗服务体系建设，加强基金运行监管，加大财政性投入，努力让群众享受到公平便捷的医保服务。视察重点医疗卫生基础设施建设，检查审议意见落实情况。组织开展《中华人民共和国社会保险法》执法检查，要求推进参保扩面，加强信息化建设，解决应保未保、应缴未缴、少计少缴问题，努力让社会保险的阳光惠及每位老百姓。并就农民适用险种少、补贴水平低、养老保险流动限制等问题，向上级人大提出立法建议。调研残疾人康复工作情况，维护残疾人权益。

坚持不懈推进生态文明建设。检查《四川省城乡环境综合治理条例》执行情况，推动城乡环境综合治理常态化，努力创建整洁、优美、文明的城乡人居环境。配合省人大开展《四川省饮用水源保护条例》执法检查，督促解决城市备用水源和清洁水源问题。专题视察嘉陵江（南充段）旅游开发情况，促进断航25年的嘉陵江（南充段）成功复航。建议修编嘉陵江（南充段）旅游规划、尽快编制嘉陵江“百里亲水长廊”规划。开展打造西河生态旅游景观长廊调研，提出治污是前提、生态是核心、城区是重点、景区是关键的工作思路建议，加快建设洁净西河、休闲西河、美丽西河。开展“环保世纪行”活动，跟踪推进嘉陵江、西河治理保护。

三、坚持民主法治，推进依法治市有新进展

积极推进民主法治，切实推动法治南充建设，为我市经济社会发展提供良好的法制环境。

深入推进法制宣传教育。把加强法制宣传教育作为推进依法治市的基础工作。听取和审议“六五”普法启动工作情况报告，督促实施“六五”普法规划。坚持学法与普法相结合，举办有常委会组成人员、“一府两院”负责人参加的法制讲座4次，提高领导干部依法行政、依法办事的自觉性。坚持正确舆论导向，完善人大新闻宣传机制，充分利用新闻媒体和《南充人大》《南充市人大常委会公报》、南充人大网站，加强人民代表大会制度和人大工作宣传。开展人大制度理论研究，获得省人大宣传工作先进单位和信息工作二等奖。

认真开展执法检查。采取与县（市、区）人大联动，对社会保险法、城乡环境综合治理条例开展执法检查，配合全国人大和省人大对农业法、文物保护法等5部法律法规开展执法检查，重点对行政主管部门执法情况进行监督，推动法律法规有效贯彻实施，提出立法建议74条。

大力促进依法行政、公正司法。对市教育局、商务和粮食局、国资委、城管执法局四个部门开展工作评议。参评代表和常委会组成人员对照法律法规和部门职责，通过走访座谈、媒体公告、问卷调查等形式，主动“开门”评议，广泛征求意见，客观指出问题，提出整改意见86条，并在常委会会议上对被评单位工作进行满意度测评，有力促进和支持了政府工作。听取审议社会治安管理创新工作报告，要求有效整合资源，完善工作机制，加强队伍建设，推动社会治安环境的持续改善。听取民事审判工作和民事行政检察工作情况报告，要求审判机关和法律监督机关坚持司法为民，加强监督配合，更好地维护司法公正与效率。建立规范性文件会审小组，备案审查规范性文件83件，维护国家法制权威和统一。

依法做好选举任免工作。坚持党管干部和人大依法任免干部有机统一，坚持任前法律考试、供职发言制度，及时依法任免国家机关工作人员，保证国家机关正常运转。召开新一届国家机关组成人员颁发任命书大会，增强被任命人员的人大意识、法治意识。依法建议罢免市人大代表1人，接受市人大代表辞职1人。召开市县乡人大换届选举工作总结表彰会。精心组织召开市五届人大二次会议，依法选举我市出席省第十二届人民代表大会代表58名。

切实做好群众信访工作。坚持把信访工作作为联系群众的窗口，坚持常委会领导预约接访制度，做好动态分析工作，积极探索做好人大信访工作的有效途径，确保信访人的合法诉求得到依法处理。成功承办全省人大信访工作会议，积极交流学习信访工作经验。全年共受理群众信访事项1060件，接待群众来访781人次。

四、突出主体地位，发挥代表作用有新举措

坚持以提高代表素质，促进代表履职，发挥代表作用为目标，不断加强和改进代表工作。

跟踪督办，议案建议办理成效明显。坚持常委会领导及专委会牵头督办制度，健全办理工作责任制，适时听取议案、建议办理情况报告。市五届人大一次会议主席团交付办理的打造西河生态旅游景观长廊、加快区域卫生信息化建设等4件议案和267件建议批评意见，均办理完毕，代表满意率进一步提高。通过办理做好保障性住房管理和分配、加快主城区蔬菜基地建设等议案建议，督促解决了一批事关民生的难点问题，完善了一批推动发展的政策措施。

搭建平台，认真组织代表活动。坚持常委会组成人员联系代表和代表联系选民制度。常委会组成人员联系代表123人，开展联系活动376次。邀请代表列席常委会会议，参加执法检查、工作评议、视察调研等700多人次。按专业接近、地域就近的原则，将市人大代表划分为28个代表小组，推进小组活动常态化。闭会期间市人大代表撰写专题调研报告23篇，提出意见建议1060条，为加快经济社会发展、构建和谐社会作出了贡献。

服务代表，为代表履职提供保障。组织新当选的210名市人大代表进行法律法规和业务知识集中培训，进一步提高新任代表责任意识和履职能力。试行计划预算审查代表联络员制度，扩大代表对计划、预算的知情权和监督权。为代表订阅报刊读物，定期向代表通报工作情况，要求"一府两院"向代表寄送信息资料，畅通代表知情知政渠道。落实代表活动经费，完善代表履职登记制度，促进代表依法履行职责。

市人大常委会还组织部分全国、省人大代表围绕秦巴山区连片扶贫开发等工作开展视察调研，向全国人大和省人大提出议案建议，反映革命老区的发展愿望，为南充经济社会发展争取更多的支持。

五、加强自身建设，依法履职能力有新提升

努力适应新形势、新任务对民主法治和人大工作的新要求，积极探索，务实创新，不断提升履职能力和工作效能。

更加注重学习提高。认真落实机关学习制度，组织召开常委会组成人员培训会和常委会组成人员暨县（市、区）人大常委会主任学习会各1次，专项工作座谈会10次，专题培训会5次，深入学习党的十八大和省第十次党代会、市第五次党代会精神，学习与人大工作密切相关的法律法规和人大工作知识，准确把握新形势对社会主义民主政治建设和人大工作的新要求，增强常委会组成人员的大局意识、责任意识、法治意识，提高依法履职的能力和水平。

更加注重作风建设。认真贯彻落实中央八项规定，大力倡导求真务实、密切联系群众的作风。把深入调查研究作为开展监督工作的重要环节。围绕常委会监督重点，开展专题调研、会前调研、跟踪调研，形成《关于打造西河生态旅游景观长廊的调查与建议》《关于全市产业园区建设的调研报告》《关于城市教育发展情况的调研报告》《关于农业特色基地建设情况的调研报告》《秦巴山区（南充部分）连片扶贫开发的现状及建议》等调研报告，报送市委，为常委会提高审议监督质量、市委科学决策提供参考。统筹精简会议，切实改进会风，既保证大家畅所欲言，又做到会议紧凑高效。积极开展阆中博树回族乡、嘉陵蚂蝗堰社区和龙岭镇芭蕉桥村帮扶工作，协调联系项目资金三百多万元，努力为群众办好事、办实事。

更加注重制度建设。建立完善常委会、主任会议事制度和专委会、办事机构工作制度，制定"一府两院"负责人参加人大常委会会议活动规定，修订完善机关管理制度43项，不断推进人大工作的制度化、规范化。加强对干部的培养使用，改善办公条件和老干部、机关工会活动条件，机关活力进一步增强。加强与上级人大、市州人大的学习交流，注重对县（市、区）人大工作的联系和指导，联系协作更加密切。

各位代表！过去一年，在市委的正确领导下，通过全市各级人大代表、市人大常委会组成人员和机关工作人员的辛勤工作，以及市人民政府、市中级人民法院、市人民检察院、县（市、区）的支持配合，市人大常委会圆满完成了市五届人大一次会议确定的各项任务。在此，我代表市人大常委会，向大家表示衷心的感谢！

在肯定成绩的同时，我们也清醒地看到工作中还存在一些差距和不足，比如审议决定重大事项工作还需进一步改进，代表联系群众工作还需进一步加强等。对此，我们将在今后的工作中不断加以改进。

2013年主要任务

今年是全面贯彻落实党的十八大精神的开局之年，也是南充加快建设区域中心城市、为全面建成小康社会奠定坚实基础的重要一年。在新的一年里，市人大常委会将继续全面贯彻落实党的十八大精神，以邓小平理论、“三个代表”重要思想、科学发展观为指导，紧紧围绕中共南充市委五届六次全会和市五届人大三次会议确定的目标任务和工作部署，遵循“谋发展、惠民生、重法治、促和谐”的工作取向，按照“围绕中心、突出重点、强基固本、务实创新”的工作要求，切实履行宪法和法律赋予的各项职权，充分发挥地方国家权力机关职能作用，不断开创人大工作新局面，为推进民主法制建设，建设区域中心城市作出新贡献。

一要坚持服务大局，认真审议监督重大事项。围绕市委决策部署和“十二五”规划实施中的重大问题、人民群众普遍关注的热点问题，开展调查研究，加强监督检查，适时作出决议、决定，提出审议意见，推动市委重大决策部署的落实。听取审议“两化”互动工作、石化工业园区产业培育、城乡总体规划实施、城市重点工程建设情况报告，加快推进新型工业化、新型城镇化。听取审议千万头生猪产业工程建设、速丰林二期工程建设情况报告，助推产业培育富民增收，促进现代农业发展和新农村建设。听取审议国民经济和社会发展计划、预算执行情况报告，审查批准市本级决算报告，听取审议审计工作、政府采购工作报告，逐步推进全口径预算决算的审查监督，不断加强和改进人大财经监督，努力促进经济社会平稳健康发展。

二要坚持民生优先，切实维护人民群众的根本利益。听取审议城乡居民最低生活保障情况报告，改善困难群众生活条件，推动社会保障体系建设。听取审议环境保护、嘉陵江（南充段）旅游开发规划修编、嘉陵江“百里亲水长廊”规划启动、西河生态旅游景观长廊建设、耕地保护情况报告，推进城乡环境保护，共建美好家园。听取审议升钟水库管理使用和移民后扶工作情况报告，推动库区群众生活不断改善。听取公立医院改革试点工作情况报告，推动群众看病难、看病贵问题有效解决。

三要坚持依法治市，着力营造良好发展环境。全面推进“六五”普法，深入开展民主法制宣传教育，积极探索依法治市新举措。开展农业机械化促进法等法律法规执法检查，听取审议专利法、精神卫生法、民办教育促进法执行情况、法律援助情况报告，推动法律在本行政区有效实施。加强司法监督，听取审议刑事诉讼法律监督情况报告。适时听取决议、决定执行情况和审议意见研究处理情况报告，加强跟踪督办，增强监督实效。综合运用工作评议、专题询问等多种方式开展监督，督促和支持“一府两院”依法行政、公正司法。做好规范性文件备案审查工作，维护国家法制统一。坚持党管干部和人大依法任免有机统一，依法任免国家机关工作人员，探索监督事与人新途径。认真受理人民群众来信来访，维护公民合法权益。

四要坚持强基固本，充分发挥代表作用。按照十八大要求，加强代表联络机构建设，完善代表联系群众制度，进一步深化常委会组成人员联系代表、代表联系选民活动，密切联系群众，提高联系实效。完成新任代表轮训计划，举办乡镇人大主席培训班。加强和改进代表议案、建议办理工作，规范办理程序，加大督办力度，提高办理质量。组织好代表闭会期间活动，邀请代表和公民参加常委会的会议和活动，扎实开展代表小组活动。保障代表活动经费，完善向代表信息通报制度，维护代表合法权益，进一步发挥代表主体作用。

五要坚持与时俱进，不断提高人大工作科学化水平。要着眼于坚持走中国特色社会主义政治发展道路对地方人大工作的新要求，坚持不懈加强常委会和人大机关的思想、组织、作风和制度建设。进一步完善常委会议事规则和工作制度，改进工作作风，密切联系群众，深入调查研究，不断提高人大工作针对性和实效性。进一步宣传好人民代表大会制度和人大工作，加强人大制度理论研究，加强对基层人大的联系指导，努力把全市人大工作提高到一个新水平。

各位代表！时代赋予我们重任，人民寄予我们厚望。让我们紧密团结在以习近平同志为总书记的党中央周围，在党的十八大精神指引下，在中共南充市委的坚强领导下，围绕中心，服务大局，务实亲民，开拓创新，为加快建设川东北区域中心城市和成渝经济区北部中心城市、夺取全面建成小康社会新胜利而努力奋斗！

南充市人民代表大会常务委员会工作报告

2014 年 2 月 13 日在市五届人大四次会议上

南充市人大常委会主任　高先海

各位代表：

我受南充市第五届人民代表大会常务委员会委托，向大会报告工作，请予审查。

2013 年主要工作

2013 年是全面贯彻落实党的十八大精神的第一年。一年来，市人大常委会在市委的正确领导下，以邓小平理论、“三个代表”重要思想和科学发展观为指导，坚持“谋发展、惠民生、重法治、促和谐”的工作取向，围绕中心，依法履职，主动作为，共召开代表大会 1 次、常委会 7 次、主任会 15 次，作出决议决定 6 项，听取审议专项工作报告 24 项，开展对两部法律的执法检查和 5 个政府部门的工作评议，向市委、市政府提交专题调研报告 5 个，任免国家机关工作人员 38 人次，备案审查规范性文件 103 件，圆满完成了市五届人大三次会议确定的各项目标任务，为推进民主法制建设、区域中心城市建设和全面建成小康社会作出了应有贡献。

一、紧扣第一要务，着力促进经济持续健康发展

过去一年，我们抓住科学发展、加快发展、可持续发展中的重大事项，在依法监督中积极支持，在助推跨越中同力攻坚，确保市委决策部署贯彻落实。

切实支持项目建设。针对城市建设项目多、投资大、战线长的实际。常委会开展专题调研、组织代表视察，主任会议两次听取土地基金及基本建设预算情况报告，深入讨论城市重点工程规划方案，如实反馈人民群众意见，建议政府进一步加强项目储备、科学论证和实施监管，注意轻重缓急，优先办好发展和群众急需的事情。政府采纳人大意见，对一些重点工程项目作了必要调整。在此基础上，常委会相继听取审议城市重点工程建设和总体规划执行情况报告，强调注重规划科学性、严肃性，突出地方特色；严把工程评审关、质量关，规范合同变更管理，切实提升政府投入资金使用绩效。支持升钟二期工程建设，听取审议升钟水库管理运行情况报告。调研海外无偿投资项目工作情况，就用足、用好、用活海外资源向市委、市政府提出建议。

切实助推产业兴市。围绕“再造一个南充工业”目标，对“1 + 9”工业园区建设进行视察调研，实地了解园区基础配套、招商引资、企业发展、拆迁安置情况，提出要进一步改善投资环境，优化资源配置，突出创新驱动，切实推进油气化工、汽车汽配、丝纺服装、轻工食品四大传统优势产业改造升级，大力培育千亿产业园区和百亿企业集群，全面提升工业经济综合实力。为把化学工业园早日建成千亿产业园区，常委会专题听取审议化工园区建设及产业培育情况报告，就提升园区承载功能、注重择商选资、保护生态环境、维护群众利益等方面提出建议，及时审查批准将化工园区铁路专线 BT 建设回购资金纳入财政预算。听取审议专利法贯彻实施情况报告，要求激励专利研发，加强专利保护，依托专利成果转化提升区域经济核心竞争力。

围绕推进农业现代化，组织开展农业机械化促进法执法检查，听取审议千万头生猪产业工程、耕地保护工作专项报告，视察调研新农村综合体、农民专业合作社和农业社会化服务体系建设，跟踪督办国家现代农业示范区建设审议意见，要求政府进一步加大财政支农投入力度，扎实抓好农机示范推广应用工作，大力培育扶持农业新型经营主体，加快推进特色产业规模化开发、标准化生产和一体化经营，有效解决农业发展中耕地撂荒多、劳力资源缺、生产效益低和农技服务“最后一公里”等问题，努力推动我市由农业大市向农业强市转变。

围绕建设区域现代服务业发展高地，专题视察现代物流园建设推进情况，就加强基础配套、突破瓶颈制约、创新建管机制、严格企业准入等方面提出建议，及时批准将物流园棚户区一期改造项目资金纳入财政预算。为促进旅游产业转型升级，组织专家学者深入研讨南充旅游资源内涵，听取审议嘉陵江（南充段）旅游开发规划修编情况报告，视察优秀旅游城市创建、4A 级风景区和旅游码头建设工作，要求进一步提升规划创意，注重文化植入，保护自然生态，抓好旅游景区环线链接和配套产业开发提升，促进嘉陵江水上旅游项目顺利开通。

切实加强计划、预算监督。听取审议计划执行情况报告，建议保持投资增势，加快计划实施，推进“三化”联动，培育实体经济增长点，打好节能减排攻坚战，不断提升经济质量和效益。按照十八大关于加强对政府全口径预算、决算审查监督的要求，首次将预算调整后超收部分、上级财政补助追加部分和年终结余资金的使用安排纳入审查监督范围，听取审议预算执行、财政收支审计情况报告，批准市级财政决算和部分预算调整，要求加大组织财政收入力度，优化财政支出结构，切实保障重大项目和民生支出；强调要充分发挥审计免疫功能，加强项目投资、政府债务和任期经济责任审计，认真查处、督促整改审计报告所列问题。听取审议政府采购工作情况报告，建议进一步强化预算约束，规范采购行为，推行绩效评价，增强透明度和公信力。

二、坚持履职为民，着力维护人民群众根本利益

过去一年，我们坚持把老百姓最关心、最直接、最现实的利益问题作为监督重点，充分发挥人大在改善民生、维护民利、保障民权中的职能作用，力促改革发展成果同质共享。

大力推进生态文明建设。围绕市委关于“加强西河治理，还市民一河清水”的要求，常委会 2012 年开展专题调研，2013 年继续跟进，组织驻会委员、人大代表、媒体记者和相关单位负责人进行明察暗访，制成影像资料，召开专题督查通报会，要求政府完善总体规划，明确责任主体，细化工作举措，严格责任追究，坚决查处各类污染水环境的违法行为。在此基础上，常委会作出《关于打造西河生态景观长廊的决议》。市政府积极采纳建议、执行决议，相关部门和有关区县密切协作，及时出台西河治污方案，关闭排污口 44 个，整治沿线畜禽养殖场 149 家、屠宰场 48 家，建成生活污水处理站 29 个，西河水质监测结果明显好转。视察西充青龙湖、南部升钟湖、阆中构溪河湿地公园建设，就妥善解决湿地保护与利用中的问题，规范、保障和引导湿地可持续发展提出明确要求。跟踪督办四川省城乡环境综合治理条例执法检查报告审议意见，督促加强城乡环境全方位、常态化治理，推动人居环境持续改善。

积极促进社会事业发展。深入落实教育优先战略，审议民办教育促进法贯彻实施情况，视察职业教育、学前教育和校车安全工作，推动教育事业协调、均衡、优质发展。为缓解中心城区义务教育压力，常委会连续两年听取市辖三区城区 2012—2015 年基础教育规划实施情况报告，实地检查基础教育项目推进情况，集中征求三区政府、教育部门、人大代表、市直有关部门和部分中小学校长的意见，及时将掌握情况通报政府，督促政府严格执行城区基础教育总体规划，切实强化用地和投入保障，抓紧实施既定校点建设，着力解决城区教育与城市发展、人口增长不相适应的问题。跟踪督办全民医保推进工作审议意见，调研公立医院改革试点工作，促进解决“看病难、看病贵”的问题。视察广播电视“村村通”工程，推进农村公共文化服务体系建设。视察无偿献血工作，保障公民用血安全。

切实维护弱势群体权益。针对日益突出的老龄化问题，及时组织开展老年人权益保障法执法检查，督促政府抓紧研制老龄事业规划，完善养老服务体系，支持民营养老机构发展，严厉打击各种侵犯老年人权益的违法行为。高度关注库区移民生存状况，听取审议移民后扶工作情况报告，建议分类制订移民后扶总体规划，有效解决移民群众行路难、吃水难和产业发展滞后等问题。听取审议城乡低保工作情况报告，要求健全信息共享机制，完善低保审核和动态管理制度，不断提升低保工作保障能力。听取审议精神卫生法贯彻实施情况报告，提出要完善相关配套政策，健全精神疾病防治服务网络，保障患者人格尊严，促进公民身心健康。

深入调研社会热点问题。城市小区物业管理关系城市环境、社会安宁与市民生活。常委会专题调研城市小区物业管理工作，建议严把“规划审批、工程验收、物管企业选择、业主委员会产生、各方责权约束、矛盾纠纷调处”六道关口，推行物业项目并联审批、承接查验制度，健全物管企业准入、清退机制，调研报告得到市委主要领导批示，批转政府及相关部门办理。为促进投资理财行业规范发展，切实防范民间融资市场风险，常委会组织力量深入调研，针对部分理财公司存在宣传失实、行为失范、业务失序等问题，建议政府设置统一资信标准，出台专门管理办法，严格市场准入，加强行业治理，坚决打击变相非法集资、放高利贷等违法行为，切实保护人民群众财产安全。调研社会抚养费征收工作，建议政府加强监管，规范征收和使用。

三、突出依法治市，着力推进民主法治建设

过去一年，我们切实担当推进民主法治建设的主导责任，以倡导法治思维、落实普法决议、加强法律监督为抓手，力促社会公平正义、和谐稳定。

促进依法行政。参与“六五”普法中期检查，对引导全民学法、守法、用法提出意见。视察法治南充建设，强调用法治思维规范施政行为、改善发展环境、化解社会矛盾、预防滋生腐败。通过开展执法检查、审议专项报告、配合立法调研等方式，强化法律法规执行监督。按照必要性、适当性、合法性相统一的原则，抓好规范性文件备案审查，维护法制的尊严和权威。对市人社局、市环保局、市水务局、市审计局、市统计局五个部门开展工作评议。采取无陪同调研、开放式座谈、随机性走访和问卷调查等方式广泛征求意见建议，不遮掩问题，不回避矛盾，客观公正提出评议意见，当场公布民主测评结果，督促评议对象依法行政、转变作风、改进工作。

维护公正司法。监督法实施后，对人大监督司法工作的方式进一步规范，要求进一步提高。为此，常委会积极创新监督方式，在全省市级人大常委会中率先出台《加强对司法工作监督的决定》，将人大监督与检察机关法律监督有机结合，推动解决司法工作中存在的突出问题；建立司法工作人员履职档案，把履职记录作为常委会任前调查的重要内容；要求司法机关建立制度规范，相互协作、相互制约、促进公正、提升效率，《检察日报》《四川日报》等多家国、省级媒体对此进行报道。听取审议刑事诉讼法律监督工作情况报告，督促检察机关加强刑事案件的立案监督、侦查监督、审判监督和刑罚执行监督，防范执法不严、司法不公、徇私枉法等问题。听取审议法律援助工作情况报告，促进法律援助更有效率、更加公平。

严格依法任免。坚持党管干部与人大依法任免有机结合，坚持和完善任前了解、法律考试、供职发言和审议表决制度，增强被任命人员的公仆意识和责任意识。一年来，共任命、批准任命国家机关工作人员 19 人次，免职和批准辞职 18 人次，撤职 1 人；及时补选市人大代表 9 名，依法罢免代表职务 2 人，接受代表辞职 1 人。

推进依法信访。召开全市人大信访工作座谈会，重点研究涉法涉诉信访案件处置工作。重视信访情况综合分析，坚持把信访案件中带有普遍性、倾向性以及反映强烈的问题列入监督计划，力促共性问题统筹解决。严格落实领导约见、签批转办、跟踪督办、限时回复制度，全年共处理群众来信来访 898 件，其中常委会领导阅处 282 件，保护了群众合法权益，维护了社会和谐稳定。

四、强化保障服务，着力发挥代表主体作用

过去一年，我们密切联系人大代表和人民群众，保障和支持代表参与国家事务管理，充分发挥代表的先锋模范作用和桥梁纽带作用。

认真督办代表议案建议。常委会高度重视代表议案建议督办工作，专门印发考核细则，促进办理工作规范化、制度化、实效化。经各方共同努力，市五届人大三次会议主席团交付的 2 件议案和 295 件建议批评意见均在法定期限内办结，办理质量明显提高。在议案办理过程中，主任会议明确办理要求，相关专委会加强跟踪监督，适时组织专题座谈，征求议案提出代表和专家学者意见，市政府高度重视，认真研究，积极落实，非物质文化遗产展演中心和市川剧团改建工程已完成施工设计；《南充市湿地保护管理办法》已经政府常务会审议通过。常委会将农村养老、农机补贴、治安管理、土地出让收益分成等 16 件建议列为重点督办件，由分管领导牵头督办，定期询问进度，深入实地视察，直至建议落实、问题解决、代表满意为止。通过办理代表议案建议，推动完善了一批政策措施，促进解决了一批民生问题。

精心组织开展代表活动。组织国、省、市三级人大代表分组视察经济社会发展情况，围绕转变发展方式、创新社会管理、保障改善民生等重大课题开展调查研究，撰写调研报告 36 篇。邀请代表列席常委会会议 40 人次，组织代表参加执法检查、专题视察和工作评议 296 人次，参与行政开放日和阳光政务热线活动 219 人次，为代表履职拓展空间、搭建平台。坚持组成人员联系代表、代表联系选民制度，专题调研代表联系群众工作，探索在乡镇设立代表联络室，召开代表联系群众工作现场会，向全市各级人大代表发出《共筑中国梦、代表勇争先》的公开信，引导和促进代表密切联系群众、服务发展大局。高坪区胜观镇代表联系群众的工作经验在全省人大专题会上交流，市人大代表侯方杰为民服务的典型事迹编入《中国人大年鉴》。

努力保障代表依法行权。对 120 名市人大代表进行集中培训，邀请专家讲授宪法、代表法和监督法等业务知识，组织老代表介绍履职经验，进一步增强了代表的行权能力和责任意识。开展常委会领导集中走访代表活动，认真听取代表对各方面工作的意见建议。坚持为代表订阅《中国人大》《民主法制建设》和《人民权力报》，定期向代表寄送《常委会公报》和《南充人大》。要求"一府两院"适时向代表印送信息资料，邀请代表列席政府常务会、参加法院听证会，拓宽代表知情知政渠道。健全完善代表履职登记制度，积极争取提高代表活动经费标准，为代表执行职务注入动力、提供保障。

五、加强自身建设，着力提升依法履职能力

过去一年，我们不断深化思想、组织、制度、作风、能力建设，着力打造党性强、作风好、素质高、业务精、工作实的干部队伍，努力适应新形势、新任务和新要求。

认真开展主题教育。结合人大工作实际，组织专题学习，开展思想交流，教育引导机关干部牢固树立大局意识、宗旨意识、责任意识和法治意识。对照中央、省、市关于密切联系群众改进工作作风、厉行节约反对浪费等若干规定，修订完善机关管理制度 36 条，精简会议，简化接待，规范视察调研，严控“三公”支出，推进务实型、亲民型、效能型、廉洁型机关建设。扎实开展常委会领导和机关“走基层、解难题、办实事、惠民生”活动，认真做好高坪区东观镇大石头村、嘉陵区蚂蝗堰社区、阆中市博树回族乡等地结对帮扶工作，帮助制订发展规划，协调项目资金，慰问贫困群众，让老百姓得到了实惠，主题教育活动取得了实效。

着力加强学习培训。坚持集中学习、党课教育制度，深入学习贯彻党的十八大、十八届三中全会、省委十届三次全会和市委五届六次、七次全会精神，自觉把党的决策部署贯穿于依法履职的全过程。组织近200名市、县、乡人大机关干部到全国人大、省人大培训基地轮训，系统学习相关法律法规和人大业务知识。邀请专家学者举办四川省物业管理条例、十八大报告中的法治思维等专题法制讲座4期，切实增强常委会组成人员和机关干部依法履职能力。

不断完善制度规范。按照“创新、规范、实用”原则，着力加强人大制度建设。完善《市人大常委会党组关于重大事项向市委请示报告制度》，自觉接受党委对人大工作的领导，确保人大工作正确的政治方向。制订《市人大常委会与“一府两院”的联系办法》，加强与“一府两院”的沟通联系，促进形成工作合力。制定《市人大常委会专题询问办法》，为依法开展好这项新的工作，设立程序规范，提供制度依据。制定《市人大常委会会议公民旁听办法》，扩大公民有序政治参与，自觉接受人民群众对常委会工作的监督。

努力强化宣传工作。主动加强与市委宣传部门的联系，充分发挥市级新闻媒体的作用，不断提升常委会自办刊物、网站、信息的质量，大力宣传人民代表大会制度、特色亮点工作和代表先进典型，媒体用稿量、信息采用量、好新闻等次奖在全省各市州人大中名列前茅，机关选送稿件《人代会上一句话决议不妥》荣获全国人大好新闻二等奖。

积极参与全国人大、省人大的立法调研、执法检查活动，主动加强与兄弟市州人大的学习交流，特别注重与各县（市、区）人大常委会的配合联动，扩大影响，增进活力。充分发挥专委会职能作用，围绕统筹城乡发展、社保基金监管、道路交通安全、农村土地撂荒、民间传统文化、廉租房建设和民族宗教工作等热点问题开展视察调研，提出意见建议，促进相关工作。

各位代表，常委会工作取得的成绩，得益于市委的坚强领导，得益于全体市人大代表、常委会组成人员、机关工作人员的辛勤努力，得益于“一府两院”、各县（市、区）人大常委会的密切配合，得益于社会各界、全市人民的关心支持，在此，我谨代表市人大常委会，向大家表示衷心感谢！

同时，我们也清醒地认识到，常委会的工作与党的要求和人民的期待还有一定差距，讨论决定重大事项的机制还有待进一步完善；发挥代表作用的途径还有待进一步拓展；机关自身建设还需进一步加强。对于这些问题和不足，我们将认真研究，切实加以解决。

2014年主要任务

2014年是全面贯彻落实党的十八届三中全会精神、全面深化改革的第一年。做好今年的人大工作，意义重大。新的一年，市人大常委会工作的总体要求是：深入贯彻落实党的十八届三中全会精神，以邓小平理论、“三个代表”重要思想和科学发展观为指导，遵循“谋发展、惠民生、重法治、促和谐”的工作取向，按照“围绕中心、突出重点、强基固本、务实创新”的工作要求，坚持群众路线，坚持与时俱进，切实履行地方国家权力机关法定职能，努力为我市率先次级突破、同步全面小康，加快建设区域中心城市作出新贡献。

一、围绕工作中心，在助推改革发展上要有新作为。紧扣市委重大决策部署，抓住改革发展中的重点工作和关键领域，深入开展调查研究，依法决定重大事项，综合运用法定监督手段，力促经济持续健康发展。听取审议计划执行和“十二五”规划中期评估报告，加强宏观经济运行情况监督。听取审议科技创新、农村土地流转情况报告，调研全市工业园区建设情况，落实创新驱动战略，助力产业兴市进程。听取审议城市总体规划执行、生态市建设规划实施、低效闲置土地清理以及金城山、第一曲流旅游开发情况报告，促进资源环境的有效保护、有序利用。听取审议预算执行、财务收支审计、政府性债务、国有资本运营和基本建设专项资金安排情况报告，审查批准财政决算，推进预决算全口径监督。

二、践行群众路线，在促进民生改善上要有新成效。坚持以实现好、维护好、发展好人民群众根本利益为己任，深入开展社情民意调研，切实加强民生工程监督，努力推动公共服务和社会事业全面均衡发展。听取审议扶贫开发、保障性住房建设、农村基础教育及市辖三区基础教育规划实施情况报告，视察医疗卫生重点项目推进情况，调研人防工作，跟踪落实《关于打造西河生态景观长廊的决议》，力促人民群众幸福感不断提升。

三、弘扬法治精神，在推进依法治市上要有新进展。深入落实“六五”普法决议，积极助推法治南充建设。开展传染病防治法、农产品质量安全法执法检查。听取审议禁毒工作、民事审判、民事行政检察、加强行政监察推进廉政建设情况报告。综合运用工作评议、专题询问等多种方式，督促和支持“一府两院”依法行政、公正司法。完善规范性文件、重大决策合法性审查机制，维护国家法制权威。坚持党管干部和人大依法任免有机统一，认真做好人事任免工作。依法处理人民群众来信来访，切实维护群众合法权益，促进社会和谐稳定。

四、改进代表工作，在激发主体活力上要有新突破。健全完善常委会重要工作向代表通报制度，认真做好闭会期间代表活动的组织、指导和服务工作。加强代表业务培训和阵地建设，强化代表责任意识，提升代表履职能力。积极落实代表执行职务各项保障措施，促进代表知情知政，支持代表参政督政。按照“注重质量，讲求实效，解决问题”的原则，不断完善代表议案建议办理机制，推动社会热点难点问题有效解决。深化“双联系”活动，制定代表联系群众工作办法，建立联系档案，搭建联系平台，完善联系制度，促进代表联系群众工作制度化、规范化、常态化。

五、坚持与时俱进，在加强自身建设上要有新提升。按照党的十八届三中全会对人大工作提出的新要求，以改革精神推进人大制度理论和实践创新，探索完善讨论决定重大事项机制、预算决算全口径审查机制和代表联系群众机制。深入开展群众路线教育活动，切实转变工作作风，积极回应群众关切，使人大各项工作更加合民情、贴民心、顺民意。坚持不懈地抓好干部队伍思想建设、作风建设、能力建设、廉政建设，进一步健全完善常委会议事规则、工作制度和机关管理制度，力求行权履职更加科学务实、管理运行更加规范高效。加强人大制度和人大工作的宣传，加强同上级人大的联系、与市州人大的交流、对基层人大的指导，不断提升地方人大工作整体水平。

各位代表，同志们！实现富民强市需要扎实苦干，率先次级突破必须开拓进取。让我们高举中国特色社会主义伟大旗帜，在中共南充市委的坚强领导下，团结奋进，实干争先，为加快区域中心城市建设、夺取全面建成小康社会新胜利而努力奋斗！

南充市人民代表大会常务委员会工作报告

2015 年 5 月 23 日在市五届人大五次会议上

南充市人大常委会主任　袁险峰

各位代表：

我受南充市第五届人民代表大会常务委员会委托，向大会报告工作，请予审查。

2014 年主要工作

2014 年是全面深化改革的第一年。市人大常委会在市委领导下，以党的十八大和十八届三中、四中全会精神为指导，紧紧围绕省委“三大发展战略”和“两个跨越”，紧紧围绕市委中心工作和决策部署，紧紧围绕人民群众关心的热点难点问题依法履行职责。全年共召开常委会会议 6 次，作出决议决定 8 项，听取和审议专项工作报告 27 项，开展专题询问 1 次，对 5 个政府部门开展工作评议，对 2 部法律的执行情况进行检查，任免国家机关工作人员 38 人次，备案审查规范性文件 116 件，完成了市五届人大四次会议确定的工作任务。

一、着力支持发展，在助推富民强市上主动作为

过去一年，常委会深入践行全面、协调、可持续的科学发展观，加强经济运行、民生事业、生态建设监督，助推发展方式加快转变、发展成果同质共享。

坚持稳中求进，助推地方经济转型发展。围绕稳增长、调结构、转方式，加强经济运行监督。听取“十二五”规划中期评估、上半年计划执行以及科技创新工作、城乡总规实施、工业经济发展、农村土地流转等专项报告，对全市工业园区运行情况开展专题调研。组成人员在审议中提出，要充分释放改革红利，大力推动转型升级，切实提升投资绩效，培育壮大实体经济，将经济增速保持在合理区间。要深入实施创新驱动战略，注重科技人才引育，加强科技成果转化，支持自主创新，培育自主品牌，不断提升区域经济核心竞争力。要坚持规划引领，统筹城乡发展，完善规划决策民意采信机制，健全规划实施监督检查制度，突出规划的全域性、科学性和严肃性。要促进资源要素的合理配置、有序流动，大力培育工业总部经济和新型农业经营主体，推进工业集聚发展和农业规模经营。针对工业园区运行中存在的现实问题，向市委提交专题调研报告，建议适度规模扩张，重抓产业填充，改善投资环境，优化引资质量，促进产城一体、产城融合。根据经济增速放缓实际，常委会审查批准了“十二五”规划部分指标调整方案。

在加强预算审查监督方面，一是听取预算执行、财政收支审计报告，审查批准市级财政决算和部分预算调整。二是对基本建设重点项目的规划实施、工程预算、资金使用情况进行调查分析，听取土地基金及基本建设预算安排、预算执行情况报告，实现事前、事中、事后监督有机结合，推进程序性监督向实质性监督转变。三是调研政府融资平台运行状况，听取政府性债务情况报告，强调要加强 BT 项目融资风险管理，防止区域性、系统性财政风险。四是听取国有资本运营情况报告，就强化资产监管、防止资产流失、确保资产保值增值提出意见。五是牵头研制社保基金预算、国有资本经营预算的编制口径、约束措施和核算目标，将两本预算提交本次代表大会审查，在推进全口径预算审查监督上取得突破性进展。

坚持以人为本，助推民生事业协调发展。紧贴百姓福祉，加强民生监督。聚焦“学有所教”，听取农村基础教育情况报告，要求优化农村教育资源布局，推进农村中小学标准化建设，为农村儿童提供更公平、更优质、更便捷的义务教育环境。连续三年调研、督查、审议市辖三区基础教育规划实施情况，督促建立目标倒逼机制，形成加压驱动格局，加快布点规划实施，缓解市区日益突出的义务教育压力。编辑出版《人文南充》，收集整理民间传统文化。聚焦“困有所济”，听取扶贫开发工作报告，要求坚持分类施策，实施精准扶贫，让真正贫困的人群得到重点帮扶，让不同类型的贫困对象得到针对性帮扶。聚焦“住有所居”，听取安居工程情况报告，要求科学编制保障性住房建设规划，健全公正、公开的分配机制和能进、能出的管理制度，让困难群众公平享受惠民政策阳光。聚焦“病有所医”，视察重点医疗项目建设，督促提升城乡医疗保障水平；调研食品药品安全监管工作，为上级人大立法提供依据。聚焦“安有所保”，审议禁毒工作报告，调研人民防空工作，要求加大人防设施建设力度，严厉打击毒品犯罪活动，维护人民群众的健康和安全。

坚持生态优先，助推人与自然和谐发展。大气污染是人民群众的“心肺之患”。常委会将其列为首次专题询问课题，组织力量座谈调研、明察暗访并制成专题片，组成人员抓住重点、深入询问，政府及职能部门负责人坦诚作答、当面表态，相关专委会加强跟踪问效，促进了工作，顺应了民意。“还西河一河清水”是市民的期盼和党政的承诺。常委会深入落实《关于打造西河生态景观长廊的决议》，与沿河县（区）人大密切配合、联动监督，先后11次深入实地开展视察、调研和暗访，要求政府建立完善长效机制，防止西河污染反弹，加强景观长廊建管。听取生态市建设规划实施情况报告，督促完善城镇环卫设施，整治工业超标排放，治理农村面源污染，加强林地、湿地、水源保护，提升城乡生态涵养功能。听取金城山、嘉陵江第一曲流旅游开发情况报告，建议理顺管理体制，突出生态定位，注重环境承载能力，坚持稳步适度开发。听取清理低效闲置土地情况报告，督促加强用地计划管理，优化资源配置、盘活资源存量、提升用地效率。

二、着力推进法治，在维护公平正义上再添举措

过去一年，常委会紧扣法治南充建设，推进普法教育，加强法律监督，促进依法治理，致力构建严格执法、公正司法、全民守法的法治良序。

加强普法工作监督，促进全民学法。开展“六五”普法决议执行情况督查，调研“法律七进”活动进展情况，督促健全领导干部学法制度、创新法制宣传教育载体，促进群众学法、信法、守法。开展国家首个宪法日宣传纪念活动，就地方人大弘扬宪法精神、维护宪法权威、保证宪法实施进行研讨。邀请专家学者举办专题法制讲座5期，提升国家机关工作人员依法履职能力。

加强权力运行监督，促进办事依法。对市城乡规划局、市林业局，市旅游局、市安监局、市金融办开展工作评议，从工作效能、干部作风、廉政建设等五个方面进行综合评估，提出评议意见46条，督促评议对象逐条落实整改，达到了改进行风、促进工作的目的。听取加强行政监察、推进廉政建设情况报告，对坚持依法行政、规范权力运行、推进正风肃纪作出要求。加强规范性文件备案审查，强化抽象行政行为监督，确保权力授予有据、行使有规。

加强法律实施监督，促进严格执法。组织开展传染病防治法执法检查，要求完善联防联控体系，健全重点疫情监测预警机制，提升突发公共卫生事件应急处置能力。组织开展农产品质量安全法执法检查，督促完善执法、监管、检测三大体系，责成有关方面以最严谨的标准、最严格的监管、最严厉的处罚、最严肃的问责，确保人民群众“舌尖上的安全”。配合国、省人大开展刑法修正案以及四川省非税收入征管条例、农村扶贫开发条例等12部法律法规的立法调研，提出建议意见67条。

加强司法工作监督，促进公正司法。听取审议民事审判、民事行政检察工作情况报告，要求加强司法队伍建设，提升案件审判质效，强化诉讼检察监督，严查执法不严、判决不公背后的司法腐败问题，努力让人民群众在每一起司法案件中都感受到公平正义。推进落实《关于加强对司法工作监督的决定》，市中级法院出台案件质量责任查究暂行办法，市检察院大力推行检务公开试点，公检法司积极构建相互协作、相互制约的工作运行体系，维护司法公正、提升司法效率。

常委会全年共接办人民群众来信来访912人次，督促“一府两院”及时妥善解决群众合法诉求，有效化解社会矛盾，促进社会和谐稳定。

三、着力服务代表，在激发主体活力上取得突破

过去一年，常委会充分尊重人大代表主体地位，促进代表联系群众，改进代表活动方式，加强议案建议督办，为代表执行职务创造条件、搞好服务。

建立人大代表之家，让代表联系群众更紧密。为促进解决人大联系服务群众“最后一公里”问题，常委会积极推动在全市所有乡镇和街道办事处建立“人大代表之家”，召开专题会议明确要求、统一安排，开展专项督查加快进度、确保质量，着力搭建代表开展活动、学习交流、联系选民的平台。经各方共同努力，全市422个乡镇和街道办事处完成建设任务，1.1万多名代表参加选民接待活动，收集、转办意见建议7100多条，帮助群众解决实际问题5500余件。

丰富代表闭会活动，让代表作用发挥更充分。连续两年召开代表履职经验交流会，连续三年举办代表专题培训，参训代表覆盖面达80%以上。组织国、省、市三级人大代表围绕经济社会发展热点难点开展视察调研，将调研成果分送地方党政及有关部门参考。坚持邀请代表列席常委会会议，参与执法检查、工作评议等重大活动，积极推荐代表参加“一府两院”的听证、测评、庭审、开放日活动和情况通报会，畅通代表知情知政渠道、拓展代表参政督政空间。

加强议案建议督办，让代表对办理质效更满意。一是坚持重点督办。将代表反映集中、群众普遍关注的21件建议批评意见确定为重点督办件，由常委会领导牵头，相关专委会负责，实地督查，限期办结。二是推行网上公开。在南充人大网开设专栏，向社会公布代表建议原文、交办过程、部门答复情况和代表反馈意见，实现对建议质量和办理质量的双向监督。三是硬化目标考核。结合代表反馈意见，对议案建议办理质量进行评分，纳入承办单位年度考核。经各方共同努力，市五届人大四次会议期间代表提出的2件议案和300件建议批评意见均已办结。代表提出的《建设绿色生态走廊、营造嘉陵江秀美景观》和《加大大气污染治理、提升南充环境质量》两件议案涉及的工作都具有长期性，常委会已将其列入今年监督计划，跟踪问效，抓好落实。

常委会坚持党管干部和人大依法任免有机统一，严格执行任前法律考试、供职发言制度，依法任免国家机关工作人员，确保国家机关正常运转。

四、着力自身建设，在践行群众路线上力求实效

过去一年，常委会以开展党的群众路线教育实践活动为主线，加强思想建设、作风建设和制度建设，积极适应新形势、新任务和新要求。

抓学习，强素质。坚持把加强学习教育贯穿始终，认真领会习近平总书记系列重要讲话精神以及中央、省委、市委系列重大决策部署，深入学习与人大工作密切相关的法律知识和业务知识，加强理论武装，提升履职能力。结合教育实践活动，扎实开展“群众路线怎么走、改进作风怎么办、五好干部怎么当”等大讨论活动，坚定理想信念，增强政治定力。

走基层，转作风。在党的群众路线教育实践活动中，坚持以基层问症、百姓听音、开门评风活动为载体，深入查找“四风”突出问题。结合产生问题的根源，对症下药、综合施策，精心制定整改方案，逐项抓好整改落实。常委会机关深入开展“庸懒散浮拖”等专项治理，认真组织“走基层”“双报到”等活动，扎实做好高坪区东观镇大石头村、嘉陵区蚂蝗堰社区、阆中市博树回族乡等地结对帮扶工作。

严制度，谋长效。积极对接中、省、市各项纪律规定和专项治理行动，围绕落实管党治党责任、整改“四风”突出问题、创新地方人大工作，修订组成人员守则以及调查研究、财务管理、公务接待等制度16项，坚持用制度管人、管事、管物，确保作风建设见实效、见长效。

加强人大新闻宣传工作，推进人大制度理论研究。坚持办好《南充人大》刊物和南充人大网站，协调联动新闻媒体，大力宣传人大制度、人大工作和代表先进典型。去年，全市人大系统荣获全国人大好新闻二等奖2项、省人大好新闻一等奖6项，奖项等次、获奖总量在全省市州人大中排名第一。

各位代表！过去一年，常委会的各项工作，离不开市委的坚强领导，离不开全体市人大代表、常委会组成人员、机关工作人员的辛勤劳动，离不开“一府两院”、各县（市、区）人大常委会的密切配合，离不开社会各界、全市人民的关心支持。在此，我谨代表市人大常委会表示衷心感谢！

同时，我们也清醒地认识到，常委会的工作与组织要求、群众期待还有差距。比如，改革创新步伐尚待加大，人大监督刚性还需增强，代表工作机制有待完善等。对于这些问题和不足，我们将自觉接受人民监督，虚心听取代表意见，采取有效举措，切实加以改进。

2015年主要任务

2015年是全面深化改革的关键之年，是全面推进依法治国的开局之年，也是“十二五”规划的收官之年。市人大常委会今年工作的总体要求是：高举中国特色社会主义伟大旗帜，全面贯彻落实党的十八大，十八届三中、四中全会和省委十届五次全会精神，在市委坚强领导下，紧紧围绕全面建成小康社会、全面深化改革、全面依法治国、全面从严治党的战略布局，依法履行职责，积极开展工作，适应新常态，重塑新形象，谋求新作为，为加快建设开放、生态、法治、繁荣的川东北区域中心城市贡献力量。

一、坚持党的领导，始终保持人大工作正确政治方向。要把加强常委会思想政治建设摆在首要位置，自觉以党的基本理论武装头脑、指导实践、推动工作，切实把思想和行动统一到中央、省委、市委精神上来。要紧紧围绕市委重大决策部署，依法行使各项法定职权，努力把市委的主张和意图通过法定程序转化为全市人民的共同意愿和自觉行动。要严守党的政治纪律和政治规矩，牢固树立政治意识、大局意识、责任意识和担当意识，坚持重大问题、重要事项、重点工作向市委请示报告制度，自觉维护党委统揽全局、协调各方的核心地位。要深刻汲取南充近年腐败案件沉痛教训，把从严治党、正风肃纪作为重中之重来抓，以开展“三严三实”专题教育为载体，深入落实省委“八个务必从严”和市委“三个带头、四个管好”要求，扎实抓好人大代表和人大干部两支队伍建设，着力净化政治生态，重塑南充形象，让人民群众在人大工作中感受到新风正气。

二、提升履职实效，切实服务地方改革发展稳定大局。要紧贴南充发展定位，强化责任担当，高效履职行权。立足助推经济发展，听取审议半年计划执行、城市管理工作、农村产权制度改革、城乡总体规划实施、深化行政审批制度改革、“十三五”规划编制等专项报告。立足强化预算监督，认真贯彻实施新预算法，强化预算编制、预算执行、预算调整审查，为人民群众管好“钱袋子”。立足促进改善民生，听取审议菜篮子工程、物业管理、医疗卫生服务体系建设、国家公共文化服务体系示范区创建、市辖三区城区基础教育规划实施等专项报告，选择社会普遍关注的问题进行专题询问。立足推进生态文明，听取审议环境状况和环境保护目标任务完成情况、嘉陵江流域（南充段）绿色生态走廊建设总体规划实施情况、西河生态景观长廊打造决议执行情况报告。立足建设法治南充，适时作出《关于推进依法治市建设法治南充的决定》，组织开展动物防疫法、旅游法执法检查，选择性地对政府专项工作进行评议，听取审议民事案件执行、打击经济犯罪以及“一府两院”推进依法治市建设法治南充工作情况报告，切实加强规范性文件备案审查，认真督办涉法涉诉信访。落实党的十八届四中全会决定和新立法法精神，做好地方立法各项准备工作。

三、改进代表工作，充分发挥人大代表主体作用。坚持以规范运行、健全制度、创新机制为重点，进一步丰富“人大代表之家”内涵，更好地发挥代表在了解民情、反映民意、集中民智方面的独特作用。切实做好常委会组成人员联系代表工作，坚持与联系代表面对面进行交流，认真听取代表对各方面工作的意见和建议，帮助代表解决履职行权中的具体困难。加强闭会期间代表活动组织服务，完善代表参与常委会、专委会工作的机制，邀请更多基层代表参加执法检查、工作评议等活动。组织代表围绕经济社会发展热点开展视察调研，充分发挥人大代表在全局工作中的重要作用。加大代表议案建议督办力度，坚持网络公开、特约评论、重点督办和目标考核制度，进一步提升办理工作实效。

四、加强自身建设，不断提升常委会依法履职能力和水平。坚持不懈抓好作风建设，严格执行中央八项规定、省委省政府十项规定和市委市政府九项规定，扎紧制度防线，严守法纪红线，把牢行为底线，巩固和拓展党的群众路线教育实践活动成果。坚持不懈抓好党风廉政建设和反腐败斗争，让权力在阳光下运行，做到有权不任性、行权有边界。坚持不懈抓好能力建设，扎实开展常委会集中学习和专题讲座，有计划地组织常委会组成人员和人大机关干部参加业务培训。坚持不懈抓好人大制度理论研究和人大新闻宣传工作。更加注重运用法治思维和法治方式做好地方人大各项工作，做尊法学法守法用法的模范。更加注重发挥人大各专门委员会的作用和优势，凝聚集体智慧，增强工作合力，提升行权效能。更加注重密切与上级人大的联系、增进与兄弟市州人大的交流、加强对县乡人大的工作指导，推动全市人大工作再上台阶。

各位代表！在发展与法治的新征程中，我们唯有坚定革弊立新的决心，唯有保持专注发展的定力，在困难和挑战面前勇于担当、共克时艰，才能不辱历史使命，不负人民重托。让我们在市委坚强领导下，负重拼搏，砥砺奋进，为把南充建成开放、生态、法治、繁荣的川东北区域中心城市而努力奋斗！

南充市人民代表大会常务委员会工作报告

2016年3月20日在市五届人大六次会议

南充市人大常委会主任　袁险峰

各位代表：

我受南充市第五届人民代表大会常务委员会委托，向大会报告工作，请予审查。

2015年主要工作

2015年是南充发展史上极其特殊、极为艰难的一年。在市委的坚强领导下，市人大常委会始终坚持党的领导、人民当家作主、依法治国有机统一，深入贯彻中央、省委、市委决策部署，紧紧围绕全市工作大局，强化责任担当，依法行使职权，圆满完成了市五届人大五次会议确定的各项任务。全年共召开常委会会议9次，作出决议决定6项，听取和审议专项工作报告20项，开展专题询问1次，对4个政府部门工作开展评议，对2部法律执行情况进行检查，任免国家机关工作人员73人次，为全市经济社会发展和民主法制建设作出了积极贡献。

一、坚持党的领导，推进人大工作与时俱进

这一年，常委会深入落实党对新形势下人大工作提出的新要求，坚持在把牢政治方向中保持定力，在深化改革创新中释放活力。

协助市委召开人大工作会议。新的市委班子对人大工作高度重视，切实加强对人大工作的领导，先后6次听取常委会党组专题汇报，首次听取“一府两院”执行人大决定决议情况报告，及时组织召开市委人大工作会议，推进落实中央、省委关于加强人大工作和建设的各项决策部署。为确保中省相关政策措施落地生根，常委会组成四个调研组，深入全市各地广泛听取意见建议，积极为市委决策提供有效参考。市委人大工作会议和市委出台的文件，就支持人大工作提出了明确要求，对发挥人大作用作出了周密部署，为人大更好地服务全市经济社会发展和民主法制建设提供了基本遵循和制度保证。会后，常委会赓即召开专题会议，领会市委会议精神，落实市委工作要求，切实推进制度创新和实践创新，全市人大工作焕发出新的生机与活力。

推进地方立法工作。党的十八届四中全会决定依法赋予设区的市地方立法权。仲彬书记明确提出“南充地方立法要走在全省市州人大前列”。我们把申报行使地方立法权作为大事来抓，多次到省人大联系汇报工作，分批派员参加立法业务培训，依托西华师大成立地方立法研究中心，组织力量对我市近五年有关城乡建设与管理、环境保护、历史文化保护的规范性文件进行全面清理，编制逾10万字的申报资料论证立法需求和立法能力。在市委的坚强领导和有关各方全力支持下，南充成为全省首批被赋予地方立法权的市，为我市法治建设翻开了崭新一页。为推进科学立法、民主立法，常委会精心调研起草立法条例草案，提交本次大会表决。

深化预算监督改革。党的十八届三中全会要求推进预决算全口径审查，这也是市委下达给常委会的改革任务。我们切实加强对“四本预算”编制执行情况的跟踪监督，听取审议半年预算执行、土地基金及基本建设预算安排情况报告，确保把有限财力用在刀刃上。对政府融资平台担保债务运行、管理、偿还情况进行专题调研，首次审查批准地方政府债务限额，推进落实债务定期报告和人大审批制度，严控举债规模，规范融资行为，防范财政风险。更加注重发挥审计免疫功能，首次将审计查出问题整改落实情况纳入审议范围，促进解决屡审屡犯、屡查不改等问题，督促有关方面规范管理资金22.19亿元，完善规章制度39项。

改进专题询问方式。开展专题询问是提升人大监督实效的重要途径。我们深入落实全国人大常委会《关于改进完善专题询问工作的若干意见》，抓住群众关切的城市管理问题开展询问，采取明察暗访、现场实录方式制成专题片，以实为证，以案说法，增加追问、自由询问环节，一针见血、见人见事地指出城市管理的盲点和短板，问出了原因和责任、问出了办法和措施、问出了承诺和决心。坚持专题询问不止于问，采取暗访、约见、实况录播等方式跟踪督促整改，促进城市秩序和卫生状况向好转变。

二、提升监督实效，服务改革发展稳定大局

这一年，常委会切实发挥人大监督作用，始终确保人大工作与改革发展同步、与人民群众同心、与依法治市同行。

加强经济运行监督。审议国民经济和社会发展计划半年执行情况报告，督促落实稳增长、促改革、调结构、保民生、防风险等政策措施。组织开展“十三五”规划编制基本思路专题座谈，审议“十二五”规划总结评估和“十三五”规划编制情况报告，提出要注重全域统筹，转换发展动能，强化项目支撑，促进“多规”融合，实现更有质量、更加协调、更可持续的发展。审议深化行政审批制度改革情况报告，推动实施简政放权，督促建立权力清单，简化行政审批流程，优化投资创业环境。审议农村产权制度改革情况报告，要求确实权、颁“铁证”，进一步释放农村资源资本潜能，规范农村产权流转交易，不断增加农民财产性收入。审议城乡总规实施情况报告，就完善民意采信机制，严格规划变更程序，抓好新一轮总规修编工作提出要求。

支持项目建设。去年是市委确定的项目实施年。常委会组织部分国、省、市人大代表对南充现代物流园、创新创业中心加速园和部分重大产业项目进行集中视察，督促做大工业发展基金，做优产业聚集平台，推动落实中小企业应急转贷资金优惠政策，努力为实体经济发展排忧解难。听取部分重大项目推进实施情况报告，同意政府设立专项资金支持吉利新能源商用车研发生产，审查批准《四川南充国家农业科技园区总体规划》。组织部分委员和代表对60个基本建设重点项目进行逐一调查分析，要求加强可研论证，严格预算约束，切实提升工程建设质效。调研政府投资非经营性项目代建工作情况，就完善代建制度、规范招标流程、强化风险管控向市委提交专题报告。

力促民生改善。维护群众利益是人大工作的永恒主题。常委会把推进脱贫攻坚作为重中之重来抓，组织代表专题视察精准脱贫工作，听取审议专项报告并进行满意度测评，督促政府围绕省委提出的“四好”目标，大力实施“五大扶贫工程”，不断提升贫困人口自我积累、自我发展能力。审议专业蔬菜基地建设情况报告，要求利用五年时间实现市内蔬菜供给平衡。审议医疗卫生服务体系建设情况报告，推动解决医疗资源总量不足、医技力量分布不均、诊疗体制不顺、基层基础不牢等现实问题。审议公共文化服务体系示范区创建情况报告，要求健全文化资源共享机制，加强文化遗产传承保护，切实保障人民群众精神文化需求。连续四年跟踪督促市辖三区基础教育布点规划落实，三区政府在规划期内共新改扩建幼儿园、中小学21所，有效缓解市民子女入学难题。调研全市宗教工作情况，就尊重宗教信仰、完善宗教管理、促进宗教和谐向市委提交专题报告。

推进生态文明。“绿水青山就是金山银山。”常委会持续加大生态环境保护力度，听取审议全市环保工作情况报告，督促做好生态修复的加法、节能降耗的减法、生态经济的乘法、综合治理的除法，不断提升城乡生态涵养功能。审议嘉陵江流域（南充段）绿色生态走廊建设总规实施情况报告，要求加强沿江两岸林地、湿地、水源修复保护，加快滨江节点生态、人文、自然景观建设。追踪落实关于打造西河生态景观长廊的决议，组织视察暗访 13 次、召开协调推进会 3 次、督办典型个案 2 件，将突出问题列表成册印送责任主体，责成限期落实整改，严防污染反弹。跟踪监督大气污染防治工作，促成相关治理措施落地见效，全市空气质量明显好转。

助推依法治市。推进法治建设是人大工作的根本任务。常委会专题听取“一府两院”推进依法治市情况报告，就进一步提升执法满意度、维护司法公信力作出明确要求。审议打击经济犯罪工作情况报告，督促强化投资理财行业管理，维护人民群众财产安全。审议民事案件执行情况报告，推动解决执行难问题。开展动物防疫法执法检查，督促完善防控体系，增强执法力度，筑牢畜禽产品安全屏障。开展旅游法执法检查，推动依法治旅、依法兴旅，促进我市由旅游过境地向旅游目的地转变。评议市公安局、市文化广电新闻出版局、市扶贫移民局、市质监局工作，提出评议意见 32 条并追踪落实整改，达到了改进行风、促进工作的目的。认真做好涉法涉诉信访工作，受理群众来信来访 829 件次，力促群众维权与社会维稳有机统一。按照“权责法定”原则，备案审查规范性文件 86 件，确保行政权力于法有据、行使有规。开展“六五”普法决议执行情况专项检查，邀请专家学者开设法制讲座 4 期，大力弘扬法治精神，倡导法治思维，培植法治信仰。起草《关于推进法治南充建设的决议（草案）》提交大会表决。

三、发挥主体作用，支持代表依法行使职权

这一年，常委会牢固树立对代表负责、为代表服务、受代表监督的理念，切实保障和支持代表执行职务。

促进代表密切联系群众。召开“人大代表之家”建设推进会，健全完善代表联系选民常态机制。以代表之家为平台，引导全市 1.2 万多名各级人大代表定期定点接待选民，收集、转办意见建议 9600 多条，帮助群众解决实际问题 4900 余件。以代表小组为单位，促进代表进村入户、深入一线开展走访座谈，宣传政策法规，收集社情民意。坚持把投身全面建成小康社会作为代表履行职责、联系选民的重要内容，向代表发出“脱贫攻坚——人大代表再行动”倡议，市人大代表与 518 户贫困家庭结成帮扶对子，涌现出了一批帮贫助困、扶危济难的先进典型。

提升议案建议办理质效。继续推行办理工作网络公开、量化考核制度，加强对建议质量和办理质量的双向监督。将代表反映集中、群众普遍关注的 15 件建议批评意见确定为重点督办件，邀请提案代表全程参与督办，采取定期询问进度、深入实地视察、开展专项座谈等方式推进“事要解决”。市五届人大五次会议代表提出的 241 件建议、批评和意见均在法定期限内办结，其中办成实事 58 件，需跨年办理 166 件，转为工作建议 17 件。加强对“关于积极实施简政放权”“关于提高森林覆盖率打造生态南充”两件议案的督办，政府及其有关方面对议案办理工作高度重视、积极作为，取消、调整非行政许可审批事项 97 项，全市森林覆盖率同比提高 0.53%。

强化代表履职服务保障。举办代表专题培训 4 期，参训代表 237 人次。邀请 136 名代表列席常委会会议，参与执法检查、工作评议等重大活动，积极推荐代表参加“一府两院”的听证、测评、庭审、开放日活动和情况通报会，促进代表知情知政，支持代表参政督政。以选区为单位，组织代表围绕经济社会发展重大课题开展视察调研，形成专题调研报告 31 篇。坚持组成人员联系代表常态化、制度化，全年常委会组成人员走访代表268人次。推动落实代表履职补贴制度，为49名无固定收入的代表发放误工补贴，对64名生活困难的代表进行慰问。

常委会坚持党管干部和人大依法任免有机统一，严格执行任前法律考试、供职发言制度，切实保证人事任免工作风清气正。一年来，依法任免国家机关工作人员73人次，接受省人大代表辞职9人、常委会组成人员辞职2人，专委会委员辞职6人，补选市人大代表21人，体现了人民意志，实现了党委意图。

四、着力正风肃纪，维护风清气正政治生态

这一年，常委会在各种困难和压力交织叠加的情况下，以激浊扬清的决心和革弊立新的勇气，狠抓自身建设，重塑队伍形象。

崇廉尚实扬正气。面对南充拉票贿选案的严重影响，我们坚决执行新的市委班子在非常时期的决策部署，紧扣“深刻汲取教训、净化政治生态、重塑南充形象”这条主线，结合“三严三实”专题教育，扎实开展学党章党纪、学先辈先进、学《准则》和《条例》等系列活动，采取党组中心组学习会、班子民主生活会、支部组织生活会等形式进行深刻剖析反思；针对暴露出的深层次问题，制订完善《常委会组成人员和机关工作人员廉洁自律若干规定》等规章制度，通过筑牢思想防线、开展作风整顿、织密制度篱笆，把纪律挺在前面，把权力关进笼子，达到了正衣冠、清积弊、树新风的目的。

锤炼队伍提士气。我们始终把凝心聚力作为一项重要政治任务，及时召开组成人员暨县（市、区）人大常委会主任学习会，推动全市人大系统重振信心，坚定决心，切实把心思和精力集中到助推发展上来。制定五年培训计划，分批组织部分人大代表和机关干部参加立法法、预算法等专题培训，提升能力，启迪思维，开阔视野。召开专委会、办事机构工作座谈会，加强对县乡人大的联系指导，形成上下联动、同频共振的合力，促进了队伍凝聚力、执行力、战斗力整体提升。

根植群众接地气。我们坚持密切联系群众，大兴调查研究之风，全年常委会机关干部深入基层调研人次同比增加37%。常委会领导认真做好定点联系精准脱贫工作，经常深入联系点分析致贫症结，研讨脱贫办法，解决实际困难。常委会机关扎实开展对高坪御史乡杉树沟村、阆中博树回族乡的定点帮扶工作，选派优秀中青年干部蹲点驻守，帮助制定脱贫规划，协调政策资金支持，推进实施了一批基础设施项目和产业发展项目，当地经济社会面貌明显改观，贫困群众生活质量稳步提升，得到了基层干部群众一致好评。

常委会高度重视人大制度理论研究和新闻宣传工作，《为民铿锵发声》等130篇文章被省级以上媒体刊用，获得国、省人大新闻奖7项。积极推动与上级人大、外省人大、兄弟市（州）人大的交往合作，达到学习先进经验、扩大对外影响的良好效果。

各位代表，2015年常委会工作取得的成绩，是市委坚强领导的结果，是全体组成人员、市人大代表和各县（市、区）人大常委会辛勤付出、共同努力的结果，是“一府两院”密切配合、积极协作的结果，是广大人民群众充分信任、大力支持的结果。在此，我谨代表市人大常委会表示衷心感谢并致以崇高敬意！

各位代表，我们也清醒地看到，常委会在创新监督方式、发挥代表作用、提升履职能力、联系指导基层人大工作等方面还有较大的努力空间。我们将自觉接受人大代表和人民群众的监督，虚心听取各方面意见，认真研究新情况新问题，努力把常委会工作做得更好、更实。

2016 年主要任务

2016 年是实施“十三五”规划的开局之年。常委会将在市委坚强领导下，深入贯彻党的十八大和十八届三中、四中、五中全会精神，认真学习习近平总书记系列重要讲话，全面贯彻落实省委十届七次全会要求，紧紧围绕市委五届十次全会的重大决策部署，践行“五大发展理念”，服务“四个全面”战略布局，坚持把人大工作放到围绕党委中心工作中去谋划，放到加快推进法治建设中去谋划，放到助推经济社会发展中去谋划，放到保障人民群众权益中去谋划，切实履行法定职权，充分发挥职能作用，努力为南充决战决胜全面小康，加快建设创新、开放、生态、法治、繁荣的区域中心城市贡献力量。

一、深入贯彻市委决策。“十三五”是南充科学发展、转型发展、加快发展的关键时期。市委五届十次全会立足当前、着眼未来，对南充今后五年乃至更长时期的发展作出了周密部署。我们将以贯彻市委重大决策为导向，以深入实施“十三五”规划为主线，以推进落实富民强市“十大行动”为重点，统筹抓好人大各项工作，努力在协调推进“四个全面”战略布局南充实践中彰显人大作为、体现人大担当。去年 12 月召开的市委人大工作会议，对推动全市人大工作和建设与时俱进，具有重大而深远的意义。今年和今后一个时期，我们的重要任务就是要把市委的各项要求落到实处，进一步增强做好人大工作的思想自觉和行动自觉，进一步深化地方人大实践创新和制度创新，进一步推动全市人大系统队伍建设和组织建设，努力实现职能工作、代表工作与基层基础工作同步提升、完善发展。

二、稳步推进地方立法。牢固树立“科学立法、民主立法”理念，正确处理党委领导立法与人大主导立法、国家立法与地方立法、政府权力与公民权利三者关系，紧扣南充发展与法治实际需求，立群众拥护之法，立管用实用之法。认真组织实施大会审议通过的立法条例，进一步健全地方性法规立项、起草、审议规程，切实加强立法能力建设，主动增进与有关各方的沟通、协作、互动，使代表在立法中的作用发挥更加充分，使人民群众在立法中的诉求表达更为顺畅，使专家学者在立法中的意见建议得到更好采纳，不断提升立法工作的科学性、民主性和实效性。今年，我们将起草审议《南充市城市绿化管理条例》《南充市城市卫生管理条例》两部地方性法规，启动嘉陵江生态保护、城市交通管理立法调研。

三、切实增强监督实效。坚持把监督重点放在促发展、惠民生和推动行政权、审判权、检察权正确行使上。听取审议计划执行、精准脱贫、农村改革发展、城乡总规实施、社团登记工作、城市基础教育发展、国有土地收储与出让、嘉陵江绿色生态走廊建设、西河生态景观长廊打造、南充国家农业科技园区建设以及市检察院自侦工作情况等专项报告，跟踪督办市政府对城市管理工作、医疗卫生服务体系建设以及旅游法、动物防疫法执法检查报告审议意见的研究处理情况。加强预算执行审查监督，督促审计工作报告及整改情况向社会公开，探索推行部分被审计单位主要负责人到会接受询问制度。专题调研法治南充建设、农业龙头企业培育情况。选择社会普遍关注的重点民生议题开展专题询问。评议市中级法院、市科技局、市住建局工作。检查食品安全法贯彻执行情况。认真抓好涉法涉诉信访督办和规范性文件备案审查。

四、依法决定重大事项。坚持党委决策与人大决定有机统一，对接市委“三重一大”制度，修订完善讨论决定重大事项具体办法，把听取审议“一府两院”工作报告、审查批准计划和预算作为行使重大事项决定权的重点，将加强民主法治建设的重大举措以及区域经济发展总体规划、城市建设总体规划、重大基础设施建设和重大民生工程项目纳入常委会讨论决定重大事项范围，明确权力边界，规范工作流程，扩大公民参与，推进重大决策科学化、民主化、法治化。

五、做好人大换届选举和人事任免工作。认真履行常委会在市县乡人大换届选举工作中的法律责任，把坚持党的领导、充分发扬民主、严格依法办事有机统一起来，严格执行中央、省委、市委换届政策和换届纪律，扎实做好市级人大换届选举相关工作，切实加强对县乡人大换届选举工作的指导，努力确保地方人大换届选举风清气正。正确处理党管干部与人大依法任免的关系，依法按程序落实党委组织人事安排，努力确保党委意图和人民意志高度统一。严格任前法律考试制度，落实宪法宣誓制度，推行常委会任命人员述职制度，加强国家机关组成人员任后监督。

六、创新代表工作机制。充分发挥代表小组、代表之家作用，继续开展“脱贫攻坚——人大代表再行动”活动，促进代表密切联系选民、服务群众。建立代表履职绩效评价体系，健全代表常态履职、监督考核和退出机制，有序推行“直接选举代表向选民述职、间接选举代表向选举单位述职”试点，切实强化代表履职情况监督。加强对闭会期间代表活动的组织、指导和服务，扩大代表对常委会、专委会活动的参与。推进组成人员联系代表常态化，落实无固定收入代表履职补贴制度，帮助代表解决实际困难和具体问题。进一步改进完善议案建议督办机制，不断提升代表对办理工作的满意度。

七、持续加强自身建设。巩固“三严三实”专题教育成果，深入开展“两学一做”学习教育，按照市委“三个带头、四个管好”要求，全面加强思想政治和党风廉政建设。扎实开展常委会集中学习和专题讲座，适时举办常委会组成人员学习会，选送人大干部、人大代表到高等院校进行专题培训，不断提升行权履职能力。坚持不懈抓好人大制度理论研究和新闻宣传工作。加强对县乡人大工作的指导，密切与上级人大的联系，增进与兄弟市州人大的交流，以更加开放的姿态、更加务实的作风，促进全市人大工作和建设整体提升、创新发展。

各位代表，蓝图绘就梦想，实干铸就辉煌，南充正站在新的起点上谱写新的华章。让我们紧密团结在以习近平同志为总书记的党中央周围，在市委的坚强领导下，万众一心，砥砺奋进，为南充决战决胜全面小康，建设“创新、开放、生态、法治、繁荣”的区域中心城市而努力奋斗！

南充市人民代表大会常务委员会工作报告

2017 年 1 月 8 日在市六届人大一次会议上

南充市人大常委会主任　袁险峰

各位代表：

我受南充市第五届人民代表大会常务委员会委托，向大会报告工作，请予审查。

市五届人大常委会的工作回顾

市五届人大常委会的任期，是南充历史上极为特殊、极其艰难、极不平凡的五年，是全市上下经受多重考验、应对各种压力、经济社会发展取得显著成就的五年，也是全市人大工作开拓创新、完善发展、与时俱进的五年。五年来，我们在中共南充市委的坚强领导下，高举中国特色社会主义伟大旗帜，坚持党的领导、人民当家作主、依法治国有机统一，紧紧围绕“五位一体”总体布局和“四个全面”战略布局，依法行使宪法和法律赋予的各项职权，圆满完成了市五届人民代表大会确定的各项任务，为促进全市经济社会发展和民主法制建设作出了积极贡献。

这五年，我们始终保持专注发展定力，着力加强经济工作、民生事业、生态文明监督，大力助推经济社会全面协调可持续发展。

一是加强经济工作监督，推进加快发展、转型发展。为适应经济增速换挡、结构调整、动能转换的新常态，常委会把监督重点放在重大规划实施、重大产业培育、重大改革推进和重大项目建设上。坚持每年听取计划执行情况报告，专题审议“十二五”规划总结评估、“十三五”规划编制情况，推动政府深入贯彻“五大发展理念”，制定落实稳增长、调结构、促改革、惠民生、防风险等政策措施，为应对宏观经济下行压力、促进区域经济企稳转型出谋划策。围绕工业强市，听取审议工业经济发展、化工园区建设、战略性新兴产业培育等专项报告，集中视察鑫达新材料和新能源汽车产业园等重大项目，督促做大工业发展基金，增强园区承载能力，解决企业实际困难，促进传统产业转型升级、新兴产业投产达能、支柱产业提质增效。围绕发展现代农业，听取审议农村土地流转、农村产权制度改革、现代农业示范区建设等专项报告，要求大力培育新型农业经营主体，全面落实支农、惠农、助农政策，不断提升全市农业的集约化、专业化、组织化、市场化水平。集中视察现代物流园和旅游产业发展情况，就深度挖掘三产经济潜能提出建设性意见。审议政务服务工作、打击经济犯罪、行政审批制度改革等专项报告，督促规范市场秩序，优化“双创”环境，努力让各种所有制经济平等使用生产要素、公平参与市场竞争、同等受到法律保护。

二是加强预决算审查监督，促进依法理财、科学理财。审查批准财政预决算是法律赋予人大的重要职权，是宏观调控区域经济运行的重要杠杆。常委会按照中央要求和法律规定，督促深化财税专项改革，预算审查监督工作在全国人大财经监督专题会上交流经验。坚持每年听取基本建设预算安排情况报告，率先建立重大项目预算审查长效机制；推行“四本预算”提交代表大会审查，依法推动预算精细化、公开化，率先实现财政预算全口径监督；督促有关方面量入为出，以收定支，优化财政支出结构，落实政府债务限额管理，切实防范化解财政金融风险；要求不断加大项目投资、民生资金、经济责任审计力度，专题听取审计查出问题整改情况报告，维护了良好财经秩序，提升了财政资金使用效益。

三是加强民生事业监督，助力全面小康、百姓福祉。常委会牢牢抓住老百姓最关心、最直接、最现实的利益问题，积极回应群众关切，持续推进民生改善，努力让人民群众更有幸福感、获得感、归宿感。聚焦“困有所济”，连续4年审议精准脱贫专项报告，连续3年组织代表集中视察，专题听取库区移民后扶工作报告，深入检查四川省农村扶贫开发条例贯彻实施情况，督促政府围绕“两不愁、三保障、四个好”目标，深入实施“五大扶贫工程”，全力打赢脱贫攻坚总体战。聚焦“学有所教”，连续5年审议市辖三区基础教育布点规划实施情况，分别听取农村、城市基础教育发展情况报告，提出要以优质均衡为取向，正确处理供给与质量、公平与效率的关系，不断提升基础教育保障水平。聚焦“病有所医”，听取审议公立医院改革、全民医保工作、医疗卫生服务体系建设情况报告，专项检查重点医疗项目建设、药品安全监管情况，要求保基本、强基层，推进医保市级统筹、城乡统筹，切实减轻群众就医负担。聚焦“住有所居”，审议安居工程情况报告，促进完善保障性住房建设规划，督促建立公开、公平、公正的分配机制，让困难群众充分享受阳光惠民政策。同时，还组织编撰出版了南充民间传统文化系列丛书14卷，传承文脉经典，为全市人民留下了宝贵精神财富。

四是加强生态文明监督，守护蓝天白云、绿水青山。良好的生态环境是最普惠的公共产品。常委会以“落实一项决议、开展两项询问、推进三项规划”为抓手，切实加强生态环境保护。围绕市委“还市民一河清水”的要求，作出《关于打造西河生态景观长廊的决议》，每年听取专题报告，定期开展专项督查，与沿河县（区）人大合力推进决议落实，历经4年持续发力、跟踪问效，西河水质由过去的劣Ⅴ类达到现在的常年Ⅲ类，生态景观长廊已具雏形。对大气污染防治、城市管理工作进行专题询问，通过明察暗访、现场实录的方式制成专题片，在联组审议中以实为证，直击短板，深挖根源，要求政府部门当面作出整改承诺，采取约谈负责人、测评满意度等方式跟进监督，促进相关工作向好转变。专题审议生态市建设、嘉陵江绿色生态走廊建设以及嘉陵江（南充段）旅游开发等三项规划的修编实施情况，督促整治工业超标排放，治理农村面源污染，加强林地、湿地、水源地修复保护，不断提升环境承载能力和生态涵养功能。

这五年，我们紧紧围绕法治南充建设，切实加强法律实施、权力运行、司法工作监督，坚决维护国家法制统一和社会公平正义。

一是启动地方立法，开创法治建设新局。立法法修订之后，南充成为全省首批被赋予地方立法权的市。常委会坚持科学立法、民主立法、立群众拥护之法、立管用实用之法，确保地方立法工作平稳起步、良好开局。着力提升立法能力，与西华师大合作成立地方立法研究中心，聘请23名专业人士组建专家咨询库，建立16个基层联系点，力求地方立法集中各方智慧、统筹各方意见、兼顾各方利益。着力健全立法制度，精心研制立法条例，制订出台立法论证办法、听证规则、技术规范，力求地方立法有章可循、有规可依、有据可考。着力实施立法计划，把首年立法的重点放在城市园林绿化、城镇环境卫生、交通秩序管理和嘉陵江生态环境保护上，《南充市城市园林绿化条例》已经省人大常委会审查批准，将于2017年3月1日起正式施行；《南充市城镇环境卫生管理条例（草案）》进入二审；交通秩序管理和嘉陵江生态保护的立法调研基本完成。立法工作走在全省各市州前列。

二是力促严格执法，保证法律法规有效实施。开展执法检查是保障法律实施、促进依法行政的重要途径。常委会对食品安全法、动物防疫法、农产品质量安全法进行执法检查，责成以“四个最严”

标准，维护人民群众舌尖上的安全；对社会保险法、老年人权益保障法进行执法检查，推动解决养老、敬老、助老问题；对农业机械化促进法、旅游法进行执法检查，助力农业现代化、旅游目的地建设；对传染病防治法进行执法检查，促进提升重大疫病防控处置能力；对四川省城乡环境综合治理条例进行执法检查，助推人居环境持续改善。按照监督法规定和“权责法定”原则，对市中级人民法院和21个政府部门进行工作评议，对468件规范性文件进行合法性审查，确保法定职责必须为、法无授权不可为。扎实做好信访工作，接待处理人民群众来信5287件次、来访4026人次，专门建立涉法涉诉信访案件登记台账，督促化解历史遗留疑难案件，为促进社会和谐稳定发挥了重要作用。

三是督促公正司法，筑牢公平正义防线。公正司法是维护社会公平正义的最后一道防线。常委会听取审议民事审判、民事执行、民事行政检察、刑事诉讼监督、检察院自侦工作等专项报告，督促法院规范审限管理，提升执行效率，严格错案查究，增强审判质效，切实维护当事人合法权益；督促检察院加强对执法和司法突出问题的法律监督，加大对工程建设、民生保障、涉农惠农等重点领域职务犯罪的惩防力度，严查隐藏在执法不严、司法不公、滥用职权背后的腐败问题；要求法检两院进一步深化体制改革，强化队伍建设，不断提升司法透明度和公信力，努力让人民群众在每一个司法案件中都感受到公平正义。

四是推进全民守法，增强社会法治信仰。常委会坚持带头学法尊法守法用法，紧密结合工作实际，邀请专家学者举办法制讲座26期，着力提升队伍法律素质和依法办事能力，倡导用法治思维和法治方式推动发展、化解矛盾、维护稳定。高度重视法制宣传教育，深入开展国家宪法日活动，对“六五”普法决议执行情况进行中期督查，对“法律七进”活动开展情况进行定期抽查，要求紧紧抓住领导干部这个关键少数，示范带动干部群众增强法治观念，树立法治信仰，形成尚法守制的社会氛围。

这五年，我们深入贯彻市委决策部署，依法做好决定重大事项、人事任免和换届选举工作，努力保证党委主张与人民意志高度统一。

一是依法讨论决定重大事项。常委会紧扣市委重大决策部署，抓住全局性、根本性、长远性问题，作出决议决定46个。围绕依法治市，提请代表大会通过关于推进法治南充建设的决定，作出加强对司法工作监督的决定，特别是后者从制度设计层面率先破题，实现人大工作监督、检察机关法律监督、司法人员任后监督的有序衔接，引起国省级媒体高度关注。围绕产业兴市，审查批准南充国家农业科技园区等7个重大项目建设规划。围绕地方立法，作出设立常委会法工委的决定，提请代表大会批准设立市人大法制委。围绕加强计划预算监督，提请代表大会审查通过“十三五”规划纲要，依法批准“十二五”规划部分指标调整和市级财政预算调整方案，对市辖三区棚户区改造、西河路南延线建设等23件、涉及117.53亿元的政府融资项目进行审查，保障了相关项目顺利推进实施。

二是认真做好人事任免工作。常委会严格坚持党管干部与人大依法任免有机统一，深入推行拟任人员法律考试、供职发言、宪法宣誓制度，确保组织人事安排顺利实现。届内，共任命国家机关工作人员306人次，免职106人次，接受或批准辞职86人次，撤职2人，对9名市人大代表提出罢免建议，为国家机关正常有序运行提供了组织保障。

三是深入开展重大课题调研。常委会紧扣产业园区建设、民生事业发展、社会依法治理、民族宗教工作等热难点问题，扎实开展调查研究，积极服务党委决策，向市委提交调研报告17篇，其中11篇得到批转办理。2013年，我们提早预判投资理财行业潜在风险，向市委提交专题报告，督促政府及有关方面及时介入、重拳治乱，维护人民群众财产安全。2016年，我们围绕市委提出的“155发展战略”，对培育丝纺服装千亿产业集群进行课题研究，部分调研成果被转化为市第六次党代会的战略决策。

四是全力抓好人大换届选举。常委会围绕市委提出的“决战全胜”目标要求，在全市人大集中换届中切实担当政治责任、法律责任，严格执行换届政策、换届纪律，依法履行组织、指导、监督职能，先后5次召开专项工作推进会，培训基层业务骨干628名，编印下发各种操作导则近万余份，采取“分片包干、蹲点驻守”的方式加强巡查指导，努力确保人大换届在党委领导下、在法律范围内、在民主基础上依法有序推进。全市选举产生市人大代表509名、县人大代表2490名、乡镇人大代表1.9万多名，为地方人大工作接继发展奠定了坚实基础。

这五年，我们充分尊重代表主体地位，积极引导、激励、支持代表履行职务，切实发挥代表参与管理国家事务的重要作用。

一是搭建平台，推进联系群众制度化。为让代表走近群众、让群众走进人大，我们积极推动在全市393个乡镇（街道）建立“人大代表之家”，引导2万多名代表定期定点接待选民，每年收集转办社情民意近万件，使这一平台成为了宣传政策法律的“前哨站”、服务基层群众的“连心桥”和化解社会矛盾的“减压阀”。深入开展“脱贫攻坚——人大代表再行动”，倡导每名市人大代表联系1至2个贫困户，通过对口帮扶、产业投资、教育培训等多种方式，积极投身脱贫攻坚主战场，影响带动更多社会力量广泛参与，涌现出了一批帮贫助困、扶危济难的先进典型。

二是畅通渠道，推进代表活动常态化。为让代表有更大参政空间、督政平台，我们要求每个代表小组每季度至少开展一次集中活动，每名人大代表每年度至少参加一次调研视察，将代表撰写的190篇调研报告编印成册分送党政机关，加强视察调研成果转化。坚持完善常委会组成人员联系基层代表工作制度，适时邀请代表参与常委会的执法检查、工作评议、专题询问等重点工作，积极推荐代表参加“一府两院”的听证、测评、庭审等重大活动近800人次，覆盖面达70%以上。

三是强化保障，推进服务代表精细化。为让代表履职更有动力、行权更有保障，我们先后对520名两届新任代表进行业务培训，相继组织216名基层代表参加国省人大专题培训，坚持为代表订阅报纸杂志，及时印送常委会公报和人大工作信息，逐年提高代表活动经费标准，认真落实相关补贴政策，适时开展各种慰问活动，让代表感受到了“组织”关怀和“家庭”温暖。

四是健全机制，推进议案建议办理实效化。为让代表意见建议得到重视和采纳，我们在南充人大网站开设专栏，全面公开代表议案建议的办理过程，坚持对办理工作进行量化评分，纳入承办单位年度考核。将代表反映集中、群众普遍关注的建议批评意见确定为重点督办件，由常委会领导牵头负责、相关专委会跟踪落实，直至问题解决、代表满意为止。届内，代表所提12件议案和1351件建议批评意见均在法定期限办结，推动完善了一批政策措施、促进解决了一批民生问题。

近年来，我们不断加强自身建设，切实提升队伍素质、改进工作作风、密切联系群众，自觉维护地方国家权力机关良好的政治生态和社会形象。

一是着力锻造干部队伍。我们扎实推进党的群众路线教育、“三严三实”专题教育和“两学一做”学习教育，切实加强思想武装、作风整顿和制度建设，建立完善议事规则、工作规范、管理制度51项，致力构建正“三观”、祛“四风”、争当“五好”干部的长效机制。扎实推进机关干部轮训计划，开设专题讲座，组织专门培训，深入学习政策法规和业务知识，不断提升凝聚力、战斗力和执行力。扎实推进“深刻汲取教训、净化政治生态、重塑南充形象”等专项整治活动，坚定不移正风肃纪，坚持不懈革弊立新，使过去的沉疴痼疾得到有效祛除，构建了风清气正、崇廉尚实、干事创业、遵纪守法的良好工作格局。

二是着力抓好帮扶工作。我们严格按照市委“挂帅出征、挂图作战”的要求，扎实抓好常委会领导和市人大机关定点联系贫困村、结对帮扶贫困户工作，坚持从群众最急需的事情抓起、最盼望的事情干起，精心帮助制订脱贫规划，积极协调政策资金支持，帮助高坪区御史乡杉树沟村、东观镇大石头村以及阆中市博树回族乡等联系点落实了一批产业项目、基础项目、民生项目，为当地稳定脱贫、长效脱贫、致富奔康奠定坚实基础。通过真帮真扶，进一步密切了干群关系，提升了人大形象。

三是着力加强交流宣传。我们高度重视与国省人大的联系、与外地人大的交流、与县乡人大的联动，达到了对上赢取支持、对外扩大影响、对内凝聚合力的良好效果。我们高度重视人大制度理论研究和新闻宣传工作，坚持办好《南充人大》刊物和南充人大网站，协调联动新闻媒体，加强对外宣传报道，4 件作品获全国人大新闻二等奖、15 件作品获全省人大新闻一等奖，获奖总量和奖项等次名列全省市州人大前茅。

各位代表，在历届人大打下的坚实基础上，市五届人大常委会传承接力，探索创新，圆满完成自己的历史使命。

过去五年，市委切实加强对人大工作的领导，坚持定期听取常委会党组工作汇报，适时研究解决人大工作中的困难和问题，专门召开市委人大工作会议，制定出台关于进一步加强人大工作和建设的实施意见，为我们确保了正确的政治方向，营造了良好的履职环境，提供了坚实的行权保障。市委的坚强领导，保证了人大工作正向有为。

过去五年，“一府两院”牢固树立人大意识，主动接受人大的工作监督和法律监督，认真执行人大的决议决定，认真办理人大的审议意见和代表的议案建议，在各项工作中充分尊重群众意愿，切实维护群众利益。政府和法检两院的密切配合，保证了人大工作落地见效。

过去五年，市五届人大代表牢记使命、依法履职，在代表群众、引领群众、服务群众中，自觉发挥知情参政、桥梁纽带、模范带动作用。代表的主动作为，保证了人大工作合心聚力。

回顾五年的工作实践，我们主要有以下五点深切体会：

第一，坚持党的领导，是人大工作不断向前的根本保证。

中国共产党的领导是中国特色社会主义的本质特征，人民代表大会制度是党领导人民当家作主的政权组织形式。常委会自觉把党的领导贯穿于人大工作的各方面、全过程，坚决维护市委总揽全局、协调各方的核心地位，严格执行重大事项向市委请示报告制度，努力通过法定程序，使市委的主张成为全市人民的共同意志，使市委推荐的人选成为国家机关的领导人员，使市委的决策部署在人大监督推动下深入落实。实践证明，只有坚定不移地坚持党的领导，保持正确政治方向，人大地位才能得到更好巩固，人大作用才能得到更好发挥，人大工作才能得到更大发展。

第二，坚持为民宗旨，是人大工作不断向前的力量源泉。

人大的权力来源于人民，人大的宗旨是服务人民。常委会始终坚持民有所呼、必有所应，督促政府及有关方面增加民生投入、办好民生实事、化解民生难题，届内开展的专题询问和执法检查大都事关百姓利益。坚持公开征求立法、监督建议，建立公民旁听、听证制度，有序扩大群众政治参与。依法接办群众来访来信，认真督办代表议案和建议、批评、意见，有力维护群众合法诉求。实践证明，只有牢记为民宗旨，坚持群众至上、站稳群众立场、践行群众路线，人大工作才能接地气、添底气、显朝气。

第三，坚持服务发展，是人大工作不断向前的核心要务。

助推发展是人大工作亘古不变的主题。常委会紧紧围绕市委确立的目标定位，综合运用法定监督手段，督促“一府两院”专注发展定力、落实发展举措、优化发展环境，严格做到履职行权到位不越位、补台不拆台、解难不为难，切实促进全市发展稳中有进、稳中提质、稳中向好。实践证明，只要我们坚持服务发展，不离中心，出于公心，就一定能够在富民强市的征程中贡献人大力量、体现人大担当、实现人大作为。

第四，坚持务实创新，是人大工作不断向前的内生动力。

务实创新是人大工作与时俱进的必由路径。常委会深入推进制度创新，制定出台专题询问办法并积极付诸实践，在监督方式上填补空白，在监督力度上增强刚性。深入推进工作创新，抓跟踪监督，重持续监督，聚焦脱贫攻坚、西河治理、基础教育等社会热点问题久久为功，有效拓展了监督深度，有力增强了监督实效。实践证明，只有在实践中不断探索，在探索中不断完善，才能使人大工作体现时代性、把握规律性、富有创造性。

第五，坚持锤炼队伍，是人大工作不断向前的重要保障。

打铁还需自身硬。常委会大力推进思想政治建设常态化，深入落实党风廉政建设责任制，不断提升履职能力建设实效性，严格依法履职、依法办事，严守政治纪律、政治规矩，扎实抓好人大干部和人大代表两支队伍建设。各专门委员会认真履行法定职责，各办事工作机构自觉当好参谋助手，形成了拧成一股绳、共下一盘棋的良好工作局面。实践证明，只有人心思齐、人心思进、人心思上，人大工作才能始终充满活力、永久保持动力、不断提升效力。

各位代表，我们深知，常委会工作取得的成绩，是中共南充市委坚强领导的结果，是全体市人大代表、常委会组成人员辛勤付出的结果，是“一府两院”密切配合、县乡人大精诚协作、社会各界大力支持的结果。在此，我谨代表市五届人大常委会，向大家表示衷心的感谢！

在肯定成绩、总结经验的同时，我们也清醒地认识到，常委会的工作与组织要求，与人民期待，与新形势新任务相比，还存在一些差距和不足。在增强监督实效、决定重大事项、发挥代表作用、强化自身建设等方面还有待改进和完善。我们坚信，新一届市人大常委会一定能够担当起历史重任，扬之所长，补之所短，在坚持完善人民代表大会制度进程中开创新局面，续写新篇章。

对新一届市人大常委会的工作建议

各位代表，市第六次党代会确立了“南充新未来·成渝第二城”的战略目标，绘就了我市未来发展的宏伟蓝图。历史的使命光荣艰巨，人民的期望殷切厚重。新一届市人大常委会要高举中国特色社会主义伟大旗帜，深入学习贯彻习近平总书记系列重要讲话精神，紧紧围绕中央、省委的总体要求和决策部署，全力推进市第六次党代会精神贯彻落实，积极投身全面建成小康社会、重振川北重镇雄风的新征程。在此，我们向新一届市人大常委会提出如下工作建议：

一、要始终坚持党的领导，保持正确政治方向。坚持中国特色社会主义政治发展道路，关键是要坚持党的领导、人民当家作主、依法治国有机统一，核心是要坚持党的领导。常委会要牢固树立政治意识、大局意识、核心意识、看齐意识，认真贯彻执行党的路线方针政策，在思想和行动上始终与党的要求保持高度一致。要自觉把人大工作置于市委领导之下，坚持重大问题、重要事项、重点工作向市委请示报告制度，紧扣市委决策部署和全市发展大局，科学确立工作思路，依法行使法定职权，始终保持人大工作与市委中心工作同向、同步、同力。

二、地方立法要立足实际、突出特色。要紧扣市第六次党代会的重大决策部署，科学制定立法计划，有序推进立法项目，充分发挥地方立法在经济社会发展的引领推动作用和规范保障功能。着力加强以规划实施、交通秩序、市容环境为重点的城乡建设管理立法，全力助推宜居宜业城市建设。着力加强以生态修复、绿化工程、污染治理、嘉陵江综合保护开发为重点的生态环境保护立法，全力助推国家生态市创建。着力加强历史文化保护立法，守护好得天独厚的三国文化、巴蜀文化、红色文化、古城文化资源，传承历史文脉，建设文化强市。

三、监督工作要抓住关键、增强实效。要以推动实施“155 发展战略”和“十三五”规划为主线，紧紧围绕“南充新未来·成渝第二城”这一战略目标，把监督工作的重点放在汽车汽配、油汽化工、丝纺服装、现代物流、现代农业五大千亿产业集群培育上，放在宜居宜业城市、次级交通枢纽、教科文卫品牌、旅游三产名片、现代产业园区五大板块重点工程推进上，放在产业发展、基础设施、民生改善 30 个重大项目实施上，放在决战全胜脱贫攻坚、转变经济发展方式、优化投资创业环境、扩大公共服务供给、构建绿色生态屏障等事关全局和长远的重点工作上，精准发力，持续给力，顺势助力，在打造经济强市、建设幸福家园、实现大城崛起中担当作为。要加强权力运行监督和法律实施监督，督促和支持“一府两院”依法行政、公正司法，切实推进依法治市进程。要改进监督方式，强化事前监督、跟踪监督、刚性监督、联动监督，确保人大监督更加有序、更加有力、更加有效。

四、决定重大事项要紧扣中心、尊重民意。要紧紧抓住全市经济社会发展的重大举措、重大规划、重大项目和重点民生工程，适时依法作出决议决定，把市委的战略决策通过法定程序转化成全市人民的共同意愿和自觉行动。要积极对接国省人大最新规定，按照市委关于加强和改进人大工作的相关要求，进一步修订完善讨论决定重大事项办法，细化操作规程，畅通民意渠道，不断提升民主决策、科学决策、依法决策水平。

五、服务代表要完善机制、强化保障。要促进代表密切联系群众，坚持完善“双联系”制度，充分发挥“代表之家”平台作用，推动解决人大联系服务群众“最后一公里”问题。要强化代表履职保障，抓好新任代表培训工作，加强代表活动组织指导，不断提升议案建议办理质效。要加快启动代表履职绩效评价，建立完善代表常态履职、监督考核和退出机制，全程亮晒代表履职情况，为选民监督代表创造条件。

六、自身建设要内强素质、外树形象。要深入落实从严治党主体责任，严格规范党内政治生活，充分发挥常委会党组的战斗堡垒作用。要加强思想建设、作风建设、能力建设和制度建设，用思想自觉引领行动自觉，用制度篱笆扎紧权力笼子。要鲜明发展导向、实干导向、法纪导向，切实营造团结紧张、生动活泼、风清气正的干事创业环境。要加大对县乡人大的联系指导力度，加大对机关干部的教育培养力度，加大对职能工作的规范创新力度，努力在新的起点开创人大工作新的局面。

各位代表，积力之所举，则无不胜；众智之所为，则无不成。让我们紧密团结在以习近平同志为核心的党中央周围，在中共南充市委的坚强领导下，不忘初心，不辱使命，励精图治，同心图强，为奋力开创南充新未来，全力建设成渝第二城而努力奋斗！

南充市人民代表大会常务委员会工作报告

2018年2月26日在市六届人大三次会议上

南充市人大常委会主任　袁险峰

各位代表：

我受南充市第六届人民代表大会常务委员会委托，向大会报告工作，请予审查。

2017年主要工作

过去一年，是南充发展昂扬奋进、砥砺前行、勇开新局的一年，也是人大工作继往开来、创新实干、高效作为的一年。一年来，市人大常委会在市委的坚强领导下，坚持一心向党，秉持一切为民，保持一线状态，紧紧围绕“南充新未来·成渝第二城”战略目标，聚焦发展出智出力，聚焦民生重实重行，聚焦法治担当担责，与全体代表一道共同努力，圆满完成市六届人大一次会议确定的各项任务，为推动全市经济社会持续健康发展作出了积极贡献。

一年来，我们坚持正确政治方向，深入贯彻市委决策部署，围绕中心同轴运转、同频共振、同向发力。

坚定贯彻市委部署的思想自觉。紧紧围绕“155发展战略”统筹谋划人大工作的基本思路和着力重点，确立的48个工作议题，涉及项目建设7项、精准脱贫4项、深化改革5项、环境保护6项、民生改善和依法治理9项，坚持及时向市委请示报告工作推进中的重大问题、重要事项，切实把党的领导贯穿常委会工作的各方面、全过程。

坚定执行市委决策的行动自觉。依法讨论决定重大事项，作出下中坝行政区划调整、南充市与美国托莱多市缔结友好城市等7项决议决定，审查三环电子、银翔实业、吉利新能源商用车等9个重大项目投资协议，自觉把党委主张转化为人民意志。专题调研嘉陵江黄金水道建设、现代职业教育体系建设，形成高质量调研报告，为市委科学决策提供有效参考。

坚定落实市委意图的政治自觉。坚持党管干部和人大依法任免有机统一，严明政治规矩，严肃任免纪律，严格执行任命人员法律考试、供职发言、宪法宣誓制度，表决通过任职事项58人次、免职事项11人次，组织任前法律知识考试7次、任后宪法宣誓仪式6次，顺利完成省人大代表选举，圆满实现地方国家机关集中换届全胜收官。

一年来，我们坚持发挥主导作用，着力提升地方立法质量，切实推进科学立法、民主立法、依法立法。

着眼现实抓法规制定。颁布实施《南充市城市园林绿化条例》，对小区绿化标准、公共绿地建设、城市绿廊管护等作出明确规定，增加降标建绿、随意毁绿违法成本，促进城市生态涵养功能提升。制定出台《南充市城镇环境卫生管理条例》，厘清相关部门职责，引导垃圾分类处置，强化硬件设施保障，推动解决普发性、反复性、苗头性环卫顽疾。组织起草《南充市嘉陵江生态环境保护条例》和《南充市城市道路车辆通行管理条例》。物业管理、升钟湖保护立法调研如期完成。

着眼质效抓制度建设。认真落实市委《关于加强党领导立法工作的实施意见》，确保地方立法充分体现党委主张和人民意志、有机衔接改革决策、有力服务地方发展。制定立法计划编制办法，确保立法项目贴合市情、顺应民意，更加适应改革发展需求。制定立法听证规则，确保群众立法诉求得到充分尊重、合理表达、有效维护。制定立法咨询专家库管理办法，确保入库专家全程把关立法节点。经过两年的探索与完善，以立法条例为统揽，贯穿起草、论证、协调、审议各个环节的“1+5”立法制度体系总体形成。

着眼长远抓机制构建。推进立法项目库建设，收集整理立法项目建议146条，为编制立法规划提供参考。推进立法专家库建设，吸纳西南政法大学、西华师范大学、南充法学会、南充律师协会等单位的23名法学专家组成咨询团队。推进立法信息库建设，依托北大法宝，建立法律法规大数据检索平台。地方立法研究中心和14个基层立法联系点运转良好，全年反馈法规修改意见68条、采纳23条。南充立法经验得到省人大常委会通报表扬。

一年来，我们坚持聚焦“三场战役”，全力服务经济社会发展，切实助推项目攻坚、脱贫攻坚、改革攻坚。

紧扣项目建设精准发力。审议基本建设项目实施及预算安排，强调注重规划科学性，加大预算约束力，提升财政投资绩效。审议城建板块重大项目实施情况，建议政府坚持效率与质量并举、速度与安全并重，科学组织施工，注重缓堵保畅。审议重大医疗卫生项目建设情况，促进实施优质资源倍增计划，提升城乡综合诊疗水平。审议工业园区重大项目实施情况，要求政府保障资源要素供给，兑现招商引资承诺，优化政务服务环境。审议现代农业千亿产业集群建设情况，建议突出抓好“三百示范工程”和“国字号”园区，推动传统农业由粗放生产向精细管理、由数量扩张向品质提升、由分割经营向融合发展转变。专项督导48个重点民生、产业项目实施情况，专题视察全市中小企业发展情况，推动解决项目实施的关键障碍和企业普遍关注的难点问题。

紧扣脱贫摘帽持续用力。深入开展四川省农村扶贫开发条例执法检查，市县乡三级人大联动出击，座谈、暗访、抽查多管齐下，分类开列问题清单，逐县明确整改重点，就进一步提升帮扶规划针对性、激发贫困群众主动性、保障脱贫奔康稳定性提出要求。深入开展“脱贫攻坚——人大代表再行动”，引导每名代表联系一户贫困群众、开展一次慰问活动、办好一件民生实事，50多名代表成为乡村致富带头人，10名非公经济人士代表得到市委表彰。坚持精准施策，突出靶向治疗，扎实抓好定点联系贫困村工作，帮扶成效得到当地干部群众普遍认同。

紧扣深化改革定向助力。审议农村产权制度改革情况，建议完善确权颁证后续工作，规范建立流转交易平台，稳步推进产权抵押融资担保、集体建设用地管理创新试点。审议市中级人民法院司法体制改革工作，要求完善员额法官履职管理，落实过问案件记录制度，健全错案责任查究机制。审议城管体制改革工作，推动建立分级管理、属地为主、重心下移、权责对等的现代城管体系。审议供销合作社综合改革工作，促进搭建规模化、集成化、市场化的为农服务平台。审议创新平台建设工作，督促深化政企研三方合作，推进科技成果与传统产业的融合聚变。认真落实全国人大常委会有关决定，积极支持国家监察体制改革试点。

一年来，我们坚持践行为民宗旨，积极回应社会普遍关切，切实促进民生改善、生态改善、法治改善。

着力加强民生监督。认真践行人民至上理念，致力维护群众根本利益。专题询问市辖三区城区基础教育发展情况，要求优先保障资源要素供给，严格执行校点布局规划，着力实施教育“三名”工程，全面加强师德师风建设，努力办好人民满意教育。审议城市道路交通管理工作，督促优化路网通行功能，分类规范车辆通行秩序，科学布局公共停车场所，切实疏解中心城区交通压力。审议城市公交发展情况，推动公交解困方案出台，帮助公交企业走出困境，加快创建公交都市。审议嘉陵江综合保护开发规划，要求突出自然生态之美、多彩人文之韵，用精品旅游点线镌刻南充城市印象。扎实做好信访工作，全年接办来信来访757件次，为维护群众合法权益、促进社会和谐稳定发挥了积极作用。

着力加强环保监督。认真践行绿色发展理念，致力守护蓝天碧水绿地。坚持每年听取审议环境状况和环保目标完成情况，推动政府严格执行“三个十条”，深入实施绿化南充行动，统筹推进内河生态治理、大气污染防治和重点污染行业整治。组织开展城区水污染治理专项检查，督促加快污水处理厂建设进度，全面提升治污减排能力。组织开展饮用水源保护专项检查，要求严守水源地生态红线，切实维护市民饮水安全。组织开展“还一江清水”环保世纪行主题活动，促进环保知识进校园、进社区、进乡村。督促中央、省环保督察反馈问题整改，要求政府落实过硬措施，建立常态抓手，提升治理成果，严防各类污染反弹回潮。深度参与“河长制”实施，督促抓好水污染防治、水环境保护、水生态修复，责任河流常年水质明显改善。

着力加强行权监督。认真践行依法治国理念，致力助推法治南充建设。评议市民政局、市交通运输局工作，从改进作风、提升效能、依法行政等方面提出意见，并跟踪督促整改。审议市中级人民法院行政审判工作，要求进一步转变审判理念，提升专业水平，优化外部环境，着力解决行政机关负责人出庭应诉率低的问题。审议市检察院公益诉讼工作，督促检察机关用好“两法衔接”平台，重点关注生态环境、资源保护、食品药品安全领域损害公共利益的突出问题。审议法律援助工作，维护弱势群众合法权益。加强抽象行政行为监督，对238件规范性文件进行合法性审查，对8件存在不适当情形的依法予以纠正，维护了法制的权威、尊严和统一。

着力加强财经监督。准确把握新常态，主动适应新常态。审议计划执行、预算执行和审计工作报告，推动落实稳增长、促改革、调结构、惠民生、防风险政策举措，要求加强实体经济培育，强化财税收入征管，厘清财政支出边界，严控政府举债规模，提升经济运行质量。审议国有资本运行情况，推动建立现代管理制度，确保国有资产保值增值。依法批准财政预算调整方案和地方政府债务限额。规范完善审计查出问题整改情况报告机制，制定出台实施意见，要求审计部门开列问题清单、实行挂账督办，推动解决预算执行过程中屡审屡犯、屡查不改的突出问题。2016年度审计报告反映的76个突出问题得到全面整改，41项制度漏洞得到及时修复。

一年来，我们坚持代表主体地位，依法保障代表执行职务，切实增强代表行权动力、行权能力、行权效力。

狠抓闭会活动组织。组建44个市人大代表小组，定期开展活动，宣传政策法规，广集社情民意，围绕经济社会发展热点开展视察调研，形成专题报告110篇。依托全市392个“人大代表之家”，引导县乡人大代表定点接待选民，常态化倾听民声，零距离化解民难。邀请132名代表列席常委会会议，参与专题询问、工作评议、执法检查等重大活动，推荐168名代表参加“一府两院”阳光问政、旁听庭审、检察开放日、软环境测评等活动，促进代表知情知政，支持代表参政督政。

狠抓履职绩效评价。全面推行履职动态登记，对市人大代表参加视察调研、提交议案建议、联系服务群众等情况量化记分，亮晒行权绩效，形成压力传导，激励作用充分彰显，内生动力加倍释放，全体代表主动参与行权活动达2600余人次。推进落实县乡两级人大代表履职监督方案，指导各县（市、区）开展乡镇人大代表述职评议试点，制定出台代表辞职办法，建立不合格代表退出通道。

狠抓议案建议办理。坚持办理工作网络公开、量化考核制度，加强对建议质量和办理质量的双向监督。重点督办代表反映集中、群众普遍关注的19件建议批评意见，邀请提案代表全程参与，采取定期询问进度、深入实地视察等方式推进“事要解决”。市六届人大一次会议代表提出的1件议案和343件建议、批评和意见均已办结，促进解决了一批社会普遍关注的热点问题，推动建立了一批行之有效的制度机制。

一年来，我们坚持从严从实要求，围绕创建和谐机关活力人大，切实提升履职水平、管理水平、创新水平。

全面强化队伍素质。坚持把政治建设摆在首位，严明政治纪律和政治规矩，常态化开展“两学一做”学习教育，及时传达贯彻中央、省委、市委重要会议精神，自觉在思想上政治上行动上与以习近平同志为核心的党中央保持高度一致。坚持把能力建设贯穿日常，有序推进组成人员、人大代表、机关干部业务轮训，适时邀请专家学者开展形势教育、举办专题讲座，不断提升运用法治思维指导实践、推动工作、解决问题的本领。坚持把作风建设进行到底，严格执行全面从严治党若干规定，扎实开展庸懒散浮拖专项治理，努力维护崇廉尚实、干事创业、风清气正、遵纪守法的良好政治生态。

全面优化机关管理。坚持靠制度管人、按制度办事，修订完善议事、行权、内控、廉政等各类制度27项，针对管理运行中的倾向性问题，及时出台《厉行节约反对浪费十项规定》，鲜明法纪导向，堵塞空窗漏洞，严防“四风”反弹。大力开展创建“和谐机关、活力人大”主题实践活动，提振精气神，画好同心圆，努力营造和谐共事、活力干事、用心成事的良好工作氛围。

全面深化探索创新。坚持定期召开主任学习会、专项工作会和业务座谈会，深刻学习领会以习近平同志为核心的党中央坚持和完善人民代表大会制度新要求，认真贯彻落实省委、市委推动人大工作与时俱进、完善发展新部署，着眼于不断研究新情况、总结新经验、解决新问题，推动市县乡三级人大工作创新发展。注重加强理论制度研究和新闻宣传工作，在国省人大新闻奖评选中连续3年保持领先水平，为讲述南充故事、传递南充声音、扩大南充影响发挥了重要作用。

各位代表！过去一年，常委会各项工作取得的成绩，是市委坚强领导的结果，是全体市人大代表辛勤付出的结果，是“一府两院”、各县（市、区）人大常委会和社会各界支持配合的结果。在此，我谨代表市人大常委会表示衷心感谢！

同时，我们也清醒地认识到，常委会的工作与组织要求、群众期待还有差距，监督工作的实效尚需提升，促进民生的力度尚待加强、联系服务代表的机制有待完善等等。对于这些问题和不足，我们将自觉接受人民监督，虚心听取代表意见，采取有效举措，切实加以改进。

2018年主要任务

2018年是贯彻党的十九大精神的开局之年，是改革开放40周年，是决胜全面建成小康社会、实施“十三五”规划承上启下的关键一年。市人大常委会今年工作的总体要求是：坚持以习近平新时代中国特色社会主义思想为指导，全面贯彻党的十九大精神，深入落实省委十一届二次全会决策部署，紧紧围绕市委六届七次全会确立的“九场战役”，依法行使立法权、监督权、决定权、任免权，全面担负起宪法法律赋予的各项职责，不断加强人民当家作主制度保障，努力为“开创南充新未来·建设成渝第二城”贡献力量。

一、贯彻新思想，深入推进民主法治建设。人民代表大会制度是坚持党的领导、人民当家作主、依法治国有机统一的根本政治制度安排。要把坚持党的领导贯穿于工作始终，坚决维护以习近平同志为核心的党中央权威和集中统一领导，坚决落实省委、市委决策部署，坚决把牢人大工作正确政治方向。要把人民当家作主贯穿于工作始终，牢固树立以人民为中心的发展思想，切实利用好人民群众赋予的权力，守护好人民群众的根本利益。要把依法治国贯穿于工作始终，维护宪法权威，弘扬法治精神，大力推进科学立法、民主立法、依法立法，切实助推严格执法、公正司法、全民守法，努力为经济社会发展营造良好法治环境。

二、聚焦新目标，全力服务经济发展大局。实现高质量发展、建设现代化经济体系是我国发展的战略目标。要深入贯彻习近平新时代中国特色社会主义经济思想，围绕抓重点、补短板、强弱项、防风险，加强经济运行监督，推动经济总量增长、结构优化、动力转换。助力项目建设攻坚战，审议基本建设项目预算安排，视察重点交通项目、招商引资重点项目建设情况，跟进现代农业千亿产业集群建设，调研工业园区发展情况，力促年度项目建设计划落实落地。助力风险防控攻坚战，审议政府性债务举借及偿还计划报告，力促经济平稳运行。助力改革创新攻坚战，审议科技成果转化情况报告，跟进农村产权制度改革，力促经济发展动能转换、农村资源潜能释放。稳步启动财政预算在线监督。深入推进审计查出问题挂账整改。审议“十三五”规划中期评估以及计划、预算、城乡总规执行情况报告，力促经济发展质量变革、效率变革、动力变革。

三、顺应新期待，切实维护群众根本利益。人民群众对美好生活的向往是我们的奋斗目标。要围绕精准脱贫攻坚战，审议全市脱贫攻坚、旅游扶贫工作专项报告，调研乡村振兴战略实施，跟踪落实四川省农村扶贫开发条例执法检查报告审议意见办理，全程助力小康社会建设。围绕污染防治攻坚战，作出关于加强升钟湖保护的决定，审议环保目标完成情况报告，专题询问嘉陵江及支流水环境保护工作，全力维护生态安全。围绕社会普遍关切，审议城市公交发展、公厕建设管理、医疗基础设施建设、市辖三区旅游环线开发专项报告，跟踪落实市辖三区城区基础教育发展情况报告审议意见，视察食品药品安全监管工作，努力提升人民群众获得感、幸福感、安全感。

四、谋求新作为，着力助推依法治市进程。厉行法治是国家治理的一场深刻革命。要扎实推进地方立法，审议通过《南充市嘉陵江生态环境保护条例》《南充市城市道路车辆通行管理条例》，调研起草《南充市城市违法建设治理条例》《南充市物业管理条例》，开展城市山体保护立法调研，以良法护航发展、保障善治。要切实加强权力运行和法律实施监督，评议市经信委、市安监局工作，审议社会治安管理、公益诉讼专项报告，检查水土保持法、水污染防治法执行情况，认真抓好规范性文件备案审查和涉法涉诉信访案件督办，促进严格执法，维护公正司法，努力让法治成为共同追求、共同遵循、共同信仰。

五、强化新举措，充分发挥代表主体作用。人大代表是推进民主法治建设的中坚力量。要充分尊重代表主体地位，全力为代表履行职权创造条件、提供支撑、当好后盾。切实发挥代表活动小组、“人大代表之家”两大平台功能，促进代表联系服务群众常态化、制度化、实效化。深入开展项目督导、脱贫攻坚、摆顺扫干净不拥堵“人大代表再行动”三大主题活动，引导代表当好经济社会发展的参与者、推动者、监督者。坚持完善“双联系”制度、代表履职绩效评价制度、议案建议办理考核制度，适时邀请代表列席常委会的重要会议和重大活动，切实保障代表依法行权、主动行权、高效行权。

六、落实新要求，持续提升依法履职水平。新气象新作为是新时代对我们的新要求。要认真落实党的十九大关于“健全人大组织制度和工作制度，使各级人大及常委会成为全面担负起宪法法律赋予的各项职责的工作机关，成为同人民群众保持密切联系的代表机关”的要求，深入贯彻中央、省委、市委关于加强人大工作和建设的意见，坚持把政治建设摆在首位、落在实处，把作风建设抓在平常、严在日常，把廉政建设记在心头、扛在肩上。扎实开展“不忘初心、牢记使命”主题教育，从严从实加强干部队伍教育管理，有序推进组成人员、人大代表、机关干部业务轮训，深入推进人大工作理论、实践和制度创新，切实增强与县乡人大的沟通联系和协作配合，不断提升全市人大工作整体水平。

各位代表，新时代托起新梦想，新作为铸就新辉煌。让我们紧密团结在以习近平同志为核心的党中央周围，在中共南充市委的坚强领导下，以舍我其谁的责任担当、砥砺前行的决心勇气，冲锋大城崛起主战场，争当全面小康生力军，为加快建设“南充新未来·成渝第二城”而努力奋斗！

南充市人民代表大会常务委员会工作报告

2019 年 3 月 21 日在市六届人大四次会议上

南充市人大常委会主任　袁险峰

各位代表：

我受南充市第六届人民代表大会常务委员会委托，向大会报告工作，请予审查。

2018 年主要工作

过去一年，市委团结带领全市人民，决胜“九场战役”，冲锋“大城崛起”，南充各项事业凯歌高奏、捷报频传。在中共南充市委坚强领导下，市人大常委会紧跟核心把牢政治方向，紧扣中心把准工作导向，紧贴民心把稳价值取向，紧紧围绕建设“成渝第二城”、争创全省经济副中心战略目标，认真行使宪法和法律赋予的各项职权，圆满完成市六届人大三次会议确定的各项任务，为全市经济社会持续健康发展贡献了人大力量。

一年来，我们旗帜鲜明讲政治，深入贯彻党的决策部署，切实增强政治自觉、思想自觉、行动自觉。

在举旗定向中突出政治引领。坚持以习近平新时代中国特色社会主义思想为指导，深入贯彻习近平总书记对四川工作系列重要指示精神，全面落实省委十一届三次、四次全会和市委六届七次、八次全会决策部署，扎实开展“大学习、大讨论、大调研”活动，准确把握“天府六问”“果州十二问”丰富内涵，围绕“三场攻坚战”“三场突围战”“三场持久战”确立工作议题 49 项，及时向市委请示报告工作推进中的重要情况、重大问题，自觉把党的领导贯穿于人大履职行权各方面、全过程。

在依法行权中增强政治认同。坚持党委决策与人大决定有机统一，作出升钟湖保护、市辖城区道路交通管理、“十三五”规划部分指标调整等 8 项决议决定，自觉把市委主张转化为人民意志。坚持党管干部与人大依法任免有机统一，规范执行常委会人事任免办法，表决通过任职事项 22 人次、免职事项 12 人次，圆满实现省委、市委组织人事意图。

在服务大局中强化政治担当。深入落实市委“1 + 3”决定，跟踪督导“100 件大事”推进实施，积极参与中央森林公园、将军路嘉陵江大桥、北湖公园提升改造、“印象嘉陵江”上中坝生态湿地保护等重大项目规划论证。组织开展“项目攻坚、精准脱贫、摆顺扫干净不拥堵”专项监督三大行动，开列问题清单，提出整改要求，推动弥补短板。专题调研依法治市、工业园区发展、城市公交发展、乡村旅游开发、旅游扶贫工作情况，为市委科学决策提供民意参考。

一年来，我们科学立法保善治，紧贴改革发展需求，切实制定管用之法、特色之法、为民之法。

精准创制，增强立法质效。制定出台《南充市城市道路车辆通行管理条例》，从体制层面打破“多头管理”格局，厘清部门权责边界；对电动车辆上路条件、通行规则、事故责任划分作出明确规范，填补上位法“空白”；鼓励开发立体停车设施、盘活闲置停车资源，综合治理停车难题；引入交通影响评价机制，前置建设项目论证关口，促进优化城市交通结构。主导物业管理条例起草工作，完成违法建设治理立法调研，各项立法任务有序有力推进。

首开先河，推升立法层级。在全省各市州中率先启动河流生态保护立法，如期完成《南充市嘉陵江流域生态环境保护条例》三次审议，围绕调研摸排的12类38项突出问题，提出具有前瞻性、针对性、操作性的治理措施，“南充方案”得到省人大常委会高度认同，将其上升为省级立法项目。通过深入调研、反复论证、多方协调，促成省人大常委会及时启动《四川省阆中古城保护条例》修订工作，将升钟湖生态环境保护纳入省级立法规划。保护“一江、一湖、一城”的法治围栏加快形成。

博采民意，完善立法机制。坚持以“贯彻市委决策、回应公众关切”为导向，按照“急用先立、管用才立”原则，启动建设立法项目储备库，精选50条立法项目建议，作为中长期立法选题参考。依托14个基层立法联系点，常态化、零距离收集社会各界立法诉求，有效扩大公民立法参与。邀请人大代表、政协委员、基层群众、法学专家和行政相对人，参与立法论证，参加立法听证，把脉会诊法规草案的核心条款、重大分歧，确保地方性法规立得住、行得通、真管用。积极配合国省人大立法调研，对41部法律法规草案提出修改建议286条，得到采纳65条。

一年来，我们凝心聚力促发展，围绕争创全省经济副中心，切实助推经济质量变革、动力变革、效率变革。

紧扣主基调，力促新旧动能转换。审议“十三五”规划实施中期评估报告，要求深入践行新发展理念，稳控投资势能，释放改革动能，激活资源潜能，推动产业培育由中低端向中高端转变、项目选择由看体量向看质量转变、增长方式由要素驱动向创新驱动转变。审议科技成果转化情况，建议强化政策协同，组建产研联盟，加快实现“南充制造”迈向“南充创造”。审议城市总规执行及中心城区风貌导则，要求依法维护规划的权威性、严肃性、稳定性，合理统筹生产空间、生活空间、生态空间，加快建设畅通城市、智慧城市、宜居城市。审议财政预算执行及绩效管理情况，促进财政资金精准预算、精确保障、精细管理。跟踪督办审计查出问题整改，听取3个市级部门整改情况报告并进行满意度测评。审议政府债务举借及偿还计划，严格限额管理，严控变相举债，严防“隐性债务”任性生长。

围绕主驱动，力促重大项目建设。审议市级重点项目资金安排情况，督促深化规划论证，硬化预算约束，强化质量监管，全力打造民心工程、德政工程、精品工程。审议医疗卫生基础设施建设情况，促进落实“健康南充2030规划纲要”，要求优先安排专项投入，足额保障用地需求，加快建设成渝医卫次中心。视察重大交通项目推进情况，助力“南推方案”收好豹尾。视察重大招商引资项目推进情况，要求提高选商择资标准，深化“最多跑一次”改革，聚力打造“招强引优、全域开放”新高地。

着眼主支撑，力促现代产业发展。连续两年审议现代农业千亿产业集群建设情况，要求扶强新型主体，补齐加工短板，注重品牌开发，夯实乡村振兴战略支撑。跟踪督办工业园区重大项目建设，评议经济信息化工作，提出工业布局要力戒同质化竞争，企业扶持要缩小差别化待遇，政策引领要突出智能化改造，营商环境要加强精细化服务，多角度、深层次、全方位为工信企业排忧解难、释负减压、降本增盈。审议市辖三区旅游环线建设情况，强调注重城市建设与旅游开发的关联性、一致性、协同性，用精品旅游点线镌刻果城印象，彰显绸都底蕴，展示南充魅力。

一年来，我们矢志不移为民生，积极回应社会普遍关切，切实维护群众现实利益、长远利益、根本利益。

紧盯不放，持续聚焦精准脱贫。审议全市脱贫攻坚情况，要求突出目标导向、问题导向、质量导向，坚持脱贫攻坚与乡村振兴相统筹，持续攻坚与防止返贫相协调，开发式扶贫与保障性扶贫相结合，深入实施“三年行动”，确保全面、同步、稳定奔康。审议旅游扶贫工作情况，建议深挖农业生态价值、文化价值、休闲价值，支持发展农家庄园、乡村民宿、特色小镇，拓展贫困群众增收致富渠道。配合省人大常委会检查阆中市、营山县贯彻执行《四川省农村扶贫开发条例》情况，对发现问题提出整改意见。

力度不减，多维助推生态治理。专题询问嘉陵江及主要支流水环境保护工作，要求加强污染源头管控，加快治污设施建设，加大水域岸线保护力度，让一江清水永续奔流。检查水土保持法执行情况，促进纠正法律执行过程中管而不力、查而不究、禁而不止的问题。检查水污染防治法执行情况，督促整治各类黑臭水体，严格执行排污许可制度，纵深推进面源污染治理，切实维护饮用水源安全。审议国省环保督察反馈问题整改情况，要求按时按质完成整改，狠抓长效机制建立，巩固提升治理成果。审议环境状况和环保目标完成情况，促进政府综合施治，精准施策，筑牢生态防线，消化生态赤字。深度参与“河长制”实施，扎实开展环保世纪行活动，推动形成生态环境共建、共治、共享格局。

守责不怠，密切关注民生热点。跟踪督办市辖三区基础教育审议意见办理情况，对规划实施进度进行现场盘点，对提升办学质量提出明确要求，对所涉责任部门进行分别测评，增加监督刚性，逐级传导压力，推动解决主城区日益突出的基础教育供需矛盾。审议城市公交发展情况，督促深化体制改革，完善基础配套，提升服务能级。审议食药安全监管情况，要求严格市场准入，下沉执法重心，加大突出问题专项整治力度，提升突发事件应急处置能力。跟踪监督餐厨垃圾收运及处理设施建设，促进提升资源化利用和无害化处理能力。扎实做好信访工作，全年接办来信来访510件次，有效维护群众合法权益、社会和谐稳定。

驰而不息，深层推动法治为民。坚持把备案审查作为规范权力运行、保障公众权益、建设法治南充的重要抓手，按照“有件必备、有备必审、有错必纠”原则，对133件规范性文件进行合法性审查，对9件存在不适当情形的依法予以纠正。审议社会治安管理工作情况，要求进一步完善社会治安防控体系，提升基础要素智慧管控能力，扎实开展扫黑除恶专项斗争，加快平安南充建设步伐。审议法院执行工作情况，要求加大审执衔接、执行联动、失信惩戒力度，力求新案限时办结、积案动态清零，有效解决司法公正“最后一公里”问题。审议公益诉讼工作情况，要求检察机关严把立案关口，拓展线索来源，提升办案能力，为公共利益筑牢司法防线。

一年来，我们突出主体聚合力，不断完善代表工作机制，切实促进代表依法履职、勤勉履职、高效履职。

抓活动组织，代表知情知政渠道更为畅通。引导44个代表小组深入开展视察调研，了解群众急难盼愁，形成专题报告140余篇。邀请138名代表列席常委会、专委会的重要会议，参加立法调研、专题询问、执法检查等重点工作，参与阳光问政、旁听庭审、检察开放日、行风测评会等重大活动。组织部分国、省、市人大代表对全市经济社会发展情况进行联合视察，牵头川东北经济区全国人大代表开展乡村振兴专题调研，为代表在“两会”期间反映社情民意、审议工作报告、撰写议案建议提供依据。

抓履职评价，代表议政督政热情更加高涨。推进“互联网+代表服务”，建立代表履职APP手机应用平台，集成活动登记、工作资讯、建议直通等多种功能，为代表执行职务提供信息支持，年内代表填报履职信息4930条，基本实现信息化管理“全覆盖”。出台代表履职评价办法，对代表参与小组活动、助推脱贫攻坚、提交议案建议等情况进行动态实录、量化计分。加强考评结果运用，对51名优秀代表给予通报表彰。

抓协调督办，代表议案建议办理更具实效。坚持完善办理工作网络公开、质量评估、年终考核制度，对敷衍塞责、应付了事的，逐件指出问题，责成对标整改。选择14件与群众利益密切相关的代表建议，由常委会领导分别牵头、相关专委会重点督办、领衔代表全程跟进，力促建议落实、工作落地。市六届人大三次会议代表提出的2件议案和337件建议、批评和意见均已办结，部分意见建议得到承办单位认真研究和积极采纳，推动解决了一批代表关注、群众关心的热点难点问题。

一年来，我们强基固本练内功，加快建设“四讲四有”人大机关，切实适应时代要求、工作要求、发展要求。

坚持把政治建设摆在首位。深入学习贯彻习近平总书记关于坚持和完善人民代表大会制度的重要思想，加强理论武装，提高政治站位，树牢“四个意识”，增强“四个自信”，践行“两个维护”。认真学习贯彻市委读书班暨警示教育专题班精神，围绕“三问、三查、三想”开展对照反思，强化底线思维，提升抵腐定力。严格执行中央八项规定、省委省政府十项规定、市委市政府九项规定及其实施细则，深入推进党风廉政建设和反腐败斗争，自觉维护风清气正的良好政治生态。采取会前学法、业务轮训、专题讲座等多种形式，促进组成人员、人大代表、机关干部更新知识结构、提升履职能力，不断适应新形势新任务新要求。

坚持把改革创新引向深入。按照“依法、规范、适用”原则，纵深推进人大各项改革任务落地。首次听取市监察委员会专项工作报告，支持市监察委依法履行职责。首次对常委会任命人员开展述职测评，推动建立干部任后监督常态机制。首次审查预算绩效管理工作，让“花钱必问效、无效必问责”落到实处。首次听取市级部门对审计查出问题的整改落实情况，深度治理预算执行过程中的沉疴顽疾。首次对专项工作所涉责任部门进行分别测评，用精准问责，促担当尽责。首次对代表建议办理情况进行满意度测评，推动办理工作由“重答复”向“重落实”转变。首次对优秀代表进行通报表彰，突出示范引领，带动整体提升。

坚持把交流合作抓在日常。组织召开主任学习会、专项工作会和业务座谈会，研究新情况，总结新经验，解决新问题。高度重视与国省人大的联系、与外地人大的交流、与县乡人大的联动，对上赢得支持，对外扩大影响，对内凝聚合力。扎实抓好理论制度研究和新闻宣传工作，继续在国省人大新闻奖评选中保持领先水平，为讲述南充故事、扩大南充影响发挥了重要作用。

回望过去一年，我们深切地感受到：与党同向是最高原则，与民同心是最大底气，与时俱进是最强动力。我们也深深地知道：常委会取得的各项成绩，是市委高度重视、坚强领导的结果，是全体代表辛勤付出、共同奋斗的结果，是市人民政府、市政协、市监察委员会、市中级人民法院、市人民检察院密切配合、大力支持的结果，是各县（市、区）人大常委会精诚协作、携手共进的结果，是全市人民充分信任、积极参与的结果。在此，我谨代表市人大常委会表示衷心感谢，并致以崇高敬意！

在看到进展和成效的同时，我们也清醒地认识到常委会的工作还存在一些短板，主要是：科学立法、民主立法的机制尚需进一步健全；依法监督、善于监督的能力尚需进一步提升；服务代表、联系群众的渠道尚需进一步拓展；讨论决定重大事项的相关制度体系尚需进一步完善。对于这些问题和不足，我们将在今后工作中，采取有效举措，切实加以改进。

2019年主要任务

2019年是新中国成立70周年，是决胜全面建成小康社会的关键之年。市委六届八次、九次全会坚持一张蓝图绘到底，与时俱进开新篇，完善了新时代治南兴南路线图，下达了新阶段攻坚决胜动员令，南充的发展蓝图变得更为清晰，南充的逐梦步伐变得更加坚定，南充比以往任何时期都更加接近、更有信心、更有能力实现大城崛起的时代梦想。我们一定要唱响主旋律，画好同心圆，坚定不移朝着建设“成渝第二城”、争创全省经济副中心的宏伟目标阔步前进，以优异业绩向建国70周年献礼。

新的一年，市人大常委会将坚持以习近平新时代中国特色社会主义思想为指导，深入贯彻习近平总书记关于坚持完善人民代表大会制度的重要思想和对四川工作系列重要指示精神，认真落实中央、省委、市委决策部署，紧紧围绕“三场攻坚战”“三场突围战”“三场持久战”，依法行使各项职权，切实增强工作实效，努力为建设“成渝第二城”、争创全省经济副中心提供坚实民主法治保障。

一、一心向党，在把牢政治方向上坚定坚决。坚持党的领导是人民代表大会制度的本质要求和最大优势。要把政治纪律作为第一纪律，坚决用习近平新时代中国特色社会主义思想武装头脑、指导实践、推动工作，坚决维护习近平总书记党中央的核心、全党的核心地位，坚决维护党中央权威和集中统一领导。要把政治要求作为第一要求，自觉把党的路线方针政策和重大决策部署，贯穿常委会履职行权各方面、全过程，及时主动向市委请示报告人大工作中的重大问题、重要情况，始终确保人大工作与党委中心工作同向同力。要把政治责任作为第一责任，坚持通过法定程序，把市委主张转化为全市人民共同意志，把党委推荐人选任命为地方国家机关领导人员，充分发挥立法引领作用、监督助推作用、代表主体作用，坚定不移为全市工作大局增添动力、减少阻力、凝聚合力。

二、一以贯之，在助推经济发展上担当担责。推动高质量发展是经济工作的总要求和大逻辑。要坚持稳中求进总基调，坚持高质量发展总要求，坚持“巩固、增强、提升、畅通”总方针，切实把经济工作的监督重点放在“三大行动”上来。围绕“项目年”行动，视察交通板块重点项目建设，审议“100件大事”推进实施、市级重点项目资金安排情况，力促年度攻坚计划落地。围绕“产业年”行动，调研民营经济发展现状，审议乡村产业振兴、工业发展资金使用、市级国有企业运营情况等专项报告，促进政府采取有效措施，增强微观主体活力，矫正要素配置扭曲。围绕“开放年”行动，审议对外开放工作、保税区物流中心建设情况，促进构建开放合作战略平台。审议计划、预算、城乡总规执行情况，严格落实政府债务、国有资产管理、审计查出问题整改情况向人大报告制度，加快推进预算在线监督，督促强化预算绩效管理，推动预算审查向支出预算和政策拓展。

三、一切为民，在促进民生改善上重实重效。民生工作必须一诺千金。要牢固树立以人民为中心的发展思想，持续加大民生事业监督力度。用活“长镜头”，继续审议脱贫攻坚、城市公交发展、市辖三区基础教育发展情况报告，目标不达成，监督不停止。打好“组合拳”，视察“河长制”实施工作，审议升钟湖保护决定执行情况、环保目标完成情况专项报告，全力筑牢生态防线，依法守卫生态安全。关注“新热点”，专题询问全市医保资金使用情况，视察民生实事推进情况，调研民族乡经济社会发展情况，审议康养产业发展、农产品质量安全、不动产交易登记、民间传统文化传承与保护等专项报告，力促有关方面把人民群众关心关注的事情办好办实。

四、一抓到底，在建设法治南充上共推共为。法治是新时代社会治理的重要基石。要纵深推进科学立法，审议《南充市物业管理条例》，起草和审议《南充市违法建设治理条例》，开展《南充市城市园林绿化条例》立法后评估，扎实抓好饮用水源保护、传统村落保护立法调研，突出创制性，注重操作性，以良法保善治、促发展。要大力促进严格执法，加强法律法规实施监督，检查《中华人民共和国水法》《南充市城镇环境卫生管理条例》实施情况，听取宗教事务条例执行情况报告，全面提升规范性文件备案审查质效，有效维护法制的权威、尊严和统一。要切实助推公正司法，视察基层司法所建设、未成年人保护工作情况，审议扫黑除恶工作、法院整治“三案”彰显“三公”专项活动报告，促进提升司法公信力，增强群众安全感。依法加强权力运行监督，评议市人民检察院、市卫生健康委员会、市城市管理行政执法局工作。积极倡导全民守法，审议“七五”普法工作情况，努力让学法尊法用法守法成为公序良俗。

五、一往无前，在推动大城崛起中聚智聚力。建设成渝第二城，挂冠全省经济副中心，是新时代南充人民的共同梦想。实现这一梦想，需要凝聚全市人民的智慧和力量，激发各个阶层的热情与合力，形成“众人划桨开大船”的磅礴气势和“携手共逐时代梦想”的生动局面。要充分发挥人大密切联系群众的制度优势，全面担负起宪法和法律赋予的各项职责，坚定不移为“155 发展战略”保驾护航。要对标三个“当标杆、作示范”要求，深化建设“四讲四有”人大机关，扎实开展“不忘初心、牢记使命”主题教育，锻造政治过硬、能力过硬、作风过硬、纪律过硬的人大干部队伍，为南充实现大城崛起献计出力、加薪助燃。要充分发挥人大代表主体作用，加强活动组织，加强履职服务，加强议案建议督办，让代表履职行权的频度更高、维度更广、力度更强，切实维护好全市人民群众平等参与、平等发展的权利。要依托全市 1 万多名各级人大代表的榜样示范，带动全市人民凝聚共信共识，引领共建共治，汇集形成砥砺奋进、铿锵前行、逐梦远航的强大力量。

各位代表，乘风破浪大城梦，中流击水正当时。让我们紧密团结在以习近平同志为核心的党中央周围，在中共南充市委的坚强领导下，以坚如磐石的信心、只争朝夕的劲头，撸起袖子加油干，不破楼兰终不还，为建设“成渝第二城”、争创全省经济副中心而努力奋斗！

南充市人民代表大会常务委员会工作报告

2020 年 6 月 20 日在市六届人大五次会议上

南充市人大常委会主任　袁险峰

各位代表：

我受南充市第六届人民代表大会常务委员会委托，向大会报告工作，请予审查。

2019 年主要工作

2019 年，是新中国成立 70 周年、地方人大设立常委会 40 周年，也是南充推动高质量发展再开新局、再谱新篇、再创辉煌的重要一年。一年来，市人大常委会在市委的坚强领导下，认真践行习近平总书记关于坚持和完善人民代表大会制度的重要思想，坚持党的领导、人民当家作主、依法治国有机统一，聚焦发展主题，突出法治主业，践行民生主旨，忠实履行宪法和法律赋予的各项职责，较好地完成了市六届人大四次会议确定的各项任务。

过去一年，我们坚决履行宪法使命，自觉强化责任担当，始终保持与党同向、与民同心、与法同行。

全力确保宪法实施。宪法是党和人民意志的集中体现。依法治国首先要坚持依宪治国，依法执政首先要坚持依宪执政。常委会把确保宪法和法律在本行政区域内得到全面有效实施，作为履职行权的首要任务，认真开展法律监督和工作监督。扎实开展宪法宣传教育，抓好第六个国家宪法日活动，组织宪法宣誓仪式 11 次，43 名选举和被任命人员进行了宪法宣誓，增强国家机关工作人员的宪法观念。依法开展备案审查，完善备案审查机制，连续三年听取审议备案审查工作情况报告。2019 年对 52 件党内规范性文件进行了合法性审查，对 12 件政府规范性文件、146 件县级人大及其常委会决定决议进行备案审查，提出审查意见 30 条，有力维护了国家法制的统一、尊严和权威。

全力贯彻市委决策。人民代表大会制度是党领导人民管理国家和社会事务的政权组织形式。常委会坚持通过法定程序把党的主张转化为人民意志，围绕市委战略意图，作出决定决议 7 项。严格执行人事任免工作办法，依法任免国家机关工作人员 72 人次。切实加强干部任后监督，对 6 名常委会任命人员进行述职测评，对市检察院、市卫健委、市城管执法局进行工作评议，促进监督对象依法履职、高效行权、勤政为民。及时向市委请示报告工作推进中的重要情况、重大问题，自觉把党的领导贯穿到人大工作各方面、全过程。

全力助推地方发展。高质量发展是解决一切问题的总钥匙。常委会紧紧围绕全市经济社会发展中的全局性、根本性、长远性问题，大力实施依法监督、正确监督、有效监督，切实为建设成渝第二城、争创全省经济副中心聚智助力。全年召开常委会会议 8 次、主任会议 18 次，听取审议“一府两院”专项工作报告 31 个，涉及经济领域 11 项、民生领域 12 项、生态领域 4 项、法治领域 4 项，有效发挥人大职能作用，切实促进改革发展成果更多更好更公平地惠及全市人民。

过去一年，我们坚决保持工作定力，高位策应突围攻坚，精准助推转型发展、绿色发展、共享发展。

加强经济运行监督。围绕产业年行动，审议工业发展资金使用情况报告，调研民营经济“1 + 4”

政策包落实情况，促进政府加快构建“宏观调控有度、市场机制有效、政策支撑有力”的现代经济体系，全方位为实体经济释负减压、降本增盈、纾难解困。围绕项目年行动，审议全市“100 件大事”推进实施情况，专项督导 28 个市本级重大项目建设，审查 122 个重点项目资金安排计划，促进责任主体强投入、抢工期、提质量，推升项目会战质效。围绕开放年行动，审议对外开放工作情况报告，调研保税物流中心建设，要求加大招商力度，优化营商环境，助力打造中高端产业“承接地”、外向型经济“桥头堡”、自由贸易协同改革“先行区”。

加强民生事业监督。专题询问全市医保基金运行情况，首次对专项工作开展公众评价，督促有关方面增强忧患意识，树牢底线思维，向体制梗阻开刀，向套骗行为亮剑，切实管好用好保障人民群众健康的“救命钱”。审议脱贫攻坚、乡村产业振兴情况报告，要求攻克深贫堡垒，巩固脱贫成果，夯实脱贫奔康硬核支撑。现场验靶市辖三区基础教育发展规划执行情况，助力打造办学高地、求学圣地。审议康养产业发展、不动产登记交易管理、农产品质量安全监管工作情况报告，推进“医养结合”，落实“房住不炒”，维护“舌尖安全”。

加强生态环保监督。审议升钟湖保护决定执行、环保目标完成情况报告，推进铁腕治污常态化，严格“三线一单”硬约束。根据中省环保督察和全国人大环保执法检查反馈意见，建立环境污染典型个案督办清单，采取暗访、函告等方式，压实主体责任，力促即行实改，促成南部县燕子窝饮用水水源保护问题限期销号，促成荆溪、文峰污水处理厂按期投运，促成主城区餐厨废弃物处置项目如期落地，促成西充河省控断面重返Ⅲ类水质。组织中央、省、市 13 家新闻媒体，开展环保世纪行活动，引导社会各界共守环境质量安全底线，共筑长江上游绿色发展生态屏障。

加强计划预算监督。审议国民经济和社会发展计划执行情况、预算执行情况、城市总规执行情况报告，围绕抓重点、补短板、强弱项提出意见建议，助力高质量发展。推进人大预算审查监督重点向支出预算和政策拓展，强化重大政策执行、重大项目投资、重大民生工程预算审查，严格执行审计查出问题整改情况报告制度，促进提升财政资源配置效率、管理效能、使用效益。落实国资监督改革要求，建立完善监督机制，推动国有经济增强竞争力、创新力和抗风险能力。强化政府债务限额管理，力促化存遏增，力控变相举债，力避财政风险。

过去一年，我们坚决贯彻法治方略，聚力推进依法治市，纵深推动科学立法、严格执法、公正司法。

力促法律落地生威。严格履行法律实施监督主体责任，切实助推依宪施政、依法行政。检查《中华人民共和国水法》实施情况，要求增强水忧患意识，优化水资源配置，强化水环境治理，让知水、节水、护水成为公序良俗。检查《南充市城镇环境卫生管理条例》实施情况，擦亮城市底色，维护城市颜值，为创建国家卫生城市添薪助燃。直面《南充市城市道路车辆通行管理条例》实施梗阻，组织市区两级人大代表开展联合视察，列出问题清单，提出整改建议，伏笔刚性问责。

力求立法精准管用。坚持问题导向，强化靶向施策，制定出台《南充市物业管理条例》。该条例草案历经两年论证、百次修改、四轮审议，深度聚焦行政监管权责不清、业主自治运行不畅、专业服务标准不明、承接查验制度落实不好等难点问题，打破教条思维，作出创制规定，独具南充特色，为我市推进小切口、精细化立法积累了宝贵经验。把握主导权，下好先手棋，高效完成违法建设治理、饮用水水源保护、传统村落保护立法调研。开展《南充市城镇环境卫生管理条例》立法效果第三方评估，《南充市城市道路车辆通行管理条例》立法案例研究报告荣获全省专业评比二等奖。

力推司法公正廉明。审议扫黑除恶专项斗争情况报告，要求司法机关强化协同作战，实施精准打击，深挖黑恶势力背后的“保护伞”和“关系网”，切实维护公共安全、社会安定、百姓安宁。审议市中级法院关于整治“三案”、彰显“三公”专项活动的报告，督促审判机关深化司法体制改革，加强案件质量评查，严格错案责任追究，确保法治天平不偏一丝、不藏一垢、不蒙一尘。对未成年人检察工作和刑事执行检察监督工作开展专题调研，推动检察机关履行好法定职责。视察律师管理和法律援助、司法所规范化建设工作，推动有关方面因势利导、综合施策，净化公共法律服务生态圈，打通司法为民“最后一公里”。

过去一年，我们坚决保障代表行权，充分释放主体活力，多维支撑代表植根群众、联系群众、服务群众。

狠抓履职要素保障。市人大代表是地方国家权力机关的组成人员。尊重代表的权利就是尊重人民的权利，保障代表依法履职就是保障人民当家作主。常委会制定了关于加强和改进代表工作的八条措施，更好地支持和保障代表履职。出台代表轮训办法，促进履职能力提升。坚持邀请代表参与常委会的立法调研、专题询问、工作评议、执法检查等重点工作，积极推荐代表参加“一府一委两院”的阳光问政、阳光问廉、庭审旁听、行风测评等重大活动，闭会期间代表直接参与各类视察调研和督政活动620余人次。扎实开展双联系工作，分片召开联系座谈会，协调解决代表履职困难问题27个。加强信息化建设，代表履职实现从“线下”到“线上”、从“网上”到“掌上”全覆盖。修订代表履职评价细则，确认代表行权记录2400余条。对市人大成立以来具有突出贡献的10名代表和年度履职特别优秀的20名代表给予通报表彰。

狠抓活动平台搭建。推进“人大代表之家”标准化建设、内涵式发展，引导全市三级人大代表定点接待选民，收集社情民意，宣传法律法规，化解社会矛盾，助力基层治理。在经费和组织等方面保障代表小组活动的同时，还新组建了法治、预算、农业农村等12个专业代表小组，围绕社会热点开展调查研究，以智惠民，聚智督政，撰写专题报告200余篇。继续抓好“脱贫攻坚——人大代表再行动”，摘帽不脱钩，帮扶不断链，续力稳定奔康，接力乡村振兴。

狠抓议案建议督办。常委会把督办代表议案建议作为要事来办，督促承办单位坚持结果与过程并重，建立“点对点”联系、“面对面”沟通机制，及时向代表通报办理情况和结果，推动办理工作由答复满意向结果满意转变。选择15件社会普遍关注的重点建议，由常委会领导牵头、相关专委会挂牌督办，领衔代表全程参与，力促意见落实、工作落地，办成了一批过去应办未办的民生实事。市六届人大四次会议期间代表所提2件议案的办理情况已报大会备案，364件建议批评意见按期办结，解决实际问题126件，需跨年办理227件，转为工作建议11件。

过去一年，我们坚决打造过硬队伍，全面加强自身建设，努力实现自我革新、自我完善、自我提升。

持续增强依法履职能力。市人大常委会作为地方国家权力机关，我们坚持带头遵守宪法法律，依法履职，依法办事。严格执行立法法、监督法、地方组织法和常委会议事规则，确保每一次会议、每一项议程、每一件议案都符合宪法和法律规定。坚持集体行使职权、集体决定事项，发扬民主，集思广益，自觉把民主集中制贯穿履职行权全过程。继续采取“走出去”与“请进来”相结合的办法，抓好常委会组成人员和机关干部的业务知识更新，举办法制讲座3期，组织专题培训4次，着力提升运用法治思维和法治方式推进工作的能力和水平。

持续强化队伍建设管理。扎实开展“不忘初心、牢记使命”主题教育，召开常委会组成人员学习会，系统学习习近平总书记关于坚持和完善人民代表大会制度的重要思想，自觉用党的创新理论武装头脑、指导实践、推动工作。结合主题教育、以案促改和巡视巡察，抓好制度废改立，制定内控制度12项，修订工作制度3项，机关管理效能明显增强。落实人大机构改革任务，新设置的市人大监察和司法委员会、社会建设委员会各项工作有序有力有效推进。顺应乡镇行政区划调整，编印法律适用导则，组织开展座谈调研，推动乡镇人大依法选举、规范运转、高效履职。

持续扩大公民政治参与。坚持通过多种形式听取群众意见，做到为民用权、为民履职。改进工作作风，力戒形式主义和官僚主义，统筹安排调研活动，及时了解和反映人民群众所思所想，组织开展生猪稳产保供、企业减税降费、职教提档升级等专题调研 11 项。搭建社情民意“直通车”，发挥基层立法联系点作用，支持群众参与立法全过程。全年邀请公民代表参与常委会活动 176 人次，接办群众来信来访 329 件次，走访农村贫困群众 600 余人次，以实际行动诠释群众立场、践行群众路线、维护群众权益。

持续提振干事创业动能。纪念地方人大设立常委会 40 周年，举办座谈会、表彰会、职工运动会、书画摄影展、优秀征文评比等系列主题活动，回顾历史成就，总结宝贵经验，充分展示人大制度的优越性和生命力，不断增强国家根本政治制度自信。启动南充人大志编纂工作，溯本清源，存史资政。把准舆论导向，改进新闻宣传，传递人大声音，讲好人大故事，荣获国省人大新闻奖 6 项。对上争取支持、对外深化交流、对县乡人大加强联系指导，地方人大事业在联动协作中不断开拓创新、完善发展。

各位代表，市人大常委会工作取得的成绩，是在中共南充市委的坚强领导下，全体市人大代表、常委会组成人员、各专门委员会和常委会各工作部门履职尽责、辛勤工作的结果，是市政府、市监察委员会、市中级法院、市检察院以及各县（市、区）人大常委会密切配合、通力协作的结果，是全市人民充分信任、大力支持的结果。在此，我谨代表市人大常委会表示衷心的感谢！

成绩属于过去，短板不容忽视。我们也清醒地认识到，与时代要求相比，与群众期盼相比，常委会工作还存在不少薄弱环节，立法主导作用发挥不充分，立法质量还需进一步提升；监督工作方式还有待进一步完善，监督实效还需进一步增强；服务代表依法履职的水平还有待进一步提高，机关工作效率还需进一步提升等等，对于这些问题，常委会将虚心听取代表和各方面的意见和建议，在以后的工作中采取有效措施，不断加以改进。

今后一个阶段主要任务

2020 年是中华民族的大战大考之年。面对突如其来的新冠肺炎疫情，全国上下一盘棋，众志成城克时艰，成功取得了抗疫阻击战、生命保卫战的重大战略成果。在这场百年难遇的大考中，市人大常委会闻令而动，向“疫”而行，专项督导落实省人大常委会关于依法做好疫情防控工作的决定，专题调研新冠肺炎疫情对全市经济社会发展的影响，专门审议市人民政府关于统筹推进疫情防控和经济社会发展的报告，切实扛起了非常时期的责任担当。在这场没有硝烟的大战中，全市各级人大代表立足岗位、主动作为，广泛参与联防联控，带头推动复工复产，积极踊跃捐款捐物，以实际行动诠释了人大代表的初心使命、家国情怀和先进本色。在此，我谨代表市人大常委会向大家致以崇高的敬意！

2020 年是南充发展的攻坚决胜之年。我们正经受着新冠肺炎疫情产生的阶段性冲击，也面临着成渝双城经济圈建设带来的战略性机遇，还将共同见证全面建成小康社会的历史性时刻。做好当前和今后一个时期的人大工作，责任重大，使命光荣。市人大常委会将高举中国特色社会主义伟大旗帜，以习近平新时代中国特色社会主义思想为指导，认真践行习近平总书记关于坚持和完善人民代表大会制度的重要思想，增强“四个意识”，坚定“四个自信”，做到“两个维护”，坚持党的领导、人民当家作主、依法治国有机统一，全面贯彻中央大政方针、省委决策部署和市委工作要求，紧扣全面建成小康社会收官战，紧扣构建基层社会治理新要求，紧扣打好打赢“九场战役”硬任务，高效履行宪法和法律赋予的各项职责，更好地把制度优势转化为治理效能，努力为夺取疫情防控和经济社会发展双胜利贡献人大力量。

一、忠于宪法，坚定不移维护国家根本政治制度。宪法是国家的根本大法，它规定了党的执政地位和我国的根本政治制度。忠于宪法、维护宪法、全面实施宪法，就必须坚持党的领导，坚持走中国特色社会主义政治发展道路。常委会将始终把牢政治方向，自觉把党的领导贯穿于人大工作全过程，切实把党的主张融入立法、监督、任免和讨论决定重大事项各方面，确保党的意图在地方国家机关工作中得到一体贯彻、一体执行、一体落实。常委会将抓好宪法宣传教育，组织好宪法宣誓和国家宪法日活动。强化备案审查制度和能力建设，健全备案审查平台功能，严格执行规范性文件备案审查规定，加强主动审查和专项审查，确保宪法和法律在全市经济社会活动中全面实施。

二、紧扣中心，坚定不移助力地方经济高质量发展。发展是富民强市的第一要务。常委会将围绕“六稳”“六保”护航经济运行，开展监督工作。着眼全域开放新格局，审议优化营商环境、重点交通项目实施情况报告，调研重大招商引资项目推进情况。着眼微观主体增活力，审议服务业发展、民营企业减税降费、国有资产运营管理情况报告，全力支持各类市场主体复工达产、渡关过坎、提能增效。着眼“三态合一”新要求，审议城市总体规划执行情况报告，助力打造山水相依、文旅相生、产城相融的现代都市。加强预算、决算审查监督和计划执行监督，按照中央提出的“全口径审查、全过程监督”新要求，实现预算联网监督；不断强化对财政资金使用绩效和政策实施效果的审查监督，跟踪落实审计查出问题整改情况，促进政府抓好调控、编好预算、用好资金、控好债务，力保年度发展目标顺利实现。

三、恪守宗旨，坚定不移维护人民群众根本利益。让老百姓过上好日子是人大工作的出发点和落脚点。常委会将围绕决战决胜脱贫攻坚总任务，分片视察“三落实三精准三保障”回头看工作，继续做好市人大常委会机关扶贫联系村的帮扶工作。持续助推污染防治，审议西河生态治理、环保目标完成、污水处理设施建管、升钟湖保护决定执行情况报告。及时回应社会关切，推进落实全国人大常委会关于全面禁止非法野生动物交易的决定，视察卫生防疫体系建设、养老服务体系建设、民办职业教育发展、市辖三区教科文卫板块重大项目推进情况，审议学前教育发展、“三医”信息共享平台建设、退役军人就业安置情况报告。落实全省统一部署，指导全市各地抓好民生实事项目代表票决制工作，推动重大民生决策从“为民作主”向“由民作主”转变。

四、厉行法治，坚定不移助推基层社会依法治理。法治是社会治理的最优模式。常委会将着眼“立法”“用法”助推依法治理。充分发挥立法主导作用，纵深推进小切口、精细化立法，起草审议《南充市城市景观风貌保护条例》《南充市污水处理设施管理条例》，调研起草《南充市地方戏剧保护条例》，组织开展《南充市城镇环境卫生管理条例》立法后评估。进一步健全民意直通、争议协商、效果评估等立法机制，着力提升地方性法规的操作性和执行力。继续加强法律实施监督，深入开展《中华人民共和国传染病防治法》执法检查，专题听取《南充市物业管理条例》实施情况报告，专题询问《南充市城市道路车辆通行管理条例》执行情况。督促贯彻修改后的法官法、检察官法，积极支持司法体制改革，推动落实司法责任制，促进司法机关履好职、尽好责、办好案，携手共建平安南充、和谐南充、法治南充。

五、强基固本，坚定不移抓好抓实“两型”机关建设。要切实发挥人大代表主体作用，落实改进代表工作的具体措施，健全代表联络机制，扩大并改进代表对常委会工作的参与，统筹做好代表视察调研工作，支持代表依法履职。组织开展好代表走访企业和群众专项活动，广泛凝聚共识之心，充分汇集共建之力。要持续加强人大常委会自身建设，纵深推进“不忘初心、牢记使命”主题教育，深入学习贯彻习近平总书记关于坚持和完善人民代表大会制度的重要思想，不断改进工作作风，扎实开展调查研究，完善议事程序和工作机制，提升常委会依法行权效能。要积极支持各专门委员会履行法定职权，着力提升常委会各工作部门服务保障水平，深层激发干部职工干事创业内生动能。要进一步加强对县乡人大工作的联系指导，不断夯实地方人大工作基层基础，增强全市人大工作整体实效，努力把市人大及其常委会建设成为全面担负起宪法和法律赋予各项职责的工作机关，建设成为同人民群众保持密切联系的代表机关。

各位代表，实干托举梦想，拼搏铸就辉煌。让我们更加紧密地团结在以习近平同志为核心的党中央周围，在中共南充市委的坚强领导下，勠力同心，锐意进取，只争朝夕，不负重托，统筹推进疫情防控和经济社会发展，为建设成渝第二城、争创全省经济副中心、决胜全面建成小康社会而努力奋斗！

南充市人民代表大会常务委员会工作报告

2021年2月19日在市六届人大六次会议上

南充市人大常委会主任　袁险峰

各位代表：

我受南充市第六届人民代表大会常务委员会委托，向大会报告工作，请予审查。

2020年主要工作

2020年是南充发展史上极不平凡的一年。全市上下在共战百年大流疫中，取得重大战略成果；在共圆百年小康梦中，取得伟大历史成就；在共建成渝双城经济圈中，开启了建设社会主义现代化南充崭新征程。一年来，在市委坚强领导下，市人大常委会坚持以习近平新时代中国特色社会主义思想为指导，紧扣全市发展大局，紧扣群众利益关切，紧扣全面依法治市，认真履行职权，扎实开展工作，全年召开常委会会议9次，审议地方性法规1部、专项工作报告27个，开展1次执法检查、1次专题询问、2项工作评议、5项专题调研，作出决议决定12个，任免国家机关工作人员103人次，在非常时期，用超常效率，顺利完成市六届人大五次会议确定的各项任务，为推动全市经济社会发展和民主法治建设贡献了人大力量。

一年来，我们严格坚持党的领导、人民当家作主、依法治国有机统一，切实把宪法精神贯穿于人大实践。

坚决保证宪法实施。宪法是党和人民意志的集中体现。依法治国首先要坚持依宪治国，依法执政首先要坚持依宪执政。常委会把确保宪法和法律在本行政区域内得到全面有效实施，作为履职行权的首要任务，认真开展法律监督和工作监督。持续加强宪法宣传教育，连续三年举办宪法知识专题讲座，扎实抓好第七个国家宪法日活动，严格执行宪法宣誓制度，组织宪法宣誓仪式10批58人次，促进国家机关工作人员忠于祖国、忠于人民、忠于职守。对接国省人大规范性文件备案审查新要求，修订工作办法，健全联网平台，拓展备案范围，对23件党内规范性文件进行合法性审查，对11件政府规范性文件、1件检察院规范性文件、100件县级人大决议决定进行备案审查，有效维护了国家法制统一、尊严和权威。

坚决贯彻党委决策。人民代表大会制度是党领导人民管理国家和社会事务的政权组织形式。常委会召开专门会议学习贯彻省委、市委人大工作会议精神，制定专门方案推进落实省委、市委关于加强新时代人大工作和建设的实施意见，牢牢把准人大工作政治方向、价值取向、工作导向。坚持通过法定程序把党的主张转化为人民意志，依法行使人事任免权，表决任职事项44人次、免职事项59人次，圆满实现组织人事意图。对6名常委会任命人员进行述职测评，促进其对组织、对人民、对权力来源负责。完成市委交办调研课题5项，争设省级新区等调研成果转化为战略决策。及时向市委请示报告工作推进中的重要情况、重大问题，自觉把党的领导贯穿到人大工作各方面、全过程。

坚决维护人民意志。人民代表大会制度是保证人民当家作主的根本制度安排和最高实现形式。常委会有序扩大公民政治参与，纵深推进工作计划、过程、结果“三公开”，在广泛征集民意基础上，确定年度立法、监督议题38项，先后邀请400多名公民代表旁听常委会、专委会重要会议，参与立法听证论证、效果评估和专项工作社会调查等重大活动，自觉把群众意愿转化为地方法规、审议意见、决议决定，坚持通过人大制度保证人民群众行使国家权力。高度关注民生改善，大力促进公共财政向民生领域倾斜，全年民生支出占一般公共预算支出的66%。完善信访联络协调机制，受理群众来信来访151件次，推动解决百姓合理诉求。

一年来，我们积极策应疫情大考、助力攻坚大战、服务发展大局，切实把制度优势转化为治理效能。

助推疫情防控高效率开展。面对突如其来的新冠肺炎疫情，常委会主动担当、主动作为，第一时间检查落实省人大常委会关于做好疫情防控工作的决定，保障防疫工作临时性行政措施有效实施、全域性联防体系有效建立、常态性处突机制有效运转；第一时间督导贯彻全国人大常委会关于全面禁止野生动物非法交易和食用的决定，督促取缔黑市交易、维护生物安全、防范重大公共卫生风险；第一时间听取审议市政府统筹推进疫情防控和经济社会发展的情况报告，要求从实补齐医卫短板，从严防止疫情反弹，从快推进经济复苏、社会复常；第一时间倡议全市各级人大代表带头参与联防联控、推动复工复产，以实际行动诠释初心使命。组织开展传染病防治法执法检查，开列问题清单，压实主体责任，破解节点梗阻，扎紧筑牢百姓安康法治防线。

助推地方经济高质量发展。着眼“动力”问题，审议重点项目预算安排、重大交通项目实施情况报告，视察招引企业、侨资企业、出口企业、服务产业发展情况，支持政府保持投资动能，挖掘消费潜能，提升开放势能，稳固“产业链”，稳定“供应链”，稳住“基本盘”。着眼“活力”问题，审议民营企业减税降费专项报告，检查“十六条援企措施”落地情况，助力中小企业止血止损，平稳渡过“寒冬”，划出“上扬曲线”；审议“一府两院”营造法治化营商环境情况报告，要求持续规范市场经济秩序，平等保护市场主体权益。着眼“潜力”问题，专题调研夜间经济发展情况，提出要坚持业态、文态、生态“三态合一”，规划建设多维立体的“夜南充”经济体系。审议城市总规执行情况报告，建议对标“I型大城市”远景，优化城市空间结构，强化城市功能配套，提升城市服务水平。评议市农业农村局、市商务局工作，促进构建“5+5”现代农业体系、“4+5”现代服务业体系。

助推民生福祉高标准改善。聚焦最大的民生工程，专项视察脱贫攻坚“三落实三精准三保障”回头看工作，要求保持攻坚态势，巩固减贫成果，攻克深贫堡垒，防止返贫风险，坚决打赢脱贫攻坚收官战。连续七年开展“脱贫攻坚——人大代表再行动”主题活动，一路随行全面小康，接续助力乡村振兴。聚焦群众最关切的民生实事，审议学前教育发展情况报告，要求增强政策支撑力、提升社会参与度、扩大办学普惠性，有效解决“入园难”“入园贵”问题；审议养老服务体系建设情况报告，推动构建“居家为基础、社区为依托、机构为补充、医养相结合”的现代养老服务格局；审议退役军人安置工作情况报告，要求责任主体各司其职、各尽其责，确保安置对象各得其所、人尽其才；审议“三医”信息平台建设情况报告，督导市辖三区学校、医院、文体重点工程实施，助力打造成渝地区科教文卫新高地。

助推法治南充高起点建设。坚持科学民主立法，审议通过《南充市城市景观风貌保护条例》，要求制定专项规划，建立保护名录，依法管控城市绿线、蓝线、紫线，综合提升城市空间艺术性、平面协调性、文脉延续性，力促城市建筑景观、山体景观、绿地景观、江河景观、历史文化景观相生相融，最大限度地保护好“印象嘉陵江、山水南充城”。起草《南充市污水处理设施管理条例（草案）》，启动地方戏剧保护立法调研，开展《南充市城镇环境卫生管理条例》立法后评估。深度融入依法治市，审议法治政府建设情况报告，倡导运用法治方式深化改革、推动发展、化解矛盾、维护稳定。审议《南充市物业管理条例》贯彻实施情况报告，专题询问《南充市城市道路车辆通行管理条例》施行情况，促进解决法规执行中管而不力、查而不究、禁而不止的问题。审议扫黑除恶工作报告，强调要抓实“六清”行动，保持高压态势，建立长效机制，巩固三年专项斗争成果。

助推生态环境高强度保护。连续八年跟进西河治污，审议《关于打造西河生态景观长廊的决议》执行情况报告，督促抓好长廊后续建设、景观提档升级、污染长效治理。审议《关于加强升钟湖保护的决议》执行情况报告，要求强化水域岸线管护，从严落实核心保护区禁养、禁渔、禁伐制度。紧盯市区污水处理能力不足、乡镇污水收集率不高的现实短板，开展专题调研算好明白账，审议专项报告作出硬要求，力促有关方面一体提升管网配套、终端处理、设施管护水平。审议环境状况和环保目标完成情况报告，助阵蓝天碧水净土保卫战，策应生态文明建设新常态。连续多年开展“南充人大环保世纪行”宣传活动，引导社会各界共创嘉陵江绿色生态经济带示范市。

助推计划预算高水平执行。审议“十三五”规划实施总结评估报告，提前介入“十四五”规划和二〇三五年远景目标纲要编制工作。加强国民经济和社会发展计划执行情况监督，支持和促进政府做好“六稳”工作、落实“六保”任务。审议财政预算执行、绩效管理情况报告，依法批准市级财政决算、预算调整方案和地方政府债务限额，督促强化收入组织、加大争资力度、优化支出结构、防范系统风险，切实把有限财力用于应对经济下行压力、缓解企业经营困难、保障基层良性运转、对冲疫情减收影响。听取市级预算执行和其他财政收支审计工作报告，跟踪监督查出问题整改情况，对市教体局整改结果进行满意度测评。审议市属国有企业运行和国企改革情况报告，筑牢国资监管“防火墙”，看紧人民群众“钱袋子”。

一年来，我们充分尊重主体地位、激发主体活力、发挥主体作用，切实把为民行权根植于代表履职。

扎实开展“双走访”活动。按照全省统一部署，组织全市1.3万余名各级人大代表，分成389个走访小组，以“为企业纾困、为群众解难、为党政分忧”为主题，开展建市以来人数最多、规模最大、触角最深的代表“双走访”活动，走访实体企业7053家、基层群众59870人，收集意见建议18490条，形成问题清单16768个，采取分层交办、集中督办、专人催办方式，推动解决实际问题9617个，积极帮助中小企业和困难群众共渡难关、共克时艰。

不断拓展“双联系”内涵。推动完善“代表联系群众、地方国家机关联系代表”工作制度，形成人大联系服务群众闭环。依托全市437个“人大代表之家”，引导基层代表分班值守履职平台，常态化宣传政策法规，零距离听取群众诉求，多维度融入“199”基层治理。支持44个代表小组分区开展视察调研，吃透社情民意，提升代言督政能力。举办专题培训班两期，培训基层人大代表和乡镇人大主席170名。邀请136名代表参与常委会重点工作，推荐68名代表参加“一府一委两院”重大活动，充分保障代表知情权、参与权、表达权和监督权。

深入推行“双评价”机制。健全代表履职绩效评价机制，促进代表对选民负责，全年记录代表行权活动2600余次、联系群众2300余次，坚持用数据说话，对20名履职优秀代表进行通报表扬。健全代表议案建议办理考核机制，促进国家机关对人大代表负责。对办理质量不高、效果不好的责任部门，开列问题清单，督促限时整改，让代表的“好声音”成为部门的“真行动”。选择16件意见集中的代表建议进行重点督办，推动化解了一批群众普遍关注的急难盼愁问题。市六届人大五次会议期间代表提出的289件建议全部按期办结，代表满意率为100%。

一年来，我们着力打造政治过硬、作风过硬、能力过硬的干部队伍，切实把时代要求内化于自身建设。

持续增强行权定力。坚持政治首位，强化思想引领，认真学习贯彻习近平总书记关于坚持和完善人民代表大会制度的重要思想、习近平法治思想，增强“四个意识”、坚定“四个自信”、做到“两个维护”。坚持尚法守制，依法规范行权，严格执行立法法、监督法、地方组织法和常委会议事规则，确保每一次会议、每一项议程、每一件议案都符合宪法和法律规定。坚持集体行使职权、集体决定事项，发扬民主，集思广益，自觉把民主集中制贯穿履职行权全过程。坚持正风肃纪，严守纪律规矩，对标中央八项规定、省委省政府十项规定、市委市政府九项规定及其实施细则，结合巡视巡察反馈问题整改“回头看”，健全内控制度，扎紧权力围栏，自觉维护忠诚、干净、担当良好形象。

持续提升履职能力。举办常委会组成人员学习会，邀请国内知名专家学者开设民法典、预算法专题讲座，增强识变、应变、求变能力。召开市县两级人大专门委员会、常委会办事工作机构联系会，学习新思想，贯彻新方略，研究新问题。实施机关干部轮训计划，系统培训与人大工作密切相关的理论、法律、业务知识，学深悟透，融会贯通，把准新时代人大工作发展规律，抬高工作标杆，提升工作效能。

持续释放工作活力。注重上下联动，配合全国人大、省人大开展著作权法、行政处罚法、传统村落保护条例等26部法律法规草案征求意见工作。受省人大常委会委托，开展国家安全法、禁毒法执法检查。注重内外交流，与重庆市涪陵区人大常委会签订协议，建立长效合作机制，共推双城经济圈建设。注重支持基层，调研影响县乡人大发展的节点问题，部分政策建议写入省委文件。完成《南充市人大志》初撰工作，存史资政，立史鉴今。抓好新闻宣传工作，传播人大声音，讲好人大故事，提升人大影响。

各位代表！常委会取得的各项成绩，是在市委的坚强领导下，全体市人大代表、常委会组成人员、市人大各专门委员会和常委会各办事工作机构辛勤付出、奋进作为的结果，是市政府、市监委、市中级法院、市检察院和各县（市、区）人大常委会密切配合、精诚协作的结果，是全市人民充分信任、大力支持的结果。在此，我谨代表市人大常委会表示衷心感谢，并致以崇高敬意！

回顾去年工作，我们清醒地认识到，面对新时代新形势新要求，常委会工作还存在一些差距和不足，主要是立法主导作用发挥不够，立法工作效率尚需进一步提升；部分监督议题跟踪问效不力，监督工作实效尚需进一步增强；人大代表主体活力释放不足，代表工作机制尚需进一步完善。我们将高度重视这些问题，虚心听取各方意见，不断改进工作短板，自觉接受社会监督。

2021年主要任务

凡属过往，皆为序章。2021年是中国共产党成立一百周年，是“十四五”开局之年。做好今年的人大工作，任务艰巨，意义重大。市人大常委会工作的总体要求是：坚持以习近平新时代中国特色社会主义思想为指导，深入学习贯彻习近平总书记关于坚持和完善人民代表大会制度的重要思想，全面落实中央、省委、市委重大决策部署和市委人大工作会议精神，立足新发展阶段，践行新发展理念，融入新发展格局，围绕实施“155发展战略”和构建“199”基层治理体系，认真行使立法、监督、决定、任免各项职权，扎实开展“代表工作推进年”主题活动，巩固深化“四讲四有”人大创建成果，更好地把制度优势转化为治理效能，为全面建设社会主义现代化南充提供坚实民主法治保障。

一、坚持宪法至上，忠实维护国家根本政治制度。宪法是治国理政的总章程。我们将毫不动摇坚持宪法确定的中国共产党领导地位，旗帜鲜明地贯彻党的基本理论、基本路线、基本方略，通过法定程序使党的主张成为国家意志，使党组织推荐的人选成为国家政权机关的领导人员，使党的重大决策部署在地方国家机关工作中得到一体贯彻、高效执行。我们将毫不动摇坚持宪法确立的国家根本政治制度，深入落实中央、省委、市委关于加强新时代人大工作和建设的各项要求，不断健全适合国家权力机关特点、体现民主集中制原则的组织制度和运行机制，更好助力经济社会发展和改革攻坚任务。我们将毫不动摇坚持宪法规定的依法治国方略，加强法制宣传教育，组织好国家宪法日和宪法宣誓活动，不断提升备案审查和法律监督质效，做宪法法律的忠实崇尚者、自觉遵守者、坚定捍卫者。

二、坚持发展至上，精准助推经济强市建设。发展是富民强市的第一要务。常委会将紧扣“一高三强”方向路径，持续加强经济工作监督。围绕做强融入成渝发展新支撑，审议城市总规执行、嘉陵江航道建设、临江新区规划及实施情况报告，专题询问城市管理工作，助力打造具有国家气场、巴蜀气派、山水气质的核心增长极。围绕培育壮大实体经济新优势，视察产业园区运行、工业发展资金使用、农业社会化服务体系建设情况，助力产业基础高级化、产业链现代化。围绕扩大改革创新开放新成果，审议科技成果转化、对外贸易工作情况报告，视察保税物流中心运行、商会经济发展情况，助力建设开放高地、科创中心。加强国有资产运行监管，强化计划预算执行审查，启动预算联网监督，问效审计查出问题整改，促进提升公共财政资源配置效率、管理效能、使用效益。

三、坚持人民至上，及时回应群众普遍关切。民心是最大的政治。常委会将始终秉持以人民为中心的发展思想，全力推动改革发展成果更多惠及全市人民群众。聚焦重农固本，关注“三农”问题，审议稳定粮食生产、巩固脱贫成果衔接乡村振兴专项报告，力促农业高质高效、农村宜居宜业、农民富裕富足。聚焦国之大计，关注教育问题，评议市教体局工作，审议市辖三区基础教育“十三五”规划完成和“十四五”规划启动专项报告，促进落实教育优先战略、办好人民满意教育。聚焦风险防控，关注安全问题，评议市应急管理局工作，审议人民防空工作专项报告，视察应急、消防安全基础设施建设情况，加强常态化疫情防控专项监督。聚焦环境保护，关注生态问题，视察“河长制”实施工作，审议环境状况和环保目标完成情况报告，跟踪问效城乡污水处理设施建管问题，扎紧最严密的法治防线，守护最普惠的民生福祉。

四、坚持法治至上，多维促进市域社会治理。法治是社会治理的重要依托。常委会将充分发挥立法主导作用，坚持行得通、真管用原则，着力“小切口”解决“大问题”，努力让立法制度设计与发展实际需求相适，起草审议《南充市污水处理设施管理条例（草案)》《南充市地方戏剧保护条例（草案)》，开展居家养老服务立法调研、《南充市城市道路车辆通行管理条例》立法后评估；对接民法典规定，完成相关地方法规修订工作。加强地方法规实施监督，检查《南充市物业管理条例》贯彻执行情况。加强司法工作监督，审议诉源治理、基层社会治理专项报告，策应“大联动、微治理”体系建设。纵深推进全民守法，审议普法工作报告，作出“八五”普法决议，力促尊法学法用法守法成为公序良俗。

五、坚持与时俱进，不断提升依法履职水平。人大代表是人大工作的主体，尊重代表的权利就是尊重人民的权利，保障代表依法履职就是保障人民当家作主。我们将扎实开展“代表工作推进年”主题活动，深入实施能力、活力、效力提升计划，切实为代表执行职务提供更好平台、更多切口、更强支撑。我们将继续加强政治建设、思想建设、作风建设，不断完善议事规则、制度体系、运行机制，有效发挥各专门委员会职能作用，提升各办事工作机构服务保障功能，着力打造政治过硬、作风优良、业务精湛、纪律严明的地方国家权力机关。我们将自觉接受省人大常委会的指导和监督，加强与其他市级人大的交流和合作，密切与县乡人大的沟通和联系，依法推进换届工作，慎终如始履职尽责，努力为本届人大工作画上一个圆满句号、交上一份合格答卷。

各位代表，征程万里风正劲，重任千钧再出发。让我们更加紧密地团结在以习近平同志为核心的党中央周围，在中共南充市委的坚强领导下，永葆初心、牢记使命，乘风破浪、扬帆远航，加快建设成渝第二城，奋力争创全省经济副中心，全力打造成渝地区双城经济圈次极核，为全面建设社会主义现代化南充而努力奋斗！

三、中共南充市委书记在人代会闭幕时的讲话选录

在南充市第三届人民代表大会第二次会议闭幕时的讲话

中共南充市委书记、市人大常委会主任　王　宁

（2005 年 2 月 26 日）

各位代表、同志们：

南充市第三届人民代表大会第二次会议经过全体代表的共同努力，圆满完成各项议程，就要胜利闭幕了。会议坚持以邓小平理论和“三个代表”重要思想为指导，深入贯彻党的十六届三中、四中全会和省委、市委全委会精神，审查通过了市级国家机关工作报告，进一步统一了思想，明确了方向，凝聚了人心，鼓舞了士气，是一次民主团结、求真务实的盛会，是一次奋发图强、共谋发展的盛会。

会议期间，代表们以高度的主人翁责任感，充分履行职责，认真行使权利，使会议通过的各项报告及决议，体现了人民的意志，代表了人民的利益，反映了全市人民的共同愿望。这次会议选举我为市人大常委会主任，是各位代表和全市人民对我的充分信任，我深感责任重大。我和市人大常委会组成人员一定忠实履行宪法和法律赋予的职责，不负重托，恪尽职守，尽心尽力做好工作，决不辜负各位代表和全市人民的期望与重托。

当前，南充正处于新一轮加快发展的关键时期。市委三届三次全委会提出的建设川东北区域中心城市的奋斗目标，催人奋进、促人攀登。这次人代会和刚刚闭幕的政协会对此形成了广泛共识。着眼今年的工作，放眼新一轮发展，我们有难得的机遇和加快发展的基础。世界经济持续增长，我国经济稳步上升，全省经济快速健康发展，加之国际国内市场融合、资本流动和发达地区产业梯度转移进程加快，西部大开发战略的深入实施，给我市拓展了更大的发展空间，特别是胡锦涛总书记视察南充，给我市带来了千载难逢的发展机遇。这些都有利于推进南充新一轮的新跨越、新发展，有利于建设川东北区域中心城市战略目标的全面实施。在南充历届班子和广大干部群众的共同努力下，全市政治稳定、经济增长、社会事业发展、人民生活水平逐步提高，具备了加快发展的思想基础、产业基础、经济基础，具备了加快发展的区位优势、市场优势和科教优势。尽管在前进的道路上还存在结构性矛盾突出，产业培育滞后，政府财政十分拮据，困难群体比重大，影响社会稳定因素多等制约因素和困难，但我们有战胜困难、夺取胜利的勇气和信心，有全市人民想发展、谋跨越的精神力量，我们一定能视困难为机遇、变压力为动力，加快发展，实现目标。我们一定要坚定不移、旗帜鲜明地坚持发展不动摇，在科学发展观的指导下，进一步增强奋起直追、加快发展的责任感和使命感，增强不进则退、慢进落后的危机感和紧迫感，以更加昂扬的斗志、更加务实的作风，奋发图强，真抓实干，奋力推进南充新一轮的新跨越、新发展，加快把南充建设成为川东北区域中心城市的步伐。

一、坚持以科学发展观统领全局，推进南充新一轮的新跨越、新发展

树立和落实科学发展观，是坚持“三个代表”重要思想的内在要求，是全面建设小康社会的必然选择。南充作为一个欠发达地区，必须把科学发展观的要求贯穿到加快发展的各个方面。要全面落实“五个统筹”要求，真正把全面、协调、可持续发展观，变为广大干部群众的自觉行动。针对市委三届三次全委会提出的我市 2005 年及今后一个时期的总体思路和奋斗目标，代表们经过这几天的充分讨论，认为建设川东北区域中心城市这个目标的确立，是形势所迫、现实所需、人民所盼。在区域经济的激烈竞争中，如果南充不抢占先机，不成为带动区域经济发展的增长极，在未来的发展中必将处于被动。但区域中心不能自封，必须付出“人一之，我十之”的艰苦努力，有总书记的关怀和省委、省政府的重视支持，有率先迈入大城市行列的基础和区位的明显优势，有 726 万人民上下一心、团结奋斗，就能把这个美好的蓝图变为现实。要抓住新的工作重点。着力推进“三个转变”，力求实现“三大突破”，即城市经济在产业支撑上求突破，农村经济在农业产业化上求突破，第三产业在扩规模、上水平、增辐射上求突破；树立“产业是支撑、项目是载体”的理念，建设开放南充；要建立新的运行机制，充分发挥市场在资源配置中的基础性作用，坚持依法按制度办事，坚持以经济和法律手段为主，辅以必要的行政手段管理经济和社会事务；进一步建立健全经济社会发展评估体系和干部政绩考核评价体系，构建促进发展的激励约束机制。

二、切实加强党的执政能力建设，认真搞好保持共产党员先进性教育活动

加快南充新一轮的新跨越、新发展，建设川东北区域中心城市，关键在党，关键在干部。我们要按照省委提出的“举旗帜、抓班子、带队伍、促发展”的要求，加强党的建设。当前，就是要按照中央、省委的部署和市委的安排，在全市认真开展以实践“三个代表”重要思想为主要内容的保持共产党员先进性教育活动，切实解决存在的突出问题。各级党组织要精心组织、扎实推进、注重实效。要把先进性教育活动的成效体现在新一轮思想大解放、作风大转变、机制大转换、对外大开放上，转化为建设川东北区域中心城市的实际行动；要把先进性教育活动的成效体现在工作能力的提高上，自觉学习，勇于实践，不断提高理论素养和战略思维能力，着眼于解决发展中的深层次矛盾和问题，进一步理清思路，提高本领，解决实际问题，要多为群众办实事、解难事、做好事；把先进性教育活动的成效体现在加强党性修养上，牢固树立正确的世界观、人生观、价值观，提高拒腐防变能力，永葆共产党人的先进性和纯洁性；把先进性教育活动的成效体现在加强党的建设上，切实解决党建中存在的不适应、不符合等方面的问题，增强各级党组织的创造力、凝聚力、战斗力。

三、不断提高发展社会主义民主政治的能力，进一步发挥好人大及其常委会的职能作用

地方人大及其常委会是地方国家权力机关，担负着推进社会主义民主法制建设，促进地方经济社会协调发展的重要使命，是实现人民行使当家作主权利的根本途径和重要形式。各级党委要善于把党的领导、人民当家作主和依法治国有机统一起来，进一步加强党对人大工作的领导，切实把人大工作作为党的工作的重要组成部分，支持人大及其常委会依法行使职权。要及时研究解决人大工作中的新情况、新问题，重视培养和使用人大干部，使人大机关保持旺盛的生机与活力。“一府两院”要自觉接受人大及其常委会的监督，形成法制至上的观念，树立依法按制度办事的理念，坚持依法行政，在法律制度的框架下寻求解决问题的渠道，坚持民主决策、科学决策，绝不搞决议“一言堂”；决策“拍脑袋”。各级人大及其常委会要围绕工作大局，认真履行职责，充分发挥职能作用。紧紧抓住事关改革发展稳定的问题，依法加强对行政、司法机关的法律监督和工作监督，督促纠正有法不依、执法不严、违法不究的行为，努力构建公平正义、稳定有序的社会法制环境。认真行使重大事项决定权，

善于把党的主张通过法定形式，变成国家的意志和人民群众的自觉行动。坚持党管干部原则，正确行使人事任免权，努力营造风正心齐、气顺劲足的干事创业环境，让广大干部有用武之地而无后顾之忧，有苦练内功的动力而无应付内耗的压力，能专心谋事而不必分心去谋人。加强代表基础工作，密切与人大代表的联系，完善联系制度，积极为代表履行职责创造条件。

四、努力构建和谐社会，实现好维护好发展好人民群众的根本利益

构建社会主义和谐社会，是全面建设小康社会的重要内容，也是推进南充新一轮的新跨越、新发展，建设川东北区域中心城市的重要保障。构建和谐社会，要高度重视和实现人民群众最现实、最关心、最直接的利益。我们作每一项决策，做每一件事，都必须想一想人民拥不拥护，人民赞不赞成，人民高不高兴，人民答不答应，始终坚持群众观点，时刻想着维护最广大人民群众的根本利益。要真心实意为老百姓办实事、办好事，切实解决人民群众普遍关心的实际问题，尤其要热心关怀困难群体，千方百计解决好他们的生产生活问题，让改革发展的成果惠及广大民众。要正确处理好改革发展稳定的关系，坚持把改革的力度、发展的速度和人民群众的可承受度结合起来，确保社会稳定。构建和谐社会，要充分相信群众，依赖群众。在联系群众、服务群众的同时，做好对群众的宣传、教育、引导工作，通过开展深入细致的思想政治工作，教育引导群众正确看待社会热点问题，以理性合法的形式表达合理的利益诉求，自觉维护社会稳定。要及时解决群众反映强烈的突出问题，稳妥化解各种矛盾，进一步密切党群、干群关系。构建和谐社会，人大代表肩负着重要职责。各级人大代表要积极践行权为民所用、情为民所系、利为民所谋的要求，充分发挥联系群众的桥梁、纽带作用，积极宣传政情，深入了解民情，广泛集中民智，切实凝聚民力，为党和政府兼顾好各方面群众的具体利益，最大限度地调动各方面群众的积极性，加快南充的建设和发展，作出更多更大的贡献。

各位代表，新的蓝图已经绘就，新的征程已经开始。让我们高举邓小平理论和“三个代表”重要思想的伟大旗帜，坚定信心，振奋精神，与时俱进，真抓实干，为实现南充新一轮的新跨越、新发展，把南充建设成为川东北区域中心城市而努力奋斗！

在南充市第三届人民代表大会第三次会议闭幕时的讲话

中共南充市委书记、市人大常委会主任　王　宁

（2006 年 2 月 19 日）

各位代表、同志们：

南充市第三届人民代表大会第三次会议，经过全体代表的共同努力，已经圆满完成各项议程，即将胜利闭幕。

这次会议是在我市抢抓机遇、加快发展的关键时刻召开的一次重要会议。会议坚持以邓小平理论、“三个代表”重要思想和科学发展观为指导，深入贯彻落实党的十六大、十六届五中全会和省委八届六次全会、市委三届四次全会精神，回顾总结了过去五年的工作，深入分析了当前面临的形势和任务，研究部署了今后五年和今年的工作。会议期间，代表们以高度的政治责任感和主人翁精神，认真履行职责，依法行使职权，积极提出议案建议，审查批准各项报告和“十一五”规划纲要，选举产生了市人民政府市长，充分展示了人大代表朝气蓬勃、奋发有为的精神风貌。会议始终洋溢着团结奋进、求真务实的热烈气氛，是一次发扬民主、共谋发展的大会；是一次继往开来、与时俱进的大会；是一次鼓舞士气、再创佳绩的大会。这次会议的胜利召开，对于团结和动员全市人民为实现“十一五”宏伟目标，加快建设川东北区域中心城市进程，推进南充发展新跨越，必将产生重大而深远的影响。

此时此刻，我们向各位代表的辛勤工作表示衷心感谢！向新当选的市人民政府市长高先海同志表示热烈祝贺！因工作需要，杜光辉同志以大局为重，以事业为重，以南充的建设和发展为重，多次向组织提出请求，不再担任市人民政府市长职务。对此，我们不会忘记他在市长岗位上，尽职履责，勤奋工作，为南充经济社会发展作出的积极贡献。让我们以热烈的掌声，向他表示崇高的敬意和真诚的感谢！

各位代表、同志们！

经过“十五”的艰苦奋斗，全市经济社会发展取得了明显成效，为推进南充发展新跨越奠定了良好的基础，创造了有利的条件。我们已经站在一个新的历史起点上，迈入了“十一五”发展新的征程。这次会议审议批准的各项报告和“十一五”规划纲要，通过的各项决议，凝聚着全体代表的集体智慧，体现了全市人民的共同愿望和根本利益。我们一定要集全市之智、举全市之力，抢抓机遇，乘势而上，知难而进，真抓实干，努力把“十一五”宏伟蓝图变成现实。

谋划五年，干好头年。今年，南充迎来了广大干部群众梦寐以求的历史最佳机遇期，形势喜人，形势逼人，不进则退。我们一定要深刻认识和准确把握新形势下的新特点和新任务，既要看到成绩，又要看到差距，既要看到优势和机遇，又要看到困难和问题，进一步增强机遇意识、忧患意识、进取意识、责任意识，发扬自力更生、艰苦奋斗、敢于拼搏的精神，弘扬为民务实、开拓创新、勤政廉洁的作风，始终抓住发展这个第一要务不动摇，按照市委三届四次全会和本次会议确定的奋斗目标和各项任务，扎扎实实做好各项工作。

一定要坚定不移地抓产业培育，促进经济又快又好发展。当前，我市的最大问题仍然是发展不够、发展不充分，最大的症结在于缺乏产业支撑，工业经济实力不强。我们要实施产业兴市战略，集中精

力抓产业，突出重点抓工业，不断增强工业对全市经济的带动力和支撑力，实现城市建设和产业发展的良性互动。要牢固树立“产业是支撑，项目是载体”的理念，大力培育产业集群，重点抓好工业六大板块的发展。扎实开展“项目攻坚年”活动，创新招商引资方式，增强招商引资实效，夯实产业发展基础。同时，要扎实推进社会主义新农村建设，推进农业产业化经营，培育农村经济产业支撑，努力增加农民收入。要以创建中国优秀旅游城市为动力，重点发展旅游产业，带动第三产业突破性发展，促进城市功能的完善和形象的提升。

一定要坚持不懈地解决百姓疾苦，促进社会和谐。坚持立党为公、执政为民，坚持发展为了人民，发展依靠人民，发展成果由人民共享。积极实践“为群众办实事、办好事，维护社会稳定就是政绩”的理念，时刻把人民群众的安危冷暖放在心上，更加注重维护和实现群众最现实、最关心、最直接的利益。要继续做好征地拆迁安置补偿工作，深入扎实开展万人结对帮扶构建和谐社区活动，加大以升钟库区为重点的扶贫开发力度，切实解决好贫困群众的生产生活困难。健全和完善社会保障体系，保障困难群众的基本生活，努力维护社会稳定。要建立健全人民内部矛盾的调处机制，引导群众以合法形式行使民主权利，以理性方式表达利益诉求，以法律手段维护合法权益，努力促进社会和谐。

一定要保持奋发有为的精神状态，狠抓工作落实。抢抓朱德120周年诞辰纪念的机遇，必须以更加振奋的精神、更加充足的干劲、更加坚定的信心、更加强烈的紧迫感和责任感投入工作，抓好落实。要按照省委“举旗子，抓班子，带队伍，促发展”的要求，加强各级班子和队伍建设，倡导各级干部群众要保持奋发有为的精神状态，力戒因循守旧、不思进取；要强化无功即是过的责任意识，力戒推躲绕拖、不在状态；要弘扬务实苦干的工作作风，力戒心态浮躁、形式主义；要严格依法按制度办事，力戒不讲程序、不守规矩；要树立正确的用人导向，力戒跑官要官等不正之风。始终以对党和人民高度负责、无限忠诚的态度，只争朝夕抓落实，满怀激情干事业，创新奋进求发展，切实做到兢兢业业工作、认认真真干事、踏踏实实为民。

一定要进一步做好人大工作，充分发挥人大代表作用。加快南充发展，实现新的跨越，人大工作地位重要、责任重大。各级人大及其常委会，要坚持以邓小平理论、“三个代表”重要思想为指导，全面贯彻落实科学发展观，紧紧围绕全市工作大局，把坚持党的领导、人民当家作主和依法治市有机结合起来，坚持正确的政治方向，坚持民主集中制，认真履行宪法和法律赋予的职责。以培育产业支撑、解决百姓疾苦、建设社会主义新农村、创建中国优秀旅游城市、推进依法行政和公正司法等为监督重点，完善监督机制，加大监督力度，增强监督实效。充分发挥代表作用，保证代表依法行使职权。建立健全制度，不断促进常委会工作规范化、制度化。加强民主法制宣传教育，在全市进一步形成学法、守法、用法、严格依法办事的良好氛围，为推进依法治市夯实思想基础。人大代表是国家权力机关的组成人员，地位崇高，使命光荣。希望各位人大代表要进一步加强学习，用科学理论武装头脑，努力增强法制观念，提高依法履行职责的能力。要始终密切联系群众，深入基层、深入实际，以饱满的政治热情，立足本职工作，落实好各项会议决议，在推进南充经济社会协调发展的过程中作出表率。

各位代表，同志们！

我们的使命神圣而崇高，我们的任务光荣而艰巨。让我们在中共南充市委的领导下，高举邓小平理论和“三个代表”重要思想伟大旗帜，全面落实科学发展观，肩负重任，坚定信心，扎实工作，不辱使命，以优异的成绩迎接朱德120周年诞辰纪念，为谱写南充发展新篇章、实现发展新跨越作出新的更大的贡献！

为加快建设川东北区域中心城市进程再创佳绩

——在市三届人大四次会议闭幕时的讲话

中共南充市委书记、市人大常委会主任　王　宁

（2007 年 2 月 12 日）

各位代表、同志们：

南充市第三届人民代表大会第四次会议，经过全体代表的共同努力，圆满完成各项议程，即将闭幕。会议期间，代表们认真履行职责，充分体现了高度的政治责任感和强烈的主人翁意识。这是一次民主团结、求真务实、催人奋进的大会。我谨代表中共南充市委，向大会的圆满成功表示热烈的祝贺，向各位代表、各位同志表示亲切的问候和崇高的敬意！

回顾市第三次党代会召开以来的 3 年，我们抓住胡锦涛总书记视察南充这一千载难逢的政治机遇，同心同德、实干兴业，办成了一些多年想办却未能办的大事，解决了一些多年想解决却未能解决的难事，成为我市发展史上综合实力提升较快、城乡面貌变化较大、群众得到实惠较多的时期。特别是刚刚过去的 2006 年，我们战胜了百年一遇的特大旱灾，成功举办了朱德同志 120 周年诞辰纪念活动，全市主要经济指标快速增长，各项社会事业全面发展，实现了“十一五”的良好开局。这些成绩的取得，凝聚着各位代表的心血和汗水，集中了各位同志的智慧和力量。在此，谨向大家表示最衷心的感谢！

刚刚闭幕的市第四次党代会，提出了“坚持科学发展、构建和谐南充”的主题，确立了未来 5 年的奋斗目标，为我们指明了方向，坚定了信心，南充迎来又好又快发展的战略机遇期。实现美好蓝图，5 年看头年。2007 年是贯彻落实科学发展观、推进和谐南充建设的关键一年，也是本届人大任期的最后一年。各级人大及其常委会、各位人大代表肩负着重要而光荣的使命，我们一定要把思想和行动统一到市第四次党代会精神上来，以更加饱满的激情，更加振奋的精神，更加务实的作风，奋发图强，率先垂范，为加快建设川东北区域中心城市进程再创佳绩、再立新功。

一、紧紧围绕培育产业支撑，在促进经济又好又快发展上作出新贡献

实现经济又好又快发展，是全面落实科学发展观的本质要求。要坚定不移地抓产业培育，通过发展产业奠定构建和谐南充的物质基础。要大力实施“产业兴市、工业强市”战略，着力抓好“两个计划”和“六个百亿工程”，抓好优势产业和骨干企业做强做大，以工业的突破性发展增强经济实力。要突出“一水二路三产业”的阶段性重点，积极稳妥地推进新农村建设，促进农民脱贫增收。要继续加大旅游开发力度，努力把南充建成全国性旅游目的地，促进第三产业突破性发展。要大力实施项目攻坚，增强经济发展后劲，夯实产业发展基础。各位代表是全市各行各业、各条战线的优秀分子，是推动产业发展的中坚力量。大家一定要在思想上重视产业发展，在行动上支持产业发展，立足本职岗位参与产业发展，发挥职能作用促进产业发展，为南充产业发展尽心尽力、尽职尽责。

二、主动积极地解决百姓疾苦，在维护和谐稳定上取得新成效

和谐推动发展，发展促进和谐。要坚持不懈地解决百姓疾苦，以倡导民和增进和谐，以改善民生

促进和谐，以集中民力共建和谐，以维护民安保障和谐。要更加注重人民生活的改善。时刻把人民群众的衣食住行、安危冷暖放在心上，认真组织实施好就业、最低生活保障、教育资助、医疗保障、农村交通建设、安全饮水、农民工培训、农村安居、扶贫解困和生态环境保护等涉及群众切身利益的“十大惠民行动”，使构建和谐南充的成效真正体现在惠民利民上。人民代表为人民。各位代表要把实现好、维护好、发展好最广大人民群众的根本利益作为工作的出发点和落脚点，切实保护好广大人民群众依法享有的权利，及时反映并督促解决人民群众关心的现实利益问题，对人民负责、让人民满意。同时，人大代表来自社会的各个层面，与群众接触广泛，对群众影响深入。要充分发挥人大代表在群众中的影响力和公信力，引导群众以合法形式行使民主权利，以理性方式表达利益诉求，以法律手段维护合法权益，积极主动化解矛盾，最大限度地减少不和谐因素。

三、始终保持良好的精神状态，在推动工作落实上增添新举措

面对宏观经济形势带来的机遇与挑战，面对广大人民群众期盼发展的热情与愿望，只有始终保持开拓进取、奋发有为的精神状态，大力弘扬求真务实、真抓实干的工作作风，才能把加快发展的劲头鼓得更足，把科学发展的措施抓得更实，把和谐发展的旋律奏得更响。我们一定要牢记肩负的重大使命，胸怀对党和人民的无限忠诚，用心想事，用心谋事，用心干事，始终饱含干事创业的满腔激情，始终保持加快发展的昂扬斗志，始终坚持真抓实干的工作作风，真正把热情倾注到工作上，把心思凝聚到发展上，把精力集中到落实上，不松劲、不分心、不飘浮，才能确保各项工作部署落到实处。各级人大要善于通过法定程序把党的决策和意图，变为人大的决定、决议，进而形成全市人民的共同意志，促进和监督“一府两院”认真实施，推动工作落实，确保全年目标任务的实现。

四、依法履行职责，在加强自身建设上开创新局面

坚持科学发展、构建和谐南充，离不开人大及其常委会的监督，离不开法律制度的保障。我们要把坚持党的领导、人民当家作主和依法治市更加紧密地统一起来，紧紧围绕“坚持科学发展、构建和谐南充”的主题和“两手抓两促进”的工作重点。切实履行宪法和法律赋予的职责，不断加强和改进监督工作。要认真贯彻落实监督法，加强对全面落实科学发展观、构建和谐社会中的突出问题的监督，促进经济社会又好又快发展。深入开展全民普法教育活动，积极推进依法治市进程，为顺利实施“十一五”规划创造良好的法制环境。切实加强人大自身建设，加强学习，提高素质，严格要求，努力把各级人大建设成“为民、开拓、务实、清廉”的权力机关。充分发挥代表作用，最广泛地团结和动员广大人民群众，积极宣传和带头落实好本次会议精神，进一步发挥人大促进发展、依法监督和联系群众的重要作用。

各位代表、同志们！

新的形势令人鼓舞，新的目标催人奋进。让我们高举邓小平理论和“三个代表”重要思想伟大旗帜，以科学发展观统领各项工作，同心同德，奋发图强，实干兴业，实干富民，为加快川东北区域中心城市建设进程、创造南充更加美好的未来而努力奋斗！

春节将至，祝大家新春愉快、工作顺利、身体健康！

在发现问题正视问题解决问题中不断前进

——在市五届人大五次会议闭幕时的讲话

中共南充市委书记　李仲彬

（2015 年 5 月 25 日）

各位代表，同志们：

这次全市两会，是在南充处于重要历史关头召开的一次十分重要的会议。在政协开幕大会上，我就全市上下比较关注的八个方面的问题，谈了一些个人的思考。这几天，大家在深入讨论与交流中，也谈了很多问题，让我深受启发。

问题就是时代的声音。每一个时代，都是在发现问题和解决问题中不断前进的。当前，南充正处在改革发展的关键时期，尤其需要我们强化问题意识，坚持问题导向，通过发现问题、正视问题、解决问题，不断把我们的事业推向前进。就此，我谈一些个人的看法，与大家交流。

第一，关于发现问题

历史就是问题的消亡和解决，现实就是问题的存在和发展。能不能发现问题，是我们做好工作的根本前提。不论我们想干事的主观愿望有多强烈，不论工作的出发点有多美好，如果不能发现问题，不能敏锐地发现问题，那是干不好事、干不成事的，甚至可能会误事、坏事。从这个意义上讲，不会发现问题，本身就是最大的问题。那么，我们应该怎样去发现问题呢？

要在矛盾中去发现问题。矛盾是事物发展的根本动力，是问题产生的根源。哪里有矛盾，哪里就有问题，这是辩证唯物主义颠扑不破的真理。比如我们经常讲的"看病难"，我们两家"三甲"医院的确人满为患，但很多社区医院却少有人去，这就是矛盾，这就是问题。如果我们认真去分析，就会发现这是优质医疗资源分配不均的问题，就会发现这是医疗服务体系不健全的问题。"看病难"是如此，"上学难"也是如此，我们工作、生活中的很多问题都是如此。面对各种纷繁复杂的矛盾，只要我们用心去观察、分析，就会发现问题，就能够找到问题的根源，看清问题的本质。

要在实践中去发现问题。实践出真知。如果只说不做、纸上谈兵，如果只浮在面上、不深入其中，就看不到问题，就找不到真正的问题。比如我们抓实体经济，企业发展究竟面临哪些难题？抓项目工作，重点项目建设到底受到哪些制约？推进重点领域改革，体制机制到底存在哪些瓶颈？等等，都需要我们在实践中去发现。大家可能也有这样的体会，有些事情在做之前看起来是没有问题的，或者没什么大问题，一旦我们去做，一旦我们做下去，就会发现很多问题，就会发现很多意想不到的问题。

要在群众中去发现问题。人民群众处在实践的第一线，对问题的感受最直接、最真切，对情况的了解也最清楚、最准确。只要走出办公室，深入到基层，走到群众中去，就会发现很多问题。我在政协会上讲的有些问题，比如有的乡村医生开大处方的问题，比如上城区好的幼儿园要通宵排队的问题，比如一些新农村聚居点老百姓生产生活不方便的问题，都是我在同群众交流中发现的。我们要多到群众中去，与老百姓交朋友，拜人民为师，这样我们才能听到真话、摸到实情，才能看到问题、找准问题。

第二，关于正视问题

问题并不可怕，可怕的是不能正视问题，不愿正视问题，不敢正视问题。大家都知道“讳疾忌医”的故事，那个蔡桓公，就是不愿意正视自己的问题，自以为“寡人无疾”，最终一命呜呼。这样的教训太沉痛，太深刻了！

正视问题，折射的是品格。我认为，在问题面前，在紧急关头，最能看出一个人的品格。如果选择逃避、退缩，那说明更多想的是一己私利；如果选择挺身而出、勇于面对，那说明心中更多装的是责任和大义。“苟利国家生死以，岂因祸福避趋之。”在我们党革命和建设的历程中，正是由于无数仁人志士无私无畏、不计得失的高贵品格，我们党才赢得了人民的信任，我们的事业才取得了伟大胜利。过去一个时期，我们南充在前进的道路上摔了跟头，未来的道路上也还会有风风雨雨，但只要我们时刻以南充的大局为重，以南充的明天为重，以南充人民的幸福为重，多一些奉献的情怀，少一些个人的计较，就不会为风险所阻，就不会为困难所惧！

正视问题，彰显的是自信。人们常说，信心比黄金重要。面对问题，如果我们没有自信，就会被问题吓跑，就会被困难击垮。在现实生活中，我们有的同志之所以忽视问题、逃避问题、掩盖问题，我看主要还是缺乏自信，还没有与问题正面交锋，自己就先败下阵来，做了俘虏，当了逃兵。俗话说，世界上没有比人更高的山，没有比脚更长的路。不管面对什么艰难险阻，不管遇到什么困难挑战，只要我们有信心去面对，只要我们下决心去正视，就一定能够取得胜利！

正视问题，体现的是担当。大事难事看担当。越是形势严峻，越是压力巨大，越是任务繁重，越是需要讲担当、有担当、敢担当、能担当。这几个月来，正是全市党员干部群众共同担当、主动作为，才有力维护了全市政治社会大局。在接下来推进南充改革发展事业的进程中，肯定也还会有许多问题，但我想，只要我们上下一心，共同一起来担当、共同一起来正视、共同一起来面对、共同一起来解决，哪怕再坎坷的道路，我们也能够顺利通过；哪怕再复杂的局面，我们也能够从容应对；哪怕再艰巨的任务，我们也能够圆满完成！

第三，关于解决问题

能够发现问题，能够正视问题，这还不够，最终的落脚点还是要解决问题。不解决问题，再响亮的口号都只是空话，都苍白无力。

解决问题，必须尊重规律。事物的发展是有其自身规律的。尊重规律就会水到渠成、事半功倍，违背规律就会走上歧途、甚至遭受挫折。现在我们有些同志是想干事的，甚至是想干成一番事业的，但往往又不尊重规律、不按规律办事，总喜欢干一些希望立竿见影、吹糠见米的事情，总想一口吃成个胖娃娃，但结果往往是欲速不达、事与愿违，不仅没有把事情办好，反而让老百姓失望甚至“骂娘”。所以我们做任何事情，都要按规律办事，只有这样才经得起历史的检验，经得起实践的检验，经得起人民的检验。

解决问题，必须抓住主要矛盾。抓住了主要矛盾，就抓住了解决问题的“牛鼻子”。比如经济工作，重大项目就是“牛鼻子”。抓住这个“牛鼻子”，我们的实体经济才有支撑，我们的民生改善才有依托，我们的经济增长才有动力。我们干任何工作，都要抓住主要矛盾和矛盾的主要方面，找准着力点，找准突破口，扭住不放，集中用力。我们不能“眉毛胡子一把抓”，有的同志看起来忙得不得了，实际上没干成几件事。

解决问题，必须真刀真枪。当前，我们发展改革稳定中的一些深层次矛盾和问题，都是难啃的“硬骨头”。要啃下这些“硬骨头”，不能只喊口号、放空炮，必须真刀真枪、苦干实干、真抓实干。

我们一定要把化解矛盾、解决问题作为履职尽责的第一要务，瞄着问题去，追着问题走，迎着问题上，要有不解决问题绝不罢休的勇气和力量。

各位代表、同志们，今年的两会就要落下帷幕了。会议的圆满成功，凝聚着大家的心血、智慧和汗水。在此，我向大家致以深深的谢意！会议结束后，大家就要回到各自的岗位，在具体工作中，也还会遇到许多新的问题，这就需要我们去发现、去正视、去解决，不断把我们各项事业推向前进。

各位代表、同志们，让我们紧密团结在以习近平同志为总书记的党中央周围，在省委的坚强领导下，攻坚克难，锐意进取，在有效解决一个又一个问题中，做好“四个全面”的南充答卷，书写“两个跨越”的南充篇章，为建设开放、生态、法治、繁荣的川东北区域中心城市而努力奋斗！

尊重群众 联系群众 服务群众

——在市五届人大六次会议闭幕时的讲话

中共南充市委书记 李仲彬

（2016 年 3 月 23 日）

各位代表，同志们：

这次市人代会就要结束了。这里，我想就“尊重群众、联系群众、服务群众”这个话题，谈一些个人的看法。我们各级人大代表是人民选出来的，“人民选我当代表，我当代表为人民”，要真正当好这个代表，就必须做到尊重群众、联系群众、服务群众。同时，我们很大一部分代表还是领导干部，本来就是人民的公仆，更应该做到尊重群众、联系群众、服务群众。所以今天我想讲一讲这个话题，与大家作一个交流。

第一，谈一谈尊重群众

我认为，尊重群众，这是一个态度问题，也是一个立场问题。

老百姓是天，老百姓是地。没有老百姓，就没有我们这些人大代表；没有老百姓，就没有我们这些领导干部；没有老百姓，就没有我们一切的一切！因此，作为人大代表也好，作为领导干部也好，尊重群众那是天经地义的事，那是理所当然的事，那是不容置疑的事！

怎么才能做到尊重群众呢？我认为——

尊重群众，就要对群众有敬畏之心。说白了，就是要懂得“怕”群众。古人讲，“水能载舟，亦能覆舟”，如果不敬畏群众，久而久之就会失去民心。这是一条规律！但现在我们有些人大代表、有些领导干部，还没有认识到这一点！当然，他们也不是什么都不怕，他们有时也怕领导检查，怕上级批评，怕媒体曝光，但他们就是不怕群众。这是非常危险的啊！这种错误思想是必须要改变的啊！改变的最好方法，就是给群众评议、监督代表和干部的权力。当年我在新都工作的时候，搞选民评议代表，搞群众评议干部，搞“三会”公开，其实质就是要让大家明白，我们手中的权力是人民赋予的，群众把我们“选得上来”，也把我们“拉得下去”！我想，明白了这一点，我们就会对群众保持一种敬畏之心，就会尊重群众的意愿，就不会做出那些让群众伤心、让群众寒心的事！

尊重群众，就要把自己的位置摆正。人大代表是群众的代言人，领导干部是人民的公仆。这两句话，把我们和群众的关系，说得再清楚不过了！但我们有的人还没有把这个关系搞清楚，还没有把自己的位置摆正，甚至是完全搞反了！个别人认为自己是人大代表了，是领导干部了，就好像比别人高贵些，在群众面前高高在上、装腔作势，对群众指手画脚、吆五喝六，还有的甚至仗势欺人、横行霸道……这些做派，说得轻一点，是道德上的过河拆桥；说得重一点，是政治上的背信弃义！古人讲，“吃百姓之饭，穿百姓之衣，莫道百姓可欺，自己也是百姓。”我们一定要从骨子深处来“认识自己”，一定要从灵魂深处来搞清楚“我是谁”，时时处处守住自己的本分，摆正自己的位置。千万不要打老百姓的“翻天印”啊！谁要是敢打老百姓的“翻天印”，老百姓迟早是要让你“下课”的！

尊重群众，就要在内心深处对群众有真感情。大家都知道郑板桥那句诗，“衙斋卧听萧萧竹，疑是民间疾苦声。”他虽然只是个七品县令，但他体察民间疾苦，牵挂百姓冷暖，在他卸任离开时，当地老百姓都流着泪来挽留他。这是多么感人的场面啊！这也告诉我们：只要你对群众有真感情，群众对你就有真感情！如果你只是虚情假意“做做秀”，老百姓心里是有数的！所以说，我们当这个代表，当这个干部，对群众一定要有一颗真心，一定要有一片真情，一定要多一些换位思考、多一些将心比心！我经常讲，在我们工作的那个地方，如果有老百姓吃不上饭、穿不起衣、住不上房、看不起病，你感到难受、感到愧疚了，这就说明你有真感情了！如果刮风下雨的时候，你就会想起老百姓，你就感觉到是良知在促使你去为老百姓遮风挡雨，这就说明你有真感情了！

第二，谈一谈联系群众

我认为，联系群众，这是一个方法问题，也是一个路线问题。

密切联系群众，是我们党的三大优良作风之一。可以说，我们最大的优势就是联系群众，最大的危险就是脱离群众！我们人大代表、我们领导干部，如果疏远了群众，群众就会远离我们！如果脱离了群众，群众就会抛弃我们！

怎么才能做到联系群众呢？我认为——

联系群众，就要与群众打成一片。简单地说，就是要深入群众、深入实际、深入基层，和群众交朋友。也只有和群众关系拉近了、打成一片了，他们才会跟你说真话、说实话、说“掏心窝子”的话，这样我们提建议也好，办事情也好，才能符合客观实际，才能符合群众意愿。现在有的同志包括个别人大代表、个别领导干部，不愿意到群众中去，甚至怕到群众中去。为啥呢？因为“官”当久了，他已经说不来老百姓的话了，老百姓也把他当“外人”了，不愿意理睬他了。大家想一想，如果和老百姓话都说不到一块，龙门阵都摆不到一块，还谈什么联系群众呢？所以我们一定要走出机关、走出办公室，走到群众中间去，多与他们喝喝老荫茶、抽抽叶子烟、摆摆龙门阵，与他们多交流、多沟通、多对话。话对头了，人也就对头了，事也就对头了，一些误会可能就会消除了，一些隔阂可能就会消除了，很多事情也就好办了！

联系群众，就要与群众成为“共同体”。我爱讲“共同体”这个词，什么是“共同体”？“共同体”就是相互之间要手拉手、心连心，要同呼吸、共患难。我们人大代表、领导干部来自群众，天然就该和群众心心相印、息息相通，成为“共同体”。但现在我们有的人大代表、有的领导干部这方面做得不够好，甚至很不好！人大代表当了好几届，领导干部当了好多年，选民和群众都还不认识他，他们对群众的情况也是一问三不知，这是“共同体”吗？我在巴中工作的时候，有一个姓吴的村支书，全村老百姓都知道他的电话号码，不管哪家有什么事，只要一个电话，他都是随叫随到。所以“有事就找吴书记”这句话，成了当地村民的口头禅。作为人大代表也好，作为领导干部也好，就应该这样，把自己与群众紧密联系起来，让“有事找代表、有事找干部”成为一种习惯，成为一种常态。我想，做到了这一点，就说明你与群众是真正联系在一起了，就说明你与群众是一个“共同体”了！

联系群众，就要带领群众一起干。俗话说，“村看村，户看户，群众看干部”。我们干任何事情，只要我们自己走在前面，愿意和群众一起吃苦，群众也就会同我们一起干，同我们一起苦，同我们一起累。反之，如果我们只是在那里发号施令，或者只是站在干坡上“看戏”，那群众就不会跟我们一起走！就会远离我们！这跟打仗是一个道理，如果只喊“给我冲”，不喊“跟我上”，谁还愿意追随我们呢？谁还愿意和我们一起干呢？这也当然就谈不上联系群众了！当前，我们有很多“硬仗”要打，比如脱贫攻坚，比如社会治理，比如“摆顺扫干净”城乡环境综合整治……都需要我们挽起裤脚下深水，带领群众一起干，带动群众一起干，把群众联系起来、凝聚起来、团结起来，心往一处想，劲往一处使，拧成一股绳！这样才能形成强大的凝聚力，才能形成强大的战斗力，才能把这些“硬仗”打好、打赢！

第三，谈一谈服务群众

我认为，服务群众，这是一个取向问题，也是一个宗旨问题。

尊重群众也好，联系群众也好，最终都是为了服务群众。可以说，这是我们一切工作的出发点和落脚点。服务群众不是挂在口头上，而是要落实到具体行动上，落实到一件件事情上。就是要通过我们的工作、通过我们的努力，让群众过得更好、过得更幸福。

怎么才能做到服务群众呢？我认为——

服务群众，首先就要把群众需要什么搞清楚、弄明白。毛泽东同志讲过一句话，“一切为群众的工作，都要从群众的需要出发，而不是从任何个人愿望出发。”这告诉我们：服务群众，一定要把群众的真实需要搞清楚、弄明白，绝不能拍脑袋、想当然。否则的话，就可能会“好心办坏事”，做出一些事与愿违的事，做出一些劳而无功的事，做出一些劳民伤财的事，做出一些让老百姓“骂娘”的事。我们的各项事业，说到底都是群众的事业。我们立法也好、监督也好，作决策也好、办事情也好，一定要虚心听取群众的意见，一定要多向群众请教，一定要和群众商量着办。只有这样，我们服务群众，才能服务到点子上，才能服务到群众心坎上。也只有这样，我们的各项工作才经得起群众的检验，经得起实践的检验，经得起历史的检验！

服务群众，就要实实在在为群众办实事、办好事。服务群众不是一句空话。老百姓是最朴实的，他们不是看你说得怎么样，而是看你干得怎么样。只有扎扎实实为群众多办一些实事、好事，让群众得到实实在在的“真金白银”，群众才会认同我们、信任我们、支持我们，最终才会拥护我们。当前还有很多涉及群众切身利益的难题需要我们去解决，比如“看病难、看病贵”的问题，娃娃“上学难”的问题，贫困群众“增收难”的问题……这些问题都需要我们设身处地为群众考虑，尽心竭力帮他们解决。我们一定要从实际出发，多办一些“雪中送炭”的事，多办一些群众看得见、摸得着的事。现在，我们讲要让群众有“获得感”。我想，如果在我们当人大代表这个经历中，在我们当领导干部这个岗位上，在我们有限的人生当中，能够实实在在地为老百姓办一些事情，能够办成几件让老百姓满意、让老百姓记得住的事情，那就能实实在在地提高老百姓的“获得感”。对我们自己来讲，那也是最充实、最有意义的事！

服务群众，就要切切实实改作风、树形象。对选民负责，为群众着想，这是我们当代表、当干部的职责所在。如果老百姓找你反映情况、找你办事情、找你解决问题，你还不耐烦，你还使脸色，甚至搞“吃拿卡要”那一套，这是在服务群众吗！这样的作风，是在伤害群众，是在损害我们人大代表的形象，是在损害我们党和政府的形象！去年，我们针对干部工作作风存在的一些问题，开展了中层干部轮岗交流，进行了红包礼金专项整治，其目的就是要向全社会昭示：谁要敢在服务群众上设“中梗阻”、当“软钉子”，我们就要坚决把他拿下来！在人大代表履职方面，我们也要拿出几条刚性的举措。还是那句话，当代表、当干部，就要把选民的事当成自己的事来办，就要把群众的事当成最紧要的事来办。不但要办，而且要办得好、办得快、办得让群众高兴！这是我们作为人大代表、作为领导干部应有的作风，应有的形象！

上面我讲的这三个问题——尊重群众、联系群众、服务群众，我认为是相辅相成的，是有机统一的。这里面，尊重群众是前提，联系群众是关键，服务群众是根本。我想，只要我们真正做到了尊重群众、联系群众、服务群众，我们就一定能够凝聚起干事创业的强大力量，我们就一定能够推动各项事业无往而不胜！

各位代表、同志们，让我们紧密团结在以习近平同志为总书记的党中央周围，在省委的坚强领导下，围绕这次会议确定的目标任务，与全市群众一道，万众一心、众志成城，苦干实干、奋力拼搏，共同开创建设区域中心城市、决战决胜全面小康的崭新局面！

实施项目大会战 建设成渝第二城

——在市六届人大一次会议闭幕时的讲话

中共南充市委书记 宋朝华

（2017 年 1 月 10 日）

各位代表、同志们：

市六届人大一次会议，在全体代表、与会同志的共同努力下，圆满完成各项议程，即将胜利闭幕。会议期间，各位代表忠实履行职责、依法行使权力，充分体现了胸怀大局的责任担当，充分展示了昂扬向上的精神风貌，充分践行了服务人民的庄严承诺。这次会议是一次继往开来、催人奋进的大会，是一次团结鼓劲、凝心聚力的大会，是一次风清气正、心齐气顺的大会。在此，我代表中共南充市委，向大会的圆满成功，向当选的各位同志，表示热烈的祝贺！

回首过去，我们艰难前行；浴火重生，我们全新出发。近年来，在省委的坚强领导和关心关怀下，面对任务繁重，我们专注发展、攻坚克难；面对压力叠加，我们激流勇进、逆势跨越；面对特殊背景，我们走出阴霾、翻篇过坎。全市各级人大和人大代表围绕中心、服务大局，用务实和担当贡献了“人大力量”，用智慧和辛劳展示了“人大风采”，用行动和业绩树立了“人大形象”。在此，我代表市委，向全市各级人大及其常委会，向各位代表和人大工作者致以崇高的敬意！

展望未来，我们知耻后勇；重振雄风，我们击鼓奋进。市第六次党代会确立了“155 发展战略”，提出了“南充新未来 · 成渝第二城”战略目标。我们有一种定力要坚如磐石，有一条主线要贯穿始终，有一股劲头要势不可挡。市委六届二次全会明确提出今年坚决打赢项目建设、脱贫摘帽、改革开放“三场必胜”的攻坚克难总体战，坚决保持主要经济指标增速高于全国、高于全省、高于去年“三个高于”的稳中求进总基调，坚决实现 GDP 突破 1700 亿元、固定资产投资突破 1700 亿元、一般公共预算收入突破 100 亿元“三大突破”的跳起摸高总目标。

大城崛起，我们任重道远；久久为功，我们善作善成。“南充新未来 · 成渝第二城”，五年初见成效、十年大见成效，既要加快赶、又要抓紧转。路漫漫其修远兮，需要我们不断求索探索。功成不必在我，功成必定有我。今年是省委确定的“项目年”，是市县乡新班子的开局之年，市委明确提出坚决打赢项目建设攻坚战。借此机会，我围绕“项目建设”这个主题，谈谈市委的主要考虑，与大家作一交流沟通。

一、项目建设的认识要高

投资总驱动、项目主抓手，我们必须坚持以项目总揽全局，以项目工作组织经济工作。要提高“三点认识”：一方面，做强产业，项目是支撑。抓发展首先抓产业，抓产业首先抓工业、关键抓项目。我们必须紧盯“五大千亿产业集群”上项目，比如，在工业发展中，要全力推动吉利新能源商用车、晟达石化、鑫达二期新材料等重大产业项目的建设。二方面，做牢基础，项目是载体。要围绕“五大板块重大工程项目”，夯实更好的发展基础。交通颠覆区位、承载发展，我们要抓紧实施“南推计划”，启动建设京蓉高铁、南充二绕、高坪机场航站楼等重点交通项目，打造国家次级综合交通枢纽。城市建设水平事关城市未来和传承，要精心打造“印象嘉陵江”城市会客厅、“顺庆府”特色商业街区、国际会展城市地标、滨江标美街道、高铁商务都市商圈等重大城市建设项目，多留精品、多留遗产，不留次品、不留遗憾。三方面，做实民生，项目是抓手。民之所望、政之所向。今年，我们要按照“两不愁、三保障”和“四个好”要求，继续锁定住房安全、群众增收、基础设施、教育医疗、技能培训精准谋划项目，全面建设脱贫奔康农民产业园，坚决完成嘉陵、仪陇、高坪三个贫困县（区）摘帽、410个贫困村出列、8.3万贫困人口脱贫“三大年度目标任务”。今年，做实民生任务仍然十分繁重，我们要切实把“一切为了人民”的要求贯穿始终，不唱高调、不喊口号，坚决做到该给群众办的实事一项也不能少，坚决做到该给群众解的难事一刻也不能拖，坚决做到该给群众做的好事一件也不能省。

二、项目建设的氛围要浓

项目重大，重大项目。离开项目，一无抓手、二无载体、三无支撑。我们必须围着项目转、盯住项目抓、扭紧项目干。要突出“三个重点”：一方面，个数要多、块头要大，掀起大上项目的热潮。项目建设既需要顶天立地的大项目，也需要铺天盖地的小项目。成都龙泉驿通过建设国际汽车城，集聚11家整车企业和300多家零部件企业，带动汽车汽配产值超过1500亿元，成为全省首个GDP超千亿的区（县）。我们要坚持大小项目一起上，对上抓争取、对外抓招引、对内抓谋划，争取一批项目入规划、入笼子、入盘子，引进一批投资体量大、科技含量高、市场前景好的项目，破解钱从哪里来、项目从哪里来、技术人才从哪里来的问题。二方面，速度要快、力度要大，掀起大抓项目的浪潮。项目建设贵在速度，重在力度。鑫达30万吨新材料项目于2015年4月动工，去年7月一期建成投产，今年追加25亿元建设二期，创造了南充项目建设的“鑫达速度”。我们要全力破解资金、用地、拆迁等困难，推动签约项目尽快落地一批、落地项目尽快开工一批、开工项目尽快竣工一批。三方面，质量要好、带动要大，掀起大干项目的高潮。项目质量好不好，一看标准高不高，二看带动强不强。我们要大力促进重点产业园区提速扩规、提质增效、提档升级，推动资源、项目、企业向园区“三集中”。今年，南充经开区、南充现代物流园、中法农业科技园要切实抓好重大项目引进、重大项目开工，切实取得大的突破。

三、项目建设的要求要严

实干就是水平，落实就是能力。我们要保持吃苦耐劳的“骆驼状”、冲锋陷阵的“狮子状”、搏击长空的“雄鹰状”，我们要保证“工作不出事、干部不出事”，让南充新风扑面、清风送爽、雄风乍起。要坚持“三管齐下”：一方面，挂图作战强推动。我们要把挂帅出征、挂图作战、挂责问效进行到底，现场督导、现场观摩、现场验靶，做到每季一现场拉练、一阶段评比、一集中开工，做到研究部署高频率、调度推进高密度、暗访督查高强度。今年的项目现场拉练，我们要真正沉下去，重点看重大产业项目、基础项目、民生项目实施情况，做到“轮番轰炸”，不搞“走马观花”。二方面，优化环境强保障。区域之争核心是软环境之争。项目建设投资环境至关重要。客观来讲，我们的行政审批依然程序烦琐、环节较多、时间较长，征地扯皮、办证扯皮的现象也还存在。我们要坚持思想大解放、政策大配套、环境大优化，善于算大账、算远账、算活账，坚决砍掉不必要的程序、不必要的环节、不必要的形式，做到服务零距离、调处零拖延、施工零阻工，让企业引得进、留得住、长得好。三方面，依法有序强管理。我们要坚持法治思维、法治方式、法治底线，坚决做到与投资者合同约定的事项一律兑现，坚决杜绝边勘测、边设计、边施工的“三边工程”，坚决规范土地出让、项目招投标、公共资源交易，严禁任何人干预项目建设、谋取非法利益，营造公开公平公正、依法规范有序的市场环境，让投资者在南充放手办事、放胆创业、放心发展。特别是凡属政府性工程项目，必须严格按照基本建设程序，必须严格按照有关规定，必须严格依法依规组织实施。

各位代表、同志们，“南充新未来·成渝第二城”，目标宏伟、前景美好，需要全市干部群众齐心协力，需要各级人大及其常委会、全体人大代表担当担责。借此机会，我提“三点希望”：一方面，在“一心向党”中依法履职。人民代表大会制度是我国的根本政治制度，人大是国家权力机关。要坚持党的领导、人民当家作主、依法治国有机统一，自觉把党的领导贯穿依法履职全过程。对“一府两院”工作，要寓支持于监督之中，在推动发展中依法监督，在依法监督中促进发展，确保市委各项决策部署落地生根。二方面，在“一线状态”中服务大局。人大不是“二线”是“一线”，要切实增强“一线意识”，瞄准战略目标找准定位、扭住战略重点明晰方位，围绕项目建设、脱贫摘帽、改革开放“三大攻坚战”，以积极的姿态服务大局，以振奋的精神投身事业，以有为的业绩展示风采，做到决议决定高标准、议案建议高水平、跟踪问效高质量。三方面，在“一切为民”中情系群众。人大代表人民选，当好代表为人民。要坚持用脚步丈量民情、用心灵倾听民声、用行动温暖民心，当好反映民意的“代言人”、维护民利的“贴心人”、排解民忧的“热心人”，让全市人民在大城崛起中增强获得感、增加归属感、增添幸福感。

全市各级党委要坚持统揽全局、协调各方，切实加强和改进党对人大工作的领导，做到思想上重视、工作上信任、决策上尊重。“一府两院”及其相关部门要坚决主动接受人大监督、坚决主动向人大报告工作、坚决主动执行人大决议决定，认真办理议案建议，营造尊重代表、支持代表、服务代表的良好氛围。

各位代表、同志们，率先突破、时不我待，决战决胜、只争朝夕。让我们紧密团结在以习近平同志为核心的党中央周围，在省委的坚强领导下，跑出重振雄风的“南充速度”，交出全面小康的“南充答卷”，创造大城崛起的“南充奇迹”！

最后，祝各位代表、各位同志工作顺利、身体健康、新春快乐！

在南充市第六届人民代表大会第二次会议闭幕时的讲话

中共南充市委书记　宋朝华

（2017 年 12 月 29 日）

各位代表、同志们：

在全体代表的共同努力下，南充市第六届人民代表大会第二次会议圆满完成各项议程，即将胜利闭幕。会议期间，各位代表以高度的政治责任感，认真履行宪法和法律赋予的职责，依法选举产生了我市出席四川省第十三届人民代表大会代表、南充市监察委员会主任，补选了南充市第六届人民代表大会常务委员会委员，会议纪律严明、风清气正、圆满成功。在此，我代表中共南充市委，向各位代表表示衷心感谢！向当选的同志表示热烈祝贺！

省人大代表、市监察委主任、市人大常委会委员既是一种崇高的政治荣誉，更是一种神圣的责任使命，成功当选是组织的关怀、代表的信任、人民的重托，希望大家不辱使命、不负众望，做到以下三点：一是忠于宪法、遵守宪法。牢固树立宪法意识，依法行使职权，维护法治权威，做宪法的忠实崇尚者、自觉遵守者、坚定捍卫者。二是为民代言、为民履职。深入了解民情、广泛集中民智、充分反映民意，积极主动发声，认真建言献策。三是清风正气、清正廉洁。始终把纪律和规矩挺在前面，把廉洁时刻记在心上，清白做人、干净做事，自警自律、慎独慎微，率先垂范、以身作则。

各位代表、同志们，即将过去的 2017 年，是南充极为特殊的一年。面对艰巨繁重的发展任务和多重叠加的困难挑战，市委坚定以习近平新时代中国特色社会主义思想为指导，深入学习宣传贯彻党的十九大和省第十一次党代会精神，大力实施“155 发展战略”，全力以赴打好三场攻坚战、三场保卫战、三场持久战，经济指标稳中快进，重大项目集群引爆，脱贫攻坚连战连捷，招大引强捷报频传，民生福祉持续改善，社会大局和谐稳定，成绩有目共睹。这一年，市人大及其常委会坚决贯彻市委决策部署，认真履行职责，主动服务大局，依法开展监督，实现圆满开局。在此，我代表中共南充市委，对大家一年来的辛勤付出表示衷心感谢！

各位代表、同志们，即将到来的 2018 年，是贯彻党的十九大精神的开局之年，是改革开放 40 周年，是决胜全面建成小康社会、实施“十三五”规划承上启下的关键之年。新的一年里，大家要不忘初心、牢记使命、接续奋斗，为全市经济社会发展作出新的更大贡献。这里，我再讲三点意见：

第一，增强四个意识，提高政治站位

学习宣传贯彻党的十九大精神是当前和今后一个时期首要政治任务，大家要学在先、干在前，作出示范、当好标杆。一方面，要坚定不移维护领导核心。要坚决维护习近平总书记的核心地位，在思想上拥戴核心、政治上服从核心、行动上捍卫核心，牢固树立“四个意识”。二方面，要坚定不移坚持党的领导。要绝对讲政治、绝对讲纪律、绝对讲规矩，坚决维护党中央权威和集中统一领导，做到政治方向不偏、政治立场不移、政治观点不变。三方面，要坚定不移当好模范表率。要充分发挥人大代表的桥梁纽带、骨干引领作用，带头学深悟透、带头宣传宣讲、带头推动落实，争做十九大精神的学习者、传播者、实践者。

第二，围绕中心大局，助力大城崛起

围绕中心、服务大局，是党对人大工作的一贯要求，也是人大工作的永恒主题。一方面，要助力项目建设。要围绕市委培育“五大千亿产业集群”、实施“五大板块重大工程项目”，对上抓争取、对外抓招引、对内抓谋划，深入调查研究，提出议案建议，加强监督检查，实现投资量、实物量、工作量“三量齐增”。二方面，要助力脱贫攻坚。要坚持念兹在兹、唯此为大，始终把脱贫攻坚作为最大的政治任务和最大的民生工程，深入开展“脱贫攻坚——人大代表再行动”活动，精准施策、精准发力，坚决打赢脱贫摘帽攻坚战。三方面，要助力和谐稳定。要充分发挥联系群众的优势，当好人民群众的“代言人”，当好党委政府的“宣传员”，扎实做好理顺情绪、沟通协调、化解矛盾等工作，为社会和谐稳定减少阻力、增添助力、凝聚合力。

第三，适应时代要求，增强履职能力

时代潮流，浩浩荡荡，唯与时俱进者胜、唯改革创新者强。适应新时代、适应新要求，必须提升能力、增强本领。一方面，要增强参政议政能力。要紧扣全市重点工作，深入开展调查研究、视察评议、督导检查，多提意见、多想办法、多出成果，积极督促“一府一委两院”依法行政、公正司法、严格执法。二方面，要增强监督问效能力。要认真履行宪法法律赋予监督职责，综合运用专项报告审议、工作评议、专题询问、执法检查、代表视察等手段，加强监督问效，推动市委决策部署落地落实。三方面，要增强群众工作能力。要切实加强与人民群众联系，多进群众门、多听群众言、多知群众心，了解人民群众的所想、所盼、所急，为群众办实事、做好事、解难事。

各位代表、同志们，新时代开启新征程，新时代呼唤新作为。让我们更加紧密地团结在以习近平同志为核心的党中央周围，在省委的坚强领导下，锐意进取，埋头苦干，为开创南充新未来、建设成渝第二城作出应有的贡献！

元旦即将到来，在此，衷心祝愿各位代表节日快乐、身体健康、万事如意！

发展为了人民　奋斗成就梦想

——在市六届人大三次会议闭幕时的讲话

中共南充市委书记　宋朝华

（2018 年 2 月 27 日）

各位代表、同志们：

市六届人大三次会议，是在全市上下认真贯彻落实党的十九大精神和习近平总书记来川视察重要讲话精神的关键时刻召开的一次重要会议。在全体代表的共同努力下，会议圆满完成各项议程，就要胜利闭幕了。这次会议，是一次高举旗帜、维护核心的大会，是一次团结鼓劲、凝心聚力的大会，是一次求真务实、催人奋进的大会。在此，我代表市委向大会圆满成功表示热烈的祝贺！

各位代表、同志们！

天道酬勤，日新月异。刚刚过去的 2017 年，是全市各级新班子的开局之年。在中央、省委的坚强领导下，我们坚定贯彻习近平新时代中国特色社会主义思想，全面落实中央大政方针和省委决策部署，体现了坚定的政治自觉和政治定力；我们坚持开局就是决战、起步就是冲刺，没有片刻停留、没有丝毫懈怠，展示了良好的精神风貌和干事激情；我们保持专注发展不动摇，统筹推进经济发展、民生改善、社会稳定和党的建设各项事业，实现了历史的跨越赶超和突围突破。我们创造了南充速度，主要经济指标高于全国、高于全省、高于预期，经济排位挺进“一方阵”、跑出“加速度”；我们创造了南充奇迹，实施了有史以来最大范围的城市修复、最大体量的城市改造、最大规模的城市会战，对外开放亿元以上项目纷纷落户、十亿项目接二连三、百亿项目历史突破；我们创造了南充经验，脱贫奔康产业园全省全国推广、重构政治生态肃清贿选余毒受到各方赞誉。还有 2 月 12 日晚，央视《新闻联播》关注南充夜景；2 月 15 日晚，央视《春节联欢晚会》上，阆中民俗节目《亮花鞋》作为压轴戏出场，宣传了南充和阆中；2 月 16 日中午，央视《欢乐中国年》节目连线阆中，向世界展示“春节老人”赐福，让全世界知道春节发源地在南充；2 月 25 日晚，南充大木偶在平昌冬奥会闭幕式上惊艳全场，解说中专门介绍南充作品，向全球宣传了南充，新南充呈现新气象、新南充展现新面貌、新南充迈上新台阶。这一年，全市各级人大组织、人大干部、人大代表围绕中心、服务大局、依法履职，彰显了特殊的担当、发挥了特殊的作用、作出了特殊的贡献。一方面，贯彻市委决策有力有效，依法讨论决定重大事项、依法表决任免重要人事、依法开展重大事项监督，体现了坚持党的领导、充分发扬民主、严格依法办事的高度统一，做到了与市委同轴运转、同频共振、同向发力。二方面，服务中心大局有力有效，围绕“155 发展战略”，紧扣“九场战役”，深入开展视察调研、逗硬实施评议询问、扎实推进地方立法，提出了一批高质量的意见建议，化解了一批各界关注的突出问题，推出了一批具有南充特色的法规制度。三方面，加强自身建设有力有效，“和谐机关活力人大”建设扎实开展，“代表述职评议试点”成功探索，各级人大履职水平、管理水平、创新水平显著提高，各级代表行权动力、行权能力、行权效力显著增强。人大的作为贡献有目共睹、取得的成绩成效非常明显，对此，市委充分肯定、高度认可。在此，我代表市委，向大家表示衷心的感谢，并致以崇高的敬意！

各位代表、同志们!

人民代表大会制度是我国的根本政治制度，人大代表反映人民意志、集中人民智慧、代表人民利益，必须为人民代言、为人民负责、为人民奋斗。这里，我想围绕“发展为了人民、奋斗成就梦想”这个主题讲三点意见，与大家交流共勉。

第一点意见：以人民为中心的发展思想必须铭之肺腑

人民对美好生活的向往，就是我们的奋斗目标。我们必须坚持以人民为中心、为人民谋幸福，把人民群众的根本利益实现好、维护好、发展好。一方面，要以敬民之心思权力之源。人民代表来自人民、代表人民，人民公仆根在人民、服务人民。我们必须弄清楚“我是谁”“为了谁”“依靠谁”，必须弄清楚权力“来自哪里”“为谁服务”“对谁负责”，始终把人民拥护不拥护、高兴不高兴、答应不答应作为履职行权的根本标准，既以虔诚的心态敬畏天地、敬畏法度，更以谦卑的姿态敬畏人民、敬畏群众。二方面，要以为民之举履岗位之责。代表是人民的“代言人”，干部是人民的“勤务员”。我们绝不能把代表身份、干部身份作为荣誉来炫耀、作为待遇来享受、作为特权来行使。必须把造福人民作为最大追求，时刻将人民群众的安危冷暖放在心上，真正把人民群众最关心的教育医疗、就业养老、生态环保等操心事、烦心事反映好、解决好。三方面，要以亲民之姿结鱼水之情。鱼不离水、瓜不离秧，从群众中来、到群众中去。我们必须主动走入“寻常百姓”、主动融入“普通群众”、主动过问“家长里短”，放下架子、扑下身子，接好地气、通好下情，真心实意和群众交朋友、攀亲戚，切切实实和群众打成一片、融在一起，绝不能高人一等自以为是有半点傲气、绝不能高高在上盛气凌人有半点匪气、绝不能高不可攀装腔作势有半点官气。

第二点意见：为人民谋福祉的奋斗精神必须一往无前

以人民为中心、为人民谋福祉，不能停留在口头上，必须落实到奋斗中。新时代是奋斗者的时代，我们必须当好新时代的奋斗者，去攻克一个又一个的堡垒，夺取一个又一个的胜利。一方面，以激情燃烧的状态去奋斗。干事创业，拼的是精神、比的是气魄、靠的是激情。对待工作，有人把它当“事业”，充满激情、充满干劲；有人把它当“职业”，只求过得去、不求过得硬；有人把它当“副业”，公事磨洋工、私事打冲锋。我们必须始终保持吃苦耐劳的“骆驼状”、攻坚破难的“狮子状”、穿云破雾的“雄鹰状”，拿出夙夜在公的精神、舍我其谁的劲头、一往无前的豪气，真正把工作当学问来研究、当快乐来享受、当事业来追求，生命一分钟、奋斗六十秒，让我们的每一分、每一秒都成为“激情燃烧的岁月”。二方面，以勇往直前的姿态去奋斗。我们的事业，绝不是轻轻松松、敲锣打鼓就可以实现的，必须付出艰苦的奋斗。奋斗是艰辛的，没有艰辛就不是真正的奋斗；奋斗是长期的，需要久久为功持续努力；奋斗是曲折的，要奋斗就会有牺牲。我们必须要有奋勇争先的胆气，敢为“天下先”、敢于“吃螃蟹”；必须要有奋发有为的锐气，冲锋陷阵、攻坚破难；必须要有奋进不止的勇气，永不停滞、永无止境，明知山难搬偏要搬大山、明知山有虎偏向虎山行，越是艰难越向前、狭路相逢勇者胜。三方面，以拼搏实干的常态去奋斗。一分部署，九分落实。千条万条，不落实就是白条；千道理万道理，不落实就没道理。我们要坚决反对不作为、慢作为、乱作为，坚决反对坐而论道、夸夸其谈、纸上谈兵，坚决反对浅尝辄止、蜻蜓点水、花拳绣腿，坚决倡导情况在一线掌握、问题在一线解决、工作在一线推进的“一线工作法”，坚决倡导开会一次见效、协调一次成功、督办一次落实的“三个一工作法”，坚决倡导走下去摸透实情破解难题、走出去洽谈合作招引项目、走上去汇报工作争取支持的“三走工作法”，多一些微观、少一些宏观，多一些务实、少一些务虚，多一些干法、少一些说法，昼夜兼程地干、废寝忘食地干、锲而不舍地干，以我们的辛苦指数去换取南充的发展指数和群众的幸福指数。

第三点意见：对人民负责任的担当情怀必须矢志不渝

为官避事平生耻，大事难事看担当。有多大的担当、才能干成多大的事业，尽多大的责任、才能有多大的成就。我们必须始终把人民装在心中、把责任举过头顶、把使命担在肩上。一方面，要有敢担当的“宽肩膀”。在其位、谋其政，任其职、尽其责。我们必须做到接受任务不找借口、执行任务不讲条件、完成任务不打折扣，绝不能怕出错不愿干事、怕麻烦不愿抓事、怕吃亏不愿做事，绝不能当“二传手”，只传球、不扣球；绝不能当“裱糊匠”，只做软功夫、只做面子活；绝不能当“老好人”，只要不出事、宁愿不做事。二方面，要有能担当的“真本领”。“冲得上去”是一种勇气，“拿得下来”是一种能力。我们不但要有敢担当的“宽肩膀”、更要有能担当的“真本领”。我们必须时刻保持本领恐慌，针对知识空白、经验盲区、能力弱项，切实增强学习提升、政治领导、改革创新、科学发展、依法执政、群众工作、狠抓落实、驾驭风险“八种本领”，跟上知识更新的节奏、跟上时代前进的步伐。三方面，要有善担当的“大智慧”。担当不是“瞎指挥”，权力领导靠不住、人格领导受尊重、思想领导才服众，我们必须科学决策、民主决策、依法决策；担当不是“一把抓”，不讲轻重要误事、不管主次要坏事、不分缓急要出事，我们必须抓大事带小事、抓关键促全局、抓当前谋长远；担当不是“大呼隆”，绝不能拍脑袋决策、拍胸脯表态、拍屁股走人，我们必须把准上情、吃透下情、摸清实情。

各位代表、同志们！历史是人民书写的，一切成就归功于人民。只要深深扎根人民、紧紧依靠人民、始终造福人民，我们就一定能获得无穷的力量、就一定能开创崭新的事业、就一定能不负人民的重托！

各位代表、同志们！幸福都是奋斗出来的，奋斗本身就是一种幸福。只要始终保持永不懈怠的奋斗状态和一往无前的奋斗姿态，我们的人生就一定是奋斗的人生、就一定是富足的人生、就一定是幸福的人生！

各位代表、同志们！人民对美好生活的向往，就是我们的奋斗目标。只要扎根 1. 25 万平方公里的南充大地，为人民不懈奋斗、同人民一起奋斗，我们就一定能书写新的篇章、就一定能创造新的奇迹、就一定能成就新的梦想！

各位代表、同志们！新年新气象，新年新作为。让我们更加紧密地团结在以习近平同志为核心的党中央周围，坚持以习近平新时代中国特色社会主义思想为指导，在中央、省委的坚强领导下，重整行装再出发，撸起袖子加油干，朝着“南充新未来·成渝第二城”阔步前进！

最后，祝愿各位代表、各位同志身体健康、新春愉快、阖家幸福！

时代呼唤担当　实干成就梦想
同心同力争创全省经济副中心

——在市六届人大四次会议闭幕时的讲话

中共南充市委书记　宋朝华

（2019年3月22日）

各位代表、同志们：

市六届人大四次会议，在全体代表的共同努力下，圆满完成各项议程，就要胜利闭幕了。这是一次高举旗帜、维护核心的大会，这是一次求真务实、风清气正的大会，这是一次团结鼓劲、催人奋进的大会。在此，我代表市委，向大会的圆满成功表示热烈的祝贺！

各位代表、同志们！时光流转岁月更替，接续奋斗奋勇向前。过去的一年，是南充发展全面发力、全域突破、全线飘红的一年。一是新南充迎来新机遇。省委明确南充为全省7个区域中心城市之一，鲜明支持南充争创全省经济副中心。二是新南充再上新台阶。全市地区生产总值达到2006亿元、在川东北率先跨入“2000亿俱乐部”，在南充发展史上具有“里程碑”意义。三是新南充取得新突破。现代农业产值率先跨过1000亿大关、擦亮南充农业大市金字招牌，7个贫困县全面完成摘帽任务、全市实现基本脱贫。四是新南充呈现新风气。全市党风廉政建设群众满意度在全省排位，继2017年上升3位、2018年再度上升3位；平安建设群众满意度排全省第2位；纪检监察工作在全省综合考核中位列第5位。五是新南充展示新形象。春节期间，南充城市夜景连续两天登上央视新闻，“印象嘉陵江”湿地公园刷爆微信圈、朋友圈，大美南充成为“网红城”。这些成绩的取得，是党中央、省委坚强领导的结果，是全市上下共同奋斗的结果，也饱含着各位人大代表的辛勤付出。在此，我代表市委，向大家表示衷心的感谢！

各位代表、同志们！担当诠释初心，奋斗承载使命。过去的一年，全市各级人大和人大代表忠诚履职、依法行权，政治上有定力、工作上有建树、社会上有地位。一是在贯彻市委决策上彰显了人大站位。紧紧围绕市委决定要求，依法讨论决定重大事项、依法表决任免重要人事、依法开展重大事项监督，体现了坚持党的领导、充分发扬民主、严格依法办事的高度统一。二是在服务中心大局上贡献了人大力量。围绕实施“155发展战略”，围绕加快建设成渝第二城、争创全省经济副中心，围绕打好打赢“九场战役”，深入开展视察调研、逗硬实施评议询问、务实推进地方立法，发挥了人大优势作用，推动了南充加快发展。三是在加强自身建设上树立了人大形象。各级人大常委会班子讲政治、顾大局、重团结，各级人大干部主动担当、主动履职、主动作为，各级人大代表倾听民声、了解民情、反映民意，贡献有目共睹、成效非常明显、值得充分肯定。在此，我代表市委，向大家致以崇高的敬意！

各位代表、同志们！每年人代会，我都要讲一个主题，2017年讲的是“项目建设”，2018年讲的是“发展为了人民、奋斗成就梦想”。省委十一届三次全会提出实施“一干多支、五区协同”发展战略，明确支持南充争创全省经济副中心，指明了南充未来的发展方向。因此，今年我想围绕“争创全省经济副中心”这一主题，与大家交流三点意见：

一、把握历史机遇，不负时代使命

一个时代有一个时代的主题，一代人有一代人的使命。争创全省经济副中心，是新形势南充发展的最大机遇，是新时代南充工作的最大主题，是新时期南充奋斗的最大目标。

第一，争创全省经济副中心是时代赋予的历史使命。一方面，省委重托必须主动担当。省委明确支持南充争创全省经济副中心，这是对南充发展的充分肯定，这是对南充未来的殷切期望，这是对南充上下的谆谆嘱托。我们必须化关爱为力量、乘关怀而奋起。二方面，区域振兴必须主动作为。省委大力实施“一干多支、五区协同”发展战略，南充作为川东北区域中心城市，我们必须在区域协同发展中当好“领头雁”、在革命老区振兴中当好“主力军”。三方面，人民期盼必须主动回应。实现大城崛起，一直是760万南充人民的心声和呼声。当前，绵阳、德阳、宜宾等标兵渐行渐远，泸州、达州、乐山等追兵愈来愈近，南充不进是退、慢进也是退。我们必须奋力争创全省经济副中心，迈出大城崛起的坚实步伐，回应南充人民的世代追求。

第二，争创全省经济副中心是实力托起的光荣梦想。一方面，川北重镇的影响力支撑南充一马当先。长期以来，南充一直是川东北金融集聚中心、商贸物流中心、科教文卫中心，我们具备争创全省经济副中心的历史基因。二方面，基础优势的竞争力支撑南充蓄势突破。南充人口总量、城市面积、综合交通在全省地级市领先领跑、在川东北独占鳌头，我们具备争创全省经济副中心的现实基础。三方面，发展积淀的爆发力支撑南充率先崛起。南充经济总量、产业体量、市场容量长期位居全省“一方阵”、区域“排头兵”，主要经济指标增速高于全国、高于全省、高于区域，我们具备争创全省经济副中心的巨大潜力。

第三，争创全省经济副中心是大城崛起的重大机遇。一方面，这是南充重镇振兴的重大机遇。千百年来，南充一直是区域重镇，但一段时期发展放缓、雄风不再。争创全省经济副中心，是南充发展的浴火重生、凤凰涅槃，必将重振千年重镇雄风、重拾千年重镇荣光、重续千年重镇辉煌。二方面，这是南充能级跃升的重大机遇。当下南充，正处于转型发展、创新发展、跨越发展的关键时期。争创全省经济副中心，是南充发展的厚积薄发、蓄势突破，必将推动南充由经济大市向经济强市跨越、由内陆腹地向开放前沿跨越、由川北重镇向成渝重镇跨越。三方面，这是南充率先突围的重大机遇。当今时代，区域竞争是一场艰苦卓绝的战役、是一场没有硝烟的战争，稍有松懈就会败下阵来。争创全省经济副中心，是南充发展的加速赶超、后发先至，必将推动南充在区域竞争中拔得头筹、在“多支”比拼中争先晋位、在群雄逐鹿中强势崛起。

二、聚焦方向方位，奋力突破突围

争创全省经济副中心，比的是经济体量、拼的是综合实力、靠的是加快发展。省委彭清华书记指出，全省经济副中心，经济体量要达到3000亿到5000亿。我们必须瞄准这个目标，立足南充实际，找准方位、扭住重点、精准发力。市委初步考虑，重点打造“六个副中心”：

一是打造全省综合交通副中心。交通颠覆区位，交通承载发展。当下南充，立体交通网络基本形成，全省重要交通枢纽节点加快建设，即将全面进入高速时代、高铁时代、空港时代。争创全省经济副中心，必须坚持交通为重、交通为先。一方面，要打通对外“大通道”。一条通道可以兴盛一座城市。湖北襄阳因铁路而兴，宜昌因长江而盛。我们要坚持水、陆、空“三路并举”，坚持北上、南下、西进、东出“四向突破”，加快推进成南达万高铁和汉巴南铁路“双铁路”建设、加快推进高坪开放口岸机场、阆中旅游目的地机场“双机场”建设，让南充联通外部的“大动脉”更高效。二方面，要构建区域“大网络”。区域联动首在交通联网。长三角、珠三角、京津冀等城市群实现发展一体化，首先依托的是交通一体化。我们要立足川东北、放眼成渝西，加快推进成南高速扩容和南潼、营达高速建设，加快推进嘉陵江高等级航道建设，让南充联结区域的“大通道”更便捷。三方面，要畅通内部“大循环”。交通内部循环通畅，是打造交通枢纽的底部基础、是群众急切期盼的民生诉求。我们要加快推进顺仪、顺蓬营、营仪阆等快速通道建设，全面打通城乡“断头路”，让南充联系内部的“大网络”更顺畅。

二是打造全省开放合作副中心。开放聚集资源，开放富集资本。近年来，我们坚持思想大解放、政策大配套、环境大优化，招商引资百亿项目历史突破、十亿项目接二连三、亿元项目纷纷入驻，南充大地生机盎然、活力无限。争创全省经济副中心，必须坚持全面开放、全域开放。一方面，要深入推进对外大招商。招大引强是开放合作的“主打歌”。对外招商是一场世界通用、永无止境的发展争夺，美国、德国等老牌强国一贯重视招商引资，泰国、越南等新兴国家也正在抓紧招商抢资。我们要持续用力招大引强、招强引优，着力引进更多大企业、大集团、大项目。二方面，要深入推进区域大协作。区域协作是开放合作的“重头戏”。我们要坚持区域同城、基础同网、产业同链，深入推进成南干支联动、融渝配套发展和区域合作交流，让南充市场辐射更大范围，让南充交通畅达更大区域，让南充发展吸纳更多要素。三方面，要深入推进环境大优化。投资环境是开放合作的“生命线”。瑞士是欧洲的内陆山地小国，但却云集 200 多个国际重要机构，聚集 120 多家世界知名银行，靠的就是优美的自然环境和优越的投资环境。我们要全力打造高质高效的政务环境、公平公正的市场环境、重商护商的人文环境，让南充成为投资的洼地、创业的福地、开放的高地。

三是打造全省工业经济副中心。抓发展首先抓产业，抓产业首先抓工业。南充重点培育的“五大千亿产业集群”有 3 个是工业，“五大百亿战略性新兴产业”全部是工业。争创全省经济副中心，必须坚持产业兴市、工业强市。一方面，要推动传统工业转型升级。只有落后的产品没有落后的产业。2018 年，全市汽车汽配、油气化工、丝纺服装产值分别达到 701 亿元、352 亿元、450 亿元，为实现“千亿产业集群”目标打下了坚实基础。我们要坚持转型更好发展、后发高点起步，推动汽车汽配、油气化工、丝纺服装等传统工业做精产品、做强品牌、做优结构。二方面，要推动新兴产业发展壮大。新兴产业是未来发展的潜力所在。2018 年，全市电子信息、新材料、高端装备制造、生物医药、节能环保“五大百亿战略性新兴产业”产值达到 258 亿元，为南充转型发展、创新发展、跨越发展注入了生机活力。我们要坚持产业高端、高端产业，加快发展“五大百亿战略性新兴产业”，培育发展新动能、构筑发展新优势。三方面，要推动龙头企业做大做强。一个大企业可以撑起一片天。绵阳因长虹而成长，宜宾因五粮液而闻名。我们要坚持政府扶优扶强、园区招大引强、企业做大做强，打造一批顶天立地的龙头企业，撑起南充工业的蓝天。

四是打造全省现代金融副中心。经济是肌体，金融是血脉。南充历来是全省金融改革创新的领跑者，也是川东北金融发展的集聚区。争创全省经济副中心，必须强化金融支撑、金融保障。一方面，要做大金融规模。量变带来质变。英国的伦敦、日本的东京和我国的上海、香港成为世界金融中心，都经历过从规模集聚到质变提升的演进。目前，全市共有各类金融机构 150 家、资产总额 6300 亿元，各项存款余额 3519 亿元、贷款余额 2060 亿元，机构密集程度、金融资产总量、存贷款余额均居全省第 2 位。我们要坚持规模扩张，做强金融实力。二方面，要做全金融链条。打造金融中心，不仅金融机构数量要多，而且金融服务门类要齐。我们要坚持建链、补链、强链多措并举，坚持上游、中游、下游多管齐下，加快建设川东北金融中心，努力构建涵盖银行、保险、证券、小贷、担保、仓储、典当等多种类别的金融体系。三方面，要做优金融功能。金融的本质是为有钱人理财、为缺钱人融资、为实体经济服务。我们要创新金融产品、创新金融服务、创新融资方式，全面提升金融服务能力，努力保障各大行业、各个企业、各类群体的金融需求。

五是打造全省文化旅游副中心。文旅产业是世界第一大产业。南充拥有厚重的历史文化和独特的旅游资源，2018 年文化旅游产业产值达到 750 亿元。争创全省经济副中心，必须坚持文化搭台、旅游唱戏，做响“五张名片”：一方面，做响“将帅故里 · 红色文化”。将帅故里，红色名片。我们要传承红色基因、弘扬红色文化、发掘红色资源，打造集伟人瞻仰、革命教育于一体的全国红色旅游目的地。二方面，做响“历史名城 · 三国文化”。三国文化，发祥南充。我们要珍惜“老天爷”的馈赠、用好“老祖宗”的遗产、挖掘“老故事”的精髓，做响三国品牌、打响三国招牌，打造世界三国文化溯源地。三方面，做响“中国绸都 · 丝绸文化”。中国绸都，西部唯一。我们要办好中国西部丝博会、建好丝绸博览馆、打造丝绸特色小镇，让丝绸文化火起来、让绸都品牌响起来。四方面，做响“印象嘉陵 · 生态文化”。嘉陵风光，得天独厚。我们要坚决呵护“嘉陵江最柔美的身段、川中最秀美的丘陵、巴蜀最宜居的环境”，让山、水、城、岛和谐共生，把南充打造成为居者自豪、来者依恋、闻者向往的嘉陵江畔璀璨明珠。五方面，做响“世界古城 · 春节文化”。阆中古城，驰名中外。我们要以阆中古城为龙头，办好中国（阆中）落下闳春节文化博览会，把阆中古城的文化充分挖掘出来、充分演绎出来，打造世界古城旅游目的地。

六是打造全省科教卫生副中心。科教卫生体现软实力、彰显竞争力。目前，南充高等院校、三甲医院、科研机构和专业技术人员数量均位居全省前列。争创全省经济副中心，必须坚持扩大资源、放大优势，提升辐射服务水平。一方面，要建设科创强市。科技引领时代，创新开创未来。唯有科技创新，南充发展才能从“跟跑”迈向“并跑”、变为“领跑”。我们要坚持政产学研用“五方融合”，深入推进大众创业、万众创新，推动南充由科创大市向科创强市跨越。二方面，要建设教育强市。教育兴则城市兴，人才强则南充强。武汉正因为拥有世界最多的高校、最多的在校大学生，才迅速发展为我国中部六省唯一的特大城市。我们要坚持教育优先战略，大力实施“大学城”工程，依托现有大学资源做大做强，招引更多大学入驻落地，推动南充由教育大市向教育强市跨越。三方面，要建设卫生强市。医卫软实力，发展硬支撑。过去 40 多年亚洲经济发展奇迹中，约 40% 源自亚洲人身体素质改善。我们要充分发挥市中心医院和川北医学院附属医院两大医疗集团的带动引领作用，坚持办名院、建名科、增名医，推动南充由卫生大市向卫生强市跨越。

三、昂扬激情斗志，努力奔跑追梦

大道至简、实干为要。伟大的事业都始于梦想、成于实干。争创全省经济副中心是全市人民共同的梦想，我们都是追梦人，我们都要努力奔跑。

一要不忘初心、敢于有梦。心有多大，舞台才有多大；梦想有多远，才能走多远。我们争创全省经济副中心，既是一个承前启后、继往开来的接续奋斗目标，也是一个立足当前、着眼长远的务实进取目标，还是一个跳起摸高、跑起干事的追赶跨越目标，必须胸怀大志、敢于有梦。一方面，要有放眼全球的大视野。我们要坚决打破思维上的笼子、观念上的藩篱、眼界上的阻碍，敢于跳出南充看南充、顺应时代看南充、对标一流看南充。二方面，要有敢为人先的大胆识。我们要敢于开辟前人没有走过的道路、敢于涉足前人没有到达的领域，做时代之先锋、开历史之先河、当事业之先驱。三方面，要有壮志凌云的大气魄。我们要坚持以大格局谋事、以大手笔干事、以大气魄成事，绝不能小里小气目光短浅、绝不能小打小闹得过且过、绝不能小手小脚裹足不前。

二要满怀信心、勇于追梦。梦想就在前方，犹豫彷徨肯定实现不了、奋进搏击才能梦想成真。我们争创全省经济副中心，绝不是轻轻松松就能实现的，绝不是敲锣打鼓就能干成的，必须勇担历史重任、勇克艰难险阻、勇夺最后胜利。一方面，要保持永不懈怠的激情。前途是光明的，道路是曲折的。我们要始终保持吃苦耐劳“骆驼状”、攻坚破难“狮子状”、穿云破雾“雄鹰状”，坚决做到特别能吃苦、特别能战斗、特别能取胜。二方面，要保持永不言败的斗志。我们要坚持不为逆境所忧、不为困难所阻、不为风险所惧，真正做到攻无不克、战无不胜，真正实现连战连捷、连战连胜。三方面，要保持永争一流的劲头。我们要敢与强的比、敢同勇的争、敢跟快的赛，事事追求卓越不甘平庸、事事勇拔头筹不甘落后，真正做到负责的工作使出最大力气、出手的事情达到最高水平、交出的答卷取得最好成绩。

三要坚定决心、勤于圆梦。幸福都是奋斗出来的，梦想都是实干出来的。我们争创全省经济副中心，正处于船到中流浪更急、人到半山路更陡的关键阶段，必须乘风破浪直达彼岸、翻山越岭成功登顶。一方面，要说了就办定了就干。我们要坚持不争论、不议论、不评论，坚定不移抓执行、抓推进、抓落实，全力确保中央大政方针、省委决策部署和市委决定要求落地落实。二方面，要善作善成不胜不休。我们要坚持功成不必在我、功成必定有我，一年接着一年干、一届接着一届干，咬定目标不放松、不达目的不罢休。三方面，要凝心聚力齐心协力。我们要奏响大合唱、谱写同心曲，带动全市上下心往一处想、劲往一处使、拧成一股绳，朝着全省经济副中心的伟大梦想携手共进、砥砺奋进。

各位代表、同志们！争创全省经济副中心，是全市人民的共同期盼、共同愿景、共同梦想，需要全市上下一起奋斗、一起奔跑、一起追梦。全市各级人大组织和人大代表，要在争创全省经济副中心的征程中勇毅前行、担当作为。这里，我提三点希望：一要始终坚定政治方向。要树牢“四个意识”、坚定“四个自信”、做到“两个维护”，始终在思想上政治上行动上同以习近平同志为核心的党中央保持高度一致。二要始终坚持服务大局。要保持激情燃烧的状态、勇往直前的姿态、拼搏实干的常态，始终做到围着大局转、盯着大局看、扭着大局干。三要始终坚守人民立场。要坚持人民代表来自人民、人民代表为了人民，当好反映民意的“代言人”，当好化解民怨的“协调员”，当好维护民利的“监督者”。

各位代表、同志们！忆往昔，几多风雨、几多荣光，我们攻克了一个又一个堡垒、夺取了一场又一场胜利；看今朝，无限风光、无限美好，我们必将创造一个又一个奇迹、树立一座又一座丰碑。争创全省经济副中心，战鼓催征、全新启航。让我们更加紧密地团结在以习近平同志为核心的党中央周围，坚持以习近平新时代中国特色社会主义思想为指导，在党中央、省委的坚强领导下，争当新时代的奋斗者、争做新时代的追梦人，共同谱写争创全省经济副中心的辉煌篇章！

发展实体经济　做强产业支撑

——在市六届人大五次会议闭幕时的讲话

中共南充市委书记　宋朝华

（2020 年 6 月 21 日）

各位代表、同志们：

市六届人大五次会议圆满完成各项议程，就要胜利闭幕了。这是一次高举旗帜、维护核心的大会，这是一次凝心聚力、加油鼓劲的大会，这是一次团结和谐、风清气正的大会，必将激励全市上下众志成城抗疫情、迎难而上抓发展、奋力夺取双胜利。在此，我代表市委，向大会的胜利闭幕表示热烈祝贺！

各位代表、同志们！时间的长河川流不息，发展的征程击鼓奋进。当下南充，正以勇往直前的精神状态、一往无前的奋斗姿态，加快建设成渝第二城，奋力争创全省经济副中心，全力打造成渝地区双城经济圈次极核。

我们正经历一个“雄心壮志、雄风乍起”的火红年代。过去一年，我们 GDP 达到 2322.2 亿元、增长 8%，位居全省“一方阵”，成功跻身全国三线城市行列；我们 7 个贫困县全部摘帽、1290 个贫困村全部退出、57.8 万贫困人口全部脱贫；我们持续实施最大范围城市修复、最大体量城市改造、最大规模城市会战，位列“2019 年中国百强品牌城市榜”第 56 位、全省第 1 位；我们选人用人评议满意度由 2015 年的 94.94% 上升到 99.46%，党风廉政建设社会评价满意度由 2016 年全省第 20 位上升到第 9 位。当下南充，我们在新风扑面中迎来风清气正，我们在清风送爽中迎来风平浪静，我们在雄风乍起中迎来风生水起。

我们正经历一个“迎接挑战、迎难而上”的沧桑年代。今年以来，面对百年未有之大变局、百年未遇之大疫情，我们全力打赢疫情防控阻击战，实现 39 例确诊病例全部治愈出院、9 县（市、区）全部降为低风险地区，已连续 3 个多月无确诊病例、无疑似病例、无输入病例；我们全力打赢经济发展保卫战，一季度经济总量和增速稳居全省“双前五”；我们全力打赢脱贫攻坚收官战，发起了“决战脱贫攻坚、决胜全面小康”的最后冲刺；我们全力打赢村级建制调整改革攻坚战，全市建制村数量减少 2806 个、减幅达 53.63%、均居全省第 1 位。当下南充，我们都在英勇奋战中经历庚子年的沧桑岁月，我们都在众志成城中谱写感天动地的生命赞歌，我们都在挺身而出中让党旗在南充大地高高飘扬。

我们正经历一个“不忘初心、不辱使命”的奋进年代。长期以来，全市各级人大组织和人大代表不忘初心、牢记使命，围绕中心、服务大局，大家讲政治、有担当，市委决定部署到哪里、人大力量就跟进到哪里、人大工作就落实到哪里；大家讲法治、有权威，依法讨论决定重大事项、依法表决任免重要人事、依法开展重大事项监督；大家讲责任、有贡献，视察调研深入开展、评议询问逗硬实施、地方立法务实推进。当下南充，大家干得很用心、干得很努力、干得很漂亮，大家特别能吃苦、特别能战斗、特别能奉献。在此，我代表市委，向大家表示衷心的感谢！

各位代表、同志们！实业兴则经济兴，产业强则经济强。回首南充这几年走过的艰难历程，我们深化了“做强实体、振兴实业”的思想共识，我们坚定了“大抓产业、抓大产业”的必胜信心，我们吹响了“实体兴市、产业强市”的进军号角。每年人代会，我都要讲一个主题，2017 年讲的是“项目建设”，2018 年讲的是“以人民为中心”，2019 年讲的是“争创全省经济副中心”。今年我想围绕“发展实体经济、做强产业支撑”这一主题，与大家共谋发展，这也与我在政协会上讲的借力“双城记”、打造“次极核”遥相呼应，形成一个推动南充大发展、再出发的“姊妹篇”。下面，我讲三点意见：

第一，实体为本、产业为要

大城崛起，基础在实体、支撑在产业。没有实体，发展就会“泡沫化”；没有产业，城市就会“空心化”。我们要充分认识抓实体、强产业的重要性，让“实体为本、产业为要”在南充落地生根。

一是“抓实体、强产业”的时代扑面而来。当今时代，科技革命一日千里、实业比拼群雄逐鹿、产业发展大有可为。一方面，科技革命方兴未艾。科技革命一小步，人类历史一大步。目前人类已经历三次科技革命：第一次是以蒸汽机为代表、进入蒸汽机时代，第二次是以内燃机为代表、进入电气化时代，第三次是以计算机为代表、进入互联网时代，当下正经历以人工智能为代表的第四次科技革命、进入智能化时代。我们要顺应新浪潮、迈步新时代，让科技革命之光光耀南充。二方面，产业变革时不我待。当今时代，产业变革呈现“三大特征”：一是集群化，就是“集中、集聚、集约”。比如，成都龙泉驿的汽车产业，短短 10 多年时间，就聚集 11 家整车企业、300 多家零部件企业，汽车产业产值突破 2000 亿，成为世界级汽车产业城。二是融合化，就是“跨界、交叉、渗透”。比如，近年兴起的农旅融合、文旅融合、工业旅游，就是融合发展的代表。三是全链化，就是“延链、补链、强链”。比如，阿里巴巴推出的“盒马鲜生”模式，实现了从田间到餐桌的全链条订制化服务。我们要适应新形势、推动新变化，让产业变革之梦梦想成真。三方面，转型升级大势所趋。没有落后的产业，只有落后的产品。传统产业也能够焕发青春活力。比如，近年来杭州丝绸产业通过植入文化创意元素、依托“互联网 +”，把丝绸做成了艺术品、提升了附加值，让老树长出了新芽。我们要培育新模式、开拓新领域，让产业转型之势势不可挡。

二是“抓实体、强产业”的机遇千载难逢。机遇是流动的资源，机遇是稀缺的财富。越是机遇叠加的时代，越是加快发展的窗口。一方面，重大战略交汇叠加。战略机遇是最大机遇。当前，“一带一路”、长江经济带、新一轮西部大开发等重大战略机遇交汇叠加，特别是成渝地区双城经济圈建设，将打造高质量发展的重要增长极，建设具有全国影响力的重要经济中心、科技创新中心、改革开放新高地、高品质生活宜居地。我们要抢抓大机遇、打造大平台、发展大产业。二方面，国省政策密集出台。政策红利是最大红利。今年以来，国省先后出台减税降费、金融支持、要素保障、行政审批等重大措施。比如，针对新基建发展，打出系列政策“组合拳”。据预测，今年新基建投资将突破 1.2 万亿，未来 3 至 5 年在总基建中的比重将达到 20%。我们要用好用活政策、推进产业振兴、实现实业强市。三方面，新兴经济加速成长。新兴经济是最大潜力。当前，新产业、新业态、新模式、新消费、新产品奔涌而来，各地都在抢滩登陆、抢先布局。比如，成都正大力发展数字经济、智能经济、绿色经济、创意经济、流量经济、共享经济“六大新经济形态”，不到 3 年时间，新经济企业从 18 万家增加到 36 万家、营业收入突破 4000 亿。我们要培育新经济、打造新引擎、激活新动能。

三是“抓实体、强产业”的基础厚积薄发。量变引起质变，厚积才能薄发。通过近年来的持续努力，南充实体经济和产业发展正处于质量变革、效率变革、动力变革的关键期。一方面，规模蓄势突破。目前，我们“五大千亿产业集群”产值已突破 3300 亿，在现代农业产值突破千亿的基础上，汽车汽配产业产值明年有望突破千亿；我们“五大百亿战略性新兴产业”产值已突破 400 亿，在生物医药产业产值突破百亿的基础上，电子信息、装备制造、新材料产业产值明年有望突破百亿。二方面，结构优化升级。从产业结构比例演进的一般规律来看，先是“一二三”结构、经济落后，再是“二三一”结构、经济一般，最后是“三二一”结构、经济向好。2018 年我市三次产业结构比为 19.0：41.1：39.9，去年调整为 17.4：40.4：42.2，实现由“二三一”向“三二一”的华丽转身，标志着我市经济发展质量明显提升、发展态势持续向好。三方面，平台强力支撑。目前，我们拥有国家现代农业示范区、南充经开区、南充高新区、现代物流园、川东北金融中心等重大产业平台，拥有中国（四川）自贸区协同改革先行区、保税物流中心（B 型）等重大功能平台，特别是正在全力争取设立省级“临江新区”，这是百年大计、发展大事，这是大城崛起的潜力所在、后劲所在、希望所在。

第二，实体兴市、产业强市

大城崛起、未来已来。我们建设“第二城”、争创“副中心”、打造“次极核”，必须大力发展实体经济、努力做强产业支撑，让“实体兴市、产业强市”在南充枝繁叶茂。

一要坚持“大联动”培育大产业。产业体系建起来，实体经济好起来。一方面，要构建“3+5”现代工业体系。工业是实体经济的“定海神针”。比如，日本经历 20 年的衰退后仍然是全球第三大经济体，德国在 2008 年全球次贷危机下仍然屹立不倒，我国在这次疫情冲击下仍然能够稳住经济基本盘，都在于拥有完备的工业体系。我们要加快培育汽车汽配、油气化工、丝纺服装 3 大千亿支柱产业，加快壮大电子信息、新材料、高端装备制造、生物医药、节能环保 5 大百亿新兴产业，全力建设现代工业强市。二方面，要构建“4+5”现代服务业体系。服务业一业兴百业旺。纵观全球，发达国家都是以服务业为主导产业，有“四个 70%”的共同特征：服务业增加值占地区生产总值 70% 左右、从业人员占社会就业人员总数 70% 以上、对经济增长的贡献达到 70%、生产性服务业占服务业比重达到 70%。目前，服务业占 GDP 的比重，美国是 78%、英国是 71%、法国是 70.3%。我们要坚持大商贸、大楼宇、大总部，发展壮大现代商贸、现代物流、现代金融、文化旅游 4 大支柱型服务业，培育壮大科技信息、商务会展、人力资源、医疗康养、特色餐饮 5 大成长型服务业，全力建设区域性服务业中心城市。三方面，要构建“5+5”现代农业体系。大农业、大产业，大有希望。比如，以色列国土面积小且 60% 以上是沙漠，但他们依靠农业科技创新，成为“沙漠之上的农业强国”。我们要坚持园艺化、科技化、设施化，坚持建基地、搞加工、创品牌，全力做大粮油、生猪、蔬菜、晚熟柑橘、木本油料 5 大主导产业，做优蚕桑、中药材、牛羊、水产、酒业 5 大特色产业，奋力擦亮农业大市这块“金字招牌”。

二要坚持“全链条”发展大产业。产业链条串起来，实体经济活起来。一方面，要建强产业链。产业成链、企业成群，才能实业强市。比如，电子信息产业是深圳的支柱产业，去年产业规模达 2.1 万亿、占全国的六分之一，得益于拥有芯片、服务器、终端、操作系统等上下游完整产业链。一个电子信息企业，在外地配套要 2 个星期，但在深圳只要 2 个小时。我们要聚焦主导产业、优势企业、薄弱环节，补前端、强中端、延后端，让南充产业发展“身强体壮”。二方面，要优化供应链。货“畅”物“流”，才能繁荣兴旺。比如，浙江义乌被称为“世界小商品之都”，去年小商品市场交易额达 4500 亿，得益于拥有强大的供应链，实现“买全球”和“卖全球”。我们要畅通人流、物流、资金流、信息流，让南充产业发展“生龙活虎”。三方面，要提升价值链。常言道，没有技术“当小工”，没有品牌“做代工”，这就是一流企业做标准、二流企业做品牌、三流企业做产品的真实写照。据测算，产业利益分割一般呈“42211”格局，品牌占 40%、研发占 20%、销售占 20%、设计占 10%、生产占 10%。我们要加强技改创新、提升研发水平、做响南充品牌，全力抢占“微笑曲线”两端，让南充产业发展“容光焕发”。

三要坚持“高端化”引爆大产业。产业层次高起来，实体经济强起来。一方面，企业要“顶天立地”。没有参天大树、难以遮风挡雨。比如，宜宾五粮液集团去年营收突破千亿、税收接近150亿，一个企业就撑起一个产业、一座城市。我们要培育壮大一批基础好、后劲足、带动强的龙头企业，打造市场经济的“弄潮儿”、实体经济的“先锋队”、地方经济的“主力军”。二方面，园区要“专精特新”。没有梧桐成林、难求凤凰来栖。比如，中关村软件园面积仅2.6平方公里，但园区总产值超过2800亿，每平方公里产值突破千亿。我们要坚持“一园一主业、园区有特色”，打造一批专业园区、精品园区、特色园区、创新园区，建设转型发展“试验区”、创新发展“孵化器”、跨越发展“增长极”。三方面，开放要“招强引优”。没有源头活水、难有江河涌流。比如，苏州之所以成为全国最强地级市，主要得益于对外开放，累计使用外资超万亿、位居全国大中城市第3位。南充地上产业还不强、地下资源也不多，我们要坚持全域开放招商引资、全程开放招大引强、全面开放招强引优，全力以赴把开放攻势掀起来、把重大项目招进来、把资金资源引回来。

第三，大兴实体、大抓产业

实干就是能力，落实就是水平。我们要坚持思想再解放、政策再配套、环境再优化，让“大兴实体、大抓产业”在南充开花结果。

一要在思想大解放中大开放起来。一方面，转型才能更好发展。发展没有退路，转型才有出路。比如，华为公司从代理交换机起家，然后自主研发通信产品，2011年开始做手机，坚持每年拿出10%的收入投入研发，8年时间做到世界第二，成为5G时代的全球领跑者。我们要冲破思想障碍、打破惯性思维、摆脱传统依赖，实现加快转、加紧赶。二方面，后发坚持高点起步。后发也能先至，跳起才能摸高。近年来，贵州无中生有发展大数据产业，去年企业达到9500家、产值突破千亿。我们要坚持高点切入、高标定位、高端引领，以世界眼光谋划产业、以全域视野布局产业、以战略思维重塑产业。三方面，危机催生发展契机。危机中育新机、变局中开新局。2003年的“非典”成就了阿里巴巴、京东等互联网企业，这次疫情助推了远程办公、无人配送、在线教育等产业加速发展。我们要准确识变、科学应变、主动求变，强健产业筋骨、稳住经济底盘、畅通发展血脉。

二要在政策大配套中大优惠起来。一方面，要全力以赴向上争。争政策就是争资源、争项目、争资金。我们要把准国家政策动向、产业方向、资金投向，争取最大支持、获取最大红利；我们要依托重大产业平台、功能平台、发展平台，谋划个性政策、获得特殊支持。二方面，要放眼长远算大账。这不行那不行、发展必然不行，这不舍那不舍、企业退避三舍。我们要算大账不算小账、算远账不算近账、算活账不算死账，做到敢于给政策、舍得付成本、大胆放市场。三方面，要一诺千金讲诚信。开放的南充，诚信的政府。我们要做到该给的资金一分不少、约定的事情一件不忘、作出的承诺一项不毁，让说到做到、不放空炮成为最响亮的承诺，让重信守诺、诚实守信成为最靓丽的名片。

三要在环境大优化中大清爽起来。一方面，要让南充大地春光明媚。我们要坚持公开公平公正、依纪依法依规、清新清白清爽，杜绝非法利益“乱输送”、权钱交易“乱作为”、勾肩搭背“乱交往”，让权力的黑手难以翻云覆雨，让明媚的阳光普照大地。二方面，要让南充大地春风拂面。我们要坚决砍掉一切不必要的程序、坚决取消一切不必要的检查、坚决扫除一切不必要的干扰，做到不叫不到、随叫随到、服务周到，让南充成为企业家的人生福地、投资洼地、创业宝地。三方面，要让南充大地春暖花开。我们要坚持把投资者当客人、当亲人、当家人，让企业家在南充投资放心、发展安心、干事顺心、创业开心、生活舒心，共同享有建功立业的机会、人生出彩的机会、梦想成真的机会。

各位代表、同志们，人大地位重要、作用重大，人大代表责重如山、使命光荣。各级人大组织和人大代表：要坚持党的领导这个根本。增强“四个意识”、坚定“四个自信”、做到“两个维护”，自觉把党的领导贯穿依法履职全过程，切实做到坚持党的领导、人民当家作主、依法治国有机统一。要坚持服务发展这条主线。聚焦南充发展大局，高质量作好决议决定、高水平提出议案建议、高标准开展监督检查，以积极的姿态服务大局，以振奋的精神投身事业，以务实的成效展示风采。要坚持为民代言这一使命。始终用脚步丈量民情、用心灵倾听民声、用行动温暖民心，当好反映民意的“代言人”、维护民利的“贴心人”、排解民忧的“热心人”。

各位代表、同志们！天若有情天亦老，人间正道是沧桑。回首这几年，我们忘不了“崛起危难、浴火重生、凤凰涅槃”的艰难岁月，我们经历着“大考难考必须迎考、大关难关必须过关、大事难事必须成事”的沧桑年代，我们憧憬着“成渝第二城、全省副中心、双城次极核”的美好未来。在此，我想与大家共勉三句话：第一句话：暮色苍茫看劲松，乱云飞渡仍从容。无信仰不南充，只要我们不畏艰险、不断攀登，就一定能登临绝顶处、一览众山小。第二句话：雄关漫道真如铁，而今迈步从头越。无梦想不南充，只要我们敢于去拼、勇于去闯，就一定能干出大事业、拼出新天地。第三句话：待到山花烂漫时，我们都在丛中笑。无奋斗不南充，只要我们一起奔跑、一起追梦，就一定能阔步新时代、成就新未来。

各位代表、同志们！发展有我、奋斗忘我、追求无我。星光不负赶路人，时光不负有心人。让我们更加紧密地团结在以习近平同志为核心的党中央周围，坚定以习近平新时代中国特色社会主义思想为指导，在党中央、省委的坚强领导下，大力发展实体经济、努力做强产业支撑，加快建设成渝第二城，奋力争创全省经济副中心，全力打造成渝地区双城经济圈次极核，为治蜀兴川再上新台阶贡献南充力量！

当好耕耘者　种好责任田

——在市六届人大六次会议闭幕时的讲话

中共南充市委书记　宋朝华

（2021 年 2 月 21 日）

各位代表、同志们：

市六届人大六次会议，在全体代表的共同努力下，圆满完成各项议程，即将胜利闭幕。会议期间，各位代表依法履行职责、积极建言献策、共谋发展大计，彰显了为人民用权、为人民履职、为人民服务的使命担当。这是一次高举旗帜、凝聚共识的大会，这是一次发扬民主、求真务实的大会，这是一次加油鼓劲、催人奋进的大会。在此，我代表市委，向大会的圆满成功、向当选的各位同志表示热烈的祝贺！

各位代表、同志们，踏平坎坷成大道，斗罢艰险又出发。回望 2020 年，面对百年未有之大变局、百年未遇之大疫情，我们穿越庚子沧桑、走过极不平凡的艰辛历程，我们经受风雨洗礼、迎来生机勃勃的崭新气象。这一年最让人难忘的是：我们用心灵温暖心灵，患难与共守护心中希望。广大白衣天使身披铠甲、最美逆行，广大党员干部挺身而出、英勇奋战，广大人民群众众志成城、守望相助，我们高扬主旋律、谱写同心曲、传递正能量，共同走过气壮山河的沧桑岁月。这一年最让人振奋的是：我们用感动传递感动，顽强不屈凝聚前行力量。从疫情来袭到有效阻击、从停工停产到复工复产、从经济下滑到逆势上扬，我们大关难关一路闯关、大考难考一路赢考、大事难事一路成事，共同走过气势恢宏的奋斗岁月。这一年最让人自豪的是：我们用激情点燃激情，豪迈出征追逐大城梦想。“十三五”圆满收官、全面小康胜利在望、临江新区落地生根，我们历经艰辛一路沧桑、踏歌而行一路铿锵、精彩绽放一路芬芳，共同走过波澜壮阔的豪迈岁月。

各位代表、同志们，携手同行踏征程，风霜雪雨搏激流。回望 2020 年，全市各级人大组织和人大代表抗击“大疫情”共克时艰、夺取“双胜利”主动作为，发挥了人大作用、凝聚了人大力量、展现了人大风采。这一年，大家服务大局有力度，党委工作重点在哪里、人大力量就汇聚到哪里、人大工作就跟进到哪里。这一年，大家为民代言有温度，心贴心广纳民言、面对面广听民意、实打实广集民智。这一年，大家自身建设有深度，各级人大班子坚强有力战斗堡垒、各级人大干部素质优良纪律严明、各级人大代表依法履职值得信赖。在此，我代表市委，向各位代表和 . 同志们表示衷心的感谢，并致以崇高的敬意！

各位代表、同志们，雄关漫道真如铁，而今迈步从头越。展望 2021 年，承前启后、继往开来，我们送走光辉岁月、迎来灿烂明天，我们传承历史荣光、再续时代辉煌。这一年是中国共产党建党 100 周年，百年征程波澜壮阔、百年初心历久弥坚，我们要不忘初心、牢记使命、永远奋斗。这一年是“十四五”开局之年，开局就是决战、起步就是冲刺，我们要披荆斩棘、开拓创新、阔步前行。这一年是开启全面建设社会主义现代化南充新征程的起步之年，奋进新征程、续写新篇章，我们要勇往直前、乘风破浪、扬帆远航。

今年，我在政协开幕会上讲的是“迈好第一步、见到新气象”这个主题。今年是农历辛丑牛年，在中华传统文化中，牛是无私奉献、开拓进取、吃苦耐劳的象征，寄寓着中华民族奋发图强的美好期待，蕴含着中华儿女自强不息的精神密码。孺子牛、拓荒牛、老黄牛，更是家喻户晓的美好形象，更是底蕴深厚的文化意象。因此，在今天的人大闭幕会上，我想围绕“当好耕耘者　种好责任田”这个主题，讲一讲如何弘扬“三牛”精神。同时，这个主题与我在政协会上讲的主题是高度契合、高度统一的，是一脉相承、一以贯之的，是当前推动南充发展的“姊妹篇”。“迈好第一步、见到新气象”，我们必须“当好耕耘者　种好责任田”，我们必须以“俯首之态、拓荒之力、奉献之心”，迈上新征程、开创新未来。下面，我讲三点意见：

第一点意见：甘当为民服务孺子牛

横眉冷对千夫指，俯首甘为孺子牛。孺子牛精神，坚守的是全心全意为人民服务的根本宗旨，坚守的是以人民为中心的发展思想，坚守的是为人民谋幸福的初心使命。弘扬孺子牛精神，我们必须与人民群众同呼吸、共命运、心连心，以俯首之态担当初心使命。

一要一片冰心在玉壶。政之所兴、在顺民心，政之所废、在逆民心。人民代表来自人民、代表人民，人民公仆根在人民、服务人民。一方面，要坚持以民为根。根深才能叶茂，源远才能流长。只有把人民举过头顶，人民才会把你记在心里。我们要以虔诚之心对待人民，时刻谨记我是谁、为了谁、依靠谁，做到一切为了群众、一切依靠群众、一切服务群众。二方面，要坚持以民为上。权力来自人民，有权不可任性。只有把人民放在心上，人民才能让你坐在台上。我们要以谦卑之心敬畏人民，时刻牢记权力来自哪里、为谁服务、对谁负责，做到权为民所用、情为民所系、利为民所谋。三方面，要坚持以民为本。民为邦本，本固邦宁。只有把人民当亲人，人民才不把你当外人。我们要以感恩之心回报人民，时刻铭记发展为了人民、发展依靠人民、发展成果由人民共享，做到以敬民之心行简政之道、以爱民之心担为政之责、以亲民之姿结鱼水之情。

二要一生相守共甘苦。从群众中来、到群众中去，只有工作接地气、才能事业聚人气。一方面，要与群众融在一起。与人民群众融在一起，就能血浓于水、水乳交融。我们要与群众保持血肉联系交朋友，做到串百家门、知百家情、办百家事，不能高人一等有傲气、高高在上有霸气、高不可攀有官气。二方面，要与群众想在一起。与人民群众想在一起，就能以心交心、心心相印。我们要忧群众之所忧、急群众之所急、乐群众之所乐，把群众的“柴米油盐”记在心上、“家长里短”抓在手上、“急难愁盼”扛在肩上，不能对群众的揪心事视而不见、烦心事置之不理、操心事麻木不仁。三方面，要与群众干在一起。与人民群众干在一起，就能凝心聚力、汇聚合力。我们要牢固树立群众利益无小事、群众利益大于天的理念，从群众关心的事做起、从群众关注的事抓起、从群众关切的事办起，不能脱离实际搞面子工程、劳民伤财搞形象工程、急功近利搞政绩工程。

三要一腔赤诚洒热土。江山就是人民、人民就是江山。人民是我们党执政的最大底气，人民是我们共和国的坚实根基。一方面，要坚持问需于民。民生连着民心、民心凝聚民力，人民群众对美好生活的向往就是我们的奋斗目标。我们要把群众需求作为第一选择，用脚步丈量民情、用心灵倾听民声、用行动温暖民心，搞好基本民生、保障底线民生、关注热点民生，让惠民答卷更有温度、更有厚度。二方面，要坚持问计于民。人民群众最聪明、最智慧，是最好的老师。我们要把群众呼声作为第一信号，拜人民为师、向人民请教，心明眼亮察民情、广开言路听民意、海纳百川集民智，让南充发展更有质量、更有效率。三方面，要坚持问政于民。时代是出卷人、我们是答卷人、人民是阅卷人。我们要把群众满意作为第一标准，站在人民立场上想问题、作决策、办事情，群众不拥护、不高兴、不答应的坚决不干，让人民生活更加体面、更有尊严。

第二点意见：甘当创新发展拓荒牛

艰难方显勇毅，磨砺始得玉成。拓荒牛精神，展现的是“开拓开创”的锐气，展现的是“敢闯敢试”的胆气，展现的是“克难破难”的豪气。弘扬拓荒牛精神，我们必须留下奋进的背影、矫健的身姿、铿锵的足迹，以拓荒之力开创发展大业。

一要敢教荒原变沃土。百舸争流奋者先，千帆竞发勇者胜。当下南充，“建设第二城”如火如荼、“争创副中心”激战正酣、“打造次极核”时不我待，我们要耕耘在希望的田野上。一方面，要敢想敢试当“闯将”。疾风知劲草、烈火炼真金。我们要始终保持“一路豪歌向天涯”的激情，敢闯天下路、敢为天下先，勇开历史先河、勇当事业先驱、勇做发展先锋，做到首战用我、用我必胜，在没有先例的领域开疆拓土。二方面，要敢冲敢拼当“猛将”。事业靠打拼、爱拼才会赢。我们要始终保持“狭路相逢勇者胜”的胆识，敢与勇者争、敢与强者拼，浑身是胆、浑身是劲、浑身是威，做到血不流干、誓不休战，在荆棘密布的战场攻城拔寨。三方面，要敢作敢为当“干将”。沧海横流、方显英雄本色。我们要始终保持“会当击水三千里”的自信，敢于涉险滩、敢于搏激流，当坚定者不当犹豫者、当奋进者不当懈怠者、当搏击者不当畏难者，知难而进、盯住困难干，迎难而上、扭住矛盾抓，做到善打大仗、敢打硬仗，在风起云涌的时代勇立潮头。

二要敢教日月换新天。取法其上、仅得其中，取法其中、仅得其下。当下南充，开启“十四五”、奋进新征程，干事要“立标准”、做事要“当标杆”、成事要“成标志”，我们要拼搏在奋进的春光里。一方面，要“极端负责”挑战自我。只要思想不滑坡、办法总比困难多。我们要坚持守土负责、守土担责、守土尽责，负责的工作使出最大力气、出手的事情达到最高水平、交出的答卷取得最好效果，做到积卷未清夜不能寐、任务未完食不甘味、事情未成心不能安。二方面，要“极致追求”挑战极限。心有多大舞台就有多大，眼光有多远未来就有多远。我们要坚持尽职尽责、尽心尽力、尽善尽美，追求卓越不甘平庸、勇拔头筹不甘落后、决战决胜不甘失败，做一件像一件、干一件成一件，做到出成品不出残品、出作品不出废品、出精品不出次品。三方面，要“极度发挥”挑战不可能。世上没有干不成的事、只有干不成事的人。我们要坚持用力就要尽力、出场就要出彩、完成就要完美，努力到筋疲力尽、拼搏到江郎才尽、坚持到山穷水尽，努力到无能为力、拼搏到感动自己、坚持到无法坚持。

三要敢教坎坷成大道。梦想为舟、奋斗作桨。冲开绝壁夺隘而出的江河最精彩，冲破险阻创造辉煌的人生最耀眼。当下南充，正处于发展能级跃升关键期、发展机遇交汇叠加期、发展进程加速蝶变期，前进道路不可能一马平川、新的征程不可能一帆风顺，我们要奋斗在时代的航道上。一方面，要临事不避顶得上。明知山有虎、偏向虎山行。选择高山，坚定的是不懈攀登。我们要鲜明无功就是过、不进就是退、平庸就是错，我们要拿出舍我其谁的意志、用我必胜的斗志、非我莫属的壮志，大事办得成、急事做得好、难事摆得平，让滥竽充数的人没有市场、饱食终日的人待不下去、真抓实干的人扬眉吐气。二方面，要临危不乱稳得住。任它八面来风、我自岿然不动。闲庭信步，展现的是如磐定力。我们要准确识变、科学应变、主动求变，我们要保持政治定力、发展定力、担当定力，在风云变幻中辨得明方向、在大是大非中站得稳立场、在喧嚣浮躁中沉得住心神。三方面，要临难不惧雄得起。万水千山只等闲、越是艰险越向前。披荆斩棘，昂扬的是精神力量。我们要走遍千山万水、想尽千方百计、尝遍千辛万苦，我们要问题面前不绕道、矛盾面前不回避、困难面前不退缩，志存高远不悔拳拳初心、志气凌云不负铮铮誓言、志在必得不辱煌煌使命。

第三点意见：甘当艰苦奋斗老黄牛

发展征途漫漫，奋斗气象万千。老黄牛精神，彰显的是筚路蓝缕、以启山林的实干品质，彰显的是知重负重、任劳任怨的担当品行，彰显的是不求回报、不计名利的奉献品格。弘扬老黄牛精神，我们要特别能吃苦、特别能战斗、特别能取胜，以奉献之心实现人生价值。

一要不用扬鞭自奋蹄。没有等出来的辉煌，只有干出来的精彩。我们要心往一处想、劲往一处使、拧成一股绳，形成“九牛爬坡、个个出力”的奋斗合力。一方面，要一以贯之“牛劲十足”。事业前仆后继，坚持才有希望。无论面对多少艰辛、多大风浪，我们都要挺起胸膛临风而立、挺起脊梁奋力前行，我们都要一张蓝图绘到底、与时俱进开新篇、重整行装再出发，不到最后不放弃、不获全胜不收兵、不达目的不罢休。二方面，要一如既往“牛气冲天”。艰苦辛苦、舍得吃苦就不苦，艰难困难、攻坚破难就不难。无论面对多少考验、多大难关，我们都要从容应对坦然面对、自强不息奋斗不止，我们都要扛得起重任、担得了重责、干得好重活，让工作高点起步、让发展高位求进、让事业高歌猛进。三方面，要一往无前“牛势如虹”。不加油、跑不出“加速度”，不给油、轰不出“推背感”。无论面对多少挑战、多大竞争，我们都要义无反顾勇往直前、击鼓奋进阔步向前，我们都要拉开架势站出来、摆开阵势干起来、鼓足气势攻下来，杀出一条血路、蹚出一条新路、走出一条大路。

二要不论风雨勤耕耘。阳光总在风雨后，风雨之后见彩虹。人生辉煌不在于到达终点时的功成名就，而在于征途中的精彩奋斗。我们要迎着晨光去、顶着风雨干，不因艰难瞻前顾后、不因险阻犹豫徘徊。一方面，要风雨无阻埋头干。埋头干是固守的本分。面对世纪大疫情与百年大变局相互交织，我们要坚信信心在、勇气就在，敢撒“迎风网”、勇开“顶风船”、搏击“回头浪”，做到千磨万击还坚韧、任尔东西南北风。二方面，要风雨兼程加油干。加油干是担当的责任。面对“两个一百年”奋斗目标历史交汇，我们要坚信努力在、成功就在，坚持今天再晚都是早、明天再早都是晚，舍得打破白天和晚上、打破上班和下班、打破工作日和休息日，做到与日月做伴、与风雨同乐。三方面，要风雨同舟一起干。一起干是博大的情怀。涓涓细流汇成大海，点点星光闪耀银河。面对“十三五”收官和“十四五”开局顺利交接，我们要坚信团结在、力量就在，思想上求共识、感情上求共融、工作上求共进，寻求最大公约数、画出最美同心圆、凝聚最强正能量。

三要不畏浮云遮望眼。幸福都是奋斗出来的，奋斗的人生最精彩。干劲、干劲，越干越有劲。一方面，要发展有我不负时代。唯有坚守“独上高楼、望尽天涯路”的境界，才能登凌绝顶、一览众山小。我们要坚信没有比人更高的山、没有比脚更长的路，坚持功成不必在我、功成必定有我，只讲付出不求回报、只讲耕耘不问收获、只讲奉献不求索取，做到繁荣一方经济、造福一方百姓、维护一方稳定，在南充前行的征程中挥洒激情和汗水。二方面，要奋斗忘我不负韶华。唯有坚守“衣带渐宽终不悔、为伊消得人憔悴”的境界，才能千锤百炼还坚韧、吹尽狂沙始到金。我们要坚持生命一分钟、奋斗六十秒，拥抱激情燃烧的岁月、绽放生命绚烂的华章，做到不因艰难坎坷而退缩、不因碌碌无为而羞耻、不因虚度年华而悔恨，在南充崛起的道路上倾注智慧和心血。三方面，要追求无我不负人民。唯有坚守“蓦然回首、那人却在灯火阑珊处”的境界，才能超越自我、忘记本我、成就无我。我们要坚信清者自清坦荡荡、浊者自浊常戚戚，坚持捧着一颗心来、不带半根草去，心不藏事、心不藏私、心不藏奸，做到一切为了发展、一切为了未来、一切为了人民。政声人去后、民意闲谈中，我们要不求金杯但求口碑、不求表扬但求赞扬、不求英名但求美名，在南充发展的舞台上实现价值和追求。

各位代表、同志们，人大地位特殊、性质特殊、作用特殊，人大代表具有先进性、广泛性、代表性。新时代赋予新使命，新征程呼唤新担当。这里，我对全市各级人大组织和人大代表，提三点希望：

一要对党忠诚讲政治。党政军民学，东西南北中，党是领导一切的。要增强“四个意识”、坚定“四个自信”、做到“两个维护”，不断提高政治判断力、政治领悟力、政治执行力，始终在思想上政治上行动上同以习近平同志为核心的党中央保持高度一致。二要依法履职讲担当。人大既是法律“缔造者”，也是法律“捍卫者”。要树牢法治意识、坚持法治原则、运用法治思维，积极开展地方立法、着力推进公正司法、严格监督依法行政，有力推动法治南充、法治政府、法治社会建设。三要为民服务讲情怀。人大代表人民选、当好代表为人民。要充分发挥联系群众最密切、接触群众最广泛、沟通群众最方便的优势，当好反映民意的“代言人”、维护民利的“贴心人”、排解民忧的“热心人”。

各位代表、同志们，岁月为证、奋斗不止，百年梦想、圆梦在今朝，更壮阔的征程已经开启；岁月不居、天道酬勤，千秋伟业、百年是序章，更伟大的胜利还在前方。我们工作生活在1.25万平方公里的南充大地.上，肩负大城崛起的光荣梦想，担负760万南充人民的幸福安康，唯有弘扬“三牛”精神，才能书写无愧历史、无愧时代、无愧人民的辉煌篇章。让我们紧密团结在以习近平同志为核心的党中央周围，坚持以习近平新时代中国特色社会主义思想为指导，在党中央和省委的坚强领导下，加快建设成渝第二城、奋力争创全省经济副中心、全力打造成渝地区双城经济圈次极核，为全面建设社会主义现代化南充而努力奋斗！

四、中共南充市委关于人大工作重要文件选录

中共南充市委
关于加强人大工作的决定

（1994 年 10 月）

我市市、县两级人大常委会和乡镇人大主席团建立以来，在同级党委的领导下，以建设有中国特色社会主义的理论为指导，坚定不移地贯彻执行党的基本路线，围绕经济建设这个中心，认真履行宪法和法律所赋予的各项职权，在推进改革开放和经济发展、加强社会主义民主法制建设和精神文明建设、维护安定团结的政治局面中做了大量的工作，较好地发挥了作用，取得了显著成绩。人大工作是党的工作的重要组成部分，为了做好新时期的人大工作，特作如下决定：

一、提高对人大工作重要性的认识

1. 认真学习马克思主义国家学说，不断深化对人民代表大会制度的认识。当前，有些同志特别是少数领导同志对人民代表大会制度和民主法制建设还存在一些模糊认识，以致人大及其常委会的职权在有的地方还没有得到充分地行使，其地位和工作也没有得到应有的重视和尊重。人民代表大会制度作为我国根本政治制度，这是宪法和法律明文规定的，同时也是写进了党章的。各级干部尤其是县以上领导干部要带头认真学习马克思主义国家学说，学习毛泽东、邓小平等老一辈无产阶级革命家和江泽民同志关于人大制度和社会主义民主法制的一系列论述，以及社会主义市场经济的理论，从国体和政体的结合上，深刻认识我国实行人民代表大会制度的必要性；从建设有中国特色社会主义民主政治的高度，深刻认识坚持和完善人民代表大会制度的重要性；从建立社会主义市场经济体制的内在要求，充分认识坚持和完善人民代表大会制度、加强社会主义民主与法制的紧迫性；从“抓住机遇、深化改革、扩大开放、促进发展、保持稳定”的工作大局出发，充分认识做好人大工作和加强民主法制建设的重要作用。通过学习，把广大干部群众尤其是各级党政主要领导同志的认识统一到邓小平同志建设有中国特色社会主义的理论和宪法、党章上来，明确人大制度的优越性和做好人大工作的必要性、重要性、长期性，正确认识人大及其常委会的性质、地位和作用，重视和支持人大工作。

2. 加强人大制度的宣传工作和理论研究工作。要加强对人民代表大会制度的宣传，人大制度的宣传是党的宣传工作的重要组成部分，要作为党报、党刊、广播、电视的政治任务。对人大制度的宣传，不仅是各级人大的事情，而且是全党的事情，全社会的事情。各级党委组织、宣传部门要把人大制度、民主法制的宣传教育列入党员教育和干部培训计划，认真落实；各级党校要把人大制度、民主法制的内容列入学员的必修课程，并加以考核；广大干部群众在爱国主义教育和法制教育中要结合学习人大

制度、民主法制的理论；任用干部时应把是否具有必要的法律知识和能否认真执法作为衡量干部是否称职的一个条件。要根据人大工作的特点和新闻工作的规律，不断提高宣传报道的质量；人大机关、宣传部门、新闻单位要建立联系制度，密切配合；共同做好人大制度、人大工作的宣传。对人大及其常委会的决议、决定以及其他重要文件要参照全国和省级新闻单位的做法，使宣传报道规范化。并要切实抓好宣传人大制度好新闻评选和对人大制度、民主法制的理论研究工作。要探讨在发展社会主义市场经济条件下，如何加强国家政权建设、立法与执法、监督工作、为改革开放和经济建设服务等重大课题，更好地坚持和完善人大制度，不断地加强社会主义民主政治建设。

二、充分发挥国家权力机关的作用

3. 各级党委支持人大及其常委会依据宪法和法律的规定积极主动地、独立负责地开展工作，并协调好人大同其他国家机关的关系。各级人大要在党委的领导下，认真履行宪法、法律赋予的职责，卓有成效地工作。“一府两院”要提高对人大制度和加强社会主义民主法制的认识，严格依法行政，搞好行政、审判、检察工作，要尊重人大及其常委会，摆正与国家权力机关的位置，主动报告工作，自觉接受监督。

4. 支持人大及其常委会依法行使重大事项决定权，发挥权力机关的宏观决策作用。党委提出决策和人大依法决定从根本上说是一致的。凡是涉及地方国家事务的决策，党委要提交人大及其常委会依照法定程序作出决定，将党的主张变成国家意志；人大及其常委会要从实际出发，对关系国计民生的、全局性的重大问题和人民群众关心的“热点”问题，要充分发扬民主，听取人民群众意见，经同级党委原则同意后，及时作出决议、决定。“一府两院”对人大及其常委会的决议、决定和人大常委会对重要工作汇报的审议意见，要认真落实，在规定时间报告执行或办理的结果。

5. 支持人大及其常委会依法行使监督权，加强对“一府两院”的监督，保证宪法、法律、党和国家方针、政策的贯彻执行。各级党委要重视人大监督工作，支持地方人大及其常委会突出抓好法律监督并采取评议“一府两院”工作等行之有效的监督形式，增强监督实效，把制约、支持和促进辩证地统一起来。各级人大及其常委会在法律监督中，要把法律实施情况的监督检查放到重要地位，要建立部门执法责任制，实行依法治理；在工作监督中，要监督各级政府正确处理改革、发展与稳定的关系，监督政府及有关部门落实各项改革措施，监督和支持“一府两院”搞好反腐倡廉。人大常委会会议听取“一府两院”有关工作汇报时，分管领导要到会听取审议意见。

6. 支持人大及其常委会依法行使任免权，保证国家政权掌握在人民信赖的人手中。党管干部原则与人大常委会依法任免是一致的。人大常委会要坚持党管干部的原则，贯彻执行党的干部路线、方针和政策，充分发扬民主，依法行使任免权。

三、加强和改善党对人大工作的领导

7. 把人大工作纳入党委工作的重要议事日程。坚持党对国家权力机关的领导是一条基本原则。加强和改善党对人大工作的领导，正确处理党组织和国家权力机关的关系，是加强人大工作，促进民主法制建设，发挥国家权力机关作用的关键。各级党委要尊重人大及其常委会的法定地位，重视听取人大常委会党组关于人大工作和人大建设的汇报，了解和掌握人大工作的新情况，定期研究解决人大工作中的问题，围绕党的中心任务，及时向人大常委会党组提出任务和要求。各级人大要坚持党的领导，尊重党委的领导。

8. 善于把党的主张通过法定程序变成国家意志。各级党委关于国家事务的重大决策，凡是应该由本级人大及其常委会作出决议、决定的，都应作为建议提请人大及其常委会按法定程序办理。凡是人大及其常委会通过的决议、决定，各级党组织和全体党员都要带头执行，以推动全社会的贯彻实施。

9. 选举或任免国家机关工作人员，要尊重人大及其常委会依法表决或审议的结果。党委向人大推荐重要干部，事先要向人大常委会党组或主任会议通报党委的人事安排意见和被推荐人的基本情况，要重视听取人大的意见。人大代表或人大常委会组成人员中的党员在审议推荐的干部时，要带头贯彻党委的意图，按照“四化”方针和德才兼备的原则，依法正确行使职权，保证把德才兼备、人民信赖的干部选进各级国家政权领导班子。

10. 从组织上保证加强党对人大工作的领导。加强党对人大工作的领导，要吸收人大常委会的主要领导参加同级党委，或列席党委常委会议，使人大常委会能了解全局，围绕党的中心做好工作。乡镇人大主席团常务主席一律参加同级党委。

四、切实加强各级人大的自身建设

11. 加强思想建设。各级人大常委会要组织常委会组成人员和机关干部坚持学习邓小平同志建设有中国特色社会主义的理论，学习宪法、法律，有计划、有组织地培训人大干部，不断提高人大干部的政治素质和理论、业务素质，增强搞好人大工作的责任感、使命感。

12. 加强组织建设。要逐步提高各级人大代表特别是常委会组成人员的素质，优化群体结构。要使各级人大常委会组成人员的年龄结构、知识结构趋于合理，尽可能逐步增加能够连任两届的常委会成员，适当增加懂得经济、法律等专业知识的成员，同时按照有关规定调整。增加专职委员的比例。根据工作需要，按照精简效能的原则和有关规定，各级人大常委会应设置必要的工作机构，配备适当数量的工作人员。市县两级人大常委会除设置办公厅（室）外，均应设立工作委员会，市人大常委会根据工作需要可设立专门委员会。关于市、县两级人大常委会机关和乡镇人大主席团工作人员的编制，要继续执行 1990 年 3 月四川省编委《关于按省委规定配齐县（市、区）人大常委会工作干部的通知》和中共南充市委〔1994〕22 号文件。在中央关于人大机构编制的方案未正式出台以前，不以任何借口轻率地撤销人大常委会的办事机构和裁减人大常委会机关工作人员的编制。乡镇人大主席团一般应配备专职常务主席，个别地方由党委书记兼任的，要配备一名专职副主席。

13. 加强人大机关建设。人大机关肩负着“参与政务、办理事务、做好服务”的日常工作任务，要按照“学习、团结、勤政、廉洁”的要求，搞好机关建设。建立健全各种规章制度，改进工作方法，提高工作效率，兢兢业业地做好各项服务。各级党委、政府要尽力帮助人大解决存在的实际困难，对各级人大常委会的工作条件，要与同级党委、政府同等对待。人大机关要加强行政管理工作，改善职工福利，关心职工生活，调动广大干部的积极性。

14. 关心重视人大机关干部队伍建设。人大机关同样是培养和锻炼干部的重要场所。各级党委要从有利于消除对人民代表大会制度认识上的偏差，树立地方国家权力机关的威信，从有利于提高国家政权机关依法行政的整体水平出发，有计划地充实一批优秀的年轻干部到人大机关工作；对政治品质好、业务素质强的干部要放手提拔使用；要采取措施切实推进人大机关干部与党委、政府机关干部双向交流；有意识地挑选一些后备干部到人大机关任职培养。

15. 密切同人民群众的联系，发挥民主主渠道的作用。各级人大常委会要加强与人民代表的联系，建立健全联系代表制度，各级政府要按照有关法律的规定，将代表活动经费列入同级财政预算，认真落实，为代表知政、参政、议政、履行职责创造条件。要组织人大代表积极开展视察、调查等活动。认真办理代表提出的议案、建议、批评和意见，发挥社会主义民主主渠道的作用。要认真办理人民群众来信，热情接待人民群众来访，及时查处信访案件，为群众排忧解难，监督国家机关及其工作人员依法办事。

中共南充市委
关于加强和改善党对人大工作领导的意见

（2000 年 3 月）

各县市区委、市委各部委、市级各部门党组（党委）：

为了贯彻落实省委人大工作会议和川委发〔2000〕8 号文件精神，进一步加强和改善党对人大工作的领导，充分发挥地方国家权力机关的作用，从制度和法律上保证党的基本路线和基本方针的贯彻实施，现结合我市实际，提出如下意见：

一、进一步提高对人民代表大会制度和人大工作重要性的认识

人民代表大会制度是我国的根本政治制度，是党领导人民当家做主的政权组织形式。坚持和完善人民代表大会制度，是依法治国，建设社会主义法治国家的重要内容。加强人大工作和地方国家权力机关的建设，关系到社会主义国家政权的巩固，关系到党的领导地位和执政地位的巩固。为此，要加大学习和宣传的力度，进一步提高对人民代表大会制度和人大工作重要性的认识。党委中心学习组要把宪法、地方组织法、人大制度和民主法制建设理论以及党和国家领导人有关人大工作的重要论述作为学习的重要内容。各级党校、干校要把人大制度和人大工作的有关法律法规、理论纳入教学范畴。各级宣传部门要把宣传人大制度、人大工作和民主法制建设作为党的宣传工作的一项重要任务，列入宣传计划，认真加以落实。各新闻单位要根据新时期人大工作的特点和新闻工作的规律，拓宽宣传报道领域，不断提高宣传报道质量。通过学习和宣传，使广大干部群众尤其是领导干部，深刻认识到坚持和完善人民代表大会制度，是改革开放、发展社会主义市场经济的客观要求，是依法治国、建设社会主义法治国家的必然选择，是实现党对国家事务的领导、巩固党的执政地位的根本保证，从而增强使命感和责任感，努力搞好人大工作，使全党和全社会更加自觉地、积极主动地重视和支持人大工作。

二、切实加强党对人大工作的领导

各级党委必须加强对地方国家权力机关的领导，把人大工作列入重要议事日程。每年听取本级人大常委会党组的工作汇报不少于两次，对人大常委会党组请示的有关事项，要及时研究批复。要重视本级人大常委会党组建设，认真落实人大常委会党组书记列席党委常委会议的制度。党组书记由同级党委书记兼任的，主持日常工作的党组副书记应列席党委常委会议。同时，要为人大常委会和人大专门（工作）委员会提供更多的知政条件，可根据需要，列席有关会议，阅读同级党内文件等，以利于进一步做好人大工作。人大常委会在行使职权过程中涉及有关重大问题需要党委协调时，党委应及时出面搞好协调工作，保证地方国家权力机关的正常运行。

人大常委会党组在同级党委领导下工作，是党组织在人大领导集体中的核心。各级党委在讨论人大的机构设置、人员编制、干部配备时，要征求人大常委会党组的意见。

三、支持人大及其常委会依法行使决定权

各级党委要依据宪法和法律支持人大及其常委会在重大问题上依法行使决定权，凡是应当依法由人大及其常委会决定的事项，都要提交本级人大及其常委会讨论审议，通过法定程序把党的主张转化为国家意志，变成国家机关和人民群众的实际行动。人大常委会要切实落实党委的意图，结合本地实际情况，及时研究确定重大事项的内容，正确作出有关决议、决定。“一府两院”要依法积极主动向人大报告工作，提请人大讨论决定。人大及其常委会作出的决议、决定，“一府两院”都要认真执行，积极组织实施。

四、强化人大及其常委会的监督力度

人大及其常委会对“一府两院”进行法律监督和工作监督是宪法、法律赋予的重要职权。各级党委要支持和保证人大依法行使监督权。各级人大要敢于监督，善于监督，不断健全监督机制，使监督工作规范化、制度化。监督工作的重点放在“一府两院”对宪法和法律、法规的正确实施，国民经济和社会发展计划，财政预算执行，廉政建设以及人民群众普遍关心的热点、难点问题，要进一步加强执法检查，统一安排，突出重点，跟踪监督，一抓到底，认真纠正有法不依、执法不严、违法不究的问题。对人大在执法检查、常委会审议议题中发现有重大问题及整改意见的，“一府两院”要高度重视，及时研究解决，并在规定时限内把落实情况报告人大常委会。要支持人大常委会加大司法个案监督力度，依法严肃查处造成错案人员的责任；要支持人大常委会对“一府两院”的工作评议和组成人员的述职评议，被评议的部门和领导干部要认真听取人大意见，切实做好整改工作。评议中的结论性意见要作为组织部门任用干部时的参考依据。对评议中发现明显不称职、群众反映强烈的干部，党委要支持人大依法免职或罢免其领导职务。

五、要支持人大及其常委会依法行使人事任免权

必须把依法任免干部与坚持党管干部原则有机地统一起来，使党委意图依照法定程序得到贯彻落实。凡由党委推荐、人大常委会任免的干部，应事先通知人大常委会党组，按法律规定提前将材料送交人大常委会。人大常委会党组对所推荐人选提出的不同意见，党委应认真分析研究，如果发现确有事实依据、足以影响任命的问题，可建议人大常委会暂缓表决或撤回推荐意见；如果认为推荐人选不宜改变，或者认为所提意见不全面或与事实不符，应当作出解释或说明，以利于表决。推荐人选确定后，人大常委会党组要积极做好工作，充分保证党委的意图得到实现。凡由人大及其常委会依法任免的干部，必须在依法通过并对外公布后方可到职或离职。对法定任期内的干部，非特殊情况，一般不要变动，应保持相对稳定。

六、充分发挥人大代表的主体作用

各级人大代表是各级国家权力机关的组成人员，是权力机关的主体，代表人民行使管理国家事务的权力。各级党委要高度重视发挥人大代表的作用，加强代表队伍建设，为代表知情、知政、履行职务创造条件。人大机关要成为代表之家，认真做好为代表服务的各项工作。代表所在单位要为代表执行职务给予支持，提供方便。各级人大及其常委会要加强代表工作，做好人大代表议案和建议、意见的督办工作。要认真办理人大代表的议案和建议，建立和完善办理制度，不断提高办理质量。各级人大代表要认真学习党的路线、方针、政策和宪法、法律，提高自身素质，密切联系选民，自觉接受选民和选举单位的监督，协助政府推行工作，积极履行代表职责。代表中的共产党员，要自觉维护党的领导，坚持党性原则，保证党的路线、方针、政策的贯彻落实。

当前，要进一步完善代表视察制度，来信来访办理制度，代表议案、建议和意见督办制度，代表小组活动制度，代表联系选民制度等，努力规范代表工作，充分调动代表执行职务的积极性。

七、充分发挥人大在依法治市中的主导作用

在依法治市中，人大起着举足轻重的作用。各级党委要大力加强依法治市的领导工作，支持人大履行法定职责，全面推动依法治市的进程。各级人大常委会要积极参与依法治理工作，每年要监督、检查“一府两院”对依法治理规划及年度计划的落实情况，重点督促抓好行政部门的执法责任制和行业及基层的依法治理工作。各级党委要高度重视基层民主政权建设，要大力扩大基层民主，组织村（居）民自治，实行民主选举、民主决策、民主管理和民主监督，充分调动人民群众当家作主的积极性。

八、国家机关及领导干部要带头依法办事

“一府两院”要不断增强国家观念和民主法制观念，把对党负责和对人民负责统一起来，自觉接受人大及其常委会的监督，努力提高依法行政和执法水平，坚决杜绝有法不依、执法不严、违法不究和滥用职权的问题和现象。各级党组织和每个党员都必须遵守党章关于“党必须在宪法和法律的范围内活动”的原则，自觉按照宪法关于“任何组织和个人不得有超越宪法和法律的特权”的规定，带头守法、用法、护法，自觉地以法律规范自己的行为。

九、大力加强人大自身建设

各级人大及其常委会要建设一支政治素质高和法律、业务知识熟悉的干部队伍，努力把我市人大工作提高到一个新的水平。各级人大常委会的组成人员要认真学习宪法、法律知识，学习邓小平理论和市场经济知识，熟悉现代科学技术和相关专业理论，解放思想，改进作风，认真调查研究，开拓进取，积极履行人大的职能。

各级党委要切实加强领导、积极支持人大及其常委会搞好自身建设，重视同级人大常委会领导班子建设。在人员构成上，既要有一部分实际工作经验丰富、德高望重的老同志，又要有德才兼备、年富力强的中青年同志，以保证“班子”的稳定性和人大工作的连续性。在专业结构上，既要有熟悉政治，又要有熟悉经济、法律、科教等专业的人才，不断提高组成人员整体素质。要优化人大机关干部的年龄、知识、专业结构，为人大机关选派优秀干部，在人大机关干部的选调、培训和使用上要与党委、政府机关干部一视同仁。要逐步实现干部在党委、人大、政府、政协机关之间的合理交流，要根据机构改革精神，核定编制，配足人员。人大常委会组成人员不占人大机关编制，到人大担任常委会组成人员的，其工资关系、生活待遇可保留在原单位，并在政治、生活、福利等方面的待遇与本地党政机关同级干部一视同仁。乡镇人大要在党委的领导下，加强组织建设，履行法律法规赋予的各项职权，乡镇人大主席可由同级党委书记兼任，也可由其他合适人选担任。由党委书记兼任人大主席的应配备 1 名专职副主席。专职人大主席应参加乡镇党委。乡镇人大配备的工作人员由各县（市）区纳入编制。

各级政府要努力为人大常委会解决办公、用车、经费、住房等方面的实际困难。各级财政尤其是县、乡财政，要把人代会、常委会（主席团）会议、专委会、人大代表的活动经费列入年度财政预算，确保代表活动和人大工作的必需开支。

十、始终坚持和依靠党的领导开展人大工作

坚持党的领导是人大行使职权、开展工作的根本保证，是任何时候都不能动摇的基本原则。各级人大及其常委会一定要进一步增强党的观念，始终保持正确的政治方向，自觉地把人大工作置于党委的领导之下，坚决执行党的路线、方针、政策，自觉围绕党的中心开展人大工作。要坚持请示汇报制度，主动向党委请示、汇报工作。人大常委会年度工作要点，要请示同级党委同意后制发；人大审议的重要决议、决定，要提前向党委报告。要把坚持党的领导和充分发扬民主、依法行使职权有机地统一起来，通过不懈的努力，把党委的主张、决策通过法定程序变成国家意志，组织和动员人民共同实施，为促进我市改革开放，加快经济和社会发展，实现富民兴市目标，全面推进我市社会主义现代化建设和民主法制建设作出应有贡献。

中共南充市委
关于进一步加强和改进人大工作的意见

（2005 年 6 月）

各县（市）区委，市委各部委，市级各部门党组（党委）：

为了深入贯彻“三个代表”重要思想和党的十六大、十六届三中、四中全会精神，认真落实《中共四川省委关于进一步加强和改进人大工作的意见》精神，进一步加强和改善党对人大工作的领导，充分发挥地方国家权力机关的职能作用，结合南充实际，特提出如下意见。

一、不断提高新形势下加强和改进人大工作的重要性和必要性的认识

（一）人民代表大会制度是我国的根本政治制度，也是党在国家政权中充分发扬民主、贯彻群众路线的重要形式。坚持和完善人民代表大会制度，加强和改进人大工作，是实践“三个代表”重要思想的内在要求，是发展社会主义民主政治的重要途径，是加强党的执政能力建设的重要内容，是构建社会主义和谐社会的重要保障，是努力建设川东北区域中心城市的迫切需要。各级党委、国家机关一定要充分认识加强和改进新时期人大工作的重要意义，切实把加强党的领导、人民当家作主和依法治国有机统一起来，推动全市经济社会协调发展。

二、切实加强和改善党对人大工作的领导

（二）要进一步规范和完善党领导人大工作的制度。要按照总揽全局、协调各方的原则，科学规范党委和人大的关系，充分尊重人大的法律地位，支持和保证人大依法行使权力。县以上各级党委在每届任期内，至少召开一次人大工作会议，研究解决人大工作中的重大问题。每年要定期听取人大常委会党组的工作汇报，及时研究和解决人大在履行职责中的具体问题。党委应定期听取同级政府、法院、检察院关于依法行政、公正司法和接受人大及其常委会监督的情况汇报。各级党委要把民主法制建设与支持和保证人大工作的情况纳入对下级党委工作目标的考核内容。根据实际情况，县（市）区人大常委会主任可由党委书记担任，也可设专职主任。专职主任应列席同级党委常委会议和书记办公会议。主任由同级党委书记担任的，主持日常工作的副主任应列席同级党委常委会议和书记办公会议。担任同级人大常委会主任的党委书记要切实履行法定职责，主持常委会会议，参加常委会重要活动，做好人大工作。设立专职人大常委会主任的地方要确定一名党委副书记联系人大工作。要重视和加强乡镇人大建设，乡镇人大主席一般由党委书记兼任。由党委书记兼任的，应配备 1 名专职副主席。乡镇人大主席、副主席的政治、工作、生活待遇，应与同级党政领导干部一视同仁。

（三）要进一步重视和加强各级人大的组织建设。人大常委会党组要认真贯彻执行党委的决议，主动向同级党委报告和请示工作。善于通过人大党组织和人大常委会组成人员中的党员、人大代表中的党员、人大机关的党员，保证党的路线、方针、政策及党委的决定决议的贯彻落实。根据工作需要，安排人大常委会组成人员和人大专门委员会、人大常委会办事工作机构负责同志参加或列席党委、政府、法院、检察院的有关工作会议，为其依法履职提供条件。

（四）要加强对宪法法律的学习和宣传。建立定期集体学习法律的制度，不断增强宪法和法律意识，模范遵守宪法和法律。各级党委及宣传部门要把宣传民主法制建设、人民代表大会制度和人大工作作为党的宣传工作的重要组成部分，提出明确要求，加大宣传力度，丰富宣传内容，提高宣传质量。各级党校、干部培训学校要把宪法、法律、法规和人民代表大会制度方面的基本知识作为培训干部的重要内容。要进一步抓好普法宣传教育，提高广大干部和全社会的法律意识和法制观念。新闻媒体要根据各自的特点，加强和改进宣传报道，使人大宣传工作经常化、制度化。各级人大要重视宣传工作，落实工作责任。要加强人大制度理论研究，将其纳入全市社会科学研究总体规划。

三、支持和保证人大及其常委会依法行使各项职权

（五）支持和保证人大及其常委会依法行使监督权。人大及其常委会作为国家权力机关，其监督是代表国家和人民进行的具有法律效力的监督。各级党委要充分发挥地方国家权力机关的监督作用。各级人大及其常委会要坚持依法监督、集体行使职权等原则，进一步完善监督制度，健全监督机制，增强对政府和法院、检察院监督的针对性和实效性，督促和支持它们严格按照法定的权限和程序办事。各级人大要把经济社会全面、协调、可持续发展和改革发展稳定中的重大问题以及关系人民群众切身利益的热点、难点问题作为监督重点。要加强对财政预算审查监督，特别要着力做好对部门预算、预算外资金、专项资金、财政资金投资建设的重大项目的法律监督，逐步建立预算绩效评价体系，进一步增强预（决）算和审计结果的公开性、透明度。通过听取审议工作报告、视察、调查、执法检查、述职评议、工作评议和司法个案监督等形式，有重点地加强监督。要依法运用询问、质询、特定问题调查、撤销不适当决定和罢免等监督手段，加大监督力度，丰富监督内容，提高监督水平。要把权力机关监督与行政监督、法律监督、新闻舆论监督等形式有机结合起来。政府和法院、检察院要依法履行职责，依法出席、列席人大及其常委会会议，主动汇报工作，认真听取意见，自觉接受人大及其常委会的监督。本行政区域内的垂直管理部门，要依法接受同级人大常委会的法律监督和工作监督。

（六）支持和保证人大及其常委会依法行使重大事项决定权。进一步完善党委、人大、政府决策的规则和程序，支持人大依法决定重大事项。各级党委每年应将本行政区域内的经济、政治、文化、社会等方面的重大事项，及时通报人大常委会并提出决策建议，通过人大及其常委会依法作出决定，成为全社会共同遵守的行为准则。各相关部门要认真贯彻执行人大及其常委会依法作出的决定、决议。各级人大要紧紧围绕党委的中心工作，抓住事关全局的重大事项以及人民群众普遍关心和迫切要求解决的问题，通过法定程序适时作出决定。各级人大要加强调研，开展咨询、论证工作，努力实现决策的科学化、民主化、法制化。结合实际需要，完善有关行使重大事项决定权方面的规定。各级政府和法院、检察院要认真贯彻执行人大及其常委会的决议、决定，对依法应由人大及其常委会审议决定的事项要及时主动提请审议。

（七）支持和保证人大及其常委会依法行使选举任免权。坚持党管干部的原则，进一步完善选举任免程序，实现党内工作程序和人大及其常委会法定程序的有机结合。对依法应由人大常委会任免的干部，党委要提前向人大常委会党组通报推荐人选的情况和推荐理由；对依法应由人民代表大会选举的干部，要提交大会充分酝酿讨论，认真听取意见，依法组织好选举。人大常委会党组要贯彻党委的意图，听取人大代表和人大常委会组成人员的意见，发现影响任职的问题，及时向党委报告。各级党委要努力把好推荐人选关，充分尊重和维护人大代表依法联合提名权及选举权，尊重和维护人大及其常委会的选举、表决结果。要把人大及其常委会对选举任命人员的评议结果作为党委考核任免干部的重要依据。选举、任命的干部在法定任期内应尽量减少职务变动，对确需调整的，要严格依照法定程序办理。建立和完善干部任前法律知识考试考核与供职发言制度。

四、切实保障人民当家作主的权利

（八）坚决维护好人民利益。各级人大及其常委会要坚持以人为本，牢固树立监督为人民的思想，对人民负责，自觉接受人民监督，密切同广大人民群众的联系，使决策、监督、选举任免等工作更好地体现人民的意志，维护人民的利益。要进一步完善公民旁听人大常委会会议、人民代表大会会议等制度。坚持和发展好基层民主，保证人民群众依法实行民主选举、民主决策、民主管理、民主监督，享有宪法和法律规定的广泛的权利和自由。要加强人大常委会信访工作，完善机构，健全工作制度，高度重视、及时认真处理人民群众来信来访，注重收集和采纳人民群众提出的各方面的合理化建议，妥善协调各方面的利益关系，维护人民群众的合法权益，努力构建社会主义和谐社会。

（九）努力提高人大代表素质。各级人大代表是各级国家权力机关的组成人员，担负着行使国家权力的重大使命。各级党委和人大常委会要重视代表工作，县级以上人大常委会机关要有专门机构和人员负责代表工作。各级党委要与人大常委会就代表人选加强沟通和协商，人大常委会党组应做好提名推荐代表候选人的工作，注重代表的广泛性、先进性和执行代表职务的能力，严格按条件推选。要优化人大代表结构，保证少数民族、妇女和基层代表所占的比例。在县、乡人大代表选举中逐步引入有序的竞争机制。建立健全代表向选民述职制度和代表辞职制度。要加强对代表的培训，增强代表的责任意识，提高代表的政治、业务素质和依法履行职责的能力。各级人大代表要认真执行职务，密切联系群众，倾听群众呼声，深入了解民情，充分反映民意，广泛集中民智，自觉接受人民的监督。组织人事部门要把人大代表职务写入其任职履历。担任领导职务的人大代表应当在执行代表职务方面做出表率。

（十）充分发挥各级人大代表的作用。各级人大、政府和法院、检察院要加强同人大代表的联系，为他们开展活动、履行职责提供方便，创造条件。一切组织和个人必须积极支持、配合人大代表执行职务。要建立国家机关向人大代表通报重要工作和重大事项的制度。各级人大常委会（主席团）要进一步建立健全代表工作制度，继续搞好各级人大常委会联系人大代表的各项活动。组织代表参加执法检查、评议、视察、调查等活动，邀请代表列席人大常委会会议，不断丰富代表活动内容，努力增强活动实效。各级国家机关要依法维护人大代表的合法权益。

五、大力加强各级人大及其常委会的自身建设

（十一）逐步优化各级人大常委会和专门（工作）委员会组成人员的年龄结构、知识结构和专业结构。人大常委会组成人员的专职比例要逐步达到三分之二左右。要选拔年纪较轻、热爱人大工作、综合素质好、有发展潜力的同志进入人大常委会，专职从事人大工作。要挑选政治素质好、懂法律法规和具有专门知识的优秀中青年干部到各级人大专门（工作）委员会任职，并在条件成熟时，从中选择合适人选进入常委会。

（十二）加强和改进人大会议制度和工作制度。进一步完善人大及其常委会的审议规则和议事程序，完善人大常委会和专门（工作）委员会会议制度，坚持民主集中制原则，不断提高常委会审议决策水平。实行与人民群众利益密切相关的重大事项向社会公示制度和公开听证制度，健全完善专家咨询制度等。进一步加强上下级人大之间的监督、指导和工作联系。各级人大及其常委会（主席团）要加强与外地人大的联系和交流，开展多种形式的对外交往活动。

（十三）加强人大常委会机关的思想建设、作风建设和组织建设。着力培养一支政治素质好、敬业精神强、作风优良、业务精通的人大干部队伍。要加强人大机关党风廉政建设。不断提高人大机关干部队伍的素质，优化年龄和知识结构。要把人大机关干部纳入党政干部的培养、交流序列，真正做到在使用和提拔上的一视同仁，进一步增强人大机关的活力。加大人大机关与党委、政府、司法机关之间干部的交流力度，形成制度，长期坚持。

（十四）各级党委和政府要为各级人大及其常委会依法行使职权创造必要条件。进一步健全和科学规范人大及其常委会工作机构，解决好各级人大常委会特别是县（市、区）人大常委会机构设置和编制问题，保证其履行地方国家权力机关的职责。从各级党委、政府及相关部门转到同级人大常委会任职的同志在政治、工作、生活上的待遇与原单位同级干部相一致，所在单位要支持其依法履行职责。各级政府要保证人大及其常委会行使职权所需的各项经费，把人代会、常委会（主席团）会议、人大各专门（工作）委员会和常委会各办事机构的工作经费列入年度财政预算，并逐年有所增加。各级财政要切实解决好代表培训与活动所必需的经费，将其列入本级财政的专项预算，按时足额拨付。要不断改善各级人大常委会机关的基础设施和办公条件，加强各级人大信息化建设。切实解决乡镇人大工作经费、办公用房及办公设备等实际困难。

（十五）各县（市）区党委要结合实际，认真贯彻执行，加强督促检查，并将执行情况向市委作专题报告，同时抄报市人大常委会党组。

中共南充市委
关于进一步加强人大工作的实施意见

（2009 年 12 月）

各县（市、区）党委，市委各部委，市直各部门党组（党委）：

为深入贯彻落实党的十七大、十七届四中全会精神，进一步加强和改进党对人大工作的领导，更好地发挥地方各级人大及其常委会的作用，根据省委《关于进一步加强人大工作的意见》（川委发〔2009〕22 号），结合南充实际，现提出以下意见。

一、进一步加强和改进党对人大工作的领导

1. 深刻认识坚持和完善人民代表大会制度的重大意义。人民代表大会制度是符合我国国情、体现我国社会主义国家性质、保证人民当家作主的根本政治制度，是党对国家和社会事务实施领导的政权组织形式，集中体现了中国特色社会主义民主政治的特点和优势。坚持和完善人民代表大会制度，是发展社会主义民主政治，建设社会主义政治文明的必然要求；是依法治国、建设社会主义法治国家的必然要求；是保证人民当家作主、实现国家长治久安的必然要求；是党实现科学执政、民主执政、依法执政的必然要求。各级党委和国家机关要从全局和战略的高度，深刻认识坚持和完善人民代表大会制度的重大意义，不断增强政治责任感和历史使命感，切实把人民代表大会制度坚持好、完善好、发展好，充分发挥人大及其常委会作为国家权力机关在建设中国特色社会主义民主政治中的重要作用。各级党组织和全体党员都必须遵守宪法和法律，带头维护宪法和法律的权威。

2. 健全和落实党委领导人大工作的机制。各级党委要按照总揽全局、协调各方的原则，在思想、政治、组织上加强和改进对人大工作的领导，切实把人大工作作为党的全局工作的重要组成部分，纳入总体工作部署，提上重要议事日程；要围绕经济社会发展大局，根据人大的法定职责和工作特点，统一部署，统筹安排，支持和保证人大及其常委会依法履行职能。党委每届任期内召开一次人大工作会议，每年至少听取一次人大常委会党组工作汇报，及时研究解决人大工作中的重大问题。党委在作出事关经济社会发展全局和人民群众切身利益的重大决策前，应当听取并征求人大常委会和人大代表的意见和建议；做出重要决策和进行重大部署，应及时向人大常委会党组通报。党委、政府召开全局性会议、组织相关重大活动等，应根据工作需要和有关规定，安排人大常委会领导和人大专门委员会、常委会工作机构、办事机构负责人参加。根据实际情况，县（市、区）人大常委会主任可由同级党委书记兼任，也可由其他合适人选担任；由党委书记兼任的，主持工作的人大常委会副主任、党组书记明确为正县级；不是同级党委常委的人大常委会主任或党组书记应列席党委常委会和其他有关重要会议。要把民主法制建设和支持、保证人大工作的情况纳入对各地年度工作目标考核的重要内容。

3. 充分发挥人大常委会党组的核心保证作用。各级党委要善于通过人大常委会党组实施对人大工作的领导，通过发挥人大常委会党组的核心作用，保证党的路线、方针、政策及党委决策部署在人大工作中的贯彻落实。坚持和完善党组会议制度，人大工作中的重要事项、行使职权中的重大问题，应提交党组会议集体讨论决定。各级人大常委会党组和在人大工作的党员要切实肩负起保证实现党对人大工作领导的重要职责，坚决贯彻执行党的路线、方针、政策，确保党的主张经过法定程序得以实现。

人大常委会党组要进一步完善重大事项报告制度，及时向同级党委请示报告人大工作中的重大问题，自觉把坚持党的领导、充分发扬民主和严格依法办事有机统一起来。

4. 努力形成支持人大工作的合力。各级党委及有关部门要加强对党员干部执行宪法、法律、法规和人大决议、决定情况的监督检查，把是否具有民主法治观念和依法行政、依法办事能力作为干部选拔任用和领导班子综合考核评价的重要标准。坚持和完善领导干部学法制度，把人民代表大会制度、民主政治建设理论和宪法、法律知识作为党委（党组）中心学习组学习的重要内容，作为党校、行政学院培训党政干部和公务员的必修课。切实加强县（市、区）乡镇（街道）党政主要领导的社会主义民主政治教育，任期内应安排其到党校参加一次社会主义民主政治课程专题研修。党委宣传部门要把人大制度和人大工作的宣传作为党的宣传工作的重要组成部分，组织新闻单位和媒体，加大宣传力度，改进宣传方式，加强深度报道，增强宣传效果，努力在全社会营造理解、关心、支持人大工作的浓厚氛围。党委宣传部门与人大常委会办公室要建立协调机制，定期研究和协调部署人大宣传工作，支持人大刊物、网站等宣传阵地建设。要切实加强人大制度和人大工作理论研究，将其纳入全市社会科学研究总体规划，充分发挥人大制度研究会作用，为推进人大工作提供理论指导和智力支持。

二、支持和保证人大及其常委会依法行使职权

5. 支持和保障人大及其常委会按照法定程序开好会议。各级党委要支持人大及其常委会依法行使代表人民管理地方国家事务的权力，按照法定程序开好人民代表大会和常委会会议。要合理安排各级人代会和常委会会议日程，保证必要的会议时间，确保会议质量。人大代表和常委会组成人员要切实增强责任意识，依法出席会议，认真审议各项报告和议案。列席会议的政府、法院、检察院及有关部门负责人应严格遵守会议纪律，到会听取意见、回答询问，并根据审议意见认真改进工作。坚持和完善人大常委会会议旁听制度，凡审议涉及人民群众切身利益的事项，根据实际情况，邀请人大代表列席和人民群众旁听。

6. 支持和保证人大及其常委会依法行使重大事项决定权。各级党委要善于把重大决策部署通过法定程序转化为国家意志。凡属宪法和法律规定的人大及其常委会职权范围内的重大事项，由党委向同级人大或人大常委会提出建议或由政府、法院、检察院依法提请审议，经人大或人大常委会讨论决定，使之经过法定程序成为国家意志。各级人大及其常委会要针对本行政区域内带有根本性、全局性、长远性的问题和人民群众普遍关注的热点、难点问题，深入开展调查研究，广泛听取群众意见，适时依法作出决议、决定并督促贯彻落实。政府、法院、检察院对依法应由人大及其常委会审议决定的事项，应主动提请人大及其常委会审议决定，并及时报告落实情况。各级人大常委会应联系实际，进一步修订完善讨论、决定重大事项的具体办法，规范重大事项决定权的行使。

7. 支持和保证人大及其常委会依法行使监督权。各级党委要按照《监督法》要求，支持人大及其常委会依法履行监督职能，协调解决监督工作中的重大问题。人大及其常委会要围绕中心，突出重点，不断完善监督机制，综合运用法定监督形式，切实加强工作监督和法律监督。进一步加大执法检查力度，强化执法检查后续跟踪，增强执法检查效果。进一步加强预算审查监督，促进和规范部门预算编制、审批和执行，强化对财政专项资金安排使用情况的监督，更好地发挥财政性资金使用效益；进一步加强各级人大信访和规范性文件备案审查工作，按程序报批设立预算工作委员会、信访办公室等相应机构并配备相应工作人员。进一步促进司法机关完善监督机制，着力解决审判、检察工作中群众反映强烈、带有共性的问题。进一步健全各项监督制度，探索创新监督方法，切实规范监督工作，把《监督法》的要求和规定落到实处。各级政府、法院、检察院要不断增强法律意识和公仆意识，自觉接受人大及其常委会的监督。要建立健全接受人大监督的各项制度，认真研究处理人大执法检查、听取专项工作报告等形成的审议意见，并及时报告结果。人大常委会要采取跟踪监督、满意度测评等多种形式，加强对常委会审议意见落实情况的督促检查。人大及其常委会的重要监督事项、过程和结果要依法向本级人大代表通报并向社会公开。

对政府、法院、检察院进行工作评议是人大依法行使监督权的一种重要形式。党委要积极支持人大对“一府两院”开展工作评议。各级人大常委会要依法制定开展工作评议的规范性办法，完善评议制度。年度工作评议计划由人大常委会提出，报同级党委批准后组织实施。工作评议要形成评议意见，并进行满意度测评。评议意见和测评结果要报送同级党委，通报政府、法院、检察院及有关被评议单位；被评议单位要按照评议意见改进工作，并向党委和人大常委会报告整改情况。

8. 支持和保证人大及其常委会依法行使选举任免权。坚持党管干部原则与人大依法行使选举任免权的统一，实现党内工作程序与人大及其常委会法定工作程序有机结合。对依法应由人民代表大会选举的干部和应由人大常委会任免的干部，要提前向人民代表大会临时党委和人大常委会党组介绍党委的推荐意见。由人大及其常委会选举或任命的干部，在任期内要保持相对稳定，确需调整的，要严格按照法律程序办理。支持人大及其常委会对选举或任命的干部依法进行履职监督，政府组成部门主要负责人和法院副院长、检察院副检察长要向人大及其常委会提交年度书面述职报告。人大及其常委会选举、任命的干部涉及违法违纪时，党的纪律检查机关、党委组织部门和有关司法机关应与人大常委会加强沟通协调，依法处理。

9. 支持人大及其常委会积极开展对外交往。各级党委要积极支持人大及其常委会开展多种形式的对外交往活动，加强与其他市州及县（市、区）人大及常委会的联系和交流，增进了解，加强合作，相互借鉴，促进地方民主法治建设和经济社会发展。上级人大常委会要加强对下级人大常委会的指导和联系。

三、支持和保障人大代表依法履行职务

10. 进一步优化人大代表结构，切实提高代表履职能力。人大常委会党组和党委相关工作部门要积极沟通、协调配合，共同做好人大代表候选人的提名推荐工作，把好代表“入口关”。坚持广泛性、代表性和先进性的统一，不断优化人大代表年龄、知识和专业结构。建立人大代表履职登记和激励评价机制，把人大代表履职情况作为表彰和是否提名连任代表候选人的重要依据。探索直接选举的人大代表向选民述职、间接选举的人大代表向选举单位述职并接受履职测评的制度。各级人大常委会要建立和完善人大代表培训制度，制定代表初任、履职和专题培训计划，换届后两年内基本完成对本级代表的培训。各级人大代表尤其是担任党政领导职务的人大代表要模范遵守宪法和法律，认真履行人大代表职责，接受各方面监督。

11. 为人大代表依法履行职务创造条件。坚持和完善政情通报、人大常委会组成人员联系代表、闭会期间邀请人大代表列席人大常委会会议和参加执法检查、视察、专题调研等制度，组织人大代表开展经常性活动，切实保障人大代表依法履行代表职务。加强代表小组建设，支持和指导代表小组有效地开展活动。依法将各级人大代表活动经费纳入同级财政预算，并按需要逐步有所增加。人大代表依法执行职务、参加代表活动，其所在单位、部门要在时间、经费等方面给予保障。

12. 进一步加强人大代表议案和建议、批评、意见的办理工作。各级人大及其常委会要完善规定，明确人大代表提出议案和建议、批评、意见的基本要求、范围和程序，并加强组织、引导和协调工作，努力提高人大代表提出议案、建议、批评和意见的质量。要不断完善代表议案、建议、批评和意见的办理机制，明确办理责任，将办理情况纳入对办理单位的目标绩效考核。各级政府、法院、检察院由主持日常工作的负责人牵头负责人大代表提出的对本系统建议、批评、意见的办理和督查，着力提高办理质量，在法定时限内将办理结果答复代表。各级人大常委会要加强对代表议案、建议、批评和意见办理的督促检查，确保收到实际效果。对事关人民群众切身利益和社会普遍关注的议案、建议，由人大常委会主任会议或常委会组成人员组织重点督办。

四、切实加强各级人大及其常委会自身建设

13. 加强人大及其常委会的思想和作风建设。各级人大及其常委会要认真学习贯彻党的路线、方针、政策和省委、市委的重大决策部署，牢固树立党的观念、政治观念、大局观念、群众观念和法治观念，深入群众、联系群众、服务群众，自觉接受群众监督。各级人大常委会组成人员和人大机关工作人员要进一步提高政治责任感和历史使命感，强化市委提出的“八种意识”，求真务实、扎实工作，开拓创新、奋发有为，勤政为民、廉洁高效，努力服务全市工作大局。

14. 加强人大常委会的组织和制度建设。各级党委推荐人大常委会组成人员人选，应听取人大常委会党组的意见。要进一步优化人大常委会组成人员的年龄、知识和专业结构，既要有一定数量阅历丰富的同志，又要有相当数量的优秀中青年同志，确保人大常委会组成人员中有三分之一以上能在换届时连任，专职常委会组成人员比例逐步达到三分之二左右，逐步增加经济、法律等方面的专业人员。市人大各专门委员会、县（市、区）人大常委会各工作机构配备 1 名专职副主任委员或专职副主任。在有条件的情况下，可适当安排人大常委会副秘书长、人大机关的专门委员会负责人和常委会工作机构、办事机构的主要负责人为常委会委员，以保持人大工作的连续性和稳定。各级人大常委会要加强制度建设，从组织制度、工作制度、议事程序、运行机制等方面进行探索，推进人大工作的制度创新和机制创新，保障人大及其常委会更好地履行职责。

15. 加强人大机关干部队伍建设。要把人大机关干部的培养、使用和交流纳入干部队伍建设的总体规划，通过选拔任用、轮岗培训、挂职锻炼、脱产学习等渠道，进一步提高人大机关干部的整体素质。要建立起人大机关干部能进能出的流动机制，各级人大常委会机关应有一定数量的优秀中青年干部交流到其他党政机关、企事业单位工作，切实改善人大机关干部队伍结构，增强人大机关的活力。

16. 重视改善人大机关工作条件。要根据人大工作需要和有关规定，科学设置人大常委会工作机构及机关内设机构，落实好人员编制。建立健全人大工作经费保障机制，把人民代表大会和人大常委会的会议经费、人大专门委员会和人大常委会工作机构、办事机构的工作经费以及人大常委会视察、检查、调研、宣传、对外交往等经费列入本级财政年度预算，并随着财政收入的增长逐年有所增加，切实保证人大开展各项工作需要。加强人大机关基础设施和信息化建设，切实解决人大及其常委会机关的办公用房、办公设施、表决系统建设、工作用车等问题，逐步改善人大机关工作条件。

17. 加强乡镇人大和基层民主政治建设。各级党委要从坚持和完善人民代表大会制度、推进基层民主政治建设、巩固基层政权的高度，加强乡镇人大建设，注重发挥其在推进社会主义物质文明、政治文明、精神文明与和谐社会建设，以及社会主义新农村建设中的重要作用。乡镇人大主席可由乡镇党委书记兼任，也可由其他合适人选担任；由党委书记兼任的，根据工作需要在职数限额内可配备 1 名专职人大副主席，符合任职资格的专职人大副主席可按正科级配备。不是同级党委委员的乡镇人大主席或专职人大副主席应列席同级党委会议和其他有关重要会议。根据需要，乡镇人大主席团可配备 1—2 名专兼职工作人员，所需人员编制，原则上在乡镇行政编制总额内调剂解决。各乡镇党委要高度重视人大工作，支持和保障乡镇人大及主席团开展工作。各乡镇要严格按照法律规定召开好乡镇人民代表大会，乡镇人大主席团要完善工作制度，切实履行法定职责，发挥乡镇人大的职能作用。乡镇人大主席团的工作经费，要按规定列入同级财政预算，逐年增加，保障工作需要。积极探索街道开展人大工作的办法和途径，区（市）人大常委会可在街道设立人大工作委员会，作为其派出机构。街道党工委要加强对街道人大工作委员会的领导。

18. 各县（市、区）党委要结合实际，制定贯彻落实的具体措施。市、县（市、区）党委对落实该意见的情况要进行全面督查，确保以上意见落到实处。

中共南充市委
关于进一步加强人大工作和建设的意见
（2016 年 2 月）

各县（市、区）党委，市委各部委，市直各部门党组（党委）：

人民代表大会制度是中国特色社会主义制度的重要组成部分，是坚持党的领导、人民当家作主、依法治国有机统一的根本制度安排，是支撑我国国家治理体系和治理能力的根本政治制度。为全面贯彻落实《中共中央转发中共全国人大常委会党组关于加强县乡人大工作和建设的若干意见的通知》（中发〔2015〕18 号）和《中共四川省委关于进一步加强人大工作和建设的意见》（川委发〔2015〕18 号）精神，进一步加强全市人大工作和建设，现提出如下意见。

一、进一步加强党对人大工作的领导

（一）准确把握加强人大工作和建设的基本原则。坚持和完善人民代表大会制度，加强人大工作和建设，必须全面贯彻党的十八大和十八届三中、四中、五中全会精神，高举中国特色社会主义伟大旗帜，深入学习贯彻习近平总书记系列重要讲话精神，紧紧围绕“四个全面”的战略布局，按照总结、继承、完善、提高的原则，推动人大工作与时俱进、创新发展。必须坚持党的领导，自觉把党的领导贯穿于人大依法履职的全过程和人大工作的各方面；必须坚持人民主体地位，把实现好、维护好、发展好最广大人民根本利益作为人大工作的出发点和落脚点，做到民有所呼、必有所应；必须坚持依法治市，保证宪法、法律、法规和上级人大及其常委会决议决定在本行政区域内得到遵守和执行，促进依法行政、公正司法和全民守法；必须坚持民主集中制，保障人大由民主选举产生、对人民负责、受人民监督，“一府两院”由人大产生、对人大负责、受人大监督；必须坚持从实际出发，充分发挥人大工作、人大代表的特点和优势，坚持问题导向，依法探索创新，注重求真务实，使人大工作更好地体现时代性、把握规律性、富于创造性。

（二）完善党委领导人大工作的机制。各级党委要加强对人大工作的领导，把人大工作纳入整体工作布局，统一部署和推进。要通过听取人大常委会党组工作汇报、召开人大工作会议、出台指导性文件、加强领导班子建设等形式，支持和保证人大依法行使职权，帮助解决实际问题。市、县（市、区）党委每届任期内召开一次人大工作会议，每年听取两次“一府两院”贯彻落实人大及其常委会决议决定情况和接受人大监督情况的汇报。坚持党委书记联系人大工作制度，人大常委会主任或党组书记列席党委常委会，不是乡镇党委委员的乡镇人大主席列席乡镇党委会。党委、政府召开有关全局性工作会议、组织相关重大活动时，应安排同级人大常委会领导成员（乡镇为人大主席或副主席）、人大专门委员会和人大常委会办事工作机构主要负责人参加。党委推荐人大常委会及人大专门委员会组成人员人选时应听取人大常委会党组的意见。把民主法治建设与支持和保证人大工作的情况纳入对各地年度目标考核的内容。

（三）充分发挥人大常委会党组的领导核心作用。人大常委会党组要坚定不移贯彻执行中央和省委、市委关于人大工作的方针政策，把党委的有关重大决策和工作部署贯彻到人大工作中去，保证党的主张通过法定程序成为国家意志，保证党组织推荐的人选通过法定程序成为国家机关领导人员。坚持人大工作中的重大问题和重要事项由人大常委会党组、乡镇人大主席向本级党委请示报告。严格落实党建责任，抓好人大常委会组成人员和人大机关干部的思想建设、组织建设和作风建设，强化正风肃纪、反腐倡廉。人大常委会党组和人大常委会组成人员中的党员要发挥模范作用，带头依法履职，团结党内外代表和常委会组成人员共同做好工作。

（四）加强对人民代表大会制度的学习、研究和宣传。要把宪法、法律、人民代表大会制度和民主法治建设理论列入党委（党组）中心学习组学习的重要内容，列入党校、行政院校培训党政干部和公务员的必修课程，不断增强各级干部坚持和完善人民代表大会制度的思想自觉和行动自觉。要把人民代表大会制度、人大工作和人大代表履职的新闻宣传列入党委宣传部门的重要职责，定期研究和部署人大宣传工作。支持人大刊物、网站等宣传阵地建设，充分运用宣传媒体和人大自身宣传阵地作用，加大宣传力度，增强宣传效果，不断增强人民代表大会制度的社会影响力。要把推进人民代表大会制度理论创新和实践创新的研究列入全市社会科学研究总体规划，充分发挥人大制度研究会作用，研究新情况，回答新课题，不断赋予人民代表大会制度新的生机和活力。

二、认真开好人民代表大会和人大常委会会议

（五）依法合理安排会议次数和会期。县级人民代表大会会议每年至少举行 1 次，必要时可以增加；县级人大常委会会议每两个月至少举行 1 次；乡镇人民代表大会会议一般每年举行 2 次。乡镇人大主席团根据工作需要适时举行会议。根据实际需要和会议内容，合理安排会期。没有选举事项时，县级人民代表大会会议不少于 2 天，乡镇人民代表大会会议不少于 1 天；有选举事项时，时间安排应当符合有关法律法规规定。各级人民代表大会表决各项议案，原则上采用按电子表决器或无记名投票方式进行。

（六）着力提高会议质量。党委要对开好人民代表大会和人大常委会会议加强领导，支持和保证人大代表和常委会组成人员依法行使职权。人大及其常委会要按照民主集中制原则，建立健全权力和责任清单，完善议事规则，充实会议内容，提高会议质量。要认真组织人大代表和常委会组成人员开展会前视察和调研，为审议各项议题和提出议案、建议及审议意见做好准备，提高审议的针对性和实效性。“一府两院”向人大常委会报告专项工作，一般应由主要负责人报告，涉及部门或行业工作的，可由分管负责人或其委托的有关部门主要负责人报告。人大审议时，“一府两院”及有关部门负责人须到会听取意见，回答询问，会后认真研究采纳并及时反馈。人大代表、常委会组成人员、人大专门委员会组成人员和乡镇人大主席团成员要增强责任意识，按时出席有关会议，积极履行职责，依法行使职权。人大常委会召开法定会议，可邀请人大代表列席和公民旁听。

三、支持和保证人大及其常委会依法行使地方立法权

（七）加强立法能力建设。依法设立南充市人民代表大会法制委员会、设立市人大常委会法制工作委员会，配备与工作任务相适应的工作人员，提高人大代表、人大常委会组成人员和人大专门委员会组成人员中具有法学专业学历和法治实践经验的人员比例。抓好立法专业队伍和专家咨询机构建设。

（八）健全立法体制机制。加强党对立法工作的领导，将立法工作纳入地方改革发展总体规划和总体布局。建立完善党委对立法工作中重大问题的决策程序，对城乡建设与管理、环境保护、历史文化保护等方面亟须立法保障的重大事项提出立法建议，及时批准市人大的立法规划，讨论决定市人大立法中涉及重大体制和重大政策调整的事项，保证地方立法的正确方向。充分发挥人大在立法中的主导作用。科学制定立法规划和年度计划、确定立法项目。明确立法权力边界，从体制机制和工作程序上有效防止部门利益和地方保护主义法制化。对法律关系复杂、分歧较大的重要立法事项，由决策机关引入第三方评估。对重要条款可以单独表决。

（九）深入推进科学立法、民主立法。充分运用好城乡建设与管理、环境保护、历史文化保护等方面的地方立法权，尽快启动城市管理、嘉陵江生态保护、非物质文化遗产保护等重点领域立法工作。建立健全立法起草、论证、协调、审议、评估工作机制，探索委托立法评估协作基地等第三方起草地方性法规，建立健全法规草案公开征求意见和公众意见采纳情况反馈机制。做好向人大代表、下级人大、法律工作者和行业专家征求意见的工作，加强与政协机关的立法协商，规范立法审议程序，保证审议时间，提高审议质量。

四、支持和保证人大及其常委会依法行使重大事项决定权

（十）健全人大讨论、决定重大事项制度。各级党委要增强依法执政理念，善于把重大决策部署通过人大法定程序转化为国家意志；对属于人大职权范围内的重大事项，应适时提出建议，由人大依法讨论、决定。人大可以选择本地区带有全局性、长远性的重大问题，依法讨论、决定。"一府两院"应建立健全向人大及其常委会报告重大事项的制度。政府重大决策出台前要向同级人大及其常委会报告，对依法应由人大及其常委会审议决定的事项要及时主动提请审议。政府会议研究需要提请人大常委会决定的事项，应邀请人大常委会联系领导和相关专门委员会负责人参加。人大常委会党组要根据党委的工作安排和部署提出讨论、决定重大事项年度计划建议，报同级党委同意后实施。

（十一）明确讨论、决定重大事项的范围。除法律、法规明确规定须报人大讨论、决定的事项外，人大可结合地方实际，重点讨论、决定本行政区域内的以下事项：保证宪法、法律、法规和上级人大决议的遵守和执行的重大举措；加强民主法治建设的重大举措；区域经济社会发展总体规划及重大调整、重大基础设施和重点民生工程建设、大宗土地和矿产资源配置、大额财政性资金使用、对环境和资源保护影响深远的重大项目建设等。当前，市、县两级人大要积极主动参与"十三五"规划编制，按程序批准实施，充分体现创新、协调、绿色、开放、共享的发展理念，确保规划的质量。

五、支持和保证人大及其常委会依法行使监督权

（十二）完善监督机制。支持人大及其常委会创新监督载体、增强监督实效，协调解决人大监督工作中的重大问题，督促"一府两院"自觉接受人大监督。健全人大常委会党组统筹协调、主任会议组织实施、组成人员各尽其责、人大代表积极参与、专门委员会和办事工作机构分工负责、"一府两院"密切配合的监督工作格局。改进监督计划制定方式，面向社会公开征集监督工作建议；完善专项工作报告的审议制度，对于人大常委会的审议意见书，应当由"一府两院"负责人督促办理，涉及全局性问题的应提交政府常务会议和"两院"党组会议研究，重要审议意见向同级党委报告；加强对审议意见的跟踪督办，办理情况报告提交人大常委会会议表决；实行政府组成部门等向人大常委会或有关专门委员会书面报告年度工作；改进执法检查方式，做到明察与暗访相结合、听取汇报与实地查看相结合、公开征集意见与专题调查相结合、突出重点检查与随机抽查相结合；对"一府两院"工作不满意或发现有失职行为，以及执法中存在的普遍性、倾向性问题，依法提出询问或质询，必要时组织特定问题调查委员会进行调查。加强上下级人大之间监督联动。建立对政府垂直管理部门依法监督的制度。完善人大依法监督与检察机关法律监督相衔接机制。建立健全人大代表旁听社会影响大、人民群众反映强烈案件公开审判的机制。人大常委会行使监督职权情况应向本级人民代表大会报告并依法公开，接受人大代表和社会监督。

（十三）突出监督重点。科学制定人大常委会年度监督计划，紧紧围绕"一府两院"贯彻落实中央、省委、市委有关重大决策部署以及依法全面履行职能，推进依法行政、公正司法等方面情况开展监督，督促政府落实关于加强财政资金、政府投资项目、企业国有产权转让、土地出让、矿产资源开发管理“五个规定”及关于行政审批、公共资源交易、工程建设项目招标、政府采购、政务公开工作“五个意见”；督促“两院”深化司法体制改革、规范司法行为、加强人权司法保障、提升司法公信力。当前和今后一段时期，要围绕市委对“十三五”发展的安排，紧扣经济转型升级、全面深化改革、推进脱贫攻坚、加快法治南充建设等重点加大监督力度。

（十四）加强预算决算审查监督和国有资产监督。建立健全覆盖所有政府性资金和财政运行全过程的监督体系，推进预算决算向社会公开。加强预算决算审查监督工作，依法加大对部门预算、财政专项资金、转移支付和政府性债务的审查监督力度。每年听取政府关于基本建设预算安排和执行情况的报告。建立政府向人大常委会定期报告政府债务、政府重大投资、国有资产管理及运营情况的制度。重大国有资产转让和处置应向同级人大常委会报告。强化预算执行监督和支出约束，在人大常委会设立国库集中支付系统的查询端口，对预算资金的安排、拨付和使用情况进行在线监督。把督促审计查出突出问题整改工作与审查监督政府、部门预算决算工作结合起来，建立听取和审议审计查出突出问题整改情况报告机制。审计查出的问题及其整改和处理情况应向人大常委会进行专题报告并在本行政区域内主要媒体公开。

（十五）加强规范性文件备案审查。着力构建有件必备、有备必审、有错必纠的备案审查工作格局。市、县两级政府出台规范性文件应及时向同级人大常委会报送备案。各级人大及其常委会出台规范性文件应及时向上一级人大常委会报送备案。党政联合发文涉及规范性文件的，政府向党委报送规范性文件代拟稿前应送同级人大常委会规范性文件备案审查部门进行合法性审查。人大常委会要加快建设网络备案平台，提高备案时效，加强主动审查，提高审查质量，切实防止和治理违法违规设定行政许可、行政强制、行政处罚和行政征收等。人大常委会可对规范性文件备案情况开展工作评议或专题询问。

（十六）推进专题询问和工作评议。完善专题询问工作办法，把涉及改革难度大、存在问题多、社会关注度高，特别是食品药品安全、城市管理、环境保护、社会治理、司法公开等事关群众切身利益的专项工作报告或代表议案确定为专题询问的选题，进一步规范专题询问的程序、现场问答的组织方式，明确相关单位的工作职责，完善审议意见的督办落实措施和责任落实机制，促进专题询问规范化、制度化。受人大常委会委托，人大专门委员会可以开展专题询问，推进专题询问的常态化。完善工作评议制度。人大常委会听取有关专项工作报告后所进行的工作评议，要形成评议意见并开展满意度测评，满意和基本满意率未过半的，责成被评议机关再次报告，必要时可以依法提出质询案。满意度测评结果报送同级党委，通报“一府两院”及有关被评议机关。被评议机关按照评议意见改进工作，并向人大常委会报告整改情况。乡镇人大主席团可以组织代表对乡镇政府有关工作开展评议。

六、支持和保证人大及其常委会依法行使选举任免权

（十七）坚持党管干部原则与人大依法行使选举任免权相统一。党委提出国家机关组成人员人选时，应及时向人大常委会党组、乡镇人大主席团通报党委人事安排和被推荐人选的基本情况，听取意见和建议，尊重人大选举、表决结果。认真对待和研究人大代表和常委会组成人员对选举、任命人选提出的意见，尊重和保障人大代表依法联名提出候选人的权利。人民代表大会临时党组织、人大常委会党组和人大常委会组成人员及人大代表中的中共党员，应当认真贯彻党委人事安排意见，严守党的政治纪律和政治规矩，依法正确履行职责。选任制干部在任期内要保持相对稳定，确需调整的，要严格按照法律程序办理，维护人大行使选举任免权的严肃性。

（十八）规范和完善人事选举和任免程序。切实保障人大代表和常委会组成人员的知情权，全面准确、实事求是地介绍被推荐人选的基本情况，规范被推荐人选在会议投票表决前同人大代表、常委会组成人员见面的程序。完善拟任命人员任前法律知识考试、任职表态、颁发任命书等制度。加强对拟任法官和检察官资格审查。落实宪法宣誓制度。

（十九）加强对人大及其常委会选举和任命人员的监督。建立被选举、任命人员向人大及其常委会述职的制度。健全引咎辞职、罢免和撤销职务等制度。人大常委会任命的政府部门负责人和“两院”负责人每年应向人大常委会书面报告履职情况，人大常委会对部分人员开展述职评议。

（二十）加强换届选举工作的组织领导。党委对人大换届选举工作负领导责任。要成立换届选举工作领导小组，周密部署换届选举工作，及时研究解决出现的新情况新问题，确保选举依法按程序进行、确保选举过程风清气正、确保选举结果人民满意。要将贯彻落实相关法律规定和上级换届选举工作部署要求，作为党委特别是党委书记履行政治责任、严守政治纪律和政治规矩的重要内容，并严格责任追究。人大常委会对人大换届选举工作负组织责任，依法加强对选举委员会的领导，其中乡镇人大换届选举工作由县级人大常委会负组织责任并加强领导。人大常委会党组要及时向同级党委请示汇报选举中出现的重大问题和重要情况。

各有关部门要依法做好宣传动员、选区划分、选民登记、提名推荐、讨论协商预选、候选人介绍、投票选举、计票监票、选举结果确定等各环节工作。建立选民登记联网计算机系统。保障流动人口参选。改进代表候选人介绍工作，完善组织代表候选人与选民见面、回答选民提问的程序。

（二十一）依法做好人大代表选举工作。党委要把人大代表选举作为党管干部、党管人才的重要工作内容，健全代表候选人提名推荐工作程序，坚持党委依法集体行使代表候选人提名推荐权，把好代表政治关、素质关、结构关，匡正换届选举和选人用人风气。各级人大要做好提名相关工作，推荐履职优秀的代表参加连选。换届时连选代表提名人选数不少于代表总数的三分之一。党委组织部门承担代表候选人考察、审查工作责任，会同有关方面对代表候选人政治素质、思想品行、遵纪守法、履职能力和工作业绩、人民群众认可度等进行综合考察，并对考察结果负责。严格认定代表候选人参选时的身份，避免出现身份失真失实，防止党政干部、企业负责人挤占一线工人、农民和专业技术人员的代表名额。选举委员会要依法按时公布初步代表候选人名单、正式代表候选人名单及代表候选人基本情况。

完善代表资格审查工作机制，代表资格审查委员会依法审查当选代表是否符合宪法法律规定的代表基本条件，选举是否符合法律规定，是否存在破坏选举的违法行为。对不符合法律规定或以贿选等违法行为当选的，应当在报告中提出个别代表当选无效的意见，由本级人大常委会或乡镇人大主席团确定。认真受理对当选代表的举报，及时交有关方面依法调查处理；对被举报的当选代表问题线索清晰但尚未核查清楚的，由有关方面继续调查，可以延迟提出其当选是否有效的意见。

（二十二）加强对选举任免工作的监督。地方党委和纪检监察机关要认真履行党风廉政建设主体责任、监督责任，从严落实中央关于严肃换届纪律的各项规定，建立任务分解、检查监督、责任倒查追究机制，杜绝选举任免中的不正之风，坚决查处违法违纪行为和腐败问题，对干扰、破坏选举和任免的相关人员依法依纪追究责任。

七、支持和保障人大代表充分发挥主体作用

（二十三）密切人大代表同人民群众的联系。建立代表联系群众的常态化机制。完善“人大代表之家”的运行方式和工作重点，组织代表定期定点接待选民。充分发挥各代表小组在基层代表活动中的组织牵头作用，各代表小组每季度至少组织开展1次代表活动。面向选区选民（选举单位）公开代表基本信息和联系方式。代表通过调研、视察、走访、代表接待日、主题活动和公开联系方式等形式，保持与人民群众的密切联系，广泛收集人民群众对国家机关的意见建议，帮助选民解决生产生活中的困难，发挥好国家机关与人民群众的桥梁纽带作用。担任领导职务的代表要积极参加人大组织的各类代表活动。

（二十四）加强国家机关同人大代表的联系。建立健全人大常委会组成人员、乡镇人大主席团成员联系本级人大代表工作机制。人大常委会、乡镇人大主席团召开会议和开展活动，应邀请上一级和本级人大代表参加。代表持代表证就地进行视察和约见国家机关负责人时，人大常委会和乡镇人大主席团要及时沟通联系、协调安排，有关国家机关负责人或其委托的负责人员应认真听取代表的建议、批评和意见。"一府两院"要通过召开代表座谈会、邀请代表视察等方式，主动向代表通报工作，接受代表监督。政府研究重大工程项目或涉及民生的重大举措，应当听取代表的意见建议。

（二十五）提高代表议案、建议、批评和意见办理质量。完善议案、建议、批评和意见办理程序，完善代表闭会期间向国家机关提出建议、批评和意见的办理、反馈、评价机制，推动代表反映的问题快速、便捷、高效地解决。坚持代表建议、批评和意见综合分析、统筹协调和分类督办制度，健全人大常委会主任、副主任和乡镇人大主席、副主席督办重点建议、批评和意见机制。"一府两院"要进一步完善建议办理工作制度，及时回复议案、建议、批评和意见办理情况；各承办单位主要负责人应作为办理责任人，亲自组织和协调办理工作。完善代表建议、批评和意见网上办理运行机制。代表议案、建议、批评和意见的提出和办理答复情况应当向社会公开。建立办理落实情况回访督查机制，对代表建议、批评和意见办理结果实行满意度测评，切实提高办理工作效率和质量，确保件件有回音、事事有结果。

（二十六）做好代表履职服务保障。人大常委会和"一府两院"要结合实际采用多种方式面向代表提供工作信息。人大常委会要组织好代表学习培训工作，县级人大常委会要组织好县乡两级人大代表学习培训工作，每名代表任期内参加培训不少于2次。推进代表远程学习平台建设。合理确定代表和代表小组开展集中视察、专题调研等活动经费财政预算标准，建立代表履职财政补助制度，对无固定收入的代表执行职务，根据实际情况由本级财政给予适当补贴。代表所在单位要积极支持和保障代表依法履行职务，对妨碍代表履职或侵犯代表权益的行为，要依法及时查处。

（二十七）加强人大代表履职监督。健全代表履职考核机制和退出机制，建立代表履职登记、履职陈述、履职满意度测评制度，建立人大代表履职网上登记系统和评价系统。代表履职情况逐步向社会公开。县乡人大代表每年向原选区选民报告履职情况。每名代表每年参加视察、执法检查、专题调研不少于1次，领衔或联名提出议案或提出建议、批评、意见不少于1件。加强代表思想、作风建设，教育和督促代表珍惜人民赋予的权力，严格依法执行职务，模范遵守宪法法律，自觉遵守社会公德。

八、支持各级人大加强自身建设

（二十八）加强思想作风建设和能力建设。坚持正确政治方向，坚持党对人大工作的领导，始终在思想上政治上行动上同以习近平为总书记的党中央保持高度一致，严守政治纪律和政治规矩，牢固树立处在社会主义民主法治建设第一线的责任意识。贯彻党的群众路线，践行"三严三实"要求，加强作风建设，始终保持奋发有为的精神状态。自觉围绕加快推进法治建设、围绕党委中心工作、围绕加快经济社会发展、围绕保障人民群众权益谋划工作，有针对性地开展调查研究，敢于讲真话说实话，既敢于监督又善于监督，不断提高工作实效。加强学习培训，完善集体学习制度，分批组织到高等院校、专业培训机构参加培训。充分发挥人大、人大常委会及人大专门委员会、人大常委会工作办事机构的优势和作用，增强人大工作整体合力。

（二十九）加强人大及其常委会组织建设。按照推进人民代表大会制度和人大工作与时俱进、完善发展的要求，进一步优化人大常委会组成人员和专门委员会组成人员的年龄、知识和专业结构，确保常委会组成人员中有三分之一以上能在换届时连任，专职常委会组成人员比例达到三分之二左右。专职常委会组成人员编制单列，工作经费预算到工作任务所在单位。进一步健全和规范人大机构设置。设立市、县（市、区）人大常委会机关党组。县级人大设立法制与内务司法委员会、财政经济委员会（挂人大常委会预算工作委员会牌子）等专门委员会，科级综合办事机构和工作机构一般按 1 至 3 个配备，百万人口大县可按 4 个设置。进一步加强干部配备。继续实行县级人大常委会主任专职配备。适当安排人大专门委员会和人大常委会办事工作机构主要负责人为常委会组成人员。继续坚持市人大各专门委员会配备专职副主任委员。切实充实法律、财经等方面专业人才。进一步加强人大干部队伍建设，有计划地安排人大机关与党政机关、司法机关之间的干部交流，形成有进有出的人大干部流动机制，适当提高人大机关年轻干部比例。

（三十）加强乡镇（街道）人大工作和建设。乡镇人大设专职主席 1 名，按同级正职配备，提名为县级人大代表人选；有条件的乡镇可配备专职副主席。乡镇人大主席、副主席应当把主要时间和精力放在人大工作上。由乡镇党政综合办公室承担乡镇人大日常工作，至少明确 1 名以上专兼职工作人员从事人大工作。乡镇人大主席团或乡镇人大主席、受委托的副主席在闭会期间，可以组织代表听取审议乡镇政府专项工作报告，对法律法规实施情况进行检查，联系和组织代表开展活动，听取和反映代表、群众的意见建议。县级部门在各乡镇派出机构的执法行为应当接受驻地乡镇人大的监督。乡镇人大主席团工作经费、乡镇人大代表活动经费和“人大代表之家”运行经费应单独列入财政预算并给予充分保障。在街道设立县（市、区）人大常委会街道人大工作委员会，作为县（市、区）人大常委会的派出机构，负责联系本辖区内的人大代表，组织代表开展活动，根据授权开展监督、选举等工作，其干部配备和经费保障参照乡镇人大执行。县级人大常委会要加强对乡镇（街道）人大工作的指导。

（三十一）推进人大信息化建设。建好市、县（市、区）人大门户网站，积极探索运用即时通信工具开设人大公众账号；鼓励有条件的乡镇、街道开设人大工作网站网页或者人大公众账号。依托全市党政网络平台和市、县（市、区）人大门户网站，加快建立面向人大代表、社会公众和国家机关的网络交互平台，逐步推进立法、监督、代表履职、新闻宣传、综合服务保障等人大主要业务应用系统建设，为人大及其常委会依法行使职权、人大代表依法履行职责提供优质的信息服务和保障。

各县（市、区）、各有关部门可根据本意见，结合实际制定贯彻措施。

中共南充市委
关于加强新时代人大工作和建设的实施意见

（2020 年 12 月）

各县（市、区）党委，市委各部委，市直各部门党组（党委）：

为深入贯彻落实习近平总书记关于坚持和完善人民代表大会制度的重要思想，全面加强党对人大工作的领导，充分发挥人民代表大会制度优势，不断提升全市人大工作整体水平，根据《中共四川省委关于加强新时代人大工作和建设的意见》（川委发〔2020〕19 号），结合我市实际，现提出如下意见。

一、加强党对人大工作的全面领导

（一）增强人民代表大会制度自信。人民代表大会制度是坚持党的领导、人民当家作主、全面依法治国有机统一的根本政治制度安排，是支撑国家治理体系和治理能力的根本政治制度，必须长期坚持、不断完善。习近平总书记关于坚持和完善人民代表大会制度的重要思想，科学阐述了国家根本政治制度的历史必然、特点优势、实践要求，是习近平新时代中国特色社会主义思想的重要组成部分，为做好新时代人大工作指明了方向、提供了遵循。全市各级党和国家机关要增强“四个意识”、坚定“四个自信”、做到“两个维护”，始终保持对人民代表大会制度的高度认同，正确认识地方国家权力机关的性质、地位和作用，全力支持和保证人民群众通过人民代表大会制度行使国家权力。

（二）健全党委领导人大工作制度。各级党委要把人大工作纳入总体布局，实行党委书记联系人大工作制度，每届任期内至少召开 1 次人大工作会议，每年至少听取 1 次人大常委会党组汇报，及时研究解决工作中的重大问题和重要事项，全力支持人大及其常委会依法行使职权。人大常委会主任或主持工作的副主任列席本级党委常委会会议，不是同级党委委员的乡镇人大主席、街道人大工委主任列席乡镇（街道）党（工）委会议，人大专门委员会和常委会办事工作机构主要负责同志列席本级党委全会、参加本级党委召开的重要工作会议。党委领导人大工作、党委工作部门支持人大工作、“一府一委两院”自觉接受人大监督、代表建议办理等情况有序纳入领导班子和领导干部考核范围。

（三）发挥人大常委会党组作用。人大常委会党组要发挥把方向、管大局、保落实的领导作用，坚决扛起以法治方式推进治理体系和治理能力现代化建设的政治责任，努力确保党的主张意图和决策部署在人大工作中落地生根，及时向同级党委请示报告履行职权中的重要事项和重大问题。要认真落实新时代党的建设总要求，加强对人大机关党建工作的领导，认真履行全面从严治党主体责任，积极支持纪委监委派驻纪检监察组开展工作。县级人大常委会根据工作需要可设立机关党组。

（四）加强人大制度理论研究和宣传引导。要把人大宣传纳入党委宣传工作总体布局，特别是要把习近平总书记关于坚持和完善人民代表大会制度的重要思想，列入各级党委（党组）理论学习中心组学习内容，纳入各级党校（行政学院）有关班次教学计划，不断增强“关键少数”的民主法治意识。要充分发挥主流媒体和新兴媒体作用，宣传人大制度，传递人大声音，讲好人大故事，为人大履职行权营造良好社会环境。加强人大常委会研究机构和队伍建设，更好地发挥人大制度理论研究会和地方立法研究中心作用，推动党校、高校院所开展人大制度理论研究，重点课题研究纳入哲学社会科学规划项目，促进研究成果转化。

二、支持保障人大及其常委会依法行使职权

（五）维护宪法法律权威。全市各级党组织、国家机关、公职人员要带头以宪法为根本活动准则，自觉在宪法法律范围内活动。各地各部门要扎实开展法治宣传教育，认真组织好国家宪法日活动。各级领导干部要恪守宪法原则，严格依法办事，不断提升运用法治思维和法治方式解决问题的能力。各级人大及其常委会要严格执行宪法宣誓制度，着力提升法律监督实效，健全完善规范性文件备案审查机制，切实担负起维护宪法法律权威、维护国家法制统一的职责。

（六）提高地方立法质效。市委要加强对立法工作的领导，研究批准立法规划计划，研究决定立法涉及的重大体制、重大政策调整和立法工作中的重大问题，协调解决重大立法争议，及时审查市人大常委会拟交付表决的法规草案。市人大常委会要精准编制立法项目库和立法规划计划，健全完善立法论证机制、咨询机制、协商机制，有序扩大公众立法参与，注意防止部门利益偏向，加强地方性法规实施监督，做好立法后评估工作。重要法规草案起草实行人大常委会分工联系负责人和政府分管负责人“双组长”制度。政府要加大对部门争议较大立法事项的协调决策力度，高质高效完成法规草案起草任务，加强地方性法规的宣传和执行，根据法规要求及时出台需配套的具体行政规定。

（七）增强人大监督刚性。各级人大及其常委会要坚持正确监督、有效监督，“一府一委两院”要自觉接受监督、改进工作。健全人大常委会听取审议专项工作报告制度，有关国家机关向人大常委会报告专项工作，问题和原因部分不少于三分之一，解决问题的举措部分不少于三分之一。人大常委会可将视察调研中发现的突出问题形成清单，连同组成人员审议意见交由“一府一委两院”研究处理，并对研究处理情况进行满意度测评，测评结果作为相关考核的重要参考。改进执法检查工作，紧扣法律法规查找分析和推动解决问题，执法检查报告要有准确翔实的案例和数据。支持人大常委会对重大议题进行联动监督、加强跟踪问效。支持人大常委会常态化开展工作评议、专题询问，必要时运用质询、特定问题调查等监督手段。加强财政预算全口径审查、全过程监督，推进人大预算审查监督向支出预算和政策拓展。完善审计查出突出问题向人大常委会报告机制，加强对审计查出突出问题整改情况的监督。全面落实政府向本级人大常委会报告国有资．产管理情况制度。推动人大监督与党内监督有机结合，干部考察任用注重运用人大监督结果。支持人大及其常委会对政府垂直管理部门、派出机构以及归口党委职能部门领导或管理的政府部门实施法律法规的情况开展监督。

（八）支持人大依法讨论决定重大事项。各级党委要健全讨论决定重大事项协调机制，对依法属于人大职权范围内的重大事项应适时提出建议，由人大讨论决定。各级人大常委会要根据党委工作部署、人大代表和“一府一委两院”建议等，制定讨论决定重大事项年度工作计划。人大及其常委会要主动回应人民群众关切，针对听取审议专项工作报告、执法检查等监督过程中发现的问题，及时作出决议决定。各级政府要建立重大决策出台前向本级人大报告的工作制度。有关国家机关要将工作中的大事要事反映在向本级人大所作的有关报告和提交的有关文件中，要认真落实人大及其常委会的决议决定，贯彻落实情况作为重要内容写入年度工作报告或专项工作报告。

（九）保障人大依法行使选举任免权。坚持党管干部原则与人大依法行使选举任免权相统一。党委向人民代表大会或者人大常委会推荐需要由人民代表大会或者人大常委会选举、任命、决定任命的领导干部人选时，应当事先向人民代表大会临时党组织或者人大常委会党组和人大常委会组成人员中的党员介绍党委推荐意见。党委推荐人大常委会委员、专门委员会成员和常委会办事工作机构负责人人选时，应当听取人大常委会党组意见。对提请任命的法官、检察官人选，人大常委会应当通过一定方式了解拟任人员履职情况。支持人大常委会对任命人员进行述职测评，测评结果作为同级党委考核任用干部的重要参考依据。

三、发挥人大代表主体作用

（十）优化人大代表结构。各级党委要加强对人大代表选举工作的领导，严格把握人选标准，规范提名推荐程序，加强考察审查工作，切实把好代表的政治关、廉洁关、素质关、结构关。党委组织部门会同有关方面提出代表候选人建议人选时，应当征求人大常委会党组或乡镇人大主席团的意见。人大代表换届应尽量保持三分之一左右能够连选连任，提名人选由人大常委会党组或乡镇人大主席团根据代表履职情况向同级党委提出建议。优化人大代表专业结构，注重选配法律、财经、金融、环保、科技等方面的专业人才，逐步提高基层代表特别是一线工人、农民、专业技术人员代表和妇女代表的比例。依法增加的县级人大代表名额重点向由乡镇改设的街道倾斜。

（十一）完善联系制度机制。坚持完善人大常委会组成人员联系代表、代表联系群众制度。丰富闭会期间代表活动的内容和形式，有序扩大代表对人大常委会和专委会工作的参与，支持代表采取小组活动或持证视察等方式，加强社情民意调研，开展专项工作监督。有关国家机关要及时向人大代表通报工作中的重要情况，涉及重大投资项目或重大民生政策的事项应广泛听取人大代表意见，切实保障其知情权、参与权、表达权和监督权。有序推进民生实事项目人大代表票决制工作。建立健全人大代表约见地方国家机关负责人制度。加强人大代表履职阵地建设，各级人大代表按选区编入代表之家。探索完善人大代表反映群众意愿诉求的处理反馈机制。人大代表之家运行经费列入县级财政预算。

（十二）提高议案建议办理实效。健全完善人大代表议案建议交办、督办、反馈和评价制度，建立代表提出议案建议前与部门沟通机制、议案建议办理全过程同代表联系机制，对事关全局、代表反映集中的建议进行重点督办。完善建议答复承诺解决事项台账管理机制，落实重点督办建议政府分管领导领办、人大常委会主任会议成员领衔督办制度。探索开展代表建议办理结果第三方评估及满意度测评。探索推行人大代表建议内容及办理情况向社会公开。

（十三）保障代表依法执行职务。健全完善人大代表任期培训制度，推动代表培训向高层次、专业化拓展，保证基层代表在任期内至少接受 1 次系统性学习培训。逐步提高代表活动经费标准，进一步明确经费使用范围，落实好党中央关于代表必需活动经费和无固定收入的代表执行代表职务补贴列入本级财政预算，建立人大代表履职补助制度的规定。代表所在单位要依法保障代表执行职务。

（十四）加强代表履职绩效评价。完善代表履职绩效评价机制，建立人大代表履职档案并采取适当方式向社会公开，有序推进人大代表向原选区或原选举单位述职，为选民监督代表创造条件。完善人大代表届中调整和退出机制，及时依法做好代表增补工作。人大代表要珍惜代表职务，带头遵守法律，带头遵守公德，带头弘扬正气，做忠诚、干净、担当的表率。

四、加强县乡人大工作和建设

（十五）加强对县乡人大工作的领导和指导。健全县乡党委领导人大工作制度，加强县乡人大领导班子、工作力量和能力建设，及时研究解决基层人大工作和建设中遇到的困难和问题。市人大常委会要加强对县乡人大工作的联系指导，密切工作沟通、协调、交流、联动，有计划地组织县乡人大干部参加业务知识培训，推动县乡人大健全完善组织制度、工作制度和议事程序，提升履职能力和工作水平。

（十六）加强县乡人大组织建设。按照有关规定，统筹设置，市县两级人大专门委员会和常委会办事工作机构，加强县（市、区）人大专门委员会工作力量。严格落实省委、省政府关于推进乡镇行政区划调整改革的指导意见，配齐配强乡镇人大主席和工作人员，人口规模达到5万以上的乡镇可配备1名专职人大副主席。乡镇人大主席、副主席不分管政府工作，应把主要时间和精力放在人大工作上。

（十七）加强街道人大工作。可按规定设立人大街道工作机构，负责联系本辖区人大代表，组织人大代表开展活动，根据授权开展监督、选举等工作。

五、加强人大自身建设

（十八）加强思想政治和工作作风建设。全市各级人大及其常委会要坚持以政治建设为统领，全面加强政治建设、思想建设、组织建设、作风建设、纪律建设、制度建设，全面深化人大党员干部意识形态教育。要严格落实党风廉政建设责任制，认真贯彻中央八项规定精神、省委省政府十项规定精神和市委市政府九项规定及其实施细则，深入纠正“四风”，增强纪律意识和规矩意识，力戒形式主义和官僚主义，努力打造政治过硬、作风优良、业务精湛、纪律严明的地方国家权力机关。

（十九）加强工作力量和干部队伍建设。要进一步优化人大常委会、专门委员会组成人员的年龄、知识和专业结构，增加法律、经济、社会建设等方面的专业人员，确保换届时常委会组成人员中有三分之一以上能提名连任，专职组成人员比例达到三分之二左右。有条件的地方可探索人大常委会主任、副主任、秘书长、副秘书长和驻会的常委会委员在地方总编制中单列。人大常委会办事工作机构主要负责人一般应当安排为常委会组成人员人选。加强市人大常委会立法工作力量建设，按国省人大要求配齐具有法学专业知识或法治实践经验的工作人员。把人大干部培养使用纳入党的干部队伍建设总体规划，加强人大干部的选拔任用、轮岗交流、挂职锻炼力度，优化人大机关干部年龄和专业结构，有计划安排人大机关与党政、司法机关、高等院校、科研院所之间的干部交流。

（二十）加强工作联动和智慧人大建设。注重与上级人大的联系，加强对下级人大的指导，深化与外地人大的交流，以开放性思维推动地方人大工作与时俱进、创新发展。鼓励市县两级人大与重庆市相关区县人大建立合作机制，协同助力成渝地区双城经济圈建设。结合数字南充建设，加强人大系统信息化建设，建立和完善代表履职服务、备案审查、国有资产监督、预算联网监督等信息系统，探索建设司法、生态环保等重点领域监督平台，推进办公、会议和宣传等信息化建设，逐步建成互联互通、共享共用、运转高效、管理安全的信息平台。

五、南充市人大常委会决定决议选录

南充市人民代表大会常务委员会
关于实现全市绿化的决议

（1994 年 4 月 29 日市一届人大常委会第三次会议通过）

南充市第一届人民代表大会常务委员会第三次会议，听取和审议了市人民政府关于我市绿化工作的情况汇报。会议认为，植树造林，绿化祖国，是我国的一项基本国策，是全民的共同义务。今年来，全市依法植树造林、护林，促进国土绿化，取得了很大成绩，全市有林地达到 190 万亩，森林覆盖率 18. 3%，农村烧柴用柴紧张的状况有所缓解，生态环境初步得到改善。但是，全市造林绿化由于基础差，起步晚，加之绿化意识差，投入不足，管护不落实等原因，致使我市造林绿化进展缓慢，落后省上要求二至三年。为了加快全市绿化进程，确保一九九五年实现基本绿化，一九九七年实现全面绿化，特作如下决议：

一、加大宣传贯彻林业法律法规力度，增强全民的法制观念和绿化意识，做到依法造林。各级政府要认真宣传贯彻执行以《中华人民共和国森林法》《四川省绿化条例》为重点的一系列林业法律法规，充分利用广播、电视、电台、报刊、板报等形式进行宣传教育，有计划、有步骤、分层次地组织广大干部、群众认真进行学习。把每年三月一日至七日定为南充市林业法律法规宣传周，通过广泛深入的宣传，以增强全民植树造林的自觉性。

二、要依法开展好全民义务植树运动，广泛动员全市人民参加植树造林活动。全市宜林面积大，绿化任务重，每个适龄公民都要参加义务植树，各级各部门要搞好义务植树基地建设，建立和完善义务植树登记卡制度、义务植树以金代劳制度和义务植树检查验收、先进评选制度。通过义务植树活动，推动整个国土绿化工作。为了更好开展义务植树运动，讲求实效，根据全市林业生产季节特点，决定每年一月十日为全市义务植树活动日。

三、进一步强化林政执法，依法护林，加强对林木的管护工作。要坚持有法必依，执法必严，违法必究，依法严厉打击乱砍滥伐林木、破坏林木的违法犯罪活动。加强对林副产品的市场管理。实行森林防火市长、县区（市）长、乡（镇）长、村主任、社长目标责任制。加强林业服务体系和护林网络建设，成片树林必须落实专人负责管护。严格实行森林资源限额采伐和森林资源全额管理，确保森林资源持续稳定增长。

四、建立健全绿化投入机制，多渠道增加对绿化的投入。各级政府要把筹集绿化资金作为一件大事来抓，在全面落实中央、省、市已出台的绿化投入政策的基础上，各级财政每年对绿化的投入要有所增加，要从农业综合开发、水土保持、扶贫开发、以工代赈、以粮代赈等农业项目国家投资中安排一定数量用于国土绿化。要按照“谁受益，谁负担”的原则，认真组织农民筹集林木种苗费、病虫害防治费和林木管护费。要管好用好林业资金，专款专用，不得挪作他用，保证造林绿化的需要。

五、各级人民政府要切实加强对造林绿化工作的领导。绿化是一项造福子孙、社会公益性很强的千秋伟业，各级政府要认真做好造林绿化规划，按照规划实行严格的领导任期目标责任制和部门负责制，并实行严格的奖惩办法，为全面实现全市绿化而努力奋斗。

六、各县市区人大常委会和个乡镇人大主席团，要把推进造林绿化工作作为一项义不容辞的责任，搞好林业执法检查和工作监督。在实行全面绿化前，每年至少组织一次人大代表评议或视察或检查绿化工作，每年要听取一次绿化工作的专题汇报，适时安排听取政府领导造林绿化阶段目标完成情况的述职报告，督促政府全面完成绿化任务。

南充市人民代表大会常务委员会
关于依法治市的决议

（1997年8月29日市一届人大常委会第二十五次会议通过）

依法治国，建设社会主义法制国家，是党和政府管理国家和社会事务的基本方针。依法治市是贯彻中央依法治国方针和中共四川省委、四川省人民代表大会关于依法治省决定、决议的重大举措。为认真落实中共南充市委关于依法治市的决定，确保宪法、法律、法规在我市正确实施，使我市各项事业逐步走上法制化轨道，特作此决议。

一、指导思想，目标任务

依法治市要以邓小平建设有中国特色社会主义理论和党的基本路线为指导，以经济为中心，以发展社会主义民主、健全社会主义法制为目标，依照宪法和法律管理政治、经济、文化和社会事务，调整各方面的关系，使全市政治、经济、文化和社会生活各个方面都走上法制化轨道，做到“有法可依、有法必依、执法必严、违法必究”，为实现我市“九五”计划和2010年远景目标，维护全市社会稳定，促进改革开放和经济发展提供有力的法制保障。

依法治市是一项长期而又艰巨的社会系统工程，应循序渐进地有组织、有步骤地进行到底。必须根据我市经济发展和社会进步的实际情况，突出重点，确定阶段性工作目标。从现在起，到2000年，通过深入开展普法教育，有效地提高公民的法律素质和依法维护国家、集体及个人合法权益的能力，形成依法治市的社会基础；建立健全行政部门执法责任制、司法机关错案责任追究制和社会监督机制，保障严肃执法，维护法律的尊严，形成良好的法制环境。到2010年，司法、行政执法和法律监督进一步得到加强和完善，公民的法律意识和法制观念明显提高，自觉守法，文明执法，使我市基本成为政治民主、社会稳定、经济繁荣、科技进步、人民富裕，具有良好社会风尚的社会主义法治市。

二、制定方案，搞好试点

全市各级人民政府、人民法院、人民检察院是依法治市的工作主体，必须按照依法治市的总体目标任务的要求，层层制定方案，认真组织实施，确保依法治市总体目标的实现。市人民政府、市中级人民法院、市人民检察院应于1997年10月底前，研究制定出本机关依法治理的实施方案，报市人大常委会备案。同时，每年年初，都应突出工作重点，抓住群众普遍关注的社会治安、依法行政、公正司法、纠正行业不正之风、服务经济、改善宏观管理等问题，分轻重缓急，拟定依法治理工作的年度计划，并狠抓落实，务求工作实效。为使依法治市工作顺利开展，在1998年6月底前，市人民政府要搞好一个部门、一个乡镇、一个工厂、一个学校、一个街道居委会的依法治理试点工作，总结探索依法治市的经验。各县、市、区政府、各级司法机关也要针对本地、本机关的实际，通过层层试点，总结经验，以点带面，促使依法治市工作稳步、扎实地向前推进。

三、深入普法，干部带头

普法教育是实行依法治市的基础性工作。要通过多种行之有效的法制宣传教育，使广大公民掌握法律武器。普法教育的重点对象是各级领导干部，执法、司法人员，企事业单位的经营管理人员和广大青少年。各级领导干部要自觉学法、用法，以自身的行动为广大公民作出表率，各级干部学校要把社会主义民主法制建设理论和法律知识列入教学计划，要把领导干部法制讲座办好。要建立健全领导干部学法制度。各级各类学校要把法制教育，作为重要课程，从小从早抓起，不断提高青少年的遵纪守法观念和思想道德水平。

依法治市关键在领导。各级领导干部必须转变思想观念，改进领导方式，牢固树立宪法和法律的权威。要深刻认识依法治市的重要性和紧迫性，模范遵守和执行法律，不能以言代法、以权压法。要建立领导干部抓法制建设责任制。要根据依法治市的总体要求，正确认识和处理执行政策与依法办事的关系，正确认识和处理经济建设、精神文明建设与民主法制建设的关系，提高依法决策、依法行政、依法管理的能力。全市各级领导机关要维护国家法制的统一和尊严，各项管理办法、制度、措施的制定必须符合宪法、法律、法规的规定，凡与宪法、法律、法规相抵触的，必须废止或依法重新修订。在领导决策工作中，要克服本位主义和部门利益倾向，坚持群众路线，深入调查研究，广泛听取各方面的意见，实现决策科学化、民主化和法制化，保障我市改革开放和现代化建设的顺利进行。

四、依法行政，公正司法

各级国家行政机关要牢固树立必须在宪法和法律范围内依照法定程序行使行政权力的观念，建立健全部门执法责任制，依法规范行政行为。各级政府要依法确定所属部门的职责，认真实施行政复议、行政诉讼、行政处罚、国家赔偿等方面的法律、法规，保障公民、法人和其他组织合法权益。各级行政部门要把各自负责实施的法律、法规及其应承担的执法责任，层层分解落实到执法机构和执法岗位，并制定相应的规章制度、岗位目标和内部激励制约机制，完善执法程序，规范执法行为。通过实行部门执法责任制，促进政府转变职能，提高依法行政水平。

各级司法机关要认真履行职责，建立健全错案责任追究制，加大监督力度，强化侦查、起诉、审判和监管工作。要严格按照程序法和实体法办事，坚持以事实为依据，以法律为准绳，秉公执法，依法办案。严厉打击各种刑事犯罪和经济犯罪，加大社会治安综合治理的力度，促进社会治安秩序进一步好转和反腐败斗争的深入发展。依法调节经济、民事和其他各种社会矛盾，切实保护公民、法人和其他组织的合法权益，提高办案质量，维护司法公正。要通过整顿法律服务秩序，健全法律服务体系，努力拓展法律服务业务，使我市法律服务工作在法制化的轨道上健康发展。

各司法、行政执法部门必须加强执法队伍建设，增强法纪观念，力戒执法过错，建立奖惩制度，不断提高执法人员的政治素质和业务素质，逐步建设一支高素质的执法队伍。执法人员要树立全心全意为人民服务的思想，忠实于国家和人民利益，忠实于事实，忠实于法律。要学理论、学法律、学科学、学管理，熟悉和掌握宪法、基本法律和履行职责所必需的法律、法规，不断提高政治水平和业务能力，伸张正义，公正执法。

五、专项治理，抓好基层

依法治市必须坚持抓基层、打基础的工作方针。各地要在总结以往工作经验的基础上，继续深入开展依法治乡、治村、治厂、治校、治街、治店等基层依法治理活动，依大法立小规，建章立制，把基层的各项工作纳入依法管理的轨道，逐步形成以基层依法治理为基础、行业依法治理为支柱、地方依法治理为主体、多层次紧密结合的全方位依法治理的工作局面，推进全面依法治市的进程。在依法治理中，要突出重点，注重实效，紧紧围绕经济建设中心，抓住群众普遍关注的“热点”“难点”问题开展专项治理，取得阶段性成果，使人民群众切实感受到依法治理的重要作用和实际效果，积极投入到依法治理活动中去，不断提高依法治理的水平。

六、强化监督，讲求实效

要加大执法监督力度，逐步形成权力机关的监督、行政监督、司法监督、新闻舆论和人民群众的监督有机结合的监督机制。全市各级人大及其常委会要依照宪法和法律赋予的职责，加强对本级行政、司法机关的法律监督和工作监督，各级政府要建立健全行政执法监督制度，加强对下级政府及本级各部门特别是行政处罚执行单位的监督检查。各级司法机关要努力完善司法工作各个环节之间的相互制约和监督，并加强民事行政诉讼中对民事、行政执法活动的监督。要进一步发挥新闻舆论和人民群众对执法工作的日常监督作用。要充分运用各种监督形式，及时发现和解决执法中的问题，认真纠正有法不依、执法不严、违法不究的现象，确保宪法、法律、法规的正确实施。

七、搞好宣传，总结经验

依法治市工作必须具有广泛的群众基础，因此，宣传教育工作必须跟上。各地在依法治理工作中，要通过层层召开动员大会，广泛宣传依法治理工作的目的意义、目标任务和要求，使广大干部群众都能理解、支持并积极参与这项工作。各级人民政府及其部门、各司法机关应通过组织各种形式的报告会、座谈会、宣讲会，开办各类法制培训班，开展以案说法等形式，认真抓好法制宣传教育工作。要通过总结、宣传、推广和表彰依法治理工作的先进典型，及时发现和纠正工作中的问题，推动依法治市工作的深入发展。各级宣传和新闻单位，要把依法治市作为重要任务，坚持正面宣传为主的方针，加强对法律、法规及其实施情况的宣传报道，宣传严格依法办事和与违法犯罪做斗争的先进典型。宣传基层、行业和地方依法治理的成效和经验，揭露和抨击有法不依、执法不严、违法不究的现象，充分发挥新闻舆论的导向作用。

八、加强领导，全面推进

依法治市必须在各级党委的统一领导下进行。各级人大及其常委会要认真发挥依法治市的主导作用，指导、督促各级行政、司法机关全面贯彻实施市委的决定和本决议，搞好依法治市工作。各县、市、区人大及其常委会、各乡镇人大都要结合本地实际作出依法治理的决议，都要把加强社会主义民主法制建设，实现依法治市作为自己的根本任务，切实行使权力机关的监督职能，通过审议、评议、听取汇报、执法检查、组织代表视察活动，加强对依法治市工作的督促检查。在考核各级领导干部时，要把学法、用法、依法办事的情况作为主要内容。在选举和任命国家机关工作人员时，要把是否具备相应的法律知识和依法办事的能力作为必要条件。要加强权力机关自身建设，不断提高监督工作水平。要加强与人大代表的联系，充分发挥人大代表在依法治理中的作用。各级人民政府、人民法院、人民检察院要按照各自的职责范围，加强对本级依法治理实施工作的组织领导，并注意搞好相互配合和上下联系，确保依法治市工作的整体效果。各级普法和依法治理工作经费要纳入本级财政预算，保证落实到位。各级法制建设领导机构要加强组织协调工作，搞好调查研究，及时了解掌握工作情况，实行分类指导。要通过指导和协助抓好基层、行业的试点，总结推广典型经验，促使依法治市工作任务的全面落实。

南充市人民代表大会常务委员会
关于积极推进我市实施西部大开发战略加快经济发展的决议

（2000年7月27日市二届人大常委会第十次会议通过）

南充市第二届人民代表大会常务委员会第十次会议听取并审议了市人民政府副市长杜光辉受市人民政府委托所作的《关于我市实施西部大开发战略加快发展的情况汇报》。会议认为，今年以来，市人民政府认真贯彻落实中央关于实施西部大开发战略决策和省委、市委全委会精神，紧密结合实际，在调整思路、制定规划、落实措施、扩大开放、转变作风等方面，做了大量工作，取得了明显进展。会议对此给予充分肯定。为了积极推进我市实施西部大开发战略，加快经济发展，会议特作如下决议：

一、要立足长远，狠抓当前，确保目标任务的顺利实现。实施西部大开发战略，加快经济发展，是一项宏大而长远的系统工程。一定要以邓小平同志“两个大局”的伟大构想和“三个代表”重要思想为指针，把思想统一到中央的战略决策上来，统一到省委、市委全委会的精神上来，把实施西部大开发战略的着力点放到解放生产力、发展生产力上，在实施中，既要前瞻未来有加快发展的紧迫感，又要立足现实有长期作战的思想准备；既要注意抓住机遇，调整思路，及时科学制定好规划，又要做到脚踏实地，分步实施，稳步推进。要努力完成每年人代会通过的年度目标任务，以确保发展总目标的实现。实施西部大开发战略，必将遇到许多新情况、新问题，要有接受挑战、战胜困难的必胜信心，采取有效办法和坚决措施化解矛盾，克服困难，解决问题，以求决胜。

二、要积极推进依法治市进程，充分发挥法制对经济的保障作用，大力营造良好的法制环境。实施西部大开发，加快经济发展，必须要有法制的规范和保障，因此，要紧密联系实施西部大开发战略的实际，积极推进依法治市进程，维护社会稳定，优化法制环境。要进一步加强法制宣传教育，重点搞好有关市场经济运作秩序，吸引和鼓励外来投资，保护投资者、开发者、经营者合法权益等方面法律法规的宣传，增强依法决策、依法经营、依法保护的观念，提高公民尤其是领导干部的法制意识。要进一步规范行政、司法行为，认真清理废止有碍实施西部大开发、加快经济发展的文件、规定，逐步提高行政、司法人员运用法律手段调节和处理各种经济关系的能力。要加强对规范市场行为、创造公平竞争环境、保护投资者和消费者利益等方面法律法规实施情况的监督检查，督促纠正处理执法难、执行难及群众反映强烈的执法问题。要进一步推进各行各业的依法治理，切实加强农村基层民主政治建设。要大力开展群众性的综合治理，严厉打击各种严重犯罪活动，为实施西部大开发战略，加快经济发展创造良好的法制环境。

三、要团结协作，振奋精神，树立真抓实干的工作作风。我们正在进行的是一项全新的艰巨事业，需要经过长期奋战，甚至几代人的努力才能成功。全市各级国家机关工作人员要以身作则，率先垂范，发扬艰苦奋斗的优良传统和愚公移山的精神，埋头苦干，锲而不舍，多干加快经济发展的大事；要牢记全心全意为人民服务的宗旨，廉洁奉公，勤勤恳恳，任劳任怨，多办为人民谋利益的好事；要振奋精神，转变观念，大力营造实事求是、踏实苦干、联系群众、精诚团结、奋勇争先的良好氛围和环境，树立国家机关工作人员的新作风、新面貌、新形象。

四、要坚持以经济建设为中心，强化监督机制，充分发挥人大职能作用。各级人大及其常委会作为地方国家权力机关，要以新的思路、新的举措、新的作风，积极投身西部大开发战略这一伟大实践。要充分发挥人大及其常委会对实施西部大开发的审议决定作用，适时对事关全局的重大事项作出决议、决定。要充分发挥人大及其常委会对“一府两院”的法律监督和工作监督作用，通过有重点、有针对性地听取汇报、执法检查、代表视察、开展评议、专题调查等方式，支持“一府两院”围绕“五篇文章”，突出重点，推动和改进工作。要加强调查研究，为党委、政府正确决策和推进实施西部大开发战略进程积极建言献策。要充分发挥人大对国家机关工作人员的任免激励作用，激励人代会、常委会选举任命的人员保持良好的精神状态，埋头苦干，争创佳绩；对那些不思进取、无所作为的被选举任命人员，要及时予以批评、帮助，直至依法撤职或罢免。要充分发挥人大代表的模范带头作用和桥梁纽带作用，密切联系代表，尊重代表意见，广辟议政渠道，促进决策民主化、科学化，调动各级人大代表参与实施西部大开发的积极性、创造性，发挥代表的主观能动作用。

五、要充分调动全市人民的积极性，动员全市人民积极参与实践，打好加快发展的总体战。投身西部大开发，加快发展是全市700万人民的共同心愿。各级国家机关既要各司其职，各尽其责，通力协作，整体推进；又要坚持走好群众路线，尊重群众的首创精神，总结群众的新鲜经验，充分调动广大群众的积极性，从而形成全市人民上下一心，不甘落后，勇于建功立业，万众奋勇争先的可喜局面。全市广大干部群众要坚决响应市委、市政府号召，积极参与实践。要有强烈的历史使命感和责任感，从现在做起，从各自的工作岗位做起，认清形势，励精图治，为全面推进我市实施西部大开发战略，加快经济发展。作出新贡献，创造新业绩。

南充市人民代表大会常务委员会关于加强经济工作监督的决定

（2001 年 3 月 12 日市二届人大常委会第十五次会议通过）

为了加强经济工作监督，促进南充经济的跨越式发展，根据《中华人民共和国宪法》《中华人民共和国地方各级人民代表大会和地方人民政府组织法》《四川省各级人民代表大会常务委员会监督条例》等法律法规的规定，参照《全国人民代表大会常务委员会关于加强经济工作监督的决定》，结合南充实际，作出此决定。

一、监督的对象

（一）市人民代表大会常务委员会依法对市人民政府及其职能部门经济工作行使监督职权。

（二）市人民代表大会常务委员会依法对驻市市属以上经济工作部门施行监督。

二、监督的主要内容

（一）市人民政府编制的国民经济和社会发展年度计划和中长期计划草案。

（二）年度计划、中长期计划和年度财政预算执行过程中的部分变更和调整。

（三）经济运行过程中工业、农业、商贸、城建、财税、金融等方面的重大问题。

（四）交通、信息、能源等基础设施重点项目的开发和建设，城市总体规划修编及重大调整情况，土地、矿产、森林、水利等重要自然资源的开发利用和环境保护。

（五）市人大常委会依据法律法规认为需要审议或决定的其他事项。

三、监督的主要方式方法

（一）市人民政府编制的国民经济和社会发展年度计划和中长期计划草案，应在市人民代表大会举行会议二十天前，报送市人大常委会。

（二）市人民政府应当在每年第三季度向市人大常委会报告年度计划半年执行情况。

（三）对市人民代表大会批准的年度计划、财政预算和中长期计划，必须作的部分调整，由市人民政府提请市人大常委会批准。市人民政府应当在市人大常委会举行会议十五日前，将调整方案报送市人大常委会。

（四）有关专门委员会应在每年的 4 月、10 月分别召开全体会议，听取市政府有关部门关于一季度、前三季度经济运行情况的汇报，进行分析研究，提出意见和建议。

（五）对已列入市人民代表大会批准计划的重点建设项目，市人大常委会根据需要听取市人民政府的工作汇报。

对未列入计划的投资数额较大的重点项目，或投资额虽不大，但涉及面广、社会影响大的建设项目，市人民政府应当向市人大常委会提出议案或作专题汇报，由市人大常委会审议或作出决定。对特别重大的项目，由市人大常委会审查后，提请市人民代表大会审议。

（六）对经济运行过程中的重大问题，市人大常委会可以根据需要组织市人大代表视察或专题调查。

（七）市人大常委会根据需要听取并审议市人民政府经济工作的专题汇报。

有关专门委员会根据需要召开全体会议，听取并审议市人民政府有关部门或驻市市属以上经济工作部门的专题汇报。

（八）市人大常委会会议审议讨论本决定所列事项时，市政府应当根据要求提供相关资料，并派有关负责人到会听取意见，回答询问。

专门委员会审议讨论本决定所列事项时，市政府有关部门和驻市市属以上有关经济工作部门应当根据要求提供相关资料，并派负责人到会听取意见，回答询问。

（九）市人大常委会或有关专门委员会审议讨论本决定所列事项时，市政府或有关经济工作部门未按本决定有关规定办理的，其负责人应在市人大常委会会议上作专题说明或接受询问。

四、监督意见的办理落实

（一）市人大常委会、主任会议、有关专门委员会交办的建议和意见，市政府及有关部门应认真办理，并在规定时间内将办理结果报告市人大常委会或有关专门委员会，超过规定时限的应说明原因。

（二）有关专门委员会和市人大常委会有关办事机构要对建议和意见的办理情况搞好跟踪监督。

（三）市人大常委会开展经济工作监督的情况可以向社会公布。

南充市人民代表大会常务委员会
关于加强法制宣传教育的决议

（2006 年 7 月 28 日市三届人大常委会第十七次会议通过）

2001 年以来，我市在全体公民中实施了第四个法制宣传教育五年规划，以宪法为核心的法律知识得到较为广泛的普及，人民群众的法律意识逐步增强，法律素质逐步提升，依法治市工作深入推进，各项事业的法治化管理水平逐步提高，有力地促进了经济社会发展。为了全面贯彻落实科学发展观，顺利实施全市国民经济和社会发展“十一五”规划，促进构建社会主义和谐社会和全面建设小康社会，有必要从 2006 年到 2010 年在全市公民中组织实施法制宣传教育第五个五年规划。为此，根据全国人大常委会关于加强法制宣传教育的决议精神，结合南充实际，特作如下决议：

一、服务大局，抓住根本，继续深入学习宣传宪法和法律。要适应党和国家工作大局，适应建设川东北区域中心城市的要求，适应广大公民学习和运用法律的现实需求，深入学习、宣传、普及根本大法——宪法，切实提高全体公民特别是各级领导干部和公务员的宪法意识，在全社会进一步形成学习宪法、遵守宪法、维护宪法权威的良好氛围。要大力加强与经济社会发展、群众生产生活、整顿和规范市场经济秩序、维护社会和谐稳定和促进社会公平正义相关的法律法规的学习、宣传、普及。通过宣传教育，增强全市公民的社会主义法治理念和爱国意识、责任意识以及权利义务观念，培养全体公民自觉遵守法律的行为习惯，保障和促进政治、经济、文化和社会建设。

二、突出重点，分类指导，增强法制宣传教育的针对性。法制宣传教育的对象是一切有接受教育能力的公民。在继续做好全体公民法制宣传教育的基础上，要重点加强领导干部、公务员、青少年、企业经营管理人员和农民的法制宣传教育。要把事关人民群众切身利益的法律作为普法的重点内容。领导干部要带头学法、用法，树立在宪法和法律范围内活动的观念，提高依法决策、依法管理经济和处理社会事务的能力，规范决策、管理、服务行为；全体公务员特别是司法和行政执法人员要着力提高依法行政和公正司法的能力，严格执法、公正执法、文明执法；青少年要着力培养法制观念，熟知应当遵循的基本行为准则，养成学法守法的行为习惯；企业经营管理人员要着力培养诚信守法观念和社会责任意识，提高依法经营、依法管理能力；农民要着力提高法律素质，培养和增强依法参与村民自治活动和其他社会管理的能力，了解和掌握解决矛盾纠纷、维护合法权益的法律途径和法律常识。

三、学用结合，注重实践，扎实推进依法治理。要坚持法制教育与法治实践相结合，坚持法制教育与道德教育相结合，紧紧围绕“平安南充”“和谐南充”“法治南充”建设，进一步深化地方、行业和基层的依法治理。全面推进依法治市、依法治县（市、区）、依法治乡镇（街道），提高全社会法治化管理水平。政府及其所属部门要依法行政，规范行政行为，加快法治政府建设；司法机关要严格执法、公正司法、文明司法；要围绕各行业法治化管理中存在的突出问题以及社会关注的难点、热点问题，加强专项治理，提高依法办事水平；要全面开展“民主法治村”“民主法治社区”等创建活动，扎实推进基层依法治理。

四、丰富内容，创新方式，增强法制宣传教育的效果。要从我市实际出发，找准法制宣传教育与全市中心工作、群众生产生活的结合点，不断创新工作方式和载体，开展群众易于接受、喜闻乐见的各类法制宣传教育主题活动，力戒形式主义，增强工作实效。要根据不同对象和不同行业的特点确定法制宣传教育的内容、方法、措施和考核标准。要认真开展“法律进机关”活动，提高依法管理和服务社会的水平；认真开展“法律进乡村”活动，促进社会主义新农村建设；认真开展“法律进社区”活动，重视下岗职工、民营企业、外来务工人员、流动人口的普法教育和法律服务，促进和谐社区建设；开展“法律进学校”活动，推进青少年学生法律素质教育；认真开展“法律进企业”活动，促进企业依法经营、诚信经营；认真开展“法律进单位”活动，促进法治化管理。切实纠正有法不依、执法不严、违法不究甚至知法犯法的问题。要加强法制宣传教育园地、阵地建设，强化大众传播媒体和新闻单位的社会责任，不断拓展宣传教育途径，创新宣传教育方式，增强法制宣传教育的吸引力和感召力，扩大法制宣传教育的覆盖面和影响力。

五、加强领导，强化监督，共同推进法制宣传教育工作。全市国家机关、驻市部队、社会团体、企业事业单位和各类组织都要在市委的领导下，高度重视，积极参与，认真开展法制宣传教育工作，进一步建立健全法制宣传教育的领导体制、工作机制和监督检查、奖惩激励机制，把法制宣传教育纳入各地、各单位、各行业的目标管理责任制，切实解决法制宣传教育在机构、人员、经费、教材、设施等方面存在的困难和问题。各级普法、依法治理工作机构要进一步加大组织、协调、指导、服务工作的力度。各级人民政府要定期向同级人民代表大会或其常委会报告法制宣传教育工作情况。各级人大常委会要通过听取和审议工作汇报、视察、检查等方式加强对法制宣传教育工作的监督，促进我市法制宣传教育工作的不断深入。

南充市人民代表大会常务委员会
关于加快嘉陵江南充段两岸生态绿化工程建设的决议

（2009 年 5 月 26 日市四届人大常委会第八次会议通过）

嘉陵江是南充的母亲河。搞好南充段沿江两岸生态绿化建设，是构建长江上游生态屏障的重要举措，是打造沿江旅游文化景观带的重要前提，是创建国家森林城市的重要基础，是一项利在当前、功在千秋的重要工程。自 2005 年启动沿江两岸生态绿化工程以来，已完成工程造林 20.89 万亩，占规划应造总面积 29.49 万亩的 70.8%，但余下的 8.6 万亩栽植难度更大，绿化要求更高。为进一步动员和组织全市各方力量，攻坚破难，打好总体战，加快推进嘉陵江两岸生态绿化建设进程，促进经济社会又好又快发展，会议作出如下决议：

一、明确目标，突出重点

（一）嘉陵江南充段两岸生态绿化建设的总体目标是：到 2011 年年底前，用三年时间全面完成对沿江全长 298 公里目力所及范围内的两岸宜林荒山、荒坡、荒滩、岩坎地塄、道路沿线、房前屋后、溪沟两旁的绿化栽植任务，新增造林面积 8.6 万亩，实现森林覆盖率 40% 以上，逐步形成四季常绿、浓荫拥江、林相整齐、景致各异的独特嘉陵江风光，力争把嘉陵江沿岸打造成一条纵贯南充的优美生态长廊。

（二）沿江两岸生态绿化建设的工作重点是，围绕建设生态南充和宜居城市，营造两岸生态绿化景观带。重点地段是南充城区全段（凤仪至河西 80 公里）及阆中、南部、蓬安、仪陇城区段的绿化造林和景观打造。

（三）沿江两岸生态绿化建设的实施步骤是，先期启动沿江城市段生态绿化建设，2010 年年底前完成南充境内沿江各城区段的绿化栽植任务。2011 年年底前全面完成沿江两岸生态绿化建设任务。

二、科学规划，合理布局

（四）以科学发展观为指导，着眼于全局和未来，在详查摸底的基础上，按照因地制宜、适地适树的原则和分层布局、分区布景的总体要求，科学制定和完善嘉陵江南充段两岸生态绿化总体规划、特色景区规划和湿地保护规划，并将嘉陵江南充段生态绿化用地纳入城市总体规划。

（五）依据规划，认真编制林区林带建设的具体实施方案，划分河滩及台地绿化的林带层次，细化景区绿化的布景措施和湿地保护措施，明确河滩、台地、庭院、道路、荒坡、景区绿化的适宜树种和栽植要求，特别是常绿树种的栽植，重点打造多层次、立体化、文化内涵丰富的绿化景观带，形成林经产业带、特色景观带、水源涵养带相结合的自然生态体系。

三、落实措施，强化保障

（六）保证资金投入。多渠道、多层次、多方位筹措建设资金，保证资金投入。积极争取上级财政投入。市财政在工程建设期内每年要预算专项经费，保证足额拨付。坚持集中资金办大事，整合项目，集中投入。大力推行业主经营机制，鼓励社会各种投资主体向绿化生态建设投资。

（七）开展义务植树。坚持义务植树登记造册、以资代劳、表彰奖励制度，市绿化委员会要分区定责，把义务植树任务落实到市、县（市、区）、乡、村和机关事业单位，限期组织实施，保证完成任务。

（八）完善造林机制。深化林权制度改革，认真落实林地权属。按照“谁投资、谁经营、谁受益”的原则，鼓励林业业主和造林大户承包租赁宜林林地，开展工程造林，发展速丰林基地和林经产业。积极推广专业队承包造林方式，提高造林质量。采取联合造林或以奖代补等方式，调动沿江农户参与造林、护林的积极性。

（九）严格依法管护。广泛宣传林业法律法规，不断增强法制观念。进一步健全森林防火、防虫和防止乱砍滥伐的管理机制，坚持林木采伐限额管理制度和征占林地审批制度，依法严肃查处破坏森林资源和野生动植物资源的违法行为。要结合天然林保护工程，落实沿江两岸湿地、林木的管护措施，防止人畜践踏。要强化水土流失防治工程等建设和沙石开采的监督管理，切实落实植被恢复责任制度。

四、加强领导，明确职责

（十）加强组织领导。市上要成立由政府领导任组长，相关部门负责人为成员的嘉陵江两岸生态绿化工程建设领导小组，负责抓好规划编制、组织实施、检查验收、督促考核等工作。

（十一）落实工作责任。市人民政府要推行领导联系办点制度，落实行业绿化责任制。相关部门要依法履职，各尽其责，协调配合，打好行业绿化总体战，认真落实造林措施，坚决限期完成任务。

（十二）强化考核监督机制。市政府要将沿江两岸生态绿化目标进行平行分解和层层分解，落实到各级各有关单位，纳入目标考核，明确目标任务和奖惩措施，严格考核，逗硬奖惩。

全市各级人大常委会要加强对本次决议执行情况的监督、检查，推进嘉陵江两岸生态绿化建设。

南充市人民代表大会常务委员会
关于加强对司法工作监督的决定

（2013年4月16日市五届人大常委会第十次会议通过）

为了进一步贯彻落实《中华人民共和国各级人民代表大会常务委员会监督法》和《四川省〈中华人民共和国各级人民代表大会常务委员会监督法〉实施办法》有关监督司法工作的规定，加强对司法机关、司法活动和司法工作人员的监督，强化廉洁执法，推进公正司法，弘扬公平正义，维护司法权威，深化法治南充建设，确保社会和谐稳定，特作如下决定：

一、本决定所称司法机关，是指市中级人民法院、市人民检察院、市公安局、南充国家安全局、市司法局、市辖区内监狱等具有司法职能的机关。

二、市人大常委会根据宪法和法律赋予的职权，对司法机关和司法工作人员在履行司法职能过程中遵守和执行宪法、法律、法规以及本级以上人大及其常委会的决议、决定的情况，依法开展法律监督和工作监督。

市人大常委会监督司法的具体工作由市人大内务司法委员会负责。对司法机关以及由市人大常委会任命的司法工作人员的司法活动和履职情况、处理交办或督办事项情况、接受监督情况等，应当建立单位和个人履职记录，根据情况适时通报，并作为评价司法机关工作和市人大常委会任免司法工作人员职务的参考依据。

市人大内务司法委员会对司法机关及其工作人员在司法活动中的违法情形或影响法律、法规正确实施的普遍性、倾向性问题，应当及时向市人大常委会提出监督建议，或依照相关法律、法规和规定提出对司法机关及其相关责任人追究责任的建议。

司法机关及其工作人员应当自觉接受并积极配合市人大常委会的监督工作。办理市人大及其常委会、主任会议、内务司法委员会交办、督办的事项，应当确定专门机构处理，并按照要求报告办理结果。

市人大常委会及其主任会议就有关交办事项或市人大内务司法委员会督办相关事项，可以要求司法机关报告办理情况。

三、司法机关应当建立健全严格的工作责任制、执法责任制、错案责任追究制和绩效考核机制，积极建立和完善接受外部监督的各项措施和制度，提高执法办案效率，保证案件质量，维护司法公正。

四、司法机关应当建立健全相互协作的工作机制，加强配合，提高效率。在立案、侦查、起诉、监督等司法活动中，涉及立案受理、案件移送、调查取证、调卷退卷、补充侦查、采取强制措施、案件执行等各环节，法律法规明确规定权限、程序、时限的，严格按照规定执行；没有明确规定的，相关司法机关应当联合制定统一执法标准的规范性文件，共同遵守执行。

五、市人民检察院在全面加强对刑事、民事、行政诉讼活动法律监督的基础上，要深入调查研究侵害人民群众利益、影响执法和司法公正等方面的突出问题，不断完善监督工作机制，规范监督程序，改进监督方法，增强监督实效。

六、市中级人民法院、市公安局、南充国家安全局、市司法局、市辖区内监狱等机关应当就接受市人民检察院的法律监督有关具体事项建立制度性规范。

市人民检察院要会同市中级人民法院完善人民检察院对刑事、民事、行政诉讼活动实施法律监督的具体措施，明确对民事执行的法律监督范围，逐步深化法律监督措施，建立和完善相关制度。

市中级人民法院、市公安局、南充国家安全局、市司法局、市辖区内监狱应当确定专门机构办理市人民检察院调阅案卷材料等事项，并在要求的时限内完成。处理市人民检察院纠正违法通知和检察建议等监督事项，应当经本单位领导主持研究，接受或采纳监督意见的，应当及时处理并回复处理结果情况；有异议的应当书面说明理由和法律依据。

七、市人大常委会或市人大内务司法委员会通过来信来访、执法检查、视察调研等渠道发现应当启动法律监督的线索和事项，交市人民检察院依法进行法律监督，市人民检察院应当按照要求报告处理情况。市人民检察院认为不应当启动法律监督的，须书面报告并说明理由。

八、市人民检察院提出抗诉的案件、检察建议以及相关司法机关处理结果，应当各自报市人大内务司法委员会备案，并列入履职记录。

九、本决定自通过之日起施行。

南充市人民代表大会常务委员会
关于打造西河生态景观长廊的决议

（2013年8月8日市五届人大常委会第十二次会议通过）

为切实解决西河沿线28个乡镇70余万群众的生产生活用水，改善市民居住环境，提升南充城市品质，建设水清、岸绿、景美新西河，特就打造西河生态景观长廊作如下决议。

一、总体目标

1. 2014年年底，建成南充市主城区及沿河所有乡镇治污设施并正常运行，力争西河常年水质达Ⅲ类以上，实现“还市民一河清水”的目标。

2. 2016年年底，完成西河主城区及重要节点景点建设，把西河建设成为南充市一条重要的生态长廊、休闲走廊和景观长廊。

二、规划编制

3. 西河生态景观长廊规划要立足西河是生命之河、生态之河、休闲之河的定位；把握“治污是前提、生态是核心、城区是重点、景点是关键”的规划思路。

4. 2013年年底前编制完成西河生态景观长廊总体规划和重要节点控制性详细规划；西充、嘉陵、顺庆三县（区）根据总体规划和控制性详细规划编制修建性详细规划或具体项目设计。

5. 统筹规划，充分考虑污染治理和生态建设、产业布局的协调发展；分段定位，科学规划各具区域自然文化特色的外化景观和内容各异的休闲业态。

三、污染治理

6. 新、扩、改建一批城市和乡镇污水处理设施，加大截污干管和提升泵站建设，改造完善雨污管网系统；完成场镇垃圾处理设施建设，强化场镇卫生管理，彻底解决污水直排和垃圾污染。

7. 加强对沿河两岸养殖业的整改、监管，实现达标排放；设置“禁养区”，在“禁养区”内严格实行规模禁养；取缔肥水养殖，严控农业面源污染。

8. 在沿河划定范围内严禁新增污染工业企业，完成潆华工业园区等园区及工业企业污水处理设施建设，强化日常监管，实现达标排放。

9. 实施河道整治工程，及时清理堆积淤泥和河道垃圾，建设生态护堤，实施西河内部生态系统恢复工程，增强西河自净能力。

四、景观建设

10. 突出重点。根据景观规划，突出节点、突出重点；高起点定位、高标准实施，着力打造以主城区为核心的代表性精品景观。

11. 突出生态。划定西河岸线生态保护范围，恢复建设沿河天然湿地，保护好以西山为主的城区山体区界，涵养生态资源；统筹考虑绿化造林和景观布局，建设郁郁葱葱、错落有致、色彩分明的优美西河生态岸线。

12. 突出文化。深入挖掘历史文化内涵，采用多种方式外现文化元素，多种形态彰显个性文化主题。

13. 突出休闲。充分发挥城市河流的休闲意义，增加西河亲水性，立体美化亮化沿河两岸；立足全民健身和休闲，配套建设环河走廊、健身步道等生态绿道和休憩小区；培育优化沿河商业业态，分区段规划建设各类休闲商业服务配套设施。

五、保障措施

14. 强化组织领导。市政府要把西河生态景观长廊建设纳入重要议事日程，每年在人代会上报告工作情况；西河治理协调机构要充分发挥协调作用，落实建设过程中的各项任务和协调督查工作；市级相关部门要密切配合，各司其职，各负其责。

15. 确保投入到位。积极拓展投融资渠道，制定优惠政策，吸引多方资金参与建设；加大财政刚性投入，把打造西河生态景观长廊纳入预算；实行市县区联动，组合包装上报项目，积极争取国家支持。

16. 严格考核奖惩。将西河生态景观长廊打造纳入市政府重点项目重点督办；把建设任务和部门、县区监管责任纳入年度目标考核内容；出台监管办法和问责制度，严格考核，逗硬奖惩，坚决杜绝边治理边污染、重复污染等现象发生。

17. 加强舆论监督。鼓励新闻媒体积极参与监督，定期向社会公布治污效果和建设进度；鼓励广大群众监督举报污染行为，并对举报属实者予以奖励。

18. 倡导全民参与。加强宣传，树立全社会“爱护西河、从我做起”观念；积极倡导，引导全社会自觉参与保护西河的各项公益活动。

市人大常委会加强对本决议执行情况的监督检查。

南充市人民代表大会
关于推进法治南充建设的决议

（2016年3月23日市五届人大六次会议通过）

为深入贯彻党的十八大和十八届三中、四中、五中全会精神，全面落实《中共南充市委关于全面深入推进依法治市的实施意见》，推进依法治市，加快法治南充建设进程，特作如下决议：

一、坚持党的领导，推进全民参与

坚持把党的领导贯穿于法治南充建设的全过程，确保法治南充建设的正确方向，实现党的领导、人民当家做主与依法治市有机统一。坚持法治南充建设为了人民、依靠人民，广泛动员、全民参与，紧紧围绕市委确定的全面推进依法治市总目标，各司其职，各尽其责，共同推进严格执法、公正司法、全民守法，着力构建办事依法、遇事找法、解决问题用法、化解矛盾靠法的法治良序。

二、加强人大监督，推进科学立法

市、县（市、区）两级人大及其常委会要充分发挥在贯彻依法治国方略、推进法治南充建设中的重要作用，加快完善以依法行使重大事项决定权、实施全口径预算监督、加强对司法监督工作等为重点的各项制度，建立健全常态化的监督工作机制。紧紧围绕改革和建设中的重大事项、人民群众的重点关切，依法创新监督方式，强化问责机制，提升监督刚性，督促“一府两院”运用法治思维和方式推动经济发展、加强社会治理、化解矛盾纠纷、促进民生改善。严格依法行使任免权，以运用法治思维和依法办事能力为基本条件，加强国家机关工作人员的选举、任免和履职监督工作，落实宪法宣誓制度。加强和改进人大代表工作，充分发挥人大代表在法治南充建设中的积极作用。健全市人大主导立法工作的体制机制，根据地方立法需求，加强立法人才储备，推进科学立法、民主立法，充分发挥地方立法的引领和推动作用。

三、建设法治政府，推进依法行政

各级政府要严守职权法定原则，深化行政审批制度改革，大力推行权力清单、责任清单、负面清单制度，完善宏观调控，加强市场监管，创新社会治理，优化公共服务，依法全面履行政府职能。与地方立法同步推进政府规章制定工作，加强规范性文件监督管理，建立地方政府规章和规范性文件清理长效机制，完善依法行政制度体系。健全行政决策机制，完善行政决策规则和程序，全面落实法律顾问、法律咨询、公众参与、集体讨论决定、合法性审查和风险评估、决策责任追究等制度，推进行政决策科学化、民主化、法治化。推进行政执法体制改革，完善行政执法程序、创新行政执法方式、规范行政执法裁量权，全面落实行政执法责任制，坚持严格规范公正文明执法。主动面向社会公示公开权力运行流程、财政预算决算、“三公”经费及公共资源配置、重大项目建设、社会公益事业建设等领域的重大事项信息，全面推进政务公开、阳光行政，自觉接受社会监督。

四、加快司法改革，推进司法公正

认真落实司法改革措施，加快司法去行政化进程，构建以审判权、检察权为核心的司法权力运行体系。优化程序，细化标准，规范行为，加强协作，提高效率，完善便民措施，切实解决立案难、执行难、诉讼周期长、诉讼成本高等问题。认真落实人民陪审员、人民监督员等制度，大力推进信息化建设，深化审务、检务公开，增强司法工作透明度。加强职业道德和业务能力建设，严格落实责任制，加强对司法活动的法律监督和社会监督，坚决惩治司法腐败行为，维护司法权威，提高司法公信力。

五、创新社会治理，推进基层民主

积极构建党委领导、政府负责、社会协同、公众参与、法治保障的新型社会治理格局，加快建立政府依法治理和社会自我调节、基层民主自治良性互动的治理机制。加大市场监管执法力度，建立健全社会征信体系，完善守信激励、失信惩戒制度，依法保障各类市场主体的合法权益。健全和完善法律服务体系，加强法律服务市场监管，完善律师执业权利保障机制和违法违规执业惩戒制度。加强各类行业协会等基层社会组织的培育和管理，充分发挥其在提供服务、反映诉求、协调利益、规范行为、保障权益等方面的作用。深化民主决策、民主治理、民主监督的基层群众自治制度，促进基层群众自我管理、自我服务、自我教育、自我监督。健全和完善以法治为支撑的社会矛盾纠纷化解机制，完善人民调解、行政调解、司法调解有效衔接的工作体系，拓宽群众参与、诉求表达、平等沟通渠道，及时解决群众合理诉求，依法维护群众权益。

六、弘扬法治精神，推进全民守法

坚持把领导干部带头学法、模范守法作为普法关键，提升领导干部运用法治思维和法治方式处理问题的能力。坚持把国家公职人员和青少年等作为普法重点，充分发挥国家公职人员在法治建设中的示范、带头作用。创新手段和载体，深入开展普法宣传教育活动，做到普法宣传经常化、全覆盖。切实加强法治文化建设，大力培育和弘扬法治精神，增强全民学法、懂法、守法、用法的意识，引领崇尚法律、敬畏法律、信守法律的社会新风尚，夯实全民守法这个根基，为把南充建设成为创新、开放、生态、法治、繁荣的区域中心城市提供强有力的法治保障。

南充市人民代表大会常务委员会
关于加强南充市市辖城区道路交通管理的决定

（2018 年 4 月 2 日市六届人大常委会第十次会议通过）

为了加强南充市市辖城区道路交通管理，促进城市建设和交通协调发展，改善城市交通和出行环境，提升建设“成渝第二城”软实力，根据《中华人民共和国道路交通安全法》等有关法律法规的规定，作出如下决定：

一、加强规划建设，优化交通要素结构

市人民政府要进一步优化城市道路交通规划，不断完善城市路网结构，形成快捷畅达的道路交通格局；加强道路交通设施建设和日常维护，完善交通信号灯、交通标志、交通标线和安全防护设施，增强道路交通通行保障能力；加大道路交通管理科技投入，注重发挥智能交通监管作用，提高道路交通管理科技水平；加强停车场（停车楼）的规划建设，恢复被挪用、占用停车场的功能，规范停车场的使用管理，切实解决停车难问题；落实公共交通优先政策，提升城市公交运营能力，优化城市公交运行线路，吸引市民乘坐公交出行，提高城市公共交通分担率。

二、强化交通管理，提升交通组织效率

政府相关职能部门应当加强沟通协调，建立“一体化”道路交通管理体系，形成道路交通管理合力。公安机关交通管理部门要切实担负起城市道路交通管理的主体职责，加强对道路交通安全法律法规的宣传教育，提高市民交通安全意识，引导市民文明出行；加大道路交通秩序管理力度，综合运用交通管控措施，均衡交通流量时空分布，提高市辖城区道路通行效率；城市道路原则上不得施划临时停车泊位，确因公共利益需要施划临时占道停车泊位的，由公安机关交通管理部门组织实施并加强管理，不得影响车辆和行人通行；加大路面执法力度，始终保持高压态势，依法从严处罚违规掉头、违规超车、不按规定车道行驶、不遵守交通信号、违法占用车行道和人行道停放车辆等突出问题，坚决根治城市交通乱象，切实维护城市道路通行秩序。

三、严守通行规则，规范道路交通秩序

车辆驾驶人和行人应当严格遵守道路交通安全法律法规，自觉服从道路交通管理，维护良好道路交通秩序。按规定应当登记的车辆，必须经公安机关交通管理部门登记后方可上道行驶。所有车辆要严格按照通行规则分道行驶，摩托车、电动三轮车和小型低速电动汽车应当在最右侧机动车道行驶；电动二轮车和残疾人机动轮椅车应当在非机动车道行驶，在没有非机动车道的道路上应当靠车行道右侧行驶。行人应当在人行道内行走；通过路口或者横过道路，应当按照交通信号灯指示走人行横道或者过街设施，不得违规横穿道路或者跨越道路隔离设施。

四、发挥监督职能，促进交通规范管理

市人大常委会将采取代表视察、暗访抽查、执法检查、专题询问等方式，加强决定执行情况跟踪监督，促进市人民政府及其相关职能部门严格依法履职，同步推进城市道路交通管理地方立法，为营造更加规范、更加有序、更加通畅的城市道路交通秩序提供坚实法治保障。

南充市人民代表大会常务委员会
关于升钟湖保护的决定

（2018 年 10 月 31 日市六届人大常委会第十六次会议通过）

升钟湖是我市重要的生态资源和战备资源。近年来，由于库区周边环境日益恶化，升钟湖水质污染严重，引起了群众的强烈不满。为深入贯彻中央绿色发展理念和习近平“要搞大保护，不搞大开发”重要指示精神，依据《中华人民共和国环境保护法》《中华人民共和国水法》《中华人民共和国水污染防治法》《中华人民共和国城乡规划法》等有关法律、法规的规定，结合南充实际，制定本决定。

一、本决定所称升钟湖是指我市行政区内升钟湖库区及流入库区河流汇水面积内的水域和陆域。升钟湖的保护、建设、开发、管理，应当遵守本决定。

二、升钟湖保护应当坚持保护为主、合理开发，以人为本、综合利用，统一规划、有效治理的原则。

三、市人民政府以及升钟湖库区县（市）人民政府应当将升钟湖的保护工作纳入国民经济和社会发展规划，将升钟湖保护经费纳入本级财政预算，并建立保护投入和生态补偿的长效机制。

四、市人民政府应当加强对升钟湖保护工作的领导，协调解决环境保护、生态建设、区域治理与经济社会发展等方面的重大事项，督促市级相关部门和县（市）人民政府切实做好升钟湖保护各项工作。

（一）理顺管理关系。明确县（市）人民政府和市级职能部门、升钟建管局各自主要职责，明确主体责任，解决多头管理、职能交叉等问题。

（二）创新工作机制。探索建立部门联席会议制度和联合执法机制，解决工作力量、执法力量薄弱等问题。

五、规划与保护

（一）规划为先。市人民政府应当责成市级相关部门会同县（市）人民政府制定升钟湖保护规划，实行多规合一，严格依规实施。

升钟湖保护规划经市人民政府批准后，应当报市人民代表大会常务委员会备案，并向社会公布。

（二）分类指导。建立升钟湖保护区制度，根据水源水质保护的需要，划定核心保护区、重要保护区和一般保护区。

核心保护区：不得新建、改建、扩建影响生态环境安全的设施及项目；不得填库、圈圩，搞库中库；不得拦河、围网，搞网箱养殖；不得排放各类有毒、有害物质和污染物。

重要保护区：不得设置废物回收（加工）场、有毒有害物品仓库、垃圾填埋场；不得设置屠宰场、畜禽养殖场；不得设置剧毒物质或危险化学品贮存、运输设施。

一般保护区：不得乱搭乱建影响环境风貌的设施；禁止在二十五度以上陡坡地开垦种植农作物、更新经济林；禁止乱砍滥伐林木。

核心保护区、重要保护区、一般保护区的区域构成和范围界线，由市人民政府根据升钟湖保护规划划定，并向社会公布。

（三）细化措施。市、县（市）政府职能部门和升钟建管局应当依照相关法律法规明确升钟湖保护区内的许可事项和禁止性、倡导性事项，并切实加以宣传落实。

水体保护。加强水源涵养区、来水汇入地和饮用水取水口、入湖河道口生态环境保护和治理，严格控制船舶、农家乐、钓鱼饵料及废弃物等行为对水体的污染，确保常年水质达到《地表水环境质量标准》（GB 3838—2002）规定的Ⅱ类标准。

水生资源保护。加强捕捞作业管理，严禁炸、毒、电鱼等行为；科学、有序开展增殖放流活动，严禁投放外来有害物种，防止水葫芦、空心莲子草等有害植物对水体及生态的破坏，维护生物多样性。

水体周边环境保护。加强湿地保护，兴建库区集镇生活污水、生活垃圾处理设施；加强森林资源和野生动物保护，严禁捕猎野生动物；发展绿色生态植被，做好护岸、护坡和水土保持工作，有效防止农村农业面源污染；严禁乱搭网箱钓台、乱建房屋行为。经批准在保护区内从事的经营性活动，应当严格执行环保、行洪、风貌等要求；从事建设活动的单位和个人，应当采取有效措施保护自然资源和生态环境，对生态环境造成危害的，应当进行生态修复。

水域特色文化保护。保护傩戏、板凳戏、地灯、天灯、特色根雕、树皮画、粮食画等非物质文化；保护西水县衙遗址、铁炉寺升保起义纪念地、德丰县苏维埃遗址、龙尾山红军洞和革命烈士墓群等历史文化。

升钟湖旅游开发建设应当有利于升钟湖的保护、管理和可持续发展，与升钟湖保护规划相协调。

六、监督与考核

市人民政府负责升钟湖保护的统一管理和协调，并将升钟湖保护纳入市政府年度目标考核内容。南部县人民政府、阆中市人民政府具体负责辖区内升钟湖的保护和管理工作。

（一）落实责任。市、县（市）自然资源、生态环境、住房城乡建设、规划和测绘、交通运输、水务、农业农村（渔政）、林业、旅游等行政主管部门及公安机关在各自的职责范围内对升钟湖保护实施监督管理。市生态环境主管部门应当开展保护范围内水环境质量监测工作，并定期发布监测结果。

（二）严格执法。市、县（市）人民政府应当根据阶段性工作重点，组织自然资源、生态环境、住房城乡建设、规划和测绘、交通运输、水务、农业农村（渔政）、林业、旅游等主管部门开展联合执法活动，加大常规执法力度，切实解决影响升钟湖保护的具体问题。

（三）逗硬考核。市人民政府应当就升钟湖保护规划编制、升钟湖保护区划分、统筹协调机制建立等具体工作，制定时间表、任务书、作战图，细化实施升钟湖保护工作措施和目标任务。

七、市、县（市）人民政府应当每年向本级人民代表大会或者常务委员会专题报告升钟湖保护决定实施情况。

八、本决定自公布之日起施行。

六、南充市人大专题调研报告选录

农业服务体系面临的问题及对策

——对我市农业服务体系建设的调查与思考

（1996 年 9 月）

农业服务是围绕农业的产前、产中、产后的生产和再生产的全过程服务，主要包括技术、资金、生产资料、机械、经营管理、农副产品加工、销售、运输、仓储、信息等方面的服务。在社会主义市场经济条件下，农业服务是一个特定的概念，它属商品经济的范畴。建立和健全这样一个服务体系，这对于进一步解放农村生产力，加快农业产业化进程，实现农业两个根本性转变，具有重要意义。为进一步推动我市农业服务体系建设，促进农业的发展，我们对我市农业服务体系建设的情况进行了调查。

从总体上看，我市农业服务体系建设在近几年取得了长足的进步和较大的发展。随着农业“两法”的颁布实施，服务体系的性质明确了，机构保住了，队伍壮大了，管理上路了，服务功能增强了，支撑体系的实体建设开始起步了，服务体系“网破、线断、人散”的局面得到了初步遏制，在科技兴农、完善农村双层经营体制、改善农业的弱质产业地位和建立社会主义农业市场机制中，其作用日益突出，显示出了强大的生命力，促进了农业和农村经济的持续稳定发展。但目前农业服务体系建设面临的问题不容忽视。

一、农业服务体系建设与新时期的要求不相适应

随着我市农业产业化的提出和实施，新时期对农业服务体系有了新的更高要求。应当看到，我市农业的社会化服务，其水平很低，功能不强，实力较弱，面还很窄，纵横网络“断档”，头重脚轻，基层服务“断层”，特别是村社一级服务工作很难落到实处。突出存在以下四个不适应的问题。

首先，认识上不适应我市农业和农村经济发展必须依靠农业经济体制和农业增长方式的两个根本性转变的要求。目前，还有不少人没有认识到小生产与大市场之间，在传统农业向现代农业转变的过程中，农业服务体系的纽带、桥梁和保障作用；还没有认识到在推进两个根本性转变中，劳动者素质的提高和农产品中科技含量的增加的决定性作用；还没有认识到服务体系是科技兴农的载体，服务体系通过科技承包、技术服务和兴办示范基地对促进科技与生产过程的结合，加快科技成果转化为现实生产力，促进农业和农村经济持续稳定发展中的特殊作用。因此，不少地方对科技兴农和载体的服务体系建设还停留在口头上，落实在文件中，工作未落到实处。对体系建设的现状、问题与建设的构想尚未提到是实现两个根本性转变的关键和瓶颈的高度来认真分析研究。致使体系建设投入严重不足，已有的政策落实到位差，新的政策难争取，关系不顺，工作难开展，服务体系设施不全，装备落后，实力不强，后劲乏力等问题，长期困扰和制约着我市农业服务体系建设。

其次，服务机构不适应我市农村“小生产与大市场”格局运营的要求。体系不健全，“网破、人散”的现象尚无根本好转。从纵向看，服务“断层”。四个层次的服务网络，县一级协调配合差，乡镇一级不健全，村社一级基本未起步，农民民办的服务组织，更是寥若晨星。从横向看，服务不平衡。主要的五大服务体系，只有融资体系和农技服务体系尚有一定规模和实力，其余都还支离破碎；就是现有的体系，大多还是行政管理型，不少农技人员与行政干部合为一体，行政事务工作缠身，难以专司其职。村一级至今尚未突破，全市建立了村级农技服务组织的仅占18.9%。抓得较好的顺庆区，建立了村级农业服务组织的也只有80多个村，约占30%。体制不顺，机构不全，队伍不齐，服务“断层”，难以衔接小生产与大市场，起到桥梁和保障作用，难以服务到田、服务到户。

第三，服务功能不适应农业和农村经济产业化开发的要求。一是协调配合服务差，部门分割，条块分割，块块分割，往往形不成合力，不能发挥最佳效益。二是综合服务能力弱，注重产前产中服务，忽视产后的加工增值和运销服务，更缺乏从产前的信息提供，产中的技术指导、病虫防治，到产后的加工、深加工、运输销售等全程的系列化服务。三是自身实力不强，没有实现“围绕服务办实体，办好实体促服务，搞好服务求发展”的良性循环。全市的农业服务体系，除农机、畜牧、农经、水利情况稍好一点外，其余实力都不强，步履维艰，离体系实现专业化、龙头化、产业化的要求还相距甚远。

第四，自身建设不适应系列化服务的要求。我市的农业服务体系自身建设，难在三点：一是人员少，缺编严重。如全市乡镇农技站按省编委规定应定编制1706人，目前只有在职人员958人，平均每站2.4人。二是经费紧缺。首先是财政安排的体系建设经费逐年递减。撤地建市以前全区体系建设经费从本级财政支出的仅4万元，1993年全市为2.4万元，1994年为1.6万元，1995年仅1万元。其次是工资难保证。人头经费的安排参差不齐，纳入财政预算的要好一些，与乡镇干部一样；但也有县财政只给人头经费的一部分，其余大部分靠自找，其中有个县财政全年只按人平2000元补助人头经费。第三是住房难解决。如全市413个乡镇林业站中，只有67个站建有站房，占16.2%，其余多数林业员只好住在农村家中，每天来回跑乡镇上班，严重影响工作积极性。农技、水利等也有类似情况。第四是业务经费无着落。全市各乡镇基本未按农业技术推广法的规定，把科技经费纳入乡镇级财政预算，业务经费、技术推广经费都无来源，技术推广工作难以开展。三是政策落实到位差。如支持和激励农业科技人员下基层开展科技承包、技术咨询、技术服务的政策，鼓励和保护农技部门围绕服务办实体的优惠政策，农技“三站”开展技物结合、作为“三农”物质经营的辅渠道的政策，落实到位都较差，影响和制约了农业基层站的活力和科技人员的积极性。

二、加强农业服务体系的对策措施

（一）提高认识，把农业服务体系建设提上重要议事日程。加强农业社会化服务体系建设，对坚持实行以家庭联产承包为主的责任制，巩固和完善统分结合的双层经营体制，实行对农业进行产业化开发，强化“统”的职能，实施科技兴农，推进农业和农村经济实现两个根本性转变，促进农业上新台阶，均有着十分重要的作用。可以说，农业社会化服务体系的发育程度是衡量农业市场经济发展的重要标志，是农民走向市场的桥梁，必须坚持国家、集体、个人一起上的方针，按照“完善县级、强化乡级、突破村级、延伸社级”的要求，建立和完善多层次、多形式的服务网络。农业越是向市场经济发展，对产前产中产后的各项服务要求越高，不完善或弱化农业社会化服务体系，要实施科技兴农战略，实现农业和农村经济的产业化，建设高产优质低耗高效的农业，只能是一句空话。现在服务体系的不健全、不完善，已在影响和制约我市农业和农村经济的发展。对此，务必提高认识，统一认识，把农业服务体系建设摆上重要议事日程，加强领导，精心谋划，针对四个不适应的问题，制订切实可行的方案，突出重点，先易后难，分步实施，把我市农业社会化服务体系建设好。

（二）打基础，着力抓好四项建设。服务体系建设的基础，要从机构、人员、设施、服务等方面入手，着力抓好四项建设。一是服务网络建设。首先，巩固完善县级，这是农业社会化服务体系的依托，是中心，要加强管理，规范运作，逐步完善。各业务站股既要做到服务方向明确，主次分明，又要互相协调配合，形成合力，增强综合配套服务功能。其次，健全、强化乡镇一级，这是农业社会化服务体系中的纽带和骨干力量，要稳定机构，健全组织，理顺关系，充实人员，强化服务功能，把服务体系人头经费纳入财政预算，予以保证；要按照农业技术推广法的规定，把科技推广经费纳入市县乡级财政预算盘子，解决好“无钱养兵打仗”的问题，确保队伍稳定和服务功能的正常发挥。第三，突破村级，建立起村社合作经济组织为主的集体服务组织，这是农业社会化服务体系的基础，开展的“六统一”服务以及产前产中产后的各项服务，是农民提高科学种田水平、促进农村社会化生产、农业实现产业化所必不可少的。要力争在“九五”期间把全市70%的村级服务组织建立起来，服务功能由目前一些地方的管理型向服务型转变，由产前产中服务向产后加工增值、贮藏、运销服务延伸，切实帮助农民解决农副产品附加值低、销售困难等问题，引导农民走向市场。要积极引导和扶持农民群众自发建立的以服务为宗旨的各种类型的专业协会、研究会等民间服务组织，这是农业社会化服务的必要补充，允许和保护他们开展的技术有偿服务和各种中介服务，加强指导、帮助，逐步提高其组织化程度和服务质量，不断扩大覆盖面。二是服务队伍建设。要搞好基层站的定编、定性、定员工作，制定人才培训计划，着力培养人才，提高现有人员的政治业务素质，充实人员，提高专业人员比重，尽快配齐编制。三是服务实体建设。要立足于增强自身实力，拓展、拓宽服务领域，围绕服务办实体，办好实体促服务，搞好服务求发展，层层抓好以科技服务为重点的示范网络、以购销服务为重点的服务网络建设，不断强化服务功能，在巩固和完善现有实体的基础上，进一步研究和探索把兴办实体与建立优质农产品基地结合起来，把兴办实体与农副产品加工增值和贮藏、运销等产后服务结合起来，积极推行“市场＋基地＋实体＋农户”的模式，认真探索办好股份制实体。四是基地建设。要鼓励和支持服务体系建立起自己的以市场为导向，以科技为支撑，以优质为前提，以高产为基础，以效益为目标，以辐射示范为目的的示范基地，辐射带动千家万户，把先进的农业生产技术和经营管理知识送到广大农村，用贸工农一体化的经营模式，形成支柱产业和龙头企业。

（三）理顺关系，充分发挥服务体系的作用。理顺关系，是我市服务体系建设中尚需亟待解决的一个问题。一是管理体制关系不顺。这几年执行的“条块结合，双重领导”的管理体制，原则是正确的，但操作各异，难就难在如何“双重领导”。我们认为，管理体制以“条块结合，双重领导”为好，以发挥两个方面的积极性。但“双重领导”应从职责上加以明确和区分。乡镇人民政府负责行政领导和综合、协调、监督等行政管理，县农业行政主管部门负责政策、法规、财务管理、业务指导。人事管理由乡镇提出意见，主管部门审查，按规定程序任免。业务经费按拼盘确定比例。这样，合理划分“条块”的职责权限，以调动两个方面的积极性。二是农技“三站”在经营“三农”物资上关系不顺。农技“三站”经营“三农”物资，国家和省有法律、规章和政策规定，明确农技站、土肥站、植保站是化肥、农药、农膜经营的辅助渠道，在开展技物结合的科技兴农中，可以经营项目所需要的“三农”物资，可以直接从生产厂家的自销部分进货，各级各有关部门应从法律法规和政策上统一认识，协调关系，规范运作。对农业“三站”经营“三农”物资的关卡要坚决取缔。三是农技部门与供销部门的庄稼医院关系不顺。双方都是为农服务组织，各有所长。一个长于为庄稼“诊病”“处方”，一个长于有“药”“施药”，应互相支持、配合，发挥各自所长。农业服务各类组织，应该打破行业界限，在为农服务这面旗帜下，联合起来，优势互补，扬长避短，协调服务，共谋发展。使为农服务组织进一步完善，服务体系进一步健全，服务功能进一步延伸和强化，服务实力进一步增强，推动农业产业化和农村经济持续稳定健康发展。

关于当前中小学生法制教育工作情况的调查报告

（1997 年 9 月）

在建立社会主义市场经济体制的新形势下，中小学生法制教育工作面临前所未有的新情况和新问题。市人大教科文卫委员会根据市人大常委会 1997 年工作安排，对学校法制教育工作进行了近两个月的调查。近些年来，教育主管部门及学校按照全市开展普法工作的总体要求，通过讲授教材中的法律知识，进行爱国主义教育和传统教育，使学生对相关法律知识有了初步的了解。但是，当前中小学生法制教育工作仍是一个薄弱环节，主要表现在：

一、教育主管部门对学校法制教育工作缺乏科学的考核评估制度。对如何衡量、判定学校德育和法制教育工作成果，并与学校评估及教师奖惩挂起钩来；如何衡量、评定学生的思想品德和法律意识，并与升学、就业挂起钩来等问题，教育系统从上到下都还没解决好。

二、学校开展法制教育还存在不少问题。当前中小学一般没有开设专门的法制教育课，更缺乏从事法制教育的专业教师。思想品德课对学生的养成教育还不是强而有力；政治理论课中的法制教育缺乏针对性；讲授法制教育的教师缺乏法律专业知识，上课时教师照本宣科，学生死记硬背，都是为应付考试；有限的法制教育联系实际不够，学生往往学归学，不与自己的思想相联系，实践效果差。不少城市中小学存在重智育、轻德育，重学业、轻法制的倾向。相当部分的农村小学只上语文、数学课，思想品德及音体美等其他课程没有正常开展，学生得不到应有的法制教育。

三、家庭、社会同学校教育脱节。学校德育和法制教育对学生的作用被某些家庭的不当教育和在社会上耳闻目睹的不良现象所抵消。社会各方面认为只要升学率高就是好学校，法制教育可以马虎一点。家长对孩子的看法是“一俊遮百丑”，只要成绩好，思想品德不重要。家庭的宠爱和误导，使独生子女娇宠；父母离异更加使孩子的心灵蒙上阴影；还有的家长打长牌、搓麻将搞赌博，孩子也染上赌博的恶习。文化娱乐业中的不健康因素，对中小学生的毒害已成为社会各界关注的热点。少数中小学生在暴力、凶杀、黄色书刊和录像诱导下走上犯罪道路。

四、中小学生违法犯罪现象较为严重。由于中小学生思想品德、法制观念方面出现偏差，违法犯罪现象还相当严重。据市公安局提供的资料，1994 年到 1996 年，全市中小学生参与刑事作案 1203 人，占全市刑事作案总数的 6%。其中，小学生占中小学生刑事作案总数的 33%；初中生占 60%；高中生占 7%。学生刑事作案表现出团伙性、暴力性、贪利性、低龄化几个特点。

邓小平同志提出：“法制教育要从娃娃抓起”。中小学生是党和国家的未来，是民族振兴、祖国繁荣的希望，是各条战线的后备军。必要的法律知识和较高的法律意识，是每一个合格的社会主义建设者和革命事业接班人的必备素质。抓好对中小学生的法制教育，提高他们的法律知识水平和法律意识，是国家法制建设，乃至整个社会主义现代化建设的百年大计。不抓好这项工作，我们这一代人将犯历史性的错误。为此，就加强我市中小学生法制教育工作提出以下意见和建议：

一、各级政府要充分认识抓好中小学生法制教育的重要性、紧迫性，高度重视，加强领导，做好指导、协调工作。要认真按照全市“三五”普法规划，把中小学法制教育工作提到议事日程上来，切实制定在中小学校教师和学生中开展普法教育的措施和办法，认真组织实施。要督促教育主管部门积极深化教育体制改革，努力实现“应试教育”向“素质教育”转变，用学生的知识面、能力、道德品质和遵纪守法等基本素质高低来评价和衡量学校，为学校思想道德教育、法制教育创造良好的环境。前几年地级机构中设立过“关心下一代工作委员会”，由于地改市及领导层的更迭，这个机构在无形中消失了，建议市上恢复“关心下一代工作委员会”，确定一位老领导负责，对青少年进行爱国主义和革命传统教育，指导和协调中小学生法制教育工作。

二、教育主管部门应加强德育和法制教育机构，主动与相关机构配合，抓好法制教育工作。评估学校办学水平和教师工作业绩，评比先进单位和个人时，不能只看升学率和成绩册。要加强思想品德、政治理论课教师的岗位目标管理。建立健全各项规章制度，做到管理科学化。要尽快采取措施加强思想品德和政治理论课教师的法律知识学习和业务培训，建立一支专兼结合、功能互补、信念坚定、业务熟悉的中小学法制教育队伍。市、县教育主管部门都应抓好一至二所法制教育示范学校，把学生德育和法制教育课程纳入统一规划，认真结合课程教学组织实施，并逐步在全市各中小学推广。具体内容和办法要根据学生不同的年龄段、学业段和接受能力确定，要帮助学生增强对是非的辨别和对错误言行的抵抗力，要把法制教育与德育有机地结合起来，包括评选先进集体、先进个人、三好学生等，都要把遵纪守法作为其中的一个重要条件，让中小学生从小就养成自觉遵纪守法的习惯。

三、学校要改进法制教育方法。要把对学生的养成教育放在突出位置，把思想品德、政治理论课与现实生活有机地结合起来。要努力挖掘文化课中的法制教育和思想品德教育的内容，在教书中育人。要把法制教育和思想品德教育融入丰富多彩的课外活动之中。小学从一年级开始就应把交通规则、爱护公物是美好公德以及打架斗殴、偷盗、伤害他人身体是违法行为等内容纳入小学思想品德课的教学内容；中学从初一到高三应把宪法、刑法、婚姻法、治安管理处罚条例等法律法规的重要内容和章节逐步纳入政治课教学内容。教育方法要生动活泼、多种多样，为学生容易接受。教师要结合身边的事例以案讲法，注意针对性、适应性、主动性，讲求实效。学校要与家庭密切联系，召开家长会，座谈会，搞家访，及时掌握学生的思想动态，特别要抓好后进这一头，不得歧视、体罚或变相体罚差生，否则将激化矛盾，使差生产生对立情绪，很容易走上邪路。

四、家庭要依法承担教育子女的责任。义务教育法已明确规定，家庭教育不仅属于家庭私事，而且体现为对国家负责，对社会负责。必须充分发挥家庭教育的作用。家长要与学校紧密配合，自觉接受学校和教师对学生提供的家庭教育指导；要收听好父母广播学校的广播，以利培养子女良好品德和行为规范。

五、全社会互相配合，共同担负起教育下一代的责任。文化部门要努力净化文化市场和社会文化环境，一手抓管理，一手抓繁荣，引导青少年健康成长。公、检、法、司、管教等部门要共同加强对青少年违法人员的教育、感化、挽救工作，促使其转化，重新做人。要实施社区教育，建立有宣传、教育、文化、广播、公安、司法、共青团、妇联、工会等单位参加的社区教育委员会，利用各种媒体和渠道广泛宣传，促进全社会加强对中小学生的品德教育和法制教育，为中小学生健康成长营造一个良好的社会环境。

关于南充水果业发展的建议

（2001 年 10 月）

历史上素有“果城”之称的南充，如何面对农业发展新形势，抓住发展新机遇，再展果业新风彩，是调整农业结构，增加农民收入的重要课题。前不久，市人大农业委员会就此进行了认真调查。

调查表明，近年来，南充水果业有了较快的发展，到目前为止，全市水果总株数已达 9000 万株，年总产达 21.6 万吨。“十五”末水果总株数将达到 1 亿株，水果总产量将达到 50 万吨。在水果中柑橘居主要地位，达 6000 万株，产量 18.5 万吨。柑橘内甜橙、柚、宽皮桔的株数比例为 7.1 ∶ 2.5 ∶ 0.4，以甜橙类柑橘居多，达 4260 万株。通过多年的努力，现已选育出一批水果优良品种。在全国第二届农博会上，蓬安锦橙 100 号、西充脐橙（青三九）、阆中脐橙、南部脆香甜柚、嘉陵脐橙（南良三号）、营山冰糖柚等六个果品分获金、银奖。目前，全市优质水果已发展到 5300 万株，占总株数的 58.9%，产量达 11 万吨。锦橙 100 号、嘉陵脐橙、西充脐橙、脆香甜柚、冰糖柚等优质水果已在各重点县区形成一定的栽植规模，有的已取得良好的经济效益，部分农户依靠水果业走上了致富之路，水果业成了他们增收的骨干项目。

但是，也必须清醒地看到，目前南充水果业的发展还存在一些问题，主要是：部分地方发展水果，主业意识不强，主导品种不突出，布局分散，生产无规模，产品无批量；在农业结构调整中，一些地方水果发展带有盲目性，搞低水平的重复建设，有的甚至前栽后挖，随意变动水果品种，追逐滞后信息；管理水平普遍不高，技术普及率低，重栽轻管，优质果树结不出优质果，单株产量低，影响了水果产业效益的发挥；加工、销售滞后，产业化经营水平低，适应市场能力弱。这些问题的存在，应当引起高度重视。

南充果业发展既有机遇，又有挑战。中国加入 WTO 后，面临国外的农产品，特别是水果产品对国内市场的冲击。同时国内经济发达地区水果的规模化、产业化进程的加快，形成对南充水果业发展的挑战。但是南充果业也有自己的优势，尤其是有一些优良品种，这些品种是本地选育的，适应南充立地条件的能力强。面对新的形势，只要我们把握机遇，明确思路，突出重点，实现南充水果业大发展是有希望的。为此，提出以下建议：

一、统一思想，形成共识

第一，水果业是南充种植业中的一大传统骨干产业，种植历史悠久，自然条件优越，栽植规模初现，良种优势突出，具有极大的发展潜力，我们应在水果产业的继续发展上形成共识，把它作为立县（乡）产业，办出规模，办出效益。第二，南充甜橙类柑橘具有耐贮藏的优势，季产年销，既可鲜销又可加工，适应国内外水果发展的方向。我们应在水果业的发展重点和主攻方向上形成共识，着力改良品种，提高单产，重点发展甜橙类柑橘水果，适当发展其他水果，特别是伏季水果。第三，为适应新形势发展的需要，我们应在抓机遇、迎挑战、发展水果产业化经营上形成共识，狠抓“入世”、西部大开发以及农业结构调整机遇，积极发展优质水果，培育壮大龙头企业，推动全市水果产业化经营。

二、做好区域布局规划，坚持长期发展

规划是领导决策的重要依据，是坚持长期、有序发展的重要保证。市县各级应针对果业发展存在的盲目性和低水平重复建设问题，本着“有所为，有所不为”的原则，切实搞好区域布局规划，正确指导水果业的发展。市级规划要突出大类水果的合理布局和总的发展目标。县级规划要突出立县品种的基地建设。在市郊可规划发展1—2个水果公园，既观赏又采摘。规划草案形成后，经同级人大常委会审议批准，监督政府实施。纳入水果基地建设的乡镇，要严格按规划行事，认定主导品种，始终不渝地坚持发展。

三、加强基地建设，实现规模效益

基地建设是实现水果产业化的基础，是推进规模经营的有效途径。水果基地建设，一要以乡为单位，从村抓起，选择主导品种，成片栽植，规模发展，下功夫建成各具特色的果品基地。二要体现高起点、高标准、高效益原则，做到品种优良化，生产规模化，经营集约化，获取最佳经济效益。三要同中改、水保、退耕还林、农业生态等工程项目配套进行，实行山水田林路综合治理，真正体现集中资金办大事的原则，充分发挥资金综合效益。四要创新土地流转机制，大力推行业主制，积极培育水果业主群体，推动水果产业化经营。

四、办好科技示范园区，促进技术推广应用

科学技术是水果产业发展的重要动力。水果科技示范园区作为科研、试验、示范、推广基地，具有较强的辐射功能和带动作用，应切实办好。一是要把园区建成优质水果的科研基地，通过引种试验，推陈出新，不断选育优良品种，确保全市水果主导品种不降等降级，不出现断层，始终保持科技领先地位。二是要把园区建成水果技术的培训基地，通过对水果新品种、新技术的试验示范，充分展示其名、优、特、新的特点，发挥其示范推广作用。三是要把园区建成优良水果苗木的供应基地，通过培育优质苗木，扩大苗木供应，满足发展需要。各地应出台优惠政策和措施，积极支持和培育示范园区。

五、依法管理果树苗木，把好发展第一关口

水果业是长效产业，其发展前途和命运如何关键取决于苗木的质量。前些年由于管理疏漏，把关不严，一些地方各自为政，乱引乱调苗木，造成了引苗上的重大失误和经济上的严重损失，其教训是深刻的。我们必须按照《种子法》和《四川省植物检疫条例》的要求，规范管理果树苗木。一是强化证照管理，高标准地建立一定数量的优质果树苗圃和母本园，保证本地优质苗木供应，实现规划目标。二是建立严格的引苗报批制度和引苗检疫制度。对引什么、引多少，实行业务主管部门统一把关，做到先鉴定后引进，先试验后推广。禁止未经报批、论证和检疫的苗木进入栽植区。三是加大行政执法力度，严厉查处乱引乱调苗木的人和事。

六、改进服务方式，填补服务“断层”

乡镇机改精简了大批水果技术人员，不少乡镇果技服务出现了“断层”。对此，必须通过改进服务方式，切实加以解决。一是借鉴蓬安经验，在水果基地乡镇实行返聘果树技术员作技术指导。二是推广南部经验，鼓励县乡两级果树技术人员到基地乡（镇）以有偿服务形式搞技术承包，包乡包村包社，联产联利取酬。三是组织果技人员组建水果专业技术协会，依靠协会推广先进管理技术。四是加强对果农的技术培训，不断地传授栽培技术和肥水管理知识。

七、发展果品加工，推进水果产业化经营

南充水果业的出路在于产业化。抓水果产业化经营必须抓住龙头企业。目前，我市果品加工业相当薄弱，数量少，规模小，带动力不强，应当尽快解决。一是对现有果品加工企业进行技术改造，提升其加工能力和水平。二是通过招商引资和立项争资等形式，积极引进水果采后商品化处理生产线，重点发展以甜橙为原料的加工企业。三是通过合同、股份制的形式，在“龙头”和基地之间建立起互利互惠的利益分配机制，使之形成利益共同体和产供销一体化的经营格局。

八、积极搞好水果营销，发挥市场拉动作用

近年农业结构调整，栽植水果多，高产期即将到来。建设市场、搞活流通刻不容缓。一是要坚持“谁投资，谁受益”的原则，鼓励多渠道集资兴建水果市场，逐步形成市、内外水果销售市场网络。整顿市场秩序，规范市场行为，理顺流通渠道，促进销售。二是指导各水果基地乡镇成立公司、协会、合作社等生产经营组织，引导果农直接进入市场。三是充分发挥民间流通组织的作用，培育和发展果品运销大户、农民经纪人，使之成为推动果品流通的生力军。四是组建市级“果业集团”，申请注册果品商标，创出“果城牌”品牌，发挥名牌效应，促进果品销售。五是创办“果品文化节”，以文促经，推出南充。

九、增加水果业的资金投入

一是各级政府要适当增加业务主管部门的经费，切实解决业务部门开会困难和无力办事的问题。二是各级政府每年应拿出一定数量的资金作为贷款贴息，有选择地重点扶持几家水果“龙头”企业。三是建立多渠道、多形式、多层次的投入机制，积极申报项目，争取国家投入；积极引进资金，争取业主投入；积极宣传动员，激励农民投入。四是加强审计监督，严审、严查、严管理，防止资金挪用，管好用好资金，提高资金使用效率。

十、切实加强对水果业的领导

加强领导是水果业发展成败与否的关键。西充的紫岩、高坪的石硅、蓬安的三坝、营山的黄渡等乡镇的水果业之所以兴旺发达，长盛不衰，主要是因为历届党政领导高度重视，坚持主业，长期发展。一是基地乡镇党政要分别确定一名分管领导抓水果产业，坚持届届抓，换届不换产业，换人不换决心，防止朝栽夕改，变换主导品种。二是建立目标考核制，把水果业发展纳入政府目标管理，单项考核，奖惩兑现。三是改进工作方法，把工作重点切实转移到搞好布局规划、促进科技开发、搞活市场流通、强化服务功能等方面上来，切实为水果业的发展办大事、办实事。四是建立激励机制，奖励先进，鞭策落后，鼓励发展国优水果基地和加工企业，重奖为水果产业化经营作出重大贡献的单位和个人。

附：水果调查资料

一、水果已是不少乡镇的骨干产业。阆中市双龙镇发展水果1万亩110万株，水果产量达4200吨，产值860万元，人均水果纯收入900元。蓬安县三坝乡发展锦橙100号98万株，人均75株，去年产果2300吨，人均水果收入470元，占全乡人均总收入的30.3%。预计2005年产果1万吨，产值1500万元，人均水果收入2000元，占人均纯收入的60%以上。西充县紫岩乡六届党政坚持水果生产不转向，2000年果树达60万株，其中通过高换和更新为青39达40多万株，去年产果恢复到4500吨，人均水果收入400元。营山县黄渡镇坚持长期发展水果业，现有水果103万株，去年产果1.5万吨，人均果业收入1100元。以上乡镇均有自己的运销队伍，水果远销省内外各大中城市。有的运销户成为了拥有数十万资产的经营大户。

二、水果是农民重要的增收项目。南部县老鸦镇流杯村人平果业收入230元。村支部李书记利用1亩多地种植脆香甜柚60株，去年产果1000多个，家庭人均收入2500元。该村6社社长在1.5亩地上栽植脆香甜柚82侏，去年产果1880个，人均收入3100元，占家庭总收入的70%。蓬安县三坝乡8村5社李宗勇，栽植锦橙100号210株，2000年产果5500斤，收入8200元，人均2050元。营山县东升镇锁水村支部书记刘世军种冰糖柚150株（其中挂果树100株），去年产果1500公斤，收入5500元，人均收入1375元。预计今年产果2300公斤，收入7400元，人均收入1850元。

三、优质水果未得到很好发展。嘉陵区南良3号脐橙，虽多次获国家及省优质奖，但由于发展缓慢，至今“南良3号”脐橙只有2000多吨的年产量，产品供不应求，仍处于礼品果阶段。类似的还有元帅柚和阆中脐橙等优质水果也存在有质量无批量的问题。

四、水果栽培管理技术缺乏。西充县以前由于技术普及到位，水果效益明显，水果出现了良好的发展势头。但近几年乡镇辞退临时人员后，水果技术人员出现断层，管理跟不上，技术服务不到位，水果产量下降，品质降低，青39脐橙发展缓慢。顺庆区城郊西山桃园建于1992年，栽后四、五年由于栽培管理技术落后，大多数桃树花而不实，后经专家技术指导，不仅能开花结果，而且产量大增。但近几年管理技术仍跟不上，又出现了结果少或花而不实的情况。南部县、阆中市一些果农不懂优质柚的修剪技术，误将结果枝当老弱枝剪掉，留下长势好的营养枝，导致柚树只开花长叶不结果。

五、水果苗木乱引乱调，损失严重。1999年营山县某局通过省有关部门引进感染国家检疫性病害“柑橘溃疡病”的柚子嫁接苗，假植在骆市镇9村县扶贫办和果树站的育苗基地附近，致使周围190万株果苗全部染病，后将其烧毁，造成直接经济损失约400万元。嘉陵、阆中、仪陇等地也有类似情况发生。

关于我市纺织服装业应对“入世”加速发展的调查报告

（2002 年 9 月）

纺织品和服装是我市传统出口骨干行业。加入 WTO 后，纺织品和服装贸易的配额限制将逐步取消，贸易领域将逐步扩大，最终实现贸易的完全自由化。这给我市纺织品与服装业的发展创造了难得的历史机遇。但是，有机遇就有挑战。面临机遇和挑战，我市的纺织服装业如何认清形势，把握良机，迎接挑战，以此振兴和壮大我市的纺织服装业。带着这个问题，市人大常委会专题调研组进行了调查研究。现将调查情况报告如下：

一、基本情况

我市纺织工业是 20 世纪 60 年代末发展起来的产业，服装业则起步于 80 年代末。全市现有纺织服装企业 50 多家，拥有比较齐备的生产设备，主要从事生产棉纱、坯布、印染布、锦纶丝、麻袋、粗纺毛呢、服装等产品。2001 年全行业共实现工业总产值 7.94 亿元，列全省同行业第三；实现销售收入 8.08 亿元，列全省同行业第二；行业中发展较好的企业有嘉纺、阆棉、美亚服饰、美华、金嘉、伊格尔、华盛、金泰等企业，而其余多数企业属中低档次装备，生产维艰，步履困难。

我市蚕桑丝绸产业属传统优势产业，具有三千多年的悠久历史。现有丝绸企业 45 户（其中市属 12 户），具有美亚、六合、夏佳尔、D4 梅花牌、SPF 等品牌和完整的蚕茧丝绸生产加工体系。可年产桑蚕丝 3500 吨，绢细丝 700 吨，丝织品 4000 万米，服装 150 万件（套）。2001 年全市丝绸工业实现总产值（不变价）8.23 亿元，完成出口交货值 9566.1 万元。其中，市属丝绸企业完成丝绸工业总产值（不变价）5.29 亿元，销售收入 4.36 亿元，实现税金 1803.5 万元。仅市属丝绸企业完成丝绸工业总产值就占市本级工业总产值的 34.63%。全行业结束连续 7 年的亏损局面，实现扭亏为盈。

二、主要问题

我市纺织、丝绸和服装行业，尽管具有一定的规模优势，但与沿海发达地区比较，无论从技术装备、产品档次、市场占有等方面都还存在着明显的、不容忽视的差距。

（一）技术装备落后，产品结构单一。到 21 世纪的今天，我市纺织行业整体装备水平仍停留在 20 世纪 70 年代末期水平，远远落后于国内外平均水平。以织机为例，美国无梭织机与有梭织机数量之比为 6∶1，日本为 1∶1.8，我国平均为 1∶15，而我市为 1∶96。由于缺乏技术条件，产品结构调整和品种开发相当困难，致使产品趋同化现象十分严重，精深加工不足，档次不高，往往大单做不了，小单又无效益，急单难以完成，在与沿海和国外企业进行竞争时处于被动。特别是印染后整理的技术装备、生产能力、产品档次还相当落后，既影响纺织加工的延伸，又抑制服装加工业的发展和效益，成为制约我市纺织服装行业向高层次迈进的瓶颈。

（二）产品档次不高，市场竞争力低。我市纺织服装业从总体上看，是低档产品多而高档产品少，普梳产品多而精梳产品少，初加工产品多而深加工产品少，低附加值产品多而高附加值产品少，产品知名度普遍不高，没有真正叫得响的名牌产品，原有的“天歌”等知名品牌，因多种原因，已基本失去了品牌优势。像这样的无品牌支撑，无优势产品，很难在市场上形成竞争力。

（三）蚕茧质量下滑，制约丝绸行业的发展。近年来，蚕茧质量逐渐下滑，价格下跌，使我市丝绸行业在历经7年低谷运行后，再次陷入困境。去年，仅南部县秋季就有300多吨价值1000多万元的干茧卖不出去。造成蚕茧质量低下的主要原因：一是蚕种老化，蚕农分户喂养的技术水平差，消毒不严；二是只求产量，不重质量，尚沿袭“数量型”的生产方式，从蚕种到丝绸等多个环节尚未形成协调一致的质量要求体系。有的蚕农受利益驱动，甚至故意提前卖“毛脚茧”的现象十分突出。由于蚕茧质量下降，我市不少丝绸企业宁可出高价到市外买茧、买丝，也不愿收购本地蚕茧和生丝，这既影响农民收入的增加，也制约着丝绸行业的进一步发展。

（四）出口渠道不畅，出口优势逐步丧失。近年来，由于出口政策的不断调整，我市丝绸品出口优势逐步丧失，出口总值下降到四五千万美元，只相当于90年初期的一半，而且多数通过沿海公司间接出口，企业与国外客商见不到面，这样，既不能有效地拓展国际市场，又享受不到国家出口的一系列鼓励出口的优惠政策。1997年以后，我市通过国家外经贸部扶贫仪陇的契机，积极申报解决出口丝绸纺织品的配额，外经贸部相继解决了六合、棉纺厂、伊格尔等企业的出口配额，直接出口有所上升，但目前直接出口也只达到700万美元左右，低于遂宁的水平。

三、几点建议

按照市委“做强工业”的要求和我国加入世贸组织后给纺织服装行业带来的良好机遇，我们应审时度势，扬长避短，下决心用高新技术提升产业品位，用先进设备更换过时陈旧的设备，着力扶持几家产品有市场生产有规模的大型丝绸、纺织和服装企业，打造一批名、优、特、新产品，更多地抢占国内、国际市场，给我市纺织服装行业创造一个更加广阔稳定的发展空间。为此，特建议：

（一）加大技术进步力度，用高新技术提升产品质量和档次。要以技术进步和技术创新为重点，加快产业产品升级换代，重点实施对织造设备、缫丝设备、服装生产设备的更新换代和印染后整理设备的技术改造。当前应重点抓好六合集团剑杆织机和针织横机的技改投产、服装生产的扩建工程，以提高产品档次和生产能力；美亚股份要尽快完成资产重组，盘活存量资产，完成经纬织造和设计技术改造；力争将《利用新型多纤维复合原料开发高档环保色织物》项目列入技改项目，要下决心尽快引进改造和补齐丝绸、棉织品的印染后整理设备，彻底解决我市印染后整理的技术难题，以提高精深加工能力，提高终端产品的质量；绢纺要重点开发绢麻、绢棉、绢毛、绢丝合纤、新合纤等新颖高档短纤混纺纱，以提高产品附加值，并引进相应设备。蚕茧生产要更新品种，及时研制抗病强、茧大丝长的新品种，发展生产大户，实施规模化成片生产，以提高蚕茧生产效益，切实保护农民栽桑养蚕的积极性。对技术改造的资金来源，一是紧紧抓住国家实施西部大开发和中央对纺织行业的优惠政策，积极争取国债资金投入；二是招商引资，采取合资、合作、转让、重组、嫁接、整体出售优质资产等方式，拓宽融资渠道，吸引外来资本和民间资金。

（二）调整产业产品结构，努力开发名、特、优、新产品。要以市场为导向，以产品创新为突破口，开发生产适销对路、附加值高的产品。重点抓住高档出口白厂丝，高档出口面料、服饰印染、绢丝混纺原料、品牌服装、床上系列用品和绿色环保产品生产和开发。要在保持和提升现有知名品牌的基础上，通过借牌、引牌发展床上用品和服饰、旅游等终端产品，并努力创建中国床上用品知名品牌；要充分利用一休浙江总公司的影响力，做大做强一休南充公司，力争使其成为中国名牌；对美亚、嘉纺、金嘉等企业，要采取多种方式鼓励创建全省名牌。

（三）抓住我国加入WTO的契机，努力开拓国际市场。加入世贸组织后，我国纺织服装业的出口贸易环境将得到明显改善。因此，我市的纺织服装业要在保持原有出口的基础上，充分利用国家近几年过渡期的优惠政策——取消配额限制、鼓励出口、扩大出口退税比例的机遇，加大力度，增大出口总量，重点开拓南亚、中东、拉丁美洲、非洲市场。要狠抓自营出口，大力提高自营出口的比例。要制定切实具体的发展规划，分年度实施，力争在今年内自营出口达到1000万美元，三年内自营出口达到5000万美元；要抓紧培育和引进外贸专业人才，创造条件建立现代信息网络，以适应对外贸易的需要。

（四）加大改革力度，创新企业机制。要进一步加大企业的改革力度，实施多种形式的产权制度改革，彻底理顺和完善不适应发展的管理体制；对已改制企业，要按照《公司法》的要求，狠抓规范运行。要充分发挥纺织服装和丝绸行办的指导、协调职能，分行业制定切实可行的发展战略，采取兼并、重组、租赁、股份运作、转产、技改等多种手段，盘活存量资产，让改制企业创新机制，增添活力，健康发展，而不能一破了之，一改就死。要进一步强化企业内部管理，分企业抓好主导产品的生产和营销策略的制定与实施两大关键，突出企业成本管理、资金管理、质量管理和安全管理四大重点，降低生产成本，提高经济效益。要加紧建立企业融资担保体系，协调商业银行与企业建立良好的信贷关系，争取金融支持；要鼓励企业经营者与职工以期股、期权、职工持股金等多种方式认购国有资产和股权，实现国有资产的有序退出和股权结构多元化，加快建立现代企业制度，形成规范的法人治理结构；要认真落实企业减负措施，坚持依法收费，切实减轻企业负担。要采取公开招聘和派出技术和管理骨干到外地培训等手段，培养一批有较高专业技能和管理才干的高科技人才来充实纺织服装行业，并创造良好宽松的用人环境，以充分发挥他们在技术创新、新产品开发、现代化管理和扩大出口等方面的骨干作用。

关于嘉陵江流域（南充段）水环境现状的调查与建议

（2005 年 10 月）

今年，市人大、市政协围绕《嘉陵江南充流域水环境状况及保护》这一重大课题，首次采取上下联动，部门协作的方式，联合对嘉陵江流域南充段水环境状况进行了全面调研。

开展这次调研的目的在于，弄清现状，找准原因，提出对策建议，为市委、市政府制定“十一五”规划和2020年远景目标以及全面实施嘉陵江保护战略提供决策参考，进一步唤起各级党政、有关部门和广大干部群众关注嘉陵江，保护“母亲河”的可持续发展意识，推动我市全面贯彻落实科学发展观，促进人与自然和谐共生，实施新一轮的新跨越、新发展。

为确保调研质量，联合调研组先后4次开展调研指导，实地踏勘，考察了嘉陵江干流、27条支流、7座中型以上水库水质状况和沿江部分企业排污情况，召开各种会议30余次，走访干部群众3000余人次，查找相关资料近60万字。在综合研究大量第一手材料和广泛征求意见的基础上，形成了这篇调研报告。

一、嘉陵江流域南充段水环境现状及发展趋势

嘉陵江发源于陕西秦岭南麓，流经广元，南北走向，纵贯我市阆中、南部、仪陇、蓬安、顺庆、高坪、嘉陵7县（市）区，至重庆汇入长江，全长1119公里。嘉陵江干流南充段长298公里，宽150—500米，深8—25米。以干流为轴形成的树枝状水系十分发达，有大小支流800多条，大中小型水库609座，小型水利工程42000多处。流域面积9300多平方千米，占全市辖区面积的75%，人口558万，占全市总人口的76.8%（人口密度600人/平方千米）；乡镇367个，占全市乡镇的73.4%；耕地面积260712公顷，占全市的80.7%。2004年流域产生的GDP占全市总的83.1%，工业增加值达90%。在全市经济社会发展中，嘉陵江流域占有举足轻重的地位。但是，随着城市化、工业化、农业产业化的快速推进，使流域污染程度越来越重，水质退化日渐明显。嘉陵江这条南充人民赖以生存发展的“母亲河”，亮起了红灯，发出了警报。

（一）水质严重退化，不容乐观

从调查和环保部门检测结果看，嘉陵江流域南充段水环境质量总体呈逐渐下降的趋势。一是干流水质明显退化。“九五”期间，干流综合污染指数为0.21，已经出现了“轻污染”，“十五”期间，综合污染指数达到0.26，已趋向“较污染”。近年，嘉陵江水质虽然商品化维持三类水质标准，但水体中总氮、粪大肠菌群、石油类等指数都严重超标，增加幅度较大。二是支流水质日趋恶化。支流水系涉及全流域60%—70%的人口，既是群众生产生活用水的基本保障，又是干流水源的重要组成部分。这次调查的27条支流，污染量大面宽，相当严重。多数段面属IV类水质的达14条，占53%；属V类、劣V类的6条，占23%。如西河阆中段，南部金鱼溪、状元溪，西充虹溪河、高坪清溪河、西河顺庆段（桓子河）、嘉陵凤垭河、蓬安河舒河等支流，大都是死水一潭，臭气熏天，丧失了水体的基本功能，给群众的生产生活带来了极大危害。三是水库水质变差。流域的各类水库，是农业灌溉和群众生活的重要水源。随着水产养殖业和旅游业的发展，污染不断加剧，水体质量下降。从调查的7座水库看，水质为Ⅲ—IV类。蓬安大深沟水库、营山幸福水库、仪陇思德、柏杨湖水库水质较好，而南部升钟水库，高坪磨儿滩水库和西充红旗水库水质较差。

（二）污染量大面宽，危害严重

嘉陵江流域南充段的污染物主要有四个来源：一是工业污染点多量大。沿干流、支流而建的规模企业360多家，这些企业每天产生废水8.3万吨，经处理达标排放的仅8000多吨（占8%），其余7万多吨均直排江河；每天产生的固体废渣有400多吨进入流域水系，造成水体污染。二是生活污染成为祸首。沿干流、支流和库区的城镇，每天约产生生活污水22万吨，有95%以上的污水未经处理直排江河；每天产生固体垃圾2000余吨，其渗透液全都排入江河。据测算，流域内城镇生活污水排入江河的总量，约为企业排放量的2.6倍，COD的排放量约为工业废水COD排放量的18倍，是流域的最大污染源。流域现有各类在航船只2202只，每年产生垃圾、废油860多吨，90%直排江河。这些都给水环境造成严重危害。三是面源污染日趋严重。2004年，流域农药施用量3673吨，残留量流入水体达629吨；化肥施用量33.9万吨，淋失量达10.17万吨；农膜用量4445吨，未回收量达667吨；规模养殖场1326个，每天产生废水3880吨，排泄物281吨，畜禽养殖的60%、水产养殖的95%的污染废物都直排江河，加重了水环境的污染。四是医疗污染日渐加剧。流域现有市、县、乡村医疗卫生机构5800多个，个体诊所2300多个，每天产生医疗垃圾60多吨，规范处理不足20吨，每天产生医疗废水40多吨，达标排放不足10吨。70%的医疗垃圾均按生活垃圾处理，75%的医疗废水直排江河，严重危及群众饮用水安全。

（三）发展趋势严峻，令人担忧

近十年来，随着流域城市化进程不断加快，城镇建成区面积已由“八五”期间的46.51平方千米扩大到目前的110.6平方千米，人口由64.6万增加到117万，生产生活用水量也由每天8万多吨猛增到近30万吨。到2010年，流域城镇面积、人口数量、工业和农业产业化企业还将成倍增长。在城镇人口翻番、生产消费翻番的状况下，污染源也将同时翻番；随着产业支撑作用的发挥和工业化的快速推进，企业生产废水、废渣将成倍增加；随着农业产业化的快速推进，水产、畜禽养殖业的大力发展，农业面源污染将有增无减；随着城镇生活水平提高，人民群众的日常生活消费、旅游消费、医疗消费等将大量增加，由此产生的污染也将不断加剧；同时，随着嘉陵江梯级开发的全面展开，使江河生态环境逐步变为水库生态环境，不仅使水体自净能力减弱，富营养化程度加重，而且将加剧水土流失，破坏植被景观，增加污染负荷，干扰水生动物等等。面对发展已使水环境容量不堪重负，负面影响越来越大的严峻形势，整治水环境，保护“母亲河”，还嘉陵江一江清水已经到了刻不容缓的时候。专家呼吁，如果现在还不加紧对嘉陵江流域水环境进行全面治理、保护，少则几年，多则十几年我们将无水可喝，无水可用。

二、嘉陵江流域南充段水环境污染的主要原因

据调查分析，导致嘉陵江流域南充段水环境污染的主要原因有以下几个方面：

（一）认识不到位，观念未转变

由于一些同志未能牢固树立科学发展观和正确政绩观，往往在发展中只重GDP，不重COD（污染指标）。部分领导干部谋划经济发展多，考虑可持续发展少；注重当前经济效益多，考虑长远环境效益少；关注局部利益多，考虑全局利益少，不自觉地陷入了“先发展、后治理”“先治穷、后治污”的思维定式，难以正确处理好发展经济与保护环境的关系，有的甚至不惜以牺牲较大的环境资源为代价，去换取较小的GDP增长。因而对水环境的脆弱性、水体污染的危害性、发展趋势的严峻性和整治污染的重要性、艰巨性认识不足、缺乏整治污染的现实紧迫感和历史责任感。这是导致环境意识淡漠，污染泛滥的根本原因。

（二）历史欠账多，治理未跟上

面对我市人口多、资源少、基础弱，产业结构布局不合理，经济发展相对滞后的基本市情，长期以来，各级各部门都把主要精力放在抓经济发展上，而对环境保护重视不够，措施不力，尤其对沿江密布的化工、轻纺、造纸、皮革、食品等传统粗放型企业的污染防治不力，加之城市的排污网管设置不合理、不完善，使历史形成的水污染问题积重难返。近些年随着城市化、工业化和农业产业化进程的不断加快，由于经济发展压力大，环保工作未跟上，使水环境污染“老账”未除，又添“新账”。这是导致污染日渐恶化的主要原因。

（三）政策不配套，资金不落实

随着改革发展的快速推进，各级各部门都主要忙于抓经济、跑项目、促发展，因而忽视了经济建设与环境保护协调发展的政策研究和机制建设，目标考核、产业开发、基础设施建设、资金投入和奖励优惠等一系列有利于污染防治的政策措施不配套、不完善，环保工作明显滞后于经济发展。同时由于各级财政既要保吃饭，又要保建设，投入环保工作的资金少、缺口大，专项用于治理水污染的资金更是杯水车薪，使流域环保工作受到资金瓶颈的严重制约，水污染治理收效甚微。

（四）执法环境差，监管力度弱

这些年，环保部门在水污染防治方面虽然做了大量工作，但是由于面临诸多困难和挑战，使环保执法步履维艰，污染治理进展缓慢。一些地方在招商引资中饥不择食，不管项目优劣、污染轻重都大开绿灯，使“环评关”难以把严，“三同时”难以实行；一些地方未按标准依法足额征收排污费，有的搞协商征收，定费统收，随意减、免、缓；有的甚至借口扶持企业，强令免收排污费，阻挠环保执法等，致使一些企业有恃无恐，肆意排污，给依法监管增加很大难度。同时，由于环保基础设施建设严重滞后，检测手段和治污设施较差，环保队伍能力建设、污染防治的宣传教育、预警检测、逗硬奖惩等长效机制，还不适应形势发展的需要，使社会参与度低，监管力度弱。不良的执法环境导致水污染治理难度加大。

三、加强嘉陵江流域南充段水环境保护的对策建议

嘉陵江流域南充段是我市可持续发展的希望之河。保护好嘉陵江水环境，给后人留一江清水，是摆在南充各级领导和全市人民面前的当务之急和历史重任。为此，特作如下建议：

（一）加强宣传，形成共识

要在全社会进一步强化科学发展观的宣传教育力度，引导广大干部群众尤其是各级领导干部在推动全市新跨越、新发展的进程中，始终坚持以科学发展观和正确政绩观为指导，正确处理流域建设与环保、当前与长远、局部与整体、人与自然相和谐等关系，不断增强可持续发展意识；要加大环境保护有关法律法规的宣传力度，让各级领导和广大人民群众知法、懂法、守法，增强法制意识；要加大嘉陵江水环境保护的重要性、紧迫性的宣传力度，增强各级领导的优患意识和责任意识；要加大全流域上下配合、整体联动、治防结合、标本兼治的宣传力度，增强上下游之间的协作意识；要加大爱护环境光荣，破坏环境可耻，保护环境人人有责的社会公德宣传力度，增强广大群众的参与意识；要加大舆论监督和社会监督力度，在报刊、电视、电台设置专栏，表彰先进，对破坏嘉陵江水环境的单位、个人及时曝光，并责令限期整改。营造一个领导重视，全民关注，全社会参与的良好社会氛围。

（二）加强领导，明确责任

完善领导机制，加强统筹协调。市政府要充分发挥市环境保护委员会的统筹规划、组织、协调作用，把嘉陵江水环境保护作为工作重点，尽快审定出台嘉陵江流域南充段水环境保护的总体规划和实施方案，建立定期召开联席会议的制度，及时对嘉陵江水环境保护项目做出安排，解决实施过程中出现的具体问题。县（市）、区、乡（镇）应参照市上的做法建立以行政一把手为组长、政府分管领导为副组长，政府有关部门负责人为成员的环境保护协调领导小组，负责辖区内水环境保护规划的制定，年度目标的安排，重大环保项目的治理措施，资金的筹集和使用安排，上下左右的组织协调，年度目标的考核等重大事项。协调领导小组下设办公室，在环保局加挂牌子（乡镇可放在国土所或建管所），负责日常工作。

建立条块结合，以块为主的管理机制。市政府负责南充段水环境保护的总体规划和实施方案的制定，出台相关政策，年度项目的安排，资金的筹集和调度，对各县、市、区和市级有关部门年度目标的考核和实施奖惩。县、市、区政府根据市上的总体规划，主要负责本辖区内嘉陵江流域水环境保护的规划和实施方案的制定，年度计划的安排，本级需承担的资金的筹集和调度，对本辖区乡镇政府和本级政府有关部门年度目标的考核和实施奖惩。乡镇政府主要负责本辖区内场镇垃圾污水处理、河道、水面、企业、种养殖业和农村面源污染的统一管理，确保本辖区水系、水体不被污染，不把污染物输送到下游。

市、县（市、区）政府有关部门在依法履行本部门行政管理职能时，都要把环境保护纳入工作日程，主动承担相关责任，密切协调配合。具体职责区分建议市政府将各级政府、有关部门各自应承担的职责明确界定后，以文件下发，确保责任落实到单位，落实到人头，形成条块结合，以块为主，横向到边，纵向到底，上下联动，全社会参与的严密工作网络。

（三）统筹规划，分步实施

嘉陵江水环境保护是一项庞大的系统工程，在战略上必须有长期作战的思想准备，在战术上必须坚持标本兼治，治防结合，大打人民战争。在操作上必须是以项目为支撑，一件一件的做起，最终实现由点到面，全面治理的目标。为此，建议在规划安排上，可按三个层次来运作：一是将嘉陵江水环境保护总的目标要求纳入五年规划；二是各有关部门要制定出各自的专业规划；三是环保部门要制定年度计划。在计划的实施上，可按照两步走的办法，第一步突击治理，用五到十年的时间，采取特殊的政策和办法，还清历史欠账，完成全流域污染治理，实现还一江清水的目标。第二步巩固成果，纳入正常规范管理，形成环境保护和经济社会全面、协调可持续发展的良好局面。

（四）加大力度，标本兼治

形成流域水环境污染问题“非一日之寒”，解决这一问题“非一日之工”。当务之急要以还历史欠账，遏制水环境继续恶化势头为重点，在全流域实施标本兼治，加大从源头上综合治理污染的力度。

一要加大工业污染治理力度。要切实抓好流域工业企业的布局调整和结构优化，各级政府和有关部门应根据环境资源和市场情况统筹协调，科学规划，加强现有企业技术改造和技术创新，大力引导发展经济循环型企业，推动流域产业结构和产品结构的优化升级。要采取果断措施，依法加大对现有工业污染源的治理。对重点工业企业要严格实行主要污染物达标排放许可证制度，对高能耗、高污染的企业和一些死而复生的“十五小”“新五小”企业必须毫不手软地予以关闭，坚决从源头上遏制污染物的继续产生。要严格控制新的污染源，流域所有新建项目必须执行“环评”制度和“三同时”制度，严把建设项目准入关，杜绝新污染源的产生。

二要加大城镇生活污染治理力度。要采取严厉措施，加强集中式饮用水源保护，强化饮用水源保护区周边污染源的整治，确保水质安全，让群众喝上清洁放心水。要加强城镇生活污染综合治理。当前尤其要加快城市污水处理厂和垃圾处理场等环保基础设施建设，切实抓好城镇生活污水、生活、医疗垃圾的无害化处理，以减轻对流域水环境的压力。

三要加大农村面源污染治理力度。要重视解决农村饮用水安全问题，有关部门要切实规划和编制农村饮用水源保护区，并在保护区内坚决取缔网箱养鱼、游船经营等不利于水环境保护的项目，定期检测饮用水源水质情况，确保群众饮水安全。要加快农村产业结构调整，引导农民减少和控制农药、化肥的施用量，大力发展生态农业和有机农业，生产绿色食品和无公害农副产品。要抓好规模化养殖的污染治理，尤其要加强对规模化畜禽、水产养殖的环境监管，努力提高养殖业的无害化处理能力。要大力发展农村沼气，有效控制农村面源污染的扩散。要继续抓好农村退耕还林还草和封山育林工作，积极开展农村环保工作综合试点，推行农村生活垃圾集中处理，努力建设生态型、环保型文明新村。

四要加大流域生态环境建设力度。要高度重视嘉陵江梯级电航开发给水环境带来的负面影响，进一步抓好全流域的植被保护、湿地保护、滩涂保护、动植物保护和矿产资源保护，逐步恢复自然江河生态环境。要加强对开发利用流域各种资源的依法监管，严禁乱采滥伐，坚决遏制掠夺式经营行为。要进一步加强全流域的水土保持和小流域的综合治理工作，逐步实现水清河畅，岸绿景美的目标，还一江清水于民。

（五）配套政策，强力推进

在加快城市化、工业化、农业产业化的进程中，为避免流域形成新的污染，必须采取特殊的政策，特殊的办法，才能奏效。建议市政府围绕解决嘉陵江南充流域水环境保护资金这一瓶颈问题，从以下三个方面研究制定具体的政策措施：

一是制定综合治理污染的规范性政策。本着治防结合，标本兼治的原则，建议市政府依据有关法规，就城镇垃圾污水处理，医疗废物处理，各类有污染源的项目的立项、选址、环评的管理，化肥、农药使用的强制规范，规模化畜禽养殖污染物的处理，水面养殖的强制规范（禁止使用化肥养鱼），河道的管理，沼气生化池的推广，湿地的保护等向有关部门提出具体要求，以便在行使行政管理时共同把关，密切配合。

二是制定多渠道筹集资金的政策。环境治理需要投入，防止产生新的污染需要增大成本。当前摆在我市面前的最大困难就是资金问题，关键是解决资金来源的问题。各地要按照省政府办公厅〔2005〕110号文件和市政府的有关规定，严格征收水资源费和排污费，不得随意减免。建议市政府就资金筹集问题，包括各级财政每年预算安排（建议市财政每年安排500万元）；水资源费、排污费的安排使用；在不违反政策的前提下从水电企业和水面开发收益中适当提取一部分，从河道养护和航运管理规费中安排一部分资金用于水环境保护，及向上争取项目资金，发动社会捐赠等多渠道筹集资金，确保嘉陵江水环境保护每年有一批项目，有相应的资金保障。

三是制定优惠激励政策。建议从收取的水资源费、排污费和砂石矿产拍卖经费中划拨三分之一用于水环境保护，并对投资兴办污水处理、垃圾回收，废物利用，再生能源等环保型企业给予政策倾斜，大力扶持。对企业自主兴建污染治理设施，给予政策和资金鼓励，充分调动企业治理污染的积极性。制定在农村推广沼气，发展清洁和再生能源，使用有机肥料，开展生物防治，发展循环经济和绿色农副产品的扶持政策。以多种形式和多渠道减少污染源，为实现区域性污染治理奠定坚实的基础。

（六）严格执法，加强监管

环境保护是三大基本国策之一，有法可依，有章可循。各级政府，尤其是领导干部必须正确处理环保和发展的辩证关系，坚持科学发展观和以人为本的理念，严格依法行政。任何领导不得以言代法，以权压法，更不得以发展为理由而污染环境。要支持执法部门严格依法监管，不得以任何理由逃避监管，阻碍执法。要逐步解决环保执法队伍人员编制、执法手段、执法经费保障等问题，保证在加大治理的同时不再发生新的污染问题。要加强对治理项目的管理，所有环保治理项目的资金必须实行项目管理，专款专用，按工程进度报账，严禁截留挪用，确保投资效益。对嘉陵江水环境保护的项目，必须做到年初有部署，半年有检查，年终有考核，赏罚分明，奖惩逗硬。

各有关部门要进一步强化《环保法》《水污染防治法》等环保法规的执行力度，要依靠法制手段，建立长效机制，促进水资源开发、利用和保护的规范化、制度化、法制化。要加强对重点污染源的在线监测和流域干流、支流及大中型水库出入境断面水质的定期监测，必要时可将监测数据向社会公告。要开展流域水环境容量核算，近期要在完成水环境容量测算的基础上，尽快推行换发排污许可证工作，严格实施排污总量控制，从严查处违法排污行为。要严格执行饮用水源保护区管理条例，加强对饮用水源保护区的经常监测，依法制定和完善饮用水源安全应急预案，有效防止污染事故发生。要加强流域旅游船只的排污管理，尽量控制游船数量。要依法足额征收、合理使用水资源费和排污费，多方争取配套资金投入，加快环保已建项目的完善和在建项目的建设，确保治污设施的正常运转，使其尽快发挥削减流域污染负荷的作用。

嘉陵江孕育了南充辉煌的过去，造就了南充现在的繁荣，更寄托着南充未来的美好憧憬和希望。面对母亲河的呻吟，面对726万嘉陵儿女的呼唤，让我们发出一声呐喊：万众一心，行动起来，保护我们的母亲河，保护我们的生命线。

关于当前生猪生产形势的调查报告

（2007 年 8 月）

年初以来，生猪及猪肉价格一路飙升，引起社会的普遍关注，成为街头巷尾议论的热门话题。为了摸清生猪生产供应情况，查找生猪及猪肉价格猛涨原因，研究生猪发展应对策略，市人大常委会及时作出安排，由陶治国副主任带队，组织市人大农委的同志迅即到市畜牧局进行座谈，了解全市生猪生产的基本情况，并先后到顺庆区、营山县、高坪区等地及部分乡镇村社就此开展了调查研究。

一、当前全市生猪生产面临的主要困难

南充是畜牧大市，也是生猪大市。近几年通过加大力度，狠抓发展，全市生猪产业迈上了新的台阶，规模养殖取得了新的突破，实现了年出栏生猪超 700 万头的目标。但由于受去年市场价格波动等多种因素影响，今年的生猪生产却出现了整体回落趋势和后继乏力现象，总的是，形势较为严峻，发展较为困难。

（一）生猪散养大幅下降

调查发现，去年下半年以来，农村生猪散养户和散养量均出现了大幅下降的现象。究其主要原因：一是农村举家外出户增多，生猪产业从业人员自然减少；二是外出务工人员增加，非全家外出户留守人员劳力缺乏、养猪困难，无猪户增多；三是去年上半年生猪价格持续低迷，生猪饲养无利可图，受此影响农民养猪积极性下降，宰杀母猪、放弃养猪成为散养户的无赖选择。据营山畜牧局统计，该县在家农业人口占农业总人口的45%，养猪户仅占总农户的51.5%，空圈率高达50%。经查，高坪区长乐镇2村2社养猪户仅占总农户的49%。营山县法堂乡一村有全家外出户 220 户，占全村总农户 536 户的41%，在全村 316 户非全家外出户中有无猪户 100 户、占 31.6%，养猪户仅占总农户的 37.3%。营山县济川乡向坝村七社，有全家外出户 14 户、占总户数 36 户的39%，有外出务工人员 75 人、占总人数的62.5%，在非全家外出 22 户中仅有养猪户 9 户、占 40.9%、仅占总农户的 25%。如何调动和保护养猪积极性已成为各级政府的政策取向。

（二）生猪存栏明显减少

据市畜牧局统计资料显示，目前全市有存栏生猪 525 万头，同比去年减少 3.87%，其中顺庆、营山存栏量分别为 20.5 万头，93.03 万头，同比去年减少 7.9%、12.7%。据实调查，营山县法堂乡现有存栏生猪 2041 头、同比减少 1159 头、减 36.2%，法堂乡一村现有存栏 301 头、同比减少 102 头、减 25.3%，营山县济川乡向坝村 7 社现存栏 12 头、同比减少 16 头、减 57%。通过同农户广泛座谈，了解到了在目前猪价高企形势下存栏明显减少、补栏进展缓慢的主要原因：一是仔猪猪源紧张，市场缺货，难以采购。调查的营山、高坪等地均普遍反映在市场上买不到仔猪。二是仔猪价格涨幅惊人，农民难以承受。较往年相比仔猪价格成倍增长，达到了每斤最低 12 元的历史高价。不少农民说去年 500 元买 4 头仔猪，而今年只能买 1 头相同重量的仔猪。三是不少饲养户对蓝耳病等生猪疫情心存恐惧，怕高价买回仔猪后染上疫情，再遭遇惨重损失，不敢轻易补栏。从目前存栏情况和生猪发展周期（选育母猪 8 个月，怀孕期 4 个月，育肥 6 个月）看，今明两年生猪生产形势较为严峻，供需矛盾一时难以缓解，生猪价格将继续保持高位运行状态。

（三）生猪种源严重不足

从调查的情况看，今年各地的母猪存栏量均较去年有不同程度的减少，母猪资源严重不足是造成仔猪紧缺、价格高昂的直接原因。据营山畜牧局统计，该县现有存栏母猪5.6万头，同比减少9.97%。据实地调查，营山县法堂乡现有存栏母猪95头，同比减少61头，减39.1%。法堂乡一村去年有母猪20头，现仅剩下8头，同比去年减少60%。高坪区长乐镇2村2社去年有能繁母猪20多头，现仅存栏7头，同比去年减少65%。由此可见，当前生猪种源不足已到了较为严重的程度，调动母猪饲养积极性，及时选留母猪，补充仔猪供应，已成为维护生猪产业发展的当务之急和首要任务。

（四）生猪疫情影响发展

今年上半年全国有20多个省份相继发生了高致病性生猪蓝耳病等疫情，我市各县市区也受到了不同程度的影响，出现了点状疫情，由于措施得力，防控及时，没有出现大面积疫情现象，对全市上半年生猪出栏也没有造成大的影响。但由于蓝耳病致病性强，治疗难，易造成毁灭性灾害，所以影响最大的是造成了对养猪户和消费者的心理恐惧。一方面养猪户不敢轻易填槽补栏；另一方面消费者不敢放心消费。为此，在强化疫病防控，恢复养猪信心，保证种源健康和猪肉安全方面，应引起高度重视，实施应对策略。

二、生猪价格上涨的主要原因

年初以来，生猪价格出现了全国性上涨，特别是“五一”以后，全市猪肉价格更是节节攀升，平均每斤从7—8元迅速涨到了13—15元，涨幅近1倍。经调查，主要原因在于：

（一）全国性生猪出栏减少，导致市场供求关系紧张

2006年上半年生猪价格跌入低谷、持续低迷，养猪户处于亏损状态，影响了养猪的积极性。不少养猪户缩减了饲养规模，甚至放弃了养猪产业。加之一些省份从去年12月以来，相继发生蓝耳病等疫情，影响了生猪的填槽量和出栏量。致使出现了去年下半年全国性生猪存栏严重不足和今年上半年全国性生猪出栏大幅减少的局面。尤其是南方省份自给自足率低，猪源严重不足，市场需求量大，不得不依靠大规模的“生猪南调”来满足市场需要，由此直接引起了全国生猪市场的供求紧张和生猪价格的持续上涨。

（二）饲料仔猪价格上涨，导致生猪饲养成本增加

受市场综合物价的影响，今年玉米平均价保持在每吨1800元左右，同比去年增加300元，增长20%。豆粕平均价为每吨3000元，同比去年增加600元，增长25%。配合饲料价格为每吨2500～2600元，较去年同期增加400多元，增长20%。今年仔猪价格每公斤24元，较去年同期增长4倍多。饲料价格上涨，仔猪价格攀升，养猪成本增加，其经济规律的内在要求引起了生猪价格的相应上涨。

（三）生猪加工外销大量增加，导致本地市场供给不足

据畜牧统计资料反映，由于规模养殖发展较快，市场价格行情看好，部分生猪提前出栏，上半年全市生猪出栏同比基本持平。但1—5月全市共向省外加工销售猪肉5.6万吨，同比去年增长了31%。面对猪源紧张局势，有的省份给予了外进生猪每头15元的补助，作为生猪大市的南充首当其冲地成为了生猪贩运的重点地区，其贩运户之多、贩运量之大，历史少有。由于生猪外销大幅增长，致使我市生猪内销市场供应紧张，出现了日屠宰量大幅下降的现象。营山县法堂乡逢场天正常屠宰量为9～10头，现仅为3头。顺庆区设在城市的两个屠宰场今年6月份日屠宰量下降为300—400头，7月份日屠宰量下降为260—300头，较正常年景日屠宰量减少1倍多，该区各乡镇1—6月屠宰量较去年同期减少7538头。生猪大量外销是引起内销市场供偏紧和肉价上涨的重要原因。

三、针对当前生猪生产形势的几点建议

（一）认真分析形势，切实加强领导

面对生猪疫情和猪肉涨价，目前到处是议论纷纷、众说纷纭，这很不利于产业发展和社会稳定。建议市政府及时召开由有关部门参加的生猪生产形势分析会，以科学发展观为统领，客观分析当前生猪生产形势和肉价上涨原因，澄清流言蜚语和不实之词，正确看待生猪价格上下波动，动态把握生猪产业发展趋势，以利于认清严峻形势，引起高度重视，切实加强领导，作出科学决策，促进生产发展，保持社会稳定。

（二）抢抓良好机遇，顺势做大产业

辩证地看，全国性的生猪价格上涨和“南猪西移”发展趋势，也给我们生猪大市带来了一次良好的发展机遇。我们应善于把握机遇、利用机遇，变不利为有利，变被动为主动，立足当前，着眼长远，及时研究发展策略，采取非凡举措，顺势做大做强生猪产业。通过增加总量、提高质量，大幅提高产业市场竞争能力，把资源优势转化为商品优势，持续提高从业者的经济效益，促进农民收入稳定增长。

（三）培育优质种源，夯实产业基础

针对当前母猪数额不足、仔猪供不应求和生猪存栏下降的严峻形势，要采取应对措施，大力培育种源。一要从长计议，研究构建基础母猪群的保障机制，保证歉收之年留有足够的母猪数量。二要狠抓当前，出实招，见行动，拿出奖励或补助政策，鼓励母猪养殖大户，尽快选育母猪、补充母猪种源，优先保证本地仔猪供应。三要坚持走自繁自养之路，精心选育良种母猪，避免引种带来的疫情隐性风险。四要发动养殖户做好生猪的补栏增栏工作，保证存栏量的稳步增长。五要动员各级畜牧技术人员，加强联络，协助业主寻找猪源，切实做好仔猪调度和技术指导工作，帮助养殖户选留良种母猪、补栏健康仔猪。

（四）扩大规模养殖，提高竞争能力

规模化养殖是生猪饲养的发展方向，是畜牧生产方式的转变，较散户饲养有着不可比拟的优越性。要坚持走规模化发展之路，大力发展大型养猪场、标准化养殖小区和适度规模养猪大户，着力建立全程的标准化体系，采用先进的繁育技术和饲养技术，降低养殖成本，改善防疫条件，不断提高生猪生产能力和质量水平。要针对小家禽“短、平、快”的特点，调整猪禽结构，大力发展家禽和草食牲畜，缓解生猪供应紧张局势。

（五）加强疫病防控，保障食品安全

生猪疫病防控是生猪生产的生命线，加强疫病防控尤为重要。一是要做好防疫工作，打好生猪免疫注射，提高免疫密度，严格控制发病率。二是要做好控疫工作，开展拉网式疫情排查，及时处理疫情，控制疫情，消毒灭源，严格病死畜禽无害化处理，把疫情消灭在萌芽状态。三是要做好引种堵疫工作，建立申报登记和检疫制度，防止带病疫情母猪和仔猪流入我市。四是要做好猪肉检疫工作，做到常查常检，防止病死猪肉流入市场，确保猪肉食品安全消费。

（六）实施激励政策，助推产业发展

一是要制定和实施能繁母猪补贴制度，除中央每头补助50元外，地方政府应再给予新养母猪户一定的资金补贴，促其尽快恢复能繁母猪饲养量。二是要研究制定规模养殖的激励政策，在土地、税收、贷款等方面给予适当优惠，以促进规模养殖的快速发展。三是要尽快研究实施中省各2.5元、市0.3元、县1.7元、农户3元共计每头参保10元（赔偿400元）的生猪保险政策和中省48元、养猪户12元共计每头参保60元（赔偿1000元）的能繁母猪保险政策，最大限度降低养猪风险损失，充分调动养猪户的积极性，促进生猪产业发展。

南充市城郊蔬菜产业发展面临的困难及对策

（2009 年 11 月）

“菜篮子”工程是关系到千家万户的民生工程，担负着保障城市蔬菜供给和促进农民增收致富的双重重任。南充作为农业大市和城市人口大市，坚持统筹城乡发展，突出发展城郊蔬菜产业，既是内在要求又是必然选择。为此，根据市人大常委会安排，市人大农业与农村委员会会同市农业局、国家南充调查队深入市辖三区，重点就城郊蔬菜产业发展所面临的困难和问题进行了专题调查研究，现将有关情况报告于后：

一、基本现状及特点

近年来，市、市辖三区政府和相关部门坚持科学发展、城乡统筹，按照服务城市、致富农村的工作思路，大力调整农业结构，积极发展蔬菜产业，促进城郊蔬菜产业化水平跃上了新台阶。一是生产规模明显扩大。截至 2008 年年底，三区拥有商品蔬菜基地 10 万亩，比 2002 年增加 2 万亩，增长 20%，其中专业蔬菜基地 6 万亩，较 2002 年增加 1 万亩，初步建成了顺庆搬罾韭苔王、高坪小龙甜栗南瓜、嘉陵河西胡萝卜等一批特色蔬菜生产基地，实现了面积、总产的稳定增长。二是品种供应明显丰富。突出表现为蔬菜品种丰富、错季蔬菜增多。从品种上看，常年种植供应品种达 12 个种类 200 多个，基本满足了城市居民多样化的需求。从季节上看，采取春提早、秋延后等综合性技术措施，扩大错季蔬菜播种面积 10 万亩，增加产量 15 万吨，基本改变了淡季无菜可吃的局面。三是蔬菜质量明显提高。通过强化检测监管和政府推动，促成了一大批无公害、绿色、有机蔬菜基地的迅速发展，优质蔬菜比重大为提升。目前，市辖三区共建有无公害蔬菜基地 8 万亩，涉及品种 21 个，年产 25 万吨，占商品蔬菜总量的 80% 左右，基本保证了城乡居民吃上“放心菜”。四是市场流通明显活跃。随着交通网络的建立和市场体系的完善，南充桑园坝蔬菜批发交易市场与全国 10 多个省（市）、川内近 10 个市（州）建立了贸易往来关系，年交易量达 38 万吨，其中年进菜约 18 万吨，已成为川东北蔬菜流通的中心。加之各种蔬菜协会、运输协会、经销协会的迅速发展，基本形成了大市场、大流通的格局。五是规模效益明显提高。在城市建设和龙头企业的带动下，农村蔬菜产业基本实现了由散户种植向规模种植、由粗放经营向集约经营的转变，规模效益日益突出，成为了种养行业中比较效益较高的产业。专业蔬菜基地年均亩值可达万元以上，部分重点基地乡镇的蔬菜收入已占到农民总收入的 70% 以上。2008 年三区蔬菜总产值达 6.5 亿元，约占农业产值的 25.7%，蔬菜产业已成为近郊乡镇农民增收致富的骨干产业。

二、面临困难及问题

近些年来，我市城郊蔬菜产业虽有很大发展，但规模不大、品牌不响、加工不深、质量不高、外销不多等弱势特征仍很明显。城郊蔬菜产业发展同南充建设百万城市人口大市的巨大需求相比，滞后现象尤为突出。其面临的主要困难和问题是：

（一）一线菜地急剧减少，专业菜地扩充不够。专业菜地包括一线菜地和二线菜地。作为保障城市供应的三区一线菜地，伴随城市扩展和人口膨胀几乎被占殆尽，到去年底仅余 1.4 万亩（顺庆清泉坝 0.35 万亩、高坪 0.7 万亩、嘉陵 0.35 万亩），较 1998 年减少 3.6 万亩。如果加上新发展的 4.6 万亩二线菜地，目前专业菜地面积也不过6万亩。按照中国居民膳食指南提供的“每10人一亩专业菜地”标准计算，我市主城区近百万人口应需专业菜地10万亩左右，其缺口高达4万亩。专业菜地严重不足的问题已直接影响到市场供给和菜价稳定，扩充三区专业菜地势在必行。

（二）资金投入严重不足，设施建设较为落后。依照《土地管理法》和政府有关文件规定，在市辖三区征用菜地，按每亩1万元标准征收菜田建设基金，政府应收菜田基金3亿多元，并全部用于扩建蔬菜基地。但近10年间只安排了800余万元资金用于发展蔬菜产业，仅占应收总额的2.2%。资金投入少、优惠政策少，致使城郊蔬菜产业得不到必要的扶持。一是专业菜地面积得不到及时补充和扩展，面积增长幅度低于城市人口增长幅度。二是新建二线菜地的水、路、机等基础设施难以得到配套建设，蔬菜产业几乎成为边缘产业，长期处于放任发展状态。

（三）产销成本大幅增高，市场价格“水涨船高”。一是生产资料全面上涨。据调查，今年1—2月化学肥料比上年同期上涨7.7%，其中尿素涨幅达30%—40%，油枯、地膜、农药等其他农用物资也均有不同程度的上涨。二是劳动力大幅升值。受农村劳力大量外出影响，农业劳动力所剩无几、极为匮乏，作为从事蔬菜产业规模发展的业主和大户不得不添薪聘请当地农民为其作业。据各地业主反映，今年请劳力大约是一天25—30元，较去年增加5—10元。三是流通成本较高。目前，本地蔬菜从田间到消费需经历菜农→产地菜贩→批发商→零售商四个环节。各中间商层层转手、层层盈利，并将其成本和利润转嫁到终级产品上，流通成本像滚雪球一样越滚越大，从而大大抬高了蔬菜市面价格。

（四）蔬菜价格一路走高，城镇居民反映强烈。据统计调查，近几年南充市综合菜价一直呈现上升趋势，按同期相同品种计算，今年1—6月大白菜、黄瓜、萝卜等25种常用蔬菜每公斤零售均价为4.18元，分别较2006年、2007年、2008年上涨1.26元、0.79元、0.69元，涨幅为43.2%、23.3%、19.8%，环比涨幅为16%、3%、19.8%。个别蔬菜如大白菜、空心菜、黄瓜、冬瓜、丝瓜、西红柿等较去年同期分别上涨54%、77%、67%、36%、37%、38%，均超过了平均涨幅。蔬菜已成为居民消费食品中价格涨幅最大的品种，蔬菜价格居高不下引起了社会各界的普遍关注和城镇居民的纷纷议论。

三、对策措施及建议

（一）坚持城乡统筹，着力振兴城郊蔬菜产业。统筹城乡发展是科学发展观的客观要求。城市建设是蔬菜产业发展的主要依托，蔬菜产业发展是城市建设的重要保障，二者相互依赖、相互促进。促进城市建设和城郊蔬菜产业协调发展具有十分重要的意义。当前，我市城郊蔬菜产业尤为滞后，促其发展既有基础又有潜力，既是振兴产业、致富农民的需要，又是保障供给、稳定市场的需要，必须增强紧迫感和责任感，高度重视城郊蔬菜产业的发展。要在发展观念、决策思路、规划布局、资金投入、发展目标上形成共识，坚持城乡统筹、科学规划，采取有力措施，推动城郊蔬菜产业快速健康发展，使之成为支援城市建设、致富一方百姓的优质蔬菜生产基地。

（二）科学规划布局，着力扩展蔬菜基地面积。针对当前城郊蔬菜基地面积总量不足的实际问题，要将城郊蔬菜产业发展纳入国民经济发展总体规划，以满足城市未来需求为目标，结合第七次城市修编和城市人口发展战略，建立人口增长与蔬菜基地同步增长的保障机制，按照城市人口每10人一亩菜地的标准，尽快制定出区域布局规划和产业振兴规划，正确指导蔬菜产业发展。在面积上，要以满足城市供应为标准，落实城郊专业蔬菜基地的基本面积，并将其划入基本农田保护区，加大保护力度。在布局上，要发挥优势、突出特色，重点安排在沿江两线和公路两旁。在规模上，要集中成片、连片开发，每片不少于3000亩，着力建成各有专攻、各具特色的产业片和产业群，力争两三年内种植规模迅速扩大，蔬菜产量迅速增加。

（三）构建投入机制，着力完善基础配套设施。资金是发展的重要保障。建立和扩展城郊标准化蔬菜基地需要大量的资金投入，必须多管齐下，构建多元化投资体系。一是加大政策落实力度。既定的一线菜地出让收入每亩1万元菜田基金，应取之于菜、用之于菜，市政府要责成有关部门严格征收、拨付、使用程序，不折不扣地执行。市、区财政应在近两年内安排资金2000万元，及时扩建一线专业菜地4万亩（每亩含基础设施建设费用500元）。二是加大财政补贴力度。每年财政要安排一定的专项资金作为引导资金，主要用于新品种、新技术的推广应用和优质产品的注册论证，并以贴息、补贴或奖励的方式扶持重点加工龙头企业和业主、大户，激励竞相发展。三是加大信贷投放力度。鼓励各金融机构对有实力、讲信誉的企业、业主和大户给予信贷支持。四是加大招商引资力度。用优惠政策、优良环境、优厚回报招引业主，发展蔬菜加工企业和生产基地。要严格财政资金使用投向，重点用于水、电、路、机、渠等基础设施建设，提高基地装备水平，力争把城郊专业菜地建成优质高产的生产基地、农民增收的致富基地和城市供应的保障基地。

（四）推广科学技术，着力提高蔬菜品种质量。蔬菜品种和质量直接关系到居民多样化的需求和安全感的认同。要实施科技兴菜战略，扩大蔬菜品种，发展优质蔬菜，提高科技含量。一是推进良种化进程。积极引进适宜良种，大力示范推广。尤其是要按照适地适菜的原则，选育推广淡季蔬菜品种，扩大面积，提高产量，保证均衡上市。二是实行科学化种植。加大技术培训和技术服务力度，推广大棚种植、地膜覆盖、温室栽培等先进的栽培管理技术，提高种植水平和经济效益。三是推行标准化生产。全面制定和实施无公害蔬菜标准和生产技术规程，推广无公害杀虫设施和病虫药物防治，大力发展无公害蔬菜，鼓励建设和申报绿色、有机蔬菜生产基地，注册商标，扩大影响。四是实施法制化管理。建立健全质量检测体系，逐步推行市场准入制度，依法做好蔬菜安全质量检测工作，深入实施“放心菜”工程，确保“菜篮子”质量安全。

（五）加强市场建设，着力构建现代蔬菜流通体系。一是发展壮大蔬菜批发市场。桑园坝蔬菜批发市场已成为全省（除成都外）最大的二级蔬菜批发市场，但位居城市中心，场地狭窄，交通不便，拥挤不堪，很不利于自身发展壮大，应尽快提上议事日程，尽快实施迁建。二是健全市场销售网络。学习借鉴外地先进经验，建立和完善市区农贸市场和便民店的网络建设，逐步改农贸市场为农贸超市，鼓励蔬菜专业合作组织直接进市建网直销，减少中间环节，降低流通成本，抑制蔬菜市场价格。三是加强信息体系建设。做好蔬菜信息的收集、整理、分析预测和信息发布工作，正确引导生产流通。

（六）加大政策扶持，着力强化产业发展保障。一是按照中央实行“菜篮子”市长负责制的指示精神，坚持政府一把手负责制，组织成立蔬菜产业发展领导小组，定期研究解决问题。要将“菜篮子”工程建设列为“民生工程”的重点项目之一，纳入政府年度目标考核内容，严格奖惩，推进工作。二是市政府应尽快研究振兴城郊蔬菜产业规划，在支持加工龙头企业发展、建设蔬菜生产基地、培育流通销售组织、扶持专业合作组织等重点领域和关键环节上，制定出具体可行的激励政策和措施，给予灵活的土地政策和优惠的税费政策，强力推动蔬菜产业快速发展。

关于南充市学前教育发展情况的调研报告

（2011 年 9 月）

学前教育是终身学习的开端，是国民教育体系的重要组成部分，是关系广大人民群众利益和子孙后代幸福的民生工程。为认真贯彻落实《国务院关于当前发展学前教育的若干意见》精神，促进全市学前教育快速健康发展，市人大常委会组织部分常委会组成人员和市人大代表，采取听汇报、看现场、访群众等方式，对市、县两级学前教育发展情况进行了专项调研，现将有关情况报告如下。

一、现状

近年来，全市各级党委政府认真贯彻落实科学发展观，高度重视学前教育，将其作为重要的民生问题，加强领导，积极探索，做了大量工作，推动了全市学前教育进一步发展。全市学前教育规模不断扩大，普及率不断提高，管理进一步规范。全市现有学前适龄儿童 251008 人，在园幼儿 125253 人，学前三年幼儿毛入园率达到 49.9%。幼儿园 1366 所，其中公办园 180 所，在园幼儿数 64192 人；民办园 1186 所，在园幼儿数 61061 人；城区 199 所，在园幼儿数 59346 人；农村 1167 所，在园幼儿数 65907 人。现有幼儿教师（含保育员）6605 名，其中在编在岗专任教师 1515 人，在编在岗保育员 105 人。全市目前有 15 所省级示范幼儿园，26 所市级示范幼儿园，42 所县（市、区）级示范幼儿园。总的来看，我市学前教育已具有一定的规模和较好的基础，但与经济社会发展水平和建设川东北区域中心城市的要求还不相适应，还不能满足人民群众对学前教育的需求，还存在许多困难和问题。一是入园难。如莲池幼儿园每年招生都会出现人满为患、一额难求的现象。二是城乡失衡。农村学前教育无论数量还是质量都严重不够，尤其是优质资源向城镇集中，城乡差别特别明显。三是发展无序。缺乏统筹规划，管理还不到位，安全隐患较多。

二、成因

学前教育问题既有工作滞后的原因，也有历史的原因，这是客观存在的问题，我们必须以科学、求实的态度认真对待，必须加快发展积极解决。主要原因有：

（一）认识不够，工作滞后。有的地方认为学前教育是带普遍性的问题，幼儿入不到学也不会找政府，没有压力感；有的地方认为学前教育没有纳入党委政府的目标考核，不实行奖惩，没有紧迫感；有的地方一味追求“优质”“正规”，加强了城镇的学前教育，忽略了农村学前教育的发展；有的农村家长也没有认识到学龄儿童接受教育的重要性，认为学前教育就是托管孩子，可入学可不入。由于个别地方对学前教育的重要性缺乏应有的认识，特别是对学前教育的社会公益性、福利性和重要性认识不足，片面理解国家发展学前教育“两条腿走路”的方针，没有把学前教育工作纳入本地经济、社会发展的总体规划，甚至单纯地将幼儿园推向市场。

（二）投入不足，保障乏力。由于学前教育不属于国家规定的义务教育体系，致使学前教育投入严重不足，幼儿园校舍建设、配套设施、办公经费、人员工资等缺口很大。一是供给缺口大。目前，我市幼儿入园率为 49.9%，按照全省目前平均 62.5% 的幼儿入园率和《四川省幼儿园办园基本要求》规定的班平 30 人计算，我市尚差 1054 个幼儿班，约合幼儿园 70 所。公办幼儿园数量较少。目前，全市公办园仅 180 所，占幼儿园总数的 13.1%，而民办园达 1186 所，公办园难进、民办园太贵现象较为普遍。在农村人口占绝大多数的情况下，农村学前教育集约化、规模化、规范化难度很大，受地理、经济等原因的影响，很多幼儿园办学都处于自发的、原始的状态，与城市学前教育的差距有继续扩大的趋势。二是师资力量弱。目前，我市教职工与幼儿比为1∶19，按照《全日制、寄宿制幼儿园编制标准（试行)》规定的1∶6或1∶7的师幼比计算，尚缺幼儿教师4685人，保育员3955人。公办教师较少，近十年没有增加公办幼儿教师编制，占编在岗的专任教师和保育员分别仅占总人数的30.9%和12.4%。全市幼儿教师大专及以上学历仅有3217人，占总人数的65.5%。三是配套设施简陋。除城区个别民办幼儿园基础设施比较先进齐备外，大多数民办幼儿园和农村幼儿园受资金、土地等条件制约，存在园舍不符合标准、活动场所不足，配套设施不全，活动器械不足等问题。四是教师待遇低。当前，全市有60%以上的幼儿教师工资为500—1000元/月（主要是自聘教师），仅有5.1%的教师月工资为2000—2500元，挫伤了幼儿教师的积极性和主动性，导致教师队伍流动性大，严重影响了队伍的稳定和教育质量的提升。

（三）管理不优，发展无序。由于管理体制不完善，存在多头管理，个别相关职能部门没有认真履行职责，合力不够。一是办园准入不严。部分民办园报批的意识不强，教育主管部门缺乏监管手段。全市民办园1186所，未经审批的民办园496所，占民办园总数的41.6%。二是无证育幼。有三分之一的教师未取得教师资格证，有三分之二的教师未评定职称，幼儿教师普遍缺乏后继培训，专业化水平不高。三是安全隐患较多。由于受利益驱动，一些民办幼儿园为降低成本，增加盈利，大多不愿加大投入，导致基础设施薄弱，教辅玩具短缺，幼儿饮食搭配不合理，保教质量偏低，个别甚至达不到办园的基本条件，在教育设备、食品卫生、消防设施、幼儿接送等方面存在安全隐患。

（四）政策不全，支持受限。学前教育没有纳入义务教育范畴，缺乏制度和法律保障。由于管理体制不完善，相关政策不明确，部门职责不清，相关制度无法确立，相关工作不能到位。目前，全国高校还没开设学前教育本科专业。在发展学前教育上全市没有一个统一的规定，存在无序发展；在投入上没有形成长效机制，经费保障水平较低。因此，学前教育在总体规模、布局、标准、投入、师资、待遇、安全等方面，都没有统一的规定，致使学前教育工作整体处于自发、自愿阶段。

三、建议

常言道："从小看大，三岁看老。"学前教育直接影响一个人的智力发育，决定人一生的成长，于个人、家庭和国家都关系重大。中华民族具有重视幼教的好传统，《三字经》《幼学琼林》等古代幼教启蒙读物至今还广为传诵，"孟母择邻""孔融让梨"等充满人性道德光辉的幼教故事至今还为世人津津乐道。在讲求以人为本、科学发展的今天，我们更应该发扬民族幼教传统，做好新时期的学前教育工作。

（一）提高认识，加强领导，落实责任。发展学前教育，关键在政府，重点在公办，这是各级政府义不容辞的职责。要将发展学前教育纳入各级政府综合评价和绩效考核体系，出台《关于加快学前教育改革与发展的意见》，加强对各县（市、区）学前教育"三年行动计划"跟踪督办，建立考核奖惩机制。教育、发改、财政、规划、国土、编制、人事等相关部门要站在对儿童、对民族未来负责的高度，认真履行政府在规划、投入、监管和保障公平等方面的责任，着力解决入园难问题。要坚持学前教育的公益性质，进一步增强抓好学前教育的自觉性和主动性，既各负其责，又配合协同，形成政府负责、社会关注、各方努力、共促发展的良好局面。

（二）科学规划，合理布局，扩大资源。按照保基本、广覆盖、多形式的原则，根据人口分布和适龄幼儿情况，科学规划城乡幼儿园布点，大力发展公办幼儿园，加大政府投入，新建、改建、扩建一批安全、适用的幼儿园。一是加快城镇小区配套幼儿园和公办幼儿园建设。把幼儿园建设纳入城市公共设施配套建设规划，保证配套幼儿园建设“四同步”（即同步规划、同步建设、同步验收、同步交付使用）的到位和落实。二是大力发展农村学前教育。以乡镇为单位统筹规划幼儿园建设，优先利用中小学闲置校舍改扩建幼儿园，根据需要新建乡镇中心幼儿园、大村幼儿园、小村联办幼儿园。三是积极扶持普惠性民办幼儿园。各级政府要通过优先出让土地、减免税收和建设规费等优惠政策，鼓励社会力量以多种形式举办幼儿园。在规范民办园收费和办园质量的基础上，通过政府购买服务、减免租金、以奖代补、派驻公办教师等方式，引导和支持民办幼儿园提供普惠性服务。

（三）政府主导，社会参与，完善机制。再穷不能穷教育，再苦不能苦孩子。按照政府主导、社会参与、公办民办并举的办园体制，逐步建立健全与政府责任相适应的长效经费投入机制，每年在教育事业费中安排一定比例用于学前教育事业。一是建立学前教育专项经费制度。各级政府应积极采取措施，调整支出结构，确保新增教育经费向学前教育倾斜，设立学前教育财政专项经费，并做到逐年增长。要研究制定公办幼儿园生均经费标准和生均财政拨款标准，提高幼儿园的经费保障水平。对普惠性民办园要采取以奖代补、购买服务等方式进行补助。二是引导社会资本举办学前教育。要制定优惠政策，动员和鼓励企事业单位、社会团体、非营利组织和公民个人捐资助学和出资办学。社会举办者依法筹措经费，保障必备的办园资金和稳定的经费来源。三是要完善成本合理分担机制。合理确定普惠性幼儿园生均成本中家庭分担比例，规范幼儿园收费标准，建立学前教育资助制度，帮助家庭经济困难儿童和孤儿和残疾儿童接受普惠性学前教育。

（四）理顺体制，强化管理，规范秩序。一是理顺管理体制。应按照《四川省中长期教育改革与发展规划纲要》中明确的“教育行政部门归口管理学前教育”的要求，将其他部门、行业管理的公办幼儿园归口教育行政部门管理。在教育行政部门设立相应的学前教育管理机构。二是严格办园准入制度。要建立健全幼儿园准入和年检制度，实行分类管理、分类指导，严格依法监管。市、县人民政府要建立幼教工作联席会议制度，协调相关部门齐抓共管，整体联动，强化监督检查，对达不到标准要求的，限期予以整改，对整改后仍不达标的，坚决依法取缔。要加强幼儿园的安全监管，消除安全隐患。三是规范管理。要建立学前教育督导评估等长效机制，定期对幼儿园师资水平、保教质量、管理水平和依法办园等情况进行督查指导，并将检查结果向社会公示，接受社会和家长的监督，着力提高办园质量，形成长效管理机制，促进民办教育事业健康发展。

（五）强化师资，落实待遇，提升素质。一是要解决好教师编制问题。落实公办幼儿教师编制，逐步形成根据在园幼儿人数调整教职工人数的动态调整机制。适度增加幼师编制，解决长期积压教师而编制严重短缺的问题，同时也要在事业编制中为新增教师预留名额。二是健全幼师准入制度。要全面实施幼儿教师、园长、保育员持证上岗制度，在学历、专业、年龄等方面把好入口关，保证其专业水准。进一步完善幼儿园园长和幼师的培养培训体系，把幼儿园教师的培训纳入当地中小学继续教育规划，不断提升幼儿园教师整体素质。三是积极落实幼儿教师地位和待遇。积极推动公办幼儿教师绩效工资制度的实施，提高民办园幼儿教师待遇，完善非事业编制教师的医疗、养老等“一金五险”保障制度，保持幼儿教师队伍的稳定。

关于我市投资理财公司运行情况的调研报告

（2013 年 11 月）

近几年来，我市投资理财行业出现了突飞猛进的发展，其合法性、规范性、风险性，引起了社会各界的普遍关注。对此，市人大常委会高度重视，安排财经委组织力量，会同有关部门采取走访座谈、听取汇报、查阅资料等方式，实地调研了市辖三区、仪陇县、营山县等地 23 家投资理财公司，学习考察了遂宁经验，重点了解了理财公司规范运营、项目资金风险管理、政府部门行业监管等情况，广泛听取了市级有关单位和部门的意见。现将调查情况报告如下：

一、行业发展及管理情况

（一）多重因素利好，行业发展迅猛。2006 年至 2010 年 6 月底，全市有登记注册投资理财中介机构 14 家，到 2012 年 6 月底，迅速增至 76 家。通过近半年的清理、整顿，目前我市仍有 60 多家登记在册。其中主城区 56 家，其他县（市）各有 1—2 家。出现了遍地开花、迅猛发展的势头。究其原因，一是政府推动。各级政府出台了鼓励和引导民间资本进入基础产业和基础设施等众多领域的政策措施，允许民间资金中介服务机构的存在和发展。加之门槛低、利率高，极大地激发了公司抢先注册、竞相发展的热情。二是市场拉动。受宏观货币政策影响，银行贷款较为紧张，中小企业融资困难，闲散资金沉淀民间，催生了特殊的资金供需市场，形成了民间资金中介服务机构产生的市场性因素。三是利益驱动。当前借款方大多数给出的利息是三分左右，给出借方的利息是一分六。作为出借方乐意将民间资金通过中介机构投资中小企业，并获取比存入银行高得多的利息。作为中介方，看到了借款利差即居间服务费的巨大利润空间，纷纷办起了投资少、回报高、周期短、风险大的民间资金中介服务机构。

（二）政府介入及时，监管日趋有序。针对投资理财公司的迅猛发展和强烈的社会反响，市政府高度重视，及时介入，着力加强了政策规范和监督管理。一是规范公司经营活动。要求各机构只能在注册地设立 1 处营业场所，规范其名称和经营业务范围，统一出借利率，完善议事规则，严格决策程序，强化内部管理，实施项目监管，防范经营风险。二是提高行业门槛。规定已设立和新成立的机构其实收货币资本均不得低于 2000 万元，主发起人必须是本辖区内具有持续出资能力的法人企业且持股比例不得低于注册资本金的 51%，单一自然出资人出资额不得少于 300 万元，营业场所面积达到 150 平方米以上。同时要求各中介机构按注册资本金的 50% 交存经营保证金，统一托管，应对突发风险。三是加强工商行政管理。暂停办理投资理财公司注册业务，积极查处各种违规行为。根据清理核查情况，注销或吊销未达到标准、未正规操作企业的营业执照。四是开展行业清理整顿。研究制定《南充市清理整顿民间资金中介服务机构方案》，明确清理整顿要求和目标。从今年五月起由市金融办、工商局、公安局、人行南充支行、银监分局联合组成清理整顿小组，持续开展清理整顿行动。从调查情况看，各中介机构积极配合，业务活动有序向好，清理整顿工作取得了一定成效。

（三）整体实力增强，作用可圈可点。在政府的介入引导和积极规范下，民间资金中介服务机构的整体实力有了很大增强。注册资金从 3 万元增至 2000 万元，并交存 1000 万元保证金，奠定了化解风险的能力基础；经营场所从地下转向大街发展，一改简陋狭窄场面和服务形象，成为了展示软硬件实力的服务平台；业务扩展从小到大，由少到多，呈现出了量的成倍增长。据部门统计，仅2012年至2013年6月，民间资金中介发生额就达20多亿元，在借余额近17亿元，预计2013年中介发生额可达40亿元。民间资金中介服务机构的发展，从不同角度看，虽是仁者见仁、智者见智，但从积极层面讲，起到了激活民间资金、拓宽投资渠道，解决融资难题、提供资金支持，创造就业机会、增加百姓收入，助推经济发展、增加财政收入的有益补充作用。

二、存在的主要问题

（一）重视支持发展，忽视有效监管。主要表现为监管滞后于中介机构的发展，一是缺乏明确的监管机构。在清理整顿之前，我市未明确民间资金中介行业的行政管理和业务指导部门，造成了日常监管上的缺位，致使少数公司打着投资理财的幌子，披着中介机构的外衣，变相非法集资、放高利贷。二是缺乏统一的资信标准。没有出台规范性文件或制定管理性办法，对办公场地、注册资本、借款利率、居间费用、业务程序、合同文本、抵押方式、广告宣传等加以规范约束。致使部分公司出现了宣传失实、行为失准、业务失序的乱象，广为舆论诟病。三是缺乏刚性的监管制度。面对大量的中介机构、众多的业务资料、违法的借贷行为和意外的突发事件，还缺乏刚性监管措施、处突预案和风险预警机制，难以做到事中监督，及时发现，立即查处，将安全稳定隐患解决在萌芽状态。

（二）重视业务扩展，忽视规范操作。一是项目审查不规范。多数中介机构不严格借款前项目考察、风险评估、集中讨论等可行性论证程序，随意接单，仓促定单，极易造成项目决策失误风险。二是资金运作不规范。有的中介机构积极为股东企业和关联企业融资；有的要求出借资金由出借人将资金打入中介公司账户，再转入借款方账户；有的要求出借人将资金打入借款方个人账户而不是借款方对公账户，极易造成资金安全风险。三是合同文本不规范。不少投资理财公司制定的业务合同文本，普遍对自身权利、对方责任强调得细致明确，对自身责任、对方权利表述得简略含糊；有的在鼓动出借人时强调进行债务回购，但在合同文本中却没有相应条款；有的虽有表述，但缺乏回购时限、保障措施等具体内容；有的在合同中规定由第三者承担回购义务，成为无效条款。凡此种种，企图最大限度地剥离自身法律责任，极易造成合同法律风险。四是项目推介不规范。有些公司在给出借人推介项目时，只讲投资回报，不讲投资风险，蓄意夸大宣传，致使出借人难以准确把握实情，极易造成误读误判风险。

（三）重视资金投放，忽视投向调整。突出表现为资金投向单一，不符合国家产业结构调整要求和民间资金中介行业发展宗旨。在调研过程中我们发现，所有公司基本上是经营理念大同小异，经营模式相互沿用，投向以房地产为主，房地产项目比重达80%以上，甚至有部分中介机构高达100%，而投入工、农、商等中小企业实体项目的占比却不足20%。从投向区域看，出借到本市以外的项目占比较大，达总业务量的40%，个别中介机构达到65%。资金投向呈现出借款额度大、房地产项目多、异地使用额度高的明显特征。在当前房地产业发展趋势不明朗的情况下，重点投向房地产业具有较大风险，一旦出现政策性变化和调整，容易产生资金链条断裂和偿债违约行为，在全市中介机构中形成系统性风险。

（四）重视追逐利益，忽视风险防范。一是融资成本居高不下。据查，我市投资理财公司统一约定借款人向出借人支付月息一分六的利息（高于周边遂宁市二厘），向借款人收取每月一分五至二分不等的佣金，合计利息达到三分左右，如此高额的利息造成了融资成本的成倍增长和借款企业的巨大偿债压力，隐藏着潜在的违约风险。二是审定项目仓促草率。不少中介公司为尽快接单，不分项目大小，仅用一周左右的时间就完成了从业务接洽到促成借款的全过程，既难以全面评估项目盈利能力、资金偿还能力和到期还款来源、借款人诚信情况，以及抵押物有无瑕疵、是否足值等风险因素，又难以完成项目考察、内审决策、合同谈判、抵押物他权办理等正常流程，隐藏着潜在的项目失策风险。三是项目监管流于形式。限于人力、精力、能力原因，不少投资理财公司对资金使用情况缺乏必要的和有效的跟踪监督，合同期间只关心利息是否足额到账，很少关心项目进展情况和还款能力情况，甚至对同一项目多期追加借款、多次展期续借反应迟钝，隐藏着潜在的失监风险。四是债务回购责任不清。由于多数项目借款是一对多模式，于是一些投资理财公司就指派公司员工为出借人代表，并与出借人约定由该名员工履行债务回购责任，混淆了公司员工与公司的法律责任关系，隐藏着潜在的回购风险。五是抵押不足变现困难。当前抵（质）押物以住房、商铺等为主，而房地产项目抵押物又多为在建网签预售商品房，且作价未经评估，以估算为主，借款到期后短时不易保值作价变现，隐藏着潜在的抵押变现风险。六是前店后厂自筹自用。有不少公司在为自己的股东企业和关联企业提供融资，存在项目审批不严、抵（质）押物不足、资金额度较大等现象，隐藏着潜在的回收风险。

三、几点建议

民间资金中介服务机构是一项新生事物，政府有关部门应正视其起步之初的种种乱象，及时介入，正确引导，全面规范，加强监督，着力构建起政府立规、部门监管、行业自律、公司自治的风险管理体系，促其有序健康发展。

（一）抓好建章立制，加强规范引导。在清理整顿的基础上，要研究制定规范性文件或行业管理办法，明确行政管理和业务指导部门的责任，就机构名称、办公场地、注册资本、借款利率、居间责任、服务范围等进行明确规范，促其行业管理有法可依、有章可循。有关主管部门要指导行业协会规范投资理财公司的操作流程和项目推荐、资金运作、合同文本等，做到标准、程序、文本几统一。要积极引导和调整民间资金投向，促其重点支持中小企业等实体经济的发展，助推经济结构调整和经济发展方式转变。

（二）完善监管机制，加强行业治理。始终把防范和化解系统性风险、防范和制止群体性事件放在首位，抓好事前防范和日常监管。要建立常态化监管机制、风险预警机制和突发事件处理预案，全面推行联席会议制度、在线监控制度、备案审查制度和工商年检制度，实施联合监管、实地监管和动态监管。要开展综合执法检查，加大对非法集资、放高利贷等违法行为的打击力度，及时发现和严厉处置各类金融风险和违法违规行为，以产生轰动效应，切实维护金融秩序。要继续抓好清理整顿工作，严格控制公司数量，纠正行业不正之风，促使政策规定更为科学，监管机制更为完善，公司行为更为规范，行业秩序更为有序，逐步走上法制化规范化的发展轨道。

（三）组建行业协会，加强行业自律。要指导成立民间资金中介服务行业协会，制定和完善行业协会章程和行业自律细则，加强投资理财公司业务指导，明确业务流程，建立借款业务备案制度、信息发布制度、风险提示制度、风险保证金制度，不断增强项目信息的真实完整性和公开透明度，保障出借人的知情权、选择权和自主决定权。不断强化投资理财公司在考察推介项目上的具体责任，明确居间方的连带责任，保障出借人的合法利益。促使投资理财公司更加专业、谨慎、严谨、负责地开展中介活动，不断提升企业的成长性和企业的公信度。

（四）坚持安全第一，加强风险教育。要加强法制宣传。组织开展集中宣传活动，推动金融政策法规进机关、进社区，重点推动中老年人群学法懂法，增强法制意识，远离非法集资、高利诱惑等投资陷阱。要加强舆论引导。树立“高回报必有高风险”的理念，积极开展风险警示教育，抓好投资理财典型案例分析和宣传，让“投资有风险，理财需谨慎”的认识深入人心，不断增加投资者识别风险和规避风险的能力。要加强教育管理。广泛开展行业风险教育和避险培训，加强员工培训，提升从业人员素质，不断增强中介服务机构的风险意识和自我控制风险的能动性和自觉性，促其自觉主动地从项目考察推介、债务回购责任、抵押担保变现等方面，完善制度，加强管理，约束行为，防范风险，从而促进投资理财中介行业健康有序发展。

关于培育“丝纺服装千亿产业集群”的调研报告

（2016 年 10 月）

南充是全国、全省重要的茧丝绸基地，是中西部地区唯一享有“中国绸都”称号的城市，是全国唯一的丝绸类外贸转型升级专业型示范基地。丝纺服装产业作为我市传统支柱产业、重要民生产业和出口创汇产业，在区域经济板块中占据重要地位。市委五届十三次全会提出“155”发展战略，把培育丝纺服装千亿产业集群作为建设“成渝第二城”的重要支撑之一。根据市委工作安排，市人大常委会牵头组织市级相关部门、邀请有关专家学者对全市丝纺服装产业发展情况开展深入调研，形成专题报告，以供决策参考。

一、历史与现状

南充栽桑养蚕可溯远古，夏商时期崭露头角，丝织产品成为地域特产和王室贡品；秦汉时期作为南方丝路源点，赢得“丝锦名邦”的美誉；唐宋期间尤胜苏杭，称雄全国，盛赞为物华天宝；明清时期，主供南方丝纺贸易；民国时期，南充绸缎与贵州茅台同获巴拿马万博会金奖。20 世纪 90 年代初，南充丝纺服装产业进入鼎盛时期，从业人员高达 10 多万人，栽桑养蚕超过 100 万户，丝绸产值占全省 3/4，蚕茧产量占全省 1/4、绸缎出口占全省 3/4，160 多个产品荣获国家银质奖、部省优质奖和新产品奖，产品远销五大洲 40 多个国家和地区，六合丝绸厂是当时亚洲最大的缫丝厂，南充是当时全国 4 大蚕桑生产基地和 20 个丝绸工业重点城市之一。从 1994 年起，国际丝绸市场形势急转直下，南充丝绸行业随之下滑，1997 年跌入谷底。1998—2002 年我市丝纺服装企业进行全面改制重组之后，进入新的发展阶段。当前，主要呈现以下几个特点：

（一）*产业体系比较完整*。历经多年发展，南充丝纺服装产业形成了从桑、茧、缫丝、纺纱、织造、染整到服装服饰、家居用品、旅游制品、出口贸易、文化旅游、科研教育较为完整的产业体系，是我市工业门类中历史最悠久、基础最扎实的产业。据初步统计，2015 年，全市丝纺服装产业总收入 312 亿元（见图 1），其中：丝纺服装规上企业主营收入 302 亿元，蚕茧收入 4.5 亿元、蚕桑综合开发收入 5.6 亿元。现有桑园面积 60 万亩（包括四边桑），规模以上丝纺服装企业 72 户（见表 1），具有年产丝 3000 吨、丝织品 2 亿米、棉纱 6 万吨、棉布 1.5 亿米、加工服装 1000 万件、加工床上加品 1100 万件、炼印染 1.9 亿米的产能。

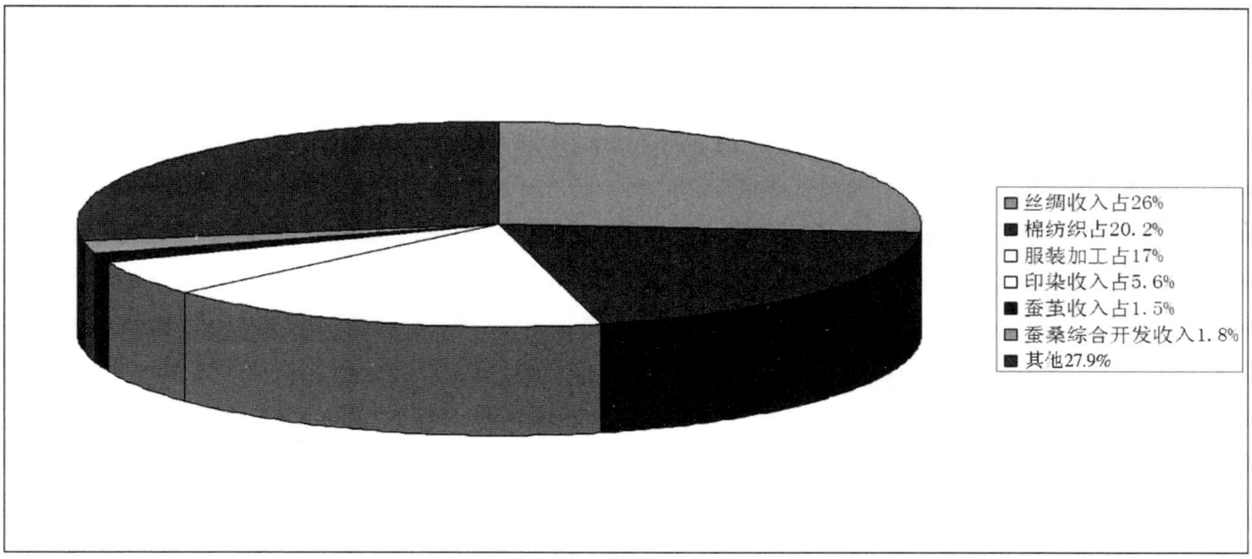

图 1 2015 年南充市丝纺服装产业主要收入构成图

表 1 南充市丝纺服装产业五大类企业构成表

类别	合计	丝绸	棉纺织	服装	鞋类	化纤及其他
规模以上企业（户数）	72	30	14	18	6	4

（二）行业发展企稳回升。从近五年情况看，我市丝纺服装产业保持了较快增长，年均增长达10%；特别是最近两年保持了快速上升势头（见图 2），2015 年比 2014 年增长 20%。

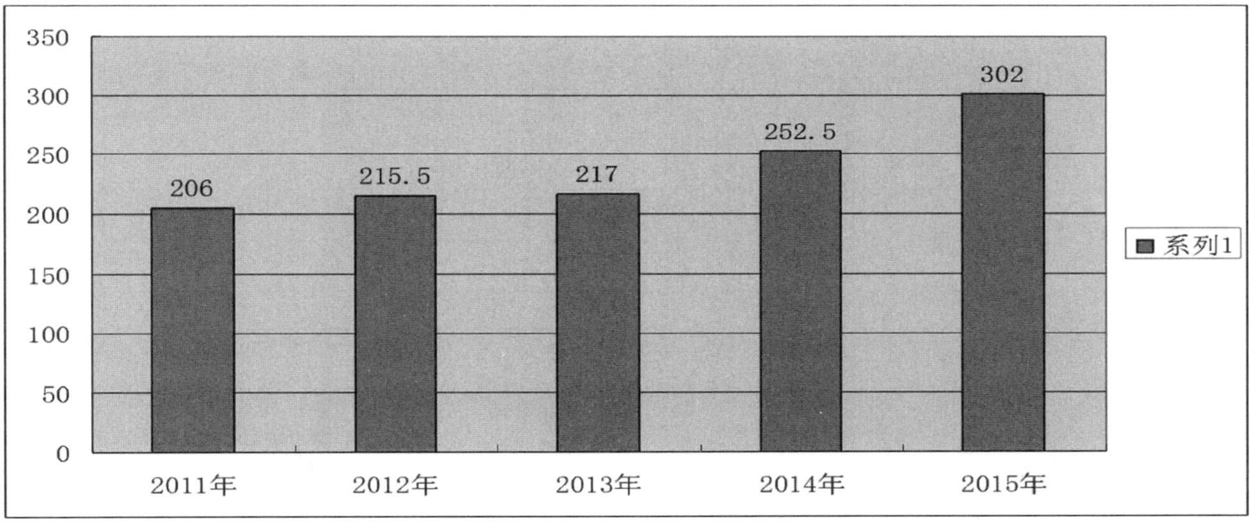

图 2 2011—2015 年南充市丝纺服装规上企业销售收入变化图（单位：亿元）

（三）产业布局已具雏形。初步建成了高坪都京丝纺服装工业园、嘉陵工业集中区丝纺服装产业园和仪陇光华制鞋产业园等 3 个专业园区，正逐步向沿链配套、集聚发展推进。其他县（市、区）均有规模不等的丝纺服装规上企业（见图 3）。

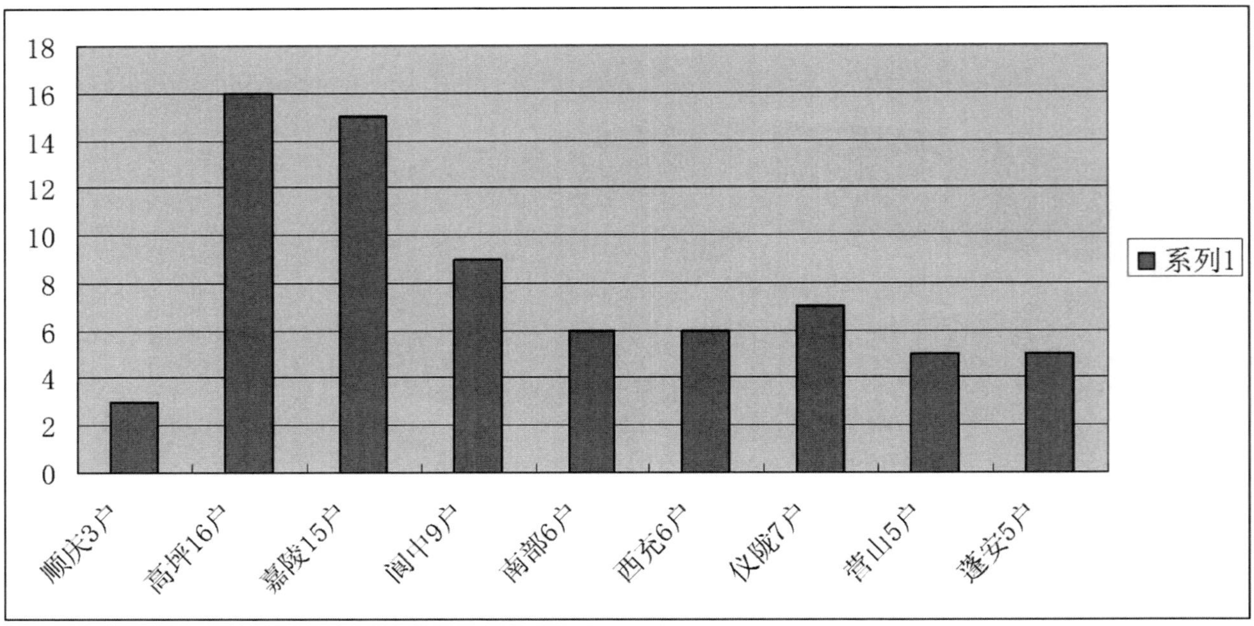

图3 南充市丝纺服装规上企业分布图

（四）省内同业优势明显。据2015年统计年报，我市丝纺服装经济总量占全省同业的1/5，稳居首位（见图4）。其中：丝绸主营收入80.7亿元，占全省227.5亿元的35.5%，排名全省第一；棉纺织主营收入60.8亿元，占全省462亿元的13.2%，排名全省第四；服装加工主营收入52.8亿元，占全省212.6亿元的25%，排名全省第一；印染行业主营收入17.5亿元，占全省89.5亿元的19.6%，排名全省第三。目前，南充仍是全国最大的真丝绸原料生产基地。

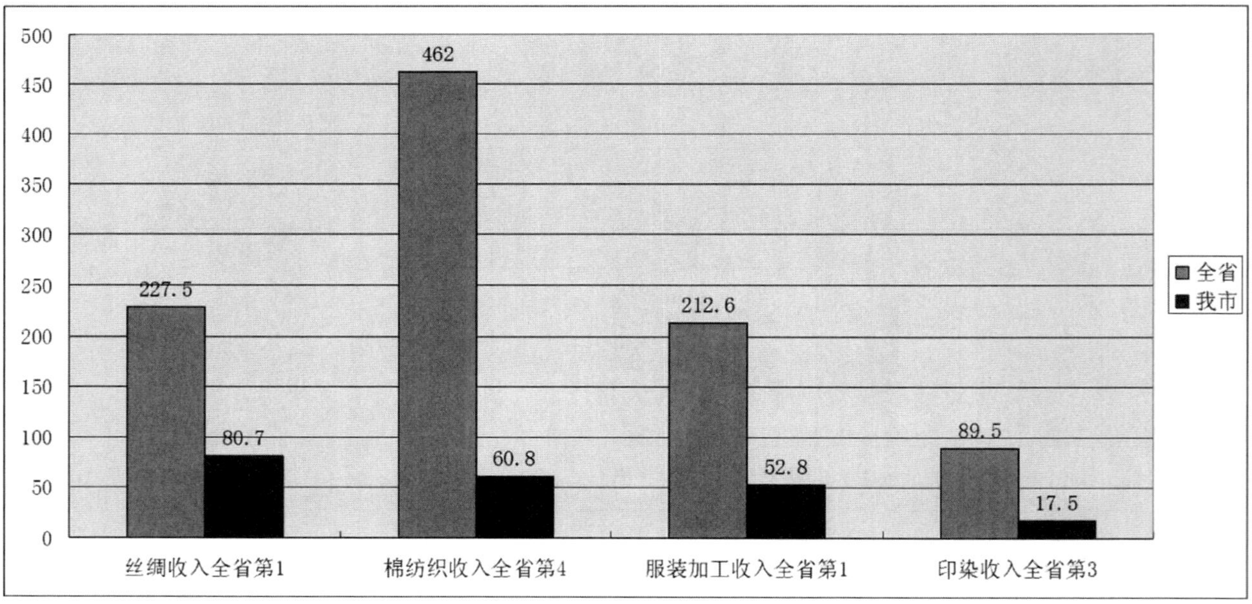

图4 南充市丝纺服装主营收入在全省的占比及排名示意图（单位：亿元）

（五）品牌创建成果初现。南充是中国丝绸协会命名的“优质茧丝生产基地”和四川省规划的“蚕桑丝绸文化旅游名城”“蚕桑丝绸产品集散交易中心”。全市丝纺服装产业现有自主品牌22个，其中：丝绸类中国驰名商标3个，中国名牌产品2个，国家免检产品3个，高档丝绸标志认证产品3个和国家原产地保护标志9个。2009年，高坪都京镇被中国丝绸协会授予“中国绸都·丝绸第一镇”的称号，今年5月被授予“丝绸源点”的金字招牌。2014年，西充县被中国丝纺品商会授予“中国茧丝绸之乡”称号。

（六）市场网络日臻完善。全市20多家骨干丝纺企业在北京、上海、广东、云南等20多个地级以上城市开设了150多个专卖店，部分企业在美国、德国、意大利、巴西、印度等地设立了营销办事处，每年参加国内外大型丝博会、交易会50多场次，丝纺服装产业占了我市出口创汇的“半壁河山”（见图5）。

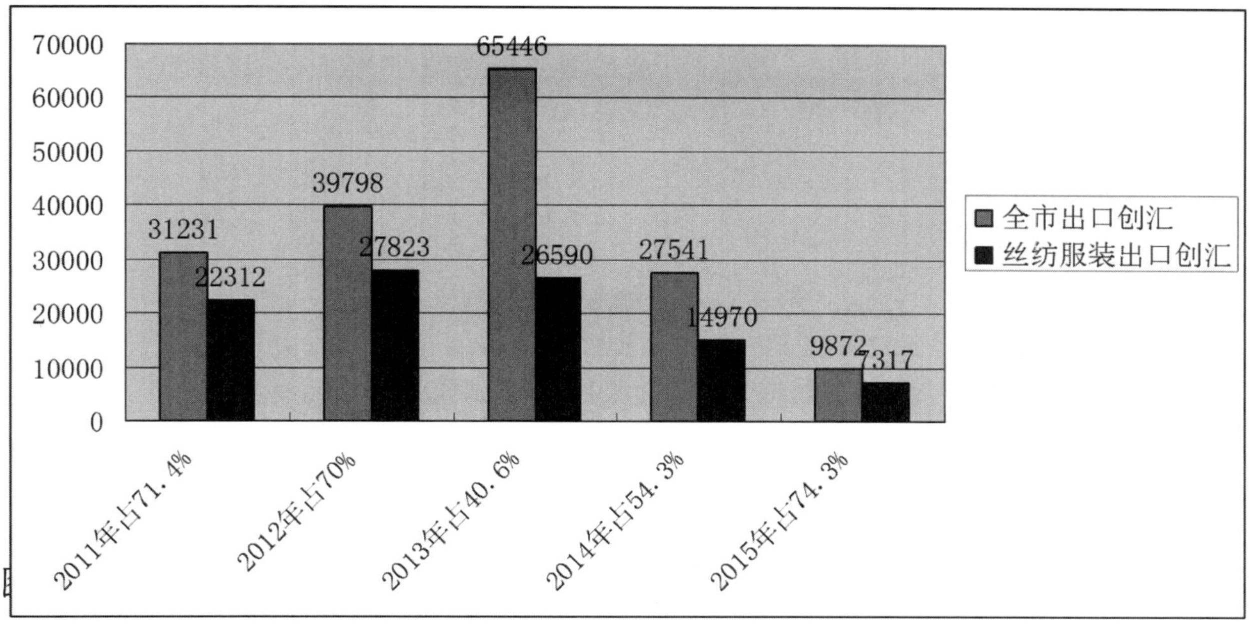

图5　南充市丝纺服装规上企业创汇与全市出口创汇对比图（单位：万美元）

（七）科研实力基础良好。全市现有丝纺服装国家技术中心研究室1个、省蚕研所1个、省蚕种场1个、省级技术中心4个、市级技术中心5个、中等蚕丝职业技术学校1个。近年共获得国省发明技术专利30多项，拥有桑枝食用菌开发、桑叶保健茶、桑葚原汁及桑汁饮料、桑葚果酒加工、桑枝提取保健功能特脱氧野尻毒素的自主知识产权。我市自主研制的全国首台智能化养蚕机和高效节能环保自动循环热风烘茧机达到了国内领先水平。南充是全国最大的蚕具生产制造基地，市场占有率达70%。

（八）综合开发步伐加快。在依格尔、六合集团、尚好桑茶等龙头企业的带动下，我市蚕桑资源综合利用起步良好，以桑枝纤维为代表的新材料，以桑叶茶、桑叶粉、桑葚酒、桑葚醋、医疗保健产品为代表的新产品，以丝绸文化旅游为代表的新业态，成为了产业发展新的增长极，展现出了较好市场前景。

综上所述，南充作为中西部地区唯一的“中国绸都”，丝纺服装产业具备了成为区域龙头、行业旗舰、千亿集群的先天条件、现实基础和后发优势。

二、问题及原因

虽然，我市丝纺服装产业发展基础较好，但也存在一些瓶颈问题：

（一）经济总量不足，规模小。从产值看，2015年全市丝纺服装行业主营收入302亿元，仅占全市规上企业总产值的13.9%（见图6），仅相当于宁波市的1/5。从龙头看，产值过亿的丝纺服装企业只有7家，年销售收入最高的仅有4亿元左右，仅相当于浙江达利集团的1/20，万事利集团的1/15，金富春集团的1/10，全市尚无一家丝纺服装企业进入全国“百强榜”。从出口看，出口量最大的顺成、长叶丝绸创汇才2000多万美元，仅为省内同行最大出口企业的1/5。受大环境影响，部分丝纺服装企业历史债务沉重、流动资金紧缺、生存举步维艰，相当部分企业处于停产或半停产状态，缫丝企业仅5家在维持生产（90年代有30家左右），绸缎生产企业的产量只占产能的50%。

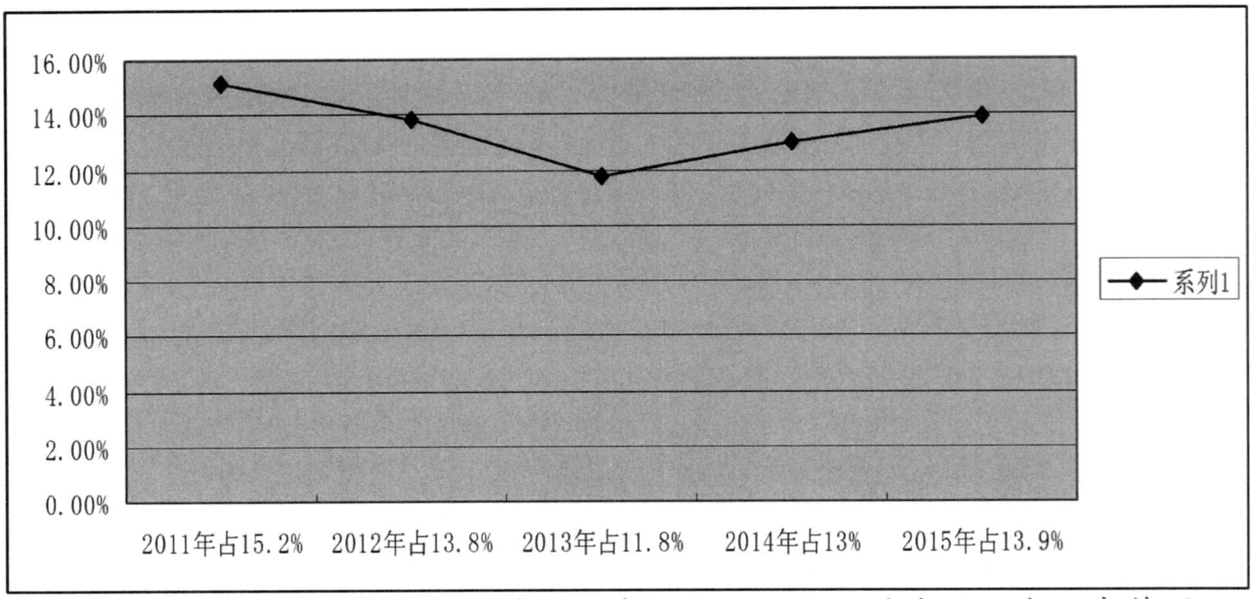

图6　丝纺服装规上企业主营收入在全市规上企业总产值的占比走势图

（二）产业结构不优，层次低。从产品看，我市主要以生产坯绸、生丝等原料性产品为主，服装以代加工为主，化纤功能性、差别化产品及产业用纺织品开发进展缓慢，缺乏自主开发终端产品和名牌产品的能力，没有市场话语权。目前，我市缫丝、织绸等初级产品产值占70%，服装、家纺、旅游制品产值仅占30%。而从丝纺服装产业大格局看，重头戏还是在服装加工、化纤纺织和棉纱纺织，利润点主要集中在后端设计和高档面料，南充在“微笑曲线”两端都没有优势，培育丝纺服装千亿产业集群，绝不能只将目光停留在抓丝绸业，必须树立“大纺织”视野。从链条看，全市生丝只能满足本地绸厂1/4的需求量。染整环节更是短板，印染企业只有嘉美、云禾和依格尔3家，大多数绸缎产品不得不运往苏杭地区染色印花，增大了生产成本，挤压了利润空间。同时，中高档面辅料、拉链、衬布、纽扣等服装服饰所需的配件无法就地采购。从组团看，我市丝纺服装产业未形成上、中、下游产业及企业之间的协作开发、联合开拓格局，鲜有横向合作，存在同质竞争，没有抱团发展，未成规模效应。

（三）蚕桑基地萎缩，质量差。从数量看，我市栽桑养蚕已经从“全域”退守到基地，优质蚕桑基地仅有20万亩，桑叶采摘率不足30%，蚕茧产量严重不足，产茧能力比90年代的峰值下降近30%，仅能满足本地缫丝企业需求总量的20%，大部分原料都要从广西、云南、凉山等地购进。从质量看，我市蚕茧主要质量指标明显低于全省平均水平。与四川凉山蚕茧质量相比，亩桑产茧量、单张产茧量都要低20%左右，解舒率要低10%左右，茧丝长要短15%左右；本地茧缫的丝质量等级最多只能达到4.5A，而外地茧缫的丝可以达到6A。从收购看，我市缺乏有实力、专业化的蚕茧收购企业。去年本地春茧收购价约9.8万元/吨，而从云南购进（含运费）约8.6万元/吨。由于质量和价格的差异，我市缫丝企业宁愿到外地采购，也不愿就近收购本地蚕茧。蚕桑基地建设是我们培育千亿产业集群必须弥补的一块短板。

（四）创新能力不强，人才缺。从设备看，由于研发投入不足，技术改造缓慢，绝大部分丝纺服装企业的生产设备仍然停留在20世纪80年代水平，全市现有自动缫丝机54组，仅占缫丝机总量的1/2；现有剑杆织机400台，仅占丝织机总量的13%。从企业看，部分民营企业缺乏精益求精的工匠精神，理念不新，机制不活，资金不足，在开发新产品、应用新技术、购买新设备等方面不积极、不主动，宁愿举步维艰走老路，也不愿创新变革求新生。少数国有丝纺服装企业改制不彻底，一些遗留问题尾大不掉，缺乏内生动力，未能轻装上阵。从人才看，我市丝纺服装行业的产业工人总量不足、技术人员水平不高，对流行趋势把握不准，无法形成自身特色，特别缺乏能够引领潮流的高端创意设计人才，如服装设计师、面料设计师、花样图形设计师等。另一方面，由于丝纺服装企业赢利能力不足、薪资水平不高、用工环境不优，高端人才请不起，青年技工留不住，一线技术工人年龄结构普遍在40—50岁之间，创新能力不强和专业人才断档成为产业发展的一个重大隐忧。

（五）政策支撑不力，宣传弱。从政策看，虽然市委、市政府持续加大经济发展环境整治力度，出台了系列优惠政策，但过去制定的品牌奖补、技术扩能、出口退税、税赋减免、人才政策和企业发展资金等没有很好落地落实；一些地方政府没有很好地兑现招商承诺；一些部门互为前置条件的规定没有完全修正，没有积极主动帮助企业解决实际困难和具体问题，且检查验收频繁、收费较高；一些服务窗口态度差、效率低，诸多因素造成部分企业、商家的投资信心不足。从融资看，丝纺服装企业融资门槛较高、利率上浮较大，导致企业流动资金紧缺、生产经营供血不足，部分内贸企业已经出现“三角债”。从宣传看，我市丝纺服装企业利用国内外宣传展示平台不积极、不主动，南充自身也缺乏丝绸文化综合展示平台和丝纺产品集中交易平台，运用“互联网+”进行宣传、推介、营销尚处于初始阶段。20世纪90年代，我市曾举办五届丝绸节，轰动全国，但近二十多年来一直未曾恢复，间接导致了在南充丝纺服装行业的知名度和美誉度日渐下滑。

综上所述，我市丝纺服装行业的传统生产方式、传统组织形式、传统盈利模式与市场取向、产业走向、发展方向不尽相适，正处于结构调整、转型升级、破茧成蝶的十字路口和历史拐点。

三、机遇与挑战

“十三五”时期，丝纺服装产业进入增速换挡、结构调整、动能转换的新常态，产业发展具备有利因素，也面临严峻挑战。

（一）从国际市场看，丝纺服装产业将继续保持缓慢增长，但丝绸产品出口竞争将日益加剧。随着经济全球化的深入推进，丝纺服装市场仍将继续增长。发达经济体仍是丝绸商品的主要市场，新兴经济体购买力提升，有利于丝纺服装企业开拓新兴市场。全球生产要素流动日益开放，规模经济效应不断增强，将强化丝纺服装产业集群优势。但从另一个方面看，国际市场的丝绸需求疲软态势将维持较长时期，棉毛纺等代替品竞争激烈，将导致丝绸出口难度加大。去年我市丝绸出口创汇同比下降51%。同时，部分东南亚国家蚕桑生产发展势头迅猛，借助其劳力成本低廉优势，已经对我国丝绸出口形成竞争，南方丝绸之路上的印度、巴基斯坦等传统丝绸消费国正在加速发展自身产业，势必对我国丝绸出口形成冲击。

（二）从国内政策看，中省正在持续加大丝纺服装产业扶持力度，南充进入了相关重大规划和产业布局。我国正在大力推进“一带一路”发展战略，丝绸作为中国文化的重要符号受到各方重视，国家出台了《纺织工业调整和振兴规划》，商务部、经信部、农业部等八部委联合下发了《关于进一步促进茧丝绸健康发展的意见》，省政府制定了“‘一带一路’251三年行动计划”实施意见，鼓励南充等川东北地区发挥丝绸外向型产业优势，打造区域开放合作示范区。我市也同步出台了相应文件，形成了鲜明的政策支持导向。同时，国家制定的“成渝城市群”战略和川陕革命老区振兴发展战略、省委出台的创新驱动战略以及《四川省蚕桑丝绸产业发展规划纲要（2013—2022年）》，都把南充丝纺服装产业纳入了规划和布局，为我们培育千亿产业集群创造了有利条件。

（三）从我市实际看，在东桑西移、东绸西移的大背景下，南充承接东南沿海产业转移正当其时。作为我国主要服装生产基地的东南沿海省市，受生产要素、劳动成本、环境治理等因素影响，产业迁徙已有苗头。南充是“一带一路”和“长江经济带”的交汇点，有“西通蜀都，东向鄂楚，北引三秦，南连重庆”之地利，交通运输发达，形成了公路、铁路、航空和水路运输畅通的立体物流网络，又有传统的产业基础和成熟的市场体系，为我市承接沿海发达地区丝纺服装产业转移提供了难得机遇。当前，市委提出建设“成渝第二城”发展目标，南充处于成渝经济区的重要节点，丝纺服装产业完全可借助成渝工业优势，深化区域合作，实现互补共融。

（四）从行业自身看，丝纺服装产业符合绿色发展理念、契合市场消费取向，南充完全可以在产业蝶变中抢得先机。随着我国经济快速发展，中等收入群体不断扩大，“慢生活”“品质化”引领时尚，而茧丝绸行业本身就是绿色环保产业，丝绸产品是纤维皇后，被誉为人体第二肌肤，符合中央提出的“绿色发展”理念，符合人们“美观、生态、环保”的消费取向，市场前景看好。当前，丝纺服装产业供给侧结构性改革正在深入推进，生产原料正从丝绸向混纺转型，生产技术正从传统向智能转型，产品需求正从低端向高端转型，产品结构正从单一向多元转型，销售模式正从有形市场向电子商务延展，我市丝纺服装产业极有可能在重新洗牌中抢占先机。

综上所述，丝纺服装产业发展的忧患不少，但利好更多，总体来讲是动力大于压力、机遇大于遭遇、前景大于窘景。

四、经验与启示

纵观国内外发达地区的繁荣，都有服装产业支撑的身影。在发展丝纺服装产业上，许多地方已经做出了有效探索，并取得了很好经验，值得我们学习借鉴。

（一）普宁。广东普宁把打造纺织服装千亿产业集群作为经济发展的重中之重，大力实施产业“登高”和产业引进工程，重点突出“五抓”。抓园区，坚持科学规划，区化布局，形成了一条绵延15公里的纺织服装工业走廊，引导入园企业抱团发展，避免无序竞争，优化资源配置，提高产业集约化、组织化程度。抓龙头，积极引导企业转变经营管理模式，建立现代企业制度，鼓励扶持企业上市，现有丝纺服装类上市公司2家、新“三板”挂牌1家，完成股份制并进入上市辅导期的丝纺服装企业5家。抓服务，坚持政府搭台、企业唱戏，构筑起了研发设计、质量检测、技术培训、信息服务、电子商务、现代物流和融资担保等公共服务平台。抓协会，成立行业技术联盟，定期召开交流分析会，为企业提供技术咨询和市场信息，指导会员企业进行协作生产。抓市场，运行“互联网+”，大力发展网络经济，家居服装销售额占阿里巴巴平台同类产品总销售额将近一半。目前，该市拥有纺织服装企业2530家，其中规模以上企业280家，从业人员24.5万人，丝纺服装总产值已经超过1000亿元。

（二）吴江。苏州吴江是名副其实的世界级化纤纺织基地。近年来，该市丝纺服装产业坚持“高端化、品牌化、生态化、规模化”的发展方向，大力发展“总部经济”和“飞地经济”，着力打造成国际一流的“纺织之都”。五年前，该市对丝纺服装产业进行疯狂的“技术革命”和彻底的“自主创新”，纺丝、织造、印染等主要装备在国内处于领先地位，特别是纺丝设备水平达到国际最高水平，近年共获得国家专利授权近4000件，形成了产业发展的“微笑曲线”。该市汉通公司每年投入300多万元用于产品研发，近年共开发新产品600多个。同时，当地政府要求丝纺服装企业必须“一个不落”地参加国内外大型会展，给予相应奖补，并依托东方丝绸市场建立了电子商务信息中心、设计服务中心、外贸服务中心、外国语服务中心和流行面料联盟等一大批公共服务平台，成为产业发展的强劲后盾。化纤纺织业占该市工业经济总量的三分之一以上，2015 年行业产值已达到 2000 亿元。

（三）宁波。浙江宁波是中国近代服装的发祥地，更是中国当代服饰的“硅谷”。全市共有纺织服装生产企业近 4500 家，从业人员近 50 万人，纺织产品总量约占全国的 3%，拥有 20 个中国名牌、25 个中国驰名商标。宁波市政府坚持将纺织服装业作为地方的一张“名片”，予以高度重视和大力扶持，坚持以调整优化产品结构为主线，以品牌提升为引领，以培育优势骨干企业为重点，推进纺织服装产业集群发展，按照“品牌经济、时尚产业、都市经济”的理念，大力打造“三高”（高大品牌、高专技术、高附加值）产业平台；走大生产和大销售之路，舍得花大力气创牌，不惜巨额广告投入和技改投入；以宁波国际服饰节为契机，推进品牌建设，拓展国内外市场，促进产业转型升级。五年前，宁波纺织服装产业销售产值就已经突破千亿大关。

综上所述，丝纺服装产业发展关键要在六个方面下功夫：一是政府高度重视，政策大力支持；二是园区规划合理，功能分区完善；三是集中培育品牌，着力做响品牌；四是产学研相结合，创新发展占领高地；五是行业链条完善，注重功能配套；六是搭建公共服务平台，提升综合服务能力。

五、目标与思路

（一）总体定位：围绕“培育丝纺服装千亿产业集群”这一目标，加快建成“一基地、一中心、一名城”，即：建成中国西部最大的丝纺服装生产制造基地、中国西部最大的丝纺服装产品集散中心和中国蚕桑丝绸文化旅游名城。

（二）总体思路：以市场为导向，以企业为主体，以创新为动力，以项目为抓手，深入推进丝纺服装产业转型升级，加大产业结构、产品结构调整力度，加大名企招引、名牌培育力度，加大原始创新、集成创新力度，培育一批具有行业影响力、市场竞争力的龙头企业、拳头产品，推进集约集聚、高端高位发展。

（三）总体目标：坚持“优存量、育增量、提质量、挖变量”四轨并行，建成面向世界、影响全国、行业领先的丝纺服装千亿产业集群。十年为期，分两步走：

第一步（2016—2020 年）。全市桑园面积达到 80 万亩（其中：优质蚕桑基地 60 万亩），产茧能力达到 2.5 万吨，蚕茧产值达到 10 亿元，蚕桑综合开发产值达到 30 亿元；培育 2 个产值过 30 亿元的丝纺服装龙头，新培育 2 家上市公司，规上丝纺服装企业主营收入达到 500 亿元；市场营销增值收入达到 40 亿元，丝绸旅游文化产值达到 20 亿元，五年内保持 14% 的年均增幅，至 2020 年丝纺服装产业实现总收入达到 600 亿元（见图 7）。

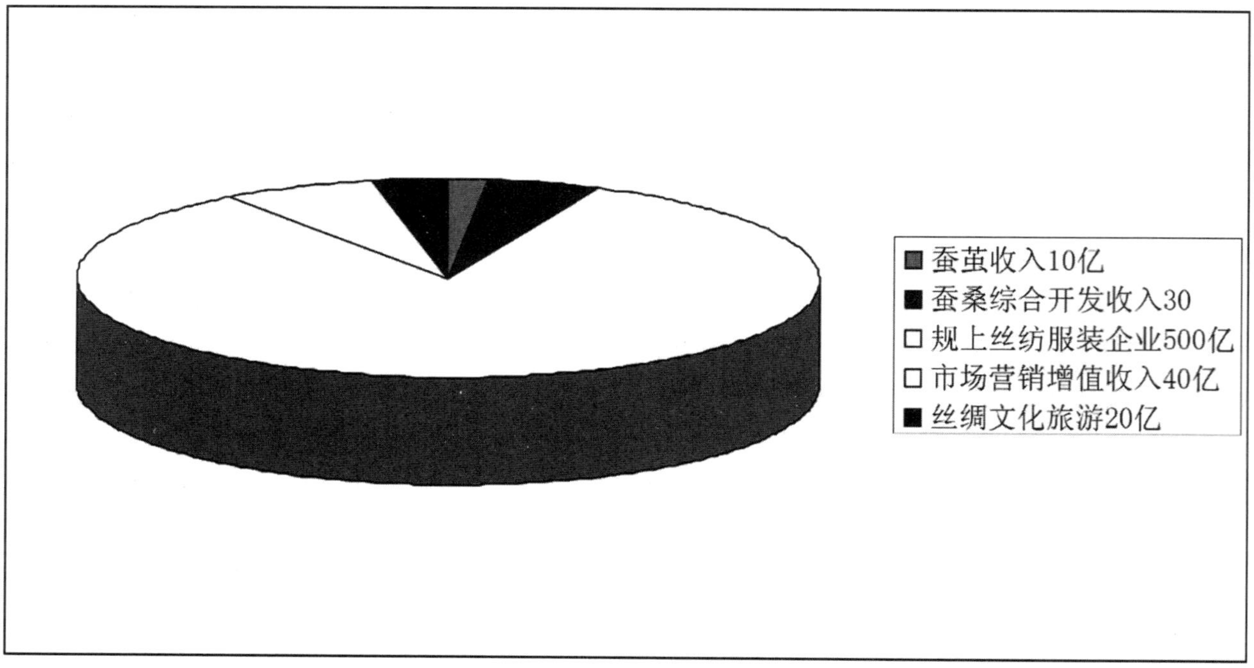

图 7　2020 年丝纺服装产业收入构成图（单位：元）

第二步（2021—2025 年）。全市桑园面积达到 100 万亩（其中：优质蚕桑基地 80 万亩），产茧能力达到 5 万吨，蚕茧产值达到 20 亿元、蚕桑综合开发产值达到 60 亿元；培育 2 个产值过 50 亿元的丝纺服装龙头，新培育 5 家上市公司，规上丝纺服装企业主营收入达 800 亿元；市场营销增值收入达到 80 亿元，丝绸旅游文化产值达到 40 亿元，十年内保持 11. 7% 的年均增幅，至 2025 年丝纺服装产业实现总收入 1000 亿元（见图 8）。

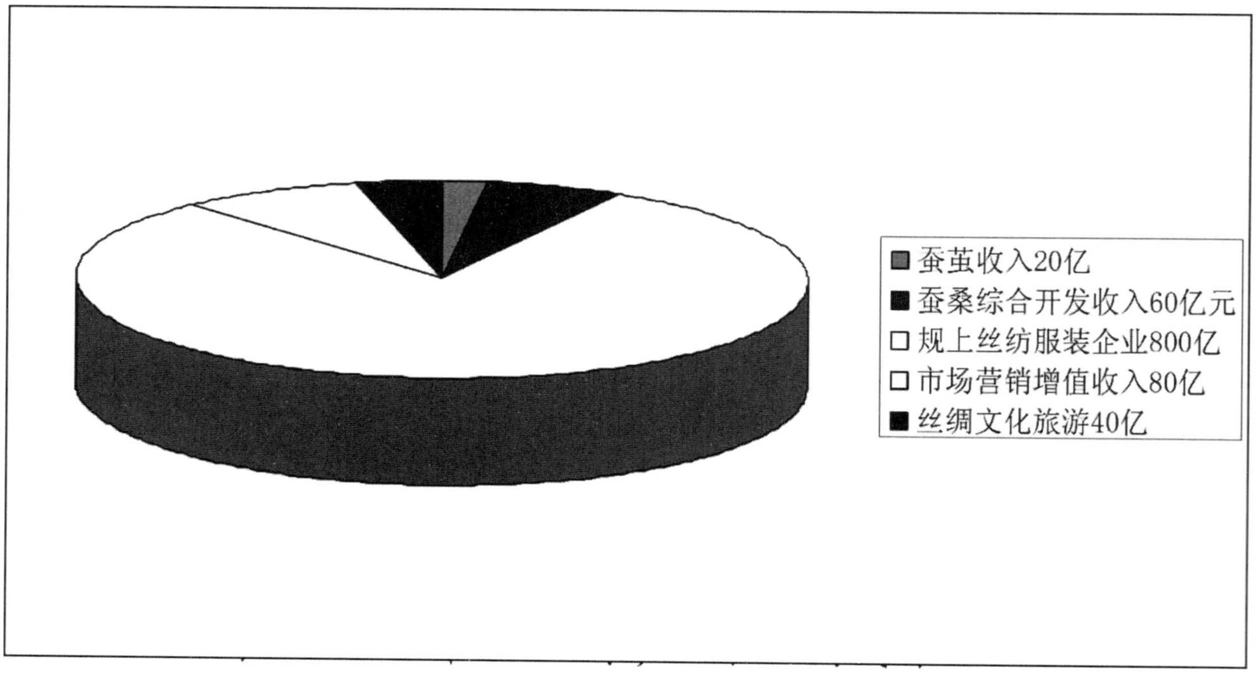

图 8　2025 年丝纺服装产业收入构成图

（四）目标分解

1. 建成四大丝纺服装产业园区。巩固扩大高坪都京丝纺服装产业园、嘉陵工业集中区丝纺服装产业园、仪陇光华制鞋产业园等3个产业园，在南充化工园区内新建1个化纤纺织园，形成千亿产业集群的四根台柱。

表2 丝纺服装产业销售收入目标构成表

2015年基数	增量（主要反映：已建、在建项目带来的销售收入增量）	变量（主要反映：后期招商引资带来的销售收入变量）	2025年总量
302亿元	298亿元	200亿元	800亿元

表3 丝纺服装产业已建、在建项目构成表

项目地	已建、在建项目	预计实现销售收入（亿元）	
		2020	2025
高坪都京丝纺服装产业园区	中国西部丝纺服装创意产业园项目 南充富安娜家居用品生产项目 富安娜3D整体智能家居项目 南充美华尼龙10000吨锦纶6差异化长丝项目 嘉美集团易安纺织生产线项目 嘉美印染蜡生产线改造和芳纶1414生产项目 六合集团中国绸都丝绸文化产业园项目	100	170
嘉陵工业集中区丝纺服装产业园	四川尚非服饰高档女装生产线项目 南充金富春高档面料、丝绸服装及蜀绘工艺品生产线项目	10	28
仪陇光华制鞋产业园	鞋业产业园项目	50	100

表4 丝纺服装产业后期招商意向表

项目地	招商引资主要方向	预计销售收入（亿元）
高坪都京丝纺服装产业园区	丝纺服装综合交易中心建设高档家纺生产基地建设	80
嘉陵工业集中区丝纺服装产业园	服装生产加工及相关配套项目建设	60
南充化工园化纤纺织园	化纤纺织、染整印花项目建设	40
仪陇光华制鞋产业园	服装生产配套产业及蚕桑综合开发项目建设	20

2. 科技创新及品牌创建目标。丝纺服装产业科研经费投入保持在主营收入的1%以上。到2025年，企业专利授权量增长20%以上，打造国际国内知名品牌10个以上；建成“中国绸都·南充”区域品牌体系。

3. 建成“一园一区一走廊”丝绸文化旅游带。在高坪都京建设一个丝绸文化产业园；在嘉陵区建设蚕桑生态和丝绸工业旅游区；融合蜀绣文化、巴蜀文化、三国文化、红色文化在嘉陵江沿岸建设一条丝绸文化旅游长廊，到2020年实现丝绸文化旅游收入20亿元，2025年达到40亿元。

4. 建成“5+2”原料生产基地。在南部、嘉陵、西充、阆中、仪陇建设5个优质蚕桑基地，分别培育1个蚕桑产业化经营龙头企业、10个蚕桑专业合作社、100个规模在100亩以上的家庭农场、2000个养蚕30张以上的大户。在营山、蓬安两地分别建设5万亩、10万亩蚕桑基地。

表5 蚕桑基地建设目标构成表

县（市、区） \ 项目	2020年建设目标		2025年建设目标	
	总面积（万亩）	其中：优质基地（万亩）	总面积（万亩）	其中：优质基地（万亩）
南部县	35	26	38	30
嘉陵区	11	8	13	11
阆中市	8	6	10	8
西充县	8	6	10	8
仪陇县	7	5	11	8
蓬安县	6	5	10	8
营山县	3	2	5	4
高坪区	1	1	2	2
顺庆区	1	1	1	1
合计	80	60	100	80

5. 节能减排目标。丝纺服装产业的环境保护和节能减排达到国内先进水平，企业达到国家清洁生产标准。到2025年，单位工业增加值的能源消耗量、二氧化碳排放量、取水量分别比2015年降低20%，工业污水达标排放达到100%。

六、路径与重点

培育丝纺服装千亿产业集群必须强化战略定力和发展自信，树立“大纺织”视野，着力实施“六大工程”，抢抓机遇，扩大优势，走转型升级、改革创新、开放合作之路。

（一）大力实施龙头企业培育工程，以“平台集聚、组团融合、招大引强”为主线，着力打造“4大产业园区”。

1. 在平台集聚方面。以园区为载体、项目为支撑，坚持“特色发展、错位发展、竞相发展”的基本理念，抓好丝纺服装产业的空间布局，加快建设高坪都京丝纺服装产业园、嘉陵工业集中区丝纺服装产业园、仪陇光华制鞋产业园3个特色专业园区。结合晟达新材料项目的建成投产，加快规划建设“南充化纤纺织园”，逐步将化纤生产、印染企业集聚到园区发展，打造完整的化纤纺织品生产链条，形成新增长极。进一步完善4大丝纺服装产业园区周边的交通、供电、供水和医院、学校、超市、专家楼、职工公寓等基础设施建设，集中配套与园区产业相适应的污水废气处理等环保设施，切实增强园区承载能力，将其打造成我市丝纺服装行业的引资洼地、项目盆地和产业高地。

2. 在组团融合方面。紧紧围绕做强做大产业龙头，做好三篇文章：一是链条的加粗。重点加强对本地优势企业和成长型企业的培育扶持，不断发展壮大六合、嘉纺、依格尔、金富春等传统产业龙头，鼓励引导优势资本对中小微丝纺服装企业进行资源整合或兼并重组，大力发展总部经济，组建大集团，培育大龙头。二是链条的拉长。重点加大服装产业发展力度，弥补终端产品开发短板，在扶优扶强展登服饰、尚非服饰、鑫原羽绒等现有龙头的基础上，抢抓东南沿海产业转移和成渝融合发展等重大机遇，通过定向招商、引资嫁接等方式，发展一批具有知名度和竞争力的服装生产加工龙头，推动我市服装产业逐步由“来料加工”向“自主生产”转变，将其打造成丝纺服装产业的一个核心增长极。促成嘉美、明康、川棉联合开发工装生产项目落地，打造全国最大的工装生产基地。三是链条的闭合。按照“同类企业抱团发展、同链企业融合发展”的基本取向，深入推进上、中、下游在链企业的互补性配套、战略性联盟，形成农工贸一体化的“铁三角”，构建“大纺织”产业格局。到2025年，至少培育2家产值超50亿元、5家产值超30亿元、15家产值超过10亿元的龙头企业，打造千亿丝纺服装产业集群的航母战斗编队。

3. 在招大引强方面。抢抓国家“丝绸之路”经济带、成渝经济圈战略机遇，主动对接“东绸西移”，瞄准世界500强、行业内前10强、上市公司等知名企业，招大引强、招强引优。充分发挥我市与法国海外事务所签订的《南充中法丝纺服装产业联盟合作框架协议》、与中丝集团签订的《全面推动丝绸产业链条合作联盟协议》、与意大利科莫纺织商会签订的《丝绸产业合作备忘录》作用，加大国内外丝纺名企的招引力度；力促高坪与达利集团签订的投资意向协议尽快正式签约，力促已签约的中国中丝集团、川棉印染等投资项目尽快落实落地、尽早投产达产。通过承接沿海产业转移，借力国际产业巨头，把招大引强转化成我市丝纺服装产业转型发展的“催化剂”、高端发展的“领头雁”和加快发展的“增长极”，形成“蝶变效应”。

（二）大力实施集成创新工程，以人才培育、技术变革、产品创新为主线，形成丝纺服装产业发展的“微笑曲线”。

1. 在人才培育方面。制定人才激励和吸引政策，实施人才培养战略，支持南充职业技术学院等驻市涉农高校，设置蚕桑、丝纺、服装专业，深化校企合作，推进专业人才和产业工人培养基地建设，大力培育开发设计、经营管理、营销人才和高水平技工。支持组建南充丝纺服装职业技术教育集团，在有关高校成立蚕桑丝绸服装技能大师工作室。深入实施“嘉陵江英才工程”，支持企业采取市场聘用、股权激励、特聘顾问等方式，大力引进高层次人才、创新团队、创新领军人才和职业经理人；采用政府购买服务等方式引进丝纺服装设计、丝绸印染工艺等专业人才。完善以增加知识价值为导向的分配政策，鼓励企业用股权和期权激励的方式奖励技术创新和成果转化中的骨干人员；创立丝纺服装创新创业引导和奖励基金，设立丝纺服装创新人才奖，鼓励创新人才更好地服务丝纺服装产业发展。

2. 在技术变革方面。要进一步激活丝纺服装企业的“创新精神”和“工匠精神”，结合“中国制造2025”，推进传统制造向智能制造转变。加大技改扩能专项资金对丝纺服装行业的倾斜支持力度，促进丝纺服装企业淘汰落后产能，积极引进业界新工艺、新设备、新技术、新材料，强化企业技术装备改造，全面提升智能制造水平。充分利用与苏州大学合作的现代丝绸国家工程实验室南充研究中心等平台，加快丝纺服装行业关键技术攻关，鼓励申报专利和发明创造，加大知识产权保护力度。扎实抓好先进技术研究成果的试验、示范、集成和推广应用，切实弥补在生产技术革新、高端产品研发、丝纺服装设计、丝绸印染工艺等方面的短板。

3. 在产品创新方面。支持有条件的大中型丝纺服装企业独立创建产品开发中心或组建产品研发战略联盟，推进丝纺服装产品从低附加值向高附加值转变。强化与意大利、法国、国内行业协会的交流合作，加快推进南充中法丝纺服装产业联盟、中丝集团及省内外丝纺服装行业协会、南充市工艺美术行业协会、高等院校的合作，建立纺织服装产品创新设计研发平台，切实弥补在丝绸高端产品、服装终端产品上的短板。着力加大丝、毛、棉、麻、化纤等交织混纺产品的生产，加大以桑、茧、丝、绸为原料的食品、化妆品、建材、医疗用品等新产品及旅游商品的开发，积极开展个性化定制、柔性化生产，丰富和细化新产品种类，适应中产阶级主流消费群体需求。

（三）大力实施品牌创建工程，以“品牌培育、品牌提升、品牌保护”为主线，着力构建“中国绸都·南充”区域品牌体系。

1. 在品牌培育方面。学习浙江“丽水山耕”品牌创建经验，探索创建“中国绸都·南充”丝纺服装品牌体系，对接国际国内行业技术标准，研究制订“中国绸都·南充”丝纺服装产品标准体系，将符合条件的丝纺服装产品纳入区域品牌目录，统一认证，统一标识，使“南充制造”成为丝纺服装行业的一张响亮名片。坚持以提升品质为基础，做好六合集团百年老店，大力支持依格尔、顺成、长荣等企业申报“中国名牌”“中国驰名商标”“高档丝绸标志”和地理标志产品。鼓励中小企业“借船出海、借牌入市”，积极对接江苏鑫缘、浙江凯喜雅、万事利等名企强企，实行借牌贴牌，培育一批国际国内著名品牌的生产商和经销商。

2. 在品牌提升方面。引导企业树立“质量是品牌发展的生命、创新是品牌发展的灵魂、快速反应是品牌发展的依托、社会责任彰显品牌诚信”的价值理念，深入挖掘“依格尔丝绸”“百年六合”“银河”“天歌”“嘉纺”等品牌价值，通过西博会、行业峰会、国际非遗节、国际丝博会等平台以及“川货全国行”“万企出国门”等活动，加大对南充丝绸品牌的宣传展示，以品质和品牌抢占市场高地，走出中国，走向世界。

3. 在品牌保护方面。切实加大对丝绸产品商标权、科研成果专利权、国家地理标志产品、生态原产地产品的保护力度，争取在南充设立国家级丝纺服装知识产权快速维权中心。

（四）大力实施蚕桑提档升级工程，以“稳定规模、提升质量、综合开发”为主线，着力抓好“5+2”原料基地建设。

1. 在稳定规模方面。重抓南部、阆中、嘉陵、西充、仪陇5个省级优质蚕桑基地县和50个市级蚕桑基地乡镇建设，在营山、蓬安两地分别建成5万亩、10万亩蚕桑基地。用好土地流转政策，以产业基地的延伸拓展、填充联结、标准生产为抓手，大力推广南部先锋、嘉陵吉安、阆中水观等“公司+专业合作社+农户”的新型模式，培育5个蚕桑产业化经营龙头企业、50个蚕桑专业合作社、500户蚕桑生产家庭农场和1万户养蚕大户，鼓励龙头企业采取以桑入股、订单农业、保底收购等方式与蚕农形成紧密利益联结，不断提高栽桑养蚕积极性，使全市标准化蚕桑基地达到80万亩以上，产茧能力达到100万担以上。

2. 在提升质量方面。改良品种：加快推进桑蚕品种优化改良，引进和培育适应本地自然条件、符合市场主流需求的新型桑蚕品种，探索发展天然彩茧技术。改进技术：在5个蚕桑基地县分别建设1个轻简化栽桑养蚕技术示范区，着力推广“小蚕共育、大蚕省力化饲育、方格蔟自动上蚕”等新技术，广泛运用“桑园耕整机、桑枝伐条机、自动化小蚕共育机”等新机具，试点示范，以点带面，实现全覆盖。深化合作：鼓励各基地县、基地乡镇与专业高等院校和本地蚕桑科研机构建立长期合作关系，着力提升蚕业现代化水平。

3. 在综合利用方面。以尚好桑茶、四川劲椹、阆中醋业、千年绸都第一坊酒业等龙头企业为依托，建设5万亩桑叶茶、桑叶粉原料基地，10万亩果桑精深加工原料基地，5万亩僵蚕原料基地，10万亩饲料桑及桑地林下开发基地，把蚕桑资源综合开发利用打造成千亿产业集群的重要增长极。

（五）大力实施丝绸文化开发工程，以保护挖掘、宣传推介、整体打造为主线，着力抓好“一园一区一走廊”建设。

1. 在保护挖掘方面。重点加强对六合百年文化、蚕桑丝织传统技艺、丝绸历史文化遗迹、民俗文化、非物质文化遗产项目的保护。支持依格尔等龙头企业对丝绸文物的整理、收集、修复、保护和展示。深入挖掘丝绸文化的历史价值、艺术价值和科学价值，将历史文化信息全方位渗透到新产品设计、生产、销售以及产业平台建设中，提升产业发展核心竞争力。

2. 在宣传推介方面。顺应市民呼声，迁回“丝绸女神”，强化南充作为中国绸都的标志标识。加强广播、电视、报刊、网络等主流媒体对南充丝绸文化的平面宣传；充分运用机场、车站、码头、高速路口公益广告等载体，加强对南充丝绸文化的立体宣传；积极运用国际国内丝绸博览会、行业论坛、产业峰会、设计师大赛等平台，加强对南充丝绸文化的对外宣传；通过承办中国西部国际丝博会、创作丝绸文化文艺作品（如：云南的“丽水金沙”、杭州的“宋城演艺”）等方式，充分展示亘古绝丽的文化宝藏和博大精深的文化意象，让“中国绸都”名副其实。

3. 在整体打造方面。重点抓好“一园一区一走廊”平台建设。“一园”建设：依托丝绸源点文化，在高坪都京镇按照国家 AAAA 级风景区标准，着力打造面积 10 平方公里，集产业、小镇、文化、旅游、生态五位一体的南充丝绸文化产业园，建设丝绸源点博物馆、丝绸特色风情街、万亩生态桑园、丝纺服装工业园以及嘉陵江水上乐园等项目，实现园区高端化、品牌化、创新化、特色化、集约化发展，建成“南充丝绸文化的城市会客厅”。“一区”建设：依托嘉陵区丝纺工业聚集区，在依格尔打造和完善丝绸博物馆，在金富春公司建设中国蜀绘文化展示馆，在尚好桑茶公司建设中国“桑茶之都”文化馆，进一步建设好中国丝绸文化公园和千年绸都第一坊，形成嘉陵蚕桑生态和丝绸工业旅游区。“一走廊”建设：结合丝绸源点文化资源，融入蜀绣文化、巴蜀文化、三国文化、红色文化和嘉陵江流域文化，以乡村旅游、红色旅游、阆中古城、嘉陵江滨江公园等为载体，培育一批以互动体验、贸易为主体的“绸都小镇”“丝绸精品馆”“丝绸精品社区”、仿古丝绸一条街等丝绸旅游文化景点，打造丝绸文化精品旅游环线。

（六）大力实施开放合作工程，以“大开放、大合作、大市场”为主线，着力推进向东、向南、向西“三路突破”。

1. 深化大开放。大开放是融入世界经济、抢抓发展机遇的客观需要。经济全球化、区域经济一体化、投资与贸易自由化已成为当今世界经济发展的趋势和潮流。在这一大背景下，国际资本以更大规模在更大范围内加速流动，任何一个地方都不可能离开世界经济体系而孤立发展。因此，必须在更大范围、更大领域和更高层次上扩大对外开放。统筹对外开放和对内开发，加快探索、建立推动丝纺服装转型跨越的机制体制和大开放格局，走出一条内陆边远地区开放开发和转型跨越之路。

2. 促进大合作。向东：加强与广东、苏杭等东部沿海发达地区的开放合作，采取产业联盟、技术合作、引资嫁接等多种模式，承接产业转移，带动产业转型。向南：鼓励丝纺服装企业发挥外向型产业优势，引导企业抱团“走出去”，在东南亚建立区域开放合作示范区。向西：积极对接亚欧物流大通道，利用渝新欧快铁专线，构建丝纺服装国际物流体系，加快拓展丝纺服装跨境电子商务。

3. 开拓大市场。于内：在高坪建成一个西部规模最大、品种最全的丝纺服装产品交易中心；在高坪、嘉陵建设丝纺服装出口基地和跨境电子商务综合试验区。于外：积极探索奖励支持丝纺服装企业扩大出口的新措施，支持企业出国参展、境外设点、投资考察、对外推介、扩大交流等活动，支持丝纺服装企业在海外联合建立保税仓库，巩固印度、东南亚、非洲等传统外销市场，努力开拓欧美、日韩、中东等国际市场。于互联网 +：充分发挥京东、淘宝、天猫等电子商务平台，进一步推动“全企触网”行动，引导丝纺服装企业开展网上电子商务、建设 VR 体验店，拓展网上产品市场。鼓励在大中城市开设直营店、商场或超市专卖区，形成“线上线下 + 直营店 + 专柜”的营销格局，将南充建成丝纺服装行业的开放口岸城市。

七、政策与保障

坚持把丝纺服装产业发展融入国家“一带一路”倡议、绿色生态战略和精准扶贫战略，以抓脱贫攻坚的力度和方式抓丝纺服装产业发展，突出政策的指导性、预见性、精准性、连续性和落地性，为培育丝纺服装千亿产业集群提供强力支撑。

（一）强化组织领导。一是成立以市上主要领导为组长的南充市培育千亿丝纺服装产业集群领导小组，组建产业办公室，明确主管领导、专门机构具体负责全市丝纺服装产业集群发展推进工作。二是落实领导和部门定点联系丝纺服装企业制度。三是建立定期联席会议制度，研究制定支持丝纺服装产业发展的“十三五”规划和相关政策措施，协调解决发展中存在的问题。四是成立以政府及其相关部门人员、企业家、专家组成的咨询委员会，强化对行业形势、市场走势的研判、预判，加强产业监测分析，为企业提供全方位综合服务。五是出台培育千亿丝纺服装产业集群的意见，借鉴外地丝纺服装产业发展经验及支持实体经济供给侧改革的相关政策，进一步明确丝纺服装产业发展战略、工作目标、工作重点和发展举措，实行挂图作战、目标考核，一届接着一届干，持之以恒，一抓到底。

（二）组建产业联盟。一是争取南充成为中国西部国际丝绸博览会和中国西部茧丝绸论坛永久举办地。二是推动建立成渝丝纺服装行业商会，实现优势互补、共融共赢。三是推动建立南充丝纺服装产业协会和中国西部茧丝绸产业联盟。发挥好行业协会在加强行业自律、开展技术咨询、反映企业诉求、提供公共服务等方面的功能作用，引导丝纺服装企业深度准确把握市场需求，及时发布产品价格信息，在产品开发、外观设计、新产品包装、市场营销等方面提供更好的服务，促进产需有序衔接。

（三）加强行业扶持。一是设立培育丝纺服装千亿产业集群专项发展资金，对技术改造、创新研发、品牌创建、市场开拓、人才引进、技能培训、节能减排及蚕桑基地建设等项目给予专项扶持，出台具体奖补办法。二是对丝绸服装行业招商引资政策进行梳理和整合，出台适应培育千亿产业集群招商引资的优惠政策，加大相关政策的宣传、落实力度。三是严格执行国家对丝纺服装企业的出口退税和税收减免政策。四是将蚕桑基地建设纳入脱贫攻坚、退耕还林、幸福美丽新村、休闲观光农业等项目建设内容，带动其他资本投入产业发展。

（四）优化金融服务。一是健全丝纺服装产业全链金融服务机制，定期召开银企座谈会，着力解决企业融资难、融资贵的问题。二是鼓励金融机构加大对丝纺服装产业的支持力度，实行差别化的准入、评级和授信，出台产业融资政府贴息政策。三是促进金融机构认真落实国家关于丝纺服装产业发展的融资政策，为丝纺服装产业转型升级提供必要的过桥转贷、融资担保等金融支持，探索推行丝纺原料产品质押业务，适度加大对相关企业兼并重组、转型投产、技术改造和开拓市场的信贷支持。四是支持、引导符合条件的丝纺服装企业进入新三板、创业板等资本市场，增强自身造血能力。

（五）加大宣传力度。一是开设南充丝纺服装产业网，集中宣传南充的丝绸文化、丝纺产品和产业发展政策。二是利用知名网站、APP 等新媒体，植入南充丝纺服装元素，扩大影响力。三是利用中央、省、市主流媒体加强专题宣传，并减免补贴相关宣传费用。通过上述方式，充分发挥宣传舆论在弘扬丝绸文化、推介丝纺产品、促进对外交流合作以及培育本地消费群体、新兴消费群体、年轻消费群体等方面的重要作用。

（六）促进政策落地。开列产业“问题清单”，对企业反映的“房产证、土地证”多年办不好、生丝税收政策与外省不同、部分项目进展缓慢、融资额度不能超过土地评估价、水电气、历史遗留等问题逐一清查，列出清单，一个一个问题研究解决。对丝纺服装重大项目的审批、核准和备案，实行“绿色通道”制度，简化办事程序，缩短审批时间，提高办事效率；对互为前置条件的政策设置、权责不明的管理体制、推进不力的工作机制，要加大改革步伐，消除体制机制阻碍，帮助企业轻装发展。建立重大项目跟踪服务机制，对重点技术、重点项目和重点企业，优先安排用地指标和资金。持续开展软环境专项整治，杜绝部分服务窗口、服务行业出现“中梗阻”“吃拿卡要”的问题，营造良好的法治环境和服务环境，让企业家们能舒心干事、安心创业。

打通嘉陵江黄金水道　服务“成渝第二城”建设

——关于嘉陵江航运发展的专题调研报告

（2017 年 4 月）

为加快推动嘉陵江航运发展，2 月下旬至 3 月上旬，市人大常委会嘉陵江航运发展专题调研组与市级相关部门、南鑫物流集团相关人员前往广安、武胜、合川、重庆等地，与相关部门和四川省港航开发有限责任公司等企业进行多次座谈，并到武胜桐子壕航电枢纽、合川草街航电枢纽以及利泽航电枢纽施工现场进行考察，对嘉陵江航电枢纽建设和航运发展情况进行了深入调研，形成此专题报告，以供决策参考。

一、嘉陵江基本情况

嘉陵江是国家重要的内河运输通道，起源于陕西凤县，在重庆朝天门汇于长江，是长江上游的主要支流，全长 1119 公里，干线通航里程 740 公里（川境段 534 公里），有大小支流 144 条，汇水面积为长江水系各支流之最。2007 年被国家列入《全国内河航道与港口布局规划》中的“两横一纵两网十八线”中的一线，系建设中的四级高等级航道，是我省水运发展“四江六港”的主要组成部分，水运发展潜力巨大。省委、省政府高度重视嘉陵江航道建设，先后制定了《西部综合交通枢纽发展规划》《嘉陵江航运发展规划》，提出了嘉陵江航道建设总体目标。嘉陵江是我市主要通航河流，流经 7 个县（市、区），辖区嘉陵江航道 301. 3 公里。四级航道建成后，我市境内 500 吨级单船、1000 吨级船队可直达重庆；三级航道建成后，我市境内 1000 吨级船舶、2000 吨级船队可沿江直达上海，将为我市经济社会发展打造一条畅通、绿色、经济的水上大通道。

（一）*航道建设情况*。20 世纪 60 年代和 70 年代，嘉陵江进行过两次大整治，具备了全江通行机动船的条件。80 年代末期开始，国家按照“综合利用、航电结合、联合建设、滚动开发”原则，对嘉陵江进行了全江梯级渠化开发，嘉陵江成为全国第一条全江渠化建设的内河航道。嘉陵江规划建设 15 级航电枢纽，川境段 13 级（其中：南充段 9 级、广元 2 级、广安 2 级，已全部建成），重庆段 2 级。我市境内 9 级航电枢纽已相继建成投入运行，总投入近 200 亿元，航道条件得到了极大的改善，航道等级得到了优化提升。目前，正在实施嘉陵江航运配套工程，对库尾航道进行清淤，对马回船闸进行升级改造。航运配套工程竣工后，我市境内航道能够达到四级标准。重庆合川利泽航电枢纽是嘉陵江规划中唯一未建成的航电工程，成为制约嘉陵江全江通航的“瓶颈”。

（二）*航运基础设施建设情况*。我省规划建设了航运发展“四江六港”重点项目，嘉陵江沿线的广元港、南充港、广安港已相继建成并投入运行。南充港规划建设嘉顺、仪陇、阆中、南部和蓬安 5 个港区，共 11 个作业区（其中旅游客运作业区 3 个、集装箱作业区 1 个、化工专用作业区 2 个、货运作业区 5 个），岸线总长 80710 米。南充港共规划 75 个泊位，通过总能力达 2128 万吨，总投资 50 亿元，其中嘉顺港区投资约 30 亿元，仪陇、阆中、南部和蓬安港区投资约 20 亿元。目前，南充旅游码头、都京港集装箱码头、化工园区大件码头和化工专用码头均相继建成，并投入运行。由于受航道条件和水运货源不足等因素影响，其他作业区的建设还未开展前期工作。

（三）航运发展情况。目前，嘉陵江中上游各级航电枢纽均已投入使用，但重庆利泽航电枢纽时建时停已达十余年之久。武胜至利泽段航道仍为天然航道，嘉陵江丰水期可全江通航，枯水期利泽段无法通行，从而严重制约了嘉陵江航运业发展，嘉陵江航运以区间短途运输为主，没有大型船舶，也缺乏大宗货物运输。从2013年至2016年，通过重庆草街航电枢纽往返嘉陵江四川境内的船舶仅有13艘，承运的货物也只有我市经济开发区的50多件化工大件专用设备，以及为燕京啤酒公司运送的600多吨原材料。同期相比，也远远低于我省位于长江干线的泸州、宜宾等水运发达的地区。同时，也远远低于我市陆路运输量。南充市水路运输量在全市货物周转量中占很小份额，南充水运服务地方经济社会发展的潜力还未充分发挥。

二、发展嘉陵江航运的重大意义

嘉陵江具有丰富的水运资源。城因水而兴。古今中外，凡是水运繁荣的地方，经济社会发展都处于领先水平。仅以重庆为例，境内长江三峡建成、航道通航等级提升后，重庆港的吞吐量在短短的三年时间内，就增加了6倍，达到了1.8亿吨，成为当地发展的新增长极。同样，发展嘉陵江航运对我市也具有重大现实意义，将对经济社会发展产生强有力的推动作用。

（一）发展嘉陵江航运是推动我市产业发展的迫切需要。水运交通大运量、低成本的特点是推动我市工业、现代物流业发展的重要优势。南充经济开发区引进的晟达化工等知名企业，就是看好嘉陵江这一黄金通道，才来南充落户发展。据行业测算水运成本比陆运低40%，比空运低70%。低成本就是优势，而且水运运量大，至少都是500吨级，如用汽车运输，1艘船的货物至少需要10余辆车才能运输，水运的比较优势就更加突出。嘉陵江沿线一带，存在适宜通过水路运输的产品、货物等，水运市场需求旺盛。仅南充市化工园区引进的晟达化工新材料有限公司等企业，投产达产后通过水路运输的产品就高达50万吨/年。南充嘉美印染有限公司每年约出口400标箱的蜡染布匹，远销非洲地区，均可通过嘉陵江运输。据不完全统计，目前，四川南充、广安、广元市每年可以通过嘉陵江水运的货物总计可达5万多标箱，嘉陵江航运存在巨大的市场需求。发展嘉陵江航运可以成为我市吸引产业投资、推动产业发展的“助推器”。

（二）发展嘉陵江航运是嘉陵江流域综合保护开发的重要支撑和前提。目前，我市正在实施嘉陵江流域综合保护开发，且有望上升到国家层面，获得先行先试的政策支持。嘉陵江一江清水，两岸风光秀美，最柔美的身段又在我市。嘉陵江水上旅游可以成为我市旅游产业新的亮点，航运业可以为我市工业产业带来新的比较优势，沿江城市风貌特色的打造可以为城市建设增添新的亮点。可以说，嘉陵江是我市最具开发潜力的重要资源，可以成为南充市经济社会生态建设新的增长带、发展轴，是建设南充新未来的重要寄托。打通嘉陵江航道，重振嘉陵江水运，对嘉陵江流域综合开发意义重大，是实施市委提出的“155”发展战略的重要抓手，也是南充人民盼望多年的嘉陵江综合保护开发取得实质进展的突破口。

（三）发展嘉陵江航运是建设“成渝第二城”、融入长江经济带、对接“一带一路”发展的需要。嘉陵江顺流而下，在重庆汇入长江，再直达上海，实现通江达海。应将嘉陵江航道建设放在更高的区域发展和国家战略发展的高度去认识，把它作为战略资源去看待。市委提出的建设“成渝第二城”发展战略，实现与重庆的深度融合是其中的重要内容。南充与重庆自古以来交往密切，嘉陵江作为联系两地的水上交通要道，打通嘉陵江航道，大力发展嘉陵江航运，势必深入推动南充融入重庆，开创区域融合发展的新春天。同时，发展嘉陵江航运还是实现我市通江达海、融入长江经济带、对接“一带一路”、拥抱世界的重要路径。只要嘉陵江航道畅通，我市就能够通过嘉陵江，经重庆而直达上海，实现通江达海、与长江经济带融为一体，进入海上丝绸之路。也可通过渝新欧通道，与丝绸之路经济带连接，从而实现内地走向世界、与全球接轨的宏伟梦想。2014年6月，位于嘉陵区的燕京啤酒公司从澳大利亚购买的原材料麦芽，就是经上海，通过长江水运到重庆，再转运到我市。航道畅通，嘉陵江物流大通道形成，水运绿色、运量大、成本低等比较优势将充分彰显，知名企业、优质产业将向南充集聚，物流信息流资金流等将向南充汇集，南充经济社会的发展也将翻开新的篇章。

三、发展嘉陵江航运的主要制约因素

（一）思想认识不到位。近些年来，由于公路、铁路快速发展，内河航运在全国都进入低谷。加之，建设嘉陵江9级电站，持续20多年断航施工，使航运业对经济发展的贡献不断萎缩，航运业逐渐淡出人们的视野，处于边缘化的状态。在航电开发中，重电轻航倾向十分突出，对“吹糠见米”、见效周期短的电站建设热情较高，而对见效慢、效益周期较长的港口建设、航道整治缺乏动力，投入不够。同时，受产业发展的制约，对航运发展认识不足，对航道保护措施力度不够，岸线和航道资源遭随意侵占破坏，航电无法进入良性循环状态，全市水路运输量在全市货物周转量中占很小份额，基本处于全线断航、局部通航的半瘫痪状态。

（二）航道不畅通。嘉陵江四川境内正在实施航运配套工程建设，按照规划，2020年竣工后，我省境内将达到四级高等级航道标准，航道畅通不成问题，船舶可以常年通航。但目前，沿江砂石开采，造成航道形成堆、坑、涵、回流，并且库区水流速减小，回水形成严重淤积，如青居、马回、红岩子等电站淤积特别严重，致使船闸无法使用；基础设施建设不配套，维护设备破旧，无力承担航道清淤、拓深、疏浚任务；航标等级低，还是传统的浮筒航标，易损、易偏移，警示作用弱，夜间无法导航，航道安全隐患多；航道管理信息化建设起步晚，航运监管缺少现代化信息支持系统，梯级开发后形成的库区间航行无法统一衔接调度，安全无保障；规划建设的嘉陵江重庆合川利泽航电枢纽迟迟未建成，成为制约嘉陵江全江通航的关键“瓶颈”。

（三）体制不健全。目前，嘉陵江航道实行的是属地管理，没有采取流域管理，缺乏跨地域、跨行业、能统揽各方的综合统筹协调议事机构，导致各自为政，出现行业分割、地域分割，航运发展规划、船闸管理运行、水运发展扶持政策等不统一，严重地影响了嘉陵江流域航运的整体发展。比如，我市境内嘉陵江9级航电枢纽的管理主体就有当地人民政府、省属国有企业、中央企业。枢纽的配套设施之一——船闸（也是通航的重要设施）的管理主体也从属于他们，这些主体对船闸的管理各不相同，有的每周才放船舶过一次闸，有的过闸要收费，导致过闸慢、过闸难。同时，有的管理主体不履行“航电结合，以电养航”的职责，不愿出资对通航设施设备进行维护、更新等，例如，有的不对闸室进行清淤，导致闸门打不开，船闸无法使用。这些问题都严重制约了嘉陵江航运业的发展。

（四）政策不配套。扶持航运发展的政策措施不完善，缺乏系统的、完备的、综合的政策体系，不利于推动水运业发展。以前出台的政策未完全落实，新的扶持政策又尚未制定，以至于水运业日益萎缩，低迷不振。我市砂石开采占用嘉陵江主航道、对航道造成极大破坏的现象始终得不到彻底的治理，就在于缺乏标本兼治的综合政策。另外，我市尚未出台扶持嘉陵江航运发展的政策措施，航道管理养护经费不足，船舶标准化建设资金难保障，水运企业公司化经营扶持力度不够等问题亟待解决。

四、合川利泽航电枢纽工程建设情况

（一）项目概况。嘉陵江梯级渠化利泽航运枢纽（以下简称利泽枢纽）坝址位于重庆市合川区大石街道的利泽场，距合川城区约32公里，距四川省武胜县桐子壕枢纽29.7公里。利泽梯级系嘉陵江干流广元至重庆段 15 个梯级开发中的第十四级，重庆段自下而上梯级开发的第二级。其上游与桐子壕枢纽衔接，下游与草街枢纽衔接，库区淹没涉及重庆市合川区和四川省武胜县。枢纽的正常蓄水位为 210.725 米，船闸按照Ⅳ级航道标准设计，枢纽建成后可渠化航道 29.7 公里（其中重庆境内 12.7 公里，四川省武胜县境内 17 公里）。电站装机 7.4 万千瓦，概算总投资约 36 亿元。利泽枢纽是实现交通运输部确定的全面渠化嘉陵江目标的关键项目，是解决四川省通江达海问题的门槛工程，是国家发改委 2014 年确定的全国交通重大工程之一［国家发改委《关于加快推进交通重大工程建设的通知》（发改投资〔2014〕2007 号）］，是国务院督办的 2015 年内必须开工建设的重点项目之一［国务院办公厅关于印发《贯彻实施〈国务院关于依托黄金水道推动长江经济带发展的指导意见〉重点任务分工方案（2014—2015 年）》的通知（国办函〔2014〕75 号）］。利泽枢纽由川渝两省市共同投资开发，其中，重庆出资比例为 55%（重庆航发司 52%，合川农投公司 3%），四川出资 45%（四川港航开发公司 44%，武胜光明公司 1%）。项目实施工作由重庆航发司牵头开展，具体建设工作由两省市出资组建的重庆嘉陵江利泽航电开发有限公司负责。

（二）项目推进情况及产生的分歧。2004 年年初，合川利泽枢纽前期工作正式启动，项目建议书于 2007 年 2 月获得批复。工程可行性研究报告于 2007 年 12 月通过了川渝两省市组织开展的技术审查，项目设计正常蓄水位是 212.3 米，船闸按Ⅳ级航道标准建设，电站装机 10 万千瓦。合川利泽航电枢纽前期工作因工程蓄水位、环评、淹没补偿等原因，从 2004 年至今已先后 3 次开工，又 3 次停工，起起停停，推进缓慢，工程概算总投资也由 23.78 亿元增加到约 36 亿元。

一是 2008 年 8 月因正常蓄水位从 212.3 米降低至 209.15 米，使川渝双方就枢纽的正常蓄水位设计问题产生严重分歧，经交通运输部多次组织川渝双方召开协调会，于 2012 年 10 月 11 日决定正常蓄水位从 212.3 米调整为 210.725 米（即双方各让一半），长达 5 年时间的正常蓄水位分歧问题得以解决。

二是 2013 年 8 月 29 日利泽枢纽工程建设前期工作正式重新启动。2014 年 9 月 25 日，枢纽项目建议书获得了川渝两省市发改委的批复；2015 年 9 月 29 日，项目可行性研究报告通过川渝两省市发改委组织的审查；2015 年 11 月 27 日，初步设计报告通过川渝两省市交通行政主管部门组织的审查。

但目前在水环境容量补偿问题上仍有一定分歧。四川省环保厅认为，利泽枢纽建成后对武胜库区的水环境有很大影响，将导致武胜县排污能力受到严重制约，进而严重影响武胜县工业乃至整个经济社会发展。省环保厅建议参照乌东德水电站给四川省补偿水环境容量影响费用。但是，重庆利泽枢纽环评报告编制单位中国水利水电科学研究院编制的环境影响评价报告对项目水环境容量影响的论证结论是，利泽枢纽建成后对武胜境内的水环境没有实质性影响，因此重庆市认为，不应对四川省水环境影响给予巨额补偿。川渝两省市对利泽枢纽建成后库区水环境容量问题存在不同意见制约项目环评审批工作进展，目前，正在协调中。

环评审批权限及规划环评依据的调整也对项目前期工程进度造成一定影响。早前，利泽项目的环评工作按照由重庆市环保局牵头会同四川省环保厅联合审批的方式开展，2016 年 7 月，环保部在《关于嘉陵江利泽航运枢纽工程环评有关事宜的复函》中明确提出，利泽航运枢纽工程涉及重庆市和四川省，该项目环境影响报告由环保部审批。环保审批权限提升后项目审批周期加长、难度加大。在规划环评依据方面，环保部同意以相关流域航电梯级开发环境影响回顾性评价研究成果作为项目环评依据，同时，需协调相关单位加快《嘉陵江流域综合规划环境影响报告书》的编制和报送审查工作。

四川境内移民安置规划大纲审批上存在的问题。利泽枢纽移民安置规划大纲已完成编制，并于

2016 年 10 月 20 日原则性通过四川省扶贫移民工作局审查。关于桐梓壕枢纽补偿问题的相关文件正在完善中，相关工作正在进一步沟通协调。

三是该项目建设经广安市武胜县与重庆市合川区、四川省与重庆市各个层面多次磋商，交通运输部也多次协调，该项目先后从交通运输部督办到国家发改委督办，现在成为国务院重点督办项目，历尽了千辛万苦，目前前期的各项工作正全力推进，业主单位计划 2017 年 6 月底前完成项目审批任务，年底前全面开工建设枢纽主体工程，2019 年船闸建成通航，2022 年基本完成枢纽建设任务。

（三）项目建设资金问题。利泽枢纽属于以渠化航道为主的航电工程，主要是服务四川境内航运发展需求，项目投资大、发电效益极差，按照目前的工程概算总投资 36 亿元，工程单位千瓦投资高达 4.86 万元，比水电开发保本单位千瓦投资高出近 4 倍，项目开发融资难度特别大。利泽枢纽的项目资本金比例高达 90%，即需资本金 32.4 亿元，而交通运输部的补助资金只有 5 亿元左右，资本金缺口高达约 27 亿元。四川港航公司应承担的资本金 44% 股份，需要出资约 12 亿元。四川港航公司表示承担利泽枢纽建设资金压力较大。如果项目后续资金不能保障，会严重影响工程建设进度，即使工程在今年内开工了，也可能因为资金问题面临第 4 次停工的危险，使嘉陵江全江通航的预期时间再次推延。

五、推动嘉陵江航运发展的建议

（一）协助解决利泽航电枢纽建设有关问题。嘉陵江航道不畅通，关键症结就是利泽航电枢纽未建成。而目前影响利泽航电枢纽建设的关键因素，就是资金缺乏。解决利泽航电枢纽的建设资金问题是目前推动嘉陵江航道建设最迫切的问题，资金问题解决不了，该项目就难以按期建成，打通嘉陵江航道就是一句空话，对南充发展嘉陵江航运就成为一个致命的中梗阻，无法逾越的一道坎，南充作为利益攸关方，应积极推动川渝省市履行按比例出资的股东协议。要通过多种渠道，采取多种方式，积极协调省港航公司通过融资、发行债券等途径筹集资金，履行股东协议，按照比例出资。要向省国资委、交通运输厅汇报，加大支持投入力度。如省港航公司确因困难不能出资，可建议省政府采取补助港航公司建设项目资金的方式，解决利泽航电枢纽建设资金筹措难的问题。二是通过与省环保厅、省扶贫移民局和四川港航公司协调，力争促进项目环评报告和四川省境内移民安置规划大纲的审批工作早日完成，确保利泽航电枢纽建设顺利推进。

（二）加快推进航道治理工程。加大碍航浅滩的整治力度，采取强有力措施治理乱挖乱采行为，规范沙石开采行为；要建立疏浚、清淤、船闸维修保养管理制度，及时对船闸进行清淤疏浚维护，彻底解决有“电”无“航”的尴尬局面，首先解决南充境内嘉陵江通航的问题。强力推进航道上档升级建设，辅助设施要到位，航标要更新，船型要标准，航道养护要向数字化、智能化方向发展，运用先进技术、先进设施对航道运营实施监测，提高航道通行效率。

（三）成立嘉陵江流域管理机构。我市可率先成立涵盖嘉陵江流域整个南充段 7 个市县区的、高规格的综合协调管理机构，对船闸、航道养护等进行统一管理。同时，向省委省政府建议，协调重庆市，参照长江等大江大河管理模式，成立统一的、跨川渝两地的嘉陵江流域管理机构，建立议事机制，对嘉陵江进行统一管理，制定包括船闸在内的统一管理办法。向中央国资委、交通运输部汇报，协调华能等在嘉陵江流域建有航电枢纽的央属国企，组建跨行业、跨地域的协调管理机构，对嘉陵江流域包括通航等进行统一管理。

（四）出台扶持航运发展的政策。为促进我市水运业发展，市人民政府于 2012 年出台了《南充市人民政府关于加快嘉陵江等内河水运发展的实施意见》，但一些政策未落实。要进行专项清理，对落实情况进行督查督办。特别要进一步加大重点内容的落实力度，兑现市县两级财政分级设立水运发展专项资金、对港口航道建设实行土地优惠、港航企业实行税费优惠等政策。同时，早日审议市航务管理局提交的《促进南充嘉陵江水运发展的优惠政策》，尽早出台扶持嘉陵江航运发展的政策措施，包括船舶公司化经营、船型标准化建设、港口经营、资金保障、水运企业优惠政策等，以推动南充嘉陵江航运发展，早日发挥嘉陵江航运资源优势，为实现我市“155”发展战略作出应有的贡献。

关于南充设立省级新区的调查与思考

（2020 年 3 月）

为深入贯彻习近平总书记关于推进成渝地区双城经济圈建设的要求，省委决定在全省布局一批省级新区，打造区域发展重大功能平台支撑。按照市委工作安排，市人大常委会组织专门力量，对川东北设立省级新区的必要性、南充建设省级新区的可行性以及新区选址、总体定位、实施路径进行了深入调查分析，现将相关情况报告如下。

一、川东北设立省级新区的必要性

川东北地域辽阔、人口众多、资源丰富、潜力巨大，是四川发展的重要增长极，亟须建设一个省级新区，强化区域极核带动，引领川东北加快发展速度、提升发展质量，支撑省域经济平衡协调发展、实现整体崛起。

（一）从全省经济版图看，在川东北设立省级新区，有利于实现区域平衡、形成鼎足支撑。在我省“一干多支、五区协同”战略布局中，川东北经济区是人口最密集的一区、贫困最集中的一块、区域极核最缺失的一角，涵盖南充、达州、广安、广元、巴中 5 市 34 个县（市、区），总幅员 6.4 万平方公里，总人口 2139 万人（2018 年统计数），用全省 1/8 的土地养活了超 1/4 的人口。区域经济保持较快增长，2019 年 GDP 总量达到 7310 亿元，但人均占有 34175 元，仅相当于全省平均水平的 61.1%，列五大经济区倒数第 2；人均地方公共财政收入 1956 元，列五大经济区倒数第 1；摘帽之前共有 13 个国贫县，占全省国贫县的 36%。站位全省，川东北是四川决胜全面小康、推进整体跨越中亟待补齐的短板。目前，成都平原经济区紧密抱团、一枝独秀，川南经济区再增极核、势头强劲，在川东北设立一个省级新区、形成一个战略支点，既能带动“弱块”后发赶超，又能在空间布局上与成都东部新区、宜宾三江新区形成鼎足支撑。

（二）从全域开放格局看，在川东北设立省级新区，有利于借力国家战略、推进东拓北扩。在我省“四向拓展、全域开放”开放格局中，川东北经济区既是北向通道、又是东向门户、也是西向跳板。从地理位置看，川东北经济区毗邻陕甘，接壤重庆，地处“一带一路”和长江经济带的交汇地带、川渝陕甘 4 省的结合地带、成渝西“西三角经济圈”的腹心地带，是四川承东、启西、接北的重要节点。从顶层设计看，该经济区享有“一带一路”、成渝双城经济圈、川陕革命老区振兴、长江经济带、西部大开发等国家战略及倡义多重加持，是四川抢抓战略先机、承接政策红利的重要支点。从现实基础看，川东北是国家重要的清洁能源化工基地、特色农产品生产基地、生态文化旅游区和川陕苏区振兴发展示范区，近年来区域经济表现十分活跃，2019 年南充进出口额增速为 544.8%，排名全省第 1，川东北 5 市增速全部进入全省前 10 位。总体来看，川东北完全具备内陆开放的先天优势和后天条件，在此设立一个省级新区、打造一个开放高地，既能有效借力国家发展战略，又能有力深化区域合作。

（三）从成渝同体发展看，在川东北设立省级新区，有利于破解哑铃效应、防止中部塌陷。在成渝双城经济圈协同发展战略中，川东北经济区既是扩散效应的受益者，又是极化效应的冲击带，也是哑铃效应的塌陷区。区域经济理论认为，在一个区域经济体系中，发展进程是趋向均衡还是极化，取决于增长极的扩散效应和极化效应谁占主导。川东北区域虽然双向承接成渝两核的经济辐射，但也处于成渝双核辐射的边缘地带，接受中心城市有效辐射的能力远不如成都平原经济区和川南经济区其他城市，在利用中心城市空间规模效应、产业关联效应、技术外溢效应上存在“天生不足”。虽然近年南充、达州、广安在融渝发展上都有相应战略布局，但并未达到预期效果，相对于成渝双核的“四城市”指数分别约为3.3、2.8。有鉴于此，在川东北设立一个省级新区、做强一个北部中心，既能加固双城经济圈的闭环，又能舒缓双城经济圈的极化。

（四）从区域发展现状看，在川东北设立省级新区，有利于构筑硬核支撑、强化集成示范。虽然近年来川东北经济区得到了快速发展，但是区域一体化发展不充分、人口红利释放不充分、优势资源利用不充分的矛盾突出，呈现出产业同构性强、融合度低；人口密集性高、城镇化水平低；资源富集性强、利用率低的显著特点。据有关专业机构测算，川东北5市的产业同构系数超过0.8，但同质竞争严重，分工协作不足。川东北人口占全省总人口的25.6%，但区域2018年城镇化率仅为43.61%，低于全省平均水平7个百分点，城镇化水平仍有较大提升空间。川东北虽然蕴藏着丰富的农业、旅游、生物、能源和矿产资源，但自身开发利用能力明显不足，产业链条较短、附加值较低，未能将资源优势充分转化为经济优势。立足长远，在川东北设立一个省级新区，建设一个示范样板，既能对区域内部协同发展产生强力拉动作用，又能对区域经济高质量发展起到路径引领作用。

二、南充建设省级新区的可行性

南充在川东北经济区人口体量最大、经济实力最强、区位条件最优、辐射功能最佳、城市能级最高、现实基础最好、文化底蕴最深，完全有条件、有能力、有信心建好省级新区，并使之成为推动川东北高质量发展的主引擎和新高地。

（一）立足三大维度，南充布局省级新区选择最优。无论是战略视角、区位视角、历史视角，南充都比川东北其他4市更加适合建立省级新区。从国省战略维度看，南充是焦点。南充是国家《成渝经济区发展规划》定位的北部中心城市、《川陕革命老区振兴发展规划》定位的“三带三走廊”主要节点城市、《成渝城市群发展规划》定位的南遂广城镇密集区中心城市；是我省《川东北经济区发展规划》确立的两大主核之一，承担着“打造成渝城市群跨区域协同发展示范区、建设川东北区域中心城市、带动川东北城乡均衡发展”三大使命。在此设立省级新区高度契合国家战略规划和省委总体布局。从区位优势维度看，南充是中心。南充位于川东北“掌型”城市群的掌心位置，到区域周边广元、遂宁、广安、达州、巴中等城市距离之和最小，是川东北城市群的几何中心，容易形成集聚效应和辐射影响力。同时，南充处于成渝西“金三角”腹心地带，位于成渝“两小时经济圈”辐射范围。在此设立省级新区，必将最大程度释放经济区的要素整合力、区域带动力、资源转化力、产业凝聚力、战略引领力，从而产生透镜放大效应、聚宝盆效应、对角互动效应、翅膀经济效应、蝴蝶效应等“五大效应”。从历史沿革维度看，南充是龙头。南充自春秋以来历为都、州、郡、府、道之治所，建城已有2200多年历史，历来都是川北的政治中心、经济中心、文化中心。新中国成立初期，南充是省级行政机构川北行署驻地，下辖南充、达县、遂宁、剑阁4个地级专区，管理1市35县，面积约9万平方公里，胡耀邦同志任川北区委书记、川北行署主任。在此设立省级新区，引领区域发展，是历史证明的最佳选择。

（二）立足三大硬核，南充打造省级新区实力最强。建设省级新区，经济是硬支撑，文化是软实力，科教是内动能，无论是经济基础、科教基础、文化基础，南充都比川东北其他4市更有能力建设省级新区。首先是经济实力领先领跑。南充的GDP、固定资产投资、工业增加值、一般公共预算收入、社会消费品零售总额等5项主要经济指标均居川东北第1。2019年，南充实现地区生产总值2322.2亿元、全社会固定资产投资1897.5亿元、规上工业主营收入2963.4亿元、社会消费品零售总额1068.9亿元，占川东北区域总量的比重分别为31.7%、28.8%、37.8%、31.4%，分别比区域排名第二的市多出281亿元、329亿元、1124亿元、81亿元。同时，南充的城市实力也大幅领先其他4市，是全省首批3个Ⅱ型大城市之一，是川东北率先“双过百”城市，主城区建成面积达153平方公里、总人口达145万人，分别比排名第二的达州大38平方公里、多30万人。其次是科教实力领先领跑。南充拥有1个省级高新技术产业园区，4个省级知识产权示范园区，4个省部级重点实验室，74户国家高新技术企业，37个省级企业技术研究中心，国家科技型中小企业入库总量598户，科技孵化器面积达71.7万平方米。2019年，南充高新技术产业主营业务收入突破600亿元，科技创新对经济增长的贡献率超过50%。南充建成2家院士工作站、8个省部级重点实验室，拥有西南石油大学、西华师范大学、川北医学院、南充电影工业职业学院等高等院校11所、中职学校37家，硕博授权一级学科50个，在校大学生和中职院校学生人数16万余人，近三年获得国家专利授权3470件，基础教育规模和高校数量均居全省第2、川东北第1。正在建设的“大学城”项目计划投资200亿元，招引高校8至10所，实现在校生10万余人。南充拥有3所综合性三甲医院、12家三级以上资质医疗机构、48家二级以上资质医疗机构，医卫资源总量居全省第2，医疗卫生从业人员5万人，医学教育、医学研究、医疗临床、医疗应急综合实力均居川东北之首。总而言之，南充是川东北无可争议的教科文卫中心，领先地位无可撼动。第三是文化实力领先领跑。南充是国家公共文化服务体系示范区，孕育了辞赋大家司马相如、史学大家陈寿、天文历法巨匠落下闳等历史名人，是朱德总司令、张澜副主席、罗瑞卿大将和“为人民服务的光辉典范”张思德同志的故乡，是三国文化、春节文化的发祥地，南充大木偶“熊猫队长”亮相平昌冬奥会惊艳全球，民俗舞蹈《亮花鞋》登上央视春晚，川剧团、杂技团、歌剧剧团、大木偶剧团、川北皮影剧团等文化院团齐备，川北灯戏、川北剪纸、川北皮影等民间艺术饮誉中外。南充是中国优秀旅游城市和国家园林城市，拥有阆中古城、朱德故里两个国家AAAAA级景区，阆中成功评为首批天府旅游名县，“将帅故里·红色文化”“历史名城·三国文化”“中国绸都·丝绸文化”“印象嘉陵·生态文化”“世界古城·春节文化”五张名片响亮世界，历史文化影响力较川东北其他地区具有明显优势。

（三）立足三大支撑，南充建设省级新区前景最好。从全国各地省级新区建设经验来看，交通、平台和资源是三大核心考量因素，既直接决定着新区的建设成本，也直接影响着新区的发展前景。南充与川东北其他4市相比，无疑是现实条件最为成熟的。首先是交通便捷度优势明显。南充是全省次级综合交通枢纽，水陆空立体交通网络基本形成，铁路通车里程335公里，居全省第4、川东北第1；境内高速公路达12条总长546公里，居全省第2、川东北第1；市内公路通车里程和路网密度居全省第2、川东北第1；南充火车北站是兰渝铁路最大的中间站；南充都京港是川东北能级最高的千吨级水运码头；南充高坪机场是川东北规模最大、航线最多、旅客吞吐量最大的机场（加上正在建设的阆中机场，南充即将成为全省除成都以外唯一拥有“双机场”的地级市）；特别是达成铁路、汉巴南铁路、兰渝铁路以及正在建设的成南达万高铁在境内纵横交会，为建成国家次级综合交通枢纽提供了关键支撑。其次是平台支撑性优势明显。工业方面，南充拥有1个省级高新技术产业园区、3个省级经济技术开发区、4个省级“51025”园区、3个省级新型工业化产业示范基地和川东北唯一的新能源汽车产业园。农业方面，南充拥有国家现代农业示范区、国家农业科技园、中法农业科技园等3个“国字号”园区和西部最大的有机食品示范县。物流方面，南充拥有川东北唯一的国家级示范物流园和B型保税仓。同时，南充还是四川自贸区首批协同改革先行区，也是川东北唯一的先行区。再次是资源承载力优势明显。南充是四川第二人口大市，是成渝经济区“第三城”，总人口760万，富余劳动力高达200余万，是全省劳务输出第一大市。南充水电资源丰富，水资源总量超过300亿立方米、约占全省的十分之一，嘉陵江南充段9级航电工程装机容量达92万千瓦。南充森林资源丰富，全市蓄积量近3000万立方米，比全国高15%、比全省高5%。南充矿产资源丰富，是西南地区最大的盐盆，盐卤储量1.8万亿吨，天然气储量超过7000亿立方米，石油储量近8000万吨。南充建设用地资源丰富，平坝总面远高于达州、广安、广元、巴中，且相对集中，便于开发。简而言之，在南充设立省级新区，建设成本远低于其他各市，利好因素远多于其他各市，发展空间远大于其他各市。

三、南充打造省级新区的战略构想

全国各地国省级新区命名以地域特征为主要考量，基于其在川东北经济区的极核功能和辐射作用，建议命名为“川北新区”。

（一）川北新区的选址。省级新区选址应综合考量战略导向、用地条件、现实基础、资源承载等多方因素。据此，我们建议川北新区立足“南西蓬一体化”，以江为轴，拥江发展，形成“两带两园”总体格局，选址范围：以顺庆、高坪现有产业、物流平台为基础，以嘉陵江和顺蓬营快速通道为轴，朝东北向高坪区、蓬安县延伸；以212国道和顺西产业大道为轴，朝西北向西充县延伸；再加上南充经开区、嘉陵新能源汽车产业园两块飞地。规划总面积约500平方公里，涉及三区两县20多个乡镇和街道。

主要依据有四个方面：一方面，符合省委指导意见。规划区包括了3个国字号园区和6个省级产业园区，再加之正在加快建设的“大学城”，产业基础好，平台支撑强。二方面，符合南充既定规划。规划区与市委提出的南西蓬一体化发展战略重叠，符合土地利用总体规划、城市总体规划和城市空间规划，可有效利用现实基础，尽快启动建设，利于招商引资。三方面，符合城市扩展走向。南充中心城区位于市域南端，南向纵深空间较小，西向、东向多为山地丘陵，只有北向、东北向地理条件较好且有一定纵深，初步测算约有200多平方公里建设用地，可以有效保障新区未来发展。四方面，符合资源承载能力。规划区内路网体系完善，水源条件便利，人口相对集中，生态基础较好，可沿江布局公园城市和绿色低碳型产业，活用湿地景观资源，利用新区加快发展、提升新区建设品质。

（二）川北新区的定位。新区建设应坚持以习近平新时代中国特色社会主义思想为指导，紧紧围绕统筹推进“五位一体”总体布局，坚持“创新、协调、绿色、开放、共享”发展理念，站位成渝双城经济圈国家战略大背景，树立经济全球化、一体化浪潮大视野，秉持打造中国西部一流新城大手笔，高起点规划，高水平建设，高质量发展，高水平开放，突出培育经济发展新动能，聚力打造对外开放新高地，精致塑铸现代都市新样板，深层激发创新示范新活力，紧密贴合社会民生新期待，将其建成引领川东北强势崛起的新中心。据此，我们建议将川北新区定位为“成渝双城经济圈北部开放桥头堡，川东北高质量发展综合示范引航区，嘉陵江畔美好生活理想城”。

——成渝双城经济圈北部开放桥头堡。坚持走开放发展之路，合作发展之路。对外开放：依托区位优势，畅联出川通道，突出东向，拓展北向，链接西南，深度融入“成渝双城经济圈、‘一带一路’、长江经济带、川陕革命老区振兴”等国家战略及倡义，拓展区域合作朋友圈，争当自贸改革急先锋，集力打造中国西部资源要素集散地、商务合作会客厅、文化交流主窗口。对内合作：有序推进与川东北各市的产业互融、资源互用、生态互保、民生互享、开放互赢，形成分工合理、优势互补、相辅相成、相得益彰的战略联盟。

——川东北高质量发展综合示范引航区。坚持走创新发展之路、协调发展之路。深化创新：深入实施创新驱动发展战略，纵深推进制度创新、科技创新、业态创新、文化创新、管理创新，加快形成更为精准更可操作的制度体系、更可持续更具动能的经济体系，更为完善更加高效的治理体系。注重协调：纵深推进城与乡统筹发展、经济与社会一体化发展、人与自然和谐发展，促进生产要素自由流动、发展机会同等享有、公共产品均衡供给，使人民群众更加充分、更加公平、更为持久地享受到改革发展成果，将新区打造成川东北经济实力最强、增长动能最足、社会环境最优、幸福指数最高的新型示范样板。

——嘉陵江畔美好生活理想城。坚持走绿色发展之路、共享发展之路。坚持生态优先战略，始终将“绿色理念”贯穿发展全领域、将“绿色价值”贯穿发展全阶段、将“绿色行动”贯穿发展全过程，涵养绿色山川，发展绿色产业，倡导绿色生活，充分利用嘉陵江最柔美的身段、川中最秀美的丘陵、巴蜀最宜居的环境，大力建设蓝绿交织、城园相生、江山共融、诗意栖居的公园城市。坚持共享发展理念，按最高标准配置市政设施，用最优资源配套公共服务，以最新理念提升城市品质，大力建设集教育高地、医卫中心、智慧云谷、时尚消费于一体的现代都市，着力把新区打造成居者自豪、闻者向往、来者依恋的未来之城。

（三）阶段目标的设置

参照其他国省级新区的时间表和路线图，建议川北新区建设以15年为期，分三步走：

到2023年，总体框架基本形成，主要交通市政设施和公共服务设施基本建成，核心功能区基本落地，产业组团加快集聚，枢纽功能更加凸现，生态环境持续优化，平台承载能力显著提升。常住人口达到100万人，地区生产总值达到500亿元。

到2025年，城市形态基本显现，现代产业体系基本建立，平台承载能力显著增强、核心功能日渐健全，公园城市品质初步显现，创新引领能力和辐射带动作用全面提升。常住人口达到150万人，地区生产总值达到1000亿元。

到2035年，嘉陵江畔美好生活理想之城基本建成，公园城市、智慧城市、宜居城市特质充分凸现，开放高地、产业高地、创新高地特征充分凸现，对区域经济的引领作用、拉动作用、辐射作用功能充分凸现，成为区域经济的主要发动机和省域经济的重要增长极。常住人口达到200万人，地区生产总值达到2000亿元。

四、南充建设省级新区的实施路径

结合规划区的客观实际和功能定位，我们建议着力打造“四大中心”、建设“四大基地”、创建“四型城市”，推动新区壳核并重，厚植动能，示范引领区域经济高质量发展。

（一）着力打造“四大中心”，突出成渝双城经济圈北部开放桥头堡的“开放姿态”

——打造区域“立体交通中心”。铁运：重点推进兰渝、汉巴南、成南达万3条高铁建设，在新区建成北向、东向出川通道的十字交会站。水运：全力贯通嘉陵江黄金水道，把新区建成名副其实的千吨级港口城市。航空：加快提升高坪开放口岸机场服务能级，把新区建成为成渝经济圈第三大航空枢纽。公路：以新区为原点、周边五市为支点，建设“闭环式”“复合型”城际快速通道。区内：积极争取在新区建设城市轻轨，加快建设联结区内城市功能组团的直达公交快线，联结重点乡镇的公交干线、联结城市节点的公交支线，实现“半小时畅行新区”目标。借力立体交通网络，深度融入双城经济圈、长江经济带、丝路经济走廊，与成渝双核和川东北各市形成“一小时经济圈”。

——打造区域“商贸物流中心”。建设“一区”：川东北“中央商务区”。集总部经济、高端商务、现代服务于一体，将新区打造为川渝一流消费枢纽城市，城市商业竞争力进入西部前列。壮大“一核”：南充现代物流园。依托航空、高铁、水运交通优势，在新区建设以多式联运为特色的川东北最大物流集散中心，引领区域物流步入空港经济、迈向高铁时代。提档“一仓”：B级综合保税仓。全面提升现代物流园保税仓综合承载能力，将其建成川东北进出口贸易主要中间站。布点“多极”：在顺庆、嘉陵、蓬安、西充合理布局产业配套物流中心，将新区打造成服务川东北、面向大西南、走向亚非欧的现代物流集群。

——打造区域“金融信息中心”。建设川东北金融机构“总部集聚区”：做大做实川东北金融中心，吸引国有金融机构、外资金融机构、川渝地方银行、知名民营银行、金融中介机构在新区设立区域总部、分支机构和后台服务中心，释放金融极地效应。建设川东北资本交易“综合平台”：大力发展股权交易、产权交易、大宗商品交易、生产要素交易，推动智力资本、金融资本、产业资本形成聚合效应。建设川东北商务“大数据中心”：集成电子政务、电子商务两大平台，推进实践技术转化、信息资源共享，引领川东北快步进入“数字经济时代”。

——打造区域“国际会展中心”。建设川北国际会展博览中心：集成文化交流、艺术展示、高端论坛、商务洽谈、学术活动、品牌推介等多种功能，使之成为川东北体量最大、功能最全、服务最优、环境最美的会客厅和新地标，吸引人流、物流、信息流有效聚合，塑造南充名片、川北名片、四川名片。

（二）着力建设“四大基地”，突出川东北经济区高质量发展引航区的“现代业态”

——建设“高新智造示范基地”。大力发展战略新兴产业，扭住电子信息、新材料、高端装备制造、生物医药、节能环保五大重点领域持续用力，依托省级高新技术产业园和区内大学，建成“创客空间—孵化器—加速器—产业园区”科技型产业全链孵化育成体系，实施高新技术产研融合，开展“智能制造”技术攻坚，将新区打造成为川渝轻资产、高科技、低能耗、高精尖企业密集区。借力川东北丰富油气、盐卤资源，招引科技型精细化工项目，充分发挥南充经济区现有资源优势，建成西南地区最完善的油气化工产业链。以吉利南充项目为龙头，大力发展新能源汽车产业，建成延链配套、要素互补的千亿级汽车汽配产业园。擦亮“中国绸都”金字招牌，重点发展化纤纺织、高端丝绸、蚕桑综合开发项目，建成中国西部最大的丝纺服装研发、生产、集散中心。

——建设“产教融合示范基地”。加快“大学城”建设。促进川北医学院等迁建项目尽快落地，大力吸引成渝“双一流”高校设立分校或研究院所，积极搭建“校地企”合作长效机制，不断深化与西南石油大学、西华师范大学、川北医学院、南充电影工业职业学院等高等院校战略合作，促进教育链、人才链与产业链、创新链有机衔接，重点推动新能源、新材料、高端制造电子信息、生物医药等领域科研成果有效转化，将新区打造成涵盖川东北主导产业核心技术的集中研发地，使之成为川渝地区名副其实的一流科创城。

——建设“有机农业示范基地”。依托三大“国字号”现代农业示范园区和国家有机农业示范县，构建“有机种养—精深加工—产品流通”一体化有机农业产业体系。以西充为核心，推进有机农业向新区全覆盖延伸，重点发展有机果蔬、生态种养、循环农业；以西充义兴、多扶农产品加工园和嘉陵工业集中区为载体，重点发展有机果蔬、肉制品、优质粮油精深加工产业集群；以南充现代物流园、西充义兴物流园区为依托，建立快速高效的农副产品流通体系，把新区建成全国有机农产品集散交易中心。深度挖掘农业生态价值、休闲价值、文化价值，在城市组团镶嵌一批高品质农家庄园、乡村民宿、特色小镇，以现代的“田园综合体”替代传统的“城乡接合部”，把乡村打造成城市的后花园，把城市打造成乡村的时尚区，塑造城乡统筹协调、一体发展新样板。

——建设“文旅融合示范基地”。在新区规划建设“丝绸源点”“相如故城”“田园生趣”“嘉陵曲流”“金城幽境”五个旅游节点，用好南充“将帅故里·红色文化”“历史名城·三国文化”“中国绸都·丝绸文化”“印象嘉陵·生态文化”“世界古城·春节文化”五张文化名片，链接川渝陕甘优质文化旅游资源，串联精品旅游线路，开发特色文创产品，配套全链服务产业，推动文化旅游深度交叉、深度融合，把新区打造成区域旅游文化要素聚集中心和游客集散中心。

（三）着力创建“四型城市”，突出嘉陵江畔美好生活理想城的“城市形态”

——创建“公园城市”。按照“一江连两翼”的城市格局，建设山水相依、蓝绿相融、组团发展的川北新城。以嘉陵江绿色生态走廊为主线，依托新区现有自然山体、湿地，合理规划城市公园、休闲绿地，用大尺度生态廊道区隔城市组群、高标准生态绿道串联城市公园，科学布局可进入可参与的绿色开敞空间，推动公共空间与城市环境相融合、休闲体验与审美感知相统一。在城市形态上，以多元文化场景体现厚重历史底蕴，以灰白淡彩色调凸现川北地域风格，以特色建筑设计彰显现代都市气息，形成有美学、有韵律、有诗意的城市意象，厚植延续文脉、涵养文气、传承文明的城市气质，构建“以嘉陵山水为背景、以城市公园为节点、以生态人文为内涵”的人城境和谐统一新型城市。

——创建“智慧城市”。充分发挥互联网+、大数据、物联网、人工智能等现代信息技术在城市建设与管理中的作用，着力建设“五个一”智慧城市：建设集成安全、交通、环境信息的城市感知网络体系，实现“一图全面感知”；建设个人“身份证号+生物识别”、企业“社会信用代码+数字证书”的电子公共服务体系，实现“一号走遍新区”；建设基于大数据和人工智能的信息共享体系，实现“一键可知全局”；建设反应快速、预测预判、综合协调的一体化城市运行管理体系，实现“一体运行联动”；建设融合各类政务性、商务性和社会化服务于一体的市民服务平台，实现“一屏智享生活”，推进城市生活迈进“快捷键时代”。

——创建“幸福城市”。顺应人民群众对高品质城市生活的向往，着力建设“三大极地”。建设川东北教育极地。合理布局教育点位，均衡配置教学资源，创建一批具有较大影响力的高水平学前教育、义务教育、高中教育品牌，充分释放优质教育资源的聚合效应。建设川东北医卫极地。推动川北医学院附属医院、南充市中心医院两大医疗集团有序向新区布局，深化与成渝高端医疗资源的跨地合作，同步引育一批著名康养品牌，打造成渝双城经济圈医卫康养“第三极”。建设川东北文化极地。精心创建富有川北特色、体现时代精神的区域文化品牌，高水平举办国际木偶艺术节、嘉陵江灯戏暨全国地方戏剧节、嘉陵江合唱艺术节等文化活动和文化会展，建成巴蜀文化集成展示窗口。

——创建“首善城市”。纵深推进“199”基层治理体系和治理能力现代化在新区全面实践。坚持法治为本，加强法律宣传教育，提升执法司法水平，着力构建覆盖城乡、便捷高效、均等普惠的公共法律服务体系，真正让法治成为约束公权运行、规范经济活动、护航社会秩序、保障公平正义的坚固防线，转化为推动新区持续健康发展的核心竞争力。坚持德治为先，大力弘扬社会主义核心价值观，厚植精神根基，加强道德教化，完善征信体系，开展文明创建，使真善美成为新区的公序良俗。坚持自治为基。着力加强新区基层自治组织建设，创新协商议事形式和活动载体，完善社区、社会组织、社会工作“三社联运”多元参与机制，推动基层治理向多元主体协调共治转变，努力把新区建设为川东北社会秩序最好、社会环境最优、社会文明程度最高的首善之城。

七、南充市地方性法规

南充市人民代表大会及其常务委员会立法条例

（2016 年 3 月 23 日南充市第五届人民代表大会第六次会议通过　2016 年 6 月 1 日四川省第十二届人民代表大会常务委员会第二十五次会议批准）

目　录

第一章　总　则

第一条　为了规范市人民代表大会及其常务委员会的立法活动，提高立法质量，发挥立法的引领和推动作用，推进依法治市，根据《中华人民共和国宪法》《中华人民共和国地方各级人民代表大会和地方各级人民政府组织法》《中华人民共和国立法法》《四川省人民代表大会及其常务委员会立法条例》等法律、法规，结合本市实际，制定本条例。

第二条　市人民代表大会及其常务委员会制定、修改、废止地方性法规，对市人民政府规章的备案审查，适用本条例。

第三条 地方立法应当维护社会主义法制统一，坚持依法立法、科学立法、民主立法。

地方立法应当适应经济社会发展和全面深化改革的要求，体现地方特色。

地方性法规规范应当明确、具体，具有针对性和可执行性。

第四条 市人民代表大会及其常务委员会应当发挥在立法工作中的主导作用，加强对地方立法工作的组织和协调。

第二章 立法准备

第一节 立法规划与计划

第五条 市人民代表大会常务委员会应当根据本市经济社会发展和全面深化改革需要，统筹安排立法工作，在每届第一年度制定本届任期内的立法规划；根据立法规划，结合实际，制定年度立法计划。

第六条 市人民代表大会常务委员会制定立法规划和年度立法计划，应当向社会公开征集立法选题和立法建议。

市人民政府、市人民代表大会各专门委员会、常务委员会各办事工作机构，应当在每年的十月三十日前，向市人民代表大会常务委员会提交下一年度制定、修改、废止地方性法规的立法项目建议。本市其他国家机关、社会团体、企事业组织以及公民，可以向市人民代表大会常务委员会提出立法项目建议。

立法项目建议应当以书面形式提出，包括：法规草案名称、立法依据和目的、需要解决的主要问题和采取的立法对策。

第七条 市人民代表大会常务委员会法制工作机构负责编制立法规划草案和年度立法计划草案。

编制立法规划草案和年度立法计划草案，应当认真研究代表议案和各方建议，加强与省人民代表大会常务委员会法制工作机构沟通，广泛征求意见，科学论证评估，确定立法项目。

第八条 市人民代表大会常务委员会法制工作机构研究讨论立法规划草案和年度立法计划草案，应当邀请有关专门委员会、市人民政府有关部门和有关专家参加，发表意见。

第九条 立法规划草案和年度立法计划草案经主任会议通过后，报省人民代表大会常务委员会，印发市人民代表大会常务委员会会议，并向社会公布。

第十条 立法规划和年度立法计划由市人民代表大会常务委员会法制工作机构负责督促落实。立法规划和年度立法计划执行过程中，因立法条件发生变更，或者本市经济社会发展迫切需要，确需增减立法项目或者调整法规案提请审议时间的，应当报请主任会议决定。

第二节 法规草案起草

第十一条 起草法规草案应当根据年度立法计划的安排，及时组织相关工作负责人、法学学者、相关领域专家等人员，组成法规草案起草小组，作出起草进度安排。

第十二条 起草法规草案应当加强调查研究，广泛听取有关机关、组织、市人民代表大会代表和社会公众的意见。

第十三条市人民代表大会有关的专门委员会、常务委员会法制工作机构应当提前参与有关方面的法规草案起草工作。

综合性、全局性、基础性的重要法规草案，可以由有关专门委员会或者常务委员会法制工作机构组织起草。

第十四条 市人民政府及其部门起草或者组织起草法规草案，应当加强与市人民代表大会有关专门委员会、常务委员会法制工作机构的沟通，共同开展法规起草调研、座谈等工作。

第十五条 专业性较强的法规草案，可以吸收相关领域的专家参与起草工作或者委托第三方起草。委托机构负责委托起草工作的组织、管理、监督和评估。

第十六条 法规草案新设行政许可、行政收费、行政处罚、行政强制措施和其他涉及行政管理部门与管理相对人之间重大利害关系的，应当依法举行听证。

第十七条 法规草案涉及改革发展稳定大局、人民群众切身利益或者社会普遍关注问题的，在提请审议前，应当在本市主要媒体上全文公布法规草案文本，征求社会各界和人民群众的意见和建议。

第三章 立法程序

第一节 市人民代表大会立法程序

第十八条 市人民代表大会主席团可以向市人民代表大会提出法规案，由市人民代表大会会议审议。

市人民代表大会常务委员会、市人民政府、市人民代表大会各专门委员会，可以向市人民代表大会提出法规案，由主席团决定列入会议议程。

一个代表团或者十名以上的市人民代表大会代表联名，可以向市人民代表大会提出法规案，由主席团决定是否列入会议议程，或者先交有关专门委员会审议、提出是否列入会议议程的意见，再决定是否列入会议议程。不列入会议议程的，应当向提案人说明。专门委员会审议法规案时，可以邀请提案人列席会议，发表意见。

第十九条 向市人民代表大会提出法规案，在市人民代表大会闭会期间，可以先向市人民代表大会常务委员会提出，经常务委员会会议依照本条例第三章第二节规定的有关程序审议后，决定提请市人民代表大会审议，由常务委员会向大会全体会议作说明，或者由提案人向大会全体会议作说明。

第二十条 市人民代表大会常务委员会决定提请市人民代表大会会议审议的法规案，常务委员会办公室应当在会议举行的一个月前将法规草案发给代表。

第二十一条 列入市人民代表大会会议议程的法规案，大会全体会议听取市人民代表大会常务委员会或者提案人的说明后，由各代表团进行审议。

各代表团审议法规案时，提案人应当派人听取意见，回答询问；有关机关、组织应当根据代表团的要求，派人介绍情况。

第二十二条 列入市人民代表大会会议议程的法规案，由有关专门委员会进行审议，向主席团提出审议意见，并印发会议。

第二十三条 市人民代表大会法制委员会根据各代表团和有关专门委员会的审议意见，对法规案进行统一审议，向主席团提出审议结果报告和法规草案修改稿，对重要的不同意见应当在审议结果报告中予以说明，经主席团会议审议通过后，印发会议。

第二十四条　列入市人民代表大会会议议程的法规案，必要时，主席团常务主席可以召开各代表团团长会议，也可以召开各代表团推选的有关代表会议，就法规案中的重大问题进行讨论，并将讨论的情况和意见向主席团报告。

第二十五条　列入市人民代表大会会议议程的法规案，在交付表决前提案人要求撤回的，应当说明理由，经主席团同意，并向大会报告，对该法规案的审议即行终止。

第二十六条　法规案在审议中有重大问题需要进一步研究的，经主席团提出，由大会全体会议决定，可以授权市人民代表大会常务委员会根据代表的意见进一步审议，提出修改方案，提请市人民代表大会下次会议审议决定；也可以授权市人民代表大会常务委员会根据代表的意见进一步审议，作出决定，并将决定情况向市人民代表大会下次会议报告。

第二十七条　法规草案修改稿经各代表团审议后，由市人民代表大会法制委员会根据审议的意见进行修改，提出法规草案表决稿，由主席团提请大会全体会议表决，由全体代表的过半数通过。

第二节　市人民代表大会常务委员会立法程序

第二十八条　常务委员会主任会议可以向常务委员会提出法规案，由常务委员会会议审议。

市人民政府、市人民代表大会各专门委员会，可以向常务委员会提出法规案，由主任会议决定列入常务委员会会议议程，或者先交有关专门委员会审议、提出是否列入会议议程的意见，再决定是否列入会议议程。如果主任会议认为法规案有重大问题需进一步研究，可以建议提案人修改完善后再向常务委员会提出。

常务委员会组成人员五人以上联名，可以向常务委员会提出法规案，由主任会议决定是否列入常务委员会会议议程，或者先交有关专门委员会审议、提出是否列入会议议程的意见，再决定是否列入常务委员会会议议程。不列入常务委员会会议议程的，应当向常务委员会会议报告或者向提案人说明。专门委员会审议法规案时，可以邀请提案人列席会议，发表意见。

第二十九条　法规案在报请常务委员会主任会议决定列入常务委员会会议议程三十日前，起草责任单位应当向有关专门委员会报送法规草案文本及相关资料。

提请常务委员会审议的法规案，起草责任单位应当于常务委员会会议举行十五日前报送常务委员会办公室，并附法规草案文本和说明及有关资料。

第三十条　列入常务委员会会议议程的法规案，除特殊情况外，常务委员会办公室应当于常务委员会会议举行七日前将法规草案送达常务委员会组成人员。常务委员会组成人员如有意见建议，可于常务委员会会议举行三日前向常务委员会法制工作机构反馈意见建议。

常务委员会会议审议法规案时，应当邀请有关的市人大代表列席会议。

第三十一条　列入常务委员会会议议程的法规案，一般应当经三次常务委员会会议审议后再交付表决。

常务委员会会议第一次审议法规案，在全体会议上听取提案人的说明和有关专门委员会的审议意见，由分组会议进行初步审议。

常务委员会会议第二次审议法规案，在全体会议上听取法制委员会关于法规草案修改情况和主要问题的汇报，由分组会议进一步审议。

常务委员会会议第三次审议法规案，在全体会议上听取法制委员会关于法规草案审议结果的报告，由分组会议对法规草案修改稿进行审议。

常务委员会审议法规案时，根据需要，可以召开联组会议或者全体会议，对法规草案中的主要问题进行讨论。

第三十二条　列入常务委员会会议议程的法规案，各方面意见比较一致的，可以经两次常务委员会会议审议后交付表决。法规案经两次常务委员会会议审议即交付表决的，由法制委员会提请主任会议在常务委员会会议第一次审议期间决定。

经两次常务委员会会议审议即交付表决的法规案，常务委员会会议第二次审议法规案时，在全体会议上听取法制委员会关于法规草案审议结果的报告，由分组会议对法规草案修改稿进行审议。

第三十三条　列入常务委员会会议议程的法规案，调整事项较为单一或者部分修改的法规案，各方面意见比较一致的，可以经一次常务委员会会议审议即交付表决。法规案经一次常务委员会会议审议即交付表决的，由法制委员会在常务委员会会议审议期间提请主任会议决定。

经一次常务委员会会议审议即交付表决的法规案，在常务委员会全体会议上听取提案人的说明和有关专门委员会的审议意见，经常务委员会审议后，法制委员会根据常委会组成人员审议意见和有关专门委员会的审议意见，向常务委员会会议提出书面审议结果报告和草案修改稿。

法规的废止案，适用前两款规定。

第三十四条　常务委员会会议审议法规案时，提案人应当派人听取意见，回答询问。有关机关、组织应当派人介绍情况。

第三十五条　列入常务委员会会议议程继续审议的法规案，有关专门委员会可以提出审议意见，印发常务委员会会议。

有关专门委员会审议法规案时，可以邀请其他专门委员会的成员和市人民代表大会代表列席会议，发表意见。

第三十六条　列入常务委员会会议议程的法规案，由法制委员会根据常务委员会组成人员、有关专门委员会和其他各方面提出的意见，对法规案进行统一审议，提出修改情况的汇报或者审议结果报告和法规草案修改稿，对重要的不同意见应当在修改情况的汇报或者审议结果报告中予以说明。对有关专门委员会的重要审议意见没有采纳的，应当向有关专门委员会反馈。

法制委员会审议法规案，应当邀请有关的专门委员会的成员列席会议，发表意见。

第三十七条　专门委员会审议法规案时，应当召开全体会议审议。根据需要，可以要求有关机关、组织指派有关负责人说明情况。

第三十八条　专门委员会之间对法规草案的重要问题意见不一致时，应当向主任会议报告。

第三十九条　列入常务委员会会议议程的法规案，法制委员会、有关专门委员会和常务委员会法制工作机构应当听取各方面的意见。听取意见可以采取座谈会、论证会、听证会等形式。

法规案有关问题专业性较强，需要进行可行性评价的，应当召开论证会，听取有关专家、市人民政府相关部门和市人民代表大会代表等方面的意见。论证情况应当向常务委员会报告。

法规案有关问题存在重大意见分歧或者涉及利益关系重大调整，需要进行听证的，应当召开听证会，听取有关基层和相关利益群体代表、专家、市人民代表大会代表、市政协委员会委员、市人民政府相关部门、人民团体和社会有关方面的意见。听证情况应当向常务委员会报告。

常务委员会法制工作机构应当将法规草案发送相关领域的市人民代表大会代表、县（市、区）人民代表大会常务委员会以及有关部门、组织和专家征求意见。

第四十条　列入常务委员会会议议程的法规案，应当在常务委员会会议后将法规草案及其起草、修改说明等向社会公布，征求意见，但是经主任会议决定不公布的除外。向社会公布征求意见的时间一般不少于三十日。征求意见的情况应当向社会通报。

第四十一条　列入常务委员会会议议程的法规案，常务委员会法制工作机构应当收集整理常务委员会审议的意见和各方面提出的意见，分送法制委员会和有关专门委员会，并根据需要，印发常务委员会会议。

第四十二条　拟提请常务委员会会议审议通过的法规案，在法制委员会提出审议结果报告前，常务委员会法制工作机构可以对法规草案中主要制度规范的可行性、法规出台时机、法规实施的社会效果和可能出现的问题等进行评估。评估情况由法制委员会在审议结果报告中予以说明。

第四十三条　列入常务委员会会议议程的法规案，在交付表决前，提案人要求撤回的，应当说明理由，经主任会议同意，并向常务委员会报告，对该法规案的审议即行终止。

第四十四条　法规草案修改稿经常务委员会会议审议，由法制委员会根据常务委员会组成人员的审议意见进行修改，提出法规草案表决稿，由主任会议提请常务委员会全体会议表决，由常务委员会全体组成人员的过半数通过。

法规草案表决稿交付常务委员会会议表决前，专门委员会或者常务委员会组成人员五人以上联名对其中的个别意见分歧较大的重要条款书面提出异议的，经主任会议决定，可以将该条款提请常务委员会会议单独表决，由常务委员会全体组成人员的过半数通过后，再对法规草案表决稿进行表决。

单独表决的条款未获常务委员会全体组成人员过半数通过的，该法规草案表决稿应当暂不付表决，交法制委员会进一步审议。

第四十五条　列入常务委员会会议审议的法规案，因各方面对制定、修改、废止该法规的必要性、可行性等重大问题存在较大意见分歧，搁置审议满两年的，或者因暂不付表决经过两年没有再次列入常务委员会会议议程审议的，由主任会议向常务委员会报告，该法规案终止审议。

第三节　其他规定

第四十六条　市人民代表大会及其常务委员会制定、修改、废止地方性法规，应当在市人民代表大会或者常务委员会审议表决一个月前，将法规草案送省人民代表大会法制委员会和常务委员会法制工作机构征询意见。

第四十七条　市人民代表大会及其常务委员会通过的法规，由常务委员会十五日内报请四川省人民代表大会常务委员会批准。

报请批准法规的书面报告、法规文本及其说明和有关资料的准备工作，由常务委员会法制工作机构负责办理。

第四十八条　市人民代表大会常务委员会对批准的法规发布公告予以公布。必要时，可以召开新闻发布会予以公布。法规的公告，应当载明制定机关和通过日期、批准机关和批准日期及施行日期。

法规公布，应当在市人民代表大会常务委员会公报、南充日报和南充人大网上刊登。在市人民代表大会常务委员会公报上刊登的法规文本为标准文本。

第四十九条　法规的名称为条例、规定和实施办法。内容较多、需要分章表述的法规，称“条例”；内容较少、无须分章表述的法规，称“规定”；为配套实施上位法作出比较具体规定的法规，称“实施办法”。

第五十条　法规根据内容需要，可以分章、节、条、款、项、目。

章、节、条的序号用中文数字依次表述，款不编序号，项的序号用中文数字加括号依次表述，目的序号用阿拉伯数字依次表述。

法规标题的题注应当载明制定机关和通过日期、批准机关和批准日期及施行日期。经过修改的法规，应当依次载明修改机关和修改日期、批准机关和批准日期及施行日期。

第五十一条　法规规定明确要求本市有关国家机关对专门事项作出配套的具体规定的，本市有关国家机关应当自法规施行之日起一年内作出规定，法规对配套的具体规定制定期限另有规定的，从其规定。

本市有关国家机关未能按时作出配套的具体规定的，应当向市人民代表大会常务委员会说明情况。

第五十二条　有关专门委员会、常务委员会法制工作机构可以组织对有关法规或者法规中的有关规定实施情况进行评估。评估情况应当向常务委员会报告。

第四章　市人民政府规章的备案审查

第五十三条　市人民政府制定的规章应当自公布之日起三十日内报市人民代表大会常务委员会备案。

第五十四条　报送备案的文件，应当包括备案报告、规章正式文本和说明等文件，并附有关法律、法规、规章等制定依据。

第五十五条　市中级人民法院、市人民检察院和县（市、区）人民代表大会常务委员会认为市人民政府规章同宪法、法律、法规相抵触的，可以向市人民代表大会常务委员会书面提出进行审查的要求，由常务委员会法制工作机构分送有关专门委员会进行审查、提出意见。

前款规定以外的其他国家机关和社会团体、企事业组织、公民等认为市人民政府规章同宪法、法律、行政法规、地方性法规相抵触的，可以向市人民代表大会常务委员会提出书面审查建议，由市人民代表大会常务委员会法制工作机构进行研究；必要时，送有关的专门委员会进行审查，提出意见。

市人民代表大会有关专门委员会、常务委员会法制工作机构，可以对报送备案的市人民政府规章进行主动审查。

第五十六条　市人民代表大会有关专门委员会、常务委员会法制工作机构在审查、研究中认为市人民政府规章的内容同宪法、法律、法规相抵触的，可以向制定机关提出书面审查意见或研究意见；也可以由法制委员会与有关专门委员会、常务委员会法制工作机构召开联合审查会议，要求制定机关到会说明情况，再向制定机关提出书面审查意见。制定机关应当自收到书面审查意见之日起六十日内提出是否修改的意见，并向市人民代表大会法制委员会和有关专门委员会、常务委员会法制工作机构反馈。

第五十七条　市人民代表大会法制委员会、有关专门委员会、常务委员会法制工作机构根据本条例第五十六条规定，向制定机关提出审查意见、研究意见，制定机关按照所提意见对其发布的规章进行修改或者废止的，审查终止。

第五十八条　市人民代表大会法制委员会、有关专门委员会、常务委员会法制工作机构经审查、研究，认为市人民政府发布的规章同宪法、法律、法规相抵触而制定机关不予修改的，应当向主任会议提出予以撤销的议案、建议，由主任会议决定提请常务委员会会议审议。

第五十九条　市人民代表大会有关专门委员会和常务委员会法制工作机构应当按照规定要求，将审查、研究情况向提出审查建议的国家机关、社会团体、企事业组织、公民反馈，并可以向社会公开。

第五章　附　则

第六十条　本条例自公布之日起施行。

南充市城市园林绿化条例

（2016 年 10 月 14 日南充市第五届人民代表大会常务委员会第三十八次会议通过，2016 年 11 月 30 日四川省第十二届人民代表大会常务委员会第二十九次会议批准；根据 2021 年 3 月 18 日南充市第六届人民代表大会常务委员会第三十九次会议通过，2021 年 5 月 28 日四川省第十三届人民代表大会常务委员会第二十七次会议批准的《南充市人民代表大会常务委员会关于修改〈南充市城市园林绿化条例〉等三部法规的决定》修正）

第一章　总　则

第一条　为了促进城市园林绿化事业的发展，推进生态文明建设，根据《中华人民共和国城乡规划法》、国务院《城市绿化条例》《四川省城市园林绿化条例》等法律法规，结合南充市实际，制定本条例。

第二条　本条例适用于南充市市、县（市、区）城市规划区内园林绿化的规划、建设、管理和保护。

第三条　城市园林绿化应当坚持生态、景观、文化统一协调和节约资源的原则，保护和利用城市所依托的山体、河湖水系、林地、生物物种和历史文化遗址等自然、人文资源，推进生态园林城市、宜居城市建设。

第四条　市、县（市、区）人民政府应当将城市园林绿化纳入国民经济和社会发展计划，将辖区公共绿地的建设和养护经费列入本级财政预算。

第五条　市、县（市、区）城市园林绿化行政主管部门负责城市园林绿化工作。

发展和改革、生态环境、自然资源和规划、住房和城乡建设、交通运输、水务、林业、城市管理等部门应当按照各自职责，依法做好城市园林绿化监督管理工作。

第六条　鼓励单位和个人以投资、捐资、认养等形式参与城市园林绿化建设，投资、捐资、认养的单位或者个人可以依法享有一定期限的绿地冠名权。

第七条　任何单位和个人应当爱护绿化成果和绿化设施，对破坏园林绿化的行为予以劝阻、举报。

第八条　对在城市园林绿化工作中成绩显著的单位和个人，由市、县（市、区）人民政府给予表彰和奖励。

第二章　规划和建设

第九条　市、县（市、区）人民政府应当组织城乡规划行政主管部门和城市园林绿化行政主管部门依据国土空间规划共同编制城市绿地系统规划和自然山体保护规划、城市绿道系统规划、城市公园绿地规划、城市道路绿化规划等绿化专项规划。

编制城市绿地系统规划和绿化专项规划，应当征求本级人民代表大会常务委员会意见。

城市绿地系统规划确定的绿地和已建成的绿地，应当实行绿线管理。

第十条　任何单位和个人不得擅自改变城市绿地系统规划、绿化专项规划和绿线。确因重大公共基础设施建设等特殊情况需要改变的，应当按照原批准程序办理。

第十一条　建设项目应当按照规划安排绿化用地，绿地率应当达到下列标准：

（一）新建居住区不低于百分之三十，旧城改造居住区不低于百分之二十；

（二）行政办公、公共文化设施、教育科研、医疗卫生、体育等项目不低于百分之三十；

（三）城市商业区内的大中型商业商务设施项目不低于百分之二十；

（四）开发区内工业建设项目绿地率为百分之十至百分之十五，有大气、噪声等污染的厂矿企业单位应达到百分之十五至百分之二十；

（五）道路红线宽度大于五十米的，不低于百分之三十；红线宽度在四十米以上五十米以下的，不低于百分之二十五；红线宽度小于四十米的，不低于百分之二十；

（六）城市生产绿地用地面积不低于城市规划区面积的百分之一，国家园林城市不低于百分之二。

除前款规定外的其他建设项目的绿地率，国家、省已有规定的，从其规定。

第十二条　加强城市公园、游园、街头绿地建设，三百米半径内应当规划建设五百平方米以上的公共绿地，五百米半径内应当规划建设三千平方米以上的游园。

第十三条　城市道路两侧人行道宽度应当满足行道树的栽植和生长条件。行道树栽植应当符合行车视线、行车净空、行人通行等交通安全要求。人行道的乔木覆盖率不得低于百分之七十。

第十四条　鼓励利用不同立地条件栽植攀缘植物发展立体绿化。立体绿化不得侵害他人合法权益或者影响建（构）筑物安全和公共安全。

室外公共停车场、停车位具备绿化条件的，应当科学配植庇荫乔木、绿化隔离带，铺设植草地坪。

第十五条　建设项目附属绿化工程应当与主体工程同步规划、同步设计，并在主体工程建成后的六个月内完成，所需资金列入工程总预算。

建设项目附属绿化工程的设计方案，按照基本建设程序审批时，应当有城市园林绿化行政主管部门参加审查。

公园绿地、风景林地、道路绿化等城市绿化工程的设计方案，应当报同级城市园林绿化行政主管部门审批。

第十六条　城市绿化工程的设计、施工，应当执行园林绿化工程设计规范和施工规程，确保质量，并接受城市园林绿化行政主管部门的监督、检查和指导。

第十七条　城市绿化工程和建设项目附属绿化工程竣工后，建设单位应当依法组织验收。验收合格的绿化工程，方可交付使用。

第十八条　城市绿化工程和建设项目附属绿化工程应当在验收合格之日起六个月内，将竣工验收资料报送城市园林绿化行政主管部门。

第十九条　居住区附属绿化工程竣工验收合格后，建设单位应当在该项目的显著位置公示绿地平面图。

第三章　管理和保护

第二十条　城市绿地养护管理按照下列规定分工负责：

（一）政府投资建设的公共绿地，由城市园林绿化行政主管部门负责；

（二）居住区绿地，实行自主管理的，由业主共同负责；实行委托管理的，由物业服务企业或者其他管理人负责；

（三）单位附属绿地，由单位负责；

（四）生产绿地，由生产经营者负责；

（五）其他类型绿地，由其所有权人负责。

第二十一条 城市绿地养护管理应当按照国家、省、市绿化养护技术规范和标准进行。

城市绿地养护管理责任人应当建立检查制度，对死亡缺株的，适时补植；对发生病虫害的，及时防治；对绿化设施损坏的，及时修复。

第二十二条 城市绿地中的树木妨碍城市管线安全、交通安全、建（构）筑物安全需要修剪的，设施管理部门应当向城市园林绿化行政主管部门提出申请，由城市园林绿化行政主管部门统一组织修剪。

因不可抗力致使树木危及人员、管线及其他设施安全的紧急情况，相关部门可以先行排除危害，并在三个工作日内向城市园林绿化行政主管部门报告。

第二十三条 任何单位和个人不得擅自占用城市绿地，因建设或者其他特殊情况需要临时占用城市绿地的，应当经城市园林绿化行政主管部门同意。

临时占用城市绿地期限不得超过一年，占用期满后应当恢复原状。

第二十四条 任何单位和个人不得擅自移植、砍伐城市树木，因建设或者其他特殊情况需要移植、砍伐胸径六厘米以上树木的，应当按照下列规定办理：

（一）一处移植或者砍伐树木不足三十株的，应当经城市园林绿化行政主管部门同意；

（二）一处移植或者砍伐树木三十株以上的，经城市园林绿化行政主管部门同意后，报同级人民政府批准。

移植或者砍伐前款规定树木的，同一建设项目及其附属工程为一处，应当按照规划确定的范围一次性报批；必要时应当组织专家进行论证，或者召开听证会听取社会公众意见。

第二十五条 禁止在自然山体、风景林地、滨河绿带、公园绿地等城市绿地内从事下列行为：

（一）擅自采摘花果枝叶、掘取树根、剥取树皮；

（二）依树搭建或者在树木及绿化设施上拴挂、钉钉、刻画、晾晒衣物、涂抹、粘贴宣传品；

（三）堆放物品、倾倒垃圾，祭祀、焚烧物品；

（四）向树穴、树池内倾倒热水、油污、酸碱性物质等妨害树木正常生长的物质；

（五）跳广场舞、停放车辆、烧烤露营等踩踏毁损草坪的行为；

（六）种植农作物或者饲养家禽家畜；

（七）擅自设置营业摊点、广告设施，建造坟墓；

（八）乱倒乱堆建筑渣土；

（九）未经许可修建建（构）筑物；

（十）未经许可从事开山、采石、开垦林地等开采活动；

（十一）其他损毁城市绿地和绿化设施的行为。

第四章　法律责任

第二十六条　违反本条例第十条规定，擅自改变城市绿地系统规划、绿化专项规划和绿线的，由市、县（市、区）城市园林绿化行政主管部门报同级人民政府撤销变更文件，并由相关部门对责任人进行处理。

第二十七条　违反本条例第十一条规定，建设项目竣工后未达到绿地率标准的，责令限期改正；逾期不改正的，按照不足绿地面积数处以每平方米一万元以上三万元以下罚款。

第二十八条　违反本条例第十五条第一款规定，建设单位未按照规定期限完成绿化工程建设的，责令限期完成；逾期未完成的，处以未完成绿化工程预算费用一倍以上二倍以下罚款。

第二十九条　违反本条例第十八条规定，建设单位未在规定期限内将绿化工程竣工验收资料报城市园林绿化行政主管部门的，责令限期补报；逾期不补报的，处以五千元以上一万元以下罚款。

第三十条　违反本条例第十九条规定，建设单位未在该项目的显著位置公示绿地平面图的，责令限期改正；逾期不改正的，处以五千元以上一万元以下罚款。

第三十一条　违反本条例第二十一条规定，未按照国家、省、市绿化养护技术规范和标准养护管理的，责令限期改正；逾期不改正的，处以一千元以上五千元以下罚款。

第三十二条　违反本条例第二十二条规定，擅自修剪树木的，处以五千元以上一万元以下罚款。

第三十三条　违反本条例第二十三条规定，擅自占用或者超期占用城市绿地的，责令限期退还，恢复原状；造成损失的，责令赔偿损失。

第三十四条　违反本条例第二十四条规定，擅自移植、砍伐城市树木的，责令改正、赔偿损失，可以并处赔偿金额二倍以下的罚款。

第三十五条　违反本条例第二十五条规定，损毁城市绿地及绿化设施的，给予批评教育，责令停止侵害、限期改正；造成损失的，责令赔偿损失，并按照下列规定给予处罚：

（一）违反第一、第二、第三项规定的，处以五十元罚款；

（二）违反第四、第五、第六项规定的，处以一百元以上二百元以下罚款；

（三）违反第七项规定，擅自设置营业摊点、广告设施或者建造坟墓的，处以二百元以上五百元以下罚款；

（四）违反第八、第九、第十项规定，乱倒乱堆建筑渣土、未经许可修建建（构）筑物或者未经许可从事开山、采石、开垦林地等开采活动的，处以造成损害价值的一倍以上二倍以下罚款；

（五）违反第十一项规定，损毁绿化设施的，可以处二千元以上一万元以下罚款。

第三十六条　本条例规定的行政处罚纳入城市管理相对集中行政处罚权的，由城市管理行政执法部门实施；未纳入城市管理相对集中行政处罚权的，由有关行政主管部门依据职责实施。

第三十七条　在城市园林绿化管理工作中国家工作人员玩忽职守、滥用职权、徇私舞弊的，依法给予行政处分；构成犯罪的，依法追究刑事责任。

第五章　附　则

第三十八条　本条例所称城市绿地包括公园绿地、附属绿地、广场用地、防护绿地和区域绿地，其含义分别为：

（一）公园绿地，是城市中向公众开放的，以游憩为主要功能，有一定的游憩设施和服务设施，同时兼有健全生态、美化景观、科普教育、应急避险等综合作用的绿化用地。

（二）附属绿地，是指附属于各类城市建设用地（除“广场用地”）的绿化用地。

（三）广场用地，是指以游憩、纪念、集会和避险等功能为主的城市公共活动场地中的规划绿地。

（四）防护绿地，是指具有生态、卫生、隔离、安全防护功能的绿化用地，包括城市卫生隔离带、道路防护绿地、城市高压走廊绿带、防风林、城市组团隔离带等。

（五）区域绿地，是指市（县）域范围以内、城市建设用地之外，对于保障城乡生态和景观格局完整、居民休闲游憩、设施安全与防护隔离等具有重要作用的各类绿地，包括风景游憩绿地、生态保育绿地、区域设施防护绿地、生产绿地。

本条例所称绿线，是指各类绿地范围的控制线。

本条例所称绿地率，是指建设工程附属绿化用地面积占建设用地总面积的比例。绿地面积不包括立体绿化和室内绿化的面积。

本条例所称游园，是指配置精美园林植物，讲究街景艺术效果，并设有供短暂休憩设施的花园或者小型公园。

第三十九条　古树名木的保护和管理依照有关法律法规执行。

第四十条　本条例自 2017 年 3 月 1 日起施行。

南充市城镇环境卫生管理条例

（2017 年 4 月 27 日南充市第六届人民代表大会常务委员会第三次会议通过，2017 年 7 月 27 日四川省第十二届人民代表大会常务委员会第三十五次会议批准；根据 2021 年 3 月 18 日南充市第六届人民代表大会常务委员会第三十九次会议通过，2021 年 5 月 28 日四川省第十三届人民代表大会常务委员会第二十七次会议批准的《南充市人民代表大会常务委员会关于修改〈南充市城市园林绿化条例〉等三部法规的决定》修正）

第一章　总　则

第一条　为了加强城镇环境卫生管理，创造整洁、优美、文明的人居环境，根据国务院《城市市容和环境卫生管理条例》《四川省城乡环境综合治理条例》等相关法律、法规的规定，结合南充市实际，制定本条例。

第二条　本条适用于南充市城市规划区、县人民政府所在地镇（街道）规划区、镇（乡）人民政府所在地的环境卫生管理及相关活动。

第三条　本条所称城镇环境卫生管理，是指为了维护城镇道路、街巷、公共场所等区域的环境整洁，对垃圾、粪便等废弃物的收集、运输、处置以及环境卫生设施的规划、建设、维护所进行的管理活动。

第四条　城镇环境卫生工作应当坚持统一领导、分级负责、属地管理、公众参与、社会监督的原则。

第五条　市人民政府城市管理行政主管部门负责全市城镇环境卫生管理工作。

县（市、区）人民政府城市管理行政主管部门负责本辖区内城镇环境卫生管理工作。

街道办事处、镇（乡）人民政府负责本辖区内城镇环境卫生管理工作，指导居（村）民委员会开展城镇环境卫生管理工作。

居（村）民委员会应当组织、动员辖区内机关、企事业单位、居（村）民等参与环境卫生治理，及时发现反映存在的问题，并配合有关部门进行处理。

发展和改革、公安、生态环境、住房和城乡建设、自然资源和规划、交通运输、市场监督管理等职能部门，按照各自职责，共同做好城镇环境卫生监督管理工作。

第六条　市、县（市、区）人民政府应当将城镇环境卫生事业纳入国民经济和社会发展计划，将城镇环境卫生事业所需的经费列入财政预算予以保障。

第七条　城镇环境卫生服务逐步实行专业化、社会化，鼓励各类市场主体投资、从事城镇环境卫生事业。

鼓励、支持环境卫生的科学技术研究，推广、运用先进技术，提高城镇环境卫生管理水平。

第八条　市、县（市、区）人民政府，镇（乡）人民政府（街道办事处）及机关、团体、企事业单位、学校、社区、居（村）民委员会等应当加强环境卫生的宣传教育，广播、电视、报刊、网络等新闻媒体应当加强环境卫生的宣传和舆论引导，增强公民自觉维护城镇环境卫生的意识，树立良好的社会道德风尚。

提倡和鼓励居（村）民会议、居住区业主大会制定维护本区域环境卫生管理规约，动员居（村）民、业主积极参加环境卫生治理工作，创造和维护整洁、优美的环境。

第九条　任何单位和个人应当自觉维护城镇环境卫生，对破坏城镇环境卫生、损坏环境卫生设施的行为有权劝阻和举报。

市、县（市、区）人民政府应当建立城镇环境卫生举报、投诉、处理和反馈制度。

第十条　市、县（市、区）人民政府，镇（乡）人民政府（街道办事处）应当保障环卫人员的合法权益，逐步改善环卫人员的工作生活条件。任何单位和个人应当尊重环卫人员的劳动，不得妨碍、阻挠环卫人员作业。

第十一条　本市各级人民政府应当对在城镇环境卫生工作中成绩显著的单位和个人给予奖励。

第二章　环境卫生管理和维护

第十二条 城镇环境卫生管理实行责任区和责任人制度，责任区和责任人按照下列规定确定：

（一）实行物业管理的居住区，由物业服务企业负责；未实行物业管理的居住区，由业主负责；

（二）江河、湖泊、水库（塘）、人工渠道、水工建筑，由使用、作业或者管理单位负责；

（三）风景名胜区、旅游景点、公路、铁路、机场、车站、港口、码头及其设施，由经营、管理单位负责；

（四）公园、湿地、绿地、商场、医院、宾馆、酒店、文化娱乐场所、体育场馆、农贸市场、商铺等场所，由产权所有人或者经营、管理单位负责；

（五）机关、团体、学校、企事业单位内部及规划红线范围内的区域，由所在单位负责；

（六）施工工地由施工单位负责，待建地块由业主负责；

（七）经济开发区、科技园区、保税区和独立工矿区内的公共区域，由园区管理单位负责；

（八）临时占用的道路或者公共场所，由占用者负责。

城镇道路、桥梁、地下通道、公共广场、公共水域等公共区域的环境卫生，由环境卫生管理机构或者街道办事处、镇（乡）人民政府负责。

责任区和责任人不明确或者存在争议的，由县（市、区）城市管理行政主管部门确定；跨县（市、区）的，由市城市管理行政主管部门确定。

第十三条　责任区的责任人应当确定专人进行清扫保洁，保持责任区内环境卫生整洁，环卫设施完好。

中心城区的道路和各类广场应当定时清扫，每日首次清扫作业，夏季应当在上午 7 时前完成，冬季应当在上午 7 时 30 分前完成，并实行 24 小时动态保洁。

第十四条　禁止下列影响城镇环境卫生的行为：

（一）随地吐痰、便溺；

（二）乱丢烟蒂、瓜果皮核、纸屑、口香糖、饮料瓶（罐）、塑料袋及食品包装物等废弃物；

（三）从室内、车内、船内向外抛弃废弃物；

（四）在非指定场所抛撒、焚烧冥纸等祭祀用品以及燃放烟花爆竹；

（五）在露天场所和垃圾收集容器内焚烧树叶、枯草或者其他废弃物；

（六）在道路、广场等露天场所屠宰畜禽等动物；

（七）其他影响城镇环境卫生的行为。

第十五条　城市建成区内禁止饲养鸡、鸭、鹅、羊、猪等畜禽。因教学、科研以及其他特殊需要饲养的除外。

饲养犬、猫等宠物不得影响城镇环境卫生。宠物在公共场所产生的粪便，携带人应当即时清除。

第十六条　早市、夜市、摊区、临时农副产品市场应当定时定点经营，保持摊位整洁，收市时应当将垃圾、污渍清理干净。临时饮食摊点应当采取有效措施防止油污、污水和垃圾污染环境。

第十七条　城镇道路上行驶的车辆应当保持车身整洁，运载散体、流体物质的，应当采取严实密封的防护设施，不得泄露、遗撒；车辆不得轮胎带泥驶入城镇道路造成污染。

第十八条　从事车辆清洗和修理、废品收购以及水产品经营等易对城镇环境卫生产生影响的活动，应当采取措施防止污水外流和垃圾向外散落，保持环境卫生整洁。

第十九条　在室外举办大型文化、体育、娱乐、贸易、庆典、集会等活动的，应当在活动场所内设置符合规定的垃圾收集设施和移动厕所，活动结束后应当及时移走垃圾收集设施和移动厕所，清除垃圾，保持环境卫生整洁。

第二十条　从事各类工程施工和室外作业的，应当进行标准化打围作业并及时清除产生的垃圾，保持环境卫生整洁。

第三章　废弃物管理

第二十一条　县级以上地方人民政府应当统筹推进生活垃圾分类，建立分类投放、分类收集、分类运输、分类处置的生活垃圾处理系统，实现生活垃圾分类制度有效覆盖。

第二十二条　生活垃圾的收集、运输、处置，由城市管理行政主管部门或者镇（乡）人民政府统一组织。

第二十三条　生活垃圾的收集应当坚持方便投放、防止污染环境的原则，合理设置生活垃圾收集容器和收集场所并及时清运，做到日产日清。

单位和个人应当按照城市管理行政主管部门规定的时间、地点、方式投放生活垃圾。

第二十四条　生活垃圾的运输应当按照规定的时间和路线进行，不得沿途丢弃、遗撒、随意倾倒。

第二十五条 生活垃圾的处置应当采用卫生填埋、生物制肥、焚烧发电等方式进行。

第二十六条 产生生活垃圾的单位和个人应当按照价格主管部门批准的收费标准缴纳生活垃圾处理费。生活垃圾处理费应当专项用于生活垃圾的收集、运输和处置。

第二十七条　餐饮服务经营者和国家机关、企业事业单位食堂等应当将餐厨废弃物单独收集、存放，按照规定处置，不得随意投放餐厨废弃物，或者将其投放、销售给未经备案并签订经营协议的单位和个人。

第二十八条　从事餐厨废弃物处置活动的单位，其转运餐厨废弃物的集散点、储存场地及设施应当符合环境卫生要求。

第二十九条　化粪池和储粪池的产权人或者管理者应当定期对其进行疏通、掏挖和消毒。

化粪池外溢时，应当立即疏通，并清除粪便污物，对产生的粪便污物应当使用专用密封车辆运输到城市管理行政主管部门指定的处置场所。

第三十条　建筑垃圾处置坚持减量化、资源化、无害化和谁产生、谁处置的原则。

鼓励建筑垃圾综合利用，鼓励建设单位、施工单位优先采用建筑垃圾综合利用产品。

第三十一条　任何单位和个人不得随意倾倒、抛撒或者堆放建筑垃圾。

第三十二条　房屋装饰装修产生的建筑垃圾，应当按照物业服务企业或者居（村）民委员会指定的地点堆放。

第三十三条　工业垃圾、医疗垃圾及其他有毒、有害废弃物，按照国家规定的标准分类处置。

第四章　环境卫生设施建设与管理

第三十四条　城市管理行政主管部门应当根据城镇规划和环境卫生设施设置标准，编制城镇环境卫生设施建设专项规划和年度计划，按照规定程序报批后组织实施。

第三十五条　新区开发、旧区改建、居住区建设、道路拓建以及其他大型公用建筑建设时，应当按照规定的标准配套建设公共厕所、垃圾收集站、垃圾转运站、环卫工人休息室等环境卫生设施，并与其主体工程同时设计、同时施工、同时验收。

第三十六条　风景名胜区、旅游景点、繁华商业区新建的公共厕所，不得低于国家城市公共厕所一类标准；城市主、次干道两侧新建的公共厕所，不得低于国家城市公共厕所二类标准；其他区域内建设的公共厕所，不得低于国家城市公共厕所三类标准。

公共厕所应当免费开放，指派专人负责管理。鼓励商场、餐饮、宾馆、加油站等场所内的公用厕所在营业时间内向社会免费开放。

第三十七条　垃圾处理场（站、厂）的设置应当符合城乡规划和环境保护的要求，由城市管理行政主管部门统一组织实施和管理。

第三十八条　在下列区域内不得设置填埋式生活垃圾处理场（站、厂）：

（一）饮用水水源地保护区和地下水补给区保护范围；

（二）城市主导风向的上风向区域；

（三）风景名胜区、自然保护区和农业保护区；

（四）其他需要特别保护的区域。

第三十九条　禁止任何单位和个人占用、损毁城镇环境卫生设施。

任何单位和个人不得擅自关闭、拆除、迁移城镇环境卫生设施。因建设等特殊原因确需关闭、拆除、迁移城镇环境卫生设施的，建设单位或者其他有关单位应当提出方案，经本级城市管理行政主管部门批准后方可实施。

第四十条　城市管理行政主管部门应当建立健全城镇环境卫生设施档案制度。

第五章　法律责任

第四十一条　本条例规定的行政处罚，由城市管理行政主管部门实施，法律、法规另有规定的，从其规定。

第四十二条　违反本条例第十三条规定，责任人不履行责任，未保持责任区内环境卫生整洁、环卫设施完好的，予以警告，责令改正；拒不改正的，可以对个人处一百元以上二百元以下罚款，对单位处五百元以上二千元以下罚款，或者建议其上级主管部门对直接责任人及其主管人员给予处分。

第四十三条　单位或者个人有本条例第十四条规定影响城镇环境卫生行为之一的，责令改正；拒不改正的，对个人处五十元以上二百元以下罚款，对单位处五百元以上二千元以下罚款。

第四十四条　违反本条例第十五条规定，在城市建成区内饲养畜禽的，责令限期处理；逾期不处理的，予以没收，并处五十元以上二百元以下罚款。携带人未即时清除宠物在公共场所产生的粪便的，责令改正；拒不改正的，处五十元以上二百元以下罚款。

第四十五条　违反本条例第十六条规定，对环境卫生造成影响的，责令改正；拒不改正的，处五十元以上二百元以下罚款。

第四十六条　违反本条例第十七条规定，城镇道路上行驶的车辆，运载散体、流体物质的，未采取严实密封的防护设施，泄漏、遗撒的，责令清除改正；代为清除的，其费用由违法行为人承担；并处两千元以上二万元以下罚款；拒不改正的，车辆不得上道路行驶。车辆轮胎带泥驶入城镇道路造成污染的，责令改正，处一百元以上五百元以下罚款。

第四十七条　违反本条例第十八条规定，从事车辆清洗和修理、废品收购以及水产品经营等活动，导致污水外流和垃圾向外散落，对环境卫生造成影响的，责令改正，处二百元以上一千元以下罚款；情节严重的，处一千元以上五千元以下罚款。

第四十八条　违反本条例第十九条规定，室外活动结束后未及时清除垃圾、移走垃圾收集设施和移动厕所，对环境卫生造成影响的，责令改正，处五百元以上五千元以下罚款。

第四十九条　违反本条例第二十条规定，从事各类工程施工和室外作业，未进行标准化打围作业或及时清除产生的垃圾，对环境卫生造成影响的，责令限期改正，处二万元以上十万元以下罚款；拒不改正的，责令停工整治。

第五十条　违反本条例第二十三条规定，对环境卫生造成影响的，责令改正；拒不改正的，对个人处五十元以上二百元以下罚款，对单位处五百元以上二千元以下罚款。

第五十一条　违反本条例第二十四条规定，未按照规定的时间和路线运输生活垃圾的，处二百元以上一千元以下罚款；沿途丢弃、遗撒、随意倾倒生活垃圾的，责令清除改正；代为清除的，其费用由违法行为人承担；并处两千元以上二万元以下罚款；拒不改正的，车辆不得上道路行驶。

第五十二条　违反本条例第二十七条规定，餐饮服务经营者和国家机关、企业事业单位食堂未单独收集、存放餐厨废弃物，随意投放餐厨废弃物或者将其投放、销售给未经备案并签订经营协议的单位和个人的，责令改正，处一千元以上五千元以下罚款；未经许可擅自从事餐厨废弃物收运、处置的，责令停止违法行为，处五千元以上二万元以下罚款。

第五十三条　违反本条例第二十八条规定，从事餐厨废弃物处置的单位其转运餐厨废弃物的集散点、储存场地及设施不符合环境卫生要求的，责令改正，处一千元以上一万元以下罚款。

第五十四条　违反本条例第二十九条规定，对环境卫生造成影响的，责令改正；拒不改正的，处五百元以上二千元以下罚款。

第五十五条　违反本条例第三十一条、第三十二条规定，随意倾倒、抛撒或者堆放建筑垃圾的，予以警告，责令改正，对个人处二百元以下罚款，对单位处五千元以上五万元以下罚款。

第五十六条　违反本条例第三十九条规定，占用、损毁城镇环境卫生设施的，责令改正，处五百元以上二千元以下罚款；造成损失的，承担赔偿责任。擅自关闭、拆除、迁移城镇环境卫生设施的，责令改正，处二千元以上一万元以下罚款；造成损失的，承担赔偿责任。

第五十七条　城市管理行政主管部门依法作出要求当事人履行排除妨碍、恢复原状等义务的行政决定，当事人逾期不履行，经催告仍不履行，其后果已经或者将危害交通安全、造成环境污染或者破坏自然资源的，城市管理行政主管部门可以代履行，或者委托没有利害关系的第三人代履行。

需要立即清除道路或者公共场所的遗漏物、障碍物或者污染物，当事人不能清除的，城市管理行政主管部门可以决定立即实施代履行；当事人不在场的，城市管理行政主管部门应当在事后立即通知当事人，并依法作出处理。

代履行的费用按照成本合理确定，由当事人承担。

第五十八条　城市管理行政主管部门和其他有关部门及其工作人员玩忽职守、滥用职权、徇私舞弊的，依法给予行政处分；构成犯罪的，依法追究刑事责任。

第五十九条　阻碍城市管理行政主管部门和其他有关部门工作人员依法执行公务，或者侮辱、殴打相关工作人员的，由公安机关依法予以处罚；构成犯罪的，依法追究刑事责任。

第六十条　违反本条例规定的其他行为，法律、法规已有处罚规定的，从其规定。

第六章　附　则

第六十一条　本条例自 2017 年 12 月 1 日起施行。

南充市城市道路车辆通行管理条例

（2018年10月31日南充市第六届人民代表大会常务委员会第十六次会议通过 2018年12月7日四川省第十三届人民代表大会常务委员会第八次会议批准）

第一条 为了规范城市道路车辆通行秩序，保障城市道路交通安全、有序、畅通，根据《中华人民共和国道路交通安全法》《中华人民共和国道路交通安全法实施条例》《四川省〈中华人民共和国道路交通安全法〉实施办法》等法律法规，结合南充市实际，制定本条例。

第二条 本条例所称城市道路，是指城市供车辆、行人通行的，具备一定技术条件的道路、桥梁及其附属设施。

第三条 本条例适用于南充市顺庆区、高坪区、嘉陵区城市建成区内的道路车辆通行以及与道路车辆通行相关的道路交通规划、交通安全设施建设与管理、停车管理、综合治理等活动。

其他县（市）可以参照本条例执行。

第四条 城市道路车辆通行管理应当坚持科学规划城市交通，合理配置道路资源；坚持绿色交通理念，优先发展公共交通；坚持以人为本，为公众提供便捷、高效的服务。

第五条 市、区人民政府负责组织领导城市道路车辆通行管理工作，编制并组织实施城市道路交通安全管理规划，加强城市综合交通体系建设，优化城市路网结构，完善城市道路交通安全设施，健全道路交通管理工作协调机制。

公安机关交通管理部门负责城市道路车辆通行管理工作。

城乡规划、交通运输、住房和城乡建设、财政、市场监管、城市管理等部门应当按照各自职责，共同做好城市道路车辆通行管理工作。

第六条 机关、企业事业单位、社会团体以及其他组织，应当加强本单位人员的道路交通安全教育。

新闻、出版、广播、电视等有关单位应当加强道路交通安全的公益宣传，普及道路交通安全知识。

第七条 新建、改建、扩建学校、医院、居住小区、商业中心、会展中心等对城市交通有重大影响的大型公共项目、大型民用建筑以及其他重大建设项目，市、区人民政府应当在立项前组织有关部门进行交通影响评价，交通影响评价应当作为建设项目规划、立项和设计的依据。

建设项目交通影响评价的具体办法由市人民政府制定。

第八条 新建、改建、扩建城市道路时，交通信号灯、交通标志、交通标线等交通安全设施应当按照国家标准，与道路主体工程同时设计、同时施工、同时投入使用；交通安全设施经验收合格后，方可投入使用。

公安机关交通管理部门应当参与城市道路及其交通安全设施的规划、设计、建设和验收。

第九条 公安机关交通管理部门负责已投入使用的城市道路交通信号灯、交通标志、交通标线、防护设施等交通安全设施的管理、维护和增设。

市财政部门应当做好交通安全设施管理、维护和增设经费的统筹保障。

第十条 任何单位和个人不得擅自设置、损毁、移动、占用交通信号灯、交通标志、交通标线等交通安全设施。

树木、管线等遮挡交通信号灯、交通标志的，城市管理、电力、通讯等管理养护单位应当及时排除妨碍。

任何单位和个人不得擅自在城市道路上设置交通标志以外的其他交通指引性标志标牌。学校、医院等公益性单位确需在城市道路上设置交通指引性标志标牌的，应当经公安机关交通管理部门同意并由公安机关交通管理部门设置。

第十一条 任何单位和个人不得擅自占用城市道路从事摆摊设点、堆放物品等非交通活动。

因工程建设需要占用、挖掘城市道路的，应当事先征得城市道路主管部门的同意；影响交通安全的，还应当征得公安机关交通管理部门的同意。

占道施工影响车辆通行的，公安机关交通管理部门应当制定施工期间的交通组织方案，建设单位应当按照规定设置规范的安全警示标志和安全防护设施。

第十二条 市城乡规划、交通运输、公安机关交通管理等部门应当按照职责分工，根据公共交通客运需求和道路通行情况，优化公交线路，合理布局公交站点，科学设置公交专用车道，构建公交优先体系。

第十三条 在设置公交专用车道的路段，公共汽车应当在专用车道内行驶；遇到转弯或者遇有障碍时，可以临时借用其他车道。

执行紧急任务的警车、消防车、救护车、工程救险车等特种车辆可以借用公交专用车道。

在保障公交优先的前提下，中型及以上载客汽车、校车、巡游出租汽车可以借用公交专用车道；其他车辆可以在规定时段外或者在交通警察的指挥下借用公交专用车道行驶。

第十四条 在道路条件具备的情况下，新建、改建、扩建公交停靠站，应当采用港湾式。

公共汽车进入站点时，应当在站点一侧单排靠边停车；暂时不能进入站点的，应当在最右侧车道单排等候进站，不得在站点以外上下乘客；驶离站点时，依次单排行驶。

第十五条 新建、改建、扩建的公共建筑、商业中心、居住小区等，应当按照国家标准配建、增建停车场；停车泊位不足的，应当及时改建或者扩建。已建成的停车场，不得擅自停止使用或者改作他用。

市、区人民政府可以制定优惠政策，鼓励社会资本投资建设立体停车场、地下停车场等集约化的公共停车场。

鼓励机关、企业事业单位、居住小区的停车场在满足自身停车需求的情况下，向社会公众开放，提供停车服务。

第十六条 城市道路范围内一般不设置停车泊位。有以下情形之一的，公安机关交通管理部门可以在不影响车辆、行人通行的情况下设置停车泊位：

（一）停车泊位与停车需求矛盾突出的居住小区，其周边道路具备夜间时段性停车条件的；

（二）停车需求集中但现有停车资源无法满足的学校、医院、商业中心等公共场所，其周边道路条件允许的；

（三）停车资源严重不足区域的人行道范围内，条件允许且不影响行人正常行走的。

第十七条 公安机关交通管理部门设置道路停车泊位，应当划设停车泊位标线，设置道路停车标志，公示道路停车规则，并按规定落实监管责任。

任何单位和个人不得擅自设置或者撤除道路停车泊位，不得设置障碍影响道路停车泊位的使用。

在城市道路上停放车辆，应当在停车泊位内顺向停放，不得在停车泊位以外的区域停放。

市人民政府可以对道路停车泊位实行差异化收费政策，以提高停车泊位的周转率和使用效率。

第十八条　公安机关交通管理部门根据道路和交通流量的具体情况，可以对车辆采取疏导、限制通行、禁止通行等措施。

非紧急情况下，采取限制通行、禁止通行等措施的路段、时间以及车辆的种类、使用性质、动力类型等，由公安机关交通管理部门会同相关部门确定，经市人民政府批准后实施，并提前向社会公告，及时设置或者调整交通信号灯、交通标志、交通标线。

第十九条　本市市辖城区的电动车管理遵循总量调控、合理疏导、分类对待、专项管理的原则。

本条例所称电动车，是指以电力装置驱动，不具备脚踏骑行功能，具有两个及以上车轮的轮式道路车辆，以及符合国家安全技术标准的电动自行车。

第二十条　禁止生产、销售不符合国家安全技术标准的电动车。

第二十一条　电动车应当经公安机关交通管理部门登记，取得行驶证和号牌后，方可上道路行驶；未经登记的电动车不得上道路行驶。

设计最高时速、空车质量、外形尺寸不符合电动自行车国家安全技术标准，且未列入国家工业和信息化部《道路机动车辆生产企业及产品公告》的两轮电动车，本条例实施前经公安机关交通管理部门登记的，可以上道路行驶；本条例实施后，不予登记。国家、省另有规定的，从其规定。

第二十二条　已登记的电动车不得改变已登记的技术参数和外形结构，不得加装车厢、遮雨（阳）篷等。

邮政、快递、环卫等专用车辆应当按照公安机关交通管理部门的要求，采用统一的车体外观和标识。

第二十三条　驾驶列入国家工业和信息化部《道路机动车辆生产企业及产品公告》的两轮电动车、三轮电动车应当遵守国家法律法规关于机动车通行的有关规定。

驾驶电动自行车和未列入国家工业和信息化部《道路机动车辆生产企业及产品公告》的两轮电动车应当遵守下列规定：

（一）在规定位置悬挂号牌并保持清晰、完整，不得故意遮挡、污损号牌，不得套用、挪用其他车辆号牌；

（二）按照交通信号灯、交通标志、交通标线通行，服从交通管理人员指挥；

（三）遵守通行路段、通行时间的管理规定；

（四）按照道路通行方向顺向行驶，不得逆行；

（五）行驶最高时速不得超过 25 公里；

（六）在非机动车道内行驶，在没有划设非机动车道的道路上应当在车行道右侧边缘向左 1.5 米的范围内行驶；

（七）车道被占用无法在规定的车道内行驶时，可以在受阻的路段借用相邻的车道行驶，并在驶过被占用路段后迅速返回规定行驶的车道。

第二十四条　公安机关交通管理部门应当加强路面巡逻检查，纠正查处交通违法行为，发现交通拥堵时，应当及时指挥疏导。

在道路上发生交通事故，仅造成轻微财产损失，并且基本事实清楚的，当事人应当采取拍照、录像等方式固定证据，及时将车辆移至不妨碍车辆通行的地点，自行协商处理；协商不成的，及时报警等候处理。

第二十五条　市、区人民政府应当加大智能交通建设投入力度，提高道路交通管理的智能化、信息化水平。

公安机关交通管理部门应当充分运用大数据、物联网等信息技术手段，创新交通管理模式，提高交通管理能力；利用互联网、移动终端应用软件等多种媒介，及时发布实时路况信息和交通拥堵指数，为社会公众提供交通引导服务。

第二十六条　公安机关交通管理、城市管理等部门应当严格依法行使法定职权、履行法定职责、遵守法定程序，加强对执法人员的管理、教育和培训、考核，提高执法人员的素质和道路交通管理水平。

第二十七条　公安机关交通管理、城市管理等部门应当加强执法指导和监督，实施执法质量考评、执法责任制和执法过错追究制度，并接受社会监督，防止和纠正道路交通执法中的违法和不当行为。

第二十八条　警务辅助人员在交通警察的指导和监督下，协助开展疏导交通、劝阻交通违法行为、采集交通违法信息、开展交通安全宣传教育等工作。

公安机关交通管理部门应当加强对警务辅助人员的管理、培训和考核。

警务辅助人员开展工作时，应当统一着装、携带证件、佩戴统一的标识。

第二十九条　违反本条例第十条规定，故意损毁、移动、涂改交通安全设施，造成危害后果，尚不构成犯罪的或者擅自设置交通标志以外的其他交通指引性标志标牌的，由公安机关交通管理部门处以一千元的罚款。

第三十条　违反本条例第十一条第一款规定，擅自占用城市道路从事摆摊设点、堆放物品等行为的，由城市管理部门责令改正，拒不改正的，对个人处以五十元以上二百元以下的罚款，对单位处以五百元以上二千元以下的罚款。

违反本条例第十一条第二款规定，擅自挖掘、占用城市道路的，由城市道路主管部门责令停止违法行为，并恢复原状，处以二万元以下的罚款。

有前两款行为，影响道路交通安全活动的，公安机关交通管理部门可以责令停止违法行为，迅速恢复交通。

第三十一条　违反本条例第十三条第三款规定，擅自占用公交专用车道的，由公安机关交通管理部门处以一百元的罚款。

第三十二条　违反本条例第十四条第二款规定，公共汽车不按照规定进出站点或者在站点以外路段上下乘客的，由公安机关交通管理部门处以五十元的罚款。

第三十三条　违反本条例第十五条第一款规定，擅自将已建成的停车场停止使用或者改作他用的，由城市管理部门责令限期改正；逾期不改正的，自责令改正之日起，按照停止使用或者改作他用的面积，处以每日每平方米五元的罚款。

第三十四条　违反本条例第十七条第二款规定，擅自设置、撤除道路停车泊位或者设置障碍影响道路停车泊位使用的，由公安机关交通管理部门责令改正；拒不改正的，处以五百元的罚款。

违反本条例第十七条第三款规定的机动车停放规定的，公安机关交通管理部门可以指出违法行为，并予以口头警告；机动车驾驶人不在现场或者虽在现场但拒绝改正，妨碍其他车辆、行人通行的，处以二十元以上二百元以下的罚款，并可以将车辆拖移至不妨碍交通的地点或者公安机关交通管理部门指定的地点停放。

第三十五条　违反本条例第二十条规定，生产、销售不符合国家安全技术标准的电动车的，由市场监督管理部门按照《中华人民共和国产品质量法》第四十九条的规定，责令停止生产、销售，没收违法生产、销售的产品，并处以违法生产、销售产品（包括已售出和未售出的产品）货值金额等值以上三倍以下的罚款；有违法所得的，并处没收违法所得；情节严重的，吊销营业执照；构成犯罪的，依法追究刑事责任。

第三十六条　违反本条例第二十三条第二款规定，驾驶人有下列行为之一的，由公安机关交通管理部门责令改正，情节轻微的，处以警告；情节较重的，处以五十元的罚款：

（一）未悬挂号牌上道路行驶，不按规定安装号牌，故意遮挡、污损号牌或者套用、挪用其他车辆号牌的；

（二）不按照交通信号规定通行的；

（三）不按照规定的路段或者时间通行的；

（四）逆向行驶、超速行驶或者不按照规定的车道行驶的。

驾驶人有前款规定的行为，造成交通事故的，依法承担相应的法律责任。

第三十七条　依法履行公职的人员不履行或者不依法履行城市道路车辆通行管理职责的，由主管部门视情节予以批评教育、责令改正、给予处分。

第三十八条　违反本条例规定的行为，法律法规已有处罚规定的，从其规定。

第三十九条　本条例自 2019 年 3 月 1 日起施行。

南充市物业管理条例

（2019 年 10 月 30 日南充市第六届人民代表大会常务委员会第二十六次会议通过，2019 年 11 月 28 日四川省第十三届人民代表大会常务委员会第十四次会议批准；根据 2021 年 3 月 18 日南充市第六届人民代表大会常务委员会第三十九次会议通过，2021 年 5 月 28 日四川省第十三届人民代表大会常务委员会第二十七次会议批准的《南充市人民代表大会常务委员会关于修改〈南充市城市园林绿化条例〉等三部法规的决定》修正）

第一章　总　则

第一条　为了规范物业管理活动，维护业主、物业服务企业以及与物业管理相关的其他主体的合法权益，改善人居环境，促进社会和谐，根据《中华人民共和国民法典》《物业管理条例》《四川省物业管理条例》等法律、法规，结合南充市实际，制定本条例。

第二条　本条例适用于南充市行政区域内的物业管理及其监督管理活动。

第三条　物业管理应当坚持业主自治、专业服务与政府监督管理和指导相结合的原则。

第四条　市、县（市、区）人民政府应当将物业管理纳入本地现代服务业发展规划、社区建设和社会治理体系，建立物业管理和监督管理综合协调机制，有序引导业主自主自治，促进物业管理健康发展。

市人民政府应当建立统一的物业管理信息共享平台，为业主大会召开会议、物业管理招投标、住宅专项维修资金管理、业主共有资金管理、业主实时查询、政府部门监督管理等提供高效便捷、公开透明的技术支持和保障。

鼓励采用信息化、智能化等新技术、新方法提高物业管理质量和物业服务水平，推进绿色和智慧小区建设。

第五条　市人民政府住房和城乡建设部门负责本市物业管理活动的监督管理和指导工作，履行下列职责：

（一）制定物业管理规划、标准、规范和措施；

（二）组织开展物业服务企业信用评价；

（三）负责全市住宅专项维修资金的交存、使用和监督；

（四）负责物业管理信息共享平台的运行和维护；

（五）统筹、协调全市物业管理培训与宣传工作；

（六）法律、法规规定的其他职责。

县（市、区）人民政府住房和城乡建设部门负责辖区内物业管理的监督管理和指导工作。

市、县（市、区）发展和改革、公安、民政、司法、财政、自然资源和规划、应急管理、市场监管、城市管理等职能部门按照各自职责，依法实施对物业管理活动的服务和监督。

第六条 街道办事处（乡、镇人民政府）负责组织、指导、协调本辖区内业主大会的设立和业主委员会的选举工作，督促业主大会和业主委员会依法履行职责；协调社区建设与物业管理的关系，调解物业管理纠纷，并配合住房和城乡建设等部门对物业管理活动进行监督管理。

居（村）民委员会应当协助街道办事处（乡、镇人民政府）开展社区管理、社区服务中与物业管理有关的工作。

业主大会、业主委员会、物业服务企业应当积极配合居（村）民委员会依法履行自治管理职责，支持居（村）民委员会开展工作，并接受其指导和监督。

第七条　街道办事处（乡、镇人民政府）应当建立物业管理联席会议制度。物业管理联席会议由街道办事处（乡、镇人民政府）负责召集，住房和城乡建设部门、居（村）民委员会、公安派出所和物业服务企业、业主委员会或者业主代表、专业经营单位等参加，及时协调解决业主大会设立、业主委员会选举和换届、物业服务企业交接等物业管理中的问题。

第二章　业主和业主组织

第一节　业主

第八条　物业管理区域内，经依法登记取得房屋所有权人为业主。

因新房买卖、赠予、继承等法律关系已经合法占有房屋，但尚未依法办理所有权登记的，在物业管理活动中享有业主权利，承担相应义务。

第九条　业主对建筑物专有部分以外的共有部分，享有权利，承担义务；不得以放弃权利不履行义务。

业主转让建筑物内的住宅、经营性用房，其对共有部分享有的共有和共同管理的权利一并转让。

第十条　物业转让或者出租的，转让人、出租人应当自合同签订之日起三十日内将买受人、承租人及其联系方式、租赁期限、物业费交纳的约定等情况告知业主委员会和物业服务企业。

第十一条　业主和物业使用人，应当遵守法律、法规、管理规约、业主大会决定以及物业管理区域物业使用、公共秩序和环境卫生等方面的规章制度，共同营造安全舒适、文明和谐、诚信友善的社区环境，不得损害公共利益和他人合法权益。

第二节　业主大会

第十二条　符合法律、法规规定的召开首次业主大会会议条件的，建设单位应当自条件具备之日起三十日内向物业管理区域所在地街道办事处（乡、镇人民政府）书面申请设立业主大会。建设单位未及时书面申请设立业主大会的，同一物业管理区域内已交付专有部分百分之十以上的业主可以联名向物业管理区域所在地街道办事处（乡、镇人民政府）提出设立业主大会的书面要求。

街道办事处（乡、镇人民政府）应当在收到申请书之日起十五日内会同物业管理区域所在地县（市、区）住房和城乡建设部门组织成立业主大会筹备组，筹备召开首次业主大会会议。

第十三条　业主大会筹备组由住房和城乡建设部门、街道办事处（乡、镇人民政府）、居（村）民委员会、建设单位代表和业主代表组成。筹备组人数应当为单数，其中业主代表人数不得少于总人数的三分之二。建设单位注销或者未派人参加筹备组的，不影响筹备组的成立。

筹备组组长由街道办事处（乡、镇人民政府）代表担任。筹备组中的业主代表由街道办事处（乡、镇人民政府）或者居（村）民委员会在民主推荐的基础上确定，业主代表应当符合本条例有关业主委员会委员候选人条件的规定。

筹备组成员名单应当由街道办事处（乡、镇人民政府）予以公示。

第十四条　业主大会筹备组工作经费和召开首次业主大会会议经费由建设单位承担。

业主大会筹备组工作经费和召开首次业主大会会议经费标准由物业所在地县（市、区）人民政府住房和城乡建设部门根据物业管理区域规模、业主人数和建筑面积等因素确定。

建设单位应当在物业承接查验前向物业所在地街道办事处（乡、镇人民政府）交纳业主大会筹备组工作经费和召开首次业主大会会议经费。

业主大会筹备组工作经费和召开首次业主大会会议经费专用账户由街道办事处（乡、镇人民政府）负责设立。首次业主大会会议召开后，经费使用情况由街道办事处（乡、镇人民政府）公示。

第十五条　业主大会筹备组应当自成立之日起九十日内组织召开首次业主大会会议，逾期未能组织召开首次业主大会会议的，经街道办事处（乡、镇人民政府）书面同意，可以延长期限，但延长时间不得超过九十日。

业主大会筹备组在规定期限内组织召开首次业主大会后，应当自业主委员会备案之日起十日内，向业主委员会移交筹备业主大会期间的全部资料、筹备组工作经费和召开首次业主大会会议经费余额后解散。

业主大会筹备组在规定期限内未能组织召开首次业主大会会议的，应当自期满之日起七日内公示并说明理由，业主大会筹备组自公示之日起自行解散。业主大会筹备组解散后，由街道办事处（乡、镇人民政府）指导所在地居（村）民委员会组织召开首次业主大会会议。

第十六条　业主大会是业主实行自治管理的自治组织，由物业管理区域内全体业主组成，决定物业管理区域内与业主共同利益相关的重大事项，代表和维护全体业主合法权益。业主大会履行下列职责：

（一）制定和修改业主大会议事规则、管理规约；

（二）选举或者罢免业主委员会委员、选举业主委员会候补委员；

（三）确定或者变更物业管理方式、服务内容、服务标准和收费方案，确定需要全体业主公摊费用的收取标准；

（四）选聘和解聘物业服务企业或者其他管理人；

（五）制定、修改业主共有资金使用与管理、共有物业管理、使用、经营等方面的规定和程序；

（六）使用建筑物及其附属设施的维修资金；

（七）筹集建筑物及其附属设施的维修资金；

（八）依法改建、重建共用建筑物及其附属设施或者改变共用部分的用途；

（九）确定业主委员会委员的工作补贴及其标准；

（十）法律、法规或者业主大会议事规则确定由业主大会决定的其他事项。

决定以上事项，应当由专有部分面积占比三分之二以上的业主且人数占比三分之二以上的业主参与表决。决定前款第七项和第八项规定的事项，应当经参与表决专有部分面积四分之三以上的业主且参与表决人数四分之三以上的业主同意。决定前款其他事项，应当经参与表决专有部分面积过半数的业主且参与表决人数过半数的业主同意。

业主大会会议依法作出的与物业管理活动相关的决定，对本物业管理区域全体业主、物业使用人以及业主委员会具有约束力。

第十七条 管理规约应当对有关物业的使用、维护、管理，业主应当享有的权利和履行的义务，违反管理规约应当承担的责任等事项作出约定，并不得违反法律法规的规定。

业主大会议事规则应当就业主大会的议事方式、议题公示、表决程序、公示方式和业主委员会的届期、组成、成员任职条件、终止成员资格等事项作出约定，并可以约定业主代表的推选、监事或者监事会的设立、执行秘书或财务人员的聘请、住宅专项维修资金使用的具体情形等事项。

第十八条 业主大会会议分为定期会议和临时会议。

召开业主大会定期会议，应当于会议召开十五日前将会议时间、议题、表决方式等内容书面告知街道办事处（乡、镇人民政府）、居（村）民委员会并公示。

有下列情形之一的，应当及时组织召开业主大会临时会议：

（一）百分之二十以上的业主向业主委员会书面提议的；

（二）物业管理区域内发生物业服务企业停止服务等紧急事件或发生重大事故需要及时处理的；

（三）管理规约或者业主大会议事规则约定需要召开业主大会临时会议的其他情形。

业主委员会未按业主大会议事规则的约定组织召开业主大会定期会议，或者发生应当组织召开业主大会临时会议的情况，业主委员会不履行组织召开会议职责的，由物业所在地街道办事处（乡、镇人民政府）责令限期召开。逾期不组织召开或者因业主委员会委员出缺、辞职、离任等原因无法组织召开的，可以由物业所在地居（村）民委员会在街道办事处（乡、镇人民政府）的指导和监督下组织召开。

第十九条 业主大会会议可以采用现场集体讨论、书面征求意见的形式或者通过电子信息技术的方式召开。

采用现场集体讨论的形式召开业主大会会议的，业主可以委托代理人或者推选业主代表参加。业主委托代理人参加业主大会会议的，应当出具书面委托书和受委托人身份证明，委托书应载明委托人身份信息、专有部分的面积、委托事项。

业主推选业主代表参加业主大会会议的，可以以幢、单元、楼层、住宅类型为单位推选业主代表。

第二十条 业主大会会议表决采用记名投票方式进行，可以采取现场投票或者采用电子信息技术投票，投票应当具备真实性、可追溯性。

街道办事处（乡、镇人民政府）、居（村）民委员会应当对业主大会会议表决和业主委员会主任、副主任选举过程进行监督。

第三节 业主委员会

第二十一条 业主委员会是业主大会的执行机构，由业主大会选举产生，对业主大会负责，接受业主大会以及业主的监督。

业主委员会委员由五人以上单数组成，具体人数根据该物业管理区域的实际情况确定。业主委员会主任、副主任在业主委员会委员中选举产生。

业主委员会可以设置候补委员，候补委员人数不得超过业主委员会正式成员人数的二分之一。候补委员列席业主委员会会议，不具有表决权。候补委员的任职资格、候补顺位、选举产生规则和职务终止规则等内容在业主大会议事规则中约定。

第二十二条　业主委员会委员应当由遵守法律法规、热心公益事业、责任心强、具有一定组织能力的业主担任，但有下列情形之一的，首次业主大会筹备组不得提名为业主委员会委员候选人：

（一）不具有完全民事行为能力的；

（二）未按照约定交纳物业费及其他相关费用的；

（三）未按照规定交存住宅专项维修资金的；

（四）违法搭建建（构）筑物、损坏房屋承重结构、破坏房屋外形或者擅自改变物业使用性质等不当使用物业的；

（五）有不良信用记录的；

（六）非法占用公共区域或者共用设施设备的；

（七）接受减免物业费及相关费用获取不当利益，收受或者索取建设单位、物业服务企业或者有利害关系业主的财物的；

（八）本人及其近亲属在本物业管理区域提供物业服务的物业服务企业、机构中任职或者有利益关系的。

业主大会可以依法规定不得担任业主委员会委员的情形。

第二十三条　业主委员会委员、候补委员候选人由筹备组进行资格审查与确定。筹备组确定业主委员会委员、候补委员候选人名单后，应当及时予以公示。

第二十四条　业主委员会委员、候补委员实行差额选举，按照选举得票多少的顺序当选。业主委员会的成立情况应当及时予以公示。

业主委员会应当自选举产生之日起三十日内，向物业管理区域所在地街道办事处（乡、镇人民政府）备案。街道办事处（乡、镇人民政府）应当在收到备案材料后抄送县（市、区）住房和城乡建设部门。

业主委员会办理备案手续后，持备案证明向所在地公安机关申请刻制业主大会、业主委员会印章，向银行申请设立业主共有资金基本账户。

第二十五条　业主委员会履行以下职责：

（一）执行业主大会的决定和决议，维护业主共同权益；

（二）召集业主大会会议，向业主大会报告工作；

（三）与业主大会选（续）聘的物业服务企业签订物业服务合同，监督和协助物业服务企业履行物业服务合同；

（四）听取业主、物业使用人的意见和建议，督促业主、物业使用人遵守管理规约，监督管理规约的实施；

（五）拟制共有物业、业主共有资金使用与管理办法草案，报业主大会决定；

（六）承担组织和监督住宅专项维修资金筹集和使用的具体工作；

（七）制定档案和印章管理制度，制作和保管会议记录、共有物业档案、会计凭证、会计账簿、财务报表等有关文件及印鉴，并建立相关档案；

（八）调解因物业使用、维护和管理产生的纠纷；

（九）接受街道办事处（乡、镇人民政府）和居（村）民委员会对物业管理的指导和监督；

（十）法律、法规规定和业主大会赋予的其他职责。

第二十六条　业主委员会委员、候补委员不得有下列行为：

（一）阻挠、抗拒业主大会行使职责；

（二）弄虚作假，隐瞒事实真相，转移、隐匿、篡改、毁弃或者拒绝、拖延提供有关文件、资料；

（三）违反业主大会议事规则、印章管理制度或者未经业主大会授权擅自使用业主大会、业主委员会印章；

（四）打击、报复、诽谤、陷害有关投诉、举报人；

（五）擅自动用住宅专项维修资金；

（六）超越业主大会赋予的职责；

（七）侵占业主共有财产或者侵害业主合法权益；

（八）违反法律、法规的其他行为。

第二十七条 业主委员会委员、候补委员有下列情形之一的，其职务自行终止，由业主委员会公示，并向业主大会报告：

（一）因物业转让等原因不再是本物业管理区域的业主的；

（二）因健康等原因丧失履行职责能力的；

（三）因犯罪被判处刑罚的；

（四）存在本条例第二十六条所列禁止行为且受到县（市、区）人民政府城市管理行政主管部门或者街道办事处（乡、镇人民政府）批评教育、责令限期改正，逾期不改正的；

（五）连续六个月缺席业主委员会会议或者不履行业主委员会委员职责的；

（六）业主大会议事规则约定的其他情形。

业主委员会委员职务终止后，由业主委员会从候补委员中按照得票顺序依次递补为委员并公示，自公示结束之日起十五日内向街道办事处（乡、镇人民政府）备案。

职务终止的委员应当自终止之日起五日内将其保管的档案资料、印章及其他属于业主大会所有的财物移交给业主委员会。

第二十八条　业主委员会应当按照业主大会议事规则、业主委员会工作规则的约定召开业主委员会会议。业主委员会委员不能委托代理人参加会议。业主委员会会议不得以书面形式召开。

业主委员会会议应当有过半数委员出席，业主委员会作出决定必须经全体委员过半数同意并书面签字确认，自作出决定之日起三日内予以公示。

业主委员会可以邀请物业所在地街道办事处（乡、镇人民政府）、居（村）民委员会的代表以及业主代表列席会议。

第二十九条　业主委员会委员不得领取劳动报酬，经业主大会同意，可以给予适当工作补贴。

经业主大会同意，业主委员会的工作经费、业主委员会委员的工作补贴，可以从业主共有资金中列支。

第三十条　业主委员会任期届满九十日前，业主委员会应当书面告知街道办事处（乡、镇人民政府）、居（村）民委员会。街道办事处（乡、镇人民政府）应当指导、协助召开业主大会会议选举产生新一届业主委员会。

业主大会会议选举产生新一届业主委员会之日起十日内，上一届业主委员会应当在街道办事处（乡、镇人民政府）监督下将其保管的有关财务凭证、业主名册、会议记录等档案资料、印章及其他属于全体业主共有的财物，移交新一届业主委员会。

业主委员会逾期未能换届改选、业主委员会不履行职责或者无法正常开展工作达六个月以上，由街道办事处（乡、镇人民政府）指导所在地居（村）民委员会组织召开业主大会会议选举产生新一届业主委员会。

第三十一条　业主委员会应当向全体业主公开主任、副主任、委员、候补委员的联系方式，可以应业主要求每半年公示业主委员会委员、候补委员缴纳住宅专项维修资金、物业费、停车费情况以及停车位使用情况。

业主可以查阅业主大会、业主委员会所有会议资料，并有权就物业管理事项向业主委员会提出询问，业主委员会应当及时答复。

第三章　物业服务企业

第三十二条　物业服务企业应当具有独立法人资格，具有承担物业服务的能力和专业技术力量。

物业服务企业在非注册地承接物业服务项目的，应当在签订物业服务合同之后十五日内，到物业所在地县（市、区）人民政府住房和城乡建设部门和公安机关派出机构进行信息登记。

第三十三条　物业服务企业应当按照法律法规的规定、物业服务合同的约定和国家、省有关物业服务标准和规范的要求，诚信经营、规范服务，为业主提供相应的服务。

第三十四条　物业服务实行项目负责人制度。物业服务企业应当按照物业服务合同约定，指派项目负责人负责物业服务项目的运营和管理。除物业服务合同另有约定外，项目负责人只能在一个物业服务项目任职。

物业服务企业更换项目负责人的，应当及时告知业主委员会并予以公示。

第三十五条　物业服务企业应当将下列信息公示并及时更新：

（一）物业服务企业的营业执照、项目负责人的基本情况、联系方式以及物业服务投诉电话；

（二）物业服务内容、服务标准、收费项目、收费标准、收费方式等；

（三）电梯、消防、监控、人民防空等专项设施设备的日常维修保养单位名称、资质、联系方式、应急处置方案等；

（四）业主年度交纳物业费，住宅专项维修资金使用情况，利用物业共用部位、共用设施设备所取得收益的收支情况；

（五）房屋装饰装修及使用过程中应当注意的安全事项；

（六）建筑区划内规划用于停放汽车的车位、车库的处置情况；

（七）其他应当公示的信息。

业主对公示内容有异议的，物业服务企业应当及时答复。

第三十六条　物业服务事项应当包含下列内容：

（一）建筑物共有部位的维护和管理；

（二）共用设施设备的日常运行、维护和管理；

（三）公共绿化的养护和管理；

（四）公共道路及场地的清扫保洁和公共环境卫生的维护；

（五）安防监控、消防安全管理、安全巡查和防范等工作；

（六）二十四小时门卫管理和车辆停放管理；

（七）公共秩序维护和突发事件应急处置；

（八）物业服务档案、物业档案和监控视频等档案资料的管理；

（九）法律法规规定和物业服务合同约定的其他事项。

第三十七条 物业服务企业及其工作人员不得有下列行为：

（一）擅自改变物业服务用房的用途；

（二）擅自利用物业共用部位、共用设施设备进行经营；

（三）除维修管道、线路等特殊情况外，擅自中断供水、供电、供气；

（四）擅自设置收费项目，提高收费标准；

（五）泄露业主、物业使用人的信息；

（六）阻挠业主大会召开、业主委员会成立或者履行职责；

（七）其他损害业主、物业使用人权益的行为。

第三十八条 县（市、区）人民政府住房和城乡建设部门应当会同街道办事处（乡、镇人民政府）定期开展物业服务企业服务质量满意度测评；建立物业服务企业及其项目负责人信用管理制度，健全物业服务评价体系，实行信用记分管理，对物业服务企业的基本情况、服务情况、投诉举报情况等事项进行动态管理。满意度测评结果和信用评价结果应当向社会公告。

满意度测评结果和信用评价结果可以作为建设单位和业主大会选聘物业服务企业、调整物业服务收费标准的参考。

物业服务企业服务质量满意度测评办法和物业服务企业及其项目负责人信用管理办法由市人民政府住房和城乡建设部门制定。

第三十九条　物业服务企业有下列情形之一的，由市、县（市、区）人民政府住房和城乡建设部门录入物业服务企业信用档案：

（一）在招投标活动中相互串通投标、提供虚假信息骗取中标或者采取行贿等不正当手段谋取中标的；

（二）擅自终止物业服务合同撤离物业管理区域的；

（三）物业服务合同终止后拒不退出物业管理区域，或者退出时未按照规定办理交接手续和移交资料的；

（四）未按照法律、法规的规定和物业服务合同约定履行安全管理义务，导致物业管理区域内发生重大安全事故的；

（五）骗取、挪用或者侵占住宅专项维修资金的；

（六）擅自改变物业服务用房和物业共用部位、共用设施设备用途的；

（七）擅自利用物业共用部位、共用设施设备进行经营活动的；

（八）扰乱、破坏业主活动，或者对业主进行威胁、侮辱、殴打或者打击报复的；

（九）故意泄露业主、物业使用人信息的；

（十）物业服务质量明显不符合合同约定的；

（十一）违反法律、法规规定的其他情形。

第四章　物业服务

第四十条　在业主、业主大会首次选聘物业服务企业之前，建设单位应当采取招投标方式选聘前期物业服务企业，并与之签订前期物业服务合同。投标人少于三个或者物业管理区域房屋总建筑面积低于三万平方米的，经县级以上人民政府住房和城乡建设部门批准，可以采取协议方式选聘前期物业服务企业。

第四十一条　新建物业交付使用前，物业服务企业和建设单位应当邀请业主代表以及物业所在地县（市、区）人民政府住房和城乡建设部门参加，共同对物业共用部位、共用设施设备进行物业承接查验。住房和城乡建设部门应当以经审批的施工设计方案以及国家相关行业规范等为物业承接查验标准进行监督。

物业承接查验发现有问题的，物业服务企业与建设单位双方协议处理办法，并且商定时间复验。对承接物业质量有争议不能协商解决的，可以向物业所在地住房和城乡建设部门申请复验裁决。

建设单位不得将未经承接查验或者查验不合格的物业交付使用。物业服务企业不得承接未经承接查验或者查验不合格的物业，不得与建设单位恶意串通、弄虚作假，共同侵害业主利益。

鼓励物业服务企业通过参与建设工程的设计、施工、分户验收和竣工验收等活动，向建设单位提供有关物业管理的建议，为实施物业承接查验创造有利条件。

第四十二条　物业服务收费应当遵循质价相符、公平公开、合理诚信的原则。

物业服务合同应当对物业服务收费标准、物业服务等级、物业服务项目、内容与标准等事项予以约定。

物业服务企业因物业服务成本变动超出正常市场风险范围提出调整物业服务收费标准的，应当与业主委员会平等协商，双方可以委托第三方机构对调价幅度的合理性进行评估。业主委员会同意提交业主大会决定的，应当于业主大会召开十五日前公示拟调价方案、调价理由、成本变动情况等相关资料。调价方案经业主大会同意后方可签订变更协议。

市、县（市、区）人民政府价格行政主管部门应当加强物业服务市场价格监测，每三年至少开展一次物业服务成本监审或者调查，并向社会公布物业服务社会平均成本。

第四十三条　物业服务合同期限届满九十日前，业主委员会应当组织召开业主大会会议，决定续聘或者选聘新的物业服务企业。业主大会决定续聘的，应当重新签订物业服务合同。

物业服务合同解除或者终止的，物业服务企业应当在业主委员会的监督下同新聘物业服务企业进行物业查验，履行交接义务，退出物业管理区域，不得以物业服务中的债权债务纠纷未解决、阶段工作未完成等为由拒绝移交、退出。

第四十四条　经业主大会决定，可以对物业管理区域自行管理。自行管理事项、管理实施方式、管理责任的承担方式等事项由管理规约作出约定。

实行自行管理的物业管理区域内的设施设备及场所应当处于安全适用状态。电梯、消防、电子监控等涉及人身财产安全以及其他有特定要求的设施设备，应当定期委托专业机构进行检验、检测、维修和养护。

第五章　物业的使用与维护

第四十五条　物业管理区域内禁止下列行为：

（一）损坏或者擅自改变房屋承重结构、主体结构等；

（二）违法违规搭建建（构）筑物，开挖、扩建地下室等；

（三）侵占、损坏楼道、公共绿地、共用屋顶等物业共用部位或者移装共用设施设备等；

（四）擅自改变房屋、绿地使用性质和房屋外观等；

（五）违反垃圾管理规定投放垃圾或者随意堆放、倾倒垃圾、杂物，以及高空抛物等；

（六）违反法律、法规的规定饲养畜禽等动物；

（七）擅自在建（构）筑物外立面悬挂、张贴、涂写、刻画等；

（八）焚烧沥青、油毡、橡胶、塑料、皮革、垃圾以及其他产生有毒有害烟尘和恶臭气体的物质；

（九）擅自建设、接驳给排水系统；

（十）违反法律、法规的规定种植有毒有害植物，堆放易燃、易爆、剧毒、放射性、腐蚀性物品；

（十一）超过法律、法规的规定标准排放噪声或者产生振动，影响居民生活；

（十二）违反法律、法规的规定饲养犬只；

（十三）在规定区域外停放车辆；

（十四）侵占、损坏电梯，占用或者堵塞消防通道、疏散通道、安全出口，损坏或者擅自启（停）用消防设施设备等；

（十五）擅自架设通信线缆、电线电缆等；

（十六）法律、法规和管理规约禁止的其他行为。

有前款所列行为之一的，物业服务企业、业主委员会应当及时劝阻、制止；劝阻、制止无效的，应当及时报告相关行政主管部门，相关行政主管部门应当及时依法处理。发现侵占消防通道、疏散通道、安全出口以及堆放易燃、易爆、剧毒、放射性、腐蚀性物品危害公共安全等情形的，物业服务企业应当采取措施及时消除安全障碍和安全隐患，并在处理过程中做好安全警示。

第四十六条　业主、物业使用人装饰装修房屋，必须遵守房屋装饰装修和房屋安全使用的有关规定，并事先告知物业服务企业。物业服务企业应当书面告知业主、物业使用人房屋装饰装修的禁止行为和注意事项，并进行现场巡查。

业主、物业使用人装饰装修房屋过程中产生的建筑垃圾，由业主、物业使用人负责清理。委托物业服务企业清理的，应当按照约定支付合理的清理费用。

业主或者物业使用人因装饰装修过程不当，致使小区的共用设施设备、公共绿化、道路、景观损害和相邻业主合法权益受损，应当承担修复和赔偿责任。

第四十七条　建设单位在依法取得房屋预售许可后，应当将车位、车库产权归属、配建数量、位置、租售方式、租售价格、停放服务收费标准在房屋销售现场公布并告知买受人；在取得车位、车库的权属登记后，及时公示产权证明文件。

按照规划设置的车位、车库，应当首先满足本物业管理区域内业主的购买和承租需要。在首先满足本物业管理区域内业主的购买和承租需要后，还有多余规划车位、车库的，建设单位可以出租给本物业管理区域外的使用人。

已建成的停车场，不得擅自停止使用或者改作他用。

第四十八条　业主共有资金包括业主共有物业收益和其他合法收入，归全体业主所有。业主共有资金主要用于补充住宅专项维修资金，也可以按照业主大会的决定使用。

业主共有资金不得存入私人账户，不得用于除银行储蓄之外的其他投资，不得借贷给他人或者为他人提供担保。

前期物业服务期间，物业服务企业应当设立业主共有资金专门账户，存入代收的前期业主共有资金。业主委员会设立业主共有资金基本账户后十五日内，前期物业服务企业应当将业主共有资金转入业主共有资金基本账户，并注销业主共有资金专门账户。

前期物业服务企业和业主委员会应当每半年公示业主共有资金收支情况。经业主大会决定或者在业主大会议事规则中约定，可以对业主共有资金收支情况和离任业主委员会委员进行经济责任审计。

第四十九条　业主交存的住宅专项维修资金属于业主所有，专项用于物业共用部位、共用设施设备保修期满后的维修、更新和改造，不得挪作他用。紧急情况下需要维修建筑物及其附属设施的，业主大会或者业主委员会可以依法申请使用建筑物及其附属设施的维修资金。

住宅专项维修资金的管理实行专户存储、专款专用、所有权人决策、政府监督的原则。住宅专项维修资金应当存入银行住宅专项维修资金专户，住宅专项维修资金的利息等增值收益归业主所有，定期按业主专有部分面积占建筑物总面积的比例转入住宅专项维修资金分户账滚存使用。

未建立首期住宅专项维修资金或者住宅专项维修资金余额不足首期筹集金额百分之三十的，业主应当按照法律、法规的相关规定、管理规约的约定和业主大会的决定，及时建立或者续交住宅专项维修资金。

业主转让物业时，其名下的住宅专项维修资金余额随物业一并转让给物业买受人。因拆迁或者其他原因造成物业灭失的，经业主大会或者建设单位申请，应当将住宅专项维修资金余额退还业主。

业主委员会或者受委托的物业服务企业应当在每年最后一个季度公示住宅专项维修资金的收支情况。

第五十条　维修资金管理机构应当按照科学合理、规范高效、公开透明的原则，制定并公告维修资金申报流程，在物业管理信息共享平台建立维修资金管理信息系统，实现维修资金实时查询和定期对账，增强管理透明度，保障业主的决策权、知情权、监督权，依法接受审计监督。

维修资金管理机构不得以任何方式为招标人指定招标代理机构；不得指定、限制、排斥投标人或者施工企业。

第五十一条　建设单位应当按照国家规定的保修期限和保修范围，承担物业的保修责任。物业保修期内，因建设工程质量问题发生的维修、更新、改造责任和费用，由建设单位承担。

第五十二条　物业管理区域内供水、供电、供气、通信、有线电视等专业经营设施设备的维修、更新、改造责任和费用，业主专有部分的，由业主承担；业主专有部分之外的共有部分，由相关专业经营单位承担。

第六章　法律责任

第五十三条　违反本条例规定的行为，法律、法规已有处罚规定的，从其规定。

第五十四条　违反物业服务合同约定，业主逾期不交纳物业费的，物业服务企业可以通过口头、电话、书面等方式催促其在合理期限内交纳；逾期仍不交纳的，物业服务企业可以依法向人民法院起诉。

第五十五条　业主委员会委员、候补委员违反本条例第二十六条规定，由县（市、区）人民政府城市管理行政主管部门或者街道办事处（乡、镇人民政府）给予批评教育，责令限期改正；逾期不改正的，由县（市、区）人民政府城市管理行政主管部门处一千元以上一万元以下罚款，有违法所得的，没收违法所得。

第五十六条　业主大会、业主委员会的决定违反法律、法规的，物业所在地县（市、区）人民政府住房和城乡建设部门或者街道办事处（乡、镇人民政府）应当责令限期改正或者纠正其决定，并通告全体业主。

业主大会或者业主委员会的决定侵害业主合法权益的，受侵害的业主可以依法请求人民法院予以撤销。

业主委员会未按照本条例第三十条第二款规定移交的，由街道办事处（乡、镇人民政府）责令限期移交；拒不移交的，辖区公安机关予以协助。

第五十七条　建设单位违反本条例规定，有下列情形之一的，由县（市、区）人民政府城市管理行政主管部门予以处罚：

（一）违反本条例第十四条规定，拒不承担筹备组工作经费和召开首次业主大会会议经费的，责令限期改正；逾期未改正的，处五万元以上十五万元以下的罚款；

（二）违反本条例第四十一条第三款规定，将未经承接查验或者查验不合格的物业交付使用的，责令限期改正，处五万元以上十万元以下的罚款；

（三）违反本条例第四十七条第一款规定，建设单位未将车位、车库相关情况予以公布并告知买受人的，责令限期改正，处三万元以上五万元以下的罚款；

（四）违反本条例第四十七条第三款规定，擅自将已建成的停车场停止使用或者改作他用的，责令限期改正；逾期不改正的，自责令改正之日起，按照停止使用或者改作他用的面积，处以每日每平方米五元的罚款。

第五十八条　物业服务企业违反本条例规定，有下列情形之一的，由市、县（市、区）人民政府城市管理行政主管部门予以处罚：

（一）违反本条例第三十七条第一项规定，擅自改变物业服务用房用途的，责令限期改正，给予警告，处一万元以上十万元以下的罚款；

（二）违反本条例第三十七条第二项规定，擅自利用物业共用部位、共用设施设备进行经营的，责令限期改正，给予警告，处五万元以上二十万元以下的罚款；所得收益，用于物业管理区域内物业共用部位、共用设施设备的维修、养护，剩余部分按照业主大会的决定使用；

（三）违反本条例第三十七条第三项规定，除维修管道、线路等特殊情况外，擅自中断供水、供电、供气的，责令限期改正，处一万元以上三万元以下的罚款；

（四）违反本条例第三十七条第五项规定，泄露业主、物业使用人信息的，责令限期改正，处五千元以上二万元以下的罚款；

（五）违反本条例第三十七条第六项规定，阻挠业主大会召开、业主委员会成立或者履行职责的，责令限期改正，处一万元以上五万元以下的罚款；

（六）违反本条例第四十一条第三款规定，承接未经查验或者查验不合格的物业的，责令限期改正，处五万元以上十万元以下的罚款。物业服务企业与建设单位恶意串通、弄虚作假，共同侵害业主利益的，双方共同承担赔偿责任；

（七）违反本条例第四十三条第二款规定，责令限期办理交接手续、退出物业管理区域；逾期拒不交接和退出物业管理区域的，处五万元以上十五万元以下的罚款。

物业服务企业违反本条例第三十七条第四项规定，擅自提高物业服务收费标准的，由市、县（市、区）人民政府价格行政主管部门依法查处。

第五十九条　违反本条例第四十五条规定，物业服务企业、业主有权按照法律、法规以及管理规约，要求行为人停止侵害、消除危险、排除妨害、恢复原状、赔偿损失。业主、物业使用人可以向相关行政主管部门投诉和举报，对侵害自己合法权益的行为，可以依法提起诉讼。

有下列情形之一的，由相关行政主管部门按照下列规定进行查处：

（一）违反第一项、第二项、第三项、第四项、第五项、第六项、第七项、第八项、第九项规定的，由城市管理行政主管部门依法查处；违反第四项擅自改变房屋使用性质的，责令限期改正，逾期不改正的，处五千元以上三万元以下的罚款；

（二）违反第十项、第十一项、第十二项、第十三项规定的，由公安机关依法查处；

（三）违反第十四项规定，侵占、损坏电梯的，由市场监督管理部门责令改正、恢复原状，拒不改正的，处二百元以上二千元以下的罚款，造成电梯损坏的，责任人应当赔偿损失；占用或者堵塞消防通道、疏散通道、安全出口，损坏或者擅自启（停）用消防设施设备等的，由消防救援机构依法查处；

（四）违反第十五项规定的，由电力、通信行政主管部门依法查处。

第六十条　违反本条例第四十八条第二款规定，将业主共有资金存入私人账户，用于除银行储蓄之外的其他投资，借贷给他人或者为他人提供担保的，由县（市、区）人民政府住房和城乡建设部门责令限期改正；逾期未改正的，对相关责任人处一千元以上一万元以下罚款。

第六十一条　违反本条例规定，住房和城乡建设部门、街道办事处（乡、镇人民政府）和其他有关行政主管部门及其工作人员在物业监督管理工作中，玩忽职守、滥用职权、徇私舞弊的，依法给予行政处分；构成犯罪的，依法追究刑事责任。

第七章　附　则

第六十二条　本条例下列用语的含义：

（一）物业，是指各类房屋及其附属的设施设备和相关场地。

（二）物业管理，是指业主通过选聘物业服务企业、其他管理人按照合同约定或者业主通过自行管理等方式，对物业管理区域内的房屋及配套的设施设备和相关场地进行维修、养护、管理，维护相关区域内的环境卫生和秩序的活动。

（三）物业使用人，是指除业主以外合法使用物业的单位和个人，包括但不限于物业承租人、借用人。

（四）物业服务收费，是指物业服务企业按照物业服务合同的约定，开展物业服务活动，向业主所收取的费用。

（五）公示，是指在物业管理区域显著位置公开张贴并同时在物业管理信息共享平台发布，时间不少于十五日。

（六）物业承接查验，是指承接新建物业前，物业服务企业和建设单位按照国家有关规定和前期物业服务合同的约定，共同对物业共用部位、共用设施设备进行检查和验收的活动。

第六十三条　临时管理规约、管理规约、业主大会议事规则、物业服务合同、承接查验协议和装饰装修管理服务协议等示范文本由市人民政府住房和城乡建设部门制定并公布，供物业服务活动中参照使用。

第六十四条　本条例自 2020 年 3 月 1 日起施行。

南充市城市景观风貌保护条例

（2020 年 12 月 18 日南充市第六届人民代表大会常务委员会第三十六次会议通过
2021 年 3 月 26 日经四川省第十三届人民代表大会常务委员会第二十六次会议批准）

目　录

第一章　总　则

第一条　为了加强城市景观风貌保护，巩固城市规划建设成果，彰显南充地域特色、历史文化、人文精神，根据有关法律、法规的规定，结合南充市实际，制定本条例。

第二条　本条例所称城市景观风貌，是指由建筑形态与风貌、自然山水格局、历史文化遗存、公共开放空间、街道界面、园林绿化、公共环境艺术品等要素相互协调、有机融合构成的城市形象。

第三条　本条例适用于南充市城市开发边界范围内城市景观风貌的规划、设计、建设、管理等保护活动。

第四条　城市景观风貌保护应当体现自然人文和谐共融的理念，突出南充城市特色，以城市绿线、城市蓝线、城市紫线为基础，遵循科学规划、传承创新、生态文明、依法管理、信息公开、公众参与、合理利用、有效保护的原则。

第五条　市、市辖区人民政府应当将城市景观风貌保护工作纳入国民经济和社会发展规划以及年度计划，所需经费列入本级预算。

市人民政府发展和改革、经济和信息化、民政、自然资源和规划、住房和城乡建设、交通运输、水务、林业、文化旅游、城市管理等部门，按照各自职责做好城市景观风貌保护工作。

第六条　市人民政府应当组织编制和实施城市设计，明确城市景观风貌分区控制体系和管控要求，加强对城市景观风貌的规划引导。

市人民政府自然资源和规划部门应当依据国土空间规划和城市设计要求，编制城市景观风貌保护专项规划，确定城市景观风貌特色定位，划定建筑、山体、江河、绿地、历史文化等景观风貌重点管控区域和保护范围，明确城市景观风貌保护要素、保护措施等管控要求。

第七条　下列区域应当列入城市景观风貌重点管控区域：

（一）城市重要功能区；

（二）城市重要交通节点；

（三）重要的滨水地区和山前地区；

（四）历史文化街区、传统建筑风貌区及其他需要进行风貌管控的街道，城市广场、公园绿地以及相邻地区；

（五）对城市景观风貌具有重要影响的其他区域。

第八条　市人民政府应当建立城市景观风貌保护名录制度，确定山体景观风貌保护名录、江河景观风貌保护名录、绿地景观风貌保护名录和历史文化景观风貌保护名录。

保护名录应当载明保护对象的名称、区位、形成时间、价值等内容，根据城市发展需要适时调整，并向社会公布。

第九条　市人民政府应当依法划定城市绿线、城市蓝线、城市紫线。

国土空间规划确定的公园、林地、山体等公共绿地应当依法划定城市绿线；国土空间规划确定的江、河、湖、库、渠、湿地等城市地表水体应当依法划定城市蓝线；历史文化名城保护规划确定的历史文化街区、历史建筑等区域应当依法划定城市紫线。

第十条　建立城市景观风貌保护专家咨询制度和公众参与制度，具体规则由市人民政府制定。

第十一条　鼓励单位或者个人以捐赠、资助、提供技术服务或者提出意见、建议等方式，参与和监督本市城市景观风貌保护工作。

对破坏城市景观风貌的行为，任何单位和个人都有权劝阻和举报。

第十二条　市、市辖区人民政府及其有关部门应当积极开展城市景观风貌保护宣传和教育工作，营造共同维护城市景观风貌的社会氛围。

第十三条　鼓励开展城市景观风貌保护科学技术研究，推广、应用先进技术，提高城市景观风貌保护智能化、信息化水平。

第二章　建筑景观风貌保护

第十四条　城市地标、门户节点、轴线廊道、重要街道等重点区域的建筑，应当根据城市设计及详细规划的要求，严格控制建筑高度、体量和屋顶形式，保持视线廊道通畅，塑造优美的城市立面景观和天际轮廓线。

第十五条　建筑色彩应当符合城市景观风貌管控要求，色调、明度、彩度应当与周边环境相协调。

第十六条　嘉陵江沿岸、城市道路沿线建筑立面风格应当符合城市景观风貌管控要求，充分反映地域历史文化元素、人文精神、时代特征和艺术价值，反映建筑功能类型特征，与街道、街区整体风格相协调。

鼓励对嘉陵江沿岸、城市重要街道、城市门户等重点区域周边的居住建筑立面进行公建化处理。

第十七条　市人民政府住房和城乡建设部门应当按照城市功能分区、建筑密集度和夜间经济活跃度，结合节能环保要求，突出区域特色，合理布局景观照明工程。

第十八条　建筑的景观照明工程要突出建筑形式与质感，塑造与空间环境相协调的意境。新建建筑的景观照明工程应当与建筑同步设计、同步建设、同步验收、同步使用。

第十九条　城市临街建（构）筑物立面应当保持整洁、完好，其造型、色调和风格应当与周围环境景观相协调。屋顶、阳台、平台、外走廊及窗外不得堆放、吊挂影响市容市貌的物品，不得搭建外延式防护栏；各类附属设施应当规范设置。

第二十条　既有建筑风貌不符合城市景观风貌管控要求的，市辖区人民政府应当进行统一规划设计，并依法进行改造。

第二十一条　市政设施的选址、线路、外观设计等方面应当符合城市景观风貌管控要求。

市、市辖区人民政府发展和改革、经济和信息化、住房和城乡建设、城市管理等部门应当加强对架空管线、过街天桥、桥梁、供用电设施、通信基站等地上市政设施的风貌管理。

大型公共场所上空不得新建架空管线。已有架空管线不符合城市景观风貌管控要求的，应当予以改造或者采取遮蔽措施。

独立大型通信基站、供用电设施应当进行美化处理。已有独立大型通信基站、供用电设施不符合城市景观风貌管控要求的，应当逐步予以改造。

第二十二条　禁止下列影响城市景观风貌的违法建设行为：

（一）擅自在嘉陵江及其支流沿岸、城市道路、城市公园、城市广场、城市绿地、风景名胜区、历史文化街区等区域进行建设；

（二）擅自在城市景观风貌重点管控区域内的建筑搭建附属用房及设施；

（三）擅自在建筑外墙搭建建（构）筑物；

（四）擅自在建筑屋顶搭建彩钢棚、玻璃房等建（构）筑物；

（五）其他影响城市景观风貌的违法建设行为。

第二十三条　配置公共环境艺术品，应当符合城市景观风貌管控要求。

鼓励在嘉陵江及其支流沿岸、城市重要公共空间配置城市雕塑、壁画、绿化造景或者艺术化的景观灯光、水景等公共环境艺术品。

“嘉陵江”雕塑、“丝绸之城”雕塑、“抗战到底”石刻和北湖公园张澜先生铜像、朱德贺龙钓鱼处等具有南充历史文化积淀和城市印象的标志性公共环境艺术品，不得擅自迁移或者拆除。因城市建设需要迁移或者拆除的，应当进行论证，听取专家和公众意见。确需迁移或者拆除的，经原设置部门审核，报同级人民政府批准。

第三章　山体景观风貌保护

第二十四条　西山、舞凤山、青龙山、凌云山、凤垭山、青松林海、猪山等山体应当纳入城市景观风貌保护专项规划予以保护；其他需要保护的，由山体景观风貌保护名录确定。

纳入城市景观风貌保护专项规划的山体，属于风景名胜区的，按照相关法律法规的规定，予以严格保护。

第二十五条　市人民政府自然资源和规划部门应当按照城市景观风貌管控要求，合理确定重要观景点与主要山体之间的景观视线通廊，严格控制山体周边和景观视线通廊内建筑的高度、体量。

第二十六条　山体周边建筑的选址、布局、造型、风格、色调，应当与山体景观风貌和生态环境相协调，与邻近的城市开放空间保持通透。

第二十七条　山体景观风貌保护范围内，禁止从事下列行为：

（一）擅自占用林地或者超出批准范围占用山体；

（二）擅自改变山体土地用途性质；

（三）擅自挖山、填沟等整体性损毁或者破坏山脉自然形态；

（四）开矿、采石、取土、开垦等破坏山体完整性和原貌；

（五）未经规划许可或者违反规划许可修建建（构）筑物；

（六）擅自砍伐林木、猎捕野生动物、采挖野生植物；

（七）擅自倾倒、堆放、填埋、焚烧生活垃圾、建筑垃圾、工业固体废物和危险废物等废弃物；

（八）烧荒、烧秸秆、野炊等野外用火；

（九）其他破坏山体及其生态环境的行为。

第二十八条　市、市辖区人民政府应当建立山体自然灾害监测制度，组织实施山体生态保护修复工程，开展环境治理、植树造林，提高森林覆盖率和质量，保护生物多样性，增强山体的生态功能。

第二十九条　对遭到破坏的山体或者存在地质灾害隐患的山体，应当及时修复治理，消除安全隐患，修复山体自然景观，恢复生态功能。

第三十条　山体修复治理应当按照“谁破坏谁修复”的原则确定责任人。山体修复治理责任人在山体修复治理过程中，不得对修复治理区域周边的景观风貌和生态环境造成新的破坏。

因自然因素破坏、责任主体灭失以及无法确定责任主体的破损山体或者存在地质灾害隐患的山体，由所在市辖区人民政府组织修复治理。

第四章　江河景观风貌保护

第三十一条　印象嘉陵江湿地公园、黄金江岸公园、缤纷水岸湿地公园、清泉公园、双女石公园、西河体育公园、南门坝公园、猪山公园、朱凤寺公园、嘉陵江青居曲流、西河景观长廊等滨水绿地应当纳入城市景观风貌保护专项规划予以保护；其他需要保护的，由江河景观风貌保护名录确定。

第三十二条　城市景观风貌保护专项规划确定的江河景观风貌保护范围应当明确规划建设管控要求，严格控制建筑密度、高度、体量和容积率。

未经批准不得擅自改变城市景观风貌保护范围内江河沿岸的自然地形地貌、江心洲、岛屿、景观等自然属性。

第三十三条　嘉陵江及其支流沿岸的建设项目，应当进行天际轮廓线、景观视线分析，不得破坏江河沿岸景观风貌。沿岸建筑风貌应当与周边环境相协调，构建功能复合、疏密有致和生态自然的滨水空间。

第三十四条　嘉陵江及其支流沿岸的开发利用应当符合国土空间规划、城市设计和城市景观风貌保护专项规划，保持健康自然河岸，重点保护和恢复周边的生态环境、人文景观以及历史风貌。

第三十五条　江河景观风貌保护范围内，未经依法批准，任何单位和个人不得从事下列行为：

（一）修建建（构）筑物和其他设施；

（二）采石、采砂、取土、填埋、爆破、开垦等占用或者破坏湿地、水域；

（三）设置取水口、排污口；

（四）捕捞、投放等利用动植物资源；

（五）改变河流生态廊道的功能和走向。

第三十六条　江河景观风貌保护范围内，禁止从事下列行为：

（一）倾倒生活垃圾、建筑垃圾、工业固体废物和危险废物等废弃物；

（二）排放未经处理或者处理未达标的废水、污水、油类、酸液和碱液等有毒有害液体；

（三）电鱼、毒鱼等非法捕捞；

（四）丢弃动物尸体，排放未经处理的畜禽养殖废弃物；

（五）其他破坏江河景观风貌的行为。

第五章　绿地景观风貌保护

第三十七条　白塔公园、北湖公园、舞凤山公园、果山公园、玉屏公园、气象公园、人民公园、东湖公园、白马湖公园、凤垭山景区等城市主要绿地，以及铁路、高速公路、机场专用道路周边可视范围内的防护绿地及城市门户景观绿地应当纳入城市景观风貌专项规划予以保护；其他需要保护的，由绿地景观风貌保护名录确定。

纳入城市景观风貌保护专项规划的绿地，属于风景名胜区的，按照相关法律法规的规定，予以严格保护。

第三十八条　市、市辖区人民政府应当按照功能化、景观化、可参与的理念，分级分类建设城市绿地，构建集生态保护、体育运动、休闲娱乐、文化体验、应急避险等功能为一体的城市绿地系统。

城市绿地系统应当突出地方生态特色，保护自然肌理，展现自然田园景观风貌。

第三十九条　城市绿地的设计和建设应当符合绿地功能要求，因地制宜，发挥城市绿地的生态、景观、生产等作用，达到功能完善、布局合理、植物多样、景观优美的效果。

第四十条　任何单位和个人不得擅自占用城市绿地。

因公共利益确需占用城市绿地的，应当组织论证，征求专家、利害关系人、公众代表和有关方面的意见，经市、市辖区人民政府园林绿化行政主管部门审查同意后，方可编制修改方案并按程序报批。

第四十一条　对经批准同意占用的城市绿地，实行占补平衡的补偿制度。

市、市辖区人民政府应当根据城市绿地的等级和性质，在调整范围和用途的城市绿地周边，结合生活圈使用或者城市服务半径要求，按照所占用的城市绿地面积新建绿地予以补偿。

第四十二条　城市绿地养护管理按照下列规定分工负责：

（一）公园绿地、广场用地、道路与交通设施用地附属绿地、湿地公园，由市、市辖区人民政府园林绿化行政主管部门或其专业机构负责；

（二）防护绿地、区域绿地，由市、市辖区人民政府林业行政主管部门或辖区管理部门负责。其中生产绿地，由经营者负责；

（三）附属绿地，由责任单位负责。其中居住区绿地实行自主管理的，由全体业主或业主委员会负责；实行委托管理的，由物业服务企业或者其他管理人负责；

（四）其他类型城市绿地，由其所有权人负责。

第四十三条　鼓励支持社会资金参与破损城市绿地修复治理。

修复治理城市绿地应当按照绿地自然形态进行，保持绿地结构和形态的完整性，栽种有利于水源涵养和保护的乡土适生绿色植物，合理配置树种，体现季节变化和地方特色。

在城市绿地修复过程中，不得对修复治理区域周边的生态环境造成新的破坏。

第四十四条　城市重要街道行道树树种不得整体更换。

任何单位和个人不得擅自移植或者砍伐桂花树、梧桐树、黄葛树、银杏树等具有历史、文化和科学价值或者具有重要纪念意义的树木。

因城市建设需要整体更换城市重要街道行道树树种或者移植、砍伐城市树木的，应当组织论证，征求专家、利害关系人、公众代表和有关方面的意见，经市、市辖区人民政府园林绿化行政主管部门审核，报本级人民政府批准。

第四十五条　市、市辖区人民政府应当加强对古树名木的保护，禁止下列损害古树名木的行为：

（一）擅自砍伐；

（二）擅自移植；

（三）刻画、钉钉、攀爬、折枝、挖根、剥损树皮，在古树名木上缠绕、悬挂重物或者以树干为支撑物；

（四）在古树名木保护范围内非通透性硬化地面、敷设管线、架设电线、挖坑取土、非保护性填土、烧火、排烟、采石取沙、倾倒污水垃圾、堆放或者倾倒易燃易爆、有毒有害物品；

（五）其他损害古树名木正常生长的行为。

第六章　历史文化景观风貌保护

第四十六条　龙门古镇、川北行署、六合丝厂等历史文化街区和五星花园银行大厦、无量宝塔、西华师范大学北湖校区老建筑群、西南石油大学南充校区老建筑群、北湖宾馆莲花楼、朱德读书室、六合丝厂老建筑群、张家大院、朱凤寺、清泉寺、栖乐寺、万卷楼、西山书院等具有一定保护价值能够反映地方特色的历史建筑应当纳入城市景观风貌保护规划予以保护；其他需要保护的，由历史文化景观风貌保护名录确定。

第四十七条　南充历史文化街区保护应当符合城市景观风貌管控要求，核心保护范围内的建筑物、构筑物应当实行分类保护，核心保护范围内的历史建筑应当保持原貌，不得破坏原有的高度、体量、外观形象、色彩等。

第四十八条　南充历史文化街区内新建、改建、扩建建筑，应当与原有建筑风貌、建筑尺度和周边环境相协调。除必要的基础设施和公共服务设施外，核心保护范围内不得进行新建、扩建活动。

南充历史文化街区应当保持传统格局、历史风貌和空间尺度，不得损害历史文化遗产的真实性和完整性。

第四十九条　任何单位和个人不得损坏或者擅自迁移、拆除历史建筑。

第五十条　历史建筑的所有权人应当按照城市景观风貌管控要求维护和修缮历史建筑。

市、市辖区人民政府可以对历史建筑的维护和修缮给予补助。所有权人不具备维护和修缮能力的，市、市辖区人民政府应当采取措施进行保护。

历史建筑的维护和修缮，应当遵循保护性利用和不改变原状的原则，不得破坏历史建筑外观和内部主体结构。

第五十一条　历史建筑的消防设施、通道应当按照有关技术规范予以完善、疏通；确实无法达到现行消防技术规范的，应当由消防部门制定相应的防火安全措施。

第五十二条　市、市辖区人民政府应当将南充六合丝厂旧址、南充炼油厂旧址等具有重要历史价值、科研价值、城市记忆的工业遗产进行科学保护和合理利用。

工业遗产建（构）筑物的改造、维护、修复，应当符合下列规定：

（一）对建筑结构进行加固应当运用原有或者相似材料，保存原有风貌，保留时代记忆；

（二）进行合理利用不得破坏建筑整体风貌和结构形式，建筑外立面改造应当与周围环境相协调。

工业遗产由历史文化景观风貌保护名录确定，并向社会公布。

第五十三条　在符合城市景观风貌保护专项规划的前提下，鼓励对历史建筑、工业遗产进行合理利用和功能更新，鼓励将历史建筑、工业遗产等对社会公众开放，鼓励开展与保护要求相适应的文化创意、地方文化研究、旅游休闲产业等保护性生产经营活动。

第五十四条　无量宝塔、张澜旧居、罗瑞卿故居、川北行署办公楼旧址、南充市解放纪念碑、奎阁等文物保护单位、历史文化街区、历史建筑的保护按照相关法律法规规定执行。

第五十五条　人民南路、人民中路、人民北路、涪江路、文化路、延安路、金鱼岭路、马市铺路、鹤鸣路、都尉路、孔迩街、模范街、仪凤街、表方街、金马巷、水井巷等体现南充历史文化内涵的传统地名应当予以保留或者恢复。确需更名的，市人民政府民政部门应当组织专家进行论证，召开听证会听取社会公众意见，并按照规定程序报批。

第七章　法律责任

第五十六条　违反本条例规定的行为，法律、法规已有处罚规定的，从其规定。

第五十七条　违反本条例第十九条规定，由市、市辖区人民政府城市管理部门责令单位或者个人改正或者限期清除；拒不改正或者清除的，依法予以清除。可以并处五十元以上二百元以下罚款。

第五十八条　违反本条例第二十二条规定，市、市辖区人民政府自然资源和规划部门作出责令停止建设或者限期拆除的决定后，当事人不停止建设或者逾期不拆除的，建设工程所在地市、市辖区人民政府可以责成有关部门采取查封施工现场、强制拆除等措施。

第五十九条　违反本条例第二十七条第四项规定，在山体景观风貌保护范围内进行开矿、采石、取土、开垦等活动破坏山体完整性和原貌的，由市、市辖区人民政府自然资源和规划部门责令停止开采、生态修复或者赔偿损失，没收开采的物品和违法所得。

第六十条　违反本条例第二十七条第七项规定，按照下列规定予以处罚：

（一）在山体保护范围内倾倒、堆放、焚烧生活垃圾，由市、市辖区人民政府环境卫生主管部门责令改正，对单位处五万元以上五十万元以下的罚款，没收违法所得；对个人处一百元以上五百元以下的罚款，没收违法所得。

（二）在山体保护范围内倾倒建筑垃圾，由市、市辖区人民政府环境卫生主管部门责令改正，对单位处十万元以上一百万元以下的罚款，没收违法所得。

（三）在山体保护范围内倾倒、堆放工业固体废物，由市、市辖区人民政府生态环境主管部门责令改正，处所需处置费用一倍以上三倍以下的罚款，所需处置费用不足十万元的，按十万元计算，没收违法所得；情节严重的，报经有批准权的人民政府批准，可以责令停业或者关闭。

（四）在山体保护范围内倾倒、堆放危险废物，由市、市辖区人民政府生态环境主管部门责令改正，处所需处置费用三倍以上五倍以下的罚款，所需处置费用不足二十万元的，按二十万元计算，没收违法所得；情节严重的，报经有批准权的人民政府批准，可以责令停业或者关闭。

第六十一条　违反本条例第四十九条规定，损坏或者擅自迁移、拆除历史建筑的，由市、市辖区人民政府自然资源和规划主管部门责令停止违法行为、限期恢复原状或者采取其他补救措施；有违法所得的，没收违法所得；逾期不恢复原状或者不采取其他补救措施的，市、市辖区人民政府自然资源和规划主管部门可以指定有能力的单位代为恢复原状或者采取其他补救措施，所需费用由违法者承担；造成严重后果的，对单位并处二十万元以上五十万元以下的罚款，对个人并处十万元以上二十万元以下的罚款；造成损失的，依法承担赔偿责任。

第六十二条　市、市辖区人民政府及其有关部门工作人员玩忽职守、滥用职权、徇私舞弊的，依法给予处分；构成犯罪的，依法追究刑事责任。

第八章　附　则

第六十三条　本条例所称公建化处理，是指在不改变住宅原有功能的前提下，对处在城市特定区域的住宅外立面，参照公共建筑外立面的做法进行设计与改造。

第六十四条　本条例所称山体，是指符合下列条件之一的山地和丘陵：

（一）反映城市自然山水格局；

（二）承载城市居民共同历史记忆；

（三）具有防洪排涝、饮用水水源保护、生态修复等功能；

（四）其他具有特殊生态、经济、社会或者文化价值。

第六十五条　本条例所称古树，是指树龄在一百年以上的树木；名木，是指具有重要历史、文化、景观与科学价值和具有重要纪念意义的树木。

第六十六条　南充市行政区域内其他县（市）的城市景观风貌保护可以参照本条例执行。

第六十七条　本条例自 2021 年 6 月 1 日起施行。

南充市乡村污水处理条例

（2021 年 8 月 25 日南充市第六届人民代表大会常务委员会第四十三次会议通过
2021 年 9 月 29 日四川省第十三届人民代表大会常务委员会第三十次会议批准）

目 录

第一章　总　则

第一条　为了加强乡村污水治理，保护和改善乡村人居环境，建设美丽乡村，促进乡村生态文明建设和可持续发展，根据《中华人民共和国乡村振兴促进法》《中华人民共和国水污染防治法》《城镇排水与污水处理条例》《四川省城镇排水与污水处理条例》等法律法规，结合南充市实际，制定本条例。

第二条　本条例适用于南充市行政区域内乡村污水处理的规划，乡村污水处理设施的建设、改造、运营、维护和监督管理。

本条例所称乡村，是指南充市城市建成区以外的区域，包括乡（镇）、场镇和村庄。乡村污水，是指乡村村（居）民在生活中产生的污水，以及在乡村从事民宿、餐饮、畜禽水产养殖等经营活动产生的污水。

第三条　乡村污水处理应当遵循政府主导、社会参与、统筹规划、因地制宜、分类治理、综合利用的原则，实现建设规范、设施完好、管理有序、水质达标的目标。

第四条　乡村集中式污水处理设施是社会公益性基础设施。

第五条　市、县（市、区）人民政府对本行政区域内乡村污水处理负责。

市、县（市、区）人民政府应当将乡村集中式污水处理纳入国民经济和社会发展规划，统筹安排和配套建设乡村集中式污水处理设施，将乡村集中式污水处理设施规划、建设、改造、维护、管理以及污水处理运营成本差额补贴等经费列入本级政府财政预算。

市人民政府应当建立乡村污水处理目标责任和考核评价制度。

第六条　市、县（市、区）人民政府生态环境主管部门对本行政区域内乡村污水处理实施统一监督管理，按照职能职责做好污水处理相关工作。

市、县（市、区）人民政府住房和城乡建设主管部门负责本行政区域内污水处理厂（站）及其配套管网等设施设备的建设、改造和运营维护的管理、监督工作。

市、县（市、区）人民政府农业农村主管部门负责本行政区域内组织改善农村人居环境工作，农户户用卫生厕所无害化改造以及农户粪便、畜禽养殖污水处理和资源化利用工作。

发展改革、经济和信息、公安、财政、自然资源和规划、水务、卫生健康、应急管理、乡村振兴等主管部门按照各自职责，依法做好乡村污水处理的相关工作。

第七条　乡（镇）人民政府按照本条例和县（市、区）人民政府规定的职责，配合有关部门做好辖区内乡村污水处理的管理、监督工作，负责自行管理的乡村集中式污水处理设施的运行、维护、管理工作。

鼓励村（居）民委员会将污水治理工作纳入村规民约或者居民公约，引导村（居）民参与乡村污水治理和保护污水处理设施。

第八条　县（市、区）人民政府根据乡村集中式污水处理设施建设的需要，可以采取政府全额投资、政府和社会资本合作、特许经营、投资补助、政府购买服务等多种形式，吸引社会资本参与投资、建设和运营乡村集中式污水处理设施。

第九条　市、县（市、区）人民政府应当支持乡村污水处理的科学技术研究，推广应用适用的先进技术、工艺、设备和材料，提高乡村污水综合处理能力。

第十条　市、县（市、区）人民政府生态环境、住房和城乡建设、农业农村等主管部门和乡（镇）人民政府应当组织开展宣传教育，普及污水处理相关知识，增强公众的环境保护意识。

任何单位和个人都有依法保护乡村污水处理设施的义务，有权对破坏乡村污水处理设施的行为进行劝阻和举报。

第十一条　县（市、区）人民政府生态环境主管部门应当建立污水处理信息公开制度。

第二章　规划与建设

第十二条　市、县（市、区）、乡（镇）人民政府应当将乡村污水处理纳入国土空间规划，编制乡村污水处理规划。

第十三条　县（市、区）人民政府应当根据乡村污水处理的实际需要，统筹安排管网、泵站、污水处理厂（站）、一体化污水处理设备以及污泥处理处置、再生水利用等乡村集中式污水处理设施建设。

第十四条　县（市、区）人民政府应当对已建成的设计不合理、处理能力不符合实际需求、出水水质未达到国家和省规定的标准、管网不配套或者出现损坏、老化等情形的乡村集中式污水处理设施，制定更新改造计划并组织实施。

第十五条　乡（镇）人民政府所在地和常住人口一千人以上的场镇，应当建设污水处理厂（站），对污水进行集中处理，并实行雨水、污水分流，污水管网应当全覆盖。未实行雨水、污水分流的区域，由县（市、区）人民政府住房和城乡建设主管部门会同乡（镇）人民政府制定雨水、污水分流改造计划并组织实施。

第十六条　人口规模较大、聚集程度较高、污水排放量较大的村庄、村（居）民聚居区和常住人口一千人以下的场镇，应当根据村庄布局、人口规模、聚集程度、地形地貌、管网高程、主导风向和便于回收利用、环境相容性等因素，科学设计和合理布局污水处理设施。可以建设一体化污水处理设备对污水进行集中处理。

第十七条　毗邻乡（镇）污水管网的区域，并且满足管网标高接入要求的村庄、场镇和村（居）民聚居区，应当就近接入乡（镇）污水管网，由乡（镇）污水处理厂（站）对污水进行集中处理。

第十八条　人口规模较小、居住较为分散的地区，应当因地制宜建设分散式污水处理设施。

第十九条　在农村从事民宿、餐饮、未达规模标准的畜禽养殖等经营活动的单位和个人，应当按照国家和省的有关规定建设化粪池、沉淀池等污水预处理设施，保证预处理设施正常运行。

第二十条　畜禽养殖场、养殖小区应当按照国家和省的有关规定，建设相应的畜禽粪便、污水与雨水分流设施，畜禽粪便、污水的贮存设施和处理设施，畜禽粪便的无害化处理和综合利用设施，确保设施正常运行，保证污水排放符合国家和省规定的排放标准。

第二十一条　从事水产养殖的单位和个人，应当配置与养殖水体和生产能力相适应的污水处理设施和相应的水质、水生生物检测等基础性仪器设备，确保水产养殖尾水排放达到国家和省规定的排放标准。

第二十二条　新建、改建、扩建房屋，应当按照雨污分流的原则建设自用雨水、污水管道和化粪池、沉淀池等污水处理配套设施。

道路和连片住宅建设，应当按照村庄规划中污水处理设施建设的要求，同步建设相应的接纳、输送污水的管网等设施，并同步投入使用。

第二十三条　对符合国家和省有关建设标准和技术规范的农户自建污水处理设施，经县（市、区）人民政府有关部门验收合格后，县（市、区）人民政府应当给予适当补贴，具体补贴办法由县（市、区）人民政府制定。

第二十四条　新建或者改造乡村公共厕所，应当同时配套建设污水处理设施。

第三章　处理与利用

第二十五条　污水处理厂（站）的处理工艺应当根据乡（镇）、场镇的人口规模、污水成分、污水排放规模，以及生态环境敏感程度和受纳水体的环境容量等因素科学设计。

第二十六条　一体化污水处理设备的处理工艺应当综合考虑地理环境、居民生活习惯、卫生防护要求、技术经济水平等因素合理确定，选用低成本、低能耗、少维护、高效率、易管理、工程和生态相结合的污水处理技术。

第二十七条　采取一体化污水处理设备处理污水的区域，应当按照污水处理工艺的要求对污水进行预处理。

第二十八条　采取分散式污水处理的区域，粪便、尿液及其冲洗水等高浓度污水和洗涤、洗浴和厨房污水等低浓度污水应当分离处理，不得直接排入环境敏感区。

对于高浓度污水，应当采取无害化化粪池、净化沼气池等方式进行预处理。预处理后的出水具备利用条件的，可以采取就地还田、土地消纳等方式优先资源化利用。

对于低浓度污水，应当采取沉淀池、隔油池等方式进行预处理。预处理后的出水可以排入人工湿地、氧化塘、土壤渗滤系统进行处理。

第二十九条 乡（镇）人民政府应当按照源头治理、就近消纳、生态循环、综合利用的原则，引导村民对厕所粪便、畜禽粪便进行无害化处理和资源化利用，鼓励探索多种形式的粪便无害化处理与资源化利用模式。

第四章 运营与维护

第三十条 县（市、区）人民政府可以通过组建专业污水处理设施维护运营单位或者以招投标、比选等方式确定特许经营的污水处理设施维护运营单位，对政府投资建设的乡村集中式污水处理设施与服务片区管网进行维护、运营、管理。

规模较小、工艺简单、运行维护技术要求较低的乡村集中式污水处理设施以及人工湿地、氧化塘等生态处理设施，可以委托所在地的乡（镇）人民政府进行管理。乡（镇）人民政府对乡村集中式污水处理设施进行管理维护，应当遵守本条例有关维护运营单位的规定。

农户自建的污水处理设施由产权所有人或者使用人自行管理，负责做好户用化粪池、接户管道、清淘井等设施设备的日常管理维护和安全防护。

第三十一条 县（市、区）人民政府应当建立乡村集中式污水处理管网维护机制，明确污水处理管网维护主体。

乡村集中式污水处理管网维护主体应当建立污水处理管网定期疏通制度、巡查制度，编制应急处理预案，定期对污水处理管网及其构筑物进行检查维护，并及时处理和修复异常情况，保证管网安全畅通。

第三十二条 乡村集中式污水处理设施维护运营单位应当对污水处理设施进行日常巡查、维修和养护，及时处理设施故障，规范处置污水处理产生的垃圾和污泥，保障设施正常运行，保证出水水质符合国家和省规定的排放标准。

第三十三条 县（市、区）人民政府负责乡村污水处理的相关行业主管部门应当会同乡（镇）人民政府，制定乡村集中式污水处理设施保护方案，设置明显的保护标识，采取相应安全防护措施，确保乡村集中式污水处理设施安全。

第三十四条 污水处理厂（站）维护运营单位应当按照国家和省的有关规定，依法向生态环境等主管部门报送相关信息。

一体化污水处理设备维护运营单位应当每月向所在地乡（镇）人民政府报送一体化污水处理设备运行维护信息。乡（镇）人民政府应当将运行维护信息整理汇总后，定期报送县（市、区）人民政府生态环境主管部门。

第三十五条 乡村集中式污水处理设施维护运营单位应当制定污水处理设施运行维护操作安全规程和安全防护预案，在运行、维护过程中应当符合国家和地方的安全规定，采取有效安全防护措施，防止发生触电、落水、中毒、爆炸等安全事故。

第三十六条 任何单位和个人不得有下列危害乡村集中式污水处理设施的行为：

（一）向污水处理设施排放剧毒、易燃易爆物质、腐蚀性废液和废渣、废污油和有害气体、餐厨油烟气体；

（二）向污水处理设施内倾倒排入垃圾、油脂、渣土、泥浆、砂浆、混凝土浆等易堵塞物；

（三）在污水处理设施保护范围内修建建筑物、构筑物，在排水口区域设置障碍或堆放物品；

（四）在配套管网、沟渠覆土面上取土、埋杆、打桩及种植高大乔木等；

（五）偷盗、损毁、穿凿或擅自拆卸、移动、占压污水处理设施；

（六）其他危害乡村集中式污水处理设施的行为。

第三十七条　在已经建成集中式污水处理设施的农村地区，按照谁排放污水谁付费的原则，探索建立农村污水处理收费制度。收费和使用管理的具体办法，由县（市、区）人民政府根据国家和省有关规定并结合当地实际制定。

农村生活用水水费中包含污水处理费的，不再另行收取污水处理费。

县（市、区）人民政府财政主管部门应当每年向社会公布污水处理费的收取、使用情况。

第三十八条　县（市、区）人民政府应当建立保障乡村集中式污水处理设施正常运营的政府补贴机制。收取的污水处理费不足以支付乡村污水处理设施正常运营成本的，县（市、区）人民政府给予补贴。

第五章　管理与监督

第三十九条　县（市、区）人民政府负责乡村污水处理设施建设的相关行业主管部门应当对乡村集中式污水处理设施的工程勘察、设计、施工、监理、设备采购等活动进行全过程监督管理，确保竣工工程质量符合质量验收规范和设计要求。

第四十条　县（市、区）人民政府负责乡村污水处理的相关行业主管部门应当对乡村集中式污水处理设施运行维护、处理工艺、污泥处理处置、运营状况、污水排放等进行全过程监督管理，并对进出水水质和水量、主要污染物削减量进行监督监测，建立监督管理档案。

第四十一条　县（市、区）人民政府生态环境主管部门应当按照下列要求对乡村污水处理设施进出水水质和水量进行监督检查：

（一）按照国家污水监测技术规范对污水处理厂（站）的进出水水质和水量进行监督监测；

（二）对一体化污水处理设备的进出水水质和水量，至少每半年随机监测一次，每次随机监测比例不小于一体化污水处理设备总数的百分之十；

（三）对分散式污水处理设施的进出水水质和水量，定期进行抽样监测。

第四十二条　县（市、区）人民政府负责乡村污水处理的相关行业主管部门应当根据各自职责和本行政区域的实际情况，制定乡村集中式污水处理设施维护运营考核标准，会同乡（镇）人民政府对乡村集中式污水处理设施维护运营情况进行年度考核，并向社会公布。

第四十三条　县（市、区）人民政府负责乡村污水处理的相关行业主管部门应当会同财政主管部门对集中式污水处理设施运营成本进行监督，按照特许经营协议或者委托经营协议，依据污水处理量、出水水质等因素，对污水处理成本进行核算，核算结果作为拨付污水处理费的依据，并按规定公布相关信息。

第四十四条　县（市、区）人民政府应当对乡村集中式污水处理设施建设、运营、维护等资金的筹集、管理和使用情况进行审计监督，并按规定公布审计结果。

第四十五条　市、县（市、区）、乡（镇）人民政府应当向本级人民代表大会或者人民代表大会常务委员会报告年度乡村污水处理目标责任和工作任务完成情况、水环境状况和环境保护目标完成情况。

第六章　法律责任

第四十六条　违反本条例规定的行为，法律、法规已有法律责任规定的，从其规定。

第四十七条　违反本条例第十九条规定，在农村从事民宿、餐饮、未达规模标准的畜禽养殖等经营活动的单位和个人，未按照国家和省的规定建设化粪池、沉淀池等污水预处理设施的，由县（市、区）人民政府负责乡村污水处理的相关行业主管部门责令限期改正，给予警告；逾期不改正的，处二千元以上一万元以下罚款；造成损失的，依法承担赔偿责任。

第四十八条　违反本条例第三十二条规定，一体化污水处理设备维护运营单位未履行日常巡查、维修和养护责任，出水水质不符合国家和省规定的排放标准的，由县（市、区）人民政府负责乡村污水处理的相关行业主管部门责令限期改正，给予警告；逾期不改正或者造成严重后果的，处二千元以上五千元以下罚款；造成损失的，依法承担赔偿责任。

第四十九条　违反本条例第三十四条第二款规定，一体化污水处理设备维护运营单位未按规定每月向乡（镇）人民政府报送污水处理设施运行维护信息的，由乡（镇）人民政府责令改正。

第五十条　违反本条例第三十六条规定，任何单位和个人有危害一体化污水处理设备行为的，由县（市、区）人民政府负责乡村污水处理的相关行业主管部门责令停止违法行为，限期采取补救措施，给予警告；逾期不采取补救措施或者造成严重后果的，对单位处二万元以上五万元以下罚款，对个人处二千元以上五千元以下罚款；造成损失的，依法承担赔偿责任。

第五十一条　违反本条例规定，市、县（市、区）人民政府及其住房和城乡建设、生态环境、农业农村等主管部门和其他有关部门及其工作人员在乡村污水处理工作中玩忽职守、滥用职权、徇私舞弊的，对直接负责的主管人员和其他直接责任人员依法给予处分；构成犯罪的，依法追究刑事责任。

第五十二条　污水处理厂（站）维护运营单位违反本条例第三十二条、第三十四条第一款规定，或者单位和个人违反本条例第三十六条规定危害乡（镇）、场镇污水处理设施的，依照《中华人民共和国水污染防治法》《城镇排水与污水处理条例》《四川省城镇排水与污水处理条例》等法律法规的规定进行处理。

第五十三条　本条例规定的行政处罚，省人民政府决定将县（市、区）人民政府部门的行政处罚权，交由乡镇人民政府、街道办事处行使的，由乡镇人民政府、街道办事处行使。

第七章　附　则

第五十四条　本条例所称乡村污水处理设施包括乡村集中式污水处理设施和分散式污水处理设施。乡村集中式污水处理设施，是指乡（镇）、场镇污水处理厂（站），一体化污水处理设备，以及用于收集和处理乡村污水的管网、泵站、污泥处理处置、再生水利用等设施设备。分散式污水处理设施，是指对分散居住的农户污水进行预处理的化粪池、沉淀池、沼气池等设施，以及人工湿地、氧化塘、土壤渗滤等生态处理系统。

本条例所称一体化污水处理设备，是指将污水处理各功能单元集中于一体，在工厂组装成型或者加工部件，进行现场组装的污水处理设备及其配套设施。

本条例所称场镇，是指建制镇（乡）人民政府所在地以外的乡村街区集市、工农产品集散地和乡村贸易中心。

第五十五条　县（市、区）人民政府所在地城市建成区以外的街道办事处的污水处理参照本条例执行。

第五十六条　本条例自2021年12月1日起施行。

后 记

为全面、系统、翔实反映南充人大70年发展变化历程，留下传承历史、服务当代、惠及后世的南充人大宝贵资料，2019年8月，南充市人大常委会决定组织编纂中华人民共和国成立以来的第一部《南充市人民代表大会志》。历经两年多时间，300余万字的《南充市人民代表大会志》终于定稿。这是南充市人大常委会全体同志和各县（市、区）人大常委会大力支持、有关部门积极配合、全体编纂人员默默奉献的集体杰作。

南充市人大常委会高度重视《南充市人民代表大会志》编纂工作。南充市人大常委会主任会议要求，把《南充市人民代表大会志》编纂工作作为全市人大工作一号工程，集中精力、全力以赴搞好编纂工作，确保2021年出版发行。南充市人大常委会成立《南充市人民代表大会志》编纂委员会，特聘南充市人大常委会原主任李慎宽任顾问；南充市人大常委会党组书记、主任袁险峰任主任；南充市一级巡视员杜永龙、徐远火，南充市人大常委会副主任熊建春、陈圣伦、张晓艳、温桂彪，南充市人大常委会秘书长宋先佐任副主任。成立《南充市人民代表大会志》总编室，总编袁险峰，副总编徐远火，执行总编宋先佐，执行副总编赵健博、吴全兴、蒋松柏、张小林、王永茂，具体负责《南充市人民代表大会志》的编纂工作。

2019年9月，南充市人大常委会组织学习考察组到省内外部分市人大常委会学习考察人大志编纂工作。编纂工作启动之时，总编室特聘原南充市地方志办公室长期从事地方志业务工作的于明同志为总纂，精心选择政策熟、业务精、熟悉人大工作的同志承担初稿撰写工作。在编纂工作中，总编室高度重视资料搜集工作，复印各类资料5万余页，征集图片一万余张。全体编纂人员对南充人大的发展历程进行认真分析和研究，在总体安排上，除首尾外，主体部分设置三个板块。前面用一章略写四川省人大常委会在原南充地区设立的派出机构以及主要工作（第一板块）；后面用一章记述各县（市、区）人大概况（第三板块）；中间核心板块（第二个板块）分类详写南充市人民代表大会组织机构、南充市人民代表大会会议、南充市人大常委会会议、南充市人大常委会主任会议、立法工作、讨论决定重大事项、监督工作、选举任免、代表工作、专题调研、自身建设、人大人物。在征集的一万余张照片中，选用了各个时期能够反映人大工作特色、工作成就的图片300余张。

志稿总纂完成后，编委会领导和总编室同志认真审读了志稿。同时，总编室及时将征求意见稿送至四川省人大常委会原南充地区联络处、联络委、工委及历届市人大常委会主任、副主任、秘书长和市人大各专委会、常委会办事工作机构、机关党委、纪检组、工会、妇委会，各县（市、区）人大常委会广泛征求意见。全体编纂人员先后两次对志稿进行全面修改，最终形成送审稿报送南充市地方志评审委员会评审。南充市地方志评审委员会召开终审验收会，终审验收组认为：《南充市人民代表大会志》具有创新性、客观性、系统性、实用性，是一部质量较高的志稿，基本达到出版要求。终审验收后，全体编纂人员根据终审意见再次对志稿进行修改完善，形成定稿。

《南充市人民代表大会志》在编纂工作中，中共南充市委、市人民政府及其相关部门给予了大力支持，市地方志办公室、市档案局（馆）、南充日报社等单位为志书编纂查阅资料提供了方便。市委统战部、市统计局、市保密局等单位对志稿进行了审查。定稿交付出版社后，方志出版社庚即安排编辑三审三校，确保了出版顺利进行。在此，谨向所有关心、支持、帮助和参与《南充市人民代表大会志》编纂出版的同志致以崇高的敬意和衷心的感谢！

鉴于记述时间跨度长，部分资料缺失，加之编纂时间较短，编纂者水平有限，志书内容遗漏、错讹之处在所难免。恳请历届人大工作的参与者和广大读者指正，以便续修《南充市人民代表大会志》时补遗改进。

编　者

2021 年 9 月

索 引

G

H

J

K

L

M

N

P

Q

R

S

T

上虞年鉴 2020

SHANGYU NIANJIAN

绍兴市上虞区史志工作委员会　编

方志出版社
Publishing House of Local Records

图书在版编目（CIP）数据

上虞年鉴 . 2020 / 绍兴市上虞区史志工作委员会 . -- 北京 : 方志出版社 , 2020.12
ISBN 978-7-5144-4621-0

Ⅰ . ①上… Ⅱ . ①绍… Ⅲ . ①上虞— 2020 —年鉴 Ⅳ . ① Z525.54

中国版本图书馆 CIP 数据核字 (2020) 第 263172 号

上虞年鉴（2020）

编　　者： 绍兴市上虞区史志工作委员会
责任编辑： 王　娜
出 版 者： 方志出版社
地　址　北京市朝阳区潘家园东里 9 号（国家方志馆4层）
邮　编　100021
网　址　http://www.zgfzcb.cn
发　　行： 方志出版社图书经销中心
电　话（010）67110500
经　　销： 各地新华书店
印　　刷： 绍兴市越生彩印有限公司
开　　本： 889mm × 1194mm　　1/16
印　　张： 31.25
字　　数： 904 千字
版　　次： 2020 年 12 月第 1 版　　2020 年 12 月第 1 次印刷
印　　数： 0001 ~ 1000 册

ISBN 978-7-5144-4621-0　　定价：250.00 元

绍兴市上虞区史志工作委员会

顾　问：徐　军　金进富

主　任：赵文中　章颖芳

副主任：潘立峰　许建超　夏永江　赵　畅　郑建庆

委　员：陶劲松　孙海明　王　敬　朱宝生　范文卫　陶海强　陆海军

陈学军　丁福军　任中华　陈曙焕　崔煜忠　崔苗军　金利刚

杨闰世　祝子龙　蒋金祥　赵明刚　吴自强　朱江桥　卢梁勇

蔡建红　章兆均　姚铭华　闻桂珍　吴焕九　杜永刚　陈荣荣

祝荣法　范国海　俞林忠　夏明尧　曹红心　王忠良　龚开洋

孙卫国　胡　升　朱鑫海　张春育　蒋　峰　王银苗　孙伟琴

王飞军　胡关炎　朱春起　阮建东　张国富　张铭军　徐沛生

姚一松　钱长龙　张　斌　赵岳翔　孙东红　徐　彪　王炜吉

许君意　杜秀丽　丁志强　杨科钦　宋世洋　罗黎明　赵伟平

冯世凯　许国华　朱柏治　杨一国　王新钢　王佳琦　张　伟

冯　柱　戴忠伟　谢文权　魏雪刚　陈　凯　陈才华　王文松

王　亮　金小军　吕　彭　朱春兰　徐桦表　孙国军　骆晶晶

胡四海　王利渡　陈鑫森　张华尧　叶　涛　徐　钱　陈圆圆

倪水乔　朱炜江　徐松杰　陈立林　赵春峰　金　琳　傅飞军

王　凯　石洪元　郑哲军　马百根　沈　璐　孙丹青　胡银洲

罗成刚　王吉程　宋建潮　王国尧　罗兰芬　阮永兴　叶　炜

《上虞年鉴（2020）》编纂委员会

主　　审：孙海明
主　　任：王　敬
副 主 任：罗兰芬　阮永兴　叶　炜
委　　员：屠月玲　沈瑶圆

《上虞年鉴(2020)》编辑部

主　　编：罗兰芬
执行主编：沈瑶圆
编　　辑：沈瑶圆　夏振扬
编务人员：屠月玲　章国英　谭丽娜
彩页提供：刘　盼　阮佳波

编辑说明

一、《上虞年鉴(2020)》坚持以马克思列宁主义、毛泽东思想、邓小平理论、“三个代表”重要思想、科学发展观和习近平新时代中国特色社会主义思想为指导，坚持辩证唯物主义和历史唯物主义的立场、观点和方法。

二、《上虞年鉴(2020)》由中共绍兴市上虞区委、绍兴市上虞区人民政府主办，上虞区史志工作委员会主持，中共绍兴市上虞区委党史研究室（区地方志研究室）组织实施，各乡镇、街道和区内各部门撰写，经单位领导审核后上报，《上虞年鉴》编辑部编纂，是集地方性、时效性、综合性于一体的大型资料性工具书。

三、《上虞年鉴(2020)》记载时限为2019年1月1日至12月31日，反映上虞区2019年度自然、经济、政治、文化和社会生活的基本面貌及发展状况，尤其是突出2019年上虞区围绕“冲击全市第一方阵、争当区域高质量发展排头兵”目标，加快建设“创新之区、品质之城”的实际情况，重点反映当年事关全局的大事、要事、新事、特事，着力体现时代特征、年度特点和地域特色，为各级领导提供决策依据，为区内外人士了解上虞提供参考资料，为研究市情及编修志书积累史料。

四、《上虞年鉴(2020)》由卷首、百科、卷尾3个部分组成，按类目、分目、条目3个层次框架编排。类目下设综述，分目下设概况；以条目为主要载体，一事一条。卷首设彩页、地图、目录、特载、特辑、大事记和地情，卷尾设统计资料、文件目录、人物、附录和索引。

五、《上虞年鉴(2020)》采用记述体，其文字、称谓、数字、计量、纪年、标点符号等使用均按照国家有关标准。鉴于使用习惯及专业需要，土地面积“亩”和计量单位“公斤”“吨”等在个别地方仍保留。所载全年主要经济指标等数据原则上以区统计部门提供为准，统计部门没有的则以职能部门提供的数据为准；各业所指产值等均指当年。全文图照除署名外，其他均由撰写单位提供。

一江两岸

滨海新城

中华孝德园

1 月 6 日，上虞区委召开一届五次全体（扩大）会议

1 月 8—10 日，中国人民政治协商会议第一届绍兴市上虞区委员会第三次会议召开

1月8日,上虞区“两会”中共党员大会召开

2月25日,绍兴市委书记马卫光(左二)到上虞开展“三服务”活动,区委书记陶关锋(右二)陪同

2月28日,杭州湾上虞经济技术开发区(浙江省上虞经济开发区)召开“聚焦项目、大抓落实”暨“三服务”推进大会

3 月 8 日，上虞区召开数字经济"一号工程"发展大会

3 月 31 日上午，曹娥江国际半程马拉松赛开赛

4月20日，2019“天籁浙江”系列朗诵活动开幕式暨诗话曹娥江·浙东唐诗之路发祥地主题晚会在上虞曹娥江畔举行

4月20日，2019中国·绍兴（上虞）中外名校赛艇挑战赛在曹娥江畔开赛

5 月 8 日，副省长高兴夫（右二）到上虞调研化工产业改造提升工作，区委书记陶关锋（右三）陪同

5 月 11 日下午，2019 中国·绍兴（上虞）第三届孝文化节暨孝女曹娥祭祀大典在中华孝德园举行，图为对话沙龙活动现场

5 月 19 日，2019 中国·绍兴（上虞）卧龙杯曹娥江国际龙舟大奖赛开赛

5 月 21 日，上虞区举行庆祝上虞解放 70 周年座谈会

5 月 23 日，总投资 186.9 亿元的国邦生命科技产业园、龙盛研究院创新基地、宇石网络总部大楼等 19 个重大项目集中开工，图为浙江宇石网络总部大楼项目奠基仪式现场

6 月 26 日，浙江省副省长彭佳学（前中）走访调研上虞众联环保有限公司危险废物处置项目

7月1日，区委常委会在区委党校新校区报告厅开展“七一”主题党日活动，纪念中国共产党建党98周年

7月3日，上虞首个集装箱码头投入使用

7月28日，“诗画曹娥江·品质上虞城”重大文旅项目签约仪式举行，总投资达111亿元的11个项目集中签约

8 月 2 日，曹娥江旅游度假区在上虞文化旅游风情街推出每周五晚的“夜游风情街”夜市活动，发展城市夜间经济

9 月 10 日，上虞区牵手“同程旅游”，在上海举行上虞休闲旅游（上海）推介大会，上海至上虞“千人游”首发团同步启动

9月12日，上虞区举行各界人士庆祝中华人民共和国成立70周年暨中秋茶话会

9月12日，浙江省人民政府省长袁家军（前中）调研e游小镇

9 月 24 日，省委常委、政法委书记王昌荣（前中）到上虞区调研检查平安建设和社会治理工作，区委书记陶关锋（前右）陪同

9 月 26 日，全省重大项目暨特色小镇建设现场推进会在上虞召开。省委书记车俊作批示，省委副书记、省长袁家军（左）为第三批省级特色小镇——e 游小镇授牌

9 月 28 日，第十届浙东新商都（上虞）购物节在万达广场启幕

9 月 29 日，六小龄童励志讲座暨《猴王世家——章氏猴戏与中国戏曲》首发式在上虞区闰土小学举行

9月30日,区四套班子领导和法检两长到上虞革命烈士纪念碑前敬献花篮,缅怀革命烈士

10月12日晚,绍兴市第九届运动会暨第二届市民运动会在上虞区体育场开幕

10月18日，上虞区举行“爱的奉献·志愿者之夜”晚会暨点亮一盏灯爱心服务社成立10周年活动

10月31日，以“新产业、新技术、新创造”主题的2019医药研究及创新发展论坛在上虞举行

11月16日，“尚才之地·虞梦同行”2019上虞人才发展大会举行

11 月 29 日，28 个重大项目集中开工，总投资 398 亿元。图为中科院杭州湾上虞经济技术开发区新材料产业创新基地项目奠基仪式现场

11 月 30 日，第三届中国新材料产业创新发展论坛在曹娥江畔举行

总　目

Table of Contents

目 录

特 载

特 辑

大事记

地 情

国土资源管理

生态环境

水 利

交通运输

城乡建设与管理

电力燃气和供排水

邮政通信

农林牧渔业

制造业

建筑业

房地产业

商贸业

中介服务业

旅游业

金融业

财政税务

对外及港澳台经济贸易

市场与管理

经济管理与监督

机构及负责人

中共绍兴市上虞区委员会

绍兴市上虞区人民代表大会

绍兴市上虞区人民政府

政协绍兴市上虞区委员会

民主党派·工商联

群众团体

政 法

人民武装

科学技术

教 育

文　化

医疗卫生

体　育

社会事业

民生保障

杭州湾上虞经济技术开发区（浙江省上虞经济开发区）

e 游小镇

乡镇·街道

统计资料

文件目录

人 物

附 录

索 引

坚持“高质量、可持续、普惠性”建设更高水平“创新之区、品质之城”

——在区委一届八次全体(扩大)会议上的报告

(2019 年 12 月 31 日)

绍兴市上虞区委书记　陶关锋

这次区委全体(扩大)会议的主要任务是:以习近平新时代中国特色社会主义思想为指导,深入学习贯彻党的十九届四中全会、中央经济工作会议、省委十四届六次全会、省委经济工作会议和市委八届七次全会精神,回顾总结 2019 年工作,研究部署 2020 年任务,讨论审议《中共绍兴市上虞区委关于贯彻落实党的十九届四中全会精神、更高水平推进上虞区域治理现代化的决定》,团结带领全区广大党员和干部群众咬定目标,保持定力,担当作为,不断巩固高质量发展排头兵良好态势,确保 2020 年高水平全面建成小康社会和“十三五”规划圆满收官,合力建设更高水平“创新之区、品质之城”,稳中求进迈向现代化新征程。

一、全面落实“11336”年度重点任务,高质量发展迈出坚实步伐

即将过去的 2019 年,是上虞坚定迈向高质量发展的重要一年。区委常委会全面贯彻落实党的十九大和十九届二中、三中、四中全会精神,把持续学懂弄通做实习近平新时代中国特色社会主义思想作为践行“两个维护”的实际行动,把“不忘初心、牢记使命”主题教育作为重大的政治任务,把“服务企业服务群众服务基层”活动作为贯穿全年的工作主线,把推动高质量发展作为检验工作成效的重要标志,全面落实省委“八八战略”再深化、改革开放再出发和市委“四个体系”建设等重大决策,部署推进“一号工程”、“三个年”活动、“三个一批”重大项目,主要经济指标增速保持全市“第一方阵”,社会保持和谐稳定,“创新之区、品质之城”建设取得了新成效,向新中国成立 70 周年献上了一份高质量发展的高分答卷。预计,全年地区生产总值增长 7.7%;实现财政总收入 147.62 亿元、一般公共预算收入 89.52 亿元,分别增长 4.5% 和 8.3%;社会消费品零售总额增长 9.5%;外贸出口增长 6.3%,城乡常住居民人均可支配收入分别增长 8.6% 和 9.6%;综合实力位居全国百强区第 37 位,比上一年上升 3 位。

一年来我们认真开展“不忘初心、牢记使命”主题教育,确保了全程高质量全面高质量。主题教育一开始,区委常委会以排头兵的姿态,作出“六个带头”公开承诺,以上率下推动全区 3155 个基层党组织、近 5.2 万名党员参加主题教育,既把上级的“规定动作”做到位,又结合区情把“自选动作”做扎实,充分彰显“上虞味”,选树了“老黄牛式”好干部龚焕明等先进典型,得到了上级和省市巡回指导组充分肯定。部署开展“九查九看”“八大攻坚”行动,出台基层减负 7 条意见,基层“八多”问题整治取得实效,一批信访、人居环境、城市文明创建的热点难点问题得到解决,后进村整转工作成效明显。把主题教育与“三服务”活动紧密结合

起来，联动开展“联百村、走千企、访万户”系列活动，创新建立实体经济“现场解难、常态服务”机制，推动服务企业从“坐堂接诊”到“跑堂问诊”“单兵作战”到“集成服务”“实体解难”到“制度解难”的转变，各级党员干部共开展“三服务”活动2万余次，收集问题10948个，办结率达99.5%，“环保代办制助推企业上市”入选省“三服务”十佳案例。

一年来我们坚持传统产业改造提升与新动能培育双轮驱动，形成了排头兵良好态势。把“稳企业、增动能”着力点放在实体经济上，优存量、抓增量、提质量并举，全面优化产业结构素质。

我们坚定不移推进化工行业改造提升。在1.0版取得历史性成效基础上，出台“1+5”政策标准体系，组建工作专班，全面推进以标准化、智慧化、数字化为牵引的2.0版，相关做法在全省传统制造业改造提升现场推进会上作经验介绍。全面推行企业综合评价，化工产业综合指数位居全省第一，经开区创成全国绿色化工园区、中国智慧化工园区试点示范，跻身中国化工园区30强。有序推进全市化工产业跨区集聚提升，加快印染产业整治提升，面上“低散乱”整治有力推进。

我们加快发展新经济培育壮大新动能。紧扣八大产业集群推进产业链精准招商，编制产业地图、招商导航图，在省内率先建立产业链“链长制”并组建产业发展研究院，新引进世界500强3家、50亿元以上项目2个，10亿元以上项目15个，省市县长项目落地率100%，有效投资四个结构性指标打赢了翻身仗，实到外资连续3年居全市第一，获批创建省制造业高质量发展示范区。“凤凰行动”“雄鹰行动”“雏鹰行动”深入实施，新增上市公司1家，实现直接融资288亿元、并购金额308亿元。召开高规格数字经济“一号工程”发展大会，部署实施五年倍增计划，数字经济核心产业增加值增长10.8%、总量居全市第一。推进省服务业强县(市、区)试点，增加值占比预计提升1个百分点以上，伞业列入省跨境电商产业集群试点。出台都市农业发展政策意见，省农业绿色发展先行县(市、区)创建通过中期验收。召开建筑业发展座谈会，加快产业转型发展，实现税收超10亿元，获评全省建筑工业化优秀县(市、区)。

一年来我们聚焦平台聚力创新，厚植了区域竞争新优势。全面整合提升平台体系、科创体系、服务保障体系，部署开展“营商环境优化年”活动，从根本上增强了发展的内生动力。

我们在充分调研的基础上，对区域生产力空间布局全面重塑重构，着力打造“2+5+9+N”高质量平台体系。战略性推动两大开发区实质性整合，整合后的杭州湾经开区“头部”效应加速凸显，工业总产值预计达1300亿元、工业税收60亿元，分别占全区总量的66.7%和85.7%，已成为全市最具竞争力的高能级智造大平台，分设后的曹娥街道、杭州湾综管办运行顺畅，全省国家级开发区创新整合提升工作会议在我区召开。全流域、全时空、全要素推进曹娥江旅游度假区开发建设，提出“溯源、塑造，物化、活化，上虞特色、现代特色、惠民特色”思路，推进曹娥江文创走廊建设，出台文化产业发展实施意见，做好“水上、岸上、晚上”文章，荣获全国首批最具特色魅力旅游胜地，有望创成省全域旅游示范区。高质量承办全省重大项目暨特色小镇建设现场会，e游小镇被命名为第三批省级特色小镇，伞艺小镇列入省级特色小镇培育名单，孝德文化小镇全面启动，瓷源文化小镇、花田小镇建设有序推进。工业园区整合提升和小微企业园建设扎实推进。

我们坚持招大学与引人才两手齐抓，加快推进曹娥江科创走廊建设。出台20条科技新政，R&D经费支出占GDP比重达2.98%，位居全省科技进步综合评价第7位，全市科创大走廊建设现场会在我区召开。新引进天津大学绍兴研究院等3家研究院和中科院新材料创新中心等一批高端科研机构，浙建院上虞校区、产教融合创新园加快推进，成功举办第三届中国新材料论坛、现代医药论坛。打好引才留才育才用才组合拳，出台人才新政3.0版，举办人才发展大会，新增就业大学生1.7万名，人才引育实现了从引进一个到引进一批、从政府主导到政企协同推进、从出台政策到打造人才生态、从“撒网式”到精准引才的“四个转变”。

我们聚力打造全省营商环境最优区。高质量完成党政机构改革，“1+30”改革创新项目全面推进，“最多跑一次”改革扩面提质，乡镇“无差别受理”实现全覆盖，组建成立区融媒体中心，在全省首创工程建设“不见面”招投标，不动产登记“不见面审批”、企业全生命周期“信用+”监管得到省领导批示肯定。出台深化国企市场化转型意见,政府性债务风险“化管防”体制机制创新试点成效明显。着力为企业解忧助力赋能,出台民营经济高质量发展45条,落实外贸“订单+清单”预警监测机制,推动减税降费举措落地落细,预计为企业减负34.5亿元;以法治化、市场化原则推进重点企业风险化解,百联安及“一江两岸”个别楼宇历史遗留问题妥善处置,金盾集团风险处置做法两次得到省委车俊书记批示肯定,不良率下降至0.8%,创成全省首批信用县,获评中国营商环境建设示范区。

一年来我们主动融入区域一体化发展,推动了城市能级品质大提升。把握长三角一体化发展国家战略机遇,部署开展“城市能级提升年”活动,打造全市接沪桥头堡、联甬先行区、长三角后花园。

我们主动接轨长三角一体化高质量发展,在全市率先出台“融杭联甬接沪”三年行动计划,成功举办“全力融入·全面接轨”上海合作推介系列活动,得到广泛好评。组织开展赴上海、宁波、嘉兴及绍兴兄弟县市区学习考察,与上海静安、杭州余杭、宁波余姚等结为友好县市区。坚持交通先行,全面推进基础设施互联互通、公共服务共建共享,对外重大交通项目谋划推进取得突破,杭绍台高铁、群贤路东延三期、杭绍甬智慧高速进展顺利,长三角“一网通办”等加快落地。

我们坚定推进城市拥江西进,保持拆迁力度,完成拆迁52.2万平方米,改造老旧小区18万平方米,新增建设用地2338亩,争取带帽指标1086亩。拥江西进重大项目加快落子推进,鸿雁社区入选全省未来社区试点并启动建设,邵逸夫医院绍兴院区、博物馆异地新建、舜江大桥拼宽等加快推进。区体育会展中心全面建成,成功承办市第九届运动会暨第二届市民运动会,举办18场大型品牌赛事,极大地提升了城市的活力魅力影响力。依托“城市管家”平台建立“最多一小时”处置机制,开展“一支队伍管执法”试点,创成省第三批“无违建区”。

我们树牢全域推进、全面提升理念,全域建设美丽大花园大景区。部署推进文明城市创建提升、农村人居环境整治提升两个“百日攻坚”行动,高分通过全国文明城市和国家卫生城市复审,“五星3A”创建成功率保持全市前列。出台推进高品质乡村建设意见,实施农村综合改革,与省农科院合作成立乡村振兴研究院,“一区一镇”建设成效明显,完成“大棚房”专项整治,闲置农房激活得到袁家军省长批示肯定。围绕打造环保执法最严区,深入推进“蓝天碧水净土”工程,配合完成省生态环保督察,启动“无废城市”试点,PM2.5平均浓度、空气质量优良率等核心指标稳居全市第二,市级以上考核断面水质100%达标,生活垃圾分类工作走在省市前列,获批省美丽浙江先进集体,创成省级生态文明建设示范区。

一年来我们聚焦民生福祉释放治理效能,提升了人民群众获得感。坚持把群众“表情包”作为检验工作的“晴雨表”,扎扎实实办好民生实事、“关键小事”,让群众持续看到变化、得到实惠。

我们坚持在高质量发展中持续增进民生福祉,省市区三级民生实事全面落实,财政民生支出达82亿元,增长22%,创成省“无欠薪区”。召开全区教育大会,提出“办有品质的活教育、打造湾区教育新高地”目标,集团化办学、合作办学全面推进。以医共体建设为抓手深化医疗资源“上引下沉”,全国健康促进区创建通过省级评估。出台养老服务综合改革意见,积极构建以居家养老为主体的多层次养老体系。评选表彰最美退役军人,区镇村三级服务保障体系全面建立。稳妥高效完成62个行政村规模调整和崧厦撤镇设街工作。

我们全面贯彻落实党的十九届四中全会精神,加强和创新基层治理,召开全区公安工作会议,扫黑除恶专项斗争工作全市领先,刑事治安类警情下降10.6%,乡贤治理、“乡警回归”等做法得到省领导批示肯定。信访代办制、“两减一创”专项行动扎实推进,区社会矛盾纠纷调处化解中心实体化运行,人民调解标准化试点通过省级验收,圆满完成重要时段维稳安保任务,平安创建有望“十一连冠”。建成运行区应急联动指挥中心,安全生产事故起数、死亡人数断崖式下降,成功摘掉全国危化品重点监管区“帽子”,创成省食品安全县(市、区)。

一年来我们坚定推进从严治党,巩固了山清水秀政治生态。区委常委会充分发挥统揽全局、协调各方作用,把主要精力放在把方向、议大事、作决策、保落实上,带头落实民主集中制,建立区四套班子主要领导每月碰头会议制度，专门听取区人大常委会、区政府、区政协、区法院、区检察院五个党组工作汇报。召开区委人大工作会议、区委政协工作会议，出台加强新时代人大、政协工作实施意见。部署开展“干部作风深化年”活动，结合主题教育开展领导班子政治建设调研分析，从中心工作“一线”提拔使用31名优秀干部，全链条培养高素质专业化干部队伍，稳妥推进公务员职务与职级并行制度。精心组织庆祝新中国成立70周年系列活动，严格落实意识形态工作责任制，建成区新时代文明实践中心，整合资源打造“春晖大讲堂”理论学习品牌。举办第三届孝文化节，新乡贤统战工作列入省级标准化试点。武装工作“你为国尽忠、我为你尽孝”做法得到省领导批示肯定，乡镇专武干部队伍建设做法在全市推广。建立区委法律顾问制度，组建区委区政府决策咨询委员会。持续深化“五星”系列创建，全面推行农村社区专职工作者制度，“凤凰领航·红漫娥江”党建品牌进一步打响。探索构建阳光用权“五个三”工作体系，高标准完成乡镇街道纪检监察工作规范化建设，得到省市领导批示肯定。建设现代化的区电子监察中心、审查调查中心，高分通过“双查双保”中介监管国家级标准化试点终验。配合做好省管干部经济责任审计、市委信访工作专项巡察，完成区委三轮巡察。

以上是今年以来区委常委会的主要工作。这些成绩的取得，是在省委、市委坚强领导下，全区广大党员干部群众攻坚克难、团结拼搏、苦干实干的结果。在此，我代表区委常委会，向全区党员干部群众、离退休老同志和社会各界人士，表示衷心的感谢并致以崇高的敬意！

奋斗充满艰辛，成绩弥足珍贵。回顾一年来的工作，我们取得的成绩，主要得益于以下几个方面：一是坚持高站位大格局，咬定目标争一流。自觉把上虞置于长三角、大湾区及杭绍甬一体化背景去比拼考量，咬定高质量发展排头兵目标不动摇，一张蓝图绘到底，对看准的事情坚定不移一抓到底，每年做好加法，逐年层层递进，保持了思路的引领性、工作的连续性、执行的坚定性，使得上虞各项事业发展方向更加明确、力量更加集中、工作更加高效。二是坚持重改革强创新，聚焦项目抓落实。把“聚焦项目、大抓落实”作为工作方法，以“一号工程”、“三个年”活动、“三个一批”项目为载体，把“11336”年度各项任务落到实处。着力优化区域空间布局、优化产业结构素质、优化资源要素供给、优化工作体制机制，整合大督考力量，实施差异化考核，充分调动各个区块、各个层级、不同群体积极性。三是坚持勇担当聚合力，奏响实干最强音。区四套班子相互支持、协调配合，各级各部门思想同步、目标同向、事业同心，不甘落后、争先创优、夺鼎创牌已成为全区干部的思想共识和行动自觉。始终在工作一线培养考察使用干部，既大力选拔业绩突出的“狮子型”干部，又注重使用默默无闻的“老黄牛式”干部，建立健全“干部为事业担当、组织为干部担当”良性互动机制，打出了崇尚实干、带动担当、加油鼓劲的“组合拳”。四是坚持共建共治共享，提升群众获得感。把增强群众获得感幸福感作为工作主线，以主题教育和“三服务”活动为抓手，走深走实群众路线，根据群众需求作决策，着眼群众感受抓工作，增强群众对党政工作感知度，尊重基层群众首创精神，既尽力而为又量力而行，办好民生实事、破解民生难题、增进民生福祉，持续增强群众获得感幸福感。

在肯定成绩的同时，我们也要清醒地看到存在的问题和不足：外部风险不确定性和内部风险的先发性相互交织，一些领域和个别企业的潜在风险还在不断暴露，经济持续健康发展面临较大压力；大平台支持引领作用有待进一步释放，大好高项目仍然偏少，创新链与产业链协同的“化学反应”有待激发；城市能级与桥头堡地位还不相匹配，城市形象、辨识度还不够凸显，城乡建设管理长效机制尚未真正形成；公共产品供给与群众对美好生活的向往还有差距，基层治理能力还需要进一步提升，教育、医疗、养老、环保等民生领域优质公共服务供给仍然不足；各级干部能力素质与高质量发展要求还有差距，争先的干劲、改革的闯劲、抓工作的韧劲还需进一步强化，有的党员干部作风还不够严实。对这些问题，我们一定高度重视，认真研究，采取更加扎实有效措施努力解决。

二、坚定信心保持定力，推动高质量发展行稳致远

2020年是高水平全面建成小康社会和“十三五”规划的收官之年，既是决胜年，又是攻坚年，也是为现代化长远打基础的关键一年，做好新一年工作意义重

大、影响深远。

2020年工作的总体要求是：高举习近平新时代中国特色社会主义思想伟大旗帜，全面贯彻落实党的十九大、十九届四中全会精神和省市各项决策部署，坚持“争当区域高质量发展排头兵、在全国百强区排名持续晋位”目标定位，坚持稳中求进工作总基调，坚持“高质量、可持续、普惠性”导向，坚持“聚焦项目、大抓落实”工作方法，深入开展营商环境提升年、产城融合发展年、基层治理深化年“三个年”活动，大力推进产业发展项目、科技人才项目、城市功能项目“三个一批”重大项目，拉高标杆，奋勇争先，不断巩固高质量发展排头兵良好态势，确保高水平全面建成小康社会和“十三五”规划圆满收官，合力建设更高水平“创新之区、品质之城”。

2020年工作的主要预期目标是：地区生产总值增长7.2%以上；固定资产投资增长与经济增长基本同步；财政总收入、一般公共预算收入分别增长8%和9.5%；社会消费品零售总额增长10%；外贸出口增长5%，在全国、全省比重不降；R&D支出占GDP比重超过3%；城镇登记失业率控制在3%以内；城乡常住居民人均可支配收入分别增长8%和8.5%。

确定这个目标，综合考虑了宏观环境和上虞发展态势，总体上各项指标要高于全省、快于全市，更好地体现排头兵要求，更好地体现积极姿态，更好地体现高质量导向，为全市全省大局多做贡献。重中之重是要深刻理解和把握“高质量、可持续、普惠性”导向，并全面贯彻到全年各项工作始终。

高质量是贯彻新发展理念的本质要求。要增强高质量的自信。上虞具有深厚的人文积淀、扎实的产业基础、高能级的发展大平台、一流的营商环境，还拥有一支担当作为的干部队伍、一批具有行业竞争力的骨干企业、一支具有全球视野的企业家队伍，这些都为我们推动高质量发展奠定了坚实基础。要咬定高质量的目标。坚持做大总量与做优质量并重，按照“跳一跳、摘到桃”要求，在高标准完成节能减排、能耗等压缩性指标的基础上，持续提升单位GDP、亩均税收，早日完成GDP冲千亿目标，推动综合实力跻身全国百强区前30强；不仅项目建设要高质量，产业发展也要高质量，不断释放大平台的优势潜力，着力在招引引领性重大项目上有新突破，推动有效投资增长和一二三产增长走在全市前列；不仅城乡建设要高质量，社会治理也要高质量，坚定推进城市拥江西进，打造全市接沪桥头堡、长三角后花园，争当区域治理现代化排头兵。要强化高质量的担当。坚持大视野大格局大担当，各个条线、各个区块都要保持排头兵的姿态，提振对标一流的精气神，努力使各项工作都比别人更进一步、更快一步，不仅要在全市争当排头兵，而且要争当杭甬线乃至长三角高质量发展排头兵。

可持续是推动上虞高质量发展行稳致远的本质要求。当前，外部环境不确定性增强，区域竞争日趋激烈，各地比拼的是干劲、韧劲和抗风险能力。要树立并强化可持续发展的政绩观。处理好显绩与潜绩、稳与进的关系，多从历史维度、发展眼光来看问题做决策，既要重“面子”、更要重“里子”，扎扎实实做一些打基础、做铺垫、利长远、增后劲的工作。坚持稳字当头，以稳求进、以进促稳，善于化挑战为机遇、变坏事为好事，打好稳中求进组合拳，用大概率思维应对小概率事件，用工作的确定性应对形势的不确定性。要寻找并强化可持续发展的动力源。以超常规力度抓好科技、人才、文化等赋能未来的工作，充分激励党员干部勇于担当、奋发有为，充分激活各类市场主体的发展潜力，充分激发各类创新主体的创造活力。要确立并强化可持续发展的工作路径。把握区域一体化发展、传统产业改造与新动能培育“双轮驱动”发展、创新驱动发展、产业集群发展、产城融合发展趋势，顺势而为，趋利避害，化危为机，推动上虞高质量发展行稳致远。

普惠性是践行以人民为中心发展思想的本质要求。普惠性不是一个标准、一个样，也不能让平均数掩盖了大多数，而是兜底线、全域性的要求。要咬定建设“创新之区、品质之城”目标不动摇，理直气壮把打造最具幸福感城市作为一切工作的出发点和落脚点。要补短板兜底线。把注意力集中到解决各种不平衡不充分的问题上来，对照“十三五”目标任务、对照人民群众的期待和切身感受，着力做好补短板、强弱项工作，确保民生特别是困难群众基本生活得到有效改善。要全区域全领域。坚持城乡融合发展，协同推进城市能级品质提升、美丽城镇和美丽乡村建设，实现全域全方位提升。坚持物质富裕与精神富有同步推进，既大力推进经济高质量发展，创造更加丰裕的物质财富，又要推进社会建设、文化建设和民主法治建设，努力创造更加丰富的精神财富。要树标杆学先进。坚持对标国际国内先进水平，引入更多富有时尚感、科技感、现代感的元素，不断增强城市的宜居性、国际范，以高品质来保障幸福感。坚持问计于民、问需于民，高质量办好民生实事，使群众的获得感幸福感安全感更加充实、更有保障、更可持续。

围绕上述总体要求、预期目标和工作要求，2020年着重抓好以下六个方面工作。

1. 坚持聚焦项目，在产业集群培育上有新突破。 进一步集中资源、集成政策、积聚力量，建设大平台、招引大项目、培育大产业，加快建设更具竞争力的现代产业集群。

坚定打造高能级平台。平台是集聚高端要素资源动力源、是参与区域竞争战斗单元，牢牢把握竞争载体平台化趋势，深化“2+5+9+N”平台体系建设，持续做好松绑赋能文章。杭州湾经开区要瞄准全国50强目标，凸显尖刀班排头兵作用，加快产业拓展区和高端智造集聚区建设，推动新材料、现代医药等主导产业高质量发展，积极布局电子化学品、氢能源、通用航空等未来产业，确保在招引百亿元项目和世界500强企业上有新突破，打造新材料“万亩千亿”产业大平台；深入推进以“六新”改造为重点的化工行业改造提升2.0版，产业拓展区上半年具备项目落户条件，有序推进全市化工产业跨区集聚提升，创成国家级生态工业示范区。曹娥江旅游度假区要突出“整合、牵引、塑造”功能，做深做透“水上、岸上、晚上”文章，引领推动全域旅游发展，办好首届曹娥江文化旅游节，加快重大文旅项目落地建设，打响“诗画曹娥江”品牌，争创国家级旅游度假区、早日跻身全省度假区前十强。e游小镇要打造全省领先的数字产业化基地，成为特色小镇2.0版“上虞样板”，伞艺小镇要列入省级特色小镇创建名单，孝德文化小镇、瓷源文化小镇要加快晋级。重视解决中小企业发展空间问题，持续推进工业园区改造提升、小微企业园建设、“低散乱”整治。

深化产业链精准招商。招商既拼抢当下、又赋能未来，是实现高质量发展的重要抓手，要牢牢抓住这个“牛鼻子”，深化产业链精准招商，持续打响招商特色品牌。紧扣八大产业集群，按照“十个一”机制全面推进“链长制”试点，打通创新链产业链价值链，确保每个产业链都有大好高项目、有竞争优势“头部企业”、有引领性研发机构，争创全省产业链培育工作示范区。紧盯靶向企业推进延链补链强链招商，引进10亿元以上项目15个，其中50亿元以上项目2个、100亿元以上项目1个。全面落实“五个一”推进机制，实施好“4+1”重大项目计划，每季度举行重大项目签约（开工）仪式，确保省市县长项目落地率100%，4个投资结构性指标均增长10%以上。

推动产业高质量发展。制造业是上虞的本钱，是强区之基，要在“先进”上下功夫，以省制造业高质量发展示范区建设为抓手，确保新兴产业产值增长15%以上，加快打造先进制造业集群高地。大力发展现代服务业，以制造升级促进生产性服务业提质增效，以消费升级带动生活性服务业提档升级，着力培育赛事、演艺、文创等城市经济新业态，确保服务业增加值占比提升1个百分点以上。推动现代都市农业高质量发展，扎实做好稳产保供工作，推进田园综合体建设，培育农村电商，构建“四季仙果”产业链，争创省农业绿色发展先行县市区。深化建筑业转型升级，加快工业化步伐。

2. 强化两链协同，在创新驱动发展上有新突破。 在激烈的区域竞争中，唯创新者进，唯创新者强，唯创新者胜，要坚定推动产业链与创新链精准对接、深度融合，充分激发竞争活力和创新动力。

持续强化科创赋能。以曹娥江科创走廊为载体，主动参与长三角区域创新共同体建设，加快推进杭州湾产业协同创新中心二期、天津大学绍兴研究院、中科院新材料创新中心等建设，争创国家级新材料创新中心。以应用型为方向加快产教融合创新园建设，推进与浙江大学的全方位合作，实现八大产业集群大学研究院全覆盖，建设大学研究院联盟，支持理工大学科艺学院高质量发展，确保浙建院上虞校区按时开学，打造省级产教融合示范基地。强化企业创新主体地位，推动引导企业加大创新投入，打通高校院所科技成果转化“最后一公里”。用足用好人才新政，持续优化人才生态，确保高层次人才引育量实现翻番，新增就业大学生继续走在全市前列。

持续强化数字赋能。数字经济既是提质增效的新变量，也是转型升级的新蓝海，把数字经济作为撬动新一轮发展的“支点”，深入实施数字经济五年倍增计划，数字经济核心产业增加值增长10%以上，打造全省数字经济示范区。全方位推进与阿里巴巴、千寻位置战略合作，高水平建设城市大脑，北斗时空智能应用争取列入国家示范项目。推进区块链应用和百项智能化改造项目建设，建设一批“黑灯工厂”、无人车间、创意工场，打造全省5G工业应用先行区。强化标准牵引，深入实施品牌、知识产权和标准化战略，鼓励企业参与重点技术标准研制。

持续强化改革赋能。纵深推进“最多跑一次”改革，加快实现个人和企业全生命周期“一件事”全流程最多跑一次，推动向机关内部、公共服务等领域拓展，让办事像网购一样便利。把“最多跑一次”改革蕴含的理念方法作风运用到各方面体制机制创新中，抓紧抓实年度重大改革创新项目，深化“多规合一”、要素市场化、企业“亩均论英雄”、国企实体化市场化证券化等改革，推动资源要素向大平台集聚、向优质高效领域流动。深入实施“凤凰行动”上虞计划，在扶持壮大龙头骨干企业的同时，推动中小微企业健康成长，新增市场主体1万家、“个转企”210家、“下升上”128家、规范化股改20家、上市企业2家，直接融资和并购规模实现“双百亿”。

3. 突出开放融合，在融入区域一体化上有新突破。主动把上虞的高质量发展放到区域一体化大格局中来谋划，以“营商环境提升年”活动为抓手，全面对接长三角一体化发展，在服务国家和省市重大战略中提升开放发展水平。

融入区域一体发展。以“十四五”规划编制为契机，全方位推进与长三角系列规划的对接衔接，着力在重大交通、产业布局、创新协同上彰显更多上虞元素。全面落实融杭联甬接沪行动计划，把接轨上海作为重点，积极对接长三角生态绿色一体化发展示范区，探索建立上海飞地产业园、上海“上虞号”，加快长三角“一网通办、一卡通行”等标志性工程落地，争取在优质资源导入上有更大突破。谋划实施一批具有战略意义的重大项目，争取轨道交通2号线二期下半年报批，完成群贤路东延三期，推进杭绍台高铁、杭绍甬智慧高速及连接线、南北中心大道快速路、风情线百官站等建设，打造外联内畅的城市综合交通网络。以平台协作、产业互补、创新协同为重点，主动寻求与拓展合作空间，打造大城市高端要素溢出的承接地。

提升开放发展水平。把稳外贸的着力点放到开拓多元市场和提高出口产品竞争力上，引导企业深化“一带一路”沿线合作，推进伞业跨境电商产业集群试点，深化零费率抱团参展，保持出口占全国份额稳定、增速高于全市平均。健全外资重大项目跟踪机制，努力建设全国外商投资服务最优区，实到外资超3亿美元。鼓励有条件的企业走出国门，积极参与国际产能合作，有效规避贸易壁垒，支持企业在产业转移的同时把总部、研发设计和高端制造留在家乡，建设境外并购产业合作园、基金投资项目产业园，推动产业高度化。

打造一流营商环境。对标一线城市，以便利化、市场化、法治化为重点，持续推进“10+N”优化营商环境便利化行动，在营造最佳营商环境上先人一拍、做深做实，打造长三角营商环境最优区。以“绣花功夫”精准服务企业，全面落实中央关于民营企业发展的意见，完善“现场解难、常态服务”机制，常态化开展“三服务”活动，弘扬企业家精神，保护民营企业合法权益，把构建清亲政商关系落到实处。巩固拓展减税降费成效，落细落实融资畅通工程，稳妥推进重点企业风险处置，确保银行不良率保持在合理水平。深化信用上虞建设，提升企业信用信息云服务平台应用实效，健全社会信用体系。

4. 推进产城融合，在城乡统筹发展上有新突破。以产城融合为方向、提升品质为核心、精致管理为要求，开展“产城融合发展年”活动，打造产城互促、城乡互融的发展新格局。

不断优化城市空间布局。坚定推进城市拥江西进，抓住国土空间规划修编契机，实施城市规划提升计划，加大规划统筹力度，深化城市控规、分区规划、各专项规划研究，做深做实城市设计，开展不动产“一号管地”改革，推进各区块差异定位、协同发展。加快舜江大桥拼宽、曹娥江人行桥等重点项目建设，高品质打造鸿雁未来社区，启动建设邵逸夫医院绍兴院区、曹娥江文化艺术中心、杭绍台高铁东关站站前广场。杭州湾未来小城要按照工业CBD理念，加快功能性项目建设，确保3年集聚2万人。加快城区规划建设管理一体化，推动崧厦、道墟、梁湖、小越等新设街道更好更快融入主城区。支持中心镇高质量发展，推进丰惠千年古城复兴行动，不断提升综合实力。生态型乡镇要做深做透闲置资源激活、美丽经济培育文章，不断把生态优势转化为发展优势。

着力提高城市经济密度。牢牢把握产城融合发展趋势，不断放大产业与城市的耦合效应，着力提高城市经济密度。“一江两岸”要从物理空间、景观建设为主向有形建设、内容建设并重转变，招商重点要从招引开发商向招引投资商转变，加快建设高品质特色街区，大力培育总部经济、楼宇经济、夜间经济。推动城市有机更新，实施老旧小区改造新三年行动计划，加大四环线以内城中村改造力度，完成老旧小区改造53万平方米、城中村征迁30万平方米，加快老城区华丽蜕变。推进全域土地综合整治，加快“四未一低”土地消化处置，支持“退二进三”“退二优二”，实施新型产业用地(M0)试点。突出精致精细理念，以“城市大脑”为龙头，构建“一脑统管”现代城市治理新体系，深化城管执法“最多一小时”“一支队伍管执法”等机制，高标准打赢全国文明城市国检攻坚战。

大力实施全域美丽行动。按照“整体谋划、统筹推进、全域打造”的思路，大力实施美丽城镇、美丽乡村、美丽公路、美丽河湖、美丽园区、美丽街区、美丽小区、美丽庭院“八大行动”，高水平建设全域美丽大花园，争创省级美丽乡村示范区。区委区政府将加大资源要素整合力度，开展项目、资金竞争性安排，各乡镇街道都要聚力聚焦、同频共振，找准结合点，明确主攻方向，推动形成城乡融合、“一处美处处美”新格局。启动国家级全域旅游示范区创建，支持乡镇因地制宜办好“四季仙果之旅”生态休闲旅游节，推动岭南覆卮山景区创建AAAAA级景区。深化农村综合改革，把整治村庄与经营村庄结合起来，撬动科技进乡村、资金进乡村、青年回乡村、乡贤回乡村，全面消除村级经营性收入30万元以下相对薄弱村。

5.聚焦民生需求，在保障改善民生上有新突破。 高水平全面建成小康社会已到了收官期，必须从群众需求出发，着力补短板、强弱项、提品质，打造最具幸福感城市。

着力保障改善民生。把稳就业放在突出位置，加大援企稳岗力度，健全公共实训体系，促进高质量就业。深化“健康上虞”建设，推动医共体深度融合，打造30分钟医保服务圈，建设“互联网+医疗健康”示范区。深化“名校+集团化”办学模式，坚定办有品质的活教育，促进教育高位优质均衡发展，创建省体育现代化区。重视解决好“一老一小”问题，加快学前教育供给，做好农村留守儿童、妇女、老人关爱工作，异地新建福利中心(儿童福利院)，加快推进多层次养老服务体系建设。办好垃圾分类、老小区加装电梯、食品安全等便民利民“关键小事”。

积极推动文化繁荣。坚持产业事业并举，对接浙东唐诗之路文化带、全市文创大走廊，高标准推进曹娥江文创走廊建设，推动“人民文创”文化产业创意园等重大文旅项目落地。加快孝德文化小镇历史文化街区、东山景区等建设，推动文化与旅游深度融合，打造孝文化、青瓷文化研学游目的地。推进新时代文明实践中心省级试点，“建管用育”并举加强农村文化礼堂、社区文化家园等阵地建设，常态开展“娥江颂”群众文化月活动，持续打响曹娥江文化客厅品牌。建设传媒大厦，创设“上虞之声”宣传品牌，推动区融媒体中心高质量发展。

持续改善生态环境。以高标准做好第二轮中央生态环保督察为抓手，持续发力打好“水气土废”治理四大战役，确保空气质量优良率等核心指标继续保持全市领先、市级以上水质考核断面达标率100%。实施环保服务高质量发展工程，深化异味评价体系建设，高质量运行“4+2”综合监管平台，常态开展“飞检”执法。开展国家级生态文明示范区创建和省级山水林田湖草生态保护修复试点，启动曹娥江综合整治工程，推进“无废城市”建设试点，争创省级“污水零直排区”示范区。

6.注重守正创新，在加强社会治理上有新突破。 主动对标治理现代化要求，以“基层治理深化年”活动为抓手，持续加强和创新社会治理，确保人民安居乐业、社会安定有序。

创新完善基层治理。推动区镇村三级社会矛盾纠纷调处化解中心实体化运行，加快实现矛盾纠纷化解“最多跑一地”。提炼推广新时代“四不出村”工作法，推进基层治理四平台升级版建设,确保95%以上的矛盾纠纷化解在基层。召开首届乡贤大会,丰富完善“乡警回归”“三师两员回归乡村”品牌,深化德治、法治、自治“三治融合”,打造全国乡贤参与基层社会治理示范区。完善国防动员委员会日常运行机制,不断打响党管武装“忠孝”品牌。做好退役军人转业安置和就业创业工作,争创全国新一轮双拥模范城市。

切实维护社会稳定。创新发展新时代“枫桥经验”,深化“三色”预警、“一体两翼”、风险评估等机制,推进“雪亮工程”“智安小区”建设,探索创建平安共同体,确保平安创建进入全省第一方阵、夺取平安金鼎。深化“扫黑除恶”专项斗争,紧盯重要节点和重要时段,打好安保维稳持久战,打造最具安全感城市。抓实抓好信访代办制,确保去京赴省信访明显下降,争创人民调解标准化国家级试点。严格落实安全生产责任制,加强食品药品安全监管,建设中国化学品安全协会硝化分会,巩固既有成果,守住安全底线。

加强民主法治建设。坚持人民主体地位,支持和保障区人大及其常委会依法行使职权,发挥代表联络站作用,广泛收集和反映民意。充分发挥政协专门协商机构作用,建好用好“请你来协商”等平台,不断提高政治协商、民主监督、参政议政水平。加强同各民主党派、工商联和无党派人士的沟通联络,发挥各群团组织联系群众的桥梁纽带作用,巩固和发展最广泛的爱国统一战线。深入推进依法治区,巩固党政机构改革成果,高质量完成事业单位改革,提升法治上虞建设水平。

三、深入学习党的十九届四中全会精神,全面开启区域治理现代化新征程

党的十九届四中全会是一次具有开创性、里程碑意义的重要会议。全会通过的《决定》,全面回答了在我国国家制度和国家治理体系上应该“坚持和巩固什么、完善和发展什么”这个重大政治问题,为推动各方面制度更加成熟更加定型明确了时间表、路线图。省委十四届六次全会、市委八届七次全会分别对贯彻落实党的十九届四中全会精神、高水平推进省域和市域治理现代化作出系统部署,并审议通过了相关《决定》,要求扛起“三个地”的使命担当,坚持以“八八战略”为统领,以“最多跑一次”改革为牵引,打好“省域治理现代化十招”,为实现“两个高水平”提供有力保证,更好推进中国特色社会主义在浙江的生动实践。

我们要把学习宣传贯彻党的十九届四中全会精神作为当前和今后一个时期的重大政治任务,在前一阶段学习宣传的基础上,自觉把思想和行动统一到党中央和省委、市委的决策部署上来,在学懂弄通做实上下功夫,以更高的政治站位、更强的责任担当,更好推进党的十九届四中全会精神在上虞落地生根、开花结果。为此,区委常委会提交本次全会作出《关于贯彻落实党的十九届四中全会精神、更高水平推进上虞区域治理现代化的决定》。下面,我就《决定》涉及的几个重大问题作一简要说明:

1. 关于指导思想。以习近平新时代中国特色社会主义思想为指导,坚持以“八八战略”为统领,以“最多跑一次”改革为牵引,以“高质量、可持续、普惠性”为主线,突出落实国家及省域、市域治理的关键性举措、引领区域治理的创新性机制、支撑高质量发展的牵动性载体,推动实现更高质量的发展、更高标准的安全,为实现“两个高水平”提供有力保证,更好地推进中国特色社会主义在上虞的生动实践。

2. 关于基本原则。主要是“五个坚持”:坚持党建引领,把牢正确政治方向,坚定不移推进区域治理现代化。坚持人民满意,充分体现人民要求,提高人民群众的获得感幸福感安全感。坚持守正创新,提供好区域治理“坚持和巩固什么、完善和发展什么”这个重大政治问题的上虞答案。坚持特色发展,发挥优势,打造特色,为区域治理现代化提供更多的上虞样本。坚持标准规范,大力推进标准化数字化建设,强化刚性规范,保持常态长效,完善“三治融合”,推进数字赋能。

3. 关于主要目标。围绕“固根基、扬优势、补短板、强弱项,争当区域治理现代化排头兵”,明确了三步走目标:到我们党成立一百年时,“最多跑一次”牵引各领域改革全面突破、全面见效,数字化变革全面推进、全面深化,在区域治理上探索形成一套更加成熟的制度体系;到二〇三五年,各方面制度更加完善,实现区域治理体系和治理能力现代化,区域治理优势加快转化为高质量发展优势;到新中国成立一百年时,更高水平实现区域治理现代化,为把我区建设成为社会主义

现代化先行区和示范区提供强有力的制度保障。

4. 关于重点任务。坚持把“最多跑一次”改革的理念方法作风运用到区域治理各方面全过程，突出加强系统治理、依法治理、综合治理、源头治理，重点是坚持党的领导制度体系、构建高质量可持续的现代产业体系、打造高能级一体化的城乡融合发展体系、健全先进性共享型的文化发展体系、完善高水平普惠性的民生保障体系、创新高效化共治型的基层社会治理体系、深化全域化长效化的生态建设体系、建设便利化法治化的营商环境体系、形成强有力科学化的能力保障体系等九大体系，推动区域治理水平全面提升。

《决定》经区委全会审议通过后，将作为我区学习贯彻落实党的十九届四中全会精神的指导性文件，全区上下要进一步鼓足干劲、真抓实干，扎扎实实贯彻好、落实好《决定》提出的各项目标任务。

四、纵深推进从严治党，以党建高质量保障和推动高质量发展

全面贯彻落实新时代党的建设总要求，推动全面从严治党不断向纵深发展，着力提高党的建设质量，为争当区域高质量发展排头兵、开启区域治理现代化新征程提供坚强保障。

1. 要坚定践行“两个维护”。党的政治建设是党的根本性建设，必须始终作为统领、摆在首位。把不忘初心、牢记使命作为党的建设的永恒课题和干部自身建设的终身课题，坚持不懈用习近平新时代中国特色社会主义思想武装头脑、指导实践、推动工作。区委常委会以上率下切实加强自身建设，坚持总揽全局、协调各方，充分发挥对人大、政府、政协和监察机关、审判机关、检察机关等各种组织的领导核心作用，进一步巩固上下同心协力、同向发力的良好局面。

2. 要推动干部担当作为。强化“注重实干、注重实绩、注重基层”选人用人导向，选优配强各级领导班子，打好“选准、用活、育强、培优、管好”组合拳，加快打造一支与区域治理现代化要求相适应、相匹配的高素质专业化干部队伍。围绕提升领导干部八个方面的本领，持续推进大学习、大培训、大服务，激发各年龄段干部活力。加强对干部担当作为情况的实绩考核，细化落实“干部为事业担当、组织为干部担当”良性互动机制，推动容错纠错、澄清正名、精准问责等制度落地见效。

3. 要筑牢夯实基层基础。以组织力提升为重点，深化加强乡镇建设“1+5”改革，探索街道“大工委”、社区“大党委”建设，推进乡镇街道党建会客厅和村（社）党群服务中心建设。持续深化农村、城市基层、两新组织、国企、学校、机关等各领域“五星”系列创建，探索建立产业链党建联盟，持续打响上市企业“凤凰领航・红漫娥江”、社区“红色管家”等区域党建品牌。推进农村社区专职工作者队伍建设，做好行政村规模调整“后半篇文章”，提前谋划新一轮村级组织换届。

4. 要从严净化政治生态。深入推进清廉上虞建设，严格执行中央八项规定精神，正确运用监督执纪“四种形态”，打造基层清廉建设示范区。深化阳光用权“五个三”工作体系，健全“三资”管理、工程建设等重点领域监管机制，建立权力运行可查询、可追溯的反馈机制。深化纪检监察体制改革，抓好纪检监察工作规范化、法治化建设，加快有形覆盖向有效覆盖再向高质量发展步伐，巡镇带村抓好区委巡察。坚持无禁区、全覆盖、零容忍，一体推进不敢腐、不能腐、不想腐，坚决纠治群众身边不正之风和腐败问题，巩固风清气正的政治生态。

同志们，2020年是“两个一百年”奋斗目标的交汇之年，人生难得几回遇。让我们更加紧密地团结起来，以习近平新时代中国特色社会主义思想为指导，咬定目标，保持定力，担当作为，不断巩固高质量发展排头兵良好态势，合力建设更高水平“创新之区、品质之城”，稳中求进迈向现代化新征程。

绍兴市上虞区人民代表大会常务委员会工作报告

——在绍兴市上虞区第一届人民代表大会第四次会议上

（2020 年 1 月 8 日）

绍兴市上虞区人大常委会主任　陈　坚

一、2019 年工作回顾

2019 年是新中国成立 70 周年，是地方人大设立常委会 40 周年，也是本届区人大常委会履职的承前启后之年。一年来，在中共上虞区委的坚强领导下，区人大常委会深入学习贯彻习近平新时代中国特色社会主义思想，按照习近平总书记对地方人大及其常委会工作的重要指示精神，坚持党的领导、人民当家作主、依法治国有机统一，围绕中心、服务大局，切实履行宪法法律赋予的职能，充分发挥地方国家权力机关作用，有力推动区委重大决策部署的落实，为我区建设“创新之区、品质之城”、巩固区域高质量发展排头兵地位作出了积极贡献。

——依法监督深入推进。召开常委会会议 11 次、主任会议 18 次，听取和审议“一府一委两院”工作报告 30 项，组织专题视察 12 次，提出审议、评议、视察意见 14 件，下发跟踪监督问题清单 17 份，督促落实整改问题 45 条。

——决定任免依法开展。作出重大决议决定 9 个，任免国家机关工作人员 108 人次，组织 30 名国家工作人员进行宪法宣誓，确保全面落实区委的主张和意图。

——代表活力不断激发。组织各级代表 2356 人次开展或参与各类监督活动，邀请区人大代表 138 人次列席常委会会议、参加视察，列席区政府常务会议等，组织开展代表约见活动 3 次。

（一）旗帜鲜明讲政治，确保人大工作正确政治方向

常委会把党的领导贯穿人大工作全过程，坚持政治坚定、理论清醒、思想自觉，紧紧把牢人大工作正确方向。

1. 始终坚持党的领导。区人大常委会党组深入学习习近平新时代中国特色社会主义思想，把“党领导一切”贯穿人大工作始终。认真贯彻落实省委、市委、区委人大工作会议和文件精神，推动区人大工作高质量高水平发展，更好地服务上虞经济社会发展和改革攻坚。坚持人大工作中的重大问题、重要事项、重要情况及时向区委请示报告，确保区委决策在人大工作中得到全面贯彻和有效执行。

2. 切实增强人民代表大会制度自信。深入学习贯彻习近平总书记关于坚持和完善人民代表大会制度的重要思想和党的十九届四中全会精神，深刻认识人民代表大会制度是支撑国家治理体系和治理能力的根本政治制度，是中国特色社会主义制度的重要组成部分。始终围绕区委中心工作，紧扣人民群众重大关切，励精图治、守正创新，在坚持和巩固上下功夫、在完善和发展上花力气，不断推动人民代表大会制度在上虞的生动实践。扎实开展地方人大设立常委会

40周年系列纪念活动，举办书画摄影展、人大足迹图片展，编撰《坚守初心 砥砺奋进》“五个十佳”人大案例集，制作人大工作专题宣传片和“向宪法宣誓”短片，全面回顾、积极宣传人民代表大会制度不断巩固、完善、发展的光辉历程，充分展示人民代表大会制度的优越性和生命力，不断增强国家根本政治制度自信。

3. 忠实践行为人民服务的初心使命。扎实开展“不忘初心、牢记使命”主题教育，严格落实“十二字”总要求，坚持高质量高标准推进，常委会及机关广大党员干部的初心使命意识得到进一步强化，精神状态得到进一步提振，斗志干劲得到进一步激发。扎实开展“三服务”活动，累计走访村(社区)247个，走访企业225家次，走访群众352户，共收集问题258个，召开协调会议35次，督促解决问题186个。出台《关于进一步加强人大代表密切联系人民群众工作的实施意见》，发挥好人大联系人民群众的重要民主渠道作用，加强同人大代表和人民群众的联系，用制度体系保证人民当家作主。

(二)紧扣全区高质量发展大局，推动落实区委重大决策部署

常委会坚持发展第一要务，围绕区委重大决策部署开展有力监督，积极服务全区经济高质量发展。

1. 促进民营经济高质量发展。按照习近平总书记关于民营经济发展重要指示和全省民营企业座谈会精神，大力开展促进民营经济高质量发展专项监督活动，组成6个调研组，分赴杭州湾上虞经济技术开发区、各乡镇(街道)和105家民营企业走访调研，对26家企业进行问卷调查，深入了解民营企业发展中的“难点”和“堵点”。组织视察3个投资10亿元以上在建产业项目，召开座谈会15个，探讨研究助推高质量发展良策。听取和审议民营经济发展情况报告，提出健全常态化多方联动长效解难机制等建议，汇总梳理并督促办结问题65个；跟踪监督民营经济高质量发展政策落地，审议减税降费政策落实情况，切实推动民营企业减负降本，进一步优化民营经济发展环境。

2. 加强经济运营监督。常委会会议听取和审议区政府国民经济和社会发展计划执行、政府投资项目投资计划实施和调整情况报告，批准地方政府债务限额，提高资金使用绩效，把好经济发展方向；加强国有资产管理监督，出台届期规划，听取国有资产管理工作情况报告，推动建立全口径、全覆盖的国有资产管理情况报告制度，国有资产的监督力度得到加强；深化财政预决算监督，强化重点部门预算绩效监督，预算审查监督从程序性为主转向程序性和实质化相结合，部门预算和国有新建项目预算核减率分别达到18.26%和20.82%，工作做法在《浙江人大信息》专刊刊登并得到省人大常委会副主任李学忠的批示肯定。主任会议听取区政府关于对口扶贫攻坚战实施工作情况的报告，督促落实对口帮扶措施；跟踪e游小镇功能性建设项目和全区重点智能化改造项目进展，与浙江理工大学科艺学院合作“上虞电子商务发展”研究课题，助力推进数字经济“一号工程”；视察省级农业“一区一镇”创建工作，监督“数字农业工程”推进情况，助推农业转型升级。

3. 推动重大工作落地落实。围绕新兴产业培育壮大、传统产业改造提升、产业发展大平台打造等积极开展工作，助力做好存量优化、增量提升文章。高质量完成推进杭绍台高铁上虞南站区域开发建设、上虞大剧院项目建设调研课题。对全区重点产业项目进展、曹娥江科创走廊建设和技能人才工作开展专题视察，助推项目加快建设投产，促使科技、人才为产业赋能。视察杭州湾上虞经济技术开发区建设和化工产业改造提升2.0版工作进展情况，推动开发区在“大湾区”竞争中脱颖而出；视察曹娥江旅游度假区建设，助力省级全域旅游示范区创建工作。组织人大代表开展深化“最多跑一次”改革主题监督活动，听取和审议《浙江省保障“最多跑一次”改革规定》贯彻实施情况报告，持续跟踪“最多跑一次”改革成效，助力打造最优营商环境。扎实开展区人力社保局、区农业农村局工作评议，督促区发改局、区市场监管局评议意见和其他部门(单位)审计查出问题的整改落实，提升政府效能建设。

(三)聚焦基层治理现代化，助力法治建设和民生改善

常委会扎实推进民主法治建设，坚持以人民为中心的发展思想，在关注民生、助力改善民生上积极履职作为。

1. **贯彻宪法法律法规。**开展全区“七五”普法工作专题调研,依托宪法主题公园,组织宪法日纪念活动,扎实开展学习宣传和贯彻实施宪法工作。完善宪法宣誓制度,督促政府任命干部宪法宣誓实现全覆盖。重点听取和审议《中华人民共和国红十字会法》《中华人民共和国税收征收管理法》《浙江省科学技术进步条例》《浙江省学前教育条例》《绍兴市文明行为促进条例》《绍兴市市容和环境卫生管理规定》等法律法规贯彻实施情况的报告,开展区镇两级人大联动执法检查93次,督促整改执法不严不力问题37个。建立基层立法联系点制度和工作规则,确定10家单位为区人大常委会首批基层立法联系点,在上级立法草案意见征求和调研中积极发出上虞声音。全年备案审查政府规范性文件26件。扎实开展《中华人民共和国大气污染防治法》等法律知识的专题培训,提高人大工作者和人大代表的依法履职水平。

2. **促进严格执法和公正司法。**主任会议听取和审议区公检法司机关扫黑除恶专项斗争工作情况报告,促进公检法司机关严格执法司法责任制,不断提升执法司法的质量、效率和公信力。根据《中华人民共和国监察法》规定,视察区监委监察工作规范化建设情况,听取有关工作情况报告,切实履行法律赋予的工作职责。组织视察公安工作,高质量开展对区人民检察院部分检察官履职评议工作,推动宪法和法律法规的有效实施。组织人大代表开展两次听庭活动,新任命233名人民陪审员。

3. **注重保障和改善民生。**常委会会议听取和审议关于全区生态环境状况和环境保护目标完成情况报告,指导各乡镇(街道)全面推行年度生态环境状况报告制度,生态环境报告制度落地生根;听取和审议打赢蓝天保卫战、废弃矿山覆绿利用、蟠龙岙垃圾填埋场整治等工作报告,加强对重点环保领域和企业的监督,助力全区环境的持续改善。出台《关于做好区政府民生实事项目及重点投资项目跟踪监督的实施办法》,持续对2019年度民生实事项目进度、质量的全过程进行监督,推进省、市、区三级民生实事项目有序落实。听取和审议全区农村基础设施提升三年行动计划实施情况报告,促进农村基础设施提升和村级集体经济增收,夯实乡村振兴战略实施基础。围绕新型农业经营主体培育、全区高层住宅二次供水改造、残疾人就业等开展代表约见活动,推动民生实事落到实处。

(四)坚持代表主体地位,充分发挥代表作用

常委会坚持尊重代表、依靠代表、服务代表,不断改进代表工作,充分发挥代表主体作用。

1. **创新加强代表建议办理。**出台《规范办理和加强督办人大代表建议意见“十步工作法”》,对建议办理的全流程作出规范。加强代表建议撰写履职培训,在《上虞日报》公示区一届人大三次会议期间代表提出的171件建议,确定10件重点联系督办建议由区政府分管领导领办落实。推进代表建议督办,区人大常委会领导带队对全部建议办理情况及本届历年B类建议落实情况进行督查,加快建议办理进度,提高办理质量。常委会会议听取和审议区政府关于代表建议办理情况的报告,对区建设局、区文广旅游局和区商务局的建议办理工作进行绩效评估,评选代表优秀建议10只、建议办理先进单位6个并进行大会表彰。着力提高代表建议的办结率和满意率,171件建议问题已经解决和基本解决的103件,占总数的60.2%;部分解决或列入计划限期解决的41件,占总数的24%;因政策原因或暂时难以解决的27件,占总数的15.8%。从反馈意见看,代表对办理工作和承办结果表示满意的分别达100%和98.8%。

2. **深入推进代表联络站提档升级。**大力开展“两站一平台”建设,制定《深化全区人大代表联络站建设工作的指导意见》和《人大代表联络站基本规范样稿》,召开深化全区人大代表联络站建设工作会议,指导乡镇(街道)、村(社区)结合实际打造各具特色的联络站升级版,创新建立人大代表之家和代表个人联络工作室,全区建成76个实体代表联络站点,人大代表联络站布局更加合理,功能更加完善。健全“双联系”制度,落实市、区两级领导干部代表和区人大常委会组成人员进代表联络站实现常态化,深入开展代表接待选民活动,全年共有1186人次代表进站,接待选民1642名,收集交办各类问题建议754条。网上代表联络站和代表履职平台落实专人维护,及时更新信息,交办建议。

3. **着力提升代表履职服务保障。**制定区人大代表辞职试行办法,完善代表届中调整和退出机制。出台代表履职经费保障制度，进一步提高保障标准、明确使用范围，为代表履职创造良好条件。指导选区做好区一届人大代表、市八届人大代表补选工作，在法定时间节点内依法、民主、有序选举产生人大代表。不断规范代表履职日常管理，建立健全代表履职档案，开展履职积分登记，提高代表履职的主动性和积极性。有序开展区代表述职评议，推选优秀人大代表在区人代会预备会议上介绍履职经验，在区级新闻媒体上开设人大代表履职优秀事迹专栏。积极为省代表绍兴中心组第三小组、市代表上虞中心组开展主题活动提供服务保障。

（五）加强常委会自身建设，切实强化责任担当

常委会主动适应新形势新任务新要求，全面加强自身建设，不断提升依法履职和服务大局的能力。

1. 持续改进工作作风。认真开展“干部作风深化年”活动，大力倡导担当作为、干事创业理念，坚持求真务实、真抓实干。扎实提升业务水平，举办区人大系统综合素质和履职能力提升班，坚持“一季一学法”与执法监督前统一培训相结合，周一夜学与邀请专家、领导讲课相结合，不断提升人大工作者的理论素养和业务水平。整治形式主义，制定机关整治任务清单，加强文件管控，强化统筹落实。严格落实党风廉政建设责任制，加强廉政教育和警示教育，人大机关廉政意识和自律意识切实增强。积极做好人大离退休干部的服务工作，发挥老干部作用。注重人大工作学习交流，接待十三届全国人大代表浙江第二小组等53批次人大团组来上虞视察考察。认真接待群众来信57件次、来访15批次。

2. 不断规范制度建设。在获得“浙江省人大工作与时俱进奖”基础上，深化持续跟踪监督做法，建立网上跟踪监督系统，实现跟踪监督网络化、信息化。严格落实上级关于人大工作各项规定要求，制订完善各类制度，整理印发《常委会工作制度汇编》，全面提升常委会和人大机关工作规范化、标准化、效能化水平。坚持双月常委会会议、每月常委会主任会议和主任例会制度，确保人大工作推进有计划、有重点、有成效。积极推进人大常委会机构改革，新增常委会社会建设工作委员会，专委会、相关常委会工委名称变更到位、人员配备到位，职能配置进一步理顺。充分发挥法制（监察司法）、财政经济、社会建设三个专门委员会作用，全年累计召开专委会会议10次。

3. 扎实开展工作宣传。认真落实省、市人大宣传工作会议精神，加强和改进新时代人大新闻宣传工作，传播上虞人大声音。积极申报省人大“五个一百”宣传案例17件，录用率居全省前列；获省人大新闻奖二等奖1件。区人大代表、丁宅乡人大原主席龚焕明同志先进事迹获省人大常委会党组书记、常务副主任梁黎明和市委书记马卫光、区委书记陶关锋批示，在全省人大系统和全市广大干部群众中引起强烈反响。以“上虞人大”网站、上虞人大公众号为主体，挖掘题材、捕捉亮点，推送区镇两级人大工作信息703条，上报录用各类信息86条，信息工作继续名列省、市前列，在数量和质量上有新的提高。

4. 加强基层工作指导。加强乡镇（街道）人大工作指导，乡镇（街道）民生实事项目票决（票选）制和财政预算审查监督工作规范有序开展，闲置农房激活、民宿经济、“污水零直排区”建设和美丽河湖建设等工作监督取得实效。积极做好崧厦镇、沥海镇撤镇设街议政会成立指导工作，实现制度、机制、代表等人大工作内容和程序转换的无缝衔接。科学制定考核办法，推进乡镇（街道）人大明确工作职责，制定年度工作计划，有序开展各项工作。坚持乡镇（街道）分片工作例会制度，加强工作交流，提高整体工作水平。

各位代表，过去的一年，区人大常委会在推进全区经济社会高质量发展和民主政治进程中取得了可喜成绩，发挥了积极作用。这是区委正确领导、人大代表努力工作、“一府一委两院”密切配合、全区人民大力支持的结果。在此，我谨代表区人大常委会，向所有重视、关心、支持人大工作的同志和各界人士，表示衷心的感谢和崇高的敬意！

回顾一年的工作，在肯定成绩的同时，我们也清醒地认识到，对照宪法和法律赋予的职权，对照党和人民的要求，常委会的工作还存在差距：助推高质量发展的办法和举措还有待于进一步探索；对事关大局和民生的重点工程、重点项目的推进监督力度还有待进一步加大；发挥代表作用和常委会自身建设还有待进一步加强等等。这些问题和不足需要我们在今后的工作中持续加以改进。

二、2020 年主要任务

各位代表，2020 年是“十三五”规划的收官之年，是高水平全面建成小康社会的决胜之年，也是长三角一体化国家战略全面推进的重要一年。今年区人大常委会工作的指导思想是高举习近平新时代中国特色社会主义思想伟大旗帜，深入学习贯彻党的十九大、十九届四中全会精神，全面落实中央和省市区委的各项决策部署，在中共上虞区委的正确领导下，按照区委一届八次全体(扩大)会议精神，扎实助推新“三个年”活动，依法履行各项职责，充分发挥代表作用，切实加强自身建设，努力做好人大各项工作，用心谱写人大工作新篇章，为促进全区经济社会高质量发展、合力建设更高水平“创新之区、品质之城”作出新的更大贡献。

(一)坚持学思践悟，始终坚定人民代表大会制度自信

持续深入学习习近平新时代中国特色社会主义思想，在常学常新、常悟常进中增强“四个意识”，坚定“四个自信”，做到“两个维护”。把认真学习贯彻习近平总书记关于坚持和完善人民代表大会制度的重要思想，作为做好人大工作的首要任务和看家本领；把学习贯彻党的十九届四中全会精神放在突出位置，进一步加强理论武装、提高政治站位，坚持学以致用、增强工作能力。充分发挥人民代表大会制度作用，凝聚社会共识，汇集各方力量，通过人大代表广泛动员人民群众投身基层治理，为上虞繁荣发展、长治久安提供更加坚实的制度保障。

(二)坚持更高标准，认真贯彻落实区委人大工作会议精神

恪守坚持党的领导首要政治原则，坚定维护区委总揽全局、协调各方的领导核心地位，通过有效行使各项法定职权，保证区委重大决策部署全面贯彻落实。坚决落实重大事项决定工作机制和区委干部人事工作决策，严格执行向区委请示报告制度。深入贯彻落实区委《关于推进新时代人大工作高水平发展的意见》，切实发挥区人大常委会党组把方向、管大局、保落实的领导作用，推动全区人大工作全面发展。巩固和深化“不忘初心、牢记使命”主题教育成果，健全人大守初心担使命的长效机制，进一步夯实工作基础。积极探索国家级经济开发区人大工作。

(三)坚持跟踪监督，积极助推治理体系和治理能力现代化

加强中心工作监督，重点做好“十四五”规划编制情况的监督，为上虞规划今后五年发展路径，夯实新时期发展基础。加强经济工作监督，开展中期财政规划、村级集体经济增收、小微工业园区建设、杭绍台铁路上虞段建设、国有资产管理、政府投资(国有建设)项目投资计划草案和计划调整、科技进步工作和科技经费使用及完成情况、科普工作和院士工作站建设等监督，促进重点领域经济发展。加强生态环境治理监督，进一步落实生态环境报告制度，开展全区重大水利工程项目监督，持续改善生态环境。加强法制监督，对《中华人民共和国中医药法》、《中华人民共和国慈善法》和《浙江省实施〈慈善法〉办法》，公检法司机关依法履职公正司法、社会矛盾纠纷调处化解中心建设、食品安全“一法一条例”等开展调研和执法检查，加强检察机关法律监督工作，组织区人大代表法院庭审旁听活动，抓好法律专家咨询委员会和基层地方立法联系点建设，完善法治环境。加强城乡建设工作监督，开展社区管理服务机制和社会组织培育机制完善、民办博物馆建设和发展、房地产开发和物业维修资金使用管理等监督，推动工作取得实效。加强民生事业监督，聚焦城乡养老服务体系建设、防灾减灾体系建设、退役军人服务保障、农村饮用水达标提标、居民生活垃圾分类处置、老旧小区加装电梯、农村“三线”整治，助推工作取得明显成效。同时，开展民生实事项目“回头看”和绩效评估，完善预算联网监督工作，开展《政府投资条例》法律法规培训，加强审计查出问题的整改落实。

(四)坚持服务保障，不断提升代表工作水平

坚持和完善代表工作制度，不断丰富拓展代表履行职责、发挥作用的渠道和平台，更好体现代表在人大工作中的主体地位、主体作用。建设代表联络总站，进一步拓展代表联络站的功能和成效，形成较为完善的 1+N 代表联络站体系。深入推进乡镇(街道)代表联络站建设，召开现场推进会，全力打造代表联络站“升级版”。加强代表建议意见的源头质量把控，深化办理和督办机制，线上实时监督办理进程，提高建议意见的整体质量和问题解决率。深入开展代表约见工作，组织做好依法行政、基层社会组织参与基层治理、“四好农村路”、农村人居环境保洁机制、医保工作等约见活动，督促相关部门抓进度、抓落实，提升人大监督实效。建立区人大代表列席区人大常委会会议的代表座谈机制，强化代表对常委会工作的参与。加强履职能力培训，健全完善人大代表、人大系统干部培训制度，实现从“全覆盖”到“精准化”的提升，推动人大培训工作提质增效。落实代表履职经费保障，为代表履职创造良好条件。加强代表履职管理，深入开展代表述职评议和履职考评工作。大力宣传人大代表风采，进一步激发人大代表履职积极性。做好在上虞全国、省、市人大代表的服务保障工作。

（五）坚持与时俱进，扎实推动人大自身建设走在前列

加强人大机关党的建设，压紧压实全面从严治党责任，推进清廉人大建设，打造政治过硬、作风过硬、本领过硬的人大干部队伍。密切联系代表，密切联系群众，加强调查研究，勇于改革创新，推动各项工作更加接地气、显实效。扎实推进“智慧人大”建设，提高新时代人大宣传工作的政治站位，创新方式，提升宣传工作质量和水平。高标准抓好乡镇人大工作，促进工作更加规范、更具活力、更有成效。宣传贯彻落实《浙江省街道人大工作条例》，进一步健全组织，完善机制，增强街道人大工委力量，充分发挥街道议政会作用；将街道人大工作纳入区人大常委会的总体工作安排，建立街道人大工委向常委会工作报告制度，扎实推进街道人大规范化建设，不断提升街道人大工作水平。

新的征程呼唤新的担当，新的使命激发新的作为。在新的一年里，让我们高举习近平新时代中国特色社会主义思想伟大旗帜，在中共上虞区委的坚强领导下，坚定信心，保持定力，敢于担当，狠抓落实，为合力建设更高水平“创新之区、品质之城”、全面建成小康社会而努力奋斗！

政府工作报告

——在绍兴市上虞区第一届人民代表大会第四次会议上
（2020 年 1 月 8 日）

绍兴市上虞区人民政府代区长　徐　军

一、2019 年主要工作回顾

2019 年是新中国成立 70 周年，也是上虞融入长三角、竞逐大湾区，推动高质量发展的重要一年。一年来，我们在上级党委、政府和区委的坚强领导下，在区人大、区政协的监督支持下，团结依靠全区人民，全面落实区委“11336”战略部署，砥砺奋进、争先创优，较好地完成了区一届人大三次会议确定的主要目标任务。全年实现地区生产总值 978.11 亿元，增长 7.4%；实现财政总收入 147.61 亿元，增长 4.5%，其中一般公共预算收入 89.52 亿元，增长 8.3%；社会消费品零售总额增长 10.3%，外贸出口增长 8.9%，城乡常住居民人均可支配收入分别增长 8.6% 和 9.3%，城镇登记失业率 2.1%。

过去一年，上虞在高质量发展征程中全面发力、加速赶超。我们紧盯区域高质量发展排头兵目标，全力念好“两业经”，全面优化生产力布局，省重大项目暨特色小镇现场推进会、省国家级经开区整合创新提升工作座谈会相继在我区召开，传统产业改造提升工作经验全省推广，主要经济指标增幅保持全市前列，综合实力跃升至全国百强区第 37 位。我们紧紧围绕“创新之区、品质之城”建设，加快推进“三个一批”重大项目，引进世界五百强企业 3 家，与阿里巴巴达成数字城市建设合作框架协议，国科控股新材料创新基地、国邦生命科技产业园等项目相继落地，天津大学浙江绍兴研究院、西安交通大学绍兴先进动力产业研究院签约落户，成功举办中国新材料产业创新发展论坛、绍兴市第九届运动会暨第二届市民运动会、人才发展大会、孝文化节等一系列重大活动，城市的美誉度和竞争力大幅提升。我们紧扣群众美好生活需求，邵逸夫医院绍兴院区、实验小学上德校区、博物馆异地新建等一批重大民生项目扎实推进，省市区三级民生实事全面落实，群众的幸福感和满意度有效提升。一年来，我们的主要工作和成效是：

1. 竞争优势在开放融合中加速厚植。区域开放融合度持续提高，融杭联甬接沪行动全面实施，杭绍台铁路上虞段、群贤路东延三期、曹娥江上浦船闸及航道工程等项目顺利推进，接轨上海系列活动成功举行，达成产学研、教育医疗合作共建项目 8 个，长三角异地门诊实现联网刷卡结算。持续打造全省营商环境和人才生态最优区，新引进 10 亿元以上项目 15 个，其中 50 亿元以上项目 2 个，外资引进实绩连续三年居全市第一，民间投资增幅领跑全市，省市县长项目落地率 100%；引进绍兴“海内外英才”29 名，新增就业大学生 1.7 万名，吸引来上虞见习实习大学生超万名。产业平台竞争力加速升级，杭州湾上虞经济技术开发区（浙江上虞经济开发区）整合提升获国家商务部肯定，创成全国绿色化工园区，跻身中国化工园区 30 强。曹娥江旅游度假区“一体两翼三大走廊”开发破局推进，曹娥江文创走廊启动建设，新引进重大文旅项目

13个。e游小镇通过省级特色小镇验收命名，伞艺小镇列入省级特色小镇培育名单，12个小微企业园通过省级认定。创新驱动力不断增强，曹娥江科创走廊加快推进，新引进大学研究院3家，新增省级众创空间5家、省级院士专家工作站1家、省级技能大师工作室1家、省级博士后工作站5家，新认定高新技术企业53家、省科技型中小企业178家，高新技术产业增加值占工业增加值比重超六成，全省科技进步综合评价提升至第7位。

2. 实体经济在转型升级中提质增效。产业升级步伐加快，八大产业集群培育扎实推进，规上工业增加值增长8.1%，列入全省制造业高质量发展示范区创建名单。数字经济五年倍增计划全面落地，新增省级工业互联网平台3个，入选省级上云标杆企业3家，数字经济核心产业企业数量和增加值均居全市第一。以数字化改造、智能化监管为核心的化工产业改造提升2.0版全面启动实施，完成化工企业“六新”改造20家、无人化车间改造10个，创成全国智慧化工园区试点示范单位。省服务业强县（市、区）试点扎实推进，夜间经济加快培育，网络零售额增速全市领先，服务业增加值增速继续保持全市前列。“觉农·翠茗”茶叶区域公用品牌正式启用，列入全省乡村振兴产业发展示范建设县（市、区），创成全省农业绿色发展先行县。建筑业税收超10亿元，获评“全省建筑工业化优秀县（市、区）”。民营经济培育壮大，“凤凰行动”“雄鹰行动”“雏鹰行动”深入实施，新增上市挂牌企业2家、省雄鹰培育企业2家、省级隐形冠军企业1家，入围浙江本土民营企业跨国经营30强3家，数量占全市一半。重点企业风险防范处置做法得到省委主要领导批示肯定，银行不良率降至0.7%。质量效益持续提升，国家风机产品质量监督检验中心通过验收，新增“浙江制造”培育企业10家、“品字标”认证企业6家，制修订国家及行业标准26项。服务业亩产效益综合评价全面实施，规上工业企业亩均税收增长26.1%，4家企业跻身全省制造业重点行业“亩均效益”领跑者，盘活闲置厂房53万平方米，完成低效用地再开发1957亩。

3. 城乡品质在共建共管中全域提升。城市功能日益完善，“拥江西进”战略扎实推进，舜江大桥拼宽工程启动建设，“一江两岸”亮化工程全面完成，城市主轴繁华夜景装点一新。高水平完成上虞分区规划研究，老城片区、城东片区控规编制实施，完成城中村征迁52.2万平方米，改造老旧小区18万平方米，鸿雁社区入选省首批未来社区试点。成立区融媒体中心（传媒集团），落户民营博物馆5家，新建城市书房3家、农村文化礼堂42家，上虞体育场建成投用，举办各类大型品牌赛事18场次。新建改建城市道路13.5公里，打通断头路2条，交通拥堵指数下降2.5%。文明程度有效提高，县域文明指数全省首发，顺利通过全国文明城市和国家卫生城市省级复审。以“绣花功夫”推进城市管理，依托城市管家创新建立“最多一小时”快速处置机制，十件“城管小事”全面完成，创成省无违建县（市、区）。乡村振兴战略加快推进，新增“五星达标”村84个、“3A示范”村14个，列入全省数字乡村试点示范县（市、区）。大力发展美丽经济，提升改造美丽乡村公路50公里，激活闲置农房40.6万平方米，新增省级银宿2家、省金果级采摘旅游体验基地6家，创成省级全域旅游示范区。生态环境持续向好，“污水零直排区”建设加快推进，滨江河—沥北河全线贯通，市级以上断面水质考核全面达标，创成省级美丽河湖3条（个）。实施空气质量达标进位行动，空气质量优良率提高1.6个百分点。配合完成省级生态环保督察，入选省级山水林田湖草生态保护修复试点县（市、区），获评省“美丽浙江”考核优秀县（市、区）。

4. 民生福祉在保障改善中日益增进。城市社区中心建设项目、城乡交通秩序提升工程、幼儿园扩容工程等10件区级民生实事基本完成，财政用于民生支出82.9亿元，增长23.3%，占全区一般公共预算支出79.4%。生活垃圾源头减量等五大行动全面推进，获评省农村生活垃圾分类工作优胜区。既有住宅电梯安装工作扎实推进，创建放心市场8家、星级市场10家，完成2.15万农村人口饮用水达标提标。“学在上虞”品牌不断打响，集团化办学全方位开展，新增优质学位3700余个，4人获全国学科竞赛一等奖。人民医院、中医院2个县域医共体运行顺利，医疗疗效评价制度全省首创，全国健康促进县（市、区）创建通过省级评估，省卫生乡镇实现全覆盖。民生保障稳步提升，新增就业岗位2.1万个，养老保险、医疗保险参保率分别达到97.7%和99.8%，发放各类救助资金1.3亿元，镇街级居家养老中心实现全覆盖，区镇村三级退役军人服务保障体系全面建立，征兵工作考核保持全市第一，东西部协作、山海协作、低收入农户奔小康等扶贫攻坚年度任务全面完成。平安建设成效明显，重要时段维稳安保任务圆满完成，扫黑除恶专项斗争工作全市领先，刑事治安类警情下降10.6%，创成省“无欠薪”区，有望实现“平安上虞”创建十一连冠，群众安全感明显提升。全国危化品重点监管区成功摘帽，创成省食品安全县(市、区)，安全生产事故起数和死亡人数显著下降。红十字基层组织建设经验全省推广。国防、双拥、司法、科协、民族、宗教、对台、侨务、广电、外事、统计、档案、工商联等工作扎实开展，工青妇、老龄、儿童、新居民、残疾人、慈善等事业扎实推进。

5. 政府建设在改革创新中切实加强。“不忘初心、牢记使命”主题教育深入开展，“三服务”活动全面推进，累计解决各类问题12038个，为企业减税降负45.2亿元。政府机构改革平稳有序，数字化转型加快推进，崧厦、沥海撤镇设街和新一轮行政村撤并顺利完成，基层“一支队伍管执法”体制改革完成试点，农村社区专职工作者制度全面推进，政务效能有效提升。“最多跑一次”改革纵深推进，在全省率先实施全流程不见面招投标和互联网不动产登记，实现一般企业投资项目全过程审批“最多90天”，新增市场主体超1.2万家，获评中国营商环境建设示范区。16项省级以上改革试点全面推进，企业全生命周期“信用+”监管模式列入省改革创新最佳实践案例50强，“双查双保”中介监管和人民调解标准化两项试点分别通过国家级和省级验收，全省政府性债务风险“化管防”体制机制创新试点成效明显，财政绩效评估和审计监督覆盖面不断扩大，累计节约财政资金18.6亿元。法治政府建设深入推进，议事规则和决策程序依法规范，主动公开各类政府信息1.6万条。依法接受人大及其常委会依法监督，自觉接受政协民主监督、监察监督和社会监督，办理各类建议提案380件，满意和基本满意率达到100%。政府系统党风廉政建设扎实推进，阳光用权“五个三”工作体系全面构建，基层减负各项举措全面落实，持续整治形式主义、官僚主义，严肃查处腐败问题，政府自身建设不断完善。

各位代表，过去一年的成绩来之不易，这是区委坚强领导，区人大、区政协有力监督，全区人民共同奋斗的结果。在此，我代表区人民政府，向奋战在各条战线上的广大干部群众，向各位人大代表、政协委员，向各民主党派、工商联、人民团体、无党派人士、离退休老同志和虞籍乡贤，向在上虞直属单位和驻上虞部队、武警官兵，向所有关心支持上虞发展的各界人士、海内外朋友，致以衷心的感谢和崇高的敬意！

在肯定成绩的同时，我们也清醒地认识到，发展中仍然存在不少问题和挑战，主要是：外部经济环境变中趋紧，影响经济平稳健康运行的不确定因素增多；新旧动能转换仍需加快，引领性项目仍然偏少，创新链与产业链协同程度还不够高，发展的质量和效益有待提高；城市经济密度、建设管理、公共服务仍需提升，美丽乡村向美丽经济转化的通道需要进一步打通；生态环境、安全生产和社会稳定等方面还面临不少风险挑战，基层治理现代化水平仍需提高；政府系统一些干部的担当意识、能力素质有待提升，重点领域廉洁风险依然存在，作风建设任重道远。对此，我们将高度重视、认真研究，并在今后的工作中切实加以改进。

二、2020年工作安排

今年是高水平全面建成小康社会决胜之年，也是“十三五”规划收官之年。当前，我们正处在转变发展方式、优化经济结构、转换增长动力的攻关期，经济下行压力加大，区域竞争更趋激烈，但高质量发展方兴未艾，长三角区域一体化规划全面落地，全省“四大”建设不断深化，数字赋能、创新赋能、改革赋能步伐加快，上虞发展面临新的重大机遇。

根据区委一届八次全体(扩大)会议精神，今年政府工作的指导思想是：高举习近平新时代中国特色社会主义思想伟大旗帜，全面贯彻落实党的十九大、十九届四中全会精神和省市各项决策部署，坚持“争当区域高质量发展排头兵、在全国百强区排名持续晋位”目标定位，坚持稳中求进工作总基调，坚持“高质量、可持续、普惠性”导向，坚持“聚焦项目、大抓落实”工作方法，深入开展营商环境提升年、产城融合发展年、基层治理深化年“三个年”活动，大力推进产业发展项目、科技人才项目、城市功能项目“三个一批”

重大项目，拉高标杆，奋勇争先，不断巩固高质量发展排头兵良好态势，确保高水平全面建成小康社会和“十三五”规划圆满收官，合力建设更高水平“创新之区、品质之城”。

综合考虑各方面因素，建议今年全区经济社会发展的主要预期目标为：地区生产总值增长 7.2%；财政总收入增长 8%，其中一般公共预算收入增长 9.5%；社会消费品零售总额增长 10%；外贸出口增长 5%，在全国、全省比重不降；固定资产投资增长与经济增长基本同步；城乡常住居民人均可支配收入分别增长 8% 和 8.5%；研究与试验发展经费支出占地区生产总值比重超过 3%；城镇登记失业率控制在 3% 以内；节能减排完成上级下达任务。

在具体工作中，我们将着力把握好以下四方面重点：

一是坚持一体化发展。牢固树立融合发展和错位发展理念，持续打造绍兴接沪桥头堡和联甬先行区、杭州湾南翼高端智造基地、长三角后花园，不断提升城市综合竞争力，争夺拼抢都市圈、城市群发展红利，在“一带一路”、长三角一体化、全省“四大建设”、全市融杭联甬接沪等发展战略机遇中，乘势而上、奋力超越。

二是坚持高质量发展。坚定不移贯彻新发展理念，不断强化质量第一、效益优先意识，深入实施创新驱动发展战略，持续深化供给侧结构性改革，积极推动质量变革、效率变革、动力变革，走“创新＋产业”“互联网＋产业”“金融＋产业”道路，努力建设具有国际竞争力的现代产业体系，沉着应对各类风险挑战，推动经济发展稳中有进、行稳致远。

三是坚持可持续发展。尊重经济社会发展客观规律，处理好显绩和潜绩的关系，建立完善依法合规、常态长效的闭环管理制度，在人口资源集聚、城市规划经营、生态文明建设、社会安全稳定等打基础、利长远的工作上下功夫，不断提升城市发展潜力，有效增强上虞经济社会发展的韧性。

四是坚持普惠性发展。牢固树立以人民为中心的发展思想，“以百姓之心为心，以人民所想而想”，主动回应各类群体的关切，务实推动各类问题的解决，以民生无小事的理念做好保基本、兜底线、促公平工作，全域提升共建共治共享水平，满足人民群众多层次、多样化的需求，使改革发展成果更多更公平地惠及全区人民。

围绕上述预期目标和总体要求，具体做好五方面工作：

（一）扩大开放融合，全力落实一体化发展战略

在长三角城市群中找准定位、厚植优势，推动全方位战略协同，推进更高层次开放和更深层次协作，打造对外开放的新高地、大城市优质项目溢出的优选地。

1. 加快大交通互联步伐。全面接轨沪杭甬快速便捷都市通勤圈，完成群贤路东延三期，加快推进杭绍台铁路上虞段及上虞南站站前广场、曹娥江上浦船闸及航道工程，启动杭绍甬高速及崧厦连接线、萧甬铁路风情线百官站、329 国道上虞盖北至道墟段、南北中心大道（人民大道至江东北路段）快速路等项目建设，深化绍兴地铁 2 号线上虞段、104 国道东湖至蒿坝段改建、四环快速化改造、人民大道与四环交叉口节点改造、新章镇大桥及连接线等交通干线前期工作，加快构筑外联内畅的综合交通网络。

2. 提升大平台竞争优势。持续推进生产力布局优化，全面构建“2+5+9+N”平台体系，积极打造最富动力的区域竞争战斗单元。杭州湾上虞经济技术开发区（浙江上虞经济开发区）围绕进军国家级开发区前 50 强目标，全面打造新材料“万亩千亿”产业大平台，加快高端智造集聚区、未来小城、产业拓展区建设，扎实推进国家级循环化改造示范试点和智慧化工园区试点，争创国家级生态工业示范园区和国家级绿色园区。曹娥江旅游度假区围绕力争省级度假区前十强目标，主动对接省诗路文化带建设，提前谋划高铁时代休闲旅游发展新格局，整合生态、文化、农业等资源，做深做透“水上”“岸上”“晚上”三篇文章，加快 5 个重大文旅项目建设，争取列入省文化基因解码工程试点，切实打响“诗画曹娥江”品牌，实现旅游总收入增长 15% 以上。e 游小镇加快 2.0 版特色小镇建设，新引进数字经济企业 100 家、青年创客 2000 名，实现税收 4 亿元，打造全省领先的数字产业化基地。伞艺小镇、孝德文化小镇、瓷源文化小镇加快晋级，完成工业园区整治提升 3 个，认定省级小微企业园 5 个。

3. 坚持大项目引领发展。以整体融入长三角产业分工协作为重点，围绕“八大产业”补链延链强链，完善招商产业地图和招商导航图，瞄准产业链关键环节实施精准招商，召开首届乡贤大会，大力开展乡贤招商、全员招商、集成招商、以商引商，新引进10亿元以上项目15个，其中50亿元以上项目2个，100亿元以上项目1个，实到外资继续保持全市前列。坚持“五个一”重大项目推进机制，实施项目全生命周期管理，加快“三个一批”项目建设，确保民间项目投资、交通运输投资、生态环境和公共设施投资、高新技术产业投资均增长10%以上，省市县长项目落地率达到100%。加大都市圈优质服务资源导入力度，深化公共服务一卡通对接，建成浙江建设职业技术学院上虞校区，启动邵逸夫医院绍兴院区工程建设。

（二）聚焦创新创业，全力释放高质量发展活力

深入实施创新驱动发展战略，促进创新链与产业链深度融合，不断提升和丰富“创新之区”的内涵，为高质量发展注入强劲动能。

1. 构筑区域协同创新体系。加快曹娥江科创走廊建设，启动产教融合创新园二期、杭州湾产业协同创新中心二期，争创国家级新材料创新中心、省级产教融合示范基地，主动参与长三角创新共同体建设，切实打响区域创新品牌。构建立体化产业研究院体系，推动区级产业发展研究院有效运行，加快天津大学浙江绍兴研究院建设，新引进大学研究院2家，新认定省级企业研发中心（企业研究院）5家，引进科创项目50个以上，探索大学研究院“一院一园一基金”发展，推动科研院校与地方经济互惠共赢。发挥企业创新主体作用，新增高新技术企业40家、科技型中小企业150家、发明专利授权数200件，确保高新技术企业占规上企业比重达到30%，力争全国科技创新百强区和全省科技进步综合评价排名再进位。

2. 构建创新型产业体系。持续实施数字经济“一号工程”，加快区块链应用和百项智能化改造项目建设，新增装备制造业首台（套）产品2个、两化融合贯标企业3家、工业机器人300台以上，确保数字经济核心产业增加值增长10%以上，全力打造全省数字经济示范区。积极实施5G基站规划，打造全省5G工业应用先行区。重点培育高端装备、新材料、现代医药、电子信息四大产业，谋划布局电子化学品、氢能源、通用航空三大新兴产业，推进现代服务业和先进制造业深度融合，加快构建“4+3+1”创新型产业体系，确保规上新兴产业产值增长15%。紧紧围绕产业创新发展需求，强化区域“双创”合作，发挥政策引才、机构引才、产业引才作用，完成e游小镇青春公寓主体结构，建设全球路演中心和国家级绿色化工人才实训基地，新建海外引才工作站4个，新创省级众创空间（孵化器）3家，新增就业大学生1.7万名，力争高层次人才引育量实现翻番。

3. 强化制度创新保障。全面推进30项重点改革，持续深化“最多跑一次”改革，深入打造“全省营商环境最优区”，精准落实“10+N”优化营商环境便利化行动，落地实施公民企业全生命周期“一件事”65件、部门间“最多跑一次”事项400项以上，建立水电气网协同报装联办“1100”工作机制，实现商事登记服务事项跨区域“一网通办”30项，新增市场主体1万家以上。建立产业链“链长制”，打造7条产业链，争创全省产业链培育工作示范区。深化上市公司引领产业发展示范区建设，新增上市企业2家、辅导及报会企业4家次，完成股改20家。深化“亩均论英雄”改革，积极推进工业园区综合评价，动态出清亩均税收万元以下企业（低效田）。深入实施全域土地综合整治，加快“四未一低”土地消化利用，盘活闲置厂房30万平方米、存量土地1000亩。

（三）突出质量效益，全力提升产业链竞争实力

围绕“稳一、强二、优三”发展目标，坚持先进制造业和现代服务业双轮驱动，持续打好高质量发展组合拳，不断提升产业结构素质。

1. 做强先进制造业。持续打好传统产业转型升级攻坚战，扎实推进全省制造业高质量发展示范区建设，大力实施化工产业改造提升2.0版，完成化工企业“六新”改造20家，新建无人化车间10个，谋划实施道墟化工产业退出区块“二次开发”。加快“低散乱”企业整治和落后产能淘汰，整治提升印染企业5家。深入开展绿色制造示范行动，创建省市绿色工厂5家以上、节水型企业3家以上。持续推进民营经济高质量发展，全面落实中央、省市系列减负政策，突出融资畅通、科技转化、中小微企业扶持等领域精准施策，切实提升企业获得感,新增省级“隐形冠军”培育企业5家以上、规上企业60家、销售超亿元以上企业10家、“个转企”210家。加大市场开拓力度,积极融入“一带一路”建设,完成境外投资5000万美元以上。加快建筑工业化发展,创建省级建筑工业化示范基地1个,实现建筑业总产值、税收分别增长8%和7.5%。深入实施质量强区战略,新增“品字标”团体标准8个以上、“品字标”企业4家以上,力争获得省政府质量奖1项以上。

2. 做优现代服务业。加快曹娥江文创走廊建设,推进人民文创文化产业创意园、曹娥江文化艺术中心等13个重大文化产业项目。继续推动“一江两岸”总部经济发展,实施新型产业用地(M0)试点,积极引进研发设计、市场营销等区域总部,加快基金投资项目产业园建设,设立引进各类基金20家。巩固提升“浙东新商都”品牌,加快推进21个重点服务业项目,建设培育特色街区2个,提升文化旅游风情街夜市品牌,打造特色鲜明的夜间经济。积极发展演艺、会展等产业,组织大型活动5场以上。加快电子商务发展,深化伞业跨境电商发展省级试点,创建电子商务专业村8个以上,新增“下升上”40家,实现网络零售额增长20%以上,服务业增加值增长8%以上。

3. 做精都市农业。扎实做好稳产保供,保持粮食播种面积51万亩以上,确保生猪年出栏量稳定在21万头以上。大力推进省级乡村振兴产业发展示范建设县(市、区)创建,推进“溯源中国·四季仙果”数字经济平台和3个田园综合体建设,启动“四季仙果”数字农旅综合体项目,创建国家级农业产业强镇、省级现代农业园区、省级特色农业强镇各1个,新建省农业机器换人示范乡镇2个,培育市级以上家庭农场5家,实施农业科技合作项目8个。

(四)追求功能品质,全力塑造新时代美丽城乡

大力实施全域美丽“八大行动”,统筹推进美丽城市、美丽城镇、美丽乡村建设,积极构建城乡共治新格局,努力打造城乡共美新面貌,不断彰显“品质之城”的活力和魅力。

1. 提升城市内涵式发展水平。坚持高水平规划引领,全面完成国土空间规划编制,优化城市建设核心区块规划,推动新设街道更好更快融入主城区。坚定实施“拥江西进”战略,加快推进舜江大桥拼宽、曹娥江人行景观桥、曹娥江“一江两岸”景观工程三期等项目建设。推动城市有机更新,实施“海绵城市”规划,全面推进老旧小区改造提升新三年计划,加快鸿雁未来社区建设,改造老旧小区53万平方米,完成城中村征迁改造30万平方米。推动房地产市场平稳健康发展。不断完善城市功能,建成投用实验小学上德校区、杭州湾小学,完成上源闸水厂迁建工程和110千伏涂北输变电工程,加快推进城南医用综合中心、人民医院科技综合楼、博物馆异地新建、体育会展中心小球馆等工程。实施中心城区和老城区道路拥堵改造,加快南北向交通堵点治理,推进城市公共交通提升计划,新建城市道路10条、改造提升8.1公里,新增停车位2000个,有效缓解重点时段突出堵点交通压力。全面深化与阿里巴巴、千寻位置的合作,争创国家级北斗时空智能重大应用示范项目,搭建“一脑统管”的城市大脑整体平台。试点建设“智慧感知示范街”,全面启动城市管理行为识别系统建设,加强城市保洁、渣土运输、园林市政、小区物业标准化管理,完成省级城乡社区治理和服务创新实验区创建,常态化开展文明指数测评工作,高标准打赢全国文明城市国检攻坚战。

2. 建设新时代美丽乡村。全面落实乡村振兴战略,高起点推进新时代美丽城镇建设,支持中心镇高质量发展,产业型乡镇错位式发展,生态型乡镇特色化发展,创建美丽城镇样板2个、美丽城镇3个。实施新时代美丽乡村三年达标行动,确保全区50%行政村创建达标。全面完成“五星达标、3A争创”工作,打造精品示范村10个,争创省级美丽乡村示范县(市、区)。大力实施强村富民工程,深入开展“两进两回”行动,培养新农人、农创客35名以上,争创国家级“一村一品”示范村2个,全面消除村级集体经营性收入30万元以下的行政村。启动国家全域旅游示范区创建,建设绿道(游步道)40公里,推进1个省级旅游风情小镇、2个国家AAAA级旅游景区创建,争创省级白金宿1家。

3. 促进人与自然和谐共生。高标准打好污染防治攻坚战,深入实施“蓝天、碧水、清废、净土”四大行动,完成企业精准治气20家,高质量运行“4+2”综合监管平台,确保空气质量优良率保持全市前列。开展

"污水零直排区"省级示范创建，全面完成"污水零直排区"建设任务，完成虞东河湖综合整治主体工程，启动曹娥江综合整治工程（小舜江段）和虞北平原崧北河综合治理工程，创建"特色美丽河湖"3条（个）、乡村"美丽河湖"30条（个）以上，确保市级以上水质考核断面达标率100%。切实做好第二轮中央生态环保督察迎检工作，扎实推进"无废城市"建设试点，深入开展山水林田湖草生态保护修复省级试点和国家级生态文明示范区创建。

（五）围绕群众需求，全力筑就高品质美好生活

坚持问题导向、需求导向，抓实抓细抓常民生供给补短补缺、提标提质工作，倾力打造最具获得感、幸福感和安全感的城市。

1. 推动人民生活更加殷实富裕。把稳就业作为最大的民生，落实援企稳岗各项政策，培训各类技能人才1.3万人次以上，新增城镇就业岗位1.7万个，创建省市高质量就业社区（村）10个。持续推进社保精准扩面，合并实施生育保险和职工医保，积极打造30分钟医保服务圈，实现低收入农户健康保险全覆盖。有序推进乡镇街道基层国防教育中心建设，探索打造一站式全周期链条化的退役军人服务模式，争创全国双拥模范城市。构建"资源整合、信息共享、便捷高效、全面覆盖、公开公平"的社会大救助体系，做好山海协作、东西部扶贫等结对帮扶工作。启动全国第七次人口普查工作。充分发挥工青妇、工商联、科协、红十字、慈善、残联等群团组织作用，切实做好民族、宗教、对台、侨务、新居民、气象、广电、外事、档案等工作。

2. 推动公共服务更加优质均衡。打响上虞"活教育"品牌，深化集团化办学，推进"强师工程"，开展儿童青少年防近视国家级改革试点、"互联网+义务教育"省级实验区试点，新建改建中小学、幼儿园8所，创建市级以上研学基地2个。举办品牌赛事12次以上，争创省首批体育现代化县（市、区）。深化"健康上虞"建设和医共体改革，加强医共体分院医疗服务能力建设，支持中医药创新发展，力争"健康浙江"考核优秀三连冠。着力完善"1+20+N"养老服务体系，建设运行线上居家养老智慧平台，实现全区行政村（社区）星级居家养老服务照料全覆盖，打响"娥江晚情"居家养老品牌。开展新时代文明实践中心建设省级试点，实现镇村两级新时代文明实践所（站）全覆盖。常态开展"娥江颂"群众文化月活动，建成投用传媒大厦，引进民办博物馆2家，新建城市书房3家、"天香书吧"5家、农村文化礼堂40家。启动福利中心（儿童福利院）异地新建项目。大力实施城市排涝能力提升工程，加快曹娥街道建成区河道综合整治工程建设，完成城区道路积涝改造3条。开展开放式小区楼道设施维修建设，深入推进既有住宅电梯安装工作。全面提升生活垃圾分类质量，建设投用城市资源再生利用绿色综合体，启动农村可烂垃圾处置中心改造提升工程，创建垃圾分类省级高标准示范小区10个、示范村3个。高质量完成省市区三级民生实事。

3. 推动社会环境更加和谐稳定。全面落实社会治理领域"最多跑一地"改革，开展基层社会治理"三大行动"，加快"雪亮工程"和社会矛盾纠纷调处化解中心建设，建成区监管中心，深化"乡贤治理""乡警回归""邻里警队"工作，构建扫黑除恶长效机制，推进"枫桥式公安派出所"创建，探索实施信访信用管理，争创"双查双保"中介监管国家标准、人民调解标准化国家级试点和乡贤参与基层社会治理省级试点，确保夺取"平安金鼎"。强化食品药品安全监管，创建星级市场、放心市场9家，新增农村（社区）家宴集聚点15个。完善安全生产责任和应急联动救援体系，开展小微企业安全生产和消防安全综合整治行动，完成山塘水库整治7座，切实筑牢城市安全防线。

三、加强政府自身建设

始终坚持为人民服务、对人民负责、受人民监督，深入落实全面从严治党要求，创新行政方式，提高行政效能，加快政府职能转变，全面提升履职水平，努力建设人民满意的服务型政府。

1. 强化忠诚履政。始终把政治建设摆在首位，自觉用习近平新时代中国特色社会主义思想武装头脑、指导实践、推动工作。深入学习贯彻党的十九大、十九届四中全会精神，持续推动政府系统"不忘初心、牢记使命"主题教育常态化、长效化。牢固树立"四个意识"、坚定"四个自信"、做到"两个维护"，坚定坚决、不折不扣贯彻落实中央和省市区委决策部署，确保政令畅通、令行禁止。牢固树立全区"一盘棋"思想，以高度的政治觉悟和强烈的责任担当，一以贯之地把既定的蓝图绘到底、绘出彩。

2. 强化依法行政。加强法治政府建设，认真执行人大及其常委会的决议、决定，依法接受人大及其常委会监督，主动接受政协民主监督，坚持重大事项向人大报告、向政协通报制度，高质量办好建议提案。加强府院联动，建设完善区行政调解、区政府重大行政复议诉讼案件会商等机制，认真落实行政诉讼出庭应诉，争取基层“一支队伍管执法”工作纳入全省第二批试点，不断提升综合执法水平。加强公共法律服务体系建设，全面落实政务“五公开”制度，以政府依法行政带动全社会更好尊法守法。

3. 强化务实勤政。深入开展“大学习大调研大抓落实”和“三服务”活动，坚持知实情、办实事、求实效，把求真务实的原则贯彻到政府工作的方方面面。大力倡导勤政尽责、务实戒虚的精神，积极推行“无感督查”，完善容错纠错机制，全力营造“干部为事业担当、组织为干部担当”的良好工作氛围。加快政府数字化转型，推进全省一体化政务服务“好差评”系统建设，推动无纸化办公系统向行政村和社区扩面延伸，深化政府数据共享开放，实现“浙政钉”掌上应用和执法全覆盖。

4. 强化廉洁从政。全面落实“清廉上虞”建设，自觉扛起党风廉政建设主体责任，深入贯彻落实中央八项规定及实施细则精神，持之以恒纠治“四风”。坚持政府过紧日子，厉行勤俭节约、反对铺张浪费，严格控制日常开支，集中财力办大事，确保把钱用在刀刃上。主动接受监察监督、审计监督，强化巡视巡察整改，建立权力运行可查询、可追溯的反馈机制，深入推进“阳光用权”工作，深化国有企业市场化改革，提升国有资产利用绩效，健全财政预算全过程管理，深入推进审计全覆盖工作，树立清正廉洁的良好政府形象。

各位代表！初心贵在坚守、使命重在担当。让我们以习近平新时代中国特色社会主义思想为指导，在上级党委政府和区委的坚强领导下，紧紧依靠全区人民，以更坚定的决心、更饱满的干劲，为建设更高水平的“创新之区、品质之城”而努力奋斗！

附：《政府工作报告》名词解释

1. 国科控股新材料创新基地(P2)：中国科学院控股有限公司与杭州湾上虞经济技术开发区下属的建开集团合作投资的新材料产业创新链项目基地。包含中科院新材料产业技术创新研究院和新材料创新项目中试转化平台两部分。

2. 国邦生命科技产业园(P2)：项目位于杭州湾经开区康阳大道，总用地面积500亩，计划总投资50.2亿元。产业园内将建设质检中心、学术交流与培训中心、医药商业与工业展示中心、特医食品、分子食品等生命大健康产品的研发中心、生产线以及医药制剂产品的生产线，实现产品研发、原料药、制剂生产、销售的全产业链一体化发展。

3. 博物馆异地新建(P2)：项目位于中华孝德园景区东侧，总用地面积1.1万平方米，总建筑面积1.9万平方米，主要包括通史厅、越窑青瓷展厅、天香楼碑廊、馆藏文物精品厅、库藏区等。

4. “一体两翼三大走廊”(P3)：“一体”是曹娥江“一江两岸”休闲旅游发展主轴，“两翼”是曹娥江东片的环皂李湖区域和梁祝旅游风情带，西片的孝德文化小镇和瓷源文化小镇，“三大走廊”是“东北文化旅游走廊、东南山水原乡走廊，西南隐逸休闲走廊”三大休闲旅游走廊。

5. “六新”改造(P4)：从“新技术、新工艺、新设备、新应用、新管理、新气质”六个方面对化工企业老项目老车间进行改造提升。

6. 未来社区(P5)：是围绕社区全生活链服务需求，以人本化、生态化、数字化为价值导向，以未来邻里、教育、健康、创业、建筑、交通、低碳、服务和治理等九大场景创新为引领的新型城市功能单元。

7. 十件“城管小事”(P5)：即开展小区车库车棚整治，加强犬类管理，加强非机动车管理，规范设置自产自销农副产品疏导点，寻找和整治“最乱一条街”活动，寻找和整治卫生死角，开展餐饮业油烟污染整治，开展各类井盖表箱杆线整治，深入整治户外广告，开展僵尸车、船清理。

8. 基层“一支队伍管执法”(P7)：整合现有站所、分局执法力量和资源，组建统一的综合行政执法机构，按照有关法律规定，相对集中行使行政处罚权，以乡镇和街道名义开展执法工作，并接受有关县级主管部门的业务指导和监督，逐步实现基层一支队伍管执法。

9. 企业全生命周期“信用 +”监管模式(P7):积极采取“互联网 + 监管”和“信用 + 融资”模式,在企业信用信息归集、信用状况查询、信用融资服务及失信联合惩戒等方面加强探索,创新建设并不断完善企业信用信息云服务平台。

10. 阳光用权“五个三”工作体系(P8):即突出引领力、组织力、服务力“三力”提升,强化资金、资产、资源“三资”监管,深化党务、政务、村务“三务”公开,促进自治、法治、德治“三治”融合,区镇村三级联动。

11.329 国道上虞盖北至道墟段(P11):项目起于盖北,东接余姚,西接滨海新城,利用南北中心大道,与 329 国道孙端至曹娥公路相接,全长约 20 公里。项目采用一级公路结合城市道路功能设计,双向六车道标准。

12. 南北中心大道(人民大道至江东北路段)快速路(P11):项目起于群贤路东延三期项目终点,以高架形式沿南北中心大道与五甲渡大桥南桥头相接,然后利用五甲渡大桥跨越曹娥江,止于江东北路以北,项目主线采用一级公路兼顾城市快速路标准设计,全长约 4 公里。

13. 绍兴地铁 2 号线上虞段(P11):即绍兴越兴路至石狮商贸城的轨道交通,拟订方案为经越兴路出站后走地面高架,沿群贤路中央分隔带轻轨跨越绍诸高速和上三高速,过上虞经开区五星路后下穿曹娥江变地铁,沿市民大道至石狮商贸城,上虞境内全长 17.9 公里。

14.104 国道东湖至蒿坝段改建(P11):项目实施起点位于绍兴越东路互通,向东绕过东鉴湖水乡风貌规划区,接入 104 国道蒿坝段,上虞段包含主线和 329 国道及站前大道连接线,主线长约 9.5 公里,连接线(四环向南延伸段)长约 4.3 公里,项目建成后实现 104 国道功能南移。

15. 四环快速化改造(P11):项目西起绍兴群贤路与上虞人民大道交叉口,东至迎宾大道,拟采用地面敷设 + 局部跨线桥的形式实现快速化改造,主线设计速度 80 公里 / 小时。

16. 人民大道与四环交叉口节点改造(P11):项目采用虞舜大道(四环)主线下穿人民大道的方式,使南北直行车流快速通过节点,地面保留平面交叉口用于辅道之间转向,改造后实现节点提效和门户打造双重功能。

17. 新章镇大桥及连接线(P12):项目起点接章镇镇新城路,向东跨越曹娥江,在青丰村设置隧道穿越山体后与章路线平交,项目采用二级公路设计标准,全长约 3.5 公里,设计速度 80 公里 / 时。

18. “五个一”重大项目推进机制(P13):对重大项目实施“一月一会商、一月一点评、一月一督查、一月一通报、一月一排名”制度。

19. 区级产业发展研究院(P13):区发改局下属副科级事业单位,负责本区域内产业发展方向、产业规划布局、产业引育政策等方面的前瞻性研究。

20. 全球路演中心(P14):在 e 游小镇青春之家内部为符合上虞产业规划的海内外人才和全球优质高科技项目搭建的合作交流平台。

21. 公民企业全生命周期“一件事”(P14):公民“一件事”涵盖公民出生、上学、就业、特殊群体服务、失业、结婚生育、置业、就医、退休养老和殡葬等 10 个方面。企业“一件事”即从登记开办、水电气网报装到创新研发、生产经营、清算注销等方面,贯穿企业全生命周期。

22. 水电气网协同报装联办“1100”工作机制(P14):在企业立项阶段申报事项时一并提出水电气网报装意向,实现企业用水、低压用电、用气报装、网络开通接入服务“1 个环节、1 日办结、0 材料、0 次跑”。

23. 产业链“链长制”(P15):选定一批重点产业链,由区委区政府领导担任产业链链长,建立工作专班,采用“一链一方案”专题经营,实现项目引进、投资落地、强链延链、育大做强等方面的系统化安排、一条龙服务、整合式推进。

24. “四未一低”土地(P15):即批而未供、供而未用、拆而未用、用而未尽和低效用地。

25. 人民文创文化产业创意园(P16):与人民日报社合作推动,以“人民文创”命名的文化产业创意园区。

26. 曹娥江文化艺术中心(P16):项目规划位于经开区滨江新城虞兴路以西、北二路以北、会展路以东、江西路以南区域的大型现代城市文化综合体,占地面积约82.67亩，主要包括大剧院、小剧场、谢晋电影艺术展览厅、数字放映厅等建筑设施。

27. 新型产业用地(M0)(P16)：是指融合研发、创意、设计、中试、检测、无污染生产、生产性咨询服务等新型产业功能以及相关配套服务的用地。

28. “溯源中国·四季仙果”数字经济平台(P16)：项目由区农业农村局与新华网合作建设，是“溯源中国·长三角数字经济总平台”的重要组成部分，通过开发生产管理、产品流通营销、行业监管、公共服务等领域数字化应用，打造四季仙果品牌数字化服务体系。

29. “四季仙果”数字农旅综合体(P16)：由区供销总社和丁宅乡共同开发建设。项目总占地面积26亩，规划建筑面积3万平方米，在丁宅乡打造一个集数字农业管理中心、小镇客厅、智能保鲜储藏平台、农村电子商务基地、餐饮休闲等于一体的数字农旅综合体。

30. 全域美丽“八大行动”(P17)：即美丽城镇、美丽乡村、美丽公路、美丽河湖、美丽园区、美丽街区、美丽小区、美丽庭院“八大行动”。

31. 城市大脑整体平台(P18)：即城市管理所有专项应用汇集的总平台，通过对大量数据的分析和整合，实现对城市全域即时分析管理，目前我区在建的城市大脑主要打造未来社区和智慧综治两大专项应用。

32. “智慧感知示范街”(P18)：建设智慧果壳箱、智慧井盖、智慧灯杆等，并接入上虞“城市管家”平台，实现对区域内各类公用设施管理的集成化和可视化。

33. “两进两回”行动(P18)：即科技进乡村、资金进乡村，青年回农村、乡贤回农村行动。

34. 曹娥江综合整治工程(小舜江段)(P19)：上虞段的工程主要对曹娥江支流小舜江堤防进行防渗防冲加固。

35. 虞北平原崧北河综合治理工程(P19)：工程主要以防洪、挡潮、排涝为主，兼顾改善河道水环境，主要建设内容为水闸工程、河道工程和堤防工程。

36. “无废城市”(P19)：以新发展理念为引领，通过推动形成绿色发展方式和生活方式，持续推进固体废物源头减量和资源化利用，最大限度减少填埋量，将固体废物环境影响降至最低的城市发展模式。

37. “活教育”(P20)：虞籍教育家陈鹤琴提出的教育思想，主张中国儿童教育的发展要适合国情，符合儿童身心发展规律。

38. 传媒大厦(P20)：位于曹娥街道江西路，主要用于区融媒体中心和中广有线上虞分公司入驻办公，同时预留空间打造成为传媒产业项目引进、孵化的主平台。

39. 福利中心(儿童福利院)异地新建项目(P20)：项目计划建在城南医用综合中心附近，规划用地30亩，规划养老床位450张，单独建设儿童福利楼，规划床位50张。

40. 社会矛盾纠纷调处化解中心(P21)：位于区行政中心，承担人民来访接待、视频接访服务、矛盾纠纷联合调处、公共法律服务、社会心理服务等功能，以及社会稳定形势分析研判、应急集成处置等综合指挥职能。

41. 政务“五公开”制度(P22)：即对政府决策信息、执行信息、管理信息、服务信息、结果信息的公开。

42. “无感督查”(P22)：即赴基层督查多采用暗访检查等形式直达现场，不事先发通知，不听汇报，不让乡镇街道工作人员陪同，不给基层添麻烦。

中国人民政治协商会议
第一届绍兴市上虞区委员会常务委员会工作报告

——在政协第一届绍兴市上虞区委员会第四次会议上

(2020年1月7日)

绍兴市上虞区政协主席　顾世明

2019年工作回顾

过去一年,区政协常委会深入学习贯彻习近平新时代中国特色社会主义思想,全面贯彻落实中央和各级党委的决策部署,在中共上虞区委的坚强领导下,围绕建设"创新之区、品质之城"总体定位,坚持发扬民主和增进团结相互贯通、建言资政和凝聚共识双向发力,充分发挥协商民主重要渠道和专门协商机构作用,切实履行政治协商、民主监督、参政议政职能,为上虞争当区域高质量发展排头兵贡献智慧和力量。

一、始终把坚持党的领导作为履职之要,政治引领作用更加显著

自觉把政协工作置于党委坚强领导之下,更好发挥政治引领作用,确保政协履职正确的政治方向。

在深化理论学习上引领有方。深入学习领会习近平新时代中国特色社会主义思想和党的十九大精神,认真学习贯彻各级党委重要会议、文件精神。扎实开展"不忘初心、牢记使命"主题教育,坚持以上率下、以知促行,全面抓实学习教育、调查研究、检视问题、整改落实各项工作。搭建多层次学习平台,健全常态化研学机制,做到以"关键少数"带动"普遍多数"。全年党组会议及理论中心组专题学习24次、各层面集中学习50余次。

在强化党的建设上引领有力。认真贯彻中央和各级党委关于加强新时代人民政协党的建设工作的若干意见,严格落实区委政协工作会议精神和《关于新时代加强和改进人民政协工作的实施意见》,确保政协一切工作都在党委领导下开展。出台《关于全面落实新时代人民政协党建要求、充分发挥中共党员委员先锋模范作用的意见》,建立健全区政协党组成员联系党员委员、党员委员联系党外委员制度。坚持在全体会议期间和集体外出时建立临时党支部制度,进一步落实区政协党组、机关党组、机关党总支、各党支部主体责任。

在优化环境氛围上引领有效。所有工作紧扣党政中心进行,积极主动争取党委政府的关心重视,努力以自身作为赢得各方支持。区委高度重视政协事业发展,定期听取并研究政协工作,主要领导多次参加协商议政,带头领办重点提案。区政府全面保障政协履职工作,对全体会议期间委员们提出的四方面38条意见建议,逐一分解落实,及时作出办理反馈。各乡镇(街道)和部门积极配合支持,自觉接受监督,初步形成了党委重视、政府支持、政协主动的良好局面。

二、始终把提升协商质效作为履职之本,服务助推大局更加主动

聚焦党委政府中心工作,多做协办之事,善建助推之功，服务大局更加自觉，助推发展更加有效。

紧扣大局深化协商议政。围绕社会治理现代化，开展“党建引领社区治理”课题调研，有关推进街道“大工委”、社区“大党委”制的建议，在相关部门和街道的努力下得到吸收转化。关于“城市能级提升”的课题，调研深、对策实，部分建议已被吸纳到“城市能级提升年”活动计划中。围绕科研院校与上虞经济共生发展的建议，得到区委陶关锋书记批示肯定，要求“将有关建议吸纳到明年区委工作思路中”，对于加快我区产教融合发展起到了助推作用。有关“曹娥江文创走廊建设”的对策建议，引起区委、区政府领导重视，相关部门正在积极采纳落实。

紧盯热点创新协商平台。把“请你来协商”平台建设作为建言资政的重要载体来抓，全年组织6场专题协商，累计提出意见建议93条、落实72条。“垃圾分类工作”专题协商首次启用专用会议室、首次全程录播、首次现场播放专题片，区政府主要领导与委员互动热烈，协商成果得到有效转化，成为绍兴市唯一入选省政协13个典型案例之一。聚焦民生实事，开展“多层住宅加装电梯”协商，委员踊跃建言、部门即时回应、区领导当场表态，有效促进了电梯加装工作，目前在建6台、完成联审1台、落实意向56台。密切关注“菜篮子”问题，协商活动首次走进田间地头，正面回应民生关切。有关发展数字经济、搭建女性创业平台、打造“诗画曹娥江”等专题协商，建言精准、助推有力，有关建议正在转化落实中。

紧贴中心统筹助力行动。健全政协常委会每季度听取区政府工作通报和政协委员列席区政府常务会议制度，7名委员被区政府聘为营商环境观察员。探索建立区委点题、政协破题、部门答题的良性互动机制，组织开展了对化工产业改造提升、科创走廊建设、公安工作、市场监管工作、体育事业发展、社区矫正工作、国有企业运行、电力事业建设等8次专项视察，全力助推党政决策部署落地见效。召开专题议政性常委会，对全区机构改革情况、部分行政区划调整等重大事项进行协商，协助做好宣传引导、增进共识工作。

三、始终把践行为民宗旨作为履职之源，助力民生导向更加鲜明

紧扣人民群众日益增长的美好生活需要，听民声、访民情、解民忧，努力践行人民政协为人民的宗旨。

倾听民意献计出力。依托提案、社情民意信息两大渠道传递民声、反映民意。提案工作在深化项目化管理的基础上，实行党政领导领办重点提案，区委陶关锋书记不但对有关提案给予批示肯定，而且带头领办“加快产业数字化”一号提案，示范引领效应进一步呈现。截至6月28日，209件提案全部办理完毕，满意和基本满意率达到100%。社情民意工作整合力量、强化激励、精准发力，建言质量进一步提升。全年共编发社情民意信息66期，其中省政协采用2期、省委办公厅采用1期、市政协采用21期；区委、区政府领导批示11期，其中主要领导批示6期。

贴近民心延伸手臂。坚持把委员工作站作为联系群众、服务群众的重要阵地，进一步延伸触角、规范运作。百官街道委员工作站的经验做法得到宣传推广，以“乡贤+”为特色的汤浦镇委员工作站揭牌运作，崧厦街道委员工作站即将成立，有关做法得到绍兴市委马卫光书记批示肯定。经过积极努力，上虞“乡贤文化委员会客厅”获省政协批复，特色做法得到省政协马光明副主席肯定。

关注民生履职尽责。自觉把“三服务”活动作为履职为民的重要抓手，党组成员带领有关委室，分头调研走访、帮助解决困难，累计走访村(居、社区)85个，收集问题与建议65条，服务破难39个。依托“界别活动周”“委员服务日”两个传统项目，持续开展垃圾分类专项集体民主监督，共走访群众4700余户，发现各类问题290多个，提出意见建议315条，大部分得到采纳落实，有关做法在人民政协报、省政协联谊报及“同心苑”报道。深入开展文化、医疗、科技等“五下乡”活动，深受基层群众欢迎。

四、始终把促进团结联谊作为履职之重，凝心聚力优势更加明显

注重发挥大团结大联合的政治优势，进一步增进共识、汇聚力量，努力画好建设“创新之区、品质之城”的同心圆。

团结合作再深化。积极为民主党派、人民团体、工商联、知联会和无党派人士发挥作用创造条件，优先安排参加重要会议、重要活动、重要课题调研，并发表意见。密切与海内外虞籍乡亲和虞商联谊会的联系，会同区委统战部召开中秋茶话会、举办孝文化节等活动，有关做法得到省政协张泽熙副主席批示肯定。注重激发三胞眷属和民族宗教界委员的履职积极性，定期走访联络，增进感情交流。

文化交流再出彩。完成《上虞政协履职风采录》丛书、《上虞文史资料选粹》第四辑、《纪念新中国成立70周年暨人民政协70周年画册》编撰等工作。虞舜书画院等联谊平台活动经常、运行有序。建国70周年书画展、工笔画名家精品展等高层次展览，赢得区内外群众广泛赞誉。开展“茶香伴书香”“一叶清香·虞舜清风”等特色茶饮活动，全年举办各类书画展8期、茶事活动30场次。精心组织庆祝中华人民共和国成立和人民政协成立70周年系列活动，广泛汇聚起爱国爱乡的强大力量。

宣传引领再发力。继续与上虞日报、上虞电视台联合办好《委员风采》栏目，委员事迹在省级媒体推播5名、区级媒体25名。有关报道在上虞日报刊发119篇、上虞电视台刊播95篇；在政协网站和微信公众号分别编发信息382篇和313篇。外宣工作实现新突破，共在省级及以上媒体刊发各类报道77篇，其中人民政协报3篇、全国政协公众号5篇、省政协联谊报19篇、“同心苑”28篇、省政协网站22篇，积极传递上虞发展好声音、汇聚团结奋斗正能量。

五、始终把加强自身建设作为履职之基，政协内生动力更加强劲

主动适应新时代新要求，着力推进制度、队伍、作风三大建设，全面提升委员履职能力和机关服务水平。

抓制度建设增强执行力。充分发挥专委会的基础性作用，健全政协委室工作季度例会制度，落实委室联系界别、乡镇（街道）工委制度，切实加强联系沟通和协调服务。牢固树立“界别强则政协强”的工作理念，坚持每季度召开界别工作例会，严格落实《界别工作考核办法》等制度，界别主抓的“上虞模式”，多次得到省、市政协领导肯定。修订完善《政协委员履行职责的若干规定》，健全委员履职情况通报、政协常委会议缺席通报制度和委员退出机制。严格执行政协机关各项规章制度，服务保障水平进一步提高。

抓队伍建设激发创造力。注重委员履职能力建设，特邀省政协领导为全体委员作“新时代人民政协的新样子”主题宣讲，50名委员参加在浙江大学举办的履职能力提升暨“新时代新样子”专题培训，12名委员赴北戴河全国政协培训基地学习，“委员论坛”“委员小组会”等学习交流平台运作规范。深化委员考评结果运用，共评选出优秀委员25名。在区委关心支持下，新成立下属事业单位，选调3名年轻干部进入政协队伍，机关工作效率和服务质量得到提升。

抓作风建设提升服务力。坚持以项目化手段抓机关党建，“团结协作、履职为民”党建品牌进一步打响，有关做法得到省政协葛慧君主席充分肯定。扎实开展“新时代政协新样子”专题讨论，召开专题读书会，机关干部撰写体会文章21篇，其中12篇在省政协“联谊报”刊登。重视抓好党风廉政建设和意识形态工作，支持区纪委、监委派驻政协机关纪检监察组履行监督职能。规范财务、人事管理和会务接待工作，机关服务水平不断提升。组织机关干部参与各项中心工作，按时完成招商引资任务，认真做好退休干部工作，机关凝聚力日益增强。

各位委员、同志们，“汗水浇灌收获，实干笃定前行”。过去一年政协常委会所取得的工作成绩，是中共上虞区委坚强领导的结果，是区人大常委会、区政府大力支持的结果，是各乡镇（街道）、部门和社会各界人士密切配合的结果，也是政协各参加单位、广大委员和政协工作者共同努力的结果。在此，我代表区政协常委会，向所有关心支持政协工作的同志们、朋友们，致以崇高的敬意和诚挚的感谢！

我们也清醒地看到，对照人民政协的新使命和各界群众的新期待，政协工作还存在一些差距与不足，主要是：专门协商机构的优势有待进一步发挥，广泛凝聚共识的思路和办法有待进一步拓展，履职成果的转化落实有待进一步加强等等。这些都亟须在今后工作中努力加以改进。

2020年工作任务

2020年是高水平全面建成小康社会的决胜之年，也是更高水平建设“创新之区、品质之城”的关键之年。区政协工作的指导思想是：高举习近平新时代中国特色社会主义思想伟大旗帜，深入学习贯彻习近平总书记关于加强和改进人民政协工作的重要思想，认真贯彻落实中央和各级党委政协工作会议精神，在中共上虞区委的坚强领导下，进一步强化新时代人民政协使命担当，进一步发挥专门协商机构制度优势，进一步汇聚推进高质量发展磅礴力量，按照区委一届八次全体（扩大）会议精神，在助推营商环境提升年、产城融合发展年、基层治理深化年"三个年"活动和产业发展、科技人才、城市功能"三个一批"重大项目中彰显政协作为，为实现"争当区域高质量发展排头兵、在全国百强区排名持续晋位"目标贡献政协力量。

一、坚持正确政治方向，在维护核心提升政治站位上有新高度

始终做到高举旗帜、坚定信念，切实强化政治引领，着力在"引"字上想得深、站得高、把得准。

加强思想理论武装。深入学习贯彻习近平新时代中国特色社会主义思想、中共十九大和十九届四中全会精神，自觉把习近平总书记关于加强和改进人民政协工作的重要思想作为履职尽责的根本遵循。健全"不忘初心、牢记使命"长效机制，切实构建起以党组理论学习中心组学习为引领、多种形式相配套的常态化学习体系，以党的最新理论成果武装头脑、指导实践、推动工作。

自觉接受区委领导。始终恪守党对政协的领导这一根本政治原则，严格落实区委对政协工作的各项要求，做到党委有部署、政协就坚决贯彻，党委交任务、政协就担当作为，党委有禁令、政协就严格遵守，确保政协一切工作都在党委领导下开展、所有活动都紧扣党政决策部署进行。坚持重要情况及时报告、重大事项主动汇报、重要问题随时请示，确保党的领导在政协政令畅通、执行到位、落地有声。

发挥党组核心作用。强化政协党组在政协工作中的政治领导力、思想引领力、群众组织力和社会号召力，切实做到把方向、管大局、保落实。健全政协党组成员联系党员委员、党员委员联系党外委员制度，实现党的组织对党员委员的全覆盖、党的工作对政协委员的全覆盖。落细落实全面从严治党主体责任，支持区纪委、监委派驻政协机关纪检监察组履行政治监督职责。

二、聚焦党政中心工作，在发挥专门协商机构的作用上有新突破

紧贴中心，聚焦主业，依托专门协商机构优势，促进协商建言与党政工作贴得紧、融得深、做得实。

优化协商质效。聚焦产业集群培育、创新驱动发展、加大开放融合、城乡统筹发展、保障改善民生、加强社会治理等六方面重大部署，开展多种形式的协商议政，力求建言建在需要时、议政议到点子上。重点围绕"新时代枫桥经验创新发展""智慧城市管理""传统产业提升""宗教和顺社会和谐"等课题开展调研协商。建好用好"请你来协商"平台，对"老旧小区改造""残疾人事业发展""居家养老"等民生实事进行专题协商，全力打造特色品牌。完善协商形式，更多采用小型、灵活、精准的协商模式。探索网络议政和远程协商等形式，促进专门协商机构"专"出特色、"专"出质量、"专"出水平。

畅通建言渠道。坚持把提案和社情民意信息工作作为建言资政的重要渠道来抓，聚焦民生关切，摸透实情、找准问题、提好建议。提案工作要进一步发挥项目化管理优势，深化党政领导领办重点提案制度，统筹开展"百名委员促进提案办理"、提案质量"双向评议"、提案办理"回头看"三项活动，注重提案协商、提升办理实效。社情民意信息工作要不断拓宽民意通道、提升反映质量，加强对各民主党派、骨干委员和特邀信息员的联系指导，建立社情民意联系点，更好发挥民意"直通车"优势。

提升助推实效。按照区委决策部署，在推进"三个年"活动和"三个一批"重点项目过程中，统筹运用多种方式，打好组合拳，串起履职链，切实增强服务助推实效。把经常性监督与调研、视察、协商融为一体，组织灵活多样的专项视察活动。扎实推进"无废城市"创建工作专项集体民主监督，助力办好民生实事。探索将上年度重点协商议题转化为下年度民主监督议题，持续跟踪问效，打造履职闭环，推动履职工作从注重"做了什么""做了多少"向"做出了什么效果"转变。

三、强化思想政治引领，在广泛汇聚团结奋斗正能量上有新作为

坚持把思想政治引领、广泛凝聚共识作为履职的中心环节，健全机制、创新载体，确保联得上、聚得起、合得来。

以包容的姿态聚共识。全力为区级各民主党派、人民团体、工商联和无党派人士发挥作用搭建平台、提供舞台。加强与党外知识分子、非公经济人士、新社会阶层人士、出国和归国留学人员的联系联谊，注重发挥乡贤优势，调动虞商积极性，广泛汇聚起创业创新创造力量。密切同民族宗教界代表人士的经常性联系，健全情况通报制度。广泛开展书画、茶饮、文史交流，全年举办8期以上书画展览和20场次以上茶文化活动，出版《上虞茶文化》一书，编纂《上虞文史——百村赋》等书籍。更好发挥政协门户网站、微信公众号等媒体优势，广泛传播好声音，展现政协新样子。

以鲜明的导向聚共识。始终把坚持和发展中国特色社会主义作为巩固共同思想政治基础的主轴，在一些敏感点、风险点、关切点上强化思想政治引领。找准政协工作与区域治理的结合点，把政协阵地、平台、渠道转化为参与基层治理的有效渠道。主动面对多样化的群众诉求，拿出"有事好商量"的姿态，抱着"有话好好说"的态度，多做解疑释惑、理顺情绪、化解矛盾的工作，为助推党政决策部署的贯彻落实增进最大共识度、汇聚更多同行者。

以开放的理念聚共识。自觉把加强思想政治引领、广泛凝聚共识融于各项履职实践中，不断延伸工作手臂、创新联络载体，搭建凝聚共识新平台。巩固拓展"委员工作站"建设成果，着力在深化基层协商、广泛凝聚共识上发挥更大作用；加强"乡贤文化委员会客厅"建设，通过影响有影响力的人，把更多的人团结凝聚在党的周围；在杭州湾经开区、e游小镇等地探索建立"连心桥工作室"，搭建起群众"家门口"的协商平台。持续深化"界别活动周""委员服务日"履职品牌建设，让凝心聚力更具体、更务实、更有效。

四、适应时代发展要求，在全面推进履职能力建设上有新样子

切实增强一线意识，提高履职本领，强化履职保障，确保人民政协的新样子树得起、挺得住、立得久。

夯实政协基层基础。坚持把界别作为政协组织架构的铜梁铁柱来抓，进一步创新形式、完善机制、彰显特色，推动界别工作活起来、实起来、强起来。更好发挥专委会的基础性作用，着力在"专"字上下功夫、在"特"字上做文章、在"联"字上见实效，发挥好对口联系的桥梁作用和服务委员的纽带作用。切实加强对乡镇（街道）政协工作的联络指导，进一步发挥政协系统整体效能。

强化委员责任担当。注重在加强培训中提高能力、在搭建平台中促进履职、在严管厚爱中激发活力。进一步完善委员履职量化考评体系，坚持从委员履职、单位表现和履行社会责任三方面综合评价，从制度上强化委员责任担当。扩大协商议政和调研视察活动委员参加比例，让他们在政协工作中当主力、唱主角。政协委员要始终坚守边界、不断扩大眼界、努力提升境界，认真做好"委员作业"，答好时代考卷。

提升履职保障水平。坚持党建引领，擦亮党建品牌，进一步完善政协机关党建组织体系和制度机制，以党的建设引领和推动履职实践，以履职成效检验党建水平。切实发挥机关服务保障功能，完善运行机制，优化工作效能，持续做好退休干部工作，不断巩固心齐气顺、风清气正的良好局面，把政协机关打造成为让区委放心、群众贴心、委员舒心的服务机关。

新思想引领前行方向，新使命激发奋进力量。让我们更加紧密地团结在以习近平同志为核心的党中央周围，在中共上虞区委的坚强领导下，不忘初心、牢记使命，只争朝夕、不负韶华，积极担当作为，认真履职尽责，为合力建设更高水平的"创新之区、品质之城"做出更大贡献！

关于绍兴市上虞区 2019 年国民经济和社会发展计划执行情况及 2020 年国民经济和社会发展计划草案的报告

——在绍兴市上虞区第一届人民代表大会第四次会议上

（2020 年 1 月 8 日）

绍兴市上虞区发展和改革局

一、2019 年全区国民经济和社会发展计划执行情况

2019 年，在区委的正确领导下，在区人大、区政协的监督支持下，全区上下坚定“聚焦高质量、争当排头兵”发展思路，以“创新之区、品质之城”建设为引领，扎实开展营商环境优化年、城市能级提升年、干部作风深化年“三个年”活动，较好地实施了区一届人大三次会议通过的国民经济和社会发展计划。预计全年地区生产总值增长 7.7%，高于目标 0.7 个百分点；实现财政总收入 147.61 亿元，增长 4.5%，其中一般公共预算收入 89.52 亿元，增长 8.3%，增幅分别居全市第一、第二，低于目标 5.5、2.7 个百分点；预计社会消费品零售总额增长 10%，与目标持平；外贸出口总额增长 6.3%，高于目标 1.3 个百分点；研究与试验发展经费支出占 GDP 比重 2.98%，高于目标 0.01 个百分点；城镇、农村常住居民人均可支配收入分别增长 8.6%、9.6%，分别高于目标 0.6、1.1 个百分点；城镇登记失业率 2.1%，控制在 3% 的预期目标之内。综合实力居全国百强区第 37 位，较上年提升 3 位。

2019 年全区国民经济和社会发展主要呈现五个特点。

1. 三次产业协调发展，经济结构持续优化。产业发展保持稳健，经济增长的稳定性不断增强。一是一产平稳发展。预计第一产业增加值增长 2.3%，农林牧渔业总产值、增加值分别实现 76 亿元、48 亿元，均增长 2.2%；粮食播种面积 51.7 万亩，粮食总产量 20.4 万吨，完成粮食生产功能区提标 7908 亩，建设高标准农田 1.29 万亩；创成浙江省农业绿色发展先行县。二是二产稳健运行。预计第二产业增加值 508.10 亿元，增长 7.7%，规上工业总产值、增加值分别增长 6.7%、8.0%；工业用电量增长 5.78%；规上工业企业亩均税收增长 26.1%，4 家企业跻身全省制造业重点行业“亩均效益”领跑者，八大产业集群培育扎实推进，成功列入全省 18 个制造业高质量发展示范区创建名单，争取省级激励资金 7000 万元；建筑业税收超 10 亿元，获评“全省建筑工业化优秀县（市、区）”。三是三产贡献有力。预计实现第三产业增加值 430 亿元，增长 8.3%，服务业增加值增速继续保持全市前列，省服务业强县（市、区）试点扎实推进，国家风机产品质量监督检验中心通过验收；限上批发、零售业销售额分别增长 35%、15%，限上住宿、餐饮业营业额分别增长 10%、20%，其他营利性服务业营业收入增长 28%，快递业务量、业务收入分别增长 10%、20%，商品房销售面积、销售额分别增长

4.7%、27.6%。

2. 有效需求稳速增长，发展动力持续提升。投资、消费、出口拉动有力，有效促进了经济持续发展。一是消费市场平稳向上。预计实现社会消费品零售总额371.7亿元，城乡居民人均消费分别增长8.8%和8.9%；商业模式创新升级，夜间经济试水破题；预计实现网络零售总额75亿元，增长18%，上虞伞业列入省第二批跨境电商产业集群试点。二是项目投资量质齐升。全省重大项目暨特色小镇建设现场推进会顺利召开，"4+1"投资新政深入实施，预计固定资产投资增长10%以上，民间项目、交通运输、生态环境和公共设施、高新技术产业投资分别增长25%、30.5%、16%和41%；224个政府投资项目投资完成率97.7%，38个"三个一批"重大项目投资完成率100.5%，省市县长项目落地率100%；产业链精准招商成效显著，新引进10亿元以上项目15个，其中50亿元以上2个，外资引进实绩连续三年居全市第一。三是外贸出口积极有为。预计实现出口总额271.38亿元，占全国出口比重为16.2，对美出口占比21%；龙盛、卧龙、阳光等3家企业入围2019年浙江本土民营企业跨国经营30强（全市6家），数量居全市第一。

3. 开放理念深入践行，发展模式持续创新。统筹推动区域协调发展，着力培育经济新增长点，高质量发展能级有效提升。一是区域统筹战略全面实施。积极响应长三角一体化国家战略，出台《上虞区融杭联甬接沪行动计划》，"全力融入·全面接轨"接沪推介活动圆满成功。杭绍台铁路上虞段、群贤路东延三期等路网工程、"拥江西进"项目有序实施；长三角异地门诊实现联网刷卡结算；崧厦、沥海撤镇设街工作顺利完成。杭州湾上虞经济技术开发区（浙江省上虞经济开发区）整合提升获国家商务部肯定，创成全国绿色化工园区，跻身中国化工园区30强；9个工业园区整合提升，12家小微企业园通过省级认定。二是数字经济动能加速释放。预计数字经济核心产业（制造业）增加值22.9亿元，增长15%。新增省级工业互联网平台3个，入选省级上云标杆企业3家。化工2.0版"1+5"体系全面构建，创成全国智慧化工园区试点示范单位。启动5G网络建设规划，开展5G工业场景应用建设试点。e游小镇正式命名为第三批省级特色小镇，进入2018年度省级特色小镇"亩均效益"领跑者名单。三是全域旅游建设加快推进。预计全年接待游客2085万人次，实现旅游总收入175亿元，分别增长16.04%、16.2%；曹娥江文创走廊启动建设，新引进重大文旅项目13个，创建省级银宿2家，风情街获评绍兴十大"特色文化产业园区（街区）"，顺利举办"诗画曹娥江"主题活动40余场，成功举办卧龙杯曹娥江国际龙舟大奖赛、曹娥江国际半程马拉松等品牌赛事18场，绍兴市第九届运动会顺利落幕，荣获"首批全国最具特色魅力旅游胜地"称号。

4. 要素保障有力突破，发展后劲持续增强。创新实力、人才引育能力全面提升，要素支撑经济发展作用更加凸显。一是创新能力不断增强。预计高新技术产业产值190亿元，增长8%，新产品产值率40%，增长35%；全省科技进步综合评价提升至第7位，新认定高新技术企业53家、省科技型中小企业178家，列入省级新产品试制计划634项，新增省级众创空间5家、市级7家；科创走廊建设加快推进，成立区级产业发展研究院，新引进景德镇陶瓷大学上虞陶瓷高等研究院、天津大学浙江绍兴研究院、西安交通大学绍兴先进动力产业研究院等产业研究院，总数达13家，"十百千"行动深入开展，产学研合作不断深化；成功举办中国新材料产业创新发展论坛。二是人才引育表现突出。出台全省最优支持和鼓励大学生来上虞见习实习的实施意见，全省首创大学生见习实习基地示范工场建设；成功举办"海创人才"国际创业大赛；引进海外工程师35名，认定外国专家站1家；新增就业大学生1.7万名，增长19%；引育绍兴"海内外英才计划"29名；培养高技能人才2883名。三是要素争取成效明显。全年累计获得补助资金2.24亿元，解决用能需求15万吨标煤以上，盘活闲置厂房53万平方米、存量土地2063亩，争取新增建设用地指标2320亩，批准农转用征收面积3521亩。交通集团、杭州湾建开集团获AA+信用评级，文旅集团获AA信用评级；"凤凰行动"上虞计划受到省政府督查激励表彰，获300万元省金融业发展专项资金；全年完成直接融资288.17亿元；完成并购重组5宗，金额308亿元；引进基金（机构）20家，金额近20亿元；新增上市挂牌企业2家、辅导报会企业6家。

5. 政策措施有效落地，公共服务持续优化。政策保障全面推进，营商环境、社会保障、生活环境均得到有效提升。一是营商环境优化提升。行政机构改革顺利完成，“最多跑一次”“最多90天”等改革扎实推进，在全省率先实施全流程不见面招投标和互联网不动产登记，“双查双保”中介监管标准化国家级试点、人民调解标准化省级试点分别通过国家级、省级验收，获评中国营商环境建设示范区；“互联网+政务服务”提质增效，在全市率先启动城市大脑建设。出台促进民企高质量发展“45条”，全年共计减税降负34.5亿元，基本完成企业社保费返还工作，涉及金额2.48亿元；“三服务”系列活动深入推进。金盾集团破产重整顺利完成，由此引发的金融风险得到有效稳控；不良贷款率0.8%，较年初下降0.18个百分点；安全生产“1+X”责任体系不断完善。“雄鹰行动”“雏鹰行动”深入实施，龙盛、卧龙成功入围省第一批“雄鹰行动”培育企业名单；获评首批“省级信用县”，为全市唯一，信用修复纳入信用事中事后监管。二是社会事务提质扩面。全年发放低保金5557万元，低保对象新增661人，动态退出938人；社保精准扩面深入推进，养老保险、医疗保险参保率分别达到97.7%、99.8%；12家新（扩）建公墓完成建设；22个“示范型爱心驿站”通过市级验收；区镇村三级联动医共体完成建设。鸿雁社区列入全省首批未来社区试点创建名单；小学校内托管服务全面实行；新建城市书房3家，落户民营博物馆5家；上虞博物馆异地新建工程扎实推进；区社会福利中心建设有序推进；免费健康体检19万人次。完成闲置农房激活面积约40.6万平方米，创建闲置农房激活全域试点示范乡3个、示范村13个；创建放心市场8家，提星升级10家；新增城乡夜公交3条，新建、改造公交候车亭共62座；完成城中村征迁52.2万平方米；刑事治安类警情同比下降10.6%。三是生态环境优化升级。成功创建省级生态文明建设示范区，开展浙江省美丽乡村示范县创建，县域节水型社会达标建设通过省级验收。全年共查处环境违法案件542起，农药废弃包装物回收率144.42%。城乡生活垃圾分类全面推行，打赢蓝天保卫战三年行动计划深入实施，异味评价体系二期工程顺利完成，全区40家企业完成废气整治，空气质量优良率92%，PM2.5平均浓度为33微克/立方米，市级以上考核断面水质合格率100%。

在充分肯定成绩的同时也要清醒地认识到，宏观经济形势严峻，民营企业信心不足，经济增长下行压力仍然较大；传统产业升级仍需加强，新兴产业培育能力不足，经济结构优化有待加快；营商服务、要素保障仍需加强，社会治理智慧化水平尚需提升。根据对我区“十三五”规划综合实力、创新驱动、资源环境、社会民生四大类31个指标的分析预测，全社会固定资产投资及工业生产性投资、全员劳动生产率、万元GDP综合能耗下降、森林覆盖率（前两项涉及统计制度改革）等4个指标期末完成目标困难较大。对此应高度重视，采取有效措施努力加以解决。

二、2020年全区国民经济和社会发展主要预期目标

2020年是我国全面建成小康社会的决胜之年，是实施“十三五”规划的收官之年，既是决胜期，也是攻坚期，因此稳步推进新一年经济社会发展工作十分重要。根据区委总体部署和《政府工作报告》安排，提出年度指标安排建议。

（一）主要考虑

安排2020年全区国民经济和社会发展目标主要基于以下三方面考虑。

一是抢抓新机遇的需要。我国经济发展空间结构正在发生深刻变化，上虞经济高质量发展进入深化阶段，锚定区域发展排头兵目标，力争上游，需牢牢抓住长三角区域发展一体化、科技革命与产业变革等历史机遇，形成优势互补、高质量发展的区域经济布局，推动我区经济社会发展迈向更高台阶。

二是应对新挑战的需要。当前我区经济社会发展情况总体平稳向好，但面临的形势依然严峻、存在问题不容忽视，化解好经济社会发展中的关键问题、突出短板，防范好各种风险挑战，坚持稳字当头，积极进取，是实现我区经济高质量发展的核心要义。

三是彰显新担当的需要。强化以人民为中心的思想，促进经济增长与居民收入增长相适应，坚持利为民所谋，以干事创业敢担当的精神，迎难而上，驱动上虞加快从县域经济向都市区经济跃迁，不断提升人民共享经济社会发展成果的层级水平。

（二）重点说明

对主要预期目标作如下重点说明。

1. 关于地区生产总值增长 7.2%。2020 年我区经济仍将处于提质增效、结构优化和动力转换的重要时期。随着经济高质量发展、城市转型升级深入推进，三次产业转型升级将带动区域经济稳步增长。确定这一目标，充分考虑了发展环境的变化、经济承压的现状和高质量发展的能力。

2. 关于财政总收入增长 8%，其中一般公共财政预算收入增长 9.5%。我区经济运行态势良好，传统产业改造提升、新兴产业培育发展、企业效益增势较好等因素为财政增收提供了有力保障。但受经济下行压力、减税降费持续推进、房地产税收不确定等因素影响，预计财政收入增速将有所放缓。

3. 关于固定资产投资增长与经济增长基本同步，投资结构趋于优化。随着全区政府投资项目、“三个一批”重大城市功能项目、省市县长项目、省市重点项目等持续推进，2020 年固定资产投资将保持稳定增长，民间项目投资、交通基础设施投资、生态环境建设投资、高新技术产业投资增长目标分别为 10% 以上，省市县长项目落地率 100%。

4. 关于社会消费品零售总额增长 10%。当前我区消费结构仍处于转型期，还需围绕培育信息消费、教育消费、旅游消费、文化消费等新业态深入挖掘消费增长点，建议社会消费品零售总额增长 10%。

5. 关于外贸出口增长 5%。当前汇率波动幅度较大，中美经贸磋商在部分领域取得实质性进展，但已加征关税尚未取消，后续走势不确定等因素仍然存在。随着我区外贸结构的优化、“订单 + 清单”预警监测系统的建设、出口产品竞争力的提升，外贸出口将稳定增长。

6. 关于研究与试验发展经费支出占 GDP 比重达 3%。随着科创走廊建设深入推进、创新要素不断集聚以及产业集群培育力度加大，创新平台建设、新动能培育步伐加快，科研经费支出维持高位，将有效促进科技创新成果孵化，为“创新之区”建设打下坚实基础。

7. 关于城镇登记失业率控制在 3% 以内。随着稳就业、稳金融、稳外贸等“六稳”政策措施深入实施，就业创业服务体系不断完善，预计总体就业形势基本稳定。但考虑到部分行业生产经营受外贸形势影响较大以及行业转型升级深入推进，一般劳动力就业问题依然存在。

8. 关于城镇、农村常住居民人均可支配收入增长 8%、8.5%。为切实增强人民群众生活的幸福感和获得感，随着乡村振兴战略深入实施，社会保障水平提升，多元化社会救助体系完善，居民工资性收入、财产性收入、转移性收入来源将不断拓宽，居民收入增长将快于经济增长。

9. 关于节能减排完成上级下达任务。节能减排是约束性指标，必须不折不扣完成。

三、2020 年全区国民经济和社会发展主要工作措施

为顺利实现全区经济社会发展目标，必须高举习近平新时代中国特色社会主义思想伟大旗帜，全面贯彻落实党的十九大、十九届四中全会精神和省市各项决策部署，深入贯彻新发展理念，紧紧围绕建设“创新之区、品质之城”的总体定位，牢牢把握稳中求进工作总基调，坚持“高质量、可持续、普惠性”导向，大力开展营商环境提升年、产城融合发展年、基层治理深化年“三个年”活动，积极谋划“十四五”规划，全力抓好实体经济、改革创新、城市提质、乡村振兴、民生改善、社会治理等各项工作，重点落实以下六方面措施。

1. 聚焦开放发展，助推经济稳定增长。抢抓长三角一体化国家战略实施发展机遇，做深内外协同文章。一是加快区域融合。加紧融杭联甬接沪步伐，突出重大功能平台能级提升，深化“产城教”融合与发展，加速交通路网工程、基础设施建设，加快实现未来小城“三年集聚 2 万人”目标，全力打造接沪桥头堡示范区、联甬先行区。二是突出项目引领。加快编制完善产业地图、产业链精准招商导航图，突出产业链精准招商上虞品牌，紧盯平台型、总部型、旗舰型的大高新项目，重点抓好以商引商、基金招商、平台招商，力争实到外资 3 亿美元，引进 10 亿元以上项目 15 个以上，其中 50 亿元以上项目 2 个，力争 100 亿元以上项目和世界 500 强项目有新突破。三是扩大商圈影响。培育新消费增长点，做好假日经济、夜间经济文章，全力打造智慧商圈，改造提升数字化场景，巩固提升浙东新商都品牌

效应。力争实现限额以上批发和零售业销售额分别增长25%、12%；限额以上住宿和餐饮业营业额分别增长12%、20%，网络零售额增长20%以上，深化推进农村电子商务发展，争创8个以上电子商务专业村。四是提升外贸格局。积极应对贸易摩擦，加强“订单+清单”预警监测工作；大力开拓国际市场，谋划出口市场结构，深耕欧盟、日韩等传统市场，拓展“一带一路”沿线市场，抓好俄罗斯照明展、泰国美容展等重点展会的组展参展工作；培育扩大外贸主体，新增进出口备案企业150家以上，加大跨境电商支持力度。

2. 聚焦创新发展，激发转型升级活力。坚持创新驱动，积极推动产学研融合发挥更大作用。一是加快集群创新。以区产业发展研究院成立为契机，加快推动全区产业实现科学化布局、精准化引育、全链化集聚、高端化发展。高质量打造“2+5+9+N”平台体系，积极培育壮大八大产业集群，推行产业链“链长制”，提升e游小镇、数字经济众创空间等平台支撑。二是加快动能创新。继续实施数字经济五年倍增计划，确保全年高新技术产业投资额增长10%，数字经济核心产业增加值增长10%。深入实施企业上云三年行动计划，确保完成四年累计企业上云4670家。加快实施百项智能化改造重点项目，搭建工业互联网平台，力争实现重点工业企业装备数控化率76%和机器联网率55%。加速主城区和杭州湾经开区5G信号覆盖，积极推进5G应用融入“城市大脑”，实现5G用户普及率达30%。三是加快技术创新。积极发挥25家省级企业研究院特别是3家省级重点企业研究院作用，提升企业自主创新能力；新增20个以上创新载体、50个以上创新创业项目；新引进大学研究院2家，新增省级众创空间（孵化器）3家，新增高新技术企业40家、科技型中小企业150家，新认定省级企业研发中心（企业研究院）5家。培育“品字标浙江制造”企业10家以上，新增“浙江制造”团体标准8项，“品字标”企业4家，新增发明专利授权200件。四是加快企业创新。继续实施“雄鹰计划”“白马计划”“雏鹰计划”，推动企业多渠道、多板块上市融资，力争新增上市企业2家，新增辅导和报会企业4家次，完成企业股改20家，力争全年新增省级隐形冠军培育企业5家以上，区级隐形冠军企业5家以上，培育企业10家以上；加大政策扶持力度，新培育小微企业100家，力争全年新增规上企业60家，新增超亿元以上企业10家。

3. 聚焦协调发展，加速城乡统筹建设。全力加快城乡一体，统筹推进城乡建设新发展、新跨越。一是加快提升城市能级。摸清全区资源禀赋，合理划定“三区三线”，统筹全域空间资源配置，优化重点区域定位，加强城市建设核心区块规划研究编制，推动国家级新材料创新中心、天津大学研究院和绿色化工人才实训中心等高能级功能平台的建设布局，强化区域平台共享和辐射引领。二是稳步提升城乡品质。启动实施老旧小区改造新三年计划，对实施范围内的117个老旧小区按类型实施差异化改造；对重点道路进行积涝改造，加强交通拥堵治理，新增停车位2000个；以“未来社区”创建试点为契机，加快启动鸿雁社区建设；加快“城市大脑”建设，深化以城市管家为平台的“最多一小时”机制；深化农业供给侧结构性改革，确保农林牧渔业总产值80亿元，增加值增长2.3%以上，启动“四季仙果”数字农旅综合体、农创智谷建设，抓好A级景区村、镇、城和“五星3A”工作，力争创建成为“省级美丽乡村示范县（市、区）”。三是着力推进全域旅游。以打造全域旅游示范区为目标，加快皂李湖区块、孝德文化小镇、瓷源文化小镇“一湖两镇”建设；统筹规划上虞融入“浙东唐诗之路”和“大运河诗路”路径，形成实施计划；继续实施绿道建设项目，全年建设40公里绿道游步道，打造长约27公里环曹娥江骑行绿道；加快推进岭南、陈溪省级旅游风情小镇创建和长塘桃花源生态旅游区国家AAAA级旅游景区创建。

4. 聚焦绿色发展，筑牢生态保护屏障。发展低碳经济，彰显生态文明新风貌。一是严抓环境治理。全面完成蓝天保卫战三年行动目标任务，深化乡镇街道“污水零直排区”建设，确保PM2.5平均浓度在32微克/立方米以内，AQI优良率90%以上，力争考核断面、饮用水源水质全面达标。二是强化源头管控。严格能源“双控”，将“能效标准”作为项目招商的前置条件，严格落实新上高耗能项目用能“减量置换”或“等量置换”原则，推进煤炭消费减量替代工作。推进节能新技术、新产品的推广应用。推进化工产业改造提升2.0版，建成投用“4+2”综合监管服务系统，巩固印染产业提档升级工作。大力开展绿色制造示范行动，力争全年新增市级以上绿色工厂5家以上，创建省市级节水型企业3家以上。三是筑牢绿色屏障。启动国家级生态文明示范区创建，完成175.42平方公里生态保护红线勘界定标，逐步形成“一条红线”管控的生态空间格局。切实抓好山水林田湖草生态保护修复试点，探索山上山下、地上地下、流域上下的“三同治”新模式。

5. 聚焦共享发展，提升民生服务品质。紧密结合人民群众对美好生活的向往，把共享发展作为增进居民福祉的扎实举措。一是推动居民就业创业。全年新增各类人才2万名以上，新增就业1.7万个岗位，城镇登记失业率保持在较高水平，广泛开展各类技能人才培训工作，指导培训各类技能人才1.3万名以上。努力巩固和谐劳动关系，切实维护好劳动者的切身利益。二是提高社会保障水平。加快推进城乡居民医疗保险、大病保险、医疗救助“3+N”报销一件事。实现医保参保资助参保率100%、医疗救助政策落实率100%、大病保险报销比例不低于60%。推进长三角地区跨省异地就医门诊直接结算，努力打造全省“智慧医保”示范区；完善多元化社会救助体系，做好东西扶贫、对口支援、山海协作等工作。三是深化社会事业发展。引进民办博物馆2家，推进“互联网+义务教育”省级实验区试点，新建改建中小学、幼儿园8所，创建市级以上研学基地2个，实现城乡优质教育资源共建共享。推进体育赋能产城工程，办好曹娥江马拉松等12次以上高质量品牌赛事，培育文化演出和展会活动市场。深化健康上虞建设，加快启动邵逸夫医院绍兴院区建设，推进人民医院科技综合楼、城南医用综合中心等续建项目。扎实推进新时代文明实践省级试点建设工作，常态化开展“五传五心”志愿服务活动。

6. 聚焦重点保障，增强区域发展定力。从政策制定、出台、落地全流程上下功夫，提升市场主体的信心和政策红利获得感。一是优化服务保障。打好民营经济高质量发展组合拳，完善推进45条政策落地见效；贯彻落实省、市营商环境指标体系，深化商事制度改革，探索“杭绍甬”三地商事登记服务事项一体化；建立重大项目“1+9+X”一体化审批绿色通道，创新开展经开区公共设施联办、项目一体化联办模式；深化“亩均论英雄”改革，健全完善要素差别化政策，实施新型产业用地（MO）试点；全力打好标准地、代办制、承诺制、区域评估等组合拳，纵深推进“最多跑一次”改革，加快政府数字化转型，运行企业投资项目在线审批监管平台3.0版，实现一般企业投资项目全过程审批“最多80天”并持续提速提质。二是提升要素保障。土地方面，着力做好“拆、盘、争、买”四篇文章，滚动推进一批棚改项目、征迁项目；加快“四未一低”土地消化处置和全域土地综合整治工作；向上争取重点项目“戴帽”指标1000亩和更多奖励指标，新增建设用地指标800亩；通过向外“买”等途径，拓宽发展空间。资金方面，坚定推进国有公司市场化转型，鼓励企业上市、直接融资和并购重组，广泛吸纳社会资本参与城市建设。人才方面，实施高层次人才引育倍增计划，目标引进培育省级以上领军型人才20人。三是强化平安保障。抓好法治政府建设顶层设计，加快构建现代公共法律服务体系，实现治理体系和治理能力现代化；聚焦“两链”风险、非法集资等突出风险点位，完善风险监测防控系统；深化信用上虞建设和信用修复工作，健全企业全生命周期“信用+”监管模式；深化政府性债务风险“化管防”体制机制创新试点和上市公司引领产业发展示范区建设及全省企业金融顾问服务工作；防范安全生产风险，优化职工劳动环境，推进企业安全生产标准化建设；开展“最具安全感城市”创建，加快推进“雪亮工程”建设；实施基层治理三级协同处置模式，实现矛盾化解“最多跑一地”。

各位代表，做好2020年全区国民经济和社会发展工作，任务艰巨，责任重大。我们将在区委的坚强领导下，在区人大、区政协的监督支持下，不忘初心，砥砺前行，为顺利完成2020年国民经济和社会发展各项任务而不懈奋斗！

特　辑

2019年绍兴市上虞区国民经济和社会发展统计公报

2019年是中华人民共和国成立70周年，是实施"十三五"规划、决胜全面建成小康社会的冲刺攻坚之年，也是上虞推动高质量发展的重要一年。全区上下坚持稳中求进工作总基调，咬定"冲击全市第一方阵、争当区域高质量发展排头兵"目标不动摇，扎实开展营商环境优化年、城市能级提升年、干部作风深化年"三个年"活动，不断开创"创新之区、品质之城"建设新局面。

上虞经济社会发展主要指标

表1

指标名称	单位	2019年	2018年	增幅(%)
年末户籍人口	万人	77.94	78.04	-0.1
地区生产总值(GDP)	亿元	978.11	911.14	7.4
规模以上工业总产值	亿元	1582.32	1481.43	6.8
社会消费品零售总额	亿元	377.36	342.24	10.3
自营出口	亿元	278.21	255.39	8.9
实际利用外资	万美元	40348	35328	14.2
财政总收入	亿元	147.61	141.25	4.5
#一般公共预算收入	亿元	89.52	82.65	8.3
金融机构本外币存款余额(本外币)	亿元	1403.04	1233.24	13.8
金融机构本外币贷款余额(本外币)	亿元	1184.72	1085.27	9.2
全社会用电量	亿千瓦时	64.88	61.27	5.9
#工业用电量	亿千瓦时	49.42	46.72	5.8
城镇常住居民人均可支配收入	元	65234	60042	8.6
农村常住居民人均可支配收入	元	35443	32423	9.3

注：GDP增幅按可比价计算，其余均按现价计算。

一、综合

综合实力稳步攀升。2019年度上虞区综合实力跃升至全国百强区第37位，比上年度提升3位。据初步核算，2019年上虞区实现地区生产总值978.11亿元，按可比价计算增长7.4%，增幅比绍兴平均高0.2

个百分点，居六县（市、区）第三位。按户籍人口计算，人均生产总值125412元，增长7.5%，按年平均汇率（6.8985）计算，人均生产总值达18180美元。从三大产业看：第一产业实现增加值49.70亿元，增长2.3%；第二产业实现增加值504.96亿元，增长6.9%；第三产业实现增加值423.45亿元，增长8.7%。三次产业占地区生产总值的比重由上年的5.1:52.7:42.2演变为5.1:51.6:43.3，对GDP的贡献率分别为1.7%、51.3%和47.0%。

二、农业

农业经济平稳增长。2019年我区实现农林牧渔业增加值50.77亿元，按可比价计算增长2.5%，比绍兴平均高0.1个百分点，居六县（市、区）首位。实现农林牧渔业总产值80.18亿元，按可比价计算增长2.5%，其中农业产值48.10亿元，增长4.2%；林业产值4.91元，增长2.2%；牧业产值9.42亿元，下降16.0%；渔业产值16.55亿元，增长6.8%；农林牧渔专业及辅助性活动产值1.20亿元，增长11.8%。年内生猪出栏22.79万头，牛出栏600头，羊出栏3.77万只，家禽出栏110.06万只，肉类产量2.03万吨，水果产量18.24万吨，茶叶产量2392吨。

现代农业欣欣向荣。大力发展都市农业，开展溯源中国·四季仙果数字化平台建设，"觉农·翠茗"茶叶区域公用品牌正式启用。新建省级千亩高产创建示范区6个、区级百亩高产创建示范区10个，总面积达0.91万亩；完成7908亩粮食生产功能区提标项目基础工程建设。建成"平安农机"示范乡镇9个，省农业"机器换人"示范乡镇6个，省农业"机器换人"示范基地44个，全区水稻耕种收综合机械化率达88.5%。壮大新型农业经营主体，全区县级以上重点农（林）业龙头企业67家，其中年销售收入超亿元企业6家，省级骨干农（林）龙头企业8家、市级18家。

乡村振兴全面推进。全区财政对农林水事务投入11.89亿元，增长2.8%。列入全省乡村振兴产业发展示范建设县（市、区），成立上虞乡村振兴研究院，新增"五星达标"村90个、"3A示范"村11个。开展"浙江省美丽乡村示范县"创建，完成美丽乡村PPP项目187个，总投资达5.7亿元；完成231个村"三线"整治任务。推进乡村振兴合伙人计划，新培育大学生农创客44个。建成闲置农房激活全域试点示范乡5个、示范村19个，全年完成激活闲置农房1389幢、激活面积41.16万平方米。创建省级新时代美丽乡村达标村74个、新时代美丽乡村精品村25个，建成乡村振兴示范村5个，新建乡村客厅15家。丁宅乡成功列入农业农村部国家级农业产业强镇创建名单，章镇、盖北省级"一区一镇"建设进展顺利。大力壮大村级经济，村级集体经济收入增长10.1%。

绿色农业高效发展。开展"浙江省农业绿色发展先行区"创建，完成"美丽稻田建设示范"项目和丰惠镇区域性生态循环农业项目建设。新认证无公害农产品5个、绿色食品3个。积极推进"肥药两制"改革，建成氮磷生态拦截沟渠5条，农药废弃包装物回收率和处置率分别达144.4%和194.9%。建设省级美丽牧场4家、市级美丽牧场6家。高标准提升改造规模猪场23家，建成省级水产健康养殖示范场10家。加大林业生态保护力度，完成平原绿化面积2500亩。

三、工业和建筑业

工业经济态势稳健。列入全省制造业高质量发展示范区创建名单。2019年实现规模以上工业产值1582.32亿元，增长6.8%，比绍兴平均高1.4个百分点居首位；产销率为95.3%，同比提高0.3个百分点；规模以上工业增加值321.01亿元，增长8.1%。从轻重工业看，规模以上轻工业实现产值426.41亿元，增长4.4%，规模以上重工业实现产值1155.91亿元，增长7.7%。分行业看，机械装备业实现规模以上产值277.56亿元，增长2.3%；医药化工业实现规模以上产值574.82亿元，增长9.3%；轻工纺织业实现规模以上产值182.50亿元，增长7.5%；照明电器业实现规模以上产值55.76亿元，下降1.9%。全年完成工业用电量49.42亿千瓦时，增长5.8%，比绍兴平均高0.4个百分点居第二位。杭州湾上虞经济技术开发区创成全国绿色化工园区，跻身中国化工园区30强，化工产业综合指数位居全省第一。

发展动能加快转换。全年实现规模以上高新技术产业和战略性新兴产业增加值214.12和145.06亿元，占规模以上工业增加值比重分别为66.7%和

45.2%，比上年提高 2.7 和 2.5 个百分点。规模以上工业中，时尚产业和文化产业增加值分别增长 11.1% 和 7.6%，高于绍兴平均 11.9 和 11.3 个百分点均居全市第二位。规模以上工业新产品产值 671.92 亿元，增长 35.8%，新产品产值率达 42.5%，同比提高 9.1 个百分点，拉动规模以上工业产值增长 12.0 个百分点。部署实施数字经济五年倍增计划，新增省级工业互联网平台 3 个，入选省级上云标杆企业 3 家，规上工业数字经济核心产业制造业增加值 24.94 亿元，增长 10.4%，占全市的份额达 34.0%。加快传统行业改造提升，完成化工企业“六新”改造 20 家、无人化车间改造 10 个，创成全国智慧化工园区试点示范单位。十七大传统产业增加值增长 11.6%，比绍兴平均高 2.5 个百分点，传统产业改造提升工作经验全省推广。

企业效益提升明显。规模以上工业企业实现营业收入 1484.53 亿元，增长 4.4%；利税总额 178.92 亿元，增长 15.1%。企业亏损面为 18.5%，同比降低 2.3 个百分点；每百元营业收入中的成本为 81.2 元，同比降低 0.8 元；营业收入利润率为 9.2%，同比提高 1.3 个百分点。

大型企业领跑经济。全区共有规模以上工业企业 768 家，其中年营业收入 10-50 亿元企业 31 家，5-10 亿元企业 33 家，1-5 亿元企业 182 家。全区营业收入亿元以上企业实现产值 1328.95 亿元，增长 11.4%，营业收入 1274.20 亿元，增长 10.7%，占规模以上工业企业的比重分别达 84.0% 和 85.8%。89 家大中型企业引领发展，产值和营业收入分别占全区规模以上工业的 48.1% 和 48.4%。

节能降耗扎实推进。2019 年持续深入转型升级战略，推进化工等传统行业改造提升，打好节能减排攻坚战。全年规模以上工业企业综合能耗 170.42 万吨标准煤，下降 0.3%；万元产值能耗 0.1077 吨标准煤 / 万元，下降 6.7%；规模以上工业单位增加值能耗下降 7.3%，比绍兴平均低 0.4 个百分点居第三位。

建筑产业稳健发展。建筑业税收超 10 亿元，获评“全省建筑工业化优秀县（市、区）”。生产基地做大做强，三家 PC 基地全年产量达 18.7 万立方米。工程创优成果丰硕，建筑企业共获国家级奖项 36 项，其中鲁班奖 3 项、詹天佑奖 1 项、国家优质工程奖 2 项、中国住宅全装修精品工程 3 项、中国建筑工程装饰奖 27 项；省级奖项 86 项，其中白玉兰奖 12 项、扬子杯 3 项、浙江省优秀建筑装饰工程 20 项、浙江省优秀安装质量奖 2 项、金石奖 14 项等。

四、固定资产投资和房地产

投资活力不断增强。深入实施“4+1”投资新政，突出大项目引领，带动质量和效益稳步提升。2019 年固定资产投资增长 11.3%，比绍兴平均高 1.1 个百分点居全市第二位。从四大结构来看，民间项目投资增长 29.4%，比绍兴平均高 6.8 个百分点居全市首位，拉动固定资产投资增长 8.0 个百分点；交通运输投资增长 34.2%，居全市第二位；生态环境和公共设施投资、高新技术产业投资分别增长 23.5% 和 49.9%。新引进 10 亿元以上项目 15 个，其中 50 亿元以上项目 2 个，省市县长项目落地率 100%。

房产销售形势良好。全年实现商品房销售面积 126.78 万平方米，增长 5.1%；商品房销售额 176.56 亿元，增长 39.5%；房屋施工面积 421.17 万平方米，增长 46.1%，其中新开工 168.04 万平方米，增长 48.4%；年末待售面积 47.81 万平方米，下降 26.8%。

五、城市建设

城市建设提档升级。以“城市能级提升年”活动为抓手，着力打造品质之城。城市功能日益完善，完成城中村征迁 52.2 万平方米、老旧小区改造 18 万平方米，建造安置房 1323 套，鸿雁社区入选省首批未来社区试点。新建改建城市道路 13.5 公里，打通断头路 2 条，交通拥堵指数下降 2.5%。大力实施智慧停车工程，新增停车位 2042 个。生活垃圾源头减量等五大行动全面推进，获评省农村生活垃圾分类工作优胜区。新建改造城镇配套污水管网建设项目 12 只，完成管网 36.22 公里。深入危旧房治理，全年完成农村困难群众住房救助 142 户。

六、国内贸易

商贸经济平稳运行。省服务业强县（市、区）试点扎实推进，第三产业增加值占 GDP 比重比上年提高

1.1个百分点。全年社会消费品零售总额377.36亿元，增长10.3%，其中限上社会消费品零售总额159.10亿元，增长14.1%。按销售单位所在地分，城镇社会消费品零售额260.64亿元，增长8.1%，乡村社会消费品零售额116.72亿元，增长15.3%。全年上虞区批发零售业实现销售额1100.58亿元，增长14.9%，其中限额以上单位销售额335.92亿元，增长26.1%；住宿餐饮业实现营业额64.29亿元，增长16.0%，其中限额以上单位营业额9.44亿元，增长16.3%。加快发展电子商务，新建村级电商服务站20个，社区智能投递终端50个，新增(跨境)电商主体303家。全年实现网络零售额79.33亿元，增长21.4%。伞业列入省第二批跨境电商产业集群试点。

商品市场繁荣活跃。全区共有实体市场52个，实现成交额128.79亿元，其中消费品市场成交额125.63亿元，生产资料市场成交额3.16亿元。大型商品交易市场活力彰显，年成交额超亿元市场13个，实现成交额114.86亿元，占全区商品交易市场成交额比重达89.2%，其中绍兴大通集团公司农副产品批发交易市场和浙江石狮商贸城年成交额均超30亿元。

七、对外经济

利用外资量质并进。大力促进区内优势企业与国外企业合作，新增并购合作项目4个。新办外商投资企业46家，新批外商增资项目13个。合同利用外资5.01亿美元，实际利用外资4.03亿美元，分别增长59.7%和14.2%，外资引进实绩连续三年居全市第一。新批项目总投资5.6亿美元，其中1000万美元以上项目24只，到资1.07亿美元，占实到外资总量的26.5%；第三产业项目占新批项目合同外资总额的比重达76.8%。

对外贸易逆势趋稳。全区实现进出口总额302.43亿元，增长5.4%，其中进口总额24.22亿元，下降23.1%；出口总额278.21亿元，增长8.9%。对“一带一路”沿线国家出口84.42亿元，增长12.1%。新增进出口备案企业252家，5家企业获批省级加工贸易创新发展示范企业。新培育出口名牌4只，累计33只，其中省级出口名牌14只。全区有贸易往来国家(地区)达188个，其中出口超亿元的国家(地区)43个，出口总量居前五位的国家(地区)依次为美国、德国、印度、韩国、日本；出口超亿元的企业63家。从出口方式看，一般贸易出口262.46亿元，增长9.7%；加工贸易出口15.57亿元，下降2.9%。从出口产品结构看，机电产品出口86.99亿元，增长0.2%；化工产品出口97.82亿元，增长13.6%；纺织服装类产品出口32.13亿元，增长4.5%。

外经合作做优做强。龙盛、卧龙、阳光等3家企业入围2019年浙江本土民营企业跨国经营30强，入围数量全市第一。新批境外投资企业7家，投资额1.4亿美元，累计达148家，境外总投资达23.9亿美元。全年完成境外承包劳务营业额8050万美元。

八、交通和旅游

交通事业提速前行。全年实施综合交通建设类项目10个，完成投资28.05亿元。推进美丽乡村公路建设，完成提升改造50公里，累计完成美丽经济交通精品示范走廊118公里。开创“村邮站+E邮柜”农村物流服务新模式，打通农村物流“最后一公里”。“公交优先”提质提效，优调公交线路19条、新增城乡夜公交3条，新增清洁能源公交车30辆，新建(改造)公交候车亭30座。ETC应用加快推进，截至年底ETC车辆用户累计总量16.66万辆。资金保障有新突破，全年新增融资30.63亿元，转贷38.22亿元，还贷17.26亿元。

旅游事业朝气蓬勃。获评“首批全国最具特色魅力旅游胜地”。“诗画曹娥江”品牌知名度不断提升，围绕六大系列举办40余场活动，新引进重大文旅项目13个。乡村旅游发展迅猛，培育省采摘旅游体验基地金果级6家、银果级3家。民宿经济稳步增长，新增民宿床位560张，覆卮山居、墨隐居·花墅获评省级银宿。夜市经济试水破题，文化旅游风情街获评绍兴市十大“特色文化产业园区(街区)”，风情街夜市活动参展摊位达270家，累计接待游客66万人次。全年旅游总接待游客2087.27万人次，增长16.2%，旅游总收入175.46亿元，增长16.5%，其中接待国内游客2086.29万人次，国内旅游收入175.27亿元，分别增长16.2%和16.5%。全区共有星级饭店4家，其中五星级3家、三星级1家；旅行社16家，其中四星级2家、三星级2家。

九、财政和金融

财政收支提质增效。2019年实现财政总收入147.61亿元,增长4.5%,比绍兴平均高2.8个百分点居首位;一般公共预算收入89.52亿元,增长8.3%,比绍兴平均高2.9个百分点居第二位;在一般公共预算收入中,税收收入75.67亿元,增长7.6%,比绍兴平均高6.2个百分点居首位,其中增值税下降5.4%,企业所得税增长23.6%,个人所得税下降32.9%,契税和耕占税增长110.2%。财政支出保障有力,全年完成一般公共预算支出104.48亿元,增长20.9%,其中民生领域共支出82.90亿元,增长23.3%,占一般公共预算支出的79.4%,比上年提高1.5个百分点。

金融市场稳定运行。年末金融机构本外币存款余额1403.04亿元,增长13.8%,本年新增169.80亿元。其中住户存款761.66亿元,增长16.1%,本年新增105.87亿元;本外币贷款余额1184.72亿元,增长9.2%,本年新增99.45亿元。其中短期贷款534.74亿元,下降0.2%,本年减少0.93亿元,中长期贷款610.04亿元,增长15.3%,本年新增80.73亿元。

资本运行态势强劲。列入2019年省金融业发展专项资金支持县(市、区),获评全国县域资本竞争力20强,“凤凰行动”上虞计划受到省政府激励表彰。企业上市走在前列,新增A股上市企业和新三板挂牌企业各1家,累计分别达17家和8家,其中A股上市公司数量位居全市第一、全省第五,市值达2356.85亿元,占全市44.95%;实现直接融资288.17亿元,连续六年突破100亿元;完成并购重组5宗,涉及金额308亿元。新增上市辅导报会企业6家,其中科创板1家,居全市首位;完成企业股改21家,重点拟上市企业动态保持在30家以上。成功创建首批“省级信用县”,全区银行不良贷款率降至0.7%,位列全市第二位。新引进设立基金(机构)20家,金额近20亿元,累计达93家,金额近220亿元。新引进银行1家,全区累计银行业金融机构21家、证券期货营业部11家、保险公司29家、小额贷款公司5家、民融中心1家、担保公司3家、典当公司5家。

十、科学技术和教育

科技创新亮点频出。位列“全国科技创新百强区”第19位、浙江省科技进步综合评价第7位。创新驱动力不断增强,曹娥江科创走廊加快推进,新引进大学研究院3家,全区累计达13家;新增省级众创空间5家、省级院士专家工作站1家、省级技能大师工作室1家、省级博士后工作站5家;新增高新技术企业53家、省科技型中小企业178家;新列入省级新产品试制计划634项、省重点研发计划项目5项。创新人才不断汇集,全年共引进海外工程师35人(省级1人),认定海外工程师年薪资助项目7人,认定外国专家站1家。科技成果转化步伐加快,发布企业技术需求250条,鉴定科技成果343项,实现技术市场交易额5.6亿元。全年专利授权量为4239件,其中发明专利授权量311件。

教育事业蒸蒸日上。全区共有小学50所,在校学生38345人;普通中学32所,在校学生32031人;中等职业学校2所,在校学生7335人,九年制义务教育对象入学率100%。接收义务教育阶段新居民子女入学14836人,入学率达100%,占全区义教段学生总数的25.6%。“学在上虞”品牌不断打响,4位学生获全国学科竞赛一等奖,3位学生获省技能竞赛一等奖,2位职校专业课教师获得全国技术技能比赛一等奖,实现历史性突破;2019年高考全省前100名3人,8位学生被清华、北大录取,3位学生招飞录取。集团化办学全方位开展,涵盖61所学校(含幼儿园),占全区学校(园)的33%,惠及56%的学生。教育供给侧改革持续优化,新增3700余个优质学位,完成7所幼儿园扩容工程,建设晚托等候室19个,关停非法培训机构16家。扎实推进各类职业人员继续教育工作,全年共完成培训13.36万人次,完成扫盲教育培训1530人,成人“双证制”教育培训2154人。

十一、文化、卫生和体育

文化事业有声有色。2018年度位列全省基层公共文化指标评估第28位,比上年度晋升10位。曹娥江文创走廊启动建设,新引进重大文旅项目25个。强化文化阵地建设,完成20个乡镇(街道)综合文化站、文化馆分馆,7个乡镇(街道)图书分馆建设,落户民营博物馆5家,新建城市书房3家、农村文化礼堂42家。群文工作亮点纷呈,完成市九运会开闭幕式文体表演任务,成功举办"天籁浙江"暨浙东唐诗之路主题晚会,群文原创文艺作品共收获四金五银五铜,位居全市首位。文博事业扎实推进,落实文保类古建筑修缮政府投资项目4只、补助项目4只。全区现有国家级非遗项目2个、省级非遗项目14个、市级非遗项目41个、区级非遗项目160个。成立区融媒体中心(传媒集团),全区公共图书馆总藏量72.31万册,剧场、电影院7个;年末数字电视用户达20.78万户。

卫健事业保障有力。全国健康促进县(市、区)创建通过省级评估,人民医院、中医院2个县域医共体运行顺利,省卫生乡镇实现全覆盖。全省首创医疗疗效评价制度,4家区级医院建立疗效评价科,今年全区有效回访患者6.79万人次,其中治愈率76.2%。长三角异地门诊实现联网刷卡结算。深化分级诊疗工作,完成家庭医生规范签约服务31.95万人,签约率40.6%,重点人群签约覆盖率达到82.7%。建立电子健康档案69.48万人,建档率89.0%。65岁老年人体检10.44万人,农民健康体检27.25万人。强化免疫规划,常规基础免疫"八苗"单苗报告接种率和调查接种率均达95%以上。深化城乡妇女免费"两癌"检查项目,对7个乡镇1.59万名适龄妇女进行"两癌"检查。持续做好计划生育工作,2019年全区计划生育98.86%。

体育事业活力迸发。举行曹娥江马拉松、世界名校赛艇赛等大型品牌赛事18次,拉动经济4000万元。体育中心成为城北新地标,市九运会华美落幕、王力宏演唱会精彩呈现,孙杨、傅园慧等体育界名家云集虞城。体育中心"最多跑一次"改革列入省级试点。新建社区多功能运动场5个、小康村提升工程18个、中心村全民健身广场1个,中心村体育休闲公园1个,拆装式游泳池1个,笼式足球场3个,人均拥有体育场地面积达到2.39平方米。

十二、生态环境

生态建设深入推进。荣获浙江"五水共治""大禹鼎"、全省"美丽浙江"考核优秀县(市、区),成功创建省级生态文明建设示范区,入选第一批省级山水林田湖草生态保护修复试点县(市、区),顺利通过省级生态环保督察。深入开展生态绿色创建活动,新创建市级绿色学校3所。

环境质量稳中有升。深入推进"蓝天碧水净土"工程,市级以上断面水质考核全面达标,创成省级美丽河湖3条。污染防治持续深化,完成36家VOCs废气深度治理、12家无组织废气治理项目。推进工业园区(集聚区)污水零直排建设,列入今年创建计划的12个工业园区已全部通过区五水办验收。实施空气质量达标进位行动,今年全区空气质量优良率达92%;PM2.5颗粒浓度为33微克/立方米,空气质量综合指数为3.62。城市区域环境平均噪声53.9分贝,符合功能区要求。

十三、人口、居民生活和社会保障

人口规模趋于稳定。据公安局人口年报统计,2019年全区总户数28.55万户,比上年增加612户,户籍人口77.94万人,比上年减少941人。其中男性人口38.37万人,女性人口39.58万人,分别占总人口的49.2%和50.8%。全年出生5762人,人口出生率为7.39‰;死亡5641人,人口死亡率为7.23‰,人口自然增长率为0.16‰。2019年,全区流动人口21.39万人。

生活水平稳步提高。2019年,居民人均可支配收入51529元,增长9.2%。分城乡看,城镇常住居民人均可支配收入65234元,增长8.6%。人均生活消费支出35307元,增长8.2%,城镇恩格尔系数为30.35%,比上年降低0.14个百分点。城镇居民人均住房建筑面积53.9平方米,增长4.7%;农村常住居民人均可支配收入35443元,增长9.3%。人均生活消费支22293元,增长8.8%。农村恩格尔系数为32.11%,比上年降低0.16个百分点。农村居民人均住房建筑面积63.5平方米,下降8.0%。随着收入分配结构的改善,城乡收入差距进一步缩小,2019年城乡居民人均收入比为1.84,比上年收窄0.01。

就业形势持续向好。打好引才留才育才用才组合拳,出台人才新政3.0版。举办人才发展大会,开展校招71场次,全区新增各类人才2.43万名,其中新增就业大学生17169名,增长22.5%;引进绍兴"海内外英才"29名,吸引来上虞见实习大学生达1.06万名。人力资源服务产业园新引进人力资源服务机构9家，总入驻机构达30家，其中7家机构进入全省人力资源服务机构百强榜。全年新增就业岗位2.1万个，实现下岗失业人员再就业9231人，就业困难人员再就业1493人。城镇登记失业率控制在2.07%，低于去年0.18个百分点。全年共完成各类培训1.3万人，培养高技能人才2883人，鉴定各类技能人才10526人，核发职业资格证书10066本。

社会保障取得突破。社会保障基本实现从政策全覆盖到人群全覆盖转变。至年末全区基本养老保险参保单位12223家，职工基本养老保险参保39.13万人，城乡居民社会养老保险参保17.95万人；基本医疗保险参保单位共计12464家，职工基本医疗保险参保31.35万人，城乡居民医疗保障共计参保42.52万人；工伤保险参保单位12587家，参保26.69万人；失业保险参保单位12531家，参保21.53万人；生育保险参保单位12524家，参保20.22万人。率先在全市落实困难企业社保费返还工作，为2747家企业返还2.48亿元社保费用，助力全区稳就业工作。

民政事业提质增效。至年末全区共有最低生活保障家庭5805户7857人，其中城镇916户1189人，农村4889户6668人。全年最低生活保障资金支出6516.96万元，其中城镇958.58万元，农村5558.38万元。全年累计发放救助资金1.3亿元，其中特困人员救助供养382.83万元，流浪乞讨人员医疗救助资金229.43万元。积极构建全区养老服务体系，7家乡镇综合性养老服务中心全面运行，镇街级居家养老中心实现全覆盖，完成8个城市社区、29个农村社区居家养老服务照料中心“公建民营”建设，新增城乡社区助餐配送餐点20个。完成88个行政村（居）规模调整和崧厦镇、沥海镇撤镇设街。积极推动慈善事业，共募集慈善资金4599万元，全年发放各类慈善资金累计4644万元，销售各类福利彩票1.87亿元。

说明：

1. 本公报所列各项数据为年度初步统计数据。

2. 全区生产总值、各产业增加值绝对数是按当年价格计算，增长速度按可比价计算。三次产业划分执行国家统计局2012年制定的《三次产业划分规定》。

第一产业是指农、林、牧、渔业（不含农、林、牧、渔专业及辅助性活动）；

第二产业是指采矿业（不含开采专业及辅助性活动），制造业（不含金属制品、机械和设备修理业），电力、热力、燃气及水生产和供应业，建筑业；

第三产业即服务业，是指除第一产业、第二产业以外的其他行业。

3. 规模以上工业企业指年主营业务收入在2000万元及以上的工业企业。限额以上批零住餐企业指批发业年主营业务收入2000万元以上、零售业年主营业务收入500万元以上、住宿业年主营业务收入200万元以上、餐饮业年主营业务收入200万元以上的法人单位及个体户。

4.2018年三次产业增加值比重已按第四次经济普查结果修订。

5. 部分数据因四舍五入的原因，存在与分项合计不等的情况。

大事记

1月

2日 浙江省委常委、组织部部长黄建发深入上虞等地开展“服务企业、服务群众、服务基层”活动。

3日 2019年全国晋升国家级游泳裁判员培训班在上虞开班，90位学员参加培训。

3日 区市场监管局崧厦分局办结全区首张电子商务营业执照。

3日 上虞区被农业农村部农业机械化管理司认定为全国第三批基本实现主要农作物生产全程机械化示范县，是绍兴市首个获此全国性机械化示范县荣誉的县（市、区）。

4日 市委书记马卫光，市委副书记、市长盛阅春等市四套班子领导到上虞调研重点项目建设。

5日 广东虞商联谊会（虞商广东商会）成立。

6日 区委召开一届五次全体（扩大）会议。区委书记陶关锋作工作报告并讲话，区委副书记张壮雄部署当前工作。

6日 “阳光照明杯”2019年全国春季游泳锦标赛在上虞游泳馆开赛。

7日 区委书记陶关锋赴杭州湾上虞经济技术开发区和上虞经济开发区督查调研。

8日 “两会”中共党员大会在区委党校新校区召开。

8—10日 中国人民政治协商会议第一届绍兴市上虞区委员会第三次会议在区委党校新校区召开。

9—11日 绍兴市上虞区第一届人民代表大会第三次会议在区委党校新校区报告厅召开。

10日 上虞区信访事项人民调解委员会被司法部表彰为坚持发展“枫桥经验”实现矛盾不上交试点工作表现突出集体。

13日 上虞区以“首批全国最具特色魅力旅游胜地”登上“2018旅游业最美中国榜”。

15—17日 中国人民政治协商会议浙江省绍兴市第八届委员会第三次会议在绍兴大剧院召开。

16日 上虞区第十二届舜杰励志助学金发放仪式在区档案馆举行。

17日 以上虞企业家创新创业故事为主题的商战题材电影《创业英雄》在浙江传媒学院举行开机新闻发布会。

17日 上虞区召开机构改革动员大会。区委书记陶关锋出席并讲话。

17日 上虞区被评为“2018年度小城镇环境综合整治工作优秀单位”，小越街道、梁湖街道、永和镇、崧厦镇、盖北镇、丁宅乡6个小城镇被确定为“小城镇环境综合整治省级样板”。

21日 区领导扶贫帮困“送温暖”捐赠仪式在行政中心大厅举行。

21—22日 区四套班子领导分赴崧厦镇吕家埠村、蔡林村和敬老院、曹娥街道、小越街道、丰惠镇、丁宅乡等各地走访慰问困难群众、困难党员、低保边缘户、优抚对象、敬老院老人等。

22日 绍兴市首个青瓷主题文化旅游公园——凤凰山考古遗址公园一期开园。

22日 区领导走访慰问高层次人才代表。

22日 中国国民党革命委员会绍兴市上虞区支部委员会成立仪式在区举行。

25日 区委召开议军会议。

26—27日 上虞在中华孝德园景区举行风情街年货市集——“办年货,过大年”活动。

28日 区委书记陶关锋赴杭州湾上虞经济技术开发区调研开发区体制机制优化调整后的运行情况。

28—31日 上虞区沈子涵的《曹娥江的美》和《家乡的年》获第26届“叶圣陶杯”全国中小学生新作文大赛小学组一等奖。

29日 上虞区宣传文化系统工作会议暨“学习强国”学习平台推广工作部署会召开。

31日 龙盛、闰土两大化工巨头正式关停道墟生产厂区,将全部搬迁杭州湾大平台实现“一园式”发展。

1月20日至3月1日 为期40天的“春运”,高铁绍兴东站共发送旅客21.40万人次,与去年同期基本持平;铁路上虞站共发送旅客3.13万人次,较去年同期增加11.0%。

2月

2日 绍兴市委常委、统战部部长叶卫红,副市长邵全卯一行到上虞督查安全生产工作,并走访慰问部分困难群体。

2日 上虞区上榜由浙江省商务厅公布“2018年全省对外投资和国外经济合作十强县”名单。

3日 区委书记陶关锋,区委副书记、区长张壮雄看望慰问坚守一线的综合行政执法人员、环卫工人、公安交警巡特警、消防队员和新闻工作者。

11日 全区经济工作会议在区委党校新校区召开。区委书记陶关锋出席并讲话。

11日 上虞区召开建筑业工作会议。区委书记陶关锋出席并讲话。

13日 区委书记陶关锋,区委副书记、区长张壮雄深入杭州湾上虞经济技术开发区开展“三服务”活动。

13日 省商务厅厅长盛秋平率队到上虞卧龙控股、鸿盛化工、新和成特种材料等企业走访调研,开展“服务企业、服务群众、服务基层”活动。

15日 全区公安工作会议在区老年大学召开。区委书记陶关锋出席并作重要讲话。

18日 区委书记陶关锋赴曹娥街道开展“服务企业、服务群众、服务基层”活动。

20日 区委书记陶关锋专题调研“一江两岸”科创大走廊建设工作。

22日 区委书记、区委财经委员会主任陶关锋主持召开区委财经委员会第一次会议。

24日 上虞区崧厦镇社区学校的“伞城工匠育英工程”上榜“浙江省社区教育优秀工作品牌”。

25日 上虞区在《中国区县专利与创新指数》中列“中国创新百强区”第39位。

25日 市委书记马卫光到上虞调研开展“三服务”活动。

25日 易成塑业有限公司成为上虞首个备案制企业账户开户。

26日 上虞区召开医共体建设动员大会。区委书记陶关锋在会上强调,高质量建设医共体 增强群众幸福感。

28日 杭州湾上虞经济技术开发区(浙江省上虞经济开发区)召开项目推进现场会。

近日 上虞区召开崧厦、沥海撤镇设街行政区划调整工作动员会。至此,上虞区调整为8个街道、10个镇、3个乡。

3月

4日 上虞区召开“三个年”活动动员部署暨作风建设警示教育大会。区委书记陶关锋强调,扎实推进营商环境优化年、城市能级提升年、干部作风深化年等“三个年”活动,为争当区域高质量发展排头兵提供坚强保障。

4日 省“三改一拆”办常务副主任、省建设厅副厅长张清云率省“无违建区”创建验收组到上虞展开为期3天的“无违建区”创建工作考核验收。

5日 第十三届全国人民代表大会第二次会议在北京开幕,上虞区欧其、章国强2名全国人大代表出席会议。

5日 区委书记陶关锋赴梁湖街道舜耕庄园食

品有限公司、天香茶园和章镇镇调研农业农村工作。

5日 上虞区获评全省“七五”普法中期成绩突出区。

6—8日 浙江省政协副主席陈铁雄一行到上虞，围绕“民营经济高质量发展”主题开展蹲点调研。

7日 上虞区举行“三八”国际劳动妇女节纪念表彰大会暨“乡村振兴她风采，巾帼建功新时代”宣讲会。

8日 上虞区召开数字经济“一号工程”发展大会。

10日 中国人民银行杭州中心支行、省发展改革委、省农业农村厅联合下发《关于省级信用县创建结果的通报》，上虞区被授予第一批“省级信用县”称号（全省7个），为绍兴市唯一。

11日 区委书记陶关锋赴谢塘、盖北、小越、百官等乡镇街道督查调研“三服务”活动情况。

11日 2018绍兴·上虞曹娥江国际半程马拉松获2018中国田径协会“银牌赛事”和“特色赛事”称号。

12日 区四套班子领导到曹娥街道滨江新城公共空间改造提升工程现场，与区直部门单位、相关街道干部职工一起参加义务植树活动。

12日 绍兴市第九期廉洁家风大讲堂在绍兴市委党校举行，俞秀松、王一飞、梁柏台和叶天底4位绍兴籍先烈的后人受邀进行解读“红色家书”，王一飞孙女沈小英、叶天底侄女婿谢宜灿参加。

12日 区消费者权益保护委员会在谢塘镇中心小学举行“学校消费教育基地”授牌仪式。这是上虞首个学校消费教育基地。

12日 上虞区广播电视总台广播节目中心被授予“全国巾帼文明岗”荣誉称号。

13日 中国化学制药工业协会九届五次会长会议暨现代医药产业发展论坛在上虞区召开。

18日 全区党建工作会议召开，区委书记陶关锋强调，要坚持以习近平新时代中国特色社会主义思想为指导，全面提升中共建设质量。

18日 上虞区举行茶叶产业协会第一届会员大会。

21日 区委书记陶关锋走访调研区大数据发展管理中心、退役军人事务局和医疗保障分局。

23日 区委书记陶关锋，区委副书记、区长张壮雄，区领导包朝阳、金山中、胡宝荣和中国化学品安全协会专家分组开展安全生产检查。

24日 2019中国绍兴（上虞）祝家庄国际单车山地速降赛在英台故里丰惠祝家庄开赛。

29日 区委党史研究室（区地方志办公室）举行《上虞史志丛书》首发式，《上虞五千年》《民国〈上虞县新志稿〉》《民国〈松夏志〉校续》《上虞区地名志》《上虞卫生志》《梁湖镇志》《陈溪乡志》《小越镇志》8部史志书籍进行首发。

4月

1日 区委理论学习中心组举行“融媒体建设”专题学习会，推动媒体融合发展，做大做强主流舆论。区四套班子领导参加学习。

2日 区委书记陶关锋调研虞东河湖整治、曹娥江绿道建设等工作，强调串联曹娥江流域沿线景点，做大做强全域旅游大平台。

3日 区委书记陶关锋主持召开区委全面深化改革委员会第一次会议。传达学习中央、省委、市委全面深化改革委员会会议精神，听取区委全面深化改革委员会有关工作规则和全面深化改革委员会2019年工作要点、创新项目清单等情况汇报。

3日 区委审计委员会召开第一次会议，研究部署区委审计委员会工作。

4日 区委书记陶关锋到盖北派出所督导调研扫黑除恶专项斗争工作，实地走访了解石狮商贸城商户经营情况，强调要不断增强人民群众的安全感和满意度。

5日 全区各学校、社区、机关和企事业单位开展“传承·2019清明祭英烈”主题宣传教育活动。

12日 区委书记陶关锋率党政代表团赴浦东新区和静安区学习考察，先后参观上海微创医疗器械（集团）、浦东展览馆、中国商飞上海飞机设计研究院等，学习上海发展的先进理念和经验做法，表示上虞要主动承接上海的优质资源外溢。

13日 上虞区在上海中心大厦举行“全力融入·全面接轨”长三角一体化绍兴上虞接沪推介会。区委书记陶关锋率团到徐汇区的长三角区域合作办公室，推介上虞营商环境。

15日 上虞区申报的《上虞区山水林田湖草生态保护修复试点实施方案》入选省级第一批山水林田

湖草生态保护修复试点。

16 日 上虞区和四川小金县举行东西部扶贫协作高层联席会议。区委书记陶关锋和小金县委书记毛端喜出席会议并讲话。下午,在时代广场举办四川省小金县文化旅游农特产品推介会。

16 日 国家 863 计划先进能源技术领域“配电网交直流互联与控制关键技术”项目在上虞通过验收。

18 日 上虞区召开发展文创产业工作座谈会,区委书记陶关锋强调,要加快融入绍兴文创大走廊建设,打造独具上虞特色的文化 IP。

20 日 2019 中国·绍兴(上虞)中外名校赛艇挑战赛在曹娥江畔开赛,是第二次举办。来自中外 17 所学府的学生对决。

20 日 2019“天籁浙江”系列朗诵活动开幕式暨诗话曹娥江·浙东唐诗之路发祥地主题晚会在上虞曹娥江畔的信义广场举行。

22 日 绍兴市委书记马卫光到上虞区浙江凯诚新材料有限公司、浙江惟精新材料股份有限公司等调研,听取意见建议。

23 日 省小学语文乡村教师教学风采展示活动在金近小学举行,全省 400 余名小学语文乡村教师参加。

24 日 景德镇陶瓷大学上虞陶瓷高等研究院揭牌仪式在区科创中心举行。

24 日 绍兴市第九届运动会暨第二届市民运动会在上虞举行。上虞区组织 587 名青少年运动员、300 名成人运动员、120 名教练员参加全部项目比赛。

25 日 区举行以“诗画曹娥江·觉农翠茗香”为主题的“觉农·翠茗”茶叶公用品牌启用暨上虞区首届全民饮茶日活动启动仪式。

29 日 上虞宪法公园在曹娥江“一江两岸”西岸正式开园,是绍兴市首个大型宪法主题公园。

5 月

7 日 区委书记陶关锋督查调研“拥江西进”和城市拆迁项目进展,强调要坚定不移推进“拥江西进”战略。

8 日 浙江省副省长高兴夫到上虞调研化工产业改造提升工作,要求上虞大力提升科技创新能力,全力打造全国标杆样板。

9 日 区委书记陶关锋率团赴京拜访中国工程院,双方表示将以共建杭州湾“院士港湾”为平台,共同推进战略合作。

10—11 日 2019 中国·绍兴(上虞)第三届孝文化节开幕,包括孝德文化研讨会、2019 中国·绍兴(上虞)孝德文化论坛和等内容,来自海峡两岸的专家学者参加。11 日下午,2019 中国·绍兴(上虞)第三届孝文化节暨孝女曹娥祭祀大典在中华孝德园举行。

13 日 上虞区获 2018 年度美丽浙江建设工作优秀县(市、区),首次获浙江省治水工作最高荣誉“五水共治”大禹鼎。

15 日 区委书记陶关锋赴浙江理工大学科技与艺术学院调研,强调要进一步推进校地融合发展战略。

16 日 区委书记陶关锋主持召开区政协重点提案领办会,强调各级各部门要提高政治站位,高质量落实好提案办理任务。

16 日 市委第四巡察组进驻上虞开展处置化解基层信访矛盾工作专项巡察,区委书记陶关锋就区委落实主体责任处置化解基层信访工作作情况汇报。

17 日 区委区政府决策咨询委员会成立,为绍兴市首个。

17 日 区委外事工作委员会召开第一次会议,深入学习贯彻习近平新时代中国特色社会主义外交思想,研究部署上虞区外事工作。

19 日 2019 中国·绍兴(上虞)卧龙杯曹娥江国际龙舟大奖赛开赛,15 支国内外龙舟战队参加。

21 日 上虞区举行庆祝上虞解放 70 周年座谈会。区四套班子领导、参加解放上虞的革命先辈亲属代表、解放上虞见证者代表、老领导老干部和部门单位代表 100 余人参加。

21 日 许岙战斗纪念馆新馆开馆。

23 日 总投资 186.9 亿元的国邦生命科技产业园、龙盛研究院创新基地、宇石网络总部大楼等 19 个重大项目集中开工。

23 日 区委书记陶关锋调研教育工作,先后到鹤琴幼儿园、职业中专,强调加快补齐教育短板弱项,打造省内外有影响力的教育品牌。

26日 区四套班子领导赴浙江省法纪教育基地，参观廉政警示教育展。区委书记陶关锋强调，要贯彻落实全省“警示教育月”活动有关部署，深入推进清廉上虞建设。

27日 全区教育大会召开。区委书记陶关锋在会上强调，要全面落实教育优先战略，打造湾区教育新高地。

23日 绍兴市女性创业创新联盟推进会在上虞召开。

27日 上虞区打造的特色调解平台“朱小英调解工作室”在区人民法院成立，这是区首次推行以调解员个人名字命名调解工作室。

30日 万名大学生在浙实习活动启动会暨浙江省大学生见习实习工作现场会在上虞区召开并举行仪式，对见习实习基地进行授牌。

6月

5日 区委书记陶关锋在百官、曹娥两地调研乡镇街道工业园区改造提升和小微企业园建设工作，强调要积极打造小微企业产业生态圈，推进中小企业高质量发展。

10日 区委书记陶关锋调研“五水共治”和美丽上虞建设工作，强调要高水平推进“五水共治”和美丽上虞建设。

10日 区举行“春晖大讲堂”第四期报告会，国家新闻出版广电总局科技委副主任杜百川受邀作“智慧社会与5G”专题讲座。

12日 祝温村文化艺术馆开馆，是上虞区首个投用的村级文化艺术馆。中国画院副院长、乡贤桑火尧的“不忘初心”作品展出。

13日 区委书记陶关锋督查调研“三个年”活动推进情况，强调要以实干实绩的鲜明导向检验活动成效。

13日 “诗画曹娥江 休闲上虞行”绍兴上虞（上海·6月）旅游专题推介活动在上海举行。

14日 区委书记陶关锋专题调研国有企业市场化转型工作。强调要加快实现“企业实体化、运行市场化、资产证券化”的高质量发展。

18日 上虞区“送药上山”便民服务点在上虞南山区下管镇沫风村启用，绍兴市首台自动售药机同步投入使用。

20日 区委书记陶关锋赴区三防指挥部督查调研防汛工作，强调各级各部门要全力打好梅雨期防汛硬仗，确保人民群众生命财产安全。

20日 上虞人民医院签约成为绍兴文理学院附属上虞医院。

20—24日 绍兴市第九届运动会青少年足球比赛在上虞举行，来自越城区、柯桥区、上虞区、诸暨市、嵊州市5个县市区的292名足球小将参加。

21日 省召开推进长三角一体化发展大会。区领导在上虞分会场参加会议。

21日 住建部公布第五批中国传统村落名录，上虞区岭南乡梁宅村入围（绍兴市12个）。

23日 2019“文化和自然遗产日”系列活动之绍兴有戏——非遗兴乡大巡游（上虞站）暨“曹娥庙会”在中华孝德园举行。

26—27日 副省长彭佳学调研绍兴市，强调要稳步推进绿色低碳循环发展试点工作，为全国“无废城市”建设贡献绍兴素材。

28日 上虞档案馆举行建馆60周年庆暨“‘五档共建’再深化、改革创新再出发”解放思想大讨论座谈会。

28—29日 区委书记陶关锋、区委副书记王奇洲和其他区委常委分赴丰惠、永和、长塘等地，走访慰问中华人民共和国成立前部分老党员、生活困难党员和任职时间较长的村主职干部，送上节日问候。

28日 区级重点工程“十八里河整治工程”通过验收。工程进一步修复了河道生态，改善了周边居民的生活环境，提高流域防洪能力。

28日 绍兴市乡村振兴学院校外现场教学基地挂牌仪式举行，上虞崧厦镇祝温村成为首批校外现场教学基地之一（全市共7个）。

30日 区融媒体中心（传媒集团）揭牌成立，上虞日报社、区广电总台两家新闻单位实现强强联合。

7月

1日 区四套班子领导出席区委党校新校区启

用揭牌仪式。随后，区委常委会在区委党校新校区报告厅开展“七一”主题党日活动，纪念中国共产党建党98周年。

2日 区委书记陶关锋督查调研城市建设重点项目推进情况，走访区体育场项目、文化艺术中心（大剧院）项目和鸿雁未来社区试点项目。

2—4日 省人大常委会副主任李学忠一行到上虞开展“不忘初心、牢记使命”主题教育蹲点调研。

3日 上虞首个集装箱码头使用，浙江上虞港物流股份有限公司曹娥江作业西区是上虞港区规模最大的作业区码头。

3日 杭州电子科技大学·上虞e游小镇实训基地落成。

4日 浙江省首批未来社区试点创建项目建议名单出炉，上虞鸿雁社区项目入选，为绍兴市唯一入选的试点创建项目（全省共24个）。

5日 市委副书记、市长盛阅春到上虞调研科创大走廊建设，强调要做强科技创新大引擎，为重返城市综合经济实力全国“30强”注入更多新动能。

8日 区收藏家协会党支部在上虞红色收藏馆成立，是上虞区第一家成立中国共产党支部的社会团体。

8日 区召开招商引资工作领导小组会议。区委书记陶关锋出席会议并讲话。

9日 区委国家安全委员会举行第一次全体会议，学习贯彻习近平总书记关于国家安全工作的重要论述，研究部署下一阶段全区国家安全工作。

9日 区委网络安全和信息化委员会召开第一次会议，研究部署区网络安全和信息化各项工作。

11日 清华大学副教授、北京清华工业开发研究院院长助理朱德权做客春晖讲堂，作“中国氢能源产业发展所面临的机遇与挑战”专题讲座。

11—12日 浙江省人大常委会党组书记、副主任梁黎明率队到绍兴开展安全生产专项监督调研，并到杭州湾上虞经济技术开发区、浙江安诺芳胺化学品有限公司等调研。

12日 区召开服务实体经济企业现场解难会。区委书记陶关锋强调“现场解难、常态服务”是深化“三服务”活动的特色品牌，各级各部门要面向基层解决实际问题，持续优化营商环境。

16日 上虞区在上海举行绍兴上虞（上海·7月）旅游专题推介会，来自上海文化和旅游局及旅游协会负责人、上海市各大旅行社负责人、新闻媒体等近200人参加会议。

18日 区委书记陶关锋率党政代表团赴慈溪、余姚两地考察学习，借鉴周边发展经验，推动做好联甬发展文章。

20—21日 2019中国（绍兴）智慧测试及检验检测大会在浙江邮电职业技术学院召开。

22日 区委书记陶关锋赴便民服务中心调研“最多跑一次”改革工作推进情况。

23日 区政府划定并公布丁宅乡、陈溪乡、岭南乡实行城市化管理区域。

23日 区委书记陶关锋率党政代表团赴柯桥区、越城区学习考察，强调要登高望远观大势，学习标杆找差距，奋力推动上虞各项工作继续走在前列。

23—30日 区四套班子领导看望慰问部队官兵、军队离退休老干部等，致以崇高敬意和节日祝福。

25日 区委书记陶关锋调研建筑业发展情况，和亚厦等多家建筑企业负责人座谈。

26日 区举行首届“最美退役军人”发布仪式。

26日 上虞召开化工产业改造提升2.0版推进工作动员大会，区委书记陶关锋强调要为全省提供“上虞样本”。

28日 区举行“诗画曹娥江·品质上虞城”重大文旅项目签约仪式，总投资达111亿元的11个项目集中签约。

28日 农业农村部办公厅、财政部办公厅公布2019年农业产业强镇建设名单，丁宅乡入选全国农业产业强镇（乡）建设名单，为绍兴市唯一入选的乡镇（浙江省入选7个）。

28日 农业农村部推出150条“夏纳凉”系列休闲农业与乡村旅游精品景点线路，区“仙果古村山水之旅”入选，为绍兴市唯一一条精品线路（浙江省共10条）。

29日 天津大学党委书记李家俊一行到上虞，考察区创新平台建设工作，走访上虞龙盛研究院、杭州湾上虞经济技术开发区产业协同创新服务中心和未来小城。

31日　浙江省副省长、公安厅长王双全慰问获全省“十大优秀退役军人”和全省首届“最美退役军人”称号的百官派出所民警姚阳潮。

8月

2日　上虞智慧停车诱导系统开发上线，通过主要区域、路段的41块停车诱导显示屏，实时发布停车位信息。

2日　曹娥江旅游度假区在上虞文化旅游风情街推出“夜游风情街”夜市活动。

4日　“诗画曹娥江·休闲上虞行”2019年上浦镇第二届“瓷源·莲”文化节在大善小坞村启幕。

6日　区委书记陶关锋督查调研曹娥江旅游度假区项目建设情况。

7日　区委书记陶关锋先后到崧厦镇和百官街道，调研小微企业园建设、农村综合改革和基层治理、老旧小区改造、社区“五星达标·和美家园”创建等工作。

7日　梁湖街道完成天香华庭住宅小区物业选聘工作，上虞公证处现场公证办理物业管理项目投标，为上虞首例。

8日　上虞区和遂昌县在遂昌缔结为友好区县，开展全方位多层次的山海合作。区四套班子领导出席。

9日　区委书记陶关锋在应急联动指挥中心举行的视频连线调度会上强调，全区各级要以对人民生命财产极端负责的精神，立足于防强风、防暴雨、防山洪、防内涝，做好第9号超强台风“利奇马”的防汛防台工作。随后召开防汛防台工作会议。

9日　区委书记陶关锋率党政代表团赴丽水市景宁畲族自治县考察，深化山海协作，推进互学互进合作共赢。

14日　区委书记陶关锋专题调研全区养老服务工作，强调作为“中华孝德文化之乡”，要加快构建以居家养老为主体、机构养老为补充的高质量多层次养老服务体系。

15日　崧厦镇综合执法队挂牌成立，标志基层“一支队伍管执法”试点工作开启。

15日　陶关锋率上虞代表团赴山东考察学习，走访科技创新产业公司和研究中心等地。

17日　区委书记陶关锋在青岛参加区上市公司联合会举行的经济形势研讨会，强调要咬定“争当区域高质量发展排头兵、打造湾区高能级智造基地”目标，携手打造发展共同体。

18日　区工商业联合会（总商会）举行第一次会员代表大会。区委书记陶关锋出席开幕式并讲话。

20日　覆卮山景区入选2018年度全省“美丽浙江十大特色体验地”，上浦镇大善小坞村被评选为“美丽浙江魅力示范点”。

22—23日　景宁县委副书记、县长钟海燕率党政代表团到上虞考察区供销总社电商实体店、上虞—景宁生态工业民族园“飞地”和浙江运发文化发展有限公司。双方签订《上虞—景宁农产品展销合作协议》，深化山海协作。

23日　“诗画曹娥江，猕香溢章镇”2019上虞舜阳红心猕猴桃文化旅游节在章镇镇文体广场启幕。

23日　第二届阳明文化周系列活动之创建浙江省首批AAAA级景区镇启动仪式暨阳明文化推介会在陈溪乡举行启动仪式。

30日　区委召开领导干部会议，宣布省委关于上虞区政府主要领导任用决定，提名徐军为上虞区人民政府区长候选人。

30日　区文学艺术界联合会召开第一次代表大会，区委书记陶关锋出席开幕式并讲话。

30日　中信集团旗下的中信特钢集团与区政府签署战略合作协议，格洛斯无缝钢管有限公司成为中信特钢第7家子公司。

31日　第十二届电视制片业“十佳”表彰评选活动揭晓，电视剧《女儿红》获“十佳优秀电视剧”殊荣，是中国第一部以黄酒文化为表现题材的电视剧。

9月

1日　杭甬运河船闸及三堡船闸不再对过往船舶征收船舶过闸费。

1日　2019年上虞区“质量月”（第42个全国质

量月)行动启动。

2日 区委书记陶关锋督查调研全国文明城市迎检工作。

2日 区一届人大常委会召开第二十二次会议,作出任命徐军为区人民政府副区长、代理区长的决定。

2日 卧龙电驱EV车间通过5G网络实现快速更新,这是全省首个机电制造业5G智能改造试点项目应用场景。

2日 上海证券交易所出具上证函〔2019〕1401号《关于对财通上虞水务污水处理收费收益权绿色资产支持专项计划资产支持证券挂牌转让无异议的函》,标志上虞区水务集团取得比次8.5亿元绿色资产支持证券(绿色ABS)的发行资格,成为省内首个获批的水务类绿色ABS。

3日 2019年文明城市测评迎检动员会暨区城市管理委员会工作会议召开。区委书记陶关锋出席会议并讲话。

4日 区委书记陶关锋、代区长徐军赴杭州湾上虞开发区调研。

5日 区委书记陶关锋、代区长徐军调研督查曹娥江旅游度假区、e游小镇、文创“两廊”工作推进情况。

5日 省政协副主席马光明一行调研上虞“乡贤文化”省级政协委员会客厅创建工作。

6日 全省美丽城镇建设工作会议上,上虞作为浙江省6个第三批“无违建县(市、区)”之一,受到省委省政府表彰。区委书记陶关锋参加并上台领奖。

9日 区四套班子领导分组看望慰问教师,相继走访多家中小学及幼儿园,向教育工作者致以节日问候和崇高敬意。

9日 区举行教师节庆祝大会暨奖教基金捐赠仪式,表彰各类先进。

9日 区委书记陶关锋赴驿亭镇、梁湖街道调研后进村党组织整转工作。

10日 区委书记陶关锋走访调研百官平阳山社区和曹娥鸿雁社区,强调要按照主题教育先学先查先改要求,聚力聚焦老百姓身边的关键小事。

10日 区委营商环境专项巡察组召开企业家座谈会。这是区首次开展营商环境专项巡察。

12日 全区“不忘初心、牢记使命”主题教育部署会举行。区委书记、区委“不忘初心、牢记使命”主题教育领导小组组长陶关锋主持会议并讲话。

12日 上虞区举行各界人士庆祝中华人民共和国成立70周年暨中秋茶话会。区委书记陶关锋强调社会各界人士要与党委政府同频共振,与各界群众同心同行。

17日 区委理论学习中心组全体成员赴岭南乡许岙战斗纪念馆和丰惠镇北撤会议旧址开展“初心之行”。区委书记陶关锋强调广大党员干部要践行初心使命,争当时代先锋。

17日 浙江省副省长高兴夫对上虞区委党校经济学高级讲师顾利民老师撰写的咨政报告《加快推进以特色小镇改造提升块状经济的对策建议》作出批示。

17—19日 区委理论学习中心组举行“不忘初心、牢记使命”主题教育第一次专题学习会。区委书记陶关锋主持会议并讲话。

18日 区第22届全国推广普通话宣传周开幕式在道墟街道中联村文化礼堂举行。

20日 全区第三季度经济社会形势分析会召开。区委书记陶关锋出席会议并讲话。

20日 上虞现代服务业“金字招牌”——第十一届浙东新商都(上虞)购物节开幕。

20日 上虞统一战线举行庆祝中华人民共和国成立70周年暨最美统战人物颁奖典礼,授予潘守理等10位同志“最美统战人物”称号。

22日 代表绍兴参赛的上虞区职教中心郭相平、陈华均组合在2019年全国木球大奖赛上获球道赛混双比赛冠军,为上虞历史上第一个木球全国冠军。

23日 区委书记陶关锋赴杭州湾上虞经济技术开发区开展“调研解难题、深化三服务”专项活动,专题研讨开发区产业规划情况。

23日 区召开拟上市企业座谈会,区委书记陶关锋出席座谈会并讲话。

24日 浙江省委常委、政法委书记王昌荣到上虞区调研检查平安建设和社会治理工作。

26日 浙江师范大学上虞基础教育研究院成立。

26日 全省重大项目暨特色小镇建设现场推进

会在上虞召开。上虞 e 游小镇成为全省命名的 22 个特色小镇之一，上虞伞艺小镇跻身第四批省级培育类特色小镇名单。省委书记车俊作批示，省委副书记、省长袁家军为第三批省级特色小镇授牌。区委书记陶关锋在大会上交流发言。

26 日　“二都杨梅”通过国家农业农村部审定，成为上虞区首个“中国农产品地理标志”。

27 日　区委理论学习中心举行“不忘初心、牢记使命”主题教育第二次专题学习会，区委书记陶关锋出席并讲话。

27 日　区四套班子领导到中华孝德园文化旅游风情街夜市活动现场，调研夜间经济情况。

27 日　“虞北平原的小曹娥”滨江河—沥北河全线建成通水。整治工程历时 5 年，总投资 9.55 亿元。

28 日　“壮丽七十年　奋斗新时代——绍兴市上虞区庆祝中华人民共和国成立 70 周年图片展”于 9 月 28 日至 10 月 31 日在上虞老年大学一楼展厅开展。

28 日　中华人民共和国成立 70 周年暨人民政协成立 70 周年书画展在虞舜书画院开展。

28 日　“筑梦桑梓——春风化雨七十秋”虞籍乡贤书画珍藏展亮相。

29 日　区政协组织开展深化垃圾分类处理专题协商活动，首次启用专用会议室并全程录播。

29 日　区委书记陶关锋赴区中华人民共和国成立 70 周年维稳安保指挥部调研。

30 日　区四套班子领导和法检两长到上虞革命烈士纪念碑前敬献花篮，缅怀革命烈士。随后，区四套班子领导分组慰问“庆祝中华人民共和国成立 70 周年”纪念章获得者代表。

30 日　上虞区人民法院诉讼服务中心调解专区举行“绍兴仲裁委员会上虞工作站”揭牌仪式，全市首个“金融纠纷仲裁室”同时启用。

10 月

2 日　区委作出向龚焕明学习的决定，并追授他“担当作为好干部”称号。

5 日　浙江县域数字经济发展网络影响力指数 9 月榜发布，上虞区首次跻身榜单前十。

6 日　2019 上虞“老宓汽车杯”第十三届攀浪节开幕，并首次举办乡村音乐会。200 多名户外爱好者参加。

8 日　区委书记陶关锋赴生态型下管镇开展主题教育走乡入村深化“三服务”活动。

8 日　《人民日报》揭晓全国综合实力百强县市、全国综合实力百强区等榜单，上虞位列 2019 年度全国综合实力百强区第 37 位，比 2018 年跃升 3 位。

8 日　首个“绍兴仲裁委员会上虞工作站”揭牌仪式在区人民法院举行。

8 日　中央文明办举办中国好人榜发布仪式暨全国道德模范与身边好人现场交流活动，上虞市民金雅琴登“中国好人榜”。

10 日　俄罗斯工程院外籍院士周祖德专题报告会暨第三届武汉理工大学科技成果（绍兴专场）发布会在上虞举行。

12 日　绍兴市第九届运动会暨第二届市民运动会在区开幕。市委书记马卫光宣布开幕，市委副书记、市长盛阅春致辞。陶关锋致欢迎辞。

12 日　2015—2018 年度绍兴市群众体育先进表彰大会在区举行。

14 日　中华全国供销合作总社党组书记、理事会副主任王侠到上虞考察。副省长彭佳学，中华全国供销合作总社理事会副主任骆琳，中国供销集团董事长侯顺利，省政府副秘书长蒋珍贵，省供销合作社主任邵峰，副市长陈德洪等先后走进舜耕庄园食品有限公司、大通农场、章镇生产综合服务中心等地，全面考察区供销社改革创新、乡村振兴的“上虞模式”。

14 日　全省国家级经开区整合创新提升工作座谈会在上虞召开。

16 日　以信用为核心的创新型服务机构——绍兴市上虞区企业信用纠纷人民调解委员会成立。

17 日　区委书记陶关锋赴杭州湾上虞经济技术开发区专题调研化工产业改造提升 2.0 版推进情况。强调持续推进化工产业改造提升向数字化、智能化、绿色化方向转型，打造上虞产业新优势，努力成为全省全国化工产业改造提升的标杆示范。

18 日　上虞区举行“爱的奉献 · 志愿者之夜”晚会暨点亮一盏灯爱心服务社成立十周年活动。由上虞区委宣传部主办，区融媒体中心、区文广旅游局、点亮一盏灯爱心服务社承办。上虞区目前已注册志愿者达16万余人，志愿团队1200余支。

20日 区第一次归侨侨眷代表大会召开。大会选举产生区侨联第一届委员会，选举产生主席、副主席、常务委员和秘书长。

20日 虞商企业上海秦森园林股份有限公司率先宣布成立国家储备林运营中心。

20日 民建绍兴市上虞区支部成立大会暨第一次会员大会举行。

22日 区委召开人大工作会议。区委书记陶关锋作重要讲话。

22日 区委全面深化改革委员会召开第三次会议，学习贯彻中央和省委、市委深改委有关会议精神，分析总结今年以来重大改革项目推进情况，重点研究部署“最多跑一次”改革延伸扩面工作。区委书记、区委全面深化改革委员会主任陶关锋主持会议并讲话。

22日 区财政局被绍兴市实施全民健身计划领导小组评为2015—2018年度绍兴市群众体育先进单位。

23日 区委“不忘初心、牢记使命”主题教育专题党课在区委党校新校区大报告厅举行，区委书记陶关锋作主题教育专题党课报告。

23—24日 全省红十字基层组织建设工作推进会在上虞召开。

23—25日 区委理论学习中心组举行“不忘初心、牢记使命”主题教育第三次专题学习会。区委书记陶关锋出席学习会并讲话。

24日 “你我同心、反诈同行”2019浙江绍兴市全民反诈基层行系列活动在曹娥街道城市阳台举行。

26日 上虞区社会各界举行己亥年祭祀中华道德始祖舜帝典礼。

28日 上虞区政府和阿里巴巴共同签署“合作框架协议”。

30日 区委常委会召开会议，专题分析前三季度经济形势和社会稳定工作。区委书记陶关锋主持会议并讲话。

30日 上虞区社会治理综合服务中心举行揭牌仪式。

31日 以“新产业、新技术、新创造”主题的2019医药研究及创新发展论坛在上虞举行。

11月

1日 区委书记陶关锋赴汤浦镇和章镇镇开展走乡入村深化“三服务”活动。

1日 为期三天的2019中国国际木球公开赛在上虞开杆。

2日 区委召开常委扩大会议，传达学习中共十九届四中全会精神，贯彻落实省委、市委有关会议精神，部署区贯彻落实工作。区委书记陶关锋主持会议，传达省委常委扩大会议、全市领导干部会议精神并讲话。

4日 区委书记陶关锋赴e游小镇调研升级版推进情况。

4日 国务院参事忽培元到上虞调研美丽乡村建设。

5—6日 区委副书记、代区长徐军率上虞党政代表团赴四川省阿坝藏族羌族自治州小金县考察，推进扶贫协作工作。

7日 区入选全省首批乡村振兴产业发展示范建设县，为绍兴市唯一。

8日 上虞区工会第一次代表大会召开。区委书记陶关锋出席会议并讲话。

8日 崧厦、沥海撤镇设街集中揭牌仪式举行。根据省政府对绍兴市部分行政区划调整的批复，撤销上虞区崧厦镇、沥海镇建制，其行政区域由上虞区政府直辖，并在此区域内设立崧厦街道、沥海街道办事处。

8—10日 第13届全国世界语大会在上虞召开，来自全国24个省市自治区的240名专家学者和世界语者与会。

9日 第13届全国世界语大会在区开幕，来自全国的200多位世界语者参加。

11日 区委书记陶关锋专题调研基层治理工作。

11—13日 10余位来自环球网、人民网、中国网及新加坡《联合早报》、今日俄罗斯国际通讯社、日本《读卖新闻》、越南《人民报》及中阿卫视等中外媒体记者应邀来上虞，前往多地采访采风，共同聚焦区打造最优营商环境创建湾区创新品质之城的生动实践。

12日 区委副书记、代区长徐军会见日本川崎重工业株式会社董事桥本康彦一行，双方就进一步深化合作进行亲切友好的交流。

12日 曹娥江口门大闸举行防汛抗洪，民兵应急能力建设实案化演练。浙江省军区副政委张晓林，绍兴市委常委、军分区政委柴祥群，绍兴军分区司令员蒋明球，区委常委、常务副区长包朝阳等现场观摩演练活动。绍兴各县(市、区)人武部主要负责人到场观摩。

15日 区委书记陶关锋赴杭州湾上虞经济技术开发区督查重点项目推进情况。

15日 绍兴贝斯美化工股份有限公司登陆创业板，在深圳证券交易所上市。这是区第17家境内A股上市公司，也是2019年绍兴市首家上市公司。

16日 “尚才之地·虞梦同行”2019上虞人才发展大会举行。市委常委、组织部部长徐晓光和区委书记陶关锋致辞。

18日 区委书记陶关锋赴曹娥江旅游度假区调研，带头到基层一线宣讲中共十九届四中全会精神。

19日 第六届浙江慈善奖颁奖仪式在杭举行，浙江闰土股份有限公司董事长阮静波荣获个人捐赠奖，浙江华通控股集团有限公司荣获机构捐赠奖，浙江龙盛集团股份有限公司(龙盛助学基金)荣获慈善项目奖。

21日 由上虞区政府、浙江省环境科学学会、浙江工业大学共同主办的以“环保科技”为主题的第四届“曹娥江论坛”暨环保成果发布会举行。

22日 由农业农村部主办的第二届国家农产品质量安全县与农产品经销企业产销对接活动和2019年质量兴农高峰论坛现场公布第二批国家农产品质量安全市县名单，上虞位列其中。

22日 上虞棉纺织厂纪念建厂五十周年联谊活动在天玥开元名都大酒店举行，近500名工友参加。

23日 浙江大学党委书记任少波率团到上虞开展主题教育“初心之旅”，考察上虞经济社会发展情况。

23日 “行泽家乡·德润青春”——“慈善孝贤”五地联盟暨新乡贤培育“青蓝工程”上虞峰会举行。

24日 区第三届少年儿童才艺大赛海选启幕。

25日 区召开招商引资工作领导小组会议。区委书记陶关锋讲话。

25日 省政府批复同意设立绍兴滨海新区。规划控制总面积430平方公里，空间范围中涵盖绍兴市上虞区沥海街道。

26日 浙江省基层社会治理标准化工作现场会在上虞召开。

26日 四川省阿坝藏族羌族自治州小金县县委副书记、县长姚奇杰率党政代表团来上虞，就深化东西部扶贫协作工作开展对接交流。

26—28日 区委书记陶关锋、区长徐军分别率上虞党政代表团赴嘉善县、松江区和青浦区、平湖市考察，学习标杆示范，谋划高质量一体化深度融合发展。

28日 省委宣讲团来上虞宣讲中共十九届四中全会精神。省委宣讲团成员、省人大常委会副秘书长、研究室主任张国强作宣讲报告。区委书记陶关锋，区人大常委会主任陈坚，区委理论学习中心组全体成员等参加。

28日 浙江省卫生健康监测与评价中心主任吴朝晖带领省考核组，全面评估区全国健康促进区创建工作，点赞上虞在创新工作推动机制和健康促进模式上勇于破题、大胆探索，值得学习推广。

29日 绍兴市委书记马卫光在上虞会见出席第三届中国新材料产业创新发展论坛的嘉宾。

29日 区委召开常委会议，传达学习贯彻省委十四届六次全体(扩大)会议精神，研究部署区贯彻落实工作。区委书记陶关锋主持会议并讲话。

29日 国科控股新材料产业创新基地、宏达公司年产60000吨高端金属新材料项目、上虞博物馆易地新建工程等28个重大项目集中开工，总投资398亿元。

30日 第三届中国新材料产业创新发展论坛在曹娥江畔举行。区委书记陶关锋致欢迎辞。

30日 中国科学院党组成员、秘书长邓麦村赶赴位于杭州湾上虞经开区的项目现场实地考察。

12月

2日 浙江省体育局公布《浙江省重点培育品牌体育赛事名录库(2019年)》，上虞区申报的曹娥江国际半程马拉松、曹娥江龙舟大奖赛、世界名校赛艇挑战赛等3项赛事入选。

6日 区委书记陶关锋走进崧厦街道人大代表联络站接见人大代表和选民群众，强调基层人大代表要密切联系群众。

6日 区委常委会召开“不忘初心、牢记使命”专题民主生活会。区委书记陶关锋主持会议并作总结讲话。

9日 全区农村社区专职工作者队伍建设全面启动。

9日 区委召开政协工作会议。区委书记陶关锋讲话。

10日 区委副书记、代区长徐军带队督查调研食品安全、重点区域控规优化等工。

10日 省委组织部副部长温暖一行到上虞调研人才工作。

10日 2019年省级“美丽河湖”名单出炉，区滨江河、康家湖、担山河（东关街道片区）3条（个）河湖上榜，被列为浙江省2019年度美丽河湖。

11日 区委书记陶关锋赶赴工地现场开展“三服务”。

11日 区领导走乡入村深化“三服务”活动专题协调解难会在曹娥街道召开。

12日 区政协专题考察区公安工作。

上旬 区四套班子党员领导干部分赴第二批主题教育联系单位进行指导，为各单位高质量推进主题教育确保取得扎实成效提供有力保障。

13日 上海市松江区政协主席刘其龙带队到区考察交流“请你来协商”平台建设和社情民意信息工作等情况。

13日 上虞东山文化研讨会暨《风雅东山》网络平台启动仪式在东山景区游客服务中心举行。

16日 区委书记陶关锋主持召开区委务虚会，科学研判当前形势，系统谋划明年工作思路。

16日 全国离退休干部先进集体和先进个人表彰大会在京举行，85岁退教协会名誉会长谢企韩被中央组织部授予“全国离退休干部先进个人”称号，是绍兴唯一获此殊荣的离退休干部，全省仅16人。

17日 区委书记陶关锋主持召开区委常委会议，传达学习中央经济工作会议精神，贯彻落实省委、市委常委（扩大）会议部署要求。

17日 海盐县党政代表团考察上虞，就开发区整合提升展开了精准的对接交流。

18日 嘉兴市南湖区党政代表团考察上虞，共商深化两地合作，携手共谋区域一体化发展。

18日 由浙江省人大常委会副主任李卫宁带队的省人大代表衢州中心组一行30余人到上虞考察绍兴市大湾区建设、先进制造业基地和城市建设等情况。

19日 区委书记陶关锋督查调研曹娥江科创走廊建设。

19日 全区营商环境专项巡察反馈整改工作会议召开。

19日 首届全国性越窑青瓷研发大奖赛颁奖典礼在上虞举行，来自全国的制瓷大师云集曹娥江畔，参与并见证越窑青瓷的传承创新。

20日 全区公安工作会议召开。区委书记陶关锋出席会议并讲话。

20日 上虞区产业发展研究院成立暨合作签约仪式举行，为全省县域政府层面首个产业研究院。

23日 区委书记陶关锋赴百官街道、曹娥街道、梁湖街道和曹娥江旅游度假区调研重点项目推进情况，强调要保持排头兵的劲头和势头，聚焦项目，大抓落实，奋力冲刺全年红。

24日 区召开绍兴市第九届运动会总结表彰暨浙江省体育现代化区创建动员大会。

24日 区委书记陶关锋主持召开政党协商、政治协商会议，围绕区委一届八次全会有关重大决策部署进行专题协商。

24日 中国计量大学青年教授与上虞主导产业对接会召开。双方签订智能制造合作项目和战略协议。

25日 区委副书记、代区长徐军主持召开一届区政府第39次常务会议，研究审议《政府工作报告》起草情况的汇报，《关于2019年国民经济和社会发展计划执行情况及2020年国民经济和社会发展计划（草案）》《关于2019年财政预算执行及2020年财政收支预算安排情况》《关于2020年政府投资（国有建设）

项目投资计划(建议)安排情况》,听取2020年区政府民生实事候选项目、全区美丽城镇建设工作等事项。

26日 省委召开经济工作会议,全面贯彻中央经济工作会议精神,研究部署明年经济工作。省委书记车俊讲话,省委副书记、省长袁家军主持并作具体部署。区委、区政府领导参加会议。

27日 区委书记陶关锋主持区委常委会议,传达学习省委经济工作会议精神,研究贯彻落实意见,强调坚持稳中求进,争当高质量发展排头兵。陶关锋传达省委书记车俊和省委副书记、省长袁家军的讲话精神。

30日 区举行庆祝中华人民共和国成立70周年主题征文活动颁奖仪式。

31日 区委召开一届八次全体(扩大)会议。区委常委会主持会议。区委书记陶关锋讲话。区委副书记徐军部署当前工作。全会听取和讨论陶关锋受区委常委会委托作的工作报告,研究部署高水平推进区域治理现代化,审议通过《中共绍兴市上虞区委关于贯彻落实中共十九届四中全会精神、更高水平推进上虞区域治理现代化的决定》。

31日 区召开文明城市创建提升百日攻坚行动现场会。

2019年,区数字经济增加值达120亿元,数字经济核心产业制造业增加值达24.94亿元,居全市第一。

地　情

人文历史

【建置沿革】 上虞历史悠久，史籍记载和出土文物证明，早在4000多年前的新石器时代，就有人类在这里生活。上虞又是传说中虞舜的出生地及其后裔的封地，有许多与虞舜相关的古迹。《太康地记》记载："舜避丹朱于此，故以名县。百官从之，故县北有百官桥。"亦云："舜与诸侯会事讫，因相娱乐，故曰上娱（娱通虞）。"

夏帝少康时，属越国。战国时楚灭越，属楚。秦王嬴政二十五年（前222），置上虞县，县治百官，隶属会稽郡。新王莽始建国元年（9），废上虞入会稽县，属会稽郡。东汉建武初（25—56），恢复上虞县，属会稽郡。永建四年（129），分上虞南乡入始宁县，属会稽郡，历三国、两晋、南北朝不变。隋开皇九年（589），废上虞、始宁入会稽县，先后属吴州、越州、会稽郡。唐初，上虞境仍为会稽县的一部分，属越州。唐武德四年（621），以剡县与故始宁地为嵊州，八年州废。天宝、至德年间（742—758），属会稽郡。乾元元年（758）后，仍属越州。贞元元年（785），分会稽复置上虞。长庆元年（821）并入余姚，次年复置，县治设今丰惠，属越州。五代，属吴越国东府。北宋仍属越州。南宋绍兴元年（1131）改越州为绍兴府，元至元十三年（1276）改绍兴府为绍兴路，元至正二十六年（1366）复为绍兴府，上虞皆为其属县。清承明制。民国元年（1912）改府制为道制，上虞属会稽道。民国16年（1927），废道制，直属浙江省。民国21年（1932），属浙江省第七行政督察区。民国24年（1935），属浙江省第三行政督察区。民国37年，属浙江省第二行政督察区。中华人民共和国成立初，属绍兴专区。1952年2月起，属宁波专区。1964年9月，复归绍兴专区。1968年6月起，属绍兴地区。1983年8月起，属绍兴市。

中华人民共和国成立后，上虞与绍兴县、余姚县相邻乡镇有些许变动。1954年秋，绍兴县东关区及汤浦区的四峰、渔浦、汤霞、四村、胜江5个乡和富盛区的长东、保山、长塘、会胡4个乡划入上虞。1956年11月，丰惠区永兴乡和下管区王家庄、大岭顶村划入余姚县，绍兴县川下村划入汤浦乡。1960年8月和1966年1月，下管公社的大山、隐地、黑龙潭、悬岩、溪山5个村以及陈溪公社戴王、糜家2个村划入余姚县。1954年9月，县治迁至百官镇。1992年4月撤区扩镇并乡，撤销百官、下管、章镇、丰惠、东关、小越、崧厦、海滨8个区公所，原57个乡镇调整为百官、蒿坝、东关、沥东、谢桥、道墟、上浦、汤浦、梁湖、下管、驿亭、小越、永和、谢塘、崧厦、沥海、丰惠、章镇18个镇和陈溪、丁宅、岭南、龙浦、大勤、盖北6个乡。8月24日，国务院批准上虞撤县建市。10月18日上虞举行撤县设市庆祝活动。2001年10月，撤销百官镇、蒿坝镇和东关镇，设立百官、曹娥、东关3个街道办事处，将蒿坝镇全部和东关镇局部划入城区，单独设立长塘镇；撤销沥东镇，崧厦镇和沥东镇的局部合并设立新的崧厦镇，沥海镇和沥东镇的局部合并设立新的沥海镇；撤销谢桥镇和丰惠镇，合并设立新的丰惠镇；撤销龙浦、大勤乡和章镇镇，合并设立新的章镇镇；盖北乡撤乡设镇，道墟镇、上浦镇、汤浦镇、梁湖镇、下管镇、驿亭镇、小越镇、永和镇、谢塘镇、陈溪乡、丁宅乡、岭南乡12个乡镇保持不变。调整后，辖百官、曹娥、东关3个街道，道墟、上浦、汤浦、梁湖、下管、驿亭、小越、永和、谢塘、崧厦、沥海、丰惠、章镇、长塘、盖北15个镇，陈溪、丁宅、岭南3个乡。2005年10月1日，上虞市人民政府由百官街道市府路5号迁入市民大道987号。2013年11月18日，上虞在区行政中心举行撤市设区挂牌仪式，为绍兴市上虞区。

【历史文化】 上虞不仅是浙江建县最早的县份之一，也是古越文化的核心区域之一，境内有属于河姆渡文化的五星村遗址和牛头山遗址。至春秋时期，上虞即以酿酒、烧瓷、制茶、冶炼著称，东关牛山为当时越国冶炼铸造基地。上虞更是中国青瓷的发源地，以全国重点文物保护单位——汉代上浦四峰山小仙坛窑址为代表，其古窑址已发现的达300余处，构成了早自商周延续到宋代的庞大窑系，而且时代特征明显，青瓷器皿种类有几百种。

除了青瓷文化，上虞更以虞舜文化、东山文化、白马湖文化闻名海内外。作为虞舜故地，上虞历史上有许多与舜相关的地名，以及有关舜的传说记载与祭祀活动。上虞既是以孝文化为核心的虞舜文化的传承地，亦是谢安“东山再起”之处。东晋的谢安与谢氏家族中的谢道韫、谢灵运、谢惠连、谢朓以及王羲之、孙绰、支遁等，构成了东山文化的高雅品位，使东山成为浙东唐诗之路上的圣地。上虞又是传播“五四”新文化的重要阵地。20世纪20年代初，经亨颐、夏丏尊、丰子恺、朱自清、朱光潜等一大批文化精英集聚上虞白马湖畔，这一现象又被称为白马湖现象，白马湖流派文人荟萃，对中国现代文化的推动具有重要意义。

上虞被誉为“达人杰士、史不绝书”的地方。汉代的王充、魏伯阳和孝女曹娥，魏晋时期的嵇康、谢安，宋代李光，明代“上虞四谏”——叶经、陈绍、谢瑜、徐学诗，清代的章学诚，直至近现代的罗振玉、陈春澜、杜亚泉、王一飞、叶天底、徐懋庸、马一浮、胡愈之、竺可桢、经叔平等，都是上虞历史上的杰出乡贤。

【名胜古迹】 上虞江海环带，山川盘郁，历史悠久，人文荟萃，历代为浙江望邑，自然人文景观甚多。

大舜庙 原在百官龙山脚下，始建于夏朝，时与绍兴禹庙为浙江两大祀庙。现大舜庙移建于曹娥景区舜耕公园，投资2.5亿元，按两汉建筑风格设计，以天然石材砌筑，融原始风格与当代技术为一体，成为国内罕有的大气、古朴、庄严的庙宇建筑。庙前为舜耕群雕，以花岗岩为主材料的象队群雕长68米、高27米，与大舜庙同为奇观。

曹娥庙 位于曹娥江西岸孝女庙村，距城区3千米，为纪念孝女曹娥而立。曹娥庙始建于东汉元嘉元年(151)，距今已有1800余年历史，几经迁徙、扩建、修葺，奠定了现有庙宇布局严谨、错落有致、气势恢宏的建筑基调，占地面积6000平方米，建筑面积达3840平方米。曹娥庙文化积淀深厚，艺术品位高雅，尤以庙内雕刻、壁画、楹联和书法“四绝”而饮誉海内外，被誉为“江南第一庙”。庙内现存的曹娥碑系王安石女婿蔡卞重书，已历千年，弥足珍贵。曹娥庙为省级文物保护单位。

英台故里祝家庄 位于上虞区东南，距城区7.3千米。三面环山，庄前的玉水河与开凿于西晋的四十里河贯通。现尚存有祝氏祖堂、玉水河、井孔泉、药师寺等与英台文化相关的古迹。

凤鸣山风景区 坐落于丰惠镇东南4千米，距上虞城区17千米。景区面积2.4平方千米，以山陡谷深、急流叠瀑、苍山翠绿、小桥流水的自然美而闻名，其中“悬石飞瀑”“千年古藤”堪称奇观。凤鸣山是道教“第九小洞天”所在地，有东汉道教祖师魏伯阳炼丹遗址。景区内凤鸣真人祠始建于汉初，至今已有2000余年历史。

白马湖春晖名人园 位于距城区4千米的春晖中学内，为省级文物保护单位。20世纪20年代，夏丏尊、朱自清、丰子恺等到春晖执教，何香凝、蔡元培、叶圣陶、李叔同、胡愈之等到春晖讲学，享有“北南开、南春晖”之美誉。春晖名人园是当初这些文化名家的暂住生活之处，其中有夏丏尊的“平屋”、丰子恺的“小杨柳屋”、弘一法师李叔同的“晚晴山房”、经亨颐的“长松山房”等。

东山景区 距城区10千米，有200公顷自然水域与生态林地。东山是东晋政治家谢安的隐居地，也是成语“东山再起”的出典处，景区内有谢安墓、国庆寺及指石等遗迹。唐代李白、贺知章、刘长卿等，宋代苏东坡、陆游等，都曾盘桓东山留下著名诗篇。

称山风景区 位于上虞区西北，离城区7千米。相传春秋末期，越王勾践为复国雪耻，卧薪尝胆，奋发图强，曾在此山称炭铸剑、锻造兵器，称山由此而得名。景区成立后，为弘扬越王爱国精神，在铸剑遗迹处设立爱国主义教育基地——越王史迹陈列室。景区内还有明代石亭等建筑。

桃花源景区 地处上虞区西南，离城区13千米，距离绍兴市约25千米。面积为2.6平方千米，景区内除内有满目青山和330余公顷的桃李竹林外，还有桃源湖、龙潭湖(共26公顷水域面积)，山明水秀，寺院清净。建有马一浮纪念室。

秀峰寺 位于章镇堆高山景区，距城区35千米，南邻嵊州。堆高山上有建于明代的秀峰庵，现扩建为秀峰寺，建筑面积3.8万平方米，内有一尊高达2.8米的缅甸玉佛。景区苍山翠岭之中多有飞瀑，其中雨娘瀑高60米。

普净寺 位于蒿坝卧龙山景区，距城区7千米。普净寺始称普净莲社，建于南宋，屡经废兴，清乾嘉年间重新修复。20世纪80年代起陆续扩建。寺庙现占地面积3万余平方米，建筑门类齐全，成为佛教活动场所。

峰山道场 位于今曹娥街道，距城区5千米。唐初，日本宗教界的鼻祖最澄法师来华学法，在峰山灌顶授法，后回国创立日本第一大教派——日本天台宗，峰山道场由此成为中日文化交流的重要见证，为日本宗教朝拜圣地。

覆卮山冰川 覆卮山位于上虞、嵊州、余姚3地交界处，在上虞区的最南端，主峰海拔861.37米，为上虞最高峰，因南朝山水诗人谢灵运“登此山饮酒赋诗，饮罢覆卮”而得名。山峰南坡无数巨石顺坡而下，气势壮观，为国内外罕见的第四纪古冰川遗迹。

同兴里 同兴里位于上虞区小越镇衡山徐村，是上虞著名乡贤陈春澜和其侄子出资建造的一处中西合壁的清末民国初江南代表性民居，寓意“兄弟同心，共同兴旺”。主体建筑坐北朝南，分三纵三横轴线布局，占地10亩，建筑面积近4000平方米。建筑布局严谨、气势恢宏，中西合壁、外雄内秀，为上虞单体独院规模最大的台门式建筑。2010年，在中轴线布置有“陈春澜生平事迹陈列馆”，展览面积近2000平方米，以情景再现的方式生动形象地展示陈春澜一生的奋斗历程。2011年1月，同兴里被列为浙江省文物保护单位。

中华孝德园 坐落于上虞城区西南凤凰山麓，面积37.5公顷，是曹娥江省级风景名胜区的核心区块。景区以“孝文化”为主题，以“孝感动天”的远古圣君虞舜和“投江救父”的东汉孝女曹娥为依托，通过对虞舜文化、孝德文化、佛教文化以及民俗文化的挖掘，集中展现上虞悠久的人文历史，传承和弘扬千百年来激励着中华民族不断前进的孝德精神。中华孝德园主要景点包括大舜庙、虞舜宗祠、般若寺、中国孝德文化馆、舜耕群雕、神州舜迹等，以“大象无形”的理念，力求古朴、厚重、大气，完整体现虞舜的孝德品质。景区一期和二期项目分别于2011年6月18日和2015年5月22日相继建成开放。2015年11月27日，景区通过4A级景区验收，成为上虞区首家国家4A级旅游景区。

自然环境

【地理位置和面积】 上虞区地处浙江省中北部、杭州湾南岸，东临余姚，南接嵊州，西连绍兴，北濒钱塘江口，隔江与海宁市、海盐县相望。位于东经120°38′25″至121°06′12″，北纬29°44′00″至30°13′29″。全境南北走向，成长方形轮廓；南北跨度60千米，东西跨度46千米。总面积1403平方千米。城区中心地理坐标为北纬30°01′，东经120°51′，面积36.5平方千米。

【地形地貌】 全境处在浙东丘陵山地与浙北平原地貌的交接地带，地形南高北低，南部山地丘陵分属两支：东南系四明山余脉，山势高峻，主峰覆卮山海拔861.37米，是全区最高点；西南属会稽山脉，略为平缓，最高点罗村山，海拔390.7米。市域内有章镇和丰惠两大盆地，其中章镇盆地东起丁宅庙湾，南至章镇新三联，西至章镇花坎，北至上浦鲍岙，海拔10—25米之间，总面积80平方千米；丰惠盆地东起丰惠镇单家岙，西至外梁湖，南起丰惠镇百西，北至丰惠镇东光村之间，海拔7.88米左右，总面积89平方千米。两处盆地土质肥沃，是全区主要产粮处。北部为水网地带，属宁绍平原，地势低平，平均海拔10米左右，总面积 672.1 平方千米，盛产粮、棉及葡萄、黄花梨等经济作物。南部山地丘陵与北部水网平原面积基本参半，俗称“五山一水四分田”。境域面积构成中，按性质分：陆地面积 1334 平方千米，杭州湾海域面积 69 平方千米。陆地面积按类型分：山地丘陵面积 598 平方千米，占土地面积的 44.8%；平原面积 567 平方千米，占 42.5%；盆地面积 169 平方千米，占 12.7%。

【河流湖泊】 上虞城区内江河纵横交错，湖泊星罗棋布，素以水资源充沛享誉浙东。浙江省第三大河——曹娥江自南而北纵贯全境（境内长 70 千米），境内主要支流有小舜江、下管溪、隐潭溪。浙东运河（萧曹运河与虞甬运河两段）越境而过；其他还有四十里河、十八里河、百沥河及海涂中心河等人工河。平均年入境水量约 27.95 亿立方米，是全市水资源总量的 3.33 倍。主要湖泊有小越河、破冈湖、白马湖、铲还湖、皂李湖、西溪湖、谢憩湖、康家湖、贺家池（部分属绍兴市越城区）9 个，以皂李湖为最，水域面积 117 公顷。

【自然资源】 区域内土壤类型众多，分布复杂，性态各异，质地良好，宜植宜种。从类型看，除地带性红壤、黄壤外，还广布隐域性的水稻土、岩性幼年土、潮土、盐土等 6 个土类、15 个亚类、46 个土属、84 个土种。其中红壤土占 3 个亚类、9 个土属、14 个土种，面积 4.65 万公顷，占土壤总面积的 41.6%；黄壤土占 2 个亚类，面积 480 公顷，占土壤总面积的 0.4%；水稻土占 4 个亚类、24 个土属、46 个土种，面积 3.86 万公顷，占土壤总面积的 31.76%；岩性幼年土占 2 个亚类，面积 3261 公顷，占土壤总面积的 2.8%；潮土占 2 个亚类，面积 12333.3 公顷，占土壤总面积的 10.4%；盐土仅占 1 个亚类，面积 17140 公顷，占土壤总面积的 13%。丰富的土壤资源，为农、林、牧业的发展和名、特、优农产品的产出提供了有利条件。上虞地处北亚热带常绿阔叶林植被带，其中天然森林植被有次生常绿阔叶林、针叶林、针阔混交林、薪炭林、竹林等 5 类，覆盖率达 41.08%。人工植被主要有粮油作物、经济作物和观赏植物等三大类，其中粮油作物超过 20 种，经济作物品种超过 30 种，蔬菜作物有 11 类 37 种。属野生的有兽类 80 种、鸟类 290 种、两栖类 30 余种，土著鱼类有 23 科 70 种，1982 年后从外埠新引进 30 余种。国家级野生保护动物有 69 种、省级重点保护的有 73 种。动物资源中属饲养的种类有 25 种，其中特种动物 15 种。全区有木本植物 81 科 527 种。丰富的自然资源为投资开发上虞提供了广阔的前景。上虞境内矿藏有铁、锰、铜、铅锌、金银、叶蜡石、萤石、高岭土、石英、白云石、黄铁等，其中叶蜡石蕴藏量约 200 万吨，已有 40 余年的开采历史。南部山地（岭南乡田家山村至余姚市梁弄镇）岩体中分布着大量脉岩体（俗称花岗岩），该脉岩体侵位于晚侏罗纪地层中，贮量丰富。

行政区划

百官街道

行政村 9 个：百官一村、外严村、金家岙村、联新村、南一村、南二村、南三村、路东村、新叶家埭村

居委会 9 个：二村居委、四村居委、五村居委、大坝居委、后村居委、中利居委、新建居委、三村居委、杜家居委

社区居委 28 个：龙山社区、恒利社区、上源闸社区、万和社区、城南社区、西横河社区、平阳山社区、文化社区、凤山社区、上棉社区、九浸畈社区、阳光社区、胜利路社区、高丰社区、半山社区、大通社区、卧龙山庄社区、绿城社区、金渔湾社区、星光社区、头甲社区、二甲社区、四甲社区、岭光社区、盛丰社区、星宇社区、梁江社区、星丰社区

曹娥街道

行政村 7 个：蒿坝村、丽樟村、金村村、朱山头村、漳汀村、蒿东村、董村村

居委会 7 个：里睦桥居委、白米堰居委、新沙居委、新楼下居委、梁巷居委、徐家塘居委、狮子居委

社区居委 13 个：大三角社区、舜杰社区、曹娥社区、江滨社区、德济苑社区、金桂苑社区、银河社区、聚英社区、振兴社区、鸿雁社区、和城社区、民丰社区、大厂社区

东关街道

行政村 18 个：马家桥村、大西庄村、东塘村、保驾山村、凌江村、新建庄村（托管）、三丰村、高田头村（托

管）、金鸡山村、红星村（托管）、马山村、前村村（托管）、担山村、彭家堰村、新丰村、联星村、高泾村、东风村

居委会 2 个：越马居委、港口居委

社区居委 3 个：马山社区、越泉社区、南阳社区

道墟街道

行政村 24 个：中联村、新民主村、庙桥村、国庆村（托管）、茅家村（托管）、积山村、长溇村、云里村、沥泗村（托管）、杜浦村、新里港村、江协村、称海村、联江村、汇联村、肖金村、联浦村、东桑村、大湖村、五四村、韩浜村、新屯南村、钱上村、沽渚村

社区居委 1 个：道墟社区

小越街道

行政村 14 个：越北村、胜桥村、横山徐村、冯柯山村、新宅村、倪梁村、小越湖村、罗家村、越中村、双堰村、越东村、小越村、田家村、建越村

社区居委 2 个：越兴社区、德隆社区

梁湖街道

行政村 11 个：外梁湖村、潘家陡村、古里巷村、拗花山村、皂李湖村、倪家堡村、任庄村、南穴村、西华瑶村、玩石梁岙村、新花浦村

居委会 7 个：梁湖居委、大厍居委、禄泽居委、华山居委、洪山湖居委、华光居委、华东居委

社区居委 1 个：天香华庭社区

崧厦街道

行政村 38 个：时华村、丁泽村、潘韩村、联胜村、东上湖村、双埠村、新光村、共何村、杭郭村、东凌湖村、前庄村、三华村、金中村、庙川村、舜源村、严巷头村、陆家村、任谢村、祝温村、章黎村、万湖村、黄家堰村、港联村、杨凌湖村、章家村、吕家埠村、雀嘴村、蔡林村、西华村、三友村、内五甲村、福海村、新下湖村、外五甲村（托管）、联海村、联塘村、勤联村、寺前村

社区居委 4 个：祝家街社区、顾家弄社区、跃进桥社区、高铁新城社区

章镇镇

行政村 27 个：笕桥村、花坎村、中兴村、越星村、章家埠村、新南村、龙浦村、龙江村、大钱村、湾头村、清潭村、新魏家庄村、新三联村、大勤村、任叶村、河浮村、张村村、建设村、陈埠村、龙马村、镇南村、新区村、灵运村、新江村、泰山村、秀峰村、陈墩村

居委 1 个：滨笕居委

社区居委 1 个：章镇社区

丰惠镇

行政村 26 个：夹塘村、虞东村、西郊村、东光村、永庆村、西南门村、南门村、渔门村、南源村、西溪湖村、三溪村、双溪村、丰南村、凤鸣村、后山村、东门村、西湖村、孟尝村、通明村、祝家庄村、盛茂村、夏王村、谢桥村、虞光村、五云村、陈夏谢村

居委会 1 个：北门居委

社区居委 3 个：庙弄社区、东门社区、南街社区

上浦镇

行政村 13 个：上浦村、九连村、渔家渡村、戚山村、舜江村、东山村、王湖村、冯浦村、四峰村、夏家埠村、大善小坞村、梅坞村、昆岙村

居委 1 个：上浦居委

汤浦镇

行政村 8 个：汤浦村、霞越村、舜岸村、蒋村村、霞里村、鹤湖村、长山新村、达郭村

社区居委 1 个：舜水社区居民委员会

永和镇

行政村 8 个：永和村、安家渡村、青峰村、大墩村、新岙村、项家桥村、朱巷村、三桥村

驿亭镇

行政村 14 个：新驿亭村、联桥村、五夫村、西陡门村、春晖村、鲁溪闸村、贾家村、五洲村、新横塘村、二都村、白马湖村、杨溪村、五好村、新杨梅村

谢塘镇

行政村 14 个：晋生村、铲还湖村、谢家塘村、新戴家村、东联村、丰园村、新章村、东闸村、建塘村、星明村、联民村、东升村、禹峰村、岑仓村

居委会 1 个：谢塘居委

盖北镇

行政村 10 个：兴海村、珠海村、夏盖山村、丰富村、新河村、丰棉村、联合村、镇东村、世海村、镇海村

社区居委 1 个：盖北社区

长塘镇

行政村 8 个：长塘村、桃园村、何家溇村、罗村村、谢憩村、会篁村、湖田村、广陵村

居委会 1 个：长塘居委

岭南乡

行政村 8 个:龙山村、丰树坪村、泰岳村、青山村、覆卮村、许岙村、立功村、东澄村

陈溪乡

行政村 8 个:小陈岙村、虹溪村、夏家岙村、干溪村、陈家岙村、太平山村、陈溪村、塔溪村

下管镇

行政村 9 个:东里村、新庄村、联新桥村、兴南村、新民村、振新村、洙凤村、芦山村、前溪岙村

居委会 1 个:下管居委

丁宅乡

行政村 7 个:上宅村、缸岙村、下宅村、丁宅村、新任溪村、双桥村、华湾村

除沥海,总计行政村 281 个,社区 58 个,居委会 31 个

沥海街道

行政村 22 个:四联村、渔村村、光荣村、东海村、民生村、伟明村、联谊村、新联村、舜海村、南桥村、阮家村、城西村、百沥村、联邵村、城沿村、郭渎村、二渡村、沥东村、潭许村、华东村、华平村、南汇村

居委会 2 个:沥海居委、三汇居委

（王维诺）

人　口

【概况】 2019 年年末,全区总户数 28.55 万户,比上年增加 612 户,户籍人口 77.94 万人,比上年减少 941 人。其中男性人口 38.36 万人,女性人口 39.58 万人,分别占总人口的 49.2% 和 50.8%。全年出生 5762 人,人口出生率为 7.39‰;死亡 5641 人,人口死亡率为 7.24‰,人口自然增长率为 0.16‰。2018 年全区流动人口 21.96 万人。

（黄　瑛）

气象特征及水文

【概况】 2019 年,较常年异常偏高;高温日数较常年略偏少;日照时数较常年偏少;降水量明显高于常年同期水平,并伴有时空分布不均的特点。冬季(1—2 月)平均气温较常年偏高,降水量偏多,出现连阴雨寡照天气,日照时数较常年偏少。春季(3—5 月)平均气温较常年偏高,降水量偏少,日照时数较常年基本持平。春季多雷雨大风、短时强降水等强对流天气。夏季(6—8 月)气温与常年基本持平,降水量、降水日数较常年偏多,日照时数较常年偏少。夏季台风个数较少,仅受"利奇马"影响,但其影响较为严重,为 1956 年以后登陆我省综合致灾强度等级最高的台风。秋季(9—11 月)平均气温较常年偏高,降水量偏少,其中 11 月出现连晴天气,日照时数较常年偏多。秋季台风影响个数较多,影响也较严重。12 月,平均气温较常年高,降水量多,日照时数较常年明显偏多。

年内主要气象灾害有强对流(强雷暴、冰雹、大风、短时强降水等)、连阴雨、高温、台风、大雾和霾等。

（周　庆）

【气温】 年内,区年平均气温 17.7℃,比常年同期高 0.7℃,与 2018 年相比低 0.4℃,年极端最高气温为 38.1℃(7 月 26 日);年极端最低气温为 -1.5℃(1 月 27 日)。极端最高气温≥ 35.0℃的高温天数为 23 天,较常年偏少 5 天,日最高气温≥ 38.0℃的高温天数为 1 天。日最低气温低于 0℃的冰冻天数为 8 天,比常年少 14 天。

终霜日期出现在 3 月 9 日,比常年早 15 天;初霜日期出现在 12 月 3 日,比常年晚 11 天。连续 3 天日平均气温≤ 20.0℃的秋季低温,出现在 9 月 19 日,比常年早 12 天。稳定通过 10℃的初日出现在 3 月 10 日,回暖比常年早 15 天。

全年 6 月和 7 月平均气温比常年同期偏低,其余月份平均气温比常年同期偏高,其中 3 月、4 月和 12 月较常年异常高 1.5℃以上。

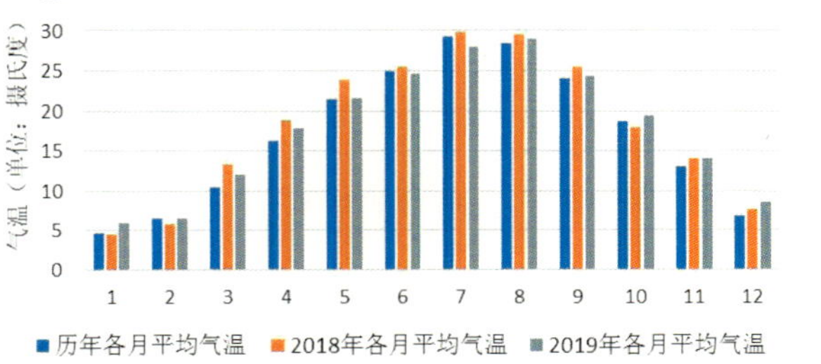

图 1　2019 年上虞区各月平均气温与历年及 2018 年的比较

【降水】 年内，上虞境内年降水量为1881.7毫米，较常年(1468.5毫米)多近3成，比2018年(1634.2毫米)多1.5成。总雨量空间分布总体呈现南多北少的分布态势。时间分布也极不均匀，其中5月较常年基本持平；3月、4月、11月较常年同期偏少，其中11月较常年少5成多，4月较常年少4成，3月较常年少1成；1月、2月、6月、7月、8月、9月、10月和12月则均比常年偏多，其中10月较常年多9成，7月、8月较常年多5成，尤其是2月降水量是常年的1.2倍，12月降水量是常年的1.1倍；全年最大月降水量出现在8月，月降水量达262.1毫米。

全年暴雨天数6日，总降水日数为164天，比常年多7.6天，比2018年少8天。

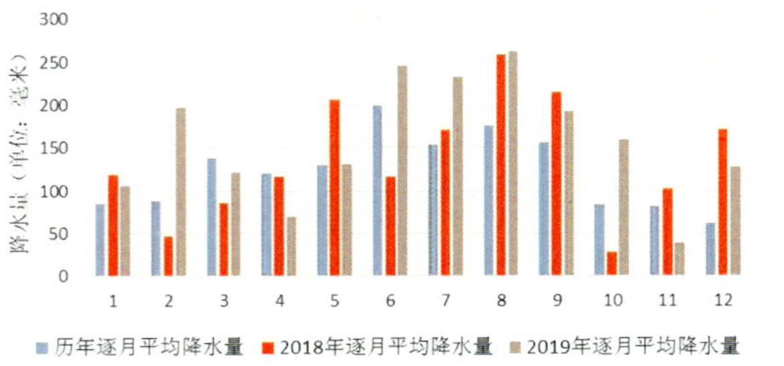

图2　2019年上虞区逐月降水量与历年及2018年的比较

【日照】 2019年总日照时数为1656.6小时，较常年少64.9小时，较2018年少254.2小时。其中1月、2月、4月、6月、7月和10月较常年偏少，1月和7月较常年少2成，2月较常年少7成；4月和10月较常年基本持平；其余各月较常年均偏多，其中9月多近3成，3月、5月、8月、11月和12月多1成左右。

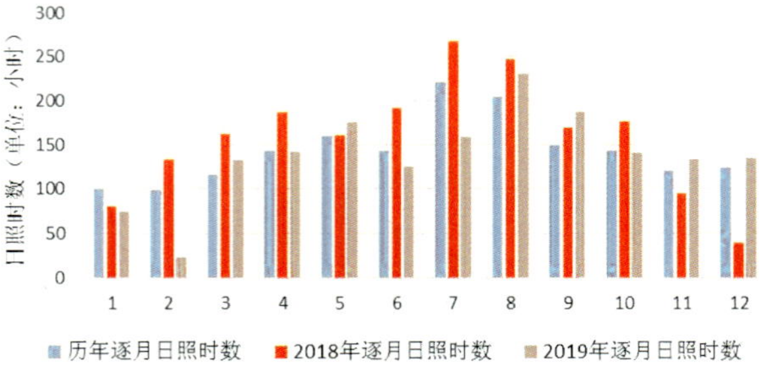

图3　2019年上虞区逐月日照时数与历年及2018年的比较

【风】 全年平均风速2.3米/秒，出现大风(瞬时风速≥17米/秒)共4天。极大风速达21.2米/秒(8月10日)。最大盛行风向为东北偏东风。

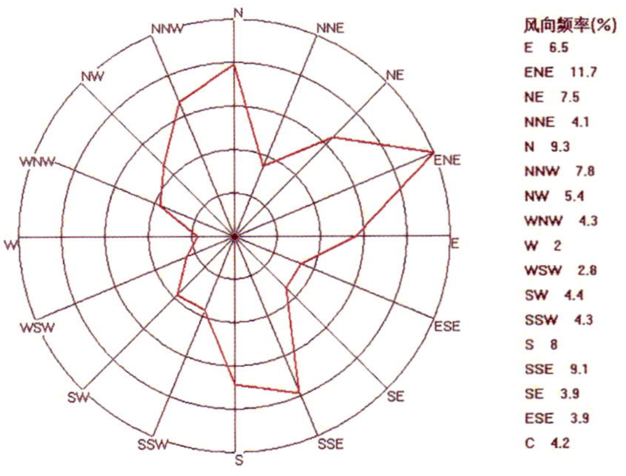

图4　2019年上虞区风向频率

【霾】 全年灰霾天数为23天，灰霾天数最多为12月，达6天，其次为1月、2月、3月、10月为3天，11月为2天，4月、5月、9月为1天，6—8月无霾日。霾日较2018年增加5天。

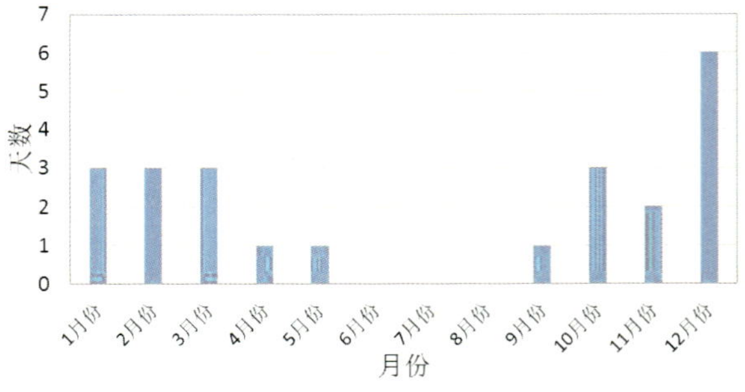

图5　2019年上虞区逐月灰霾天数

【重大天气事件】

1.疾风骤雨“利奇马”，雨量之多破纪录

“利奇马”于10日11时进入绍兴市西南部，穿过嵊州、诸暨，于15时许进入杭州，在绍兴市滞留近4小时。受“利奇马”影响，全区普降暴雨到大暴雨，局部特大暴雨，局地出现极端降水，全区面雨量155.5毫米，12个站点雨量超过200毫米，最大为陈溪乡太平山村，过程总雨量331.8毫米，破当地台风降水历史纪录。普遍出现8—9级阵风，最大小越街道10级(27.617米/秒)。虽然风雨强度大，但在各级政府、相关部门的努力共同下，未造成人员伤亡。

2. 冬雨绵绵阴雨寡照

冬季出现罕见的持续阴雨寡照天气。2018 年 12 月 1 日至 2019 年 2 月 17 日平均日照时数 133.9 小时，不到常年同期的一半，位居历史最少；平均降水量 397.4 毫米，是常年同期的 2 倍以上，位居历史最多；降水日数 48 天，比常年同期多 32 天。

3. “冷黄梅”暴雨频繁，梅雨量多五成

6 月 17 日入梅，7 月 17 日出梅，均较常年晚 7 天。梅雨期间总雨量为 413.4 毫米，比常年多 5 成；平均气温 25℃，比常年同期低 2.3℃，具有冷黄梅特征。入梅后强降雨过程频繁，共出现 7 次暴雨过程（其中 4 次较大范围影响），分别出现在 6 月 17—19 日、6 月 20—22 日、6 月 25—26 日、6 月 30 日至 7 月 1 日、7 月 3—5 日、7 月 7—9 日、7 月 12—14 日。

4. 台风“米娜”来袭

10 月 1 日，受“米娜”影响，全区普降暴雨大暴雨，局地特大暴雨，强降雨时段主要集中在 1 日白天到夜里，境内大部地区出现 7—9 级大风，部分 10—11 级，其中 8 级以上阵风持续时间近 19 个小时。

5. 秋季山区连旱

10 月 15 日汛期结束后至 11 月 14 日降水异常偏少，降水量仅 18.6 毫米，只有常年同期的四分之一，部分山区出现较严重的气象干旱，森林火险等级达到最高等级五级。气象部门开展人工增雨作业，有效降低森林火险等级、缓解气象干旱。

6. 秋冬气温多曲折，频现冰火两重天

11 月 17 日境内最高气温 27.9℃，之后强冷空气突然来袭，气温出现断崖式下跌，19 日最高气温仅 13.4℃。23 日最高气温又回升至 22.6℃上下，26 日再次跌至 10.6℃。进入冬季后，12 月 16 日区最高气温 23.1℃，之后受强冷空气影响 20 日最高气温 7.4℃。

7. 年均气温持续高，炎热日数偏少

全年平均气温 17.7℃，比常年同期偏高 0.7℃，是连续第 23 个偏暖年，除 6 月和 7 月以外其余月份均比常年不同程度的偏高。但大范围高温天气出现较晚，炎热日数反而偏少，夏季高温日数 23 天，较常年少 5 天，最高气温≥ 38℃的日数 1 天，未出现 40℃以上的高温。

8. 入秋时间推迟

区入秋时间通常在 9 月下旬，而 2019 年的入秋时间（连续 5 天日平均气温小于 22℃）非常晚，直到 10 月 14 日才完成夏秋两季的转换，是有气象记录以来最晚的一年。

（周　庆）

【水雨情概况】 2019 年降水量主要变化范围在 1579.5—1903.5 毫米之间，区平均降水量 1710.2 毫米，较常年 1427.1 毫米偏多 19.8%。。区 6 月 17 日入梅，较常年晚 2 天，7 月 17 日出梅，较常年偏晚 9 天，梅雨期共 30 天。梅汛期，最大日降水量童山湖 95.0 毫米，上浦闸 84.0 毫米，一号闸 80.0 毫米。梅汛期全区平均降水量为 393.7 毫米，与多年平均 241.2 毫米相比，偏多 63.2%。2019 年影响区台风有 9 号“利奇马”、18 号“米娜”等以及“9·2”强降雨。9 号“利奇马”影响期间，造成曹娥江上浦段出现超警洪水，丰惠平原出现超警洪水；18 号“米娜”影响期间，虞北平原、丰惠平原均出现超警洪水；“9·2”强降雨期间，虞北平原出现超警洪水及短历时的超保洪水，萧绍平原、丰惠平原均出现超警洪水，城区造成较大范围内涝现象。

以下是主要站点 2019 年的最高和最低水位：

曹娥江：东沙埠 8 月 10 日最高水位 10.43 米，10 月 1 日最低水位 2.58 米。上虞东山 8 月 11 日最高水位 9.36 米，超警戒水位 0.86 米，实测最大流量 2880 立方米 / 秒，10 月 1 日最低水位 2.37 米。

虞北平原：小越（上）9 月 2 日最高水位 3.65 米，超保证水位 0.15 米，10 月 1 日最低水位 2.49 米。小越（下）9 月 2 日最高水位 3.48 米，10 月 1 日最低水位 2.11 米。

四十里河平原：通明（上）10 月 2 日最高水位 4.37 米，超警戒水位 0.27 米，9 月 30 日最低水位 3.06 米。

东关平原：东关 9 月 2 日最高水位 4.46 米，超警戒水位 0.16 米，8 月 9 日最低水位 3.50 米。

【水文监测】 强化日常遥测站网管理，确保水雨情信息及时准确传送。依托上虞水情数据中心，提升水文数据的监控处理预警能力，通过短信、APP 等形式及时将水雨情信息传递到相关人员。推进水文监测网络建设，通过对主要江河、山塘水库、平原、堰闸的水文监测站建设，掌握全区各地的实时水雨情。

【水文测验信息化标准化】 根据省水文管理中心审定的《上虞水文测站任务书》要求开展水文测验。探索水文测验方法，针对东山站洪水期视线差、漂浮物多、水深浪急的特点，采用多普勒定线测流、高清视频追踪辅助测流等措施。推进水文管理模式改革，全区国家基本雨量站、水位站均实现"无人值守、有人看管"模式，解决人员问题的同时消除水文测验安全隐患，提升信息化自动化水平。

【水文资料整编】 区共有10个国家基本站进行资料整编，涉及流量、泥沙、水位、雨量、蒸发等。上虞东山测验河段受上下游工程运行影响较大，水势复杂，采用优化布施测次、加密测流频次，顺利通过三项检验。水文资料严格按相关制度，做好每一道工序。采用在线整编模式，提高资料的时效性。整编成果符合规范规定、满足整编要求。 （金建良）

政治文明建设

【"不忘初心、牢记使命"主题教育高质量开展】 按照上级和区委部署要求，全面对标对表，及早谋划实施，规定动作一步不少，自选动作彰显上虞特色，确保全区主题教育全程高质量、全面高质量，相关做法得到省市指导组高度肯定。一是坚持领导带头。区委常委会以上率下，严格按要求高质量完成专题学习会、专题党课、调研、检视问题等环节，带动全区广大党员干部掀起主题教育的热潮。二是坚持典型引路。整合区内红色资源，在全市首发6条"初心之旅"线路，全区2万多名党员干部接受现场教育，相关做法在《光明日报》刊登；积极选树"老黄牛式好干部"——丁宅乡人大原主席龚焕明这一先进典型，其事迹得到省人大常委会党组书记、副主任梁黎明和市委书记马卫光批示肯定。三是坚持教育全覆盖。针对不同领域基层党组织，分类分层次设计不同载体，落实7个"初心系列"活动任务清单，提升教育实效。如针对两新党组织集中学习组织难的实际，探索实践"结对互助""工前一刻钟"等学习"六法"，针对流动党员、年老体弱党员等特殊群体，采取"送学上门""流动课堂"等形式，确保每一名党员都不遗漏、不掉队。四是坚持立查立改。突出抓好9项专项整治和"八大攻坚"行动，健全完善区领导包乡走村、"现场解难、常态服务"等制度，区领导每月至少一次现场协调解难，联动开展"联百村、走千企、访万户"活动，解决一批民生痛点堵点问题。如针对环保这一民生堵点，开展每周飞检、区领导突击夜查，购入全市第一辆、全省第二辆大气污染移动监测走航车，健全完善全国首创的异味评价体系。对15个后进村，落实联系区领导、联系部门、第一书记、联村指导员"四个一"帮扶机制，整转效果较明显。

（陈坤、冯丽华、张明华）

精神文明建设

【概况】 2019年，全区开展春泥计划、第十一届"社区邻里月""我们的节日""五星3A"村文明星、"五星和美"社区文明星创建、农村移风易俗整治推进工作等群众性精神文明建设主题系列活动。继续深化全国文明城市创建工作和绍兴市文明集镇创建工作。投资600万元的最美人物馆、新时代文明实践中心和社会主义核心价观主题公园等文明阵地相继正式启用。推荐入选"中国好人榜"2人、"浙江好人榜"4人、"绍兴好人榜"7人。完成176个区级文明村镇、269个区级文明单位、51个区级文明校园的复评工作，新创市级文明村镇（单位、校园）28个，区级文明单位（村镇）16个，摄制播出27期《好人、好事、好风尚》电视栏目，用镜头记录虞城凡人善举传递好人好事。

【文明创建工作】 围绕《上虞区文明程度指数测评和考核办法》《上虞区2019年度文明程度指数测评标准》及《绍兴市文明集镇创建考核标准（2019年）》，长效推进文明城市和文明集镇创建工作。首创首发上虞县域文明指数体系，制定出台《上虞区文明指数测评方案》并组织召开区文明指数发布会，每季度公布《上虞区文明指数报告》，创立一套可量化评价体系。组织开展文明城市创建提升百日攻坚行动，完成四季度的区第三方文明程度指数测评，通过媒体公开通报、下发整改清单、回头看督查等推进问题整改清零，累计督查整改问题6500余条。完成省、市第三方文明程度指数测评考核。省测成绩为三区第一。

【新时代文明实践中心志愿服务活动】 3月5日，正式启用区新时代文明实践中心，实施社会志愿团队轮值制，招募志愿团队和优秀志愿者，开展集中培训，进行志愿化日常管理。2019年，新时代文明实践中心做到每日开放，已累计接待参观群众3000余人，接待各地参观团队40余支。梳理各级各类志愿服务队伍，已入驻区文明实践中心社会志愿队伍42支。以"志·爱出发"为品牌，协调、组织各志愿服务团队，创新成立"周末爱出发""娥江健步走"等各类特色品牌活动，累计开展志愿服务活动5000余次。

【最美人物馆和社会主义核心价值观主题公园启用】 5月，启用绍兴市第一家区最美人物馆，馆内重点集中展示全区最美人物5个系列84位人物的典型事迹，成为宣传先进典型、弘扬崇德向善又一精神高地，并利用周末及寒暑假组织机关干部及学生进行参观学习，截至2019年底，共接待参观群众1万余人。完成信义广场社会主义核心价值观主题公园建设，宣传道德模范事迹。

【春泥计划活动深化】 下发《关于做好2019年暑期"春泥计划"实施工作的通知》，要求各乡镇、街道，有关部门和单位围绕"以弘扬社会主义核心价值观为根本，开展道德实践活动；以传承优秀传统文化为主线，开展社会体验活动；以养成良好行为习惯为目标，开展能力提升活动"三方面开展好暑期春泥计划，帮助未成年人"扣好人生第一粒扣子"。截至8月30日，各乡镇（街道）已累计开展各类活动2000场次，参与人员达5万多人，评选出优秀活动项目一等奖4个，二等奖8个，三等奖12个。

【第十一届"社区邻里月"活动举办】 8月，以"守望相助显真情　共建共享美家园"为主题，百官、曹娥、东关、道墟、小越、梁湖6个街道38个社区围绕"邻里同乐互动、邻里守望互助、邻里共议互宣、邻里共学互促、邻里传颂互评"五大内容，开展为期1个月的第十一届"社区邻里月"活动。各社区共计开展活动项目450余个，参与居民人数达到6万人左右。

【农村移风易俗整治试点工作启动】 制定《上虞区进一步深化移风易俗工作任务清单》，完善村（居）红白理事会和村规民约。各个社区建立红白理事会，发放移风易俗相关倡议书5万多份。（王国艳）

"五星达标、3A争创"

【概况】 持续深化农村"五星3A"创建，突出抓好第一批创建村"回头看"和第二批创建村验收工作，五星复核通过率78.6%，"3A"标准通过率91.7%，排名全市第一方阵，累计创建完成224个"五星达标"村、20个"3A示范"村，创建实际成功率位居全市第一。注重在巩固创建成果上下功夫，制定出台《农村"五星3A"工作专项评价办法》，坚持每月一次开展专项评价，以常态评价促创建长效。大力推进农村人居环境整治提升集中攻坚"百日行动"，在绍兴市2次测评中综合得分均排名全市前列。探索党建助推乡村振兴的"党建+合作社"模式，有关做法被中组部《组工通讯》刊发介绍。（陈坤、冯丽华、张明华）

国土资源管理

综　述

【概况】 2019年1月22日，绍兴市自然资源和规划局上虞分局（以下简称区自然资源和规划分局）挂牌成立。分局合并原国土分局和规划分局的主要职责，划入发改局、水利局、原农林局等部门的相关职责。2019年，区自然资源和规划分局紧盯年度各项工作目标和任务，集合全系统力量抓重点、破难点、出亮点，全力推进各项工作有序运转。

全年，共争取新增建设用地指标2338亩，完成率129.9%，其中重点“戴帽”指标1086亩。全年完成31个批次项目，批准面积3521亩，批准盘活批而未供土地转用指标4个批次，盘活新增用地指标190亩，全力保障本区重大项目用地。

完成土地开发入库1812亩，“旱改水”验收951亩（另完成区级验收项目2个，面积400亩），标准农田建设验收275亩（另完成区级初验项目1个，面积1305亩），复垦新增耕地300亩。3个全域土地综合整治新建项目已全部列入省级名单，2个续建项目已完成垦造耕地185亩，完成高标准农田建设551亩，建设用地复垦41亩，盘活利用存量建设用地7.5亩。完成造林更新2680亩，平原绿化1520亩，美丽林相建设300亩。

做好净地、勾地和做地“百日攻坚”等工作，完成36个地块2926亩经营性土地做地，完成率146%。全年出让经营性用地32宗2001亩，实现出让金收入102.67亿元，完成率146.7%。完成“标准地”出让28宗1441亩，实现除负面清单项目外100%“标准地”出让目标。完成批而未供消化2728亩，完成率109%；完成供而未用土地处置1222.18亩，完成率145%；完成城乡低效用地再开发1957亩，完成省定任务的140%。盘活闲置厂房51.6万平方米、存量土地2049亩，完成率分别为172%和205%。

以创新升级不动产登记为引领，打造“互联网不动产登记中心”，推进工程建设项目审批改革，深化提级自然资源和规划全领域“最多跑一次”改革。围绕以集约促转型，出台工业用地分割管理、新型产业用地（MO）管理等创新政策，建章立制推动城市更新和产城融合。

2019年度，区自然资源和规划分局被授予“绍兴市城市建设和管理工作突出贡献集体”“全市自然资源和规划局工作目标责任制考核优秀单位”。

（石映曦）

土地管理

【土地整治项目推进】 2019年度，土地开发项目新立项7个共计84.8919公顷，其中水田6.7624公顷；验收22个（含往年立项）共计120.8315公顷，其中水田47.4811公顷。跨省增减挂钩结余指标56.8841公顷。“旱改水”项目验收4个（含往年立项）共计63.6996公顷。

（金一宁）

【失土农民社会保险落实】 2019年共依法征收报批集体土地3031.83公顷。为维护被征地农民、被征地村的合法权益，进一步梳理征地补偿工作程序，配合

完成百官街道、曹娥街道、道墟街道等16个乡镇(街道)62个村的2543位失土农民的参保工作。(厉　佶)

【土地消化利用、闲置厂房和存量土地盘活】 2019年,全区消化批而未供土地4156亩,其中2009—2016年批而未供消化1259亩;完成供而未用土地处置25宗931亩;已开发盘活拆而未用土地649亩;利用用而未尽土地164亩;完成低效用地再开发1985亩;盘活存量建设用地3115亩,其中拆而未用土地盘活、低效用地再开发等工作完成情况均为全市第一;盘活闲置厂房53万平方米;盘活存量土地2063亩。(王建明)

【3516亩土地出让】 2019年,共出让工业用地30宗1514亩,出让金4.43亿元。出让经营性用地32宗2002亩,出让金102.66亿元,其中区本级出让11宗1079亩,出让金77.80亿元。(王建明)

【工业用地出让】 按"标准地"要求出让工业用地28宗,面积1441亩,实现除负面清单项目外100%"标准地"出让的目标。(王建明)

【率先实施户籍联办】 2019年6月1日起,联合上虞区委改革办、上虞区公安分局、上虞区便民服务中心,在全省率先试点实施不动产登记与户籍联办服务,使房屋买卖双方在申请不动产转移登记时,可同步申请户籍迁入、迁移。通过信息融合共享,打破行业专业壁垒,将烦琐复杂的"跑部门"变为高效明快的数据"线上跑"。至此实现与不动产登记相关10项民生事项办理"零跑腿",也实现围绕不动产登记"一件事"全流程"最多跑一次"。(冯桑阳)

【不动产登记资料电子化归档试点】 为突破权证、证明的纸质化,实现通过互联网实时取证,经省档案局、省自然资源厅批准,上虞区作为不动产登记资料电子化归档试点地区。(冯桑阳)

【互联网不动产登记创新开展】 2019年10月将不动产登记"不见面审批"升级至环节更少、效率更高、速度更快的"互联网不动产登记",建成面积150平方米的"互联网不动产登记中心"大厅和50平方米的2间互联网登记室,加上原不见面审批室,开展常态式的"网上、掌上"不动产登记受理、审批。通过互联网不动产登记,交易双方无论在任何一个国家任何一个城市,都可以通过电脑、手机进行在线受理、远程办理。截至2019年底,已完成境外100余宗、境内近11000宗登记业务办理。(冯桑阳)

区自然资源和不动产登记中心互联网不动产登记大厅

(冯桑阳　摄)

【不动产权证书、登记证明电子化】 全面研发完成不动产权证书、不动产登记证明的电子化相关软件、系统,并经绍兴市局授权、委托,申请CA证书和电子印章,2019年10月14日起正式启用电子不动产权证书和不动产登记证明。2019年,实现不动产登记证明、不动产权证书电子化取证1200余本。(冯桑阳)

【服务群众】 上虞不动产登记工作人员将让群众办事更方便的理念日益内化于心,外化于行,自加压力,拉高标杆,扎实开展"服务企业、服务群众、服务基层"为内容的"三服务"活动。工作人员主动上门,提供人性化的特色服务,专门服务如重病在身、行动不便或年事已高的人群;为企业送政策,解难题,提供精准服务;为新建商品房项目驻点服务,批量收件、上门办理,实现"三服务"常态化、制度化,让群众零跑窗口。2019年,中心工作人员上门服务100余次。(冯桑阳)

【荣誉称号】 2019年,区不动产登记中心获"浙江省不动产登记窗口便民利民服务成绩突出集体"称号。(冯桑阳)

【耕地保护责任制落实】 按照补偿政策要求和村级集体耕地保护责任落实情况，合计拨付耕地保护以奖代补资金2004.6193万元。（俞园松）

【永久基本农田保护“田长制”】 2019年，区制定出台《上虞区永久基本农田保护“田长制”实施细则》（虞政办发〔2019〕16号），建立永久基本农田保护“田长制”，将永久基本农田保护任务落实到责任人、责任地块和责任网格，建立一级抓一级、层层抓落实的永久基本农田保护机制，实现保护责任全覆盖。区政府发文确定各级“田长”“网格长”“网格员”703人，并完成签订保护责任书609份，设立保护标志牌406块。（俞园松）

【全域土地综合整治】 2019年共实施全域综合整治项目5个，全区实施区域整治面积达7.72万亩，启动实施高标准农田建设2649.4亩，耕地质量提升781亩；完成垦造耕地717亩，城乡建设用地复垦245亩，城镇低效用地再开发209.7亩，土地流转600亩，建设用地存量盘活利用27.5亩，空心村整治农房改造38.45亩，“四好农村路”建设7.8千米，矿山环境生态综合治理3家，地质灾害治理1家。实施新建或改造一批村级综合公共服务中心、农贸市场、垃圾中转站、村级物业用房等公共服务基础设施工程和农村环境卫生、村庄道路美化亮化工程。（金烨洒）

上浦镇四峰村全域土地综合整治与生态修复工程“拾鲤荷塘”（叶立标 摄）

【农村土地综合整治项目】 2019年，围绕上级下达的“611”耕地保护工程任务，推进建设用地复垦和城乡建设用地增减挂钩，规范、有序推进农村土地综合整治工作，全年共验收城乡增减挂钩项目4个，归还周转指标432亩，至此区41个城乡增减挂钩项目全部完成归还挂钩指标任务；建设用地复垦项目全年经区政府批准立项21个面积224亩，预计可新增耕地面积218亩，验收15个新增耕地面积297亩，其中水田93亩。（卢 山 金烨洒）

土地督察

【卫片执法检查】 自然资源部2019年度卫片执法检查共下发区监测图斑702宗，总面积17010.30亩，其中耕地面积7329.01亩。经核查后梳理分析疑似违法图斑94宗，土地面积1398.2亩，其中耕地面积740.09亩，永久基本农田23.23亩。94宗违法图斑，主要为杭绍台高铁建设先行动工，涉及77宗，94宗违法图斑均已处置到位。（王 英）

【涉土信访办结】 全年共受理承办各类涉土信访件总量577件，其中来信552件，来访21件48人次，受理区信访联席会议办公室委托复查件4件。552件信访均已按规定要求及时报结，按时报结率达到100%。（王亚裙）

【动态巡查机制完善】 根据区政府对违法用地、违法建设实行“责任网、巡查网、查处网和监督网”四网合一的网格化防控管理体系，重点加强对违法用地前期的巡查和责任落实。通过完善巡查制度、对巡查人员实行巡查路线设定和手机APP软件升级等方式，提升上虞区对违法用地的“群防、群治，早防、早治”能力，促进违法建筑的长效管理。全年共巡查28000余人次，发现违法行为10起，总占地面积0.22公顷，其中耕地面积0.10公顷，均依法进行处置。（章志峰）

【打击非法开采行为】 组织落实24小时巡查监管，通过加强源头监管、加大执法力度等措施，结合农村基层组织巡视、自然资源领域“扫黑除恶”专项斗争等工作，会同属地乡镇街道和司法部门，联合打击涉黑涉恶滥开滥采矿产资源行为。共出警49次456人次，查扣挖掘机27辆，对涉嫌刑事犯罪的3件案件向公安进行移送，公安机关均立案，3名当事人被刑拘。（章志峰）

【国土领域扫黑除恶专项斗争】 2019年，报送涉黑涉恶线索5条，开展线索核查13件。（沈武军）

【"大棚房"专项清理整治】 排查发现"大棚房"问题43个点位，其中属于"大棚房"问题31个，另案处理22个。已排查上报省市的31个"大棚房"问题点位，均在2019年3月底前完成整改并通过国家、省、市各级验收。（沈武军）

【违建别墅清查整治工作】 通过全域地毯式排查，共发现8宗别墅用地，占地面积812.27亩，建筑面积266530.73平方米，栋数567栋。根照专项行动违建别墅认定标准，以上8宗别墅项目全部不属于五大区域范围内，不纳入此次违建别墅清查整治范围。

（沈武军）

矿产管理

【夯实地质灾害防范工作】 完成"除险安居"三年行动收尾工作，共完成综合治理25处，核销地质灾害隐患22处。建成地质灾害避让搬迁安置示范点1个(下管镇新庄村)，安置率达到100%，建成地质灾害专业监测点4个，2019年地质灾害"即查即治"工程12处，完成治理12处。全年共组织地质灾害排查508组次1014人次，排查隐患和风险点1697点次，共发布等级预警9次，预警信息18762条，树立统一的竣工标识牌26块，统一的警示标识牌2块，并开展地质灾害防治知识宣传工作，全年举行宣传培训进礼堂30次，进校园1次，宣传活动6次，发放宣传图册900余本，张贴宣传画20余张，参与群众16000余人。（钟 雯）

实验小学内"地质灾害防治知识宣传进校园"活动现场

（钟 雯 摄）

【开展野生动植物保护】 与森林公安局联合组织力量开展野生动物保护执法，共检查餐饮经营企业69家，发现问题整改20家，收缴野生保护动物大王蛇3条，青蛙50只，鹧鸪4只，拆除海涂湿地非法捕鸟棚7处；抢救性保护一级古树名木2株、救护野生动物(鸟类)4起。并联合上虞区人民检察院、上虞野鸟保护者协会在驿亭中心小学通过多媒体、宣传板、讲座等多种形式，宣传保护野生动物科普知识。（陈桂君）

生态环境

综　述

【概况】 2019 年，区贯彻落实习近平新时代中国特色社会主义思想，围绕“一个中心”（以改善环境质量为中心）、打造“两个升级版”（监管执法升级版和环保能力建设升级版）、开展“三个年”（环境质量提升年、环保服务优化年、生态示范创建年）的总要求，着力深化生态文明建设和生态环境保护，生态环境投资年度增速达到 107.36%，完成上级下达的各项年度考核目标任务。区生态环境质量稳步提升，全年细颗粒物(PM2.5)平均浓度为 33 微克每立方米，空气质量综合指数为 3.62，空气质量指数(AQI)优良率为 92.0%，三项指标均全市排名第二，未出现空气质量重度及以上污染天气；22 个绍兴市考核断面水质达标率 95.5%，综合污染指数同比下降 1.7%，5 个交接断面和 4 个饮用水源地水质达标率 100%；环境噪声符合声功能区要求。

2019 年，上虞区创建为省级生态文明建设示范区，入选第一批省级山水林田湖草生态保护修复试点，获得 8000 万元省级财政补助；省级生态环保督察亮点多、问题少，三项重点工作获督察组好评；生态环境“三服务”涌现典型做法，全程代办助推企业上市、服务化工企业搬迁入园、落实小微企业危废处置等举措被推广；杭州湾经济技术开发区产业拓展区规划环评获得批准，助推杭州湾经济技术开发区成为绿色化工园区；环境执法数据领跑全市，再次跻身全省前十；生态环境质量持续改善，空气质量三项指标绍兴市领先。

（李筱筱）

环境质量与监测

【概况】 2019 年，区环境监测站共出具各类监测报告 1730 份(其中监督性监测报告 1055 份)，监测报表 129 份，环境质量月报 12 期、年报 1 期，获得各类监测数据 19.7 万个(其中实验室手工监测数据 2.9 万个)。全年开展信访监测 93 家次、污染源在线比对 110 家次、水重点污染源监督性监测 182 家次、气重点污染源监督性监测 90 家次、委托监测 81 家次；完成皂李湖微型水质自动监测站、乡镇 PM2.5 站点臭氧模块扩容、张杰中学颗粒物垂直和臭氧雷达、广电大厦颗粒物水平雷达、环保大楼挥发性有机物自动采样仪、区委党校等 8 个功能区噪声自动监测点位建设工作，新增上虞中学、重华小学 2 个“十四五”国家环境空气质量监测城市站。

【环境空气质量状况】 2019 年，区城市环境空气质量指数(AQI)优良率为 92.0%，同比上升 5.4 个百分点。2019 年，区城市环境空气质量稳中向好，主要污染物较上年下降趋势明显，其中二氧化硫日均值浓度范围为 3—11 微克每立方米，日评价达标率为 100%，年均值浓度为 5 微克每立方米，达到国家一级标准，与去年持平，特定百分位数浓度为 9 微克每立方米，达到国家一级标准；二氧化氮日均值浓度范围为 3—66 微克每立方米，日评价达标率为 100%，年均值浓度为 25 微克每立方米，达到国家一级标准，较上年下降 7.4%，特定百分位数浓度为 56 微克每立方米，达到国家一级标准；可吸入颗粒物日均值浓度范围为 14—178 微克每立方米，日评价达标率为99.2%，年均值浓度为54微克每立方米，达到国家二级标准，较上年下降了3.6%，特定百分位数浓度为108微克每立方米，达到国家二级标准；细颗粒物日均值浓度范围为4—112微克每立方米，日评价达标率为97.5%，年均值浓度为33微克每立方米，达到国家二级标准，较上年下降2.9%，特定百分位数浓度为70微克每立方米，达到国家二级标准；臭氧日均值（最大8小时滑动平均）浓度范围2—195微克每立方米，日评价达标率为95.1%，比上年上升14.4个百分点，特定百分位数浓度为146微克每立方米，达到国家二级标准，较上年下降2.6%；一氧化碳日均值浓度范围为0.4—1.9毫克每立方米，日评价达标率为100%，特定百分位数浓度为1.2毫克每立方米，达到国家一级标准。城区降水监测样品的pH范围为5.04—6.88，全年酸雨发生率为4.6%，较去年下降8个百分点，酸雨量占总降水量的2.87%，年降水pH平均值为6.04。由于二氧化硫减排政策，与上年相比，区酸雨发生率继续下降，酸雨量占总降水量比例显著下降，pH均值较上年度明显上升(2018年酸雨发生率为12.6%，酸雨量占总雨量的7.65%，降水pH平均值为5.93)，属非酸雨区。

【地表水质量状况】 2019年，全区22个绍兴市级考核断面中，水质类别为Ⅰ—Ⅲ类的断面有21个，Ⅳ类断面有1个，除了二号闸断面不达标，其余21个断面均达标，断面达标率为95.5%，与去年持平。水域污染分布特征表现为曹娥江水系水质状况为优，绍虞平原河网水质状况为良好，姚江支流水质状况为优，与去年同期相比有明显提高。曹娥江水系上虞段10个监测断面中，Ⅰ—Ⅲ类水质断面占100%，满足功能要求断面占100%；绍虞平原河网9个监测断面中，Ⅱ—Ⅲ类水质断面8个，占88.9%，与上年持平；姚江支流2个监测断面均为Ⅱ类水，均满足功能要求。2019年五个出入境断面水质均为Ⅰ—Ⅲ类，出境水质高锰酸盐指数均值为4.0毫克/升，同比升高1.5%，氨氮和总磷均值分别为0.31毫克/升和0.09毫克/升，三项考核指标均达到水质目标要求，考核结果评定为优秀。2019年饮用水源地（汤浦水库）全年所有断面水质各项监测指标均达到Ⅱ类功能区要求，符合生活饮用水源水质标准。

【声环境质量状况】 2019年，上虞区区域环境噪声昼间监测结果为53.9分贝，交通噪声昼间监测结果为68.7分贝。根据“城市环境质量年度考核”评分标准体系分值计算公式及对照浙江省声环境质量分级标准，2019年上虞区城市声环境质量综合评分值为9.4分，上虞区城市声环境质量综合评价结果为优-良级。

（李筱筱）

污染治理

【概况】 2019年，上虞区围绕打赢“蓝天、碧水、净土、清废”四大污染防治攻坚战，以省级生态环保督察迎检和长江经济带生态环境问题排查整改为契机，加大污染治理和科技创新投入，整合各级数字资源打造智慧环保中心，针对区域臭气异味问题，深化异味评价体系建设，并引入全省第二辆挥发性有机物走航监测车，抓住薄弱环节集中攻坚，优先解决突出环境问题。

【空气质量达标进位专项行动】 2019年，上虞区围绕空气质量达标目标，制定专项行动方案、年度工作计划系列方案，建立暗访督查、建档销号、通报排名、考评问责等机制，推进重点区域管控、工业废气治理、扬尘污染治理、柴油货车治理、结构优化提升、面源污染治理等领域治气工作。全年完成36个VOCs深度治理项目、12个无组织排放改造项目、3个臭气异味治理项目和15家LDAR试点，20家科学治气企业推倒重建车间5个、新增改造治气设施105台/套；完成124个5000平方米以上施工工地视频监控和扬尘在线监测设施安装，上虞人民医院科技综合楼建设工程成为全市首个红榜表彰建筑工地；完成非道路移动机械摸底和500辆工程机械环保牌证发放，淘汰国三及以下营运柴油货车308辆，立案查处尾气超标车辆33辆、渣土车抛洒地漏103起、不合格柴油油品4批次；清理整治涉气“低散乱”201家；淘汰燃煤锅炉8台、铝壳中（工）频炉12台，完成燃气锅炉低氮改造15台，新建充电桩46个；秸秆综合利用率达到95.6%，化肥使用减量167吨。2019年，区整改完成市蓝天办交办问题58个、督办问题5个，清理整治《今日焦点》栏目曝光扬尘防治不到位问题2个，区专项督查组检查通报并督促整改问题55个。

【污水整治】 2019年,上虞区出台《关于加快推进"污水零直排区"建设的若干意见》,编制工业园区(工业集聚区)、城镇生活小区和公共区域、其他三大类建设单元分类编制项目清单,印发《上虞区"污水零直排区"建设工作手册》,并按街道中心镇、发展型乡镇、生态型乡镇分类落实资金保障(分别按60%、70%、80%的比例进行补助)。用好人力、物力、财力,在工业园区和集镇建成区等重点区块开展设施建设、解决突出问题:实施"一点一策"治理,解决工业重点行业(企业)及园区(集聚区)截污纳管不到位问题;实施雨污分流改造,解决老城区、老旧生活小区等基础设施薄弱问题;实施专项集中整治,解决餐饮、农贸市场、沿街店铺违法违规排放污水问题。10月底,7个年度市级创建乡镇街道全部完成项目建设,并于11初通过区级验收。11月底,全区共完成"污水零直排区"建设项目118个,完成投资1.92亿元,基本完成建设的镇街数达到12个,占比60%。区启动污水处理厂清洁排放改造,新建改造污水管网36.22公里,完成53个日处理能力30吨以上农村生活污水处理设施标准化运维管理试点。

【净土行动】 印发《绍兴市上虞区土壤污染防治2019年工作计划》,开展重点行业企业土壤污染防治、农用地超标点位"对账销号"、经营性用地土壤环境调查、土壤污染隐患排查整改等工作,完善土壤污染防治工作机制。开展重点行业企业用地土壤污染状况详查,完成236个地块现场调查、信息采集等工作,督促企业编制完成自行监测方案,华伦化工、佳英感光材料等重点单位布点采样方案通过市级评审。推进全区农用地超标点位"对账销号"工作,制定《绍兴市上虞区农用地土壤超标点位"对账销号"工作实施方案》,全年"对账销号"农用地超标点位12处。做好经营性用地土壤环境调查工作,对用地性质变更为住宅、公共管理和公共服务的地块开展土壤污染状况调查,组织召开专家评审会17次,全年备案用地性质变更地块81个。完成九六丘填埋固废清理,累计清理11.16万吨,同步完成环境质量现状调查报告、风险管控技术方案编制及32个置换地下水井建设,待场地复绿后历史遗留问题将全部完成。

【清废行动】 2019年,区配合市审计局开展省级工业固体废物和危险废物处置监管情况专项审计工作,收集整理并提供各类调阅资料26项,对27个审计取证单进行情况说明并提供支撑依据,根据《绍兴市审计局专项审计调查报告》(绍市审调报〔2019〕15号)要求,制定专项整改方案并落实具体整改措施,并对21家涉固废、危废企业开展"回头看"检查。截至12月底,除了需要上级部门帮助完成整改的危险废物处置政府指导价制定、生态环境信息监管平台整合升级2项外,其余14项问题均整改完成,阶段性整改报告经市审计局认可。制定实施清废行动实施方案和清废行动年度工作计划,完成984家一般工业固废、840家危险废物产生单位信息申报登记,对14家危险废物经营单位实行年度考核,对76家年产100吨以上危险废物产生企业开展危废核查,91家企业规范处置777.8吨超期贮存危险废物。危险废物利用处置能力建设方面,建成投运春晖固废1.5万吨/年危险固废焚烧技改项目、九鑫化工6万吨/年综合利用铝氧化废酸污泥项目、长贵金属0.4万吨/年铜阳极泥处理项目及泰盛环保活性炭再生项目,完成浙江新和成药业有限公司"三废"焚烧炉项目危废经营许可证换证工作。

【无固废城市建设】 2019年4月,绍兴市入选"11+5"全国"无废城市"建设试点城市和地区,随即启动全市"无废城市"创建工作。上虞区于8月正式启动全区"无废城市"建设试点工作,委托编制《上虞区"无废城市"建设试点工作实施方案》。12月,成立上虞区"无废城市"建设试点工作领导小组及工作专班,实施方案通过专家评审并印发实施,从顶层设计、绿色工业、循环农业、绿色生活、绿色建筑、风险防控、市场活力、数字管理等方面,建立健全"无废城市"建设工作机制,推进各类固废多部门系统治理和全过程管理。

【生态环境保护督察迎检整改】 2019年,上虞区持续抓好第一轮中央生态环境保护督察反馈问题整改工作,2项个性问题、8项共性问题和149件信访交办问题完成整改并销号。4月9日,浙江省第二生态环境保护督察组进驻绍兴市。督察进驻期间,协调开展信访交办件调处、下沉督察、宣传报道等工作,受理信访交办件及反馈问题共44个;督察结束后,建立信访交办件、反馈问题主办单位巡查和"销号管理"制度,截至2019年12月,44个反馈问题(信访交办件)全部整改落实并验收销号。9月5日,生态环境部华东督察局赴上虞开展生态环境保护工作暗访调查,指出杭州湾上虞经济技术开发区内世纪新丘填土作业地块疑似湿地,要求核实土地性质、填土作业手续办理等情况。区按要求开展调查并整改,制定实施世纪新丘湿地生态修复方案,并于12月底前完成地形重塑及水系调整工作。

【科技监管体系建设】 2019年4月,区启动智慧环保中心暨环保110指挥中心建设,涵盖重点污染源在线监控、雨水口智能监控、废气治理设施运行过程监控、固废动态视频监控以及企业重点车间生产DCS监控等五大环保监管子平台。截至12月底,智慧环保中心暨环保"110"指挥中心建设完毕并上线试运行,污染源日常环境监管对象"一张图"、空气质量"一张图"、水环境质量"一张图"、生态红线区域规划"一张图"等"一张图"决策系统基本形成。2019年4月,上虞区环境执法案件综合管理系统上线,一体化对接生态环境部"12369"平台、省政务服务网、市级行政处罚等平台,并对全区生态环境案件实行规范电子化管理。2019年,杭州湾上虞经济技术开发区在2018年5家企业试点开展异味评价体系建设基础上,深化推进二期12家企业扩面建设,截至12月,完成站房建设、设备安装、联网和数据比对等工作,实现所有试点企业废气排放24小时监测预警。（李筱筱）

污染减排

【概况】 2019年7月,绍兴市通报全市2018年主要污染物减排结果,同时下达2019年度主要污染物减排约束性指标。2018年,区完成化学需氧量削减11.7%、氨氮削减14.1%、二氧化硫削减17.3%、氨氮3.6%,超额完成目标任务。2019年,区配套生活污水纳管、生猪养殖项目关停、热电项目关停等减排项目,确保完成年度主要污染物减排目标(化学需氧量比上年下降8.0%、氨氮下降8.0%、二氧化硫下降2.0%、氮氧化物下降3.6%)。

【建设项目环保审批】 2019年,上虞区累计审批环评报告书项目29个、报告表项目431个、登记表网上自主备案项目387个,其中市级委托审批项目14个,根据"区域环评+环境标准"改革要求,对30个项目进行降级审批。规划审批方面,完成袍江化工企业集聚提升承接区块规划环评指导和审批对接,按要求做好区"三线一单"方案编制及意见反馈工作。

【排污许可证管理】 2019年,上虞区完成国家排污许可证首次登记发证26家,排污许可证变更17家、注销6家;完成浙江排污许可证首次登记发证16家,排污许可证变更39家,注销31家。根据《固定污染源排污许可分类管理名录》规定,对全区酒的制造、家具制造、电池制造、汽车零配件制造、废弃资源综合利用、环境治理业等多个行业的26家企业开展排污许可证核发工作,并成为绍兴市首个完成核发任务的区(县、市)。9月5日,全省排污许可工作推进会在区召开,总结分析当前浙江省排污许可制改革进展情况,研究部署下一阶段工作,为打好污染防治攻坚战提供重要支撑。

【排污权有偿使用和市场化交易工作】 2019年,上虞区出台《上虞区完善排污权市场交易若干意见》《关于完善排污权二级市场交易制度的补充意见》,保障重点企业、重点项目落地。全年公开出让废水1718吨/日、二氧化硫8.7吨/年、氮氧化物64.46吨/年,交易金额1324.7042万元;二级市场交易32笔,成交废水6279吨/日、二氧化硫27.321吨/年、氮氧化物37.76吨/年,交易金额4700.7249万元;收取排污权有偿使用金36笔,合计金额1498.3499万元;办理排污许可证抵押贷款28笔,贷款金额5.76亿元。

【辐射管理】 2019年,区组织涉源单位辐射安全风险排查暨“飞鹰9号”专项执法检查，对5家放射源企业和1家移动探伤作业企业进行执法检查，开展平安护航中华人民共和国成立70周年暨“飞鹰10号”专项执法检查，对绍兴市上虞人民医院等4家电离辐射单位进行抽查，未发现明显问题。此外，全年为绍兴众特机械制造有限公司、浙江亿众数码新材料有限公司等9家单位出具辐射安全核查初步意见，为绍兴市上虞中医医院等4家卫生诊疗机构发放辐射许可证。

【行业整治提升】 2019年7月，区启动化工产业改造提升2.0版工作。8月，生态环境分局出台《上虞区化工产业改造提升2.0版生态环境工作实施方案》，围绕“绿色环保、智能管理”目标，实施智能化、数字化改造，提升经开区化工企业环保管理水平。截至12月底，完成102家化工企业环保核查、30家环保改造提升方案编制与审核，明确对10余个老旧车间进行推倒重建，源头减量、过程控制、末端治理三管齐下，推动化工产业高质量发展。区完成化工企业搬迁入园、退出印染企业奖补和3家电镀企业整治提升阶段性任务，完成11家铝氧化企业清洁化改造、17家涉水特色行业企业改造、11个地下油罐防渗漏改造和52家企业清洁生产审核工作。

【第二次全国污染源普查】 2019年，区按照《浙江省第二次全国污染源普查方案》《上虞区第二次全国污染源普查工作方案》要求，在2018年全面清查的基础上，对17325个工业源、130个农业源、956个集中式、21个生活源锅炉和1个入河（海）排污口等18433污染源开展现场校核和平台校核，做到问题发现一个解决一个。针对因核算规则等导致的数据失真问题，组织开展数据集中归真，剔除无效数据317个，增补数据27条，替换更新产排放量数据1747个，VOC产生量从1.35万吨上升至4.66万吨、排放量从0.8万吨上升至2.49万吨，与经济发展水平、整体产业结构以及其他区县均值基本平衡。11月初，区提前1个月完成所有污染源数据定稿定库，普查材料分类封装工作按要求推进。

【温室气体清单管理】 2019年，区落实机构改革关于涉改职能（应对气候变化和减排）的划转和业务对接，根据《浙江省温室气体清单管理办法》（浙发改资环〔2017〕637号）和《浙江省2019年应对气候变化工作要求》（浙环函〔2019〕183号）要求，完成2018年度温室气体清单报告编制工作，督促重点碳排放交易企业、非碳企业编制碳排放报告，并按要求对报告进行初审和上报。（李筱筱）

生态建设

【概况】 2019年，区在创建省级生态文明建设示范区的基础上，继续深化美丽上虞建设和生态文明创建工作，印发《2019年美丽上虞建设（生态文明示范创建行动）工作任务书》，统筹打好“碧水、蓝天、净土、清废”四大污染攻坚战役，落实区镇两级生态环境状况报告制度，生态环境质量公众满意度连续7年提升，2019年得分85.98分，位列全省第35位，比上年度提升13位。

【生态文明建设示范区创建】 2019年，上虞区启动国家生态文明建设示范区创建工作，完善创建工作体制机制，出台《上虞区生态环境保护工作责任规定》，制定生态环保工作年度考核办法，推动生态文明建设向基层延伸，加强生态文明建设顶层设计，完成创建规划文本和项目研究报告（说明）初稿编制。深化生态环境保护宣传，制定生态环境质量公众满意度宣传活动年度实施方案和配套考核办法，组织“蓝天保卫战我是行动者”环境日活动，组建“网评员”队伍，在市级以上主流媒体正面报道全区生态环保工作14次、市级以上党政信息正面宣传10次，创成省级森林城镇1个、省级“绿色家庭”2户、市级森林城镇2个、市级“绿色家庭”16户、市级绿色学校3个。

世界环境日当天举行的绿色骑行活动

（生态环境分局　提供）

【山水林田湖草生态保护修复试点】 2019年，《上虞区省级山水林田湖草生态保护修复试点实施方案(2019—2022年)》通过省级评审，上虞区成为第一批省级“山水林田湖草”生态保护修复试点地区。根据试点实施方案要求，2022年前，区要建成水生态环境质量提升工程、矿山生态环境修复工程、森林质量改善工程、土地整治与土壤污染修复工程、生物多样性维护工程、海岸线整治与修复工程和地质灾害防治等重点项目40个，总投资48.78亿元（省级配套8000万元）。截至12月，累计投入资金15.3亿元，实质性启动重点项目39个，其中6个已完成。

【生态保护】 2019年，区按照“红线面积不减少，环境功能不降低”的原则，核实调整生态保护红线面积为176.02平方公里，比调整前增加红线面积0.6平方公里。开展“绿盾2019”自然保护地强化监督工作，实地核查全区自然保护区、风景名胜区、森林公园、湿地公园等自然保护地，未发现违规违法行为。对照相关法律法规，梳理全区畜禽养殖禁养区划分范围超过规定的区域及近期调整的饮用水水源保护区、城镇居民区、文化教育科学研究区，完成畜禽养殖禁养工作自查整改报告和新的畜禽禁养区划定方案。推进生态损害赔偿工作，全年共办理生态环境损害评估案件1起、生态环境损害赔偿案件3起，其中银邦、佳英2起小型案件已完成赔偿程序。

【环境信用管理】 2019年6月，区完成2018年度企业环境信用等级评定工作，137家参评单位最终评定信用等级黑色企业1家、红色企业16家、黄色企业28家、蓝色企业78家、绿色企业14家，有关结果通过政府信息公开平台进行依法公开。根据《浙江省公共信用修复管理暂行办法》，对受区环境行政处罚、在浙江政务服务网上公布，并且符合修复信用条件的企业和经营者，开展企业环境信用修复工作，全年共收到9家企业提交的10份申请，已按规定为审核通过的浙江上风高科专风实业有限公司等单位发布信用修复公示。

【法律顾问制度改革试点】 由于原合同到期，8月起，由浙江舜杰律师事务所为区提供环境保护法律顾问服务。2019年，环境保护法律顾问参与对全区环保专项执法和重点行政处罚案件的审查，参加重大行政决策事项20余件，审查环保规范性文件5件，审核生态环境各类合同文本60余件，开展生态环境法律法规培训、讲座3次。出台《绍兴市上虞区人民政府办公〈关于进一步规范环保“一票否决“严重环境违法行为”认定及环保证明（环保说明）出具的通知〉》，规范开展环保合法性审查工作，全年出具完成各类环保证明、“一票否决”等合法性审查意见131份，涉及6300余家企事业单位和个人。

【环境执法监管】 2019年，区组织生态环保“飞检”行动46次、“飞鹰”专项检查12次，“双随机”抽查12次、交叉检查3次，全区共出动监察人员30384人次，检查企业12582家次。全年共下发责令改正通知书550份，停产整顿51家次，对550起环境违法行为立案调查，作出行政处罚515家，处罚金额1996.1906万元。其中，查封扣押117起，责令限产停产10起，移送公安部门环境违法案件3起，行政拘留1人，刑事拘留10人，环境行政处罚案件数、处罚金额在绍兴排名均为第一，位列全省各县（市、区）第9位。

【环境信访处置】 2019年，组织开展重点信访和重复信访调处情况“回头看”，对涉及具体工业企业的重点环境信访实行全覆盖督查，督促整改调处不到位或企业整改不力问题，按要求规范建档销号督办。2019年共受理环境信访1065件，较上年度下降15.7%，全年未发生因环境问题引起的群体性事件和重大突发环境污染事件。

【环境应急管理】 成立绍兴市环境应急物资储备中心，组建应急处置队伍，落实环境应急各项措施。修订《环境突发污染事件应急预案》等4个专项预案。加强重点企业应急预案管理，2019年新增（重新备案）应急预案备案102家，企业应急预案在浙江省应急管理平台上传率100%。

（李筱筱）

水　利

综　述

【概况】 2019年，上虞水利围绕“补短板、强监管”的总体要求，以保障水安全为目标，以优化水环境为重点，持续推进水利改革，不断强化建设管理。

防灾减灾实现安全度汛。适应机构改革职能转换，严格按照“宁可抓重、不可抓漏”的要求，扎实履职担当，强化监测预警，科学调度工程，抵御“利奇马”“米娜”等强台风和汛期多轮强降雨侵袭，实现安全度汛目标。在防御9号超强台风“利奇马”过程中，协助余姚方面拦洪削峰，有效减轻下游防洪压力。

水利投资超额完成指标。省下达区8亿元水利投资任务到年底完成9.9亿元，完成率123.8%；市下达区9亿元水利投资任务至年底完成10.5亿元，完成率116.7%，其中重大项目投资完成8.4亿元；全年10.51亿元的水利管理业投资任务实际完成10.93亿元，完成率104%。

重点水利建设。虞北平原滨江河—沥北河整治工程于9月底全线建成通水；虞东河湖综合整治工程全年完成投资1.77亿元，占年度投资额的118%，总形象进度达80%；“一江两岸”景观工程（三期）至年底完成投资8060万元，占年度投资额的100.8%；四明湖水库下游河道整治二期工程如期完工。面上项目中，5公里河道整治、90万立方米清淤任务、3座水库除险加固和10座山塘整治都已全面完成。

民生水利实事。2019年区共有滨江河、康家湖和担山河3个河湖纳入“美丽河湖”创建计划，至年底3个项目均已通过省、市联合验收。农民饮用水达标提标行动省、市级考核任务完成，区级安排的26个农饮水工程基本完工，让21465人从“有水喝”到“喝好水”，同时建立健全了区级统管机制和长效管护机制。

水利行业监管。完成河道划界100公里；完成120公里“无违建河道”创建；进一步推行水利工程标准化管理，年度30个创建项目全部完成，列入省级名录的113个项目累计创建110个；开展小水电生态治理整改，在全市率先完成退出类小水电清理整改；强化水资源管理，万元GDP用水量计划控制在34立方米以内；通过国家级和省级节水型社会“双达标”验收。

水利纵深改革。完成35.16万亩农业水价综合改革任务。深化涉水行政审批制度改革，全面推行防洪影响、水资源论证、水土保持“三合一”区域水影响评价改革，年度特定区域水评完成率100%。完成国有企业实体化转型改革，组建水利建设集团并完成集团框架搭设。

（金建良）

防汛抗旱

【概况】 2019年,全区降水时空分布较为不均,梅雨典型,短历时强降雨多发,热带气旋影响明显,无旱情出现。汛期降水比常年偏多,4—9月全区平均降雨量1057.1毫米(代表站(下同)),比常年平均940.9毫米偏多1成。1—9月降雨量1499.2毫米,其中2月、7月、8月降雨量明显偏多,其余月份均接近或偏少多年平均降雨量,汛情基本平稳,无较大水利工程出险。

【隐患整改】 2月至3月初,组织开展水利工程安全大检查,先以乡镇(街道)和有关水利工程管理单位、在建工程项目业主为工作主体自查,后由区水利局分组复查。通过检查,发现各类工程隐患40处,督促责任单位限期整改。截止主汛期前,所有隐患均完成除险加固处理或落实临时度汛措施,确保安全。

【预案演练培训】 全年共完成8个在建重点及骨干水利工程的度汛方案和52座小型水库抢险应急预案审批。7月12日在章镇镇龙浦村举行"上虞区防洪抢险暨危险化学品运输车泄漏事故应急救援演练"。在工程调度方面,根据上级主管部门有关文件精神,组织5座大中水闸编制2019年度控制运行计划。6月13日,组织山塘水库、标准江堤(海塘)安全管理人员举行业务培训,更新区、乡、村三级组织责任体系,落实各级责任人和联络方式,建立预警信息发布机制。指导修订11个镇级、45个村级防御预案。督促开展宣传、培训和演练等活动,持续提升洪涝灾害防御能力。

【监测预警发布】 区水利局及各水利工程管理单位严格落实汛期24小时应急值守和领导带班制度,及时与区防指、气象等开展分析会商,动态掌握各类汛情和旱情,针对气候多变、集中降雨多发的特点,及时开展监测预警。2019年汛期,共发布山洪预警5期,自动触发山洪预警11次,共向乡镇、街道及有关部门的领导和水旱灾害防御有关人员发送预警短信32433条。区防指根据汛情全年启动防汛应急响应3次、防台风应急响应3次,其中防台风应急响应1次提升为Ⅰ级(防御9号台风"利奇马"8月9日14时30分升级为防台风Ⅰ级)、1次提升为Ⅱ级(防御18号台风"米娜"9月30日13时30分提升为防台风和地质灾害Ⅱ级应急响应)。

【应急抢险技术支撑】 提前成立区级水利工程应急抢险技术专家组,落实乡镇、街道技术联络人员,为各地提供水利技术服务。在"利奇马"台风影响前,区水利局派员赴山区乡镇检查指导在建水库山塘及小流域整治工程,督促项目业主落实度汛措施。8月9日,区防指将防台应急响应提升为Ⅱ级后,水利局迅速派遣24名应急抢险专家赶赴对应乡镇一线值守,对乡镇防御工作进行现场指导。同时,落实抢险队伍集中待命。

【水利工程安全管理强化】 严格执行水利工程安全巡查制度,险工险段和重要部位落实专人24小时值守,发现险情及时报告、及时预警和处置。汛期共组织水库山塘、堤防等巡查12000多人次;重点做好水库安全度汛,确保"三个责任人、三项重点措施"落实到位,应急响应期间抽查"三个责任人"300多人次,督促水位相对较高的水库山塘加大预泄力度,腾出拦洪库容;提前做好沿江电排站调试;检查督促重点在建涉水工程严格落实安全度汛措施等。

【水利工程调度】 2019年1—12月份共调度新东进闸、二号闸、一号闸等排涝水闸排泄涝水6.37亿立方米,其中新东进闸开闸运行194次,外排水量33533万立方米,二号闸开闸运行210次,外排水量29382万立方米;一号闸开闸运行25次,外排水量748万立方米;调度引水工程上浦闸引水13255万立方米、浙东引水工程三兴闸引水46545万立方米;同时向下游余姚供水50740万立方米,基本实现把灾害损失降到最低的调度目标。

2019年汛期,全区骨干水利工程运行正常,效益明显。通过提前预泄,52座小型水库累计拦蓄洪水约1500多万立方米,有效减轻下游防洪压力;通过平原排涝闸在提前预排基础上全力抢排,力保平原地区不受淹;通过浙东引水三兴闸、上浦闸引水工程向平原供水4.5亿立方米,保障全区生产用水和环境用水,水利工程防灾减灾作用发挥显著。在防御9号超强台风"利奇马"期间,台风强降雨给下游余姚造成较大防洪压力,上虞在丰惠平原承受大面积受淹风险前提下,严格控制边界通明闸下泄流量8个多小时,有效减轻余姚防洪压力。（金建良）

水利工程建设

【概况】 2019年,列入政府投资的6项续建、新建水利项目全年计划完成投资5.2855亿元,其中续建项目2.4855亿元,新建项目2.8亿元;全年计划财务数4.5165亿元,其中续建项目1.9565亿元,新建项目2.56亿元。全年续建、新建项目共计完成投资6.7064亿元,占年度计划投资数的126.88%。其中续建项目完成投资3.9004亿元,占年度计划投资数的156.93%;新建项目完成投资2.8060亿元,占年度计划投资数的100.21%。

【虞北平原滨江河—沥北河整治工程】 主要建设内容:由滨江河和沥北河组成,起自杜家村,终至海涂2号闸,整治河道全长27.53公里,其中新开河长11.25公里,新建、改建桥梁37座,新建节制闸2座。工程概算总投资9.55亿元,在建设过程中,由于国家政策调整、价格变化、资金筹措方式变化等原因,实际完成投资超过概算投资1.4556亿元。开工日期为2014年8月11日,完工日期为2019年10月29日。

【四明湖水库下游河道整治二期工程】 主要建设内容:河道整治4.4公里,其中新建砌坎2.3公里,护岸修复0.8公里,生态护岸1.7公里,清淤64000立方米,建设滨河亲水步道4.8公里,增设河道两岸小品设施,绿化12000平方米;新增灌溉泵站10座,桥梁5座,新建田间道路0.5公里,配套砼渠道1公里,小型液压翻板闸2座等。工程概算总投资4969万元。开工日期为2018年8月24日,完工日期为2019年6月25日。

【标准海塘五甲新塘左岸段、道墟保江塘路面维修工程】 对上虞区标准海塘五甲新塘、道墟保江塘(桩号30+950—38+400段)路面进行维修,其中沥青砼路面整修段长4680米,砼路面整修段2770米,同时对路面安全防护措施进行修理等。工程概算总投资1476万元。开工日期为2018年11月12日,完工日期为2019年6月9日。

【虞东河湖综合整治工程】 主要建设内容:包括皂李湖、白马湖、小越湖、孔家岙泊、东泊和西泊等"六湖"整治,建设护岸40.14公里,清淤306.87万立方米;新建堤防1.39公里;整治河道16.68公里;新建隧洞2.8公里;节制闸6座;新建及拆建桥梁26座。工程概算总投资12.03亿元。开工日期为2017年2月6日,截至年底尚在建。

【"一江两岸"景观工程(三期)】 主要建设内容:曹娥江两岸(四环大桥—五甲渡大桥段)涉水景观工程建设(江面拓宽、湿地、绿化带建设、生态护岸、沿岸景观、亮化等组成)。工程概算总投资4.4331亿元。开工日期为2019年6月25日,截至年底尚在建。

【马岙水库除险加固工程】 马岙水库位于上浦镇东山村甲仗自然村,集雨面积4.36平方千米,正常库容121.03万立方米,总库容287.75万立方米,主坝坝长208.20米,最大坝高13.5米,灌溉农田约2000亩,是一座结合灌溉、旅游、养殖、防洪的小(一)型水库。除险加固工程概算总投资1320.54万元,于2018年10月26日开工,截至2019年11月28日完成大坝加固、坝体防渗加固、溢洪道拓宽改造、老涵管封堵、新建输水隧洞、新建水文测报系统、库区清淤等项目。

【山塘整治】 2019年完成章镇镇后岙、年角岙、叶池岙、糯公岙、中底岙、青水泥墩,丁宅乡石井湾、万公池、龙掘子,驿亭镇虎夹岙、白茹,丰惠镇三八、凤鸣,梁湖街道冷弯、杨格岙,上浦镇坝后、青坑、大湖,陈溪乡宋家山19座山塘整治项目,完成总投资约1800万元。

（金建良）

水资源管理

【概况】 2019年全区水资源总量为166837万立方米，比多年平均99220万立方米偏多68.1%。产水系数为0.64，产水模数为448.66万立方米每平方公里。人均占有水资源量为2089.4立方米。上浦闸总干渠年总引水量为1.3亿立方米，绍兴市城区曹娥江引水工程年总引水1.85亿立方米，浙东引水工程引水量为4.09亿立方米。全区总供水量为32035万立方米，其中地表水源供水量31914万立方米，地下水供水量为121.0万立方米。全区总用水量32035万立方米。全区总耗水量21718万立方米。单位国内生产总值用水量32.7立方米每万元。单位工业增加值用水量13.8立方米每万元。全区水资源利用率20.57%。

【区域水影响评价改革】 区水利局按照“放管服”总要求，纵深推进防洪影响、水资源论证、水土保持“三合一”区域水影响评价改革，提高审批效率，加快项目实施。2019年9月，杭州湾上虞经济技术开发区区域“三合一”水影响评价报告率先获批，随后梁湖产业园、道墟产业园、上浦风机装备产业园等区域水影响评价也先后得到批复。其中省级以上特定区域水评完成率达到100%，位居绍兴市前列。

【水资源总量控制】 落实最严格水资源管理制度，严守用水总量、用水效率、水功能区限制纳污“三条红线”。绍兴市人民政府对上虞区水资源管理控制目标(2016—2020年)为用水总量控制指标3.45亿立方米；用水效率控制指标为万元GDP用水量下降27%、万元工业增加值用水量下降18%、农田灌溉有效利用系数0.541；水功能区限制纳污控制指标为考核功能区数量12个、达标率100%，其中国家考核功能区数量5个、达标率100%。2019年度，区上述控制指标全部达标。2019年绍兴市对区最严格水资源管理考核结果为优秀。获评全省2019年“实行最严格水资源管理制度工作成绩突出集体”。

【取用水管理】 进一步完善“一户一档”制度，建立全区取水许可台账数据库，共登记取水许可证55本，有关台账信息已100%录入省水资源管理信息系统实现数据共享。根据全区年度用水总量控制指标、用水定额以及取水户近三年实际用水情况确定55家取水户的取水计划，严格实行超计划累进加价制度，核定总计划取水量为7688万立方米。

【节水型社会建设】 截至2019年底，全区累计创建省级节水型灌区2个、省市级节水型企业24家(其中五大高耗水行业节水型企业覆盖率71.4%)、区级公共机构节水型单位52家、省级节水型居民小区51个，形成良好的社会示范效应。加强供水管网改造，全区新改建供水管网133.2公里，供水管网漏损率6.5%，居全省先进水平。开展城镇节水工程，完成雨水收集系统295处；“一户一表”改造25011户；节水器具推广、改造13558套。推进农业节水，新增高效节水灌溉工程面积1.875万亩。2019年11月27日，上虞区通过省级和国家级节水型社会“双达标”验收。

【水资源有偿使用制度】 严格执行《浙江省水资源费征收管理办法》，实施水资源有偿使用制度，水资源费调整到位，做到应收尽收，就地缴库。2019年度累计征收水资源费186.17万元。

【健全水政巡查执法】 2019年，共组织巡查2100人次，其中内河巡查1200人次，曹娥江巡查900人次，出动车辆557次，出动船只55次。日常巡查及专项巡查轨迹都已经省水政执法监督网上系统全程线上录入。全年共查获水事违法案件78起，其中立案查处并按照水行政处罚一般程序办理的14起；当事人在规定时间内自行整改或采取补救措施，给予当事人警告和违法登记的15起；按照“控违拆违网格化管理”工作方案移交属地街道、乡镇的49起。案件查处已实行省水政执法监督网上系统全程办理。

【河湖“清四乱”专项行动推进】 截至2019年3月底，曹娥江、皂李湖共摸排发现问题6起，其他湖泊摸排发现问题97起，合计销号103起，销号率100%。5月，发现新增“四乱”问题1起，于5月23日拆除整改到位，销号处理。6月,水利部河长制暗访发现问题3起,第一时间进行核实处置,全部销号处理。

【无违建河道创建】 2019年,区水利局部署确定虞北河、虞东河(浦前闸段)、隐潭溪、百崧河、崧沥河、盖谢河、虞甬运河(含西横河)、滨江河、沥北河(含团结河)、上浦闸总干渠10条河道为2019年度“无违建创建河道”。截至11月底,共拆除违建18起,拆除面积3690平方米,提前完成10条河道120.68公里年度创建任务。对下管溪进行全线摸排,超额完成31.7公里无违建河道创建。

(金建良)

交通运输

综　述

【概况】 2019 年，交通有效投资实现逆势增长，综合交通建设计划总投资 20.95 亿元，其中续建项目 4 个，计划完成投资 15.01 亿元；新开工项目 6 个，计划完成投资 5.94 亿元，涉及铁路轨道交通、国省道、县乡公路、水运等领域。全年累计实际完成总投资 28.06 亿元，完成年度投资的 133.95%，年度投资量完成率居绍兴市前列。2019 年政府投资项目计划完成年度投资 4.10 亿元，至 12 月底完成投资 4.19 亿元，年度投资完成率 102.22%。区交通集团 20 亿元公司债通过上海证券交易所审核，为交通基础设施建设提供资金支撑。区交通运输局会同区自然资源和规划分局、公安分局完成《上虞区综合交通规划》整合工作，全面整合与对接外部交通资源，以新的发展形势为背景，将上虞摆在长三角一体化发展当中去谋篇布局，为下一轮土地调整和城市建设打好交通基础。

2019 年上虞区创建全省“万里美丽经济交通走廊达标县”。

2019 年度上虞交通工程质量安全监管覆盖全区所有在建应受监项目。年底前已完工的 87 个工程项目中，68 个工程项目已通过交（竣）工质量评定，质量合格率达 100%，19 个工程项目完工待验收。全年在建交通工程质量安全生产均处于受控状态，未发生一起等级以上质量安全事故。

2019 年上虞交通运输局有序实施“整职能、优设置”的交通综合改革，3 月完成局本级职能科室调整；10 月完成局属 2 家自收自支事业单位和 5 家生产经营类事业单位的改革。10 月 23 日绍兴市上虞区交通运输综合行政执法队正式挂牌。持续深化“放管服”改革，进一步转变职能，纵深推进“最多跑一次”改革，交通行政管理“互联网 + 政务服务”各项工作达标。

（糜何芬）

交通工程建设

【概况】 2019 年杭绍台铁路上虞段进入施工阶段，计划年度投资 9.61 亿元，实际完成投资 15.9 亿元；“三区融合第一路”群贤路三期工程累计完成投资 7.49 亿元，年底前完成形象进度至 53.5%，在绍兴全市机关单位开展的“三个最佳”争创活动中，“绍兴市袍江马山至上虞曹娥（群贤路东延）公路三期工程”荣获最佳项目推进。329 国上虞段道路面大中修工程 10 月 8 日顺利开工，至 11 月已完成工程量的 30%。顺利完成上虞境内 2018 年国省道桥梁维修改造项目（该项目为 2018—2019 跨年度建设项目）。

2019 年省重点工程和“十三五”交通部重点项目——曹娥江上浦船闸及航道工程顺利投入建设，计划年度投资 2 亿元，实际完成投资 2.03 亿元，成功争取交通运输部补助资金 1.63 亿元。桥梁标段、船闸标段分别于 6 月、11 月进场施工，至年底桥梁标段完成工程量至 53%，船闸标段完成工程量至 23%。创建美丽航道，开展杭甬运河航道及环境整治工作。绍兴港上虞曹娥作业区三期工程按计划开工建设。

重大交通工程项目前期工作统筹推进，对接绍兴快速路网，提前谋划区内快速路研究，其中南北中心大道(人民大道—江东北路)快速路已经列入上虞区2020年新建重大项目；104国道绍兴东湖至上虞蒿坝段项目前期研究如期推进，设计方案经调整优化已报省厅通过，已报省发改委待批；杭绍甬智慧高速上虞境内增设两个互通已完成初步设计初稿；完成城区高速公路出入口、新章镇大桥、谢桥至夹塘公路等项目线位方案研究，已通过方案审查。（糜何芬）

【"曹娥江大厍系缆桩工程"项目建设】 在曹娥江大厍航段设置应系缆桩10个，工程概算560万元，工程于2月开工建设，8月完成竣工验收，已交付使用，此项工程的建设有效缓解大厍船闸船舶过闸的停靠压力。（糜何芬）

【群贤路东延三期工程加速推进】 3月，三区融合第一路群贤路东延三期工程开工，截至12月末，累计完成道路软基处理至100%、路基填筑至88%，完成桥梁桩基工程至98%、桥梁下部结构至60%。完成总工程量至53%，自开工累计完成投资5.4亿元。

群贤路东延建设内容为全长14千米，总投资14亿元，2019年完成投资4.2亿元。三期工程主线全长4.9千米，为全立交、全高架。三期工程西起道墟街道钱上村，东至人民大道西段和南北中心大道交叉口，穿越道墟街道、曹娥街道所属的庙桥、钱上、云里、积山、沥泗、茅家、国庆7个村，跨越绍诸高速和常台高速，途中不设红绿灯，双向六车道，设计时速80千米/时，路基宽度60米，并增设A、B联络线，计划2020年通车。建成后将成为上虞区联通越城区、柯桥区最为便捷的快速通道，也将成为上虞第一条快速高架路。

（糜何芬　陈冬玲）

【曹娥江上浦船闸及航道工程开工建设】 4月24日，省重点和"十三五"交通部重点项目曹娥江上浦船闸及航道工程项目正式进场施工，2019年12月完成投资2.03亿元。工程建设区域为上虞与嵊州交界至大厍船闸曹娥江航段，该项目将按四级标准提升改造航道28.89千米、新建500吨级船闸(按通航千吨级船舶设计)1座、泄水闸1座、锚地3处，总投资6.35亿元。2019年，船闸标段完成工程量至23%；桥梁标段完成路基至65.6%，桥梁桩基至88.4%，完成工程总量至53%。建成之后，500吨级船舶可从曹娥江中上游进入杭甬运河、浙北航道网，并通达宁波—舟山港、嘉兴港等沿海港口，可大幅提升曹娥江的运输能力，进一步完善区域内河水运路网。（糜何芬）

5月10日，航拍镜头下的上浦船闸　（上虞日报　提供）

【上浦大桥动工建设】 6月28日，曹娥江上浦船闸的配套工程上浦大桥动工建设，该大桥西接104国道，东连玩昆线，全长965米，沟通上浦镇和梁湖镇两地居民的往来。（糜何芬）

【杭甬运河护岸修复及浅滩疏浚工程】 2019年上虞区结合美丽航道的创建工作，开展杭甬运河护岸修复及浅滩疏浚工程，疏浚运河浅滩8300立方米、护岸维护(含部分修复)6350平方米，投资120万元，已全部完工。（糜何芬）

【整治杭甬运河上虞段两岸环境】 2019年上虞区分段分期开展杭甬运河上虞段两岸环境整治提升工作。由上虞交投集团出资4300万元，对沿线19.8千米航道进行绿化提档，面积约16万平方米，种植乔木13800株，全线同步设置隔离网约25900米，截至11月初，完成护岸修复55米，护岸勾缝12260平方米，疏浚8304立方米，全面提升杭甬运河上虞段两岸的环境质量。

（糜何芬）

【杭绍台高铁上虞段建设】 杭绍台高铁上虞境内途经道墟、东关、长塘、汤浦、上浦、章镇等6个乡镇(街道)、24个行政村。截至12月底，杭绍台高铁上虞段基本完成属地征迁，累计完成投资235757万元。年内实施高压电力线为重点的管线迁改，完成所有110千伏及以上的电力塔基施工。

杭绍台高铁建设项目新建正线全长约223.57千米，疏解线、动车行走线等线路长约15.45千米，总投资约449亿元，其中上虞段全线为新线，长约27.2千米，投资约40亿元，上虞区目前投资最大的交通项目。

（糜何芬　陈冬玲）

农村公路建设

【概况】 2019年累计完成51千米农村公路提升改造，其中完成路网改善8.14千米，通景公路15.89千米，建成普通公路服务站6个，创建"四好农村路"市级示范乡镇2个，农村公路综合服务能力和水平得到明显改善和提升。

2019年农村公路大中修涉及12个乡镇（街道）18条线路，共计里程18.6千米，概算建安费5700万元，于2019年底全部完成；农村公路提升工程涉及15个乡镇（街道）21条线路，共计里程25.64千米，概算建安费约1.32亿元，于2019年底全部完成。

2018年县道路面改造（"四好农村路"建设2018年6月至2019年12月），建设内容为西上线、边沥线、汤王线等路面改造，总投资2.0亿元。西上线于2018年8月开工至2019年5月底完工；边沥线于2018年8月开工至2019年5月完工；汤王线于2018年8月开工至2019年10月完工。累计完成投资20060万元。2019年县道路面大中修（"四好农村路"建设2019年7月至2020年12月），建设内容为玩昆线、泾肖线等县道路面大中修，总投资0.5亿元。截至12月底，章黄线、泾肖线完工，玩昆线完成20%，完成年度目标，自开工累计完成投资3000万元。

2019年上虞区累计创建完成334千米涵盖自然风景、历史人文、科创产业、生态富民4种主题的美丽经济交通走廊，全区累计完成美丽经济交通精品示范走廊118千米，提前超额完成3年建设任务。2019年，创建为全省"万里美丽经济交通走廊达标县"。

（糜何芬）

【四环至边沥线新建道路通车】 1月29日，四环至边沥线新建道路正式通车。至此驾车来回谢塘镇、盖北镇、杭州湾上虞经济技术开发区等地，可选择这条捷径分流。四环至边沥线道路新建工程为上虞区美丽乡村公路（提升工程）项目，全长2.6千米，起点位于四环线南湖岔口，终点位于小越街道新宅村接入边沥线，沥青路面，路面宽12米，全线采用双向两车道。

（糜何芬）

1月29日，四环至边沥线新建道路通车（魏新宇　摄）

【南穴村口至玩石村农村公路建成通车】 5月，梁湖街道南穴村口至玩石村的乡村公路已建成通车，全长近5千米，连接方梁岙并途经吴家楼、任庄等村，乡村公交直达村口，惠及4000余村民。（糜何芬）

【太阳能路灯投用】 5月，章镇镇至岭南乡的井枫公路边，LED太阳能路灯安装基本完工，全线共安装近500盏，整条公路在夜间灯火通明。该太阳能路灯会根据自然光亮度自动启动和熄灭，一次日晒后的蓄能可满足约一周的夜间照明，每晚启动后最高亮度100瓦，两小时后亮度自动递减。（糜何芬）

【许岙村网红路】 岭南乡许岙村一条投资1200万元，2018年底通车的2千米的盘山公路，由于落差大，有12道弯而成为网红路，意外带动许岙村的农村旅游经济。（糜何芬）

2千米的盘山公路，共有12道弯（上虞日报　提供）

【美丽乡村公路】 工程起点位于上浦镇石井村，终点位于章镇镇巴弄村，全长 7.11 千米，设计时速 20 千米每小时，工程造价 3128.86 万元。

三边线、西上线两项县道路面改造工程分别于 2019 年 1 月 21 日和 2019 年 8 月 23 日完工。

（糜何芬　陈冬玲）

公路运输

【概况】 2019 年上虞公路客运量 316.6 万人，同比上升 3.26%。公路客运周转量 82608.1 万人千米；同比上升 7.21%。公路货运量 2652.1 万吨，同比上升 9.06%。公路货运周转量 203043.5 万吨千米，同比上升 13.96%。春运、"五一" 小长假 "十一" 黄金周三大节假日，全区道路客运累计安全发送旅客 75.94 万人次，客运周转量 2920.38 万人千米。未发生旅客滞留现象和安全生产责任事故。

2019 年，上虞大力发展绿色交通，新能源共享汽车业务发展顺利。数字交通建设取得良好效果，车辆 ETC 推广应用基本普及，为保障 2019 年底前基本取消全国高速公路省界收费站、实现不停车快捷收费上虞走出走好了关键的一步。

道路客运根据市场多样化需求，上虞区客运中心开通赴杭联程专线。道路货运继续推进运输结构调整，提升运输服务效率，促进物流提质增效升级。深化公路货运治理，通过强化严管源头、治超执法常态化、非现场执法全天候全覆盖等手段，倒逼陆路大宗货物运输结构转型。本地工程运输车已全部纳入户籍化管理，重点货运源头企业实施电子化监控，违法车辆活跃度明显下降。全年查处 9 辆无证经营危险货物运输车辆。

为助推乡村振兴，农民富裕，针对农村物流建设的短板和难点，交通部门持续推进 "四好农村路" 运输服务建设，加快农村物流服务点及乡镇运输服务站等设施建设进程，开创依靠电商、邮政、物流服务点和运输服务站，不断完善农村物流网络，努力实现 "多站合一、服务同网、共享共用"，打通农村物流 "最后一千米"。

2019 年驾培行业管理继续加强，打击学时造假，非现场执法 32 起。稳妥推进汽车维修行业经营许可转备案工作，强化维修电子健康档案建设，提升汽修行业维修质量和经营服务水平。交通管理部门还配合绍兴审计和上虞环保开展维修行业危险废物处置专项检查等工作。

落实 2019 年农村客运、出租车等行业成品油价格改革财政补贴工作，共涉及 5 家客运企业，共补贴金额 260.12 万元。

（糜何芬）

【春运任务】 春运运输长途道路旅客达 4.5 万人次，同比下降 5%。全区道路客运、水路运输、在建工程等未发生安全生产事故，客流平稳有序。春运期间，104 国道春运执法站重点对 "两客一危" 车辆实施检查，共检查登记车辆 698 辆次；区交通运输部门以重点路段、道路水路运输企业、客运站场、在建工程等为重点全面开展安全检查。春运期间，辖区主要国省道及城区未发生重大交通堵塞。

（糜何芬　陈冬玲）

【客运中心启用 "人脸识别系统" 打造智慧车站】 5 月 15 日，上虞投入 19 万元、在客流量大的客运中心启用 "人脸识别系统"：1 台实名验证设备、2 台检票闸机。标志着区 "智慧车站" 打造又上新台阶，乘客 "刷脸" 进站只需 3—6 秒，缩短排队等候时间，提升车站安全等级。

（糜何芬　陈冬玲）

【危险化学品道路运输监管系统项目通过验收评审】 6 月中旬，区杭州湾综合管理办公室召开杭州湾上虞经济技术开发区危险化学品道路运输监管系统项目验收评审会。与会专家和相关部门代表对建设项目内容进行交流和审查，一致同意该项目通过验收评审正式投入运行。

（糜何芬）

【老旧车辆淘汰推进】 7 月，上虞启动大力推进老旧营运车辆淘汰更新工作，以 "大力推进淘汰类实现淘汰 '清零'、鼓励淘汰类提前淘汰" 为目标，计划分两年完成淘汰老旧营运货车 501 辆（含沥海街道 7 辆）。通过广泛宣传发动、数据加速跑、疏堵结合等措施，降低营运车辆污染物排放，持续改善大气环境质量。2019 年累计淘汰老旧营运车辆 355 辆（年度任务数 218 辆），

完成率 162.8%，且上虞区为绍兴市首个老旧车辆淘汰补助资金到位的县市区。（糜何芬）

【开通专线满足市民赴杭需求】 区交通集团打造“杭联运门到门”赴杭联程专线。8 月 22 日起，上虞区客运中心赴杭联程专线开始运营，实现“杭联运门到门”一票式乘坐，市民抵达杭州客运中心站后，由车站工作人员在出站口联程联运处接待，20 分钟内安排前往市区的接送专车，实现客运中心至杭州市区“一票到达”。同时优化售票服务，开通“巴巴快巴”、上虞客运中心微信公众号和上虞客运中心现场购票窗口等多种购票方式。联程专线根据市民出行需求，安排停靠浙江大学医学院附属第一院、浙江大学医学院附属第二医院、邵逸夫医院、浙江省肿瘤医院、浙江省人民医院、浙江省人民政府、杭州市人民政府 7 个站点，据统计购买联程套票人数年底前已占到长途客运赴杭人数的 10% 以上。（糜何芬　陈冬玲）

【车辆 ETC 推广普及效果良好】 11 月 27 日，绍兴高铁东站停车场 ETC 无感支付设备安装并投入营运，是上虞首个 ETC 停车场。至 12 月 31 日，ETC 安装量达 166610 辆，占全区车辆保有量的 81.9%，提前超额完成年度任务，居绍兴市第二名。这次 ETC 推广由上虞交通运输局牵头协调相关银行及乡镇街道合力解难。（糜何芬）

【开创村邮站 +E 邮柜农村物流服务新模式】 2019 年上虞交通运输部门针对农村物流建设的短板和难点，加强协调，通过大通电商公司组建的村级电子商务服务网点，统筹邮政集团上虞区分公司实施“村邮站 +E 邮柜”农村物流服务点互补发展，打通农村物流“最后一千米”，已有 120 个农村物流网点通过省交通厅核准。（糜何芬）

【共享汽车布局工作】 全年共建成新能源共享汽车租车车（充电）场站 14 个、充电桩 61 只。1 月 1 日，舜畅新能源共享汽车线上租赁模式上线，实现“舜畅出行”APP 租还车和充电收费一体化建设。第一期建成 6 个租还车（充电）场站，投放 35 辆新能源汽车。6 月 9 日，开启对外快速充电业务，布局“舜畅出行”充电服务网络，第一批上线 6 个对外快充充电场站，14 支直流快速充电桩。8 月 8 日，舜畅新能源开通新能源电动汽车 IC 充电卡业务。五大新场站上线，10 月 25 日，梁湖街道场站上线。场站具备租还车（充电）功能，规模为 2 只直流快速充电桩，8 只交流慢速充电桩，8 个共享汽车车位。11 月 28 日，绍兴东站、和润花园场站上线。场站具备租还车功能，规模为 10 个共享汽车车位。12 月 30 日，国大公园、湿地公园、滨江农贸场站上线，场站具备租还车功能，规模为 20 个共享汽车车位。（糜何芬　陈冬玲）

铁路运输

【高铁绍兴东站】 绍兴东站，原名上虞北站，位于上虞高铁新城，是杭甬高速铁路上的一个中间站，隶属中国铁路上海局集团有限公司宁波车务段管辖。

绍兴东站由站房、站台雨棚、进站天桥、站前广场、地下工程等组成。站房建筑面积 15500 平方米，其中地下空间面积 6600 平方米；站台雨棚面积 10867 平方米，站前广场面积 14570 平方米，由广场区景观及两栋金字塔加波浪景观玻璃棚及地下室的疏散口组成；站前广场地下室面积 11935 平方米，左部为地下商业空间，右部为地下停车库；有 8 米宽的人行地道 1 座，人行过铁路天桥 1 座，站台线路设 2 台 4 线，上进下出。2013 年 7 月 1 日，车站随杭甬客运专线启用，2016 年 12 月 1 日起上虞北站更名为绍兴东站。2018 年 8 月 10 日，绍兴东站与上虞客运中心地下连接通道启用。

2019 年，车站发送旅客 217 万人次，到达旅客 216 万人次，每日经过列车约 62 趟。（王丽芳）

【春运任务】 至 3 月 1 日，为期 40 天的春运结束。高铁绍兴东站共发送旅客 21.40 万人次，与去年同期基本持平；铁路上虞站共发送旅客 3.13 万人次，较去年同期增加 11.0%。（糜何芬）

水路运输

【概况】 2019年,上虞区进一步发挥内河水网在综合运输中的比较优势,加快推进运输结构调整,继续着力推进内河港口物流建设,积极引导大宗货物交通运输“公转水”。完成绍兴港上虞曹娥作业区二期竣工验收,三期按计划已顺利开工,上虞港物流有限公司的锚泊位(上虞港曹娥江作业西区)顺利改建成上虞首个集装箱泊位,6月28日,上虞港曹娥江作业西区集装箱码头成功启用,实现大宗货物运输“公转水”新突破,码头集装箱年吞吐能力超5万标箱,至年底累计完成集装箱装卸4014标箱。

2019年,上虞辖区完成水路货运量548.9万吨,周转量144392.2万吨千米,货运量同比增长1.4%,周转量同比下降1.1%,其中内河完成货运量483.7万吨,周转量78430.2万吨千米,货运量同比增长3.1%,周转量同比增长10.6%;沿海完成货运量65.3万吨,周转量65962.0万吨千米,货运量同比下降9.7%,周转量同比下降12.1%。

全年完成港口吞吐量328万吨,同比增长58.5%。其中进口306.6万吨,出口21.4万吨。继续发展大吨位船舶,“水运振兴工程”打开新局面,2019年,区净减船舶6艘,净减载重2422吨;内河船舶平均载重吨从上年509.3吨增加到514.4载重吨,船舶吨位平均增长1%。2019年,塘角、大厍、通明3座船闸过闸船舶6.25万余艘,同比增长9.65%,过闸量超1820万吨。

2月20日,上虞通明、大厍、塘角船闸3船闸完成年度大修,恢复通航。9月1日起,塘角、大厍、通明3座船闸免收船舶过闸费,水运货物成本平均将降低1.5元/吨,预计每年可为船户减负2000万元。

【十八里河整治工程竣工验收】 6月,区级重点工程“十八里河整治工程”顺利通过竣工验收。该工程于2018年5月6日开始施工,共涉及虞光村、五云村、陈夏谢村、虞东村、夹塘村5个村。干流整治段长5444.5米,支流整治段长1027.6米,新建桥梁3座,2座交通桥,1座人行便桥,改造机埠5个,沿河配套景观建设10625平方米,总计投入资金1800余万元。

【上虞区集装箱码头成功启用】 6月28日8点38分,第一个集装箱经成功从船舱吊运至集装箱泊位,标志着上虞第一个集装箱码头的成功启用。“萧达集09”货船从上海出发,装载着25个均重达30吨的标箱行至上虞港卸货,这也是绍兴市第三家集装箱码头正式投入使用。上虞港曹娥江作业西区于今年5月完成2个集装箱泊位的改建,港口集装箱年吞吐能力超5万标箱。

上虞区首个集装箱码头 (魏新宇 摄)

【区船舶过闸全面实现智能化】 实现智慧航运管理平台的线上运行,截至2019年底,已完成船舶装机700余条,船员版APP装机使用覆盖率超99%,只需要在船上点点手机,不上岸就可办理过闸申报手续。该系统实现全程不上岸过闸、三站联网调度、全面精准分析航运通道安全,一次申报,可过三闸,平均每闸次能节约15分钟左右;实现不停船过闸,每天船舶过闸流量提高约25%。 (糜何芬 陈冬玲)

【绿色港口码头】 区港航2019年组织实施辖区港口码头环境安全提升专项整治工作,重点控制港口码头扬尘。上虞港口码头作业区及堆场设置防尘雾炮、防尘网。码头出入口设置车辆自动冲洗设施。全区散货码头及堆场已基本完成安装防尘网、防尘喷淋装置建设,做到作业区及堆场喷淋装置全覆盖。 (糜何芬)

设置防尘网 (上虞日报 提供)

城市公共交通

【概况】 2019年,上虞继续坚持公交优先,完善公交布局。优化调整公交线路19条、新增城乡夜间公交3条。全区夜公交线路已达18条,覆盖所有中心乡镇。其中,城区夜公交8条,各乡镇夜公交9条,跨区夜公交1条。组织开展公交服务质量季度考评工作。推进绿色公交,新增清洁能源公交车30辆。完成小越、梁湖、上浦、永和4个公交首末站建设,启动丰惠、丁宅2个公交站建设;新建(改造)长海线、329国道小越段等公交候车亭30座,其中港湾式24座、直停式6座;全区50只候车亭已设立电子站牌。11月14日,称山路(梁祝大道至曙兴路)上启用第二条公交专用道,致力减少交通拥堵。全年更新出租车77辆,5月22日,上虞区首辆纯电动巡游出租车投入运营,也是绍兴市区第一辆纯电动巡游出租汽车。一年来,共查获非法网约车33起,维护出租行业稳定。 (糜何芬)

【公交客流高峰期】 元旦小长假期间,上虞区公交投入营运车辆446辆,发班逾1.8万趟次,累计运送乘客近38.5万人次。因受低温与雨雪天气影响,同比下降约12%。1月1日客流高峰当日天气转晴,学生返程、市民出行,单日运输乘客为13.5万余人次。

端午恰逢高考,客流出现叠加。端午小长假期间,城区公交客流累计达到19.8万人次,占总客流的51%;城乡公交客流共计16.2万人次,其中661路(东站—崧厦)、621路(东站—丰惠)、665路(客运中心—沥海)乘客增长明显,日均客流合计超1.1万人次;跨区公交客流也呈增长之势。针对高考和节日出行客流叠加的特点,公交公司对运营保障工作提前部署,共计投放营运车辆1350辆次,发班10871趟次。

(糜何芬)

【城区部分公交线路调整】 1月20日起上虞城区公交217路、225路、229路和222路(夜)、226路、228路的线路优化调整,有效缓解重点路段道路拥堵情况,服务和保障市民群众出行。 (糜何芬)

【671路夜公交开通】 4月,671路夜公交开通,解决居住在杭州湾上虞经济开发区6000余企业员工夜间乘车难题。 (糜何芬)

【充电桩新增助力绿色公交新发展】 2月中旬,绍兴市公共交通集团第三公司(原上虞区公交公司)在上虞客运中心站场新增16个纯电动公交车充电桩。客运中心站场充电桩建设自2018年11月初启动,历经3个多月时间建设完成,一辆车需充电3小时左右,可保证车辆200千米以上运行。 (糜何芬)

【专车保障油菜花节游客运输】 3月19日第十一届覆卮山油菜花节开幕,交通部门提供专车投入游客运输。3月23—24日,剪刀地共发送146班次,运送旅客4521人,白虎山脚共发送103班次,运送旅客2640人。 (糜何芬)

【公交APP上线】 6月27日下午,绍兴市交通运输局、市交投集团联合武汉元光科技公司举行媒体发布会,“车来了”公交APP上线,实现全市公交线上查询、即时更新、全面覆盖。上虞区所有公交线路信息也全部接入,乘客可在任何站点查询车辆实时动态信息,直观地看到车辆与自己所在位置的距离。 (糜何芬)

【新能源公交车】 8月,绍兴市公共交通集团第三公司(原上虞区公交公司)又有30辆新能源公交车投入运营,区内公交新能源车比例达到51%,成为公交运营的主力车型。此次投运的30辆新能源客车中有10辆为宇通10.5米纯电动城市公交车,另外20辆为金龙8.5米插电式混合动力城市公交车。这批新能源车辆具有行驶噪音低、排放零污染、乘坐更舒适等优点。至此上虞共有314辆新能源公交车。

(糜何芬)

【首辆纯电动出租车投入运营】 5月22日,绍兴市首辆纯电动巡游出租车在上虞区正式投入运营,新车所属公司为上虞运输有限公司,选用列入绍兴三区统一的巡游出租车型目录库的吉利帝豪EV450纯电动出租车。该车型除了拥有绿色环保、行驶稳定等优点外,

其用电成本约为燃料成本的70%。（糜何芬）

【公共自行车服务】 2019年4月1日，自行车公司对一期投放的共计498辆老旧自行车进行更换，提升市民的骑行体验。推进现有141个站点网络有线改无线方案的制定的前期工作，提出发展“无桩公共自行车”的设想，并完成259个无桩站点的选点、图上标注、以及站点选点方案等工作。全年按指令处理服务事件共计5106件，处理城管网格化事件2件，处理信访8件，查询、追踪、处理超时车辆为444辆次；处理问题租车卡169件。回访率及客户满意度均达100%。

（陈冬玲）

【章镇小草湾到丁宅乡公交线路开通】 12月18日上午，章镇镇建设村正式开通919路、908路延伸至丁宅乡的公交路线。建设村与丁宅乡距离5千米左右，919路章镇至建设村，延伸至丁宅；908路章镇至越星大地，延伸至冷湾自然村，方便两地村民出行。（糜何芬）

12月18日上午，章镇小草湾村民们乘车出行

（上虞日报　提供）

交通安全

【概况】 2019年，上虞交通运输管理部门继续强化公路运输安全管理，抓好节假日期间重点时段、危险路段、重点路段（水域）、事故多发点段综合治理，加强“两客一危”重点领域安全监管，持续加强在建交通工程安全生产监管。在市区两级政府的部署下，区交通运输局牵头开展绍兴市综合交通安全大会战的设施提升组和重点车辆整治组工作，提前完成工作任务，走在全市前列。

2019年度全区无上报道路交通、水上交通责任事故，无其他较大安全生产责任和重大财产损失事故。交通行业安全生产形势持续稳定。

【交通线安全检查】 1月29日，区开展春运工作暨城建交通线安全生产大检查，区有关领导，建设局、交通运输局、综合行政执法局等相关部门负责人组成的检查组实地踏看上虞火车站、汽车东站、东海燃气公司和区美丽乡村公路提升工程（百官街道四环至边沥线）的道路节点处安全措施情况。

国庆节前，对营运车辆驾驶员从业资格证、车辆安全设施配备等情况进行集中检查。

【在建交通工程专项检查】 4月2—11日，区交通运输局组织开展辖区公路水运在建工程危大工程作业安全、扫黑除恶、生态环境专项检查。重点检查五长线改建工程、群贤路东延工程三期等12个项目，以明察暗访相结合的方式开展突击检查、随机抽查。其中危大工程作业安全主要就人员管理、方案管理、设备管理、防护管理、应急管理五方面内容进行检查；扫黑除恶专项斗争主要是对氛围创建及行动落实工作进行检查；蓝天保卫战主要是对交通工程扬尘防控“七个100%”措施落实工作进行检查。检查中共发现问题11个，其中围护警示缺损等6个问题责令立即整改，扬尘防控问题要求建立长效机制，其他4个问题限期整改。

【重点车辆整治】 5月初，开展交通安全大会战重点车辆专项整治行动。行动出动路政人员、交警、特警等执法人员共80人、执法车19辆，重点围绕104国道沿线，对危化品运输车、重型柴油货车、渣土车、大块石车等重点车辆进行严格检查，对超限超载运输等违法行为进行严格整治。通过周密部署、强化措施，突出重点路段管控，强化重点时段管控，此次专项整治行动共查获各类超限超载车辆45辆。

【砺剑专项整治行动】 5月16日晚，上虞交通运管部门与公安交警部门开展联合执法。晚上11时，运管执法大队联合交警城区中队30余人联勤联动，在上虞城区主要路段，对涉嫌从事非法营运的网约车、酒后驾驶机动车等违法行为开展专项整治。行动一直持续到5月17日凌晨2点半，共查获非法网约车3起，酒后驾驶7起。

【安全生产月服务活动】 6月16日上午，区交通运输局组织运政、港航、路政、质监等交通行政执法人员，在百官街道信义广场参加2019年"安全生产月"启动仪式暨"安全生产咨询日"服务活动，助力平安交通纵深发展。活动通过设立咨询台、展出宣传版面、发放宣传资料、现场答疑解惑等多样形式，向广大市民群众广泛宣传交通运输行业安全发展理念、道路运政、港航、路政、质监法律法规及出行安全常识等安全生产知识。

【公路水运工程交通事故应急救援演练】 6月24日下午，上虞区公路水运工程交通事故应急救援演练在群贤路东延公路三期工程现场举行。应急演练以检验紧急情况下快速、有效的交通事故救援和应急机制，提升各应急联动单位处置突发事件的组织协调能力。提高工程项目各级参建人员安全意识和处理突发事件的应变能力，减少事故造成的危害和损失。演练由区交通运输局、区交通集团、市基础设施建设投资有限公司主办。

【智能视频监控预警装置安装】 交通运管部门推进重点车辆智能视频监控预警装置安装，预警装置对驾驶员不安全驾驶行为实现自动识别、自动监控、实时报警，消除疲劳驾驶等安全隐患。上虞区累计安装智能视频和主动防御系统856辆，其中公交567辆、客运122辆、危货167辆，全面安装到位。

【工程运输车实现户籍化管理】 交通运管部门联合公安交警、综合执法、商务等部门，通过全面摸排，建立工程运输车户籍化管理台账，完善一车一档，实行企业与驾驶人、车辆的安全责任捆绑，有效推进工程运输车真正"落户"。2019年，辖区587辆工程运输车已全部纳入户籍化、企业化、行业化管理。

【中重型货车防护设施提升改造】 交通运管部门组织实施重点车辆安全防护设施提升改造，改造范围从工程运输车辆扩大至中重型货车的工作，2019年上虞区2644辆中重型货车已全面完成安装补盲镜、转弯语音提示器、防卷入防护装置。

【上虞综合交通安全大会战提前完成】 2019年，区交通运输局牵头开展绍兴市综合交通安全大会战的设施提升组和重点车辆整治组工作，实现"4个100%"。提前完成工作任务。在公路交通设施提升上，累计投入资金3710余万元，设施提升完成率100%；在重点车辆整治上，辖区547辆工程运输车实现户籍化管理率100%；对其他2644辆中重型货车安全防护设施安装率100%。对4家重点货运源头企业，全部安装使用称重设备和视频监控设备，做到100%不超限超载。

（糜何芬）

城乡建设与管理

综　述

【概况】 2019年，区建设局以“大湾区建设、杭绍甬一体化”为契机，以“城市能级提升年”活动为抓手，努力从更宽视野谋划城市发展、更大范围进行统筹整合、更高标准实现提质共享，坚持高起点谋划、大手笔推进、严标准建设，只争朝夕抢进度，大干快干抓推进，全力以赴强攻坚，城乡建设和管理各项事业保持良好发展态势。2019年半年度调整后，建设局政府投资项目总计82只，其中续建项目15只，新建项目29只，拥江西进项目7只，前期项目17只，城建集团企业自融资项目9只，城建集团代建项目5只。总投资326.5亿元，年度投资94.6亿元。（钱雪峰）

城市规划

【上虞区国土空间规划编制】 2019年初，分区规划在编程过程中调整为国土空间规划，按照国土空间规划最新要求，积极研究该项规划编制工作。已完成上虞区国土空间规划基数转换成果、完成上虞区生态保护红线调整方案，确定上虞区主体功能分区初步划分方案，基本确定城市定位、规模、空间结构等顶层设计内容。同时各乡镇也已同步开展乡镇级国土空间规划编制。区国土空间规划已形成上下联动，全域全要素的国土空间规划编制体系。（柯　磊）

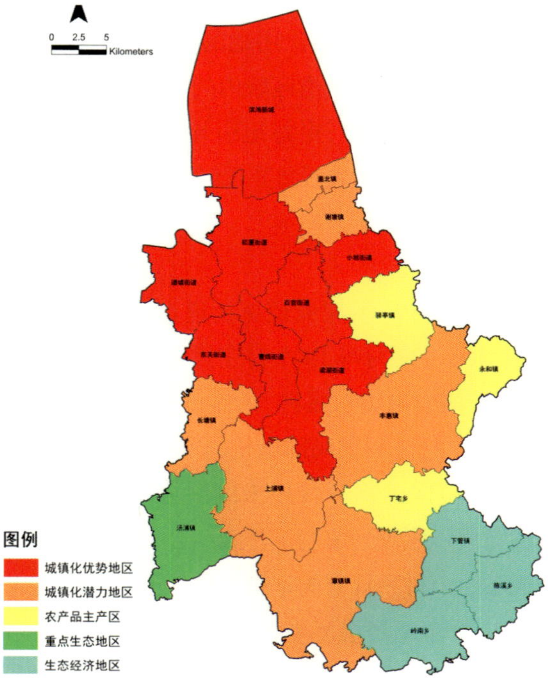

上虞区主体功能区规划　（柯　磊　提供）

【绍兴市上虞区美丽家园试点微更新】 完成绍兴市上虞区美丽家园试点——恒利路东部片区社区微更新规划，确定“美丽家园”：交通友好、环境宜人、设施便捷、智慧人文的目标定位，打造具有上虞示范性的开放街区，构筑“两街一带，十二触媒”的街区活力框架，促成街区慢行交通友好、空间品质宜人、市政管理精细、广告店招整洁、社区活动丰富、智慧生活覆盖。（朱佳斌）

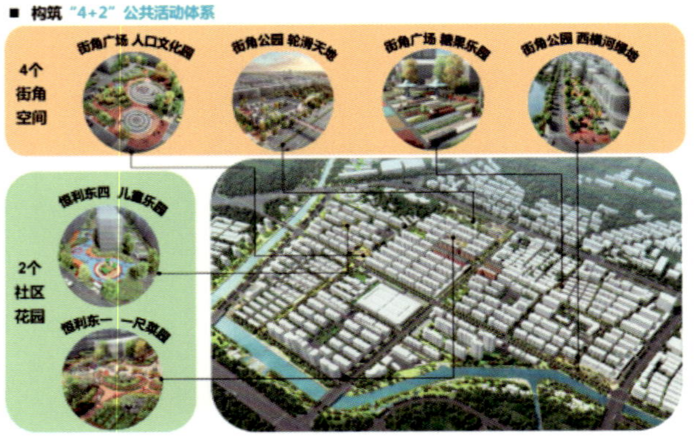

社区微更新节点设计 （朱佳斌 提供）

【上虞区较大经营性出让地块前期研究】 完成中心城区范围内较大经营性出让用地的前期研究深化设计，涵盖百官街道、曹娥街道区域内的26个地块，确保出让用地指标的合理性，更好地引导城市风貌控制，提升用地公共设施、市政设施的配套支撑能力，加强与周边区域的统筹协调。 （朱佳斌）

【村庄规划】 2019年，完成道墟街道肖金村、丰惠镇后山村、陈溪乡陈溪村等19个村庄规划方案的初步审查和审批，完成丰惠镇双溪村、汤浦镇蒋村、崧厦街道三友村等16个村庄规划局部调整的审查。目前，除城市、镇规划区范围内部分村庄未编制村庄规划外，其余村庄均完成村庄规划编制工作。结合乡镇编制上报情况完成232个村庄规划的审批工作。上虞区村庄规划已构建从总体规划层面乡村建设规划到详细规划层面的各个村庄建设规划到具体落地层面的土地利用规划，形成一套较为完善的规划体系。 （姚泽宇）

丰惠镇后山村居民点平面图 （姚月君 提供）

【新增建设用地指标】 全年共争取下达新增建设用地指标2338亩。其中跨省增减挂钩结余指标（附带规划新增建设用地指标）购入391.97亩。保障邵逸夫医院、上浦船闸、杭州湾产业拓展区基础设施配套建设项目等一系列重大战略、重要平台、重点项目用地。 （姚泽宇）

【规划调节机制】 争取核拨城乡建设用地扩展边界内（圈内）指标，获上级追加2019年度规划新增建设用地指标500亩，科学编制和审批规划实施方案。 （张惠英）

【规划局部调整】 全年编制各类规划局调方案47个。涉及中心城区和15个乡镇（街道），共243个项目，合计调整面积2731亩。其中：落实方案26个，落实项目156个，落实面积1945亩；实施方案8个，实施项目33个，实施面积507亩，修改方案13个，修改项目54个，修改面积279亩。有效保障上浦船闸、派出所、杭绍台高铁站前广场、综合供能服务站等一大批重点项目的用地空间。 （张惠英）

【规划项目审查监管】 完成亚厦金宸府、云熙望府等30多个经营性项目的方案审查，合计用地面积128万平方米，建筑面积约292万平方米。 （成丁力）

【2019地理信息产业优秀工程金奖】 7月24—26日，2019中国地理信息产业大会在广东省珠海市香洲区的珠海国际会展中心举行，25日上午开幕式上举行颁奖仪式。通过前期的形式审查、网评、项目答辩、终评、社会公示等规范程序，经地理信息科学技术奖励委员会审核批准，绍兴市自然资源和规划局上虞分局组织实施的智慧上虞时空大数据与云平台建设与应用项目荣获2019地理信息产业优秀工程金奖，分管副局长邱云峰参加大会并领取获奖证书。 （葛潇钦）

重点工程

【区体育场完工】 上虞区高铁新城体育场项目为浙江省重点工程，项目位于体育会展区中央景观轴的南端，是整个区域的核心建筑，项目占地110亩，建筑面积19920平方米，概算投资3.73亿元，内设1个标准运动场及配套的田径设施，观众席位1.6万座。配套建设一个后勤服务中心和室外运动场，占地面积57.5亩，工程总用地38317平方米，建筑总面积2112平方米，投资规模0.53亿元。体育场及后勤服务中心的亮化工程已经在10月初全部完成，保障2019年绍兴市第九届全运会开幕式的举办。（钱雪峰）

上虞区体育场（区建设局 提供）

【曹娥江人行景观桥工程完成施工招投标】 曹娥江人行景观桥项目位于四环桥和三环桥之间，东起江广路，西至兴业路，连接城北新区和开发区滨江新城，桥梁全长624米，桥面宽9米，主要承担两岸行人和非机动车的通勤功能。项目总投资1.6亿元。项目于6月6日完成施工招投标，中标价11180.9747万元，施工单位杭州萧宏建设环境集团有限公司，监理单位浙江恒超工程管理有限公司。已完成项目立项、初步设计批复、临时用电用水、建设用地规划许可证和建设工程许可证、临时建设用地规划许可证等前期工作，完成桥梁施工监控招标工作，完成项目部场地平整及项目用房搭建，共完成投资额3150万元。（钱雪峰）

曹娥人行江景观桥效果图（区建设局 提供）

【代建工程有序推进】 2019年，区城建集团推进代建项目实施，包括区委党校、监管中心、东关一级消防站、上虞北斗导航系统综合应用服务站、安监局办公楼装修工程、应急管理局装修二期、智慧人武项目、区社会治理综合服务超市项及城市大脑、统战之家9个项目，完成年度投资额2.24亿元。总投资2.6亿元的区委党校易地新建工程竣工投用，安监局办公楼装修工程、应急管理局装修二期工程、智慧人武项目完工。新开工东关一级消防站、上虞北斗导航系统综合应用服务站、区社会治理综合服务超市及城市大脑、统战之家这4个项目。（张 艳）

【南丰社区中心竣工投用】 南丰社区项目，总用地面积26075.3平方米，总建筑面积约28341.17平方米，总投资15200万元，于2019年8月竣工投用。该项目采用城建集团与大通集团合资组建运营公司的模式进行统一建设招商运营。2019年，民政局、公安分局、退役军人事务局、广电总台、卫生健康局、文广旅游局等部门入驻，还有超市、菜场等商业业态。（张 艳）

【绍兴上虞鸿雁社区项目开工】 2019年12月，绍兴上虞鸿雁社区（回迁房和社区中心项目）开工。该项目规划单元用地面积163.6公顷，实施单元用地面积20.7公顷（其中划拨地块用地面积10.4公顷，出让地块用地面积10.04公顷，河道0.26公顷），总建筑面积约53万㎡（含地下室面积），总投资估算约55亿元。项目建成后，预计直接受益居民6210人，其中引进各类人才4168人，回迁2042人。旨在打造成“孝德文化的地标社区，e游小镇的人才家园”。（张 艳）

【老旧小区提质改造工程】 上虞区老旧住宅小区提质改造工程五期为2019年度区政府重点工程。改造范围为九浸畈小区及西横河小区三区、四区，建筑总面积18万平方米，计划投资6000万元，涉及住户约2400户。改造内容为道路修整、积水治理、雨污分流、环卫配套、园林景观、车位增配、管线整理、天然气铺设等方面，使老旧小区改造后达到路平、水畅、灯明、服务功能相对齐全的目标。（邵旦丹）

【67号地块安置房完工交房】 百官街道涉及滨江河城区段整治征迁项目总投资31亿元，于2014年下半

年启动，到 2016 年上半年完成全部征迁工作，共征迁房屋近 30 万平方米。项目采用“产权调换、货币安置”相结合方式，产权调换安置在城北 67-1 号地块，安置小区占地 72339 平方米，总建筑面积约 20.8 万平方米，安置房投资概算 8.6 亿元，其中地下建筑约 6.9 万平方米，建设 11 幢高层(17 及 22 层）及一处 9 班幼儿园，四个户型(66 平方米、99 平方米、132 平方米、165 平方米）安置房 1323 套和其他公建配套设施。该项目已于 12 月完工交房。（钱雪峰）

67 号地块安置房效果图（区建设局 提供）

【舜江大桥拼宽工程进展顺利】 舜江大桥拼宽工程位于现状赵家大桥北侧，东起峰山路，西至五星中路，上跨江东路、曹娥江、江西路，路线全长 1266 米，其中桥梁段长 857.7 米，主桥跨度 176 米，横断面宽 22.5 米。项目建设内容主要包括新建桥梁、景观照明、交叉口渠化及各连接辅道改造等，概算总投资 2.86 亿元。至 12 月底，舜江大桥拼宽工程已完成两侧工程范围内绿化迁移及便道修建，泵房改造完成，两侧桥梁桩基已累计完成 80 根，完成总量 65%；承台施工完成 10 个，达到总量 45%；墩身施工完成 8 个，达到总量 38%；钢便桥完成 70%；WN 辅道、江东路道路改造完成，WS 辅道完成 50%。计划于 2021 年 12 月完工，总工期 900 天。（钱雪峰）

市政建设

【概况】 2019 年，市政建设抓好城市路网结构提升、美丽示范街建设、交通节点治理、截污排涝整治、管养体制改革等重点工作，实施“拥江西进”、前江区块征迁道路建设及其他共 17 个政府投资项目，全年投入资金 16590 万元。同时，以民生保障为要点，年度投入 3170 万元，落实民生工程建设 18 只，共浇筑和改造沥青路面约 8.8 万平方米，铺设和改造人行道约 3.6 万平方米，埋设各类管道近 2.1 万米，增设标志标杆 360 套，漆划标线约 4.8 万平方米，更新和增设隔离栏 8500 米，增设停车泊位 3800 多只。（杨 勇）

【上德小学配套道路】 上德小学配套道路，南起江华路，北止江广路，工程道路概算总投资 1279.8 万元，施工道路全长 380.6 米，宽 18 米，道路等级为城市支路，建设内容包括道路、排水、交通标志、给水、照明、强弱电和燃气等。工程于 2019 年 11 月 1 日开工，2019 年 12 月底基本完工。（杨 勇）

【67-1 号地块东侧配套道路】 67-1 号地块东侧配套道路，北起四环路，西止江环路，工程道路概算总投资 1095.78 万元，施工道路全长 403 米，宽 18 米，道路等级为城市支路，沿线设单跨 16 米桥梁一座，建设内容包括道路、桥梁、排水、交通、照明等。工程于 2019 年 8 月中旬开工，2019 年 12 月竣工。（杨 勇）

【永兴路(联盟路—五星中路）】 永兴路(联盟路—五星中路)，南始联谊路，北止五星中路，全长 333.269 米，道路红线宽度 24 米，工程主要包括道路、箱涵、排水交通安全设施及其他配套建设工程等，工程道路概算总投资 994.76 万元。工程于 2018 年 11 月开工，2019 年 5 月竣工。（杨 勇）

【百官街道三村至曹娥街道娥一村道路】 百官街道三村至曹娥街道娥一村道路联通工程，位于曹娥江东侧，百岭路西侧，连接百岭路和博学路，工程造价约 603 万元，道路连通工程共长 1.57 公里，路面宽度 6 米，两侧各设置 1 米的路肩，建设内容包括路基、混凝土路面、交通安全设施等，按四级公路等级设计。工程于 2018 年 11 月启动，2019 年 4 月下旬开工，2019 年 6 月上旬竣工。（杨 勇）

【五星中路(三环—四环)道路改造】 西始于四环路,东止于三环路,全长2500米,工程主要包括对沿线机动车道及非机动车道破损路基进行修复、道路重新罩面、更换修复沿线破损侧平石、雨水井整筑更换、沿线管线疏通修复、积水处雨水井增设、光明桥及西湖桥破损车行道、栏杆、台后搭板、伸缩缝修复等。项目概算总投资1500万元。工程于2019年3月下旬开工,2019年8月下旬竣工。（杨 勇）

【实施民生实事工程】 2019年实施的民生实事工程,以交通节点整治、道路提质改造、桥梁安全和社区设施功能提升等为要点,全面落实18只民生工程建设,年度投资3170万元,改造人行道约1万多平方米,改造沥青路面约2.8万平方米,增设标志标杆360套,漆划标线约4.8万平方米,更新和增设隔离栏8500米,增设停车泊位3800多只。（杨 勇）

市政公共设施

【概况】 2019年,深化机构体制改革,配合市政管养一体化改革深入,市政公共设施管养管辖部门建设局全面抓好城区和开发区的市政设施统筹管养工作,保障市政设施安全运行。（杨 勇）

【加强基础设施养管】 全年实施养护项目维修工程61只,维修沥青路面55747平方米,维修人行板块近9000平方米,侧石约3360米,检测、疏通清理雨水管线约200千米,更换维修和改建雨水井及窨井1100多套。确保国家级文明城市和卫生城市复检成功,保障城区和开发区的市政设施安全运行。（杨 勇）

【推进污水"零直排"工作】 为高水平推进"五水共治",切实巩固提升治水成果。一是抓排查,地毯式排查地下管线,东至梁祝大道东段,西至江东路,南至多世路,北到四环管辖区域,对80余条有路牌约125公里长的道路管线及建成区截污改造31只泵站排出管线等进行详细摸排;二是抓检测,用精确检查设备,对江东路、市民大道、舜耕大道等50条道路雨水管及污水管内部沉积、结垢、破裂、变形等情况进行精确检查,检测地下管道30多公里;三是抓治理,梳理重要地段重点道路地下管线存在的支管暗按、管道沉降、塌方、破裂、变形等产生内涝隐患缺陷等问题,制定"一点一策"治理方案及"建设项目表",并对四甲新村、星宇新村2个试点生活小区实施"污水零直排区"建设,重点对生活小区的污水管线私接、污水横穿管破裂等问题进行治理。（杨 勇）

城市绿化

【概况】 2019年,按照"多样化、立体化、特色化"建设思路,以文明城市测评迎检、巩固深化国家园林城市创建成果为抓手,强化城市基础设施提升建设与管养,加快"品质之城"建设步伐。（张 昀）

【城市基础设施提升工程(园林类)建设完成】 2019年共实施基础设施提升工程(园林)14只,总计划投资额2054万元。根据《关于下达2019年度城市基础设施提升工程调整计划的通知》(虞建〔2019〕102号),调整后,园林工程实施三环绿化提升工程、e游小镇周边绿化改造(江西路沿线)、保驾山路西侧停车场改造工程、省特色小镇现场会景观布置(园林)、2019行道树工程、2019马拉松沿线环境布置工程、2019城北绿化提档工程、2019城中绿化提档工程、2020春节环境布置工程、2019草花布置工程一期、二期、三期、四期、五期、2019国庆环境布置工程、百夹线工业园区周边绿化工程16个,计划总投资2234万元。到年底完成工程100%。（张 昀）

【提升绿化养护质量】 根据城市绿化格局进行城区园林绿化分片、分级,深化"精细化"绿化养护管理,紧抓绿化除草、修剪、施肥、保洁、病虫害防治、浇水等日常养护,特别对主要道路、水利景观带以及公园、广场等区域加强养护管理和修整。结合文明城市测评迎检,重点做好城市绿地踩踏修复、清除各类绿化卫生死角,局部改造城市小绿地,提升城区绿化档次。10月,实施冬季草坪覆播工作,至11月底,城区秋季草坪覆播62块地段,总计面积327150平方米,主要覆播一年生黑麦草种,完成草坪覆播任务。（陈卫良）

城市管理

【综合行政执法改革】 2019年,区综合行政执法局完成环卫、园林、市政三大事业中心整体划入、环卫集团托管纳入及“三水一气”行业指导职能接收,区城市管理局挂牌。探索基层“一支队伍管执法”试点工作,推进行政执法权限和力量向基层延伸下沉,在崧厦镇成立全市首个综合执法队,采用“1+9+N”模式,组建“专业执法+联合执法+协同执法”的执法队伍(其中“1”为综合执法中队,“9”为街道所属相关职能办线、站所,“N”为街道内其他具有执法资格的工作人员),实行“机构挂牌、人员兼职、机构统筹、一体运行”的工作模式,有效整合基层执法力量。完善城市管理标准体系,印发《绍兴市上虞区城市管理工作标准》,划定上虞城区主要道路、重点区域及丁宅、陈溪、岭南三个乡城市化管理区域,实现城市管理力量城乡全覆盖。

(赵雪旦)

【垃圾分类】 2019年,区推进垃圾分类制度建设,大力实施生活垃圾源头减量、处置能力提升、回收利用、制度创新、文明风尚五大行动。全区城乡生活垃圾增长率为0.8%,城区、农村生活垃圾分类覆盖率分别达90.82%、84.08%,生活垃圾回收利用率、资源化利用率、无害化处置率分别为30%、90%和100%。建立城区“培训员、督导员、志愿者”队伍和农村“上门收集保洁员、垃圾分类分拣员、进站管理员”队伍,基本建立城区生活垃圾分类收运处置体系,城区易腐垃圾纳入市级统一收运处置体系。对照省新标,制作并发放《上虞区城镇居民生活垃圾分类指导手册》和《上虞区农村生活垃圾分类指导手册》5万余份。组建垃圾分类宣教团,通过在区本地媒体中推送垃圾分类工作动态、在幼儿园小区开展宣传活动,全年累计组织集中培训22次,培训人数2500余人。在区机关单位开展新标准整改落实工作,普及垃圾分类。基本完成4个省级高标准示范小区、3个示范村、26个分类处理项目村和1个示范片区创建,建成投用资源回收站63个,完成区级可回收物分拣中心改造提升工程,完成陈溪乡、上浦镇、岭南乡易腐垃圾资源化处置站建设并投入试运行,完成杭州湾垃圾填埋场无害化AA等级评定。

(赵雪旦)

【“城市管家”平台建设】 2019年,区完成智慧城管系统升级改造及智慧城管大厅异地重建。项目包括机房新建、数据上云、系统二次开发、LED大屏系统新建。接入智慧城管系统、渣土管理系统、公安视频网、燃气监管平台及智慧环卫系统,健全城市管理动态数据库。参与全市域智慧城管和综合行政执法一体化平台构建,区域互联互通进一步加强。新系统运行以来,每月采集数量超过7000条,达到150条/平方公里,结案率和按期结案率大幅上升,基本保持在98%以上。创新实施“最多一小时”快速处置工作机制,实施城市管理简易问题“最多一小时”办结、其他复杂问题“最多一小时”响应的快速处置机制。全年受理各类案件83167条,“最多一小时”快速处置案件46163条,案件办理速度提升35%。

(赵雪旦)

【城市管理专项整治】 2019年,区开展文明城市创建提升百日攻坚行动、城市管理提升“百日攻坚”行动、城市管理“提品质、强管理”冬季攻势行动,做好文明创建测评、国卫复评、城市环境提升等各类创建活动。截至2019年,共受理文明创建暗访测评问题整改单20批次,问题485个;卫生城市整改100处;城市环境提升整改任务50余处,上述问题均及时完成整改。牵头开展各项市容环境整治行动,共整治乱占道8000余处,整治乱设摊10000余处,整治乱停车65786辆,整治违规广告牌1500余处,整治渣土车辆250起,整治流浪犬646只。

(赵雪旦)

【违建整治】 2019年,区落实“一点一策”整改措施,建立7个整改工作服务组,采取“一周一督查”方式,对63个省考核验收组反馈点位实行动态跟踪、销号管理,2019年7月,获评省第三批“无违建(市、区)”。深入开展高铁沿线环境安全隐患整治、住宅小区乱搭乱建专项整治、小微企业违法建筑专项整治等三大专项行动,拆除违建50.2万平方米。将拆违工作与“五星”创建系列、农村人居环境整治提升集中攻坚百日行动等重点工作有机结合,对清理整治后的土地进行平整复绿、景观打造,有效提升人居环境。全区历年拆后土地利用率达84.4%。继续对干部提拔任用候选人、村主职干部、各级各类先进个人等进行“是否有违建”审查,今年共审查850余人次。实现防违控违综合管理平台全覆盖,基本实现“投诉举报、巡查发现、协作处理、基础登记、信息共享”等九大功能。

(赵雪旦)

【整治城市卫生】 2019,区综合行政执法局推进十件“城管小事”,整治车库车棚781处,整改到位小区136个;加强犬类管理,完成犬类登记187只,捕捉散放犬、流浪犬646只;施划非机动车停车框10861平方米,劝导非机动车乱停车行为4万余起;设置自产自销农副产品疏导点2处,劝导流动摊点3万余起;完成4条“最乱一条街”整治,通过绍兴市验收;整治卫生死角1300余处;开展餐饮油烟污染整治,安装使用油烟净化设备589处;违规排污查处6件;整治户外广告1485余处,清理不协调公益广告476处,清除非法小广告1629处;清理僵尸车186辆。

(赵雪旦)

村镇建设

【美丽乡村建设】 创建省级美丽乡村示范乡镇3个、特色精品村6个、AAA景区村6个、AA景区村16个、A级景区村23个,新时代美丽乡村精品村25个,新时代美丽乡村达标村74个;绍兴市级美丽乡村示范乡镇3个、特色精品村8个。

(孙树芳)

【PPP项目建设】 2019年,美丽乡村PPP项目累计建设投入5.7亿元,新建沥青道路面积约为40万平方米,混凝土道路面积约50万平方米,道路修复约22万平方米,新建停车场面积约4万平方米,新建公厕97个,改建公厕177个,立面改造约15万平方米,绿化面积约17万平方米。

(夏　钦)

电力燃气和供排水

电　力

【概况】 2019年，上虞电网拥有500千伏变电所2座，主变6台，总容量5500兆伏安；220千伏变电所5座，主变11台，总容量2340兆伏安；110千伏变电所19座，主变39台，总容量1990兆伏安；35千伏公用变电所10座，主变19台，总容量308.6兆伏安。

上虞电网总装机容量299.35兆瓦，其中并网小火电3座，均为供热机组，装机容量93兆瓦（其中春晖能源为生物质能发电，装机容量39兆瓦）；小水电15座，24台机组，装机容量5.13兆瓦；分布式光伏电站69座，装机容量201.22兆瓦。调度口径最高负荷1044.6兆瓦，比上年降低2.37%；网供最大负荷909.012兆瓦，比上年降低4.26%。

全年，全区总供电量587762.08万千瓦时，比上年增长4.1%；售电量581718.55万千瓦时，比上年增长4.91%。（陶旭东）

【电网建设】 年内，完成"十四五"配网发展规划编制上报，落实综合能源、科创岛、配网三年提升等专项规划研究，同步启动电力设施布局规划编制。提前完成500千伏江滨变配套，220千伏绍嘉、110千伏章江、涂北、三环、南湖、进港变及220千伏杭绍台外部输电工程前期工作。完成220千伏上虞变迁建，推进220千伏展望、110千伏四环变线路迁改，完成110千伏东山、盖北、崧厦变、35千伏章镇、小越变设备改造。全年完成电网投资1.88亿元，新增35千伏线路11千米，变电容量1.2万千伏安；新建及改造10（20）千伏及以下配电线路257.37千米。高质量建成8组双环网，在全市四家县公司中率先投运FA馈线自动化功能，完成17座开关站及环网单元建设，城市供电可靠性持续提升。（施卿云）

220千伏上虞变迁建工程圆满完成　（姬　鹏　摄）

"配电网交直流互联与控制关键技术"项目验收会议（姬　鹏　摄）

【"配电网交直流互联与控制关键技术"项目验收通过】 4月16日，国家863计划先进能源技术领域"配电网交直流互联与控制关键技术"项目在上虞正式通过验收。该项目致力于实现面向城市不同供电区域智能柔性直流互联和交直流混合环网闭环运行控制，解决高密度可再生能源接入问题并保障直流配电网可靠性。（施卿云）

【营销服务】 服务“最多跑一次”改革，累计办理水电气联动过户3273笔。推动电力接入外线工程行政审批提速，全面提升用电报装便捷度、透明度。认真落实营商环境优化举措，高质量完成5大项15小项能监办现场检查发现问题整改，深化业扩报装专项治理，加强新建住宅小区流程管控，降低小微企业办电成本，累计完成新装、增容业扩报装容量37.09万千伏安，助力“三服务”行动获省委书记车俊批示肯定。持续深化供电所转型建设，推进五星级供电所及18个精品台区（带）创建。全面提升营销业务管理水平，整改、预控业务质量问题100余项，累计查处违约用电金额167万余元，完成居民智能缴费推广7.49万户。累计完成表计轮换10万余只。（施卿云）

保电检查（姬 鹏 摄）

燃 气

【概况】 2019年，绍兴市上虞区天然气有限公司（以下简称公司）坚持为民服务宗旨，不断创新服务形式，提高服务技能，全年公司完成气量销售20894.63万方，居民累计开通69537户，非居民累计开通739户，管线延伸至800多千米，获评“省级平安单位”。

【章镇镇天然气管线改造评审会议】 2月22日，区交通运输局组织召开章镇镇天然气管线并行、穿越104国道安全性评价报告评审会议，公司及相关设计单位、施工单位参会。此次评审内容主要包括工程设计方案、施工方案及安全应急预案等，经与会专家及各部门人员讨论评审，确认该工程设计符合相关国家法律法规和标准规范的要求，施工方案、应急预案整体可行，通过评审。

【多渠道提升服务功能】 7月12日，公司微信公众号正式上线，广大用户可以最大限度地享受到减少程序、资料减免、一网即办、自助快办的便捷服务。之后又推出“微客服”功能，用户只要动一动手指，便可实现足不出户办理燃气业务。7月17日，公司启动“三服务”便民送下乡系列活动，在浙江闰土股份有限公司开展安全用气、操作技能、故障处理的“三服务”便民活动。8月29日，公司设置的热线中心正式启用，改变原有营业厅边办理业务边接咨询电话的模式，专项为用户提供业务咨询、投诉、报修等服务。

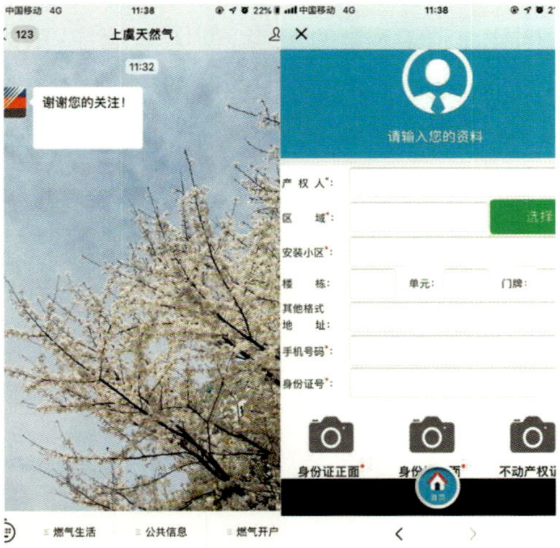

7月12日，上虞公司微信公众号正式上线（天然气公司 提供）

【区水处理有限公司配套工程综合验收完成】 7月18日，公司为区水处理有限公司配套工程完成综合验收。这是公司为解决“跑改”痛点问题，推动“最后100米”暂定量工程招标模式进入实操和全面推广阶段后的第一个受益用户。

【技能比赛】 7月25日，公司获绍兴市燃气管道调压工职业技能竞赛团体比赛金奖（一等奖），参赛人员分别获得此次竞赛的一、二、三等奖。8月14—16日，首届中国长三角地区燃气行业职工劳动技能（燃气管道调压）创新立功竞赛在上海举行，公司派出的2名员工代表浙江省队参赛，分别获个人银奖、个人优胜奖。

【3项重大工程完成】 11月12日，章镇合建站完成设备调试工作，进入试运行阶段，公司实现与省天然气公司上虞南分输站同步接气。11月25日，公司完成杭州湾上虞经济技术开发区产业拓展区6条新建市政道路配套管线建设工作。12月5日，完成上虞中心城区天然气管网升压工作，实现崧厦门站与虞北门站供气区域的连通。（张 莹）

供 水

【概况】 2019年，上虞区供水公司（以下简称公司）全年累计供、售水量分别为8921万立方米和8417万立方米，同比分别增长1.1%和2.1%；累计产销差率5.7%，同比下降0.8个百分点，创历史最佳；销售收入24600万元，实现综合效益5020万元。

年内，公司参与省住建厅《城镇供水管网智能技术标准》《城镇净水厂安全生产运行管理规范》2项标准的制定；继续深化推进"最多跑一次"服务改革，企业和个人用水报装全面推广"4-3-1"操作模式，即1份申请材料、3个办理环节、4个工作日办结通水；完成DN50-DN200大表检定装置投用及计量授权，取得了专项计量授权证书；通过质量管理、环境管理、职业健康管理三体系的再认证审核，确保公司质量、环境和职业健康安全管理体系持续有效运行。

全年完成7个政府重点工程的年度建设目标，工程建设累计投入2.9亿元，新建DN100及以上管道15.3千米，全年累计改造DN100及以上管道32千米。原水管道复线工程全面建成，12月13日通水运行。文惠苑、天香西园等10个已建高层住宅小区完成二次供水设施改造。年内获得上虞区模范集体荣誉称号。

【园区营业所通过现代化营业所复审】 公司园区营业所于2016年获浙江省现代化营业所称号。3月12日，浙江省水协组织专家对区供水公司园区现代化营业所进行复审并同意通过。

【供水业务跨区域无差别办理启动】 从4月1日起，水费现金缴纳、居民和营业房接水申请、水表过户、水表销户、用水性质变更、水表检定、阶梯用水人口核定等7项用水业务项目，均实现跨区域无差别受理，公司下辖水务服务中心、崧厦窗口、小越窗口、丰惠窗口、章镇窗口、园区窗口、下管窗口7个办事网点，用户可以就近选择营业站点办理全区范围内相关用水业务。推出区域无差别受理后，前台"无差别受理"时，窗口人员扫描生成电子件，后台内部流转、电子审批，再由前台统一出件，前后配套形成闭环管理。截至年底，合计受理跨区域业务67起。

【分区水量异常处理电子流程启用】 公司根据2019年度营销工作计划，深入应用智慧管网系统分区计量平台，发挥"互联网+"的信息优势，在原先四级分区建设完成的基础上，于3月启用分区水量异常处理电子流程。新的处理流程是由营业所水量分析人员根据变化标准对四级分区中水量异常的区域发起电子工单，经部门领导人审核后进行处理，在规定时间内把区域水量异常处理结果反馈后完结，同时把处理时限和结果纳入各部门考核。（王唯钊）

污水处理

【概况】 2019年，上虞区水处理公司（以下简称公司）共处理污水6440万吨。继续保持尾水持续稳定达标，实现处理率100%、达标率100%；全年无害化处置70%含水率污泥8万吨。削减主要污染物排放COD 1.1万吨，氨氮1030.8吨，其中生活污水COD减排3955吨，氨氮减排548吨，分别完成削减目标的109%和135%，完成区政府提出的减排工作目标。全年公司实现营业收入1.84亿元，争取财政补助1.09亿元，实现综合效益9737万元。创建绍兴市第一批"五星示范、双强争先"国有企业。

【污水处理厂国家排污许可证办理】 根据省生态环境厅及绍兴生态环境局要求，公司于8月完成污水处理厂国家排污许可证办理。在办理过程中，发现新增总氮排放指标在计算时，因入网染料等企业无行业排放标准，总氮排放计算时取零，与实际情况不符，难以达标排放。在区水务集团协助下与省厅等相关部门沟通联系，确定染料行业总氮排放标准参照石化行业执行的行业标准，计算得出符合实际情况的总氮排放标准，并推动区政府发布《关于加强企业纳管废水总氮指标管控工作的通知》（虞政办综〔2019〕60号）文件，要求入网企业总氮达标纳管，破解达标排放关键难题。为保障稳定达标排放，配套工业线脱氮改造项目完成前期工作，于2019年8月动工，计划2020年8月投运。

【上虞区生活污水清洁排放改造工程开工建设】 根据《关于推进城镇污水处理厂清洁排放标准技术改造的指导意见》（浙环函〔2018〕296号）文件精神，公司加速推进完成区生活污水清洁排放改造工程前期手续办理，9月底开始施工，至年底完成总投资额的10%左右。该工程被列入浙江省清洁排放标准建设项目，计划投资3340万元，主要内容为新建一座30万吨/日回流污水泵站，改造现有厌氧池为后置反硝化池，新设一套5万吨/日规模的转盘滤池加强处理效率。为进一步保障稳定达标排放，后续技改一套活性炭投加装置。工程计划2020年完工。

【污水处理尾水排放口工程持续进行】 该工程属污水处理二期工程续建工程，是政府性投资建设重点项目，总投资约4500万元，计划建设总高41.2米（地下34米）排海高位井一座，及排放管、喷头、固定桩架、航标灯等设施。全部建成后可提升尾水外排能力至30万吨/日。截至年底，进入关键阶段海上施工，完成总工程量的约85%。

【污水池加盖及废气处理项目】 为深入贯彻落实上级“蓝天保卫战”工作要求，公司针对厂内废气排放情况进行全面自查摸底，于年初完成“一厂一策”治理方案编制，立项上马污水池加盖及废气处理项目，在完成前期工作后，于8月开工建设，截至年底完成总工程量的约50%。

（李　杨）

排　水

【概况】 2019年，排水公司共收集输送污水6472万吨，比上年增加40.12%，收取污水处理费2075.86万元，比上年下降25%，全年实现营业收入5885.76万元，比上年增加69%。

【农村运维工作获省级优秀荣誉】 年内，公司着力从终端运行率和出水水质合格率着手，针对管网、调节池、终端运行年限的增加，加大清淤、菌培力度，通过对处理终端的精细化、标准化维护管理，出水水质合格率持续提升，在年度农村生活污水治理设施运维管理工作考核中，获得省级优秀荣誉。

【丰惠中心泵站DN600出水管提升工程】 为改善丰惠中心泵站出水管污水输送压力，提升区域管道安全性能，公司于年内投资1062.72万元，对该泵站DN600出水管进行提升改造。工程东起丰惠镇浙江益达袜业有限公司南侧，西至梁湖街道皂湖卫生院南侧，管位均位于沿线各园林公司绿地内（百悬线以南），共铺设DN600管道2.76千米。该工程由区水业建设工程有限公司承建，于9月15日开工，计划于2020年3月竣工。

（吴　丹）

邮政通信

邮　政

【概况】 2019年,上虞区邮政分公司(以下简称上虞邮政)以"三个视角""三个规律"为抓手,以党建为引领,深入实施"党建+三个一把手工程",坚决打赢寄递业务降本盈利"决胜之战",金融业务提质增效"转型之战",农村电商创新协同"破题之战"。按照年初制定的发展目标,各项业务实现良好发展,累计完成业务收入13298万元。

【农村物流体系建设】 为按时按量完成上虞区"四好农村路"村级农村物流服务点建设任务,在区交通运输局牵头下,上虞邮政依托"村邮站+E邮柜"的新模式,配合做好大通农村电商网点除外的行政村"E邮柜"建设及"村邮站"业务培训、指导工作。根据前期摸底情况及推进计划,9月起,上虞邮政以乡镇为单位进行E邮柜设备整体投放、安装、验收,截至12月底已安装E邮柜90台。复盘工作全部结束,全区68台设备,复盘合格62台,复盘通过率91.17%。

【助力农产品"销售+寄递"】 年内,上虞邮政凭借成熟的销售平台和完善的物流体系,与谢塘镇政府签订"服务三农"战略合作协议,参与翠冠梨"销售+寄递"的营销策划,线上、线下助力农产品销售,近1个月累计销售翠冠梨0.7万公斤,合计揽收翠冠梨邮件近5000单,打造上虞邮政2019年首个"万斤农产品"助农销售项目。8—9月,上虞邮政帮助章镇猕猴桃种植合作社销售红心猕猴桃6.8万元。

【普遍服务水平提升】 一是加强培训,提高认知。组织开展2期普服知识集中培训和1期网点自学,学习邮管局对普服工作新标准和要求,通过对各类处罚案例分析学习,提升普服管理知识和水平,强化普服从业人员服务意识和责任担当。二是加大投入,完善设施。完成所有邮政营业网点和投递网点监控改造和联网工作均已完成;所有场地和设施(烟雾报警器、医药箱、防毒面罩等)全部按监管部门要求配置到位;所有电子化网点(16个)已全部开通扫码付功能;所有投递人员均已配备PDA。三是加深检查,夯实指标。全区范围内组织开展普遍服务工作达标集中整治活动,对专项活动检查中存在的问题全部进行整改。持续开展"平常邮件服务质量大提升"、普遍服务工作达标集中整治工作,推广"绿色包装箱"和"平信条码化"。绿色包装箱网点布放率达100%,平信条码化率为100%,287个建制村通邮率达到100%。

(陈柠柠)

电　信

【概况】 2019年,上虞电信拥有OLT局点48个,其中OLT数量135个,媒体网关15个。拥有宽带接入点363个,IP城域网接入点102个,交换机125个,至年底,出口带宽已达680G。拥有CDMA基站275个,LTE基站669个,WLAN热点275个。

【移动网络基础能力提升】 年内，上虞电信加大C网建设及网络优化。全年新增L网基站23个，累计已达到712个。对途经上虞的杭甬高铁、杭甬高速公路及上虞的高校进行动态扩容，确保“五高一地”覆盖和网络支撑；加快800M广覆盖，对原有50个C网室外直放站进行改造，网络可靠性进一步提升。抓住5G网络演进、物联网、CDN下沉等网络发展机会，先行发起和推动区5G网络建设工作。年初，开通龙盛研究院附近5G和浙大中控展示厅的基站，实现5G在化工行业应用，并现场向袁省长进行汇报；8月开通e游小镇门户客厅5G覆盖，结合小镇特色，融合5G和游戏，助力特色小镇发展。9月底，开通市民大道、新大通及万和城商圈5G信号覆盖。10月25日，在解放街建成绍兴地区首个和联通共享的5G基站。至年底完成勘点261个，开通5G基站12个，完成5G设备安装31个，信号覆盖城区重点区域，为2020年5G的进一步应用发展打下基础。

【农村网络专项整治工作】 6月，上虞电信启动农村网络专项整治工作，及时处理通过不动产联办系统、浙江省平安建设信息系统、浙江省三服务小管家系统等联动单子，并根据农村地区故障申告，迅速处理各类农村用户投诉，提高各类农村装移机速度；做好农村地区有线及无线网络双千兆工作，加大网络覆盖力度，截至年末，农村地区新增4G基站40余个。

【智慧上虞建设】 年内，上虞电信助推地方政府“智慧上虞三年行动计划”战略规划落地。5月，中标“绍兴市上虞区e游小镇智慧化”建设项目，次月签订协议，该项目基于互联网、物联网、多媒体、虚拟现实技术、现代信息技术和大数据技术、光电子技术、微电子技术、计算机技术和信息处理等技术，更好地服务“e游小镇智慧小镇”建设管理。6月，中标绍兴市上虞区应急管理局应急联动指挥平台系统(一期)项目，该项目运用云计算、大数据、物联网、三维地图、移动互联等先进技术，在充分利用和整合现有资源的基础上，推进上虞区应急决策指挥体系科学化、扁平化和一体化进程，通过将系统延伸各乡镇、重点企业和队伍，实现一套系统多级应用，并延伸至手机、PAD等智能终端，实现事故现场与应急指挥中心实时联通和全区应急信息汇聚管理与共享、救援可视化。8月，上虞电信中标旅游局的智慧旅游项目，该项目基于云计算，互联网、移动互联网、大数据采集、数据预处理、大数据存储、大数据分析挖掘、大数据展现及应用、云服务、GIS等技术，助力上虞争创省全域旅游示范区，全面加快上虞旅游信息化基础设施和配套设施建设步伐，完善旅游服务功能和智能化应用建设。

【做好重点网络保障】 做好各类应急通信保障。9月，为组织做好全省特色小镇现场会的专项通信保障支撑工作，上虞电信分别在开元大酒店和e游小镇门户客厅开通上网专线，提供上网服务。为保障绍兴九运会开幕式、闭幕式圆满进行，新装4G室内分布基站15套，并出动优化保障人员20余人，开通浙江卫视直播专线，有力保障开运动会的各类上网需求。还对各类重大活动做好网络保障工作。 （黄燕君）

移　动

【概况】 2019年，中国移动上虞分公司(以下简称上虞公司)推进5G应用和信息化业务发展，认真落实“互联网+”和“网络强国”战略，不断强化产品创新，企业运营保持良好的发展态势。全年公司运营收入达4.85亿元，区域市场份额占比达到63.5%，移动电话用户达67万户，其中4G用户达53万户，有线宽带用户到达19.1万户。完成通信基础设施投资近1.2亿元，建设核心机房12个，移动通信宏站及室分68个，小微站23个，布放光缆1822公里，建设管道54管程公里，宽带建设完成14735户，解决空白小区11个，累计覆盖54.3万户，为助力地方经济发展做出贡献。

【参与政府三服务活动】 利用移动大数据能力，助力政府精准发送招聘专场弹屏短信，全年累计参与14场次，涉及移动用户30万人次。向上级争取农村弱覆盖区域信号补强专项资金，在年内完成规划外20余个农村区域站点，其中虞南片区8个，涉及投资200余万元。年内，上虞公司还与公安局、政法委合作，推出移动手机“机伶”小程序，有效拦截骚扰号码，降低电信诈骗案件发生率。

【5G 工业互联网样板项目打造】 年内,上虞公司与区经信局合作,推动传统制造业的信息化转型,加强 5G 工业互联网智能制造的试点,探索 5G 远程工业控制的应用。分别打造 3 个 5G+ 工业互联网样板项目,即浙江闰土股份有限公司 DCS 及环境消防 5G 数采管控改造项目、卧龙控股集团机电绕线机 5G 改造数采项目、上虞供电局 5G 智慧路灯项目。

【政府性保障工作】 参与区政府防汛抗台、反恐演练等重要应急保障,完成政治任务保障 10 余次,保障期间做到零投诉。其他大型活动保障 20 余次,包括绍兴市九运会、曹娥江马拉松、孝德园活动等。总计建设长期站点 30 余个、临时站点 80 余个,调用应急通信车和应急方舱 20 余次,总投入成本超过 2000 万元。

【加强党建和精神文明建设】 结合上虞公司实际情况,设置“四大党员责任区、四大党员先锋岗、六支党员突击队”,个性化做好企业党建的指导工作,实现党建与企业融合发展。 （任敏敏）

联　通

【概况】 2019 年,中国联通上虞区分公司(以下简称上虞联通)拥有各类型基站 1476 个,2G 逐步下电退网,4G 网络实现全区全覆盖,5G 网络通过与上虞电信共建共享,覆盖城区重点乡镇。全司拥有模块局 3 个(1 个在建),光综合业务接入点 20 个,城域网出口带宽达 600G。通过互联网 + 的形式实现了联通业务可以全部线上申请,为客户提供最便捷的服务。

【网络布局与信息化建设推进】 上虞联通与上虞电信合作共建 5G 基站,全年共计为 300 个左右 5G 基站完成开通工作,4G 网络基本实现城乡全覆盖。同时推进本地企业上云服务;助力上虞小微园区信息化建设。

【落实网络实名制】 年内,作为全区打击治理电信网络新型违法犯罪工作领导小组成员单位,上虞联通继续主动落实新入网用户实名制把关工作,新入网实名率 100%,对非实名的老用户也要求重新实名登记,并清理大量沉积账户,不定期展开明察暗访,对违规渠道实施高额罚款及直接解约的处罚。

【助力美丽路、镇、村建设】 配合区交通运输局、建设局、农业农村局,上虞联通在年内投入大量的人力物力,参与上虞美丽公路、美丽乡村、美丽田园建设,做到镇街基本无明线、飞线,村主道合杆、除飞线,并配合城区街道老旧小区飞线整治工作。 （刘建东）

农林牧渔业

综述

【概况】 2019年区实现农林牧渔业增加值50.77亿元,按可比价计算增长2.5%,比绍兴平均高0.1个百分点,居绍兴首位。实现农林牧渔业总产值80.18亿元,按可比价计算增长2.5%,其中农业产值48.10亿元,增长4.2%;林业产值4.91元,增长2.2%;牧业产值9.42亿元,下降16.0%;渔业产值16.55亿元,增长6.8%;农林牧渔专业及辅助性活动产值1.20亿元,增长11.8%。年内生猪出栏22.79万头,牛出栏600头,羊出栏3.77万只,家禽出栏110.06万只,肉类产量2.03万吨,水果产量18.24万吨,茶叶产量2392吨。城镇常住居民人均可支配收入65234元,同比增长8.6%,农村常住居民人均可支配收入35443,同比增长9.3%。

(章佳蓉)

【现代农业】 发展都市农业,开展溯源中国·四季仙果数字化平台建设,"觉农·翠茗"茶叶区域公用品牌正式启用。新建省级千亩高产创建示范区6个、区级百亩高产创建示范区10个,总面积达606.66公顷;完成7908亩粮食生产功能区提标项目基础工程建设。全区拥有大中型拖拉机960台,水稻插秧机728台,联合收割机746台,谷物烘干机603台,排灌机械8994台,植保机械7189台(其中农用无人机55台),茶叶机械2681台。建成"平安农机"示范乡镇9个,省农业"机器换人"示范乡镇6个,省农业"机器换人"示范基地44个,全区水稻耕种收综合机械化率达88.5%。壮大新型农业经营主体,全区县级以上重点农(林)业龙头企业67家,其中年销售收入超亿元企业6家,省级骨干农(林)龙头企业8家、市级18家。

(章佳蓉)

【组建绍兴市上虞区农业农村局】 根据《绍兴市上虞区机构改革方案》(区委〔2019〕2号)文件精神,组建绍兴市上虞区农业农村局,划入以下职责:1.原区农办全部职责;2.原区农林局除林业管理、指导农业面源污染治理、农村土地承包经营权登记管理以外的职责;3.区发改局的农业投资项目管理职责;4.区财政局的农业综合开发项目管理职责;5.原市国土资源局上虞区分局的农田整治项目管理、农村宅基地管理相关职责;6.区水利局的农田水利建设项目管理、渔业渔政管理相关职责;7.区供销合作总社的农业职业技能鉴定职责。划出原农业面源污染、林业管理、森林公安、土地确权等职责。

2019年1月22日,在上虞区行政中心4号楼举行绍兴市上虞区农业农村局挂牌仪式。(章佳蓉)

【国家农产品质量安全县创建】 2019年,区创建成为"第二批国家农产品质量安全县(市)",并完成授牌。

(吕靖芳)

【开展"二都杨梅"农产品地理标志登记】 开展"二都杨梅"农产品地理标志登记,2019年9月通过农业农村部专家组评审并进入登记公示程序。(吕靖芳)

【农产品质量安全监管】 开展农产品"三品一标"认

证，2019年新认证绿色食品3只，续展产品5只；新认证无公害农产品5只，复查换证产品1只。新增农产品质量安全追溯体系建设24家。 （吕靖芳）

【农产品质量安全检测】 2019年，区、乡二级检测室共开展农产品质量安全风险监测抽检样品13442批次。其中区级风险监测1361批次（例行监测753批次、专项监测102批次、动态监测506批次），合格率98.5%。开展定量检测870批次，药物（农药、兽药）检出率27.6%。乡镇风险监测12081批次，合格率100%。 （胡惠平）

【政策性农业保险】 全区农业政策性保险基本实现常规农险品种全覆盖，具体开办有三大类21个险种：其中中央品种9个（稻、小麦、油菜、公益林火灾、商品林、林木综合、生猪、能繁母猪、奶牛），省定品种8个（大麦、设施农业大棚、大棚蔬菜、露地蔬菜、大棚西瓜、露地西瓜、葡萄、淡水养鱼）、地方特色农险产品4个（杨梅采摘期降雨气象指数保险（上虞区专用）、茶叶低温气象指数保险、叶菜价格指数保险、2019年新增水蜜桃种植保险）。全年共实现政策性农险总保费2665.8万元。其中，种植业共承保3311户次，承担2.88亿元的风险保障，实现保费1493.9121万元；养殖业共承保173户次，承担3.44亿元的风险保障，实现保费1161.9717万元；森林险生态公益林火灾进行全区统保14714.07公顷，实现保费9.9320万元。截至2019年11月，农业保险政策享受理赔农户2549户次，已支付赔款2648.3809万元。 （徐小燕）

【农业救灾】 受超强台风“利奇马”影响，协同中国人民财产保险股份有限公司绍兴市上虞支公司开展政策性农业保险理赔工作，共累计受理报案42起，实际符合理赔39起，以大棚、葡萄、水蜜桃、水稻为主，合计受灾面积56.22公顷（葡萄0.45公顷，大棚11.25公顷，水蜜桃1.99公顷，水稻42.53公顷），共计理赔款约34.7万元。联合绍兴市上虞区财政局下发《关于下达2019年中央财政农业生产救灾资金的通知》（虞区农〔2019〕134号），将中央补助资金200万元按一定比例分配至各乡镇街道，由乡镇街道针对受灾情况进行统一补助。 （徐小燕）

【农民丰收节】 9月20日，以“我的丰收—我的节”为主题，在中华孝德园文化旅游风情街，举行2019年上虞“农民丰收节”活动暨农产品展示展销专场活动，丰收节活动以表演节目和推介、拍卖优质农产品以及优质农产品展示展销等形式进行，整场活动共表演节目8只（有莲花落、小品、歌舞等），拍卖优质农产品4只（有壮老汉大米、比昂扣葡萄、红心猕猴桃、洋槐蜂蜜等等），涉及展示展销优质农产品展位31个（有特色农产品展、农家特色小吃展），共吸引广大市民、游客2000多名。配合开展绍兴市“农民丰收节”活动，组织农产品（特色农家小吃）4个展位设摊，25个种植养殖大户参加“农民丰收节”活动。 （徐小燕）

【绍兴市级美丽场园创建】 开展2019年度绍兴市级美丽场园创建工作。涉及全区美丽果园2家、美丽茶园2家、美丽田园2家、美丽菜园1家、美丽渔场2家、美丽牧场6家。 （徐小燕）

【农业“机器换人”及“平安农机”示范创建】 2019年，完成东关街道、上浦镇2个浙江省农业“机器换人”示范乡镇、东关街道1个浙江省“平安农机”示范乡镇创建；完成长塘镇金禾家庭农场等14个浙江省农业“机器换人”和“平安农机”示范基地创建。 （赵懿懿）

【各类农业机械新增888台（套）】 全年全区新增各类农业机械888台（套），其中水稻插秧机79台，轮式拖拉机49台，收割机35台，谷物烘干机38台；推广水稻机械化栽植面积16600公顷；落实机插早稻储备秧4万盘，落实机插晚稻储备秧2万盘，共调运储备秧5400盘；年检拖拉机890台、联合收割机43台；报废拖拉机276台，报废补偿资金45.4万元，报废联合收割机15台，报废更新补贴资金15.6万元。

2019年，共发放农机购置补贴资金总额1279.11万元，其中中央资金932.69万元，省级资金140.308万元，区级资金206.112万元。 （赵懿懿）

【去现金化管理改革试点工作】 2019年10月开始在

梁湖街道大库居委试点农村集体“三资”去现金化管理改革工作，推行使用公务卡进行村级公务活动开支结算，通过银行转账或手机扫描一码等方式缴纳各类收入款项，村级集体支出推行线下审批，线上审核，推行银联直付管理、取消村级备用金。（钱丹丹）

【村级集体经济组织登记赋码】 2019年，开展全区农村集体经济组织登记赋码工作，截至年底，累计已完成258个村(居)的证书发放。（钱丹丹）

【规范一事一议筹资筹劳】 确定全区农村一事一议筹劳中以资代劳的工价为100元。审核一事一议建设项目，对2019年度区财政立项的25个农村公益事业建设项目涉及一事一议筹资筹劳的标准、范围、程序等环节进行逐一审核，对不符合要求的部分筹资筹劳内容进行否决，保障一事一议筹资筹劳的规范。

（吴雅琴）

【20万元以上村级工程项目审计】 2019年，共完成结算审计623个，送审额62204万元，核减额5260万元，核减率为8.46%；完成20万元以上村级工程预算确认487个，送审额60718万元，核减额达1915万元。

（潘建荣）

【土地流转】 汇总2018年度土地流转实际面积，提出奖励意见；起草2019—2021年度土地流转政策并下发文件。制定2019年土地流转实施细则。组织专题培训会议，指导乡镇街道开展流转工作。全年完成新流转土地91.6公顷。整村流转工作有所推进，流转率85%以上的整村流转奖励5个。（张荣灿）

粮　油

【概况】 全区粮食播种面积36673公顷，较上年增0.49%，粮食总产量22.86万吨，较上年减0.23%。开展粮食高产创建，在全区建立省级水稻绿色高产高效创建千亩示范片6个，总面积400公顷，投入资金24万元；建立区级单季晚稻、连作晚稻高产创建示范方10个，总面积205公顷，投入资金15万元。

（俞镇浩）

【粮食生产功能区建设】 全区开展粮食生产功能区提标改造527.2公顷，涉及3个乡镇、14个功能区块，总投资672.5万元。完成粮食生产功能区调整325公顷，调整后全区粮食生产功能区面积不变，区块数由340个增加到345个。（俞镇浩）

【粮食生产综合机械化】 全区粮食生产综合机械化率88.36%，粮食生产机耕率97.6%，其中水稻机耕面积23667公顷，大小麦机耕面积3304公顷；全区粮食生产机收率97.8%，其中水稻机收面积23596公顷，大小麦机收面积3181公顷；全区粮食生产机械化栽植率67.4%，其中水稻机插面积16630公顷。（赵懿懿）

【高标准农田建设项目】 年内，绍兴市农业农村局批复高标准农田建设项目5个，计划建设高标准农田面积862.33公顷，建设高效节水面积133.33公顷，计划总投资3649.35万元，项目建设期限均为一年。其中下管镇鹿溪流域高标准农田建设项目治理面积86.67公顷，高效节水面积19.93公顷，计划总投资390万元；上浦镇高标准农田建设项目治理面积203.13公顷，高效节水面积20公顷，计划总投资704.61万元；陈溪乡干溪流域高标准农田建设项目治理面积79.2公顷，高效节水面积22.27公顷，计划总投资354.51万元；丰惠镇城南片高标准农田建设项目治理面积146.67公顷，高效节水面积42.13公顷，计划总投资640.6万元；道墟街道杜浦片高标准农田建设项目治理面积346.67公顷，高效节水面积29公顷，计划总投资1559.63万元。（黄志刚）

蚕　桑

【桑园面积持续下降】 全区桑园面积168公顷，其中果桑面积83公顷。共发放蚕种1050张，生产蚕茧52吨，蚕茧平均收购价每公斤32.8元，产值172万元。果桑产量1680吨，产值15000万元。有养蚕村30个，养蚕户850户。（俞镇浩）

畜 牧

【概况】 2019年,全区畜牧业总产值7.37亿元(不包括沥海镇),同比上升16.06%,其中生猪业产值5.40亿元,同比上升15.38%,家禽业保持增长,产值1.56亿元,同比上涨18.18%,其他产值0.41亿元。2019年,生猪饲养量23.85万头,同比下降39.6%,其中,年末存栏5.05万头,包括能繁母猪0.49万头,年内出栏18.8万头。家禽饲养量150万羽,同比上升51.29%,其中,年末存栏46.79万羽,年内出栏103.21万羽。牛存栏325头,羊存栏1.15万头,兔存栏1.16万只。全年肉类总产量17380.85吨(其中猪肉产量15040吨,禽肉产量1184.33吨),禽蛋产量2221.25吨。开展重大动物疫病监测,共检测主要动物疫病血清样品10230份。

(宋佳明)

【畜牧业转型升级】 出台《绍兴市上虞区人民政府办公室关于稳定生猪生产促进转型升级保障市场供应的实施意见》,加强养殖场非洲猪瘟防控工作并调研空栏场复养技术,基本落实新建万头猪场事项。2019年创建省级美丽牧场4家、绍兴市级美丽牧场5家,绍兴市上虞区农业农村、绍兴市生态环境局上虞区分局、绍兴市自然资源和规划局上虞分局对列入整治提升的33家(总71家)养殖场进行联合验收,验收通过26家。关停禁养区内4家规模生猪养殖场,分别为祥盛农业有限公司、海峰生态农业有限公司、杨丰牧业有限公司、新苗农牧有限公司,合计存栏4.67万头。

(宋佳明)

【动物疫病防控】 春防调查生猪应免数11.55万头,实际免疫猪瘟11.33万头,免疫率98.10%,口蹄疫免疫11.32万头,免疫率98.01%. 猪高致病性蓝耳病免疫5.85万头,免疫率50.65%。家禽应免数为60.93万羽,实际免疫60.93万羽,免疫率100%;狂犬病应免数为6.35万只,实际免疫数为6.35万只,免疫率为100%。年内秋防调查生猪应免数5.61万头,实际猪瘟免疫5.52万头,免疫率98.40%,口蹄疫免疫5.55万头,免疫率98.93%,高致病性蓝耳病免疫3.52万头,免疫率62.75%;家禽应免数91.10万羽,实际免疫91.10万羽,免疫率100%。

(宋佳明)

【畜产品质量安全】 加强养殖、调运、屠宰、无害化等关键环节的畜产品质量安全监管。对生猪养殖、调运、屠宰环节尿样抽样4127份,其中监督抽检203份;对山羊市场交易环节尿样抽样92份,上述2项经“瘦肉精”检测,结果全部阴性,合格率达100%;对全区家禽养殖场进行禽肉、禽蛋进行抽样检测,共抽检23批次,不合格2个批次(氟苯尼考不得检出,氟苯尼考为蛋期禁用兽药),对存在不合格产品的行为移交农业林业行政执法大队处理;完善动物无害化“统一收集+保险联动+集中处理+线上监控”长效机制,全年,无害化处理厂共处理死猪10.016万头。

(宋佳明)

【动物卫生监督执法】 推进基层站点规范化建设,完成丰惠动监分所省级动物检疫申报点示范窗口创建。强化协检员考核机制,落实考核管理制度,打造规范高效的协检员队伍。加大执法检查力度,组织开展动物防疫条件审查、动物诊疗机构规范巡查专项行动,对全区具备动物防疫条件合格证养殖场进行年审,进强化调运、屠宰环节的执法监督,严厉打击违规调运、非法屠宰、非法经营动物及产品等行为。2019年,共立案2起(一般程序案件),处罚金额约1450元。

(宋佳明)

渔 业

【概况】 包括绍兴滨海新城江滨区,全区渔业总产值11.42亿元,同比增加2.98%,包括海洋捕捞0.18亿元,淡水捕捞0.70亿元,淡水养殖9.92亿元,水产苗种0.62亿元。全区水产品总产量4.47万吨,同比增加3.71%,包括海洋捕捞0.07万吨,淡水捕捞0.56万吨,淡水养殖3.84万吨。水产养殖总面积6509公顷,与去年持平,包括池塘5185公顷,湖泊318公顷,水库393公顷,河沟613公顷,另有稻田1953公顷不计入总面积。创建省级渔业健康养殖示范场10家。

(吕泽平)

【养殖结构不断优化】 包括绍兴滨海新城江滨区,全区南美白对虾养殖面积4333公顷，占全区池塘养殖总面积的83.6%，南美白对虾总产量1.53万吨，为全区渔业主导品种。面对南美白对虾种质退化、病虫害频发、产量降低等问题，部分养殖户转型养殖加州鲈鱼、金刚对虾等名特优水产品，全区现有加州鲈鱼养殖面积300公顷，产量3497吨，养殖效益较好；部分养殖户改造升级养殖设施，新建各种养殖大棚，全区现有白对虾大棚300多公顷；同时，不断完善白对虾产业链，重点发展烤虾加工，全区烤虾生产线达84条，年加工量达4800余吨。（吕泽平）

2019年6月6日在湿地公园开展“全国放鱼日”增殖放流活动（区农业局 提供）

【渔业资源增殖】 6月6日上午，在湿地公园组织开展“全国放鱼日”增殖放流活动，采用发放宣传资料、媒体报道、现场放流等多种形式举行，旨在尽力修复渔业资源，改善水域生态环境。2019年，开展多次渔业增殖活动，增殖放流点以曹娥江水域、百崧河道、城区河道、浙东引水工程、运河、虞南山区水库、溪河等水域为主。共放流鱼种20万尾、夏花鱼苗1600万尾。（陈 丽）

林木果蔬

【概况】 2019年，全年审批林木采伐证105份，采伐蓄积量1081.3立方米，占下达限额指标蓄积431.7立方米，审核新办林木种子种苗证12份。共审核、办结林地征占用项目48只，使用林地定额26.1048公顷，收缴森林植被恢复费8261910元。将存在安全隐患和生长不良的10株古树名木列入保护范围，投入财政资金6.5万元。（阮雁飞）

【“爱鸟周”暨野生动植物保护】 2019年4月8日，绍兴市暨上虞区野生动植物保护宣传月·“爱鸟周”活动在区在曹娥江畔喷泉广场启动。宣传主题为“关注候鸟迁徙，保护生命共同体”，活动现场展示“舜地飞歌”——野生鸟类摄影作品100幅，接合户外大屏LED高清晰视频轮回播放；活动现场展示绍兴地区的兽类、中国鸟类品种和生态类群和野鸟救助知识等图片文字介绍20幅，宣传道旗20幅，志愿者代表宣读爱鸟护鸟倡议书。向市民宣传分发保护野生动物倡议书、新野生动物保护法和相关的法律法规、陆生野生动物保护宣传画册、纸巾等宣传纪念品300余份。

全年救护野生动物及鸟类16起，其中6次是鹰类等国家二级保护动物，另外10起为夜鹭、刺猬等浙江省一保护动物。（阮雁飞）

【生态公益林管理】 区有重点公益林面积14714.067公顷，其中国家级生态公益林257.333公顷、省级生态公益林14456.733公顷。2019年度的公益林损失性补助资金按省财政厅、林业厅要求以26元/亩的标准，共计发放补偿资金573.85万元。做好公益林保护宣传工作，累计发放《浙江省公益林和森林公园条例》2000份。（阮雁飞）

【病虫害监测覆盖率100%】 2019年全区完成松材线虫病、松墨天牛、栗瘿蜂等病虫监测面积共40161.3公顷，监测覆盖率100%。上虞区林业有害生物发生面积914.3公顷，其中松材线虫病320.9公顷；松墨天牛252公顷；花卉、板栗、竹子等其他病虫害349.7公顷。对发生的主要林业有害生物，均采取各种有效措施防治，防治作业面积1298.1公顷，无公害防治面积1162.3公顷，无公害防治率89.5%，高于绍兴市下达的无公害防治率87%的指标。（吴忆林）

【水果产量下降】 全区水果种植面积6033公顷，较上年减0.5%，总产量18.24万吨，较上年减5.4%。与郑州果树研究所开展科技合作，合作期3年，共引进筛选出适合上虞区种植的葡萄新品种3只，猕猴桃新品

种2只，对猕猴桃溃疡病进行科技攻关，筛选出一批可用药剂。（俞镇浩）

【蔬菜面积略增】 全区蔬菜种植面积15127公顷，总产量46.52万吨，总产值7.74亿元，分别较上年增加1.79%、1.91%、3.2%。开展“菜篮子”蔬菜基地建设项目，新建保障型蔬菜基地4.3公顷，开展蔬菜技术培训班2期，培训人数130人次。5月10日，组织生产主体参加浙江省精品番茄评比，祥龙菜业有限公司的“黄妃”樱桃番茄获优质奖。（俞镇浩）

【茶叶产量略减】 全区茶园总面积1769公顷，较上年减2%，茶叶总产量2392吨，较上年减2.2%，产值13916万元，比上年增3.8%。成立上虞区茶叶产业协会，推出“觉农·翠茗”公用品牌，启用茶叶品牌管理中心。开展公用品牌宣传，4月23日赴新昌组织参加绍兴市茶博会；4月25日举办上虞区“觉农·翠茗”公用品牌启用暨全民饮茶日活动；4月27日在杭州举行2019浙江省“觉农·翠茗”敬老茶会；5月15—19日，在第三届中国杭州茶叶博览会上，上虞区人民政府召开“觉农·翠茗”推介会。（俞镇浩）

农业生态

【土壤保护】 全年推广测土配方施肥面积49400公顷，推广应用配方肥0.67万吨，配方肥施用面积17200公顷。开展两区重金属污染监测，在全区农业两区范围内，共设立28个土壤重金属污染监测点，其中11个综合监测点，17个常规监测点。（俞镇浩）

【农作物病虫害防控】 全区开展农作物病虫害统防统治13800公顷，绿色防控14067公顷。开展病虫害调查800人次，发布《农作物病虫情报》9期。（俞镇浩）

【农村能源治理】 推进农作物秸秆综合利用，在丰惠和盖北各建立1个秸秆粉碎中心。开展农作物秸秆资源台账制度建设，对120多户农户和全区所有秸秆利用企业秸秆综合利用情况进行3次入户调查。（俞镇浩）

【农药废弃包装物回收处置】 年内，区财政共安排农废回收处置专项资金400万元，实际拨付400万元。全年全区农药使用量1598.5吨，同比减少44吨，应回收农药废弃包装物89.52吨。全年全区回收农药废弃包装物1131.26万只(161.6吨)，处置174.49吨，回收率144.42%，处置率194.92%。（赵妙苗）

农业产业化

【概况】 2019年，上虞区列入省数字乡村试点示范县。丁宅农业产业强镇、永和水稻水果特色农业强镇分别列入农业农村部国家级、浙江省级创建名单。长塘镇罗村村被认定为全国“一村一品”示范村镇。“野藤葡萄”区域公用品牌列入浙江农业品牌百强榜推介名单。（章妙芬）

【农业产业化】 制定出台产业提质扶持政策，确定了14个立项项目，涉及投入资金2900多万元。推进章镇省级现代农业园区、盖北省级特色农业强镇与大通农场等三个田园综合体建设，丰惠镇区域性生态循环农业项目通过省级验收。启动“四季仙果”全产业链培育工作，计划通过三年建设，打造产值达38亿元的四季仙果全产业链。（章妙芬）

【都市农业、数字农业快速构建】 与浙江省农科院合作成立上虞乡村振兴研究院，建立上虞区都市农业发展全方位合作平台。加快农业数字化转型升级，与新华网合作启动建设溯源中国·四季仙果数字化平台。成功争取浙江省财政厅四季仙果数字化产业发展示范建设项目。（章妙芬）

农业科技

【概况】 2019年，全区继续实施基层农技推广体系建设补助项目，开展基层农技人员知识更新培训、科技示范主体培育、高品质绿色科技示范基地建设及主导品种、主推技术筛选推广等工作。共建成示范基地6家；确定农技指导员93名、培育农业科技示范户588名；确定农业主导品种96个、主推技术56项；共组织基层农技人员参加省组织的知识更新培训9个班次、121人次。

与浙江省农业科学院重新签订为期4年的《推进乡村振兴战略合作协议》。（罗森林）

【农业绿色发展】 上虞区政府成立农业绿色发展先行县创建工作领导小组。2019年创建浙江省级农业绿色发展先行县，并创建浙江省级农业绿色发展示范区1个和绍兴市级示范区8个。（罗森林）

【农民培训】 2019年全区共完成农民培训14547人，省、市级示范性培训166人，农村实用人才培训2449人，高素质农民培训299人，普及性培训10448人。（罗森林）

【农创客培育】 2019年，新摸排培育农创客44名。全区列入信息库的农创客共83名，年龄均在45周岁以下、学历均在大专及以上，其中男性占63.9%，专科、本科、研究生学历分别占45.8%、50.6%和3.6%。（罗森林）

【信息进村入户】 建成村级益农社293个（包括专业型益农社6个），设立信息员297人，并将其中261个简易型益农社升级为标准型益农社，将其中21个升级为示范型益农社。开展信息员培训班1期。（俞镇浩）

【农机动力】 2019年，全区农机总动力拥有量为38.8万千瓦，其中柴油机24.6万千瓦，汽油机1.8万千瓦，电动机12.3万千瓦。大中型拖拉机884台，合计4.3万千瓦（其中80马力以上大中型拖拉机209台）；水稻插秧机605台（其中高速插秧机439台）；联合收割机718台，3.6万千瓦；谷物烘干机552台，一批次烘干能力7053吨。

2019年，全区农户共购置各类农业机械888台（套），合计享受财政补贴1279.11万元，受惠农户538户。（赵懿懿）

【水稻生产机械化育插秧技术推广】 全年完成水稻机械化栽植面积16629.6公顷。3月12日，联合区农业技术推广中心、舜达种子公司召开早稻生产技术培训班，4月10日，绍兴市春耕生产现场会暨“五送服务”启动仪式在上虞区小越街道办事处门前广场举行。与东关街道等6个乡镇街道的粮食（农机）专业合作社、家庭农场签订机插储备秧协议，完成机插早稻储备秧4万盘；晚稻储备机插秧2万盘，调运5400盘，拨付2019年水稻机插储备秧资金补助28.92万元。（赵懿懿）

【农用无人机飞防植保服务推广】 出台《上虞区农用无人机飞防植保服务奖励实施细则》，对农用无人机飞防服务给予每亩2.5元的作业奖励，推广新型农业机械技术，探索落实农用无人机开展植保服务工作经验，对6家无人机飞防植保服务单位开展作业奖励5.7631万元。（赵懿懿）

2019年4月10日绍兴市春耕生产现场会暨五送服务农用无人机展示（章佳蓉　提供）

【拖拉机和联合收割机年检年审及上牌发证】 2019年年检拖拉机890台，收割机43台；核发拖拉机牌照47付，收割机牌照35台，跨区作业证62本。核发拖拉机、收割机驾驶证191本。（赵懿懿）

【农机安全宣传培训和隐患排查】 全年累计组织开展农机安全专题活动6次，进村入户宣传21次，发放农机安全宣传资料2100份，与拖拉机手签订安全承诺书2182份。9月24日，组织召开全区农业机械安全生产培训班，讲解农机安全生产、事故应急处理和变型拖拉机专项整治相关内容。

联合各乡镇街道开展农机安全隐患排查，全年累计检查农机大户、合作社或家庭农场65家次。对历年创建“机器换人”和“平安农机”示范基地进行回头看检查。（赵懿懿）

【拖拉机和联合收割机报废更新补贴】 6月27日下发《关于做好2019年绍兴市上虞区农业机械报废补贴工作的通知》。全年定点回收企业按规定回收高耗能农业机械共计276台，其中大中型拖拉机20台，小型拖拉机256台，应补农业机械报废补偿资金45.4万元，回收拆解联合收割机15台，应补农业机械报废更新补贴资金15.6万元。（赵懿懿）

农业行政执法

【概况】 2019年，绍兴市上虞区农林业行政执法大队农业执法中队负责全区种植业、畜牧业（兽药）行政执法和农产品质量安全监督工作。全年共监督抽检农业投入品71批次，其中兽药8批次，饲料5批次，种子12批次，农药32批次，肥料14批次。合格69批次，不合格肥料2批次，对抽检不合格样品的单位均进行立案查处。共监督抽检农产品350批次，其中蔬菜69批次、水果270批次、茶叶11批次，合格率100%。全年共立案查处农业违法案件5起，监督抽检农业投入品71批次、农产品350批次。（赵妙苗）

【农业综合行政执法队挂牌成立】 2019年10月23日，绍兴市上虞区农业综合行政执法队在农机大楼正式挂牌成立。（陈　丽）

【“绿剑”3+X执法行动】 年内，上虞区农业行政执法中队组织开展“绿剑”春、夏、秋执法行动、农资打假联合执法行动、农业投入品生产经营专项检查、农产品质量安全大检查、畜禽养殖环节兽药饲料使用情况专项排查等执法行动。累计出动执法人员392人次，共检查各类农资生产经营单位、种养殖基地138家次。立案查处各类违法案件5起，其中农药案件2起，肥料案件2起，植物检疫案件1起。合计罚没款14154.7元，查获农资数量17.295千克。（赵妙苗）

【农资经营规范化、信息化建设】 年内，根据绍兴市农资经营示范店创建要求，上虞区内8家农资经营单位被评选为2019年度“绍兴市农资经营示范店”，推动全区农资经营规范化建设。根据省、市农资监管与服务信息化建设工作要求，全区161家农资经营单位已安装浙江省农资经营台账系统，并投入使用。（赵妙苗）

【农业法律法规宣传】 年内，上虞区农业行政执法中队在全区开展各类涉农法律法规宣传告知活动。向辖区内各农药店发放《农药实名制购买告知书》，签订《农药实名制购买承诺书》，全区共签订承诺书、告知书300份。开展“五送”下乡活动，现场共发放宣传资料1500余份，免费送出种子、肥料放心农资组合装200份，展出农资打假相关知识专版12块。制作《农药管理条例》宣传动漫片在上虞电视台滚动播放。（赵妙苗）

【植物疫情防控】 年内，上虞区共规范化建设植物疫情监测点8个，其中3个为省级重大农业植物疫情监测点，涵盖全区东南西北各域，监测面积达83.33公顷。组织开展全区水稻细条病专项调查工作，调查水稻面积100.8公顷，未发现水稻细条病发生。10–11月，在全区组织开展加拿大一枝黄花普查、防控工作，加拿大一枝黄花发生面积共35.07公顷，比去年秋季发生面积减少9.3%。科学防控加拿大一枝黄花35.07公顷，其中，药剂防除面积3.41公顷，占9.7%；人工清除面积21.13公顷，占60.3%；复耕复种和绿化造林面积10.53公顷，占30%。（赵妙苗）

【植物检疫】 全年全区共签发调运植物检疫要求书32份，调运检疫证书52份，调运检疫合格种子803.17吨，合格种苗2.22万株。共签发植物产地检疫合格证8份，合计包括水稻、小麦、高粱、蔬菜等繁种面积1265公顷，生产合格种子7280吨；另猕猴桃、柑橘种苗繁育面积0.86公顷，生产合格种苗11万株。种子种苗产

地检疫监管率达100%。（赵妙苗）

【种子管理】 全年全区储备救灾储备种子265吨，其中小麦救灾储备种子30吨，早籼稻救灾储备种子105吨，晚粳稻救灾储备种子130吨。发放订单小麦、水稻良种奖励资金347.05万元，其中订单小麦良种奖励资金90.95万元，早稻良种奖励资金82.83万元，订单晚稻良种奖励资金173.27万元，通过邮政“一卡通”发放到户。（赵妙苗）

【现代种业项目】 年内，上虞区种子管理站完成2018年度浙江省级现代种业发展项目验收。该项目由绍兴市舜达种业有限公司负责实施，省级补助资金40万元，用于区试站点运维建设和小麦、晚粳稻、瓜菜新品种展示示范。（赵妙苗）

【农业生产事故调解】 年内，农业行政执法中队受理农业生产事故投诉6起，调解达成协议4起，调解终止1起，不属于区管辖1起。（赵妙苗）

【变型拖拉机专项整治】 实施拖拉机分区域限行措施，对在上虞从事道路运输的拖拉机及驾驶人（含外省籍拖拉机及驾驶人）和9种违法行为进行重点整治。全年累计开展联合执法行动25次，出动执法人员105人次，共查扣拖拉机33辆，查处脱检脱审6起、超载超速15起、违法改装拼装7起。注销浙江省农机系统内超期登记在册变型拖拉机272辆。（赵懿懿）

【水域执法行动】 年内先后组织开展“中国渔政亮剑2019”系列执法行动，对钱塘江水域开展执法检查50余次，其中会同公安、海事开展联合执法行动12次，出动执法人员75人次，出动执法车25辆次，出动执法艇2次，清理滩涂设置的网具85张，防止涉渔“三无”船舶反弹；在对违规渔具整治工作中，组建专业清理队伍1支6人，清理船4只，2019年共组织清理违规渔具行动70余次，清理区级河道地笼1.5万余只，流刺网具100余张。（陈　丽）

【渔船安全生产检查及禁渔期执法】 在春节、“五一”国际劳动节、“十一”国庆节等重大节假日、春雾季、秋冬汛、台汛期等重点时期组织安全生产专项执法检查，有效预防和减少渔业生产安全事故，保障人民生命财产安全；禁渔期管理期间，开展“钱塘江流域禁渔”“幼鱼保护攻坚战”和“伏休资源保卫战”等各项工作，会同公安连续开展执法检查，出动执法人员70余人次。（陈　丽）

制造业

综 述

【概况】 2019年，实施数字经济"一号工程"，高起点规划路径，大力度出台扶持政策，高规格召开动员大会。被列入全省高质量发展示范县(市、区)创建名单。开展全省首个机电制造业5G智能改造试点，实现绍兴市最早5G通话，取得绍兴市首个5G通信基站专项规划批复。获2019浙江产业数字化转型20强地区，工业5G应用全省领先。高质量推进化工行业改造提升，累计投入改造资金74亿元，实现化工企业"一园式"集聚发展。全面启动实施化工产业改造提升2.0版，全面构建"1+5"体系，推动企业智能化、数字化发展，实现化工产业健康可持续发展。浙江龙盛荣膺中国精细化工百强第一，皇马科技企业技术中心被评为国家级企业技术中心，林江化工等4家企业的产品入围浙江省制造精品。围绕八大产业集群，制定集群实施方案、扶持政策、建立工作机制，完善组织架构，通过"三个一批"企业认定培育，"A+B+N"的雁阵形集群发展梯队逐步形成。龙盛、卧龙列入全省首批"雄鹰行动"培育企业名单，兴欣新材入选2019年浙江省度隐形冠军企业名单。实现规模以上工业产值1582.32亿元，比上年增长6.8%，比绍兴平均高1.4个百分点居首位。从轻重工业看，规模以上轻工业实现产值426.41亿元，增长4.4%，规模以上重工业实现产值1155.91亿元，增长7.7%。杭州湾上虞经济技术开发区创成全国绿色化工园区，跻身中国化工园区30强，化工产业综合指数位居全省第一。

图6 2015—2019年工业用电量及增长速度

(葛淑芬 提供)

【发展动能加快转换】 全年实现规模以上高新技术产业和战略性新兴产业增加值214.12和145.06亿元，占规模以上工业增加值比重分别为66.7%和45.2%，比上年提高2.7个和2.5个百分点。规模以上工业中，时尚产业和文化产业增加值分别增长11.1%和7.6%，高于绍兴平均11.9个和11.3个百分点均居全市第2位。规模以上工业新产品产值671.92亿元，增长35.8%，新产品产值率达42.5%，同比提高9.1个百分点，拉动规模以上工业产值增长12.0个百分点。部署实施数字经济五年倍增计划，新增省级工业互联网平台3个，入选省级上云标杆企业3家，规上工业数字经济核心产业制造业增加值24.94亿元，增长10.4%，占全市的份额达34.0%。加快传统行业改造提升，完成化工企业"六新"改造20家、无人化车间改造10个，创成全国智慧化工园区试点示范单位。十七大传统产业增加值增长11.6%，比绍兴平均高2.5个百分点，传统产业改造提升工作经验全省推广。

【企业效益提升】 规模以上工业企业实现营业收入1484.53亿元，增长4.4%；利税总额178.92亿元，增长15.1%。企业亏损面为18.5%，同比降低2.3个百分点；每百元营业收入中的成本为81.2元，同比降低0.8元；营业收入利润率为9.2%，同比提高1.3个百分点。

【大型企业领跑经济】 全区共有规模以上工业企业768家，其中年营业收入10亿—50亿元企业31家，5亿—10亿元企业33家，1亿—5亿元企业182家。全区营业收入亿元以上企业实现产值1328.95亿元，增长11.4%，营业收入1274.20亿元，增长10.7%，占规模以上工业企业的比重分别达84.0%和85.8%。89家大中型企业引领发展，产值和营业收入分别占全区规模以上工业的48.1%和48.4%。

【节能降耗扎实推进】 2019年持续深入转型升级战略，推进化工等传统行业改造提升，打好节能减排攻坚战。全年规模以上工业企业综合能耗170.42万吨标准煤，下降0.3%；万元产值能耗0.1077吨标准煤/万元，下降6.7%；规模以上工业单位增加值能耗下降7.3%，比绍兴平均低0.4个百分点。 （葛淑芬）

机械装备业

【概况】 2019年，全区规模以上机械装备企业193家，实现工业总产值2775646万元，同比增长2.3%；实现主营业务收入2537598万元，同比增长3.7%；利税总额289726万元，同比增长57.2%；利润总额219709万元，同比增长93.8%。

【卧龙加紧组建全球中央研究院】 年内，卧龙组建全球中央研究院，吸引全世界顶尖的电机驱动专家前来加盟。公司将牢牢坚持“技术强企，人才为先”，吸引业内高端技术人才，不断推出高新产品，持续引领全球电机驱动控制行业发展方向。目前，已吸引大批来自GE、ABB、西门子等跨国巨头的顶尖技术人才加盟。

【卧龙电驱获德国订单】 6月10日，卧龙电驱于近期收到德国采埃孚股份公司的新能源汽车电机的定点函，将为采埃孚提供新能源汽车电机及其零部件，合同周期将供应上百万台电机及相关零部件，预计总金额达22.59亿元。

【晶盛机电获奖情况】 至2019年，晶盛机电已获国家专利340项，其中发明专利54项，实用新型专利270项，外观专利16项。获科学技术一等奖1项，主营产品全自动单晶硅生长炉评为第三批国家制造业单项冠军产品。连续6年被评为中国半导体设备行业十强企业。年内，浙江省委人才工作领导小组发文公布2018年度浙江省领军型创新创业团队名单，共有25个团队跻身其中，浙江晶盛机电入榜“大尺寸半导体加工设备与工艺创新团队”榜上有名。4月26日，由证券时报主办，人民日报社作为指导单位的“天马奖”第十届中国上市公司高质量发展论坛暨颁奖典礼在北京举行。浙江晶盛机电股份有限公司获“最佳董事会”“最佳董秘”。2019年，浙江晶盛机电股份有限公司获“2018年绍兴市市长质量奖”。

【晶盛机电亮相SNEC】 6月4日，SNEC第十三届(2019)国际太阳能光伏与智慧能源(上海)展览会于上海国际博览中心开幕。晶盛机电研发制造硅晶体生长、后道智能化加工、高效电池及组件等产业链核心装备，形成从晶体生长装备，到晶体材料加工，电池，组件核心设备为一体的完整的产业布局，致力于打造光伏产业链装备技术和规模双领先的装备龙头企业。

【春晖磁电打造技术创新型企业】 2019年，浙江春晖磁电科技有限公司通过技术创新，开发新产品来增加产能，提高附加值。是年，研发生产的磁性材料与器件的终端产品已广泛应用于军工、航天、新能源、充电桩、家用电器、工业及医疗设备等领域。获8项实用新型专利和4项发明专利，企业利润比上年度增长30%。公司被认定为绍兴市级企业研究开发中心。

2月，春晖智控与日本龙野达成战略合作。将该产品线供货给全球顶尖加油机生产商——日本龙野公司的加油机比例阀生产量达1万套，成为生产线上的新产品增长点。该加油机比例阀生产订单预计在10万套左右，年产值在2000万元左右。

【上风高科连续五年举办科技节】 年内，浙江上风高科专风实业有限公司举行第五届上风高科科技节暨新品发布会。会上发布第二代磁悬浮鼓风机、快堆工艺离心风机、核级防冲击龙卷风阀、轮毂迎面风机等 23 款新品。今年科技节上亮相的 23 款风机风阀新产品，涉及核电、工业、市政等多个领域，在安全高效节能上表现突出。上风高科目前的市场规模和利润连续五年实现 30% 以上的增长。

【国家风机质检中心（浙江）通过验收】 区筹备建设 3 年的国家风机产品质量监督检验中心（浙江）获得国家质检中心验收专家组及省市场监管局的“推荐通过验收”的考核评定，填补目前华东地区尚无同类产品国家质检中心的空白。目前，质检中心拥有 3 名全国风机标委会委员，4 名省风机标委会委员进驻，并配备有 80% 技术人员为中高级工程师，46% 技术人员拥有硕士以上学历的一流人才梯队。

【浙江自立获 2019 年省专利金奖】 省市场监管局公布 2019 年浙江省专利奖获奖名单，区浙江自立新材料股份有限公司以“一种烧结刚玉的制备方法”专利项目入榜，实现区零的突破。

此次获奖的专利是能够在较低的烧成温度下制备得到刚玉，无须再添加镁砂或者其他尖晶石原料，即可保证优异的抗渣性能以及热震稳定性。此项专利为公司创营业收入 13.58 亿元，利润近 1.09 亿元，上缴税收 6114.79 万元。

【区个人和企业获省企业领袖峰会暨企业家活动日多个奖项】 10 月 31 日，以“新时代赋予新使命，新担当再创新辉煌”为主题的“2019 浙江省企业领袖峰会暨企业家活动日”在杭州举行。区浙江中欣氟材股份有限公司董事长陈寅镐被评为“第十八届浙江省优秀企业家”；卧龙控股集团有限公司获“2019 浙江省百强企业”奖；卧龙控股集团有限公司、浙江龙盛控股有限公司获“2019 浙江省制造业百强企业”奖；浙江华通控股集团有限公司、浙江上百集团有限公司、浙江华孚色纺有限公司获“2019 浙江省服务业百强企业”奖；浙江华通控股有限公司、浙江龙盛控股有限公司、浙江华孚色纺有限公司、浙江闰土股份有限公司获“2019 浙江省成长性最快百强企业”奖。

2019 浙江省企业领袖峰会暨企业家活动日现场

（葛淑芬　提供）

【卧龙电驱入选 100 强榜单】 12 月 7 日，第六届电车人大会在京举行，大会现场发布“2019 中国电动汽车核心零部件 100 强”榜单，卧龙电驱入选。

（葛淑芬）

医药化工业

【概况】 2019 年，在“第十九届国际精细化工原料峰会暨 2019 中国精细化工百强发布会”上，浙江龙盛集团股份有限公司为中国精细化工百强第一位，浙江闰土股份有限公司、浙江皇马科技股份有限公司、浙江扬帆新材料股份有限公司上榜；化工产业综合指数领跑全省。是年，全区有规模以上企业 111 家，实现工业总产值 5748158 万元，同比增长 9.3%；营业收入 5548773 万元，同比增长 9.2%；利税总额 984453 万元，同比增长 4.2%；利润总额 777334 万元，同比增长 4.8%。

【25 家企业为绍兴市百强企业】 9 月 29 日，绍兴市企业家峰会在绍兴咸亨酒店举行，会上表彰 2018 年度绍兴市“领军企业”和“杰出企业家”，发布 2019 绍兴市百强企业名单。按照国际和国内通用方式，百强企业排序以 2018 年度企业销售收入为主要依据，在企业自行申报的基础上，审定排序出 2019 绍兴市百强企业名单。区内卧龙、龙盛、华通、闰土、春辉、自立、国邦、阳光照明、新天龙、晨辉光宝等 25 家企业为 2019 年绍兴市百强企业。

【闰土股份获"浙江出口名牌"称号】 浙江省商务厅公布2018年度"浙江出口名牌"评定结果名单，浙江闰土股份有限公司顺利通过复核，被授予"浙江出口名牌"称号。

【龙盛技术创新】 2019年，浙江龙盛研究院全年在建项目27个，建成项目19个，新增项目效益9691.9万元。全年共获得授权专利31项，专利授权量创历史新高。工艺热风险评估实验室取得CNAS实验室认可。

【杭州湾开发区医药产业发展】 3月13日，中国化学制药工业协会九届五次会长会议暨现代医药产业发展论坛在区召开，并举行杭州湾医药产业联盟成立启动仪式。杭州湾开发区与国邦药业、晖石药业、峻山药业、创烨生物、默禾科技等签订项目落户协议。截至2019年底，杭州湾开发区已有医药企业30余家，包含5家上市公司，拥有100余个药品批准号。

【贝斯美成功登陆创业板】 绍兴贝斯美化工股份有限公司登陆创业板，在深圳证券交易所上市。这是区第17家境内A股上市公司，也是2019年绍兴市首家上市公司。贝斯美是一家专注于环保型农药医药中间体、农药原药及农药制剂的开发、生产和销售的国家级高新技术企业。公司首次公开发行股票3030万股，发行价格为每股14.25元，新股募集资金4.32亿元。上市首秀，贝斯美17.10元开盘，半小时上涨44%，全天以最高价20.52元报收。

【区个人和企业获省慈善奖】 11月19日，浙江省民政会议暨第六届浙江慈善奖颁奖仪式在杭州召开。该届"浙江慈善奖"获奖者共计132个。浙江闰土股份有限公司董事长阮静波获个人捐赠奖，浙江华通控股集团有限公司获机构捐赠奖，浙江龙盛集团股份有限公司(龙盛助学基金)获慈善项目奖。

【国邦生命科技产业园开工建设】 杭州湾上虞经济开发区重点项目，国邦生命科技产业园项目开工建设，该项目总投资50.2亿元，占地33.33公顷，一期用地300亩，是国邦集团围绕大健康产业实施医药产业链一体化发展、提高产品集约化生产和智能化管理水平的重要布局。项目完全达产后，国邦集团上虞基地预计可实现销售额100亿元，利税30亿元。

【阮伟祥当选浙江上市公司协会会长】 8月12日，浙江上市公司协会六届一次会员大会暨六届一次理事会在杭召开。会议审议通过《关于选举协会会长、副会长的议案》。浙江龙盛集团股份有限公司董事长阮伟祥当选为会长兼法定代表人，任期5年。

(葛淑芬)

轻工纺织业

【概况】 2019年，26家企业抱团29届华东进出口商品交易会，第三届中国伞城文化创意博览会召开，华联获中国轻工业制伞行业十强企业。是年，全区有规模以上轻工纺织企业199家，实现工业总产值1825010万元，同比增长7.5%；实现营业收入1568850万元，同比增长-0.2%；利税总额122231万元，同比增长4.9%；利润总额78484万元，同比增长10.5%。

【充电照明伞热销欧美非】 浙江友谊菲诺伞业股份有限公司从2017年下半年开始研发设计充电照明伞，2018年4月正式投放市场。一把蓄电量4万毫安的充电伞，在太阳底下自动充电完成后，根据伞骨上LED灯管数量多少，可续电10—24小时左右。2019年这款充电照明伞已开发出照明、充电和充电照明三个不同产品，实现单品销售额3200万元。

【5家企业进入区长质量奖现场评审】 9月4—13日，2019年区长质量奖专家现场评审工作完成，进入的5家企业是欣昱科技、华孚色纺、新益智能驱动、美都海创锂电和上能锅炉。

【上虞华联获表彰】 2019年6月，中国轻工业制伞行业十强企业表彰会在福建晋江温德姆大酒店举行。"中国轻工业制伞行业十强企业"由中国轻工业联合会与中国日用杂品工业协会联合认定，全国制伞专业委员会表彰。绍兴市上虞华联印染有限公司获"中国轻工业制伞行业十强企业”称号。

【晨辉婴宝获“浙江制造”品字标】 晨辉婴宝儿童用品有限公司设计的便捷折叠式儿童推车获 2019“浙江制造”产品认证。同年，晨辉婴宝又获绍兴市企业技术中心、绍兴市工业设计中心的认定。

【汤浦童装文化节开启】 12 月 23 日，由汤浦镇政府主办、区童装协会承办的 2019 童装文化节暨汤浦童装跨境电商平台采购大会开启。此次采购大会邀请速卖通、虾皮、希音等跨境电商平台的嘉宾，以及这些平台上来自上海、无锡、徐州、杭州、宁波、湖州、广州等地的优质商家和来自乌干达、埃塞俄比亚、塔吉克斯坦、印度尼西亚、加纳等国家的客商，共 120 余人参加。会上，51 家本地童装企业和客商一一对接洽谈供销业务。57 家商家现场签订合作意向协议 152 份，达成采购意向 8000 余万元。

【26 家企业抱团参展华交会成交金额 750 万美元】 3 月 1—4 日，第 29 届华交会在上海新国际博览中心举行，全区共有 26 家企业参加本届华交会。此次参展企业的主要产品为伞业、纺织服装、轻工工艺类，各企业利用华交会平台，突出上虞优势产业特色，抱团打响上虞制造区域品牌。展会期间共接待客商 1200 余人次，发放资料名片 2000 余份，接待来自欧美、东南亚、印度、中东等地区的重点客户。意向成交金额 750 万美元。

第三届中国伞城文化创意博览会开幕式

（葛淑芬　提供）

【第三届中国伞城文化创意博览会落幕】 10 月 29—31 日，第三届中国伞城，崧厦制伞文化创意产业博览会在中国伞城举行。该届博览会上，共接待国内外客商 3567 人次，意向成交订单 369 份，意向成交额 1785 万美元。

【钟群鹏院士工作站落户康隆达】 浙江康隆达特种防护科技股份有限公司与工程院院士、北京航空航天大学教授钟群鹏签订院士专家工作站协议。此次建站，双方将在新材料方向加强合作研发。

【75 家企业获市“劳动保障诚信示范企业”】 11 月 22 日，绍兴市人力社保局举行 2018 年度市级劳动保障诚信示范企业表彰仪式，区上风高科等 75 家企业获奖。

【华孚色纺开通中巴经济走廊业务】 10 月 8 日，新疆阿克苏华孚工业园，一辆满载华孚纱线的大货车正式以全程陆运方式启程巴基斯坦。这标志着公司响应国家“一带一路”倡议，正式开通中巴经济走廊业务。开通中巴走廊，原需 30 天的路程，现预计只需 8—11 天。

（葛淑芬）

照明电器业

【概况】 2019 年，上虞已成为国内照明行业重要的生产基地之一，先后被命名为国家照明电器高新技术产业化基地、省级高新技术特色产业基地和浙江省第一批省级产业示范基地。晨辉光宝获“十大光源品牌”，阳光照明中标杭州地铁 6 号线工程。全区有规模以上照明电器业 42 家，实现工业总产值 557555 万元，同比增长 -1.9%；营业收入 476315 万元，同比增长 -15.1%；利税总额 70579 万元，同比增长 18.1%；利润总额 63184 万元，同比增长 26.8%。

【“2019 光明奖”获奖情况】 12 月 19 日，第六届南海照明论坛暨“光明奖”颁奖典礼在佛山举行。该典礼由中国照明电器协会指导，中国（五金）交电渠道联盟联合主办。浙江阳光照明电器有限公司获“十大年度品牌”，晨辉光宝获“十大光源品牌”。

2019 年度中国照明灯饰行业十大年度品牌颁奖现场图
（葛淑芬　提供）

【第 126 届广交会上虞企业收获颇丰】 10 月 15—19 日，第 126 届广交会（一期）在广州琶州会展中心举行。区共有 28 家企业参展，参展内容涉及照明产品、家用电器、建筑及装饰材料、汽车配件、五金、工具等。本届广交会一期展会期间，上虞企业收获颇丰，现场达成成交额近 280 万美金，意向订单合计 3820 万美元，较上一届增长 4.1%。

【风机和照明电器产业列入全国对标达标试点】 今年绍兴市列入全国“百城千业万企对标达标专项行动”试点城市，确定 10 个试点产业。区风机、照明电器两个产业列入对标达标提升项目。根据专家意见，确定轴流式通风机和自镇流 LED 灯 2 只产品开展与国际标准和国外先进标准比对和质量指标评价。

食品工业

【概况】 2019 年，全区食品有规模以上企业 16 家（含酒饮料和制茶制造业），实现工业总产值 152866 万元，同比下降 0.15%；实现营业收入 106130 万元，同比下降 19.46%；上缴税金 5987 万元，同比增长 16.23%；利润总额 5062 万元，同比下降 1.9%。

【“女儿红”迎来建厂百年庆典】 2019 年 9 月 9 日，曹娥江畔的百年老店“女儿红”迎来建厂百年庆典。来自世界各地的 500 余位领导和嘉宾聚会上虞，见证女儿红的百年荣耀，共话中国黄酒产业的全新发展。

“女儿红”建厂 100 周年庆典活动现场图　（葛淑芬　提供）

【“白马湖”形成公司 + 合作社 + 农户的经营模式】 上虞白马湖食品有限公司，拥有 8000 平方米的标准厂房，有容量为 5000 吨的冷库一座，建成每小时速冻果蔬 4 吨的流水线一条，年可加工南美白对虾 3800 吨，淡水鱼 1500 吨，速冻果蔬 8000 吨。已建成国家级无公害水产养殖基地 35000 亩。形成公司 + 合作社 + 农户的经营模式。成为一家集水产养殖、加工、冷藏销售为一体的绍兴市专业重点农业龙头企业。醉鱼干获浙江绿色农产品称号。2019 年，公司实现产值 4377.4 万元。

【“越丰”牌产品销售】 上虞天丰粮食有限公司，是一家专业加工生产面粉和大米的企业，年生产面粉 6 万吨，加工大米 25000 吨。是浙江省著名农业龙头企业。2019 年，公司实现产值 21997.9 万元，上缴税金 6.7 万元，利润总额 774.6 万元。
（葛淑芬）

建筑业

综　述

【概况】 2019年4月17日，根据区委区政府机构改革方案，区建筑业管理局改名为区建筑业管理服务中心。2019年，全年完成建筑业总产值按同口径计算，比上年增长3.3%；建筑业税收突破10亿元大关，达10.1亿元，同比增长8.6%。中鑫建设集团有限公司被浙江省市场监督管理局、省工商业联合会、省民营企业发展联合会命名为"2019浙江省民营企业100强"(78位)；浙江海滨建设集团有限公司、浙江亚厦装饰股份有限公司、浙江中富建筑集团股份有限公司3家企业被浙江省建筑业行业协会授予"2019年浙江省建筑业先进企业"荣誉称号；浙江亚厦装饰股份有限公司、浙江亚厦幕墙有限公司分别被中国建筑装饰协会幕墙工程分会授予"2019年度全国建筑幕墙行业优秀企业"称号。

建筑行业管理

【概况】 年底有建筑企业288家，比去年底增加45家；其中特级企业7家，一级企业38家，二级企业115家，三级企业67家，劳务企业24家，不分等级的其他企业37家。

【建筑综合实力廿强企业】 浙江亚厦装饰股份有限公司、浙江舜江建设集团有限公司、中鑫建设集团有限公司、浙江海滨建设集团有限公司、浙江中富建筑集团股份有限公司、浙江舜杰建筑集团股份有限公司、浙江江河建设有限公司、浙江中泰建设工程有限公司、浙江舜峰建设集团有限公司、浙江鸿富建设有限公司、浙江上安建设有限公司、浙江双堰建设有限公司、浙江港海建设集团有限公司、浙江信龙建设有限公司、浙江凤山建设工程有限公司、浙江康达建筑有限公司、浙江宏祥建设工程有限公司、浙江中企建设集团有限公司、浙江华昇消防机电安装有限公司、浙江纳特智能网络工程有限公司20家企业被区委、区政府命名为2019年度"建筑综合实力廿强企业"。

【服务企业】 一是深入企业开展"三服务"活动，走访调研建筑企业，帮助企业解难解困；积极配合区委区政府开好全区建筑业工作会议，联合上海虞商联谊会、区建筑业协会3次召开建筑业发展座谈会，帮助企业正确认识当前形势，剖析热点难点问题，明确发展方向。在区委区政府领导下，稳妥有序推进五洋公司破产重整。二是优化资质审批。落实"最多跑一次"改革要求，推行企业资质OA系统流转审核，缩短审批时间。2019年，共受理企业资质申请61项，其中专业承包三级资质39项、劳务资质22项，做好企业资质重组、合并、分立和注册地址变更等工作。

【建筑工业化】 2019年区新开工装配式民用建筑20个，计153.3万平方米；装配式工业建筑17个，计15万平方米；实施全装修住宅建筑面积107.6万平方米。其中政府投资公建项目按规定全部实施装配式建造。在年初获"全省建筑工业化优秀县(市区)"的基础上，一是进一步做大做强生产基地,绍兴市永坚建筑科技有限公司、浙江三杰建筑产业化有限公司、绍兴舜东建筑产业化有限公司3家PC基地全年生产PC构件18.7万立方米,产品已进入上海、杭州、宁波、台州、绍兴、湖州、金华、嘉兴、苏州等地区。绍兴市永坚建筑科技有限公司获评绍兴市装配式建筑行业协会智能化工厂标杆企业,目前已申报国家级建筑工业化示范基地;浙江三杰建筑产业化有限公司、绍兴舜东建筑产业化有限公司两家基地正在积极申报省建筑工业化示范基地。浙江亚厦装饰股份有限公司拥有行业唯一的全工业化装配式装修生产基地,已研发完成第六代样板房集成技术成果并公开展示。2019年,承接工业化装配式装修合同额达24.3亿元;新扩建装配式装修生产厂房2.74万平方米,将于12月试生产。二是进一步加强工业化学习培训,组织房产、监理、施工等管理和技术人员97人参加新颁布的《浙江省装配式建筑评价标准》宣贯培训,组织装配式基地和装配式项目施工单位50余人参加全市吊装、注浆作业培训;组织建筑廿强企业和生产基地负责人25人赴日本开展建筑工业化专题研修。

【主编地方标准1项】 浙江省建筑装饰行业协会与浙江亚厦装饰股份有限公司共同主编地方标准《装配式内装工程施工质量验收规范》1项(DB 33/T 1168-2019),由省住房和城乡建设厅发布。

【主编行业标准2项】 浙江亚厦装饰股份有限公司主编的《建筑室内安全玻璃工程技术规程》(T/CBDA 28—2019)、《搪瓷钢板工程技术规程》(T/CBDA 29—2019)由中国建筑装饰行业协会发布。

【省级工法5项】 浙江亚厦装饰股份有限公司《软膜天花铝格栅组合顶施工工法》获浙江省省级工法,《大宽度异形透光膜施工工法》《单元式软膜铝格栅组合吊顶施工工法》《装配式跌级吊顶装修施工工法》《双层微孔吸音板吊顶施工工法》4项工法获江苏省省级工法。

【国家专利229项】 经国家知识产权局审查,全年获国家专利229项,其中发明专利14项,实用新型专利113项,外观设计专利102项。按企业分:浙江亚厦装饰股份有限公司128项,其中发明专利11项,实用新型专利15项,外观设计102项;浙江亚厦幕墙有限公司34项,其中发明专利1项,实用新型专利33项;浙江舜江建设集团有限公司5项,其中发明专利1项,实用新型专利4项;浙江中富建筑集团股份有限公司发明专利1项;龙德建设有限公司实用新型专利13项;浙江瑞大建设有限公司实用新型专利10项;浙江纳特智能网络工程有限公司实用新型专利9项;中鑫建设集团有限公司实用新型专利8项;浙江舜杰建筑集团股份有限公司实用新型专利7项;浙江海滨建设集团有限公司实用新型专利4项;绍兴皓诚建设有限公司实用新型专利4项;浙江中博信息工程有限公司实用新型专利4项;浙江圣鑫建设有限公司实用新型专利2项。

工程质量管理

【概况】 全年10家建筑业企业共创省、部以上优质工程122项(获奖企业及奖项名称详见表2)。

2019 年度获省、部以上优质工程汇总表

表 2

单位：个

企业名称	浙江亚厦装饰股份有限公司	浙江舜江建设集团有限公司	浙江舜杰建筑集团股份有限公司	浙江中富建筑集团股份有限公司	浙江亚厦幕墙有限公司	绍兴皓诚环境建设有限公司	浙江纳特智能网络工程有限公司	浙江华昇消防机电安装有限公司	浙江江河建设有限公司	中鑫建设集团有限公司	合计
中国土木工程詹天佑奖	1	—	—	—	—	—	—	—	—	—	1
鲁班奖	2	—	—	—	1	—	—	—	—	—	3
国家优质工程	2	—	—	—	—	—	—	—	—	—	2
上海市白玉兰优质工程	—	5	4	1	2	—	—	—	—	—	12
江西省优质工程	—	—	—	1	—	—	—	—	—	—	1
广东省建设工程优质奖	—	—	—	1	—	—	—	—	—	—	1
广东省建设工程金匠奖	—	—	—	1	—	—	—	—	—	—	1
山东省建筑质量泰山杯工程	1	—	—	—	—	—	—	—	—	—	1
北京市建筑长城杯金质奖	1	—	—	—	—	—	—	—	—	—	1
江苏省建设工程扬子杯	2	—	—	—	1	—	—	—	—	—	3
中国建筑工程装饰奖	25	—	—	—	2	—	—	—	—	—	27
中国住宅全装修精品工程	3	—	—	—	—	—	—	—	—	—	3
长三角“金石奖”	7	—	5	—	2	—	—	—	—	—	14
浙江省优秀建筑装饰工程奖	12	—	—	—	5	1	2	—	—	—	20
浙江省优秀安装质量奖	—	—	—	—	—	—	—	2	—	—	2
建国 70 周年 * 百项装饰经典工程	17	—	—	—	2	—	—	—	—	—	19
浙江省优秀园林工程奖银奖	—	—	—	—	—	—	—	—	1	—	1
北京市建筑装饰优质工程奖	3	—	—	—	—	—	—	—	—	—	3
甘肃省建筑装饰工程飞天奖	1	—	—	—	—	—	—	—	—	—	1
山西省三晋杯建筑工程装饰奖	1	—	—	—	—	—	—	—	—	—	1
河北省建筑工程装饰奖	1	—	—	—	—	—	—	—	—	—	1
上海市优质结构工程	—	3	—	—	—	—	—	—	—	—	3
广东省优质结构工程	—	—	—	—	—	—	—	—	—	1	1
合计	79	8	9	4	15	1	2	2	1	1	122

【严把原材料质量关】 全年抽检各类规格的钢筋原材料 567 个批次，电工套管 20 个批次，建筑用砂 12 个批次；抽检工程 270 项；累计检测混凝土构件 17840 批次。

【亚厦装饰和亚厦幕墙双获"质量管理优秀企业"称号】 浙江亚厦装饰股份有限公司和浙江亚厦幕墙有限公司分别被北京中建协认证中心有限公司授予"质量管理优秀企业"称号。

【多项质量管理(QC)小组活动获奖】 浙江亚厦装饰股份有限公司 G20 杭州峰会主场馆施工关键技术研究与应用获华夏建设科学技术奖励委员会颁发的"华夏建设科学技术奖"一等奖；浙江舜杰建筑集团股份有限公司天誉名邸项目一期 QC 小组提高施工现场信息化管理效率和浙江亚厦装饰股份有限公司北京宝格丽酒店装饰 QC 小组提升八芒星铜艺安装一次性合格率分别获中国建筑业协会颁发的 QC 成果奖；浙江亚厦装饰股份有限公司北斗星 QC 小组、中国尊项目 QC 小组、北京宝格丽酒店室内装饰 QC 小组、华为松山湖南区员工公寓项目 QC 小组分别被浙江省工程建设质量管理协会评为 2019 年度浙江省工程建设优秀质量管理小组；浙江舜杰建筑集团股份有限公司天誉名邸项目一期 QC 小组提高施工现场信息化管理效率和浙江海滨建设集团有限公司邻里中心 QC 小组提高金属屋面安装合格率被上海市工程建设质量管理协会分别授予"2019 年上海市工程建设优秀 QC 一类成果奖"；浙江亚厦装饰股份有限公司北斗星 QC 小组研制新型轻质耐火复合墙体、中国尊项目 QC 小组提高超大尺寸石材安装一次性合格率 2 个课题分别被浙江省建筑装饰行业协会评为一等奖；浙江亚厦装饰股份有限公司广州琶洲项目 QC 小组圆柱无损研究与创新课题被浙江省建筑装饰行业协会评为二等奖。

安全生产管理

【概况】 全年新受监建筑工程 178 项，建筑面积 399.8 万平方米；监督竣工验收 141 项，建筑面积 284.9 万平方米；各建筑企业压实安全生产责任，常抓不懈，实现全年无死亡事故。

【压实安全生产责任】 坚持安全生产制度化、常态化，实施日周月季及重点时段巡查督查。全年区建筑业管理中心领导带队督查 3 次，安全生产暨扫黑除恶、反恐怖专项行动 1 次，安质员巡查 800 余人次，共排查整治安全隐患 2000 余条。

【违法违规行为查处】 全年发布安全质量监督通报 10 期；对 20 项在建工程、14 家施工企业、11 家监理公司、39 个项目经理及总监作出通报批评；对 5 项在建项目负责人进行约谈。实施行政处罚 11 起，共计罚款 206.98 万余元。

【浙江省标化工地 2 项】 中鑫建设集团有限公司承建的青山湖科技城越秀城市综合体项目(一期)A 区酒店工程和浙江海滨建设集团承建的绍兴饭店改扩建工程被省住房和城乡建设厅授予"浙江省建筑安全文明施工标准化工地"称号。

【上海市标化工地 3 项】 浙江舜江建设集团有限公司承建的杨浦区 58、62 号地块商品房项目(2 号办公楼)、无线传输信息技术研发中心及集团总部和浙江舜杰建筑集团股份有限公司承建的川沙新市镇 C08-18 地块征收安置房项目被上海市建设安全协会授予"上海市建设工程项目施工安全生产标准化工地"称号。

【江苏省标化工地 1 项】 浙江华泽建设工程有限公司承建的学府名苑 20 号楼被江苏省住房和城乡建设厅授予"江苏省建筑安全文明施工标准化工地"称号。

【广东省标化工地 1 项】 中鑫建设集团有限公司承建的黄埔海关关区缉私业务技术用房被广东省建筑安全协会授予"广东省建设工程项目施工安全生产标准化工地"称号。

【上海市文明工地 4 项】 浙江舜江建设集团有限公司承建的杨浦区 58、62 号地块商品房项目三标段、无线传输信息技术研发中心及集团总部和浙江舜杰建筑集团股份有限公司承建的奉贤区南桥新城 16 单元 36-03 地块新建商品房项目 001、川沙新市镇 C08-18

地块征收安置房项目4个工地被上海市城乡建设和交通委员会授予“2019年度上海市文明工地”称号。

勘察设计管理

【概况】 2019年底，全区有设计企业13家。其中建筑设计企业3家，甲级2家，丙级1家；化工石化医药行业设计企业乙级1家；装饰设计企业6家，甲级2家，乙级4家；幕墙专项设计企业甲级1家；电力行业变电、送电设计企业丙级2家。

【施工图审】 全年施工图审项目402只，建筑面积5113078.92平方米。

优质工程选登

【概况】 广东省东莞市嘉立广场商住区建设项目由东莞市建青建筑设计有限公司参与勘察、设计，浙江中富建筑集团股份有限公司承包施工。总建筑面积94955.2平方米，其中地下1层，地上为4栋23层，2栋22层，1栋1层，最高74.5米，总投资额为12590.39万元。该项目自2017年3月22日开工，于2018年6月8日竣工。地基与基础、主体结构、屋面、装饰、节能、给排水及采暖、电气、建筑智能化、通风与空调、电梯10个分部工程一次性验收合格，整体工程验收合格。该工程项目获广东省建设工程金匠奖、广东省建设工程优质结构奖、广东省安全文明施工示范工地、广东省施工安全生产标准化工地，东莞市安全文明施工示范工地、东莞市建设工程优质奖等多个奖项。

（曾小军）

广东省东莞市嘉立广场商住区　　（曾小军　提供）

房地产业

综　述

【概况】 2019年，共有25个楼盘的103.52万平方米商品房预售申请，其中住宅面积89.59万平方米，商铺面积5.29万平方米，写字楼面积7.42万平方米，其他1.22万平方米；核定房地产企业开发资质58家，其中四级资质20家，暂定资质38家。全区新建商品房成交均价为14004元每平方米，同比上涨38%，其中新建商品住宅成交均价为14851元每平方米，同比上涨36.8%，非住宅成交均价为8487元每平方米，同比上涨5.6%。截至12月底，全区商品房可售面积为130.69万平方米，其中商品住宅可售面积为69.9万平方米，非住宅可售面积为60.79万平方米。2019年，棚户区改造新开工4125套，完成保障性安居工程住房竣工、交付4125套，完成公租房租赁补贴发放280户。

（钱一梅）

开发经营

【概况】 2019年，全区房地产开发企业完成房地产投资90.31亿元，比2018年下降1%。商品房施工面积421.17万平方米，同比增长46.1%，其中新开工面积168.04万平方米，同比增长48.4%。商品房竣工面积67.29万平方米。商品房销售面积126.78万平方米，同比增长5.1%，其中住宅销售面积114.73万平方米，同比增长30.7%；商品房销售额176.56亿元，同比增长39.5%，其中住宅销售额166.31亿元，同比增长66.2%，住宅销售套数9054套。（钱一梅）

【楼盘开盘预售】 2019年，上虞区共有25个楼盘开盘预售商品房，预售总面积103.52万平方米，其中住宅89.59万平方米，商业5.29万平方米，写字楼7.42万平方米，其他1.22万平方米。25个楼盘中有17个为新开楼盘，预售面积55.61万平方米，其中，城区楼盘12个，预售面积47.08万平方米，乡（镇）楼盘5个，预售面积8.53万平方米。（钱一梅）

【资质审批】 核定房地产企业开发资质申请58家，其中四级资质20家，暂定资质38家。（钱一梅）

2019 年房地产开发企业资质登记表

表 3

单位：万元

序号	申请单位	法人代表	注册资金	等级
1	绍兴上虞滨厦置业有限公司	王可	2000	四级
2	绍兴上虞起凤置业有限公司	龚信潮	600	四级
3	绍兴市上虞区友力置业有限公司	任国龙	25000	四级
4	绍兴市上虞杭州湾滨海新城投资开发建设有限公司	项岳源	60000	四级
5	绍兴上虞千秋置业有限公司	王岳千	5010	四级
6	浙江裕祥置业有限公司	陈建飞	2000	四级
7	绍兴市上虞区东城房地产开发有限公司	朱申校	1000	四级
8	绍兴市上虞区城站置业有限公司	王凯	600	四级
9	绍兴上虞锦富置业有限公司	刘锦根	5000	四级
10	绍兴上虞浙大网新科技园发展有限公司	姚晓骅	7000	四级
11	上虞永和旅游开发有限公司	胡鸿鸣	5000	四级
12	绍兴上虞龙腾置业有限公司	陈国柱	2000	四级
13	绍兴上虞联谊置业有限公司	章文松	1000	四级
14	浙江兴宏房产集团有限公司	孙岳羊	5000	四级
15	绍兴市上虞宏富置业有限公司	赵宝军	6000	四级
16	中大房地产集团上虞有限公司	李志强	25000	四级
17	绍兴市上虞区城市建设综合开发公司	孙幸丰	2000	四级
18	绍兴上虞华郡置业有限公司	陈国兴	1000	四级
19	绍兴上虞名园置业有限公司	王可	12000	四级
20	绍兴上虞大唐置业有限公司	宋世红	1000	四级
21	绍兴万固房地产开发有限公司	钟红灿	1000	暂定
22	绍兴市上虞区中德置业有限公司	沈国富	1000	暂定
23	绍兴上虞新马置业有限公司	马剑峰	1000	暂定
24	绍兴鑫和房地产开发有限公司	顾金鑫	2000	暂定
25	绍兴市上虞亿峰置业有限公司	王灿峰	1000	暂定
26	绍兴上虞恒拓置业有限公司	朱一凡	2300	暂定
27	绍兴上虞大通滨海商城有限公司	王岳宇	10000	暂定
28	绍兴银天置业有限公司	严银峰	1000	暂定
29	绍兴上虞宝华房地产开发有限公司	孙千尧	5000	暂定
30	绍兴市上虞广源房地产开发有限公司	吕锋尧	10000	暂定
31	绍兴上虞日新置业有限公司	方栋良	680	暂定
32	浙江承亿置业有限公司	陈士龙	6000	暂定
33	绍兴上虞祥宏房地产开发有限公司	王文强	1000	暂定
34	绍兴上虞华都房地产开发有限公司	郑玉光	1000	暂定
35	绍兴市上虞星晟房地产开发有限公司	陈海荣	1000	暂定
36	绍兴上虞永盛置业有限公司	陆建永	500	暂定
37	绍兴保泓置业有限公司	陈刚	2000	暂定
38	绍兴上虞观塘房地产开发有限公司	刘美素	2073.8283	暂定
39	浙江鸿越置业有限公司	徐国军	5000	暂定
40	绍兴上虞闰创置业有限公司	章文松	5000	暂定
41	绍兴港兴置业有限公司	恽良波	10000	暂定
42	绍兴上虞兴树置业有限公司	沈渭兴	1000	暂定
43	绍兴市上虞金座置业有限公司	杨辉	6000	暂定
44	浙江蓝城宏逸有道建设管理有限公司	张法荣	5000	暂定

续表 3

序号	申请单位	法人代表	注册资金	等级
45	绍兴上虞润泽置业有限公司	王晓燕	600	暂定
46	绍兴上虞万赢置业有限公司	胡伟明	4630	暂定
47	绍兴市上虞安兴置业有限公司	杨辉	1000	暂定
48	绍兴市上虞瑞诚置业有限公司	叶列峰	2200	暂定
49	绍兴上虞金昌房地产开发有限公司	严亚群	5208	暂定
50	绍兴上虞国际汽车机电广场有限公司	石银海	728	暂定
51	绍兴佳泽建设有限公司	沈渭兴	400	暂定
52	绍兴上虞余坤置业有限公司	徐水裕	2000	暂定
53	绍兴骏阳置业有限公司	陈勇	20000	暂定
54	绍兴上虞佳远置业有限公司	李更美	100	暂定
55	绍兴市上虞金锐房地产开发有限公司	陈勇	500	暂定
56	绍兴天泽置业有限公司	廖建海	20000	暂定
57	绍兴港同置业有限公司	恽良波	2000	暂定
58	绍兴市上虞吉祥房地产开发有限公司	寿毓敏	666	暂定

保障性住房

【住房保障】 根据上级文件精神，落实上虞区保障性安居工程年度任务，其中棚户区改造新开工4125套，完成保障性安居工程住房竣工、交付4125套，完成公租房租赁补贴发放280户。同时，配合绍兴市住房和城乡建设局做好国家审计署对绍兴市保障性安居工程的审计工作。（钱一梅）

【公共租赁住房常态化配租】 全面推行公共租赁住房常态化配租，根据《上虞区公共租赁住房常态化配租方案》（虞政办发〔2016〕222号）文件要求，2019年上虞区新增保障家庭114户，其中低保2户，低保三倍以下1户，退租家庭16户，截至2019年12月31日，实际在保实物配租家庭565户。并完成符合条件保障家庭的租金收缴及货币补贴发放工作，全年收缴租金192.8万元，发放租赁补贴54.04万元。（董　芳）

2019年绍兴市上虞区棚改计划项目统计表

表 4　单位：万元

序号	项目名称	已开工
1	新楼下居委征迁改造项目	1289
2	徐家塘征迁改造项目	1254
3	越爱居委征迁改造项目	971
4	曹娥街道贺盘征迁改造项目	611
合计		4125

【公共租赁住房资格年审】 根据《上虞区公共租赁住房管理实施细则》（虞政办发〔2015〕59号）文件规定，公租房承租资格实行“两年一审”，区建设局住房保障办联合相关部门对公租房保障家庭进行资格年审，符合条件的家庭按规定重新签约。年审通过家庭分别于2019年4月15日、7月25日、11月19日进行公示。（董　芳）

【公共租赁住房配租调整】 2018年6月，上虞区人民政府办公室发布《关于调整我区公共租赁住房配租政策的通知》（虞政办发〔2018〕128号）。自2018年6月起，区建设局对上虞区公共租赁住房配租政策进行调整，在实物配租的基础上新增货币化配租。2019年度，公租房退租家庭16户，货币化配租家庭转为实物配租17户。截至2019年12月31日，公示的114户

申请家庭将通过货币配租方式进行保障。（董 芳）

房地产市场

【概况】 贯彻落实党中央、国务院决策部署，坚持"房子是用来住的、不是用来炒的"定位，实现稳地价、稳房价、稳预期目标，支持合理自住需求，遏制投机炒房，加强房地产市场监管，严厉打击房地产市场违法违规行为，规范房地产市场秩序，促进全区房地产市场平稳健康发展。不断深化预售资金监管，严格执行预售资金监管要求，切实保障预售资金的规范使用。进一步优化预售资金监管总额计算方法，明确合同指导价格，切实防范房地产市场的潜在风险，保障购房户的合法权益。针对市场上信息不对称，部分房企捂盘惜售的行为，按照房源信息公开的工作要求，加快推进透明网建设，做好商品房销售信息公开工作。强化常态化执法监管，发布《上虞区房地产市场领域联合检查工作机制实施方案》(虞政办发〔2019〕123号)，联合各职能部门，按月开展定期检查和重点专项检查，约谈项目负责人，依法对违法违规项目作出行政处罚，坚决遏制投机炒房，促进市场平稳健康发展。制定下发《绍兴市上虞区专项整治住房租赁中介机构乱象实施方案》，并与区市场监督管理局联文发布《关于联合整治房地产经纪机构乱象的公告》，要求经纪机构开展自查自纠的同时，重点针对近期经纪机构参与发布不真实房源、涉嫌炒卖房号等突出问题开展联合专项检查，深入开展房产中介机构乱象专项整治工作。（钱一梅）

【绍兴市房地产市场监管系统上线】 2019年7月上线使用的"绍兴市房地产市场监管系统"，对加强房地产市场的监测预警，从而促进房地产市场平稳健康发展起到积极作用。2019年，上虞区建设局通过"浙江省房地产监管分析系统"总计发放49本预售证和5本现售证，进行3次价格变更。（陶慧军）

【房地产交易管理】 2019年，全年完成存量房网签交易13780件，面积182.11万平方米，提供上门服务40次。截至12月31日，商品房网签平台上共有网签楼盘115个。全年完成商品房网上签约9926次，交易面积124.98万平方米。（董 芳）

【房地产市场管理】 预售资金监管。2018年6月15日上虞区商品房预售资金监管系统上线，全区行政区划内新核准的商品房预售许可(含限价商品房)的预售资金监管都将通过系统实现。截至2019年12月31日，资金监管平台中共有156个房产公司(82个预售项目)，其中2019年新增项目53个。商品房预售合同备案效率得到提高，预售资金的监管力度有效加强。规范市场秩序。根据《关于开展房地产开发企业捂盘惜售等扰乱市场秩序行为专项检查的通知》(绍市建设办〔2018〕45号)文件要求，针对社会上对有关房地产企业存在恶意抬高房价、捂盘惜售、与中介串通炒作等行为反响比较大的，上虞区建设局进行现场检查和约谈，要求相关房地产企业限期整改。推进"最多跑一次"。区建设局配合不动产登记服务中心开展房产交易登记"不见面审批"，解决交易双方或夫妻两人在外地、异地，甚至在国外，无法到窗口受理的难题，实现了房产交易登记"零次跑""零跑腿"，是"最多跑一次"改革的又一次创新举措。截至2019年底，完成不见面审批10次。（董 芳）

房产中介

【房地产经纪机构行业管理】 启动年检备案。根据2018年6月《关于规范和加强上虞区房地产经纪管理的通知(试行)》(虞建〔2018〕60号)文件要求，规范经纪机构备案管理，强化经纪活动监督检查。自2019年6月1日起启动已备案房地产经纪机构年检工作，重点审查经纪机构从业人员资质，取消不符合备案条件、存在较多问题的经纪机构的备案资格。截至12月31日，共有182家符合条件的房地产经纪机构完成备案。此外，区建设局为344名登记备案的从业人员制作胸牌，实现"统一标识、规范管理"。乱象专项整治。区建设局拟定《绍兴市上虞区专项整治住房租赁中介机构乱象实施方案》，并与区市场监督管理局联合发布《关于联合整治房地产经纪机构乱象的公告》，在要求经纪机构开展自查自纠的同时，重点针对近期经纪机构参与发布不真实房源、涉嫌炒卖房号等突出问题开展联合专项检查，截至2019年底，已检查出问题经纪机构5家，发现问题5个，要求该5家经纪机构立即整改到位。经纪机构信用监管。以《房地产经纪管理办法》为依据，依托平台对经纪机构信用等级进行全面评定。区建设局通过行业监管对经纪机构的不良行为予以记录并公示。截至2019年底，完成对房地产经纪机构信用监管平台的前期调研，初步确定建设框架。（董　芳）

物业管理

【概况】 2019年，新缴存物业两金项目14个，其中物业保修金3248.56万元.物业专项维修金3055.49万元，补缴物业维修金2只，共计34.43万元；按规定做好物业专项维修资金支取工作，支取资金229.19万元，维修支出项目13个；退还物业保修金4只，退还资金310.90万（本金），划转保修金1只，划转资金118.66万元（本金）；抓好行业管理，完成业委会备案共36个，物业项目备案共43个，物业企业备案6个，物业项目经理备案42个；物业管理用房确定书出具9只，物业用房预提15只。（董　芳）

【白蚁防治】 2019年，承接白蚁防治新建项目65只，面积242.87万平方米，完工17只，面积153.89万平方米；完成全区白蚁灭治1102户，计29.99万平方米；根据省建设厅《关于进一步加强传统村落和历史文化名城名镇名村白蚁危害调查和防治工作的通知》要求，完成传统村落的蚁情蚁害调查工作；为能更好地实施管理与服务，经调研形成上虞区白蚁防治运作模式改革方案，并上报区政府研究同意。新设白蚁防治监管科，负责全区白蚁防治机构备案、行业管理及防治监管等，与城建集团进一步理顺白蚁防治工作流程，截至2019年底，已完成业务及人员的划转。（董　芳）

【物业两金存取】 2019年上半年物业两金资金存放银行招标，资金规模2.1亿元，分5个标段，经综合评标，最终由绍兴银行、农商银行、浙商银行、浦发银行、华夏银行等5家银行中标。另5700万（物业专项维修资金及住房资金）存放项目已完成开标，并已完成公示。截至2019年底，全区除西横河和卧龙山庄2个小区因特殊原因无法分摊，其余278个小区均已实现物业专业维修资金核算到户。（董　芳）

【物业行业管理】 自2017年起建立物业项目检查考核长效机制，区建设局采取抽查和日常检查相结合方式，联合街道开展每月的物业项目监查抽查工作。2019年度对66个项目进行日常管理服务监查抽查。2019年度，区建设局完成安全生产工作、电梯安全、消防安全、业委会选举、物业项目招投标等培训工作，举办上虞区第二届项目经理业务培训班，完成培训考试、证件核发等工作。并联合区质监部门开展住宅、办公大厦电梯安全巡查。实现物业服务企业监督管理服务平台上线运行。2019年5月23日组织区物业服务企业系统上线培训，24日起正式试运行，系统通过从业机构日常管理、物业服务企业诚信体系和考核评估体系建设，加强对物业服务企业的监督管理，强化物业服务行业自律机制和竞争机制，促进企业规范经营，提升社会、业主满意度。已有31家企业完成平台注册。2019年，区建设局先后印发《关于开展2019年度上虞区住宅小区物业管理优秀社区工作者评选活动的通知》（虞建〔2019〕46号）、《关于开展2019年度上虞区住宅小区优秀业主委员会考评活动的通知》（虞建〔2019〕47号）、《关于开展上虞区优秀物业管理住宅小区评选活动的通知》（虞建〔2019〕71号），对社区工作者、业主委员会、住宅小区进行考评。（董　芳）

2019年度上虞区住宅小区物业管理优秀社区工作者名单

表5

排名	社区名称	所属街道	优秀社区工作者
1	和城社区	曹娥街道	魏燕华、沈利琴、任晓豫、金建英
2	绿城社区	百官街道	陈亚利、张艳珍、王鲁、章梦燚
3	聚英社区	曹娥街道	王东东、陆美
4	德济苑社区	曹娥街道	邵玲芬、章伟芹、章燕、张亚钰
5	上源闸社区	百官街道	梁瑞玲、赵敏、陈桃丽
6	鸿雁社区	曹娥街道	陈月娟、张倩榕、杨阳
7	大通社区	百官街道	陈待捷、罗金宇、朱叶佳、朱思珂
8	高丰社区	百官街道	丁欢喜、赵亚军、糜娜
9	星光社区	百官街道	周菁苔、任建萍、许丹
10	江滨社区	曹娥街道	祝祖英、潜金花
11	城南社区	百官街道	陈梅英、周萍、张芳
12	文化社区	百官街道	董群英
13	天香华庭社区	梁湖街道	葛水桥
14	金桂苑社区	曹娥街道	叶玲玲
15	阳光社区	百官街道	林芳
16	恒利社区	百官街道	杜丽君
17	曹娥社区	曹娥街道	朱坚盛
18	九浸畈社区	百官街道	唐燕军

2019年度上虞区住宅小区优秀业主委员会名单

表6

特等奖
江南一品业主委员会

一等奖
城市之星业主委员会　文惠苑业主委员会
嘉和园业主委员会　亚厦中央假日业主委员会

二等奖
中富花苑业主委员会　金通华府业主委员会
流星花园业主委员会　绿城桂花园业主委员会
德济苑业主委员会　亚厦阳光假日业主委员会
宝华和天下业主委员会　高丰家园业主委员会

三等奖
春江花城业主委员会　多元世纪城业主委员会
舜江新村业主委员会　大通东方名都业主委员会
越秀花苑业主委员会　亚厦风和苑业主委员会
新兴苑小区业主委员会　米兰公馆业主委员会
渡江花园北区业主委员会　金通浅水湾业主委员会
百花庄园业主委员会　新世纪花园业主委员会

续表 6

鼓励奖
中鑫花园业主委员会　银河湾业主委员会
建开花园业主委员会　五羊花园业主委员会
卧龙花园业主委员会　广济苑业主委员会
舜杰公寓业主委员会　滨江豪园业主委员会
恒祥苑小区业主委员会　振通新村业主委员会
越秀别墅小区业主委员会　华维公寓业主委员会
舜秀新村业主委员会　星辰首府业主委员会
渡江花园南区业主委员会　锦绣家园业主委员会
广宏花园业主委员会　东城水岸业主委员会
宝华家天下业主委员会　城南春天业主委员会
舜景秀水苑业主委员会　滨江一号业主委员会
天香西园业主委员会　新东方家园业主委员会
东关金南苑业主委员会

2019 年度上虞区优秀物业管理住宅小区名单

表 7

项目名称	所属街道	管理单位
龙山玫瑰园	百官街道	绿城物业服务集团有限公司上虞分公司
翰林花苑	崧厦街道	绍兴市上虞城市花园物业管理有限公司
竹洞春晓	章镇镇	绍兴大三元物业管理有限公司
龙山望府	百官街道	杭州绿宇物业管理有限公司上虞分公司

【小区高层建筑消防安全长效管理】 2019 年 11 月 7 日，上虞区建设局联合消防救援大队、区物业行业协会开展“防范火灾风险·建设美好家园”为主题的 2019 年度物业服务行业消防技能比武暨 119 消防宣传月活动，共有 33 家物业服务企业，198 人参与此次比武。为稳步推进高层建筑消防整改，上虞区建设局根据《上虞区高层建筑消防安全隐患整治专项行动方案》（虞政办发〔2018〕234 号）文件要求完成督查整改工作。按时完成周报、月报及督促工作，针对整改过程中存在的初始排查不够翔实、资金超额等问题，联合消防大队、属地乡镇多次开展集中会商，探讨解决方案。（董　芳）

【推进“三服务”】 “靶向精准施策”把脉企业难题。2019 年 3 月，区建设局会同有关科室单位，先后走访 5 家物业企业，与企业负责人进行互动交流，回应热点关切，对存在问题进行了分析研判，共收集问题 6 个，涉及本部门职能的培训指导已开展，涉及其他部门的已上报区政府协调办理。

“法官进小区”破解物业收费难。2019 年初，区建设局对接区人民法院，针对收费问题，倡导“法官进小区”，由物业企业提起诉讼，法院受理后，先统一进行庭外调解；如调解不成，再统一进小区进行集中开庭。目前天香西园、金色家园等小区已开展试点显。“第三方服务”规范物业续（选）聘。至 2019 年 4 月，区建设局受理 5 起由物业续（选）聘引发的群体性信访矛盾。为规范住宅小区物业服务企业续聘、选聘流程，打造公平公正、合法合规的市场环境，区建设局引进浙江省优秀第三方服务进行试点，负责物业续（选）聘的各项事宜，在有效避免矛盾产生的基础上，帮助业主找到高质量的服务公司，目前已开展试点项目 3 个。

（董　芳）

住房公积金管理

【概况】 2019年,区住房公积金中心新增单位633家,新增职工人数20773人,净增加8465人,比2018年净增加10.86%。建立住房公积金制度单位3099家,总缴存人数82357(实缴96347)人,全年住房公积金归集16.01亿元,完成区政府目标任务177.88%。全年批准符合提取住房公积金规定82595人次,共计12.67亿元,其中购房提取6.02亿元,还贷提取4.36亿元,住房补贴0.16亿元。历年累计住房公积金归集总额16.17亿元,归集余额达36.01亿元。全年办理住房公积金贷款2765户,发放贷款9.81亿元,累计办理公积金贷款21475户,累计回收贷款141297万元,贷款余额35.96亿元。年内,完成业务收入5212万元,存贷比99.88%,达到目标存贷比85%以上。业务支出6343.52万元,增值收益5211.89万元。

【住房公积金扩面工作】 一方面按年初制定的公积金扩面工作任务要求,由分中心主要领导亲自带队,联系走访重点乡镇、街道、园区和企业,紧密联系乡镇联络员,掌握扩面工作实情和潜力。另一方面,加大扩面工作常态化宣传力度。通过融媒体、互联网、微信公众号等加强对扩面工作的宣传指导,进一步提高企业为员工缴纳住房公积金的积极性,完成年内的扩面任务。全年新增公积金扩面单位633家,惠及职工4391人。

【住房公积金政策调整】 7月29日,绍住金〔2019〕28号《绍兴市住房公积金管理中心关于上虞分中心住房公积金增值收益公款存放招标的批复》,中标单位及资金为:建设银行匹配存储资金的52.36%,即7592万元,农业银行匹配存储资金的47.64%,即2500万元。中标利率:定期利率2.07%,提前用款综合利率0.455%。7月29日,《绍兴市住房公积金管理中心关于调整2019年住房公积金缴存基数》绍住金〔2019〕29号的通知,规定职工最低缴存基数及缴存标准。12月17日,《绍兴市住房公积金管理中心关于上虞分中心要求开展2020年第一期增值收益公款存放招标的批复》绍住金〔2019〕42号,中标单位及资金为:农业银行匹配存储资金的59.09%,即3500万元,工商银行匹配存储资金的40.95%,即2500万元。中标利率:定期利率2.07%,提前用款综合利率0.455%。

【服务效能】 在深化“一窗办、一证办、全城办、移动办”“四办”服务举措的基础上,逐步推行“就近办”“零次跑”“刷脸办”等举措,不断提升群众满意度和公积金服务效能。开展对违规提取和虚假材料申请公积金贷款等的专项斗争,重点打击使用虚假材料骗提骗贷行为,加强线索摸排核查,密切联系相关部门,收集证据,从严打击,年内查处2名用虚假材料提取公积金的职工。

(贺虞杰)

商贸业

综　述

【概况】 2019年，全区实现服务业增加值423.45亿元，增长8.7%，增速居绍兴市第一位，高于绍兴市平均0.9个百分点，服务业增加值占GDP比重43.3%。实现社会消费品零售总额377.36亿元，同比增长10.3%。实现限额以上社会消费品零售总额159.1亿元，增幅14.1%，其中，限上批发业增速为37.7%，限上零售业增速为15.2%，限上住宿业增速为12.2%，限上餐饮业增速为23.1%，其他营利性服务业营业收入增速为32.5%。

（陈开松）

商贸流通

【概况】 2019年，全区限额以上住宿业营业额为5.65亿元，比2018年增长12.2%；全区限额以上餐饮业营业额为3.79亿元，比2018年增长23.1%。

【服务业项目推进情况】 2019年，全区共安排24个重点服务业项目，其中列入绍兴市级重点服务业项目20个（包括省级重点服务业项目2个），计划总投资89.1亿元，当年计划完成投资22.57亿元，实际完成投资22.74亿元。英特集团公共医药物流平台绍兴（上虞）医药产业中心项目和杭州湾上虞经济开发区大学商业街（尚街）项目列入2019年度省服务业重大项目。

【圆通速递浙东总部项目投入运行】 位于上虞经济开发区的圆通速递浙东总部项目一期投入运行，其中占地91.2亩，建筑面积46940平方米，主要由一幢综合楼和三个分拣车间组成。园区每天有近50万单的快递量从这里运往宁波、绍兴等地，满负荷运行更可达到250万单的吞吐量。

【普洛斯上虞物流园建成】 位于杭州湾经济开发区的普洛斯上虞物流园建成，园区总占地300亩，建成一期4栋标准仓、二期2栋大型定制仓及其他若干配套用房，总建筑面积108520平方米。该园区以吸收较大型企业入驻为方向，承租3家企业分别为戴姆勒东北亚零部件贸易服务有限公司、上海阑途信息技术有限公司（途虎养车）、青岛远仕达物流有限公司。其中戴姆勒仓承租面积76000平方米，储值达3亿元，为全国三大零配件配送中心之一，辐射华东地区。

【服务业政策奖励兑现工作】 对乡镇、街道和有关部门推荐申报的2018年度服务业政策奖补139个项目进行汇总初审，通过项目资料审核、踏看验收、税务数据核查、中介机构审计、公示等程序，确定奖补项目107个，兑现资金2143.8万元。

【培育发展夜间经济】 在第十一届浙东新商都（上虞）购物节中首次突出“夜间经济”主题，举办夜间消费活动5场，投用首个夜宵城，促进虞城夜间经济消费。

【服务业“亩均论英雄”综合评价】 制定工作实施意

见，首次对 315 家规模以上服务业企业开展亩产效益综合评价，倒逼服务业企业高质量发展。

【汽车服务业稳步发展】 2019 年，全区共有汽车 4S 店 18 家，二级经销商 4 家，主要分布在小越镇、经济开发区和东关街道。全区已入驻宝马、奔驰、奥迪、上汽大众、通用雪佛兰、通用别克、长安福特、北京现代、上海大众斯柯达、比亚迪、广汽丰田、广汽本田、一汽丰田、长城哈佛、吉利、东风风行、风行起亚、东风日产和一汽大众汽车品牌。（陈开松　陈桂辉）

粮油购销

【概况】 2019 年，切实抓好粮食订单落实、管好粮食储备和物资储备，开展“五优联动”试点，开展政策性粮食库存大检查，按计划做好全年储备粮和储备物资轮换，今年共轮换储备粮 3 万吨，储备油 250 吨，储备冻猪肉 220 吨。虞北中心粮库项目建设正常推进，完成年度投资 3000 万元。上虞区农业农村局、上虞区发展和改革局、上虞区财政局联合下发《关于抓好 2019 年粮食生产高质量发展的意见》（虞区农〔2019〕79 号），实现最低收购价政策，早籼谷每 50 公斤 123 元；普通晚籼谷 129 元；普通晚粳谷 133 元；籼粳型杂交晚粳谷 129 元。全区全年落实稻谷订单 75411 吨。其中早稻谷 34312 吨，晚稻谷 41099 吨。全区共发放粮食预购定金 791 万元。受益农户 96 户。全年共收购粮食 151371 吨。其中国有粮食收储企业收购粮食 9070 吨，订单履约率 99.9%，粮食收购量占全年谷物类产量的 45%。

【新春农村调查活动】 摸粮情：摸清全区种粮农户 2019 年粮食生产种植意向，为制定出台粮食订单政策提供依据。送政策：宣传 2019 年各级政府扶农惠农政策和粮食收购政策及粮食质量标准，让种粮农户及早安排好今年粮食生产，确保粮食安全。搞服务：听取乡镇街道、村干部和粮农对粮食部门服务工作的建议和要求，及早研究对策，完善相关设施，做好服务工作。

【收购小麦】 5 月 22 日，区粮食收储公司出台按最低收购价（每 50 公斤 112 元）收购地产小麦的收购政策，各收购站点敞开收购农民余粮。除国有粮食企业敞开收购外，区发改局要求其他非国有粮食企业积极入市收购，守住种粮“卖得出”的底线。

【早稻订单落实】 区发改局把落实“粮食订单”作为服务“三农”和实施振兴乡村的具体抓手，做到早调研、早部署、早行动、早落实。

2019 年共争取省级早稻订单计划 1.7 万吨，比去年增加 0.3 万吨；区级早稻订单 1.6 万吨，比上年增加 0.1 万吨；为种粮大户增加收入 240 万元。

全区共落实早稻订单 3.43 万吨（包括沥海街道），涉及种粮大户 1068 户，早稻订单面积 10.22 万亩，完成早稻订单落实工作。4 月初，向 96 户种粮户发放无息粮食预购定金 791 万元。

【早稻收购】 7 月 22 日，早稻开称，收购至 8 月 31 日，早稻收购工作顺利结束。全区共收购早籼谷 3.43 万吨。订单履约率达 99.94%。其中，完成省级储备委托收购早稻计划任务 1.7 万吨；完成 1.2 万吨早籼谷轮换补库任务，并为绍兴市内的诸暨市和新昌县储备粮轮换调剂早籼谷 0.52 万吨。

针对今年投售时间集中等新特点，及早做好收购准备工作，合理安排收购网点，配足配强收购力量。各收购站点加强粮食质价政策和作价标准等宣传。深化为农服务，坚持做到早开称，晚关门，中午不停磅，节假日不休息。收购期间无一起投诉，粮农对粮食收购满意率达 99.4%。

【全市粮库消防演练获团体第一】 11 月 12 日，绍兴市发改委在新昌县粮食储备中心组织开展全市粮库消防演练暨保管员技能竞赛。此次演练竞赛是按国家粮食和物资储备局、省粮食和物资储备局的部署进行的。全市 6 个区、县（市）7 支代表队参加比赛。经过一天的比赛，区发改局代表队获团体总分第一名。

【开展第 39 个世界粮食日暨全国粮食安全宣传周活动】 10 月 16 日，发改局在时代广场举办第 39 个世界粮食日暨全国粮食安全宣传周活动。通过发放宣传资料、开展互动答题、辨析优质大米等多元活动载体，宣传《浙江省粮食安全保障条例》、粮食科普健康饮食知识。

第39个世界粮食日暨全国粮食安全宣传周活动筹备现场　　（吴仲海　摄）

【全年订单粮食收购和储备粮轮换工作完成】 至12月25日，全年累计收购粮食9.89万吨，比去年同期增加1.77万吨；其中收购早稻3.55万吨，秋粮6.34万吨；其中订单收购7.54万吨，订单履约率99.9%；收购总量和订单收购数量创建国70年来新高。全年完成储备粮轮换3万吨，占总储备规模的44.8%。

年初出台粮食订单政策，扩大订单规模，及时分解落实订单；全年共落实订单7.54万吨，受益农户2339户，发放粮食预购订金791万元。

完成3.3万吨省委托代收计划，为诸暨、新昌等县市调剂粮食1.75万吨用于当地储备粮轮换补库。被绍兴市推荐为"2017—2019年全省粮食收购工作成绩突出单位"。　　（叶　舟）

供销合作商业

【上虞供销保障城乡食安工作获全国总社批示肯定】 3月26日，上虞区供销合作社上报的标题为《浙江省上虞区供销合作社推进"三大体系"建设保障城乡食品安全》信息得到全国供销总社党组成员、经济发展与改革部部长侯顺利批示：浙江上虞供销社通过建设"三大体系"，从产地源头与流通渠道两方面打造城乡放心食品供应体系，充分发挥城乡流通主渠道作用，这种做法值得学习推广和借鉴。2019年，全系统日用消费品零售额占全区总额30%以上。

【浙江省副省长彭佳学来上虞调研】 4月1日，浙江省副省长彭佳学到上虞区供销合作社调研"三位一体"实体化运作，听取"三位一体"改革成果介绍，实地走访上虞馆线下实体店，参观体验无人咖啡和无人超市等新型零售业态，详细询问和了解供销社（农合联）的组织结构、工作模式、利益分配以及如何带动当地农民致富，如何联通政府和农户等问题，充分近年来上虞在"三位一体"农合联改革中所取得的成绩。

浙江省副省长彭佳学（右二）到上虞调研"三位一体"工作　　（供销总社　提供）

【上虞产业融合专项试点通过全国总社评估验收】 上虞区供销合作社自2017年7月起，被全国总社列为农村产业融合发展专项试点。试点工作开展以来，上虞区供销合作社以区域内"四季仙果"之旅发展资源为基础，以"三位一体"农合联改革为重点，通过培育主导产业、密切利益联结、延伸产业链条、优化销售方式、创新新型业态，形成了相对成熟的产业融合发展模式，通过总社、省社组织的第三方机构评估验收。5月16日上午，全国供销合作总社副主任邹天敬带队，到上虞验收评估农村产业融合发展专项试点工作，验收组一行实地走访一、二、三产业融合发展示范点，分别为一产大通农场（芋乃湾农房激活项目），二产舜耕庄园食品有限公司，三产江上花海等，并在风情街供销场馆组织召开验收评估工作座谈会。

【全国供销总社党组书记王侠考察服务乡村振兴“上虞模式”】 10月14—15日，全国供销合作社服务乡村振兴暨综合改革专项试点总结交流会在绍兴召开。10月14日上午，全国供销总社党组书记、理事会副主任王侠率参会人员来上虞现场考察。考察组先后走进舜耕庄园食品有限公司、大通农场、章镇生产综合服务中心等地，全面考察供销社改革创新、乡村振兴的“上虞模式”。

【创新社区商业服务模式】 2019年9月，上虞区首个集商业、文化、体育、卫生、教育于一体的新型社区中心正式对外营业。该项目是区委、区政府委托上虞区供销合作社建设的第一家社区服务中心，总用地面积26075.3平方米，总建筑面积约28341.17平方米，总投资9800万元。项目沿承新加坡邻里中心、苏州邻里中心等一线城市打造理念的城北68-2社区中心，由上虞区供销合作社全资企业绍兴大通控股集团有限公司与绍兴市上虞城建资产经营管理有限公司共同出资组建绍兴市上虞区邻里中心资产管理有限公司作为实施主体，充分利用双方股东的各自优势，保障项目顺利推进。为充分发挥供销社在超市、农贸市场物资、流通和经营等方面优势，9月7日，2000平方米的社区超市、菜市场营业。

【区供销合作社与建行上虞支行签订战略合作协议】 11月1日，上虞区供销合作社与建设银行上虞支行举行党建共建暨全面战略合作协议签约仪式。双方约定发挥各自在不同领域的优势，着力打造党建共建高地品牌和发展农村普惠金融，为“三农”提供综合性、全方位服务，推动全区农业高质量发展。

【对口合作地区特色农产品巡回展】 12月10日，“绍兴市对口合作地区特色农产品巡回展——上虞站”在上虞区时代广场结束。经过3天的销售，展会55家企业共销售约224.1万元，约83.4吨扶贫产品。此次展会，最大展团——新疆阿瓦提县展图主售新疆大红枣、香梨、阿克苏苹果等产品，3天展会共计销售72.1万元，销售新疆特色产品40.8吨。展会期间，吉林辽源展团与绍兴市上虞大通电子商务有限公司达成初步意向，就东北大米、坚果等吉林辽源特色产品在上虞实现线上线下销售。

群众在特色农产品巡回展上买产品

（区共销总社　提供）

【区农合联组织12家农业经营主体参加省农博会】 2019年12月，2019浙江农业博览会在主会场浙江新农都会展中心和分会场杭州和平国际会展中心同步举行。参展期间，上虞区农合联组织的12家农业经营主体展销期间共计销售25万余元，同比去年略有增长。此次农博会为期5天，区农合联共组织茶叶公司、小草湾果业和舜耕庄园等12家农业经营企业和专业合作社参展。通过展会评选，绍兴市上虞区胖子食品有限公司的年糕和绍兴上虞东山红家庭农场的猕猴桃喜获2019浙江农业博览会“金奖”农产品，茶叶公司的“舜水”牌绿茶、成英腌腊制品厂的酱鸭和湖墩果业的猕猴桃被评为“2019浙江农业博览会‘优质’农产品”。

【区新增10家省级示范性家庭农场】 2019年12月，浙江省农业农村厅公布2019年省级示范性家庭农场名单，绍兴市上虞区崧厦丰海家庭农场、绍兴市上虞区天味家庭农场、绍兴市上虞道墟单氏家庭农场、绍兴市上虞区上浦圣湖果渔家庭农场、绍兴上虞东山红家庭农场、绍兴市上虞区丰惠镇蔡彩君家庭农场、绍兴市上虞区谢塘镇新田家庭农场、绍兴上虞驿亭镇应老大家庭农场、绍兴市上虞区永和镇枫逸家庭农场、绍兴市上虞区丁宅乡新波家庭农场10家家庭农场名列其中。2019年，全区经工商注册的家庭农场已达535家，比上年增加187家。先前认定的8家省级示范性家庭农场抽样监测结果均为合格，继续保留省级示范称号。至此，区累计已有18家家庭农场获省级示范性家庭农场。

【上虞首批绍兴农产品区域公共品牌企业完成签约】 8月14日，上虞区首批以茶叶公司、晶梅杨梅专业合作社、祥龙菜业有限公司为代表的15家农业经营主体与绍兴市供销社（市农合联执委会）完成绍兴特色农产品区域公共品牌使用许可签约。

（张炯华）

烟草专卖

【概况】 2019年，浙江省绍兴市上虞区烟草专卖局（分公司）全年销售卷烟33089箱，同比增长2.71%，单箱结构4.88万元/箱，同比增长1.16%，销售额16.15亿元，同比增长3.9%，税利4.73亿元，同比增长4.41%。多元经营实现营业收入6090万元，利润1399万元，同比增长15.9%。市场状态持续优化。年末社会库存优于上年同期，主销规格价格高于去年同期，支付宝结算反映的客户盈利度提升至14.86%，达到全省标杆水平。真烟非法流动大幅减少，其中省外流入1951条，同比下降62.94%，外流省外157条，同比下降84.4%。

【加强专卖管理】 年内申报“2019.7.28”一级国标网络案，重点侦办“2019.2.27”特大互联网销售加热不燃烧烟草制品案件，逮捕涉案人员20人，网上追逃1人，查获实物5742.8条，案值115万余元，涉案金额1.02亿元，被公安部、国家局列为督办案件。该案是绍兴烟草有史以来涉案人员最多、涉案金额最大、案件等级最高、在全省有影响力的案件。市场监管保持高质高效。全年共查办案件549起，其中5万元或5件以上案件27起，查扣卷烟总量28477.8条，案值593.19万元，同比增长61.54%，其中假私烟7033.7条。规范便民服务，全年办理新证587本，注销及取缔许可证449本，清理中小学校100米内零售户57家，实施降类限量172户次，停业整顿26户次，许可证保有量5245本，较上年同期增加145本。

（厉　劢）

休闲服务业

【概况】 组织区内大通购物中心、上百万和城、大通商城、一百商城、万达广场等大型商场开展“5·1”狂欢、“6·18”大促和年中庆等形式多样的促销活动，组织加油站开展6月油礼优惠活动，举办以“品质消费·悦享生活”为主题的第十一届浙东新商都购物节等。

【消费促进月活动】 4月29日，绍兴市“消费促进月·越惠悦生活”启动仪式在区举行。上虞区副区长胡宝荣在启动仪式上致辞，绍兴市商务局局长钱林江发布2019年绍兴消费促进月活动安排，绍兴市人民政府副市长部全卯宣布消费促进月启动。参加兄弟县市活动，组织区内商贸企业和协会参与柯桥老字号巡回展、新昌品享生活节、越城二手车展销会、诸暨全民吃货节、嵊州小吃节等活动。

【第十一届“浙东新商都”（上虞）购物节】 以“品质消费·悦享生活”为主题的第十一届“浙东新商都”（上虞）购物节呈现的主要亮点：

1. 主题活动内容“新”。购物节以“品质消费·悦享生活”为主题，着眼城市功能和品质提升，采取日间与夜间结合，线上与线下互动的模式，共安排主题购物、美食评选、夜游上虞等18项活动（除传统的活动外，新增加TOP上虞美食商家评选、夜游风情街等新型项目），基本做到周周有活动，天天有热度，形成新的经济增长点。

2. 市民受利实惠“多”。购物节期间，除各大商家推出的周年庆、店庆活动，给消费者带来切切实实的让利实惠外还特别开展特色活动——“寻找锦鲤。夜游曹娥江、夜登百官广场、免费品尝百米长桌宴都是给市民的福利。

3. 对口支援力度“大”。此次购物节围绕突出消费扶贫，线下供销总社下属大通商城、大通购物中心、上百贸易等大型商城设有小金县扶贫专柜销售特色产品，线上大通电商网络平台开展扶贫农副产品促销。9月21日，时代潮城夜猫子集市暨上虞结对扶贫文旅农产品展上，来自小金、景宁、西藏等多地的农副产品在展会上展示展销。

4. 活动氛围营造“浓”。按照预热、启动、持续三个宣传阶段,充分利用广播电视、电台、报纸等传统媒体和微信公众号等新媒体造势。

【第十三届汽车文化博览会和第十四届汽车文化博览会】 消费促进月和购物节期间,在石狮商贸城广场分别举办第十三届汽车文化博览会和第十四届汽车文化博览会,汽车文化博览会是区固定品牌节会。4月5—7日,第十三届浙东新商都汽车文化博览会有30多个汽车品牌参展,车展3天场累计销售汽车355余辆,销售额为5130多万元。其中,国产品牌吉利购销两旺,3天共计销售80辆,宝马、奔驰、奥迪高档车销量稳定。9月13—15日,第十四届浙东上虞汽车文化博览会共成交各档轿车343辆,实现销售额7004万元,较上届车博会提高1.3%,其中宝马、奔驰、奥迪高档车销量稳定,日系车回暖,国产车吉利品牌销售辆数仍占据榜首。（陈桂辉）

大中型商场

【中秋小长假消费品市场总体运行平稳】 据对大通购物中心、大通商城、上百万和城、一百商店、万达广场、时代潮城、大润发超市7家重点监测商贸企业统计,3天共实现销售额3467.9万元。中秋小长假的消费亮点:

1. 营销活动吸睛。中秋期间,上百贸易公司推出“悦圆中秋礼献全城”活动,大通购物中心推出“拾年・中秋聚会”活动,大通商城推出“中秋团圆惠”活动,万达广场的推出“邂逅金秋万味榜”等活动。万达广场汉服大赏、赏越晚会、巨型月饼宴请全场等活动的举办,日均客流量可达5万人次。

2. 商家服务升级。各大商超运用新零售模式刺激消费增长,提升消费者购物体验。自助收银系统,停车场智能停车系统,自助按摩器、迷你KTV、VR体验游戏、抓娃娃机等消费服务。

3. 消费热点突出。传统商品热点持续旺销。主要集中在服装家电、黄金珠宝,以及节日礼品和饮食消费。

【国庆中秋消费火爆】 根据对大通购物中心、大通商城、一百商城、上百万和城、时代潮城、万达广场、大润发超市等消费市场的监测,国庆7天共实现销售收入14119.6万元,同比增长7.1%。

1. 国庆期间,正值区举办第十一届浙东新商都购物节,各大商家大力度促销。大通商城23周年庆、大通购物中心国庆欢乐购、上百“华诞盛典 燃情巨献”、万达国庆七天乐等主题购物活动营销效果良好。

2. 为期3天的第九届石狮家装节,家居建材、软装家电类商品(展厅及商位)共计签单5268单。首届人工智能科技展、百人古筝表演、中国梦摄影展、20余品牌新店开业等活动使万达成为引领时尚消费主力军,7天共计客流量达35万元。

3. 销售热点除了传统的服装、黄金珠宝、家电等,新增餐饮与影视娱乐,万达广场餐饮消费占比30%,观影消费占10%。2019年国庆最大特色是“夜间经济”,夜登百官广场、夜赏音乐喷泉和江上花海、夜游曹娥江和文化旅游风景街等。

【元旦期间消费品市场繁荣有序】 据对大通购物中心等8家企业监测,元旦3天共实现销售收入4746.2万元,同比增长1.75%。元旦期间,大通购物中心推出“狂HIGH跨年夜,喜乐元旦汇”、大通商场推出“跨年盛宴—元旦狂欢 礼惠全城”、浙江上百推出“2019红火跨年 狂欢开启”等主题活动。消费亮点突出。服装、黄金、家电消费占比较大(以大通购物中为例,服装三天销售占比为53.65%,黄金占比15.35%,家电占比5.6%),假日餐饮及游乐拉动较大。（陈桂辉）

电子商务

【概况】 2019年,区实现网络零售额79.33亿元,同比增长30.2%,增速居绍兴市6个县市区第2位;完成快递服务企业业务量5317.2万件,同比增长10.3%;实现快递业务收入46009.3万元,同比增速18.8%。

【首个跨境集群试点创建】 上虞区伞业产业集群被列为全省第二批产业集群跨境电子商务发展试点,以中国伞城中入驻企业为核心服务对象,提供企业转型升级的各项综合跨境电商服务。

【组织企业办会参展】 2019阿里巴巴(上虞)数字化出海峰会暨“百网万品”上虞制造与电商对接启动仪式举办,推进上虞制造与电商网络平台深度融合。先后组织企业参加跨境展销会5次,帮助企业产销对接,打响企业知名度,开拓企业销售渠道。

【重点开展农村电商工作】 推进“区有农村电子商务公共服务中心、镇有电商服务中心、村有电商服务站的”三级农村电商服务体系建设,累计建成区级农村电子商务公共服务中心1个,镇级农村电子商务公共服务中心20个,农村电子商务服务站392个。

【电商荣誉】 崧厦镇蔡林村、潘韩村、新下湖村,章镇镇章家埠村,汤浦镇舜岸村、汤浦村、霞里村,丰惠镇祝家庄村,驿亭镇五夫村9个行政村被省厅认定为2019年浙江省电商专业村;汤浦镇、崧厦镇2个乡镇被认定为2019年浙江省电商镇;曹娥街道外严村电子商务服务站等20个电商服务站(点)被省商务厅评审为2019年浙江省农村电商示范服务站(点)。

【电商扶贫工作】 根据区委区政府“东西部扶贫协作和对口帮扶”工作要求,配合大通电商针对四川阿坝州、新疆阿瓦提、浙江景宁等地区开展精准扶贫和对口援建工作,量身打造“淘宝特色中国馆”“京东中国特产馆”等县域电商平台,切实拉动当地农副产品销售,激发涉农企业内生动力,促进农业增效、农民增收。提前与四川小金果园签订产销合作协议,打通农业种植到销售的网络渠道,实现农产品种植与城市消费者的农产品需求高效对接,销售小金苹果逾10.5万公斤、牦牛肉1.25万公斤,累计销售额550万元。

【各类电商培训】 依托驿淘电子商务产业园和汤浦童装城电子商务创业园两电商园区,全区累计开展各类电子商务培训22场次,培训电商技能人才500人,普及电子商务知识3000人次以上。 (陈开松)

盐务管理

【概况】 2019年,浙江省盐业集团绍兴市盐业有限公司上虞分公司(以下简称上虞分公司)共销售各类盐品19080.54吨,同比减少32.19%。盐产品销售总额1219.11万元,同比减少622.49万元;非盐商品销售总额255.85万元,同比减少181.75万元。商品销售总额完成1464.90万元,同比减少750.68万元。

【食盐储备管理】 年内,区人民政府为加强食盐储备管理,增强应对各类突发事件能力,维护食盐市场稳定,保障食盐供应安全,规定区政府食盐储备由绍兴市盐业有限公司上虞分公司承担,食盐储备采取滚动储备方式,及时轮换,一年不少于2次,确保储备食盐在保质期内,轮换期间储备数量不少于当年储备计划。区政府食盐储备本公司实行专仓储存、专人管理、专账记载、挂牌明示,按品种、数量、质量、进出库时间单独建立账卡档案,做到区政府食盐储备账账相符、账表相符、账卡相符、账实相符。

【确保食盐市场安全】 建立覆盖全区的食盐安全保供协作单位。为保证食盐市场安全和供应稳定,更好地履行食盐安全社会责任,完善盐产品营销管理办法,年内,上虞分公司在该区内筛选商品辐射能力强、协作关系好、诚信经营的副食品批发大户作为食盐安全保供协作单位,截至年末共建有食盐安全保供协作单位105家。

【创新食盐市场营销方式】 为提高沟通协调能力,建立快速反应机制,上虞分公司建立盐业销售微信群,利用阿里巴巴零售通网络平台,实现线上订单、线下配送。 (胡德方)

中介服务业

法律服务

【概况】 2019年，绍兴市上虞区司法局（以下简称区司法局）聚焦服务基层、服务企业、服务群众的“三服务”系列活动。截至2019年12月，全区共有律师事务所15家，法律服务所8家，执业律师146名，法律服务工作者43名。律师行业共办理各类案件6215件，业务收费8717万元；基层法律服务行业共办理各类案件1103件，业务收费482万元。全年法律援助中心共办理法律援助案件1355件，其中民事法律援助案件746件，刑事法律援助案件609件；共为来电、来访当事人提供法律咨询3014次，受援人满意率100%。

12月26日，绍兴律师协会上虞分会成立，舜杰律师事务所主任金尧坤任会长。

12月，浙江左右律师事务所创建绍兴市级“五星示范、双强争先”示范单位。（葛杭丽）

【法律顾问制度完善】 年内，区司法局以“法律顾问服务提升年”活动为契机，建立健全政府法律顾问网络，推进乡镇（街道）和具有行政执法主体资格的政府工作部门建立法律顾问制度，选优配强区委、区政府、区人大办法律顾问。鼓励企业建立常年法律顾问制度，拓展律师面向中小企业提供优质法律服务的领域和方式，满足各类企业的法律服务需求。强化律师社会服务功能，组织和引导律师积极参与涉法信访、调解、法治宣传以及涉及民生的公益性服务等工作，维护群众合法权益。深化农村（社区）法律顾问制度，制定《关于村（社区）法律顾问工作考核办法的补充意见》，提高农村（社区）法律顾问财政补助，通过检查核实工作记录、听取服务对象意见、组织满意度测评等方式，对全区411个村（社区）法律顾问工作进行考核并确定考核等次，其中优秀255个，良好119个，合格35个，不合格2个，分别落实资金奖励和辞退处罚。

（葛杭丽）

【法律服务营商环境】 年内，区司法局出台《关于充分发挥职能作用 促进民营经济高质量发展的实施意见》，全面铺开针对民营企业的风险防范、宣传教育、法律帮扶措施。建立健全民营企业多元化纠纷解决机制，发挥商调委、律师调解工作室作用，并在规模以上民营企业建立人民调解组织，畅通民营企业商事纠纷调解渠道。深化“无偿服务小微企业”行动，挑选科技含量高的成长型小微企业，选择块状经济特色明显的乡镇（街道）以“一镇（街）一律所”的模式提供免费法律顾问服务。成立专业法律服务团队，开展“一对一”法治体检服务，全年累计走访民营企业774家，开展法治体检710次，为受检企业解决法律问题515条，提供反馈意见建议574条，组织企业法律宣讲活动171场。

（葛杭丽）

【律师服务行业建设规范】 年内，区司法局出台《关于扶持律师业发展的若干意见》，安排专项经费鼓励律所发展及律师工作的指导与教育。对2019—2021年间初次执业的青年律师，在执业获准之日起3年内，给予每年1万元的补贴；将律师人才队伍建设纳入全区人才队伍建设总体规划，根据学历层次专享房票和安家补贴；安排10万元专项经费用于青年律师培训，鼓励青年律师进行学历和专业的提升。将律师参与信访处理、参与调解、驻公检法机关、公共法律服务中心(站)值班等事项统筹列入政府购买服务项目，落实专项资金40万元，在公安、检察院、法院等服务需求集中的单位设立法律服务工作站，实行定期坐班服务制度，提高律师从事行政法律服务的能力和水平。与区检察院联合出台《关于构建新型关系的八条意见》，建立保障律师执业权益联席会议制度及律师接待、阅卷一站式服务平台。（葛杭丽）

【扩大法律援助范围】 年内，区司法局按照《浙江省法律援助条例》相关要求，积极落实法律援助"全容缺、全代办、全市通办"工作机制，下放部分法律援助审批权限至乡镇(街道)公共法律服务站，探索建立法律援助申请村(社区)级代办机制。将涉及劳动保障、婚姻家庭、种植养殖、人身损害、教育医疗等与基本民生紧密相关的事项纳入法律援助范围，实现老年人、残疾人、军人军属等特定群体申请法律援助不受事项范围限制。持续为残疾人、未成年人、老年人、妇女、农民工和军人军属等群体开辟法律援助"绿色通道"，开展农民工讨薪法律援助专项行动，助力"上虞无欠薪"行动，共计为农民工讨薪提供劳动仲裁法律援助479件，法律文书代书50件，同时全面梳理2018年以来办理的农民工法律援助案件，形成法律视角下的农民工劳动合同调研报告。全面推进审判阶段刑事案件律师辩护全覆盖工作，共计办理刑事辩护全覆盖案件260件。（葛杭丽）

【法律保障行业发展】 4月20日，区司法局与区经信局、金融办、工商联等单位联合举办金融法律服务助力民营经济发展论坛，探索新形势下法治服务营商环境新方向，区百强企业、拟上市企业负责人、新生代企业家及律师代表共300多人参会。10月18日，举办建设工程法律服务高级研讨班，促进区建筑业和建筑领域法律服务行业的发展。（葛杭丽）

公证处

【概况】 2019年，上虞公证处贯彻落实"放管服"改革精神，以打造公证"三服务"为主线，围绕各级司法行政机关和上虞区委区政府部署的各项中心工作履行公证职能，满足人民群众对公证服务的新需求。全程跟进曹娥街道贺盘、越爱、新楼下、徐家塘4个村的征迁工作，为集中签约、拍卖房源摇号等提供公证服务；为百官街道凤山支路、龙山路等处的危旧房屋安置提供公证服务；为百官街道67-1号地块(后郭新苑)安置房抽签、择房提供公证服务；为汤浦、上浦、东关、长塘、梁湖、道墟等乡镇的征迁工作提供公证服务，抽调相关人员配合办理签约、析产、继承、宅基地抽签等相关公证手续；为各乡镇办理拆违工作提供违章建筑的房屋现状等保全证据公证服务；为浙江金盾控股集团有限公司等八公司合并重整案第三次债权人会议提供公证服务；为惠普广场遗留问题的2亿多元回购款提供提存服务。

全年共办理各类公证事项57366件，其中：国内公证事项56081件，涉外公证事项1193件，涉港公证事项17件，涉台公证事项75件。

上虞公证处被授予"2019年度全国公共法律服务先进单位"和"2019年度全省公证宣传工作先进集体"。

【参与服务行政(执法)活动】 上虞公证处通过参与公共资源分配、证据保全、补偿(贴)提存、文书送达等行政行为，助推"三改一拆""五水共治"、环境整治、征迁安置补偿、国有土地回收、行政处罚、行政强制执行等各类行政(执法)活动，为浙江省公证介入行政(执法)工作提供上虞样本。2019年3月，《上虞区全面推进公证参与行政(执法)活动服务保障中心工作的若干意见》发布。至年底，全区主要行政执法部门如行政执法局、市场监督局、自然资源与规划局、水利局、农业农村局均与上虞公证处签订《公证参与行政(执法)活动战略合作协议》，20个乡镇(街道)中已有18个签订协议，谢塘镇的招投标业务、东关街道的不见面招标业务、国土资源局的联合竞买协议等多个部门(乡镇)业务陆续首创引入公证参与。上虞公证处累计参与区委区政府召集的疑难复杂的行政活动(执法)会议20余场次,参与公共资源分配招拍挂200余场次,办理房屋征迁分家析产公证300余件,补偿安置协议公证5000余件,征迁房屋保全证据150余件,为行政强制拆除违法建筑办理保全证据20余件,依法收回国有土地保全证据5件,参与小区整治3个,提存征迁补偿款3000余万元,成为上虞区"法治政府"的亮点和"枫桥经验"的样板。(冯蕴兰)

中介信息服务

【概况】 2019年,区发展和改革局会同相关单位联合编制《政府投资项目"双查双保"中介监管服务规范(送审稿)》。开展区"双查双保"中介监管标准化国家级试点并高分通过验收。进行"十佳一差"中介机构评选。

【中介监管服务规范获专家组全票通过】 9月19日,由绍兴市市场监管局主持的绍兴市《政府投资项目"双查双保"中介监管服务规范》地方标准评审会在区召开。专家对区发改局会同区监委及杭州方信企业有限公司前期联合编制完成的《政府投资项目"双查双保"中介监管服务规范(送审稿)》进行逐章逐条讨论、审核标准文本。最后经专家小组投票表决,并全票通过。

【国家级试点项目高分通过验收】 11月29日,由省市场监管局领导带队的来自中国计量大学、福建省标准化研究院、福建省新标准文化发展中心、省商贸业联合会、省标准化研究院等组成的高工专家验收组,对发改局和区委监委牵头申报的"双查双保"中介监管标准化国家级试点项目进行验收。通过查资料、看现场、听汇报等方式,对区政府投资项目"双查双保"中介监管标准化国家级试点项目进行终期评估。经验收专家组打分评定为94分通过终期验收。

【"十佳一差"中介名单】 按照考评文件要求,各主管(协管)部门对本行业中介机构进行考评,经初步筛选后,提交"双查双保"联席会议审定。对"十佳一差"中介机构,由发改局在区"双查双保"中介监管网平台进行公示,经过系列程序后,最终确定:2018年度"十佳一差"中介名单。

"十佳"中介(9个):浙江同济工程咨询有限公司、浙江宇康工程管理咨询有限公司、浙江智杰建设管理有限公司、浙江华康工程管理有限公司、绍兴同济会计师事务所有限责任公司、绍兴天马联合会计事务所、华汇工程设计集团股份有限公司、浙江省环境科技有限公司、绍兴市上虞区土地勘察测绘队。

"一差"中介(1个):浙江鑫润工程管理有限公司。

(叶　舟)

旅游业

综　述

【概况】 2019年，根据《中共绍兴市上虞区委 绍兴市上虞区人民政府关于曹娥江旅游度假区体制职能调整的若干意见》（区委〔2019〕4号）文件精神，区委区政府调整曹娥江旅游度假区体制职能，赋予度假区全域旅游开发建设等职能，提出把度假区打造成为发展全域旅游、提升城市能级、壮大美丽经济的重要平台，强化度假区在推动全域旅游中的统筹谋划、开发建设、整体运作等功能，推动度假区从区域封闭式开发向牵头构建以曹娥江为轴线、辐射虞南800平方公里大花园的开放性“扇形”发展新格局转变。（陈钧琰）

旅游资源开发与建设

【概况】 2019年，曹娥江旅游度假区根据区委区政府提出的“全流域、全时空、全要素”谋划度假区开发建设的总体要求，围绕“一体两翼，三大走廊”的发展构想，以曹娥江文创走廊建设为载体，突出皂李湖区块、孝德文化小镇和瓷源文化小镇3个重点，重抓招商引资、项目建设和全域旅游。创评省采摘旅游体验基地金果级6家、银果级3家。上虞被评为“首批全国最具特色魅力旅游胜地”。曹娥江旅游度假区全年共接待游客116.28万人次，旅游收入15.42亿元。（徐科杰）

【皂李湖区块】 2019年，完成皂李湖休闲度假小镇区块控规编制和报批，皂李湖区块旅游开发策划方案通过专家评审，制作完成上虞曹娥江旅游度假区（皂李湖）形象招商片。黄潘公路建成投用，环湖景观公园一期工程全面建成，潘家陡至皂李湖村道路建设一期工程竣工投用、道路二期工程进场施工。实施皂李湖区块征迁安置工程，总投资4.8亿元，完成潘家陡村刘家、罗大湾、澜岭口3个自然村140户房屋腾空拆除及皂李湖周边区域山林流转和土地征迁，同时根据“统一规划、统一建设”原则完成安置新村一期建设。

（金妙华　祝倩莹）

【孝德文化小镇】 按照“一廊两带三区”的总体空间结构展开规划，开展路网方案研究及区域控制性详规优化，完成J5、8号、13号、15号地块公开出让并按程序推进开发建设；推进孝德文化小镇文旅策划方案设计，拍摄制作孝德文化小镇规划3D动漫宣传片和孝德文化小镇宣传手册。孝德文化小镇基础设施配套工程之纵一路、横一路、污水泵站工程进场施工；在挖掘老曹娥历史的基础上适时启动曹娥庙历史文化街区项目，并完成方案设计。（金晓彬）

【瓷源文化小镇】 小镇艺术引领区项目于2017年12月开工，2019年一期陶艺中心建成投用；二期项目1号办公楼外立面改造、屋面维修及内部装修完成90%，美术馆新增基础施工完成80%，完成白明大师工作室新增桩基础图设计；三期项目完成陶瓷高等研究院施工图设计招标及区域内旧厂房拆除工作。6月19日同景德镇陶瓷大学签订《合作共建“景德镇陶瓷大学上虞陶瓷高等研究院”执行协议书》，10月15日同

绍兴上虞傅家岭越窑青瓷科技有限公司签订《关于建设绍兴市上虞顾氏越窑青瓷基地协议》。 （杨春燕）

【祝家庄区块】 对祝家庄景区进行停车场改造、前厅承重柱更换、戏台拆除重建、建筑外立面油漆粉刷、白蚁防治等维修工作。收储原上棉厂地块，12 月 12 日，“英台故里 春风蝶语”乡村版度假型未来社区项目签约落户，项目总投资预计 53.4 亿元，总规划用地面积约为 2176 亩，其中建设用地面积约 495 亩。

（金妙华）

【招商宣传推介会】 以推动项目落地为主线，参加多种形式的宣传推介活动，4 月 13 日，邀请嘉宾参加上虞区委区政府在上海中心大厦举行的长三角一体化·绍兴上虞接沪推介会。9 月 8 日，参加第二十一届中国（厦门）国际投资贸易洽谈会。12 月 14 日，邀请嘉宾参加 2019 上海·绍兴周开幕式暨绍兴深度接轨上海主旨大会。 （金妙华）

【招商项目洽谈引进】 对接国内外文旅产业界知名开发商，与绿城中国控股有限公司、中瑞文旅、纵横文旅（上海）实业发展有限公司、金科文旅集团、众安文化旅游有限公司、开元旅业集团、北京中农富通园艺有限公司、浙江瑞银电子有限公司、碧桂园集团、中青旅金控有限公司等开展交流互动，项目考察，实地踏看。7 月 28 日，举行绍兴市上虞区重大文旅项目集中签约仪式，开元皂李湖休闲度假综合体、景德镇陶瓷大学上虞陶瓷高等研究院、丰惠乡村版度假型未来社区等 13 只总投资 111 亿元的重大文旅项目集中签约。

（金妙华）

【曹娥江“一江两岸”文创大走廊一期工程】 该工程总投资 7900 万元，包括中华孝德园城市公园改造项目、中华孝德园风情街改造项目、江上花海婚纱摄影基地和农耕教育基地建设项目、曹娥江文化湿地公园改造项目等工程，年内完成总工程量的 52%。

（许锦妮）

【曹娥江滨水绿道建设一期工程】 该工程总投资 1 亿元，项目包括新建改造滨水绿地约 27 万平方米，新建滨水绿道约 10 公里。于 10 月初进场施工，年底完成江上花海入口全息投影安装并投入使用，孝女路完成彩色沥青铺设，完成投资 300 万元。 （许锦妮）

【曹娥江水上码头配套工程】 该工程共设置 4 座旅游码头分布于曹娥江城区段南北两岸，全部采用浮码头形式布置，包括城市阳台、信义广场、湿地公园及孝女庙 4 座旅游码头。总投资 2000 万元，至 12 月底完成总工程量的 30%。 （许锦妮）

【绿道（游步道）建设二期项目】 该项目总投资 1595 万元，共涉及章镇、永和、长塘、上浦、岭乡、丰惠、下管、梁湖等 8 个乡镇（街道）9 只子项目，修葺或新建古道、游步道、骑行道、绿道 30.5 公里，11 月底全部完成建设。 （徐科杰）

长塘骑行公园 （徐科杰 摄）

【“新山居赋”PPP 项目】 该项目主要包括章镇精品民宿项目配套道路建设工程、长塘镇十里桃园景区配套项目、汤浦镇环溪骑行线景观工程、东澄村—平山村通景道路、天福庵农庄道路改建及停车场配套建设项目，总投资 2550 万元。截至 12 月底，完成投资 2090 万元。 （徐科杰）

【旅游厕所】 新建陈溪竹隐小镇社区服务、覆卮山景区东澄村远教广场、青山村原覆卮小学附近、东山湖景区入口处、盖北野藤葡萄公园森禾花卉基地 5 座景区厕所，改建阳明祖居边厕所、石笋山农庄边、盖北野藤葡萄公园景区内3座景区厕所，完成盖北镇镇东憩息园新型旅游厕所建设。（徐科杰）

市场营销

【概况】 以“诗画曹娥江”为核心主题，围绕“四季赏花”“仙果采摘”“虞舜文化”“运动休闲”“乡村文创”和“专题推介”六大系列举办40余场活动。同时，用好“诗画曹娥江”公众微信号，开通“诗画曹娥江”官方抖音号，中华孝德园·文化旅游风情街获得绍兴市十大“特色文化产业园区（街区）”称号。（阮露瑶）

【“诗画曹娥江”文化旅游节系列活动】 1月26—27日，“风情街年货市集——‘办年货，过大年’”活动在中华孝德园景区文化旅游风情街举行。2月16日，“古韵丰惠·醉美三溪”2019年上虞梅花节在丰惠镇三溪村举行。3月23日，“诗画曹娥江”2019上虞生态休闲旅游节启动仪式暨“亲青恋·周末遇见你”主题相亲游园会活动在章镇张村举行。4月5日，2019绍兴丁宅仙果小镇跑友争霸赛开跑。4月21日，“诗画曹娥江·樱桃传家话”2019下管镇生态文化旅游暨樱桃节在洙凤樱桃基地开幕。4月30日，丁宅桑果节开幕。5月4日，“诗画曹娥江·青春追梦人”上虞青年诗会暨第十届网络文化主题活动启动仪式在城北文化艺术中心小剧场举行。5月11日，2019中国·绍兴（上虞）第三届孝文化节暨孝德文创大观园活动在文化旅游风情街举行。7月12日，2019谢塘翠冠梨开摘暨“虞生优梨”公共品牌发布仪式在谢塘镇小举行。7月20日，“藤缘·盖北”——2019浙江·盖北野藤葡萄文化旅游节在盖北镇启动。8月4日，“诗画曹娥江·休闲上虞行”2019年上浦镇第二届瓷源·莲文化节启幕。8月23日，“诗画曹娥江·猕香溢章镇”2019上虞舜阳红心猕猴桃文化旅游节启动仪式在章镇镇文体广场举行。9月10日，“百年女儿红·诗画曹娥江”百位新人游上虞活动举行。10月4日，上虞区第五届旅游商品博览会——旅游商品展示展销活动在上虞中华孝德园景区举行。10月26日，祭祀中华道德始祖舜帝典礼在中华孝德园大舜庙举行。（阮露瑶）

“百年女儿红 诗画曹娥江”百位新人游上虞活动启幕
（刘　盼　摄）

【“诗画曹娥江休闲上虞行”上虞（上海）系列专题推介活动】 4月13日，“诗画曹娥江　休闲上虞行”系列活动启动仪式暨绍兴上虞（上海）文旅农推介展示活动在上海人民广场举行。4月14日，上虞（上海）文旅农推介展示活动走进合生汇商城、正大乐城等各商场商圈。4月17日，“诗画曹娥江　休闲上虞行”上虞文旅农产品走进上海旅游销售洽谈会在上海大剧院举行。6月13日，“诗画曹娥江 休闲上虞行”绍兴上虞（上海·6月）旅游专题推介会在上海锦江饭店举行。6月14日，推介活动走进上海师范大学校园。7月16日，“诗画曹娥江　休闲上虞行”绍兴上虞（上海·7月）旅游专题推介会活动在上海安曼纳卓悦酒店举行，活动现场启动“诗画曹娥江 休闲上虞行”野藤葡萄开摘仪式。（阮露瑶）

【区登“2018旅游业最美中国榜”】 1月13日，由新华网主办的“第六届旅游业融合与创新论坛”在北京举行，论坛发布“2018最美中国榜”。上虞区以“首批全国最具特色魅力旅游胜地”登上“2018旅游业最美中国榜”。（徐科杰）

【新媒体宣传】 用好“诗画曹娥江”公众微信号，全年累计推送信息174条，单条推送点击量最高达1.3万余人次；内容涵盖活动预播、出游攻略、节会实况、四季仙果、风情街夜市、全域旅游专题等。6月，开通“诗画曹娥江”官方抖音号，发布文旅短视频24条，粉丝累计4093人次，其中单条推送5小时内最高点击量过

10万人次。 （阮露瑶）

【民宿新业态培育】 1月16日，陈溪乡墨隐居花墅和岭南乡覆卮山居2家民宿获得“浙江省银宿”称号。7月26日，岭南乡覆卮山居、陈溪乡雪花谷隐山、陈溪乡墨隐居花墅3家民宿评定为首批区级金宿级民宿，岭南乡国军民宿、岭南乡兵军民宿、岭南乡福祉民宿、岭南乡冰川石浪农家乐饭店、岭南乡君哥农庄、长塘镇景行山居、下管镇管梁7家民宿评定为首批区级银宿级民宿。10月9日，岭南乡东澄村、岭南乡青山村、陈溪乡陈溪村3个村被认定为2019年度首批区级民宿经济特色村。 （阮露瑶）

【文化旅游风情街夜市】 8月起，每周五晚在中华孝德园·文化旅游风情街举办夜市活动。年内共举办23次，引流作用逐步显现，展位由第一期的37家增加至270家。夜市产品种类不断丰富中，每期销售额超50万元。期均人流量2万余人次。 （阮露瑶）

8月2日，首期风情街夜市现场 （阮佳波 摄）

【《天伦传奇》演艺项目】 同景区市场化运营单位合作，完成《天伦传奇》演艺项目剧本编写、演员招募、现场彩排，氛围布置与营造，舞美及观演设施搭建、设备安全监测等前期准备工作，并组建运营团队，落实岗位职责、开展业务培训，组织游客引导与接待。完成基建项目及接待配套建设。10月4日项目实现预演，10月中旬正式商演，截至12月底，累计接待省内外团队530余团、游客近3万人次。 （竺燕锋）

行业管理

【参加绍兴市旅行社安全应急和投诉处理知识培训暨应急演练】 2019年6月24日，在绍兴市稽山宾馆开展全市旅行社安全应急技能培训暨应急演练。参加对象：区文广旅游局市场管理（行业管理）科相关负责人、区3星级及以上旅行社负责人和管理人员、其他旅行社相关负责人。培训内容：1. 交通安全、消防、逃生培训及演练；2. 急病救助培训；3. 旅游投诉处理等。

【组织参加2019年导游（讲解）员培训班】 围绕今年“以文促旅、以旅彰文，文旅融合”的工作思路，为进一步加强导游（讲解）员队伍建设，全面提升导游（讲解）员的综合素质和业务技能，打造绍兴导游（讲解）员品牌队伍，以优带面培养打造一支素质好、业务优、能力强的文化旅游服务导游（讲解）员队伍，绍兴市文化广电旅游局于2019年9月23—27日在浙江旅游职业学院举办导游（讲解）员培训班，组织推荐区内导游参加现。培训内容：导游文化专题知识，游客心理分析导游词撰写、政策法规知识，政务服务接待技巧、全国导游大赛赛制规程、导游大赛比赛经验分享，模拟实训与现场教学等。

【组织旅行社参加全国旅游监管服务平台应用及旅游安全培训】 为全面推广应用“全国旅游监管服务平台”，加强旅游安全管理，提高旅行社平台应用操作和安全应急处置的能力，绍兴市文化广电旅游局于11月18日在绍兴市稽山宾馆举办全国旅游监管服务平台应用及旅游安全培训班，区文广旅游局市场管理（行业管理）科相关负责人、全区旅行社负责人和操作人员参加。培训内容：1. 全国旅游监管服务平台八块内容的实操应用。2 旅游安全形势和案例分析。

【组织参加全省旅行社品质管理和出境旅游业务培训班的通知】 浙江省文化和旅游厅于2019年12月9—11日在杭州举办全省旅行社品质管理和出境旅游业务培训班。参加对象：区文化和旅游主管部门市场管理（行政审批）业务负责人、区出境旅行社“全国旅游监管服务平台”操作人员。培训内容:(一)旅行社业务分享(阿里平台等)。(二)旅行社规范经营专题。1.旅游合同规范性签订。2.旅行社监管中发现的常见问题。(三)“全国旅游监管服务平台”系统操作培训。1.出境团队名单表的线上操作。2.团队管理线上操作。3.电子合同管理。(四)省政务服务网平台操作培训与问题答疑。

(姚瑞琪)

金融业

综 述

【概况】 2019年，全区实现金融业增加值45.31亿元，占全区生产总值4.63%。银行业金融机构本外币存款余额1403.04亿元，同比增长13.77%，较2018年新增169.80亿元；本外币贷款余额1184.72亿元，同比增长9.16%，较2018年新增99.45亿元。

（陈玉良 娄丹华）

【区域融资总量2755.96亿元】 2019年，区域融资总量2755.96亿元，其中区内银行贷款余额1184.72亿元，区外银行贷款余额655.46亿元，银行表外业务余额204.17亿元，直接融资余额692.69亿元，其他18.92亿元。（陈玉良 娄丹华）

【2019上虞"凤凰行动"新启程活动】 1月18日，区政府举办2019上虞"凤凰行动"新启程——宏观经济形势分析暨资本市场发展业务培训。中金公司研究部董事、总经理、首席投资官邱劲，中金资本中金智德董事、总经理、投委会成员杨刘，以及中信证券执行总经理、投资银行浙江分部负责人张宁3位专家分别就宏观经济形势、新兴产业投资发展与资本市场改革前沿动态等方面作主题演讲。（陶铄能 娄丹华）

【"凤凰行动"上虞计划受关注】 5月9日，浙江省人民政府办公厅发布《关于对2018年落实有关重大政策措施真抓实干成效明显地方予以督查激励的通报》（浙政办发〔2019〕32号）。区实施"凤凰行动"计划，推动企业上市和并购重组工作力度大、成效明显，受到省政府督查激励。多位上级领导先后来上虞考察调研重点民营企业金融风险防范化解、"凤凰行动"上虞计划和上市公司引领产业发展示范区建设等工作开展情况，给予高度评价。（陶铄能 娄丹华）

【贝斯美在创业板首发上市】 经中国证券监督管理委员会证监许可〔2019〕1783号文核准，并经深圳证券交易所同意，绍兴贝斯美化工股份有限公司向社会公众公开发行人民币普通股(A股)股票3030万股，发行价格14.25元/股，发行市盈率22.99倍，募集资金4.32亿元。11月15日，公司在深圳证券交易所中小板挂牌上市，股票简称"贝斯美"，证券代码：300796。

（陶铄能 娄丹华）

绍兴贝斯美化工股份有限公司在深圳证券交易所创业板首发上市，区长徐军（左六）出席（金融办 提供）

【区入选"全国县(市)域资本竞争力20强"】 年内，全区新增上市公司1家(绍兴贝斯美化工股份有限公司)、新三板挂牌企业 1 家(浙江秦燕科技股份有限公司),居绍兴市第 1 位。截至年末,全区境内 A 股上市公司达 17 家,总市值 2356.85 亿元,占绍兴全市的 44.95%。在上海证券交易所、浙江省地方金融监督管理局联合举办的 2019 中国资本年会暨湖州峰会上,区入围"全国县(市)域资本竞争力 20 强"。

(陶铄能　娄丹华)

【支持民营企业高质量发展投融资论坛】 6 月 21 日,区政府举办金融支持民营企业高质量发展投融资论坛。区被授予"省级信用县"金牌,区政府与中国人民财产保险股份有限公司绍兴市分公司签订战略合作协议,区促进基金业加快发展工作领导小组办公室与杭州枫惠六和桥创投科技有限公司签订基金项目产业园合作协议,上虞农商银行为入驻区凌诺众创空间的企业、创客团队及个人授信 5000 万元,区内 20 家银行业金融机构签署《上虞银行业联合支持民营企业民营经济高质量发展公约》。(陈玉良　娄丹华)

【平安银行上虞专营支行设立】 11 月 14 日,平安银行股份有限公司绍兴上虞小微企业专营支行正式开业,该行位于上虞区百官街道峰山南路 518 号 A 区一楼 101 单元。截至年末,全区共有银行业金融机构 21家。(陈玉良　娄丹华)

平安银行股份有限公司绍兴上虞小微企业专营支行开业　(金融办　提供)

中国人民银行上虞支行

【概况】 2019 年,中国人民银行上虞支行(以下简称支行)统筹推进优服务、防风险、强双基等各项工作,落实好稳健货币政策和宏观审慎政策双支柱调控各项要求,引导金融机构合理安排信贷总量和投放节奏,做好全年信贷调控工作。年末,全区银行业金融机构各项存款余额 1403.04 亿元,比年初增加 169.80 亿元;各项贷款余额 1184.72 亿元,比年初增加 99.45 亿元;全区直接融资新增 518.39 亿元,同比多增 402.89 亿元;全区企业异地信贷余额 655.46 亿元。年度外债签约 7.42 亿美元、对外担保余额 10.93 亿美元。

【深化民营小微服务导向】 以走访工作为载体,抓好"三服务"工作,支行领导带队走访企业 16 家,组织政银企恳谈会 2 次,帮助企业解决金融服务需求 20 多个。通过专项激励约束、窗口支持、支小再贷款等方式,持续加大对小微企业支持力度。全年累计发放支小再贷款 4 亿元;年末,全区普惠口径小微企业贷款余额 192.58 亿元,增长 28.86 亿元(新口径)。

【推进特色小镇建设】 探索金融支持 e 游小镇发展,协调辖内银行对 e 游小镇小微企业集中授信 10 亿元,支持小微企业与 e 游小镇同步发展。

【资金集中运营试点】 深化跨国公司外汇集中运营管理改革试点,指导帮助跨国公司充分应用跨境资金集中运营相关政策,统筹使用境内外资金,降低企业运营成本。年末,龙盛集团、卧龙集团 2 家跨国公司累计实现跨境收支规模达 25.11 亿美元。据估算,此举累计减少汇兑损失 145.92 美元,降低融资成本 262.07 万美元,避免违约损失 24266 万美元。

【支农再贷款 1.3 亿元】 利用再贷款定向支持"三农"经济和小微企业发展,年内向支持对象下拨 1.3 亿支农再贷款,客户获得资金成本较同类信贷产品低 2 个百分点,实质性让利 960 万元。

【加大监管力度】 贯彻落实"查处分离"工作要求,保持对金融机构的监管力度,进一步规范辖内各类金融业务。协助公安侦破 2019 年全国首起假币案,先后破获摧毁假币团伙 2 个,捣毁制假窝点 3 处,抓获涉案犯罪嫌疑人 12 名，缴获假人民币 140 余万元；配合公安破获一起特大异地非法经营支付结算业务案，涉案金额高达 57 亿元，被公安部列为精品案件。

【区域信贷风险处置】 全年处置不良贷款余额 20.25 亿元，年末不良贷款余额 8.25 亿元，不良率 0.70 %。重点集团企业风险化解工作取得实质性进展，金盾系 8 个主要公司重整基本完毕。

【移动支付便民示范工程】 移动支付推广取得突破，大力创建绍兴大通购物中心移动支付示范商圈显成效；“智慧医疗”已陆续在 4 家区级医院、19 家卫生院和 3 家私人医院运行。银行卡助农服务点星级提升取得新进展，辖内 256 个银行卡助农服务点，其中新增省级五星级服务点 11 个，总量达到 22 个，居绍兴各县市之首。

【首批省级“信用县”创建】 全区 38 个部门通力合作，群策群力、集思广益，成功创建全省首批信用县。并以此为依托，在全区形成信用体系建设长效机制，持续做好辖区信用环境优化工作。

【国库履职水平提升】 支行在年内首创“退库收款人账号编码规则前置审核”，疏通业务运行堵点，提升退库办理效率，助力减税降费政策及时精准落地。全面推广银行端网签模式，扩大网签三方协议的银行范围和纳税人覆盖面，全年 TIPS 收纳预算收入 297.08 万笔，占全部收入的 99.95 %。

【公众金融知识普及】 延续“四季仙果之旅”特色宣传和依托“金融知识普及月”活动，开展反洗钱、反假、支付清算、征信等现场金融宣传 900 多次，累计受众达 8 万余人。打击电信网络新型违法犯罪行为，组织辖内金融机构向公众宣传非法吸收存款、集资诈骗、返利传销等涉众型犯罪带来的危害，提高社会公众风险防范意识。 （竺刘勇）

国有、商业银行

【中国工商银行上虞支行】 至年末，中国工商银行上虞分行（以下简称支行）各项存款余额 123.4 亿元，较上年年末增加 20.4 亿元，增幅 19.8%；各项贷款余额 99.15 亿元，较上年年末增加 8.8 亿元，增幅 9.7%；不良贷款余额 1931 万元，不良率 0.2%。

支持地方经济，创新发展绿色金融。年内，支行携手农发行组成银团，发放银团贷款 16.57 亿元，其中工行 8 亿元，用以支持美丽乡村项目建设，带动绍兴乡村生态旅游发展。针对小微企业生产经营活动与资金周转具有各自特征的特点，支行从品种、期限、业务模式等入手，全面优化线上和线下融资服务。全年新增服务 35 户小微企业，270 户个体工商户，新发放融资 4.4 亿元，大力扶持民营经济。

优化网点布局，支行在年内重装改造 3 家网点，投放智能设备，提升服务硬软件设施，实现所辖网点智能设备的全覆盖。改进网点现场服务，实现网点智能柜员机全覆盖，一机受理用户开户、查询、汇款、理财、贷款以及缴水电煤气费、电话手机宽带费、交通罚没款等 200 余项金融及生活服务。实现公积金网上自助贷款、提款、还款一条龙服务。

年内，支行列浙江省县域支行绩效考核第六，创建中国银行业协会文明服务五星级网点。 （张海红）

【中国农业银行绍兴上虞支行】 2019 年，支行各项工作扎实推进，经营管理实现高质量发展。年末存贷规模达 355.31 亿元，稳居四行第一，其中各项存款余额 185.88 亿元，比年初增加 31.77 亿元，余额四行占比 37.27%，比年初上升 1.565%；各项贷款余额 169.43 亿元，比年初增加 39.14 亿元，余额 4 行占比 38.81%，比年初上升 3.77%，存、贷款总量、增量均居四行第一。实现中间业务收入 1.06 亿元。不良贷款实现“双下降”，全年累计处置不良贷款 1.77 亿元，其中现金清收 1.47 亿元，位列全省农行各一级支行第八。

配合政府重点工作。近年来已向前江、光明两村棚户区改造，小城镇环境综合整治，美丽乡村建设，城市截污排涝等项目投放近 70 亿元。与经济开发区管委会签约，提供 100 亿元融资额度，助推上市公司培育、产业示范区建设。与上虞文化旅游集团有限公司签订 60 亿元的信贷支持合作协议。推进市民卡项目和银医通项目。

深化落地乡村振兴战略。全年,支行农户贷款余额10.24亿元,惠及农户3740余户。搭建农村金融互联网平台,有效推广线上自助操作的“惠农e贷”,余额8.4亿元,较年初增加4.65亿元。继续选派干部到2个乡镇挂职,发挥银、政、农之间的桥梁纽带作用,履行支农使命、服务乡村振兴、深耕农村市场。

支持实体制造企业。有效落实“百行进万企”活动要求,全年走访区内上市后备企业及优势中小企业80余家,与70余家企业建立业务合作关系。支持上市、拟上市公司10家,新增授信4.12亿元,新增优质民营企业贷款6.86亿元。全区规上企业信贷合作量达到269家,占比35%。落实国家普惠金融工作相关要求,切实加大支持力度,支持新小微企业176家,投放贷款4.33亿元,其中普惠口径新增174户,金额3.72亿元。实施普惠利率,利率水平比上年同期下降10%以上,有效解决企业“融资贵”难题。

提升窗口服务质量。助力“最多跑一次”改革,通过派员工到区便民中心、公积金中心、“e游小镇”驻点,加速网点转型、布放大量智能设备等措施,有效优化服务流程,提升客户体验。

支行获评金融支持经济发展考核一等奖、“金融创新支持经济发展优胜单位”等荣誉,获2019年度银行业金融机构专业工作中的支持小微发展、支持制造业发展、外汇业务、人民币反假四项先进集体。支行亮剑青年突击队被授予浙江省分行“全省农行优秀青年突击队”称号。 (芦　明)

【中国银行上虞支行】 2019年末,支行本外币存款余额为897897万元,同比增长21045万元;本外币贷款余额为885532万元,同比下降7286万元;实现营业收入24349万元、净利润11570万元。

年内,支行围绕“敏捷反应、激发活力、重点突破”的指示精神,始终紧跟上虞地方经济发展规划,因地制宜地选择主攻方向,聚焦实体经济、创新金融服务,尤其在支持政府重大项目和重点企业等方面展开实践并取得成效。营销浙江蓝城宏逸有道建设管理有限公司基本户,并于9月29日成功投放1.44亿元项目贷款。持续跟踪推进浙江龙盛集团股份有限公司智慧园区项目,嵌入其门禁考勤、饭卡充值、扫码就餐等系统。参与政府性项目,中标上虞区财政资金竞争性存放项目6个月定期存款3500万元;中标上虞区建设发展有限公司6个月定期存款1989万元;中标中共绍兴市上虞区委统一战线工作部基建账户与1009专户;中标上虞国投3亿美元境外债全球协调人。

风险防控与清收化解,优化资产质量。通过现金收回、核销、非重组调整等方式处置化解不良贷款7777.37万元,不良贷款余额与不良贷款率再次实现双降。截至12月底,支行不良贷款余额为4842万元,较年初下降1689万元;不良贷款率为0.55%,较年初下降0.18%。

优化网点布局,提升网点形象和服务质量,年内对辖内杭州湾支行、道墟支行和东关支行3家网点进行重新装修。5月,支行选派4人组成代表队参加绍兴市分行第二十二届业务技能比赛,获取团体第一。

年内,被中国人民银行上虞支行评为银行业金融机构“A等机构”,在绍兴市精神文明建设委员会的复评中继续保留“绍兴市文明单位”称号。 (陈思远)

【中国建设银行上虞支行】 2019年,支行一般性存款余额99.6亿元,比年初新增8.09亿元;各项贷款余额79.37亿元,比年初新增2.7亿元;实现中间业务收入6180万元;不良贷款余额1659万元,不良率0.21%,当年处置不良贷款21862万元。

加快推进“三大战略”。支行全年普惠金融贷款余额8.08亿元,较年初新增2.31亿元,余额新增在当地四行位列第一。创新推出“四季仙果惠农贷”,累计发放4户,金额50万元。加快青春公寓住房租赁项目推进。全年住房租赁监管平台新增房源核验及合同备案800多户,建融家园APP新增获客300余户。推进金融科技工作,覆盖悦生活党费收缴系统16户,为2个寺院共安装电子功德箱4台,投入286万元支持上虞人民医院、上虞中医院“智慧医院”项目建设,实现医疗结算费用全渠道支付。

加大对重大项目支持力度。全年重大项目贷款获批5个,金额11.05亿元,投放10.4亿元。认购政府平台债券4.3亿元,其中上虞交投2.7亿元、杭州湾1.6亿元。绍兴保泓置业房地产贷款项目落地,贷款当年投放7.2亿元。

支持中小企业和农村金融。与上虞供销社、退役军人事务局加强合作，在全区 360 个村居开设“村口银行”，实现村村通。“小微快贷”余额 2.24 亿元，新增 1.41 亿元，小微企业授信客户数 366 户，新增 218 户。

（赵金丹）

【交通银行股份有限公司绍兴上虞支行】 2019 年末，支行各项人民币存款余额 52.5 亿元，比年初增加 2.6 亿元，贷款余额 48.9 亿元，比年初增加 2.5 亿元，各项的业务发展稳健。被评为第六轮浙江省银行业金融机构安全评估工作优秀单位；在国家外汇管理局上虞支局举办的“第二届国际收支统计知识竞赛”中荣获团体三等奖。

年内，支行支持地方经济发展，助力乡村振兴，支持新农村发展与乡村旅游建设，全年乡村振兴贷款余额 13 亿元；发展绿色金融，向相关符合科学发展要求的企业发放绿色信贷资金 3.63 亿元，支持企业实行污水治理、节能环保、再生能源利用。助力小微企业发展，大幅度降低小微客户的贷款利率，着力解决融资难和融资贵问题；推出小微业务线上产品，全年共发放“线上抵押贷”55 笔，贷款余额 6226 万元。

抓好新业务开拓，向交通银行总行推荐投资区政府平台公司债券共计 3 亿元；强化资产管理，加强不良资产的处置清收，于 9 月完成金盾的不良贷款的处置，截至 12 月末，支行不良贷款率为零。（徐晨菲）

地方金融机构

【浙江上虞农村商业银行股份有限公司】 2019 年末，农商行资产总额 518.24 亿元，比年初增加 62.67 亿元，增幅 13.76%。其中各项贷款余额 307.58 亿元，比年初增加 45.14 亿元，增幅 17.20%，贷款规模在全区占比 25.96%。负债总额 465.87 亿元，比年初增加 58.53 亿元，增幅 14.37%。其中各项存款余额 443.13 亿元，比年初增加 47.4 亿元，增幅 11.98%，存款规模在全区占比 31.58%。

年内，农商行推广乡村振兴战略合作模式，与全区 21 个乡镇、100 个行政村签订乡村振兴战略合作协议，被评为“乡村振兴主办行”。开展“普惠大走访”活动，创新金村工程推进方式，持续加大对农户、新型农业经营主体、美丽乡村建设等支持力度。开展民营企业大走访活动，创新企业产品服务，推出小微通、企业循环贷、厂房贷、企业物产贷、小微续贷通和票据池等业务，助力小微企业、民营企业等实体经济发展。推动政务、金融服务一站办理，推出不动产线上抵押登记一站式服务；推进智慧校园、智慧医疗等场景建设，累计接入校园云 12 家，接入数量全省农信系统第一；全区 24 家医院实现传统银医通业务的支付对接，成为区内金融系统首家全渠道开通刷脸付和信用医疗的金融机构；在全省农信系统率先推出“智慧人社”项目，实现在线挂号、问诊及缴费等医保一站式服务功能。

加强财务会计精细化管理，优化资产负债管理系统，开展以会计达标为要点的全面检查。年内，农商行推进信用风险管理系统、全员绩效考核系统、综合信息门户等项目建设，以数据质量监测为抓手，开展基础数据治理，实施报表集约化管理，所有审批事项实现移动化。（冷新波）

【富民村镇银行】 2019 年，村镇银行各项存款余额 17.61 亿元，比年初增加 9.88 亿元，增幅 215%，列在全国 43 家富民系村镇银行中第一；各项贷款余额 13.33 亿元，比年初增加 1.85 亿元，增幅 16.11%；贷款户数 3524 户，比年初增加 889 户，增幅 33.74%；不良率 0.94%，较年初下降 0.35 个百分点。

作为地方农村中小金融机构，村镇银行深入推进普惠金融工作，年内共与 100 余个村签订银村合作协议，帮助企业解决经营困难，将信贷资金投放到实处。年内在 20 家参加村级资金存放资格竞标中，村镇银行成为区 4 家中标银行之一。

村镇银行创建“枫桥式”金融消保服务站，不断提升服务金融消费者的质效，自觉维护金融消费者的权益，做到全年无投诉。被绍兴市精神文明建设委员会评为“绍兴市文明单位”，获评上虞区委区政府颁发的金融创新支持经济发展优胜单位称号和 2019 年度发展贡献奖。

（任　樱）

政策性银行

【中国农业发展银行绍兴市上虞支行】 2019年末，支行存贷款规模782575万元，比上年增加14415万元，增长1.88%。其中，各项贷款余额640634万元，比上年增加8950万元，增长1.42% 。各项存款余额141941万元，比上年增加5465万元，增长4%。各项财务收入32759万元，比上年增加2740万元，增幅9.13%；各项财务支出24690万元，比上年增加631万元，增幅2.62%；账面利润8069万元，比上年增加2109万元，增幅35.39%。

聚焦“三农”重点领域，全力服务农村现代化，大力支持乡村振兴。在年内，支行在做好传统政策性业务工作的同时，强化政策性职能，配合上虞财政、发改等部门，深入了解、及早做好收购资金的需求预测和收购贷款的申报准备，向上级行争取资金，充分保证全区收购资金需要。全年地方储备粮油贷款累计发放22438.75万元。这是10年一次的全国政策性粮食库存大清查的检查时点，支行配合发改、收储公司，组织人员进行银企对账、实地库存核查，共同做好本次大清查工作。拓展政府性项目贷款业务，支持乡村振兴等重大民生工程。在已获批的8.57亿元上虞美丽乡村PPP项目的基础上，年内已将贷款全部投放完毕，所发放的7.07亿元贷款均为PSL贷款资金，有效降低企业贷款成本。

深化改革，推动行内系统升级，优化服务提升支撑。年内自主研发的网银系统在全行实现上线服务，完成柜面支付向网上电子支付的跨越。至年末，网银业务开通客户数11家，业务量1016笔，金额5133.19万元，离柜业务替代率56%。（樊依琳）

股份制银行

【中信银行股份有限公司绍兴上虞支行】 2019年，支行各项存款余额55.47亿元，其中对公存款38.49亿元，储蓄存款9.07亿元；各项贷款余额29.48亿元，其中对公贷款余额26.7亿元，零售贷款5.79亿元；国际结算量2.19亿美元。

经营上，主动契合地方经济特点，支持地方经济的建设，开展债券承销工作，投资上虞城建公司债及上虞经开公司债等债券9.8亿元；为企业排忧解难，支持地方企业的发展，全年共为15家实体企业（集团）新增16.92亿元授信，为上虞国投及上虞城建集团申报并获批集团综合授信89.36亿元和32.7亿元，为政府平台公司开展各类综合融资业务创造契机；大力支持出口贸易企业，助力外贸经济发展，全年国际收付汇2.4亿美元，市场占比4.5%，列区域股份制银行第一位。

抓内部管理，注重合规经营和安全经营。开展“金融乱象整治”“反洗钱风险评估与整改”“平安中信合规文化季”“第六轮安全评估”等活动，实现全年安全经营无事故。（周建文）

【绍兴银行上虞支行】 2019年，支行实现营业收入3.84亿元，比上年同期增加4066万元，同比增长11.85%；实现账面利润1.46亿元，比上年同期增加1147万元，同比增长8.52%；各项存款余额66.78亿元，较上年末新增7.72亿元，同比增长13.07%；贷款余额为65.73亿元，较上年末新增3.13亿元，同比增长5%；在总行综合目标完成率排名中，排名前列。

年内，上虞支行服务实体，国际结算量完成率排名跃居全行第一位，被区委区政府命名为“金融创新支持经济发展优胜单位”和“纳税百强企业”称号。支行致力普惠金融，网点布局不断延伸，队伍不断壮大，下辖第4家网点东关小微企业专营支行的开业，网点分布实现全区覆盖。在总行组织的柜员星级考试中，支行获绍兴市区团体第一，本级营业部被授予“优质文明服务示范网点”称号。（何梦嘉）

【浦发银行上虞支行】 2019年，支行围绕区政府经济工作会议精神和分行“三年振兴计划”，把握“调整结构、压降风险、提质增效、强化管理”的经营主线，聚焦营收增长，狠抓重点业务，强化风险经营，加强合规管理。截至年末，本外币一般存款余额23.8189亿元，增加2.21亿元，增长10.24%；其中储蓄存款余额9.2211亿，增加0.5449亿元，增长6.28%。

年内，支行坚持以客户为中心，深化结构调整，加快网点转型推进步伐，充实零售条线营销队伍，结合网点产能提升工作，加快推进重点业务领域突破与员工队伍建设，充分发挥厅堂联动和公私联动两大机制，不断做大零售业务基础客群，保持零售业务的良好发展势头，提升零售各项占比。支行继续推进结构调整，重点对公司资产业务进行调整，通过对劣质资产的淘汰、优质资产的投放，促使资产业务结构得到优化。支行把整治银行业市场乱象作为年度重要工作，明确第一责任人，制订工作实施方案，就内部分工、工作职责、业务范围和工作任务目标等进行自查自纠。开展对风险企业摸底排查，实施分类管理，使支行的实质性风险资产继续实现有效出清，资产质量明显好转。（高　荣）

【华夏银行股份有限公司绍兴上虞支行】 2019年，支行坚持高标准的“三位一体”发展，打好总量和质量“两个攻坚战”，守住合规安全运营“一个底线”，实现有质量的发展。年末，一般性存款余额27.74亿元，比年初增加4.05亿元，其中对公存款19.71亿元，比年初增加3.08亿元，储蓄存款8.03亿元，比年初增加0.97亿元；各项贷款余额31.05亿元，比年初增加2.48亿元；年度国际结算量1.61亿美元，结售汇1.03亿美元；实现账面利润9154万元；风险保障稳健，资产质量总体为优。

对接当地市场，挖掘客户需求，推出新产品，开展新业务，加强产品推广运用，丰富客户服务手段。年内落地美元债业务一笔，项目金额4200万美元，债权融资项目一只，金额5亿元；累计发生福费廷业务1.97亿元，累计为客户办理贴现1.58亿元，累计为客户办理电票业务4.8亿元，实现保函业务金额1381万元。（赵汉军）

【中国邮政储蓄银行上虞区支行】 2019年，支行全年存款余额47.36亿元，比上年新增2.16亿元，同比增长4.78%。各项贷款余额为33.17亿元，比上年新增5.30亿元，同比增长19.02%。

承担社会责任，提供优质金融服务。年内，支行与当地退伍军人事务局建立起良好的联络机制并签订战略合作协议，取得在退役军人集中办理退役手续时为其提供独家金融服务的资格。支行获得涉农惠民财政性补助资金“一卡通”管理代发行的统一代发资格，并与区财政局、区人力社保局做好对接工作，投入大量人力物力进行系统研发，为代发提供科技支撑。支行与上虞日报合作，在主流媒体上加强对邮储品牌及业务产品的宣传工作。配合区金融办开展普惠金融产品推广，创新普惠金融服务，助力民营企业发展。

开展“平安邮储”创建活动，以第六轮安全评估工作为助力，扎实推进各项安全保卫工作，全年未发生安保类责任事故。被公安部门评为绍兴市治安安全单位、年度区级治安保卫重点单位。（徐欣力）

【浙商银行绍兴上虞支行】 2019年，支行各项存款余额54.3亿元，较年初新增14.74亿元，各项贷款余额48.65亿元，较年初新增9.31亿元。个人金融资产余额97.54亿元，较年初新增14.42亿元。

为加快核心客户及基础客户群体培育的两大体系建设要求，支行通过分层营销、强化管理，以“平台化”思维做好客户营销、业务拓展、服务提升，充分运用“三大平台”等产品优势，提升平台综合化服务的发展理念。服务智能制造，注重创新发展，为全区智能制造、新兴行业、产业升级等，提供金融支持。（陈俞文）

【中国民生银行绍兴上虞支行】 2019年末，支行存款余额35.56亿元，较年初增加11.8亿元；各项贷款余额36.71亿元，较年初增加1.66亿元。

公司业务方面，支行加强业务创新，推动转型升级。建筑行业客户模式开发成功。对建筑公司的产品应用，采取复制的模式，快速拓展行业客户；金融市场投资业务持续发力，公司债、纾困债投资均属民生银行绍兴分行首单。零售业务方面，多措施拓展客群，实现零售金融资产有效增长。利用大额存单、结构性存款、天天增利等产品优势，做好客户储蓄留存；坚持分层管理，电话营销 + 邀约见面相结合，做好存量和流量客群经营工作，保证客户回馈常态化，保持金融资产规模持续增长。年内，支行储蓄规模和零售金融资产规模均列民生银行杭州分行下辖第一位。

（张建晖）

【杭州银行绍兴上虞小微企业专营支行】 2019年，支行各项存款余额138447万元，其中对公95251万元，储蓄43193万元。各项贷款余额87159万元，其中小微贷款39401万元，零售贷款47758万元。全年开户数22500余户，其中个人客户22000余户，对公客户近500户，综合财富年销售近20亿元。

支立足授信金额1000万元以下小微客户，持续深入市场、乡镇、工业集聚区一线挖掘优质客户，遍布崧厦、丰惠、小越、开发区、杭州湾园区等地。年内投放小微企业贷款11户，金额3181万元；个人经营贷款240户，金额36220万元。

强化信贷风险管理。通过春节前信贷风险排查、小微抵押物排查、设立支行信贷业务评审小组等方式控制贷款风险，截至12月末，支行不良率控制在0.36%。（方宏辉）

【招商银行绍兴上虞小微企业专营支行】 2019年，支行各项存款余额7.28亿元，比年初增加1.17亿元，各项贷款余额8.44亿元，比年初增加1.68亿元。信贷资产质量提升，贷款不良率由年初的0.12%下降至年末0.09%。

年内，支行利用短视频等新型传播方式对年轻客群进行金融知识普及，对老龄客群进行防范电信网络诈骗宣传。在完善金融服务方面，支行秉承“因您而变”的服务理念，不断提升服务质量，下乡进企服务客户，全年上门办理业务300余次，使200多户企业近2000人享受足不出户的便利。持续推动金融科技与业务融合，推广“一分钱坐公交”“闪电贷”等手机银行便捷服务，多方面提升客户体验。支行着力完善安全防范工作，严格落实银行业金融机构行业标准和规范，查漏补缺，通过全区银行业金融机构第六轮安全评估工作。（田　薇）

【宁波银行绍兴上虞支行】 2019年，支行抓住金融服务实体经济这个根本，防控金融风险，深化金融改革，提升金融服务品质，实现存贷款快速健康发展，资产质量处于绍兴全市金融系统优异水平。截至年末，各项存款余额20.37亿元，较上年增加8.64亿元，增幅73.66%；各项贷款余额14.07亿元，较上年年末增加11.3亿元，增幅407.94%；不良贷款余额7.1万元，不良率0.01%。

年内，针对小微企业生产经营活动与资金周转具有各自特征的特点，支行全面优化线上和线下融资服务，为小微企业提供便捷安全的金融支持。全年新增服务608户小微企业，新发放融资1.69亿元，大力扶持民营经济。

在管理上，支行推出“三项完善”服务营销，使风控体系更趋完善，落实金融机构行业标准和规范，扎实推进对金融乱象的自查和整改，提升金融服务的质效，降低信贷风险。（陈　澜）

【台州银行上虞小微企业专营支行】 2019年末，支行各项存款余额3.3亿元，贷款余额2.89亿元，贷款户数升至696户。

年内，支行确立服务小微企业的市场定位，降低小微企业金融服务门槛，有效提高小微企业贷款可获得性，更好地促进小微企业可持续发展。针对小微企业融资问题，一是推出“商赢·易贷”“存贷合一卡”“信用·易贷”等产品。二是坚持“额小面广高效”特色，推广村居标准化作业流程，开展村居预授信，通过“网格化营销，标准化作业”，持续开发农村市场，快速扩大村居客户群。三是持续开展客户大走访，实现让客户经理“多跑路”，让企业、群众“少跑腿”，健全银行与客户之间的交流沟通机制。四是推进移动办公，客户经理随身携带PAD走村入户上门为客户在现场办理移动开户、实时发起贷款申请、征信查询、现场资料采集等一系列业务操作，使贷款业务办理时间最短可缩减至90分钟，客户只需在签订合同时到营业机构办理一次手续。五是根据客户现金流状况，量身定制还款计划和还款方式。对农业、制造业等资金运用周期相对较长的客户，根据客户实际需求发放6个月以上的贷款，结合客户资金流状况选择标准分期还款、部分分期还款、灵活分期还款等还款方式。（叶健平）

【浙江泰隆商业银行股份有限公司绍兴分行上虞支行】 2019年末，支行存款余额3.35亿元，较年初增加13276.96万元，贷款余额3.94亿元，较年初增加20324.79万元。其中不良贷款116.56万元，不良率 0.29%。

支行坚持小微企业市场定位不动摇，始终服务小微企业、个体工商户，重点推进农村金融服务及普惠金融服务，凡对符合“两有一无”的企业，均可纳入支行授信准入对象。支行根据小微企业有效抵押物不足的实际情况，探索和创新担保方式，推出“小微企业主贷款、亲人友人恩人担保”的道义担保贷款。

针对小微企业信息不对称难题，支行遵循“到户调查”和“眼见为实”原则，通过“面对面”沟通和“背靠背”了解，全面观察客户的“三品”。“三品”中，一看“人品”，二看“产品”，三看“物品”。支行不单纯依赖客户的财务报表，还看“三表”——水表、电表、海关报表。

简化流程，提高效率。支行坚持从“三品”“三表”开展信贷调查，简化业务办理流程，简化资料手续，确保“新客户 3 天、老客户 3 小时”的“三三制”信贷服务承诺，以解决小微企业“短、频、快”的融资需求。

为降低企业融资成本，支行继续实施“裸利裸费”政策，除利息外不收取任何费用，在服务收费方面，支行在严格执行政府和监管部门指导价的基础上，进一步对农村客户进行大幅度倾斜。（章　薇）

保　险

【中国人民财产保险股份有限公司绍兴市上虞支公司】 2019 年，支公司实现保费收入 40281 万元，累计上缴各类税费 3303 万元，处理各类赔案 25821 件，支付各类赔款 26469 万元，获评上虞区金融创新支持经济发展优胜单位。

年内，支公司与区人民政府签订《全面战略合作协议》，为全省首家县支公司，先后与区农业农村局、气象局、应急管理局签订战略合作协议，并与区多个部门开展合作，在民生、医疗、教育、外贸、科技、安全生产等领域发挥风险保障作用。护航 2019 全国春季游泳锦标赛、曹娥江国际半程马拉松赛、中外名校赛艇挑战赛、国际龙舟大奖赛、绍兴市第九届运动会暨第二届市民运动会，为赛事免费提供各类保险以及相关保障服务。

集中优势资源，为承保企业提供一揽子金融保险服务。在建设工程领域，开办建设工程综合保险，着力解决建筑企业各类保证金缴纳手续繁杂、占用资金额度大、人力财力成本高等突出问题，盘活企业资金，提振发展信心，全年为 34 家建筑企业提供担保支持。在司法领域，推动司法救助保险、执行悬赏保险项目，为有效化解执行不能、长期信访、推动解决执行难问题发挥作用。在外贸领域，与卧龙集团合作试点关税保证保险，有效提高进口货物通关效率。独家承保上虞区小微出口企业信用险政府联保项目，助力区小微企业出口贸易健康快速发展。

创新产品，优化服务，拓展保险参与农业农村经济发展与社会治理的领域，构建农村保险综合服务大平台。全年累计农业保险保费收入 2648 万元，为 3484 户种植养殖农户提供 6.95 亿元风险保障，支付农业赔款 2690 万元。在承保杨梅气象指数保险的基础上，3 月推出水蜜桃种植保险，10 月底协助省气象中心完成桑椹、樱桃气象指数保险前期实地调研工作。

年内，支公司响应区委、区政府“最多跑一次”改革，推出“理赔夜市”“在线理赔”“出险代步车服务”“代办年检”等一系列创新服务举措，利用客户线上化、“车主惠”APP 推广，通过“线上 + 线下”相结合，满足客户多元化需求。2018 年 7 月，与区公安分局交警大队联合成立警保联勤队，经过 1 年多的实践，在助推政府治理交通拥堵的新模式、打通事故理赔最后一公里中发挥作用。警保执勤范围从最初的百官主城区扩面至曹娥、梁湖、东关、道墟、崧厦、长塘等区域，“在线定责 + 在线理赔”模式推出，实现轻微道路交通事故快处快赔，有效减少道路交通拥堵，全年警保联勤累计处理轻微交通事故 8681 起，服务群众 18500 余人次。支公司推动“两站两员”建设，已完成东关街道马家桥村“两站两员”农村交通安全管理站一级标准站点建设。（厉盈楠）

【中国人寿保险绍兴市上虞区支公司】 2019 年，支公司以“双百强”及“重振国寿”标杆单位创建工作为目标，以业务发展和队伍建设作为全年工作核心，高目标引领、高质量发展，明确经营思路，把握经营重点。全年共实现保费收入 4.11 亿元，同比增长 9.89%，共纳税 453.92 万元。占全区市场份额 32.26%，比上年同期上升 1.19%，位居上虞寿险市场第一。全年共处理赔案 4220 件，赔款共计 2124.82 万元，保障 4220 名出险客户利益。

支公司深入贯彻坚决打好防范化解重大金融风险攻坚战重要指示精神，对非法集资、非法放贷、金融诈骗等的犯罪行为给予严厉打击，在金融保险领域开展持续的扫黑除恶、乱象整治、反洗钱、监管政策落地情况等各类风险排查工作。年内，支公司不断优化服务功能，推出“重疾一日赔”服务，客户可通过 95519 电话、微信、中国人寿寿险 app、企易赔等移动终端报案，只要满足条件便可通过绿色理赔通道，1 日内完成理赔处理。（朱瑾瑶）

【太保产险上虞支公司】 2019 年，支公司以“双优双对标、双向双优化”为工作指引，确立“对标一流、看齐先进”的转型发展目标，实现公司经营平稳、健康发展的良好局面。至年末，保费收入 1.45 亿元，同比增速 4.42%，占全区保险市场份额 15.79 %，综合赔付率 58.29%。

年内，支公司根据上级公司以及监管部门要求，狠抓内外理赔管理，对内强化“五损共治”，对外加强协同，与行业协会、主要同业、公检法等增强互动，严厉打击保险欺诈，注重合规管理，全司上下统一认识、内控外宣，设立合规墙，积极完成反洗钱、非法集资、非保险金融产品销售自查、扫黑除恶等各项常规宣传及防控工作。职场大厅开辟区域设立标准化的具有绍兴特色的“枫桥式”金融消保服务站。（徐昕媛）

【中国太平洋人寿保险上虞支公司】 2019 年，支公司围绕总公司提出的“三个转变”，以“诚信天下，稳健一生”的文化核心价值观为指导，进一步调整业务结构，抓好两核体系管理，实践“三个转变”，全面提升管理水平，做强做大“个险传统险与意外险”两项业务。截至年末，实现续保、新保收入 3.67 亿元，完成全年计划任务的 110%，其中个险新保收入 1.82 亿元，同比增长 10%，居全省太保寿险各支公司第一。全年共处理各类理赔案件 2000 多起，赔款金额达 1260 万元，客户满意率 100%。

年内，支公司贯彻落实上级公司关于“打击非法集资、铲除黑恶势力、遏制洗钱犯罪”等重要指示，自觉维护地区金融秩序，开展形式多样宣传活动，采用 LED 屏播放，摆放宣传折页、宣传手册等，向客户宣传反洗钱知识。优化服务意识，推出“太慧赔(3 小时)结案系统”，并应用“大数据”功能加快客户报案、理赔速度，采用寿险 APP、微信、移动客户终端等技术方便客户。（徐　军）

【中国平安财产保险股份有限公司上虞支公司】 2019 年，支公司保费收入达 1.9 亿元，较上一年增长 10.9%，市场份额保持全区第二。

年内，支公司推出“信任赔”服务产品，通过人工智能和大数据计算，综合测评车主驾驶习惯、交通违章和车辆维修记录等多个维度，实现一人一车一额度，投保车主可在规定额度内自主理赔，发生事故后，车主只需在服务产品上操作 2 步即可赔付到账，第一步报案上传照片，第二步确认接收赔款，单个案件平均减少 5.18 个人工作业流程。万元以内人伤医疗费用垫付、医疗费直赔，修理厂自主理赔等服务，都可以在信任赔报务中一次受理。

支公司门店一体机行业首推并投入使用，减少客户的等待时间。

此外，支公司在夏季、冬季定期向参保企业赠送防灾物资，并帮助企业做好排查隐患工作，协助企业对可能出现的问题及时采取措施，以减少损失，增强防范风险的能力。“利奇马”台风期间，支公司提前走访多家企业，帮助企业做好抗台工作。（俞　富）

证券期货

【海通证券上虞营业部】 2019 年，营业部各项业务稳步发展。全年实现股票基金交易量 2200 多亿元，新增客户数上万户，客户资产净流入 40 亿元，完成内外部产品销售 36 亿元；年末指定与托管资产 380.21 亿元，实现营业收入 7083.49 万元。

年内，营业部进一步完善客户经理制度，突出增量和产品销售考核，调动员工的工作积极性，提高营业部综合赢利能力。一是守住融资类业务不发生风险的底线，积极化解风险项目，两融业务有序发展，全年新增融资融券开户 186 户，完成息费收入 8600 多万元，融资融券负债余额 9.1 亿元，股票质押余额 1.2 亿元，合计负债余额 10.3 亿元。二是以新开户为抓手，夯实经纪业务基础，全年利用各类合作渠道新开户 10000 多户，净新增财富类客户 1700 户，完成率 409.15%。三是推动内部产品和外部产品销售，初步培育和建立营业部的购买产品客户群，全年共销售各类产品 36 亿元，产品日均保有量 7.21 亿元，产品销售收入 581 万元。四是开发基金客户，全年新增私募私募产品客户 9 户资产规模达 12 亿元。（俞关林）

【财通证券股份有限公司绍兴上虞江扬路证券营业部】 2019 年，营业部新开账户 1838 户，全年证券交易金额 709.85 亿元，销售金融产品 9.28 亿元，实现考核利润 1619 万元。年内，营业部立足本土，以落实浙江省“凤凰行动”计划为突破口，将所承揽的上虞水务污水处理收费收益绿色资产支持专项计划设立发行，该项目为浙江省首单绿色 ABS 产品，总规模 8.5 亿元，债项评级 AAA 级。（李　宁）

【中信证券上虞王充路营业部】 2019 年，营业部引进私募产品 1 只，各类产品销售金额总计 6.58 亿元，实现总收入 1736 万元，净利润 648 万元。

结合现有条件采用多种有效方式，开展投资者教育工作。营业部多次举办各类投资者教育专项活动，如“辨真伪 · 识风险 做理性私募投资者”私募基金投资者教育专项活动、“2019 年金融联合宣传教育活动”“走近科创，你我同行”投资者教育专项活动，还应绍兴证券业协会号召，参与区域各券商发起的“整治非法证券，普及金融知识”这一投教活动，做好投资者教育工作，提高投资者金融素养，保护投资者合法权益。营业部落实金融行业反洗钱相关要求，每月组织反洗钱宣传活动。（严士焕）

【浙商证券股份有限公司上虞江扬路证券营业部】 2019 年，营业部实现营业收入 318 万元，普通账户交易额及信用账户交易额合计 1261385 万元，开户数 2786 户，2019 年度实际净增开户数为 536 户，市占率 0.032‰，累计开发两融账户 44 户。

营业部借助公司产品优势，积极营销，全年销售各类财富管理产品 7491.74 万元，其中权益类产品 4825.64 万元，类固收产品 2666.10 万元。并拓宽上虞企业和市民投融资渠道，为营业部早日实现战略转型奠定基础。

严把合规风控关，切实重视投资者适当性管理和反洗钱工作，防范金融风险事件的发生。大力发展融资融券、个股期权、财富管理等新型业务。

（陈雪青）

【东方证券股份有限公司绍兴上虞梁祝大道证券营业部】 2019 年，营业部各项业务保持平稳发展，截至年底，累计股东账户 11122 户，托管资产约 20.3 亿元，全年实现客户成交约 136 亿元，新增资产规模约 4 亿元，营业收入 414.98 万元。全年新增融资融券开户近 21 户。

年内，营业部重点对客户经理的执业行为进行规范化培训，尤其对刚上岗的新员工，都要进行严格的合规制度培训，要求其在合规前提下执业。对不规范账户及时清理，对存在反洗钱方面的业务风险及时预警。同时以定期开放股民学校，举办投资策略报告会、核心客户沙龙等方式，落实对投资者的教育工作。

（沈纯冰）

【五矿证券上虞营业部】 2019 年，营业部各项业务稳中有升，全年证券交易金额为 131.52 亿元，资金账户总数 997 户，新增资产总值 0.77 亿元，营业收入 272.85 万元，开业以来连续五年实现盈利。

年内，营业部立足经纪业务，大力发展非通道业务。在开展直接融资和推动企业股权质押融资业务的同时，大力发展投顾、IB、期权等业务。定期组织员工开展反洗钱活动、投资者教育和适当性管理等工作，加强对投资者的风险知识普及，保护投资者利益。

（郑永锋）

【中国银河证券绍兴上虞市民大道营业部】 2019 年末，营业部营业收入 996.75 万元，新开户 2361 户，新增资产 2.4 亿元，全年交易型资产增长 5 亿元，产品总销量 2 亿元。首发公募 600 万元，私募 1800 万元，其他以固收产品为主。年内，营业部完成 IB 资格申请，正式开展 IB 业务，全年完成 IB 交易性账户开立 8 户。

与2家意向上市企业进行前期交流，其中一家公司已完成前期尽调，2020年再行签订财务顾问协议。

（钟 霖）

【大越期货上虞营业部】 2019年，营业部成交手数253.92万手，成交金额1628.9亿，净手续费351.17万。与汤浦铜管商会合作，举办投资报告会，派研发人员和业务人员深入企业调研，为企业在赢得市场的同时规避风险，实现客户需求最大化。

营业部继续推进投资者教育，以会议促营销，定期举办客户沙龙，邀请客户参加，与客户共同交流分享行情及走势，与证券公司合作举办有关股指的会议，吸引股票客户参加，深受投资者欢迎。在公司总部风险控制管理办法指导下，营业部加强内部控制管理，以集中统一和授权分责相结合的原则，实行全员风险管理和全过程风险管理，事前、事中、事后相结合并注重事前控制，通过严密、科学的制度、流程设计和责任落实，使营业部业务实现低风险运行，保障营业部健康稳定发展。全年做到低风险运行，未出现大额可疑交易及反洗钱交易。

（芦 英）

【光大证券上虞营业部】 2019年，营业部全年新开账户73户，当年净资产流入1.52亿元，完成股票交易量15.64亿元。年内，营业部加大营销力度，重点服务本地上市企业，力求完成交易性资产和质押式回购、约定购回、企业债、股权激励等机构项目的引进。在合规经营的基础上，营业部致力于服务高净值客户，为客户提供多元化的业务支持。对内加强员工反洗钱培训、宣传力度，鼓励员工参加在信义广场举办的打击非法证券、打击非法集资等活动，对外加强与人民银行、金融办、协会等监管部门的沟通，保证管理与运作渠道畅通。

（吴文燕）

【国元证券上虞营业部】 2019年，营业部新增资金账户159户，新增资产总值0.01亿元。

年内，营业部始终秉承“诚信为本，规范运作，客户至上，优质高效”的经营理念，在大力发展经纪、投顾、期权等多项业务的同时，定期组织员工开展合规培训和自查工作，做好适当性管理和投资者教育工作，保护投资者的合法权益。配合区委区政府完成各项重点工作，参与金融办、协会、人行等单位组织开展的各项活动，协同营造安全稳定的地区金融环境。

（徐霞榧）

【宏信证券绍兴上虞梁祝大道证券营业部】 2019年，营业部新增客户166户，新增资产2.49亿元，实现交易金额18.98亿元。产品销售2825万元，实现营业收入37万元。

年内，宏证上虞营业部举办高端客户秋日游活动，邀请境内5位高净值客户及其家人参加秋游。作为开业以来第一次集游玩和会议于一体的新型客户活动，高端客户的黏度快速提高，并成功引进资产5000万元。

（张意咛）

资本市场

【概况】 2019年，区深入贯彻落实省“凤凰行动”计划，推动资本市场“上虞板块”高质量发展。组织开展“凤凰行动”新启程培训、上市公司董事长考察交流、上市公司联合会成员单位高管学习考察、金融支持民营企业高质量发展投融资论坛、重点拟上市企业贝斯美首发上市现场观摩等一系列重大活动。年内全区新增首发上市企业1家、新三板挂牌企业1家，形成“境内上市17家、新三板挂牌8家、区域性股权市场挂牌86家”的多层次资本市场发展格局。全年实现直接融资规模288.17亿元，上市公司实施并购重组5宗，规模308亿元，均创历史新高。截至年末，全区上市挂牌企业总市值2381.2亿元，区域证券化率水平达243.45%。

（陶铄能 娄丹华）

【区政府与上交所签订战略合作协议】 4月13日，在长三角一体化·绍兴上虞接沪推介会上，上虞区政府与上海证券交易所发行上市服务中心签订战略合作备忘录。双方围绕主板和科创板上市意向企业的挖掘和培育、拟上市企业改制重组、企业发行上市业务操作、上市企业监管培训以及企业直接融资和并购重组指导等方面，开展全面、深入、长期的合作，建立了稳定的合作机制。

（陶铄能 娄丹华）

【创新基金发展模式激励政策制定出台】 7月22日，为充分利用区内外基金管理机构价值发掘功能，积极引进优质基金投资项目来上虞发展，加快培育新兴产业，区政府办公室制定出台《关于创新基金发展模式加快培育新兴产业若干政策》（虞政办发〔2019〕92号），探索筹建基金投资项目产业园。 （陶铄能 娄丹华）

【世纪华通收购盛趣网络100%股权】 6月3日，浙江世纪华通集团股份有限公司以发行股份及支付现金方式完成收购盛跃网络科技（上海）有限公司100%股权，交易金额298亿元。盛跃网络拥有原美国纳斯达克(NASDAQ)上市公司SHANDA GAMES LIMITED（盛大游戏有限公司）的网络游戏业务、主要经营性资产和核心经营团队，世纪华通借此一举跻身A股互联网游戏龙头公司行列。 （陶铄能 娄丹华）

【中欣氟材收购高宝矿业、长兴萤石100%股权】 8月30日，浙江中欣氟材股份有限公司以发行股份及支付现金方式完成收购福建高宝矿业有限公司100%股权，交易金额8亿元。12月13日，福建高宝矿业有限公司以支付现金方式收购明溪县长兴萤石矿业有限公司100%股权，交易金额0.9亿元。高宝矿业主营的氢氟酸是氟化工行业的基础原料，而长兴萤石主营的萤石精粉则是生产氢氟酸的主要原料。从此，公司拥有从萤石→氢氟酸→氟化盐→含氟中间体→含氟应用型产品全链条的产品体系。 （陶铄能 娄丹华）

2019年全区境内上市公司经营情况表(17家)

表8

公司简介 财务指标	证券代码	总资产 （亿元）	总营收 （亿元）	总营收增长率 (%)	净利润 （亿元）	净利润增长率 (%)	净资产收益率 (%)	资产负债率 (%)
盈峰环境	000967	248.55	126.96	−2.67	13.61	46.62	9.05	36.56
阳光照明	600261	63.4	53.16	−5.34	4.84	25.96	13.29	40.7
卧龙电驱	600580	197.04	124.16	12.1	9.63	51.23	14.71	62.34
浙江龙盛	600352	515.84	213.65	12	50.23	22.17	22.52	48.01
卧龙地产	600173	76.92	19.21	−32.13	5.1	−11.51	20.09	64.07
亚厦股份	002375	216.3	107.86	17.24	4.26	15.41	5.4	61.77
闰土股份	002440	109.11	65.13	0.76	13.7	4.34	16.46	17.57
世纪华通	002602	323.59	146.9	17.3	22.85	69.77	11.1	23.15
晶盛机电	300316	78.63	31.1	22.64	6.37	9.49	14.96	40.01
金盾股份	300411	19.7	5.22	−5.77	0.52	−102.93	3.27	21.55
金科文化	300459	79.27	18.31	−32.83	−27.8	−430.28	−53.21	53.41
康隆达	603665	14.32	9.87	8.99	0.5	−40.09	4.95	27.16
扬帆新材	300637	10.99	5.12	−2.72	1.01	−26.49	13.86	29.53
皇马科技	603181	23.16	18.94	10.2	2.56	30.01	17	31.14
中欣氟材	002915	18.65	7.09	61.51	−0.55	−251.27	−10.14	43.33
锋龙股份	002931	7.89	4.1	30.11	0.58	25.87	11.19	23.68
贝斯美	300796	11.99	4.94	6.21	0.64	−18.35	10.5	15.8

财政税务

财政综述

【概况】 2019年，区累计实现财政总收入147.61亿元，同比增长4.5%。全年实现一般公共预算收入89.52亿元，增长8.3%。全年实现一般公共预算支出104.48亿元（含上级专项补助），增长20.9%。一般公共预算收入占财政总收入比重达60.6%，一般公共预算收入中税收收入占比重为84.5%。

2019年，全区实现一般公共预算支出104.48亿元（含上级专项补助），完成调整预算的97.7%，增长20.9%。在继续优化支出结构的基础上，大力压减一般性支出，财政拨款安排的“三公”经费决算总额2469万元，比上年下降7.35%。2019年，全区一般公共预算用于民生支出82.9亿元，增长23.3%，民生支出占比达79.4%。当年财政收支平衡。

财　政

【组织财政收入】 加强经济形势的研判，科学编制收入计划，成立收入协调领寻小组，完善跨部门联络机制和议事规则，掌握组织收入的主动权，加强财政收支管理，合理把控收支进度，依法科学组织收入。全年财政总收入和一般公共预算收入增幅均排名全市第一。强化非税征收管理，做大区级政府财力，全年征收非税收入115.78亿元，同比增长9.1%，其中纳入一般公共预算收入管理的非税收入13.85亿元，同比增长12.3%。

【促进经济发展】 完善财税支持方式，形成《促进民营企业高质量发展的政策意见》为龙头的“1+N”企业扶持政策体系，助力经济高质量增长。加快培育发展新动能。兑现产业集群“三个一批”、隐形冠军、数字经济“一号工程”、制造业高质量发展等扶持发展专项资金5.54亿元。安排2亿元支持培育高新技术企业、科创大走廊等科技创新项目。支持商贸服务业发展。兑现各类外经贸发展、离岸服务等项目补助资金合计4558万元，兑现加快促进现代服务业发展奖励资金2429万元，促进经济良性运行。推进政府产业基金深化运行。发挥财政资金倍增效应，产业基金首期规模3亿元，2019年，已设立子基金6个，总规模8.60亿元，其中产业基金出资2.55亿元，带动社会资本6.05亿元。

【支持城乡建设】 围绕全域提升，统筹安排资金资源，保障重点项目建设，推动城乡协调发展。支持乡村振兴。全年兑现奖补资金1.41亿元，持续推进“五星、3A”建设。入选首批省级乡村振兴产业发展示范建设县，争取到每年省级补助资金4000万元。安排专项资金3.77亿元，支持政策性农业保险、集体经济增收等乡村振兴政策。支持文化旅游业。安排专项经费6820万元，支持文化强区、乡镇街道综合性文化服务中心等建设，构建上虞区现代公共文化服务体系。兑现奖补资金1580万元，支持省级旅游风情小镇和国家AAAA级旅游景区创建。支持打好污染防治攻坚战。兑现政策补助资金9.69亿元，全面推进化工产业改造提升。安排财政资金5200万元，支持印染行业提档升级。安排专项经费1.07亿元,支持城乡生活垃圾处理、生态保护等,持续改善生态环境。入选省级山水林田湖草生态保护修复试点,争取到每年省级补助资金2000万元(共8000万元)。支持城乡生活品质提升。争取政府债券资金14亿元和上级补助资金3855万元,并多方筹措资金保障城区重点棚户区改造和支持小城镇环境综合整治项目。安排专项经费8.30亿元,用于公共安全、社会综合治理支出。

【保障民生事业】 持续优化支出结构,坚持财政收入增量的2/3以上用于民生。全年民生支出82.90亿元,同比增长23.3%,在一般公共预算支出中占比达到79.4%。推动教育改革发展。全年共投入教育文化发展专项资金16.56亿元,进一步推进农村教育优质均衡发展,支持新时代教师队伍建设改革,保障民办学校、智慧教育等项目。筑牢社会保障底线。推进各项待遇标准提标提质,企业职工养老保险金全年累计支付31.45亿元,城乡居民养老保险基础养老金等全年财政补助3.03亿元,城乡居民医疗缴费等全年财政补贴3.79亿元。推进基本医疗服务均等化。安排医疗卫生体制改革专项经费2.23亿元,支持公立医院综合改革,推进医共体建设等项目,推动城市优质医疗资源下沉和医务人员下基层。支持社救养老体系建设。全年累计兑现救助资金1.12亿元,支持生活救助和医疗救助政策,安排财政资金3331万元加大养老服务支持力度。

【深化财政改革】 构建集中财力办大事财政政策体系,突出工作重点,统筹财力配置,防控财政风险,为实现政府中期施政目标提供财力保障。推进政府性债务风险“化管防”体制机制创新试点工作。实施政府隐性债务五年化债计划,确保政府债务风险安全可控。加快建立现代财政制度。优化预算管理权责,维护预算刚性约束,严肃财经纪律,加强全口径政府财力统筹,盘活存量资金资源,健全重大政府投资项目决策机制和预算管理制度。全面实施预算绩效管理。制定《全面实施预算绩效管理三年行动计划》,开展部门预算整体绩效试点。对全区136个国有新建项目、11个电子政务项目和30个部门预算项目实施绩效目标评审,分别调减投资额15.42亿元、0.46亿元和0.41亿元。提升财政管理科学化水平。推进国库支付电子化扩面、财务核算云平台上线和扶贫资金动态监控体系建设,推进票据电子化改革,推广实施政府采购“政采云”。开展“1+X”专项督查,做好省、市联动监督检查项目。推进高端会计领军人才培养,组建38人的首届全区会计领军人才库,会计领军人才建设纳入全区“人才强区”规划。

【推进国企改革】 优化整合国有股权,推进国有企业整合提升。围绕“大国资”理念,统筹全区行政事业单位、乡镇(街道)、国有企业经营性资产、资源,有序注入相关国有企业。紧紧依托政府性优势,以准公益性、半垄断性行业为主导,创新培育新型经营性板块,壮大国有企业经营收入,主要国有企业经营收入同比增长近20%。提升国有企业信用评级,区国投公司获“BBB-”(投资级)国际信用评级,全区新增AA+评级公司2家、AA评级公司1家。

税务综述

【概况】 2019年,全区税务系统在年度全国纳税人满意度调查中获全国第六,全省第三,在市局2019年绩效考核中位列全市第一,被区委区政府评为“业绩优、服务优”双优单位。

全区共组织税收收入1309325万元,同比增长4.25%。剔除免抵调库,入库税款1263995万元,同比增长9.29%。2019年,入库非税收入46614万元,同比增长6.18%;社保收入506918万元,同比增长12.39%。全年组织税(费)收入合计为1864349万元,同比增长6.39%。

分税种看,2019年,增值税入库604694万元,同比下降4.28%;企业所得税342800万元,同比增长24.87%;个人所得税90648万元,同比下降30.43%;财产和行为税267215万元,同比增长24.38%;社保收入506918万元,同比增长12.39%。

2019年,全区第一产业实现税收1231万元,同比增长77.12%,第二产业实现税收803631万元,占全部税收比重为61.38%,同比下降2.39%,减收19666万元;第三产业实现税收504463万元,占全部税收比重为38.53%,同比增长16.77%,增收72455万元。

分行业看,受调库和大规模减税降费影响,2019年制造业税收同比下降3.75%,全年入库682187万元,减收26589万元,剔除调库影响,增收27749万元,同比增长4.55%。

重点行业中,化学原料、化学制品和医药制造业依旧保持税收领跑地位。2019年入库税收349280万元,同比增长8.34%,增收26878万元,剔除调库影响,同比增长15.86%。机械制造业在2019年发展较为稳定,受减税降费影响和免抵调库,全年入库税收有所减少。2019年入库税收90692万元,同比下降8.02%,

2019年上虞区税收收入主要税种情况表

表9

税种	累计税收(万元)	上年同期(万元)	增收额(万元)	同比增长(%)
1. 增值税	604694	631722	-27028	-4.28
其中:免抵调	45330	99500	-54170	-54.44
不含调库	559364	532222	27142	5.1
2. 国内消费税	3968	4608	-640	-13.89
3. 企业所得税	342800	274534	68266	24.87
4. 车辆购置税	19891	19061	830	4.35
5. 个人所得税	90648	130295	-39647	-30.43
6. 地方小税	129062	136264	-7202	-5.29
7. 耕契两税	118262	59516	58746	98.71

减收7906万元,剔除调库影响,同比下降6.09%。电气机械和器材制造业全年入库44396万元,同比下降19.46%,减收10731万元,行业发展稳定。建筑业全年入库92754万元,同比下降0.8%,减收748万元。

第三产业中,房地产业发展表现较好,全年入库税收161431万元,同比增长8.31%,增收12393万元。金融业全年表现出色,全年入库82559万元,增收18580万元,同比增长29.04%。商业全年入库73405万元,同比增长1.71%,增收1231万元。商贸批发略有下降,全年入库43697万元,同比下降1.82%,零售业表现较好,利用互联网线上线下同步销售等手段拉动销售额增长,全年入库税收29708万元,同比增长7.37%。新兴产业中,信息传输、软件和信息技术服务业表现较好,全年入库8109万元,同比增长83.5%,增收3690万元。公共管理、社会保障和社会组织本年增收显著,全年入库71802万元,增收58485万元,同比增长439.17%。

2019年,区税务局紧紧抓住“减税降费”工作主线,强化效应导向服务发展。全年鼓励高新技术企业减免15亿元,同比增长30.1%,占全部减免优惠的30.28%,研究开发费用加计扣除总额达25.6亿元,惠及393户次纳税人,大大减轻创新型市场主体负担,增强企业发展引擎。促进小微企业发展减免4.12亿元,增长89.86%,有力扶持小微企业做大做强。支持改善民生减免6.84亿元,同比增长14.43%。其中今年因贯彻落实个税新政共计减免2.8亿元,更直接更显著地惠及更多纳税人。全年共办理出口退(免)税23.12亿元,平均出口退税办理时间至0.62个工作日,有效支持出口企业抵御外部风险。强化政策跟踪,制定并印发减税降费督察督办工作方案,开展定期不定期督查。实施清单化管理,对工作推进情况实行动态督办、督促落实。制定政策宣传、培训辅导、督查督办、舆情监控等工作联动方案,建立健全信息报送、问题收集反馈、文档管理等制度。强化后续管理,建立包括申报数据采集、审核校验、汇总上报、核算分析等各环节在内的统计核算分析体系。加强对统计核算工作的动态管控工作。强化每周数据抽查措施,利用内控平台自动提取疑点数据,完善异常数据核实更正机制。定期开展减税降费政策效应分析工作，跟踪评估政策实施的经济社会效应。

（刘　水）

税　务

【概况】 2019年，上虞区实现地区生产总值978.11亿元，同比增长7.4%。共完成财政总收入147.61亿元，同比增长4.5%；完成一般公共预算收入89.52亿元，同比增长8.3%；一般公共预算收入中实现税收收入75.67亿元，同比增长7.6%，3项增幅均位居绍兴市各县市区第一。从结构看，一般公共预算收入在财政总收入中占比60.6%，较上年提升2.1百分点；税收收入在一般公共预算收入中占比84.5%；非税收入增长9.1%，与财政总收入和一般公共预算收入增幅较为均衡，收入整体质量较好。

【"减"与"收"统筹推进】 2019年，区税务局组织各项税收收入130.93亿元，同比增长4.25%；组织非税收入4.66亿元，同比增长6.18%；社保保险基金收入5.07亿元(含职业年金)，同比增长12.39%。健全税收收入进度及同经济发展匹配跟踪管理机制、重点税源监控预测和税收预测分析通报机制。上虞区全年累计新增减税20.26亿元，占绍兴市累计新增减税的19.3%。社会保险费征收2019年累计减免3.93亿元，占绍兴市减免金额19.69%：其中贯彻国务院降费政策1.29亿元，贯彻省政府降费政策2.64亿元。2019年共落实各类税收优惠减免共计49.54亿元，同比增长28.84%，为企业降成本减负担提供了实质性支持。

【税收体制改革红利稳步释放】 2019年，区税务局制定浙江省集中版城乡居民两费征缴软件上线工作方案、应急预案，于8月1日完成城乡居民两费征缴软件的上线。推进城乡医保集中征缴，于12月20日完成40万城乡居民医保的征收任务，征收费款近2亿元。构建"1+1+9"统一指挥体系统筹推进减税降费，全力打好落实个人所得税改革、小微企业普惠性减免、深化增值税改革、降低社保保险费率4场"主攻战"。

【优化营商环境】 完善实体办税服务厅前后台管理衔接机制，探索"智慧办税服务厅"建设。探索建立硬件服务资源配置的"零时差维护"模式，确保全职能办税服务厅的全时段有效率运转。探索建立税务服务"好差评"制度体系，深化建设营商环境评价反馈机制。落实政务网站维护和"最多跑一次"清单公示工作，构建互联、互享、互通的服务体系，做到"一件事""一地办"。应用绍兴市"出口退(免)税服务管理信息平台"进一步擦亮"天天退"服务品牌。策划"税宣快板队"打造减税降费宣传升级版，深化"税企e心"品牌向网络微直播、视频微课堂延伸。

【数据管税能力提升】 建立"会审—纠错—抽查"机制，定期开展减税降费政策效应分析工作，跟踪评估政策实施的经济社会效应。健全税收目标落实和进度目标跟踪管理机制、重点税源监控预测和税收预测分析通报机制。加强数据共享力度，深化"最多跑一次"改革和政府数字化转型涉税数据共享，实现与公安等21个部门共74项数据的共享交换。优化取数管理，2019年共处理上虞区政府部门提取涉税数据函件合计65件，计36747户次，服务部门经济运行分析。

【征管执法持续优化】 推进税收征管和征管一体化建设，按照分权制约和统筹协调对税收管理岗位实施科学化配置和动态化调整，将人力资源向征管一线倾斜的同时逐步完善与征管方式相适应的税务组织体系。深化税源专业化管理，推广应用5C税收征管质量评价体系。统筹推进税费一体化管理，实现纳税人关联涉税事项流转税与行为税、所得税与财产税、主税与附加税费之间的征管协作、风险协同。推进统一基层税收征管方式，依托数字管税等手段推动建立"风险+信用"新型税收征管方式，持续提升税收征管效能。持续规范企业所得税管理，依托专业管理团队和交叉审核机制提升后续管理工作质量。扎实推进个人所得税申报工作，2019年上虞区个人所得税代扣代缴单位申报率达100%，个体工商户经营所得均实现ITS系统申报。建立健全土地增值税清算集体审核工作机制，进一步提升清算审核质效，全面共计完成22个清算项目。

建立健全依法行政工作领导体制机制，强化党委对税收法治建设的领导，实现各项税收工作由法而治，统领全局。加强法律人才队伍建设，加大公职律师在特定领域的培养力度。“三项制度”稳步推行。行政执法公示事项清单中已公示项目占总公示项目比例超过88%。加强税收数据标准化建设和征管质量实时化监控，制定统一涉税风险应对流程和风险企业移送稽查工作流程。建立内控领导和专岗体系，形成自上而下、严谨高效的内控制度，推动内控工作有序进行。利用税收执法考评与过错责任追究子系统实现纠错常态化，大力规范税收执法行为。上线内控管理辅助平台，着力提升内控管理水平，2019年“自我防控”和“廉政风险”准期防控比例均达98%以上。

【行政管理规范】 推进上虞区税务局与基层税务所整体联动、相互协调配合的推进格局，打造“五小”升级版，2019年综合业务办公用房维修改造工程已立项。2019年累计修订和完善相关规范性制度文件39份，逐步健全统一严密高效的制度体系。持续完善资产规范化管理，利用信息化管理手段及时更新资产卡片实现动态管理，实现档案管理各环节数字化、规范化，创建2019年浙江省税务系统唯一一个“示范数字档案室”。

（刘　水）

对外及港澳台经济贸易

综　述

【概况】 2019年，全区实现出口278.21亿元，同比增长8.9%；实到外资4.04亿美元，总量居全市首位；境外投资额1.4亿美元，连续四年获全省对外投资和国外经济合作十强县。

2019年，上虞对香港销售额为7495.39万元，购买额为1069.83万元；对澳门销售额为429.06万元；对台湾销售额为58129.76万元，购买额为9368.83万元。

建立“订单+清单”预警预判监测机制，对878家小微出口企业进行出口信用保险政府联保，组织大型企业培训9次，受训企业1680家次。加大外贸主体培育力度，新增进出口备案企业252家，省出口名牌总量位居全市第一。组织境内外展会190个，“一带一路”沿线国家参展比例达57.4%。

鼓励引进大项目好项目，围绕重点外资项目，联系企业、乡镇及相关部门，在破解瓶颈、解决难题等方面出谋划策、搞好服务。

提前超额完成全年境外投资任务，发挥龙头外经企业引领示范作用，龙盛、卧龙、阳光3家企业入围2019年浙江本土民营企业跨国经营30强（全市6家），入围数量全市第一。　　　　（厉　婷）

对外贸易

【概况】 2019年，全区对外贸易保持平稳增长，进出口总额302.43亿元，同比增长5.4%，其中出口总额278.21亿元，同比增长8.9%，进口总额24.22亿元，同比下降23.1%。三大类出口产品机电、化工和纺织服装出口分别增长0.17%、13.57%和4.52%。从出口产品小类来看，消防器材增速达38.7%。医药及医药中间体、染料、铝业包装、手套袜子、服装、汽配和毛毯地毯呈不同增长幅度，增幅分别为14.8%、16.8%、21.5%、8.3%、19.7%、2.6%和22.1%，照明及相关产品、伞、棉布、户外休闲用品和铜管出口分别下降7.5%、4.4%、0.3%、5.7%和2.7%。出口仍然以亚洲市场为主，出口金额为104.25亿元，同比增长12.52%，其中出口到东盟市场的为28.07亿元，占亚洲市场的27.93%；欧洲居第二位，出口73.74亿元，同比增长11.84%；其中欧盟市场出口65.93亿元，占欧洲市场的89.41%。北美洲仍居第三，出口金额60.85亿元。在主要出口国家中，对美国、德国、印度出口排前三，出口额分别为56.87亿元、17.49亿元、16.77亿元，同比增长1.31%、19.86%和

2019年上虞区进出口情况表

表10

年份	进出口总额（亿元）	同比增长(%)	出口值（亿元）	同比增长(%)	进口值（亿元）	同比增长(%)
2019	302.43	5.4	278.21	8.9	24.22	–23.1

24.68%；在进口市场中，日本、智利、印度排前三，进口额分别为6.20亿元、2.70亿元、2.23亿元。

【培育出口品牌】 2019年，浙江康隆达特种防护科技股份有限公司的“GPE”品牌被评为浙江省出口名牌。浙江圣光电器有限公司的“suncon”品牌、浙江金科日化原料有限公司的“金科”品牌以及浙江康隆达特种防护科技股份有限公司的“GPE”品牌被评为绍兴市级出口名牌。

【组织企业参与经贸展览】 2019年，共组织379家次企业642个摊位参加190个境内外展会。境内展主要包括广交会及伞业抱团、华交会、消博会、中国(上海)国际家具博览会；境外展主要包括香港礼品及赠品展、香港春季灯饰展、意大利博洛尼亚美容展、德国法兰克福秋季国际消费品贸易博览会、迪拜国际涂料展、英国伯明翰国际园艺展览会、美国国际五金制品及花园用品展览会、德国科隆五金展等。

【专项资金推进外贸发展】 2019年，全区财政安排专项资金4733.21万元，分别对企业拓市场、扩大出口、创出口品牌、发展加工贸易、属地报关、自营进口技术装备、境外商标注册、争创海关高级认证类企业、投保出口信用保险、积极应对国际贸易摩擦等进行奖励和补贴。

【提高出口信用保险覆盖面】 2019年，为全区2018年度出口额在2500万元人民币以下(含)的878家出口企业购买出口信用保险政府联保项目，帮助区小微外贸企业提高抵御外贸风险的能力和水平。

【应对国际贸易摩擦】 2019年，为应对中美贸易摩擦、防范外贸风险，举办和组织参加“中美贸易争端背景下外贸应对策略路径”专题讲座、“订单+清单”监测预警系统业务培训等培训活动9场，邀请专家律师为企业进行风险防范及应对培训，参加企业合计1680家次。通过商务运行监测点以及照明、伞业对外贸易预警点建设，强化监测分析、预警信息发布、法律服务、培训等服务质量。“上虞商务运行监测点”“上虞区伞业对外贸易预警点”均获2019年度省级优秀单位。合计发布商务运行监测分析报告12篇、编写预警快讯4期，发布预警信息一百余条，编写行业出口统计信息4期等，为企业提供行业预警信息及分析报告。

（赵敏淇）

8月30日，中美贸易争端背景下外贸应对策略路径专题讲座 （商务局 提供）

利用外资

【概况】 2019年，全区完成合同外资5.01亿美元，实到外资4.03亿美元，完成绍兴目标任务的120.1%。新设外资企业46家，增资项目13只，引进1000万美元以上项目24只。外资实绩居绍兴各县市区第一位，完成率居绍兴各县市区第三位。

【利用外资集聚经开区】 2019年，杭州湾经济技术开发区实到外资1.44亿美元，占全区实到外资总额的35.7%。

【外商投资来源地多样】 2019年，外资项目实到外资来源地涉及美国、英国、卢森堡、加拿大、马绍尔群岛等8个国家和地区，其中，来自发达国家和地区的有12838.32万美元，比上年同期下降了20.86%。

【增资扩股做大做强】 2019年，全区深入挖掘现有外资企业引资潜力，鼓励引导发展稳健的外资企业做好增量文章，新批外资增资项目共46只，其中1000万美元以上8只。

【外商投资企业联合年报顺利开展】 根据《商务部财

政部税务总局统计局关于开展2019年外商投资企业年度投资经营信息联合报告工作的通知》,结合区实际情况,于2019年4—7月开展外资企业联合年报工作,区实际参加年报的有375家,审核通过373家,通过率为99.4%,123家企业因经营不善倒闭、歇业、注销以及关停等等原因未按期参加年报。（傅 丹）

外商服务

【发放外来投资者“绿卡”】 根据《上虞市外来投资者“绿卡”服务制度实施办法》,努力营造亲商、安商的投资环境,继续实施外来投资者“绿卡”服务制度。全年新办绿卡6张,帮助外来投资者子女就学9人(其中小学2人,初中2人,高中5人)。累计发放绿卡171张。

【保障境外投资者合法权益】 加强外商投资企业知识产权保护,健全重大外资项目跟踪服务机制,认真贯彻执行绍兴市外商服务卡制度,在教育、医疗、旅游等方面给予便利优质服务,方便外籍人才到上虞工作。

【加快服务提质】 围绕项目联动运转服务,完善“一对一、点对点”精准服务,开展外商子女就学调研等专题活动,营造“亲商、安商、富商”的良好环境,切实加快项目落地进程。（傅 丹）

对港澳台贸易

【概况】 2019年,上虞对香港销售额为7495.39万元,同比下降17.7%,销售产品以棉、丝、化纤等布为主;购买额为1069.83万元,同比下降35.0%,购买产品以纺织类产品为主。2019年,上虞对澳门销售额为429.06万元,同比下降60.0%,销售产品以化工类产品为主。2019年上虞对台湾销售额为58129.76万元,同比下降0.8%,销售产品以染料和医药中间体为主;购买额为9368.83万元,同比下降29.1%,购买产品以锅炉、机械器件为主。

【经贸展览及活动】 2019年4月27—30日,上虞区人民政府组织区内31家企业,50个摊位,抱团参加香港礼品及赠品展。上虞区人民政府代表团与香港贸易发展局就展会、区域品牌推广相关培训等事宜进行合作洽谈。（赵敏淇）

经济技术合作

【概况】 2019年,全区实现境外投资额1.4亿美元,完成区定目标任务的175%,完成绍兴市目标任务的108.3%。实现境外工程营业额8050万美元,完成绍兴市目标任务的134.16%,各项指标均走在绍兴市前列。

【跨国公司培育成效显著】 在浙江省商务厅发布的“2019年浙江本土民营企业跨国经营30强”中,区龙盛、卧龙、阳光等3家企业入围(全市6家入围),数量居绍兴各县市区第一。

【重大项目进展顺利】 2019年,总投资1.13亿美元的浙江康隆达越南安全防护新材料及安全防护新产品项目、卧龙控股集团有限公司香港增资1500万美元等项目顺利实施。

【援外物资开始破冰】 通过向上沟通,跑部进厅,阳光集团获得商务部援外物资资质,成为绍兴市第1家获得该资质的企业。（任世权）

招商引资

【概况】 2019年,投资促进中心围绕区委区政府“11336”工作部署,贯彻融杭联甬接沪战略,聚焦产业链精准招商,招商工作态势良好。重大项目推进扎实有力,动态开展项目签约、落地、建设一条龙跟踪,“三个一批”重大产业项目入库率、落地率超额完成年度目标任务。产业谋划研究初显成效,完成新材料产业链精准招商实施方案编制,着手编制产业地图,按序推进电子化学品、氢能产业、通用航空产业规划研究工作。招商氛围愈加浓厚,先后举办接沪推介活动、中国医药产业发展国际论坛、半导体产业设备与材料高峰论坛、第三届中国新材料创新发展论坛,探索“项目吹哨、部门报到”工作机制，多次开展现场督查协调。全年新增签约项目43个，总投资额358.522亿元，其中10亿元以上项目15个，总投资308.9亿元；引进世界500强投资项目1个，引进世界500强并购合作项目2个。

【接沪推介会】 4月13日，“全力融入·全面接轨”——长三角一体化·绍兴上虞接沪推介会在上海中心大厦成功举行。长三角区域合作办、上海市相关部门、浙江省驻沪办领导，虞籍在沪乡贤、上海在上虞投资商、意向来上虞投资商、相关行业协会及机构、合作单位代表等500多人参加会议。会上，上虞区政府分别与中铁(上海)投资有限公司、复旦大学等8个项目签订合作共建协议，项目涵盖新能源、医疗、文旅、产学研合作和产业园建设等领域。杭州湾上虞经济技术开发区(浙江省上虞经济开发区)、曹娥江旅游度假区、上虞e游小镇分别作了投资环境和文化旅游推介。

【第三届新材料产业创新发展论坛召开】 11月29—30日，“聚焦新材料 竞雄大湾区”第三届新材料产业创新发展论坛在区举行，这是区自2017年以来连续举办的第三届新材料论坛，是打造新材料产业集群的重要组成部分。两院院士、科研机构、专业协会、知名企业及政府部门等600多位代表参加会议，为强化创新驱动、实行协调发展，打造杭州湾国家新材料产业基地搭建重要的行业交流平台。会议分为开幕式、主论坛、分论坛三个环节，开幕式上，8个科创项目、8个产业项目和创新发展保障项目签约，签约项目总投资额176亿元，“中科院新材料产业技术创新研究院”“全国石油和化工行业技能人才示范实训基地”揭牌，区政府与中国石油和化工联合会等签署3个战略合作协议。中国工程院党组成员、秘书长陈建峰院士、中国科学院原副院长杨柏龄等行业专家分别为主论坛作报告，新能源材料技术发展、高性能纤维创新发展、5G材料创新发展、生物基及可降解材料技术发展等分论坛为企业搭建交流的平台。

【世界500强企业引进实现突破】 2019年，紧紧围绕产业链精准招商招大引强，全年新增签约项目43个，总投资额358.52亿元，其中10亿元以上项目15个，总投资308.9亿元。在引进世界500强企业方面实现重大突破，引进世界500强企业投资项目1个，为投资10.3亿元的陕西煤业化工集团有限公司高端制造业项目，项目主要为智能化塔式起重机的研发制造，此外引进世界500强并购合作项目2个，分别为中信泰富和中大物产。

【《上虞区新材料产业链精准招商实施方案》编制完成】 委托浙江省发展规划研究院编制《上虞区新材料产业链精准招商实施方案》，共分为新材料产业链发展趋势、上虞区新材料产业链发展基础、上虞区新材料产业链精准招商领域、上虞区新材料产业链精准招商靶向企业评价筛选、上虞区新材料产业链靶向企业信息与招商线索渠道、上虞区新材料产业链精准招商政策6项内容。该方案的编制受到了省市领导的高度肯定，同时将为下步产业链精准招商工作提供指导。

(鲍星元)

海关监管服务

【概况】 2019年绍兴海关上虞办公区共受理进口报关单449份，同比下降14.1%，受理出口报关单6834份，同比下降4.4%；设立加工贸易手册240份，同比下降4.76%；新增注册进出口企业238家，实有备案企业2439家；签发各类原产地证书16837份，同比下降3.3%，其中签发区域性原产地证书9477份，同比增长3.9%；出具检验检疫证书1189份，同比下降22.59%；出境报检9972批，货值5.98亿美元，同比批次增长9.82%，货值增长26.43%；检验(查验)入境商品108批，货值507.7万美元，同比分别下降2.7%和76.46%；出口危险货物包装检验4126批，同比增长4.46%。

(凌　锋)

【压缩通关时间】 年内，上虞办公区引导企业提前准备资料、合理安排装货时间，提升快速通关报关单比例。安排专人对通关时间进行监控分析，加强与口岸海关的沟通联系，及时处置长时间未放行报关单和涉及查验的报关单。1—12月，上虞区企业属地报关进口

平均通关时间为 8.8 小时，出口为 2.5 小时，均同比压缩 82%。（凌 锋）

检验检疫

【加强食品监管】 2019 年，区严把出口水产品监管，加强风险分析，确立高风险水产罐头品种，加强原料控制，指导企业完善加工过程控制。做好出口茶叶监管，完善茶叶企业信息档案，通过专项检查、突击检查等方式，加强企业监管，对发现问题要求立即整改；采取集中座谈、专题培训等方式，做好政策宣传，明确摩洛哥市场主要农残指标，指导企业加强自控检测力度；督促企业做好出口茶叶原料备案基地管理，帮扶企业完善出口食品生产管理体系，规范茶叶生产全过程管理。做好食品企业考核工作，完成 2 家 HACCP 验证企业专项检查、7 家出口食品企业备案考核和 1 家出口食品企业扩项考核。（葛正烨）

【强化质量监管】 严格进出口危险货物及其包装检验监管，完善进出口危化品安全管理体系，并建立完善企业信息档案，对辖区 8 家出口危险货物包装生产企业进行代码换码管理工作；召开出口危化品检验监管专题工作会议，组织辖区 56 家出口危化品生产企业开展培训，强化企业主体责任意识。加强进口机电产品检验监管，严格按照布控查验指令，开展现场查验，针对新进口产品、旧机电产品等风险敏感商品做好重点检验。强化进出口商品质量风险监测，按照上级任务安排，有序开展三批进口商品、五批出口商品的质量风险抽查；认真做好出口工业品退货调查工作，全年共完成退货调查 78 批，帮助企业剖析原因和国外隐性壁垒，开展针对性工艺改造和质量安全提升。（葛正烨）

【服务地方经济】 不定期向区委区政府报送海关要情专报，年内提呈的《海关上虞辖区 2018 年原产地证书签证情况报告》《摩洛哥出台农残新规对上虞茶叶出口企业带来重大挑战》2 篇海关要情专报，得到区政府领导批示肯定。组织开展“3·15”咨询、“尚德守法 食品安全让生活更美好”食品安全广场宣传等活动，贯彻落实海关政策，增进消费者对进口食品安全相关法律法规、监管制度、安全状况等基本知识的了解。开展中美经贸摩擦影响调研和营商环境调研等调研活动，反映上虞区外贸企业经营中存在的问题和诉求。开展辖区企业“三服务”走访活动，陪同绍兴市政协副主席徐青松走访调研区内企业，宣传政策，开展业务指导。配合做好上虞区食品安全、卫生健康、安全生产、质量强区、反恐应急、打击毒品等工作，重点做好全区食品安全示范区建设、安全生产百日整治、新型毒品排查等联合行动。（葛正烨）

市场与管理

综 述

【概况】 2019年，创建浙江省食品安全县(市、区)，创成国家风机产品质量监督检验中心，承办全省基层社会治理标准化工作现场会，多项工作获得省市区各级党委政府领导批示肯定，在省级以上媒体、省市局会议推广。

创造宽松便利的营商环境。坚持围绕中心优化服务，推进商事制度改革，实现企业开办全流程“一件事”一日办结，实施“证照分离”改革，办理各类涉企行政审批事项改革5871件，完成“多证合一”13484件。推行企业注销“一网服务”，将市场监管、税务、商务、人社、海关等部门业务系统与服务平台对接，实现企业注销多部门一网通。致力于打造“全省营商环境最优区”，全年新增市场主体12137家，市场主体累计达到81157家，新增“个转企”427家，小微企业3348家。

营造公平稳定的市场秩序。探索“互联网+监管”模式，牵头推广省行政执法监管平台和浙政钉掌上执法系统，全区33个执法部门686位执法人员全部入库，掌上执法激活率100%，掌上执法应用率100%。优化“信用上虞”平台，企业全生命周期“信用+”监管模式列入省改革创新最佳实践案例30强，做法获得省市级主要领导肯定，区获评全省首批信用县(市、区)。规范市场竞争秩序，加强反垄断和反不正当竞争执法，全市重点企业反垄断辅导培训会在区召开。规范服务性收费行为，督促清退上年度违规涉企收费4529万元，为行业良性发展创造良好的环境。

加快质量标准水平的整体提升。质量效益持续提升，国家风机产品质量监督检验中心通过验收并被正式命名，全省基层社会治理标准化工作现场会在区召开，新增“浙江制造”培育企业10家、“品字标”认证企业6家，制修订国家及行业标准26项，规上工业制造业企业采标率达到75.67%，“浙江制造”标准申报立项企业数共40项，位列绍兴市第一。鼓励企业开展创造发明，新增发明申请量1166件，发明授权量276件，专利PCT国际申请量32件。新申请国内注册商标1870件，新核准国内注册商标1507件，新增国际注册商标54件。

强化公共安全底线的监管保障。严守食品药品、特种设备和产品质量安全“三道”底线，全年无食品药品安全事故发生，全区28315台特种设备无一起责任事故发生，全年共抽查七大行业83种619批次产品，综合合格率达99.94%，产品质量基本平稳。搭建“放心消费在上虞”可视可感可监督平台，查办各类案件869起，保健品整治典型案例数量领跑全省。

（孙云帆）

商品市场

【概况】 2019年，区现有已登记发证农贸市场46家，总经营面积达175516.22平方米，其中有三星级农贸市场7家，二星级农贸市场5家，一星级农贸市场5家，省级放心市场8家。区内还有未登记发证的室内农产品集散中心(包括农村小菜场)70家，主要分布在广大农村，形成时间都较早，已存在10年及以上的有 50 个,最长的已达 31 年,绝大多数由当地村委举办或管理。

【放心市场创建】 2019 年,区百官农贸市场、城南农贸市场、中欣农贸市场、东关农贸市场、皂湖农贸市场、丰惠农贸市场、小越科峰农贸市场、下管农贸市场 8 家农贸市场创建省级放心农贸市场。各放心市场创建过程中,围绕“五个放心”制定“一场一策”建设方案,重点开展市场内外立面、停车场、摊位设施、公共厕所、公共无线网络等硬件改造建设,开展市场管理队伍建设、食品追溯体系建设、市场信息化建设等软件建设。创建市场累计投入近 5000 万元(其中百官农贸市场投入 4200 万元原址重建,其余投入 800 万元)。

(李　胜)

广告管理

【概况】 全区登记在册广告经营企业 1094 家,其中中国广告经营企业一级资质 1 家,二级资质 4 家,三级资质 4 家。全区广告经营企业广告经营额突破 3 亿元。

【行业规范】 以服务促规范促发展,开展以“三服务”为主题的广告经营企业走访活动。走访本区国有、私营较大规模广告公司 9 家,收集广告行业发展过程中的意见建议 10 余条,先后与区综合执法局、区公共资源交易中心等部门联系沟通,反映广告企业在经营过程中的瓶颈问题。针对省局制定的广告经营企业业务管理规范等 2 个地方标准,邀请省局相关专家组织年广告经营额 100 万元以上的 43 家广告经营企业及各分局所广告监管业务负责人、工作人员举办 1 期培训班,促使广告经营企业规范经营行为,加强内部管理。组织做好提升广告业内生竞争力的各类广告设计大赛的作品征集推荐。

【广告查处】 强化监测与集中整治相结合,严厉查处广告违法行为。建立完善广告违法行为通报制,及时将浙江省广告监测中心通报的涉嫌违法广告通过一定的形式通报媒体单位,同时转送主管部门,并对涉嫌违法的广告按照处理程序及时移交办案单位进行查处。根据本区实际,组织开展了为期一个月的医疗广告专项集中整治。查处广告违法案件 23 件,罚没金额 17.32 万元。

(胡晓东)

商标监管与服务

【概况】 新核准国内注册商标 1892 件(其中农产品商标 215 件,服务商标 340 件),商标国际注册 38 件;全区国内注册商标合计 13046 件,商标国际注册 644 件。全区现有中国驰名商标 18 件。

【法治宣传】 重视商标法律法规宣传。发挥基层市场监管的综合职能,结合各所(分局)辖区经济户口实际,深入企业开展《中华人民共和国商标法》宣传。4 月下旬,会同政策法规科邀请绍兴市中级人民法院资深审判员就知识产权的保护举办为期半天的培训,培训对象主要是系统内工作人员及部分企业知识产权主管人员。

【服务与调研】 以“三服务”为重点,切实做好品牌培育。主动为企业服务。先后帮助浙江金达莱新材料有限公司、浙江晶华玻璃有限公司、浙江华昇消防工程有限公司等企业联系沟通知识产权中介机构上门开展商标注册、专利权转让指导,一对一现场办公,完善上报申报手续,确保企业正常运转。提前介入,为区政府总体部署服务。根据区政府确定的区茶叶公共品牌打造的计划,实施“觉农翠茗”茶叶品牌的注册权转让,按期进行茶叶公用品牌的推广。

通过调研挖掘农产品优质品牌。实施农产品商标使用情况的调查摸底。掌握四季仙果经济作物种植业及农产品深加工业商标使用管理情况的第一手资料,拟定章镇猕猴桃种植业注册地理标志证明商标的实施计划。对全区农产品商标进行进一步调查后形成调研报告,供政府决策参考。

【强化监管】 查处商标违法行为。根据上级“双打”工作要求,重点在全区大型批发市场、城乡接合部开展商标侵权行为集中整治。组织相关所(分局)开展驰名商标使用宣传专项检查,对全区 18 件驰名商标的企业网站、产品包装装潢进行实地检查,对3家企业网站在宣传使用驰名商标字样的不规范行为提醒纠正。组织松厦分局、汤浦所执法人员对童装、伞件两大块状产业企业进行集中排查,防止不规范使用注册商标及商标侵权行为的发生。（胡晓东）

人才市场

【概况】 2019年,上虞区人力资源和社会保障局(以下简称区人社局)招才引智工作取得新突破。至12月底,全区新增各类人才2.4万名,新增就业大学生17169名,居全市第一。全省首创大学生见习实习基地示范工场建设,出台全省最优的《支持和鼓励大学生来上虞见习实习的实施意见》,成功举行“万名大学生在浙实习活动启动会暨浙江省大学生见习实习工作现场会”,截至12月底,共有10607名大学生到上虞开展实习见习工作。

博士后工作成效显著,新设博士后工作站4家,新招收博士后11名,超额完成任务150%;高层次人才选拔培养工作有新突破,首次举办“省级专业技术人员高级研修班”,为绍兴市唯一获资助项目,1人入选省突出贡献中青年专家(绍兴共2名)。

实践“最多跑一次”服务理念,精准快速兑现人才政策,2019年以来,兑现623名人才房票补贴3201.44万元,兑现904名人才生活津贴2347.5万元,兑现1145名人才租房补贴547.25万元,36家企业享受到见习实习生活补贴,补贴金额331.3万元。（车　烨）

【《上虞区支持和鼓励大学生来上虞开展见习实习活动的实施意见》出台】 制定发布《上虞区支持和鼓励大学生来上虞开展见习实习活动的实施意见》,鼓励高校、企事业单位、社会资源积极参与大学生见习实习并给予政策扶持。围绕“六个有”标准,严格按照规范的安全制度和劳动防护措施等方面要求,优选了卧龙控股、世纪华通、龙盛集团、新和成上虞基地、中化蓝天和宇石网络6家企业建设见习实习基地示范工场,根据各自的特点,以“一校一品”“一院一线”模式吸引高校学生来上虞见习实习。

【万名大学生在浙实习活动启动会暨浙江省大学生见习实习工作现场会】 5月30日,万名大学生在浙实习活动启动会暨浙江省大学生见习实习工作现场会在区召开,全省11个地市(区、县)人社部门109个单位,中国人民大学、浙江大学、哈尔滨工业大学等130余家国内高校、职业院校代表,近百家实习单位和人力资源服务机构参加会议。（车　烨）

万名大学生在浙实习活动启动会暨浙江省大学生见习实习工作现场会（车　烨　摄）

【专家服务项目】 2019年3月12日,组织华东理工大学化工学院、材料学院、化学学院的专家、老师与区纺织印染、精细化工、医药、人力资源相关共10家企业进行大学毕业生引进、博士后人员引进、技术项目对接,与会各学院介绍学科建设情况,企业介绍生产、技术、人才情况,通过对接,建立合作愿景。5月28日,组织区内8家企业参加省人社厅组织的浙江理工大学(新材料领域)人才项目路演对接会,共对接技术项目、专利10项。（车　烨）

人力资源市场

【概况】 2019年,上虞区人力资源服务产业园能级提档。新引进10家人力资源服务机构,产业园入驻机构达到30家,创建省级众创空间一家,全年产值达到5.05亿元。举办全区首届HR精英挑战赛,进一步提升企业HR人力资源管理水平,浓厚人资工作氛围。人力资源市场每周三、周六定期召开综合性招聘会。（车　烨）

【服务企业】 深入贯彻落实省市区“三服务”和绍兴市“百名干部联千企,助推小微企业高质量发展”“千企大走访”等活动,深入厂矿企业深入基层一线,已走访调研 126 家企业,全部解决企业反映问题,为企业纾困解难。产业园入驻机构为区内 343 家企业,派遣人员 6830 人,缓解企业招工难。 (车 烨)

【区人力资源市场招聘会】 区人力资源市场全年举办综合性招聘会 64 场、专场招聘会 7 场,参会企业 2576 家,入场求职者 23043 人,与企业达成初步就业意向的求职者 5781 人,大专以上学历 3080 人。

(车 烨)

2 月 20 日,“五星双强”企业专场招聘会现场

(车 烨 摄)

经济管理与监督

工商行政管理

【商事登记】 2019年,区市场监管局推进“一日办”“证照分离”“一网注销”“涉企证照通办”等工作,释放更大限度的改革红利求,降低市场准入门槛、激发市场活力。截至2019年底,区市场监管局进驻窗口事项共计188项,“最多跑一次”事项占比达99%以上。进驻窗口事项已实现网上办理、手机移动端办理,并开通网上预约功能,网上办、掌上办、“跑零次”比例均达到100%,网上办件量占实际办件量80%以上。进驻窗口事项的承诺时限较法定时限压缩比达到60%以上,即办事项151项,占比80%以上。

【企业准入和退出门槛持续降低】 2019年5月,区市场监管局实行新设企业一件事“一日办”,通过加快建立企业开办“一门进出、一窗受理、一套材料、一次采集、一网通办、一日办结”服务模式,将企业开办全流程涉及的四环节(“一件事”)压缩至1个工作日(8个工作小时)内办结。2019年,区所有新办企业已全部实现“一日办”。自2019年7月1日起,企业全程注销“一网服务”平台上线,所有企业均可通过“企业注销一网服务平台”进行注销申报。

【证照分离改革】 在原杭州湾上虞经济技术开发试点98项行政许可事项实行证照分离改革基础上,于2018年11月1日起在全区范围内对106项行政许可事项按照取消审批、审批改备案、告知承诺、优化准入管理4个方面进行改革。推动《绍兴市上虞区开展“证照分离”改革全覆盖点工作实施方案》和《关于清理废止有关涉企经营许可事项加强事中事后监管工作方案》的出台,至12月底已办理各类改革5057件,其中审批改备案1373件,告知承诺417件,优化准入3267件。

【净化市场准入环境】 一是首推规范性文件,推动区级层面出台《绍兴市上虞区人民政府办公室关于开展冒用他人身份证办理商事登记违法行为联合整治工作的通知》,制定《绍兴市上虞区撤销商事登记暂行规定》,完善撤销登记程序。二是建立部门协作联动机制,市场监管部门与公安、税务部门加强联动,互通线索,及时移送,建立遏制冒用身份信息骗取登记违法行为的长效机制。三是实名验证强化源头预防。自2019年5月启用企业相关自然人身份信息实名验证APP,严补登记环节漏洞。截至2019年底,共办理4127件实名验证企业。

【消费者权益保护】 组织开展“3·15”投诉咨询便民服务活动,3月15日上午,2019年“3·15”国际消费者权益日现场投诉咨询活动在万和城成功举行。2019年,通过“12345”、全国“12315”平台、电话、来人来信等分流处理投诉举报4897件,其中投诉2952件,举报1176件,答复咨询769余件。

【放心消费创建工作】 2019年度新创建放心商店网店138家,创建放心消费(无理由退货承诺)单位147家。与第三方平台合作,筹划建立放心消费动态监管平台,初步搭建平台。以构建“放心消费”动态管理机制为目标,预算资金委托绍兴市上虞区信用建设促进会，利用其现有的信息、数据、技术、人员量身定做一个可视、可感、可监管的“放心消费在上虞”三可动态管理平台（简称三可平台）。上虞“互联网＋创建”推动放心消费可视可感可监督的做法先后获得国家级、省级与区级有关领导肯定。

【掌上执法】 2019年，全区执法人员入库数691人，开通执法人员账号691人，账号开通率100%；掌上执法激活数691人，激活率100%；掌上执法应用率95.37%；全区域入库执法人员账号开通率、激活率等指标排位均在全市前列，掌上执法应用率从7月1日起一直是100%。开展跨部门联合执法，旨在通过一次执法，完成对同一执法对象的多个事项检查，有效杜绝重复检查现象。市场监管、环境保护、安全生产、文化等领域的各相关部门均已制定“一单两库一细则”，即建立随机抽查事项清单、随机抽查对象和执法检查人员名录库以及随机抽查工作细则。梳理相关领域适合联合执法对象，编制跨部门联合抽查事项清单，明确和规范监管事项名称、执法依据、抽查方式、频次等内容，做到“一次抽查、全面体检”，切实减少对市场主体的额外干扰。全年“双随机＋专项＋巡查检查”掌上执法系统设置检查任务340条，其中双随机计划266条，开展检查26691户次，其中双随机检查5767户次。发现问题已责令改正1621家，公示检查信息4022条，公示率100%。

【企业信用平台建设】 一是完善数据交互。解决前期因区税务局启用金税三期系统造成的数据交互障碍，实现银行业亟需的企业财务信息的真实呈现；二是优化平台系统。实施平台系统安全保护三级评测工作，按照评测公司整改方案对接软硬件公司修复相关漏洞并通过验收，提升平台系统安全性；三是助力小微企业融资。平台运行以来，当前数据量已达5.31亿条，查询次数达13.19万次。已经向银行业金融机构筛选推送6032家相对优质企业。上虞农商银行、浙商银行上虞支行依托平台信用信息对运行良好的小微企业发放信用贷款414笔，总计达3.44亿元，解决小微企业生产经营性流动资金短缺难题。上虞富民村镇银行也开始发布信用产品“富民·云易贷”；四是助力政府决策。联合专业团队，编撰并发布《2018年度上虞区企业信用指数分析报告》；五是促进“信用上虞”建设。助力区成功创建全省首批信用县（区）。向企业推广使用平台查询功能，提升企业信用意识。《上虞区搭建企业信用信息云平台 有效服务企业“两链”风险化解》在浙江政务信息（专报）第320期刊登。

【主体出清】 2019年对开业后自行停业6个月以上的324家企业作出吊销决定；对连续2年未开展经营活动的67家农民专业合作社作出吊销决定；对1821户个体工商户作出依职权注销决定。

【年报工作】 认真开展市场主体年报公示工作。完成年报公示的企业21818家，年报率达93.02%，完成年报公示的个体工商户43448户，年报率达93.10%，完成年报公示的农专社688家，年报率达87.09%，超额完成上级下达的目标任务。 （王梅芳　傅丕明　郑志芳）

发展计划管理

【概况】 2019年，全区固定资产总投资240.60亿元，同比增长11.3%，增速排名全市第二。4个结构指标中，民间项目投资完成76.14亿元，增长29.4%，全市排名第一；交通投资完成17.56亿元，增长34.2%，全市排名第二；生态环境和公共设施投资完成33.87亿元，增长23.5%，全市排名第三；高新技术产业投资完成43.58亿元，增长49.9%，全市排名第三。上报4个市县长工程项目，总投资124亿元，项目落地率100%。全区实现地区生产总值978.11亿元，增幅比绍兴平均高0.2个百分点，居6县（市、区）第3位。

【政府投资项目信息化管理平台扩面工作】 2019年，根据区委区政府工作部署，将在现有平台基础上，推进投资项目信息化管理工作。推进平台扩面。由单一的政府投资项目管理平台整合为含政府投资项目、三个一批重大项目、民生实事项目和政府投资项目建设等相关模块。优化平台架构。手机软件增加项目月度计划推进情况展示；增加“牵头项目领导”模块，显示每位区领导的牵头项目的进展情况；增加“项目竞赛”展示模块，针对项目前期工作，使用红黄蓝三色区别工作状态；针对已开工项目，使用“登山图”表示项目或者部门的整体推进情况。完善项目服务。在扩大项目范围的同时，满足各部门对项目管理的不同需求，使平台具备多部门管理，交叉读取项目数据的能力。

【企业投资项目高效审批】 区发改局全面推进“最多90天”改革，一般企业投资项目从项目赋码备案到竣工验收全流程审批“最多90天”实现率100%。

【绍兴上虞接沪推介活动】 4月12—13日，由发改局牵头的“全力融入，全面接轨”绍兴市上虞区接沪推介活动在上海举办。本次推介活动重点包括集中学习考察、区域合作对接、文旅农推介展示、人才综合招聘会、接沪推介会以及上虞全面接轨主题宣传六大版块。

【获评首批省级“信用县”】 3月10日，中国人民银行杭州中心支行、省发改委、省农业农村厅联合下发《关于省级信用县创建结果的通报》（杭银发〔2019〕32号），区列入首批“省级信用县”单位，为绍兴市唯一入选单位，有效期3年，全省共7个县市区获此荣誉。目前，全区已创建省级信用乡镇3个、省级信用村5个。

【19个项目集中开工】 5月23日，上虞区举行第二季度重大项目集中开工仪式，共有19个项目集中开工，计划总投资186.92亿元。其中，产业项目11个，总投资144.5亿元；政府投资项目8个，总投资42.42亿元。这批项目中，有生命健康、新材料、现代医药等战略性新兴产业项目，又有科创、文旅、总部经济等项目，也不乏一江两岸景观工程、舜江大桥拼宽工程、上源闸水厂迁建工程等基础设施民生类项目。

【新增三个省重点项目】 根据省发改委《关于做好2019年省重点建设项目调整工作的通知》，区上报4个项目争取下半年增补省重点，3个列入2020年省重点增补名单，分别是：城南医用综合中心、上源闸水厂迁建、上虞鸿雁未来社区。加上年初列入的曹娥江上浦船闸，今年共4个项目列入省重点，超额完成区委、区政府下达的争取2个省重点项目的指标。

【全省首个企业信调委成立】 为推动全区信用营商环境，帮助民营企业健康发展，9月9日，区发改局和司法局联合发文《关于设立绍兴市上虞区企业信用纠纷人民调解委员会的通知》（虞司〔2019〕33号），成立绍兴市上虞区企业信用纠纷人民调解委员会（简称“信调委”）。是浙江省首个将人民调解职能与社会信用建设相结合来推动信用体系建设、主动服务民企的一大举措。

【特色小镇培育工作成果】 9月26日，全省重大项目暨特色小镇建设现场推进会在上虞召开。e游小镇获2018年度省级考核优秀，通过省级特色小镇验收名，成为全省正式命名的22个特色小镇之一，伞艺小镇入围第四批省级培育类特色小镇名单，花田小镇获2018年度省级考核良好。

【28个重大项目集中开工】 11月29日，上虞区举行第四季度重大项目集中开工仪式，28个重大项目集中开工，总投资398亿元。这批集中开工的重点项目，呈现出数量多、投资大、层次高、前景好的特点。投资20亿元以上项目6个，50亿元以上2个，100亿元以上项目1个。其中，工业项目12个，总投资222.6亿元；商贸服务业项目6个，总投资100.8亿元；基础设施项目10个，总投资74.6亿元。

【鸿雁社区成功列入省首批未来社区试点】 经过多方努力，位于城西的鸿雁社区成功入选全省未来社区创建项目名单，是首批省级试点24个社区之一，该项目总投资32.7亿元，实施单元面积23.1公顷，预计直接受益居民6800人，引进各类人才4900人。（叶　舟）

上虞区 2019 年国有建设项目投资计划表

表 11

单位：万元

序号	项目名称	项目前期工作情况			建设性质	建设内容	计划总投资（新建项目为估算数）	其中		
		建议书批文号	可研（或立项）批文号	初步设计（或实施方案）批文号				财政	部门或乡镇	其他
合计（203 个）						—	4530840	1772288	1550041	1235511
续建项目（83 个）						—	3074036	1667099	805177	601760
新建项目（120 个）						—	1456804	105189	744864	633751
一、建设局（36 个）						—	1334701	1208287	126414	0
1. 续建项目（15 个）						—	1289896	1204247	85649	0
1	美丽示范街二期	虞发改投 2018〔86〕号	—	虞发改设计 2018〔57〕号	续建	建筑立面整治、店招店牌改建、楼宇亮化改造、环卫、景观、管线疏理、道路铺装等	5700	2850	2850	0
2	2014 年度百官街道涉及滨江河城区段整治征迁项目	—	—	—	续建	征迁旧房总建筑面积约 29.5 万平方米，67 号地块新建安置房 21.8 万平方米，相关配套道路建设	310000	310000	0	0
3	百官街道前江片等区块征迁改造项目	—	—	—	续建	征迁改造旧房总建筑面积约 50 万平方米，社区商业配套建设，周边配套道路建设	420000	420000	0	0
4	赵家、新建、路工、杜家征迁改造项目	—	—	—	续建	征迁改造旧房总建筑面积约 32 万平方米，舜江大桥拼宽	370000	370000	0	0
5	329 国道 2 号桥北侧地块征迁改造项目	—	—	—	续建	地块内约 60000 平方米的仓库、厂房、营业房征迁改造，相关配套道路建设	60000	60000	0	0
6	杭州湾上虞经济技术开发区垃圾填埋场渗滤液处理及二期扩建工程	—	—	—	续建	1. 新建渗滤液处理区：渗滤液调蓄池、渗滤液处理站等；2. 新建垃圾填埋库区（二期）及相关配套工程	9000	9000	0	0
7	三环东路快速路建设工程	浙发改〔2013〕9 号	浙发改投资〔2014〕925 号	浙发改设计〔2015〕16 号	续建	城市快速路总长约 3200 米，包括 1 座跨铁高架桥，3 座主线桥，2 座匝道桥，1800 平方米拆迁、道路工程、排水、照明、绿化及交通设施	39853	27897	11956	0
8	老旧住宅小区提质改造工程五期	—	—	—	续建	雨污分流、车位增设、环卫配套、积水治理、管线疏理、园林景观、道路整修、楼楼靓化等	6000	0	6000	0
9	老旧安置小区提升改造	—	—	—	续建	雨污分流、车位增设、环卫配套、积水治理、园林景观、道路整修等	2000	2000	0	0

续表 11

序号	项目名称	项目前期工作情况			建设性质	建设内容	计划总投资（新建项目为估算数）	其中		
		建议书批文号	可研（或立项）批文号	初步设计（或实施方案）批文号				财政	部门或乡镇	其他
10	杭州湾上虞经济技术开发区垃圾填埋场一期库区覆膜封场及绿化配套工程	—	—	—	续建	杭州湾填埋场库区一期约 8 万平方米的覆膜封场、覆土绿化工程，由北向南分两期实施	1500	1500	0	0
11	生态乡镇垃圾末端处置	—	—	—	续建	农村可烂垃圾资源化处置站及配套设施等建设	1000	1000	0	0
12	曹娥江人行景观桥	—	—	—	续建	新建一座江广路—曹娥街道东三路人行景观桥	16000	0	16000	0
13	体育场	—	—	虞发改高设计〔2016〕7号	续建	占地 84667.09 平方米，总建筑面积 19920 平方米，1.6 万座的体育场	34693	0	34693	0
14	后勤服务中心及室外运动场	—	—	虞发改高设计〔2016〕7号	续建	占地 48000.24 平方米，建筑面积 2000 平方米，一个后勤服务中心及室外运动场	5650	0	5650	0
15	滨江河景观带	—	—	—	续建	总面积 33 公顷，建设内容包括沿河景观、休闲建筑、景观桥梁、配套设施及小品	8500	0	8500	0
2. 新建项目（21 个）						—	44805	4040	40765	0
1	老旧住宅小区提质建设工程六期	—	—	—	新建	文化小区、西横河小区提升改造	5000	0	5000	0
2	学海路（河东路—文星路）	—	—	—	新建	道路全长约 1159 米，宽 18 米，工程内容包括道路、排水、交通、照明、绿化等工程	4100	0	4100	0
3	大元路（博学路—大库路）	—	—	—	新建	道路全长约 1049 米，宽 22 米，工程内容包括道路、排水、交通、照明、绿化等工程	4500	0	4500	0
4	城市道路提升建设工程	—	—	—	新建	城区道路白改黑、路网有机更新等	3000	0	3000	0
5	上德小学配套道路	—	—	—	新建	城北 40 号地块配套道路	1400	0	1400	0
6	春澜路	—	—	—	新建	城东 78 号地块配套春澜路（王充路—保驾山路）建设，道路长 500 米，宽 22 米，包含跨度 40 米桥梁一座	3000	0	3000	0
7	百官街道三村至曹娥街道娥一村道路联通工程	—	—	—	新建	百丰公路—博学路便道	1500	0	1500	0

续表 11

序号	项目名称	项目前期工作情况			建设性质	建设内容	计划总投资（新建项目为估算数）	其中		
		建议书批文号	可研（或立项）批文号	初步设计（或实施方案）批文号				财政	部门或乡镇	其他
8	市民大道道路改造工程	—	—	—	新建	市民大道（保驾山路—迎宾大道）道路白改黑改造、水泥侧石换花岗岩，标识标牌、井盖调整	1000	0	1000	0
9	2019 年城市基础设施建设工程	—	—	—	新建	城区停车行车、靓化美化、环卫设施、交通安全、排涝截污、文明城市创建等	6000	0	6000	0
10	城区污水零直排提升改造	—	—	—	新建	城区污水零直排提升改造	5000	0	5000	0
11	城区道路桥梁等运行维护	—	—	—	新建	城区道路桥梁等运行维护	2500	2500	0	0
12	智慧社区工程	—	—	—	新建	智慧社区服务综合管理平台、试点小区	800	800	0	0
13	垃圾中转站提升改造	—	—	—	新建	提升改造岭光、恒利、江西路、城东工业园区等 4 座垃圾中转站	780	390	390	0
14	蟠龙岙垃圾填埋场提升改造	—	—	—	新建	坝体维护及部分堆体整治	600	300	300	0
15	城区公厕改造	—	—	—	新建	涉及城区共 20 只公厕改造	300	0	300	0
16	城区垃圾房改造	—	—	—	新建	涉及城区部分垃圾房改造	100	50	50	0
17	百沥河绿化工程	—	—	—	新建	总面积 65000 平方米，内容为绿化、园路、小品等	1625	0	1625	0
18	游泳馆景观照明工程	—	—	—	新建	游泳馆主体建筑外立面亮化	500	0	500	0
19	体育场景观照明工程	—	—	—	新建	体育场主体建筑外立面亮化	1500	0	1500	0
20	后勤服务中心及室外运动场景观照明工程	—	—	—	新建	后勤服务中心及室外运动场主体建筑外立面亮化	1000	0	1000	0
21	市政绿化等零星配套	—	—	—	新建	河道、供水等维修及绿化种植等	600	0	600	0
	二、交通运输局(22 个)					—	1305014	347241	250062	734711
	1. 续建项目(10 个)					—	394079	292919	0	101160
1	美丽乡村公路建设	—	—	—	—	400 公里乡村道路实现等级化	148200	148200	0	0
2	西上线路面改造	—	—	—	—	西上线路面改造（改造段全长 6.0 千米，改造内容为病害处治、加铺沥青砼面层）	2005	2005	0	0

续表 11

序号	项目名称	项目前期工作情况			建设性质	建设内容	计划总投资（新建项目为估算数）	其中		
		建议书批文号	可研（或立项）批文号	初步设计（或实施方案）批文号				财政	部门或乡镇	其他
3	边沥线路面改造	—	—	—	—	边沥线路面改造（改造段全长 10.6 千米，改造内容为碎石化原水泥砼板块后加铺水稳基层和沥青砼面层）	2740	2740	0	0
4	团农线路面改造	—	—	—	—	县道路面改造（团农线）。全长 6.1 千米，改造内容为碎石化原水泥砼板块后加铺水稳基层和沥青砼面层	1611	1611	0	0
5	汤王线拓宽改造工程	—	—	—	—	该工程属于县道拓宽改造，全长 5.747 千米，进行路基、路面拓宽改造，排水设施改造等，提升至路基宽 7—8 米，路面宽 6 米，采用沥青混凝土路面	4073	4073	0	0
6	上虞区美丽公路“三线”整治工程	—	—	—	—	国道、部分县道两侧公路用地范围内的“三线”整治工作	6200	4240	0	1960
7	2018 年农村公路隐患治理	—	—	—	—	事故黑点整治	1000	1000	0	0
		—	—	—	—	其他隐患整治	2000	2000	0	0
8	上虞区公路管理段业务用房加固维修	—	—	—	—	房屋基础纠偏加固、结构加固、其他损坏现象进行修复等	350	350	0	0
9	县道照明项目	—	—	—	—	约 100 千米县道路灯安装	6000	6000	0	0
10	杭绍台铁路	—	发改基础〔2016〕2516 号	浙发改设计〔2018〕34 号	—	上虞段政策处理费用及东关站站房属地政府出资部分	219900	120700	0	99200
2. 新建项目（12 个）						—	910935	54322	250062	633551
1	泾哨线提升改造工程	—	—	—	—	全长 2.3 千米，建设内容为病害处治、路面改造、挡墙砌筑、路肩加固等	1900	1900	0	0
2	玩昆线提升改造工程	—	—	—	—	全长 4.5 千米，建设内容为病害处治、路面改造、挡墙砌筑、路肩加固等	3000	30000	0	0
3	章镇至黄路桥提升改造工程	—	—	—	—	全长 0.5 千米，建设内容为病害处治、路面改造、路肩加固等	185	185	0	0
4	2019 年农村公路隐患治理	—	—	—	—	事故黑点整治	1000	1000	0	0
		—	—	—	—	其他隐患整治	2000	2000	0	0
5	乡村公路大中修	—	—	—	—	对部分破损乡村公路进行大中修	5400	4320	1080	0
6	乡村公路提升工程	—	—	—	—	新改建乡村道 30 千米	12000	10000	2000	0

续表 11

序号	项目名称	项目前期工作情况			建设性质	建设内容	计划总投资（新建项目为估算数）	其中		
		建议书批文号	可研（或立项）批文号	初步设计（或实施方案）批文号				财政	部门或乡镇	其他
7	农村公路港湾式停靠站建设工程	—	—	—	—	新改建港湾式停靠站基础部份	1400	1400	0	0
8	牟山道口至驿亭“两路两侧”整治提升工程	—	—	—	—	牟山道口至驿亭“两路两侧”整治	1600	1600	0	0
9	曹娥工业园区—104 国道连接线工程	—	—	—	—	曹娥工业园区—104 国道连接线工程	1000	1000	0	0
10	杭绍台铁路立交道路改移工程（泾肖线、新三线）	—	—	—	—	由杭绍台铁路引起的泾肖线、新三线改线	1450	917.4	532.6	0
11	杭绍甬高速公路上虞段	—	—	—	—	项目起点位于杭州市萧山区南阳街道红山村附近，设南阳枢纽接杭州中环，经杭州市萧山区、大江东新城和绍兴市柯桥区、上虞区，至上虞余姚界顺接杭绍甬高速公路宁波段二期。路线里程总长约 52.7 公里，其中上虞段长约 14.4 公里。项目采用双向六车道高速公路标准，设计速 120 公里 / 时，路基宽度 34.5 米	620000	0	12449	607551
12	杭绍甬高速公路上虞段连接线	—	—	—	—	连接线接崧厦互通，终点在叶家埭附近下穿杭甬高速、杭甬高铁接城区四环线，全长约 14.365 千米，穿越杭州湾园区、崧厦镇、百官街道。该项目全程采用双向四车道一级公路快速路标准设计	260000	0	234000	26000
三．交通集团（6 个）						—	217766	17300	149666	50800
1. 续建项目（2 个）						—	205266	12700	141766	50800
1	曹娥江上浦船闸及航道工程	浙发改办交通受理〔2017〕28 号	浙发改函〔2018〕78 号	—	新建	新建船闸一座，航道疏浚约 29 公里，疏浚量月 14 万立方米，设置锚地 3 处，改建桥梁 1 座，防洪补偿工程包括泄水闸 1 座，江心洲防护 900 米等；其他助航安全保障设施、配套工程及附属设施	63500	12700	0	50800

续表 11

序号	项目名称	项目前期工作情况			建设性质	建设内容	计划总投资（新建项目为估算数）	其中		
		建议书批文号	可研（或立项）批文号	初步设计（或实施方案）批文号				财政	部门或乡镇	其他
2	绍兴市袍江马山至上虞曹娥（群贤路东延）公路二期工程	绍市发改联〔2015〕11 号	绍市发改中心〔2015〕66 号	绍市发改中心〔2018〕39 号	新建	三期工程从上虞区钱上村至上虞区人民西路段，长约 4.812 公里，按双向六车道一级公路标准设计，高架路宽 27 米，地面道路宽 41.5—60 米	141766	0	141766	0
2. 新建项目（4 个）						—	12500	4600	7900	0
1	杭甬运河大库船闸船舶污水处置设施	—	—	—	新建	新建一座日处理船舶污水能力为 15 立方米 / 日的污水处理装置及场地内配套管网建设	100	0	100	0
2	“四好农村路”乡镇运输服务站	—	—	—	新建	根据《关于高水平建设“四好农村路”实施意见》（已上报区政府待批）的相关要求，按照条件成熟一个建设一个的原则，在全区各乡镇街道新建乡镇运输服务站（具体建设规模内容以区政府相关文件为）；2019 年计划开始建设丰惠公交站	4000	4000	0	0
3	“四好农村路”港湾式公交候车亭建设	—	—	—	新建	根据《关于高水平建设“四好农村路”实施意见》（已上报区政府待批）的相关要求，在全区建设港湾式公交候车亭（具体建设规模内容以区政府相关文件为准）	600	600	0	0
4	104 国道综合服务驿站	—	—	—	新建	综合服务驿站区、精品度假酒店区和茶场核心区整体景观提升和基础设施建设	7800	0	7800	0
四、水利局（6 个）						—	282576	18317.7	198408	65850
1. 续建项目（4 个）						—	222245	14150	142245	65850
1	虞北平原滨江河–沥北河整治工程	浙发改农经〔2012〕1486 号	浙发改农经〔2013〕760 号	浙发改设计〔2013〕136 号	新建	由滨江河和沥北河组成，起自杜家村，终至海涂 2 号闸，整治河道全长 27.53 公里，其中新开河长 11.25 公里，新建、改建桥梁 37 座，新建节制闸 2 座	95500	11250	58490	25760
2	四明湖水库下游河道整治二期工程	虞发改投 –20〔2018〕2 号	虞发改投 –20〔2018〕3 号	虞发改投 –20〔2018〕5 号	新建	河道整治 4.4 千米，其中新建砌砍 2.3 千米，护岸修复 0.8 千米，生态护岸 1.7 千米，清淤 64000 立方米，建设滨河亲水步道 4.8 千米，增设河道两岸小品设施，绿化 12000 平方米；新增灌溉泵站 10 座，桥梁 5 座，新建田间道路 0.5 千米，配套砼渠道 1 千米，小型液压翻板闸 2 座等	4969	2236	2733	0

续表 11

序号	项目名称	项目前期工作情况			建设性质	建设内容	计划总投资（新建项目为估算数）	其中		
		建议书批文号	可研（或立项）批文号	初步设计（或实施方案）批文号				财政	部门或乡镇	其他
3	绍兴市上虞区虞东河湖综合整治工程	浙发改办农经受理〔2014〕25 号	浙发改农经〔2014〕1099 号	浙发改设计〔2015〕65 号	续建	建设内容包括皂李湖、白马湖、小越湖、孔家岙泊、东泊和西泊等“六湖”整治，建设护岸 40.14 公里，清淤 306.87 万立方米；新建堤防 1.39 公里；整治河道 16.68 公里；新建隧洞 2.8 公里；节制闸 6 座；新建及拆建桥梁 26 座	120300	0	80210	40090
4	上虞区标准海塘五甲新塘左岸段、道墟保江塘路面维修工程	虞发改投〔2018〕89 号	虞发改投〔2018〕89 号	虞发改设计〔2018〕53 号	改建	对上虞区标准海塘五甲新塘、道墟保江塘（桩号 30+950—38+400 段）路面进行维修，其中沥青砼路面整修段长 4680 米，砼路面整修段 2770 米，同时对路面安全防护措施进行修理等	1476	664	812	0
2. 新建项目（2 个）						—	60331	4168	56163	0
1	全区山塘水库除险加固、机电排灌站改造、危桥除险、河道整治、清淤、小流域治理、山区农民饮用水、堤防固滩护岸、农田水利建设等工程	—	—	—	改建	水库除险加固完成 2 座，新开工 2 座，山塘整治完成 10 座，排涝站改造 1 座；河道整治、清淤、小流域治理 20 公里，农民饮用水、堤防固滩护岸、危桥除险、农田水利建设等工程	16000	4168	11832	0
2	“一江两岸”景观工程（三期）	—	—	—	新建	曹娥江两岸（四环大桥—五甲渡大桥段）涉水景观工程建设（由江面拓宽、湿地、绿化带建设、生态护岸、沿岸景观、亮化等组成）	44331	0	44331	0
五、教体局（28 个）						—	60550	34412	26139	0
1. 续建项目（16 个）						—	41456	29373	12083	0
1	实验小学上德校区新建工程	—	—	虞发改设计〔2018〕10 号	续建	新建小学 60 班	20913	20913	0	0
2	崧厦镇中心幼儿园新建工程	—	—	—	续建	新建幼儿园 18 班	4150	1453	2698	0
3	春晖中学新建风荷院宿舍楼及配套工程	—	—	虞发改设计〔2018〕11 号	续建	新建三层宿舍 3490 平方米及周边环境改造	1551	0	1551	0

续表 11

序号	项目名称	项目前期工作情况			建设性质	建设内容	计划总投资（新建项目为估算数）	其中		
		建议书批文号	可研（或立项）批文号	初步设计（或实施方案）批文号				财政	部门或乡镇	其他
4	春晖外国语学校风雨操场新建工程	—	—	虞发改设计〔2017〕50号	续建	新建风雨操场，建筑面积2350平方米，内设二个篮球场地及配套用房	792	792	0	0
5	夏丏尊小学风雨操场新建工程	—	—	虞发改设计〔2017〕11号－(1)	续建	新建风雨操场，建筑面积2063平方米，内设一个篮球场、一个羽毛球场及配套用房	580	319	261	0
6	中小学安全隐患消除工程	虞发改投〔2018〕59号	—	—	续建	钢窗、用电及窗下硬质地面等安全问题改造	1986	780	1207	0
7	崧厦中心幼儿园装修工程	—	—	—	续建	崧厦镇中心幼儿园内部装修及部分场外工程	800	280	520	0
8	百官上源府幼儿园装修工程	—	—	—	续建	百官上源府幼儿园内部装修及部分场外工程	350	350	0	0
9	百官江与城幼儿园装修工程	—	—	—	续建	百官江与城幼儿园内部装修及部分场外工程	700	700	0	0
10	百官星丰小区配套幼儿园装修工程	—	—	—	续建	百官星丰小区配套幼儿园进行装修	600	210	390	0
11	百官街道新居民子女学校（暂名）校舍改造工程	—	—	—	续建	对原职业中专校舍进行改造	1809	995	814	0
12	塑胶运动场地新建工程	—	—	—	续建	崧厦镇中心小学镇东校区塑胶运动场地及周边配套工程建设	260	143	117	0
		—	—	—		崧厦镇三联小学西塘校区塑胶运动场地及周边配套工程建设	180	99	81	0
13	道墟街道中学校园文化体育设施改造工程	—	—	—	续建	阶梯教室改造、体育场地开放设施改造、宣传窗改造、行政楼厕所及停车棚改造	150	83	68	0
14	汤浦镇小校园设施改造工程	—	—	—	续建	新建5人制笼式足球场地1个，原运动场地面层维修，专用教学改造、校园文化及绿化工程	250	163	88	0
15	职教中心生命教育基地建设工程	—	—	—	续建	改造1300平方米用房，拟建生命全景教育馆、生命安全教育馆、应急救护培训区、序厅和尾厅等五个功能厅	400	0	400	0

续表 11

序号	项目名称	项目前期工作情况			建设性质	建设内容	计划总投资（新建项目为估算数）	其中		
		建议书批文号	可研（或立项）批文号	初步设计（或实施方案）批文号				财政	部门或乡镇	其他
16	曹娥鸿雁幼儿园新建工程	虞发改投二〔2018〕22号	虞发改投二〔2018〕27号	虞发改设计二〔2018〕19号	续建	新建幼儿园：规模24个班	5986	2095	3891	0
2. 新建项目（12个）						—	19094	5039	14055	0
1	小越街道中学学生宿舍新建工程	—	—	—	新建	1. 新建学生宿舍楼 2. 运动场面层改造	450	248	203	0
2	丰惠中学食堂及学生宿舍新建工程	—	—	—	新建	新建食堂、学生宿舍楼	3200	0	3200	0
3	2019年校舍改造项目	—	—	—	新建	崧厦二中：教学楼、食堂、厕所和门卫墙面及屋面维修，宿舍楼改造为行政用房；对篮球等运动场地地改造	380	209	171	0
		—	—	—		鹤琴小学： 1. 教学楼改造 2. 强电、弱电改造 3. 校园文化建设改造	668	367	301	0
		—	—	—		杜亚泉中学：1. 原杜亚泉纪念室拆除，档案室、杜亚泉纪念室、张关卣书画基地搬迁及布置；2. 专用教室、录播教室的改造及设备购置	168	126	42	0
		—	—	—		职业中专：西配电房扩容，由630千伏安扩容至1000千伏安，更换进线高配电缆及配电柜	200	0	200	0
		—	—	—		盖北镇中：1. 体育馆地面改造为硅聚氨酯；2. 教学楼钢窗改造；3. 水管改造	200	130	70	0
		—	—	—		驿亭镇小：校前学生接送场地建设、新校址山坡护坡工程	250	163	88	0
		—	—	—		城北验中学：校内供水、供电、道路改造，校园文化建设	550	550	0	0

续表 11

序号	项目名称	项目前期工作情况			建设性质	建设内容	计划总投资（新建项目为估算数）	其中		
		建议书批文号	可研（或立项）批文号	初步设计（或实施方案）批文号				财政	部门或乡镇	其他
3	2019 年校舍改造项目	—	—	—	—	上浦镇中：内外墙维修、党建文化阵地建设、新建创新实验室一个、新建录播教室一个、体育馆维修、学校路面和绿化改善、食堂和厕所改造、新建停车场地	320	208	112	0
		—	—	—		上虞外国语学校：运动场地改造；篮球场地面层改造及膜结构建设，围墙电子红外线防护围栏建设，体育场看台维修	435	239	196	0
		—	—	—		城南中学：1. 学生公寓内部维修及改造；2. 校园绿化改造；3. 多功能室改造	550	0	550	0
		—	—	—		春晖中学部分宿舍楼维修改造工程：对 5 号、6 号、9 号卫生间改造、用电、给排水、弱电改造，部分内部设施（床、柜）更换等	500	0	500	0
		—	—	—		爱弥儿幼儿园：食堂、卫生间及活动场地改造	297	104	193	0
4	食堂安全隐患改造工程	—	—	—	新建	食堂内部操作间改造、设备更新	2000	843	1157	0
5	党建“一校一品”校园文化建设工程	—	—	—	新建	党员活动室、党建文化长廊等	596	303	293	0
6	厕所革命改造工程	—	—	—	新建	春晖中学等 24 所学校厕所提升改造	1802	898	904	0
7	城区学校扩班	—	—		新建	5 所学校扩容 24 班。其中：百官小学扩容 9 班，实验小学扩容 5 班，重华小学扩容 2 班，鹤琴小学业扩容 1 班，滨江小学扩容 7 班	271	166	105	0
8	晚托等候区建设	—	—	—	新建	18 所学校要改造等候区	298	173	125	0
9	学校体育场地开放工程	—	—	—	新建	13 所城区（镇）学校体育场地开放，硬隔离设施及高杆灯安装	334	187	147	0
10	春晖中学文化带配套提升工程	—	—	—	新建	1. 恢复老校门、石板桥 2. 拟建春晖书院（春晖会馆）500 平方米（主体仿古建筑 + 室内装修）面积待方案布局 3. 周边配套绿化、步道整改提升等	500	0	500	0
11	春晖中学逸夫楼新建工程	—	—	—	新建	1. 新建逸夫楼 2. 大楼内的专用教室、实验室装修 3. 场外配套、绿化等	5000	0	5000	0

续表 11

序号	项目名称	项目前期工作情况			建设性质	建设内容	计划总投资（新建项目为估算数）	其中		
		建议书批文号	可研（或立项）批文号	初步设计（或实施方案）批文号				财政	部门或乡镇	其他
12	市民中心建网球场改造工程	—	—	—	新建	市民中心建网球场面层改造	125	125	0	0
六、卫生健康局(5 个)						—	107760	20600	210	86950
1. 续建项目(2 个)						—	106200	19250	0	86950
1	绍兴市上虞人民医院科技综合楼	区发改局文件，虞发改投〔2017〕62 号	虞发改投〔2018〕31 号	虞发改设计〔2018〕15 号	续建	建设一幢科技综合楼，总建筑面积 55720 平方米：其中地上主楼设计十六层（含技术层一层）建筑面积为 36050 平方米，1—4 层急救区、设规培中心、内窥镜诊疗中心，五层为技术层，6—16 层设病房，诊地下室设两层，建设面积为 19670 平方米，用于直线加速器、核医学中心、PET-CT、设备机房、库房、停车位等，屋顶设停机坪台	35000	19250	0	15750
2	上虞城南医用综合中心	虞发改投〔2017〕26 号	虞发改投〔2018〕46 号	虞发设计〔2018〕34 号	续建	门诊楼、医技楼、住院大楼、食堂、后勤楼、发热门诊及地下工程	71200	0	0	71200
2. 新建项目(3 个)						—	1560	1350	210	0
1	绍兴市上虞区疾病预防控制中心维修工程	—	—	—	新建	一、外墙 5200 平方米，屋顶塔楼内墙 400 平方米、屋顶塔楼外墙 500 平方米、屋面工程 700 平方米、小房子屋顶拆除 200 平方米、复合地板重做 50 平方米等；二、门诊楼内墙 950 平方米、屋面 1000 平方米、外墙 1400 平方米等；三、食堂吊顶 320 平方米、屋面 500 平方米、外墙 900 平方米、外墙内侧 500 平方米；四、围墙 440 米，五、车棚改造 300 平方米	360	200	160	0
2	中医医院人才公寓装修	—	—	—	新建	上虞区质量技术监督局独栋五楼装修改造工程主要内容为地面改造重新铺地砖，墙面刷乳胶漆，石膏板或硅钙板平顶。卫生间卫浴安装（淋浴房、马桶、台盆、镜面）。铝合金门窗维修，水电重新安装，消防安装，家具家电配备等。上虞区行政执法局独栋六层楼装修改造主要工程内容为每间设计卫生间，卫浴安装（淋浴房、马桶、台盆、镜面），排污管道铺设，墙面刷乳胶漆，石膏板或硅钙板平顶，水电安装，消防安装，家具家电配备等	1000	1000	0	0

续表 11

序号	项目名称	项目前期工作情况			建设性质	建设内容	计划总投资（新建项目为估算数）	其中		
		建议书批文号	可研（或立项）批文号	初步设计（或实施方案）批文号				财政	部门或乡镇	其他
3	上虞妇保院住院部及原婚检楼改造项目	—	—	—	新建	上虞妇幼保健院内住院部 1 号楼、2 号楼内所有管路（氧气、吸引、中央空调、给排水、生活用热水等）进行更换改造、对中医馆进行外立面及内部改造、对中医馆加装三层电梯一部	200	150	50	0
七、公安分局(9 个)						—	72972	61600	11372	0
1. 续建项目(4 个)						—	55700	52700	3000	0
1	绍兴市上虞区监管中心	虞发改投〔2016〕202 号	虞发改投〔2017〕138 号	虞发改设计〔2017〕81 号	新建	监管中心用房，建筑面积 59072.34 平方米	49400	49400	0	0
2	驿亭派出所综合业务用房	虞发改投〔2016〕161 号	虞发改投〔2017〕10 号	虞发改设计〔2017〕78 号	新建	派出所综合业务用房，建筑面积 5243 平方米	3000	0	3000	0
3	上浦派出所综合业务用房	虞发改投〔2016〕24 号	虞发改投〔2016〕24 号	虞发改设计〔2017〕82 号	新建	派出所、交警上浦中队综合业务用房，建筑面积 6058 平方米	2600	2600	0	0
4	长塘警务室业务用房	虞发改投〔2018〕10 号	虞发改投〔2018〕65 号	虞发改设计〔2018〕46 号	新建	警务室综合业务用房，建筑面积 1660 平方米左右，用地面积 6.26 亩	700	700	0	0
2. 新建项目(5 个)						—	17272	8900	8372	0
1	百官派出所综合业务用房扩建改造	虞发改投〔2018〕7 号	—	—	扩建改造	改造装修原办公楼等用房 6848 平方米，新建办证接警指挥用房，约 4800 平方米	4900	4900	0	0
2	曹娥派出所综合业务用房（含刑事技术用房）	虞发改投〔2018〕8 号	虞发改投〔2018〕47 号	—	新建	总用地面积 30.02 亩，建设面积约 19000 平方米。派出所新建综合业务用房、刑事技术用房、办证接警中心用房，办案中心用房等内容	8372	0	8372	0
3	谢塘派出所综合业务用房	—	—	—	新建	总用地面积 18.85 亩，建筑面积 6500 平方米，派出所综合业务用房	3000	3000	0	0
4	汤浦警务室业务用房	—	—	—	新建	警务室综合业务用房，建筑面积约 1600 平方米，用地面积 1.89 亩	700	700	0	0
5	交警上浦中队专用停车场	—	—	—	新建	1. 需新征用地 10 亩；2. 事故处理、违法查扣专用停车场设施一个	300	300	0	0
八、农业农村局(1 个)						—	247000	0	0	247000
1. 续建项目(1 个)						—	247000	0	0	247000

续表 11

序号	项目名称	项目前期工作情况			建设性质	建设内容	计划总投资（新建项目为估算数）	其中		
		建议书批文号	可研（或立项）批文号	初步设计（或实施方案）批文号				财政	部门或乡镇	其他
1	全区美丽乡村精品线及精品村和农村基础设施提升建设项目	—	—	—	续建	美丽乡村9条精品线及483A景区村和274个农村基础设施提升PPP项目工程	247000	0	0	247000
九、人武部（1个）						—	800	800	0	0
2. 新建项目（1个）						—	800	800	0	0
1	智慧人武	—	—	—	—	—	800	800	0	0
十、党校（1个）						—	26055	26055	0	0
1. 续建项目（1个）						—	26055	26055	0	0
1	上虞党校建设工程	虞发改投〔2015〕98号	虞发改投〔2015〕98号	虞发改设计〔2016〕42号	续建	包括科研楼、教学楼、生活楼的土建（含基坑围护）、水电暖通设备及安装、消防设施、室内装饰、建筑智能化等工程，场外配套的附属用房、道路、桥梁、排水、绿化、景观等工程，电梯设备、厨房设备、空气能热水设备、空调设备、舞台设备等	26055	26055	0	0
十一、文化广电旅游局（5个）						—	14860	14860	0	0
1. 续建项目（1个）						—	12850	12850	0	0
1	凤凰山考古遗址公园项目	虞发改投〔2016〕15号	虞发改投〔2016〕15号	虞发改设计〔2018〕2号	续建	凤凰山考古遗址公园工程保护展示及周边配套工程，新建考古工作站、青瓷学校，同时配套建设道路、绿化、景观、供电、给排水、消防等附属设施	12850	12850	0	0
2. 新建项目（4个）						—	2010	2010	0	0
1	马一浮故居维修工程	—	—	—	—	屋面翻修、墙体维修、木构件更换、环境整治、水电线路铺设等	990	990	0	0
2	徐光宪故居维修工程	—	—	—	—	屋面翻修、墙体维修、木构件更换、环境整治、水电线路铺设等	300	300	0	0
3	文物古建筑单位安全提升工程一期项目（曹娥庙、同兴里、春晖名人故居、王充墓、谢晋故居）	—	—	—	—	入侵报警系统、影像监控系统、电线线路改造、增设智慧用电设备、避雷系统、烟感系统、应急照明、各子系统集成等	440	440	0	0

续表 11

序号	项目名称	项目前期工作情况			建设性质	建设内容	计划总投资（新建项目为估算数）	其中		
		建议书批文号	可研（或立项）批文号	初步设计（或实施方案）批文号				财政	部门或乡镇	其他
4	上虞县工委驻地旧址修缮	—	—	—	—	两只门楼和南侧五间楼、安防、布展等	280	280	0	0
十二、机关服务中心（2 个）						—	2900	2900	0	0
1. 续建项目（1 个）						—	1950	1950	0	0
1	行政中心、市民中心修缮改造项目	虞发改投〔2018〕94 号	—	—	改建	行政中心建筑物修缮、行政中心场外市政道路改造、后勤中心备用宿舍改造、市民中心食堂厨房改造	1950	1950	0	0
2. 新建项目（1 个）						—	950	950	0	0
1	行政中心绿化提升项目	—	—	—	改建	行政中心绿化改造提升、文化长廊新建	950	950	0	0
十三、气象局（1 个）						—	710	710	0	0
1. 新建项目（1 个）						—	710	710	0	0
1	生态文明建设气象保障工程	—	—	—	新建	一是建设风廓线雷达和微波辐射仪。二是建设突发事件污染物扩散气象条件辅助决策平台	710	710	0	0
十四、发改局〔粮食局〕（1 个）						—	14400	14400	0	0
1. 新建项目（1 个）						—	14400	14400	0	0
1	虞北中心粮库	—	—	—	新建	项目总建筑面积 19365.79 平方米，其中建设仓容约 7.35 万吨（折合稻谷为 5.5 万吨）平房仓 9 幢约 16447.68 平方米；辅助生产用房约 1018.91 平方米（其中包括机械库、器材库、门卫、变配电房及柴油发电机房、制氮机房、地磅房检化验室等）；配套管理用房及生活辅助用房；场地硬化、绿化等室外附属工程	14400	14400	0	0
十五、自然资源和规划分局（1 个）						—	475	475	0	0
1. 续建项目（1 个）						—	475	475	0	0
1	上虞北斗卫星导航系统综合应用服务站	—	—	—	续建	项目可研、项目规划选址、建筑设计、土地征用、建筑施工、装饰、场地景观建设等，设备软件安装调试	475	475	0	0
十六、民政局（1 个）						—	430	430	0	0

续表 11

序号	项目名称	项目前期工作情况			建设性质	建设内容	计划总投资（新建项目为估算数）	其中		
		建议书批文号	可研（或立项）批文号	初步设计（或实施方案）批文号				财政	部门或乡镇	其他
1. 续建项目(1 个)						—	430	430	0	0
1	上虞区龙山烈士陵园改造	虞发改投〔2018〕48 号	虞发改投〔2018〕48 号	虞发改设计〔2018〕51 号	改建	本项目包括园区入口处设置入口牌坊，入口处山体裸露岩石上部绿化和上山道路两侧绿化各10 米内做改造提升，原纪念碑拆除后重建，后侧墓区绿化改造，原碑前广场面积扩大，新建烈士简介长廊等	430	430	0	0
十七、供电局(4 个)						—	69544	0	69544	0
1. 续建项目(1 个)						—	5044	0	5044	0
1	绍兴丁宅 110kV 输变电工程	—	浙电经研规〔2017〕445 号	—	续建	新建主变 2 台，容量 2×50 兆伏安	5044	0	5044	0
2. 新建项目(3 个)						—	64500	0	64500	0
1	110 千伏涂北输变电工程	—	—	—	新建	新建主变 2 台，容量 2×80 兆伏安	13000	0	13000	0
2	杭绍台高铁牵引输电工程(上虞段)	—	—	—	新建	—	13500	0	13500	0
3	上虞区 2019 年 35 千伏及以下配网建设工程	—	—	—	新建	新建、改造线路长度约 390 公里，新增变电容量约 31 万千伏安	38000	0	38000	0
十八、水务集团(8 个)						—	99205	900	98105	200
1. 续建项目(1 个)						—	22000	0	22000	0
1	上虞区原水管复线工程	虞发改投〔2016〕60 号	虞发改投〔2016〕210 号	虞发改设计〔2016〕86 号	续建	管线总长 18 公里，其中隧洞长 5.7 公里，管道长 12.3 公里，采用 DN1800 钢管	22000	0	22000	0
2. 新建项目(7 个)						—	77205	900	76105	200
1	上虞区上源闸水厂迁建工程	虞发改投〔2018〕24 号	虞发改投〔2018〕80 号	虞发改设计〔2018〕49 号	新建	新建 15 万吨 / 日规模净水厂一座，厂区内新建净水生产建筑物和辅助生产建筑物	32939	0	32939	0
2	上源闸水厂迁建配套输配水管道工程	虞发改投〔2018〕84 号	—	—	新建	新建 DN1200 出厂管道 15.3 公里，DN1600 原水管道 1.44 公里、DN1400 原水管道 3.9 公里、DN1200 原水管道 1.1 公里，DN200 管 6.5 公里	17889	0	17889	0
3	大三角水厂污泥处理设施工程	—	—	—	新建	建设 45 万吨 / 日水处理相配套污泥处理系统，其中脱水设备为 30 万吨 / 日水处理相配套	3480	0	3480	0
4	高层住宅二次供水提升工程	—	—	—	新建	6 个高层住宅小区提升	2000	900	900	200

续表 11

序号	项目名称	项目前期工作情况			建设性质	建设内容	计划总投资（新建项目为估算数）	其中		
		建议书批文号	可研（或立项）批文号	初步设计（或实施方案）批文号				财政	部门或乡镇	其他
5	城乡管网提升工程	—	—	—	新建	提升改造管网长度 20 公里	2000	0	2000	0
6	生活污水清洁排放提升工程	—	—	—	新建	提标改造 10 万吨 / 日的生活污水处理线，达到浙江省清洁排放标准	17826	0	17826	0
7	丰惠中心泵站 DN600 出水管提升工程	—	—	—	新建	提升改造 DN600 管道约 2850 米	1071	0	1071	0
十九、消防大队（1 个）						—	3000	3000	0	0
1. 新建项目（1 个）						—	3000	3000	0	0
1	上虞区消防大队东关消防站建设工程	—	—	—	新建	新建办公用房，中队执勤楼，训练塔，训练用房，生活后勤用房，接警中心等，共计约 4000 平方米	3000	3000	0	0
二十、杭州湾上虞经济技术开发区管委会（浙江省上虞经济开发区管委会）（50 个）						—	496740	0	496740	0
1. 续建项目（18 个）						—	293890	0	293890	0
1	杭州湾经开区产业协同创新服务中心建设工程（一期）	虞经开区基投〔2017〕70 号	虞经开区基投〔2017〕71 号	虞经开区基投〔2017〕72 号	续建	新建新材料、生物医药两大产业服务中心，一期用地面积约 100 亩，建筑面积约 5 万平方米	35000	0	35000	0
2	康阳大道提升工程	—	—	—	续建	主要建设内容改造提升道路及两侧绿化景观、节点景观、交通指示和慢行系统等	4000	0	4000	0
3	杭州湾经开区医药产业区标准厂房建设工程	虞经开区基投〔2018〕31 号	虞经开区基投〔2018〕37 号	虞经开区基投〔2018〕38 号	续建	新建标准厂房，建筑面积约 1.2 万平方米	4300	0	4300	0
4	杭州湾经开区门户景观工程	—	—	—	续建	对纬十一路与进港公路交叉口等绿化提升	950	0	950	0
5	生态湖项目二期工程	虞经开区基投〔2016〕55 号	虞经开区基投〔2016〕56 号	虞经开区基投〔2016〕57 号	续建	建设内容包括河道疏浚、砌筑工程、桥梁、土地整理和绿化种植	30000	0	30000	0
6	服务业发展区横二河建设工程	—	—	—	续建	河道长度约为 2610 米，河道宽度 20—60 米，主要包括土方开挖、河道清淤、挡墙砌筑、桥梁、河岸绿化等	2600	0	2600	0

续表 11

序号	项目名称	项目前期工作情况			建设性质	建设内容	计划总投资（新建项目为估算数）	其中		
		建议书批文号	可研（或立项）批文号	初步设计（或实施方案）批文号				财政	部门或乡镇	其他
7	杭州湾经开区振兴大道建设工程（进港公路－产业提升区段）	虞经开区基投〔2018〕39 号	虞经开区基投〔2018〕40 号	—	续建	工程全长约 1.7 公里，路宽 22 米，包括道路，桥梁，排水等	3600	0	3600	0
8	杭州湾上虞经济技术开发区综合管廊建设工程	虞经开区基投〔2018〕29 号	虞经开区基投〔2018〕30 号	—	续建	工程全长约 2.7 公里，包括管廊建设和管线迁改等	15000	0	15000	0
9	浙江建设职业技术学院上虞分院	—	—	—	续建	项目占地 500 亩，建筑面积 20 万平方米	120000	0	120000	0
10	人民西路（舜杰路—四环线）提升工程	—	—	—	续建	主要实施舜杰路—四环线段道路提升、绿化提升等	12000	0	12000	0
11	社区中心建设项目	—	—	—	续建	主要包括滨江新城 31–2 地块占地约 60 亩区域景观湖、绿化、小品、广场等建设	7500	0	7500	0
12	运河东路（三雄机械—卧龙集团）改造	—	—	—	续建	主要实施道路、两侧人行道及绿化改造等	1200	0	1200	0
13	中心排涝河开挖及大厂泵站改造建设工程	—	—	—	续建	主要包括原有大厂泵站改建、曹娥江引水沟渠建设及排涝出水管铺设等	5540	0	5540	0
14	科教园区配套道路建设	—	—	—	续建	主要包括五星西路南北侧两条纵向道路建设。合计全长 1680 米，路幅宽度 30 米。主要包括雨污管网、绿化、亮化、交通安全设施及其他配套设施建设等	25000	0	25000	0
15	物流园区配套污水泵站建设工程	—	—	—	续建	主要包括 10 万吨级污水提升泵站及相关配套的一条压力管、一条重力管建设	4500	0	4500	0
16	北二路（四环—运河东路）建设工程	—	—	—	续建	城市次干道，主要包括 500 米长、42 米宽道路、桥梁、雨污管网、绿化、交通安全设施及其他配套建设等	2200	0	2200	0
17	运河东路（卧龙集团西门—江西路）	—	—	—	续建	城市次干道，主要包括 1900 米长、18 米宽道路、雨污管网、绿化、交通安全设施及其他配套建设等	2500	0	2500	0

续表 11

序号	项目名称	项目前期工作情况			建设性质	建设内容	计划总投资（新建项目为估算数）	其中		
		建议书批文号	可研（或立项）批文号	初步设计（或实施方案）批文号				财政	部门或乡镇	其他
18	美丽示范街创建三期	—	—	—	续建	主要实施舜江西路（五星中路—渡江路）等道路改造、雨污管线重新布置、人行道、景观绿化、交通安全设施及其他配套建设等	18000	0	18000	0
2. 新建项目（32 个）						—	202850	0	202850	0
1	杭州湾经开区产业拓展区配套工程	—	—	—	新建	产业拓展区道路配套，包括道路路基、路面、路灯、标牌、绿化、供水、污水、电力、河道等	26000	0	26000	0
2	杭州湾经开区新围区填土工程	—	—	—	新建	对产业提升区拓展区块原地面标高低于 4.5 米地块，输土至 4.5 米	4000	—	4000	—
3	杭州湾经开区进港公路延伸段工程（滨海大道—码头段）	—	—	—	新建	道路长约 1.2 公里，包括道路路基路面，标线，路灯等	4500	0	4500	0
4	杭州湾经开区东三区道路配套工程	—	—	—	新建	东三区滨海三路、四路、五路道路路基路面，路灯等	14000	0	14000	0
5	杭州湾经开区纬十一路道路改造工程	—	—	—	新建	对纬十一路全线改造	6000	0	6000	0
6	杭州湾经开区产业提升区道路绿化配套工程（二期）	—	—	—	新建	对产业提升区道路两侧绿化配套	2500	0	2500	0
7	杭州湾经开区朝阳三路建设工程（新兴一路—至远路段）	—	—	—	新建	道路全长 1.5 公里，路宽 14 米，包括道路、桥梁、排水等	2000	0	2000	0
8	杭州湾经开区 2019 年度建成区污水提升工程	—	—	—	新建	对建成区西区污水管网提升	1200	0	1200	0
9	杭州湾经开区造地项目（五期）	—	—	—	新建	新围区土地开发面积约 2000 亩，包括机耕路，排灌渠、土地平整等建设	7000	0	7000	0

续表 11

序号	项目名称	项目前期工作情况			建设性质	建设内容	计划总投资（新建项目为估算数）	其中		
		建议书批文号	可研（或立项）批文号	初步设计（或实施方案）批文号				财政	部门或乡镇	其他
10	杭州湾经开区服务发展区纵二河绿化工程	—	—	—	新建	服务发展区纵二河两侧绿化提升	1000	0	1000	0
11	杭州湾经开区团农线绿化提升工程	—	—	—	新建	道路中央绿化带及两侧绿化种植	1000	0	1000	0
12	杭州湾经开区服务业发展区纬一支路道路及绿化配套工程	—	—	—	新建	包括道路路基路面，排水等，道路长500米，道路宽度18米	1000	0	1000	0
13	杭州湾经开区服务发展区商业街配套工程	—	—	—	新建	包括道路、排水、标志标线	600	0	600	0
14	杭州湾经开区2019年度电力配套工程	—	—	—	新建	对开发区电力改造升级、安装变压器，上改下等工程	3000	0	3000	0
15	2019年度杭州湾经开区基础设施日常维修建设工程	—	—	—	新建	道路、标志标线、河道、桥梁加固、污水、供水、小额广告等维修及绿化种植等	5000	0	5000	0
16	杭州湾经开区青春社区项目	—	—	—	新建	建筑面积约5万平方米，其中建设1500套左右的单身（双人）公寓及相应的公共配套和商业用房	45000	—	45000	0
17	杭州湾经开区建成区引配水工程	—	—	—	新建	包括引水泵站及输水管道建设	1500	—	1500	—
18	上虞产教融合创新园一期工程	—	—	—	新建	上虞园区一期建设科学与工程研究院3.7万平方米，及园内道路、广场、园林绿化等配套工程（包括属于基建范畴的园区通讯设施、网络设施、室内外照明设备等配套），投资概算2.5亿元，实行“交钥匙”工程	25000	0	25000	0
19	五星西路（长海公路—曹娥江过水道）延伸段建设工程	—	—	—	新建	为城市主干路，主要包括雨污管网、道路、绿化、交通安全设施及其他配套建设等，全长1239米，宽60米	8200	0	8200	0

续表 11

序号	项目名称	项目前期工作情况			建设性质	建设内容	计划总投资（新建项目为估算数）	其中		
		建议书批文号	可研（或立项）批文号	初步设计（或实施方案）批文号				财政	部门或乡镇	其他
20	环岛景观绿化提升工程（杭甬运河至长海公路段）	—	—	—	新建	主要是对现有河道进行开挖拓宽，对河道两侧进行绿化景观建设	7000	0	7000	0
21	创十一路（长海公路—科六路）建设工程	—	—	—	新建	为城市主干路，主要包括雨污管网、道路、绿化、交通安全设施及其他配套建设等，全长 817 米，宽 18 米	2400	0	2400	0
22	科七路南延伸段	—	—	—	新建	为城市主干路，主要包括雨污管网、道路、绿化、交通安全设施及其他配套建设等，全长 780 米，宽 26 米	2500	0	2500	0
23	曹新路（舜耕大道—金村）提升工程	—	—	—	新建	主要是对舜耕大道—金村段长约 500 米，宽 42 米原曹新路进行道路、绿化提升改造等	1800	0	1800	0
24	曹娥工业功能区配套道路	—	—	—	新建	主要实施曹娥工业功能区东五路和南四路，一横一纵长约 610 米，宽 24—28 米两条道路、雨污管网、绿化及交安设施等	2000	0	2000	0
25	曹娥老区纵一路道路工程	—	—	—	新建	主要包括渡江路—横一路雨污管网、道路、绿化、交通安全设施及其他配套建设等，全长约 170 米，宽 20 米	550	0	550	0
26	曹娥老区横一路道路工程	—	—	—	新建	主要包括渡江路—纵二路雨污管网、道路、绿化、交通安全设施及其他配套建设等，全长约 900 米，宽 16 米	1800	0	1800	0
27	五星中路（三环—四环）提升工程	—	—	—	新建	主要实施三环—四环段长约 2500 米道路提升等	6000	0	6000	0
28	永祥路（五星路—江西路）提升工程	—	—	—	新建	主要实施五星中路—江西路段长约 920 米，宽 26 米道路、绿化提升改造等	2800	0	2800	0
29	江西路（三环桥—兴业路）提升工程	—	—	—	新建	主要实施三环桥—兴业路段长约 1300 米，宽 38 米道路、绿化提升改造等	4500	0	4500	0
30	舜江西路延伸段建设工程	—	—	—	新建	主要至南环线—渡江路段连通。项目主要包括雨污管线、桥梁、绿化、路灯、交通安全设施及其他配套建设	8000	0	8000	0
31	彩虹桥—人民大桥段曹娥江左岸绿化提升改造	—	—	—	新建	主要对彩虹桥—人民大桥段曹娥江左岸绿化进行提升改造	1000	0	1000	0

续表 11

序号	项目名称	项目前期工作情况			建设性质	建设内容	计划总投资（新建项目为估算数）	其中		
		建议书批文号	可研（或立项）批文号	初步设计（或实施方案）批文号				财政	部门或乡镇	其他
32	2019 年民生实事项目	—	—	—	新建	主要包括新建道路绿化、路灯建设，管网检测修复，破损道路维修，人行道改造，环卫设施完善，环境提升改造等	4000	0	4000	0
二十一、曹娥江旅游度假区（10 个）						—	110382	0	60382	50000
1. 续建项目（3 个）						—	99500	0	49500	50000
1	潘家陡至皂李湖村道路一期工程	虞曹旅投〔2018〕9–1 号	虞曹旅投〔2018〕9–1 号	虞曹旅投〔2018〕9–2 号	续建	按照四级公路标准建设，道路长度 2.5 公里，路基宽度 8 米，路面宽度 6 米	1500	0	1500	0
2	皂李湖区块征迁安置工程	虞发改投〔2016〕132 号	—	—	续建	征迁约 300 户，安置区块 264 户房屋建设	48000	0	48000	0
3	瓷源文化小镇艺术引领区	—	—	—	续建	一期建设陶艺中心、国际艺术区市政配套工程，市政配套工程分步推进；二期建设美术馆、大师工作室、小镇门户客厅灯；三期建设后续厂房及项目配套（青年酒店、陶艺创客工作室、其余厂房改造）	50000	0	0	50000
2. 新建项目（7 个）						—	10882	0	10882	0
1	中华孝德园城市公园改造项目	—	—	—	—	拆除中华孝德园围墙，与周边城市道路相连接，改造提升内部道路，具备车辆通行条件，并建设亮化系统和多点位停车场，增设景观小品和健身休闲设施，建成开放式的以孝德文化为主题的城市公园，成为实施“拥江西进”战略，开发建设孝德文化小镇的重要组成部分	4500	0	4500	0
2	中华孝德园风情街改造项目	—	—	—	—	实施风情街灯光秀工程，并通过市场化形式，引进文创书吧（休闲吧）、新农人联盟和两岸青年文创工作室等，开设上虞文创艺术产品拍卖市场，将风情街打造成为集休闲、娱乐、购物、艺术展示等于一体的文创平台和市民游客的休闲广场	800	0	800	0
3	江上花海婚纱摄影基地和农耕教育基地建设项目	—	—	—	—	依托江上花海湿地公园至外梁湖村的核心花卉种植区，面向婚纱摄影和青少年学生社会实践市场，通过配套主题园艺、盆景、文化小品等立体多维的展示方式，使之既有观赏性，又有文化性和教育性，打造婚纱摄影和农耕教育的必到之地	600	0	600	0

续表 11

序号	项目名称	项目前期工作情况			建设性质	建设内容	计划总投资（新建项目为估算数）	其中		
		建议书批文号	可研（或立项）批文号	初步设计（或实施方案）批文号				财政	部门或乡镇	其他
4	江上花海景观（三期）项目	—	—	—	—	核心区域花卉种植、环境提升等	907	0	907	0
5	景区环境提升维修工程	—	—	—	—	国有景区零星维修维护	480	0	480	0
6	上虞区绿道游步道建设(二期)项目	—	—	—	—	建成约 35 公里的古道、游步道、骑行道、绿道等	1595	0	1595	0
7	曹娥江文化湿地公园改造项目	—	—	—	—	对现有城南湿地公园和江东南路延伸段进行亮化、美化改造，环境功能优化提升，健身休闲设施配套，并与江上花海连为一体，使之成为市民游玩休憩健身的口袋公园	2000	0	2000	0
二十二、e 游小镇管委会(4 个)						—	63000	0	63000	0
1. 续建项目(1 个)						—	50000	0	50000	0
1	青春公寓建设项目	—	—	—	新建	占地土建 34000.17 平方米，建筑面积 93552 平方米，含土建、装修、安装、暖通、电梯、场外道路景观绿化等	50000	0	50000	0
2. 新建项目(3 个)						—	13000	0	13000	0
1	AAA 级景区创建配套工程	—	—	—	新建	为配合小镇 AAA 级景区创建，包括包括外部交通标识布置、游客中心设备设施完善、导游词撰写与导游人员引进、标识系统设置、厕所整改、信息化建设、旅游安全工作、小品雕塑系统等工程	1000	0	1000	0
2	惠普广场 A、D 装修项目	—	—	—	新建	惠普 A、D 楼用房装修及裙房改造，包括精装修、强弱电、给排水、暖通、消防、拆改、空调等内容	8000	0	8000	0
3	智慧小镇建设项目	—	—	—	新建	主要分基础建设、小镇治理、惠民服务及产业发展。基础建设主要是基础网络建设、企业云及小镇大脑；小镇治理主要为指挥中心建设、公共安全、市政管理、消防管理、环境监测、智慧党建；惠民服务主要为健康休闲、出行服务、旅游服务、社区服务；产业发展主要为智慧招商、孵化服务、第三方服务、会议服务	4000	0	4000	0

编制部门（单位）：绍兴市上虞区发展和改革局

（叶　舟）

价格管理

【概况】 2019年,加强公益性墓地价格管理,规范公益性墓地收费;开展道路客运价格调研;适当调整生猪屠宰服务收费标准;核定物业收费标准;会同区教体局,对3所具有代表性学校开展高中代管费情况调研,调整高中代管费收费标准,规范高中代管费收费行为。降低非居民用天然气价格。贯彻《国家发改委、财政部关于降低减免部分行政性收费标准的通知》,降低部分行政事业收费,降低无线电频率占用费、出入境证照类收费,减免不动产登记收费等,切实减轻社会负担。一年来,共受理关于物业收费、停车收费、商品房价格等价格投诉、咨询150件,办结率100%。两次降低一般工商电价,减轻企业负担7480万元。

【开展春节市场价格巡查】 1月中旬,组织人员对市区范围内的大型超市开展春节期间市场价格巡查。重点对肉、禽、蛋奶等群众生活必需品进行检查,制止虚假标价、模糊标价、虚构原价、虚假折扣、模糊赠售、隐瞒价格附加条件、不履行价格承诺等价格欺诈行为,以及不按规定明码标价的行为。

【降低一般工商业电价】 区自2019年4月1日起降低一般工商业及其他用电目录电价和输配电价每千瓦时2.19分钱(含税),预计此次降价年可减轻企业负担2190万元。

【再次降低一般工商电价】 为降低企业用能成本,利用国家重大水利工程建设基金征收标准降低的空间,区自7月1日起再次降低一般工商业及其他用电目录电价和输配电价每千瓦时5.29分(含税),预计此次降价年可减轻企业负担5290万元。

【降低非居民用天然气价格】 区从4月1日起降低非居民生活用天然气销售价格,由现行的3.6元每立方米下降为3.33元每立方米,煤改气用户由现行的3.34元每立方米下降为3.07元每立方米。

【规范公益性墓地收费行为】 首先核定道墟公益性墓地的价格。配合区殡葬改革工作,在成本监审和调查的基础上,拟定道墟公益性墓地的价格,报区政府确定。下发《关于核定道墟公墓(一期)公墓价格的通知》(虞发改价〔2019〕26号)。并以道墟街道公益性墓地价格作为参照样板,以点带面,逐步推行全区公益性公墓墓穴使用费的审核工作。规范乡村公益性墓地的价格管理。（叶　舟）

审　计

【概况】 2019年,绍兴市上虞区审计局完成审计项目22个,查出主要问题金额1.21亿元,其中违规金额739万元、管理不规范金额1.14亿元。审计决定处理处罚金额2492万元;移送司法机关、纪检监察机关和有关部门处理事项16件,移送处理人员17人,移送处理金额589万元;审计促进整改落实有关问题金额5612万元;审计后挽回(避免)损失336万元。出具审计报告和专项审计调查报告24篇;审计提出建议148条,促进被审计单位制定完善规章制度33项;提交审计信息127篇,被批示采用43篇;向社会公告结果16篇。获上虞区直部门目标责任制考核一等奖。(夏桑桑)

【财政审计】 以财政预算执行审计为核心,聚焦聚力区委区政府重大决策部署,选取财政预算管理、政府性债务管理、预算绩效管理、部门预算执行、促进民营经济高质量发展、财政扶持政策落实、义务教育、乡村公墓建设管理、城市管理信息系统建设9个专题进行审计,通过审计促进增收节支522.75万元,移送问题线索5件,提交审计专报16篇,主要领导批示8篇。（夏桑桑）

【投资审计】 保障重大项目顺利实施,实施PPP和EPC项目管理情况专项审计调查,对全区国有建设项目小额工程管理情况进行专项审计调查,发现PPP项目在项目建设程序、内部管理等方面存在24个问题。监督规范中介执业行为,严格落实“双查双保”中介监管机制,全年完成工程变更审核204只,审计金额1.25亿元。主动做好决策参谋,对职建院、邵逸夫分院、鸿

雁社区等建设项目推进和e游小镇培育及时给予政策咨询和审计建议。（夏桑桑）

【经济责任审计】 融入干部大监督工作机制，全年安排10家单位14名领导干部经济责任审计，并在梁湖街道领导干部经济责任审计中探索实施自然资源资产审计。审计发现非金额问题46个，查处违规金额120.56万元，管理不规范金额0.46亿元。完善审计对象分类管理，机构改革后调增审计对象5个，调减7个，区经济责任审计管理对象共81个。（夏桑桑）

【政策执行审计】 围绕稳企业稳增长、打好“三大攻坚战”、经济社会高质量发展、保障和改善民生等政策措施的落实情况开展跟踪审计，共涉及审计项目7个、审计专题4个、被审计单位27个。审计发现57个问题，提出审计建议19条，促进区政府及相关部门单位已建立完善规章制度16个，已追回和收缴违规资金382.67万元。相关项目共提交审计专报11篇，得到区级领导批示5篇；共向纪检监察机关和有关主管部门移送案件线索8件。（夏桑桑）

【内部审计】 全面推进内审全覆盖工作，抓住机构改革契机，明确单位内审职责及责任科室。建立局内审联系指导组，指导全区46家内审单位完成内审项目的选题和审计方案的编制，督促单位开展内部审计工作。强化内审工作考核，将内审工作列入单位目标责任制考核内容、全面从严治党主体责任和深化作风建设考核体系，并将全覆盖单位内审开展情况作为巡察主要内容。编制党政领导干部经济责任、政府投资项目、政策跟踪落实三方面风险清单，推进内部审计与国家审计协同发展。组织区级内部审计单位120人参加领导干部经济责任审计理论及实务培训班，提高内审人员业务能力。（夏桑桑）

【审计工作】 抓好审计项目和审计组织方式“两统筹”，精准编制年度审计计划，采用“1+N”和“嵌入式”模式，加大各类型审计项目整合力度，做到“一审多项”“一审多果”“一果多用”，最大限度提升审计效率。探索审计资源统筹，打破科室界限，实施大团兵作战，借助社会中介和内审力量，提升审计广度深度。（夏桑桑）

【审计质量】 树牢“质量立审”观念，全面落实审前调查、审计知库、重点项目、协审外包、质量执法检查、整改督查、三级审理等提质举措。加强计划执行督查，把全年项目分成上下半年实施，实施“每月一问”跟踪进度；全面落实审计质量分级控制，指定专人负责项目审理工作，改变以往无专人审理的情形；年中、年末组织两次审计项目质量检查。（夏桑桑）

【清廉审计】 重纪律保障，严格落实落细各项纪律要求，健全“清廉审计”“廉情评估”工作机制，开设廉政专题讲座2次，组织审计干部到廉政教育基地开展警示教育3次，集中观看反腐警示教育片5次，对新提任中层和新录用人员开展集中廉洁谈话，聘请廉情监督员共同开展审计组执行审计纪律评估，强化审计“四严禁”“八不准”纪律教育。（夏桑桑）

统　计

【概况】 2019年，区统计局完成工业、农业、服务业、建筑、投资、房地产、贸易等专业统计调查任务。完成R & D、企业生产能力、成本费用、信息化情况、战略新兴产业、科技监测、特色小镇等联网直报工作，完成统计数据监测和评估，完成月、季度全区经济形势分析。发布《上虞区国民经济和社会发展统计公报》，编辑发行《今日上虞》500余本，《上虞统计年鉴》240余本，《浙江省61县市区主要指标排序》1800本，发行《统计信息》12期4500本供政府领导参阅，整理编辑《2018上虞统计年鉴》《70周年统计汇编》。开展统计业务培训，组织召开投资、工业、农业、服务业等专业培训会议28期，近2300余人次参加培训，开展赴乡镇街道分期培训和部分专业企业“一对一”上门培训。

【全国第四次经济普查工作】 2019年，开展全国第四次经济普查。这次普查的标准时点为2018年12月31日，普查时期资料为2018年年度资料。普查对象是在上虞区境内从事第二产业和第三产业的全部法人单位、产业活动单位和个体经营户。全区完成登记一套表单位1265家，非一套表单位18570余家，调查样本个体户3391户。共有从事第二产业和第三产业活动的法人单位18628个，产业活动单位19836个，个体经营户59611个。绍兴市上虞区统计局被评为国家级先进集体，2个单位和10名个人分别获得省级成绩突出的集体与个人。（杜　庆）

调　查

【概况】 2019年，上虞调查队完成住户、住户监测、劳动力、农业、农村、企业、生产价格、消费价格等专业统计调查工作。配合上级统计部门织开展全省2019年全面从严治党民意调查、绍兴市公民科学素质调查和绍兴市人民政府公开征集2020年民生实事项目民意调查；接受区有关部门委托，组织开展区生态环境建设工作公众满意度调查和区文明城市满意度调查。

【开展统计数据分析研究】 年内，上虞调查队通过对相关课题的调查，获得大量信息资料，在此基础上对所掌握数据进行综合分析研究，形成相关专题信息，全年在浙江调查总队录用工作信息53篇，调查信息28篇，调查分析21篇。同时上虞调查队参与总队专题信息调研10次，独立承担总队立项课题1个，参与总队联合课题1个，承担部门课题2个，其中总队立项课题“以闲置农房激活为突破口 促进美丽乡村向美丽经济转型”获得省区主要领导批示。

【对信息资料进行开发与管理】 年内对在调查中取得的大量信息资料，上虞调查队进行统计资料开发和管理，按季编发《上虞调查资料》，编印《上虞调查（调查信息）》《上虞调查（调查分析）》等统计调查资料汇编本，并予以档案封存，切实做到信息为民为政而立。（杨家琪）

安全生产管理

【安全生产责任体系】 切实履行安全生产责任制，全年共排查各类生产经营单位3.6万余家次，督促整改问题隐患3.92万余处。根据机构改革需要，对8个专业安委会、15个重点领域专业安委办进行优化，并对46个安全生产签约单位和46个安委会成员单位进行调整。针对不同乡镇街道产业结构特点和各部门职能分工，制定138项个性化工作清单的安全生产责任书，并与生产经营单位签订安全生产责任书7.2万余份。出台《绍兴市上虞区安全生产和消防安全过程性考核实施细则》，以《督办函》《警示函》《建议函》等形式督促部门、属地落实监管职责。实施重大隐患媒体曝光制度，在上虞电视台、上虞日报开设媒体隐患曝光专栏8期，全年对18处工矿商贸企业重大事故隐患实施挂牌督办。（王伟彬）

【化工行业监管】 全过程加强危化品生产、经营、储存、运输、使用等环节的安全监管，2019年未被列入全国危化品重点区专家指导名单。参与制定《上虞区化工产业改造提升2.0版实施方案（2019—2022年）》《上虞区化工产业改造提升标准》（简称“新57条”），委托省安科院对原化工行业安全发展规划进行中期评估，重新编制《上虞区化工行业安全发展规划（2019—2025年）》。筹建中国化学品安全协会硝化分会。启动危化品存储经营企业一园式集聚项目、危化品运输车辆停车场、国家级绿色化工人才公共实训中心、全区危化品道路运输监管救援平台等建设。对危化企业实行分级分类管理，全年共检查化工企业405家次，其中深度检查37家，共排查各类问题和隐患4331个。（王伟彬）

【重点行业领域专项整治】 对涉及的61家涉可燃爆粉尘企业分两批开展排查整治，共发现问题和隐患479条，下发限期整改指令书61份，立案查处5家，责令停产整治17家，关停退出4家。对涉及喷涂作业的21家企业进行整治提升，共排查隐患210条。对涉及有限空间企业开展专项整治，25家印染企业有限空间视频监控和有害气体检测报警装置安装率达100%，12家入园印染企业污水池通过验收，其中4家列入市级重大隐患挂牌督办。开展梁湖金顺小微企业园安全整治，排查企业24家。配合开展电镀行业安全提升，参与制定生产验收标准。（王伟彬）

质量技术监督管理

【质量与标准化】 2019年11月25—26日，全省基层社会治理标准化工作现场会在上虞召开，会议认真总结浙江省推进基层治理标准化试点示范工作的成功经验，上虞区“标准化”工作联席会议办公室上台做“‘标准化+X’模式 提升基层治理现代化效能”典型经验交流。

“新乡贤治理标准化”获批省标准化试点项目，“人民调解标准化”申报第六批国家项目试点。

政府投资项目“双查双保”中介监管国家级标准化试点项目12月以全省社会治理类项目最高分通过国家标委会组织的终期验收。

人民调解省标准化试点项目6月通过省级验收，参与浙江省地方标准《人民调解工作规范》的制定，标准于2019年8月批准发布并在全省施行。

“浙江制造”工作。明确35家区内质量奖培育、行业隐形冠军企业、参与上级标准制订等重点培育企业作为2019年“浙江制造”品牌建设重点培育对象。建立2019年“浙江制造”标准研制和产品认证重点企业工作推进定期通报机制。2019年全区浙江制造标准发布17项（主导12项、参与5项），指导40家企业完成立项材料申报。有6家企业通过“浙江制造”认证，获9张认证证书。

政府质量工作考核。根据统一部署，及时组织做好市级年度政府质量工作考核总结及2017—2019年质量提升工作完成情况等全区性质量工作总结。做好质量与标准化奖励兑现，2019年发放质量与标准化奖励资金910万元。

政府质量奖申报培育。根据年度计划安排，3月份组织全区各乡镇街道对年销售5000万元以上企业开展“三强一制造”品牌培育调研，经乡镇街道筛选和推荐，有40家企业被确定为2019年重点培育名单。2019年，推荐2家企业申报省政府质量奖，1家企业申报绍兴市长质量奖，5家企业申报区长质量奖。其中3家获评区长质量奖，2家获评质量进步奖。

质量基础管理。组织开展2019年质量管理活动小组，共推荐12家企业申报QC成果18只，有7只成果获绍兴市一等奖，推荐2只项目参加省级优秀管理小组成果发布活动。组织企业开展质量提升（对标达标）、“浙江制造”品牌推进、QC活动小组知识、机动车检测机构新标准实施、“浙江制造”标准答辩、质量与标准化基础知识等质量管理业务培训7期，参加培训企业105家企业145人次。

【特种设备监管】 截至2019年底，全区拥有在用特种设备28315台（套），其中锅炉192台（套），压力容器16778台（套），电梯5374台，起重机械3862台，场内专用机动车辆2103辆，大型游乐设施6台（套）。全年出动检查人员2184人次，巡查企业1079家次，检查各类特种设备3422台（套）次，排查出519处安全隐患，发出《特种设备安全监察指令书》122份。对全区356家特种设备使用单位实施日常监督检查，对全区20家气瓶充装单位实施年审，配合检查生产单位5家。全年共查处特种设备严重违法行为10起，罚没金额25万元。处理应急处置和投诉举报86件。全年受理特种设备施工（安装、修理、改造）告知4422台（套），办理特种设备使用登记4908件，其中新注册登记发放证书3798，其他过户，报停，报废等事项1110，发放特种设备使用标志4039份。考核特种设备作业人员2310人，其中新考核（发证）9期1345人次，复审965人次。全年未发生特种设备安全生产事故。

狠抓隐患排查治理。一是制定行动方案。按照区安委会和绍兴市局要求，印发《关于加强岁末年初特种设备安全工作的通知》《开展特种设备隐患排查治理“百日”行动》，在全区开展特种设备安全隐患排查治理行动。二是落实日常监督检查。按年初排定的计划对列入年度日常监督检查计划的356家特种设备使用单位，分月分辖区逐家按照检查规则要求落实检查任务，年末已完成全部检查任务。三是开展专项检查。结合季节变化及设备使用情况，适时组织开展“热电企业特种设备安全隐患排查治理回头看行动”“大型空调机组中蒸发器冷凝器油分离器专项排查治理”等专项检查。四是组织节前检查。以保障重点时段、重点场所、重点设备为重点，在“春节”“国庆”等重大节假日前，联合行政执法局对液化石油气充装站进行检查，会同属地街道对高铁北站、万达广场等人员集聚场所特种设备开展节前检查。五是强化打非治违。与稽查保持高效互动，加强对特种设备违法行为的打击力度，全年共立案处理特种设备案件10起，罚没金额25万元。

深化电梯安全监管。一是强化电梯安全监察。通过开展在用电梯日常监督抽查，对电梯的合法性信息进行确认；开展电梯维保质量抽查，倒逼维保单位提升维保质量。全年对3家电梯维保单位的4起违法行为进行立案查处。二是强化电梯隐患整改复查。9月邀请省特检院和绍兴市特检院的电梯检验人员，对省、市两级电梯维保质量抽查中发现的隐患，进行突击复查，逐项核对维保单位整改报告和现场情况。三是加强电梯应急力量建设。以维保单位和物业公司为第一梯队，以电梯维保单位技术骨干为主“应急志愿者”组建第二梯队，以省、市特检院电梯专家为第三梯队，分层分级构建区电梯应急救援梯队。9月，在梁江家苑组织开展电梯突发事故应急救援大比武，锻炼电梯应急救援队伍，提高电梯应急处置救援水平。

强化宣传教育培训。积极开展特种设备“三进”活动(进校园、进社区、进企业)。“质量月”期间，在浙江理工大学科技与艺术学院开展“特种设备和食品药品安全进校园”质量月宣传活动，将浙江省特种设备检测研究院的特种设备普法科普流动宣传大篷车开进了大学校园。3月、6月在新世纪花园、新天龙文汇苑等小区进行电梯安全知识宣传和应急救援演练，9月参与安委会组织的“百姓安全课堂”活动，进入鸿雁社区、大三角社区、星光社区开展电梯安全宣传。

【产品质量监管】 1.夯实质量安全监管基础，着力推进监督抽查工作。2019年，生产领域省、市、县三级市监部门共抽查区纺织、轻工、化工、建材、冶金、机械、电子七大行业83种619批次产品，合格608批次，抽查批次合格率为98.2%，与去年同期持平，综合合格率为99.94%，全区产品质量基本平稳。县级流通领域“放心消费”抽检商品81批次，抽检柴汽油25批次，船用燃料1批次。配合完成省市级流通领域消防器材、床上用品、液体加热器等8类商品共75批次监督抽样工作。生产领域共组织开展不合格产品后处理工作19批次，其中县级专项5个批次，组织不合格产品复查19批次。流通领域共组织开展不合格产品后处理工作20批次，开展8批次市场反溯不合格产品的调查工作。2.深化产品质量分类监管，突出质量安全监管重点。以分类监管机制为基础，实现质量安全监管目标。一是做好重点产品质量安全专项整治行动，对危险化学品及其包装、防爆电气、电线电缆、砂轮等54家生产企业进行监督检查，发现问题企业28家；二是组织絮用纤维制品和再加工纤维专项检查，共检查生产企业20家次，发现问题9家；三是开展油库成品油质量安全专项检查工作，共检查车用加油站10家、船用燃料供应站1家、油库1家；四是完成消防安全相关产(商)品、国旗、儿童用品、农用地膜产品专项监督检查，共检查生产企业19家，销售单位179家，发现问题5家。对各级各类监督检查中提出的整改项目，要求企业按时提交整改报告和相关资料，并进行回访确认，实行闭环管理。3.严把生产许可管理关，强化落实企业主体责任。共受理发证22家企业(其中食品相关产品6家)和6家企业的注销，配合开展15家省发证企业和11家国发证企业的现场实地核查工作，帮助45家企业获得工业产品生产许可证(其中省发22家，国发23家)，2019年区有工业产品生产许可证有效证书64张。完成年审工作，年审率达100%，各企业签订质量安全诚信承诺书，落实企业主体质量责任。

【质检计量】 2019年，区质检计量测试所投资200多万元并引进硕士研究生专业技术人才1名，加强省伞件产品质量检验中心的伞件强制性标准检测能力建设，并于12月27—29日通过实验室资质认定评审专家组现场评审，伞件强制性标准检测能力获省实验室资质认定及授权资质。完成可见分光光度计等10个计量标准复查及5个质检项目标准的变更，确保质量检测能力与计量检定校准能力持续有效。11月7—9日，国家风机产品质量监督检验中心通过国家市场监管总局组织验收专家组的现场验收考核。以监管服务为结合点，强化技术支撑与技术服务。完成铜管、晴雨伞、太阳伞、混凝土普通砖、风机、阀门等各类行政监督抽查计划，共帮扶企业出具各类检验报告1448份。立足计量强检把好计量安全关，完成定量包装产(商)品计量监督检查、乡镇及区级医院等医疗卫生机构、集贸市场等民生计量强制检定工作。配合相关科室及基层所完成加油机 3 次、电子秤 3 次、商品量 14 批的投诉及检查。全所通过推进“千家民企计量帮扶”等活动实施,共出具计量检定或校准报告 60914 份,其中强检 37599 份。科技创新引领质检事业发展,强化科技兴检实施。2019 年,区质检计量测试所主持或参与完成计算机软件著作登记证书 2 项、通过省局科研计划验收 1 项,主持起草省产品质量监督抽检评价规则 1 项,参与国家、行业 2 项,浙江制造 2 项,并首次以本所为项目承担单位在省科技厅的省级公益自然基金项目立项 1 项,全所发表技术论文 5 篇其中首次 SCI 杂志第 2 作者 1 篇。

(黄文忠　胡苗火　谭　科　余培铨)

食品药品监督管理

【食品生产】 全区食品生产企业 108 家(其中 5 家食品添加剂企业),2019 年新发证 6 家,换证变更 7 家,注销 2 家,新登记食品小作坊 8 家,新培育名特优食品作 11 家,亮化达标小微食品生产企业 9 家。“强整治”净化食品市场环境。相继组织开展春节、清明、“五一”国际劳动节、端午、中秋、国庆等节令食品监督检查和专项抽检,对茶叶、笋制品、年糕季节性产品开展监督抽验,在非洲猪瘟严控期间,加强肉制品加工企业巡查。共检查企业 68 家(其中肉制品生产企业 2 家),抽检 556 批次。开展“双随机”监督评审和主体责任飞行检查 10 家,落实问题整改 10 个。

【食品流通】 开展食用农产品市场快速检测体系工作,2019 年度城区主要农贸市场快检体系共检测农产品 670694 批次,不合格农产品 188 批次,合格率达 99.97%,不合格处置率 100%,其中第三方检测机构共检测农产品 587837 批次,不合格农产品 145 批次,合格率达 99.97%,不合格处置率 100%,市场自检农产品 82857 批次,不合格农产品 43 批次,合格率达 99.95%,不合格处置率 100%。在绍兴市局民生实事专项督查通报中连续 7 个月名列全市第一。开展贯穿全年的食品销售单位食品安全治理行动,根据《食品生产经营日常监督检查管理办法》要求,履行日常监管职责,开展一系列专项整治行动。

创建 1 家放心肉菜超市。开展放心肉菜超市创建活动,对两家申报超市进行上门指导、组织考察学习、帮助完善企业管理,对照标准逐项落实。其中 1 家超市在省局评审组抽查中通过省评审组审查。

开展食品流通环节监督抽检工作。完成 2019 年流通环节监督抽检任务,全年共抽检 1061 批次,8 批次不合格,合格率达 99.2%。不合格产品处置率达 100%。

【餐饮安全】 校园食品安全。开展春季和秋季开学学校食堂及周边餐饮单位食品安全专项检查。春季开学检查时间 2019 年 2 月 18 日—3 月 7 日,共出动执法人员 920 人次,共检查学校食堂 103 家,幼儿园食堂 77 家,学校周边餐饮单位 110 家,校园超市 38 家,校园周边杂食店 90 家。秋季开学检查时间 2019 年 8 月 28 日—9 月 21 日,出动执法人员 764 人次,在全面排查食品安全隐患的同时,共检查学校食堂 103 家,幼儿园食堂 80 家,学校周边食品经营单位 156 家。放心消费示范餐饮单位。本年度共动员引导 33 家餐饮单位申报创建,其中学校食堂 12 家,早餐店 2 家,其他社会餐饮单位 19 家,通过绍兴市级评估 31 家。

规范网络餐饮。通过网络排查和现场检查相结合的方式,对辖区内的第三方平台及其分支机构数、入网餐饮服务提供者进行调查摸底,掌握第三方平台提供者及入网餐饮服务提供者的基本情况。执法人员线上巡查入网餐饮单位 328 家,线下抽查入网餐饮单位 1033 家,下发责令改正通知书 395 份,立案查处 23 起。“阳光厨房”建设。2019 年引导餐饮单位创建阳光厨房 37 家,全区学校食堂和大型及以上餐饮单位覆盖率达到 80% 以上,达成年度考核目标。全区共完成阳光厨房 204 家,其中社会餐饮 73 家,学校食堂 96 家,托幼机构食堂 30 家,企事业单位食堂 2 家,养老机构食堂 3 家。开展重大活动食品安全保障活动。对“阳光照明”杯 2019 年全国春季游泳锦标赛等 20 余项重大活动开展驻点食品安全保障,签订食品安全保障承诺书。

【药械】 2019 年,全区有药品、医疗器械、化妆品监管对象 857 家,其中药品生产企业 10 家,药品批发企业

1家,药品零售连锁总部2家,药品零售单体店及连锁门店169家,乙类非处方药经营企业9家,药包材生产企业1家。医疗器械生产及备案企业16家,医疗器械经营及备案企业266家,医疗卫生机构360家。化妆品生产企业2家,化妆品委托生产企业21家。

组织举行2019年药械安全突发事件应急演练活动,以练代战。持续开展中药饮片质量集中整治行动。集中整治期间,市场监管局共出动执法人员1379人次,对辖区内的1家药品批发企业,2家药品连锁总部,56家具有中药饮片经营范围的企业,117家限品种供应的药品经营企业和40家医疗机构开展专项整治,共抽检中药饮片38批次,立案查处2家次,罚没款合计5820元;执业药师"挂证"行为及处方药销售专项整治。4月20日—8月30日开展执业药师"挂证"行为及处方药销售专项整治,此次专项整治共出动执法人员385人次,检查药品经营企业171家次,发现问题企业8家次,其中执业药师未在岗履职6家,执业药师挂证1人,责令整改8家、立案4家、收回GSP证书1家、注销1家。5月30日—8月15日,部署开展药品安全专项执法行动,共出动执法人员368人次,检查企业134家次,发现问题企业19家次,责令整改19家次,收回GSP证书1家,移交稽查查处18家,警告6家,吊销药品经营许可证2家,共计罚没款83681.65元。

"送药上山进岛"便民服务点建设。为切实解决山区及偏远地区群众"购药远、用药难"的问题,打通药品供应"最后一公里",在下管镇洙凤村、陈溪乡陈溪村、岭南乡丰树坪村分别设立3台自动售药机,高质量建设完成省政府民生实事工程——送药上山便民服务点,创设"24小时自助售药+药学服务"模式,直接受惠当地1670余户群众。

"百千万"美丽消费示范创建。2019年创建完成示范商场3家、示范经营单位47家。

(徐浩强　孟伟涛　任佳璐　陈　琴)

机构及负责人

上虞区党政机构及有关部门主要负责人名单

（2019年1月至2019年12月）

中共绍兴市上虞区委员会

书　记　陶关锋(2016年11月起)

副书记　张壮雄(2016年11月至2019年6月)
胡文炜(兼,2019年7—12月)
徐　军(2019年9月起)
王奇洲(2016年11月至2019年9月)
赵文中(2019年9月起)

常务委员　陶关锋(2015年8月起)
张壮雄(2016年11月至2019年6月)
徐　军(2019年9月起)
王奇洲(2016年11月至2019年9月)
赵文中(2019年9月起)
潘立锋(2016年11月起)
朱永潮(2016年11月至2019年1月)
胡文炜(2012年1月至2019年12月)
许建超(2016年11月起)
潘超英(女,2016年7月至2019年1月)
周树森(2019年1—12月)
夏永江(2019年12月起)
包朝阳(2016年12月至2019年12月)
金山中(2016年12月起)
张朋越(挂职,2017年7月至2019年4月)
项延珖(2017年12月起)
王永表(2019年1月起)
徐志华(2019年1月起)

绍兴市上虞区人大常务委员会

主　任　陈　坚(2017年2月起)

副主任　赵　畅(2017年2月起)
方　静(女,2017年2月起)
程学法(2012年2月起)
徐　耘(2017年2月起)
吴光裕(2017年2月起)
黄梅龙(2017年2月起)

党组书记　陈　坚(2016年12月起)

党组副书记　赵　畅(2016年12月起)

成　员　程学法(2012年2月起)
徐　耘(2016年12月起)
吴光裕(2017年3月起)
黄梅龙(2017年3月起)
范文卫(2017年3月起)

绍兴市上虞区人民政府

区　长　张壮雄(2017年2月至2019年6月)

代区长　徐　军(2019年9月起)

副区长　包朝阳(2019年1—12月)
金山中(2019年12月起)
张朋越(挂职,2017年7月至2019年4月)
章颖芳(女,2017年2月起)
陈　刚(2016年12月起)
夏永江(挂职,2019年5—12月)
胡宝荣(2017年2月起)

朱旭恒（女，挂职，2017 年 9 月至 2019 年 4 月）
赵俊杰（挂职，2018 年 8 月起）
王　涛（挂职，2018 年 12 月起）
魏国剑（2019 年 2 月起）
谢　晋（2019 年 2 月起）
党组书记　张壮雄（2016 年 11 月至 2019 年 6 月）
徐　军（2019 年 9 月起）
副 书 记　包朝阳（2019 年 1—12 月）
金山中（2019 年 12 月起）
党组成员　陈　刚（2016 年 12 月起）
夏永江（挂职，2019 年 4—12 月）
胡宝荣（2016 年 12 月起）
魏国剑（2019 年 1 月起）
谢　晋（2019 年 1 月起）
章　瀚（2017 年 8 月起）

政协绍兴市上虞区委员会

主　席　顾世明（2017 年 2 月起）
副 主 席　郑建庆（2017 年 2 月起）
吴建平（2007 年 2 月起）
傅亚文（2007 年 2 月起）
徐光华（2017 年 2 月起）
蒲伟明（2012 年 2 月起）
王柏明（兼，2017 年 2 月起）
党组书记　顾世明（2016 年 11 月起）
副 书 记　郑建庆（2016 年 12 月起）
成　员　吴建平（2007 年 3 月起）
傅亚文（2007 年 3 月起）
蒲伟明（2012 年 3 月起）
陈忠庆（2017 年 3 月起）

上虞区纪律检查委员会

书　记　许建超（2016 年 11 月起）
副书记　阮永祥（2012 年 3 月起）
陶劲松（2019 年 1 月起）

上虞区监察委员会

主　任　许建超（2017 年 2 月起）
副主任　阮永祥（2017 年 2 月起）
陶劲松（2019 年 2 月起）

上虞区委工作机构及直属部门主要负责人名单

（2019 年 1 月至 2019 年 12 月）

上虞区委办公室（信访局、党史研究室）

区委办公室主任　孙海明（2019 年 1 月起）
区委党史研究室主任
张国富（2017 年 5 月至 2019 年 1 月）
王　敬（2019 年 8 月起）

上虞区委台湾工作办公室（区政府台湾事务办公室）

主　任　孙海明（2019 年 1 月起）

上虞区委组织部（新经济与新社会组织工作委员会、区委直属机关工作委员会）

部　长　周树森（2019 年 1—12 月）
夏永江（2019 年 12 月起）
新经济与新社会组织工作委员会书记
单樵兴（2018 年 2 月起）
区委直属机关工作委员会书记
张军宇（2019 年 1—11 月）
周树森（2019 年 11—12 月）
夏永江（2019 年 12 月起）

上虞区委宣传部

部　长　潘立峰（2016 年 12 月起）

上虞区委统战部（区民族宗教事务局、区政府侨务办公室）

部　长　王永表（2019 年 1 月起）
民族宗教事务局局长
傅春荣（2017 年 3 月起）
侨务办公室主任　任中华（2017 年 3 月起）

上虞区委政法委员会

书　记　王奇洲（2016 年 12 月至 2019 年 9 月）
赵文中（2019 年 9 月起）

上虞区委全面深化改革委员会办公室

常务副主任　崔煜忠（2019 年 1 月起）

上虞区委机构编制委员会办公室

主　任　崔苗军(2019年1月起)

上虞区委巡察工作领导小组办公室

主　任　姚勇坚(2019年4月起)

上虞区委区政府信访局

局　长　陶劲松(2017年8月至2019年4月)

金利刚(2019年4月起)

上虞区委老干部局

局　长　杨闰世(2010年1月起)

上虞区委党校

校　长　周树森(兼,2019年1—12月)

夏永江(兼,2019年12月起)

党委书记　祝子龙(2017年8月起)

上虞区人民政府工作机构及直属企事业单位主要负责人名单

(2019年1月至2019年12月)

上虞区人民政府办公室(外事办公室)

主　任　章　瀚(2017年9月起)

党组书记　章　瀚(2017年8月起)

上虞区发展和改革局(粮食局)

党组书记、局长　朱江桥(2018年2月起)

上虞区投资促进中心

主　任　阮建东(2017年8月起)

上虞区经济和信息化局

党委书记、局长　卢梁勇(2019年1月起)

上虞区教育体育局

党委书记、局长　蔡建红(女,2017年3月起)

上虞区科学技术局

党组书记、局长　章兆钧(2017年3月起)

绍兴市公安局上虞区分局

党委书记、局长　谢　晋(2019年1月起)

上虞区民政局

党组书记、局长　闻桂珍(女,2017年3月起)

上虞区司法局

党组书记、局长　吴焕九(2017年3月起)

上虞区财政局

党委书记、局长　杜永刚(2018年5月起)

上虞区人力资源和社会保障局

党委书记、局长　陈荣荣(2017年3月起)

上虞区住房和城乡建设局(人防办)

党委书记、局长、主任

祝荣法(2017年3月起)

上虞区交通运输局

党委书记、局长　范国海(2017年3月起)

上虞区水利局

党委书记、局长　俞林忠(2017年3月起)

上虞区农业农村局

党委书记、局长　夏明尧(2019年1月起)

上虞区商务局

党组书记、局长　曹红心(2018年2月起)

上虞区文化广电旅游局

党委书记、局长　王忠良(2019年1月起)

上虞区卫生健康局

党组书记、局长　龚开洋(2019年1月起)

上虞区退役军人事务局

党组书记、局长　孙卫国(2019年1月起)

上虞区应急管理局

党组书记、局长　胡　升(2019年1月起)

上虞区审计局

党组书记、局长　朱鑫海(2017年5月起)

上虞区市场监督管理局

党委书记、局长　张春育(2017年3月起)

上虞区人民政府金融工作办公室

主　任　蒋　峰(2017年5月起)

上虞区统计局

党组书记　戴建明(2017年3月至2019年8月)

王银苗(2019年8月起)

局　长　孙伟琴(女,2017年3月起)

上虞区综合行政执法局

党委书记、局长　金小军(2017年3月至2019年8月)

王飞军(2019 年 8 月起)

绍兴市自然资源和规划局上虞分局

党委书记、局长　罗黎明(2019 年 1 月起)

绍兴市生态环境局上虞分局

党组书记、局长　冯世凯(2019 年 1 月起)

上虞区广播电视总台

党委书记、台长　徐　彪(2014 年 3 月起)

国家统计局上虞调查队

党组书记、队长　章建帮(2013 年 9 月起)

上虞区机关事务服务中心

党组书记、局长　胡关炎(2017 年 3 月起)

上虞区便民服务中心(招标投标监督办公室)

党委书记　包朝阳(2019 年 1—12 月)

金山中(2019 年 12 月起)

主　任　朱春起(2019 年 1 月起)

杭州湾上虞经济技术开发区(上虞经济开发区)

党工委书记　金山中(2019 年 1 月起)

主　任　蒋金祥(2019 年 1 月起)

杭州湾综合管理办公室

党工委书记、主任　吴自强(2019 年 1 月起)

上虞曹娥江旅游度假区

党工委书记　赵明刚(2018 年 8 月至 2019 年 1 月)

徐志华(2019 年 1 月起)

主　任　赵明刚(2018 年 9 月起)

上虞区建筑业管理局

党委书记、局长　徐沛生(2017 年 3 月至 2019 年 6 月)

上虞区建筑业管理服务中心

党委书记、主任　徐沛生(2019 年 6 月起)

上虞区档案馆

党组书记、馆长　朱宝生(2019 年 1 月起)

上虞区供销合作总社

党委书记、主任　姚一松(2008 年 7 月起)

上虞区水务集团有限公司

党委书记、董事长　潘立安(2017 年 8 月起)

总经理　潘立安(2013 年 7 月至 2019 年 8 月)

许潮江(2019 年 8 月起)

上虞区交通集团有限公司

党委书记、董事长　朱国彪(2017 年 8 月起)

总经理　茅建波(2017 年 8 月起)

绍兴住房公积金管理中心上虞分中心

党组书记、主任　罗国来(2016 年 4 月至 2019 年 8 月)

戴建明(2019 年 8 月起)

上虞日报社

党委书记、总编辑　陈建华(2015 年 10 月起)

中广有线上虞分公司

党组书记、总经理　夏万土(2018 年 2 月起)

上虞区群众团体主要负责人名单

(2019 年 1 月至 2019 年 12 月)

上虞区工商业联合会(总商会)

党组书记、主席、会长

孙东红(2019 年 1 月起)

上虞区总工会

主　席　蒲伟明(2017 年 3 月起)

党组书记　李坚锋(2017 年 3 月起)

共青团绍兴市上虞区委员会

党组书记、书记　李梦嘉(女,2015 年 10 月起)

上虞区妇女联合会

党组书记、主席　许君意(女,2012 年 3 月起)

上虞区科学技术协会

党组书记　杜秀丽(女,2017 年 3 月起)

主　席　孙云苗(2016 年 6 月起)

上虞区文学艺术界联合会

主　席　丁志强(2017 年 3 月起)

上虞区残疾人联合会

党组书记、理事长　杨科钦(2019 年 1 月起)

上虞区红十字会

执委会主任　宋世洋(女,2015 年 10 月起)

上虞区各乡镇、街道党政正职名单

（2019年1月至2019年12月）

百官街道

党工委书记	许国华(2018年2月起）
办事处主任	叶　涛(2018年2月至2019年8月）
	朱柏治(2019年8月起）

曹娥街道

党工委书记	杨一国(2019年1月起）
办事处主任	王飞军(2019年1—8月）
	王新钢(2019年8月起）

东关街道

党工委书记	陶海强(2019年1月起）
办事处主任	赵春峰(2017年3月至2019年4月）
	张　伟(2019年4月起）

道墟街道

党工委书记	冯　柱(2019年1月起）
办事处主任	戴忠伟(2019年1月起）

小越街道

党工委书记	谢文权(2019年1月起）
办事处主任	马百根(2017年11月至2019年8月）
	魏雪刚(2019年8月起）

梁湖街道

党工委书记	陈　凯(2018年2月起）
办事处主任	陈才华(2018年8月起）

崧厦镇

党委书记	魏国剑(2018年2月至2019年2月）
	王文松(2019年4—11月）
人民政府镇长	王　亮(2019年1—11月）

崧厦街道

党工委书记	王文松(2019年11月起）
办事处主任	王　亮(2019年11月起）

章镇镇

党委书记	王文松(2017年3月至2019年4月）
	金小军(2019年8月起）
人民政府镇长	王佳琦(2018年2月起）

丰惠镇

党委书记	朱春兰(女，2019年1月起）
人民政府镇长	朱柏治(2017年8月至2019年8月）
行政负责人	徐桦表(2019年8月起）

上浦镇

党委书记	孙国军(2017年3月起）
人民政府镇长	陆建锋(2019年1月起）

汤浦镇

党委书记	胡四海(2017年8月起）
人民政府镇长	王利渡(2016年12月起）

永和镇

党委书记	陈鑫森(2019年1月起）
人民政府镇长	张华尧(2019年1月起）

驿亭镇

党委书记	王银苗(2017年2月至2019年8月）
	叶　涛(2019年8月起）
人民政府镇长	张　伟(2016年12月至2019年4月）
	徐　钱(2019年7月起）

谢塘镇

党委书记	张军宇(2017年3月至2019年4月）
	陈圆圆(2019年4月起）
人民政府镇长	
	陈圆圆(女，2016年12月至2019年4月）
	倪水乔(2019年7月起）

盖北镇

党委书记	朱炜江(2019年1月起）
行政负责人	徐松杰(2019年1—8月）
人民政府镇长	徐松杰(2019年8月起）

长塘镇

党委书记　蒋金祥(2017年3月至2019年4月)
　赵春峰(2019年8月起)

人民政府镇长　金　琳(女,2017年8月起)

岭南乡

党委书记　傅飞军(2019年1月起)

人民政府乡长　王　凯(2019年1月起)

陈溪乡

党委书记　石洪元(2017年3月起)

人民政府乡长　郑哲军(2018年2月起)

下管镇

党委书记　章国琪(2017年3月至2019年8月)
　马百根(2019年8月起)

人民政府镇长　沈　璐(女,2017年8月起)

丁宅乡

党委书记　孙丹青(2019年1月起)

人民政府乡长　俞　超(2019年1月起)

上虞区政法机关主要负责人名单

（2019年1月至2019年12月）

绍兴市公安局上虞区分局

党委书记、局长　谢　晋(2019年1月起)

上虞区司法局

党组书记、局长　吴焕九(2017年3月起)

上虞区人民法院

院　长　钱长龙(2019年1月起)

副院长　章天天(2018年5月起)
　薛荣辉(2018年5月起)
　陈亚君(2018年5月起)

党组书记　钱长龙(2018年4月起)

上虞区人民检察院

检察长　张　斌(2019年1月起)

副检察长　周高军(2018年5月起)
　沈　波(2018年5月起)
　李雪明(2018年7月起)

党组书记　张　斌(2018年4月起)

中共绍兴市上虞区委员会

综　述

【概况】 2019年，中共绍兴市上虞区委员会全面贯彻落实中共十九大和中共十九届二中、三中、四中全会精神，全面落实省委“八八战略”再深化、改革开放再出发和市委“四个体系”建设等重大决策，部署推进数字经济“一号工程”，扎实开展营商环境优化年、城市能级提升年、干部作风深化年“三个年”活动，着力推进一批重大产业发展项目、重大科技人才项目、重大城市功能项目“三个一批”重大项目，主要经济指标增速保持全市“第一方阵”，社会保持和谐稳定，“创新之区、品质之城”建设取得新成效。

【主题教育系列活动】 推动全区3155个基层党组织、5.2万名党员参加主题教育，选树“老黄牛式”好干部龚焕明等先进典型，得到上级和省市巡回指导组充分肯定。部署开展“九查九看”“八大攻坚”行动，出台基层减负7条意见，基层“八多”问题整治取得实效，一批信访、人居环境、城市文明创建的热点难点问题得到解决，后进村整转工作成效明显。把主题教育与“三服务”活动紧密结合起来，联动开展“联百村、走千企、访万户”系列活动，创新建立实体经济“现场解难、常态服务”机制，推动服务企业从“坐堂接诊”到“跑堂问诊”“单兵作战”到“集成服务”“实体解难”到“制度解难”的转变，各级党员干部共开展“三服务”活动2万余次，收集问题10948个，办结率达99.5%，“环保代办制助推企业上市”入选省“三服务”十佳案例。

【推动形成排头兵良好态势】 坚持传统产业改造提升与新动能培育双轮驱动，坚定不移推进化工行业改造提升，出台“1+5”政策标准体系，组建工作专班，全面推进以标准化、智慧化、数字化为牵引的2.0版，相关做法在全省传统制造业改造提升现场推进会上作经验介绍。全面推行企业综合评价，化工产业综合指数位居全省第一，经开区创成全国绿色化工园区、中国智慧化工园区试点示范，跻身中国化工园区30强。有序推进全市化工产业跨区集聚提升，加快印染产业整治提升，面上“低散乱”整治有力推进。紧扣八大产业集群推进产业链精准招商，编制产业地图、招商导航图，在省内率先建立产业链“链长制”并组建产业发展研究院，新引进世界500强3家、50亿元以上项目2个，10亿元以上项目15个，省市县长项目落地率100%，有效投资4个结构性指标打赢翻身仗，实到外资连续3年居全市第一，获批创建省制造业高质量发展示范区。深入实施“凤凰行动”“雄鹰行动”“雏鹰行动”，新增上市公司1家，实现直接融资288亿元、并购金额308亿元。部署实施数字经济五年倍增计划，数字经济核心产业增加值增长10.8%、总量居全市第一。推进省服务业强县（市、区）试点，增加值占比提升1个百分点以上，伞业列入省跨境电商产业集群试点。出台都市农业发展政策意见，省农业绿色发展先行县（市、区）创建通过中期验收。召开建筑业发展座谈会，加快产业转型发展，实现税收超10亿元，获评全省建筑工业化优秀县（市、区）。

【厚植区域竞争新优势】 推动区域生产力空间布局重塑重构，着力打造“2+5+9+N”高质量平台体系。战略性推动两大开发区实质性整合，整合后的杭州湾经开区“头部”效应加速凸显，已成为全市最具竞争力的高能级智造大平台，分设后的曹娥街道、杭州湾综管办运行顺畅，全省国家级开发区创新整合提升工作会议在区召开。全流域、全时空、全要素推进曹娥江旅游度假区开发建设，推进曹娥江文创走廊建设，出台文化产业发展实施意见，做好“水上、岸上、晚上”文章，荣获全国首批最具特色魅力旅游胜地。高质量承办全省重大项目暨特色小镇建设现场会，e游小镇被命名为第三批省级特色小镇，伞艺小镇列入省级特色小镇培育名单，孝德文化小镇全面启动，瓷源文化小镇、花田小镇建设有序推进。工业园区整合提升和小微企业园建设扎实推进。坚持招大学与引人才两手齐抓，加快推进曹娥江科创走廊建设，出台20条科技新政和人才新政3.0版，R&D经费支出占GDP比重达2.98%，位居全省科技进步综合评价第7位。新引进天津大学绍兴研究院等3家研究院和中科院新材料创新中心等高端科研机构，人才引育实现了从引进一个到引进一批、从政府主导到政企协同推进、从出台政策到打造人才生态、从“撒网式”到精准引才的“四个转变”。高质量完成党政机构改革，“1+30”改革创新项目全面推进，“最多跑一次”改革扩面提质，在全省首创工程建设“不见面”招投标。出台民营经济高质量发展45条，以法治化、市场化原则推进重点企业风险化解，创成全省首批信用县，获评中国营商环境建设示范区。

【主动融入区域一体化发展】 主动接轨长三角一体化高质量发展，在全市率先出台“融杭联甬接沪”三年行动计划，举办“全力融入·全面接轨”上海合作推介系列活动，与上海静安、杭州余杭、宁波余姚等结为友好县市区。坚持交通先行，全面推进基础设施互联互通、公共服务共建共享，杭绍台高铁、群贤路东延三期、杭绍甬智慧高速进展顺利，长三角“一网通办”等加快落地。坚定推进城市拥江西进，完成拆迁52.2万平方米，改造老旧小区18万平方米，新增建设用地2338亩，争取戴帽指标1086亩，鸿雁社区入选全省未来社区试点并启动建设，邵逸夫医院绍兴院区、博物馆异地新建、舜江大桥拼宽等加快推进。区体育会展中心全面建成，承办市第九届运动会暨第二届市民运动会，举办18场大型品牌赛事。依托“城市管家”平台建立“最多一小时”处置机制，开展“一支队伍管执法”试点，创成省第三批“无违建区”。全域建设美丽大花园大景区，部署推进文明城市创建提升、农村人居环境整治提升两个“百日攻坚”行动，高分通过全国文明城市和国家卫生城市复审，“五星3A”创建成功率保持全市前列，完成“大棚房”专项整治，闲置农房激活得到袁家军省长批示肯定。深入推进“蓝天碧水净土”工程，配合完成省生态环保督察，启动“无废城市”试点，PM2.5平均浓度、空气质量优良率等核心指标稳居全市第二，市级以上考核断面水质100%达标，生活垃圾分类工作走在省市前列，获批省美丽浙江先进集体，创成省级生态文明建设示范区。

【提升人民群众获得感】 坚持在高质量发展中持续增进民生福祉，全面落实省市区三级民生实事，财政民生支出82亿元，增长22%，创成省“无欠薪区”。召开全区教育大会，提出“办有品质的活教育、打造湾区教育新高地”目标，全面推进集团化办学、合作办学。以医共体建设为抓手深化医疗资源“上引下沉”，全国健康促进区创建通过省级评估。出台养老服务综合改革意见，加快构建以居家养老为主体的多层次养老体系。稳妥高效完成62个行政村规模调整和崧厦撤镇设街工作。加强和创新基层治理，扫黑除恶专项斗争工作全市领先，刑事治安类警情下降10.6%，乡贤治理、“乡警回归”等做法得到省领导批示肯定。扎实推进信访代办制、“两减一创”专项行动，区社会矛盾纠纷调处化解中心实体化运行，人民调解标准化试点通过省级验收，平安创建实现“十一连冠”。建成运行区应急联动指挥中心，安全生产事故起数、死亡人数断崖式下降，成功摘掉全国危化品重点监管区“帽子”，创成省食品安全县(市、区)。

【全面从严治党坚定推进】 建立区四套班子主要领导每月碰头会议制度和区委法律顾问制度，出台加强新时代人大、政协工作实施意见，组建区委区政府决策咨询委员会。开展领导班子政治建设调研分析，从中心工作“一线”提拔使用31名优秀干部，全链条培养高素质专业化干部队伍，稳妥推进公务员职务与职级并行制度。精心组织庆祝中华人民共和国成立70周年系列活动，严格落实意识形态工作责任制，建成区新时代文明实践中心，打造“春晖大讲堂”理论学习品牌。举办第三届孝文化节，新乡贤统战工作列入省级标准化试点。乡镇专武干部队伍建设做法在全市推广。持续深化“五星”系列创建，全面推行农村社区专职工作者制度，进一步打响“凤凰领航·红漫娥江”党建品牌。探索构建阳光用权“五个三”工作体系，高标准完成乡镇街道纪检监察工作规范化建设。加快建设区电子监察中心、审查调查中心，高分通过“双查双保”中介监管国家级标准化试点终验。配合做好省管干部经济责任审计、市委信访工作专项巡察，完成区委三轮巡察。

（罗灿良）

重要会议

【区委全体会议】 8月2日上午，召开区委一届七次全体（扩大）会议。会议内容：深入学习贯彻习近平新时代中国特色社会主义思想，贯彻落实省委十四届五次全体（扩大）会议、市委八届六次全体（扩大）会议和全省、全市防范化解重大风险专题培训班精神，总结上半年主要工作，部署下阶段重点任务。

12月31日上午，召开区委一届八次全体（扩大）会议。会议内容：深入学习贯彻中共十九届四中全会和中央经济工作会议精神，全面落实省市有关重要会议部署，总结2019年工作，分析当前形势，部署2020年任务。

【其他重要会议】 1月3日下午，召开全区领导干部会议。

1月17日下午，召开全区机构改革动员大会。

1月24日下午，召开全区党（工）委书记述职工作会议。会议内容：进一步落实上级关于党（工）委书记抓基层党建、意识形态、科技人才和党管武装工作述职的要求。

2月2日上午，召开区纪委一届三次全体会议。会议内容：深入学习贯彻习近平新时代中国特色社会主义思想，按照中央，省、市有关重大决策部署及区委一届五次全会要求，回顾总结2018年纪检监察工作，部署2019年任务，推动上虞区纪检监察工作实现高质量发展。

2月11日上午，召开2019年全区经济工作会议。会议内容：进一步贯彻落实区委一届五次全体（扩大）会议精神，回顾总结过去一年全区经济工作情况，研究部署2019年经济工作。

2月11日下午，召开全区建筑业工作会议。会议内容：回顾总结2018年建筑业工作，部署2019年发展目标和任务，做强现代建筑业，推进区建筑业高质量发展。

2月26日上午，召开全区医共体建设动员会议。会议内容：全面启动区医共体建设。

2月28日上午，召开区领导班子和领导干部年度考核会议。

3月1日上午，召开全区农村“五星达标、3A争创”工作推进会。会议内容：回顾总结2018年“五星达标、3A争创”工作，推动落实2019年度创建任务。

3月4日下午，召开全区“三个年”活动动员部署暨作风建设警示教育大会。会议内容：观看作风建设警示教育片；“三个年”活动分管区领导部署工作。

3月15日上午，召开区委常委（扩大）会议。

3月18日上午，召开全区党建工作会议。会议内容：部署巡察和派驻改革、组织、宣传思想、统战、党管武装工作。

3月21日，召开绍兴市上虞区红十字会第一次会员代表大会。会议内容：听取并审议通过上虞区红十字会上届理事会工作报告；表彰先进单位和个人。

3月27日下午，召开乡镇街道纪检监察工作规范化建设现场推进会。会议内容：认真贯彻落实省委常委、纪委书记，监委主任任振鹤在区暗访、检查、座谈时的重要讲话精神，深入推进乡镇街道纪检监察工作规范化建设工作，推动乡镇街道监察办从有形覆盖到有效覆盖。

4月4日下午，召开全区平安上虞建设暨农村工作会议。会议内容：深入学习贯彻中央和省、市有关会议精神，总结工作，分析形势，部署落实2019年全区平安、政法、信访、农业农村各项重点任务。

4 月 17 日上午，召开全区双拥工作暨退役军人服务保障体系建设会议。会议内容：研究并布置退役军人服务保障体系建设等重点工作任务。

4 月 29 日晚上，举行 2019 年上虞区劳动模范表彰大会暨先进事迹报告会。会议内容：表彰 2019 年上虞区劳动模范和模范集体，激励全区人民以劳动模范和模范集体为榜样，大力弘扬创业创新精神和劳模精神。

5 月 27 日上午，召开全区行政村（居）规模调整专题工作会议。会议内容：进一步推进全区行政村（居）规模调整工作。

6 月 4 日下午，召开全区"深化三服务 奋战半年红"动员大会。

6 月 25 日下午，召开乡镇街道党（工）委书记第二季度工作汇报会。会议内容：乡镇街道代表就围绕"深化三服务，奋战半年红"，全面开展"六比"行动作汇报发言。

7 月 8 日下午，召开全区招商引资工作领导小组会议。会议内容：分析总结上半年招商引资工作情况，扎实推进"三个一批"重大招商项目。

7 月 26 日上午，召开全区化工产业改造提升 2.0 版推进工作动员大会。

7 月 26 日下午，召开区首届"最美退役军人"发布仪式暨双拥工作会议。

9 月 2 日下午，召开全区领导干部会议。

9 月 3 日下午，召开区 2019 年文明城市测评迎检动员会暨区城市管理委员会工作会议。会议内容：传达绍兴市会议精神，通报全区文明创建及测评情况，部署 2019 年省城市文明程度指数测评迎检工作。

9 月 12 日上午，举行 2019 年上虞区各界人士庆祝中华人民共和国成立 70 周年暨中秋茶话会活动。活动内容：切实加强与社会各界人士联谊联络，畅叙友情，凝心聚力，合力开创"创新之区、品质之城"建设新局面，争当区域高质量发展排头兵。

9 月 20 日上午，召开全区第三季度经济社会形势分析会。会议内容：全面分析前三季度经济社会运行情况，进一步推进各项工作落实，全力冲刺"全年红"。

10 月 20 日，组织参加绍兴市上虞区第一次归侨侨眷代表大会。

10 月 22 日上午，召开区委全面深化改革委员会第三次会议。会议内容：传达上级会议精神；审议相关议题；听取有关部门改革工作（"最多跑一次"改革延伸扩面工作）进展情况汇报。

10 月 22 日下午，召开区委人大工作会议。会议内容：参观上虞人大足迹图片展；交流发言。

10 月 23—25 日，组织区委理论学习中心组主题教育第三次专题学习会。会议内容：区委书记上专题党课；观看专题片；听专题讲座；交流调研成果。

10 月 30 日下午，召开全区领导干部会议。

11 月 27 日上午，召开经济建设专题思路汇报会。会议内容：有关部门单位汇报今年亮点工作，2020 年工作思路，对区委区政府 2020 年工作的意见建议。

12 月 2 日下午，召开党建群团工作专题思路汇报会。会议内容：有关部门部门单位汇报 2019 年亮点工作，2020 年工作思路，对区委区政府 2020 年工作的意见建议。

12 月 3 日下午，召开城乡建设专题思路汇报会。会议内容：有关部门单位汇报 2019 年亮点工作，2020 年工作思路，对区委区政府 2020 年工作的意见建议。

12 月 3 日晚上，召开民生事业和社会治理专题思路汇报会。会议内容：有关部门单位汇报 2019 年亮点工作，2020 年工作思路，对区委区政府明 2020 年工作的意见建议。

12 月 4 日上午，召开乡镇街道专题思路汇报会。会议内容：乡镇街道汇报 2019 年亮点工作，2020 年工作思路，对区委区政府 2020 年工作的意见建议。

12 月 16 日下午、晚上，召开区委务虚会。会议内容：与会人员交流发言。

政策调研和督查、信息工作

【加强课题调研】 围绕"创新之区、品质之城"的总体定位和区委区政府的重大决策，做好调查研究、制订相关政策、加快工作推进。调研撰写"关于推进产业链'链长制'工作的建议""推进企业研究院主辅分离的调查和思考""提升上虞中心城区经济密度的思考”“传承弘扬孝德文化、培育打响主导文化品牌”4只重大课题，调研撰写人口老龄化分析、城镇化率分析、两区体制机制调整等重点课题17个并纳入《政研参阅》刊发，制定出台“两区”体制调整、事权财权划分等政策文件4件，牵头成立绍兴市首个县（市、区）决策咨询委员会。（顾　臻）

【开展调研活动】 以主题教育为载体，结合上虞经济社会发展实际，确立《打造湾区高能级智造基地》《加快老旧小区改造、深化品质之城建设》《提升重大项目落地率的思考与对策》等33个区领导重点课题，推动调研工作掀起热潮、重点工作创新突破。（顾　臻）

【上报经验类信息700余条（篇）】 年内，共向绍兴市委办、省委办公厅上报各类信息700余条（篇），被中办《每日汇报》录用1篇；被省委办采用40余条（篇），其中《上虞区破立结合改造提升化工产业实现向“美丽经济”蝶变》被《浙江信息（工作情况交流）》录用；被绍兴市委办录用110余条（篇），其中《上虞区试行不动产登记“一次不用跑”》《上虞区率先实行“不见面”招投标》等6篇信息被《绍兴信息（工作情况交流）》《绍兴信息（决策参考）》等刊物录用，《上虞区深化提升政协委员工作站拓展履职为民新渠道》被《绍兴信息（专报）》录用，并获市领导批示肯定；编发本级信息280余期。（张兆慧）

改革与发展工作

【健全改革推进机制】 健全完善改革领导机制。以机构改革为契机，成立区委全面深化改革委员会办公室，加挂上虞区“最多跑一次”改革办公室牌子，由区委副书记任第一副主任，进一步加强区委对“最多跑一次”改革工作的领导和统一部署。每季度召开区委深改委会议，一次会议一个主题，先后审议通过农村社区专职工作者、一支队伍管执法等10多个方案和议题。健全完善项目领衔机制。由区领导领衔推进重点改革创新项目，做到“一个项目、一名领导、一个团队、一抓到底”。各部门和乡镇（街道）及各专项小组牵头单位坚持刀刃向内，确保全年度各改革任务和“1+30”重点项目落地见效。健全完善改革协调机制。建立改革工作部门联席会议制度，定期交流推进情况，共同担负起改革调研员、参谋员、协调员、督办员、推广员“五大员”的工作职责。注重与“三服务”“营商环境优化年”活动整合起来，统筹发挥营商环境观察员等社会力量的作用，增强工作合力，优化改革氛围。

【推进政务改革】 优化提升“一窗办”，实现“无差别受理”乡镇（街道）全覆盖。全面拓展“一证办”，340项事项实现“一证通办”，省定事项“一证办”实现率达90.56%。督促落实“全城办”，全面启用一窗受理云平台，603项市定事项落实到位，杭绍甬政务服务一体化改革启动实施。持续深化“移动办”，3160项事项实现“网上可办”。完成城区24小时政务服务大厅建设，铺设自助终端84个，召开镇村便民服务中心现场会，加速推进“就近办”。全面推进政府数字化转型。加快实施“互联网＋政务服务”，网上办、掌上办等8项政府数字化转型核心指标全市前列，归集数据近7亿条，8+13重大项目加快落地，在全市率先启动城市大脑建设。部门间“最多跑一次”改革扎实开展，涉及6个领域、42个部门单位、425项事项全面梳理公布，压减办事材料41.5%，压缩办事时间68.3%，99.8%事项实现“跑一次”，87个高频事项全部实现网上办理。全面推进公民企业“一件事”改革。围绕公民个人全生命周期梳理出生、上学等“一件事”，围绕企业全生命周期梳理登记开办、项目投资等“一件事”，累计65项“一件事”逐项推进，设立“出生一件事”办理专窗，建成退役军人“一站式”服务中心，建立“身后一件事”联办受理平台，在全省率先开展不动产与户籍联办。省级公布的“一件事”基本实现线上线下可办。全面推进“最多跑一次”改革延伸扩面。以“最多跑一次”理念，全面创新教育培训、社会保障、残疾人服务、交通出行、法律服务、社区服务、全民健身等方面工作，率先推出医保服务通办点建设，建立“1+X”助残服务机制，推进教育“一件事”向企业、农村技术教育培训服务延伸。体育中心优化提升实施方案在省《竞跑者》中刊发，一些群众牵肠挂肚的小事在改革创新中得到解决。

【聚焦经济领域，赋能高质量发展】 强化平台支撑。坚持把改革赋能区域高质量发展放在首要位置，战略性推动两大开发区实质性整合，调整曹娥江旅游度假区管理体制，探索国有公司布点小微工业园区，做好权力事项授权委托下放等工作，着力打造“2+5+9+N”高质量平台体系，优化生产力布局。“两区”创新整合工作得到上级充分肯定，省重大项目暨特色小镇建设、国家级开发区整合提升等两个省级现场会在上虞区召开。强化产业集群。聚焦“数字经济”一号工程，推进化工产业改造提升2.0版建设，相关做法在全省现场会作经验介绍。建立产业链“链长制”，实施产业链精准招商，建立产业发展研究院，深化“亩均论英雄”改革，出台高质量扶持政策，主要经济指标全省领先，全市领跑，成功列入全省制造业高质量发展示范区创建名单。服务业强县(市、区)试点工作扎实推进。提升科创活力。加快推进产教融合、科教融合、产城融合，出台人才新政3.0版和科技新政20条，完善“一个产业集群建设一个创新综合体”工作模式，探索“高校+政府+企业+引导基金”的产业研究机构运营办法，曹娥江科创走廊大力引进创新创业项目，杭州湾经开区产业创新平台建成投用，区域创新活力不断增强。深化上市公司引领产业发展示范区建设，凤凰行动计划受到省政府表彰。优化营商环境。重抓营商环境“10+N”指标便利化改革，各项指标均达到和优于省定标准，企业开办实现常态化一日办结，获得信贷办理、用水用电等申报材料、办理时间实现“双减”，获评中国营商环境建设示范区。政府性债务风险“化管防”体制机制创新试点成效明显，金盾风险处置得到批示肯定。

【深化全领域改革】 在社会事业领域。深化实施新时代教师队伍建设改革，建立全方位教共体(集团化)办学机制，中小学校内托管服务试点经验在全市推广，全国儿童青少年近视防控试点扎实开展。深化医共体建设，就诊率、智慧结算率明显提升，全国健康促进区创建通过省级评估。深化养老服务综合改革，构建“1+20+N幸福之家”乡村养老模式。“社银合作”全力推进，充分实现群众社保就近办。在文化体制领域。被列入全省第二批新时代文明实践中心建设试点，首创全省县域文明指数体系。完善文旅融合发展机制，加强孝德文化小镇等传承基地建设，曹娥江文创走廊建设步伐加快。创新公共文化服务供给机制，“娥江颂”等品牌持续打响。区级融媒体中心挂牌运行。在基层治理领域。加快建设“城市大脑”，鸿雁社区被列入全省未来社区建设；创新实施农村综合改革，闲置农房激活改革得到袁家军省长批示肯定，被列入省级乡村振兴产业发展示范建设县(市、区)、全省数字乡村试点示范县(市、区)。巩固“基层治理四平台”建设全省领先地位，乡贤治理、“乡警回归”、“警务背包”等创新做法得到省市领导肯定。中介监管“双查双保”和人民调解标准化试点分别通过国家级和省级验收。在生态文明领域。深化自然资源资产产权制度、生态环境损害赔偿制度、环保法律顾问制度等一系列生态文明体制改革，开展省级山水林田湖草生态修复试点和全域土地综合整治，启动“无废城市”建设，推进“污水零直排区”创建，成功创建省级生态文明建设示范区。在纪检党建领域。高质量完成机构改革，得到省市表彰。持续深化乡镇“1+5”政策体系，全面推行农村社区专职工作者制度。高标准完成乡镇纪检监察工作规范化建设，构建基层公权力阳光运行“五个三”工作体系，得到省市领导批示肯定。新乡贤统战工作列入省级标准化试点。开展基层残联组织省级试点和红十字会、工商联等改革，群团工作得到全面提升，全省红十字会改革工作现场会在上虞召开。（骆　涵）

组织工作

【概况】 2019年，区委组织部认真学习贯彻中共十九大、十九届四中全会精神和省委、市委、区委全会精神，按照上级组织部门部署要求，认真贯彻落实新时代中共建设总要求和新时代中共组织路线，咬定目标，保持定力，担当作为，推动全区中共建设和组织工作高质量发展，为“创新之区、品质之城”建设提供坚强组织保证。

【干部队伍建设】 突出政治标准首关要求，组织开展领导班子政治建设和关键岗位领导干部政治素质考察。突出实干实绩导向，注重在攻坚克难一线发现和使用干部，2019年以来，有31名在重点任务、中心工作中表现优秀的干部得到提任，对17名履职表现一般的干部进行转岗调整，对受到不实举报的13名干部及时澄清正名。加大年轻干部培养使用力度，面向“双一流”高校选聘22名硕博士毕业生，推出10个区管副职面向90后干部公开选拔、20个中层岗位开展跨部门竞争上岗、10个国企中层及专技岗位探索市场化选聘。选调200名90后干部参加政治素养和专业素养双提升专修班；选派120名年轻干部上挂下派锻炼，人数为历年最多，年轻干部培养相关做法被《人民日报》专题报道。

【干部教育】 整合党员干部教育培训资源，打造春晖大讲堂品牌，全年投入干教经费800余万元，大力提升办班档次和参训规模，分类分专题到中央党校、华为大学、贵州大学等合作办班，实现区管干部培训全覆盖，扎实推进各级干部素质提升培训和各支人才队伍创新能力培训。2019年度，共举办各类主体、计划班次41个，承办春晖大讲堂3期，乡镇干部学习讲堂1期、机关中层干部学习讲坛3期，培训干部人才7078人次，其中区管领导干部2875人次、机关干部5348人次、村居（社区）干部1116人次、企业各类人才614人次。

【公务员管理】 高标准严要求做好2018年度公务员年报和工资年报工作。完成2018年度安置的11名营级以上军转干部科级非领导职务首定工作。按规定做好2018年录用、试用期已满一年的147名公务员（参公人员）转正定级。做好公务员登记工作，包括录用后试用期满一年、军转安置和调任满一年试用期等共133名人员的日常登记、7名乡镇选任制公务员登记以及15名公安现役转改人员登记。完成公务员工资审核审批各项日常工作，包括新进人员工资首定、职务职级变更后工资审批、退休人员工资审核和年度考核奖发放等。

【基层组织建设】 高标准推进党建全域提升，基层基础进一步夯实。抓住“不忘初心、牢记使命”主题教育契机，借势推进基层党建重点问题“大排查大整治大提升”行动，成立“五星”系列创建工作专班，全领域巩固深化创建工作。一是大力实施“组织力提升工程”。扎实推进党支部标准化建设，分领域抓好党支部组织力提升“百项标准”执行。精心组织开展建党98周年系列纪念活动，抓实党支部“堡垒指数”和星级管理，完成10个空壳支部、18个过小支部和3个未按期换届党支部的整治。集中整治返乡大学生党组织臃肿问题，共转迁大学生党员1514名。认真做好发展党员工作，重视在高知群体中发展培养党员，完成675名党员发展指标，全省党员发展工作座谈会在上虞召开，组织3.5万名村社党员干部参加“冬季大轮训”。全面推行基层组织建设减负10条举措。召开党建带群建座谈会，高质量推进新时代党建带群建各项工作。二是“平静快速”完成行政村规模调整。坚持谋划在前，及早开展专项调研，逐村进行分析研判，“一村一策”制订调整方案，并提前做好相关政策文件起草制定，为调整做好准备。从5月底市里布置后，坚持内紧外松，把调整工作放到首位，指导乡镇街道集中精力抓好实施，在6月15日前完成撤并目标，全区撤并减少行政村（居）62个，超额完成原核定56个任务数。三是全面推进农村社区专职工作者制度。从现任村干部和社会人员中公开招聘专职工作者，优化村干部队伍结构，提升村级服务功能。目前，全区共聘用农村社区专职工作者1479名，平均年龄46.3周岁，与现有村干部平均年龄相比下降近8岁；高中及以上学历1170名，占79.1%，大专以上649名，占43.9%，与现有村干部相比分别提升12.7和16.9个百分点，村干部队伍结构有较大幅度的优化，也为下步村级换届提供干部来源保障。四是统筹推进城市和其他领域党建工作。深入开展“五星达标、和美家园”创建，成功创建“五星达标”社区19个、“和美”社区2个，创建综合排名位居全市第二。实施“党建领航·红色管家”行动计划，全面落实社区专职社区工作“三岗十八级”薪酬体系，完成文化、金渔湾、金桂苑等示范性社区党群服务中心改造提升，社区服务功能明显提升。强化创建引领，持续创新“一校一品、一院一品”党建品牌创建深化活动，层层开展“五星三名”评比表彰活动，专题推送“五十佳”育人先锋的先进事迹，组织开展“微党课”评比演讲、党建结对共建活动，推出“支部主题党日+”

观摩展示，推动“五星三名”示范带提质扩面。指导推进国企等其他领域的“五星”创建工作。

（陈　坤　冯丽华　张明华）

宣传工作

【概况】 2019年，区委宣传部紧紧围绕学习宣传贯彻习近平新时代中国特色社会主义思想这个首要任务，以庆祝中华人民共和国成立70周年为主线，开展“三服务”活动，建立实施全系统“三服务”解难机制，参与“三服务”活动2530人次，深入基层帮助解决难题320个。（李　瑶）

【庆祝中华人民共和国成立70周年宣传教育活动】 全面部署开展29项主题宣传教育活动，全区1万多名干部群众共同唱响《我和我的祖国》献礼祖国70华诞；3万余人参观庆祝中华人民共和国成立70周年图片展；区级新闻媒体开设“壮丽70年、奋进新时代”专题专栏，推出报道60余篇（条）、专版16个，展示中华人民共和国成立以来上虞的历史变迁和发展成就。（陈　健）

【主流舆论营造】 建立完善快速反应、联动协作的宣传报道工作机制，高质量完成区委全委会、区“两会”、全区经济工作会议、全省重大项目暨特色小镇建设现场推进会、接沪推介活动、市九运会等一系列重大会议活动的宣传保障任务。精心组织“深化三服务”“聚焦高质量”“不忘初心 牢记使命”等重大主题宣传报道，举办教育、文创、人才等新闻发布会6次，在省级以上媒体刊播报道200多篇（条）。（陈　健）

【加快推进媒体融合发展】 制定出台区融媒体中心组建实施方案，致力打造绍兴一流、全省领先的县域新型主流媒体。6月30日，上虞区融媒体中心（传媒集团）正式揭牌成立。发挥媒体融合优势，聚焦党委政府中心工作和民生热点，开展“三服务”、数字经济“一号工程”、“三个年”活动、“三个一批”重大项目等全媒体宣传报道，为加快推进“创新之区 品质之城”建设提供融媒力量。（陈　健）

【新闻出版工作推进】 完成新闻出版机构改革，承接73个行政权力和公共服务事项，累计办件60余件，落实行业监管主体责任，联合文化执法等部门开展出版物和印刷行业专项检查11次，反馈通报整改问题50余个。（陈　健）

【理论学习品牌】 创设“春晖大讲堂”，出台《春晖大讲堂运行规则》，排定一年8期重点课题，内容涵盖习近平新时代中国特色社会主义思想、融媒体建设、陶瓷文化、智慧社会与5G、中国数字经济发展、中国氢能源产业发展、“两山”理论、十九届四中全会精神宣讲，邀请国内知名专家学者来上虞开展讲座，以全区领导干部为主要对象，扩大学习影响力，打造成为广大干部学习教育培训的上虞名片。（董　丹）

【理论宣讲活动】 把中共政策理论与上虞的创新发展历程紧密结合，成立形势任务宣讲暨上虞故事宣讲团，创设和制作体现上虞政治、经济、文化以及改革发展的故事19个，在反复修改打磨的基础上，挑选17名宣讲员进村入企、赴乡镇部门学校开展宣讲，全年宣讲达110场次。（董　丹）

【理论论文征集评优活动】《创新营商环境 促进民营经济高质量发展》《法治思维引领征迁 执法规范保障民权》等一批课题列入评选，出版《上虞社科》4期。

（董　丹）

【社科联活动】 为纪念胡愈之诞辰120周年，举办第十三届世界语大会；联合慈溪、嘉善、孝感、奉贤，举办“慈、善、孝、贤”五地联盟暨第三届青蓝工程上虞峰会，打响上虞乡贤文化品牌，着眼孝德文化作为上虞主导文化，围绕孝德文化定位、今后研究方向及发展思路等开展孝德理论研讨活动，编辑出版《曹娥的故事》等系列连环画；拍摄“浙东唐诗之路与上虞”电视短片，浙江新闻频道“文化浙江大讲堂”分两集播出《曹娥庙与浙东唐诗之路》和《东山与浙东唐诗之路》，收集整理唐代诗人咏上虞诗集；举办“方寸见辉煌——庆祝中华人民共和国成立70周年”大型邮展红色收藏展、“龙行天下”藏品展。（董　丹）

纪检监察工作

【概况】 2019年,区纪委监委履行党章和宪法赋予的职责,协助区委推动全面从严治党向纵深发展,为上虞经济社会高质量发展提供坚强纪律保证。被访者评价2019年上虞区全面从严治党成效度为97.1%,涉纪信访总量全市最低。（芦近远）

【推进重大决策部署】 坚决扛起“两个维护”政治责任,督促推动主题教育、机构改革、三大攻坚战、“最多跑一次”改革、“一号工程”“三个年”“三个一批”重大项目、减税降费、基层减负、“三服务”等一批重大决策部署,以及“五星·3A”创建、“大棚房”整治、全国文明城市和国家卫生城市复审、70周年维稳安保等一批重大紧要工作落地落实,共开展专项督查567次,问责处理480人次。持续深化管党治党责任“双报告”“双检查”“双约谈”工作机制,全过程压实“两个责任”。加强对全面从严治党主体责任落实情况的监督,共对22个单位开展重点检查,发现问题73个,督促落实整改措施45条。全年共约谈问责落实“两个责任”不到位问题35人次。协助区委把好干部选拔任用的政治关、廉洁关,回复党风廉政意见5批次130人次。

【落实纪检监察和巡察信息管理】 一体推进中共纪律检查体制、国家监察体制、纪检监察机构“三项改革”。增设纪检监察六室,专门负责追逃防逃追赃等工作。撤销股级事业单位案件管理服务中心,新设副科级事业单位,专门负责纪检监察和巡察信息管理服务工作。深化派驻机构改革,总数从20个调整为14个,扎实推进“六个一体化”,强化统一管理。增设2个机动巡察组,以“1+4+2”模式保障巡察全覆盖。全域全面推进乡镇街道纪检监察工作规范化建设,所有乡镇街道配齐人员力量,完成场所建设及设施配备,完善机制规则流程,通过“基层公权力监督平台”对所有基层党员、监察对象、协管人员实行大数据管理,片区协作联动实现“四个监督”更高质量全覆盖,全区乡镇街道共处置问题线索465件,日常监督发现问题647个,党纪政务处分170人,同比分别增长46.2%、88%、15.6%,开展片区协作200余次,留置2人。规范化建设得到上级充分肯定,时任省纪委监委主要领导作出“希望多出经验,出好经验”的重要批示,人民日报、中国纪检监察报同步报道。

【推动阳光用权】 构建“五个三”工作体系,强化制度供给,推动基层公权力规范透明高效运行。深化工程建设领域监督机制建设,全年共解剖问题项目21个,追责问责12人,“不见面”招投标机制全省首创,“双查双保”中介监管机制高分通过国家级标准化试点终验,并在全省有关会议上现场推广。按照“五清三好”标准,持续推进“清廉村社”标准化建设,分别创成示范型、规范型“清廉村社”69个、214个,形成“清廉村社”示范带3条。督促落实村级集体闲置货币资金竞争性公开存放、经济合同定期清理、资源资产清单化管理、村级工程村干部回避等制度机制。督促指导82个村开展农村基层作风巡查,其中交叉巡查25个村,发现并整改问题880个,问责87人次,实现三年“全覆盖”目标。专项整治村干部违规参与工程项目建设问题,督促整改问题6个,核查问题线索3条,问责6人。督促开展村级“三务”公开提升行动,创建栏上、屏上、掌上的“三上”全公开模式,在全省率先实现所有财务报表、现金日记账及原始票据在有线电视及手机终端全方位公开,被新华社、浙江日报报道。

【深化作风建设】 “四个办”改革全面推进,部门间“最多跑一次”改革事项数量位居全市第二,不动产“不见面”审批和企业全生命周期“信用+”监管模式全市推广,通过实体经济“三服务”活动解决各类问题553个。开展违规收送礼品礼金、违规发放津补贴福利等问题自查自纠,共查处8起,处理党员干部10人,其中党纪政务处分7人,通报曝光典型案例6起。拍摄作风建设警示教育专题片,督促整改曝光问题16个。推进“基层减负年”各项工作,清理各类挂牌、上墙制度8000余块(项)。开展不担当、不作为、不适应、不规矩“四不”问题专项整治,通报先进典型10例、反面问题5例,澄清问题13人次,组织部门对20名履职表现一般的干部进行转岗调整。按照"五廉并举"要求,持续打造和深化"虞舜清风"廉洁文化品牌,牵头开展以"十个一"活动为载体的"警示教育月"活动,新建"虞舜清风"展厅。

【强化政治巡察】 深入推进巡察全覆盖,全年开展三轮巡察,共巡察25家单位党组织,在全省创新开展营商环境专项巡察,向33个部门单位移交问题清单53条。开展人防系统"机动式"巡察。坚持"巡镇带村",延伸巡察村(居)125个,发现并整改问题461个。持续深化巡察发现问题"双反馈""双表态""双整改"工作机制,建立问题线索集中交办和整改工作约谈制度,全年共发现并反馈问题1357个,清退各类资金896万元,问责党员干部467人,健全完善各项制度462项。协力做好市委信访工作专项巡察有关整改工作,对反馈的20个问题已全部整改完成,问责54人。

【加大惩治力度】 开展"多年、多层、多头"重复越级信访举报件"清淤"专项行动,完成对22件"三多"信访件的调查处置。落实区纪委常委会专题分析涉纪信访及信访调处"三个一律"制度,共受理纪检监察信访举报473件次,同比下降3.9%,涉纪信访总量全市最低。运用监督执纪"四种形态"处理774人,其中第一、二种形态占比92%,严查违纪违法问题,全年党纪政务立案213件,同比增长4.9%,其中乡科级8人;处分党员干部222人,同比增长5.2%;采取留置措施4人;强化"万无一失""一失万无"理念,严格确保审查调查安全。对中共十八大以来办结案件的党纪政务处分执行情况开展"拉网式"检查,共检查受党纪政务处分人员950人次,纠正执行不到位问题12人次,追缴相关款项44万余元。加快推进全省领先的区电子监察中心和区审查调查中心建设。认真落实追逃防逃追赃各项制度及措施。协同区委政法委、公检法司等牵头推进"打伞破网"攻坚行动,组建8个信访调查组、4个案件同步介入调查组,深挖彻查涉黑涉恶腐败和"保护伞",严格落实"四个凡是"、"一案三查"、查否报告、签字背书、问题线索"一周一研判"等工作制度,全年同步介入涉黑涉恶犯罪案件9件,核查涉黑涉恶问题线索41条,查处为黑恶势力充当"保护伞"公职人员11人,问责党员干部28人。

【加强队伍建设】 推进"调研解难题、深化'三服务'"活动,解决问题108个,形成调研报告30篇。高质量开好专题民主生活会,领导班子及成员共征集查摆问题219个。持续推进全员培训,举办纪检监察干部素质提升班,对新招录纪检监察专干开展入职培训,参加"锻钢铸魂大比武"、应知应会知识测试等,通过上挂下派、以案代训,参与巡视巡察、片区协作联动、外出参观考察等推进素能培养。（芦近远）

机构编制工作

【概况】 2019年,区委编办牵头召开编委会2次,审议43件部门单位机构编制请示事项和158家事业单位清理规范事项;办理事业单位设立登记31家、变更登记181家、注销登记8家,对386家事业单位年度报告进行审核、公示。办理出编手续672人、入编手续702人,完成区级及乡镇机关事业单位688名用编计划的审核工作,完成区级部门(单位)和乡镇1158个中层职数使用的审核工作。全年编外用工控制数累计核减306名。（马恬恬）

【党政机构改革任务完成】 完成37个党政机构和21个乡镇街道改革任务,转隶人员744名。改革中减少党政机构领导职数23个、内设机构15个、中层职数51个,统筹行政编制33名。创设机构改革自选动作,推进经开区体制改革和度假区职能优化,为两大重点平台的提升发展提供体制机制保障。2019年,区委编办被省委省政府评为浙江省机构改革成绩突出集体。（马恬恬）

【事业单位分类改革】 结合党政机构改革同步实施承担行政职能事业单位改革工作,将行政执法类事业单位统一纳入行政执法改革,其余24家承担行政管理职能单位于3月完成改革任务,其中,将行政职能回归行政机构承担17家,原类别核定错误调整为公益一类事业单位7家。谋划推进公益类事业单位改革,事业单位清理规范于4月底在全省率先基本完成,共撤并

"小、散、弱"事业单位36个，收回职能弱化事业单位编制86名，同步强化重点领域编制补充和保障。11月，启动事业单位改革深化完善工作，研究制订机构调整和类别优化方案，组织开展事业单位"三定"工作培训，事业单位"三定"制作进展顺利。稳妥实施生产经营类事业单位改革，全区11家生产经营类事业单位于8月底提前全面完成改革，134名涉改人员得到妥然安置。配合做好原规划、交通、水利等领域中介服务改革，撤销3家中介类事业单位。（马恬恬）

【部门权力事项调整跟进】 根据省市统一部署要求，对照省级部门机构改革后权力清单调整情况，同步梳理调整区级部门权力事项，完成区级34个部门各类权力事项的调整，调整后九大类权力事项共6294项、公共服务事项314项、审核转报事项54项，实现权责清单同"三定"规定的有机衔接。同步推进实名制管理系统更新维护，组织开展实名制信息维护业务培训，及时完成涉及转隶的75名行政人员、669名事业人员信息更新。（马恬恬）

2019年1月17日，机构改革动员大会现场（区委编办　提供）

【事项办理】 按照区委改革办分工要求，由区委编办担负起部门间"最多跑一次"改革事项梳理牵头责任，审核梳理"部门间'最多跑一次'事项"办事指南、办事流程425项，涉及6个领域、42个部门单位。其中424个事项实现"最多跑一次"（含"零次跑"），实现率达99.8%，87个高频事项全部实现在线办理，工作进度和相关指标全市领先。同时，深挖多部门联办"一件事"事项20项，协调推进联合办理流程梳理和优化工作，助力机关效能提升。（马恬恬）

【重点领域职责协调】 针对机构改革后一些部门单位职责承接难题，主动介入协调，厘清行政审批制度改革职责、工程建设招投标管理职责、养老服务职责、建设领域消防验收职能、城市管理领域相关职责、征迁遗留问题处置责任分工等部门间职责分歧。推进应急管理领域的安全生产、防汛抗旱、森林防火、消防、抗震救灾等运行机制的督促指导工作，协调明确应急管理相关职责分工，确保工作有效衔接。（马恬恬）

【工作人员履职培训推进】 机构改革人员转隶结束后，及时跟进全区机构改革后工作人员政策业务履职培训。6月，按照省、市部署要求，以部门为主导、乡镇为主体，制定履职培训方案，建立培训工作台账，实行到点督查、销号管理，扎实推进专题培训。全区部门单位共组织专题培训55个班次5700人次，20个乡镇街道自主组织培训192批次8740人次，2676名乡镇街道干部实现培训全覆盖。（马恬恬）

【履职运行体系建设强化】 推进机构改革后机制的构建完善，在乡镇层面全面构建以定岗、定责、定员和履职评价为主要内容的"三定一评"履职运行机制、统筹协调的党建工作机制、统分结合的应急管理机制、统一指挥的综合执法机制、优质高效的审批服务机制等五项机制，理顺乡镇街道运行体系。在部门单位层面，积极推进"岗位说明书"编制及内部运行机制、横向协调机制、上下衔接机制等"1+3"机制完善工作。机构改革后各乡镇部门新建和完善工作机制205项，

相关工作被《浙江日报》报道，全市机构改革“后半篇文章”现场推进会在区召开。（马恬恬）

【机构编制管理】探索实施事业单位机构编制“四分法”管理，提升审批管理精准度。延伸编外用工管理领域，将卫生、教育两个系统的编外用工纳入规范化管理范畴。以“三清单一体系”为抓手，构建机构编制工作“清单式管理、常态化监督”机制，全年共发出《机构编制工作评价情况反馈单》19份，推进问题整改，“清单式管理”机制被市委编办发文推广。（马恬恬）

党建工作

【机关党建】理顺机构改革后机关党建运行体制，建立机关工委议事联席会议制度，明确机关党建职能部门和群团单位职责，机关党建脉络更为清晰。全力推进“五星达标、双优示范”创建，80%机关党组织达到“五星”标准，5个机关党组织评为示范型党组织。调整设置机构改革涉及的机关党组织29个，完成44个机关党组织换届选举，新建成政法委“宪法广场”、公安分局“乡警回归馆”等一批示范型党群阵地。开展“上虞区‘最多跑一次’改革党员先锋岗”创建活动，评选产生市级党员先锋岗5个、党员先锋标兵6名。开展“三个最佳”争创一流业绩活动，共向市上报三个批次代表性项目30只。组织开展党建服务品牌创建活动，评选产生“精致虞编”等特色机关党建服务品牌17个。

【新经济新社会组织党建】持续打响两新党建“凤凰领航”品牌。一是实施“巩固提升”工程，不断织密两新组织党组织体系。扎实推进两新组织“克难攻坚抓覆盖”专项行动。新发展两新组织党员418名，新建党组织147个，其中单建党组织96个。调整“过大联合党组织”118个，不断巩固提升“两项覆盖”实效。二是实施“示范引领”工程，不断做强上市企业党建品牌。《非公企业党建》杂志增刊发行《凤凰领航·红漫娥江》上市企业党建工作专刊，修订完善标准化“六力30条”工作清单，完成全区16家上市企业党建入章，卧龙集团党委做法在全省两新工委书记会议上作经验交流。加大上市企业“驻企服务”工作指导力度，调整选派2批次64名退职区管领导干部到上市企业、拟上市企业担任驻企指导员。扎实推进两新组织“五星示范、双强争先”争创，第二批通过市“五星双强”两新组织复评验收15家，创建通过率名列全市前列。三是实施“亮旗聚力”工程，着力服务民营企业健康发展。抓好两新组织党务工作者协会建设，深入开展“联企送服务”活动，举办“身边人讲身边事”微党课大赛、两新组织庆祝中华人民共和国成立七十周年文艺展演。举办“五星双强”两新组织紧缺型人才“1+X”专场招聘8场次，定向开展“凤求凰·虞尚缘”两新组织菁英人才联谊活动，帮助企业更好引才用才留才。深化“村企结对消薄”专项行动，结对资助龙游县、常山县和新昌县的37个薄弱村886万元资金全部到位，龙游大沃口村光伏发电项目已投入使用，常山芳村镇八村联建打包项目已启动建设。四是实施“实体强化”工程，层层压实两新党建工作责任。调整完善区委两新工委成员单位职能分工和挂联“双管”两新组织工作机制，新增区税务局、区应急管理局、e游小镇等为成员单位，同步完成市、区两级“双管”两新组织调整。坚持两新党建“三张清单一项制度”，制定出台《非公企业党建工作指导员“积分制”考核管理办法》，下发两新组织出资人、党组织书记、党员党建工作责任提醒3200余份。组织“双管”两新组织党组织书记赴贵州遵义开展初心教育培训，举办各类“五星双强”业务培训班6期，培训党组织书记、党务工作者740余人次。（陈　坤　冯丽华　张明华）

人才工作

【概况】拓展引才渠道，与北京海创智库共同建立“海创人才长三角产业技术协同创新基地”，与北美、独联体、意大利、南非等地科技协会合作建立4个海外工作站，总数达到15个。成功举办“海创”大赛、上虞人才发展大会，评选入围数字经济、高端制造、半导体、新材料等领域“娥江英才计划”人才项目20个。全年共引进培育国家级领军人才15人，引进落户绍兴“海内外英才计划”人才34人。新增就业大学生17169名，累计接收见习实习生10607名，顺利承办万名大学生在浙实习活动启动会暨浙江省大学生见习实习工作现场会，相关做法得到省委常委、组织部部长黄建发和副省长王文序批示肯定。系统整合原有人才政策，制订出台人才新政3.0版，切实保障人才资金投入的优先权，2019年共兑现人才政策资金1.08亿元，创历史新高。坚持人才与科技联动，每月一次召开人才科技联席会议、曹娥江科创走廊专班会议，研究协调人才科技事项。启用“人才政策网上申报系统”，成立上虞区高层次人才联谊会，依托曹娥江科创、文创“两廊”建设，积极推动创新创业平台建设，目前，天津大学浙江绍兴研究院签约落户，杭州湾产业协同创新中心建成投用，全区已集聚大学研究院13家，众创空间18家，科创总面积达85万平方米。加大金融帮扶力度，完成人才基金“青创投”新投人才项目3个，总数达13个，总金额3721万元，带动投资15678万元。

（陈　坤　冯丽华　张明华）

侨务工作

【概况】 2019年，在上级统战部的指导下，全区侨务工作以中共十九大精神为指引，以中共十九大精神为指引，按照习近平总书记“广泛团结联系海外侨胞和归侨侨眷，共同致力于中华民族伟大复兴”的总体目标和要求，立足全区侨情实际，抓重点创亮点，全力打好侨牌，做好为侨服务文章，努力为“创新之区、品质之城”建设贡献力量。

【优化服务】 组建由社区工作人员和志愿者组成的“同心·暖侨”服务队，共有成员37人，开展归侨侨眷迎春茶话会和困难侨眷走访慰问活动等，共开展侨情摸排、联谊联络和为侨服务工作9次。组织侨资企业、归侨侨眷等深入学习中共十九大精神，积极向港澳同胞、海外侨胞广泛宣传中共十九大精神和习近平新时代中国特色社会主义思想，组织学习全国第十次侨代会精神，凝聚侨心侨力。

【全区第一次归侨侨眷大会召开】 10月20日，顺利召开全区第一届归侨侨眷大会，选举产生上虞区归国华侨联合会委员35名，常委10名，秘书长1名，副主席6名，主席1名。

【上虞区留学生联谊会成立】 12月21日，上虞区留学生联谊会举行成立大会和授牌仪式，浙江东海新材料科技有限公司执行董事陈江当选为会长。

（毛利湧）

对港工作

【联谊联络】 7月7日，在深圳召开上虞旅港同乡会第十届理事会换届大会，选举产生了新一届同乡会领导班子，王伟当选新任会长。7月11—15日，组织开展上虞旅港同乡会新生代“龙腾中华·同游祖国好山河——庆祝新中国成立70周年活动”暨“故乡寻根行”活动，20余人旅港新生代参观考察上虞城市建设、孝德文化园等。8月23日，接待上虞旅港同乡会第十届理事会访问团。

对台工作

【概况】 2019年3月，区台办与区委办合署办公，成立对台工作科。负责对台宣传和涉台教育工作；指导全区对台交流与合作，承办全区赴台考察与交流团组的审核上报、成行申报与行前教育；负责台胞亲属工作，协调处理台胞、台属来信来访和台商投诉工作。

【服务在上虞台企台胞】 2019年，结合台资企业服务年、惠台措施落实年深入开展“三服务”活动，走访调研台资企业，通过意见征求，现场解难，帮助台企解决发展中的实际问题10个。认真贯彻落实国台办31条、26条和省台办76条、绍兴市台办60条等惠台政策，联合人社、财政、科技等部门向台企宣传减税降费相关政策，全年全区共有15家台企享受降费政策，合计返还社保费400余万元，拓进五金、三荣塑胶、大丸精机等3家高新技术企业减征企业所得税1120万元。组织区内重点台资企业参加全省台资企业转型升级推进会、第二届中国国际进口博览会，协助大丸精密机械有限公司成功申报高新技术企业，宣传浙江拓进五金工具有限公司创新创业故事。

【对台经贸合作】 2019年,新批台资企业2家。9月底,区医药卫生团赴台洽谈医护人员培训和学科建设合作。全年共办理晶盛机电、自立新材料等民营企业商务赴台团组12批25人次。

【基层民间交流】 2019年,成立台北上虞同乡会虞籍陆生联谊分会,区台胞台属联谊会第一次组团走近台北上虞同乡会开展"送乡情"走亲联谊活动,国民党前代理主席林正则连续两年出席中国绍兴(上虞)孝文化节活动。全年先后接待台湾基层参访团12批320余人。

【台湾青年工作】 年内,在区新农人联盟设立全市首家"绍台青年双创中心",会同团区委举办"两岸农业创新与民宿管理人才培训班",引进10位台湾青年在覆卮山居、雪花谷等精品民宿实习就业。接待绍台大学生义工文化交流团、两岸青年发展论坛大学生、"创视野·333"台湾大学生参访团来上虞开展体验式参观交流,吸引6位台青在e游小镇就业创业。

【化解涉台矛盾纠纷】 2019年,建立健全台胞权益保障工作联席会议制度,坚持统一领导、依法依规、属地管理原则,全年妥善化解2起上级督办案件,有效处置有关台企和台胞反映的涉台矛盾纠纷9起。

【陆生陆配工作】 年内,开展寒暑假期间陆生回访,及时处理陆生求助事项,利用台北上虞同乡会、台商等在台资源,帮助解决陆生租房、申请研究生等碰到的实际困难。走访虞籍陆配家庭,发挥陆配在两岸交流中的纽带作用,鼓励陆配家庭成员加入联谊组织。

老干部工作

【概况】 2019年,全区有离休干部68人:属行政事业单位离休的37人,企业单位离休的31人;享受县处级待遇31人,科局级37人;抗战时期参加革命工作10人,解放战争时期58人。年内,围绕区委中心大局,站高政治定位,强化精准理念,加快工作转型,优化队伍建设,积极适应机构改革变化,突出"银领先锋""银耀娥江""银尚乐活"三大品牌和老干部党校、老干部活动中心、老年大学三个阵地建设,引导广大离退休干部增强"四个意识",发挥优势助力"三服务",不断满足广大离退休干部对美好生活新期待。

5月20日,印发《中共绍兴市上虞区委办公室印发〈关于进一步加强和改进离退休干部工作的实施意见〉的通知》(区委办综〔2019〕23号)。

【中华人民共和国成立70周年系列活动】 举办全区老干部庆祝中华人民共和国成立70周年文艺汇演活动,开展"我看改革开放新成就"专题调研、"翰墨光影赞辉煌"书画摄影展、"班班有歌声·人人心向党"合唱大赛等活动,联合有关单位举行庆祝上虞解放70周年暨许岙战斗纪念馆落成仪式和庆祝上虞解放70周年座谈会。为离休干部送去庆祝中华人民共和国成立70周年纪念章。

【探索建立"银领"党组织】 探索在集中居住地、社团组织中建立"银领"党组织,深化"党建+正能量"工作。在曹娥街道德济苑社区和乡贤研究会、老年人体育协会、新四军历史研究会、孝德文化研究会、虞舜文化研究会、退休教育工作者协会、老年书画研究会7个涉老社团中建立"银领"党支部。

【"银耀娥江"志愿服务授旗仪式】 3月14日上午,举行老年大学开学典礼暨"银耀娥江"志愿服务授旗仪式,区委常务、组织部部长周树森出席讲话并为"银耀娥江"志愿服务团队授旗。"银耀娥江"志愿服务团队包括老干部"银耀娥江"志愿服务团队和老年大学"银耀娥江"志愿服务团队,老年大学"银耀娥江"志愿服务团队下设有10个服务队。

【老党员驿站布展工作】 突出内涵、特色和品质,经精心规划设计、装修布设,老党员驿站正式设立,同时谋划运行机制,力争管好、用好,努力建成优质党建共享基地。

【老年大学建设推进】 开展老年大学分校、教学点建设调研,制定《分校考核评价方案》,推进规范化管理,让更多老干部享受高质量学习服务,共建成章镇镇分校、丰惠镇分校和德济苑社区教学点。

【离退休党支部书记暨老干部工作培训班】 6月25—26日，联合组织部、党校和人社局，在党校新校区，举办全区离退休干部党支部书记暨老干部工作者培训班，共约250余人参加，就《党支部工作条例（试行）》和《党员教育管理工作条例》、党内政策法规等进行解读，提升政策理论水平，强化思想政治建设。

【区海葬第一人】 3月19日上午，离休干部翁朝阳骨灰撒入舟山海域，为区海葬第一人。

【谢企韩获“全国离退休干部先进个人”荣誉称号】 12月13日，中组部印发《中共中央组织部关于表彰全国离退休干部先进集体和先进个人的决定》（中组发〔2019〕23号）。区原教委副主任谢企韩被表彰为全国离退休干部先进个人，为绍兴市唯一，全省授此荣誉共16人。 （王菊芳）

信访工作

【概况】 上虞区信访局全年共受理信访事项31146件次，其中：群众来信来访1991件次，受理政务热线25177件次，受理网上信访3978件次，信访事项复查申请193件。全年区领导共接待群众来访1032批1267人次，调处信访问题534件。

【区社会矛盾纠纷调处化解中心成立】 区社会矛盾纠纷调处化解中心于2019年10月30日成立，整合区综治中心、人民来访接待中心、公共法律服务中心、诉讼服务中心、行政争议调解中心、12309检察服务中心、社会治理综合指挥中心、12345统一政务咨询投诉举报平台等线下线上工作平台集成入驻，有政法委、信访局、法院、检察院、公安分局、司法局、人力社保局、卫生健康局、综合执法局等45名工作人员集中办公，纪委、监委、教育、民政、建设、市场监管、自然资源等部门力量每月轮驻，“一个窗口”受理群众提出的各类矛盾纠纷、信访诉求和投诉举报等事项。

【省级“无信访积案区”创建成功】 坚持发展新时代“枫桥经验”，严格落实市委关于信访工作重在落实责任、解决问题的工作思路和要求，成功创建省级“无信访积案区”，创建的5项指标执行情况优良，其中：111件市级重点督查件已化解87件，68件区级重点督查件全部化解，进京赴省访量均下降20%以上。

【信访扰序问题综合治理】 既抓教育疏导，也抓依法惩戒，全方位发布通告，加大依法打击缠访、闹访以及越级上访扰序等行为的工作力度，探索建立处置违法违规信访行为协调会商机制，进行专案经营、专人专办，共依法批准逮捕5名违法信访人员。 （田 瑶）

党史编修

【概况】 2019年，区委党史研究室履行存史、资政、育人的职能，突出重点、聚焦主业，征集整理党史资料，组织举办纪念活动，有序开展各项工作。

继续开展《中国共产党上虞历史（三卷）》的资料征集工作。完成《中共上虞县委文件选编(1986—1992)》资料文献计45万字。

【上虞区委庆祝上虞解放70周年座谈会举行】 5月21日，区举行庆祝上虞解放70周年座谈会，区委书记陶关锋出席会议并致辞。区领导潘立峰、程学法、章颖芳、徐光华，参加解放上虞的革命先辈亲属代表、解放上虞见证者代表、老领导老同志和部门单位代表100多人参加座谈会。

【庆祝中华人民共和国成立70周年图片展】 9月28日—10月31日，“壮丽70年 奋斗新时代—绍兴市上虞区庆祝中华人民共和国成立70周年图片展”在区老年大学一楼展厅展出。从6万多幅照片中精选300余幅，以时间为脉、主题为轴、分类组合的原则，设置“岁月如歌”“沧桑巨变”“精彩画卷”“我与祖国”4大版块。

【《〈鸡鸣集〉校注》出版】《〈鸡鸣集〉校注》以1947年聚珍版《鸡鸣集》为底本，全书分两部分，一是《鸡鸣集》校注；二是收集补录新增的“附录”，包括冯寿梅先生个人自传，其孙子、学生及相关人士等撰的文章。

【党史宣教】 区各部门(单位)自行组织观看学习党史宣传片《不忘初心、牢记使命——上虞新民主主义革命时期的红色印记》。2019年,共编印发行《上虞史志》4期,《壮丽70年 奋斗新时代——纪念上虞解放70周年》增刊1期。完成“上虞史志”微信公众号“听上虞党史,悟初心使命”节目16期。在《上虞日报》设置《不忘初心、牢记使命》专栏。印刷“讲好上虞故事 弘扬家国情怀”宣传资料13000册分发至街道、村(社区)和学校,以供暑期青少年社区教育使用。

(沈瑶圆)

档案管理

【概况】 2019年,实施档案机构改革,完成档案局、馆分设。区档案馆为区委直属事业单位,相当于正科级,委托区委办公室管理。区档案馆接收纸质档案154298卷138719件,征集纸质档案22卷,照片档案59张,录音磁带、录像磁带、影片档案25盘,实物档案627件。本级馆藏纸质档案总量达484540卷824881件,馆藏资料总量达21660册,馆藏实物档案总量达7787件。完成档案登记备份、进馆和馆藏档案数字化成果240万页,录入条目共16.5万条。全年向社会公众提供档案查阅利用7709人次6972卷次,出具证明6909份;在线查档459人次,出证154件。展厅全年共接待参观9414人次。浙江省档案系统先进集体已推荐上报,国家综合档案馆业务建设通过省示范档案馆测评。

(茅佳晨)

【机构改革涉及部门档案处置和管理】 1月24日,区档案局发文开展对机构改革涉及部门档案处置和管理工作,截至6月末,完成涉及机构改革部门单位尤其是撤销单位的10630卷54930件档案进馆工作。

(金　红)

【2019年度档案岗位资格(业务)培训】 4月22—23日,区档案局、区档案馆在城市档案中心演播大厅开展2019年度档案岗位资格(业务)培训,此次培训的报名人数共计275人,以区各部门单位、乡镇街道和企业的新任档案管理员为主。其中,区纳税前80强的企业中有24家企业共62人报名参加此次培训。

(丁柳颖)

【在区卫生健康系统中开展数字档案室创建】 4月30日,区档案局与区卫生健康局联合发文,在全区卫生健康系统中深入开展数字档案室创建工作。计划截止到2020年末,全区各卫生单位、各乡镇卫生院(街道社区卫生服务中心)及以上公立医疗机构20%建成示范数字档案室,50%建成规范化数字档案室,30%建成数字档案室。

(周友泉)

【档案工作目标管理认定复查完成】 5月7日,区档案局发布2018年度通过档案工作目标管理认定(复查)单位的通知,绍兴市住房公积金管理中心上虞分中心等10家单位通过档案工作目标管理省级、绍兴市级和上虞区级认定,国网浙江绍兴市上虞区供电有限公司等66家单位通过档案工作目标管理国家级、省级、绍兴市级和上虞区级复查。

(丁柳颖)

【公众日活动】 6月21—22日,区档案馆组织开展为期2天的“走近档案·了解上虞”公众日活动,特邀250余位市民走进档案馆,在专业讲解员的引导下,体验档案文化的魅力,共享城市的记忆。

(茅佳晨)

“走近档案·了解上虞”公众日活动　(景　彬　摄)

【建馆60周年庆暨解放思想大讨论座谈会】 6月28日,区档案馆举行建馆60周年庆暨“‘五档共建’再深化、改革创新再出发”解放思想大讨论座谈会。区直有关单位(部门)分管负责人、社会各界代表及档

案馆全体干部职工和退休老干部共同见证参加，时任区委副书记、政法委书记王奇洲等到场祝贺致辞。（茅佳晨）

【馆藏档案开放鉴定工作完成】 9月23日，区档案馆将馆藏满30年，开放范围为1988—1989年期间的文书档案共13301件档案向全社会提供开放查阅。（叶桂裕）

【双随机执法检查】 9月23—30日，区档案局对绍兴闰和档案管理服务有限公司等2家档案中介服务机构、区建设局等3家省级重点建设项目建设单位、百官小学等3家档案工作目标管理认定单位、区司法局等13家数字档案室创建单位开展双随机执法检查。（丁柳颖）

【虞籍乡贤书画展】 9月28日，"筑梦桑梓——春风化雨七十秋"虞籍乡贤书画珍藏展在区档案馆喜庆亮相。此次展览入选70件书画精品，作品涵盖多个艺术门类，旨在以中国传统书画的经典形式，表达中国文化自立、自觉、自信的铿锵脚步，体现虞籍乡贤书画家们爱国、爱乡、爱家的拳拳情感。（茅佳晨）

虞籍乡贤书画珍藏展开展暨捐赠收藏仪式

（区档案馆　提供）

【郑金月等到馆调研】 10月10日，省档案馆副馆长郑金月带领省档案局、省档案馆信息化专家一行4人，到区档案馆指导、调研区域智慧档案馆基础数据库建设项目和网上查档工作。中共绍兴市委副秘书长、绍兴市档案局局长、绍兴市档案馆馆长丁卓芬和区档案馆领导班子陪同调研。专家组介绍全国、全省智慧档案建设的相关情况，对项目资源库建设方向、智慧管理平台建设、智慧服务手段和方式等方面提出针对性的意见，对项目的实施路径提出具体的建议。（周友泉）

【全区档案行政执法检查】 11月11—19日，区档案局行政执法检查小组对永和镇等21家单位开展档案行政执法检查，通过实地查看、听取汇报、现场反馈意见等方式深入了解各单位档案管理工作开展情况，并对问题较突出的10家单位下发《档案执法监督检查通知书》。（丁柳颖）

档案馆国家综合档案馆业务建设工作测评验收现场

（蒋　明　摄）

【国家综合档案馆业务建设评价工作】 2019年，为做好业务建设评价工作，区档案馆党组多次召开专题会议，梳理细化62项测评指标，根据任务清单，实行逐项销号；组织人员先后赴诸暨、鄞州等地学习考察，借鉴经验做法；邀请浙江省档案局、绍兴市档案馆、兄弟单位档案馆等领导专家进行把脉、指导，对提出的问题及时进行整改完善。为提高现代化管理水平，区档案馆先后投入260余万元，对库房的恒温恒湿新风净化系统及库区、机房的门禁系统进行提升改造，建立浙江政务网电子文件归档接收平台等。自8月中旬打响"奋战一百天，夺取示范馆"攻坚战以来，区档案馆建立健全每日会商制度、问题研判制度和自查自评自改等制度，推动创建工作扎实开展。11月28日，由绍兴市档案馆副馆长杨健带队的测评专家组一行，对区档案馆国家综合档案馆业务建设工作进行测评验收，专家组一致认为上虞区档案馆基础业务扎实，硬件改造提升有力，迎检准备充分，整体走在全省前列。

（倪佳丽）

【党建品牌获“优秀”称号】 12月，区档案馆“红色档案，使命传承”党建品牌获区“优秀机关党建品牌”称号。

（茅佳晨）

【上虞新闻视频录像带移交进馆和数字化加工项目实施】 根据“区域智慧档案馆基础数据库建设”项目安排，12月23日，区档案馆与区广播电视总台联合发文，决定实施上虞新闻视频录像带移交进馆和数字化加工内容。

（周友泉）

【农村土地确权登记颁证档案验收】 2019年，上虞区农村土地承包经营权确权登记颁证工作进入收尾阶段。区农村土地承包经营权确权登记颁证工作领导小组办公室分两批次将区农村土地承包经营权确权登记颁证档案移交至区档案馆。区档案馆档案接收工作领导小组对移交的区农村土地承包经营权确权登记颁证档案进行验收。截至年底，共接收农村土地确权登记颁证档案119567卷392件。

（陆欢喜）

【浙江政务服务网电子文件归档接收平台建设完成】 2019年，33家单位12800余件已办结事项电子文件全部归档，数据容量21.8GB；5家单位的文书类电子档案、15家单位浙江政务服务网电子业务档案移交进馆，数据容量0.95GB。

（周友泉）

【数字档案室全覆盖目标实现】 截至年末，全区37家示范数字档案室、99家规范化数字档案室和22家单位数字档案室创建完成，提前一年完成省级数字档案室应创建单位指标任务。

（周友泉）

党校工作

【概况】 2019年，区委党校举办主体班次、计划班次46期，培训学员8771人次，同比增长31.4%。其中，区管领导干部3573人次、机关干部6905人次、村居（社区）干部1252人次、企业各类人才614人次。科研咨政方面，获得2018—2019年度全省党校（行政学院）系统科研工作综合评比县级党校第三名，并获得科研工作“优秀组织奖”。社会培训方面，共承接20期，参训学员2697人次。对外宣讲方面，教工共宣讲180余场次，受众21200余人次，同比增长92.7%。党校工作通过全省党校（行政学院）系统办学质量创优评估，并获得“优秀”等级。区委党校新校区在7月1日正式投入使用，“智慧党校”建设也走在全省县级党校前列。

（杨　琴）

【中共理论教育和党性教育】 年内，区委党校把教学作为中心工作，不断强化主课意识、增加主课分量，围绕党和国家工作大局，将习近平新时代中国特色社会主义思想、中共十九大，十九届二中及三中、四中全会精神贯穿干部教育的全过程，举办“一把手”创新发展研修班、第二十期中青年干部培训班、源头干部政治素养和专业素养双提升专修班等重要班次。在教学课程上，党性教育课程不低于总课程的20%，如第二十期中青年干部培训班理论教育和党性教育课时占总课时的70.2%，总课时的40.7%是党性教育。在教学平台上，举办“春晖大讲堂”4期、“乡镇干部学习讲堂”2期，干部教育培训网络学院共更新课程150门，现有885门课程，为4100余人提供在线学习服务。在教学改革上，首次在中青年干部培训班中安排实践锻炼环节（参与征迁），首次尝试“智慧党校”管理系统和手机APP系统，首次在中央党校、华为大学、贵州大学等机构培训。在教学模式上，深化专题研讨，举办城市能级提升、数字经济建设等班次；按照“小班化、精准化、专题化”的要求，组织企业家分批次赴日本研修；在源头干部政治素养和专业素养双提升专修班中尝试采用“1+X”办班模式。

（杨　琴）

【新型智库建设】 年内，区委党校围绕区委、区政府决策部署，聚焦社会热点、难点问题，着眼基层社会实践调查，发挥理论优势和智力优势，产生诸多“有作为”“叫得响”的科研咨政成果。一是咨政报告获得领导批示6篇次，其中，《加快推进以特色小镇改造提升块状经济的对策建议》等2篇文章获得省领导批示；

校刊《虞情探索》出刊4期，共印送4800册。二是课题立项17项，其中，省社科联课题1项，省委党校中特理论中心课题10项，绍兴社科联课题5项。三是各级征文获奖25篇，其中，全省党校系统各类研讨会一等奖4篇。四是教工总结梳理上虞亮点、研究上虞特色，共23篇兼具学术性、时代性、实践性的文章在报纸杂志公开发表。（林　洋）

【开放办学】 年内，区委党校为发挥“宣传窗口”职能，成立社会培训科。先后承接浙江省委党校女干部班、绍兴市级老干部“不忘初心、牢记使命”专题读书班、沿海铁路浙江有限公司2019年党员培训班等重要班次。此外，现场教学基地建设稳步推进。配合区委组织部等设立“初心之旅”5条现场教学精品路线；优化丰惠镇、岭南乡的红色教育基地；更新现场教学设施设备，并制作视频宣传片；2条线路入选绍兴市干部教育培训现场教学示范基地。（林　洋）

【后勤保障】 区委党校易地新建工程整体建成并投入使用。校园的占地总面积达77.8亩，建筑总面积为34500平方米，图书馆藏书有2.5万册，同时容纳学习2150人、同时容纳住宿210人、同时容纳用餐586人。基本完成“智慧党校”建设工程，最新信息技术被运用到教学、科研、咨政等日常工作中，其先进经验成文，获得全省党校系统后勤研讨会一等奖。先后做好全区“两会”、全区经济工作会议、区委“七一”专题党课等全区重大会议、重要活动的服务工作；与绍兴市委党校对接，首次承办绍兴市党校系统趣味运动会。

（杨　琴）

【内部管理】 年内，区委党校以“党校姓党”“质量立校”“从严治校”为原则，以“一流县级党校、全省第一方阵”为目标，对标对表、狠抓落实，用53盒资料高质量地完成全省党校系统办学质量创优评估迎评工作；落实全面从严治党主体责任制，配合区委第一巡察组对我校开展的巡察工作，并启动巡察整改；开展“不忘初心、牢记使命”主题教育，并配合全区做好相关工作；制定实施《“名师、名课、名篇、名校”的“四名”建设三年行动计划》《关于开展“干部作风深化年”活动的实施方案》《关于教学政治纪律与教学秩序的规定》《学术道德规范》《年轻干部培养提升工程》等一系列制度或载体；在全省县级党校层面率先实现正高级讲师零的突破，通过评审1名；增加事业编制2个，编外编制2个；调任区委组织部工作2名，招聘硕士研究生教师2名，公务员1名；加强机关内部学习、教工进修培训、研讨交流、上挂下派、财务、档案等工作。

（林　洋）

绍兴市上虞区人民代表大会

综 述

【概况】 2019年是中华人民共和国成立70周年，也是地方人大设立常委会40周年。一年来，在中共上虞区委的领导下，区人大常委会深入学习贯彻习近平新时代中国特色社会主义思想，按照习近平总书记对地方人大及其常委会工作的重要指示精神，切实履行宪法法律赋予的职能，为区建设“创新之区、品质之城”、巩固区域高质量发展排头兵地位做出贡献。

一年来，常委会深入推进依法监督，召开常委会会议11次、主任会议18次，听取和审议“一府一委两院”工作报告30项，组织专题视察12次，提出审议、评议、视察意见14件，下发跟踪监督问题清单17份，督促落实整改问题45条。常委会依法开展决定任免，作出重大决议决定9个，任免国家机关工作人员108人次，组织30名国家工作人员进行宪法宣誓，确保全面落实区委的主张和意图。常委会不断激发代表活力，组织各级代表2356人次开展或参与各类监督活动，邀请区人大代表138人次列席常委会会议、参加视察，列席区政府常务会议等，组织开展代表约见活动3次。

常委会旗帜鲜明讲政治，认真贯彻落实省委、市委、区委人大工作会议精神，紧紧把牢人大工作正确方向。扎实开展地方人大设立常委会40周年系列纪念活动，举办书画摄影展、人大足迹图片展，编撰《坚守初心 砥砺奋进》“五个十佳”人大案例集，制作人大工作专题宣传片和“向宪法宣誓”短片，不断增强国家根本政治制度自信。扎实开展“不忘初心、牢记使命”主题教育和“三服务”活动，出台《关于进一步加强人大代表密切联系人民群众工作的实施意见》，发挥好人大联系人民群众的重要民主渠道作用。

常委会围绕区委重大决策部署开展有力监督，服务全区经济高质量发展。按照习近平总书记关于民营经济发展重要指示和全省民营企业座谈会精神，听取和审议民营经济发展情况报告，促进民营经济高质量发展。听取和审议区政府国民经济和社会发展计划执行、政府投资项目投资计划实施和调整情况等报告，加强经济运营监督，深化财政预决算监督的工作做法在《浙江人大信息》专刊刊登并得到省人大常委会副主任李学忠的批示肯定。围绕新兴产业培育壮大、传统产业改造提升、产业发展大平台打造等积极开展工作，推动重大工作落地落实。

常委会聚焦基层治理现代化，助力法治建设和民生改善。常委会贯彻宪法法律法规，督促政府任命干部宪法宣誓实现全覆盖，重点听取和审议《中华人民共和国红十字会法》《中华人民共和国税收征收管理法》等法律法规贯彻实施情况的报告。全年备案审查政府规范性文件26件，建立基层立法联系点制度和工作规则，确定10家单位为区人大常委会首批基层立法联系点。主任会议听取和审议区公检法司机关扫黑除恶专项斗争工作情况报告，促进严格执法和公正司法。组织人大代表开展两次听庭活动，新任命233名人民陪审员。指导各乡镇（街道）全面推行年度生态环境状况报告制度，生态环境报告制度落地生根，对2019年度民生实事项目进度、质量的全过程持续进行监督，推进省、市、区三级民生实事项目有序落实，注重保障和改善民生。

常委会出台《规范办理和加强督办人大代表建议意见“十步工作法”》，加强代表建议撰写履职培训，创新加强代表建议办理。深入推进代表联络站提档升级，全区建成76个实体代表联络站点。健全“双联系”制度，落实市、区两级领导干部代表和区人大常委会组成人员进代表联络站实现常态化。制定区人大代表辞职试行办法，完善代表届中调整和退出机制。出台代表履职经费保障制度，不断规范代表履职日常管理，为省代表绍兴中心组第三小组、市代表上虞中心组开展主题活动提供服务保障。

常委会加强自身建设，切实强化责任担当。认真开展“干部作风深化年”活动，举办区人大系统综合素质和履职能力提升班，坚持“一季一学法”与执法监督前统一培训相结合，注重人大工作学习交流，接待十三届全国人大代表浙江第二小组等53批次人大团组到上虞考察。在获得“浙江省人大工作与时俱进奖”基础上，深化持续跟踪监督做法，建立网上跟踪监督系统，实现跟踪监督网络化、信息化。推进人大常委会机构改革，新增常委会社会建设工作委员会，专委会、相关常委会工委名称变更到位、人员配备到位，职能配置进一步理顺。充分发挥法制（监察司法）、财政经济、社会建设3个专门委员会作用，全年累计召开专委会会议10次。积极申报省人大“五个一百”宣传案例17件，录用率居全省前列；获省人大新闻奖二等奖1件。区人大代表、丁宅乡人大原主席龚焕明先进事迹获省人大常委会党组书记、常务副主任梁黎明和市委书记马卫光、区委书记陶关锋批示，在全省人大系统和全市广大干部群众中引起强烈反响。以“上虞人大”网站、上虞人大公众号为主体，挖掘题材、捕捉亮点，信息宣传工作继续名列省、市前列，区人大机关获得省人大2019年全省人大信息工作成绩突出单位荣誉。加强乡镇（街道）人大工作指导，乡镇（街道）民生实事项目票决（票选）制和财政预算审查监督工作规范有序开展，做好崧厦镇、沥海镇撤镇设街议政会成立指导工作，制定考核办法，推进乡镇（街道）人大明确工作职责，提高整体工作水平。（傅丽红）

重要会议

【区一届人大三次会议】 2019年1月9—11日，绍兴市上虞区第一届人民代表大会第三次会议在百官召开。会议听取和审查区人民政府区长张壮雄关于绍兴市上虞区人民政府工作报告，审查和批准绍兴市上虞区2018年国民经济和社会发展计划执行情况的报告及2019年国民经济和社会发展计划，审查绍兴市上虞区2018年财政预算执行情况的报告和2019年财政预算草案，批准绍兴市上虞区2018年财政预算执行情况的报告和2019年财政预算，听取和审查区人大常委会主任陈坚关于绍兴市上虞区人民代表大会常务委员会工作报告，听取和审查区人民法院代理院长钱长龙关于绍兴市上虞区人民法院工作报告，听取和审查区人民检察院代理检察长张斌关于绍兴市上虞区人民检察院工作报告。会议通过关于设立区人大社会建设委员会的决定、关于区人大法制（内务司法）委员会更名为法制（监察司法）委员会的决定，选举钱长龙为区人民法院院长、张斌为区人民检察院检察长，选举区一届人大常委会部分委员，通过区人大法制（监察司法）委员会、社会建设委员会组成人员名单。会议投票表决2019年绍兴市上虞区人民政府民生实事项目。会议应到代表279名，实到263名。

【区一届人大常委会会议】 2019年，区一届人大常委会共举行11次常委会会议。

1月4日，区一届人大常委会举行第十五次会议。会议听取和审议关于补选的区一届人大代表的代表资格审查报告；听取许江军辞去市八届人大代表职务的情况说明，并作出决定，补选市人大代表；听取并审议通过关于区一届人大三次会议筹备情况的报告；初审并原则通过区人民政府工作报告和区人大常委会工作报告；听取并审议区政府关于2018年政府投资项目投资计划实施情况和2019年政府投资项目投资计划安排（草案）的报告；听取并审议区政府关于2018年民生实事项目完成情况和2019年区政府民生实事候选项目形成情况的报告。会议还对2018年民生实事项目完成情况进行满意度测评，听取并表决通过有关人事事项。刚任命的区人民政府副区长王涛在会上作就职宣誓。

1月21日，区一届人大常委会举行第十六次会议。会议审议并通过区政府提请的关于包朝阳任区人民政府副区长等有关人事任免事项。区人大常委会主任陈坚向新任命干部颁发任命书，全体新任命干部举行宪法宣誓仪式，新任命干部代表作任职表态发言。

2月20日，区一届人大常委会举行第十七次会议。会议审议并通过区政府提请的关于魏国剑、谢晋任区人民政府副区长等有关人事任免事项。

3月1日，区一届人大常委会举行第十八次会议。会议听取并审议通过《上虞区部分行政区划调整工作实施方案的报告》，此次行政区划调整，撤销崧厦镇、沥海镇建制，其行政区域改由区人民政府直辖，并在原崧厦镇和沥海镇行政区域内设立2个街道办事处。自此次行政区划调整后，上虞区将由6个街道、12个镇、3个乡调整为8个街道、10个镇、3个乡。会议审议并表决通过《关于部分行政区划调整的决议》。会议认为，根据区行政区划现状和经济社会发展要求，适时对区中心城区的崧厦镇、沥海镇实施撤镇设街是必要的。区人民政府提出的行政区划调整方案符合区实际，切实可行。会议强调，区人民政府及有关部门要严格按照法律法规和有关政策的规定，切实加强领导，精心实施，确保行政区划调整工作依法有序顺利进行。区人民检察院检察长张斌依法进行宣誓。

3月28日，区一届人大常委会举行第十九次会议。会议听取审议并通过区政府关于2018年全区环境状况和环境保护目标任务完成情况的报告，表决通过《绍兴市上虞区人大常委会2019年工作要点》，听取审议并通过《绍兴市上虞区人大常委会关于进一步加强人大代表密切联系人民群众工作的实施意见（草案）》的报告。会议还表决通过有关人事事项。

5月21日，区一届人大常委会举行第二十次会议。会议听取审议并通过区政府关于促进民营经济高质量发展情况的报告和关于《浙江省学前教育条例》贯彻执行情况的报告，2018年度区经信局和区交通运输局两个部门预算执行情况的报告，表决通过主任会议有关调整区人大常委会工作委员会的议案，区人大常委会相关制度修编情况的报告。会议还对2018年度区经信局和区交通运输局两个部门预算执行情况进行满意度测评。

7月30日，区一届人大常委会举行第二十一次会议。会议听取审议并通过区政府关于上半年工作情况的报告，区政府关于半年度国民经济和社会发展计划执行情况、国有建设项目投资计划半年度调整情况的报告，听取审议并通过区政府关于2018年度财政决算和2019年上半年财政预算执行情况、区政府中期财政规划（2019—2021年）编制情况的报告，听取和审议并通过区政府2018年度区本级财政预算执行和其他财政收支审计情况的报告；听取和审议通过《绍兴市上虞区人大代表辞职办法（试行）》。会议还表决通过了有关人事事项，决定接受张壮雄辞去绍兴市上虞区人民政府区长职务的请求，决定接受张朋越、朱旭恒辞去绍兴市上虞区人民政府副区长职务的请求，报绍兴市上虞区第一届人民代表大会第四次会议备案。

9月2日，区一届人大常委会举行第二十二次会议。会议根据区政府和常委会主任会议的提请，以投票表决的方式通过有关人事任命事项，决定任命徐军为区人民政府副区长、代理区长。区人大常委会主任陈坚为徐军颁发任命书并举行宪法宣誓仪式，代理区长徐军在会上作表态讲话。

9月26日，区一届人大常委会举行第二十三次会议。会议听取审议区政府关于全区行政事业性国有资产管理工作情况的报告，听取审议并通过区政府关于科技进步工作和上年度科技经费使用、完成情况的报告，听取审议区政府关于代表建议办理情况的报告，听取审议区政府关于打赢蓝天保卫战工作情况的报告，听取审议区人民检察院部分检察官履职情况的报告，部署区政府有关部门工作评议。会议还对区人民检察院部分检察官履职情况进行满意度测评，表决通过有关人事任免事项。

11月30日，区一届人大常委会举行第二十四次会议。会议听取和审议区政府关于全区农村基础设施提升三年行动计划实施情况的报告；听取和审议通过区政府关于要求调整2019年度财政支出预算和提请审议批准2019年地方政府债务限额的报告；听取和审议区政府关于《浙江省保障“最多跑一次”改革规定》贯彻实施情况的报告。会议听取区人社局、区农业农村局两个评议部门的工作报告，并对评议部门工作进行满意度测评。会议还听取并审议通过关于召开区一届人大四次会议的决定草案，表决通过有关人事任免事项。

12月30日，区一届人大常委会举行第二十五次会议。听取和审议关于补选的区一届人大代表的代表资格审查报告；听取有关区代表、市代表辞去人大代表职务情况，并作出表决，补选市人大代表；听取并审议通过关于区一届人大四次会议筹备工作情况的报告；初审并原则通过区人民政府工作报告和区人大常委会工作报告；听取并审议区政府关于2019年政府投资（国有建设）项目投资计划实施情况和2020年政府投资（国有建设）项目投资计划安排（草案）的报告；听取并审议区政府关于2019年民生实事项目完成情况和2020年区政府民生实事候选项目形成情况的报告；听取和审议《绍兴市上虞区人民代表大会会议期间代表审议人大及“一府一委两院”工作报告发言意见的处理办法（试行）》；会议还对2019年民生实事项目完成情况进行满意度测评。会议决定任命金山中为绍兴市上虞区人民政府副区长，决定接受包朝阳、夏永江、王涛辞去绍兴市上虞区人民政府副区长职务的请求，报绍兴市上虞区第一届人民代表大会第四次会议备案。会议听取并表决通过区人大有关人事事项。

【区一届人大常委会主任会议】 2019年，区一届人大常委会主任会议共召开18次会议。

3月8日，区一届人大常委会主任会议召开第34次会议，讨论决定了财经工委提请的《关于调研和审议我区促进民营经济高质量发展情况的实施方案》和《绍兴市上虞区人大常委会2019年度政府民生实事项目和重点监督政府投资项目监督方案》，强调要围绕区委“聚焦项目、大抓落实”要求，依法履行职责，体现人大担当，确保两项监督有力推进，确保监督取得明显成效。

4月25日，区一届人大常委会主任会议召开第36次会议，听取和审议区发改局、区市场监管局两个部门工作评议意见整改落实情况，审议并通过区人大常委会《关于2019年度对区人民检察院部分检察官开展履职评议的工作方案》《关于建立基层立法联系点制度的实施意见》和《基层立法联系点工作规则》，研究决定了区人大常委会重点联系督办区一届人大三次会议代表建议，会议还研究了常委会领导工作分工事宜。

6月6日，区一届人大常委会主任会议召开第38次会议，根据省人大常委会办公厅《关于征集“五个一百”宣传案例的通知》文件精神和市人大常委会要求，研究决定在区、乡镇街道两级人大中开展“五个一百”宣传案例征集工作，要以注重开拓性、独创性和典型性为要求，在已汇总并整理5种类型17个宣传案例的基础上，抓紧完善上报、争取较好成绩。

6月25日，区一届人大常委会主任会议召开第39次会议，听取和审议区公检法司机关扫黑除恶专项斗争工作情况的报告。听取和审议区政府关于《中华人民共和国红十字会法》贯彻实施情况的报告，关于对口扶贫协作实施情况的调查报告。会议审议了关于区公安分局要求许可对相关区人大代表采取刑事强制措施的报告，提请区人大常委会下次会议确认。审议了《绍兴市上虞区人民代表大会社会建设委员会工作规则（试行）》；研究决定基层立法联系点等相关事宜。

8月23日，区一届人大常委会主任会议召开第41次会议，听取区政府关于税收征管工作情况的报告，听取区文明办关于《绍兴市文明行为促进条例》贯彻实施情况的报告，审议《绍兴市上虞区人大常委会开展预算联网监督工作实施方案》和《关于深化全区人大代表联络站建设工作的指导意见》。

10月29日，区一届人大常委会主任会议召开第45次会议，听取和审议区政府关于审计查出问题整改落实情况的报告，区政府关于《绍兴市市容和环境卫生管理规定》贯彻实施情况的报告，区政府关于数字农业工程推进情况的报告，并提出相关要求。

另有12次主任会议，主要是专题讨论决定召开常委会会议有关事宜，听取有关工作情况的汇报和说明并作出相关决定、提出人事议案等。

【全区乡镇街道人大工作会议】 4月11日，2019年全区乡镇街道人大工作会议召开，会议回顾总结全区乡镇（街道）人大过去一年工作，提出2019年乡镇（街道）人大工作的指导意见。区人大常委会副主任徐耘作工作报告；道墟、小越、梁湖、沥海、汤浦等镇、街人大负责人作交流发言，区人大常委会主任陈坚作重要讲话。

【全区代表建议交办会】 3月13日，全区“两会”建议提案交办会议召开，区一届人大二次会议期间代表提出的163件建议分别交区政府部门和单位办理，区长张壮雄对2019年区一届人大三次会议上171件代表书面建议的办理工作作出部署。

【区委人大工作会议】 10月22日，区委人大工作会议召开。区委书记陶关锋强调，要深入学习贯彻习近平总书记关于坚持和完善人民代表大会制度的重要思想、习近平总书记对地方人大及其常委会工作的重要指示精神，贯彻落实中央、省委、市委关于加强人大工作的各项部署，进一步加强和改进党对人大工作的领导，推进新时代人大工作高质量发展。区委副书记、代区长徐军主持，区人大常委会主任陈坚等参加。会前，与会领导现场参观上虞人大的足迹巡展。崧厦镇党委、丰惠镇党委、区人大道墟街道工委、谢塘镇人大主席团等主要负责人作交流发言。（傅丽红）

主要活动

【区人大常委会视察活动】 2019年，区人大常委会共组织12次视察活动。

3月20日，区人大常委会组织区人大代表视察曹娥江科创走廊建设情况，听取有关工作报告并进行审议，提出视察工作意见。

4月24日，区人大常委会组织区人大代表开展区人大常委会开展重点产业项目专项视察暨促进民营经济高质量发展专项监督调研情况交流会，听取有关工作报告并进行审议，提出视察工作意见。

6月28日，区人大常委会组织区人大代表开展全区技能人才工作专项视察活动，听取有关工作报告并进行审议，提出视察工作意见。

7月25日，区人大常委会组织区人大代表视察全区废弃矿山生态修复工作推进情况，听取有关工作报告并进行审议，提出视察工作意见。

8月7日，区人大常委会组织区人大代表视察省市区三级民生实事项目进展情况，听取有关工作报告并进行审议，提出视察工作意见。

8月20日，区人大常委会组织区人大代表视察蟠龙岙垃圾填埋场整治工作，听取有关工作报告并进行审议，提出视察工作意见。

8月22日，区人大常委会组织区人大代表视察区省级农业“一区一镇”创建工作，听取有关工作报告并进行审议，提出视察工作意见。

10月29日，区人大常委会组织区人大代表视察杭州湾上虞经济技术开发区建设暨化工产业改造提升2.0版工作进展情况，听取有关工作报告并进行审议，提出视察工作意见。

11月21日，区人大常委会组织区人大代表视察曹娥江旅游度假区开发建设情况，听取有关工作报告并进行审议，提出视察工作意见。

12月10日，区人大常委会组织区人大代表视察区监察委工作，区委常委、纪委书记、监察委员会主任许建超及区监察委相关负责人等陪同，听取有关工作报告并进行审议，提出视察工作意见。

12月13日，区人大常委会组织区人大代表视察公安工作，副区长、区公安分局局长谢晋等陪同，听取有关工作报告并进行审议，提出视察工作意见。

12月25日，区人大常委会组织区人大代表视察民生实事项目暨重点监督政府投资（国有建设）项目进展情况，听取有关工作报告并进行审议，提出视察工作意见。

【代表约见活动】 2019年，区人大常委会共组织3次代表约见活动。

4月28日，区人大常委会就新型农业经营主体培育工作，组织区人大代表约见政府及相关部门负责人，区农业农村局等部门领导逐一解答代表问题，区政府和区人大常委会领导提出具体要求。

5月27日，区人大常委会组织区人大代表约见区政府及相关部门负责人，就高层住宅二次供水改造情况展开互动问答，区政府和区人大常委会领导提出具体要求。

9月24日，区人大常委会组织区人大代表开展人大代表约见活动，就区残疾人就业工作情况约见政府及相关部门领导，区政府和区人大常委会领导提出具体要求。

【建议办理工作绩效评估】 12月11日，区人大常委会组织42名区人大代表对区建设局、区文广旅游局、区商务局的承办的33件代表建议的办理工作情况，进行绩效评估和满意度测评，区人大常委会主任陈坚，副区长谢晋等参加测评活动。

【区人大常委会专项经济监督活动】 按照习近平总书记关于民营经济发展重要指示和全省民营企业座谈会精神，区人大常委会大力开展促进民营经济高质量发展专项监督活动。组成6个调研组分赴杭州湾上虞经济技术开发区、各乡镇(街道)和105家民营企业走访调研，对26家企业进行问卷调查，召开15个座谈会，听取和审议民营经济发展情况报告，提出健全常态化多方联动长效解难机制等建议，汇总梳理并督促办结问题65个，跟踪监督民营经济高质量发展政策落地，审议减税降费政策落实情况，切实推动民营企业减负降本，进一步优化民营经济发展环境。（傅丽红）

绍兴市上虞区人民政府

综　述

【概况】 2019年，上虞区辖10个镇、3个乡、8个街道办事处，303个村（村委会）、91个社区（居委会）。户籍人口77.94万人，人口自然增长率为0.16‰。全区完成地区生产总值978.11亿元，同比增长7.4%。其中，第二产业增加值504.96亿元，同比增长6.9%；第三产业增加值423.45亿元，同比增长8.7%。实现社会消费品零售总额377.36亿元，同比增长10.3%。其中，限上社会消费品零售总额159.10亿元，同比增长14.1%。批发零售业实现销售额1100.58亿元，同比增长14.9%，其中限额以上单位实现销售额335.92亿元，同比增长26.1%；住宿餐饮业实现营业额64.29亿元，同比增长16.0%，其中限额以上单位实现营业额9.44亿元，同比增长16.3%。实现外贸进出口总额302.43亿元，同比增长5.4%。其中进口总额24.22亿元，同比下降23.1%；出口总额278.21亿元，同比增长8.9%。实现服务贸易进出口总额19.54亿元，增长8.44%。旅游接待游客2087.27万人次，同比增长16.2%；旅游总收入175.46亿元，同比增长16.5%。获评"首批全国最具特色魅力旅游胜地"。全区共有实体市场52个，实现成交额128.79亿元，其中绍兴大通集团公司农副产品批发交易市场和浙江石狮商贸城年成交额均超30亿元。完成财政总收入147.61亿元，同比增长4.5%，其中，一般公共预算收入89.52亿元，同比增长8.3%。一般公共预算支出104.48亿元。

【农业】 2019年区实现农林牧渔业增加值50.77亿元，按可比价计算增长2.5%，居全市首位。全区粮食播种面积34466公顷，粮食总产量20.4万吨，全区水稻耕种收综合机械化率达到88.5%。年内生猪出栏22.79万头，牛出栏600头，羊出栏3.77万只，家禽出栏110.06万只；肉类产量2.03万吨，水果产量18.24万吨，茶叶产量2392吨。成功创建"浙江省农业绿色发展先行区"，建成省农业"机器换人"示范乡镇6个，省农业"机器换人"示范基地44个。全区县级以上重点农（林）业龙头企业67家，其中年销售收入超亿元企业6家，省级骨干农（林）龙头企业8家、市级18家。

【工业】 2019年，上虞区规模以上工业产值1582.32亿元，同比增长6.8%，产销率为95.3%。规模以上工业增加值321.01亿元，同比增长8.1%。从轻重工业看，规模以上轻工业实现产值426.41亿元，同比增长4.4%，规模以上重工业实现产值1155.91亿元，同比增长7.7%。分行业看，机械装备业实现规模以上产值277.56亿元，同比增长2.3%；医药化工业实现规模以上产值574.82亿元，同比增长9.3%；轻工纺织业实现规模以上产值182.50亿元，同比增长7.5%；照明电器业实现规模以上产值55.76亿元，同比下降1.9%。全区工业用电量49.42亿千瓦时，同比增长5.8%，比绍兴平均高0.4个百分点居第二位。杭州湾上虞经济技术开发区创成全国绿色化工园区，跻身中国化工园区30强，化工产业综合指数位居全省第一。

【城市建设】 2019年,上虞区大力实施“城市能级提升年”活动,着力打造品质之城。城市功能日益完善,完成城中村征迁52.2万平方米、老旧小区改造18万平方米,建造安置房1323套,鸿雁社区入选省首批未来社区试点。新建改建城市道路13.5公里,打通断头路2条,交通拥堵指数下降2.5%。大力实施智慧停车工程,新增停车位2042个。生活垃圾源头减量等五大行动全面推进,获评省农村生活垃圾分类工作优胜区。新建改造城镇配套污水管网建设项目12只,完成管网36.22公里。深入危旧房治理,全年完成农村困难群众住房救助142户。

【科技创新】 2019年,位列“全国科技创新百强区”第19位、浙江省科技进步综合评价第7位。创新驱动力不断增强,曹娥江科创走廊加快推进,新引进大学研究院3家,全区累计达13家;新增省级众创空间5家、省级院士专家工作站1家、省级技能大师工作室1家、省级博士后工作站5家;新增高新技术企业53家、省科技型中小企业178家;新列入省级新产品试制计划634项、省重点研发计划项目5项。创新人才不断汇集,全年共引进海外工程师35人(省级1人),认定海外工程师年薪资助项目7人,认定外国专家站1家。科技成果转化步伐加快,发布企业技术需求250条,鉴定科技成果343项,实现技术市场交易额5.6亿元。全年专利授权量为4239件,其中发明专利授权量311件。

【社会事业】 2019年,上虞区有小学50所,在校学生38345人;普通中学32所,在校学生32031人;中等职业学校2所,在校学生7335人。九年制义务教育对象入学率100%。接收义务教育阶段新居民子女入学14836人,入学率达100%,占全区义教段学生总数的25.6%。举办2019中国·绍兴(上虞)曹娥江马拉松赛、2019中国·绍兴(上虞)世界名校赛艇挑战赛等国际级、国家级品牌赛事18次,高质量承办绍兴市第九届运动会。共有区级医院4家,民营医院8家,乡镇卫生院20家,社区卫生服务站100家,共有床位3336张,医疗卫生技术人员4032人。其中执业(助理)医师2133人,注册护士2067人。全国健康促进县(市、区)创建通过省级评估,人民医院、中医院2个县域医共体运行顺利,省卫生乡镇实现全覆盖。全省首创医疗疗效评价制度,4家区级医院建立疗效评价科,今年全区有效回访患者6.79万人次,其中治愈率76.2%。长三角异地门诊实现联网刷卡结算。深化分级诊疗工作,完成家庭医生规范签约服务31.95万人,签约率40.6%,重点人群签约覆盖率达到82.7%。建立电子健康档案69.48万人,建档率89.0%。65岁老年人体检10.44万人,农民健康体检27.25万人。强化免疫规划,常规基础免疫“八苗”单苗报告接种率和调查接种率均达95%以上。深化城乡妇女免费“两癌”检查项目,对7个乡镇1.59万名适龄妇女进行“两癌”检查。持续做好计划生育工作,2019年全区计划生育98.86%。

【生态环境】 2019年,上虞区深入推进“蓝天碧水净土”工程,市级以上断面水质考核全面达标,创成省级美丽河湖3条。完成36家挥发性有机物废气深度治理、12家无组织废气治理项目。推进工业园区(集聚区)污水零直排建设,列入2020年创建计划的12个工业园区已全部通过区五水办验收。全区空气质量优良率达92%,细颗粒物(PM2.5)颗粒浓度为33微克每立方米,空气质量综合指数为3.62。荣获浙江“五水共治”“大禹鼎”、全省“美丽浙江”考核优秀县(市、区),成功创建省级生态文明建设示范区,入选第一批省级山水林田湖草生态保护修复试点县(市、区),顺利通过省级生态环保督察。

【乡村振兴扎实推进】 2019年,上虞区成立上虞乡村振兴研究院,高标准推进乡村振兴工作。全区财政对农林水事务投入11.89亿元,增长2.8%。新增“五星达标”村90个、“3A示范”村11个。开展“浙江省美丽乡村示范县”创建,完成美丽乡村PPP项目187个,总投资达5.7亿元;完成231个村“三线”整治任务。推进乡村振兴合伙人计划,新培育大学生农创客44个。建成闲置农房激活全域试点示范乡5个、示范村19个,全年完成激活闲置农房1389

幢、激活面积41.16万平方米。创建省级新时代美丽乡村达标村74个、新时代美丽乡村精品村25个，建成乡村振兴示范村5个，新建乡村客厅15家。丁宅乡成功列入农业农村部国家级农业产业强镇创建名单，章镇、盖北省级“一区一镇”建设进展顺利。大力壮大村级经济，村级集体经济收入增长10.1%。列入全省乡村振兴产业发展示范建设县(市、区)。

【资本运行态势强劲】 2019年，上虞区新增A股上市企业和新三板挂牌企业各1家，累计分别达17家和8家，其中A股上市公司数量位居全市第一、全省第五，市值达2356.85亿元，占全市44.95%；实现直接融资288.17亿元，连续六年突破100亿元；完成并购重组5宗，涉及金额308亿元。新增上市辅导报会企业6家，其中科创板1家，居全市首位；完成企业股改21家，重点拟上市企业动态保持在30家以上。成功创建首批“省级信用县”，全区银行不良贷款率降至0.7%，位列全市第二位。新引进设立基金(机构)20家，金额近20亿元，累计达93家，金额近220亿元。新引进银行1家，全区累计银行业金融机构21家、证券期货营业部11家、保险公司29家、小额贷款公司5家、民融中心1家、担保公司3家、典当公司5家。成功列入2019年省金融业发展专项资金支持县(市、区)，获评全国县域资本竞争力20强。

【大型企业领跑经济】 2019年，上虞区共有规模以上工业企业768家，其中年营业收入10亿—50亿元企业31家，5亿—10亿元企业33家，1亿—5亿元企业182家。全区营业收入亿元以上企业实现产值1328.95亿元，增长11.4%，营业收入1274.20亿元，增长10.7%，占规模以上工业企业的比重分别达84.0%和85.8%。89家大中型企业引领发展，产值和营业收入分别占全区规模以上工业的48.1%和48.4%。民营企业做强做大，入围浙江本土民营企业跨国经营30强3家，列入省级“隐形冠军”培育企业3家。

【建筑产业巩固提升】 2019年，上虞区共有288家建筑企业，其中特级企业7家，一级企业38家，二级企业115家，实现建筑业税收10.1亿元。房屋建筑施工面积和竣工面积分别达9331和3099万平方米。工程创优成果丰硕，获国家级奖项36项，其中鲁班奖3项、詹天佑奖1项、国家优质工程奖2项、中国住宅全装修精品工程3项、中国建筑工程装饰奖27项；省级奖项86项，其中白玉兰奖12项、扬子杯3项、浙江省优秀建筑装饰工程20项、浙江省优秀安装质量奖2项、金石奖14项等。获评“全省建筑工业化优秀县(市、区)”。 (舒正可)

重要会议

【区政府全体会议】 2019年11月16日，上虞区人民政府召开第一届区政府第四次全体会议，要求各级各部门高举习近平新时代中国特色社会主义思想伟大旗帜，以“不忘初心、牢记使命”主题教育为契机，深入贯彻落实中共十九届四中全会和省市相关会议精神，按照区委一届七次全体(扩大)会议和三季度经济形势分析会议要求，总结成绩，分析形势，部署冲刺“全年红”，以“奋战每一天”的姿态抓好各项工作，积极争当区域高质量发展排头兵。代区长徐军作讲话。

会议要求要吹响“攻坚每一天，实现全年红”的冲锋号，以排头兵的姿态和奔跑者的状态，坚持“创新为要、项目为王、民生为先、品质为重”四个导向，全力冲刺年度目标、持续推进产业升级、深入推进平台建设、统筹提升城乡品质、加快民生事业发展、有效增强治理能力，高质量完成各项年度工作目标任务。

会议要求坚决打赢重大风险防范化解攻坚战，精准预判识别重大风险点，落实针对性措施进行防范化解。

会要要求切实加强政府自身建设，努力改进工作作风，对每一项工作坚持高标准、高质量、严要求，以“团结、担当、务实、高效、廉洁”的作风保障各项目标任务的全面完成。 (舒正可)

【区政府常务会议】 2019年，区政府召开10次常务会议，通过多项政策意见。

1月9日，一届区政府召开第29次常务会议。

会议审议并原则通过关于区政府党组学习贯彻区委一届五次全会精神推动各项工作落地生效实施意见的情况汇报；关于绍兴市上虞区深化“最多跑一次”改革推进政府职能转变和“放管服”改革行动计划(2018—2022年)的情况汇报；关于上虞区2019年经营性用地出让计划的情况汇报；关于高质量发展高铁新城区块的情况汇报。

1月23日，一届区政府召开第30次常务会议。会议审议并原则通过关于深入推进“三个一批”重大项目实施意见的情况汇报；关于理顺e游小镇财政体制建议方案的情况汇报；关于部分乡镇街道借款的情况汇报；关于推进印染化工产业高质量发展实施方案的情况汇报；关于上虞区巩固城市黑臭水体治理成果实施方案的情况汇报。

2月26日，一届区政府召开第31次常务会议。会议审议并原则通过关于2019年全区数字经济实施方案和加快工业数字化转型发展奖励办法的情况汇报；关于开展“城市能级提升年”活动实施意见的情况汇报；关于开展“营商环境优化年”活动实施意见的情况汇报；关于进一步明确杭州湾上虞经济技术开发区、曹娥街道事权财权的意见(建议稿)等4个文件起草的情况汇报；关于进一步加强区级经济政策规范化管理的情况汇报；关于开发区与属地财政体制调整建议方案、进一步明确曹娥江旅游度假区预算管理体制建议方案和调整部门街道财政体制建议方案的情况汇报；关于进一步加强民办博物馆建设政策意见的情况汇报；关于上虞区农村饮用水达标提标三年行动计划实施意见(2018—2020年)的情况汇报；关于加快推进“污水零直排区”建设工作的情况汇报；关于部分行政区划调整工作的情况汇报。

3月20日，一届区政府召开第32次常务会议。会议审议并原则通过关于2019年省市区三级民生实事项目一季度进展的情况汇报；关于绍兴市上虞区第二批危险化学品重点区安全生产攻坚工作方案的情况汇报；关于要求追加百官街道新居民子女学校(暂名)校舍改造工程建设资金的情况汇报；关于创新基金发展模式加快培育新兴产业若干政策的情况汇报；关于上虞区清理拖欠民营企业中小企业账款工作的情况汇报；关于上虞区省“无违建县(市、区)”考核验收反馈问题整改工作方案的情况汇报；关于“四未一低”土地消化利用的情况汇报；关于上虞区迎接省级环境保护督察工作方案的情况汇报；关于加强移动监测能力建设的情况汇报；关于九六丘企业固废填埋量调查及清理处置预算费用方案的情况汇报；关于实施第三期上虞区公共停车收费管理的情况汇报；关于百官街道329国道2号桥北侧地块征收改造项目有关事宜的情况汇报；关于2019年全区交通安全综合治理大会战实施方案的情况汇报。

4月8日，一届区政府召开第33次常务会议。会议审议并原则通过关于促进民营经济高质量发展若干政策的情况汇报；关于回购白云房产公司建设用地的情况汇报；关于要求调整博物馆异地新建工程总投资估算的情况汇报；关于区参与国家集成电路产业基金二期的情况汇报；关于支持和鼓励大学生来上虞见习实习的实施意见的情况汇报；关于上虞区第三次国土调查工作的情况汇报；关于调整工业用地出让价格的情况汇报；关于上虞区全域土地综合整治与生态修复工程三年行动(2018—2020年)实施方案的情况汇报；关于企业违法建筑处置相关政策情况汇报；关于扫黑除恶专项斗争工作的情况汇报。

4月22日，一届区政府召开第34次常务会议。会议审议并原则通过关于修改完善上虞区国有资金投资项目工程总承包(EPC)实施细则(试行)的情况汇报，并进行研究和讨论；关于区财政支出绩效管理主要工作和全面落实预算绩效管理的实施意见起草情况的汇报；关于调整机关事业单位编外用工收入待遇情况的汇报；关于东西部扶贫协作、山海协作等扶贫攻坚工作情况的汇报；关于组建区委区政府咨询委员会建议方案的情况汇报；关于调整区级部门下放杭州湾上虞经济技术开发区(浙江省上虞经济开发区)和曹娥江旅游度假区等单位权力事项的情况汇报；关于曹娥街道与浙大教育合作办学事项的情况汇报；关于进一步加快农村教育优质均衡发展实施意见的情况汇报；关于绍兴市上虞区城市书房建设(2019—2021年)实施方案的情况汇报；关于二轻总公司托管处置工作方案的情况汇报。

9月29日，一届区政府召开第35次常务会议。会议审议并原则通过关于智慧监察廉政信息综合分析建设项目部分采购采用单一来源方式的情况汇报；关于要求调整财政性专项资金节能降耗“一票否决”条款内容的情况汇报；关于高水平建设人才强区的若干政策起草的情况汇报；关于成立上虞区交通产业发展有限公司的情况汇报；关于天津大学浙江绍兴研究院项目的情况汇报；关于浙江西安交通大学研究院绍兴先进动力产业研究院项目的情况汇报；关于绍兴市上虞区人民政府—千寻位置战略合作框架协议的情况汇报；关于化工产业改造提升2.0版配套政策的情况汇报；关于杭州湾上虞经济技术开发区化工2.0版产业空间规划指导意见的情况汇报；关于曹娥街道徐家塘、新楼下征迁改造项目补偿安置办法补充意见的情况汇报；关于我区既有住宅加装电梯工作的情况汇报；关于绍兴市上虞区生态环境保护工作责任规定的情况汇报；关于金渔湾社区平安服务中心暨全区“枫桥式公安派出所”创建展示中心项目情况的汇报；关于请求租赁应急巡逻直升机的情况汇报；关于全省重大项目暨特色小镇建设现场推进会及我区贯彻落实意见的情况汇报；关于上虞区饲料有限公司厂房进行征迁的情况汇报；关于学习传达“7·25”全国扫黑除恶专项斗争领导小组会议精神及汇报全区公安机关扫黑除恶专项斗争进展情况的汇报。

10月29日，一届区政府召开第36次常务会议。会议审议并原则通过关于第三届中国新材料产业创新发展论坛筹备的情况汇报；关于e游小镇门户客厅设计变更的情况汇报；关于“英台故里·春风蝶语”乡村版度假型未来社区项目参与方案的情况汇报；关于开元皂李湖旅游休闲度假综合体等项目投资合作主要事项的情况汇报；关于杭绍台铁路上虞段110KV及以上电力线路迁改分劈的情况汇报；关于溯源中国·四季仙果品牌数字经济平台项目的情况汇报；关于体育场项目临时停车场有关事项的情况汇报；关于绍兴市上虞区鸿雁社区（未来社区）开发建设的情况汇报；关于要求解决农村生活污水治理设施终端提升等问题的情况汇报；关于丰惠镇小城镇环境综合整治（集镇片）老街部分工程续建并补助资金的情况汇报；关于上虞区迎接第二轮中央生态环境保护督察工作方案、迎检动员部署会议方案的情况汇报；关于开展生态环境问题“回头看”的情况汇报；关于老鹰山矿山历史遗留问题处置方案的情况汇报；关于曹娥街道联发废弃矿山生态环境综合治理工程边坡安全隐患处置的情况汇报；关于我区食品安全工作的情况汇报；关于传达学习全国扫黑除恶专项斗争第二次推进会精神的汇报；关于开展生猪增产保供稳价和加强非洲猪瘟防控工作的情况汇报。

11月27日，一届区政府召开第37次常务会议。会议审议并原则通过关于上虞区“十四五”规划编制工作方案的情况汇报；关于实施全市统一公务员医疗补助制度的情况汇报；关于进一步加强医疗救助工作的实施意见的情况汇报；关于稳定生猪生产促进转型升级保障市场供应相关工作的情况汇报；关于化工企业（龙盛、闰土、皇马）搬迁政策兑现及资金拨付有关事项的情况汇报；关于支持印染产业提档升级的补充意见的情况汇报；关于规上服务业企业“亩产效益”综合评价工作的情况汇报；关于支持区内优势企业开展重组合作加快发展补充意见的情况汇报；关于上虞区“无废城市”建设试点工作实施方案、领导小组及工作专班实施方案的情况汇报；关于绍兴市上虞区老旧小区综合改造提升工作的情况汇报；关于加强新时代上虞公安工作的实施意见的情况汇报；关于2019年度法治政府建设工作的情况汇报；关于习近平总书记授旗训词一年来上虞区消防救援工作和队伍建设的情况汇报；关于学习传达全国、全省扫黑除恶专项斗争推进会及全省扫黑除恶专项斗争领导小组第七次会议暨中央扫黑除恶督导“回头看”后续工作任务交办会会议精神的汇报。

12月17日，一届区政府召开第38次常务会议。会议审议并原则通过关于推行产业链“链长制”工作的实施意见的情况汇报。

12月25日，一届区政府召开第39次常务会议。会议审议并原则通过关于政府工作报告起草的情况汇报；关于2020年区政府民生实事候选项目形成及项目的情况汇报；关于2019年国民经济和社会发展计划执行情况、2020年国民经济和社会发展计划报告的情况汇报；关于2020年政府投资（国有建设）项目投资计划安排的情况汇报；关于2019年财政预算执行及2020年财政收支预算安排的情况汇报；关于国科新材料产业基金的情况汇报；关于制订杭州湾经开区高端智造集聚区产业项目准入标准的情况汇报；关于晶盛机电产业园项目后续拟出让地块建议地价的情况汇报；关于区级公立医院薪酬制度改革工作的情况汇报；关于2019年以来全区安全生产的情况汇报；关于绍兴市上虞区美丽城镇建设工作的情况汇报；关于绍兴上虞开诚有机固废处理服务有限公司收购事宜的情况汇报；关于“证照分离”改革后有关涉企经营许可事项清理废止请示的情况汇报；关于学习传达全国扫黑办第8次主任会议精神的情况汇报。

（郭　锴）

法治政府建设

【概况】 2019年，绍兴市上虞区政府深入贯彻习近平总书记关于依法治国和法治政府建设的重要指示精神，全面落实中央、省、市各项决策部署，严格按照《法治政府建设实施纲要（2015—2020年）》和《县乡法治政府建设行动计划（2018—2020年）》的工作部署，扎实推进法治政府建设各项工作，为建设“创新之区、品质之城”提供强有力的法治保障。

【强化领导责任】 党政主要领导人切实履行第一责任人职责，将建设法治政府摆在工作全局的重要位置。召开区委全面依法治区委员会第一次会议，审议通过“两规则一细则”、《2019年法治上虞建设工作要点》。成立区委全面依法治区委员会办公室及协调小组，统筹协调全区法治建设工作。区政府常务会议2次专题听取有关法治政府建设情况汇报，主要领导亲自部署和协调重点工作，确保法治政府建设工作有效有序推进。召开预防和化解行政争议工作府院联席会议暨全区法治政府建设推进会，对法治政府建设进行全面部署。抓住领导干部这个“关键少数”，落实区政府常务会议学法制度，2019年共组织常务会议会前学法6次，提升领导干部法治意识。加大督考力度，区委督考办就全区行政诉讼案件败诉率、行政负责人出庭应诉情况通报1次，对败诉率偏高的6家单位、出庭应诉率偏低的4家单位、责任单位司法局等扣除相应岗位目标责任制考核分。

【完善审查机制】 落实《区政府重大行政决策目录管理办法》，制定并公布《2019年度区政府重大行政决策目录》，列入目录的重大行政决策事项均严格落实公众参与、专家论证、风险评估、合法性审核、集体讨论决定等程序。完成全区第三次行政规范性文件清理，继续有效345件，需要修改24件，废止和失效209件。开展专项清理2次，继续有效13件，拟修改2件，已失效1件。全年共审核行政规范性文件33件，提出修改意见92条，规范性文件备案全部落实。全年审核各类会议纪要150件、常务会议议题29只，重大行政合同12只、重大执法决定8次，为依法决策提供法律支撑。区政府共聘请8名法律专家担任政府法律顾问，全区21个乡镇街道和36个区直有关部门和单位聘请了法律顾问，积极引导党委部门聘请法律顾问，实现法律顾问全覆盖。发挥政府法律顾问在重大行政决策、规范性文件制定、行政合同审核等方面的参谋助手作用。

【规范行政执法】 深化综合行政执法体制改革，开展崧厦街道“一支队伍管执法”试点工作，下放权力事项402项。落实行政执法“三项制度”，组织行政执法培训，规范行政执法行为，提升行政执法效率。实行行政执法人员持证上岗和资格管理制度，推进行政执法证申领工作，目前全区行政执法人员持证率超90%。推行公证参与行政（执法）活动，建立事前联系、事中参与、事后跟踪机制，确保行政执法过程留痕、公开透明，该模式基本实现区直部门和乡镇街道全覆盖。加强行政执法监管，开展“三项制度”、案卷评查、农民工欠薪等专项执法监督。有效发挥人大法律监督、政协民主监督的职能作用，公开聘请行政执法监督员，参与行政执法监督检查。

【推动争议化解】 按照保护合法权益有效化解争议、推进依法行政总体要求，积极发挥行政复议、行政诉讼、人民调解、行政调解的功能。全年共收到行政复议申请84件，受理82件，审结72件，纠错28件。全年审结一审行政诉讼案件238件，败诉33件，败诉率为13.86%，行政机关负责人应出庭227件，行政机关负责人应诉172件，行政首长出庭应诉率为75.77%。目前全区共建成品牌调解室21个，区、镇、村三级调解平台实体化运行，高分通过人民调解省级标准化试点项目验收，参与制定省级地方标准《人民调解工作规范》。设立行政调解中心，有效发挥行政调解作用，探索重大行政争议共同协调化解机制，全年行政复议调撤率35.3%。结合“最多跑一次”改革，将法律援助、公证、司法鉴定、行政复议整合至社会治理综合服务中心。

【优化服务体系】 牢固树立“法治是最好的营商环境”理念，结合“三服务”活动，出台《促进民营经济高质量发展的实施意见》，举办金融法律服务助力民营经济发展论坛，组织律师服务团队免费为企业开展“法治体检”。持续推进“减证便民”行动，对各类证明事项进行了全面清理，共清理各类证明事项288项，取消证明材料289项，证明事项告知承诺12项。全市首个大型宪法主题公园开园，承办全省“宪法进万家”观摩活动现场会暨“浙里话宪法”网络直播第一站活动，组织开展法治文化作品评比、法治文艺汇演、国家宪法日等法治宣传活动。通过组织法治讲座、专题培训、庭审旁听、出庭应诉等多种方式，拓展行政机关工作人员运用法治思维能力。举办行政执法人员法律知识培训、全区公务员学法用法轮训，实现法治培训全覆盖。（郭　锴）

外事活动

【概况】 2019年，开展对外友好合作交流，与英国韦林哈特菲尔德市、西班牙昆卡市、俄罗斯圣彼得堡红河区、瑞士沃韦市、进行友好互访。全年共办理各类因公出国(境)19批次35人次(不包括统战系统赴港)，其中本区党政系统自组团组4批次20人次，随上级党政团组出访6批次6人次，企事业单位专业技术人才参加省进修或培训团组9批次9人次。共审核邀请外国人员到华访问报批事宜91批次111人次，代办因公电子护照生物信息采集41人次，代办受理审核因公出国(境)人员的护照(通行证)、签证(签注)19批计35人次。

【区人大常委会副主任赵畅率团访问捷克布雷兹诺·霍穆托夫市政府】 2019年12月，上虞区人大常委会副主任赵畅率团访问捷克经济商会、捷克“一带一路”协会和布雷兹诺·霍穆托夫市政府。访问团介绍了上虞概况，播放上虞宣传介绍片，推介上虞经贸、旅游等方面的良好势头，双方深入交流经济社会发展方面的工作经验，就未来双方长期合作进行探讨。访问团赵畅团长代表上虞区与布雷兹诺·霍穆托夫市市长达成了友好区市意向协议并互赠了礼品，双方合影留念，互相邀请当地政府和企业人员进行实地走访，支持双方加强合作，鼓励各自企业到对方设立分公司和投资发展。（沈小青）

人事工作

【概况】 2019年，上虞区人力资源和社会保障局(以下简称区人社局)共组织各类事业单位公开招聘21次，其中“双一流”择优招聘1次，其他各类事业单位公开招聘8次，教体系统5次，卫健系统7次。共计招录事业编制聘用人员522名，其中博士1人，硕士103人。完成人事年报统计工作和2018年全区342家事业单位工作人员年度考核情况汇总。在考核过程中，严格按照《关于明确部门派驻乡镇(街道)机构及人员管理有关事项的通知》文件精神，实行派驻机构事业人员年度考核优秀等次比例提高到20%。全区事业人员12286人参加考核，其中优秀人数1963人，优秀比例为15.98%。

（姚莹凌）

【事业干部队伍优化】 2019年推出30个中层岗位，面向全国“双一流”高校择优招聘上虞经济社会发展急需的高层次人才。分别赴上海交大、南京大学、武汉大学、浙江大学等“双一流”重点高校，采取线上线下结合推介上虞人才新政，举行校园招聘，报名总人数达到351人，其中博士26人，硕士325人。分别引进教育、卫生事业专业人才136人、196人，提升专业化队伍水平。（姚莹凌）

【事业单位机构改革工作】 根据《绍兴市上虞区机构改革方案》（区委〔2019〕2号）和《区级机构改革人员转隶工作意见》（区机改办〔2019〕2号）精神，完成涉及机构改革的事业单位人员转隶，分四批（第一批348人，第二批212人，第三批52人，第四批生产经营类事业单位改革65人）共计677人办理事业人员人事关系调动手续。（姚莹凌）

【技能人才队伍建设】 开展职业技能鉴定，截至12月底，全区共鉴定各类技能人才1.3万人（含专项能力证书），培养高技能人才2883人。新摸排华通吴家雄、明而达周建良、逸图文化杭美丽3家区级技能大师工作室，闰土陈素娟、女儿红马骏2家区级技能大师工作室晋升为市级。实施“金蓝领”人才培养计划，选拔“金蓝领”高技能人才省首席技师李水军赴德国参加钳工技术深造。（姚莹凌）

行政审批与便民服务

【概况】 2019年，上虞区便民服务中心（招投标监督办公室）共受理各类行政审批、服务事项1319390件，办结1320018件，按期办结率100%，收到各级各类投诉（咨询、建议）40件，投诉率低于万分之一，现场评议满意率99.9%。

【“一证办”全面拓展】 根据市级统一部署，督促部门做好数据共享、系统对接和窗口落实工作，顺利完成市级96个项民生事项和省级50%的民生事项“一证通办”的工作目标，共实现21个部门340项事项“一证通办”，省级民生事项实现比例为91.45%，全年办件量约110万余。

【“全城办”推进落实】 推进政务服务事项全城通办，实现603项改革事项“全城办”。区作为市政务服务“杭绍甬一体化”改革工作试点地区，与宁波市余姚市实施政务服务通办改革，设置通办专窗并实现63个事项两地通办。

【“一窗办”优化提升】 优化提升区级大厅分厅分窗式“无差别受理”改革，并推动“无差别受理”向乡镇街道延伸，按照乡镇分类别、窗口分版块的原则，因地制宜推进乡镇无差别受理改革，全区乡镇（街道）基本实现无差别受理全覆盖。

【“移动办”持续深化】 围绕“智慧民生服务中心”建设要求，进一步深化“互联网+政务服务”，开通政务事项掌上办理，在事项颗粒化梳理后，根据大数据管理中心统计，区共有3127项事项掌上可办。研发提升一体化移动政务服务，加强网上办事应用系统、自助应用服务系统、多层级联动办理系统建设，延伸“24小时”自助端，完成城区24小时政务服务大厅建设和全区20个乡镇（街道）及62个村（社区）自助服务终端铺设。

【便民领域改革探索创新】 在不动产与水电气线上联办的基础上，将公安户籍加入联办范畴，同步申请户籍迁入、户籍迁移，实现与不动产登记相关10项民生事项办理“跑一次、办一次、一步到位”。全面提升商事登记便利化规范化水平，推进企业开办“一件事”，不断压缩办理环节，共减少申报材料16份，取消办理环节3个，实现常态化企业开办全流程“一日办结”。（章晶）

公共资源交易管理

【概况】 2019年，全区公共资源交易平台共完成各类交易项1264项（笔、宗），成交金额178.87亿元，分别是建设项目63.13亿元，比底价下浮8.99%；政府采购227亿元，比预算降低9.74%；产权交易387亿元，比底价增长7.61%；土地交易107.12亿元，比底价增长20.93%。四项累计增效节资25.64亿元，平均节（增）率15.34%。（徐利）

【提升信息化水平】 利用互联网和大数据手段,推行全流程不见面招投标,实现让权力在阳光下运行。从年初到12月底,共有570个项目实现全流程不见面招投标,累计帮助企业节约成本约2.3亿元,减少跑腿次数31.4万次,进入区级平台97%的项目已通过"不见面"系统进行操作,有效破解负担重、流程繁、管控难等问题。同时,将不见面系统进行拓展延伸,开展微信小程序及乡镇街道"不见面"软硬件系统建设工程,确保乡镇自行招投标项目得到有效监管。 (徐 利)

【优化网上交易】 开展建设工程网上交易系统和省公共服务平台最新3.0接口对接调试和测试工作。不断调整优化建设工程网上交易系统相关流程及环节,实现系统操作更规范、便捷。完成政府采购网上审批系统的个性化开发、政府采购网上系统与政采云的对接工作,将采购文件由线下纸质登记备案转变为网上登记备案,提高采购工作效能。在交易中心网站上新设国企采购栏目,为国企项目提供信息平台服务。 (徐 利)

【规范保证金管理】 根据省财政厅《关于明确政府采购保证金管理工作的通知》(浙财采监〔2019〕5号)及其他相关文件精神要求,对工程、采购、土地、国有产权保证金进行全面的自查清退工作。通过在网上发布公告、电话联系等方式,共退还投标保证金1495.368万元。同时,对历年来留存在单位账户中的因供应商违约、注销等原因无法退还的保证金,分别进行登记造册,并上缴财政部门。

(徐 利)

应急管理

【概况】 2019年,全区共发生各类上报事故10起,死亡6人(均为道路运输事故),直接经济损失2.75万元,事故总数、死亡人数同比分别下降47.37%和62.50%;发生火灾事故124起,其中生产经营性火灾事故45起,无人员伤亡;未发生工矿商贸、水上交通、渔业船舶、农业机械等生产安全上报事故;未发生自然灾害领域突发险情。 (王伟彬)

【构建应急联动救援体系】 以"大安全、大应急、大减灾"理念,突出"政府主导、社会参与、因地制宜",整合各方力量与资源,构建"1+6+X"应急联动救援体系,即1个应急联动指挥中心、6个片区综合应急消防救援站、X个基层应急救援网格。投入835万元建设应急管理综合指挥平台,实现防汛专网、视联网、政务外网互联互通视频会商,完成公安、气象、水利等部门业务应用系统归集。建成投用占地250平方米的"社会救援力量孵化空间";出台《关于培育支持社会救援力量发展实施意见》,培育支持社会救援力量4支,筹建区社会应急救援协会。7月底的全市"15分钟应急救援圈"建设现场会在上虞召开。

(王伟彬)

7月25日,东关片区综合应急消防救援站建设现场,区应急管理局局长胡升(右一)向参加绍兴市"15分钟应急救援圈"建设现场会的代表介绍东关站点建设情况

(应急管理局 提供)

【预案体系】 修订区级总体应急预案,下发防汛防台抗旱应急预案,对64个区级专项应急预案编制进行责任分解。 (王伟彬)

【防汛防台抗旱】 按照"不死人、少伤人、少损失"的目标,完善三防体系。调整区防汛抗旱指挥体系,明确34个区成员单位工作职责,出台《关于开展防汛防台抗旱应急体系优化提升百日攻坚行动的通知》。开展汛前防汛大检查,共发现隐患41处,在主汛期前全部完成整改。对地对地质灾害隐患点治理工程、重点水利工程等开展专项检查。完成102个省级规范化避

灾安置场所建设。落实汛期24小时值班及定期会商制度，汛期共启动Ⅳ级应急响应6次、Ⅲ级应急响应1次、Ⅱ级应急响应2次、Ⅰ级响应1次，开展会商研判38次，发布预警信息1.8万次，下发《2019年防汛工作手册》300余份。（王伟彬）

【森林防灭火】 调整区森林防灭火指挥部及成员单位职责，落实各有关单位的森林防灭火责任，发布红色预警2次，开展各类专项督查2次，整改问题169个。督促指导乡镇进行清单式检查，制止野外违规用火145起，收缴火种64个，查处隐患169处。加强宣传，组织区镇两级森林防灭火培训781人次，投放数字电视宣传广告3次，分发宣传资料10470份，劝导人员800人次，张贴宣传标语524幅。组织专业、半专业队伍开展演练、拉练43次，在全市森林消防技能比武中获“水泵串联”项目第一名和“开设防火隔离带”项目第三名。（王伟彬）

【应急演练】 组织开展防洪抢险暨危化品运输车泄漏事故应急救援演练、上虞区海上应急救援演练，全年全区共开展各级各类应急演练680余次。（王伟彬）

11月13日，2019年绍兴市暨上虞区海上应急救援演练在杭州湾嘉绍大桥附近观潮平台举行（应急管理局　提供）

扶贫开发

【低收入农户增收工作】 制定出台《关于开展低收入农户高水平全面小康计划实施意见》。全面展开低收入农户健康保险工作。对全区低收入农户9606人办理健康保险，保险责任包括意外身故（伤残）、意外医疗费用、住院医疗目录外费用补贴等方面。制订出台《关于做好“一户一策一干部”低收入农户结对帮扶工作的通知》，按照“施策有内容、帮扶有成效、工作有记录”的要求完善结对帮扶工作；切实开展“两线合一”，做好低收入农户的精准识别，2019年底核准全区有低收入农户6098户、9606个，初步实现农业系统低收入农户库和民政系统低保和低保边缘户库的两线合一。（刘梁勇）

【闲置农房激活】 2019年，出台《2019度闲置农房激活工作目标责任制考核办法》《2019年度闲置农房激活工作专项扶持奖励办法》，通过创新模式，2019年全区共实施闲置农房激活项目160只，激活闲置农房1434幢，激活面积40.6万平方米，吸纳社会资本6.9亿元，培育绍兴市级示范村3个，区级示范村13个。闲置农房激活模式日趋成熟，创造“文化休养、养生养老、民宿、文化创意、文化旅游、后勤服务、乡村旅游”7种新兴业态，带动农户增收4176万元，带动增加村集体收入1300万元。（刘梁勇）

大数据发展

【概况】 2019年1月22日，上虞区大数据发展管理中心挂牌成立，推进区智慧城市和数字政府建设，一年来，助推“最多跑一次”改革，落地“互联网＋政务服务”，340项事项实现“一证通办”，603项事项实现“全城办”，3149个事项实现“移动办”；打破数据信息孤岛，打好全市公共数据资源归集共享大会战，归集政务数据22亿条，发挥“数据”的乘数效应，为“一件事”“部门间最多跑一次”等工作做好线上保障；聚力统筹重大应用项目建设，抓好省“8+13”重大项目落地，协助推动互联网＋不动产登记、互联网＋监管等应用创特色、创亮点；全面启用新无纸化办公系统，铺开基于“浙政钉”的掌上移动办公平台，实现全天候掌上工作；着力拉高智慧城市建设标杆，推动上虞与阿里巴巴、千寻位置开展战略合作，开展20余个部门需求对接，在全市率先谋划启动城市大脑建设。（庄益娈）

【组织全区无纸化办公系统操作培训会议】 2019年5月，全区无纸化办公系统正式上线运行，该系统全面整合各单位和部门分散建设的办公系统，既能在电脑端使用，又能在手机、平板电脑等移动终端上应用。5月16日，大数据中心组织全区各乡镇街道、部门单位开展全区系统操作培训会，促进各部门和单位相关人员全面掌握新一代无纸化办公系统操作技能，进一步提高机关办公效率和大数据应用水平。（庄益娈）

【签订战略合作协议】 2019年10月28日，区政府和千寻位置公司战略合作协议同时在阿里九号馆会议室签署。区四套班子及部门单位负责人出席签约仪式，就此上虞区和阿里巴巴和千寻公司将建立长期合作关系，全面深化全方位、多领域、高层次的长期稳定合作。按照省委、省政府数字经济"一号工程"决策部署和总体要求，以智慧城市、数字上虞建设为目标，阿里巴巴基于在人才、技术、品牌、平台上的强大优势，将在全国探索打造百万人口城市的数字经济高地、新型智慧城市标杆，为上虞智慧城市发展赋能。（庄益娈）

机关事务管理

【概况】 2019年，区机关事务服务中心以完成区"两会"和全区经济工作会议主会场的服务工作，全年共保障各类会议300余场，计32000余人次，累计主办、承办、协助大型活动会议35余次。稳妥处置群体性上访22批次，涉及上访人员945人次。行政中心与市民中心2个机关食堂持续高效运作，保障日均1800多人次就餐。切实把好办公用房使用标准关，完成涉及155家使用单位的77处办公用房信息资料的审核整理与汇总上报工作；会同区纪委等部门，先后对全区19个单位的办公用房使用情况进行现场督查。

（杜娟娣）

【行政中心"美丽大院"建设】 一是行政中心修缮改造项目。为改善行政中心设施陈旧、功能不配套的现状，实施行政中心建筑物外立面整改、屋面防水改造、公共部位修整等工程，新铺设防水卷材1000余平方米，外墙真石漆喷涂20000余平方米，空调移位整修500余台，墙面勒脚修补600余平方米，营造良好的办公配套环境。二是行政中心绿化提升项目。对行政中心现有绿化的结构布局进行调整，增加层次梯度，补种适宜植被，改造绿化面积约35000平方米，升级改造行政中心内的主入口、内庭、小园路及部分路口节点，新建连接各建筑单体的文化休憩长廊，在区域内适当新建特色的景观小品、景墙以及标识系统等，优化功能布局，完善交通组织。（杜娟娣）

【党政机关办公用房管理】 一是把好办公用房使用标准关。在各单位自查自纠基础上，结合区纪委巡察办巡察要求，对19家单位办公用房使用情况进行现场督查；完成涉及155家使用单位的77处办公用房信息资料的审核整理与汇总上报，并导入《党政机关办公用房管理信息系统》。二是把好办公用房装修标准关。根据《上虞市行政事业单位办公用房装修、通用办公设备配备、常用固定资产使用年限标准（试行）》有关规定，结合工作实际，制定《党政机关办公用房装修费用审核表》，对大数据发展管理中心等10余家单位的办公用房装修标准进行审核把关。三是把好办公用房调配使用关。按照"解决应急需要、集聚我区人气、盘活闲置存量"的原则，结合机构改革和"最多跑一次"工作的需要，对驻便民中心相关单位、涉改单位、老城区有关单位等20余家单位的办公用房进行统筹调配。

（杜娟娣）

退役军人工作

【概况】 2019年1月，根据《中共绍兴市上虞区委 绍兴市上虞区人民政府关于印发〈绍兴市上虞区机构改革方案〉的通知》，组建区退役军人事务局。将区民政局的退役军人优抚安置职责，区人力资源和社会保障局的军官转业安置职责等整合，组建区退役军人事务局，作为区政府工作部门。

2019年1月22日，绍兴市上虞区退役军人事务局正式挂牌。办公地点为区龙山路庵弄4号（原人武部大楼）。1月31日，完成人员转隶，从区民政局、区人力社保局转隶接收人员共9名。2019年4月，区委成立区委退役军人事务工作领导小组及其办公室，统筹谋划新时代区退役军人事务工作。2019 年，区退役军人事务工作，围绕双拥创建、符合政府安排工作退役士兵和军队转业干部的移交安置、优抚对象的管理、退役士兵的相关待遇兑现、烈士褒扬等做好退役军人事务工作。坚持以退役军人为中心，全面尊重、优待退役军人，保护退役军人合法权益。（何　峰）

【退役军人服务体系建成】 2019 年 5 月底，全面完成区、镇（街）、村（社区）三级退役军人服务保障体系。按照“全覆盖”“五有”要求，全区共建立服务机构 390 个（区级退役军人服务中心 1 个、镇级退役军人服务站 20 个、村级退役军人服务站 369 个），形成横向到边、纵向到底的服务保障体系，为退役军人打通服务保障“最后一公里”。

【拥军优抚】 区双拥办参与省级双拥模范城联创工作。做好 2019 年春节、“八一”中国人民解放军建军节前夕走访慰问各驻虞部队、部分重点优抚等工作，创新推出《百里曹娥江，悠悠军民情》车载双拥公益视频，在全区 150 余辆公交车上滚动播放拥军宣传片。协调 9 家金融机构、3 家保险公司、10 家医疗机构、中国移动等单位，推动社会化拥军活动，为退役军人提供优先、优质、优惠服务。

【工作改革】 开展部分退役士兵保险接续工作，成立社保接续工作专班。累计完成信息采集 25120 人，悬挂光荣牌 24757 块；开展烈士褒扬系列工作，组织做好清明祭扫、烈士纪念日向烈士纪念碑敬献花篮仪式等专项活动，发动社会各界参与祭扫英烈活动的人数高达 7 万余人次、网上签名寄语 8 万余人。发挥其爱国主义教育功能，完成全区 6 处 7 座零散烈士纪念设施和 35 座散葬烈士墓的普查和信息采集。深入开展“寻找最光荣的您”，历时 3 个多月，让牺牲在朝鲜的烈士魂归故里，帮助 73 岁的烈士之子朱德彩圆 67 年寻亲梦。营造全区社会各界清明、“烈士纪念日”期间浓厚拥军氛围。向中华人民共和国成立前入伍的老兵发放“庆祝中华人民共和国成立 70 周年”纪念章 34 枚。

【待遇发放】 全年为义务兵家庭发放优待金 1480.47 万元；为大学生发放入伍奖励金 390.8 万元；为退役士兵发放一次性安置补助费 828.2 万元。实现重点优抚对象定补抚恤和生活补贴及时发放兑现到人，全年共支出定补抚恤资金 2397.5 万元。推动军人退役“一件事”，减材料、优程序、压时间，手续全流程办理时间压缩 91.2% 以上。

绍兴市上虞区首届“最美退役军人”发布仪式

（退役军人事务局　提供）

【区首届“最美退役军人”学习宣传活动】 2019 年 5 月，区委宣传部、区人民武装部、区退役军人事务局联合组织开展“最美退役军人”学习宣传活动，评选出 12 名“优秀退役军人”和 20 名“最美退役军人”，并于 7 月 26 日举行首届“最美退役军人”发布仪式，致敬“最美退役军人”。姚阳潮被授予“全国模范退役军人”“省十大优秀退役军人”称号。全区共组织开展最美退役军人“六进”宣讲活动 60 余场次。

【个人二等功以上奖励的现役军人】 孟金祥：男，汉族，绍兴市上虞区谢塘镇人，1984 年 6 月出生，2005 年 12 月入伍，现任 8710 部队副营职参谋，上尉警衔。孟金祥尽职尽责，抓基层工作成绩突出，2017 年 12 月被某部队记二等功。

宋京凯：男，汉族，绍兴市上虞区梁湖街道人，1963 年 11 月出生，1979 年 8 月入伍，现任海军某部队工程师，大校军衔。父亲宋赤如，母亲陈丽娟。2019 年，宋京凯作为指挥员和技术负责人，完成系列重大任务，2020 年 1 月被某部队记二等功。（何　峰）

地方志编修

【概况】 2019 年，区地方志研究室采取“分纂和总纂同时推进”方式做好《上虞市志》编修；继续开展旧志古籍、历史文化等挖掘、收集、整理；推进乡镇（街道）志、部门（专业）志、村志的编纂和指导。

【《上虞市志》编修工作】《上虞市志》抢抓进度。注重编研结合，强化精细管理。充分借智借力，开展补充、考订、核实，同时启动分纂和总纂，完成越窑青瓷、体育等18编；和宁波大学人文和传媒学院的地方志专业加强校地合作，多次邀请他们来帮助指导和提高修志业务。

【《上虞史志丛书》首发式举行】 3月29日上午，区党史和地方志工作委员会在上虞城市档案中心召开《上虞五千年》暨《〈松夏志〉校续》《上虞区地名志》《上虞卫生志》首发式，有关部门和部分乡镇街道修志分管领导、志书编纂人员及上虞部分文史专家参加。目前，已出版15部乡镇街道、部门（专业）志书和4部村志。

【《南源村志》《四峰村志》出版】 2019年，《南源村志》《四峰村志》出版。12月28日，《南源村志》首发式在南源村党群服务中心举行。（沈瑶圆）

政协绍兴市上虞区委员会

综　述

【概况】2019年，政协第一届绍兴市上虞区委员会（以下简称区政协）及其常委会围绕上虞区建设“创新之区、品质之城”的总体定位，坚持发扬民主和增进团结相互贯通、建言资政和凝聚共识双向发力，充分发挥协商民主重要渠道和专门协商机构作用，切实履行政治协商、民主监督、参政议政三大职能，为上虞争当区域高质量发展排头兵贡献智慧和力量。

聚焦党委政府中心工作，紧扣大局深化协商议政，全年完成4个调研课题并形成成果报告，分别报送区委区政府。围绕社会治理现代化，开展“党建引领社区治理”课题调研，有关推进街道“大工委”、社区“大党委”制的建议，在相关部门和街道的努力下得到吸收转化。关于“城市能级提升”的课题，调研深、对策实，部分建议已被吸纳到“城市能级提升年”活动计划中。围绕科研院校与上虞经济共生发展的建议，得到区主要领导批示肯定，要求“将有关建议吸纳到明年区委工作思路中”，对于加快区产教融合发展起到助推作用。有关“曹娥江文创走廊建设”的对策建议，相关部门正在采纳落实。

走村入户深化“三服务”活动，党组成员带领有关委室，分头调研走访、帮助解决困难，累计走访村（居、社区）85个，收集问题与建议65条，服务破难39个。依托“界别活动周”“委员服务日”2个传统项目，持续开展垃圾分类专项集体民主监督，共走访群众4700余户，发现各类问题290多个，提出意见建议315条，大部分得到采纳落实，有关做法在人民政协报、省政协联谊报及“同心苑”报道。

全年组织6场“请你来协商”活动，累计提出意见建议93条、落实72条。“垃圾分类工作”专题协商首次启用专用会议室、首次全程录播、首次现场播放专题片，区政府主要领导与委员互动热烈，协商成果得到有效转化，成为绍兴市唯一入选省政协13个典型案例之一。聚焦民生实事，开展“多层住宅加装电梯”协商，委员踊跃建言、部门即时回应、区领导当场表态，有效促进电梯加装工作。密切关注“菜篮子”问题，协商活动首次走进田间地头，正面回应民生关切。有关发展数字经济、搭建女性创业平台、打造“诗画曹娥江”等专题协商，建言精准、助推有力，有关建议正在转化落实中。

先后组织8次专题视察，探索建立区委点题、政协破题、部门答题的良性互动机制，组织开展对化工产业改造提升、科创走廊建设、公安工作、市场监管工作、体育事业发展、社区矫正工作、国有企业运行、电力事业建设8次专项视察。

区政协一届三次会议收到委员以提案形式提出的意见建议239件。经提案委员会审查，立为提案的209件，作为意见建议的30件。在209件提案中，立为重点提案的8件。至6月底，经各承办单位的认真办理，所有的提案和意见建议已全部办理完毕。据统计，209件提案中，被采纳、所提问题已经解决或基本解决的A类提案为170件，占提案总数的81.4%；提案所提问题部分解决或已列入计划准备解决的B类提案为31件，占提案总数的14.8%；提案所提问题因受条件限制留作参考或不可行的 C 类提案为 8 件，占提案总数的 3.8%。从委员对提案办理情况的反馈意见来看，委员对提案办理情况的意见反馈率达到了 100%，其中，表示满意的 207 件，占提案总数的 99%；基本满意的 2 件，占提案总数的 1%。

全年共编发社情民意信息 66 期，其中省政协采用 2 期、省委办公厅采用 1 期、市政协采用 21 期；区委、区政府领导批示 11 期，其中主要领导批示 6 期。

注重发挥大团结大联合的政治优势，增进共识、汇聚力量，努力画好建设“创新之区、品质之城”的同心圆。密切与海内外虞籍乡亲和虞商联谊会的联系，会同区委统战部召开中秋茶话会、举办孝文化节等活动，有关做法得到省政协张泽熙副主席批示肯定。精心组织庆祝中华人民共和国成立和人民政协成立 70 周年系列活动，完成《上虞政协履职风采录》丛书、《上虞文史资料选粹》第四辑、《纪念新中国成立 70 周年暨人民政协 70 周年画册》编撰等工作。虞舜书画院全年举办各类书画展 8 期、茶事活动 30 场次。

加强与区级新闻单位合作，做深政协宣传文章。继续办好《委员风采》栏目，委员事迹在省级媒体推播 5 名、区级媒体 25 名。有关报道在上虞日报刊发 119 篇、上虞电视台刊播 95 篇；在政协网站和微信公众号分别编发信息 382 篇和 313 篇。在省级及以上媒体刊发各类报道 77 篇，其中人民政协报 3 篇、全国政协公众号 5 篇、省政协联谊报 19 篇、“同心苑” 28 篇、省政协网站 22 篇，积极传递上虞发展好声音、汇聚团结奋斗正能量。

注重委员履职能力建设，特邀省政协领导为全体委员作“新时代人民政协的新样子”主题宣讲，50 名委员参加在浙江大学举办的履职能力提升暨“新时代新样子”专题培训，12 名委员赴北戴河全国政协培训基地学习，“委员论坛”“委员小组会”等学习交流平台运作规范。深化委员考评结果运用，共评选出优秀委员 25 名。

（杨雅芬）

重要会议

【政协第一届绍兴市上虞区委员会第三次会议】 2019 年 1 月 8—10 日，政协第一届绍兴市上虞区委员会第三次会议在百官召开。此次会议应到委员 274 人，实到 258 人，会议审议通过顾世明主席受常委会委托所作的《中国人民政治协商会议第一届绍兴市上虞区委员会常务委员会工作报告》、郑建庆副主席受常委会委托所作的《中国人民政治协商会议第一届绍兴市上虞区委员会常务委员会关于一届二次会议以来提案工作情况的报告》、蒲伟明副主席受常委会委托所作的《中国人民政治协商会议第一届绍兴市上虞区委员会常务委员会关于反映社情民意工作情况的报告》；7 位委员分别作大会发言，24 篇议政材料书面交流；大会表彰区政协工作先进集体和先进个人，通过《中国人民政治协商会议第一届绍兴市上虞区委员会提案审查委员会关于一届三次会议提案审查情况的报告》和《中国人民政治协商会议第一届绍兴市上虞区委员会第三次会议决议》。

【区政协常委会议】 全年区政协共召开常委会议 6 次，分别为：

1 月 10 日上午，区政协举行一届十二次常委会议，会议听取了区政协一届三次会议各联组讨论情况的汇报，审议《中国人民政治协商会议第一届绍兴市上虞区委员会提案审查委员会关于一届三次会议提案审查情况的报告（草案）》和《中国人民政治协商会议第一届绍兴市上虞区委员会第三次会议决议（草案）》。

3 月 1 日，区政协召开一届十三次常委会议，听取区民政局关于区部分行政区划调整工作的情况汇报并进行协商，学习《关于印发〈政协浙江省委员会关于推进建言资政和凝聚共识双向发力的若干意见〉的通知》（政浙委发〔2019〕1 号）文件精神，通报区政协 2019 年工作要点。

5 月 30 日，区政协举行一届十四次常委会议，学习省委办公厅《关于县（市、区）政协“请你来协商”平台建设工作的指导意见》文件精神，听取区委机构编制委员会办公室关于区机构改革有关情况的通报，审议通过《政协绍兴市上虞区委员会关于委员履行职责的若干规定（修订稿）》、有关区政协专委会名称变更（区政协财政经济和科学技术委员会更名为区政协农业农村和财经科技委员会）和人事事项。

8 月 12 日，区政协召开一届十五次常委会议，听取区委常委、常务副区长包朝阳关于半年度政府工作情况的通报并开展协商议政。

10月22日，区政协召开一届十六次常委会议，听取区政协调研组关于“推动科研院校与上虞经济共生发展”的课题介绍，传达学习中央政协工作会议和省委政协工作会议精神，并审议有关人事事项。

12月27日，区政协召开政协一届十七次常委会，听取区委副书记、代区长徐军对我区经济社会发展情况的通报、区府办主任章瀚关于政府系统提案办理情况的汇报以及区政协课题组关于《整合提升文化旅游资源 加快推进曹娥江文创走廊建设》的介绍，审议有关区政协一届四次会议有关事项及有关人事调整。

【区政协主席会议】 2019年，区政协召开主席会议4次，分别为：

3月28日，区政协召开一届二十次主席会议，专题协商“加强城市管理，提升城市能级”课题。

5月28日，区政协召开一届二十一次主席会议，审议《政协绍兴市上虞区委员会关于委员履行职责的若干规定(修订稿)》、区政协有关专委会名称变更(区政协财政经济和科学技术委员会更名为区政协农业农村和财经科技委员会)和人事事项。

11月7日，区政协召开一届二十二次主席会议，专题协商“加强基层党建引领，推进社区治理创新”课题，实地视察文化社区、金渔湾社区。

12月23日，区政协召开一届二十三次主席会议，专题协商“整合提升文化旅游资源 加快推进曹娥江文创走廊建设”课题，听取审议区政协委员调整、有关委员界别及界别召集人调整、区政协一届四次会议筹备工作相关事项。

主要活动

【政协委员履职能力提升培训班】 7月1—5日，区政协、区委组织部、区委党校在浙江大学西溪校区联合举办区政协委员“新时代新样子”履职能力提升培训班，浙江大学公管学院继续教育管理办主任陈军致辞，蒲伟明副主席作开班动员，顾世明主席在结业仪式上作重要讲话，50名区政协委员参加培训。

【区政协读书会】 2019年7月23—24日，区政协举办2019年绍兴市上虞区政协读书会，赴宁波北仑区、保税区学习考察，区政协主席会议成员，区政协副秘书长、各委室主任、区纪委区监委派驻区政协机关纪检监察组组长，区政协机关区管正局级领导干部参加。读书会成员在交流发言的基础上，各位分管副主席进行点评，顾世明主席作重要讲话。

【“百名政协委员促进提案办理”督查活动】 2019年8月9—16日，区政协开展“百名政协委员促进提案办理”督查活动，分别由区政协领导带队，邀请区委区政府相关领导参加，区政协各委室协商，采取专题调研、实地考察、听取汇报、协商讨论等方式对区政协一届三次会议提案涉及的关于优化民营企业营商环境的建议、关于发挥乡贤作用参与社会治理的建议、关于加强物业管理的建议、关于增强区科技创新能力的建议、关于依托“浙东唐诗之路”做好上虞文旅发展的建议、关于推进区医共体建设的建议6个方面相关内容的办理情况开展督查活动，切实促进提案办理，提高办理质量。

【庆祝人民政协成立70周年活动】 为庆祝人民政协成立70周年，2019年8—12月，区政协组织开展“加强和改进人民政协工作”金点子专题征集活动、区政协党组和机关党组理论学习中心组开展人民政协成立70周年的专题学习研讨、“同心汇——我和我的祖国”征文活动、举办虞舜书画院庆祝中华人民共和国和人民政协70华诞会员书画展、完成《上虞文史资料选粹》编辑出版工作、开展“我和我们的政协”主题活动等系列活动。

【“请你来协商”活动】 2019年，区政协举行“请你来协商”活动共6场，分别为：

2019年5月16日，区委陶关锋书记带头领办区政协一届三次会议001号重点提案《关于加快推进传统产业数字化改造升级的建议》的同时，开展首场“请你来协商”活动，区政协主席顾世明，区政府党组成员夏永江，区政协副主席郑建庆参加。

2019年6月25日，区政协举行“请你来协商——

既有多层住宅加装电梯”专题协商活动，区政协相关委室主任、课题组全体成员、部分区政协委员以及20个部门、2个街道相关领导、8个社区主任参与活动，协商活动由蒲伟明副主席主持，副区长魏国剑应邀参加。

2019年8月1日，区政协举行“请你来协商——搭建女性创业平台，促进上虞经济发展”专题协商活动，区政协相关委室主任、课题组全体成员、部分区政协委员以及15个部门相关领导参加协商活动，协商活动由郑建庆副主席主持，副区长赵俊杰应邀参加。

2019年9月29日，区政协举行“请你来协商——深化垃圾分类处理”专题协商活动，区政协相关委室主任、区政协各界别第一召集人、部分区政协委员和群众代表以及9个部门相关领导、各乡镇、街道行政主要负责人参加协商活动，该活动首次启用专用会议室并以全程录播方式进行，协商活动由吴建平副主席主持，顾世明主席、陈忠庆秘书长参加，区委副书记、代区长徐军应邀参加。

2019年12月9日，区政协举行“请你来协商——‘菜篮子’安全问题”活动，区政协相关委室主任、部分区政协委员和社区主任代表以及5个部门相关领导参加协商活动，协商活动由傅亚文副主席主持，陈刚副区长应邀参加。

2019年12月19日，区政协举行“请你来协商——如何更好地推进曹娥江文创走廊建设”协商活动，区政协相关委室主任、部分区政协委员和特邀文史员代表以及6个部门相关领导参加协商活动。

【专题视察活动】 2019年，区政协举行专题视察活动共8次，分别为：

2019年4月23日，区政协举行曹娥江科创走廊建设专题视察活动，实地视察浙大网新科技城加速器楼，听取区曹娥江科创走廊建设情况和规划方案的汇报，区政协各委室主任、区纪委区监委派驻区政协机关纪检监察组组长、区政协机关区管正局级领导干部和6位区政协委员以及7个部门相关领导参加视察活动，区政协顾世明主席和郑建庆、吴建平、傅亚文、徐光华、蒲伟明副主席及陈忠庆秘书长参加，区委常委、副区长张朋越应邀参加。

2019年5月28日，区政协举行专题协商社区矫正工作，实地视察上虞区社区矫正中心，听取区司法局有关社区矫正工作情况汇报并进行协商讨论，区政协主席会议成员、各委室相关领导、6个部门相关领导以及部分区政协委员参加视察活动，区政协郑建庆副主席主持，区政府副区长朱旭恒应邀参加。

2019年6月6日，区政协开展主席会议专题视察区交通集团运行情况活动，实地视察上虞客运中心，听取区交通集团运行情况的汇报并进行协商讨论，区政协各委室主任，区纪委、区监委派驻政协机关纪检监察组组长，区政协机关区管正局级领导干部，区政协城交环资委副主任以及7个部门相关领导参加视察活动，区政协顾世明主席和郑建庆、吴建平、傅亚文、徐光华、蒲伟明副主席及陈忠庆秘书长参加，区委常委、曹娥江旅游度假区党工委书记徐志华应邀参加。

2019年9月6日，区政协举行区体育事业发展专题视察活动，实地视察华通体育馆、上虞区游泳馆、上虞区体育场，听取区体育事业发展情况汇报并进行协商讨论，区政协主席会议成员、各委室主任、机关区管正局级领导干部和8个部门相关领导及6名区政协委员参加视察活动，副区长章颖芳应邀参加。

2019年11月13日，区政协举行杭州湾上虞经济技术开发区打造化工产业改造提升2.0版推进工作专题视察活动，实地视察浙江扬帆新材料股份有限公司、浙江联晖新材料有限公司2家企业和杭州湾产业协同创新服务中心项目，听取区杭州湾综合管理办关于化工产业改造提升2.0版工作进展情况的汇报并进行协商讨论，区政协主席会议成员、相关委室主任和6个部门相关领导及12名区政协委员参加视察活动，副区长胡宝荣应邀参加。

2019年11月18日，区政协举行电力事业建设工作专题视察活动，实地视察丁宅110千伏输变电工程、区供电公司调度控制中心，听取区供电公司工作情况汇报并进行协商讨论，5个部门相关领导及区政协相关委室主任、部分区政协委员参加，区政协顾世明主席和吴建平、徐光华副主席参加，区政府副区长胡宝荣应邀参加。

2019年12月2日，区政协举行市场监管工作专题视察活动，实地视察城北中欣农贸市场、国家风机质检中心、区食品药品检验检测中心，听取区市场监管局有关工作的情况汇报并进行协商讨论，10个部门相关领导及区政协相关委室主任、部分区政协委员参加，区政协顾世明主席和郑建庆、傅亚文副主席参加，区政府副区长胡宝荣应邀参加。

2019年12月12日，区政协举行公安工作专题视察活动，实地视察城北商圈“邻里中心式”警务服务站和高铁新城警务服务站，听取区公安分局有关工作的情况汇报并进行协商讨论，7个部门相关领导及区政协相关委室领导、部分区政协委员参加，区政协顾世明主席和郑建庆、吴建平、傅亚文副主席参加，副区长、区公安分局局长谢晋应邀参加。

【“三服务”专题调研活动】 2019年2月28日，区政协主席会议开展“服务企业、服务群众、服务基层”专项调研活动，实地参观卧龙控股集团有限公司，听取集团董事长陈建成关于企业发展情况介绍，并就优化营商环境、资产并购重组等方面开展座谈调研，区政协主席会议成员、区政协各委室主任、区纪委、区监委派驻第四纪检监察组组长、区政协社情民意委副主任及在卧龙控股集团的区政协委员参加调研活动。

（杨雅芬）

民主党派·工商联

民革绍兴市上虞区基层委

【概况】 中国国民党革命委员会浙江省绍兴市上虞区支部(以下简称民革上虞支部)于2019年1月22日成立,有党员21人,其中人大代表、政协委员5人。2019年,被民革浙江省委会评为2019年度全省"民革e家"建设使用工作先进集体一等奖,被民革绍兴市委员会评为先进支部。

【民革上虞区支部成立】 1月22日,民革绍兴市上虞区支部成立大会在上虞区举行。绍兴市政协副主席、民革绍兴市委会主委余利明对支部成立表示祝贺。

【参政议政】 民革上虞区支部成立以来,参加区委统战部组织的政党专题协商会,对区人民法院工作、"上虞孝德文化"发展、"三服务"工作、"促进民营经济高质量发展"等专题开展协商建言,支部班子成员参加民革省委会关于"助力民营经济高质量发展"座谈会,并围绕法治为民营经济保驾护航做主题发言。

两会期间,《夯实枫桥经验、在基层开展"无讼村"创建的建议》的书面建议被区人大列为重点督办建议。丁迪飞委员代表作题为《加强基层知识产权保护,优化营商服务环境》的大会发言,另有3篇材料列为大会书面交流材料。全年共上报各类社情民意信息53条,其中被市级、省级机关录用28条,被民革中央录用1条。

配合民革市委会专题调研,围绕基层企业知识产权需求现状和1号数字经济开展调研,其调研课题"加强基层知识产权保护,优化营商服务环境"作为民革市委会调研的子课题,被省委会采用作为集体提案提交此次省政协大会。

【"博爱—同行"社会服务】 打造"博爱—同行"服务品牌,开展"三服务"活动,全力画好"同心圆"。年内,民革上虞开展以"法律助发展"为主题的专项活动,深入企业进行"法治体检"活动,与基层干部群众进行法律风险防范交流。在文化社区专题开展"3·15"国际消费者权益保护普法宣传活动,增强消费者法律意识,帮助消费者维护自身合法权益。开展"医疗服务进社区"主题公益活动,在百官街道文化社区开展关于女性更年期健康知识以及哮喘预防与诊治的讲座,护航社区居民健康。以"暑期送法助基层"为主题,前往多个社区开展法治宣讲活动,通过法律知识讲座、面对面交流等多种方式为居民讲解"非法集资""套路贷"的形式、案例、危害等。

围绕劳动合同签订与纠纷预防、工伤事故认定条件、安全生产、农民工维权途径等主题为浙江大东树脂有限公司、浙江品得模具有限公司、绍兴上虞银邦化工有限公司等企业开展普法活动。与东关街道樟塘小学进行结对共建,并联合举行"共庆辉煌七十年 同心共筑中国梦"爱国主义教育活动。开展"12·4"国家宪法日主题教育宣讲活动,为浙江华维外国语学校、小越街道中学、上虞区卫生健康局等师生、干部解读宪法。

(丁迪飞)

民盟绍兴市上虞区基层委员会

【概况】 2019年，民盟绍兴市上虞区基层委员会(以下简称民盟上虞基层委员会)共有盟员90人，在职盟员76人，退休盟员14人。为进一步加强基层组织参政履职能力，决定撤掉退休支部，新设机关支部，重新调整明确基层委员会及各支部内部监督工作负责领导。基层委员会分为机关支部、科技支部、文卫支部、上虞中学支部、春晖中学支部。

基层委员会获民盟浙江省委会2018年度“不忘合作初心，继续携手前进”主题教育活动先进集体。

【传统教育基地建设】 完善春晖中学“盟员之家”建设。全年，胡愈之故居共接待来自四川、河南焦作、嘉兴、柯桥、嵊州、诸暨等22批次532人次的盟员到上虞传统教育基地考察或进行“盟员之家”建设调研；春晖中学基地共接待17批次328人次。

【提案议案与社情民意】 年内，盟内26位代表、委员(其中列席代表、委员5人)参加市、区的人大、政协“两会”，履行职责，建言献策。围绕中小微企业发展、营商环境改善、基层治理、文化旅游发展、健康养生、城市品质提升、交通治堵等方面，共提交政协集体提案5件，个人提案23件、代表建议5件。“两会”期间，龚宏武委员代表民盟上虞基层委员会作题为《为民营中小微企业纾困解难 助推实体经济健康发展》发言；《关于把“特色小镇”打造成“智慧小镇”的几点思考》列入大会书面交流材料，另有1件提案被评为年度优秀提案。

向区政协提交社情民意信息34篇，其中市政协采用3篇，区政协采用5篇。信息报送被省委会采用11篇，《关于加强医院手术室外来器械和手术跟台人员管理的几点建议》被盟中央录用。通过盟中央妇女工作委员会，上报“企业数字化转型”“以企业家队伍整体提高来促进制造业高质量发展”和“强化金融对农业经营主体的支持 助力乡村振兴”等5篇社情民意信息，其中1篇被盟中央录用。

年内，基层委领衔承担盟省委、盟市委重点调研课题各1项，盟员向盟省委法制论坛、教育论坛提交《探索中美知识产权摩擦下的法治实践》《以基本公共教育服务均等化促进乡村教育振兴》《加快中小学评价与考试制度改革推进教育评价体系创新发展》等论文。《城镇化进程中乡村教师幸福感现状调查与对策研究》获盟省委教育论坛优秀论文。

【支部活动特色鲜明】 民盟上虞区基层委员会盟员之家被授予“民盟浙江省委会五星级盟员之家”，10月，科技支部被命名为民盟绍兴市委会第二批市级规范支部，文卫支部被命名为第二批特色支部，还被授予“民盟省委会2019年十佳特色基层组织”称号。各支部特色鲜明，春晖支部以春晖与教育、春晖与胡愈之的文化挖掘，文卫支部以爱心为主题的特色行动，科技支部以服务基层、服务企业、服务经济发展的美好生活宣讲，上虞中学支部的“一路同行”以学生为主体的心理健康教育，机关支部的参政调研。

【社会服务活动】 年内，基层委员会组织盟员分别走乡村社区、进校企，开展形式多样的社会服务活动。文卫支部“一路同行”志愿服务队看望永和镇朱巷村因病致困的白血病患者并送上慰问金；全国科普日，支部6位盟员医生参与助力，参加广场义诊。科技支部“美好生活宣讲团”走进崧厦街道潘韩村，3位盟员为群众宣讲有关防止金融陷阱、传销骗局预防消化道疾病等知识。爱心艺术团走进小越街道中学，为学生们奉献演出。文卫支部走进闰土小学，与孩子们共同栽种“民盟希望之树”。在上虞职业教育中心，基层委员会建立社会服务基地，开展“武术进校园”推广传承活动。在教师进修学校，2位盟员为幼师班学生开展钢琴、声乐现场教学。儿童节前，基层委员会组织赴嵊州市谷来镇小，与民盟嵊州市基层委员会联合开展“童心向党 同心筑梦”“六一”关爱行动。文卫支部赴诸暨与当地盟组织开展盟务工作交流，为东白湖中学学生演出。上虞中学支部、春晖中学支部联合走进盖北镇中学开展送教下乡。高温时节，慰问一线工作者，为实验小学上德校区新建工地民工送去药品、夏令品。开展“进百家 访百企 解百困”访谈调研活动，向盟内外企业发放问卷12份。

(桑江珍)

民建绍兴市上虞区基层委

【概况】 中国民主建国会上虞支部(以下简称民建上虞支部)成立于2019年10月,现有会员9人,分别由企业家、教师、政府部门人员组成。作为新兴支部,民建上虞支部将秉承会的优良传统,加强自身建设、发挥自身优势,切实履行参政议政、民主监督和参加中国共产党领导的政治协商职能。

【省政协来上虞调研】 4月18日,浙江省政协副主席、民建浙江省委会主委陈小平,民建省委会秘书长高波到上虞调研民建基层组织筹建工作。绍兴市人民政府副市长、民建绍兴市委会主委陈德洪,民建绍兴市委会专职副主委兼秘书长单国君,上虞区委政协主席顾世明,上虞区委常委、统战部部长王永表,民建绍兴市委会办公室主任李福勇等陪同调研。陈小平一行走访民建会员单位,考察调研杭州湾海上花田和e游小镇。

5月21日上午,省政协副主席、民建浙江省委会主委陈小平带队到上虞开展"民营经济高质量发展"专项民主监督活动。

【民建上虞支部成立大会暨第一次会员大会】 10月20日,民建绍兴市上虞区支部成立大会暨第一次会员大会在上虞举行。绍兴市副市长、民建绍兴市委会主委陈德洪对支部成立表示祝贺。大会选举出民建绍兴市上虞区第一届支部委员会委员和副主委委员。

民建上虞支部成立大会暨第一次会员大会全体成员合影
(阮方圆 提供)

【参政议政履职尽责】 年内,民建上虞支部积极参政议政,履好职尽好责,自觉履行社会责任,凸现时代担当,有多个会员深入基层调查研究,向上级部门建言献策,《关于基层滥用抗生素问题的几点建议》被民建中央、省委会录用,另一篇《关于加强中医药发展能力建设的几点建议》被民建绍兴市委会录用;《关于特色小镇培育建设》被民建绍兴市委会录用,《关于推进e游小镇数字文创小微企业发展的建议》作为区政协一届四次会议重点提案。

【交流活动】 11月16日,民建上虞支部与湖州太湖支部、绍兴财贸金融四支部开展交流活动。民建绍兴市委会专职副主委单国君应邀出席活动。3个支部分别就支部特色工作及民建基层组织会员参政议政、新会员发展、活动形式等方面进行交流与探讨。

(阮方圆)

民进绍兴市上虞区基层委

【概况】 2019年,中国民主促进会绍兴市上虞区基层委员会(以下简称基层委)新发展会员2名,至年底,共有会员84名,基层委下属春晖、医卫、机关、文教、综合5个支部。在年内,基层委获民进全省基层组织建设优秀创新案例"好点子"奖。

王植枝会员、余之宇会员获中华人民共和国成立70周年纪念章。基层委主委章颖芳被评为民进全国组织建设先进个人。贾小华会员获浙江省"三八红旗手"称号。顾少波会员越窑青瓷作品参展"进博会"。

【参政议政】 市、区"两会"上,基层委共上交提案、建议案37件,其中集体提案5件。提案《关于继续深化完善"最多跑一次"改革的建议》获市政协八届三次会议优秀提案;提案《深化产教融合,推动校地协调发展》被评为区政协一届三次会议重点提案和优秀提案。全年上交社情民意信息40多条,被民进会中央录用2条,被民进省委会录用2条,被省委办录用1条,被绍兴市政协采用2条,上虞区政协采用12条。

【民主监督】 基层委结合区委区政府重点工作,组织会员开展民主监督、政党协商等活动。参加区委统战部组织的“聚焦项目,大抓落实”和“最多跑一次”改革专项视察、体验、民主监督活动。开展孝德文化和优化民营企业发展环境专题协商调研,并向区委统战部提交高质量的调研报告。参加全区机构改革情况通报会,区委常委会民主生活会意见征求会,区法院重点工作情况专题协商、传承弘扬孝德文化座谈会、“三服务”专题协商、“促进民营经济高质量发展”专题协商座谈会。会员撰写的《勇立时代潮头 打造便民方舟》入选省政协《70年70人——浙江省政协庆祝中华人民共和国 人民政协70华诞史料专辑》;《懂政协 会协商 善议政》登载在省政协微信公众号“同心苑”“政协人新时代新风貌笔谈”第56期。

【社会服务】 年内,基层委持续推进“微公益”活动,组织“爱心健康服务队”和“向阳花开志愿队”做深做实“关爱病残孤儿”“春联万家”“法制大讲堂”“民进微课堂”“向阳花小课堂”等服务;致力于非遗文化的学习、推广和传承,在东关街道中心小学、顾氏越窑青瓷研究所扎实开展“非遗传承”主题实践活动;走进小越街道开展为民义诊,走进曹娥街道开展“行动散播温暖,传承续写新篇”为民拍摄、中医养生等服务。赴四川小金县捐赠音响设备、体育用品,并开展送教助学。下属各支部开展特色服务:医卫支部赴基层卫生院开展送医服务,文教支部赴各乡镇街道开展文化惠民服务,春晖支部走进新居民学校开展送教助学活动,综合支部组织社区居民开展全民健身服务,机关支部走进农村帮扶农小二开展农夫市集。（刘燕敏）

九三学社绍兴市上虞区基层委

【概况】 2019年,九三学社绍兴市上虞区基层委员会(以下简称基层委)围绕中心,服务大局,凝心聚力,积极履职,被社浙江省委评为“2019年全省社会服务工作先进基层组织”,被社绍兴市委评为2018年度先进基层委。

【履行参政议政职能】 在绍兴市两会上,基层委提交人大建议2件,政协提案6件;在区两会上,提交集体提案6件,个人提案19件,其中1件集体提案,2件个人提案被立为重点提案;编入区政协大会发言材料3篇,陈炯军代表社基层委作题为《做“深”做“活”现代农业,推动乡村产业振兴》的大会发言;梁业代表三胞眷属界别作题为《打造具有地方特色的城乡社区,助推我区居住品质提升》大会发言。基层委《发展全域旅游 建设休闲上虞》《关于推动我区乡村振兴的几点建议》2件提案获“2018年度优秀提案”。

全年向区政协、社绍兴市委报送社情民意信息60多篇,其中2篇被社中央录用,9篇被社省委录用;1篇被省政协录用,1篇被省委统战部录用,9篇被绍兴市政协录用,9篇被区政协录用。基层委领导参加政党协商7次。10多人次参加政协“有事好商量”及“请你来协商”专题活动。100多人次社员参加人大、政协、统战部、法院等组织的民主监督活动。

【领导调研】 2月13日,上虞区委常委、统战部部长王永表调研党派工作,与各民主党派、工商联及无党派代表人士开展交流座谈。基层委主委徐光华参加会议。

3月11日,绍兴市人大副主任、九三学社绍兴市委主委丁晓燕来上虞调研,并赴社员企业了解民营企业的经营状况及当前发展中碰到的问题,听取企业家的意见建议,开展“三服务”。

【社会服务】 基层委在梁湖街道吴家楼村建立社会服务基地,并于5月31日进行挂牌。11月17日,基层委组织社员在服务基地开展以“不忘合作初心,助力乡村振兴”为主题的医疗、科技下乡服务,共为150多人次村民提供医疗服务,赠送价值5000多元的药品和蔬菜种子,300多份各种小礼品,发放科普资料300多份。为助推“和美社区”建设,4月19日,基层委组织社内医师开展健康讲座与急救知识培训。年内,基层委组织社员看望梁湖街道吴家楼村的6户大病患者及困难家庭。（陈　瑾）

11月17日,基层委组织社员在梁湖街道吴家楼村开展服务 （陈 瑾 提供）

工商联

【概况】 2019年,区工商联(总商会)扎实抓好服务企业工作,切实推动基层商会建设,顺利完成换届选举工作,积极开展参政议政活动,着力构建亲清政商关系,及时落实中心工作任务,各项工作进展有序。

【完成换届工作】 8月18日,区工商联(总商会)召开第一次会员代表大会,区委书记陶关锋出席开幕式并讲话。大会审议通过区工商联(总商会)第八届执行委员会(理事会)工作报告,选举产生了区工商联(总商会)一届执行委员会(理事会)及主席(会长)、副主席(副会长)、秘书长、常委(常务理事),孙东红当选为区工商联(总商会)主席(会长)。

【界别委员参政议政】 组织工商联界别委员开展参政议政活动。专门召开政协工商联界别委员提案撰写征询会,两会中共提交集体提案4件、个人提案20件,撰写社情民意4件、调研材料1篇。开展界别周活动和委员活动日2次,参与垃圾分类专项监督等活动,提交建议、意见12条。

【组织培训】 2月28日举办《2018年企业所得税汇缴新政管控与新个人所得税申报实操》培训班,4月11日举办问题员工处理技巧与无风险裁员操作实务培训班,6月18日举办2019税收新政梳理和企业财务合理筹划培训班,邀请有关专家就企业税收、风险掌控、财务管理等知识作专题讲座,近150名企业相关人员参加培训。

【建设基层商会】 年内,区工商联(总商会)加强基层商会组织建设,进展顺利。1月5日,虞商广东商会召开成立大会,首批企业会员57家,谢永灿当选为会长。1月14日,上虞区泉州商会召开成立大会,首批企业会员53家,个人会员48人,曾华远当选为会长,吴文权、刘基安当选为名誉会长。7月20日,虞商西安商会召开成立大会,首批企业会员35家,沈洹洹当选为会长。

【推进企业互助基金及商调会服务】 利用企业互助基金,年内,区工商联(总商会)帮助68家会员企业转贷121笔,涉资金14.20亿余元;商调会共调解涉及会员企业、个人民商事纠纷75起,涉案金额603.95万元。

（金 穗）

群众团体

总工会

【概况】 2019年,上虞区各级工会组织扎实推进工会改革,深入开展“三服务”活动,着力打造更具“引导力、创造力、服务力、凝聚力、战斗力”的“五力”工会。

【十六届八次全委(扩大)会议召开】 3月20日,区总工会召开十六届八次全委(扩大)会议,会议总结回顾2018年全区工会工作,研究部署2019年工作。区委常委、副区长张朋越到会讲话,区政协副主席、总工会主席蒲伟明代表区总工会常委会作题为《开启新征程 勇当排头兵 奋力谱写新时代上虞工会发展新篇章》的工作报告。区总工会全体机关干部、各乡镇(街道)、区直部门工会主席参加会议。

【评选表彰区劳动模范和模范集体】 4月29日,区总工会召开表彰大会,对各条战线工作积极、表现突出的个人和集体给予表彰,王飞等38名人获评“上虞区劳动模范”、人民医院护理团队等6家单位获评“上虞区模范集体”。区四套班子领导参加表彰会议,并为新评选的劳动模范和模范集体颁奖。

2019年绍兴市上虞区劳动模范表彰大会暨先进事迹报告会参会人员合影 (总工会 提供)

【调整完善职工疗休养政策】 5月24日,区总工会等五部门联合下发通知,调整和完善职工疗休养政策,疗休养组织实施方式实行五选一:一是对口支援(帮扶、合作)省、自治区、直辖市的疗休养;二是周边五省的疗休养;三是浙江省内的疗休养;四是绍兴市内的疗休养;五是上虞区内的疗休养。随着越来越多的职工选择在区内疗休养,区总工会把深化区内职工疗休养基地建设作为全面落实“三服务”活动的重要内容,在提升第一批基地质量的基础上,年内新认定44个点为第二批区级职工疗休养基地。

【义诊活动】 5月6日,区总工会联合区卫健局,共同开展劳模“送健康、送美丽”义诊活动。来自区人民医院、妇幼保健院及下管镇卫生院的章更生、陈建明、徐建萍、贾萍娟等8位劳模医生,涵盖内科、儿科、护理、神经科、泌尿外科等多个科室,到东关街道五猖庙广场参加义诊活动。

【第一届消防安全重点单位微型消防站比武竞赛】 5月29日,区总工会和区消防救援大队联合举办“上虞区第一届消防安全重点单位微型消防站比武竞赛”,竞赛分为机关文卫组、商贸行业组、化工行业组三大组别,有161个小组、483人参加,现场设有60米三盘水带连接消火栓出水操(打靶)及60米油盆灭火(男子组、女子组)两个项目。9家单位获单位集体奖,18组获60米三盘水带连接操个人先进奖,18人获60米油盆灭火(男子组)个人先进奖,18人获60米油盆灭火(女子组)个人先进奖。

【70周年国庆活动】 国庆前夕,区总工会与上虞日报社联合举办以“壮丽70年、奋斗新时代”为主题的“我身边的劳模”征文活动,共收到社会各界征文53篇,向70年来为上虞建设发展做出卓越贡献的劳模们表示崇高敬意。9月24日,区财贸系统举行庆国庆职工歌唱比赛,经过前期的海选和复赛,共计12位选手参与决赛争冠。

【美丽乡村建设讲解员技能比赛】 9月30日,美丽乡村建设讲解员技能比赛在章镇镇举行,比赛分笔试、讲解词创作、讲解三部分,来自各乡镇街道的22名选手运用视频、PPT等影像资料,分别讲解各村的风俗民情、人文历史、农业休闲观光旅游等丰富资源,尽情展现不同乡镇村社的新活力、新面貌。

【志愿巡河活动】 10月22日,区总工会组织机关党员干部到上浦镇大善小坞村、昆吞村、四峰村,开展“五水共治”志愿巡河活动,开展河道保洁、捡垃圾,同时向村民宣传有关“五水共治”政策。

【制伞创意大赛】 10月30日,2019中国伞城·崧厦伞博会制伞创意大赛在区体育场举行,20家来自杭州、泉州、厦门、晋江等省内外的著名制伞企业,以及东道主崧厦本地伞企参与比拼。20家制伞企业的代表轮番上场,以实物、图片、视频全方位展示参赛作品,专家评委根据产品质量、功能创新、文化元素、实用新颖、市场前景等现场亮分。

【区工会第一次代表大会召开】 11月8日,上虞区工会第一次代表大会召开,区委书记陶关锋出席会议并讲话。区领导陈坚、顾世明、赵文中、赵俊杰、蒲伟明等出席开幕式。绍兴市总工会党组书记、常务副主席赵爱庆到会致辞,蒲伟明代表上虞总工会向大会作工作报告。大会选举产生区总工会第一届“两委会”委员和出席绍兴市工会第八次代表大会代表,蒲伟明当选为区总工会第一届委员会主席。

绍兴市上虞区工会第一次代表大会现场

(总工会 提供)

【区总工会地块列入征收改造范围】 根据区政府的统一规划,区总工会地块列入征收改造范围,区政府以产权置换方式进行安置补偿,易地新建上虞区职工之家(暂名),新址总用地面积10000平方米,土地性质为划拨土地,规划建筑面积8000平方米,建成后为区总工会职工学校、工人文化宫、职工服务中心场所,由上虞区政府指定上虞城中村改造投资开发有限公司建设,资金由上虞区财政全额保障。 (周建桥)

共青团

【概况】 截至2019年底,上虞区共有团员26717名,团区委直属团组织84个,其中乡镇(街道)团委20个,区直部门单位团组织44个,区直学校团组织18个,非公企业团组织2个。在庆祝中华人民共和国成立70周年、纪念五四运动100周年的重要时间节点。团区委贯彻区委及团市委的工作部署,紧紧围绕年度重点工作清单和“三个年”活动、“三个一批”项目等重点工作,在“全团大抓基层”的征程中奔跑出青春加速度。

2019年,团区委获评2018年度浙江省五四红旗团委,并在绍兴共青团年度考核中荣获第一名。区青少年综合服务平台——青年之家获评2018年全国“青年之家”主题活动季优秀项目。

【绍台两岸青年双创中心暨新农人联盟馆揭牌】 元旦

上午，绍台·两岸青年双创中心揭牌暨新农人联盟馆开馆仪式在区举行，该双创中心成立，有利于助推上虞农创与文创产业融合发展。

【开展新春送温暖活动】 1月16日下午，团区委、区青企协联合开展2019年度“青企暖寒冬 团圆聚新春”新春送温暖活动。团区委机关工作人员和区青年企业家分成4支队伍，分别前往长塘镇、岭南乡、章镇镇和丰惠镇，共走访慰问低收入农户青少年家庭20户，送去慰问金2万元，慰问品1万元。

【服务春运活动】 1月21日，“青春志愿行·奉献新时代”2019年上虞青年志愿者服务春运“暖冬行动”暨“冬日‘递’暖”“快递从业青年服务月”活动启动仪式在上虞客运中心举行。此次志愿活动共招募志愿者310人，服务时间为年前11天(1月21—31日)，年后8天(2月16—22日)，服务地点为上虞客运中心和高铁绍兴东站。

【“志愿大脚掌”走进基层】 年内，团区委脚印遍及上虞20个乡村街道和10个偏远农村，开展共青团走基层志愿服务活动。1月30日，志愿者在盖北开展志愿活动，3月20日，在百官街道和岭南乡提供免费健康检查、理发和宣传教育，6月，走进东关街道、驿亭镇、长塘广陵村、岭南乡东橙村和梁宅村，了解民情，考察美丽乡村建设，8月15日，前往丰惠镇和章镇镇，提供金融宣传、健康咨询等免费服务项目。10月18日，在梁湖街道、永和镇、丁宅乡为村民送上便民服务。

【圆梦微心愿公益植树活动】 3月10日上午，“爱留共青林·温暖追梦人”——2019青少年圆梦微心愿公益植树活动在曹娥江西岸江滨体育公园的共青林举行。活动中，上虞温州商会向岭南乡中心学校的20名留守儿童送上“微心愿”礼物和“心愿树”牌，一起种植、认养30株红叶石楠“心愿树”，并赠送4万元青少年追梦基金。此次活动共有200余人参与，种植红叶石楠树苗50棵，女贞树苗100棵，修剪护理树木100棵。植树活动后进行“环保袋画地球”“共青林寻宝”活动。

【赴小金县开展扶贫协作】 3月20日，共青团上虞区委、上虞区青年企业家协会组成的代表团走进四川省阿坝藏族羌族自治州小金县展开扶贫协作。区团委与共青团小金县委签订结对共建协议，向小金青少年捐赠1.5万元的发展资金以及价值40万元的爱心物资。上虞区青年企业家协会5家会员企业与当地贫困学生结对，捐赠10万元的青少年发展资金，并组建“创业导师团”，与当地创业青年开展创业项目对接。此外，一同前往的上虞e游小镇管委会相关代表与小金县人社部门签订人才定向输送合作协议。

【“瓷源”传承人养成计划启动】 3月20日下午，在上浦镇大善小坞村，上虞“瓷源”传承人养成计划正式启动，区团委计划在接下来的1年时间里，分别对区职教中心、上浦中学等90位同学进行相关科目的授课教学和专业化辅导，推动上虞青瓷人才队伍建设上的薪火相传。

“志愿大脚掌”共青团走进基层　　（区团委　提供）

4月14日上午，中国工艺美术大师关宝琮为“瓷源”传承人养成计划青苗班的同学上第一课　　（区团委　提供）

【朗诵团选拔】 4月14日上午，“娥江追梦人”朗诵团选拔活动在青少年宫一楼报告厅举办。全区的近120名选手报名，最终挑选排名前30位。

【绍兴市大学生暑期实习岗位推介会】 6月21日，由共青团绍兴市委主办，共青团上虞区委承办的2019年绍兴市“家燕归巢·引凤筑巢——拥抱大绍兴”大学生暑期实习岗位推介会(浙江大学专场)在浙江大学紫金港校区校友楼西溪厅举行。活动由团上虞区委书记李梦嘉主持。团绍兴市委书记赵浪平，浙江大学团委副书记卓亨逵，团绍兴市委副书记石生元等领导出席活动。来自浙江大学的30余名绍兴籍在校大学生到场参与。

【大学生暑期实习面试】 7月4日，2019上虞区“家燕归巢”大学生暑期实习面试在区青少年宫的三楼会议室进行。从报名的200余位同学中初步筛选出100余位进入面试环节。面试分成上、下午，上午为区直部门、国企场，下午为乡镇街道场。

【志愿服务月启动仪式】 12月5日，2019年“12·5”主题志愿服务月启动仪式暨“爱在后备箱”爱心义卖第七季活动在曹娥街道乡贤广场举办。此次义卖所得共1475元，所得善款全部用于高龄、空巢老人，留守儿童，残疾青少年关爱，并组织有意向的爱心义卖人士共同参与后期慰问活动。

【青年社会组织公益创投活动】 12月11日上午，2019年上虞区青年社会组织公益创投活动正式启动，现场共有25个项目进行答辩。经活动评审委员会评定，共产生四星级项目3个，三星级项目5个，二星级项目6个和一星级项目7个。 (赵文跃)

妇联

【概况】 绍兴市上虞区妇女联合会(以下简称区妇联)有上虞区女企业家协会、上虞区家庭教育研究会、上虞区旗袍艺术协会、上虞区女书法家协会、上虞区农村妇女科普协会、上虞区木兰拳协会、上虞区霓亮爱心志愿服务社、“虞妹子”新农人联盟和“虞之韵”女子公益合唱团9个社团组织。2019年，联合会实施“头雁培育十百千计划”，培育浙江省“三八红旗手”1名，绍兴市“三八红旗手”6名、“三八红旗集体”3个，共评选最美创业女性、最美家庭、最美婆媳、最美巾帼志愿者等区级各类家庭290户、先进典型80位。巩固深化区委巡察组巡察整改成果，制定整改措施57条，完善制度27项，建优妇联机关。扎实开展“不忘初心、牢记使命”主题教育，全面落实“守初心、担使命，找差距、抓落实”总要求，组织专题学习13次，开展调研走访12次。

在全区第一批、第二批“五星3A”创建村开展“巾帼助力美丽庭院”集中攻坚月活动，各级妇联组织累计开展各类助力行动1653次，发放宣传资料4.6万余份，参与人数达8000余人。深化“妇联＋科普协会＋创业导师＋虞妹子、虞嫂子+X”的培养模式，承办绍兴市女性创业创新联盟建设推进会暨“虞妹子”创乐秀成果展示，举办“虞妹子+X”乡村振兴巾帼风采农产品展，活动期间累计上万人到场参加活动，当日销售总额达8万元，10余家媒体争相报道、10万余人关注。与建设银行形成战略合作关系，联合推出“巾帼创业贷”，为全区8位创业女性发放贷款760万元。开展“建设法治上虞·巾帼在行动”活动，加强对婚姻法、反家庭暴力法、反邪教、儿童防性侵等的法制宣传，全区各级妇联共开展各类主题宣传活动150余场次。与区纪委联合举办“幸福守望”领导干部家属培训班3期，75位正科级领导家属参加培训。与区委宣传部联合开展第十一届社区邻里月活动，全区38个社区开展“邻里同乐互动”“邻里守望互助”“邻里共议互宣”“邻里共学互促”“邻里传颂互评”等活动400余次。联合推出“好家庭信用贷”项目，向各类先进家庭提供金融优惠服务，累计发放贷款18户，金额309万元。

【妇联一届四次执委(扩大)会议召开】 1月17日上午，上虞区妇联召开一届四次执委(扩大)会议，区妇联一届全体执委，在虞浙江省第十四次妇女代表大会代表，各乡镇、街道妇联主席，区直机关(局、系统)妇委会(妇工委)主任，区妇联下属协会及团体会员负责人，区妇联全体机关干部等70余人参加此次会议，区委副书记王奇洲出席会议并作重要讲话。会上，表彰通报崧厦镇妇联等12家2018年度妇联工作先进集体，金爱丽等20名2018年度妇联工作先进个人。会议选举替补丁张月、王奕、陈雪芳、罗期佳、竺春燕、蒋莎6人为区妇联第一届执委，选举竺春燕替补为区妇联第一届常委。

【区“三八”国际妇女节纪念暨表彰大会举行】 3月7日下午，上虞区妇联为迎接第109个“三八”国际妇女节，在文化艺术中心举行“乡村振兴她风采 巾帼建功新时代”——上虞区“三八”国际妇女节纪念暨表彰大会。大会表彰优秀基层妇女干部代表、最美家庭代表、美丽庭院示范户代表、“虞妹子”文创庭院、“上虞人家”巾帼示范民宿、乡村旅游巾帼文明岗、乡村旅游业“最美”女主人、女性创新创业基地。

【绍兴女性创业创新联盟建设推进会在上虞召开】 5月23日，绍兴市女性创业创新联盟推进会在区召开。绍兴市妇联党组书记、主席邢南艳，中国建设银行股份有限公司绍兴分行党委书记、行长林强，上虞区委常委、副区长张朋越，绍兴市文广旅游局党委委员、副局长杨颂周，绍兴市农业农村局调研员王财宝，绍兴市妇联党组成员、副主席楼建飞及各县市区妇联主席、分管主席、部室负责人、女性创新创业代表等参加此次会议。参会人员学习参观“虞妹子”新农人联盟馆、丁宅馆、文创馆、陈溪馆，“虞妹子”创乐秀成果展示以及“虞妹子”新农人联盟成员单位——悠游玫瑰园和南野农庄，同时表彰省级最美庭院、巾帼示范民宿(农家乐)、最美民宿女主人等先进典型。

【绿币计划】 出台“绿币”兑换生活用品制度，以庭院美丽、垃圾分类等具体指标为得分点，通过督查评分发放“绿币”，设立村(居)“绿币超市”，农户以此等价兑换生活用品。在陈溪太平山村和百官外严村试点取得初步成效的基础上，9月10日，在陈溪乡太平山村组织召开全区深化美丽庭院建设暨全域推开“绿币计划”现场会，全域试点实施“绿币计划”，全区22个村设立“绿币超市”，建成“绿币计划”(美丽庭院)示范带20条，新增“美丽庭院”1.11万户。

“绿币计划”被绍兴市委组织部列入绍兴市“美丽庭院”建设十法，并专门在“绍兴信息”上介绍上虞实施“绿币计划”的经验做法，《浙江日报》也刊登外严村实施“绿币计划”后的成效。

【赴景宁开展结对帮扶】 区妇联、区女企业家协会一行赴景宁县开展“山海协作”结对帮扶，在红星小学举行“爱传递·梦起航——不忘初心 与爱同行”捐赠仪式。两地妇联签订《上虞区妇联与景宁县妇联山海协作框架协议书》，在重大活动互动机制、宣传共赢机制、加强女性创业合作等方面达成相关协作事项。捐赠仪式上，上虞区女企业家协会、上虞区妇女发展基金共捐赠10万元物资，其中捐赠红星小学山海画意美术室5万元，捐赠外舍社区、红星社区、城南社区儿童之家5万元物资。

“山海协作”协议书签订现场　　（区妇联　提供）

【区女企业家协会成立30周年庆典活动举行】 10月30日下午，上虞区女企业家协会成立30周年庆祝大会在上虞宾馆召开。大会颁发杰出成就奖、新锐精英奖、特别贡献奖，表彰23位优秀女企业家对事业的坚守和对社会的贡献。现场举行“她力量 赢未来”女性高峰论坛，浙江神光材料科技有限公司董事长宋世红、浙江友谊菲诺伞业股份有限公司董事长吕苗芬、晨辉光宝科技股份有限公司总经理甘彩英三位优秀创业女性和“创二代”女性代表、浙江阮氏塑业有限公司常务副总经理李娟分享创业经验和发展理念。

区女企业家协会成立30周年庆典活动(区妇联　提供)

【上虞农商银行成立妇联】 12月20日晚,浙江上虞农村商业银行股份有限公司第一次妇女代表大会召开。区妇联副主席陈丹出席会议并致辞,上虞农商银行领导班子成员以及妇女代表共计94人参加会议。全体参会人员认真听取妇联筹备工作报告,并审议通过《浙江上虞农村商业银行股份有限公司第一次妇女代表大会选举办法(草案)》,选举产生第一届妇联执行委员会委员,罗妙娟当选为上虞农商银行妇联主席。

(蒋　莎)

科　协

【概况】 2019年,区科学技术协会(以下简称区科协)按照习近平总书记提出的科协组织要坚持"为科技工作者服务、为创新驱动发展服务、为提高全民科学素质服务、为党和政府科学决策服务"的职责定位,贯彻实施《全民科学素质行动计划纲要》,加强科协系统组织建设,开展学术交流,普及科学知识,推广先进技术,服务科技人才,紧紧围绕四大重点人群(青少年、农民、城镇劳动者、领导干部和公务员)开展百场科普宣传进农村(社区)、学校、机关等活动,提高全民科学素质。推进"院士专家工作站"建设,开展建站　企业工作交流,组织动员全区各级科协和广大科技工作者积极投身科技创新和经济建设。

【区科协第一次代表大会召开】 3月28日下午,上虞区科学技术协会举行第一次代表大会,区委书记陶关锋出席开幕式并讲话。区人大常委会主任陈坚,区政协主席顾世明出席,区委常委、组织部部长周树森主持开幕式,市科协主席黄浙平致辞。会议表彰区首届"十佳优秀科技工作者"、全民科学素质工作先进集体和先进工作者、科协系统先进集体和先进工作者。陶关锋代表区四套班子向大会召开表示祝贺,向受表彰的各类先进表示敬意,向全区各条战线的广大科技工作者致以问候。开幕式上,区科协主席孙云苗作工作报告。

【院士专家工作站建设管理】 全年创建省级院士专家工作站1家,新建市级院士专家工作站8家,柔性引进院士5名,领军人才专家3名。累计建立25家院士专家工作站,其中1家国家站,3家省级站,先后共柔性引进院士29名,工作站总数位省市前列。工作站累计引进高校院所科技专家178人,培养企业高级专业技术人才166人,建站企业与院士团队在研项目累计达87个,共获得国家专利504项,其中发明专利131项,累计参与制定国家和行业标准48个。年内,区科协对10家院士专家工作站进行绩效考核,促进工作站的建设与管理,在留住人才用好人才的同时,助力企业产业健康发展。

【重点科普活动与科普基地建设】 据测评,上虞全区具备科学素质公民的比例达12.8%(市定目标12.5%),比"十二五"期间提高4.6个百分点,居全市第二名。全年,区科协组织开展"送医下乡、文化下乡、科普下乡"三下乡服务13场次;邀请中科院老科学家科普演讲团9人来上虞作科普报告17场,受益6000余人次;充分发挥区科普馆主阵地作用,向市民及青少年普及科普知识;新创建市级科普教育基地2个,市级农村科普示范基地1个,市级农村科技示范户3个。

【第四届"曹娥江论坛"暨环保成果发布会召开】 11月21日,由上虞区政府、浙江省环境科学学会、浙江工业大学共同主办的第四届"曹娥江论坛"暨环保成果发布会在上虞举行,省科协党组成员、秘书长谢牧人参加大会并致辞。会上,省环境科学学会上虞协同创新服务站揭牌成立,浙江工业大学上虞研究院4个科技服务项目在会上签约。会议邀请6位环保领域专家作专题报告和圆桌论坛，优秀环保企业代表、工业生产企业代表120人参会。

【加强区级学会制度建设】 区科协所属学会涵盖教育、医疗卫生、农业、财会、税务等行业领域。年内，区科协通过深入调研，探索实施学会季度工作沙龙制度、学会年度工作星级评审制度、学会项目申报等三项制度，加强与学会的沟通联系以及对学会的工作指导，持续推进区级学会改革与发展，使学会活力进一步激发。

【全力服务科技工作者】 为加强与虞籍院士专家的联系联络工作，区科协为虞籍院士各订一份《上虞日报》，并赠寄区科协编印的《科学与文化》杂志。加强与组织、人社等部门的联系与合作，举荐表彰优秀科技工作者，全年向绍兴市推荐5名科技工作者参加优秀科技工作者评选。开展“全国科技工作者日”活动，慰问科技战线上有突出贡献的科技工作者。

【开展高端人才对接活动】 年内，区科协与浙江大学、北京航空航天大学、苏州大学、天津中医药大学、杭州电子科技大学、台湾逢甲大学、澳大利亚迪肯大学等院校院士、专家建立合作关系，开展高端人才对接交流活动11批次，邀请对接院士12人，高层次专家人才30余人次，邀请北大原校长许智宏院士作客春晖讲堂，与浙江大学朱利中院士对接浙大——上虞技术转移中心筹备工作等；配合北京—绍兴周活动，对接在京院士曹春晓、钟群鹏、陈建锋参加开幕式；邀请虞籍新材料领域专家参加第三届中国新材料产业创新发展论坛；配合上虞人才发展大会，邀请省科协、市科协领导参会，新建的8家院士专家工作站在会上授牌；邀请景益鹏院士、朱利中院士参加首届乡贤大会。

【农函大教育培训】 围绕“三农”实际，整合培训资源，农函大上虞区分校与全区乡镇、街道农函大辅导站通力合作，借势借力开展各类培训活动。全年开展短期适用技术培训366次，受益群众27000余人次。区科协在村“两委”班子成员、科普示范基地负责人、农民高级技师等农村致富带头人、新农村建设“领头雁”队伍中，选定培训对象6人，参加省科协农村实用人才、科普惠农带头人科学素质提升班学习，进进行专业技能培训、辅导。

（叶佳维）

文 联

【概况】 2019年，区文联坚持以人民为中心的文艺导向，服务大局，服务人民，增强文艺工作者的脚力、眼力、脑力、笔力，促进文艺事业的繁荣发展。

用文艺反映时代风貌，为经济社会发展鼓劲。组织作家深入乡村、深入群众，书写、讴歌在全区农村开展的“五星达标、3A争创”活动。20多位作家参加“乡村振兴在上虞”采风创作活动，创作20多篇文学作品，在《上虞日报》连载，并在文联公众号等微信平台设立“上虞作家走读乡村”专栏宣传推介。参与乡镇（街道）的经济文化旅游活动，送“文创”项目、“文创”活动上门。协办、承办“陈溪竹隐小镇风情年启动仪式暨闹元宵系列文化活动”、岭南乡“覆卮山杯”首届器乐邀请赛、丰惠镇“梅花节”、丁宅乡“桑果节”、盖北镇野藤葡萄节等大型节庆文艺活动项目。创建崧厦街道西华村“区级书法村”，举办全区农民书法大赛。帮助挂联的陈溪乡和下属村开展富有特色的竹隐小镇品牌策划、推介工作，参与指导系列文化旅游活动。打造上虞孝德文化品牌。区文联会同区孝德文化研究会召开上虞孝德文化理论研讨会，出版《虞舜的传说》画册、《曹娥的传说》校本教材等书籍，发展浙江理工大学科艺学院、区职业中专等单位为第三批“孝德文化教育示范基地”，采用多种形式送孝德文化进社区、学校、企业，营造孝德文化新风尚。推进乡贤联谊工作。举办多次乡贤文化、乡贤联谊活动，在胡愈之故居举行“世界语文化教育基地”的挂牌仪式。

开展文艺“三服务”活动。春节期间抓好慰问服务，举办写春联送春联活动11场，送戏曲曲艺、音乐舞蹈节目10场。区老年书画研究会到11个乡镇、23个社区书写春联6910对，赠送国画小品110幅，大年夜在绍兴高铁东站向旅客赠送春联。深入群众抓好需求服务，组织区戏曲、音舞家协会成立“心连心”艺术团，开展“放歌新时代、文艺进万家”主题系列活动30多场。建立义务摄影和书画服务组织，常年下乡下基层送艺上门，为小越街道倪梁村千余名村民拍摄“全村福”。举办、协办“我和我的祖国”快闪拍摄、“颂党颂祖国”专场声乐演唱会等文艺服务演出活动20多场次。“娥江书场”组织公益演出40余场，戏迷活动72场。举办清廉上虞书画展、首届油画、水彩画展等大型展览活动10多场。主动上门为“科创“服务。

用多种形式提升文艺工作者“四力”素质。利用协会换届把中青年文艺骨干、文艺人才选上来，担任协会领跑者。组织各协会开展多次下基层采风、创作活动，感受社会生活变化，打开创作视野。组织曹娥江诗会、艺术沙龙等活动，扶持、推介新人新作和重点作品。邀请外地名家到上虞进行指导、交流。著名诗人蒋立波等一行5人到上虞参加曹娥江诗会，省书协艺术指导与工作委员会2019年年度工作会议在区召开，浙江画院20名画家来上虞采风写生，著名作家袁敏、文学评论家朱首献来上虞讲课。抓好重点阵地平台建设：《曹娥江》杂志提档升级，刊物质量提升；“娥江书场”运作管理升级，举办公益演出、文化走亲活动，举行新年音乐会，组织“曹娥江杯”系列文艺人才沙龙邀请赛，文艺人才脱颖而出；区文联微信公众号内涵升级，设“会员风采”“佳作欣赏”“走读乡村”等栏目，推出各类文字作品、信息180多篇，美术、书法、摄影作品近1000幅。

“曹娥江之声”2020年新年音乐会　（刘育平　摄）

【庆祝中华人民共和国成立七十周年系列活动】 协办“壮丽七十年，奋斗新时代”——上虞区庆祝中华人民共和国成立70周年图片展，组织志愿者队伍，接待省内外参观团队500多批、参观浏览者5.2万多人次；举办“壮丽70年 讴歌新时代”——庆祝中华人民共和国成立七十周年上虞区书法美术展、“盛世华诞”书画展；组织音舞家、戏曲家协会创作排演多台文艺节目，在《娥江书场》举办国庆专场系列演出活动；创作一批以庆祝中华人民共和国成立70周年为主题的优秀作品，除了在各级报刊上发表和演出、展览，内刊《曹娥江》第三期杂志和上虞文联微信公众号设立专栏进行登载。

【绍兴市上虞区文联第一次代表大会召开】 8月30日，上虞区文学艺术界联合会第一次代表大会在区老年大学举行。区文联下属团体会员共255名代表和特邀代表42名参加会议。区委书记陶关锋出席开幕式并讲话。区领导陈坚、顾世明、王奇洲、潘立峰、章颖芳等出席开幕式。绍兴市文联主席金一波到会致辞。丁志强代表上虞（市）六届文联委员会作题为《勇立潮头担使命　砥砺奋进攀高峰——努力开创新时代上虞文艺繁荣发展新局面》的工作报告。会议审议通过上届文联委员会工作报告和章程的修改。选举产生区文联第一届委员会及其主席、副主席、秘书长。丁志强当选为区文联第一届委员会主席。

【文艺创作成果】 在县市级以上发表和获奖、入展、入选、演出的达1000篇（件）以上。儿童短篇小说《木槿花开》获2018年冰心儿童新作奖。摄影集《飞阅上虞》出版。8位会员《时·空》作品入第三届国际摄影研讨会暨2019丽水摄影节。茹晓芳获2019香港国际声乐公开赛艺术歌曲专题组中年组二等奖。徐煜的多篇书法论文入选全国第三届《中国书法论文集》。区残联文联黄建根获第九届全国残疾人文艺汇演器乐类东部赛区金奖，陆忆获浙江省残疾人迎国庆诗朗诵银奖，并在绍兴“迎八一，残健共融”演出活动获诗朗诵一等奖。

中华孝亲敬老文化传承与创新大会现场

（陈肖平　提供）

残联

【概况】 2019年，全区有乡镇（街道）残联20个、残疾人专门协会5个，残疾人专职委员20名，持证残疾人16913名（含沥海1367名），占全区总人口的2.17%，其中肢体残疾8683人、听力残疾2225人、视力残疾1755人、智力残疾1583人、精神残疾1991人。全年享受困难生活补贴和重度护理补贴的残疾人累计12238人次，补助金额2785.31万元，其中困难残疾人生活补贴5122人次，补助金额1333.63万元，重度残疾人护理补贴7116人次，补助金额1451.68元。全区1760名灵活就业残疾人享受养老医疗保险补助，总补助金额932.66万元。年内共有15496名残疾人和多名残疾军人参加意外保险，保险补贴金额31.26万元，49人获理赔，理赔金额29.38万元。

根据残疾人实际需求，区残联举办各类培训班2期，免费培训310人。推进残疾人就业工作，受理残疾人就业咨询、指导、登记36人。开展春季残疾人就业专场招聘会，100余名残疾人参加。实施“助学工程”，资助残疾学生及残疾人家庭子女86人，发放助学补贴36.27万元。对全区机关、企事业单位开展按比例安排残疾人就业情况申报认可工作，申报认可企业729家，残疾人按比例就业人数1648人。

开展精准康复服务，对全区767名新增的持证残疾人开展康复需求调查并建立康复档案，区残联发展各方力量进行康复服务7506人，精准康复服务率99%，基本康复服务率99.84%，辅具适配率98.52%；为7个残疾人康复活动室新配置康复器具，确保全区残疾人“小康路上，一个也不能少”目标的实现。全年为残疾人验配助听器9台，验配盲人智能眼镜25台，装配下假肢8条、上肢假肢1条；对残疾儿童在定点康复机构进行康复训练的，有45名儿童申请补助，补助金额63万元。改造无障碍设施71户，赠送无障碍辅助器具530件。422名重性精神病人住院报销后自负部分医药费用，凭有关凭证申请补助，补助金额233万余元，其中安康医院24名精神病人住院医药费补助47万余元。

残疾人专职委员列入公益性岗位指导目录，组织开展乡镇（街道）残疾人专职委员招聘20名乡镇街道残疾人专职委员进入岗位。

【助残活动】 5月10日至6月10日，以“自强脱贫 扶残共享”为主题，上虞区首次将“助残日”活动延伸为“助残月”系列活动。5月16日，区特殊学校首家公益淘宝店开张，店中挂出七、八年级同学亲手制作的刺绣、发饰、挂件等手工作品，现场成交十几单。17日，副区长陈刚及残联相关负责人到盖北镇看望慰问困难残疾人家庭，送去党和政府的关怀。19日，区残联联合曹娥街道办事处在乡贤文化广场开展全国助残日活动，邀请“96345”社区服务中心、区康复医院、区自闭症儿童康复中心等多家单位现场设摊开展爱心服务，现场设法律援助、健康义诊、康复咨询、就业咨询以及理发服务等，现场活动爱心满满。26日，区残联与中国人寿上虞支公司赴谢塘阳光庇护中心开展微心愿活动。

【残疾人庇护机构建设】 “残疾人之家”建设被列入省政府十大民生实事项目，区出台《关于分解落实残疾人之家建设任务的通知》，明确目标要求，给出建设模式，理清政策机制。按照“托养为主，就业为辅”的定位，年内19个乡镇（街道）通过多种形式共计完成20家残疾人庇护机构建设，庇护残疾人239名。

【阳光爱盲助行公益服务队成立】 8月17日，区盲协牵手区心梦义工社开展主题为“阳光助盲 共享芬芳”公益服务活动，并宣告成立上虞区阳光爱盲助行公益服务队。绍兴市盲协、绍兴市阳光助行公益联盟协会及区残联相关负责人参加成立仪式。

【绍兴浙大校友企业家联合会助残基金成立】 11月24日，绍兴浙大校友企业家联合会三地联合年会暨助残基金成立仪式在上虞开元名都大酒店举行，会长许和成代表捐赠方捐赠助残基金100万元，用于支持上虞区残疾人福利事业。区残联理事长杨科钦代表受助方接受捐赠，并回赠“助残扶残”爱心单位的牌匾。助残基金的设立，专用于残疾人的困难救助、应急救助和扶持。

【何夏寿获评2019年浙江省自强模范】 何夏寿，肢体四级残疾，原上虞崧厦镇金近小学校长，浙江省正高级特级教师、名师工作室导师。1996年，担任崧厦镇四埠小学校长。翌年成立“小鲤鱼文学社”，为提高教学的针对性，何夏寿探索总结“穿针引线”等10种童话写作法，指导文学社的孩子们在省级刊物上发表近百篇童话。2000年，浙江省作家协会将所在学校确立为全省唯一的青少年作家创作培训基地。学校出名后，将附近4所村小学并到四埠小学，并更名为“金近小学”。为在实践中提高教师的儿童文学素养，何夏寿带领学校语文老师编写全套六册《童话》教材，其中一册入选著名学者余秋雨任总编的义务教育课外读本《语文新天地》。2011年，他主导的金近小学“童话育人”被浙江省教科院选评为“浙江省十大转换育人模式”，在全省宣传推广，2018年，获第三届浙江省“最美教师”提名，2019年，获评浙江省自强模范。

【“蘑菇大王”何幼定登7月“中国好人榜”】 何幼定，长塘镇何家溇村人，现为桃花源蘑菇专业合作社负责人。11岁时，因一场意外导致双目失明。40岁时，何幼定信守对儿子的承诺，发愤图强，走上自主创业的道路。在家人和残疾人团队的共同帮助下，何幼定成功把合作社打造成为长塘镇农业产业化基地龙头、上虞区残疾人自强农业发展协会的会长单位、浙江首家盲人创业培训示范基地和浙江省残疾人扶贫示范基地。他诚信经营，其价廉物美的产品深受消费者欢迎，除销往本地市场外，还销往杭州、宁波、上海、广州和四川等地。他发家致富后不忘反哺家乡，回报当地群众和弱势群体。带动周边62户家庭种起蘑菇，为低保户和困难家庭提供种苗和服务，并吸纳11个残疾人在基地就业，为困难残疾家庭增收。2015年1月，何幼定获评第四届全国残疾人“自强创业之星”。2019年，何幼定登7月“中国好人榜”。 （黄佳敏）

红十字会

【概况】 2019年，上虞区红十字会以改革为抓手，以服务为导向，切实抓好党委政府和社会群众急需的“关键小事”，继续争当全市乃至全省红十字会系统的标兵，持续提供上虞经验、上虞模式。年内，区红十字会获全市红十字系统综合考评第一，被省红十字会评为省级先进单位。“上虞样本”在全国红十字领域备受关注，中国红十字会党组成员、副会长尹德明，省红十字会领导陶竞、黄元龙等分别前来调研指导。

年内，区红会完成组织换届，选举产生新一届理事会班子，配备1名挂职副会长，在全省率先实现专、兼、挂相结合的理事会领导班子。依法设立监事会，配备专职副监事长，实现理事会决策、执委会执行、监事会监督的内部治理结构。制定出台《上虞区红十字会改革实施计划》，超前谋划并部署落实红会改革，确保红十字会改革走在全市前列。

【打造“群众身边的红十字会”】 深化“红十字强基工程”和会员规范管理“两项试点”，构建区、镇街、村（社区）上下联动，学校、医院横向互动的组织网络，实现乡镇（街道）、行政村（社区）、学校、医院等领域红十字组织全覆盖，全区红十字组织达到537个。开展会员队伍整建工作，依托红会通APP平台建立分级管理的组织架构，程序化设计入会、转会、退会、发证、缴费、建档等流程，建立全区会员数据库，实行动态管理。“组织+队伍”“管理+服务”的基层组织建设“上虞样板”成为全省乃至全国经验，在上虞召开的省红十字基层组织建设现场会作经验介绍，受到省内外红会组织的重视和借鉴。

【红十字阵地拓展】 按照组织、阵地、活动“三位一体”思路，依托“党建带群建”，区红会加大红十字阵地的拓展力度，重点打造一批红十字特色平台建设，如：区生命安全教育体验馆、区红十字会会员服务中心、张村村博爱家园和博爱超市、金渔湾社区博爱家园、蔡林村红十字服务站、倪梁村红会馆、上源闸社区和城南社区“博爱驿站”等不同形式各具特色的精品点。全年新增生命安全教育体验馆1家，会员服务中心（室）3家，“博爱家园”2个，“博爱驿站”2个，博爱超市1个，红会馆1家，志愿服务站1家，急救学堂1所。

【探索红十字服务社会新方式】 依托“博爱超市”，做好困难救助和基层治理结合文章，一方面推行“爱心兑换券”，让困难群众每月免费领取一定额度的日常生活用品；另一方面推行“志愿积分兑换”，创新设立“志愿服务银行”，推出志愿积分“一本通”存折。章镇镇张村村的做法被省级媒体宣传报道。

【深入推进救助救援工作】 加强筹资募捐，全年共接收捐赠款物253.34万元，使用198.44万元。推进人道救助，继续开展“博爱送万家”活动，为全区315户困难家庭送去慰问金31.5万元；实施“母婴平安”“君安博爱”和“教育红十字博爱”项目，为困难外来高危孕产妇分娩、卫生系统困难职工和教育系统困难师生救助近14万元。开展东西部扶贫，向四川省小金县捐赠童装校服4962套(件)，公允价值28.22万元。深化应急救援，促进区红十字户外救援队队伍壮大，救援保障能力不断提升。全年组织开展各类救援、搜寻、安保等活动达200余次。

【做优应急救护培训品牌】 坚持救护培训进校园、进机关、进企业、进农村、进社区，所有乡镇(街道)均组织开展救护培训，所有“3A”村均开展救护普及培训和取证培训。机关事业单位将救护培训列入机关干部教育培训计划。推进健康素养进农村和社区文化礼堂、新时代文明实践站所，助推“健康上虞”。加强救护培训基地建设，巩固原有培训基地，拓展基层救护培训站点建设，为救护培训开展创造良好条件。加大救护师资管理和培养，出台《上虞区红十字会三级师资注册管理细则》《上虞区红十字会师资管理实施意见》。全年培训救护员3894人，普及救护知识40140人次。完成绍兴市政府民生实事工程，在公共场所投放AED16台(累计32台)。发放家庭急救包1000只，老人防跌包130只。

【捐献工作】 利用世界红十字日、无偿献血日等重要节日，加大“三献”工作宣传。注重发挥区人民医院、区中医院器官捐献工作站作用，加强器官捐献动员协调；联合区血库中心加大造血干细胞捐献登记动员宣传，进一步做强造干采样入库份额。加大区红会关爱生命志愿服务队的扶持力度，借助广大志愿者上街、进村、入户开展捐献宣传。加强对捐献家庭的人道关怀，开展对捐献爱心人士的走访慰问。全年完成器官捐献登记390例，造血干细胞捐献登记119例，成功实现器官捐献4例，眼角膜捐献4例，遗体捐献2例。

【红会信息化推进】 加快信息化建设步伐，打通红会通APP与微信公众号通道，举办红会通APP业务培训班，实现部门业务一网通办。梳理业务办理流程，启动网络办理，并将宣传折页、救助申请表、相关业务办理的二维码等进入部分镇村便民窗口。

【开展学校红十字工作】 加强师生会员意识，动员广大师生成为红十字会会员，中小学校师生入会率达90%以上。开展救护培训进校园，与教体局联合出台《关于进一步加强教育系统救护培训工作实施意见》，在全区中小学校广泛开展救护培训。区职教中心建成生命安全体验馆，并继续保持教师、学生救护培训两个全员取证；上虞中学持续做优“运动从救护开始”品牌；上浦镇中建成“急救学堂”将救护培训列入教学计划；其他中小学校也纷纷将救护培训列入校园安全工作并组织开展救护培训、应急演练等活动。助力暑期防溺水工作，在湖泊、河流等易落水地段投放游泳救生圈600多套，联合教体局开展“大手拉小手，防溺不松手”安全教育活动33场，受益18131人次。组织全区中小学校3万余名师生参加中国红十字总会举办的全国红十字应急救护知识竞赛。

【“阳光红十字”打造】 区红十字服务基层工作专题被钱江电视台专题报道。配合完成区人大审议《中华人民共和国红十字会法》贯彻落实情况，整改率达100%。继续做好红十字救援、关爱生命、敬老爱老、参与养老、防溺水、器官捐献协调、医务专家等红十字志愿服务品牌，加强捐赠款物管理和使用。 （金莉莉）

政　法

综　述

【概况】 2019年，上虞区以“平安上虞”创建“十一连冠”为总目标，贯彻落实上级关于政法平安综治维稳工作的一系列决策部署，坚持抓重点、破难点，补短板、强基础，深入推进平安上虞、法治上虞建设。区委政法委被推荐为绍兴市“平安护航新中国成立70周年”维稳工作集体三等功。（许丽娟）

【平安上虞实现“十一连冠”】 平安县（市、区）考评分数为971.02，居全市第2位、全省第31位，比上一年上升17位，创建成为省“平安县（市、区）”，实现“十一连冠”。2019年度通过构建全覆盖的责任体系、立体式的暗访机制、大平安的工作格局，全面推进平安建设各项工作，全区未发生“一票否决”事项和较大以上各类案事件。全年月度平安指数均进入全省第一方阵。（许丽娟）

【扫黑除恶专项斗争纵深推进】 全面推进扫黑除恶专项斗争攻坚年“五大行动”，认真落实扫黑、除恶、破网、打财、治乱、反腐、基层建设等各项举措；以扫黑除恶中央督导为契机，做好问题排查整改，扫黑除恶专项斗争进展顺利、成效明显。全区政治生态、经济生态不断优化，社会治安持续向好，群众对扫黑除恶工作满意率达98.85%。（许丽娟）

【基层治理】 以“乡贤回归工程”为载体，以“乡警回归”模式为范本，以“结对报到”为抓手，落实机关干部、教师、医师、律师等的回归，在全区开展“村社吹哨、结对报到”活动，扩大乡贤参与基层社会治理范围。探索基层治理“四平台”升级版，在崧厦街道试点实施“123工程”建设，聚焦“信息指挥中心一个中枢，社会矛盾纠纷调处化解中心（综治中心）和便民服务中心两大中心、做强网格员队伍、做实应急处置队伍、做优综合执法队伍三支队伍”建设，积极打造基层“四平台”升级版。以“平安网格”建设为抓手，开展“一体两翼”工作体系提升工程，以“网格提质、运行提效、服务提优”为目标，在盖北镇、小越街道开展第三方招聘专职网格员、农村社会工作者担任专职网格员试点工作。在试点镇街，网格员队伍从业余化、老龄化转变为专职化、年轻化。（许丽娟）

【“三色”预警机制】 探索平安建设（社会稳定）风险指数“三色”预警机制，结合平安建设（社会稳定）风险指数进行拓展扩容，纳入“智慧+”管理，将原“9+X”指标体系逐步接轨“7+19+47”（7项一级指标，19项二级指标，47项三级指标），并将“三色”预警纳入督考通报，全年共发布红色预警30次、黄色预警156次，各项指标呈逐年下降趋势。（许丽娟）

【执法司法和司法救助】 组织开展案件评查，评查的2件案件中有1件为涉法涉诉案件，其中瑕疵案件2件。开展司法救助，2019年度区司法救助案件共28只，救助群众38人，使用司法救助资金71.3万元。（许丽娟）

公　安

【概况】 2019年，上虞区行政区域面积1406平方千米，户籍人口77.94万人，登记流动人口21.96万人。全区实现生产总值978.11亿元，财政总收入147.61亿元；城镇居民人均可支配收入6.5万元，农村居民人均纯收入3.5万元。上虞区公安分局有内设机构23个、直属机构3个，下辖派出所22个，实有民警736名（含行政职工20名）、辅警1483名。新居民服务中心在编事业编6名，编外6名；驾考中心编外26名。

全区“110”有效接警总量9.67万起，其中刑事治安接警1.67万起，同比下降10.56%，四类侵财接警3842起，同比下降24.77%；共立刑事案件2830起，侦破835起，查处治安（行政）案件2500起，全年查处各类道路交通违法行为76.4万起。

2019年，上虞区公安分局先后获评全国维护妇女儿童权益先进集体；全省公安队伍正规化建设优秀单位、全省公安机关执法质量优秀单位，实现“十连冠”；全省公安机关信访工作优秀单位；全省扫黑除恶专项斗争先进集体；全市优秀公安局；区“平安护航新中国成立70周年大会战”维稳安保先进集体；区绍兴市第九届运动会暨第二届市民运动会先进集体；区政府工作目标责任制考核一等奖，列社会管理服务执法部门第一名；14个派出所在乡镇站所评议中均位列第一。下属百官派出所被评为全省首批“枫桥式公安派出所”，交通警察大队被评为全省“创文明交通、治秩序乱象”系列行动成绩突出集体；治安监督管理大队被评为全省打击整治跨境网络赌博犯罪“断链”行动先进集体；禁毒大队被评为全省“禁毒两打两控”专项行动先进集体；百官派出所姚阳潮被授予“全国模范退役军人”称号，被评为浙江省“十大优秀退役军人”、浙江省“最美退役军人”、绍兴市“十大优秀退役军人”。年度公安分局共有3个集体荣立三等功，2名个人荣立二等功，29名个人荣立三等功，2个集体和73名个人受到嘉奖。

（黄　瑛）

【组建“邻里警队”打造县域治理现代化新模式】 上虞区公安分局主动回应城区现代化治理需求，在89个小区组建由“社区民警+邻里警员+邻里义警”组成的“邻里警队”，并建立“一件小事、一次走访、一项服务、一次宣讲、一次评定和一次党员大会”为主要内容的工作机制。自实施以来，主城区治安警情同比下降达32.74%，纠纷调解率高达98.9%，群众安全感、满意度上升至近5年最高值。省委常委、政法委书记王昌荣，副省长、省公安厅厅长王双全先后实地调研并充分肯定。

（黄　瑛）

【打击假币犯罪初显成效】 上虞区公安分局发挥合成作战侦查优势，追源头、夯基础、打团伙、摧网络，强势推进打击整治假币违法犯罪专项行动，打击工作取得初步成效。2019年，分局先后破获摧毁假币团伙2个，捣毁制假窝点3处，抓获涉案犯罪嫌疑人12名，缴获假人民币140余万元，侦破全国首起假币收缴金额超百万元案件，假币犯罪打击工作在全省作经验交流。

（黄　瑛）

【改革创新纵深推进】 深化“枫桥式公安派出所”创建，上虞区公安分局百官派出所全力打造“县域城市基层社会治理样板”，创新组团城区“邻里警队”，副省长、公安厅厅长王双全半年内2次考察；丰惠派出所“乡贤治理·乡警回归”提升治理能力，得到省委常委、政法委书记王昌荣高度肯定，省委政法委刊文推广。开展派出所警务机制改革试点，推进社区民警专职化，打防效能全面提升。

（黄　瑛）

【群众交通幸福指数提升】 基于汽车保有量日益增长的实际，分局即时转变交通管理重点，由单纯“治堵”转变为提升市民交通幸福指数。一是打造智慧大脑，助力城市治堵“新突破”。创建交管大数据中心，打造交通状态前端感知体系覆盖城区主要干道和路口，已有超过48亿的总数据汇入，完成信号灯硬件升级改造，打造上虞交警实战应用一体化平台，一网整合视频监控和电子警察卡口。二是打造城市名片，织密出行护航“安全网”。三是打造治理格局，实现共治共享“全民化”。2019年，全区全口径事故死亡、生产经营性死亡事故和死亡人数均呈断崖式下降；共查处电动自行车各类交通违法行为77507起，同比增长

74.52%，头盔佩戴率达到97.1%；城区道路平均车速提高17.6%，道路通行能力提高13.8%，绿灯使用效率提高16.8%，平均排队长度缩短28%。（黄　瑛）

【"最多跑一次"改革深化】 2019年，改革实现率由年初的96.21%提升至99.33%，群众满意率由99.67%上升至99.96%。

一是开拓"新阵地"，全省率先推行不动产登记与户籍联办。深入推行"一证办""网上办"，"安心码"累计核验3.2万人次。创新开展不动产转移登记户籍联办、窗口业务接甬全城通办服务，落实个人生命周期"一件事"联办服务。二是聚焦"零距离"，打造多元化"邻里中心式"警务站。自年初城北警务站建立以来，共通过自助办、终端办及邻里警队业务代办等方式为城北商圈周边群众办结各类窗口业务共计3412件，辖区警民双向熟悉率提升至69%，相关经验做法先后被新华社、中国政府网等重量级媒体转载报道。三是设立"一站通"，实现新生儿"出生一件事"多证联办。四是围绕"零跑腿"，成立"助跑小队"实现"背包警务"拓展升级。（黄　瑛）

【为民上门办事】 上虞区公安分局践行枫桥警务模式，围绕人民满意标准，探索推出符合山区工作实际的"背包警务"模式，为民上门办事，形成"背包精神"。通过总结提炼"背包精神"，分局打破警种分界、辖区分界，实行互帮、互学、互动的"三互"团队机制，将服务区域从前期试点的岭南山区8个行政村延伸至下管、陈溪、丰惠，逐渐推广至全局各派出所，打造出一支背包民警队伍，实现"背包警务"不断档、不缺位。

（黄　瑛）

【"邻里中心式"警务站打造】 借鉴"邻里中心"一站式社区服务的先进做法，上虞区公安分局倾力打造"在民身边、与民为邻"的"邻里中心式"警务站。在城北商圈建成"邻里中心式"警务站，整合"铁骑警队"、巡特警巡逻队、派出所网格化巡防队、商圈保安队、微型消防队、民间救援队、"蓝行者"7支队伍，常态开展武装值守、治安巡逻、交通疏导等工作。推出4大类88项警务服务，切实做到零距离服务群众，被新华社等中央级媒体集中报道。新华社以《"邻里中心式"警务站服务社区》为题，对分局城北商圈警务站进行深入报道。（黄　瑛）

【居住出租房屋"旅馆式"管理模式创新推出】 年初，区公安分局在不断总结提炼区居住出租房屋"旅馆式"管理经验基础上，联合盖北镇以新时代"枫桥经验"为引领，打造"四色"管理样板，创新推出居住出租房屋"旅馆式"管理模式。4月25—26日，全市居住出租房屋'旅馆式'管理多元化模式现场推进会召开。盖北镇联合村居住出租房屋"旅馆式"管理多元化模式被全市推广，工作做法被中央电视台、浙江电视台报道。（黄　瑛）

检　察

【概况】 2019年，区检察院完成内设机构改革，被最高人民检察院评为"全国检察宣传先进单位"，被评为全省扫黑除恶专项斗争先进集体。办理的2起案件被评为"全国羁押必要性审查精品案件""全国检察机关民事检察典型案例"。办理的5起案件被评为"全省检察机关行政检察优秀案例""全省检察机关'保障千家万户舌尖上的安全'专项监督活动优秀案例""全省检察机关精品案例""全省检察机关枫桥经验优秀案事例"。第五检察部被评为"全省检察机关'守护海洋'专项监督活动成绩突出集体"，第二检察部被评为"全省检察机关2019年度集体二等功"。（王　琦）

【平安上虞创建】 依法打击各类犯罪活动，共办理各类刑事案件1762件3132人，其中，受理审查逮捕1016人，同比增长28.12%，受理审查起诉2116人，同比减少6.66%，共批准或决定逮捕901人，提起公诉1405人，移送上级院或其他院审查起诉42人。依法惩治故意杀人、故意伤害等严重暴力犯罪，共批准逮捕18人，提起公诉18人。依法打击盗窃、抢劫等侵财型犯罪，共批准逮捕303人，提起公诉410人。落实宽严相济刑事政策，推进诉源治理，不批捕115人，不起诉291人。以"民事裁判智慧监督系统"为依托，开展民事虚假诉讼专项监督活动，共查办虚假诉讼监督案件51件，涉案标的额770万余元。落实认罪认罚从宽制度,认罪认罚适用率、量刑建议采纳率逐月上升,12月份案件适用率达88.50%。实施“案件化办理”试点工作,共监督立案、撤案30人,纠正漏捕漏诉40人,提出刑事抗诉3件。落实“智慧检务提升年”活动,牵头做好“政法一体化办案”系统提质拓面工作。（王 譸）

【“三服务”推进】 出台实施《关于充分发挥检察职能推进“服务企业服务群众服务基层”的工作意见》。严厉打击职务侵占、挪用资金等侵犯民营企业财产权益犯罪,共批准逮捕、提起公诉各6人。开展涉民营企业案件立案监督和羁押必要性审查“两个专项”活动。规范涉税型犯罪不起诉标准。依法打击集资诈骗、非法吸收公众存款等涉众型财产犯罪,共批准逮捕11人,提起公诉13人。（王 譸）

【公益诉讼检察】 推进公益诉讼检察工作,共办理各类公益诉讼检察监督案件78件,其中,行政67件、民事11件,实现行政公益诉讼“四个领域”全面覆盖。探索“等”外领域案件办理。发挥诉前检察建议作用,推动相关行政机关依法履职,督促收回被套取和冒领的国家补贴资金381.3万元,督促收缴行政处罚罚款38万元。开展“守护海洋”检察公益诉讼专项监督活动,督促海涂农用地复垦280余亩。（王 譸）

【提供司法保障】 适应传统犯罪由线下向线上转变的新形势,依法打击电信网络诈骗犯罪,守护老百姓的“钱袋子”,共批准逮捕214人,提起公诉160人。严惩制售假药劣药、有毒有害食品犯罪,守护老百姓“舌尖上的安全”,共批准逮捕15人,提起公诉35人,办理食药领域公益诉讼案件23件。维护老年人的合法权益,依法打击保健品“骗老坑老”犯罪,共批准逮捕10人,提起公诉28人,办理养老机构服务、管理监督公益诉讼案件10件。助力打好污染防治攻坚战,严惩破坏生态环境和资源保护犯罪,共批准逮捕11人,提起公诉43人,办理生态环境和资源保护领域公益诉讼案件24件。（王 譸）

【基层社会治理】 持续推进“12309”检察服务中心便民窗口建设,升级信息查询、律师阅卷等“一站式”服务。认真开展“法律监督行动年”活动,共制发各类检察建议192件。深化公益损害与诉讼违法举报中心平台建设,开展“举报宣传周”活动,提升社会影响力。畅通群众反映诉求渠道,共妥善处置群众来信来访280件次,办理刑事申诉案件10件。加大国家司法救助力度,共办理司法救助案件15件,救助18人。向百强企业寄送《民营企业常见法律风险提示》,发布《建筑领域民营企业涉罪情况调查分析报告》。（王 譸）

【人民监督】 配合区人大常委会对区检察院3名员额检察官开展履职评议,并对照评议意见完成整改落实。加强代表委员联络工作,共走访各级人大代表、政协委员80余人次,主动向区人大代表、政协委员寄送《2018年上虞区刑事案件综合分析报告》。实施阳光检务机制,组织召开新闻发布会、主题开放日等活动6次,诚恳听取社会各界意见建议。依法公开案件程序性信息1931条,法律文书1141份,在省级以上媒体发表宣传稿件123篇,制播检察工作专题片4期。（王 譸）

法 院

【概况】 2019年,绍兴市上虞区人民法院(以下简称区人民法院)共受理各类案件19320件,办结19801件,同比分别减少4.02%和1.15%;一线法官人均结案342件,多年来案件持续增长势头得到有效遏制。（刘潇曼）

【刑事审判】 全年共受理各类刑事案件1015件,审结1017件,分别同比增加8.56%和10.42%。其中审结故意伤害、盗窃、抢劫等犯罪案件255件336人。审结电信网络诈骗、侵犯个人信息案件23件238人。审结生产销售有毒有害食品犯罪案件13件14人。坚持该严则严、当宽则宽、罚当其罪,判处3年以上有期徒刑398人,判处缓刑618人。首次适用认罪认罚从宽制度审理职务犯罪案件,审结贪污、贿赂等案件8件8人。判决区首例刑事附带民事公益诉讼案件,审结破坏生态资源犯罪案件30件51人。（刘潇曼）

【民事审判】 全年共受理各类民事案件9867件，审结9944件，同比分别减少8.88%和9.88%。坚持“应调尽调、当判则判”，通过调解化解纠纷3303件，民事案件调撤率、调解自动履行率分别达到57.90%和61.28%。其中审结婚姻、抚养、赡养等婚姻家庭案件899件。审结买卖、承揽、租赁等合同纠纷1851件。审结物业服务合同纠纷235件。探索知识产权案件“三审合一”，审结全市首起知识产权“三合一”刑事案件。（刘潇曼）

【行政审判】 全年共受理各类行政诉讼案件216件，审结195件。同比分别增加19.34%和9.55%，其中以调解、撤诉方式审结案件21件，实现依法裁判和协调化解相结合。加强法律释明和协调工作，妥善处置涉土地征收、房屋拆迁等群体性行政案件82件。推动行政机关负责人出庭应诉，行政首长出庭应诉率达97.56%。加大对行政处罚、行政征收等非诉行政执行案件的审查力度，共审查行政非诉执行案件74件，准执率100%。（刘潇曼）

【执行案件】 全年共办结各类执行案件8389件，同比增加9.89%，执行到位金额14.64亿元；司法拘留344人次，限制出境3951人次，限制高消费5944人次，纳入失信被执行人名单1909人次，对拒不申报财产的被执行人罚款1484人次。依法严惩拒不执行判决、裁定犯罪行为，联合检察、公安出台专项会议纪要，以涉拒执罪移送公安机关侦查61件63人，已判决35件36人。（刘潇曼）

【便民司法】 推进矛盾纠纷分类梳理、分流调处、分级解决。对收案占比较高的民间借贷、交通事故等纠纷，针对性开展源头治理，民间借贷案件同比下降24.61%，交通事故案件同比下降19.96%。把非诉讼纠纷解决机制挺在前面，设立区首个以调解员名字命名的“朱小英调解工作室”，1013起纠纷通过品牌调解室在诉前得到化解，其中物业纠纷694件，自动履行率达100%。设立绍兴首个“金融纠纷仲裁室”，由绍兴仲裁委员会专人驻点，设立3个月以来，已成功化解金融类纠纷10件，涉案标的665余万元。推广“在线矛盾纠纷多元化解平台”应用，受理各类纠纷4202件，调解成功率达97.36%，居绍兴市首位，让纠纷化解“最多跑一次”“最多跑一地”。（刘潇曼）

【智慧法院】 建成“24小时自助法院”，配备智能化服务终端，提供材料自助收转、信息自助查询等服务。推广“移动微法院”应用，在线完成立案、送达、调解等34324次，8102名当事人通过手机足不出户办理诉讼事务。深化电子卷宗随案生成和应用，电子卷宗随案扫描率达100%。推进政法一体化办案系统运用，审判协同比例达100%。（刘潇曼）

【司法改革】 统筹内设机构改革与审判团队建设，内设机构由18个精简调整为11个，新组建审判执行团队33个。完善法官考核问责机制，对工作出现差错、案件存在瑕疵的审判执行人员，及时进行谈话提醒，并按照案件瑕疵程度，相应作出扣减绩效分、扣罚考核奖金、通报批评、取消评先评优资格等6人次。深化刑事诉讼制度改革，联合检察院出台《常见罪名量刑指引》，准确适用认罪认罚从宽和速裁程序。落实危险驾驶犯罪简案快审，完善“2+2+1”快速办理模式，实现当天换押、当天宣判、当庭送达。（刘潇曼）

【服务大局】 营造法治化营商环境，依法保护民营企业及企业家合法权益，推动区人民法院20条服务保障民营经济发展的意见落地见效。防范化解金融风险，出台《关于打击整治“套路贷”违法犯罪的实施方案》，发布职业放贷人名录4期59人，审结金融案件866件。强化府院联动，深入推进破产审判工作，化解债务总额近96亿元，化解银行等金融债务40余亿元，盘活土地近110余万平方米，房产近59万平方米。处置“金盾”系八公司破产重整案，入选“全国十大商事审判案例”“浙江法院破产审判十大典型案例”，获新华网、法制日报、人民法院报等国家级媒体报道。推进扫黑除恶专项斗争。依法、准确、有力惩处黑恶势力犯罪，一审审结7件60人，其中5年以上有期徒刑21人，判处财产刑数额341.8万元；审结省级督办胡某某等13人涉黑案、程某某等14人涉“套路贷”涉黑案，专案法官孔敏被评为2019年全国法院先进个人。就重点行业、重点领域方面的漏洞、问题发送司法建议20件。

（刘潇曼）

【特色法庭】 出台《人民法庭工作考核办法》《人民法庭“三服务”实施意见》等，开展工作通报、联合会诊、案例推送等“五个一”定向服务60余次，如滨海法庭开展“企业建档”活动、章镇法庭开设“竹洞湖法律讲堂”等，打造“特色型”法庭服务品牌。邀请代表委员、人民陪审员、村干部等参与调解，按照“一庭一品”部署，打造“特色型”法庭文化品牌。（刘潇曼）

【队伍建设】 加强调研和学术研究，8篇调研文章、裁判文书在市级以上发表或获奖。开展警务技能集训，提升司法保障能力，司法警察大队获评“全国青年文明号”，系全省法院系统唯一获评单位。（刘潇曼）

司法行政

【概况】 全年，区司法局紧抓法治宣传教育、基础设施建设、基层矛盾调处、监管维稳安保、基层法律服务等司法行政工作，成绩突出。申报创建民主法治村（社区），累计建成民主法治村（社区）国家级2个、省级27个、市级129个。推进司法所3年建设计划，2019年度建成绍兴市级“枫桥式”司法所2个、上虞区级“枫桥式”司法所2个。全年累计新接收社区矫正对象368名，解除社区矫正对象347名。全年全区各级调解组织共调处矛盾纠纷5818起，调处成功5755起，成功率为98.92%，金额14671.48万元。（葛杭丽）

【依法治区工作稳妥开展】 年内，区委全面依法治区委员会组织召开第一次会议，下发《2019年法治上虞建设工作要点》。出台《上虞区重大行政决策目录管理办法》，要求各行政机关按决策事项具体情况履行公众参与、专家论证、风险评估、合法性审查、集体讨论决定等法定程序，确保出台的政策文件合法有效。开展《浙江省行政程序办法》情况专项监督检查和行政执法案卷集中评查活动，全面了解乡镇（街道）和部门单位法治政府建设工作开展情况。（葛杭丽）

【行政复议、应诉工作】 年内，共受理复议案件74件，审结66件，其中维持11件，申请人撤回后终止28件，确认违法和撤销27件，纠错率41%。在行政诉讼领域，收到以上虞区政府为被告的案件为42件，其中结案27起，败诉1起。制定《上虞区行政机关负责人出庭应诉管理办法》，定期发布应诉工作情况及典型败诉案件通报，指导开展全区行政应诉工作，下半年全区行政机关负责人出庭应诉率有较大提高。

（葛杭丽）

【“最多跑一次”改革】 年内，区司法局按照全省“八统一”及“减事项、减次数、减材料、减时间”的要求，全面梳理部门间办事的行政许可监管服务事项，全区“最多跑一次”事项实现率达100%，群众满意度居全市前列。牵头梳理出14个政府部门办事事项111件，7个部门62件办事流程及办事指南。（葛杭丽）

【法治文化阵地建设】 年内，推进基层法治文化阵地建设，新建法治长廊10余条、法治公园13个、法治广场7个、法治文化墙21处。建设完成诚信守法示范企业市级8个、区级40个，法律风险防范平台区级53个。

（葛杭丽）

【宪法宣传工作】 年内，区做好《中华人民共和国宪法修正案》实施1周年活动，印制5000册宪法口袋书发放至村（居、社区），累计开展“宪法进万家”“宪法入户”“宪法进村入企”等活动20余场次，组织政法干警、机关干部、人民陪审员、律师、普法志愿者宪法宣誓仪式，在城区8个候车亭展示宪法标语和宪法宣誓誓词，喷绘2路城乡公交车身广告，展示宪法宣传标语。年内，承办全省“宪法进万家”观摩活动现场会暨“浙里话宪法”网络直播活动。组织开展小学生宪法书法创作、宪法朗诵、宪法演讲等法治游园活动，制作“法润虞城”书画画册、宪法公园宣传折页、宪法宣传资料袋等宣传资料并进行发放，推进全区法治文化建设，深化宪法宣传教育实践。（葛杭丽）

【“七五”普法】 年内，区推进“法润虞城”三年行动计划，印发《上虞区2019年普法依法治理工作要求》，推动落实“谁执法谁普法”责任制。结合节假日开展“3·15”消费者维权宣传、“4·26”知识产权、“6·16”安全生产、第30个国际减灾日等主题宣传活动。注重青少年普法教育，落实青少年学生法院庭审旁听制度，组织学生法庭庭审旁听15次，受教育学生达2000余人。全年“上虞普法”微信公众号累计推送法治信息415条，制作《法治上虞》节目20期，《上虞日报》的《大家来学法》栏目推出850余期。（葛杭丽）

【基层矛盾纠纷化解】 年内，医调委受理调解赔付金额1万元以上的医疗事故纠纷22件，涉及赔付金额189.5万元；交调委共调解事故纠纷1736起，涉及赔付金额1467.31万元；物调委受理694起，涉及金额365.76万元；商调委84起，成功78起，涉及金额602.04万元；法院调解室共受理调解案件1013起，涉及赔偿额为8422.29万元。完善警调对接机制，全面推进调解联动工作，在全区各公安派出所设置人民调解工作室，全区共受理联动调解案件1021起，全部签订书面协议。深化检调对接机制，加强与区检察院工作室的沟通协调，检调对接工作室共受理案件7起，成功7起，涉及金额136万元。（葛杭丽）

【特殊人群修心教育帮扶】 年内，借助社会力量创建社区矫正修心工作品牌，在百官街道开展网格化矫正管理试点。全年开展心理知识业务培训6期，对360名社区矫正对象开展心理测评。突出重点犯罪领域集中授课，举办“学法修心、律师引领”大讲堂6次，涉及21个司法所400余名社区矫正对象。扩大帮教志愿小组队伍，开展多元爱心助力活动，共走访140余人次，累计爱心捐款1万余元。根据“九类特赦对象、五种禁止情形”，把握特赦条件，紧扣“九大步骤”，严格规范实施特赦，分3批共特赦26名社区矫正对象。截至12月底，全区在册社区矫正对象共495名，其中缓刑428名、假释17名、暂予监外执行14名、管制无。（葛杭丽）

【扫黑除恶攻坚】 年内，全力打好扫黑除恶攻坚战，发放扫黑除恶宣传折页30000余份，张贴宣传海报2000余张，拍摄扫黑除恶3分钟小视频于线上推播，并在首届“平安绍兴”微视频大赛中荣获“优秀作品奖”。（葛杭丽）

【人民调解组织建设情况】 年内，培育个人品牌调解工作室16个，打造一批“做得好、信得过、叫得响”的调解工作品牌，实现矛盾纠纷就地化解。拓宽专业调解组织范围，在公证、拘留所、企业信用等3个领域建立行业性、专业性人民调解委员会，规范经济技术开发区、高新技术园区、产业集聚区等区域人民调解组织建设，建立规上企业调委会111家。（葛杭丽）

【扩大社区矫正专职社工队伍】 年内，根据《关于进一步加强社区矫正社会工作者队伍建设的指导意见》（浙司〔2018〕115号）文件精神，2月初公开招考12名、乡镇转岗13名社区矫正专职社工。2月底，对25名社区矫正专职社工开展为期3天的集中培训，系统讲授社区矫正工作的性质、任务、工作流程及相关法律规定，梳理日常工作的主要内容和重点方向。制定出台《社区矫正专职社工管理办法》，建立工作考核与责任追究制度，规范社工队伍并切实加强对社区服刑人员的监督管理。（葛杭丽）

【社区矫正中心完成升级】 年内，社区矫正中心建设完成并投入使用，在三区十室基础上，又增设心理宣泄室、监地视频会见室、点亮一盏灯工作室等辅助功能区域，有序开展审前调查、入矫报到、教育谈话、集中学习、警示教育等活动。完成点亮一盏灯公益组织、浙江欣昇心理咨询公司入驻工作，成立区社区矫正中心检察官联络室，全面推进社区矫正工作制度化、标准化、规范化建设，定期会同公检法等部门，对全区矫正机构季度执法监管以及重大时段维稳安保工作进行联合执法督查。（葛杭丽）

【通过人民调解省级标准化试点项目】 年内，发布实施区人民调解标准体系，稳步推进全区各类人民调解委员贯标工作，以94.5分通过人民调解省级标准化试点项目。（葛杭丽）

上虞区人民调解省级标准化试点项目验收现场

（区司法局　提供）

【完成《人民调解工作规范》浙江省地方标准起草】 年内，区司法局受浙江省司法厅委托，归纳总结上虞区人民调解工作标准核心内容，组织召开省、市、区级人民调解领域专家研讨会4次，起草完成《人民调解工作规范》浙江省地方标准，8月8日正式发布。（葛杭丽）

【区宪法公园建造完成】 年内，筹资300万元建设完成绍兴市首个大型宪法主题公园——上虞区宪法公园，4月29日正式开园。（葛杭丽）

4月29日上午，省司法厅副厅长劳泓（左四）出席开园仪式

（区司法局　提供）

人民武装

综　述

【概况】 2019年，区以“军事训练全员提档提质年、主责主业全年落实落地年、品牌创建全面借势借力年”为抓手，持续深化国防动员体系建设，兵员征集、民兵整组、军事训练、国防教育等重点工作考评成绩均位列绍兴市第一。专武干部试点建设、民兵践行“枫桥经验”活动等7项工作的相关经验做法得到省军区肯定，民兵发挥“六联六员”作用工作得到省委常委、省军区冯司令员和市委马书记批示肯定，并在全国省军区系统推广，国防动员和后备力量建设各项工作取得阶段性成果。2019年，区人武部被浙江省军区评为先进团单位。　（卢颖颖）

【军事训练稳步推进】 全面落实方案预案全类对接一遍、训练教材教案全面修订一遍、重要武装队伍全员集训一遍、规定装备器材全部清点一遍、使命课题全程演练一遍、实战能力全域评估一遍“六个一遍”。2019年绍兴市专武干部集训考核个人前10名，区进5人；民兵岗位练兵大比武活动取得绍兴市综合第一，个人和专业集体课目共取得15个名次，其中个人前10名进入7人。11月，在曹娥江口门组织“民兵应急力量+民兵专业力量+民间救援力量”的联合救援演练，浙江省军区张副政委到场指导并点评表扬，相关活动在中国民兵报道。近年来，上虞区民兵应急连考核连续4年、专武干部考核连续2年取得绍兴市第一。

2019年11月12日，曹娥江防汛抗洪应急能力实兵演练，图为活饵救援　（卢颖颖　摄）

【民兵队伍融入地方服务建设】 近年来，区人武部按照“培养意识到形成自觉、组织引导到常态运行、试点先行到全区推开”的理念，深入探索实践新时代“枫桥经验”，把民兵队伍融入地方“三服务”活动、“网格化”治理、“大应急”构建等平台的综合系统，参与构建全民共建共治共享社会治理体系。2019年以来，区定期组织民兵进村（社区）、进企业、进校园，开展“中共声音、平安知识进万家”活动，当好平安宣传员；精选民兵情报信息员70名，将网站维护、软件编程等15名专业人才编入民兵队伍，并邀请公安网警作为辅导员，定期组织开展业务集训，当好民情信息员；设立“民兵人民调解室”，挑选有威信、讲公道的民兵担任矛盾调解员，当好纠纷调解员；按照“乡镇街道建队、村（社区）编组”的模式，乡镇（街道）建立20—30人的巡防队，村（社区）建立3—5人的巡逻组，当好安全巡防员；遇到重大节庆安保任务，基层武装部成建制组织民兵应急排全程配合当地派出所完成安防任务，当好维稳守护员;针对突发事件,与军分区、地方对接完善相关预案,预先设定任务队伍人员编组,确保第一时间作出响应,当好抢险战斗员。7月,区委平安办印发《关于开展民兵参与平安上虞建设活动的实施方案》,深化民兵参与社会治理的“六联六员”模式。截至年底,区共出动民兵参与化解矛盾纠纷、抗击自然灾害、重大节庆安保等任务共计1.3万余人次。

【探索开发基层武装工作综合管理应用系统】 区人武部针对新形势下基层武装工作指标量化更细、数据要求更准、要素涵盖更广等特点,指导曹娥街道研发集征兵工作、民兵整组、国防动员、军事训练、政治教育、双拥工作等19个导航功能和81个子项内容的智能化管理应用系统,在电脑单机和手机终端即可完成数据采集、编辑、上报和查阅等功能,为推进区“智能国防”建设的推进奠定基础。

【国防教育服务】 结合“不牢初心、牢记使命”主题教育,9月在梁湖街道、崧厦街道分别建设600多平方米的基层国防教育服务中心,总计400余万元,聚合国防教育、兵员征集、忠孝服务、军队面貌、国防动员、后备力量、应急管理、参建支建等武装工作各领域功能,着力构建面向群众寓教于乐的开放式综合展示体。

党管武装

【概况】 2019年,乡镇(街道)武装部政治教导员履行党管武装的政治责任,统筹推进经济建设和国防建设,党管武装在传承中创新、在创新中发展。全区专武干部队伍试点工作取得成效;组织召开全区议军会、全区党管武装工作会议;落实民兵整组和民兵比武练兵工作;调整专武干部队伍,落实专武干部队伍集训工作;开展党管武装工作量化考评。

【区委议军会议】 1月25日,区召开议军会议,区委常委、区人大常委会主任、区政协主席、区人武部领导、区直有关部门和单位主要负责人参加会议。会上,总结上虞区2018年度党管武装工作情况;系统梳理武装工作中存在的矛盾问题、已有的经验做法;研究决定制定区党管武装工作实施意见,并以区委文件的形式,固化升级为政策制度;研究制定抓建国防教育的实施办法;不断完善国防动员保障体系;建立征兵集中办公机制。

【区人武部组织年度专武干部述职大会】 12月26日,召开2019年度专武干部年度述职测评大会,对全区专武干部年度述职进行测评考核,现场打分、现场讲评。区委常委、人武部政委项延玳,区委组织部领导,人武部干部、职工及各乡镇(街道)基层武装干部、干事参加大会。此次述职测评大会38名乡镇(街道)武装部部长和副部长围绕政治学习、党管武装、兵役征集、国防教育、双拥共建等内容,对自己的工作亮点、问题短板及2020年工作筹划作述职发言,全体测评人员从“德、能、勤、绩、体”5个方面,廉洁自律、组织指挥、执行重大任务等14个考评项目对述职人员进行现场打分和综合测评,测评结果按优秀、称职、基本称职、不称职4个档次进行公布。会议还公布各乡镇(街道)各项年度重点工作排名考评成绩,对21个基层武装部工作进行逐一讲评。

民兵、预备役、兵役

【概况】 2019年,区人武部修订战备拉动、保障军兵种部队机动过境和非战争军事行动三类多个方案,编建基干民兵分队,组织实案化训练;完成上级赋予的兵员征集任务和全区国防动员和国防潜力数据情况调查,加大转业干部服预备役的教育管理;开展民兵整组工作,对专武干部、民兵连长、应急队伍等进行全面训练,区民兵应急连考核连续四年均获全市第一。

10月下旬,2019年度绍兴市森林消防应急比武演练在诸暨市永宁水库举办。6支队伍计120余名森林消防“引水灭火”队员参加比赛。以区民兵应急连为主组建的上虞区代表队分别获“水泵串联”项目第一名和“开设防火隔离带”项目第三名的成绩。

【基层专武干部队伍建设试点工作深入推进】 2018年1月,区人武部开始乡镇(街道)专职人民武装干部队伍建设试点工作。2018年7月,区制定出台《关于加强乡镇街道专职人民武装干部队伍建设的实施意见》。经过近几年摸索，区探索出一套“加减乘除”法(在制度完善上做加法，广纳英才“优结构”；在外部压力上做减法，轻装上阵“专主业”；在考核选任上做乘法，导向鲜明“增动力”；在心理壁垒上做除法，牢记使命“铸军魂”)，在提升基层专武干部队伍战斗力、优化素质结构、激活干事创业动力等方面产生良好效果。

【民兵干部集训】 3月22日至4月2日，区人武部组织民兵干部在区民兵训练基地开展为期12天的封闭式军事训练。集训集中全区21个乡镇(街道)及相关编兵单位的民兵干部参加训练，采取理论辅导、技能训练、经验介绍、现场观摩、研讨交流等形式，突出平时和战时国防动员理论、后备力量政策法规、民兵参与非战争军事行动组织实施、民兵政治工作等内容。

【全区基干民兵整组点验大会召开】 5月12日，区人武部在上虞城南高级中学体育场召开2019年全区基干民兵整组点验大会。点验大会参加对象为全区民兵整组列编的基干民兵，来自各乡镇(街道)及相关局办部门。此次点验分集中点验、分片点验和分队点验3种，分别对到点率情况，党员比例、退伍军人比例、高中以上学历比例和专业对口率4个指标情况，军容着装情况，官兵相识情况，台账资料汇总情况，点到率情况等7个科目进行检查点验考评。

2019年全区基干民兵整组点验大会现场(卢颖颖　提供)

【区人武部承接绍兴市装备维修分队和防化救援分队集训】 5月30日至6月2日，区人武部承担绍兴市民兵防化救援分队和通用装备维修分队集训。此次集训参训民兵，在上虞区民兵训练基地进行4天封闭式军事训练。由上级机关统一计划，区人武部承接训练，以《民兵军事训练与考核大纲》为基本依据，严格落实编训一致要求，落实按比例训练，采取“大专业、小集中”的方法，以理论辅导、技能训练、经验介绍、现场观摩、研讨交流等形式进行教学。

【民兵应急连集训】 6月14至20日，区人武部在民兵训练基地组织民兵应急连为期7天的集训，集训由人武部副部长任集训队队长，政工科科长任教导员。在实际训练中，区人武部调配有经历的民兵担任带练员。集训队员来自区各个行业各个岗位。集训采取理论教学与实际操作、室内学习与实地演练相结合的方式，课程主要涉及队列训练、体能训练、手榴弹投远、单兵战术基础、实弹射击、盾牌警棍术、抗洪抢险装备器材操作使用、水上救援、筑坝固堤土木作业、灭火救灾装备器材操作使用、山林灭火行动、个人防护自救等科目。

民兵应急连集训，图为水上救援　　(卢颖颖　摄)

【民兵岗位练兵比武】 根据年度军事工作安排，提升民兵练兵备战水平和遂行急难险重任务能力，7月17—22日，区人武部在民兵训练基地组织全区民兵进行比武选拔及集中驻训。此次集训主要涉及共同基础(自动步枪对固定目标精度射击)和团队专业技能〔应急专业(山林灭火)、通信专业(线路架设与撤收)、工程专业(团级指挥帐篷的搭设)、防化专业(利用班用帐篷开设简易消洗站)、运输专业(车辆的自救互救)、医疗救护专业(战场自救互救)〕等科目训练。26日,区参加绍兴市2019年度民兵岗位练兵大比武,在8个比武课目中,获专业集体项目3个第一名、4个第二名、1个第三名,7人进入绍兴市前十名,团体综合成绩位居全市第一。

【防洪抢险暨危险化学品运输车泄漏应急救援演练】 7月12日下午,2019年区防洪抢险暨危险化学品运输车泄漏应急救援演练在章镇镇龙浦村举行。邀请防汛抢险、应急救援、危化品处置3个专家组全程观摩点评。防洪抢险演练涉及管涌抢险作业、受灾村民转移、落水人员搜救等项目。危化品运输车泄漏事故应急救援演练设立现场警戒、水雾稀降、应急堵漏、环境监测、废水处置等作业。

【征兵任务完成】 2019年,完成上级赋予的249人(含4名女兵和2名直招士官)新兵征集任务,大学生征集比例为88.75%,大学毕业生入伍率为22.48%。组织召开全区征兵形势分析暨业务培训会议,与各乡镇(街道)及相关单位签订征兵工作目标责任书;7月组织乡镇(街道)目测初检,8月组织区站体检;宣传征兵工作,印发征兵政策宣传单,以短信提醒、电视播报、悬挂宣传横幅等方式进行宣传。

区连续2年被评为浙江省征兵工作先进单位,“五率”排名绍兴市第一,毕业大学生入伍率近绍兴市平均值3倍。

【征兵工作开启“最多跑一次”】 今年,区征兵工作开启“最多跑一次”模式,力争让适龄青年“只进一扇门”“最多跑一次”。通过上虞政务网、上虞在线公众号等载体,不间断传递征兵政策,在线实时解答疑问,让信息多跑路换来适龄青年少跑腿。区21个乡镇(街道)开启“一窗受理、集成服务、一次办结”征兵工作服务模式,每个兵役登记站开辟1个征兵政策法规咨询和登记窗口,发放征兵宣传资料,进行网上登记指导、解答应征疑惑、窗口电话告知等综合征兵服务。自开展“最多跑一次”服务零距离以来,区适龄青年兵役登记速率同比增长达85%,群众满意率达99%,陈溪乡、谢塘镇、驿亭街道5天实现兵役登记率100%。

【专武干部例会暨征兵业务培训会召开】 6月4日下午,区人武部召开全区专武干部例会暨征兵业务培训会。会议对上季度民兵整组、民兵轮训、跨区联训等工作进行回顾和检视,对下季度工作进行筹划,重点部署民兵应急连训练、民兵岗位大练兵以及征兵工作。

双拥共建

【概况】 2019年,区人武部常态开展参建共建,出动民兵参与化解矛盾纠纷、抗击自然灾害、重大节庆安保等任务。开展“你为国尽忠,我为你尽孝”“六个一”系列活动。举办首届“最美退役军人”发布仪式。跨区支援临海,抗击台风“利奇马”。

【参建支建】 区人武部按照“培养意识到形成自觉、组织引导到常态运行、试点先行到全区推开”的理念,探索实践新时代“枫桥经验”,全面推行“六联六员”模式,主动融入地方“三服务”活动、“网格化”治理、“大应急”构建等综合系统中,助力构建全民共建共治共享的社会治理体系。7月,区委平安办印发《关于开展民兵参与平安上虞建设活动的实施方案》,固化民兵参建支建模式。11月,民兵传承“枫桥经验”,发挥“六联六员”作用相关做法得到浙江省军区冯司令员批示肯定,同时被中国国防报、中国军网报道。截至2019年底,区人武部共出动民兵参与化解矛盾纠纷、抗击自然灾害、重大节庆安保等任务共计1.3万余人次。

【为军人行考排状】 区在组织“为你尽孝”活动中制定“六个一”方案,即建立一个“关爱军人”组织,成立一支公益志愿者队伍,制定一项军人家属结对制度,开展一次与现役军人家属互动,组织一次公益宣传,挖掘一批服务典型。截至年底,区21个乡镇(街道)建立“关爱军人家属”领导小组,成立“关爱军人”办公室,收集掌握现役军人家庭信息资料,组织公益志愿活动动员和培训,指导开展现役军人家庭走访和服务活动。2019年,全区有300多位志愿者担任“结对子女”,替现役官兵行孝排忧。

【抗击台风“利奇马”】 8月8日中午,区人武部下令集结民兵，把民兵队伍分为3个梯队，第一梯队执行负责辖区防汛救灾任务的同时兼顾城区内涝，曹娥江、杭甬运河堤坝险情处置；第二梯队执行负责辖区防汛救灾和跨乡镇机动支援任务；第三梯队由民兵应急连勤务排39人组成，由其作为全区机动力量，随时执行紧急抢险任务。据悉，此次救援区人武部共组织出动民兵1900余人次，转移群众983人，巡查危险点位110处，清理树枝、广告牌和疏通道路72处。截至救援任务结束，上虞区应急连转移群众80余人，给残疾人、孤寡老人、留守儿童送水、食物120多户。

（卢颖颖）

武　警

【概况】 中国人民武装警察部队绍兴支队执勤大队上虞中队（以下简称上虞中队），初创于1949年，1983年重新组建为武警绍兴市支队上虞中队。2018年1月根据武警部队规模结构和力量编成调整改革，中队由原中国人民武装警察部队绍兴市支队上虞区中队调整组建为中国人民武装警察部队绍兴支队执勤大队上虞中队。主要担负上虞区看守所外围武装警戒、驻地社会面反恐维稳以及其他突发性事件任务。

（石洪柱）

【组织建设】 2019年，推荐各类技术培训人员8名。在支部的坚强带领下1人被表彰为优秀党员，以及3名优秀义务兵、5名优秀士官和2名优秀基层干部。3月份，武警浙江省中队主题教育先行推进会活动试点在中队进行，中队关于新兵教育管理和手机管理经验在人民武警报3个整版刊发。2019年中队被武警浙江省总队评为“基层建设先进中队”。

【思想政治】 年内，中队紧跟时代前沿、紧贴形势任务、紧扣思想脉搏开展思想政治教育，牢固树立政治作首位意识，着力培育“四有”革命军人。扎实开展“传承红色基因，担当强军重任”主题教育，认真组织课后讨论，教唱革命歌曲，组织观看《将改革进行到底》、《强军》和《不忘初心继续前进》等央视政论片，开展“每周强军故事会”活动，培塑身边典型，引导官兵坚定理想信念，争当强军先锋。推进“四心工程”，开展“深知兵、真爱兵”“懂得战士、尊重战士、成就战士”等活动，做到“三个关心”（ 关心战士生活、关心战士困难、关心战士成长），为培养官兵成长成才打下坚实思想基础。

【中心任务】 贯彻“湖北会议”精神，加快推进执勤隐患治理。通过与区政府、公安局和目标单位多次协调沟通，整改执勤隐患5处。全年共计与目标单位进行9次联合方案演练，7次联合安全检查，完成临时押解勤务30余起。新营房建设在地方政府支持下推进，执勤设施完善配套。

【军事训练】 学习研究《军事训练大纲》，大抓应急班的实战化军事水平，落实人员、时间和质量。结合上级各类培训、集训等措施，加强中队军事人才队伍建设，注重发挥教练员“酵母”作用，大抓干部士官训练，提高干部士官组织指挥和教学能力，以干部士官训练带动中队整体训练水平。培养“一招制敌、一枪毙敌”能手为目标，突出体能、技能和射击等重难点科目训练，不断提高官兵能力素质，组织4批人员参加勤训轮换，获得总评第2名。

【安全管理】 开展“条令年”学习活动，通过条令训练和条令学习，提高官兵行为规范。干部深入兵中，了解战士的所思所想，温暖“兵心”促进了官兵融合。常态抓好安全隐患治理，全年以来共计排查安全隐患10余次。吸取兄弟单位事故教训，联合目标单位多次召开会议，消除隐患漏洞。（石洪柱）

消　防

【概况】 2019年是国家综合性消防救援队伍成立的第一年，在新的历史起点上，绍兴市上虞区消防救援大队（以下简称大队）持续推进“消防安全三年翻身仗”工作和“防风险保平安迎大庆”检查活动，完成建国70周年安保、第9号台风“利奇马”抢险救灾任务，并成功处置了“4·27”上虞区东关街道联星村塑料厂火灾、“9·18”驿亭镇华强塑料厂仓库火灾等急难险重

任务，以实际行动确保队伍建设和社会面火灾防控双稳定。（吴烨飞）

【强化练兵备战】 大队认真对标综合性救援主力军和国家队的职责使命，围绕“全灾种、大应急、综合性”的总要求不断提升综合救援实战能力。以全员岗位大练兵为抓手，立足普训要求，紧盯重点课目，打牢基础、夯实技能，严格落实党委议训和“三长一线”组训制度。大队成功组织上虞区防洪抢险暨危险化学品运输车泄漏事故应急救援演练、迎国庆、保平安”2019年浙江省天然气长输管道突发事件应急演练、参与2019年上虞区海上应急救援演练。

【消防安全专项整治】 大队全面深化化工行业提升整治、消防安全3年翻身仗攻坚年行动，积极开展冬春火灾防控、“防风险保平安迎大庆”行动、小微企业消防安全专项整治行动，推进高层建筑、老旧小区、居住出租房等重点领域综合治理，挂牌督办区级重大火灾隐患4家。年内，共检查单位2764家，发现火灾隐患3125处，下发责令改正通知书1352份，责令“三停”单位37家，临时查封单位25家，处罚62.71万元，拘留26人。

【建强多种形式队伍】 大队探索推进“1+6+X”消防救援站建设工作，2020年底前完成东关、章镇、小越、丰惠4个一级消防站的建设使用，2019年提档升级崧厦、道墟、岭南、下管、汤浦5个专职队独立建队；计划在一年内完成所有乡镇专职消防队独立建队工作；2020年计划在梁湖消防救援站筹建区级应急救援装备共享库，在梁湖消防救援站筹建绍兴市消防救援支队消防员综合培训中心，实现与区多种形式消防队及4支民间救援队共用共训共交流平台。

【专业化工队建设提档】 大队联合龙盛、新和成等7家化工园区规模以上的企业组建化工专业工艺处置编队。

【社会宣传联合防控】 大队深化消防宣传“七进”工作，深入政府部门、企业单位、居民社区开设消防讲座100余次，以“走进校园”和“请进红门”相结合的方式对学校师生树立“消防从我做起”的安全意识；对辖区76家企业开展上门消防培训服务，深入落实“三服务”工作及“四个能力”建设。9月，经区教体局对接，对2所大学、8所高中新生在军训中进行消防教育培训。针对高层住宅和老旧小区消防安全特殊性，进村入社，对小区居民开展专项消防知识培训，分批次对各行各业2万余人开展消防专题培训及演练；重点开展“119”消防宣传月活动及今冬明春火灾防控宣传工作，大队联合区建设局举办2019年度物业服务企业消防技能比武暨“119”消防宣传月活动启动仪式，全面掀起宣传热潮；先后开展平安消防大走访、行业消防大宣传、师生消防大实践、消防展板“进社区”大巡展等“十大活动”；协调上虞电视台3个频道、全区130余家重点单位的楼宇电视、户外视频高频次播发消防安全提示和公益广告；制作发放9万余份消防宣传读本、挂图；在上虞广播电台开设《虞城119》专题节目，在上虞日报开辟《上虞119》专栏，刊发、播出消防常识、火灾隐患曝光相关内容。通过微博、微信公众平台每天向1万余名粉丝发送提示性短语、视频等内容。（吴烨飞）

人　防

【概况】 2019年，人民防空根据“军事化斗争长期准备”的要求，加强人防工程建设，人防工程提质增量；加强队伍整训，人防指挥平台、短波电台按每星期二次的频率开展市、区、镇三级对连，进一步提升指挥保障能力。（严海忠）

【人防工程提质增量】 2019年，在建人防地下室项目38个，竣工项目5个，所有在建项目均按照开工前技术交底、三板浇筑、中间结构、竣工验收规范程序要求监督到位，确保工程质量和监督效果。

【人防警报网建设】 2019年3月开展全区人防警报网升级改造，对25台原有警报器升级更新，新增警报器8台，构建布局合理、信号灵敏的人防警报网，分别于5月12日、9月18日组织人防警报试鸣，警报鸣放率100%。

【人防疏散演习】 结合9月18日人防警报试鸣，组织和城社区等 5 个社区开展人防疏散演习，参加群众共计 1000 余人，检验了人防应急指挥及处置能力，提升群众应急处置能力。

【人防教育体验馆开馆】 区人防教育体验馆于 2019 年 5 月完成布展装饰，开馆运行，人防教育体验馆位于区“1401”人防工程，面积 1200 平方米，布展装饰工程总投资 1050 万元，是绍兴市首家以人民防空防灾为主题的教育科普馆，布局了“序厅、人民防空厅、公共安全厅、人防影院、尾厅”五大核心展示区域，采用声、光、电“技术打造融“宣传教育、体验互动”于一体的科普体验空间。

【推行“最多跑一次”改革】 全面梳理人防行政权力事项，精简审批环节，确定审批事项 10 项，100% 进驻便民窗口，并逐项制定办事指南、审批流程。人防事项审批全部实现网上申报。

【加强人防宣传教育】 全区 25 家中学及城东小学、崧厦镇小开展人民防空教育，受教学生共计 1.3 万人，通过模拟演练、专题知识讲座等方法，普及人防知识，提高学生防灾能力。并积极开拓社区基层人防宣传，开展社区人防讲坛 50 余次，结合各项宣传活动共发放近 3000 册，宣传防空防灾知识，营造人防工作氛围。

（严海忠）

科学技术

综述

【概况】 2019年，全区共完成高新技术产业投资43.58亿元，同比增长49.9%；完成规模以上高新技术产业增加值214.12亿元，同比增长7.9%，高新技术产业增加值占规模以上工业增加值比重达66.7%。在绍兴市对区的考核中，科技线规上工业企业研发费用和净增高新技术企业、科技型中小微企业数量两项考核指标得分在各县区市中排名第3位。全区2018年度R&D经费支出达27.28亿元，占GDP比重提高到2.98%，研发人员数达到9339人。位列“全国科技创新百强区”第19位、浙江省科技进步综合评价第7位。

【区委科技创新委员会第一次全体会议】 6月24日上午，区委科技创新委员会举行第一次全体会议。区委书记、区委科创委主任陶关锋，区委常委、组织部部长周树森，副区长夏永江和委员会成员单位主要负责人出席。审议通过区委科创委《议事规则》《成员单位主要职责》《办公室工作规则》，听取《曹娥江科创走廊发展规划》编制情况和《关于创新发展三年行动的实施意见》工作完成情况。 （张晓蓉）

科技管理

【概况】 2019年，绍兴市上虞区科学技术局（以下简称区科技局）建立健全高新技术企业动态管理库，组织开展高新技术企业申报业务培训、科技政策推介宣传，推广应用“企业研发项目信息管理系统”，加强企业业务辅导，不断壮大科技企业队伍。全年新增高新技术企业52家，重新认定30家，全区有效高新技术企业达到238家。申报省科技型中小企业187家，累计达到878家。列入省级新产品试制计划634项，列入省重点研发计划项目5项，申报省创新型领军企业1家，省级企业研究院1家，省级企业研发中心10家，绍兴市研发中心14家。各项创新指标居市前列。浙江龙盛集团股份有限公司成功入围2019年度浙江省创新型领军企业培育名单。修订完善《产业创新服务综合体建设专项激励资金实施方案》，上虞绿色环保化工产业创新服务综合体列入省级创建名单。

【召开全区企业研发投入统计工作会议】 1月30日下午，区科技局、区统计局联合召开2019年全区企业研发投入统计工作会议，邀请中国注册会计师、中国注册税务师、绍兴市会计领军人才杜列铭对企业研发费账务处理等相关业务内容开展培训，对2019年企业研发投入指标任务进行分解，并对研发统计填报要求进行了解读。

【晶盛机电入选省领军型创新创业团队】 2月，根据浙委任〔2019〕1号《关于公布2018年度“浙江省领军型创新创业团队”的通知》，共有25个团队跻身2018年度“浙江省领军型创新创业团队”，晶盛机电“大尺寸半导体加工设备与工艺创新团队”是区唯一获此殊荣的团队。这次入选的晶盛创新团队在半导体集成电路设备的研发、生产制造、工艺集成领域具有丰富经验，完成国家科技重大 02 专项，极大规模集成电路制造设备及成套工艺的“300mm 硅单晶直拉生长装备的开发”和“8 英寸区熔硅单晶炉国产设备研制”，并研发截断机、滚磨机、研磨机、抛光机等半导体材料加工设备。

【科技政策宣讲和培训】 3 月 29 日，绍兴市科技局、上虞区科技局联合举办 2019 上虞区高新技术企业认定管理工作培训会，区内 260 家企业，共计 500 余人参加培训。10 月 23 日，在道墟街道开展科技政策宣讲，为当地干部和企业讲解最新科技创新质量标准化政策。11 月 1 日，组织召开全区乡镇(街道)、有关单位科技联络员会议，部署高新技术企业、科技型企业申报工作和全区省科技型中小企业统计年报工作。11 月 13 日，特邀省科技信息研究院统计所所长开展“科技进步统计监测指标体系解析”专题讲座。区经信、财政、统计、商务、生态环境分局以及杭州湾经开区等相关部门应邀参加，并就各部门相关的监测指标作咨询与交流。

【科技·人才“新政”发布】 10 月 25 日上午，区政府新闻办召开人才科技政策新闻发布会，发布《绍兴市上虞区加快科技创新的若干政策》，聚焦“三高”（高新企业、高新平台、高新技术）十联动(产学研用金、才政介美云)”，涉及政策点 57 个，预计年度兑现金额将高达 1.76 亿元。

【“企业研发项目信息管理系统”推广应用】 11 月 7 日上午，区科技局、区税务局、区统计局联合召开全区推广应用“企业研发项目信息管理系统”工作会议。各乡镇(街道)科技工作联络员、近 500 家规上企业和中小型科技企业代表参加。省科技厅专家对管理系统的应用及操作进行解读。

【重大科技人才项目实施】 年内，围绕“高标准平台建设、高层次科创资源引进、高技术科创项目培育”三大主题实施 10 个重大科技人才项目，其中基建类项目 6 个，任务类项目 4 个，累计投入资金 7.9 亿元。全年共引进海外工程师 35 人(省级 1 人)，认定海外工程师年薪资助项目 11 人，认定外国专家站 1 家。

【区卧龙电气入选省制造业创新中心创建名单】 年内，卧龙电气驱动集团股份有限公司的高效电机创新中心入选 2019 年浙江省制造业创新中心创建名单。

（张晓蓉）

科技成果

【概况】 2019 年，区科技局继续规范成果管理，简化工作流程，积极征集高新技术企业科技需求，全年鉴定科技成果 343 项、发布企业技术需求 250 项。技术市场交易额达到 5.6 亿元。组织参加中东欧高端外国专家对接会、绍兴先进制造(互联网汽车)产业转型升级研讨会、上海大学创新成果对接会等 9 场次。参与“绍兴·深圳周”“绍兴·北京周”等相关活动。全年申报省科学技术奖 8 项，推荐省全面创新改革新型产学研合作项目 6 项，实施 2019 年度授权发明专利产业化项目 9 项。晶盛机电“大尺寸半导体硅单晶生长设备的关键技术”获第十三届(2018 年度)中国半导体创新产品和技术奖。区标准化研究院对标美国制造、德国制造、日本制造大力实施浙江制造标准国际化战略课题研究成果获省领导批示。

【晶盛机电获中国半导体创新产品和技术奖】 5 月 17 日，第十三届(2018 年度)中国半导体创新产品和技术的评选结果揭晓，浙江晶盛机电股份有限公司凭借“大尺寸半导体硅单晶生长设备的关键技术”跻身半导体设备和仪器类奖。单晶硅生长炉是采用直拉法拉制单晶硅棒的专用设备，在国家科技重大专项(02 专项)课题的支持下，晶盛机电有效解决硅单晶生长过程中硅单晶微缺陷和氧含量控制、晶体生长过程中的图像识别检测、熔体液面位置控制等重大技术难题，实现了智能化全自动单晶硅生长炉技术的重大突破，打破高端单晶炉技术国际产业的垄断。

【区标准化研究院研究成果获省领导重要批示】 区标准化研究院与杭州电子科技大学浙江省信息化发展研究院、中国计量大学标准化学院共同参与的《对标美国制造、德国制造、日本制造大力实施浙江制造标准国际化战略》课题研究，成果获省领导批示。上虞区标准化研究院自成立以来，多次参加省级、乃至国家级的标准研制和制定。包括承担“政府投资项目‘双查双保’中介监管国家标准研制与推进服务”“人民调解省级标准化试点”等标志性标准化工作，并参加IEEEP2780《绝缘穿刺线夹》、P2772《架空导线能耗测试方法》、P2747《电力金具能耗技术评估导则》三项国际标准制定。

【参与“深圳·绍兴周”活动】 8月17—19日，以“创新发展创赢未来”为主题的绍兴创新发展推介大会暨“深圳·绍兴周”在深圳会展中心举行，500多位粤、港、澳各界知名人士代表、工商企业界人士代表参会。广东省政协副主席袁宝成，深圳市副市长艾学峰，中国科学院院士、南方科技大学校长陈十一，中国工程院院士、香港中文大学（深圳）校长徐扬生，国际医学与生物工程院院士、美国医学与生物工程院院士张元亭，市领导谭志桂、魏伟等参加。区阳光照明、阿克希龙、康隆达、新和成等28家企业参展，e游小镇举办推介会。

【第三届武汉理工大学科技成果（绍兴专场）发布会举行】 10月10日，俄罗斯工程院外籍院士周祖德专题报告会暨第三届武汉理工大学科技成果（绍兴专场）发布会举行。周祖德教授作题为《基于数字孪生的智能制造》的专题报告。武汉理工大学约50名专家教授，相关部门单位、乡镇街道、在虞大学研究院、100多家绍兴企业代表及校友企业代表参加会议，展开多角度的交流与探讨。6个创新项目进行现场路演，245项优秀专利成果发布，来福谐波传动、双茂铜业与研究院签约共建企业研发中心。

【2家企业获得“AEO”高级认证】 年内，区新和成生物化工有限公司、金科日化原料有限公司2家企业顺利通过“AEO高级认证”，拿到国际贸易“绿色通行证”。这是浙江省科技厅、杭州海关为应对经贸摩擦，支持科技型企业和研发机构享受稳外贸政策的创新服务举措。通过“AEO高级认证”的企业，将享有较低的查验率、简化单证审核、进出口货物优先通关、设立协调员解决通关中遇到的问题、非常时期贸易中断恢复后优先通关等便利，对外贸业务大有裨益。

【上风高科举办第五届科技节】 11月中旬，浙江上风高科专风实业有限公司举行第五届上风高科科技节暨新品发布会。会上发布第二代磁悬浮鼓风机、快堆工艺离心风机、核级防冲击龙卷风阀、轮毂迎面风机等23款新品，同时对25名具有突出贡献和业绩的科技人才进行表彰和奖励。

【第四届“曹娥江论坛”】 11月21日，第四届“曹娥江论坛”暨环保成果发布会举行。区政府有关部门负责人、省环保专家、区内主要企业家代表共150多位嘉宾参与。此次论坛由上虞区政府、浙江工业大学、浙江省环境科学学会联合主办，旨在为区引进国内先进的环保技术，搭建环保技术的交流合作平台。浙江工业大学环境学院教授何锋作题为《基于界面调控的水修复技术》的专题报告，上海市环境科学研究院高级工程师胡冬雯解读《长三角绿色供应链实践及展望》。浙江省环境科学学会上虞协同创新服务站进行揭牌仪式。

（张晓蓉）

地震检测服务

【概况】 2019年，全面贯彻防震减灾法律法规、切实保障地震监测台站运行、不断提高地震灾害防御能力。在局经费预算中设立“保防震减灾专项经费”，确保专项经费的专款专用，为防震减灾提供经费保障。经常性开展防震减灾知识宣传，有效提高防震减灾意识。会同省地震局相关技术人员做好崧厦地震台站的巡检和日常维护。组织参加省地震局地震观测资料质量评比会、绍兴市区域地震安全性评价工作推进会。完成领导经济责任审计组提出的地震区评等问题的解释、说明。向杭州湾管委会提供上虞通用机场规

划选址地震相关资料,做好地质区域安全性评价相关工作。（张晓蓉）

科技合作

【概况】2019年,曹娥江科创走廊“引进大学、引进人才”持续发力,创新资源集聚加快,科技交流合作互动更加频繁。武汉理工、南华、计量等多家研究院陆续完成场地装修,投入使用。新引进产业研究院3家,分别为景德镇陶瓷大学、天津大学、西安交通大学,全区大学研究院总数达到13家。全年共接待清华工研院、天津大学、计量大学等校领导和专家教授来访超过24批次200多人,接待杭电大学、海创人才、浙大暑期实践团、南华研究院等学生、人才到上虞交流、实习超1000余人次。牵头组织召开武汉理工大学创新成果对接会、俄罗斯工程院外籍院士周祖德专题报告会暨第三届武汉理工大学科技成果发布会,第四届“曹娥江论坛”暨环保成果发布会等,先后发布科技成果680余项,签约共建企业研发中心4个,达成科技合作项目14个。

【众创空间累计达到18家】新增省级众创空间5家、市级众创空间7家,引进各类创新创业项目60余个。全区众创空间累计达到18家(其中省级10家,市级8家),入驻创业团队达到180个,在孵企业159家,创业人数近2000人。

【科技服务企业“十百千”行动】成立大学研究院协同中心,联合各研究院力量开展“十百千”行动:即集结十家高校院所,动员百名专家教授,服务千家科技企业。全年各大学研究院(研究生分院)集聚各项目团队62个,教授(副教授)96名、研究生165名,走访企业超过500余家,了解技术需求80余项,现场解决企业技术问题52个,签订合作协议162份,申请专利144项,培训技术人员近700人次,孵化企业26家。

【上虞陶瓷高等研究院揭牌】4月24日上午,景德镇陶瓷大学上虞陶瓷高等研究院在区科创中心举行揭牌仪式。研究院落户上虞后,将着手做好人才引进与交流,产业融合与创新,平台支撑与提质等方面工作。

4月24日,景德镇陶瓷大学上虞陶瓷高等研究院揭牌
（科技局　提供）

【举办武汉理工大学创新成果对接会】4月25日,区联合绍兴市人民政府、武汉理工大学共同举办“大院名校绍兴行”系列活动之武汉理工大学创新成果对接会。邀请武汉理工大学高端装备、电子信息、新材料、生物医药等多个高新技术领域的40多名专家教授与绍兴市100多家科技型企业负责人共同参与。武汉理工大学科技成果转化中心主任吴建锋作《推进横向科研供给侧改革服务地方经济高质量发展》的主题发言,8个项目现场签约。

【国内高校来上虞考察】6月11日下午,中国计量大学党委书记张土乔一行到上虞考察,鼓励在虞科技创新团队扎根上虞沃土,推动各项技术服务与项目合作。

7月29日下午,天津大学党委书记李家俊一行到上虞考察创新平台建设工作。副省长高兴夫,绍兴市委副书记、市长盛阅春,区委书记陶关锋等陪同。实地参观龙盛研究院,调研杭州湾上虞经济技术开发区产业协同创新服务中心工程进展情况,车览未来小城,了解区块总体布局、公共服务配套和项目引进情况。

11月23日,浙江大学党委书记任少波率团到上虞开展主题教育“初心之旅”,考察上虞经济社会发展情况。中央第三指导组组长诸葛彩华,省政协副主席、浙大邵逸夫医院院长蔡秀军，省自然资源厅厅长黄志平等参加会议或考察。

【钟群鹏院士工作站落户上虞】 年内，浙江康隆达特种防护科技股份有限公司与工程院院士、北京航空航天大学教授钟群鹏签订院士专家工作站协议。钟群鹏院士是我国失效分析学科的开拓者之一，长期从事失效分析和预测预防领域的科学研究、工程应用、人才培养和学术交流工作。在断口分析技术、断裂机理研究、失效预测预防应用和安全哲学理念探索等领域进行了大量卓有成效的工作。

【龙盛集团院士专家工作站晋升省级】 6月25日，浙江省科协公布《拟认定第十一批省级院士专家工作站名单》，浙江龙盛集团股份有限公司名列其中。龙盛集团院士专家工作站于2013年由虞籍院士袁承业领衔建立，后又引入钱旭红院士专家团队，目前形成拥有一支由省级学术和技术带头人、优秀青年科技工作者等组成的7人院士创新团队，一支由博士、硕士等组成的51人配套研发团队。

【与天津大学签署共建协议】 10月14日下午，绍兴市政府与天津大学签署共建天津大学浙江绍兴研究院战略合作协议，标志着天津大学浙江绍兴研究院正式落户上虞。天津大学浙江绍兴研究院是浙江省与天津大学省校战略合作的重要组成部分，首批建设“三中心一园”，即精细化工和先进材料研究中心、生物医药研究中心、化工安全环保研究与培训中心和产业孵化园。

【杭电上虞研究院专家工作站成立】 11月1日，国际电子电机工程师学会会士与英国电机工程师学会会士张真诚教授、澳大利亚迪肯大学资讯安全研究中心主任李长存教授同时受聘绍兴市专家工作站专家，与杭州电子科技大学上虞研究院进行学术合作。随后，杭电上虞研究院专家工作站成立暨两位教授受聘仪式在杭电上虞研究院举行，杭电上虞研究院院长李黎教授给两位教授颁发聘书。上虞区科协、上虞曹娥江科创走廊建设服务中心相关负责人出席仪式。 （张晓蓉）

知识产权与专利申请

【概况】 2019年，根据机构改革的要求，专利职能划入市场监督局。市场监督局贯彻执行《中华人民共和国专利法》《浙江省专利条例》，推动知识产权战略的深入实施。贯彻知识产权法律法规，修订完善专利资助政策，鼓励企业开展创造发明，发放专利知识宣传手册，加强专利工作宣传，走访全市专利大户和发明专利重点企业。深入开展三服务活动，召开座谈会交流企业专利工作，发放专利知识宣传手册500多份。组织人员参加PCT专利国际申请培训，推动专利国际化步伐。结合“4·26”世界知识产权日，开展知识产权进校园、进企业活动，提高全民知识产权意识。组织企业参加知识产权培训，开展知识产权进学校、进企业活动，提高全民知识产权意识。组织召开全区知识产权联席会议，部署“亮剑2019”保护知识产权综合执法暨“铁拳”行动方案。按照“双随机一公开”的要求，开展流通领域专利真实性检查。

【专利授权量提高】 2019年，全区共申请专利6453件，其中发明专利1319件，实用新型4147件，外观设计987件；全区共授权专利3864件，其中发明专利276件，实用新型2793件，外观设计795件。PCT国际专利申请32件。已初步形成以化工行业为主体的发明专利，以机电行业为重点的实用新型专利和以照明轻工行业为基础的外观设计专利分布。认真贯彻国家、省、市知识产权局关于做好专利质量提升工作的通知，公告国家知识产权局《关于进一步提升专利质量的通知》，引导企业申请发明专利，提高专利申请质量。

【开展专利示范】 2019年，新认定国家知识产权优势企业2家，绍兴市专利示范企业5家，通过知识产权贯标认证企业12家。根据国家局的要求，开展2019年度全国专利调查，区共抽到33家企业，27家企业通过国家知识产权局调查平台，进入全国专利调查，完成率达到82%。

2019 年上虞区新增省级以上高新企业名录

表 12

序号	企业名称	所属乡镇（部门）	序号	企业名称	所属乡镇（部门）
1	浙江聚森检测科技有限公司	百官	31	绍兴市三丰化工有限公司	杭州湾综管办
2	浙江阳光城市照明工程有限公司	百官	32	浙江科永化工有限公司	杭州湾综管办
3	绍兴新辉照明有限公司	百官	33	浙江新瑞铭装饰材料有限公司	杭州湾综管办
4	绍兴炫通流体连接件制造有限公司	百官	34	绍兴上虞自强高分子化工材料有限公司	杭州湾综管办
5	绍兴市青年软件开发有限公司	百官	35	绍兴市永坚建筑科技有限公司	杭州湾综管办
6	浙江舜特机械设备有限公司	曹娥	36	绍兴奥唯特纳米科技有限公司	杭州湾综管办
7	绍兴上虞通风机有限公司	曹娥	37	浙江朗达电子线缆有限公司	杭州湾综管办
8	浙江金凤凰电力科技有限公司	曹娥	38	浙江汇翔化学工业有限公司	杭州湾综管办
9	绍兴市华锐汽车零部件有限公司	曹娥	39	绍兴上虞洁华化工有限公司	杭州湾综管办
10	绍兴金盾人防设备制造有限公司	曹娥	40	中轻化工绍兴有限公司	杭州湾综管办
11	浙江阳光照明灯具有限公司	曹娥	41	浙江微益再生资源有限公司	杭州湾综管办
12	绍兴市东智电器科技有限公司	曹娥	42	浙江龙盛薄板有限公司	杭州湾综管办
13	中鑫建设集团有限公司	曹娥	43	浙江新博铝塑品有限公司	杭州湾综管办
14	绍兴新益流体传动机械有限公司	曹娥	44	浙江深澜环境工程有限公司	梁湖
15	华通传奇信息技术(绍兴上虞)有限公司	曹娥	45	浙江自强铝业有限公司	梁湖
16	浙江蓝海环保有限公司	曹娥	46	绍兴上虞华通螺丝有限公司	梁湖
17	浙江钛山重工机械有限公司	道墟	47	绍兴上虞九阳风机有限公司	梁湖
18	绍兴市容纳测控技术有限公司	道墟	48	浙江远大机电有限公司	上浦
19	浙江鼎大环境科技有限公司	道墟	49	浙江友谊菲诺伞业股份有限公司	崧厦
20	浙江浩龙风机有限公司	东关	50	浙江天玮雨具有限公司	崧厦
21	浙江礼显试验仪器制造有限公司	东关	51	浙江景祥空调设备有限公司	汤浦
22	绍兴南特起重设备有限公司	东关	52	绍兴市鼎泰节能环保科技有限公司	汤浦
23	浙江福特机械制造有限公司	东关	53	绍兴市科业电器有限公司	小越
24	浙江舜业净化科技有限公司	东关	54	绍兴上虞北方电子制造有限公司	小越
25	浙江天利厨房设备有限公司	东关	55	绍兴市上虞旋龙工具有限公司	永和
26	绍兴市上虞冠格电器有限公司	丰惠	56	绍兴市上虞区思亿电器有限公司	永和
27	浙江凯尔奇电器有限公司	丰惠	57	浙江金盾风机装备有限公司	章镇
28	绍兴市上虞舜江管桩有限公司	盖北	58	浙江舜曙照明电器有限公司	章镇
29	浙江中金格派锂电产业股份有限公司	杭州湾综管办	59	绍兴上虞华源通用机械有限公司	章镇
30	浙江浙邦制药有限公司	杭州湾综管办	—	—	—

教 育

综 述

【概况】 2019年，全区共有中小学84所，其中普通高中8所，在校学生12324人，职业高中2所，在校学生7335人，普通初中24所，在校学生19707人，小学50所，在校学生38345人，合计在校学生77711人；另有教师进修学校、少体校、特殊教育学校各1所，幼儿园95所，在园幼儿21966人。全区共有教职工9111人，其中专任教师7564人。高考普通类与艺术类跻身全省前100名共计3人。全区700分以上3人，690分以上16人，8位学生被清华大学、北京大学录取。3位学生招飞录取，入选人数创历史新高。中考成绩总体保持绍兴市前列。3位学生招飞录取，入选人数创历史新高。学科竞赛实现飞跃，在全国中学生学科奥林匹克竞赛中，1位学生获一等奖，18位学生获二等奖。职教中心1位学生获省中职学校职业技能大赛一等奖，机器人格斗项目获第17届全国中小学信息技术创新与实践大赛高中组第一名。出台《加快推进绍兴市上虞区教育现代化实施方案(2018—2022)》《关于进一步加快农村教育优质均衡发展的实施意见》等政策文件，18所学校通过绍兴市现代化学校评估验收。部署"打响一个品牌、实现两个率先、坚持三个导向、确保五个全面提升"的行动纲领，为全区教育发展路径作全方位规划。全年共完成政府投资项目25个。投资3亿元，续建实验小学上德校区等项目16个，新建小越街道中学学生宿舍等项目9个，投资1200万元完成全区中小学、幼儿园的教室照明改造工程，投资2000万元对全区24所学校厕所进行改造。

【教师队伍建设】 一是"强师工程"卓有成效。开展"以德立教、自信树人"专题学习活动，推动"教坛闪光计划"，1位教师获得"全国模范教师"称号，1位教师获得浙江省"最美中职教师"称号16位教师成为省市教坛新秀。二是教师资源配齐配强。年内，录用中小学幼儿园教师、教练员137人，其中研究生学历17人。通过教师分流、进城招考、教师交流等方式，有效实现教师资源的合理配置。

【系统行风建设】 修订出台《2019年学校(幼儿园)行风建设考核工作实施意见》，开展系统"优质服务月"活动和有偿家教专项整治工作。建议提案办理实现面商率、建议办结率、代表满意率均100%。开展3年轮审和学校领导干部离任经济责任审计，完成54家单位的常规轮审和28家单位的领导干部离任经济责任审计，实现正风肃纪督查全覆盖。维稳工作平稳有序，全年共受理群众来信来电来访1276件，规定时间内办结率100%。

【优化课程改革】 推进与新高考相适应的高中课程改革，探索义教段拓展性课程建设，深化初中基础性课程分层走班改革。14门课程被评为绍兴市精品课程，3个案例被评为浙江省优秀案例。1所学校的学业评价实践成果在省小学生综合评价改革试点工作第四次研讨会上现场推介，2所学校分别被评为省、市"评价改革典型学校"。

【"互联网＋义务教育"推进】"互联网＋义务教育"结对帮扶是省政府2019年民生实事工程之一，教体局联动多方、构建机制、加大保障、破解难点、加强探索、常态运行、稳步推进。结对学校通过"城乡同步课堂、远程专递课堂、教师网络研修、名师网络课堂"4条途径，在共建互扶互学网络、共研教育教学问题、共享优质教育资源等方面取得成效。29所结对学校技术装备环境全部达标，学校网络空间100%开通，开展活动300多次，参与师生4900多人次，推动义务教育优质均衡发展，促进城乡一体化和教育信息化。

【特色品牌融合发展】强化"一校一品牌、校校有特色"工作，做靓孝德教育、乡贤教育、心理健康教育三大品牌。1所学校的特色德育被评为浙江省德育品牌，1所学校顺利通过省一级心理辅导站验收，自2013年以来，已有19所学校达到省心理辅导室示范化，80所学校达到省心理辅导室标准化，实现中小学校全覆盖。

【校园安全稳中向好】保证全区20所学校的50条线路正常运行，实现学生接送车安全责任事故"零发生"。改革校园安保招聘用工体制，加强对安保人员的培训和督查，完善校园平安暗访常态应对机制，抓实抓细校园安全隐患排查。全年共排查出安全隐患300余起，并及时整改和防范。实施中小学校园食堂安全改造和提升工程，提高学校食堂安全系数。组织食品安全管理培训，加大食品安全监管力度，推进阳光配送。

（沈渭清）

学前教育

【概况】2019年，全区共有各类幼儿园95所，在园幼儿21966人。从办学主体构成看，公办集体办幼儿园59所，在园幼儿1.33万人，民办幼儿园36所，在园幼儿0.87万人。从省等级和普惠性构成情况看，现有省一级幼儿园13所，省二级幼儿园42所，省三级幼儿园40所。其中省二级及以上幼儿园的园所比例为57.89%，覆盖面为74.39%。公办和普惠性幼儿园覆盖率89.17%。全区已建成小区配套幼儿园16所。从专任教师配备情况看，全区幼儿园专任教师1484人。2019年全区学前教育财政总投入17197万元，占教育经费7.19%。第一实验幼儿园和润园区通过省一级评定。

结合绍兴市幼儿园"护苗行动"，抓好下属分园和下属民办园的日常安全管理。指导落实以乡镇（街道）社会事务办和教育党总支牵头的每月1次全乡镇（街道）的保教和安全工作全面检查。

【办园水平提升】建立健全幼儿园分类管理机制，实行科学管理，激励和督促幼儿园改善办园条件，使全区各级各类全面提升办园水平。落实《绍兴市上虞区普惠性民办幼儿园认定及管理办法（修订）》文件精神，引进第三方对民办幼儿园办园情况进行年检，规范普惠性民办幼儿园的办园行为。发挥优质幼儿园和乡镇中心幼儿园的示范作用，通过对下属分园和下属民办园的结对帮扶工作，提升整体办园水平。开展"院地合作"计划，借助南京师范大学学前教育专家团队的力量，提高全区课程建设的理论素养和实践能力，开发和梳理具有本土特色的园本课程，构建"教科研一体"型优质高效的园本教研体系。

【多元培训方式】完善幼教队伍培养和培训机制，拓宽师资培养、培训渠道，构建多元培训方式。采用园内区级名师带新教师、区内市级名师带骨干教师、特级教师带区市级名优教师的"金字塔"式三步带教方式，从普及到特定，由多及精，开展全区幼儿教师两年一期的提升工程。组建业务园长的研修班，开展"业务园长课程领导力提升"的专题研训活动，由高校专家拟定培训方案，指导课程实践，提升业务园长的课程改革实施能力。成立男教师研修联盟，现有男教师15人。

【优质资源扩充】年内，推进幼儿园扩容提升工程，投资9200万元，装修或建成6个幼儿园投入使用。新增69个班、2000余个学位，缓解主城区和中心镇的入园高峰。

（沈渭清）

义务教育

【概况】2019年，全区义务教育学校共74所，初中班级数为534班，在校学生数19707人；小学班级数为1104班，在校学生数为38345人。初中专任教师1846人，小学专任教师2570人。初中具有中、高级职称人数为1494人，小学具有中、高级职称人数为1902人。有小学毕业生6437人，100%升入初中；初中毕业生6955人，初中升高中段比例99.18%。2019年，全年累计免除课本费及作业本费2423.96万元，受惠学生118225人次。有序推进“办有品质的活教育”工作，出台“实施意见”，举办活教育推进会及开展项目研究。持续开展校园文化建设示范学校创建，6年来，共有87所学校创建。

义务教育阶段和学前教育阶段城区新生入学报名尝试无纸化，消除入学政策不直观、纸质证明重复交、家长长时间排队等现象。新建上虞区龙山学校，让新居民子女同等享受优质公办学校教育资源。推进“互联网+义务教育”，有力助推义务教育优质均衡发展，促进城乡一体化和教育信息化。实行小学晚托服务，秋季开学第一天，实现全区小学校内托管服务全覆盖，参加托管学生29848人，占全区小学生总数的69%。出台《关于加强中小学班主任队伍建设的实施意见》，加强班主任队伍建设，提升班主任团队战斗力。推进绍兴市教育优质均衡示范乡（镇）创建，至年底年创建总数达20个。

【特殊群体学生入学保障】 年内，区教体局做好上虞新居民子女教育管理工作，保障15829名符合条件的新居民子女全部入学，其中公办学校就学比在96%以上。根据绍兴市三区融合背景下的新居民子女入学政策精神，继续执行新居民子女入学实施意见，方便新居民就学的政策咨询。继续实施区特殊教育三年行动计划，随班就读特殊儿童55人，特校就读54人，送教38人，其他就读14人，特殊教育入学率保持100%。做实“爱心基金”和“爱心营养餐”工程，使全区234名留守儿童都能安学优教。

【心理健康教育走向专业化】 年内，实施心理健康教育专业化管理，2所学校被确定为全国中小学心理健康特色学校，1所学校被确定为全国中小学心理健康特色学校培育对象。84所学校通过省心理咨询与健康教育机构达标学校验收。上虞外国语学校心理辅导站被评为省一级心理辅导站。自2013年以来，已有19所学校达到省心理辅导室示范化，80所学校达到省心理辅导室标准化。年培训8600多人次。全区现有持省心理健康教育A级资格证的19人，B级资格证的301人，C级资格证的5331人；持有二级国家心理咨询师资格证的29人，三级心理咨询师资格证的50人。中小学教师持C证及以上持证率达86%以上，持证率居全省领先位置。

【卫生健康评估验收通过】 年内，7所学校通过省健康促进铜奖学校评估验收，完成健康上虞年度创建目标。到目前为止，全区共创建成为浙江省健康促进学校78所，其中金牌1所，银牌11所，浙江省健康促进学校创建率为90.7%。

【小学晚托服务率先实行】 上虞区作为绍兴市内首个实行晚托服务县市区，于2018年6月开始进行试点，2019年春季开学全面实施，全区所有小学全部开展校内托管服务，在绍兴市率先实现小学晚托服务全覆盖，并全市推广。2019年1月启动晚托等候室政府投资项目，投入资金317万元，新建修建学生等候室18个并在9月开学立即启用。经过一年多的实践与探索，基本形成政府补助、国企运行、家长自愿、学校实施、社会参与的运行和保障机制。晚托服务的实行有效破解小学生接送难的问题，提高教育服务功能，提高社会的满意度。

普通高中教育

【概况】 2019年，全区有普通高中8所，共有303个班级，在学校生12324人，毕业生4053人。专任师1210人。教师中具有中、高级职称的1009人。

【普通高中高考成绩再续辉煌】 深化课改，减负提质，教育质量高位稳定，2019届高考再交满意答卷。全区700分以上高分学生3人，690分以上16人，被北大清华录取学生8人，其中被清华大学录取的是春晖中学的张瑜、何天云、毛文豪、王姝儿，被北京大学录取的是春晖中学的邵贝加、陈子元、钱虞佳、陈颖。全区文化类一段上线872人，体艺类一段上线人数为217人，文化类和体艺类上一段线总人数为1089人，上线率为26.6%。 （沈渭清）

职业技术教育

【概况】 2019年，全区有职业中专和职教中心2所职业学校，均系国家级重点职业学校，浙江省“三名工程”建设中职学校。职教中心被评为浙江省最美中职学校。2所职校有专业课教师433人，在校学生7335人，毕业生2137人。为争创浙江省级中职名校（全省50所），区政府加大投入，完善专业实训和智慧校园建设，投入2150万元，其中地方投入1800万元进行实验、实训设备设施的改造和智慧校园建设。在加强“双师型”教师培养的同时，着力提高双师型教师的技能等级，其中技师以上占75%。开展现代学徒试点和校企合作，提高学生的技能，双证书取证率99.2 %。“三名工程”建设继续走在省市前列。职业中专和职教中心名校考核获良好等次。职教中心新能源汽车学生技能竞赛项目获省一等奖。职教中心2位老师在2019年中国技能大赛全国新能源汽车关键技术技能大赛决赛中获得新能源汽车电控技术项目一等奖。职业中专“青春色彩与法同行”被评为浙江省德育品牌。职教中心电子商务专业被评为绍兴市优势特色专业，职业中专职教集团被评为绍兴市示范职教集团。两所职校新增绍兴市校内教学实训示范工厂、校外实习实训示范基地、现代学徒制示范项目、创业基地5个，精品课程2个，优秀选修课教材6本。参加国家、省、市各类竞赛共有70多位学生获奖，其中获得绍兴市一等奖36人。绍兴市中职学校面向人人文化课成绩位居绍兴市各县（区）第2名。高考上线605人，上线率100%，其中本科上线35人，各专业进入全省前百名的学生6人，其中职教中心国际贸易类外贸专业高考成绩居全省第8名。职业中专于2019年建成的浙江省安全考试考点，成为全区19个类别的特种作业实操考试功能齐全的考点，获省教育厅年度市县职业教育发展考核优秀单位。

【产教融合】《上虞区深化产教融合实施方案》出台后，设立产教融合专项经费500万元，为全区推进产教融合示范基地、应用型大学产教深度融合和中职名校建设提供保障。职教中心越窑青瓷陶艺现代学徒制获绍兴市现代学徒制示范项目，在绍兴市第六届职业教育宣传活动周中受到表彰。职业中专深入开展“双主体、双身份、双导师”现代学徒制人才培养。进一步完善烹饪、酒店、机电3个专业现代学徒制人才培养方案，近800余名学生分赴区内20余家企业参加“工学交替”现代学徒制跟岗实习，新增现代学徒制企业导师50余人，开展大师进校园活动20余次。职业中专的全国创新创业大赛二等奖项目——新星验房工作室创业计划书，落地成型，成立“新星验房”创客工厂，为师生提供专业验房、装修监理、装修质量评估、室内环境检测与治理等方面免费服务。职教中心在机电、电子、汽修、电商、青瓷陶艺、计算机动漫游戏6个专业400多名学生全面实施现代学徒制试点工作。

【东西部合作】 职业中专陈光建老师担任西藏比如县公共实训基地学校党支部副书记兼常务副校长，被评为“浙江省最美中职教师”，相关事迹在浙江省教育厅微信公众号“教育之江”推送。在对口帮扶四川阿坝藏族羌族自治州小金县和云南瑞丽市的过程中，两所职校主动发挥自身职业教育优势，接收20余名初中毕业生到上虞职校学习，对新生实施3年完整中职教育并在毕业后推荐就业。

【技能培训】 区年内，已成为高危行业负责人、安管员、特种作业人员考试和电工、焊工、危险化学品作业3大类工种19个类别的特种作业实操考试的绍兴市示范化考试中心。组建技术培训和技术服务两支团队，通过“区百堂安全课”讲师团、危化双证制培训讲师团、高校联盟高端培训讲师团以及建筑、机电项目产品研发团队和烹饪项目菜品开发团队等载体，加强与企业行业的联盟合作，拓宽服务领域，补齐基层特别是化工企业的安全短板。

【社区教育】 老年教育覆盖全区各乡镇（街道）。丁宅乡丁宅村教学点和崧厦街道祝温村教学点被评为浙江省村居老年教育示范点。学分银行上虞分中心2019年培训成果录入数量达133315人次，占全区总人口的17.1%，完成培训人次达到总人口的14%以上的优秀指标。"娥江女性素质提升工程"被确定为省级社区教育品牌项目。出台成教社区教育工作考核办法。社区学院对全区文化体育资源进行摸底，推出上虞乡贤馆、老年体协、七子艺术馆等8个场馆作为上虞区首批市民终身体验学习基地并挂牌。在丰惠镇西湖村文化礼堂举行上虞区2019年全民终身学习周活动启动仪式。 （沈渭清）

素质教育

【概况】 2019年，秉持"办有品质的活教育"目标，紧抓乡贤精神教育、孝德教育和心理健康教育三大特色教育，坚持立德树人，加强普法教育、生命教育、毒品预防教育、安全教育、国防教育、生态文明教育。加强区级孝德、信义、乡贤等文化基地建设。开展第六批校园文化建设示范学校创建，6年来，先后创建87所学校。持续推进明眸亮睛工程，工作成果在省青少年近视防控工作现场会上作经验交流。推进轻负高质，依据《中国学生发展核心素养》总体框架，规范办学行为，改革教师、学生、学校考评办法，严格落实取消小学低年段区域性统测，完善学业质量监测制度，强化过程管理，推进"游考"，优化、细化评价机制。

【爱国主义教育】 依托中华人民共和国成立70周年，在国庆期间面向全区中小学组织学生开展观看国庆大阅兵等系列活动，全区共有47个学校开展自制爱国主题快闪、"我和我的祖国"主题征文、手绘手抄报等活动，组织全区中小学实地观看上虞庆祝70周年大型图片展及书画艺术展，推进爱国主义教育。

【五育并举】 开设上好音体美劳课程，推进书法教育，开设艺术鉴赏课程，开辟劳动实践基地，全面发展素质教育。培育海上花田、中华孝德园成为省级和市级研学基地，研发学生实践课程和活动课程，推进学生综合实践能力提升。利用周边资源，建成校内劳动实践基地62个，开辟祝温农事体验园等校外社会实践基地66个。

【校园文化建设】 组织第六批校园文化建设示范学校考核命名及第七批校园文化示范学校创建，推进"美丽校园""绿色学校"建设，丰富环境德育、隐性德育课程，推进学校内涵发展。年内，校园文化建设示范学校创建率84%，美丽校园创建率100%，提前完成重点工作清单。

【"三大"特色德育】 结合社会主义核心价值观教育，推进完善"一校一品"建设，打造孝德教育、乡贤精神教育、心理健康教育"三大品牌"。扎实开展"文明聚心中，孝德齐弘扬"书画比赛、百名孝星评比表彰、《孝德教育》课堂观摩研讨。加强心理危机预警干预，年培训心理C证980多名，中小学教师C证持证率达80%以上。

【心理健康教育】 年内，全区各中小学开展心理普测工作，进行精准摸排与有效预防，针对不同年龄阶段学生易发的心理问题，先后在17所学校开展中小学心理健康教育高端系列讲座32场。 （沈渭清）

成人教育

【概况】 2019年，全区成人学校校园占地面积9.2万平方米，校舍建筑面积2.1万平方米，教室278个，仪器设备总价值145.5万元，计算机674台，图书12.9万册。有管理人员358人，其中专职管理人员58人，志愿者679人。推进各类职业人员继续教育工作，全年共完成培训104946人次，完成培训考证9140人，成人"双证制"培训1215人，1210名学员通过考试，获大专或职高文凭。职工技能培训9540人。长塘镇成校"传承竹文化 拓宽办学路"被省教育厅确定为省成教品牌。

【成人教育职业技能强化】 下乡开展绍兴市烹饪职业技能竞赛、"长塘竹乡驿站"杯春笋美食节烹饪大赛，经过烹饪专业师资团队的二次开发，定制出"长塘笋宴十大碗"，作为长塘镇"竹乡驿站"特色菜加以推广。

团队以送教上门、“订单式”培训服务等方式，推进化工企业成人双证制教育、安全生产、岗位技能、家政服务等培训；结合融杭联甬接沪工作，联合上海华东理工大学等知名高校，共举办26期危化企业员工培训班和食品安全培训班，学员1600多名，考试合格毕业1500多名。成校开展农民普及性培训，拓宽教育培训内容，如法制教育、环境卫生、环境保护、交通消防安全、家政服务、保健等。充分发挥社区教育资源，成校年度完成培训77124人次。（沈渭清）

师资管理

【概况】 2019年，全区有中小学、幼儿园教职工9111人，专任教师7564人。全区中小学专任教师的合格学历比例为：小学100%，其中大专以上比例99.53%；初中100%，其中本科以上比例98.54%；普通高中100%，其中研究生比例8.43%；职业学校98.15%，其中研究生比例4.85%。全区具有高级职称的小学教师204人、初中教师612人、高中教师507人、职业学校教师144人。至年底，累计有特级教师22人，省农村突出贡献奖7人、省中小学师德楷模称号9人、省春蚕奖119人、省绿叶奖35人。

【党员常态化学习教育】 推进“两学一做”常态化、制度化，创新开展“全党来个大学习”活动，结合每月“支部主题党日”活动，在全区学校党组织中创新推行“一题一案一议”学习模式。至年底，征集到优秀心得1200余篇，已汇编专辑6期，推送专题微信1期，编辑《党建知识每日微推送》20例。征集汇编“不忘初心、牢记使命”主题教育“一题一案一议”2集。

【“教坛闪光计划”】 组织开展“说说以德立身好教师”“晒晒人格育人小故事”“点赞以德立教新气象”等活动，挖掘“四有”好教师典型事例，开展“模范教师”“三十佳”评选，召开教师节表彰大会，表彰先进40名。年内，有1名教师获全国模范教师，1名获绍兴市“最美教师”，3名获绍兴市“最美教师”提名奖。

【学科培训】 创新学科培训项目，与浙江大学教育学院教师教育研修中心和浙师大合作，改变传统培训为网络、实践结合培训。上半年完成中小学教师90学分24个班1122人的集中培训；各类学科通识32个班7000余人的培训和中小学班主任、心理健康教育、少先队辅导员等专题11个班700余人的培训。（沈渭清）

教育教学研究

【概况】 2019年，教师发展中心紧紧围绕全区教育改革与发展的大局，坚持为教学服务、为教师专业发展服务和为学生全面发展服务的教科研工作方向，充分发挥研究、指导和服务三大功能，着力构建务实、高效、和谐的教科研。贯彻落实高中各学科新版课程标准。推进与新高考相适应的高中课程改革，重点研究高考招生政策微调后学校教学和管理的调整和应对策略。以点及面地加强学科课程体系建设、生涯规划教育、分层分类选课走班的研究。加强对农村学校课改工作指导，重点做好课程顶层设计、德育整合有效实施、小班化教育、课堂教学改革等工作。推进学校课程建设和“学为中心”教学改革，强化各类课程的有效实施。继续探索拓展性课程建设，深化初中基础性课程分层走班教学改革。指导学校开展具有典型意义的拓展性课程，推动学校学科团队建设，形成学科教研团队建设的示范引领机制。年内，教育科研成果丰硕，各类教学评比居全省前列。

【学科竞赛取得突破】 在第36届全国中学生物理竞赛（浙江赛区）中，春晖中学许洛冰同学获得第36届全国中学生物理竞赛（浙江赛区）一等奖，实现全国奥赛一等奖零的突破。

【教学评比成果】 年内，先后承办“浙江省初中英语课堂教学评比”“浙江省初中美术课堂教学评比”“浙江省小学语文乡村教师教学风采展示活动”“浙江省教育厅‘百人千场’名师送教五门学科专场活动”。在优课评比活动中，3位老师获省一等奖，24位老师获市一等奖。道墟街道小学章俐鑫老师在“全国教育装备展现场说课比赛”中获“全国中小学实验教学能手”称号。

【深化课改】 年内,有8门课程被评为"绍兴市第九批普通高中精品(推荐)选修课程",6门课程被评为"绍兴市第八届义务教育精品课程",2个案例被浙江省教研室评为"浙江省深化义务教育课程改革学校课程实施方案优秀案例",1个案例被评为"浙江省中小学德育优秀案例"。城东小学学业评价实践成果《基于数据的小学生综合评价功能新解》在"浙江省小学生综合评价改革试点工作第四次研讨会"中现场推介。滨江小学、城东小学分别被评为浙江省、绍兴市"评价改革典型学校"。

【教育科研成果】 在绍兴市教科规划课题优秀成果评审中,获一等奖11个、二等奖18个、三等奖16个。在绍兴市教育教学研究院公布的绍兴市"品质课堂"深化行动项目中,有4个项目被评为"学校整体性研究项目",7个项目被评为"学科团队研究项目",1个项目被评为"跨校联系研究项目"。4所学校被确认为"绍兴市首批'品质课堂'项目研究基地培育学校",4所学校被列入绍兴市教育科研重点基地培育学校。在2019年长三角"黄浦杯"征文评比中,获一等奖。

(沈渭清)

教育设施

【概况】 2019年,全面实行国库集中支付,严格执行预算管理制度,经费使用按部门经费分类科目收支;全面实施政府会计制度,实行预算会计与财务会计的并行记账,不再单独设置基建账,会计核算均通过财务云,并与国库集中支付的系统联接。年内,教体系统政府投资实施类项目共28个,其中续建项16个,12月底全部完成建设任务;新建项目12个,计划完成9个,至12月底,9个项目已全部完成建设任务。完成2000万元的招商引资和4个500万元的引荐项目任务。

出台《绍兴市上虞区教育体育局工程建设监理工作管理办法(试行)》《绍兴市上虞区教育体育局工程监理单位监理工作质量的考核办法(试行)》等文件,暑期抽查30所学校(幼儿园)共93个暑期在建工程,总体情况提质明显。

【国有资产处置】 年内,修订完善《绍兴市上虞区教体系统国有资产管理办》,制定《上虞区教体系统学校撤并(合并)资产处置办法》,完成系统土地、房产调查,完成百官小学教育集团资产分割与处置,并以此样板经验开展滨江小学和实验幼儿园的资产处置和分割工作。指导撤并、分设学校的资产处置工作,启动局本级的固定资产的盘点、登记和处置工作。

【规范政府采购】 规范系统内政府采购管理工作。一是通过加强采购计划管理,规范金财系统财政审批流程;二是对政府集中采购目录以外,且在分散采购限额标准以下的货物类或服务类设施设备采购,明确自行采购审批规则和采购方式适用范围;三是规范采购操作,重点治理对供应商实行差别对待或歧视现象,认真审核学校起草的采购合同,按规定进行政采云外网合同备案及验收、付款等工作。

【完善学生资助政策】 出台《绍兴市上虞区财政局绍兴市上虞区教育体育局关于印发上虞区中小学(幼儿园)学生资助管理实施细则的通知》文件,确保学生资助做到"精准资助""应助尽助"。

【优化学生学习生活环境】 投资2000万元的全区24所学校厕所改造工程,投资1200万元的教室照明达标工程,已分别于8月、9月完工。按生活垃圾强制分类工作要求,推进校园生活垃圾分类工作。首次引入第三方参与学校管理监督,聘请绍兴文理学院、浙江理工大学科技与艺术学院监督检查全系统生活垃圾分类工作,每月检查一次,通报一次,推动学校垃圾分类工作制度化、常态化。

(沈渭清)

文 化

综 述

【概况】 2019年是机构改革之年，1月22日，绍兴市上虞区文化广电旅游局(以下简称文广旅游局)正式挂牌。一年来，抢抓文旅融合发展机遇，打造文旅融合发展平台，推动文旅融合资源转化，圆满完成各项工作任务。 (章雨蕾)

【通过省基本公共文化服务标准认定】 2019年7月，上虞区通过省文化厅第二批关于浙江省基本公共文化服务标准(2015—2020年)的达标认定。文广旅游局推进城乡文化场馆和设施建设，全区乡镇实现文化站和文化分馆全覆盖、文化员全面下派，"阳光文化"等惠民文化举措切实将优质文化产品下沉到镇、村，同时通过实施"十百千"两年提升计划，重点镇、村已基本达成建设任务和提升目标，基层文化阵地建设成效凸显。2019年，完成浙江智慧文化云省标电子台账填报和纸质台账制作，区通过第二批省基本公共文化服务标准达标认定。

【乡镇综合文化站提质升档】 2019年，长塘镇、汤浦镇依托各自特色和优势建成开放新综合文化站，梁湖街道启动新建综合文化站内部装修施工，崧厦街道开展综合文化站改造升级工作，小越街道完成新改建综合文化站的规划评审。鼓励引导综合文化站运营创新，百官街道综合文化站已引入第三方运营团队，道墟街道完成新建综合文化站管理运营第三方招标，在综合文化站特色化、市场化运营方面开展积极探索。

【农村文化礼堂建设】 2019年是农村文化礼堂建设的第七年，年内，召开全区农村文化礼堂建设工作现场推进会、文化礼堂业务培训会和农村文化礼堂设计方案专题评审会，组织开展星级评定。2019年共新建农村文化礼堂42家，新增五星级文化礼堂4家，四星级文化礼堂18家。 (田 斌)

【阳光文化惠民行动推进】 2019年完成"阳光文化"送戏下乡297场，送书下乡74338册，送讲座展览55次，戏曲进乡村60场，好书天天荐300册，送电影下乡4500场。以公共文化供给侧改革为抓手，深入推进"阳光文化"演出开展创新服务购买模式、创新场次分配形式、创新演出监管方式"三创新"，2019年开始参与"阳光文化"招标的民营剧团已全部录入"政采云"，市场化、规范化经营已成为民营剧团发展的共识，通过不断完善和提升"阳光文化"执行监督机制，使民营剧团逐步具备同业组织自治自律的能力。

【公共文化智慧化建设推进】 完成区"智慧文体"项目建设方案编制和评审，预计2020年建设完成并投入使用。完成浙江省公共文化大数据平台——智慧文化云平台推广使用工作，全区各镇街文化站、村文化礼堂及"三团三社"负责人成为智慧文化云平台B端文化产品(信息)上传者。 (柯妮赛)

【上虞区文化产业发展暨曹娥江文创走廊建设领导小组办公室成立并实体化办公】 2019年8月1日，上虞区文化产业发展暨曹娥江文创走廊建设领导小组办公室成立并实体化办公。印发《促进文化产业发展的若干政策意见的实施细则》文件。 （沈雁飞）

【凤凰山考古遗址公园一期开园】 1月22日，凤凰山考古遗址公园（一期）举行开园仪式。区委副书记王奇洲致辞，区领导潘立峰、吴光裕、胡宝荣、徐光华，省文物局、省文物考古研究所、绍兴市文广旅游局相关领导和专家出席开园仪式。开园后，先后接待“中外名校赛艇运动员”“上海主流媒体上虞行”“国内外木球运动员”等50余个考察调研团参观凤凰山考古遗址公园（一期），共接待中外游客8万余人次，成为打响“瓷之源”品牌的重要平台。

1月22日，凤凰山考古遗址公园一期开园仪式——开启鎏金沙启动台 （文广旅游局 提供）

【全国性越窑青瓷研发大奖赛活动】 5—12月，首届全国性越窑青瓷研发大奖赛活动在上虞举行。共收到越窑复烧类作品30件，青瓷创意类作品42件，通过网络投票及专家评选，上虞公证处现场公证，评出越窑复烧奖15个，青瓷创意奖17个。这次大奖赛得到《浙江日报》等主流媒体的广泛关注和持续报道。 （杜谷雨）

【陶艺中心】 2019年上虞青现代国际陶艺中心共接待17位国外知名艺术家，共创作396组现代陶艺作品，其中212组，共计364件作品捐赠给上虞博物馆收藏。日本艺术家中岛晴美在中心创作的作品《开示的形态》被清华大学艺术博物馆收藏。7月、9月，中心先后接待了两大重要陶瓷产区的福建省德化县、龙泉市的重要领导参观考察。

【越窑青瓷文化】 上虞青现代国际陶艺中心致力于研究传统越窑青瓷烧造技艺，重现“秘色瓷”辉煌。中心工作人员以上虞本地发掘的瓷土为基础，烧制出的青瓷作品已十分接近传统越窑青瓷，选送作品参加首届全国性越窑青瓷研发大奖赛青瓷复烧类特等奖。 （刘 吉）

专业文化

【概况】 区公共文化服务中心（原上虞越剧团）成立于1955年，是区内唯一的国办专业剧团，剧团有大戏《金殿赐鸩》《梁山伯与祝英台》《南风歌—舜的传说》《孝女曹娥》《白兔记》《玉堂春》《五女拜寿》《三看御妹》《哑女告状》《状元与乞丐》《血手印》等20多台大戏。曾赴日本、芬兰等进行演出，演出受到国内外观众热切好评，各方媒体广泛报道。其中2011年在参加新加坡、马来西亚两国政府在吉隆坡承办的21世纪国际艺术节中摘取艺术节最高奖“荣誉金奖”和“传承发展民族文化特别奖”。2012年，合唱节目《阿拉木汗》《梁祝·化蝶》赴韩国进行国际艺术节世界合唱比赛活动，获得艺术节最高奖项“民歌组冠军”和“评审特别奖”，是越剧界的艺术代表作。

【廉政越剧古装大戏《金殿赐鸩》】 2019年5月30日，由上虞小百花越剧团历时大半年精心打造的廉政越剧古装大戏《金殿赐鸩》在区文化艺术中心举行首演。该剧讲述主人公李膺不畏权势，秉公执法的廉政故事。《金殿赐鸩》在全区各乡镇街道启动巡回演出20余场。

【“越美中华”大赛】 2019年6月，组织团内青年演员参加了由中国广播电视网络有限公司、国广东方网络（北京）有限公司CIBN《东方大剧院》、上海广播电视台公益媒体中心戏剧频道联合举办的“越美中华—

越剧青年演员大汇演”初赛、复赛、决赛活动,经过激烈的赛角,梁钰、潘越兰2位青年演员以扎实的艺术底蕴分别摘取大赛越秀组和新雷组“佳艺奖”,单位集体获得“优秀组织奖”。

【绍兴市折子戏大赛】 2019年9月16—17日组织青年演员、演奏员赴绍兴绍剧艺术中心参加由绍兴市文广局组织的“2019年全市青年演员(演奏员)基本功大赛活动,经过激烈地赛角,青年演员潘越兰获得大赛文组“铜奖”1枚,青年演奏员魏银获得大赛演奏员“铜奖”1枚。

【打造上虞特色文艺品牌】 2019年1—12月,区公共文化服务中心以挖掘上虞母土文化为己任,邀请编剧汤惠朵、陈伟龙等赴团打造文艺精品,推出上虞具有浓郁地方色彩的4个小戏《东山再起》《曹娥寻父》《春晖初照》《忆东山》。《东山再起》于4月参加由区委、区政府组织的“诗画曹娥江 休闲上虞行”系列活动启动仪式暨绍兴上虞(上海)文旅农推介展示活动。

《曹娥寻父》 (何玲娟　摄)

【上虞越剧史迹陈列室建立】 2019年6—12月,区公共文化服务中心为进一步传承发展越剧事业,促进非遗戏曲类项目能够得到更好的保护和传承,中心自年6月起邀请各方专家赴团召开座谈会,研究筹备落实上虞越剧史迹陈列室的各个项目布展工作,经上级部门认可越剧史迹馆由前言导语、百花争艳好戏连台、四代演员薪火相传、桃李芬芳人才辈出、前言窗背面展、走廊剧目展和动态视频展7块内容组建而成,并通过收集、整理上虞越剧文化的文献资料和实物史料,研究完善上虞越剧发展历史,不断加强越剧原生态的保护,系统而详明地反映出上虞越剧发展的面貌,展示上虞越剧在形成、发展中所经历的风风雨雨和不断改革创新走向繁荣的历程,越剧史迹陈列室于年底竣工完成。

【新剧目排练】 2019年9月,中心邀请国家一级导演丁汉平、一级舞美设计师刘开富、一级灯光设计师祝世明等赴团排练新业务大戏《血手印》,经过全团人员1个多月的磨砺、打造,于9月26日在小剧场完成彩排工作。11月,邀请国家一级演员陈飞大师和一级舞美设计师吴双涛、一级灯光设计师胡宝根、赵兴华、一级音乐设计谈声贤、一级唱腔指导李燕华等赴团打造《情探》一剧,并于12月底在小剧场完成彩排工作。《情探》一剧拟参加2020年“浙江戏剧节·金桂表演奖”赛事活动。

(陈立娟)

群众文化

【概况】 2019年,围绕“创新之区 品质之城”建设目标,全面开展丰富多彩的群众文化活动,扎实推进非遗保护传承,坚持开展免费开放培训和下基层文艺辅导,配合区委宣传部做好“三服务”和“不忘初心 牢记使命”主题教育活动,扎实推进群众文化事业。

【绍兴市九运会开闭幕式演出任务】 承接绍兴市九运会开闭幕式文体表演任务,4月,启动首轮节目排练,10名文艺骨干分赴5所学校定点指导,全程参与,共组织进行三轮群众演员排练,组织排演节目120个单元约72000余人次。10月12日晚,绍兴市第九届运动会暨第二届市民运动会开幕式在上虞体育场亮相,为广大市民贡献了一场华灯璀璨、嘉宾云集、美轮美奂、大气磅礴的市九运会开幕式文体表演。10月22日晚,闭幕式在华通体育馆圆满落幕。

【天籁浙江暨“诗话曹娥江·浙东唐诗之路发祥地”主题晚会】 4月20日晚,天籁浙江暨“诗话曹娥江·浙东唐诗之路发祥地”主题晚会在信义广场正式举行。本场晚会以时间为轴,分为上篇、中篇、下篇、尾声4个篇章，以经典唐诗为线索，串联起从古至今上虞文化发展的丰富内涵及独特魅力，《曹娥碑》《忆东山》《唐诗之路》《山居赋》《读唐诗》等原创作品一一亮相，数十位朗诵大咖前来助阵，腾讯网络全程直播。线上线下观看人数总计超过115万人。

【组织参加省第二届少年非遗说讲故事大赛】 4—8月，区文化馆组织全区小学生参加第二届“少年非遗说”浙江传说故事讲述大赛。全区20余人参加初赛，共有62名小朋友参加唐诗之路赛区选拔赛，30人进军全省复赛，9名选手进入半决赛，最终有2名选手获得省特等奖，1名选手获省一等奖，同时非遗中心获得省优秀组织奖。

【绍兴有戏——非遗兴乡大巡游(上虞站)系列活动】 6月23日，2019“文化和自然遗产日”系列活动之绍兴有戏——非遗兴乡大巡游(上虞站)暨“曹娥庙会”系列活动在中华孝德园成功举行。整个活动包括非遗巡游、哑目连演出、越绣医学课堂、非遗春之生展览等。其中，巡游活动共15支表演队伍参加，从孝德文化广场出发，经曹娥庙、中华孝德园到达大舜庙，沿途向市民展示上虞民间吹打、曹娥形意拳、小越蚌舞、桌凳农具花等极具上虞地方特色的非遗项目。

11月3日，“娥江颂”群众文化月才艺大赛(社区组)决赛　　(黄加良　摄)

【承办“娥江颂”群众文化月文艺作品才艺大赛】 9—11月，区文化馆组织承办2019上虞区“娥江颂”群众文化月文艺作品大赛。共有农村、社区、企业等140余个优秀原创文艺作品报名参赛，最终产生一等奖4个，二等奖10个，三等奖15个和优秀奖16个。组织初赛3场，决赛3场，展演1场，以人民群众喜闻乐见的文艺形式向中华人民共和国成立70周年献礼。

【组织文化走亲活动20场】 一是迎进来：5—12月配合完成长兴、松阳、临安、建德、柯桥、安吉、遂昌、嵊州等文化馆等来上虞文化走亲活动；二是走出去：7月组织赴遂昌、松阳、云和三地文化走亲；11月组织赴辽源、东辽、朝阳村三地文化走亲；11月30日组织哑目连赴嵊州开展文化走亲，实现文化的交流共享。

【罗步臻艺术馆书画精品展】 6月15日，“诗画曹娥江 沪虞墨缘行”上海名家书画展在罗步臻艺术馆顺利开展。共计展出上海水墨缘工作室的7位知名画家精心创作的书画作品56幅，内容涵盖人物、山水、花鸟等题材，作品生动形象，气韵浑然天成，匠心独具。11月10日，“重走浙东唐诗路·绘写工笔丹青缘”——中国当代工笔画名家精品展在罗步臻艺术馆开幕，共展出国内工笔画精品182幅，以新时代工笔画家的创作风貌及工笔精品向祖国献礼。

【免费培训进文化分馆】 探索文化分馆运行机制，面向百官、小越、崧厦、长塘4个文化分馆开展免费艺术课程试点培训，共开设分馆课程16门，招收学员超过500名。扩大免费培训受众面，真正做到“文化惠民”，让更多人享受到公共文化服务带来的实惠。

【原创文艺作品喜获佳绩】 2019年，区文化馆组织辅导文艺作品参加省级比赛获得2个特等奖，3个一等奖，5个二等奖，7个三等奖，参加绍兴市各类比赛获得8个一等奖，14个二等奖，20个三等奖。参加各级公共文化理论研究比赛获全国三等奖2个，优秀奖1个；省级一等奖2个，二等奖4个，三等奖4个；市级一等奖2个，二等奖4个，三等奖8个。并获得省优秀组织奖6个，绍兴优秀组织奖4个。　　(凌　敏)

【提升农村文化活动品牌影响力】 继续精心培育基层文化活动品牌，开展乡镇文化节、村落文化节评选工作，对小越街道第三届“农民艺术节”“辉煌七十年逐梦新时代”，百官街道庆祝中华人民共和国成立70周年系列文化文艺活动艺术节等一批优秀乡镇文化节，东关街道保驾山村村落文化节，崧厦街道前庄村第十九届五龙庙会民俗文化节等一批优秀村落文化节进行表彰。（柯妮赛）

【农村数字电影放映深入开展】 区电影公司组成专业农村数字电影放映队16个，上岗培训、配证上岗、认真填写放映回执接受各乡镇的管理和监督，全年完成上级下达的4500场农村电影放映任务。

【娥江影视厅功能展出和放映】 娥江影视厅是上虞区委、区政府部署的重点工程，由区委宣传部牵头组织实施，作为曹娥江文化旅游项目之一，它位于曹娥街道江西路517号，建筑面积367平方米。娥江影视厅每天晚上公益免费放映电影，节假日增设白天场次。年内放映场次320场，观众1.68万人，群众反响好。（方　红）

【“阳光剧场”推广和普及文化艺术的大舞台】 剧场内优秀剧目演出情况：2月“笑转东北情，铁岭二人转”综艺晚会；4月杭州荣音堡文化公司出品《共和国干杯专题音乐会》；5月传统绍剧《龙凤呈祥》《包公巧拿庞吉》；6月、7月、8月北京万有天橙文化公司及深圳小橙堡文化公司提供的经典儿童剧《阿拉神灯》《睡美人》《小红帽》《匹诺青》剧目展演；9月杭州越剧院越剧《德清嫂》；10月永恒旋律音乐剧《飞行学校》。今年“阳光剧场”惠民演出共计13场，每场演出平均上座率在60%左右，观众人数约7800左右。

【“租场”搭建共赢群众文化舞台】 推动地方娱乐文化是剧院的社会责任，剧院通过“租场”服务为各领域提供更实在群众文化活动服务。1—12月，国祥股份公司年终晚会；小脚丫、跳跳堂舞蹈培训中心汇报演出；虫儿飞艺术学校，爱米尔、鹤琴幼儿园；上虞越韵文化艺术公司等都以在剧院租场的方式组织演出活动，全年共计17场。（丁艳飞）

网络文化

【第十届网络文化主题活动】 第十届网络文化主题活动以“网聚正能量 追梦新时代”为主题，活动项目包括“诗话曹娥江，青春追梦人”上虞青年诗会暨第十届网络文化主题活动启动仪式、“我和我的祖国”网络主题宣传、“抖音上虞”全民短视频大赛活动、“我的共和国记忆 讲讲身边的故事”网络征文、“爱的奉献·志愿者之夜”乘凉晚会暨“点亮一盏灯”爱心社成立十周年活动等。（章　鑫）

【打造网上文化家园矩阵】 积极拓展网络阵地，组织并扶持优秀的网上文化家园进一步传播正能量，共绘同心圆。12月，指导上虞新闻网制作“优秀网上文化家园”专题，集中展示一系列充满本土特色、富有人文关怀的网络文化阵地。（章　鑫）

扫黄打非

【概况】 部署推进“扫黄打非”五大专项行动，建立完善考核、通报等工作机制，全年开展各类专项检查40余次，检查市场主体1200余家次，查处“扫黄打非”违法案件14起，刑拘21人，其中破获重大案件1起。“扫黄打非”基层站点标准化规范化建设实现全覆盖。区委宣传部被评为省“扫黄打非”工作先进集体，百官街道被评为第三批全省“扫黄打非”进基层示范点。（陈　健）

报　刊

【概况】 上虞日报社是浙江日报报业集团下属单位，报社内设总编办公室、全媒体指挥中心、时政部、民生部、经济部、运维中心、视觉中心、策划部、事业部、出版部。《上虞日报》由浙江日报报业集团主管，上虞日报社主办。《上虞日报》为周六报对开八版，新媒体的用户已超过45万，全媒体用户超过50万人次。2019年5月，在全省县市区传媒年度榜单上，上虞日报首次入围全省十强县市区域报行列。

【媒体引导力提升】 推出上虞解放70周年特刊，回顾和再现了上虞解放这一历史事件，刊出“壮丽七十年，奋斗新时代——国庆70周年特刊”。扎实开展“不忘初心、牢记使命”主题教育活动，推出“主题教育进行时”“初心之旅”“身边的榜样”“正风肃纪在行动”等栏目，可视化报道马拉松比赛、中外名校赛艇赛和曹娥江国际龙舟大奖赛，充分展现城市形象，提升城市品位，打造品质上虞城市新名片。

【媒体融合促传播】 纸媒与新媒体联动，稳步实施媒体改版。既注重内容，又注重版式，新开设深读、人物、城事、时尚、职场等版面，注重都市化、时尚化、大众化，所有版面已在媒体上呈现。坚定实施传统媒体与新媒体融合、报社与乡镇（街道）部门单位融合、采编与经营融合、部室之间融合、团队融合、人与媒体融合，实施报、刊、网、微、端的采编发一体化运作，实现信息内容、技术应用、平台终端、人才队伍的共享融通。

【移动优先，创新媒体产品】 构建“一报多媒”的媒体新格局。实施“移动优先”战略，坚持内容为王、质量为上，视频标配化，直播常态化，自筹资金，投入200余万元购买设备，招录专业人才，运作好新闻演播中心、全媒体指挥中心，打造好各类新媒体栏目。开发推出了多个小游戏、小程序、H5、快闪等新媒体产品，打造“公益课堂”“探店”“二十四节气”等各类新媒体栏目。为多个部门、乡镇（街道）拍摄宣传片、微视频，制作快闪，在继续深化“朗读者”栏目的基础上，推出“非遗”音频专题，新推出“周末去哪儿”“记者亲历”“上虞手艺人”等视频栏目。 （贺明辉）

广播电视

【概况】 2019年，广电总台根据区委、区政府、区委宣传部部署，紧扣“三服务”“项目推进”“机构改革”“五星三A”“最多跑一次”“作风建设”等区委区政府中心工作，阶段性开设相应专栏。共推出《深化“三服务”活动 助推高质量发展》《最多跑一次 上虞加速度》《支持民营企业在行动》《五星3A在路上》《文明城市创建》《贯彻落实中共十九届四中全会精神——聚焦高质量 冲刺全年红》等新闻专栏30多个，为历年之最。

【舆论监督宣传】《每周一问·曝光台》2019年共播出节目40多期，曝光内容包括垃圾分类、五水共治、三废治理、交通秩序、安全生产、农田保护、消防安全、物业管理、高层电梯安全等与民生息息相关的问题。《每周一问·比学赶》栏目按照推进“创新之区、品质之城”建设总要求，聚焦实体经济、改革创新、城市提质、乡村振兴、民生改善、社会治理、干部作风等重点工作，分阶段确定宣传重点。

【中华人民共和国成立70周年主题宣传】 广电总台专门就中华人民共和国成立70周年策划了相关报道，开设《壮丽70年 奋斗新时代》《礼赞新中国 奋进新时代》等新闻专栏，策划推出庆祝《897身边的朗读者》广播特别节目，制作《我和我的祖国》快闪、《歌唱祖国》宣传片等，在广播电视、新媒体平台上，全面展示中华人民共和国成立70周年以来上虞取得的成就。同时引进一批弘扬主旋律、传播正能量的电视节目，如《大时代》《在桃花盛开的地方》等反映民族伟大历程，人民创造美好生活的精品剧。

【主题教育宣传】 持续推进“不忘初心 牢记使命”主题教育正面宣传。做好全媒体新闻报道，电视、广播充分发挥主流媒体准确、权威、全面的宣传报道优势，开设专栏《不忘初心 牢记使命——主题教育进行时》，全方位聚焦区各乡镇部门主题教育开展情况。强化舆论引导，集中报道基层单位涌现出来的先进事迹、先进典型。电视、广播、新媒体互动互联，自主题教育开展以来，共播出主题教育相关新闻200多条。拍摄制作时长15分钟的“走过七十年·红色漫娥江”专题教育片，展现区波澜壮阔的红色历史画卷，在区各地各部门主题教育第二次专题学习会传播学习。

【配合各级媒体】 完成区两会、区经济工作会议和绍兴市九运会开闭幕式等电视直录播工作，和区政府、区委宣传部的新闻发布会录制工作。为绍兴电视台、湖州电视台提供6场次的电视直录播技术支持。做好大型公益活动“万朵鲜花送雷锋”，成为浙江之声此次活动的一个分会场，打响了活动品牌。参与中广联合会上海经济区委员会与上海浦东新区广播电视台组织的庆祝中华人民共和国成立70周年大型联制联播广播节目——《共饮一江水，共话家国情》。

【重要专题片摄制】 摄制赴上海招商宣传片、省重大项目暨e游小镇现场会专题片、九运会宣传片、文明城市创建问题曝光专题片、区重点项目汇报视频、九运会赛事集锦、最美人物宣传片、曹娥江旅游度假区《满川春色看潮生》推介宣传片、上虞全域旅游创建汇报片等。

【融媒体直播活动】 开展上虞短视频抖音大赛、童眼看家乡等融媒体活动。联合浙江广电集团开展7天融媒互动直播"钱江奔涌"第四站走进青瓷的故乡——上虞，在上浦镇大善小坞村感受乡村振兴的蓬勃律动，走读美丽乡村品位瓷源文化。节目在浙江电视新闻频道、浙江之声、中国蓝新闻客户端、浙江交通旅游导报、浙江城市广播电视报刊播，播放量突破20万。在节假日开展形式多样、内容丰富、群众参与度高的直播活动，相继开展各种线上线下直播46场，三屏同步直播10场。绍兴九运会开幕式直播创下直播点击量之最，在线观看时长14万分钟，CDN分发8.9T，点击量超过40万人次。

【节目创优】 创设新栏目《上虞记忆》，用电视语言，记录时代变迁，记录历史文脉，记录家国情怀，从而系统挖掘根植于上虞人心中独具特色的记忆故事。多期节目为"学习强国浙江平台"选用。

2019年，广电总台获全省广电新媒体新闻协作一等奖、全省广播电视新闻协作县级广播三等奖、《围观、模仿与狂欢：竖屏短视频的受众传播行为》荣获浙江省新闻奖一等奖、《活力绍兴 品质上虞》获得浙江省广播电视文艺奖三等奖、文明交通大奖评选中，总台有2个作品获一等奖，3个作品获二等奖，10个作品获三等奖。

（严月芬）

有线电视

【概况】 2019年，中广有线上虞分公司（以下简称分公司）以推进智慧广电建设为重点，巩固发展大众业务，大力拓展集客业务，精心实施工程项目，扎实推动管理创新；全面强化安全生产、安全播出保障，完成中华人民共和国成立70周年等重要保障期安全播出任务，实现安全播出、安全生产全年无事故。坚持全面从严治党要求，切实加强党组织的建设，全面落实党风廉政建设责任制和党建工作责任制，推动党建工作全面进步、全面过硬。

【宣传文化信息传播服务持续强化】 发挥数字电视平台优势，主动做好区委区政府中心工作宣传，以开机广告形式播放宣传标语、公益广告610多天次，发布应急气象信息3564条次，利用"三务公开"平台发布全区村级便民服务和"三务"公开信息30多万条次，利用数字电视本地屏发布"政务公开""美丽上虞""智慧党建"栏目信息1500条次。完成中医院、妇保医院、二院等个性化页面及数字电视升级工作，为百官街道、驿亭镇、人民医院拍摄公益视频。在陈溪乡小复制推广实验小学校园电视台，制作实验小学校园电视台栏目片头5个，播出相关教育学习视频300多个，推动城乡义务教育优质均衡发展。

【"三服务"活动扎实推进】 3月1日，分公司制定出台"三服务"活动意见，部署开展"办事解难"大服务活动、"入村入企入户"大走访活动，精心设计自选动作载体，开展"有线服务进万家""全员设摊服务营销"等便民服务活动，推出惠民政策措施，全年走访用户5万余户、单位及企业1000余家，解决视频监控覆盖、专网专线接入、宽带接入、数字电视收看等方面的困难和问题950多起，网络线路问题680多起。

【精准实施"四力"教育实践】 4月15日，制定出台增强"脚力、眼力、脑力、笔力"教育实践工作实施意见。上虞区智慧民生服务中心建设项目、上虞区实验小学校园电视台项目、美丽公路、美丽乡村"五星3A"区级重点工程配套项目等重点工作扎实推进。

【持续推进"美丽乡村"项目】 4月13日，分公司正式签约驿亭镇马慢桥村"美丽乡村"项目，5月28日，马慢桥村“美丽乡村”栏目正式定版，6月5日正式上线运营，成为全区首个“美丽乡村”栏目试点村。7月1日，签约小越“美丽乡镇”项目；8月1日，签约驿亭、丰惠“美丽乡镇”项目；9月1日，签约东关“美丽乡镇”项目；12月初，签约道墟“智慧道墟”项目。12月12日，“品质小越”和“幸福驿亭”2个栏目正式上线；12月16日，“银东关”栏目正式上线；12月24日，“仙果丁宅”栏目正式上线。

【“三务公开”项目落地见效】 5月，分公司与区纪委签订“三务公开”项目。9月中旬，完成“三务公开”全平台建设，在有线电视终端和手机端全面推行村级“掌上三务”；截至12月31日，完成“三务公开”各类数据的上传工作，合计上传数据30余万条（张），实现全区302个行政村、39个居委、47个社区的“三务公开”信息发布全覆盖。

【区便民服务中心智慧民生项目破局推进】 7月5日，分公司与上虞区便民服务中心正式签约智慧民生项目；12月，完成区便民服务中心自助政务服务终端在乡镇、社区及村便民中心落地安装工作，安装自助终端94台；12月5日，通过验收。10月，中标上虞区智慧民生服务大厅项目（二期项目、租期三年）；12月底，通过验收，该项目在区便民中心二楼现有成熟的排队叫号系统基础上，完成对目前叫号系统的软件集成升级。

【小城镇综合治理升级版工程完工】 年内，分公司抓住区委区政府实施美丽田园、美丽公路“三线”升级整治时机，争取小城镇综合治理工程、美丽公路、美丽田园升级版工程等区重点工程项目，崧厦等19个乡镇街道132个小城镇综合整治项目和“五星3A”美丽乡村建设工程通过验收。（高络妮）

文物保护

【概况】 2019文物保护工作要点：1. 文物古建筑安全单位安全提升工程项目（曹娥庙、同兴里、春晖名人故居、王充墓、谢晋故居）防雷工程通过省级验收；2. 完成丰惠钱氏大宅院、浙东新四军北撤会议旧址四有档案审查；3. 完成上虞县工委驻地旧址和徐光宪故居工程验收。（陈文娟）

【博物馆异地新建工程】 新博物馆选址在孝德广场南侧，曹娥庙西侧，中华孝德园景区东侧。总用地面积11470平方米，总建筑面积19166.49平方米，其中地上建筑12557.18平方米，地下建筑6664.49平方米，主要包括通史厅、越窑青瓷厅、天香楼碑廊厅、馆藏文物精品厅和临展厅等，概算投资2.234亿元。项目于11月21日举行开工仪式（区政府四季度集中开工），浙江省文物局副局长郑建华到会并做重要发言。（胡晓峰）

【“红色百年”革命文物展布展】 为庆祝中华人民共和国成立70周年，区博物馆举办“红色百年”革命文物展。展厅共分为新民主主义革命时期、社会主义革命和建设时期、改革开放新时期和大事记和烈士名录四大部分，共展出革命文物107件，展现上虞区从新民主主义革命到改革开放新时期的革命历程。

【摄影大赛】 为庆祝中华人民共和国成立70周年，全面反映上虞在政治、经济、文化及人民群众生活的巨大发展，举办“壮丽七十年，情满曹娥江——上虞区基本公共文化服务建设”摄影大赛。大赛收到各类展示公共文化设施和反映文旅融合发展的参赛作品182件，评选出一等奖2幅，二等奖4幅，三等奖8幅，优秀作品36幅。（熊 玮）

【提升文物古建筑单位安全水平】 区曹娥庙、同兴里、春晖名人故居为国保单位，王充墓为省保单位，谢晋故居为区保单位。这5处文保单位的结构安全状况较好，但消防电气按相关法规、规范要求比较薄弱，在一定程度上存在安全隐患。2019年，绍兴市上虞区人民政府投资400万元，由绍兴市上虞区文化广电旅游局通过发改局立项（虞发改投〔2019〕11号）实施文物古建筑单位安全提升工程一期项目。该项目总涉及面积约10000平方米，主要内容包括完成入侵报警系统、影像监控系统、电线线路改造，增设智慧用电设备、避雷系统、烟感系统、应急照明和各子系统集成等安全设施,分为消防、防雷、安防3个专业分项。文物古建筑单位安全提升工程一期项目2019年7月开工,防雷工程于2019年10月通过省级验收,消防和安防工程2019年12月竣工。

【修缮上虞县工委驻地旧址和徐光宪故居】 上虞县工委驻地旧址位于上虞区驿亭镇新横塘村徐家岙自然村,总建筑面积约770平方米,1940年2月曾作为上虞县工委驻地,现为文物保护点。因年久失修和自然腐蚀,现状建筑破坏严重,第三进5间和2个台门墙体坍塌,梁架糟朽霉烂,电气线路老化,无消防设施,存在严重的安全隐患。2019年8月,由绍兴市上虞区人民政府投资200万元,绍兴市上虞区文化广电旅游局通过发改局立项(虞发改投〔2019〕10号)。工程内容包括屋面翻修、墙体维修、木构件更换、楼地面整修、环境整治、水电线路铺设、消防安防设备增设等。工程由上虞区驿亭镇人民政府负责实施,上虞区文物管理服务中心全过程业务指导,2019年12月通过竣工验收。

徐光宪故居位于上虞区汤浦镇舜岸村,总建筑面积约1600平方米。现存房屋二进,进门为一门楼,主屋和两侧厢房均为二层建筑,中间为天井,有照墙,地面石板漫铺,保存较为完整。该古建筑为目前保存较完整的老台门建筑,又是著名人物的故居,是区不可多得的名人故居文物资源,极具保护价值。因自然灾害和人为因素,现建筑屋面渗漏,瓦片破损,木构架局部开裂、糟朽、虫蛀、霉烂,电气线路老化,无消防设施,存在安全隐患。2019年8月,由绍兴市上虞区人民政府投资260万元,绍兴市上虞区文化广电旅游局通过发改局立项(虞发改投〔2019〕16号)。主要内容为:主楼、两侧厢房落架翻修,局部木构更换,墙面修补加固,地面翻修,纠正违规修建,周边环境整治,电气线路改造,消防设施布置等。工程由上虞区汤浦镇人民政府负责实施,上虞区文物管理服务中心全过程业务指导,2019年12月通过竣工验收。 (陈文娟)

图书

【概况】 上虞区图书馆是国家一级图书馆,新馆于2004年4月28日动工兴建,2006年3月27日竣工验收,2006年10月8日开馆。位于市民中心一路2号,整体建筑面积12478平方米,净用地面积为20000平方米,图书馆使用10000平方米。具有电子检索、网上阅览、开架借阅、少儿服务、学术交流、社会培训、展览讲座等服务功能。设普通图书外借室、报刊阅览室、城市书房、参考咨询室、电子阅览室、少儿图书室、亲子阅览室、读者自修室、视障阅览室等服务窗口,馆内有阅览、休息座位630个。是一座体现上虞文化特征、城市个性和社会经济发展水平的标志性文化建筑。

自2009年5月18日起,上虞区图书馆增加晚上借阅服务,开放时间从上午8时到晚上9时(午餐时闭馆半小时)。外借室、少儿室、城市书房、亲子阅览室、报刊阅览室、电子阅览室、自修室、咨询室等图书馆基本服务项目、公共空间设施、场地等全部免费向市民开放。读者在图书馆电子室经实名登记后,即可方便地登录全国文化信息资源共享工程网站和互联网进行信息查询、网上阅读等活动。

2019年,采购各类新书43543册,新增电子图书11576册;年订阅中文期刊1016种、报纸142种(其中崧厦分馆期刊81种、报纸14种、小越分馆期刊82种、报纸14种、章镇分馆期刊82种、报纸12种、丰惠分馆期刊83种、报纸14种);收到赠书100种298册;至年底总藏书量为72.6528万册。2019年,共接待读者1389774人次,图书流通910024册次,有效借阅证47208本,解答咨询、代查资料等185人次,网站页面访问量合计197474次。设馆外图书流通站“天香书吧”10个,共借书8500册,新设分馆1个,城市书房2个。截至2019年底,已经建成并开放的分馆有:崧厦分馆、丰惠分馆、小越分馆、章镇分馆、百官分馆、曹娥分馆、道墟分馆、长塘分馆。

【南丰社区城市书房】 绍兴天香书房——南丰社区馆,位于上虞区城北南丰社区内,占地面积100平方米,藏书4000册,座席20个。书房一楼临街,交通便利,辐射周边盛丰新村、锦都花园、和欣家园等十几个小区。书房由上虞区图书馆和区新华书店合作建设,采用RFID技术为读者免费提供文献自助借还服务、绍兴市内通借通还服务、阅览服务、自习服务、阅读推广等服务。图书馆藏结构合理，服务规范，工作人员、保安配备齐全，每周开放 101.5 小时。城北邻里中心城市书房设计新颖、装饰富有特色，是上虞区在社区内建成的第一个城市书房。

【上虞区图书馆长塘分馆——知塘书吧】 知塘书吧位于长塘镇综合文化活动中心一楼，建筑面积 200 平方米，设有阅览坐席 80 个左右，内有藏书 7000 余册，涵盖农业科技、古今中外文学、名家作品、书法、绘画、通话、儿童文学、饮食健康、传统文化、父母必读等优秀图书。书吧以红黄蓝绿等色调划分不同的区域，内设多媒体播放设备。通过身份证等有效证件刷卡进入，免费借阅图书，书吧与上虞区图书馆联网，且图书可在全区各定点进行借还。

【"我是讲书人"】 2 月 8 日晚，由上虞区图书馆和樊登读书会上虞分会承办的 2019 "我是讲书人" 决赛在区图书馆报告厅举行。

【送万册图书下乡】 2019 年组织送书下乡 94992 册，其中农家书屋赠书工作，已赠送图书 72500 册、80.84 万元。对乡镇（街道）图书分馆流通 13 次，流通图书 20141册。

（阮婷娟）

乡贤文化

【概述】 2019 年，区乡贤研究会继续挖掘乡贤文化，激活乡贤资源，围绕建设发展大局，聚贤纳才，自觉服务地方经济社会。全年接待区内外众多机关部门干部前来考察学习，传播上虞的乡贤工作经验。区委区政府 2019 年发布的 5 条 "初心之旅" 路线中，上虞乡贤文化之旅列入其中。

在上虞统一战线举行庆祝中华人民共和国成立 70 周年暨最美统战人物颁奖典礼上，区乡贤研究会会长陈秋强被授予 "最美统战人物" 称号。

著述书目提要（正式出版物）一览表

表 13

书名	著（编）者	出版社	内容简介
绍兴莲花落作品选	吴宝炎编著	团结出版社	上虞虞舜文化丛书
虞舜传说故事集	吴宝炎主编	团结出版社	上虞虞舜文化丛书
小猫钓鱼：注音本	金近著	天地出版社	童话
狐狸打猎人：注音本	金近著	天地出版社	内容简要：有一个关于怪兽狼的传说，有一只狐狸伪装成了这只凶狠的恶狼，他假扮狼装腔作势，吓跑小猎人、抢子弹、抢母鸡，吓得小猎人整天像丢了魂一样。后来，一个老猎人听说后，他击毙了狐狸，这时狐狸才露出了真面目
《鸡鸣集》校注	中共绍兴市上虞区委党史研究室（绍兴市上虞区地方志研究室）编	中国文史出版社	—
南源村志	罗兰芬主编	中国文史出版社	内容包括建置与区划、自然环境、人口与家庭、村庄建设、农业、工业、商贸旅游业、村级组织、兵事、教育、古韵南源、民俗文化、医疗卫生、社会保障、人物、艺文录等
六艺论：马一浮六艺学研究	徐儒宗著	浙江大学出版社	研究马一浮提出的"六艺论"，以六艺之教为指导，容纳古今中外一切学术精华以弘扬儒学；不仅以六艺之道为标准评判百家之学的得失，而且也运用百家之学尤其是佛学中符合六艺之道的内容来论证儒学，并随时对违离六艺之道的内容加以批评

续表 13

书名	著(编)者	出版社	内容简介
不宠无惊过一生:李叔同与丰子恺	魏邦良著	复旦大学出版社有限公司	涉及李叔同与丰子恺这对师徒的交往,也展现了这对名师高徒的人生经历、艺术成就、做人风范乃至宗教情怀
四峰村志	罗兰芬主编	中国文史出版社	内容包括村情概况、地域文化、民风习俗、越窑青瓷、名优特产、文化遗存、传说故事、人物荟萃、诗文留韵、四峰新姿等
一生无悔:地理与规划研究	胡序威著	商务印书馆	地理与规划学文集
夏丏尊散文集	夏丏尊著	北方文艺出版社	夏丏尊的散文精选集,收录夏丏尊颇具代表性的散文五十余篇,包括《命相家》《我的中学生时代》《我之于书》《寄意》《春晖的使命》《关于国木田独步》等
诗在山水间	徐洋林著	四川民族出版社	诗集
大荒纪事	张鸣著	九州出版社	全书通过70余个故事,对底层人民命运的来龙去脉进行了深沉的揭示,对绝境中的人性有着十分出色的绘状,更直视了这一历史悲剧的精神本质和深刻教训。从而不仅能让我们对过去的那段岁月加深了解,更有助于我们构建自己的人格,开拓自己的人生
绍兴百镇赋. 上	绍兴市政协文化文史和学习委员会,绍兴市新闻传媒中心(传媒)集团编	浙江人民出版社	本书循着"浙东古运河线""浙东唐诗之路线"和"古越国迁徙线"这三条绍兴文化文明发展轴,从文史维度梳理了各个乡镇(街道)的发展轨迹和文化图谱,展示了绍兴深厚的历史文化底蕴及其蕴含的人文精神
绍兴百镇赋. 中	绍兴市政协文化文史和学习委员会,绍兴市新闻传媒中心(传媒)集团编	浙江人民出版社	本书循着"浙东古运河线""浙东唐诗之路线"和"古越国迁徙线"这三条绍兴文化文明发展轴,从文史维度梳理了各个乡镇(街道)的发展轨迹和文化图谱,展示了绍兴深厚的历史文化底蕴及其蕴含的人文精神
绍兴百镇赋. 下	绍兴市政协文化文史和学习委员会,绍兴市新闻传媒中心(传媒)集团编	浙江人民出版社	本书循着"浙东古运河线""浙东唐诗之路线"和"古越国迁徙线"这三条绍兴文化文明发展轴,从文史维度梳理了各个乡镇(街道)的发展轨迹和文化图谱,展示了绍兴深厚的历史文化底蕴及其蕴含的人文精神
上虞年鉴. 2016	绍兴市上虞区史志工作委员会编	线装书局	记载2015年上虞区围绕"全面建成惠及全区人民更高水平的小康社会,率先基本实现现代化上虞"奋斗目标,加快建设"创新上虞""精致上虞""人文上虞""幸福上虞"的实际情况
古村之美:浙江百村故事精选	浙江省农业和农村工作办公室[等]编著	浙江大学出版社	—
陶渊明谢灵运鲍照诗文选评	曹明纲撰	上海古籍出版社	收录古代三位诗人的诗文进行选评,具体有陶渊明的文章《五柳先生传》,组诗《归园田居》等,以及谢灵运和鲍照的代表诗篇
小鲤鱼跳龙门	金近著	辽宁美术出版社	精选金近先生创作的《小鲤鱼跳龙门》《老鹰鹞的起落》《枣树和西瓜藤》《小鸭子学游水》等13篇中短篇童话作品
小鲤鱼跳龙门:教材版	金近著	商务印书馆	—
我能管好我自己:生活习惯	章月珍编著	文化发展出版社	—
成为更好的自己:性格培养	章月珍编著	文化发展出版社	—

续表 13

书名	著(编)者	出版社	内容简介
学会处理人际关系:情商培养	章月珍编著	文化发展出版社	—
学会保护自己:人身安全	章月珍编著	文化发展出版社	—
学会管理自己的行为:行为规范	章月珍编著	文化发展出版社	—
要集中注意力:学习方法	章月珍编著	文化发展出版社	—
要珍惜时间:培养时间观念	章月珍编著	文化发展出版社	—
要保持自信:品格培养	章月珍编著	文化发展出版社	—
要学会调整心态:培养良好心态	章月珍编著	文化发展出版社	—
积极参加集体活动:团队意识	章月珍编著	文化发展出版社	—
日记其实也不难:知识积累	章月珍编著	文化发展出版社	—
学习最重要:学习习惯	章月珍编著	文化发展出版社	—
上虞方言	枯曲子,赵雅青,黄颂翔著	西泠印社出版社	以丰惠话为上虞方言的代表语音,适当参考百官话及其他片区读音,以国际音标注音。词汇、谚语等的采集,则兼及全区各地。书中专设“情景对话”一章,展示上虞方言在具体语言场景中的词法、句法规则
七十二堂写作课	夏丏尊,叶圣陶著	中国友谊出版公司	是一本关于文学创作方法和技巧的文集,其内容来自叶圣陶和夏丏尊 2 人在 20 世纪 30 年代为初中生编撰的一套语文教材中每一课的“文话”部分。每课一个主题,结合阅读,讲文章的写作方法,涵盖范围包括记叙文、议论文、日记、游记、随笔、小说、诗歌、应用文体等,也包括如何通过培养良好的阅读乃至生活习惯提高语文素养和实际写作能力的内容
文心	夏丏尊,叶圣陶著	中国友谊出版公司	汉语大师夏丏尊、叶圣陶 2 人多年语文教学经验的结晶之作,通过将抽象的知识与具象的学习和生活场景相联系,融知识于故事,以故事传知识
小鲤鱼跳龙门:彩绘注音版	金近著	山东教育出版社	包括《小鲤鱼跳龙门》《枣树和西瓜藤》《谢谢小花猫》《小猫钓鱼》《小鸭子学游水》《小公鸡办好事》《小青蛙跳得高》7 篇童话
飞阅上虞	阮佳波著	浙江摄影出版社	发现上虞品味家乡

【服务家乡发展】 10 月 8 日,由区乡贤研究会牵线,乡贤贾松良捐资 100 万元新建的“贾松良体育馆”正式启用,乡贤贾松良夫妇和区委常委、统战部部长王永表等共同为体育馆揭牌,另捐资 10 万元设立驿亭镇小学贾松良致远助学基金。11 月 8—10 日,在区乡贤研究会的牵线筹备下,第 13 届全国世界语大会在区召开,中华全国世界语协会名誉顾问陈昊苏、中国外文局副局长方正辉等来自全国 24 个省市自治区的 240 名专家学者和世界语者与会,在胡愈之故居举行“世界语文化教育基地”的挂牌仪式,全国范围内首支世界语合唱团——“绿星世界合唱团”在大会期间成立。

【为地方政府提供智囊服务】 9 月 28 日,举办“筑梦桑梓 春风化雨七十秋”虞籍乡贤书画珍藏展暨捐赠收藏仪式,展出政界、商界、学界等虞籍乡贤的 70 件书画精品。区乡贤研究会参与区委党校校园文化建设、博物馆布展方案评审,多次组织上虞文化界人士为道墟、东关、梁湖等乡镇(街道)文化建设及岭南企业家民宿开发等项目进行文化策划,提供智囊服务。

【联络接待乡贤游子】 9月22日，区乡贤研究会寄出一封家书，并携带摄影集《飞阅上虞》，作为重阳节礼物邮寄给北京、上海等10多个省市的500多位虞籍乡贤。3月7日，举办“走近北京虞籍乡贤”活动；6月26日，举办“走近深圳虞籍乡贤”活动；另外，还组织拜访在沪虞籍乡贤。区乡贤研究会接待多位虞籍乡贤，并接待上虞旅港同乡会第十届理事会和新生代故乡寻根访问团。

【培养青年学生爱乡情怀】 3月13日，上虞乡贤研究会与浙江理工大学科技与艺术学院纺织服装系师生一起进行交流学习，并举行“大学生实训基地”授牌仪式。4月4日，会长陈秋强赴浙江理工大学科技与艺术学院作乡贤文化讲座。7月8日，为中青班学员作乡贤文化专题讲座。9月10日，由区政府、区人武部举办的“新兵入伍欢送仪式”在乡贤广场举行，全体新兵在乡贤广场宣誓，并参观乡贤馆。

【扩大乡贤文化影响】 1月8日，省委常委、统战部部长熊建平批示区乡贤会，肯定区乡贤统战工作的重要作用。3月13日，财政部离退休干部局党委书记、局长岳学鲲在省、市、区有关领导陪同下，率团到来上虞乡贤馆调研。9月12日，省政协副主席马光明带队调研上虞乡贤文化，区委陶关锋书记、政协顾世明主席等领导陪同。12月10日，省委党校副校长季盛清考察上虞乡贤馆。年内，有四川攀枝花市、广西北流市、安徽合肥市、江苏扬中市、陕西蓝田县、河南兰考县、湖南澧县等省市考察团，浙江大学、华东政法大学、浙江工商大学、浙江水利水电学院、浙江省委党校、绍兴市委党校等高等院校及中小学校60余批次考察团先后来区乡贤馆参观考察。 （章懿清）

医疗卫生

综　述

【概况】 全区共有医疗机构361家。其中：公立综合性医院2家，中医医院、妇幼保健院、皮肤病防治院、急救分中心、门诊部各1家，街道社区卫生服务中心6家，中心、乡镇卫生院14家，社区卫生服务站107家，村卫生室101家；民营综合性医院2家，中医医院、精神病专科医院、眼科医院、护理院各1家，口腔医院4家，门诊部5家，各类诊所94家（含中医诊所19家）；机关企事业单位医务室18家。卫生计生系统（公办）年末总资产17.52亿元，区财政全年投入卫生计生事业经费5.26亿元。全区有病床3336张，每千人拥有床位数4.18张，其中非公立医疗机构床位占22.96%，卫技人员总数5203名，其中执业（助理）医师2133名，平均每千人拥有执业（助理）医师数2.67名；注册护士2067名，平均每千人拥有护士数2.59名。招聘事业编制卫技人员219名。

【实施县域医共体建设】 践行"三统一、三统筹、三强化"的医共体建设，出台《上虞区县域医疗卫生服务共同体建设实施方案》，下发《绍兴市上虞区县域医疗服务共同体绩效考核办法（试行）》等30余个配套文件，开展管理体制、运行机制、保障机制三方面改革探索，成立上虞人民医院、上虞中医医院2个医共体，医共体内设立人力资源、医保、财务、医疗业务、公共卫生、后勤保障和信息管理"七大管理中心"，全面完成省卫生健康委关于医共体55条重点任务清单。

【医疗卫生服务领域"最多跑一次"】 制定《绍兴市上虞区2019年医疗卫生服务领域最多跑一次改革十大项目工作细则》，门诊、病房智慧结算率达到80%以上；县域内4家区级医院和基层乡镇街道医疗机构全部实现自助、诊间等医疗费用智慧结算服务，人民医院和基层医疗机构实现移动终端结算，检查智慧预约率达到95%以上。推进互联网医院建设项目，建设智慧医院。推进出生一件事联办工作，梳理"最多跑一次"进驻办事窗口事项并优化办事流程。

【稳步推进全国健康促进区创建】 全区组织开展健康促进学校、医院、社区（村）、家庭、机关及企业等健康细胞创建联合评估，完成六大细胞创建任务，并做好技术指导和培育提升工作，构筑起政府主导、部门联动、全社会参与的工作机制和创建模式，完成省级评估验收。

【创新打造清廉医院"三张廉政处方"】 开好医药代表登记备案、医院廉政查房、医疗疗效评价三张处方，在日常医疗监督中做到关口前移，打造清廉医院建设的上虞模式。其中医疗疗效评价工作全省首创，得到省卫健委主任张平肯定。全年登记备案医药代表407人次，约谈药品经销商44家，约谈医师18名；开展廉政查房33次，查出各类问题73个，提出整改意见29条；全区有效回访患者45547人次，其中治愈率79.6%，好转率17.9%，无效率2.5%。落实医疗卫生行风建设"九不准"规定，强化医药回扣、"红包"等腐败问题治理，4家区级医院共计退还（拒收）病人红包

234 人次，合计 34.8 万元。

【行风平安建设深化】 开展第三届“医德医风标兵”“医疗技术尖兵”评选，开展“干部作风深化年”活动，深化机关干部挂钩联系医疗卫生单位制度，共走访联系单位开展调研和明察暗访 90 人次。下发《2019 年度卫健系统“平安上虞”创建责任分解》，开展系统内平安建设“三率”提升活动，全系统平安建设知晓率 99.71%，参与率 99.37%，综合安全感 99.72%，均达到目标要求。开展内部重大风险隐患排查，共计摸排出重点对象 18 名，并纳入属地稳控。开展扫黑除恶专项行动，常态化摸排医疗纠纷处置、重点工程项目建设、“黑救护车”和“套路贷”中的黑恶势力。（孙法元）

疾病预防

【概况】 全区报告法定甲乙类传染病 12 种 1173 例，报告发病率为 147.13/10 万，较 2018 年下降 9.64%，死亡病例 5 例，病死率 0.43%。全区发病前五位的疾病分别是肺结核（352/10 万）、梅毒（336/10 万）、病毒性肝炎（231/10 万）、淋病（197/10 万）、艾滋病（19/10 万）。全年共审核传染病报告卡 7651 张，传染病网络报告率 100%、审卡及时率 100%、报告及时率 99.98%。2019 年全区共发生各类聚集性疫情 39 起，所有疫情均及时进行调查处置。完成 90 名受种者国内首个 HPV 九价疫苗Ⅰ期临床研究项目。国家级肿瘤登记点连续 6 年获全国肿瘤登记工作进步奖及优秀奖。

【霍乱防控、检测】 5 月 1 日起，全区开设 8 家肠道门诊，对腹泻病人做到“有泻必采、有样必检、及时送检”，未设立肠道门诊的其他医疗机构做到“逢疑必采、有样必检”，全区共采样 1367 份腹泻病例标本，霍乱弧菌检测结果均为阴性。

【手足口病专题分析】 抓好手足口病聚集性病例的调查处置工作，全年调查处置 8 起托幼机构手足口病聚集性疫情，发出停课建议书 8 份，涉及 8 家幼托机构的 15 个班级。共采样手足口病标本 116 例，实验室核酸检测确诊 21 例，总阳性率为 18.1%。检测的病例均完成流行病学调查。

【艾滋病综合防治】 艾滋病病毒抗体初筛实验室检测各类人群共 112991 人次，检出艾滋病病人 19 例，比上年上升 58.33%，HIV 感染者 27 例，比上年上升 14.49%。对辖区内 261 例艾滋病感染者和病人进行随访，随访率 100%，CD4 检测率 91.53%，242 人进行免费抗病毒药物治疗，治疗率为 92.72%。

【结核病防治】 2019 年，结核病门诊可疑者就诊 970 人，查痰率 99.69%，报告活动性肺结核 352 例，新发涂阳病人 86 例。新发涂阳病人治愈率为 93.68%，检出病原学阳性 179 例，分子生物学阳性 66 例，结核病人系统管理率 100%。

【免疫规划成果巩固】 全年共接种各种一类疫苗 147648 针次，常规基础免疫“八苗”单苗报告接种率和调查接种率均达 95% 以上。接种二类疫苗 10.2 万剂次，接种狂犬疫苗 12740 人份。2019 年第二类疫苗的采购、供应、管理工作遵照《上虞区 2018 年第二类疫苗评审工作方案》，遴选出区 2019 年第二类疫苗采购使用品种。有效开展消除脊灰、麻疹工作，分别于 2019 年 4 月和 10 月，2 次开展麻疹、脊灰疫苗查漏补种工作，共补种脊灰疫苗 1390 人次，补种麻疹疫苗 1103 人次。初三麻疹强化接种 6358 人次。

【地方病防治与监测工作】 强化布病疫情监测和防控措施。开展风险评估工作，全年共监测高危职业人群 300 人次，确诊布病病人 2 例。巩固血防成果，对章镇镇大钱村巩固性扩大药物灭螺 1 万平方米。继续开展流动人口病情监测。

【社区慢性病防治工作】 结合基本公共卫生服务项目工作，指导全区各社区卫生服务机构规范开展高血压、糖尿病、重性精神病的管理工作。2019 年，全区报告社区高血压管理患者数 80107 人，高血压患者健康管理率为 46.33%，规范管理率为 65.80%。全区报告社区管理糖尿病患者数 18853 人，糖尿病患者健康管理率为 39.50%，规范管理率为 64.79%。全区在册严

重精神障碍患者共计 3828 人，健康管理率 56.52%，规范管理率 96.13%，稳定率 96.50%。（顾锐林）

妇幼保健

【概况】 2019 年，全区本地活产数 5373 人，本地和非本地孕产妇死亡率均为 0%；本地 5 岁以下儿童死亡率为 2.42‰，婴儿死亡率为 1.86‰，新生儿死亡率为 0.91‰，围产儿死亡率为 3.83‰；流动人口 5 岁以下儿童死亡率为 2.26‰，婴儿死亡率为 0.75‰，新生儿死亡率为 0。本地孕产妇系统管理率为 95.14%，剖宫产率为 36.29%，全区无新生儿破伤风发生。开展市级、区县级和乡镇级儿童早期发育基地建设，2019 年上浦、梁湖、道墟卫生院创建为县（区）级基地，谢塘镇卫生院创建为乡镇级基地。

【孕产妇、儿童保健管理系统化】 孕产妇系统管理率 95.14%，剖宫产率为 36.29%，产前筛查率为 96.04%；7 岁以下儿童保健覆盖率为 96.75%，0—3 岁儿童系统管理率为 95.84%，新生儿访视率为 98.68%，新生儿疾病筛查率为 99.41%，新生儿听力筛查率为 99.81%，孕产妇艾滋病毒、梅毒及乙肝病毒检测咨询率为 100%。

【婚前医学检查率 48.97%】 全年全区婚检 3010 对，婚检率为 48.97%。

【托幼儿童体检率 100%】 2019 年开展幼儿园工作人员办证体检 2586 人，在园儿童体检 22496 人，体检率 100%。对 7 家招生前托幼机构进行卫生保健评审，评审结果均合格。

【适龄妇女宫颈癌、乳腺癌两癌筛查】 2019 年，分别为驿亭、下管、小越、盖北、曹娥、崧厦、沥海 7 个乡镇街道 30850 名适龄妇女开展“两癌”检查，完成宫颈癌检查 14977 人，乳腺癌检查 15873 人，发现乳腺癌 16 例，宫颈癌 12 例，及宫颈原位癌、乳腺癌前病变各 1 人。

【三项筛查工作】 强化三项筛查，降低出生缺陷。2019 年全区免费叶酸发放 4046 人。产前筛查 5136 例，筛查率 96.04%，高风险召回率 97.70%；高风险孕妇随访率 98.51%；产前筛查低风险孕妇随访率 99.59%。全区新生儿疾病筛查 5686 人，筛查率 99.41%；全区新生儿听力筛查 5709 人，筛查率 99.81%。实施母婴安全行动计划，对首次建档的孕产妇落实妊娠风险筛查与“五色”评估分级管理。

【预防艾滋病、梅毒、乙肝母婴传播】 2019 年全区婚检 3010 对，婚检对象艾滋病检测和咨询率为 100%。全区孕产妇艾梅乙检测 6530 人，孕产妇艾梅乙检测咨询率 100%。检出艾滋病感染孕产妇 7 例，梅毒感染孕产妇 50 例，乙肝感染孕产妇 436 例，对所有感染孕产妇开展相关干预和母婴阻断工作。（顾锐林）

医政管理

【概况】 全区公立医疗卫生机构门诊人次 650.21 万人次，较上年同期增加 6.21%；出院人次 108218 人次，较上年同期增加 5.78%；区级医院床位使用率均大于 90%。出院者平均住院天数比上年减少 0.17 天；门诊均次费用比上年增加 9.18 元；出院者均次费用比上年增加 356.34 元。

【医疗“双下沉、两提升”工程】 加强与上海、杭州等城市大医院合作办医，完成绍兴文理学院附属上虞医院的挂牌工作，4 家区级医院已分别与 27 家来自上海、杭州、绍兴等城市大医院建立不同的协作关系，在 39 个专科领域开展医疗合作，2019 年新设立院士工作站 2 个，分别为人民医院郑树森院士工作站和中医医院石学敏院士工作站，累计建成近 10 余个名医专家工作室、名中医工作室、院士工作站，每个工作日有 10 名及以上三甲医院副高以上职称的专家在区级医院工作。全年到上虞专家人数逾 4000 人次，服务近 6 万人次。继续实施区级医院与基层医疗机构双下沉工作，全区组成两个医共体，人民医院、中医医院 2 个医共体分别下派工作人员 3667 人次、3163 人次，其中中级职称以上分别占 95.1%、93.2%，保证每个工作日不少于 10 名中级职称以上医技人员下沉，服务近 8 万人次。

【优化资源配置,促进多元办医】 人民医院启动建设综合楼,拟建床位 500 张左右;中医医院启动易地新建城南新院区,拟建床位 800 张。加强基层医疗卫生机构住院床位建设,提升基层医疗服务能力,弥补地方住院服务空白,上浦镇卫生院新建床位 5 张,谢塘镇卫生院新建床位 9 张,梁湖社区卫生服务中心新建床位 5 张,沥海镇卫生院新建床位 5 张,永和镇卫生院新建床位 4 张,汤浦镇卫生院新建床位 5 张。加强民营医疗机构医疗质量和不良执业行为监管,对存在问题督促落实整改,对存在严重问题的诊所予以停业整顿。通过二期卫生信息化合理用药监管平台系统建设,实现公立医疗机构和非公立医疗机构同质化管理,实现区域内医疗资源、健康信息互联互通、共享调阅。6 月组织覆盖全区所有民营医院、个体诊所医务室的医疗质量、院感防控、医疗乱象整治大检查,开出 18 份不良执业行为记分通知书并勒令整改,2019 年新建复大口腔医院 1 家民营医院。

【院前医疗急救网络和管理体系建设完善】 120 急救指挥中心接到有效报警电话 39881 个,共调度救护车出车 15363 次,其中院前急救出车 13181 次,中有效出车 11657 次,放空 1524 次,空车率为 10%,达到不高于 10% 的要求。回访满意率 99.8%。推进院前急救标准化建设,强化急救服务能力提升。全面推行危化品救援体系建设,共成立 1 个救治中心、2 个分中心,完成相关设备购置、更新 1 辆救护车、专门在上虞区第二人民医院急救分站及盖北急救分站各常驻 1 辆危化品专项值班车。

【无偿献血量 208.2 万毫升】 继续实施"街头献血与团体献血并重、深化志愿者献血"模式,全区自愿无偿献血率达到 100%。全区全年采血量 217.77 万毫升,用血量 208.2 万毫升,无偿献血占临床用血量 104.6%。积极开展自体输血活动,自体输血率为 23.93%,未发生严重血液质量事件、安全事故(责任事故)的,保障临床用血安全。

【中医中药】 加快发展中医药事业,做好全国基层中医药工作先进单位复审,制定《上虞区卫生健康局关于进一步鼓励发展中医药工作的若干规定(试行)》《绍兴市上虞区基层中医药服务能力提升工程"十三五"行动计划实施方案》等政策文件。2019 年 9 月,启动上虞区第二批重温中医经典学习班,共计有 285 人报名参加学习。优化基层中医人才结构,2019 年组织 35 名中医人员参加中医全科转岗培训。全区 20 家基层卫生医疗机构已经建成 19 个标准化中医馆和 1 个中医综合服务区,实现中医馆(诊疗区)全覆盖。全年开展六期中医药适宜技术推广培训班,计 312 名中医相关人员参加了皮肤针技术、穴位注射技术、平衡针技术、牵引治疗术、练功康复技术、痔结扎治疗内痔技术、挂线治疗高位肛瘘技术、针刀技术等内容的培训。

(孙法元)

城乡社区卫生服务

【概况】 全区有街道社区卫生服务中心 6 家,中心乡镇卫生院 14 家,社区卫生服务站 107 家,村卫生室 101 家。全区规范化乡镇(街道)卫生院全覆盖。加快政府投资项目建设,推进人民医院科技综合楼、城南医用综合中心、疾控中心和妇幼保健院维修工程等 4 个政府投资项目建设,其中城南医用综合中心年度建设任务提前完成,建设进度超过年度既定目标 35%。人民医院科技综合楼、城南医用综合中心合计完成投资额 28680 万元。基本完成 14 家基层医疗卫生机构零星维修项目。

【区域医疗资源共享】 全面优化医疗卫生资源配置,继续推进优质医疗资源共享共用,继续完善优化以区级医院为龙头、乡镇卫生院(社区卫生服务中心)为骨干、信息化网络为载体的区影像、心电、超声、检验、病理、消毒供应、临床实践技能培训、远程会诊中心等区域共享中心,继续提升放射影像诊断中心、心电影像诊断中心、临床检验中心、病理影像诊断中心的服务能力和效率。

【全科签约及转诊服务】 深化分级诊疗工作,规范全科医生签约服务,将区级医院专科医生纳入签约团队,强化健康体检的后续管理和对重点人群的跟踪服务。及时做好健康体检结果的整理、分类与反馈工作，有针对性地进行上门随访，开展健康指导和不良行为干预，及时将随访管理情况记录到电子健康档案，实现长效动态的健康管理。完成家庭医生规范签约服务27.94万人，重点人群签约覆盖率达到78.43%。完善双向转诊工作规范，进一步理顺“内诊、上转、外转”和医共体内部转诊的关系。结合家庭医生签约服务，提供健康咨询等健康服务，病情需要基层首诊双向转诊患者在区内上转医院享受优先就诊、优先检查、优先住院的“三优先”服务。基层上转近6000人次，全区基层医疗机构门急诊人次占比63.1%。

【健康体检社区慢性病管理】 全年建立电子健康档案63.96万人，建档率88.55%。65岁以上老年人体检10.44万人，体检率73.55%。开展公共卫生服务项目，高血压、糖尿病、重性精神病规范管理率分别为65.8%、64.79%、96.13%。（孙法元）

医教科研

【概况】 科研项目立项省级3项，上虞区级37项。卫技人员继续教育全年初级卫技人员继续教育报考人数1040名，合格人数1027名，合格率99%，中高级继教达标率94.2%。全年共完成124名初级卫技人员、275名中高级卫技人员申领了继教合格证。

【社区护士岗位培训】 完成2018级16名社区护士岗位培训的教学、考核，考试合格率81.25%，2019年12月新招学员6名。

【乡村医生注册培训】 完成174名乡村医生注册培训面授、考核工作，全省统考合格率100%。2019年组织培训50次、考试129场，参考1100人次。

【学历教育】 春季招生83人，共有3个专业，2个层次的成人学历班11个，171名在册学员，毕业人数79人。全年组织培训50次、考试129场，参考1100人次。

【开展各类培训】 继续开展“护学中”班、“中药技能培训班”，参加人员达672人。11月，举办一期少儿推拿培训班，参加人员达80人。（孙法元）

卫生监督

【概况】 2019年，共接收群众举报、投诉41起，投诉主要集中在非法行医、公共场所卫生和医疗卫生，整办反馈率100%。作出行政处罚决定310件，罚没款820103元，其中简易案件89件，一般案件221件，移交公安刑事案件1件；无卫生行政复议、诉讼案例发生。

【打击非法行医工作】 加强部门合作，打造完整打非网络，坚持“打非”常态化，对传统游医、黑诊所保持高压态势，对新兴的非法医疗美容重点打击，加强宣传，畅通渠道，提高群众参与度，对群众举报投诉的案件每起必严查、查实必严罚。

【中小医疗机构依法执业分级监督】 全区共检查医疗机构335家，达到规范级69家、合格级264家、不合格2家，执业分级覆盖率100%。

【传染病防治监督工作】 2019年对354家医疗机构医疗废物处置专项监督检查，运用“物联网＋云端技术”对医疗废物相关重点环节采用视频监控、数据跟踪。对81家医疗机构开展传染病防治分类监督综合评估，评价结果：优秀10家、合格70家、重点监督1家。开展口腔诊疗机构监督检查50家。监测采样200份样品，合格183份。

【消毒餐具抽检】 对全区7家餐具集中消毒单位开展产品监督抽检，抽检样品270份，合格率100%。以食品安全区创建为契机，督促企业实施工艺流程在线监控，让群众用上合格的消毒餐具。

【专项检查推进公共场所规范化管理】 2019年，结合省级“双随机”检查，对226多家公共场所监督检查，对300,家公共场所开展许可后检查，发放整改意见书68份。开展客房保洁实时展示系统试点，浙江天玥酒店管理有限公司和绍兴上虞雷迪森万锦大酒店有限公司已完成设备安装，实现区住宿场所保洁实时展示系统安装零的突破。

【生活饮用水卫生监督监测】 全区4家集中式供水单位开展现场卫生监督检查，监测出厂水16份、水源水16份、管网末梢水36份、检测合格率均为100%。定期在绍兴市卫生监督信息网、上虞日报和区卫生健康局网站向社会公布饮用水水质抽检结果。

【学校卫生监督】 春季开学和中高考期间对4家重点学校开展重点监督检查。

【如期完成国家和省"双随机"工作】 2019年省级双随机总任务数为341家，完成324家，完结17家，立案处罚83家。国家双随机监督任务数202家，立案处罚57家。

【规范职业健康检查】 2019年，对459家企业开展执业健康检查，职业健康检查23232人次，发现职业禁忌症474人，确诊职业病10例 2019年有211家企业完成职业病危害申报，66家企业职业病危害预评价，52家企业职业病危害设计，44家企业职业病危害控制效果评价。 （顾锐林）

爱国卫生

【概况】 2019年，全区爱国卫生工作在各基层爱卫会和区爱卫会各委员单位的共同努力下，按照年初制定的全区爱国卫生工作计划，以全国健康促进区创建为契机，深入实施城乡环境卫生整洁行动，全面提升全区环境卫生面貌，大力推进卫生乡镇(村)、健康乡镇创建工作，推进健康素养进农村文化礼堂行动，提升居民健康卫生水平，全方位、高标准、多举措推进国家卫生城市省级评估，2019年，崧厦街道、章镇镇、岭南乡创建为国家卫生乡镇；沥海街道、驿亭镇创建为省级卫生乡镇，2019年实现省级卫生乡镇全覆盖。

【除"四害"活动】 2019年，为有效控制病媒生物密度，下发春、秋季灭鼠，夏季灭蚊、蝇、蟑，冬季灭越冬蚊等相关文件，并充分利用电视、广播、电台、报刊、会议、宣传栏、倡议书、网站等形式宣传，发动群众应用科学的防治技术做好病媒生物防制工作。2019年全区21个乡镇(街道)全面实行病媒生物防制第三方消杀签约，签约率100%，区疾控中心做好病媒生物密度监测与效果评估，定期通报监测结果。

【提前实现无害化户厕普及率100%】 为贯彻落实《全区农村公厕改造提升实施方案》，加快推进无害化卫生厕所建设，对照《绍兴市农村公共厕所建设与卫生管理规范》，在全区范围内认真摸排公厕数量，提出整改方案，2019年完成改造提升乡镇街道卫生院厕所29座、农村户厕改造4873户，卫生厕所普及率100%，无害化厕所普及率100%。

【深化健康促进与健康教育工作】 根据《"健康中国2030"规划纲要》，全面启动全国健康促进区创建，建立健康促进工作网络和工作制度。推进健康细胞建设。已有健康促进社区(村)159个、健康促进家庭26302家、健康促进学校78家、健康促进机关51家、健康促进医院24家、健康促进企业85家。2019年11月，通过全国健康促进区创建省级评估。 （孙法元　顾锐林）

医疗保障

【概况】 2019年1月23日，绍兴市医疗保障局上虞分局(以下简称为医保分局)正式挂牌组建。根据上虞区委区政府机构改革方案，将上虞区人社局的医疗保险、生育保险职责，上虞区卫健局的药械集中采购和监督管理职责，上虞区发改局的药品和医疗服务价格管理职责，上虞区民政局的医疗救助职责划入。上虞区医保分局作为绍兴市医疗保障局的派出机构，实行双重管理、属地为主。

区医保分局在绍兴市考核中，被评为2019年度工作综合先进单位。 （金家芳）

【区基本医疗保险户籍人口参保率达标】 2019年，上虞区基本医疗保险户籍人口参保率达到99.79%，居绍兴市第一。实现户籍人口基本医疗保险参保率99%以上，是浙江省委省政府对区健康浙江考核中的必达指标。上虞区医保分局推动区政府将全民参保率提升工作纳入乡镇街道工作目标责任制考核，在全区范围内开展全民参保率大提升行动，督促各乡镇街道按属地做好应参未参人员宣传动员工作，组织20个乡镇街道医保经办人员进行参保登记业务培训，制作城乡居民医保参保工作《上虞日报》专版，发放医保参保宣传资料30000余份。

【家庭共济便民办理机制在市推广】 5月，上虞区突破现有经办模式，在绍兴市创新推出职工基本医疗保险个账结余家庭共济“4+1”便民办理机制。“4”是“基层委托办”“医院就近办”“单位打包办”“集团上门办”4项窗口延伸办理模式。通过“基层委托办”和“医院就近办”模式，将家庭共济业务下放到乡镇街道便民窗口和4家区级医院医保窗口，进一步扩大基层业务受理范围，方便参保对象就近办理。针对机关事业单位、企业，专门定制“单位打包办”和“集团上门办”模式。“1”是“微信公众号掌上办”即参保对象可通过“上虞医保”微信公众号随时随地进行共济对象绑定，发挥“互联网+医疗保障”作用，推进群众办事“零跑腿”。2019年，上虞区新增19801人次开通家庭共济业务，累计受益参保对象52500人次，并在绍兴市内推广。

【上海异地门诊费用直接刷卡结算】 6月，上虞区开通职工医保上海异地门诊就医直接刷卡结算。上虞区职工医保参保对象只需在人民医院、中医医院、妇幼保健院、崧厦二院4家区级医院进行转外就医备案后，在上海217家医保定点医院门诊就医便可直接刷卡结算，优化以往先自行垫付后回参保地报销的模式。2019年，上虞区共有5463人次在上海门诊直接就医刷卡结算。

【国家级基金监管信用体系建设试点获批筹建】 6月，上虞区正式被国家医保局列入国家级基金监管信用体系建设试点。9月，上虞区政府专门成立试点工作领导小组，出台《绍兴市上虞区医保基金监管信用体系建设试点实施方案》，试点工作被列入了上虞区改革创新项目。2019年，上虞区定点医药机构现场检查率达90%以上，追回医保基金200余万元。

上虞区“新机构新使命”暨“打击欺诈骗保 维护基金安全”专项行动启动仪式现场 （医保分局 提供）

【城乡居民慢病门诊保障】 7月，区48家定点零售药店、220家定点医疗机构成功接入城乡居民医保系统。上虞区城乡居民参保对象只需完成慢病认定与备案，便可在相关医院享受城乡居民医保慢性病门诊保障待遇，并可在指定医院开出处方、在指定药店刷卡购药。此次慢性病新政策病种范围涵盖12种常见慢性病种，绍兴市内基层医疗机构报销比例由原先50%提高至60%，门诊累计净报销额由800元增加至1000元，处方医保用药量从原来的4周延长至12周，方便参保对象就医购药。2019年，上虞区共有16406人进行慢性病备案，63914人次享受慢性病门诊保障待遇。

【职工医保医疗救助“一站式”结算正式上线】 9月，上虞区正式开通职工医保医疗救助“一站式”结算，标志着上虞区全面实现医疗保险、大病保险、医疗救助“一站式”结算。医疗救助“一站式”结算上线后，救助对象在上虞区内定点医疗机构发生的普门、特门和住院医疗费用在基本医保、大病保险报销后可同步进行医疗救助，实现医疗费用报销和救助结算“零跑腿”；救助对象在区外定点医疗机构就医的或未建档对象符合救助条件的可向乡镇街道递交申请资料，经流转审核后，便可获得救助金，实现“最多跑一次”。2019年，上虞区共有18.40万人次享受医疗救助“一站式”结算，共救助金额1279.21万元。

【医保服务全区通办点建设】 12月，按照“全区通办、全部都办”的思路，上虞区医保分局将医保49个经办事项全口径下放到人民医院、中医医院、妇幼保健院、崧厦二院4家区级医院和章镇卫生院、丰惠卫生院2家中心卫生院，群众在区便民服务中心医保窗口可以办理的所有业务在这6个通办点都可以办理，实现“服务向前一步、群众少跑一步”。

【“惠民医保”党建品牌创建】 走遍全区220家定点医疗机构、109家定点零售药店，帮助企业、服务对象解决各类问题困难303个。组织开展医保“五进”巡回现场宣传5场次，发放宣传资料30000余份，服务群众7500余人次。“惠民医保”党建品牌被上虞区委直属机关工作委员会评为十佳机关党建品牌。（金家芳）

绍兴市医疗保障局上虞分局医保服务全区通办点启用仪式
（医保分局　提供）

体　育

综　述

【概况】 2019年，承办绍兴市第九届运动会，其中，上虞区代表团团体总分、金牌总数和奖牌总数均位于绍兴市首位。2018学年全省高校大一新生体质健康测试上虞区在全省94个县（市、区）中名列全省第26位，连续六年夺得绍兴市内各县市区第一名。继续推出小学生暑期免费游泳培训服务，此项惠民政策受到社会各界的普遍好评。群众体育工作围绕服务社会经济发展大局，实施体育小康村提升工程，完善农村健身场地和健身设施，实现城乡基本公共体育设施全覆盖。年内，投入400余万元，完成18个农村体育小康村提升工程，1个中心村全民健身广场，1个中心村体育休闲公园，1个拆装式游泳池，2个居委社区体育多功能场地，新增体育场地面积2万多平方米。发挥区国民体质监测中心和全区11个乡镇国民体质监测站的作用，全年共对4200人进行国民体质测试（其中农村人群占50%），合格率超过95%。组织全区中小学生田径、篮球、游泳、乒乓球、棋类等本级阳光体育系列赛事20次。创新出台学生体育技能等级评价机制，实行委托第三方进行检测，确保过程公正公平公开，保障学生体质健康。举办第二届中国·绍兴（上虞）曹娥江国际龙舟大奖赛、第二届中国·绍兴（上虞）世界名校赛艇挑战赛等国际、国家级品牌赛事18个。中国·绍兴（上虞）曹娥江国际半程马拉松赛、中国·绍兴（上虞）中外名校赛艇挑战赛、中国·绍兴（上虞）曹娥江国际龙舟大奖赛列入浙江省重点培育品牌体育赛事名录库（2019年），数量居全省之首。浙江五岳龙威、绍兴博润体育、绍兴巨心体育、上虞大康体育4家企业入库2019年浙江省体育产业发展资金项目库。不断增加体育设施的投入，截至2019年，全区共有体育多功能社区13个，中心村全民健身广场2个，中心村体育休闲公园10个，游泳池（馆）33个，足球场11个等。体育场地人均2.39平方米。全年完成体彩销售1.5亿元。

【学生体质居绍兴前列】 2018学年全省高校大一新生体质健康测试上虞区在全省94个县（市、区）合格率排名中，以93.97%超出全省合格率(92.98%)0.99个百分点，名列全省第26位，连续6年夺得绍兴市内各县市区第一名，其中春晖中学合格率排名位于全省第8位，连续6年列绍兴市内普通高中学校第一名。

【惠民实事持续实施】 继2018年全面实施小学生免费游泳培训以来，2019年继续推出小学生暑期免费游泳培训服务。6月10日至9月30日，上虞游泳馆、舜康游泳馆、天香小学游泳馆和滨江小学游泳馆4个培训点共免费培训21期，培训小学生2000多人，经过考核，合格人数为1968人（合格率达95.02%），优秀人数为1906人（优秀率达92.03%）。培训面已覆盖全区各小学（完小、教学点）。（沈渭清）

群众体育

【概况】 2019年，群众体育工作围绕服务社会经济发展大局这一中心开展工作。推动品牌赛事赋能城市，实施体育小康村提升工程，完善农村健身场地和健身设施，实现城乡基本公共体育设施全覆盖等体育要素分别纳入"健康浙江""健康绍兴""健康上虞"，城市能级提升年，乡村振兴暨"五星达标、3A争创"，深化农村综合改革加快高品质乡村建设，健康素养进农村文化礼堂三年行动计划、融杭联甬接沪行动计划、深化农村综合改革重点任务等全区中心工作考核。

【落实民生实事】 年内，投入400余万元，完成18个农村体育小康村提升工程，1个中心村全民健身广场，1个中心村体育休闲公园，1个拆装式游泳池，2个居委社区体育多功能场地，新增体育场地面积2万多平方米。完成全国第四次经济普查及体育场地统计调查工作，人均体育场地2.39平方米。全区现有公共体育设施1043个，100%纳入全民健身地图，并提供导航、查询功能。基本实现公众开放的学校体育场地设施网络监控全覆盖和即时监控功能。完成开放运动场地和学校教学区、生活区的硬隔离设施和高杆灯安装工程，开始使用夜间锻炼照明系统。出台《上虞区中小学校体育场地对外开放管理规范》，将学校体育场地设施向社会开放工作做到优化、便利、高效、安全，更好地为全民健身服务。

【信息宣传全媒传播】 全年宣传信息增质保量，在全国性主流媒体发布信息47条，省级主流媒体463条，市级主流媒体362条。出现在CCTV-5频道13次，中国体育报2次，浙江电视台9次（其中卫视新闻联播5次），被省体育局信息网收入122篇。

【科学指导】 5位优秀社会体育指导员获国家级称号。自2011年《社会体育指导员管理办法实施》以来，全区已累计培训各级各类社会体育指导员3278，其中国家级15人，一级171人。指导管理项目包括篮球、排球、足球、乒乓球、田径、游泳、棋类、健身气功、木兰拳、健美操、体育舞蹈、柔力球、铁人三项、自行车、太极拳、门球等。与上级部门对接健康浙江、健康绍兴、健康上虞任务，发挥区国民体质监测中心和全区11个乡镇国民体质监测站的作用，全年共对4200人进行国民体质测试（其中农村人群占50%），合格率超过95%，并提供科学健身处方，指导群众科学健身，倡导健康生活方式。举行上虞区《国家体育锻炼标准》达标赛，并在全区推广普及工间操活动，举办上虞区第九套广播体操大展演活动。

【社团改革深化】 一是党建工作有效拓展。成立拓展型区体育总会党总支和区社会体育指导员协会等8个拓展型协会支部委员会。二是协会组织逐步规范。指导成立绍兴市木球协会、区健美操协会、区游泳协会、区跆拳道协会。区社会体育指导员协会、区木兰拳协会、区象棋协会。区篮球协会通过AAAAA级，区围棋协会通过AAAA级，区武术协会、区乒乓球协会、区排球协会、区户外运动协会、区足球协会通过AAA级。三是协会人员大幅扩容。区社会体育指导员协会联合绍兴市木球协会、区教育工会、区武术协会、区体育舞蹈协会等，分别举办4期等级社会体育指导员培训班，累计批准公布二级社会体育指导员101人，三级社会体育指导员335人。召开区一届三次社会体育指导员代表大会和第三届社会体育指导员运动会，推荐国家级社会体育指导员培训2人、健身气功一级裁判培训2人、游泳骨干裁判培训1人。承办绍兴市游泳协会游泳二级裁判培训班1期，培训100人，考级70人，其中上虞53人。四是协会活动丰富多彩。区体育总会开展全民健身下基层活动，组织7家企业，5个社区，6个村的亲子运动会、职工运动会、趣味运动会。（沈渭清）

竞技体育

【概况】 2019年，在绍兴市第九届运动会中，上虞区代表团共获得金牌320枚（实时金牌185枚），银牌177.5枚（实时银牌125枚），铜牌198.15枚（实时铜牌99枚），团体总分6069.95分（实时总分2686.5分），金牌总数（实时金牌总数）、奖牌总数（实时奖牌总数）和团体总分（实时团体总分）各项指标均位于绍兴市首位。

建立体育信息宣传队伍，信息宣传队伍由各校分管校长和通讯员组成，负责新闻撰写、图片收集、宣传稿件报送等工作。

【阳光体育运动】 组织全区中小学生田径、篮球、游泳、乒乓球、棋类等本级阳光体育系列赛事20次,组织开展全区武术、围棋、健美操、啦啦操等教练员培训班10次,探索开展具有上虞特色的阳光体育特色活动,如:区第五届中小学生体质健康测试大赛、区第六届中小学生阳光体育运动推进会暨全区中小学学生体质测试分析报告会等。

【青年教师培养】 选派优秀教师、教练员参加浙派名师培养、高水平教练岗位晋升等培训。设立"体育学科发展基地",开展"名师高徒"结对活动,发挥基地负责人、体育名师等学科骨干在全区体育教师中的引领示范作用。采取"教练式"与"导师制"结合的组织方式,对青年教师举行指导培训。定期组织5—10年教龄的体育教师进行专业技能测试。开展"品质课堂""学科主题教学论文"等教学活动评选,以评比促研讨、推成长。以学区和校级层面为主体,开展"单元构建下的课例研修活动"。提升青年教师的教材研讨能力和教学能力。

【保障学生体质健康】 对中小学生体质测试大赛程序、高中学生体质健康检测流程、高大一新生体质测试对接事项等学生体质测试工作进行专题研讨,完善学生体质健康监测评价制度。创新出台学生体育技能等级评价机制,实行委托第三方进行检测,确保过程公正公平公开,保障学生体质健康。 (沈渭清)

体育产业

【概况】 2019年,体育产业优势明显。品牌赛事赋能城市,场馆建设日新月异,体育设施日趋完善,健身指导科学有效,省级入库项目创新高。上虞岭南覆卮山景区获评浙江省运动休闲旅游示范基地;杭州湾海上花田海浪卡丁车获评省运动休闲旅游优秀项目;上虞e游小镇成功通过省级特色小镇验收,被命名为浙江省第三批体育特色小镇,成为全省正式命名的22个特色小镇之一;大康体育、金泰泳池2家获评浙江省体育用品制造业示范企业。

【品牌赛事】 年内,举办第三届绍兴·上虞丰惠祝家庄国际山地单车速降赛、第二届中国·绍兴(上虞)曹娥江国际龙舟大奖赛、第二届中国·绍兴(上虞)世界名校赛艇挑战赛、第五届绍兴·上虞曹娥江国际半程马拉松赛、中美篮球对抗赛、2019中国·绍兴(上虞)国际围棋精英赛和"明韬教育杯"第22届中外名士教授围棋赛等国际、国家级品牌赛事18个。

【体育设施完善】 截至2019年,全区共有体育多功能社区13个,中心村全民健身广场2个,中心村体育休闲公园10个,游泳池(馆)33个,足球场11个等。体育场地人均2.39平方米。

【健身指导】 全区形成以首批省级先进体育总会——区体育总会为龙头,26个区级单项体育协会以及各健身点为依托、以社会体育指导员为骨干的网络化全民健身框架体系,逐步形成"一校一品、一镇一品"全民健身格局。全区已拥有社会体育指导员3278人,四星级民间体育人才194人。每年完成国民体质测试4000人以上,合格率达95.5%。公共体育设施和符合条件的学校体育设施开放率达100%。

【入库项目创新高】 中国·绍兴(上虞)曹娥江国际半程马拉松赛、中国·绍兴(上虞)中外名校赛艇挑战赛、中国·绍兴(上虞)曹娥江国际龙舟大奖赛列入浙江省重点培育品牌体育赛事名录库(2019年),数量居全省之首。浙江五岳龙威、绍兴博润体育、绍兴巨心体育、上虞大康体育4家企业入库2019年浙江省体育产业发展资金项目库。华通体育馆入围2019年浙江省低免开放体育场馆补助场馆。体育彩票销售1.5亿元。

(沈渭清)

社会事业

民族宗教事务工作

【概况】 2019年，全区的民族宗教工作在区委区政府的正确领导和上级民宗部门的指导下，认真贯彻执行中共民族宗教工作方针政策和国家的法律法规，依法管理宗教事务，推动民族团结，确保区民族宗教领域的和谐稳定，为区域经济和社会各项事业的发展作出贡献。助推慈善公益事业，发挥宗教界在助推经济和社会发展重大民生实事工程中的作用，设立慈善公益基金，常年保持16万元的基金规模，用于慈善公益事业。做好民族团结工作，落实与松阳县板桥乡和龙泉市八都镇署网村的扶贫结对工作。

【第三届中国·绍兴（上虞）孝文化节】 为贯彻落实浙江省关于继续开展“民间民俗·多彩浙江”优秀传统文化系列活动的通知精神，进一步弘扬孝德文化，于5月10—11日牵头举办第三届中国绍兴（上虞）孝文化节，开展孝德文化研讨会、2019孝女曹娥祭祀活动、孝德文创“大观园”“孝炳千秋·薪火相传”文化论坛等系列活动。

【服务社会建设】 指导区佛教协会与弘一大师研究中心联合举办纪念中华人民共和国成立70周年系列活动；指导各宗教活动场所充分利用举办各类宗教活动和讲经弘法等向广大信教群众进行爱国爱教的宣传教育。在各宗教场所开展国旗、社会主义核心价值观、宪法法律等“五进”活动。

【确保安全稳定】 重要节假日前开展安全生产大检查，全面检查寺庙教堂的安全情况，做好安全隐患的整改落实；充分利用网格员力量，开展每月的浙江掌上宗教APP巡查；9月开展全区宗教场所消防和建筑安全大检查，定时开展双随机检查，利用双随机检查平台，开展一次双随机抽查和一次专项检查，发现问题及时详尽反馈给场所，督促指导问题的整改。做好各类法会的安保和监督管理，实行重点时段各场所24小时值班制度和安全情况日报告制度。

【依法审批各项宗教活动】 以《宗教事务条例》《浙江省宗教事务条例》《中华人民共和国行政许可法》为依据，切实加强对宗教事务的依法管理。与乡镇（街道）以及52处持证宗教场所签订年度安全目标责任书，落实安全责任。对于宗教团体和宗教活动场所举办的大型和非通常性宗教活动，制定切实可行的预案。加强活动期间的检查和管理，确保活动安全有序开展。2019年以来共办理行政许可35件，行政确认6件。

【民间信仰活动场所“一庙一故事”工程】 对全区民间信仰活动场所进行一次全面摸排，查阅相关史料，对符合社会主义核心价值观，活动健康有序、民间信仰文化特色鲜明、具有较强代表性和影响力的民间信仰活动场所，进行历史文化传播价值的深度挖掘。结合各乡镇（街道）实际，提升民间信仰活动层次；结合上虞实际，着重做好孝德文化弘扬传承。

【教育培训】 坚持宗教团体班子成员和宗教活动场所负责人例会制度，学习中共宗教政策、国家宗教法律法规与交流部署工作相结合，提高班子成员的政策法律水平，增强贯彻执行宗教政策和法律法规的自觉性；开展消防业务培训和各类培训班，8月，区佛教协会组织开展消防安全培训及演练活动。加强对宗教教职人员和宗教界骨干的教育培训，2月25日至3月8日，上虞区基督教两会举办专题培训班深度解读《宗教事务条例》和相关宗教政策。

【切实做好民族工作】 按政策做好少数民族子女民族成分变更的审核和高考加分政策的落实工作，共计为27位高考学生办理民族成分审核证明，切实维护少数民族群众的合法权益；走访慰问区少数民族联谊会部分困难家庭；组织少数民族联谊会赴温州鹿城区开展少数民族结对联谊活动。 （王滋菲）

老龄工作

【概况】 2019年3月，按照机构改革的要求，上虞区老龄工作委员会办公室由原区民政局管辖划入区卫健局管辖，更名为绍兴市上虞区老龄工作管理服务中心，参照公务员法管理。全面实施《绍兴市上虞区老龄事业发展"十三五"规划》，提升省"老年友好城市"创建成果，加强养老基础设施建设，完善养老保障体系，整合和引导社会资源发展老龄事业。完成2019年中国城乡老年人生活状况监测调查工作的问卷及录音的审核。巩固完善老年电视大学分校实体化办学模式，全年招收学员1.88万人。办理老年人优待证2516张。医养结合、健康养老，配合省、市医养结合调研，开展老年人心理关爱项目、城乡老年人生活状况抽查。

【老龄事业发展"十三五"规划评估】 根据区委、区政府工作重点，结合有关部门、乡镇（街道）工作大局，把全区老龄事业发展"十三五"规划细化成具体工程项目，落实工作措施，督查抓好具体项目，做好相应的评估工作。

【省"老年友好城市"创建提升】 根据浙江省老龄委《关于开展第二轮"老年友好城市"创建巩固提升创建工作成效的通知》及具体标准，探索抓好老龄事业发展特色社区、特色村建设，以"敬老文明号""文明城市"创建提升，更好地推动区老龄事业的发展。绍兴市上虞中医医院、百官街道文化社区、小越街道养老院被评为第三届绍兴市级敬老文明号。

【加快老年电大教学发展丰富老年人精神生活】 2019年，完成老年电大春、秋两季学员招生7000多名，发放教材14000本，扩展老年电大教学工作辅导员队伍，拓展第二、第三课堂，上虞区老年电大工作在省老年电大培训班上作典型发言。

【"孝亲敬老月"系列活动】 推进"孝亲爱老，向上向善"，开展"我和我的祖国"庆祝中华人民共和国成立70周年老年人系列文化体育艺术活动、"温暖重阳"走访慰问老年人活动、人口老龄化国情教育"六进"活动、孝老爱亲主题宣传月活动、孝老爱亲公益志愿服务活动、老年维权优待系列活动。

【老年维权工作】 利用文化礼堂，抓好《中华人民共和国老年人权益保障法》学习教育，采取执法检查、政府督查、媒体监督等多种形式，加强执法监督检查，推动各项老年法规和政策落实。 （孙法元　顾锐林）

卫生与计划生育

【概况】 2019年，全区出生人口5373人，出生性别比105.94，符合政策生育率99.01%，婚检率48.97%。严格执行计划生育"一票否决制"。加强三优指导中心建设，对全区已建成的8家三优指导中心加强管理，及时为目标人群提供优生优育优教知识。建设标准化母婴室23家，超额完成上虞区母婴建设2年计划。避孕药具管理规范。

【计生奖励扶助金】 全区新增奖扶对象3231人，退出2253人。奖扶金全年发放对象共计22913人（不含沥海街道），发放金额2199.684万元。

【特扶金、关爱金发放】 全区特扶对象新增 112 人、退出 20 人，特扶总扶助对象 1066 人（不含沥海），发放特扶金 1199.4 万元，关爱金总发放对象 600 人，发放关爱金 23.568 万元。

【计生养老保险补助】 全年共为 2269 名不参加并轨转保的原计生参保人员发放政府补助资金 151.9 万元，为 571 名符合条件的新计生参保人员发放一次性转保补助 57.1 万元。

【推行计划生育信息网络和收集 APP 生育登记服务】 2019 年，全区网上登记 3608 例。开展全员平台人口信息审核工作，解决全员人口系统中存在的信息错漏重及相关信息不完整问题。办理再生育审批 114 例。（孙法元　顾锐林）

新居民管理

【概况】 2019 年，全区登记在册流动人口 21.4 万人，居住出租房屋 3.7 万间，全年发放浙江省居住证 6387 本，累计发放浙江省居住证 92144 本。全力推广电子居住证，2019 年申领电子居住证人数达 38598 人，电子居住凭证 83105 人，电子居住证占居住证发放总量的 41.9%。推广浙江省居住证公众号、越警管家安心码，利用“互联网 +”技术，发动社会力量加强信息报送，2019 年，通过各类途径申报流动人口信息 8706 条，房屋出租信息 1920 条，自主申报率大幅提升。（谭红燕）

【居住出租房屋“旅馆式”多元化管理创出上虞模式】 2019 年，投资 98 万元建设居住出租房屋“旅馆式”管理平台，共建成 40 个流动人口集中村（居）旅馆总台，实行规范化、常态化、实体化的运作模式。同时在 60 个流动人口在 500—1000 人的村（居）设立分部，在其他村（居）设立站点的格局，覆盖出租房屋 24484 间，流动人口 66719 人。居住出租房屋“旅馆式”管理多元化模式被中央四台和省级媒体广泛报道。

（谭红燕）

【居住出租房屋“旅馆式”管理现场推进会在区召开】 4 月 25—26 日，绍兴市居住出租房屋“旅馆式”管理多元化模式现场推进会在区召开。由各区、县（市）公安（分）局分管领导、治安大队长、流动人口服务管理中心负责人，市局人口支队班子成员、流动人口管理大队负责人等 60 余人参加，盖北镇联合村“旅馆总台”作为样板间进行现场展示，多元化管理模式向全市推广。（谭红燕）

【居住出租房屋综合整治持续推进】 在 2018 年第一期综合整治经验的基础上，2019 年分 2 期对全区所有居住出租房屋开展综合整治，按照区府办出台的文件要求，对照 10 个整治标准，突出电、明火、消防设施 3 个重点，共整治全区 60 个村（居）居住出租房屋 29926 间，流动人口 78751 人，除少数村（居）待验收外，已通过区整治办验收，确保区居住出租房屋管理提档升级。（谭红燕）

【新居民党建工作】 对全区新居民党员进行全面摸排，盖北镇率先试点，在流动党员较多的村（居委、社区），成立新居民临时党支部，目前已建成新居民党支部孵化器 1 个、新居民临时党支部 4 个。充分发挥新居民党员的先锋模范作用，定期组织开展党员志愿服务，参与“五水共治”“五星 3A”创建垃圾分类等基层治理工作。（谭红燕）

【新居民专管员业务培训】 2019 年分 2 期组织全区各乡镇（街道）、杭州湾园区的新居民专管员、重点村（居委、社区）新居民协管员、旅馆总台管理员近 150 余人参加业务培训。主要内容包括新居民信息登记、“旅馆式”管理系统操作、“安心码”推广应用、公安“最多跑一次”改革与电子居住证办理等。（谭红燕）

【第三届新居民趣味运动会】 11 月 10 日，以“快乐运动、健康生活”为主题的第三届新居民趣味运动会在上虞区新建路体育场举行。来自全区各乡镇街道、杭州湾综管办等联合组成的 17 个代表团近 550 名运动员、教练员参加。参赛项目涉及定点投篮、小李飞镖、自行车慢骑等 7 项个人项目和“8”字跳长绳、袋鼠运瓜、超级障碍等6项集体项目，可参与性强。

（谭红燕）

关心下一代工作

【概况】 2019年，上虞区关心下一代工作委员会（以下简称区关工委）联合乡镇（街道）关工委开展社区教育活动，向社区（村）报到并参加活动的青少年23059人次，举办各类教育活动359次，举办爱心假日学校16所，区关工委发放暑期社区教育资助金4.5万元；组织全区青少年开展"有国才有家"主题教育活动；14位思想道德教育五老讲师宣讲152场，受教育青少年10645人；资助586位应届、历届贫困家庭大学生，发放助学金238.269万元。

2019年，区关工委获浙江省关心下一代工作先进集体。区关工委顾问谢企韩被中组部授予"全国离退休干部先进个人"称号，是绍兴唯一获此殊荣的离退休干部，全省仅16人。

【上虞古代孝德连环画故事编印】 4月23日，区关工委、区教体局、区孝德文化研究会等三家单位联合编印的上虞古代孝德连环画故事《曹娥的传说》，在滨江小学德济校区举行首发式。引导青少年弘扬孝，传承孝，让传统美德孝行代代相传。

【五老编写红色读本】 6月24日，区关工委青少年思想道德教育讲师王贤林、李金海编撰的《讲好上虞故事，弘扬家国情怀——"有国才有家"主题教育读本》红色读本下发至各基层关工委，共发13000册。读本中收录徐光宪、胡愈之、叶天底、王一飞、曹秋芳、石鸿莹等人的故事。

【百名"流动花朵"公益游泳培训班】 7月22日，区关工委在滨江小学德济校区举办百名"流动花朵"公益游泳培训班，师资队伍专业，硬件设施优质，给新居民子女和困难家庭子女提供一个免费学习游泳技能的好平台。

"流动花朵"公益游泳培训　　（关工委　提供）

【石狮爱心助学金发放】 8月22日，区关工委组织举办浙江石狮商贸城有限公司"爱圆大学梦"助学仪式暨励志讲座。82名寒门学子在开学前领到爱心助学金。

【关爱在上虞贫困大学生】 9月28日，区关工委给在上虞两所大学贫困大学生送去助学金。资助绍兴文理学院上虞分院贫困学子60名，每人助学金2000元，发放助学金12万元，资助浙江理工学院科艺学院贫困学子65名，每人助学金2000元，共计发放助学金13万元。

（周惠月）

慈善工作

【概况】 2019年，上虞全区有77家慈善冠名企业认捐第三轮第四年度慈善冠名基金，69家企业认捐基金到位，接受增值金2720万元。各乡镇（街道）、区级机关部门广大干部职工和社会各界人士捐款369.78万元。区慈善总会将受捐款情况及时在《上虞日报》上公示，做到透明，不留死角。

【春节前夕发放慰问金】 春节前夕，区慈善总会联合冠名企业爱心企业家开展主题为"企善暖心"的困难群众走访慰问活动，走访慰问困难群众53人。同时，总会慰问冠名企业特困职工903人和困难党员54人，共发放慰问金111.11万元。

【发放大病救助金】 年内，根据《关于进一步完善困难群众医疗救助制度的通知》的文件精神，全年救助大病对象 5200 人，发放救助金 375.9 万元。

【发放区机关团体企事业单位干部职工慈善救助金】 根据《关于开展扶贫帮困“送温暖”慈善捐款活动的通知》中的“捐赠资金用于对困难群众的慰问，或作为干部职工互助基金”的有关精神，共发放慈善救助金 155.51 万元，救助干部职工 154 人。

【发放冠名企业特困职工救助金】 在全区第三轮第四年度慈善冠名基金企业中，区共救助特困职工 101 人，发放慰问金 43.4 万元。

【落实“东西部扶贫”帮扶资金】 年内，区落实东西部扶贫政策，共筹措帮扶资金 407 万元，定向捐赠给四川省阿坝藏族羌族自治州小金县慈善会。

【发放龙盛助学金】 全年共资助贫困学生 318 人，发放助学金达 137.9 万元。其中历届在读大学生 153 人，发放助学金 72 万元，应届大学生 82 人，发放助学金 41 万元，高中生 83 人，发放助学金 24.9 万元。

【发放闰土慈善购助学购物券】 年内，根据民政部门登记在册的低保户和低保边缘户中在读小学至高中的子女名单，发放慈善助学购物券。共发放慈善助学购物券 33.14 万元，受益家庭达 634 户。

【发放闰土孤儿救助金】 年内，根据《关于上虞市慈善总会与浙江闰土慈善基金管理实施办法》规定，区发放孤儿救助金 7.74 万元，资助全区 12 位孤儿。

【发放加根爱心基金】 年内，根据《上虞区慈善总会加根爱心基金管理实施办法》的文件精神，对全区 317 个行政村常年固定卫生保洁员发放慰问金，共计 82.3 万元。发放加根医疗救助金 5 万元。

【发放红霞敬老帮困孝德资金】 区全年发放红霞敬老帮困孝德慰问金 331 万元，发放医疗帮困资金 424.56 万元，发放沥海镇临时救助帮困资金 39.3 万元。

【发放卧龙帮困资金】 根据《上虞区慈善总会卧龙帮困基金管理实施办法》，共发放帮困资金 145.1 万元，共资助困难户 2724 户。

【慈善公益建设形成项目化】 根据区《关于申报 2019 年度慈善公益建设项目的通知》，全区各乡镇（街道）上报的公益项目共有 9 个项目符合文件精神，已完成 8 个公益项目，共资助资金约 265.13 万余元。

（夏　鸣）

民生保障

综　述

【概况】 2019年上虞区人力资源和社会保障局(以下简称区人社局)持续推进"最多跑一次"改革。深入推进数字化转型工作。2019年,共有政务服务事项152个,除1个全权委托事项外,151个事项都已实现"网上办",实现率为100%;151个事项实现"掌上办",实现率为100%;140个即办事项,实现率为92.1%;151个事项实现"跑零次",实现率为100%。承诺期限437工作日,压缩比97.57%;52个民生事项中一证办为52个,实现比例为100%。优化服务手段,提升服务要求,整合窗口实施全科无差别受理,增设流动窗口和咨询窗口,开设人社服务专线;并联合审管办做好家门口自助办工作,在乡镇(街道)便民中心共增设68台自助终端,提升了人社业务办理能力。

2019年,上虞区创建成为"无欠薪"达标区,根据"无欠薪"建设具体工作要求,区人社局扎实开展各项工作畅通劳动者维权渠道,及时处置舆情与突发事件。执行24小时电话值班制度,做好电话投诉登记工作,对于群体性事件,做到事不过夜,当日处置。"110"一级联动响应,及时迅速地处理劳资纠纷。2019年,"110"联动处警205起,回复205起,做到百分百处置。

（姚莹凌）

【"最多跑一次"改革】 根据人社局行政机构改革的相关职能调整,依据省市县三级权利事项目录及新的"三定"规定,对照省市部门调整确定的权力事项,按照梳理调整范围、对象和原则全面梳理比对本部门权力清单,共梳理政务服务事项152项,新增事项47项,划转承接事项35项。82个事项实现"全市通办",实现镇街平台就近办理。52个民生事项100%实现一证通办。同时"退休一件事"等5件事实现公民个人、企业全生命周期多部门联办,人力资源领域39个事项实现部门间"最多跑一次"。

（姚莹凌）

【劳动调解机制】 实行仲裁监察综合受理、先行调解制度,实现三项业务一窗受理,在接待当事人要求劳动仲裁或劳动监察时,主动引导当事人先行向劳动调解委员会先行申请调解。2019年,仲裁受理劳动争议案633件,办结案件519件,其中调解结案414件,调解率达79.8%;人民调解委员会受理案件269件,调解250件,调解成功率92.9%。

（姚莹凌）

【劳动年度书面审查扎实开展】 根据市指示要求,紧密结合区用人单位实际,采取短信群发通知与公众号平推通知两种方式、线上网络申报与线下纸质申报两种渠道,严密组织2018年度用人单位书面审查工作,网上书面审查申报单位10141家,其中有人员参加社保的9138家,没有人员参加社保的1003家。纸质书面审查申报单位751家。通过社保平台数据比对,2892家社保参保登记单位未进行书面审查自主申报,自行主动申报诚信企业12家,评定上报5A等级诚信企业75家,较好掌握区域内企业用人单位动态情况。

（姚莹凌）

【信访矛盾有效化解】 下移信访工作重心，做到发现问题在一线、主动调解在一线、力争解决在一线。局领导带队，下乡镇、社区和企业调研共计100余人次，积极与乡镇及其他部门开展工作联动，搞大协调、大联合，把问题解决在萌芽状态。2019年，累计受理信访件1789件，涉及1910人。其中群众来信130件，涉及177人；接待来访218批次，涉及292人次；网上信访件809件，涉及809人；政务热线632件，涉及632人。所有信访件均在办理期限内有效办结，群众满意率达95%以上。 （姚莹凌）

劳动就业

【概况】 2019年上虞区人力资源和社会保障局（以下简称区人社局）超额完成绍兴市对口扶贫工作领导小组下达区东西部就业扶贫目标任务。截至12月份，已吸纳对口支援22个省贫困劳动力来上虞稳定就业5568人，完成扶贫目标任务（440人）的1265.45%；帮助对口帮扶4省到上虞区就业人数为1987人，完成扶贫目标任务（102人）的1948.04%；配合培训鉴定中心开展小金建档立卡贫困户培训工作，培训小金籍建档立卡人员114人，完成扶贫目标任务（99人）的115.15%。全区新增城镇就业岗位3.75万个，完成区政府下达的目标任务17000的220.71%；城镇登记失业率2.07%，控制在目标任务3%以内；失业保险参保单位1.27万家，参保人员22万人，比上年同期增加15.79%。截至12月，发放16355人次失业保险金23551200元，为其交纳医疗保险费4350409.6元；发放74人技能提升补贴104310元；发放19091人次就业困难人员灵活就业社会保险补贴82844017.19元；发放7家单位12人公益性岗位补贴53200元；发放29家企业201人企业招用就业困难人员社会保险补贴793350元；返还2747家企业2018年度社会保险费2.48亿元；11月21—27日对2018年度560家企业稳定岗位补贴进行公示，发放金额570多万元，兑现东西部扶贫政策性补贴50余万元。 （金 旦）

【就业补贴兑现】 截至12月，2018年度就业困难人员灵活就业社会保险补贴审核通过的19091人次82844017.19元已经全部发放到位。6月24—28日公示2018年度用人单位招用就业困难人员社会保险补贴，29家企业201人793350元；发放16355人次失业保险金23551200元，为其交纳医疗保险费4350409.6元；发放74人技能提升补贴104310元。 （金 旦）

【高质量就业社区（村）建设】 召开全区高质量就业社区（村）建设工作会议布置全区工作。对列入今年建设工作范围的全区32个社区（村）进行高质量就业社区（村）上门帮助指导。通过自评，认定80分以上的有31个，22个社区、村通过市级认定，择优推荐上报5个社区、村创建省级高质量就业社区（村）。 （金 旦）

【东西携手就业扶贫协作】 根据绍兴市《关于加大政策支持力度进一步推进东西部扶贫劳务协作的通知》，结合上虞实际出台具体操作办法，积极联系对接对口帮扶地，专门成立小金上虞劳务工作站，先后有140余人小金县务工人员到上虞就业。截至今年12月，共帮助中西部22省贫困人口到上虞区稳定就业5568人，帮助对口帮扶4省到区就业1987人，其中与区结对的小金县140余人，建档立卡人员50多名，培训当地农牧民114人。兑现东西部扶贫劳务协作政策性补贴累计50余万元。 （金 旦）

组织企业参加阿坝州三地（马尔康、金川、小金）扶贫招聘会，图为小金县专场 （金 旦 摄）

社会保险

【概况】 2019年机构改革后上虞区社会保险事业管

理局更名为上虞区社会保险事业管理服务中心，统一管理全区养老保险、工伤保险的各项业务。全年共受理社保业务72.84万余件，接待参保群众3.48万余人次。深入探索“最多跑一次”改革，推出企业职工退休“一件事”联办服务。在区人力社保部门牵头，联合医保局和住房公积金管理等部门配合下，推出“一次申请、一窗收件、一站服务、一体反馈”的企业职工退休“一件事”联办服务模式，梳理整合与退休相关的11个事项，方便群众和企业办理退休手续，实现企业职工退休“一张表单，一套材料，一次提交，多方使用”。减轻企业压力，围绕政府“三服务”目标积极实施降费减费政策。执行阶段性下调工伤保险缴费比例，降低后的费率标准从2019年3月起开始执行，3—9月共计为企业减负2140万元。对区内8152余家单位退还2018年5月至2019年2月多缴纳的工伤保险费，退费金额达2465万元。会同税务局、财政局做好制造业、交通运输业、建筑业等行业实施阶段性降低社会保险缴费工作。对上述三大行业5月、6月（所属期）的社会保险费执行降费政策，共计为三大行业企业基本养老保险减免12969.92万元，失业保险减免310.01万元，工伤保险减免470.86万元。加强监管内控，将“第三方审计”纳入社保基金监管常态化模式，借助专业审计力量，分别对社保内部控制、业务经办、财务管理、组织实施等50余个项目进行排查，并对审计发现问题的加强整改和落实，2019年审计结果良好。推进“互联网+绍兴人社”新系统建设，打破数据壁垒。按照绍兴人社统一安排，人社信息一体化平台于2019年9月上线。新系统上线后，社保业务数据打破原本的地区壁垒，使得社保业务规范化、精细化、智能化管理更上一个台阶。（王　筱）

【社会保险提质扩面】 截至12月底，职工基本养老保险参保单位12223家，全区共计参保39.03万人，比去年底增加1.44万人，增长比为3.8%，城乡居民社会养老保险全区共计参保17.98万人，全区基本养老应参保654835人，实际参保639648人，参保率为97.68%，列绍兴第一，参加工伤保险27.06万人，比上年底增加2.64万人，参加失业保险21.15万人，比上年底增加1.72万人。社会保障由政策全覆盖向人群全覆盖转变。（姚莹凌）

【社保降费政策落实】 深入开展“三服务”活动，做好企业减负降费工作，1—12月为12298家企业减免失业保险费用2891.93万元，为全区8318家企业减免工伤保险费用5485.06万元。还为全区建筑业、制造业、交通运输业三大行业企业减免社保费用13851万元。（姚莹凌）

【贫困人员社保待遇完善】 做好贫困人员城乡居民基本养老保险应保尽保工作，开展贫困人员排查核实工作，及时将34名未享受基本养老保险待遇的贫困人员纳入城乡居民基本养老保险制度范围，截至12月，已为此类人员发放城乡居民养老金8.4万余元。（姚莹凌）

社会救助与社会福利

【城乡居民最低生活保障】 截至2019年11月，区共有低保户5477户7443人，其中城镇低保户884户1144人，发放资金816.44万元，农村低保户4593户6299人，发放资金4741.35万元。全年总共发放低保资金5557.8万元，低保人均补差663元，占低保标准81.85%，此外，全区共有低保边缘户1322户2886人。全年共新增低保户473户605人，退出低保户535户835人，在册补差调整399户701人。落实第三方家境调查工作，至11月共入户调查526户。

2019年，重点开展低保专项治理“回头看”，做好各项审计检查工作。继续落实《关于城乡低保、低保边缘户调查复核及动态管理工作的通知》，巩固低保、低边定期复核机制，按季度开展复核工作；杜绝“人情保”“关系保”等现象的发生，继续落实《上虞区社会救助备案和回避制度（试行）》，做好救助对象近亲属备案制度。继续做好低保主动发现摸排工作，开展救助业务培训及救助政策宣传工作。

落实《上虞区支出型贫困家庭基本生活救助办法》，当年度家庭刚性支出扣除家庭收入后，差额低于区低保标准的家庭可申请支出型贫困家庭，全年共审批并复核支出型贫困家庭61户169人。

【居民家庭经济状况核对工作】 居民家庭经济状况核对系统平台已和绍兴市局联网。全年共对20788户22243人进行经济核查。其中,受住建局委托开展公租房申请家庭财产核查374户608人,协助残联审核两项补贴残疾人补贴,审核困难残疾人生活补贴共计4420人,对在册低保户进行批量核查15469人次。

【困难群众临时救助】 根据7月1日施行的《绍兴市临时救助实施细则》,做好宣传与系统业务培训,规范工作流程,施行精准救助。截至11月,共救助81户230人,发放资金38.5万元。

【开展儿童福利工作】 截至12月,在册困境儿童187人,全年发放生活补助金180万元。社会散居儿童21人,全年发放生活补助金43万元。5月,集中开展留守儿童大排查,留守儿童96人。6月,对全区孤儿、困境儿童、留守儿童发放“六一”国际儿童节儿童慰问金,共计55.4万元。设立救助站为未成年人救助保护机构,在区福利中心专人进行养护。配齐配强镇村儿童督导员、儿童主任,培训人数实现全覆盖。

【其他救助福利工作】 开展特定对象的资金发放工作。2019年,有百岁老人24人、精简退职人员56人,“三老”人员9人,包括其他退休、部队精简等特定对象,共计119人。全年发放补助经费共计225万元。

【水库移民扶持政策】 发放移民直补资金。2019年底,有移民总人数为9521人。累计发放直补资金数为429.195万元。规范实施后扶资金项目:2019年度共开展移民扶持项目22个,总投资1570万元,移民资金1091.42万元,已完工项目6个。完成历年移民扶持项目4个,结报移民扶持项目1个,拨付移民资金43.8636万元。完成后扶项目档案的整理归档工作:6月,档案馆人员对项目档案进行专业的指导和整理,已完成2014—2018年度的实施完工的104只项目的档案整理归档工作,其中2014—2016年的项目档案已移交档案局,2017—2018年的项目档案正准备办理移交手续。

（王志元）

杭州湾上虞经济技术开发区（浙江省上虞经济开发区）

经济开发区

【概况】 2019年，杭州湾上虞经济技术开发区（浙江省上虞经济开发区）围绕上虞区委、区政府“11336”总体工作部署，按照一张规划画图、一个政策体系、一个发展目标、一个项目盘子“四个一”工作要求，牢牢把握“聚焦项目、大抓落实”工作主轴，不断优化服务、抢抓投入、提升动力，党建引领发展更加突出，经济总量和发展效益实现双提升。全年实现经济总量1350亿元，其中规上工业总产值1044亿元，同比增长8.2%，占全区比重66.0%；工业税收55亿元，占全区比重70%；限额以上三产主营业务收入102.1亿元，自营出口130.8亿元；完成实到外资2.2亿美元，引进市外内资53亿元；民间投资、交通运输投资、生态环境和公共设施投资、高新技术企业投资4个结构性有效投资指标基本保持两位数增长。（邵春英）

【“两区”跨区域实质性整合开创浙江省先河】 为全面贯彻国务院关于加快开发区转型升级创新发展的重要精神，落实省委提出的“建设若干万亩千亿级新产业平台”“按照生产力布局规律全面整合，构建高质量发展大平台”要求，根据上虞区委、区政府顶层设计，原有国家级开发区—杭州湾上虞经济技术开发区和省级开发区—浙江省上虞经济开发区跨区域实质性整合，成为更大的国家级开发区杭州湾上虞经济技术开发区（浙江省上虞经济开发区），并于2019年1月23日挂牌成立。整合后的经开区规划面积达到175平方公里，经济总量、规上产值、工业税收分别占上虞全区总量的60%、70%、80%，落户企业超过1300家，集聚上市公司40余家，其中注册在经开区的本地上市挂牌企业17家。

经开区跨区域整合的做法开创浙江省先河，全省国家级经开区整合创新提升工作座谈会在上虞召开。

【经开区获国家级开发区发展十大优秀案例】 年内，在商务部召开的2019年国家级开发区综合发展水平考核评价结果专题新闻发布会上，认真总结提炼一些国家级经开区好的经验和做法，首次推选并发布优秀案例名单，杭州湾上虞经开区被列入“国家级开发区发展10个优秀案例”，是全省唯一一家入选的国家级经开区。

【快速释放发展效应】 是年，经开区突出“三个一批”项目、“市县长工程”和重大平台功能项目，健全“一个项目、一个领导、一套班子、一抓到底”服务推进机制，造浓项目大会战氛围，项目建设进度逐步加快。全年推进项目149个，累计完成投资52亿元，新增建筑面积158万平方米，同比增长35%；新签约项目落地率近75%；“三个一批”重点项目完成投资17.33亿元，完成年度计划的104.8%；“市县长工程”100%入库。惟精新材、毅聚新材料项目、中金格派、皇马科技等一批龙头型、引领型产业项目，浙建院、产教融合创新园、产业协同创新中心等一批重大功能平台项目建设稳步推进，整体项目情况良好。

【体系化招商加快产业集聚发展】 是年，经开区紧紧围绕主攻高端新材料、现代医药、高端装备制造、电子信息四大主导产业，谋划通用航空、氢能源、电子化学品三大未来产业，加快生产性服务业“4+3+1”产业发展方向，坚持“主导产业＋基金＋人才＋政策＋服务”的体系化招商模式，强化与专业团队招商合作，形成项目、人才、技术、资本链条式、集成化引进的良好格局。全年累计签约落户项目21个，总投资261.7亿元，其中10亿元及以上项目11个，其中50亿元以上项目2个，3家世界500强企业落户，现代产业集聚势头良好。

【医药产业板块加速崛起】 是年，经开区举行“新产业、新技术、新创造”2019医药研究及创新发展论坛，吸引来自全国各地100多家知名生物医药企业和数十名专家学者参加。现场10个总投资超过60亿元的医药项目签约落户，既有医药产业项目，又有医药科研项目，呈现投资额大、科技含量高的特点，将加快推进经开区“医药板块”弯道超车，从而实现快速崛起。

【第三届中国新材料产业创新发展论坛举办】 第三届中国新材料产业创新发展论坛举行，来自国内外新材料产业界、科技界、企业界的600多位嘉宾共论新材料产业发展趋势，分享新材料领域前沿科技成果。在论坛开幕式上，8个科创项目、8个产业项目和创新发展保障项目相继签约，总投资达到176亿元。同时，“中科院新材料产业技术创新研究院”“全国石油和化工行业技能人才示范实训基地”分别揭牌。

【杭州湾产业协同创新中心建成投用】 杭州湾产业协同创新中心集“项目孵化＋产品研发＋交流展示＋检测检验＋专业服务”于一体。该中心规划总面积150亩，总建筑面积约12万平方米，2019年，完成项目一期建设100亩，完成建筑面积5.7万平方米，已确定入驻项目及企业18家，包括6家研究院、2家技术中心、5个高层次人才团队项目，4家协会及企业，以及1个公共的安全环保智慧监管平台。

【“店小二”式全生命周期服务深化“三服务”内涵】 经开区创新构建“一点双设、属地联动”工作模式，推行“全面受理、即时办理、全程代理”全生命周期服务机制，推进企业服务领导挂帅、机关干部挂钩，“周会商、月解难”，每月不少于2次现场解难，项目平均审批时间缩短至65天。 （邵春英）

综合管理

【概况】 绍兴市上虞区杭州湾综合管理办公室（以下简称杭州湾综管办）是2019年1月上虞区委、区政府进一步推动开发区体制机制改革创新而设立的，为正科级区政府派出机构，承担杭州湾上虞经济技术开发区（浙江省上虞经济开发区）杭州湾片区的经济发展、企业科技人才服务、安全生产、生态环保、社会事务、民生保障、征地拆迁和中共建设等职责。杭州湾综管办设立综合科、党群政法科、经济发展科、应急管理科、生态环境科、公用事业科、社会事业科7个科室，并下设综合服务中心、海塘工程管理所、海涂农技信息中心、海涂农场服务中心4个事业单位。机关党委负责机关和直属单位中共建设，经开区工会、妇联、科协负责群团和科普工作。

【经济发展】 2019年，杭州湾综管办围绕“绿色安全、循环高效”总目标，以“产业数字化、管理精细化、环境绿色化、安全标准化、服务最优化”五化协同发展为新路径，聚焦项目、大抓落实，辖区实现规上工业总产值743.44亿元，同比增幅10.37%；规上企业高新技术产业产出占比超过60%；税收收入36亿元，增幅12.2%；工业投资30.16亿元，增幅23.91%；自营出口90.3亿元，增幅10.15%；万元增加值综合能耗下降8.5%；新增上市企业1家（贝斯美），新三板挂牌企业1家（秦燕）。创建为全国第二批智慧化工园区试点示范单位、全国绿色化工园区，并入围中国化工园区30强（位列第15位），完成全国危化品重点监管区摘帽。

【化工产业改造提升2.0版】 坚持“标准化、数字化、智慧化”为引领，逐步形成以智能自动化为标志的对标国际、引领国内的新化工高质量发展升级版，为全国化工园区改造升级提供示范标杆为目标。化工产业改造提升2.0版工作于2019年7月正式全面启动，形成了“1+5”的改造提升标准体系，预计总投入资金达54亿元，明确43家企业实施以推倒重建为主的“六新”改造，2019年完成20家，完成10个无人化车间改造，启动首批13家智能化改造企业试点。

【异味评价体系二期】 为全力打赢“蓝天保卫战”，积极践行“绿水青山就是金山银山”发展理念，强化废气异味污染治理，首次探索建立一套全面、科学、准确的异味评价体系，有效填补国内废气治理技术空白。异味评价体系二期项目启动建设，于2019年11月投入试运行，总计投资2665万元，累计覆盖园区17家重点企业，共布设包括企业厂界、车间、罐区、排气筒等189个点位，实现异味问题可评价、可溯源、可预警。

【安全环保智慧监管平台】 为加强辖区安全环保本质安全，推进安全监管数字化、信息化，2019年6月安全环保智慧监管平台二期启动建设，并搬迁至产业协同创新中心，同时监管企业由一期10家试点企业增加至112家企业的全覆盖监管，平台软硬件方面全部进行优化，同时增加视频AI、5G等新技术手段的功能，逐步形成“线上精准监控发现、线下即时核查整改”的联动机制。

【科技人才】 2019年，完成企业研究与试验发展经费14.3亿元，占当年GDP比重达到3%。新增国家重点扶持高新技术企业16家，浙江省科技型企业15家，新增院士工作站1个（康隆达），升级院士工作站1个（龙盛），新增发明专利授权65件，引育国家级（省级）领军人才4人，市级领军人才8人。

【党建引领】 2019年，杭州湾综管办党工委全面深化“凤凰领航·蓝海红湾”品牌建设，大力实施“四个红湾”行动，选派47名机关党员干部为企业党建指导员，做到“一企一员”全覆盖；开展“攻坚克难抓覆盖”专项行动，实施“凤凰孵化”计划，新建企业党支部12家，同比增长200%，规上企业党支部单建率已达到81.3%，同比增长84.8%；开展“五星双强”创建，4家企业通过第二批验收。（赵国锋）

e游小镇

综 述

【概况】 e游小镇位于上虞区“一江两岸”未来城市规划的核心地段，濒临上虞母亲河曹娥江及古老的杭甬运河，规划面积2.88平方公里，核心区域1平方公里。邻近高铁站、高速道口，属上海一小时交通圈和杭州、宁波半小时交通圈，“同城化”效应明显。小镇于2016年1月列入第二批浙江省级特色小镇创建名单，主要培育以数字游戏，动漫影视为主的数字经济产业。2019年9月，全省重大项目暨特色小镇建设现场推进会召开，通过省级特色小镇验收命名，成为全省通过验收命名的22个特色小镇之一，同年获省级特色小镇“亩均效益”领跑者，并获得“浙江省数字化示范园区”称号。 （魏 斌）

建 设

【创客之家人才公寓项目推进】 创客之家建设项目总投资约5亿元，建筑面积约87000平方米，共计公寓1301套，工期30个月，于2019年9月25日开工，计划2022年3月份完工并投入使用，2019年完成桩基工程、基坑围护工程、土方开挖工程。 （邵奇峰）

【惠普广场项目推进】 惠普广场A、D楼装修项目总投资6958.86万元，项目采用EPC总承包模式，项目分2个子项目实施：1.惠普广场A楼及A、D楼裙房装修改造项目，装修改造面积约4.3万平方米，投资4871.96万元，工期6个月，于2019年4月17日开始设计至2019年12月9日竣工。2.惠普广场D楼装修项目，装修面积约1.6万平方米，投资2086.90万元，工期4个月，于2019年7月28日开始设计，年底基本完工。 （邵奇峰）

【智慧小镇建设项目推进】 智慧小镇建设项目总投资2673.9万元，主要建设内容为：有线宽带网、无线网企业云平台、公有云平台、网络信息安全防护系统、信息安全保障体系、小镇大脑及指挥中心大厅（主要包括综合管控平台、旅游大数据平台、产业大数据平台、运营指挥中心、市政管理、消防管理、环境监测7大块）、“e游社”虚拟社区、“一套服务体系”（主要包括健康休闲、出行服务、旅游服务、产业服务、动捕房、渲染农场等）。工期3个月，2019年7月19日开工，2019年12月31日试运行。 （邵奇峰）

【e游小镇警务站项目推进】 e游小镇警务站设计与布展项目总投资不超过400万元，面积约400平方米，主要建设内容包括布展基础装饰、硬件设备、数字内容及软件开发、系统集成等。工期120天，项目已进入招标阶段。 （邵奇峰）

【全国大众创业万众创新活动周上虞e游小镇分会场活动】 2019年6月14日，属于数字经济青年创客的2019年全国大众创业万众创新活动周上虞e游小镇分会场活动在e游书吧举行。瞄准“文漫影游”“人工智能”“互联网 +”等关键节点，e 游小镇借“双创周”浪潮，培育和孵化各类数字经济企业，大力搭建“双创平台”，助力“文漫影游”产业在小镇扎根成长。

（朱佳沁）

【电竞比赛】 2019 年 7 月 20—21 日，e 游小镇电竞馆举办 2019 年度 ChinaJoy Cup 电子竞技大赛王者荣耀、英雄联盟全国半决赛，邀请一系列知名主播、解说以及参赛的 10 多支队伍。（朱佳沁）

2019 年度 ChinaJoy Cup 电子竞技大赛

（e 游小镇委员会　提供）

【e 游小镇赴深圳参与推介会】 2019 年 8 月 20 日，e 游小镇赴深圳参与“漫步数字、聚焦 e 游”为主题的小镇推介会。e 游小镇数字产业投资基金项目、360 游戏艺术项目、星辉运营项目、黑岩动漫开发项目等 8 个项目集中签约，宇石网络、360 游戏艺术、金科文化、黑岩公司等 6 家进驻企业发布最新产品。e 游小镇打造 IP“游侠汇”品牌正式发布，打造小镇独特的社群文化。此次推介会旨在通过绍兴与深圳的两地联动，以 e 游小镇为媒，增强数字产业发展的催化剂，共同打造数字产业合作共赢之典范。（朱佳沁）

【上虞 e 游小镇数字经济产业建设 & 人才引进陛盟会】 2019 年 5 月 18 日下午，“2019 年上虞 e 游小镇数字经济产业建设 & 人才引进陛盟会”在 e 游小镇召开。本次会议旨在将项目、基地、资本、市场四者高效联系，整合产业资源，推动影视后期制作项目落地、高校实训基地发展，探索进一步做精做优 e 游小镇数字产业生态和强化小镇智力人才支撑的更多可能。区委常委、常务副区长包朝阳，e 游小镇党工委书记、管委会主任张铭军等领导代表出席本次会议。（朱家威）

【杭州电子科技大学·上虞 e 游小镇实训基地落成】 2019 年 7 月 3 日，杭州电子科技大学·上虞 e 游小镇实训基地启动仪式在 e 游小镇举行，这是 e 游小镇在原有动漫实训基地的基础上，与杭州电子科技大学二次签订综合人才培养的实训基地，旨在通过镇校合作，集聚并培养出更多符合社会实际发展需求的实用性数字化经济产业人才。（朱家威）

【参与绍兴招才引智招聘会】 e 游小镇携手 10 余家小镇企业赴昆明理工大学和西南林业大学开展“活力绍兴·智引全球”2019 招才引智·秋季专列（昆明站）招聘会。本次秋季招聘会是由绍兴市委市政府主办的综合性推介暨引智活动，覆盖国内几百所知名高校，通过综合性推介会加专场招聘会的方式，促成各类人才和项目对接。（朱家威）

【小镇互联网环境圆桌会议】 2019 年 12 月 26 日，e 游小镇开展“政社企共筑网络犯罪防范之堤 建小镇安全健康互联网环境”圆桌会议。出席会议的有中国人民大学法学院刘品新教授、区公安分局副局长陈洪强、曹娥派出所陆华忠所长、上虞区知识产权大队王杰波队长、绍兴上虞 e 游小镇管委会张伟江副主任、绍兴上虞 e 游小镇管委会朱家威科长，以及 e 游小镇企业宇石网络科技、小城画画、沐恩网络科技、e 游数字产业园、良仓乐客投资、天盟文化、菜根等企业负责人和代表。（朱家威）

互联网环境圆桌会议　（e 游小镇委员会　提供）

【阿里巴巴董事局主席马云到访 e 游小镇】 2019 年

5月8日下午，阿里巴巴集团董事局主席马云到访e游小镇。在区委书记陶关锋，区委常委、常务副区长包朝阳的陪同下，马云分别参观小镇门户客厅内的e游世界游戏体验中心和小镇入驻代表企业宇石网络。（任娇萃）

【宇石网络总部大楼开工】 2019年5月23日，e游小镇第一个数字经济总部项目——宇石网络总部大楼正式开工建设。（任娇萃）

【第一期数字出版审读业务培训班】 2019年9月24—25日，第一期数字出版审读业务培训班在e游小镇举办。来自全省52家传统出版社、数字阅读平台、网络游戏研发运营单位的上百名内容自审人员参加了集中培训。培训期间，学员们针对当前数字出版作品内容审读过程中遇到的难点痛点堵点问题，着重学习《中华人民共和国行政许可法》《中华人民共和国行政处罚法》《出版管理条例》《互联网信息服务管理规定》《网络出版服务管理规定》等法律法规规章以及近期行业政策调整精神，从学法用法角度增强自身解决问题的本领。（任娇萃）

【e游小镇接受省级验收】 2019年3月13日，e游小镇开展省级特色小镇实地验收命名核验工作。验收组通过实地看、现场听的方式，对小镇现阶段建设情况及周边配套服务设施进行全方位深层次的调研。（任娇萃）

【上虞e游小镇被正式命名为省级特色小镇】 2019年9月26日，全省重大项目暨特色小镇建设现场推进会在上虞召开，e游小镇成功通过第三批省级特色小镇验收命名，成为全省正式命名的22个特色小镇之一。会前，来自全省100多个特色小镇负责人前往e游小镇、南湾科技公司参观考察。（任娇萃）

【e游小镇游侠汇活动】 10月26日，第二届e游小镇游侠汇圆满举行，为年轻的数字文化创客们，献上一场集运动、电竞、音乐、潮流于一身的盛大嘉年华。当天，5000余位来自全国各地的年轻人齐聚小镇，100余家小镇入驻企业参与活动，来自网易游戏、腾讯游戏英雄联盟、盛趣游戏、宇石网络、完美世界、金科文化等各大游戏平台的人气IP落地现场，成为一场真正汇聚游戏侠客和数字创客的业界文化活动。（任娇萃）

e游小镇游侠汇音乐节　　（e游小镇管委会　提供）

乡镇·街道

百官街道

【概况】 百官街道地处城区中心，是上虞全区的政治、经济、文化、教育、商贸流通中心，区域面积40平方千米，辖9个行政村、27个改居村、21个社区，共有人口25万左右，其中常住人口20万。百官街道办事处是区政府的派出机构。

2019年，百官街道实现财政总收入16.25亿元，同比增长5%；其中一般公共预算收入9.73亿元，同比增长4.29%，2项指标增速居全区街道中心镇第二。完成工业总产值132.7亿元，其中规模以上工业总产值42.1亿元，同比增长12.5%，增速居全区街道中心镇第一；规模以上企业销售收入40.9亿元，同比增长14.6%；社会消费品零售总额153亿元，同比增长8.4%，其中商贸服务业销售总额140亿元，同比增长7.7%。

百官街道围绕做实项目，全年实施重大项目12只，涉及工业项目9个，其中自立股份陶瓷制品、圣光电器厨具用品等项目已顺利投产，前江社区中心等3只服务业项目进展顺利。围绕扩大投资，全年实到外资800万美元，引进内资3.06亿元，实到民间投资2.5亿元，新增市场主体3052家，均超额完成年度目标任务。围绕加快转型，新增省科技型企业22家、“个转企”47家、规上工业企业6家、限额以上商贸企业11家，数字经济产值增速28%，居全区第一。淘汰“低小散”企业17家，节能减排总耗能下降10.4%，万元增加值能耗下降17.9%。盘活闲置厂房6.55万平方，盘活存量土地4.19公顷，居全区前列。

提升城市品质，打造美丽乡村。持续推进城市发展，完成329国道北侧全区首个国有土地集中征收项目；完成城区“滞留户”处置14户，交付各类用地133余公顷，完成37个区块184公顷收储土地管护，保障舜江大桥拼宽等区级重点项目落地；完成后郭新苑安置房集中交付；11个社区通过绍兴市级“五星和美”达标验收，文化社区创建为市级和美家园。加快推进乡村振兴，紧抓“五星3A”牛鼻子，大力开展农村环境卫生整治，全年累计投入3000余万元，创建南一等5村顺成为绍兴市级“五星达标”村，外严、联新等7个村全面完成PPP项目，南湖穿街公路、梁谢线建成投用，南一、南三完成村级河道整治。大力开展要素盘整，全年激活闲置农房1.8万平方，实施建设用地复垦2公顷，村级经营性收入同比增长21%。有序推进管理升级，突出城市管理重点，会同区级相关部门，加大日常巡查执法力度，顺利通过全国文明城市和国家卫生城市省级复审，垃圾分类工作被评为绍兴市级先进集体。实施农村环境卫生长效管理，严格落实“河长制”，主要断面水质持续达标。扎实开展“大棚房”整治，全年拆除违章建筑3万平方米，创建成为绍兴市“无违建”街道。

致力服务提优，民生事业持续发展。坚持共建共治共享发展理念，抓实抓好民生“关键小事”。扎实推进民生工程，全年投入6000万元，完成九浸畈、西横河等老旧小区改造，完成工业园区、部分生活小区污水“零直排”年度建设任务。回应群众需求，完成5个高层住宅小区二次供水改造，完成高层住宅消防隐患整治年度目标任务和12个微型消防站建设，12个单元既有住宅电梯加装工作进入实施阶段。重拳整治大气污染，关闭杨丰牧业、上虞饲料公司养猪场，严格开展扬尘防控，全年PM2.5大气指数持续改善。有效落实社会保障，高质量做好民生兜底保障，养老保险、医疗保险参保率分别达到96.04%和99%。加大弱势群体帮扶，全年发放计生、低保、优抚等各类救助资金近1400万元。完成15900多名企业退休人员健康体检和697名退役军人社保接续工作，城乡困难群众住房审批、救助141户。全力提振公共事业，坚持教育优先，全年投入1500万元用于教育基础设施改造提升，新增幼儿园3家。加强文化阵地建设，街道综合文化活动中心建成投用，完成新叶家埭、头甲、南二等3个村（居）文化礼堂建设，全年举办大中型文化活动50余场。加强食品安全监管，创建省放心市场2家、提星升级3家、省放心厨房1家、农村家宴集聚点4家，顺利通过省食品安全区和绍兴市国家食品安全示范城市创建。完成年度征兵工作，街道退役军人服务站建成投用。

致力管理提效，基层治理更趋规范。坚持服务和治理双向发力，不断推进基层治理体系和治理能力现代化。强化公共安全监管，探索推进"邻里中心式"警务室建设，推动88项便民措施落地，矛盾纠纷同比下降16.6%。扎实开展"扫黑除恶"等专项行动，全年电信网络诈骗低于全区平均增长数，街道被评为绍兴市扫黑除恶先进集体。强化安全生产意识，常态化实施"1+7"安委会工作机制，开展小微企业安全生产和居住出租房消防安全隐患整治，街道社会面持续稳定。夯实基层治理基础，重抓初信回复和积案化解，全年办理各类信访件1820件，群众满意率99.6%，化解市级信访重点督查件10件，化解率83.3%，7只区级重点督查件全部化解。百官派出所被评为全省首批30个"枫桥式"公安派出所。深化"最多跑一次"改革，实现街村两级便民服务中心规范化建设全覆盖。街道便民中心全年累计办理各类为民事项7394件，办结率和满意率均为100%。推进平安百官创建，对标对表461条平安项目清单，常态化开展巡查工作，群众知晓率、参与率、满意率得到明显提升。

坚持改革创新，持续打造服务型现代化政府。扎实开展"三服务"，结合"不忘初心、牢记使命"主题教育，将服务企业、服务群众、服务基层作为全年工作主线，累计走访企业127家、群众3000多户，慰问困难党员群众200多户，开展人才招聘、技能培训、志愿服务等各类活动180余次，协调解决各类问题167个。改革工作有序推进，顺利完成18个改居村规模调整，全面推进农村社区专职工作者队伍建设，启动全区首个股份经济合作社改革，率先推行街道工程项目"不见面"招投标，政府效能有效提升。坚持依法行政，加大政务公开力度，深化政府重大事项公众参与制度。自觉接受街道人大工委依法监督，办理落实代表意见建议。细化周计划管理，推进各项工作有效落实。制定出台工程招投标、财务管理等规章制度24项，扎实做好区委巡察反馈问题整改落实。

2019年百官街道社区各村（居）基本情况表

表14

村名	村民小组（个）	户数（户）	人口（人）	农用地总面积（亩）	总收入（万元）	其中经营性收入（万元）
一村	5	366	988	0	239.38	233.71
外严村	4	210	682	1517	46.78	39.72
金家岙村	4	335	915	275	52.58	36.34
联新村	16	1058	3278	1800	113.29	52.05
南一村	15	853	2261	1636	219.9	54.89
南二村	20	1016	2927	1907	112.19	51.77
南三村	23	1066	3375	2400	350.9	54.16

续表 14

村名	村民小组（个）	户数（户）	人口（人）	农用地总面积（亩）	总收入（万元）	其中经营性收入（万元）
路东村	11	569	1660	745	371.87	184.57
新叶家埭村	16	1004	2885	601	125.62	62.71
梁家山居委	4	511	1092	0	483.29	380.92
新建居委	4	318	871	0	356.46	355.35
丰一居委	8	734	1926	0	273.02	263.57
丰二居委	5	465	1107	0	115.25	115.25
岭光居委	6	403	1115	0	187.13	151.48
大坝居委	7	575	1843	0	111.08	101.81
赵家居委	8	852	2786	0	3.57	3.48
二村居委	3	302	853	0	181.63	178.34
三村居委	3	428	1125	0	138.31	132.17
四村居委	3	362	1186	0	153.55	152.93
五村居委	4	572	1781	0	269.4	269.08
星二居委	6	417	1119	0	122.3	73.52
星三居委	6	450	1107	0	209.69	195.37
星四居委	3	221	481	0	14.68	12.68
星五居委	9	488	1211	0	64.87	62.74
杜家居委	6	494	1307	0	99.53	32.12
中利居委	22	1048	2634	0	189.26	20.7
后村居委	5	422	1171	0	305.48	189.06
头甲居委	8	646	1469	0	156.21	102.8
二甲居委	9	672	1596	0	111.57	51.58
四甲居委	13	761	1965	0	188.67	114.5
前一居委	7	612	1634	0	3.96	3.43
前二居委	8	629	1537	0	12.57	12.37
前三居委	3	372	952	0	3.64	2.53
前四居委	3	334	828	0	18.17	0
横江里村	4	235	615	0	115.82	77.91
路工居委	8	261	752	0	82.24	76.2
合计	289	20061	55034	10881	5603.87	3901.81

社区居委基本情况表

表 15

编号	社区名称	主任	常住人口(人)	常住户数(人)	户籍人口(户)	户籍户数(户)
1	上棉	邵晓芳	925	500	801	373
2	城南	陈梅英	12000	3938	4395	1465
3	上源闸	蒋玲娣	5781	2892	2771	1223
4	龙山	成明华	3225	2046	2922	1689
5	平阳山	蒋桂军	4500	1200	2951	1073
6	九浸畈	唐燕军	4400	1520	2654	1035
7	阳光	林芳	3508	1350	2102	1003
8	卧龙	王爱珠	4114	1342	2814	1076
9	凤山	张筱华	5658	1575	3584	1852
10	胜利	詹爱莲	5895	2157	3356	1546
11	半山	王瑾	6705	2171	4493	1552
12	文化	陈苗英	13500	4500	9377	3225
13	金渔湾	陈可可	5394	2264	5843	2463
14	西横河	李妙峰	7820	2471	5839	2081
15	恒利	杜丽君	9325	2738	6681	2388
16	万和	梁文莉	7258	2186	5129	1750
17	高丰	糜娜	9234	3032	5308	2075
18	大通	宋惠清	29365	8952	11495	4747
19	星光	周菁苔	10125	3707	3044	1280
20	绿城	陈亚利	21829	6865	6807	2283
21	高铁新城	严金红	6390	2943	334	145
22	头甲	杜苗根	4100	1550	1469	642
23	二甲	叶洪其	3800	1590	1608	662
24	四甲	历利青	4000	1180	2000	780
25	岭光	俞朝阳	2100	820	1115	286
26	星宇	陈友堂	4100	1440	1350	586
27	盛丰	徐全荣	5020	2001	1932	736
28	星丰	蒋伯荣	6565	2500	4565	2050
29	梁江	管伟忠	2500	1247	2500	1064

【表彰十佳网格员和优秀星级网格员】 1月18日,第一届百官街道"十佳网格员""优秀星级网格员"颁奖活动举行,来自全街道的"十佳网格员"、五星级、四星级、三星级优秀网格员代表受到表彰。

全街道网格员在2018年度共上报信息72933条,结案率100%,满意率100%,在所有街道中排名第一。全科网格建设已经是街道基层社会治理的一张"金名片",网格员队伍也成为平安百官建设的一支重要力量,助推平安上虞建设始终走在前列。第一届"十佳网格员""网格员星级评定"推选活动,推选出10名"十佳网格员"、37名"星级网格员"。

【改居村规模调整】 6月4日,街道召开改居村规模调整动员会议,部署落实改居村规模调整工作,本次调整涉及街道三种类型18个居委,即前一、前二、前三、前四、赵家、路工、头甲、二甲、四甲、丰一、星五、岭光、梁家山、横江里、星二、星三、星四、丰二等居委。

【打击电信网络新型违法犯罪活动】 8月,百官街道通过广泛宣传发动、每月定期会商、系统打击治理等途径,对电信网络出现的新型违法犯罪活动进行有效治理。常态化全覆盖防范宣传,提升人民群众防骗识骗能力,通过技术手段防范网络渗透,共同发力筑起反诈防火墙,努力将案件防患于未萌之时;在辖区内新增各类宣传标语条幅176条,在各小区楼道张贴反诈骗提示语;安排宣讲团进学校,开展宣讲活动;在南湖小学开展新居民反电信网络新型犯罪专题培训;群发防诈短信20万余条。街道落实专项资金,支持百官派出所开展打击工作,充分发挥和借助公安机关主力军作用,转变侦查模式,创新打法战法,确保打出声威、打出实效。6月,发案数22起,同比下降45%,环比下降24.14%,扭转前5个月的高发态势。

【五星和美社区创建挖掘"一社一品"】 百官街道在农村"五星3A"创建全域提升的基础上,全面推进"五星达标、和美家园"创建,年内首批12个"五星和美"社区破土而出,"孝暖夕阳红""红管家发源地""红橙绿三色基地""三航联动"等名目繁多的特色社区各呈异彩,"一社一品"成为每个社区的"独特配置",除"五星和美"的题中之意,更是社区基层治理的未来走向。百官街道有关负责人表示,随着城市化进程的加快,社区服务场所狭小、服务功能单一,人们难免产生千社一面的印象,对家园的认同感越来越低。为避免这种情况,街道着意将品牌理念引入基层治理中,全力打造"一社区一品牌一特色",并不断推陈出新,逐渐形成以品牌促服务、以品牌惠民生的辖区治理新格局,从而进一步激发社区活力,提升辖区居民的生活品质,让社区变得更有温度。

为提炼社区品牌,街道多次召开座谈会,邀请社区干部、居民代表等,既寻找纵向的历史脉络,更横向比较功能定位,从"特"字入手,把握大局,让品牌建设和服务各自特色,避免雷同。

【唱响人居环境"百日行动"最强音】 9—11月,街道全面推进农村人居环境整治提升集中攻坚"百日行动",以"一分两清三化"为重点,通过"1234"工作法,即成立一个工作专班,PK两个片区(南湖片和路东片),抓好党员、干部、乡贤三支"头雁"队伍,重点推进垃圾分类、三线序化、公厕洁化、庭院美化四大行动,促使村容村貌、文明乡风等发生有效转变。经过百日整治,街道共清理乱堆乱放786处,整治庭前屋后幢数630处,清理空倒房80平方米,美丽庭院创建户数1157户。

【后郭新苑集中抽签】 11月5日上午,华通体育馆内,百官街道67号-1地块(后郭新苑)安置房开始B户型的集中抽签。67号-1地块(后郭新苑)涉及中利、赵家、杜家3个村(居),安置户型共4种,分别是A(约165平方米)、B(约132平方米)、C(约99平方米)、D(约66平方米),安置房建造1323套,实际签约安置1249套。此次集中抽签按照B、D、A/C顺序进行。 (董国光)

曹娥街道

【概况】 街道地域面积59.5平方千米(含高端智造集聚区14.5平方千米、建成区面积约13平方千米),辖15个行政村(8个托管村),7个居委村,13个居民

2019 年曹娥街道各村(居)、社区基本情况表

表 16

村(居)委会名称	党务负责人	村(居)委会负责人	户数(户)	人口(人)	耕地(亩)	园地(亩)	林地(亩)	养殖水面(亩)	村集体常年性经营收入(万元)
联丰	卢国庆	朱建龙	609	1567	0	0	0	129	68.8
娥一	陈北来	杨龙	422	1018	0	0	0	0	0
娥二	田毅	李德泉	440	1180	0	0	0	0	2
下沙	朱东梁	马迪良	606	1587	0	0	0	0	150
三角站	范革生	林寅江	712	2012	154	0	37	0	80
孝女庙	吴瑞淼	丁贤晖	328	812	30	0	362	0	0
上沙	任振方	沈江金	299	785	0	0	487	0	20
新建庄村	郦寿荣	许斌堂	773	2165	150	0	0	0	120
高田头村	周国桥	李志虎	178	525	50	0	0	0	150
红星村	黄洪新	胡立中	362	1029	85	0	0	0	21
前村村	杜金木	杜志明	561	1521	787	30	143	0	83
茅家村	赵关坤	赵国峰	475	1385	495	0	0	0	79
国庆村	景国森	陈来新	382	1197	350	0	0	18	40
沥泗村	杜启德	王张申	648	1968	420	0	0	40	87
白米堰	孟新余	高箭荣	425	1393	346	0	0	0	110
狮子	陈峥嵘	宋兴富	600	1673	119.5	0	0	0	52
新沙	徐朝阳	严金夫	723	2128	0	0	0	0	145
梁巷	梁根云	孙建国	400	1391	130	0	30	0	160
越爱	陈峰	陈兴海	311	886	0	0	0	78	6.7
里睦桥	钱林	陈志刚	316	1094	45	0	115	346.63	68.36
徐家塘	徐水茂	徐如彪	428	1240	0	0	0	0	20
新楼下	徐建方	徐永兴	417	1159	0	0	0	0	83
光明	周志刚	徐金昌	1125	3501	250	0	0	0	300
外五甲	倪佰芳	陈孟君	260	817	87	60	0	0	0
西湖	吴吉明	—	193	575	0	0	0	0	22
贺盘	任美	鲁林海	309	874	0	0	0	0	30.35
蒿坝	冯志康	金国民	462	1179	627	90	280	25	14
朱山头	殷岳新	朱永灿	920	2560	2100	600	3100	650	107
漳汀	郑云夫	徐炎明	292	924	476	225	2900	30	30
蒿东	祝国桥	潜立富	1121	3040	710	0	3922	70	130
丽樟	沈永刚	任国祥	735	1928	938	0	70	70	30
金村	周仁根	金立锋	557	1466	569	0	50	0	20
董村	孙兴成	朱来兴	528	1326	648	40	65	83	31
民丰社区	吴雪良	—	447	1100	0	0	0	0	0

续表 16

村(居)委会名称	党务负责人	村(居)委会负责人	户数(户)	人口(人)	耕地(亩)	园地(亩)	林地(亩)	养殖水面(亩)	村集体常年性经营收入(万元)
大厂社区	王凤元	—	1350	4095	0	0	0	0	0
曹娥社区	刘国军	—	1843	4320	0	0	0	0	0
和城社区	魏燕华	—	6300	4100	0	0	0	0	0
银河社区	沈利琴	—	1910	2600	0	0	0	0	0
振兴社区	陈月娟	—	2111	3261	0	0	0	0	0
德济苑社区	徐淑颖	—	1860	3805	0	0	0	0	0
鸿雁社区	朱坚盛	—	4047	3127	0	0	0	0	0
金桂苑社区	祝祖英	—	2042	2862	0	0	0	0	0
舜杰社区	金阿仙	—	2395	3524	0	0	0	0	0
聚英社区	王东东	—	2944	1385	0	0	0	0	0
大三角社区	徐小文	—	2840	986	0	0	0	0	0

社区,11 个经联社,常住人口 7.5 万人。全年实现财政收入 20.3 亿元;预计实现工业总价值 310.27 亿元,同比增长 4.59%;预计实现工业总产值 310.27 亿元,同比增长 4.59%;完成限上贸易 68.67 亿元,同比增长 118%;规上服务业 26.55 亿元,同比增长 80%;引进外资 9500 万美元,内资 8 亿元,城镇常住居民人均可支配收入增长 8%。

【曹娥街道挂牌成立】 根据全区机构改革的总体部署,浙江省上虞经济开发区不再与曹娥街道合署办公,1 月 23 日,曹娥街道举行揭牌仪式。

【行政村调整完成】 年内,曹娥街道根据上虞区委、区政府的部署,对所属行政村规模再作调整,超额完成 13 个行政村(居)调整任务,其中大厂、民丰由居委调整为社区,其余 11 个(上沙、孝女庙、下沙、娥一、娥二、联丰、三角站、西湖、光明、越爱、贺盘)改居村完成撤销。

【招商引资】 曹娥街道在年内成功签约卧龙 ZF、恒安申科、瑞昶并购、川崎春晖等项目,总投入资金达 24 亿元,实到外资 9500 万美元,内资 8 亿元。余坤广场喜迎世界 500 强喜来登大酒店,万悦商贸综合体、蓝城江

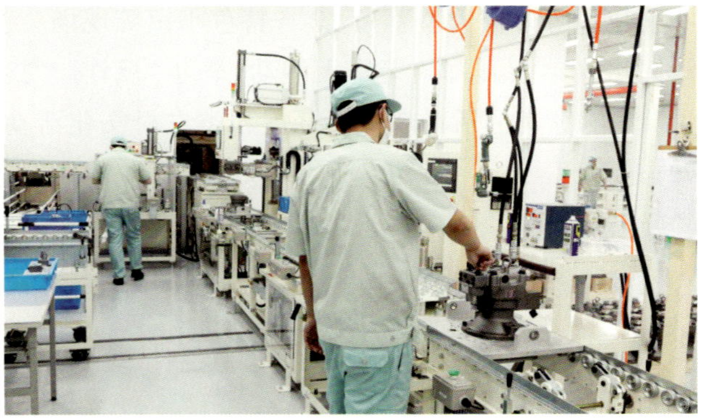

川崎车间　　（曹娥街道　提供）

【内部挖潜成效初显】 年内,曹娥街道完成“四未一低”土地消化利用 43.33 公顷,超额完成存量土地盘活 15.07 公顷,盘活闲置厂房 7 万平方米,稳步推进 9 个废弃矿山生态修复工作,整治“低小散”企业 16 家,实施规改股 2 家,新增个转企 23 家、市场主体 1300 家,进一步释放内生动力。

【拆迁拆违强势推进】 年内,曹娥街道以“拆”开路,先后完成 5 个区块 1421 户的征迁改造任务,越爱居委、贺盘居委、曹娥老区下沙集资楼 562 户实现 100% 签约,徐家塘居委、新楼下居委 859 户签约率达到 99.7%。在此过程中,街道同步推进“美家园·爱曹娥”农村环境面貌综合整治行动,全年累计“拆”字上墙

1600 余处,拆除违法建筑 6.8 万平方米。

【人居环境打造】 投资 6800 万元推动建成区有机更新,抓好人民西路、舜杰路、东山花苑等 10 余个"污水零直排"项目建设,推进振兴新村、双桥新村老旧小区地下管网、停车位改造,落实老旧小区 12 部电梯加装工程。投资 7760 万元用于提升农村基础设施建设,实施"一村一策"项目 14 个,实施 PPP 项目 10 个、公建项目 7 个。

【统筹兼顾惠民生】 年内,高分通过全国文明城市测评和市级"五星和美"社区创建验收工作,6 个社区创建为五星达标社区,其中德济苑社区被评选为绍兴市级和美社区。投资 11470 万元完成八大民生实事工程,超额完成城乡居民养老保险、医疗保险、失土农民保险 13.5 万人次。承、协办曹娥江半程国际马拉松等各类大型赛事、全省特色小镇等现场会、绍兴市九运会开幕式等重大活动,举办"反诈""扫黑"宣传等文艺活动 24 场,开展各类农村文化活动 72 场等。

德济苑社区　　（曹娥街道　提供）

【构建基层治理新格局】 行政工作持续加码,全年完成 2.08 万件事件受理、流转、办结和督查。信访投诉件办结率达 100%,人员进京登记率下降 60%,信访上行人员下降 22%,成功化解市级信访积案 6 件,区级信访积案 7 件全部化解,通过绍兴市"无信访积案街道"创建验收。全年累计排查企业 4863 家次,消除隐患 18462 处,确保安全生产总体平稳可控。

（赵少铭）

东关街道

【概况】 东关街道位于上虞区西部,距区政府所在地 7 千米。全境地域总面积 27 平方千米,建城区面积 2.3 平方千米,下辖 2 个社区、14 个行政村,常住人口 3.8 万,其中新居民 6000 余人。全年实现工业总产值 49.1 亿元,增长 6.5%;财政总收入 2.89 亿元,增长 8.35%;一般公共预算收入 1.59 亿元,增长 11.34%;城乡居民人均可支配收入达 4.5 万元,增长 9.2%。

年末常用耕地面积 1202 公顷,其中设施农业 25 公顷。有效灌溉面积 1200 公顷,农作物播种面积 3300 公顷,粮食作物播种面积 2234 公顷,粮食总产量 11847 吨。农民合作社 14 个,农民合作社成员 254 户,耕地流转面积 754 公顷,种粮大户 58 户,畜禽养殖大户 14 户。工业企业总数 479 家,其中规模以上工业企业 32 家,从业人数 8757 人。建筑企业 5 家,从业人数 4113 人。全年社会消费品售总额 14107 万元,其中限额以上社会消费品零售总额 75047 万元,农贸市场 4 个,50 平方米以上超市 12 个,食宿餐馆企业 12 个。普通高中 1 所,初级中学 1 所,小学 2 所,幼儿园 3 所。在校小学生 2104 人,入学率 100%。医疗卫生机构 12 所,床位 67 床,执业医师 49 人。参加农村新型合作医疗保险 21041 人,参加新型农村社会养老保险 8704 人,社保、医保参保率分别达 97.31%、99.38%。农村最低生活保障求助人数 578 人。自来水用户 12374 户,金融机构网点 10 个,公园及休闲健身广场的 35 个。

【加快企业转型发展】 年内,街道 6 家企业申报高新技术企业,13 家企业申报省级科技型企业。全年科技发明专利获授权 10 件、实用新型专利 50 余件。上虞电力电容器等企业参与起草国家、省级行业标准 6 项。新增规改股企业 1 家。完成"个转企"28 家。完成拟淘汰落后产能企业 2 家,整治"低散乱"企业(作坊)15 家。中建路桥公司被列为区级隐形冠军。

【持续做好水文章】 街道着意提档升级以运河文化、水乡文化、酒文化为重点的古运河休闲风情带,累计投资 2.6 亿元的 159 只小城镇环境综合整治项目,在

2019年东关街道行政村(社区)基本情况表

表17

村(社)名	党务负责人	村务负责人	户籍户数(户)	户籍人口(人)	面积(平方公里)	村级集体经济收入(万元)
东塘村	邵国新	—	1087	2663	1.72	246.71
马家桥村	朱宝元	朱张金	361	897	0.87	347.14
彭家堰村	严永成	李卫星	314	826	0.38	84.17
联星村	严霞兴	项立新	817	2222	2.17	71.42
高泾村	王张明	徐关华	768	2165	1.89	291.21
大西庄村	滕兴标	徐水松	514	2129	1.56	114.51
凌江村	屠志光	屠华祥	743	1358	1.72	113.57
金鸡山村	范建荣	范鑫炜	669	1694	2.83	167.48
三丰村	钱幼荣	钱忠海	508	1524	2.27	94.85
保驾山村	徐建平		624	1714	1485	297.87
担山村	姚宝忠	周文苗	446	1978	1.65	334.57
新丰村	鲁关木	丁建华	397	1084	1.95	214.21
东风村	高兴建	高松根 高建国	1067	2858	2.86	132.47
马山村	胡建刚	任建标	1307	3227	3.28	137.84
南阳社区	韩伟强		1317	3207	—	—
越泉社区	章天芳	周成达	1072	2102	—	—

年内全部顺利完工,其中如浙东古运河游步道、南阳公园、后濠湖九曲廊桥、五猖文化广场、女儿红产品文化展示区等节点、亮点工程陆续,均已投入使用。此外,总投资约2200万元的“污水零直排”工程也告竣工,街道水环境持续改善提质,被推荐为浙江省“五水共治”先进集体。

【美丽乡村】 年内,街道投资1000余万元推进农村PPP建设项目和基础设施建设;投资500多万元实施村庄绿化提升工程。担山村和担山河成功创建3A景区村和“浙江省美丽河湖”,大西庄村成功创建成为“国家森林乡村”和2019年度省级优秀“宜居示范村”。村均集体经营性收入持续领跑全区各乡镇街道,全年村级集体经济总收入和经营性收入分别增长15.1%和12.2%。新丰等8个村顺利创建成为“五星”达标村,其中担山村创建成为3A景区村。

【民生事业共建共享】 年内,街道累计投入资金1000多万元,完成三丰、彭家堰村公共服务中心、文化礼堂,东风村傅张片家宴集聚中心等建设;投入资金600多万元,建成并投用街道居家养老日间托养中心和残疾人之家;投入200多万元,完成三丰、高泾、新丰等村134.93公顷粮食功能区提标改造。全年完成2处“大棚房”整治和村(社区)居住出租房屋综合整治。联星、担山、东风创建为绍兴市“一村万树”推进村。

【保障杭绍台高铁建设推进】 为全力保障重点工程建设,街道发动各职能部门做好杭绍台高铁、五长公路等区域土地征收、房屋征迁、高压线铁塔塔基等23.6公顷铁路用地土地补偿政策处理和交地的系列工作,落实站前110千伏以上高压线迁改政策的处理,确保高铁工程能无障碍施工。

道墟街道

【概况】 道墟街道位于上虞区西北部,距区政府所在地11千米。全境地域总面积43平方千米,辖22个村(居)委员会。年末总户数16039户,总人口44234人,其中非农人口2537人。2019年，全街道完成工业产值61.46亿元，其中规上工业产值32.94亿元，完成财政总收入11.9亿元，农民人均可支配收入58460元。

全年农作物播种面积3833.33公顷，粮食总产量1.29万吨。农机总动力1.562万千瓦。公路通车里程38千米，村等级公路通达率100%。全年完成水利建设项目2个，投资360万元。存栏生猪300头，出栏生猪22800头；存栏家禽27900羽，出栏家禽64500羽。茶园面积0.67公顷，茶叶产量0.6吨。工业企业总数382家，其中规模以上企业33家。工业产品销售收入30.5亿元，产销率93%。自营出口10.38亿元。有初级中学1所，小学4所，幼儿园5所。在校中学生735人，入学率100%；在校小学生1595人，入学率100%；在园幼儿838人。社区卫生服务中心1家，卫生服务站4家。全年出生325人。初级卫生保健率100%。自来水普及率100%。参加城乡居民基本养老保险17136人，参加城乡居民医疗保险24988人。最低生活保障救助人数355人。有社会福利性敬老院1个，年底供养老人10人。农户新建房屋194户，建筑面积35000平方米。

7月20—21日，道墟机械仪器组团参展2019中国（绍兴）智慧测试及检验检测大会。

2019年道墟街道各村（居）委会基本情况

表18

村（居）委员名	党务负责人	村（居）委员负责人	户数（户）	人口（人）	农田（亩）	旱地（亩）	村级集体经济收入（万元）
积山村	范水龙	章春海	838	2266	1132	95	50.72
长娄村	吴五金	沈兴荣	449	1375	890	340	43.24
云里村	宣四祥	章振法	457	1353	1204	46	82.75
新民主	韩桂珍	谢关海	573	1554	340	150	102
中联村	章关金	章连根	940	2400	300	0	187
庙桥村	王朝晖	—	719	1938	1222	165	153.35
杜浦村	杜成德	章苗兴	881	2571	45	984	64
称海村	谢华鑫	阮文良	949	2867	1048	50	307
汇联村	阮炎庆	阮加夫	655	1972	1294	0	105.33
联江村	谢伟德	阮忠海	672	2336	1517.17	0	108.5
江协村	阮国兴	章灿松	887	2631	1748	0	107.35
新里港村	章水标	陆小东	772	2217	950	250	63
肖金村	张金祥	陈志根	1012	2761	2370	290	62
沽渚村	阮友良	潘百兴	543	1493	250	943	70.43
东桑村	阮天兴	马明祥	614	1654	960	271	30.96
大湖村	汪海良	阮卫民	551	1587	450	650	55
联浦村	张国强	张国强	616	1662	1089	321	68.02
五四村	陈兴华	陈回忆	583	1715	847	0	99.39
韩浜村	陆根炎	陆建明	502	1413	958	178	36.89
新屯南村	陈丽娟	张春良	953	2834	1450	0	111.7
钱上村	李明亮	许志荣	442	1353	786	0	173.75
道墟社区	胡燕峰	章小伟	1431	2282	0	0	0

【莲花落传唱村规民约】 为让村民群众更快熟知掌握《道墟人民十条道德守则》内容，街道专门邀请专业曲艺爱好者，将十条内容改编成具有绍兴当地特色的莲花落。道墟街道将之作为基层组织建设的重点项目进行探索研究，从现行村规民约中整合提炼出《村民守则十条》，包括倡导男女平等、夫妻和睦，反对攀比，禁赌禁毒，建设平安道墟，搞好环境卫生，不建违章建筑，与新居民友好相处等。

【第四届迎新春晚会演】 1月24日晚，道墟街道第四届迎新春晚会暨中联村首届“村晚”在中联村文化礼堂举办。晚会在肖金村民间吹打乐队带来的传统民间吹打乐《欢天喜地》中拉开序幕。这支民间吹打乐队队员平均年龄已高达76岁。

【助力解决用工荒求职难】 2月23日，由道墟街道主办的企业职工招聘会，吸引了浙江阮氏塑业有限公司、浙江宏鑫染化材料有限公司、浙江高压开关厂有限公司、浙江晨影工艺品有限公司等30家企业参加，涉及装配工、司机、文员、售后客服、检验员等多个工种，提供岗位近600个。招聘会开展前夕，街道办事处就已经主动联系各大公司，了解统计企业用工需求和薪资福利等信息，帮助企业找到合适人才。此次招聘会的举办旨在解决企业“用工荒”问题，帮助应聘者解决“求职难”问题，这也是道墟街道做好“三服务”、助推“开门红”工作的重要举措。

【促进机械仪器转型升级】 2月26日，道墟街道会同道墟市场监督管理所组织召开上虞机械仪器协会2019年度第一次理事会议，倾听企业呼声，回应企业诉求，以“三服务”活动的深入开展，助推“开门红”。上虞机械仪器协将通过发展会员、定期会议、业务培训、学习考察、技术交流、扩大宣传等六项工作的展开，进一步加强协会组织建设，促进块状经济高质量发展，同时通过“走出去、引进来”方式，向先进制造业企业取经学习，引进先进装备和技术，做大做强高端制造业，提升品牌知名度和影响力，加强品牌意识和知识产权保护意识。

【第四届“品质道墟”才艺大赛】 3月6日，道墟街道纪念“三八”暨第四届“品质道墟”民间才艺大赛在钱上村文化礼堂举办。比赛共有287名村民参加，分综艺、戏曲、歌曲和团队表演4个组别共57个节目。道墟街道已经举办四届民间才艺大赛，为有梦想的村民提供“享受文化、展示文化、传承文化”的大舞台。

第四届“品质道墟”才艺大赛　　（道墟街道　提供）

【浙大教授“在墟论道”把脉美丽乡村建设】 3月30日，“在墟论道”暨乡村振兴战略专题讲座在道墟街道中联村文化礼堂举行，街道机关干部、各村（社区）党员干部、街道议政会成员共400余人聆听讲座。街道特邀道墟乡贤、浙江大学生态规划与景观设计研究所所长、规划设计院院长严力蛟教授授课。严力蛟用通俗易懂的语言，深入浅出地解读中共十九大报告“三农”工作的重要论述。

“在墟论道”暨乡村振兴战略专题讲座（道墟街道　提供）

【探索环卫长效管理机制】 自4月开始，道墟街道探索环境卫生长效管理模式，建立起日常有人发现且有人处置的限时动态清除机制，对街道8个“五星达标村”试行推进以“二叠加、三统一、四到位”为工作做法的全域乱堆乱放统一处置(整理)的保洁机制,街道实行叠加巡查、督查机制,落实村级网格员包片每日巡查和保洁公司巡查员分片负责机制,对发现乱堆乱放及时流转至保洁公司,并由保洁公司限时处置(整理)。街道将每月对村域内乱堆乱放情况进行督查,并对存在问题实行倒查。新机制试行半个月,街道累计处置试行 8 个村乱堆乱放问题 452 处,基本清除现有反弹及乱堆乱放情况,逐步实现“一出现即清除”的保持状态。

【最后一座染料喷塔被拆除】 1 月 31 日,道墟境内龙盛、闰土等 30 家化工企业正式关停退出道墟厂区,全部搬入杭州湾上虞经济技术开发区,实现了化工产业一园式集聚发展。春节过后,龙盛、闰土聘请中国化工协会专家作为监理,通过招标确定专业拆迁团队,正式启动化工设备拆除工作。在确保拆除工作安全、环保的前提下,经过 3 个月的有序作业,5 月 27 日,曾经的“化工重镇”,随着龙盛集团最后一座染料喷雾干燥塔的拆除,龙盛、闰土等化工企业全部 56 座染料喷雾干燥塔已全部拆除,标志着道墟彻底告别近半个世纪的化工生产。

【推进农业水价改革】 9 月 26 日,道墟街道召开农业水价综合改革工作部署会,街村相关负责人参加会议。街道成立农业水价综合改革领导小组和村级农业用水管理小组,把田块条件较好的钱上村南江沿灌区和肖金村车家厅灌区作为农业水价综合改革的示范点,安装相关计量设施、标识标牌,并开展渠道整修、泵房提升改造。

【重大项目推进攻坚行动】 为确保重点工程顺利进行,道墟街道聚力开展重点项目“拔钉行动”。杭绍台高铁上虞段涉及道墟街道 8 个行政村的征地任务和 3 个村的房屋征迁任务。2018 年年底集中签约后,尚存 10 余户钉子户。经过 6 轮会商、20 余次的上门走访,最终敲定确权方案并签约。已完成征地 10 公顷,征迁农户 74 户,提前完成所有影响杭绍台高铁施工区域的政策处理。 (马德良 丁佳洁)

小越街道

【概况】 小越街道地处上虞区东北部,西与上虞城区百官街道相连,辖区面积 29.6 平方千米,辖 16 个村(居)委员会。2019 年末,共有城乡居民 10078 户、28515 人,其中男性居民 14125 人,女性居民 14390 人,城镇人口 13331 人,乡村人口 15184 人。当年出生 158 人,死亡 248 人。另有新居民 9142 人。全年实现财政总收入 5.5 亿元(不含阿克希龙股权转让税收收入,下同),增长 14.2% ;一般公共预算收入 3.15 亿元,增长 32%;64 家规上企业实现产值 64.7 亿元,增长 3%;商贸规模企业销售额累计 28.14 亿元,同比增长 7.91%;批发企业销售 1.30 亿元;工业投资 1.77 亿元,完成任务的 160.8% ;商贸服务业投资 1568 万元,完成任务的 52.3% ;高新技术产业投资 8178 万元,完成任务的 148.6% ;生态环境与公共设施投资 11272 万元,完成任务的 216.8% ;交通运输投资 3150 万元,完成考核的 109% ;外贸出口累计 23.82 亿元,同比增长 18.92% ;城乡居民收入增长 9.1%。

全年街道实到外资 2455 万美元,继续排名全区第一;引进内资 3.6 亿元,成功签约投资 10 亿元及亿元以上项目各 1 个,实施工贸项目 17 个,合计投资 19.3 亿元,其中阿克希龙、舜东建筑等 6 个项目已投入生产或试生产。金盾集团所属格洛斯钢管和压力容器完成重整,并成功引进 1 家世界 500 强企业。小越湖农业旅游开发项目已签订合作框架协议。

重视人才工作,新增大学生就业 719 名。申报高新技术企业 2 家、科技型企业 9 家,新增“小升规”9 家、“下升上”4 家、“个转企”31 家,新增上云企业 38 家。整治淘汰“低散乱”作坊企业 13 家,淘汰落后产能 22 项。

启动实施“四好农村路”建设 3 条,完成农村道路隐患整治工程。完成河道整治 5.2 千米,推进高标准农田建设 133.33 公顷,新建候车亭 22 个、停车位 300 个。

2019 年,街道有中小学校 3 所,其中:区属高级中学中 1 所,在校学生 991 人;初级中学 1 所,学生 617 人;小学 1 所,学生 1458 人;公立(民办)幼儿园 5 所,入园幼儿932名;社区卫生服务中心1个,社区卫生服务站4个,医护人员69名,核定病床30张;养老服务机构1个,床位105张,在院五保和社会老人共84名。城乡居民基本医疗保险参保率99.71%;城乡居民基本养老保险续保率99.64%;完成农民健康体检任务数8359人,家庭医生签约数12376人。

2019年,街道获浙江省级以上荣誉1项、绍兴市级荣誉1项,9人获区级以上各级各类先进荣誉。

【民生实事项目建设】 1月16日,街道第一届议政会第二次大会全体与会成员票选产生小越街道美丽乡村提升项目、村级物业"燎原计划"、老街区域景观提升工程、城乡公共基础设施提升工程、美丽乡村道路提升工程、危房改造工程、集镇"污水零直排"项目、街道中学宿舍楼重建项目、村级公建设施提升、街区会客厅建设10个民生实事建设项目,项目合计投资1.37亿元。至12月底,因涉及资金和政策调整,"污水零直排"、街道中学宿舍楼重建、村级公建设施提升、街区会客厅建设4个项目有所延迟,其余项目按期完工。

小越街道岭南村　　（小越街道　提供）

【提升村级造血功能】 1月,街道办事处总投资1780万元,新建5个村级物业项目,实施村级集体经济增收"燎原计划"。至年底,越中、双堰、田家等村级物业已成功出租。同时实施街道公房租赁托管、联建物业项目物业服务外包、村级闲置资金竞争性存放等方法,有效拓展村级服务收入,街道各行政村实现集体

2019年小越街道村(居)委会基本情况表

表19

村(社区)名称	党务负责人	村(社区)委会负责人	户数(户)	人口(人)	区域总面积(平方千米)	耕地面积(公顷)	山林(公顷)	村级集体经济收入(万元)
建越村	徐火根	徐火根	670	1930	1.699	55.7	10.3	77.2
小越湖村	罗荷叶	毛立忠	649	1830	2.603	81.2	6.6	33.97
小越村	金小龙	金小龙	853	2512	3.574	77	57.1	125.2
越北村	王建春	赵尧根	504	1331	1.494	6.4	26.98	63.4
新宅村	陈苗根	陈建方	667	2179	3.198	75.4	63.3	153.9
冯柯山村	冯羊牛	冯国军	627	1995	2.206	116.2	1.85	53.8
横山徐村	徐伟达	林晓台	437	1355	1.6	88.2	14.67	60
胜桥村	周善荣	周善荣	416	1242	1.172	67.7	2	33.6
越中村	罗天忠	罗天忠	450	1343	1.505	53.9	4.2	74.7
罗家村	罗龙根	罗焊伟	707	2146	1.631	91	9.3	41.98
倪梁村	倪建君	倪百年	406	1293	1.678	43.8	7.53	41.2
越东村	罗吉龙	罗吉龙	591	1797	2.515	107.4	17.53	67.2
双堰村	陈利华	倪荣春	654	1860	1.822	89.2	—	67.2
田家村	田华军	田华军	1003	2761	2.521	94.1	—	109.8
越兴社区	顾小珍	顾小珍	834	1747	—	—	—	—
德隆社区	顾小珍	顾小珍	600	1194	—	—	—	—

经济收入 1001.7 万元，村均 71.5 万元，其中自主创收 542.4 万元，同比增长 28.5%。

【全市春耕生产现场会暨“五送服务”启动仪式】 4 月 10 日上午，绍兴市春耕生产现场会暨“五送服务”启动仪式在小越街道举行。绍兴市人民政府副市长陈德洪，上虞区人民政府副区长陈刚，及其他县（市区）政府分管领导，绍兴市及各县（市区）农业农村局、粮食局、财政局、水利局、气象局和供销总社等部门负责人，区内各乡镇（街道）农业分管领导和农业农村办负责人以及 50 位种粮大户参与此次启动仪式。启动仪式上，绍兴市供销合作总社赠送给种粮大户们共计 10 吨化肥，上虞农商银行助力乡村振兴对支农惠农进行授信。现场还设立展示摊位，进行现场咨询宣传，向农民赠送种子化肥。

启动仪式结束后，与会领导及嘉宾参观农业科技咨询、“五送”服务以及新农机、新品种、新农资展示现场，观摩上虞区明宇粮食专业合作社育秧中心、烘干中心、机耕、机播、机插、无人机植保机等现场。

绍兴市春耕生产现场会暨“五送服务”启动仪式

（小越街道　提供）

【行政村规模调整】 6 月 5 日上午，小越街道召开行政村规模调整工作动员部署会，全体机关干部及涉及 13 个调整村党组织书记、村委主任（负责人）、村监委主任参加。至 6 月 28 日上午，涉及规模调整的 13 个村召开村民代表会议，表决通过规模调整方案及资产方案，并完成授印及揭牌仪式，组建形成建越、小越、越中、越东、双堰、田家 6 个新的行政村。小越街道由 21 个行政村，规模调正为 14 个行政村。

【农村社区专职工作者试点】 8 月 16 日，小越街道召开农村社区专职工作者招聘试点工作动员大会，启动农村社区专职工作者招聘试点工作。经过周密有序的摸底分析、制度修订、招考政审，9 月底，全街道 14 个村完成聘用农村专职工作者 87 名，其中在村两委中直聘主任、副主任 37 人。

【设立“升辉”奖教金】 9 月 6 日，为支持小越街道教育事业发展，上虞升辉摄影器材有限公司出资 500 万元，设立“升辉奖教基金”，用于奖励优秀学生、优秀教育管理者和教育工作者。

（陈永明）

梁湖街道

【概况】 梁湖街道位于上虞城区南面，北面与百官街道相依。地域面积 62.63 平方千米，辖区共 17 个行政村（居）委会和 1 个社区。2019 年末总户数 8768 户，总人口 28359 人。财政总收入 2.06 亿元，其中一般公共预算收入 1.21 亿元，实到外资 559.74 万美元，民间投资、生态环境和公共设施、高新技术产业、交通运输等总投资达 3.63 亿元；2019 年城乡常住居民人均可支配收入增长 9% 以上。

全年农作物播种面积 1320.4 公顷，粮食总产量 0.42 万吨。完成经营性收入 1040.05 万元，同比增长 54.77%，农村土地确权颁证率达 93.81%，居全区第三。有规模企业 33 家，其中销售额超亿元企业 7 家，规模以上企业工业总产值 27.2 亿元，同比增长 3.04%；新引进内资 1 亿元，实到外资 560 万美元，回归税源 4270.79 万元。盘活闲置厂房 3.52 万平方米，完成规上高新技术产业产值 12.19 亿元。公交车通车里程 31.6 千米，村级等级公路通达率 100%。初级中学 1 所，18 班，学生 507 人，入学率 100%；小学 2 所，学生 1039 人，入学率 100%；幼儿园 5 所，在园幼儿 514 人。社区卫生服务中心 1 个，村级服务站 6 个。全年出生人口 194 人。参加新型农村合作医疗保险 17780 人，参保率 98.02%，最低生活保障救助 214 户，共 281 人。自来水普及率 100%，固定电话用户 6550 户，移动电话用户 2.7 万人，有线电视用户 8293 户。农户新建住房 67 户，建筑面积 15198 平方米。

【提升产业园整治力度】 梁湖街道大力实施“四项建设、四项整治、一项提升”，加强对梁湖产业园整治，年内投资 4000 万元升级道路、绿化、污水、消防等基础设施，清理违章搭建企业 26 家，整治涉燃爆粉尘、涉气企业 19 家，顺利通过绍兴市级验收，并获评为优秀，金顺小微企业园也获得省级认定。同时，顺利承办区重大项目暨“一镇两园”现场推进会，为全区产业园整合提升和小微企业园建设提贡献梁湖素材。

【皂李湖区块开发建设】 为保障皂李湖区块开发顺利，梁湖街道加强招商引资力度，全力引进境内外资金，年内已有三大文旅项目落户皂李湖区块，同时潘家陡区块征迁取也得到实质性突破，刘家、澜岭口、罗大湾 3 个自然村征迁生效并完成旧房腾空拆除，新村建设一期 114 幢房屋全部结顶，二期 -1 区块 50 幢房屋进场施工，完成涉及区域 450 余穴坟墓迁移、近 30 公顷土地征用和 80 多公顷山林流转及资金赔付。

【达标创优取得新成果】 年内创成五星达标村(社区) 11 个、五星双强企业 1 个，拗花山 3A 村通过绍兴市级验收，大库居委获评绍兴市新时代先进基层党组织，基本达到“理论学习有收获、思想政治受洗礼、干事创业有担当、为民服务解难题、清正廉洁作表率”目标。

【社会治理综合服务中心建成投用】 投入资金 550 万元建设的社会治理综合服务中心，已于 8 月投入使用，该中心设有公安、社保、工商、残联、信访代办、法律咨询等 19 个便民窗口，与街道便民服务中心合署办公，通过中心，街道创建绍兴市枫桥式司法所，探索建立矛盾化解“三诊”模式，化解市级积案 4 件、区级积案 5 件。

2019 年梁湖街道各村(居)基本情况表

表 20

村(居)名称	党务负责人	村(居)委会负责人	户数(户)	人口(人)	耕地面积(亩)	山林面积(亩)	村级集体经济经营性收入(万元)
拗花山	孙宝良	孙章苗	295	955	532	3861	50.76
古里巷	顾建灿	方尧根	294	929	25	940	62.16
大库	潘国芳	陈柏森	332	1086	104	25	20.15
外梁湖	金佳曙	周皓阳	573	1977	430	330	61.87
华山	唐建忠	陈国民	286	1032	156	860	8.9
洪山湖	陆国松	陈潮江	358	1228	23	3110	23.2
华光	张永江	王小青	365	1204	228	1545	37.85
华东	张军	朱百仁	305	955	205	904	24.32
新花浦	陈国炎	陈国炎	1009	3122	2365	6269	214.61
南穴	陈建焕	沈国金	533	1639	1404	2901	82.9
任庄	葛光辉	任关萍	339	1074	712	5048	30.69
玩石梁岙	王永利	王永利	547	1536	1339	10894	59.39
倪家堡	赵建平	石柏钧	600	1879	864	2339	50.47
禄泽	项苗荣	马积极	362	1151	45	20	164.97
皂李湖	莫和祥	陈建祥	1490	5069	1800	2864	61.17
潘家陡	陈云娟	宋卫东	437	1530	0	5069	30.48
西华瑶	徐培其	黎国仙	643	1993	1015	3329	56.16

【推进美丽乡村建设】 年内，梁湖街道继续把美丽乡村建设当作重大民生实事来抓，全年完成西华瑶池花田一期工程、湿地公园、骑行小村等重点项目建设，美丽乡村 PPP 项目基本完成，同时实施沿曹娥江江山畈美丽农业建设工程，提升美丽乡村公路 7 条，完成百丰公路沿线公交"港湾式停靠站"改造，确保虞东河湖、西排工程、城南医院、上源闸水厂迁建等省市区重点项目顺利推进。美丽乡村建设成绩斐然，拗花山村被评为省级美丽宜居示范村，成功创建"无违建街道"。 （罗一鎣）

西华瑶瑶池花田 （梁湖街道 提供）

崧厦街道

【概况】 崧厦街道位于杭州湾南翼、曹娥江东畔，紧邻绍兴滨海新城、杭州湾上虞经济技术开发区、百官街道，区域总面积 84.8 平方千米，辖 38 个行政村和 3 个社区，户籍人口 10.6 万人，常住人口 15 万人。2019 年，实现工业总产值 151.95 亿元、规上工业产值 52.56 亿元、自营出口 23.2 亿元，财政总收入 12.7 亿元，一般公共预算收入 7.8 亿元，城镇、农村常住居民人均可支配收入分别为 65250 元、39930 元。

全年农作物播种面积 7861 公顷，粮食总产量 2.74 万吨。年末存栏生猪 35294 头，出栏肉猪 58597 头；存栏家禽 28610 羽，出栏家禽 140854 羽。水果种植面积 73 公顷，水果总产量 2724 吨。水稻 2391 公顷，产量 18215.6 吨；大小麦 1190 公顷，产量 5447.6 吨；油菜 473.1 公顷，产量 1018 吨。有工业企业 2616 家，其中规模以上企业 77 家，实现工业总产值 151.95 亿元，规上企业总产值 52.56 亿元，实现全社会固定资产投资 4.1 亿元，自营出口 23.2 亿元，实到外资 800 万美元。全年安全检查共 612 家次，整改率达 95%。8 个工业园区企业"污水零直排"工作已全面推开，目前完成该项工作的 80%。完成整治"低散乱"问题企业及作坊 19 家；完成落后产能淘汰企业 4 家；完成"个转企" 33 家；盘活闲置厂房 16360 平方、盘活存量土地 8.38 亩；申报省级电商镇，申报省级电商专业村 1 家，淘宝村 2 家。农村生活垃圾分类实现 100%，河道累计清淤 4 万立方米，完成 2 千米美丽乡村公路太阳能路灯安装工程，村等级公路通达率 100%。现有省级重点中学 1 所，省级示范初中 1 所，九年一贯制学校 1 所，省农村示范小学 3 所，其他下属小学 4 所，省一级幼儿园 2 所，其他幼儿园 13 所，各级学校在校学生近 1.2 万人，入学率为 100%。有综合医院 1 家，社区卫生服务站 13 个，村卫生室 12 家，家庭医生签约数 42072。医院全年出生 334 人，初级卫生保健率 100%。有移动电话用户 70571 户，固定电话用户 10521 户，宽带用户 33082 户，数字电视用户 23609 户。城乡居民医疗保险参保人数 64650 人，参保率达到 99.5% 以上。街道现有在册低保户 584 户 755 人，低保边缘户 100 户 195 人。发放春节慰问金 114.812 万元，低保金 490.72 万元，医疗救助金 69.54 万元，孤儿困境儿童补助金 16.11 万元，临时救助金 9.17 万元，低保低边基本生活价格补贴 3.87 万元，集中供养生活补助金 41.61 万元，全年发放各类救济款共计 748.55 万元。街道现有 60 周岁以上老年人 26256 人，办理老年 IC 卡 1785 张，老年优待卡 1896 张，享受养老服务券 509 人，全年累计发放养老服务券 120 余万元，发放 90 周岁以上老年人春节、老人节二季慰问金 30.7 万元。自养老服务中心投入公建民营管理服务模式以来，各项工作开展顺利。院内现有老人 64 人，其中政府集中供养老人 27 人（农村"五保" 23 人，城镇"三无" 4 人）。实现危房救助 34 户，农户新建翻建房屋 172 户，建筑面积共计 32131 平方米。

【全区首个村级文化艺术馆开馆】 6 月 12 日下午，崧厦街道祝温村文化艺术馆正式开馆，这是上虞首个投用的村级文化艺术馆。中国画院副院长、乡贤桑火尧的"不忘初心"作品展为第一场高规格的展览。

2019 年崧厦街道各村(居)委会基本情况表

表 21

村(居)委会名称	党务负责人	村(居)委会负责人	户数(户)	人口(人)	村域面积(平方公里)	村集体常年性经营收入(万元)
蔡林村	朱尧龙	高苗夫	1748	4844	2.75	78
丁泽村	陈仰华	丁江辉	806	2372	1.8	40
东上湖村	连永尧	朱信照	751	2324	0.81	40
港联村	朱柏灿	夏金英	445	1171	0.67	60
杭郭村	杭金兔	蒋金生	721	1898	0.79	28
联胜村	张军桥	朱小忠	715	2356	0.48	49
联塘村	何雅娥	陆军钢	719	2147	1.5	46
陆家村	陆文军	陆小标	1065	3021	2.7	60
吕家埠村	吕灿良	吕信龙	2284	6211	2.85	256
庙川村	钟月良	潘永林	700	1952	1.8	52
内五甲村	何立江	章明山	287	861	3.2	8.2
潘韩村	韩红标	潘忠良	895	2560	1.5	167
前庄村	陈交良	姜江军	825	2659	2.2	65
雀嘴村	王狄军	王娟芬	1954	5265	0.83	70
三友村	严桂芳	严伟东	875	2384	2	50
舜源村	钟茶荣	黄建明	662	2059	1.8	87
寺前村	郑建江	王正钢	1105	2851	1	40
新光村	金柏明	单伟耀	766	2008	2.58	283
新下湖村	胡九英	郭建龙	1437	4468	2.27	95
严巷头村	严松桥	李卫刚	1534	4412	2.5	60
祝温村	杭兰英	胡树君	630	1759	1.7	42
东凌湖村	李火灿	杨国庆	617	1762	1.01	32
时华村	章建农	顾洁校	938	2606	1.68	55
万湖村	俞永胜	余月根	462	1542	1.5	10
勤联村	王明江	阮柏龙	661	1908	0.68	32
黄家堰村	范伟军	夏高军	525	1457	1.8	40
章黎村	王潮夫	连成亮	534	1456	0.456	26
金中村	金建平	金春峰	685	2003	2.1	39
章家村	章岳寿	顾建忠	2357	6408	3.5	71
西华村	顾剑彪	顾月明	1643	4463	1.8	56
联海村	潘金尧	吕信根	749	2232	0.42	40
共何村	费炜	何阿金	957	2739	1.01	300
杨凌湖村	王伯林	严水荣	395	1035	1	40
福海村	沈新法	章柏军	393	1118	1.1	26
任谢村	王　江	任校夫	642	1852	1.5	50
三华村	桑炳才	赵海苗	727	2070	0.55	40
双埠村	何明辉	潘小夫	763	2025	1.8	40
顾家弄社区	俞新华	—	715	1680	1	—
祝家街社区	柯小珍	—	913	2077	1	—
跃进桥社区	潘顺表	—	992	2530	0.2	—

【全区首个区块链党建联合体成立】 6月29日，"长海链"党建联合体成立，标志着联合体内5个党组织和广大党员群众团结一致，走出一条"优势互补、资源共享、管理高效、共同发展"的区域化党建新路径。

【领跑"最多跑一次"】 崧厦街道便民服务中心于2017年1月3日正式启用，秉承"群众利益无小事"的原则，紧紧围绕"廉洁、高效、务实、规范、便民"的服务宗旨，2018年成功创建为绍兴市第一批"示范型乡镇便民服务中心"，已连续两年获区"最多跑一次"改革工作先进集体。年内，崧厦街道又投入500万元改造"智慧型"办事大厅，增设自助服务区，新增终端自助服务机，实现智能排队叫号和即时服务评价，现代化设施、高效率服务，大大提升了市民的办事体验。

【第三届中国伞城·崧厦制伞文化创意产业博览会举行】 10月29日，第三届崧厦制伞文化创意产业博览会在区召开，该博览会由区伞业商会承办，是中国乃至世界唯一一个伞具行业的专业展会。布展面积达1.2万平方米，设置5大展示区，共有参展展位344个150家参展单位，展品近万种，涵盖伞业产业链及其他雨具产品。参加本次展会的境外采购商382家，国内采购商1836家，达成意向成交金额2000万美元，比上届增加20%以上。

第三届中国伞城·崧厦制伞文化创意产业博览会

（崧厦街道　提供）

【撤镇设街挂牌仪式】 11月8日，崧厦街道举行撤镇设街挂牌仪式。区委副书记赵文中、区民政局局长闻桂珍，街道全体在编在岗机关干部，"两代表一委员"、企业家代表，各村（社区）主职干部，站所负责人参加挂牌仪式。

（王胜坚）

章镇镇

【概况】 章镇镇地处上虞南部山区，东毗余姚四明山，南邻嵊州三界镇，104国道、上三高速穿境而过，交通区位优越。全镇地域面积140平方千米，总人口4.3万人，下辖27个行政村、1个社区、1个居委会，耕地4053.33公顷，是上虞"北工、中城、南闲"总体规划中南闲组团的核心，也是首批省级中心镇、省级生态镇、省级卫生镇。2019年实现财政总收入3.44亿元，农村常住居民人均可支配收入33673元，同比增长9%。

全年农作物播种面积5915.7公顷，粮食总产2.37万吨。

年末存栏生猪3600头，年内出栏肉猪16233头；羊出栏781只，年末存栏1530只；存栏家禽16.3万羽。水果种植面积1185.53公顷，总产量2.17万吨，其中葡萄种植面积210.3公顷，总产量5211吨；猕猴桃种植面积682.3公顷，总产量9216.5吨；茶园面积600.7公顷，总产量966.4吨；桑园面积86.8公顷，蚕茧总产量39.9吨。

全镇现有各类企业280家，其中拥有亚厦、皇马、金盾等上市企业3家，规上企业23家，基本形成了装备制造和建筑装饰两大产业。规划面积超333.33公顷的工业功能区，为上虞区重点工业功能区之一。2019年度，章镇镇实现工业总产值48.2亿元，其中规上企业产值29.4亿元，分别增长7.5%和4.1%，规上工业增加值增速11.5%。有初级中学1所，在校初中学生461人，入学率100%；小学4所，在校小学生1063人，入学率100%；幼儿园5所，在园幼儿534人。上虞中医院章镇分院1家，社区卫生服务站6家，村级卫生室16家；全年出生人口280人；初级卫生保健普及率100%；自来水普及率100%。参加城乡居民基本医疗保险27656人，参保率为99.38%。最低生活保障救助491户685人。有社会福利敬老院1个，年底供养老人29人，农村新建房屋191户，建筑面积40561.4平方米。

（庞　振）

2019 年章镇镇各村(居)委会基本情况

表 22

村(居)委员会	党务负责人	村(居)委会负责人	户数(户)	人口(人)	水田(亩)	山林(亩)	村级集体经营性收入(万元)
笕桥村	王利松	杜春新	500	1537	1153	2145	50.33
花坎村	魏　军	—	287	799	889	4385	56.76
龙马村	叶志军	—	751	2363	2514	784	89.85
中兴村	卢新尧	谭华夫	393	1225	1105	147	42.1
新区村	景吉标	—	449	1464	609	551	91.72
镇南村	龚水根	—	406	1249	1569	138	98.59
章家埠村	丁林军	叶海瑞	486	1486	1547	23	39.81
新江村	张明尧	—	552	1526	1490	885	83.04
灵运村	谢达仁	—	618	1486	1752	820	97.3
新南村	张海洪	杨坚	678	1812	2201	3187	46.69
泰山村	黎国良	—	836	2391	3450	6388	103.83
河浮村	徐河根	沈杏夫	325	939	1298	1440	25.06
龙浦村	张寿南	张根木	388	1122	1289	78	35
龙江村	董立均	吴伟忠	550	1594	2295	2232	59.73
大钱村	童其炎	沈国忠	358	1012	1908	3349	38.03
湾头村	景少军	赵百泉	303	871	1333	926	56.14
新三联村	陈国永	王富根	377	1054	1071	3792	55
清潭村	方和军	方柏永	332	891	1045	5255	32.94
秀峰村	魏苗军	—	438	1161	1347	10627	79.36
新魏家庄村	叶建锋	—	477	1367	1287	2181	61.26
大勤村	王伟强	—	457	1157	1508	3121	55.14
任叶村	张如芳	沈富官	378	955	1215	1896	54.99
陈墩村	陈军强	—	645	1698	3074	5968	93.03
张村村	陈振华	沈才勇	1018	2715	4643	13910	36.65
建设村	丁永宜	—	594	1659	2500	13209	35.1
越星村	陈　斌	杨仲良	445	1230	2204	9901	64.24
陈埠村	王泗宝	阮兴校	329	981	1260	2276	34.38
章镇居委	徐军标	—	984	1887	—	—	—
滨笕居委	郑祥振	—	204	229	—	—	—

【城乡环境扮美扮靓】 年内，开展农村人居环境整治提升和文明城市创建提升双“百日”攻坚行动，全镇创建美丽庭院2816户，在集镇区域新区片高标准开展生活垃圾分类先行先试，切实抓好环境卫生长效管理，被评为绍兴市生态文明建设工作突出贡献集体；深化“河（湖）长制”管理，扩面实施河道清淤和整治工程，区域水质达标率100%，投资900万元的“污水零直排区”项目完成建设，作为省级试点项目高分通过省、市、区验收。

【美丽乡村增色增彩】 总投资5120万元的美丽乡村PPP项目基本完成建设，投资2000余万元的总长6.5千米的4条美丽乡村公路提升工程加快建设；按照“一村一特色”要求，分批次推进“五星3A”创建，第一、第二批19个五星创建村、2个3A村全部高标准通过绍兴市级复评验收，第三批8个创建村推进态势良好；深入推进村庄景区化建设，成功创建为浙江省美丽乡村示范镇，泰山村、镇南村、秀峰村分别顺利通过省级AAA级、AA级、A级景区村验收。

【全域旅游亮点纷呈】 完成章镇镇全域旅游发展总体规划编制，完成张村游步道工程建设及樱花林骑行道工程建设；投资3.2亿元的花坎养生谷项目完成一期建设，目前对外试营业，二期配套道路已基本完成；成功举办2019年上虞生态旅游节启动仪式暨第三届樱花节、舜阳红心猕猴桃文化旅游节系列活动，吸引游客约30万人次，助推农民增收、农业增效。

【民生工程扎实推进】 年内，镇政府统筹资金6738万元推进农业水利工程项目建设，东、西干渠除险加固工程，四清、白水水库等9座山塘水库除险加固工程以及张村等3个村的农村饮用水达标提标工程有效落实；改造危桥3座，完成地质灾害点治理4处；完成新区村等4家“幸福之家”建设。城乡居民医保参保率达99.88%，城乡居民基本养老保险续保率达99%，实现镇级养老服务中心“公建民营”；加大对低收入、残疾人等困难弱势群体的帮扶力度，完成住房困难户建设15户，章镇“残疾人之家”正式运营，低保对象实现应保尽保，累计发放低保金588万元，扶持补助资金189万元。

【公共服务提质优化】 落实幼教、义教等配套资金500多万元，王充小学完成建设，于2019年春季正式启用；完成镇、村两级退役军人服务站建设；应急消防救援站完成一期工程，二期工程按期建设；完成龙马村等4个村的农村家宴集聚点建设，推进新江村等3个省级放心厨房点位建设；建设文化礼堂11家，新建章镇镇新时代文明实践所，完善村级综合文化服务中心9家，开展迎国庆晚会、书画创作、茶艺培训等文化活动50余场次。“最多跑一次”改革不断深化，便民服务中心窗口受理办件量达12338件，办件率达100%。

【社会治理亮点凸显】 全年共调整行政村16个，减少行政村8个，并完成新村融合后的工程建设。全科网格运行提质，已受理事件信息15838件，办结率99.96%，基层社会治理水平显著提升，泰山村、张村村被评为浙江省善治示范村；完成农村枢纽型、支持型社会组织建设29个；成功调处各类信访件456件，信访积案化解率达100%；推广运行章镇镇矛盾纠纷“大调解”模式，累计化解矛盾纠纷、民事诉讼案件等167件，章镇镇司法所和笕桥村被列为全省司法所建设及人民调解现场会参观点。 （庞　振）

丰惠镇

【概况】 丰惠镇位于上虞区东南部，距上虞中心城区14千米。地域面积118平方千米，辖27个行政村和3个社区，年末总户数17912户，总人口50854人。2019年实现工业总产值62.95亿元，同比增长5.56%；实现财政总收入1.87亿元。

全年农作物播种面积7167.1公顷，粮食总产量3.8万吨。年末存栏生猪4830头，出栏肉猪26094头；存栏家禽72157羽，出栏家禽122805羽。水果种植面积608.8公顷，水果总产量15946.5吨。其中：杨梅151.7公顷，产量2423吨；桃60公顷，产量1021吨。茶园面积146.6公顷，茶叶产量85.1吨。桑园面积2公顷，蚕茧产量0.7吨。工业企业总数792家，其中规模以上企业27家。规上企业总产值34.62亿元，同比增长5.54%。实现全社会固定资产投资2.56亿元,同比增长48.08%,实现自营出口10.05亿元,同比增长5.64%,实到外资1093.52万美元。工业园区整治"低散乱"企业(作坊)15家,淘汰落后产能3家。新增市场主体433家,其中"个转企"18家,成立丰永休闲时尚产业园。盘活存量土地4.07公顷、闲置厂房3.07万平方米。河道累计清淤26万立方米,完成25.15千米美丽乡村公路太阳能路灯安装工程。村等级公路通达率100%,自来水普及率100%,农村生活垃圾分类实现全覆盖。有初级中学1所、小学6所、幼儿园6所。在校初中生956人,在校小学生2138人,入学率均为100%。有综合医院1家,社区卫生服务站7个,村卫生室8家。全年出生357人。初级卫生保健率100%。固定电话用户9998户,移动电话用户47422户,宽带用户83156户,数字电视用户14600户。参加城乡居民医疗保险3.3万人,参保率99%以上。有养老服务中心1个,年底供养老人37人。财政用于民生支出7018万元,同比增长16.2%。全年办理城乡养老、灵活就业、失土并轨等业务工作1万余人次;发放低保金498.9万元,临时救助困难家庭206户次,困难对象优抚救助492人次。完成旧住宅区改造41万平方米和旧厂区改造1.3万平方米。危房救助9户,新增5个避灾点,提升2个避灾点,建成村(社)居家养老服务照料中心三星级1家、二星级1家、一星级13家。建成投用村级生态公墓4个,新建村级文化礼堂3家,实现农家书屋全覆盖。激活闲置农房3.26万平方米,农户新建翻建房屋178户,建筑面积44977平方米。

【元宵灯会活动】 2月19日,2019上虞·丰惠元宵灯会启动仪式在丰惠广场举行。此次元宵灯会以"一元复始礼先贤,春回大地庆元宵"为主题,进行礼敬先贤、古琴太极展演、汉服汉礼演示、少儿经典吟唱、民族舞蹈、相声、国乐、戏曲等形式多样的文艺汇演和点灯仪式;在丰惠东大街设立精品文创集市,展陈展卖瓷器修缮、中式服饰、茶道、香事、草木染、缂丝、点翠、瓷器、千层底、苗族银饰煅制等;开辟互动活动区,开展民服巡游、书法展示、投壶体验、猜灯谜、汉服妆容体验、放河灯、猜灯谜、游园等活动。

【陶朱公庙完成修缮】 5月12日,丰惠镇举行陶朱公庙修缮落成仪式。陶朱公庙位于丰惠镇东溪村村口的虾公山上,始建于宋,曾于明朝洪武年间修葺,1942年被日寇烧毁,1948年重建,2012年8月被列入县级文物保护点,庙内有范蠡塑像。2018年11月,陶朱公庙开始重新修缮修建,2019年4月修缮工程完工。本次修缮工程款项由南源村乡贤和其他民间人士集资捐款所得,其中乡贤集资114万元,民间集资13万元。

【推进农村人居环境整治工作】 年内,丰惠镇全面启动"五星"系列创建暨农村人居环境整治提升"百日行动",镇党委政府坚持问题导向,梳理问题死结,查摆问题源头,以"一分两清三化"为主要内容,推进环境整治各项工作,通过集中力量、集中时间、集中问题对辖区内主干道路沿线、房前屋后、河渠两岸、田间地头的漂浮物和垃圾进行全面清理,确保环境整治"一片净"。通过现场演示、发放宣传册等形式,为村民们讲解垃圾分类知识,推动垃圾分类成为乡村新风尚。为避免整治成果反弹,完善监管机制,明确标准要求,以"整改销号百张照片"确保环境整治保长效。通过每月交叉督查,实现"真查真改"。各行政村成立卫生保洁队伍,对本村公共区域的环境卫生进行定期清扫。共动员党员2000人次,拆除危旧杂房800平方米、乱搭乱建5000平方米,清理生产生活垃圾2000吨,清理沟塘河库淤泥5万立方米。

【联合承办世界语大会】 2018年1月,丰惠镇成功申办第13届全国世界语大会。2019年11月8—10日,第13届全国世界语大会在区召开。本次大会以"中国世界语者的初心和使命"为主题,来自全国24个省市自治区的300位专家学者和世界语者参加。会上,对2018—2019年度在世界语推广和发展工作中做出杰出贡献的先进集体和个人进行表彰。

【养老服务中心投入试运营】 11月18日,丰惠养老服务中心正式投入试运营。同日,丰惠镇敬老院的37名特困老人全体搬入该服务中心生活。新建的养老服务中心是一所集集中供养、收治、康复、防治为一

2019 年丰惠镇各村(居)委会基本情况表

表 23

村(居)委会名称	党务负责人	村(居)委会负责人	户数(户)	人口(人)	耕地(亩)	园地(亩)	林地(亩)	养殖水面(亩)	村集体常年性经营收入(万元)
渔门村	金锡其	王松江	573	1653	1446	357	3620	20	32.06
祝家庄村	王苗生	倪浩丰	876	2475	1833	60	2565	755	50.64
南源村	倪国民	倪仲海	563	1800	1811	—	6180	38	30.94
西湖村	周焕梁	赵伟忠	993	3238	3267	—	2267	200	66.42
东光村	曹培建	陈国强	368	1260	600	30	2147	—	30.82
后山村	薛银水	许士祥	796	2127	2485	451	1635	12	56.82
西南门村	陈小奇	王加青	460	1456	1105	71	1554	10	31.02
南门村	周　翔	王幼申	566	1595	1425	—	1125	13	105.89
通明村	陈汉军	李志虎	655	1720	1500	—	508	200	31.67
凤鸣村	崔汉炎	梁高龙	408	1358	1173	—	240	—	30.28
丰南村	龚国治	龚建林	402	1432	1204	560	9520	250	30.91
东门村	许华明	车谷雨	774	2220	1968	81	430	58	31.22
五云村	张冬山	王伟平	654	1920	2095	315	102	50	32.09
谢桥村	叶泽军	谢伟强	884	2282	2550	—	200	285	31.61
虞光村	贺坚兵	唐焕彪	855	2265	2444	34	33	60	30.92
夹塘村	姚伟明	周建江	967	2506	3035	200	100	200	30.79
虞东村	陈　斌	陈友灿	490	1300	1674	—	105	137	31.41
陈夏谢村	夏庆泉	夏久升	475	1375	1835	—	420	88	30.74
盛茂村	何炎华	陈定海	384	1213	1420	508	2342	270	37.85
夏王村	贾永强	王刚强	634	1977	2389	—	—	126	31
孟尝村	董健华	董青良	363	1203	1454	108	1600	20	31.19
双溪村	赵　军	唐伟荣	407	1273	1033	—	5060	15	31.07
三溪村	徐银山	徐银山	716	2148	1148	100	145	—	31.28
西溪湖村	宋立锋	张林尧	619	1911	1945	150	3626	351	81.56
西郊村	吴建海	柴岳忠	309	1038	832	—	149	13	30.89
永庆村	戴　国	陈宏琪	500	1440	450	—	72	—	32.26
北门村	甄维羊	谢增官	219	535	—	—	—	—	43.78
东门居委会	许如梅	许如梅	654	1341	—	—	—	—	—
南街居委会	任晓燕	任晓燕	539	1054	—	—	—	—	—
庙弄居委会	陈绿珍	陈绿珍	809	1739	—	—	—	—	—

体的多功能、社会化、开放式的综合性福利事业窗口单位，总占地面积10022.88平方米，新建总建筑面积12837.9平方米，总投资4200万元。建设内容主要包括服务中心、公寓楼、后勤配套服务及园林绿化等。康复型老年公寓内设有床位340张。餐厅、休闲棋牌、图书阅览、书画室、亲情网络室、景观长廊、室外活动场、停车场等设施齐全，同时还配备各种老年人康复、疗养、健身器材。

【《南源村志》首发】 12月28日，丰惠镇南源村举行《南源村志》首发仪式。《南源村志》由金慎言担任执行主编，29人组成编辑部并各司其职。2017年11月8日组建编委会，次年1月正式启动编纂，2019年1月完成初稿，4月正式定稿排版，11月印刷出版。整部村志文字、数据与图片相结合，记叙时间上限因事而异，下限至2018年12月，分16章节，共计51万字，定价168元。 （陈雪芬）

《南源村志》 （陈雪芬 摄）

上浦镇

【概况】 上浦镇位于上虞区西南部，距上虞中心城区15千米。地域总面积89平方千米，辖14个村（居）委会。年末总户数8366户，总人口2.36万人。2019年实现工业总产值26.04亿元，财政总收入1.47亿元，农民人均纯可支配收入34978元。

全年农作物播种面积3226.67公顷，粮食总产量1.03万吨。农机总动力11128千瓦。水利投资940万元。存栏生猪1.14万头，存栏家禽5.71万羽。工业企业267家，其中规上企业22家。工业产品销售收入25亿元，产销率96%，外贸出口1.94亿元。有初级中学1所，在校中学生357人，入学率100%，小学3所，在校小学生594人，入学率100%，幼儿园1所，在园幼儿237人。有社区卫生服务中心1家，村级卫生服务站4个。全年出生185人，65岁以上老人体检率77.15%以上，慢性病规范管理率70%。到年末有13个村饮用自来水。固定电话用户3200户，移动电话用户21000户，互联网用户5800户。参加城乡居民养老保险8474人，参加城乡居民基本医疗保险16849人。最低生活保障救助人数608人。农户新建房屋105户，建筑面积2.61万平方米。 （梁 蓉）

【"百对老人贺金婚"活动】 9月22日，上浦镇"迎国庆、贺金婚、扬孝德"活动在大善小坞村隆重举行，百对年过花甲的金婚老人胸戴红花，相伴落座，共度属于自己的金婚纪念时光。拍金婚照片、看文艺演出、赴欢聚喜宴。此次金婚庆典活动由区孝德文化研究会、上虞农商银行崇尚孝德基金会主办，上浦镇老龄办、妇联、文化站承办。全镇共有432对金婚老人，是各村"五星达标、3A争创"活动中推选出来的文明和谐家庭典范。

9月22日，上虞区举办"百对老人贺金婚"活动
（上浦镇 提供）

【浙东唐诗之路研讨会】 6月30日上午，上浦镇召开浙东唐诗之路研讨会，参加会议的有上浦镇相关负责人，东山文化有关专家，民间文化人士及乡贤代表等参加。

【东山村虹蛘公园落成】 12月,位于上浦镇虹蛘公园建成。该公园位于上浦镇东山村甲仗自然村虹蛘,占地面积6亩,投资70多万元,于2019年7月20日开工。

【梅坞岭古道修葺】 梅坞岭古道,东起梅坞村庙桥头,西至长塘镇塘里村。6月10日,镇政府投资150万元,对梅坞岭古道全长约1.5千米路段进行改造和修复,新建入口标牌、憩马桥,修建休闲亭,补砌石阶、立面改造、清理杂草;融入历史文化、徒步健身、休闲观光等旅游元素,辅以亭台楼阁、休憩卫生等配套设施。工程已于9月8日竣工,并向游客开放。

【联江片大环线建成通车】 1月15日,联江片大环线正式开工建设,该工程包括连接九连村与章镇巴弄村的潴湖—念佛岭公路,连接冯浦村石井自然村的章上线—石井公路,连接冯浦村、章镇巴弄等两个村的石井—象田—巴弄I标段公路和连接冯浦、象田、巴弄等村的石井—象田—巴弄II标段公路。工程于12月竣工通车,游客不仅可以观赏石井水库水杉美景,还可聆听金鸡洞、吊马石的传说故事,触摸大舜石床、象耕鸟耘,欣赏冯浦庙上的风动石和狴犴龙。

联江片大环线　　（上浦镇　提供）

2019年上浦镇各村(居)委会基本情况表

表24

村名	书记	村委主任	村民小组	村民代表	户数(户)	人口(人)	耕地面积(亩)	园地面积(亩)	林地面积(亩)	村级集体经济收入(万元)	经常性收入(万元)
渔家渡	董鑫勇	董灿忠	12	50	522	1537	967	220	6644	111.06	41.36
舜江	胡立表	董国联	21	50	790	2343	2200	—	4330	147.86	63.33
王湖	沈钧昶	—	13	50	442	1288	940	170	4670	129.49	42.49
四峰	董岳芳	罗水昌	17	50	780	2270	1390	30	2000	154.04	45.28
大善小坞	董林苗	赵廷康	17	51	650	2150	1600	100	4700	240.27	66.71
昆岙	傅茂土	丁岳祥	13	50	410	1112	290	26	3212	123.08	66.71
梅坞	倪子德	倪同彪	8	50	350	1049	719	419	4257	100.44	46.31
上浦	林伟荣	林海江	10	52	370	1066	98	—	—	108.94	42.5
东山	应新林	梁荣毛	26	50	1042	2987	2995	40	10239	156.03	75.08
九连	夏志良	吴建伟	13	50	599	1704	2494	400	4893	126.17	59.28
戚山	胡玉忠	俞建林	14	51	650	1900	2818	275	2245	192.31	53.42
冯浦	冯卫明	王国民	24	50	704	1980	2200	200	14060	120.04	58.82
夏家埠	陈利明	—	11	50	473	1498	1660	576	4853	154.7	47.41
居委会	赵新良	赵新良	—	—	584	773	—	—	—	—	—
镇场	—	—	—	—	—	—	—	—	1677	—	—

【文化礼堂全覆盖】 年内，上浦镇围绕“文化礼堂精神家园”的总体定位，把好项目设计与工程推进关，深入挖掘地方特色，丰富文化礼堂内涵，坚持做到设施建设与内容建设同步，扎实推进农村文化礼堂建设工作。同时，按照“建、管、用、育”一体要求，对已建成的文化礼堂加强管理，努力将之打造成农民群众的文化殿堂和精神家园。在此基础上，镇政府还把文化礼堂建设与“五星3A”、美丽乡村建设统筹规划，在已完成11个村文化礼堂建设的基础上，年内又完成梅坞、东山2个村文化礼堂的建设，实现全镇各村文化礼堂全覆盖。

梅坞村文化礼堂　　（上浦镇　提供）

【4个镇级公墓竣工】 于2018年3月20日立项批准，上浦镇四基坪公墓、西岙公墓、黄家山公墓、东山村龙塘湾等4个镇级生态公墓于2018年9月开工建设，其中四基坪公墓位于舜江村，建筑用地27亩，设计墓穴4680穴，造价842万元，覆盖梅坞、昆岙、四峰、王湖、舜江等五村；西岙公墓位于大善小坞村，建筑用地27.5亩，设计墓穴4950穴，造价1174万元，覆盖大善小坞、上浦等2个村；黄家山公墓位于戚山村，用地面积0.85公顷，设计墓穴1640穴，造价550万元，主要包括进山道路建设，桥基建设，墓后档墙建设，覆盖夏家埠、冯浦、戚山、九连等四个村；东山村龙塘湾公墓位于东山村甲仗自然村，建筑用地5亩，设计墓穴410穴，造价185万元，覆盖东山的甲仗、横汀、姥山、方弄、董家山等5个自然村。项目于年内全部竣工。　（王柏根）

汤浦镇

【概况】 汤浦镇位于上虞西南，毗邻柯桥区、越城区、嵊州市，与上三高速、104国道相邻，系小舜江的冲积平原，古人称“汤浦”意为水滨。全镇地域面积61.8平方千米，户籍人口1.66万人，外来人口0.46万人，辖8个行政村、1个社区，2019年工业总产值超80亿元，实现规上工业产值44.2亿元，财政总收入9600万元，外贸出口1.28亿元。

全年农作物播种面积726.67公顷，粮食总产量0.41万吨，年末存栏生猪255头，出栏肉猪200头；年末存栏家禽10850只，出栏家禽19000只。水果种植面积13公顷，水果总产量419吨。茶园面积11.33公顷，茶业产量0.2吨。工业企业578家，其中规模以上工业企业45家。有初级中学1所，在校学生200人，入学率100%；小学1所，在校学生698人，入学率100%；幼儿园2所，在园幼儿1078人。有社区卫生服务中心1家，村级卫生服务站3个。全年出生人数100人。农民参加体检3585人次，其中60岁以上老人2792人次，体检率77.92%。参与城乡居民养老保险1231人，参保率96.32%。参加城乡居民医疗保险8905人，参保率99.9%。最低生活保障救助人数3615人。有社会福利敬老院1家，供养老人4人。

【汤浦镇第十四届代表大会第四次会议召开】 1月16日，中共汤浦镇第十四届代表大会第四次会议在汤浦镇童装城召开，会议进一步深化“产业发展提质年、城镇品质提升年、干部队伍提振年”三个年活动，着力推进一批产业发展项目，实施一批民生实事，解决一批问题短板。会议部署了全年重点工作：一是要聚焦提质增效，在提振实体经济上求突破；二是要聚焦美丽乡村，在统筹城乡上求突破；三是要聚焦民生供给，在增强获得感幸福感上求突破；四是要聚焦平安建设，在提升基层治理水平上求突破。

【新时代汤浦精神征集投票】 为弘扬、传承汤浦人求真务实、敢为人先的优秀传统和优良作风，经镇党委镇政府决议，决定在全镇范围内广泛征集民众意见，提炼出能够概括汤浦人特质的“汤浦精神”作为新时代的汤浦标签。10月，镇政府通过向社会公开征集、网上投票的方式，最终以“勤劳、奉献、包容、创新”八字，阐释“汤浦精神”的具体含义。

【综合文化站启用暨汤浦馆开馆仪式举行】 11 月 5 日下午，汤浦镇综合文化站启用暨汤浦馆开馆仪式举行，区相关领导出席仪式。汤浦镇综合文化站总建筑面积 1200 平方米，总投资近 800 万元。其中汤浦馆建设作为一项重要的文化工程和记忆工程，是镇综合文化站的主要组成部分，展馆分五个篇章描绘汤浦不同时期的发展面貌。

汤浦镇综合文化站启用暨汤浦馆开馆仪式

（汤浦镇 提供）

【汤浦镇与景宁毛垟乡达成友好结对框架协议】 11 月 12 日，景宁畲族自治县毛垟乡党委书记、人大主席及相关干部一行到汤浦镇洽谈山海协作工作，毛垟乡一行先行参观汤浦镇综合文化站，了解汤浦镇风土人情、历史脉络等基本情况，实地考察汤浦支柱产业童装、铜管产业发展及小城镇建设情况，然后两地就村企合作、产业合作、文化合作共建等方面进行深入洽谈，双方签订景宁毛垟乡—上虞汤浦镇友好结对框架协议。

【“乡贤之家”启用暨新乡贤联谊会成立授牌仪式举行】 12 月 17 日，汤浦镇“乡贤之家”启用暨新乡贤联谊会成立授牌仪式在镇综合文化站举行，区委相关领导及有关乡贤出席。作为全区第一家“乡贤之家”，汤浦镇举行的新乡贤联谊会授牌仪式。

“乡贤之家”启用暨新乡贤联谊会成立授牌仪式

（汤浦镇 提供）

2019 年汤浦镇各村（居）基本情况表

表 25

村（社）名	党务负责人	村（社）负责人	户数	人口	耕地（亩）	村级集体经济收入
汤浦村	郑敏军	陶志苗	799	2417	300	69.17
舜岸村	陈烈夫	刘永兴	325	1531	887	121.44
霞里村	徐建明	徐伟庆	450	1539	568	71.78
蒋村村	胡裕根	罗国兴	303	869	650	66.57
长山新村村	池苗新	钟友新	430	1460	2708	199.75
鹤湖村	吴晓祥	冯宣吉	1148	2111	821	155.28
霞越村	陈新利	颜金海	751	2365	1077	136.84
达郭村	毛金良	毛志根	1137	3031	1181	88.01
舜水社区	宋元兴	董国民	716	1282	—	—

【第十届全民运动会举行】 12月29日，汤浦镇第十届全民运动会在汤浦镇中心小学举行，区相关领导及镇相关领导出席开幕式。本次赛事分村（社区）组、企业组、机关站所组3个组别，设集体、个人和老年组三类，项目包含男子篮球、拔河、接力跑、滚雪球、袋鼠跳、飞镖扎气球等多项充满趣味与竞技性类项目。

（胡小芳）

永和镇

【概况】 永和镇位于上虞区东部，地处四明山麓，东与余姚市相连，西接丰惠镇，距上虞城区21千米。镇域面积31.3平方千米，总人口1.6万人，下辖8个行政村。2019年实现财政收入5550万元，比上年同口径增长11%，其中一般预算收入3306万元，比上年同口径增长11.1%。

实现规上企业产值11.7亿元，同比增长17.2%，位列全区第二；实现规上工业增加值同比增长12.6%，位列全区第三；实现限上批发业销售额1331万元，同比增长89.6%，位列全区第二；实现限上零售业销售额5466万元，同比增长29.4%，位列全区第三；完成固定资产投资1.55亿元，其中完成民间投资9439万元，完成全年任务的171.4%，位列全区第一，完成高新技术产业投资2433万元，完成全年任务的108%，位列全区第三；山林面积1133.33公顷，耕地1066.67公顷，是全区人均耕地面积占比最优的地区。

根据市、区“融杭联甬接沪”行动计划，结合永和区位优势，大抓项目招商。引进内资1.5亿元，外资440万美元。大抓项目落地。新增亿元以上签约项目1个，5000万元以上签约项目1个，落地5000万元以上项目2个。大抓资源盘活。盘活存量土地174亩，引入房产开发项目1个。盘活闲置厂房8345平方米，完成年度任务123.5%。加大低效能用地挖掘，通过腾笼换鸟推进园区改造整治，做好工业园区企业转型升级文章。淘汰落后产能企业1家，整治“低散乱”企业6家，完成“个转企”15家，“小升规”2家，“下升上”1家，新增企业上云13家。新增国家高新技术企业1家，认定省科技型企业5家，完成高新技术投资2483万元。推荐引进绍兴海内外英才1名，新增大学生就业102人。新增市场主体142家。

【全域推进美丽乡村建设】 年内，永和镇加大投入，高质量推动“一溪两岸”景观带打造，先后投资5.338亿元，完成四明湖水库下游河道整治工程和湿地公园建设，建成两单江绿道、麻岙水库游步道等各类绿道6.2千米，完成四明湖水库下游河道整治工程和美丽乡村PPP项目建设；完成美丽农业一期项目建设和美丽乡村道路建设。

【国际木球公开赛举行】 11月1日，2019中国国际木球公开赛在永和锦绣四明专用木球场挥杆开赛，来自乌干达、巴基斯坦、蒙古、印度尼西亚、新加坡、韩国、马来西亚等国家和地区的代表队，以及来自安徽、山东、北京、海南、江西、广东、浙江、香港、台湾等地的

2019年永和镇各村委会基本情况表

表26

村委会名	党务负责人	村委会负责人	户数（户）	人口（人）	水田（亩）	旱地（亩）	村级集体经济收入（万元）
项家桥村	项相校	项灿森	713	2030	1366.5	258.5	30.19
永和村	陈立军	徐接见	856	2346	1921.3	442.7	85.61
三桥村	戚树军	陆淼林	562	1498	1363.7	97.53	31.43
安家渡村	徐立新	冯庆忠	892	2461	3014.7	153.8	58.35
青峰村	叶建明	叶世明	870	2392	1540	347.4	42.74
新岙村	王鉴苗	朱舜江	339	983	1278.5	95.8	49.51
朱巷村	朱大江	朱福培	941	2676	2750	216	98.08
大墩村	朱炳强	张小平	321	960	1164.54	53	31.63

国内木球高手共400余人，齐聚永和，同享体育盛宴。

【乡贤暨商会联谊会召开】 12月27日，在四明湖开元山庄，永和镇召开乡贤暨商会联谊会，来自全国各地的永和籍乡贤代表和商会代表130多人齐聚一堂，共叙情谊，共谋发展，共商未来。上虞区人大常委会主任陈坚，区委常委、区委统战部部长王永表，区人民政府副区长章颖芳等领导及相关部门负责人一起应邀出席会议。

（叶林尧）

驿亭镇

【概况】 驿亭镇位于上虞区东部，距区政府所在地10.8千米。地域面积51.3平方千米，辖14个行政村。2019年年末总户数7102户，总人口20520人，新居民2972人，出生人口137人，出生率0.67%。全镇实现国内生产总值49.07亿元，实现财政总收入7948万元。

境内耕地面积1118.2公顷，农作物播种面积1883公顷，粮食作物播种面积1420.8公顷。农机总动力1.3276万千瓦。公路通车里程83.875千米，公交车通车线路5条。2019年，开展状元岙至法界寺线、岭下王至倪岙公路工程建设，长2.05千米，工程总投资0.5969亿元，农村道路面貌得到全面改善。环境污染治理项目已全部完成，污水收集管网237.74千米，污水纳管量达2072吨/天，新建五夫集镇片市场及店铺污水纳管工程、七里江畔小区及周边污水纳管工程，线路长度1.592千米。绿化面10.52公顷，封山育林965.2公顷。杨梅面积1155公顷，产量近1167万千克，杨梅销售收入达1.5亿元，其中电商销售近800万元。全镇有企业436家，从业人员4850人，规模企业总数28家。初中1所，在校学生247人，教职工45人，小升初升学率、九年义务教育覆盖率均达100%。小学2所，驿亭镇小学生413人，横塘小学学生181人，适龄儿童入学率100%。中心幼儿园1所，下设横塘幼儿分园，共计127名幼儿。全年教育经费支出356万元，占财政总支出4.49%。境内白马湖畔有浙江省一级重点中学春晖中学，20世纪20至30年代聚集了一批思想进步、知识渊博享誉海内外的教师，赢得“北南开，南春晖”的称誉，亦形成“白马湖作家群”。驿亭镇卫生院辖横塘、五夫2个社区卫生服务站，五好、贾家2

2019年驿亭镇村委会基本情况表

表27

村名	党务负责人	村务负责人	户数（户）	人口（人）	水田（公顷）	旱地（公顷）	山林（公顷）	村级集体经济收入（万元）
新驿亭	李明康	李明康	539	1478	57.67	3	29.6	50.7
联桥	施高祥	罗佳明	334	920	19.33	—	46.67	36.41
五夫	周小明	高四娣	708	1479	30.93	1.87	—	96.18
西陡门	张生弟	张生弟	373	1122	53.53	0.67	44.47	57.39
春晖	王建龙	赵增荣	539	1531	69	—	124.93	82.41
鲁溪闸	张伟元	茅正良	540	1651	85.87	—	—	143.27
贾家	杭信土	丁莲珠	636	2059	99.6	110.53	4.13	39.35
五洲	王来江	郑伟明	420	1148	63.93	7	50.13	22.02
新横塘	李水祥	徐荣夫	598	1700	93.87	33.07	112	51.71
二都	宋斌均	徐维杰	351	1055	70	—	—	54.06
白马湖	李国园	赵东夫	655	2012	103.73	—	328.47	54.13
杨溪	谢一军	吕吉江	364	1151	54.73	—	—	43.62
五好	王建生	王建生	518	1556	74.13	4	17.6	68.12
新杨梅	李建平	李建平	527	1658	69.86	15.47	—	46.73

个村卫生室，杨溪、二都、新杨梅3个驻村责任医生工作室，全年完成诊疗7.4万人次。开展分级诊疗和全科医生签约服务工作。参加城乡居民医疗保险1.3486万人，参保率为99.3%，城乡居民基本养老保险参保人数1797人，参保率达96%。有学校体育场5个，休闲健身广场18个，100%的村安装健身器材。有广播电视服务站1个，有线电视用户为6181户，入户率为87.03%。城镇最低生活保障户数24户，人数26人，支付25.6万元；农村最低生活保障户数240户，人数327人，支付274.1万元。慰问困难户391户，发放扶帮资金50.19万元。集中供养农村五保户8人，统一委托百官街道社会养老服务中心照顾。社区服务设施16个，其中社区服务中心14个。有驿亭邮政所，隶属小越邮政支局，有14个村级代邮点。镇内工业、农业、居民生活用电属小越供电所维护，共有两座110千伏变电站（东罗变、路东变）供电，辖区内共有专变197台，总容量55000千瓦，共有公变114台，总容量30730千瓦。10千伏高压输电线路9条，总长度142.58千米，380伏低压线路合计74千米。

【百五线二期正式投入使用】 6月14日，百五线实现全线通车。百五线项目总投资2.88亿元，分两期实施。一期项目于2017年9月28日正式进场施工，工程自K6+200沿驿五东路经马慢桥、联桥村后在K8+568.785处与X501县道相接，路基宽度为10.5米，长2.37千米。二期起点K0+000处与人民东路相接，向东经西陡门村、新驿亭村，跨运河在K4+341.771处接于驿五东路，路基宽度为15米，长4.34千米，百五线两段全长6.71千米，采用二级公路标准，设计速度为60千米/时。

百五线二期　　（驿亭镇　提供）

【“二都杨梅”农产品地理标志登记通过】 9月26日，“二都杨梅”农产品地理标志登记通过国家农业农村部专家评审，成为上虞首个获得农产品地理标志登记保护的农产品，实现了该领域零的突破。驿亭是“二都杨梅”主产区，种植面积1155公顷，以其质地优良，广受民众喜爱。2006年，驿亭镇荣获“中国优质杨梅基地乡镇”称号；2007年获”浙江省特色农业优势强镇”称号；2008年二都深红种杨梅被中国园艺学会杨梅分会授予“全国十大精品杨梅”；2011年上虞荣获“中国杨梅之乡”；2012年“二都杨梅”被评为“浙江省名牌农产品”；2013年“二都杨梅”获国家工商总局批准为地理标志证明商标。

【贾松良体育馆举行启动仪式】 10月8日，乡贤贾松良先生及夫人叶德培女士，会同区领导、区乡贤研究会共同为“贾松良体育馆”揭牌。贾松良先生是驿亭镇乡贤、清华大学退休教授，去年上半年，当他和夫人得知驿亭镇小易地新建，毅然决定为家乡的教育事业捐赠110万元，其中100万元用于镇小体育馆建设，10万元设立为助学基金。今年国庆前夕，贾教授和夫人再次决定捐资10万元，在驿亭镇中设立“致远”助学奖学金，用于爱心助学和对优秀学生的奖励。

【中国宋庆龄基金会“经叔平教育基金”成立】 11月18日，中国宋庆龄基金会“经叔平教育基金”成立，此基金用于奖励驿亭镇教育质量和管理成绩突出的教育工作者，自2019年9月开始至2022年8月止，每年奖励50000元。

【中共上虞县工委旧址完成保护性修缮】 12月23日，镇属新横塘村徐家岙自然村的中共上虞县工委旧址，投入160余万元，历时半年，完成保护性修缮。中国共产党上虞县工作委员会于民国27年（1938）5月在后郭村成立，隶属宁绍特委。抗日战争时期，县工委领导一致认为横塘徐家岙村环境隐蔽，群众政治基础好，且离四明山近，决定将县工委机关迁至徐家岙，于民国28年5月成迁，以兰阜小学为县工委驻地，并成立徐家岙支部，开展中共活动。一年后，上虞县工委又陆续转至永和县、万岙、五夫、韩夏等一带。解放后，上虞县工委旧址曾辟为“革命传统教育陈列室”，因年久失修，部分墙体坍塌，梁架腐蚀霉烂。6月，镇政府根据区文广旅游局的统一安排，聘请第三方编制上虞县工委旧址修缮方案进行修复，工程于年底竣工。

（经富灿）

谢塘镇

【概况】 谢塘镇位于上虞区东北部，距区政府所在地9千米，地域面积24.4平方千米，辖14个行政村和1个居委，年末总户数8455户，总人口24042人。2019年规模以上工业企业产值19.03亿元，实现财政总收入1.42亿元。

全年农作物播种面积4653公顷，粮食总产量1.68万吨，农机总动力1.96万千瓦，公路通车里程48千米，村等级公路通达率100%。水利工程建设项目3个，投资198万余元，存栏生猪1534头，出栏肉猪24152头，存栏家禽2.9668万羽，出栏家禽9.4344万羽。水产品养殖面积131.7公顷，水产品产量33.3吨。绿化造林6.5公顷。水果种植面积242.7公顷，水果产量11030吨。有工业企业213家，其中规模以上工业企业15家，规上企业工业产品销售收入18.38亿元，产销率96%，自营出口5.91亿元。有初级中学1所，在校中学生297人，入学率100%；小学4所，在校学生992人，入学率100%；幼儿园2所，在园幼儿484人。有社区卫生服务中心1家，村级卫生服务站（村级卫生室）5个。全年出生人口145人。固定电话用户5168户，移动电话用户18815户，互联网用户5819户。参加城乡居民社会养老保险12528人，参加城乡居民基本医疗保险15705人，最低生活保障救助325户、398人。有社会福利性敬老院2个，年底供养五保老人17人，农户新建房屋80户，建筑面积15341平方米。

2019年谢塘镇各村（居）委会基本情况表

表28

村（居）委会名	党务负责人	村（居）委会负责人	户数（户）	人口（人）	耕地（亩）	村级集体经济收入（万元）
东升村	陆春	胡晓江	461	1385	1537	106.9293
星明村	邵新灿	顾七二	454	1470	1617	88.3398
新章村	梁剑钟	陆七良	726	2055	2394	96.4748
东闸村	王金凤	陆宝龙	656	1894	2322	164.1193
东联村	王夏春	陈光耀	447	1322	523	133.4363
晋生村	章溢锋	章溢锋	821	2257	1853	113.5101
建塘村	罗建成	顾世坚	406	1165	1638	83.1654
岑仓村	沈叶君	谢海祥	531	1552	2052	75.5919
谢家塘村	周建青	周建青	537	1540	1333	123.4038
禹峰村	俞吉祥	戴永高	371	1190	1335	84.6103
丰园村	任八九	董来土	536	1594	1798	98.9393
联民村	冯建良	冯建良	536	1641	1193	137.0567
新戴家村	戴瑞良	戴爱标	511	1569	1675	120.9544
铲还湖村	郑小尧	郑小尧	596	1880	2019	217.8472
居委	徐苗夫	徐苗夫	866	1528	—	—

【翠冠梨开摘暨“虞生优梨”公共品牌发布仪式举行】 7月12日，2019年谢塘镇翠冠梨开摘暨“虞生优梨”公共品牌发布仪式在镇中心小学举行。此次公共品牌发布会为淘宝特色中国上虞馆、京东中国特产、谢小梨电商平台授牌以及正式与中国邮政服务三农签约，强势入驻生鲜电商市场。年内，谢塘镇党委、政府以区域公共品牌建设、产业标准化、供应链改造以及产品售卖为着力点，开展营销方案规划，帮助梨农破解销售困局，创设公共品牌，注册“虞生优梨”商标，统一产品包装，增加辨识度，培育优势梨产品，引入第三方检测机制，让谢塘梨品质和质量得到进一步保证，提升市场竞争力；同时拓展销售渠道，在各个线上平台进行面向全国消费群体的全网销售，提升谢塘翠冠梨的影响力和知名度，切实地增加梨农的收入。

【“污水零直排”试点顺利通过省级创建验收】 “污水零直排”建设是全面提升水环境质量，实现治水工作从治标向治本转变，从末端治理向源头治理转变的重要举措。谢塘镇“污水零直排”试点范围涉及镇核心区域及1个工业区，涵盖集镇村3个，工业企业15家，生活小区9个，餐饮店、美容美发店及其他个体经营户近200家，学校、卫生院3家，通过近半年的合力攻坚，于2020年2月顺利完成“污水零直排”试点建设的各项工作。

这次试点共投入480多万资金，落实“查、订、改、建、管”5项举措，全面实施“全过程、闭环式”管理，扎实推进河长制和水环境长效管理机制，确保晴天无排水、雨天无污水，通过试点和长效管理的扎实推进，全镇水环境质量得到持续改善。

【越谢线谢塘段道路修复提升工程】 为更有效地方便群众出行，谢塘镇把越谢线谢塘段道路修复提升列入2019年六大实事工程之一。谢塘镇争取上级的支持和本镇的力量，投入700万元资金实施越谢线谢塘段道路修复工程，对混凝土道路沉陷、破损板面进行修补，沥青路面铣刨修补，使路面恢复到良好的运行状态，工程为期半年。

【改善营商环境】 年内，谢塘镇党委、政府持续破解企业难题，健全镇领导班子成员联系重点企业制度，开展深化“三服务”之春季人力资源现场招聘会，政企面对面共话高质量等调研解难系列活动，累计走访企业150余家次，有效解决节后企业招工、权证办理、发展用地、道路修复等各类困难54个。有力保障项目推进，聚焦项目大抓落实，完成虞北中心粮库项目征迁用地65亩，主动开展对接协调，确保工程项目有序推进；投资200万元完成横山工业区污水管网配套建设，实现企业污水纳管全覆盖。不断优化审批服务，深化“最多跑一次”改革，开展无差别受理全区试点，镇便民服务中心月均办理量超800件，保持发展型乡镇首位。

【新时代“四不出村”工作法】 “四不出村”是指群众办事、矛盾调解、致富求助和信息咨询等不出村，为把“四不出村”落到实处，谢塘镇在新戴家村试点开展“红色代办”，制定“红色代办”上门服务清单，包括老年人优待证申请办理、红白事涉及证件办理等20项内容。截至12月，全镇“跑小二”累计为群众提供代办服务1500余件，实现了从“跑一次”到“跑零次”，从“不出村”到“不出户”的转变。

谢塘镇通过设立“夜间调解室”“阿海来帮忙”等调解工作室，搭起矛盾调解“连心桥”。开展贴心服务，按下信息咨询“快捷键”。各村通过微信公众号、网格微信群、“掌上优办”等及时发布各类信息，特别是针对独居老人和孤寡老人，各村出钱统一安装“一呼百应”救助铃，老人有需求，村干部“闻铃声而动”。

【产业发展提质增效】 重点项目加速推进，年内，晨辉光宝年产5000万套高端LED智能照明项目和汇隆钢瓶年检测循环加工300万只液化石油气钢瓶一期项目建成投产，金创意年产1万吨高分子复合材料项目基本完成。招商引资成效显著，新银邦生化总投资2000万元的科创中心项目实到外资500万美元，晨辉婴宝收购蓝天厂房拟实施研发中心项目启动规划设计，全年共引进内资1.2亿元，区外产业项目投资6000万元。新旧动能加快转换，盘活闲置厂房17305平方米，存量土地1.34公顷，淘汰落后产能2家，整治“低、散、乱”

企业9家，新增规改股2家，高新技术企业1家，省科技型企业7家，完成"个转企"11家，"小升规"3家，新增市场主体214家，新增大学生就业258人，引进各类人才736人，晨辉光宝建成大学生见习实习示范工场。

（连安平　陆建明）

盖北镇

【概况】 盖北镇位于丰沃秀丽的虞北平原，因在虞北孤峰——夏盖山北面而得名，距区政府所在地15千米，全镇区域面积22.4平方千米，耕地面积866.67公顷，辖10个行政村，常住人口2.46万人，登记在册新居民2.12万人。2019年末，总户数8341户，户籍人口24605人，其中男性12112人，女性12493人，当年出生175人，死亡205人，迁入203人，迁出530，外来人口20955人。财政总收入2亿元，增长19.05%，农民人均纯收入35443元，比去年增加9.3%。

境内耕地面积892.07公顷，葡萄种植面积841.33公顷，总产2.5万吨。榨菜种植面积（含外包）866.67公顷，总产4.8万吨，芥菜种植面积200公顷，总产1.5万吨。农机总动力17249千瓦。公路通车共28条村道共计45千米，1条乡道6.88千米，村公路通达率100%，盖北路东延工程竣工通车，启动华盛路东延工程。水利投入334.1万元，完成世海村山西头丘引水活水工程、丰棉村大洞头河道整治工程、夏盖山村泵站及周围河道整治工程。平原绿化面积140.67公顷。生猪存栏204头，出栏肉猪345头。水产养殖面积86.67公顷。规上工业企业11家，全年实现产值25.47亿元，增长20.1%。城乡居民医疗保险参保率达99.69%，社保参保率98.72%。有社会福利性敬老院1个，年底供养五保老人8人。农村新建房屋31户，建筑面积10047平方米。

（祝爱萍）

【2019浙江·盖北野藤葡萄文化旅游节】 7月20日，盖北镇2019浙江·盖北野藤葡萄文化旅游节启动，活动期间，举办"盖北·乡恋"——乡贤游盖北话乡情活动。30余名在外盖北籍乡贤如约相聚，为野藤葡萄吆喝，共叙乡情友谊，共话家乡发展。晚上2019浙江·盖北野藤葡萄主题晚会精彩上演，晚会围绕"游碧波珠海 尝野藤葡萄"主题，以"藤缘·盖北""活力·盖北""乡恋·盖北""遇见·盖北"4个场景，通过"葡萄搭台，旅游唱戏"，搭建起一个文旅农交流平台。

【第三届全民运动会开幕】 10月19日，2019盖北镇第三届全民运动会在盖北镇中启幕。区教体局党委委员、区教育工会主席车焕永以及镇党委、人大、政府三

2019年盖北镇各村基本情况表

表29

行政村 村名	党总支书记（负责人）	村委会主任	户数（户）	人口（人）	耕地（亩）	葡萄等果木种植面积（亩）	村级集体经济收入（万元）
镇东	成金山 严永三	陈渭夫	766	24298	1758.77	664.53	45.74
镇海	宋金华	宋金华	586	2426	1130.35	152.63	47.9
丰棉	杨建锋	朱苗尧	893	1738	1979.83	677	67
丰富	沈德和	周炳华	888	2738	1807.11	773.7	32.47
珠海	钱增云	马海江	487	2548	813.74	314.49	51.18
联合	邵水良	何小江	941	1470	890.13	379.18	49.79
新河	王定尧	王定尧	639	2546	818.01	651.56	30.48
兴海	徐佰良 任苗根	倪张潮	1045	1983	1462.71	900.79	48.48
世海	严柏青	王志康	1133	2855	1825.85	745.92	46.45
夏盖山	陈立燕 陈性火	陈建水	947	3354	895.07	615.12	33.13

套班子领导出席开幕式，与来自10个行政村、7个企事业单位的17个代表队600余名运动员、教练员、团体操表演者和大会工作人员等相聚比赛会场。

【以数字赋能助推垃圾分类】 年内，盖北镇推行农村生活垃圾分类，提高源头分类准确率，加强资源化处理站点运维管理，珠海、镇东、世海等村垃圾分类参与率达95%，准确率达95%。每户垃圾分类桶上都贴上便捷型感应芯片，并将各户信息输入数据后台。收集员驾驶带有感应装置的三轮六桶车上门收集时，只需将垃圾桶放置在感应装置前，称重、拍照、分类质量认定、数据上传等环节一气呵成，大屏幕上的数据能实时更新。同时在珠海村试点增设易腐垃圾处理设备，每天投入的易腐垃圾经过30天发酵处理后变成有机肥，可用于葡萄、蔬菜、绿化等植物种植。

【乡村振兴取得新进展】 年内，继续深化"五星达标3A争创"工作。投资190万元对农村"三线"进行整治；投资2431万元的7个美丽乡村PPP项目顺利竣工；第二批3个五星村顺利通过验收；镇东、丰富两村积极争创3A景区村。新建美丽乡村公路6.4千米，改造乡村公路2.7千米，获评省美丽乡村示范乡镇，镇东村被省旅游局评定为省AAA级景区村庄。农旅融合效应显现。完成东片高标准农田建设项目，投资998万元完成夏盖山、镇海区块复垦项目及兴海、世海两村的土地开发项目，净增有效耕地32.2公顷。推进省级特色农业强乡镇创建，田园综合体完成一期流转用地29.33公顷，四季花海催生美丽经济，实现旅游收入3840万元。村级经济成功破题，共激活闲置农房面积3.9万平方米，成功创成绍兴市农房激活示范乡镇，兴海、联合两村成功创成区级示范村。推进"一村一幢楼"工程建设，8个村已启动项目实施，其中3个村已竣工验收并完成招租，村级经营性收入有望翻一番。

【抓统筹提品质促进城乡面貌变化】 坚持集镇管理抓常抓细。强化部门联动，联合执法整治形成常态化工作机制，年内共联动执法15次，整治小区2个，商铺93个；处罚严重影响集镇容貌的店铺36家、乱停车辆57辆次。集镇物业实行夜间管理，集镇秩序明显改善。落实集镇卫生长效管理机制，加强对保洁人员的考核监督，集镇面貌焕然一新，集镇品质全面提升。投资500万元完成盖北路东延和联新路北延工程；启动华盛路东延工程，路网体系进一步健全，集镇框架持续拓展。投资263万元完成集镇市政管道维修和商铺、小区的截污工程。投资1.5亿元的"盖北·幸福里"商贸综合体已完成建设量的75%，吸引麦当劳等品牌入驻。集镇景观亮化工程效果凸显，商圈环境有效改善，夜间经济点亮集镇夜空。人居环境有效改善，投资385万元完成世海、丰棉、夏盖山等村的河道整治项目，水生态环境质量明显好转，逐步兑现"还水于民，还岸于民"。以农村人居环境提升"百日行动"为契机，推进农村环境卫生整治，在市、区的环境卫生专项评估中有明显进步。镇东、珠海、世海等村试点推行农村生活垃圾分类智慧化、可视化运行管理机制，垃圾分类参与率达90%，准确率达95%。 （祝爱萍）

长塘镇

【概况】 长塘镇位于上虞区西南，距上三高速公路嵩坝、东关互通均为8千米，地域面积39.7平方千米，辖8个行政村，2019年年末总人口1.38万人。全年实现财政总收入2206万元，同比增长13%，一般公共预算收入1263万元，同比增长13.8%；农村常住居民人均可支配收入同比增长8.5%。

境内有山林2333.33公顷，耕地面积602.06公顷，淡水养殖面积56.67公顷，呈"五山一水四分田"格局。全年羊出栏105只，年末存栏210只；存栏家禽9885羽。蔬菜种植280公顷，产量145吨；水果种植面积10公顷，总产量45吨；柿子种植面积2公顷，总产量3吨；竹笋种植面积1000公顷，总产量7500吨。有各类企业53家，其中规上企业2家，基本形成轻钢、服装和蜡业三大产业。全年引进市外内资2480万元，完成交通投资、生态环境和公共设施投资、高新技术产业投资、民间投资等"四项投资"总计6000万元；规划面积为25000平方米的工业功能区——长塘镇小微工业园区已进入招商招租阶段。

有初级中学1所，在校初中学生132人，入学率100%；小学1所，在校小学生258人，入学率100%；

幼儿园2所，在园幼儿120人。上虞中医院长塘分院1家，社区卫生服务站3家，村级卫生室4家；全年出生人口87人；初级卫生保健普及率100%；自来水普及率100%。参加城乡居民基本医疗保险8274人，参保率为99.52%。最低生活保障救助136户174人。长塘社会福利敬老院于2018年并入曹娥街道养老服务中心，年底供养老人12人。农村新建房屋148户，建筑面积13602.4平方米。

2019年先后获得省级信用镇、省美丽乡村示范乡镇、绍兴市教育优质均衡示范乡镇、绍兴市“四好农村路”示范乡镇、小城镇环境综合整治行动市级示范小城镇、市级国防后备力量基层建设先进单位等11项省市级荣誉。各行政村也获国家级“一村一品”示范村，省级民主法治村、省级生态文化基地，绍兴市级闲置农房激活示范村等各类荣誉20余项。

2019年长塘镇各村(居)委会基本情况表

表30

行政村	户数(户)	人口数(人)	农村劳动力(人)	耕地面积(亩)	山林面积(亩)	水域面积(亩)
广陵村	377	1025	700	659	5450	0
会篁村	575	1521	924	1050	7170	0
罗村村	718	1016	575	665	3680	0
长塘村	1205	3485	1995	2300	6715	200
桃园村	469	1368	830	1000	0	300
何家溇村	632	1718	995	1427	1544	70
谢憩村	640	1830	1155	1554	3800	260
湖田村	476	1340	748	830	120	310
合　计	5092	13303	7922	9485	28479	1140

【以创新吸引人才】 长塘镇以企业创新为突破口，鼓励科技人才积极创新，全年完成研发费支出153万元，申报省级科技型企业1家；万元GDP能耗下降10.3%；新增“个转企”企业7家，淘汰整治“低、散、乱”企业(作坊)3家。鼓励企业积极申报绍兴“海内外英才计划”，全年新增就业59人，引进各类人才35名；桃园村创建为市级高质量就业创业村。

【发展现代农业服务业】 年内，华顺通信项目竣工投产，“凤篁荟”颐养综合体项目完成一期土地出让，君和酒店项目签约，国内首家健康医疗养生项目——“山居健康”有望春节后对外营业。全力激活农村闲置资源，盘活闲置厂房5618平方米，盘活“四未一低”闲置土地11亩。大力推广现代务农教育培训，2家特色农业代表户项目列入区现代农业重点发展项目，全镇4121户农户享受惠农各项补助。持续深化“竹乡驿站”农家乐联合体建设，新增农家乐3家。

【重点项目有序推进】 杭绍台高铁(长塘段)建设无障碍推进，同步完成3个农房安置区块安置建房前期工作，落实失土农民养老保险参保318人，按时按点完成高铁电力迁改、低压线路改造等附属工程的政策处理。会龙桥、银凤桥两座危桥改造项目竣工验收；五长公路(长塘段)路灯全面亮化。嵇康故里文化旅游区AAAA级景区创建初步完成规划修编；桃园小客厅、阮家埠下沉式公园等“新山居赋”项目全面完工；五长线—广陵精品线路完成提升改造；全长25千米的竹海氧吧闭环骑行线建成投用，成为串联桃花源“百亩花海”、康家湖“千亩湿地”、诸葛山“万亩竹海”景观亮点的全域旅游骑行主干道。

【扎实推进环境治理】以严控新增违建为抓手,以涉及矛盾纠纷、侵占公共空间违建整治为重点,年内,长塘镇对境内国土空间重新进行规划布局,共拆除违建108处6570平方米,同步跟进拆后利用,优化改善村庄环境。清理乱堆乱放2000余处,清理垃圾4600余吨,垃圾分类工作考核居全区前列;长效深化"河长制"管理,完成河湖清淤1.5万方,完成"污水零直排"年度建设任务。美丽乡村PPP项目全面完工,谢憩"乡村客厅"成为地标型建筑,湖田"三合一"公建项目待内部装修,广陵党群服务中心完成修缮并正式启用。

【抓实抓好民生实事工程】足额配套教育领域各项资金,镇中心小学创建为市级教育现代化学校,杜亚泉中学启动城乡教育共同体试点,设立盈峰奖教奖学基金,实现适龄少儿义教入学率100%。办理历史遗留被征地农民参保128人,城乡居民基本养老保险和医保参保率分别达96%、99%;大力推广机动车ETC发行,完成安装2421辆;有序推进8个村的基层红十字工作站建设。智能化推广应用计生领域服务事项,新增奖扶103人,特别扶助3人;扎实推进社会救助工作,落实6户困难群众的住房补助,发放各类救助金230余万元,受益群众300余人。完成镇级居家养老中心和镇残疾人之家建设,撤并搬迁镇敬老院。全面推进殡葬领域裸露坟墓整治和村级生态公墓建设。启用镇综合文化中心,"知塘书吧"开放3个月共接待借阅者4000余人次。马一浮故居修缮工程有序推进;"阳光文化"送戏、送影下乡等活动让百姓"夜生活"品质不断提升;"竹韵长塘、缤纷霓裳"花田时装秀、"壮丽七十年、奋进新长塘"乡村红歌赛、"青竹丹枫"书画摄影展等活动的举办彰显乡村文化的时尚气息。先后举办康家湖"冬捕大典""春笋美食节"烹饪技能赛,推出笋宴"十大碗"、鱼宴"八大碗",舌尖文创品牌不断打响。年初确定的6项民生实事项目,除交通投资完成3200万元,未达到4000万元的原定投资目标,其他均已完成。

【稳妥化解各级信访压力】全力推广"掌上"办照,实现部分服务由"最多跑一次"向"零次跑"的提升,年内镇级便民服务中心进驻事项增至133项,下放村级事项35项,全年共办理服务5040项。同时实施新居民登记及出租房综合整治,高标准建成退役军人服务站,统筹优化退役、现役军人"一条龙"综合服务。全年信访办结率99.6%,办理满意度97.8%,各级信访积案全部化解。

【打造风正气清的社会治理环境】年内,长塘镇配合区委第八轮巡察组,严格落实意识形态工作政府责任,健全完善政府工作流程、议事规则和决策程序,切实把工作做到实处,全年协调化解企业发展、农村环境整治等事关群众切身利益的问题21个,办理人大代表建议意见13件,回复率100%。同时通过区级媒体,报道刊播重点工作112篇,利用"竹韵长塘"公众号推文50余期,主动公开各类政府信息70余条,及时回应网络舆情,打造风正气清的社会治理环境。(贾文超)

岭南乡

【概况】岭南乡位于上虞区最南端,地处上虞、嵊州、余姚三市(区)交界处,距离中心城区50千米。区域面积57.4平方千米,辖8个行政村(29个自然村),在册户籍人口约1.07万人。全乡山林面积4066.67公顷,森林覆盖率达71.4%,全区最高峰(海拔861.3米)覆卮山坐落于境内,曹娥江重要支流隐潭溪穿乡而过,曾先后获评国家级生态乡镇、中国生态魅力乡、浙江省美丽乡村示范乡镇。2019年,累计接待游客91.4万人次,单日最高达2.7万人次,实现旅游综合收入近2000万元。

全年农作物播种面积1942公顷,粮食总产量5628.3吨。有林地面积3154.73公顷,其中茶园面积188.67公顷,出产茶叶132吨。存栏生猪196头,出栏生猪656头;存栏山羊350只,出栏山羊287只;存栏家禽3320羽,出栏家禽5520羽。公路通车里程32.815千米,等级公路通车率100%。有中心学校一所,在校学生54人,入学率100%。幼儿园1所,在园幼儿21人,入园率100%。有乡级卫生服务中心1个,村级卫生服务站4个。全年出生66人。初级卫生保健普及率100%。自来水普及率100%。参加农村新型合作医疗保险8328人,最低生活保障救助231户

2019 年岭南乡各村委会基本情况表

表 31

村委会名	党务负责人	村委会负责人	户数（户）	人数（人）	耕地（亩）	林地（亩）	村级集体经济收入(元)
龙山村	厉建根	厉建根	462	1257	803	3212	341472
立功村	王仲铨	王仲铨	565	1535	1060.73	3782	366891
丰树坪村	许连校	徐彩荣	508	1425	1016	4061	409820
泰岳村	赵天白	朱堃太	560	1628	1200	980	348037
许岙村	梁建祥	梁建祥	903	2491	1881	11645	500001
青山村	叶炳荣	程顺贤	357	989	1200	5556	465996
覆卮村	许学轩	王桂苗	310	905	619	11059	469400
东澄村	戚彭飞	戚彭飞	388	973	1145	7025.5	570558

353 人。有社会福利性敬老院 1 个，年底供养老人 8 人。农村新建住房 70 户，建筑面积 1042 平方米。

【项目引进成效明显】 年内，岭南乡派人先后赴上海、杭州、宁波等地进行外出招商，取得丰硕成绩。投资 5 亿元的檀香山庄二期项目达成投资协议，计划建设集高端培训、运动体验和休闲养生为一体的产业项目；投资 5000 万元的许岙青少年研学基地项目已完成签约；投资 500 万元的茶文化研学项目已完成内部装修；投资 500 万元的房车营地项目完成签约落户。

【全域旅游魅力彰显】 岭南乡以“打造离大上海最近的高山魅力梯田”为主题，在年内举办高品质的油菜花节、樱花节、露营节、攀浪节等系列节会活动。油菜花节期间，首次尝试接驳车有偿换乘，景区道路秩序井然，人气达到历史新高，单日游客量最高达 2.7 万人次。全乡全年累计接待游客 91.4 万人次，实现旅游经济收入 2000 余万元，获评“中国最美山水生态旅游名镇”。

【美丽经济成效斐然】 全域推进资源、资产等要素盘整，鼓励有条件的村发展村庄经营项目，此举有效盘活闲置厂房 690 平方米、存量土地 0.28 公顷，累计完成梯田流转 46.67 公顷，激活鉴证闲置农房 1.88 万平方米，成功创建绍兴市闲置农房激活先进乡镇，其中东澄村、青山村被评为“绍兴市闲置农房激活示范村”。加快培育以民宿为主的旅游新业态，投资 1000 万元建成的沐格山居成为上虞民宿新地标，投资 2000 万元的东澄那园民宿 5 号、7 号楼基本完成建设，全年新增民宿 3 家，累计在册登记数达到 28 家，创成区级金宿 1 家、银宿 5 家，被评为“绍兴市乡村振兴工作突出贡献集体”，东澄村、青山村被认定为“区首批民宿经济特色村”。

【乡村面貌显著改善】 高标准持续推进“河长制”建设，着力巩固“污水零直排区”创建成效，扎实开展小流域综合整治，不断夯实生态底色。年内，乡政府联动开展最严环保执法，生态环境质量公众满意度持续提升，被评为“绍兴市生态文明建设工作突出贡献集体”。持续深化“五星 3A”系列创建，实现“五星”达标全覆盖。常态化开展农村人居环境整治提升，强势推进“百日攻坚”集中行动，创新实施美丽庭院“绿币计划”，在区级环境卫生专项检查中长期保持前列。建成美丽乡村公路 2.3 千米，乡村公路改造提升里程 3.5 千米，创成绍兴市“四好农村路”示范乡镇。全面实施县道路灯亮化工程，井枫线、百悬线共安装路灯 518 盏。

（赵　汀）

陈溪乡

【概况】 陈溪乡位于上虞区南部，距上虞城区37千米。地域面积40.2平方千米，辖8个行政村。年末总户数3163户，总人数8199人，同比减少3.13%。其中女性人口3966人，同比减少2.84%。流动人口19人，同比减少42.42%。2019年实现财政收入8391.8万元，同比增长105.8%。农村常住居民人均可支配收入22652元，同比增长7.1%。

全年农作物种植面积1138.5公顷，有水田369.93公顷，粮食总产量375吨。有林地面积2207.99公顷，出产茶叶23.2吨，出产毛竹5580吨，出产毛笋958吨，出产青梅236吨，出产板栗1367吨，出产樱桃21.5吨，农业总产值2368万元。存栏生猪124头，出栏生猪174头；存栏山羊3391只，出栏山羊393只；存栏家禽6106羽，出栏家禽7650羽。完成固定资产投资与第三产业项目投资5786万元。工业企业12家，总产值8500万元，有商业网点375个，第三产业年产值4000万元。公路通车里程24千米，等级公路通车率75%。有小学一所，在校学生75人，入学率100%。幼儿园1所，在园幼儿22人，入园率100%。有乡级卫生服务中心1个，村级卫生服务中心8个，社区卫生服务站3个。全年出生62人。自来水普及率100%。参加农村新型合作医疗保险5775人，最低生活保障救助230人。有社会福利性敬老院1个，年底供养老人10人。发放世纪华通资助陈溪乡60岁以上老人的现金总额229.4万元，受益2712人。农村新建住房16户，建筑面积2890平方米。

【行政村规模调整】 6月，根据上虞区委、区政府的部署，陈溪乡行政村规模再作调整，原陈溪村与石笋山村合并，定名陈溪村，合并后的陈溪村人口达1966人，因“石笋山”在原陈溪村辖内，此次合并，消除了乡外人的误会。原塔溪村与旭峰村合并，仍叫塔溪村，合并后的塔溪村人口达1124人。经过调整，陈溪乡行政村由10个变成8个。

2019年陈溪乡各村委会基本情况表

表32

村委会名	党务负责人	村委会负责人	户数（户）	人数（人）	水田（公顷）	山林（公顷）	村级集体经济收入（万元）
虹溪村	王柏成	王永良	370	999	44.2	412.2	2.78
干溪村	王永良	吴春寿	413	1096	57.07	199.8	0.48
小陈岙村	王建中	王银达	378	926	17.53	81.07	0.65
夏家岙村	陈江芬	夏明强	308	812	43.33	345.51	2.34
陈家岙村	胡建忠	陈伟元	245	616	39	67.4	1.33
太平山村	金秋丰	金银表	275	660	37.53	282.07	65.45

村委会名	党务负责人		村委会负责人		户数（户）	人数（人）	水田（公顷）	山林（公顷）	村级集体经济收入（万元）
	书记	副书记	组长	副组长					
陈溪村	陈华灿	戴建平 郭益昌	陈华灿	王永福 王伟中	746	1966	67.66	266.87	10
塔溪村	陈江灿	邵冠强	陈江灿	王庆高 徐欢坤	428	1124	67.41	543.07	5.19

【景区建设】 年内，陈溪乡投资1500万元，对中心区旅游配套设施进行升级改造，项目以溪、山为依托，开辟山径、装点河道、新建广场，进一步提升了景区品位。“环山游步道”起自石笋山脚，沿溪流，循山坡，横贯石笋山顶，总长3500米。“美丽河道”西北起自槐花桥，东南至新建山桥，总长1.55千米。其间建亲水漫道779米，打造总面积2450平方米的露天游泳池两个。河道中翻建堰坝5座，其中鲤鱼坝最为亮眼，由钢筋混凝土浇筑，长50米，既保持截水灌溉作用，更凸显亲水游玩功能；坝身造型像鲤鱼，平时溪水穿“鱼肚”而下，坝内碧潭，坝外瀑布，坝顶宽阔平坦，是游人相娱嬉戏的景所。“滨水广场”与双石笋隔溪相对，总面积15000平方米，场内植翠竹、绿树和花草，设竹屋、竹桥和竹椅秋千等，曲径环绕，绿坪宽广，又有文化装点，幽雅中尽显魅力。同时投资90余万元实施“星级”厕所标准化改造，新建厕所2个，改造7个；投资150万元，完成王阳明先祖居住地陈列馆布展及“浙东新四军后勤基地纪念馆”提升、扩容；投资600万元启动竹隐小镇游客服务中心建设。

【旅游创建“双喜临门”】 围绕“仙山秀水，竹隐陈溪”总体定位，陈溪乡重点打造乡村度假、文化休闲、运动健身、生态康养等特色，经过“锦上添花”式的设施建设和文化点缀，打造旅游品牌。通过绍兴文广旅游局验收评定，陈溪全域被评为“浙江省AAAA级景区镇”；境内的“雪花谷·隐山”民宿，获评绍兴市唯一省“白金宿”。

【“五水共治”成效显著】 陈溪乡党委、政府继续全面推进“五水共治”，严格落实河（湖）长制，提升水环境质量，确保水质断面优于四类水。年内，投资3000多万元完成小陈岙村、石笋山村、干溪村、陈家岙村、陈溪村居民用水联网上虞区标准水；完成塔溪村、小陈岙村、夏家岙村饮用水提标达标工程。夏家岙村、干溪村、太平山村小流域治理工程顺利推进。污水排放全面整治，陈溪乡被评为“污水零直排区”建设省级考核先进集体。

【公路路网持续完善】 年内，全乡美丽乡村公路提升工程成效显著。百悬线—王岙道路建成，路长2.7千米，宽3.5米，结束王岙自然村不通车的历史。虹溪－雪花潭道路拓宽改造工程竣工，路长2.2千米，路宽由3.5米增至6米，提高旅游通景道路的标准。陈家岙村环村道路改造完工，路长1100米。夏家岙村至铁山后、旭峰自然村至浪撞自然村、大庙畈至天福庵道路改建工程全面实施。 （郑建垚）

下管镇

【概况】 下管镇位于上虞区东南隅，四明山麓，与余姚市相邻，距离区中心28千米，百悬公路自南向北贯穿全镇。境域面积48.5平方千米，下辖9个行政村和1个居委，年末总户数4272户，人口11247人。2019年，全镇实现财政总收入385万元，一般公共预算收入224万元；实现工业总产值3亿元，其中规上工业产值2487.1万元，同比增速51.1%；实现固定资产投资2953万元。

全镇集体所有耕地面积491.2公顷，其中家庭承包经营耕地183.33公顷；有家庭农场19个，经营土地面积21.93公顷，年销售农产品总值69万元。有农民专业合作社28个，其中市级示范社1个，全年实现经营性收入合计75万元；村级集体经济总收入1281.74万元，其中经营性收入322.53万元，农村常住居民人均可支配收入增长8.5%。全镇闲置农房上传面积6.86万平方米，其中激活87户共3.97万平方米；盘活闲置厂房2526.2平方米。完成“污水零直排区”一户一表截污纳管，共增设污水管道5.1千米，污水纳管量为80升每人每天；全年通自来水管道总长19.57千米，年供水15.44万立方米。有镇中心小学1所，在校学生117人，入学率100%；镇中心幼儿园1所，在园儿童71人；投入95万元用于镇小设施提升、幼儿园维修和奖教奖学等教育支出。有中心卫生院1所，下属东里社区卫生服务站1家，芦山村、兴南村、洙凤村3家村级卫生室，前溪岙村、新庄村设有2个驻村工作室，全年完成门急诊诊疗4.6万人次；组织义诊、布病监测、健康体检等累计服务群众3600余人次。出生87人，生育率3.93‰，自然增长率–0.6‰；城乡居民合作医疗参保率99.01%，基本养老保险参保率95.3%；救助低保等弱势群众1212人次，发放各类救助金173.6万元，同比增长20%；完成11户困难群众住房救助，审批保障农民私人建房32户；开展居家养老服务中心省级创建工作，完成4个避灾安置场所改（扩）建，2个村级公墓建设。全镇共设有便民服务中心10个，包括1个镇级便民服务中心和9个村级社区便民服务中心，并设基层自助政务终端4个。集镇设下管邮政支局，下设9个村级代邮点，7个村已安装邮政智能快递柜。辖区内工业、农业、居民生活用电属下管供电所维护，有一座35千伏变电站（下管变）；专变24台，总容量3725千瓦；公变52台，总容量11800千瓦。10千伏高压输电线路4条，总长度31.332千米，380伏低压线路合计60.9千米。

2019年下管镇各村（居）委会基本情况表

表33

村名	党务负责人	村（居）委会负责人	户数（户）	人数（人）	耕地（亩）	山林（亩）	村级自主经济收入（经营性收入）（万元）
东里村	郭伯丁	徐同成	375	1040	645	13054	30.27
联新桥村	徐永昊	王凤根	365	1025	577	7860	33.3
新民村	朱明江 徐建园	徐建园	535	1316	796	5879	34.72
振新村	娄杏芬	徐建群	705	1545	701	3665	46.58
兴南村	王永田	石龙盛	508	1345	1043	6870	33.27
前溪岙村	桑明华 徐建军	阮国水 董芙蓉	517	1416	831	11139	53.91
新庄村	沈仲照 钱建东	钱建良 钱建东	351	944	829	7590	33.95
洙凤村	周小牛	董建强	554	1628	1067	10743	33.28
芦山村	张吉权	张天华	362	988	721	8715	31.81

2019下管镇生态文化旅游暨樱桃节开摘仪式

（下管镇　提供）

【2019年下管生态文化旅游节（樱桃节）】 4月21日上午，“诗画曹娥江·樱桃传家话”2019下管镇生态文化旅游暨樱桃节开摘仪式在下管镇洙凤村樱桃广场举行。

【前溪岙村举行揭牌授印仪式】 7月4日上午，下管镇前溪岙村举行新村授印揭牌仪式，由管梁村和下燕村撤并调整为前溪岙村。镇班子全体成员、原管梁村和下燕村全体联村人员出席仪式。为实施乡村振兴战略，健全完善乡村治理体系，加快推进农业农村现代化，按照区委、区政府的统一部署，结合下管镇实际情况，下管镇自5月开始启动行政村规模调整工作，全镇由原先的10个行政村精简为9个行政村。

【下管“娘家人”调解品牌】 9月，下管镇“娘家人”调解工作室正式挂牌成立。调解室由两位有着30多年农村工作经验的退休镇村干部坐镇，并吸纳律师、教师、心理咨询师、警员、网格员以及民兵充实“娘家人”队伍。品牌调解室制定专职调解员“以奖代补”方案（试行），保障待遇经费；落实办公地点，配齐办公设施；明确职责，要求服从镇党委政府、调委会工作安排，积极开展法治宣传，坚持调防结合、以防为主，及时收集、掌握各类纠纷信息和动态，协助党委政府及有关部门化解纠纷；制定岗位责任制、学习制度、矛盾纠纷排查制度、接待受理登记制度、回访制度等一系列规章制度，真正做到有章可循、规范运行。调解室挂牌以来，“娘家人”累计接待上门咨询、求助 300 余人次，解答来电咨询 190 余人次，成功化解各类纠纷 90 余起，信访率有所下降。

【获评首批“浙江省弘扬孝德文化先进单位”】 10 月，下管镇被授予首批“浙江省弘扬孝德文化先进单位”称号。下管镇党委高度重视孝德文化建设，于 2016 年初组建“书记挂帅镇长负责，分管领导具体抓，其他干部合力抓”的领导队伍，成立由镇村干部和孝德志愿者为代表的管溪孝德文化研究会，全镇形成上下贯通的孝德文化组织网络。镇政府先后重建和修缮积善堂、应乾塔、五经牌坊等见证管溪孝德文化史的标志性建筑，同时确立管溪孝德文化研究会和下管镇中心小学两个孝德文化示范基地，并先后开展百对金婚夫妇喜庆宴、“双十佳”表彰暨百岁老人贺寿、孝亲敬老模范评选表彰等一系列活动，递进孝德乡风文明，经验做法连续 3 年在上虞区孝德文化研究会年会上发言交流。同时，举办下管镇 18 个孝德典型人物巡回展览。

【农村人居环境整治提升】 8 月底，下管镇开展农村人居环境整治提升集中攻坚“百日行动”，行动以“一分两清三化”即农村生活垃圾分类，清理乱堆乱放、清理空倒房，公厕洁化、“三线”序化、庭院美化为重点，明确 6 个方面共计 32 项攻坚工作。“百日攻坚”行动开展以来，全镇累计投入资金 300 余万元，在 9 个行政村全面铺开人居环境整治工作，整改环境卫生问题点位 2500 余个，清洁人次 3500 余次，清理房前屋后垃圾堆积点位 1600 余处，清除垃圾死角 900 余处。联新桥村、前溪岙村获评 2019 年绍兴市农村生活垃圾分类示范村。

【农村社区专职工作者试点】 为建强农村基层队伍，提高社会管理和服务水平，8 月，下管镇启动农村社区专职工作者试点工作。一是队伍结构比优。全镇 53 名专职工作者中，党员 39 名；平均年龄 43.8 周岁，比实施前下降 10.1 周岁，其中公开招聘人员 18 人，平均年龄 28.8 周岁，大专及以上学历 14 人。二是工作战斗力强。村级管理人员实现有效的交替更新，“四大员”的岗位设置，有效扭转以前村干部队伍普遍存在的职责不清、精神懈怠的“慵懒”现象，为“最多跑一次、最多跑一地”改革延伸。三是试点认可度高。试点工作充分考虑镇情、村情和现有村级管理人员实际，前期进行充分动员，科学制定政策，3 名村主职干部主动让贤让位，14 名由于多种因素未聘用的村干部均表示理解、支持。整个试点工作平稳有序，无信访、上访事件发生。

（沈钱勇）

丁宅乡

【概况】 丁宅乡地处上虞东南部，距城区 23 千米，地域面积 42.51 平方千米，辖 7 个行政村，2019 年年末总户数 3543 户，总人口 10009 人，当年出生 69 人（其中二胎 20 人），人口自然增长率为 0‰。全年地区生产总值 15.4 亿元，同比增长 8.8%，其中规上工业产值 2.1 亿元，财政总收入 1252.2 万元，同比增长 26.1%；其中一般公共预算收入 700.7 万元，同比增长 34.5%；外贸出口增长 17.21%。农村常住居民人均可支配收入 29636 元，同比增长 9.5%。

全年农作物种植面积 1310.2 公顷，粮食总产量 6472 吨；水果种植面积 556 公顷。有中心学校（中小学）1 所，专任教师 33 人，在校中学生 56 人，小学生 112 人，入学率 100%；中心幼儿园 1 所，入园儿童 109 人，入园率 100%。有社区服务中心 1 家，村级卫生服务站 2 家，初级卫生保健普及率 100%。自来水普及率 100%。参加城乡居民医保 7806 人，参加农村养老保险 235 人，最低生活保障救助 128 户，计 220 人。有社会福利性敬老院 1 个，床位 25 张，年底供养老人 17 人。有公共运营车站 1 个，行政村公路通车率 100%。农村新建住房农户 33 户，建筑面积 7697 平方米。

在实施乡村振兴战略中，丁宅乡致力于打造“四季仙果特色强镇，精致精美特色小镇”升级版，成效显著:成功入选2019年中央农业产业强镇示范建设名单(全省7个之一,绍兴市唯一入选乡镇);上宅村被评为"绍兴市闲置农房激活示范村";上宅村、华湾村成功创建为省级高标准生活垃圾分类示范村,垃圾分类工作考评位列全区第一;乡幼儿园被命名为全区首个乡镇级"浙江省体育示范幼儿园"。

【入选2019年中央农业产业强镇示范建设名单】 7月20日,农业农村部办公厅和国家财政部办公厅联合发文,浙江省有7个乡镇被批准为2019年中央农业产业强镇示范建设名单,丁宅乡名列其中,丁宅乡也是绍兴市唯一一个获批的乡镇。这是继2018年被省政府命名为省级特色农业强镇后,农业产业发展又一次新的突破。丁宅乡"中央农业产业强镇示范建设"计划总投资7780万元,实施17个项目,重点投入到"四季仙果"规模扩大和精品园区建设、农业产业精深加工、精品民宿、农旅综合体规划、科技试验地建设和农技服务,挖掘研究丁宅蚕桑文化,电子商务孵化基地及配套设施建设等。该项目已于年内有序展开。

2019年丁宅乡各村委会基本情况表

表34

村委会名	党务负责人	村委会负责人	户数(户)	人口(人)	耕地(亩)	山林(亩)	村级集体经济收入(万元)
丁宅村	徐振海	丁建国	656	1710	1741	2823	51.47
上宅村	丁孝章	周赞钿	516	1550	1391	5185	55.01
下宅村	丁松青	任海荣	466	1292	1325	1338	25.01
新任溪村	任建立	任建立	680	2046	2220	6273	30.03
双桥村	金栋	李军	442	1279	944	7482	25.02
缸岙村	邱林华	赵志坚	280	797	813	6867	30.2
华湾村	王世圻	王世圻	503	1335	1471	9691	60.02

【"浙江省小城镇环境综合整治行动"省级样板创建】 年内,丁宅乡借获评"浙江省小城镇环境综合整治行动"省级样板的东风,切实开展小城镇环境综合整治升级行动,该行动与全乡上下合力同创的"三改一拆""五星达标、3A争创"等重点工作相结合,全年共集中整治攻坚21次,出动机械车辆8020车次,清除卫生死角960余处,清运处理各类垃圾8730吨,拆除各类违法建筑203处,拆违面积1200余平方米。整治集镇"线乱拉",采取"上改下""多杆合一""三箱合一"等措施,与道路"亮化、绿化、美化"相结合,提升整体景观品位。在整治过程中采取分片管理、十小时巡逻执勤和定位执勤等方法,彻底整治占道经营、车辆乱停乱放等乱象,并制定措施,落实集中、定期、长效管理政策,打响基础设施提升正规战。

【全区首个乡镇级"浙江省体育示范幼儿园"】 12月6日,丁宅乡中心幼儿园被省体育局命名为"浙江省体育示范幼儿园",是上虞区唯一一个获此荣誉的乡镇级幼儿园。丁宅乡中心幼儿园体育特色活动是篮球和远足,2017年、2018年连续两年获得浙江省亲子篮球赛多项团体奖,在2019年举行的绍兴市首届幼儿篮球赛中,该幼儿园18名幼儿参加,比赛结果,该园参赛的多个项目中,有27人次获前10名,其中多名获个人前三名,10人定点连续传球接力获一等奖,一位教师的论文获浙江省幼儿体育与健康发展论坛论文一等奖。

【全区首个乡贤联谊会成立】 7月20日,丁宅乡成立全区首个乡贤联谊会，成立大会上，区政协副主席吴建平，区乡贤研究会会长陈秋强到会致贺。新成立的这届乡贤联谊会有会员 52 名，会员都是长期以来一直关注支持家乡发展、关心家乡建设的丁宅籍乡贤，会议选举浙江杭特有限公司总经理顾小平担任首届会长。联谊会制定七章三十三条的章程，在会上获得通过。

上虞区丁宅乡乡贤联谊会成立大会现场（陈国林　摄）

【2019 绍兴·丁宅仙果小镇跑友争霸赛】 4 月 5 日，“2019 绍兴·丁宅仙果小镇跑友争霸赛”在丁宅乡“美丽乡村示范带”举行，来自绍兴市各地的马拉松选手和丁宅本地的跑步爱好者 1200 多人参加比赛。本次争霸赛起终点为丁宅乡政府所在地，途径丁宅老街、新建路、丁宅公路，转入上宅漫水桥进入十里桃花风情绿道，再穿过风景迷人的桃花谷、芋艿湾到达乡政府。比赛决出男子组前三名和女子组前三名。

2019 绍兴·丁宅仙果小镇跑友争霸赛　（陈国林　摄）

【“省级高标准农村生活垃圾分类示范村”创建】 12 月，上宅村创建为“省级高标准农村生活垃圾分类示范村”。年内，上宅村以农村人居环境整治提升“百日攻坚”行动为契机，以“路净、水清、院美”为目标，组织全体村民，推行垃圾分类，组建一支党员、学生、退休干部等参加的垃圾分类志愿者队伍，制订垃圾分类各项制度标准，做到全村生活垃圾分类清运，应收尽收，日产日清，全年开展集中整治攻坚行动 12 次，出动机械车辆 125 车次，清运生活垃圾 520 余吨，建筑垃圾 410 余吨，清除卫生死角 210 余处。

（史瑞丰　陈国林）

沥海街道

【概况】 沥海街道位于绍兴市北部，区域面积 142 平方千米，其中 57 平方千米由原沥东、沥海、三汇 3 个小乡镇撤并而成，另 85 平方千米于 2019 年滨海新区江滨启动区划并而成。街道下辖 22 个行政村、2 个居委会，常住人口 5.8 万人，其中非农人口 12543 人。2019 年，实现财政收入 10 亿，人均可支配收入 36273 元。

境内共有规模以上工业企业 53 家，实现地区生产总值 36.67 亿元，工业总产值 40.72 亿元，其中规上企业产值 22.61 亿元。实到外资 2040.78 万美元。完成宝城建筑、美科电器等工业投资项目 21 只，工业投资 2.42 亿元。完成铝氧化企业机抛车间改造提升 12 家，锦盛新材料等 3 家包装企业列入市级智能化改造项目。整治“低散乱”企业 8 家，淘汰落后产能 5 项，出清“僵尸企业”2 家，高质量发展活力明显提升。坚持企业主体培育，新增国家高新技术企业 5 家、省科技型中小企业 8 家、省研发开发中心 1 家，申报各类专利 111 项。协同发展商贸服务、现代休闲观光农业，完成城沿商住综合楼建设项目地块挂牌出让前期工作，规划建设沥海海鲜一条街，验收通过 180 公顷海涂高标准农田建设项目一期，“旱改水”六期全面完工，七期入库验收。顺利完成撤镇设街工作，平稳有序推进滨海新区成立涉及街道委托管理体制机制调整工作。完成 A 类核心区 8 户住房困难户提前安置联审报批工作和 12 户危旧房隐患排查治理。新建农村家宴服务中心 4 家，农村居家养老服务照料中心配送餐服务实现全覆盖，完成街道残疾人之家建设。启动“党建 + 乡贤”新模式，发动乡贤认捐2000余万元建设党群服务中心（文化礼堂）。全街道有初级中学1所、小学3所、幼儿园3所。在校初中生969人，在校小学生2067人，入学率均为100%。有社区卫生服务中心1家，社区卫生服务站8个，村卫生室2家。全年出生人口433人。初级卫生保健率100%。参加城乡居民医疗保险32491人，参保率99.2%以上。有养老服务中心1个，年底供养老人30人。全年办理城乡养老、灵活就业、失土并轨等业务工作1.2万余人次；发放低保金380.74万元，临时救助困难家庭24户次。

2019年沥海街道各村（居）委会基本情况表

表35

村（居）委会名称	党务负责人	村（居）委会负责人	户数（户）	人口（人）	耕地（亩）	园地（亩）	林地（亩）	养殖水面（亩）	村集体常年性经营收入（万元）
阮家村	余岳春	阮荣标	810	2473	1665	—	—	495.4	151.64
四联村	赵全江	倪建灿	650	1925	983	1.65	—	8.55	21.21
城西村	顾沥海	孟伟标	896	2621	2081	—	—	528	44
百沥村	陈洪尧	朱友堂	954	2787	2247	—	—	265	2.2
南桥村	杨江丰	徐江华	631	1803	1369	—	—	—	87.20
联邵村	邵伟堂	邵国昌	763	2262	1016	—	—	294.23	182
城沿村	许文夫	赵君标	955	2485	1258	—	—	—	215
渔村村	徐尧成	朱永堂	865	2219	600	—	—	—	150
舜海村	黄勇才	沈孝良	545	1715	200	—	—	—	26.65
民生村	王国良	—	625	1847	1853	—	—	—	12
伟明村	陈宝云	—	933	2649	3348	—	—	—	142
光荣村	阮志灿	沈光尧	736	2151	1554	—	—	—	135
联谊村	王小通	王建峰	856	2418	2730	—	—	—	206
新联村	沈纪云	俞华丰	1102	3036	2986	—	—	298	12
华平村	何新龙	—	1410	3840	3329	—	—	200	5.7
南汇村	吴国林	冯德海	1336	3674	3500	0	80	128	90
华东村	厉正表	叶铭华	1097	3108	1291	—	—	1190	230
潭许村	李建坤	李越忠	1001	2899	2287	—	—	—	81
郭渎村	杭国达	柯国洋	784	2161	1910	—	—	—	69.63
东海村	陈水楚	朱华江	661	1787	1040	—	—	—	94
二渡村	陈国庆	陈信贤	712	2008	1643	—	—	323.5	100
沥东村	顾钿钩	顾杭波	663	1948	1220	—	—	412	75
沥海居委	顾莉萍	—	1550	2751	—	—	—	—	—
三汇居委	傅苗燕	—	512	755	—	—	—	—	—

【完成撤镇设街行政区划调整】 11月8日，根据《浙江省人民政府关于绍兴市上虞区部分行政区划调整的批复》（浙政函〔2019〕118号）文件要求，沥海街道在行政区划内设立沥海街道办事处，沥海街道东至崧厦街道，南至曹娥江，西北至绍兴滨海新城，街道办事处地址海滨路41号。11月11日举行撤镇设街挂牌仪式。上虞区滨海新城、沥海街道有关领导胡文炜、周伟洪、罗成刚、王吉程等出席挂牌仪式，街道全体机关干部职工、站所负责人，各村（居）主职干部，部分区人大代表、政协委员、规上企业负责人、街道退休干部代表参加仪式。（徐双双）

【持续深化农村"五星3A"创建】 沥海街道注重在巩固创建成果上下功夫，制定出台《绍兴滨海新城沥海镇环境综合整治提升三年行动计划(2018—2020年)》，坚持每月一次开展专项评价，以常态评价促创建长效。突出抓好第一批创建村"回头看"和第二批创建村复评验收工作，同时结合农村人居环境整治提升集中攻坚"百日行动"，以一分两清三化为工作重点，先后组织现场督查会议3次、环境问题巡回督查6轮128次5272处，累计投入环境整治劳力31274人次、机械2847台班，累计清理环境三乱问题5871处，清除露天粪坑1938只，使全镇农村面貌得到明显改变。（沈　锦）

【扫黑除恶专项斗争攻坚年深入推进】 为整治社会环境，年内，沥海街道成立扫黑除恶专项斗争领导小组，组织人员学习周边地区扫黑除恶专项斗争的经验做法，多轮次深入细致地做好涉黑涉恶线索的摸排工作，上报纸质涉黑涉恶线索摸排表共600余份。进一步加强宣传推广，共张挂宣传横幅125条，发放宣传折页22000张，宣传品22000份，举行宣讲会100余场，户外电子显示屏滚动播放字幕50余处，建筑围挡40余处，固定宣传栏6处，发送移动短信4条，发放举报奖励通告3000余份，有线电视字幕4条，推送微信公众号6期。（叶欢欢）

【完成"旱改水"质量提升项目六期】 11月底，沥海街道完成"旱改水"质量提升项目六期暨标准农田建设项目。该项目建设面积76.56公顷(华平村16.68公顷、南汇村29.2公顷、新联村16.2公顷、联谊村4.9公顷、伟明村7.57公顷)。项目完成后新增水田面积69.72公顷，其中垦造水田面积8.4公顷，建成标准农田面积18.05公顷。（顾建波）

【街道管理职能调整】 绍兴滨海新区成立后，沥海街道委托滨海新区管理，原滨海新区承担的县级社会事务职能由越城区相关职能部门管理，沥海街道的管理范围覆盖由原来的57平方千米增加到142平方千米，滨海新区江滨启动区划入沥海街道管辖范围，成为街道南部工业园区，现有已投产企业92家，主要发展以生命健康医药生产及高新技术装备制造为主的产业，该区由环普产业园一期等6个小微工业园区、苏宁物流园区等3个商贸物流园区以及1个汽车零部件生产制造园区组成。（徐双双）

统计资料

统计图

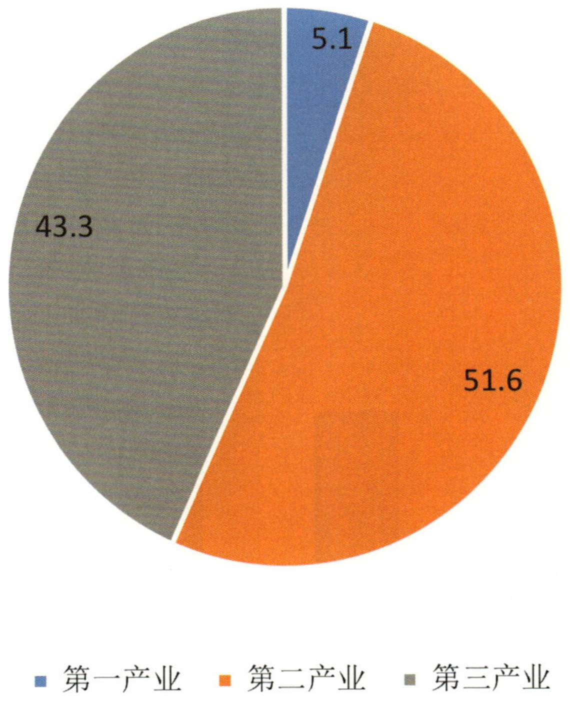

图 1　2019 年上虞区三次产业比重图

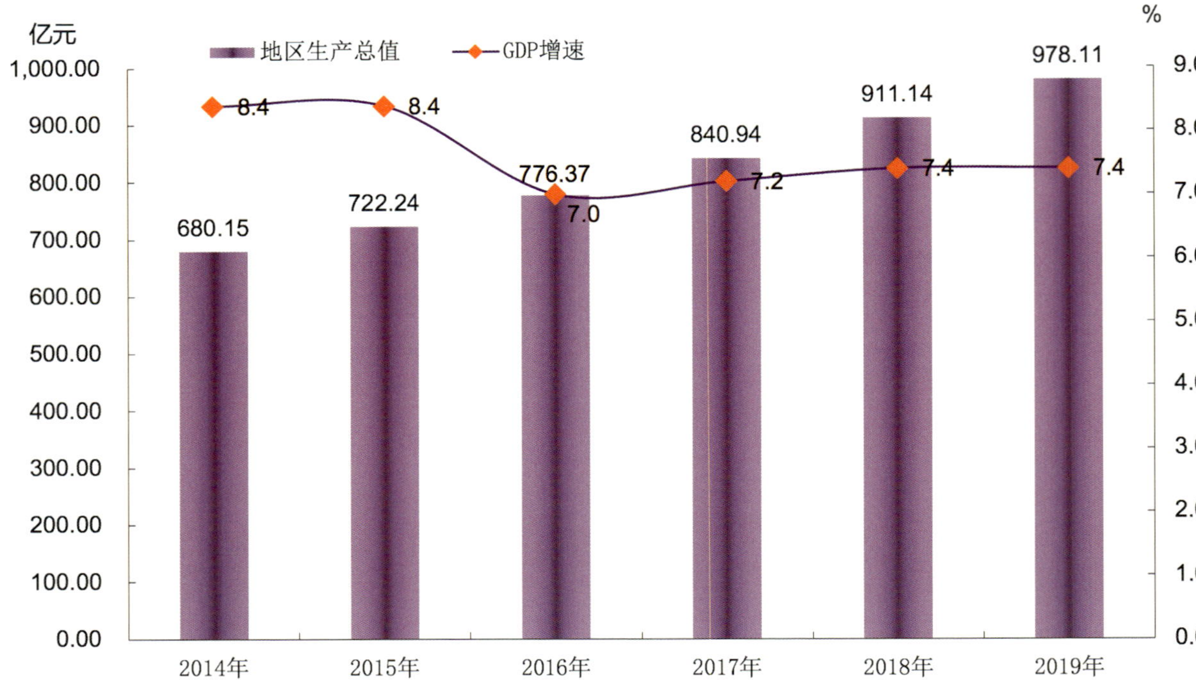

图 2　2014—2019 年上虞区地区生产总值图

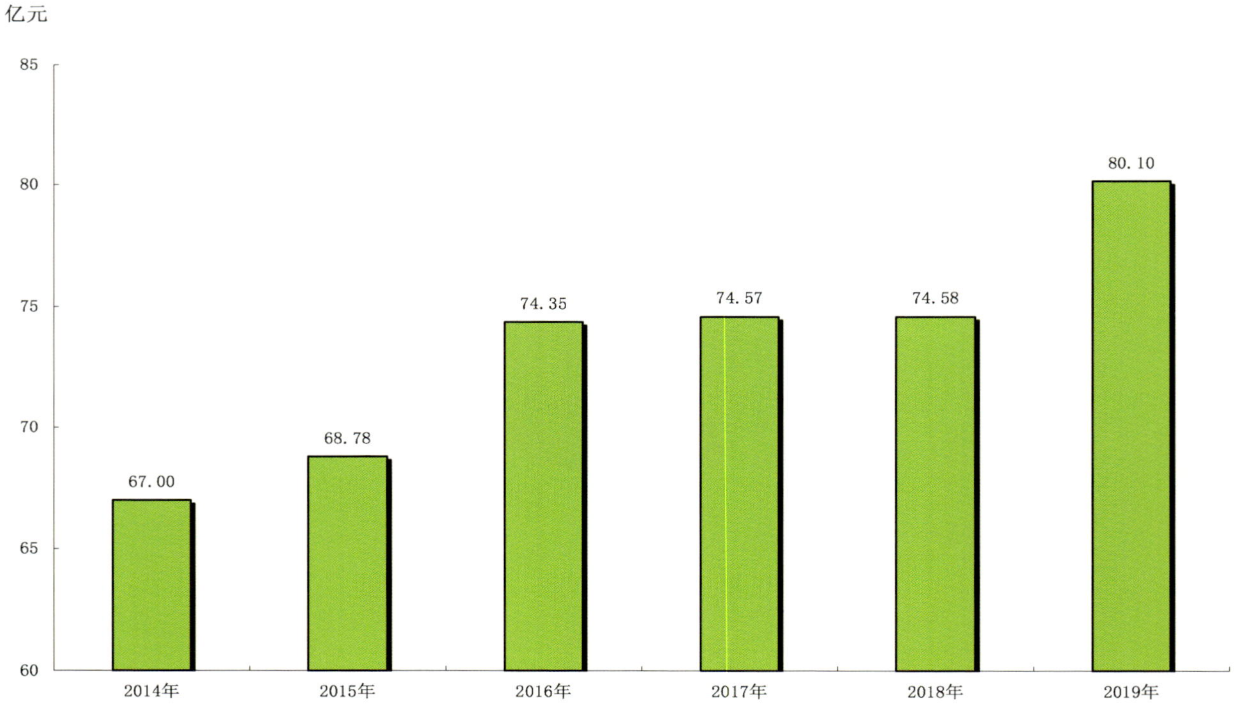

图 3　2014—2019 年上虞区农林牧渔业总产值图

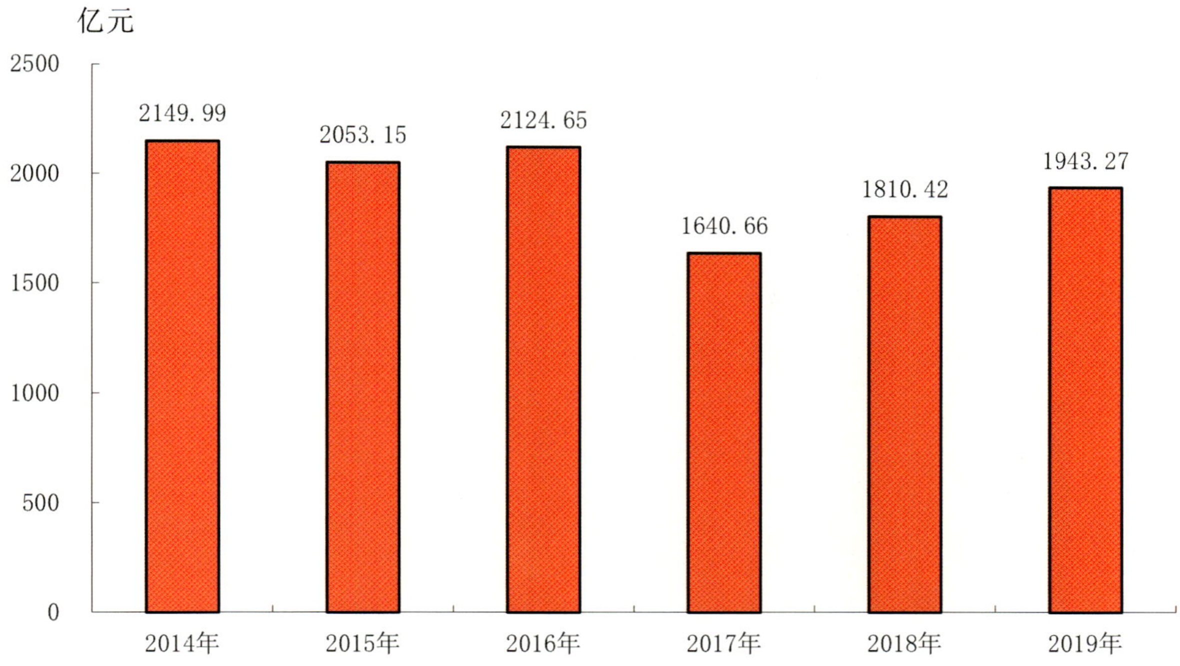

图 4　2014—2019 年上虞区工业总产值图

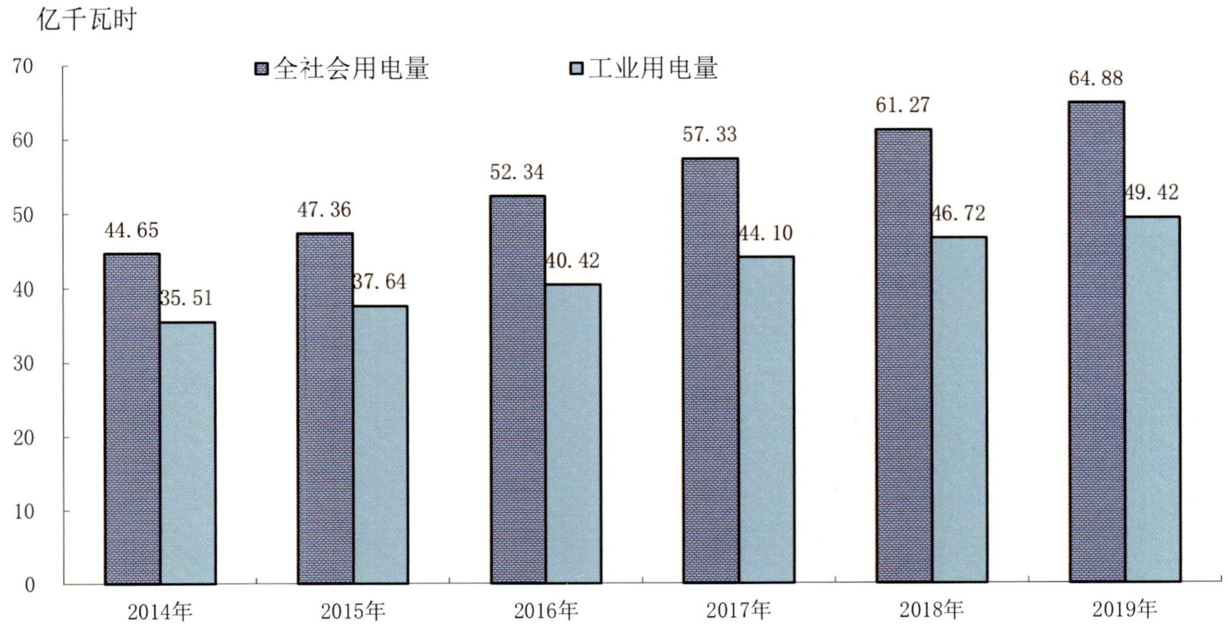

图 5　2014—2019 年上虞区全社会、工业用电量图

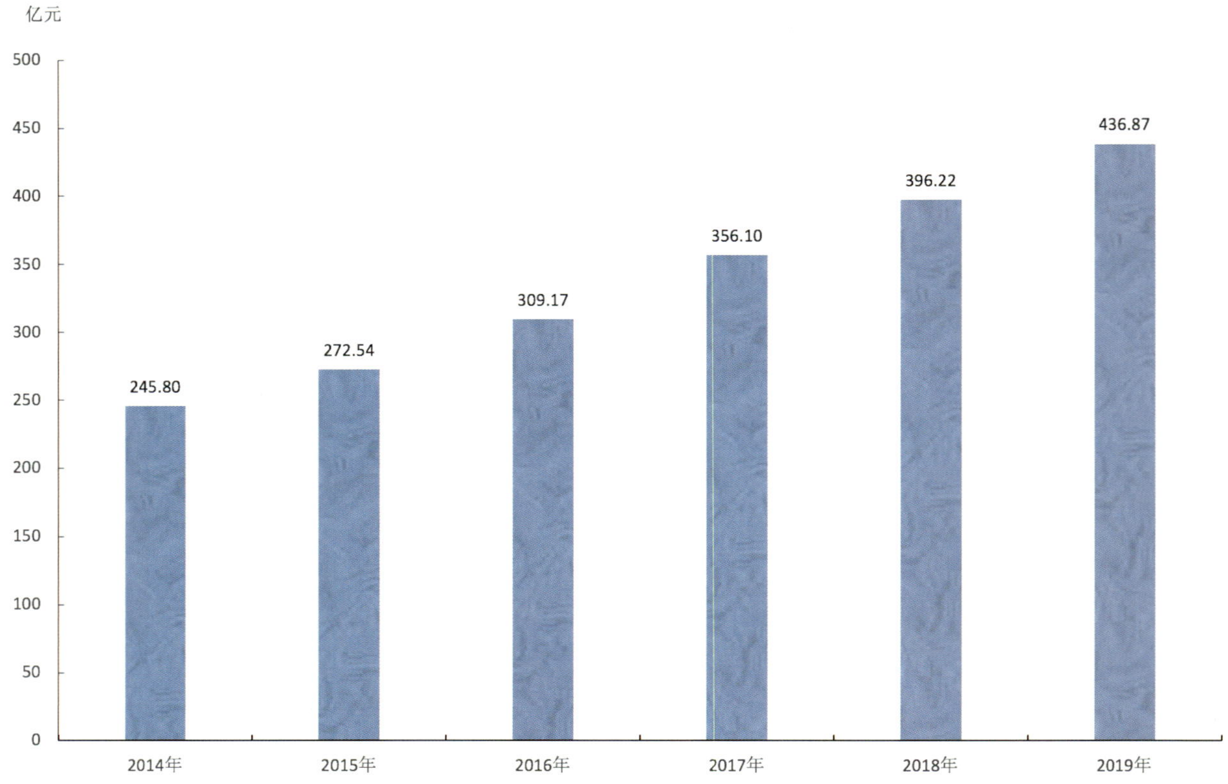

图6　2014—2019年上虞区社会消费品零售总额图

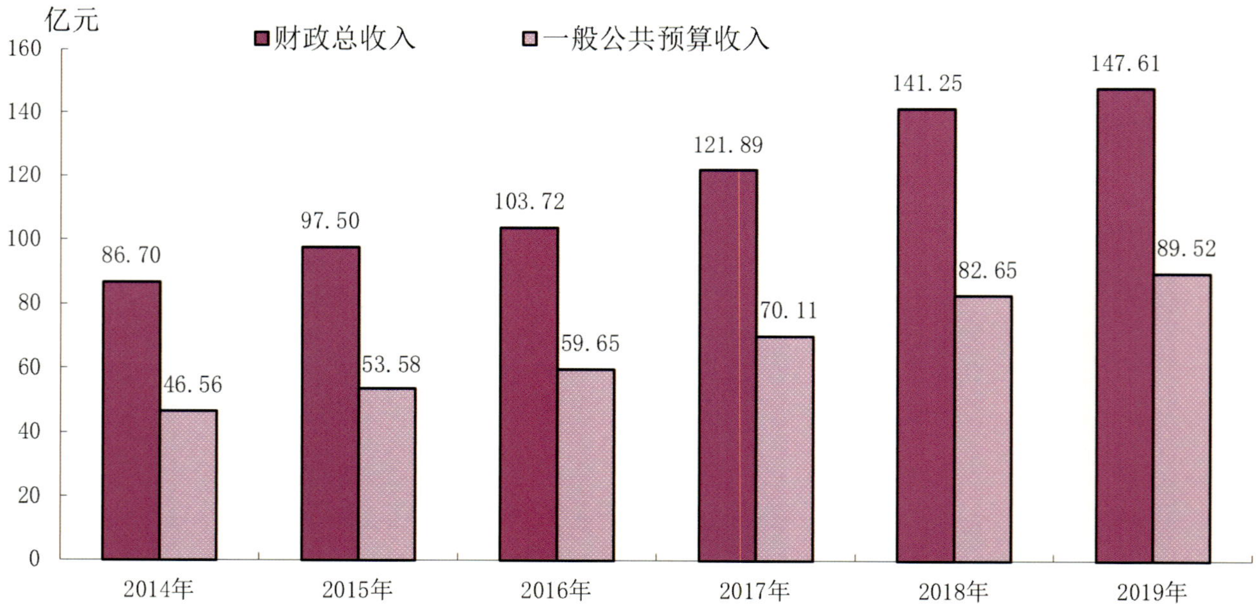

图7　2014—2019年上虞区财政收入情况图

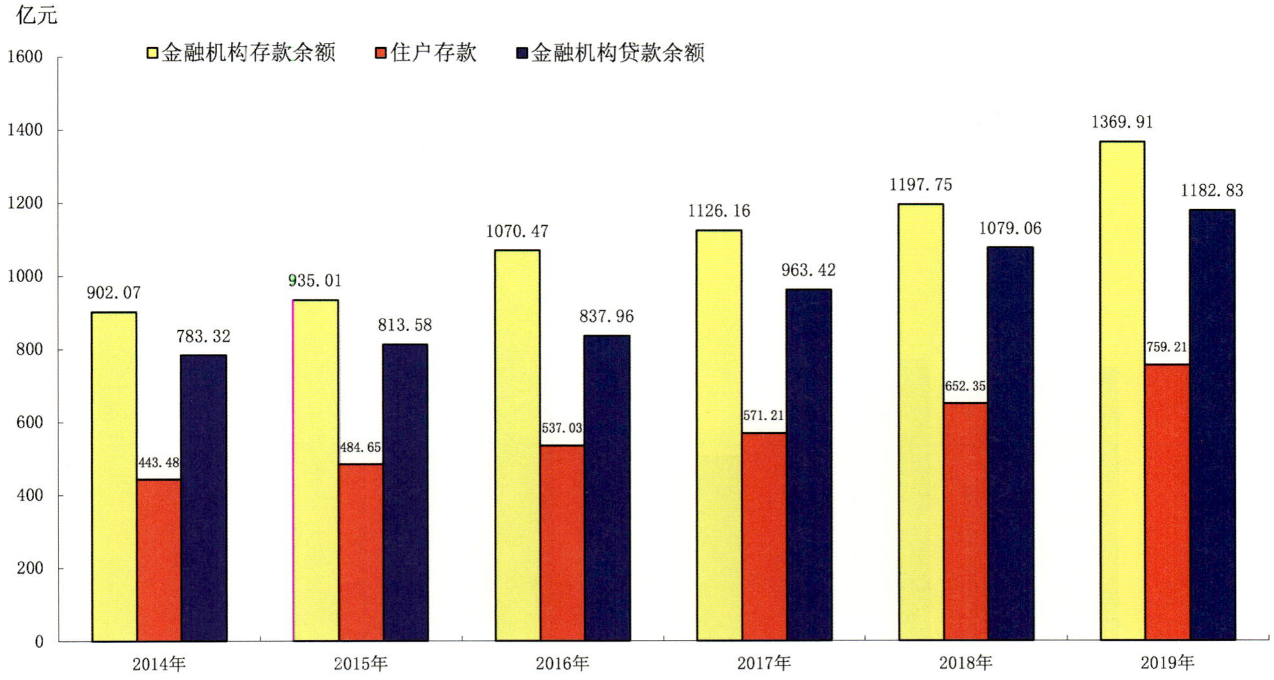

图 8　2014—2019 年上虞区金融机构存贷款余额(人民币口径)图

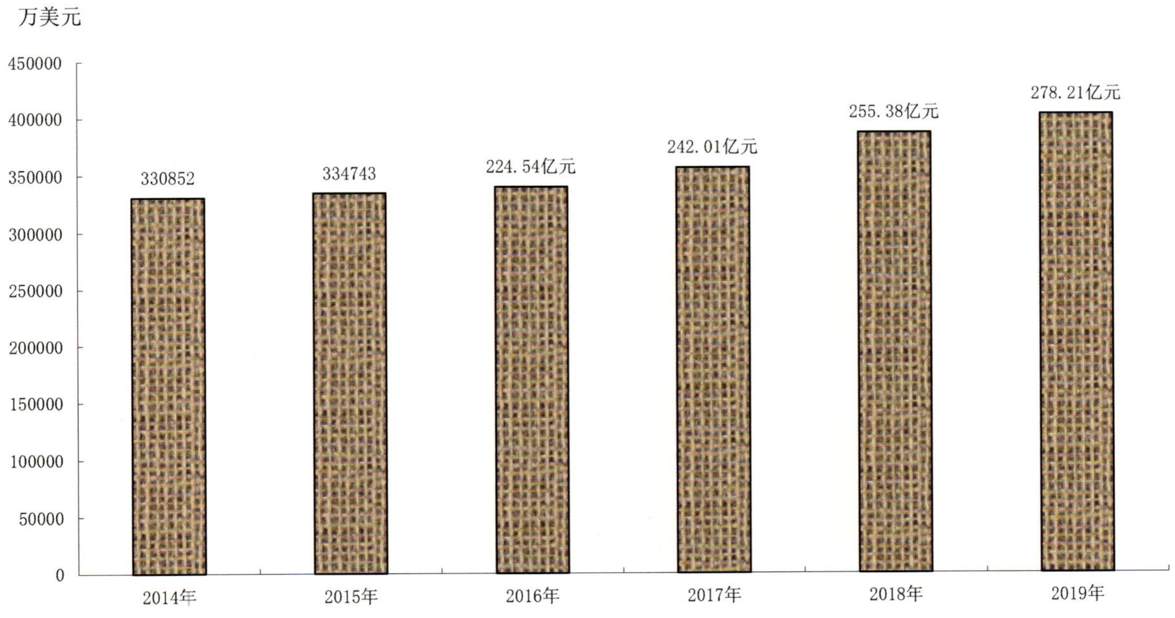

说明:2016 年开始改为人民币口径。

图 9　2014—2019 年上虞区自营出口额图

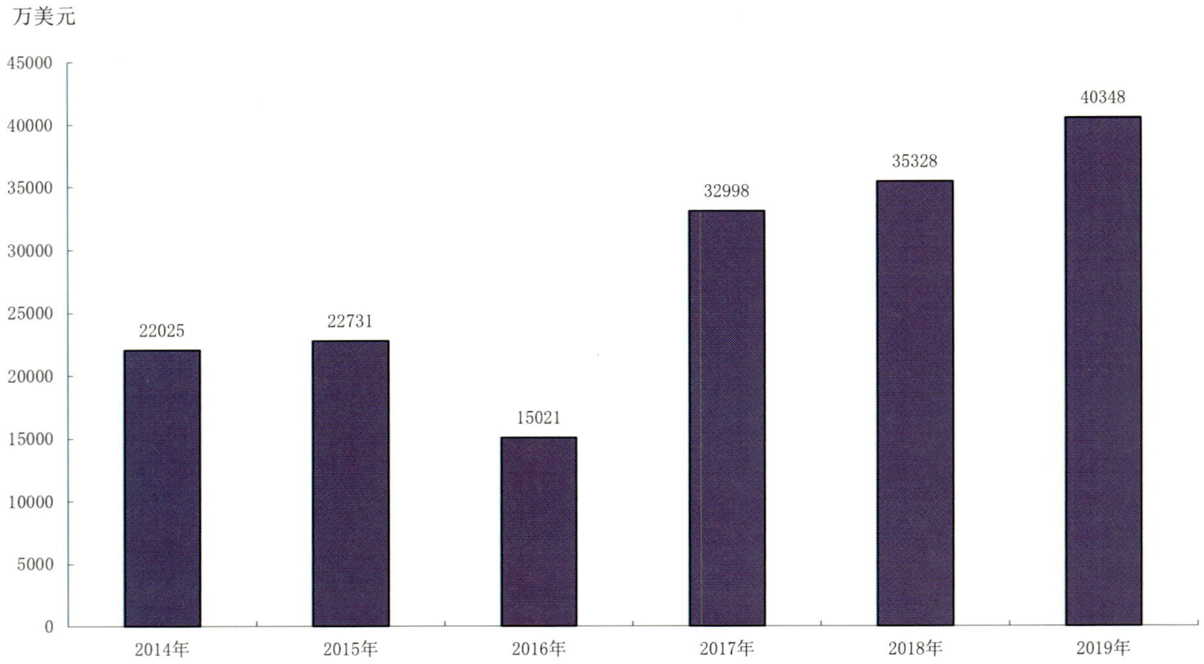

图 10　2014—2019 年上虞区实际利用外资额图

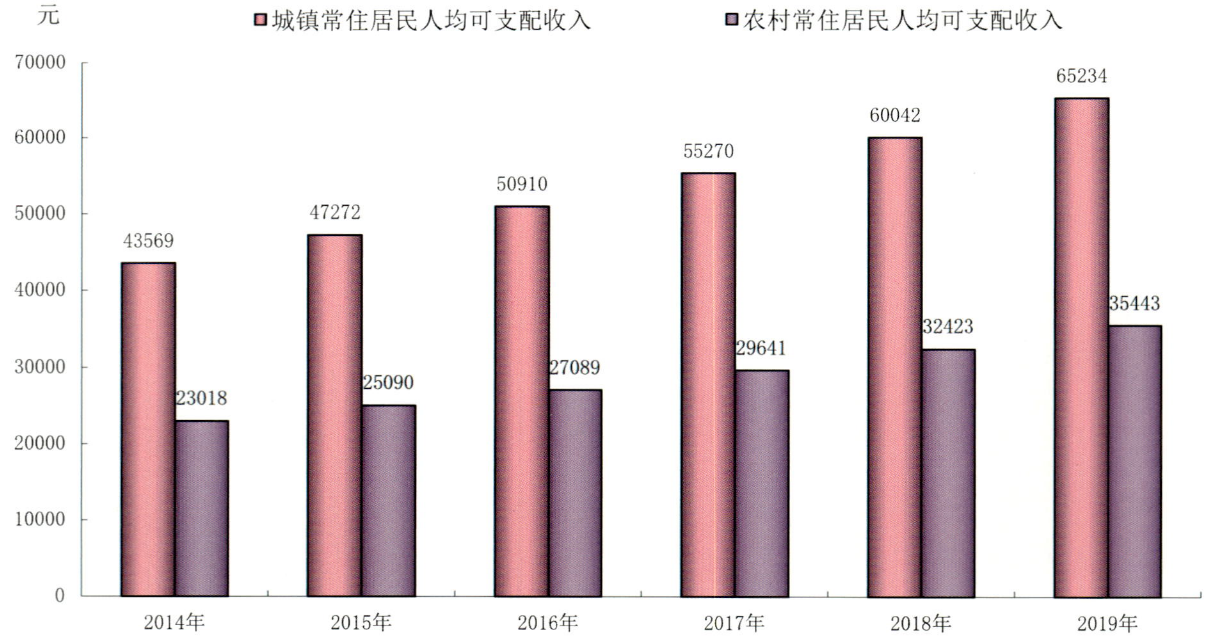

图 11　2014—2019 年上虞区城乡居民收入图

（朱佳玲）

统计表

2019年上虞概况一览表

表36

	计量单位	2018年	2019年	增幅(%)
一、行政区划面积	平方公里	1406	1406	0
二、行政组织				
镇人民政府	个	12	10	-16.7
乡人民政府	个	3	3	0
街道办事处	个	6	8	33.3
居民委员会(社区)	个	111	91	-18
村民委员会	个	334	303	-9.3
三、人口				
年末总户数	万户	28.49	28.55	0.2
年末总人口(户籍)	万人	78.04	77.94	-0.1
#男性	万人	38.45	38.37	-0.2
女性	万人	39.59	39.58	0
暂住人口	万人	20.19	21.39	5.9
全年出生人口	人	5996	5762	-3.9
出生率	‰	7.68	7.39	-0.29
全年死亡人口	人	5784	5641	-2.5
死亡率	‰	7.41	7.23	-0.18
自然增长人口	人	212	121	-42.9
自然增长率(公安)	‰	0.27	0.16	-0.11
年末城镇登记失业人员数	人	5253	5046	-3.9
城镇登记失业率	%	2.25	2.07	-0.18
城镇职工基本养老保险参保人数	万人	37.59	39.13	4.1
城乡居民社会养老保险参保人数	万人	18.48	17.95	-2.9
城镇职工基本医疗保险参保人数	万人	29.46	31.35	6.4
城乡居民基本医疗保险参保人数	万人	44.12	42.52	-3.6
失业保险参保人数	万人	19.43	21.53	10.8
工伤保险参保人数	万人	24.42	26.69	9.3
生育保险参保人数	万人	19.33	20.22	4.6

2019 年上虞经济发展主要指标一览表

表 37

指标名称	单位	2018 年	2019 年	增幅(%)
地区生产总值(现价)	亿元	911.14	978.11	7.4
#第一产业	亿元	46.54	49.7	2.3
第二产业	亿元	480.53	504.96	6.9
#工业	亿元	404.76	427.18	8
第三产业	亿元	384.07	423.45	8.7
人均地区生产总值	元	116691	125412	7.5
农林牧渔业总产值	亿元	74.58	80.1	2.5
工业总产值	亿元	1810.42	1943.27	7.3
#规模以上工业总产值	亿元	1462.93	1561.34	6.7
社会消费品零售总额	亿元	396.22	436.87	10.3
全社会用电量	亿千瓦时	61.27	64.88	5.9
#工业用电量	亿千瓦时	46.72	49.42	5.8
自营出口总额	亿元	255.39	278.21	8.9
实际利用外资	万美元	35328	40348	14.2
旅游总收入	亿元	150.61	175.46	16.5
财政总收入	亿元	141.25	147.61	4.5
#一般公共预算收入	亿元	82.65	89.52	8.3
一般公共预算支出	亿元	86.42	104.48	20.9
金融系统年末存款余额(本外币)	亿元	1233.24	1403.04	13.8
#住户存款	亿元	655.8	761.66	16.1
金融系统年末贷款余额(本外币)	亿元	1085.27	1184.72	9.2
邮电业务收入	亿元	8.76	8.71	-0.6
年末公路通车里程	公里	1578	1583	0.3
非私营单位在岗职工平均工资	元	87460	94694	8.3
城镇常住居民人均可支配收入	元	60042	65234	8.6
农村常住居民人均可支配收入	元	32423	35443	9.3

注:地区生产总值及分项增幅按可比价计算。

2019年上虞农业基本情况一览表

表38

指　标	单位	2018年	2019年	增幅(%)
农村从业人员数	万人	35.54	35.27	-0.8
#男	万人	18.47	18.31	-0.9
女	万人	17.07	16.96	-0.6
农林牧渔业总产值	亿元	74.58	80.1	2.5
#农业产值	亿元	45.12	48.1	4.2
林业产值	亿元	4.67	4.9	2.2
牧业产值	亿元	8.26	9.35	-16
渔业产值	亿元	15.47	16.55	6.8
农作物总播种面积	公顷	—	61277	—
#粮食作物	公顷	—	36670	0.5
#油料	公顷	2738	4089	49.3
#蔬菜	公顷	15106	14726	-2.5
#果用瓜	公顷	2659	2365	-11.1
#花卉苗木	公顷	2258	2249	-0.4
粮食作物总产量	万吨	—	22.86	-0.2
油料总产量	万吨	0.63	0.96	52.4
蔬菜总产量	万吨	57.28	54.6	-4.7
水果总产量	万吨	19.28	18.24	-5.4
年内生猪出栏数	万头	29.82	22.79	-23.6
年内牛出栏数	头	713	600	-15.8
年内羊出栏数	万只	4.23	3.77	-10.9
肉类产量	万吨	2.43	2.03	-16.5
水产品总产量	万吨	4.31	4.47	3.7
#淡水产品	万吨	4.24	4.4	3.8

注:农业总产值及分项增幅按可比价计算。

2019年上虞规模以上工业企业主要经济指标一览表

表 39

指　标	单位	2018年	2019年	增幅(%)
企业单位数	个	731	785	7.4
工业总产值	亿元	1462.93	1561.34	6.7
# 新产品产值	亿元	526.95	684.53	29.9
主营业务收入	亿元	1368.08	1472.93	7.7
利税总额	亿元	179.28	207.97	16
利润总额	亿元	133.27	159.74	19.9
应收账款	亿元	277.84	283.73	2.1
存货	亿元	225.46	232.85	3.3
应付职工薪酬	亿元	95.77	109.05	13.9
固定资产原价	亿元	622.29	669.01	7.5
资产总额	亿元	2037.81	2044.87	0.3
负债总额	亿元	998.92	1005.32	0.6
所有者权益	亿元	1038.89	1034.67	-0.4
资产负债率	%	49.02	49.16	0.1
成本费用利润率	%	10.47	11.7	1.2
每百元固定资产原值实现利税	元	28.81	31.09	7.9
每百元销售收入实现利税	元	12.67	13.71	8.2
流动比率	%	130	126	-4
速动比率	%	103	100	-3
企业亏损面	%	16.28	12.48	-3.8
亏损率	%	9.63	6.59	-3
利润总额占利税比重	%	74.34	76.81	2.5
产成品存货周转天数	天	35.39	35.69	0.8

2019年上虞房地产开发投资主要指标一览表

表 40

指　标	单位	2018年	2019年	增幅(%)
房地产开发投资额	万元	912431	903092	-1
按构成分				
建筑工程	万元	164284	352757	114.7
安装工程	万元	5502	3755	-31.8
设备工器具购置	万元	1601	2322	45
其他费用	万元	741044	544258	-26.6
按用途分				
住宅	万元	718429	649637	-9.6
办公楼	万元	17579	23938	36.2
商业营业用房	万元	38827	45953	18.4
其他	万元	137596	183564	33.4
新增固定资产	万元	163407	493940	202.3
竣工房屋价值	万元	160208	194984	21.7
房屋建筑面积				
施工面积	万平方米	288.19	421.17	46.1
#住宅	万平方米	196.71	258.33	31.3
竣工面积	万平方米	33.07	67.29	103.5
#住宅	万平方米	26.77	47.26	76.5
商品房销售面积	万平方米	120.69	126.78	5
商品房待售面积	万平方米	65.27	47.81	-26.8
商品房销售额	万元	1265799	1765632	39.5

2019 年上虞国内贸易一览表

表 41

指标名称	单位	2018 年	2019 年	增幅(%)
社会消费品零售总额	亿元	396.22	436.87	10.3
# 城镇消费品市场	亿元	279.03	301.75	8.1
农村消费品市场	亿元	117.19	135.13	15.3
# 批发零售业	亿元	358.23	399.37	11.5
住宿餐饮业	亿元	37.99	37.5	-1.3
商品交易市场个数	个	54	52	-3.7
# 成交额超亿元	个	13	13	0
商品市场成交额	亿元	123.17	128.79	4.6
# 消费品市场成交额	亿元	119.67	125.63	5
生产资料市场成交额	亿元	3.5	3.16	-9.7

2019 年上虞对外经济一览表

表 42

指标名称	单位	2018 年	2019 年	增幅(%)
对外贸易				
进出口总额	亿元	286.89	302.43	5.4
# 进口总额	亿元	31.5	24.22	-23.1
出口总额	亿元	255.39	278.21	8.9
# 一般贸易出口	亿元	239.3	262.46	9.7
加工贸易出口	亿元	16.03	15.57	-2.9
利用外资				
本年新签外资企业数	个	37	46	24.3
增资企业数	个	12	13	8.3
总投资	万美元	57739	114096	97.6
注册资本	万美元	52272	106805	104.3
合同利用外资	万美元	31384	50108	59.7
实际利用外资	万美元	35328	40348	14.2

2019年上虞交通主要经济指标一览表

表43

指　标	单位	2018年	2019年	增幅(%)
一、公路通车里程	公里	1578	1583	0.3
1. 干线公路	公里	145.22	145.26	0
国　道	公里	141.7	141.74	0
省　道	公里	3.52	3.52	0
2. 农村公路	公里	1432.66	1438.08	0.4
县　道	公里	391.06	400.67	2.5
乡　道	公里	112.32	108.94	-3
村　道	公里	929.29	928.46	-0.1
境内高速公路里程	公里	87.32	87.32	0
二、客运量	万人	307	317	3.3
客运周转量	万人公里	49918	53515	7.2
公路:客运量	万人	307	317	3.3
客运周转量	万人公里	49918	53515	7.2
三、货运量	万吨	2973	3201	7.7
货运周转量	万吨公里	324170	347436	7.2
公路:货运量	万吨	2432	2652	9
货运周转量	万吨公里	178169	203044	14
水路:货运量	万吨	541	549	1.5
货运周转量	万吨公里	146001	144392	-1.1

2019 年上虞邮政电信基本情况一览表

表 44

指　标	单位	2018 年	2019 年	增幅(%)
邮电业务收入	万元	87627	87137	-0.6
函件	万件	48.77	22.78	-53.3
国内普通包裹	万件	0.62	1.03	66.1
快递包裹	万件	685.41	1071.17	56.3
汇票	万张	2.77	1.85	-33.2
特快专递	万件	1.27	0.96	-24.4
订销报纸累计数	万份	2641.66	2616.47	-1
订销杂志累计数	万份	121.97	33.03	-72.9
集邮业务	万枚	108.15	46.91	-56.6
邮路总长度	公里	455	455	0
农村投递路线长度	公里	4131	4287	3.8
固定电话期末户数(包括小灵通)	万户	15.2	17.15	12.8
移动电话期末户数(通话用户)	万户	85.89	87.01	1.3
互联网用户数(包括移动互联网用户)	万户	121.94	111.52	-8.5

2019 年上虞全社会用电量一览表

表 45

项　目	单位	2018 年	2019 年	增幅(%)
全社会用电量总计	万千瓦时	612717	648848	5.9
一、全行业用电量	万千瓦时	548041	580602	5.9
农林牧渔业	万千瓦时	6556	6148	-6.2
工业	万千瓦时	467197	494196	5.8
建筑业	万千瓦时	6244	8470	35.7
交通运输、仓储、邮政业	万千瓦时	13726	14510	5.7
信息传输、计算机服务和软件业	万千瓦时	3532	3636	2.9
批发和零售业	万千瓦时	17356	17879	3
住宿和餐饮业	万千瓦时	4864	4841	-0.5
金融业	万千瓦时	1211	1182	-2.4
房地产业	万千瓦时	7422	8394	13.1
租赁和商务服务业	万千瓦时	879	1223	39.1
公共服务及管理组织	万千瓦时	19054	20124	5.6
二、城乡居民生活用电量	万千瓦时	64676	68245	5.5
#城镇居民	万千瓦时	32454	35506	9.4
乡村居民	万千瓦时	32223	32739	1.6

2019 年上虞财政预算收入一览表

表 46

收 入 项 目	单位	2018 年	2019 年	增幅(%)
财政总收入	万元	1412484	1476134	4.5
1. 一般公共预算收入	万元	826461	895152	8.3
(一)税收收入	万元	703195	756681	7.6
增值税	万元	323229	305746	-5.4
营业税	万元	151	—	-100
企业所得税	万元	115704	143031	23.6
个人所得税	万元	56320	37814	-32.9
资源税	万元	426	567	33.1
城市维护建设税	万元	42999	41435	-3.6
房产税	万元	31275	31698	1.4
印花税	万元	10470	13181	25.9
城镇土地使用税	万元	25165	21161	-15.9
土地增值税	万元	28107	23695	-15.7
车船税	万元	6212	6058	-2.5
耕地占用税	万元	9561	77724	712.9
契税	万元	53112	53996	1.7
环境保护税	万元	464	565	21.8
其他税收收入	万元	—	10	—
(二)非税收入	万元	123266	138471	12.3
专项收入	万元	57987	69789	20.4
行政事业性收费收入	万元	4114	13230	221.6
罚没收入	万元	16164	15582	-3.6
国有资本经营收入	万元	-1200	-2943	—
国有资源(资产)有偿使用收入	万元	44997	41149	-8.6
政府住房基金收入	万元	1203	1664	38.3
2. 上划中央收入	万元	586023	580982	-0.9

2019 年上虞财政预算支出一览表

表 47

支出项目	单位	2018 年	2019 年	增幅(%)
一般公共服务支出	万元	111754	128303	14.8
国防支出	万元	473	509	7.6
公共安全支出	万元	61268	80995	32.2
教育支出	万元	172774	214921	24.4
科学技术支出	万元	48170	61518	27.7
文化体育与传媒支出	万元	13524	25435	88.1
社会保障和就业支出	万元	73352	117861	60.7
卫生健康支出	万元	59994	82133	36.9
节能环保支出	万元	54569	26195	–52
城乡社区支出	万元	73181	101044	38.1
农林水支出	万元	115721	118919	2.8
交通运输支出	万元	19920	21618	8.5
资源勘探信息等支出	万元	10657	16763	57.3
商业服务业等支出	万元	11872	3686	–69
金融支出	万元	670	3623	440.7
援助其他地区支出	万元	3050	3134	2.8
自然资源海洋气象等支出	万元	7535	14825	96.7
住房保障支出	万元	14676	5172	–64.8
粮油物资储备支出	万元	886	1663	87.7
灾害防治及应急管理支出	万元	—	5998	—
债务付息等支出	万元	10133	10443	3.1
支出合计	万元	864179	1044758	20.9

2019年上虞金融系统年末本外币存贷款余额一览表

表48

指 标	单位	2018年	2019年	增幅(%)
金融系统年末存款余额	亿元	1233.24	1403.04	13.8
#住户存款	亿元	655.8	761.66	16.1
企事业单位存款	亿元	549.97	610.81	11.1
金融系统年末贷款余额	亿元	1085.27	1184.72	9.2
#短期贷款	亿元	535.67	534.74	-0.2
中长期贷款	亿元	529.32	610.04	15.3
票据融资	亿元	19	39.93	110.2
存贷比率(%)	亿元	88	84.44	-4.1

2019年上虞城乡居民生活一览表

表49

指标名称	单位	2018年	2019年	增幅(%)
农村居民生活				
农村常住居民人均可支配收入	元	32423	35443	9.3
#工资性收入	元	22339	24417	9.3
经营净收入	元	6879	7548	9.7
农村常住居民人均生活消费支出	元	20483	22293	8.8
#食品烟酒支出	元	6609	7158	8.3
恩格尔系数	%	32.26	32.11	-0.15
人均住房建筑面积	平方米	69	63.5	-8
城镇居民生活				
城镇常住居民人均可支配收入	元	60042	65234	8.6
#工资性收入	元	40205	43743	8.8
经营净收入	元	8736	9483	8.6
城镇常住居民人均生活消费支出	元	32629	35307	8.2
#食品烟酒支出	元	9950	10716	7.7
恩格尔系数	%	30.49	30.35	-0.14
人均住房建筑面积	平方米	51.5	53.9	4.7

2019 年上虞科学、教育、文化、卫生基本情况一览表

表 50

指标	单位	2018 年	2019 年	增幅(%)
一、科学技术				
R&D 活动人员数	人年	9125	9803	7.4
R&D 经费内部支出	万元	265733	305256	14.9
专利申请数	项	6524	7058	8.2
专利授权数	项	4729	4239	-10.4
其中:发明	项	592	311	-47.5
二、教育事业				
各类学校数(含幼儿园)	个	175	180	2.9
# 普通中学	个	32	32	0
小学	个	51	50	-2
在校学生数	人	98166	99827	1.7
# 普通中学	人	32841	32031	-2.5
小学	人	37602	38345	2
专任教师数	人	7305	7564	3.5
# 普通中学	人	3050	3056	0.2
小学	人	2522	2570	1.9
小学毕业生升学率	%	100	100	0
初中毕业生升学率	%	98.7	99.9	1.2
三、文化事业				
艺术表演团体	个	2	2	0
演出场次	场次	180	136	-24.4
艺术表演场所	个	1	1	0
公共图书馆	个	1	1	0
总藏书量	万册	68	73	7.4
电影院	个	6	7	16.7
电影放映场次	万场次	6.59	8.57	30
电影观众人次	万人次	180.1	141.12	-21.6
文化馆	个	1	1	0
四、卫生事业				
卫生机构数	个	39	40	2.6
卫生机构床位数	张	3331	3336	0.2
# 医院床位	张	2638	2639	0
卫生技术人员数	人	5064	5203	2.7
# 医生数	人	2101	2133	1.5
注册护士数	人	2033	2067	1.7
每万人拥有医疗床位数	张	42.68	42.8	0.3
# 每万人拥有医院床位数	张	33.8	33.86	0.2
每万人拥有医生数	人	26.92	27.37	1.7

注:学校不含电大进修和少体校。

2019 年上虞旅游经济一览表

表 51

指标名称	单位	2018 年	2019 年	增幅(%)
旅行社数	个	15	17	13.3
星级饭店总数	个	4	4	0
星级饭店客房总数	间	1165	1284	10.2
国内外旅游人数	万人次	1796.83	2087.27	16.2
# 国内旅游人数	万人次	1795.69	2086.29	16.2
入境旅游人数	万人次	1.14	0.97	–14.9
旅游总收入	亿元	150.61	175.46	16.5
# 国内旅游收入	亿元	150.4	175.27	16.5
旅游外汇收入	万美元	381	284	–25.5

（朱佳玲）

文件目录

区委文件目录

区委〔2019〕1号	关于建议潘超英同志为近期可担任区、县(市)委副书记人选考察对象的报告
区委〔2019〕2号	关于印发《绍兴市上虞区机构改革方案》的通知
区委〔2019〕3号	关于杭州湾上虞经济技术开发区、浙江省上虞经济开发区管理运行体制机制调整完善的若干意见
区委〔2019〕4号	关于曹娥江旅游度假区体制职能调整的若干意见
区委〔2019〕5号	关于高铁新城体制调整的若干意见
区委〔2019〕6号	关于建议王永表、徐志华2位同志为近期可担任区、县(市)委常委人选考察对象,建议魏国剑同志为近期可提任副县(局)级领导职务人选考察对象的报告
区委〔2019〕7号	关于建议陶劲松同志为近期可担任区、县(市)纪委副书记人选考察对象的报告
区委〔2019〕8号	关于表彰2018年度区级先进基层党组织优秀党务工作者和优秀共产党员的决定
区委〔2019〕9号	关于表彰2018年度先进集体的决定
区委〔2019〕10号	关于对2018年度优秀公务员、先进工作者及优秀乡镇街道干部给予嘉奖的决定
区委〔2019〕11号	关于深入推进“三个一批”重大项目的实施意见
区委〔2019〕12号	关于开展“营商环境优化年”活动的实施意见
区委〔2019〕13号	关于开展“城市能级提升年”活动的实施意见
区委〔2019〕14号	开展“干部作风深化年”活动的实施意见
区委〔2019〕28号	落实整改市委对区委履行全面从严治党主题责任情况报告反馈的整改方案
区委〔2019〕29号	关于上虞区部分行政区划调整的实施意见
区委〔2019〕30号	关于公布2019年度区级领导“八个一”联系点名单的通知
区委〔2019〕31号	关于调整部分区委常委、政府部门与民主党派、工商联、无党派人士、新的社会阶层人士对口联系制度的通知
区委〔2019〕32号	关于区委常委分工的通知
区委〔2019〕33号	关于公布2018上虞“娥江英才计划”入选人员名单的通知
区委〔2019〕34号	关于绍兴市管领导干部2018年度考核等次的报告
区委〔2019〕35号	关于贯彻落实省委常委、省纪委书记、省监委主任任振鹤调研精神的情况汇报

区委〔2019〕36号	关于批转《绍兴市上虞区人大常委会2019年工作要点》的通知
区委〔2019〕37号	关于批转《政协绍兴市上虞区委员会2019年工作要点》的通知
区委〔2019〕38号	关于开展竞争性选拔干部工作的通知
区委〔2019〕39号	关于促进民营经济高质量发展的若干意见
区委〔2019〕40号	关于对2018年度三等功公务员给予奖励的决定
区委〔2019〕41号	关于印发2019年度乡镇街道、区直部门(单位)、"两区一镇一办"工作目标责任制考核办法的通知
区委〔2019〕42号	关于程学法同志晋升职级的请示
区委〔2019〕43号	关于全面深化新时代教师队伍建设改革的实施意见
区委〔2019〕44号	关于推动基层公权力规范透明高效运行的实施意见
区委〔2019〕46号	关于建立区人民政府向人大常委会报告国有资产管理情况制度的实施意见
区委〔2019〕47号	关于印发《上虞区化工产业改造提升2.0版实施方案(2019—2022年)》等的通知
区委〔2019〕48号	印发《关于加快文化产业发展的实施意见》的通知
区委〔2019〕49号	关于成立区委"不忘初心、牢记使命"主题教育领导小组的通知
区委〔2019〕51号	关于向龚焕明同志学习的决定
区委〔2019〕52号	关于印发《高水平建设人才强区的若干政策》的通知
区委〔2019〕54号	关于推进新时代人大工作高水平发展的意见
区委〔2019〕55号	关于新时代加强和改进人民政协工作的实施意见
区委〔2019〕57号	关于贯彻落实党的十九届四中全会精神、更高水平推进上虞区域治理现代化的决定

区委办公室文件目录

区委办〔2019〕1号	关于实施上虞区融杭联甬接沪行动计划的意见
区委办〔2019〕2号	关于建议阮永兴同志为近期可提拔担任区管副科级领导职务人选考察对象的报告
区委办〔2019〕3号	关于印发陶关锋同志在区委一届五次全体(扩大)会议上的报告的通知
区委办〔2019〕4号	关于进一步加快推进上虞e游小镇培育建设的若干政策意见
区委办〔2019〕5号	关于印发《绍兴市上虞区乡镇(街道)内设机构调整优化方案》的通知
区委办〔2019〕6号	关于印发《绍兴市上虞区承担行政职能事业单位改革方案》的通知
区委办〔2019〕7号	关于加强城市专职社区工作者队伍建设的实施意见
区委办〔2019〕8号	区委办公室的机构改革组织实施工作方案
区委办〔2019〕9号	关于罗灿良同志晋升职级的请示
区委办〔2019〕10号	区委办公室关于报送"三定"规定草案的函
区委办〔2019〕11号	关于开展"做好'三服务'、助推'开门红'"活动的通知
区委办〔2019〕12号	关于开展实体经济"现场解难、常态服务"工作的实施方案(试行)
区委办〔2019〕13号	关于印发《上虞区推进印染化工产业高质量发展实施方案》的通知
区委办〔2019〕14号	关于印发《中共绍兴市上虞区委理论学习中心组2019年学习计划》的通知
区委办〔2019〕15号	关于要求审核《中共绍兴市上虞区委办公室 中共绍兴市上虞区委台湾工作办

	公室职能配置、内设机构和人员编制规定》的请示
区委办〔2019〕20号	关于印发《中共绍兴市上虞区委机构编制委员会办公室职能配置、内设机构和人员编制规定》的通知
区委办〔2019〕21号	关于印发《中共绍兴市上虞区委老干部局职能配置、内设机构和人员编制规定》的通知
区委办〔2019〕24号	关于印发《绍兴市上虞区大数据发展管理中心职能配置、内设机构和人员编制规定》的通知
区委办〔2019〕25号	关于印发《浙江省上虞曹娥江旅游度假区管理委员会职能配置、内设机构和人员编制规定》的通知
区委办〔2019〕26号	关于印发《绍兴市上虞区杭州湾综合管理办公室职能配置、内设机构和人员编制规定》的通知
区委办〔2019〕27号	关于印发《杭州湾上虞经济技术开发区管理委员会职能配置、内设机构和人员编制规定》的通知
区委办〔2019〕28号	关于印发《绍兴市医疗保障局上虞分局职能配置、内设机构和人员编制规定》的通知
区委办〔2019〕29号	关于印发《中共绍兴市上虞区委绍兴市上虞区人民政府信访局职能配置、内设机构和人员编制规定》的通知
区委办〔2019〕30号	关于印发《绍兴市上虞商务局职能配置、内设机构和人员编制规定》的通知
区委办〔2019〕31号	关于印发《绍兴市上虞区统计局职能配置、内设机构和人员编制规定》的通知
区委办〔2019〕32号	关于印发《绍兴市上虞区人民政府金融工作办公室职能配置、内设机构和人员编制规定》的通知
区委办〔2019〕33号	关于印发《绍兴市上虞区水利局职能配置、内设机构和人员编制规定》的通知
区委办〔2019〕35号	关于印发《2019年上虞区数字经济实施方案》的通知
区委办〔2019〕36号	印发《关于加快工业数字化转型发展奖励办法》的通知
区委办〔2019〕37号	关于印发《进一步明确杭州湾上虞经济技术开发区、曹娥街道事权财权的意见》等四个文件的通知
区委办〔2019〕38号	印发《关于深入推进统计基层基础建设的若干意见》的通知
区委办〔2019〕39号	关于进一步加强区级经济政策规范化管理的通知
区委办〔2019〕40号	关于印发《绍兴市上虞区档案馆职能配置、内设机构和人员编制规定》的通知
区委办〔2019〕41号	关于印发《绍兴市上虞区科学技术局职能配置、内设机构和人员编制规定》的通知
区委办〔2019〕42号	关于印发《绍兴市上虞区民政局职能配置、内设机构和人员编制规定》的通知
区委办〔2019〕43号	关于印发《绍兴市上虞区人力资源和社会保障局职能配置、内设机构和人员编制规定》的通知
区委办〔2019〕44号	关于印发《绍兴市上虞区审计局职能配置、内设机构和人员编制规定》的通知
区委办〔2019〕68号	关于印发《绍兴市上虞区财政局职能配置、内设机构和人员编制规定》的通知
区委办〔2019〕69号	关于印发《中共绍兴市上虞区委全面深化改革委员会办公室职能配置、内设机构和人员编制规定》的通知
区委办〔2019〕70号	关于印发《绍兴市上虞区经济和信息化局职能配置、内设机构和人员编制规定》

	的通知
区委办〔2019〕71 号	关于印发《绍兴市上虞区教育体育局职能配置、内设机构和人员编制规定》的通知
区委办〔2019〕72 号	关于印发《绍兴市上虞区住房和城乡建设局职能配置、内设机构和人员编制规定》的通知
区委办〔2019〕73 号	关于印发《绍兴市上虞区卫生健康局职能配置、内设机构和人员编制规定》的通知
区委办〔2019〕74 号	关于印发《绍兴市上虞区交通运输局职能配置、内设机构和人员编制规定》的通知
区委办〔2019〕75 号	关于印发《绍兴市上虞区便民服务中心职能配置、内设机构和人员编制规定》的通知
区委办〔2019〕76 号	关于印发《绍兴市上虞区农业农村局职能配置、内设机构和人员编制规定》的通知
区委办〔2019〕77 号	关于印发《绍兴市上虞区文化广电旅游局职能》的通知
区委办〔2019〕78 号	关于印发《绍兴市自然资源和规划局上虞分局职能配置、内设机构和人员编制规定》的通知
区委办〔2019〕82 号	关于印发《2019 年度“三级书记”抓机关党建工作责任清单》的通知
区委办〔2019〕83 号	关于印发《区委财经委员会会议制度》的通知
区委办〔2019〕84 号	关于印发《上虞区实体经济常态化服务解难工作机制》的通知
区委办〔2019〕85 号	关于印发《中共绍兴市上虞区应急管理局职能配置、内设机构和人员编制规定》的通知
区委办〔2019〕86 号	关于印发《中共绍兴市上虞区市场监管局职能配置、内设机构和人员编制规定》的通知
区委办〔2019〕87 号	关于印发《中共绍兴市上虞区综合行政执法局职能配置、内设机构和人员编制规定》的通知
区委办〔2019〕89 号	关于印发《上虞区迎接省生态环境保护督察工作方案》的通知
区委办〔2019〕90 号	关于印发《上虞区省“无违建县（市、区）”考核验收反馈问题整改工作方案》的通知
区委办〔2019〕91 号	关于建议金利刚同志为近期可提拔担任区管正科科级领导职务人选考察对象的报告
区委办〔2019〕92 号	关于印发《上虞区“雪亮工程”工作实施方案》的通知
区委办〔2019〕96 号	关于印发《上虞区 2019 年度重点工作清单》的通知
区委办〔2019〕97 号	关于印发《全区公益类事业单位改革工作方案》的通知
区委办〔2019〕98 号	关于整治形式主义突出问题切实减轻基层负担的通知
区委办〔2019〕99 号	关于明确区委办公室、区委台湾工作办公室领导班子工作分工的通知
区委办〔2019〕100 号	关于上虞区行政村（居）规模调整工作的实施意见
区委办〔2019〕101 号	关于陈哲等同志职务任免的通知
区委办〔2019〕102 号	关于印发《绍兴市上虞区机关事务服务中心职能配置、内设机构和人员编制规定》的通知

区委办〔2019〕103 号	关于印发《绍兴市上虞区建筑业管理服务中心职能配置、内设机构和人员编制规定》的通知
区委办〔2019〕104 号	关于印发《上虞区政协开展“请你来协商”平台建设工作的指导意见》的通知
区委办〔2019〕105 号	关于印发《中共绍兴市上虞区委党史研究室职能配置、内设机构和人员编制规定》的通知
区委办〔2019〕106 号	关于印发《绍兴市上虞区投资促进中心职能配置、内设机构和人员编制规定》的通知
区委办〔2019〕107 号	关于印发《绍兴市上虞区供销合作总社职能配置、内设机构和人员编制规定》的通知
区委办〔2019〕109 号	印发《关于组建上虞区融媒体中心（传媒集团）的实施方案》的通知
区委办〔2019〕112 号	印发《关于上虞区曹娥街道徐家塘、新楼下居委征迁改造项目的补偿安置实施细则》的通知
区委办〔2019〕113 号	关于建议魏雪刚同志为近期可提拔担任区管正科科级领导职务人选考察对象的报告
区委办〔2019〕114 号	关于建议王敬同志为近期可提拔担任区管正科科级领导职务人选考察对象的报告
区委办〔2019〕115 号	关于开展低收入农户高水平全面小康计划实施意见
区委办〔2019〕116 号	关于印发《促进文化产业发展的若干政策意见》的通知
区委办〔2019〕117 号	关于印发《进一步深化国有企业市场化转型的实施意见》的通知
区委办〔2019〕118 号	关于组建绍兴市上虞水利投资集团有限公司的若干意见
区委办〔2019〕119 号	关于坚持发展新时代“枫桥经验”全面加强“枫桥式公安派出所”创建工作的实施意见
区委办〔2019〕120 号	关于李启民等同志任职的通知
区委办〔2019〕121 号	关于印发《中共绍兴市上虞区委党校职能配置、内设机构和人员编制规定》的通知
区委办〔2019〕122 号	关于印发《绍兴市上虞区特色小镇管理委员会职能配置、内设机构和人员编制规定》的通知
区委办〔2019〕124 号	区委办、党史室、改革办深入开展“不忘初心、牢记使命”主题教育的实施方案
区委办〔2019〕125 号	关于明确区国投公司、城建集团管理层级的若干意见
区委办〔2019〕126 号	关于强化产业集群培育“五个一”推进机制的实施意见
区委办〔2019〕127 号	关于印发《上虞区加快推进工业园区整合提升的实施意见（2019—2022 年）》的通知
区委办〔2019〕128 号	印发《关于加快小微企业园高质量发展的实施意见（2019—2022 年）》的通知
区委办〔2019〕129 号	关于深化农村综合改革推进“高品质乡村”建设的实施意见
区委办〔2019〕131 号	关于开展生态环境问题整改落实情况“回头看”的通知
区委办〔2019〕132 号	关于建议罗灿良和俞炳泉同志为近期可提拔担任区管副科级领导职务人选考察对象的报告
区委办〔2019〕133 号	关于推进农村社区专职工作者队伍建设的实施意见
区委办〔2019〕134 号	关于印发《绍兴市上虞区崧厦街道机关职能配置、内设机构和人员编制的规定》

	的通知
区委办〔2019〕135 号	关于印发《绍兴市上虞区沥海街道机关职能配置、内设机构和人员编制的规定》的通知
区委办〔2019〕136 号	关于印发《绍兴市上虞区“十四五”规划编制工作方案》的通知
区委办〔2019〕137 号	印发《关于推行产业链“链长制”工作的实施意见》的通知
区委办〔2019〕138 号	关于印发上虞区防范化解企业债务风险工作机制的通知
区委办〔2019〕139 号	关于印发《上虞区生态环境保护工作责任规定》的通知
区委办〔2019〕140 号	关于印发《上虞区党政领导干部食品安全责任制工作清单》的通知
区委办〔2019〕141 号	印发《上虞区“无废城市”建设试点工作实施方案》的通知

（朱倩男）

区政府文件目录

虞政发〔2019〕1 号	关于推荐胡愈之故居等四处文物申报第八批全国重点文物保护单位的批复
虞政发〔2019〕2 号	关于印发绍兴市上虞区人民政府重大决策出台前向区人大报告制度的通知
虞政发〔2019〕3 号	绍兴市上虞区人民政府关于印发张壮雄同志在上虞区第一届人民代表大会第三次会议上的报告的通知
虞政发〔2019〕4 号	绍兴市上虞区人民政府关于明确区政府领导工作分工的通知
虞政发〔2019〕5 号	绍兴市上虞区人民政府 绍兴市上虞区人民武装部关于表彰国防后备力量基层建设先进单位和个人的通报
虞政发〔2019〕6 号	关于同意 2018 年上虞区林地征占用涉及公益林调整的批复
虞政发〔2019〕7 号	关于同意上虞区沥海镇郭渎、潭许两村土地利用规划（2018—2020 年）的批复
虞政发〔2019〕8 号	绍兴市上虞区人民政府关于《上虞区低效用地再开发专项规划（2018—2027）》的批复
虞政发〔2019〕9 号	关于表彰 2019 年上虞区劳动模范和模范集体的决定
虞政发〔2019〕10 号	绍兴市上虞区人民政府 绍兴市上虞区人民武装部关于 2019 年度民兵整组工作的实施意见
虞政发〔2019〕11 号	关于印发《上虞区企业没收违法建筑物处置暂行办法》的通知
虞政发〔2019〕12 号	关于同意丁宅乡丁宅村土地利用规划（2018—2020 年）的批复
虞政发〔2019〕13 号	关于进一步明确工业用地出让价的意见
虞政发〔2019〕14 号	关于同意调整百官街道部分居民委员会设置的批复
虞政发〔2019〕15 号	关于同意调整梁湖街道部分行政村设置的批复
虞政发〔2019〕16 号	关于同意调整曹娥街道部分行政村设置的批复
虞政发〔2019〕17 号	关于同意调整小越街道部分行政村设置的批复
虞政发〔2019〕18 号	关于同意调整东关街道部分行政村设置的批复
虞政发〔2019〕19 号	关于同意调整驿亭镇部分行政村设置的批复
虞政发〔2019〕20 号	关于同意调整章镇镇部分行政村设置的批复
虞政发〔2019〕21 号	关于同意调整下管镇部分行政村设置的批复
虞政发〔2019〕22 号	关于同意调整陈溪乡部分行政村设置的批复

虞政发〔2019〕23号	关于同意调整岭南乡部分行政村设置的批复
虞政发〔2019〕24号	关于同意调整丁宅乡部分行政村设置的批复
虞政发〔2019〕25号	绍兴市上虞区人民政府关于区政府有关领导工作分工调整的通知
虞政发〔2019〕26号	绍兴市上虞区人民政府关于印发《上虞区深化"最多跑一次"改革推进政府数字化转型工作实施方案》的通知
虞政发〔2019〕27号	绍兴市上虞区人民政府关于杭州湾上虞经济技术开发区区域"三合一"水影响评价报告书请示的批复
虞政发〔2019〕28号	绍兴市上虞区人民政府关于同意设立盖北社区居民委员会的批复
虞政发〔2019〕29号	绍兴市上虞区人民政府关于划定并公布丁宅乡、陈溪乡、岭南乡实行城市化管理区域的通告
虞政发〔2019〕30号	绍兴市上虞区人民政府关于被征地人员参加社会保障实行"人地对应"的实施办法(试行)
虞政发〔2019〕31号	绍兴市上虞区人民政府关于印发绍兴市上虞区加快科技创新的若干政策的通知
虞政发〔2019〕32号	绍兴市上虞区人民政府关于明确区政府领导工作分工的通知
虞政发〔2019〕33号	绍兴市上虞区人民政府批转区水利局关于《上虞区小水电清理整改"一站一策"工作方案》的通知
虞政发〔2019〕34号	绍兴市上虞区人民政府关于公布第三次区政府及区政府办公室行政规范性文件清理结果的通知
虞政发〔2019〕35号	绍兴市上虞区人民政府关于同意上虞区东关街道金鸡山村土地利用规划(2019—2020年)的批复
虞政发〔2019〕36号	绍兴市上虞区人民政府关于同意上虞区丰惠镇后山村土地利用规划(2019—2020年)的批复
虞政发〔2019〕37号	绍兴市上虞区人民政府关于同意上虞区沥海镇郭渎、潭许两村土地利用规划(2018—2020年)的批复
虞政发〔2019〕38号	绍兴市上虞区人民政府关于在上虞行政区域内禁止老旧营运车辆通行的通告
虞政发〔2019〕39号	绍兴市上虞区人民政府转发浙江省人民政府和绍兴市人民政府关于上虞区部分行政区划调整批复的通知
虞政发〔2019〕40号	绍兴市上虞区人民政府批转区水利局关于《上虞区区级及以上河道管理范围划界方案(2019年)》的通知
虞政发〔2019〕41号	绍兴市上虞区人民政府关于命名表彰2019年上虞区区长质量奖获奖企业的通知
虞政发〔2019〕42号	绍兴市上虞区人民政府关于明确区政府领导工作分工的通知

区政府办公室文件目录

虞政办发〔2019〕1号	关于同意绍兴市上虞区2018年度计划第十二批次等2个批次建设用地征地补偿安置方案的批复
虞政办发〔2019〕2号	关于印发《上虞区电镀行业整治提升过渡性生产标准》的通知
虞政办发〔2019〕3号	关于印发《上虞区清废行动实施方案》的通知
虞政办发〔2019〕4号	关于开展2019年春运道路交通安全隐患整治工作的通知

虞政办发〔2019〕5号	关于认真做好2019年春运工作的通知
虞政办发〔2019〕6号	关于同意2019年度储备粮油轮换的批复
虞政办发〔2019〕7号	关于公布2018年度安全生产目标责任制考核结果的通知
虞政办发〔2019〕8号	关于进一步做好清理拖欠民营企业中小企业账款相关工作的通知
虞政办发〔2019〕9号	关于同意公开出让杭州湾上虞经济技术开发区〔2018〕G14号等六个工业地块国有建设用地使用权的批复
虞政办发〔2019〕10号	关于开展涉及公平竞争审查(行政垄断行为)的行政文件清理工作的通知
虞政办发〔2019〕11号	关于同意成立绍兴市上虞园林市政建设发展有限公司的批复
虞政办发〔2019〕12号	关于同意绍兴市袍江马山至上虞曹娥(群贤路东延)公路三期工程等1个批次建设用地征地补偿安置方案的批复
虞政办发〔2019〕13号	关于理顺e游小镇财政体制的通知
虞政办发〔2019〕14号	关于印发《上虞区2019年国有建设项目投资计划》的通知
虞政办发〔2019〕15号	关于分解落实2019年政府工作报告主要目标任务的通知
虞政办发〔2019〕16号	关于印发《上虞区永久基本农田保护“田长制”实施细则》的通知
虞政办发〔2019〕17号	关于印发《2019年上虞区城市交通治堵工作清单》的通知
虞政办发〔2019〕18号	关于调整行政事业单位国有资产处置权限等有关事项的通知
虞政办发〔2019〕19号	关于印发《上虞区农村饮用水达标提标三年行动计划实施意见(2018—2020年)》的通知
虞政办发〔2019〕20号	关于扶持律师业发展的若干意见
虞政办发〔2019〕21号	关于印发《上虞区全面推进公证参与行政(执法)活动服务保障中心工作的若干意见》的通知
虞政办发〔2019〕22号	关于同意公开出让崧厦镇〔2018〕G2号工业地块国有建设用地使用权的批复
虞政办发〔2019〕23号	关于进一步明确百官街道、梁湖街道财政体制相关事项的通知
虞政办发〔2019〕24号	关于进一步明确曹娥江旅游度假区预算管理体制的通知
虞政办发〔2019〕25号	关于进一步明确经开区与属地财政体制相关事项的通知
虞政办发〔2019〕26号	关于开展上虞区国有资产管理情况报告编报工作的通知
虞政办发〔2019〕27号	关于印发《2019年全区居住出租房屋综合整治工作方案》的通知
虞政办发〔2019〕28号	转发区审计局关于上虞区本级2018年度财政预算执行和其他财政收支审计总体方案的通知
虞政办发〔2019〕29号	关于加快推进“污水零直排区”建设的若干意见
虞政办发〔2019〕30号	关于同意公开出让上虞经济开发区〔2014〕G12-2号工业地块国有建设用地使用权的批复
虞政办发〔2019〕31号	关于同意绍兴市上虞区2018年度计划第二十批次等1个批次建设用地征地补偿安置方案的批复
虞政办发〔2019〕32号	关于同意2019年度上虞区土地储备计划的批复
虞政办发〔2019〕33号	关于下达2019年度经营性土地做地工作任务清单的通知
虞政办发〔2019〕34号	关于同意公开出让上浦镇〔2018〕G1号工业地块国有建设用地使用权的批复
虞政办发〔2019〕35号	关于印发《上虞区扶持民办博物馆实施办法》的通知
虞政办发〔2019〕36号	关于下达2019年度上虞区农贸市场建设提质提速任务的通知

虞政办发〔2019〕37 号	关于同意协议出让经济开发区〔2014〕G9-2 号工业地块国有建设用地使用权的批复
虞政办发〔2019〕38 号	关于做好浙江省环境保护督察前期准备工作的通知
虞政办发〔2019〕39 号	关于进一步规范不动产预告登记工作的通知
虞政办发〔2019〕40 号	关于印发《上虞区政策性粮食库存数量和质量大清查实施方案》和《上虞区政策性粮食库存数量和质量大清查自查督查工作方案》的通知
虞政办发〔2019〕41 号	关于 2019 年上虞区消防工作的实施意见
虞政办发〔2019〕42 号	关于同意长塘镇原篁村小学地块用途改变的批复
虞政办发〔2019〕43 号	关于同意公开出让上虞经济开发区〔2017〕J3 号地块国有建设用地使用权的批复
虞政办发〔2019〕44 号	关于印发《上虞区危险化学品重点区安全生产攻坚深化迎检工作方案》的通知
虞政办发〔2019〕45 号	关于印发《上虞区 2019 年地质灾害防治方案》的通知
虞政办发〔2019〕46 号	关于印发《上虞区村级公益事业一事一议财政奖补项目竞争性立项管理实施办法》的通知
虞政办发〔2019〕47 号	关于做好 2019 年废弃矿山生态修复专项行动的通知
虞政办发〔2019〕48 号	关于下达 2019 年度区级财政支出绩效评价及财政监督检查计划的通知
虞政办发〔2019〕49 号	关于印发 2019 年全区交通安全综合治理大会战实施方案的通知
虞政办发〔2019〕50 号	关于进一步改进和加强乡镇财政财务管理工作的意见
虞政办发〔2019〕51 号	关于在全区范围内开展农房确权登记发证“扫尾清零”专项行动的通知
虞政办发〔2019〕52 号	关于开展冒用他人身份证办理商事登记违法行为联合整治工作的通知
虞政办发〔2019〕53 号	关于同意公开出让上虞区高铁新城 J-12 号地块国有建设用地使用权的批复
虞政办发〔2019〕54 号	关于同意公开出让上虞区章镇镇〔2018〕J1-1 号地块国有建设用地使用权的批复
虞政办发〔2019〕55 号	关于同意上虞市隆迪电器有限公司国有土地使用权期满续期的批复
虞政办发〔2019〕56 号	关于同意公开出让上虞区城北 49 号地块国有建设用地使用权的批复
虞政办发〔2019〕57 号	关于切实做好 2019 年度全区“三改”工作的通知
虞政办发〔2019〕58 号	关于同意公开出让上虞区城北 39-1 号地块国有建设用地使用权的批复
虞政办发〔2019〕59 号	关于切实做好 2018 年度未纳入行政规范性文件管理的文件合法性审查工作的通知
虞政办发〔2019〕60 号	关于支持和鼓励大学生来虞见习实习的实施意见
虞政办发〔2019〕61 号	关于印发《上虞区全域土地综合整治与生态修复工程三年行动（2018—2020 年）实施方案》的通知
虞政办发〔2019〕62 号	关于同意公开出让上虞区丰惠镇〔2009〕J10 号地块国有建设用地使用权的批复
虞政办发〔2019〕63 号	关于同意公开出让上虞区城北 55 号地块国有建设用地使用权的批复
虞政办发〔2019〕64 号	关于同意公开出让上虞经济开发区〔2018〕J6 号地块国有建设用地使用权的批复
虞政办发〔2019〕65 号	印发《关于加快推进全区“四未一低”土地消化利用工作实施方案》的通知
虞政办发〔2019〕66 号	关于同意公开出让上虞区城北 53 号地块国有建设用地使用权的批复
虞政办发〔2019〕67 号	关于同意公开出让小越街道〔2016〕G3-1 号工业地块国有建设用地使用权的批复
虞政办发〔2019〕68 号	关于同意公开出让小越街道〔2011〕G2-1 号工业地块国有建设用地使用权的批复
虞政办发〔2019〕69 号	关于同意绍兴市上虞区 2018 年城乡建设用地增减挂钩实施方案（四）等 3 个批

	次建设用地征地补偿安置方案的批复
虞政办发〔2019〕70 号	关于同意绍兴市上虞区 2019 年度计划第一批次 1 个批次建设用地征地补偿安置方案的批复
虞政办发〔2019〕71 号	关于明确区政府办公室（外事办）领导班子成员工作分工的通知
虞政办发〔2019〕72 号	关于进一步加快农村教育优质均衡发展的实施意见
虞政办发〔2019〕73 号	关于同意公开出让杭州湾上虞经济技术开发区〔2018〕G24 号工业地块国有建设用地使用权的批复
虞政办发〔2019〕74 号	关于同意公开出让杭州湾上虞经济技术开发区〔2019〕G1 号工业地块国有建设用地使用权的批复
虞政办发〔2019〕75 号	关于同意公开出让杭州湾上虞经济技术开发区〔2019〕G2 号工业地块国有建设用地使用权的批复
虞政办发〔2019〕76 号	关于同意公开出让杭州湾上虞经济技术开发区〔2019〕G3 号工业地块国有建设用地使用权的批复
虞政办发〔2019〕77 号	关于同意公开出让上虞经济开发区〔2014〕G9-6 号工业地块国有建设用地使用权的批复
虞政办发〔2019〕78 号	关于加快推进 5G 网络规划建设的实施意见
虞政办发〔2019〕79 号	关于同意绍兴市上虞区 2019 年度计划第三批次 1 个批次建设用地征地补偿安置方案的批复
虞政办发〔2019〕80 号	关于同意公开出让杭州湾上虞经济技术开发区〔2018〕G33 号等两个工业地块国有建设用地使用权的批复
虞政办发〔2019〕81 号	关于印发《上虞区防汛防台抗旱应急预案（试行）》的通知
虞政办发〔2019〕82 号	关于同意公开出让上虞区东关街道〔2017〕3 号地块国有建设用地使用权的批复
虞政办发〔2019〕83 号	关于同意公开出让上虞区陈溪乡〔2018〕6 号地块国有建设用地使用权的批复
虞政办发〔2019〕84 号	关于开展基层医疗卫生机构补偿机制改革的实施意见（试行）
虞政办发〔2019〕85 号	关于同意公开出让上虞区小越街道〔2011〕J1 地块国有建设用地使用权的批复
虞政办发〔2019〕86 号	《关于进一步深化政务公开的实施办法》的通知
虞政办发〔2019〕87 号	关于同意公开出让道墟街道〔2016〕G3 号工业地块国有建设用地使用权的批复
虞政办发〔2019〕88 号	转发绍兴市人民政府关于绍兴市区临时救助实施细则的通知
虞政办发〔2019〕89 号	关于同意公开出让杭州湾上虞经济技术开发区〔2019〕G4 号等两个工业地块国有建设用地使用权的批复
虞政办发〔2019〕90 号	关于同意公开出让东关街道〔2017〕G4 号等两个工业地块国有建设用地使用权的批复
虞政办发〔2019〕91 号	关于进一步深化产教融合的若干意见
虞政办发〔2019〕92 号	印发《关于创新基金发展模式加快培育新兴产业若干政策》的通知
虞政办发〔2019〕93 号	关于印发《上虞区农村饮用水工程运行管理办法（试行）》的通知
虞政办发〔2019〕94 号	关于印发《上虞区巩固城市黑臭水体治理成果实施方案》的通知
虞政办发〔2019〕95 号	关于印发《2019 年上虞区基本医疗保险费用结算管理办法》的通知
虞政办发〔2019〕96 号	关于印发上虞区行政机关负责人出庭应诉管理办法的通知
虞政办发〔2019〕97 号	关于印发《2019 年上虞区食品安全工作要点》的通知

虞政办发〔2019〕98 号	关于印发《绍兴市上虞区人民政府特邀行政执法监督员工作规则》的通知
虞政办发〔2019〕99 号	关于进一步规范环保“一票否决”“严重环境违法行为”认定及环保证明（环保说明）出具的通知
虞政办发〔2019〕100 号	关于印发《2019 年度上虞区金融支持经济发展考评办法》的通知
虞政办发〔2019〕101 号	关于同意公开出让上虞区丁宅乡〔2019〕2 号地块国有建设用地使用权的批复
虞政办发〔2019〕102 号	关于同意公开出让上虞经济开发区〔2018〕J7 号地块国有建设用地使用权的批复
虞政办发〔2019〕103 号	关于同意公开出让上虞区孝德文化小镇〔2019〕8 号地块国有建设用地使用权的批复
虞政办发〔2019〕104 号	关于同意公开出让上虞区孝德文化小镇〔2019〕13 号地块国有建设用地使用权的批复
虞政办发〔2019〕105 号	关于同意公开出让上虞区孝德文化小镇〔2019〕15 号地块国有建设用地使用权的批复
虞政办发〔2019〕106 号	关于上虞区完善排污权市场交易若干意见
虞政办发〔2019〕107 号	关于同意公开出让杭州湾上虞经济技术开发区〔2019〕J2 号地块国有建设用地使用权的批复
虞政办发〔2019〕108 号	关于同意公开出让杭州湾上虞经济技术开发区〔2019〕J8 号地块国有建设用地使用权的批复
虞政办发〔2019〕109 号	关于同意公开出让上虞区章镇镇〔2018〕J4 号地块国有建设用地使用权的批复
虞政办发〔2019〕110 号	关于下达绍兴市上虞区 2019 年政府投资（国有投资）项目投资调整计划的通知
虞政办发〔2019〕111 号	关于同意公开出让上虞区道墟街道〔2016〕J2 号地块国有建设用地使用权的批复
虞政办发〔2019〕112 号	关于同意绍兴市上虞区 2019 年度计划第四批次等 3 个批次建设用地征地补偿安置方案的批复
虞政办发〔2019〕113 号	关于同意公开出让上虞区梁湖街道〔2016〕1 号地块国有建设用地使用权的批复
虞政办发〔2019〕114 号	关于印发《绍兴市上虞区环境违法行为有奖举报实施细则》的通知
虞政办发〔2019〕115 号	关于 2019 年上虞区茶产业发展的政策意见
虞政办发〔2019〕116 号	关于促进农村土地承包经营权流转的政策意见
虞政办发〔2019〕117 号	关于促进村级集体经济增收消薄的实施意见
虞政办发〔2019〕118 号	关于推进农业产业提质行动的实施意见
虞政办发〔2019〕119 号	关于进一步规范举债融资行为 防范化解存量政府隐性债务风险的通知
虞政办发〔2019〕120 号	关于印发《上虞区深入开展消费扶贫助力对口地区脱贫攻坚实施方案》的通知
虞政办发〔2019〕121 号	关于建立救灾物资储备使用管理联动机制的通知
虞政办发〔2019〕122 号	关于同意公开出让上虞区高铁新城〔2018〕J1 号地块国有建设用地使用权的批复
虞政办发〔2019〕123 号	关于印发《上虞区房地产市场领域联合检查工作实施方案》的通知
虞政办发〔2019〕124 号	关于印发《杭州湾上虞经济技术开发区化工 2.0 版产业空间规划指导意见》的通知
虞政办发〔2019〕125 号	关于印发上虞区行政机关政策解读工作实施办法的通知
虞政办发〔2019〕126 号	关于同意公开出让杭州湾上虞经济技术开发区〔2019〕G5 号等两个工业地块国有建设用地使用权的批复
虞政办发〔2019〕127 号	关于培育支持社会救援力量发展的实施意见

虞政办发〔2019〕128号	关于同意绍兴市上虞区2019年度计划第六批次1个批次建设用地征地补偿安置方案的批复
虞政办发〔2019〕129号	关于印发上虞区人民政府及其各部门任命的国家工作人员宪法宣誓实施办法的通知
虞政办发〔2019〕130号	关于同意绍兴市上虞区2019年度计划第九批次建设用地征地补偿安置方案的批复
虞政办发〔2019〕131号	关于印发《上虞区防治慢性病中长期规划(2019—2025年)》的通知
虞政办发〔2019〕132号	关于进一步加强规范政府投资建设项目审计监督工作的通知
虞政办发〔2019〕133号	关于深化养老服务综合改革提升养老服务质量的实施意见
虞政办发〔2019〕134号	关于同意公开出让上虞区盖北镇〔2018〕J1号地块国有建设用地使用权的批复
虞政办发〔2019〕135号	关于印发《上虞区国有资金投资项目工程总承包(EPC)实施细则(试行)》的通知
虞政办发〔2019〕136号	关于印发上虞区人民政府行政复议工作制度的通知
虞政办发〔2019〕137号	关于印发上虞区行政调解办法的通知
虞政办发〔2019〕138号	关于印发上虞区人民政府行政复议听证规则的通知
虞政办发〔2019〕139号	关于同意绍兴市上虞区2019年度计划第十批次2个批次建设用地征地补偿安置方案的批复
虞政办发〔2019〕140号	关于同意公开出让杭州湾上虞经济技术开发区〔2019〕G6号工业地块国有建设用地使用权的批复
虞政办发〔2019〕141号	关于同意核减储备补充耕地项目的批复
虞政办发〔2019〕142号	关于同意公开出让小越街道〔2019〕G1号工业地块国有建设用地使用权的批复
虞政办发〔2019〕143号	关于上虞区消防救援队伍申请公租房租赁补贴的实施意见
虞政办发〔2019〕144号	关于同意公开出让谢塘镇〔2019〕G1号工业地块国有建设用地使用权的批复
虞政办发〔2019〕145号	关于高水平推进上虞区美丽城镇建设的实施意见
虞政办发〔2019〕146号	关于明确上虞区第三期公共停车收费管理范围的通知
虞政办发〔2019〕147号	关于进一步加强医疗救助工作的实施意见
虞政办发〔2019〕148号	关于贯彻实施绍兴市统一公务员医疗补助制度的通知
虞政办发〔2019〕149号	关于印发《上虞区粮食安全应急预案》的通知
虞政办发〔2019〕150号	关于稳定生猪生产促进转型升级保障市场供应的实施意见
虞政办发〔2019〕151号	关于同意公开出让上虞区孝德文化小镇〔2019〕11号、〔2019〕12号两个地块国有建设用地使用权的批复
虞政办发〔2019〕152号	关于同意公开出让上虞区陈溪乡〔2019〕J1号地块国有建设用地使用权的批复
虞政办发〔2019〕153号	关于同意公开出让上虞区长塘镇〔2019〕J2号等六个地块国有建设用地使用权的批复
虞政办发〔2019〕154号	关于同意公开出让曹娥街道〔2019〕G1号工业地块国有建设用地使用权的批复
虞政办发〔2019〕155号	关于印发《重点帮扶企业后续管理办法(试行)》的通知
虞政办发〔2019〕156号	关于印发《上虞区特种设备事故应急预案》的通知
虞政办发〔2019〕157号	绍兴上虞区人民政府办公室关于同意公开出让上虞区丰惠镇〔2019〕J4号地块国有建设用地使用权的批复
虞政办发〔2019〕158号	关于同意公开出让上虞区城北5号地块国有建设用地使用权的批复

虞政办发〔2019〕159 号	绍兴市上虞区人民政府办公室关于调整区本级城市房屋征迁推进工作经费的通知
虞政办发〔2019〕160 号	绍兴市上虞区人民政府办公室关于印发 2019 年度产业集群“三个一批”培育企业名单的通知
虞政办发〔2019〕161 号	绍兴市上虞区人民政府办公室关于进一步做好上虞区工业垃圾收集处置工作的通知
虞政办发〔2019〕162 号	绍兴市上虞区人民政府办公室关于开展农村空倒房清理整治工作的通知
虞政办函〔2019〕1 号	关于同意皂李湖区块(潘家陡村罗大湾自然村区块)征迁改造项目协议生效的批复
虞政办函〔2019〕2 号	关于同意启动 2019 年度曹娥街道贺盘居委征迁改造项目的批复
虞政办函〔2019〕3 号	关于同意启动 2019 年度曹娥街道越爱居委征迁改造项目的批复
虞政办函〔2019〕4 号	关于成立上虞区规范公款存放管理领导小组的通知
虞政办函〔2019〕5 号	关于成立上虞区财税收入领导小组的通知
虞政办函〔2019〕6 号	上虞区民间融资服务中心 2018 年度考评结果的复函
虞政办函〔2019〕7 号	关于开展曹娥街道贺盘居委、越爱居委征迁改造集中攻坚行动的通知
虞政办函〔2019〕8 号	关于开展企业违建处置工作现场服务活动的通知
虞政办函〔2019〕9 号	关于继续实施猪肉储备制度的复函
虞政办函〔2019〕10 号	关于成立矿地综合开发利用采矿权项目领导小组的通知
虞政办函〔2019〕11 号	关于完善排污权二级市场交易制度的补充意见
虞政办函〔2019〕12 号	关于调整机关事业单位编外用工收入待遇的通知
虞政办函〔2019〕13 号	关于配合税务机关开展对外来建筑服务单位税收管理的函
虞政办函〔2019〕14 号	关于同意曹娥街道越爱居委征迁改造项目第四区块第一网格等网格协议生效的批复
虞政办函〔2019〕15 号	关于同意曹娥街道越爱居委征迁改造项目四个区块网格协议全部生效的批复
虞政办函〔2019〕16 号	关于同意采伐 068230700021 号古树的复函
虞政办函〔2019〕17 号	关于同意曹娥街道贺盘居委征迁改造项目二个区块网格协议全部生效的批复
虞政办函〔2019〕18 号	关于行政事业单位暂存暂付性款项清理工作的批复
虞政办函〔2019〕19 号	关于调整帮扶到社会公益性岗位的部分军队退役人员待遇的函
虞政办函〔2019〕20 号	关于同意《绍兴市上虞区美丽乡村升级版建设总体规划》等三个规划的批复
虞政办函〔2019〕21 号	关于印发《陈溪乡创建省级旅游风情小镇实施方案》的通知
虞政办函〔2019〕22 号	关于同意皂李湖区块(潘家陡村澜岭口自然村区块)征迁改造项目协议生效的批复
虞政办函〔2019〕23 号	关于同意启动 2019 年度曹娥街道新楼下居委、徐家塘居委征迁改造项目的批复
虞政办函〔2019〕24 号	关于同意解决百官人民法庭审判用房的复函
虞政办函〔2019〕25 号	关于明确曹娥街道新楼下居委 徐家塘居委征迁改造项目补偿价格的批复
虞政办函〔2019〕26 号	关于同意上虞区梁湖镇十里亭锯板厂国有土地使用权期满续期的批复
虞政办函〔2019〕27 号	关于拨付 2018 年度上虞区企业上云奖补资金的复函
虞政办函〔2019〕28 号	关于撤销曹娥街道西湖居委城中村征迁改造项目政府购买服务相关事宜批复的通知

虞政办函〔2019〕29号	关于同意二号桥粮库储存的储备粮提前进行轮换的批复
虞政办函〔2019〕30号	关于同意公开出让浙江省绍兴市上虞区汤浦镇汤湖村地热资源探矿权的批复
虞政办函〔2019〕31号	关于启动上虞区总工会地块征收改造项目的批复
虞政办函〔2019〕32号	关于进一步巩固"无违建区"创建成果的通知
虞政办函〔2019〕33号	关于同意百官街道前二居委叶文尧户补偿安置方案的复函
虞政办函〔2019〕34号	关于同意绍兴市上虞区财源土地开发整理有限公司土地整治开发项目指标回购价格的批复
虞政办函〔2019〕35号	关于同意浙江省绍兴市上虞区汤浦镇鹤湖村地热资源探矿权挂牌出让方案的批复
虞政办函〔2019〕36号	关于同意曹娥老区李家台门等6户补偿安置方案的复函
虞政办函〔2019〕37号	关于同意曹娥老区陈建良户补偿安置方案的复函
虞政办函〔2019〕38号	关于同意曹娥街道徐家塘居委征迁改造项目四个区块协议全部生效的批复
虞政办函〔2019〕39号	关于同意《绍兴市上虞区农村生活污水治理专项规划》的批复
虞政办函〔2019〕40号	关于同意上虞区2019年度松材线虫病防治方案的批复
虞政办函〔2019〕41号	关于2019年度上虞区营职以下军队转业干部和符合政府安排工作条件的退役士兵工作岗位安置计划的批复
虞政办函〔2019〕42号	关于同意曹娥街道新楼下居委征迁改造项目四个区块协议全部生效的批复
虞政办函〔2019〕43号	关于印发《上虞区小型水库及农村供水工程划界方案(2019)》的通知
虞政办函〔2019〕44号	关于绍兴上虞绍风化工有限公司地块收储利用的批复
虞政办函〔2019〕45号	关于同意《上虞区城市社区布局专项规划》的批复
虞政办函〔2019〕46号	关于区民间融资中心2017年度考评结果的复函
虞政办函〔2019〕47号	关于启动晚稻最低收购价政策执行预案的复函
虞政办函〔2019〕48号	关于同意《绍兴市上虞区5G通信基站专项规划》的批复
虞政办函〔2019〕49号	关于同意实施《绍兴市上虞区清淤轮疏长效机制建设方案》的批复
虞政办函〔2019〕50号	关于同意实施《浙江省绍兴市上虞区美丽河湖建设实施方案》的批复
虞政办函〔2019〕51号	关于同意杭绍台高铁上虞段东关街道联星村工业厂房地块国有土地上房屋征收项目签约、腾空搬迁期限延期的批复

(沈万军)

人　物

虞籍院士和学部委员

【朱利中】 男,1959年10月19日出生于上虞沥海,环境工程专家,浙江大学环境与资源学院教授、博士生导师,浙江大学农业生命环境学部主任。1975年,毕业于沥海中学高中部 。1978年,毕业于春晖中学,11月,进入杭州大学化学系分析化学专业学习。1982年7月,大学本科毕业,获得化学学士学位,9月,在杭州大学化学系就读分析化学硕士研究生。1990年作为高级访问学者前往加拿大不列颠哥伦比亚大学化学系学习,2001年获得国家杰出青年科学基金资助,2006年入选首批浙江大学求是特聘教授,2015年被评为浙江省劳动模范,2015年当选为英国皇家化学会会士。朱利中主要从事污染物多介质界面行为与调控技术领域研究,重点研究土壤有机污染缓解与修复、环境吸附材料及其废水处理应用、室内空气污染及控制技术。2017年11月当选中国工程学院院士。

【郭松义】 男,1935年12月生,上虞崧厦人,1960年北京大学历史系毕业,中国社会科学院历史研究所研究员、博士生导师。研究领域为清史、经济史、社会史,曾就清代人口问题,清代农业、商业、婚姻家庭,以及国家经济政策等方面问题做过重点研究。历史研究所学术委员会副主任、清史研究室副主任、社会史研究室主任,中国社科院研究生院教授,山东大学历史系兼职教授,南开大学社会史研究中心学术委员,中国档案学会第二届理事,中国谱牒研究会理事,中国商业史学会第二、三届常务理事、学术委员会副主任,中国经济史学会理事、第二届常务理事、古代史专业委员会副主任,中国社会史学会第一届理事、第二届常务理事、副会长。中国社会科学院荣誉学部委员。

（万国通）

省级及以上先进个人

2019 年上虞区省级及以上先进个人一览表

表 52

姓名	奖项	颁奖单位	获奖文号或时间
孔敏（区法院）	全国法院先进个人	最高人民法院	最高法〔2020〕9 号
姚阳潮（区分局百官派出所民警）	全国模范退役军人	全国退役军人事务局	2019 年
谢企韩（区关工委顾问）	全国离退休干部先进个人	中组部	
钟黎明（农村农业局）	2018 年度全国农机安全监理示范岗位标兵	农业农村部 应急管理部	农机发〔2019〕1 号
胡燕（区法院）	关于表扬全省打黑除恶专项斗争成绩突出个人的通报	浙江省委、省政府	2019 年
何夏寿（金近小学）	浙江省自强模范	浙江省人民政府	浙政发〔2019〕14 号
李剑峰（沥海街道）	全省非洲猪疫防控工作表现突出个人	浙江省人民政府	2019 年
崔苗军（编办）	浙江省机构改革成绩突出个人	中共浙江省委办公厅	2019 年
单岳良（沥海街道）	浙江省小城镇环境综合整治行动突出贡献个人	中共浙江省委办公厅	2019 年
陆军（司法局）	三等功	浙江省司法厅	浙司〔2019〕116 号
孟立标（司法局）	个人嘉奖	浙江省司法厅	浙司〔2019〕116 号
叶斌（司法局）	浙江省百名司法为名标兵	浙江省司法厅	2019 年
姚阳潮（区分局百官派出所民警）	浙江省“十大优秀退役军人”	浙江省退役军人事务局	2019 年
姚阳潮（区分局百官派出所民警）	浙江省“最美退役军人”	浙江省退役军人事务局	2019 年
董智勇（曹娥江科创走廊建设服务中心）	科技工作先进个人	浙江省科学技术厅	2019 年
芦凯（综合执法局）	2019 年浙江省“优秀城市美容师”称号	浙江省住房和城乡建设厅、浙江省总工会	2019 年
张剑波（区法院）	个人二等功	浙江省高级人民法院	浙高法〔2020〕19 号
赵岳翔（绍兴市上虞区人武部部长）	个人三等功一次	浙江省军区	浙政〔2020〕2 号
贾小华（区妇联）	浙江省三八红旗手	浙江省妇女联合会	浙妇〔2019〕18 号
陆忆（实验幼儿园）	“感恩新中国奋进新时代”全省残联系统诗歌朗诵比赛二等奖	浙江省残疾人联合会	2019 年
毛君娣 杜留阳（区文化馆）	《浅析狴犴龙舞的艺术特征与创新策略》二等奖	浙江省文化和旅游厅	2019 年
阮佳波（组织部）	优秀阅读推广人	浙江省文化和旅游厅	2019 年
王涵忻（区文化馆）	《绍兴黄酒》第二届“少年非遗说”浙江传说故事讲述大赛特等奖	浙江省文化和旅游厅	2019 年
王怡敏（区文化馆）	《眉毛要不要》第二届“少年非遗说”浙江传说故事讲述大赛特等奖	浙江省文化和旅游厅	2019 年
茅安妮（区文化馆）	《考县官》第二届“少年非遗说”浙江传说故事讲述大赛一等奖	浙江省文化和旅游厅	2019 年

续表 52

姓名	奖项	颁奖单位	获奖文号或时间
杨根苗(区关工委)	浙江省关心下一代特殊贡献荣誉	浙江省关心下一代工作委员会、浙江省精神文明建设委员办公室	2019 年
周惠月(区关工委)	浙江省关心下一代工作先进个人	浙江省关心下一代工作委员会、浙江省精神文明建设委员办公室	2019 年
陆煜范(区关工委)	浙江省关心下一代工作先进个人	浙江省关心下一代工作委员会、浙江省精神文明建设委员办公室	2019 年

百岁老人

【概况】 截至 2019 年 12 月，全区(除沥海外)共有年满 100 周岁的老人 22 人，其中男性 4 人，女性 18 人。百岁老人分布为百官街道 5 人，曹娥街道 1 人，崧厦街道 5 人，小越街道 3 人，东关街道 1 人，长塘镇 2 人，丰惠镇 3 人，谢塘镇 1 人，盖北镇 1 人。年龄最大的为崧厦街道的王秀纯老人，性别女，出生日期为民国 5 年(1916 年)2 月 19 日。 （孙法元 顾锐林）

2019 年上虞区年满 100 周岁老人一览表

表 53

序号	姓名	出生日期	性别	户籍详址
1	俞松春	19171026	男	浙江省绍兴市上虞区百官街道文化新村北区 12 幢 402 室
2	王锡富	19180725	男	浙江省绍兴市上虞区百官街道丰一村 6-072 号
3	蒋荣灿	19190703	男	浙江省绍兴市上虞区百官街道丰一村 8-033 号
4	金阿琴	19191126	女	浙江省绍兴市上虞区百官街道中利村 17-48 号
5	俞匡章	19180828	女	浙江省绍兴市上虞区百官街道金渔湾新村 45 幢 301 室
6	金兴花	19191217	女	浙江省绍兴市上虞区曹娥街道联丰村联丰居委 86 号
7	王秀纯	19160219	女	浙江省绍兴市上虞区崧厦镇牛市街左军巷 9 号
8	陈彩芝	19170515	女	浙江省绍兴市上虞区崧厦镇杭郭村杭一路南 23 号
9	顾巧珍	19190812	女	浙江省绍兴市上虞区崧厦镇吕家埠村赵村 320 号
10	邵金花	19170903	女	浙江省绍兴市上虞区崧厦镇雀嘴村东进 135 号
11	徐才林	19181023	女	浙江省绍兴市上虞区厦镇新下湖村老楼屋 3-45 号
12	金小花	19190702	女	浙江省绍兴市上虞区小越街道新宅村浪池头 6 号
13	罗志仁	19190817	男	浙江省绍兴市上虞区小越街道罗家村东江 129 号
14	李芙蓉	19191215	女	浙江省绍兴市上虞区小越街道罗家村东江中心路 107 号
15	陶明珠	19171204	女	浙江省绍兴市上虞区东关街道羊角园路 8 号 301 室
16	田桂花	19160921	女	浙江省绍兴市上虞区长塘镇谢憩村下堡二门里 06 号
17	秦荷花	19190713	女	浙江省绍兴市上虞区长塘镇谢憩村下堡湖沿头 30-2 号
18	陈爱珠	19171008	女	浙江省绍兴市上虞区丰惠镇盛茂村任香 103 号
19	朱连雅	19191205	女	浙江省绍兴市上虞区丰惠镇五云村五星大园路 13 号
20	周月琴	19171022	女	浙江省绍兴市上虞区丰惠镇西牵路周家弄 16 号
21	姜银花	19191013	女	浙江省绍兴市上虞区谢塘镇谢家塘村湖东 234 号
22	陈雅琴	19161124	女	浙江省绍兴市上虞区盖北镇丰棉村棉粮中心横路南 186 号

附录

外媒看上虞

【概况】 2019年，上虞对外宣传工作紧紧围绕中华人民共和国成立70周年、中共十九届四中去全会精神、经济高质量发展、文旅融合、营商环境、乡村振兴等主题，据不完全在省级以上主流媒体刊播各类报道200余篇（条）。在中央级媒体刊播各类报道50篇（条），其中新华社21篇（次），人民日报15篇，央视新闻14条；在《浙江日报》共刊发文章近70篇（条），头版6篇，专版20余个；浙江卫视新闻联播38条次；绍兴日报刊出头版105篇，其中头条15篇，专版100期左右。绍兴新闻联播近200条次；在省、市级主要大媒体的重要版面、重要位置均有关于上虞“创新之区、品质之城”“转型升级、绿色发展”“基层党建”“全国文明城市创建”“乡贤文化建设”等重要工作的宣传报道。

（袁伟江）

2019年上虞区媒体报道重点篇目一览表

表54

级别	媒体名称	稿件／节目标题	刊播日期
国家级	人民日报、新华每日电讯	《冲寒先已笑东风——新春浙江民营企业走访实录》	2月25日
	人民日报	《年轻干部怎样淬炼成钢》	3月19日
	人民日报	《清明时节清风扑面》	4月6日
	人民日报	《绍兴：上虞e游小镇的数字化转型升级之路》	6月27日
	人民日报	《企业有困难政府来助力》	7月11日
	人民日报	《看绍兴工业如何“减”出加速度》	8月28日
	人民日报	《在浙江绍兴市，智能机器人在新能源汽车装配车间工作》	8月28日
	CCTV5	《2019全国春季游泳锦标赛浙江落幕》	1月10日
	央视新闻联播	《谢晋：把社会责任感和历史使命感放在第一位》	1月15日
	CCTV4	《孝德文化论坛在浙江绍兴（上虞）举行》	5月17日
	CCTV5	《上虞国际围棋精英赛国内组首轮结束》	7月18日
	CCTV13	《廉政中国之忆峥嵘岁月》	7月29日
	CCTV13	《农田被淹群众被困 多部门积极应对》	8月11日
	央视新闻联播	《浙江破获非法经营支付结算案件》	10月26日
	CCTV4	《浙江上虞：推广出租房旅馆式管理模式》	12月4日
省级	浙江日报	《镇长上门为企跑腿》	1月4日
	浙江日报	《全国春季游泳锦标赛上虞开赛》	1月7日

续表54

级别	媒体名称	稿件/节目标题	刊播日期
省级	浙江日报	《崧厦镇亟待企业家爱心接力亿元奖学金拳拳助学心》	1月8日
	浙江日报	《上虞着力夯实基层基础切实维护社会和谐稳定》	1月9日
	浙江日报	《上虞建立问题清单实行分类交办》	2月13日
	浙江日报	《上虞化工企业迈向一园化》	2月14日
	浙江日报	《坚持农业农村优先发展一号文件看浙江实践》	2月21日
	浙江日报	《冲寒先已笑东风——新春浙江民营企业走访实录》	2月25日
	浙江日报	《打着免费“飞的”百余名四川工人来上虞上班》	2月26日
	浙江日报	《上虞供电双学有声有色》	2月27日
	浙江日报	《疏堵结合缓压力 定期检查保安全》	2月28日
	浙江日报	《村里建起“长租公寓”》	3月21日
	浙江日报	《诗画曹娥江——2019上虞生态休闲旅游节启动》	3月28日
	浙江日报	《3月“浙江好人榜”揭晓》	3月28日
	浙江日报	《培育新时代“新农商”》	4月4日
	浙江日报	《上虞“化工重镇”走绿色发展之路迎华丽转身》	4月4日
	浙江日报	《32,村办厂变跨国公司》	4月12日
	浙江日报	《浙江10位县市区委书记交出一季度“三服务”答卷》	4月16日
	浙江日报	《全身都是戏的“林妹妹”栽了》	4月19日
	浙江日报	《上虞:面向大湾区,全力融入杭州都市圈》	4月26日
	浙江日报	《能源领域一项关键技术在上虞获突破》	4月29日
	浙江日报	《拆出美丽空间改出幸福生活》	5月6日
	浙江日报	《学者上虞研讨孝文化》	5月13日
	浙江日报	《擂鼓开桨水上竞速》	5月20日
	浙江日报	《一声战友一辈子》	5月24日
	浙江日报	《上虞19个重大项目集中开工》	5月24日
	浙江日报	《父亲,我终于找到你了》	6月2日
	浙江日报	《小乡村建起艺术馆》	6月11日
	浙江日报	《上虞不动产登记与迁户口联办》	6月19日
	浙江日报	《上虞交出满意的保电答卷》	6月21日
	浙江日报	《迎峰度夏面对面解决难题》	6月22日
	浙江日报	《上虞以奋进姿态打造绍兴联甬先行区》	6月17日
	浙江日报	《上虞打造全电“中华孝德园”》	6月27日
	浙江日报	《上虞为民营企业家“量身定制”培训》	7月2日
	浙江日报	《上虞:偏远山区有力自助售药机》	7月14日
	浙江日报	《上虞借力上海窗口效应招引全球人才》	7月15日
	浙江日报	《上虞国际围棋精英赛中韩棋手对接》	7月19日
	浙江日报	《上虞民生实事督查动真格》	7月21日
	浙江日报	《上虞聘请观察员把脉营商环境》	7月24日
	浙江日报	《上虞11个文旅项目签约》	7月29日
	浙江日报	《服务百姓也是保家卫国》	7月30日
	浙江日报	《杭嘉湖绍“亲密接触”背后的战略与雄心》	8月7日
	浙江日报	《浙江新增一批“无违建县(市、区)”》	8月8日

续表 54

级别	媒体名称	稿件／节目标题	刊播日期
省级	浙江日报	《上虞：讲好红色故事扮美绿色乡村》	8月15日
	浙江日报	《上虞引才下好“先手棋”》	8月26日
	浙江日报	《骄阳下，跟着老金去巡河》	8月27日
	浙江日报	《上虞搭建企业“共享实验室”》	8月29日
	浙江卫视新闻联播	《2019年全国春季游泳锦标赛在上虞开幕》	1月8日
	浙江卫视新闻联播	《企业包车送员工 温暖返乡路》	2月1日
	浙江卫视新闻联播	《浙江沿着诗路寻年味 大花园里过新春》	2月6日
	浙江卫视新闻联播	《农发行350亿元贷款支持浙江千万工程》	2月15日
	浙江卫视新闻联播	《各地干部深入企业 帮助企业解决当务之急》	2月17日
	浙江卫视新闻联播	《浙江五部门联合开展资格证挂靠整治行动》	2月21日
	浙江卫视新闻联播	《上虞：首批对口援川务工人员到岗就业》	2月24日
	浙江卫视新闻联播	《浙江：优化公共交通 全力打好治堵攻坚战》	3月10日
	浙江卫视新闻联播	《浙江：鼓励建设高档养老院 提升养老产业化水平》	3月12日
	浙江卫视新闻联播	《如何保障进城务工人员随迁子女教育》	3月14日
	浙江卫视新闻联播	《各地开展3.15活动 提高消费者维权意识》	3月14日
	浙江卫视新闻联播	《上虞：覆卮山生态文化旅游系列活动今天举行》	3月25日
	浙江卫视新闻联播	《省安委会启动十大重点领域安全生产大检查》	3月27日
	浙江卫视新闻联播	《省政府部署森林防火和防汛抗旱工作》	3月28日
	浙江卫视新闻联播	《浙江：向困难企业反还社保费 预计为企业减负超百亿元》	3月31日
	浙江卫视新闻联播	《跑在春天里 户外运动正当时》	3月31日
	浙江卫视新闻联播	《加强渔区监管 从源头杜绝渔业安全生产事故》	4月8日
	浙江卫视新闻联播	《各地多措并举 严防森林火灾》	4月8日
	浙江卫视新闻联播	《浙江—举报诈骗医保资金者最高奖励10万元》	4月12日
	浙江卫视新闻联播	《绍兴：天籁浙江系列朗诵活动启动》	4月12日
	浙江卫视新闻联播	《2019中国绍兴（上虞）中外名校赛艇挑战赛开幕》	4月20日
	浙江卫视新闻联播	浙江四家五星级酒店被摘星或限期整改	4月25日
	浙江卫视新闻联播	中国绍兴（上虞）第三届孝文化节开幕	5月11日
	浙江卫视新闻联播	绍兴：曹娥江国际龙舟大奖赛今天举行	5月19日
	浙江卫视新闻联播	1515所学校同步课堂启用“互联网＋义务教育实现结对帮扶”	5月11日
	浙江卫视新闻联播	浙江：打好组合拳 还蓝天一片清朗	6月4日
	浙江卫视新闻联播	浙江：超600万家企业信用服务平台建档	6月3日
	浙江卫视新闻联播	浙江：7月起施行慢性病门诊医保新政5300多万参保人受益	6月6日
	浙江卫视新闻联播	上虞：多部门联手保护杭州湾湿地野生鸟类	6月4日
	浙江卫视新闻联播	浙江多地推行“退休一件事”网上通办	8月7日
	浙江卫视新闻联播	奔着问题去 盯着难题改	8月23日
	浙江卫视新闻联播	全省重大项目暨特色小镇建设现场会在召开	9月26日
	浙江卫视新闻联播	中国新材料产业创新发展论坛在绍兴举行	11月30日
	浙江卫视新闻联播	明年起生育保险将并入职工基本医保	12月4日
	浙江卫视新闻联播	全省15个特色小镇成为第三批省级特色小镇	12月5日

（袁伟江）

媒体报道选刊

冲寒先已笑东风——新春浙江民营企业走访实录

原载于 2 月 25 日《人民日报》《新华每日电讯》

记者　何玲玲、沈锡权、商意盈

飞雪迎春，寒梅怒放。

浙江是改革开放先行地。农历新年刚过，记者密集走访了杭州、绍兴、嘉兴等地的民营企业，从钱塘江畔到南湖之滨，所到之处，一派忙碌景象。采访中，记者听到最多的是：浙江民营企业有困难，但更有信心；有烦恼，但更有办法；有压力，但更有动力。

面对多变的外部环境和复杂的国内经济形势，秉持浙商精神的万千浙江民营企业家在"干在实处、走在前列、勇立潮头"的共同信念下，闯关夺隘，抢抓机遇，叩响春潮……

有困难，但更有信心

"现在面临的都是前进中的问题，阶段性的困难。"——万向集团鲁伟鼎

"浙江的民营企业本身具有更强的韧性和抗击打能力。"——卧龙集团陈建成

"民营企业底气更足、信心更强了。"——富通集团王建沂

在钱塘江畔万向集团总部的大厅里，摆放着一辆宝蓝色的混合动力跑车"卡玛"，这辆跑车可以兼容燃油、电能和太阳能三种能源。在"卡玛"跑车的另一侧，新能源制造基地、智慧城市、清洁能源为主体的园区规划等展示颇为引人注目。

"现在面临的都是前进中的问题、阶段性的困难，浙江民营企业经历过一次次磨难挑战后一定会迎来柳暗花明。"万向集团董事长鲁伟鼎说。

去年以来，单边主义、贸易保护主义抬头，复杂多变的外部经济环境给企业发展前景蒙上了迷雾。国际经济形势的不确定性不可避免地波及到一批企业。

受访的一些民营企业家说，外部环境的确给不少民营企业带来了困难，加剧了企业的两极分化，从某种意义上来说这也是市场的倒逼，让大家意识到"危"与"机"将长期并存。

卧龙控股集团董事长陈建成说，企业本来就是在与困难斗争中成长的，市场本来就有优胜劣汰。"浙江民营企业经过市场大浪淘沙一路成长，能够发展壮大的，本身就具有更强的韧性和抗击打能力。"

春江水暖鸭先知。作为民营经济先发省份，本世纪初，浙江企业就较早感受到了"成长的烦恼"。2003年，浙江省委出台"八八战略"，淘汰落后产能腾笼换鸟、集聚优势产业凤凰涅槃，弹好政府"有形手"和市场"无形手"的"协奏曲"，统筹好国内国际两个市场。

在习近平新时代中国特色社会主义思想指引下，浙江以为改革探路、为发展闯关为己任，经济基本面始终稳健。经济增速保持稳定，经济质量持续向好，抵御风险挑战的能力不断提升。新旧动能转换初显成效，以数字经济为核心的新兴产业蓬勃发展，率先走上了高质量发展之路。

位于嘉兴的富通集团（嘉善）光通信全产业链工厂投资超过 50 亿元，年初十已经开工。工厂全部建成后，将成为全球单体规模最大、竞争力很强的光通信全产业链工厂，极大提升我国光通信行业的全球竞争力。

浙江省工商联主席、富通集团有限公司董事长王建沂说："虽然目前一些民营企业在外部市场、融资、成本方面遇到了一些困难，但底气更足、信心更强了。"

有烦恼，但更有办法

"企业发展的烦恼永远都会有，关键就看你是怎样去应对它。"——龙盛集团阮伟祥

"管理、科技、人才，这些企业核心竞争力就是抵御市场冲击的法宝。"——三花集团张道才

"东方不亮西方亮。要更加勇于开拓全球市场，探索更多新兴领域。"——盘石科技田宁

当前，艰巨繁重的国内改革发展任务叠加错综复杂的国际环境，浙江经济怎么迎难而上？浙江企业怎么逆境中求发展？在与民营企业家的交谈中，我们看到了强大的韧劲和深厚的潜力。

从 4 间平房的农药厂起步，发展成为全球染料行业的龙头老大，浙江龙盛集团用了 48 年。公司董事长阮伟祥说，企业发展的烦恼永远都会有，关键就看你是怎样去应对它。

投入大量资源研发染料和中间体的清洁生产技术，通过跨国并购做大做强，如今的龙盛，已经步入了世界染料行业的中心。“企业有核心竞争力，与国外企业深度合作抱团发展，在贸易浪潮中就不会经受那么剧烈的冲击。”阮伟祥说。

三花控股集团是四通换向阀、电子膨胀阀等空调核心零部件的世界冠军企业，去年产值超过250亿元，合作伙伴包括特斯拉、奔驰、西门子等全球知名企业。公司董事局主席张道才说，三花创立35年来，始终坚持管理、科技、人才“三朵花”。“这是我们的核心竞争力，也是抵御市场冲击的最大法宝。”

一方面扎实提升核心竞争力、掌握行业主导权，另一方面则积极开拓多元市场，在浙江企业家看来，应该是“两手抓，两手都要硬”。

在浙江华达新型材料股份有限公司的车间里，一边是高速运行的生产线，一边是码放整齐等待发往韩国的各种规格镀锌板。去年公司出口额超2亿美元，同比增幅达50%。这一可喜的数据源于公司几年来针对50多个“一带一路”沿线国家和地区的提前布局。

华达新材是浙江民营企业以国际视野布局多元市场的一个缩影。“东方不亮西方亮，既意味着我们要更加勇于开拓全球市场，也意味着我们要探索更多新兴领域。”浙江盘石信息技术有限公司董事长田宁说：“在我看来，现在是人工智能、物联网、5G等新兴产业发展的最好时代。”

在杭州未来科技城，10万平方米的中国（杭州）5G创新园已经启用，这里将聚焦无人驾驶、无人机等5G前沿终端应用的创新研发。在不久的将来，一个个5G领域的“雏鹰”企业将从这里出发，搏击长空。

同时，有韧性、敢创新、有情怀，这些特质一直镌刻在浙江民营企业家的血脉里。浙江奇翼特种服装有限公司总裁陈克定出生于1986年，他的父亲做了43年传统服装加工行业，他在此基础上研发出可以自动制冷、制热、身体理疗的特种服装，市场反馈良好。

“我不但希望能将奇翼做成百年品牌，更希望能够通过无偿捐献的方式去帮助环卫工、交警等最需要我们服装的人。”陈克定说。

攻坚克难，企业家有办法，地方政府有信心。近年来，绍兴以染缸、酒缸、酱缸“三大缸”为代表的传统产业转型升级成效明显，供给侧结构性改革稳步推进。绍兴市委书记马卫光说：“因为具有国际竞争力的企业就在我们身边，具有国际视野的企业家就在我们身边。浙江的企业家，推开门就是世界！”

有压力，但更有动力

“民营企业座谈会重要讲话就是我们的‘定心丸’。”——传化集团徐冠巨

“民营企业要取得长足发展，必须主动融入国家发展战略。”——吉利集团李书福

“希望减税降费政策不折不扣落到实处。”——歌斐颂集团莫国平

19日，在距杭州萧山国际机场不远处的航民时尚产业园，随着桩机一声震耳欲聋的轰鸣声，萧山区瓜沥镇总投资超130亿元的项目集中开工签约，涉及航空制造、数字经济等领域。“逢山开路，才能转危为机。我们有信心，也有动力。”参与项目投资的浙江长龙航空董事长刘启宏说。

——动力来自于稳定的预期。世界经济依旧疲软，国内改革任重道远，在当前形势下如何激发企业动力？民营企业家说，稳预期、稳信心比什么都重要。“习近平总书记在民营企业座谈会上的重要讲话就是我们的‘定心丸’！”传化集团董事长徐冠巨说，让我们可以坚定信心，心无旁骛搞好企业。鲁伟鼎说，对万向而言，未来最重要的就是守正创新、引领制造业变革。

——动力来自于不断开拓的新平台。“一带一路”倡议，长三角区域一体化等国家战略为民营企业发展提供了更宽广的舞台。“民营企业要取得长足发展，必须主动融入国家发展战略。”吉利集团董事长李书福说，接下来，吉利仍将以“一带一路”沿线国家和地区为主要目标市场，为这些市场提供更多高质量、高附加值的汽车产品。

——动力来自于营商环境的日益改善和对企业家的尊重。浙江持续优化营商环境，深化“最多跑一次”改革，为促进民营经济高质量发展排忧解难。嘉兴市委书记张兵说，营商环境就是生产力、吸引力、竞争力。嘉兴作为中国革命红船启航地，要把打造最优营商环境作为经济发展的生命线，克难奋进抓发展。

同时，浙江隆重表彰在新时代建功立业的优秀民

营企业家，弘扬企业家精神。“这能让民营企业家安心干、拼命干。”宁波舜韵电子有限公司董事长姚国祥说。

——动力来自于争创一流的抱负和实业报国的情怀。位于绍兴卧龙山下的卧龙集团里，草木葱郁，隆兴路和聚才路纵贯园区，不时可以看见各种肤色的员工行色匆匆。公司汇聚了业内顶级专家近 70 人，拥有 5000 多名外籍员工，占员工比高达 30%。

卧龙控股集团董事长陈建成说，浙江从 2003 年开始寻求高质量发展路径，浙江民营企业也较早走上了转型升级之路。“我们希望能够成为第一，让中国企业屹立在世界舞台中央。”

发展出题目，改革做文章。有民营企业家说，希望进一步落实全面深化改革，消除经济发展的体制机制障碍，促进经济发展行稳致远。歌斐颂巧克力小镇集团有限公司董事长莫国平说：“希望减税降费政策不折不扣落到实处。”

“在习近平新时代中国特色社会主义思想指引下，对于经济发展我们有信心，对于促进企业发展我们有决心。”王建沂说，我们现在仍处于大有可为的战略机遇期、干事创业的发展黄金期、不进则退的转型关键期。

上虞 e 游小镇的数字化转型升级之路

原载于 6 月 27 日《人民日报》

记者　张　柳

绍兴上虞，英台故里。而今，这座拥有 2000 多年历史文化积淀的小镇，正在书写一张新时代充满活力和想象力的新鲜名片，e 游小镇。

在特色小镇建设方面一直担当排头兵角色的浙江省，从 2014 年开始全面启动特色小镇培育工作，目前已经取得了瞩目的成绩。

2019 年，又一批省级特色小镇待验收命名，上虞 e 游小镇赫然在列。

作为主打技术服务产品的信息经济类小镇，上虞 e 游小镇在 2015 年 9 月项目启动时的定位是以“网络游戏专业平台”为核心，这在当时是与上虞地方大企业的特色化发展和行业前景高度契合的：2015 年，浙江本土上市企业世纪华通开始布局收购盛大游戏(2019 年 3 月起变更为“盛趣游戏”)；同时期稍晚，同数当地企业的金科娱乐文化开始酝酿收购 Outfit7（大名鼎鼎的汤姆猫系列游戏母公司）、卧龙地产也透露出对专注于手机游戏研发运营的君海游戏的收购意向。

在这样一系列游戏产业发展利好消息的加持下，e 游小镇提出了以“繁华 e 芯，游戏天堂”为目标，打造引领全国的网络游戏之都的愿景。

三年多来，落户 e 游小镇的泛娱乐互联网企业已达百余家之多，除了盛趣游戏、金科网络这样既是本土企业又是头部企业的代表，也聚集了一大批具有专业技术与超强活力的中小企业和初创企业，基本形成了完整的数字游戏产业链。

与此同时，在朝着既定目标蓬勃发展的路上，外部环境正悄然发生着变化。游戏产业的总量控制和结构调整、区域融合的资源优化和竞争烈化、数字经济的政策利好和泡沫隐忧……

e 游小镇的领导班子敏感地意识到，小镇正走在迎接新挑战的路上，必须与时俱进，主动出击，寻求一个能更多发挥主体优势的新方向。

2019 年伊始，上虞提出实施数字经济“一号工程”。e 游小镇顺势而为，确立了“打造湾区数字经济产业新高地”的全新目标。湾区，自然是指杭州湾地区，而另一个值得玩味的重点，则是“新”字。

相较于杭州多个日臻成熟的头部互联网特色小镇，e 游小镇聚焦的是数字经济中的“数字产业化”方向，重点打造一批数字创意产业。

在当前消费升级、精神文化需求日益增长的大背景下，作为数字技术和文创内容相结合的产物，中国的数字创意产业市场广阔。

与“游戏”标签的局限性和具象化不同，“数字产业化”显然给了这个曹娥江畔小镇更大的想象空间。更为难能可贵的是，升级后的新定位不仅无损承接了小镇之前已建成的良好业态，而且将为现有企业带来更加优质的成长环境和行业资源。

据相关资料显示，e 游小镇计划在 2019 年新引进数字经济企业 100 家，新增从业人员 2000 名，实现税收 3 亿元。为了开拓培育建设新格局，进一步优化项目结构、强化人才支撑、提升环境特色、推进宣传造势，小镇制定了十大计划：

深化推动招商引资的“大招商”计划；旨在解决多

层次人才住宿供给问题的“虞泊居”计划；旨在解决特色化商贸配套问题的“特色街”计划；推动校企合作的“人才池”计划；建立从项目落地到运营全过程的服务体系的“跑小二”计划；推进产业基金运营和扶持游戏企业出海的“摆渡人”计划；推进知识产权保障体系运作“守望者”计划；推动建设更具标识度的小镇环境的“微空间”计划；推动以两朵云（公有云 + 私有云）和两张网（有线网 + 无线网）为核心的“智慧 +”计划；以品牌活动持续提升小镇影响力的“游侠汇”计划。

细细梳理，在这十大计划中，有一半以上都涉及如今特色小镇服务理念和建设理念的“转型升级”。

e 游小镇意识到，要引进上海乃至全国、全球的数字企业和创客精英，政府服务方式的转变必须先行。也因此，小镇管委会乐于以“跑腿小二”描述自己工作的特性。

事实上，“跑腿小二”的工作态度和成效，一路不断收获入驻企业的交口称赞。2019 年 5 月底即将入驻的真库网路，从去年起就“享受”到小镇上门对接项目的待遇。本着落实问题解决困难的初衷，小镇与企业多次细致接洽，以确保企业落户上虞后能没有后顾之忧的安心发展。

除此之外，e 游小镇积极响应企业所需，将原定一年一次的政策兑现频率提升为一季一次；每月定期走访企业，了解企业发展情况与当前需求；立足产业需求，开通绿色通道缩短文网文、ICP、游戏版号等审批事项的办理周期；对重点企业重点项目提供专项增值服务。这些想企业之所想，急企业之所急，且需求快速回应的服务，让小镇的政商生态实现了良性互动。

特色小镇之所以引起广泛关注，重要原因就在于它为为中国新型城镇化、城市化进程提供了新思路和新选择——特色小镇建设不仅是新的特色经济聚集地，还代表着新的生活方式，乃至于新的情感和审美模式。

从这个层面讲，e 游小镇也在打造特共生发展、融合发展的道路上不断探索。

2018 年以来，小镇门户客亍全面投用，打造低密度、亲水型、花园式办公园区；城市阳台、沿江景观带等景观项目建设全部建成，有力提升了小镇独特的颜值和气质。

为了真正聚拢目标群体人气，培育“年轻活力”新生态，e 游小镇以“虞泊居”“特色街”“游侠汇”等计划为主导，为上虞“一江两岸”带来了青春时尚和蓬勃活力。这些规划，相信也将为实现产业、文化、生活的融合发展带来无可比拟的影响。

对于游戏、影视、动漫、电子竞技等数字经济产业布局甫现的 e 游小镇来说，2019 年就像一个全新的“风口”——今年是 e 游小镇参加省级特色小镇验收命名的关键一年；也是是深化融入大湾区建设发展，加快推动融杭联甬接沪、链接优质资源的一年。

这既是不可多得的历史机遇，也面临着更加复杂的挑战。

2019 年，在宏观经济依旧大概率下行的压力下，e 游小镇不仅将凭借数字创意产业专业平台的建设抢占发展先机，更将将肩负起寻找经济增长新动能的战略使命。

e 游小镇的数字创意产业的转型升级之路，就如同按下了引领未来生活方式变革的“启动键”，将为湾区、甚至全国层面的数字经济产业带来蓬勃的活力，进而离实现经济效益目标、社会效益目标、旅游效益目标的统一更进一步。

年轻干部怎样淬炼成钢

原载于 3 月 19 日《人民日报》

记者 赵 兵

浙江绍兴市上虞区，白马湖畔，象山之麓，坐落着历史名校春晖中学，百年来，这里培养出无数青年志士为国奋斗。而今，这片热土在培养青年志士的道路上有着新的探索——培养年轻干部。年轻干部最需要培养哪些品质和能力、该怎么培养？日前，记者来到上虞，进行了实地调研。

培养一份情怀

年轻干部必须注重锤炼党性修养、树立为民情怀

当谈及“群众”一词时，我们脑海里浮现的是什么？在经历多年基层历练的戴秀兰看来，“群众”从一个抽象的词语，变成了一张张具体的“面孔”。

作为上虞第一批大学生村官，现任区文化广电旅游局副局长的戴秀兰，从村主任助理岗位起到担任副镇长的十年间，每天都在与群众打交道。她曾帮一个

父母离异、出生证明丢失的适龄学童办理上户口入学问题，前后奔跑于多个部门之间，终于解决了孩子奶奶的心头急。入学当天，老奶奶握着戴秀兰的手激动地说："谢谢你啊，为了娃娃的事你费心了！"此情此景让戴秀兰记忆犹新。

"刚工作时，感觉干部和群众像是两个概念，后来深深体会到，我们是一家人。"戴秀兰深有感触地说，"在乡镇的这段经历，我与群众的心贴紧了，做事都会先想想群众的感受。"

这样的变化，印证着为民情怀在一名年轻干部心中的生长，也印证着上虞坚持让年轻干部在基层历练的成效。

年轻干部培养，有其特殊性，首先要弄清年轻干部有什么、缺什么？"年轻干部最不缺干事的激情，他们有理想、有闯劲、想干事。"上虞区委书记陶关锋说，"但缺乏与群众打交道的经验，为群众服务，首先要了解群众，心里装着群众。所以我们让年轻干部与群众生活在一起、工作在一起，让'人民'二字在他们心中扎根。"

如何不断加重"人民"二字的分量，成为上虞培养年轻干部的一堂人生大课。为了让从校园走进机关的年轻干部接地气，上虞坚持把基层一线作为培养锻炼主阵地，每年选调80名左右年轻干部到基层"墩苗"。同时，为了让干部补上"基层课"，年轻干部"逢提必下"，部门机关新提任干部原则上安排到乡镇任职，对部门领导干部中没有乡镇工作经历的年轻干部，有机会就安排到乡镇任职或锻炼。

培养年轻干部，不仅要培养为民情怀，更要锤炼党性修养。年轻干部相对缺乏系统的理论学习和严格的党内政治生活锻炼，如何提高党性修养，成为一门必修课。

"对党忠诚，这是我们选拔和培养年轻干部至关重要的一点。"陶关锋谈道，"年轻干部有很多试错成长的机会，但不能犯原则性错误，尤其不能在对党忠诚、遵纪守法上出问题。随着年轻干部的成长进步，手中的权力会逐渐增大，如果对社会复杂性认识不足或自我膨胀，容易成为被围猎的对象，或者自我堕落。所以，必须教育年轻干部，系好人生的第一粒扣子。"

堤溃蚁孔，气泄针芒。为了让年轻干部懂得慎独慎初慎微，上虞不怕花时间、花精力：虞舜论坛、党校大讲堂、春晖讲堂，给年轻干部补足"精神之钙"；百名源头干部递进培训专修班、年轻干部政治素养与作风建设专修班，拧紧"思想开关"；任前廉政法规考试、监狱现场警示教育、年轻干部家属党风廉政座谈会，绷紧纪律规矩之弦。

效果如何？"遵纪守法，是我们年轻干部的底线，也是红线""得净化交友圈子，有不少人把年轻干部作为潜力股，在这方面必须小心""把心思用在为群众解决问题上，既不辜负组织的培养，也不辜负对自己的期望"……在采访中，记者能够明显感受到这样的教育在年轻干部心中扎下了根。

思想上拧紧"开关"，制度硬约束也不能少。上虞建立了32个社区观察点，把干部生活圈管理和工作圈管理衔接起来，加强对年轻干部八小时外监督，并实行"微问题"三色预警监督，从政治素养、口碑人品等六大方面，实行蓝色提醒卡、黄色警示卡、红色督察卡预警处理，对年轻干部严管厚爱。数据表明，近年来上虞年轻干部的违纪违法案例少之又少。

历练一身本领

在解决实际问题中积累经验，在多岗位锻炼中增长才干

随着经济社会的发展，专业化、专门化、精细化要求越来越高，成长为具有专业背景的复合型领导干部，是新时代对当下年轻干部的要求，也对各级党组织培养干部提出了挑战。

实践表明，培养优秀年轻干部首先得有数量充足的"好苗子"。可是，如上虞这样的县区级基层人才总量本身有限，加之人才向一线城市的集聚，"好苗子"捉襟见肘。

怎么办？"没有青年人才，就谈不上培养优秀年轻干部队伍。我们下大决心，招才引才！"陶关锋说，上虞计划用三年时间，面向全国"双一流"高校引进100名急需紧缺型专业硕博士作为党政储备人才；对引进人才入编、职务安排等，在政策允许的前提下优先考虑，如今已引进48名硕博士……不只上虞，放眼整个浙江，都在积极招才引才，浙江计划5年选调5000名优秀应届大学毕业生到基层培养锻炼，为党政机关储备力量、补充人才。

广进贤才确保数量充足，质量优良则在于用心培养。作为党和国家事业未来的接班人，优秀年轻干部要有足够的本领来接班。这些本领并非与生俱来，而要加强学习、积累经验、增长才干，自觉向实践学习、拜人民为师。

在曹娥江与杭甬运河交汇处，一座座充满现代感与科幻感的建筑正拔地而起，这就是上虞e游小镇。2017年，曾在乡镇工作的张铭军被提拔担任小镇管委会主任。从乡村工作的家长里短，到数字经济产业，跨度之大让张铭军一度感到"压力山大"。"组织上信任我，把我放到这样的中心工作上来，我只有克服困难，边干边学，努力前进。"张铭军说。如今，e游小镇成为全省24个考核优秀的特色小镇创建对象之一。

"年轻干部具备特有优势，他们适应能力强，善于学习，接受新鲜事物快。培养年轻干部就得注重发挥所长，补齐短板。"上虞区委常委、组织部部长周树森介绍，"我们坚持'五个一线'培养，也就是把年轻干部放在农村基层、经济发展、建设拆迁、社会管理和中心工作中培养能力。"

多岗位锻炼是上虞培养年轻干部的另一"法宝"。34岁的俞超有着超乎同龄人的沉稳干练，如今任职乡长的他已经在多个岗位历练过——在乡镇做拆迁工作，摸出了与群众打成一片的路子；在区委组织部锻炼，提升政治素养，养成严谨作风；在乡镇资产管理中心任职，学会了与企业打交道；抽调到治水办，积累了乡镇环境整治的经验。

"很感谢组织对我的多岗位培养，让我能学到不同工作、不同层级、不同领域的经验。"俞超认为自己是幸运的，这样的丰富经历将成为他成长的坚实基础。

三年来，上虞将16名80后副科级干部放到乡镇党委专职副书记、乡镇长等吃劲岗位历练，18名部门副科级年轻干部转岗交流，让年轻干部经风雨、见世面、壮筋骨、长才干。另外，上虞还注重把年轻干部上派以开阔眼界，2016年换届以来，有27名年轻干部到经济发达地区或国家部委、省市机关学习锻炼。

淬炼一股韧劲

在吃劲岗位上磨练意志，在挫折困难中坚定信念

路不险无以知马良，任不重无以知人德。采访中，不少当地干部表示，培养年轻干部不能放在温室里养着，而需要风吹雨打，在难事急事乃至"热锅上蚂蚁"一样的经历中经受摔打。

当记者来到丁宅乡时，被这里的美丽乡村所陶醉：溪水潺潺，秀竹挺立，民居古色古香，一派田园牧歌景象，与4年前的丁宅判若两地。这样的变化正是乡党委书记孙丹青带领大家拼出来的。这期间，她经历了不少挫折，却越挫越勇。

"当初小城镇综合整治，有群众不理解，我被围堵过，被写过举报信，被发过骚扰短信，吃了不少苦头，有时候撑不住了，就回家大哭一场。可哭完了，还是接着干。"4年前从团区委岗位到乡镇工作的孙丹青，刚开始并不适应，她笑着说，"现在好了，我会带女儿来看看我们美丽的丁宅，告诉她这就是妈妈在努力做的事。"

速生材做的扁担，挑不得千金重。年轻干部培养亦是如此，要能遇到挫折撑得住、关键时刻顶得住，扛得了重活、打得了硬仗、经得住磨难，需要在艰苦环境中经历一番淬炼，方能有一股子韧劲。

"刚来时，晚上睡不着，工作上也发怵。"一年前，36岁的章镇镇党委副书记任峰被派往四川小金县开展为期三年的扶贫工作，在藏区工作和生活的压力，让他真切感受到自己绝不是来"镀金"，而是在"炼金"。一年后，扶贫成绩逐渐显现，自己也适应了藏区工作。

艰苦环境是磨练心性的一块砺石，现在的任峰意志越发顽强、信念越发坚定："在和小金县干部群众一起奋斗的300多天里，收获颇多，感触也多。感谢组织给我这次机会，能有幸站在脱贫攻坚的第一线，我必将不负组织的信任，为小金脱贫努力奋斗。"

"选派到西部艰苦地区和扶贫一线锻炼，这也是锤炼年轻干部吃苦精神的一种方式。年轻干部培养不可能一蹴而就，需要主动谋划，久久为功。"绍兴市委常委、组织部部长徐晓光说，"新时代年轻干部培养是新课题，我们还在探索中，党委和组织部门需要扛起责任，对有培养前途的优秀年轻干部，不拘一格大胆使用；同时发挥好各年龄段干部积极性，让整个干部队伍都有干劲、有奔头。"

绍兴上虞持续优化营商环境为企业纾困

企业有难题　政府来助力

原载于 7 月 11 日《人民日报》

记者　辛本健、钱一彬

浙江凯信光电科技有限公司是绍兴上虞区一家从事高分子复合材料生产的企业,在今年 3 月却遇到了“难题”:投资约 1.7 亿元的技术改造项目刚完成技术攻坚和生产线调试,却因流动资金短缺无法正常投产。“多亏一场‘及时雨’,公司获得 4200 万元新增授信。”副总经理柴晓伟满是欣喜:“政府解难效果实打实,一解流动资金周转之急!”

今年以来,绍兴上虞区以“服务企业、服务群众、服务基层”活动作为优化营商环境的抓手,建立“现场解难、常态服务”机制。截至 5 月底,共发现问题约 1100 个,解决超过 800 个。

从“坐堂接诊”到“跑堂问诊”

“尽管产品供不应求,但流动资金缺口 500 万元,让人犯愁。”今年春节过后,在上虞区章镇镇“三服务”活动现场,一批当地企业家与上虞区 15 位部门和单位一把手面对面交流,很多问题得到了解决。

针对企业融资难、融资贵问题,上虞区建立起“现场解难、常态服务”机制。“今年以来,上虞区已推出‘百名行长走千家民企’等 10 余项金融服务。通过开发‘虞信宝’APP,缓解信用优质小微企业因信息不对称造成的贷款难问题。”上虞区金融办相关负责人介绍。

除了缓解企业融资难外,人才招揽难、排污用能指标紧缺等都成为政府着力排解的问题。今年以来,上虞区推进“百名局长联系百家创新成长型企业”等活动,到一线主动对接联系乡镇(街道),走访属地企业。截至 5 月底,已展开各类业务指导、事项办理 6000 余次。

从单点解难到联动助企

服务企业发展,关键在于精准响应诉求。上虞区通过开展一对一“法治体检”等方式,帮助企业及时建立健全法律风险预警机制。2018 年以来,上虞区共开展企业走访等活动 1400 余场次。

为企业解难,需要协同发力。在了解和掌握企业生产经营遇到的困难后,上虞区对需要多部门协调解决的问题,及时形成清单,跨部门合力解难纾困。上虞区财政局一方面对接税务、社保部门,及时回应企业对办税抵扣等咨询需求;另一方面通过政策培训,提高各部门单位和企业财务人员业务水平。

排忧解需,也需引智助力。作为浙江省精细化工和新材料产业的主要集聚地之一,上虞区不少企业在转型中面临缺技术、缺人才问题。今年 5 月,绍兴市杭州湾新材料技术创新联盟在上虞区成立,成员包括 10 所国内高校和 16 家上虞工业企业。

“优化营商环境,需要增强部门横向联动,借助外力外智,不断提高集成服务的能力。”上虞区委书记陶关锋表示。

从企业跑腿到数据跑路

为信用良好、评价良好的小微企业累计发放信用贷款 383 笔共计 3.33 亿元……今年 3 月,上虞区通过数据分析技术“精准识困”,为符合条件的困难制造业民企减轻负担。为减轻企业办事成本,上虞区还精简办事手续、压缩办理时间,目前已实现 19 个部门 246 个事项“一证通办”。

营商环境的改善,大大增强了发展活力。今年一季度,上虞区主要经济指标增长明显加快:1 至 3 月全区规模以上工业产值 355.8 亿元,同比增长 14.25%;新产品产值同比增长 27.7%,企业生产经营更趋活跃,企业发展信心回暖。

为更好响应企业需求、服务企业发展,上虞区建立了跟踪督查机制,对企业反映的问题实行全周期管理,原则上要求一个月内为企业办结或现场解答。上虞区委改革办相关负责人表示,上虞区还专门成立了“观察员队伍”,吸纳来自企业管理人员、法律和媒体界人士等社会各界力量,及时掌握企业发展需求,弥补服务机制短板,以多元评价机制助力营商环境持续优化。

上虞着力夯实基层基础切实维护社会和谐稳定

原载于 1 月 9 日《浙江日报》

通讯员　孙金良、徐杭惠

矛盾纠纷调处快慢、有效与否,是一个地方创新社会治理能力的“晴雨表”，也是党委政府关心、群众百姓关注的焦点问题。新形势下，为加快构建和完善多元矛盾化解机制，进一步增强平安建设工作的责任感和使命感，上虞区以省级基层信访法治化建设试点为契机，坚持深化发展“枫桥经验”，运用法治思维和法治方式，探索建立“以人民为中心”的基层矛盾化解新机制，夯实基层基础，强化源头预防，畅通诉求渠道，真正把人民群众的利益实现好和维护好。

创新实干开新局，精准发力维护社会和谐

走进上虞区信访局一楼联合接访中心的大厅，迎面的大屏幕上，可以看到区级领导每日驻点接访安排表，除此之外，还能看到区级领导联系乡镇（街道）、职责分工情况。在登记窗口，还贴有通知，告知大家每个工作日都有区领导值守。而在大厅尽头的长廊，有着4间接待室，其中在一间接待室，上虞区政协副主席正在为来访者解答退休补贴问题。来访者听了他的解释和建议后，连声道谢。

去年以来，上虞区在实行区级领导每日驻点接访的基础上，创新建立“分管领域约访制”“联系乡镇联动制”“重大问题领办制”“重点案件督办制”的“四制”工作法，依法及时就地解决百姓诉求。同时，各乡镇街道实行单位领导每周值守接访制度。

在上虞区道墟街道办事处，当日轮到值班的领导，必须到街道接待室接待来访群众。其中，街道主要领导在每周一、二到接待室轮流参加接访工作。而且，在每日接访工作中，应有1~2名村主职干部参与，接访村干部由当日接访领导从联片的村干部中排定。接访过程中，还有律师事务所的专职律师参与调解。

与此同时，道墟街道办事处按照“片长负责、联村干部联系、归口办理”的原则，由接访组做好接待登记工作。若出现特殊情况，或在接待过程中遇到疑难问题时，由街道主要领导指定的责任人和相关片长共同接待。当日百姓诉求接访登记表由街道主要领导审批，确定承办领导和责任人员，并进行台账登记。而承办科室一定要及时、认真处理答复好，并将处理结果在规定时间内报街道相关办公室。

2018年7月，当地村民陈某来到道墟街道办事处，咨询其父母遗留房子的相关政策问题。街道主要领导接待后，要求分管领导和联村干部及时进行处理。随后，街道城建办人员、联村干部深入现场踏勘，并调取档案仔细分析。几经周折，陈某最终认可了街道的答复，并对街道付出的努力表示感谢。

此外，上虞区积极引导来访群众根据区领导的职责分工选择接待领导和接待时间，相关部门根据来访群众诉求类别有针对性地约请对口分管区领导进行接访。而人民调解也是有效化解百姓信访诉求的一大亮点。陆银龙是上虞区信访调解工作室负责人，原先是岭南乡人武部部长，2018年3月起，参与人民调解工作。陆银龙说，从1983年开始，他一直在从事矛盾调解。30年来，群众对他的信任度比较高，大大提高了调解成功率。

依法分类，让诉求事项回归法治轨道

上虞一企业法定代表人因触犯法律入刑，导致拖欠张某等55名员工工资一案法院难以执行，于是，张某等人集体向有关部门提请诉求。上虞区人社局按照该区推进的分类梳理诉求工作部署，科学界定工作职能边界，全权负责。在了解情况后，上虞区人社局一方面耐心做好讨薪员工的安抚工作，另一方面采取相应的针对性工作措施，事情很快有了结果。

能让百姓诉求事项得到清晰的分流和处理，这得益于上虞区进行的一项信访改革——通过法定途径分类处理诉求工作。2018年以来，上虞区相继出台了《关于推进依法分类处理信访诉求工作的实施意见》和《依法分类处理信访诉求工作细则》，编印区级部门分类处理清单，建立了衔接联动、网上跟踪、综合考核、责任追究等配套机制，进一步明确了解决信访诉求的责任主体和法定途径。

作为离百姓生活“最近”的部门，上虞区人社局的接访量占该区部门的三分之一以上，其中拖欠工资、工龄认定、养老保险补缴等矛盾尤为突出。对此，该局人社局专门设立了信访服务中心，开设并对外公布专门的投诉电话、投诉邮箱，方便群众来信来访。

如何处理群众诉求？上虞区人社局有着自己的秘诀。通过依法分类，将处理百姓诉求的途径分为三类：司法途径、行政途径和信访途径。其中，可以依法通过诉讼途径解决的，引导反映人走司法途径；属于具体行政行为，并适用于相关法律法规的，引导其走行政途径；属于信访的，引导其走信访复查复核途径。

而从小类来分，处理群众反映问题的法定途径主要有劳动人事争议调解仲裁、劳动保障监察等9类。接到群众诉求后，该区人社局信访服务中心与相关科室及时沟通、认真甄别，导入正确途径。自从开展依法分类处理百姓诉求工作以来，该区人社局共分类处理群众诉求2133件、2425人次。受理百姓诉求件数同比下降了30%。

为更好地推进依法分类处理工作，上虞区还通过政府门户网站把依法分类处理百姓诉求清单向社会公开，加强对群众的宣传引导。分类处理不是为了分而分，而是为了更好地解决问题。通过专业接待，促进群众合理合法的诉求第一时间得到解决。

创新“网格微信热线”，让治理触角更全面

2018年6月，上虞区丰惠镇南源村南岙微信热线群的村民在群里发上来一位疑似迷路的中年外地人，衣衫褴褛，脚穿一双破拖鞋，希望能够尽快帮他找到家人。专职网格员看到消息后，立马赶到现场并上前询问，但因语言交流有障碍，专职网格员迅速将此情况上报，网格长也第一时间拨打了网格警员电话。

随后，南源村网格警员赶到现场，将迷路男子带回了派出所，经过多次查找，终于在失踪人员里边找到了类似人员，并与其家属取得联系。当天下午5时左右，该男子哥哥从温州乐清赶来丰惠，接回了失踪一年多的弟弟。

这是丰惠镇积极探索基层社会治理的新途径，通过建立“网格微信热线”，努力实现“小事不出网，大事不出村，难事不出镇”的目标。

所谓“网格微信热线”，是指在村一级基层，以网格为单位，建立由网格长、网格指导员、专职网格员、网格警员、户代表组成的微信群，通过引导群内代表在本网格群内发布诉求的方式，寻求解决途径。自2018年6月开展“网格微信热线”工作以来，丰惠镇接到百姓来访总量每月较上半年每月均有一定程度下降，对源头控制初信初访数量有较好成效。

丰惠镇相关负责人介绍，“网格微信热线”坚持“百姓平台”定位，强化问题导向，专职网格员在群内起到了“传送带”的作用，群内“事无巨细，必恭必亲”；网格长、网格指导员、网格警员和政府各办线、站所形成解决问题的合力，把社会治理的触角延伸到社会最末梢，把服务工作做到群众身边。

截至2018年底，丰惠镇86个网格，通过“网格微信热线”采集的“难事”比率达28%，处置率达到100%，回访满意率超过85%。同时，设立“网格微信热线”专项奖，年终根据每个网格的入网比例、台账情况、信息核实情况、事件处理占比率、回访满意率对“群主”进行考核，倒逼专职网格员转作风提能力，有效激发网格员的工作积极性，显著提升服务群众的能力。

上虞区信访局相关负责人介绍，下一步，上虞区将继续推动信访工作责任层层传导压紧压实，推动依法及时就地解决群众合理诉求；推动信访诉求法治化建设不断向纵深发展；推动自身建设持续加强提升，“共同做好全区社会稳定工作，让百姓更有幸福感和获得感”。

百姓生活安居乐业，法制建设如火如荼。上虞区深化信访制度改革，建设法治信访正在为品质上虞添砖加瓦，也为虞城百姓的幸福生活增色。

上虞建立问题清单 实行分类交办

原载于2月13日《浙江日报》

记者　朱银燕

“已经和崧厦供电所、自来水公司说过，他们已经列入施工计划，临时用水用电问题马上就能解决。”2月12日上午，绍兴市上虞区崧厦镇副镇长杭波走访完联系村后，马上赶到崧厦镇小微工业园区的二期工程现场，将这个消息告诉上虞城建资产经营管理有限公司工作人员金某。

“这块占地面积73亩的土地于今年1月摘牌，多亏了镇里帮忙，我们的施工才能如期进行。”金某告诉记者，摘牌后，工程建设面临临时用水电的难题。“杭副镇长和其他工作人员多次来和我们沟通，告知我们需要准备哪些资料。接着电力公司就马上排出了通电期限，为我们年后立即开工创造了条件。”金某说。

伞是崧厦镇的经济特色。据介绍，崧厦镇小微园依托崧厦伞业集群，规划建设三期小微企业园，规划面积2000亩，目前已有60多家企业入驻。

说话间，施工现场的恒洋伞业总经理韩树洋看到杭波后，激动地走过来握住了他的手。“谢谢镇政府，从四川反馈过来的信息，我们的招工情况非常好。”原来，前几日，韩树洋为今年的招工发愁，他把这个情况告诉了镇政府。镇政府马上把这个问题反馈到人社局，人社局安排企业到四川小金县招工。

杭波告诉记者，节后上班后，他们将继续走访收集企业的意见，镇里能解决的，当场解决；镇里解决不了的，将问题收集汇报到区相关部门研究解决。

按照上虞区的要求，各镇乡、街道要建立问题清单、责任清单，按照属地原则逐级分类交办，对现场能解决的问题，就地落实解决；对近期通过协调能解决的问题，限期解决；对重点难题、重大课题、重大矛盾纠纷，采取区领导领衔、部门组团包案的形式，长期跟踪、限期解决。

截至目前，上虞区就地解决问题313个，领导领衔督办解决问题87个，区级领导层面协调解决基础设施建设、困难群众帮扶、就医就学等方面问题264项。

上虞盖北镇做活拆后利用文章 村里建起“长租公寓”

记者 方臻子 通讯员 王 丽

本报讯（记者 方臻子 通讯员 王丽）近日，绍兴上虞区盖北镇镇东村，一幢三层楼的“长租公寓”竣工，成为盖北镇首个建成的“一村一幢楼”项目。“总投资近300万元，有45套单身公寓可供出租。”镇东村村委会主任陈渭夫告诉记者，这里原是村委会的老办公楼，于2013年拆除。如今，镇东村在这块拆后土地上，建起了村级物业项目“一村一幢楼”，村集体当“房东”，整租给附近企业作为职工宿舍，预计每年能为村集体带来20余万元的收入。

据介绍，盖北镇各村村级集体经济较为薄弱，缺少“造血”功能。同时，盖北镇毗邻杭州湾上虞经济技术开发区，有大量外来务工人员租住于此，新居民居住需求大。2018年，盖北镇出台优惠政策，利用“三改一拆”腾出的土地，引导和鼓励各村推进“一村一幢楼”项目，在拆后土地上筑起集体经济“金饭碗”。盖北镇城建办主任徐光军介绍，全镇10个行政村已有5个村启动“一村一幢楼”项目，另有5个村正抓紧项目启动前的准备工作。

在盖北镇珠海村，四层楼的“一村一幢楼”项目已初见雏形。“已经在造最后一层了，工程预计6月底前就能完工。”工地旁，珠海村村干部马海江的语气里难掩兴奋，“总投资580万元，1楼是600平方米的居家养老中心‘幸福之家’，2楼到4楼是66套单身公寓。”

“这里本来是一处彩钢棚，里面是个临时菜市场，环境脏乱差。随着我们持续推进‘三改一拆’，去年9月临时菜场被拆除。拆出的这600多平方米土地，就为‘一村一幢楼’项目的落地腾出了新空间，同时解决了村集体经济增收慢的难题。”马海江算了一笔账：现在珠海村一年集体经济收入约为30万元，未来“一村一幢楼”投用后，仅单身公寓的年租金，保守估计就可达45万元。同时，“幸福之家”还能为村民提供居家养老服务，真正做到让项目惠民生、得民心。

“我们房子很俏的。”马海江说，项目还没结顶，已经有3家企业提出了整租意向。

省“三改一拆”办相关负责人介绍，“三改一拆”推进到这个阶段，更要由注重“拆”和“改”向注重“用”和“美”转变，突出抓好拆后空间科学规划、拆后土地高效利用、新旧动能有效转化、生态环境持续改善等重点，推动“三改一拆”工作向更深领域和更高层次发展。上虞盖北镇利用拆后土地建起“长租公寓”，壮大集体经济，就是一个很好的创新做法。

上虞：面向大湾区全力融入杭州都市圈

原载于4月26日《浙江日报》

记者 朱银燕、陈 烨、袁 伟

曹娥江，是钱塘江的最大支流，更是上虞的“母亲河”“生命线”。上虞同杭州，就如曹娥江之于钱塘江那样密不可分。

上虞区地处绍兴市东部，从地理区位来看，上虞紧靠杭州湾，位于杭甬一体化轴线上。近年来，浙江省委、省政府对大都市建设进行了系统谋划部署，绍兴市被包含在杭州都市区内，上虞作为绍兴市区的重要组成部分，也将迎来重大发展契机。

上虞是古老的县、年轻的区，距今已有2200多年的建县历史。境内山清水秀，位列全国绿色发展百强区第29位；经济发展态势良好，位列2018年全国综合实力百强区第40位；社会和谐稳定，实现了浙江省平安县市区创建十连冠。

在上虞区两会上，区政府再一次将“融杭”作为

“城市品质提升”的重点部分，写入新一年的《政府工作报告》——“实施融杭联甬接沪行动计划，主动融入长三角区域一体化。”

如今，杭州湾南岸的这个年轻的区古老的县，在“融杭”的春风中，蓄势待发。

高起点建设　掀起融杭新篇章

走在忙碌的绍兴东站，有不少手持绍兴东至杭州东车票的乘客。家住上虞区的华小姐每周一从这里坐车到杭州上班。只需要半个小时的车程，也是她选择留在杭州工作的原因之一。上虞和杭州的距离正随着杭绍台高铁的不断发展而不断缩小。

杭绍台铁路是我省重大铁路建设项目之一，对于更好融入“一带一路”战略，打造全省一小时交通圈，推动沿线地方经济社会发展具有十分重要的作用。

杭绍台铁路起自杭州枢纽杭州东站，利用既有杭甬客专至绍兴北站，而后接新线引出，沿杭甬客专北面延伸至道墟附近，然后折向东经上虞东关，沿线路全长约271公里，其中新建路线全长约228公里，绍兴段113公里，台州段115公里。项目总投资估算约440亿元。

据杭绍台铁路上虞指挥部相关负责人透露，东关站建筑面积批复为1万平方米，比目前上虞境内的高铁站绍兴东站（约8900平方米）面积更大，同时因轨面较高、环境开阔，建成后将比绍兴东站更加雄伟，有望成为上虞西部地区的标志性建筑。

除了高铁和动车，使上虞和杭州紧密相连的，还有一条高速公路——杭甬高速，它横穿上虞，也是目前杭州、宁波间唯一的高速公路，其繁忙景象可见一斑，站在上虞的高铁站，抬头便可望见。

去年，全国首条智慧高速路、大湾区重点项目杭绍甬高速公路杭州至绍兴段工程可行性通过交通部咨询评估，项目获省发改委项建书批复，其中长约14.3公里的上虞段通过展望大道（新东线）上设高架实现。目前正同步开展规划选址、风评、土地预审等专项前期及相关报批，全线有望于2022年建成。

“智慧高速公路的建设，可以让杭州、绍兴、宁波三地的联系更加紧密，更好发挥交通走廊集聚效应，做深产城融合文章，对于上虞的意义也十分重大。”区交通运输局相关负责人表示，杭绍甬高速公路崧厦连接线，是对上虞有深远影响的高速连接线，衔接凤鸣路与国家级杭州湾经开区，拉近城区和园区直通大都市圈的快速通道，并将有效补齐上虞南北向通道不足的短板，较好解决城市治堵问题。

高质量发展　打造创新之区

去年，也是在这样的春日，上虞区在杭州举行“2018上虞人才新政”发布会暨杭州专场人才招聘会，全面打响上虞重视人才、渴求人才、厚爱人才的品牌。

“全日制普通高校本科生每年补助2万元，给予最长为期5年的生活津贴。”发布会现场，上虞的人才新政引发了在场媒体的强烈兴趣，强有力的人才政策吸引媒体主动了解更多。4月出台的《上虞区促进高校毕业生就业创业实施办法》，是浙江省县区市中力度较大、非常有吸引力的一个政策。

此外，滨江“上虞号”自2017年11月1日物业交付以来，在各成员单元特别是上虞经济开发区管委会的大力推进下，于2018年5月硬装完成，企业陆续入驻。2018年11月滨江“上虞号”软装完成，全面进入运营阶段。

截至2019年3月，滨江“上虞号”入驻企业51家，其中联合办公众创空间工位企业25家，租赁办公场地552平方米，独立办公场所的企业25家，租赁办公场地12722平方米，剩余可出租面积约为5000平方米。企业在职员工总数388人，其中博士后2人，博士8人，硕士19人，本科154人。按照产业分，入驻企业47家为服务业企业，3家为制造业企业，服务业企业占了入驻企业总数的94%，其中游戏企业7家，科学研究和技术服务业17家，信息传输、软件和信息技术服务业22家。

筑巢方能引凤来。去年，浙江大学医学院附属邵逸夫医院与绍兴市上虞区人民政府签订合作协议，未来，双方将合作共建浙江大学医学院附属邵逸夫医院绍兴院区项目。

人才作用日益凸显，这也给上虞经济的高质量发展提供支撑。数据显示，2018年，全区实现地区生产总值916.52亿元，增长7.4%；财政总收入141.25亿元，其中一般公共预算收入82.65亿元，分别增长15.9%和17.9%，位列2018年全国综合实力百强区第40位和科技创新百强区第19位。

在这些亮丽的数据背后，国家级杭州湾上虞经济技术开发区与省级上虞经济开发区发挥着举足轻重的作用。作为上虞发展的"主阵地""排头兵"，一直以来，这两大平台的经济总量占到全区七成左右，特别是原先的杭州湾上虞经济技术开发区，这片曾经的海涂地，牢牢把住了上虞版图最北端以及杭州湾南岸，如今不仅是上虞最大的发展平台，还是全区接轨大湾区的桥头堡，经济总量接近全区的"半壁江山"。据统计，"两区"经济总量达到1250亿元，规上产值1030亿元，工业税收54亿元，分别占全区总量的60%、70%、80%。

1月17日，国家级杭州湾上虞经济技术开发区与省级上虞经济开发区正式整合。在全国219个国家级开发区中排名第100位。规划面积达175平方公里，是绍兴市第一大平台。

在近3个月时间内，原杭州湾经开区新材料、现代医药和汽车及零部件、高端装备"2+2"主导产业，以及原上虞开发区机电装备、轻工纺织、绿色照明、汽车配件四大主导产业正迅速得到整合优化。杭州湾上虞经济技术开发区（浙江省上虞经济开发区）管委会负责人介绍，经开区目前正加速打造万亩千亿大平台，坚持盯大引强、头部引领，力争引进产业项目30个，计划合同引资超300亿元，其中10亿元以上项目确保10个争取15个，50亿元以上项目争取2个，并在引进百亿元以上项目和世界500强企业上取得新突破。现在已有国邦制药、龙盛中央研究院、卧龙中央研究院等项目签约。

实体经济一直是上虞经济发展的支柱与主体。但近年来，上虞的数字经济从无到有，同样发展迅速。火热的创业热情正在杭州演绎着一个个传奇。2016年举行的上虞e游小镇杭州推介大会上，一批年轻的互联网创客纷纷走上红毯签约，他们从西子湖畔走向曹娥江畔，在上虞再造游戏产业传奇。上虞e游小镇自2016年1月列入浙江省级特色小镇创建名单，聚焦数字游戏、数字影视、数字动漫、信息安全、软件开发等数字经济产业。截至目前，小镇已引进数字经济企业近500家，其中包括盛趣游戏（前身为上海盛大游戏）、中手游等一批"头部"企业，南湾科技、宇石网络等业内拔尖的优质"腰部"企业，以及大批极具潜力的创新创业团队。截至当前，累计实现有效投资超过50亿元，2018年实现税收3.9亿元，基本形成了完整的数字游戏产业链和充满活力的数字创意生态圈，在2017年浙江省特色小镇年度考核中位列优秀，在百余个特色小镇中排名第13位。

上虞区相关负责人表示，上虞将以"新赋能、新品质"为要求，抢抓长三角一体化发展机遇，主动借势借力，全面开放融合，打造成为杭州湾南翼高端智造基地、长三角后花园。

高品质生活　诗画曹娥江

"上虞曹娥江，流到西湖边"。在西湖游览车的车身上，看到曹娥江的这句词不禁想象这是一种怎样的意境传达。近日，在西湖游览车的车身上，你能看到上虞曹娥江的喷绘，这也是上虞融杭的脚步在进一步加速。

4月20日，2019"天籁浙江"系列朗诵活动启动仪式暨诗话曹娥江·浙东唐诗之路发祥地主题晚会在上虞信义广场隆重举行。地处浙东唐诗之路干线与支线节点上的上虞，历史悠久，是历代文人骚客的向往和亲历之地，有着"浙东唐诗之路发祥地"的美誉。据了解，近年来，上虞围绕"浙东唐诗之路发祥地"品牌打造，加速推进全域旅游发展和文旅融合，开启"新山居赋"计划，奋力开创"创新之区、品质之城"建设新局面，践行诗画浙江的上虞版本，力求让"唐诗之路"重焕生机。

一部运河演变史，半部绍兴发展史。浙东运河自东西横穿上虞境内，以浙东运河为重要组成部分的京杭大运河在相当漫长的历史时期不仅是国家内河航运的大动脉，更是中国内陆交通连接海外贸易与中外文化交流的开放大通道，这从外部环境上造就了上虞从唐至明后期近千年间是一个得地利优势的开放区域。在漫长的历史中，上虞从来不缺底蕴丰厚的文化。

近年来，随着曹娥江"一江两岸"建设的迅捷推进，上虞区委宣传部牵头打造曹娥江文化客厅名片，会同有关部门单位建设了娥江书场、围棋与越剧大师工作室、非物质文化遗产展示馆等近10处文化场馆，为游客提供丰富的文化旅游服务。与此相呼应的是，以曹娥江为品牌的体育赛事好戏连台，曹娥江国际半程马拉松、曹娥江国际龙舟大奖赛、曹娥江世界名校赛艇挑战赛等重大赛事陆续举办、精彩纷呈，吸引了国内外游客的关注和参与。近日，为期 3 天的浙江马拉松竞赛组织培训班在杭州开班，上虞区教体局相关负责人在参加后觉得受益匪浅。“有利于提高我们马拉松赛事的组织水平，促进赛事规范化。”

说起上虞，很多杭州人不陌生，上虞曾先后被评为“中国最佳休闲小城”“全国休闲农业与乡村旅游示范县”和“最美中国 · 乡村旅游目的地城市”等。曹娥江“一江两岸”、覆卮山景区、中华孝德园、二都杨梅生态园、野藤葡萄园等都曾是杭州市民周边休闲娱乐的热门目的地。

近年来，上虞正努力把生态优势转化为经济优势。今年 1 月 17 日，上虞区委、区政府对省级旅游度假区体制机制作出重大调整，度假区将从区域封闭式开发向牵头构建以曹娥江为轴线、辐射虞南 800 平方公里大花园的开放性“扇形”发展新格局转变。围绕“诗画曹娥江”核心品牌，上虞正在把美丽乡村建成旅游景区，以曹娥江旅游为主体，打造全域旅游的上虞特色品牌。未来，从主城区沿江南行，800 多平方公里的曹娥江全域旅游平台，将形成若干个融合诗意山居与地域文化的特色旅游目的地。从此上虞旅游翻开了新的篇章。

4 月初，笔者在上虞走访期间，与名为新农人联盟的“农小二”代表茅草等人进行了交流，获悉上虞拥有 15 万亩鲜果采摘基地，自 2 月中旬始，丰惠镇的梅花、章镇镇的樱花、丁宅乡的桃花和岭南乡的油菜花等特色节会先后举办，吸引越来越多的市民和游客赏花。4 月下旬至 10 月底，丁宅桑果、覆卮山樱桃、二都杨梅、丁赞水蜜桃、野藤葡萄、舜阳红心猕猴桃等特色水果将先后上市，形成新一轮的上虞四季仙果之旅。良好的生态环境是上虞最大的优势、最亮的底色、最宝贵的资源。

面向“大湾区”、着眼新时期的宏伟蓝图，上虞正加快实施“拥江西进”战略和“融杭联甬接沪”战略。

上虞 19 个重大项目集中开工

原载于 5 月 24 日《浙江日报》

记者　朱银燕　通讯员　冯洁娜

5 月 23 日上午，绍兴市上虞区举行第二季度重大项目集中开工仪式，共有 19 个项目集中开工，计划总投资 186.92 亿元。其中，产业项目 11 个，总投资 144.5 亿元；政府投资项目 8 个，总投资 42.42 亿元。这批项目中，既有生命健康、新材料、现代医药等战略性新兴产业项目，又有科创、文旅、总部经济等项目，也不乏一江两岸景观工程、舜江大桥拼宽工程、上源闸水厂迁建工程等基础设施民生类项目。

总投资 50 亿元、占地面积 500 亩的国邦生命科技产业园项目，作为上虞今年新落地的重大项目，将为当地发展现代医药产业增添新活力和新动力，加快形成生命健康产业创新产业链，加速推动千亿级产业集群发展。

今年以来，上虞咬定“冲击全市第一方阵、争当区域高质量发展排头兵”目标不动摇，大力实施数字经济“一号工程”和“三个一批”重大项目活动，结合营商环境优化年和“三服务”活动，为企业发展提供精准高效服务，全力帮助企业排忧解难，积极充当服务项目建设的“店小二”和“护航员”，各大招商平台、乡镇（街道）聚力聚焦，全面掀起招商引资和项目建设的新高潮。

上虞丨以奋进姿态打造绍兴联甬先行区

原载于 6 月 17 日《浙江日报》

记者　徐添城、郑志勋　通讯员　倪贤方

坐落于宁绍平原曹娥江畔的上虞，地处绍兴市东部，位于杭州与宁波两大都市区中间，区域面积 1403 平方公里，户籍人口 78 万，下辖 21 个乡镇街道。距今已有 2200 多年的建县历史，是一个古老的县、年轻的区。

近年来，上虞以奋进的姿态，积极拥抱机遇与挑战，在多个领域收获不俗成绩：2018 年全国综合实力百强区第 40 位和全国绿色发展百强区第 29 位，荣获 2018 年度美丽浙江建设工作优秀县（市、区）、“五水共治”大禹鼎、平安县（市、区）创建十连冠……上虞已成为一个兼具活力与实力的创新之区、品质之城。数据显示，2018 年，全区实现地区生产总值 916.52 亿元，增长 7.4%；财政总收入 141.25 亿元，其中一般公共预算收入 82.65 亿元，分别增长 15.9% 和 17.9%。今年以来，上虞区经济保持了“高开稳走向好”的良好态势。主要经济指标增长好于预期、快于绍兴全市，一般公共预算收入增速连续五个月居绍兴全市第一，GDP 增速创近年来新高。

6 月 17 日至 22 日，“宁波・绍兴周”活动将在宁波举行。上虞，将积极响应长三角区域一体化发展国家战略和“融杭联甬接沪”战略，按照建设“创新之区、品质之城”总体定位，通过全面加速和深化与宁波特别是余姚的联系，打造绍兴市联甬先行区，为争当区域高质量发展排头兵、助力绍兴城市综合经济实力重返全国“30 强”作出上虞贡献。

区域相连　两地共饮一江水

上虞与宁波同属吴越文化圈，两地地理相连、习俗相近、语言相通，往来频繁，关系密切。抗日战争后期，上虞是以四明山为中心的浙东抗日根据地的重要组成部分，并肩作战的革命友谊支撑起虞甬两地的交流合作。进入新时期，上虞与宁波的交流更加频繁，合作也更加深入。

这几天，趁着天气晴好，在上虞区梁湖街道的姚江上游西排工程工地上，工人们正在紧张地施工。“目前，总干渠倒虹吸和改造后通明闸运行正常，各项指标满足 2019 年度度汛要求，现在正在进行上部房建排架柱施工。”姚江上游西排工程建设管理处副主任张烨栋介绍道。

“2013 年‘菲特’台风给姚江流域(特别是余姚)造成了重大损失，为治理姚江水患、缓解防洪排涝压力，浙江省委、省政府于 2017 年开工建设姚江流域防洪排涝治理工程，通过开辟姚江流域向曹娥江排洪的通道，提高上虞区四十里河沿岸的防洪排涝能力，降低高水位及持续时间，有效减轻姚江干流及余姚城区的防洪压力。”张烨栋说。

上虞与宁波在水利方面渊源颇深，上虞位于宁波姚江水系的上游，自古以来，上虞与宁波因“水”而联系频繁。除了目前在建的姚江上游西排工程，2012 年已建成投用的浙东引水工程上虞段，目前正每年为宁波地区供水 2.4 亿吨，2001 年建成投用的小舜江供水工程，每日为慈溪市供水 20 万吨，已持续近 18 年。可以说，很多宁波人是喝着上虞的水长大的，“共饮一江水”的感情自然深厚。

除了水利联系，在地理区位上，上虞与宁波更有着得天独厚的优势。上虞直接毗邻宁波，是绍兴连接宁波的前沿阵地。近年来，因交通要素上的密切推进，从上虞到宁波，越来越便捷。

去年 9 月底，绍兴城际线(风情旅游新干线)一经开通，就吸引了绍兴人的关注。钱清站—绍兴站—上虞站正式收费运营以来，不仅把柯桥、上虞纳入了绍兴半小时市域经济圈，更大大加强了三区之间的融合互通。

现在，“融合”将更加深入。近日，浙江省发改委专门就绍兴至宁波城际线贯通运营的票价制订工作进行调研，并初步计划于今年 7 月份开通绍兴至宁波的班次。

“宁波班次开通后，我们去宁波就更加方便了。”家住上虞区百官街道的朱女士因工作原因，每周都要到宁波出差，相比自驾与公路客运来说，乘坐这条“高颜值”的风情旅游新干线，无疑是更便利的选择。“宁波站开通后，从上虞出发到宁波，大约只需一小时，而且在站内就能实现地铁、高铁换乘，可以说是省时省钱了。”朱女士高兴地说。

来往上的便利远不止于此。

在高速公路方面，杭绍甬智慧高速杭绍段工程已经进入工可报批阶段。该项目起于杭州萧山区，经过杭州钱塘新区、柯桥区、上虞区，在上虞余姚界顺接宁波段二期工程，全长 52.7 公里，其中上虞段长 14.4 公里，采用双向六车道高速公路标准设计。

“杭绍甬智慧高速衔接杭州、绍兴、宁波，串联杭州钱塘新区、绍兴滨海新城、杭州湾上虞经济技术开发区、宁波杭州湾新区、宁波化工园区等新区或新城，终点对接宁波舟山港，是服务都市经济的交通走廊、杭州湾南岸产业带的主要通道。”上虞区交通运输局相关负责人表示，这条智慧高速路的建成，将使上虞、宁波之间的联系更加紧密，要素流动更加便捷。

人文相通　交流共进增活力

上虞与宁波都十分重视和推崇孝文化，宁波慈溪市是“中国慈孝文化之乡”，上虞则是“中国孝德文化之乡”。

中国传统二十四孝男孝之首大舜、女孝之首曹娥都出自上虞。上虞的母亲河曹娥江，亦因东汉孝女曹娥“投江寻父”的典故而得名，修建于151年的曹娥庙素有“江南第一庙”之称。自2017年开始，上虞每年举办孝文化节，通过庄重而简朴的仪式，让孝德理念内化于心，融入城市文化与人文精神的内核之中。

目前，上虞正依托国家级文保单位曹娥庙、4A级旅游景区中华孝德园、世界文化遗产萧曹运河等区域丰厚的孝德文化资源，打造孝德文化小镇，在物化、活化孝德文化的同时，将文化与产业创新融合。

据介绍，规划中的孝德文化小镇位于曹娥老区运河街区两侧，规划面积约1.2平方公里，处于沪杭甬大动脉中心区域，区域内生态自然的水体景观、山体景观、生态绿地以及田园风光等生态人文景观资源十分丰富。“建成后，孝德文化小镇将成为‘弘扬上虞孝德文化的首善之区，彰显城南文旅魅力的宜居之城’。”上虞区相关负责人介绍。

今年8月，上虞还将联合上海奉贤、宁波慈溪、嘉兴嘉善和湖北孝感等地，举办中华孝贤高峰论坛上虞峰会暨第三届新乡贤培育“青蓝工程”，致力于将孝德文化打造成为上虞的主体文化。

“九秋风露越窑开，夺得千峰翠色来”，上虞是全球青瓷发源地之一，上虞越窑青瓷有“母亲瓷”之美誉。因为越窑青瓷，历史上，上虞和宁波上林湖的交流合作源远流长。目前，上虞正在精心谋划瓷源文化小镇建设，着力加强青瓷文化产业、人才培育，进一步催生越窑青瓷文化产业发展新生机、新活力。

除了文化的交融，两地的人文交流日益频繁和密切。

宁波市上虞商会成立的3年间，吸纳了138家在甬上虞企业加入，入会从商人士的数量则更多。他们中的很多人，已经成为宁波当地颇有影响力的企业家、教育人士，在多种岗位，以各种形式为宁波和上虞的发展贡献力量，成为两地经济与文化交流的“代言人”。

去年6月，上虞区主办了上虞闲置农房推介及项目招商活动，宁波市上虞商会积极对接上虞与宁波两地资源，促成合作关系。

除了商会的交流互动，上虞区还积极组织文旅活动走进宁波，把最鲜活的“上虞形象”展示给这个友邻城市。

这段时间，曹娥江旅游度假区的工作人员正在紧张筹备即将于今年9月举行的“诗画曹娥江，休闲上虞行”绍兴上虞（宁波）文旅农推介展示活动。“届时，我们将展示上虞丰饶的特色产品，陈上风味各异、特色鲜明的上虞文旅农产品盛宴，相信一定能赢得两地关注。”曹娥江旅游度假区相关负责人说道。

今年1月17日，上虞区委区政府对省级旅游度假区体制机制作出重大调整，曹娥江旅游度假区真正回归“曹娥江”，从区域封闭式开发向构建以曹娥江为轴线、辐射虞南800平方公里大花园的开放性“扇形”发展新格局转变，成为整合全区旅游资源、引领全域旅游发展的大平台。上虞旅游由此翻开新的篇章。以此为依托，甬虞两地之间的文旅互动也将更加令人期待。

据介绍，除了推介会，上虞与宁波还将共同设计旅游线路产品，重焕唐诗之路生机。据悉，浙江省文广旅游局编制的《浙东唐诗之路黄金旅游带规划》中，有一条从萧山湘湖旅游度假区出发，途经绍兴鉴湖旅游度假区，到上虞曹娥江旅游度假区，最后到宁波东钱湖旅游度假区的文化名湖度假游精品线。线路的推出，将大大加强宁波与上虞两地的文旅合作。

“此外，上虞还将启动‘新山居赋’计划。与宁波的精品酒店联盟进行洽谈对接，有效利用坡地村镇政策，引进以隐逸、自然、山水为主题的乡村精品特色酒店，形成精品酒店集群。”曹娥江旅游度假区相关负责人介绍道。

产业相融　合作共促新发展

1月17日，对于上虞的发展而言意义重大。这天，国家级杭州湾上虞经济技术开发区与省级上虞经济开发区正式整合。在全国219个国家级开发区中排名第100位。规划面积达175平方公里，是绍兴市第一大平台。

为响应长三角区域一体化发展国家战略，助推大湾区建设，杭州湾上虞经开区近年来积极对标宁波石化经开区，先后引进美诺华药业、新时代集团、康龙化成高端医药等一批优势企业和项目。随着平台的整合优化，便捷的交通、相对低廉的生产成本，加上优良的营商环境、相对完善的产业配套以及不断扩大的影响，杭州湾上虞经开区正吸引越来越多的企业和项目关注。

“接下来，我们将聚焦重点产业、重大项目，加强两地产业融合，把宁波的资源优势和上虞的成本优势叠加起来，真正做好宁波孵化、上虞转化的文章，打造高端制造的协作区。"杭州湾上虞经开区相关负责人说道。

实体经济一直是上虞经济发展的支柱与主体。而近年来，上虞的数字经济从无到有，同样发展迅速。自2016年1月列入浙江省级特色小镇创建名单以来，上虞e游小镇聚焦数字游戏、数字影视、数字动漫、信息安全、软件开发等数字经济产业，不断创新发展，逐渐打响自身品牌。

据e游小镇管委会主任张铭军介绍，截至目前，小镇已引进数字经济企业近500家，其中包括盛趣游戏（前身为上海盛大游戏）、中手游等一批"头部"企业，南湾科技、宇石网络等业内拔尖的优质"腰部"企业，以及大批极具潜力的创新创业团队。3年多来，累计实现有效投资超过50亿元，2018年实现税收3.9亿元，基本形成了完整的数字游戏产业链和充满活力的数字创意生态圈，在2017年浙江省特色小镇年度考核中位列优秀，在百余个特色小镇中排名第13位。

上虞的美丽经济近年来更是蓬勃发展，这其中，四季仙果之旅是一大亮点品牌。据了解，上虞目前拥有15万亩鲜果采摘基地，自2月中旬始，丰惠镇的梅花、章镇镇的樱花、丁宅乡的桃花和岭南乡的油菜花等特色节会先后举办。4月下旬至10月底，丁宅桑果、覆卮山樱桃、二都杨梅、丁赞水蜜桃、野藤葡萄、舜阳红心猕猴桃等特色水果先后上市，新一轮的四季仙果之旅又将开启。值得一提的是，目前正是上虞二都杨梅采摘的好时节。

依托良好的生态环境和产业基础，今后发展中，上虞区将以规划编制为引领，大力培育青瓷文化、四季仙果、休闲民宿等产业，致力文创、农创产品开发，打好"文旅＋农创""文旅＋体育""文旅＋康养""文旅＋度假"等组合拳；以市场开发为关键，以融合发展为推力，加强与国企、名企等合作，借助市场力量，构建合作共同体，做大做强"诗画曹娥江"品牌。

当下的上虞，正积极响应长三角区域一体化发展国家战略，出台《关于实施上虞区融杭联甬接沪行动计划的意见》，及时谋划深化与宁波全方位、多层次、宽领域的交流与合作，积极打造绍兴市联甬先行区。

（袁伟江）

先进集体

省级及以上先进集体(2019年度)

表55

集体名称	奖项	颁奖单位	获奖文号或时间
绍兴市公安局上虞区分局	全国维护妇女儿童权益先进集体	中华全国妇女联合会	妇字〔2019〕38号
绍兴市上虞区司法局章镇司法所	绍兴市上虞区司法局章镇司法所	中华人民共和国司法部	司发〔2019〕16号
绍兴市上虞区信访事项人民调解委员会	坚持发展"枫桥经验"实现矛盾不上交试点工作表现突出集体	中华人民共和国司法部	司发通〔2019〕6号
浙江省绍兴市上虞公证处	全国公共法律服务工作先进集体	中华人民共和国司法部	司发通〔2020〕9号
上虞区司法局章镇司法所	全国先进司法所	中华人民共和国司法部	司发〔2019〕16号
绍兴市上虞区人民政府	国家农产品质量安全县	中华人民共和国农业农村部	农质发〔2019〕9号
绍兴市上虞区人民政府	全国第三批率先基本实现主要农作物生产全程机械化示范县	中华人民共和国农业农村部	农办机〔2019〕1号
上虞区人民法院司法警察大队	全国青年文明号	共青团中央	中青联发〔2019〕5号
绍兴市上虞区统计局	第四次全国经济普查国家级先进集体	国务院第四次全国经济普查领导小组	2019年
杭州湾上虞经济技术开发区	中国智慧化工园区试点示范单位	中国石油和化学工业联合会	中石化联园发〔2019〕146号

续表 55

集体名称	奖项	颁奖单位	获奖文号或时间
杭州湾上虞经济技术开发区	绿色化工园区	中国石油和化学工业联合会	中石化联园发〔2019〕323 号
绍兴市公安局上虞区分局	全省扫黑除恶专项斗争先进集体	浙江省委省政府	浙委发〔2019〕3 号
上虞区民宗局	浙江省民族团结进步模范集体	浙江省人民政府	浙政发〔2020〕12 号
绍兴市上虞区岭南乡政府	全省小城镇环境综合整治行动突出贡献集体	浙江省委办公厅、浙江省人民政府办公厅	2019 年
绍兴市上虞区人民政府	实施“凤凰行动”计划，推动企业上市和并购重组工作力度大、成效明显的县（市、区）	浙江省人民政府办公厅	浙政办发〔2019〕32 号
绍兴市上虞区人民政府	浙江省金融业发展先进地区	浙江省财政厅	浙财金〔2019〕19 号
绍兴市公安局上虞区分局	全省公安队伍正规化建设优秀单位	浙江省公安厅	浙公网传〔2020〕32 号
绍兴市公安局上虞区分局	全省公安机关执法质量优秀单位	浙江省公安厅	浙公网传〔2020〕32 号
绍兴市公安局上虞区分局	全省公安机关信访工作优秀单位	浙江省公安厅	浙公网传〔2020〕32 号
绍兴市公安局上虞区分局刑侦大队	2018 年度全省公安机关打击整治专项工作扫黑除恶专项行动成绩突出集体	浙江省公安厅	浙公网传〔2019〕115 号
绍兴市公安局上虞区分局交警大队	全省“创文明交通、治秩序乱象”系列行动成绩突出集体	浙江省公安厅	浙公办〔2019〕1 号
绍兴市公安局上虞区分局百官派出所	全省首批“枫桥式公安派出所”	浙江省公安厅	2019 年 12 月 8 日
梁湖街道大库居委、曹娥街道德济苑社区、下管镇联新桥村、小越街道倪梁村、章镇镇张村村、汤浦镇舜岸村、章镇镇陈墩村、百官街道四甲社区	浙江省 2019 年度“民主法治村（社区）”	浙江省司法厅	浙司〔2020〕2 号
上虞区司法局章镇司法所	2019 年省级“文明规范公正”司法所	浙江省司法厅	2019 年
百官街道丰一居委	浙江省省级民主法制村	浙江省司法厅、浙江省民政厅、浙江省普法教育领导小组办公室	浙司〔2019〕9 号
上虞区章镇镇笕桥村	浙江省 2018 年度省级“民主法治村”（笕桥村）	浙江省司法厅、浙江省民政厅、浙江省普法教育领导小组办公室	浙司〔2019〕9 号
绍兴市上虞区国际商会	2019 年度优秀监测点	浙江省商务厅	浙商务发〔2020〕14 号
上虞区盖北镇	省级农业绿色发展示范区	浙江省农业农村厅	2019 年
上虞区档案馆	通过示范档案馆测评	浙江省档案局	2019 年
绍兴市公安局上虞区分局离退休干部第一党支部	最美离退休干部党支部	中共浙江省委老干部局	2019 年 10 月 18 日
绍兴市公安局上虞区分局道墟派出所	2019 年度省级青年文明号	浙江省共青团	浙青文〔2020〕1 号
绍兴市上虞区应急管理局	全省应急管理系统先进集体	浙江省应急管理厅、浙江省人力资源和社会保障厅	浙应急人事〔2020〕14 号

续表 55

集体名称	奖项	颁奖单位	获奖文号或时间
绍兴市上虞区	浙江省食品安全县(市、区)	浙江省食品安全委员会	浙食安委〔2019〕7 号
绍兴市上虞区综合行政执法局	浙江省智慧城管工作绩效评价优秀单位	浙江省住房和城乡建设厅	2019 年 12 月 31 日
绍兴市上虞区人武部	基层建设标兵单位先进民兵应急连（分队）:	浙江省军区	浙政〔2020〕1 号
绍兴市上虞区人武部	绍兴市上虞区民兵应急连	浙江省军区	浙政〔2020〕1 号
九三学社绍兴市上虞区基层委员会	2019 年全省社会服务工作先进基层组织	九三学社浙江省委员会	2019 年
绍兴市上虞区文化馆	《狴犴龙舞》“非遗薪传”——浙江省传统舞蹈展演展评优秀展演奖	浙江省文化和旅游厅	2019 年
绍兴市上虞区文化馆	歌曲《好的，我知道》银奖	浙江省文化和旅游厅	2019 年
绍兴市上虞区文化馆	舞蹈《曹娥碑》入围作品	浙江省文化和旅游厅	2019 年
绍兴市上虞区文化馆	《狴犴龙舞》广场舞 入围作品	浙江省文化和旅游厅	2019 年
绍兴市上虞区文化馆	舞蹈《绣》银奖	浙江省文化和旅游厅	2019 年
上虞区关心下一代工作委员会	浙江省关心下一代工作先进集体	浙江省关心下一代工作委员会、浙江省精神文明建设委员办公室	2019 年

索 引

说 明

1. 索引分正文索引和正文图表索引。按标引词首字汉语拼写(同声字按声调)顺序排列,首字相同按照第二字排列,以下依此类推。

2. 正文索引仅限具体条目、类目、分目,其中类目和分目均用黑体字,条目中的“概况”“概述”不作索引。

3. 标引词后的阿拉伯数字仅表现页码。

4. 特载、特辑、大事记、机构负责人、统计资料、文件目录、附录类目及彩页未编索引。

正文索引

0—9

A

B

C

H

J

K

L

M

N

P

Q

R

S

T

W

X

Y

Z

正文图表索引